2008年度教育部哲学社会科学研究重大课题攻关项目

“西方中国形象的变迁及其历史和思想根源研究”资助成果

厦门大学985三期工程项目资助成果

“十二五”期间(2011－2015 年)国家重点图书出版规划项目

第三卷　发展的世纪

[美] 唐纳德·F.拉赫　埃德温·J.范·克雷　著

第四册

东亚

朱新屋 孙杰　译

欧洲形成中的亚洲

ASIA IN THE MAKING OF EUROPE

[美] 唐纳德·F.拉赫　埃德温·J.范·克雷　著

周宁　总校译

人民出版社

目　录

缩略表

AHSI	*Archivum Historicum Societatis Iesu*
Annales. E.S.C.	*Annales:Economies,sociétés,civilisations;revue trimestrielle*
Asia	Earlier volumes of this work:D.Lach, *Asia in the Making of Europe*,Vols.I and II (Chicago, 1965-77)
BR	Blair,Emma H.,and Robertson,James A.(eds.),*The Philippine Islands,1493-1898* (55 vols., Cleveland, 1903-9)
BTLV	*Bijdragen tot de taal-,land-en volkenkunde van Nederlandsch-Indië*
BV	[Commelin,Isaac (ed.)],*Begin ende voortgangh van de Vereenighde Nederlantsche Geoctroyeerde Oost-Indische Compagnie…* ([Amsterdam],1646).（First edition published 1645. Fascimile edition published in Amsterdam,1969. The Facsimile edition has volumes numbered I,II,III,and IV,corresponding to vols.Ia,Ib,IIa,and IIb of the 1646 edition.）
CV	[Churchill,Awnsham and John (eds.)],*A Collection of Voyages and Travels, Some Now First Printed from Original Manuscripts…*(4 vols.;London,1704)

"HS"	"Works Issued by the Hakluyt Society"
JRAS	*Journal of the Royal Asiatic Society*
NR	L' Honoré Naber,Samuel Pierre (ed.),*Reisebeschreibungen von deutschen Beamten und Kriegsleuten im Dienst der Niederländischen West- und Ost-Indischen Kompagnien,1602-1797* (The Hague,1930-32)
NZM	*Neue Zeitschrift für Missionswissenschaft*
PP	Purchas,Samuel,*Hakluytus Posthumus,or Purchas His Pilgrimes:...*(20 vols,; Glasgow, 1905-7. Originally published 1625.)
SCPFMR	*Sacrae Congregationis de Propaganda Fide Memoria Rerum* (Freiburg,1971)
Streit	R.Streit, *Bibliotheca Missionum* (30 vols.;Münster and Aachen,1916-75)
Ternaux-Compans	H.Ternaux-Compans,*Bibliothèque asiatique et africaine* (Amsterdam, 1968; reprint of Paris,1841-42 ed.)
TR	Thévenot,Melchisédech,*Relations de divers voyages curieux qui n'ont point esté publiées,ou qui ont esté traduites d'Hacluyt,de Purchas & d'autres voyageurs anglois, hollandois, portugais, allemands,espagnols; et de quelques Persans,Arabes,et autres auteurs orientaux* (4 vols.; Paris, 1663-96)
"WLV"	"Werken uitgegeven door de Linschoten Vereeniging"
ZMR	*Zeitschrift für Mission swissenschaft und Religionswissenschaft*

插图说明

对 17 世纪欧洲出版的亚洲插图的研究表明，当艺术家和插图作者们获取到相关材料，如来自实地的人们所画的素描或者带回欧洲的轻便物品——植物、动物、服装、绘画、瓷器等的时候，在大多数情况下，他们会努力地如实描绘。很多根据素描和绘画制作的雕刻的真实性是令人信服的，像广东的“老总督”画像（第 276 幅图）、暹罗和中国船只的图画等。许多亚洲物品——各式中国卷轴画、一种佛教徒的祈祷轮和小动物们——首次在欧洲版画和绘画中出现。欧洲人对亚洲人，如被派往法国的暹罗使臣进行写生，并雕刻他们的肖像。

缺乏资料的时候，插图作者和艺术家们就利用他们的知识来填补空白，或者依照书籍文本，或者依照创造想象中的绘画，包括地图。例如，与以其他地区为描绘对象的插图相比，关于日本的插图更不符合现实，这也许是因为日本政府在该世纪大部分时间里严厉限制对外交往。印刷社的雕刻师们经常“借用”早期版本中的插图，往往通过为其润色而“美化”它们，结果这些插图被欧化了。

插图与文本一道以各种各样的方式被翻译过来。如果一个译本的出版商与原著的出版商或印刷商关系紧密，他可能会借用原版的铜版雕刻，或者让原出版商从原版画中抽取出插图，与译本装订出版。原版画上的说明文字被擦掉，再配上新语言的文字说明，但是也有很多印刷商并不愿意费力气这么做。即使

没有原印刷商的配合，新雕刻仍然可以从一张原版画中制作出来。最简便的方法是将版画正面朝下，放置在要雕刻的涂漆或涂蜡的铜板上，然后擦磨版画的背面，使版画上的油墨附着在涂蜡的铜板表面。拓印出来的图像随后被用来雕刻，或是用硝酸蚀刻新的版画，再把它倒转过来，印刷效果即与原版完全一样。不过，如果雕刻师想要避免损伤需用来完成雕刻的版画，他则会用一张涂有石墨或黑垩的薄纸片，将图像从原版画转印到新的铜板上。为了进一步保护版画，他在摹写画像的时候可能也会将油浸纸置于其上。不论版画正面朝下或者朝上，这道工艺程序都是奏效的。事实上，版画正面朝上更容易摹写画像，在这种情况下，新版画与原版画相对，被蚀刻而成。关于 17 世纪新版画蚀刻方式的描述，可以参阅威廉 · 费索恩（William Faithorne）的《雕刻和蚀刻的艺术》（*The Art of Graveing and Etching*，纽约，1970 年）第 41-44 页，该书 1662 年在伦敦首次出版。也可以参考库利 · 弗纳（Coolie Verner）的“铜版印刷”（Copperplate Printing），载于大卫 · 伍德沃德（David Woodward）编的《地图印刷五百年》（*Five Centuries of Map Printing*，芝加哥，1975 年）第 53 页。我们收录了一些插图，它们曾经被出版印刷商相互“借来借去”，如插图第 96 和 97 幅；第 100、101 和 104 幅；第 266 和 267 幅；第 349 和 350 幅；第 356-358 幅。

本卷收编的大部分插图都来自 17 世纪的著作，这些书均藏于芝加哥大学雷根斯坦图书馆（Regenstein Library）特藏部。其余插图则获自欧洲或美国的各大图书馆和档案馆，这些机构友好地准许我们复制这些插图。我们尽可能努力撰写解释插图的说明文字，只要有用，便会提供相关的补充信息。

400 幅左右的插图都复制于阿尔玛 · 拉赫（Alma Lach）所拍或翻拍的图片，她痴迷于摄影并编写食谱。我们也得到特藏部工作人员，特别是已故的罗伯特 · 罗森塔尔（Robert Rosenthal）、丹尼尔 · 梅耶（Daniel Meyer）和金 · 考文垂（Kim Coventry）的支持，他们帮助我们查找插图和筹备复制。范德本（Harrie A. Vanderstappen）神父是芝加哥大学远东艺术系的荣退教授，具有非凡的见识和洞察力，他帮助我们分析了有关东亚的插图。芝加哥大学南亚语言系的 C. M. 纳伊姆（C. M. Naim）也慷慨地尽其所能，尤其是与这里描绘的莫卧儿图章（第 100、101 和 104 幅图）有关的知识，无所保留。有关中国的插图得益于雷根斯坦图书馆东亚藏书部的马泰来（Ma Tai-loi）、戴文伯（Tai Wen-pai），以及沈志佳（Zhijia Shen）女士，她慷慨地献出了自己的时间和知识。雷根斯坦图书馆东亚藏书部的久喜洋子（Yoko Kuki）不吝赐教，修改了日本插图的说明文字。芝加哥大学历史系的奈地田哲夫（Tetsuo Najita）帮助我们起草了第 369 幅插图的说明文字。芝加哥大学艺术系的安·亚当斯（Ann Adams）和弗朗西斯·道雷（Francis Dowley）帮助我们分析了一些雕刻品，特别是那些出自荷兰插图作者之手的作品。

对于所有这些为插图工程慷慨奉献他们智慧和时间的专家学者们，我们致以诚挚的谢意。

插图目录

第二十章　晚明时期的中国 1563

明代（1368—1644 年）是一个由汉人（土著）建立的中国王朝，在时间上介于蒙古王朝（元，1280—1368 年）和满族王朝（清，1644—1912 年）之间。作为中国历史上的第 21 个王朝，16 世纪中期，欧洲人开始活跃在中国东南沿海地区之际，正值明朝进入全盛期。明朝在最后的一百年，尤其是 1620 年以后急剧衰退。受到 1620—1660 年世界贸易萧条的影响，帝国的贸易，特别是白银进口大幅度削减。与此同时，国内又遭受了通货膨胀、北方的极冷气候、南方的干旱、洪涝灾害和饥荒的威胁。在如此严峻的形势下，帝国的人口急剧下降；富人越来越富，穷人越来越穷。随着阶级、经济分化的尖锐化，骚乱时有发生，针对政府的指责越来越多。1621 年之后，朝廷拖欠官饷。久而久之，首都北京（Peking）和留都南京（Nanking）的官僚们，吏治松懈，无所作为，而且逐渐变得骚动不安，难以控制。

明代的最后两位皇帝致力于建立一个复杂的朝廷统治集团，这个集团受到一群太监的支配。他们是后宫嫔妃的主宰，同时也是皇帝管理宫廷官僚和帝国财政的得力助手。随着影响和人数日益增长，这些太监开始为自己争取更多的政治权力，并将皇帝从许多政府的重要事务中隔离开来。太监们掌管东厂，集警察权力于自身，将政府和皇权分割开来，朝廷官员的奏章必须经他们之手才能上奏皇帝，他们甚至还负责代皇帝批奏。这样一来，贪污腐败和党派斗争使得官僚机构趋于分裂，同时公共服务陷于崩溃。出于对帝国日渐衰退的担忧，
1564 尽职的官僚、文人和军人联合起来，组成了要求改革的团体。一些抱着失望和不满情绪的官员和军事将领开始寻求与满族人（*Manchus*）合作，后者从1620年左右开始攻击帝国北部的军队。到了1644年，随着明朝的最后一位皇帝自杀，紫禁城也被清军占领。[1]

新的满族统治者，由于担心他们统治的合法性以及对汉人社会控制的不稳定性，建立了严格的文字审查制度①，这种政策一直持续到18世纪末。《明史》（*Ming shih*）（或明代官方的历史）直到1739年才开始刊印。直到19世纪，严肃的学者对明史的研究依旧受到怀疑，他们被认为是借明史研究影射批评清朝。结果是学者们越来越谨慎，将研究转向儒学经典与帝国的早期历史。到了19世纪末，清朝学术已是朴学的天下。或许是因为外族的血统，清代的统治者比明朝统治者更鼓励儒家思想的研究。清朝晚期，学者们开始系统收集明代的史料，重构明代的历史。因此，并不是直到20世纪中叶，中国和海外的学者才有能力通过国内外的史料写出全面的明代历史。就明代中后期历史的研究而言，欧洲人的记述恰当地补充了中国史料的不足，很大程度上是因为欧洲传教士与商人的观察记录中包含了对日常生活事件的描述和评论，而这些日常生活事件在中国的作者看来，是习以为常、不足挂齿的。[2]

与印度不同，中国是一个独立完整的国家，尽管领土辽阔而复杂，但在17世纪的观察家眼里，中国比印度表现出更多的统一性。整个17世纪，耶稣会士提供了难以计数的有关中国的信息。这与印度形成鲜明对比，访问那里的欧洲人认为印度有更大的差异性。传教士有关中国的报告虽数量惊人、记述翔实，但也略有重复；而有关印度的报告却呈现出多样性。正因如此，17世纪末的欧洲读者对中国的熟悉程度远远超过亚洲其他地区。但是另一方面，如果与印度的部分地区相比，从17世纪欧洲人的报告中浮现出来的中国形象，往往更缺乏具体描述的空间。

① 即文字狱。——译者注

第一节　耶稣会士书信、人种史学和游记

在 17 世纪上半叶，欧洲有关中国信息的积累在快速增长。那些谨慎地隐藏（ensconced）在北京的耶稣会士继续提供观察更深刻、数量更庞大的报告。 1565
他们的书信定期出版，那些来自中国的报告也占据了重要的位置，并持续增长。其中一些广为流传。比如龙华民（Niccolò Longobardo）的《关于中国宗教若干问题之考察》（*Bleve relatione del regno della China*），就被翻译成法文、拉丁文和德文。该书最早出版于 1601 年，此后被其他论述中国的书籍（包括传教士书信集）广为引用。[3] 龙华民在信中乐观地描述了传教士在中国的境况，翻译了一个中国基督徒写给利玛窦（Matteo Ricci）的信，还列举了有利于《新约》在中国传播的十大特点。在这十大特点之后，另附有少量描述。当然，其中的大部分都是溢美之词。

同样流行而深刻的著作，来自庞迪我（Diego De Pantoja）1602 年的书信，这些书信最早于 1605 年以《一些耶稣会士进入中国的纪实及他们在这一国度看到的特殊情况及该国固有的引人注目的事物》（*Relación de la entrade de algunos padres de la Compania de iesus en la China*）为名出版。[4] 与 16 世纪龙华民和胡安·冈萨雷斯·德·门多萨（Juan Gonzalez de Mendoza）的报告相比，庞迪我报告中的溢美之词明显更少；[5] 比如他对皇帝、太监和军官的道德败坏与贪婪腐化予以了猛烈的抨击。他对传教士赠送的礼物——钟表、书籍、地图、油画——以及他们在中国创造的奇迹做出了详尽的描述。庞迪我反复声称，马可·波罗（Marco Polo）笔下的中国和他所处时代的中国并无不同。中国对外部世界的认知、建筑学、数学和宗教等方面的知识过于贫乏，庞迪我对此深表轻蔑。与利玛窦及其他的欧洲人一样，中国广阔的领土、庞大的人口、巨大的城市、低廉的物价、高标准的礼仪和道德教育给他留下了深刻的印象。

费尔南·格雷罗（Fernão Guerreiro）在 5 卷本的《耶稣会神父传教事务年度报告》（*Relaçam annual*，1603—1611 年）中，也对中国做了具体论述，该书是在大量收集耶稣会传教士书简的基础上完成的。[6] 皮埃尔·杜·雅利克（Pierre

Du Jarric）同性质的作品于 1608—1614 年间在波尔多（Bordeaux）出版①，他的作品借鉴了格雷罗的编著及其他传教士的出版物和书信。[7] 这些著作共同提供了一个有关耶稣会传教团在中国的起源和发展的综合报告，同时也提供了大量实质性的描述素材。

在 17 世纪上半叶，耶稣会传教士作家也出版了一些重要的论述中国的作品。这些作品在塑造欧洲的中国形象时比书信更有影响。其中最重要的作品——金尼阁（Nicolas Trigault）的《基督教远征中国史》（*De christiana expeditione apud Sinas*，1615 年）、曾德昭（Alvarez Semedo）的《大中国志》（*Imperio la China*，1642 年）和卫匡国（Martino Martini）的《中国新图志》（*Novus Atlas Sinensis*，1655 年）——为欧洲的读者提供了比以往更全面、更系统的有
1566 关中国的信息。[8]

金尼阁和曾德昭的著作在形式上与门多萨相似。每部作品都包含一个对中国的长篇的综合描述，这些描述被分成数个专题栏目，比如“地名、方位和面积”、“人口和物产情况”、“机械艺术”、“人文科学”、“自然科学和学位”、“政府部门”、“风俗习惯”等等。两部作品的第二部分都是传教士在中国的历史，从传教士在中国的起源一直讲到作者所处的时代。金尼阁将故事的时间截至利玛窦去世的 1610 年，曾德昭则截至 1638 年。金尼阁和曾德昭讲述的大部分传教士的历史，此前就被《年度书简》（*Annual Letters*）的读者所熟知。这些著作反复讲述了传教士在中国的故事，与此同时，它们也记录下了中国的重大历史事件和有趣细节。

卫匡国的《中国新图志》对中国的论述与金尼阁和曾德昭很相似，但更简短。该书引人注意的地方，不是它关于传教历史的叙述，而是对中国行省的详细描述，每个行省都附有一张地图。该书及其附录纠正了一些有关中国地理状况的错误观念，同时阐明了欧洲地图中的中国形象。正因为如此，这些地图并没有在后来的几个世纪中被取代。虽然《中国新图志》的结构合理，脉络清晰，

① 指《难忘的东印度历险》（*Histoires des choses plus mémorables advenues tant ez Indes Orientales que autres païs de la descouverte des Portugais*）。——译者注

但是与那些建立在传教士报告基础上的对中国历史事件和民族特征的描述相比，其所呈现出的中国形象更为固定不变。那些依赖于人种史学和门多萨16世纪的叙述的读者，很可能将中国看作是相对不变的国度，它表面上缺乏定期变换的领袖和持续变化的事件。

人种史学和传教士书信所凸显的中国形象逐步变得带有奉承意味。尽管对在中国所见事物甚为赞叹，金尼阁和庞迪我也描述了一些比欧洲低劣的方面，在社会生活方面尤其如此。举例来说，虽然对中国的哲学成就表示赞赏，但金尼阁仍然深信，欧洲在科学技术方面比中国优越。与此同时，他并不对中国的自然道德（natural morality）做过高评价。在他有关耶稣会传教团的历史叙述中，可以看到来自中国社会各阶层的“骗子”（imposters）。在此基础上，金尼阁将中国人看作是异教徒并对其迷信表示同情。在某种程度上，曾德昭对中国更为赞赏。举例来说，他发现中国人天性注重德行，特别是谦逊、童贞、贞节和孝顺。同时他还严厉指责将中国人看作野蛮人的欧洲人。[9] 曾德昭著作中对1642年之前的简短记载，表明了他对耶稣会传教士在中国的地位和传教境况的关心，其目的是防止受到来自其他修道会的竞争和批评。这种关心在金尼阁和庞迪我的著作中也可看到。这种关注在金尼阁和庞迪我的笔下就已经开始出现，但在曾德昭著作的第二部分表现得尤为明显。例如，曾德昭有意夸大传教士在中国的成功，而且通过赞美中国基督徒在受到宗教迫害时表现出的虔诚，坚持为传教士的文化适应策略（cultural accommodation）进行辩护。从卫匡国的著作中可以看出，他对礼仪之争（the Rites Controversy）甚为顾虑。或许是因为这个原因，也或许是因为他比其他传教士作家更依赖中文文献，他对中国更富热情，有时甚至理想化和刻意拔高中国人的美德。不过应当指出，与后来某些传教士的记载相反，尽管传教士在中国的传教活动引起了欧亚之间持续增长的争议，但是这些著作对中国形象的描述并未被严重扭曲。

除了上述最重要和第一手的报告之外，还应提到堂·弗朗西斯科·德·埃雷拉·马尔多纳多（Don Francisco de Herrera Maldonado，1621年）[10] 和米歇尔·博迪耶（Michel Baudier，1624年）的第二手观察。[11] 马尔多纳多另有一些对中国的综合论述，显然是建立在传教士书简以及金尼阁和16世纪其他的一些传教士作家，如加斯帕尔·达·克路士（Gaspar da Cruz）、马丁·德·拉达（Martin de Rada）、贝纳迪诺·德·埃斯卡兰特（Bernardino de Escalante）和曾德昭等人的著作的基础之上的。因此，马尔多纳多所述内容在上述第一手报告中，都可以看到。但是作为最早出版的有关中国皇太后丧葬仪式的描述，以及列出了大量有关中国和亚洲的参考书目，他的《中华帝国简史》（*Epitome*）① 变得非常重要。[12] 虽然曾德昭也对皇太后——万历皇帝（the Wan-li emperor）的母亲——的丧葬仪式有过描述，但是他的记载相对更晚。与马尔多纳多一样，博迪耶对中国的描述也完全是建立在其他已出版的传教士报告的基础上的。他在书中表示，聆听金尼阁 1616 年向路易十三（Louis XIII）讲述中国的经历，使他获益匪浅。不过让人不解的是，他的描述绝大部分参考了曾德昭的著作。与曾德昭和金尼阁相比，博迪耶对中国更富有热情，也更缺少批评。

尽管丹尼尔罗·巴笃里（Daniello Bartoli）所撰传教士正史直到 1663 年才出版，但是在有关中国的著作中，该书实际上可以看作是有关明代中国历史的人种史学著作。[13] 巴笃里的所有记述，包括对中国政府部门的详细记载，都与明朝有关。在他的著作中，我们只能找到两条简短而含糊的有关满族征服（Manchu Conquest）的记载。[14] 其中一条提到，“当她（中国）大部分地区仍任由一位卑劣的叛国者摆布之时，对腐朽的大明帝国来说，（满族征服）是鞑靼人（Tartars）最后的洪水”。[15] 尽管书中的某些部分很显然来自其他传教士的著作，但是与其他传教士的作品相比，巴笃里的《中国耶稣会史》（*La China*）② 与金尼阁所述最为接近。在金尼阁的著作之外，他还引述了罗雅谷（Rho）③、罗明坚（Ruggiero）④、汤若望（Schall）⑤ 和卫匡国的著作。除此以外，《中国耶稣

① 全名为：*Epitome historial del Reyno de la China, muerte de su Reyna, madre de este Rey que oy vive, que secedio a treinta de Marco, del ano de mil y seiscientos y diez y siete*。——译者注

② 全名为：*Dell' historia della Compagnia de Giesu, la Cina*。——译者注

③ 罗雅谷（1593—1638 年），全名为 Giacomo Rho，意大利耶稣会传教士。——译者注

④ 罗明坚（1543—1607 年），全名为 Michael Ruggiero，意大利耶稣会传教士。——译者注

⑤ 汤若望（1592—1666 年），全名为 Johann Adam Schall von Bell，德国耶稣会传教士。——译者注

会史》的某些部分极有可能来自大量未出版的传教士书信，以及经他处理过的
官方传教士文件。所有这些，都使得巴笃里的著作在某种程度上可以看作是有 1568
关中国的史料，而不仅仅是已出版的传教士报告的合辑。从有关“礼仪之争”的记录中，我们可以看出巴笃里的著作比金尼阁和曾德昭更为严谨。因为显而易见，“礼仪之争”并未影响他对中国的赞赏。在他看来，中国的儒家思想可以与基督教伦理系统相互兼容。与此同时，他还明确主张，有关耶稣基督的问题应当考虑文化适应策略，并对传统时期中国人崇拜上帝的方式加以利用。[16]

苏查（Faria y Sousa）的《亚洲的葡萄牙人》（*Asia Portuguesa*）出版于1666年，书中有关中国的章节部分也可以看作是有关明代中国的人种史学。这些论述很大程度上引自曾德昭的著作，因为他很早就将曾德昭的记载翻译成了葡萄牙语。[17]《亚洲的葡萄牙人》时间叙述截至1640年，但是在苏查书中所列参考文献中，并未列出曾德昭以后的有关中国论述的著作名单。

与耶稣会士作家相比，欧洲商人和海员对中国更缺乏理解力。他们在东印度群岛（the East Indies）及中国沿海地区与中国人打交道。与传教士报告不同，这些旅行日记的作者往往不懂汉语，对儒家伦理和佛教思想也一无所知。他们只看到了中国宏伟政治架构最粗略的轮廓，至于其实际是怎样运作的，他们毫无概念也无从想象。他们很少表现出对天朝（the Celestial Empire）臣民的向往，恰恰相反，他们最大限度地将中国人描绘成贪婪狡猾之徒和狡诈善欺之辈。毫无疑问，他们之所以对中国和中国人缺乏最起码的赞赏，是因为他们对中国的语言和文化极不熟悉。他们通常会记录自己无法理解的现象，但却简单地用欧洲本土标准对此加以评判。另一方面，他们并不赞赏中国和中国人的原因，或许与他们打交道的中国人的类型有关。因为他们通常与中国的商人和船夫打交道，而中国社会对这些人的评价一般不高。至于中国的官员，他们所见到的也都是中国最基层的官员类型。的确，这些人通常都很贪婪，也常常说谎，因此并不是儒家道德影响下的典型形象。欧洲的旅行家常常描述中国人的偶像崇拜，他们对其所接触到的中国人的宗教信仰进行了相当准确的描述——即使是那些中国人本身，也无法理解儒家伦理和佛教思想的精妙之处。尽管这些旅行日记存在这样那样的缺陷，但仍然是构建欧洲的中国形象的重要资料。其重要

之处在于，在耶稣会士对中国的过分理想化的论述之外，增加了一些对中国的负面描述。他们的著作中通常描绘的都是中国社会的较低阶层——如果不是农
1569 民，至少是商人，这些人基本上都没有出现在耶稣会传教士的报告中。与此同时，这些旅行日记也提供了一些有关中国省级政府实际运作和行为方式的有用材料。因为许多欧洲旅行家所要面对的，都是中国的地方官员。他们常常与地方或省级官僚谈判，并在谈判之后长时间地等待来自更高层级的官员或北京方面的回应。其中一些旅行日记描述了受到省级官员正式接待的情景。最后还应说明，这些旅行报告将海外中国人（overseas Chinese）社区的情况介绍给欧洲读者，因此也传达出中国主导亚洲的印象。

举例来说，巴托洛梅·列奥纳多·德·阿亨索拉（Bartolomé Leonardo de Argensola）在《马鲁古群岛之征服》（*Conquista de las islas Malucas*，1609 年）中，就对中国和海外中国人有过重要的讨论。[18] 在马尼拉（Manila）的西班牙人（Spanish）不断担心中国会对马鲁古群岛（Moluccas）① 进行干涉，在 1603 年的叛乱及马尼拉的大屠杀之后，这种担心日益严重。在阿亨索拉的著作中，可以看到马尼拉的西班牙长官与中国的福建官员之间的通信。他在信中称对方为“漳州的来访者”（Visitor of Chincheo，漳州 [Chang-chou]），而对方正在关注这次叛乱。[19] 阿亨索拉在讨论中暗示了对东南亚中国人社区的面积、范围及影响力的赞赏，同时也暗示了西班牙人（Spaniard）对海外中国人与祖国之间的密切关系感到担忧。事后证明，这种关系是一种错误的估计。阿亨索拉的著作也包含一些对中国的总体描述，但是这种描述主要来自门多萨的著作及 16 世纪的西班牙史料。[20]

尽管让·莫凯（Jean Mocquet）从来没有去过中国，但是很明显他在果阿（Goa）遇见过中国商人。正是从当地的葡萄牙人口中，他听到了有关中国的故事。莫凯的《非洲、亚洲和东西印度群岛地区的航海行纪》（*Voyages*）② 出版于

① 又译为摩鹿加群岛，位于西太平洋边缘，在菲律宾群岛的南部，新几内亚的西北部，亦即传说中的香料群岛（Spice Islands）。——译者注

② 全名为：*Voyages en Afrique, Asie, Indes orientales et occidentales*。——译者注

1617年，出版以后流传甚广，书中就有对中国人的描述。[21] 莫凯对中国人的看法并不算公允。他将中国人描述为聪明、贪婪的超级骗子。[22] 他举例说，有一个葡萄牙人在广东买了一只烤鸭，但发现鸭皮里面塞满了纸屑和木屑。[23] 尽管如此，莫凯也宣称，果阿的葡萄牙人仍然更喜欢中国仆人，因为中国仆人忠诚而勤快。[24] 莫凯说，他在果阿曾经拜访过中国人并与之共同进餐。在他看来，中国人的房子非常华丽，但是中国人贪吃，而且吃相"有伤风雅"。中国人的食物以米饭为主，面食较少，甚至会食用狗肉。莫凯还在书中描述过中国人如何使用筷子。[25]

托马斯·赫伯特爵士（Sir Thomas Herbert）① 的《亚非旅行记》（*A Relation of Some Years Travaile*）最早出版于1634年，尽管他没有去过中国，但是该书中 1570
也涉及对中国的少量评论。托马斯·赫伯特对中国的面积、财富和国力印象深刻，他以长城、印刷术和火药作为中国的主要成就。不过在他看来，中国人"脆弱而胆小"，崇拜偶像，胡须浓密，是无可救药的赌徒和"享乐主义者"。[26]

塞格·范·雷基特伦（Seyger van Rechteren）没有去过中国，但是其《东印度旅行日记》（*Journael*）② 却对中国做过大量描述。更为重要的是，这些描述并不是建立在标准的耶稣会传教士报告的基础上的。他在书中表示，他筛选过在船边与荷兰官员的交谈信息，那些荷兰官员曾在中国坐过五年的大牢。[27] 更有可能，雷基特伦的信息来自有关雷尔松（Reijersen）③1622—1624年在澎湖列岛（Pescadores）探险的官方记载。但不论如何，他的观点代表了航海家和商人对中国（Middle Kingdom）的基本看法，这些看法更多的来自东南沿海及其附近地区，而不是京城。雷基特伦羡慕中国的皇帝，因为他们拥有大量财富和强大国力，但是他的看法仍充满敌意——这块土地上的异教徒聪明而不诚实，他们蔑视一切外国人。与耶稣会士的记载相比，雷基特伦的著作显得肤浅且具有误导性。例如，他有关帝国政府的描述混乱而片面。他对中国官员的学术成

① 又译为汤赫拔。——译者注

② 全名为：*Journael gehouden door…op zyne gedane voyagie near Oost-Indien*。——译者注

③ 科尼利斯·雷尔松，全名为：Cornelis Reijersen，又译为雷尔生、雷约生、莱尔森等。——译者注

就一字不提，更不要说有关中国的文化知识和教育。与此同时，他甚至没有提到儒家思想。除此以外，他犯了几个地理上的大错误。比如，他将流经漳州的九龙江（the Chiu-lung River）看成是“中华帝国最大、最著名的航海和贸易通道”。[28] 不过，反过来，雷基特伦对九龙江的错误看法，却可论证漳州地区的确存在令人印象深刻的商业活动。而且他所述及中国的省级官员接待外国人的场景，以及外国人与地方和省级官员谈判的艰难场面，也是对于欧洲对中国边境地区印象的有益补充。在那些地区，中华帝国的制度在实际执行过程中被严重扭曲。更多同类的信息可见于有关雷尔松探险的详细描述中，这些描述附录在雷基特伦的航海日志中，后者收录在 1646 年出版的《荷兰联合省东印度公司的创始和发展》（*Begin ende voortgangh*）① 中。[29] 其实，早在尼古拉斯 · 范 · 瓦森纳（Nicolaes van Wassenaer）的《阿姆斯特丹报》（*Amsterdam newsheet*）中，就报道过有关雷尔松的探险，以及荷兰在台湾（Formosa）建立城堡的消息。[30]

《荷兰联合省东印度公司的创始和发展》也有不少对中国和中国人的描述，
1571 其中一些有关于爪哇（Java）和东南亚其他地区的中国人，这些中国人常常与荷兰旅行家相遇。对中国本身，或至少是对其沿海地区的观察，在科尼利斯 · 马塔利夫（Cornelis Matelief）、鲁洛夫 · 鲁洛夫斯逊（Roelof Roelofszoon）和韦麻郎（Wybrand van Warwijck）的航海日记中可以看到。例如，鲁洛夫斯逊记述了雅各布 · 范 · 内克（Jacob Van Neck）的海员在 1601 年离开澳门（Macao）时发生的不幸事故。[31] 韦麻郎的航海日志则提供了一次有趣的观察，即 1604 年他与一位中国地方官员谈判的情景。[32] 1607年，马塔利夫也在广东（Kwangtung）沿海的南澳岛（Nan-ao）和蓝涛岛（Lan-tao）与中国官员进行过谈判。附录于《荷兰联合省东印度公司的创始和发展》中的马塔利夫的报告，对这次谈判及其在岛上所见居民、村庄和庙宇，都做过颇有见地的论述。编者艾萨克 · 考梅林（Isaac Commelin）在《荷兰联合省东印度公司的创始和发展》之后收录了大量有关中国的报告，这些报告远比马塔利夫的论述更为丰富。马塔利夫的论述大

① 全名为：*Begin Ende Voortgangh, Van de Vereenighde Nederlantsche Geoctroyeerde Oost-Indische Compagnie*。——译者注

多引自皮埃尔·达维蒂（Pierre d'Avity）的《全世界的国家、帝国和公国》（*Les estats,empires,et principautez du monde*），而皮埃尔·达维蒂的报告又是摘自门多萨的著作。[33]

威廉·伊斯布拉松·邦特库（Willem Ysbrantszoon Bontekoe）的著作广为流传，他的《东印度航海记》（*Journal*）① 也是出版于1646年。《东印度航海记》对1622年邦特库在福建沿海遇见的中国人及其帆船和村庄进行了描述，那时他正指挥其中一艘雷尔松的战舰。[34] 同样，对于邦特库来说，中国人是一个险恶和危险的民族。他对中国毫不欣赏。倒是文森特·勒布朗（Vincent Le Blanc）的《马赛人文森特·勒布朗先生一生环游世界纪实》（*Les voyages fameux*）②，对中国研究有一些参考价值。该书于1648年首次出版。[35] 与其他欧洲的旅行家相比，他对中国人更缺乏关注的热情，尽管他也曾经提到在万丹（Bantam）的中国人对鬼神的崇拜。文森特·勒布朗惊讶于中国人表现出的傲慢，因为据说中国人认为自己的国家处在世界的中心。[36]

第二节　地理、气候和地名

欧洲有关中国的地理知识在17世纪上半叶迅速增长，主要是因为这一时期的耶稣会士不再局限于在南方的沿海地区活动，而是沿着陆路、河道和运河在全中国旅行，同时他们也会定居在首都和省会城市及其他乡村地区。那个年代
的主要观察报告，正是由这些耶稣会士撰写的。除此以外，他们有能力也有机 1572
会阅读中文文献，这些文献增加了中国人对自身的观察，也为耶稣会士提供了更多的背景资料。[37] 因此，他们的报告同时包含了中国北方和南方、内地和沿海、首都和其他内陆大城市、小城镇和村庄，以及周边地区的地理信息。截至

① 全名为：*Journael ofte gedenckwaerdige beschrijvinghe vande Oost-Indische reyse van Williem Ysbrantsz. Bontekoe van Hoorn*。——译者注

② 全名为：*Les voyages fameux du Sieur Vincent Le Blanc marseillois, qu'il a faits, depuis l'âge de douze ans jusques à soixante, aux quatre parties du monde, à sçavoir*。——译者注

1655 年，随着卫匡国《中国新图志》的出版，欧洲有关中国地理的印象得到了极大完善。即使在接下来的两个世纪里，欧洲有关中国地理的认识也没有太多改变。

17 世纪上半叶的所有欧洲作家，都对中国辽阔的面积和庞大的人口感到敬畏。比如，1615 年，金尼阁就引用了一位中国人 1579 年“对中华帝国的描述”：

> “中华帝国有两个京城（首都）——南京，南方的京城；北京，北方的京城。另外还有 13 个其他的省份。这 15 个省份”——在某种程度上可以称之为王国——“可以进一步细划为 158 个部分或小的省份”，汉语称之为**府**①（*Fu*），除了更小的城镇、城堡、村庄和农庄外，这些府大多包括 12 至 15 个大城市。在这当中，有 247 个大城市被命名为**州**（*chou*），尽管其中大都因其威严和重要性而不是辖区与其他大城市相区分。当时还有 1152 座称之为**县**（*hsien*）的普通城市。[38]

庞迪我早在 1605 年就参阅了同类的中文资料，但是对于中国的省份和城市的规模，他无力地表示：“要相信中国的伟大，近距离观察他们是必要的。”[39] 大多数金尼阁的继承者都重述或概括了他对 15 个省份，及其因微小差异而进行的细分。许多耶稣会作家开列了这些省份的名称，有时还会将它们分为北方省份和南方省份。曾德昭也对每个省份都做了简要描述。[40] 与曾德昭相比，卫匡
1573 国对各省的描述都更为详细。在《中国新图志》中，他给所有 15 个省份都配备了一幅两倍大小、对开尺寸的地图，以及对各省地理位置和边界的简要描述，同时还包括各省的气候、人口和税收情况。在对各省的简介之下，卫匡国还记录了该省的主要城市（**府**），开列了府下面的城镇及其所辖诸地区。与此同时，卫匡国还对各省和各府境内的河流、山脉、道路和桥梁，以及当地的代表性景观、土地肥沃程度、农产品及少量历史都做了简要介绍。这些有关各省省情的描述，用六开到十二开的纸张依次排列，以补充地图之不足。大多同时代的欧

① 原文为斜体，以示强调，中译统一改为黑体。下文不再另注。——译者注

洲地区，都很难找到可以与之媲美的详细论述。

相比于中国辽阔的面积，欧洲人对中国极其稠密的人口感到更为震惊。他们不会忘记对此做出评论。中国有这么多的大城市。“你将难以掩饰自己的崇拜”，庞迪我在其北京之行中写道，“因为我们顺着一座城市的城墙步行，足足花了两三个小时。这座城市的周围还有许多其他的城镇和乡村，鳞次栉比”。[41] 他报告说，北京有 200 000 栋房屋——比任何四座欧洲主要城市的人口总和还多。[42] 在中国生活了二十二年以后，曾德昭仍然为其拥挤的人口感到惊讶，一如他刚到达中国时那样。[43] 卫匡国则写道，中国承载了如此多的人口并得到如此集中的垦殖，以至于可以将中国看作是一座巨大的城市，因为它的周边被长城和大海所包围。[44] 部分耶稣会士依据帝国的税收收入对人口做了估算，计得人口数超过 58 000 000 人。金尼阁估计有 58 550 801 人；曾德昭估计有 58 055 180 人。[45] 卫匡国简短地记载了一次新的记录，为 58 914 284 人。[46] 但是，正如论者所述，这些数字仅仅包括纳税人在内；他们没有包括妇女、小孩、皇亲国戚、政府官员、士兵、宦官和僧侣——据卫匡国的说法，这是难计其数的庞大群体。若将这个庞大的群体计算在内，当时中国的实际人口高达 200 000 000 人。[47]

大部分 17 世纪早期的作家都认为，中国领土呈正方形状。龙华民在 1602 年说，中国的“直径”为 550 里格（leagues）：从南到北 550 里格（从北纬 19° 到 50°），从东到西也一样长。[48] 对于中国的北部边界，后来的大部分作家 1574
都不赞同龙华民的观点。庞迪我确信北京位于北纬 40°，而长城的纬度不可能超过北纬 42°。同时他还认为，中国南方的海南岛约在北纬 17° 或 18°。[49] 金尼阁则认为，中国位于北纬 19°—42°，东经 112°—132° 之间。[50] 曾德昭将中国北部边界定在北纬 43°，对经度则不甚明确。[51] 卫匡国认为北京位于北纬 39° 59′，而中国北部边界当在北纬 42°。[52] 与大多数欧洲作家一样，他将海南岛南部顶端作为中国的最南边，位于北纬 18°。根据卫匡国的说法，中国从东到西跨越了 30 个经度。[53] 他在地图中显示，作为最东端的宁波（Ningpo）位于东经 152°，这意味着中国西部的边界当在东经 122°——与金尼阁的估计和现代地图均有较大差异。现代地图将最东端的浙江省（Chekiang Province）定在东经 122°，而西部的甘肃定在东经 94°。但是卫匡国在纬度上的估算与现代地图非常接近。同时，他还在《中国新图志》中，为提及的每一座城市和城镇都制作了经纬度表。卫匡国制作这个经纬度表的方法，是将北京的经线定为基础子午线（base meridian），以此为基础，估算位于北京东部和西部城市的经线度数。[54]

毫无疑问，中国拥有天然的防卫边界，大多数传教士作家都用了同样的词汇来表达这点。在东部和南部，有大海作为屏障，变化莫测的海岸线可以保护中国的海上路线；在西部，高大的山脉将中国和亚洲其他地区隔离；在北部和西北部，有荒凉的沙漠和长城，修建长城的目的正是为了补充天然防卫边界的不足。[55] 有些作家提到，中国边境分属不同的土地，但没有人像卫匡国那样描述得详尽。在《中国新图志》中，卫匡国对中国满洲地区（Manchuria）、日本北海道（Hokkaido）、蒙古、中国新疆（Chinese Turkestan）和西藏地区、老挝（Laos）、柬埔寨（Cambodia）北部和越南（Vietnam）都做了非常详尽的描述。[56]

大多数欧洲传教士作家都认为，中国处在温带地区，气候温和。但是与世
1575 界上其他处在北纬 18°—42°之间的地区相比，中国的气候变化更大。比如，曾德昭就曾抱怨北京的冬天相比北纬 40°地区更为寒冷；那里的河流和湖泊都结了冰，人们在屋内用壁炉烤火取暖。[57] 卫匡国也认为，北京出人意料的寒冷。河流冰冻期可以持续四个月，冰层厚到足以支撑马车和马匹在上面通行。在次年 3 月春季来临之前，河流绝不会解冻。[58] 另一方面，中国有部分领土处在热带地区。卫匡国认为，福建温暖而舒适；而广东终年无雪，树木四季常青；广西（Kwangsi）和云南（Yunnan）常常很热。[59] 至于杭州（Hangchow），卫匡国描述说，每年的 10 月 18 日都会涨起惊人的大潮。那天人们倾城出动，全都出去观潮。他还提到，钱塘江（the Ch’ien T’ang River）的潮汐很大。他推测，一般是在 10 月发生大潮。这和秋季向冬季的过渡有关，因为秋冬交替之际大海变得更为凶险。[60]

欧洲地理知识一个更引人注目的发展，是有力地区分了中国与马可·波罗笔下的契丹（Cathay）。早在 16 世纪末，德·拉达就已提出，中国和契丹是同一个地方的两个不同称呼。[61] 随后不久，那些深入中国内部的耶稣会传教士就

相信马可·波罗确曾来过中国。在与身处北京的中亚商人交谈之后，庞迪我对这一判断确信不疑：

> 我们就几个问题询问了那些商人：其中之一就是关于契丹（Catayo），我们问他，在他们的国家如何称呼中国？他们回答说，契丹。同时他们还告诉我们，在蒙古、波斯（Persia）和其他地方，都没有其他的对中国的称呼，而且他们不知道是否还有别的国家称为契丹。我们接着问他们为什么称呼北京为 Paquin？正如我所说过的那样，他们说汗八里（Cambalu）是他们对契丹首都的确定性称呼。[62]

这样一来，在中国的传教士与莫卧儿帝国（Mughul）皇帝（阿克巴 [Akbar]①）的朝廷之间，就中国与契丹问题展开了争论。后者仍然坚信，契丹是一个帝国，或者至少是一个有别于中国的地方。出于对那些据说生活在契丹的大量基督徒的担忧，耶稣会士最后决定安排一次探险以解决这一争论。1603年，一位耶稣会的世俗修士（lay brother）鄂本笃（Bento de Goes）接受派遣，
跟随商队从德里出发，前往汗八里（Cambaluc），那是马可·波罗笔下契丹国 1576
的首都。金尼阁记录了鄂本笃的这次旅行：他怎么随着撒拉森人（Saracen）②的商队前往汗八里，最后在1605年年底到达了陕西（Shensi）③西部的肃州（Su-chou）。[63] 最后，鄂本笃在肃州去世，去世之前曾与身在北京的利玛窦通过信。鄂本笃确信，他要前往的汗八里与利玛窦所在的北京城是同一个地方，而契丹只是撒拉森人对中国的称呼。[64]

尽管金尼阁对此做了令人信服的讨论，但是许多欧洲人仍然不相信中国和

---

① 阿克巴（1542—1605年），全名为：艾布·乌尔法特·哲拉鲁丁·穆罕默德·阿克巴（Jalal al-Din Muham-mad Akbar），又译为亚格伯，印度莫卧儿帝国第三代皇帝，1556—1605年在位。——译者注

② "撒拉森"是基督徒对穆斯林的蔑称，穆斯林相应蔑称基督徒为"法兰克"。——译者注

③ "Shensi"为陕西的旧译，现一般译为"shaanxi"。——译者注

契丹是同一个地方。举例来说，珀切斯（Purchas）①——他在1625年出版了庞迪我的书信和大量金尼阁的著作——仍然“相信，在亚洲北部存在一些伟大的王公（Prince）或大汗（Can），另外还有他们的都城汗八里（Cambalu）或朝廷。那里所处的纬度比耶稣会士所能了解到的亚洲地区更高。过去由于中国人的猜疑，陌生人被拒于千里之外。直至今日，一些挑剔的鞑靼国王仍然用这种方式，迫使我们无法对那些地区做出深入的了解”。[65] 也许最主要的困难在于，据说基督教徒在契丹存在，但是在中国没有发现任何基督教徒的社区。金尼阁试图证明先前的确有基督教徒来过中国，而且还可以找到相关的历史迹象。[66] 除此以外，他还认为，耶稣会士报告很可能高估了据说数量庞大的基督教徒。或者存在另一种可能，即那些观察家将中国的佛教徒与基督教徒混淆了，这些报告大多数都是由穆斯林（Muslim）观察家创作的。[67] 在1628年出版的耶稣会士书信集中，有一封加斯帕尔·路易斯（Gaspar Luís）的书信，这封信为基督教徒在中国的早期存在提供了可靠的证据，因为他在西安（Sian）发现了景教（Nestorian）碑文②。[68] 后来，曾德昭也提到了这块碑文。[69] 因为马可·波罗是在蒙元时期（Mongol dynasty）来到中国的，所以很可能正是在那个时期，中国周边地区接受了契丹这个名字。在那个时代，成吉思汗（the Great Khan）统治了中国及其周边的所有土地。

这些怀疑的流行引起了卫匡国的兴趣。在《中国新图志》中，他对这一问题做了详细讨论，同时该书还提供了更多区分契丹和中国的证据。尽管如此，布劳（Blaeu）③出版的《中国新图志》——该书收录了卫匡国的地图——就描述过一个独立的“契丹王国”（Kingdom of Cathay）。卫匡国坚信，契丹仅仅是
1577 中国北方六省的蒙古语名称，正如马可·波罗用蛮荆（Mangin）来称呼中国南

① 塞缪尔·珀切斯（1577—1626年），全名为：Samuel Purchas，英国著名游记作家。——译者注

② 即《大秦景教流行中国碑》，该碑出土于明天启三年（1623年），高279厘米，宽99厘米，现藏陕西西安碑林。——译者注

③ 约翰·布劳（1596—1673年），全名为：Joan Blaeu，荷兰著名的出版商和制图学家，1655年出版了卫匡国的《中国新图志》（收录于《大地图集》第五卷）。——译者注

方诸省一样。[70] 他引述了金尼阁和利玛窦在北京与阿拉伯商人的对话，并重述了鄂本笃的旅行故事。[71] 卫匡国说，鞑靼人仍然称北京为“汗八里”。与此同时，他还观察到马可·波罗对“汗八里”的描述，与他所了解到的北京的情况相吻合。[72] 卫匡国每每将马可·波罗的描述，与自己的观察比对起来，这样也通常能够证明马可·波罗所述故事的大致准确性。举例来说，马可·波罗笔下的“Quiang”指的是扬子江（Yangtze），“Singui”指的是苏州（Soochow），“Quinsai”指的是杭州①，“Fugui”指的是福州（Foochow）——这一名字也可用于指称整个福建省，而“Zarte”——根据卫匡国的说法，不是一个汉语名字——指的是漳州，在那里发现了许多基督教徒的历史遗迹。[73]

在对契丹和中国的区分中，最引人注目的证据来自一位荷兰的东方学家（orentalist）——雅各布·戈略斯（Jacob Golius，1596—1667 年）②，他的证据附录在卫匡国的《中国新图志》之后。[74] 戈略斯对中国的兴趣由来已久。与其他的欧洲学者一样，他深入思考了有关契丹和中国的区分及其引发的质疑。在对波斯文学的研究中，他常常可以找到一些有关契丹的资料。例如，在 13 世纪的波斯哲人纳失达丁（Nasirodin）③所绘天文表中，戈略斯找到了一些证据，即那些契丹人按年—月—日顺序计时的方式。戈略斯也收集到了一些中国书籍，但无力阅读。1654 年，当听说汉语通卫匡国神父路过莱顿（Leyden）时，戈略斯即匆匆赶去拜会。他主要关心的问题是：是否可以明确证明中国真的就是契丹，以及在蒙元时期是否有北方民族对中国的称呼。在与卫匡国会面的那天，戈略斯首先引述了 12 小时的说法，这是契丹人对一天的时间划分。他念了最初的三个名字，卫匡国很轻松地记录在了表格上。他接着陈述了

① Quinsai 即“行在”。因宋人称临安为“行在”，故马可·波罗将之音译为“Quinsai”。——译者注

② 又译为格里乌斯、何留斯等（参照张西平主编：《西方汉学十六讲》，北京：外语教学与研究出版社 2011 年）。——译者注

③ 纳失达丁（Nasr-ad-Din at-Tusi），13 世纪中叶胡拉克（约 710—739 年在位）宫廷的著名数学家。参见基歇尔：《中国图志》，张西平等译，郑州：大象出版社 2010 年，第 128 页。——译者注。

从纳失达丁那里发现的，契丹人将一年划分为24个节气的做法，卫匡国又很快记录了下来。会面至此，戈略斯确信中国与契丹就是同一个地方。尽管戈略斯对汉语一窍不通，卫匡国也不懂波斯语，但很明显他们说的是同一个民族。戈略斯从纳失达丁那里得知的契丹人对时间的划分，很明显与中国人对时间的表达方式完全一样。在简短的莱顿会面之后不久，卫匡国和戈略斯在安特卫普（Antwerp）做了更详细的交谈，同时也收集了更多令人信服的区分中国和契丹的材料。在卫匡国的《中国新图志》及戈略斯的“附录”出版以后，大部分的
1578 欧洲学者都赞同这种观点。

中国与契丹是否是同一个地方，这一问题部分地来自欧洲人的著作中，使用了大量的对中国的不同名称。金尼阁和后来的大多数作家都在其著作的序言中，对其所知的中国名称有过讨论。比如金尼阁说，托勒密（Ptolemy）①称中国为“支那”（Sina），在古代中国同时也以“食马者”（Hippophagi）和“丝绸之国”（Serica regio）②为人所知。在中国边境的不同民族对中国有不同的称呼：比如那些生活在印度支那（Indochina）、东印度群岛和印度地区的人，称中国为“秦那”（China）或“支那”（Cina），后者是葡萄牙人从当地得知的；位于中国西部的人则称中国为“契丹”，正如他们在马可·波罗那个时代的做法一样。大多数欧洲传教士都一如既往地列举了邻国对中国的常用称呼，但是中国人自己都不知道这些称呼的存在。造成这种混乱的一个重要原因，是因为中国在不同的朝代有不同的称呼。正因为如此，17世纪上半叶的中华帝国以“大明”（Ta Ming）为其子民所熟知。在金尼阁接下来所列名单中，古代中国还有“唐”（Than）、“虞”（Yu）、“夏”（Hsia）、“商”（Sciam）、“周”（Cheu）和“汉”（Han）等名字。[75]金尼阁则补充了“秦”（Ch’ in）——即支那（China）的起源——“元”（Ijue [Yüan]）和“清”（Ch’ing）——当时满族王朝的名字。[76]古代的中国人习惯上称呼自己的土地为中国（Chung-kuo）或中华（Chung-hua），另外，“中

① 托勒密（公元90—168年），拉丁名为：Claudius Ptolemaeus，古埃及著名天文学家。——译者注

② 又音译为赛利斯，意译即丝绸之国。——译者注

央之国”（Middle Kingdom）或“中央花园”（Garden）之名也为大多数欧洲传教士作家所熟知。在论证过程中，金尼阁描述了中国人最初看到利玛窦万国地图（world map）时的怀疑，在那张地图上，中国处在东部边缘而不是世界的中心。[77] 在17世纪中后期，这一故事被一遍又一遍地重复讲述。

然而不幸的是，由于17世纪欧洲传教士的报告更为关注有关中国的总体地理知识和地名问题，因此遮盖了欧洲的读者本可以从中获得的对中国景观的具体感受。其中包括对数以百计的中国农村和城市的生动描述——许多都是描写北京地区的；耶稣会士沿道路、河流和运河途中所见附近的风景；西部神秘的山脉、辟为梯田的丘陵、翠绿的稻田和干枯的黄土高原（loess plateau）；荷兰和英国商船所见海边的峡湾等等。总而言之，雷尔松在福建沿海的侵袭，鄂本笃从阿格拉（Agra）① 到肃州的艰难跋涉，传教士在北京和许多相互隔离、差异甚大的边区村落之间的旅行，所有这些都为欧洲读者提供了数以千计的对中国景观的印象。与此同时，卫匡国《中国新图志》中对各省的概况，也提供了大量有关山脉、峡谷、河流、道路和村庄的具体描述。 1579

第三节　政府和行政部门

就当时的中国社会而言，没有什么比政府和行政部门更始终如一地吸引17世纪的欧洲人了。早在16世纪，门多萨就指出，中国是世界上治理得最好的国家。从那以后，几乎所有人的著作都包含了对中国政府和行政部门的论述，这些论述在著作中占据了巨大的、与全书主题不成比例的篇幅。因此，17世纪的欧洲人聚集了大量的，同时也理所当然较为准确的有关中国政府的记载。可以预料，这些信息大都出自耶稣会士之手，因为他们有在中国长期生活的经历。这些耶稣会士的记述为其他作家奠定了写作基础，与此同时，商人和海员的观察也很好地补充了耶稣会士的不足。

① 又译为亚格拉。——译者注

中国的政府等级呈金字塔排列，处于最顶端的是皇帝。中国皇帝毫无限制的权力吸引着欧洲传教士，他们沉迷于对这个令人难以忘怀的统治者非常精细而准确的描写。比如，几乎所有的欧洲传教士作家都讨论过皇帝各种各样的名字和头衔。他们记载说，皇帝被称为**天子**（*T'ien-tzu*）——上天的儿子（Son of Heaven），因为他从上天那里获得了权力。此外，在中国传说中的第三位圣人之后，他通常也被称为**黄帝**（*Huang-ti* [yellow Emperor]）。卫匡国曾经比较过作为中国帝王的**皇帝**和作为罗马帝王的**凯撒**（*Caesar*）的称号。[78] 中国皇帝的继承方式是父死子继，尽管卫匡国表示，有些上古的圣人曾经将王权禅让给他人。[79] 曾德昭表示，如果皇后没有儿子，那么皇帝的任何一个嫔妃所生长子就将成为继承人。他断言，皇帝没有改换继承人的自由。他举万历皇帝（1573—1620 年在位）为例作为证据，后者曾尝试过类似的举动但遭到了失败。[80] 曾德昭开列了一位新皇帝就职之时，所要采取的 13 种措施。这些措施包括：在拥有新的头衔之后，新皇帝要给自己统治的年代指定一个年号。新的年号从他们继承皇位之后的新年开始算起，同时新的货币也以他的年号重新铸造。除此以外，新皇帝还要祭祀天坛和地坛，开仓济民，大赦天下。所有帝国的官员都在
1580 朝廷宣誓，他们将效忠于新的君主，那时他们会享受到只有皇帝才有的宴会。前任皇帝的所有嫔妃都被遣散，同时新的嫔妃又从全国选拔。[81] 大量有关皇帝服饰、日常事务、皇后与嫔妃及太监的详细记载，都可见于 17 世纪的报告。庞迪我描绘了帝国的宫殿和庭院；曾德昭则补充了更多的细节。[82] 普通百姓永远无法见到皇帝。就万历皇帝而言，事实的确如此，因为除了妻子和为他服务的太监外，任何人都无法见到他。[83] 但是，这样彻底的隔绝只是例外。在宫廷中，女人和太监占了大多数。中国的皇帝只有一位皇后，但有数以千计的嫔妃。[84] 这些女人之所以被选进宫中，无不仅仅是因为她们的美貌。与欧洲的君王不同，中国的皇帝不与邻国君王或富贵人家的女儿通婚。[85] 为皇帝及其后宫服务的太监数以千计，他们也是经过选拔而来。庞迪我曾对太监及其选用过程有过描述。显而易见，他对太监绝无好感。庞迪我说，有超过 6 000 名太监在宫廷为皇室服务。[86] 曾德昭则估计，1626 年有 12 000 名太监。他还对太监这一职业、太监的等级和组织进行了相当详细的论述。[87] 一旦他们得到皇帝的支持，就会变

得傲慢和贪婪；一旦他们滥用手中的权力，无人能够幸免于难。

曾德昭也描述了这个强大君主的荣耀和仪式——每月总有一次，每个城市的官员都要聚集起来表达对天子的敬畏。在皇帝生日那天，这些官员要举行同样的仪式。一年一度地，各省都会派遣高级官员作为本省的代表去觐见皇帝，而所有的官员每隔三年都要为同样的目的来到北京。没有任何一位官员可以骑着马或坐着轿子通过宫廷的大门，与此相应，服丧期间的官员也被禁止通行。在觐见皇帝之前，外国使节及其他人都要事先在御座前排练这种仪式。当皇帝出现时，所有人都要屈膝跪地。若有事上奏，他们要将笏板（flat pieces of ivory）①放到嘴前。[88] 曾德昭认为这种荣耀显示出了皇帝至高无上的权力，而除了上帝以外，无人更有资格享受这种荣耀。[89] 1581

耶稣会士报告说，中国通常只有一位君主；金尼阁表示，他甚至没有听过中国还存在其他形式的政府。[90] 当得知中国没有世袭的贵族以分割皇权时，大部分欧洲传教士都感到惊讶。金尼阁正确地指出，在早期中国历史上曾经存在一种类似于公爵（duke）、侯爵（marquis）和伯爵（count）的贵族，但是这些贵族早在至少八百年前就已经不复存在。[91] 皇亲国戚及其子孙后代保有世袭的头衔和薪水——常常是王（*wang*）——他们曾经在王朝建立时做出过杰出的贡献。但是金尼阁指出，这些人没有办公场所，也没有实际权力，而是与其他普通的中国人一样，接受各地地方官员的管辖。[92] 也就是说，他们不在任何一国的国都办公或居住。金尼阁表示，这些家族拥有皇室标志，这样一旦犯罪——除了叛国罪以外，都可以免除惩罚。但是这种特权只能使用三次。[93] 曾德昭记述了1642年左右的情况，他指出，皇室亲戚直到最近才被允许参加科举考试。[94] 然而，早在1605年，庞迪我就记录了一个他认识的皇室亲戚，当时对方正在准备参加科举考试。[95]

由于深深感受到中国皇帝的专权，大部分耶稣会传教士作家都提到了这种建立在文官基础上的权力体系的局限性。比如金尼阁就观察到，虽然在中国只有一个君主，但“在某种程度上，中国是一个贵族政体”，因为如果“没有与大

① 又称手板、玉板、朝笏、朝板，中国古代大臣上殿面君时所用。——译者注

臣磋商，或听取大臣的意见，皇帝本人不能最终决定有关国家大事”。金尼阁强烈地——甚至是过于强烈地指出了这点，“我已做过彻底的调查研究，可以肯定下述情况是确凿无疑的。那就是：皇帝无权给任何人封官，无权增加对任何人的赏赐，也无权提高任何人的权力，除非他听到了某个大臣的这种建议”。[96]当然，皇帝可以用其私人财富奖掖任何人，但是他不能凭借个人兴趣处理公共
1582 税收和贡品收入。所有部门的财政预算，包括皇帝自己的津贴，都必须由相关的政府部门和机构确定及管理。[97] 曾德昭将学者—官员（scholar-officials）①——甚至是他们的学生——称为贵族，这个贵族靠学问而不是世袭地位生存。[98] 有些欧洲传教士羡慕中国那些有学问的官僚。比如金尼阁写道：

> 只有取得了博士或硕士学位的人才能进入国家政府工作；由于大臣和皇帝本人的重视，这类候选人从不缺乏。因此每个公共职位都由经过知识、审慎和个人的干练品质考验的人担任，但不管他是否是初次任职，入职之后都要不断加强。[99]

阿塔纳修斯·基歇尔（Athanasius Kircher）后来写道，“这个政府由学者用柏拉图主义者（Platonist）的方式、按照神学家（divine philosopher）的愿望来治理。因此我认为这个国家是幸运的，因为这个国家的国王有能力让自己拥有哲学知识，或者至少允许一位哲学家对其国家进行治理并指导他的国王”。[100]卫匡国用同样的口吻表达了他的观点。[101]

中国政府的最高中央机构是六部（the six boards），从庞迪我到卫匡国的所有西方传教士都论述过中国的“朝廷”（courts，“内阁”[councils]）。[102] 顾名思义，各部门的职能可从其名称中看出来：户部（the Hu-pu），或财政部门；刑部（the Hsing-pu），或刑罚部门；兵部（the Ping-pu），或战争部门；工部（the

① 对于明清时期的士绅、缙绅、文人、士大夫等名词，西方学者有不同的翻译，为体现不同语境中的表达需要，按原意进行翻译，即 scholar-official 译为“学者—官员”，gentleman 译为“士绅”，literati 译为“文人”，“scholar” 译为“学者” 等等。——译者注

Kung-pu），或公共事务部门。不过在六部中，有两个部门担负的职能非常独特，它们也比其他四部引起了更多17世纪的西方传教士和其他人的关注。这就是吏部（the Li-pu）——或人事部门和礼部（the Li-pu）——或礼仪部门。当然，礼部的**礼**（*li*）与吏部（the Board of Civil Office）的**吏**（*li*）用法并不相同。[103]所有人都同意，吏部是所有六部中最重要的部门。吏部对帝国的所有官员及其候选人进行登记。行政职务的任命即由吏部向皇帝报告。同样，吏部也要每隔三年考核帝国官员的政绩，并据此推荐他们升职或降职。帝国精细的仪式由礼部（the Board of Rites）负责。与此同时，礼部也通过神职人员（priests）或僧侣（monks）监督寺庙和祠堂的维护。当然，礼部更重要的职能在于，对官学 1583
系统、科举考试和学术学位的授予进行管理。学者只有被授予了学位，才能取得进入仕途的资格。进贡使团的接待和对外国来客（比如耶稣会传教士）的监督，也属于礼部的职责范围。曾德昭还注意到，礼部的成员通常从著名的“皇家学院”（the Royal Colledge）或翰林院（Han-lin yüan）学士中间选拔。除了礼部之外，翰林院学士也被频繁地任命为尚书（the Grand Secretary）（**阁老** [*Ko-lao*]），曾德昭将这视为“中国的最高荣誉”。[104]六部中的各部都有一位主管人（**尚书** [*shang-shu*]）和两个助手（**侍郎** [*shih-lang*]），后者分为右侍郎（the Assessor on the Right）和左侍郎（the Assessor on the Left）。另外在各部之下，还有其他十位成员。[105]

监察机关（Censorate）是17世纪中国政府的另一重要机构——在西方找不到对应的政府部门。耶稣会士常常论及这一机构。庞迪我和卫匡国都将这种审查机关人员（centors）称为“监察员”（visitors）。[106]正如耶稣会士所述，监察人员对京城及各省官员的行为予以监督。一旦发现某些官员有任何失职（misconduct），他们就将之立案并上奏皇帝。金尼阁对此深为赞赏，“六位或更多的哲学家被选任，他们都很精明，很勤奋”，他将他们称为“公共道德的监护人”。“没有任何人可以逃避监察人员的监督，因为他们会毫不犹豫地指出错误——哪怕是最高级别的官僚，哪怕这些事情与皇帝本人或皇亲国戚有关”。[107]金尼阁举了两个当时的例子，其中一个是监察人员责备皇帝本人，另一个则与尚书有关。[108]另一方面，在曾德昭看来，因为监察人员有以权谋私的机会，所以他断言，监察人员的权力很少不被滥用。任何一位官僚，不论他有多么尽职尽责，都会结下一些政敌。可是，如果任何一位政敌与其中某位监察人员结怨，那么针对他的备忘录就会被记录下来，故而他很少能够完全避免受到损害。[109] 在曾德昭所处的那个时代，耶稣会传教士正好给监察人员带来了麻烦。在几个例子中，传教士的反对者向监察人员抱怨说，有些地方官员对外国人十分友好并允许他们在自己的管辖区内定居。由此导致的迫害致使许多官员更加害怕，因而不许传教士在他们的辖区内停留。[110] 金尼阁和曾德昭的报告对监察机关的结构所做的描述多少有些不准确。他们涉及的是两种不同类型的监察
1584 人员，科吏（K' o-li）和道吏（Tao-li）；他们的监管范围各不相同。金尼阁和曾德昭都没有指出这两大团体的具体权限。科吏似乎是过去的**给事中**（*chi-shih-chung*，指导秘书），其职能是监察中央各部的行为，甚至包括警示皇帝本人；道吏可能是过去的**监察御史**（*chien-ch'a yü shih*，调查人员），他将被定期派往各地，视察各省官员的行为。[111] 但是有关明代监察机关的运行，他们的论述非常详细。当监察人员发现任何官吏的失职时，他将给皇帝递交一份奏折，奏折中包含了牵涉到的官员名字及其失职行为。当监察人员的奏折内容被公布以后，有关官员要撰写检讨自己错误的奏折。在皇帝批复他的奏折之前，他会被停职。根据金尼阁的论述，任何官员都可以给皇帝递交奏折，但是监察人员的奏折最有影响力。[112] 除此以外，与其他官员不同，监察人员的奏折无需经过通政司（the Office of Transimission）之手，就可以直达皇帝。

翰林院，或称帝国研究院（Imperial Academy），是北京最有名的机构之一，它由大多数著名但与日常政府事务无关的学者组成。这些学者的职能包括记录皇帝的起居、撰写帝国的文书（imperial correspondence）以及起草帝国的法律和诏书。翰林院的成员作为皇室家师的身份存在。然而翰林院的主要功能，是为训练第一流的进士（*chin-shih*）提供一个平台。此外，翰林院的成员也会被选为帝国最高级别的官员。比如曾德昭就注意到，大多数礼部的成员都曾经在翰林院供职。[113]

尚书是这一领域最高级别的官员，他们从此前任职于翰林院的高级官员中选拔。通常有三至四位尚书，有时可以达到六位之多。除了尚书以外，皇帝很

少接见其他的官员。[114]然而，有关尚书实际职能的记载却模棱两可。比如金尼阁写道："他们的特定职责是负责整个国家的安全；他们是皇帝的秘密服务人员。"[115]有关尚书与万历皇帝（1573—1620年）的关系，他表示，"在公开场合，皇帝不参与'阁老'（Colao，尚书）事务的讨论，这也是前朝的惯例。尽管如此，他们仍然整天在宫廷内办公，给皇帝呈递无数的奏折"。[116]耶稣会士对尚书的模糊记载反映了在帝国的政府部门中，尚书的职能实际上并不明确。他们是在洪武皇帝（1368—1398年在位）废除了丞相制度以后，在明代中后期逐渐形成的。因此，有关尚书的职能，以及尚书与其他政府部门的关系依然无法做出较明确的界定。[117]

曾德昭还论述了北京的另外9个部门。在他看来，这九个部门是隶属于皇室的——很可能就是其他人所谓的"服务机构（service agencies）。"[118]其中就包含了如下这些机构："詹事府"（the High Steward of the King's Household）、"太仆寺"（the Chief Master of the Horse）、"鸿胪寺"（the Master of Ceremonies and Complements of the Court）和"太常寺"（the Rites in more particular matters）等等。[119]但是，在曾德昭所列名单中，也包含了"帝国大法院"（the Great Chancery of the Kingdom）和"申诉大臣"（the Chancery of Request），前者的职能暗示着它指的是大理寺（the Grand Court of Revision），后者很明显是通政司，即传送非监察机关与各省之间的奏折。[120]金尼阁还注意到，除尚书之职外，北京的其余官僚部门在南京有同样的设置。[121]

关于明代北京的政府部门，在17世纪的商人和航海家也有少量记载。他们的描述大多都与中央机构无关。在考梅林编辑的马塔利夫日志中——后者基本引自门多萨的著作——就有对中国的大致描述。在书中，马塔利夫记载了中国皇帝至高无上的权力，以及世袭贵族阶层的缺失。该书还描述了一个由12人组成的皇家内阁（royal council），他们既是占星家（astrologers），也是哲学家。[122]而雷基特伦有关明代中央政府的评论就更令人感到迷惑：

> 最基本的皇帝内阁由8人组成，他们每年两次在宫殿前受到皇帝的接待。除了那些随行骑在皇帝身边的人，其余唯皇帝马首是瞻，静

听皇帝的指示。

1586 内阁之下，是更低一级的内阁，他们无权觐见皇帝。如果他们有任何疑议，必须通过上级内阁才能传达；与各省长官一样，他们只有三年的任期。他们被称为曼达林（Mandarins）。[123]

根据耶稣会士的记载，中华帝国共有13个省，各省都由北京任命两位高级官员。其中一位被欧洲人称为总督（governor-general [viceroy]），汉语称为**督堂**（*tu-t'ang*）或**军门**（*chün-men*），任期三年。[124] 另外一个（**察院** [*ch'a-yüan*]）在耶稣会士报告中，被称为"监察员"（Visitor），是每年由北京任命的各省巡视员（inspector）。[125] 在这两大北京任命的官僚之下，耶稣会士还记录了其他常设的省级官僚。其中最著名的包括**布政使**（*pu-cheng-ssu*）和**按察使**（*an-ch'a-ssu*），前者掌管税收和财政，后者则是主要的司法官员。[126] 各省之下，另被细分为**府**、**州**和**县**。各级行政单位都有相对应的主政官员：**知府**（*chih-fu*）、**知州**（*chih-chou*）和**知县**（*chih-hsien*）。正如耶稣会士所述，各省级官员都有自己的幕僚（**顾问** [*advisers*] 和**下属人员** [*subordinates*]）。[127] 除上述诸制度外，曾德昭还描述了设立于乡村地区的里甲制度（ten-family groupings）：

但是必须注意的是，大小官员拥有的权力都不如我们欧洲的大。此外，每个村子（在中国几乎有无数个村子……）都有一个头头（Head）或十户长（Tithing-man），叫作**里长**（*Licham*）。十户一甲，类似于（古罗马的）十家区（Tithings）或十人组（Decuries），每组都配有相应的隶属于该组的头目，即十户长。如此一来，管理变得容易，赋税也能可靠地得到征收。[128]

总体上，耶稣会士对中国省级和地方官员的描述是非常精确的。如果还有什么不足之处的话，就是他们没有区分**巡抚**（*hsün*，最高管理者）和**总督**（*tsung-tu*，最高军事指挥），他们分别是各省政府中最高的民事和军事官员。[129] 但是，耶稣会士似乎已经明确注意到了二者的不同，这点在金尼阁对"广东总督”（the Viceroy of Province of Canton）的描述中可以看到。该总督对广东和广西两省都有管辖权限，其衙门在两省交界的肇庆（Chao ch’ing）。[130]

通过荷兰人的旅行日记和耶稣会传教士的史学著作，我们可以清楚地看到 1587
中国省级政府和地方政府的复杂性。这些著作对中国政府的概述条理清晰，逻辑清楚，但没有提及基层官员。他们的描述大多模棱两可，难以区分，那些荷兰人的旅行日记尤其如此。比如，governor、magistrate、mandarin 三个词被用于指称权贵人物时，其涵盖范围极广。不过另一方面，也有某些描述相当清楚。举例来说，大部分与荷兰人在厦门（Amoy）谈判的地方官员，是福建和浙江的军事指挥官，他们被称为**都督**（*tu-tu*）。显而易见，他们的职责是与外国人谈判。在广东，处理对外关系（包括在澳门的葡萄牙人）的官员被称为**海道**（*hai-tao*，即高级海军将领 [the Grand Admiral]）。

总体上说，与对文职机构的论述相比，耶稣会士与荷兰旅行家对与之平行的军事机构的描述更为简略。虽然像都督这样的地方指挥官会被偶尔提及，但是没有人论述在总体的军事组织中，他们处于怎样的位置。尽管他们常常提到兵部，但是没有人详细讨论过在北京的中央军事指挥系统。也许这可以归结为部分耶稣会士对军事事务不感兴趣，但事实上，他们有最好的观察中国军事制度的机会。庞迪我注意到，尽管中国有很多士兵，但是他们工资低廉、待遇很差、训练落后。他认为长久的和平让这些士兵变得软弱和自私，尽管他也揣测，如果形势所迫，这些士兵也许会变得足够勇猛。[131] 金尼阁赞同庞迪我的观点，他补充说，整个军事组织都处在文官的控制之下。武将被轻视，因此不被信任。他们不仅常被任命担任卑贱的任务，而且会受到文官的公开贬低和挖苦。例如，负责守卫的士兵常常由其他的哨兵负责监视，目的是防止他们叛上作乱；通常来说，军事首领不会也无法拥有和指挥大部军队。[132] 在所有的著作中，曾德昭对军事制度的论述最为详尽。[133] 他记录道：在长城和沿海一带都有帝国的军队，各省总督负责调度各省的民兵。民兵的数量极为庞大：南京有 40 000 名，北京有 80 000 名，所有城市和乡村加起来可能有 594 000 名，其中还不包括在沿海防卫的军队和其他在长城的 682 888 名士兵。这些民兵定期在乡村集合，每年都会进行军事演练。曾德昭将这种军事演习看成是“世界上最

荒谬的事情”。[134] 同时他还写道，军官在通过考试以后会授予与文官同样的官
衔，这种考试以实战演练为准——比如骑马射箭，同时还兼顾军事计策方面的
1588 问答考试。然而，虽然这种考试比获得文职地位容易得多，但是参加考试的人
数却更少。参加军队工作并不荣耀，普通的士兵很难得到晋升的机会。

曾德昭还注意到，当时中国人的军事知识甚为落后。中国的历史著作显示，过去中国也曾经是“一个勇猛而好战的国度”，曾经征服过许多著名的王国。[135] 除此以外，他们在古代就开始使用火药，而今在南京的城墙上仍然矗立着陈旧的大炮。但是曾德昭也注意到，在那个时代，中国军队的兵器仍以弓箭、长矛和弯刀为主，他们的枪支很小而且准度很差。另外，他们每年用于生产鞭炮的火药，是用于制造军火的 5 倍。曾德昭由此列举了导致中国军事落后的主要原因：帝国长期处于和平状态；对文化知识的尊重使很多年轻人远离了军事活动；通过考试而不是实际能力和英勇产生出的实战指挥官十分糟糕；对军人不公平的待遇使得只有那些贫穷、未受过教育和不勇敢的人才会被招募到军中。此外，中国的将军从不亲自指挥军队，只在他们的驻所指挥战争。如此一来，他们无法做出更有效的行动。最后，曾德昭认为，更糟糕的是，兵部没有实际的军队可以控制数量庞大的民兵。[136] 曾德昭以 1618—1622 年抗击满族入侵为例，解释说那时明朝军队的糟糕表演是军队疲乏的结果。

在传统中国，法律制度没有与普通民事管理区分开来。地方官员同时以检举人、审判员和陪审员的身份存在，更高级别的官僚行使上诉机关的职能。[137] 由于 17 世纪的欧洲作家没有清楚交代这种背景，因此大部分人在言及中国的法律和管理时，仍不甚清楚。然而有关帝国的基本法律制度方面，他们的观点并不相同。比如，龙华民认为中国的法律和政府运作良好。[138] 另一方面，庞迪我注意到中国缺乏抽象的法律条文，因此司法高度依赖明智的官员个人，这是传统中国社会的特征。

> 虽然中国人不重视法律，但是他们在脑海中有判决争议的一般看法。官员将个人意志视为立法的权限，每个人都各不相同。在这种情况下，个人崇拜极易滋生。政府在实际司法审判中并不公平，对于任

何一位可以说出怎样制定一个好的主题或案例的人，我们无法保证他能成为一个真正的立法者（Law-makers）。[139] 1589

金尼阁则断言，中国不存在可以与古罗马十二铜表法（the Roman Twelve Tables）① 相媲美的法典，但是每个朝代都会编撰自己的法律。因此与1368年明代建立初期相比，17世纪上半叶的中国基本法并无进步可言。[140] 也许要数曾德昭的分析最为精确。他认为，王朝的法律以及官员对法案的判决，是建立在古代道德和政治哲学的基础上的，即儒家经典宣扬的五德（five virtues）和五伦（five relationships）观念。受到传统儒家思想的影响，曾德昭描述了中国历史上的古典时期。在那个时代，人们遵循儒家美德、知识分子反对暴君统治，因为在这种统治下，人们没有幸福可言。那时几乎没有也无需法律。然而从那时开始，野心和贪婪悄悄滋长。随着道德的衰退，法律的数量开始增加。[141] 不过，那种不诉诸法律和法庭、过着道德生活的人仍受尊重。正因为如此，曾德昭引用了古代的谚语，“没有见过政府官员的人是一块宝石”②。[142]

在对中国司法制度的总体评价上，欧洲传教士的看法歧义甚大。有些人认为中国的审判过于残忍；另外一些人则认为过于宽松。比如，雷基特伦就坚持认为，对于重大犯罪来说，不仅罪犯本身要被处死，而且他的整个家庭乃至第二代、第三代也是如此。[143] 与此同时，金尼阁认为对盗贼的处罚过于宽松。盗贼从来不会被强制执行死刑，这点让他感到惊讶。因此金尼阁报告说，“到处是盗贼，特别是在下层人群中间”，“各个城市都有千百名更夫在街上巡夜，按规定的时间间隔敲锣”，“街道都有铁栅并且上锁……但是宅院被夜贼抢劫一空的事还是常常发生……很可能那些更夫本身就是强盗，或者与强盗是一丘之貉”。[144]

在对中国司法实践的具体细节上，欧洲传教士的看法更为一致。耶稣会士

① 十二铜表法是公元前452—前450年，古罗马先后公布的12个法表，刻在12块青铜板上，公布于罗马广场。通常被认为是罗马成文法的开端。——译者注

② 原文为：The man who hath never seen a Mandarine is a precious stone，此处参照曾德昭《大中国志》（何高济译，上海：上海古籍出版社1998年，第181页），采用直译。——译者注

表示，大多数官员都不愿意判决死刑，原因是害怕获得残酷的坏名声——这种名声比官员的职位更有价值。曾德昭则记录说，只有那些犯了冒充、谋杀和公开抢劫罪的罪犯才会招致死刑（绞死、勒死或斩首）。[145] 小偷常常会被处以烙刑。除此以外，耶稣会传教士还记录了对其他罪犯的处罚方式，比如放逐，比如在河流或运河上做纤夫，比如戴上“枷号”（Kian Hao，广东话，*k'ang-*
1590 *giai*）——一种大而重的、锁在罪犯颈上的木板。[146] 最常用也最常被提到的惩罚，是用一根结实的竹条反复鞭打赤裸的大腿和屁股。这种惩罚方式可以在朝廷、在监狱或在大街上进行。宣告有罪的罪犯、犯罪嫌疑人及不情愿的证人精疲力竭，这样他们不得不坦白。军官会使用藤条鞭打士兵，老师也会使用藤条鞭打学生。[147] 所有报告都记载，在宣判死刑之前，很多人都死在了这种鞭刑上。[148] 曾德昭书中详尽描述了中国的监狱，因为在1616—1617年的指控中，他曾被关进监狱。那不是一个舒适的地方，但是在他看来，“比欧洲的监狱更加宽敞开阔”。[149] 所有的监狱之间围绕成院子，犯人被木格栅栏一一隔开。在监狱里，囚犯可以自由地在院子里走动，拜访彼此的狱房，或者在小礼拜堂中祈祷。较危险的囚犯被拘禁在曾德昭称之为“封闭的监狱”中，在那里，囚犯脚上带着足枷、手上带着手铐睡觉。若要在监狱中获得服务，囚犯要缴纳大量贿赂，这让曾德昭感到惊讶。这些小费包括：前往监狱的旅途；将他们的名字登记到囚犯簿上；打扫单人狱房；要求更舒适的手铐；以及在神龛上供奉祭品等等。曾德昭还了解到，探监者通常会带食物和金钱给囚犯，否则监狱生活将非常严酷。囚犯每个月都被一位官员接见。如果有囚犯死在狱中，那么他的尸体会通过院子里的小门而不是大门被扔出去。[150]

中国政府行事的某些风格博得了耶稣会士的普遍夸赞。[151] 举例来说，没有任何官员可以在他的出生地任职。这种惯例，就是回避原则（the Law of Avoidance），目的是阻止官员偏袒自己的家庭和亲戚。为了防止官员在他的权限范围内与当地居民建立密切关系，任何一位官员都不被允许在同一个地方任职超过三年，除非他被皇帝专门重新任命在那里。[152] 耶稣会士记述说，每隔三年都要对官员进行严格的综合考核。在这种考核过程中，那些表现良好的官
1591 员将被提拔，而那些被发现有不良行为的官员将受到惩罚并被降职。金尼阁和

曾德昭都列出了官员可能招致惩罚的不良行为和相应的惩罚措施。[153] 官员在一个公开的法庭中判案，常常是在一个拥挤的庭院中。在此期间，被告的家属或仆人将与法庭隔绝，以防止行贿行为的发生。中国用文官治理的结果是，军人的重要性被降低，同时帝国奉行和平的外交政策。除了军人以外，任何其他的城市居民都不被允许携带兵器，正因为如此，人们中间很少有暴力发生。

根据耶稣会士的记载，帝国的所有官员——包括文官和武官——都被分成九个等级。[154] 他们的官名、称呼和等级都会被记录在五至六本册子中，这些册子的记录会被不断修正。[155] 同一级别的官员俸禄相同，每月以货币或粮食支付。与高级的官位相比，他们的俸禄显得很低。金尼阁表示，任何官员一年的薪水都不可能超过 1 000 金币（gold pieces）。[156] 但是他们生活得很好，不是依靠他们的工资而是依赖所谓的公职补贴。正如金尼阁描述："他们公职上的收入要远远超过政府发放的工资。这还没有计算他们从公职之外的行业所获得的收入，这些收入包括依靠精明的商业头脑、来自遗产以及从特殊职位上获得的赠品，所有这些都可以给他们带来大量的财富。"[157] 曾德昭记录道，官员出差用皇帝的经费出行，出行期间住在各政府官邸中。事实上，他认为甚至包括官员私人的宅邸、家具和仆人都由政府提供。[158] 每一位耶稣会士都描述了中国官员的堂皇高贵，他们与众不同的官服，他们华丽的宫廷，他们途经街道时精心安排的侍卫随从，以及普通百姓对他们的敬畏。金尼阁描述道，他们被称为**官府**（*kuan-fu*）（指挥官）、**老爷**（*lao-yeh*）或**老爹**（*lao-tieh*，先生或阁下 [Your Honor]）。他们的官帽与众不同，黑色帽子配有两翼（**幞头** [*fu-t'ou*]），这种帽子"极易滑落，这可以保证戴着帽子的官员笔直而优雅地行走，因为他们不得不集中精力于头顶"。[159] 曾德昭用了一章的篇幅来描述中国官员的服饰、徽章、尊贵和官场礼仪，其中包括了对广东政府衙门和公开审判程序的详细描写。[160] 1592

在他们对中国的一般论述中，耶稣会士倾向于描述中国政府的理想化一面，而不是那些龌龊的现实。虽然庞迪我、金尼阁、曾德昭及其同行在赞美中国的同时，也有对中国的批判——在这方面并不比后来 17 世纪的耶稣会士逊色，[161] 但是他们更强调中国的独特性，并按照自己的猜想去描绘中国政府。然而，中国政府的现实运行和理想设计常常背道而驰，尤其是在明代的最后几十年。欧洲的读者也可以从耶稣会传教士的历史著作和荷兰旅行家的记录中，瞥见这种毫无秩序、毫无魅力的现实。在这里，他们可以看到华而不实和铺张浪费的官员、专断而记仇的官员、胆怯和优柔寡断的官员、接受贿赂的官员、贪婪而剥削的太监、中国官僚机构的复杂性及其内部党派林立的状况等等。理想设计和实际运行的落差常常使传教士感到困惑，因为政府部门可以如此武断地做出决定。例如，利玛窦曾经被太监马堂（Ma T' ang）① 拘留在天津（Tientsin）好几个星期，其目的是想从这位传教士身上勒索一些异域的昂贵礼品。[162] 当利玛窦逃离了马堂的魔掌，被允许进入北京时，他发现礼部反对他住在北京，原因是他曾经被太监送上法庭。[163] 耶稣会士常常发现，为了自身的利益，那些奏折常常被通政司随意拦截。任职的定期调动使高级官员感到混乱不已，有时这种调动也会使他们失去有力的庇护者。很多官员因为害怕监察人员而不敢帮助耶稣会士。但是，有时候耶稣会士也可以从官员的独断专行中获益。比如，肇庆的地方官员当场鞭打一个犯人，原因是他对传教士提出了莫须有的指控。[164] 雷基特伦认为回避加剧了地方政府的残酷无情，因为本地人总是处于外地人的管理之下。[165] 所有荷兰作家——鲁洛夫斯逊、马塔利夫、韦麻郎和雷基特伦——都记录说，如果没有慷慨大方的贿赂，与中国地方官员的谈判几乎是不可能的。考梅林所编雷基特伦航海日记中对雷尔松探险的记载，也说明了这种与地方官员的谈判是多么令人沮丧。地方官员同时是危险人物，比如，当厦门（Amoy）的都督就居住问题造访荷兰的军官及其助手时，这些官员表面上签订
1593 了协议，但后来却将他们毒死并放火烧了他们的船只。[166] 所有这些都有力地修正了耶稣会士更为全面的总体描述。通过阅读这些材料，17 世纪早期的欧洲读者可以获得有关明代中国政府——它的理念、精细、复杂及其现实——非常准确而清晰的形象。[167]

① 马堂（生卒年不详），明代著名宦官，万历年间（1573—1619 年）为天津税监，监管临清。——译者注

第四节　经济生活

与现代观察家不同，17世纪的欧洲传教士常常认为，中国的庞大人口是强盛和富裕的象征，而不是意味着无可救药的贫穷。他们的著作甚至传达出这样的信息：中国的自然资源可以维系更庞大的人口。他们对中国肥沃的耕地和丰富的农产品所做的评论令人感到惊讶。中国可以生产各种生活所需的物品，因此不需要与外国人通商贸易。[168] 金尼阁的这段记载在接下来的世纪中被一再引述：

> 总体上，可以准确无误地说，所有这些作家都说得很对：凡是人们为了维持生存和幸福所需的东西，无论是衣食或甚至是奇巧与奢侈，在这个王国的境内都有丰富的出产，无需从外国进口。我甚至愿意冒昧地说，实际上凡是在欧洲生长的一切，都照样可以在中国找到。即使无法找到，所缺的东西也有大量其他欧洲人闻所未闻的各种各样的产品来代替。[169]

大量农产品的名单出现在17世纪欧洲传教士作家的作品中。他们记录说，中国大量生产所有的谷类食物——小麦、大麦、粟、玉米；[170] 中国种植比欧洲更多的水稻，中国人也比欧洲人食用更多的大米。水稻是南方地区的主要农作物，北方地区主要种植小麦和大麦。中国生产的水果和蔬菜也极为丰富。除了橄榄和杏仁，“欧洲主要的水果都能在中国种植”。[171] 在广东和其他南方省份，1594
热带水果也十分丰富，这些水果各有“不同的种类，并且与其他国家的同类水果相比，口味更好”。[172] 大致相同的说法是，“就餐桌上所用的蔬菜种类和质量而言，中国比欧洲的种类更多、质量更高”。可以想象，卫匡国对各省不同的农作物进行过描述。所列名单中或有重复，但是他注意到各地的特产，比如最好的葡萄产自山西（尽管中国人不用葡萄酿酒），高质量的大黄则在陕西种植。河南和四川土地非常肥沃，湖广（Hukuang，湖北和湖南）被称为“中国的粮仓”，浙江生产大量的丝绸，而广东种有多种柑橘类水果。[173] 其中有些作家宣称，广东产出的蜜橘是世界上最好的。[174]

欧洲传教士特别关注那些欧洲没有的水果、植物和树种。他们对其中一些，比如大黄、**荔枝**、**龙眼**、竹子、人参——当然还包括茶叶，都有非常详细的描述。虽然对其他物产描述更为简略，但是有关中国奇异的植物的记载却是真实的。17 世纪的欧洲读者可以接触到有关中国植物方面的各种资料。比如，金尼阁提到了硬木，比橡木更加坚硬、耐用。[175] 金尼阁和卫匡国都记载了一种上好的灯芯，这种灯芯用寄生在特定树种上的小蠕虫制成。[176] 卫匡国记录了“葵”（Quei），一种可以驱逐哀伤的药草，一种可以生产面粉的树木（西米椰子）。[177] 在对各省的描述中，他记下了各种各样的奇花异草，其中就包括牡丹、睡莲和月季（Chinese rose）。牡丹生长在类似老灌木树的树丛中，而月季生长在广东，每天都会变换两种颜色。[178] 曾德昭注意到，“对中国人而言，这些花卉有特别的意义”。[179]

不仅中华帝国像真正的伊甸园（the garden of Eden），而且其子民也有信心最大限度地利用他们的自然遗产。正因为如此，欧洲作家都不同程度地表达了对中国农民的羡慕之情。由于异常勤勉，他们开垦了每一寸难以种植的耕地。甚至山岭也被辟为梯田，同样能得到精耕细作。聪明的中国农民用肥田的方式
1595 补充土壤的肥力，因此所有可以用于补充土壤养分的东西都不会被浪费。在干旱地区，中国人兴修水利，灌溉土地。在中国的大部分地区，农作物都可以一年两熟，有时一年三熟。常常在一种作物收获之前，另一种作物就开始种植。[180] 同样，欧洲人普遍对中国的农业技术表示赞赏。比如，曾德昭就描述了一种对春耕和统一播种的操作方法：

> 我路过河南（Honum），看见有人用三块铁犁，即犁头耕地，走一趟就犁出三条畦。又因土壤适宜于种植我们称为 Feazols 即菜豆的种子，他们把它固定在犁的顶端的一个容器，即方盘内。这样一来，豆种随犁头前进缓缓撒播于地上，像谷物随磨斗转动落入磨石。所以耕种和撒播来年期望的谷种，是同时进行的。[181]

与农业种植相比，中国的动物饲养技术毫不逊色。他们饲养多种动物作为食物，其中一些如狗、骡子和马等，欧洲人一般不会食用。最常见的肉类是猪肉和家禽。卫匡国注意到，中国人几乎家家养猪，猪肉全年都可食用，但是一般都不好吃。[182]公牛是北方的主要牲口；水牛则集中在南方。大多数欧洲人都承认，中国人在马术和培育良驹上，仍然大大落后于欧洲。[183]大多数17世纪的作家都记录了麝香的制作，很显然这部分修正了门多萨的错误观点。门多萨认为，从中国购买的小袋麝香是这样制作而成的：将一种叫作“麝”（muske cats）的小动物打死，然后在它的肉和血糜烂后，将腐烂的肉塞进用麝皮制作的小袋中缝制而成。[184]然而耶稣会士观察到，小袋麝香是自然生长在某些鹿的腹部的。[185]卫匡国就曾提及，大量的小型、无角麋鹿生活在山西省，还说中 1596
国人也吃鹿肉。商人常常将麝香与血和肉掺杂在一起，因此他们追求的并不仅仅是纯粹的麝香。[186]中国人养鸭的方式也引起了欧洲观察家的注意，他们将鸭赶到船上养殖，白天在岸边觅食，晚上用号角将鸭子召回。[187]

要在中国买到野味并不难，尤其是野鹿和野兔，价格并不算贵。[188]但是，曾德昭认为，与欧洲人相比，中国人所食野味更少。[189]尽管如此，所有人都注意到中国存在大量的野生动物：老虎、熊、狼和狐狸，但是没有狮子。卫匡国在他对各省情况的描述中，提到了大量奇异的动物：比如，北京的长耳白猫；陕西的大型蝙蝠，其肉味可与鸡肉媲美；四川有着鲜艳羽毛称为“桐华凤”（Tunghoafung）①的鸟，它生来就在花丛中；[190]湖广扬子江小岛上所产的白色乌龟；广东一种出没于水上、会攻击家牛的鱼，但是如果在陆上滞留太久，它的角会慢慢衰退；广东一种有四只眼睛和六条腿的鱼；在广东还可看到一种速度奇快并长着一只角的牛。[191]广西、贵州和云南似乎拥有特别丰富的奇异动物群。在南宁府、贵州和云南还可以看到大象。[192]

中国的河流、湖泊和沿海水域可以看到各种鱼类。除此以外，卫匡国还详

① “Tunghoafung”一词查无对译，下文注释第190，作者怀疑可能是指四川的鹧鸪。本书参照尼·斯·米列斯库：《中国漫记》（蒋本良、柳凤运译，北京：中华书局1990年，第11页），采用音译。——译者注

列了各省及以打渔闻名的各城市特有的鱼类和甲壳类动物。金尼阁注意到，用鱼塘放养十分普遍，即使遭到严重捕捞，“渔人只要下钩就不会钩不到”。[193]渔民大多长期生活在船上，他们总是能够引起欧洲人的注意。金尼阁说，他可以理解为什么有作家认为生活在水上的人和陆地上的居民一样多。[194]庞迪我对鸬鹚感到十分惊讶，中国的渔民训练鸬鹚以便让它们潜入水中捕鱼并将它们带到船上。[195]卫匡国则记载说，渔民依据所养鸬鹚向帝国纳税。[196]

17世纪的作家，尤其是耶稣会士，同样向他们的读者保证，中国的各种物
1597 产都很丰富。金尼阁坚决宣称，“所有已知的金属无一例外地都可以在中国找到”。[197]曾德昭和卫匡国列举了中国“无限矿藏”的产品：水银、铁、锡、铜、黄铜、朱砂、硫酸盐、硝石，以及各种各样的宝石。[198]卫匡国提供了最为详细的有关特殊矿物和宝石产地的信息：比如，陕西有金、银和碧玉；河南有蓝玉（azure）；四川（Szechwan）有盐、铁、湖泊、锡、铅和磁铁矿；江西（Kiangsi）有金、银、锡、铁和铅；云南有金、湖泊、红宝石、蓝宝石、玛瑙、猫眼（cat-eyes）、大理石、硫黄和安息香。[199]金尼阁观察到，中国北方地区煤炭丰富。[200]金矿和银矿也很丰富，最丰富的要数西北地区，特别是在陕西。[201]然而，中国人已经开发的矿山极少。因此，曾德昭和卫匡国断言，中国的皇帝禁止采矿，原因是担心采矿的人们有生命危险。[202]中国出产的大部分黄金，都是在陕西和云南的溪流中淘洗而来的。

中国的工匠和艺术家被认为是智巧而勤勉的。大部分欧洲人的报告，都用了相当大的篇幅来描述中国的艺术品和手工艺品。正如金尼阁所述：“他们有各种各样的原料，他们又天生具有经商的才能。这两者都是形成机械工艺高度发展的有力因素。”[203]卫匡国饶有激情地描述了部分手工艺品：丝绸、瓷器、镀金橱柜、胶水和被“完美”雕琢的黑檀、象牙、珊瑚、琥珀、碧玉、大理石和其他宝石。[204]但是，欧洲人并不是一味地赞美中国的手工艺品。举例来说，金尼阁在一个中国工匠的作品中，发现其作品的抛光并不完美：

> 应当指出，因为这里的人民习惯了节俭的生活，所以中国的手艺人并不为了获得更高的售价而对他的物品创作精益求精。他们的劳作

毋宁是被买主的需求所引导的，而卖主通常满足于表面好看以便吸引买主注目。这在他们为官员们做活时似乎表现得尤其明显，因为官员们根本不管所买物件的实际价值而只凭一时好恶向工匠付钱。有时候，他们还强迫工匠们去设计他们并无此聪明才智去做的东西。[205] 1598

虽然这些作家认为，欧洲的许多成就都比中国优越，但是他们对中国和欧洲的艺术品及手工艺品方面所取得的相对成就，都表达了同样的赞赏。

几乎所有的西方作家都同意，印刷术、造纸术和火药等早期发明应归功于中国。不过尽管中国远比欧洲更早懂得火药的制作方法，但是他们对于火药的军事用途仍然表现得相当外行。他们主要用火药来制造烟花爆竹；在中国的每一个节日性场合，都会有壮观的烟火表演。金尼阁在南京亲眼目睹过一次新年庆典，他估计当时“消耗的火药足以支撑一场持续一年的大规模战争”。[206] 耶稣会士有时也会将这种记载看成是中国人爱好和平的象征。

欧洲人认识到，著名的印刷术在中国使用的时间远比欧洲悠久。金尼阁认为，最早可以追溯到公元前50年。[207] 与此同时，中国的印刷术与欧洲有很大的不同。与雕版印刷的排版不同，中国的印刷工人将用以再版的纸张正面朝下粘附在木制模板上。然后切除木制模板中多余的部分，剩下的字模也就鲜明地凸显出来了。通过使用这种木制模板，一个中国印刷工人一天可以完成1 500份的印刷量——金尼阁认为这个速度难以置信。[208] 大部分欧洲作家都认识到，与雕版印刷相比，中国的印刷方法能更好适应数量巨大、结构复杂的汉字。他们并不认为中国的印刷方法效率太低，在他们看来，中国雕刻师准备一个木制模板的速度，几乎与欧洲排字工人排定相同纸面活字的速度一样快。另外中国的印刷方法还有一些显而易见的优势：木版极易保存，这样便于同一本书的多次印刷，同时还可以避免一次印刷的数量过大。与此同时，金尼阁还认为，中国的印刷方法非常便宜，这也是大量书籍在中国流通的重要原因。[209] 1599

在耶稣会士看来，中国的纸张也十分丰富、便宜而古老。随着印刷术的发展，中国的造纸被认为与欧洲不同，但不一定就更好。金尼阁做了准确的描述：

> 纸的使用在中国要比别的地方更为普遍，制造方法也更多样化，但这里生产的最好的纸也远不如我们自己的许多产品。它不能正反两面同时印刷或书写，所以我们的一张纸就等于他们的两张。此外，它很容易撕坏，不能耐久……他们用棉纤维制成的纸和西方所能有的最好的纸一样洁白。[210]

中国的绘画起源很早并一直保持着很高水平，但是 17 世纪早期的大部分欧洲作家并不欣赏中国的绘画。庞迪我坦率地声称，中国的画家“缺乏艺术感，不仅不懂得透视，也不懂得在油纸上作画”。[211] 金尼阁赞同说：“在我看来，虽然中国人在某些方面确实很聪明，绝不低于世界上任何民族，但在上述工艺（绘画和雕塑）的运用方面却是非常原始的。”与庞迪我一样，他抱怨中国画家在绘画中不使用油布、阴暗法和透视法，“结果，他们的绘画更像是死的，而不是活的”。如此一来，“他们中的大部分作品都在视觉和品位上有明显的缺陷”。[212] 曾德昭表达了同样的观点，但是他同时注意到，“他们所绘的树木、花卉、鸟类及其他类似事物都非常形象”。[213]

西方最早的观察家（如门多萨）很早就表达过对中国建筑艺术的欣赏。他们描述了可以维持几个世纪的石构建筑。比如，门多萨指出，“那些延续到今天的十分奢华的建筑，是中国的第一个皇帝建造的”。[214] 整个 17 世纪，欧洲传
1600 教士一直对中国的桥梁、寺庙、佛塔和其他建筑印象深刻。但是从更精确的信息中得知，他们对中国建筑成就的总体评价也在慢慢下降。例如，金尼阁就宣称，“考虑到建筑风格以及建筑的持久性，中国的建筑学在很多方面都比欧洲更差。”他记述说，中国的建筑开建之时，不会挖到地面以下很深以夯实地基。与此同时，他们还常常简单地将大块石头垒砌在表面没有裂缝的地面上。中国人并不关心他们的建筑寿命比自己还短，因此，他们的房屋“更多地是为自己而不是子孙后代”建的。[215] 当听到耶稣会士描述那些好几个世纪前的建筑依然完好地保存下来时，中国人甚至都不敢相信。大多数中国建筑都用木材建成，即使是石匠，也会用木柱支撑屋顶，这样四壁就可很容易修建，而不至于影响到房顶的稳定。[216]

17 世纪的大部分传教士作家，都赞同金尼阁对中国建筑艺术的评价。[217] 但是曾德昭是个例外，虽然承认中国的住宅没有欧洲的建筑那么奢华和坚固，但是他坚持说，住在中国的建筑里更为舒适和方便，常常也更干净和整洁。[218] 他尤其欣赏中国富人家庭住宅的花园，在里边有精挑细选的树木、假山、鱼塘、鸟类和动物。曾德昭和其他欧洲传教士也对中国建筑中大量使用的油漆或清漆做过评论。中国漆有“牛奶一般的外观，但有胶水一般的粘性”，“是从特别的树上压榨而来”。木材漆器表面极为光亮，同时也更耐久。与此相关，中国人的习惯是进餐时餐桌上不铺台布，因为即使溅出液体也不会破坏桌面的光泽。[219] 曾德昭同时对中国北方地区使用煤炉取暖的方法感兴趣：

> 他们使用炉子取暖，这样比我们更加方便，同时也不会浪费那么多，因为它们是通过地下管道传播热气的；这样即使在严冬也能在屋子里享有舒适的春天。同样的热量即使在没有阳光时也能得到供给，方法是在冬天到来之前，用落叶和花卉将树覆盖。[220]

金尼阁注意到，中国的煤炭非常丰富，以至于哪怕是最穷的人也用得起。[221] 他还描述了中国北方地区典型的炕（*k'ang*，加热床 [heated bed]）： 1601

> 这里的床由砖头砌成，下面有一个中空的空间，输送热气的管道从这个空间通过，这样就在床底下造了一个加热的燃烧室。睡觉时不需要整个晚上都保持加热，因为热量在燃烧室中可以储存很久。这种床在北方各省都非常普遍。[222]

至于中国的公共建筑、城墙、凯旋门（triumphal arche）、桥梁和寺庙，也一直吸引着西方观察家。他们反复提及北京的皇宫。庞迪我对其面积之大印象深刻，但他认为，北京的皇宫比不上欧洲的宫殿。他报告说，北京的皇宫城墙所围区域相当于一座大城市。尽管如此，对于北京皇宫远看金光闪闪的琉璃瓦屋顶、假山、长长的阶梯式大街、护城河和皇宫地面华丽的大理石桥梁，庞迪我依然感到惊讶。[223] 卫匡国对北京皇宫的描述与庞迪我相差无几，但很明显，他对北京皇宫更有好感。“如果考虑到它的庄严和装饰，”他写道，“它完全比我们的宫殿更加富丽堂皇。”[224] 作为高等省级官员的宫殿，北京的宫殿和南京的庙宇不时被欧洲传教士提及。比如，卫匡国曾对一个典型的省级“长官”（governor）的住所做过相当详尽的描述：入口有三扇门——最大的一扇居中——两侧立着大理石狮子。内部靠近入口是被格子窗包围着的庭院，庭院中有两座小型的供乐师演奏的阁楼。庭院的外围是为较低官员准备的房间，两个大厅用于接待嘉宾。文官被安排在左侧的大厅，“那些带剑的官员”则住在右侧大厅。过了大厅另有三扇门，通过此门就可进入“长官”开庭的大厅。大厅的另一侧，是“长官”的永久幕僚的住所，当“长官”调任他处，幕僚仍留在原地。再往里就是内厅，“长官”在此招待朋友。内厅的周围是家仆的房间，在“长官”的私人房间与家仆房间之间，有一道大门隔开。通过他的私人住所，可以到达后院花园，花园中有小树林和湖泊。各省首府都有 15 至 22 个这样的宫殿以及 4 个中等规模的城市，它们全部都由皇帝提供资金建设和日常维护。[225] 曾德昭描述了广东总督的官邸。[226] 除此以外，那些试图在厦门和广东地区进行贸易的荷兰海军将领，对他们接触过的一些官员的住所有过评论，另外收录于《荷兰联合省东印度公司的创始和发展》中的马塔利夫的日记，也绘
1602 制了蓝岛某地方官员的宫殿草图。[227] 可以预料，在对庙宇、宫殿、阁楼、凯旋门和桥梁所做的描述中，卫匡国比任何人都要更详尽。比如，他描绘了横跨西安附近的渭河（the Wei River）的美丽石桥；山东省（Shantung Province）东中（Tung-chung）① 一座 8 层高的八角瓷塔；江西一座建在 130 只浮船上面的浮桥；江南省（Kiangnan Province）镇江（chin-chiang，现在分属安徽 [Anhwei] 和江苏省 [Kiangsu]）② 的一座铁塔；福建（Fukien Province）洛阳（Lo-yang）的一座石桥，长 360 丈，宽 1.5 丈，建成一艘大船的形状；贵州（Kweichou）一座跨越山间小溪悬在铁链上的悬桥；还有云南一座类似的长达 12 丈的悬桥。[228]

---

① “Tung-chung”音译当作“东中”，然山东并无东中之地名。——译者注

② 作者在下文中疑“chin-chiang”为“镇江”，参见原书第三卷，第 1690 页。——译者注

然而，没有什么比长城更能吸引人的注意了。每一位欧洲作家都将它看成是世界上的奇迹之一。他们记载了长城的规模、历史以及建筑细节。然而，曾德昭嘲讽说，长城“名不副实”；它远没有起到充分的防御作用，因为鞑靼人会定期跨过或破坏长城。[229] 尽管如此，曾德昭的现实主义并没有浇灭卫匡国的热情，在论述完满族征服之后，他还用很长的篇幅描述了长城及其历史。[230]

瓷器和丝绸是欧洲人最常购买的中国商品，17 世纪早期的大多数作家都对这两者做过描述。但是相比于丝绸，他们更关注瓷器，很可能是因为那时的欧洲还无法生产真正的瓷器。庞迪我仅仅记录说，中国生产“迄今为止能看到的最好的瓷器”，数量众多而且价格便宜。[231] 金尼阁的描述则更详细：在瓷器的特性中，他列举了瓷器可以盛放热食而不会破裂。即使是破碎的部分，也可以轻易地用铜线修补好，再次盛水时仍不漏水。他还注意到，最好的瓷器是用江西的粘土制造的。[232] 不论是庞迪我还是金尼阁，都没有提到中国瓷器的生产，尽管少数 16 世纪的作家已经传达了某些有关这方面的虚幻的描述。在描述江西省省情时，曾德昭对瓷器做过简要的介绍：

> 它（江西）非常著名……因为它的瓷器（确实，这种东西在世上是独一无二的），它只产于该省的一个城市，因此中国使用的，以及传遍全世界的，都来自此地。虽然他们使用的泥土来自另一个地方，但他们只用当地的水，以保证产品可以达到完美的程度，因为如果用其他地方的水制作，产品就缺少那种绚丽的光彩。其生产的物质和方式
> 方法，并无什么秘密；它完全用泥土制作，但质地上佳而洁白。其制 1603
> 作的时间和方法与我们生产陶器相同，不过他们做得更认真、更细致。瓷器所着蓝色，用的是蓝靛。当地的蓝靛很丰富，也有红色的，而（供皇帝用的）是黄色。[233]

卫匡国重复了大部分金尼阁和曾德昭曾经描述过的内容，但是集中论述了江西浮梁（Fou-liang）的瓷器生产。[234] 他嘲笑了那些流传在欧洲的、有关中国瓷器生产的虚幻故事——中国的瓷器用蛋壳或海贝壳制成，瓷器的生产工艺

秘不外传。金尼阁认为，来自江南徽州府的粘土是最重要的原料。因为那里的粘土不太浓稠，也很少油污，“但是非常清澈光亮，犹如上等的沙子”。粘土被扔进水里，调制之后用于铸模。金尼阁还记录说，碎裂的碟子将用同样的方法磨碎、调制，然后重新用于铸模。[235]

大多作家都曾提及丝绸。庞迪我和金尼阁对丝绸的大量生产及其低廉的价格印象深刻，但是并未论质量。“他们不懂得如何穿戴丝绸，”庞迪我评论说。[236]金尼阁则认为，欧洲的丝绸更精良；他认为中国的丝绸是模仿欧洲而来。[237]曾德昭和卫匡国都认为，浙江是中国丝绸生产的中心。[238]卫匡国断言，那里生产的丝绸比世界上其他地区生产的总和还要多。[239]他提到，中国人早在公元前2080年学会了养蚕；其他人都是从中国人那里学来的。[240]与庞迪我和金尼阁不同，卫匡国认为中国的丝绸比欧洲质量更好，价格更便宜。他说，蚕每年吐丝两次，春季的蚕丝比秋季的更好。[241]

17世纪早期的中国织工并不单一使用丝绸作为纺织原料。根据欧洲传教士
1604 的记载，中国不生产亚麻，羊毛也极少，但是棉花却很常见。金尼阁1615年报告说，棉花是一种新品种，仅仅直到四十年前才被引入中国。[242]但是，棉花在中国种植良好。他认为，中国最终有能力为整个世界供给棉花。[243]在1642年以前，曾德昭曾对中国的棉花有简要记载，他说在江南上海县有20万张织布机用于棉衣生产。他还记述说，大部分织布工作都是由女人完成的。[244]卫匡国对中国棉花情况的大致介绍重复了金尼阁的叙述，他还表示，棉花的种子引入中国大约是在五百年以前。[245]曾德昭和卫匡国都注意到，在陕西，人们用羊和马的绒毛制作舒适的挂毯和帽子。[246]

在17世纪上半叶的欧洲作家还提到了中国的工匠和艺术家生产的许多其他产品，有些欧洲人也懂得，但有些只有中国才有。举例来说，中国人生产多种铸铁产品，广泛地使用黄铜和红铜。除此以外，他们还生产一种非常有用的银合金仿制品，但不比黄铜更值钱。[247]中国也有玻璃匠，但是他们认为，中国的玻璃远远比不上欧洲。[248]金尼阁尤为欣赏中国的扇子；中国生产扇子的工人比任何一个国家的人数都多。来自各个阶层的男人和女人不分寒暑地劳作；“公众场合不带扇子会被认为缺少风度”。携带扇子“是为了装饰，而不是因为真正

需要”，中国的扇子式样和制扇的用料种类繁多：

> 扇子通常用芦杆、木头、象牙或乌檀做骨架，上面蒙以纸或棉布，有时甚至是带香味的草秸。有的是圆的，有的是椭圆形或方形的。上等人士使用的，一般是用光纸做的，上面装饰着图案，很美丽地描着金色，人们携带时或打开，或合起。有时候扇子上书写着一些格言或甚至是整篇诗词。扇子作为一种友谊和尊敬的象征，是最常互相赠送的礼物。[249] 1605

除了扇子以外，欧洲人与中国进行的另一种特殊贸易就是印章。印章是用红色墨水将个人的名字加盖在信件、画作或官方文件上，当然还有其他用途。印章上通常只有个人的名字，用古老的字体雕制而成，不过有些作者也会在印章上雕刻个人的官衔及等级；然而，中国人通常都有几个名字，所以官员的办公桌上的印章盒可能装满了印章。印章用珍贵的木头、黄铜、大理石、象牙、红珊瑚或宝石小心翼翼地雕刻而成。许多熟练的工匠——金尼阁称他们为艺术家——被雇去制作印章。除了这些雕刻印章的工匠以外，墨水和砚台的制作者也被金尼阁称为艺术家。砚台用精美的石头雕成，用于将固体墨磨成墨水以便书写。金尼阁对中国的座钟没有太深的印象，只是模糊地提到过那种用水桶、火或沙子计时的钟。所有这些以及中国的日晷仪都远远比不上欧洲的时钟。[250]

欧洲人对中国工匠的数量、他们生产产品的数量和种类，以及他们对商业买卖的专注尤为印象深刻：

> 他们（中国人）天生好经商，不仅从一省到另一省做买卖，获利甚巨（在本国贩运瓷器的，尽管只从这省到那省，每年两次，仍获得30%的利润），甚至也在同一城市做生意，这是难以置信的。商店里的东西，街上几乎都有售卖，只是量少而已。做这些买卖——如卖水果、蔬菜、洗衣丸（Wash-bals）之类的东西——尽可能雇用孩童。[251]

在儒家的观念中，商人在社会等级中地位最低。但是在一般情况下，欧洲的观察家都同意，他们在某种程度上比理论上社会地位更高的阶层——农民——过得更好、更快乐。[252] 此外，西方作家的著作传达出中国存在一个庞大的商人阶层的印象。他们的作品描述了那些拥挤的街道以及街道上鳞次栉比的商店。有些小贩在街道拐角，或码头附近叫卖他们的商品，河道也被前来贸易的商船堵塞。荷兰商人留下了部分有关中国商人的记载，而荷兰人本身也是欧洲繁忙商业网络的最主要构成部分。

欧洲的商人也对他们中国同行的能力表示肯定。他们笔下的中国商人“敏
1606 锐而狡猾”，懂得商品的价值，懂得灵活变通达成艰难的交易。从与中国商人的初次接触开始，到17世纪末，不论是本土中国人还是海外中国人，欧洲人都习惯将他们比作亚洲的犹太人。比如，荷兰人第一次到达万丹时，中国商人已经控制了当地的经济生活（economic life）。他们从事胡椒转口贸易，而胡椒贸易是爪哇地区的主要事业。他们从种植者的手里收购胡椒，然后囤积起来，最后将胡椒卖给来自中国和其他地区每年都来爪哇港贸易的商人。很显然，中国人也控制了爪哇的财政生活（financial life）。荷兰人观察到，在爪哇及其周边的岛屿地区，中国的铜钱是通用货币。马塔利夫将军在对荷兰东印度公司（VOC）① 总督的建议中断言，世界上再没有人比中国人更专注于追求物质利益。[253] 如果欧洲作家的记载可信，那么中国商人在追求商业利润时，小心翼翼地使用某些手段——很显然，他们已因其欺骗和假货而闻名世界。荷兰人的旅行日记和荷兰东印度公司的档案，都充满了对中国商人的抱怨，他们认为中国商人以次充好、夸大商品优点、缺斤少两乃至使用假币，以及联合操纵市场价格等等。法国旅行家让·莫凯的观点被普遍接受，他写道，“中国人是非常狡诈的大骗子”。[254] 即使是多少有些不情愿批评中国人的曾德昭也承认，“中国人的天性以及整个国家的取向，不论是卖方还是买方，都习惯于在交易时暗中进行狡诈和欺骗”。他还举了一些例子来论证中国人的狡猾特征：鹌鹑被巧妙地

① 荷兰东印度公司简称VOC，为荷兰文 Verenigde Oostindische Compagnie 的缩写。——译者注

用木头和骨头填塞，它们的肉早已被转移走了；火腿和咸肉用木屑制成；老马不仅被养得很肥壮，而且被打扮得极为漂亮，这样老马看起来也显得很年轻。[255]

除了税收和食盐专卖以外，西方观察家并不欣赏中国政府对国内商业贸易的控制或干预方式。尽管受到儒家官员的轻视，但商人显然可以比较自由地进行贸易活动并从中获利。许多大城市都建有城墙——这种城市的大量存在，暗示了那里存在一个较大的中间阶层——显而易见，商人占据了1/4左右。许多西方报告都声称，在同一条街道上可以看到不少从事同一类贸易的商人。[256]尽管如此，大部分商业活动都在城墙以外拥挤的郊区进行。许多耶稣会作家都提到，大量的小贩定期往来于街道和车道之间。作为城镇常规贸易的补充，西方观察家描述了在中国其他城市定期举行的商贸活动：广州每两年一次的商贸 1607
活动最常被提及，那时来自澳门的葡萄牙人也被允许参加。[257]

城市本身始终吸引着欧洲传教士——如此稠密的人口，如此众多的城市。然而，他们发现了中国城市令人惊讶的相似性。所有的中国城市都建有城墙，城墙用厚实的石头或砖块砌成，城墙上每隔一段的间距就有一座瞭望塔。进入城市通常要经过两道门，在第一和第二道门之间有士兵站岗。另外，外墙通常被运河或城壕包围，运河或城壕之上有桥梁通往城门。城门之外是熙熙攘攘的郊区，住在那里的人与城内一样多。城内的主干道通常铺砌整洁。中国城市最典型的街道布局方式是：两条笔直而宽阔的大街以直角相交后，连接城市的四条大门。不论城市中是否还有其他纪念碑和公共建筑，大部分中国城市据说都有一座塔楼。白天有人看守塔楼及向公众展示或宣告，巡守通过这座塔楼向外巡视并射击。通常在城市附近还有一座寺庙，用以供奉该市的守护神。庞迪我曾经用类似的口吻，评述过中国的城市，即当你看到一座中国的城市，就相当于看过了所有的中国城市。他说："因为中国的自然和人工事物都如此一致，以至于当你看到一座大城市后，在其他的城市中再也看不到新鲜事物。"[258]尽管如此，17世纪早期作家对不同城市的描绘并未体现这种统一性。几乎所有人都描述过北京和南京，其中一些还相当详细。南京是世界上最繁华、最美丽的城市之一，它有宽而长的、铺砌整洁的林阴大道，华丽的石桥、塔楼和宫殿，以及一座九层高的瓷塔。南京城被三座圆形的城墙所包围；主城墙有12座大门，内城墙则环绕着帝国的宫殿。金尼阁写道，“很可能世界上再没有其他的国王拥有如此宏伟的皇宫”。[259] 南京同时也是一个特大的城市。每个人重述的有关南京的故事都大同小异：清晨两人骑马从同一座城门、朝着相反的方向、沿着城墙骑行，直到晚上他们还无法碰面。南京也是重要的商业城市。长江冲刷着它
1608 的城墙，它的护城河甚至可以通行大型的船只。[260]

在面积和规模上，北京并不比南京更令人印象深刻。但是北京的人口更多，作为官员和军队的集中地，这个北方的首都仍然带着声望和权力的光环。北京的南面有两座高而厚的城墙防护，北面则只有一座，中间有大量的驻军守护，据金尼阁的估计，“就像大战爆发时那么多”。[261] 皇宫建筑建在城市中央，从南城墙一直延伸到北城墙，主大门在南城墙上。金尼阁表示，虽然“北京的宫殿规模没有南京的宫殿大”，但是“北京的宫殿建筑更为优雅、美丽，因为她有纤细的线条”。[262] 与南京一样，北京也有12座城门，“通过城门进入北京的各种物资令人难以置信”。卫匡国也证实了那句流行的谚语的真实性，“北京什么都没有，但北京什么都有”。①[263] 进入北京城的通行费由宫里的太监负责征收，这在其他城市是不存在的。[264] 在寒冷的冬天，住在北京就远没有南京那么舒适了。北京也更脏。只有少数街道铺砌整洁，如此一来，冬天的泥泞和夏天的灰尘充斥着北京城。在这样的环境中穿行北京城，让人感到极其难受。被风一吹，灰尘到处形成漩涡，弄脏了所有东西。人们为了抵抗灰尘，通常都带着很长的面罩出行。在这种情况下，带着面具的人们都变成匿名者而单方面受益，因为在这个礼仪繁琐的首都，他们可以省去许多彼此之间频繁的问候和必要的致礼。[265]

17世纪的欧洲作家还描绘了中国其他的城市。杭州和苏州尤其受人喜欢；“人间天堂”，中国人这样称呼它们。杭州就是马可·波罗所说的“行在”(Quinsay)，那里有“无数的桥梁”，高耸的塔楼，方兴未艾的商业以及田园牧歌般的西湖（West Lake）。[266] 苏州的街道都是运河，运河上面塞满了船只，房子建于运河两岸的桩柱上。因其美食和舒适的生活，苏州让传教士联想到威尼

① 原文为：nothing grows in Peking, nevertheless nothing is lack there，直译为“北京什么都不出产，但什么都不缺”。——译者注

斯（Venice），不过苏州的运河是淡水而且非常清澈。[267] 广州也常常被提及。当然在卫匡国的《中国新图志》中，对数十座省会城市都有过描述。这些城市包括天津、重庆（Chungking）、南昌（Nanch'ang）、宁波、福州、漳州、广州和澳门等。[268] 1609

卫匡国报告说，澳门是东印度群岛地区最著名的港口之一，但因为曾被早期的欧洲人频繁提及，所以他的描述非常简略。澳门位于一座狭小的半岛上，北面有狭长的陆地与另一个大岛相连。其余三面被浅海包围，当中有一个宽敞的海港，海港被装配有许多大炮的壁垒保护着。两座壁垒保护着这座城市，在大陆那一侧的边界是开放的，但很荒芜。葡萄牙人被允许定居在这儿，是因为这个半岛无人居住且尚未开化。一位"神像"站在海港的附近口念"Ama"，从此 Amacao 或 Macao 的称呼就不胫而走。在很短的时间内，葡萄牙人就建立起一座宏伟的、人口众多的、繁华的城市。澳门的繁华不仅仅因为它的商业贸易，还因为欧洲传教士从澳门被派往中国、日本、东京（Tongking）①、交趾支那（Cochin-China）、柬埔寨和许多其他的地区，所有这些都得到了澳门葡萄牙商人的支持。澳门因拥有高等的教堂和修道院以及数量众多的牧师而自豪。因为澳门对基督教的虔诚，葡萄牙国王还曾经将它设为主教区。[269]

事实的确如此，17 世纪上半叶许多途经澳门的传教士都描述过澳门。其中的许多记载都出现在已出版的书信集中。然而，早期最好的有关澳门的记载可能是由一位默默无闻的意大利人——马可·达瓦罗（Marco d'Avalo）所写的。时间大约是在 1638 年，但在 1645 年以前都没有出版。直到 1645 年才出现在《荷兰联合省东印度公司的创始和发展》所收雷基特伦的旅行日记"附录"中。[270]

与卫匡国一样，马可·达瓦罗对澳门的地形做了详细描述，不过他将澳门的纬度定为北纬 20.5°。[271] 中国人在澳门与大陆沿海连接的地峡上，用石头建造了一座有城门的城墙。他们对通过此地的任何物资收税。中国人来回运输商品和其他物资，葡萄牙人则禁止通行。与此同时，马可·达瓦罗对澳门城墙

① 即河内。但通常指以河内为中心的越南北部地区，越南人称之为北圻，意为"北部边境"。——译者注

和壁垒的描述，比卫匡国详细得多。这里有 3 座建有壁垒的小山，彼此之间形成互成犄角之势。最坚固的一座被称为“圣保禄炮台”（St. Paulo）①，那是澳门的第一任总督安东尼奥·德·马斯卡伦哈斯（Antònio de Mascarenhas）② 曾住过的地方。它配有 34 尊大铜炮。第二座叫“西望洋炮台”（Nostra Seignora de la Penna de Francia）③。第三座叫“东望洋炮台”（Nostra Seignora de Guyll）④，位于
1610 澳门城外一座更高的山上，可以俯瞰其他两座壁垒。在那里，每当有船只进入澳门港，守卫都敲钟提醒并引导船只进入。地面上有 4 座堡垒保卫着这座城市，3 座在海边，1 座在内陆。最坚固的一座，“妈阁炮台”（Santiago de la Barra）⑤，护卫着澳门港。所有的船只进出港口都要从它的 60 杆重枪下经过。葡萄牙人堵住了所有其他的航道。靠近第二座炮台，“南湾炮台”（Nostra Seignora del Bon Patto）⑥，有一座火药制造厂。澳门另有一座枪炮制造厂，可以制造精良的铜炮和铁炮。[272]

澳门有 5 座宗教建筑：每一座都是为耶稣会士、多明我会修士（Dominicans）、方济各会修士（Franciscans）和奥古斯丁会修士（Augustinians）所用；另有一座叫“圣家辣堂”（St.Clara）的女修道院（方济各会），是由从马尼拉来的修女于 1631 年建立的。城中有三座教堂：其中两座大教堂分别名为“圣老楞佐堂”（St. Lorensio）⑦和“圣安东尼堂”（St. Antonio）⑧，另外一座位于城墙之外。[273]

在 1622 年荷兰人攻打澳门失败之前，澳门没有城墙，由最老的议员治理，

① 即大炮台，又名三巴炮台、漫地炮台。另外本书有关澳门炮台、教堂等译名均参照严忠明：《一个海风吹来的城市——早期澳门城市发展史研究》，广州：广东人民出版社 2006 年，第 58—60、63—64 页。——译者注

② 又译为马士加路也，1623—1626 年担任澳门总督。——译者注

③ 又名竹仔室炮台、佛兰姗炮台。——译者注

④ 又名基础亚炮台。——译者注

⑤ 又名娘妈角炮台、罢辣炮台、圣地亚哥炮台。——译者注

⑥ 又名烧巴炉炮台、蓬巴而底炮台、圣母炮台。——译者注

⑦ 又名风顺堂、风信堂、海神庙。——译者注

⑧ 又名花王堂。——译者注

简直就是一个共和国。在荷兰人的攻打之后，城墙及其防御工程都建立起来了。他们要求果阿的荷兰总督调遣 300 名士兵前往澳门，另外，以整座城市的力量设立澳门总督。总督很快做出了回应，迅速抓住这次机会在澳门建立了王室权力，并派遣安东尼奥·德·马斯卡伦哈斯作为澳门首任总督。但是，安东尼奥·德·马斯卡伦哈斯并没有很快被有自主意识的市民接受，直到他用狡猾的手段控制了耶稣会“圣保罗”炮台。马可·达瓦罗报告中记录的这则流行故事描述的就是这些事件。[274] 马可·达瓦罗报告说，除了总督以外，澳门还有 1 名主教、1 名军士长、1 名炮兵上尉（captain）和 3 名步兵上尉。[275]

澳门的贸易在马可·达瓦罗的报告中占据了突出的位置。每年 4 月都有 3 至 4 艘中国帆船离开澳门前往马尼拉，这些船载着丝绸、生丝、棉花、大麻、瓷器、朱砂、水银、锌、白铜、其他的金属和矿物以及各种类型的**艺术品**（*objet d'art*）。通常会在 10 月份返航。日本的船只——通常是 4 至 6 艘葡萄牙货船，7 月中旬载着同样的中国商品离开澳门，并在 11 月载着银条（silver bullion）回到澳门。在 1630 年前往日本贸易由澳门上议院垄断之前，这些利润都用来支持澳门的驻军和维持澳门的堡垒。从那以后，个人可以投标竞争支配有利可 1611
图的日本航海业。洛佩斯·卡米恩特·卡拉瓦罗（Lopes Carmiente Carravallo）首次为这种特权与身在果阿的总督谈判的场景，就可见于马可·达瓦罗的报告。[276] 任何一位葡萄牙商人都可以自由地与东南亚地区贸易，比如东京、占婆（Champa）、柬埔寨、望加锡（Makassar）、索洛岛（Solor）和帝汶岛（Timor）。1631 年，澳门总督尝试允许最高竞标者垄断与望加锡、索洛和帝汶的贸易，但是失败了。[277]

中国政府向来到澳门的所有船只征收停泊费，但不对货物征税。不过，澳门与广州之间的贸易根本就是免税的。少数葡萄牙人被允许参加广州每两年一度的商贸活动，在这期间，他们为自己、也为其他人订购中国商品。有时，他们会在广州停留长达四到五个月，这段时间他们住在自己的船上，这样可以避免住在岸上的许多困难和纠纷。为了获得参加商贸事务的权利，他们必须向当地的地方和省级官员赠送大量的礼品。与葡萄牙商人不同，中国商人只需持许可证就可以参加广州的商贸活动及前往澳门贸易。但是在船只途经下游时，必须交税。在未经官府允许的情况下，每天都有许多中国小船载着生丝和黄金前往澳门。一旦他们被抓住，船上的全部人员都会被毫不留情地杀害。[278]

澳门也有上等的中国商船及大量的中国小贩，后者会挨家挨户上门推销。他们的推销是如此积极，以至于不得不被驱赶才会离开。马可·达瓦罗断定，澳门“被认为是葡萄牙人在东印度地区拥有的最好、最强大、同时也是最有利可图的地方，这样评价澳门并不过分”。为了论证澳门商业贸易的成功，他附加了 1637 年日本航海运输而来的货物清单，总价值约为 2 141 468 银两。[279]

在 1645 年马可·达瓦罗的描述出版之时，澳门已不再像 1637—1638 年他初次到达那里时，所呈现的那般强大和有利可图。葡萄牙人于 1639 年被赶出了日本，而葡萄牙为复兴与日本之间的贸易，派往日本的使节也被日本人处死。荷兰人在 1641 年控制了马六甲（Malacca）以后，严重阻断了澳门与果阿及东南亚诸港的直接联系。葡萄牙脱离西班牙重新恢复独立后，澳门与马尼拉之间的贸易也开始受到威胁。欧洲人可以从公开出版的书信集和其他出版物中了解
1612 到澳门的情况，那些出版物描述了当葡萄牙恢复独立的消息传到澳门时，澳门人是如何庆祝的。[280]

安东尼奥·弗亚略·费雷拉（Antonio Fialho Ferreira）将葡萄牙独立的消息带到澳门时，澳门人最初似乎尚有怀疑。他们担心马尼拉的入侵，并希望能说服在巴达维亚（Batavia）的荷兰人停止他们的掠夺，当时新独立的葡萄牙正在与荷兰联合省（United Province）谈判签署条约。然而葡萄牙复国的消息对他们来说看来是一方兴奋剂，因为他们为最近的挫折感到沮丧。[281] 正如堂·若昂·马尔克斯·莫雷拉（Dom João Marquez Moreira）多少有点儿夸张的描述一样，“所有的不幸都结束了，这座城市仿佛又回到了它之前的样子，那时每年都有好几百万人来到酒吧，那时它正处于财富和荣耀的顶峰，由黄金航道（channels of gold）和白银河道（rivers of silver）提供支持”。[282] 他们的确举行了庆祝。莫雷拉还在近距离观察的基础上，详细地描述了公众宣誓效忠的誓言、篝火和灯彩、斗牛、赛马、化装舞会、阅兵、军礼和其他庄严的活动，这些活动在 1642 年 5 月 30 日到 8 月 20 日之间举行。5 月 30 日，费雷拉带来了葡萄牙独立的消息；8 月 20 日，来自市区和圣安东尼奥教堂的奴隶装扮成黑人、孟

加拉人（Bengali）、马拉巴尔人（Malabar）、布吉斯人（Bugi）和其他人开始游行。每一个宗教机构、学校、市民组织、军事部队、社会阶层和族群（ethnic group）都参与了庆典，即使是倾盆大雨也无法浇灭他们的热情。[283] 莫雷拉这样写道：

> 基督教徒高兴了，异教徒也高兴了，贵族、爵士、乡绅和平民以及其他所有人都认为自己安全地从侵袭和暴力中解脱出来了，那些侵袭和暴力是葡萄牙人在印度的从属地位而遭受的。因为他们没有国王，所以他们不仅被欧洲的国家也被东方的种族认为是奴隶和囚犯，丧失了最好、最富庶的地盘，那是他们早期著名的征服者占有的，在占领印度的黄金时期，那里的繁荣导致了财富和财产的大量堆积，所有这些都足以使葡萄牙成为欧洲最富裕的国家。这就是为什么财富之河转移到其他国家的原因，离开（葡萄牙的）印度是那么软弱无力，以至于即使从最乐观的角度判断，它的辉煌也无法再延续三年。[284]

显而易见，大部分葡萄牙人都同意莫雷拉的判断，即葡萄牙在亚洲的衰落是西班牙统治的结果。但是，葡萄牙独立地位的恢复没有改变澳门的问题。除 1613
却 1642 年的庆典不说，澳门的商业贸易继续衰退。与此同时，澳门在清帝国也面临着前所未有的严重的危机。[285]

整个 17 世纪的欧洲观察家都对中国的货币制度极感兴趣。他们报告说，中国人的货币既非用黄金也非用白银制成。尽管黄金作为商品有很高的价值，但黄金却从未作为日常交易的媒介。未经铸造的白银是最常用的货币。商人们将它裁成条块状，然后称重。每天下来，都将交易所得的碎银熔化，重新铸成条块状。[286] 商人必须具备裁割和称量白银的能力，同时还要有能力鉴别白银的纯度。曾德昭确信，不纯的白银或是白银的合金可以用于小规模的交易。[287] 但是，最常见的是，在小规模的交易过程中使用红铜或黄铜制的硬币（coin），它们被称为 cash 或 caxa。这些硬币单个并不值钱。通常 1 000 个硬币被捆绑在一起，然后成串使用。荷兰商人注意到，成串的铜钱（cash）是爪哇和东印度群岛其他地区最常见的货币形式。曾德昭和卫匡国都描述过中国十进制的度量体系，并标出在同一货币单位下与之相对应的欧洲数据。[288]

很显然，中国人在17世纪就已经发展出了银行业务，像借贷和汇票（bills of exchange），但是欧洲作家很少提到它。耶稣会传教士有过使用汇票的经历，但是如果金尼阁提到的两个例子太过典型，那么它们在中国并不太适用，因此实际上也不算普遍。在金尼阁的例子中，汇票并未得到认同。[289]在其中一个例子中，金尼阁写道，“这种交易方式不太受中国商人的欢迎，在中国的其他地方也不普遍”。[290]耶稣会士也间接提到了借贷，因为他们有时也需要借钱。他们说，利率通常高得离谱。

中国帝国熙熙攘攘的经济生活必须有高效的交通系统作为前提。最令欧洲人印象深刻的，是人们可以很轻松地乘船游遍整个帝国。比如，金尼阁写道，中国是“如此完全地被河流和运河相互交叉的网络所覆盖，以至于几乎可以走水路到达任何地方”。[291]卫匡国声称，中国很难找到一个船只无法到达的城市和城镇。比如，人们可以从澳门乘船到北京，南北距离长达700里格，同样的
1614 距离走陆路（on land）一天就可以到达。① 同样，人们从浙江东部沿海出发，可以畅通无阻地乘船到达远在西部的四川。[292]所有传教士都在反复描述完全或主要经由水路构成的漫长旅程。部分传教士还提到了中国的河流，特别是长江和黄河。比如，卫匡国就循着长江和黄河的水道，从源头到达了大海。[293]传教士也描绘过中国的运河，特别是连接杭州和北京的大运河（the Grand Canal）。庞迪我、金尼阁和卫匡国都曾在大运河旅行，并对大运河进行了描述。卫匡国详细描述了大运河的路线、水闸，以及它所建构起来的很可能是最完善的水道。[294]

除了水路交通能够沟通中华帝国的大部分地区外，大量的中国人常常外出旅行的事实也让耶稣会士感到难以置信。所有的西方作家都惊讶于河流和运河上数量众多的、定期往返的船只。金尼阁认为，“可以很真实并毫不夸张地说，中国船只的数量和全世界其他地区加起来的总量一样多”。[295]曾德昭曾站在南

① 原文如此。——译者注

京附近的长江岸边，发现在一个小时内有300只小船逆流而上航行。[296] 主要的河道上也充塞着渔船、游艇、油漆过的华丽的官方大游艇（有时会有乐师在甲板上演奏）、被捆绑在一起用以向东部城市托运西部木材的木筏（参见插图第280）和随处可见的政府大船，这些大船用以托运从长江流域征收的税粮前往首都。10 000艘帝国的漕船（imperial grain barges）定期往返于北京和长江流域。[297] 在运河的入口或水闸，交通可能会倒退数天时间。因为政府大船和高级官员的大船——尤其是那些运载用容易腐烂的食物的政府大船，这些大船的食物用冰块保持冷冻——有优先通行的权利，当高级官员的大船经过时，以他们的官阶大小呈前后排列。曾德昭写道，他“曾经用了八天的时间通过一处船只十分拥挤的河道”。[298] 旅客可以租借商用船只，甚至是政府大船上空着的船舱。通过这种便利的交通，我们可以确信传教士的记载，即那些只生长于南方的竹子可在全中国普遍使用，在北方开采的煤炭也同样可以广泛地获得，全国通用的丝绸大部分都产自浙江，供大部分中国家庭使用以及运往海外的瓷器，都产自江 1615
西的一个小城镇。

部分作家记述了中国航行用船只的种类，有些报告还记载了它们的构造。他们对高级官员使用的华丽的彩船，彩船上的雕刻、绘画和柱廊尤为印象深刻。卫匡国表示，这些大船像好几层高的房子。[299] 庞迪我和金尼阁都描述了太监马堂奢华的大船。[300] 尽管如此，欧洲人对中国海船的印象，不再像对河船的印象一样高度一致。举例来说，金尼阁认为，中国的海船不论在数量上还是质量上都比不上欧洲的海船。[301] 他似乎认可这样的主流观点，即中国人并不适于在海上航行，所以大量的船只更多地是在内河航道中使用。关于大运河的交通堵塞，金尼阁写道：

> 对欧洲人来说，所有这些都很奇怪。他们认为从地图上，经由海路到达北京的距离更短，耗费更少。这也许是真的，但是对海洋的恐惧以及大量出没在海边的海盗是如此深刻地烙印在中国人的脑海中，以至于他们认为，为了给朝廷运送贡品，走海路将更危险。[302]

然而，荷兰人更常见到的是中国的海船。甚至在某种程度上，他们也对中国海船予以肯定，尤其是在中国海船的可操作性方面。比如，雷基特伦说：“他们的海船总是近风航行，因为它们的索具都是扁平而合围的，我们则不遵循这种方法。它们航行很好，抢风变向或重新抢风变向都很容易。”[303]马塔利夫的航海日志中也有一幅中国海船的草图。[304]

有时欧洲作家也会强调中国陆路交通的优越。按照卫匡国的说法，在欧洲没有能与之相比的道路。在他看来，中国的道路挑战了罗马道路的伟大。卫匡国记述道，许多道路都铺砌整齐，哪怕是通达山顶的山路。信使每跑一段等距离的路程，就在道路两旁停下驻留，他们负责传递官府的文件。驿站之间间隔
1616 一天的旅程，这样可以方便为旅行的官员提供住宿。[305]在这些路上，传教士遇见了中国人使用的各种类型的陆上交通工具：马和马车，用以载货或普通乘客；私人轿子，用以载有社会地位的人（person of rank）。利玛窦曾经乘坐一种有三个座位的独轮车，金尼阁宣称，这种独轮车比在交通拥堵的运河上航行快得多。[306]卫匡国对搬运工用肩挑的搬运方式颇感兴趣。[307]欧洲人，尤其是荷兰人，为他们称之为“帆式马车”（sailing chariot）的东西所吸引——在手推车上装上帆，这样就可以利用风的力量穿越大平原或海滩。[308]门多萨很早就描述过这种“帆船战车”，后来荷兰数学家西蒙·斯蒂文（Simon Steven）在1600年制作了一辆同样的风力马车。[309]

在中国的经济组织中，中国人一直拒绝与外国人进行自由贸易，这最能引起西方观察家的注意。当荷兰人第一次到达中国东南沿海时，他们就为此感到困惑。当他们看到葡萄牙人不仅定期在广州贸易，还定居在澳门附近时，尤为诧异。在接下来的半个世纪里，他们不断迫使中国人允许他们定期贸易并定居在沿海地区，正如葡萄牙人所享有的权利一样。但是，渐渐地，他们了解了明代的朝贡制度（tributary system），他们为此感到苦恼。早在1607年，马塔利夫司令就简要地描述过这种制度，尽管这比荷兰人屈从这种贸易体制早了将近二十五年之多。[310]

在欧洲人看来，外国与中国的通商几乎是不可能。因为整个帝国都禁止与任何外国人接触，不管是在帝国范围之内还是帝国范围之外。外国人被禁止在

中国贸易，另外有关皇帝的话题也被禁止传到帝国以外。这种统治的唯一例外被小心翼翼地调整，大量的商人允许定期随同进贡使团一起进入帝国，其中一些停留在港口的入口，另有一些随同使团进入首都。欧洲人一致认为，即使是这样，外国人也会被认为是比来自友邦的尊贵使者更危险的罪犯。他们在旅途中会被密切监视，很少被允许进入城市，并常常被安置在一个更加适合牲畜而不是人居住的环境中。[311] 中国人对外国人的轻蔑是如此深切，以至于中国人经常会把用于描述野兽或魔鬼的词语加诸外国人身上。每当一艘外国的船只停 1617
泊在中国的沿海时，它会迅速被中国的船只包围，这样一来，外国人就无法进行交易，购买供应品，或与任何人交谈。如果偷偷靠岸，那么他会被其所见的第一位官员告知，如果没有经过政府的批准，不能与任何人有任何接触。同时他还会被告知，与当地官员接触是违法的。如果外国人要求觐见皇帝，他们会被地方官员警告说，这种要求不会被允许，因为害怕他们丢掉性命。[312]

尽管进贡使团要遭受轻蔑，但是外国人仍然定期到来，他们给天子（the Celestial Emperor）带来了贡品和朝觐。耶稣会士断言，外国人之所以持续来到中国，是因为他们在经济上有利可图。因为他们停留在帝国境内期间的一切花销都由皇帝承担，而且一般来说，皇帝回赠给进贡使团的礼品总是比他们的贡品更为贵重。除此以外，进贡使团还被允许进行有限的贸易。正是因为这些原因，许多来自邻国的人们也定期来到北京，他们宣称是某些不存在的国王和王子的大使。[313]

尽管中国人对外国人表示强烈的反感，但是 17 世纪的欧洲人注意到，在朝贡贸易体制之外，有三个地方被允许进行贸易：澳门、福建漳州和西部的陕西肃州（今天的甘肃）。尽管受到各种因素的限制，澳门的葡萄牙人被允许持续在那里定居，并获得参加每两年一次的广州商贸事务的特权。可能也有其他的欧洲人随同葡萄牙人在澳门居住和贸易，如果他们得到葡萄牙人的允许的话。然而，通常可以理解，葡萄牙人并不情愿与其他的外国人分享在中国的独特地位及所能获得的利益。[314]

与澳门的葡萄牙团体大致相似的情形也存在于肃州，那里的阿拉伯商人永久地建立了自己的独特街区，在中国内陆城市还是第一个。欧洲人第一次注意到，这种“第三道门”（third gate）——正如他们所称呼的那样——是鄂本笃从印度经陆路来到中国的结果。金尼阁将肃州的情形与澳门相比较，第一次描述了阿拉伯人在肃州的殖民地：

> 中国人，即撒拉森人称之为契丹人的族群，住在肃州的一个城区，而来此经商的喀什葛尔王国（the Kingdom of Cascar[Kashgar]）以及西方其他国家的撒拉森人则住在另一区。这些商人中有很多人在此娶妻，成家立业；因此他们被视为土著，再也不会回到他们的故土。他
> 1618 们就像在广东省澳门定居的葡萄牙人那样，除了葡萄牙人是自己订立法律，有自己的法官外，契丹人则由中国人管辖。每天晚上他们都被关闭在他们那部分城区的城墙里面；但此外，他们的待遇一如土著，而且在所有事情上都要服从中国官员的管理。根据法律，在那里居住了九年的人就不得返回他自己的故土。[315]

中国境内第三个特殊的对外贸易地点，是福建的漳州港。虽然外国人不被允许在此贸易，但是在这个港口取得许可证的中国商人可以到海外贸易。最早的西方观察家，比如门多萨，早就注意到，福建商人在得到地方官员默许的情况下，可以私自进行对外贸易。[316]17 世纪的作家——马塔利夫是其中最早的一个——不久就逐渐认识到，来自漳州地区的商人有政府的允许，可以进行跨国贸易。比如，来自漳州的中国商人可以与远在马尼拉的西班牙人进行长距离贸易，在 1624 年以后也会同在台湾热兰遮城（Fort Zeelandia）的荷兰人进行贸易。与此同时，有些违法的贸易也会在福建沿海进行。比如，雷基特伦就注意到，无论船只何时在热兰遮城装载准备开往日本或巴达维亚，供应贸易的中国商品都非常紧张。在这种情况下，荷兰人可以简单地派遣两到三条船直接奔赴厦门去购买他们所需的中国商品。[317] 同样，大部分在中南半岛和菲律宾的海外华人社区，都是从福建的这些地区移民而来。尽管他们普遍认为海外华人对皇帝并不忠诚，但是有些中国官员仍然关注这些海外的华人社区。这可从“漳州的来访者”和统治菲律宾的西班牙总督之间的通信中看出，这些信件在 1603

年马尼拉的华人大屠杀事件之后，由列奥纳多·德·阿亨索拉出版。这封中文信件打听了这次大屠杀的起因，同时还包含了可能给予报复的潜在威胁。[318]

在欧洲人看来，中国是世界上最受欢迎的地区，因为那里有高度成熟的经济。耶稣会士一再列举了中国的省份和主要城市，并估算它们的人口、军事力量、帝国的税收。他们就像是在估计自身一样，觉得自己的印象相当精确。卫匡国列出了中华帝国各省的详细数据。然而，早期耶稣会士的定期报告却低估了这些财富和物产的重要性。与欧洲人相比，中国人习惯于节俭的生活，少数 1619
中国人非常富裕，也有少数中国人非常贫穷。曾德昭写于1642年左右的报告认为，这些可以很好地预示中国的未来：

> 虽然国家如此富裕，人民勤劳，谋生的手段和方法也很多，但他们仍不放弃任何能给他们带来好处的东西；贵重物品虽然充裕，他们仍会充分利用牛骨和猪毛以及扔到大街上的破布。他们之间有一个使国家得以生存的保证和约定，这就是：公众富足，个人缺乏财富。[319]

第五节　社会风俗

欧洲人有关中国人外貌的描述很少有不同。所有的欧洲人都在谈论中国人浑圆的面庞、扁小的鼻子、黑色的头发、黑色的眼睛、稀疏的胡子。庞迪我说，他灰色的头发曾引起中国人的好奇心，他们认为一个有着大胡子、大眼睛和大鼻子的人是“丑陋的”。[320] 金尼阁则宣称，中国人讨厌红色的头发。卫匡国对此表示赞同，并补充说，他们也讨厌金色的头发。[321] 欧洲人将中国人的肤色描述成白色或接近白色（nearly white），尽管有些作家观察到，北方人和黑皮肤的南方人有所不同。卫匡国也描述了定居在帝国范围内的少数群体，他们的外貌和社会习俗与其他的中国人略微有些不同。比如，住在江西高山上的人们甚至不受帝国当局的管辖。[322] 还有一些人观察到，广东和江西人其小脚趾上大都长了两片趾甲。金尼阁认为，他们可能曾一度每只脚有6个脚趾头。[323] 中国人无论男女都留着长发；只有15岁以下的孩子可以把头发剪掉。佛教徒剃发修行。中国人浪费了大量的精力在头发上，他们频繁梳头，将头发扎成辫子，然后在头顶将头发盘成发髻。比如，在1622年邦特库船上的中国俘虏几乎一整天都在甲板上洗头发、梳头发。如果头发散松下来，可以一直垂到小腿上。[324] 在中国
1620 男人择偶标准及妇女缠足等问题上，进入中国的欧洲人有各种不同的看法。在中国，小脚被认为是漂亮的。卫匡国推测，中国人可能会因其大脚而认为特洛伊（Troy）中的海伦（Helen）很丑。[325] 缠足很可能受到中国男人的鼓励，他们的目的，是想通过缠足使妇女难于步行，进而将她们深藏闺阁。然而，曾德昭不赞同这种看法，他认为这种行为之所以流行，与模仿一位中国古代的皇后有关，那位皇后将她难看的双腿捆绑以让它变得好看。[326]

男人和女人都穿垂至脚趾的长袍，这种长袍有宽大的袖子，用以隐藏双手。男式长袍是双排扣（double-breasted），衣服的正前方一边和另一边重叠。女式长袍则系于正前方之下。长袍之下，只有一件白色内衣与肌肤相隔。荷兰人常常谈到，很难区分中国的男人和女人，因为他们都留着长发、都穿着长袍。耶稣会士欣赏中国服饰的适度简单。并常常提到，与欧洲的服饰不同，中国的服饰风格从未发生变化。但是，曾德昭准确地观察到，衣服的式样是由帝国的政令规定的。他还说，在公元前200年，中国人就像日本人一样穿短袖的长袍，后来大约于公元400年在“宏”（Hoan）皇帝① 的统治期间，他们调整了长袍的样式，至今仍在使用。[327] 长袍根据季节的变换及正式与非正式场合的不同而改变；不同阶层和等级的人们其长袍的式样和颜色千差万别。曾德昭用了很长的一章篇幅来介绍中国的服饰和官员的徽章。所有的官员，除了“阁老”（Colais，尚书）以外，都戴黑丝制作的帽子，“用一种坚硬的材料镶边”（**幞头**）（参见插图第41）。每位官员的胸前都有一块方形的布料，“四周有华丽的刺绣，中间是象征他们官阶和品位的图案”。文官服饰用不同类型的鸟类图案予以区分（参见插图第39），武官则用兽类图案区分。官员的腰带约有四指宽，腰带正前方是

① 当指北魏孝文帝拓跋宏（467—499年），471—499年在位。——译者注

用花彩结饰而成的巨大带扣。有九种类型的带扣："用**水牛角**、**犀牛角**、**象牙**、**龟壳**、**鹰木**（Lignum Aquila）、**伽兰木**（*Calamba*）、银、金及宝石制成"，每一种都标示着他们所任的官职。他们穿着特定类型的靴子（云头履 [cloud toe] 或朝鞋 [court shoes]）。在普通的长袍之上，他们还穿一件宽松的外衣。这些象征他们官职等级的服饰只在公开露面时穿，平时在家里或休闲时则不穿。[328] 年 1621
轻人可以随意穿各种颜色的衣服，但老人的衣服色彩更朴实，尽管在节日场合，官员常常穿着红色衣服。有钱人一年四季改换外装，普通百姓一年改换两次且通常穿黑色衣服。有时他们典当衣服，一个季节穿一种，并为下一个季节做准备。[329] 尽管棉花非常普遍，但是每位欧洲作家都提到了丝绸在中国服饰中的广泛运用，当然，偶尔也会用到羊毛。

中国人花在头饰上与花在头发上的精力一样多。男人通常戴一种用马鬃甚至是钢丝制作的发网，这样头发就可以盘起来。[330] 但是，妇女用金钗或银钗和其他装饰物保护她们的发髻，并常常在头上戴花。男人的帽子也有很多种类并能显示其优雅，可以想见，帽子也能显示出穿戴者的身份和等级。这种帽子用马鬃、毡、丝绸或棉花制成。一般来说，文人和官僚阶层戴方帽，普通人戴圆帽。庞迪我表示，一个人不戴帽子就出现在公共场合被认为是不礼貌的。[331]

中国人的鞋子也引起了相当多的注意。这些作家不仅描绘了妇女的缠足和小脚，也描绘了男人的鞋子。只有最低阶层的人才会穿皮制鞋子。其他人穿丝制或棉制鞋子。鞋子是将千层布料紧密缝合在一起制成，鞋的表层部分有绣花的刺绣。金尼阁表示，即使是男人的鞋子都比欧洲妇女的鞋子更加讲究。他还描述了一种长的"绷带"，缠绕在男人的足部和小腿上，看起来像松垮的长筒靴。最后，金尼阁还说，一个人的服饰只有在配上阳伞之后才变得完美。[332]

虽然 17 世纪的欧洲人对中国人外在容貌的看法较为一致，但是他们很少关注中国人的内在性格特点。欧洲商人和航海家不同程度地将天朝臣民看成是贪婪、精明和不诚实的。那些与中国官员打过交道的人都认为他们友好而彬彬有礼，但是表面上总是许下不打算去实现的诺言，目的是以此骗取外国人的礼物。事实的确如此，欧洲人常常提到，在中国如果没有贿赂和礼物，那么什么事情都无法办成。荷兰旅行家的观察建立在与爪哇的中国人直接交往的基础上，

他们总是抱怨中国人的品德。他们是不计后果的赌徒，有时一夜之间就将房子、
1622 妻子、孩子和个人自由输得精光。[333] 那些与他们在战场上交战的人，也发现中国人不值得欣赏。荷兰人断言，中国人缺少勇气，除非他们占有明显的优势，不然常常从战场上逃走。

然而，耶稣会士描绘了一幅完全不同的中国道德画面。曾德昭发现，他们天生注重美德，尤其是谦卑、贞节和童贞。即使是在别人藐视自己时，中国人也会赞美对方的美德。[334] 在龙华民看来，中国人是自律、文雅而仁慈的，总是习惯性地克制自己的激情；中国的妇女总是像修女一样贞洁。[335] 苏查用一次经历证明了这种论断，即有一些葡萄牙船员的船只失事，却得到了中国妇女的细心照料。

> 她们很美丽，虽然漂亮容易变得放荡，尽管这些男人长时间地与她们相处，并受到热情款待，但是她们从未表现出要迎合他们的欲望的放荡倾向。[336]

在社交过程中，中国人总是非常谦恭而有礼貌，尽管很多时候只是出于仪式的需要。传教士赞美中国人勤奋而智慧，并举他们对土地的精耕细作为例。他们还称赞中国人对官员和学者的尊敬。传教士还注意到，那些与他们交往过的中国人与海港中的商人并不相同。曾德昭承认，中国的商人常常精明而欺诈。但是他警告他的读者，不要将对中国人的总体看法建立在那些可鄙的商人的片面行为上。尽管如此，耶稣会士也提供了一些有关中国人阴暗面的材料。比如，金尼阁就提到了拐卖孩童、溺死女婴、阉割小男孩以及中国穷人中间普遍的自杀行为等等。[337]

现代学者几乎都认为，中国的家族制度是独一无二的，家族也被视为中国社会最大的特点和最基本的社会组织。在学界看来，中国的家族是其悠久历史文化的维护者。的确，中国的家族制度在传统社会承担着重要的社会服务和政府功能。
1623 而在欧洲，这些事务通常是由政府、教堂和慈善机构来处理的。中国家庭强调其作为孝顺的教养所和儒家道德标准的守护者。“五伦”是儒家伦理的

核心部分，其中三伦与家庭有关。事实的确如此，家族在传统上被视作帝国自身统治的模式。尽管如此，没有任何一种17世纪的欧洲史料用独立的章节，对中国的家族制度及其重要性进行过系统的讨论。只有在他们对社会风俗——尤其是婚礼和葬礼的描述中，看到中国家族制度的某些组织结构。

中国人的婚姻都由父母包办。根据庞迪我的记载，中国人的结婚年龄很小，通常在15—20岁之间。[338] 即使还在很小的时候，也常常就被安排了未来的配偶——有时甚至在出生之前，而且这种父母的安排最后都能得到维持。在缔结婚约时，通常会有第三方作为中介人，即使这两个家庭早已彼此熟知。中国人有关亲族之间的婚姻惯例也与欧洲大不相同。没有人可以与父亲的亲戚或与父亲同姓的人结婚，即使是远房亲戚或同姓者也不例外。金尼阁注意到，由于在中国只有一千种姓，这将是一个很大的限制。[339] 另一方面，与母亲一方的亲戚结婚则很少受到限制。从许配配偶开始，到求婚和结婚，都要遵循严格的礼节。礼俗规定的礼物被定期赠送，另外还观察到其他的一些礼节。然而，通常在婚礼那天之前，即在新娘被隆重地迎回新郎家之前，被许配的夫妇彼此不能相见。部分欧洲作家声称，中国人是在买老婆。与此同时，在婚礼前一天，新郎要给新娘赠送一个大的礼物，并由新娘转交给她的父亲。金尼阁说，这在较低的社会群体中很普遍。[340] 但是曾德昭并不同意。他说，买新娘的观念之所以起源，是因为新郎要掏钱给新娘的父亲以购买嫁妆，并且赠送新娘家族的礼物，但这些行为在普通人家中间并不存在。在富人中间就不同，新郎的父亲从自己的钱包中支付这些必要的费用。一旦结婚，新娘就成为新郎家庭的一部分。在来到新郎家以后，她和她的丈夫要对着丈夫祖先的画像敬礼，同时还要在丈夫的父母面前鞠躬。完成了这些仪式以后，新娘会被婆家带到女人的闺室。一个月以后，夫妇俩返回新娘家中做客。从那以后，新娘就与她丈夫的家人住在一起。[341] 1624

大部分西方观察家都说，中国人只有一个法定的妻子，但是只要能负担得起，可以娶很多妾。显而易见，妾的社会地位要比妻子低。她们单独进餐，有时也单独居住，而且通常被认为是妻子的仆人。妾可以很容易被赶出家门。有时，男人娶妾的目的完全是为了生儿子，在生下儿子以后，她会被尽快赶走。妾生的孩子只尊他们父亲的正妻为母亲，当他们的生母过世时，也不要求前去服丧。[342] 大多数欧洲作家都声称，妾被用来买卖。曾德昭表示，许多女孩仅仅是因为这样的目的而被抚养长大。[343] 流动的商人常常会在他做生意的城市供养好几个妾。早期的荷兰旅行家记录了在爪哇的中国人一种奇特的婚姻习俗，他们很可能记述了这种行为的变化。他们写道，中国的商人在爪哇买妻子，当他们带着孩子重返中国时，妻子会被留在爪哇。[344] 根据曾德昭的说法，所有的儿子——不论是嫡出还是庶出，在继承遗产时都享有同等的份额。但是，有些家庭给长子分配更多的财产。[345]

中国的妇女从来不出现在街上，除非是坐在封闭的轿子中。即使是在家里，她们也会与来访者的视线相隔离。曾德昭注意到，除了丈夫以外的任何男人，即使是丈夫的父亲，也不能进入她的房间。[346] 另一方面，他也提到，在中国的部分地区看到过普通妇女走出房门。[347] 尽管寡妇允许再婚，但是她们中的大部分人都不会改嫁，即使是在很年轻也没有孩子时就已守寡。这种对死去的丈夫的忠诚会赢得中国人的高度尊敬，通常会立牌坊（memorial arch）予以纪念。[348] 雷基特伦提到，年轻的女子，如果她未来的配偶在未婚之前就已死去的话，会终生不嫁，剃发修行，归隐尼姑庵。[349]

皇室的婚礼习俗更能引起欧洲人的兴趣，对为未来的皇帝遴选配偶所遵循的
1625 程序尤其如此。与其臣民一样，皇帝只有一个真正的妻子，称为皇后。皇后在平民中间遴选，不会考虑其家庭状况或社会地位。[350] 除了皇后以外，据说皇帝还有 9 个被称为嫔妃（queens）的妻子，以及大约 30 多个同样被认为是妻子的女人。门多萨将这 30 多个女人称为妾（concubines）。[351] 但是，除了这 30 个女人之外，17 世纪的作家还谈到了大量的嫔妃。曾德昭估计其数量为 3 000 名。[352]

门多萨还记载了另一种特别的婚姻习俗，这种习俗只在鞑靼人和居住在北方省份的中国人中存在。每一年，那些达到适婚年龄的年轻人会在指定的城市与官员会面。官员根据财富将男人分为三等，根据外貌将女人分成三类。然后他们会被配对，最富裕的男人会娶到最标致的女人，此后他们举行专门的结婚仪式。[353] 马塔利夫航海日志中的叙述与门多萨奇异的记述相同，后来莫凯重述了其中的部分情节。[354] 不过再未被后来的旅行家或耶稣会士提及。

葬礼也展示了许多有关中国人的家庭生活及其孝顺的品格，后者尤为欧洲

作家称赞。孩子们严谨细致地遵循葬礼的细节，为父母服丧时非常严谨认真。为了确保自己心无旁骛，他们要参照大量有关葬礼礼节的书籍。在父母去世以后，尸体会在第一时间被清洗，然后被穿上最好的衣服，最后被装进棺材。棺材也许已经准备了好多年。中国人一般都可看到为自己准备的棺材，但是准备棺材不用自己花费劳力或金钱。[355] 在门多萨的叙述之后，马塔利夫写道，他们首先将死者放在椅子上，以供亲朋好友做最后的隆重的告别。[356] 所有其他的材料都描述道，尸体会被密封在棺材中，停放在家里最大的房间中。死者画像放在棺材正前方。在那里，亲朋好友前来吊唁，家庭成员列次迎接哀悼者。每个细节都按照规定的礼仪进行。客人在棺材前鞠躬，孩子向客人鞠躬，之后客人会被带到另一房间喝茶、吃干果。在亲朋好友向逝者（the departed）致敬以后，长子给每一个人回礼。有时候，也由摆在门口的请帖（calling card）代其履行回礼之职。

在接待完吊唁者后，葬礼可以随时举行。有时候会延后很长时间。在这段 1626
时间里，棺材保存在家里最好的房间中。每天清晨，儿孙后辈都会前来祭拜，包括敬礼、烧香及供奉祭品。[357] 根据曾德昭的记载，葬礼有时会延期举行，因为死者家庭的资金已经被用完了。[358] 下葬当天，亲朋好友会被召集起来送葬，送葬队伍从家里一直送到城镇外的墓地。墓地要经过仔细的挑选，通常要通过懂得风和水（风水）精神的专家的帮助。金尼阁描绘了典型的中国坟墓，通常是用白色大理石建造，外层用雕刻和雕塑装饰。[359] 佛教僧侣和道教道士都会参加送葬队伍，口诵祈祷并演奏哀乐。子女紧跟棺材，悲痛欲绝。[360] 在坟前，他们会焚烧熏香、草纸或人与动物形状的丝织品、用镀金字体写成的祝词等。同时也会把食物摆在坟前，一如棺材摆放家中时一样，每天供奉祭品。

服丧要遵循严格的礼制。在服丧期间，人们穿粗糙的白色外衣。在中国的服丧仪式中，白色比黑色更符合仪式需要。服丧者睡在草席而不是床上，饮食起居也是如此，在此期间不参加公共聚会活动。服丧者有时坐在矮凳而不是椅子上，使用特殊的文具，并且总是用自我贬低的词语称呼自己以示抗命（disobedience）。[361] 为父母服丧的期限是三年，对其他亲戚的服丧时间更短。如果是官员的父母去世，他必须辞去职务并返乡服丧三年。规定的服丧期限必须严格遵守，哪怕服丧的官员恰好被提拔为尚书。比如，金尼阁记述了“著名的皈依者，未来的尚书”徐光启（Hsü Kuang-chi）的故事。徐光启是当时的翰林院成员，在 1607 年他的父亲去世时，他正好刚被提拔为尚书。他为此辞掉职务，返回上海休养三年。[362] 若皇帝或皇后驾崩，其服丧期限也是三年。然而根据金尼阁的记载，通过用一天代表一月的方式，将服丧期限压缩为一个月。尽管如此，曾德昭报告说，万历皇帝在遗嘱中，要求不必“用惯常习俗的二十七个月”，服丧“只需要几天即可”。曾德昭在报告中描写了两次皇室的葬
1627 礼：一次是万历皇帝，死于1620年；另一次是万历皇帝的母亲，死于1614年。[363] 在曾德昭之前，马尔多纳多出版了对皇太后之死及其葬礼的描述，但他错误地将时间定在 1617 年。[364]

几乎所有的欧洲作家都赞赏中国人对父母的忠心和孝顺，他们似乎都赞成隔离妇女的做法。并不是中国家庭生活的所有方面都被加以肯定，大多欧洲作家都不赞同一夫多妻制。他们同意卫匡国的看法，即妇女在这方面的遭遇是不幸的。[365] 庞迪我则认为，施行一夫一妻制有可能导致妇女更容易皈依基督教，而且可以劝说她的丈夫一起信教。[366] 有些作家还描述了穷人的父母是如何卖掉孩子——特别是女儿的，有时卖做奴隶，有时卖做小妾，有时卖做妓女。除此以外，据说在北方的某些省份，许多父母会阉掉儿子，目的是使他们进入宫廷做太监。[367] 在大部分欧洲人的眼中，更糟糕的行为是遗弃女婴。正如金尼阁所述，穷人的父母常常用灵魂转世的信仰，来安慰自己遗弃婴儿的罪过。因为在他们看来，自己是在帮助孩子逃离出生的贫穷家庭。[368]

所有的欧洲作家都在讨论，中国缺失一个相当于欧洲大部分国家的世袭贵族。中国的上层阶级由这些人构成，他们成为学者（scholars），通过科举考试并出任公职。尽管如此，文人阶层表现出许多世袭贵族的特征。因为一位成功的学者在通过科举考试后，收获财富和名誉。另外，官宦之家的子孙可以从私人教师和常年空闲中受益，他们可以利用空闲时间准备科举考试，这对大部分中国人来说是奢侈的。因此，成功的学者常常出自文人世家，这种家庭通常可以保持有成员在政府部门任职。通过这种方式，官宦阶层在某种程度上与世袭贵族相似，耶稣会士也正是这样描述的。然而，耶稣会士似乎忘记了中国的世

袭贵族与欧洲世袭的贵族之间的基本差异。[369] 耶稣会士还提到中国真正的世袭贵族，那就是皇亲国戚。不过这只是一个很小的群体，根据耶稣会士的说法，1628 他们没有政治权力。在金尼阁看来，皇亲国戚是一个游手好闲的、蛮横的阶层。这个阶层由 60 000 人组成，他们不断消耗帝国的财政收入。[370]

虽然耶稣会士的报告提供了有关明代中国政府和社会的大部分准确信息，但是他们过于关注官宦阶层，因此对其他社会阶层的记载就相对较少。即使是他们对婚礼和葬礼习俗的描述，也更贴近文人（literati）阶层而不是农民。尽管如此，在耶稣会士看来，农事是帝国最重要的劳动，农民享有很高的社会地位。[371] 但是除此以外，他们并未就农民的社会地位留下更多的论述。少数耶稣会作家注意到商人（坐商和行商）的情况。他们报告说，商人的子孙总是跟随父亲做生意，尽管庞迪我坚持认为，每个人都可以自由选择职业。[372] 每个人都提到了中国劳动力的廉价。耶稣会士强调，商人是这块土地上社会地位最低，也是最受歧视的阶层，这种评论与儒家观念相吻合。但是他们不时提到富有的商人，以及常常参与商业的官员。士兵和佛教僧侣的社会地位也很低，尽管地位更低的是乞丐和流浪汉。与门多萨的说法一样，马塔利夫表示，中国的街道上没有乞丐。他提到一个中国官员，其唯一职责就是让穷人得到家人的抚养，让残疾人学会贸易，让那些没有能力工作和没有家庭的人受到政府的关照。[373] 龙华民也观察到，中国的流浪汉很少。[374] 然而其他的耶稣会士作家既没有证实，也没有否定门多萨的说法。处在社会最底层的是奴隶。欧洲的观察者声称，中国的奴隶不是一个单独的种族，也不是来自战场上的俘虏。相反，他们是本土的中国人，他们被父母卖为奴或自愿卖身为奴。金尼阁写道，正是这种对人的生命的交易，使得“整个国家到处都是奴隶；他们不是来自战场上或由国外引入，他们出生在这个国家，甚至是他们生活的同一个城市或村庄”。[375] 有些 1629 奴隶被在澳门的葡萄牙人和西班牙人带出中国。莫凯自称，他在果阿的女房东就是在广州被人拐卖的，当时才 8 岁的她就被卖给了葡萄牙人。莫凯还说，葡萄牙人很喜欢中国仆人，因为他们非常忠实和勤快。[376] 尽管对奴隶表示同情，但金尼阁表示，中国的主人大都非常仁慈，因为他们随时允许奴隶为自己赎身，只需要支付当初买入时的价格即可。[377]

欧洲的观察家，不论是耶稣会士还是世俗旅行家，都对中国的社交礼仪特征印象深刻。对商人和海员来说，中国的礼节过于奇怪。之所以引起他们的注意，主要是因为中国的礼仪与欧洲差别太大。正如雷基特伦所说，中国人是“世界上最讲究礼仪的人”。[378] 对耶稣会士而言，理解并遵守中国的礼节是被中国人接纳的必要条件。因此他们经常认真地遵循他们所观察到的中国礼仪。因此在 17 世纪，所有欧洲作家都对中国的礼仪进行过详细的描述，尽管有些冗长而乏味。他们描绘了各种互致问候的姿势和鞠躬方式，从细微的点头和同级之间的握手，到向官员汇报时可怜巴巴的屈膝跪拜，各不相同。他们常常论述在街上遇见熟人时的礼仪——走出轿子并以鞠躬回礼。除此以外，他们还对有关拜访和互赠礼物的刻板规矩做了详细描述，甚至细致到不同场合的不同穿着。有些作家用很长的篇幅来描写各种请帖，这种请帖用以发出邀请、通知拜访以及接受或拒绝礼品。作为每次拜访中的重要环节，用茶的礼仪也被反复描述。由于中国礼仪已经成为他们日常生活的一部分，耶稣会士详细描述了会见中国官员时所用的礼节。即使是欧洲的商人和海员，也有过相当详细的描述。阅读这些细致的描写，读者很可能会轻易赞同曾德昭的观点：“总之，他们很讲究应酬和问候的方式，看来没完没了；像敬神的礼仪而非人类交往。”[379] 总而言之，他们对中国礼节的描述是准确的，礼节对学者—官员非常重要，这一点也没被夸大。礼仪，或礼，很显然是儒家伦理的一个重要方面。曾德昭有一次做了简
1630 要的描述：

> 讲礼节、仪表大方、办事老练、周到、持重、平稳，这些在他们那里被视为主要德行，一切都归结为一个“礼”字。其中他们也把时间、服饰的礼节包括在内，以帖（*Thie*）去表达。[380]

甚至是人们谈论朋友或熟人的名字时，都要依礼而行。金尼阁和曾德昭都对这种情形做了详细描述。[381] 除了姓以外，男孩子由父母另取名字，这个名字必须未曾被他的家族前辈用过。其他人用表示出生顺序的数字来称呼他们。女孩子和妇女除了出生顺序的数字外，不会再取其他的名字。男孩子就不一样，

在自己一生中的每一个重要时刻，他们会有越来越多的高贵的名字：比如，在上学之前，长大成人之时或结婚时，获得重要地位或官职时，参加一个教派或文学团体时，以及成为中年人时。耶稣会士报告说，使用与场合及相关参与人关系相适宜的名字，这是中国礼节的重要方面。

在这种令人困惑的琐碎礼节中，儒家伦理的普遍原则浮现了出来：在社交的一切领域，士绅（gentleman）通过贬低自己来夸赞其主人或客人。耶稣会士提到座位的尊卑，在北方以左为尊，在南方以右为尊。如果有人给他提供尊位，他总是先拒绝一番，直到对方多次催促之后他才会接受。与人交谈时，中国的士绅从来不用“你”或“我”，通常在谈及自己时用谦卑的用词；谈及他人时，则使用奉承的称呼。比如，儿子与父亲交谈，即使他是长子，他也自称“小儿”。在地方官员面前，即使是原告或证人也会称呼自己为“罪民”。同样的原理可以用于指称他人财产状况。根据曾德昭的说法，这种准则至今仍在使用，即使是在询问一个生病朋友的身体状况时，也会说“贵恙”（noble indisposition）。[382] 为了论证中国人对保全颜面的重视，曾德昭讲述了一个按察使（provincial inspector）的故事。该按察使的官印被盗走了——这种失误极小，但可能让他丢官。他怀疑是当地的一个地方官，也是他的旧仇人偷走了官印。他没有直接起诉嫌疑人，相反，按察使在自己府邸的外院放火，然后向知府（city official）求助。当他在人群中看见嫌疑人时，他大声喊对方的名字，并把印盒交给他保管。通过这种方式，按察使暗示给嫌疑犯一次还回官印的机会，如果真的是他盗走了官印的话；如果不是他盗走了官印，按察使可以将失 1631
印之责归咎于他的疏忽，然后将责任推到他身上。失火之夜的第二天早晨，印盒送回到按察使的手中，官印已在里面。没有发生诉讼，但双方均掩盖了自己的过失。[383]

大多欧洲作家都参加过正式的中国宴会，他们叙述了自己愉悦的味觉体验。与此同时，中国宴会的礼节也给他们留下了深刻印象。所有的事情都遵循一丝不苟的礼节：邀请、宾客的座位、喝酒、上菜的顺序以及散会告别。他们报告说，中国人从来不用手接触食物，也不用刀叉将食物切成小块儿。食物放到餐桌上时已经被切成小块儿，这样的话所有的食物都可以用筷子直接食用。座位的安排也让欧洲人感到好奇。中国的餐桌很小，通常每桌不会超过四个人。在非常重要的宴会上，每个客人可以享用一桌甚至两桌。

耶稣会士为中国的食物倾倒。中国的食物并无特别之处，在欧洲和许多其他地区都可看到。除了西方的常用肉类外，中国人还吃狗肉和马肉，尤其爱吃猪肉。由于中国没有橄榄树和橄榄油，中国人用芝麻油烹饪，金尼阁觉得这很有趣，庞迪我则说味道很差。[384]中国人喝饮料时均使用小杯子。他们用大米而不是葡萄酿酒。因此，大多欧洲人都更喜欢欧洲的酒。耶稣会士发现，中国人比欧洲人更常吃米饭，但较少面包。虽然在宴会和正餐中的食物数量并不令人印象深刻，但是种类繁多，烹制优雅。庞迪我说，参加中国的宴会更多的是尝（tasting）而不是吃（eating）。他还抱怨说，“他们的宴会花了 5 至 6 个小时，但是回家后又会感到饥饿”。[385]宴会上会喝掉大量的酒，但是耶稣会士表示，没有人会过量饮酒或被灌酒，因此人们很少喝醉。总体上说，中国人在吃喝上都很适度。

曾德昭区分了南北宴席的不同。南方人在宴会开始前喝酒，并在品尝各类菜肴时继续喝酒。主客之间更多的是交谈和品尝，而不是吃喝。当客人说喝够了时，他会将杯子放到一旁，然后开始吃饭。与南方不同，北方宴会所用盘子数量更少，但是容量更大。当宴会开始时，先不喝饮料，而是先填饱肚子。吃
1632 完以后撤走盘子，桌上会摆上更多的食物比如“腌肉”（salt meats）和“腊肉”（gammons of bacon）等“招牌菜”，这时他们开始喝酒。喝酒结束后客人会互相交谈一小时左右。曾德昭说，虽然中国人烹饪时所用调料很多，但在餐桌上从来见不到盐或胡椒。宴会中食用的肉类和鱼，早在好几天前就已经烹饪好了。他们供应好几种汤，但是汤里从来没有肉、鱼或面条。[386]

几乎任何重要的日子都会举行正式的宴会：生日、婚礼、节日，或即使是到城外郊游。庞迪我宣称，中国人一生中有一半的时间花在宴会活动中。[387]通常除了“让我们今天醉生梦死吧，因为我们明天就将死去”之外，没有其他的目的。曾德昭记述了一种“每月兄弟会”（brotherhood of the moon）的组织，这个组织中的成员每月轮流在家中举办宴会。这种宴会通常在晚上举行，有时会持续到第二天凌晨（the small hours）。有时他们在公共建筑中进行，当然这

样的建筑有很多。如果主人不希望打扰到自己的家人，他可以将整个宴会都安排在这种公共建筑中举行。[388]

拜访和宴会通常在节日期间更为普遍。尽管看起来中国人没有像基督教周日一样的固定休息日，但他们每年都会有好几个重要的节日。其中最重要也最常被提及的当然是新年。新年从 1 月底或 2 月初的新月（the new moon）开始，新年活动包括宴会、拜访和庆祝等等，通常持续七天时间。新年过后不久，正月十五，就是元宵节（the Feast of Lantern）。在那天，家家户户、大街小巷都灯火通明，街上到处都是快乐的游行者。曾德昭列出了主要的中国节日名单。[389]除了新年和元宵节之外，曾德昭还提到了春天的主要节日，三月初三，那天人们打扫墓地和祖先牌位，并在坟前和牌位前供奉祭品；[390]龙舟节（the Dragon boat Festival），五月初五，称为“端午”（Toune，**端阳** [*Tuan Yang*]）；七月初七也是节日；最后是九月初九的节日。在曾德昭所列名单中，最后两个节日只是简要地做了描述。比如，他在对七月初七节的记述中，仅仅提到那时中国人“向月亮乞求智慧和巧艺”。[391]曾德昭没有描述九月初九的节日，只是简单地提到了这个日期。[392]其中有些节日——尤其是新年——是唱戏、唱歌、举行化妆舞会及放鞭炮的日子。 1633

在宴会和正餐上，客人们以交谈、喝酒、音乐等自娱自乐，有时也有专门的行家招待。[393]戏剧是最流行的宴会娱乐形式。根据金尼阁的叙述，戏剧是由职业剧团演出的，这些剧团有些长期定居在大城市中，有些则是巡回演出。剧团的需求量很大，他们既为公众演出，也为私人演出。“毫无疑问，这是帝国的一个祸根。戏剧演出次数如此之多，以至于很难找到其他活动像戏剧一样容易滋生邪恶。”其中有些演员从小就被剧团抚养成人。大多数剧本都源自古代，并为观众所熟知；少数新的剧本写得很长。在宴会上表演时，演员要做好演任何剧本的准备，这些剧本由主人或主人的客人选择。有时他们通宵演出；一出戏结束了，另一出戏又开始。台词以唱为主，口头对白很少。[394]节日期间，变戏法者、杂技演员和魔术师也会十分忙碌，四处演出（参见插图第 316）。

中国人的日常娱乐活动同样引起了欧洲人的注意。荷兰人将爪哇的中国人看成是无可救药的赌徒，他们有时以个人自由或甚至家人作为赌注。耶稣会士也说，普通中国人也常常参与赌博，用牌或骰子进行。上流阶层则玩一种与欧洲象棋相似的游戏；有些耶稣会士指出了两者的不同。另外一种游戏在有300个格子的木板上进行，就是围棋（*wei-ch'i*）或“格子棋”（blockade chess）。[395] 社会各阶层都玩斗鸡、斗鹌鹑和斗蟋蟀。曾德昭声称，学生禁止玩游戏，如果“花太多时间在游玩上”，他们可能会被关起来。[396]

就中国的社会风俗而言，耶稣会士的报告也为其他到达东亚的欧洲人提供了更多更系统的信息。然而，与他们对中国政府、教育和宗教的论述相比，这两种史料在性质上的差别不那么大。那些世俗的旅行家日记有时建立在极少的观察基础上，但是他们的总结提供了有益的实证史料，这可以弥补耶稣会士的报告。举例来说，荷兰人对他们受到广东和福建权贵接待的记录，以及他们有关爪哇中国人社区的描述等等。除此以外，这两种史料之间也很少有不同的观点，比如与他们对中国的总体论述相比，差异就要小得多。总而言之，17世纪
1634 上半叶的欧洲读者可以自由选择阅读有关中国的信息，特别是这些有关明代中国社会生活和风俗习惯的可靠记载。

第六节　文化生活

大多17世纪早期的欧洲作家都同意，成功的科举考试是通往政治权力和社会地位的关键，因此他们的著作用了大量的篇幅来论述中国的文学和教育，包括科举考试。与此同时，大多有关这些主题的记载都来自耶稣会传教士——庞迪我、金尼阁、曾德昭和卫匡国，他们在中国长期生活的经历，使他们有能力对中国的语言和学问进行系统的论述。

在有关中国文化生活方面，语言本身就是最早引起欧洲人兴趣的方面。17世纪的欧洲作家很难想象一种完全不同于欧洲的语言。他们一再提到，中国人是用符号（symbols）或字体——与埃及人的象形文字一样——而不是音节或字母进行交谈（words）或表达想法（thoughts）。在这个意义上，汉语词性变化极少，也从来没有字母表和语法表。举例来说，曾德昭注意到，同一个字有可能

用作动词、名词、形容词或副词。[397] 耶稣会士报告说，汉字书写按照从上到下、从右到左的顺序安排。[398]

耶稣会士发现，中国的口语与书面语差别很大。虽然使用的词汇并无太大差别，但是口语中夹杂了大量在书面语中不必要的说明词汇（explicatives）和短语（phrases）。之所以出现这种情况，是因为汉语缺少音调（sounds）。每个字（每个字符）都只有一个音节，没有多音节词汇。曾德昭估计，在中国的官方语言中，只有336个单音节，加上不同的音调和辅音，数量也不过1 228个。[399] 他还说，汉语共有60 000个字，其中的许多字发音相同，尽管它们的含义相差很大。[400] 正如金尼阁所说，事实的确如此，人们无法通过口授或诵读来准确理解汉语著作的内容。[401] 职是之故，即使是汉语口语也被欧洲人认为是世界上最含糊不清的语言。在某种程度上，导致含义不清的原因，与音调不同但 1635
音节相同的发音方式有关。耶稣会士发现了四到五种音调。[402] 然而，尽管发音各不相同，受过教育的中国人为了清楚交谈，常常写下他们交谈时所用的词汇。因为这个原因，耶稣会士断言，中国人更喜欢用书面方式交流，即使是生活在同一座城市的好友，也会通过彼此写信而不是面谈进行交流。[403] 除此以外，口语发音各地都不相同。但是方言带来的问题因官方口语——**官话**（*Kuan-hua*）的存在而被大大降低，**官话**通行于各省及各项官方事务。所有文化人都说**官话**。事实上，**官话**的使用是如此普遍，以至于平时说方言的商人、妇女和孩子也能听懂。[404] 但是在某种程度上，耶稣会士夸大了中国**官话**的可理解性。这样做的目的，是为了向其欧洲领导证明他们专注于中国**官话**的正当性。与此同时，尽管各地的发音有很大的不同，但是书面文字通行于帝国各省。而且**官话**不仅在帝国境内通行，在中国的周边地区也被使用。在日本、朝鲜和印度支那，人们也大都使用汉字书写，尽管他们的发音与中国人大不相同。正因为如此，在东亚大部分地区，汉字作为一种国际语言被使用，这一事实使得许多传教士热衷于将基督教作品翻译成中文。[405]

曾德昭对汉字本身做过相当精细的分析。[406] 他注意到，文字的形式从古代到他所处的那个时代发生了变化，他还回溯了文字的演进过程。此外，曾德昭还描述了那些由更简单的汉字结合而成的复杂文字的构形，并举了一些例子。

曾德昭也讨论过汉字的不同书写方式。他声称，汉字非常古老——实际上已有
1636 3 700多年的历史。他将汉字的发明归功于传说中圣明的**伏羲**（*Fu Hsi*）皇帝。[407]曾德昭是最早分析汉字的构成和追溯汉字的演变的欧洲作家之一。17世纪后期，卫匡国和基歇尔都在其基础上做了更进一步的分析。[408]

显而易见，学习阅读汉字对大多数耶稣会士来说都是艰难的。在他们看来，缺少语法和变形给记忆造成了很大的负担。汉字的绝对数量是可怕的。耶稣会士估计汉字的数量在40 000—80 000字之间，而一个人要学会读写，必须掌握10 000字左右。[409]因此，要成为有学识的人，中国的学生必须花费大量的时间学习汉字。但是如果将同样的时间花在学习其他事情上，他们会收获更多。[410]庞迪我则说，中国的孩子从7岁就开始识记汉字。[411]金尼阁则从这种体力劳动中，发现了某些有利于道德的层面——学习占据了孩子的大部分时间，这样有利于克服他们的任性。[412]就汉语学习而言，曾德昭的观点与众不同。他声称，学习汉语要比学习拉丁语更容易，因为学习拉丁语时，学生要花很多时间去掌握复杂的语法。用曾德昭的话来说，汉语是一门“非常严密的语言”，“如此可爱，以至于超过了我所知道的所有其他语言”。[413]龙华民则认为，尽管汉字太多，但是几乎所有人都识字——除了少数商人、工匠和劳工外。[414]

不仅认识汉字是一件困难的事情，学会汉字书写也需要付出很大的努力。中国人认为，高超的书法比精美的绘画更有价值。事实的确如此，对中国人来说，绘画与书法是相似的艺术，因为他们使用与绘画极相似的毛刷写字。中国人对待书写文字的态度近乎虔诚，这点让耶稣会士印象极为深刻。将带字的纸扔在大街上被认为是无礼的。人们会将这种带字的纸收集起来，在地方的学堂中隆重地焚烧。[415]中国印刷的大量著作也令人印象深刻。因为中国很早就懂
1637 得印刷术和造纸术——曾德昭认为在600年前。[416]他还提到，中国的印刷价格低廉，出版审查制度缺失，这些都是促成书籍出版和广泛流传的重要因素。

与16世纪的门多萨一样，龙华民描述了所谓的中国的公共学校和大学，[417]但是遭到了后来的欧洲作家的批判。在后者看来，中国没有官办（state-supported）学校，只有地方或私人的教育系统。曾德昭暗示说，早期的作家可能是被省城精心制作的建筑物所误导，那里是举行科举考试的地方。[418]无论如何，

对中国教育图景的主流描述是私人教育。如果可能的话，每个家庭，在任何时候，都会为孩子雇请一位家庭教师。这种私人教师通常与他们的家人住在一起，他的学生去哪儿，他就跟随到哪儿。许多地区都有专为贫困孩子准备的乡村学校，但这种学校的存在取决于当地人的倡议。年龄稍长的学生常常共同出资雇请教师。那种通过了第一级考试的学生，无需再次雇请老师。他们会形成学术团体（academies），并借助这一平台定期集会，练习写作并品评各自的作品。[419]这样表面上看并不缺少老师，这些聚会的人大部分都是科举学位并不成功的候选人。尽管如此，富裕的家庭只会雇请通过了第一级考试的人作为他们孩子的私人教师。根据耶稣会士的描述，所有的老师，不论是否拥有功名，都会非常受人尊重。

中国的孩子很早就开始接受教育，大约从 7 岁开始。[420]初级学生很快就要开始学习识记汉字和阅读书籍。他们的首要读物是有关礼仪和道德的书，尤其是孝顺方面。不久以后，他们开始研习儒家经典，背诵文本并对之进行注释。曾德昭描述了这种情形，学生背对书本，面朝老师背诵课文。[421]刚入门的学生每天花部分时间用于书法练习。最初他们用非常薄的纸，临摹老师的书法，接着他们致力于用手笔划来摹写汉字。一旦他们认识并且能够流畅地书写相当数量的汉字以后，学生就开始学习作文的规则。中国的教育非常严格，许多耶稣会士提到了中国学生的勤奋。学生每天待在学校的时间很长，吃饭或拜访期间，家庭教师会告诫自己的学生，这样一来，学生的行为和礼节就能持续不断地得到纠正和强调。中国的学生不可能像欧洲的学生一样，盼漫长的暑假。每 1638
一年，只有在新年过后，他们才能享受到为期十五天的短暂假期。[422]

传统教育的内容主要由九本书构成，它们构成了儒家的基本准则。第一部分称为“五经”（the Five Clasics），一般认为是由孔子本人编著或撰写的：《易经》（*I Ching*）、《书经》（*Shu Ching*）（曾德昭认为这是入门书）、《诗经》（*Shih Ching*）、《礼记》、《春秋》（*Ch'un Ch'iu*）。在耶稣会士看来，最早的四本著作是孔子在先前的传统基础上，依据上古哲人的著作编成的，只有《春秋》才是孔子的著作。[423]然而，现代学者普遍反对将孔子与“五经”中的任何一部著作联系起来。事实也表明，“五经”中的大部分著作都是在孔子死后写成的。[424]

根据耶稣会士的记载，其余的四种儒家典籍，是从孔子的讲义、孔子杰出的弟子以及孟子那里收集起来的。这些著作被称为“四书”（the Four Books），包含了有关道德生活和正义统治的规则。虽然17世纪早期的欧洲作家都没有提到过四书的具体书名，但是很显然指的是《论语》（*Lun Yü*）、《大学》（*Ta Hsüeh*）、《中庸》（*Chung Yung*）和《孟子》（*Meng-tzu*）。一位有学问的中国学者能够讲述“四书”中的每一个细节——实际上是每一个字。“这九种著作，”曾德昭写道，“包含了所有有关自然哲学和道德哲学的内容”。[425]

传统中国教育的目标，是为学生参加科举考试做准备。而且这些还只是开始，借此他们可以进入文人阶层并获得文职，这是中国最令人艳羡的经历。通过考试可以获得三种功名，耶稣会士认为，这三者相当于欧洲大学的学士、硕士和博士。大多耶稣会士都论述过科举考试，其中以金尼阁和曾德昭的记载最为详细。[426]

最低的学位被称为**秀才**（*hsiu-ts'ai*，**生员**），这一学位的考试通常定期在较
1639 大的城市（实际上只在府城）举行。[427] 秀才的候选人要经过三关考试，每关都持续一整天，内容是写一篇文章。第一关由当地秀才主持，第二关由州县官员主持，第三关由**提校**（*ti-hsiao*，或**提学** [*ti-hsüeh*]）主持，提学是省级教育的负责人。[428] 在秀才候选人中，只有极少部分可以获得这一学位；金尼阁估计，各府都有4 000—5 000名候选人，但只有200人有资格参加最后的考试，而且只有20—30人可以获得学位。[429] 成功的候选人变成秀才（literati），穿着属于他们阶层的特殊服饰，可以获得某些民事特权和豁免权。当然，提校会定期考核他们，以查看他们是否依旧勤奋学习。勤奋的人将获得奖赏，偷懒的人要接受惩罚，有时甚至会丢掉学位。[430]

很少有秀才可以获得官职，但是他们可以继续参加更高一级别——也就是**举人**（*chü-jen*）的考试。[431] 这种考试每隔三年举行一次，考试地点在各省首府，时间在8月份（9—10月）。考试在一个巨大的建筑（可以容纳各地考生）中进行，考官由中央任命。在指定写作的三天时间里——该月的初九、十二和十五日，候选人从黎明到日落一直被锁在一个小房间里。为了避免考试作弊，考官会精心准备预防措施。候选人一进入考场就会被搜身，考官被禁止与任何人交

谈，考试大楼和小房间受到持续的监视。根据金尼阁的说法，候选人在考试的第一天要写七篇文章，三篇论题从“四书”中来，其余四篇是有关“五经”的话题。[432]曾德昭则说，四篇从“四书”中来，另外三篇从指定的任意一部经典中来。[433]第二次只要写三篇文章，话题与古代或当时的统治政策有关，文章以上奏皇帝的奏折形式写成。据金尼阁说，候选人在第三天要写三篇文章，主题是讨论政府的计划或政策的形势。曾德昭很少提到这些有关“法律和帝国政令”的文章。[434]所有的文章都一式三份，其中只有一份写有候选人的名字， 1640
他们的名字写在其父亲和祖父的名字之后。即使是公开的那一份也会在交给主考官之前，由职员誊抄一份，目的是防止判卷者认出考生的字迹。[435]

每关考试之后都会有些考生被取消资格，可能因为差劲的书法，也可能因为其他形式的错误。[436]三天的考试过后，判卷者将会被隔离十五天，在那期间他们选出最好的文章。尽管曾经提醒考生要注意关注政府的实际问题，但对经典的熟悉程度和文体风格仍被当作评价的最高标准。在曾德昭对考生的描述中，可以看到那些考试中典型的卖弄学问的考生。他说有一个考生被拒录了，原因是将“马”字下面的四点底写成了一横。[437]

在考生的文章批改完以后，通过考试的候选人的名字会用喇叭大声宣布。曾德昭估计，每三年大约有1 500人可以获得举人学位。在某些较大的省份，有多达1 700人通过这种考试。[438]通过举人考试以后，举人可以获得部分省级官员的职位，但是大部分举人都会准备第三次、也是最后的考试。令曾德昭感到困惑的是，中举的考生可以迅速改善自身及家人的经济条件，这一现象可以部分地用这样的事实解释：大部分举人都可以进入官僚系统，通常是八品或七品官员。[439]

最高学位——进士——的考试时间是在举人考试之后的第二年3月份，考试地点在北京。这次考试由尚书和翰林院成员主持，其他方面则与举人考试大体相同。每隔三年，都有大约300人可以获得进士学位。[440]根据耶稣会士的记载，进士学位的拥有者不仅被尊为帝国的贵族，而且会很快被授予政府部门职位。[441]进士将穿着华丽的服装，参加在帝国宫殿进行的另一场考试——原 1641
来由皇帝亲自主持。在这次考试中，最好的三位考生将授予特殊的荣誉。他们很快就会被授予翰林院职位，但是没有任何一名耶稣会士提到这点。曾德昭提到了另外一场考试，在这次考试中，新晋的30名进士将被作为候选人，有机会进入翰林院，最终每年只有5人可以被录取。[442]

毫无疑问，为参加科举考试而进行文献研究和道德哲学研究的教育方式，在中国最受尊敬。然而，大部分中国人都不参加科举考试。绝大部分考生只需一到两年的学习时间——所识汉字已经足够应付商业贸易了。尽管如此，从耶稣会士的记载来看，我们很容易得出这样的印象：中华帝国的每个人几乎都为获得学位而积极上进，或至少是花费了很多年时间在学习传统经典文献上。例如，卫匡国写道，"他们中任何一个人——包括农民，都有十五年以上的学习经历，在中国很少看到一个不懂得写字的人"。[443] 可是，正是大量存在于中国传统教育制度之外的教育活动，导致了科举制度的衰落。佛教的寺院为修道者（novitiate）——这是一个相当大的群体——同时也常常为农村孩子提供教育。商业行会（trade guilds）常常为学徒提供实习机会，这种训练通常包括一定数量的汉字的学习。家族学校和自由的政府主管学校也会进行基础教育。甚至更多非正式的教育在农民中间进行，父亲对儿子、母亲对女儿的教育。耶稣会士很少提及这种类型的学习方式，对妇女教育更是不置一词。[444] 与此相反，医学教育却频繁被讨论。耶稣会士提到，中国没有专门的医学学校；热心的医生仅仅追随一些已经掌握了这一技术的人学习。医学方面的等级考试在南京和北京都会举行，但是医学学位的拥有者相对没有学位的人来说，没有特别明显的优势。因为没有人会被禁止行医。[445] 耶稣会士同时还讨论过军事考试和军事学位，这完全与普通的学习并行不悖。但是，军事考试的判官不会非常严格，同时这种学位也相对不那么重要。金尼阁注意到，医学和军事考试甚至由主持文官学位考试的人来主持和评判。[446]

1642 根据曾德昭的说法，中国人将所有的学问划分为三种普通的"科学"：天学、地学和人学。"天学"包括天文学和占星学，同时还涉及宇宙的起源、万事万物的产生与演变、元素和季节。"地学"包括对农业的研究、对季节的研究、地理学、土地的勘测和占卜（**风水** [*feng-shui*]）。所有有关伦理学、政治哲学，以及有关仪式和礼节的研究——总而言之，所有的儒家思想——都被认为是"人学”的一部分。正如曾德昭和其他耶稣会士准确察觉到的那样，迄今为止，“人学”是了解中国人的最重要领域，同时这也是中国人取得的最被欧洲人欣赏的成就。[447]

尽管曾德昭认识到中国人将世上的学问分成不同的种类，而且与欧洲人不同，但是他和其他的耶稣会士并没有以西方的种类——传统的自由艺术和科学——去讨论和评估中国的成就。因此，他们对中国思想的赞赏有明显的局限。尽管儒家的道德和政治哲学给耶稣会传教士留下了深刻的印象，但是他们发现，中国人在其他知识领域所做的努力和贡献极少，或至少是没有进步。比如，金尼阁认为，道德哲学是“中国所熟习的唯一较高深的哲学社会科学（philosophical sciences）”。[448] 曾德昭则写道，在自由艺术和自然科学方面，中国人一无所成。[449] 他们很少使用语法，并且“没有别的规则，除了按自然启示给他们的规则外”。曾德昭记述说，他们对修辞的使用相当纯熟，但是，同样地，他们没有任何法则；他们通过模仿来学习。曾德昭写道，虽然中国的算术“很完善”，但是没有代数学。[450] 他们有几何学方面的“丰富的知识”。即使是在古代，这块土地就被小心翼翼地测量和划分，曾德昭以孟子所说的井田制（well-field system）为例来说明这点。[451] 曾德昭发现，中国人喜欢数学，并且很快就能学会耶稣会士教的东西，但是他们过去取得的进步极小。金尼阁记述 1643
说，在蒙古人统治时期，有关数学方面的知识得以快速增长，但即使是在那个时候，他们的数学知识也不是建立在可靠的实证系统的基础上的。[452] 金尼阁和曾德昭都提到了中国学者对天文学的兴趣。他们描述了中国人划分天的方式，另外还提到，中国的天文学家比欧洲的天文学家识别出的恒星要多出400多颗。除此以外，他们还描述了北京的两个天文局、北京古代的仪器和南京的观象台（参见插图第261）。在这方面，曾德昭还讨论过中国的日历。他们俩都认为这些古老的仪器表明，古代中国的天文学家比明代更先进。原因可能是，明代的天文学家太过沉迷于占星术，以至于无法理解行星和恒星的运动周期和规律。[453] 也许金尼阁最能反映17世纪欧洲人的科学观，他抱怨说：“中国的天文学家毫不费力地将天体现象归结为数学计算。”[454]

耶稣会士注意到，中国人很重视音乐。曾德昭记录说，孔子曾教授过音乐，但是中国人承认，真正的乐律已经失传了。[455] 他还讨论了十二音调、和弦的缺失以及佛教徒的圣歌（他认为听起来像单声圣歌）。曾德昭提到了大部分中国的传统乐器，他按照中国的类别（金、石、革、丝和木）将它们分类。曾德昭对中国的音乐没有什么好感；他认为，中国的音乐“只有中国人自己才喜欢”。另外他还注意到，有时各种中国乐器同时演奏，听起来相当悦耳。[456] 金尼阁提出了更多的批评：中国没有键盘乐器（keyboard instruments），他们根本不知道可以用羊肠线（gut）做琴弦。他这样说道：

> 中国音乐的全部艺术似乎只在于产生一种单调的节拍，因为他们一点都不懂得把不同的音符组合起来可以产生变奏与和声。然而他们自己非常夸耀他们的音乐，但是对于外国人来说，它却只是嘈杂刺耳
> 1644 而已。[457]

在17世纪欧洲的传教士中，只有庞迪我宣称自己享受中国的音乐。[458]

在欧洲的作家中，唯有曾德昭对中国的诗歌做出了评论。他说，诗歌早在古代中国就已经很受重视，当时也流行于社会高级阶层中间。曾德昭认为，大部分中国诗歌的形式都类似于欧洲本地的十四行诗和小调，但是与拉丁韵文根本不同。曾德昭详细描述了通行八行诗的声韵安排以及押韵规则的某些细节。他对中国诗歌高度强调道德表达尤为印象深刻。[459]

在论及中医时，大多耶稣会士充满好意。他们表示，虽然中国有许多医学方面的书籍，有些甚至还很古老，但是中国医生的理论知识十分薄弱。尽管如此，耶稣会士认为，中国医生的实践水平非常高明。他们不放血、不用玻璃火罐（cupping glasses）、不用烧灼疗法、不用糖浆或药丸。他们只用草药，包括草、根、种子、果子等等，这些材料俯拾皆是。曾德昭提到了中国的草药专门市场。另外，中国医生非常擅长通过把脉诊断疾病。他们从来都是这样询问病人：哪里痛？良医很少诊断错误或开错药方。[460] 然而，并非所有的中国医生都很高明。在金尼阁看来，与中国其他所有的知识和行为方式一样，医学也因其将道德哲学摆在首位而深受其害。

> 在这里每个人都很清楚，凡有希望在哲学领域成名的，没有人会愿意费劲去钻研数学或医学。结果是几乎没有人献身于数学或医学研究，除非由于家务或才力平庸的阻挠而不能致力于那些被认为是更高级的研究。钻研数学和医学并不受人尊敬，因为它们不像哲学研究那样受到荣誉的鼓励，学生们因为渴望随之而来的荣誉和报酬而被吸引。这一点从人们对学习道德哲学深感兴趣，就可以很容易看到。在这一领域被提升到更高学位的人，都很自豪自己实际上已达到了中国人幸福的顶峰。[461]

许多欧洲人对中国的描述都提到，中国学者有关注历史以及宣扬上古历史的传统。[462]比如，巴笃里描述了宫廷历史学家的定期任命，以及持续的各 1645
朝官方历史。[463]除此以外，整个 17 世纪上半叶，没有任何一位中国景观的观察家试图系统地讲述中国的历史。但是，这并不意味着无法从中获得有关中国历史的信息。几乎所有的作家都讲述了单独发生在中国古代的历史事件，因此如果将这些材料收集在一起，可以描绘出一个非常有趣的，尽管不是非常均质（uneven）的中国历史的轮廓。在门多萨写于 1584 年的作品中，就可以看到“中国帝王谱系”的论述。他将中国的第一位帝王追溯到公元前 2550 年或 2600 年——这比普遍接受的以史前大洪灾（universal flood）为人类历史起源的时间早了很多。[464]尽管如此，门多萨只是提供了一个模糊的罗马化（romanized）名单，并没有提供太多的令人信服的细节加以论证。然而庞迪我担忧的是，对中国古代历史的叙述怎么可能以传统的、圣经上的西方编年史为参照呢？[465]在对中国皇帝名号的讨论中，大多欧洲作家都注意到，中国每一次改换新的朝代，帝国的官方名字也会随之改换。曾德昭逐一开列了这些朝代——总共 22 个——以及其中一些朝代和皇帝的名字。尽管普遍对中国的历史编撰印象深刻，但是很显然，他并不相信中国人对自己早期历史的记载，因为这与公认的圣经编年史相矛盾。[466]卫匡国的《中国新图志》也简要介绍了一些中国的王朝，巴笃里的作品则有相当成熟的对编年问题的讨论。[467]尽管对中国最古老的圣皇（sage emperor）的真实性表示怀疑，但是还是有少数几位欧洲作家提到了其中的一两位圣皇。例如，曾德昭错误地将**伏羲**视为汉字的发明者。卫匡国则说，“皇帝”（emperor）的名称是由“黄帝”（Huang-ti）的名字演变而来。除此以外，庞迪我和曾德昭都提到，某些古代圣皇会将皇位禅让给其他合格的继承者，而不是传位给自己的儿子。[468]

某些中国古代历史的片段也在欧洲广为流传，比如孔子的生平与教育。金尼阁做了简短的记载。他说，孔子生于公元前551年，孔子通过教育、著作和榜样鼓励人们过上道德的生活。金尼阁认为，孔子撰写了中国的大部分经典。[469]
1646 曾德昭补充说，孔子在好几个王国身居要职，传播新的习俗，传授道德规则。孔子的后裔仍然定居在山东，并被当作贵族看待。[470]金尼阁还介绍了老子（Lao Tzu），将他看作与孔子同时代的长者。金尼阁和曾德昭都记载了老子的故事：老子在出生之前，其母怀胎长达八十年。[471]

在《中国新图志》中，卫匡国记录了清代长城的建造情况，这一记载被后来的每一位欧洲作家传承。金尼阁、曾德昭和卫匡国都重述了一些古代中国皇帝的道德故事。比如，金尼阁描述了汉武帝的故事。汉武帝忠诚的大臣从一个道教“骗子”的手中获得了一瓶延年益寿的长生不老药，并在交给皇帝之前先把它喝了。当大臣正要因自己的厚颜无耻被砍头时，这位善良的儒家大臣大声训斥了汉武帝：如果长生不老药有效的话，他不可能被夺走生命；如果无效的话，他倒是将皇帝从阴险的骗局里解救了出来。[472]金尼阁和曾德昭都叙述了佛教在汉代引入中国的情况。曾德昭是第一个讲述汉明帝（Ming Ti）做梦的故事：公元64年，汉明帝据称在梦中受命去西域寻找真理（the true law）。他派遣使者前往印度，使者三年以后返回中国，带回了大量的佛教经卷和书籍，这些书籍很快被翻译成中文。金尼阁提到，这些使者被派往印度的原因，很可能是中国人曾经听说过关于基督教的传言。除此以外，他没有对汉明帝的梦做更多的论述。金尼阁之所以提出这种看法，是因为当时圣多默（Saint Thomas）和圣巴托罗缪（Saint Bartholomew）正在印度布道。[473]不论如何，中国人更愿意接受佛教而不是基督教。曾德昭讲述了一位佛教菩萨诞生的故事，以及乔达摩（Gautama）的生平。金尼阁提到，佛教在中国得到了迅速传播，甚至在宋代影响到了文人阶层。[474]

金尼阁、卫匡国和曾德昭都提到了基督教早就在中国流传的证据。在 1623
年或 1625 年，唐代都城长安的遗址（今天的西安）出土了一块石碑。这块石碑
表明，早在 636 年，中国就出现了景教基督教堂。在石碑出土后不久，金尼阁
和曾德昭都曾看到。欧洲从加斯帕尔·路易斯的书信中得知了这一信息，加斯
帕尔·路易斯的书信收在 1628 年出版的耶稣会士书信集中。[475] 曾德昭和卫匡
国都描述过景教石碑，前者还提供了一些细节。[476] 尽管如此，金尼阁和曾德 1647
昭都相信，基督教早在数个世纪以前，就由圣多默传到了中国。[477] 然而，他
们的证据是口述史料和印度马拉巴尔教堂的记载，而不是来自景教石碑或是其
他的中文史料。

至于杭州，卫匡国提到，在中国的首都被鞑靼人占领以后，杭州成为南宋王朝的首都。[478] 几乎所有人都提到 13 世纪的蒙古征服情况。[479] 许多人还提到，蒙元时期马可·波罗造访中国的情况。比如，金尼阁艰难地论证了马可·波罗所谓的契丹实际上就是指中国，[480] 卫匡国更是如此。在《中国新图志》中，卫匡国反复比较了马可·波罗的记录与自己的观察，并得出结论：马可·波罗的故事大体上是可靠的。[481] 耶稣会士还提到，他们对南京观象台上的天文仪器印象深刻，那是由蒙古的天文学家制作的。[482]

可以预料，17 世纪早期的描述包含了非常丰富的有关明代早期历史的信
息。其中，有关明代建立者朱元璋（Chu Yüan-chang）在 1368 年反叛蒙古人
的故事最为详细。朱元璋通常被认为是英明且英勇的，有关他父母的情况却很
模糊——他是一个孤儿——此前也曾经是个和尚。[483] 曾德昭则记述说，当时
的洪武皇帝（1368—1398 年在位）曾将蒙古人赶到离长城很远的地方，征服
了他们的大部分领土，而且还迫使东鞑靼人——满族人——向他们进贡。[484]
大部分作家都认为，洪武皇帝建立了独一无二的英明的政府。在这一政府体系
中，政治权力掌握在学者——而不是贵族、将军或其他皇室成员的手中。[485] 1648
通过耶稣会士的书信和历史作品，我们还可以看到非常多晚明时期的历史细
节。这些记载讲述了影响基督教传教团的事件——毕竟，传教士的历史和行动
才是他们关注的重心所在。鞑靼人始终是明代历史的一部分。在明代建立后不
久，鞑靼人脱离了中国的统治并不断骚扰明朝。在万历时期（1573—1620 年），

满族问题发展到了关键时期。曾德昭对这些问题做了详细记录。欧洲的读者不会对有关满族征服的记载感到惊讶，因为这些信息早在17世纪中期就传到了欧洲。[486]

对17世纪早期有关中国的描述，仍有许多可以补充的地方。中国的城市、山脉、桥梁、寺庙、制度、节日或习俗都有自身的历史或带有传说性质的历史。就一般意义而言，卫匡国的《中国新图志》所载信息最为丰富，其次是金尼阁和曾德昭有关基督教传教团的历史著作。综上所述，在17世纪下半叶，即使是在更多有关中国历史的报告在西方出版以前，欧洲的读者已经可以从耶稣会士有关明代中国的文献记载中，提取到大量的历史信息。

第七节 宗教与哲学

欧洲人最初是在海外的中国人社区中，观察到中国人的宗教行为的。比如，在爪哇的班塔木（Bantam）等地方。不仅如此，他们还将这种宗教行为描述为愚昧的偶像崇拜。据1599年就访问过班塔木的荷兰旅行家记载，中国人的确崇拜恶魔，尽管他们也认识到上帝（supreme being）的存在——正是上帝创造一切事物。他们相信造物主（God-creator）是一位仁慈的神灵，不会伤害任何人。另一方面，恶魔可以通过崇拜和供奉得到安抚，否则它一定会祸害人类。[487]这种德·豪特曼（De Houtman）① 及其同伴所谓的恶魔的形象本来就是一种流行
1649 的中国神明：比如佛教的阎王、道教的灶（或壁炉）神，或者土地公。但是，荷兰人记述说，中国人称之为祖师（Joosie）。[488] 这些早期的欧洲观察家也对中国人崇拜偶像的方式很感兴趣。欧洲人熟悉他们崇拜的一些侧面——点蜡烛或烧香，在神像前烧纸。他们观察到，中国人在偶像前面摆放食物，通常是精心烹饪的食物。

① 科尼利斯·德·豪特曼（1565—1599年），全名为：Cornelis de Houtman，又译为霍特曼、浩特曼等，荷兰著名航海家。——译者注

几乎所有早期对中国的描述以及大部分旅行报告都提到了中国人的恶魔崇拜。不过，门多萨及其资料来源，加斯帕尔·达·克路士和马丁·德·拉达的著作，也记录了许多中国宗教的其他方面。[489]他们记述道，中国人除了崇拜恶魔外，也崇拜太阳和月亮，特别是在日食和月食时，人们会供奉精致的祭品。门多萨还提到，中国人相信灵魂不朽，人在死后会得到相应的奖惩。他们都讲述了在中国寺庙、宝塔、家庭和路边的神社中，看到的大量神像。他们还描述了许多占卜和神示的方法，以及中国人对待神明的粗鲁而亵渎的行为。如果在颂扬和请求之后，神明没有反馈给他们想要的答案，那些怒不可遏的祈祷者就可能会踢翻神像，往上面泼水，甚至放火烧毁它，目的是强迫不听使唤的神明归还一个更为公平的裁决。[490]他们描述了中国的僧侣，而且注意到中国存在两种不同的神职人员：一种剃发修行，一种带发修行。门多萨发现了基督教存在于中国的遗迹。比如，他发现了一个三头神像，他将这看作是三位一体（the Trinity）的变形。门多萨还曾论及某种神像和传说，它们暗示，中国人也崇拜处女的图像，但这个处女生过孩子。[491]门多萨还认为，祭品以及在祖先墓前举行的仪式，是祈祷者给死者提供帮助，以便让死者经过一个可以净化自己灵魂的地方，最后达到天堂。

17世纪上半叶的欧洲旅行家对中国宗教的描述与16世纪的作家大体相同。
事实的确如此，门多萨的描述常常被后来的作家借鉴。比如，对门多萨记载的 1650
概述可见于扬·惠根·范·林斯乔坦（Jan Huygen van Linschoten）的《林斯乔坦葡属东印度航海记》（*Itinerario*）①以及皮埃尔·达维蒂收录于《荷兰联合省东印度公司的创始和发展》中的作品。达维蒂的作品是对世界各国的介绍，作为马塔利夫航海日记的一部分出版后曾经流传一时。[492]博迪耶对中国宗教的评论似乎也完全来自门多萨。[493]尽管17世纪的作家继续描述新的观察，去描述新的“神像”和新的仪式活动，但是从门多萨和早期旅行家的作品中呈现出来的中国宗教的大致轮廓基本没有变化。举例来说，门多萨作品的许多读者

① 全名为：*Itinerario: Voyage ofte schipvaert van Jan Huyghen van Linschoten naer Oost ofte Portugaels Indien, 1579-1592*。——译者注

应该已经非常熟悉马塔利夫记述自己访问南澳岛的佛塔的方式。[494] 他们无法清楚地分辨佛教、道教和儒教。很显然，他们自认为描述了中国宗教的万神殿。他们注意到僧侣的存在，他们当中的大部分都剃发修行，独身生活。显而易见，他们描述的是佛教的僧侣。然而他们似乎并没有注意到，佛教之为宗教，与各种其他类型的中国宗教形态并不相同。欧洲商人和海员对中国宗教生活的了解一直停留在表面上。他们之所以无法在各种类型的中国宗教之间做出区分，是因为他们遇见的中国人本身也缺乏分别。中国的民间宗教是佛教、道教和传统万有灵论信仰组成的大杂烩，而且得到了儒家伦理的强有力支持。正因为如此，欧洲商人和海员很难将这种令人困惑的中国神明和信仰，理解为理性的宗教制度。[495]

然而，对 17 世纪上半叶的旅行家来说，有关中国宗教的某些一般面相变得清晰可辨。在繁多的神明、香火和祭品的背后，他们察觉到部分中国人对至高灵魂的普遍信仰。通常情况下，欧洲人将这种神明描述得过于崇高，以致于它们脱离了或者不受人间的影响，仿佛人间被抛给那些低级的神灵去负责。除此以外，在对灵魂不灭及来生补偿今生的观念和信仰的描述中，欧洲作家的观点却相当一致。举例来说，雷基特伦很可能没有借鉴门多萨的作品，但是他对中
1651 国宗教的一般原则的讨论，在众多旅行家中间仍然相当典型：

> 那些与荷兰囚犯交谈过的人，商人、画家和通情达理的人以及受过一定教育的人，从神的角度来说，都认为只存在一个全能神，它住在天堂里，但是它太过崇高以致于不能亲自料理人间事务。他们宣称，它已经将使命托付给一位名叫阿弥陀佛（Comichicho）的圣人（holy personage），[496] 这位圣人早已存在世间并必须返回到那里，正是它每天惩罚人们并给予他们应得的灾难；迟早有一天他还会再次来到世间，并完全依靠他的父亲和母亲或妻子和孩子生活，这样没有其他任何首领或统治者比他更合适。他的雕像被供奉在大部分寺庙中，而且能激起民众最大的热情，目的是为了使民众不会残忍地对待他。[497]

在这些欧洲作家中，雷基特伦是最有可能描述佛教信仰者。但事实是，他有关佛教的主要论述与大多欧洲人所持的观点并无不同。

如果说旅行日记对各种中国宗教缺乏清晰的分辨的话，那么，耶稣会士报告已经能够弥补这种不足。与中国人自身对中国宗教的划分一样，他们讨论了三种中国的宗教“教派”：儒教、佛教和道教。

在这三种教派中，耶稣会士无一例外地更喜欢儒教。他们称儒教为“文人宗教”（sect of the Literati）。他们断言，这一教派是帝国最古老的也是最受尊敬的教派。事实的确如此，只有儒家学者才能进入仕途。正如金尼阁所说，“就个人来说，中国人并不选择这一教派，毋宁是说他们在研究学问时吸收它的教义”。[498] 大多数耶稣会士都在怀疑，将儒教称为宗教是否合适。因为儒教的信徒不崇拜神像或图像，它也没有神职人员或通行的宗教仪式，此外还缺乏严格的戒律以便让人们远离罪过。耶稣会士声称，大部分儒家学者都相信一个至高无上的神祇的存在，尽管当时的儒家学者并不崇拜、甚至并未专门论述它。例如，金尼阁确信，古代的中国人很早就知道并崇拜这一最高的神祇，他们称之为“天帝”（King of Heaven）。与希腊、罗马和埃及的情况相比，中国这种朴素的一神教在远古时代并未崩溃。“在欧洲所知的所有异教徒教派中，”金尼阁写道，“我想不出有什么民族在古代早期比中国人所犯的错误更少”。[499] 他自信地断言，许多古代中国人可以从遵循自然法则中获得救赎。耶稣会士相信，这种原始一神教的痕迹依然可见于 17 世纪的文人阶层。尽管中国的文人自身并不 1652
崇拜这唯一的神祇，但是耶稣会士确信，至少皇帝是这样的，因为皇帝会定期在首都的天坛和地坛进行祭祀活动。然而这种古老的信仰似乎也已消失。耶稣会士作家虽然发现了儒学的赏罚信条，但是这仅仅用于约束生活。因为许多文人都相信，“身死则魂灭”，因此否认天堂与地狱的存在。一旦远离了偶像崇拜，儒家学者就陷入了更严重的无神论的错误中。[500] 龙华民和庞迪我指出，大部分受过教育的中国人都是无神论者。[501]

关于儒学，耶稣会士仅仅对孔子及其继承者的伦理教条表示赞赏。在他们看来，那是一种道德规则，目的是使人们变得道德和温顺，以保持帝国统治秩序的稳定。耶稣会士列出了孔子及其继承者教导的五种基本道德：仁（*jen*）、义

(*i*)、礼（*li*)、智（*chih*)、信（*hsin*)。曾德昭将此翻译成“虔诚、正义、审慎、礼貌和忠诚”。他们提到，孔子将这五种道德与五种人际关系相对应：父子、夫妻、君臣、兄弟和朋友。除此以外，耶稣会士还观察到，孔子还赞成某种金科玉律（the Golden Rule)：“己所不欲，勿施于人”，这种论述不免过于消极。[502]需要强调的是，儒家学者教导并践行这种道德，其目的并不仅仅是希望在生前或死后获得回报。儒家学者坚信，对孔子及其真正的继承者来说，传授这种道德本身就是一种奖励。他们享受这种高尚的生活，不需要任何其他的奖赏。

在对儒教及其教条的描述中，早期耶稣会士仅仅能够做出这种简单的区分：明代中国存在“真正的”或“忠诚的”（true）的文人，也存在与耶稣会士所理解的儒教教条相悖的文人。首先对此做出区分的是金尼阁，但是接下来的第二个世纪的耶稣会士作家过分夸大了他的这种论述。[503]根据金尼阁和大多其他耶稣会士的说法，这种“真正的”文人严格遵循并践行孔子的道德系统，他们缺乏形而上学的思考。耶稣会士作家之所以做出这种区分，是因为考虑到有些17世纪的正统儒家学者已经变成了虚伪的文人。这些虚伪的文人发展出一种非
1653 常精细的形而上学，因此他们并不关心自身的道德哲学。[504]尽管对儒家的形而上学并不赞同，但是耶稣会士已经将其与欧洲经典中的形而上学勾连了起来。曾德昭表示，中国人将所有的哲学都划分为三个领域：天学、地学和人学。这三者之间存在千丝万缕的联系，那些耶稣会士十分赞赏的道德哲学仅仅属于第三个领域。[505]耶稣会士准确地认识到，佛教和道教影响了儒家思想。举例来说，金尼阁论述了一种泛神论思想——在他看来，这是当时文人最普遍的形而上的教条。基于这种观点，金尼阁正确地指出了这种思想的佛教来源：

> 在我看来，儒教目前最普遍信奉的学说，似乎来自于大约五个世纪以前开始流行的那种崇拜偶像的教派。这种教义肯定整个宇宙是由一种共同的物质所构成的，宇宙的创造者好像有一个连续体，与天地、人兽、树木以及四元素共存，而每桩个体事物都是这个连续体的一部分。根据物质的这种统一性，他们进而推论出各个组成部分都应当团结相爱，而且人还可以变得和上帝一样，因为他是被创造和上帝合一

的，我们试图驳斥这种哲学，不仅仅是根据道理，而且也根据中国古代哲学家的论证，而他们现在的全部哲学都是有负于这些古代哲学家的。[506]

尽管偏爱儒家学者及其道德教条，耶稣会士仍然描述了儒教的其他面向，这些面向似乎有异教迷信的嫌疑。学者—官员——当然，他们都是儒家学者——会向各种幽灵献祭。皇帝会亲自或派代表祭祀天坛和地坛，最高官员也被允许祭祀高山、大河和宇宙四季的神祇。与此同时，耶稣会士还注意到，儒家学者还会向城市或乡镇的保护神、孔子以及他们的祖先献祭。所有的中国人都祭祀祖先，这也得到了儒家学者的大力推崇。尽管如此，在耶稣会士看来，中国人的这种仪式既不是迷信，甚至也不是宗教。耶稣会士断言，中国人既不会为死者祈祷，也不会希望从死者那儿得到什么。在死者面前摆放食物仅仅是纪念逝去的祖先的方式，这种行为基本上是由孝顺而成的，更为重要的是，这种行为可以为孩子们和无知的成年人树立某种榜样。在各主要城市的主要寺庙中，每月都会举行祭孔仪式。耶稣会士对这种仪式的描述几乎完全相同。他们认为，这是一种纪念和感恩圣人的方式，因此并不算是对孔子的崇拜或为他祈祷。[507]这些说法大致不错，但并不全面。虽然对明代许多学者—官员来说，社会和伦理价值的变动是祭祀的基本目的，但是大多中国人及文人仍然相信幽灵（spirits）的存在。不仅如此，他们还相信神灵会定期要求献祭，并根据祭祀的精致程度，选择是帮助还是惩罚世人。 1654

尽管耶稣会士所述儒家形象包含某种程度的偏见，甚至在某些方面依然令人困惑，但就总体而言，却相当准确。他们试图呈现出儒教的理性道德哲学，但是又不得不承认，在儒教中存在一种投机的形而上学，以及精细的对神灵和祖先的祭祀行为。不论是否有意，耶稣会士笔下的明代文人明确无误地暗示出，儒学在某些面向上具有宗教色彩。比如他们正确地观察到，尽管有许多学者曾试图证明天不具备人格潜能，但是大多中国人仍然认为**天**（*t'ien*）具有人格力量。除此以外，耶稣会士还注意到，新儒家（Neo-Confucian）的形而上学教条有某些非儒家的思想来源。与此同时，耶稣会士也意识到祭祀神灵在儒家思想体系中的重要性，虽然儒家学者总是通过强调祭祀的社会和伦理目的，以便尽可能地降低它的超世俗意义。17世纪晚期的耶稣会士作家会给欧洲的读者提供更多有关孔子和儒教的细节，但是受“礼仪之争”的影响，他们的作品中出现了某些严重歪曲，尽管这种歪曲并未在同世纪上半叶的作品中出现。

虽然耶稣会士试图降低儒学的宗教和迷信色彩，但是恰恰相反，他们可能加深了佛教徒作为愚昧的崇拜者的形象。当关注点从儒家学者转移到佛教徒身上时，耶稣会士作品中的措辞发生了显著变化。在他们看来，佛教徒是固执的偶像崇拜者，因此他们使用贬低的语言对佛教徒进行描述。举例来说，在《中国新图志》中引入对佛教的评论时，卫匡国写道：“第二种教派属于偶像崇拜者（idolators），他们称之为**释迦**（*shih chia*）：在耶稣诞生之后不久，这种瘟疫和
1655 传染病就污染了中国。”[508]

受卫匡国的启发，耶稣会士注意到佛教起源于印度，而且将佛教引入中国的时间追溯到公元63年或65年。[509]金尼阁争辩说，佛教的许多教条是从西方世界，甚至可能是从基督教中借鉴而来的。他观察到，在中国的使臣被派往印度期间，圣多默和圣巴托罗缪的基督教传教团正好在印度。很有可能，当时的中国人已经听过基督教徒的福音宣讲，不料他们的使臣却只带回了虚假的福音，这种福音已受到偶像崇拜的影响，因此并不是真正意义上的福音。金尼阁报告说，佛教徒只能辨识四种元素，这更像是西方的古典哲学家而不是中国人。在他看来，佛教徒的灵魂轮回信仰与毕达哥拉斯（Pythagorean）的观念相似。除此以外，金尼阁还谈到，门多萨所言三头神像可能是指基督教的三位一体信仰。他还提到，佛教徒相信天堂和地狱的存在。与此同时，独身生活的佛教徒也让金尼阁想起了基督教的先辈。同时他还观察到，佛教徒的仪式与基督教堂举行的仪式很像。[510]大多耶稣会士都相信，佛教在中国的流行度持续下降，尽管金尼阁注意到了他那个时代佛教在中国的复兴。[511]

与对儒家教条的论述相比，耶稣会士笔下的中国佛教思想更令人困惑。他们没有很好地区分佛教的各种教派，恰恰相反，展现给人们一个佛教神话、大众宗教和严肃佛教哲学的混合体。尽管如此，佛教思想的某些重要方面仍然在这种大杂烩中得到了呈现。举例来说，曾德昭区分了他所谓的“外表的道路”（exterior way）和“秘密的道路”（interior way）①。[512] 大部分佛教徒都遵循“外表的道路”，龙华民、庞迪我、金尼阁和其他的耶稣会士描述的正是这种类型的佛教。就“秘密的道路”来说，最重要的是因果报应和灵魂转世的信仰。曾德昭叙述道，死后灵魂会转移到其中一个佛教地狱中，在那里清洗自己的罪恶。在游历了九层地狱之后，灵魂转世重生。灵魂转世重生后的境遇取决于前世积累的德行。[513] 庞迪我提到了一些有关佛教地狱的中国画。[514] 金尼阁则提到死后灵魂重生所在的“大千世界”（many worlds）。[515] 除了观察到佛教徒不吃荤、不喝酒以外，耶稣会士没有对佛教戒律做更多的论述。金尼阁认为，佛教戒律未被严格遵循。因为如果有人违反了戒律，他可以轻易地通过救济他人得到弥补。[516] 1656

曾德昭断言，睿智的佛教徒都遵循“秘密的道路”。他们相信整个宇宙是由某种单一的物质构成的，这种物质可以表现为许多独特的存在之物（existing things）。正如蜡一样，可以被塑造成好多种不同的形状。因此，虔诚的佛教徒的目标就是领悟这个第一法则（first principle）。根据这种领悟的境界，“秘密的道路”的践行者将所有人分成十个等级。在这十个等级中，其中四类是好的，另外六类是恶的。与此同时，每个等级都对应于某一充满具体罪恶的地狱。不论是在地狱中还是在其他条件下，灵魂的轮回都只能在今世发生。总而言之，那些过着在伦理上与动物毫无区别的生活的人，将会转世为禽兽。[517]

佛教有一种固定且禁欲的神职人员，基督教的牧师们提到了这种神职人员某些令人厌恶的细节。据耶稣会士说，佛教的神职人员——被中国人称为**和尚们**（bonzes [osciami，*ho-shang-men*]），都出身于社会底层。大多和尚都在寺庙中长大，他们被父母像奴隶一样卖到寺庙中。“这些佛教僧侣，”金尼阁写道：“之所以加入修道士的行列中，有时并不纯粹是为了过上圣洁的生活，而是因生活所迫。”[518] 因为这种原因，耶稣会士断言，佛教的僧侣有些非常懒惰，毫无学识。大多僧侣都住在寺庙里，尽管有些僧侣是隐士。作为隐士的僧侣住在大山中，在那里他们过着艰辛的修行生活。一些和尚也会在乡下到处巡游，四方

① 参照曾德昭：《大中国志》，何高济译，李申校，上海：上海古籍出版社 1997 年，第 107 页。——译者注

化缘，他们剃光头发、胡须，穿着独特的衣服，禁止食肉并保持独身生活。尽管如此，耶稣会士声称，如果身为和尚却无法保持己身纯洁，反而去通奸的话，他们会受到极端严厉的惩罚。在早期的传教士作家中，只有曾德昭为他们说过一些好话。尽管他们有这样那样的错误，但是曾德昭写道，“这一教派的人，大部分都没有坏名声，他们富有耐心、顺从而谦逊；可能是习惯导致他们低贱，
1657 或者给予的尊重太少而使得他们卑下”。尽管中国人常常谈论佛教僧侣的道德状况，但是曾德昭说，在他二十二年的中国经历中，只听人们说过两次和尚的坏事。[519]

耶稣会士记述说，每座寺庙都有一位住持。在临死之前，他会将职位传给事先选定的徒弟。除了住持以外，别无其他掌权者。曾德昭进一步指出，佛教徒处在礼部的管理权限之内，接受帝国的津贴。[520] 每个寺院都有自己的庙宇。和尚们常常将房间租给游客以及那些对佛教教义感兴趣的人。金尼阁写道，这样一来，修道院“看起来更像是嘈杂的大旅店，人们在那里聚会，花时间来崇拜偶像或学习这种教义”。[521] 和尚也会参加一些仪式活动，在某些固定的场合为死者，以及刚从火灾、洪灾和其他灾难中脱身的人祈祷。和尚在某些场合的吟唱与欧洲教堂的格里高利圣咏（Gregorian chants）① 极为相像。虽然大多耶稣会士都坚信，只有太监、妇女和最底层的人才会关注佛教徒，但是他们也承认，所有的中国人都会雇请和尚参加葬礼。尽管在总体上，耶稣会士并未试图分辨各种佛教教派，但是曾德昭仍对**白莲教**（*Pai-lien-chiao*）做过简短的讨论。曾德昭说，这种教派因其政治目的而被禁止，因为白莲教教徒企图推翻王朝的统治。曾德昭还简要地记述了1622年的山东白莲教之乱及其被镇压过程，他还补充说，当时的中国社会仍有许多白莲教教徒。[522]

有些欧洲人将道士称为“伊壁鸠鲁主义者”（Epicureans），是耶稣会士描述的第三个教派。他们受到的关注甚至还不如佛教徒。在整个17世纪上半叶，只有金尼阁、曾德昭和卫匡国准确地分辨了道教与佛教及默默无闻的民间宗教。

① 天主教做弥撒仪式时所用的音乐，因由罗马教皇格里高利一世（St.Gregory I，公元540—604年）统一整理，故名。——译者注

许多用于攻击佛教僧侣的指控被用于攻击道士：道士无知且不道德，他们很小就被卖到道观中。金尼阁观察到，道士和其他中国人一样，留着长发，但他们的木制帽子很独特。[523] 尽管隐士和住在道观中的道士都不结婚，但是实际上仍有许多道士结了婚并与家人生活在一起。其他的道士自称是术士和算命先生。道士最主要的职能似乎包括驱除家里及其他建筑物中的邪恶幽灵、求雨及参加 1658
葬礼。据说与佛教徒不同，道士有类似政府的组织，组织的最高领导者是在北京的高级官僚神职人员，他们由皇帝供养。这种高级的神职人员受到皇帝的崇高礼遇，他们被允许进入内宫，目的是将魔鬼赶出去。[524] 耶稣会士还注意到，道士会住在天坛和地坛，以便辅助皇帝完成祭祀活动。

在道士崇拜的众多偶像中，最受崇拜的是一种地位最高的神，被称为天师（the Lord of Heaven）。在道士的想象中，天师是肉身。金尼阁宣称，他们将天师称为 Ciam。他讲述了某位 Ciam 从刘（Leu）手中夺取天庭宝座的故事。刘是他的前任天师。刘邀请他去赴宴，在其他宾客都在大吃大喝之际，他偷走了“刘的”白龙马。用金尼阁的话来说，“所以现在那些可怜的百姓都承认他们所尊奉的是一个假天师、一个篡位者和一个暴君”。[525] 仅次于天师的是三位一体的神祇，其中一位就是著名的道教的创立者——老子，据说是孔子同时代的人。老子出生之前，其母曾怀孕八十载的故事被许多欧洲人述及。据耶稣会士作家所载，道教同样相信天堂和地狱的存在。在那里，死者据其生前行为而受到相应奖惩。这种信仰及道教的许多其他方面，都证明了佛教对道教思想的影响。与此同时，大多耶稣会士作家都说，道教的最高神过得非常快乐。正因为如此，他们尽可能地追求延年益寿，因为死后没有快乐可言——这是道士被称为“伊壁鸠鲁主义者”的原因。耶稣会士无不试图解决表面上在此生追寻快乐与天堂地狱信仰之间的矛盾。然而他们说，道教的天堂是这样的地方：在那里人们可以享受肉体的愉悦，也可以同时升华自己的肉体与灵魂。道观中摆放的众多圣人画像，这些人早已由此世直接进入了天堂。金尼阁提到延长寿命或通往天堂的方法，这些方法包括健身（exercises）、炼气（postures）、祈祷（prayers）和丹药（medicines）。[526]

除了土生土长的道教和被认为是起源于外国的佛教之外，耶稣会士提到了 1659

犹太人和穆斯林社区在中国的存在，以及基督教早就在中国出现。据金尼阁所述，虽然穆斯林人数众多，但是大多分散在中国的边疆地区。除了禁食猪肉以外，伊斯兰教的其他戒律和仪式很少被耶稣会士提及。如果通过了科举考试，一些穆斯林会考虑放弃自己的信仰。[527] 曾德昭补充说，他们不与非穆斯林通婚，而且那些受过教育的穆斯林通常只能获得举人头衔。曾德昭将穆斯林进入中国的日期追溯到公元940年。[528] 金尼阁和曾德昭都提到了耶稣会士与在中国的犹太人的接触。[529] 金尼阁讲述了利玛窦在北京与一位犹太人会面的场景，而曾德昭则记述了神父艾儒略（Giulio Aleni）在开封拜访一位犹太人的场景。[530] 他们都提到，在中国的犹太教徒不再能清晰地理解或虔诚地践行犹太教。除了路易斯和曾德昭对景教石碑的描述和大家对圣多默到中国的传教团的讨论外，有些耶稣会士的记述提供了一些基督教早就出现于中国的证据：墓碑上的十字架以及据说中国人常常划十字架，但不知道具体原因是什么。[531] 有些作家也提到，马可·波罗曾经宣称，在蒙元时期的中国有许多基督教徒。[532] 比如，卫匡国就发现，福建漳州有大量基督教存在的证据。[533]

耶稣会士意识到，三种中国的宗教派别（**三教** [*san-chiao*]）并不互相排斥或互相诋毁。他们的理解是，皇帝用公共资金维持每一个宗教，而且三教都统一归礼部管辖。与此同时，中国人也不认为**三教**可以各自独立，或甚至是互相矛盾。中国人从**三教**中各取所需。耶稣会士报告说，儒家学者常常同时雇请佛教的僧侣和道教的道士参加葬礼。所有中国人都认为三教互补。曾德昭清晰地表明了这点：

> 第一个教派的儒生，模仿天和地，把一切都仅仅施用于今世的人
> 1660 身、家庭和国家的治理，不管死后的事。第二个教派的道士，完全不顾他们的家庭或政府，只管自己的肉身。第三个教派的释迦，则不管肉体，只管精神、内在的和平，以及知觉的安宁。[534]

虽然过于简洁，但是曾德昭的阐述仍然反映了中国人对宗教的选择特点。

金尼阁暗示说，同时信仰三教将不可避免地走向无神论：“他们相信能同时

尊奉所有的三种教派，结果发现自己根本没有任何一种宗教，因为他们并不真心遵循其中的任何一种。”[535] 然而普通人则有所不同，他们同时尊奉三教，但的确没有走向无神论。恰恰相反，与欧洲旅行家的记载不同，这产生了由不同的神祇和信仰组合而成的混合物。耶稣会士对中国大众的偶像产生速度表示惊讶：不止在寺庙中，也在家里、商店里、街上和船上。人们盲目地遵从一种混合的迷信仪式。除了践行祖先和神灵崇拜以外，他们还相信恶魔的存在。每隔一段时间，他们都必须将这些恶魔赶出家中或者其他公共建筑。他们沉迷于算命，与此同时，耶稣会士还描述了许多完成预言的方法。对吉日和凶日的信仰尤为流行。中国人参考历书以确定哪天适合婚礼、葬礼、盖房、出行，甚至所有能想到的事情。帝国到处都可见各种魔术师、占星家、算命师及同类职业者，他们免费参与各种仪式，提供各种渴望得到的信息或预测未来将会发生的事件。在建造公共建筑或房屋以前，人们在请教“风水先生”（geologists）后，能确定某个位置是否吉利，门窗应该朝向哪个方位，以及哪个地方应该种树、哪个地方应该立墙等等。中国人对以下两种迷信活动特别狂热——甚至影响到所有的社会阶层：修炼点金术和制造长生不老药。这两种活动挥霍了大量财富，但那些宣称找到秘方的江湖骗子却从来不缺乏信众。

事实上，中国的民间宗教是这三种官方宗教与远古时期传统的万有灵论的混合体。没有任何一种教派可以保证纯洁。许多佛教和道教的教义渗透到 17 世纪的正统儒教中间，而儒家伦理也反过来深深影响了佛教和道教。佛教和道教也互相借鉴。职是之故，耶稣会士原本试图做出的明确区分——尤其是在儒教与其他两种宗教之间——实际上并不存在。然而耶稣会士有义务指出，他们所 1661
谓的儒教中的迷信仪式到底是什么，以及其他受歧视的宗教中所见的儒家伦理等等。尽管如此，虽然耶稣会士曾努力区分中国的宗教教派，在某些细节上甚至并不准确——很自然地偏向儒家文人，但是他们的描述毕竟还是接近于 17 世纪中国宗教的真实状况。

注释：

[1] 参见 F. Wakeman, Jr., *The Great Enterprise* (2 vols.; Berkeley, 1985), I, 1-18。

[2] 参见 A.Chan, S.J., *The Glory and Fall of the Ming Dynasty* (Norman, Okla., 1982), pp. xvi-xxvii。

[3] 参见原书第三卷，第 371-372 页。

[4] 相关书目参见原书第三卷，第 319-320 页。

[5] 有关门多萨的报告参见 *Asia*, I, 742-94。

[6] 相关细节参见原书第三卷，第 315-318 页。

[7] *Histoire des choses plus memorable advenues tant ez Indes Orientales*...(3 vols.). 相关细节参见原书第三卷，第 396 页。

[8] 有关这三本著作的文献详情参见原书第三卷，第 512-513、349、479-482 页。有关路易斯·盖拉赫（Louis Gallagher）所译金尼阁经典著作的现代英文译本和拉丁文译本及意大利文译本之间的差异参见插图第 44、250。金尼阁和曾德昭的画可参见插图第 42、55。

[9] *The History of the Great and Renowned Monarchy of China* (London,1655), p.26.

[10] *Epitome historial del reyno de la China* (Madrid). 有关文献详情参见原书第三卷，第 334-335 页。

[11] *Histoire de la cour du roy de la China* (Paris), 有关文献详情参见原书第三卷，第 402 页。

[12] 有关他对皇后死亡日期的错误记载参见原书第三卷，第 1627 页。

[13] *Dell' istoria della Compagnia de Gesù; la Cina* (Rome, 1663). 有关文献详情参见原书第三卷，第 381 页。有关巴笃里的著作参见 J.J.Renaldo, *Daniello Bartoli.A Letterato of the Seicento* (Niples, 1979); and Bartoli, *La Cina*,ed.Bice Garavelli Mortara (Milan, 1975), pp.1-22。

[14] Mortara (ed.), *op. cit.* (n.13), pp.33, 217.

[15] *Ibid.*, p.217.

[16] *Ibid.*, pp. 152-55, 225-38.

[17] 参见原书第三卷，第 354-355 页。《亚洲葡萄牙人》中的描述性章节位于第二卷；参见 John Stevens(trans.), *The Portuguese Asia* (3 vol.;London,1695), II, 448-99。第三卷的某些章节内容也涉及耶稣会士在中国的历史，不过也是引自曾德昭的著作，参见 *op. cit.*（n.9）, pp.78-91, 174-80。

[18] *Conquista de las islas Malucas* (Madrid, 1609). 有关文献详情及对阿亨索拉著作的讨论参见原书第三卷，第 310-312 页。

[19] Argensola. *op. cit.* (n.18), pp.336-40. 对这些书信的简短翻译参见 *PP*, XII, 218-22。

[20] Argensola. *op. cit.* (n.18), pp.158-62.

[21] 有关文献详情参见原书第三卷，第 397-398 页。

[22] *Voyages en Afrique, Asie, Indes Orientales, & Occidentales* (Rouen, 1665), p.341.

[23] *Ibid.*, pp. 340-41.

[24] *Ibid.*, p. 342.

[25] *Ibid.*, pp.346-47.

[26] *A Relation of Some Yeares Travaile*, Begunne Anno 1626... (London,1634), pp.206-7. 有关文献详情及对托马斯·赫伯特著作的评论参见原书第三卷，第 571-572 页。

[27] Van Rechteren,"*Journael ghehouden op de reyse ende weder-komste van Oost-Indien*...," *BV*, IIb, p.41. 有关文献详情参见原书第三卷，第 453-455 页。

[28] Van Rechteren, *loc.cit.* (n.27), p.44.

[29] *Ibid.*, pp. 45-53. 有关雷尔松的探险记载参见原书第三卷，第 52、453-454 页。

[30] *Historisch verhael alder ghedenck-weerdichste geschiedenisse*...(Amsterdam,1621-32), IV (Oct.,1623), 31-32; VII (June,1624), 63-70; XI (June, 1626), 94a-96b.

[31] 参见原书第三卷，第 463-464 页。

[32] 参见原书第三卷，第 466 页。

[33] 有关《荷兰联合省东印度公司的创始和发展》的内容简介和版本概况，参见原书第三卷，第 461-473 页。

[34] 参见原书第三卷，第 474-475 页。

[35] 有关勒布朗的详细描述参见原书第三卷，第 406-407 页。

[36] Le Blanc, *The World Surveyed*...(London,1660), pp.99, 162.

[37] 耶稣会士很可能参考了中华帝国编撰的有关政治地理方面的文件，如晚明时期的《赋役全书》（*Fu-i Ch'üan -shu*）。参照 Ho Ping-ti, *Studies on the Population of China* (Cambridge, Mass., 1959), chaps.ii,vi.

[38] L.J.Gallagher, S. J. (trans.), *China in the Sixteenth Century:The Journals of Matthew Ricci:1583-1610*(New York,1953), p.9. 路易斯·盖拉赫所译为金尼阁所著《利玛窦对基督教远征中国史的评论》（*De Christiana expeditione*...*ex P.Matthaei Ricci*...*commentariis.*）。关于盖拉赫译本与金尼阁《基督教远征中国史》及利玛窦最早的旅行日志，可参见原书第三卷，第 511-512 页。金尼阁"对中华帝国的描述"与最早由朱思本（*Chu Ssu-pen*）1312 年编制的《广舆图》（*Kuang-yü t'u*）（辽阔世界的地图）极为相似。参见 Walter Fuchs,*The* "*Mongol Atlas*" *of Chu Ssu-pen and the Kuang- yü t'u* ("Monumenta Seria," Monograph VIII;PeiPing,1946). 根据福克斯（第 11 页），《广舆图》为卫匡国的《中国新图志》奠定了基础。参见 Min-sun Chen, "*Geographical Works by Jesuits in Chinese, 1584-1672*" (M.A.diss., University of Chicago,1959), pp.1-7,esp.nn.5,12.

[39] Pantoja, "*A Letter of Father Diego de Pantoja*...," pp.XII, 364.

[40] Semedo. *op. cit.* (n.9), pp.8-22.

[41] Pantoja, *loc. cit.* (n.9), p.364.

[42] *Ibid.*, p.365. 政治统治意义上的城市概念并无必要准确地说明其经济地位。一座镇区尽管在城墙"城市"以外，但也许在经济上要比后者更为重要，如果它处在河流或交通要道的交汇处的话。

[43] Semedo, *op. cit.* (n.9), p.3.

[44] *Novus atlas sinensis*,Vol.XI of Johan Blaeu, *Le grand atlas*(Amsterdam,1663), p.6.

[45] Trigault in Gallagher(trans.), *op. cit.* (n.38), p.9; Semedo, *op. cit.* (n.9), p.3; 这两个数字是如此接近，以至于有人推测其中的差别仅仅是印刷引起的错误。

[46] *Op. cit.* (n.44), p.6.

[47] *Ibid.* Cf. Ho, *op. cit.*(n.37), pp.3-23 and 277. 何炳棣估计1600年中国的人口已经达到150 000 000。

[48] *Nouveaux advis du grand royaume de la Chine,...*(Paris,1602), pp.9-10.

[49] Pantoja, *loc. cit.* (n.39), pp.361-62.

[50] Gallagher (trans.), *loc. cit.* (n.38), pp.7-8.

[51] *Op. cit.* (n. 9), p.1.

[52] *Op. cit.* (n. 44), pp. 2, 4.

[53] *Ibid.*, p.2.

[54] *Ibid.*, *op. cit.* pp.213-32. 有关卫匡国《地图集》在纬度和经度上的估算参见 David E.Mungello, *Curious Land:Jesuit Accommodation and the Origins of Sinology* (Stutugart,1985), pp.122-23。

[55] 相关例子参见 Pantoja, *loc. cit.* (n.39), p.364. Gallagher (trans.), *op. cit.* (n.38), p.9; Martini, *op. cit.* (n. 44), pp. 2-3。参照 A. Waldron, "*The Great Wall Myth: Its Origins and Role in Modern China,*" *Yale Jouenal of Criticism*,Vol, II, No.1(1988), pp.76-77。参见插图第255。

[56] Martini. *op. cit.* (n.44), pp.23-33. 有关中国周边地区的情况参见原书第三卷，第二十二章。

[57] *Op. cit.* (n.9). pp.20-21.

[58] *Op. cit.* (n.22), pp.34-35. 当时中国处在一个寒冷的周期，而17世纪是近世最冷的时候。参见 Shen Wen-hsiung, "Changes in China's Climate," *Bulletinof the American Meteorological Society*, LV(1974),1350; and Wakeman. *op. cit.* (n.1), I, 7。

[59] *Op. cit.* (n.44), pp.148-61,174, and 191.

[60] *Op. cit.* (n.44), p.137. 钱塘江秋季的大潮是杭州著名的景观。比如可参见宋代画家李嵩（Li Sung）的著名画作《月夜看潮图》（*The Hangchow Bore in Moonlight*，约1210年）。

[61] 参见 *Asia*, I, 527。

[62] Pantoja, *loc. cit.* (n.39), p.363.

[63] Gallagher(trans.), *op. cit.* (n.38), pp.499-521. 鄂本笃的旅行最早被格雷罗在1603年记录，参见 Artur Viegas(ed.), *Relação annual das coisas que fizerâm os padres da Companhia de Jesus nas suas missões*... (3 vols.; Coimbra,1930-42), I,285-314 (Pt. II,ch.ii)。

[64] 事实上，契丹是蒙古语中的中国名字，只是那些经由陆路到达中国的撒拉森商人在17世纪仍然使用这一称呼。

[65] *PP.* XII, 478.

[66] Gallagher (trans.), *op. cit.* (n.38), pp.106-44.

[67] *Ibid.*, p.500.

[68] *Advis certain, d'une plus ample descourverte du royaume de Cataï,...& de l'antiquité de la foy chrestienne dans la Chine*...(Paris,1628), pp.12-28. 同时出版的还有弗朗西斯科·戈迪尼奥（François Godin / Francisco Godinho）来自西藏的书信。

[69] *Op. cit.* (n.9), pp.157-65.

[70] *Op. cit.* (n.44), p.53.

[71] *Ibid*, pp.35-36.

[72] *Ibid.* p.37.

[73] *Ibid.* pp.115-16, 122, 133-35, 140, 147, 152.

[74] *Ibid.* pp. i-xvi, following p.232.

[75] Gallagher(trans.), *op. cit.* (n.38), p.6.

[76] *Op. cit.* (n.44), p.2.

[77] Gallagher(trans.), *op. cit.* (n.38), p.7.

[78] *Op. cit.* (n.44), p.15. “皇帝”中的“皇”字是“黄”的同音字，意思是黄色的。“皇帝”仅仅意味着“威严的人”（August One）或“帝王”。

[79] Gallagher (trans.), *op. cit.* (n.38), p.42.

[80] Semedo, *op. cit.* (n.9), pp.113-14. 也可参见 Pantoja, *loc. cit.* (n.39), pp.388-89。有关皇位继承的问题参照 Ray Huang, *1587, A Year of No Significance: The Ming Dynasty in Decline*(New Haven:1981), pp.86-106。

[81] Semedo, *op. cit.* (n.9), pp.108-10.

[82] Pantoja, *loc. cit.* (n.39), pp.407-9; Semedo, *op. cit.* (n.9), pp.110-17. 参照插图第 12、260 及 268。

[83] Pantoja, *op. cit.* (n.39), p.406; Semedo, *op. cit.* (n.9), p.110. 有关万历皇帝及其闭关参见 Huang, *op. cit.* (n.80), pp.1-41。

[84] 大多数宫廷里的女人都是服务人员；只有几十个可以成为嫔妃。参见 Huang, *op. cit.* (n.80), pp.28-30。

[85] 相关例子可参见 Pantoja. *op. cit.* (n.39), p.404. and Semedo, *op. cit.* (n.9), pp.110-13。

[86] Pantoja. *op. cit.* (n.39), pp.404-6.

[87] Semedo, *op. cit.* (n.9), pp.114-17. 有关太监的数量和作用参见 Wakeman, *op. cit.* (n.1), I,11-13 and Huang, *op. cit.* (n.80), pp.13,19-21。有关明代控制宦官增长带来的严重问题参见 P.M.Torbert, “The Ch' ing Imperial Household Department: A Study of Its Organization and Principal Functions”(Ph.D.diss.,Dept.of History,University of Chicago, 1973), pp.10-23。

[88] Semedo, *op. cit.* (n.9), pp.117-19.

[89] *Ibid.* p.110.

[90] Gallagher (trans), *op. cit.* (n.38), p.41.

[91] *Ibid*. pp.41-42. 在公元前127年，西汉（the Former Han）曾下令在诸侯王死后将其土地进行分割，但是诸侯王的头衔可以被其中的一个儿子继承。事实上，这等于废除了长子继承制而不是贵族等级和头衔，这种等级和头衔由他们合法妻子的长子继承。

[92] *Ibid*. pp.43-44. 藩国在1402年以后被省级长官加强了监控，尽管其中的一些藩王仍然很强大。

[93] *Ibid*. p.44.

[94] Semedo, *op. cit*. (n.9), p.108. 有关明代的皇室宗亲及世袭贵族可参见 Charles O.Hucker, *The Traditional Chinese State in Ming Times,1368-1644*(Tucson,1961), pp.12-14,41-42; Ho Ping-ti,*The Ladder of Success in Imperial China* (New York,1962), pp.21-24; 及 Lynn A .Struve, *The Southern Ming,1644-1662* (New Haven,1984), pp.11-13。这些研究确认了17世纪欧洲传教士对皇室亲戚和贵族状况的描述。

[95] *Lop. cit*. (n.39), p.409.

[96] Gallghaer(trans.), *op. cit*. (n.38), p.45. Aristocracy 并不是一个很贴切的用于这种官僚机构的词语。它从来不是一个世袭的阶层。

[97] *Ibid*. p.46.

[98] Semedo, *op. cit*. (n.9), pp.121-22.

[99] Gallagher(trans.), *op. cit*. (n.38), pp.44-45. 并不是所有这些被任命为官僚的人都获得过学位，有关这种特殊的例子可参见 Ho, *op. cit*. (n.94), pp.21-41。

[100] *La Chine illustrée de plusieurs monuments tant sacrés que profanes, et de quantité de recherchés de la nature et de l'art...*, trans. F.S.Dalquié (Amsterdam,1670), p.226.

[101] *Op. cit*. (n.44), p.15.

[102] 中国机构的拼音名字在欧洲传教士中间彼此各不相同，只要有可能，我们都把他们转化为威妥玛注音（Wade-Giles）。

[103] Board of Civil Office（吏部）; Board of Rites（礼部）。

[104] Semedo. *op. cit*. (n.9), p.124.

[105] Gallagher(trans.), *op. cit*. (n.38).p.48;Semedo, *op. cit*. (n.9), p.124. 阁老（*Ko-lao*）是尚书的非官方用语；参见 C.O.Hucker, *A Dictionary of Official Titles in Imperial China* (Stanford,1985), pp.278-79。

[106] Pantoja, *loc. cit*. (n.39), p.392; Martini. *op. cit*. (n.44), p.15.

[107] Gallagher (trans.), *op. cit*. (n.38), p.49.

[108] *Ibid*. p.50.

[109] Semedo, *op. cit*. (n.9), pp.126-27.

[110] 相关例子参见 Gallagher(trans.), *op. cit*. (n.38), pp.461-63。

[111] Chan, *op. cit*. (n.2), pp.23-25. 有关明代监察系统的一般组织可参见 C.O.Hucker, *The Censorial System of Ming China* (Stanford,1966), pp.47-57。科吏和道吏似乎是陈纶绪（Chan）和贺凯（Hucker）惯用的称呼。参见 Hucker, *op. cit*. (n.105), pp.133.145-46。

[112] Gallagher (trans.), *op. cit.* (n.38), p.49.

[113] Semedo, *op. cit.* (n.9), p.124. 同时参见 Gallagher (trans.), *op. cit.* (n.38), pp.50-51。

[114] Gallagher (trans.), *op. cit.* (n.38), pp.48-49; Semedo, *op. cit.* (n.9), p.127; Martini, *op. cit.* (n.44), p.14.

[115] Gallagher (trans.), *op. cit.* (n.38), p.48.

[116] *Ibid.*, pp.8-49.

[117] Hucker, *op. cit.* (n.111), pp.40-41; Huang, *op. cit.* (n.80), pp.18-19,42-129.

[118] Hucker, *op. cit.* (n.111), p.37. 有关这些部门参见 Min-sun Chen, "*Three Contemporary Western Sources on th History of the Late Ming and the Manchu Conquest of China*" ,(Ph.D.diss.,Dept.of History,University of Chicago, 1971), p.101。

[119] Semedo, *op. cit.* (n.9), pp.125-26.

[120] *Ibid.*, 参照 Hucker, *op. cit.* (n.111), pp.36,39, and Chen, *loc. cit.* (n.118), pp.101-2。大理寺卿和通政司使与六部长官一起，被称为"大九卿"（the Nine Chief Ministers）。参见 Ch' ien Mu, *Traditional Government in Imperial China,* trans. Chün-tu Hsüeh and Geoge O.Totten (Hong Kong,1982), p.92。

[121] Gallagher (trans.), *op. cit.* (n.38), p.51. 关于明代的两都制度可参见 E.L.Farmen, *Early Ming Government: The Evolution of Dual Capitals* (Cambridge, Mass.,1976), chap.v。

[122] Matelief, "Historische verhael...," *BV*, IIa, 108-9.

[123] Van Rechteren, *loc. cit.* (n.27), pp.41-42.

[124] 地方最高政府或总督俗称督堂或军门（*chün-men*）。

[125] Gallagher (trans.), *op. cit.* (n.38), pp.52-53; Semedo, *op. cit.* (n.9), p.128-29. 有关省一级政府，可参见 Chen, *loc. cit.* (n.118), pp.104-5。关于督堂和都察院两个用词的互换性可参见 Hucker, *op. cit.* (n.105), p.543。军门则是对省级军事指挥官的非官方用语（*ibid.*, p.202）。

[126] Gallagher (trans.), *op. cit.* (n.38), p.51; Semedo, *op. cit.* (n.9), pp.129-30.

[127] Gallagher (trans.), *op. cit.* (n.38), p.52; Semedo, *op. cit.* (n.9), p.131.

[128] Semedo, *op. cit.* (n.9), p.131.

[129] 参见 Hucker, *op. cit.* (n.115), pp.37-39. 贺凯同时也注意到（第 51-52 页），到了晚明，巡抚和总督常常同时被授予监察权。参见 Hucker, *op. cit.* (n.105), p.543。

[130] Gallagher (trans.), *op. cit.* (n.38), p.136.

[131] Pantoja, *loc. cit.* (n.39), p.383.

[132] Gallagher (trans.), *op. cit.*(n.38), pp.89-90.

[133] *Op. cit.* (n.9), pp.96-100.

[134] *Ibid.*, p.99. 根据个人与何炳棣的交流，这种民兵数字是值得怀疑的。也可参见 Chan, *op. cit.* (n.2), pp.188-89。

[135] *Op. cit.* (n.9), pp.96-97.

[136] *Ibid*, p.99. 有关明代后期军事上的衰落参见 Chan, *op. cit.* (n.2), pp.187-210。

[137] 参见 Hucker, *op. cit.* (n.94), pp.70-71。

[138] *Op. cit.* (n.48), p.11.

[139] Pantoja, *loc. cit.* (n.39), p.389.

[140] Gallagher (trans.), *op. cit.*,(n.38), p.43. 没有任何两个朝代拥有完全一样的法律，但是无论在什么时代，法律条文都建立在儒家意识形态，尤其是其对家庭和社会阶层的关注上。参见 T.T.Chü, *Law and Society in Traditional China* (Paris,1961) 中的介绍。

[141] Semedo, *op. cit.* (n.9), pp.148-49.

[142] *Ibid*, p.151.

[143] Van Rechteren, *loc. cit.* (n.27), p.43.

[144] Gallagher (trans.), *op. cit.* (n.38), pp.81-82.

[145] *Op. cit.* (n.9), p.140.

[146] *Ibid*, p.141. 广东话，甚至包括汉语的这个词汇很可能来自葡萄牙语 *canga*——牛轭（ox-yoke）。参见 A.C.Burnell, *Hobson-Jobson* (rev.ed.,edited by W. Crooke; London, 1968), p.156。

[147] 有关中国的刑罚可参照 J.D.Ball, *Things Chinese* (5th rev.ed.;London,1926), pp.331-33。

[148] 相关例子可参见 Pantoja, *loc. cit.* (n.39), p.391; Gallagher(trans.), *op. cit.*,(n.38), p.87-88; Semedo, *op. cit.* (n.9), pp.141-43。

[149] *Op. cit.* (n.9), p.134. 有关 16 世纪的中国监狱可参见 *Asia*, I, 762-63。

[150] Semedo, *op. cit.* (n.9), pp.135-40.

[151] 相关例子参见 *ibid*, pp.144-51. and Trigault in Gallagher(trans.), *op. cit.* (n.38), pp.54-59。

[152] Hucker, *op. cit.* (n.94), p.17. 其中提到限时九年。

[153] **大夫**（*Ta-fu*）或官僚不会受到身体上的处罚，但是会受到指责、降级和嘲讽。参见 Chü. *op. cit.* (n.140), pp.172-73。

[154] 事实上，九品之中，各品又可再细分为正从二品。参见 Hucker, *op. cit.* (n.94), p.14。

[155] Trigault in Gallagher (trans.), *op. cit.* (n.38), p.46.

[156] *Ibid.*, p.53. 也可参见 Pantoja, *loc. cit.* (n.39), p.391。

[157] Gallagher (trans.), *op. cit.* (n.38), p.53.

[158] *Op. cit.* (n. 9), p. 144.

[159] Gallagher (trans.), *op. cit.* (n. 38), pp. 45, 53.

[160] *Op. cit.* (n.9), pp.132-35.

[161] 这也反映出康熙（K'ang-hsi）时期的政府比明代后期更不那么专制和残暴。

[162] Trigault in Gallagher (trans.), *op. cit.* (n.38), pp.359-69.

[163] *Ibid.*, pp.379-88.

[164] *Ibid.*, pp.163-65.

[165] Van Rechteren, *loc. cit.* (n.27), p.43.

[166] *Ibid.*, pp.50-51.

[167] 有关明代儒家观念和政府日常生活实践之间的紧张关系可以参见 Huang, *op. cit.* (n.80), pp.130-53。

[168] Pantoja, *loc. cit.* (n.39), p.370.

[169] Gallagher(trans.), *op. cit.* (n.38), pp.10-11. 同时参见 Van Rechteren, *loc. cit.* (n.27), p.44. Semedo, *op. cit.* (n.9), p.4. Martini, *op. cit.* (n.44), p.3。有关其他的例子可参见 Faria y Sousa in Stevens (trans.), *op. cit.* (n.17), II, 450。

[170] 玉米是在 16 世纪上半叶从中国西南地区引进的；它很有可能是经由陆路传播的。这种可能性从以下两点可以看出：玉米的种植没有被迅速推广到其他地区；17 世纪中国玉米产量比欧洲相对要小。参见 Ho Ping-ti, "The Introduction of American Food Plants into China", *American Anthropologist,* Vol, LVII, Pt. 1 (April,1955), pp.194-97。有关玉米在泰国的情况，参见原书第三卷，第 1198 页。

[171] Gallagher(trans.), *op. cit.* (n.38), p.11.

[172] 同上，中国的餐桌上主要食用蔬菜。肉类通常只是装饰。

[173] Martini, *op. cit.* (n.44), p.40,54,73,80,91,132 and 161.

[174] 中国的橙子和柑橘在 17 世纪会出口到伊比利亚半岛和美洲地区。参见插图第 317、320、321、322。

[175] Trigault in Gallagher(trans.), *op. cit.* (n.38), p.15. "硬木" 是对许多贵重而坚硬的树种的通称。

[176] *Ibid.*, p.16. Martini, *op. cit.* (n.44), pp.94 and 140.

[177] *Op. cit.* (n.44), pp.57and 178.

[178] *Ibid.*, pp.63,103-4, and 163.

[179] *Op. cit.* (n.9), p.6.

[180] 相关例子参见 Wassenaer, *op. cit.* (n.30),VII(June,1624),67; Semedo, *op. cit.* (n.9), p.23; Martini, *op. cit.* (n.44), pp.7,17,4 and 147. 多种作物主要在中国南方生产。有关当代的土地利用和粮食生产参见 Ho, *op. cit.* (n.37), pp.169-95。同时参见插图第 313。

[181] Semedo, *op. cit.* (n.9), p.23. 铁犁头在中国的使用可以追溯到公元前 6—前 5 世纪。参见 Joseph Needham, *Science and Civilization in China* (6 vols.; Cambridge,1956-86),Vol. IV, Pt.2, p.65. 有关中国带料斗的条播机式犁（seed-drill plough with hopper）参见 Sung Ying-hsing, *Tien-Kung K'ai-Wu, Chinese Technology in the Seventeenth Century*, trans. E-tu Zen Sun and Shiou-chuan Sun(University Park,Pa.,1966), p.26。

[182] *Op. cit.* (n.44), p.4.

[183] 有关驯养动物的例子可参见 Trigault in Gallagher(trans.), *op. cit.* (n.38), p.12; Semedo, *op. cit.* (n.9), pp.4-5; Martini, *op. cit.* (n.44), p.4。

[184] Juan Gonzalez de Mendoza, *The History of the Great and Mighty Kingdom of China*...., reprinted from the translation of R.Parke; edited by Sir George T. Staunton (2,vols.; "HS," o.s.,XIV,XV;

London,1853-54), I,16.

[185] 相关例子参见 Pantoja, *loc. cit.* (n.39), pp.363-61; Semedo, *op. cit.* (n.9), p.16; Martini, *op. cit.* (n.44), pp.54-55。

[186] Martini, *op. cit.* (n.44), pp.54-55.

[187] 相关例子参见 Jean Mocquet, *Voyages en Afrique, Asie, Indes Orientales, & Occidentales* (Rouen, 1665), pp.340-41; Martini, *op. cit.* (n.44), pp.162-63。

[188] Trigault in Gallagher (trans.), *op. cit.* (n.38), p.12.

[189] *Op. cit.* (n.9), p.4.

[190] 可能是四川的鹧鸪（*Arboraphila rufipectus*）。

[191] Martini, *op. cit.* (n.44), pp.36,56-57,82,95,169,and 170-71.

[192] *Ibid.*, pp.180-91. 野生大象仍可见于中国云南西南部。

[193] Gallagher (trans.), *op. cit.* (n.38), p.13. 中国的捕鱼业仍然领先于世界。

[194] *Ibid.*, pp.180-91. 同时参见 Martini, *op. cit.* (n.44), p.4. 有关浮村（floating village），参见插图第 280。

[195] Pantoja, *loc. cit.* (n.39), pp.367-68. 参见插图第 319。

[196] *Ibid.*, (n.44), pp.7-8.

[197] Gallagher (trans.), *op. cit.* (n.38), p.14. 有关金属方面参见 Sung, *op. cit.* (n.181), chap.xiv。

[198] Semedo, *op. cit.* (n.9), p.7; Martini, *op. cit.* (n.44), p.6; 有关宝石方面参见 Sung, *op. cit.* (n.181), pp.299-300.

[199] Martini, *op. cit.* (n.44), pp.53-54,78,80-81,102,191,194.

[200]Gallagher (trans.),, *loc. cit.* (n.38), pp.15-16. 参照 Sung, *op. cit.* (n.181), pp.205-6。

[201]Martini, *op. cit.* (n.44), p.53.

[202]Semedo, *op. cit.* (n.9), p.6; Martini, *op. cit.* (n.44), p.5. 金矿开采在中国西南地区仍在进行。参见 Sung, *op. cit.* (n.181), p.236。

[203]Gallagher (trans.), *op. cit.* (n.38), p.19.

[204] *Op. cit.* (n.44), p.7.

[205] Gallagher (trans.), *op. cit.* (n.38), p.19. 同时参见 Pantoja, *loc. cit.*. (n.39), p.376。

[206] Gallagher (trans.), *op. cit.* (n.38), p.18. 同时参见 Martini, *op. cit.* (n.44), p.7。

[207] Gallagher (trans.), *op. cit.* (n.38), p.20. 雕版印刷（block printing）是在公元 7—8 世纪发明的。活字印刷直到公元 11 世纪才被发明，但没有得到广泛运用。参见 T.H.Tsien, *Paper and Printing* (Vol, V, Pt.1 of Needham, *op. cit.* [n.181]), pp.1,201. T.C。卡特 (T.C.Carter) 和 L.F. 古德里奇 (L.F.Goodrich)(*The Invention of Printing in China and Its Spread Westward* [New York,1955],p.x) 都表示，中国的印刷术大约开始于公元 950 年。

[208] Gallagher (trans.), *op. cit.* (n.38), p.20.

[209] *Ibid.*, p.21. 截至 15 世纪末，中国出版的书籍比所有其他国家的总和还要多。参见 T.H.Tsien,

Written on Bamboo and Silk (Chicago, 1962), p.2。

[210] Gallagher (trans.), *op. cit.* (n.38), p.16. 中国在公元 2 世纪就开始使用植物纤维制成的纸张。参见 Tsien, *op. cit.* (n.209), pp.135-37。

[211] Pantoja, *loc. cit.* (n.39), p.387.

[212] Gallagher (trans.), *op. cit.* (n.38), p.22.

[213] *Op. cit.* (n.9), p.56. 尽管对中国绘画并不欣赏，耶稣会士却很明显将一些中国山水画卷运回了欧洲。其中一幅还被作为《中国多面观》(*Regni chinensis description ex varijs authoribus*)的卷首插画被复制（莱顿，1639 年），这很可能是有关中国山水画在西方被印刷的最早记录。参见插图第 61。另外一些刊印在基歇尔的《中国图志》（阿姆斯特丹，1667 年）中。参见插图第 270。有关作为西方文化象征的线性透视画法以及 17 世纪的中国人和西方人理解彼此艺术之间所经历的困难，参见理查德 · M. 斯维德斯基（Richad M.Swiderski）著作的第三部分，"The Dragon and the Straightedge," *Semiotica*, Vol.LXXXI,Nos.1-2(1990), pp.1-41; Vol.LXXXII, Nos.1-2(1990), pp. 43-136; Vol. LXXXII, Nos.3-4(1990), pp. 211-268。

[214] *Op. cit.* (n.184), I, 70.

[215] Gallagher (trans.), *op. cit.* (n.38), p.19.

[216] *Ibid.*, p.20. 有关中国传统建筑技术可参照 Needham, *op. cit.* (n.181),Vol, IV, Pt.3, pp.58-144。

[217] 相关例子参见 Pantoja, *loc. cit.* (n.39), p.450;Semedo, *op. cit.* (n.9), p.3; Martini, *op. cit.* (n.44), p.8; Fraria y Sousa in Stevens(trans.), *op. cit.* (n.17), p.450。

[218] *Op. cit.* (n.9), p.3.

[219] Trigault in Gallagher(trans.), *op. cit.* (n.38), pp.17-18. 同时参见 Pantoja, *loc. cit.* (n.39), pp.342-43; Semedo, op cit. (n.9), p.3. and Fraria y Sousa in Stevens(trans.), *op. cit.* (n.17), p.449。

[220] *Op. cit.* (n.9), p.21.

[221] Gallagher (trans.), *op. cit.* (n.38), pp.15-16.

[222] *Ibid.*, p.311.

[223] Pantoja, *loc. cit.* (n.39), pp.407-9.

[224] *Op. cit.* (n.44), pp.38-39. 后来的来访者提供了帝国宫殿的草图；参见插图第 12、260、268。

[225] Martini, *op. cit.* (n.44), pp.13-14.

[226] *Op. cit.* (n.9), pp.134-35.

[227] Matelief, *loc. cit.* (n.122). facing page 84.

[228] *Op. cit.* (n.44), pp.56,69-70,113,125,151-52,189,and 197. 铁链悬桥可以追溯到公元 580 年，参见 Sung, *op. cit.* (n.181), p.366；有关中国桥梁的例子，参照插图第 254。

[229] *Op. cit.* (n.9), pp.121-22.

[230] *Op. cit.* (n.44), pp.19-20. 参照插图第 256、262。

[231] *Loc. cit.* (n.39), pp.374-75.

[232] Gallagher (trans.), *op. cit.* (n.38), pp.14-15.

[233] *Op. cit.* (n.9), p.12.

[234] 事实上，明代的官窑主要集中在景德镇附近地区。

[235] *Op. cit.* (n.44), pp.106-7. 有关瓷器的生产参见 Sung. *op. cit.* (n.181), pp.146-57。宋应星(Sung)列举了 6 个广为分散的用来制作瓷器的白色粘土的产地。

[236] Pantoja, *loc. cit.* (n.39), p.375.

[237] Gallagher (trans.), *op. cit.* (n.38), p.13.

[238] Semedo, *op. cit.* (n.9), p.13; Martini, *op. cit.* (n.44), pp.5 and 132. 参照 Sung. *op. cit.* (n.181), p.36。

[239] *Op. cit.* (n.44), p.5.

[240] 养蚕在商朝（约公元前 1766—前 1027 年）开始起源于中国北方地区。只有等到公元 17 世纪以后，中国丝绸制造中心才转移到长江流域(the Yangtze valley)。参见 Tsien, *op. cit.* (n.209), pp.114-16。

[241] *Op. cit.* (n.44), pp.5 and 132. 有关早蚕与晚蚕的不同可参见 Sung, *op. cit.* (n.181), p37。

[242] 棉花在中国的种植很可能可以追溯到公元 2 世纪，但是为了棉花的纤维而种植却是在 12 世纪以后。参见 Sung. *op. cit.* (n.181), pp.71-72, n.14。有关棉花的生产参见 *ibid.*, pp.60-64。同时参照 Nishijima Sadao, "The Formation of the Early Chinese Cotton Industry," in Linda Grove and Christian Daniels(eds.), *Japanese Perspective on Ming-Qing Social and Economic History* (Tokyo,1984), pp.17-77.

[243] Gallagher (trans.), *op. cit.* (n.38), p.13.

[244] *Op. cit.* (n.9), p.14. 西嶋定生（Nishijima）(*op. cit.*[n.242], pp.63-64.) 看起来没有理由怀疑曾德昭所说。

[245] *Op. cit.* (n.44), p.5. 宋应星（Sung）(*op. cit.*, [n.181], p.60) 注意到，这两种品种的棉花在古代就已经开始使用。

[246] Semedo, *op. cit.* (n.9), p.16; Martini, *op. cit.* (n.44), p.5.

[247] Trigault in Gallagher(trans.), *op. cit.* (n.38), p.14; Martini, *op. cit.* (n.44), p.6; Semedo, *op. cit.* (n.9), p.7. 曾德昭将它称作"Tomnaga"，这似乎就是"tutenag"，或白铜，一种用铜、锌和镍合成的合金，至今仍在使用。参照 Chen, *loc. cit.* (n.118), p.36。

[248] Trigault in Gallagher (trans.), *op. cit.* (n.38), p.15; Martini, *op. cit.* (n.44), p.7; 尽管看起来中国从周代（公元前 1122—前 255）就开始制作玻璃，并且在东汉（the Latter Han）（公元 25—220）开始出现吹制的玻璃制品（blown glass），但有关中国玻璃的生产所知甚少。参见 Needham, *op. cit.* (n.181),Vol, IV, Pt.1, pp.99-111.

[249] Trigault in Gallagher (trans.), *op. cit.* (n.38), pp.24-25.

[250] *Ibid.*, pp.23-24, 同时有关中国的座钟参见原书第三卷，第 1693 页。

[251] Semedo, *op. cit.* (n.9), p.23.

[252] 贺凯（Hucker）(*op. cit.* [n.94], p.33) 表示，"在整个明代，商业财富渐渐受到了社会的尊重，

社会开始盛行奢靡之风，这种风气在很大程度上损害了土地的价值，却得到了政府的支持。”的确，许多商人的子孙都中了进士（*chin-shih*）或博士头衔。

[253] Matelief, “Discours op de handelinghe, die men in O.I. soude mogen drijven.” , as quoted in W.P.Groeneveldt, “De Nederlanders in China,” *BTLV*, XLVIII(1898), 39.

[254] *Op. cit.* (n.187), p.341.

[255] Semedo, *op. cit.* (n.9), p.24.

[256] 相关例子参见 Van Rechteren, *loc. cit.* (n.27), p.43。

[257] 相关例子参见 Gallagher(trans.), *op. cit.* (n.38), p.132; Martini, op cit. (n.44), pp.163-64。

[258] Pantoja, *loc. cit.* (n.39), p.366. 有关中国城市的总体描述也可参见 Van Rechteren, *loc. cit.* (n.27), p.143; Matelief. *loc. cit.* (n.122), p.93; Martini, *op. cit.* (n.44), pp.15-16。

[259] Gallagher(trans.), *op. cit.* (n.38), p.269. 有关明代时期的南京参见 Barry Till, *In Search of Old Nanking* (Hong Kong, 1982), pp.99-165。有关城市规划参见 F.W.Mote and D.Twichett (eds.), *The Cambridge History of China*, VII(Cambridge,1988), 110。有关南京的街景，参见插图第272。

[260] Pantoja, *loc. cit.* (n.39), pp.365-66; Trigault in Gallagher(trans.), *op. cit.* (n.38), pp.268-69; Martini, *op. cit.* (n.44), pp.117-20. Semedo, *op. cit.* (n.9), pp.14-15. 南京的城墙有33.4公里长，很可能是世界上最长的城墙。大约2/3的城墙至今尚留存。帝国的宫殿只剩下少部分。瓷塔在1856年被毁坏。参见 Till, *op. cit.* (n.259), pp. 108-17, 127-31。有关瓷塔，参见插图第274。有关南京的街道，参见插图第273。

[261] Gallagher (trans.), *op. cit.* (n.38), p.309. 参见插图第258。

[262] Gallagher (trans.), *op. cit.* (n.38), p.309. 17世纪晚期的作家提供了雕版图。参见插图第259、260、268。

[263] *Op. cit.* (n.44), p.37. 有关17世纪晚期北京的风景，参见插图第257。

[264] Trigault in Gallagher(trans.), *op. cit.* (n.38), p.309.

[265] *Ibid.*, p310; Martini, *op. cit.* (n.44), p.38.

[266] Pantoja, *loc. cit.* (n.39), p.366; Gallagher(trans.), *op. cit.* (n.38), pp.316-17; Martini, *op. cit.* (n.44), pp.133-37.

[267] Pantoja. *loc. cit.* (n.39), p.366; Gallagher(trans.), *op. cit.* (n.38), p.317; Martini, *op. cit.* (n.44), pp.121-22.

[268] Martini, *op. cit.* (n.44), pp.48,84-85,105-6,143-44,149,152-53,163-64,164-65.

[269] *Ibid.*, pp.164-65.

[270] *BV*, IIb,78-86. 马可·达瓦罗的记录被翻译成英文并收录于 C.R.Boxer (ed.), *Seventeenth Century Macau in Contemporary Documents and Illustrations* (Hong Kong, Kuala Lumpur, and Singapore, 1984)。很显然译者对作者一无所知，甚至不知道作者最早的报告是用意大利语还是用葡萄牙语写成的。

[271] 有关澳门的位置（北纬 22.2°，东经 113.6°）、地表、气候和植被状况，参见 Antonio Costa, *Macau,imagens e numeros* (2 vol.; Lisbon, 1981-82), Vol. I 。

[272] Boxer (ed.), *op. cit.* (n.270), pp.72-74.

[273] *Ibid.*, p.74. 马可·达瓦罗的报告中含有全页的澳门铜版雕刻。参见插图第 13、284。

[274] Boxer (ed.), *op. cit.* (n.270), pp.74-76. 在《荷兰联合省东印度公司的创始和发展》所收雷基特伦的航海日记"附录"中，可以看到当时的有关荷兰人攻打澳门的详细情形；参见 *BV*, IIb, 45-53。现代的报告参见 Boxer, *Fidalgos in the Far East, 1550-1770* (The Hague, 1948), pp.72-92。

[275] Boxer (ed.), *op. cit.* (n.270), p76. 博克舍报告说，当马可·达瓦罗到达澳门时，主教的位置似乎是空缺的。中国的最后一任主教死于 1633 年，澳门的首任主教（区别于日本或中国并定居在澳门的主教）于 1692 年就职。

[276] *Ibid.*, pp.76-77. 博克舍的译文在这点上有所欠缺；参见 *BV*, IIb,81。有关日本的航海业参见 Boxer, *The Great Ship from Amacon; Annals of Macao and the Old Japan Trade, 1555-1640* (Lisbon, 1959)。

[277] Boxer (ed.), *op. cit.* (n.270), pp.77-78.

[278] *Ibid.*, pp.78-80.

[279] *Ibid.*, p.80. 博克舍的译本中没有这一列表；有关该列表参见 *BV*, IIb,83-86。同时参照原书第三卷第 68 页总结的商船载货单。

[280] 已出版的最重要的有关澳门庆典的报告要数以下两书：Antonio Fialho Ferreira ., *Relacam da viagem, que por ordem de S. Mg.de fez António Fialho Ferreira deste reyno à cidade de Macau na China:...*(Lisbon, 1643), and Dom João Marquez Moreira., *Relacão da magestosa, misteriosa, e notavel acclamacam, que se fez a magestade d'El Rey Dom Ioam o IV nosso senhor na cidade do nome de Deos do grande imperio da China...* (Lisbon, 1644). 以上两书及其他有关庆祝的报告都收录于 Boxer(ed.), *op. cit.* (n.270)。

[281] 相关的例子参见 Antonio Fialho Ferreria in Boxer(ed.), *op. cit.* (n.270), pp.95-103。

[282] Boxer(ed.), *op. cit.* (n.270), p.148.

[283] *Ibid.*, pp.150-71.

[284] *Ibid.*, p.171.

[285] 参见原书第三卷，第 1697-1700 页。

[286] 相关例子参见 Pantoja, *loc. cit.* (n.39), p.374; Trigault in Gallagher (trans.), *op. cit.* (n.38), p.14; Van Rechteren, *loc. cit.* (n.27), p.44; Semedo, *op. cit.* (n.9), pp.52-53。

[287] *Op. cit.* (n.9), p53.

[288] *Ibid.*, pp.52-53; Martini, *op. cit.* (n.44), p.21. 同时参见 Van Rechteren, *loc. cit.* (n.27), p.75。

[289] Gallagher (trans.), *op. cit.* (n.38), pp.314 and 351.

[290] *Ibid.*, p.314.

[291] *Ibid.*, p.12. 这种事实主要是在珠江三角洲（the Pearl delta）和长江三角洲地区（the Yangtze region）。

[292] *Op. cit.* (n.44), p.5.

[293] *Ibid.*, pp.17-19.

[294] *Ibid.*, pp.66-67. 同时参见 Pantoja, *loc. cit.* (n.39), pp.369-70; and Gallagher (trans.), *op. cit.* (n.38), pp. 306-7。有关大运河参见 Needham, *op. cit.* (n.181),Vol.IV.Pt.3, pp.306-20。有关运河对明代时期物流的重要性参见 Mark Elvin, *The Pattern of the Chinese Past* (Stanford, 1973), pp.102-6。

[295] Gallagher (trans.), *op. cit.* (n.38), p.13.

[296] *Op. cit.* (n.9), p.52.

[297] Pantoja, *loc. cit.* (n.39), p.396; Gallagher(trans.), *op. cit.* (n.38), p.305. 黄仁宇 (*op. cit.*[n.80], p.161) 表示在大运河上有 12 000 艘漕船。

[298] *Op. cit.* (n.9), p2. 有关中国船只的图片参见插图第 279、282，所有都取自 17 世纪晚期的出版物。

[299] *Op. cit.* (n.44), p.13.

[300] Pantoja, *loc. cit.* (n.39), pp.342-43; Gallagher (trans.), *op. cit.* (n.38), p.36. 有关漕船或官方船只，参见 Sung, *op. cit.* (n.181), pp.172-76。

[301] Gallagher (trans.), *op. cit.* (n.38), p.13. 应该回顾 17 世纪早期太监—将军（eunuch-admiral）郑和（Cheng Ho）穿越印度洋时，其船只长达 200 英尺。有关 17 世纪的海船参见 Sung, *op. cit.* (n.181), pp.176-77。同时，有关中国的航海技术，参见 Needham, *op. cit.* (n.181),Vol. IV.Pt.3, pp.379-695。

[302] Trigault in Gallagher(trans.), *op. cit.* (n.38), p. 306.

[303] Van Rechteren, *loc. cit.* (n.27), p.46.

[304] *Loc. cit.* (n.122), facing p.82.

[305] Martini, *op. cit.* (n.44), pp.12-13. 黄仁宇 (*op. cit.*[n.80], p.132) 表示地方政府支付驿站的所有费用。有关古代中国的道路和驿站制度（post-station system），参见 Needham, *op. cit.* (n.181), Vol. IV. Pt.3, pp.1-37。

[306] Gallagher (trans.), *op. cit.* (n.38), p. 317.

[307] *Op. cit.* (n.44), p.154.

[308] 相关例子可参见 Matelief, *loc. cit.* (n.122), p.98; Martini, *op. cit.* (n.44), p.35。中国早在公元 552 年就开始使用帆式马车。

[309] 参见 *Asia*, Vol.II.Bk.3, pp.402-3。

[310] *Loc. cit.* (n.122), p.119. 有关明代朝贡贸易体制的大致情况，可参见 John E.Wills,Jr., *Embassies and Illusion: Dutch and Portuguese Enjoys to K'ang-his, 1666-1687* (Cambridge, Mass.,1984), pp.13-25。

[311] 相关的例子，参见 Pantoja, *loc. cit.* (n.39), pp.406-7; Trigault in Gallagher (trans.), *op. cit.* (n.38), pp.89,569-70。

[312] Van Rechteren, *loc. cit.* (n.27), p.45.

[313] Trigault in Gallagher (trans.), *op. cit.* (n.38), pp.569-70.

[314] 有关明代朝贡贸易体制的特殊情况，参见 C.W.MacSherry, "*Impairment of the Ming Tribute System as Exhibited in Trade through Fukien*" (Ph.D. diss., University of California, Berkeley,1956)。

[315] Trigault in Gallagher (trans.), *op. cit.* (n.38), pp.514-15. 同时参见 Semedo, *op. cit.* (n.9), pp.16-17。参照 D.D.Leslie, "Assimilation and Survival of Muslims in China," *Actes du IIIe Colloque International de Sinalogie* (Paris, 1983), pp.116-26。

[316] *Op. cit.* (n.184), I, 95.

[317] *Loc. cit.* (n.27), p.75.

[318] Argensola, *op. cit.* (n.18), pp.336-40. "漳州的来访者"很可能是福建的巡抚（the Grand Coordinator）或最高指挥官，他同样拥有监察官的头衔。参见 Hucker, *op. cit.* (n.111), pp.51-52。

[319] *Op. cit.* (n.9), p.7.

[320] Pantoja, *loc. cit.* (n.39), p.376.

[321] Gallagher (trans.), *op. cit.* (n.38), p.77; Martini, *op. cit.* (n.44), p.9.

[322] *Op. cit.* (n.44), p.103. 同时参见 Semedo, *op. cit.* (n.9), p13。

[323] Gallagher (trans.), *op. cit.* (n.38), p.77.

[324] G. J. Hoogewerff (ed.), *Journalen van de gedenkwaerdige reizen van Willem Ijzbrantsz. Bontekoe, 1618-1625* ("WLV," Liv; The Hague, 1952), p.86.

[325] *Op. cit.* (n.44), p.9.

[326] *Op. cit.* (n.9), p.30. 很显然，缠足开始于晚唐时期或此后不久的宫廷舞女中。缠足在社会各阶层妇女中变得越来越流行。从宋代开始，缠足常常被认为是保持妇女隐秘状态的一种方法。参见 Howard S. Levy, *Chinese Footbinding: The History of a Curious Erotic Custom* (New York, 1966), pp.23-63。

[327] *Op. cit.* (n.9), p.29. 新的式样由新的王朝颁定。明代的服饰式样是在 1393 年颁定的，模仿了周、汉、唐、宋诸朝的风格。参见 Xun Zhou and Chunming Gao, *Five Thousand Years of Chinese Costumes* (San Francisco,1987), pp.146-69. 曾德昭认为中国服饰式样的改变始于公元 400 年的说法或许是指北魏孝文帝（emperor Hsiao Wen of the northern Wei）的改革而言，参见前引周汛（Zhou）与高春明（Gao）书，第 54 页。参见本书插图第 41。17 世纪晚期出版物的相关例子，可参见插图第 292、293、326。

[328] Semedo, *op. cit.* (n.9), pp.132-35. 曾德昭的记述相当精确。参照 Zhou and Gao, *op. cit.* (n.327), pp.146-47, 152-60。

[329] Semedo, *op. cit.* (n.9), p. 29.

[330] Trigault in Gallagher (trans.), *op. cit.* (n.38), p.78.

[331] Pantoja, *loc. cit.* (n.39), pp.375-376. 有关帽子的相关礼节参见 Ball, *op. cit.* (n.147), p.220。

[332] Gallagher (trans.), *op. cit.* (n.38), p.78. 有关中国的服饰参照 Ball, *op. cit.* (n.147), pp.195-98。

[333] 有关荷兰人对在爪哇的中国人的印象，参见原书第三卷，第 1318-1321 页。有关赌博（games of chance），参见 Ball, *op. cit.* (n.147), pp.524-30。

[334] *Op. cit.* (n.9), p.26.

[335] Longobardo, *op. cit.* (n.48), pp.11,14.

[336] Stevens (trans.), *op. cit.* (n.17), III, p.195.

[337] Gallagher (trans.), *op. cit.* (n.38), pp.86-87. 有关自杀行为，可参照 Ball, *op. cit.* (n.147), pp.622-27。

[338] *Loc. cit.* (n.39), p.378.

[339] Gallagher (trans.), *op. cit.* (n.38), p.76. 有关姓名的情况，参见 J.G.Cormack, *Chinese Birthday, Wedding, Funeral, and Other Customs* (Peking,1923), p.36.

[340] Gallagher (trans.), *op. cit.* (n.38), p.75.

[341] Semedo, *op. cit.* (n.9), pp.71-72.

[342] 所有的孩子都被认为是合法的。根据何炳棣（私下交流）的说法，妾的葬礼——本来是孩子哀悼生母的时候——简单得多。

[343] *Op. cit.* (n.9), p.70.

[344] 相关例子参见 Willem Lodewyckszoon's *D'Erste Boek* (1598), in G.P.Rouffaer and J.W.Ijzerman (eds.), *De eerste schipvaart der Nederlanders naar Oost-Indië Cornelis de Houtman, 1595-1597* (3 vols.; "WLV," VII, XXV, XXXII; The Hague, 1915-29), I,121-22。

[345] *Op. cit.* (n.9), p.72.

[346] *Ibid.*, pp.31and 72.

[347] *Ibid.*, p.31.

[348] *Ibid.*, p.26. 有关这种牌坊或正门的照片参见 J.Doolittle, *Social Life of the Chinese* (a vol.;New York, 1867), I, 111。

[349] Van Rechteren, *loc. cit.* (n.27), p.44. 有关婚礼习俗参照 *op. cit.* (n.147), pp.367-76。

[350] 贺凯（*op. cit.*[n.94], p.43）证实了这一点。尽管这在明代是真实的，但清代并没有继承这种行为。

[351] *Op. cit.* (n.184), I,65.

[352] *Op. cit.* (n.9), p.113. 许多被耶稣会士称为嫔妃的人很可能是宫廷里的服务人员和仆人。

[353] *Op. cit.* (n.184), I,63-64.

[354] Matelief, *loc. cit.* (n.122), p.100; Mocquet, *op. cit.* (n.187), p.342.

[355] 有关棺材的很好描述参见 Pantoja, *loc. cit.* (n.39), p.380。

[356] Mendoza, *op. cit.* (n.184), I,63-64; Matelief, *loc. cit.* (n.122), p.101.

[357] Pantoja, *loc. cit.* (n.39), p.379.

[358] *Op. cit.* (n.9), p.74.

[359] Gallagher (trans.), *op. cit.* (n.38), p.74. 参见插图第 291。

[360] Gallagher (trans.), *op. cit.* (n.38), p.74.

[361] Pantoja, *loc. cit.* (n.39), p.379.

[362] Gallagher (trans.), *op. cit.* (n.38), pp.477-78.

[363] *Ibid.*, p.72; Semedo, *op. cit.* (n.9), pp.78-86.

[364] Don Francisco de Herrera Maldonado, *Epitome historial del Reyno de la China, muerta de su Reyna*... (Madrid), pp.91-120. 有关死亡、葬礼和服丧习俗参照 Doolittle, *op. cit.* (n.348),Vol.I, chaps.vi-vii。

[365] *Op. cit.* (n.44), p.11.

[366] *Loc. cit.* (n.39), pp.399-400.

[367] 但是，自宫在明代是违法的。参见 Hucker, *op. cit.* (n.94), pp.11-12。

[368] Gallagher (trans.), *op. cit.* (n.38), pp.86-87.

[369] 在某些方面，耶稣会士将官宦家庭看成是世袭贵族是对的。最高级别的三品文职官员的子孙可以获得世袭进入官场的权利——荫（yin）的特权。但是“荫”的特权仅局限在有限范围内，大部分低级别的学者都很贫穷。事实上，许多官宦之家都无法“延续”他们在科举考试中的成功。参见 Ho, *op. cit.* (n.94), chap.i, and pp.107-11, 149-53。

[370] Gallagher (trans.), *op. cit.* (n.38), p.88. 贺凯（*op. cit.* [n.94], p.10.）估计，到 1644 年，存在将近 10 万皇室亲戚。

[371] 相关例子参见 Martini, *op. cit.* (n.44), p.7。

[372] Pantoja, *loc. cit.* (n.39), p.376.

[373] Mendoza, *op. cit.* (n.184), I,66-68; Matelief, *loc. cit.* (n.122), p.114. 同时请参照 *Asia*, I, 741, 775-76。

[374] Longobardo, *op. cit.* (n.48), pp.12-14.

[375] Gallagher (trans.), *op. cit.* (n.38), p.86. 有关国内的奴隶参照 Doolittle, *op. cit.* (n.348), II, 209-13。

[376] *Op. cit.* (n.187), p.342.

[377] Gallagher (trans.), *op. cit.* (n.38), p.86. 有关奴隶制参见 Joseph McDermott, “Bondservants in the T’ai-hu Basin during the Late Ming: A Case of Mistaken Identities,” *Journal of Asian Studies*, Vol, XL, No.4 (Agust, 1981), pp. 675-701。

[378] *Loc. cit.* (n.27), p.42.

[379] *Op. cit.* (n.9), p.60.

[380] 同上，三种中国的经典书籍涉及“礼”或礼仪的话题：《仪礼》（*I-li*）、《周礼》（*Chou-li*）和

《礼记》（*Li-chi*）。

[381] Gallagher (trans.), *op. cit.* (n.38), pp.78-79; Semedo, *op. cit.* (n.9), pp.63-64.

[382] *Op. cit.* (n.9), p.63.

[383] *Ibid.*, p.28.

[384] Gallagher (trans.), *op. cit.* (n.38), p.12; Pantoja, *loc. cit.* (n.39), pp.373-74.

[385] Pantoja, *loc. cit.* (n.39), p.397.

[386] *Op. cit.* (n.9), pp.65-67

[387] Pantoja, *loc. cit.* (n.39), p.397.

[388] *Op. cit.*. (n.9), p.65.

[389] *Ibid.*, pp.61-62.

[390] 这一天是全中国的清明节（The Festival of the Tombs）。

[391] 这一天中国人——主要是妇女——崇拜星星而不是月亮。参见 Doolittle, *op. cit.* (n.348), II, 60-61。

[392] 这一天是风筝节（the kite-flying festival），参见 Ball, *op. cit.* (n.147), p.312。

[393] Semedo, *op. cit.* (n.9), pp.67-68.

[394] Gallagher (trans.), *op. cit.* (n.38), pp.23-24. 参见插图第 315。

[395] 参见 Ball, *op. cit.* (n.147), p.112。

[396] *Op. cit.* (n.9), p.69.

[397] *Ibid.*, p.31. 但也可参见插图第 304。

[398] 有关汉字书写的顺序和排列参见 Tsien, *op. cit.* (n.209), pp.183-84。相关例子参见插图第 296。

[399] *Op. cit.* (n.9), p.31. 注意，“字符”（character）与“词汇”（word）并不相同。汉语尤其是口语中，存在大量的双音节词汇。

[400] *Ibid.*, p.33.

[401] Gallagher (trans.), *op. cit.* (n.38), p.27.

[402] 相关例子参见 *ibid.*, pp.27-28。

[403] *Ibid.*, p.28.

[404] *Ibid.*, p.28-29. 有关中法词典中的样本页，参见插图第 305。

[405] 参见 Longobardo, *op. cit.* (n.48), p.20; Semedo, *op. cit.* (n.9), p.33。

[406] 有关曾德昭对汉语的详细批评参见 Mungello, *op. cit.* (n.54), pp.76-79。

[407] *Op. cit.* (n.9), pp.32-34. 仓颉（Ts'ang Chieh）活跃于公元前 2700 年左右，传统上被认为是汉字的发明者。伏羲是传说中八卦和六十四卦的发明者。有关汉字演变的讨论参见 H.G.Creel, Chang Tsung-ch'ien and R.Rudolph(eds.), *Literary Chinese by the Inductive Method* (3 vols.; Chicago,1948), I, 1-33。同时参见 Knud Lundbaek, *The Traditional History of the Chinese Script from a Seventeenth-Centrury Jesuit Manuscript* (Aarhus, 1988)。有关卫匡国所举汉字演

变来自对自然事物的描述的例子，参见插图第 302。

[408] 参见原书第三卷，第 1717-1719 页。

[409] Pantoja, *loc. cit.* (n.39), p.385; Trigault in Gallagher(trans.), *op. cit.* (n.38), p.27; Semedo, *op. cit.* (n.9), p.33. 耶稣会士的估计有些夸张。康熙皇帝在位时期编写的字典，康熙字典（*K'ang-hsi Tsu-tien*），收录了 49 000 个汉字。一个人要学会汉语的读写，只需要掌握不到 10 000 字。

[410] Trigault in Gallagher (trans.), *op. cit.* (n.38), p.29.

[411] Pantoja, *loc. cit.* (n.39), p.385.

[412] Gallagher (trans.), *op. cit.* (n.38), p.20.

[413] *Op. cit.* (n.9), p.32.

[414] Longobardo, *op. cit.* (n.48), p.11. 大部分农民都不识字，大部分商人也是如此。有关清代以前中国人的识字率研究可参见 E.S.Rawski, *Education and Popular Literacy in Ch'ing China* (Ann Arbor, Mich., 1979), pp.4-8。

[415] Semedo, *op. cit.* (n.9), p.34. 参照 Ball, *op. cit.* (n.147), pp.721-22, and T.H.Tsien in Needham, *op. cit.* (n.181),Vol. V. Pt.1, p.109。有关对敬字惜纸的详细讨论参见 Doolittle, *op. cit.* (n.348), II, 167-70。

[416] *Op. cit.* (n.9), p.35. 造纸虽在公元 1 世纪就被发明，但是活字印刷（block printing）仅仅可以追溯到公元 700 年左右。参见 Tsien, *op. cit.* (n.209), pp.1,135-37。

[417] Longobardo, *op. cit.* (n.48), p.11.

[418] *Op. cit.* (n.9), p.30. 但是，贺凯（*op. cit.* [n.94], p.14.）描述了 17 世纪初一种官办学校制度的建立。有关晚明时期的社区和家族学校参见 Ho, *op. cit.* (n.94), pp.194-97。

[419] 有关生员（*sheng-yüan*）的文学结社参见 Ho, *op. cit.* (n.94), p.278。

[420] Pantoja, *loc. cit.* (n.39), p.385. 参照 Rawski, *op. cit.* (n.414), pp.36-38。

[421] *Op. cit.* (n.9), p.36.

[422] 有关中国的教育，尤可参见 *ibid.*, pp.35-38。

[423] 相关例子参见 Trigault in Gallagher (trans.), *op. cit.* (n.38), p.33.and Semedo, *op. cit.* (n.9), p.49。

[424] 相关例子参见 H.G.Creel, *Confucius and the Chinese Way* (New York, 1960), pp.95-108; and Mungello, *op. cit.* (n.54), pp.58-59。

[425] *Op. cit.* (n.9), p.49. 有关 1687 年《中庸》译本的标题页参见本书插图第 307。

[426] Trigault in Gallagher (trans.), *op. cit.* (n.38), pp.34-41; Semedo, *op. cit.* (n.9), pp.40-47.

[427] “秀才”的意思是“初露头角的天才”。这个词沿袭自唐朝。到了明代时期，秀才指“生员”一类的普通学者。参见 Ho, *op. cit.* (n.94), pp.12,35-36。

[428] 金尼阁（*op. cit.* [n.38], p.34.）称为“提学”（Tihio）或长官。曾德昭 (*op. cit.* [n.9], p.41.) 称为“长官”。“提学”是对省级教育长官的通俗用语。

[429] Gallagher (trans.), *op. cit.* (n.38), p.34.

[430] *Ibid.*, pp.34-35; Semedo, *op. cit.* (n.9), p.41.

[431]“举人”的意思是“被推荐的人”，或者是被允许参加在京城举行的进士考试的人。参见 Ch'ien, *op. cit.* (n.120), p.110。

[432] Gallagher (trans.), *op. cit.* (n.38), pp.36-37.

[433] *Op. cit.* (n.9), p.42. 金尼阁和曾德昭都是正确的，参见 Chen, *loc. cit.* (n.118), p.75。不过他们报告的写作方式有所变化。

[434] Gallagher (trans.), *op. cit.* (n.38), p.42; Semedo, *op. cit.* (n.9), p.45. 宫崎市定（Miyazaki Ichisada）在《中国的贡院》（*China's Examination Hell*）(trans. Conrad Shirokauer [New York and Tokyo, 1976], pp.45,50-51) 中写道，第一天只有三篇文章来自《四书》，第二天有五个来自《五经》的问题，“第三天有一篇涉及特定的古代或当代政府政策的广泛的讨论文章”。但是，宫崎记载的是有关清代晚期科举考试的情形。有关宋代科举考试的描述与评价可参见 John W.Chaffee, *The Thorny Gates of Learning in Sung China: A Social History of Examinations* (Cambridge, 1985)。

[435] Gallagher (trans.), *op. cit.* (n.38), p.37.

[436] Semedo, *op. cit.* (n.9), p.43.

[437] 同上。如果假定考官看的是他们文章的抄本，那么金尼阁和曾德昭都没有说明考生的书法何时以及如何被评判。宫崎市定和贾志扬（Chaffee）也都没有澄清这一问题。

[438] Semedo, *op. cit.* (n.9), pp.41 and 45.

[439] 参照 Ho, *op. cit.* (n.94), pp.27 and 43-44。

[440] 盖拉赫所译金尼阁书 (*op. cit.* [n.38], p.39) 称是 300 人；曾德昭 (*op. cit.*[n.9], p.46) 则说是 350 人。

[441] 在明代举行的 90 次考试中，总共授予了 24 874 人进士学位——每次考试平均 276 人。人数最少的一次只有 32 人；最多的一次则有 472 人。参见 Hucker, *op. cit.* (n.94), p.16。

[442] *Op. cit.* (n.9), p.46.

[443] *Op. cit.* (n.440), p.11. 很明显这是夸张之词。

[444] 清代的大众教育与明代大致相当，相关讨论参见 Rawski, *op. cit.* (n.414), pp.1-53; 有关妇女教育参见第 6-8 页。有关明代的情况参见 Ho, *op. cit.* (n.94), pp.194-97。

[445] 相关例子参见 Trigault in Gallagher(trans.), *op. cit.* (n.38), p.32。

[446] *Ibid.*, pp.40-41. 以及原书第三卷，第 1578-1588 页。

[447] Semedo, *op. cit.* (n.9), p.50.

[448] Gallagher (trans.), *op. cit.* (n.38), p.30.

[449] *Op. cit.* (n.9), p.47.

[450] *Ibid.*, p.51. 事实上，中国人独立地发明了代数学，但是与欧洲的代数学不同。就像欧洲一样，普通的中国人不懂代数。有关中国代数的形成参见 Needham. *op. cit.* (n.181), III, 112-15。

[451] *Op. cit.* (n.90), pp.51,53. 同时参见 Martini. *op. cit.* (n.440), p.8.“井田制”似乎在周代初期（公元前 1122—前 771 年）就已经开始施行，并受到孟子（公元前 371—前 289 年）的拥护。

[452] Gallagher(trans.), *op. cit.* (n.38), p.31. 有关传统中国的数学，参见 Needham, *op. cit.* (n.181), Vol. III, *Mathematics and the Sciences of the Heavens and the Earth*, pp.1-168。

[453] Gallagher (trans.), *op. cit.* (n.38), pp.30-32; Semedo, *op. cit.* (n.9), pp.53-54.

[454] Gallagher (trans.), *op. cit.* (n.38), p.31. 有关传统中国的天文学，参照 Needham, *op. cit.* (n.181), III, pp.171-461; 尤其是李约瑟（Joseph Needham）对耶稣会士有关中国天文学的理解提出的批评，参见第 437-458 页。

[455] *Op. cit.* (n.9), p.54.

[456] *Ibid.*, pp.54-55. 参照 William P. Malm, *Music Cultures of the Pacific, the Near East, and Asia* (2d ed.; Englewood Cliffs, N.J.,1977), pp.144-67。马尔姆（Malm）（第 149-452 页）列举了中国乐器的八音：土、石、金、革、木、竹、匏和丝。弦乐器被归入到丝一类。

[457] Gallagher (trans.), *op. cit.* (n.38), p.22.

[458] Pantoja, *loc. cit.* (n.39), p.387.

[459] *Op. cit.* (n.9), pp.55-56.

[460] *Ibid.*, pp.56-57. 有关 17 世纪晚期中国医学及把脉诊断法的书籍的例子，参见插图第 308、309、310。

[461] Gallagher (trans.), *op. cit.* (n.38), pp.22-23. 有关中国的哲学参见原书第三卷，第 1651-1654 页。

[462] 相关例子参见 Pantoja, *loc. cit.* (n.39), pp.400-401; and Bartoli, in Mortara (ed.), *op. cit.* (n.13), pp.74-75。

[463] Mortara (ed.), *op. cit.* (n.13), p.140.

[464] *Op. cit.* (n.184), II, 69-76.

[465] *Loc. cit.* (n.39), pp.400-401.

[466] *Op. cit.* (n.9), pp.106-7.

[467] Martini, *op. cit.* (n.44), pp.20-21; Mortara(ed.), *op. cit.* (n.13), pp.140-42. 有关编年问题的讨论参见 E.Van Kley, "Europe's 'Discovery' of China and the Writing of World History," *American Historical Review*, LXXVI (1971), 358-85。

[468] Semedo, *op. cit.* (n.9), pp.33-34,106-7; Martini, *op. cit.* (n.44), p.15; Pantoja, *loc. cit.* (n.39), p.401. 根据中国的传说，模范的儒家圣王尧（Yao）和舜（Shun）都选择了道德高尚的人而不是他们的儿子作为继承者。尧选择了舜，舜选择了禹（Yü），禹建立了夏朝（Hsia dynasty）。

[469] Gallagher (trans.), *op. cit.* (n.38), pp.30 and 33.

[470] *Op. cit.* (n.9), pp.48-49. 同时参见 Martini, *op. cit.* (n.44), p.68。

[471] 相关例子参见 Gallagher (trans.), *op. cit.* (n.38), p.102; Semedo, *op. cit.* (n.9), p.87。曾德昭著作的英文译本写作八年而不是八十年。

[472] Gallagher (trans.), *op. cit.* (n.38), p.92. 同时参见 Semedo, *op. cit.* (n.9), pp.109-10。

[473] Trigault in Gallagher (trans.), *op. cit.* (n.38), pp.98-99. 有关汉明帝的梦参见 Kenneth Ch' en,

Buddhism in China: A Historical Survey (Princeton,1974), pp.29-31。

[474] Gallagher(trans.), *op. cit.* (n.38), p.95.

[475] *Op. cit.* (n.68), pp.12-28.

[476] Semedo, *op. cit.* (n.9), pp.157-64; Martini, *op. cit.* (n.44), p.55. 今天仍在西安的**碑林**（*pei-lin*）中展出。有关景教石碑的译文参见 Alois Bürke, S.M.B., "Das Nestorianer-Denkmal von si-an-fu, Versuch einer Neuübersetzung," *NZM*, Supplementa XVII(1971),125-41. 在第 127 页注释 10 中，伯克（Bürke）提到，金尼阁在 1625 年翻译成了拉丁文，而特伦兹（Terenz）则在 1629 年从叙利亚语（Syriac）中翻译成了法文。1631 年，碑文又被翻译成意大利文，参见 *Dichiaratione di una pietra antica scritta e scolpita con l'infrascritte lettere, ritrouala nel regno della Cina* (Rome, 1631)。我们还没有看过这一译本。同时参见 Henri Havret, *La stèle chrétienne de Si-ngnan-fou*（Shanghai, 1895, 1902 年重印）。

[477] Trigault in Gallagher (trans.), *op. cit.* (n.38), p.113; Semedo, *op. cit.* (n.9), pp.154-55,164.

[478] *Op. cit.* (n.44), pp.133-37. 中国北方在 12 世纪初处在一个名为女真（Jürchen）的通古斯人（Tungusic）部落的统治之下。

[479] Pantoja, *loc. cit.* (n.39), p.384; Trigault in Gallagher(trans.), *op. cit.* (n.38), p.42; Semedo, *op. cit.* (n.9), p.107; Martini, *op. cit.* (n.44), pp.21,37,116-17.

[480] Gallagher (trans.), *op. cit.* (n.38), pp.311-12,499-522.

[481] 参见原书第三卷，第 1576-1577 页。

[482] Pantoja, *loc. cit.* (n.39), p.401; Trigault in Gallagher(trans.), *op. cit.* (n.38), pp.329-31; Martini, *op. cit.* (n.44), p.118.

[483] Pantoja, *loc. cit.* (n.39), pp.401-2; Trigault in Gallagher(trans.), *op. cit.* (n.38), p.107; Martini, *op. cit.* (n.44), p.120.

[484] *Op. cit.* (n.9), pp.100,107.

[485] 参见 Pantoja, *loc. cit.* (n.39), p.401; Trigault in Gallagher(trans.), *op. cit.* (n.38), p.107。

[486] *Op. cit.* (n.9), pp.100-130. 也可参见原书第三卷，第 1662-1676 页。

[487] 参见插图第 217；也可参见 Rouffaer and Ijzerman(eds.), *op. cit.* (n.34), I,124-25, and II, 25-26。

[488] 很显然是荷兰语中助动词 *Deos* 的讹误。参见原书第三卷第十八章，第 111 页。同时参见 Yule and Burnell, *op. cit.* (n.146), p.353。灶君和土地公是中国地方社会最重要的两种神明。它们实际上是厉鬼，玉皇大帝（the Jade Emperor）的间谍，必须给它们供奉祭品才能安抚他们。相反，人们并不向玉皇大帝供奉祭品。参见 Arthur P.Wolf, "Gods, Ghosts, and Ancestors," in Arthur P.Wolf (ed.), *Religion and Ritual in Chinese Society* (Stanford, 1974), pp.133-45。

[489] Staunton (ed.), *op. cit.* (n.184), I,36-49. 参见 *Asia*, I, 783-86。

[490] Staunton (ed.), *op. cit.* (n.184), I,47. 灶神和土地神常常会被请出门，去"体验"干旱时期的炙热或者在暴雨中淋湿。

[491] *Ibid*., pp.36-37. 很可能是观音（Kuan Yin），佛教中仁慈的菩萨，她通常被描述成手中怀抱孩子的形象。

[492] H.Terpstra(ed.), *Itinerario, voyage ofte schipvaert van Jan Huygen van Linschoten naer Oost ofte Portugaels Indien, 1579-1592* (3 vols.; "WLV," LVII, LVII, 以及 LX; 2d ed.; The Hague, 1955-57), I,93-112; D' Avity, *The Estates, Empires and Principalities of the World*.... (London, 1615), pp.714-44; Matelief, *loc. cit.* (n.122), pp. 91-118.

[493] Baudier, *op. cit.* (n.11), pp.41-43,94-105.

[494] Matelief, *loc. cit.* (n.122), pp.78-79. 参照插图第 290。

[495] 有关中国大众宗教参见 C.K.Yang, *Religion in Chinese Society* (Berkeley and Los Angeles, 1961); Arthur P.Wolf (ed.), *op. cit.* (n.488); Laurence G.Thompson, *Chinese Religion, An Introduction* (Belmont, Cal., 1979); David K.Jordan, *Gods, Ghosts and Ancestors: Folk Religion in a Taiwanese Village* (Berkeley and Los Angeles, 1972); 以及 Daniel I.Overmeyer, *Folk Buddhist Religion: Dissenting Sects in Late Traditional China* (Stanford, 1976)。

[496] 很可能是住在西天极乐世界（the Western Paradise）的菩萨，**阿弥陀佛**（*O-mi-t'o-fo*）。在中国，这一神明是大众最热爱讲述的话题。

[497] *Op. cit.* (n.27), pp.43-44.

[498] Gallagher (trans.), *op. cit.* (n.38), p.94. 参见插图第 307。

[499] Gallagher (trans.), *op. cit.* (n.38), p.93. 同时参见 Semedo, *op. cit.* (n.9), p.86,and Martini, *op. cit.* (n.44), p.9。

[500] Trigault in Gallagher (trans.), *op. cit.* (n.38), pp.93-94.

[501] Longobardo, *op. cit.* (n.48), p.16; Pantoja, *loc. cit.* (n.39), p.357.

[502] Gallagher (trans.), *op. cit.* (n.38), p.97. 同时参见 Semedo, *op. cit.* (n.9), pp.50,86-87,149,and Martini, *op. cit.* (n.44), pp.9-10。儒家的"五德"通常翻译成仁慈、正直、礼貌、智慧和忠诚，尽管曾德昭的翻译已经相当准确。

[503] Gallagher (trans.), *op. cit.* (n.38), p.94.

[504] 有关在明代中国占据主导地位的正统新儒家类型参见 W.T.de.Bary, *Neo-Confucian Orthodoxy and the Learning of the Mind-and-Heart* (New York, 1981), pp.188-89。

[505] Semedo, *op. cit.* (n.9), p.50.

[506] Gallagher (trans.), *op. cit.* (n.38), p.95. 参照 K.Lundbaek, "Notes sur l'image du Néo-Confucianism dans la littérature européene du XVIIIe à la fin de XIXe siècle," in *Actes du IIIe Colloque International de Sinologie (Chantilly, 1980)* (Paris, 1983), pp.133-34。有关利玛窦区分古代儒家与新儒家的尝试，参见 John D.Young, "Original Confucianism Versus Neo-Confucianism: Matteo Ricci's Chinese Writings," *Actes du XXIXe Congrés International des Orientalistes, Paris, Juillet 1973* (Paris, 1977), pp.372-77。

[507] 相关例子参见 Trigault in Gallagher (trans.), *op. cit.* (n.38), pp.96-97. and Semedo, *op. cit.* (n.9),

pp.86-87。参见插图第263。

[508] *Op. cit.* (n.44), p.10.

[509] 相关例子参见 Semedo, *op. cit.* (n.9), p.88。

[510] Gallagher (trans.), *op. cit.* (n.38), pp.98-99.

[511] *Ibid.*, pp.99-100,101. 有关明代时期的佛教情况可参见 C.Eliot, *Hinduism and Buddhism* (3 vols.; London, 1954), III, 274-79。万历皇帝（1573—1620年在位）曾经宣称，佛教和儒教就像鸟的双翼，任何一方离开了另一方都毫无用处。也可参见 Ch'en, *op. cit.* (n.473), pp.434-49.

[512] *Op. cit.* (n.9), pp.88-91. “外表的”可能含糊地指的是流行的大乘佛教（Mahayana Buddhism），而“秘密的”指得是更早从印度传入中国的小乘佛教（Hinayana）。在中国南方地区，佛教徒普遍信仰小乘佛教，强调智慧和学识；在北方地区，佛教徒则强调信仰和外在的崇拜。参见 K.K.S.Ch'en, Buddhism: *The Light of Asia* (Woodbury, N.Y., 1968), chap. vii。或者这可能是耶稣会士只是区分了（表面的）平民佛教和有学识的佛教僧侣。参见 H.de Lubac, *La rencontre du Bouddhisme et de l'Occident* (Paris, 1954), p.84。另外，“外表的”也许指的是流行的净土宗（Pure Land sect），而“秘密的”指的是禅宗（Ch'an）。

[513] *Op. cit.* (n.9), p.90.

[514] Pantoja, *loc. cit.* (n.390), p.381. 参见插图第285。

[515] Gallagher (trans.), *op. cit.* (n.38), p.99.

[516] *Ibid.*

[517] *Op. cit.* (n.9), pp.90-91.

[518] Gallagher (trans.), *op. cit.* (n.38), p.100.

[519] *Op. cit.* (n.9), pp.89-90. 与许多耶稣会士作家一样，曾德昭将和尚称为“僧侣”。参见插图第288、289。

[520] *Op. cit.* (n.9), pp.91-92. 同时参见 Yang, *op. cit.* (n.495), pp.281-82。

[521] Gallagher (trans.), *op. cit.* (n.38), p.101. 典型的寺庙和佛塔可参见插图第290。

[522] *Op. cit.* (n.9), pp.91-92. 白莲教作为佛教**天台宗**（*T'ien- t'ai*）的分支起源于12世纪上半叶。直到进入19世纪，它仍然保持以政治主张为中心。参照 Overmeyer, *op. cit.* (n.495), p.103。

[523] Gallagher (trans.), *op. cit.* (n.38), p.102.

[524] “所谓的道教主教张天师，可能拥有很高的宗教或神秘的名望，这源自于先验的能力，比如，降雨或铲除恶魔，但是他并不掌握有来自道教徒的有组织的部署或者全国不同地区的道观。”（Yang, *op. cit.* [n.495], p.281）

[525] Gallagher (trans.), *op. cit.* (n.38), p.102. 这里讲述的故事看起来是来自两个对立的著名道士的流行版本，即刘元真（Liu Yüan-jan，1350—1432年）和张宇初（Chang Yü-ch'u，1361—1410年）。张宇初是道教的第43代天师，这是张氏家族的世袭官位。“刘”是汉代皇帝的姓。参见 Giuliano Bertuccioli, “Matteo Ricci and Taoism,” *International Symposium on*

Chinese-Western Cultural Interchange in Commemoration of the Four Hundredth Anniversary of the Arrival of Matteo Ricci, S.J., in China (Taipei, 1983), pp.41-49。

[526] Gallagher (trans.), *op. cit.* (n.38), p.103. 也 可 参 见 Semedo, *op. cit.* (n.9), pp.87-88; and Martini, *op. cit.* (n.44), p.10。参照 J. Dehergne, S. J., "Les historiens jésuites du Taoisme," in *Actes du Colloque International de Sinologie* (Chantilly, 1974)(Paris, 1976), pp.59-67。

[527] Gallagher (trans.), *op. cit.* (n.38), pp.106-7.

[528] *Op. cit.* (n.9), pp.152-53. 唐代的统治者在"安禄山（An Lu-shan）叛乱"（公元 753—763 年）时征募了穆斯林的士兵。参见 Chen, *op. cit.* (n.118), pp.97-98,and Samuel Couling, *The Encyclopedia Sinca* (London, 1917), pp.378-79。

[529] Gallagher (trans.), *op. cit.* (n.38), pp.107-10; Semedo, *op. cit.* (n.9), pp.153-54.

[530] 参照 J. Dehergne and D.D.Leslie, *Juifs du Chinee à travers la correspondance inédite des Jesuites du dix-huitième siècle* (Rome and Paris, 1980), pp.11-13,38-39。

[531] 相关例子可参见 Trigault in Gallagher (trans.), *op. cit.* (n.38), pp.110-14.and Semedo, *op. cit.* (n.9), pp.154-65。

[532] 有关马可·波罗著作中记载的中国基督教情形，参见 L.Olschki, *Marco Polo's Asia* (Berkeley, 1960), pp.223-32。

[533] *Op. cit.* (n.44), pp.152-53.

[534] *Op. cit.* (n.9), p.91. 有关**三教**的传统参见 Overmeyer, *op. cit.* (n.495), pp.133-34。参见插图第 287。

[535] Gallagher (trans.), *op. cit.* (n.38), p.105.

第二十一章　清初时期的中国 1662

清王朝建立于17世纪早期，与欧洲“三十年战争”（the Thirty Years' War）[1] 处于同一时期。1644年至1911年，清王朝统治着中华帝国。满族征服以及后来的国内战争，把1640年至1683年间的中国历史切割为独立的单元。此后和平统一的局面则为中国带来了长达一个世纪的经济繁荣和人口增长。作为中国古代社会的最后一个阶段，清朝同时包含了中国传统帝国体制的最高峰与最低点。满族人宣称，自己是中国传统制度与价值的保卫者。尽管这一身份受到人们的质疑，但到1800年，他们还是艰难地将统治拓展到一个空前绝后的地理范围内。

作为新的统治者，清王朝承认自己在社会、政治方面同过往王朝的关联，并且将晚宋的新儒家教育抬高至官方的正统地位。在保留部分满族传统特色与风俗的同时，清王朝重视儒学，努力学习传统中国的文学、书法、绘画及社会谋略。康熙亲政（1667年）以后，以重要官员与学者进行政治控制的倾向愈加明显。通过官员施行教化与清朝促进地区间合作、经济一体化的努力，经济和

① “三十年战争”发生于1618—1648年间，是由神圣罗马帝国的内战演变而成的全欧洲参与的一次大规模国际战争。——译者注

1663 社会制度也日益成熟。尽管中央政府驻在北京，但在商人与手工业者的联合组织的影响下，其他主要的城市也被注入了新的活力，而城镇也更为繁荣。在生活水准不断提高的同时，物质文化、教育，连同主要由长江下游地区的巨商大贾所带动的文雅艺术活动，缓慢地发展起来。[1]

对欧洲人来说，清朝在很大程度上承袭了明朝的统治方式，但清朝的做法更为合理、完善。尽管一些传教士亲历了这场王朝变更，然而，对于新王朝的建立是否有利于传教活动的发展，他们及其后继人始终心存疑虑。在欧洲的文学作品中，这场征服运动本身就是一个独立的主题。但是在后来，大量欧洲人的报告关注到沿袭或叛离明代体制的清朝初期，并重现或修补早先观察者的看法——它们反映了中国正在发生的变化。正因为这样，这些在本世纪前半叶尚不为人重视的报告，如今越来越受到人们的重视。

第一节　满族征服

在17世纪中叶，当满族征服的消息传到欧洲时，欧洲人关于中国的想象多少发生了一些变化：人们本以为中国是一个遥远而少有变化的帝国，而今——一个正经历着最为剧烈变革的、充满活力的中国即将出现。似乎是关于满族征服的报告戏剧性地将中国纳入欧洲人的意识当中。在一段时期内，消息灵通的他们隐约意识到，自己正与中国人生活在同一个世界上。[2]17世纪20年代或稍后不久，满族人在中国北方征战的消息出现在欧洲的印刷品上。曾德昭也曾报道过中国北部边疆的危机。关于满族征服的消息也出现在耶稣会士的年度书简与贸易公司的报告中。《荷兰信使》（*Hollandtsche mercurius*）1650年7月22日有一条简短的消息——“见证文明中国的灾难”；1653年11月，它又评论道，“鞑靼人（满族）依然支撑着曾经辉煌一时的中国”。[3]

1664 波兰耶稣会士迈克尔·卜弥格（Michael Boym）于1652年抵达威尼斯。他带回了明朝皇后的请求，这位皇后恳请欧洲人出面帮忙，以抵御满族的入侵。此前，她本人与几位皇亲、南明部分官员一起加入了基督教。[4]1653年，卜弥格的著作得以出版。该书描述了在华传教士的情况及其在南明朝廷传教的最新成就。[5] 尽管对满族的情况语焉不详，该书仍有部分关于满族征服的简短记述。很显然，卜弥格认为，明朝的流亡者朱由榔（Chu Yu-lang，1623—1662 年；年号：永历）仍为中国实质上的皇帝，而且他会使明朝延续下去。

1654 年，卫匡国将更多与满族征服有关的消息带回欧洲。在此之前，针对在华传教士过分宽容中国偶像崇拜与迷信行为的做法，教皇曾下令加以禁止。为此，在华耶稣会派遣卫匡国于 1654 年到罗马申诉。他在回国的航船上完成了《鞑靼战纪》（*De bello tartarico*）一书的写作，并于 1653 年 8 月抵达欧洲后着手该书的出版工作。[6] 一份叫作《新世界报》（*Zeiting auss der newen Welt*，奥古斯堡，1654 年）的德国报纸，也提及这场征服运动。它还报道了卫匡国的归来以及在华传教士的情况。《荷兰信使》1654 年 8 月的报道，对这场征服有一段更为详尽的描述。尽管有些部分得益于卜弥格的报告，但似乎可以肯定，这些描述基本借用了卫匡国的说法。

关于这场征服，《鞑靼战纪》是最权威的、流传最为广泛的记叙。卫匡国追述了中原王朝与长城以北游牧民族冲突的背景：13 世纪蒙古人的征战及元朝的建立、明朝在 1368 年的出现、晚明在处理与满族人的关系时日渐力不从心的窘境。他还讨论了满族的人口、风俗、政府，以及军事技术。对于满族在东北地区的扩张及满族的几位首领——努尔哈赤（Nurhachi，1559—1626 年）、皇太极（Abahai，1592—1643 年）、多尔衮（Dorgon，1612—1650 年）的戎马生涯，他也一一做了追述。随后，卫匡国又分析了晚明帝国内部存在的问题：繁重的赋税、官员的腐败、宦官专权，以及崇祯皇帝（Ch’ung-chen，1628—1644 年
在位）个人的无能与贪婪。他解释说，皇帝的贪婪与社会管理的不善，既导致 1665
满族首领的叛离，也造成汉族官僚的疏远。[7] 结果，边疆地区动荡，内地起义不断。李自成（Li Tzu-ch’eng，1605[?]—1645 年）领导的起义最终瓦解了明王朝。[8] 根据卫匡国的说法，当李自成的起义军在叛臣的引导下进入北京城时，崇祯皇帝杀死自己的女儿，写下一封血书，谴责官员们的卖国罪行，继而吊死在王宫花园的一棵树上。皇后、几位王妃与忠心的大臣，相继自杀。[9] 李自成随后称帝，并试图劝降明廷残余军队。此时，吴三桂（Wu San-kuei）掌握着明

朝最强大的军队，镇守在东北地区。然而，即便在父亲被李自成关押的情况下，吴三桂也断然拒绝归降。[10] 不管是受到为国君报仇的忠义观念驱使，还是出于个人仇恨，吴三桂最终归降满族人，帮助满人越过山海关，向北京进军。李自成被迫退往西北，而满族人则留在北京城，开创了一个新的王朝。在 1651 年离开中国之前，卫匡国曾逐省逐城地记录满族人在各地征战的情形。

很显然，卫匡国认为，满族征服是具有世界历史意义的事件。他传达给读者的，是一种深沉的悲剧感。与卜弥格不同，他坚持认为，崇祯是明朝最后一位统治者，因为他是最后一位统治全中国的明朝皇帝。[11] 至于吴三桂归降满族人的问题，卫匡国指出："吴三桂迫切想要复仇，而不惜接受他们的所有要求。他忽略了这样一个事实，正如中国人所言，为了驱赶恶狗，他让猛虎进入帝国。"[12]

1666 对于这场征服运动，卫匡国将其描绘成一出悲剧，一出外族入侵导致中华帝国陷落的悲剧。不过，与同时期的欧洲作家不同，他并不将满族征服与欧洲由文明倒退回野蛮的情形等量齐观。不可否认，他记述了满族人的一些野蛮习俗，但他随即补充说，满族人一入主中原，就放弃了这些习俗。[13] 他以充足的证据来说明，在征服之前，满族人采取了一系列的汉化措施。

卫匡国的描述给人这样的感觉：满族的统治一在北京确立，清朝便以一个传统的中国王朝的面貌出现。他又说，满族人证明了自己留在中原的必要性，因为帝国内仍有众多叛乱需要平定——李自成还活着！[14] 他详述了 6 岁的顺治帝（Shun-chih，1644—1661 年在位）1644 年登基时的诏书以及满族政府上台后实施的一系列措施。卫匡国断言，所有官员都为这位年轻皇帝的谦逊与才智所折服，而他的叔父多尔衮则以宽仁的态度打动了汉族官员，为新王朝赢得了支持。[15]

然而，满族军队却并非如此宽仁。征服伴随着毁灭与屠戮，卫匡国举出大量的证据来说明这一点。以 1650 年广州被攻陷后的劫掠为例，他为我们描绘了一场惨无人道的野蛮行动："第二天（11 月 24 日），他们真正开始洗劫这座城市。直到 12 月 5 日，洗劫活动才停止。绝大多数妇女、儿童及路上的行人都被残忍地杀死。到处是高呼的声音，'杀，杀死这些不开化的反叛者。'"[16] 不过，说到战争中的残暴行为，它并不是满族人的专利。李自成 1644 年对北京城的侵占与满族人取得的任何一场胜利一样，血腥且带有毁灭性。在卫匡国笔下，就肆无忌惮的残忍与屠戮而言，没人比得上与李自成同时起事的张献忠（Chang Hsien-chung，1605—1647 年）。张献忠在 1644 年至 1647 年控制着四川地区。我们仿佛看到，他一生都在不断地进行大规模屠杀活动。1646 年，他在成都屠杀 60 万居民，创下最高记录。[17] 崇祯皇帝也称得上残酷无情。据卫匡国称，
1641 年，他曾下令掘开河堤，以解除李自成对开封（K'aifeng）的围困。围困 1667
解除，李自成起义军撤离，开封城内大批饥饿的百姓却被活活淹死。[18]

很自然地，诸如满族征服这样巨大的、断裂性的社会变动，迫切需要得到解释。与多数记叙者一样，卫匡国也试图找出明亡清兴的原因。尽管卫匡国对中国人的传统解释非常熟悉，在写作中也充分利用了这点，但是他的分析大体上是独到而准确的。卫匡国提到，15 世纪初期满族势力的崛起与边疆地区越来越难以驾驭的局势，与万历朝在处理自己同蒙古、满族关系时的屡屡失策，相伴相生。不公平的待遇不断被加诸满族人身上，促使后者在 1616 年突袭长城以南地区、攻占辽阳（Liaoyang），并于 1618 年僭越立下国号。[19] 据卫匡国称，与对待满族人的做法相似，明廷经常无法妥善对待中国的官员与将军。许多人被疏远，而且在崇祯时期，他们被抛弃在盗匪与反叛者四处游荡的土地上，无人理睬。饥荒令反叛者的数量不断增加。卫匡国断言，崇祯皇帝个人的贪婪及政府的横征暴敛加剧了这种局面。[20] 政府管理不善而导致宦官权力急剧膨胀，是一个远比崇祯帝个人过失更为重要的因素。[21] 卫匡国认为，所有这些因素引起了人民的不满，激起像李自成、张献忠起义那样的反叛浪潮，迫使叛臣在 1644 年为李自成起义军打开北京的大门。

尽管明显受到中国正史编纂的影响，但对于满族的胜利，基督教传教士卫匡国仍提出了另外一种解释。1618 年，万历皇帝（1573—1620 年）开始迫害基督教传教士。同年，满族首领努尔哈赤入侵辽东半岛（the Liao-tung Peninsula），并建立国号。他认为，两者同时发生绝非偶然：

> 然而在这里，我要简略地提到这点，我们应该赞扬上帝的恩惠。

是上帝，在他们无视基督和平的时候，对中国发动突然的战争。在同一年，他允许鞑靼在中华帝国扎根，迅速发展，以致足以颠覆明王朝，征服整个中华帝国。而此时，中国人还想要彻底根除基督教的真理。但通常是，透过这些迫害，基督教事业反而变得如此伟大，教会为此而感到高兴。而对中国人来说，除非上帝帮助他们走出悲哀的境地，不然，他们早已不再拥有自己的帝国。[22]

1668 因此，满族征服，就是上帝对万历皇帝迫害耶稣传教士的行为的惩罚。

当卫匡国忍不住寻找满族征服发生的上帝旨意时，他很可能沉浸在某种超脱感中，这是中国的观察者不可能获得的。不管他怎样看待中国人咎由自取的做法，我们都觉察到，卫匡国明显为崇祯皇帝的自缢及明王朝的陷落感到悲哀。他称之为一场灾难。另一方面，他对智慧而人道的满族新政府多有溢美之词，尤其是它在对待传教士时表现出的宽厚仁慈的态度。他预见了令人振奋的未来："或许，上帝为鞑靼人敞开中国的大门，目的就在于为基督教打开一条通往遥远的鞑靼地区的道路，那是一个我们迄今无法知晓、无法到达的地方。"[23]

关于满族征服，卫匡国把基本准确的细节与相当公允的解释展现给欧洲的读者。[24]不管是想要凸显这场毁灭性的战争与明王朝陷落的悲剧，还是能干而开明的满族统治者，后来的欧洲作家大都能在《鞑靼战纪》中找到诸多有用的记述。它也是一本十分受欢迎的著作。该书拉丁文版共出过 7 版，同时亦被译成其他 9 种欧洲语言出版。在本世纪结束之前，共有 25 种版次和译本出现。[25]这些版本中的一些变化反映了出版者或编辑者的侧重点：以吉利斯 · 杨松 · 华尔克尼尔（Gillis Janszoon Valckenier）1660 年荷兰语的版本为例，该书被冠以《中华帝国为野蛮的鞑靼人所摧毁》（*China Devastated by the Barbarous Tartar*）① 的书名。[26]1661 年拉丁文版本则冠名《中华帝国被鞑靼人残酷毁灭的概述》（*An Elegant Exposition of the Empire of China Tyrannically Devastated and Ravaged by*

① 全名为：*China Devastated by the Barbarous Tartar:Including the Dreadful Ruinous War Begun by the tartars in the Empire of China*。——译者注

the Tartars）。[27] 在拉丁文版本中，华尔克尼尔忠实地再现了原文，而他的荷兰文版本则是准确的译作。只有标题和插图是新加入的。每个版本都有半数描绘破坏与杀戮的插图。[28] 例如，11 幅图中的 3 幅，用以揭示张献忠十七年的起义生涯①。关于屠戮和血腥，荷兰文版本扉页上的一首诗文给人更深刻的印象，这首诗的名字叫作“鞑靼造成的中国毁灭”。

1655—1657 年，首个荷兰使团来华觐见满清皇帝。约翰 · 纽霍夫（Johan 1669
Nieuhof）②1665 年的记叙倾向于加深对杀戮与破坏的刻画。[29] 纽霍夫著作的第一部分叙述了使团往返于广州与北京的过程，它给人留下这样的印象：他们沿途所见的乡村，满目疮痍，破败不堪。纽霍夫多次提到，当他再次看到那些曾经繁荣至极的城镇时，其人口锐减，整个城镇甚至已经成为废墟。例如，对于北江边上的清远（Sanyuum [Ch’ing-yuan]），他有这样的描述：

> 在最近的战争中，这些野蛮的鞑靼人，残酷地毁灭了这座城镇，几乎把它变成一片废墟。这样的破坏是如此的卑劣、渎神，仿佛是特洛伊战争的再现。几乎所有美丽的小城镇都被毁灭，而拒绝向鞑靼投降的居民惨遭杀戮。[30]

在提到赣江（the Kan River）边上的万安（Vannungam [Wan-an]）时，他又写道：“在近来的战争中，狂怒的鞑靼人对这座城市的破坏让人震惊。几乎所有卓越的古建筑，都被破坏、焚毁。先前的辉煌景象荡然无存。”[31] 纽霍夫推断，即使在普通百姓身上，也显现出耻辱与征服的创伤。他将拉船的苦力形容为征服者脚下可悲的奴隶：“我们在这里看到的，哎呀！由于近来的战争，中国人陷入了怎样一种痛苦而可悲的境地：拉纤时，即使是服侍年纪最小的鞑靼人，他们也要像屈从的奴隶一样卑贱。不论老少，为了使船逆水而上，他们必须比牲

① 崇祯三年（1630 年），张献忠在陕西省米脂县起义。清顺治三年（1646 年），张献忠在与清军的激战中战死。——译者注

② 又译为约翰 · 尼霍夫。参见包乐史（Leonard Blusse）、庄国土：《〈荷使初访中国记〉研究》，厦门：厦门大学出版社 1989 年。——译者注

口还要拼命地拉着纤绳前进。”[32] 在纽霍夫看来，作为征服者的满族人有些残忍，他甚至将满族人与古希腊人和傲慢的罗马人相提并论，后者曾经征服过大半个世界。[33] 然而，纽霍夫关于满族统治者在北京与中国官员分享权力的第一手描述，并没有将中国人刻画得像无助的奴隶。从他的记叙来看，在处理荷兰人在广东朝贡与贸易的请求时，礼部的汉族官员似乎比满族官员更有发言权。[34]
1670 换言之，纽霍夫也像卫匡国一样，为两个王朝间的连续性提供了证据。事实上，他是又一位新政府运行方式的见证人。不过，与卫匡国相比，他更突出征服对中国乡村的毁灭性与残酷性。

纽霍夫著作的第二部分关于中国的描述，以金尼阁、曾德昭、卫匡国的著作为基础，但又加入了部分个人的观察。其中，关于满族征服的长篇论述明显仿照了卫匡国的《鞑靼战纪》，但其中有关地理的部分著述则基本取材于卫匡国的《中国新图志》。[35] 作为新教徒（Protestant）的纽霍夫，也在这场征服运动中忽略了耶稣会士的角色，赞同卫匡国的解释：为了惩罚明朝对基督教传教士的宗教迫害，上帝将这场征服运动带给明朝。

另一本关于满族征服的著作是由帕莱福（Juan de Palafox y Mendoza）撰写的，该书出现于1670年。帕莱福在西班牙和墨西哥两地管辖主教公署，而且曾短期担任新西班牙（New Spain）总督辖区的总督。[36] 帕莱福利用菲律宾送来的消息来书写这场征服的历史。他从未到过中国。尽管可能受到卫匡国的启发，但在论述的细节与重点上，他与卫匡国存在许多差异。例如，帕莱福的叙述自1640年李自成、张献忠起义①开始。卫匡国曾提到起义发生的背景，但帕莱福并没有涉及。然而，他比卫匡国更注意鞑靼征服南中国的情况，尤其是围剿明朝的支持者、海盗郑芝龙（欧洲人称他为尼古拉·一官 [Nicholas Iquan]，1604—1621年）及他的儿子郑成功（Cheng Ch’eng-kung，国姓爷 [Koxinga]，1624—1662年）的活动。最后，他的书中还提到满族政府、宗教、风俗、服饰、军事技术和礼仪方面的内容。与卫匡国相比，帕莱福的记叙不那么准确、可靠。[37]

① 一般认为，李自成于1629年起义，而张献忠起义则在1630年。——译者注

帕莱福同样将明王朝的陷落看作是极其重要的事件——远比简单的王朝更替重要。他使用了诸如“帝国的毁灭”、“中华帝国灰飞烟灭”及“整个中国的沦落”等说法。[38] 他认为，崇祯皇帝是中国历史上最优秀的皇帝之一，尽管其手下全是腐败不堪、自私自利之徒。[39] 在他看来，像李自成、张献忠这样的起义者之所以四处蔓延，正是臣子们的残暴与管理不善造成的。但从道德角度考虑，他认为，在任何情况下，臣民反抗君主的暴乱都是不可容许的。[40] 1671

帕莱福对崇祯帝自杀的描述，极其沉重，且篇幅巨大。卫匡国的描写不到两页，帕莱福却用了 8 页。[41] 卫匡国用八行文字来叙述崇祯皇帝的血书，卜弥格把它总结成两句话。帕莱福则将其扩展成近两页、情节化的长篇独白。[42] 他对这位皇帝死亡的评述，足以展现其心情：

> 中国的皇帝就那样吊死在一棵树上。一位人民的偶像、名震亿万臣民的皇帝，一位超过一亿子民的君主，一位有着堪比整个欧洲的广阔国土的帝王，他曾经指挥着数以百万计的士兵，拥有几亿贡物。这样一位伟大的中国皇帝，最终吊死在一棵树上，而他的妻子皇后竟也吊死在旁边一棵树上！那两棵树所呈现的，是怎样一幅场景啊！[43]

如此巨大的悲剧，显然不应该发生在崇祯皇帝身上。在帕莱福眼中，与其说这是上帝对明朝迫害基督教传教士做法的处罚，不如说，它是长期恶化与疏忽的结果：

> 很多年以来，早就有征兆表明，这个庞大的帝国存在一系列道德问题。一种马虎的、不谨慎的疏忽态度，只能掩盖政府的弱点，而小问题被认为不足令人畏惧，不必采取补救措施……总之，令中华帝国覆灭的不是绝症，而是那些不曾引起人们重视的小毛病。[44]

帕莱福没有为李自成说一句好话。但和卫匡国一样，他似乎也认为，即便是李自成篡权也好过满族夺权。“这是事实，”他写道：“篡权者已经变得极端强大，但至少他是中国血统，他的士兵也全是中国人。”[45] 与卫匡国不同，他对吴三桂不抱任何同情。

1672 即使痛惜“中华帝国的陷落”，帕莱福仍以赞许的口气对满族胜利者进行描述。征服者当然不会表现得像贪婪的野蛮人一样。他声称，满族统治者为崇祯帝的死去而悲哀，而对李自成，他们理所当然地表现出愤怒之情。[46] 和卫匡国一样，帕莱福似乎十分赞赏年轻的顺治帝以及新满族政府温和的特质。[47] 他也强调两个王朝在政治和行政体制上的延续性。[48] 尽管这位西班牙人相信，战争中的残暴行为必将令满族人遭受诟病，尽管也同样提到广州劫掠这样的事件，但帕莱福著作中关于满族残暴、破坏行径的记述明显少过卫匡国，更少过纽霍夫。对帕莱福来说，满族统治令人难以忍受的地方，莫过于所有汉人都得剪发蓄辫的命令。[49]

将满族人与汉人加以比较，帕莱福似乎对前者有更多的好感：他们不像汉人那样颓废或者呆板，而且对陌生人来说，他们更容易接近，没有那么多敌意。在他看来，满族人更像欧洲人，或者说，更接近于古罗马人。[50] 他发现，满人入主中原同罗马征服迦太基（Carthage），而不是与古希腊人焚毁特洛伊、野蛮人入侵罗马帝国，具有更多的历史相似性。[51] 总之，帕莱福认为，汉人帝国覆灭了，取而代之的满族人帝国也不错，甚至更完善。

对这场征服的简短介绍，也可见于耶稣会士关于在新王朝传教情况的报告，尤其是 1647 年以后公布的报告。[52] 这些报告中关于这场征服的描写，似乎大都以卫匡国的著作为基础，而且它们往往强调两个王朝间的连续性。汤若望的叙述（1665 年）显得格外有趣，因为汤若望自述了他在李自成占领北京、李自成逃离北京前进行烧掠时、满族占领北京的头几天三个时期内的亲身经历。[53] 不过，他对这些事件的解释与卫匡国没有明显的不同。如果有的话，汤若望似乎对满族人更有好感，因为后者对基督教表现出十分友好的态度，而且让汤若望享受到崇高的荣誉与地位。[54] 对于卫匡国在满族统治下传教事业发展前景问题上所表现出的乐观态度，他的报告似乎给予肯定。

1673 奥尔夫特·达帕（Olfert Dapper）关于中国的一般性论述（1670 年）也提及满族征服运动。[55] 它基本上是卫匡国著作、外加汤若望部分描述的缩写。达帕也强调明清两朝的连续性。相对于早先金尼阁、曾德昭的描述，1670 年的中国并无变化。在其历史脉络中，达帕把清朝（大清 [Taising]）简单地列为中国王朝序列中最后一个王朝。

多明我会修士闵明我（Domingo Fernández Navarrete）在 1676 年的叙述相对简短，在报告中他称清帝国的居民为“鞑靼—中国人”。[56] 但与达帕相比，他用了更多的笔墨对征服中的暴虐行为进行描述。例如，他提到一位假冒明朝皇亲的人①，这个人希望向包围杭州的满族将军献出自己的生命，以期无辜的居民与士兵得到赦免。达帕认为，满族人本应展示一种伟大的姿态：

> 对鞑靼来说，这是向一个高尚灵魂展示仁慈的多好的机会啊！如果他遇到的是亚历山大（Alexander）或者凯撒，那他及其臣民将得到豁免。但他面对的是一群野蛮而残酷的人，这些人不仅要杀死他，还要屠戮他的士兵。数不尽的逃跑的士兵溺死在护城河里，只有手无寸铁的普通百姓得到赦免。[57]

然而，在另一个地方，达帕又相当详尽地论证了亚洲人——中国人、鞑靼人及日本人——与欧洲人一样文明，不应当被称作野蛮人。不过，他并未对这三种人加以区分。[58] 在达帕的叙述中，也不是所有的野蛮行径均为满族人所为。在达帕看来，李自成肢解崇祯尸体的做法是“恐怖的暴行”，而张献忠则“比尼禄（Nero），甚至所有的暴君都要残忍”。[59] 总之，满族人不会比汉人更残忍或者野蛮。

同样地，达帕将这场征服视为中国的悲剧、灾难。他笔下的多数内容掩盖了明清王朝间的延续性。他声称，李自成在占据北京的同时，曾进行难以想象的大屠杀，因此，要想借助充满矛盾的报告来重现皇帝临终前的具体情形，几乎是不可能的。达帕认为，崇祯帝的贪婪与自闭促成了叛乱的发生，但他绝不宽恕李自成篡权的做法。他对吴三桂拒绝归降李自成表示赞赏，但也认为其拥 1674

① 即潞王朱常淓（1607—1646 年）。——译者注

清军入关的做法更加糟糕。[60] 此外，对满族人击败李自成却不撤出北京及僭越王位的不忠行为，他也加以指责。即使在描述明朝抵抗者在南中国的失败及年轻的“君士坦丁”（Constantine）同勃固（Pegu）的斗争时，达帕似乎希望看到明朝的复兴。“也许上帝，”他写道，“可以因无上的荣耀而让‘君士坦丁’活下去；残暴不能永存，残暴的人无法永存，只有仁慈的人才得以永生”。[61] 不过，对于效忠于非法的满族皇帝的士兵与官员，传教士是否可以给他们施以洗礼呢？对于这一疑问，达帕在后来做出了肯定的回答。他们甚至可以为满族皇帝洗礼。他发现，罗马人君士坦丁“残暴地篡夺了这个帝国，却也接受了教宗西尔维斯特（S. Sylvester）① 的洗礼”。[62]

达帕对中国的描述中，有一条对卫匡国《鞑靼战纪》的注释。[63] 他毫不掩饰自己与卫匡国的分歧。他甚至会为自己与《鞑靼战纪》存在一些一致的看法而感到惊讶。然而，在很大程度上，他对卫匡国的批判并不公允、微不足道。例如，他质疑卫匡国的汉语水平。在满族人何时放弃焚毁妻子与奴仆为主人殉葬的习俗、李自成攻入北京时城内有多少火炮等问题上，他不同意卫匡国的看法。对卫匡国在这场征服中的个人经历及其有关“礼仪之争”的记载，达帕给予最严厉的批判。

就欧洲人对满族征服的解释而言，这些解释大都强调明清之间的历史连续性。尽管满族人兴起于中原之外，欧洲人仍日益倾向于将他们刻画成一个实质上的新王朝的创造者。17 世纪最后几十年间关于这场征服的多数描述，包括讨论“礼仪之争”问题的文献，都是如此。在这些叙述中，残暴、毁灭似乎逐渐淡出人们的视野。例如，关于这场征服，安文思（Gabriel de Magalhães）在《中国新史》（*A New History of China*）有一段几乎不见流血场面的描述。尽管在四川被张献忠扣押期间，安文思曾亲眼目睹一些最为血腥的场景。[64] 他简单地将清朝看
1675 作漫长的中国王朝序列中最近的一环。[65] 德国汉学家安德里亚斯·米勒（Andreas Müller），亦是如此。[66] 白晋 1697 年的专著几乎完全是关于康熙皇帝的颂词。在他那里，康熙的正统性毋庸置疑。白晋（Joachim Bouvet）认为，在康熙朝，儒

① 即西尔维斯特一世（St.Silvester I），公元 314—335 年担任罗马教宗。——译者注

家文化与满族尚武精神相互融合，达到理想的和谐状态。[67]

关于满族征服的最后一份重要记叙，是出现于1688年的耶稣会士皮埃尔·约瑟夫·多莱昂（Pierre Joseph d'Orléans）的《两位鞑靼征服者之历史》（*History of the Two Tartar Conquerors of China*）。该书也在卫匡国和汤若望著作的基础上写成，同样强调明清两朝的延续性。在讲到李自成占领北京与崇祯皇帝的死时，多莱昂表现出强烈的悲痛之情。但他也接受卫匡国的观点，认为明朝应该受到上帝严厉的惩罚。他反复将汉人的颓废、自闭与满人的活力、开放加以比较，对1644年后满族人的表现大加赞赏。对于这种赞美之情，他丝毫不加掩饰。例如，在谈到顺治皇帝与汤若望的关系时，多莱昂说："通过接触，外国人会发现，这位君主十分容易接近。联想到中国以往那些君主那种傲慢而自闭的态度，人们不能不对他表示钦佩。"[68] 多莱昂对长城的说法，或许可以准确地体现他的看法："说到底，当下的君主使汉人与鞑靼人重聚在同一版图内。就保障中国的安全而言，这要比汉人皇帝建立长城有意义得多。"[69]

然而，即便是到了17世纪晚期，欧洲传教士也时不时地论及明清两朝之间的断裂。例如，安文思以大量的史料论证了明清政府间的延续性，但在谈到礼部时，他却肯定地说：

> 当中国人是自己国家的主人时，只有两名以学识和功劳闻名的博士才能进入这一部门。因此，他们极受敬重，这也是最好的升迁途径；因为皇帝从他们当中选出阁老（大学士）及内阁。但如今，鞑靼人被安插在其中，随心所欲地处理一切事务，而且对他们来说，汉人官员只不过是些沉默的雕塑。除了礼部，其他部门也是如此。也许我们确实应该相信，这是上帝的意志：惩罚、打击这个国家难以置信的傲慢，让他们臣服于一群为数不多而且贫穷、愚昧、粗野的野蛮人。1676
> 这就好比上帝要惩罚欧洲，将其置于安哥拉（Angola）和莫桑比克（Mozambique）的卡菲尔人（Cafers）的统治之下一样。[70]

对17世纪的欧洲人来说，上述有关满族征服的报告略微加深了他们对中国及其历史现状的认识。在这场征服以后的半个世纪里，大量关于中国的信息涌入欧洲。这些信息，似乎广为人知。事实上，它们带来人们在戏剧、小说与诗歌方面的创作灵感。[71] 另外，多数作品表现出新的活力。它们使中国和中国人变得更为真实，也让读者明显感觉到中国乃是世界的一部分。

第二节　后征服时代的文献

17 世纪后半叶刊布的关于中国的消息，仍然主要归功于耶稣传教士。他们的简报从未间断。事实上，这个世纪慢慢过去，耶稣会出版物的数目也不断增加。不过，后出的这些出版物越来越关注的，是在“礼仪之争”中维护耶稣会立场的问题。读者仍可以借助它们认识中国，但它们涉及的话题变少了，传达的信息也充满偏见。反耶稣会的信函、小册子、书籍，也大致如此。在“礼仪之争”白热化时，涌现出大量这种类型的文献。[72]

1677 传教士关于中国的记叙也受到“礼仪之争”的影响。然而，礼仪问题与满族征服一起，催生了众多关于中国的作品，使欧洲读者可以获取更多的信息。与人种史学家金尼阁、曾德昭的著作，甚至卫匡国关于满族征服的报告及《中国新图志》相比，新的文学作品更具活力、更通俗流行。对于中国当时发生的一切，耶稣会士也大致站在推动基督教传教事业发展的立场之上进行报道。他们的著作关注点更小，往往限定于特定的话题或时段。例如，汤若望的《1581—1669 耶稣会士在华传教史说》（*Historica narratio*, 1665 年）①，基本是关于北京传教士的传教情况及他在宫廷的个人遭际的描写。1672 年的增订版，把故事延续至 1669 年。[73] 尽管人们可以从中了解到许多中国社会与学术、满族征服，特别是政府运作及第一位清朝皇帝统治下的北京生活等方面的情况，但该书绝

① 全名为：*Historica narratio de Initio et progressu missionis Societatis Jesu apud Chinenses, ac praesertim in regia Pequinens*。这里参考了李兰琴先生的译法，参见李兰琴：《汤若望简论》，《世界历史》1989 年第 1 期，第 90 页。——译者注

非意在展现中国甚或清朝的大貌。

透过帕莱福对满族征服的历史叙述及弗朗西斯科·加西亚（Francisco Garcia）对 1664—1668 年迫害运动的记载，我们得以了解清初的一些情况。[74] 但它们都不是亲历者的第一手描述。耶稣传教士聂仲迁（Adrien Greslon）的《鞑靼统治时代之中国史》（*Histoire de la Chine sous la domination des Tartares*，1671 年）或许是第一部致力于描述清代中国的专著。[75] 尽管它基本是一部 1651—1669 年间基督教在华传教的历史，但书中也包含一些关于顺治在位（1644—1661 年）、鳌拜（Oboi）摄政（1661—1669 年）时期中国政治状况的描写。为展现这一时期传教士所面临的困境，聂仲迁详述了中国法律与行政管理各方面的情况。对于几位重要的历史人物及其复杂的关系，这部著作均有准确的描述，例如，该书就提及顺治皇帝、杨光先（Yang Kuang-hsien，1597—1669 年）、耶稣会主要的反对者、几位摄政王以及年轻的康熙皇帝的情况。

鲁日满（François de Rougemont）所著《鞑靼中国史》（*Historia tartaro-sinica nova*）的拉丁文版于 1673 年发行，但在此前一年，它已被译为西班牙文。这部著作在许多方面与聂仲迁的《鞑靼统治时代之中国史》相类似。[76] 鲁日满著作的第二部分，探讨了顺治朝清廷的情况以及中国南方的南明（Southern Ming）政权的命运。第三部分以清廷迫害传教士的活动为基准点，详述鳌拜摄政的历史过程。最终，该书以康熙亲政结束，而且鲁日满认为，康熙亲政始于 1666 年 8 月 25 日。[77] 鲁日满对这些事件的描述接近于聂仲迁，只是聂仲迁更 1678
精通中国语言，描述更具特色。不过，在鲁日满著作的第一部分中，他对满清势力在南方的巩固进行了详尽的描述，包括郑芝龙及其子郑成功（国姓爷）的反清生涯与满清对他们的镇压活动。汤若望、聂仲迁、鲁日满讲述的事件，由另一位耶稣传教士殷铎泽（Prospero Intorcetta）在 1672 年再次详加描述。[78] 作为面向罗马民众的布道，殷铎泽比其他传教士更专注于传教事业，其描述也因而较少涉及中国人生活与制度方面的信息。

多明我会修士闵明我的《中华帝国的历史、政治、伦理和宗教论集》（*Tratados Historicos, Politicos, Ethicos, y Religiosos de la Monarchia de China*）出版于 1676 年，或许是“礼仪之争”中站在反耶稣会（anti-Jesuit）立场上最

重要的一部专著。不过，它绝不仅仅是一部反耶稣会的论辩著作。尽管在闵明我的著作中，反耶稣会的立场贯穿始终，有时甚至会因而形成一些带有粉饰或歪曲意味的描述，但构成该书的七篇专题论文仍包含大量涉及中国的内容。其中一些明显批判早期耶稣会士的记叙，但在更多时候，它对耶稣会士的观察表示赞同。《中华帝国的历史、政治、伦理和宗教论集》以闵明我十年在华经历①为中心展开，讨论了与“礼仪之争”并不相干的话题。事实上，他的确不愿涉及过多的主题。在关于儒家思想与宗教信仰的长篇论述中，他用数百条出自经典、历史、新儒家作品的语录、释义来加以论证。其中第四册冠以“关于中国的伦理法则”（Concerning Chinese Moral Doctrine）的标题，实际上是闵明我对《明心宝鉴》(Ming Sin Pao Kien [*Ming-hsin pao-chien*]),“也就是‘心灵的宝镜’，或‘开启心灵和传播光明的宝镜’”的翻译。与耶稣会士为儒家思想所吸引不同，闵明我更关注佛教。他确信，孔子及其追随者是无神论者。他批判的立场显然受到“礼仪之争”的影响。不过与耶稣会士一味奉承的态度相比，他的论述反而提供了一个有益的对比。

基督教传教事业在康熙朝复兴的消息，于 17 世纪 80 年代通过南怀仁的书信传回欧洲。1681 年，他写于 1678 年的信函被译成法文；1685 年，描述他与中
1679 国皇帝一起狩猎的经历的信函出版。南怀仁关于自己在北京钦天监（Calendrical Bureau）工作及教授康熙帝西方数学、科学、音乐、美术的情况的描述，见诸 1687 年出版的《清帝国的欧洲天文学》（*Astronomia europaea sub imperatore tartaro-sinico Cám Hý apellato*）②。[79] 除了一次前往长城北部的皇室狩猎经历外，这部著作没有对中国的人民与土地做出太多新的描述。但人们从中可以了解到一些关于康熙皇帝个性的信息。在附录中，《清帝国的欧洲天文学》详列了从利玛窦去世到 1681 年间曾在中国传教的耶稣会士。南怀仁起先以中文刊布这一名

① 闵明我于顺治十二年（1655 年）来华，康熙八年（1669 年）离华，前后在华十四年。参见方豪：《中国天主教史人物传（中）》，北京：中华书局 1988 年，第 257 页。

② 全名为：*Astronomia europaea sub imperatore tartaro sinico Cám Hý apellato ex umbra in lucem revocata*。——译者注

录，柏应理在其著作《圣教信证》（*Catalogus patrum Societatis Jesu*，1686 年）① 中将这一名录译成拉丁文。

这两封记叙南怀仁跟随康熙帝前往鞑靼的书信，也被附于多莱昂 1688 年出版的关于满族征服的著作当中。[80] 它们涉及关于康熙皇帝、满族人、长城以北地区的信息。多莱昂的著作也追述了顺治当政、鳌拜摄政、满族人对南方的征服、镇压“国姓爷”（郑成功）的活动、几位南明政权统治者及其子嗣命运等问题。不过，他并不是这些事件的见证者，他的资料多出自耶稣会士卫匡国、汤若望、鲁日满、南怀仁及聂仲迁的著作。[81]

在 17 世纪下半叶刊布的有关中国的描述中，葡萄牙耶稣会士安文思所著《中国新志》（*Nouvelle relation de la Chine*）② 最为全面和准确。安文思的手稿，于 1682 年被柏应理带回欧洲，由克洛德 · 贝尔努（Claude Bernou）译为法文，并于 1688 年在巴黎出版。同一年，英文译本出版。[82]17 世纪下半叶耶稣会士的记叙，其基本内容往往是传教的历史或表达传教中的遗憾心情。安文思的作品则有所不同，它承袭了金尼阁、曾德昭人种史学著作的传统。“礼仪之争”的思维定势偶尔影响到他的论述，他毫不谦虚地认为，耶稣会士已经写出关于中国的最完美的描述。不过，安文思的描述称得上持平之论，他不时对前辈耶稣会士的著作加以批判。他对中国的风俗与制度也不无批判。总之，对于早先由帕莱福、金尼阁、曾德昭和卫匡国概述的中国形象，安文思的《中国新志》做了最完善的拓展与补充。

李明（Louis Le Comte）的《中国近事报道》（*Nouveaux mémoires sur l' état present de la Chine*，1696 年）也包含许多有关中国历史、宗教、文化，以及新王朝统治下的生活与政府的准确信息。然而，在“礼仪之争”问题上，该书同 1680
样明显表现出偏向耶稣会的立场，这使它迅速成为辩论的焦点。耶稣会的反对者写下大量的批驳文章，以致这部著作最终被审查删减。不过，该书仍被译成

① 全名为：*Catalogus patrum Societatis Jesu,qui post obitum S.Francisci xaverii primo saeculo sive ab anno 1581 usque ad 1681,in imperio sinarum Jesu Chriti fidem propagarunt*。——译者注

② 全名为：*Nouvelle relation de la Chine,contenant la description des particularitez le plus considerables de ce grand empire*。——译者注

数种语言，而且多次重印。[83] 尽管李明对中国文明有过分偏爱的倾向，但在构建欧洲人的中国形象方面，《中国近事报道》可能比许多已很精确的论述都更有影响力。

在“礼仪之争”相对缓和之时，白晋（Joachim Bouvet）写下《康熙皇帝》（*Portrait historique de l'empéreur de la Chine*，1697年），它是对康熙皇帝的颂词。白晋以康熙取代了孔子。在白晋笔下，康熙帝是一位专制，但聪明、人道的统治者，一位卓越的行政官、英勇的战士、充满激情的猎人，一位才华横溢的知识分子、勤奋好学的学者、个人道德的典范，也是一位期望皈依基督教的皇帝、耶稣会士的保护者。总而言之，康熙与路易十四（Louis XIV）非常相像。白晋将《康熙皇帝》献给后者，希望耶稣会士同样可以从他那里获得支持。[84]

在《康熙皇帝》的结尾，白晋讨论了康熙准许基督教在华传教的敕令（1692年）① 以及几位高级官员的皈依。[85] 他认为，这道敕令代表着耶稣会士在中国不懈、无畏地传播福音所达到的巅峰，它是一个“基督中国”新时代的开端，皇帝的皈依已变得极为可能。[86] 关于这道敕令的类似记叙，也见诸苏霖（Joseph Suarez，1696 年）与郭弼恩（Charles Le Gobien，1698 年）的论述。[87] 不过，它们正是“礼仪之争”文献的一部分。在 17 世纪 90 年代晚期，这类文献日渐丰富，甚至过分泛滥。关于中国的新消息，在这些文献中并不多见，而且多有曲解之处。虽说如此，这场“礼仪之争”的确促使关于中国的信息在欧洲广泛刊布。

欧洲的中国形象的形成，也会受到许多专业刊物以及译成西方语言的汉语文献之影响。罗明坚是来华耶稣会士先驱之一，似乎在 1588 年离开中国之前，他曾将儒家的“四书”译为拉丁文。罗明坚的译著，只有《大学》的一部
1681 分得以出版。这部分译文收录在安东尼奥·波西维诺（Antonio Possevino）1593 年出版的《历史、科学、救世研讨丛书选编》（*Bibliotheca selecta de ratione*

① 康熙三十一年（1692 年）3 月，在索额图等人的努力下，康熙帝颁布了一系列谕令，松弛针对基督教传教的禁令。与康熙谕令有关的一系列文献，为鸦片战争以前基督教在华“正教奉传”的唯一官方正式认可的文件。参见顾卫民：《中国天主教编年史》，上海：上海书店出版社 2003 年，第 210-211 页。——译者注

studiorum in Historia, In Disciplinis, in salute omnium procuranda）中。[88]1672 年，殷铎泽的《中庸》拉丁文译作出版；[89]第二年，该译作又被译为法文出版。[90]1687 年，在华耶稣会士出版了《孔夫子：中国哲学家》（*Confucius sinarum philosophus*）。① 该书是《中庸》、《大学》、《论语》的拉丁文译著。四位作者的名字——殷铎泽、恩理格（Christian Herdtrich）、鲁日满、柏应理——出现在它的封面上，但事实似乎是，这是众多在华耶稣会士长期合作的成果。柏应理担任该书的主编。[91]在长篇的“导言”中，该书描述了“五经”与“四书”、中国古代的宗教、中国三大宗教的发展以及孔子的生平等内容。[92]1688 年，让·德·拉·布吕内（Jean de La Brune）以法文出版了《孔夫子：中国哲学家》“导言”的节略及正文的摘要。[93]该书风靡一时，多次再版。1696 年，勃兰登堡（Brandenburg）的宫廷医师克里斯蒂安·门采尔（Christian Mentzel）声称，他已将《小儿论》（*Hsiao-erh lun* [*Small Child's Discourse*]）译为德文，并加以注解。[94]

波兰耶稣会士卜弥格贡献了两本重要的研究著作：一是《中国植物志》（*Flora sinensis*，1656 年）②，该书图文并茂，展示了南中国的植物与部分动物；二是《中医临床》（*Specimen medicinae sinicae*，1682 年）③，是以中医为讨论中心的论文集。[95]它们均为影响一时的著作，常为研究中国的学者所引用和使用。《中国植物志》不仅准确地记载了南中国、东南亚的一些土生植物，而且揭示出：早在此前的一世纪，几种来自美洲的植物就已经适应了南中国的水土。[96]

1658 年，卫匡国出版了欧洲第一部关于中国历史概况的著作——《中国 1682
上古史》（*Sinicae historiae*）④。[97]该书有一章专门论述中国的皇帝，包括从传说中的伏羲时代到西汉王朝（公元前 206—公元 8 年）的历位皇帝。根据儒家经典与官方史书，该书详述了圣明的君主、大事年表，以及几个古老的王朝：

① 全名为：*Confucius sinarum philosophus,sive scientia sinensis,latine exposita*。——译者注

② 全名为：*Flora sinensis, fructus floresque humillime porrigens*。——译者注

③ 全名为：*Specimen medicinae sinicae, sive opuscula medica ad mentem sinensium*。——译者注

④ 全名为：*Sinicae historiae decas prima res à gentis origine ad Christum natum in extremâ Asia, sive mango sinarum imperio gesas complexa*。——译者注

夏、商、周、秦、西汉。它基本上是一部帝王的编年史，内容涉及皇帝与王公大臣的生活、各诸侯国间的关系、汉人世界边疆的野蛮人、秦朝的大一统，及汉王朝帝国体制的巩固。卫匡国的描述，也涉及宗教与哲学、“诸子百家”时期（Hundred-Schools Era，公元前5—前3世纪）伟大思想家的生活状况、秦汉时期儒学与道教的进一步发展。卫匡国以中国干支纪年法与基督教历法并用，来标注历位皇帝的统治时间。在其他一些情况下，他又频繁地混同使用皇帝年号与西历。总之，卫匡国描绘了从王朝开始到基督诞生期间传统中国王朝的历史，为欧洲读者提供了相当完整的论述。

很显然，尽管《中国上古史续集》（*Historiae sinicae decas secunda*）的手稿似乎的确存在，但卫匡国想要续写《中国上古史》的计划却从未完成。[98] 在《中国新图志》中，对于汉朝以后的王朝，他仅仅勾勒出一个简单的轮廓。[99] 玛尔什代锡·特维诺（Melchisédech Thévenot）制作了一个从伏羲到15世纪的完整的中国年表，其时间范围涵盖汉王朝之后的各王朝，可以与卫匡国的年表相媲美。[100] 特维诺声称，他在写作过程中利用了一份波斯文手稿，但他的“大纲”（Synopsis）将西汉之后的部分命名为“中国上古史续”（Historiae sinicae decas secunda），这让人联想到卫匡国未完成的写作计划。特维诺甚至曾将耶稣会称作“我们的同伴”，尽管他不是一名耶稣会士。然而，在接下来的文字里，他又将卫匡国与金尼阁、曾德昭、安文思放在耶稣会士的名录里，认为他们将关于中国的准确信息带回了欧洲。[101]

1683 与卫匡国的《中国上古史》类似，玛尔什代锡·特维诺的“大纲”也基本属于一部帝王的编年史。在第一部分中，他追溯了卫匡国讨论的主题，但并未进一步深入。另外，与卫匡国的做法不同，特维诺利用了罗马化的体系，他将皇帝的各种名字罗马化，而且在描述一些事件时，他还经常提及同时期希伯来或古典历史中的事件。除却上述不同，他“大纲”中的这一部分更像是卫匡国著作的缩略版。另一方面，特维诺“大纲”的第二部分——“中国上古史续”——则有较丰富的描述。他描绘了从汉到明各大王朝的兴衰、汉人与其他人群的关系——特别是与蒙古、满族部落——接见朝贡使团、皇帝和大臣的品质与行为、宫廷内宦官的角色、儒家学者、外戚、佛教的引介与推广，以及知识与学问的发展。与卫匡国的《中国上古史》相似，这部著作中也有大量说明性的故事与对白。每章论述一个王朝。在每一章，他都像卫匡国那样，给皇帝标注名号、在位时间，并对其统治情况进行描述。但对于中国历史上的分裂时期，特维诺的描述并不完整。对于三国时期（Three Kingdoms epoch，公元 221—265 年），他以蜀汉王国（Shu Han Kingdom）为正统，而把吴魏两国视为与之相关的割据势力。[102] 随后，他将西晋（Western Chin）、东晋（Eastern Chin）当作一个整体进行编年，虽然他也注意到公元 317 年迁都洛阳（Loyang）① 的史实。[103] 在论述完东晋灭亡后，特维诺仅仅将南朝——刘宋（Liu Sung）、南齐（Southern Ch'i）、梁（Liang）、陈（Ch'en）——进行编年，而较少涉及十六国（The Sixteen Kingdoms）、北部与西部的国家、东魏（Eastern Wei）、北周（Northern Chou），或是北齐（Northern Ch'i）。[104] 他对五代时期（Five Dynasties period，公元 907—979 年）的处理更为草率。他列举了每个王朝的皇帝，但最终只是得出“那是一个‘战争、叛乱、屠杀与弑君’的时代”的结论。[105] 不过，特维诺编辑的“中国上古史续”以明代仅于 1425 年在位一年的洪熙皇帝（Hung-hsi）为结束。因此，如果承认该书不是卫匡国著作的简单重复，那它就为欧洲读者提供了一个合理的续篇。

1686 年，柏应理完成了完整的中国年表，该年表始于第三位圣皇（公元前 2697 年）黄帝在位，终于康熙当政（或者说公元 1683 年）。[106] 它是一张详细的编年年表，并不像卫匡国的《中国上古史》那样，划分章节记叙每一位皇帝；甚至也不像玛尔什代锡·特维诺编辑的“中国上古史续”那样依朝代描述。柏应理《中华帝国朝代表》中的时间分界点，是六十甲子的开始，并附以西历时间。但在内容上，除却晚明和清初部分，柏应理的《中华帝国朝代表》似乎是 1684
特维诺“中国上古史续”的缩略。在柏应理的著作中，似乎至少有一半语句直接出自“中国上古史续”。也许，同“四书”的翻译一样，在华耶稣会士的历史本来就是一项合作性的事业。[107]

如果将卫匡国、特维诺、柏应理的著作放在一起，读者就可以看到全面而

① 当为建康，而非洛阳。——译者注

详细的中国宫廷史和带有传奇色彩的中国上古史。它们来自中国的经典，特别是《书经》；来自汉代史学家司马迁（Ssu-ma Ch'ien）与宋代学者司马光（Ssu-ma Kuang）、朱熹（Chu Hsi）的著作；也可能来自官方的正史材料——对这种材料，耶稣会士似乎径直使用，或是采用较为简单通俗的形式。卫匡国和“中国上古史续”都多次提到《书经》。卫匡国还利用了《春秋》、《论语》、《孟子》及司马迁的《史记》。“中国上古史续”同时还提到司马光和朱熹。[108] 即使玛尔什代锡·特维诺所谓的“波斯文手稿”（Persian manuscript）是 13 世纪拉施德丁（Fadl Allah Rasidad-Din）① 的《世界通史》（*Universal History*）或者其他伊斯兰史著，它也以标准的中国文献为基础。[109]

最后，17 世纪后半叶耶稣会士关于中国的专业研究，当属基歇尔的《中国图志》（*China illustrata*），该书曾产生巨大的影响力。[110] 本来，耶稣会士基歇尔的目的，在于考察 1625 年或稍早时候在西安出土的基督教遗迹的真实性，然后将结果报告给欧洲方面。出于这一目的，他展现了原始的汉语与叙利亚语的铭文，并附以译文与评注——这些铭文首次在欧洲刊布。[111] 然而，基歇尔的论题远比上述目的宏大：他试图弄清楚 17 世纪基督教在中国的传播、在近来古埃及起源的偶像崇拜散布到全世界的情况下耶稣会士的使命、上帝的反击——
1685 自 1 世纪以来基督教的传布。为揭示上述问题，基歇尔的论述偏离了主题。不过，这种离题的论述提供了许多有关中国历史，尤其是宗教史的信息。其中许多内容可以在其他耶稣会士的著作中看到，但有一些报道与访谈所涉及的资料此前从未刊布。

1655—1666 年间荷兰东印度公司派驻清廷的诸位大使、1661 年郑成功对台湾的占领，以及满族—荷兰联合对抗郑成功的活动，催生了两部配有丰富插图的、描绘中国的巨著：使臣纽霍夫 1665 年写就的《荷兰东印度公司出使鞑靼大汗朝廷》（*Het gezantschap der Neêrlandtsche Oost-Indische Compagnie*

① 拉施德丁（1247—1317 年），又译为拉施特、拉希德丁、拉施特哀儿丁、剌失德丁、拉施特哀丁、剌失都丁等，波斯著名历史学家，曾在 14 世纪初主编《史集》。参见余大钧：《拉施特和他主编的历史巨著〈史集〉》，《民族研究》1983 年第 6 期，第 61 页。——译者注

aan den grooten Tartarischen cham）①及阿姆斯特丹教士达帕1670年编辑的*Gedenkwaerdig bedryf*②。两者皆为百科全书式的著作，大部分内容来自标准的耶稣会士文献——金尼阁、曾德昭、卫匡国（以及达帕、基歇尔）的著作。不过，它们均含有一些新的、亲历者的报道。这些亲历者，曾跟随荷兰大使从广州或福建来到北京，在各省或北京城与官员谈判，而且其中一些人曾受到中国皇帝的接见。因此，这些著作是耶稣会士的描述与当时的旅行报告的混合体。纽霍夫的著作曾多次再版，并被译成法文、德文、英文及拉丁文。达帕的著作虽不如纽霍夫的著作受欢迎，但也被译成德文与英文。[112]

两部著作均配以丰富的插图。纽霍夫的著作包含150幅插图，其中许多插图占到两页的版面，而且多数插图在纽霍夫亲笔素描的基础上产生。在出版时，雕工或纽霍夫本人也在图中加入了一些奇异的元素。但它们展现给欧洲读者的，仍是中国自然风光、都市风景与社会风情方面的内容，相对比较准确。达帕的著作也收录了大量插图。实际上，在本世纪剩余时间里，这些插图不断被复制利用，而且很可能对下一世纪中国艺术风格的流行产生了影响。[113]

在17世纪70年代出版的两份旅行报告中，有一些关于中国的细微记述。一本记载郑成功收复台湾的荷兰小册子——《被贻误的台湾》（*'t Verwaerloosde Formosa*，1675年）③包含一些与中国有关的信息，像满族政权在南方的巩固、

---

① 全名为：*Het gezantschap der Neêrlandtsche Oost-Indische Compagnie aan den grooten Tartarischen cham, den tegenwoordigen kiezer van China*。——译者注

② 这是一部印刷精美的书籍，附有大量有趣的铜版画，其中有4个插页显然是源自中国的佛教图像。有些版画的色彩丰富而华美。除了1670年的荷兰语原版外，出版商雅各布·范·米尔斯还多次发行了德语版，版次分别为1673年、1674年、1675年、1676年。约翰·奥格尔比1671年在伦敦出的英语版的标题为《中国图集》（*Atlas Chinensis*），但是被人们错认为是蒙塔努斯的杰作。或许这种误会也是可以理解的。蒙塔努斯和达帕似乎曾经联合编撰过有关这个遥远国度的大型插图本作品。这些卷本的署名错误不止这些。蒙塔努斯的《未知的新世界》（*Nieuwe en onbekende weereld*）被错认为出自达帕之手。*Gedenkwaerdige bedryf*的英语版和德语版都收编了其原版中的插图。——译者注

③ 全名为：*'t Verwaerloosde Formosa, of waerachtig verhael, hoedanigh door verwaerloosinge der Nederlanders in Oost-Indien, het eylandt Formosa, van den Chinesen mandorijn ende zeerover Coxinga, overrompelt, vermeestert, ende ontweldight is geworden*。——译者注

与郑成功一同移民台湾的中国人等。[114] 荷兰东印度公司的丹麦籍职员弗雷德里克·博林（Frederick Bolling）留下一份简短但有趣的记录。1672 年，博林在澳门附近一个小岛上担任一位巴达维亚商人的记账人，上述记录记述了他在那里的经历。[115]

在本世纪最后十年里，几位经陆路来到中国的旅行家出版了部分著作，对
1686 中国及其亚洲内陆邻国有所描述。耶稣会士菲利普·爱维利尔（Philippe Avril）的传奇故事于 1692 年刊布。爱维利尔曾试图为传教士找到一条经俄国到达中国的安全通道，他记述了经由莫斯科到达中国的路线以及中国边疆居民的情况。然而，爱维利尔本人从未到过比莫斯科更远的地方，因此他的描述并非亲身观察。[116] 尼古拉斯·维特森（Nicolaas Witsen）也于 1692 年出版了《东北鞑靼志》（*Noord en Oost Tartatye*）。他同样不曾到过莫斯科以东的地方，他对鞑靼部落的叙述也基本采自其他论者，尽管其中部分材料是他与 1653 年陪同费德里克·巴伊科夫（Fedor Baikov）从莫斯科来到北京的随行人员的访谈。巴伊科夫的旅行经历出现在第二版《东北鞑靼志》（1705 年）中。[117]1698 年，亚当·布兰德（Adam Brand）刊布了他 1693 年随同沙皇使者雅布兰（Evert Ysbrandszoon Ides）经陆路来华的经历。布兰德对长城、中国边疆城镇、北京欢迎沙皇使者的接待会的描述，尤为生动。对于出使活动，雅布兰本人的叙述于 1704 年出现在荷兰，他对亚洲内陆族群与北中国的描述，甚至好过布兰德。雅布兰的论述还包含对中国的概论。这一概述可能由某个中国基督教徒完成，但明显受到耶稣会士的影响。[118]

意大利旅行家弗朗西斯科·杰米利·卡雷里（Francesco Gemelli Careri）也曾到过中国。他在《环游世界》（*Giro del mondo*，1700 年）中叙述了自己的亲身经历。尽管其真实性备受质疑，但这些描述的确惹人遐思。[119] 他对中国的多数描述，抄自安文思的著作。因此，对于他是否到过中国，18 世纪的许多耶稣会士心存怀疑。现在基本可以肯定，正如他本人所声称的那样，他的确曾在北京受到接待。[120] 尼古拉斯·德·赫拉夫（Nikolaas de Graaf）的《尼古拉

斯·德·赫拉夫游记》（*Reisen*）① 也借用了纽霍夫著作的描述，略微提及中国。但他曾在广州经商，于 1684 年来到澳门，并记录了当地非朝贡贸易及他本人同中国人、葡萄牙人打交道的情况。[121]

在 17 世纪下半叶，除纽霍夫和达帕百科全书式的著作以外，刊布的游记是大量耶稣会士文献的有力补充，它们有关中华帝国边疆的描述给人留下深刻的
印象：镇压郑成功（国姓爷）的海战、广州沿海不断的走私贸易、亚洲内陆的 1687
族群，以及长城沿线的边镇居民。但它们无法像人们预期的那样，展现出一种毫无偏见的观点，因为太多问题受到“礼仪之争”的扭曲。甚至那些曾踏遍大半个中国、亲历帝国朝廷接待与谈判活动的荷兰观察者，也借助耶稣会士的著作来充实自己对中国的一般性描述。

第三节 土地与民族

在 17 世纪下半叶，欧洲人对中国地理的印象没有根本性的变化。大多数作家以卫匡国的《中国新图志》为基础，对帝国及其省区进行一般性的描述。例如，纽霍夫和达帕的著作都曾将卫匡国关于省区的描述稍微节略，加以利用。中国的面积、人口、城市与城镇的数目依旧令欧洲人惊讶。许多观察者继续罗列府、州、县及要塞之类的数量。与金尼阁最初的报告相比较，许多数字略有不同。例如，闵明我的数据略低于金尼阁或卫匡国；安文思的数据则略高，但他显然将满族发源地辽东（Leuton [Liaotung]）列入了统计表格。[122] 在与郑成功的对抗中，清王朝曾在福建沿海建起许多要塞与军事重镇，达帕对它们做了描述。[123] 人口数据也与卫匡国的说法略有不同。对中国面积的估计，也是如此。安文思给出了最详尽的面积数据，并使用经度与纬度、中国的“华里”、西班牙

① 全名为：*Reisen van Nicolaus de Graaff na de vier gedeeltens des werelds,als Asia,Africa,America en Europa.Behelsende een beschryving van sijn 48 jarige reise... Als ook een nette,dog korte beschryvinge van China...Hier agter is by gevoegd d'Oost-Indise apiegel*。——译者注

的“里格”、法国的“里格”、德国的“哩”、意大利的“哩”等不同尺度加以说明。[124] 爱维利尔和李明均声称，中国与欧洲之间的距离，比之前人们想象中的距离要近 500 里格。[125]

大多数作家仍会命名中国的省区。按照卫匡国的《中国上古史》，有些人也声称，圣明的君主舜首先将中国划分成 12 个州，而他的继任者禹则将之分为 9 州。[126] 闵明我认为，每个州都曾经是一个独立的王国。[127] 有些人还认为，尽
1688 管没有列入 15 个省区之内，满族的发源地辽东如今也是中国的一部分。南怀仁提到，“我曾在辽东看到许多城镇与村庄被彻底毁灭。到处是残破不堪的城墙与堆积如山的垃圾”。一些新房子正在那些旧建筑的破砖烂瓦上重新建立起来。[128]

在本世纪下半叶，“中国”的纷繁名称始终吸引着欧洲人。多数论述依然从对这一问题的长篇讨论开始。闵明我和安文思都曾做过最为深入的探讨。[129] 他们都将清朝列入王朝名号的一览表中，这可能表明，他们承认满族人建立的王朝是一个传统的中国王朝。欧洲人继续推测“中国”（China）这一术语的起源——例如，它是外国人对常用词“清”（请）的错误发音，或者它源自拥有最多侨商的漳州（Cincheu [Chang-chou]）。不过，多数欧洲人认同卫匡国在《中国上古史》中的解释，认为它起源于秦朝。[130] 他们一般认为，在中国分裂时期的晚宋或蒙元马可·波罗来华之时，术语“Cathay”就已经产生。据爱维利尔称，在莫斯科，俄国人称鄂毕河（Ob River）以东的全部领域为“Kitay”，但又称中国为“Kitay-Kitay”。[131] 闵明我从词源学角度，讨论了中国或中国城市的外国名字。其中，最古怪的是“中国”的菲律宾术语“Sangley”，他认为这一术语源自西班牙人对“Xang-lai, we come to trade”的误解。[132] 闵明我认为，中国与“Cathay”的关联至今模糊不清，可能正因为耶稣会士过分肯定两者的联系。[133] 似乎其他人都像耶稣会士一样肯定，尽管包括耶稣会士与世俗的旅行家在内的所有欧洲作家，都曾对这种关联进行长篇论证。达帕的论述最为全面，他不仅列出了金尼阁、曾德昭、卫匡国及雅各布·戈略斯的论据，又从卢布鲁克的威廉（William of Rubruquis）、柏朗嘉宾的约翰（John of Plano-Carpini）、马可·波罗、亚美尼亚的海屯（Hayton of Armenia）以及几位阿拉伯、波兰、希腊、拉丁的学者那里收集了部分资料。另外，据纽霍夫称，他于 1655

年入京朝贡时遇到的俄国人与穆斯林均以蒙古名字“汗八里”称呼北京，这也被达帕用作证据。[134]

甚至对于中国的自然风光，本世纪下半叶欧洲的文献也有更多栩栩如生的描写。卫匡国对省区的描写，也被纽霍夫、达帕以及其他人反复引述。令人印象深刻的是关于中国成千上万个地方的叙述，它们是叙述者的亲身经历，这些作者或者是满族征服运动与宗教迫害时期穿梭于各地的传教士，或者是在福建沿海与郑成功对抗的荷军统帅巴尔塔萨·博特（Baltasar Bort），或者是荷兰派驻清廷的大使。纽霍夫的著作对广州与北京间的河流、城镇与乡村的描写特别详细。他跟随荷兰使节溯北江（Pei River）而上，从广州来到北江、武江（Wu River）与浈水（Chen River）汇流处的韶关（Xaocheu [Shao-kuan]），然后溯浈江而上，到达靠近粤赣边界的南雄（Nanhung [Nan-hsiung]）。从这里，他们由陆路越过梅关（Mei-kuang），经章水（Chang River）边上的南安（Nangan [Nan-an]）而过。就在赣州（Kancheu [Kanchou]）的南边，他们溯赣江而北，经过南昌进入鄱阳湖（P'oyang Lake）。过了鄱阳湖，他们自湖口（Hukeu [Hu-k'ou]）进入长江。他们参观了长江边上的几座城市，其中最重要的就是南京（Nanking），纽霍夫对它的描述尤为仔细。在以美女闻名天下的扬州附近，他们进入大运河，北上至天津。从天津，他们经北河（the Pei River）来到北京以北4公里左右的通县（Tongsiou [Tung-hsien]）附近的Sansianwey①。随后，他们徒步完成了最后4公里的路程。[135] 对于广东省东北部，纽霍夫所描述的一定是“喀斯特”（karst）地貌：沿着河流，山脉向陆地延伸，自平原拔地而起。它们是如此的古老与典雅，以致令人怀疑它们是经过人工修饰、艺术布置的。江西南部的赣州是一个繁华的商业中心，它位于章水汇入赣江的地方。这座城市共有四个城门，由高大的城墙环绕着，四周是无数以威武狮头装饰的孔洞。纽霍夫从河的一侧踏上宽大的石台阶，跨过两座美丽的石拱桥，经西门进入该城。城中街道整洁，地面多以巨型石板铺成。在城的东面，纽霍夫发现一座雄伟的九级宝塔。在塔顶，他饶有兴致地欣赏了全城壮丽的景色、城边的乡村与河流。在

1689

① 北京附近某地，不详。——译者注

这座城中，有好几座闻名遐迩的庙宇，纽霍夫参观了其中一座。其中一座庙宇内设有专供香客住宿的厢房。另有一座位于河的对岸，与城相对，香客渡河时将供品献给河神，以求平安过河。赣江边上的吉水（Xiexui [Kissuwen，Chi-shui]）是一座小城，为优美的山岭所环抱。环行该城，仅需半个小时。然而，就
1690 是这样一座小城，却设有四大城门，四周环绕着高达 15 英尺的城墙。城中建筑古老，整个城呈现出古朴的面貌。除了古老而典雅的房屋与庙宇外，该城还以三座精美的牌坊闻名于外。[136] 纽霍夫是一位敏锐的观察者，而且大量的美丽素描也为他的叙述增添了栩栩如生的图景。

达帕对彼得·范·霍恩（Pieter van Hoorn）大使团的描述，虽不如纽霍夫那样生动，却也包含一些有趣的亲身见闻以及行进路线、沿途景物方面的美图。从福州出发，霍恩溯闽江（Min River）而上，到达南平（Jenping [Nan-p' ing]）。在那里，他们转而向北，进入我们今天所说的建溪（Chien）。之后，他们又在福建省北边的"浦城"（Poutchin [P' u-ch' eng]）下船，穿越山岭进入浙江省。尽管达帕没有标识，他们进入浙江时所穿越的，想必是枫岭关（Feng-ling Pass）。不过，达帕标注了途经村落的名字。在 Chang（Kang-shan）River 边的 Pinhoea 或者说 Puchoea（？）①，他们再次乘船，沿达帕称之为"浙江"（Che River）的富春江（Fu-ch' un-chiang）来到杭州。他将杭州的河流标注为"钱塘江"（Cientang [Ch' ien-t' ang]）。从杭州，大使团进入大运河，而达帕并未标出大运河的名字。他们自运河北上，经过苏州、太湖（Lake T' ai），从"Sinckian"或者说"Chinkiang"（镇江 [Chen-chiang]？）跨过长江。此后的行进路线与纽霍夫的描述相同。[137]

1693 年，布兰德和雅布兰初次由西伯利亚大草原来到中国。要再现他们的兴奋，不需太多想象：

> 我们发现，越接近中国的长城，人口越是稠密。走了三天，我们才来到可以看到长城的地方。我们穿越戈壁滩，行走在为方便行人而

① 此处河流与地名，不详。——译者注

> 开辟出来的道路上……
>
> 10月27日傍晚时分，我们看到了著名的长城。它有4英寻那么高，宽度极为惊人，8个人并肩走在上面也不成问题……我们走进第一个城门，城墙已然腐朽不堪。紧接着我们穿过另一个酷似高大堡垒的城门，此处与第一个城门的距离相当于步枪的射击距离。随后，我们又穿过两个城门。城门同时兼作堡垒，三座城门及其城墙之间形成一个封闭的巨大空间。[138]

一进入中国，他们仿佛来到了一个全新的世界。布兰德和雅布兰兴奋地记录下这一切：高贵的官员、众多的接待会、拥挤的人群，以及前往北京的沿途的风光。

与早期的论者一样，17世纪较晚期的观察者也对中国的自然资源与物产印
象深刻。他们往往重复早先的记叙，继续描述中国的财富、物产、手工业和商 1691
业。不过，他们增添了许多细节，不时提到王朝变更带来的变化。其丰富的资源，依旧让中国成为地球上最令人向往的土地。例如，卜弥格认为，中国是“地球的缩影，因为它包含了地球上一切最美好的东西”。[139]基歇尔为上帝把这样一方乐土交给盲目崇拜偶像的中国人而感到困惑。[140]欧洲作家继续对中国的自然财富、自然奇观以及基本情况进行描述。例如，纽霍夫和达帕都以专章介绍中国的树、花、农作物、水果、动物、矿产等等。他们的信息基本来自卫匡国关于省区的描述，并加入了荷兰使者在出使期间的见闻。而卜弥格则对中国南方的21种植物和8种动物做了非常专业的描述，而且绘制了其素描图。对欧洲读者来说，并不是所有这些动植物都是新鲜的；而且，其中一些也是东南亚的土产。达帕引用了卜弥格的大量描述及其大约半数的素描图。尽管没有达到科学的准确性，闵明我描述了他在中国见闻的多种动植物，而其中许多种，先前早有人加以报道。他的许多描述，显示出一个比多数耶稣会士都熟知乡村生活与农业生产的人对于土地的感知。他对老虎并无好感：每一年，它们都会吃掉很多人。[141]和其他人一样，他声称，中国人会以狗、马、水牛、猫与鼠为食。他描绘道，屠户将活狗运回店铺时，满街的狗紧跟其后，狂吠不止，这类

描述栩栩如生。[142] 但他有时过分相信传闻。他曾描述过一种没有嘴、不用进食而被称为“jang”的动物；生活在海南的蟹类，离开水便会化作石头；皇帝将一种由变色龙做成的药膏涂在自己妃嫔的手腕上——如果这些妃嫔同别的男人接触，药膏便会消失。闵明我还称，当麝被猎人追杀时，它有时会咬掉自己的麝袋，以躲避追捕——这毫无效果，它不久便会因之丧命。[143]

对于中国农民的勤劳，欧洲作家也进一步表露了自己的钦佩之情。闵明我，这位曾长期生活在农民群体中间的观察者，提供了一些关于他们生活状况的生动细节与独到理解。“中国的农民，”他写道：“人数众多，而且社会地位高于手工业者和商人。”在他看来，这些农民辛勤劳作，受人尊重是理所当然的事。如
1692 果不是他们如此勤劳，中国庞大的人口将难以被养活。“整个中国找不出一寸被浪费的土地；若不是这样，农产品将无法满足这众多人口的需求。”[144] 一年到头，不论是农民还是土地，都不会闲着。每一年，农民往往在同一土地上种植三季作物。中国农民维持较高产量的手段，不是休耕，而是精耕细作。他们从村镇、城市、寺庙，甚至监狱那里购买人的粪便，用车推至田间。他们也积攒各种废物，将其焚烧，把灰烬作为肥料。据他记载，每天有 6 万名“乡下人”（country men）涌入杭州城，然后运粪出城。[145] 闵明我也描绘了部分农业生产活动，尤其是稻米培育。他观察到，尽管辛劳耕作，多数中国农民仍处于贫困状态。地主往往承担所有的田赋，但获取半数的收成。农民以其辛劳，仅仅得到剩下的一半收成。[146] 由于农民的勤劳，在中国的城市中，廉价食粮供应充足，街道保持整洁。例如，闵明我就曾这样报道杭州：

> 供给如此充分（这样的情形很少见，但的确如此），以至于当时有 7 万名士兵进入该城，他们以商店、街道上所售商品为生，竟没有令任何物资的价格抬高或是引起商品的匮乏，其影响简直与 20 个人进入该城没有两样。[147]

中国工匠与手工业者的勤劳与高产，也让人钦佩。他们的简朴给安文思留下了深刻的印象。他们从不浪费任何物品，而且在安文思看来，与他们的欧洲

同行相比，他们使用的工具远要少得多。[148] 闵明我则强调他们的仿造能力。“在广东，他们仿制的几样东西是如此逼真，在内地，他们甚至可以用这些仿制品冒充欧洲货来出售。”[149] 中国的手工业者不仅仿造欧洲的产品，而且会互相模仿。例如，在皇帝明令禁止之前，福建工匠一直仿造江西皇家瓷器厂所烧造的瓷器。[150] 这类产品数量与种类之多更是令欧洲观察者惊叹。闵明我认为，在 1693
南京、杭州或苏州，至少有 4 艘大型帆船满载商店里的“奇珍与玩具”。[151] 尽管存在大量关于手工业产品的描述，而且有些涉及新工艺或新产品，但在欧洲人的眼中，中国的手工艺品并无大的变化。实际上，当时的著作反复提到丝绸、瓷器、纸、火药、印刷术、建筑、庙宇、宫殿与长城等，其说法与金尼阁、曾德昭和卫匡国的描述十分相像。当然，也出现了一些关于建筑与桥梁的新鲜描述。例如，闵明我曾提到，贵州省有座桥是由一块巨石切割而成的；[152] 而安文思也重述了马可·波罗所记载北京西边的巨桥。[153] 安文思还讲述了以相同速率燃烧、由木粉制成的卷曲的绳子，以取代钟表计时的方法。他说，中国人也把它们做成闹钟。他们在卷曲的绳子上悬挂一小型重物，当绳子烧到悬挂点时，重物落入铜盘，发出声响。他认为，这些钟表的价格要比欧洲的闹钟和手表便宜得多。[154] 在南京附近，闵明我看到用于灌溉沟渠的风力提水装置，据他推测，这是门多萨关于帆式马车故事的原型。[155] 所有人都提到北京一口巨钟的尺寸与重量，他们认为它可能是世界上最大的钟。[156] 所有的耶稣会士及闵明我都曾对北京的天文台进行描述（参见插图第 261）。荷兰使团在出使期间见到的许多建筑与桥梁，都由纽霍夫和达帕以文字与草图的形式加以展现。[157] 纽霍夫描绘了南京城内普通商人的处所：那些建筑十分粗糙，毫无舒适与便利可言。多数房屋只建一层。每间仅有一扇门，并只设一个吃住共用的房间。沿街的巨大矩形开口被用作窗户，窗板即柜台，上面陈列着商品。开口上方覆盖着草垫。屋顶筑以白砖，墙面则以灰浆粉刷。每间店铺前面都有一块精心制作的招牌，上面标明铺名与生意。许多店铺在招牌边竖起挂着旗子的长杆。[158] 1694

许多作家，像汤若望、纽霍夫、达帕、闵明我、安文思及李明等，都对北京的皇宫有所描述；其中一些描述十分详细，因此与本世纪前半叶相比，对于中国的皇宫，人们有了更多的了解。纽霍夫曾陪同荷兰使团正式觐见中国皇帝，他描述并以草图展现了他所看到的东西。其中两幅图——觐见场景图与皇城平面图——收在他的著作中。[159] 其他部分，则是根据金尼阁与卫匡国的描绘而成。达帕利用了卫匡国、汤若望、纽霍夫的描述，引述了他们著作中的一些章节。[160] 至此时，安文思的描述最为详尽，而且许多内容与纽霍夫的著作不同。[161] 这位葡萄牙耶稣会士引导读者穿过长安街（Cham gan Kiai [Chang-an chieh，Street of Perpetual Repose]）北边的对开门，① 穿过 20 座宫殿和 9 座庭院，来到北门。② 他也描述了东边那条内墙与外墙之间的河流，以及西边的湖。③ 然后，他描述了内城许多独立的王宫与神庙，以及皇宫外的几座太庙（imperial temples）、天坛（the Altars of Earth）与地坛（the Altars of Heaven）。很显然，对于太庙的庄严、朱漆墙与黄砖顶、建筑上精心雕刻的龙与其他装饰品、华丽的大理石桥与台阶、饰以虎头狮头龙头的屋檐，安文思都深感敬畏。对于建筑的尺寸，安文思毫不吝惜笔墨地进行描绘，这可以激发读者的想象。对此，李明则语焉不详。他不喜欢中国建筑，坚持认为中国的建筑水平远远落后于同时期的法国。众多的厅堂、庄严的大理石台阶与拱门、金黄夺目的屋顶，的确令人目眩。但在设计方面，他认为，中国人犯下许多“不可饶恕的错误”：“这些殿堂的设计多有问题，装饰品杂乱无章，它们需要我们宫殿设计中的那种华丽与舒适的统一。”它们“与任何持有真正建筑设计理念的人都格格不入”。[162] 至于其他痴迷于中国建筑的传教士，在这位法国人看来，要么是因为他们从未见过真正优秀的建筑，要么由于长期客居中国而品位降低。[163]

1695 在本世纪下半叶，出现了越来越多亲历者对中国城市的描述，这些描述愈加翔实。在鳌拜摄政时期，耶稣会士被驱逐，被迫流浪，这些作家描述了自己在旅途中所见到的城镇；闵明我并不相信耶稣会士的报道，他只描述自己亲身到过的城镇；而纽霍夫则认真地描绘了荷兰使团经过的每一个村庄与城镇，并绘制了大量草图。[164] 不仅更多的城市被详加描绘，而且城市的变化也被加以

① 即午门。——译者注

② 即神武门。——译者注

③ 即筒子河与太液池。——译者注

报道。例如，纽霍夫反复描述满族征服造就的破败城市，他打听到，那些城市在国内战争之前曾经富丽堂皇、人口稠密。与之相反，达帕、闵明我及安文思则侧重于对重建城镇的描写。

每位欧洲作家都对北京做了描述。随着他们认识的深入，有些错误的观念得以纠正。与此同时，他们也揭示了由满族征服带来的变化。例如，安文思、闵明我及李明都提到旧城南边毗邻处的一座附有独立城墙的新城。多数汉人居于新城，而北边的旧城已经成为“鞑靼人的城市”（the Tartar city）①。[165]两城都由彼此垂直的街道构成方形。依照皇帝的旨意，此处与其他城市不同，房屋建得较低。安文思写道，北边的城有9个门，而不是卫匡国所说的12个门，而汉人的新城有7个门。在每个城门外，广大的郊区发展起来。[166]地面尚未铺以砖石，粉尘与之前一样糟糕。布兰德写道，雅布兰使团进入京城，“尘土飞扬，以致我们几乎无法看见彼此”。[167]此外，响亮的叫卖声也响彻街道。安文思称，“在你的门前，各种商品应有尽有，包括娱乐物、生活品……到处是人群，只有欧洲的集市和游行可与这种场面相比”。[168]许多买卖就在街道上进行：制鞋工、裁缝、铁匠及修理破碎瓷器的人携带工具，在门口、街道或其他可以找到顾客的地方进行买卖。指甲师、理发师也是如此，前者用小型凿子修剪手指甲和脚趾甲。闵明我认为，自从满族征服及推行“剃发令”以来，理发业成为一个新兴的行业。理发师身背凳子、脸盆、水及火炉等，敲打着一种独特的鼓，往来于街巷间；他们给人剃头发、掏耳朵，并进行背部按摩。[169] 1696
为了人口与货物运送的方便，几乎每条街道的角落、桥梁或城门附近，都有可以雇用的驮畜。它们数量庞大且价格便宜。闵明我提到，货物可以在很短时间内送至你的门口。为了找到送货地址，这些人总随身带着一本包含城中街巷名字与地址的小册子。餐馆为数众多，服务周到。据闵明我说，“至少在每个城市或城镇、甚至繁忙道路边的村庄，在一天中的任何时间，都有加工好的各种

① 清朝统治者入关以后即推行“满汉分居”的政策。顺治元年（1644年）5月，多尔衮率清军占领北京城，随后下令实行满汉分居，强迫北京内城所有居民迁往外城或者城外，八旗军人及其家属入住内城。后来，逐渐形成了满族人居内城、汉族人居外城的格局。——译者注

肉食，供顾客享用”。[170] 他还提到，在夏天，北京城的每个街角都存放着一车车的冰块，倍感炎热、蓬头垢面的行人购买这些冰块，冷却饮水。哪怕只是看看它们，也让人感觉清爽。[171]

对其他城市，特别是南京、杭州、苏州、福州和广州的描述，大同小异。同样是对作者本人从一个城市到另一城市所经过的道路、河流、运河以及所乘坐的船只的描述。大运河总能令欧洲人感到震惊，往来于运河之上船只的数量亦是如此。据称，皇帝雇佣了 9 999 条船将税粮运往都城。安文思认为，粮船的数目是由中国人对数字 9 的偏爱决定的；闵明我则说，皇帝派了 10 000 条船，但有一条船被焚毁，以查明多少铁掺杂其中。[172] 据安文思称，他们花了大半天才避开拥挤在各个城市水道中的船只。“也许可以说，”他观察到：“中国有两个王国，一个在水上，一个在陆上；仿佛存在数不清的威尼斯城。”[173] 对中国城市、商业、道路及水道的详细叙述，见于本世纪下半叶的文献，但它们丝毫没有改变金尼阁、曾德昭与卫匡国所描绘的形象。有时，闵明我或安文思会质疑一些早期的报告。例如，闵明我拒绝相信：早在数个世纪之前，中国的帆船已经可以远航至印度、马达加斯加（Madagascar）及东非洲。他认为，中国的船只与航海术尚不完善，而且他没有发现中国人远航至那些地方的充分理由。[174] 安文思质疑马可·波罗关于蒙元时期中国使用纸币的说法。他推测，马可·波罗被用于丧事的铜钱或银条的纸质仿制品所误导。[175] 上述两种修正都是错误的。安文思还发现，马可·波罗和卫匡国均夸大了苏州城内桥梁的数量；他
1697 发现，主要的桥只有 5 座，而不是 12 000 座。[176] 但与马可·波罗或任何一位17 世纪早期的欧洲作家一样，他对杭州的美丽与繁华的商业生活深有感触。

除了中国人的城市外，欧洲人还时常论及葡萄牙人占据的澳门。罗历山（Alexandre de Rhodes）观察到，“这座城（澳门）不大，但却十分美丽，其建筑风格为欧洲风格，水平远远胜过中国”。他还注意到澳门贸易繁荣的衰退。[177] 纽霍夫与达帕曾提到澳门；他们似乎完全借鉴了卫匡国的《中国新图志》，但卫匡国强调澳门对基督教传教的重要性，他们却遗漏了这一点。他们都没有提到澳门在 17 世纪 40 年代的衰落。[178]

1640 年，葡萄牙重新独立，澳门并未因此重获 16 世纪的繁荣，但这座城

市终究被保留了下来。尽管已经从西班牙独立出来，葡萄牙仍得以继续发展同马尼拉的贸易关系，与望加锡、帝汶间的贸易也在蓬勃发展。[179]“澳门人”（Macanese）① 将帝汶的檀香木供给中国，同时经葡萄牙人在印度的港口，将中国的白铜供给印度，以满足其发展铜产业的需要。起初，葡萄牙人担心满族征服会对他们的城市造成影响。尽管这样，“澳门人”还是与地方、清朝省级行政官员确立起友善的关系，其中就包括藩王尚可喜（Shang K'o-hsi）（参见插图第276）。

然而到1662年，澳门新的威胁出现了。为了切断沿海人民支持郑成功的活动，清朝统治者于1660年下令，在福建近海10英里的狭长地带内，撤离所有百姓，焚毁一切村庄。1662年，迁界令扩展到包括广东省在内的其他南部沿海地区。消息传到澳门，所有中国居民只得遵从，这使得这座城市失去了大批劳动力。贸易被禁止了，甚至食品供应也被缩减。商人对当地的中国官员进行贿赂，得以从事某些违禁贸易，并为澳门争取到一些免税政策。在汤若望的组织下，北京耶稣会士本想设法援助澳门，但在1665年，由于杨光先的控告，这些耶稣会士被捕受审。中国其他地方的教堂全部被关闭，所有传教士都被扣留在广州。谈判在进行，贿赂和走私也在进行中。葡萄牙人组织了一个由曼诺埃尔·德·萨尔达尼亚（Manoel de Saldanha）率领的使团赶赴清廷。1670年，这
个使团由广州出发，前往北京。直到1668年，鳌拜倒台，杨光先被罢免，迁界 1698
令才被废止，澳门开始复兴。[180]

通过耶稣会士的信札、历史记载以及荷兰的报告，澳门在17世纪60年代的困境传到了欧洲人的耳中。聂仲迁（1671年）给出了最为完整的描述。[181]从他那里，我们不仅可以获悉澳门发生的大事，还可以了解到广州新政府的运作情况。在顺治帝死后，满族人在澳门与内地之间的城墙附近布要塞、设炮军，并下令仅在特定时间开放城门。所有的食品与必需品都经过此城门进入澳门。

① Macanese直译为“澳门人”，它与Filho da Ferra（大地之子），都是土生葡人的称谓。土生葡人，即“那些在澳门出生、具有葡萄牙血统的澳门居民，包括葡萄牙人与中国人或者其他种族人士结合所生的混血儿，以及长期或几代在澳门定居的葡萄牙人及其后代”。参见杨宗宝：《澳门的土生葡人》，《历史教学问题》2002年第2期，第42页。——译者注

除了少量草本植物园外，澳门没有适合耕种的土地。紧急时刻，城门关闭达三个月之久。澳门还被一支小型水师包围着，因而食物的输入既不能通过陆地，也不能经由海路。部分食物经走私进入澳门，但过高的价格只有富人才能承受。与此同时，商人无法出售商品，他们被强迫以较低的价格将商品交予地方官吏，以换得走私的食物。试图在澳门进行贸易的商船，因无视帝国的禁令而被抓获，其货物也被没收。还有五六个商船的走私者被抓捕。甚至是“澳门人”驾小船至临近岛屿获取木柴的做法，也被禁止。接下来，他们被命令放弃这座城市，迁至内地。他们反而要求，如果贸易不能恢复，他们应该被允许离开中国。“省级地方官员”（mandarins of the provinces）想要恢复澳门的贸易，因为他们可以从贸易中得到好处。据聂仲迁估计，澳门的封闭令这些官员“每年遭受多于 400 万（两？）黄金”的损失。然而，鞑靼人愿意忍受这样的损失，因为他们担心如果允许外国人自由在华贸易，他们将失去自己的帝国。另一方面，对于驱逐葡萄牙人的做法，他们又倍感忧虑，他们担心将欧洲人从他们和平控制了一个多世纪的港口驱逐出去，会令这些外国人发怒。广州的**“总督”**（可能是卢兴祖 [Lu Hsing-tu]①）打算提供给澳门贸易与航海的自由，但要收取 500 000 法郎的报酬。“澳门人”同意了，但以允许他们留在澳门为条件。“总督”允许某些非法贸易，以便“澳门人”支付得起贿赂的费用；另外，贸易额的 40％必须归“总督”所有。更多的贿赂被提出来，而“澳门人”则争辩说他们不应该支付所有的款额，因为贸易并未恢复。最终，帝国的官员来到广东进行调查。商人被抓，“总督”入狱并在牢中自杀。“巡抚”（广东的实际长官，王来任 [Wang Lai-
1699 jen]）② 也被捕送审，但他在调查期间就去世了。他离开了人世，只留下他那令人缅怀的仁慈形象以及为了饱受苦难的穷人们也要恢复贸易的建议。[182]

在聂仲迁著作出版后的一年，鲁日满出版了一部著作，其中也提到澳门 17

① 卢兴祖（？—1667 年），清代辽东人，1665—1667 年间，先后任广东总督、两广总督。相关史事参见汤开建：《明清士大夫与澳门》，澳门：澳门基金会 1998 年，第 158-184 页。——译者注

② 王来任（？—1668 年），清代辽东人，1665—1668 年间，任广东巡抚。参见（清）范端昂：《粤中见闻》，汤志岳校注，广州：广东高等教育出版社 1988 年，第 145 页。——译者注

世纪 60 年代的困境。相对而言，他对这座城市本身的处境以及同地方、省级官员谈判的情况记叙不多。他所关注的，是北京耶稣会士为援助澳门所做的努力。尤其是神父刘迪我（Jacques Le Favre）等人，他们曾往来于广东与北京之间，将消息带给汤若望等身在北京的人，并代表他们同广东的官员进行谈判。[183]

闵明我曾两次前往澳门：一次是在 1658 年，“迁界令”下达之前；一次是在 1670 年，危机过去之后。对这两次经历的描述，都收在他 1676 年出版的《中华帝国的历史、政治、伦理和宗教论集》一书中。闵明我对耶稣会士和葡萄牙人的鄙视态度影响了他的论述；但大体而言，他的论述是准确的。[184] 葡萄牙人并不是澳门的主人。“鞑靼士兵……走在街上，揭去妇女的面纱，甚至在宗教游行场合也是如此，而且没人可以阻止他们。但在中国，男人那样观看妇女，被看作是可恨的无礼行为。”一些满族士兵在观看耶稣教堂时，受到了牧师粗率的接待。那天晚些时候，这些士兵在街上痛打了两名耶稣牧师作为报复。几位耶稣会士又反过来攻击士兵，前者向广州当局反映了这一事件。当局实施了抓捕行动，几位耶稣会士被关押数月，而闹事的士兵则被处以 2 000 达克特的罚金。冲突不断发生，一位低级中国官员组织了一场“他的偶像的节日”（Festival to his Idols），以模仿葡萄牙人的宗教游行。没人敢进行干涉。闵明我说：“我是这一事件的目击者，真可悲啊，那个地方的不幸处境实在让人感到悲哀！”澳门的每一个人，传教士与普通教徒，都要向中国人支付房子和教堂的地租。耶稣会士拒绝支付，他们引用 14 世纪罗马教皇的训谕作为理由。因此，征收地租的葡萄牙地方官不得不以城市基金垫付耶稣会士应付的份额。[185]

至于 1670 年前往澳门的情况，闵明我只是简短地描述了这座城市的地形、建筑与历史；他对前人的描述少有增补。他重述了关于澳门起源的老故事：当地的中国政府允许葡萄牙人定居那里，因为他们曾经帮忙镇压一些惹事生非的海盗。澳门的存在与中国法律相悖，但广东的官吏默许葡萄牙人留在那里，因
为他们从澳门获得一些私利。通过与日本、马尼拉的贸易，澳门得以繁荣发展， 1700
但即便在最繁荣的时期，它也无法与马尼拉相比：“马尼拉的（西班牙的）人们是自由的，而澳门的人们则是（中国人的）奴隶。”“澳门人”经常要向中国人支付房子、教堂和停船的租金。[186]

自从与日本、马尼拉的贸易中断后，这座城市变得十分贫穷。闵明我听说，以前 24 名修道士曾得到澳门多明我会修道院的支持，如今，在极度贫乏的情况下，仅有 3 名修道士的工作得以维持。在满族政权下，澳门的葡萄牙人甚至不如在明朝统治之下自由：

> 他们要想从事任何贸易活动，都必须光着上身、手持荆条来到管辖他们的地方官府上，跪在地方官的面前乞求。地方官员通常会这样宣布，“既然这些野蛮人有这样那样的要求，就满足他们吧”，或者“这些野蛮人总是有这样那样的要求，拒绝他们吧”。随后他们浩浩荡荡地回到城中，然而，这些胸前挂着基督骑士徽章的绅士或贵族，已经违背了自己的使命……如果他们的国王知道了这些事情，后果不堪想象。[187]

闵明我简要介绍了澳门 17 世纪 60 年代的这场危机以及它与中国当局间的谈判。与聂仲迁相比，他的描述更为粗略，而且他对“澳门人”的窘境不甚同情。不过，他们的描述基本一致。在通往澳门的大门紧闭的数月内，或是一个月仅开放两次的日子里，澳门大批穷人被活活饿死。据闵明我说，澳门曾被冠以恶名：“需要许多时间与纸张去书写，但可以用骚乱、喧嚣、争吵与奢侈来概括澳门的一切。”他只列举了几个例子。但随后他观察到，是葡萄牙人败坏了当地的社会风气。闵明我认定，他们的遭遇乃是上帝的惩罚。[188]

至于中国的对外贸易，一些变化被加以报道。中国对外国人历来就有的憎恶之情，依旧受到人们的关注，但对读者来说，满族统治下的一些例外或改变是明显的。对于汤若望与顺治皇帝、北京其他重要官吏的密切联系，以及像南怀仁、安文思、张诚等耶稣会士在康熙统治时期的角色，所有传教士都曾提及。
1701 荷兰人听到传言，满族人将开放自由贸易，但在 17 世纪下半叶，他们的三位大使仍被视为朝贡使节，而且在官方的朝贡使命之外，他们并未被许可从事任何贸易活动。不过，达帕提到了博特对抗郑成功时期福建沿海的贸易状况。一些非朝贡性质的贸易似乎也在广东进行。例如，弗雷德里克·博林就提到了海上、沿海岛屿上广东人与巴达维亚商人之间的违禁贸易。[189]尼古拉斯·德·赫拉夫也提到，1684—1685年冬季，荷兰东印度公司的货船曾被准许前往广东进行贸易。广东的官吏不但与荷兰人谈判，允许后者从事贸易活动，而且还设宴款待，展示中国的烟火。赫拉夫没有对这些事件进行描述，就好像它们一点也不正常一样。[190]雅布兰和布兰德探讨了中俄之间的条约及北部边境的贸易活动。

中国人的外貌与衣着被详加讨论。纽霍夫和达帕给出了不同性别的官吏、士兵、商人、农民、乞丐、艺人及囚犯的画像。[191]他们都十分倚重金尼阁、曾德昭与卫匡国的描述。许多图片描绘的，是穿着明朝而不是清朝的服装的人。达帕用完整的两章描述文官和武官衣着的差异。首先，他复述了金尼阁、曾德昭与卫匡国已经叙述过的东西。然后，他又描绘了官吏使用的各式各样的旗帜、锦旗、仪仗武器、腰带、鞋子与帽子。足足4页版画展示出每一个细节。借鉴卫匡国《中国上古史》的内容，达帕也描绘了穿梭于中国城镇的高级“官吏”的队列。他们坐在精心雕饰、敞篷的轿子里，旁边是士兵与仆人组成的大队人马，其中一些人高举旗帜与锦旗，以显示官员的官职与威严。一个人举着一把精巧的伞盖，另外一些人——“刽子手”，则带着十分常见的竹杖，随时实施处罚。轿夫的人数与随从的规模因官员的品级而异。低级官吏则骑马，北京几乎所有官吏都是如此，其排场远不及行省的官吏隆重。[192]李明也用了几页文字来描述中国的服装及各种布料。[193]基歇尔给出了一些漂亮的图片来展现中国的服装，但除此之外，少有描述。[194]所有耶稣会士都强调中国服装的端庄，以及样式从不改变的惊人事实。[195]例如，妇女甚至被禁止在公共场合露出手， 1702
而据安文思称，她们对基督圣徒画像中暴露的手脚表示反感。[196]在这些欧洲人看来，中国人过分注意他们的衣着，他们经常谨慎挑选适合场合的衣服。安文思说，甚至是穷人，也会在新年穿上新的或整洁的衣服。[197]李明称，尽管露面不多，中国妇女仍将大量的时间花费在衣着与外貌上面。[198]他又称，尤其是在南方，普通工匠往往身着一条短裤，十分朴素。[199]所有欧洲人都描述了自满族征服以来的一个重大改变——新发式。在征服运动之前，所有汉人都蓄一头长发，花费大量时间和精力去梳理、盘绕与装饰。征服运动之后，男人被要求剃头蓄辫。欧洲人对一些汉人抵制新发式的激烈情绪表示惊讶，而且注意到许多华侨根本就不用改变发式。还有人提到，满族政权起先曾试图劝阻缠足，但这一习俗根深蒂固，满族人似乎放弃了改变它的努力。

这个世纪慢慢过去，欧洲人对中国人性格的看法却变化不大。耶稣会士倾向于强调他们天生的优良品德，迫害运动中中国皈依者的坚韧强化了耶稣会士的看法。然而，对于欧洲商人与行旅者所说的中国人贪婪、狡诈，他们又常常赞同。例如，在李明笔下，不仅有狡猾的商人，而且有聪明至极的小偷，他们可以在不吵醒屋内睡梦中人的情况下，偷走家具甚至被子。[200] 他还注意到一些中国人为高回报而铤而走险的倾向："中国人对金钱与财富的欲望永远无法得到满足。"[201] 中国人对外国人的憎恶，较少被人提及。实际上，一些作家将中国人对外国人的好客列入令人钦佩的性格当中。几位作家则将对外国人的好客
1703 描绘成满族人，而不是汉人的个性。例如，纽霍夫相信，礼部的满族官吏原本允许荷兰人在中国更自由地贸易，但为汉人官吏所阻止。但到本世纪末，已经很少有欧洲作家对满人与汉人进行区分。

中国人的婚姻习俗依旧相当引人注意。尽管有些人反对这样的观点，李明仍坚持认为，中国男人购买妻子。他们看也不看就将她们买下来，因此，在掀起轿帘、夫妻初次见面的时候，一些新娘便被未婚夫赶回娘家。当然，不管她们愿不愿意，新娘都不得不接受新郎，因为她们已经被买下来了。[202] 李明以为，丈夫不能与妻子离婚，除非是后者通奸：但妻子可以被卖给另外一个人。[203] 闵明我罗列在中国离婚的许多其他理由：多嘴、不顺从公婆、偷窃、麻风、不孕或者妒忌。他认为，在天主教意义上，中国的婚姻都是无效的。[204] 他还描绘了两个年轻死者间的特殊婚姻，① 通过它，两个家庭变成了亲戚，而这对夫妇也好像活着一样。[205] 所有人都对妇女深居闺房的现象加以评论。例如，闵明我穿越整个杭州城，却不曾见过一个妇女。[206] 很显然，满族妇女有所不同：闵明我称，尽管穿戴端庄，但她们也像男人一样穿着靴子，骑着马出现在公共场合。[207] 纽霍夫说，他曾遇见几位满族妇女并与之交谈，她们都是官吏的妻子。在南京的大街上，一位妇人走下轿子，仔细端详德·科泽尔（De Keizer）大使

① 即冥婚。——译者注

的配枪，并试戴了他的帽子。随后，她将这些荷兰人邀请到自己家中，介绍给她20岁的女儿，并用茶招待他们。[208]

与婚礼一样，中国人的葬礼也时常被欧洲作家提及。闵明我强调中国葬礼的宗教意义。例如，儿子通常会将故去父亲的一件衣服置于屋顶，以期召回他父亲的灵魂。在殓尸入棺之前，逝者子女会守灵三日。[209]几位耶稣会士作家及达帕都描述了皇室的特殊葬礼：顺治皇帝、他的爱妻及康熙皇帝母亲的葬礼。卫匡国早先曾提到，人们经常可以看到，当时一些满族人焚烧妻子、仆从及牲畜，为故去的王子殉葬。然而，他让读者相信，在征服运动之后，满族人放弃 1704
了这一野蛮的习俗，转而遵循汉人的做法。[210]不过，这种说法存在错误。顺治皇帝曾令20个宫女和太监自杀，为其妻子殉葬。[211]据闵明我报道，1668年，一位17岁的侍妾想要自缢，为其丈夫殉葬，她的家人祈求皇帝阻止这一悲剧的发生。康熙皇帝随即下令废除这一习俗。[212]

从明到清的变化，似乎令欧洲观察者得以洞悉中国世袭贵族的状况。早些时候的作家曾提到忠于明朝皇帝的藩国，但在征服运动之后，这些藩国并未存留下来。例如，对安文思来说，中国贵族极为少见是确凿无疑的，而且没有一个贵族的延续时间能超过一个朝代，至多不过三百年。[213]孔子世家是唯一的例外，该世家至今仍生活在山东省，而且曾获得世袭的头衔与免于承担赋税的特权。[214]“学者—官员”家庭，构成貌似贵族的家族——安文思称之为“长袍贵族”（gown nobles）——存在时间更短。他说，甚至没有一个家族能够维持长达一个朝代的盛名。[215]关于中国社会的其他阶层，17世纪晚期的欧洲作家更多地着墨于农民，同时还有几位观察者关注到社会底层民众：穷人、戏子、变戏法者、杂技演员及乞丐。例如，纽霍夫描述道，乞丐是如此厚颜无耻，为了乞讨，他们会抓着过路人的衣服不放。他们经常通过自残使自己变得畸形，以博取人们的同情。在纽霍夫看来，更糟糕的是，他们会让自己的孩子变得残废或畸形，使这些孩子成为更有效的乞丐。[216]很显然，穷人的数量很多。纽霍夫称，他们无处不在；闵明我也这样认为。闵明我提到，皇帝每年特设“超过400万（两？）”的经费，来救济穷人。更多的人则依靠乞讨，或是利用狗、蛇玩把戏过活。他认为，这些人：

> 自大、讨厌、无礼，而且贪得无厌。在每个城市和乡镇，都有“讼师”（judge）充当他们的保护者，而他们则取出部分自己的所得，献给这位“讼师”。每当有人被告上法庭，这个人就站出来，为他们辩护。
> 1705 而让人感到奇怪的是，判决结果往往令人们对这些穷人感到畏惧；人们宁可给予他们想要的任何东西，也不敢说他们一句坏话。[217]

社交礼仪仍被作为详细讨论的内容。多数观察者都对正式访问、宴会、官方接待及他们参加的一些重要场合进行描述。许多人注意到，与汉人相比，满族人在社会交往中更坦率，不那么客套。几种关于汤若望深受顺治皇帝宠信的说法、南怀仁陪同康熙皇帝狩猎的记叙，甚至纽霍夫、达帕对荷兰使团在途中、北京城所受接待的描述，似乎都证实了上述观察。然而，礼在欧洲笔者眼中的重要性及他们花费在它上面的精力，绝不因之而减少。对传教士来说，全面了解礼是十分必要的。李明观察到，新来者时常犯下可怕的错误。[218] 多数论者都提到一些可笑的例子。即便是经常对耶稣会士加以批判的闵明我也辩解说，花费在礼仪上的时间和努力是“绝对必要的”。[219] 他声称，礼的知识与不断实践，影响到中国社会各个阶层与帝国的每个地方，仿佛它是“仅有的法庭，而所有民众都是它的服侍者”。

> 我经常遇到这样的情形：一个 8 岁的孩子，能够做到与 50 岁的男子一样彬彬有礼……技工、耕夫、搬运工，风格全然相同，因为他们满是礼貌之辞，使用与省城人一样的语言去表达自己。[220]

闵明我观察到，甚至在宗教迫害时期，中国囚犯彼此之间、或与外国囚犯打交道时，仍坚持谦逊、礼貌的原则。[221] 另一方面，紧接着关于规矩、礼貌的长篇论述，安文思注意到低级官吏并不是总能很好地遵循礼制。[222]

每个人都会描述到宴会、供应的食物及宴会上的表演。纽霍夫的描写尤为生动。除增添了一些见证者关于亲身经历的说法外，17 世纪晚期的描述与金尼阁、曾德昭、卫匡国的说法一致。有些作家注意到满族特殊的风俗。例如，闵明我称，一方面，满族人像汉人一样使用筷子；另一方面，他们又喜欢像日本人那样坐在矮桌前的垫子上。[223] 纽霍夫提到，在招待外国使节的宴会上，北 1706
京的满族人像裁缝一样盘腿坐在又宽又高的长凳上。[224] 一般来说，传教士都自称喜欢中国食物。闵明我似乎比多数人都勇于尝试；他曾尽情品尝各种食品。与之相反，纽霍夫则较少尝试。对于1655年出使期间中国人供给荷兰人的食物，他间或会进行抱怨。在北京礼部的一次宴会上，纽霍夫认为肉食“看起来如此灰暗与肮脏，无法想象它是在什么东西里烹制的”。[225] 也许纽霍夫的印象，与南北方或满汉之间烹饪方式的不同有关。多数令他抱怨的餐食，都是在北京碰到的。在第二次荷兰出使之后，达帕也评论过南北方在习俗与饮食习惯上的区别。他认为，南方人比北方人更文雅、更客气。他说，在南方，每道菜的分量较小，但食物的品种更多、烹制更精心。[226] 纽霍夫也对广东招待荷兰使节的宴会表示满意。[227] 他也提到，在南方和北方，中国人都会饮用掺着牛奶和少量食盐的茶。荷兰人称之为“豆沙汤”（bean broth）。[228] 所有关于中国食物与宴会的描述，都涉及筷子，包括它们如何使用以及是用何种材料制成等问题。闵明我提到，除了木材、银、黑檀木及象牙制成的筷子外，玻璃筷子也非常受欢迎；他说，荷兰人发明了它们，而中国人则将其设计得更为巧妙。[229]

较之早先的文献，除了部分亲历者对特殊节日的记叙外，欧洲人对中国人节日与娱乐的描述少有变化。元宵节是最经常被描述的节日。欧洲人深深受到精心制作的纸灯笼的吸引，对其描述十分详细。李明称，他曾见过一只大到足够人们在其中用餐、跳舞或演出的灯笼。[230] 闵明我、安文思和李明等几位作者，讲到了这一节日的起源。据一则民间传说，它始于数个世纪以前。当时，有一位深受爱戴的地方官员在河边丢失了心爱的女儿，治下的百姓便拿着灯笼帮这位官吏寻找女儿。其他人则认为，该节日最初被用于庆祝桀的灭亡。桀是夏朝
（公元前1766年）最后一位皇帝，暴虐而荒诞。他曾向他的爱妾抱怨说，昼夜 1707
与四季的轮换时时都在提醒他时间的流逝，他的快乐与荒诞行为总有一天会结束。在爱妾的建议下，他建造了一座没有门窗的宫殿，完全以灯笼照明。他们住在这座宫殿里，沉浸在自己的欢乐中，而不必在意时光的流逝。[231] 安文思也讲述了信奉道教的皇帝乘坐白天鹅拉着的白云宝座来到杭州参加元宵节的传

说。[232] 闵明我描述了他所看到的端午节的庆祝场面，并解释说，它起源于人们对一位好官的纪念。这位官员在皇帝拒绝其上疏后，投水身亡。[233]

满族征服之后出现的欧洲人的描述，大致涵盖中国的人民、社会、习俗、商业、土地及自然资源等方面，而其使用的乃是读者所熟悉的金尼阁、曾德昭或卫匡国《中国新图志》中的说法。事实上，这些描述存在大量的重复。征服运动带来的变化被加以报道，但对中国社会和经济生活来说，这些变化影响甚微；而对于中国的地理环境，则全无影响。也许，从本世纪前半叶人种史学著作至此，最显著的变化是新文献的实时性特点。它包含更多的插图、更多见证人对特定事件与场所的报道，而且没有那么多的偏见。

第四节 政府与行政部门

显而易见，满族征服对中国政府和行政部门的影响，或许要超过对社会生活其他方面的影响。尽管这些变化是由征服运动后的欧洲观察者报道的，但基本上，清政府仍被描绘成中国人的，它在结构上延续明朝，且明显地充斥着传统中国的政治态度。

17 世纪晚期的几位作者强调儒家思想对于清政府的特殊意义。例如，闵明我十分欣赏其家庭性格："所有一切都如此有序，好像整个帝国就是一个管治有
1708 方的大家庭。"[234] 在他看来，中国政府的道德基础就在于儒家五伦。对于"五伦"，他做了详细的解释。[235] 他认为，皇帝们非常严肃地对待儒家思想；不仅因为大臣提醒这是皇帝们应当履行的职责，更由于皇帝们不得不刻苦学习，以便知晓大臣提交的奏疏，因为这些奏疏中满是比喻、引喻及其他一些修辞格。[236] 他讲述了大量关于皇帝和大臣的箴言、虚幻传说，来揭示政府中儒家伦理的存在。[237] 在闵明我看来，中国政府与社会之所以在结构、哲学上存在不足，是由于概念以及军人崇高地位的缺失。[238] 安文思也着重分析了政府的儒学基础。他罗列了《中庸》提到的圣明君主应具备的九德，并对每种品质如何创造出良好的政府、如何使皇帝成为其臣民的模范进行了描述。[239] 李明强调皇帝作为

道德模范的角色。如果他不能避免堕落，那道德败坏和言行不一将扩散到整个行政机构；人民将遭受恶官的压迫，很可能不得不起而叛乱。[240] 在李明眼中，“法律既赋予皇帝无限的权威，也要求他有节制、谨慎地使用那种权威，这是中国君主专制体制得以持久的两大支柱”。[241] 例如，尽管皇帝可以任意课税，但又要不时减免遭受水灾或者欠收省份的赋税。虽然他被公认为凌驾于官僚体系之上，能够任意任命或罢免官员，但在道德上，他必须与他的臣下商讨事务，每个大臣都有指出其错误的权力。[242] 卫匡国也在《中国上古史》中列举了大量的例子来揭示皇帝道德权威的重要性。

在欧洲人的描述中，清朝最初的几位皇帝的确是圣明而堪称模范的。另外，
许多欧洲人曾亲眼见过这几位皇帝。与金尼阁对万历皇帝（1573—1620 年在 1709
位）的描述不同，顺治皇帝（1644—1661 年在位）、康熙皇帝（1661—1723 年在位）经常出现在公众面前，举行频繁的觐见活动，接见贡使，走出紫禁城（the Fobidden City），与他所熟识的耶稣会士交谈。如据聂仲迁的说法，汤若望称，1656—1657 年间，顺治皇帝曾接见过他 24 次，两人经常交谈至夜间。[243] 南怀仁时常探访康熙皇帝，并授之以天文学、数学、绘画及音乐等方面的知识。他曾经两次陪同康熙帝至满洲狩猎，期间，他几乎终日陪伴在皇帝身边，与之交谈，共进饮食。有一次，他、康熙皇帝及其他五人坐在山间的小溪边上观赏星辰。南怀仁写道：

> 夜晚十分宁静，天空清澈。他让我用汉语和英语为那些突然出现在地平线上的星群命名。首先，他为自己已经知晓的那些取了名字，随后展开一张我在数年前送给他的星象图，他利用中天的星星来判定时间，沉醉在向他人展示科学知识的喜悦之中。[244]

在李明到达北京时，康熙皇帝在一间简陋的房间里接见了他，因为当时康熙仍在为故去的皇太后守灵。纽霍夫称，在 1656 年荷兰使团的接待会上，在相当远的距离之外便能清楚地看到，顺治皇帝身着华丽的服饰。[245] 与纽霍夫一样，达帕也描绘了 1667 年康熙接待荷兰使团的情况。[246] 在欧洲读者看来，清

朝皇帝一定是拥有无限的权力与财富。众多关于顺治或康熙的描述，是在拂晓时分壮丽的觐见场合，他们高居皇位之上，或是身坐24抬大轿穿过街巷，身边簇拥着一支由满族亲王、大学士、高级官吏、乐师、士兵、摇扇的侍女、撑伞的侍童组成的庞大随从队伍。通常情况下，皇帝的年度财政与士兵、军马、大象及妃嫔的数目都被详加叙述。但欧洲读者也可以用一种不同于中国臣民的眼光，将这些皇帝作为有血有肉的人来看待。他们能够将顺治帝视为一个血气方刚的年轻人，他对西方科学与宗教满怀好奇，面对后宫女色无法自拔，十分迷信，而且在内心深处，他还是一位喇嘛教徒。他们甚至可以看到，在爱妃死去
1710 时他因悲伤而崩溃、毫无理性的举动。基歇尔的著作中，就有一幅大约18岁的顺治帝的画像。[247] 欧洲读者可以看到，康熙帝不仅是精力充沛而智慧的君主，而且是一位中国和西方学问领域聪明而好学的学生。他同时学习儒家经典与几何学，学习通过星辰位置计算时间，尝试西方绘画与音乐，尽情享受狩猎，对官员的虚伪与结党表示愤怒，关注皇子的教育以及汉人安逸的生活对满族军队战斗力的影响。至于康熙皇帝的外貌，用李明的话来说：

> 他拥有中等以上的身材，比欧洲一般的帅小伙要肥胖，但又比中国人所希望的苗条一些；面庞丰满，带有天花留下的痘疮，宽额头，小眼睛，典型的中国式小鼻子；他的嘴型好看，面孔的下半部分讨人喜欢。[248]

白晋的《康熙皇帝》一书将康熙描绘成智慧而圣明的君主的典范，甚至可以作为路易十四的模范。尽管过于盲目，白晋描绘了一位能干而迷人的统治者，提供给欧洲读者一个极为丰富的形象。在李明与白晋的著作中，都有康熙皇帝的雕版肖像。[249]

在满族统治之下，汉人宫廷生活中的许多传统因素得以延续。太监与妃嫔依旧存在。闵明我称，顺治皇帝登基后，曾遣散6 000名太监及众多妃嫔。[250] 然而，此后不久，他又广纳妃嫔。同样地，太监也往往出现在后期的论述中。不过与早先的欧洲作家相比，传教士对太监和妃嫔的描述并不多。他们强调顺

治与康熙（尤其是后者）的自我克制，避免像晚明皇帝那样酒色成性。[251] 清初宫廷中的皇亲与满族贵族也引人注意。与在地方封藩为王的明代皇亲不同，这些新来者似乎留在北京的皇宫内。他们同皇帝以及官员的关系很难说清楚。例如，安文思称，“眼下，鞑靼皇帝的亲戚都是贵胄（great lords），他们生活在京城”。[252] 闵明我称他们为 24 个国王，但又补充说，“他们仅是名义上的国 1711
王，并无臣民”，同时，“他们是军队中的将领”。[253] 他们似乎经常在觐见与游行活动中亲近皇帝。有时，他们被描绘成亲密的御前顾问，位居百官之上。例如，李明提到一个“特别委员会”（extraordinary council）。与内阁大学士（阁老）组成的“普通委员会”（council in ordinary）不同，该委员会专由“亲王”（princes of the blood）组成。[254] 安文思还提到“宗人府”（Tribunal of the Grandees），其首脑享有王号。这个机构负责向皇亲发放津贴。[255] 李明提到，一位亲王因沉溺于斗鸡而被剥夺头衔与俸禄。这个故事说明，满族亲王绝非皇权的对手。[256]

中央官僚机构最显著的变化，是所有中央机构都添设 1 名满族成员。几乎所有人都提到，在清朝统治下，每个机构都有 2 名首脑、4 名助手或顾问、2 倍于明朝的成员，均为一半满人、一半汉人。例如，聂仲迁称，在征服运动之后，满族人发现自己不具备独自统治中国的经验，于是，他们只是简单地将满族成员加入中国旧有的官僚部门中。不过，他观察到，对于统治中国，满族人变得越来越聪明，控制越来越有效。[257] 达帕也提到，在 1670 年康熙统治之下，满族人处处排挤汉人，试图垄断整个政府机构。[258] 不过，根据聂仲迁的说法，在处理荷兰朝贡贡期的问题上，礼部的满汉官员存在分歧，而汉族官员似乎更具影响力。[259] 安文思则指出，到他写下这一问题的时候，满族人已经主导了中央政府。[260]

在清朝统治下，中央政权的另一个主要变化是内阁（the Grand Secretariat）
的重建。安文思与闵明我称之为“国家委员会”（the Council of State）。[261] 正 1712
如他们描述的，内阁（*nei-ko*）由 14 名成员组成，半数是满族人；[262] 他们定期会晤，监督六部的工作，审阅提交上来的呈请，并向皇帝提出建议。闵明我宣称，内阁阁臣从无假期。

司法改革与合理化是清初统治者关注的问题之一。安文思提到一个称作“三法司”（San Fan Su [*san fa-ssu*]）的机构，负责重审皇帝认为存在疑点的死刑案。也许它并非一个新机构：安文思将之描述成刑部（the Board of Punishments）、大理寺（the Grand Court of Revision [tai li su]）与都察院（the metropolitan censorate）的会审。[263] 安文思还注意到一个唤作“行人司”（Him gin su [*hsing-jen ssu*，Messenger Office]）的机构，由“七品”（the seventh Order）官员组成，其属员以特使或大使身份派驻外地。“外地”（abroad）意指帝国内或国外的某一地方。例如，它指派使者将皇帝的慰问带到某位战死沙场的将士家中；一些属员被派往朝鲜册封朝鲜国王。[264] 几位后征服时代的作家称，清朝皇帝解散了南京的中央政府组织；江苏和安徽省合并为江南省，并将南京更名为江宁（Chiang-ning），作为省治。据达帕称，甚至是南京的皇宫也被毁掉。[265] 李明称，在满族统治下，监察机关被清除：“但自从鞑靼人入主中国以后，这些官员便被撇在一边；因为他们中有的人滥用职权，通过替人隐匿罪行以及敲诈无辜者的方式聚敛钱财。”[266] 他认为，监察官的作用至少部分地被康熙皇帝对行省的私访所代替。他列举了一些事例，展现康熙在出巡过程中的温和可亲以及对暴虐的地方官的即时处罚。还是根据李明的说法，官员们被要求定期上奏向皇帝坦言自己的秘密与过错。这种清代已经存在的情况，听上去像是我
1713 们今天所说的“斗争与批评”会议的前身。[267] 其他欧洲观察者描述了清代的监察机关，其措辞与金尼阁、曾德昭对明代监察机关的描述相类似。相对于金尼阁与曾德昭，安文思增加了相当多的细节，并更清晰地辨别了它的各种功能。例如，他描述了“六科给事中”（Six Offices of Scrutiny）的功能，尽管他没有将之冠以“六科给事中”的称谓。他也敏锐地察觉到，尽管权力不小，监察官却通常来自文官系统中的低层——他说只有七品。虽然承认监察机关的理想状态，安文思仍认为监察官通常会滥用职权。他们经常会在巡视各省回来时，满载贿赂品。“一般来说，”他说：“除非是那些贪赃枉法、人所共知，以致他们无法包庇的官员，或是那些正直、贫穷而无法满足他们的贪欲的官员，他们从不弹劾任何一位地方官。”[268]

多数关于中央官僚机构其他组织的描述，都与金尼阁、曾德昭及卫匡国的报道相似。不过，征服运动后的耶稣会士作家增加了较多结构与运作方面的内

容。例如，在耶稣会士的论述中，包括钦天监在内一些礼部的下设机构，十分引人注目。耶稣会士还详细描绘了政府的运作方式：问题如何提交到六部，以及如何解决；大臣间党争的影响；六部中任一部都不能脱离其他五个部门而单独运作；如果皇帝对某项决定不满，他是如何一次次将问题发回、要求重新考虑的。传教士在多尔衮执政时期遭遇的麻烦与他们的努力，以及他们在康熙当政早期重新得到支持，使得他们成为前述问题敏锐的观察者，并为他们提供了大量具体的实例。对传教士的迫害似乎扭曲了安文思对中国政府的看法。虽然承认中国政府的伦理基础与结构，但他又揭示出理论与实践的巨大反差。尽管康熙皇帝是智慧而圣明的，但他的官员却往往堕落而虚伪："那是极为罕见的，"安文思写道："碰到一位不那么贪婪与堕落的官员。"[269] 理智和正义从来就靠不住。他写到："以钱财贿赂永远有效，直到别人给予更多为止。"[270]

根据欧洲人的说法，王朝更替给地方省级政府造成的影响比较小。掌握两个甚至更多省份的军政大权的总督与巡抚之间的分别，变得略微清楚了一些。[271] 对于省级政府的结构，安文思的描述最为完整。上到总督，下到地方 1714
官吏，甚至包括一些金尼阁、曾德昭或是卫匡国不曾提到的内容，他均予以描述。在各种情况下，他都会描述有关官员在文官系统中的品级、权限内的事务、下属的数目，等等。总而言之，他对精确的数据有所偏好，比如他声称，中国总共有 13 647 名文官与 18 525 名武官。[272] 许多人都会以赞许的口吻描述行政机关的一些基本政策，如回避及三年一调任政策。安文思称，在地方官三年期满调任时，吏部官员以抓阄的形式决定地方官员将要赴任的城和镇，焦虑的地方官往往会贿赂吏部官员，以获取自己想要的结果。[273] 同样地，在省级政府中，安文思断言，"如果中国官员能够严格依照政治制度办事的话，那这个世界上将不存在统治更完善、更让人幸福的王国"。[274]

清初，大部分省级职位由汉人担任。聂仲迁认为，仅有的少量满族人，无法满足众多职位的用人需求。[275] 几位欧洲作家称，到 1673 年止，中国南部与东南部的大片地区几乎完全由几位藩王独立统治，这几位藩王曾在征服运动中与满族人合作：云南的吴三桂、广东的尚之信（Shang Chih-hsin），以及福建的耿精忠（Keng Ching-chung）。[276] 在纽霍夫对首位荷兰使节的叙述中，有亲历者对尚之信和他年迈的父亲尚可喜在广东的统治的观察，而达帕对荷兰海军司令博特与国姓爷在福建沿海的斗争的描述，则包含相当多关于耿精忠及其独立势力的细节。这三位藩王于1673年叛乱，直到1681年，在经过一场极具破坏性的内战后，他们才被镇压下去。[277]

与对清政府其他方面的处理方式一样，17世纪晚期的欧洲人给出大量涉及省级政府运行方式的描述。高级官员的队列、他们的随从，以及地方官吏或巡
1715 抚的法庭，都常常被加以描述。闵明我的论述尤为详细。他称："毫无疑问，与欧洲任何一位君主相比，广州的最高官吏到过的地方都要多得多"。[278]越高品级的官员越少开庭问案。每天早晚，地方官吏在自己的衙署中举办公开法庭；巡抚和总督每个月仅开庭审案两次或三次。[279]中国官僚体系内快速的信息交流，以及北京命令在地方开展的速度，同样给闵明我留下了深刻的印象。例如，皇帝可能发出一份彻底搜捕某位罪犯的谕令，在两个月内，这则谕令将从相应的"部"到达总督、巡抚、地方官吏、甲长（Heads of ten-family groupings）；地方将进行彻底的搜查，而搜查报告则反馈到首都。那就是宗教迫害时期传教士在全中国遭受围捕的方式。[280]荷兰人于1663年到达福建，广州的官员几乎在同一时间获悉此事。[281]

闵明我和耶稣会士也提供了中国法律与司法方面的第一手资料。他们的描述多与曾德昭关于中国法律、审判、刑罚及监狱的说法一致，同时，他们补充了自己的亲身经历与观察作为例证。例如，聂仲迁称，有一次，年迈的汤若望在接受审讯时，痛苦地长跪四五个小时，受到了极为严重的伤害。汤若望最终被判以"凌迟处死"，但处决未被执行。[282]安文思称，斩首是最具羞辱性的刑罚，因为斩首使受之于父母的身体遭受严重损毁，从而展现了罪犯的不孝。如果一位大臣被判处死刑，而皇帝想要展示宽大之心，他会赐予该大臣一条丝绳，令其自缢。根据安文思的说法，有时候，罪犯的亲戚会贿赂刽子手，向他们购买罪犯的尸首，以便将其头颅与身体重新缝合后下葬。[283]闵明我曾在杭州的监狱中待过一段时间，他认为中国监狱的状况要好过欧洲。中国的监狱更干净、更有序、更安静，而且监狱中的囚犯并不互相欺压。但有时监狱过分拥挤：在睡着两名同行的传教士的藤床下，闵明我度过了八个夜晚，他无时无刻不在担

心上面的藤床可能塌下来。最后，为了获得更多的空间、更好过一点，这些欧洲人租下监狱中一间独立的小牢房。[284] 每个人都描述了随处可见的竹杖笞打，将它视为中国最常见的刑罚。许多中国人死于这种笞打，尽管在一些时候，有 1716
钱的罪犯会贿赂行刑者求得较轻的笞打或者干脆雇用一个替身代受刑罚。[285] 李明告诉我们，杨光先，这位宗教迫害运动时期传教士的头号敌人，就曾雇用替身代受刑罚。杨被判处死刑，而那位十分不幸的替身，原以为只需要代受笞打，最后却代杨光先而死。[286] 而其他传教士只是提到，杨最终失宠并被判以死罪，但由于他年事已高、身体欠佳，皇帝允许他告老还乡。[287]

尽管已经有大量关于满族征服的描述，后来的作家对于清朝的军事机构却言之甚少。安文思列举了京城不同的军事机构，并再次强调整个军事系统都处于文官的控制之下。[288] 聂仲迁简要地描述了满洲八旗（Manchu Banners），各旗都由一位亲王指挥。他相信绝大多数文官也可以分成若干旗。[289] 闵明我提到宫廷中他称之为“少将”（major generals）或“固山”（满语，*kushan*）的人，每次会有两三个人被秘密派出，去执行军事任务。他说，他们的士兵时刻准备战斗。也许他们是满洲八旗的指挥官。[290] 没有人阐明八旗同中国其他军队的关系，这使得我们很难明白：当他们使用一般术语讨论军事问题时，到底意指什么军队的士兵。南怀仁称，康熙在中国东北的狩猎活动隐含着某种军事目的：操练满洲军队以及维持蒙古盟友的忠诚。[291] 白晋也提到康熙帝对士兵沉溺于中原安逸的生活而堕落的担忧。[292] 对照征服运动后众多作家的说法，康熙的担忧是不无道理的。许多欧洲作家笔下的清军，与他们的前辈所描述的明军完全相同。闵明我称赞的是这些士兵的端庄与谦恭，但不是他们的英勇。所有人都认为，他们人数众多；闵明我估计有200万之多。只要中国士兵真正用心于战争研究，地球上将无人能与之对抗。[293] 但诚如李明所言：

> 他们的士兵十分优雅，彬彬有礼，因为这些鞑靼人几乎已经退化 1717
> 成汉人。而汉人依旧是老样子，温和优柔、不善战斗，只是在检阅或行军的过程中表现得风度翩翩，而不能在战斗中英勇作战。[294]

据说，康熙自己也说过："他们遇弱旅尚能称得上强兵，但遇到强兵则不堪一击。"[295] 蒙古人曾嘲笑他们说："西鞑靼战马的一声马嘶足以击垮中国的军队。"[296] 在战斗勇猛或战斗力方面，他们也没有给曾经联合清军镇压国姓爷的荷兰人留下好印象。而对于他们的胆小、善变与怯懦，达帕则满口轻蔑的评论。不过，多数欧洲作家都报道了清军在镇压勇猛的国姓爷与"三藩之乱"时获得的胜利。正是依靠其军事力量，到1683年，康熙帝国已是天下太平。

虽然通过征服运动后的欧洲作家，中国政府在结构与运行方面的变化被广泛地介绍到欧洲，但明清政府间的连续性元素隐约呈现，甚至盖过了上述变化。与17世纪前半叶相比，残存与稳态同样被详加描述，而且说法也少有不同。也许，在17世纪晚期欧洲人给出的中国政府形象与金尼阁、曾德昭、卫匡国的概述之间，最重要的不同是后来的论述中出现了大量而有价值的亲历者的叙述。

第五节　文化生活

1650年以后，欧洲人对中国文化生活的描述发生了变化，但这并非满族征服的结果，而主要是由传教士对中国文化，特别是对历史与儒家哲学了解的加深造成的。当然，话语保持一致，多数欧洲人都在重复金尼阁、曾德昭及其他一些早期作家的说法。所有人都说，是中国古代圣皇伏羲创造了最早的汉字。但基歇尔却称，它们来自埃及，是由圣经中的含（Ham）① 及其后代移居中国时
1718 带来的。[297] 安文思则坚持认为，汉字早于埃及的象形文字。[298] 基歇尔利用现代对应词罗列并概述了汉语书面语的16种形式，而且将多数形式都归功于中国古代的一位圣皇。[299] 几位作家描述并举例证实了现代词从其古代形式演化而来的过程。[300] 闵明我观察到，这些词的现代形式可追溯到汉朝。[301] 关于如何通过加入一个简单的词根或意思来进行复合词的变化，基歇尔和安文思也做了清晰的论述，并附有例证。[302]

① 据《圣经》记载，诺亚生三子：闪（Shem）、含（Ham）和雅弗（Japheth）。——译者注

在 17 世纪后半叶，相对于汉语口头语语音的贫乏，如此大量的书面汉语继续令欧洲人感到迷惑。关于汉语的语音体系与语调，有些人做了比早期欧洲学者更为清晰与深入的论述。例如，李明制作了一份表格，罗列了他认为足以穷尽汉语语音的 326 个单音节字。通过五种声调，这些单音节字可以拓展成 1 665 个字。[303] 安文思也对送气音与非送气音词加以区分，并以“Po”在不同声调、送气与不送气状态下表达出的 11 种不同意思作为例证。[304] 此外，他还声称，与早期学者相比，他们的声调让中国人听上去更自然，而且不再出现语音走调的情况或是依靠挂在脖子上、用写字来表达意思的纸簿。他们甚至可以同中国人进行对话，明白对方的意思。[305] 与闵明我和李明强调汉语学习的困难不同，安文思认为，相对于拉丁语、希腊语或者耶稣会士曾前往传教的其他国家的语言，汉语更易于学习。一般来说，一名新传教士只需一年时间就能掌握听说能力。虽然他们是作为成年人开始学习这门语言的，但经过两年时间，多数传教士可以流利地布道、阅读和书写。作为证据，他制作了一份详细的耶稣会士汉语著作的目录。最后，作为例子，安文思重新展示了他在此前用以评述孔子的汉语，详列其中每个汉字的读音和含义，并详细解释了全文及传教士的使用方法。[306] 1719

关于中国人的学术与教育，除了历史、宗教和哲学，后来的欧洲作家对早期金尼阁、曾德昭与卫匡国的介绍补充不多。事实上，除了纽霍夫和达帕的大幅重复前人论述的百科全书式著作外，新的论述对一些重要话题——如科考，少有涉及。倒不是因为 1650 年以后的欧洲作家忽视了中国的学术与教育。安文思就断言，中国是地球上读书人最多、识字率最高的地方。[307] 闵明我认为，中国人“沉迷于学习”且“酷爱读书”。他说，官员与富人在乘轿穿过街巷时，通常是在读书。小商人坐在柜台后等待顾客时，也在读书。儿童往往受到这样一些故事的激励：例如，牧童整日骑在牛背上读书，以牛角为书桌①；穷人的孩子因为买不起蜡烛，夏天收集萤火虫照明②，而冬天则借着雪光在屋外读

① 即元代诗人、文学家王冕（1287—1359 年）。——译者注

② 即东晋车胤（公元 333—401 年）“囊萤照书”的故事。——译者注

书①。[308]通常人们也一致认为，中国人刊布的书籍是世界上最多的。李明报道了大量的藏书机构，其中一些机构藏书超过40 000册。[309]安文思罗列了中国书籍的种类：历史编年、数学、自然科学、军事科学、医学、农学、辩术、孝德故事、忠义小说、言情小说、诗歌、悲剧及喜剧。[310]

几乎所有的欧洲作家都会谈到“四书”与“五经”；与1650年以前的作家相比，几乎所有人都做了更为详尽的论述。到本世纪末，欧洲读者已经知道，带有八卦图的《易经》被认为是中国最古老的经典，而且它的作者是中国古代的圣皇伏羲，虽然安文思怀疑书中部分内容乃是后人添加的。他们也已知悉，《书经》是最早的史书，记载内容上起圣皇尧（公元前2356—前2225年）、下到周朝中期，据说其大部分内容为周公（Chou Kung）所作（公元前1105年）。
1720 可以肯定，他们读过其中的一些文句。可能他们已经了解到《诗经》中诗歌的体裁和内容、《礼记》是一部关于礼仪与典礼的记载、《春秋》应当是一部由孔子写就的鲁国的编年史书。[311]他们不仅知道“四书”的名字和大概内容，而且已经完成前三书的翻译，而《孟子》虽尚未被翻译，但其大致内容也为人们所了解。[312]他们也已知晓，“四书”乃科举考试的基础，许多学生将它们全数背诵下来，而且只有宋朝程氏兄弟和朱熹的注解得到官方承认。[313]

17世纪下半叶，欧洲人对中国医学的认识并无多大改变，但出现了更为详细的叙述，相当多的内容涉及中医把脉诊断疾病的方式及其使用的各种草药与疗法。事实上，迈克尔·卜弥格就曾翻译过一篇非常重要的、有关切脉问诊的中文论文，早在17世纪末以前，这篇论文已经刊布两次。[314]几位传教士都谈到自己与中医接触的经历。一般来说，传教士会赞叹中医诊断水平之高，但又注意到中医缺乏科学的基础。他们称，中医依赖经验与实践，而不是理论；同时，一些中医医术高明，另外一些则纯属庸医。[315]

与早期欧洲作家相比，17世纪后半叶欧洲人的描述也包含了更多涉及数学和天文学的信息。耶稣会士认为，中国人迅速理解、掌握了西方的几何学与代数学；尽管历史悠久，中国传统数学被认为远远落后于欧洲。欧洲人称，与中

① 即东晋孙康（生卒年不详）“雪映窗纱”的故事。——译者注

医类似，中国的数学缺乏精确法则与基本原理。例如，李明就曾写道：

他们的几何学十分浅薄，被限定在非常少的几个命题以及某些代数问题，他们抛开基础原理或基本法则，而仅仅使用归纳法去解决这些问题。[316]

但据说，中国人精于算术。卫匡国描述了中国人普遍使用的算盘，并做了绘图。另外，卫匡国又指出，算盘起源于圣皇黄帝统治时期（公元前2697—前2597年）。[317] 多数后来的欧洲作家也谈到它。对于中国传统的天文学以及经典与史书所记载、有助于重要朝代或事件断年的古代观测的准确性，耶稣会士倍加赞叹。卫匡国也记叙了许多天象。几乎每个人都会以钦佩的口气评论北京天文台的古老仪器；几本书内收有它们的草图。[318] 然而，对传教士而言，欧洲天文学的领先地位是毋庸置疑的。对中国历法的改进，以及对日月食、天体会合的准确预言，使他们在中国人那里赢得了受人敬重的地位。所有有关耶稣会士在北京进行历法、天文工作的论述，都提到中国传统天文学的缺陷、中国人对日月食和天体会合的迷信及天文学理论的缺失。在南怀仁指导下，北京天文台的旧式仪器也被废弃，换之以更为精确的、仿欧洲仪器制成的新设备。[319] 李明的话比多数人的说法更具讽刺意味，他说： 1721

如果说中国缺少杰出的数学家，他们至少还有一流的占星家；因为，要在占星术上有所成就，只需一个足够机灵、善于撒谎的骗子就够了，这是任何一个国家都比不上的。[320]

对于中国人的计时方法，许多传教士都有所描述。这些传教士准确地掌握了“十天干”（the ten heavenly stems）与“十二地支”（the twelve earthly branches）的名称，并指出了它们计时的方法。利用传教士，尤其是卫匡国的描述，达帕在其著作中写下了关于中国计时方法的最详细的长篇叙述。包含白天与黑夜的一天，欧洲人将之划分为24小时，而中国人则分其为12个时辰，因此中国的一个时辰相当于欧洲的两小时。他们也不像欧洲人那样以数字命名小时，而使用如下汉字：“**子**”、“**丑**”、“**寅**”、“**卯**”、“**辰**”、“**巳**”、“**午**”、“**未**”、
1722 “**申**”、“**酉**”、“**戌**”、“**亥**”——十二地支。中国人通常使用皇帝年号记载年份，同时，他们也常使用由十二地支结合十天干组成的“六十甲子”。这十天干为：“**甲**”、“**乙**”、“**丙**”、“**丁**”、“**戊**”、“**己**”、“**庚**”、“**辛**”、“**壬**”、“**癸**”。“六十甲子”的第一年为“**甲子**”，第二年为“**乙丑**”，而第六十年为“**癸亥**”，此后新的循环再次开始。达帕罗列了一甲子的所有年份。十天干与五大行星、五种元素相配，使这一循环成为自然秩序的有机部分。另外，每一地支都与一特定动物相匹配，而这些动物被用来表示特定的某一时辰或一天。六十甲子又被分为上元、中元、下元，从而产生一个 180 年的大循环。人们用“**万**”（van [*wan*]）或者万年形容年份之多。每年被分为 12 个“月”，其中 6 个月包含 30 天，另外 6 个月包含 29 天，从而产生包含 354 天的一年。每三年有一“闰年”，该年会增入一个包含 30 天的月，使得这一年含 384 天。当太阳转到宝瓶座 15° 角的那一天（大约 2 月 15 日），新的一年便开始了，这一天也标志着春天的到来。与西方人相似，中国人将一年分为四季，但他们进一步将每一季节分为六部分，形成 24 节气。达帕列出了一年中的 24 节气。[321]

在安文思和李明看来，中国的天文学，甚至所有科学的发展，都受到了迂腐读书人的阻碍。这些书呆子不信任任何来自帝国外部的知识，而且盲目崇信古代，不愿质疑古人的思想和经验。[322] 然而，中国对历史的重视，表现在史学著作的数量和质量上，仍然是中国学术最令人钦佩的一个方面。由玛尔什代锡·特维诺和柏应理出版的卫匡国的《中国上古史》及其续集，使 17 世纪晚期的欧洲读者可以获得一份关于传统中国历史的连续的、详尽的叙述，这一论述从远古传奇圣皇延续到康熙帝时期。其他作家大都提到中国的历史，经常取材于卫匡国的著作，但有时反映出作者特定的兴趣或重点。总之，与 17 世纪上半叶相比，此时期欧洲关于中国历史的知识增加了许多。

卫匡国的《中国上古史》以第一位传奇圣皇伏羲开篇，卫匡国将其在位的起始时间标识为公元前 2952 年。他将伏羲之前天、地、人三界君主的漫长时期视为神话传说，他注意到多数中国学者也这样认为。尽管如此，他并不怀疑

伏羲及其继承者的真实性。卫匡国首部著作专辟一章，介绍各位圣皇——伏羲、 1723
神农（Shen Nung）、黄帝、少昊（Shao Hao）、颛顼（Chuan Hu）、喾（Ku）、尧和舜，详述他们在位期间的功绩及突出事迹。在该书中，卫氏也讨论了中国古代的数学和天文学、六十甲子以及尧在位时期的大洪水，他认为这场大洪水应当就是圣经大洪水。[323] 多数后来的作家都同意卫匡国关于中国历史开端的说法，尽管有人指出《书经》以尧（公元前 2356—前 2255 年）开篇，也有人猜测中国古代的编年史如何与《圣经》关于创世纪的记载相符合。[324] 例如，安文思注意到，有学识的中国人认为把伏羲看作第一位皇帝是恰当的。没人敢质疑尧的真实性。于是，在华耶稣会士便以《旧约》（*Old Testament*）的希腊文本进行编年，从而使中国古代与《旧约》的编年更为一致。[325]

卫匡国关于上古几位圣皇与朝代——夏商周的论述，反映了儒家经典与历史叙述所带有的半神话的、浓重的道德伦理色彩特征。比如，据说每个王朝都是由一位虔诚的皇帝建立的，该皇帝替天行道，废除暴君，解救受压迫的人民。卫匡国讲述了经典中关于尧、舜、禹（夏朝建立者）、汤（商朝建立者）、文王及周公（周朝公爵）的故事，以显示他们的圣明。[326] 虽然每个王朝都由一位承受天命的虔诚领导者开创，但却往往以邪恶、堕落的暴君而终。至于暴君，卫匡国也提供了一些作为例证的故事。[327] 对处在圣明的开朝者与丧失天命的邪恶暴君之间的皇帝，卫匡国叙述不多。他对周朝的叙述十分详尽——占用篇幅达 100 多页。[328] 在夸赞完武王和周公的圣明统治之后，卫匡国又介绍了对皇帝的不忠行为，私通、暗杀及封建领主间的战争。他对战国时代（the Warring States Period，公元前 403—前 221 年）的描述，侧重刻画结盟、战争
及密谋等，认为它们最终导致地处边远地区的楚、齐、秦三国的扩张；他列出 1724
了君主、将领、使节和哲学家的名字，以及他们的言论与行动。涉及君主、使节和哲学家的耐人寻味的轶事，出现在许多欧洲作家的描述中。似乎这些欧洲作家主要借用了卫匡国的史著及其续作，但有些明显取材别处。闵明我也用一些章节叙述了那些传说的故事。[329] 到本世纪末，其中一些故事已经被多次重复讲述，多到足以令欧洲读者对之十分熟悉的程度。

与金尼阁、曾德昭相比，17 世纪晚期的作家——卫匡国、纽霍夫、达帕、

闵明我、柏应理、李明等——给出了更多有关孔子的描述。[330] 他们提到，孔子出生于公元前 551 年，19 岁时结婚，生有一子，并在鲁国担任高官。在仅仅三个月的时间里，他在鲁国发起一场道德与政府领域的巨大改革，然而心怀妒忌的齐国公爵将一名美女送与堕落的鲁国公爵，导致改革彻底废置。在鲁国君主沉溺于女色、不理朝政的时候，孔子辞职引退。卫匡国注意到，“美女与德行不可兼得”（Raro enim virtus et Venus sociantur）。[331] 此后，孔子周游列国，为其他几个国家的君主献策、讲学、著述。据说，他手下有徒弟 3 000 人，其中高徒 72 人中，就有 12 人为哲学家。耶稣会士列出了这些高徒的名字。[332] 此外，孔子编纂或书写了“五经”及“四书”中的三种。闵明我的著作以及《孔夫子：中国哲学家》都描绘了孔子出生时伴随的惊异之事（据《孔夫子：中国哲学家》称，商朝皇帝是他的祖先）。两者都提到，孔子出生时成熟宛如 6 岁。[333] 以《春秋》的内容为证，卫匡国和《孔夫子：中国哲学家》的作者宣称，孔子曾预言基督和基督信仰来华。[334] 耶稣会士及李明认为，孔子的预言通过汉明
1725 帝的梦部分地实现，但使节错误地将佛教而不是基督教带到了中国。[335] 然而，闵明我则声称，孔子是一位无神论者，且从未做出上述预言。[336] 许多欧洲学者对孔子的一些学说及他修纂的经典进行讨论。许多人引用了明显取自《论语》的语句。更为重要的是，在包含儒家思想精髓的“四书”中，有三部由柏应理及其同伴译成拉丁文，由让·德·拉·布吕内意译为法文。[337] 现代学者笔下的孔子形象却大不相同。在今人看来，17 世纪欧洲人涉及的许多材料似乎是晚期孔门弟子的言行录。[338] 然而，除了孔子出生时的奇异之事，17 世纪的欧洲人从未质疑孔子预言基督入华的故事。因此，他们提供给读者一份精确的复制品，它复制了中国人对孔圣人的传统描述，而且加入了属于他们的基督神话。

或许因为得自与老子对立的儒家学者之口，对于老子的相关信息，传教士多有批判。金尼阁曾把老子作为孔子的同时代人加以介绍。[339] 卫匡国认为，老子出生于公元前 605 年。[340] 所有欧洲作家都重复了这样的传说：老子的母亲怀胎八十载，才生下老子，这使他出生时年迈且智慧。对于道教信仰与仪式，许多人也常常带着反感情绪加以描述。道士经常被称为“享乐主义者”，因为在卫匡国等看来，大众道教专注的事务是：通过丹药或修炼做到长生不老，以及

妄想点石成金（change base metals into gold）。李明认为，道教开启了打破中国古代一神教局面的进程，这一进程曾受到儒家学者暂时性的阻挠，但随后由佛教完成。[341]

卫匡国还描述了孟子的生平、学说及一些曾与他进行论辩的哲学家。[342] 除了卫匡国，仅有一位西方人提到孟子，那就是达帕。他从《孟子》中摘录了一些故事，试图揭示：对于真正意义上的上帝（the true God），孟子毫不知晓。[343]

卫匡国对秦和西汉的叙述十分详尽，而且如实地反映了儒家官方的历史编纂。他仔细地记述了秦朝统治下中国的统一，以及新帝国向“化外之地”的扩张活动。他也描述了秦朝统治的严酷与残暴，最终导致中国百姓起而反抗——刘邦就是反抗者中的一员。在谈到蒙恬（Meng T’ien）将军加固长城的活动时，卫匡国指出，这一工程需要征发中国 1/3 的劳动力。[344] 公元前 213 年李斯（Li 1726
Ssu）声名狼藉的“焚书坑儒”建议，以及人们富于想象的保存古书的办法，都被详加描述。除卫匡国外，达帕和李明的描述最为详细。[345] 卫匡国关于秦朝的历史叙述，以秦始皇的去世、李斯和太监赵高随后的阴谋及推翻秦朝的起义结束。[346]

在叙述完先秦国家复国的尝试与刘邦、项羽和其他起义者之间漫长的争斗后，卫匡国用了一章的篇幅来介绍西汉王朝的各位皇帝。占用篇幅最多的，自然是汉朝开创者高祖刘邦（Kao Tsu [Liu Pang]，公元前 206—前 195 年在位）与武帝（Wu Ti，公元前 141—前 87 年在位）。卫匡国的讨论是全面而准确的。它不仅包含了征服、叛乱及与匈奴的关系，还涉及儒学的复兴、经典的复原、外戚的权势和阴谋、大众道教的影响。他描述了王氏家族的崛起，却不曾提到王莽（Wang Mang）公元 9 年对皇位的篡夺。卫匡国的叙述，终于公元 1 年第 12 位皇帝的离世。[347] 除了一些涉及明君忠臣的、具有道德寓意的故事外，卫匡国关于西汉的丰富历史叙述很少出现在其他欧州人的描述中。

在论及东汉的历史时，佛教传入中国是最常被提及的事件。几乎所有欧洲作家都提到汉明帝的梦及其影响。[348] 几位学者也叙述了释迦牟尼的生平和思想，并讨论了几种不同的佛教教义。[349] 基歇尔把佛教当作另一种偶像崇拜，它从古埃及慢慢传向世界各地，传入中国和日本的时间相当晚。[350] 柏应理等人则准确地意识到，佛教甚至影响到宋代的新儒家哲学，而后者在清初仍被视为官方的正统思想。[351] 闵明我讲述了一些佛教起源的故事，并暗示说，儒家学者在与佛教的“偶像崇拜”做斗争时，反而陷入了无神论的错误中。[352]

尽管明帝曾误将佛教的“偶像崇拜”引入中国，玛尔什代锡·特维诺编辑的“中国上古史续”仍认为他是一位好皇帝——“谨慎、智慧而宽仁”——不
1727 同于他的继任者们。[353] 该书同时追述了佛教与大众道教在东汉时期的迅猛发展，而且对于王莽篡权（公元 9—23 年）到公元 220 年王朝灭亡期间的政治、宫廷情况，它也做出了相当完整的叙述。[354]

对欧洲观察者而言，大唐王朝（公元 618—907 年）发生的最重要的历史事件，是基督教传入中国。1623 年或 1625 年，景教徒在唐都长安竖起的石碑发掘出土。曾德昭于 1625 年见到这块石碑，并在 1642 年有关中国的描述中提到它。[355] 对于这块碑及撰写该碑的基督教使节，后来的论者也多有评论。基歇尔的《中国图志》（1667 年）一书，包含对该碑最为完整的讨论，并附带了汉语与古叙利亚语的碑文及其拉丁文译文。碑文讲述了公元 636 年基督教来到长安的过程，概括了景教的基本教义，并列出供职于长安城教堂的主教、牧师及几位曾光顾教堂的皇帝。这块碑立于公元 781 年。在基歇尔的著作中，正如佛教入华是偶像崇拜在全球传播中的一环，基督教扎根中国也构成福音在全球传播的一部分。尽管传教士仍然相信早在公元 1 世纪圣多默就已经在中国布道，但这块碑以及其他中国史料均不足以证明这一点。事实上，闵明我就曾抱怨，中国的历史记载甚至对 7 世纪的基督教堂都只字不提。[356]

在玛尔什代锡·特维诺“中国上古史续”之前，除闵明我提到的唐太宗（T'ai Tsung，公元 618—626 年）① 具有启发意义的故事外，[357] 中国学者对唐朝其他情况的描绘，并未出现在欧洲的出版物中。“中国上古史续”对唐朝做了详尽而中肯的描述。书中提到关涉唐太宗等几位皇帝的虔诚故事，而且除与皇帝有关的事情外，“中国上古史续”还追述了基督教的命运——特别是女皇武则天统治时期（公元 684—710 年）的宗教迫害、佛教的影响、唐玄宗（Hsuan Tsung）

① 公元618—626年间在位的是唐高祖李渊；唐太宗在位时间为公元627—649年。——译者注

时期（公元 712—756 年）儒学的复兴及安禄山的叛乱（公元 755 年）。据“中国上古史续”称，在唐玄宗死后的迅速衰落时期，多数皇帝是由内廷宦官拥立的佛教徒。[358] 佛教的盛行，倍受儒家学者批判，却由公元 803 年唐宪宗（Hsien Tsung）迎佛骨入大内供奉一事得到进一步的证实。[359]

除“中国上古史续”外，17 世纪晚期描述中国的欧洲学者往往忽视了宋王朝。卫匡国等人注意到，南宋首都杭州，便是马可·波罗称之为“行在”的城市。1728
卫匡国称，在北方省份沦入鞑靼人之手后，宋朝第 10 位皇帝迁到了那里。[360] 闵明我对宋朝的叙述最为详尽。他声称，那是一个“学术最为繁荣”、学校与士子数量不断增长的时代。他列出了各个城镇、城市及大都市的取士名额与科目。[361] 闵明我也注意到，宋朝对经典的注解成为科举取士的官方教材。[362] 尽管他自己没有意识到，闵明我所搜集的历代君臣模范言行，来自宋朝的部分多得离奇。[363]

“中国上古史续”提供了足够的细节，让人形成这样一种总体印象：在宋朝，儒家伦理与儒学极为繁荣。书中充斥着司马光、王安石（Wang An-shih）、程颐（Cheng I）、朱熹等人的名字与成就，以及展现儒家美德的故事。不过，在叙述宋朝皇帝圣明治行的同时，宋真宗（Jen Tsung）的同性恋取向及这种取向在真宗朝的普遍性被予以揭示，被认为是宋朝末位皇帝道德沦丧、王朝持续无力应对蒙古人侵袭的原因。[364]

对于宋朝的陷落及蒙古人建立的元朝，欧洲的出版物有较多的叙述。关于早期中原与鞑靼的关系，关于欧州作家所认为的鞑靼人统治着整个中国的蒙元时期，1644 年的满族征服显然激起了人们对这些问题的好奇。卫匡国称，汉人与鞑靼人的敌对关系存在了千年之久；据中国史书记载，首次外夷入侵发生在公元前 3000 年舜帝统治时期。[365] 卫匡国著《中国上古史》和玛尔什代锡·特维诺所编辑“中国上古史续”中有大量的报道，涉及鞑靼人的劫掠或争战、汉人通过外交或军事手段控制鞑靼人的努力等内容。几乎所有人，从世纪之初的庞迪我到世纪之末的雅布兰，都提到蒙古征服（Mongol Conquest），但他们都只是注意到：鞑靼人早就征服过整个中国。几位欧洲作家——如卫匡国、“中国上古史续”的作者、多莱昂及安文思——都详细描述了蒙古人的征战过程。[366] 1729

他们通常对东鞑靼人（或满族人）与西鞑靼人（或蒙古人）加以区分，前者于1126年在中国北方建立了金王朝，后者则在1206年应南宋皇帝的请求驱逐金人。在多莱昂看来，南宋皇帝“求助于自己的强敌，来驱逐弱敌”。[367] 蒙古的确击败了金朝，但随即将矛头指向南宋，不过，它用了七十年时间才平息南宋的抵抗。多莱昂指出，南宋于1279年灭亡，当时，战败的宋朝将军负幼帝跳海自尽。[368]

在1264年迁都北京（即马可·波罗所说的“汗八里”）后，世祖（Shih-tsu）忽必烈（Khublai Khan）于1271年建立元朝。1650年以后的欧洲作家仍会对马可·波罗的来华进行评论，以“中国”（China）来指代他所说的“Cathay”，并指出他的叙述基本准确。不过，安文思认为，马可·波罗关于元朝使用纸币的说法是错误的，但事实上，马可·波罗的说法是正确的。[369] 多莱昂称，忽必烈深受其子民的爱戴，至今仍被认为是“神圣的”（holy）。[370] 在“中国上古史续”中，他也被描绘成一位虔诚、敏锐、审慎、心胸宽阔，而且鼓励文化发展的君主。[371] 卫匡国注意到，蒙古人给中国带来了近七十年的和平期，和平使他们丧失了先前的活力与尚武精神。[372] 但元朝也不乏成就：大运河以及帝国天文台那令人钦佩的天文仪器都是蒙古人的杰作。[373]

对于朱元璋起义及其1368年建立的汉人明王朝，17世纪晚期的作家也有所描述。[374] 有时候，他们会添加一些细节和观察，但总体上看，他们的报道仍不出庞迪我、金尼阁和曾德昭等人早期的论述。[375] 一个孤儿、和尚、盗匪
1730 竟然领导了胜利推翻元朝的起义，这着实令欧洲观察者着迷。当然，朱元璋自称是“天命”（Mandate of Heaven）要他将中国从蒙古的暴政中解救出来。安文思注意到，中国历史上所有的反叛者都如此宣称，都期望建立起新的王朝。据他猜想，那种建立新王朝的期望，可能足以解释中国历史上许多叛乱的发生。[376] 一旦蒙古人被击败，而新王朝稳固下来，洪武皇帝朱元璋便转向其他追求。与中国历代王朝的建立者一样，他创立了新的法律。另外，正如“中国上古史续”所说，他收藏图书、接见贡使。[377] 几位作家叙述了永乐帝篡夺皇位以及他于1421年将都城从南京迁到北京的情况。一些人也提到，在永乐统治之下，中国曾进行大规模的海洋探险活动，但另一些欧洲人对这些报道的准确性表示怀

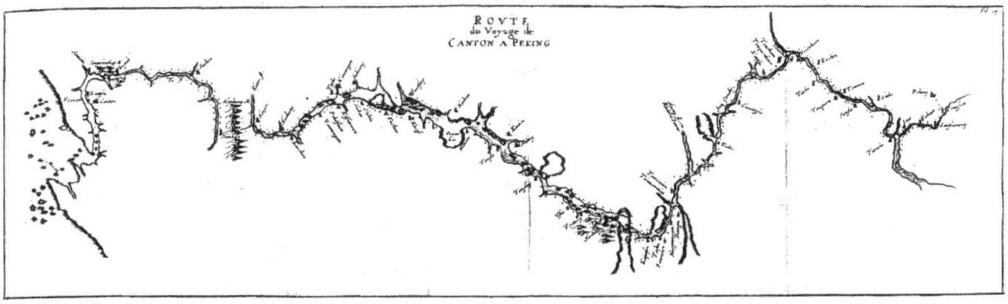

248．荷兰使团的旅行路线

出自 Johann Nieuhof, *op.cit.*(pl.291), facing p.68.

249. 布劳的《大地图集》(*ATLAS MAJOR*，1662 年)第五卷的卷首插图

本卷收录了卫匡国的《中国新图志》。另外，卫匡国著作的卷首插图，也有城门、开启者、丘比特和球体等特写（插图第 250)。

250．卫匡国的《中国新图志》卷首插图

出自 Blaeu, *Atlas major* ,Vol.X。

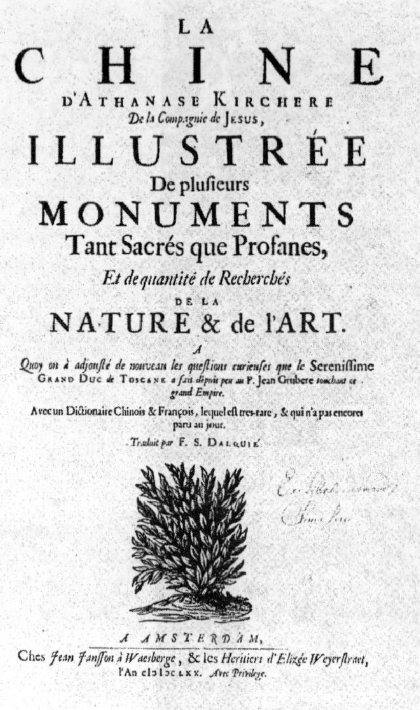

LA

CHINE

D'ATHANASE KIRCHERE

De la Compagnie de JESUS,

ILLUSTRÉE

De plusieurs

MONUMENTS

Tant Sacrés que Profanes,

Et de quantité de Recherchés

DE LA

NATURE & de l'ART.

A

Quoy on à adjousté de nouveau les questions curieuses que le Serenissime GRAND DUC *de* TOSCANE *a fait depuis peu au* P. Jean Grubere *touchant ce grand Empire.*

Avec un Dictionaire Chinois & François, lequel est tres-rare, & qui n'a pas encores paru au jour.

Traduit par F. S. DALQUIÉ.

A AMSTERDAM,

Chez *Jean Jansson à Waesberge*, & les Heritiers d'*Elizée Weyerstraet*, l'An cIↃ IↃ c LXX. *Avec Privilege.*

251. 基歇尔的《中国图志》扉页

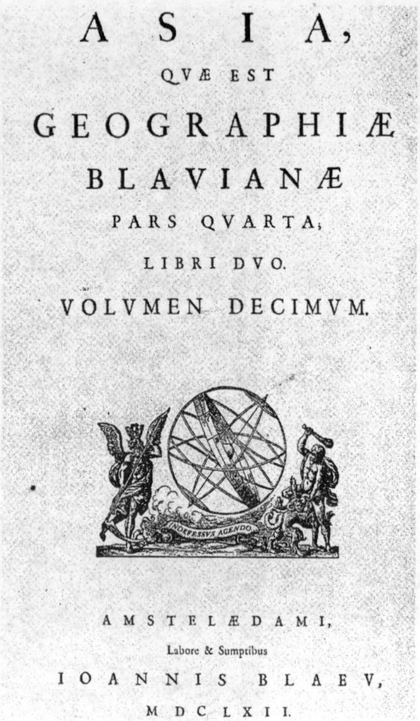

A S I A,

QVÆ EST

GEOGRAPHIÆ

BLAVIANÆ

PARS QVARTA;

LIBRI DVO.

VOLVMEN DECIMVM.

AMSTELÆDAMI,

Labore & Sumptibus

IOANNIS BLAEV,

MDCLXII.

252. 布劳的《大地图集》第五卷的扉页

253．约翰·纽霍夫的肖像

出自 *CV*（3rd ed.;1744),Vol.II, frontispiece。

Pons volans in Provincia Xensi unico arcu
à Monte ad Montem long. 400 sub altitud. 50.

254. 神秘的陕西飞桥（Flying Bridge）

出自 Kircher,*op.cit.* (pl.290), a fold-out inserted between pp.288 and 289。

基歇尔认为，它是陕西省内“Chogan”附近一座桥的图像，这座桥位于“Fi”河之上。“通过一个宽达 40 丈（400 英尺）的弧，它连接了两座山。而且据说，该桥与桥下黄河的垂直距离达 50 丈（500 英尺），所以中国人称之为‘飞桥’。”[1]

基歇尔从卫匡国的《中国新图志》（1655 年）获得上述信息。[2] 与基歇尔不同，卫匡国认为“Chegan”靠近宁夏，但我们至今也无法在卫匡国的陕西地图或者现代的地图上标出它的位置。李约瑟也无法标出“Chogan”的位置，他推测基歇尔误解了卫匡国所做的描述，特别是在“Fi”的使用方面。卫匡国写道：“proper Chegan ad ripam, Fi pons de monte ad montem unico exstructus arcu.”基歇尔则将它表达为：“proper Chogan [请注意拼写的不同] ad ripam Fi, spectatus [请注意逗号位置的不同].”李约瑟认为，卫匡国的“Fi pons”意为“fei chiao”（汉语作“飞桥”或者悬桥）。在李约瑟看来，基歇尔还受到“unico exstructus arcu”的干扰，认为卫匡国是在描述图片展示的半圆形拱桥。[3] 有一点可以支撑李约瑟的结论：我们应当注意到，卫匡国提到这座桥横跨黄河，而不是“Fi”河。

我们无法得知这幅铜版画本身或者图中说明文字的出处。基歇尔含混地说：“在这里，我们有一幅图，可以清晰地展示它（这座桥）的样子。”图中的文字写道：“陕西省境内的飞桥，用一个拱形连接了两座山。长度为 400 库比特，高度为 50。”如果我们以 1 库比特约算为 20 英尺，则该桥长度约 666 英尺、高度 83 英尺，其高度还算合乎情理。[4] 在文中，基歇尔将这座中国桥梁与嘉德水道桥（Le Pont du Gardon）进行比较，后者为他在法国尼姆附近见过的一座罗马桥梁。但他从未写明他从何处获得这幅铜版画。

图中的说明文字可能是针对一座西方桥梁的，因为基歇尔提示读者去查阅他关于桥梁构造的著作，以了解这样一座桥梁是如何建造以及它在建造过程中是如何得以支撑的。[5] 它肯定是一幅真实的中国桥梁草图基础上的铜版画。与基歇尔著作中多数插图不同，该图与另外一幅图不是印刷在纸张上的，而是嵌入的，像地图一样折叠进书中的——也许是后来加入的图片。出现这种情况的原因，很可能是基歇尔在利用相关领域内耶稣会士的众多材料时，自不量力，无法时时保持细心和谨慎。[6] 白乃心在给基歇尔的信中写道："《中国图说》中的一些问题需要纠正，特别是图片，但最好不要改动。不过，我会提供给你一些关于插图的修改办法，以便你在著作需要重印时参考。"[7]

[1] Charles Van Tuyl, *China Illustrata by Kircher.Translated by Dr.Charles Van Tuyl from the 1677 [sic] Original Latin Edition* (Muskogee,Okla.,1987), p.205.

[2] 参见特伦特大学 1981 年凸版印刷本，第 52 页。

[3] 参见 Needham, *Science and Civilization in China* (5 vols.;Cambridge,1971),vol.IV,Bk.3, p.189。

[4] 它们与李约瑟的数据不同。他的计算使用了"中国的丈"（10 英尺），一种文中使用而图中不曾使用的测量单位。参见前引书。半圆拱桥在 17 世纪的欧洲和中国都十分常见，但现存最长的罗马拱桥仅有 117 英尺长。晚近也少有桥梁长度在 150 英尺以上。参见 *op.cit.*，p.168。根据上述数据，这的确是一座十分高大的桥。

[5] 到目前为止，我们没有找到一本基歇尔写作的、关于桥梁构造的著作。

[6] 参见 C.Wessel, S. J., *Early Jesuit Travellers in Central Asia,1603-1721* (The Hague,1924), pp.58, 59, 167, 196。

[7] 参见 *op. cit.*, p.168。目前，我们可以断定，在 1670 年该书的法文译本再版时，白乃心的修订并未加入。法文版本自身的一些错误也显现出来，Shensi 在文中变成了 Shansi 省，但在图中并无变化。范图尔（Van Tuyl）的英文译本直接删去了这张图片。

255. 长城的神话

卷首插图出自 Kircher, *op.cit.* (pl.290)。

在上图中，汤若望（在左边）神父和利玛窦神父将东亚地图展示给读者。请注意长城是如何在中国北部和鞑靼地区蔓延的。明朝的长城系统到本世纪中叶才完成；这幅有关长城的神秘绘图被其他耶稣会士进一步夸大，正如卫匡国在其《中国新图志》（1665 年）中所做的那样，他可能是以个人在京城地区的观察为基础，描绘了一幅想象中的长城的画面。参见 A.Waldron, “The Great Wall Myth:Its Origins and Role in Modern China,” *The Yale Journal of Criticism*,II (1988),77。不过，并不是所有的欧洲绘图都将长城描绘成穿梭于整个中国北方地区。

VYF PAARDS HOOFDEN
LES MONTS DES CINQ TESTES DE CHEVAUX.

256. 五马头山脉（Mountains of the five horses' heads）

出自 Nieuhof, *op.cit.*(pl.292), p.79, text on p.80。

由于其外形奇异，鞑靼人（满族人）称之为“奇妙之山”（wondrous mountains）、“五马头”（heads of five horses）。

这些高山耸立在北江岸边，中国人称它们为五马头（*Wu-ma t'ou*），属于称作五马归槽山（*Wu-ma kuei ts'ao-shan*）（五匹马归来此处吃草）的红色砂岩山脉群的一部分。这是“一组奇特的山脉，会随着人们观察视角的变化而呈现不同的模样。直到我们径直来到它们的后面，它们就像巨马一样凸显出来，像大地的卫士一般一字排开”。出自 B.O.Henry,*Ling-Nam or Interior Views of Southern China* (Lodon,1886), p.97。对其位置的标识，参见 Huart, *op.cit.*（pl.292），pp.54-55。

257. 北京与长城

出自 Nieuhof,*op.cit.*(pl.292),between pp.176-77。

258.（下页图）北京城平面图

出自 Gabriel Magaillans (Magalhães), *A New History of China* (London,1688),frontispiece。插图第 296 也出自本书。

在 17 世纪，北京是世界上最大的城市之一，而在亚洲，只有阿格拉、德里、江户和君士坦丁堡可以与之匹敌。如图所示，作为一个行政中心和帝国首府，北京城的规划特色给这一时期的欧洲人留下了最为深刻的印象。

在明代，这个城市被建造成轴型。正如本图所展示的那样，整个城市由一系列有着同一轴心的矩形组成。它的外城墙以砖砌成，周长超过 14 英里，围成一块约 24 平方英里的区域。在这块广阔的矩形内，内城墙环绕着皇城（*huang ch'eng*），那是占地约 1 480 英亩的行政中心。皇宫位于皇城之内，通常称为"紫禁城"，占地几乎超过 250 英亩。这里是纽霍夫等外国人受到正式接见的地方。

尽管庙宇众多，但从整体上看，是整个城市而不是雄伟的建筑给人以庞大的感觉。与法国路易十四的凡尔赛不同，中国的皇城没有壮丽的景色或者开阔的空间。南北、东西向的大街将外城分割成小方格，人们在这些大体上宽松的空间内居住、工作。同现在一样，这座城市中有许多附带独立院子的平房。与周边的乡村相比，城市中有较多的树木。更多描述参见 Andrew Boyd, *Chinese Architecture and Town Planning,1500 B.C.-A.D.1911* (Chicago,1962), pp. 62-74; A.F.Wright, "The Cosmology of the Chinese City," in G.W.Skinner (ed.),*The City in Late Imperial China* (Stanford,1977), pp.66-77。

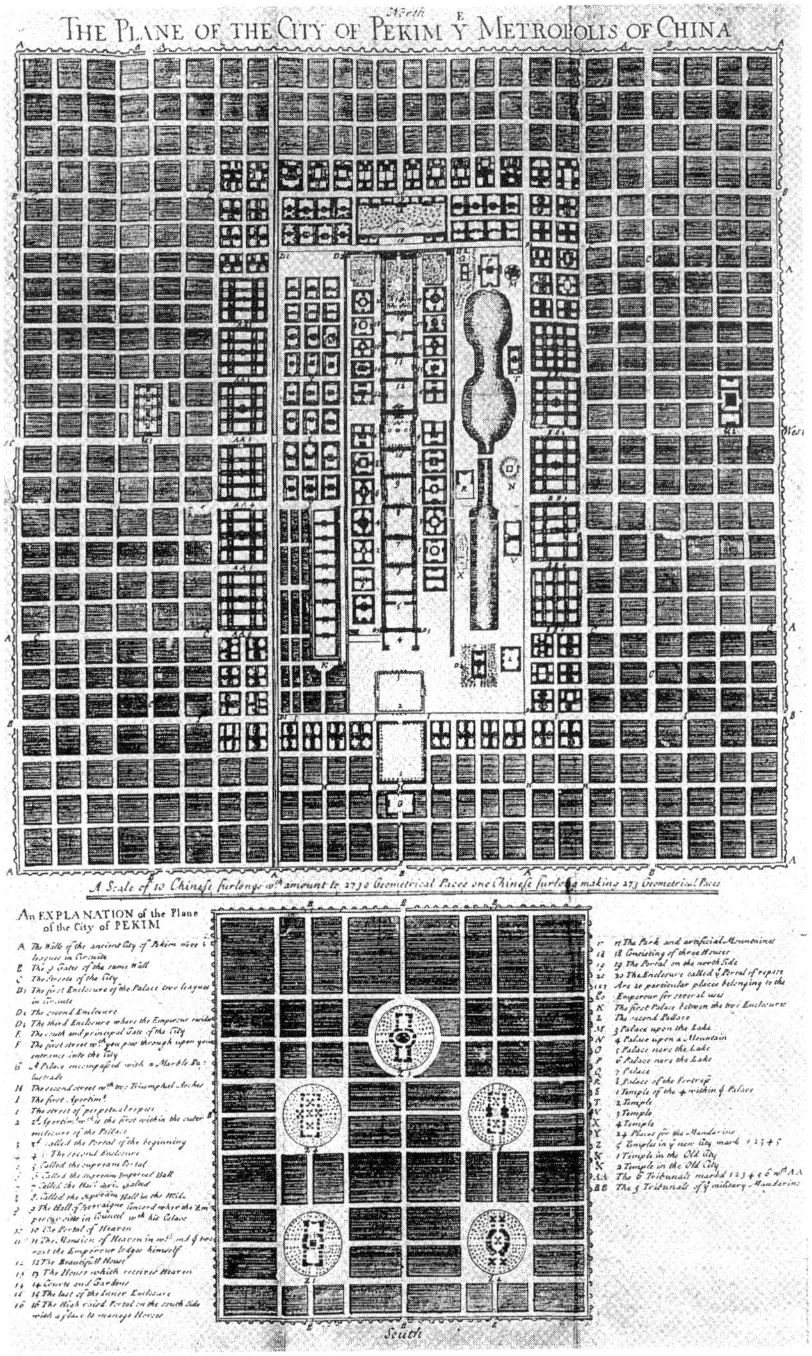
THE PLANE OF THE CITY OF PEKIM Y METROPOLIS OF CHINA
North
West
A Scale of 10 Chinese furlongs wth amount to 2730 Geometrical Paces one Chinese furlong making 273 Geometrical Paces
An EXPLANATION of the Plane of the City of PEKIM
A The Walls of the ancient City of Pekim
B The Gates of the same Wall
C The Streets of the City
D1 The first Enclosure of the Palace two leagues in Circuite
D2 The second Enclosure
D3 The third Enclosure where the Emperour resides
E The south and principal Gate of the City
F The first street wch you pass through upon your entrance into the City
G A Palace encompassed with a Marble Ballustrade
H The second street wth two Triumphal Arches
I The first Apartment
1 The street of perpetual repose
12 The Beautifull House
13 The House which receives Heaven
14 Courts and Gardens
15 The last of the Inner Enclosure
16 The High raisd Portal on the south Side with a place to manage Horses
17 The Park and artificial Mountaines
18 Consisting of three Houses
19 The Portal on the north Side
20 The Enclosure called ye Portal of repose
Are 20 particular places belonging to the Emperour for several uses
K The first Palace between the two Enclosures
L The second Palace
M 3 Palace upon the Lake
N 4 Palace upon a Mountain
O 5 Palace near the Lake
P 6 Palace near the Lake
Q 7 Palace
R 8 Palace of the Fortress
S 1 Temple of the 4 within ye Palace
T 2 Temple
V 3 Temple
X 4 Temple
Y 24 Places for the Mandarins
Z 5 Temples in ye new City mark 1 2 3 4 5
1 Temple in the Old City
2 Temple in the Old City
AA The 6 Tribunals marked 1 2 3 4 5 6 wth AA
BB The 5 Tribunals of ye military Mandarins
South

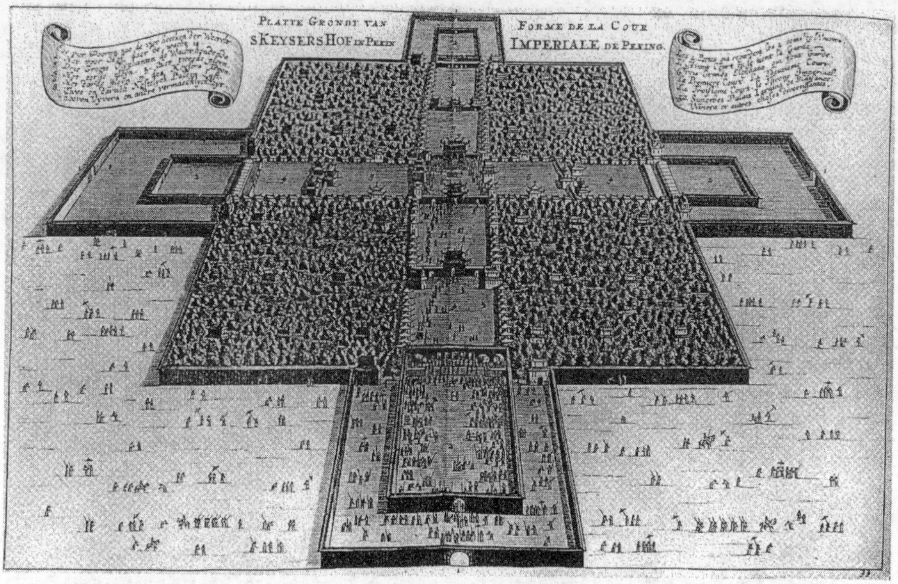

259. 北京皇城俯瞰图

出自 Nieuhof, *op.cit.*(pl.292), between pp.194 and 195。

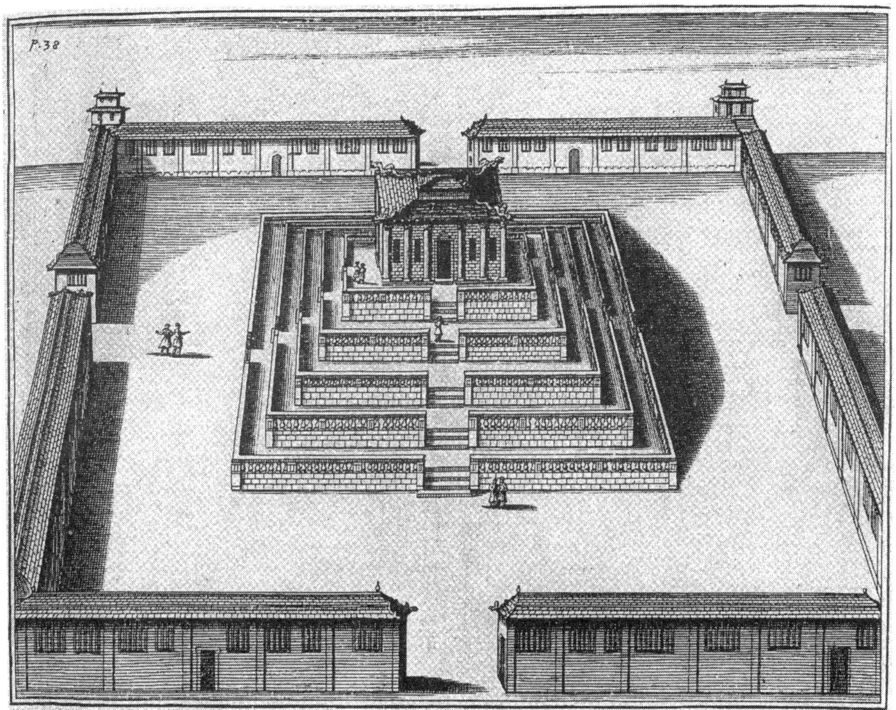

The Throne of the Emperour of China, Scituated, in the Middle of the Greatest Court of his Pallace, and raised upon five bases of White Marble.

260. 北京城内的皇帝御座

出自 Louis Le Comte,Memoirs and Observations... Made in a Late Jouney through China (London,1698),between pp.38 and 39。插图第 261、266 同样出自本书。

“在这些壮丽的大院子里，有一座方形土台或者说立体建筑物，它出奇的庞大，四周围着护栏，其样式与我们的建筑风格接近；土台一层叠在一层上，共有五层，呈锥形。最上面是一个大厅，大厅的屋顶覆盖着琉璃瓦，并由四面墙支撑着。一排排涂漆的大柱子中间是御座。

这些巨大的土台与白色大理石组成的护栏，层层相叠，在阳光的照耀下，黄金、清漆的光彩和绚丽令人眩目，呈现出一幅美丽的景象。特别是因为它们被置于一个宽敞大院的中央，在四排富丽堂皇的建筑物的包围下，显得格外壮观。”（第 38-39 页）

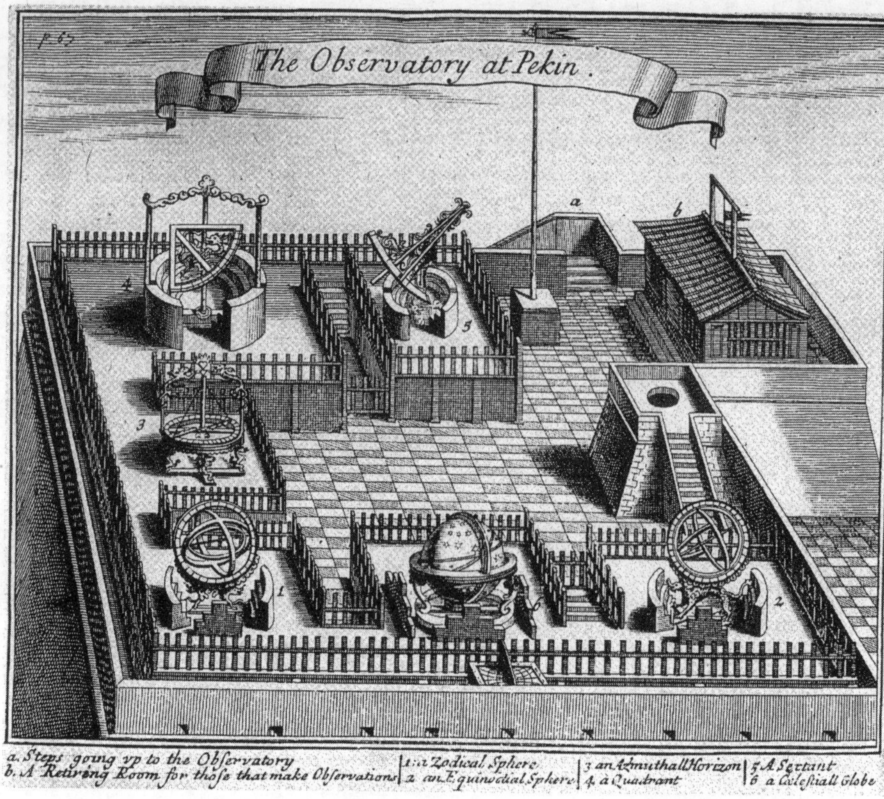

261．北京的天文台

出自 Le Comte, *op.cit.* (pl.306), between pp.66 and 67。

“这个天文台的仪器十分陈旧，不足称道。至于其所处位置和建筑，就更不值得一提。如今，在（费迪南）南怀仁神父添设了一些青铜仪器后变得好一些。这些新仪器十分庞大，铸造精巧，配有龙形装饰，且布置合理，使用方便。”（第 64 页）

262．西宁附近长城的“鞑靼关”（Tartar gate）

出自 Kircher, *op.cit.* (pl.290), p.292。

这幅图是由耶稣会神父吴尔铎和白乃心绘制的，如实地展现了“他们被允许出入的地方”。在这里，6 名骑手在城墙上并驾齐驱，“畅通无阻”。西宁人会攀上城墙，“欣赏长城内外一望无垠的美丽景色”。这里距下一个城门（明显是最西边的）“如此之远，一个人不可能在十八天内到达那里”（引自 Van Tuyl [tran.], *op.cit.* [pl.299], p.61）。图中“鞑靼关”旁的大象和骑手显示出，商人经许可才能进入中原。图中穿水门而过的“黄河”可能是西宁河，西宁河乃是黄河的一条支流。

今天，我们在西宁附近看不到长城。但不能因此断定 1661 年这附近没有城墙。在西宁附近，肯定有大量古城墙和塔的遗迹发掘出土（参见 Wessels, *op.cit.* [pl.299], pp.179-82）。李约瑟评论说：“在兰州附近，长城有一段不可思议的延伸部分……这一部分长城从兰州环行线和外长城的西接合处开始，向西南方向以一个弧形将西宁和……包围在里面，跨越黄河，又转回兰州附近。”（*Science and civilization in China* [5vols.; Cambridge, 1971], Vol. IV, Pt.3, p.49）这座城墙似乎可以追溯到 4 世纪。

263. “国学”（*Kuo Hsüeh*）（翰林院 [imperial academy]）内的孔子塑像

出自 Complet *et al.*, *op.cit.*(pl.289), p.cxvi。

雕刻于巴黎诺林（Nolin）。

图片给出了孔子的“字”（仲尼 [*Chung-ni*]，以罗马拼音拼写为 Chum Nhij），图中文字称他为“天下先师”（*T'ien hsia hsien-shih*）。孔子手持笏（*hu*），“笏”是官员觐见帝王时手持于胸前的竹板。图中，在孔子身后，翰林院的三位官员正在图书馆内装裱儒家经典的复本。图片上方两条装饰性的龙均为至尊的五爪龙。

R·P·IOANNES ADAMVS SCHALL, GERMANVS
è Societate IESV: Pequini Supremi ac Regij Mathe„
matum Tribunalis Præses; indefessg pro Conuersi„
one gentiū in Chinis Operarig ab āñis 50. ætat: suæ 77.
G.A. Wolfgang. f.

264．身着中国官服的汤若望神父

出自 Schall, *Historica relation de ortu et progressu fidei* (Ratisbon, 1672), frontispiece。本图由 G. H. 沃尔夫冈（G.H.Wolfgang）绘制。

Imperÿ
sine-Tartarici Supremus
MONARCHA.

265.（前页图）第一位满族皇帝，约 18 岁的顺治帝（1644—1661 年在位）

出自 Kircher, *op.cit.* (pl.290), facing p.152。

这幅铜版画可能依据一位无名画师的绘画而作。这幅画被注入了欧洲风格：它可能是一位基督教画师的作品，也可能经过雕工的“改进”。不管怎样，它都不像中国画的风格；左边悬挂的帘子明显是欧洲的元素。

根据基歇尔的说法，“皇帝的衣服上装饰有龙的图案、鸟的羽毛以及大量无价的宝石和珍珠”。[1] 基歇尔关于皇帝服饰的描述与神父汤若望所展示的一品官服形成对比（参见插图第264）。在 1652—1657 年间，汤若望与年轻的顺治皇帝关系密切；两幅画大约都是在这一时期末期绘制的。

图中皇帝的长袍上竟然有一只无法识别的鸟。这让人感觉十分奇怪，因为从 1652 年，清朝皇帝才开始穿着饰有龙图案的服装。[2]

1670 年，白乃心神父在写给基歇尔的信中，“告诉他，在中国，这样一幅中国皇帝手持手杖、身旁站一只狗的画像会被视为带有侮辱性质。中国皇帝应该站立或者坐在一张放满书籍和数学仪器的桌子旁”。[3]

阿克巴（插图第 95）身边也有一条狗——可能是“高贵王子”（Excellent Prince）的标志。[4]

有一幅十分刻板的、名叫“顺治皇帝肖像（Der Sinesische Käyser Xunchi）”的画，明显是仿照这里展示的铜版画而作，但没有白乃心所诟病的手杖和狗，参见 E.W.Happel, *Thesaurus exoticorum* (Hamburg,1688)。关于这幅图，参见 H.Walravens, *China illustrate. Das europäische Chinaver-ständnis im Spiegel des 16. bis 18.Jahrhunderts* (Wolfen-büttel,1987), p.100。

[1] Van Tuyl, *op.cit.* (pl.299), p.100.

[2] 参见 S.Cammann, *China's Dragon Robes* (New York,1952), p.25。

[3] 出自 Wessels, *op.cit.* (pl.299), p.169。的确，对于汤若望所描绘的西方文明，这位年轻的皇帝表现出了莫大的兴趣。

[4]Guy de Tervanent, *Attributes et symbols dans l'art profane,1450-1600* (Geneva,1958),p.94.

CAM-HY
Emperor of China &
the Eastern Tartary
Aged 41 years, Drawn
when he was but 32.
M.Van der Gucht Sculp.

266. 32岁的康熙皇帝

卷首插图，Le Comte, *op.cit.* (pl. 306)。

M. 范·德·古赫特（M.van der Gucht）雕刻于欧洲。

这幅画像自1654年开始绘制，大约于1686年完成。它可能是由一位当时在诸夷馆（Ju-i-kuan）工作的欧洲传教士绘画的，皇宫内的诸夷馆是西方人绘画、雕刻和修复机械装置的地方。

请注意图中的龙饰和龙袍。龙袍（*lung-p'ao*）呈鲜艳的黄色，是仪式场合的礼服。康熙戴了一顶冬帽，与龙袍相搭配。图中龙袍及其他地方的龙，都是帝王专用的五爪龙。参见Cammann, *op.cit.* (pl.311), pp.25-26。画框上云雾环绕的龙，可能用以展现皇帝作为天子的威严。

这幅画似乎首先出现在J.Bouvet,*Protrait historique de l'Empereur de la Chine*（Paris, 1697）。此后不久，它便出现在李明著作的英文版本中，李明加入了一些装饰性的图案，并扩展了说明文字。一幅与原始作品相近的雕版画被作为卷首插图，收在莱布尼茨（Leibniz）再版的《中国近事》（*Novissima Sinica*，1699年）中。另一幅图（插图第267）与李明的画作十分相像，该图被用作白晋意大利文译本的卷首插图。也可参见J.J.Heeren, "Father Bouvet's Picture of Emperor K'ang-hsi (with Appendices)" *Asia Major*, VII (1932), 556-72。

李明回忆道，他在1689年第一次见到康熙皇帝，"他拥有中等以上的身材，比欧洲一般的帅小伙要肥胖，但又比中国人所希望的苗条一些；面庞丰满，带有天花留下的痘疮，宽额头，小眼睛，典型的中国式小鼻子；他的嘴型好看，面孔的下半部分讨人喜欢。总而言之，他的样子显示不出太多的威严，反而给人和蔼可亲的感觉，其言行举止透露出王者的气派，使他如此与众不同。"（英文版第41页）

267. 康熙：同一幅画像的另一个版本

出自 J. Bovet (Bouvet),Istoria de l' imperador de la Cina (Padua,1710), frontispiece。该书为意大利文译本，由佛朗哥·奇斯诺齐利奥（Franco Cisnocilio）翻译。

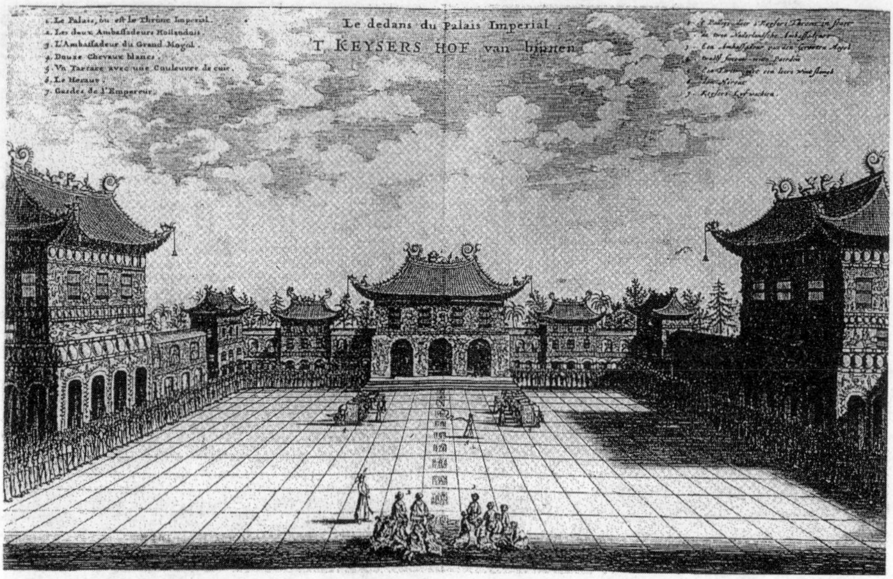

268. 皇宫内的贡使接见

出自 Nieuhof, *op.cit.* (pl.292), between pp.192 and 193 (and between pp.172 and 173 of Dutch edition)。

图中展现的是 1656 年 10 月 2 日北京城皇宫内接见荷兰、莫卧儿和鞑靼的使团的官方接待会。

269. 从印度莫卧儿帝国来到北京的使者（1656 年 10 月）

出自 Nieuhof, *op.cit.* (pl. 292), p.189。

据纽霍夫称，莫卧儿的使者脚穿皮靴，身着绣着龙的图案的蓝色丝绸长袍。我们查不到有关 1656 年莫卧儿使者来京的其他记载。

这些使者的服饰带有波斯和中亚的风格，在莫卧儿宫廷内非常流行。请特别注意缠头巾和长靴。纽霍夫关于莫卧儿使者来京的报道被 C.B.K. 巴里·萨希卜（C.B.K.Roa Sahib）引用，参见 C.B.K.Roa Sahib, "Shah Jehan's Embassy to China, 1656 A.D.," *Quarterly Journal of the Mythic Society,* Silver Jubilee Number XXV (1934-35), 117-21。在翻阅中国史料以后，卢恰诺·佩泰克（Luciano Petech）断定，纽霍夫这幅图存在讹误。据他推断，这些人可能是来自中亚吐鲁番（Turfan）的使者。参见 Petech, "La pretesa ambascita di Shah Jahan alla Cina," *Rivista degli studi orientali*, XXVI (1951), 124-27。

270，271．两位中国贵妇

出自 Kircher, *op.cit.* (pl. 290), between pp.154 and 155, Copper-plate engravings。

“如果读者想要更加仔细地了解宫廷贵妇的服饰，我在这里附上在华神父寄给我的画像。”[1]这可能意味着，这些画像是由一位基督教画师在北京完成的，画中肯定融入了画师自己的风格。[2]欧洲的雕工可能也对它做了一些修饰。

在这里，中国和西方的元素被融为一体。大体上说，中国的元素是妇人的长袍和站姿、插满花枝的铜瓶和瓷瓶、方桌、卷轴山水画、[3]带弦的乐器、墙上的佛像以及意为“美丽妇人”的装饰性汉字。而西方的元素则是妇女的面孔、挂有窗帘且窗户外开的室内布景、桌旁妇女的站姿，以及华丽的装裱字画。[3]

基歇尔声称，深居闺房的妇人们有用以消遣的鸟雀相伴。

[1] Van Tuyl (tran.),*op.cit.* (插图 254), p.102.

[2] Michael Sullivan,*The Meeting of Eastern and Western Art* (London,1973), p.93. 迈克尔·沙利文（Michael Sullivan）认为，“画中的妇女肯定来自一幅中国画像”。

[3] 图中卷轴画的“悬挂方式可能会让中国鉴赏家大吃一惊”（同上）。苏利文也指出，这是“最早出现在欧洲艺术中的中国山水画”（同上）。但据插图 61，这里的卷轴画下端没有常见的木轴。

[4] 参见 catalog of the exhibition of 1973 held at the Schloss Charlottenburg (Berlin) issued by the Verwal-tung der staatlichen Schlösser und Gärten, *China und Europa:Chinaverständnis und Chinamode im 17. und 18. Jahrhundert*, p.157。

272. 南京的景观

出自 Nieuhof, *op.cit.* (pl. 292), between p.116 and 117。

请注意运河和桥梁。图中的高山是“紫金山”（purple mountain）或者“石头城”（stone city），它是南京最著名的自然景观。

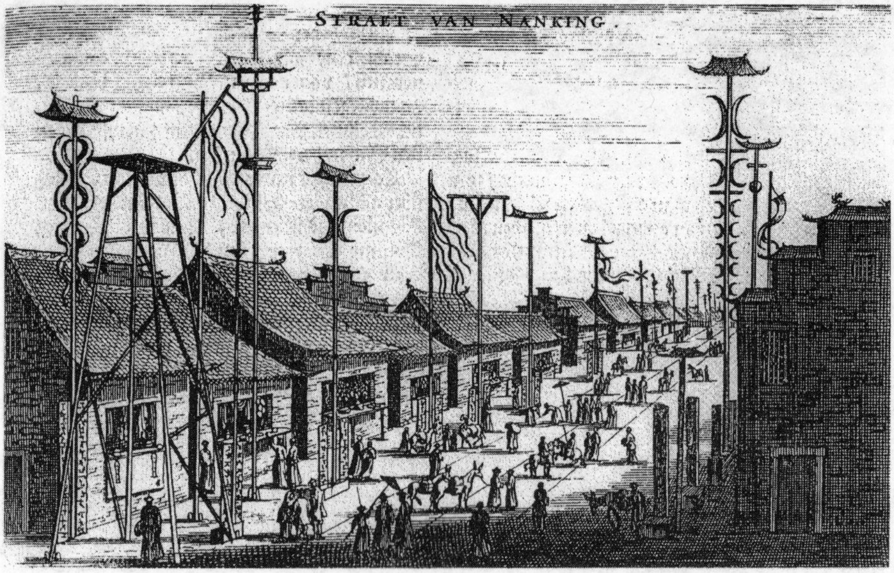

273. 南京的街道（1656 年）

出自 Nieuhof, *op.cit.*, p.119; text, pp.118-20。

据纽霍夫称，南京最重要的街道宽达 28 步幅，路中央铺以蓝色长方形石板，而两旁则由砾石铺成。大约每隔 100 步左右，会有一道门，这道门夜晚关闭；每一个封闭的街区，设有一名更夫守护。

在街道中，许多著名的商家设立招牌，招牌上以金字写着商家的名字及其买卖。招牌边竖着旗杆，远远高过房屋；旗杆上的旗帜或条幅展现出商家所从事的生意。纽霍夫将这些商家招牌或店铺标志同欧洲城镇的商铺标识做了对比。

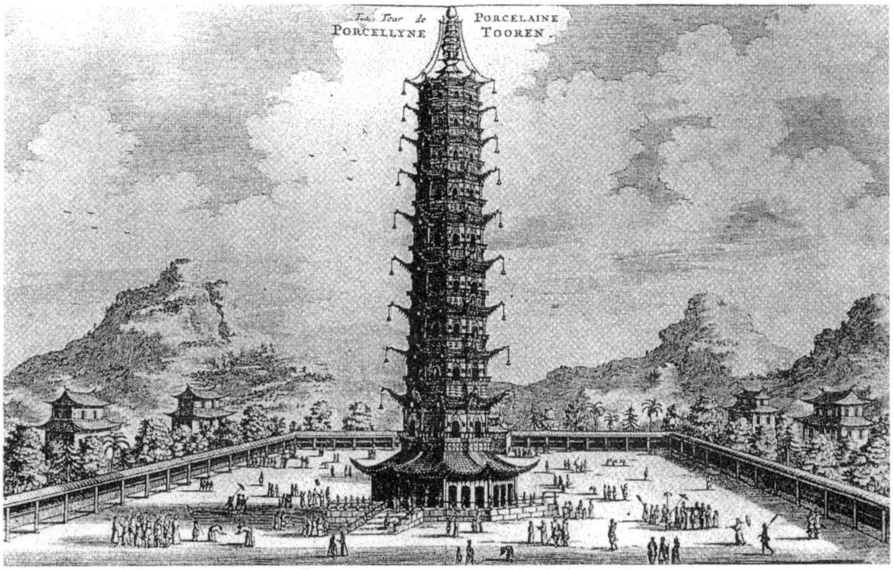

274. 南京“瓷塔”

出自 Nieuhof, *op. cit.* (pl.292), between pp.124 and 125。

报恩寺（Bao En Buddhist temple）瓷塔位于南京南门外。这座塔是 1415—1430 年间永乐皇帝为纪念他的母亲而建立的。该塔塔身共 9 层，高达 261 英尺，为八面体，由白色的瓷砖砌成。在每一层楼厅的挑檐上，都覆盖着绿色的琉璃瓦。镀金的螺旋状塔顶直耸云霄。屋檐悬挂 100 多个铃，随风发出声响。夜里，在窗边和檐角，至少会放置 140 盏点亮的灯火。

1856 年，太平天国运动彻底摧毁了这座瓷塔。今天我们在南京可以见到的，只有一些残存的石块和琉璃瓦。在西方，一些琉璃瓦被保存在（纽约）大都会博物馆（Metropolitan）、维多利亚和阿尔伯特博物馆（Victoria and Albert Museum）等地方。参见 Barry Till, *In Search of Old Nanking* (Hong Kong,1982), pp.127-31。也可参见 J.D.Ball, *Things Chinese* (5th ed.; London, 1926), pp.441, 444, 506。纽霍夫对瓷塔的描绘，与现保存于南京的瓷塔复制品十分相像。参见 Till, *op.cit.*, p.128。

对于西方世界“pagoda”或“pagode”两词词源的混淆，参见 H.Yule and A.C.Burnell, *Hobson-Jobson* (London,1968), pp. 652-57。

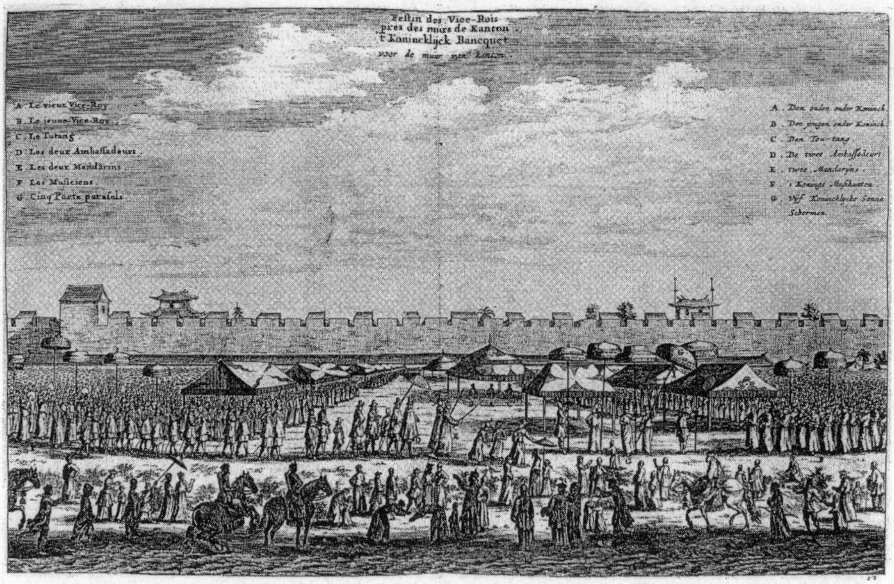

275. 欢迎荷兰使者的盛宴

出自 Nieuhof, *op.cit.* (pl.292), between pp. 56 and 57。

如图所示，1655 年 9 月，广东“总督”在广州城外设宴欢迎荷兰来使。

17 世纪 50 年代，在明朝遗臣与清朝支持者的战争中，广东依旧是人们争夺的焦点。在 1640 年代后半叶，双方均向该省指派了总督。1649—1652 年间，明朝最后一位派往广东的地方官杜允和（Tu Yung-ho）牢牢控制着广东。后来，清朝总督李率泰（Li Shuai-t'ai，死于 1666 年）取而代之。在名义上，1653—1656 年间，广东处于李率泰的统辖之下。

1655 年 9 月，荷兰人来到广东。其时，广东的实际统治者是号称“藩王”的尚可喜（死于 1676 年）和耿继茂（死于 1671 年）。尚可喜即“pignowan”（平南王 [*p'ing-nan wang*]，镇抚中国南方的藩王），而耿继茂即“Synowa”（可能是靖南王 [ch' ing-nan wang]，他承袭的封号）。这两大军阀分别被荷兰人称作广东的“老、新军阀或总督”。很明显，图中展现的宴会就是由他们举办的。参见 A.W.Hummel（ed.），*Eminent Chinese of the Ch'ing Period* (1644-1912) (2d ed., Washington, D.C., 1967), pp.415, 484, 635。关于荷兰人在广州的中文记载，参见 L.Petech, “L'ambasciata olandese del 1655-57 nei documenti cinesi,” *Revista degli studi orientali*, XXV (1950),79-80。

图中出现的伞，通常用来显示官员的荣耀。在清代，它们是以深红色的丝绸制成的圆形顶篷，边缘绣着捐赠者的名字。参见 Ball, *op. cit.* (pl.321), p.175。

276. 广东“老总督”的画像（1655 年）

出自 Nieuhof, *op.cit.* (pl.292), p.64。

这幅栩栩如生的画像，画的是尚可喜（1604—1676 年）。他被荷兰人称为“老总督”，纽霍夫还草绘了他的僚属。尚可喜是广东的藩王，他曾发给荷兰人书面许可，允许他们在广东从事贸易活动。

277．韶关

出自 Nieuhof, *op.cit.*, between pp.78 and 79; text, pp.78-79。

韶州是广东第二大城，以韶关闻名。韶关意为“韶州的税关”（toll barrier of Shao）。它位于北江分流的地方，是广东北部内地中转贸易的中心。在荷兰使节途经这里时，它还没有完全从内战的劫掠中恢复过来。图中的塔竖立在北江分叉处附近的一座小岛上。参见 Huart, *loc. cit.* (pl.292), pp.42-48。

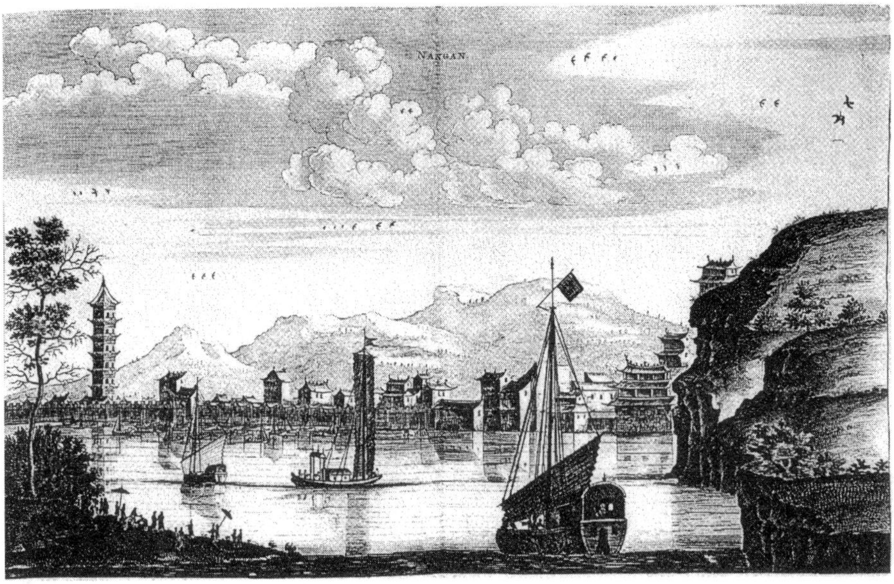

278. 江西省“南安”

出自 Nieuhof, *op.cit.*, between pp.86 and 87。

南安是江西最南部 13 座主要城市之一。1656 年 4 月，荷兰使团在此停留四天。根据纽霍夫的说法，这座城市被赣江分成北部和南部两块儿。北向的河流注入鄱阳湖，并从那里汇入长江。作为南北商贸往来的枢纽，南安在本世纪中叶的内战中遭到严重破坏。

279. 各式中国船只

出自 TR, III, between pp.68 and 69。插图第 288 及 324 也出自该书。很明显，法国雕刻师将纽霍夫等人的著作中的图片混在了一起。

280．一座浮村

出自 Nieuhof, *op.cit.* (pl. 292), p.141。

该图由纽霍夫的草绘而来。根据原文，众多的竹排绑在一起，上面覆盖着厚实的木板。它上面的房子由轻便的木材料建成。最大的竹排上住着 200 户人家。

图中展示的可能是木排（timber raft [*mu p'ai*]），它是最大的“浮村”之一。参见 G.R.G. Worcester, *The Junks and Sampans of the Yangtze* (Annapollis, Md.,1971), p.374。它们很可能出现在汉江的河口地带，是通过将众多小木排捆绑在一起的办法形成的。许多较大的“浮村”长达 200—300 米，承载着 150—200 口人及其住所。它们承载着货物顺流而下，到达长江河口地带的城市。现代学者对这些木排的讨论和描述，参见 L.Audemare, *Les jonques chinoises in*“Publicaties van het Museum voor Land-en Volkenkunde,” No.4（Rotterdam,1962）, p.18; No.6 (Rotterdam,1965), pp.74-76, pls.77-79。

出自纽霍夫著作的这幅雕版画，后来出现在 J. B. du Halde, *Description...de la Chine*（Paris, 1735）中。参见 Theodore N. Foss,“A Jesuit Encyclopedia for China.A Guide to Jean-Baptiste Du Halde's *Description...de la Chine* (1735),” (Ph.D.diss.;2 vols.; Committee on History of Culture, University of Chicago,1979), II, 577。

281.（上图）东流镇（Tonglou [Dong-Liu]），长江边上的一座城镇

出自 Nieuhof , *op.cit.* (pl.292), between pp.112 and 113。

1656 年 4 月，荷兰使团从长江南岸的东流登岸。据纽霍夫称，在本世纪中叶中国的内战中，这座城墙环绕的城镇受到重创。

283.（下页，上图）福尔摩萨的荷兰城堡——热兰遮城（1632 年）

BV (facsimile ed.,Amsterdam,1969) IV, *Journael, Seyger van Rechteren,* facing p.54.

282.（下图）龙舟

出自 Nieuhof, *op.cit.*, p.132; text, pp.131-32。

纽霍夫称，这些船被中国人称为“龙舟”。他还写道：“我认为，这种非密闭性的船舱有助于通风。”

关于纽霍夫的描绘，参见 L.Blussé and R.Falkenburg, *Johan Nieuhofs beelden van een chinareis, 1655-1657* (Middelburg,1987), pl.109。

纽霍夫的文本描述被伍斯特（Worcester）称为“巧妙”（ingenious），参见 Worcester, *op. cit.*(pl.328), p.333.

284．澳门（1632 年）

BV（facsimile）IV, *Journael, Seyger van Rechteren*, facing p.78.

本图由意大利人马库斯·达瓦罗（Marcus d'Avalo）绘制。

Schematismus secundus principalia Sinensium Numina exhibens.

285.（前页图）中国人观念中天堂、人间和地狱三界的神明

出自 Kircher, *op.cit.* (pl. 290), facing p.184。

这幅图分为三部分。最上面（A）是佛（佛陀），他被视为天堂的主宰（the Lord of Heaven），“他掩藏的双手暗示着他对这个世界的控制是无形的”。他的右边（B）是“神格化的孔子”。左边（C）是老子，“中国人称他为‘先哲’（old philosopher），他被视为中国宗教（道教）的创始人，受到人们的神化和崇敬”。左上角（D），是“其他哲学家……正如他们所说，带有神的光环”。右边的（E），是“莲花所生、伟大的军事首领、中国皇帝（可能是‘第一位皇帝’秦始皇帝）的守卫者”。（G）和（H）隶属佛教，描绘的是次一级的神明（菩萨）。而第三等级的神是水神和火神，“他们掌管着世界的元素”。（Van Tuyl [trans.], *op. cit.* [pl.299], pp.126-27.）

三位主要的神灵均头顶光轮（圆光 [*yüan-kuang*]），这种光轮是中国佛教艺术中常见的宗教象征。最明显但又寻常的，是孔子和老子对佛教众神的接纳。应当注意，佛陀所坐的位置要略高于其他两位。图中最底部是阴间的神明，在中国佛教中，他们显然是受到诅咒但因佛陀的恩泽而得救的一群。

286. “清源峡”（Sang-won-hab）的名寺

出自 Nieuhof, *op.cit.* (pl. 292), p.72。

在广州北边的清远县（Sanyvum [Ch’ing-yüan]），有一个称为“清源峡”（官话，Ch’ing-yüan Hsia）的峡谷，那里有可追溯至公元 6 世纪的佛教名寺飞来寺（Fei-lai ssŭ）。它座落在山崖之上，俯瞰北江。类似的说法以及后来关于这一地区和寺庙的描绘，参见 Huart, *op.cit.* (pl.292), pp.32-36。

287. 中国的神像

出自 Nieuhof, *op.cit.*, p.316。

位于中央、最大的神像是金刚（Chin-kang），是以体力著称的佛教神祇。左边是寿星（Shou hsing），在中国民间宗教中，他及其身后的鹤、鹿均象征着长寿或不朽。右边的神叫 Ninifo，似乎是弥勒佛（Mi-le-fo，来世佛）和财神的结合体。请注意，背景中的神像前放置着点燃的香火。

Sineesche paapen.
Prestres ou Moines Chinois.

290.（上图）中国的寺庙和宝塔

出自 Nieuhof, *op.cit.*, between pp.318 and 319。

据纽霍夫称（第 318 页），他在北进的旅途中，在一座中国城市的城外发现了这座庙宇。他在原文中对这座庙宇的内部结构做了一些描述。庙里供奉的可能是临近城市的地方神。许多佛教庙宇和寺院附近建有宝塔，用于纪念某位伟大的佛陀以及舍利子的保存。

288.（前页，上图）各种各样的中国僧侣

出自 TR, III, following p.67. at the end of the *Voyage des Hollandois*。特维诺对这些画像的说明，参见第 67 页，注解第 8—11 条。

图中左边是一位头戴奇怪帽子的托钵僧，他手持念经时敲打的木鱼。木鱼是一种葫芦状的木制槌。他旁边的是一位比较常见的佛教僧侣。右边的僧侣戴着蒙古喇嘛的帽子——而插图的作者似乎将它当作该僧侣脑袋的形状！至于另外两位，我们不甚了解——大概也是佛教僧侣（另可参见插图第 289）。

289.（前页，下图）中国的僧侣（和尚）

出自 Nieuhof, *op.cit.* (pl.292), p.309。

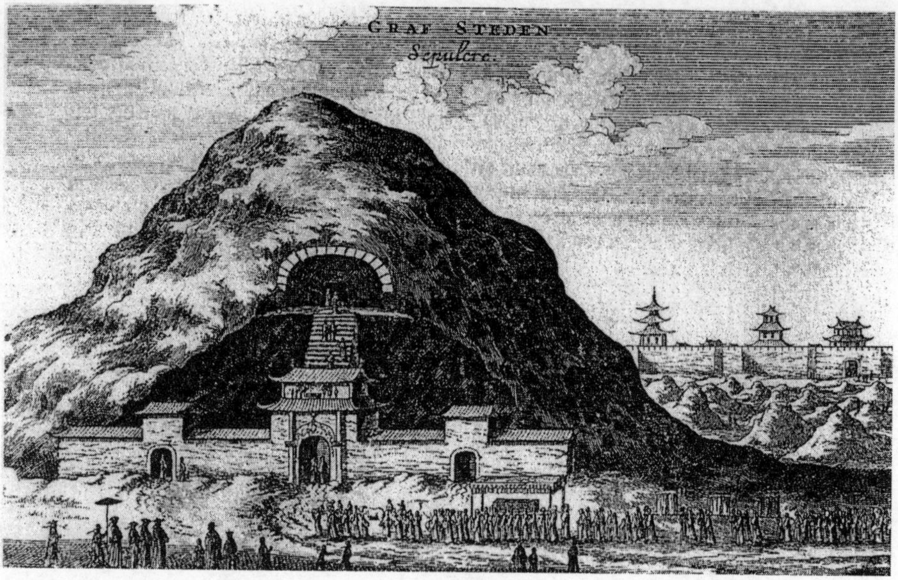

291. 中国的坟墓

出自 Nieuhof, *op.cit.* (pl. 292), p. 285。

典型的中国坟墓通常是一个位于城外的土堆或者人工建造的小山。根据家族地位的不同，坟墓及其内部的墓室大小不一。

292.（下页图）中国的服饰

出自 Kircher, *op. cit.* (pl.290), between pp.152 and 153。

左上方，是一位身着中国服饰的耶稣会士；右上方，是南京的一位学者；中间靠左，是浙江的一位妇女；中间靠右，是福建的一位妇女；左下方，是一位广西士兵；右下方，是一位贵州士兵。

图中浙江妇女和广西士兵的形象，直接取自卫匡国的《中国新图志》（1655 年）分省图中的肖像。南京学者和福建妇女的形象，则可能是将卫匡国各省地图中的画像改编而成。

图中南京的学者似乎身着明朝的“直裰”（straight dress）。他头顶的小圆帽，据称是“六合一的帽子，是由六种普通人用过的薄纱布片缝制而成的”。

图中这位浙江妇女似乎梳了一种发式，“先将头发高高绑起，然后用金线和银线扎牢，并用珍珠和宝石作为头饰。远远地看去，她们的头发就像是男子的薄纱帽”。（参见 Zhou Xun *et al., Five Thousand Years of Chinese Costume* [Hong Kong,1987], pp.146-47。）

至于其他人，大部分人的相貌都多少有些欧化，他们甚至看上去不像是中国人。即便除去胡须，这些人物的面孔也更像欧洲人，而不是中国人。

Habitus P.P. Societatis
Habitus Doctor Provinc: Nankin
Habitus Mulierum Provinc: Chekiang.
Habitus fœminæ Provinc: Fokien
Habitus Militum Provinc: Quamsi
Habitus Militis Provinc: Quicheu.

293. 中国的贵妇

出自 Nieuhof, *op.cit*. (pl.292), p.288。

通过服饰和发式来看，她们似乎是汉族女性。与男子服饰相比，满族入主中原后女性服饰的变化较小。因此，图中展示的服饰，特别是宽大的袖口和圆衣领与明朝服饰十分相像。可参见 Zhou Xun *et al.*,*op.cit.* (pl.340), p.173。

294. 一对“瓷制”夫妇

出自 Semedo, *op.cit*. (pl.287), facing p.29。

雕刻者：F. 克罗斯（F.Cross）。

东印度公司一艘船舰的指挥官，威廉·布兰德本特（William Bradbent [Broadbent]）船长，将这些小塑像带回英国。

后来欧洲有所谓的“中国风格”（Chinoiserie），这是较早的实例。

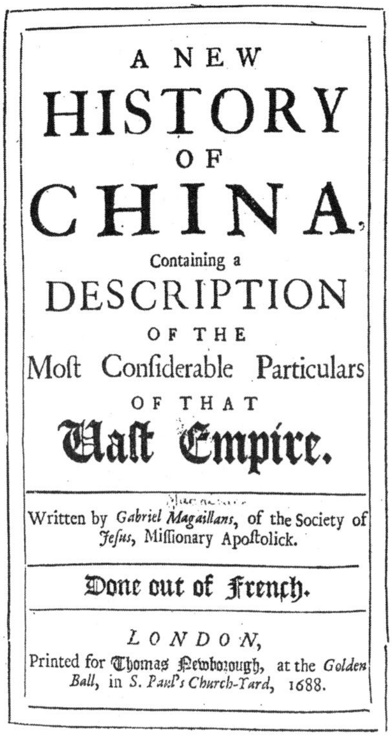

A NEW
HISTORY
OF
CHINA,
Containing a
DESCRIPTION
OF THE
Most Considerable Particulars
OF THAT
Vast Empire.

Written by *Gabriel Magaillans*, of the Society of *Jesus*, Missionary Apostolick.

Done out of French.

LONDON,
Printed for Thomas Newborough, at the *Golden Ball*, in *S. Paul's Church-Yard*, 1688.

295．安文思的《中国新史》的扉页

The History of CHINA. 83

tá 大	4 Great men		cái 在	1 consists in the second place	
hiŏ 學	3 teach		çin 親	2 to renew	
chī 之	2 to		mîn 民。	3 the People	
táo 道	1 the Rule		çái 在	4 consists in the 3d place	
çái 在	5 consists in the first place		chì 止	5 to stop	
mîn 明	6 to enlighten		yû 於	6 at	
mîn 明	7 reasonable		chí 至	7 the Soveraign	
tĕ 德。	Nature		xén 善。	8 Good.	

296．安文思对孔子的中文评注

出自 Magaillans（Magalhães）, *A New History of China, p.*83。

这是安文思的著作《孔子著作评注》（*Commentary on the Works of Confucius*）中第一篇论文的首段文字。这是为耶稣会士入手学习中国语言而设计的办法；图中的译文依照数字序号来阅读。

安文思根据朱熹和张居正（Cham Kui Chim [Chang Chü-cheng]，1525—1582 年）的注解完成上文。中国的耶稣会士依靠的，正是这两人关于经典的注解。参见 D.E.Mungello, "The Jesuits' Use of Chang Chü-cheng's Commentaries in Their Translation fo the Confucian Four Books（1687）", *China Mission Studies（1550-1800）Bulletin*, III（1981）,16.

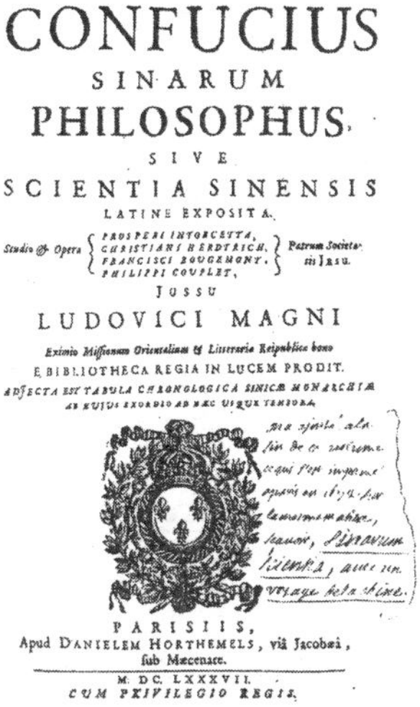

CONFUCIUS
SINARUM
PHILOSOPHUS,
SIVE
SCIENTIA SINENSIS
LATINE EXPOSITA.
Studio & Opera PROSPERI INTORCETTA, CHRISTIANI HERDTRICH, FRANCISCI ROUGEMONT, PHILIPPI COUPLET, Patrum Societatis Jesu.
JUSSU
LUDOVICI MAGNI
Eximio Missionum Orientalium & Litterariæ Reipublicæ bono
E BIBLIOTHECA REGIA IN LUCEM PRODIT.
ADJECTA EST TABULA CHRONOLOGICA SINICÆ MONARCHIÆ AB HUJUS EXORDIO AD HÆC USQUE TEMPORA.
PARISIIS,
Apud DANIELEM HORTHEMELS, via Jacobæa, sub Mæcenate.
M. DC. LXXXVII.
CUM PRIVILEGIO REGIS.

297．《孔夫子：中国哲学家》的扉页

MARTINI MARTINII
TRIDENTINI
E SOCIETATE JESU
SINICÆ HISTORIÆ
DECAS PRIMA
Res à gentis origine ad Christum natum in extremá Asiâ, sive Magno Sinarum Imperio gestas complexa.
MONACHII
Typis LUCÆ STRAUBII,
Impensis JOANNIS WAGNERI CIVIS & Bibliopolæ Monacensis,
Cum Privilegio Cæsareo.
Anno CIƆ. IƆ. CLVIII.

MARTINI MARTINII,
TRIDENTINI,
E SOCIETATE IESV,
SINICÆ
HISTORIÆ
DECAS PRIMA,
Res à gentis origine ad Christum natum in extrema Asia, sive Magno Sinarum Imperio gestas complexa.
AMSTELÆDAMI,
Apud JOANNEM BLAEV,
M. DC. LIX.

298. 卫匡国的《中国上古史》（慕尼黑，1658 年）耶稣会官方版本的扉页

299. 布劳出版社版本（阿姆斯特丹，1659 年）的扉页

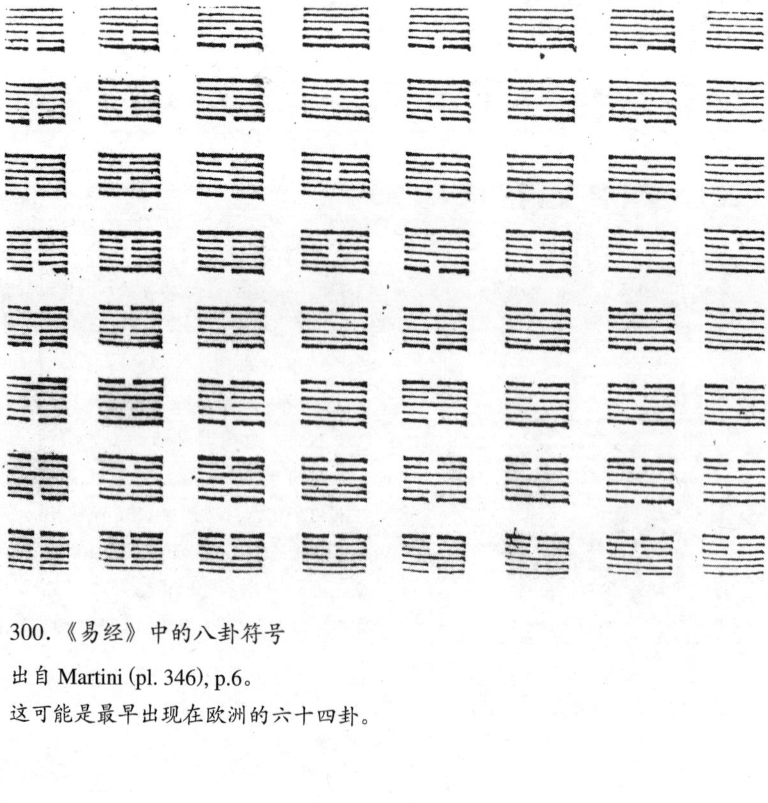

300.《易经》中的八卦符号

出自 Martini (pl. 346), p.6。

这可能是最早出现在欧洲的六十四卦。

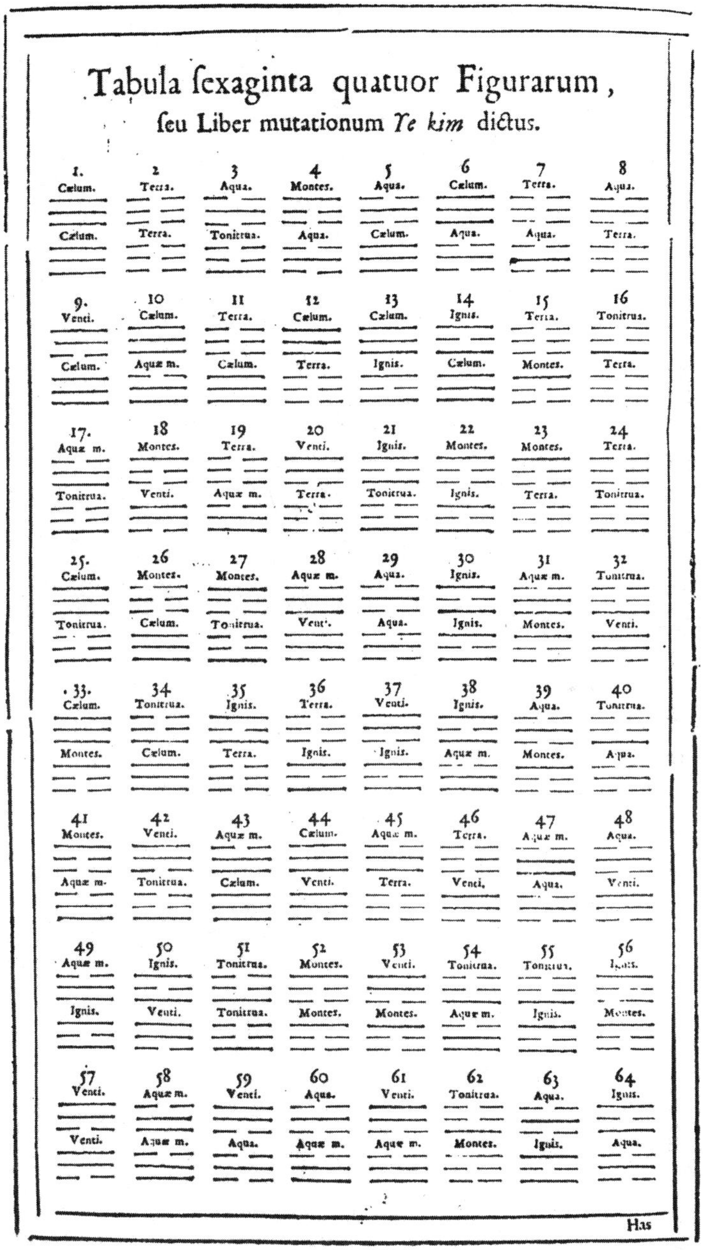
Tabula ſexaginta quatuor Figurarum,
ſeu Liber mutationum *Ye kim* dictus.
1. Cælum. Cælum.
2 Terra. Terra.
3 Aqua. Tonitrua.
4 Montes. Aqua.
5 Aqua. Cælum.
6 Cælum. Aqua.
7 Terra. Aqua.
8 Aqua. Terra.
9. Venti. Cælum.
10 Cælum. Aquæ m.
11 Terra. Cælum.
12 Cælum. Terra.
13 Cælum. Ignis.
14 Ignis. Cælum.
15 Terra. Montes.
16 Tonitrua. Terra.
17. Aquæ m. Tonitrua.
18 Montes. Venti.
19 Terra. Aquæ m.
20 Venti. Terra.
21 Ignis. Tonitrua.
22 Montes. Ignis.
23 Montes. Terra.
24 Terra. Tonitrua.
25. Cælum. Tonitrua.
26 Montes. Cælum.
27 Montes. Tonitrua.
28 Aquæ m. Venti.
29 Aqua. Aqua.
30 Ignis. Ignis.
31 Aquæ m. Montes.
32 Tonitrua. Venti.
33. Cælum. Montes.
34 Tonitrua. Cælum.
35 Ignis. Terra.
36 Terra. Ignis.
37 Venti. Ignis.
38 Ignis. Aquæ m.
39 Aqua. Montes.
40 Tonitrua. Aqua.
41 Montes. Aquæ m.
42 Venti. Tonitrua.
43 Aquæ m. Cælum.
44 Cælum. Venti.
45 Aquæ m. Terra.
46 Terra. Venti.
47 Aquæ m. Aqua.
48 Aqua. Venti.
49 Aquæ m. Ignis.
50 Ignis. Venti.
51 Tonitrua. Tonitrua.
52 Montes. Montes.
53 Venti. Montes.
54 Tonitrua. Aquæ m.
55 Tonitrua. Ignis.
56 Ignis. Montes.
57 Venti. Venti.
58 Aquæ m. Aquæ m.
59 Venti. Aqua.
60 Aqua. Aquæ m.
61 Venti. Aquæ m.
62 Tonitrua. Montes.
63 Aqua. Ignis.
64 Ignis. Aqua.
Has

301．六十四卦

出自 Couplet *et al.*, *op.cit.* (pl. 289), p.xliv。

这就是六十四卦图。占卜者通常会用它进行占卜。

302. 由中国传统学者所说第一位君主——伏羲所创造的“汉字”(letters)

出自 Martini, *Sinicae historiae decas prima* (Amsterdam,1659), p.23 (p.12 in Munich, 1658, ed.).

本图尝试展现汉字由自然事物的象形画演变而来的方式。据称，左侧古怪的象形文字最终演变成为右侧的汉字。更详细的解释，参见 D.E.Mungello,*Curious Land* (Stuttgart,1985), pp.130-31。

现代学者将这些象形文字的起源追溯到甲骨文和青铜器铭文。唯一可以确认的是内有小圆点的圆圈（3 号）演变为“日”(*jih*)，意为太阳。

在我们看来，卫匡国在这里参照了当时台湾街头小贩仍在卖弄的俗词源学（参照 Mungello, p.149）。文字“1”和“2”的位置可能反了，因为“2”是图形，而“1”应当是汉字（参见插图第 303）。根据芝加哥大学图书馆东亚分馆馆长马泰来的观点（通过私下交流得知），作为中国古代的象形文字，这里一些图像过于接近现实的事物。

303.（下页，上图）汉字文字体系示例

出自 Nieuhof, *op.cit.* (pl. 292), p.246。

很显然，与正文相似（第 244-248 页），这幅图在很大程度上借鉴了耶稣会士带回欧洲的材料。中间的象形文字一下子就让人想到卫匡国著作中的象形文字（插图第 302），但在这里，头两个文字的顺序是正确的。在左边，关于汉字构成的图示，基本上来自曾德昭的讨论，参见 *Relatione* (Rome,1643), pp.45-56。图片最下端出自《易经》的八卦符号，也来自卫匡国的著作（插图第 300）。该图唯一的新元素是印花图案（M），据纽霍夫说，该图案由一本伏羲所著、标题为“Dragon book”的书中得来。尽管可能是中国现存最古老经典——《易经》间接的参考文献，但目前我们尚无法鉴别出这部书。参见 Mungello, *op.cit.* (pl.350), p.147。纽霍夫另外参考的著作，可能是 A. Kircher, *Oedipus Aegyptiacus* (3 vols.,Rome,1653), III,11-21，在那里，作者将中国象形文字、汉字同埃及的象形文字进行比较。

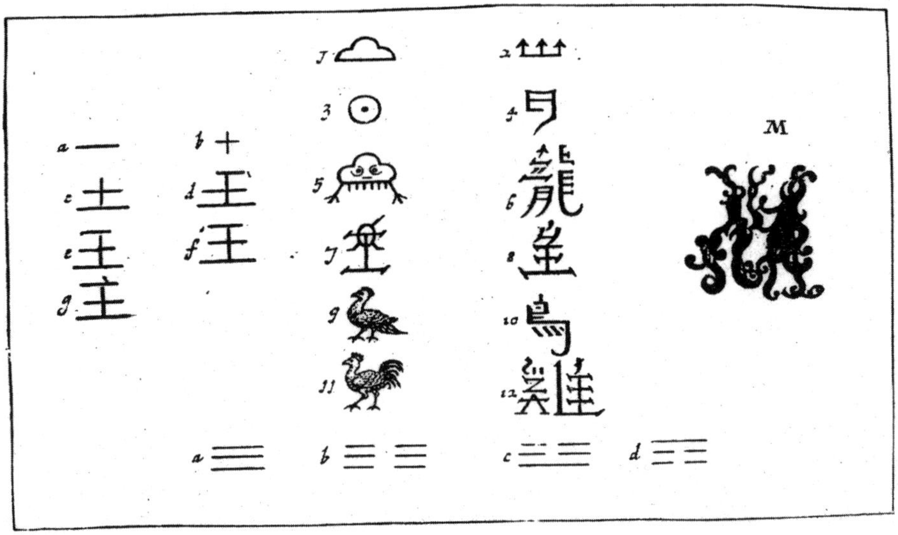

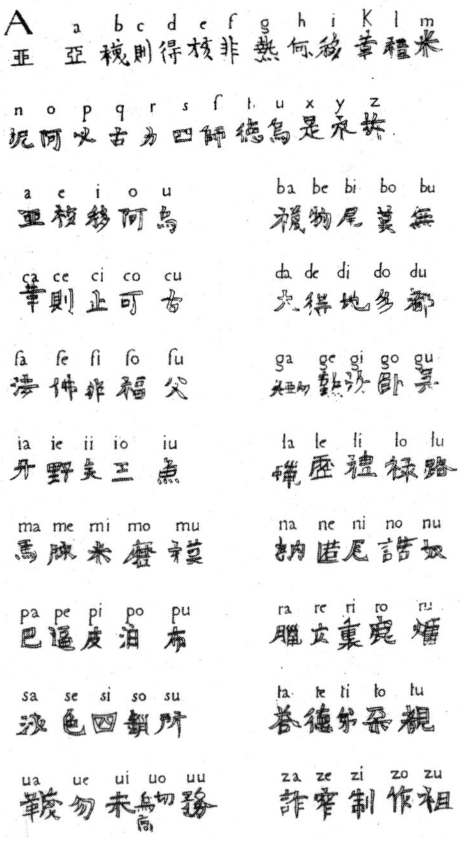

304．汉字拼音化的尝试

出自 Couplet *et al.,op.cit.* (pl.289),following the *Viaggio del P. Giovanni Gruber* near the end of the volume。

328 DICTIONAIRE CHINOIS.

Yêu chà tì frid dans l'huyle.
Chà un vaſe ou pot de *chà*.
Pûm chà porter du *chà* au marché.
Tien chi chà, *Yù ciên chà*, *Tum cô chà* trois differences de fin *chà*.
Chà manquer, faillir, ceſſer.
Chà tĕ yvèn deffaut, manquement, diſette. grande elevation, grande felicité.
Chà fourche ou fourchette.
Hò chà pincettes.
Chàm croiſtre, augmenter, aggrandir.
Xèu chamì la paulme de la main.
Chamì ỳn (ment.
Pă chamì ſoufflet, ou bien ſoufflement.
Chamì chirà grand, qui a beaucoup creu.
Chamì pieñ eſtable à chevaux.
Kiă chamì don d'embarquement.
Hoéi chamì la teſte, le chef, le premier ou principal.
Chamì la moitié des.
Chamì fù le mary, l'eſpoux, l'homme de la femme.
Súon chámì faire compte, ſupputer.
Chamì çù tomber ou il tomboit.
Pì chamì camper dreſſer les tentes du camp.
Tâo chamì cacher les debtes ou ce qu'on doit.
Mìmì chamì crochet ou tout autre inſtrument qui accroche ou qui prend.
Cù chamì hydropique.
Chàmì long.
Chamì sù choſe ordinaire.
Y' chàmì tì tú extraordinaire.
Chŏ chàmì entrer & ſortir.
Ciñ chàmì
Chàmì gouſter ce qu'on doit manger, ou qui peût eſtre mengé.
Chàmì pú kieù. à chaſque pas, à tout moment, & à toute rencontre.
Chàmì tuòn long & court.
Gĕ chamì bien & mal.
Fi chàmì nêm n'avoir pas le pouvoir ordinaire.
Ciĕ chamì augmenter accroiſtre, amplifier de plus en plus.
Chămì fù putain, femme qui court & qui eſt abandonnée.
Chămì chanter.
Xŭ chămì celuy-cy eſt couvert, couvé, fomenté ou bien eſtouffé.
Pú xŭ chămì relaſché deſcouvert, ou joyeux.
Tăñ chămì toucher, chanter.
Cŏ chăñ chanter des chanſons ou des hymnes.
Yeù chán une journée de 60 ou 80 lieuës.
Chaŏ appeller en faiſant ſigne des mains.
Caŏ pinì lever des ſoldats, faire des troupes, & des levées.
Chaŏ paî enſeigne de boutiques.
Chìnì chaŏ dire ſes fautes, advoüer ſes pechés, & confeſſer ſes crimes.
Chào ongles ou griffes d'oyſeau ou de paſſerau.
Chào têû marque, ſigne, indice, caractere, enſeigne.
Chào xù lettre, miſſive, epiſtre, du Roy ou edits de ſa Majeſté.
Chĕ chào certitude, aſſurance, infaillibilité.
Iem chaò une piece qui deſrobe la veuë de la chandele, laquelle eſt faite à deſſein pour n'eſtre pas incommodé de ſa clarté.
Hào chaò bonne marque, bon pronoſtiq, bonne conjecture.
Chiô viſiter le Roy, faire ſa cour, la mer.
Chiò hŏ congratuler le Roy, feliciter ſa Majeſté.
T.iiii

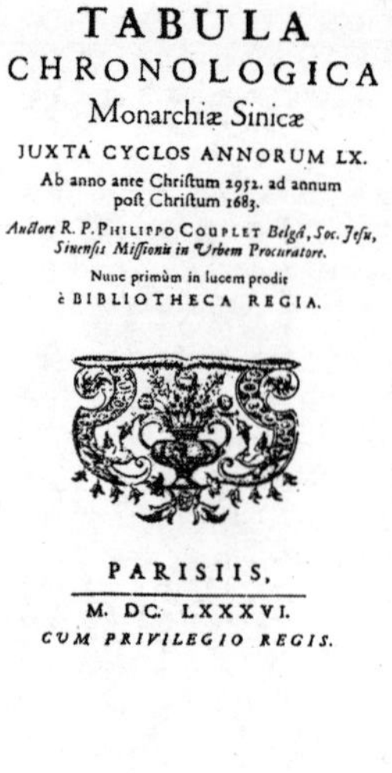
TABULA
CHRONOLOGICA
Monarchiæ Sinicæ
JUXTA CYCLOS ANNORUM LX.
Ab anno ante Chriſtum 2952. ad annum poſt Chriſtum 1683.
Auctore R. P. PHILIPPO COUPLET *Belgâ, Soc. Jeſu, Sinenſis Miſſionis in Urbem Procuratore.*
Nunc primùm in lucem prodit
è BIBLIOTHECA REGIA.
PARISIIS,
M. DC. LXXXVI.
CUM PRIVILEGIO REGIS.

SINARVM
SCIENTIA
POLITICO-MORALIS,
SIVE
SCIENTIÆ SINICÆ LIBER
INTER
CONFVCII LIBROS SECVNDVS,
A P. PROSPERO INTORCETTA SICVLO SOC. IESV,
E SINENSI LINGVA IN LATINAM VERSA.

PARISIIS,
M. DC. LXXII.

305. 一部汉法词典的样页

出自 Kircher, *op.cit.* (pl.290), p.328。请注意，在 1670 年，法文仍使用“cha”，而不是“thee”（左边一列第 2—6 行）。“Cha”是北京话和广东话，由葡萄牙人从澳门带入欧洲。“Thee”和“tea”来源于厦门方言（闽南话）“t' i”。它是由荷兰人带到欧洲的，可能是因为他们曾经在厦门方言流行的福建和台湾地区活动。

306.（左下图）柏应理的《中华帝国朝代表》扉页

出自 the reprint in Couplet *et al.*, *op. cit.* (pl.289)。

这是 17 世纪耶稣会士最全面的中国历史年表，其史料几乎全部为中国文献。

307.（右下图）《中庸》

出自 the reprint in Couplet *et al.*, *op. cit.* (pl.289)。

《中庸》拉丁文译本的扉页。《中庸》是“四书”中的一部，而“四书”则构成 17 世纪中国教育的核心内容。

308，309，310．中医所谓的人体各部、脉搏和穴位出自 Michael Boym, *Clavis medica ad chinarum doctrinam de pulsibus*, ed.Andreas Cleyer, as published in the appendix to the *Miscellanea curiosa* of the Academia Caesareo-Leopoldina Naturae Curiosorum (Nuremberg, 1686); illustrations follow p.142 of Boym。

卜弥格的《医论》(*Clavis*) 中的这些图解（第 142 页），是将克莱耶著作中的插图经过翻转而来的，参见 Andreas Cleyer, *Specimen medicinae Sinicae* (Frankfurk, 1682)。关于人体中的“三焦”（上焦、中焦和下焦）、“腔”(cavities) 和脉搏，插图第 308 均予以展示，图中给出了其汉语名称的罗马拼音和译文，同时指出了其部位以及部分诊断方法。鲁桂珍（Lu Guei-djen）和李约瑟从克莱耶那里引用了这张插图，参见 Andreas Cleyer, *Celestial Lancets. A History and Rationale of Acupuncture and Moxa* (Cambridge,1980), p.278。他们不了解这幅绘图的中文文献出处。卜弥格的《医论》可能是 6 世纪《脉学》(*Mo chüeh*)（脉搏的秘密）的译作（Lu and Needham, p.285）。

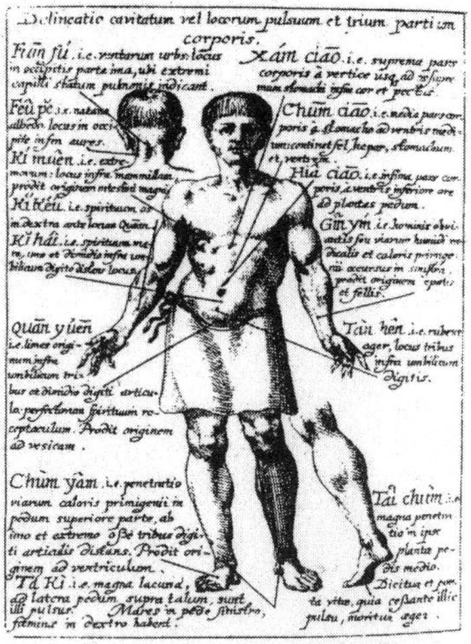

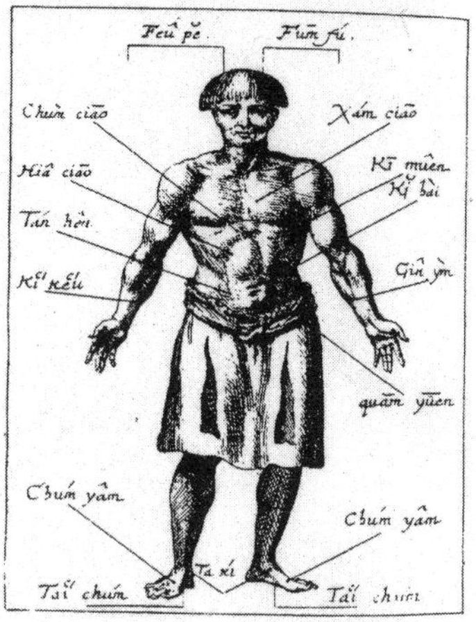

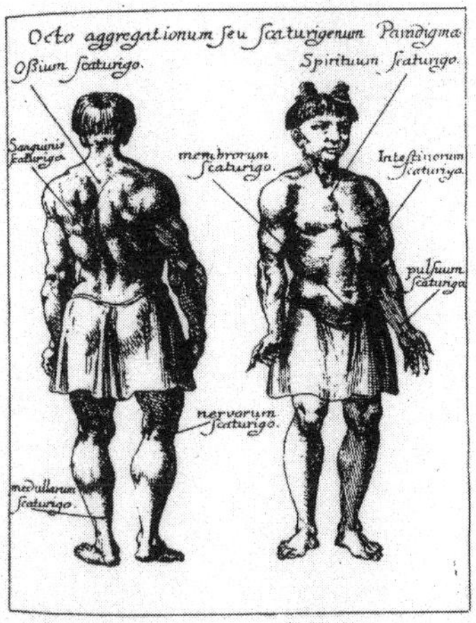

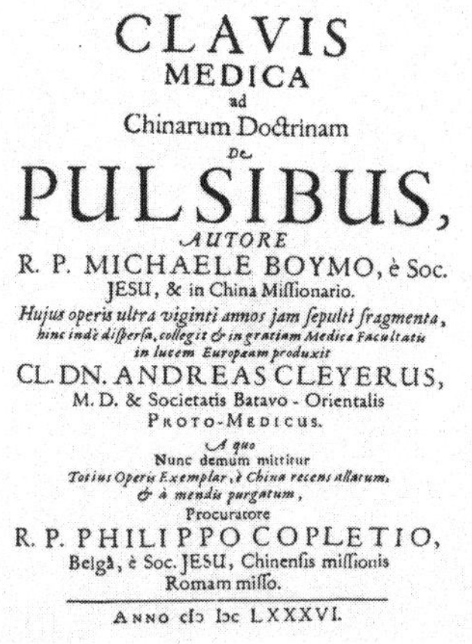
CLAVIS
MEDICA
ad
Chinarum Doctrinam
De
PULSIBUS,
AUTORE
R. P. MICHAELE BOYMO, è Soc. JESU, & in China Missionario.
Hujus operis ultra viginti annos jam sepulti fragmenta, hinc indè dispersa, collegit & in gratiam Medicæ Facultatis in lucem Europæam produxit
CL. DN. ANDREAS CLEYERUS,
M. D. & Societatis Batavo - Orientalis
PROTO-MEDICUS.
A quo
Nunc demum mittitur
Totius Operis Exemplar, è China recens allatum, & à mendis purgatum,
Procuratore
R. P. PHILIPPO COPLETIO,
Belgâ, è Soc. JESU, Chinensis missionis Romam misso.
ANNO CIↃ IↃC LXXXVI.

311．卜弥格的《医论》扉页

312.（上图）轿子

出自 Nieuhof, *op.cit.* (pl.292), p.208。

根据原文，该图展示的是，一位地方官乘坐“轿子”从一地前往另一地。该图背景似乎是一个刑场。

313.（下图）中国农民

出自 Nieuhof, *op.cit.*, p.290。

请注意图中男子的长辫子。右边的男子发辫凌乱。农妇裹了小脚。图中农田里的犁沟与驴让人想到中国北方，但椰子树却又暗示此处为中国南方某地。这可能又是一个借助椰子树制造异国情调的例子。

314.（上图）无赖（ruffian）及其捕获品

出自 Nieuhof, *op.cit.*, p.265。
这里的无赖，指的是中国古代的娼妓所有者，他们设法从中国农村穷困的父母那里购买年轻的女孩儿。根据纽霍夫的原文（第 265 页），图中头盖薄纱的女孩儿被带到外地，出卖或租借给妓院。

315.（下图）身着表演服饰的中国艺人

出自 Nieuhof, *op.cit.*, p.262。
根据原文，许多戏剧演出都是长达数小时的历史剧。观众可以一边观看演出，一边吃吃喝喝。在整个表演过程中，演员以唱为主，口头对白很少。当一出戏结束后，另一出戏会接着开始。
很明显，图中的演员是我们今天所说的“京剧”（Chinese opera）中的角色。请注意，在左后方的背景中，一出戏正在上演。

316. 民间艺人

出自 Nieuhof, *op.cit.* (pl.292), p.263。

根据原文，多数中国表演者为年轻人，他们往来于乡村间，四处卖艺。一位表演者正在卖弄跳舞的老鼠。另一位表演者单脚站立在一根由同伴以腰部顶起的竹竿上。还有一位表演者将同伴罩在竹筐内，并以刀剑刺穿这个竹筐。随后，“鲜血”自筐内喷涌而出，人们便听到一阵痛苦的呻吟声。但就在这个时候，“牺牲者”会从筐里出来，毫发无伤地出现在人们面前。中间的男子似乎正在竭力翘起自己的鼻子，而左边的那个人则是在演奏手鼓之类的乐器。

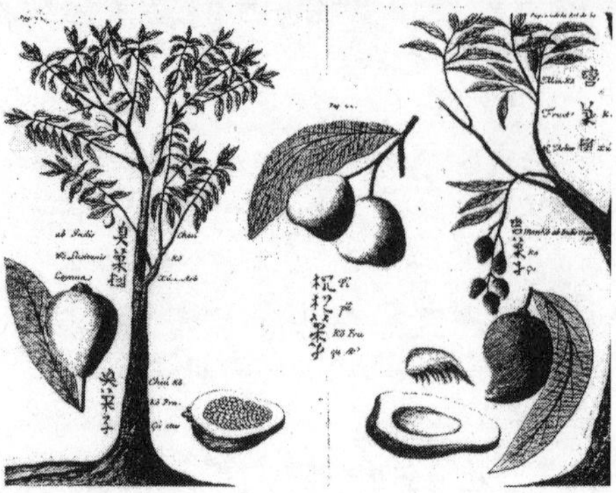

317. 芒果

出自 Michael Boym, Briefve Relation de la Chine, printed in TR, II, between pp.22,23。插图第 318,320,321 及 322 也出自这部著作。

“Mango”一词来源于泰米尔语（Tamil）中的 mānkāy 或马来语（Malay）中的 maygā。汉语作芒果（mang-kuo）。

卜弥格（1612—1659 年）是一位波兰耶稣会士、中国绘图学家，他对中国物理和自然方面的情况深有研究。

318.“凤凰”和“野鸡”

出自 Boym, *op.cit.*, between pp.26 and 27。

凤凰（*Fenghuang*）即 phoenix，是传说中的一种鸟。雄性称为凤（*feng*），而雌性称为凰（*huang*）。据说，它经常被描绘成辽东土产——野鸡的模样。其身体各部经常成为中国诗歌的意象：它的背部象征着美德，翅膀象征着正义，侧面象征顺从，而整个身躯象征忠诚。地方官常以金凤凰的图案装饰官服。

野鸡（Ye-ki [*Yeh chi*]）是长着漂亮羽毛的大型野生禽类。在中国文化中，与雌性独角兽、雄性凤凰以及龙一样，陆龟（绿毛龟 [*Lü-mao kuei*]）是超自然或者说天生带有神性的四种生物之一。大黄（*Tai huang*）即林奈（Linnaeus）所说的波叶大黄（*Rheum undulatum*），通常被认为就是中国的大黄。它的根被广泛地用作药材。

319．鸬鹚

出自 Nieuhof, *op.cit.* (pl.292), p.148; text, pp.147-48。

请注意背景中捕鱼的小船。

插图中的 Louwa 可能来自汉语中的鸬鹚（*li-tz'u*，广东话，*lo-ts'z*）。

在 17 世纪以前，利用驯化的鸬鹚进行捕鱼的办法已经推行了很长时间。例如，杜甫（712—770 年）曾在一首诗中提到它。意大利波代诺内的天主教会修士鄂多立克（1268—1331 年）也曾提到中国这种“奇怪的”捕鱼方式。在 17 世纪，英格兰和法国也使用鸬鹚捕鱼的方法。（另可参见 *Asia*, I, 766, n.173.）

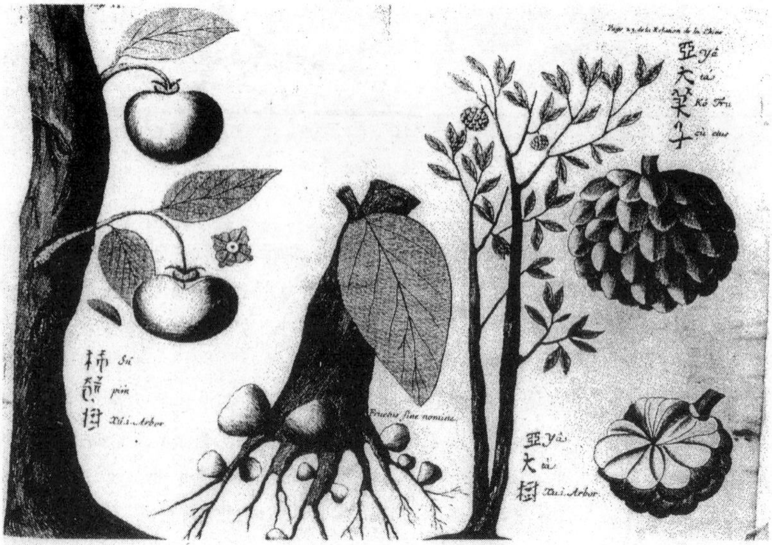

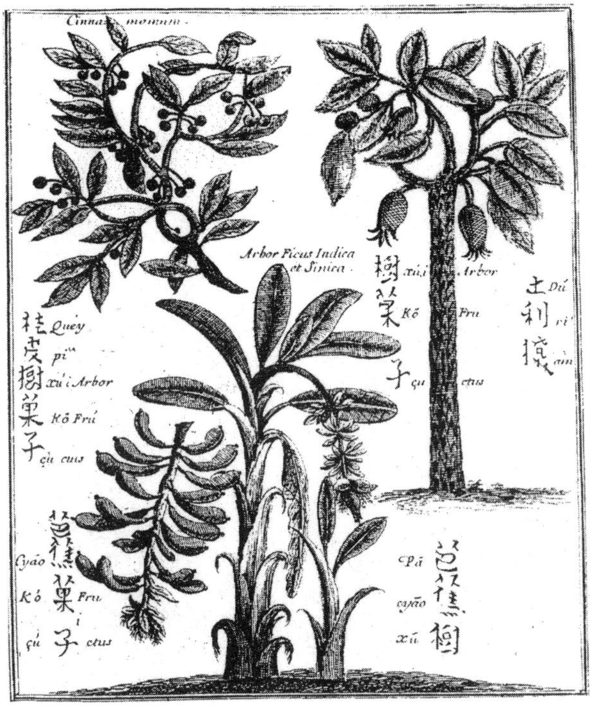

321．中国的果树

出自 Boym, *op.cit.* (pl.365), between pp.26 and 27。

中国人将图中左边的肉桂称为桂皮树果子（*Kui-pi Shu Kuo-tzu*）。右边是榴莲树及其果实，称为土利援（*Tu li-yüan*）。底下是称作芭蕉树（*Pa-chiao shu*）的香蕉树。

320．（前页，下图）中国的果树

出自 Boym, *op.cit.* (pl.365), between pp.25 and 26。

左边是柿子树（*shih-ping shu*）及其果实。图中展示了今天的习惯做法，做成柿饼或者蜜饯。右边是释迦树（番荔枝 [*Annona squamosa*, Linn]）及其果实（汉语作亚大果子 [*Ya-ta kuo-tzu*]）。在图中，中间的水果没有名称。

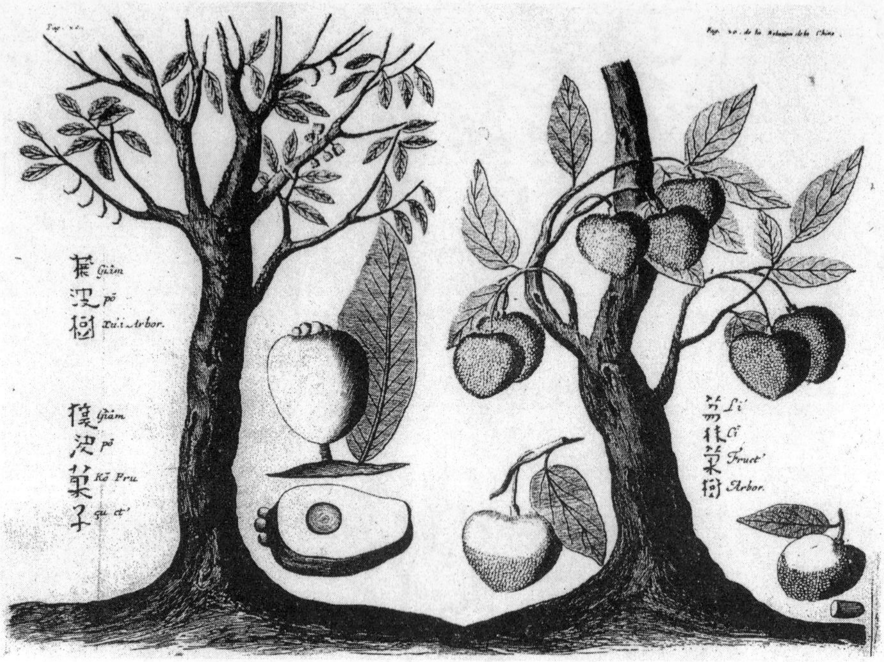

322. “蒲桃”、荔枝树及其果实

出自 Boym, *op.cit.* (pl.365), between pp.20 and 21。

“Giambo” 即蒲桃，是一种极具香味儿的水果。它的名称来自梵语“*jambū*”，西方人经常提到“印度的蒲桃”（Giambo d’India）和“中国的蒲桃”（Giambo d’China）。参见 Yuleand Burnell, *op.cit.*(pl.321), pp.448-49。

有两种荔枝树（荔枝果子 [*Li-chi kuo-tzu*]），来自印度的一种，果实为红色或白色；另一种颜色较接近黄色，闻起来像玫瑰。据卜弥格称，后一种由马六甲传到澳门和海南。

RELATION
CURIEUSE
ET NOUVELLE
DE
MOSCOVIE.
CONTENANT
L'état present de cet Empire. Les Expeditions des Moscovites en Crimée, en 1689. Les causes des dernieres Revolutions. Leurs Mœurs, & leur Religion. Le Recit d'un Voyage de Spatarus, par terre, à la Chine.
(Foy de la Neuville)
A LA HAYE,
Chez MEYNDERT UYTWERF,
Marchand Libraire près de la Cour.
M. DC. XCIX.

323. 富瓦·德·拉·纳维尔（Foy de la Neuville）《俄国新奇见闻录》（*Relation...de Muscovie*）的扉页

纳维尔是1689年被德贝蒂纳（de Bethune）侯爵派往莫斯科的法国外交人员。德贝蒂纳侯爵是路易十四派驻波兰的大使。法国急切想要了解俄国在东部边疆地区的贸易和扩张活动。在莫斯科期间，纳维尔受到“斯帕塞理”（Spaturus [Nikolai Spathary]）的招待，而后者曾于1675—1677年间代表俄国出使北京。本书最后一部分有一段关于斯帕塞里谈话的总结，内容涉及俄国同东西伯利亚地区、中国的陆路商贸往来，但其中有大量不准确的说法。

本书于1698年首次在巴黎出版。一般认为，它的作者是阿德里安·巴耶（Adrien Baillet，1649—1706年），他也是法国人，而且是一位学问精深的牧师，耶稣会士中的“牛虻”，拉穆瓦农图书馆（Lamoignon library）的全职馆员。可能是荷兰对与俄国贸易的浓厚兴趣，使得该书很快便在海牙再版。

324. 鞑靼武士与鞑靼妇女

出自 TR, III (Paris, 1666), following p.67 at the end of the“Voyage des Hollandois”; text, p.68, nos.3-4。

该图为一名满族士兵及其妻子。妻子站在士兵身后，根据“说明”，那是“她们通常出现的”位置。这位清朝士兵身着夹克、头盔，脚上穿着满族弓箭手的靴子。参见 Zhou Xun *et al.,op.cit.* (pl.340), pp.200-201。与汉族妇女不同，满族妇女并不裹脚。椰子树再次错误地出现在图中。

325.（上图）鞑靼（满族）妇女

出自 Nieuhof, *op.cit.* (pl.292), p.394。
满族妇女身着黑色衣服，有时候，她们也会穿丝绸衣物。普通妇女穿棉织品。她们在头上编起两条长辫子。可以将她们与插图第 293 中的汉族妇女相对比。

326.（下图）鞑靼（满族）男子

出自 Nieuhof, *op.cit.* (pl.292), p.393。
请注意右边那位士兵的盔甲。可以同插图第 324 中的士兵进行对比。
中间的男子可能是一位文官。依照清朝的习惯，他的腰间系着装饰品。参见 Zhou Xun *et al., op.cit.* (pl.340), p.173。

327. 北鞑靼妇女服饰的正面与背面

出自 Kircher, *op.cit.* (pl.290), p.95。

该图由白乃心绘制，是唐古特君主宫廷中一位妇女的画像。在西藏，唐古特君主被称为“德瓦”（第巴）或者摄政者。据基歇尔称，“她将头发编成绳子的样子，头上和腰间均装饰有贝壳”（Van Tuyl [trans.], *op.cit.* [pl.299], p.63）。

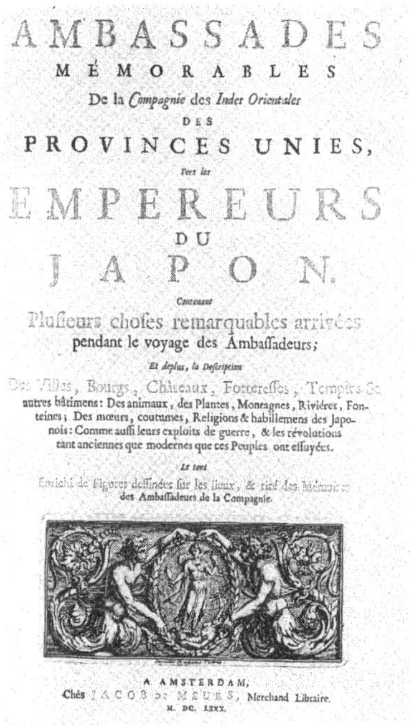

AMBASSADES
MÉMORABLES
De la *Compagnie* des *Indes Orientales*
DES
PROVINCES UNIES,
Vers les
EMPEREURS
DU
JAPON.
Contenant
Plusieurs choses remarquables arrivées pendant le voyage des Ambassadeurs;
Et de plus, la Description
Des Villes, Bourgs, Châteaux, Forteresses, Temples & autres bâtimens: Des animaux, des Plantes, Montagnes, Rivières, Fonteines; Des mœurs, coutumes, Religions & habillemens des Japonois: Comme aussi leurs exploits de guerre, & les révolutions tant anciennes que modernes que ces Peuples ont essuyées.
Le tout
Enrichi de figures dessinées sur les lieux, & tirées des Mémoires des Ambassadeurs de la Compagnie.

A AMSTERDAM,
Chés JACOB DE MEURS, Marchand Libraire.
M. DC. LXXX.

328，329．蒙塔努斯的《东印度公司遣使日本记》（*Ambassades Memorables...vers les Empereurs du Japon*，阿姆斯特丹，1680 年）的封面和卷首插图

插图第 330、334、337、338、350 及 351 同样出自这部著作。也可参见插图第 332。

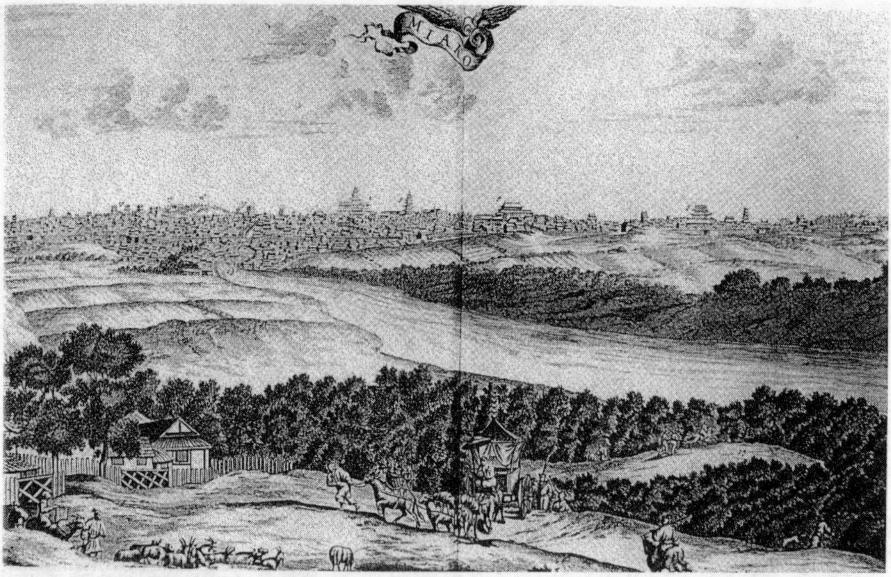

330．京都

出自 Montanus, *op.cit.*, between pp.72 and 73。

该图展示鸭川（Kamo River）穿过这座城市的东部。城墙和筑垒是1591年在丰臣秀吉的命令下建成的。

331．瓦伦的《日本物产概况》扉页

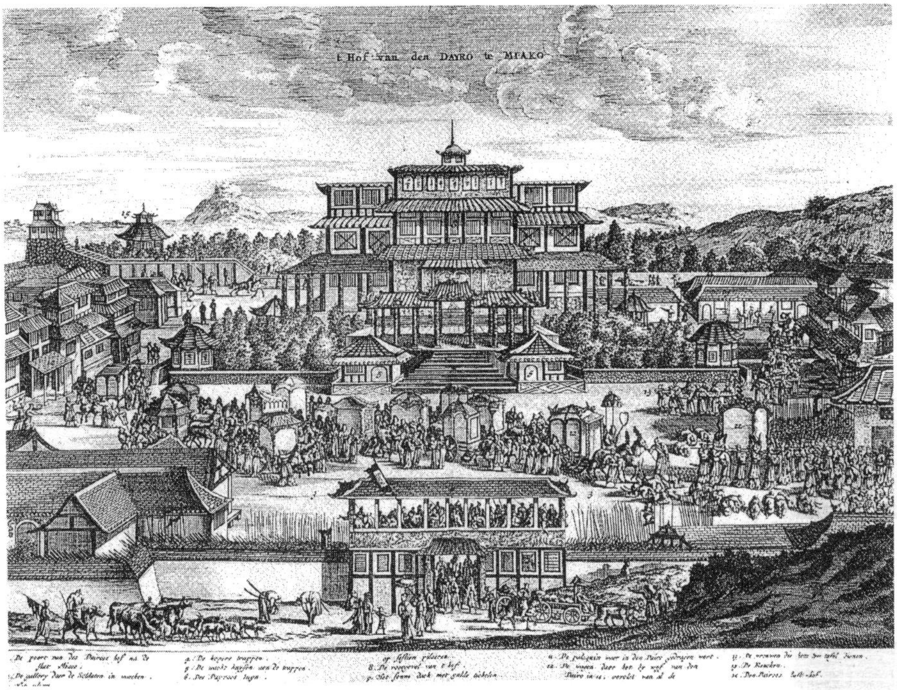

332．京都御所

出自 Montanus, *Denckwürdige Gesandtschafften*（Amsterdam,1669）, between pp.130 and 131; text, pp.130-32。插图第 333、335、336、339、342—346、348、349、354、356、357、359—364、366—368 及 370 也出自这部著作。也可参见插图第 328。

根据原文，将军每六年觐见皇帝一次。从江户出发的旅程需二十八天。每次觐见前的一年，将军的到来被宣告于众，道路被加以清理。从江户到京都沿途，筑有 20 座大型堡垒。

333．大佛寺（Daibutsu Temple）及其神像（京都）

出自 Montanus, *op.cit.*, between pp.240 and 241; text, pp.240-241。

根据原文，神像以木材建成，表面覆盖灰泥，并以铜装饰。在日本，很少有比它更大或者更美观的寺庙。

请注意佛陀四周的光环与仙女。这座庙的柱子被严重西化了。

这座庙由丰臣秀吉于 1588 年建造，供奉佛教光明之神卢舍那佛。1596 年，该庙毁于地震。1614 年，在丰臣秀赖和他母亲的大力支持下，寺庙及其神像得以重建。据说，该图展示的便是重建后的寺庙。1662 年，该寺及其神像再次毁于地震。我们今天在江户看到的大佛，或者说大日如来佛像，是 1801 年重新筑造的。

关于这座寺庙及其神像的历史，参见 B.H.Chamberlain,W.B.Mason, *A Handbook for Travellers in Japan* (5th rev.ed; London,1899), pp.369-70。

334．千佛寺（京都附近）

出自 Montanus, *op.cit.*（pl.391）, between pp.102 and 103。

该寺用于供奉“观音”（Kannon）。该图根据文本描述雕刻而成。

据说，这是一座 12 世纪建成的寺庙“三十三间堂”。该寺于 1266 年重建，内有 1000 尊仁慈之神——观音的塑像。众多观音塑像围绕着一座巨型的观音塑像。该寺位于京都白川地区。

参见 Chamberlain, Mason, *op.cit.* (pl.396), p.368; H.E.Plutschow, *Historical Kyoto* (Tokyo, 1983), p.73。

335. 地处京都附近的“Dubo”的神像

出自 Montanus, *op.cit.* (pl.395), p.71; text, pp.71-72。

根据原文，这座神像放在织田信长（1534—1582 年）建立的一座寺庙中。这位神灵坐在某种壳状的金属圆板上。这里提到的 Dubo 是京都的城郊。

这座寺庙可能与本能寺有一定关联，后者是织田信长在商人的支持下重建的一座寺庙。在被敌军围困后，织田信长在这里自杀。该寺后来被焚毁，丰臣秀吉为纪念织田信长而将之重建。参见 Plutschow, *op.cit.* (pl.397), pp.127-28。

336. 太阁大人（宫廷）女侍的奢华车辆

出自 Montanus, *op.cit.* (pl. 395), p.161。

在图中，一名年轻的男仆推着一辆车，而这位女子则盘腿坐在车内一块毛毯上。从今天的眼光来看，这幅画，尤其是图中的交通工具的真实性，十分值得怀疑。对于一位荷兰人曾经可以亲眼看见日本宫廷的女子，我们都很难相信，更不用说描绘画像了。

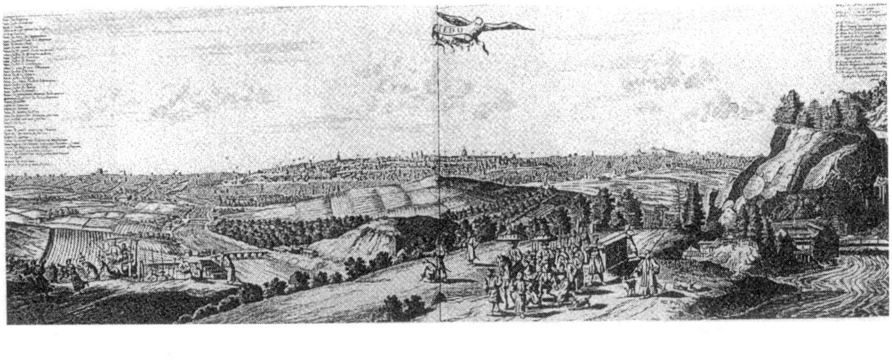

337. 江户（东京）

出自 Montanus, *op.cit.* (pl.391), between pp.98 and 99。

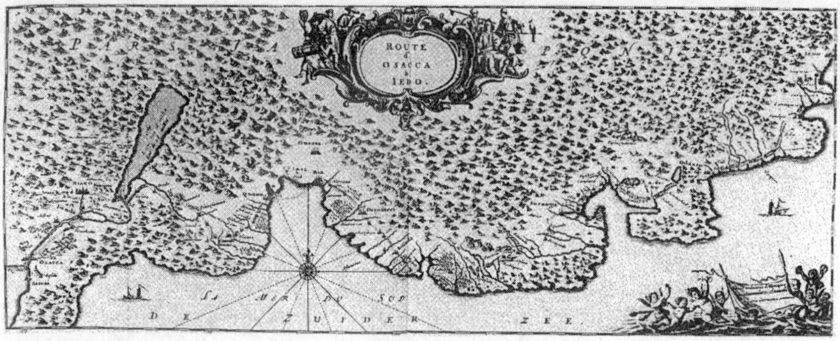

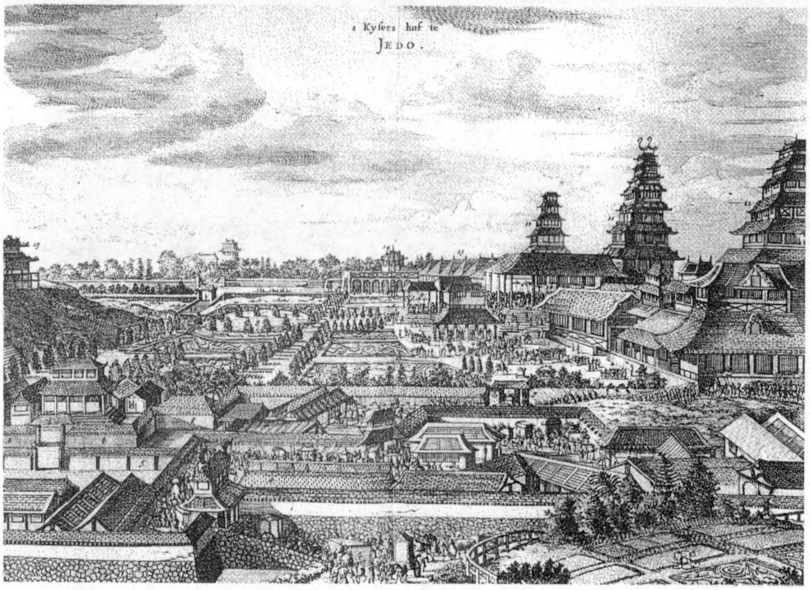

338.（上图）东海道（从大阪到江户的路线）

出自 Montanus, *op.cit.* (pl.391), preface。

前往江户拜见将军时，西部省份的大名都要横穿“东海道”。在 17 世纪，这是世界上最繁忙的交通要道之一。旅客或乘轿子、或骑马、或步行；轮式车辆禁止通行。路的两旁种着杉树，为旅客引路，同时又提供了遮风避雨的庇护之所。参见 C.J.Dunn, *Everyday Life in Traditional Japan* (Tokyo,1969), pp.24-26。关于道路沿途的大致情况，参见 Oliver Statler, *Japanese Inn* (New York,1961), especially pp.116-32。

339.（下图）江户的幕府将军居所

出自 Montanus, *op.cit.* (pl.395), between pp.110 and 111。

关于将军居所的长篇描述，参见第 115-117 页。

340. 皇宫（幕府将军居所）一角

出自 [Jean Crasset], *Histoire de l'eglise du Japon* (2 vols.;Paris,1689), II, facing p.23. 插图第 352、353、355 及 358 也出自该书。另可参看蒙塔努斯的描绘，参见插图第 339。

Partie du Palais de l'Empereur

341. 日本皇帝（幕府将军）的觐见者

出自 Caron's *Relation, printed in* TR , II（Paris,1666), p.30。

在这一时期，西方学者经常把将军视为皇帝，因为前者是事实上的统治者。这幅版画来源于卡龙著作的荷兰版本（1661 年），但在原作基础上做了一些改动。1661 年版画的复制品及这幅画的内容，参见 C.R.Boxer（ed.）, *A True Description of the Mighty Kingdoms of Japan and Siam by François Caron and Joost Schouten Reprinted from the English Edition of 1663* (London,1935), between pp.56 and 57。

Palais de L'empereur du Japon, et sa maniere de donner audiance.

342. 日光的德川家康陵墓

出自 Montanus, *op.cit.* (pl.395), p.118; text, p.117。

日光，江户往北“四天的路程”，坐落在一座高山上，四周有坚固的城墙环绕。150 盏灯日夜照耀着这座陵墓。“皇帝”（幕府将军）来这里为祖先献祭。在祭祀德川家康的大厅内，竖立着 30 枝柱状铜制大烛台。它们是 1635 年荷兰公司通过弗朗索瓦·卡龙送至日本的。日本人将这一礼物视为荷兰东印度公司甘愿臣服的象征。

343．江户的金佛寺（the Temple of the Golden Amida）

出自 Montanus, *op.cit*. (pl.395), p.107; text, pp.107-8。

根据原文，这是江户最壮观的寺庙之一。它的神像是阿弥陀佛骑着一匹七首马。每一个马首象征 1000 个世纪。阿弥陀佛是日本最强大的神灵之一，人们希望通过反复念诵他的名字来获得永生。阿弥陀佛会以各种形象出现，有时会像这幅图一样，人身狗头的阿弥陀佛骑在马上。有时候，马会与佛教神灵联系在一起。

有时候，仁慈之神观音的雕像上会出现马首，或者取代人首，象征着观音是马的女性保护神。参见 C.Eliott, *Japanese Buddhism* (London,1964), pp.140-41。

神像底部的文字难以辨认。

344．江户一座寺庙里的释迦牟尼（佛陀）像

出自 Montanus, *op.cit.*, p.111; text, p.110。

根据原文，这座庙是由丰臣秀吉的遗孀建立的：据说，它与京都的释迦牟尼庙十分相像。

345．日本的佛教僧侣

出自 Montanus, *op.cit.* (pl.395), p.78。

根据原文，这位僧侣属于"Saccibonsiens"（日莲宗）或是"Mia"（净土宗）的信徒。他的腰间塞着书简，特别是在仪式场合，更是如此。他右手持一个盘状的铜锣，锣的边缘刻着几位日本神灵的名字；左手握着一根打结的绳子，用以敲打铜锣，在街巷间召唤信奉者。

346. 佛教僧侣布道的场景

出自 Montanus, *op.cit.*, p.256。

这位佛教僧侣，可能属于日莲宗，右手握着一把金线扇，头顶丝质的彩色太阳伞。他手摇铃铛，随后开始宣读《妙法莲华经》中的文字。接下来，他便开始天花乱坠地说教。更多的听众皈依阿弥陀佛，而不是观音（Kannon）或者释迦牟尼（Shaka）。

关于日莲宗，可参见 G.B. 桑塞姆（G.B.Sansom）的论文，参见 Eliot, *op.cit.*1chap.xviii。

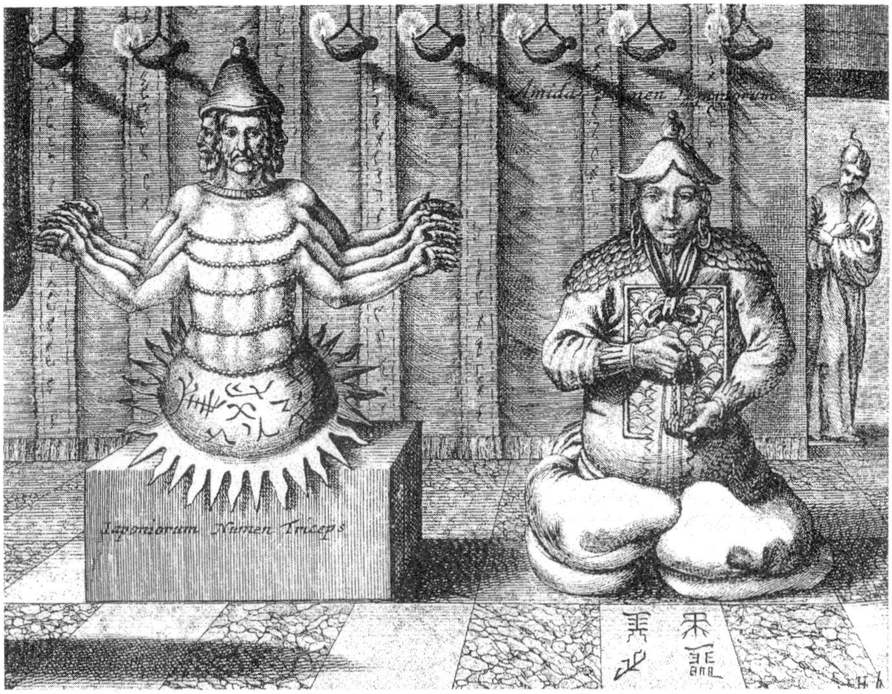

347. 日本的三首神灵（God with three heads）及阿弥陀佛（Buddha Amida）

出自 Kircher, *op.cit.* (pl.290), p.188。

在《东印度、日本和中国的耶稣会传教史》（*Historia de las missiones* [2 vols.;Alcalà de Henares, 1601]）第五册第九章中，路易·德·古兹曼讨论了日本人如何崇拜一位多手臂的三首神灵。在这幅图中，这样一位神灵与阿弥陀佛同时出现。基歇尔从葡萄牙获得这幅图，出于好奇，他复制了这幅图。它也支持了基歇尔的论点：亚洲的多首神灵来源于埃及人那里。基歇尔还声称，在尼泊尔，白乃心也曾见过这样的神灵。

根据基歇尔的说法，日本人将这位神灵描绘成阿弥陀佛（Amida [Fombum]）坐在一朵玫瑰或是莲花上，四周金光环绕。请注意阿弥陀佛手中的佛珠。图中的文字难以辨认。

348. 四处流浪的佛教僧侣

出自 Montanus, *op.cit.* (pl.395), p.262; text, pp.262-63。

这位荷兰人在大阪附近的路上遇到这些僧侣。他们通常三三两两地出现在路上，衣衫破烂不堪，头发、胡须凌乱——这让他们看上去像是野人。

他们随身携带佛珠以及葫芦状的水壶。

他们头戴六角帽，通常受到世人极高的尊崇，因为他们为患病和逝去的人祈祷。

有时，这些僧侣会将死尸带到坟地。由于被指责进行各种犯罪活动，他们经常被称为“坏和尚”（bad monks）。

Tempel int Koninckryck
Vaccata.

1. Dack met 4 vergulde leggende Ossen.
2. Een witte gepleyste muer.
3. Schuyren daer de grootste Helden op geschildert zyn.
4. Het huys van de opper-bonsie
5. De binnen muer.
6. De buyten muer.

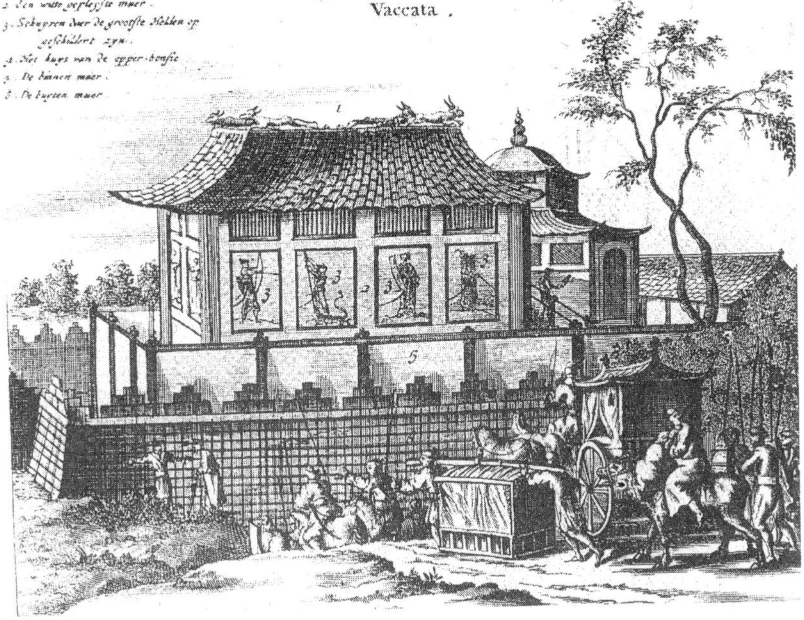

Temple dans le Royaume de
VACCATA.

1. 4 boeufs dorez couchez sur un toit
2. Muraille de plâtre.
3. Medailles des plus grands Heros.
4. Maison du premier Bonze.
5. Seconde Muraille.
6. Premiere Muraille.

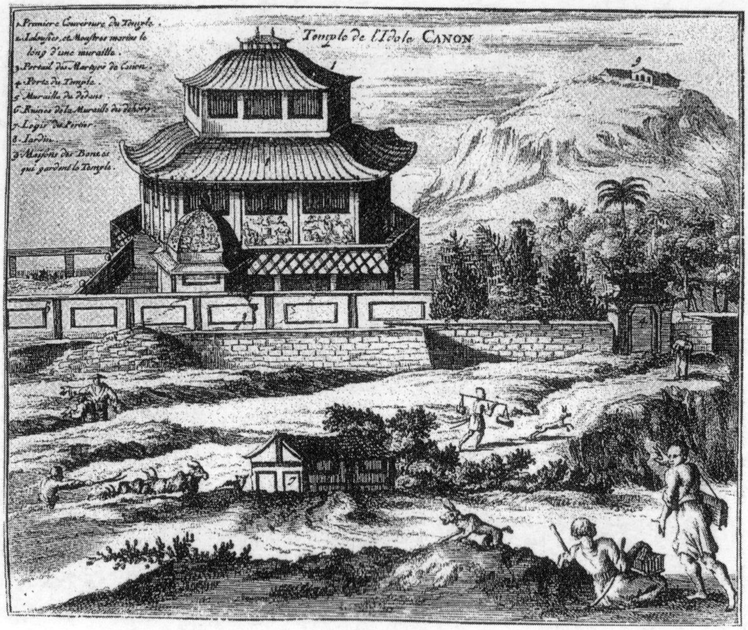

351．大阪的观音阁

出自 Montanus, *op.cit.* (pl.391), p.66; text, p.65-67。

这座庙供奉支配水和鱼的仁慈之神——观音。这里描绘的可能是圣德太子（Shōtoku Taishi）于公元 600 年前后建立的一座庙——天王寺。

349，350．（前页，上下两图）九州的“博多”寺

出自 Montanus, *Denckwürdige Gesandtschafften* (pl.395), p.101. and *Ambassades memorables* ...(pl.395), p.96。

似乎带有荷兰文说明性文字的插图第 349 是最早的版本，因为蒙塔努斯的著作最早是在荷兰出版的。插图第 350 是翻转的，而说明性文字已经被译为法文。有一项复制版画的技术在出版商之间传播，参见本书“插图说明”（在目录表之后）。奇怪的是，这两部书均由米尔斯出版。

这可能是一个神道教神社。根据蒙塔努斯的说法，它供奉一位来自韩国的猎人 Toranga，因为他曾经击败八位暴君，为日本带来和平。作为日本军队的神灵（八幡神？），传言他有八只手臂，每只手臂都曾击败一位暴君。在神社外面，有四幅壁画，分别是日本四大英雄的画像。穷人们在祈求保佑时，会赞颂这些英雄的事迹。屋顶上是四头牛的装饰性雕塑。神社有内、外两重围墙环绕，神社旁边是主神官的居所。

博多是筑前的港口，二者实际上构成一座城市。那么是不是说，福冈著名的神道教神社便是箱崎（Hakozaki）的八幡宫（Hachiman-gu）？

352. 肥前附近的庄园和风月场所（Pleasure house）

出自 Crasset, *op.cit.* (pl.403), I,between pp.14 and 15。

肥前地处半岛地区，是长崎附近、九州西北的省份。

353. 日本的十字架

出自 Crasset, *op.cit.*, II, 53。

请注意它与我们的十字架有何不同。

354. 江户日本妇女的服饰

出自 Montanus, *op.cit.* (pl.395), p.401; text, pp.401-2。

根据原文，她们每天使用蛋清和水梳洗头发，以保持头发的光泽。女孩通过头顶的发髻区别开来。上流社会的妇女有时会戴一顶围巾一样的帽子。她们的长袍很长且十分鲜艳。请注意桌上的茶具和扇子。

从现代的眼光来看，这些妇女看上去像是普通民众。可以肯定，图中妇人戏弄的小狗是欧洲雕工加入的，这成为这幅图的瑕疵。

355. 日本贵妇的服饰

出自 Crasset, *op.cit.* (pl. 403), II, facing p.10。

中间那位女子身穿简朴的丧服。右边的女子走在路上，仆人为她撑着一把油纸阳伞。左边的贵妇人头戴发夹，为我们展示了传统的发式。她身穿鲜艳的和服，里面衬着一件白色和服。在 17 世纪，通常只有贵族才可以穿着白色内衬和外衣。参见 H.B.Minnich,*Japanese Costume and the Makers of Its Elegant Tradition* (Tokyo,1964), p.341。

356.“骏河”（suringa [suruga]）市民的服饰

出自 Montanus, *op.cit.* (pl.395), p.185。

骏河，位于今日的静冈县，是东海道或者说东海道地区 15 个省份之一。德川家康在 1605 年退位，隐居骏府城，许多欧洲人曾经前往那里拜访他及其继任者。

图中的男子身穿 3/4 身长、类似和服的外衣。与同时代人相似，他剃掉了前额的头发，并用丝带在后脑勺上扎起小辫子。他的宽腰带间别着两把剑，显示出其武士身份。参见 Minnich, *op.cit.* (pl. 418), pp.347-48。

357. 日本大名及其妻子

出自 Montanus, *op.cit.* (pl.395), p.57; text, p.58。

根据原文，大名穿在里面的长袍是如此宽大，以至于他在走路时会踩到它。他的外衣是通常贵族才会穿着、带有宽大袖子的直垂（*hitatare*）。

358. 日本的服装

出自 Crasset, *op.cit.* (pl. 403), II, facing p.9。

左边站着两个位居上流社会的贵族，而右边则是一位中层阶级的市民，可能是一位武士—商人（samurai-merchant）。三人均着 obi（腰带）。德川时代，obi 是日本服装的配饰，男子和女子均喜欢搭配。中层人士喜欢穿木屐（*geta*）。

据克拉赛特（Crasset）称（第 8-9 页），日本人首要的训练是习武，他们在 12 岁时便开始习武。不同身份的妇女穿着不同的长袍。中层社会的男子穿着只到膝盖的长袍。

这幅图是蒙塔努斯两幅图的混合物。请参看前面两幅图。

361. 切腹——日本的仪式性自杀

出自 Montanus, *op.cit*. (pl.395), p.84; text, pp.83-84。

图为 1629 年（法文版本为 1620 年）登位的天皇的弟弟。出于嫉恨，天皇命令他切腹自杀。

这里提及的，可能是德川家光的弟弟德川忠长（Tokugawa Tadanaga，1605—1633 年）将军。德川忠长被指密谋反叛德川家光；于是，德川家光要求他切腹自杀。参见 E.Papinot, *Historical and Geographical Dictionary of Japan*（2 vols.;New York,1968），II, 670。

359.（前页，上图）日本贵妇及其侍从

出自 Montanus, *op.cit*. (pl.395), p.326。

日本贵妇通常穿着打掛（*uchikake*，江户的叫法）。打掛是一种穿在普通和服与“带”外面的罩衣。

360.（前页，下图）富有的日本男子

出自 Montanus, *op.cit*. (pl.395), p.396; detailed description, p.395。

这位富人身着羽织（*haori*，夹大衣）、袴（*hakama*，宽大裤子），一位仆人为他撑着阳伞。另一名仆人肩挑两个小箱子，箱子里装着主人的书写工具等。两名仆人都穿着短袍。图中，前后两个人身穿武士的长袍。

362．一艘日本游艇——“Faisena”

出自 Montanus, *op.cit*. (pl.395), p.61。

根据原文，正常情况下，这艘船需要40名划手，船的两侧各20名。船上装有葡萄牙式的舵，船头酷似大象的脑袋。从大阪到长崎，它需要航行十二天。

“Faisena”可能是对商船或者货船——廻船（*kaisen*）的翻译。可以将这艘船上飘扬的旗子与插图第363对照来看。

363. 日本的徽标与装饰图案

出自 Montanus, *op.cit.*, p.333; text, p.334。

1. 江户的标志；2. 大阪的标志；3. 京都（江户）的标志；4. 关东的标志；5. 皇帝军队的锦旗；6. 一面大旗。

5 号图是一艘船的旗帜，上面有德川氏的标志——三叶葵（*mitsu-aoi*）。

6 号图可能是名为朱印船（*Go-shuin-sen*）的商船的旗帜，该船是政府授权从事海外贸易的私人商船。1589—1636 年日本实行闭关政策时期，是这些商船贸易的繁盛期。另外一幅船舶的图片中，有类似的旗帜，参见 *Kokushi daijiten* (Tokyo,1986), VII, between pp.252 and 253, no.4。

我们无法辨别另外几个城市的标志（1—4 号图）。

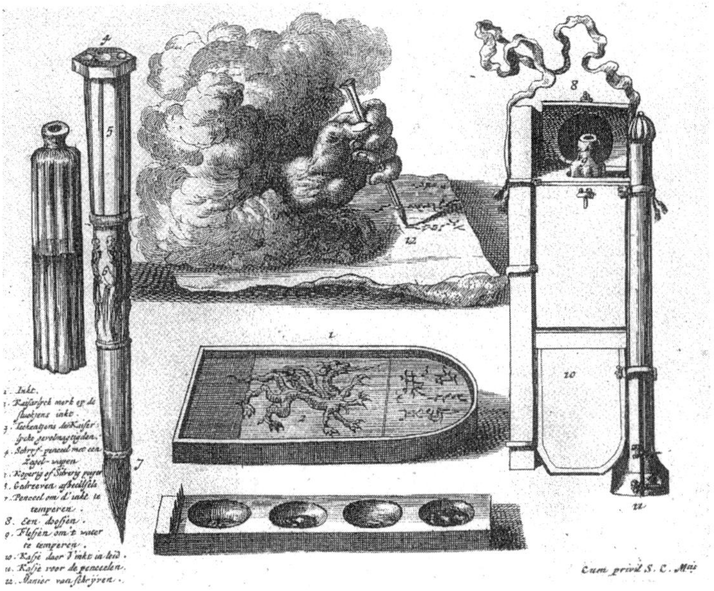

364. 日本的书写工具

出自 Montanus, *op.cit.*, p.323。

这不是一张可以完全辨识的绘图，它所反映的，也远不止一些普通的书写工具。

1号物品可能是用于磨墨的砚台。不过，它更像是砚台的盖子，因为上面装饰有据称是帝王徽章和标志的图案。在它下面放着一块带槽的、用于调和墨水的石板。

毛笔（4，5，6，7）是用金属而不是竹子或者芦苇做成的，而且在笔的中央，刻有装饰性图案。旁边的物品似乎是毛笔的笔盖。

右边的图案是一个盒子（8，9，10），用于放置一瓶清水以及墨、砚台。它右边是放置毛笔的笔套。

背景中展示的用毛笔书写的样子肯定是错误的。该图展示左手握笔，而且握笔的样子肯定不是人们惯用的方式。文字难以辨认。

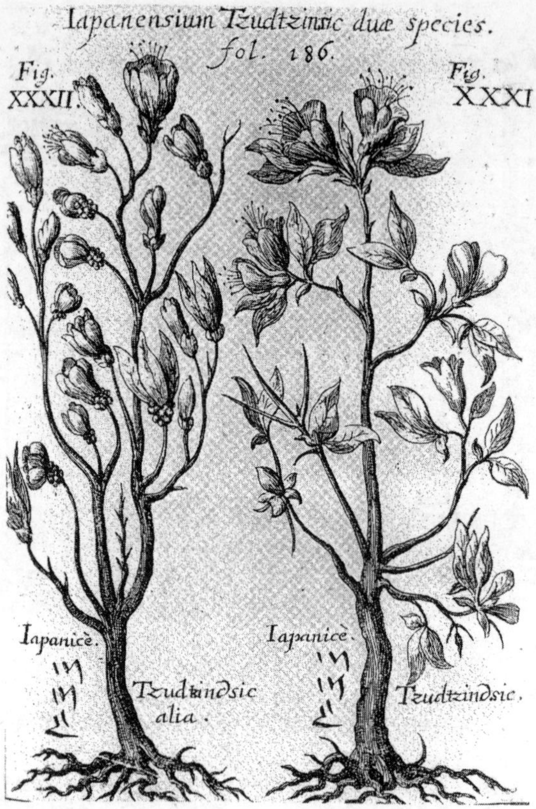

365. 两种“Tzudtzinsic”树

这幅图出现在安德里斯·克莱耶写给克里斯蒂安·门采儿的一封信中。参见 *Miscellanea curiosa sive Ephe-meridum medico-physicarum germanicarum*...of the Academia Caesareo-Leopoldina Naturae Curiosorum（Nuremberg,1686）, facing p.186。

克莱耶在用拉丁文写成的信中，将它们描述为观花乔木或者灌木，后二者经常栽种在瓷花瓶中，供人观赏。

Tsutsuji 是杜鹃花属常绿植物和落叶杜鹃花的总称。在德川时代，作为装饰用花，杜鹃花尤为流行。上面的观花灌木似乎是两种生长在日本山区，特别是九州山陵地区的野生杜鹃花属植物。

366．风月场所的日本娼妓

出自 Montanus, *op.cit.* (pl.395), p.310。

请注意储藏罐以及低胸和服下暴露的乳房。

德川政府在大城市内、城市附近以及主干道驿站设置特殊的妓院区，以此对娼妓进行控制。许多妓女是农民的女儿，她们的父亲在极其穷困的情况下将她们出卖。1617 年的法律规定，“娼妓”只能出现在特殊的地区。随着时间的推移，这些地区发展成为戏剧（歌舞伎）、艺术、文学以及卖淫的中心场所。这些场所是日本商人最常光顾的地方。参见 Dunn, *op.cit.*(pl.401), pp.75-76,181-186; Plutschow, *op.cit.* (pl.397), pp.164-67。

长崎丸山地区的“风尘女子”曾造访过出岛上的荷兰商人。参见 Plutschow, pp.85-94。

367．漂泊的演奏者

出自 Montanus, *op.cit.* (pl.395), p.290。

上图为演奏中的男男女女。坐着的女子手拿笏拍子（*shaku-byoshi*，木拍板）。她奇怪的帽子可能是一种冠（*kanmuri*），一种贵族用以固定发式的黑色帽子。右边的男子右手握着一根木棒，敲打着小鼓。另一名男子手拿一种乐器，在两条线拉紧时乐器会发出响声。

这群人通常归一个主人（可能是右边头戴面纱、坐在地上的人？）所有。在人们看来，与乞丐相比，这些漂泊的演奏者的处境好不了多少。

368. 日本渔夫及其妻子

出自 Montanus, *op.cit.*, p.271。

这位渔夫肩挑装水的箱子，将活鱼带到市场上出卖。另外一些人，两两用扁担抬着水箱。

The Japonian Charter, the lines to be read downwards, beginning at the right hand.

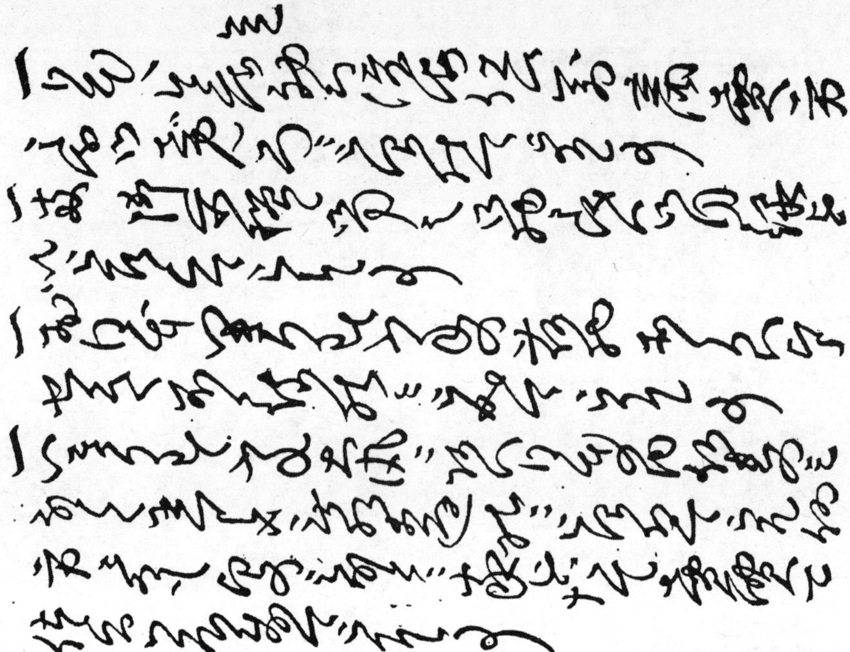

This last is the Seale.

369.（前页图）1613 年“日本皇帝 Ogashosama”赋予英国人的特权

出自 *PP*,III, p.466; translation given on pp. 467-68。

这篇文字是竖排印刷的；该图应当顺时针旋转 90 度后观看。珀切斯声称，该文件规定了英国人的贸易特权，是由德川家康于 1613 年颁发，并由约翰·萨利斯船长带回英国的。但珀切斯说的并非事实。实际上，这份文件恰恰是日本对萨利斯的请求的否决。珀切斯的“译文”是对英国原来的贸易请求的概述。萨利斯的确将一份关于贸易特权、加盖德川家康印章的文件带回英国。这份文件收藏在牛津大学（Oxford）博德莱安图书馆（the Bodleian Library）（MS JAP b.2 [R]）。珀切斯的“许可证”（charter）成为首次出现在英国的日本文字。参见 Derek Massarella,*A World Elsewhere; Europe's Encounter with Japan in the Sixteenth and Seventeeth Centuries* (New Haven, Conn.,1990), p.392, n.84。

Ogashosama 可能是指德川家康将军；大人（sama）是一种尊称。参见 Ernest M.Satow（ed.),*The Voyage of Captain John Saris to Japan,1613*,“H.S.” ,2d ser.,V(London,1900), p.lxxviii。芝加哥大学教授奈地田哲夫指出，“Ogashosama”可能意为“皇帝”（emperor），因为江户的帝王居所称为御所（gosho）。以“O”为前缀，以“sama”为后缀，可能暗示居住在“御所”的最受尊崇的人。

关于这份文件及相关文件更详细的介绍，参见 Murakawa Kengo *et al.,Saris Nihon tokōki Wilman Nihon taizaiki [The Voyage of Captain John Saris to Japan,1613,and Wilman's Stay in Japan]* (Tokyo,1970),pp.402-11。

370．日本路边的乞丐

出自 Montanus, *op.cit.* (pl.395), p.75; text, p.74。

根据原文，女乞丐在日本的路边随处可见。她们带着自己的孩子一同行乞。她们的腰间系着水壶和破口袋。孩童带着一个盛放施舍物的小木盒。有时候，就像该图背景中那样，全家人出外行乞。他们唱着歌颂古老英雄的歌谣，挨家挨户乞求施舍。

这些妇女可能属于日本的贱民阶级——秽多（eta）或非人（*hinin*）。

疑。[378] 对于1644年满族征服的背景，即明朝与鞑靼人的关系、晚明政府的长期失策等，17世纪晚期的作家，特别是那些述及满族征服的人，也给予越来越多的关注。

1650年之后欧洲人对中国的叙述，自然包含大量关于明朝末年、满族征服及清朝初年情况的描写。其中许多内容，以作者的亲身观察，而不是中国的传统学问为基础。然而毫无疑问，17世纪的读者宁愿关注这些新闻资料，而不是历史。也可能，他们将之视为中国历史长期发展趋势的结果，或者是卫匡国所描绘的古老而伟大的传统与17世纪中期转折性历史事件的轮番上演。

在17世纪，勤奋的读者可以获得大量中国历史方面的知识。其中一些被卫匡国、特维诺和柏应理等人系统地组织起来，甚至进行编年，大大方便了阅读。有些信息隐含在涉及中国人口、制度、风俗和水土的描述中。有些内容则经常被重复叙述。如果有所偏重，也是儒家资料所具有的属性造成的。但解释性的偏重并不一定产生不准确的历史叙述，而且除了关于圣明君主的、十分明显的神话故事外，17世纪欧洲人接触到的古代王朝、孔子生平以及关于中国过往的故事等方面的内容，是相当可靠的。在接下来的两个半世纪里，西方没有更好的资料可用——出于同样的原因，在中国也是如此。如果一个人足够好学，那么17世纪的欧洲读者所获得的中国历史方面的知识，借用闵明我的话说，[379] 会和"中国的学童所知晓的"一样多，比西方20世纪多数的大学毕业生多得多。

第六节　宗教与哲学 1731

17世纪后半叶，关于中国宗教与哲学的叙述变得丰富起来。一方面，早就对此有过许多论述的传教士，通过对中国历史的学习获得了更多这方面的知识；另一方面，"礼仪之争"也促使争论的两方深入了解并撰文讨论这类问题——尤其是儒学。同时读过耶稣会士及其反对者的著作的欧洲人，可能会对儒家思想的某些方面感到迷惑，但儒家思想对他们来说，的确变得熟悉起来。到本世纪末，在欧洲，有几位中国哲学家的名字已经是家喻户晓。另外，孔子的部分著作以及一些摘自中国经典的长篇引文被译为欧洲语言。

正如先前金尼阁和曾德昭所做的那样，17 世纪下半叶的耶稣会士宣称，古代中国人曾经只信仰一位真主——宇宙的创造者，他们称其为上帝（最高主宰，Shang-ti [Ruler on High]）或天主（天堂的主宰，T' ien-chu [the Lord of Heaven]）。[380] 耶稣会士提到，伏羲曾向“天地的至高神灵”献祭；黄帝曾为天主（the Lord of Heaven）建立一座圣庙；在一次大干旱时期，商汤身着囚衣，赤脚走出皇宫，恳请上天（heaven）处罚他的罪孽，而不要降祸于无辜的百姓。大量事例被用以揭示：古代中国有关上帝（God）的原始知识的出现，要比任何其他地方都要早。[381] 一方面，古代圣皇不仅个人崇拜上帝（God），同时也为其子民树立起良好榜样。另一方面，出于对上帝（God）奖善惩恶的警觉，他们保持了相当高的道德水准。《书经》中有许多神圣的传说，它被描述成一部“道德箴言的合集”。它扬善贬恶，为统治者提供建议，并且适用于任何一位基
1732 督教徒。[382] 的确，耶稣会士提到，古代中国人也向不同的守护神献祭，但他们声称，这些献祭远没有对上帝（Shang-ti）的祭祀重要。

根据耶稣会士的说法，随着老子及其追随者的到来，偶像崇拜第一次威胁到古代中国的一神信仰。不过，在很大程度上，道教的负面作用为孔子的学说与影响所抵消。孔子反对偶像崇拜，希望统治者能够遵循上天（Heaven）的意志，并任命正直而有才能的人作为顾问和大臣。他用行动和文字倡导将提高个人道德水平作为建设和谐的道德社会的第一步。几乎 1650 年以后的所有关于中国的欧洲语言著作，都对五德与五伦持赞赏的态度。用耶稣会士的话说，儒家伦理的核心是，每一个人都应该通过学习、思考与实践来净化内心，追随人的本心，并引导其他人——社会中所有的人——做同样的事。[383] 耶稣会士也提到，孔子曾自称并未创立新学说，而只是重现并整理了古代圣皇及三代圣人的学问。[384] 孔子不仅崇拜上帝（the true God）——李明称，他每次用餐前都会首先将食物献给“上帝”（Supreme Lord of Heaven）[385]——而且，耶稣会士相信，他曾预言基督的降临与基督教来华。[386]

公元前 1 世纪，中国远古的一神信仰面临着更严重的威胁，那就是佛教。诚如耶稣会士所言，它传播迅速，导致神像、庙宇、僧侣、法师与江湖骗子无

处不在，从而使中国的大众宗教变得极具特色。但到宋朝时，儒学复兴了。它再次获得皇帝的支持，而程氏兄弟、朱熹等哲学家驳斥佛教并为儒家经典写下大量学术性的注解。不过，宋朝哲学家并没有将儒学恢复到它最初的面貌。几个世纪以来，佛教盛行，产生了深远的影响。因此，宋代的新儒学保留了一些佛教和道教的元素。此外，因热衷于反佛，许多新儒家学者从偶像崇拜走向另一个错误的极端——无神论。尽管如此，明朝永乐皇帝仍宣布“四书”与朱熹的注解为科举考试的官方依据。[387] 据传教士称，中国多数读书人都对这种官方的新儒学表示认同。

总体而言，传教士们关于新儒学的论述是非常准确的。他们提到，万事万 1733
物及其所处的宇宙，都是由**理**（原理）和**气**（物质力量）组成的。**理**和**气**均产生于**太极**（*t'ai-chi* [the Supreme Ultimate]），而且似乎他们将**太极**与**气**视为一体。他们将**理**定义为“纯粹和最完美的原理”（pure and most perfect principle），“万物之本原”（source and essence of all things），“第一原理”（first principle），“虚”（great vacuum），“一”（singular unity），或是“事物的本质”（the nature of things）。**理**是无穷的、永恒的、纯粹的、无形的、不变的；它包罗万象，但又无法脱离气而单独存在。**气**则被他们描述为“形而下的”（more material）、多变的。通过**阴**和**阳**——有人称其为两种**气**——两种太古之力以及土、金、木、火、水五种元素的作用，**气**创造了宇宙与万物，包括精神的和物质的一切。当然，这些东西在古代已经为人所知。**阳**代表完美、完全、雄性、太阳、炎热、坚实、变动等；而**阴**则代表不完美、不完全、雌性、月亮、寒冷、柔软、静止等。五种元素也对应着五个方位、地球的五个部分、五颗行星和五种味道。据说，**阴**和**阳**通过五种元素形成天、地、人的方式，可以通过传说中伏羲所作《易经》中的一系列断裂、非断裂线条（阴爻和阳爻）的集合得到解释。[388] 朱熹显然承袭这种古老的传统来揭示“气”如何产生万物。[389] 传教士们似乎意识到，新儒家的基本关注点仍限于伦理的而不是形而上的意义，他们所谓的“善”（good）仍然是就公众道德而言。“敬”（piety）意味着使一个人的思想行为与“义”（right reason）、人的“性”（nature）——即同一个人的**理**相一致。而这又必须通过学习、冥想及情感抑制才能实现。统治者和官员通过它可以达到政治清明、百姓安居的效果。[390]

传教士们也意识到，既然万物是由**理**和**气**组成的，那么，在**理**出现之前与消亡之后，都不存在什么“上帝”（God）或精气（spirit）。在人死之后，并不存在不朽的灵魂、生命，甚至永恒的道德准则也不复存在。只有**理**是不朽的，人死后，其非物质的部分也简单地重归于**理**。因此，实际上，新儒家并非真正尊重他们的祖先、孔子或者其他一些献祭的神灵。换言之，他们似乎变成了无神论者。多数耶稣会士承认这一点。于是，他们的传教策略是，在崇拜上帝的古代儒家与现代新儒家之间做出明确的判别。通常，他们会强调，与古代儒家
1734 不同，新儒家思想中存在大量的佛教元素。他们称，孔子及圣皇们更接近真理，当然，也更接近基督教。[391]

耶稣会士的对手——多明我会和方济各会传教士则说，古代“真正的”（true）儒学与新儒学之间的区别是人为造成的。例如，闵明我不相信古代中国人崇拜真正意义上的上帝（the true god）。恰恰相反，他找到足以揭示古代人崇拜偶像的证据；[392]另一方面，他相信，当古代中国人在谈论皇帝“天子”（Son of Heaven）或“天命”时，他们意指的是形而下的上天（the material heavens）。他写道，他们相信，“上天惩恶奖善、授予和褫夺王位，并非理智道德方面的原因，而是自然的、必然的”。[393]无神论也不只是宋朝新儒学的产物。在对孔子的道德哲学表示赞赏并对《论语》中某些箴言进行翻译的同时，闵明我也发现一些特殊的文本：其中一些表明孔子敬畏神明，而另一些则暗示了孔子对神明的存在表示怀疑。[394]他认为，孔子和孟子所说的“义”（the rule of reason）和“天”（heaven），指的是理性本能和良知。[395]可以肯定，他们所理解的上天的奖惩只发生在今世。[396]闵明我援引早期耶稣传教士龙华民的观点来揭示，孔子曾支持大众宗教的发展，但他与其弟子实际上是无神论者。他鄙视那种以孔子为预言家的想法。[397]对于新儒家崇尚无神论的说法，闵明我坚信不疑。他援引龙华民关于新儒家的极富洞察力的未刊著作中的观点，并加入自己的评述，来证明上述问题。同时，他指出，也绝不能完全将问题归咎于宋朝的哲学家。[398]他争辩说，他们的多数著作与孔子的学说、经典并不矛盾。孔子自己也曾为《易经》做注解。另外，他还指出，中国学者一致认可，应当将宋代新儒家作为经

典唯一的权威注解者。[399] 通过访谈，闵明我认为，多数信奉基督教的中国学者也接受新儒家的大部分思想。[400] 撇开其富有争议的目的不论，龙华民那部 1735
被闵明我征引并引申的著作，是 17 世纪欧洲关于新儒学讨论的较为清晰的一部著作。

尽管远没有儒学重要，在 1650 年以后，传教士们仍在相当程度上拓展了欧洲的佛教知识。似乎“礼仪之争”对这些描述影响不大，对于佛教的偶像崇拜与僧侣借用世俗权力的做法，耶稣会士及其反对者均持批判态度。通常，他们都会对佛教入华及乔达摩的诞生、生平加以详述。许多传教士都提到，佛陀（Buddha）的母亲夜梦白象而孕，从右肋生下佛陀，而她本人则死于难产。据说，佛陀生下来便举足行了 7 步，用手指上指下，并宣称，他是天地之间唯一的神圣。耶稣会士也提到，历史上的佛陀在 17 岁时迎娶 3 位妻子，生有一子；19 岁遁世隐居；从 30 岁豁然开悟，直至 79 岁离世，他始终致力于佛法的宣扬。据说，在临终前，他向最亲近的十大弟子传授了一项传教士称之为“秘密的道路”的新学说，从而否定了自己早年的学说。[401] 柏应理称新教义为无神论。佛陀死后，他的弟子将其火化，并分发了他的遗骨供奉。据传教士称，锡兰国王得到一颗牙齿。还有一些人罗列了许多关于佛陀及其再生化身的传奇故事。[402]

早期曾德昭关于“秘密的道路”的描述，时常被 17 世纪下半叶的传教士作家重述，但对于其内涵，后者的阐述更为详尽、概念也更为清晰。循“秘密的道路”的佛教徒将世界视为一种幻象，一种永不停息的、毫无目的的流动，而轮回是其中一个重要的方面。一个与终极实在（ultimate reality），或称作第一义（first principle）、虚无（nothingness）、空虚（emptiness）、真空（vacuum）或混沌（chaos）同在的人，或者与佛陀同在的人，被称为“佛”（Fo [Foe]）。
对佛教徒来说，拯救意味着通过成“佛”来摆脱无休止的改变与转世。诸如 1736
水以各种容器的形式呈现，但仍为水；月亮投射在小溪、池塘和镜子里，但依旧是月亮等隐喻，被用来揭示终极实在与今世事物之间的关系。通过灭绝人欲与对终极实在或第一义加以冥想，一个人最终能够与终极实在——“涅槃”（nirvana），但 17 世纪在华的欧洲作家并未使用这一术语——同在。[403]

有些作家提到不同层次的存在与开悟。例如，闵明我对“六种意向或路径”

(six objects or ways）做了相当清晰的描述，它们可能便是存在的六种层次：国王与王子的，他称之为“**天道**”（*t'ien* [*heaven*]）；人间的，他称之为“**人道**”（Jin Tao [*jen-tao*]），以“受今世赞美之词与世俗的束缚”为特征；易怒好争的“狂怒魔鬼”（angry devils）——“**修罗道**”（Sieu Lo，阿修罗 [asuras]）；“**畜生道**”（Cho Seng [*chou-sheng*，*tirisan*]）；饥饿的魔鬼——“**饿鬼道**”（Ngo Kuei [*o-kuei*]）；因愤怒、贪婪、无知而活在地狱中的“**三道**”（San To [*san-tao*]）①。闵明我似乎意识到，佛教徒希望超脱所有这六种层次。要实现这种超脱，需要经历四个阶段。在第一个阶段，学习者悟得“一切皆空”（all things are nothing）。第二阶段，学习者成为“罗汉”（Lo Haon [lo-Han，arhats]），“务于冥思默想”。第三阶段，学习者成为“**菩萨**”（Pu Sa [*p'u-sa*，bodhisattvas]），“完美”（perfect）而“无法更进一步”（advance no further）的，但他们以慈悲为怀、教化众生。他们基本可以相当于“释迦牟尼”（Xe Kia [Shih-chia，Gautama]）。最后一个阶段叫“**佛**”（Foe [*fo*，Buddhas]），“在各方面都与第一义相像，绝对圆满，是身处天堂的阶段，与真空、虚无或者稀薄而无法感知的空气（the refined，thin，and imperceptible air）同在，并与之融为一体”。[404] 闵明我还提到禅宗始祖“达摩”（Ta Mo [Bodhidharma]），据说，他曾面壁九年进行冥思。[405] 另外，他也观察到
1737 佛教的“第一义”、道教的**道**及新儒学的**理**、**气**之间的相似性。[406] 郭弼恩则注意到，儒家学者认为，“秘密的道路”的佛教是消极遁世、不合伦理的，因为它全然漠视五伦的存在。[407]

17 世纪下半叶，另外一些讨论涉及“外表的道路”，几乎所有人都同意，它是中国佛教最盛行的形式。[408] 后来的传教士并未区分佛教的不同教派，但与金尼阁、曾德昭不同，他们解释了大乘佛教中菩萨的角色，这令读者更易于理解那些无处不在的“神像”。在 17 世纪，细心的读者可能已经发现，多数神像都是菩萨。这些菩萨自身已经完成涅槃，但却满怀慈悲地留在世间，救助他人。[409] 不过，佛和菩萨——经常称为神明——及其庙宇仍然在描述中占有主要地位。但最常提到的两个神是阿弥陀佛（O-mi-t' o-fo[Amitabha]）和观音，

① 即“地狱道”。——译者注

前者统治着西方极乐世界；后者通常被简单地称作“Pussa”（菩萨），这是中国人对“菩提萨埵”（Bodhisattva）的通俗叫法。例如，达帕描述了观音神奇的降生过程及其作为慈悲女神的角色。他也刊出了4幅漂亮的观音画像，画像为对开大小，画中的观音为其他神明及孔子、孟子、老子所环绕。每幅画都附有详细的说明。这些画显然来自中国。[410]奇怪的是，达帕将“菩萨”视为已知的信仰。但在随后，他只是简单地提到“观音”，而并未将之与“菩萨”联系在一起。基歇尔书中有两幅观音的插图，其中一幅展示的是十八手观音。[411]基歇尔和达帕均认为，观音和希腊西布莉女神（Cybele）和埃及伊希斯女神（Isis）存在关联。闵明我称，一位著名的中国基督徒认为，她是圣母玛利亚的讹误形式。[412]闵明我说，中国人不停地口念“阿弥陀佛”，并相信将因此而赎罪得救、在天国得到重生。他确信，中国人对阿弥陀佛的态度，比多数基督徒对上帝、基督或者圣母的态度更虔诚。[413]达帕关于神灵和仪式的叙述尤为详尽，但似 1738
乎是汇集了包括马里尼（Marini）① 关于东京佛教的叙述在内的多方资料，因而有些重复杂乱。[414]

传教士们准确地描述了普通佛教徒需要遵守的戒律，这些戒律包括五戒与六善行。信众被要求：不杀生、不偷盗、不邪淫、不妄语、不饮酒。他们被劝导帮助僧人，因为后者为人们祈祷；为神像修庙宇；为僧人建寺院；时时口念菩萨；埋葬逝者，并为其焚烧金银纸钱之类的东西。[415]尽管十分重视，但对于佛教僧侣或者公众崇拜，传教士们少有新论。例如，聂仲迁提到，帝国的“和尚不计其数”，但是并非所有的僧人都严守佛教戒律，有些和尚甚至会使用一些手段掩盖自己的错误。他甚至提到广州的一个极端案例：几位和尚试图杀死一名士兵，因为后者发现了前者的不良行为。[416]大多数传教士都赞同聂仲迁的判断——造成这一结果的原因，可能是僧侣曾积极地参与1664—1668年对基督教徒的迫害活动。闵明我称，中国人并不像周边佛教国家的人民那样尊重佛教僧尼。[417]李明提到，有一个南京人曾郑重控诉一位“菩萨”（idol），因

① 乔万尼·菲利普·德·马里尼（1608—1682年），全名为：Giovanni Filippo de Marini，意大利耶稣会传教士。——译者注

为这位神灵全然不顾他的祈祷、祭祀以及僧侣的承诺，眼睁睁看着他病重的女儿死去。这起诉讼被上呈地方官、巡抚、总督，甚至北京的刑部；案件被发回巡抚那里，最终，这位神灵被判永久流放，其庙宇被拆除，相关的僧侣得到惩罚。[418]李明也列举了一些故事，来揭示某些僧侣不守佛教戒律的事实。[419]除此以外，因为满族宫廷的许多成员是喇嘛教（Lamaism）的皈依者，因此许多喇嘛迁居京城。令传教士懊恼的是，这些喇嘛对晚年的顺治皇帝产生了主导性的影响。并且据聂仲迁称，顺治帝曾经想要公开叩拜前来北京的达赖喇嘛（Dalai Lama），但被汤若望劝止。[420]尽管如此，顺治帝仍在紫禁城内兴建了一座喇嘛
1739 庙。[421]闵明我将达赖喇嘛视为佛教教皇，因为与达赖喇嘛有关的事物都被视为圣物，但是他不相信皇帝会叩拜前来北京的达赖喇嘛。[422]

较之佛教，关于道教的论述要少得多。而且，多数叙述都在重复金尼阁的报道——事实上，金尼阁的说法经常被引用。每个人都将道士称为享乐主义者，并强调民间道教的不同修行方式：通过炼金术和修行寻求肉体的长生不老、降妖除魔、作法求雨等。卫匡国以及许多引用他说法的人将道教放在具体的历史语境中理解，认为它是偶像崇拜对中国原始一神教的第一次冲击。[423]卫匡国也引用了大概是出自老子《道德经》（*Tao-te-ching* [*The Way and Power Classic*]）的一段话，其中所折射出的道教的哲学内涵，要比通常人们报道的更丰富：

> **道**（*Tao*），或者说无极（great reason）、无名（has no name）。它创造了天和地，无形无象，改变星象（move the stars），自身却永恒不变。因为我不知道它的名称，我将称其为**道**或者无形的最高本原（highest reason without form）。①[424]

李明也引用了《道德经》或称《老子》中关于“真智慧之源”的论述：“道

① 《道德经》第一章云：“道可道，非常道；名可名，非常名。无名，天地之始；有名，万物之母。故常无欲以观其妙；常有欲以观其徼。此两者同出而异名，同谓之玄。玄之又玄，众妙之门。”——译者注

生一，一生二，二生三，三生万物。”李明认为，这句话透露出，老子对“三位一体”（trinity）有一定的认识。[425] 郭弼恩称，道教圣人追求静谧，摒弃野心与贪欲。他认为，即使道教寻求享乐也是有节制的；在修行中，他们试图避免可能令人伤感或焦躁的享乐意图。而对长生不老秘密的执着，在郭弼恩看来，是基于这样的认识：对死的预期减少了生的快乐。[426]

同之前的金尼阁、曾德昭等人一样，1650 年后的作家也提到，中国的三种宗教（三教）都得到官方的承认和支持，而且多数中国人同时奉行这三种宗教。实际上，许多传教士——尤其是闵明我——认为它们的哲学基础是相同的。闵 1740
明我引用了龙华民的说法，他宣称，所有三种教派都遵循古埃及人的做法，授以两种教义：一种是神秘的，他们奉之为真；另一种是公共的偶像崇拜，他们用以控制普通百姓。[427] 事实上，他认为，儒家的“理”、道教的“道”及佛教的“第一法则”或“空”并无二致。[428]

对于融合的中国大众宗教，在整个 17 世纪已经刊布的著作中，苏格兰人（Scotchman）大卫·莱特（David Wright）关于台湾汉人宗教的研究可能是最为清晰的。他的叙述收在达帕主编的 *Gedenkwaerdig bedryf* 中。[429] 在莱特的详细阐述中，中国大众宗教中超自然的官僚体系已被突显。地位最高的是至高的神（the supreme God），他是天、地、海洋、星辰（stars）、行星（planet）的创造者与守护者，莱特简称之为“帝”（Ti）。每一年，中国人都会向他献祭，将一头活猪扔进檀香木中焚烧。他属下有四个神：主宰凡间的玉皇大帝、“Jok Tee”（？）、“Quanoung”（关帝 [Kuan-ti]？）和“Jamoungh”（杨侯王 [Yang Hou Wang]？）。后三者是异常智慧而正直的凡人，他们进入天界，成为神仙。此外，还有三位神灵服侍着玉皇大帝：“Heuoung”（？）、“Teoung”（？）、“Tsuy Zyen Tei Oung”（？），他们各自主宰着雨、凡人及其他一切生灵、海洋及海中、海上的一切。与上述四神祇（god）、三神灵（spirit）在一起的是，主宰星辰的二十八宿星官（Twenty-eight heavenly councilors）。在成仙之前，他们都是伟大而睿智的哲学家。在这些天神之下，是生活在凡间的三十六神，他们每年都要前往天界报告人类的罪恶。莱特罗列了所有这些神的名字及其职权、他们接受崇祀的节庆而且提到一些相关的传说。有的是智慧而正直、死后成仙的官员，有的是神化的战斗英雄，有的则因发现诸如烹饪、用火、婚姻、医药、武略等技艺而成仙。有的来自佛教，有的来自道教，还有一些则是福建或台湾的地方神。有几位是十分卓越的人物。其中最重要的是“Pot Sou”（菩萨，中国人对“菩提萨埵”的略称，意指观音），经常被描述成一位手抱孩童的神；马可·波罗和门多萨早就提到的“Quaniem”（观音？）；“Nioma”或“Matzou”（妈祖 [Ma-tsu]，或称天妃 [T' ien fei]，“天上的皇妃”[imperial concubine of Heaven]），据说是澎湖一位正直的高级官吏的女儿，尤其受到渔民和水手的崇祀；“Sikjaa”（释迦，或者说释迦牟尼）；“Quan-tecong”（关帝公 [Kuan Ti Kung]?），门多萨称之为“Vitie”，并将其描绘成中国的第一个皇帝，一位强大而英勇的战士，他发明
1741 了衣服与建筑，并规范贸易活动。[430] 最后，除了这 22 种神外，莱特还简单地介绍了“Ty Tsoequi”（地藏鬼 [Ti Ts' ang Kuei]？）、“阎王”及他的两位下属、12 位低级神灵。[431]

17 世纪欧洲对中华帝国的匆匆一瞥，为人们揭开了一幅广阔而细腻的图景。在世纪之交的北京，已经安顿下来的耶稣传教士提供了数量庞大且极具洞察力的报道。他们的书信集定期出版，通常被译成几种欧洲语言刊布，而且流通广泛。在本世纪，很多这样的书信集得以出版。虽然它们主要描述传教士在华的个人经历，以期对传教活动有所帮助，但对于中国和中国人，这些书信中包含大量有见地的描述。更具影响力的是金尼阁（1615 年）、曾德昭（1642 年）及卫匡国《中国新图志》（1655 年）的人种史学著作。通过这些著作，欧洲的中国形象呈现得更为清晰、具体。卫匡国的地图和描述，使欧洲人获得了更为清晰的中国地图形象。即便到下一个世纪，卫匡国在这方面的成就也无法被取代。

与耶稣会士相比，对于中国人和中国文化，欧洲的旅行家没有提供更多敏锐而有见地的观察。不过，他们仍为传教士提供的形象添加了一些有用且准确的细节。他们对沿海的中国商人和低级官吏的印象，往往是在对中国政府的结构与思想毫不了解的情况下形成的。中国的“三教”或者儒家伦理，影响了他们对东南亚华侨社区的“偶像崇拜”的描述。而对于他们不得不与之贸易的、精明而奸诈的中国商人，这些旅行家也没有确当的评价。这些不带宗教性质的

游记，经常将耶稣会士系统的、有时更理想化的描述撇在一边，把生活在东南亚华人社区、中国沿海的中国人的行为和习惯介绍给欧洲读者。

17 世纪上半叶刊布的关于中国的主要描述——与书信集和传教记录相比——将中国刻画成一幅极端稳定、甚至几乎是不变的形象。金尼阁、曾德昭和卫匡国重要而且广为传播的人种史学著作，概述了中国的政府、社会、宗教、学术和风俗，但却很少提到时事。然而，在本世纪中叶，当 1644 年满族征服中原的消息传到欧洲时，一个遥远而少有变化的中国形象，在很大程度上被一个正经历着最为剧烈变革的、充满活力的中国形象所取代。早些时候，一些关于这场征服运动的简短消息，出现在耶稣会士的书信集和新闻报刊上。在本世纪结束之前，卫匡国的《鞑靼战纪》至少被重印或翻译过 25 次，成为这场征服运动的权威描述。而且，它不仅仅是描述而已。在 1650—1688 年间，16 种关于满族征服的完整史著出现在欧洲。两部荷兰悲剧、一部英国戏剧及两部德国小说描绘了这场征服运动。其他各式各样的报道，都常常提及这场运动。 1742

中国随后发生的一系列事件，继续被报道到欧洲，而且在最开始，绝大多数的新出版物是由耶稣会士完成的。在世纪中叶的“礼仪之争”中，多明我会修士、方济各会修士对耶稣会士在华传教的适应策略进行批判。此后，耶稣会士的书籍与刊布的信函便被重新评价。双方均被卷入这一问题，而其著作就都变得越来越带有偏见，在某些方面不那么可靠。然而，与满族征服一样，“礼仪之争”催生了大量关于中国的论述，从而极大地丰富了欧洲关于中国的知识。虽然“礼仪之争”也影响到耶稣会士对中国的宏观描述，但对于清朝早期，上述有些描述提供了丰富的信息；而对于先前已经探讨过的问题，它们也常增添一些全新的细节和认识。最丰富的描述都出自汤若望、聂仲迁、鲁日满、殷铎泽、南怀仁、安文思和白晋等人的著作。除安文思外，所有这些人的论述，都不脱金尼阁、曾德昭或卫匡国《中国新图志》的人种史学的范畴。而安文思的著作却继承了门多萨、曾德昭和卫匡国的传统，是一部关于中国的较为宏观与全面的描述。

较专业的著作与汉籍译作的刊布，大大丰富了欧洲人的见闻。到本世纪末，儒家“四书”中的三种，《中庸》、《大学》、《论语》已经被译成拉丁文和法文。

它们同“五经”和孔子生平的相关描述一起进入欧洲。迈克尔·卜弥格提供了中国植物学和医学方面具有影响力的研究。关于中国的历史，以中国的正史与经典为史料的三种主要论述得以问世。卫匡国的《中国上古史》（1658 年）是一部详细论述中国历史的著作，该书起自传奇圣皇伏羲，即卫匡国所认为、伏
1743 羲上台的公元前 2952 年，终于西汉王朝，或者说基督时代的开始时期。收在特维诺关于航海的论文集中的“大纲”，被作为卫匡国著作的续作。“大纲”简略追述了卫匡国《中国上古史》所涉及的时段，随后，特维诺编辑的“中国上古史续”详细描述了从西汉灭亡到 17 世纪的中国历史。1686 年，菲利普·柏应理出版了历时性考察从第三位圣皇黄帝到 1683 年间的中国历史的著作。最后，基歇尔那本为人熟知且常被引用的《中国图志》（1667 年）意在通过再现并翻译其碑文，证明那块景教石碑的真实性。该书包含中国宗教、地理、书法、自然奇观等方面有趣的信息。

约翰·纽霍夫（1665 年）和达帕（1670 年）几部附有丰富插图的著作，实质上构成关于中国的百科全书。那些曾跟随荷兰使团前往清廷的亲历者的观察，以及摘自耶稣会士大量已刊著作中的信息，大大充实了后来的著作的内容。这些著作中的许多插图，是在纽霍夫草图的基础上形成的，它们数量更多而且更可信，其中许多是欧洲人前所未见的。即便是成本昂贵，上述这些巨著也多次被重印、翻译。

欧洲一批旅行家在这一时期经陆路来华，在本世纪最后十年，他们的几种旅行记述问世，其中也涉及对北京、北中国、长城、中国边疆地区人民的描述。对此，描述最为详尽的作家当属尼古拉斯·维特森及雅布兰、布兰德，前者曾经采访过 1653 年俄国使者巴伊科夫从莫斯科来到北京的同伴，后两人则是 1693 年俄国访华使团的成员。

在 17 世纪，共有 50 余种论述中国的专著出版。这 50 余种著作不包括总论亚洲而涉及中国的著作，这类著作的作者大多未曾到过中国；也不包括多数耶稣会士的书信集，以及尽管作者到过中国，但相对于先前已刊布的著作，没有什么新鲜内容。当所有这些文献以不同的版本、译文、翻印本、合订本放在一起，就构成了一部几乎包含所有欧洲语言的庞大汇编。读者不太可能忽视这

些著作。

由这些文献呈现的中国地理形象，尤其是就面积、位置和气候而言，其详细程度极为惊人。令人信服的证据也支持了“马可·波罗提到的契丹即中国”的说法，给人印象最深的可能是这样一段描述：耶稣会士鄂本笃同穆斯林商队
从德里出发前往契丹的首都汗八里，结果他发现汗八里就是北京。众多的中国 1744
城市、城镇、府县的名称和地点，甚至坐标，出现在欧洲的书刊中。卫匡国的《中国新图志》指出了每个行政区最著名的东西，并讨论了其人口、赋税、军事力量及河流、湖泊、重要山脉，甚至重要的历史居民的名称。这些信息被纽霍夫和达帕等作者重述，但他们往往加入了大量亲历者对中国城市与城镇的观察，使内容变得更为丰富。其中提到的一些城市早已经在内战中毁灭了。河流和运河不断被重述，而水路的长途运输能力令人钦佩。例如，对于荷兰朝贡使团从南中国一路到首都的干道，纽霍夫和达帕的描述生动而详细。纽霍夫的著作中，印有许多他个人素描基础上的、漂亮的雕刻风景图；达帕转载了其中许多图。那些频繁穿行于各个城市之间的传教士做了类似的描述。像汤若望、纽霍夫、达帕、闵明我、安文思和李明等作家都对皇宫的建筑、众多的省会做了精彩的描写。从莫斯科经陆路来到北京的布兰德和雅布兰描绘了中国的边疆、遥远的北部和西部的景观，以及生活在帝国边缘的人民。同现在一样，那时的欧洲旅行家拜倒在长城面前。许多欧洲人对它进行描述，追溯它的历史。

中国庞大的人口给所有人留下了深刻的印象。对此，几位欧洲作家给出了相当准确的估计。17 世纪的旅行家描述了彼此相望的大城市。庞迪我断言，北京城的人口比任意四个欧洲大城市的人口总数还要多。卫匡国写道，中国的人口如此密集，土地被如此精耕，以致他经常将中国想象成一座巨大的城市。

许多 17 世纪的欧洲作家都详细开列了中国的自然资源：植物、动物、矿产、农作物、财富和商业。他们认为，中国的资源相当丰富。例如，迈克尔·卜弥格认为，中国是“世界的一个缩影，因为它拥有天下一切最美的东西”。对于中国的植物、动物和农作物，卜弥格的《中国植物志》、卫匡国的《中国新图志》两部著作给出了大量最为准确的描述和草图。他们的著作被后来的作家，尤其是基歇尔、纽霍夫和达帕等反复引用。

在宏观的地理描述中，经常掺杂着对中国景观的细致描写。细致的描述和草图出现在众多关于中国城市和村镇的著作中——单单针对北京的，数量就十分繁多；也出现在旅行者关于沿路、沿河、沿运河等沿途见闻的著作中；还出现
1745 在对雄伟的山脉、翠绿的稻田以及梯田密布和黄土弥漫的黄土高原的描述中。荷兰商人和英国商人则提到沿海岛屿与海湾的概况。对于蜿蜒在中国北部群山中的长城以及进入帝国时见过的富丽堂皇的大门、身着制服的卫兵、高贵的官员和拥挤的人群，由陆路来华的旅行家详述了他们的第一印象。总而言之，透过有关由莫斯科来华的雅布兰使团、安多德（DÀndrade）[①]或白乃心的西藏之旅、科尼利斯·雷尔松或巴尔塔萨·博特在福建沿海的劫掠、纽霍夫从广州到北京的内河航行、鄂本笃从德里到苏州的长途跋涉以及传教士踏遍各地的旅行等的叙述，欧洲读者可以发现许许多多关于中国自然环境状况的生动描述。卫匡国关于各省的描述，尤为详细地介绍了中国的景观。

对于中国人的外貌，欧洲作家看法一致：他们有着圆脸、小脚、小扁鼻、黑头发、黑眼睛和非常稀疏的胡须。多数欧洲人将中国人的皮肤视为白色或者接近白色。有些人注意到南方人与北方人肤色的不同，此外，卫匡国还提到与汉人在外貌和习俗方面都存在较大差异的少数民族。服饰被反复描述，而且时常出现这样的评论：人们很难辨认出一个人是男人还是女人，因为从出生开始，男人和女人都穿着样式相同的宽袖长袍。耶稣会士十分欣赏中国服饰的庄重朴素，并且用赞许的笔调写道，与欧洲相反，中国的服装样式很少改变。每个人都提到丝绸的广泛使用，还有人十分详细地描绘了官员的服装和官职标志。

17 世纪中叶，彻底改变的是官方有关发型的规定。满族入主中原之后，清朝禁止男子蓄发；男子必须削发垂辫。

关于中国人性格的评价存在很大差异。欧洲商人和海员经常如此描述中国人：精明、贪婪、阴险、怯懦、道德败坏且嗜赌如命。而耶稣会士则提供给读者一幅全然不同的形象，可能因为他们接触的多是中国的读书人。他们使用了诸如谦逊、彬彬有礼、绅士、守规矩、讲道德、克制、勤奋、灵巧等词汇，来

① 安多德，全名为 Antonio de Andrade，1624 年进入西藏传教。——译者注

概括中国人的基本性格。有人认为，这些读书人身上有狭隘和骄矜的特点，这是因为他们不愿向外人学习。耶稣会士承认中国商人往往精明而奸诈——有些作家举例论证了这点——但又警告读者说，不要通过商人来评价其他中国人，因为即便是在中国，商人也普遍受人轻视。不过，耶稣会士也举出一些证据，来展现中国人社会行为的阴暗面：贩卖儿童、蓄奴、卖淫、溺杀女婴、阉割幼童以及中国穷人极高的自杀率。多数耶稣会士作家提到缠足现象并猜测其可能的原因，但从未像后来的欧洲人那样，将其描述为道德暴行。

与现代学者一样，17 世纪的欧洲人不仅意识到家庭对中国人的重要性，而 1746
且对此十分欣赏。对于中国家庭及相应的社会风俗，他们做了非常详尽的阐述。中国的婚俗，从订立娃娃亲、媒人的角色到婚礼当天的各项细节，均被加以评述。婚姻被视为两个家庭之间的协议，而新娘则在实质上成为其丈夫家庭的一员。耶稣会士厌恶的纳妾行为以及妇女深居闺房的做法也略被谈及。而耶稣会士所赞许的孝行的重要性，继承法、离婚与葬礼、坟冢择地、丧仪、坟冢、扫墓的繁琐细节，以及祖先崇拜等都被加以讨论。

欧洲传教士与欧洲商人均认为中国人过分讲究礼仪，他们都对中国的社会礼仪进行了充分的、经常是冗长的描述。欧洲商人十分迷恋中国的礼仪，但当他们与地方官员打交道时，礼仪往往使事情变得复杂不堪，这也着实令他们愤怒。对耶稣会士来说，要想被上层中国人接纳，熟悉礼仪和习俗是一种现实的需要。对于错综复杂的衣着与问候语、访客与待客的礼仪、礼尚往来、名片的使用、宴饮座次、敬酒风俗、上菜次序、筷子的使用、宴会上的表演以及用茶礼仪，他们做了大量的研究和报告。他们对中国人礼仪的描述是准确的，而礼仪的重要性也未被夸大。此外，耶稣会士掌握了大量关于中国人的家庭、饮食、取名、节日以及消遣的知识。有一条规律几乎适用于所有的社会场合：在称赞他的客人或主人时，一位中国绅士常常会贬低自己；而在赞扬别人时，他又往往无视别人的缺点。

社会阶层之间的主要界线，也引起了欧洲观察者的兴趣。大多欧洲作家都注意到中国缺乏世袭贵族，并提到借以进入文人阶层的科举考试。不过，他们倒是提到了所谓的“学者—官员”（scholar-officials），似乎他们构成了贵族集团。耶稣会士几乎仅同文人阶层接触，因此他们对其他阶层的描述不多。但他们认识到，农业被认为是帝国最重要的工作，而农民倍受尊重。他们称，与佛教僧侣一样，商人和士兵位列最受鄙视的社会阶层中。地位更低的，仍旧是乞丐、流浪者和奴仆。此外，欧洲作家也经常提到生意昌盛的巨贾以及从事贸易的官员。

1747 中国农民被认为是极度勤劳、智慧和节俭的。几乎找不到一寸未被开垦的土地；农民谨慎地施肥，使土地恢复肥力；在干旱地区，人们兴修水利，灌溉土地。在中国许多地方，同一块土地上，一年当中会种植两三种作物。在有关中国农业的论述中，闵明我的著作比 17 世纪的其他作品都更为详细。

中国的手工业和工业也给欧洲人留下了深刻的印象。在他们富有创造性的产品中，最常让人称赞的是印刷、造纸、火药（用于烟花）、陶瓷、丝绸、漆器、建筑、桥梁和铜器；其中一些被详细讨论。中国城市的商业活力继续令欧洲访客惊叹。他们反复提到水面上到处是小艇、漕船的运河和河流，以及满是商铺和拥挤人群的城中街巷。在令欧洲人着迷的城区中，人们可以看到街道上的工匠、几乎遍布各个街角用于出租的驮畜、无数的餐馆、夏天用以冷却饮水的冰块，以及冬季用于家中取暖的煤炭。

在有关中国的论述中，中国的政府机构最受人赞许。每一位试图论述中华帝国的欧洲人，都用大量的篇幅来讨论中国的政府和管理部门。欧洲人反复论及中国皇帝的各种称呼与头衔、绝对权力、公开典礼、日常工作、服饰与妻妾。尤其是在清代，人们能够在公共场合亲眼看见皇帝以后，更是如此。对于中国皇帝的富有，欧洲观察者心生敬畏。他们反复罗列中国皇帝的税收与士兵数目，逐个省份进行描述。他们发现了一个难以置信的事实，即一个幅员如此辽阔、人口如此众多的帝国竟然由一位统治者进行统治。不过，尽管经常以“绝对”来形容中国皇帝的权力，多数欧洲作家也注意到他的权力受到官僚体制的制约。与皇帝的权力相比，让人印象更深的是，为皇帝出谋划策、辅佐其统治的官僚集团是第一流的人才。用基歇尔的话说：“这个国家由学者用柏拉图主义者的方式、按照神学家的愿望来治理。”

17 世纪欧洲关于中国官僚体制的知识，大多通过耶稣会士获得。耶稣会士描述了北京的六部以及各部的构成、作用和职能。多数人认为吏部是最重要的，尽管他们也会对礼部做详尽的描述，准确地列出了它包括接待贡使在内的各项职能。有人注意到，礼部的成员往往是从富有声望的翰林院中指派、抽调。他们简略而准确地描述了翰林院，含糊地提到大学士，但又准确地指出了这些官员在晚明行政体制中的含混不清。耶稣会士还描述了北京的其他几个“院”（courts）以及内务府（the imperial household offices），但最令他们感兴趣的是都察院。但对于其成效，耶稣会士的看法并不一致。例如，金尼阁称赞都察院 1748
是对官员滥用职权行为的有效约束。而曾德昭则认为，御史很少恰当地使用其职权。曾德昭及其他一些耶稣会士似乎已经明白党派在官僚体系中的角色。

耶稣会士还描述了从总督、巡抚到地区行政长官的地方政府体系。曾德昭甚至对地方上的保甲制度做了描绘。大体而言，他们对于地方政府的描述是准确的，尽管他们未能将总督与巡抚或一省的最高指挥官清晰地区分开来。在荷兰旅行者的作品和耶稣会士的传教历史中，地方政府运作方式的复杂性得到最为清晰的揭示。

欧洲作家还常常提及明末清初时期中国的军队。但即使是在满族征服取得胜利之后，中国的军队也未曾受到好评。撇开过去的军事成就不说，在欧洲作家眼中，中国士兵通常贫穷、无知而不受社会尊重。

关于中国法律的讨论有很多。欧洲人惊讶地发现，现行的法典仅可追溯到王朝建立，但又意识到，所有王朝的法律都建立在古老的儒家伦理的基础之上。他们详细地描述了审判的过程，提到法庭、囚犯和刑罚等方面的细节。有人认为中国的法律极其严酷；而另一些人则认为它相当温和。这些评论者中的很多人都有亲身的体验。

多数晚明时期的耶稣会士都对中国政府表示赞赏，而且在总体性描述中，他们倾向于揭示中国政府是如何仔细地遵循了，而不是在多大程度上背离了儒家思想。然而，在非宗教的旅行游记和传教士的历史记载中，也可以发现足够的证据来揭露这个帝国政府不足称道的品质——腐败、党争、专制及低效。由此，对于晚明的政治结构与实践，善于观察的读者能够形成一种相当准确的认识。

虽然在描述满族征服运动后的中国政府时，多数欧洲人强调明清两代的延续性，但他们也描述了新统治者带来的变化。关于清代的变革，最常被人提及的可能是，在六部的每个部中，每位汉人官员或成员都多了一位满族同仁，六部官员的人数因而增加了一倍。他们也提到，被一些作家称作“内阁”的机构的重建，它负责管理六部的事务，并为皇帝提供政务处理方面的建议。欧洲观察者也注意到，清朝皇帝创造了新的政治想象，他们撤销设在南京的中央政府，摧毁其皇宫，重新为这座城市命名。李明错误地以为，都察院被废除，它由康
1749 熙帝到各省的出巡取代。与金尼阁、曾德昭所用术语相比，17 世纪晚期的一些作家使用了类似的术语对都察院进行描述。在 17 世纪，安文思的讨论最为详尽、深入。

征服运动后的欧洲作家对中央、地方政府其他一些机构的描述，同金尼阁、曾德昭和卫匡国等的论述差别不大，不过，后来这些作家增添了更多结构与运作方面的细节。总之，通过几种重要的方式，满族人改变了中国的中央政府。欧洲作家详细介绍了这些变更。然而，他们对两个王朝政府间延续性的叙述要远远多于变更。他们对于中国政府的描述，夹杂着大量的经验性内容；与金尼阁、曾德昭和卫匡国相比，他们阅读了更多新闻之类来自当代世界的东西，而不是那些对遥远帝国的描述，这就为人们提供了一幅中国政府的、更为动态的图像。

多数欧洲评论者，特别是传教士，对中国的语言、学问和科考做了大量的评述。在中国，读书和科考是走向财富和权力的通道。这一点始终让欧洲人感兴趣。在整个 17 世纪，他们都注意到汉语的显著特点：汉字表现了字形或字意，而不体现读音；语法少有变化且严重缺乏；竖排书写，且从右往左读；方言与书面汉语存在巨大差异；每个汉字都作为一个单音节词发音；读音相同的汉字会以声调区别。但不久之后，欧洲作家就在他们的著作中描述从简单汉字到复杂汉字的形成过程。到本世纪末，欧洲人已经在关注汉字从古老形式到现代形式的演变、书法风格、汉语词典、汉语发音学、从声调到送气、非送气音等方面的内容。

汉语的学习工作似乎令一些耶稣会士感到畏惧，尽管另外一些人认为，汉

语因缺少语法而比拉丁语容易掌握。所有人都认为，它使学生的记忆系统背负了重担；多数人都提到，中国学生花费多年时间去熟记汉字、练习书法，然后诵读甚至是熟记经典。早在16世纪，门多萨就曾对他所认为的公共学校和大学进行了描述，但几乎17世纪所有的作家都认为，在本质上，中国教育是通往科考的私人讲授。可以想象，欧洲作家对科举考试做了详细的论述，比如考试频率、防范作弊的精心措施、考棚、每日所试文章的种类、录取名额、考生的一夜成名、殿试及进士入翰林院的任命。

要参加科举考试，必须熟读儒家经典。通过已刊布的报道，欧洲读者可能 1750
已经知道"五经"的名字及这些经典的具体内容。他们已经读到这些经典的一些节录、"四书"中的三部著作的完整译文以及根据中国传统记载得来的、关于孔子和孟子的详细传记。他们也可能已经读到宋代新儒家学者为这些经典写下的正统的官方注解。

因为（或者尽管）中国的教育十分严酷，但也造成更多的人有阅读能力，更多的人受过教育，而且与其他地方相比，更多的书籍在中国出版。在中国书籍的目录中，安文思列出了历史、数学、自然科学、军事科学、医学、农学、辩术、孝德故事、忠义小说、言情小说、诗歌、悲剧与喜剧。对于其中一些书籍及其代表的学科，17世纪的欧洲作家进行过讨论。一般来说，欧洲人认为，在数学、天文学及其他自然科学方面，他们要领先于中国人，尽管他们也提到，中国人从古时就开始对这些学科进行研究。中国的医学，特别是通过把脉诊断疾病及使用各种草药治病的方法，给他们留下了比较深刻的印象。例如，迈克尔·卜弥格就曾翻译过一篇十分重要的、切脉问诊方面的中文论文。不过，欧洲观察者一般认为，中医缺乏科学的基础；对于中国的多数科学，他们都有这样的看法。

与对中国科学的轻视不同，传教士十分欣赏中国的历史著作。因此，他们为读者提供了与中国历史有关的、相当丰富的信息。到本世纪末，通过卫匡国、特维诺和柏应理根据经典、正史材料写就的史学著作，欧洲学者已经相当了解中国从古至今的历史。后来的作家在叙述时，往往从这些耶稣会士那里借用史料，但他们也会独立地获取史料。例如，关于17世纪中国一些特殊的地方、机构和风俗，卫匡国的《中国新图志》和闵明我的《中华帝国的历史、政治、伦理和宗教论集》两部著作包含大量历史的或传奇的内容。多数作家都会提及中国历史的一些内容，而且多数内容被反复描述。因此，17 世纪的读者对中国历史可能已经相当了解；尽管他们读到的许多内容体现出中国早期史料中的儒家偏见，但还是相当可信的。至少要到几个世纪以后，我们才能获得更好的资料。

在对中国宗教和哲学的描述中，耶稣会士对三种教派做了区分：儒家，他们称之为“学者教派”（Sect of the Learned）；佛教徒，或者“偶像崇拜者”
1751 （idolaters）；道士，“伊壁鸠鲁主义者”的代表。三者相较，他们更喜欢儒教。他们认为，儒教曾经是远古时代的一神教，而经过数个世纪道教和佛教偶像崇拜的影响，它变得有些腐坏。他们合理地推论说，17 世纪正统的新儒学已受到佛教和道教的严重影响，尽管他们强调偶像崇拜对其伦理与实践的影响远不及其他异端思想。虽然他们试图将儒学展现为一种有神的、理性的、道德的哲学，但对于儒家学者参与的宗教性祭祀和多数儒家学者会接受的思辨玄学，前征服时代的耶稣会士诚实地做了交代。这么做，他们可以更准确地为欧洲展现儒学的面貌。

儒学是否是（或者曾经是）一种异端宗教、一种可以与基督教并存的有神道德哲学或者无神哲学，成为本世纪下半叶“礼仪之争”的核心论题。然而让欧洲读者迷惑的是，大体上，与论战之前相比，论战反而使他们接触到更多与儒学和中国宗教、哲学相关的论述。讨论的问题并不限于论战本身。耶稣会士刊布了几种主要的哲学文本的译文。关于新儒学，他们及其反对者写出了具有洞察力的、详尽的分析。他们从经典中引征原文，并向欧洲读者介绍了几位重要的中国哲学家。

与对儒家学者的描述不同，17 世纪的耶稣会士通常将中国的佛教徒刻画成简单的偶像崇拜者。在关于儒学的讨论中可以见到的那种清晰思维，恰恰是他们在对佛教进行分析时所缺少的。特别是早期的作家，他们似乎想要在不了解佛教思想甚或不区分宗派的情况下，对其庙宇、神像、僧侣、神话及仪式进行描述。在一定程度上，传教士展现了儒家对佛教的态度。不过，到本世纪末，欧洲读者已经了解到中国佛教的许多情况。释迦牟尼出生和生平的传奇故事不断被重述；禅宗与大乘佛教其他宗派间的基本差异、菩萨及其几种名称也被准确描述。欧洲读者可能已经对佛教之于现实、转世、涅槃的希望、开化的不同阶段等问题有了相当清晰的认识。而关于佛教僧侣及其教义、仪式，他们也可能已经读到大量带着轻蔑论调的论述。

对于道士的论述，仍不多见。由于道士长生不老的企图，耶稣会士称他们为伊壁鸠鲁主义者。对于一般认为的老子母亲怀孕80载才生下老子、某些仪式等，耶稣会士也有所描述。他们还提到一些道士、隐士以及一位住在皇宫内、 1752
备受尊崇的道士。他们评论了一些道教神灵，但很少涉及道教的思想。

多数欧洲人都称，三种宗教均得到官方的支持，而多数中国人似乎同时崇信这三种宗教。耶稣会士注意到，甚至在儒家学者的丧礼上，也经常出现和尚和道士。他们经常说，中国的大众宗教就是三种宗教的神明、信仰的大杂烩。在华侨社区以及中国沿海的小山村，欧洲商人和海员见到的中国宗教也是如此。不过，他们对于大众宗教的描述出人意料的准确。大卫·莱特似乎曾经意识到在数不尽的民间神灵下面所存在的秩序。他收在达帕著作中的论述，描绘了作为超自然官僚体系一部分的70多位神灵。

从门多萨到卡雷里，欧洲人的论述出现了一套模式。一个接一个的作家敬畏地描绘着中国的面积、庞大的人口数和难以想象的财富；将中华帝国的面积、人口和财富与整个欧洲进行比较。中国被交到以皇帝为首的合法政府的手中，而皇帝必须遵循上天的意志进行统治，否则他将面临人民的反叛和王朝的更替。统治者和官僚集团自身的管理依靠的是儒家伦理，它是一套令人钦佩的、袭自古代的道德律。软弱的皇帝身边是一群堕落而不知廉耻的太监。科举考试从整个帝国的各地方和各阶层吸收官员，形成第一流的人才集团。中国人与印度人不同，他们是勤劳能干的农民或者城市里精明能干的商人。各个阶层的人都具备读写能力，而中国的识字率要高于世界上任何地方。战斗技能与个人胆略被认为是最不足称道的东西。中国人也被认为是受到崇拜偶像的僧侣和道士的蒙骗，而陷入了迷信的观念和仪式的泥潭。虽然技术在进步，但中国人的科学发展却受到限制，因为他们缺乏数学、天文学、医学和其他自然科学方面的理论。在艺术领域，特别是在建筑方面，他们没有给后世留下艺术传统；而在绘画方面，他们也毫无前景可言。

这些模式化的东西为欧洲人的中国想象加上了特定的框架和色调，让人想当然地认为，这些模式不容置疑、不曾变更。虽然很难对中国面积和人口的数据提出质疑，耶稣会士反复指出，中国政府在实践中并不像理论上那样理性。在讲到漫长的国内战争以及国姓爷从荷兰人手中夺回台湾时，另外一些人不得
1753 不调整自己的观点，不再认为中国军队具有较强的战斗力。强调王朝更替的变革特征的观点，不得不去适应论述明清王朝连续性的需要。尽管为中国统治阶级人道主义的儒学所吸引，仍有一些欧洲人试图去理解佛教和道教对大众的吸引力，并尝试对佛教之于新儒学发展的贡献进行评估。虽然并不欣赏居民和寺院建筑，但欧洲人从未停止对长城和紫禁城的赞叹。当欧洲人提到中国的太监和中国人嗜赌如命时，就连身负盛名的儒家学者的道德也受到质疑，可谓是对模式化成见的冲击。

毫无疑问，对欧洲读者来说，17 世纪欧洲人关于中国的多数论述更像是时事新闻。关于晚明王朝的政治问题以及满族频繁入侵北方边境的报道，不计其数。对于李自成起义及满族征服，卫匡国等人做了极为详尽的描述。而对于满族统治的巩固、清朝新皇帝、多尔衮摄政、镇压国姓爷的战争、“三藩之乱”以及康熙亲政，卫匡国的继承者——汤若望、聂仲迁、鲁日满、殷铎泽、南怀仁和安文思——与荷兰人纽霍夫、达帕，提供了相对详尽的描述。读到这些描述的读者可能已经对王朝更替带来的变化了如指掌。比如，他们可能已经知道许多同时代的中国人，知道三位皇帝、满族摄政王、许多将领与高官、许多无足轻重的人，知道他们的名字、个性和事迹。他们甚至会比顺治、康熙的任何一位子民还要了解这两位皇帝。总之，17 世纪的欧洲读者可能已经清楚地意识到，自己正与中国人生活在同一世界上；很可能，他们也会苦苦思索，欧亚大陆另一端发生的这些重要事件到底具有怎样的世界意义。相比较而言，欧洲人对中国在文学、戏剧等艺术上的创造力的评价与理解，是最为薄弱的。尽管如此，大多数 20 世纪的中国学生，甚或一些专家，都可以从这些文献中发现许多中国历史、文化、社会、政府、宗教和哲学方面的陌生细节和深刻见解。

注释：

[1] 参见 Ho Ping-ti, “The Significance of the Ch’ing Period in Chinese History,” *Journal of Asian Studies*, XXVI (1967),189-95。

[2] 对这场征服运动在欧洲的报道的详细讨论，参见 E.Van Kley, “News from China:Seventeenth-Century European Notices of the Manchu Conquest,” *Journal of Modern History*, XLV, No.4(December,1973), pp.561-82。

[3] *Hollandtsche mercurius*, I,25, and IV, 94.

[4] *Ibid*., IV,4. 也可参见 Robert Chabrié, *Michel Boym, Jésuite Polonais et la fin des Ming en Chine (1646-1662)* (Paris,1933), pp.90-114。

[5] *Sehr wehrte und angenehme newe Zeitung von der Bekehrung zum catholischen Glauben desz. jungen Königs in China und anderer furstl. Personen und von der Legation desz.Ehrw.P.Michaelis Bouyn der Societet Jesu Priestern polnischer Nation zu ihrer Päbstl.Heyligkeit nach Rohm*... (Augsburg,1653). 我们参阅了 1654 年法文增订版：*Briefe relation de la notable conversion des personnes royales & de la religion Chrestienne en la Chine*...(Paris,1654)。关于参考文献，参见 Streit,V,793-95。对卜弥格著作的讨论，参见 B.Szczesniak, “The Writings of Michael Boym,”*Monumenta Serica*, XIV(1949-55),481-538。也可参阅原书第三卷，第 526、538-539 页。关于南明朝廷中官员皈依的经过，参见 Lynn A. Struve, *The Southern Ming* (New Haven,1984), pp.139-66, 另可着重参阅注释第 17 条，第 241-242 页。

[6] 关于卫匡国的著作，参见原书第三卷，第 379-381、525-527 页。关于卫匡国在欧洲的活动以及《鞑靼战纪》，参见 D.Mungello, *Curious Land:Jesuit Accommodation and the Origins of Sinology* (Stuttgart,1985), pp.106-16。

[7] *De bello tartarico historia:in qua,quo pacto tartari hac nostra aetate sinicum imperium invaserint,acfere.totum occuparint narratur:eorumque mores breviter describuntur* (Antwerp,1654), pp.24-25,51-56. 关于明朝与满族的冲突，可参见 F.Wakeman, *The Great Enterprise* (2 vols.; Berkeley,1985), I, chaps.i-iii.

[8] 关于李自成及其他反叛者的历史，参见 J.B.Parsons, *The Peasant Rebellions of the Late Ming Dynasty* (Tucson,1970), chaps.iv-v。

[9] *Op. cit.* (n.7), pp.70-71. 卫匡国对于北京陷落过程的记叙并非完全准确。可能在众多自相矛盾的故事与谣传面前，卫匡国很难了解到真实的历史过程。不过，尽管皇帝曾试图杀死自己 15 岁的女儿，但他最终并未下手。在砍下女儿的左手臂后，崇祯于心不忍，没有杀死她。这位公主直到 1645 年才去世。崇祯皇帝最后一封信不是用血写就的，而很可能写在长袍的袖子上。卫匡国似乎准确地描述了这封信的大致内容。据他称，李自成曾将崇祯的尸体切成碎片。然而事实似乎是李自成将身穿龙袍的皇帝以及皇后隆重地下葬。参见 A.W.Hummel (ed.), *Eminent Chinese of the Ch’ing Period (1644-1912)* (Washington, D.C.,1943), p.192;Min-sun

Chen, "Three Contemporary Western Sources on the History of the Later Ming and the Manchu Conquest of China" (Ph.D.diss.,Dept.of History,University of Chicago,1971), pp.186-87; 以及 Wakeman, *op. cit.* (n.7), I, 257-66。魏斐德（Frederic Wakeman）声称，崇祯皇帝并没有留下许多史学家提及的绝命书。

[10] 李自成利用吴襄（Wu Hsiang）对其子吴三桂施加压力的具体情形，参见 Parsons, *op. cit.* (n.8), pp.138-140。

[11] *Op. cit.* (n.7), p.71.

[12] *Ibid.*, p.75. 另可参阅 Parsons, *op. cit.* (n.8), pp.140-141。

[13] *Op. cit.* (n.7), p.26.

[14] *Ibid.*, pp.77-78.

[15] *Ibid.*, pp.83-84.

[16] *Ibid.*, pp.134-35. 清军 1645 年 8 月在嘉定（Chiating）的劫掠，可以参见 J.Dennerline,*The Chia-ting Loyalists:Confucian Leadership and Social Change in Seventeenth-Century China* (New Haven,1981), pp.1-2。

[17] Martini, *op. cit.* (n.7), pp.139-53. 对张献忠为在四川建立政权做出的努力，安文思有未公开发表的论述，参见 Parsons, *op. cit.* (n.8), pp.170-71。

[18] *Op. cit.* (n.7), pp.60-61. 近来的研究表明，对于这次黄河决口，双方均负有责任。参见 Parsons, *op. cit.* (n.8), pp.162-63, 有关开封城因溺水身亡的人数，参见第 103-104 页。

[19] *Op. cit.* (n.7), pp.24-29.

[20] *Ibid.*, pp.51-57.

[21] *Ibid.*, pp.63-66.

[22] *Ibid.*, p.30.

[23] *Ibid.*, p.137.

[24] 对《鞑靼战纪》准确性的详细考证，参见 Chen, *op. cit.* (n.9), pp.146-230。

[25] 大多数版本的情况，参见 Henri Cordier, *Bibliotheca sinica:Dictionnaire bibliographique des ouvrages relatifs a l'empire chinoise* (2d ed.;5 vols.;New York,1968), I,623-27。也可参见 Streit, V,797-800, 以及原书第三卷，第 525-526 页。

[26] *Het verwoest Sina,door den wreeden Tartar:vervaatende de schrickelijcke landt-verdervende oorlogh by de Tartar in't rijck van Sina aangevangen* (Amsterdam,1660).

[27] *Regni sinensis a Tartaris tyrannice evastati depopulatique cocinna enarratio* (Amsterdam,1661).

[28] 对其中一幅版画及其欧洲原型的详细讨论，参见 Mungello, *op. cit.* (n.6), pp.110-14。

[29] *Het gezantschap der Neêrlandtsche Oost-Indische Compagnie aan den grooten tartarischen cham, den tegenwoordigen keizer van China...* (2 vols.in I; Amsterdam，1665). 关于详细的参考书目，参见原书第三卷，第 483-484 页。对此更为深入的讨论，参见原书第三卷，第 1685 页。

[30] Nieuhof, *op. cit.* (n.29), I,59.

[31] *Ibid.*, p.78.

[32] *Ibid.*, p.57.

[33] *Ibid.*, p.58.

[34] *Ibid.*, pp.165-67.

[35] *Ibid.*, II, pp.181-253.

[36] 我们引用的是 1732 年法文版本，Juan Palafox y Mendoça, *Histoire de la conqueste de la Chine par les Tartares:contenant plusieurs choses remarquables touchant la religion les moeurs,& les coûtomes de ces deux nations* (Amsterdam,1732), p.i。第一版题名为 *Historia de la conquista de la China por el Tartaro,escrita por el Illustrissimo Senor Don Juan de Palafox y Mendoça,siendo Obispo de la Puebla de los Angeles,y Virrey de la Nueva-Espana y a su muerte Obispo de Osma* (Paris,1670)。1670 年，关于帕莱福的经历的叙述第一次被译为法文，1671 年又被译为英文。每种译本都曾重印两次，参见 Cordier, *op. cit.* (n.25), I,627-28。也可参见原书第三卷，第 356-357 页。

[37] 关于帕莱福论述的资料来源及评价，参见 Chen, *op. cit.* (n.9), pp.231-52。Koxinga 是"国姓爷"（Kuo-hsing yeh）厦门地区闽南语的拉丁文形式，或者"（帝国）姓氏的拥有者"（Master of the [imperial] surname）。明朝皇帝赐予郑成功国姓，以示对其父亲——郑芝龙的敬重。

[38] *Op. cit.* (n.36), pp.32,33,43.

[39] *Ibid.*, pp.2,28.

[40] *Ibid.*, p.7.

[41] *Ibid.*, pp.23-31.

[42] *Ibid.*, pp.29-30; Martini, *op. cit.* (n.7), p.70; Boym, *op. cit.* (n.5), p.47.

[43] Palafox, *op. cit.* (n.36), pp.30-31.

[44] *Ibid.*

[45] *Ibid.*, p.44.

[46] *Ibid.*, pp.38-42.

[47] *Ibid.*, pp.66-69.

[48] 相关的例子参见 *ibid.*, pp.71,367,377-79。

[49] *Ibid.*, pp.72-74,369. 从卫匡国开始，几乎所有对满族征服进行描述的人，都会提到汉人对剃发令的强烈抵制。

[50] *Ibid.*, pp.222,331.

[51] *Ibid.*, pp.352-56.

[52] 参见原书第三卷，第 1676-1684 页。

[53] *Historica narratio de initio et progressu missionis Societatis Jesu apud Chinensis*...(Vienna,1665). 相关书目参见原书第三卷，第 528 页。

[54] Schall, *Historica relatio de ortu el progressu fidei orthedoxae in regno chinensi per missionarios*

Societatis Jesu...1581-1669...(Ratisbon,1672), pp.178-96,345-52.

[55] Olfert Dapper, *Gedenkwaerdig bedryf der Nederlandsch Oost-indische Maetschappye, op de kuste en in het keizerrijk van Taising of Sina*...(2 vols.in I;Amserdam,1670), II, 26-36. 第二卷有独立的标题页：*Beschryving des keizerryks van Taising of Sina*.... 相关参考书目参见原书第三卷，第 490-491 页。本章关于该书更深入的讨论，参见原书第三卷，第 1685 页。

[56] Domingo Fernández Navarrete," An Account of the Empire of China...," *CV*(1704), I, 27. 闵明我著作的第一个版本是 *Tratados,historicos,politicos,ethicos y religiosos de la monarchia de China*...(Madrid,1676)。相关参考书目参见原书第三卷，第 358-360 页。

[57] Navarrete, *CV*, I, 338.

[58] *Ibid*., pp.14-15.

[59] *Ibid*., pp.336-37.

[60] *Ibid*.

[61] *Ibid*., p.339. "君士坦丁" 是朱由榔之子朱慈煊（Chu Tz' u-hsüan）在接受基督教洗礼时获得的名字。参见 Hummel, *op. cit*. (n.9), p.195。

[62] Navarrete, *CV*, I,398.

[63] *Ibid*., pp.366-71.

[64] 安文思的著作于 1668 年用葡萄牙语写成。在 1688 年，它首次以法文译本在巴黎出版。参见原书第三卷，第 424 页。

[65] Gabriel de Magalhães，*A New History of China,Containing a Description of the Most Considerable Particulars of that Vast Empire* (London,1688), pp.252-53.

[66] Andreas Müller，*Hebdomas observationum de rebus sinicis*...(Cologne,1674).

[67] Joachim Bouvet，*Portrait historique de l'empereur de la Chine,presentée au roy*...(Paris,1697), p.14.

[68] Pierre Joseph d'Orléans,*History of the Two Tartar Conquerors of China,including the Two Journeys into Tartary of Ferdinand Verbiest,in the Suite of the Emperor K'ang-hsi*...,ed.Earl of Ellesmere ("HS" , o.s.,XVII; London,1854), p.38; 在本章我们使用的都是这一版本。该书第一版命名为 *Histoire des deux conquerans Tartares qui ont subjugué la Chine*...(Paris,1688)。更多书目参见原书第三卷，第 424 页。

[69] D'Orléans, *op. cit*. (n.68), p.83.

[70] Magalhães, *op. cit*. (n.65), p.208.

[71] 例如 E.Van Kley, "An Alternative Muse: The Manchu Conquest of China in the Literature of Seventeenth-Century Northern Europe," *European Studies Review*,VI (1976),21-43.

[72] 围绕 "礼仪之争"，17 世纪后半叶出版的主要著作有：Domingo Fernándes Navarrete,*Tratados historicos, politicos, ethicos, y religiosos de la monarchia de China* (Madrid,1676);Vol. II of A.Arnauld, *La morale pratique de Jesuites*...(Paris,1683); Michel Le Tellier,*Defense*

des nouveaux chrestienes et des missionaires de la Chine,du Japon,et des Indes,contre deux livres intitulez La morale pratique des Jesuites et l'esprit de M.Arnauld (Paris,1687);Philippe Couplet,*Histoire d'une dame chrétienne de la Chine,ou par occasion les usages de ces peuple,l'établissement de la religion,les maximes des missionaries,et les exercises de piété des nouveaux chrétiens sont expliquez* (Paris,1688);Louis Le Comte, *Nouveaux mémoires sur l' état present de la Chine* (Paris,1696); Joseph Suarez,*La libertad de la ley de Dios en el imperio de la China* (Lisbon,1696); Charles Le Gobien, *Histoire de l'edit de l'empereur de la Chine en faveur de la religion chrestienne. Avec un eclaircissement sur les honneurs que le chinois rendent à Confucius aux morts* (Paris,1698); [Noel Alexandre], *Apologie des dominicains missionaires de la Chine.Ou réponse au livre du Père le Tellier, Jesuite, intitulé Défense des nouveaux chrétiens;et à l' éclaircissement du P.Gobien*...(Cologne,1699). 更完整的参考书目，参见 Streit, V.803-961; VII, 1-44; 并参见原书第三卷，第 423-424、428-430 页。

[73] 相关书目参见原书第三卷，第 528 页。

[74] 关于帕莱福，参见原书第三卷，第 356-357 页。关于加西亚，参见原书第三卷，第 357-358 页。

[75] 相关书目参见原书第三卷，第 414-415 页。

[76] 更多参考书目，参见原书第三卷，第 358 页。

[77] 康熙亲政的官方时间为 1667 年 8 月 25 日，但在 1669 年 6 月康熙将鳌拜下狱前，摄政王鳌拜一直把持着朝政。参见 Hummel, *op. cit.* (n.9), p.328。

[78] *Compendiosa narratione dello stato della missione cinese...dall'ano 1581 fino al 1669...* (Rome,1672). 同一年，该书被译为拉丁文。参见 Streit,V,849,851。

[79] 参见原书第三卷，第 419、539 页。详细参考书目，参见南怀仁已出版的著作。

[80] 参见原书第三卷，第 424 页。

[81] D'Orléans, *op. cit.* (n.68), pp.iv-v.

[82] 详细参考书目，参见原书第三卷，第 424 页。也可参见 Mungello, *op. cit.* (n.6), pp.91-96。

[83] 参见原书第三卷，第 427-428 页。也可参见 Mungello, *op. cit.* (n.6), pp.329-31.

[84] 参见 Mungello, *op. cit.* (n.6), p.17。《康熙皇帝》不是白晋论述中国的代表作，他的代表性著作因"礼仪之争"而被限制刊布。参见 Mungello, "Unearthing the Manuscripts of Bouvet's *Gujin* after Nearly Three Centuries,"*China Mission Studies (1550-1800) Bulletin*,X (1988),34-61。也可参见 Claudia von Collani, *P.Joachim Bouvet,S.J.,sein Leben und sein Werk* (Nettetal,1985)。

[85] *Op. cit.* (n.67), pp.242-45.

[86] 这些期望与现实之间有多大差距，或可参见 Jonathan Spence, *Emperor of China:Self-Portrait of K'ang-hsi* (New York,1975), pp.72-85。

[87] 关于苏霖，参见原书第三卷，第 363 页。关于郭弼恩，参见原书第三卷，第 429 页。

[88] Antonio Possevino, *Bibliotheca selecta qua agitur de ratione studiorum in historia,in disciplinis, in salute omnium procuranda* (Rome,1593), IX,583. 参 见 K.Lundbaek, "The First Translation

from the Confucian Classics in Europe," *China Mission Studies Bulletin*,I (1979),2-11.

[89] *Sinarum scientia politico-moralis,sive scientiae sinicae liber inter Confucii libros secundus* (Paris).

[90] *La science des Chinois ou le livre de Cum fu-çu traduit mot pour mot de la langue chinois par le P.Intorcetta* (Paris,1673).

[91] *Confucius sinarum philosophus,sive scientia sinensis,latine exposita...* (Paris,1687). 对作者身份与本书内容的细致分析，参见 Mungello, *op. cit.* (n.6), chap.viii。

[92] 参见 K.Lundbaek, "The Image of Neo-Confucianism in *Confucius sinarum philosophus,*" *Journal of the History of Ideas*, XLIV (1983),19-30。

[93] *La morale de Confucius,philosophe de la Chine* (Amsterdam,1688).

[94] *Christian Mentzel, Kurtze chinesische Chronologia oder Zeit-Register aller chinesischen Kayser... gezogen aus der chineser kinder Lehre Siao ul hio oder lun genandt...*(Berlin,1696). 门采尔是否有能力翻译一部汉文典籍，是十分值得怀疑的。门采尔的年表似乎转自柏应理的《中华帝国朝代表》(*Tabula chronologica monarchiae Sinicae*)，而他误以为来自《小儿论》。但事实上，《小儿论》并不是年代表，而是传说中孔子与一个年轻人间的对话。关于德国汉学的发端，参见 F.R.Merkel, "Deutsche Chinaforscher," *Archiv für Kulturgeschichte*, XXXIV (1951-1952), 81-106; 以及 Mungello, *op. cit.* (n.6),chaps.vi-vii。对门采尔可能采用的资料的深入分析，参见 Mungello, pp.238-241。

[95] 参见原书第三卷，第 526、538-539 页。

[96] 参见 Hartmut Walravens, "Eline Anmerkung zu Michael Boyms Flora Sinensis (1656)—einer wichtigen naturhistorischen Quelle," *China Mission Studies Bulletin*, I (1979),16-20。

[97] *Sinicae historiae decas prima,...*(Munich,1658), 详细的参考书目，参见原书第三卷，第 526-527 页。

[98] H.Cordier, *op. cit.* (n.25), I,580.

[99] Martini, *Novus atlas sinensis*, Vol.XI of Johan Blaeu, *Le grand atlas* (Amsterdam,1663), pp. 20-21.

[100] "Synopsis chronologica monarchiae sinicae...," *TR*,Vol. II, Pt.4 (Paris,1672?). 第四部分最早的版本可以追溯到 1672 年，但我们无法确知"大纲"是不是它的一部分，因为第四部分的许多片段分开出版，到后来才被合订成一册。"大纲"可能出现在 1672—1696 年间的任何时候。但值得注意的是，安文思的手稿在 1682 年被带回欧洲，直到 1688 年才出版，这说明特维诺"大纲"的出版不会早于 1682 年。关于特维诺的论文集，参见原书第三卷，第 410-411 页。

[101] Thévenot, *loc.cit.* (n.100), p.65.

[102] *Ibid.*, pp.27-28.

[103] *Ibid.*, PP.30-31.

[104] *Ibid.*, pp.34-40.

[105] *Ibid.*, pp.53-56.

[106] *Tabula chronologica monarchiae sinicae* (Paris,1686). 参见原书第三卷，第 423-424 页。

[107] 参见原书第三卷，第 1680-1681 页。

[108] *Op. cit.* (n.100), pp.61,63. 现代中国学者马雍（Ma Yong）声称，卫匡国的《中国上古史》大部分内容来自《通鉴纲目》（*T'ung-chien kang-mu*）。《通鉴纲目》是一部由朱熹及其学生创作的通俗史书。参见 K. 隆贝克关于"卫匡国国际研讨会"（Convegno internazionale su Martino Martini (Trento 1614—Hangzhou 1661) : geografo-cartagrafo-storico-teologo）的报道，Trent,October9-10,1981,in *China Mission Studies Bulletin*, IV (1982),39。

[109] 参见 Franz Rosenthal, *A History of Muslim Historiography* (Leyden,1968), pp.147-48。

[110] *China monumentis qua sacris qua profanis,nec non variis naturae & artis spectaculis,aliarumque rerum memorabilium argumentis illustrata*...(Amsterdam,1667). 相关书目参见原书第三卷，第 485-486 页。对这部百科全书式的著作的完整分析，参见 Mungello, *op. cit.* (n.6),chap.v。我们使用的是 1670 年的法文译本，即 *La Chine illustrée de plusieurs monuments tant sacrés que profanes, et de quantité de recherchés de la nature & de l'art...,trans.F.S.Dalquié* (Amsterdam,1670)。也可参阅《中国图志》的英文译本：*China illustrata* by Charles D.Van Tuyl(Muskogee,Okla.,1987)。

[111] Alois Bürke,S.M.B., "Das Nestorianer-Denkmal von Si-an-fu,Versuch einer Neuübersctzung," *NZM*,Supplementa XVII (1971),127, n.10. 参见上一章，注释第 476。

[112] Nieuhof, *op. cit.* (n.29); Dapper, *op. cit.* (n.55).

[113] 对这些插图的分析，参见 Leonard Blussé and R.Falkenburg, *Johan Niuhof's beelden van een chinareis* (Middelburg,1987)。

[114] 参见原书第三卷，第 495-496 页以及原书第三卷，第 1818-1823 页。

[115] Frederick Bolling,*Oost-Indiske Reise-bog* (Copenhagen,1678). 参见原书第三卷，第 535-536 页。

[116] *Voyage de divers états d'Europe,et d'Asie,entrepris pour découvrir un nouveau chemin à la Chine*... (Paris,1692). 相关书目参见原书第三卷，第 428 页。

[117] 参见原书第三卷，第 501-502 页。

[118] 参见原书第三卷，第 503-504、543 页。

[119] 关于弗朗西斯科 · 杰米利 · 卡雷里，参见原书第三卷，第 386-387 页。

[120] 参见 P.de Vargas, "Le 'Giro del Mondo' de Gemelli Careri,en particulier le récit du séjour en Chine,roman ou verité?" *Schweizerische Zeitschrift für Geschichte*,V (1955),417-451。

[121] Nikolaas de Graaf, *Reisen* (Hoorn,1701), pp.174-81. 也可参见原书第三卷，第 505-506 页。在平定台湾郑氏集团后，康熙皇帝于 1684 年废除东南沿海的海禁政策，允许外国商人在几个指定的港口进行非朝贡贸易，澳门和广东是其中两个港口。参见 Lawrence D.Kessler, *K'ang-hsi and the Consolidation of Ch'ing Rule,1661-1684* (Chicago,1976), pp.95-97。

[122] Navarrete,*CV*, I,6-7; Magalhães, *op. cit.* (n.65), pp.34-38. 中国的官方统计数据并不容易获取。清朝官修地理总志《大清一统志》（*Ta-ch'ing i-t'ung-chih*），直到 1812 年才出版。

[123] Dapper, *op. cit.* (n.55), II,11.

[124] Magalhães, *op. cit.* (n.65), pp.32-33.

[125] Avril, *op. cit.* (n.116), pp.107-9. Le Comte,*Memoirs and Remarks...Made in Above Ten Years Travels Through the Empire at China*...(London,1738), pp.15-17.

[126] 例如，可参见 Dapper, *op. cit.* (n.55),II,8-11。

[127] Navarrete, *CV*, I,5.

[128] "Translation of Father Verbiest's first letter from the Dutch," in D'Orléans, *op. cit.* (n.68), p.105.

[129] Navarrete, *CV*, I,1-3; Magalhães, *op. cit.* (n.65),1-18.

[130] *Op. cit.* (n.97), p.195.

[131] Avril, *op. cit.* (n.116), pp.161-62."Kitay" 似乎起源于契丹（Khitans）。契丹是一个曾在中国北部及满洲地区建立政权（辽代，947—1199 年）的蒙古部族。

[132] Navarrete,*CV*, I, 2. 或参见本书关于"Sangley"的词源的讨论（参见原书第三卷，第 1509 页）。

[133] Navarrete,*CV*, I,2-3.

[134] Dapper, *op. cit.* (n.55), II,12-19.

[135] Nieuhof, *op. cit.* (n.29), I,54-158. 对纽霍夫穿越广东省的旅行的详细分析，参见 C.Imbault Huart, "Le voyage de l'ambassade hollandaise de 1656 a travers la province de Canton," *JRAS,North China Branch*, n.s.,Vol.XXX, No.1(1895-96), pp.1-73。

[136] Nieuhof, *op. cit.* (n.29), I, 67-68,75-78,83-84.

[137] Dapper, *op. cit.* (n.55), I, 282-47.

[138] Brand, *A Journal of an Embassy*...(London,1698), p.28.

[139] Boym, "Flora sinesis," TR, II,17.

[140] *Op. cit.* (n.110), p.225.

[141] CV, I,37-38.

[142] *Ibid.*, pp.59-60.

[143] *Ibid.*, pp.38-39.

[144] *Ibid.*, pp.52-53. 闵明我似乎吐露了传统儒家学者的看法：较之工商业者，农民存在道德上的优越性，而且对社会而言，他们更具有实质上的重要作用。

[145] J.S.Cummins(ed.),*The Travels and Controversies of Friar Domingo Navarrete,1618-1686* (2 vols.; "HS" ,2d ser.,CXVIII-CXIX;Cambridge,1962), II,204. 康明斯（Cummins）的版本是闵明我的《中华帝国的历史、政治、伦理和宗教论集》第六册的译本，第六册带有自传性质。参见 *ibid.*, pp.cxix-cxx.

[146] Navarrete,*CV*,I,53.

[147] Cummins(ed.), *op. cit.* (n.145),II,204.

[148] *Op. cit.* (n.65), p.121.

[149] Navarrete, *CV*,I,53.

[150] *Ibid.*, p.54. 在 17 世纪，瓷器产于福建泉州府（Ch'üan-chou prefecture）德化（Te-hua）。参

见 Sung Yi̇ng-hsing,*T'ien-kung k'ai-wu.Chinese Technology in the Seventeenth Century,*trans.E-tu Zen Sun and Shiou-chuan Sun (University Park,Pa.,1966), p.146。

[151] Cummins(ed.), *op. cit.* (n.145),I,154-55.

[152] *CV*, I, 29.

[153] *Op. cit.* (n.65), pp.11-15.

[154] *Ibid.*, pp.124-26. 为向中国引介机械钟表而感到自豪的耶稣会士，常常讥讽中国早期水或火基础上的计时器。关于中国的计时方法及机械钟表，参见 *J.Needham,Science and Civiilization in China*(6 vols.; Cambridge,1954-84),Vol. IV, Pt.2, pp.437-40,509。

[155] Navarrete, *CV*, I, 30. 纽霍夫可能于1656年在大运河沿岸发现了类似的风车，而且他做了评论，绘制了草图。关于这些风车，参见 Needham, *op. cit.* (n.154),Vol. IV, Pt.2, p.5。

[156] 相关例子参见 Magalhães, *op. cit.* (n.65), pp.123-24; Navarrete,*CV*, I,13。

[157] 相关例子参见插图第 273、286、290、291。也可参见基歇尔关于陕西省飞桥的插图（插图第 254）以及纽霍夫关于南京陶塔的图片（插图第 274）。

[158] *Op. cit.* (n.29), I,104-5. 参见插图第 273。

[159] *Op. cit.* (n.29), I,172-73,166-77. 参见插图第 259、268。

[160] *Op. cit.* (n.55), II,23-25.

[161] Magalhães, *op. cit.* (n.65), pp.268-314.

[162] Le Comte, *op. cit.* (n.125), pp.59-60.

[163] *Ibid.*, p.60.

[164] 相关的例子，参见插图第 257、272、277、278、281。

[165] 相关的例子，参见 Navarrete, *CV*, I, 11; Magalhães, *op. cit.* (n.65), pp.265-66; Le Comte, *op. cit.* (n.125), pp.54-57。关于安文思所制北京平面图，参见插图第 258。

[166] Magalhães, *op. cit.* (n.65), pp.265-66. 这种说法基本准确，参见 Nigel Cameron and Brian Blake, *Peking; A Tale of Three Cities* (New York,1965), p.40。

[167] *Op. cit.* (n.138), p.83.

[168] *Op. cit.* (n.65), pp.267-268.

[169] Navarrete,*CV*, I,23.

[170] *Ibid.*, p.54.

[171] *Ibid.*, p.22.

[172] Magalhães, *op. cit.* (n.65), pp.129-31; Navarrete, *CV*, I,22.

[173] Magalhães, *op. cit.* (n.65), p.129. 纽霍夫绘制的"浮村"，参见插图第 280。

[174] Navarrete, *CV*, I,6.

[175] Magalhães, *op. cit.* (n.65), pp.136-38.

[176] *Ibid.*, p.18.

[177] Solange Hertz(trans.), *Rhodes of Viet Nam;The Travels and Missions of Father Alexander de*

Rhodes in China and Other Kingdoms of the Orient (Westminster, Md.,1966), p.37.

[178] Nieuhof, *op. cit.* (n.29),I,34;Dapper, *op. cit.* (n.55), II,76.关于卫匡国的叙述，参见原书第三卷，第1609页。

[179] 关于与望加锡、帝汶的贸易状况，参见C.R.Boxer, *Francisco de Figueiredo:A Portuguese Merchant-Adventuree in South East Asia,1624-1667*("Verhandelingen van het Koninklijk Instituut voor Taal-,Land-,en Volkenkunde," LII;The Hague,1967)。

[180] 参见John E.Wills, Jr., *Embassies and Illusions:Dutch and Portuguese Envoys to K'ang-hsi,1666-1687* (Cambridge, Mass.,1984), pp.83-101。关于曼诺埃尔·德·萨尔达尼亚使团，参见*ibid.*, pp.101-26。

[181] Adrien Greslon,*Histoire de la Chine sous la domination des Tartares....* (Paris,1671).

[182] *Ibid.*, pp.303-13. 聂仲迁的论述相当准确，参见Wills, *loc. cit.* (n.180)。

[183] Historia Tartaro-Sinica nova...(Louvain,1673), pp.72-83. (First Portuguese edition,Lisbon,1672.)

[184] Wills, *op. cit.* (n.180), p.96,n.56.

[185] Cummins(ed.), *op. cit.* (n.145), I,131-36.

[186] *Ibid.*, II,260-64.

[187] *Ibid.*, pp.263-69.

[188] *Ibid.*, pp.264-75.

[189] Bolling, "Oost-Indische reisboek,bevattende zijne reis naar Oost-Indië..." *BTLV*, LXVIII(1913), pp.366-71.

[190] *Op. cit.* (n.121), pp.174-81. 康熙皇帝于1684年下令，准许外国人在几个指定的港口进行贸易活动，广东是其中一个。参见本章注释第121以及Kessler, *op. cit.* (n.121), pp.95-97。

[191] 可以参见插图第289、293、313-316、325、326。

[192] *Op. cit.* (n.55), I,453-66.

[193] *Op. cit.* (n.125), pp.124-46.

[194] 参见插图第270、271、292。

[195] 事实上，在每一个王朝，法令都对新服装（尤其是男人的服装）的样式做出严格的规定。关于清代的服装，参见Xun Zhou ,Chunming Gao, *Five Thousand Years of Chinese Cstumes*(San Francisco,1987), pp.172-211。

[196] *Op. cit.* (n.65), p.103. 清朝衣服的窄袖(马蹄袖)末端是可以遮蔽双手又可缩起的袖口。不过，男人和女人一样，也着马蹄袖。参见Zhou and Gao, *op. cit.* (n.195), pp.172-173,182-183, 188-189。

[197] *Op. cit.* (n.65), p.102.

[198] *Op. cit.* (n.125), p.125.

[199] *Ibid.*, p.138.

[200] *Ibid.*, pp.242-243.

[201] *Ibid.*, p.299.

[202] *Ibid.*, pp.299-300.

[203] *Ibid.*, p.302.

[204] *CV*, I,66-67.

[205] *Ibid.*, p.69. 关于 20 世纪的冥婚（posthumous marriages），参见 J.G.Cormack,*Chinese Birthday, Wedding,Funeral,and Other Customs*(Peking,1923), p.57。

[206] *CV*, I,17.

[207] *Ibid.*, p.22.

[208] *Op. cit.* (n.29), pp.52,102,107.

[209] *CV*, I,71.

[210] *Op. cit.* (n.7), p.26.

[211] 如可参见 Greslon, *op. cit.* (n.181), pp.47-49。另可参见 Hummel(ed.), *op. cit.* (n.9), p.302, 其中提到，孝贤皇后（Hsiao-hsien）死时，的确有一些太监与宫女自杀殉葬，而在整个顺治时期，殉葬（*hsün-tsang*）习俗始终存在。

[212] *CV*, I,70.

[213] *Op. cit.* (n.65), p.146.

[214] *Ibid.*, p.147.

[215] *Ibid.*, p.146. 也可参见 Le Comte, *op. cit.* (n.125), p.289。

[216] *Op. cit.* (n.29), II,31-35.

[217] Navarrete, *CV*, I,25-26. 关于乞丐组织及其具体运作的情况，参见 J. D. Ball, *Things Chinese* (5th re.ed.;London,1926), pp.379-82。

[218] *Op. cit.* (n.125), p.280.

[219] *CV*, I,64.

[220] *Ibid.*, p.65.

[221] *Ibid.*, p.16.

[222] *Op. cit.* (n.65), p.102.

[223] *CV*, I,13.

[224] *Op. cit.* (n.29), I,179-80.

[225] *Ibid.*, p.180.

[226] *Op. cit.* (n.55), I,398.

[227] *Op. cit.* (n.29), I,45-57.

[228] *Ibid.*, pp.40,107. 这里提到的应该是粥？或者米汤？因为中国人饮茶添加牛奶或盐的说法，让人十分怀疑。

[229] *CV*, I,13.

[230] *Op. cit.* (n.125), p.162.

[231] 相关例子，可参见 Martini, *op. cit.* (n.97), pp.54-55; Magalhães, *op. cit.* (n.65), pp.104-12。

[232] Magalhães, *op. cit.* (n.65), p.112. 传统上，元宵节于正月十五举行。晚近关于这些节日的描述，参见 J.Doolittle,*Social Life of the Chinese* (2 vols.;New York,1867), II,34-38。

[233] CV, I,46. 这里提到的是屈原，他是著名的《楚辞》（*Ch'u-tz'u* [The Elegies of Ch'u]）的作者。纽霍夫关于龙舟的插图，参见插图第 282。

[234] *CV*, I,48.

[235] *Ibid.*, p.57. 关于"五伦"，参见原书第三卷，第 1652 页。

[236] *CV*, I,99.

[237] *Ibid.*, pp.83-110.

[238] *Ibid.*, p.48. 另一方面，爵位仅能通过卓越的军功获得。关于军人地位的提高，参见 Ho Ping-ti, *The Ladder of Success in Imperial China* (New York,1962), pp.217-19。

[239] Magalhães, *op. cit.* (n.65), pp.193-94.

[240] *Op. cit.* (n.125), p.262.

[241] *Ibid.*, p.249.

[242] *Ibid.*, pp.254-55,259. 这夸大了廷臣在皇帝决策过程中的影响力。监察官是唯一能够随时指出皇帝不足的官员。但只有大学士或亲信才有胆量去质疑皇帝的决定或劝诫他。关于康熙亲信的重臣，参见 Kessler, *op. cit.* (n.121), pp.112-17。

[243] Greslon, *op. cit.* (n.181), p.5.

[244] D' Orléans, *op. cit.* (n.68), p.79. 引自 *Philosophical Transactions*, XVI(1686-87),49。

[245] Le Comte, *op. cit.* (n.125), p.39; Nieuhof, *op. cit.* (n.29),I,174-75.

[246] Dapper, *op. cit.* (n.55), I,354-56.

[247] 参阅汤若望对这位皇帝的评价，参见 G.H.Dunne,S.J.,*Generation of Giants*(Notre Dame,1962), pp.349-52。顺治帝的画像参见插图第 265。

[248] *Op. cit.* (n.125), pp.40-41.

[249] 参见插图第 266、267。耶稣会士对康熙的描述以及康熙本人的著作所反映的形象，参见 Spence, *op. cit.* (n.86)。

[250] *CV*,I,12. 1662 年对明朝太监的限制与控制，是重建内务府的准备工作，参见 P.M.Torbert, "The Ch'ing Imperial Household Department:A Study of Its Organization and Principal Functions,1662-1796," (Ph.D.diss.,Dept. of History,University of Chicago,1973), pp.37-38,65。

[251] 尤可参见 Bouvet, *op. cit.* (n.67), pp.178-81。

[252] *Op. cit.* (n.65), p.238. 关于摄政王及顺治在位时期的满洲贵族，参见 Wakeman, *op. cit.* (n.7), II,881-86,925-31。

[253] *CV* ,I,12.

[254] *Op. cit.* (n.125), p.263. 这里提到的可能是"议政王大臣会议"（the Assembly of Princes），满洲贵族的议政委员会。参见 Wakeman, *op. cit.* (n.7), II,850-56。

[255] Magalhães, *op. cit.* (n.65), pp.237-38.

[256] *Op. cit.* (n.125), pp.251-52.

[257] *Op. cit.* (n.181), p.96.

[258] *Op. cit.* (n.55), I,439.

[259] *Op. cit.* (n.181), pp.16-17.

[260] Magalhães, *op. cit.* (n.65), p.208. 另可参阅 Kessler, *op. cit.* (n.121), pp.112-36。凯斯勒(Kessler)指出，康熙逐渐指派非旗籍的汉人担任高级官吏。征服时期的满族军队分为 24 旗，这 24 旗通过其旗帜的不同色彩来区分。有满军、蒙古军、汉军各八旗。征服运动后的第一年，绝大多数被指派到高级部门的汉人是汉军旗人，后者甚至在征服运动以前就已经开始为满族人效力。

[261] Magalhães, *op. cit.* (n.65), pp.197-98; Navarrete, CV, I,18.

[262] 内阁于 1658 年重建，由人数不定的满汉成员组成。参见 Kessler, *op. cit.* (n.121), p.29。

[263] Magalhães, *op. cit.* (n.65), pp.228-229.

[264] *Ibid.*, p.228. 行人司是礼部的下属机构。参见 Hucker, "Governmental Organization of the Ming Dynasty," *Harvard Journal of Asiatic Studies*, XXI (1958), p.34。

[265] *Op. cit.* (n.55), I,444-45. 也可参见 Magalhães, *op. cit.* (n.65), p.206。关于南京的陷落与重新命名，参见 Lynn A.Struve, *op. cit.* (n.5), pp.57-60。

[266] *Op. cit.* (n.125), p.267. 关于早期满族统治下监察机关的改革，参见 Wakeman, *op. cit.* (n.7) II, 922-25。

[267] *Op. cit.* (n.125), p.267-69.

[268] Magalhães, *op. cit.* (n.65), pp.221-28; quotation on p.222.

[269] *Ibid.*, p.204.

[270] *Ibid.*, p.210.

[271] 相关的例子参见 Navarrete,*CV*,I,14, 以及 Magalhães, *op. cit.* (n.65), p.241。

[272] Magalhães, *op. cit.* (n.65), pp.241-50.

[273] *Ibid.*, pp.245-47.

[274] *Ibid.*, p.249.

[275] *Op. cit.* (n.181), pp.96-97. 关于早期清政府中汉人的显著，参见 Kessler, *op. cit* . (n.121), pp.117-24。在征服运动接下来的年份里，多数地方高级官职由汉军旗人（Chinese bannermen）担任。

[276] 相关例子参见 Navarrete, *CV*, I,14。

[277] 关于"三藩之乱"的爆发，参见 Wakeman, *op. cit.* (n.7), II,1099-1105。纽霍夫著作中有尚可喜的画像及 1655 年 9 月广州"总督"招待荷兰人的宴会的略图。参见插图第 275、276。

[278] *CV*, I,63.

[279] *Ibid.*, p.61.

[280] *Ibid.*, p.59.

[281] *Ibid.*, p.60.

[282] *Op. cit.* (n.181), p.165.

[283] Magalhães, *op. cit.* (n.65), pp.211-12. 也可参见 Greslon, *op. cit.* (n.181), pp.175-76。

[284] *CV*, I,15-16.

[285] 相关例子参见 *op. cit.*，p.61; Le Comte, *op. cit.* (n.125), pp.291-92;Greslon, *op. cit.* (n.181), p.176。

[286] Le Comte, *op. cit.* (n.125), p.293.

[287] *Ibid.*, p.371. 事实上，杨光先被处以流刑。参见 Hummel, *op. cit.* (n.9), p.891。

[288] Magalhães, *op. cit.* (n.65), pp.215-18.

[289] *Op. cit.* (n.181), pp.118-19. 在省级行政机关中，汉军旗人十分明显。参见 Kessler, *op. cit.* (n.121), p.117。

[290] *CV*, I,12.

[291] D'Orléans, *op. cit.* (n.68), pp.121-23. 另可参见 Kessler, *op. cit.* (n.121), pp.105-7。

[292] *Op. cit.* (n.67), pp.97-107.

[293] Navarrete, *CV*, I,26-27.

[294] *Op. cit.* (n.125), p.290.

[295] *Ibid.*

[296] *Ibid.*, p.312-13.

[297] *Op. cit.* (n.110), p.303. 中国耶稣会士错误地坚持认为，汉字是伏羲发明的。据称，伏羲创造了八卦，进而发明了汉字。

[298] *Op. cit.* (n.65), p.68.

[299] *Op. cit.* (n.110), pp.305-10. Dapper, *op. cit.* (n.55), II,258-59, 达帕引用了该列表，但忽略了实例。其中一些似乎摘自 Martini, *op. cit.* (n.97), pp.12-40。更深入的介绍与评述，参见 Mungello, *op. cit.* (n.6), pp.101-2,130-31,143-57。

[300] 相关例子可参见 Martini, *op. cit.* (n.97), p.12;Kircher, *op. cit.* (n.110), pp.304-5; Magalhães, *op. cit.* (n.65), p.69; Le Comte, *op. cit.* (n.125), p.182。卫匡国的例子，参见插图第 302。

[301] *CV*, I,130. 到 20 世纪，楷书（*k'ai-shu*）或者说"正书"（model script）仍被使用。这种字体起源于秦朝的隶书（*li-shu*），但它在汉朝得到发展。中国第一部词源字典完成于东汉时期（约公元 100 年），收录了 9 000 多个汉字。参见 T.H.Tsien, *Written on Bamboo and Silk* (Chicago,1962), p.183。

[302] Kircher, *op. cit.* (n.110), pp.310-13; Magalhães, *op. cit.* (n.65), pp.68-75. 也可参见 Navarrete, CV, I, 130-33, and Le Comte, *op. cit.* (n.125), p.182。

[303] Le Comte, *op. cit.* (n.125), pp.176-77. 他在表格中列出了 326 个单音节字，但在第 176 页说"不超过 330 个"，而第 177 页又说有 333 个。另参见 Mungello, *op. cit.* (n.6), pp.340-43。

[304] *Op. cit.* (n.65), p.73.

[305] *Ibid.*, p.77.

[306] *Ibid.*, pp.77-86. 参见插图第 295。关于安文思对中国语言的介绍的详细分析，参见 Mungello, *op. cit.* (n.6), pp.96-102。

[307] *Op. cit.* (n.65), p.88.

[308] Navarrete, *CV*, I,99.

[309] *Op. cit.* (n.125), p.192.

[310] *Op. cit.* (n.65), pp.88-89. 很可能 1700 年为止，中国人制造的书籍和印刷文字已经超过整个西方世界。参见 T.H.Tsien,*Paper and Printing*,Vol.V, Pt.I,of Needham, *op. cit.* (n.154), p.377。也可参见 Evelyn S.Rawski,*Education and Popular Literacy in Ch'ing China* (Ann Arbor,1979), pp.109-24。

[311] 相关例子，参见 Magalhães, *op. cit.* (n.65), pp.89-98; Le Comte, *op. cit.* (n.125), pp.189-92; Dapper, *op. cit.* (n.55), II,93-94; *Confucius sinarum philosophus* (n.91), pp.xv-xxi; De La Brune, *op. cit.* (n.93), pp.6-12。关于《易经》中的卦爻，参见插图第 300、301。

[312] 关于孟子，参见 Martini, *op. cit.* (n.97), pp.155-160; Dapper, *op. cit.* (n.55), II,101-4; Magalhães, *op. cit.* (n.65), pp.98-99。参见插图第 307。

[313] 关于宋朝注解的特殊地位，参见 *Confucius sinarum philosophus* (n.91), pp.liii-lx。程朱理学在明代变为官学；它强调官员对"四书"的学习。参见 Fung Yu-lan, *A Short History of Chinese Philosophy* (New York,1959), pp. 319-321。

[314] 参见 above, pp.538-39，以及插图第 308—310。

[315] 相关例子，参见 Le Comte, *op. cit.* (n.125), pp.215-29.

[316] *Ibid.*, p.214. 关于中国传统的数学，参见 Needham, *op. cit.* (n.154),III,1-53。

[317] *Op. cit.* (n.97), p.16.

[318] 相关例子，参见 Le Comte, *op. cit.* (n.125), pp.63-71，参见插图第 261。

[319] *Ibid.*, p.65.

[320] *Ibid.*, p.215. 关于耶稣会士对中国天文学的论述与贡献，参见 Needham, *op. cit.* (n.154), III, 437-58。关于中国传统的天文学，参见 Needham, III,182-461。特别是其中的总结，第 458-461 页。

[321] Dapper, *op. cit.* (n.55), I,496-501. 也可参见 Martini, *op. cit.* (n.97), pp.3-13。

[322] Magalhães, *op. cit.* (n.65), p.63; Le Comte, *op. cit.* (n.125), p.69.

[323] *Op. cit.* (n.97), pp.1-34.

[324] 关于编年问题及欧洲学者为解决这一问题做出的尝试，参见 E.Van Kley,"Europe's 'Discovery' of China and the Writing of World History," *American Historical Review*, LXXVI(1971), pp.358-85。

[325] Magalhães, *op. cit.* (n.65), pp.59-61,251-53. 也可参见 Mungello, *op. cit.* (n.6), pp.102-3。古

代年代表的依据是希伯来马所拉版本旧约或者认为创世纪发生在公元前4004年、诺亚洪水发生在公元前2349年的拉丁文的圣经。年表的依据是认为创世纪大约发生在公元前5200年、大洪水发生在公元前2957年的希腊文的圣经。

[326] *Op. cit.* (n.97), pp.34-36,58-61,87-92.

[327] *Ibid.*, pp.54-55,77-86.

[328] *Ibid.*, pp.87-193.

[329] *CV*, I,83-100.

[330] Martini, *op. cit.* (n.97), pp.120,123,125-33; Nieuhof, *op. cit.* (n.29), II,19-21; Dapper, *op. cit.* (n.55), II,90-94; Navarrete, *CV*,I, 111-14; *Confucius sinarum philosophus* (n.91), pp.cxvii-cxxiv; Le Comte, *op. cit.* (n.125), pp. 194-201. 孔子的肖像参见插图第263，这幅图出自《孔夫子：中国哲学家》。

[331] “美女与德行不可兼得”（For virtue and Venus seldom go together）; *op. cit.* (n.97), p.126。

[332] *Confucius sinarum philosophus* (n.91), p.cxix.

[333] Navarrete,*CV*,I,111-12; *Confucius sinarum philosophus*(n.91), p.cxvii.

[334] Martini, *op. cit.* (n.97), pp.131-32; *Confucius sinarum philosophus*(n.91), p.cxx. 也可参见 Dapper, *op. cit.* (n.55), II,98 以及 Le Comte, *op. cit.* (n.125), p.200。

[335] *Confucius sinarum philosophus*(n.91), p.cxx;Le Comte, *op. cit.* (n.125), p.200. 大约发生于公元67年的汉明帝感梦求法的故事，是一个传说。但在这一时期，佛教的确已经成为一种信仰形式。参见 Wing-tsit Chan, *Religious Trends in Modern China* (New York,1953), pp.136-37。关于汉明帝的梦，参见 Kenneth Ch' en, *Buddhism in China:A Historical Survey* (Princeton,1974), pp.29-31。

[336] *CV*, I,113.

[337] *Op. cit.* (n.93).

[338] 相关例子可参见 Herrlee Creel,*Confucius and the Chinese Way* (New York,1960), chap.i。

[339] 参见原书第三卷，第1658页。

[340] Martini, *op. cit.* (n.97), p.117. 也可参见 Dapper, *op. cit.* (n.55), II,134。

[341] *Op. cit.* (n.125), pp.324-26.

[342] *Op. cit.* (n.97), pp.155-61,170-71.

[343] Dapper, *op. cit.* (n.55), II,101-4; Navarrete, *CV*, I,138-41.

[344] *Op. cit.* (n.97), p.208.

[345] *Ibid.*, pp.209-11; Dapper, *op. cit.* (n.55), II,104-6; Le Comte, *op. cit.* (n.125), pp.192-93; *Confucius sinarum philosophus*(n.91), pp.xxii-xxiii.

[346] *Op. cit.* (n.97), pp.215-19.

[347] *Ibid.*, p.362.

[348] 参见原书第三卷，第1646页。

[349] 相关例子可参见 Dapper, *op. cit.* (n.55), II,106-13; *Confucius sinarum philosophus* (n.91), pp. xxii-xxxiv; Le Comte, *op. cit.* (n.125), p.326。

[350] Kircher, *op. cit.* (n.110), pp.173-223. 更多细节，参见 Mungello, *op. cit.* (n.6), pp.160-62。

[351] *Confucius sinarum philosophus*(n.91), pp.lx-lxii.

[352] *CV*,I,78,91-92.

[353] *Loc. cit.* (n.100), pp.22-23.

[354] *Ibid.*, pp.21-27.

[355] 参见原书第三卷，第 1646-1647 页。

[356] Kircher, *op. cit.* (n.110), pp.1-62; Navarrete,*CV*,I,74.

[357] CV, I,93-95.

[358] *Op. cit.* (n.100), pp.42-53.

[359] *Ibid.*, p.51. 公元 819 年，唐宪宗不顾一些儒家官员的反对，敬迎佛骨入宫中。参见 C.Eliot, *Hinduism and Buddhism* (3 vols.; London,1954), III,265-67。

[360] *Op. cit.* (n.99), pp.133-37.

[361] Navarrete, *CV*, I, 49.

[362] *Ibid.*, p.198. 也可参见 *Confucius sinarum philosophus* (n.91), pp.xxxiv-xxxix。

[363] *CV*, I, 96-102.

[364] *Loc. cit.* (n.100), pp.56-66.

[365] *Op. cit.* (n.97), p.32.

[366] Martini, *De bello tartarico* (n.7), pp.255-57; Atlas (n.99), pp.116-17; "Synopsis chronologica" (n.100), pp.64-66; D'Orléans, *op. cit.* (n.68), p.2-5; Magalhães, *op. cit.* (n.65), pp.19-21.

[367] *Op. cit.* (n.68), p.3.

[368] *Ibid.*, p.4. 也可参见"Synopsis chronologica" (n.100), p.66。

[369] *Op. cit.* (n.65), pp.136-37.

[370] *Op. cit.* (n.68), p.4.

[371] *Loc. cit.* (n.100), p.67.

[372] *Op. cit.* (n.7), p.256.

[373] 参见原书第三卷，第 1643 页；"Synopsis chronologica"(n.100), p.67; Magalhães, *op. cit.* (n.65), pp.114-15,118。

[374] 相关例子可参见 Martini, *op. cit.* (n.7), p.256；Nieuhof, *op. cit.* (n.29), II, 251-52; "Synopsis chronologica" (n.100), pp.70,72; Magalhães, *op. cit.* (n.65), pp.253-54; D'Orléans, *op. cit.* (n.68), p.5。

[375] 参见原书第三卷，第 1647-1648 页。

[376] *Op. cit.* (n.65), pp.253-54.

[377] "Synopsis chronologica" (n.100), pp.72-74.

[378] 相关例子可参见 Le Comte, *op. cit.* (n.125), p.231; Navarrete,*CV*, I,6。

[379] *CV*, I, 7.

[380] 事实上，中国人把天（天堂）作为神的另一种叫法。由于这一术语含义模糊，耶稣会士（即利玛窦）创造了术语天主（*t'ien-chu*），“天堂的主宰”（the master of heaven），将之与基督教中的“上帝”（God）一词相对应。后来，新教传教士将上帝（*shang-ti*）作为更为确当的术语。

[381] 相关例子可参见 Martini, *op. cit.* (n.97), pp.1-89；Le Gobien, *op. cit.* (n.72), preface; Le Comte, *op. cit.* (n.125), pp.317-22;Kircher, *op. cit.* (n.110), p.176; *Confucius sinarum philosophus* (n.91), pp.xv-xvi, lxxvii-lxxxii; De La Brune, *op. cit.* (n.93), pp.5-6 ; Dapper, *op. cit.* (n.55), II, 81-87。

[382] 相关例子可参见 De La Brune, *op. cit.* (n.93), preface, pp.6-7。

[383] 相关例子可参见 Dapper, *op. cit.* (n.55),II,95-97。

[384] 相关例子可参见 *Confucius sinarum philosophus*(n.91), p.xiv。

[385] *Op. cit.* (n.125), p.194.

[386] 相关例子可参见 Martini, *op. cit.* (n.97), pp.131-32; Dapper, *op. cit.* (n.55), II, 97-98; *Confucius sinarum philosophus* (n.91), p.cxx; De La Brune, *op. cit.* (n.93), p.16; Le Comte, *op. cit.* (n.125), p.200。

[387] *Confucius sinarum philosophus*(n.91), p.xxxvi.

[388] 参见 Martini, *op. cit.* (n.97), pp.5-9; *Confucius sinarum philosophus* (n.91), pp.xxxix-liv; Dapper, *op. cit.* (n.55), II,82-85。关于太极，参见 Mungello, *op. cit.* (n.6), pp.266-67。

[389] 关于新儒学，参见 *Confucius sinarum philosophus* (n.91), pp.liv-lxiii; Navarrete, *CV*,I, 165-201; Le Comte, *op. cit.* (n.125), pp.340-46; Le Gobien, *op. cit.* (n.72), preface。另可参见 Fung, *op. cit.* (n.313), pp.296-301。对《孔夫子：中国哲学家》中传教士关于新儒学论述的分析，参见 Mungello, *op. cit.* (n.6), pp.260-71。

[390] 相关例子可参见 Le Gobien, *op. cit.* (n.72), preface。

[391] 相关例子可参见 *Confucius sinarum philosophus*(n.91), pp.lxiii-lxix。

[392] *CV*,I,82-84.

[393] *Ibid.*, p.20.

[394] *Ibid.*, pp.11-28.

[395] *Ibid.*, pp.140-41.

[396] *Ibid.*, p.138.

[397] *Ibid.*, pp.174-76,178-88,113.

[398] *Ibid.*, pp.165-201. 龙华民的拉丁文著作是在 17 世纪 20 年代完成的。闵明我在《中华帝国的历史、政治、伦理和宗教论集》（1676 年）中将它翻译为西班牙文出版，此前，它始终作为手稿的形式存在，并未出版。后来，它以法文出版，题为：*Traité sur quelques points de la religion des Chinois* (Paris,1701)。

[399] *CV*, I,171.

[400] *Ibid.*, pp.198-202.

[401] 关于“外表的”和“秘密的”路径，参见原书第三卷，第 1655-1656 页。中国的大乘佛教尤为崇奉阿弥陀佛。但小乘佛教徒或者吠陀文献的作者并未提及这位受净土宗派崇奉的神灵。参见 K.L.Reichelt, *Truth and Tradition in Chinese Buddhists* (Shanghai,1928), pp. 38-39。以下大部分内容都与大乘佛教有关，但大乘佛教仍然带有早期小乘佛教的影子。从这一点来看，“内省教义”（interior doctrine）可能涉及禅宗或者说冥想佛教徒（Meditation Buddhists），他们力求专注，并发掘一个人内在的佛性。作为从公元 845 年排佛运动中幸存下来的一支佛教教派，禅宗在后来深刻地影响到新儒家的发展。而在晚近，禅宗也继续存在，并与净土宗一同构成中国佛教的主导力量。参见 Chan, *op. cit.* (n.355), pp.94-95。

[402] *Confucius sinarum philosophus*(n.91), pp.xxviii-xxxiv;Navarrete, *CV*, I,78-79;Dapper, *op. cit.* (n.55), II,112-13; Le Comte, *op. cit.* (n.125), pp.326-28.

[403] 尤可参见 Navarrete, *CV*, I,78-80; Le Gobien, *op. cit.* (n.72), preface;Le Comte, *op. cit.* (n.125), pp.326-28; *Confucius sinarum philosophus* (n.91), pp.xxvii-xxxiv;Dapper, *op. cit.* (n.55),II,114-20。 达帕关于佛教的不太清晰的长篇讨论，主要参考了 Giovanni Filippo de Marini，*Delle missioni de'padri della Compagnia de Giesu nella povincia del Giappone e particolarmente de quella de Tunkina* (Venice,1663)。关于欧洲文献首次提到“涅槃”这一问题，参见原书第三卷关于“暹罗”的章节，第 1241 页。

[404] Navarrete, *CV*, I,81. 大乘佛教告诉人们，菩萨和佛陀是修行所能达到的最高两级。关于存在的六种层次，参见 K.L.Reichelt, *Religion in Chinese Garment*, trans.J.Tetlie (London,1951)。

[405] Navarrete, *CV*, I,79. 达摩（*Ta-mo*）是“菩提达摩”（P' u-t' i-ta-mo）的略称，于公元 527 年自印度来到中国。他是禅宗或者说冥想派（Meditation School）的开创者。参见 Reichelt, *op. cit.* (n.401), pp.46-48。

[406] Navarrete, *CV*, I,80. 关于佛教与中国一般的宗教思想之间的关系，参见 W.Pachow, *Chinese Buddhism: Aspects of Interaction and Reinterpretation* (Lanham,Md.,1980),chap.vi。

[407] *Op. cit.* (n.72), preface.

[408] 基本可以肯定，这里说的是净土宗。净土宗强调信仰，可能是现存佛教宗派中最古老的一支。在中国文学、戏剧和艺术方面的影响力，使它极具吸引力，并广为流传。在实践中，它重视个人的信仰，而不甚强调教义和复杂的仪式。重点放在以佛之名义行礼拜和祈祷。参见 Reichelt, *op. cit.* (n.401), chap.v。

[409] 相关例子可参见 Navarrete, *CV*, I,79。

[410] Dapper, *op. cit.* (n.55),II,106-10. 木版画和油画可能被白乃心带回欧洲，基歇尔在《中国图志》中所使用的图画就得自他那里。参见插图第 270、271。另可参见 Michael Sullivan,*The Meeting of Eastern and Western Art* (New York,1973), p.93。基歇尔的一个版本由雅各布·范·米尔斯（Jacob van Meurs）在 1667 年刊布。1670 年，米尔斯又刊布了达帕的 *Gedenkwaerdig bedryf*。

[411] *Op. cit.* (n.110), pp.184-85,190-91.

[412] *CV*, I,79.

[413] *Ibid*.

[414] *Op. cit.* (n.55), II,106-25.

[415] 相关例子可参见 Navarrete, *CV*, I,79; Dapper, *op. cit.* (n.55),II,113-14; Le Comte, *op. cit.* (n.125), pp. 332-33。

[416] Greslon, *op. cit.* (n.181), pp.31-32.

[417] *CV*, I,77.

[418] *Op. cit.* (n.125), pp.329-31.

[419] *Ibid.*, pp.333-39; 也可参见 Dapper, *op. cit.* (n.55), II,126-33。

[420] 在 1658 年后，顺治帝逐渐倒向宫廷太监和佛僧，并对禅宗佛教（Ch'an Buddhism）产生兴趣，汤若望的幻想因而破灭，参见 Dunne, *op. cit.* (n.247), pp.351-53。

[421] Greslon, *op. cit.* (n.181), pp.33-34. 满族皇帝将喇嘛教发展成一种控制西藏和蒙古的强大工具。参见原书第三卷，第 1770 页。

[422] *CV,* I,76.

[423] Martini, *op. cit.* (n.97), pp.117-18. 也可参见 Kircher, *op. cit.* (n.110), pp.179-80; *Confucius sinarum philosophus* (n.91), pp.xxiv-xxvii。

[424] *Op. cit.* (n.97), p.117. 也可参见 Dapper, *op. cit.* (n.55),II,134；*Confucius sinarum philosophus* (n.91), p.xxiv。

[425] *Op. cit.* (n.125), p.324. 参见《道德经》第 42 章，转自 W.T.De Bary *et al.* (eds.), *Sources of Chinese Tradition* (New York,1960), I,59。

[426] *Op. cit.* (n.72), preface.

[427] *CV*, I,174-75.

[428] *Ibid.*, pp.80,179,197,200-1. 另可参见 Le Gobien, *op. cit.* (n.72), preface。

[429] Dapper, *op. cit.* (n.55), I,42-51. 很显然，17 世纪 50 年代，莱特在台湾待过一段时间。参见 William Campbell, *Formosa under the Dutch* (London,1903; reprinted,Taipei,1967), p.551。

[430] 作为一个凡人升仙的例子，战神关帝成为具有一定权力的神，参见 Prasenjit Duara, "Superscribing Symbols: The Myth of Guandi,Chinese God of War," *The Journal of Asian Studies*, XLVII (1988),778-95。

[431] 莱特使用了罗马化的闽南语（Hokkien）、广东语（Cantonese）和官话（Mandarin），所以想要辨别出所有这些神灵是十分困难的。关于这个超自然官僚体系的简单介绍，可参见 A.P.Wolf, "Gods,Ghosts,and Ancestors," in A.P.Wolf (ed.), *Religion and Ritual in Chinese Society* (Stanford,1974), pp.131-82。也可参见 Reichelt, *op. cit.* (n.404), pp.94-100; Laureece G.Thompson, *Chinese Religion: An Introduction* (Encino,Cal.and Belmont,Cal.,1975), pp.56-62。关于中国的大众宗教，参见原书第三卷，第 1649-1651 页。另外可参见插图第 287。

第二十二章　朝鲜 1783

朝鲜被 17 世纪的欧洲读者所熟知，是通过在日本和中国的耶稣会所撰报告了解到的。格里高利奥·德·塞斯佩德斯（Gregorio de Cespedes）神父很显然是第一个真正意义上到达朝鲜的欧洲人，在 1593 年日本入侵朝鲜时，他追随丰臣秀吉（Hideyoshi）的军队一起进入了朝鲜。但是，除了描述战争状况及抱怨气候寒冷以外，他和其他的日本耶稣会士都没有对朝鲜做更多的描述。[1] 在中国的耶稣会士也报告了丰臣秀吉的入侵，主要是因为中国的皇帝决定帮助属国朝鲜，这造成了中国严重的战争赋税，以及中国人的仇外思潮。所有这些都妨碍了耶稣会士的传教工作。[2] 金尼阁随后报告说，随着日本的战败、丰臣秀吉的逝世和新的战争赋税的取消，中国人普遍感到欢欣鼓舞。[3] 然而，这些报告很少涉及朝鲜。

在整个 17 世纪，身在北京的耶稣会士传教团偶尔能接触到朝鲜的使节。例如，1608 年回国的朝鲜使节就将利玛窦的世界地图和其他一些中国著作带到了汉城（Seoul）①。[4] 更多西方的书籍也随后传入到朝鲜。1630 年，朝鲜使节庄滔焕（Chŏng Tu-wŏn）将有关天文学、日历、地理学方面的书籍，以及一个望远镜、

① 今译为首尔。——译者注

1784 一个闹钟和一尊大炮带回了朝鲜，并将这些物品呈送给朝鲜国王。[5] 昭显世子李溰（Sohyŏn）① 在 1644 年被带到了北京，他曾在 1636 年朝鲜战争中被当作满族人的人质。在北京，他见到了汤若望。后来当他返回汉城时，他带回了有关科学和宗教的书籍、地图、一个地球仪和几位皈依基督教的中国仆人——所有这些都是来自汤若望的礼物。很明显，汤若望是想进入隐士王国（the Hermit Kingdom）；但是昭显世子返回朝鲜后不久就离开人世，这让他倍受打击。从那以后，朝鲜的使节再也没有在北京见过耶稣会士。[6]

在 17 世纪出版的中国的耶稣会士报告中，也可以看到简要的对朝鲜的关注。其中以卫匡国的记载最为全面。[7] 在《鞑靼战纪》（1654 年）中，卫匡国记述了 1627 年的清—朝战争。[8] 此外，卫匡国的《中国新图志》也有一幅朝鲜地图，从中可以看到迄于 17 世纪所能见到的对朝鲜最详细的描述。很显然，这些描述来自中文文献。[9]

卫匡国对朝鲜地理环境的描述非常精确。他明确指出，朝鲜是半岛，而不是岛屿；北部与女真（满洲）接壤，西北部有鸭绿江（the Yalu river）与满洲分界。他熟练地用罗马拼音在地图上定位并标注了朝鲜李氏王朝（the Yi dynasty）的 8 个省份 ②，但是他误以为平壤（P'yŏngyang）是朝鲜的首都。[10] 与此同时，卫匡国还开列了一些中文文献中认为很重要的山脉和河流。卫匡国说，“高丽”（Korea）这个名称是日本人的叫法；中国的地理学家称之为“朝鲜”（Chaosien [Chao-hsien]）。他将朝鲜与中国的关系追溯到公元前 1121 年建立的周朝（Chou dynasty），当时的周武王（Wu Wang）将他的封臣命名为“箕子”（Kicius [Korea, Ki-ja]），是商王（Shang emperor）的亲属。[11] 朝鲜（Chao-hsien，在朝鲜称为 Chosŏn）之名最早见于汉代，朝鲜半岛在那时仍属于汉代皇帝的势力范围。汉代衰落以后，朝鲜脱离了中国的控制，随后重新成为唐朝（公元 618—907 年）
1785 的附属国。卫匡国没有提及朝鲜在宋元两代（907—1368 年）的命运，但是他

① 昭显世子李溰（1612—1645 年），是朝鲜李氏王朝第 16 代国王仁祖的长子。1644 年 10 月至 1645 年 3 月在北京做人质，回国的同年（1645 年）5 月，暴毙于汉城（现首尔）昌德宫。——译者注

② 即朝鲜八道：京畿、忠清、全罗、庆尚、江原、咸镜、黄海、平安。——译者注

说，在明代（1368—1644年）建立之初，朝鲜国君自愿成为洪武皇帝的封臣。从那时开始，朝鲜一直是中国的朝贡国，每位新任的国君都被要求亲自前往北京朝觐，以表达对中国皇帝的敬意。[12]卫匡国还记载了1651年的一次朝鲜叛乱，目的是反抗清朝要求留辫和穿满服的命令。

在卫匡国的笔下，朝鲜是富饶肥沃的土地，可以生产人们所需的各种物品，出产的大米和小麦尤多。此外，卫匡国还列举了水果（特别是梨）、人参和珍珠。他说，朝鲜人会制造多种类型的纸张、用狼毫制作成的精美毛笔以及并不常用的精美漆器，所有这些都是中国大量需求的产品。在朝鲜的山上还发现了金矿和银矿。根据卫匡国的说法，朝鲜人口众多，据说有很多大城市——他没有准确说明具体的数目。很可能正是因为拥有这些富足的财富和众多的人口，除了和中国人、日本人发生联系外，朝鲜不和其他任何人打交道。

卫匡国写道，朝鲜的城市仿照中国而建。此外，朝鲜政府部门的设置及运作也与中国很像，而朝鲜的服饰、语言、书法、风俗、礼仪和宗教也同样如此。然而，朝鲜妇女不像中国妇女那样被专门隔离；卫匡国注意到，常常可以看到朝鲜妇女出现在公共场合，或由她们的男人陪伴外出。另外，他相信年轻的朝鲜人有权选择自己的结婚对象，而不必得到他们的长辈的同意。[13]他写道，他们之所以能这么做，是因为朝鲜的妇女比中国妇女更为直率，后者受到的束缚及礼节要求更多，所有这些都让中国妇女难以拒绝一次不情愿的求婚。卫匡国还描述了朝鲜和中国葬礼方面的一些不同。在下葬之前，朝鲜人将亲戚的尸体放在精心装扮的棺材中保留三年。[14]卫匡国对1627年满族攻朝的记载，以及他对朝鲜的大致描述都可在约翰·纽霍夫的中国描述中看到。[15]

尽管提供了一些可靠的地理和历史信息，但是卫匡国的报告太过简略，有些地方也不够准确；这表明其所引用的中文材料存在某种偏见。然而，到了1668年，欧洲人已经可以读到亨德里克·哈梅尔（Hendrik Hamel）独立完成的有关朝鲜方面的第一手报告，该报告是建立在哈梅尔船只失事及其在朝鲜十三年的囚禁经历的基础上的。哈梅尔与其他失事的荷兰海员一起，几乎成为17世 1786

纪到达朝鲜的唯一的欧洲人。他的《哈梅尔游记》（*Journael*）① 也成为那个世纪出版的唯一亲历过隐士王国的报告。[16] 然而很遗憾，哈梅尔不是一个文雅、有学养的耶稣会士，而是一个普通的、年轻的、并且很大程度上没有受过教育的荷兰海员。长期生活在朝鲜的经历为他提供了大量的观察朝鲜社会——包括京城和地方省份在内的机会，但是他的批判性观察力和文字功底相当有限。加之他对中国知之甚少，无法将朝鲜和中华帝国进行比较。举例而言，哈梅尔没有得出对朝鲜政府和宗教方面富有见地的观点。不论是否能够理解，他都很少描述他的所见所闻——大多数例子都太过简略。但是另一方面，他的描述忠实可靠；在许多方面都得到了朝鲜文献的佐证。他在论述中很少加入先验的主观偏见。事实的确如此，他在书中没有刻意展示在朝鲜长期囚禁所经受的苦难。因此在外人看来，他的故事非常有用，同时也是对朝鲜的准确描述，在涉及朝鲜底层社会的描述方面尤其如此。[17]

哈梅尔对朝鲜地理环境的描述可以作为卫匡国的补充。他也认识到朝鲜是一个半岛，“北部隔着漫长而高大的山脉与（满洲）接壤，所有这些都使得朝鲜无法成为一个海岛”。奇怪的是，他没有提到鸭绿江。哈梅尔写道，朝鲜人称他们的国家为朝鲜（Tiozencouk [Chosŏn]）或“高丽”（*Caoli*），国土状似“长方形，就像一张扑克牌”。朝鲜从北纬 34°延伸到北纬 44°，南北长约 150 里格，东西宽约 75 里格。哈梅尔说，朝鲜的海岸线遍布礁石，非常危险，某些岬角从陆上延伸到海上的距离极远。他估计东南地区的“釜山”（Pousan [Pusan]）与日本只有 25 里格之隔，中间有对马岛（Suissima [Tsushima]）。西部有他所谓的南京湾（the Bay of Nanking）——黄海（the Yellow Sea）——将朝鲜与中国隔离开来②。大多从朝鲜进入中国的旅行者都走陆路。哈梅尔记述说，东北海域的渔民常常带着荷兰或法国鱼叉捕杀鲸鱼，他们也经常能捕捉到像在北海（the North Sea）看到的青鱼（herring）。他相信，所有这些都源自西伯利亚北部的海洋通道。[18]

① 全名为：*Hamel's Journal and a description of the Kingdom of Korea, 1653-1666*。——译者注

② “南京湾”是朝鲜对中国东海（而非黄海）的称呼，当系作者笔误。——译者注

朝鲜的冬季很冷，尤其是北部地区。比如，黄海的北半部分会结下厚厚的冰层，这成为冬季进入中国的通道。[19] 即使是在 1653 年的汉城，河流也在 11 1787
月底完全结冰，其上可以支撑 300 匹负荷重担的马匹安全通行。[20] 哈梅尔在 1662 年造访一座深山寺庙时看到，由于雪下得太大，以致于僧人们只好在房屋之间挖隧道通行，想从雪地走过要穿着木屐。[21]

与卫匡国一样，哈梅尔也提到了朝鲜的 8 个省份，但是没有说出具体的名字。朝鲜有大小城市 360 座，还不包括山上的堡垒和城堡在内。哈梅尔开列了从济州岛（Cheju island）到汉城（大约 75 里格）沿途的所有城镇，但是没有对其中的任何一座进行描述。济州岛——荷兰人称为奎尔帕特岛（Quelpaerts）——位于北纬 33° 32′，距离朝鲜半岛最南端约有 12—13 里格。济州岛的周长约有 14—15 里格，沿岸都被岩石覆盖。岛的中央是一座高大的、树木繁茂的山脉（可能是汉拿山 [Mt. Nalla]，一座死火山）①，另外还有几座更小的、光秃秃的小山，“山谷中种满水稻”。岛上的居民饲养马和牛，他们过着贫穷的生活，很可能会受到大陆的朝鲜人的歧视。[22]

哈梅尔说，除了北方省份以外，“这个国家物产丰富，生产所有的生活必需品，尤其是大米和其他种类的谷物”。他还列举了一系列其他具有商业价值的产品：大麦、棉花、白银、石墨、虎皮、人参、马和牛。他还提到了许多野生动物和鸟类。但是，他没有提到黄金、珍珠、漆、纸或毛笔。同时他还说，尽管朝鲜人养蚕，但是“他们不懂得如何生产蚕丝”。[23] 偏远的北部地区没有种植水稻或棉花；那里的居民以大麦为主食，衣服用大麻和毛皮制成。北部盛产人参，人参也是朝鲜与中国和日本贸易的主要商品。满族人也要求朝鲜以人参作为贡品。[24] 根据哈梅尔的说法，是日本人在 16 世纪晚期教会了朝鲜人如何种植和使用烟草。他说烟草来自“南蛮国”（Nampan Kouk [Namp'an K'uk]）”②——这是日本语中对葡萄牙的称呼。几乎所有朝鲜人都抽烟，甚至包括妇女和四五岁的孩子。[25]

① 原文为 Mt. Nalla，应为 Mt. Halla 之误。——译者注

② 在江户时代（1603—1867 年），日本将葡萄牙和荷兰均称为“南蛮国”。——译者注

1788 在釜山的日本人为朝鲜提供胡椒粉、食盐、牛角、羊皮和鹿皮。哈梅尔知悉在朝鲜和中国北方之间也存在一些贸易。但是只有来自首尔的富商才能直接与北京交易——在他看来，这种贸易以麻织和棉织衣服为主要商品。除此以外，其他贸易均被禁止。哈梅尔也没有提到充满活力的国内贸易。只有“显贵之人”（great ones）——可能是被称为**两班**（*yangban*）的有学识的贵族阶层——和富裕的商人才能用钱：靠近中国边境使用铜币，碎银则全国通用。普通百姓用大米和其他物品实行物物交换。哈梅尔没有提到朝鲜的度量衡，但是注意到全国有统一的标准。[26]

尽管朝鲜被认为富饶肥沃、物产丰富，但是哈梅尔的印象中，朝鲜普通百姓的生活艰难而贫穷。比如，在1660—1662年的旱灾和饥荒时期，全罗道只有极少可食之物。许多人只能依赖野果子生存，其他人则被饿死。也有很多人转而去抢劫，奴隶开始反抗，皇家仓库被劫掠一空。早在1663年，平壤的将军就将剩下的22名荷兰人发配到专门的村落中，原因是当地的人们无法再为他们提供粮食。[27]甚至在饥荒发生之前，荷兰人就发现不可能依靠他们定量供给的粮食生存，他们被允许去乞讨以增加收入。哈梅尔认为，在日—朝战争和清—朝战争之前，朝鲜人的生活更好一些。他断言，满族人每年三次的进贡要求尤为繁重，这使得大多数人在荒年都变得极为困难。[28]

哈梅尔认为普通朝鲜人的房子很“简陋”。房子非常小，只有一层加一个很高的顶楼，“用木杆或木柱建成，在木杆或木柱之间，垒砌石头至第一层高，房子的其余部分都是未上漆的木制结构，内部以白纸贴糊其上”。[29]不过，这种房屋很暖和，因为拱状的地板可以用来烤火。他没有提到朝鲜人使用什么燃料。很显然，他们有某种规范的建筑规则，因为对瓦片屋顶有特殊的要求。因此，大多数房屋都是茅草屋顶。哈梅尔对贵族房屋的描述却很模糊。他说，它们“庄重堂皇”，有用来招待和留宿客人的前厅，庭院中有铺好地砖的小道、假山、鱼塘和独立的妇女房间。商人在他们生活的房屋中一般都建有仓库。[30]哈梅尔还
1789 描述了大量的“酒馆和娱乐场所”，但是除了靠近汉城的道路上有供政府官员住宿的旅馆以外，没有为行人准备的客栈。在这种情况下，普通的旅客进入夜间遇见的第一座房子坐下休息，该房子的主人会感到有义务为他们提供食物。[31]

哈梅尔并没有对朝鲜人的外貌或服饰进行过描述。关于在济州岛遇见的第一批朝鲜人，他仅仅提到他们“在穿着方面与中国人很像”，除了帽子用马鬃制成之外。[32] 尽管在进入朝鲜的最开始，这些经历海船失事的荷兰人无法与朝鲜人沟通，但是朝鲜人对这些荷兰人却招待有加。朝鲜人尽可能多地从失事船上取回自己想要的物品，当荷兰人前来察看时，他们将取回的物品藏在帐篷里。那些被抓到在失事船上偷东西的朝鲜人遭到了毒打。岛上的官员每天都会造访荷兰人，并为他们提供食物和衣服。[33] 通常而言，从哈梅尔的描述中传达出来的总体印象是，朝鲜人基本上对荷兰俘虏还算友善。尽管如此，哈梅尔还是用一种不引人注意的笔调对朝鲜人进行了总体上的描述：

> 只要愿意，我们可以让他们相信任何事情，因为他们热情好客——当然，主要是宗教人士。他们是懦弱的人，看不到一点儿勇气和决心……他们不仅不为懦弱感到可耻，而且替那些需要抗争的人们感到悲哀……他们憎恶杀戮，对于流血的冲突，他们会避而远之。他们非常害怕病人，特别是那些患有传染病的人。[34]

根据哈梅尔的说法，“在鞑靼人征服整个国家以前，这里充满了奢侈和放荡，朝鲜人的所有事情只是吃喝玩乐，整日沉湎于声色犬马”①。[35]

正如哈梅尔所述，朝鲜人的婚姻习俗与中国人几乎没有什么差别，这在卫匡国的著作中就曾提到。孩子们在 8 岁或 10 岁的时候结婚，之后新婚夫妇与男方的父母住在一起，直到他们有能力自立更生，有能力供养自己的家庭为止；很显然，这些孩子无权选择自己的伴侣。[36] 婚礼很简单。新郎由朋友作陪，骑
马来到新娘家，在那里他受到新娘家人的招待；然后他带着新娘回家。男人可 1790
以随意与妻子离婚，女人则不能与丈夫离婚。[37] 只要有足够的财力，男人可以娶很多妾妇，但是只有妻子可以和他一起住在家中。然而，贵族男人会在房子中为自己的妾妇准备专门的房间；妻子主管家务，有权使唤妾妇。哈梅尔断言，

① 原文为 leudness，疑为 lewdness（淫荡、下流）之误。——译者注

朝鲜女人所受待遇只比奴隶稍微好些。[38]不过他又写道："有德行的朝鲜妇女可以自由接见外人、参加社团或宴会，在宴席上她们独自面朝丈夫而坐。"[39]这部分地佐证了卫匡国的叙述。

哈梅尔注意到，"朝鲜家长过于溺爱孩子，反过来孩子也对他们十分尊敬"。无论是普通公民还是贵族，有关孝顺和葬礼的观念都与中国人非常相像。孩子们为父母亲服丧三年，在那期间，他们过着僧侣一样的生活：辞官在家，披麻戴孝，扶杖走路，从不洗澡，也不行房事。哈梅尔表示，那种没有洗澡的服丧者很像白黑混血儿。他还说，服丧期间生下的孩子被认为是非法的。[40]与中国人一样，对棺材和坟墓位置的选择会花费朝鲜人大量的精力。他们会请来地卜者（Geomancers）——哈梅尔称他们为"算命师"。葬礼一般在春季或秋季举行。在夏季去世的人会被安放在新建的茅屋中，直到秋季来临。与卫匡国相反，哈梅尔根本没有提及下葬之前，死者的尸体会在棺材中保存三年。哈梅尔描述了由死者的子孙后代和哀悼者等组成的，三天之后供奉在坟前的祭品，以及为亲朋好友提供的"庆祝"餐宴。每月中旬满月之时，朝鲜人都会清除坟上的杂草，供奉祭品。当所有的仪式都完成以后，长子接管整个家庭的房子及其土地，其余财产会与其他兄弟一起分配。女儿无法继承任何财产。哈梅尔还提到，朝鲜人在60岁时象征性地退休，将事务交给孩子打理，孩子要一如既往地供养和尊敬父母。[41]

哈梅尔断言，朝鲜不存在世袭的贵族阶级："没有拥有特殊地位的领主，因为那些城镇、岛屿或村社中的长官，以及所有王公的税收都是依靠国王赐予
1791 的社会地位获得的……国王赐给任何人的土地和仆人，在死后都要归还。"[42]尽管如此，他仍然继续使用诸如两班、贵族、公民、平民和奴隶等词汇，所有这些都暗示了一个严格的社会阶层结构的存在。他估计，有一半以上的人口是公民或奴隶。奴隶的数量极为庞大；高级官僚拥有200—300名奴隶。[43]另外，社会各阶层之间存在不可逾越的鸿沟。哈梅尔提到，由奴隶和公民混合家庭所生的孩子，一般归属于奴隶——但最终都归属于奴隶的主人。[44]尽管哈梅尔对李朝阶层结构的描述并不系统，却相当准确。虽然儒家思想、科举制度和王朝的努力都可抑制世袭私人财产的增长，但是**两班**阶层仍然作为一个世袭的贵

族阶层存在。他们垄断了政府职位，并由土地拥有者供养。**两班**与公民——**常民**（*sangmin*）、公民和奴隶——**贱民**（*ch'onmin*）之间存在巨大鸿沟，并被严格强调。**两班**男子与较低阶层的妾所生的孩子，通常会归属于孩子的母亲——即较低阶层者所有。因此，不同的社会阶层之间禁止通婚。[45] 另一方面，哈梅尔偶尔自相矛盾的叙述，以及对两班贵族阶层中大商人的介绍——商人的财富的多寡与名望的好坏成反比，可能反映了17世纪朝鲜社会阶层等级制实质性的消退。[46]

哈梅尔的报告没有为他的读者提供有关朝鲜政府的综合图景。尽管如此，从哈梅尔的报告中，仍可收集到有关朝鲜政府基本结构的信息，及其具体运作方面相当准确的观念。国王的权势渗透到全国。他的权力既不会受到世袭阶层——封邑贵族（fief-holding nobles）的限制，也不会受到"议政府"（the royal council）① 的限制。根据哈梅尔的记载，议政府每天都要觐见国王并递上奏折。只有在受到国王咨询时，议政府才能提出建议；只有在受到国王的委托时，议政府才能执行事务。议政府不能擅自开展行动，也无法阻止任何皇室的行动。[47] 比如，当三个荷兰俘虏为获得自由，通过单方面的努力公开接近满族使节时，议政府建议将所有的荷兰人都杀掉。国王和他的兄弟——议政府主席——没有接受这个建议，相反将他们流放到了全罗道。[48] 哈梅尔认为，议政府成员以及所有中央官员都是终生任职。他们通常会因功被提拔，或因罪被撤 1792
职；除非去世，否则都会任职到60岁才退休。与中央官员相比，地方省级官员只有三年的任职时间。然而根据哈梅尔的说法，地方官员极少能够顺利完成三年任期，因为他们常常会因犯轻罪，或乱政而被免职。那些被哈梅尔称之为"国王的间谍"的告发者受国王之命，被派往全国各地，显而易见，这就是监察机关。[49] 荷兰俘虏在全罗道的经历，证实了哈梅尔对省级政府机关的概述。省长或哈梅尔所称地方省级官员更换频繁，其中一些就是因为管理不善而受到了监察机关的指控。每一次官员的变更，都会影响到荷兰人的工作、粮食和自由。

尽管在地方官员被提拔到中央政府任职的过程中，监察人员的报告至关重

① 议政府是李氏朝鲜时代的最高政府机构，源于高丽时期的都评议使司。——译者注

要，但是哈梅尔并没有具体说明地方官员是如何被任命或被提拔的。他注意到教育和考试发挥了部分作用，但是没有更详细的说明。比如他说：

> 为了提升他们的学识，每个省都有两三个城市会举行一年一度的集会。学者在那里可以获得官职，不论是用笔还是用剑。当地的地方长官直到那时才会派出代表前去考核候选人，并选出最有资格的人。地方官员根据他们写的报告，上奏给国王。[50]

除为了获得任命以后，另有些人是为了获得提拔而参加考试的。哈梅尔相信，礼品和款待在考试中必不可少，这常常致使候选人在经济上破产。根据哈梅尔的记载，无论是贵族还是公民，都有参加考试的资格。[51]

哈梅尔对朝鲜律法和司法的记载虽不全面，但是相比于他对政府部门的描述却更为详细。原因可能是，相对而言，他有更多的机会观察朝鲜的司法实践。朝鲜的惩罚非常严厉；哈梅尔列举了很多惩罚的方式，常常还配有具体的插图。比如，背叛国王的人会被诛灭全族，没收财产；违反皇室法令的官员会被残忍地处死；杀害丈夫的妇女会被活埋在大路两旁，只留出头部，旁边放一把斧头，任何一位行人都可击打她的头部，直至死去。若某座城市发生上述犯罪，该市
1793 官员会被暂时免职，中央另派人接替管辖。另一方面，男人可以以任何借口杀死妻子而不受任何惩罚，通奸是一种常见的借口。杀害主人的奴隶会被残忍地拷打至死，但是杀死奴隶却并不算犯罪。谋杀犯或通奸犯所判罚的死刑尤为可怕，哈梅尔对此有过详细的描述。盗贼会被扼死，但是这种严厉的惩罚并未阻止盗窃的发生。判罚死刑要经过省级地方长官的同意。轻罪所受惩罚包括用藤条或棍棒鞭打屁股、小腿肚、胫骨或脚底等等。哈梅尔仔细地记录了各种类型的鞭打惩罚，发现很多人都因鞭打致死。[52] 在船只失事以后的几天时间里，这些荷兰的漂流者就亲历了朝鲜司法的某些惩处。其中 6 人因企图乘船逃走，而受到鞭打屁股的惩罚。[53]

相比于对政治秩序的描述，哈梅尔对朝鲜军事结构的把握更为清晰。他说大量的军队守卫在首都附近，以保护国王及皇室成员。每隔七年，皇家军队都

向各省征募士兵。在那段时间，各省公民都要服役两个月。[54] 在1654—1655年的大部分时间里，荷兰俘虏都被征召为皇室保镖。他们在每个月的第一、第四两天参加参加军训，练习使用步枪。除了私人行动以外，每年的春天和秋天都要接受三次检阅。[55]

各省都设有一名将军，将军下辖4—5名上校。每位上校轮流指挥4—5名上尉，这样依次逐级下推，直到下士。下士在各村社中指挥民兵。义务服役是世袭制度，官员每年都被要求上报所辖士兵的数目。超过60岁的士兵会被解雇，然后由他的孩子接替其位置。很明显，朝鲜士兵兵器及弹药自备。僧侣也不例外。[56] 此外，每个城镇都要求建造并供养一艘两桅杆船，每艘战船可以运载300人。各省战船每年都要接受该省海军上将的视察。[57] 哈梅尔记述说，山上有许多城堡和堡垒，用以加强防卫。其中最重要的一座，是位于距离汉城大约3小时路程的皇家堡垒。据称该堡垒有足够维持三年的食物和其他必需品。[58] 在所有朝鲜的军事人员中，哈梅尔注意到朝鲜士兵并不勇敢。听说在满族攻朝
期间，因逃亡森林而死掉的朝鲜士兵，比被敌人杀死的数量还多。[59] 然而卫匡 1794
国却不这么认为，他说朝鲜士兵虽然无法与日本士兵相比，但也称得上勇敢。[60]

维持国王、军队和政府官员的税收来自所有的农业和渔业生产的什一税。在每座城市和乡村都设立国库以收纳赋税，地方政府和军事费用就是从中支出的。贵族靠收取土地税生活。每个士兵每年都会发三套军装。[61]

朝鲜民众对官员既敬且畏：人们跪拜在官员身前，头低至膝盖处，然后才能与官员讲话。当国王经过首都街道时，可以看到更为肃穆的场面。所有的门窗都要紧闭。当坐在金顶轿中的皇帝经过时，现场保持绝对的安静。国王的轿子之后，是由皇家贵族（通常经过精心打扮）、保镖、步兵和骑兵组成侍从。一位大臣走在国王之前，手拿箱子。箱子用来接收民众百姓的私人陈情书，其中一端系在长棍上，有些则悬挂在墙上或栅栏上。[62]

然而，当满族使节抵达汉城时，国王及整个朝廷官员都在城外迎候。根据哈梅尔的记载，朝鲜人对中国使节的尊敬要甚于对待他们的国王。当满族使节住在汉城时，从住处一直延伸到皇宫的街道上都站满了士兵：信使站在窗外以承接他扔出来的文件，然后信使将文件交给国王。哈梅尔说，北京的使节每年

三次来汉城收取贡品。每当此时，朝鲜国王都一味地讨好他。这也表明，朝鲜与大清帝国之间的确存在朝贡关系。[63]不应感到奇怪，有些荷兰人试图与满族使节取得联系，希望满族使节可以让他们获得自由。然而同样不应感到惊讶，国王的回应——给满族使节丰厚的贿赂，囚禁并处死了相关的3名荷兰人，并将其余荷兰人流放到了全罗道。哈梅尔记述说，1658年朝鲜国王去世之时，“太子要经过大汗（the great Cham，可汗，或中国皇帝）的同意才能继承国王之位”。[64]他并没有说明，新的国王是否要前往北京晋见大汗。

“至于宗教，”哈梅尔写道：“朝鲜人没有宗教可言。”[65]他观察到普通民众在神前“故做鬼脸”（odd Grimaces），但很少真正敬神；贵族更是如此。然而哈梅尔的许多叙述，都暗示着佛教在17世纪的朝鲜仍然非常重要，也非常流行。
1795 僧侣主持贵族的丧葬仪式。每逢节日，人们都会参加庙会，进香敬神。僧侣每天早晚两次进香，节庆期间则全天候不断。王国境内到处都是寺庙和僧侣，大部分寺庙都建在山上——但是建造和管理寺庙的权限归属于城市。[66]有些寺庙可以容纳500—600名僧侣，而有些城市管辖的僧侣多达4 000名。僧侣禁吃荤菜，剃发修行，终身不娶。但是为了生活、交税和服役，僧侣们不得不去工作或乞讨。正是因为这些原因，僧侣像奴隶一样，并不受人尊敬。[67]然而，僧侣中的佼佼者——尤其是那些有学问的僧侣，会被当作贵族看待。谁都可以成为僧侣，僧侣也可以随时还俗。大多数寺庙都建在山上的独特方位，寺庙周边有美丽的风景和花园。贵族常常借寺庙中的花园来参加社交活动，或用来讨好女人。哈梅尔认为，这样的寺庙毋宁称之为娱乐场所。另外在哈梅尔看来，许多普通的僧侣还是顽固的酒鬼。[68]那些荷兰的俘虏，在乞讨途中常常造访寺庙。他们发现朝鲜的僧侣很友好，也很慈善，总是对远方习俗或奇异的故事充满好奇。[69]哈梅尔还提到两个在汉城看到的尼姑，一位是贵族妇女，一位是普通妇女。据哈梅尔说，尼姑所受戒律与僧侣并无不同，不过朝鲜国王当时已准许尼姑结婚。[70]

尽管哈梅尔没有提到佛教的神明、经文或教派，但其所述朝鲜的宗教状况则很显然指的是佛教。他对佛教信仰一无所知，只有两句话提及佛教：

至于他们的宗教，他们的观点是：那些生活得很好的人将会受到奖励，生活得很差的人将会受到惩罚。除此以外，他们对布道或神迹一无所知，因此他们没有宗教纠纷，这个国家所有的人都相信这点并做着同样的事情。[71]

此外，哈梅尔还提到了另一类僧侣。这类僧侣专门为神像服务，既不禁荤，也不剃发，同时还可以结婚。这些人很可能是道士。但是在论及他们的信仰时， 1796
哈梅尔说，他们相信人类过去曾有一种共同的语言，只是在后来试图建立通往天堂的高塔时变得混乱。[72] 从哈梅尔的报告来推断，朝鲜的大众宗教中也包括算命师、风水师和巫师。举例来说，1664 年两颗彗星的出现造成了朝廷内外一片混乱，因为此前在日—朝战争和清—朝战争爆发的前夕，朝鲜也出现了同样的迹象。哈梅尔及其同伴略感安慰。他们向朝鲜人确认说，彗星可以预示上帝的旨意，通常是战争、饥荒或瘟疫的前兆。[73]

哈梅尔对朝鲜的教育印象深刻。朝鲜人很关心教育，孩子在幼时即开始读书、习字。他说，家长从来不会为孩子制定严格的纪律。那些通过勤奋好学获得巨大财富和名望的例子，总是会让孩子受到很大的鼓舞。哈梅尔注意到，“仔细观察他们如何用这种方法提高学习，他们如何解释阅读的作品，以及所有这些学习的方法，就会发现这些事情非常有趣”。[74] 遗憾的是，他并没有提到任何一部“著作”的名称，也没有描述朝鲜“学问”的任何内容。哈梅尔在作品中甚至没有提到孔子或儒学等字眼。

在哈梅尔看来，朝鲜语非常难学。他抱怨说，朝鲜语中有许多同义词，并且有些人语速太快。他敏锐地察觉到了汉字与**朝鲜语**（*han'gŭl*）字母表之间的差别，尽管报告中提到了几种不同类型的文字，但是论述并不清晰：

他们有多种类型的文字，第一种也是主要的文字，与中国和日本的文字相似。这种文字主要用于印刷书籍及其他公务。第二种像是我们使用的普通文字。贵族和官员使用这种文字来答复陈情书、记录建议信等等。第三种文字较为平实，未加修饰。这种文字多为妇女和普

通人所用。对于一些此前从未听过的名字和事物，使用这种文字比使
1797 用另外两种文字更容易表达。[75]

毫不奇怪，哈梅尔很少记载朝鲜文化生活的其他方面。他只提到在国王的兄弟那里，保存了“大量的古籍”，这些古籍的复本也同时保存在全国其他的城市中。[76] 对于朝鲜的印刷术，哈梅尔写道，“他们使用雕版印刷，书籍两侧都有页边距，这样便于阅览”。他注意到，朝鲜的历书是从中国引入的，因为朝鲜人不懂得怎样制作历书。他有关算数和账簿部分的报告也太过简略，读者很难清晰了解，“他们用细长的木棒算数，就像我们使用计算器一样。他们不懂得怎么记账，但是不论购买什么物品，他们都会将价格记录下来。账簿中写明商品的制作材料，这样便于发现是亏是盈”。[77] 除此以外，哈梅尔暗示，外科医生简单地用草药治病。朝鲜医生几乎都被贵族所雇，这样一来，普通民众只好求助于“瞎子和法师”(Blind Men and Conjurers)。尽管如此，他描述了朝鲜的隔离房以及所有发生传染病的城市，前者用荆棘放在屋顶，后者则阻塞患者的道路。[78]

尽管在数量和质量上，有关朝鲜的报告都无法与中国、印度或日本相比，但是通过卫匡国和哈梅尔的叙述，我们仍然可以获得一些相当可靠的有关朝鲜的信息。借助这些报告，至少一个模糊的隐士王国的形象已经浮现了出来。总的来说，有关地理、经济和社会方面要比政府、宗教或文化方面更清晰；有关省级政府的运作要比整个政府的理论和结构更清晰；有关僧侣的生活和容貌要比佛教信仰更清晰；有关朝鲜普通民众的生活要比贵族阶层更清晰。我们不免会希望，是卫匡国或他的耶稣会同伴，而不是哈梅尔曾经在朝鲜待过十三年；是卫匡国或他的耶稣会同伴，而不是哈梅尔撰写了有关那一时代的朝鲜报告。然而，除了卫匡国可以从中文文献中获得信息外，只有哈梅尔略为欧洲人提供了 19 世纪以前有关神秘的朝静之国（the Land of Morning Calm）① 的描述。尽管并不完善，但是《哈梅尔游记》仍是西方人了解朝鲜的基础。

---

① “朝静之国”为西方对朝鲜的旧称，最早见于美国帕西瓦尔·罗威尔（Percival Lawrence Lowell）的《朝鲜——朝静之国》(1885)。——译者注

注释：

[1] 有关 16 世纪欧洲对朝鲜的认识参见 *Asia,* I, 223-26, 308-9, 719-22。也可参见 R.M.Cory, "Some Notes on Father Gregorio de Cespedes, Korea' s First European Visitor," *JRAS, Korean Branch*, XXVII (1937), 1-55; and J.H.Grayson, *Early Buddhism and Christianity in Korea* (Leyden, 1985), pp.70-71。

[2] 相关例子参见 Froes in *PP,* XII, 263-64; Longobardo in *PP*, XII, 318, 327-28; Pantoja in *PP*, XII, 403-4; Trigault in Gallagher (trans.), *op. cit.* (n.4), pp.260-99。

[3] Gallagher (trans.), *op. cit.* (n.4), pp.319-20.

[4] Woo-keun Han, *The History of Korea* (Honolulu, 1971), p.318; Gari Ledyard, *The Dutch Come to Korea* (Seoul, 1971), p.103; 加里 · 莱德亚德（Ledyard）的书中也含有 1704 年丘吉尔（Churchill）翻译哈梅尔的《哈梅尔游记》重印本。

[5] Han, *op. cit.* (n.147), p.318. 也可参见 Grayson, *op. cit.* (n.144), p.65。

[6] Ledyard, *op. cit.* (n.147), pp.103-4; Han, *op. cit.* (n.147), pp.318-19. 也可参见 Andreas Choi, *L'Erection du premier vicariate apostolique et les origins du Catholisme en Corée*, 1592-1837 (Schöneck-Beckenried, 1961), pp.1-14.

[7] 有关卫匡国的作品，参见原书第三卷，第 479-482、525-527 页。

[8] Martini, *op. cit.* (n.28), pp.260-65.

[9] Martini, *op. cit.* (n.28), pp.207-9.

[10] 平壤曾经是古代中国在朝鲜的势力所在地，即高句丽州（Koguryŏ state）（公元前 37—公元 667 年）的首都以及高丽（Koryŏ）的第二首都（subordinate capital）（公元 918—1392 年）。1392 年，李朝的建立者将首都迁到汉阳（Hanyang）或汉城。至 1413 年，整个国家被划分为 8 个省份：咸吉道（Hamgil）、平安道（P'yŏngan）、黄海道（Hwanghae）、江原道（Kangwŏn）、京畿道（Kyŏnggi）、忠清道（Ch'ungch'ŏng）、庆尚道（Kyŏngsang）、全罗道（Chŏlla）。这些直到 19 世纪末仍是朝鲜的主要行政区划。有关朝鲜八道及区域军事长官（15 世纪）的地图参见 Ki-Baik Lee, *A New History of Korea*, trans. E.M.Wagner and E.J.Shultz (Cambridge, Mass., 1984), p.177。

[11] 有关箕子，参见 Cornelius Osgood, *The Koreans and Their Culture* (New York, 1951), pp.161-63。同时参见 W.E.Henthorn, *A History of Korea* (New York, 1971), p.233.

[12] 作为人质送到北京的是已立储的王子，而不是国王。他们一直待在北京，直到成为国王。

[13] 非常不同。

[14] 很可能是错误的。参见原书第三卷，第 1790 页。

[15] Johann Nieuhof, *Het gezantschap der Neerlandtsche Oost-Indische Compagnie aan den grooten Tartarischen cham, den tegenwoord keizer van China...sedert den jaaren 1655 tot 1657...* (Amsterdam, 1665), II, 201-2, 206-8.

[16] 有关哈梅尔的经历及其著作的详细目录，参见原书第三卷，第 486-488 页。

[17] 有关评价参见 B.Hoetink (ed.), *Verhaal van het vergaan van het jacht "De Sperwer" en van het wedervaren der schipbreukelingen op het eiland Quelpaert en het vasteland van Korea (1653—1666) met eene beschrijving van dat rijk* ("WLV," XVIII; The Hague, 1920), pp.119-32, and Ledyard, *op. cit.* (n.147), pp.121-27。参照罗伯特 · 诺克斯（Robert Knox）对锡兰（Ceylon）的更为成熟的报告的总结。参见原书第三卷，第 958-993 页。

[18] Ledyard, *op. cit.* (n.147), pp. 205-6. 有关对 17 世纪欧洲人地图和地图集中的朝鲜的很好的简短的讨论参见 Hermann Lautensach, *Korea: A Geography Based on the Author's Travels and Literature*, trans. and ed. By Katherine and Eckart Sege (New, York, 1988), pp.41-42。

[19] Ledyard, *op. cit.* (n.147), p.206. 朝鲜，与中国北方相似，很显然处于一个寒冷的周期。参照原书第三卷，第 1574-1575 页。

[20] Ledyard, *op. cit.* (n.147), p.188.

[21] *Ibid*, p.206.

[22] *Ibid*, pp.178,184-85. 济州岛在朝鲜以**三多岛**（*Samda-do*）为名，这是带有贬义色彩的一个称呼，意味着岛上三种东西极多：岩石、害虫、大风。

[23] *Ibid*, p.207.

[24] *Ibid*, pp.206-7. 人参据称被朝鲜政府所垄断。

[25] *Ibid*, p.223. 对于今天的朝鲜妇女和年轻人来说，吸烟是羞耻的行为。根据威廉 .E. 亨索恩的记载（*op. cit.* [n. 154], p. 201），烟草是在 1621 年经由釜山港传入朝鲜的。

[26] Ledyard, *op. cit.* (n.147), pp.223-24. 有关日本与清代中国的贸易关系参见 Henthorn, *op. cit.* (n.154), pp.198-201; and K.-B.Lee, *op. cit.* (n.153), pp.229-30。有关交易的方式参见 Henthorn, *op. cit.* (n.154), pp.168-69, 804。

[27] Ledyard, *op. cit.* (n.147), pp.193-94. 现在朝鲜妇女或年轻人都以吸烟为耻。根据亨索恩（Henthorn）(*op. cit.* [n.154], p.201)，烟草是在 1621 年通过釜山引入到朝鲜的。

[28] *Ibid*, p.222.

[29] *Ibid*, p.216.

[30] *Ibid*, pp.216-17. 威廉 · E. 亨索恩（Henthorn）引用了这种描述，参见 Henthorn, *op. cit.* (n.154), p.198。

[31] Ledyard, *op. cit.* (n.147), p.217.

[32] *Ibid*, p.177.

[33] *Ibid*, pp.178-79.

[34] *Ibid*, pp.221-22.

[35] *Ibid*, p.222.

[36] 早婚流行于满族时代，因为已婚的男人可以免除为满洲人服兵役的差使。年轻的男孩甚至与比他年长的女人结婚，以免除这种兵役。

[37] 妻子可以有几种传统的原因被离婚，包括通奸以及未能生育儿子。不过，因为不孕而离婚的情况很少。那种问题是通过娶第二个妻子得到解决。参见 Kwang-Kyu Lee, *Kinship System in Korea* (2 vols.; New Haven, 1975), I, 61。

[38] Ledyard, *op. cit.* (n.147), pp.217-18.

[39] *Ibid*, p.217.

[40] *Ibid*, p.219. 有关服丧义务参照 K.-K. Lee, *op. cit.* (n.180), II, 228。

[41] Ledyard, *op. cit.* (n.147), pp.220-21. 有关家长退休的情况参见 K.-K. Lee, *op. cit.* (n.180), I, pp.80-81。

[42] Ledyard, *op. cit.* (n.147), pp.207-8. 李朝时期的**两班**文人事实上变成了世袭的贵族。参见 K.-B. Lee, *op. cit.* (n.153), p.174。

[43] 有关奴隶的数量以及他们在 17 世纪的衰落参见 K.-B. Lee, *op. cit.* (n.153), pp.251-52。

[44] Ledyard, *op. cit.* (n.147), pp.208-9.

[45] 参见 Han, *op. cit.* (n.147), pp.247-55。

[46] *Ibid*, pp.302, 313-14.

[47] Ledyard, *op. cit.* (n.147), pp.207-9.

[48] *Ibid*, pp.189-90.

[49] *Ibid*, pp.209-10.

[50] *Ibid*, p.218.

[51] *Ibid*, pp.218-19. 科举考试是最著名的例子，它只向贵族开放；军事考试则向贵族的嫔妃所生的儿子、更低阶层的贵族和自由人开放；行政部门的考试则专门为自由人开放。

[52] Ledyard, *op. cit.* (n.147), pp.210-13.

[53] *Ibid*, p.184.

[54] 参照 K.-B.Lee, *op. cit.* (n.153), p.225。

[55] Ledyard, *op. cit.* (n.147), pp.186-87.

[56] *Ibid*, p.208

[57] *Ibid*, p.210.

[58] *Ibid*, p.187.

[59] *Ibid*, p.221.

[60] *Op. cit.* (n.28), p.261.

[61] Ledyard, *op. cit.* (n.147), p.210. 有关服装税参见 K.-B. Lee, *op. cit.* (n.153), pp.225-26。

[62] Ledyard, *op. cit.* (n.147), pp.224-25.

[63] *Ibid*, pp.225-26.

[64] *Ibid*, p.193.

[65] *Ibid*, p.214.

[66] 大约在 16 世纪开始初期，在首都和其他城市的寺庙和僧侣都被皇室下令封杀了。这就是为

什么大多数佛教僧侣仍可见于山上的原因。参见 Eliot, *op. cit.* (n.139), III, 338-39。

[67] 李氏王朝早期，佛教仍保有官方主导以及免交赋税的地位。

[68] Ledyard, *op. cit.* (n.147), pp.214-16.

[69] *Ibid*, p.193.

[70] *Ibid*, p.216.

[71] *Ibid*, p.214.

[72] *Ibid*, p.215.

[73] *Ibid*, pp.196-97. 有关 1664—1665 年的彗星参见 G.W.Kronk, *Comets. A Descriptive Catalog* (Hillside, N.J., 1984), pp.8-9。

[74] Ledyard, *op. cit.* (n.147), p.218.

[75] *Ibid*, p.224. 有关早期的荷兰文本，为论证取代"他者"（others）之后的时代是正当的，在最后一行用一个逗号表达了整句话的意思，也可参见 Hoetink (ed.), *op. cit.* (n.160), p.50。早在 7 世纪晚期，一种被称为**"吏读"**（*idu*）的语音系统，已经从适应中国文字进化为朝鲜本地人的语言。不过它从来没有被广泛地使用。在 15 世纪，一种更好的被称为**朝鲜文字**（*han'gul* [*Korean letters*]）的语音系统产生了，1446 年，皇室法令宣称将它采用为官方的音节表。尽管如此，学者的著作和儒家文学作品仍然通常采用汉字书写。直到 1945 年，韩文才基本上运用到著作中，相应的，这些著作主要是较低的社会阶层和受过有限教育的人群在阅读。在日本统治末期，朝鲜人通过转录为韩文而解放了他们自己的口头语言。韩文的发明仍被作为国家的假期被铭记和尊敬，"也许这是世界上唯一一个为纪念一种字母表而设立的假期"(Han, *op. cit.* [n.147], p.209)。

[76] 官方的朝代记录由后世子孙安全保管，他们将其放在 4 个差别很大的专门贮藏室中。参见 K.-B. Lee, *op. cit.* (n.153), p.194。

[77] Ledyard, *op. cit.* (n.147), p.224.

[78] *Ibid*, p.222.

第二十三章　日本 1828

从 16 世纪的耶稣会传教团开始，欧洲的来访者就见证并记录了日本历史上最动荡不安的一段时期——16 世纪下半叶这个岛屿帝国的统一以及 17 世纪上半叶德川幕府（Tokugawa）统治的巩固。作为耶稣会传教士的先驱，圣方济各·沙勿略（Francis Xavier）于 1549 年在鹿儿岛（Kagoshima）登陆。那一年，织田信长（Oda Nobunaga）继承了他父亲的统治，他是日本三位伟大的统一者[①]中的第一位。沙勿略的继承者能够看到织田信长对抗敌对封建领主（**大名** [*daimyō*]，或"伟大的名字"）的战斗，以及在他控制日本的中心区域之前用武力推动佛教发展的过程。在 1582 年织田信长去世之后，他们可以看到丰臣秀吉（Toyotomi Hideyoshi）——织田信长的首席将军（leading general）——继续统一日本，直到 1590 年控制了整个日本为止。在 17 世纪初期，传教团由荷兰和英国的商人组成，他们见证了德川家康（Tokugawa Ieyasu）在丰臣秀吉死后的权力斗争中取得胜利的过程，也能够看到德川**幕府**（Tokugawa *bakufu*）（"幕府统治"或幕府政治）的建立。

① 指织田信长（1534—1582 年）、丰臣秀吉（1536—1598 年）和德川家康（1543—1516 年），三者被称为日本战国时代的三英杰。——译者注

随着德川幕府集权统治的加强，日本在17世纪经历了深刻的变革。中央政府得以建立，而控制大名的政治手段也得以形成。新的首都——江户（Edo，东京[Tokyo]）亦已建成并逐渐繁荣起来。随着16世纪连绵不断的战争让位于17世纪最后的小规模战争以及继之而来的和平，**武士**（*samurai*）也被重新定义。在德川时代，出于对外国人及基督教的怀疑和敌意，日本不再对欧洲人敞开大门，而基督教传教活动也被下令禁止。到1641年，日本开始成功地将除荷兰人
1829 之外的西方人拒之门外。1641年以后，新的有关日本的信息在欧洲急剧减少。不过在17世纪下半叶，零星的报告仍然出现，但这些报告是经过荷兰人在长崎港（Nagasaki harbor）的前哨筛选过的。

第一节　1650年以前的传教士报告

很可能没有任何一个亚洲地区会像日本一样，在16世纪欧洲人的报告中得到频繁而深刻的描述。最早的实质性报告出现于16世纪40年代后期，沙勿略来自日本的第一封信于1562年出版。[1] 从那以后，正如他们所称呼的那样，"日本来信"（Japan letters）就定期由沙勿略的继承者出版。不管是私人书信集还是耶稣会书信集，都反映出日本的天主教以及耶稣会传教团的历史。[2] 随着范礼安（Alesandro Valignano）引领的日本使团的到来（1584—1586年），欧洲对日本信息的胃口被调动了起来。[3] 越来越多且卷帙浩繁的报告从在日本的传教团传来，而且这些报告被翻译成各种欧洲语言，不断再版。

可以理解，耶稣会士出版书信集的一般目的，是介绍自己在日本令人激动的传教经历，以唤起欧洲人对其传教事业的支持。因此，传教团的经历是他们叙述的重点，而日本社会的某些方面则被扭曲或掩盖。这或可归咎于书信的作者本人，或归咎于身在欧洲的更为苛刻的编辑，而他们都是为了传教团的前途。然而，仍然有许多关于日本风俗、社会、宗教、地理、语言和政治的信息出现在书信里。同样，到了16世纪末期，一些更深入、更系统的有关在日本耶稣会传教团的历史著作出现了；在这些著作当中，以路易斯·德·古兹曼

（Luis de Guzman）的《东印度、日本和中国的耶稣会传教史》（*Historia de las missions*，①1601 年）最为全面。[4]

透过这些卷帙浩繁的耶稣会士作品，一幅日本的图像形成了，其准确和详细程度令人惊讶。在古兹曼 16 世纪的综合描述中，日本是由岛屿组成的，虽然与欧洲相比，山更多，土地也更为贫瘠，但只要战争不会定期打断农业生产，这里仍然可以为它的人民生产出足够的粮食。日本的农民种植小麦、大麦、粟和水稻，同时饲养山羊、狗、牛和马。大部分欧洲人已知的水果在日本都有种植，同时日本还出产一些欧洲人未知的水果。野猪、鹿、野兔、野鸡、鸭子、鹅、鸡、 1830
鸽子等在山间、森林中和旷野出没。美味的鱼类在日本的河流和周边海域中随处可见。[5]

古兹曼准确地区分了天皇和幕府将军，并且简单提及源赖朝（Minamoto Yoritomo）12 世纪的胜利（the twelfth-century triumph）②以及德川幕府的建立。他的报告对日本政治的描述尤为详细。古兹曼描述了主要的政治部门，列举出 66 个日本的“王国”（kingdom）③。他注意到，天皇（内里 [*Dairi*]）④尽管没有实权，但却保留了古老的尊严并享有很高的荣耀。天皇的主要职责似乎是授予头衔，这些头衔有些是买来的。实际的统治权掌握在“国主”（kings）和他们的封臣（vassals）——“Conixus”（君主 [*kunshu*]、领主 [lord] 或大名）以及次级属臣（subvassal）——“tonos”（殿样）的手中。古兹曼尤为详细地讨论了通常所谓的日本封建制度，授予封地的封臣有义务为他的领主提供军队，领主对他们的封臣拥有绝对的权威等等。与此同时，古兹曼还注意到，日本的领主通常会在临死之前，将封邑范围内的政府移交给他们的儿子。[6]

---

① 全名为：*Historia de las missiones que han hecho los religiosos de la Compañia de Iesus: para predicar el sancto Evangelio en la India oriental, y en los reynos de la China y Iapon*。——译者注

② 指源赖朝在 12 世纪末崛起并创立镰仓幕府的一系列历史事件。镰仓幕府建立于 1185 年，源赖朝逝世于 1199 年。——译者注

③ 即战国六十六国。——译者注

④ 内里，字义为“宫中”，即天皇居所（宫廷）。后多以“内里”（Dairi）作为天皇之敬称。——译者注

在早期的耶稣会士作家之后，古兹曼提供了一些有关日本和欧洲文化上的有趣对比，这引起了16世纪作家的兴趣。[7] 比如，相比于黄金，日本人更珍爱古剑；他们吃鱼和米饭，但厌恶牛肉；他们用木材建房，但宫殿和城堡却用石头建造。然而，尽管有这样奇怪的习俗，与早期的耶稣会士一样，古兹曼认为日本人非常勤劳，也很有智慧，同时富有理性。他用了很大的篇幅去描写他们的谦逊和保守，他们对身体不适的忽视，他们面对逆境时的屈从，他们对偷盗和赌博的憎恨，他们对上级的尊敬和服从，以及其他的民族特征。

古兹曼对日语饶有兴致，他认为日语很难学，并且比希腊语或拉丁语含有
1831 更多的同义词和更多典雅的表达。日语之所以难学，是因为它灵活的词汇变化，取决于一个人是与贵族还是与平民、与老人还是与年轻人、与男人还是与女人交谈。另一方面，日本人同时使用两种“字母表”来书写：一种只用字母（假名 [kana]），另一种是类似汉字一样的文字。这相当的简便（economical）。欧洲一个完整的单词可以用单个日本文字来表示，在日本语句子中使用的文字，比被翻译成同样意思的欧洲语言的句子所使用的文字更少。

尽管并无好感，古兹曼对日本宗教的描述极为细致，也相当准确。他区分了三种主要的教派：“禅宗”（Xenxi [Zenshū]）、“净土宗”（Xodoxius [Jōdoshū]）和“日莲宗”（Foguexus [Hokkeshū]）。禅师（Zen bonzes，**坊主** [*bōzu*]）或僧侣否认存在永恒的生命并强调冥想，尽管他们的寺庙中同样摆有神像。一向宗（Jōdo）或净土宗（the Pure Land Buddhists）崇拜一个叫阿弥陀佛（Amida）的神祇，人们只要简单地呼唤他的名字就可以得到他的救护。法华宗（Hokke）或日莲宗（Nichiren Buddhism）的信徒崇拜“**释迦牟尼**”（Iaca [*Shaka*, *Shakyamun*]），他们的信仰来自一本叫“法华”（Foque，《法华经》[*Hokkekyō*] 或《妙法莲华经》[*the Lotus Sutra*]）的书（参见插图第344）。此外，古兹曼还提到了其他的教派。然而在书中，他错误地认为“**真言宗**”（Icoxus [*Shingon-shū*]）是从上述三个主要的教派中派生出来的。其中一些教派过于好战，它们武装的僧侣令平民害怕。日本有许多富裕的僧侣和寺庙，相当大一部分集中在宫

古（Miyako [Kyoto]）附近的“比睿山”（Frenoxama [Hiei-no-yama，Hieizan]）① 上。尽管其中的很多建筑都在最近的战争 ② 中被毁灭了，但仍有超过 500 座被保留了下来。古兹曼还提到，奈良（Nara）是一个非常重要的宗教中心。他还描述了几座禅师进修的大学，其中最大的一座位于关东平原（the Kantō Plain）北部的“坂东市”（Bandou [Bandō]）——毫无疑问就是足利学校（the Ashikaga Gakkō）。[8]

禅师人数众多且各不相同，不同教派的禅师穿着不同的长袍，但是他们看来好像被组织进入到一个以“Iaco”（或“*jaku*”）的高级牧师（supreme priest）为首的等级系统中。在“Iaco”（或“*jaku*”）之下是“Tundos”（或“*hondō*”），他们看起来像牧师、大教主以及被选来统治僧侣的人。各个教派的仪式不同，但是禅师一起唱歌，在指定的时间阅读、布道以及在葬礼上司祭，这些工作对基督教的牧师来说相当熟悉。古兹曼描述了日本的葬礼和一些独特的节日，其中包括祇园祭（Gion）、八幡节（Hachiman）和盂兰盆会（Bon）。[9]

饶有兴味的是，古兹曼在报告中描述了一个常见的朝圣之旅，朝圣之旅由一个称之为“**山伏**”（Xamabugis [*yamabushi*]，“山上的士兵”[soldiers of the
mountains]）③ 的僧人带领。[10] 在耶稣会士看来，**山伏**“完全是为魔鬼（Satan） 1832
服务的”。他们中的大部分都住在山里，很少下山。但是，有一些**山伏**也会在各个城镇之间走动，从事说谎和巫术以及鼓动信徒为了“崇拜某个寺庙中的恶魔”而去朝圣。古兹曼宣称，他对朝圣之旅的描写出自一位禅师的口述，这位禅师在接受基督教的洗礼之前，曾 7 次参加朝圣之旅。一年两次选一个特定的日子，超过 2 000 余人集中在奈良，朝圣之旅从此地开始。[11] 完成全部的旅程需要花费七十五天，因为道路是如此艰难，以至于每天只能走一里格。他们将所有的必需品背在身上，在朝圣旅途中，他们只能一早一晚吃上一捧炒米。在最初的八天，他们要忍受极度的口渴，因为路上没有水源。许多人因此染上了疾

① 又译为日枝山、日吉山、稗睿山，简称睿山，是日本七高山之一。——译者注

② 即日本史上的“一向一揆”，或“真宗起义”。——译者注

③ “山伏”又译为山卧、修验者、行者，是日本修验道行者的统称。——译者注

病，也有许多人因此死去，但是没有人会停下来照顾他们。从奈良行走八天之后到达“吉野”（Ozin [Yoshino]），[12] 吉野位于一座高山山麓。在那里，他们受到了一群叫作“Ienguis”（或“*zenki*”）的禅师的欢迎。“Ienguis”（或“*zenk*i”）有着丑陋而可怕的脸，长而松散的头发，他们带着朝圣者来到一个叫“洞川村”（Ozaba [Dorogawamura]）的地方，在那里他们受到另一群叫“Guoguis”（或“*goki*”）的**山伏**的接待，这些**山伏**引导他们完成剩下的朝圣之旅。日本人认为他们是以人形出现的魔鬼。[13] 他们引导朝圣者攀过巨石和峭壁，在这过程中，他们必须用手和脚攀爬。在巨石和峭壁上，“Guoguis”（或“*goki*”）像鹿一样跳跃，所有这些都是为了劝告朝圣者去崇拜“释迦牟尼”并保持快速前进。那些试图放弃或偷吃食物的朝圣者会被悬挂在悬崖边的树枝上，用手握住树枝直到疲劳而被摔死。没有任何一个人——哪怕是非常亲近的亲戚——会被允许去解救或照顾他们。攀登到了高山上的一处旷野时，朝圣者逗留一天一夜，他们被迫坐在那里，双臂交叉，嘴巴顶在他们的膝盖上，反思自己的罪孽。**山伏**在
1833 沉思的朝圣者中间来回走动，鞭打任何一个改变了沉思姿势的人。最后，他们到达了一个高山顶上，在那里僧人们准备好了一个巨大的铁棒，铁棒的一端装有天秤，天秤的两端放有水盆。朝圣者被一一放在盆内，另一端放上等重的物品。然后他们会被悬置到深渊，在这过程中，他们必须大声说出自己过去一年的罪恶，以便让大家听清。如果某个朝圣者未能按照僧人的要求去忏悔，僧人会扳倒天秤，这位朝圣者就被会摔死。在每位朝圣者都忏悔之后，朝圣者下山来到一个寺庙中。庙中摆放了一个他们都崇拜的释迦牟尼的鎏金雕像，每个人都要给僧人**三两**（tael [*ryō*，*bu*]）银子。随后他们前往另一座寺庙，他们在那里住上七至八天，通过饮宴、舞蹈、戏剧和其他娱乐活动放松，以恢复精力。他们的返程路线与上山时完全不同。[14]

来到日本的耶稣会士及时地见证了这个国家处于战争之中（**战国时代** [*sengoku jidai*]）① 的最后时期，战争最终导致了 1603 年德川幕府的建立。沙勿略到达日本的同一年，织田信长继承了他父亲的统治。[15] 在他们已出版的书

① 日本战国时代（1467—1615 年）。——译者注

信中，沙勿略的继承者报告了无数的有关战争及其参与者的细节，追溯了织田信长的崛起及其在 1568 年成为**事实上的**（*de facto*）幕府将军，简述了织田信长 1582 年遭受的暗袭，① 并描述了丰臣秀吉接之而来的掌权。他们还记述了丰臣秀吉的改革，他的管理部门，他的财富，他对大名的处理，他的海外冒险，他的个性以及他的政府对耶稣会传教团和日本基督教徒的影响。通过耶稣会士的书信，欧洲人可以定期了解到日本在这段动荡而残酷的历史时期发生的重大事件的消息，这种消息即使不能第一时间，至少也可以在一年内传达到欧洲。事实上，在重构**战国时代**的历史事件时，耶稣会士的书信是不可或缺的参考资料。最后，在 16 世纪的最后一些年，耶稣会士报告了丰臣秀吉 1587 年发布的禁教（anti-Christian）法令、方济各会传教团 1592 年和 1593 年在马尼拉的分裂敌对活动以及 26 名基督教徒遭受的巨大磨难，其中包括 1597 年 2 月 5 日在长崎（Nagasaki）的 6 名方济各会牧师。丰臣秀吉在第二年去世。古兹曼的《东印度、日本和中国的耶稣会传教史》（1601 年）提供了对这些事件的系统而简要的报告。[16]

1602 年，马塞洛·德·里瓦德内拉（Marcelo de Ribadeneira）——一个从 1834
日本被驱逐出来的方济各会传教士——出版了他的《东方诸国志》（*Historia de las islas del archipiélago Filipino y reinos de la gran China, Tartaria, Cochin-China, Malaca, Siam, Cambodge y Japan*），其中的第二卷是首次由非耶稣会士出版的有关日本的扩充报告。[17] 里瓦德内拉报告的大部分内容都侧重于讲述方济各会传教团在日本的经历，从 1592 年到达日本到 1597 年的长崎磨难，对这段经历的描述他在很大程度上依赖于胡安·德·桑塔·玛利亚（Juan de Santa Maria）1601 年的报告。[18] 其中还包括了 26 位殉难者的名单。

里瓦德内拉对这个岛国的描述远不如古兹曼详细，甚至还重复了其中的某些部分。但是仍有一些不同。他说，日本的气候是夏季酷热、冬季酷冷。这块土地被茂密的森林覆盖，有许多的河流，河流水量四季充沛。平原土壤肥沃；他还提到了许多古兹曼描述过的谷物和动物。然而，稻米和鱼是日本人的主要

① 指由明智光秀（1528—1582 年）发动的“本能寺之变”，织田信长死于是役。——译者注

食物。牛被养来当作驮畜，从不杀来当作食物。[19]

天皇——“被称作‘**大日**’（Vo/ō），但发音为‘**内里**’”——“被认为是承袭自上帝（the true God）”。他深居内宫，从不出现在公共场合，也从不与任何一位普通人说话。“从一开始，”帝国就被分成66个省份，每个省份都由“战争统帅”（captains of war）治理，在所治理的省份，他们代表了天皇并拥有绝对的权力。“太阁大人”（Taicosama [Taikōsama]，丰臣秀吉的封号）是“领主中的领主”（lord of lords），因为他掌握着军事力量和他以天皇的名义行动。[20]里瓦德内拉既没有描写那个时代的复杂性，也没有描述日本封建制度的历时性发展。

日本的贵族非常关心家庭谱系和荣誉——“爱面子”（face-saving）。被判刑时，他们通常会在被处决前剖腹自杀。他们很凶暴，毫不犹豫地砍下敌人的头颅，也会镇压非常贫穷的普通百姓。这些人总是富有纪律，遵从安排而且诚守诺言。

出身高贵的妇女留着长而松散的头发；普通妇女则将头发在头顶打结盘起。乡村地主剃掉头发和胡须。其他的男人剪掉头顶部分的头发，将剩下的部分扎在脖子后面（参见插图第356）。根据里瓦德内拉的说法，他们在进入房间之前
1835 脱掉草鞋，以示尊重。日本人非常热情好客，随时准备款待来访者。他们坐在矮餐桌上，用筷子吃饭，从来不用手指接触食物。主人会让客人先用餐。他们吃的大部分都是蔬菜：萝卜、芜菁、茄子、南瓜和其他水果。他们喝大米酿的酒，但是里瓦德内拉既没有提到大米，也没有提到鱼。[21]

里瓦德内拉对日本的医学很感兴趣。日本人依赖中国的医学书籍。尽管他们一般都是健康的人，他们仍然会聘用很多的医生、按摩师及其他的这一类人。他们的药物非常简单，通常是用草药制作、用糖浆加甜的液体混合物。大部分药物都是净化通便的。“对于更严重的胃病，内脏器官疾病，特别是肠内的蛔虫，他们会使用……服用由大米粒做成的小丸并用火烧，然后敷在身体的某个部位以忍受疼痛。”他们也外敷这种“火焰球”（flaming balls），以便在疼痛部位打开一处伤口，然后对伤口进行灼烧以消毒。“他们有关疾病产生的原因的理论是，身体的所有病症都来自风寒；因此，热或者利用热量促使人体排汗将清除疾病。”[22]

里瓦德内拉对日本宗教的报告充满敌意而并不十分敏锐。他将日本人看成是“偶像崇拜”（idol-loving）的民族，崇拜数量众多的神祇，其中最重要的当属阿弥陀佛和“黑色的上帝释迦”（the black god Xoca，释迦牟尼）。教派的数量与神祇的数量一样多，都由一种叫作“禅师”（Bonzos）的牧师管理，他们住在社区中，靠救济和捐赠生活。有一些禅师是学者，骄傲于他们对中国文字和书籍的掌握。当然还有一些尼姑。[23] 在后面的章节中，里瓦德内拉提供了更细致但是仍然令人混乱的对“主要宗教教派”的描述，即崇拜阿弥陀佛和“释迦牟尼”的教派。据说阿弥陀佛和“释迦牟尼”曾经分别是暹罗和“Zamiro”（锡兰 [*Seiron*，Ceylon？]）的最高统治者。据说曾经有黑人在“锡兰”居住过。里瓦德内拉写道，“释迦”被认为是阿弥陀佛的信徒和传记作者。阿弥陀佛的追随者希望在位于西方某个地方的天堂重生，在那里他们“可以变成 83 种不同的形状和生物”。[24] 他们也相信他们将会转世为动物或更高级的幽灵以便在进入天堂之前进化他们自己。那些崇拜“释迦”的人严禁杀生。但是，里瓦德内拉对他们行为的描述——冥想以及精神和意志的规训——听起来像是禅宗。“天堂，”他说：“是心灵的和平，而地狱则是不安，焦虑，归因于不受约束的精神和意志， 1836
以及一颗充满欲望并受到世俗烦恼折磨的心灵。”[25]

根据里瓦德内拉的说法，还有许多其他的宗教教派和另外两种神祇：“神仙”（camis [kami]）和“佛陀”（fotoques [Buddhas]）。神仙是日本军事阶层的“来源”（source），主要的神仙被称为“八幡神”（Fachiman [Hachiman]）。佛陀则是中国人的“起源”（origin）。僧侣聪明地引导富裕的日本人放弃自由，栖身寺庙，以转世成为佛陀。某些僧侣将阿弥陀佛看成是精神的存在，拥有无限的力量，把它称作“大日如来”（Dainichi，在中国或称为太极 [Tai-jih]；在梵文中叫作毗卢遮那 [*Vairocana*]）：

> 从他的信念来说，开始有一个鸡蛋一样的地球，它突然迸发，从中心裂开，在上半球之外创造了天，下半球之外创造了地。在大地之外，出现的三个男人和三个女人成为日本民族的祖先，随着太阳搬迁到了富士山（Mt. Fujiyama）。

有一个教派崇拜一个活着的禅师，他们相信他是阿弥陀佛的直系后裔。里瓦德内拉报告说："主要的神祇共有主要的庙宇 3 333 座，每一座都有真人一样大小的神像，神像被华丽装饰——每一座神像都有 10 只手，头部被分成 5 个或 6 个小头。"这很显然指的是位于京都的净土宗（Tendai sect）的 33 间堂（Sanjūsangendō）。[26]

显而易见，里瓦德内拉有关日本宗教活动的报告充满了偏见。作者并不试图去理解他所观察到的东西；尽管如此，他还是描绘了在庙宇中和京都街道上所能观察到的生动景象。里瓦德内拉说，信徒会从事很多种苦修：斋戒、祈祷、隐居、站立等等。有些人会自焚，有些人会跳海，有些人冬季在室外裸奔而被冻死。他们微笑着拥抱死亡，因为他们相信阿弥陀佛会奖赏他们。阿弥陀佛通常被描述为一个坐着的人像。"释迦"则通常被描述为动物或者鸟类。有些神祇看起来像魔鬼，残忍而危险。有些神被描述为像猴子。"雷神（Raijin）被描
1837 述为由呈拱状半球形的铜鼓包围着它的头，因为那里有很多燃烧着的蜡烛，因此给人以头在火中的印象。""爱神"（可能是观音）的肖像看起来像圣母玛利亚（Madonna）。日本人喜欢朝圣。在京都的一个神殿，朝圣者先在清水喷泉中赤裸着洗澡，之后前往附近的一个寺庙。[27]奈良是最受欢迎的朝圣场所；那里的鹿和鸽子被认为是神圣的。在街上，可以看到人们拿着巨大的念珠，口中反复念着"**南无阿弥陀佛**"（*Amidabut* [*namuamida butsu*]）。信徒在进入和离开寺庙时，都要敲打位于门口的巨大的铜锣。许多禅师为乞讨食物，在街上敲打一个小的铜锣，这样人们就会把米饭扔到他的化缘钵中。但是另外一些，依然极为凶暴，由于织田信长在最近的战争中毁坏了他们 400 多座寺庙，禅师们都离开了京都。里瓦德内拉说，日本人的葬礼仪式与中国人极为相似。富者奢华地火葬他们的死者并款待来宾，这种宴会通常持续十五天。穷人则常常将尸体抛弃在河中或海里，或者抛弃在一个公共的墓地上。[28]

最后，里瓦德内拉描述了一些公共的节日，他注意到的所有节日都"没有庄严的仪式，人们放荡不堪"。他认为，人们节日前的斋戒与祈祷并非祭祀的准备工作，而是为节日狂欢储备食物与饮料。每个月圆都是一次宴会，但是最重要的是新的一年中的第一次月圆，有时会在 2 月。据观察，大致是月圆前、后

各十五天。在这段时间，人们外出拜访亲戚或他们的领主。他们吃米糕（rice cakes）、喝米酒。普通人庆祝的方式与贵族很像，除了时间更短以外——月圆前、后八天时间。然而，穷人只在月圆前、后三天庆祝。大街小巷充满喧闹和醉态。八幡节是为了纪念战争之神，会用马术比赛、剑术和匕首格斗、“柔道”（judo）比赛和摔跤来庆祝。在竞赛结束以后，人们会跑到乡下，在长有大树的小树林周围游行，直到蟒蛇出现，他们将蟒蛇看作是上帝的化身而去崇拜它。“盂兰盆会”（Bo festival [Bon]）是为了纪念死者而设的。在为期三到四天的盂兰盆会期间，人们拜访寺庙，在夜里打着灯笼、敲着钟和鼓在街上行走，将盛满食物的碟子放在门外以祭祀亡魂。[29]

里瓦德内拉对喝茶仪式的简短描述更为敏锐，可能甚至过于理想化： 1838

> 他们的房子建在凉爽、茵绿的花园里，花园里种着松树和垂枝的柳树。他们坐在可以环视花园的小屋里喝茶，喝茶的礼仪在日本的家庭中非常重要。他们相信茶可以提神，缓解疲劳，也可以强身健体。[30]

耶稣会士的书信描述了正处在威胁之下的传教事业，那些来自其他等级传教士的书信为此争论不休。即使是在 17 世纪初期的几十年，争论仍未减退。[31] 这些书信中也有大量关于当时日本迅速变化的政治局势的详细描述。这些书信集的读者可以了解到丰臣秀吉死于 1598 年，也可以了解到丰臣秀吉为他幼小的儿子丰臣秀赖（Hideyori）建立的摄政统治。他们还从中了解到，石田三成（Ishida Mitsunari，在耶稣会士的书信中称作 Ibonojo）以及他反对摄政统治的独裁者——德川家康的同盟的合谋，以及 1600 年在关原（Sekigahara）进行的最后决战，这一战役使得德川家康几乎完全控制了整个国家。这些书信追溯了德川家康对权力的巩固，他对大名的处理，1603 年他对幕府将军的设置，1605 年他的正式退休以及将头衔传给他的儿子德川秀忠（Hidetada），1614—1615 年对大阪城堡（Osaka castale）的包围和毁灭——德川家康正是死于这次战争。[32]

不过，传教士最基本的关注点还是这些事件对在日本的传教团产生的影响。尽管他们最初很害怕，这是由一些基督徒大名在关原反抗德川家康引起的；不久以后，传教团认为德川家康的胜利有利于在日本的传教。比如，巴范济（Francesco Pasio）1601年年度书简，出版于1603年，就充满了德川家康对战败的大名和传教士恐惧的处置的细节描述。[33] 瓦伦丁·卡瓦略（Valentim Carvalho）对1600年年度书简的补充也是出版于1603年，他报告了德川家康对传教团的友好和喜爱，并认为那时的传教团处在和1586年——丰臣秀吉颁布禁教法令之前一样的大好形势下。[34] 尽管他们不时报道在某些地区发生的有关宗教迫害的个别案例，这些出版于17世纪前十年的书信集主要描述的是转变、奇迹、他们的虔诚和传教的进步、宗教服务、与禅师的辩论以及幕府将军和其他大领主对传教团的接受。尽管存在零星的宗教迫害，他们提供的图景还是对
1839 传教事业充满了自信。[35] 即使有些重复，费尔南·格雷罗五卷本的《耶稣会神父传教事务年度报告》（*Relaçam*）① 仍然是将这种图景刻画得最为形象、最为清晰的作品，该书出版于1603—1611年之间，书中提供了大量的细节。[36]

除了记载政治和教会的特殊事件外，格雷罗和这个世纪头十年的书信集极少提到日本及其民族的情况，可能是因为作者认为日本已经被先前的耶稣会士报告做了充分的描述。尽管如此，细心的读者仍然可以从中不时读到以前未曾出版的新的描述。在格雷罗报告的具体事件中，包括大名部队进入京都天皇的宫殿，那是在1603年德川家康从天皇那里被授予了幕府将军的头衔；1604年丰臣秀吉作为新的八幡或“战争之神”——“日本的主要神祇之一”——被“追认为圣者”。格雷罗报告说，后来在京都建成的新寺庙是全日本最精美的，追认为圣者被当作重大的节日来庆祝，这原定当作国家的年度大事。格雷罗还报告了德川家康的孙女与丰臣秀吉的儿子丰臣秀赖的婚礼。[37]

在格雷罗对日本乡镇和城市的简短描述中，也可以看到一些有趣的信息。1600年的长崎是一个杰出的城市，位置绝佳，空气清新，大约有400 000—500 000人。[38] 博多（Hakata）是筑前（Chikuzen）的港口，一个非常重要的城市，

① 全名为：*Relaçam annal das covsas qve Fezeram os Padres da Companhia de Iesvs nas partes da India Oriental, & no Brasil, Angola, Cabo verde, Guine, nos annos de seiscentos & dous & seiscentos & tres, & do processo da conuersam, & christandade da quellas partes, tirada das cartas dos mesmos padres que de là vieram*。——译者注

位置绝佳并拥有美丽的建筑，大量富商居住在此。许多基督教徒——不论是老的还是新的——都住在那里。[39] 宫古（Miyako）和大阪是日本的主要城市。丰臣秀吉在两地都修建了宏伟的城堡。靠近京都的城堡称为伏见城（Fushimi）。这两座城堡住着日本所有的大领主，来自西部的住在伏见城，来自东部的住在大阪。[40] 京都非常大，大约有 80 000 人口。京都城被分成两部分：一部分叫作下町（Lower MIyako，或“Miaco de baixo”）；另一部分叫作山之手（Miyako on the Hill，或“Miaco de riba”）。下町靠近伏见；京都和伏见构成了一个连续 1840
的城市，绵延超过一里格。天皇和他的“公家”（cungues [keuge]①，朝廷）住在山之手。[41] 作为美浓（Mino）的中心，岐阜（Gifu）是中纳言大人（Chunugandono [Chūnugan-dono]）——织田信长的孙子② 和合法王位继承人的居住地，独裁者丰臣秀吉就是从他的手中篡夺了权力。[42] 江户，在 1605 年是新的德川幕府所在地，“面积很大，非常漂亮，带着浓郁的日本风格”。尽管它位于北纬 35°，但因为近海，它的气候却比京都更为舒适。几座海湾和运河——所有都是人工制作的——允许哪怕是大型的船只在城市的不同地方装载和卸载货物。近来由德川家康建造的幕府将军城堡非常大，周长超过 1 里格，建有厚实、光滑而平坦的城墙。宽而深的护城河使得它几乎坚不可摧。尽管还没有最后完工，但只要完工，它就是日本最坚固、最宏伟的城堡之一。幕府将军在宫廷中养着大量的贵族，所有这些都让它“看起来人口众多，并且赏心悦目”。[43] 格雷罗提到，几年以前，当德川家康在江户设置幕府之时，一些英国人和荷兰人乘船来到江户，并居住在江户及其附近地区。船上的全体工作人员都住进房屋并建立了家庭。他很担心这些异教徒会给日本的基督教事业造成损害。[44] 格雷罗还对 1607 年的江户城堡进行了描述，作家巴范济曾对江户城堡的面积、漂亮和整洁，以及它内部的绘画感到惊讶；格雷罗还描述了建造江户城堡是怎样使用 300 000 名工人建造的，所有的工人都是由不同的大名轮流提供和供养的，“公方大人”

① 在日本历史上，“公家”是相对“武家”而言的，是对由朝廷和公卿贵族所组成的天皇政权的称呼，“武家”则指幕府政权。——译者注

② 指织田信长的嫡长孙织田秀信（1580—1605 年），其父为织田信忠（1557—1582 年）。——译者注

（Cubo [Kubō-sama]，或幕府将军，即德川家康）只会偶尔给他们提供少量的米饭作为额外的配给”。[45]

格雷罗的《耶稣会神父的年度书简及相关问题》中，有可能是最早出版的对东海道（Tōkaidō）——“东海路线”（the Eastern Sea Route）和富士山（the Mount Fuji）的西方描述。他说，东海道位于京都和江户之间，几乎全部都由人工完成，宽度在240寸以上，光滑而平坦。从这条路的一端到另一端，两侧的松树均匀分布，这些松树可以给旅行者带去凉爽和清新。许多乡镇和村庄都沿着东海道而建，干净、设备齐全的**旅馆**（*hanjin*）沿路而设，相互之间间隔一天的路程。较大的乡镇建有堡垒，因此军事保护让东海道更加安全。沿途每
1841 隔一里格就设有路标，上面标明了该地的地名及其历史或重要性。其中一处重要的地方就是古代的**旅馆**，镰仓市曾经是“源赖朝”——日本古代的领主——的朝廷所在地。[46]

格雷罗对富士山的美好描述，来自耶稣会东方省副省长巴范济1607年在骏府（Sumpu，在今天的静冈）的德川幕府和江户的新幕府将军德川秀忠的造访：

> 江户市在骏府市东边，位于骏河国（Kingdom of Surunga[Suruga]）境内，短短四天的路程。在那条路上就有那座山脉，因其高度和美丽而在日本受到作家和画家欢迎，这座山被称为“富士山”。富士山海拔极高，超过周围许多高山。它高高地耸立在那里，凌驾于众山之上，似乎要三天时间人们才有可能爬到山顶。在从菲律宾航向新西班牙的西班牙人看来，富士山仿佛耸立在云端，他们称之为火山，因为它曾有过数次可怕的喷发。这座山峰周边几乎都一样圆，这种形状和特征从山麓一直保持至山顶，就像金字塔一样。山麓到山腰都是巨大而茂密的森林，山腰以上几乎完全是空旷的，**没有草木** [*escampado*]。因为在一年中的大部分时间里，这里都覆盖着厚厚的积雪。那里也因此造就了漂亮宜人的景观，因为山上各种不同的事物——比如树、雪、雾以及环绕山顶的云——人们将其视为异常完美的景观。这座山的周长是如此巨大，以至于山坡被分成三四个相互毗邻的王国。在山麓有

一些供奉神祇的寺庙，其中主要的一座就是供奉神的，这座山就致力于这一崇拜，称为浅间大神（Sengeum [Sengen]）。[47] 因为这在日本盲目的异教信仰之外被当作神圣的和圣洁的山，大量来自许多王国的朝圣者一年一度来到这里，在每年的 8 月份，因为在那个炎热的季节，山上的雪和冷空气都相对较少，因此也更适合爬山并完成他们的朝圣。除了上面提到的时间可以爬山和朝圣之外，没有人敢在其他时间登山，因为那里的大风强烈而寒冷。劲风之下，没有人能站得稳。

于是，上文提及的朝圣者在黄昏开始爬山，这样他们将在黎明时分下山，然后在白天返回；他们在这个时间爬山的原因，是因为他们说这是那么高的一座山、那么险峻而恐怖的登山，以至于如果是在白天，看到他们所面对的那么多的危险，他们的希望之光就会破灭。朝 1842
圣之旅结束了，他们从不同的路线返回，在山顶被松软的沙粒或大量的火山灰绊倒，用这种方式下山只需要花费几个小时，而爬山却花了很多的时间。[48]

1610—1915 年间，几乎没有任何来自日本的书信集出版，从那以后，对新的迫害的描述主导了传教士的作品。在 1614 年 1 月，德川家康签署了著名的禁教令，并下令驱逐所有的外国传教士。[49] 大部分在日本的传教士都在 1614 年离开了，尽管仍有一些躲藏了起来，并试图在暗地里发展教徒。在德川家康 1616 年去世之前，法令并未得到严格的执行。在那一年，德川秀忠重新签署了禁止基督教的法令，迫害也重新开始。在 1637—1638 年的岛原叛乱（Shimabara rebellion）以前，禁教法令变本加厉，有效地将除荷兰人之外的所有欧洲人拒之门外。[50]1615 年以后的传教士报告用生动的细节描述了传教团情况和日本的基督教：恐惧、拘捕、拷问及判刑。他们赞扬日本基督教徒的不屈不挠，尽管他们也提到一些叛教的做法。报告中通常包含了殉教者的传记；有一些甚至只有一个殉教者。这些报告反复讲述着有关宗教迫害和殉教者的故事。对新的殉教的报告通常以一个简短的使团历史和先前的迫害与殉教开始。少数报告中有一些对日本或对日本民族的描写，当然那些报告只提供了很少新的信息。[51]

1609—1610年的年度书简，由若昂·罗德里格斯·吉朗（João Rodrigues Girão）撰写并出版于1615年，报告说随着德川家康日益年迈，他越来越沉湎于佛教和神道教，但是传教团的状况仍然很好。[52] 佩德罗·莫雷洪（Pedro Morejon）的《日本迫害耶稣会士简报》（*Breve relacion de la persecucion*）① 一年以后（1616年）在墨西哥出版，对1614年新开始的迫害有详细的叙述。[53] 但是，它的前言对日本及日本佛教有简短的描述，另有日本近期历史的纲要以及从沙勿略开始到1614年耶稣会传教团的历史。乔瓦尼·弗雷曼斯（Giovanni Vremans）1615—1616年有关日本的年度书简记述了德川家康1614—1615年
1843 对大阪的袭击，② 堺市（Sakai）和大阪城堡的焚毁以及丰臣秀吉的死亡。[54] 同样的信息在金尼阁的《基督教在日本的胜利》（*De christianis apud Iapanios triumphis*，美因茨 [Mainz]，1623年）中也有报道。[55]1624年的年度书简，由若昂·罗德里格斯·吉朗写于澳门（罗马，1628年），记述德川秀忠1623年辞去了幕府的头衔，以便传位于他的儿子（德川家光），但是注意到新的幕府将军与他父亲一样反对基督教。[56] 所有出版于1615年以后的报告，除了若昂·罗德里格斯·吉朗1609—1610年的书信外，都是在日本以外的地方写成的——通常是在澳门。

斯皮翁·阿玛蒂（Scipione Amati）对伊达政宗（Date Masamune）1613—1620年派往墨西哥（Mexico）、西班牙和罗马的使团 ③ 的描述，包含了可能是最早出版的欧洲对本州岛（Honshu）北部的伊达统治——在阿玛蒂的报告中叫作“Kingdom of Voxu”（陆奥国 [Oshu, Mutsu]）的记载。[57] 阿玛蒂是使团在意大利时的翻译，他有关陆奥国的信息一定是来自与日本大使支仓常长（Hasekura

① 全名为：*Breve relacion de la persecucion que huvo eatos anos contra la iglesia de Iapon*。——译者注

② 指德川家康1614—1615年在大阪与丰臣秀赖之间的对决，史称“大阪之阵”。此役之后，丰臣秀赖自尽，德川家康巩固了德川幕府的统治。——译者注

③ 指著名的庆长遣欧使团。庆长18年，伊达政宗派遣以支仓常长（1571—1622年）为首的使团出使欧洲。使团先横渡太平洋，在墨西哥的阿卡普尔科登陆。之后又横渡大西洋，到了西班牙的马德里，最后到达意大利的罗马，拜见了罗马教皇。此次出使前后长达七年时间（1613—1620年）。——译者注

Rokuemon)，以及与圣方济各神父路易斯·索特洛（Luis Sotelo）的交谈，索特洛是从日本跟随出使团来到意大利的。

正如阿玛蒂所描述的那样，陆奥国远在日本66个“藩国”（省份）之外，大致包括主岛（本州岛）的1/4。陆奥国从岛屿的北端向南延伸400公里，最宽处从东到西大约300公里。[58]陆奥国南部气候宜人，但是冬季北部的气候非常恶劣，从11月到次年4月长时间为大雪所覆盖。那里的土地肥沃，生产大量的小麦、大麦、稻米和粟。阿玛蒂描述了在日本其他任何地方都可以看到的水果、动物、鸟类和鱼。然而，陆奥国出产全日本最优良的马匹。一种特别鲜美的鱼——“Zuzuqui”（海鲈鱼[suzuki，sea bass]）——可以在它的附近海域捕到。矿业——黄金、白银、黄铜、铅矿、铁矿和石英——看来是主要的工业，金子从溪流中淘洗而来。陆奥国的山脉也为日本的其他地区提供木材。这片土地人口密集并得到精耕细作。“这里的人们非常聪明，直率，真诚对待彼此；然而，他们……很狡猾，如果他们发现与他们打交道的人有意冒犯或心怀不轨，他们绝不宽恕。”他们勇敢而好战，“不喜欢学习”。最重要的是，他们都很客气而讲
究礼仪。[59] 1844

阿玛蒂报告说，陆奥国在日本天皇依然统治着这块土地之前，从未如此强大过。大约是在“五百六十年前”变成了这样，当时名为陆奥守（Findefira，藤原秀衡[Fujiwara no Hidehira]）的朝廷贵族造反，开辟了北方的这个藩国。[60]当源赖朝成为幕府将军时，藤原秀衡支持了他，据阿玛蒂说，是因为源赖朝同父异母的弟弟源义经（Yoshitsune）是藤原秀衡的养子。[61]阿玛蒂对藤原秀衡——源赖朝的敌人——去世以后的事件的描述：源义经的战败与死亡，源赖朝的去世，以及在陆奥国作为藤原家族一个分支、承袭政宗（Date）之名的藩国的建立——太过简单，某种程度上也容易使人误解。尽管如此，它们与事实很接近，人物和时间都能分辨得清楚。[62]

阿玛蒂将伊达政宗（1566—1646年）描述为谄媚逢迎之徒。然而他又富有德行、英勇无畏、宽宏大量而且慷慨大方。尽管常常亲自带兵出战，但他从未被打败或被俘虏过。他的生活非常奢华，拥有比幕府将军更大的宫廷。他建立了新的宫殿并豪奢地款待属臣。他的军队有8 000人，遇到紧急情况时，他能

另外召集 100 000 名士兵。在江户的幕府将军为他提供了大量的土地、税收和封臣，以保证政宗的忠诚。事实上，如果没有伊达政宗的帮助，德川家康从来不可能实现对全国的控制。为了巩固他们之间的关系，德川家康让他的一个儿子和一个女儿，分别与伊达政宗的女儿和儿子结婚。[63]

在著作的其他部分中，阿玛蒂致力于描述索特洛在陆奥国的传教活动，他与伊达政宗的友谊以及出使墨西哥和欧洲的使团。正如阿玛蒂——或索特洛——所描述的那样，索特洛是一位勇敢无畏的传教士，在治愈了伊达政宗的一位嫔妃并经过几次布道以后，他说服了伊达政宗相信基督教的真理。伊达政宗告诉索特洛，他可以接受洗礼，但是，公开宣称皈依基督教会阻碍他成为幕府将军的野心的实现。因此，他准备秘密崇拜上帝，但下令在他的领地范围内
1845 布道并鼓励他的士兵和属臣成为基督徒。据阿玛蒂报告说，伊达政宗强制要求民众接受洗礼，因为索特洛没有说服他，圣礼必须总是自愿的。[64] 为了显示自己的基督教信仰，伊达政宗下令毁掉了仙台（Sendai）的一座重要佛教寺庙。在陆奥国有如此多的人想要成为基督徒，以至于索特洛和其他的方济各会修士忙不过来。因此，据阿玛蒂说，伊达政宗决定派遣一个使团去墨西哥和欧洲，请求西班牙国王和罗马天主教皇（pope）派遣更多的传教士。[65] 姑且不论伊达政宗的动机何在，索特洛和阿玛蒂对基督教传教团在日本北部的乐观主义毫无根据——后来在日本发生的历史事件，以及耶稣会士有关日本基督教状况的报告，均无法支撑这种乐观主义的判断。

在 1615 年以后出版的殉教史中，弗朗索瓦·索列尔（Francois Solier，1558—1628 年）和贝纳迪诺·金纳罗（Bernardino Ginnaro，1577—1644 年）的著作包含了有关在日本的传教士及其后来的困难的大部头、全面的历史，每一部作品都有详细的描述。索列尔两卷本的《日本传教史》（*Histoire*）① 实际上是天主教派在日本的历史。该书以主教为线索，讲述从起源至 1624 年的日本传教史。[66] 但是，开头的 54 页是对日本、日本的民族及其宗教的概述，这种概述精选自更早期的耶稣会士报告，特别是古兹曼的历史著作。

① 全名为：*Histoire ecclésiastique des isles et royaumes du Japon*。——译者注

关于日本的面积和地理位置，索列尔的描述比古兹曼更为详细，但更不准确。他认为，这个岛屿帝国从北纬 30°延伸到北纬 38°，周长 600 里格，200 里格长，宽从 10 里格到 30 里格不等。[67] 东边与美国隔海遥望，北边则是契丹，西边是中国。他认为日本的五岛列岛（Goto）离中国沿海的“宁波”只有 60 里格，而距离马六甲市（Malacca）则远在 600 里格以外。索列尔没有提到日本靠近朝鲜。[68] 和古兹曼一样，索列尔开列了日本的 66 个“藩国”、他们发现的岛屿以及主要的城市。他将京都看成是“日本的巴黎”。[69]

索列尔用与古兹曼相似的词汇，对日本的自然资源进行了描述，尽管他提供了特殊植物和动物以及谷物收割季节更多的细节。当然，大米是主食的大宗，尽管日本人也种植小麦、大麦、粟和大多数欧洲已知的水果。他们常常用大麦麸代替食盐。他们极少种植葡萄。一种从大米中酿造的啤酒（很显然是日本米酒 [sake]）是他们的主要饮料。他们不用黄油，也不使用橄榄油，因为日本没有橄榄树。他们会使用鱼肝油烹饪和照明。有时他们用松木火把。索列尔认为日本的气候有益健康，因为那里的人们很少生病，寿命很长。日本有季节性的 1846 酷热或酷冷天气。在日本的某些地区，冬季的大雪足以完全覆盖所有的房屋。另外，日本地震频发。[70]

索列尔和古兹曼以及更早的耶稣会士作家一样，高度称赞日本人的民族特性，但是当他对日本人进行细致描写时，并没有展示出有别于早期作家所描写的新的内容。[71] 不过，他用了一整章对日本和欧洲之间的文化进行比较，这对 16 世纪的耶稣会士作家充满了吸引力：欧洲人摘下帽子表示尊敬，日本用脱下鞋子表示尊敬；欧洲人喜欢长发，日本人则将头发剃掉；欧洲人更喜欢金色的头发和白色的牙齿，日本人则将金色的头发视为畸形，并且将牙齿涂黑以便让自己看起来美丽；欧洲人喜欢戴帽子，日本人则光着头；日本妇女走出房屋时，带领女仆和佣人走在前面，让丈夫跟在后面，欧洲妇女则恰好相反；日本妇女平时穿着宽松的衣服，怀孕时紧紧捆住腰部，这与欧洲妇女的行为恰恰相反；欧洲人刚生下的孩子会得到娇养和呵护，而日本人则将他们新生的婴儿放在寒冷的溪水中洗澡，哪怕是在冬天；欧洲人从左侧上马，日本人则从右侧上马；欧洲人穿黑色表示哀悼，日本人则穿白色表示哀悼；欧洲人喜欢冷饮，日本人喜欢热饮；与欧洲人相反，日本人厌恶牛肉、羊肉和牛奶制品。对比还可以继续，从先前的耶稣会士报告中可以得到证明。[72] 索列尔还描述了漆器桌子的优点、喝茶的礼仪以及日本人对古剑、杯子和花瓶的喜好。他还用了单独的一章来描写“日本人的美德”：他们的耐心、含蓄、谦逊、坚韧、对身体不适的不在意、憎恨贪婪和盗窃以及类似的个性，并用逸闻趣事做了充分的论证。[73]

日本人的语言“低沉、丰富、优雅，在用不同的词汇表示同样的事物时，其丰富、得体及优雅程度，似乎都超过希腊语和拉丁语”。[74] 在古兹曼之后，索列尔也评论了两个“字母表”，日本书面语的简短以及口头表达方式的多种多
1847 样。使用完全不同的方式和词汇取决于谁在说、对谁说以及是在公共场合布道还是与朋友私下交谈。不论对于外国人还是对于日本学生来说，掌握日本语都很困难，需要花费很长的时间。[75]

索列尔对源赖朝篡夺帝国权力以及当时天皇空有虚名的荣誉和尊严的描述，与古兹曼的说法极为相似，但他提供了更多有关天皇的个性和宫廷的细节。比如，天皇穿着黑色的束腰外衣和红色的长袍，在这之外，还带着绉纱一样的面罩，面罩的边缘可以盖住他的双手。头上戴着用各种羽毛装饰的帽子。天皇几乎从不离开宫殿，即使离开也是坐在私人轿椅中。他很少让他人看见自己的面目。他在宫殿中供养了366尊“神像”（idols），其中一位夜晚守护在他的床前。如果他睡得不好，他会鞭打神像，并将神像驱逐出宫十天。白天，他便待在椅子上。天皇的脚从来不着地。他只有一个妻子。如果妻子在他30岁之前去世，他可以再婚；否则他必须保持单身。不仅是天皇——“内里”，而且包括幕府将军——“公方大人”（Cubozama），以及佛教僧侣的领袖——“Iaco”都住在京都，这也充分显示了这座城市的财富和重要性。[76]

与古兹曼一样，索列尔对战国时代的日本政府的描述非常详细而深入。他描述了现行政治制度的起源，封地的维持和封建军队的义务，领地分封（subinfeudation），以及封地的再分配，他认为一切都很正常，“就像所有其他的国家和王国一样”。然而，索列尔仍然惊讶于日本高层贵族面对突如其来的财富上的急剧变化时所表现的高度镇定。[77] 索列尔还注意到，日本的领主对他们的士兵和属臣拥有绝对的权力。他们不需要向任何人请示，就可以审判和惩罚

罪犯。他们也不会给被告任何合法的辩护或上诉机会。惩罚的方式包括罚款和鞭笞甚至流放或死亡，死亡通常用剑执行。日本没有监狱。被判处死刑的日本贵族常常被允许自杀，借此保持他们的荣耀。[78] 索列尔有关日本教会的历史同样也重复了更早时期的传教士作家对日本政治史的描述。

索列尔对日本佛教的描述篇幅很长而且详细，但是与古兹曼的说法很接近。他的作品中有对具体的神社和崇拜物的描述，以及对**修验道**（*Shugendō*）的朝圣之旅的详细描述，而后者古兹曼也曾提及过。[79] 最后，与古兹曼一样，索列尔描述了日本的葬礼和盂兰盆会。[80] 1848

金纳罗的《东方圣典》（*Saverio orientale*①，那不勒斯 [Naples]，1641 年）也是一部大部头的综合性著作，其资料取自耶稣会士书信和其他来自日本的报告。全书分成四个部分。第一部分约有一半的篇幅对日本及其民族进行了描写，其中还包括一张重要的新日本地图；另一半详细叙述了现在非常清楚的 16 世纪和 17 世纪的政治史。[81] 剩下的三部分讲述了传教团及其殉教者的历史。最后，在殉教史中，耶稣会士安东尼奥·嘉尔定（Antonio Cardim，1596—1659 年）的报告出版于 1643 年，这个报告是有关 1640 年 4 名从澳门前往长崎的葡萄牙使者被处死的历史，葡萄牙人带着绝望的心情企图重新开启与日本的贸易。在同一年，葡萄牙船长杜阿尔特·科雷亚（Duarte Correa）有关 1637—1638 年的岛原叛乱的书信也出版了。[82]

第二节　1650年以前英国人和荷兰人的描述

1600 年，第一艘荷兰船只到达了日本，随行的还有英国的舵手（pilot）威尔·亚当斯。到了 1609 年，荷兰人已经在九州岛北部的平户（Hirado）建立了

① 全名为：*Saverio orientale ò vero istorie de' Cristani illustri dell' oriente de'Cristiani illustri dell' oriente liquali nelle parti orientali sono stati chiari per vertù, e pietà critiana, dall' anno 1542*。——译者注

工厂；1613年，英国人的工厂也已建立。到那时候，亚当斯已经成为德川家康最喜欢的人之一，取代陆若汉神父（father João Rodrigues）成了德川家康的翻译。[83]尽管如此，除了荷兰人的报告中有简要的关注以外，在1625年塞缪尔·珀切斯（Samuel Purchas）的《珀切斯游记大全》（*Pilgrimes*）①出版以前，并没有来自非天主教徒的北欧人对日本的实质性描述。最早的荷兰报告见于奥利维尔·范·诺尔特（Olivier van Noort）的环球旅行日记中，该日记出版于1601年。[84]范·诺尔特在从菲律宾航行到婆罗洲的途中，遇见了一艘日本船只，他在甲板上招待了日本船长。他说，所有的日本人都穿着很长的外袍，“几乎跟波兰人（Polish）一样”。那位日本船长——“Iamasta Citissamundo”——穿着一
1849 件色彩鲜艳的、绘有树叶和鲜花图案的丝质长袍，制作工艺非常精巧。所有的日本人将头部剃光，除了后脑勺和颈部的头发留得很长以外。他们十分高大而且好战，他们的兵器是整个东印度地区最好的。日本人的剑非常锋利，据他们说一击可以同时刺穿3个人。以前，日本的“藩王”们彼此之间常常处于战争状态，但是现在（1600年）大多数藩国都臣属于一个“藩王”。葡萄牙人在日本自由地贸易，每年都能从大型的船只中获得巨额利润。它们载着中国的货物到日本，因为日本与中国交战，无法与对方贸易。耶稣会士控制了大部分的贸易，并且成功地使很多日本人皈依基督教。他们在日本受到很高的尊崇，“像小上帝（little gods）一样”，同时他们不允许其他教会在日本传教。范·诺尔特从一个年轻的日本海员那里了解到，中国人和日本人用同一种文字书写，尽管他们无法理解彼此口头表达中的单独词汇，但是可以读懂彼此的文字。[85]

1624年6月，尼古拉斯·范·瓦森纳的《欧洲历史要事录》（*Hitorisch verhael*）②中的一条简短记载，报告了荷兰东印度公司早已在平户贸易多年。报告接着说，一头年轻的暹罗象在1620年被带到了日本，平户当地的统治者对这

① 全名为：*Hakluytus Posthumus or Purchas his Pilgrimes*。——译者注

② 全名为：*Historisch verhael alder ghedenck-weerdichste geschiede-niss, Historisch verhael alder ghedenck-weerdichste geschiedenisse, die hier en daer in Europa,als in Duijtsch-lant, Vranckrijck, Enghelant, Spaengien, Hungarijen, Polen, Sevenberghen, Wallachien, Moldavien, Turckijen en Neder-lan*。——译者注

头大象很感兴趣。他让大象的饲养员丹尼尔·多兹曼（Daniel Dortsman）将大象带入他的住处，以便供他的妻子和嫔妃们观看。当女人们在看大象时，多兹曼在观察这些女人，他估计有超过100多人，她们穿着华丽的长袖丝质长袍并带着丝质面罩。多兹曼说，她们娇生惯养，从不被允许出门。尽管如此，常常可以在大街上看到普通的日本妇女。[86]

珀切斯卷帙浩繁的旅行报告合集中，包含了一些有关日本的描述：威尔·亚当斯的两封书信；船长约翰·萨利斯（John Saris）的航海日记，正是他在1613年指挥着第一艘英国船只来到了日本；理查德·科克斯（Richard Cocks）的部分日记和一些书信，萨利斯离开日本以后，接管了平户的英国工厂；约翰·普林（John Pring）1616—1621年第二次航海的报告略微谈到了日本；阿瑟·哈奇（Arthur Hatch）1623年的一封书信，这封书信对日本有所描述。[87]这些作品当中，没有任何一部提供了对日本系统而有条理的描述，也不如耶稣会士的报告那么全面或敏锐。普林的作品实质上是一部海图志，仅限于对航海细节及与荷兰人关系的描述。尽管如此，它们都是第一手报告，其中一些——尤其是萨利斯和科克斯的叙述——提供了一些新鲜而有趣的、在日本的所见所闻的描述。

亚当斯的书信记述了横跨太平洋（the Pacific）的航行，以及全体工作人员在日本受到的接待，还包括他第一次与德川家康在大阪的交谈，以及他对幕府将军的最后关怀与服务。德川家康最后赐给亚当斯一块封地，在封地上有 1850
80—90名农夫；这种事情——亚当斯注意到——以前从来没有发生在外国人身上。[88]他对日本的描述仅限于对其地理位置的简短介绍，以及对日本民族的少量评论：他说，日本人“性格很好，过于谦逊……作战英勇；他们的审判不带任何偏见，并得到非常严厉的执行……我认为，他们得到了文明的统治，世界上没有比这统治得更好的土地了……（他们）在宗教上各有不同的迷信，并且彼此的观点差异很大”。[89]

萨利斯对在平户抛锚后的第一印象做了简要但生动的描述：大名对他的招待、日本的服饰、问候、宴会和音乐等等。比如，他说，当日本人礼貌地与别人打招呼时，他们首先“脱下他们的鞋子（除了长袜以外，不留其他），然后将右手放在左手上，他们曲着膝盖，反复轻轻摆动或移动双手，他们弯下腰，小步前进，侧着身子向队伍敬礼，口喊 Augh，Augh”。[90] 萨利斯描述大名的女人时这样写道：“（她们）穿着丝质长袍，裙子一层叠压着一层地围着她们，光着脚，只有一双半高统靴，靴子用丝质缎带绑在她们的脚背上；她们的头发很黑、很长，扎在头冠之上，显得非常清秀……她们的脸、手和脚很好看；洁净的皮肤，泛白而缺乏颜色，但她们用富有艺术感的装扮做了弥补。她们个头不高，但很胖；言行非常有礼貌。”[91] 有一些妇女是基督徒，令萨利斯感到有意思的，是挂在他小屋中的维纳斯和丘比特（Cupid）的画像，这些画像“被随意地悬挂在那里”，很显然，它们被认为是圣母玛利亚和圣婴的画像。[92] 大名的妻妾一边唱歌，一边弹奏一种四弦琵琶（*four-strings lute* [*biwa*]），萨利斯认为，这种琵琶的腹部与欧洲的乐器相似，“但颈部更长，弦也和我们的相似，但只有四条羊肠弦。她们的左手弹法与我们相似，十分娴熟，但右手握着一根象牙骨头敲打”。她们“用手打着拍子，照着歌本奏唱。其歌本也和我们的差不多，上面画满了代表乐符的竖线和空格”。[93] 他发现，一大群“普通女人”都“是一
1851 个男人的奴仆”，她们在各个城镇表演戏剧，或者为雇佣她们的贵族表演（参照插图第 367）。在平户，萨利斯亲眼目睹了几次死刑。他描述了一个典型的程序，并注意到被判罚的罪犯坚决而毫无畏惧地在街上游行。一旦罪犯被刽子手斩首，任何人——只要他愿意——都可以在尸体上测试自己的剑的锋利程度。萨利斯说，很多人都这么做，而且在其中一个案件中，3 具死者的尸体被砍成比人的手还小的碎片。[94]

从平户到骏府德川家康的宫廷以及江户幕府将军德川秀忠的宫廷的旅行，可以看到更多的日本景观。萨利斯看来对日本城市的面积和活力印象深刻，他将很多日本的城市与欧洲进行了比较。“他认为博多（Fuccate）和伦敦一样大，‘城墙之内建设得非常好，你甚至可以从街道的一端看到另一端’。博多人口众多，人们都很有礼貌，除了有一伙孩子跟在他们身后大吼大叫之外——他们喊着‘Coré，Coré，CoCoré，Waré’，意思是说，你们朝鲜人（Coréans）心地很坏。”[95] 城墙以内的大阪也有伦敦那么大，在一条宽如伦敦泰晤士河（Thames）的河道上，有许多精美的木桥。他对大阪城堡极为赞赏，它的城墙有 6—7 码厚，用巨石砌成，石头被雕得如此精确，以至于建造城墙时压根儿不用灰泥。萨利

斯还注意到，“太阁殿下”（Tiguasamma，丰臣秀吉）的儿子①也住在大阪，他与德川家康（Ieyasu）的女儿②结婚，他的权力被德川家康篡夺去了。在伏见城堡，萨利斯看到了这个卫戍部队的变化，部队护卫着大阪和京都，有超过 3 000 名士兵。他描述了他们的战马、武器、军装，并惊叹于队列变换过程中表现出的良好秩序。他们不会伤害路上的行人，那些在城里开餐馆的人们也像招待任何一位客人一样招待这些士兵。[96] 萨利斯描写了那里的食物和食物的价格，评论说大部分欧洲人都会制作；日本人厌恶牛奶，而是喝热水和米酒。萨利斯对东海道及穿梭其上的人群感到惊讶。他还注意到，在每座城镇外的道路上，都可以看到罪犯的尸体。在骏府附近，他们看到了一座绞刑台，上面摆放着被处决的罪犯的头颅，被毁伤的罪犯尸体放在附近。萨利斯估计，如果包括郊区在内的话，骏府几乎完全有伦敦那么大。[97]

在受到德川幕府的正式接待以后，萨利斯来到了江户。有关沿途所见的风景，他只描述了镰仓的一尊巨大的佛，高 20—21 英尺，中空，许多旅行者前来参观。有些旅行者走进到佛像中间去，在那里大喊大叫，十分嘈杂。有些人， 1852
就像许多先前的参观者一样，将他们的名字刻在佛像上。[98] 威尔·亚当斯告诉萨利斯，附近“江之岛”（Tencheday）上有座寺庙，每个月都要有一个漂亮的处女给神祇献祭。[99]

萨利斯认为，江户是一座比骏府大得多、也漂亮得多的城市。幕府将军的城堡也比他父亲在骏府的城堡更令人印象深刻，与此同时，幕府将军似乎比德川家康受到的护卫和护理还要好。[100]

在返回平户的途中，萨利斯参观了“京都”（Miaco [Kyoto]），“日本最大的城市，商业繁荣”。然而，他只简要地描述了那里从丰臣秀吉开始、新近建成的寺庙，那里埋葬着 3 000 名朝鲜人的耳朵和鼻子。萨利斯认为，这是日本主要的佛教寺庙，并且他估计，该寺庙有伦敦圣保罗大教堂（Saint Paul）的西侧

① 即丰臣秀赖（1593—1615 年）。——译者注

② 即德川千姬（1597—1666 年）。此处应为作者笔误，丰臣秀赖之妻德川千姬为德川秀忠（1579—1632 年）之女，德川家康之孙女。——译者注

那么大。[101]

在报告的结尾，萨利斯补充描写了“北海道”（Hokkaido），他宣称他的描写来自一个曾经到过那里的日本人。他说，北海道是一座位于日本主岛西北部大约 10 里格的岛屿。生活在那里的人（阿伊努人 [Ainu]）① 是白种人，但是头发像猴子一样。他们用毒弓和毒箭保卫自己。在南部的阿伊努人与日本人贸易：用金子、银子、鲑鱼和其他鱼干换取诸如大米、棉衣、铁和铅等产品。日本人在南部也有一个居民点，叫作“Matchma”（松前 [Matsumae]）。与日本人贸易的阿伊努人，其个头与日本人差不多，但是住在北海道北部的阿伊努人“个子非常矮，像侏儒似的”。[102]

由珀切斯出版的理查德·科克斯的日记，只记述了 1613 年的事件，那一年萨利斯往返于骏府和江户之间。他记述的大部分都是在平户商业中心的事件：他与大名的交谈，试图卖出他的商品，火灾，英国海员在城市中的不礼貌行为，一次台风，以及他与荷兰人的交易。其中的一些描述非常有趣。比如，他描述了看起来是盂兰盆会上的活动，从 8 月 19 日开始，持续三天时间。与平户的其他居民一样，科克斯注意到了英国人房前街道上的碎石路以及悬挂着的纸灯笼。他听说，有一个人因为没有这样做而被处死。科克斯说，日本人，每个夜晚都在坟墓上燃烛庆祝。街道上挤满了人。但是，科克斯每天晚上都待在家里享受
1853 准备好的宴席，除非是得到了大名或其他高级武士的召唤。大名不会来拜访他，尽管传言说会；但是有些武士会来拜访，科克斯会忠实地招待他们。[103]

显然，平户的房屋所有者对保持他们房前街道的整洁负有责任。他们打扫街道，铺上碎石块并建造排水道，排水道上面用平整的石头盖住，以便于排水。[104] 大名任命的官员评估城里的每一座房屋，英国人的房子也不例外，其目的是确定上交给幕府将军用以建造堡垒的赋税额度，正如科克斯所理解的那样。[105]

在台风期间，那些“野蛮不受管辖的”市民整个晚上都拿着火把在大街上

① 又译为虾夷人，是住在北海道、库页岛和千岛群岛的民族。在日本的史书记载中，将之视为“外夷人物”，故有此名。由此可知，“虾夷人”之称本身带有贬义。——译者注

上蹿下跳。相比于台风，科克斯更害怕火把。但是，暴风雨带给这座城市的损失非常大：有超过100座房屋倒塌，许多房屋遭到损坏，其中包括英国人的房子。40—50艘船沉在海港中。[106]火灾看来是个长期的问题。科克斯频繁提到火灾。在10月2日，大名的房子被烧毁了，在19日更严重的火灾毁掉了40座房子。在10月23日，大名下令，每座房子都要在屋顶上放一箱水，以防止那天晚上“魔鬼”在城里放火。在当天以及接下来的几个晚上，人们在街上来回巡游，警告每一个人小心火灾。[107]也是在10月23日，平户庆祝八幡节。街上空荡荡的，大名和所有的贵族都相聚在位于宝塔（Pagoda，寺庙）前面的避暑别墅（summer house）中，观看射手骑马向朝着目标高速射出的箭的方向奔驰。[108]

科克斯还记述了另外一个大的节日，这个节日在10月31日举行。在节日期间，“国王”和他的侄子“年轻的国王”亲自为客人服务，并亲自参与“喜剧”演出以招待客人。科克斯这样评论日本的音乐：

> 他们演奏的音乐和唱歌（包括他们的诗歌）对我们来说实在刺耳，但是他们有节奏地手舞足蹈。他们的乐器是小鼓（Tabers，鼓），两端很大，中间很小，像一个马鞍，他们用手敲打两端。与此同时，拉紧绳索而后放开击打另一端。根据唱歌音调的高低击鼓，以发出或大或小的声音。另有一人演奏笛子（Phife [Flute]）；但是都很刺耳，让耳朵很不舒服。[109] 1854

参加在荷兰人房屋中为“国王”举行的宴会时，科克斯看到荷兰代理商亨德里克·布劳沃（Hendrick Brouwer）及其下属正跪在地上将食物和饮料呈给他们尊贵的客人，科克斯被这一场景逗乐了。在宴会结束以后，布劳沃解释说，那样做是符合日本礼仪的，即使是“国王”自己，也会为他的客人这么做。[110]

在珀切斯所编合集中，最为接近的对日本进行总体描述的，是由阿瑟·哈奇返回英国之后写的一封短信。这封短信评论了日本的地理、气候、自然资源、政府、民族、语言和习俗，所有这些都用耶稣会报告的读者非常熟悉的词汇进行了表达。[111] 不过他描述的是德川时代的日本，因此从中也可以看到某些新政权的重要特征。比如，他描述了幕府将军一年一换的住处和新幕府将军（**参觐交代** [*sankin kōtai*]）① 的人质制度："每一个王子都必须亲自，或者由其兄弟、长子，或者第一夫人前往君主（幕府将军）的宫廷居住。"[112] 他发现，幕府将军从"国王"（大名）那里得到许多的礼物和税款而不需要用任何贵重的东西作为回报，他怀疑，所有这些都是为了防止叛乱："那样的话，他们无法变得富裕，也没有足够的能力让他们的首领反抗他，他不是要忍受他们长出羊毛，而是将它们剃光，通过为新建或修建城堡而向他们征收赋税，甚至不需要忍受他们修建自己的城堡，或用任何方式为自己修建任何防御设施。"[113] 在日本的 66 个"藩王"中，只有 5 个位列"天皇"的私人委员会（监察委员会，**老中** [*rōjū*]）②。哈奇还注意到，与其他的日本贵族不同，幕府将军只有一个妻子，据说他们必须忠诚于自己的妻子。[114]

科克斯 1618 年从长崎写的信，提到了对在日本的基督徒的新的迫害。他在东京看到 55 个人殉教，其中还有一些孩子在他们母亲的怀抱中被烧死。后来，更多的人在长崎被处决。[115] 第一部独立的、亲历迫害的报告由一名新教徒所
1855 撰，出现于 1637 年——雷耶·希斯伯斯逊（Reyer Gysbertszoon）的《幕府时代日本的暴政》（*De tyrannie ende wreedtheden der Jappanen*）。[116] 希斯伯斯逊描述了 1622—1629 年发生在长崎的迫害。他描述了用以强迫基督徒改变信仰的折磨细节及其处决办法。他开列了日本的官员和许多欧洲的受害者。他所提到的大多数殉教者也都在传教士的殉教者名单中得到了赞扬。但是，希斯伯斯逊的著作并不是一份殉教者名单。他不仅记录殉教，也记录叛变，这暗示叛教的基督徒人数要比殉教名单中所列的基督徒多得多。与任何一名荷兰新教徒一样，希斯伯斯逊受到天主教传教团的严厉批评，因为他并不把改变信仰看成是信仰不坚定的证据，相反他将这看成是在对日本基督徒施加的令人发指的折磨

---

① 参觐交代是日本江户幕府严密控制各地大名（藩国统治者）的重要措施。规定各地大名要在一定期间轮流来江户参觐，又称参勤交代。——译者注

② 老中是日本江户幕府时代的职名，负责统领全国政务，地位仅次于大老，通常从谱代大名中选任。——译者注

之下，出现的不可避免的、可以理解的结果。尽管他们可能乐于牺牲。希斯伯斯逊报告的大多数部分，都佐证了天主教传教士所讲述的有关宗教迫害的故事。有关早期德川幕府时代政府的细节也从希斯伯斯逊的报告中浮现了出来，比如，对搜寻牧师的连带责任制度的运用。如果一个日本人被发现藏匿了基督教的牧师，他的家庭以及其住所左、右两边各自相邻的两个家庭——总共5个家庭——也会被处决。[117]

天主教传教士之外，最早对日本进行描述的主要是弗朗索瓦·卡龙（Francois Caron）的《大日本王国志》（*Beschrijvinghe van het machtigh coninckrijck Iapan*）①，该书出现于1616年的《荷兰联合省东印度公司的创始和发展》中。该书1648年也出版了单行本，并出现在接下来的多种版本和译本中。这的确是17世纪最流行、也最有影响力的专门描述日本的作品。[118]该书也是最早对在德川幕府统治下的日本进行总体论述的著作。卡龙从1619年到1641年在日本为荷兰东印度公司工作，尽管他没有在整个德川幕府时代一直住在那里。他参与了所有棘手的谈判，这种谈判是日本商人和台湾长官彼得·奴易兹之间的对抗引起的。在充满危险的宗教迫害的那些年中，卡龙正在管理位于平户的荷兰东印度公司工厂，最后在1640年指导工厂搬迁到了出岛（Deshima）。[119]他能说流利的日语，尽管很显然不具备阅读能力；他欣赏并理解日本文化。他有一个日本妻子，住在一个日本人的家里，并且看来养成了洗 1856
热水澡的癖好。或许没有任何一个17世纪来到日本的世俗的欧洲人比他更有资格描述日本了。不过，他的《大日本王国志》非常简短，并不是一个全面而有条理的报告。他是为了回答荷兰东印度公司总干事（Director-General）菲利普斯·卢卡斯逊（Philips Lucaszoon）1636年给他提出的一系列问题而写的报告，显然没有考虑是否能够出版。因此，他很少甚至没有记载与卢卡斯逊系列问题无关的事情。[120]

① 全名为：*Beschrijvinghe van het machtigh coninckrijck Iapan, gestalt door Francoys Caron, directeur des compaignies negotie aldaer, ende met eenige aenteekeningen vermeerdert door Hendrick Hagenaer*。——译者注

关于日本的地理环境和自然资源，卡龙比早期的耶稣会传教士作家提供的信息更少。他说并不完全确定日本是否是一个岛国，因为日本人自己还没有开发帝国的北部地区。他说，日本主体部分的最北端离江户有二十七天的行程。“北海道”是一个从最北端穿过的狭长的海湾，非常大、多山，但是人口和土地稀少，盛产动物毛皮。卡龙似乎认为本州岛和北海道相连，而北海道可能与亚洲大陆相连。北海道的民族野蛮而多毛，留着很长的胡子。另外两座大岛也是帝国的一部分：“四国（Chirkock [Shikoku]）和九州（Saycock [Kyushu]）”。[121]

根据卡龙的记载，日本被分成 7 个“省”：“九州”、“四国”、“山城”（Iamaysoirt [Yamashiro]）、“越后”（Ietsengo [Echigo]）、“越前”（Ietsengen [Echizen]）、“坎托”（Quanto [Kanto]）和“陆奥”（Ochio [Oshu]）。他没有列举 66 个旧的**律令体制**（*ritsuryō-system*）省份，这些省份为此前的作家常常提及。[122] 不过，他的报告却包含了“对旧报告的翻译和对日本国王、公爵、王子、伯爵和领主的税收（除了天皇的收入之外）的详细说明：连带他们的封邑、城市和城堡名称”，这些材料出自《江户之镜》（*Edo Kagami* [Edo Mirror]），后者在德川幕府时代每年出版两次。除此之外，卡龙还开列了 141 位大名以及 69 名较低的领主和“皇帝的”（imperial）顾问的收入。收入用大米计算，以石为单位（1 石相当于 4.96 蒲式耳），卡龙认为“石”等同于 10 卡罗勒斯荷兰盾（carolus guilders），而他的英译者则将它等同于 12 先令。卡龙的翻译很显然是最早引用《江户之镜》作为材料的例子，这种引用随处可见；《江户之镜》的起源也许可
1857 以追溯到 1629 年或 1630 年。[123]

卡龙宣称，“日本人从不使用非日本人生产的产品”。然而，他开列的名单包括金属、纺织品、手工艺品、动物和鸟类等等，名单很短，也没有包含任何早期作家所未曾提及的信息。他详细地描述了一些温泉以及具有药用价值的水潭和泉水，但没有具体说明其位置。[124]

与大多数早期欧洲作家一样，卡龙了解到京都的**“内里”**是日本的傀儡统治者，而幕府将军是篡夺者。他对平氏（Taira）与源赖朝之间的战争和冲突进行了描述——如果有什么不同的话，就是比他前辈的描述更不准确。这场战争导致了镰仓**幕府**（kamakura *bakufu*）的建立，其冲突则先后提升了北条氏

（Hōjō）的摄政地位和足利氏（Ashikaga）的幕府将军地位，最后也提升了丰臣秀吉的地位。他没有提供任何意义上的时代编年。事实上，卡龙认为所有这一切都发生于之前的一个世纪。尽管如此，他依然准确地指出，通过这种体制，内里的称号和宗教重要性得以保持；所有这些篡位的“皇帝”（**幕府将军**）——包括“太阁”（Taycko）（丰臣秀吉）及其继承者——在形式上都由**内里**“加冕”；**内里**在“Miaco”（京都）的宫廷继续扮演着“别无所求”的角色，原因是“因为这块土地由他人统治着”。[125]

卡龙说，**内里**被认为是如此神圣以至于他的双脚不能触地，从来不会受到阳光和月光的照射，他身体的任何部分——比如头发或指甲——都不会被剪掉，所有食物都用新的碟子供应和制作。他有12位妻子，每一位都被供养在各自独立的宫殿中，当**内里**出行时，她们乘坐各自专属的马车。每天晚上，丰盛奢华的宴会和娱乐表演都会在这12个宫殿中被准备好，没有人知道**内里**会选择和哪位妻子一起进餐。当他进入其中一间房屋时，剩下11个宫殿中的食物和娱乐表演会被迅速带到那里帮助庆祝。当内里生下儿子时，会从全日本最漂亮、最年轻的80位贵族女人中，通过一系列精细的娱乐表演和严格的淘汰程序选出一位侍女（nurse）。[126]卡龙也注意到了日本的隔离事物以及有关帝国宫廷（**公家** [*kuge*]）的知识与文化名声的某些侧面：

> 国家的记录由**内里**保存和更新；其他所有的书籍都由**内里**、他的领主和贵族——大约有800多人——或他们的妻子撰写，对这些人来说，不论是男人还是女人，大部分都有关系及相互通婚，除了享受世
> 界的乐趣和对智慧的研究以外，不做其他的事情。正因为如此，事实 1858
> 上，在宫廷中，男人会根据他们见解的优点而不是出身获得尊敬和荣誉，另外，大人（the great）会因为他们的愚蠢和不道德而声誉受损。因为他们的智慧和高贵的教养是如此令人骄傲和宏大威严，以至于他们除了自身以外不尊敬其他人，除了他们的同伴以外不与其他人交谈，隔离和割断与世界其他部分的联系；他们衣服的风格各有不同；他们使用的语言更为高级，发表先前所述演讲时，倾尽他们所有的知识。他

们当中，有超过 100 人被认为比天皇（大名）更为高贵，这部分人享有更高的声誉、被授予更高的头衔。[127]

卡龙对从丰臣秀吉的胜利到德川家康加强统治期间的事件的描述大致上是准确的，但是可能对读过任何一位传教士报告的人来说都非常熟悉。他正确地推测，丰臣秀吉的朝鲜战役主要是想转移武士并防止国内可能发生的叛乱。他将丰臣秀吉的去世归结于朝鲜大使手中的毒药，这个故事在那时被广为接受，但很显然并非事实。卡龙对德川家康统治的概要描述以 1614—1615 年的大阪战役（Osaka campaign）为顶点，而对丰臣秀赖的死则描述简略，但总体上是准确的。德川家康——卡龙称之为“Ongoschio”（**大御所** [*ōgosho*]① 或退休的幕府将军 [retired shogun]）——并没能长时间地享受胜利。他在 1616 年去世，并由他的儿子“Coubo [Coubosanna]”（即德川秀忠；来自**公方大人** [*kubosama*]，一个常见的幕府将军头衔）——当前的“Emperor Chiongon”（幕府将军家光）——继承了他的统治。[128]

卡龙对德川家光的统治以及德川政权的顺利建立的描述是最好的。关于幕府将军的权力，卡龙简单地写道：“他是至高无上的领主和整个日本土地的拥有者，拥有惩罚大国王和领主——有时因为小的错误——的权力（我住在日本期间，这种事情曾多次发生），惩罚方式包括驱逐、拘禁在某个岛上或者判处死刑。还拥有将他们的土地和财富转赐给任何一位他认为值得的人的权力。”[129]

在江户的幕府将军宫殿，周长大约有 1.5（荷兰）公里，由三条护城河环绕，每条护城河都与高大的石城墙相邻。[130] 护城河和城墙并不对称，但是用奇特的方式相互交错。这样的设计方式以及墙角的多样性，加上堡垒（fortifications）数量众多，使得来访者很难记住城堡（castle）的平面图。要进入宫殿，来访者必须穿过 8—9 道堡垒的大门，这些大门呈不规则排列，相互之间隔着很大的开放式空间，每部分空间都由一队士兵看守。大门非常坚固，两边都有十字

① “大御所”原指日本征夷大将军或将军之父的住所，后以此为其敬称。通常指德川家康。——译者注

形铁棒覆盖其上，铁条厚达 1 英尺。每道门都有一个营房，营房大到足以容纳 1859
200—300 名士兵。城堡内的街道很宽阔，沿街排列着属于那一区域的大领主的华丽宫殿。幕府将军的宫殿，由小树林、池塘、小溪和花园包围，位于最里面的护城河之内。“皇族”和委员会成员的宫殿，建在第二道护城河之内。在第二道护城河和最外围护的城河之间，是“国王”和“公爵”（**大名**）的宫殿。地位较低的贵族，其宫殿位于最外围的护城河以外。大领主之间会攀比他们住处的华丽和装饰程度。他们毫不吝惜地滥用大量黄金，以致于从远处看，宫殿及其周围看起来像一座金山。这些宫廷和宫殿住着日本的大领主（大名）或他们的妻子和继承人，他们作为人质生活在幕府将军的监视之下。[131]

尽管面积巨大，但是宫廷总是很拥挤，轿子、马和大贵族的随从挤满了整个街道。当幕府将军外出时，或坐在马上，或坐在轿子中，常常有很多贵族跟随，这些贵族被称为“他的陛下的随从”（his majesty’s companions）：乐师、画家、医师、作家之类。这些人享有很高的荣耀，也获得很高的薪水，但是没有封地。在他们之后，跟着的是幕府将军的护卫，由幕府将军的亲生儿子（natural sons）和“国王与王子”的其他亲戚组成，后者因为是由嫔妃所生，因此不在继承人的队伍之列。护卫会受到定期检查，训练有素。他们穿着黑色丝质服装，行进时队形保持完美，毫无杂音。幕府将军经过的街道都被新近打扫干净并铺上沙子。没有人敢朝窗外或门外观看幕府将军，在幕府将军经过时，街上的民众低着头跪在地上。为幕府将军视察“京都”（京都）所做的准备，雇用人数数以千计，通常要耗时整整一年。在幕府将军到来之前，许多大领主都会离开几天，在东海道沿线的不同宫殿中等候幕府将军，每一支队伍都陪伴幕府将军半天时间，一队结束，另一队接着作陪。江户和京都的距离有 125 荷兰公里，幕府将军每隔五至七年就会到那里访问一次。卡龙观察到，所有这些都进展得有条不紊，毫不混乱。[132]

卡龙报告说，幕府将军的父亲在“日光”（Niko [Nikko]）的陵墓于 1636 年建成。在陵墓里边，悬挂着一座树状大烛台，这是卡龙在 1635 年以荷兰东印度公司名义赠送给幕府将军的礼物。一座为了幕府将军在参拜神社时驻留的城
堡在五个月内就已建成，尽管曾预期要花三年的时间。[133] 1860

由金银财宝构成的幕府将军的财富甚巨，且持续增长，因为他两个月的税收就够一整年的花销。卡龙也提到了其他的财富和传家宝，他列举了在德川秀忠遗嘱中提及的名单：一些著名的古剑、一把茶壶、一些画作和一些书法作品，其中的大部分都遗赠给了德川家光，尽管也有一些留给他的三个兄弟①。卡龙估计这些财富的价值在 300 000 000 荷兰盾（guilder）。[134]

卡龙详细描述了德川家光的婚姻状况。由于“沉溺于同性恋”，德川家光在他父亲去世时，没有合法的妻子，也没有未来的继承人。根据卡龙的说法，内里说服他与一个女性亲戚结婚，但德川家光对她没有什么兴趣，最后将她独自监禁在一座隔离的城堡中。从那以后，幕府将军的乳母（old nurse）②一直在为他寻找漂亮的嫔妃，希望能找到让他满意的女人。当他最后喜欢上一个出身低微的女人——一位兵器制造者的女儿时，吃醋的宫廷妇女将她的儿子扼死了，就像刚出生就死掉了一样。[135]

卡龙对德川时代的军事制度的描述相当准确。每个幕府将军的封臣都被要求供养一定数量的、与他们的收入成比例的士兵。比如，“Lord of Fiamor”（肥前平户城的大名 [daimyo of Hirado in Hizen]）必须供养 1 200 名步兵和 120 名骑兵，相应的还包括必备的后勤人员，他的收入是 60 000 石大米。总计起来，幕府将军可以掌握由封臣大名供养的 368 000 名步兵和 36 800 名骑兵，以及另外在他自己领地内供养的 100 000 名步兵和 20 000 名骑兵。由于大名们渴望取悦幕府将军，大部分大名都供养 2 倍于幕府将军所要求数量的士兵。他的军队组织良好——卡龙提供了很多细节——幕府将军总是能清楚地知道他所掌握的军队数量。事实上，他可以轻易地确定帝国的所有人口数量，因为所有的家庭都被组织进由 5 个家庭组成的团体，每 5 个家庭组成的团体首领必须向当地的地主汇报出生和死亡的人数。同样地，逐级依次往上汇报，当地的地主向大名、大名向两位幕府的官员汇报。[136]

---

① 指德川义直（1600—1650 年）、德川赖宣（1602—1671 年）和德川赖房（1603—1661 年）。——译者注

② 德川家光的乳母即春日局（1579—1643 年），本名藤斋福，是斋藤利三（1534—1582 年）的女儿。德川家光对她尊敬有加。——译者注

卡龙对德川幕府政府的描述，尤其是关于幕府将军控制大名的方法，观察极为敏锐。只有 4 位大名可以定期向幕府将军提议。这 4 位大名从伺候幕府将军的贵族，以及与幕府将军一同在宫中长大的贵族（**谱代大名** [*fudai daimyō*]）①
中间选出。这些贵族虽能获得很高的薪水，但是要全心贯注于让幕府将军得到 1861
快乐。若与幕府将军稍有抵触，就极易被驱逐。[137]

尽管大领主的税收看起来相当可观，但是卡龙注意到，他们的花费高到足以让他们中的大部分人都长期处于负债状态中。他们中的每一个人都必须在江户度过半年，来自北部和西部的大领主在上半年，来自南部和东部的大领主在下半年（**参覲交代**）。在他们来到和离开江户的时候，都会举行宴会并交换礼物。另外，他们带着大部队出行，有些甚至多达 6 000 人。即使是更小的领主——像平户的大名——也带着 300 名扈从。与此同时，在他平户的住所中，供养人数超过 1 000 人。每位领主都在江户建造他们能够承担得起——卡龙估计，常常超过他们的负担——的豪华宫殿。比如，每当新的宫殿建成，作为对普通正门和门户的补充，他们会建一座特别而华丽的入口——全部上漆、镀金，并用精美的雕刻装饰，其目的是为迎接幕府将军的参观做准备。入口建好之后，会被厚木板盖住以保护不受暴风雨的影响，直到幕府将军前来参观的那天为止，幕府将军的参观通常为期三天。一旦幕府将军穿过了大门，入口就被锁住，再也不会启用，也没有任何人有足够的资格从那一入口进入。不仅是为了招待幕府将军的令人难以置信的昂贵事宜，而且在幕府将军于大名宫殿中进餐以后，大名继续款待幕府将军的亲戚、顾问和其他大名，时间大约持续三个月。除了持续的招待和礼品以外，大名的仆人，尤其是妇女必须得到精心的打扮。即使是来自幕府将军的礼物，比如一只来自他房舍中的鹰，也被认为是灾难性的昂贵，因为接受者必须款待整个城市的市民以为庆祝。卡龙推测，这样一只鸟儿会花费它的接受者半年的收入。由幕府将军安排的婚姻所造成的影响也一

① 在德川家康时代，根据平定日本之后各大名对自己的忠诚度，将大名分为三类：亲藩大名、谱代大名和外样大名。其中，谱代大名又称世袭大名，是指 1600 年关原之战以前一直追随德川家康的大名。——译者注

样。从幕府将军那儿接受的妻子或嫔妃必须被奢华地供养，由非常多的仆人伺候——有时超过 100 人。如果**参觐交代**所花销的费用不够多，幕府将军常常命令建造城堡、道路、运河或其他公共建筑，这些费用全部都分摊到大名身上。[138]

除了将他们困在宫廷以及使他们变穷以外，幕府将军还通过安排官员监视
1862 他们来控制他的封臣大名。卡龙称他们为长官（chancellor），暗示说幕府将军安排他们作为大名雇员的一部分，以帮助治理他的领地，但事实上他们是幕府将军的间谍。[139]

至于德川幕府时代日本的法律与司法，卡龙说“每一位**绅士**（*heer*），从幕府将军到最低级别的市民（burher）都有对其属臣和仆人行使司法的权力”。[140] 早期耶稣会士作家认为只有武士才拥有这种权力，卡龙所描写的大部分内容看来都沿袭了这种看法，除了他认为任何一位丈夫——无论是否是武士——都可以杀死他的妻子和任何一位与他关进同一房间中的人以外。他报告说，幕府将军在他的所有城市和乡镇中都保有司法权力。卡龙断言，所有的罪犯都会被判处死刑，尽管被判决的武士被允许仪式性地取出他们的内脏（**切腹自杀** [*seppuku*]），以此保全他们的尊严。每一个人都会为他的罪行遭受惩罚，除了叛国通敌的罪名以外；一旦叛国通敌，所有的男性家庭成员都会被杀死，他们的财产会被充公，他们的女人会被分送掉或被当作奴隶卖掉。卡龙列举了一些罪名：违反幕府将军的命令、偷盗皇室财产、伪造货币、纵火、强奸、滥用权力、说谎。处决的方法包括斩首、炙烤、灼烧、钉死在十字架上、拖拽并四马分尸以及在油中或水中煮沸。卡龙说，“国王和大领主”（大名）有时被流放到一座小岛上，这座小岛离江户 14 公里，叫作“八丈岛”（Faitsnichina [Hachijōjima]）。八丈岛方圆只有一公里，海岸都是悬崖峭壁，这样一来船只就无法在那里靠岸。那里的囚犯受到近距离的监视，住宿和饮食条件很差，并且被迫养蚕及编织丝质衣服。[141]

为了论证他对日本法律和司法的评述，卡龙讲述了几个有趣的故事：其中一个关于一位贫困的武士，他雇佣了一位傲慢的普通人，他可以杀死这个人而只承担较小的法律责任；另一个故事关于一位大名，他挪用了税款并被下令与他散居到全国的兄弟们和儿子们一起切腹自杀，这使得必须提前做好复杂的安

排，以保证他们能在同一个小时内死去；另外还有一些可怕的故事与对奸妇的惩罚有关。[142]

卡龙在报告中提到，日本城市中没有犯罪或骚乱，每条街道的尽头都设立了铁栅栏，夜里有人守卫，没有人会被允许出去，即使是紧急事务，也无法得到值班的官员的放行。[143]

卡龙极少提到日本的贸易和商业情况，这点令人惊讶。可能是因为他认 1863
为总干事菲利普斯·卢卡斯逊——最初卡龙在1636年就是为他而写了这本书的——在荷兰东印度公司的报告和通信中，有足够的关于这方面的信息。所有日本的对外贸易，他说，都是由外国人在操纵。因为日本人在中国引起的混乱，他们好几年前就被禁止在中国贸易。最近幕府将军禁止任何一位属臣对外贸易，部分是因为存在像荷兰人在台湾遇到的问题，部分则是为了阻止武器或基督教的进口。日本没有派驻海外的使节。外国的货物主要是由中国人和荷兰人运到日本的。西班牙人和葡萄牙人已经在日本进行了超过一个世纪的贸易（但是亨德里克·哈格纳尔 [Hendrick Hagenaer] 在收录于《荷兰联合省东印度公司的创始和发展》中的报告里注意到，他们在1636年被驱逐出了日本）。暹罗人（Siamese）和柬埔寨人（Combodians）也很少来，而英国人已经关闭了他们的工厂。卡龙开列了一些进口的产品名单：上等的丝绸、鹿皮、“Roche vellen”或需求量巨大的制作剑柄所需的鳐皮、大麻、棉衣、红羊毛、地毯、白蜡、各类药物、香料、麝香、盐、瓷器、樟脑、硼砂、象牙和红珊瑚。他说也有一些国内的产品，主要是在京都销售，“是整个帝国的大宗物品，商人从全国各地来到那里贸易”。[144]

卡龙断言，日本“拥有统一的语言，统一的服饰风格，统一的货币和统一的度量衡”。但是，他对货币的描述并未传达出这种严格的标准化印象。他描述了3种金制货币，以两为单位。他们的银制货币，形状多样，“没有一定的衡量标准，只靠估计”。这种币制的货币通常以50两为单位用纸包在一起。除此以外，日本人还使用铜制“货币”，其价值在各个领地中都各不相同。幕府将军下令将所有这些货币都收集起来，用标准的重量和价值重新铸造。[145]不过，长度、体积和重量的衡量标准是全国统一的。日本的商业几乎完全掌控在商人的手中；

幕府将军、大名和武士都不参与商业活动，也无法从中获益。然而，卡龙并不认为单个的商人能获得很大的利润，因为在日本有很多商人。[146] 日本商人并不使用复式簿记（double-entry bookkeeping），而是仍旧使用旧式的记账方法。卡龙尤其对他们用**日式算盘**（*soroban*）所做的快速计算印象深刻，他将日式算盘描述为“一个带有串在细棒上的小圆球的木板，借用了中国的样式”。[147]

1864 房屋用木头建造，因此火灾是日本城镇最主要的灾害。为此，大部分房子都有一个防火仓库用以保管贵重的物品。所有的房屋都高出地面以上四英尺，他们的地板用统一规格的厚垫铺好，非常整洁合适（**榻榻米** [*tatami*]）。日本人住在房屋较低的一层；上面一层用来储存家庭物品。房间用明亮的“屏风门”（curtain door，**障子** [*shōji*]，或透明的滑行门）隔开，这种门可以移开，因此可以扩大房间的面积。房间的装饰包括：画在墙上和滑行门上的图案、镀金纸，以及摆放在房间的画和花（**壁龛** [*tokonoma*]）等。房间的另一端是通往花园的楼梯，这样从房子的主要居室中就可以看到花园。花园一年四季都充满绿色，地面铺设整洁。箱子、橱柜之类的家具放在仓库或储物间中，任何客人都不得进入。客人唯一可以看到的是绘画、精美书法的样本、漆器碟子、茶壶和茶杯以及剑。[148] 武士的房间是独立的，另一侧房间则由女人居住。商人及其他普通人与妻子同处一室，但他们的妻子非常谨慎，少言寡语。[149]

日本人非常好客。他们用烟、茶和酒（日本米酒）招待客人，用音乐佐兴。在招待客人期间从不争吵，此外，他们只会相互拜访彼此私自的住宅。日本没有公共房屋（public houses）或客栈（taberns）。[150]

日本人的婚姻由父母或近亲包办；婚前没有爱情可言。每个男人都只有一个妻子，但是只要他愿意，可以供养许多的妾妇。他可能也非常公开地与妓女交往。另一方面，他的妻子不能过多与其他男人私下交谈。对普通人来说，离婚非常容易，但是对武士就不同。卡龙认为自由人有娶妾和寻花问柳的权利，以让他们的妻子变得顺从并时刻不忘服侍和取悦她们的丈夫。她们从来不干涉丈夫的事务，并且小心翼翼地不用非必要的问题打扰他们。卡龙看来是赞成这种做法的。他举了一些故事来证明日本妇女的这种极端谦逊和忠实。[151]

1865 孩子被自由地养育，很少受到惩罚。7 岁或 8 岁之前，他们很少上学，即使到了7岁或8岁，他们也是由赞美和竞争而不是强迫引导进入学习。卡龙毫不掩饰对这种教育方式的赞赏。与比任何7岁和8岁的欧洲孩子相比，同龄的日本孩子其举止更得体，谈吐更成熟。[152] 卡龙同时也对日本人对他们父母的热爱印象深刻，这种热爱甚至延伸到了死后。在他们父母去世的周年忌日，他们仪式性地禁吃荤食。[153]

当日本男人变老而他的儿子长大成人时，他通常会从职务、业务或贸易中退休，将这种责任转交给他的长子，长子也继承了他最大部分的财产。非长子也能继承一部分财产，但如果他们死在长子之前，他们所继承的那部分财产将归还给长子。女儿无法继承任何东西，除非是在她们结婚时送给她们丈夫的礼物，不过，这样的礼物通常会遭到拒绝。[154] 男人的名字在他生命的不同阶段而各有不同。出生时，他会得到一个乳名（childish name）；当他长大成人时，乳名会被抛弃并取另一个更合适的名字；当他变老并退休时，他还会取另一个私人的名字。但是，总是姓在前名在后。“领主”（大名）也有姓和私人名字，但是习惯上用职务或领地来称呼他们。[155]

与许多更早的欧洲作家一样，卡龙赞美日本人——尤其是武士的忠诚守信。没有什么比下面的例子能更好地证明这点了：他们心甘情愿地成为一名附庸，至死追随他们的领主。卡龙描述了表达这种心甘情愿的誓言，以及由大领主的死带来的**切腹自杀**仪式——通常包括多达30多名属臣。卡龙著作的1661年版中，就有一张关于**切腹自杀**的插图。[156]

在对日本社会的观察中，卡龙对德川幕府时代的阶级结构①做了极为精确的概述。他说，武士数量众多，受人尊崇，众所畏惧。除了由商人和农民供养之外，他们无事可做。商人尽管富裕，但受到歧视，原因是在其他人看来，他们是通过说谎和欺骗来获得收入以维持生活的。工匠和壮工也被低估，因 1866
为他们被认为是所有人的仆人。同样农民也不受尊敬，因为他们如此贫穷可怜，他们比任何人都更辛苦地工作却收入微薄。“他们过着鲶鱼的生活”，卡

① 德川幕府时代的日本社会等级森严，大致分为武士、农民、手工业者和商人四个等级。这一体系之外的僧侣、演员等，也各有严格的等级。——译者注

龙如是说。[157]

在对欧洲对日本宗教的理解这方面，卡龙的贡献极少。除了提到有些教派相信灵魂不朽，以及死后会生活在另一个世界——尽管有些人相信没有独立的灵魂——之外，他没有描述特别的寺庙、神祇或教义。卡龙说，日本总共有 12 个教派，但是他只能叫出其中一个教派的名字。前 11 个教派的僧侣终身不娶，也不吃荤。第 12 个教派，被称为**"一向宗"**（Icko [Ickois，*Ikkō*]）（意为"一心一意"[single-minded]；原来是佛教净土宗 [Jodō Shin]，一个好战的教派），最受尊敬，并且拥有一个高级的僧侣，这个僧侣像国王一样受到尊崇。另外，有一些寺庙是由幕府将军捐建的。它的僧侣可以结婚，可以吃想吃的任何东西。卡龙认为，日本人的宗教信仰不算虔诚。他们很少祈祷，也很少前往寺庙礼拜。除了在神像前念经以及埋葬死者——大部分死者都首先实行火葬以外，僧侣很少有其他的事情可做。他们从来不争辩教义，也很少试图争取其他人皈依到教派之中。僧侣之间发生鸡奸甚为常见，卡龙说，在他们看来，鸡奸并不罪恶，甚至连可耻都谈不上。他们的许多寺庙——都非常奢侈，寺庙周边是舒适的花园——常常用来召开宴会或娱乐表演，这类活动通常有妓女和其他放荡的人参加。[158]

尽管卡龙对日本的宗教明显缺乏兴趣，但是他生动地描述了日本的基督教徒以及他们的欧洲牧师所受到的宗教迫害，其中还包括对他们所受拷问的细节描绘。他同样赞赏他们的不屈不挠，将它看成是一个奇迹。卡龙说，基督教在当时（1636 年）几乎完全被扑灭了。尽管如此，宗教迫害每年都会重新开始，每个人都会被要求将他们与基督教断绝关系的誓言写进寺庙的记录中。每年都有基督教徒被发现和被拷打。近来只要他们放弃自己的信仰并说出其他隐藏的基督教徒（**隐切支丹** [*Kakure Kirishitan*]）①，他们就可以得到赦免。[159]

在卡龙著作出版的大多数版本的附录中，只有科恩莱特·克拉默（Coenraet Krammer）的描述（约 1638 年）增加了新的有关日本的、亲身经历的信

① 隐切支丹意为秘密天主教徒，专指日本历史上首批皈依天主教的日本人及其后裔。在德川幕府统治时期，由于日本的禁教法令，这批日本本土的天主教徒被迫转入地下，故有此称。——译者注

息。[160]1626年10月25日，幕府将军德川家光、前任幕府将军德川秀忠和后 1867
水尾天皇（Go-Mizunō，1611—1629年在位）在京都举行著名的会面。克拉默描述了当时举行会面的街道上的盛况。早在四天前，克拉默就曾受到德川家光和德川秀忠的接见，并且被平户的大名和幕府将军宫廷的一位官员邀请到京都逗留。10月24日这个晚上，这个荷兰人找了一个游行线路上安全的地方，整个晚上都待在那儿，为的是看到预期的人群。沿街都为观众设立了断头台，街道被打扫干净并铺上了白色的沙子，排水沟也被架上的厚木板挡住，护卫站立在街道两旁，他们穿着白色长袍，戴着黑漆头盔。首先出现的是仆人和搬运工，他们抬着天皇装在大的方形漆箱中的行李，接着是64座用光亮的白色木材和黄铜制作的轿子，抬着天皇的侍者。后面跟着更多精致的轿子，轿子上有黑漆和镀金的装饰物，抬着天皇的宫廷成员；接着是一队骑兵，每匹马都由两名步兵牵引。克拉默对每一种制服和马匹的装饰，以及无数侍从和仆人的服装进行了描述。金、银、上等丝绸和黑漆的装饰随处可见。天皇的3位主要妻子坐在3辆精美的四轮马车上，马车高4英寸、长2英寸、宽1英寸，黑漆上镶嵌了黄金并有珠母（mother of pearl）装饰。每辆马车都由两头巨大的黑牛拉着，黑牛背上盖着网状的红色丝绸，由4名穿着白色服装的步兵牵引。跟在其后的是侍从和仆人队伍；然后有更多的骑兵，骑兵之后是抬着财宝的搬运工，克拉默列举了每一种财宝。最后是幕府将军的父亲和幕府将军自身的马车，后面跟着步兵、仆人、扶辇者（parasol-carrier）等人，其后是骑在马上的幕府将军的兄弟和所有的164位大名。克拉默开列了这些紧跟着幕府将军的骑马者的名字，每一队列都跟着大列的随从和仆人。游行队伍似乎看不到头。400名穿着白色制服的士兵，然后是坐在另外6辆公牛拖着马车的天皇嫔妃，更多的由奴隶和仆人跟随的骑在马上的贵族，另一辆坐着天皇秘书的马车，几辆坐着宫廷贵族的更为精美的马车，随后是天皇的乐队，乐队由54名乐手组成。在乐手之后是天皇自己，天皇坐在9英尺高的移动宫殿中，宫殿四边都有活页门窗。宫殿顶呈圆形，中心有镀金小球，小球之上是一只展开翅膀的纯金公鸡。整个结构由人工雕像和鎏金角装饰得非常精致、漂亮。里边的蓝色拱顶象征着天空，上面有太阳、月亮和星星的画像。移动宫殿由50名幕府将军的贵族抬着，贵族穿着白色的长袍，戴着黑漆头盔。帝国的护卫、更多的宫廷贵族、13只更大的漆箱和400多名穿着白色服装的、六人一列行进的士兵，所有这些构成了整支游行队伍。游行队伍一旦过去，人们立刻涌上大街，场面很快变得无法控制。
1868 钱包被扒掉，人们被踩踏致死，武士被自己的剑杀死。骚动持续了整个晚上。第二天早晨，街道上可见死去的男人、女人和孩子。数位年轻的女人失踪了，两个星期以后才被发现，发现时被蒙着眼睛、半裸着身子。天皇和他的妻子在幕府将军的宫殿里享用三天的宴会，每餐都由140道菜组成。在他离开之前，天皇会收到从幕府将军及其父亲那里得来的昂贵礼物。克拉默对这些礼物都做了描绘。[161]

有关日本的信息可以在收入于《荷兰联合省东印度公司的创始和发展》中的两种出版物中看到。其中最重要的当属亨德里克·哈格纳尔的航海日志。[162]哈格纳尔是荷兰东印度公司的高级商人，曾经三次造访日本：1634年，1635—1636年，以及1637年。在那段时间，卡龙已经在日本定居。但哈格纳尔并不尝试对日本进行全面的描述，他的航海日志只包含了一些有关荷兰东印度公司在日本贸易的有趣细节，尤其是有关1635—1636年在江户的荷兰使团。除此以外，还有一些对沿途风景和经历的描述。

有关哈格纳尔1634年的造访报告很短。他描述了平户——它的港口和抛锚地点的景象。他报告说，有一位日本的官员登上了荷兰人的船只，登记每位工作人员的姓名和年龄。荷兰人同样了解到，在葡萄牙人离开长崎之后二十天之前，他们被禁止离开。试图改变规定的努力毫无成效。10月17日，37名基督徒在平户被杀害——哈格纳尔描述了这次事件的细节。10月31日，另有23名基督徒被逮捕。第二天哈格纳尔乘坐小船驶往长崎，在那里他见到了苗其尔·凡·桑梧特（Melchior van Santvoort），后者曾经以官员的身份在荷兰开往日本的第一艘船只上追随亚当斯。当荷兰人准备启航离开时，日本官员再次登上船只召集全体工作人员。[163]

1635年9月1日回到平户以后，哈格纳尔大致汇报了熟悉的场景：全体工作人员被召集起来并清点人数；他前往长崎请求传教团允许他的一些船只在
1869 葡萄牙人之前离开；日本人拒绝改变这种规则。随后，哈格纳尔与卡龙一起参

加了释放彼得·奴易兹的谈判，奴易兹是前任台湾的总督，当时仍然被囚禁在江户。①12 月 14 日，他们动身前往江户。哈格纳尔报告的大部分内容都与谈判和接待有关。报告中仔细地列举了给幕府将军以及许多其他官员的礼物，包括 30 个军用铜制吊灯，这些吊灯仍然悬挂在德川家康在日光的陵墓中。[164] 然而，哈格纳尔的读者有时也可瞥见一些沿途的风景。在下关市（Camono Sicky [Shimonoseki]）的海峡两岸，房屋密集，人口稠密。中津市（Acassie [Nakatsu]）有一个用石头砌成的巨大城堡；在城堡的西边不远处是一座岛屿，岛屿岸边有一座华丽的佛塔，每当佛塔沐浴在夕阳中时，哈格纳尔都情不自禁地赞赏不已。大阪是一座人口众多的城市，市内有湍急的河流，河上建有大型的木桥。1636 年 1 月 4 日来到江户以后，哈格纳尔发现那里的街道是如此拥挤，以至于他们很难通过街道。通常，荷兰人与佛教僧侣安置在一起。[165]

哈格纳尔在 2 月 4 日离开了江户，卡龙留下来继续谈判。哈格纳尔在 2 月 6 日到达了“小田原”（Oudauwe [Odawara]），在那里他发现每家每户门前都竖直插着一条绿色的树枝，这是庆祝新年的一种方式。2 月 17 日，他在大阪观光。他造访了七八座漂亮的寺庙并绕着城堡行走，寺庙内有许多镀金的神像，而城堡建有护城河和高大的城墙，看上去壮丽辉煌，令人敬畏。2 月 26 日，哈格纳尔回到了平户。[166]

谈判的一切似乎都很成功。达成了新的贸易协定，奴易兹被释放，他们也被获准在葡萄牙人之前离开日本。所有这些好消息都被要求提供更多的款待和礼物，尤其是江户的大名及其摄政者，他们在谈判中帮了很大的忙。但是在那些天，哈格纳尔也报告了一位日本武士的**切腹自杀**，他的领主已经死去；5 月初 800 余名基督徒被逮捕；酷刑之下的审判；在平户的盂兰盆会的庆祝活动和装饰情况（6 月 14 日）；6 月 18 日占领大阪城堡的庆祝活动；10 月 8 日的八幡节；同时也报告了葡萄牙人的“妻子”和孩子离开前往澳门的令人动容的离别。哈

① 彼得·奴易兹是台湾荷西属殖民时期的第三任台湾长官，在任职期间，荷兰与日本发生贸易摩擦，因 1628 年发生的“滨田弥兵卫事件”被带到日本。1629 年被荷兰东印度公司革职判刑并请回台湾，但于 1632 年再次被引渡至日本监禁，至 1636 年才被释放。——译者注

格纳尔在 11 月 3 日离开了平户。[167]

哈格纳尔 1637 年最后一次造访日本，对于这次造访只有少量描述。贸易非常活跃：他报告了另外 6 艘荷兰船只和 4 艘英国船只停在港内，以及 6 只小排船停靠在长崎。他听说了在长崎进行的对葡萄牙牧师和 27 名日本基督教徒的大屠杀，并且他还目睹了一位窃贼被执行死刑。在离开时，哈格纳尔对未来荷
1870 兰与日本的贸易表示乐观。[168]

《荷兰联合省东印度公司的创始和发展》中同样有关于雅各布·施佩克斯（Jacob Specx）和彼得·塞格斯逊（Pieter Segerszoon）1611 年出使静冈的德川家康朝廷的描述。这些记载附录在彼得·威廉斯逊·沃霍夫（Pieter Willemszoon Verhoeff）的航海日志中。[169] 塞格斯逊的船只——“布莱克”号（Braeck）——是在荷兰东印度公司 1609 年在平户建立定居点后第一艘造访日本的荷兰船只。由于 1610 年没有船只到达日本，日本人感到不太高兴；而葡萄牙人则断然告诉他们荷兰人不是商人而是海盗。因此，“布莱克”号的航行目的就是要说服日本人事实并非如此。船上载货极少，但在塞格斯逊和施佩克斯到达了在位于平户的荷兰东印度公司工厂之后，很快就驶往骏府，在那里受到德川家康的亲切接见，他们在日本的商业地位也得到再次确认。[170]《荷兰联合省东印度公司的创始和发展》中的某些片段是对荷兰使团及其在平户、大阪、京都和骏府谈判的详细描述，这些描述阐明了一些有关早期德川家康时代政治和荷兰人在日本开启贸易的情况。亚当斯在商议和谈判中的作用依然十分重大；荷兰人令人印象深刻地断言，亚当斯在德川家康方面的影响力逐渐增长。然而，作为耶稣会士的翻译人员，陆若汉的作用已经代替了亚当斯，在施佩克斯和塞格斯逊在日本期间，他被驱赶到了澳门。不过，对荷兰使团的报告除了对谈判的描述外，很少有其他方面的描述，甚至没有为欧洲的读者提供任何新的知识。

与此同时，一本欧洲人亲历北海道的报告在 1646 年出版了，附录在亨德里克·布劳沃的《航海日志》中，作者是马丁·赫里特松·弗里斯（Martin Gerritszoon Vries），他曾在 1643 年在日本探险——这很可能是第一本欧洲人亲历北海道的报告。[171] 弗里斯并没有很好地解决涉及北部日本地理环境的问题。他沿着北海道和库页岛（Sakhalin）南岸及东岸旅行，但并没有发现它们并不

相连或北海道是个岛屿。但是，弗里斯的队员在北海道上岸，看到了阿伊努人，所有这些都记在《旅行志略》（*Kort beschrijvinghe*）①中。[172]

《旅行志略》首先复述了他从一位日本人那里了解到的有关“虾夷”（Eso，北海道）的情况。书中将它的主要城市称为“松前”（Matsmey [Matsumae]），并列举了其他几个地方的名字。松前的统治者每年都前往江户觐见日本幕府将军。日本人在那里贸易，北海道的山上发现了银矿。[173]正如荷兰人的报告所 1871
呈现的那样，海岸多山和森林，山上和森林中有许多白桦、云杉、桤木和高大的杂草。有些地方令作者联想到英国的海岸。近海岸鱼类丰富，原因很可能是受到鲸鱼的追逐，更小的鱼类都涌向岸边。在一个小海湾中，他们四天时间内就捕捉到了 1 000 磅重的鲑鱼。他们在海滩上发现了许多的牡蛎。[174]当地土著看上去全部都很相像：矮小而壮实，留着长长的头发和胡子，以至于他们的脸似乎都被头发遮住了，尽管他们前额的头发被剃光了。他们有非常独特的外貌特征，黄色的皮肤，黑色的眼睛，短小、厚实但并不扁平的鼻子；他们浑身都长满了毛。女人比男人更白一些。有些妇女剪掉了自己的头发；另有一些任由头发生长，并像爪哇的妇女一样将头发盘起。女人将唇涂成蓝色。每一个人——包括男人、女人或孩子——都打了耳洞并戴着银链或其他类型的链子。[175]

阿伊努人似乎没有宗教信仰。他们像野蛮人一样吃东西，没有任何仪式。尽管如此，无论何时，当他们围着篝火而坐并开始饮酒时，他们都在火堆的四周洒一圈水，仿佛在做某种类型的献祭一样。他们在房子中放有柴火（firesticks）和木片（wood shavings），在其他许多地方则将木板钉在地上。当有人生病时，他们削一段长木片并将它缠绕在病人的头部和手臂上。他们看来没有政府，也没有文字或书籍，并且没有人懂得阅读或书写。在某些地方，他们以海盗的形式出现并统治了当地的人们。大部分阿伊努人的头上都有曾经受伤后留下的伤疤。[176]

① 此书收录于亨德里克·布劳沃的 *Journael ende historis verhael van de reyse gedaen by oosten de Straet le Maire near de custen van Chili...* 一书中，可能是指 *Reize Van Maarten Gerritsz. Vries in 1643 Naar Het Noorden En Oosten Van Japan*（《马丁·赫里特松·弗里斯 1643 年在日本东北部的旅行志略》）。——译者注

每个虾夷族男人都有两个妻子，妻子们为他们编织衣服和烹饪食物。[177]当他们出去砍柴时，女人负责划船。男人对妻子和女儿十分警惕，他可以杀死任何一个调戏她们的人。男人和女人都喜欢喝刺激性的饮料而且很容易喝醉。据作者观察，他们看起来很野蛮，但是他们在与陌生人交易时是如此真诚和坦率，以至于他们必须被看作是开化的人群。每当陌生人靠岸时，他们都会穿上最好的衣服迎接，并对陌生人谦恭有礼，双手弯曲鞠躬，用像日本人一样颤抖
1872 的音调吟唱。然而，只要他们收到了一个来自陌生人的小礼物，他们很快就会相熟，展现出友好和愉快的脸色。[178]在分娩之后，妇女单独在一间小屋子中住两三个星期。婴儿看起来很白。如果荷兰人出现，正在为婴儿哺乳的妇女会感到非常羞怯。事实上，在荷兰人靠近时，哪怕是很小的孩子——即使是在很冷的天气，他们也常常赤身裸体——也会很快就躲起来。[179]

阿伊努人的房屋用木板建成，木板被巧妙地接榫在一起，屋顶用兽皮覆盖。屋顶留着排烟孔——通常位于房屋的中心位置，以便用来排走火堆中的烟气。[180]地板用草席整洁地覆盖。房子很矮，不超过10—12英尺高。你必须弯腰才能通过房门。屋内家具极少；只有地板上的草席、日本长袍，以及少量或用于坐，或用于躺的软垫。通常情况下，只有6—12座房屋会互相紧靠而建，这种小的建筑群与其他建筑群之间相距半公里以上。大部分房屋看上去都空荡荡的且不适宜居住。那一年的冬天非常寒冷，阿伊努人几乎没有食物。许多人都饿死了。在某些地方，人们埋葬死者，用牡蛎壳作为坟墓的标记。在另外一些地区，棺材被悬放在屋内的柱子上。[181]

阿伊努人吃鱼、鲸脂、绿色蔬菜和红色玫瑰花蕾，玫瑰遍地都是。在玫瑰花蕾长到枸杞大小时，他们将花蕾摘下，烘干并被保存起来作为冬季的食物。他们用上漆的杯子、方形碗和筷子吃饭，这点与日本人一样，尽管在有些地方人们用手抓饭。他们的服饰与日本人很像，尽管他们事实上并不穿丝质衣服。他们从日本人那里购买一些衣服，另有一些则是自己制作的。他们也会用动物的毛皮制作一些外套。[182]

阿伊努人很懒，总是想方设法避免沉重的劳动。他们用独木舟捕鱼，诱捕鸟类，用弓箭打猎。他们用鲸脂、烟熏好的鲸鱼舌头、动物毛皮和鸟的羽毛交

换日本的大米、米酒、衣服（包括丝质和棉质衣服）、铜器、烟斗、烟盒、上漆的杯子和碗、银制和白镴制成的耳饰、斧头和刀子。日本人一年一度来到那里贸易。日语逐渐成为他们的语言。他们是精明的交易者，但并不偷窃。在《旅行志略》的最后，作者对阿伊努人的武器——与日本刀相似的剑、弓和上了毒药、像鱼叉一样的箭——以及他们鞭打俘虏的方式做了详细描述。[183] 1873

第三节　1650年以后的报告

葡萄牙与日本的贸易终止于1639年，到了1640年，荷兰人在平户的工厂也被拆除，与此同时，荷兰人被迁移到了长崎港的出岛上（参见插图第16）。除了在出岛上的荷兰人之外，没有任何其他的欧洲人在1640年以后在日本贸易。有关日本的最新消息也很快就枯竭。传教士不再从日本写来书信。除了一年一度前往江户的幕府将军朝廷的大使之外，荷兰人事实上是被禁锢在出岛上。他们中的大部分人极少有机会或兴趣去观察或了解日本。[184] 到了17世纪中期，有关日本的信息从世纪初的汗牛充栋变为凤毛麟角。

在1646—1669年间，似乎没有任何新的有关日本的信息得以出版，这段时间正处于弗里斯的《旅行志略》和阿诺尔德斯·蒙塔努斯（Arnoldus Montanus）的《荷兰东印度公司特使觐见日本天皇实录》（*Gedenkwaerdige gesantschappen*）① 之间。伯恩哈德·瓦伦（Bernhard Varen）的《日本物产概况》（*Descriptio regni Iaponiae*，②1649年）几乎完全建立在已出版的资料基础上——马菲（Maffei）③、沙勿略和其他耶稣会士报告，但主要依靠哈格纳尔、

① 全名为：*Gedenkwaerdige gesantschappen der Oost-Indische maatschappy in't Vereenighe Nederland, aan de kaisaren van Japan*。——译者注

② 全名为：*Descriptio regni Iaponiae cum quibusdam affinis materiae, ex variis auctoribus collecta*。——译者注

③ 乔万尼·皮特罗·马菲（1533—1603年），全名为：Giovanni Pietro Maffei，意大利耶稣会士。——译者注

卡龙和《荷兰联合省东印度公司的创始和发展》中的附录部分。[185] 丹尼尔罗·巴笃里的《神父在日本教省传教记》(*Giappone*①，1660 年)——部分是他在耶稣会传教团中的历史——重述了耶稣会传教团在日本的历史，基本上是建立在先前的耶稣会士书信和历史著作的基础上的。[186] 基歇尔(1667 年)试图将日本宗教嵌入到他的有关偶像崇拜从古埃及扩散到印度、中国和日本的描述中，强调这些亚洲地区各地宗教传统之间的相似性。不过，他关于日本宗教的所有信息都来自标准的耶稣会资料，尤其是古兹曼。[187]

另一方面，蒙塔努斯散漫的、百科全书式的报告比以往任何一部 1650 年之后的出版物都包含了更多有关日本的第一手材料。[188] 表面上，它是一部关于数名荷兰东印度公司大使前往江户的幕府将军朝廷的报告，从彼得鲁斯·布洛克韦乌斯(Petrus Blokovius)和安德里亚斯·弗里西斯(Andreas Frisius)
1874 1649—1650 年的出使开始。然而，全书结构分散、组织混乱。蒙塔努斯从对地球及其各个地区的大致介绍、各种民族尤其是日本民族的起源、探险简史的概要描述开始，最后是葡萄牙人和荷兰人的海外旅行、他们对日本的发现以及与日本的贸易的报告。[189] 然而他对布洛克韦乌斯使团的描述，一再被对当地风景、历史、风俗及其他由这个使团经历所引申出来的内容所打断。可以理解，书中这种离题的描述，在某种程度上也暗示了蒙塔努斯的比较意识，就是将世界其他地区的风俗、历史事件或经典和圣经的历史与日本相比较。职是之故，他的离题有离题的价值。到了蒙塔努斯的时代，他的读者已经读完了 1649—1650 年使团的描述，同时也阅读了日本原住民的历史——了解到日本原住民是一些叛乱的中国人被惩罚流放到那里的——日本地理位置的描述，以及日本是否与北海道相连、北海道是否与亚洲大陆接壤的推测，来自某些资料中对日本的大致描述，有关日本宗教教派及其僧侣的少量描绘，统一战争的报告，基督教传教团及其遭受宗教迫害的历史，来自先前出版物中对具体城镇、宫殿及类似事物的描写，葬礼、丧礼和盂兰盆节的描述，对大日及其朝廷的记载，等等。[190]

---

① 全名为：*Delle missioni de' padri della Compagnia di Giesu nella Provincia del Giappone*。——译者注

这种描述性的信息是从卷帙浩繁的耶稣会士的报告和荷兰人的资料中提炼出来的。举例来说，蒙塔努斯引用了沙勿略、马菲、加尔旺（Galvão）①、图伦西斯（Turrensis）、伏若望（Fróis）②、卫匡国、哈扎特（Hazart）、林斯乔坦、哈格纳尔、卡龙、克拉默、希斯伯斯逊、施佩克斯和塞格斯逊的报告。尽管如此，从中仍可轻易地辨识出其他的一些材料。他几乎完全复制了其中的某些片段：卡龙摘自《江户之镜》中的片段，克拉默对1626年晋见幕府将军和皇帝的描述片段，希斯伯斯逊对宗教迫害以及施佩克斯和塞格斯逊使团的记述片段。[191] 但蒙塔努斯有些额外论述与日本毫无关系。比如，他的报告中包含了对巴达维亚、澳门、朝鲜、菲律宾、台湾，以及满族入主中原和郑成功收复台湾的描述，而所有这些无疑都引自此前出版的材料。

尽管如此，对布洛克韦乌斯—弗里西斯使团的报告以及相应的描述都来自当时尚未出版的材料，这些材料是由使团参与者所撰写的。对出使路线的描述相当详细，包括各城之间的距离，具体描述了以下几个城市：长崎、平户、大阪、堺市、京都、静冈和江户。所有这些城市都曾被之前更早的造访者所描绘；然而，蒙塔努斯的这些描述看来仍是独立的描述，并且包含了一些新的观察。比如，蒙塔努斯在对平户的描述中，包括对平户长官住所的复杂描绘：“与宫殿不同，平户的长官将木板钉在一起，将他的住所建在一个简陋的棚屋中。”[192] 1875
他认为荷兰人之所以搬迁到长崎，是因为他们曾经在平户新建了一栋石头房子，日本人害怕他们以之作为城堡。[193] 蒙塔努斯还描述了平户附近的一座寺庙，怀孕的妇女前往那里祈祷生个儿子。随后他描述了江户附近小山上的一座城堡，城堡的结构令人印象深刻，它建在赏心悦目的草地上，塔楼大门有双层屋顶，总共七层。[194] 蒙塔努斯报告说，出岛是一座小岛，有一座400英尺的可开闭吊桥与长崎大陆相连。出岛被木栅栏所包围。长官的住所及荷兰东印度公司的办公室就靠近吊桥的大门，在它的对面是一座花园。岛上只有两条街道，街道交汇于岛中心的右角落。靠海的一侧有另一扇大门。[195] 坐船进入长

① 安东尼奥·加尔旺（？—1557年），全名为：António Galvão，葡萄牙耶稣会士。——译者注

② 伏若望（1591—1638年），全名为：Luis Fróis，葡萄牙耶稣会士。——译者注

崎的观众可以看到其美丽的景色，因为城内有数座小山和大量的尖塔与城堡。数条河流流经长崎，河上有许多木桥。街道没有铺石砖，每到下雨天总是泥泞不堪。每条街道都有一座大门，到了晚上就会关闭。长崎市没有城墙。大部分房屋都由木头建成，尽管有些屋顶用稻草加泥土建成。蒙塔努斯用与更早期的报告同样的话，描写了那里的房屋、花园、家具以及持续受到火灾的威胁。[196]他对大阪的描述中包含了一些在两座寺庙中看到的美丽神像，其中一座是站立在一尾鱼儿下颚之上的千手观音（multi-armed Kannon），另一座则是长有四条手臂和野猪头的“魔鬼”。[197]蒙塔努斯报告说，“骏府”曾经是一座很大的城市，现已变得“荒无人烟”，原因是随着“德川家康”的去世，城内的许多居民都离开了。[198]蒙塔努斯对江户及其宫殿和寺庙的描写很显然是个混合物。其中的大部分都来自前人出版的报告。但是他对幕府将军宫殿的描述可能富有新意。这座宫殿有三座方形塔楼，每座塔楼都有九层高，每层都有宽阔的屋顶。两只金制海豚立在中间的塔楼顶上。在幕府将军住所的对面，是一座巨大的礼堂，礼堂金碧辉煌，可以容纳很多听众。幕府将军城堡的护城河沿岸的人行道总是拥挤不堪。蒙塔努斯的著作接着描述并开列了一些大名的宫殿和江户的一
1876 些寺庙。[199]在前往江户的途中，荷兰的大使们观看了富士山，蒙塔努斯将富士山描述为**山伏**的地盘，他们每年都来此朝圣一次，朝圣期间在山上待四十天。在这期间他们绝食并鞭打自己，在那以后他们在脖子上戴着白色的树结，在头上戴着黑色的帽子。[200]在描述了京都的**内里**宫殿以后，蒙塔努斯注意到日本有优秀的诗人、演员和许多用于教化的戏剧。他说，这些戏剧中间有乐师的合唱。[201]在另外一些场合，他还描述了一种人和马之间的比赛，[202]以及日本的摔跤选手，摔跤选手头戴网格布料，短裤系在两腿之间，光着上身——很显然就是相扑（Sumo）选手。[203]在大阪附近的堺市，荷兰人观看了当地的宗教节日。唱着歌的人群列队从街上游行而过，将他们的“神像”抬在肩上。作者同时也记述了他穿过堺市附近一座漂亮的寺庙的花园，寺庙是由**内里**建造的。[204]

1649年的使团更多的是来自荷兰政府，而不是荷兰东印度公司的派遣。其目的是打算对幕府将军释放“布雷斯肯斯”（Breskens）号船只全体工作人员表示感谢，并且向幕府将军保证，即使他们在葡萄牙1646年反叛西班牙时帮助过

葡萄牙人，即使荷兰联合省（the United Province）和西班牙之间于1648年订立了和平协定①，荷兰人仍会将伊比利亚人当成敌人。大使布洛克韦乌斯当然并不是商人或来自巴达维亚荷兰东印度公司的官员，而是合恩（Hoorn）一所拉丁学校（Latin School）的校长（rector）。然而，那时他病入膏肓，以至于生存希望渺茫。尽管如此，使团坚持到达了日本。布洛克韦乌斯的副指挥——弗里西斯是一位荷兰东印度公司的官员，他已经接受了命令，如果布洛克韦乌斯死在了海上，他要用防腐药物保存好大使的尸体并带到长崎去。的确，布洛克韦乌斯死在了途中，他的尸体被防腐药物保存，装在棺材里，到了长崎还举行了一个奢华的葬礼，以便“带给当地人一种惊奇和羡慕”。[205]“布雷斯肯斯”号全体船员的冒险，以及荷兰官方派遣使团的直接起因，在蒙塔努斯著作的第二部分中被再次详述。

“布雷斯肯斯”号是弗里西斯1643年下令派往北海道沿岸探险的两艘船之一。在九州沿岸经历了一次暴风雨之后，“布雷斯肯斯”号与弗里西斯的船——“卡斯特里库姆”号（Castricum）分开了。在暴风雨之后，“布雷斯肯斯”号继续往北航行，为了获得供给保障，在本州东北海岸的“南部湾”（the Bay of
Namboe，南部地区 [Nambu domain] 沿海）抛锚。“布雷斯肯斯”号的船长亨 1877
利·科尼利斯逊·舍佩（Henry Corneliszoon Schaep）和他的9名船员被当地官员邀请上岸，在那里，他们被扣作囚犯并被带到江户以便谈判。很显然，日本人相信舍佩及其船员并不是荷兰人，只是担心他们可能已经将一些牧师偷偷带到了日本。在“布雷斯肯斯”号到达之前不久，5名来自马尼拉的耶稣会士在筑前被捕。舍佩及其同道们被扣留了五个月，只有在荷兰东印度公司的执政官（director）扬·凡·艾尔塞拉克（Jan van Elserack）来到江户以后，摩擦才被平息，他们才被释放。[206]

蒙塔努斯对“布雷斯肯斯”号船员经历的描述，形象地佐证了早期锁国时

① 指《明斯特和约》（1648年），主要内容是承认荷兰联合省脱离西班牙获得独立。也正是从那时开始，荷兰进入了航海与贸易的“黄金时代”，发展成为近代史上著名的“海上马车夫”。——译者注

代（early closed-country period）日本官员对待基督教徒的偏执。从逮捕他们的第一天起，直到释放他们，日本人都试图诱使他们承认自己是天主教徒。他们经常被冷不丁地出示十字架和圣母玛利亚像，以测试他们的反应。另有一些日本人，当他们单独与荷兰人相处的时候，自己划十字架或用手指交叉成十字架。当荷兰人表现出对“天主教徒”（papist）偶像的憎恶多于崇拜时，日本人幸灾乐祸地喊着“Hollande，Hollande”。[207] 在江户，舍佩与他的伙伴们被井上政重（Sicungodonne/Inouye Chikugo no Kami Masashige，1585—1661 年）——在日本镇压基督教委员会的领袖，以及一位表面上对他们很友好的叛教葡萄牙牧师反复审问。还有两次，在被审问之前，他们目睹了 4 名耶稣会士所遭受的严刑拷问。[208] 后来他们被告知，所有的 4 名耶稣会士都叛教了，因为他们无法忍受这种拷打。[209] 他们在一间用以拷打牧师的房间中接受审问，另外有一次他们甚至出席了幕府将军及其委员会对牧师的审问，这位牧师看上去曾经遭受过拷打。[210] 无论是单独审问还是集体审问，同样的问题都一次次重复审问舍佩及其同伴：你来自哪里？你们的船只开往何处？为什么你们在南部湾（the Bay of Nambu）制造枪支？你是基督徒吗？你们是否试图带着牧师上岸？是否有牧师登上你们的船只？谁是巴达维亚的总督？谁是“卡斯特里库姆”号的船长？你认识艾尔塞拉克吗？卡龙是否返回了日本？等等。在一次幕府将军委员会前的审问之后，他们被迫说明了理由，而且被迫用某些方式表演，这些方式成为荷兰东印度公司大使们礼仪的一部分：荷兰人被要求“表演鞍形姿势，扮歪脸，斜视，用八字脚走路以及来回挥动手臂，日本的领主从观看表演中获得
1878 了极大的乐趣”。[211] 当艾尔塞拉克到来时，在见到舍佩和其他人之前，他也被单独审问。当他们最后在艾尔塞拉克的保护之下被释放时，他们被要求签署一份永不带天主教牧师到日本的承诺。在离开江户之前，他们受到了幕府将军德川家光的接见。[212]

因为曾经遭受到恐吓，无论是舍佩还是他的任何一位同伴，都是在报告中讲述自己的故事时，顺带写下了某些描述日本的段落。比如，在前往江户的途中，他们沿途“穿过美丽的峡谷，走过潺潺的溪流，路过稻田和几个小村庄（Hamlets）”。[213] 对日本武士的服饰有非常精彩的描述：上衣有贵重的刺绣，上

衣之下悬挂着其他的饰物，这些饰物显示出“他们的手臂非常紧实”。他们的裤子拖在地上，两侧挂着刀剑。他们的头部除了颈项和顶髻之外均被剃光。[214]在后文中，作者还对武士的铠甲进行了描绘。[215]他们在途中遇见了一些乐师，那些乐师是去参加宴会或婚礼上的表演的，“所有的乐师都是娼妓和流浪汉”。①[216]无论荷兰人到哪里，人们总是好奇地围观他们；人们总是会让荷兰人将其名字写在纸片上。[217]他们经历了一次地震，有些日本人将地震的起因归结于海怪用它的尾巴撞击了海岸，蒙塔努斯借此对日本古老的地震信仰做了长篇讨论。[218]荷兰人对江户奢侈的宫殿感到惊讶。作者描述了一位江户的妓女，她正坐在自己的屋檐下，一边吃喝，一边等候客人。她穿着松散的和服，甚至露出了乳头，她在精致的**腰带**（Obi）上别上花朵，她的头发用缎带松散地扎在后脑勺。[219]他还描述了日本的毛笔、砚台和墨水。幕府将军的印玺既可以用红色的固体墨块，也可以用黑色的固体墨块。使用毛笔写字时，通常是使用整只手而不是其中的三根手指头握笔。[220]作者开列了一个日本文字和词汇的清 1879
单，其中一些极易辨识，尽管它们已经被罗马化。蒙塔努斯说，每一座城市都有自己独特的印玺和军队着装；他还对其中的一些做了描述。[221]“Tonsa”（土佐人 [Tosa]?）与其他的日本人衣着有很大不同。他们戴着长帽，帽子的底端悬挂在脸前，“长毛棉衣松散地套在肩上”；穿着丝质的和服内衣以及宽大的刺绣腰带，腰带的一端几乎下垂到地面。土佐妇女随身带着扇子，肩上披着薄薄的折叠棉布，棉布系在腰间，即和服的中间位置。[222]最后是对幕府将军的观众的描写，他们被将军的顾问和卫兵包围，坐在金色的遮篷之下，遮篷有天体、野兽、鱼、龙和大毒蛇图案。所有这些图案都与他的权力相匹配。即使是大名，也要在他们出现时鞠躬至匍匐在地，在幕府将军的宫殿中，没有任何一位将军的仆人有可能超过 3 位。[223]

荷兰东印度公司每年都会派出一支使团，前往江户幕府将军的宫廷，蒙塔努斯著作的残卷记载了其中的三次：1657 年的扎卡赖亚斯 · 瓦赫纳格（Zacharias Wagenaer）和 1661 年的亨利 · 因迪克（Henry Indyk），以及后来一次由泽尔德

① 原文为 Vagagonds，应为 Vagabonds 之误。——译者注

隆（Zeldron）带领的使团。所有这三次出使报告都包含了实质性的描述内容，其中的很多内容都是对早期报告的重复。尽管如此，有些新的有趣的材料仍然含有一些熟悉的描述。瓦赫纳格的报告包含了对礼物非常生动的描述，这些礼物都是为幕府将军和傲慢的地方官员精心准备的。他很高兴地了解到，荷兰人给井上政重带去的种子在他的花园中生长得很好。[224]唉，瓦赫纳格精心挑选的大部分礼物都在1657年3月2日的火灾中被烧毁了。荷兰人的房屋被烧毁了，甚至是藏在石头下方的贵重物品也被烧掉或熔化了。有超过100 000栋房子，包括幕府将军的宫殿遭到了毁坏。整个城市陷入了混乱中，很多人死于大火，火灾之后被饿死的人更是不计其数。看来所有人都离开了这座城市，包括一些背着瓦赫纳格债务的大贵族，他们在没有还清瓦赫纳格债务的情况下离开了。瓦赫纳格也离开了。[225]除了这场火灾，瓦赫纳格还描述了他沿途访问的几座城市、一场日本人的婚礼以及堺市附近岛屿上的一座寺庙。在那里，很多人用自沉的方式将自己献祭给观音。[226]在4月份返回江户时，瓦赫纳格很难找到一处栖息之所及存放礼物之处。幕府将军在被烧毁的主殿西边的一座狭小
1880 的宫殿中接待了他。尽管花费巨大，但使团似乎并未取得成功。瓦赫纳格的部分礼物被退回，他的那些贵族债务人没有一个将债务全部还清。[227]

瓦赫纳格的报告同时也包含了许多荷兰人在出岛的贸易和生活细节。当荷兰人的货物准备发售，日本商人前去察看荷兰东印度公司仓库长廊中的商品。这项工作是在星期一完成的。星期二他们商谈价格，星期三他们付款交货。在那之后，水门会被打开，用于出售的商品被装进日本船只。瓦赫纳格的报告也描述了每年11月举行的长崎集市（the Nagasaki fair）。日本商人搭建好货摊后，每次出售一件商品，他们都会喝酒庆祝。[228]

荷兰人在出岛生活期间受到的宗教迫害和恐惧，从几个故事中可以看出。一位渴望得到日本妓女的荷兰雇员在留下一张自杀短笺后消失了。日本人很快怀疑他是葡萄牙牧师。瓦赫纳格下令出岛上的所有人一起搜寻这位失踪的情人，直到找到他时才放下心来。瓦赫纳格解释说，如果所有到达的人在离开时没有被清点，无论是船只还是全体工作人员都会很难离开。当一位荷兰船只上的海员喝醉了酒并拿走了其中一座稻草堆上的封条时，另一场危机又出现了（当船

只停靠在港口中时，所有的稻草堆都被封条封住）。一位翻译人员——大部分翻译人员看来都是间谍——向长崎的官员披露了信息。21 位日本士兵冲到了船上，寻找告发的秘密，逮捕了这位海员，将他带上岸边，在那里，他被处死了。[229]当某艘船只准备离开时，全体船员会被召集清点，武器被装到船上，不论昼夜或天气状况，它都必须尽快离开。[230]

瓦赫纳格 1659 年报告说，最近几年日本人一直在生产大量的瓷器。日本瓷器的质量每年都在提高。最好的瓷器产品来自“肥前”（Fizen [Hizen]）；它比任何一个地方生产的瓷器都更好、更白，原因是那里发现了黏土。瓦赫纳格购买了 21 760 件肥前瓷器，并注意到中国人也在那里购买。[231]

瓦赫纳格在报告中记述了 1659 年发生在长崎的一系列事件，这些事件包括：日本官方就荷兰东印度公司夺取台湾的中国帆船而与荷兰产生了争执；新长官的到来以及随行的礼物和接待；一位年轻妇女被中国船长诱奸之后自杀了；
两位年轻的仆人因极小的冒犯而被大贵族主人杀害；长崎的大火烧毁了 100 多 1881
栋房屋；发生在东京的大火甚至烧毁了天皇的宫殿；25 名基督徒在陷阱中被严刑拷打，另外 25 名基督徒被斩首。[232]

对 1661 年 3 月因迪克使团前往江户的记载中，非同寻常地包含了大量丰富的细节，包括礼物的交换、官方之间的谈判、接待、幕府将军随行正规侍卫、幕府将军回赠的礼物——“三十件帝国的外套”——他对荷兰人的指令和警告等等。在到达江户时，因迪克发现了许多空荡荡的街道，尽管在全城都可以看到狂热的重建工作。许多桥梁尚未被修复。他了解到，井上政重在他来到江户的两天前刚刚去世。不论如何，井上政重的秘书想要交付分派给井上政重的礼物。秘书告诉因迪克，幕府将军一直都在询问有关荷兰人的事情，这在因迪克看来是个好消息。然而，过了一段时间，因迪克了解到，幕府将军非常生气，因为荷兰礼物的贵重程度逊于往年。尽管因迪克并不这样认为。他与官方的接触大多都与一位名叫“横山与左卫门”（Jossiesamma [Yokoyama Yozaemon]）的翻译员有关，后者似乎更关注给他自己的那份礼物。尽管如此，他邀请因迪克到家中做客，对因迪克 6 岁和 1 岁 6 个月大的儿子关爱备至，甚至叫出他的妻子与因迪克见面。[233]

因迪克被日本女人迷住了，他认为日本女人“胜过世界上所有已知的其他女性”。日本女人脸型较宽，头型很大。她们每天都用蛋清洗发，这样头发会散发黑玉般的光泽。单身女人前额带着“头巾”（coyfe）；已婚女人在头部前后都有一撮松散的头发。她们一般不戴帽子，尽管有些会戴刺绣帽子。他对和服的描述比大部分人都更为清晰：一袭绣有丝质图案的长袍，交叠于胸前，长袍的边缘嵌有黄金。袖子及上身部分很宽松，但在腰部用一条“平纹宽腰带”（Tabby-Girdle）束身，“贵重物品放在腰带中”（日本腰带）。在外面的和服之下，所有的衣服都“部分染色”或镶嵌了 8 至 12 种以上的花纹。他们有时穿“木底鞋”（clogs，日本式木屐 [geta]），有时穿白色的名为“**日本式厚底短袜**”（taepis [*tabi*]）的“半高筒靴”（buskins）。除非是坐私家轿子或有篷顶的船只，或者在夜间与她们的丈夫一起出行，否则已婚妇女从不出门。[234]

在他受到幕府将军的正式接见期间，由于横山行礼时抬头过快，因迪克被碰了一下后脑勺。尽管如此，他还是认为他受到了很好的接待。幕府将军委员
1882 会的成员带着因迪克的儿子在将军房间里来回跑动。幕府将军要求荷兰人报告任何一次葡萄牙人入侵日本的计划，警告他们不要骚扰中国帆船。在因迪克做出了恭顺的承诺后，接见也就结束了。[235] 在回长崎的路上，因迪克听到了郑成功收复台湾的消息。荷兰人以袭击郑成功的部分船只作为报复。日本官方拒绝容忍这次袭击，并且与荷兰人进行了艰难的谈判。[236] 泽尔德隆使团的报告中并没有包含多少新的描述。

在 1669 年蒙塔努斯的报告出版之后，有关日本的新消息几乎完全局限在收录于已出版的航海日志中的简短报告，这些报告是由随同荷兰东印度公司的船只前往长崎的欧洲人所写的。举例来说，德国的外科医生约翰·雅各布·梅克林（Johann Jacob Merklein）于 1651 年访问长崎。[237] 他为日本人对荷兰人的不信任感到吃惊，并且描述了荷兰东印度公司船只进港时的秘密防御措施：所有的钱、小型武器、书籍、图像及类似物品全部都被没收充公，锁进箱子并被运到岸上，直到船只准备离开；全体船员都被召集起来，每个人的姓名、年龄都要上报；武器、军火、船帆、船舵都要拆卸；无论是私人牧师或是公共牧师，一概不许上船，不许做礼拜；日本人将船系于荷兰船只的船首和船尾，以便对

荷兰人进行全程监视。当梅克林的船停在长崎时，一天深夜，临近船只上的一名水手因醉酒掉出船外后溺水身亡。没有人——包括日本监视者——看到这一幕，直到第二天早上才发现他不见了。日本人立即终止了所有的贸易，加强戒备，不许任何人上岸或者越船走动。三天后，当可怜的水手的尸体浮上水面时，贸易才得以重新开始，正常生活也才得以恢复。因迪克很难想象，如果水手的尸体没有被发现，将会发生什么事情。

事情并非糟糕透顶。由于日本人的怀疑和不信任，荷兰水手在长崎无事可做。荷兰东印度公司雇佣的日本工人掌控着所有的货物，欧洲船员则有空吃吃喝喝。梅克林描述过出岛的两栋用于水手娱乐的房屋：一栋让他们“**找乐子**（*lust*）、闲聊和消磨时间”，另一栋为他们提供吃喝。有位日本旅店的老板为他们准备了荷兰人很少吃到的冷盘肉（**日本生鱼片**[*sashimi*]），以及他们更为喜欢的甜食。

正如瓦赫纳格一样，梅克林也对荷兰东印度公司的商品交易进行了大量描述。不过他提到，当日本商人前来看货时，荷兰人必须保持高度警惕以防他们偷窃。能从船上全身而退的官员和商人都在贸易中有巨大影响力。尽管很难查出窃贼，但梅克林仍冷眼旁观，因为他们与大阪的商人几乎一模一样。梅克林 1883
很想知道，如果正如卡龙所说，日本政府查处盗贼是如此正直和严厉的话，那么为什么还会有这么多盗贼。[238]

从梅克林对布洛克韦乌斯（Blokovius）使团所做的惊人描述中，可以看出使团组织者的态度以及其他荷兰东印度公司雇员所受到的热情款待。正如梅克林所说，井上政重建议派遣一位荷兰贵族充任大使，因为日本人不尊重商人，不论荷兰商人多么有钱。荷兰东印度公司的船长试着在阿姆斯特丹寻找一位贵族，但正如梅克林所观察到的那样，荷兰东印度公司中贵族极少，能被说服参加这种漫长而危险的旅途的贵族就更少。因此船长找到了博学的布洛克韦乌斯。当布洛克韦乌斯到达巴达维亚时，他的健康状况已经很差，大家都认为他很难活着到日本。然而，荷兰总督及其顾问——其中一位就是卡龙——并未被吓倒。他们不仅用华丽的礼物、昂贵的衣服、仆人、随从请来这位拉丁文教师，而且以防万一，他们准备好了精美的棺材、黑丝布料、丧服，以及一个贴身裁缝和他一起航行，所有这些人都没有这位虚弱的布洛克韦乌斯知识渊博。布洛克韦乌斯果然死于途中。葬礼以符合贵族身份的形式隆重举行。据梅克林所说，每个人都觉得躺在棺材里的布洛克韦乌斯比活着的他对荷兰东印度公司的贸易更有帮助。[239]

尽管从未实地造访日本，弗雷德里克·博林（1678 年）和西格蒙德·伍尔夫班（Sigmund Wurffbain，1686 年）都在他们出版的游记中对日本有过简短的描述。[240] 博林的描述实际上只是一份荷兰东印度公司与日本贸易的进出口记录，并没有对日本的实质性描述。博林认为日本贸易是荷兰东印度公司最具利润的贸易，但他同时也指出，每年都有 1/8 开往日本的船因台风而报废。至于更多关于日本的信息，他向读者推荐了蒙塔努斯的著作。[241] 伍尔夫班对于日本的描述显然加入了编者的观点，但它并不是对日本地理环境和民族状况的标准描述。它描述了日本民族的起源、葡萄牙人的贸易和耶稣会士传教团的简史，对伊比利亚人的宗教迫害和驱逐，以及荷兰人在长崎贸易的情形。[242]

对日本的主要介绍可见于基恩·克拉赛特（Jean Crasset）两卷本的《日本教会史》（*Histoire de l'eglise du Japon*），该书首次出版于 1689 年。[243] 克拉赛特的著作以索列尔的《日本传教史》（1627 年）为原型，实际上是耶稣会传教
1884 团在日本的传教史。索列尔所述故事时间截至 1624 年，克拉赛特则再次从沙勿略开始讲起，将耶稣会传教团的历史讲到 1658 年。克拉赛特的报告比索列尔的著作可读性更强，在克拉赛特看来，该书“在某种程度上是以老式的文体（style）写成的”。[244] 他对传教团及其所受迫害历史的描写与索列尔一样详细，也与索列尔的著作一样，包含了大量有关战国时代和早期德川幕府时代的日本政策和历史事件。至于这些信息，克拉赛特高度依赖索列尔以及先前的耶稣会士书信集和历史著作。至于后半段的历史，他建立在殉教史和荷兰人与英国人的报告基础上，尤其是卡龙和蒙塔努斯的著作。这些主题相近的资料使他可以更新发现于第一卷中对日本的大致描述，这些描述用了 54 页的篇幅。尽管不论在组织架构还是在内容上，克拉赛特的著作都与索列尔的描述相似，但同时也包含了一些来自更多新近出版物中对德川幕府时代的特殊变化。总而言之，克拉赛特的历史著作没有给欧洲的读者提供任何新的东西，尽管它提出了当时欧洲所了解的日本信息的大纲，而且在相当大的程度上，这一大纲在对日本宗教的描述

方面比卡龙或蒙塔努斯的著作更详细、更准确。

在 17 世纪的最后十年，一份有关日本的简短笔记出现了，这些笔记通常收录在那些随同荷兰东印度公司船只到过长崎的人所出版的航海日志中。比如，克里斯托夫·弗里克（Christoph Frick）在 1680 年造访了长崎；他的游记出版于 1692 年。[245] 尽管他的笔记篇幅极短，但是他记述了 3 艘或 4 艘英国船只在长崎港抛锚，这看上去非常与众不同。弗里克声称，在英国人停留期间，日本人为他们提供女人，但只有船长和簿记员接受了。[246]

同样出版于 1692 年的，还有乔治·麦斯特尔（George Meister）的《东方印度园艺师》（*Der orientalish-indianische Kunst-und Lust-Gärtner*），该书是东方“十年”经历（1677—1688 年）的产物。[247] 在巴达维亚，园丁麦斯特尔与安德里亚斯·克莱耶（Andreas Cleyer）一起工作，后者是位植物学家。麦斯特尔主管 50 名奴隶，这些奴隶在克莱耶的花园里工作并参与有关树木和植物的试验。麦斯特尔两次随同克莱耶出使日本，一次是在 1682 年至 1684 年间，另一次是在 1685 年至 1687 年间。尽管麦斯特尔被限定在出岛和长崎，但他尽可能地了解和体验日本的语言、产品、习俗和植物志。作为一个职业园丁，他对日本植物的多种多样以及它们与印度尼西亚和欧洲的不同感到惊讶不已。他对日本的许多树木和植物做了描述，并音译了这些树木和植物的日语名字。[248] 1885

尤其令麦斯特尔感兴趣的，是日本的园林。他惊讶于日本园林的创造者是怎样努力寻求模仿大自然的艺术的。日本人从乡下运来岩石，在岩石的周围修建风景园。他们在花园的中间树立一座石山，石山的周围摆上小的岩石。在这些岩石的上方，他们种上苔藓以便整体看上去非常自然。另外一些岩石被塑造成悬崖和水闸，水从那儿流进圆形、椭圆形和方形的水池中，水池中养了许多金鱼：如果水流无法自然获取，他们会用水管将水引入园中，并使水流经岩石上方和周围。水池的四周种上野草，野草看上去像是自然生长在那儿。在最大的石头旁边，他们挖上很深的圆形或椭圆形洞，洞里塞上泥土以便种植花卉和水果植物以及大疱植物；当一种花儿凋谢时，另一种花儿又接着开放。岩石也被挖上空洞以作为花托，顶部种上灌木和植物。他们在另一些岩石上挖出的圆洞中安放从森林中偷来的鸟巢，鸟巢上会放上或真的或瓷的鸟蛋。花园的四周用石片和花卉装点，花卉的枝叶被修剪得很优雅。正因如此，没有任何一位欧洲人可以再次自以为是地认为，唯有他们自己是机智灵巧的。[249]

据麦斯特尔说，日本人，这个有着一千多年国家历史的古老民族，从来不接受欧洲人有关艺术、科学或自然的教导。与南部非洲（Southern Africa）的霍屯督人（Hottentots）形成鲜明对比的是，日本人与任何一个民族一样聪慧，不论是政治和商业、战争中的勇猛、艺术上的精致，这些都可以从他们无与伦比的盾牌、漆器、金质工艺品以及绝妙的长剑和精美的瓷器中得到证明。他们由骄傲而执着的民族组成，自认为比其他所有民族都更聪明和富裕，因此他们不相信任何人。人的生命对他们而言毫无价值，这从他们仪式性的自杀、野蛮的谋杀和对清白无辜的基督教徒的系统处决中可以看出。日本人将一年分成 13 个月，1 个月有 26 天。[250] 每年 2 月中旬的新年预示着春天的来临，并要求还清所有的债务。为了还清债务，日本人会卖掉他们的房屋和家人。年轻的女子有时会被卖为妓女。在长崎，有一片围墙围着的区域，名为“丸山”（Mariamma [Maruyama]），中间有 300 多间房屋，屋内有至少 100 多名妓女。[251] 然而，一般情况下，孩子们得到温柔的对待，无论是在家中还是在学校。为了帮助欧洲
1886 人理解日本的习俗和语言特性，麦斯特尔提供了一份简短的用拉丁字母表示的德语—日语词汇表，两位日本人在德国的谈话和罗马化的日语，以及日语词汇表的字符（假名）、数字和某些普通词汇。[252]

尼古拉斯 · 德 · 赫拉夫的《尼古拉斯 · 德 · 赫拉夫游记》出版于 1701 年，书中有对他 1640 年造访长崎的简要记载。不过在读者看来，书中没有任何新鲜的东西。[253]1698 年，杰瑟 · 西卡多（José Sicardo）出版了另一部有关基督教传教团及其遭受宗教迫害的历史著作。该书开篇的前 5 页是对日本的简要描述，这些描述来自那时才为人刚刚熟悉的材料。[254]

最后，1701 年，弗朗西斯科 · 卡莱蒂（Francesco Carletti）的百年老书《卡莱蒂环球旅行记》（*Ragionamenti*）① 的第一个版本出现了。[255] 卡莱蒂（约

① 全名为：*Ragionamenti di Francesco Carletti Fiorentino sopra le copse da lui redute ne' suoi viggi si dell' Indie Occidentali, e Orentali come d'altri paese*。——译者注

1573—1636年)，一位佛罗伦萨(Florentine)商人，在1597—1598年造访过日本，那是其1594—1606年环球航行的一部分。他的著作是在那些关键的年头，作为描述日本的少数非牧师作品之一。卡莱蒂见证了1597年长崎的宗教迫害，专门叙述了马尼拉的方济各会修道士(Manila Franciscan)的到来，"圣费利佩"号事件(the San Felipe affair)，耶稣会士与其他宗教团体之间、最终导致这场宗教迫害发生的争论。对于其中的绝大部分，卡莱蒂对日本及其民族的描述都与其他传教士的记载不谋而合，尽管他更加关注贸易，而对宗教几乎不置一词，对食物、日本人划船时船桨不离水面的划船方式、房屋建筑、折叠式屏风、**榻榻米**)、日本木屐、**日本式厚底短袜**、卖淫以及贫困人家为了筹集嫁妆临时卖女等事务进行了更为彻底的描述。在书中，他用了很大的篇幅来讨论日语，用罗马化方式仿造了**假名**和数字。[256] 卡莱蒂的许多描述都非常清楚且富有见地，通常比大部分17世纪的其他作家都写得更好。尽管如此，对于那些已经读过17世纪下半叶作家所写的日本报告的读者而言，他的报告在某种程度上一定过于陈旧。

对17世纪初期的欧洲读者而言，日本可能是他们最熟悉的亚洲地区。在16世纪晚期，大量的耶稣会士书信集和历史著作都为其读者反复对日本进行了描述，这些信息流(torrent of information)在17世纪的头十年仍持续不断。传教士报告的中心舞台被在日本的基督教传教团令人兴奋的故事所占据。尽管如此，这些故事的读者可能已经对这些战国时代看起来混乱的政治与日本及其民 1887
族已经大致了解。这类读者可以逐年清楚地看到德川家康权力的巩固、和平的建立、耶稣会士和其他传教士之间的争论以及新政府对基督教传教团持续增长的敌意。随着宗教迫害的加深，传教士的报告更多地专门集中于描述日本教堂遭受的磨难及其殉教者。阿玛蒂(1615年)有关伊达政宗出使墨西哥和欧洲使团的报告及其对陆奥国的描述，可能是除了对宗教迫害及殉教的报告之外，最后提供了有关日本信息的传教士报告。直到17世纪中期，没有更多来自日本的第一手传教士报告在出版之中。

随着传教士的撤退，对日本的最新描述及有关日本政治的消息继续出现在欧洲；新的报告是荷兰人和英国人所写的，他们是在世纪之交不久以后来到日本的。第一份报告是英国人写的，收入在 1625 年珀切斯所编合集中；到了 17 世纪中期，荷兰人的报告成为了主流。卡龙 1646 年的报告最有见地，也最受欢迎。尽管北欧的新教徒所撰新著作报告了宗教迫害和殉教，同时也偶尔描述日本的基督教传教团简史，但是其重点仍在贸易和政治方面，其语气也更具世俗主义色彩。与贸易和政治相比，即使是报告中有关日本宗教的内容，也被更为简要地处理，同时观点也更不明晰。虽然新教徒作家常常简述战国时代的历史与德川幕府的建立过程，他们经历和描述的政治仍然与德川幕府体制的建立有关。

在 17 世纪下半叶，当日本已经对除了荷兰人之外的所有欧洲人大门紧闭，而荷兰人也事实上被束缚在长崎港内极小的出岛上时，欧洲人对日本的关注变得越来越少、越来越短。比如，1650—1660 年间没有任何一部报告出版，而 1660 年直到 17 世纪结束也只有 6 部一手的报告出版——单单与 17 世纪头十年的 20 部传教士报告相比，而且其中的大部分都很简略。然而，随后的一部报告——蒙塔努斯大部头的《荷兰东印度公司特使觐见日本天皇实录》（1669 年）是有关日本信息的合集，该书主要取自先前出版的报告和少数几次出使江户幕府将军朝廷的荷兰使团的目击报告。尽管篇幅过长、内容重复、构思粗陋，但是蒙塔努斯的著作仍被翻译成德语、英语和法语，并广为流布。在恩格柏特·坎普法（Engelbert Kaempfer）的《日本史》（*History of Japan*，1727 年）之前，欧洲人无法获得有关日本的更好的信息，坎普法自身是一个狡猾的观察者，也使用了卡龙和蒙塔努斯的报告。

我们有理由相信，关于这个岛屿帝国，勤奋的欧洲读者已经从 17 世纪关于
1888 日本的论述中获得丰富的知识。这可能大部分都要单独归功于蒙塔努斯富有耐心的读者。他们可以读到对日本社会、习俗、服饰、饮食习惯、语言、审美观念、宗教和性格特征的精确而敏锐的描述。尽管日本北部是否与大陆相连等问题仍未解决，但欧洲的读者已经对日本的地理和气候情况非常了解。他们会遇到数以百计的城镇、山脉、岛屿和河流的名字，也读过许多有关它们的描述。其中的一些城市，如长崎、京都、大阪、堺市、江户、平户和静冈，被如此频繁和

详细的描述，以至于读者已经对它们非常熟悉。我们的读者会了解到日本房屋和花园的样式，会读到对北海道、富士山、无数的其他山脉和湖泊的丰富多彩的描述。他们可以身临其境地感受安静的寺庙花园，观察到佛教的冥想和崇拜活动，同时也观察过宗教和世俗的游行队伍。通过弗里斯的报告，他们会看到多毛的阿伊努人并了解他们的土地和家庭。

我们17世纪的读者对战国时代和德川幕府时代初期的事件和政治的熟悉程度可能会令人感到惊讶。他们会读到对织田信长、丰臣秀吉、丰臣秀赖及其母亲、德川家康、石田三成、伊达政宗、德川秀忠和德川家光之间的阴谋、战争、联盟和妥协等异常详细的记述。他们会读到所有重要人物和大量其他大名、武士和德川幕府成员的非常私密的性格特征。或许更令人印象深刻的是，他们可以很肯定地把握住日本封建制度的实际运作及由德川家康影响下的变革。他们可以很确定地感受到这种变化；卡龙和蒙塔努斯笔下的日本与古兹曼和里瓦德内拉所述差异甚大。阅读克拉赛特或卡莱蒂在17世纪末期的作品会加剧这种反差。尽管前镰仓幕府时代（pre-Kamakura-era）的日本历史未能更早地呈现给我们的欧洲读者，但是他们已经对此有所了解，他们会读到对1185年源赖朝建立镰仓幕府的模糊记述，也会读到对京都的帝国政府遗迹的更为清晰的描述。简而言之，他们已经可以看到新的德川体制的历史脉络。即使是在今天，忽略这些17世纪的欧洲史料，对研究16、17世纪的日本历史的学生来说都是不明智的。

注释：

[1] 有关沙勿略以及先前的报告参见 *Asia*, I, 651-74。

[2] 有关 16 世纪的“日本来信”参见 *ibid.*, pp.674-88。

[3] 参见 *ibid.*, pp.688-706。

[4] *Ibid.*, pp.706-19.

[5] 以下描写参见 Lius de Guzman, *Historia de las missiones*…, (2 vols.; Alcala, 1601), I, 305-14。关于古兹曼有关日本的报告，也可参见 *Asia*, I, 711-17。

[6] 古兹曼所谓的 66 个“藩国”，指的是律令体制下的老省份（**国** [*kuni*，*koku*]），这种制度可以追溯到公元 9 世纪初期。尽管 17 世纪更大的领地范围仍相当于老省份，但是这些省份自身在那时已经失去了它的行政意义，而它们的行政部门**神祇官**（[*kami*] 和**太政官** [*suke*]）也已经消失。参见 *Kodansha Encyclopedia of Japan* (9 Vols.; Tokyo, 1983), VI, 258-60。“*Tono*”，更准确地说应该是**殿様**（*tonosama*），实际上是领主或大名的另一种说法。封建主义是一个用来描述中世纪欧洲政治和社会结构的词汇。这一词汇是否能够恰当地适应于日本，仍然存在很大的争议。但是，尽管日本一直在变化，并且有些方面与中世纪的欧洲模型有很大差别，12—17 世纪的日本表现出的足够的欧洲封建制度的特征，仍然使得对比较历史感兴趣的人无法抗拒地使用这个词汇。相关例子参见皮特 · 杜斯（Peter Duus）的《日本的封建制度》(*Feudalism in Japan*，纽约，1969 年)，或他收录于《日本百科全书》(*Kodansha Encyclopedia*)（第二卷，第 263-267 页）中的论文。

[7] 参照 Fróis’ comparisons in *Asia*, I, 687-88。

[8] 坂东市是关东(Kantō)的旧名称。尽管它的大部分学生都是僧人，但足利学校并不是佛教大学。它专门讲授儒家知识。参见 *Kodansha Encyclopedia* (n.6), I, 99-100。

[9] 有关“Iaco”和“Tundos”的区别参见 S.R.Dalgado, *Glossário Lusoasiático* (2 vols.; Coimbra, 1921, II, 379, 436。有关几种类型的牧师例子参见插图第 345、346 和 348。

[10] Guzman, *op. cit.* (n.5), I, 402-4. 另一选译为德文的该书节本参见 G. Schurhammer, “Die Yamabushis,” ZMR, XII (1922), 212-14。有关更早的耶稣会士所提及的山伏参见 *Asia*, I, 661n, 662n, 716。山伏一词，从其最早的意义上来说，“是指‘隐居在山上’，这将最早的山伏在山上小树林中孤独漫游和活动的生涯理想化了。后来，随着修验道从如此松散的状态中被组织起来，这个词语开始意味着这种被组织起来的从业者或牧师活动”(H. Byron Earhart, *A Religious Study of the Mount Haguro Sect of Shugendō: An Example of Japanese Mountain Religion* [Tokyo, 1970], p.172)。

[11] 大多数现代的报告都称此为一年一度的朝圣。

[12] 吉野位于古代大和（Yamato）的南部地区，在奈良正南方的一座山脉作为朝圣的中心。其周边的山峰高度从 500 英尺到 600 英尺不等。参见 B. H. Chamberlain and W. B. Mason, *A Handbook for Travellers in Japan* (5th, rev., ed.; London, 1899), pp.321-24。

[13] "*Zenki*" 和 "*goki*" 是已被降服的恶魔，已经成为役行者（En no Gyōja）的仆人，作为修验道的创立者而受到崇拜；相关细节参见未删节的日本语字典 *Nihon Kokugo Daijiten* (20 vol.; Tokyo, 1974), II, 311。有关山伏的素描画像参见 C.J.Dunn, *Everyday Life in Traditional Japan* (Tokyo, 1969), p.80。 有关役行者参见 *Kodansha Encyclopedia* (n.6), II, 219。

[14] 这是对修验道朝圣者前往大和的大峰山（Mount Ōmine）的描述。修验道是一个独特的宗教行为，它将传统的日本仪式、圣山和进口的佛教与道教信仰混合起来。有关细节参见 *The Enctclopedia of Religion,* ed. Mircea Eliade (15 vols.; New York, 1987), XIII, 302-5。 将它与山伏团体引导前往爱宕山（Mount Atago）朝圣的比较参见 Anne-Marie Bouchy, "The Cult of Mount Atago and the Atago Confraternities," *The Journal of Asian Studies*, XLVI (1987), 255-77。也可参见 Harmut O.Rothermund, *Die Yamabushi: Aspekte ihres Glaubens, Lebens und ihre sozialen Function im japanischen Mittelalter* (Hamburg, 1968), 尤其是第 52-54、232-233 页有关大峰山朝圣的描述。

[15] James Murdoch and Isoh Yamagata, *A History of Japan* (3 vols.; London, 1949), II, 121.

[16] *Asia*, I, 711, 717-19, 725-29. 对丰臣秀吉驱逐法令的分析参见 George Elison, *Deus Destroyed: The Image of Christianity in Early Modern Japan* (Cambridge, Mass., 1973), pp.115-33。

[17] 相关书目参见原书第三卷，第 321-322 页。

[18] 参见原书第三卷，第 315 页，注释第 35。

[19] Marcelo Ribadeneira, *History of the Philippines and Other Kingdoms,* trans. Pacita Guevara Fernandez (2 vols.; Manila, 1970), II, 656, 657.

[20] *Ibid.*, pp.657-58.

[21] *Ibid.*, pp.658-59.

[22] *Ibid.*, pp.659-660. 这种用于艾灼（moxibustion [*kyū*]）的药丸不是用米饭，而是用艾蒿叶子制作而成的。有关用烧灼或艾灼治疗疾病的情况参见 B.·H. Chamberlain, *Things Japanese* (London, 1905), p.339; 有关一般的药物参见 Dunn, *op. cit.* (n.13), pp.133-34。

[23] Ribadeneira, *op. cit.* (n.19), II, 660.

[24] 同上。里瓦德内拉的意思可能是指33种，指的是《妙法莲华经》中描写的33种观音的不同化身。参见 *Kodansha Encyclopedia* (n.6), IV, 144-45。有关阿弥陀佛的画像参见插图第 343 和 347。

[25] Ribadeneira, *op. cit.* (n.19), II, 686-87. 有关释迦参见插图第 344。

[26] 33 间堂是京都白川地区（Shirakawa area）的莲华王院（Rengeō-in Temple）的主厅。始建于1132 年，重建于 1266 年，它有 1 001 座慈悲女神——观音菩萨像，每座都有 5 英尺高，有 11 张脸和 21 双手臂。因为每只手臂都能拯救 25 个世界，每座神像都被认为有 1 000 只手臂。又因为观音可以自身变化出 33 种不同的形象以拯救人类，这 1 001 座神像就可以被认为有 33 033 座。参见 *Kodansha Encyclopedia* (n. 6), VII, 13; Chamberlain and Mason, *op. cit.* (n. 12), p.368; and N. Tsuda, *Handbook of Japanese Art* (Tokyo, 1936), pp. 363-64。有关 1 001 座神像中每座的单独照片可参见 Japan Times, *Kyoto, An Essay in Photographs* (Tokyo, 1975), pp.

90-91。同时参照插图第 334。

[27] 可能指的是清水寺（Kiyomizudera），或“有纯水的寺庙”，该寺成为朝圣的目标始于 9 世纪。有关照片参见 Japan Times, *op. cit.* (n. 26), p.27。

[28] Ribadeneira, *op. cit.* (n.19), II, 689-93. 有关火葬或葬礼参见 Dunn, *op. cit.* (n. 13), pp. 128-29。

[29] Ribadeneira, *op. cit.* (n.19), II, 693-96. 有关西方对盂兰盆会仪式的经典记载参见 L. Hearn, *Glimpses of Unfamiliar Japan* (2 vols.; Boston, 1896), I, chaps. v-vi。同时参见 Chamberlain, *op. cit.* (n. 22), p. 162。

[30] Ribadeneira, *op. cit.* (n.19), II, 696.

[31] 有关标题参见原书第三卷，第 331-333、369-371、373-375 页。

[32] 有关部分来自传教士报告基础上的对这些事件的详细描述参见 Murdoch and Yamagata, *op. cit.* (n. 15), II, 387-553。

[33] *Lettera annua di Giappone scritta nel 1601*...(Rome, 1603). 参见原书第三卷，第 369-370 页。

[34] *Sopplimento dell' annual del MDC*... (Rome, 1603). 参见原书第三卷，第 370 页。

[35] 有关在日本战国时代和德川时代初期的传教团参见 *Asia*, I, 86-93, 166-76, and C. R. Boxer, *The Christian Century in Japan* (Berkeley, 1951), pp. 137-247。

[36] 现代编辑本参见 Artur Viegas, *Relação annal das coisas que fizeram pades da Companhia de Jesus nas suas missões*... (3 vols.; Coimbra, 1930-41), I, 55-234; II, 5-87, 217-89; III, 115-229。有关书目及大致内容参见原书第三卷，第 515-518 页。

[37] Viegas (ed.), *op. cit.* (n. 36), II, 5-7. 这个寺庙很可能是妙法院（Myōhō-in），是丰臣秀吉在京都建造的大型建筑物，里面珍藏着他父亲的遗物。妙法院于 1614 年竣工。参见 Chamberlin and Mason, *op. cit.* (n. 12), pp. 369-70。有关这些事件也可参见 Murdoch and Yamagata, *op. cit.* (n. 15), II, 448-49。

[38] Guerreiro in Viegas (ed.), *op. cit.* (n. 36), I, 81. 根据日本史料，1604 年的人口数量为 24 693。参见 W. A. Wooley, “Historical Notes on Nagasaki,” *Transactions of the Asiatic Society of Japan*, IX (1881), 134。

[39] Viegas (ed.), *op. cit.* (n. 36), I, III. 博多现在是福冈市（Fukuoka）的商业港口。有关博多的日本神社（Shinto shrine），参见插图第 349 和 350。

[40] Viegas (ed.), *op. cit.* (n. 36), I, 114. 丰臣秀吉 1592—1596 年间在伏见修建他宏伟的城堡，靠近东岛山脉（the Higashima Ridge）南麓边缘，今天是京都桃山（Momoyama）地区。在 1598 年去世之前，他一直住在那里。德川家康将它作为自己的住处，从 1600—1615 年设为中央省份，当时长崎城堡落到了他的身上。第三位德川幕府将军——德川家光（Iemitsu）1623 年就是在伏见被授予幕府将军称号的，从那以后他将城堡逐渐毁掉。参见 *Kodansha Encyclopedia* (n.6), II, 375。

[41] Viegas (ed.), *op. cit.* (n. 36), I, 117-18. 有关后来帝国宫殿的景观参见插图第 332。

[42] Viegas (ed.), *op. cit.* (n. 36), I, 119. 耶稣会士常常将丰臣秀吉看成是独裁者或篡位者。织

田信长的孙子叫织田秀信（Hidenobu，1580—1605 年）。中纳言大人（中立议员 [middle councillor]）是一个没有实权的朝廷机构。

[43] *Ibid.*, II, 232. 有关规划城市江户的早期发展参见 H. Magi, *A Historical Study of the Development of Edo* (Tokyo, 1966), pp. 42-44。也可参见插图第 337 和 339。

[44] Viegas (ed.), *op. cit.* (n. 36), II, 233. 这里的英国人和荷兰人很显然是威尔·亚当斯（Will Adams）以及"慈爱"（Liefde）号全体工作人员，他们 1600 年到达了日本。参见原书第三卷，第 1848 页。

[45] Viegas (ed.), *op. cit.* (n. 36), III, 131-32. 这个城堡并不是直到 1628 年才建成的。参见 Magi, *op. cit.* (n. 43), p.45。 有关后来 17 世纪的城堡景观参见插图第 340。

[46] Guerreiro in Viegas (ed.), *op. cit.* (n. 36), II, 231. 源赖朝是镰仓幕府（Kamakura shogunate）的建立者，1185—1199 年在位。古代的东海道与今天的现代公路以及双线轨道的东海铁路大致平行。有关它的路线参见插图第 338。

[47] 浅间（Sengen Jinja）位于今天的静冈县境内的富士冈市（Fujinomiya），致力于神道教（Shinto）女神木花之开耶姬命（Konohana no Sakuyahime no Mikoto）和另外两种神祇的崇拜，是这一教派的中心神社，尊富士山为圣山。神社建于公元 800 年，由德川家康重建。参见 *Kodansha Encyclopedia* (n. 6), VII, 64。

[48] Guerreiro in Viegas (ed.), *op. cit.* (n. 36), III, 128-29. 通常登山需要十个小时，下山需要三个小时。参见 Chamberlain and Mason, *op. cit.* (n. 12), p.164。

[49] 有关禁教法令参见 Boxer, *op. cit.* (n. 35), pp.317-19。

[50] 有关迫害参见原书第三卷，第 170-175 页，以及 Boxer, *op. cit.* (n. 35), pp. 308-97。德川幕府并不是有意识地决定将日本紧闭在外部世界之外。更多的是一系列的反基督教法令和经济政策产生了这样的结果。参见 Derek Massarella, *A World Elsewhere: Enrope's Encounter with Japan in the Sixteenth and Seventeenth Centuries* (New Haven and London, 1990), chap. 8, and esp. pp. 343-47。

[51] 参见原书第三卷，注释第 31。有关意识形态上对基督教的反对以及其他的造成幕府反基督教政策的前提参见 Elison, *op. cit.* (n. 16)。有关拷打和处决的插图，参见插图第 31—38。

[52] *Lettera annua del Giappone del 1609. e 1610* ... (Rome, 1615). 参见原书第三卷，第 370-371 页。在德川家康及其下任继承人的统治下，佛教事实上成为了日本的国教。

[53] 参见原书第三卷，第 332 页。

[54] 参见原书第三卷，第 374 页。丰臣秀吉 1615 年 6 月在大阪城堡自杀。

[55] 参见原书第三卷，第 514 页。

[56] 有关书目参见原书第三卷，第 376 页。

[57] Scipione Amati, *Historia del regno di Voxu del Giapone* (Rome, 1615). 有关书目参见原书第三卷，第 370-371 页。奥州是中文名字；Mutsu 是现在常用的日文名字。对伊达使团进行小说式的描写，但又不缺乏敏锐和历史准确性的记述，参见 Shūsaku Endō, *The Samurai*, trans.

Van C. Gessel (New York, 1982)。

[58] 事实上，奥州约占本州岛面积的 1/5，由约 17 740 平方公里，而不是 120 000 公里组成。有关省份参见原书第三卷，注释第 6。

[59] Amati, *op. cit.* (n. 57), pp.1-2.

[60] *Ibid.*, pp. 2-3. 很显然他指的是源氏与平氏之间的战争，战争结束于 1185 年，其结果是在源赖朝的领导下建立了镰仓幕府。参见 Jeffrey P. Mass, "The Emergence of the Kamakura Bakufu," in John W. Hall and Jeffrey P. Mass (eds.), *Medieval Japan: Essays in Institutional History* (New Haven and London, 1974), pp.127-56。

[61] Amati, *op. cit.* (n. 57), pp.2-3. 藤原秀衡并没有收养源义经，尽管他曾经很长时间内是源义经的保护者。参见 *Kodansha Encyclopedia* (n. 6), V, 182-83。有关源义经参见 G. B. Sansom, *Japan, a Short Cultural History* (rev. ed.; New York, 1943), pp.293-96。

[62] Amati, *op. cit.* (n. 57), pp.3-4. 参见 Murdoch and Yamagata, *op. cit.* (n. 15), I, 374-412。

[63] Amati, *op. cit.* (n. 57), pp.4-6. 有关婚礼参见 Murdoch and Yamagata, *op. cit.* (n. 15), II, 392, 494; 有关伊达政宗在关原之战中的作用参见第二卷，第 401-403、442 页。有关书目简况参见 E. Papinot, *Historical and Geographical Dictionary of Japan* (2 vols.; New York, 1968), I, 71。

[64] *Op. cit.* (n. 57), pp. 6-14.

[65] *Ibid.*, pp. 15-18.

[66] *Histoire ecclésiastique des isles et royaumes de Iapon* (Paris, 1627-29). 有关书目参见原书第三卷，第 403 页。

[67] Solier, *op. cit.* (n. 66), I, 2. 30° 是日本最南端相当准确的定位，但是本州岛最北端应位于 41° 30′，而北海道岛最北端则是 43°。

[68] *Ibid.*

[69] *Op. cit.* (n. 66), I, 2-5.

[70] *Ibid.*, pp. 5-8.

[71] *Ibid.*, pp. 9-11.

[72] *Ibid.*, pp.12-17. 参照原书第三卷，第 1830 页。在江户时代，黑色的牙齿表示妇女已婚或怀孕。涂黑牙齿曾经是一种贵族的行为，不论是男人还是女人；参见 Yoshiaki Morisue and Suketaka Hinonishi (eds.), *Fūzoku Jiten* (Dictionary of Social Customs) (Tokyo, 1957), pp. 576-77。在现代的日本，死者穿白色，哀悼者穿黑色；参见 *Kodansha Encyclopedia* (n. 6), II, 369-70。

[73] Solier, *op. cit.* (n. 66), I, 17-19.

[74] *Ibid.*, p. 10. 古兹曼几乎使用了同样的语言，但是这一观察共同的资料来自罗伦索 · 梅西亚（Lourenço Mexia）的一封书信，这封信写于 1584 年 1 月 6 日，出版于 1598 年的《来自日本和中国的信札》（*Cartas*）中。参见 *Asia*, I, 714, n. 311。有关现代学者对日本口语的独特性的不同看法参见 R. A. Miller, *The Japanese Language* (Chicago, 1967), pp. ix-x。

[75] Solier, *op. cit.* (n. 66), I, 10-11.

[76] *Ibid.*, pp. 20-30.

[77] *Ibid.*, pp. 24-28.

[78] *Ibid.*, pp. 28-30. 有关例子参见插图第 361。

[79] Solier, *op. cit.* (n. 66), I, pp. 30-48.

[80] *Ibid.*, pp. 48-54.

[81] 有关书目参见原书第三卷，第 378 页。有关金纳罗的地图参见 J. F. Schütte, "Japanese Cartography at the Court of Florence; Robert Dulley's Maps of Japan, 1606-1636," *Imago mundi*, XXIII (1969), 46-50。

[82] 有关书目参见原书第三卷，第 348-349 页。

[83] 参见 Massarella, *op. cit.* (n. 50), pp. 71-266。也可参见 Boxer, *op. cit.* (n. 35), pp. 285-307, and *The Affair of the Madre de Deus. A Chapter in the History of the Portuguese in Japan* (London, 1929)。有关最早来到日本的荷兰船只参见 F. C. Wieder (ed.), *De reis van Mahu en de Cordes door de Straat van Magalhães naar Zuid-Amerika en Japan, 1598—1600* (3 vols.; "WLV," XXI, XXII, XXIV; The Hague, 1923-25。有关英国人在日本的情况参见 N. Murakami (ed.), *The Diary of Richard Cocks, Cape-Merchant in The English Factory in Japan 1615-1622* (2 vols.; Tokyo, 1899), and E. M. Satow (ed.), *The Voyage of Captain John Sari to Japan* ("HS," 2d ser., V; London, 1900)。科克斯（Cocks）著作的完整版已经在英国和日本由东京大学（University of Tokyo）历史研究所（Historical Institute）出版了，题为：*Diary Kept by the Head of the English Factory in Japan* (3 vols.; Tokyo, 1978-80), 收录于 *Nihon kaigai kankei shryo*（日本对外关系史料）丛书中。

[84] 有关书目参见原书第三卷，第 441-443 页。

[85] J. W. Ijzerman (ed.), *De reis om de wereld door Olivier van Noort, 1598-1601* (2 vols.; "WLV," XXVII, XXVIII; The Hague, 1926), I, 113-15.

[86] Wassenaer, *Historisch verhael*, VII (June, 1624), 67-68. 有关全部的标题和书目参见原书第三卷，第 449-450 页。相关例子参见插图第 336、354、355 和 359。

[87] 有关珀切斯的书目参见原书第三卷，第 556-568 页。有关书中罗列的日本报告参见原书第三卷，第 558、560-561、566-567 页。

[88] "威廉·亚当斯（William Adams）及其航海通过麦哲伦海峡（Magellan Straights）直达日本，由他自己写成了两封信，正文如下，" *PP*, II, 337-38。亚当斯、杨·约斯顿·莱登斯丁（Jan Joosten Lodensteyn）和苗其尔·凡·桑梧特都被德川家康定为旗本（*hatamoto*，旗手 [bannermen]）并被安置在一小片地产中。亚当斯的封邑在靠近江户的三蒲半岛（Miura Peninsula）上的逸见（Hemi），"规模在 150 或 250 石大米"。参见 Massarella, *op. cit.* (n.50), pp. 80-81。

[89] Adams, *loc. cit.* (n. 88), pp.338-39.

[90] 约翰·赛利斯，"随东印度公司出发的第八次航海，雇了 3 艘船，"克拉夫"号（the Clove）、

"赫克托"号和"托马斯"号（the Thomas），在船长约翰·赛利斯的指挥之下……"。*PP,* III, p. 443.

[91] *Ibid.*, p. 445. 参见插图第 359。

[92] *Loc. cit.* (n. 90), p.445.

[93] *Ibid.*, pp. 445-46. 有关琵琶参见 F. Piggott, *The Music and Musical Instruments of Japan* (2ded.; London, 1909), p. 136。

[94] *Loc. cit.* (n. 90), pp. 450-51.

[95] *Ibid.*, p. 453. 那群孩子可能不是在喊朝鲜人，因为那时日本人对朝鲜人的称呼是"*chōsenjin*"。很难确定他们到底在说什么；他们可能说的是九州地区（Kyushu）的方言。德里克·马萨雷拉（Massarella）（*op. cit.* [n. 50], p.113）提示说"类似于'这里，这里？我们在这里！"东京文教大学（Bunkyo University）的迈克尔·惠森（Michael Huissen）则说，意思可能是"有坏人"。芝加哥大学的哈利·哈鲁图涅（Harry Harootunian）同意"cocorè"可能是 *kokoro*（心）、"ware"是 *warui*（坏的）的误解，但他补充说，"ware"也有主格和宾格的"我们"的意思。

[96] *Loc. cit.* (n. 90), pp. 456-57.

[97] *Ibid.*, pp. 457-59.

[98] *Ibid.*, p. 462. 赛利斯所描述的很显然是镰仓大佛。

[99] *Ibid.*, pp. 462-63. 很显然，这里指的是在伊势神宫（Ise shrine）安抚天照大神（Tenshōdaijin [Amaterasu Omikami]）的习俗。直到后醍醐天皇（Go-Daigo）统治期间（1318—1339 年），一位帝国的公主总是被选为伊势神宫的女牧师。参见 *Kodansha Encyclopedia* (n. 6), III, 338-39。

[100] Saris, *loc. cit.* (n. 90), pp. 463-64. 有关可以得到赛利斯取自他的使节信息支撑的"特权"参见插图第 369。

[101] *Loc. cit.* (n. 90), pp.470-71. 这是名为日吉神社（Hiyoshi Jinja）和妙法院的两座佛教寺庙。朝鲜人的耳冢位于丰臣秀吉的寺庙对面。参照 Herbert E. Plutschow, *Historical Kyoto* (Tokyo, 1983), pp.133-34。

[102] Saris, *loc. cit.* (n. 90), pp.488-89. 阿伊努人的传说宣称，北海道最初就是由侏儒居住的。参见 H. S. Landor, *Alone with the Hairy Ainu* (London, 1893), p. 251。

[103] Richard Cocks, "Relation of Master Richard Cocks Cape Merchant, ..." *PP*, III, 520-21. 佛教节日盂兰盆会通常在 7 月中旬举行。参见 Chamberlain, *op. cit.* (n. 22), p. 162。

[104] Cocks, *loc. cit.* (n. 103), p.527.

[105] *Ibid.*, p. 523.

[106] *Ibid.*, pp. 523-24. 可以推测，火把是用来吓走台风的，尽管科克斯没有这样说。

[107] *Ibid.*, pp. 528, 537-38, 539-40.

[108] *Ibid.*, p. 539.

[109] *Ibid.*, pp. 542-43. 科克斯说的可能是狂言（*kyōgen* [nō drama]）。这种沙漏状鼓是典型的鼓

(*tsuzumi*)；笛子，如果管端是开口的话，很可能是尺八（*shakuhachi*）；如果是横笛，是一种笛（fue）。参见 Denis Arnold (ed.), *The New Oxford Companion to Music* (2 vols.; Oxford and New York, 1983), I, 970, 972。这个可能是惠比寿节（Ebisu-sō）的祭典，通常在 10 月 20 日举行。有关系有带子的鼓参见 Piggott, *op. cit.* (n. 93), pp. 163-69。大名指的是松浦隆信（Matsūra Takanobu，约 1637 年）；松浦镇信（Matsūra Shigenobu，1549—1614 年）是他的祖父。参见 Massarella, *op. cit.* (n. 50), p. 107。

[110] Cocks, *loc. cit.* (n. 103), pp. 535-36.

[111] Arthur Hatch, "A Letter Touching Japon with the Government Affaires and later Occurrents there, ...," *PP*, X, 83-88.

[112] *Ibid.*, p. 85. 参见 T.G. Tsukahira, *Feudal Control in Tokugawa Japan: The Sankin Kotai System* (Cambridge, Mass., 1966)。参觐交代这个词汇是第三代幕府——德川家光（1623—1651 年在位）时期才开始使用，尽管这种制度在德川家康时期就已经开始形成。

[113] Hatch, *loc. cit.* (n. 111), p. 85.

[114] *Ibid.*, p. 84. 这 66 个"藩王"是在旧的律令体制下各省的统治者。参见原书第三卷，注释第 6。哈奇显然不知道闺房里的妻妾（*ōoku*）成群；参照 Conrad Totman, *Politics in the Tokugawa Bakufu* (Cambridge, Mass., 1967), pp. 103-8。

[115] *PP*, III, 567-69.

[116] 有关书目参见原书第三卷，第 455-456 页。

[117] C. R. Boxer (ed.), *A True Description of the Mighty Kingdoms of Japan and Siam* (London, 1935), pp. 74, 76, 84. 有关对宗教迫害、叛教和殉教的最新分析参见 Elison, *op. cit.* (n. 16), chap. 7。有关富有洞见的小说描写参见 Endo Shusaku, *Silence* (Tokyo, [1969])。乔治·埃利松（Elison）和远藤周作（Endo）都讨论到了克里斯托旺·费雷拉（Christovão Ferreira），最著名的叛教牧师；有关费雷拉参见 Itō Shuntarō, "The Introduction of Western Cosmology in Seventeenth Century Japan: The Case of Christovão Ferreira (1580-1652)," , *The Japan Foundation Newsletter*, Vol. XIV, No. 1 (May, 1986), pp. 1-9。有关拷问和处决的情形参见插图第 31—38。

[118] 有关书目及卡龙的经历参见原书第三卷，第 458-461 页。

[119] Boxer (ed.), *op. cit.* (n. 117), pp. 66-67. 有关荷兰在出岛的工厂参见插图第 16。

[120] Boxer (ed.), *op. cit.* (n. 117, pp. 69-74.

[121] Francois Caron, "Beschrijvinghe van het machtigh Coninckrijck Iapan," *BV*, IIb, 134; Boxer (ed.), *op. cit.* (n. 117), p. 13.

[122] Caron, *loc. cit.* (n. 121), p. 134; Boxer (ed.), *op. cit.* (n. 117), p. 14. 在下文中，我们将同时引用《荷兰联合省东印度公司的创始和发展》1646 年的版本和博克舍所编罗杰·曼利（Roger Manley）1663 年的英译本，因为 1646 年和 1661 年的荷兰版本在内容上有些不同，也因为曼利的译本没有 1661 年版本那么好。文中的译文是我们的翻译，出自《荷兰联合省东印度

公司的创始和发展》。

[123] Caron, *BV*, IIb, 134-41; Boxer (ed.), *op. cit.* (n. 117), pp. 14-19. 尤其参见博克舍在书中第 118 页的评价。哈鲁图涅注意到，kagami（镜子）一词通常“用于指‘历史’作为反映，不会被道德错误的‘尘埃’所遮蔽”。《江户之镜》“是用于确定等级，地位等等”（私下交流）。

[124] Caron, *BV*, IIb, 172-73; Boxer (ed.), *op. cit.* (n. 117), pp. 53-55.

[125] Caron, *BV*, IIb, 146-47; Boxer (ed.), *op. cit.* (n. 117), pp. 25-26.

[126] Caron, *BV*, IIb, 145-46; Boxer (ed.), *op. cit.* (n. 117), pp. 24-25.

[127] Caron, *BV*, IIb, 174-75; Boxer (ed.), *op. cit.* (n. 117), p.57. 卡龙对公家的主要描述都是准确的。有关德川幕府时期的宫廷参见 Plutschow, *op. cit.* (n. 101), pp. 158-63，以及插图第 330 和 332；有关宫廷妇女参见插图第 336。

[128] Caron, *BV*, IIb, 147-48; Boxer (ed.), *op. cit.* (n. 117), pp.27-28.

[129] Caron, *BV*, IIb, 141; Boxer (ed.), *op. cit.* (n. 117), p.19.

[130] 根据康拉德 · 托特曼（Totman）（*op. cit.* [n. 114], p. 92.），在内部护城河之内的区域范围，其周长大约是今天长度的 4 倍。

[131] Caron, *BV*, IIb, 141-42; Boxer (ed.), *op. cit.* (n. 117), pp. 20-21. 有关对现在江户城堡的描述参见 Totman, *op. cit.* (n. 114), pp. 90-99。关于幕府将军的觐见者，参见插图第 341。

[132] Caron, *BV*, IIb, 142-43; Boxer (ed.), *op. cit.* (n. 117), pp. 21-22. 从江户（东京）到京都（京都）的距离实际上是 514 千米或 319 公里。

[133] Caron, *BV*, IIb, 143-44; Boxer (ed.), *op. cit.* (n. 117), p. 22. 在日光的陵墓是为德川家康——德川家光的祖父，而不是为德川秀忠修建的。德川家康的遗体 1617 年被运到那儿。德川秀忠葬于江户芝公园（Shiba）的增上寺（Zōjōji Temple）中。德川家光也是葬在日光。有关发现于日光的荷兰枝状烛台照片参见 G. Schurhammer, S. J., *Shinto, The Way of the Gods of Japan* (Bonn, 1923), p. 36, fig. 23。同时参见插图第 342。

[134] Caron, *BV*, IIb, 44; Boxer (ed.), *op. cit.* (n. 117), pp. 22-23. 博克舍（第 120-121 页）区分了卡龙提到的与德川秀忠遗嘱中所列举的部分。

[135] Caron, *BV*, IIb,144-45; Boxer (ed.), *op. cit.* (n. 117), pp. 22-23. 尽管在细节上并不准确——他的第一任妻子不是皇室亲戚，尽管他的确将她监禁在一座单独的宫殿中——卡龙的报告总体上是正确的，即使在它的错误描述中，也可以反映出那个时代人们普遍相信什么。有关德川秀忠的性格参见博克舍的注释，第 121-122 页。

[136] Caron, *BV*, IIb,148-49; Boxer (ed.), *op. cit.* (n. 117), pp. 28-29. 这种“五家庭协会”（five-man unit）（**五人组** [*gonin gumi*]）是用于确认集体责任而设立的。参照中国的里甲制度，原书第三卷，第 1585 页。

[137] Caron, *BV*, IIb,149-50; Boxer (ed.), *op. cit.* (n. 117), pp. 29-30. 卡龙在这里描述的是**老中**（或老人的高级委员会 [senior council of the elders]）。参照 Harold Bolitho, *Treasures among Men: The Fudai Daimyo in Tokugawa Japan* (New Haven and London, 1974), pp. 122-23。

[138] Caron, *BV*, IIb,150-52; Boxer (ed.), *op. cit.* (n. 117), pp. 30-32.

[139] Caron, *BV*, IIb,154; Boxer (ed.), *op. cit.* (n. 117), p. 35. 卡龙在这里描写的是目付（*metsuke*，巡视员），不过他的描述没有还他们一个公道。参见 Murdoch and Yamagata, *op. cit.* (n. 15), III, 14, and Totman, *op. cit.* (n. 114), pp. 200-202。

[140] Caron, *BV*, IIb,156; Boxer (ed.), *op. cit.* (n. 117), p. 37.

[141] 与之前的欧洲作家一样，卡龙对八丈岛的描述非常不准确。唯一一个被流放到那里的贵族是宇喜多秀家（Ukita Hideiye），他在 1603 年被流放到这个岛上。参见 Murdoch and Yamagata, *op. cit.* (n. 15), II, 432-33, and Boxer (ed.), *op. cit.* (n. 117), pp. 40-41, 125。

[142] Caron, *BV*, IIb,156-61; Boxer (ed.), *op. cit.* (n. 117), pp. 36-41.

[143] Boxer (ed.), *op. cit.* (n. 117), p. 56.

[144] Caron, *BV*, IIb,170-72; Boxer (ed.), *op. cit.* (n. 117), pp. 51-53. 事实上，西班牙人是在 1624 年被驱逐的，但是葡萄牙人在 1639 年以前并没有遭到日本官方的驱逐。

[145] Caron, *BV*, IIb,173; Boxer (ed.), *op. cit.* (n. 117), pp. 53-54. 有关日本复杂的货币系统参见 Dunn, *op. cit.* (n. 13), pp.97-99。

[146] Caron, *BV*, IIb,172; Boxer (ed.), *op. cit.* (n. 117), p. 53.

[147] Caron, *BV*, IIb,174; Boxer (ed.), *op. cit.* (n. 117), p. 57.

[148] 有关日本的装饰艺术参见 H. Mizuo, *Edo Painting: Sotatsu and Korin* (New York, 1972), p. 9。有关房屋和家具参照 Louis Fréderic, *Daily Life in Japan at the Time of the Samurai, 1185-1603*, trans. Eileen M. Lowe (New York and Washington, 1972), pp. 104-12。

[149] Caron, *BV*, IIb,166; Boxer (ed.), *op. cit.* (n. 117), pp. 46-47. 参照 Fréderic, *op. cit.* (n. 148), pp. 59-60。

[150] Caron, *BV*, IIb,167; Boxer (ed.), *op. cit.* (n. 117), p. 47. 卡龙对客栈的描述的确是错误的。比如，科克斯说，在平户客栈和妓院中经常出现的问题，实际上源于英国海员的醉酒。

[151] Caron, *BV*, IIb,152-54, 167-68; Boxer (ed.), *op. cit.* (n. 117), pp. 32-34, 48. 有关婚姻和妇女的地位参见 Fréderic, *op. cit.* (n. 148), pp.45-51, 54-60。

[152] Caron, *BV*, IIb,168; Boxer (ed.), *op. cit.* (n. 117), pp. 48-49. 这是一种亲切类型的基础教育。参见 R. P. Dore, *Education in Tokugawa Japan* (2d ed.; London, 1984), p. 273。同时参照 Fréderic, *op. cit.* (n. 148), pp.34-40。

[153] Caron, *BV*, IIb,54; Boxer (ed.), *op. cit.* (n. 117), p. 34. 有关哀悼习俗参见 Dunn, *op. cit.* (n. 13), pp. 129-30, and Fréderic, *op. cit.* (n. 148), pp.51-53。

[154] Caron, *BV*, IIb,168-69; Boxer (ed.), *op. cit.* (n. 117), p. 49. 有关隐退（*inkyo*）或者退休，参见 Fréderic, *op. cit.* (n. 148), pp.50-51。

[155] Caron, *BV*, IIb,154-55; Boxer (ed.), *op. cit.* (n. 117), p. 35. 有关名字的复杂问题，参见 Chamberlain, *op. cit.* (n. 22), pp.344-48。

[156] Caron, *BV*, IIb,155; Boxer (ed.), *op. cit.* (n. 117), pp. 35-36. 雕刻师对这幅插图做了修饰，卡

龙对之难以形容。同样的插图也可见于 Engelbert Kaempfer, *The History of Japan*... (London, 1727)。参见 Beatrice M. Bodart Bailey, "Kaempher Restor'd," *Monumenta Nipponica*, Vol. XLIII, No. 1 (1988), pp. 1-33。同时参见插图第 361。

[157] Caron, *BV*, IIb,156-57; Boxer (ed.), *op. cit.* (n. 117), p. 37. 有关德川幕府时代的农民生活参见 Dunn, *op. cit.* (n. 13), pp. 50-83。

[158] Caron, *BV*, IIb,161-63; Boxer (ed.), *op. cit.* (n. 117), pp. 42-43. 有关一向宗，参见 Boxer, p. 125, and *Kodansha Encyclopedia* (n. 6), III, 269。

[159] Caron, *BV*, IIb,163-66; Boxer (ed.), *op. cit.* (n. 117), pp. 44-47. "隐藏的基督徒"（the Hidden Christians）在德川幕府时代继续秘密地进行他们的礼拜仪式。参见 *Kodansha Encyclopedia* (n. 6), I, 308, and R. H. Drummond, *A History of Christianity in Japan* (Grand Rapids, 1971), pp. 109-17。

[160] 有关克拉默的简短传记参见 W. Wijnaendts van Resant, *De gezaghebbers der Oost-Indische Compagnie... in Azië* (Amsterdam, 1944), p. 139。

[161] *BV*, IIb, 189-94; Boxer (ed.), *op. cit.* (n. 117), pp. 65-72. 大名的人数在 17 世纪变动不定。哈罗德 · 博里索（Bolitho）（*op. cit.* [n. 137], pp.45-46）报告说，在德川幕府时代后期大名人数为 265 人。霍尔（J. W. Hall）收录于《日本百科全书》（[n. 6], II, 63）中的论文则估计，"在德川幕府时代有 245 名"，18 世纪末期则计 266 名。冢平俊雄（Tsukahira）（*op. cit.* [n. 112], pp.140-73）列举了 1853 年的 265 名大名。无论如何，克拉默的 164 名就 1626 年的人数来说，显得太低了。我们没有能够用文献证明克拉默描绘的这次骚动。十卷本的《京都史》（*Hayashiya Tatsusaburō* [ed.], *Kyoto no Rekishi* [Kyoto, 1972], V, 56-72）对德川家光和德川秀忠的视察做了详细描述，他提到那时发生了严重的旱灾和饮水短缺，3 327 名武士站在主干道的两旁，以及另外 1 200 名武士在街道两侧巡视。但他没有提到骚乱。可能是因为这样的事情并不那么特别。有关卡龙报告的其他附录参见原书第三卷，第 460-461 页。

[162] Hagenaer, "Verhael van de reyz gedaen inde meeste deelen van de Oost-Indien, ...," *BV*, IIb, 1-133. 除了《荷兰联合省东印度公司的创始和发展》1645 年和 1646 年的版本之外，哈格纳尔的旅行日志从来没有出版过。

[163] *Ibid.*, pp. 76-78. 有关在平户的荷兰工厂参见插图第 15。

[164] Hagenaer, *loc. cit.* (n. 162), pp. 91-97. 吊灯与其他来自朝鲜的"附庸国"和琉球群岛的"贡品"保存在一起。

[165] *Ibid.*, pp. 86-88.

[166] *Ibid.*, p. 90. 有关其中一座哈格纳尔有可能曾经参观过的寺庙，参见插图第 351。

[167] Hagenaer, *loc. cit.* (n. 162), pp. 91, 97-102.

[168] *Ibid.*, pp. 125-28. 哈格纳尔对平户的英国船只所做报告莫名其妙。尽管荷兰人担心来自约翰 · 威德尔（John Weddel）舰队的船只可能会在 1637 年抵达平户——这些船只由科腾协会（Courteen Association）提供装备，但显然这些事情都没有发生。参见 Massarella, *op. cit.* (n.

50), pp. 342-43。

[169] *BV*, IIa, 72-98. 有关书目参见原书第三卷，第 470-472 页。

[170] 相关细节参见 Boxer, *op. cit.* (n. 35), pp. 287-90。

[171] 参见原书第三卷，第 475 页。

[172] 阿伊努人是北海道、库页岛南部和千岛群岛（Kurile Islands）的原住民。

[173] Hendrick Brouwer, *Journael ende historis verhael...* (Amsterdam, 1646), pp. 95-96. 在日本人 1514 年出现在北海道以后，阿伊努人建立了家庭并与日本人发展了贸易关系，随后这一关系也在东北本州岛和南部北海道建立了起来。1604 年，阿伊努族从德川家康政府那儿收到了授予封地的政令，并被称为北海道南部的最高统治者。参见 F. C. C. Peng and P. Geiser, *The Ainu: The Past in the Present* (Hiroshima, 1977), p. 10。

[174] Brouwer, *op. cit.* (n. 173), pp. 96-98. 鲑鱼在每年的 5 月至 10 月都巡游于北海道的各类河流中。有关阿伊努人捕捉鲑鱼的情况参见 Landor, *op. cit.* (n. 102), p. 64, 有关捕捉牡蛎的情况，参见第 104 页。

[175] Brouwer, *op. cit.* (n. 173), pp. 98-99. 事实上，女人的唇是因为刺青才变成了蓝色；参见 J. Batchelor, *Ainu Life and Lore* (Tokyo, n. d.), chap. Vii。有关耳饰参见 Landor, *op. cit.* (n. 102), p. 249。

[176] Brouwer, *op. cit.* (n. 173), p. 99.

[177] 第一位妻子被称为"大老婆"，第二位妻子被称为"小老婆"。一般情况下，两位妻子分开居住。参见 Landor, *op. cit.* (n. 102), p. 294; 同时参见 N. G. Munro, *Ainu. Creed and Cult* (New York, 1963), p. 147, n. 1。

[178] Brouwer, *op. cit.* (n. 173), pp. 99-100.

[179] *Ibid.*, p. 100.

[180] 有关这种排烟口的神秘宗教（mythico-religious）功能参见 Mircea Eliade, *Shamanism: Archaic Techniques of Ecstasy* (New York, 1964), p. 262。

[181] Brouwer, *op. cit.* (n. 173), pp. 100-101.

[182] *Ibid.*, pp. 101-2.

[183] *Ibid.*, pp. 102-4.

[184] 有关这些事件参见 Murdoch and Yamagata, *op. cit.* (n. 15), II, 663-96, and Boxer, *op. cit.* (n. 35), pp. 362-97。有关荷兰人在出岛的情况参见 Herbert E. Plutschow, *Historical Nagasaki* (Tokyo, 1983), pp. 45-71。同时参见 Leonard Blussé, "Dancing to the Tune: How the Dutch Experienced Nagasaki, 1680-1730," 这一论文是作者在 1991 年 4 月 14 日新奥尔良（New Orleans）召开的第 14 次亚洲研究会（Association for Asian Studies）年会上提交的。

[185] 参见原书第三卷，第 478 页。

[186] 参见原书第三卷，第 381 页。

[187] *La Chine illustrée* (Amsterdam, 1670), pp. 187-90, 206-11. 相关书目参见原书第三卷，第

485—486 页。

[188] 有关书目参见原书第三卷，第 488-489 页。约翰·奥格尔比（Ogilby）1670 年对蒙塔努斯著作的英译本有日语译本及评论，其英文版是由和田万吉（Wada Mankichi）翻译的，书名叫《蒙塔努斯的日本图志》（*Montanusu Nihon shi*）[“A. Montanus’ *Atlas Japannensis*”]（东京，1925 年）。和田万吉同时也讨论过蒙塔努斯的图表。

[189] Arnoldus Montanus, *Atlas Japannensis: Being Remarkable Addresses by Way of Embassy from the East India Company of the United Provinces to the Emperor of Japan*, trans. John Ogilby (London, 1670), pp. 1-35.

[190] 有关布洛克韦乌斯—弗里西斯使团的报告及其不断地对日本以外的话题进行的论述也可从上文中看出，参见原书第三卷，第 36-311 页。

[191] *Ibid.*, pp. 81-86, 164-70, 253-69, 88-103.

[192] *Ibid.*, p. 35.

[193] *Ibid.*, pp. 35-36. 日本人看来的确曾经关心重建荷兰人的石头建筑。参见 Massarella, *op. cit.* (n. 50), p. 345。

[194] Montanus, *op. cit.* (n. 189), p. 61. 今天除了一段城墙以外，城堡一无所存。其他的部分都被毁灭了。参见 Chamberlain and Mason, *op. cit.* (n. 12), p. 419。

[195] Montanus, *op. cit.* (n. 189), p. 73. 参见插图第 16。

[196] Montanus, *op. cit.* (n. 189), pp. 75-77.

[197] *Ibid.*, pp. 89-95. 第一座寺庙是天王寺（Tennōji），第二座寺庙可能是东本愿寺（Higashi Hongwanji）。两座都是佛教寺庙。也可参见插图第 351；这种鱼的雕塑和毗湿奴（Vishnu）的野猪化身参照插图第 138 和 140。

[198] Montanus, *op. cit.* (n. 189), p. 112. 城内居民的例子参见插图第 356。

[199] Montanus, *op. cit.* (n. 189), pp. 134-48. 幕府将军的宫殿，在多次重建以后，在 1863 年被大火彻底毁灭。参见插图第 337、339、340、341、343 和 344。

[200] Montanus, *op. cit.* (n. 189), pp. 118-19. 有关富士山上的山伏参见 Japan Times, *op. cit.* (n. 26), p. 100。

[201] Montanus, *op. cit.* (n. 189), p. 161. 显而易见，他指的是能（*Nō*）或歌舞伎（*Kabuki*）。有关帝国宫殿的风景参见插图第 332。

[202] Montanus, *op. cit.* (n. 189), pp. 169-70.

[203] *Ibid.*, p. 295.

[204] *Ibid.*, pp. 302-3. 可能是一座叫“妙国寺”（Myōko-kugi）的日莲宗庙。

[205] *Ibid.*, p. 60. 有关准备工作和对使团的指示参见 *ibid.*, pp. 394-98。有关使团参见 Murdoch and Yamagata, *op. cit.* (n. 15), III, 270-72。

[206] Murdoch and Yamagata, *op. cit.* (n. 15), III, 269-70.

[207] 相关例子参见 Montanus, *op. cit.* (n. 189), p. 322。

[208] *Ibid.*, pp. 330-33. 这位葡萄牙牧师是克里斯托旺·费雷拉（1580—1652 年），在 1633 年的拷问之下他叛教了。参见 Ito, *loc. cit.* (n. 117), pp. 6-7。

[209] Montanus, *op. cit.* (n. 189), p. 334.

[210] *Ibid.*, pp. 351-54, 356. 这 4 名耶稣会士——佩德罗·马克斯（Pedro Marquez）、朱塞佩·乔亚拉（Giuseppe Chiara）、弗朗西斯科·卡索拉（Francisco Cassola）以及阿隆佐·德·阿洛亚（Alonzo de Arroya）——是由卢安东（Antonio Rubino）从马尼拉派往日本的第二批这种传教团。他们在费雷拉的故意诱导下，在本州岛北部悄悄登陆。幕府将军德川家光有时也会出现在审问中，很显然，牧师们都叛教了。参见 Itō, *loc. cit.* (n. 117), pp. 4-5。

[211] Montanus, *op. cit.* (n. 189), p. 337.

[212]"布雷斯肯斯"号全体船员在日本的故事可见于上述，第 319-394 页。参照 Elison, *op. cit.* (n. 117), pp. 200-202。蒙塔努斯对"布雷斯肯斯"号事务的报告与舍佩航海日志的手稿似乎略微有所不同。参见 article by Renier H. Hesselink in Arisaka Takamichi (ed.), *Nihon Yogakushi no kenkyu* (Studies in Japanese-Western Learning) (Osaka, 1991), X, 1-23。

[213] Montanus, *op. cit.* (n. 189), p. 323.

[214] *Ibid.*, pp. 325-26. 参见插图第 360。

[215] Montanus, *op. cit.* (n. 189), p. 332.

[216] *Ibid.*, p. 329. 参见插图第 367。

[217] 相关例子参见 Montanus, *op. cit.* (n. 189), p. 328。有关他们在路上遇见的其他人请参见插图第 348、368 和 370。

[218] Montanus, *op. cit.* (n. 189), pp. 334-37.

[219] *Ibid.*, pp. 350-51. 有关江户的妓女参见 Chamberlain, *op. cit.* (n. 22), pp. 524-26。同时请参见插图第 366。

[220] Montanus, *op. cit.* (n. 189), pp. 363-66. 参照 Dunn, *op. cit.* (n. 13), pp. 94-95。参见插图第 364。

[221] Montanus, *op. cit.* (n. 189), pp. 374-75. 参见插图第 363。

[222] Montanus, *op. cit.* (n. 189), p. 393. 土佐位于四国岛（Shikoku）的南端，单独属于日本的温带气候区。可能这种气候因素可以解释着装上的差异。

[223] *Ibid.*, pp. 384-86. 参见插图第 341。

[224] Montanus, *op. cit.* (n. 189), pp. 400-401。

[225] *Ibid.*, pp. 409-12. 有关江户明历（Meiriki）大火（1657 年 3 月）及其后果参见 Magi, *op. cit.* (n. 43), pp. 67-70。

[226] Montanus, *op. cit.* (n. 189), pp. 419-20. 有关观音的情况，参见原书第三卷，注释第 26。

[227] Montanus, *op. cit.* (n. 189), pp. 426-29.

[228] *Ibid.*, p. 432.

[229] *Ibid.*, pp. 432-33.

[230] *Ibid.*, p. 435.

[231] *Ibid.*, pp. 434-35. 日本瓷器（*jiki*）工业是在16世纪晚期由朝鲜陶工开创的。他们在九州岛西北部建立了考林（kaolin），并集中精力于有田（Arita）的肥前。因为他们在伊万里出售，因此这些瓷器以伊万里瓷器而闻名。参见 Tsuda, *op. cit.* (n. 26), p. 250。1662年，一家出售伊万里瓷器的杂货店在出岛开张。参见 Wooley, *loc. cit.* (n. 38), p. 138。

[232] Montanus, *op. cit.* (n. 189), pp. 434, 438-440.

[233] *Ibid.*, p. 441.

[234] *Ibid.*, pp. 442-43. 有关日本贵族妇女的服饰参见插图第336、355、357和359。

[235] Montanus, *op. cit.* (n. 189), p. 444.

[236] *Ibid.*, pp. 451-52, 454-59.

[237] 他的《旅行日志》(*Journal*）出版于1663年和1672年。相关细节参见原书第三卷，第530-531页。

[238] Merklein, *Reise nach Java, Vorder-und Hinter-Indien, China und Japan, 1644-1653*..., NR, III, 85-90.

[239] *Ibid.*, pp. 59-61.

[240] 有关博林参见原书第三卷，第535-536页；有关伍尔夫班参见原书第三卷，第523-524页。

[241] Bolling, *Oost-Indische resiboek*..., trans. J. Visscher, *BTLV,* LXVIII (1913), 350-51.

[242] Wurffbain, *Reise nach den Molukken und Vorder-Indien, 1632-1646*, NR, IX, 84-90.

[243] 有关书目参见原书第三卷，第427页。有关克拉赛特著作中的版画参见插图第340、352、353、355和358。

[244] Crasset, *Historie de l'eglise du Japan* (Paris, 1689), I, i.

[245] 有关书目参见原书第三卷，第541-542页。

[246] Christoph Frick and Christoph Schweitzer, *Voyages to the East Indies*, C. Ernest Fayle (ed.) (London, 1929), pp. 98-100. 英国人在1673年试图重开与日本的贸易，但是他们的要求遭到了拒绝，因为查理二世（Charles II）与葡萄牙皇室通婚。参见 *ibid.*, pp. xxx-xxxi. 对1673年使团的评估参见 Massarella, *op. cit.* (n. 50), pp. 351-63。

[247] 下文我们提到的是1710年的第二版。有关书目参见原书第三卷，第542-543页。

[248] Meister, *op. cit.* (n. 247), pp. 144-80. 参照我们的插图第365。

[249] Meister, *op. cit.* (n. 247), pp. 181-84. 有关日本的园林艺术参见 Tsuda, *op. cit.* (n. 26), pp. 181-89.

[250] 这里指的是阴历。参见 Dunn, *op. cit.* (n. 13), p. 146。

[251] Meister, *op. cit.* (n. 247), pp. 138-39. 合法的妓院集中于大多数主要城市的指定区域内。参见 Dunn, *op. cit.* (n. 13), pp. 182-83。麦斯特尔列出了光顾一次妓院的价格和条件。

[252] Meister, *op. cit.* (n. 247), pp. 136, 185-92, 193-95, and facing p. 310.

[253] J. C. M. Warnsink (ed.), *Reisen van Nicolaus de Graaf gedaan near alle gewesten des werelds*

beginnende 1639 to 1687 inclus. ("WLV," XXXIII; The Hague, 1930), p. 27. 相关书目参见原书第三卷，第 505-506 页。

[254] *Cristiandad del Japón, y dilatada persecución que padeció*... (Madrid, 1698). 参见原书第三卷，第 364 页。

[255] 有关该书出版的相关细节参见原书第三卷，第 388 页。

[256] Carletti, *My Voyage around the World, trans.* Herbert Weinstock (New York, 1964), pp. 99-135.

1889

第二十四章　结语：复合的图景

尽管与先前相比，商人和传教士对亚洲大国和海岛地区的渗透更为深入，但17世纪欧洲人在东亚的拓展，既不稳定也非持续不断。[1] 欧洲一些无所畏惧的个人或小团体对印度北部边境及中国北部和西部进行了勘测；在这过程中，他们“发现了”拉达克、巴尔蒂斯坦、蒙古、朝鲜和东西伯利亚等地。他们从东南亚的沿海据点向内陆推进，到达阿拉干（Arakan）①、北暹罗、柬埔寨和老挝。在海岛地区，通过轮船或陆路据点，他们对成千上万的岛屿进行调查。对于这些岛屿，人们此前仅通过相关报告略有所知或者全然不知，特别是马尔代夫群岛（Maldives）、拉克代夫群岛（Laccadives）、尼科巴群岛（Nicobars）、巴厘岛（Bali）和台湾岛。他们越过海岛东南亚（Insulindia）的边界进入澳大利亚（Australia）、新西兰（New Zealand）、新几内亚（New Guinea）、巴布亚（Papuas）、马里亚纳群岛（Marianas）和南太平洋上的其他岛屿。和在大陆上一样，他们在一些较大的岛屿，特别是苏门答腊岛（Sumatra）、爪哇岛、西里伯斯岛（Celebes）、婆罗洲岛、棉兰老岛（Mindanao）、吕宋岛（Luzon）和本州岛上，勘察到大片内地（interiors）。他们也游览并报道了许多已知群岛中较

① 即若开。——译者注

小的岛屿。通过对亚洲边缘和内地的勘察，他们拓展了欧洲人对亚洲的认识，并为许多之前未曾出现在欧洲报道或地图中的地方标示了地名。

随着在亚洲的活动区域的扩大，17世纪的欧洲人也开始修正自己对亚洲大国的认识。16世纪的欧洲人曾将日本和中国视为未来的希望。1640年以后，1890
日本对传教士及除荷兰人以外的所有欧洲人实行闭关政策，这迫使人们重新审视此前的期望。明清易代之际中国的内战，带来了骚乱和不确定性，也让人们不能指望从这样一个曾被宣传为“模范国家”（model state）的帝国那里得到什么。虽然荷兰人曾经占据了台湾岛，但时间十分短暂，在中国的内战中，他们被驱逐出去，而这座岛屿最终被纳入清朝的版图。这一世纪，欧洲人在东亚遭受了最为严重的挫折。

与前人相比，17世纪的欧洲人不仅在亚洲发现了更多的地方，对亚洲社会的了解更全面深入，而且刊布了更多关于亚洲的论述。而与以前相比，这些论述传播更为广泛，更为深刻地影响了欧洲人的观念和文化。在这一世纪，出现了大量关于亚洲的著作，它们是由传教士、商人、船长、医生、海员、士兵和旅行家完成的。在这些著作中，至少有25种是针对南亚的重要论著，另有15种针对东南亚，约20种针对诸群岛，至少有60种针对东亚。除了这些重要的专著，还有数以百计的耶稣会士书简、转述、含有对亚洲许多地方的简短描述的游记、小册子、报纸等。这些书籍被译成各种欧洲语言加以刊布，被频繁重印和翻译，被收入17世纪出版的几种旅行文学的编辑物中，经常被后来的作家或出版者使用。[2] 这些文献的作者将大量亚洲的物品带回欧洲，书籍、服装、餐具、植物、艺术品或工艺品，甚至是亚洲人都被带回欧洲。总之，上述出版物在欧洲各个地方、以各种语言广泛传播，而它们所描绘的亚洲形象也因而传入欧洲。很少有识字的欧洲人全然不受其影响，如果在同时代的欧洲文学、艺术、学术和文化中看不到它的影响，是件令人惊讶的事情。

在欧洲观察者眼里，印度始终是个谜一样的国度。在17世纪莫卧儿帝国时期，其国土比欧洲人原先设想得还要稳定。欧洲人与印度之间关系的改变，主要是由欧洲人争夺沿海据点控制权的内部冲突造成的。西瓦吉（Sivaji）的崛起和戈尔康达（Golconda）、比贾布尔（Bijapur）的陷落，纵然造成了严重的破坏，

但也并未对欧洲人在印度的活动构成长时间的威胁。贸易在继续，只有在欧洲
1891 市场上印度纺织品过剩时，才略有中断。在锡兰，尽管国内外动乱纷争，肉桂的贸易继续发展。孟加拉湾周边的国家——科罗曼德尔（Coromandel）、阿拉干和暹罗——饱受内战侵扰，但商业发展并未中断。当法国人试图侵占暹罗时，他们马上被驱逐出去。在海岛东南亚，尽管马打兰（Mataram）不时袭击他们在爪哇的据点，而望加锡也为反抗香料垄断进行了不屈的斗争，荷兰人却依旧享受着相对的和平与安宁。到本世纪末，马打兰、万丹、望加锡和亚齐（Acheh），均被荷兰东印度公司征服。在越南，东京与交趾支那之间战争不断，欧洲的商人和传教士面临着一个不确定的未来。与此同时，当西班牙人想要维持他们在太平洋摇摇欲坠的主导地位时，他们加强了对菲律宾和马里亚纳群岛的控制。在世纪末，欧洲人的领土扩张似乎以印度、东南亚大陆和海岛东南亚为中心，而不是中国和日本。

为了躲避海路旅行的危险，一些使者和传教士在亚洲沿着陆路而行，但从西边的马尔代夫群岛到东边的马里亚纳群岛，欧洲商人和传教士主要依靠海运旅行。满载乘客与货物的航船往返于欧洲和亚洲、东方各地之间。频繁的航行使得欧洲人积累了大量有关东方的季风、潮汐与洋流、饮水点和气象学的知识。他们的武装船只在马六甲海峡等战略性航道上巡逻，为商业船队护航，征税，封锁港口，并追剿海盗。在船员、普通士兵和水手缺乏的地区，单身的欧洲人和能干的土著人被雇用或征召。尽管受到马拉巴尔（Malabar）穆斯林舰队、日本舰队和郑成功的中国舰队的挑战，以及西印度沿海莫卧儿人和西瓦吉海军的威胁，这一世纪欧洲海军的争战却主要发生在自身内部。无论欧洲人如何欣赏亚洲船舰，亚洲的海域依旧被控制在欧洲的大公司手中，这些公司受到其所属国家的支持。在17世纪80年代，热衷于贸易的法国人甚至直接将皇家舰队派往孟加拉湾（the Bay of Bengal）。

尽管法国人的行动失败了，但几家欧洲大公司却为帝国在南亚、东南亚的拓展奠定了基础。在东亚，菲律宾历来被西班牙视为其太平洋帝国的支柱，而荷兰人和其他欧洲人则继续在日本、中国指定的规则下进行贸易。因为在这种贸易规则的约束下，利润相对较低，欧洲人越来越倾向于到贸易中转地——特

别是马尼拉、巴达维亚和苏拉特（Surat）——购买东亚人的商品。在 1700 年左右，位于莫卧儿帝国两端的孟买（Bombay）和加尔各答（Calcutta），已逐步发展成为英国在印度的商业帝国的两大基地。与此同时，通过巴达维亚港口，1892
荷兰人继续尽可能地发展在这一地区的贸易，以推动自己在整个亚洲地区的贸易发展。在很多情况下，同与欧洲的直接贸易相比，与亚洲的贸易会为东印度公司创造更多的利润。

东部水域的国际贸易继续由欧洲人及其商船主导，这不仅是因为亚洲大国没有可以同欧洲抗衡的海军，也和中国与日本官方漠视海洋贸易方面有关。消极对待国际贸易的态度，同样是莫卧儿帝国和暹罗的特征。事实上，亚洲最大的帝国——中国、莫卧儿帝国和日本——均为内陆帝国，令其自负的是强大的陆军而不是海军。它们的政府似乎更关心海洋贸易的规范，而不是从中获利。似乎只有东南亚岛屿的一些小国，像亚齐、德那地（Ternate）和望加锡等，才会重视海军的发展。不过在亚洲，欧洲的舰队或战舰遇不到构成威胁的对手。着实让人惊奇的是，甚至在与欧洲直接接触过两个世纪以后，也从没有一个亚洲国家派遣贸易商船或船队前往欧洲从事贸易活动。在 17 世纪，所有出现在欧洲的亚洲人，要么是由欧洲船只带到欧洲，要么是在欧洲人的陪伴下经陆路到达欧洲的。

像先前一样，遍布亚洲的欧洲人依旧对庞大的人口数量与不计其数的城市感到惊讶。随着对内地的深入，他们获得更多阿格拉、德里、戈尔康达、拉合尔（Lahore）、大城（Ayut’ia）、河内（Hanoi）、金边（Phnom Penh）、琅勃拉邦（Luang Prabang）、南京、北京、京都和江户等城市的一手资料。而认识的逐步深入，也使他们开始重视其他一些内地城市，像马杜赖（Madurai）、阿默达巴德（Ahmadabad）、斯里那加、妙乌（Mrauk-u）、马打兰、素可泰（Sukothai）、西安、杭州、苏州、大阪、仙台和骏府等。他们经常对这些城市的规模和居民数量进行估算，有时，他们还会以地方记载和统计为基础进行人口统计。对于出现在 16 世纪著作中的沿海城市，他们以崭新的视角，为读者提供最新的信息。海岛东南亚被准确地描绘成一系列沿海城邦，更多地依赖于对外贸易，而不是自己多山而荒芜的腹地。在一些重要的商业中心，不存在本土城市或者城市本身无法满足商业贸易发展的需要。在这样的地方，欧洲人在当地人的帮助下，建立起马尼拉、台南、巴达维亚、苏拉特、孟买和加尔各答的新兴城市群。随着这些新兴商业城市的崛起，欧洲人旧有的一些贸易中心，像马六甲、澳门和果阿等，总体上的重要性逐步降低。

虽然城墙围绕、网格状的中国城市同建在河流上游水上的、半隐蔽的东南亚口岸存在巨大的差异，但欧洲人仍然发现了亚洲城市的许多共同点。在许多海港，他们遇到同样的商人群体：阿拉伯人、古吉拉特人（Gujaratis）、中国人
1893 和马来人（Malays）。在南亚和东南亚的港口，他们经常碰到相似的政府官员，通常有相同或相似的头衔，执行相似的法规。多数亚洲城市以木材为主要建筑材料，因而容易遭受火灾。欧洲人的报道就经常提到火灾及当地政府的防火措施。他们时常观察到，亚洲人通常只为一代人，而不是后世几代子孙建造房屋。与欧洲人对亚洲城市的概括性论述相比，他们对皇宫和遗迹的描述更为详尽。其中一些，例如南京的皇宫和瓷塔，早已不复存在。事实上，在 17 世纪欧洲人描述的城市中，其中一些早已不复存在或仅仅留有遗迹。除此之外，17 世纪的旅行家还描绘了印度、中国、东南亚和亚洲内陆被损毁的城市，它们是亚洲帝国崛起与衰落的沉默见证者。在内地城市之间，欧洲旅行家经常提到便利的河运以及沿途设有小旅馆和里程碑的便捷公路。

在对印度、暹罗、越南、中国和日本的政府、语言、文化、宗教的认识方面，欧洲人取得了引人注目的进步。与先前相比，欧洲人了解到更多伊斯兰教（Islam）和印度教（Hinduism）的相关知识，而印度以其宗教多样性受到更多关注。他们开始认识到伊斯兰教内部哲学和神学上的分歧，以及逊尼派（Sunnis）和什叶派（Shiites）的冲突。对于伊斯兰教的政治权力、统治集团及其教义，以及印度的穆斯林与阿拉伯、波斯、土耳其、东南亚、菲律宾的穆斯林之间的关系，他们也有了更多的了解。大体上，欧洲人与莫卧儿帝国、比贾布尔和戈尔康达内占主导地位的穆斯林保持着良好的关系，但在南印度和东南亚，他们与穆斯林的关系十分糟糕。在菲律宾，伊斯兰教和基督教一样，仍处于拓展的状态。

随着对印度内地，特别是泰米尔纳德（Tamilnadu）的深入，欧洲人开

始重新对印度教及其传统进行评价。他们觉察到先前没有注意的东西，即贝纳勒斯（Benares）和马杜赖的印度教圣地的存在。他们第一次对南印度成百上千的庙宇、所供奉的特定神灵及其仆从进行评述。印度教徒至恒河及其他河流、马图拉（Mathura）、贾格纳（Jagganath）①和半岛尖端处的拉梅斯沃勒姆（Ramesvaram）的朝圣活动，令欧洲作家着迷。一些传教士，比如诺比利（Nobili）②，试图在参与印度教的仪式时，巧妙地进行基督教教义的宣传；另一些耶稣会士和新教传教士——洛德（Lord）、罗杰（Roger）③、巴尔斯 1894
（Baldaeus）④——企图对印度教的教义进行探究。欧洲人很快便意识到，北部的印度教与南部的印度教、毗湿奴与湿婆神（Siva），差异明显。一位名叫贝尔尼埃的法国医生从贝纳勒斯的博学家那里得知，印度教仅在印度人中间传播，而没有普遍主义的特征或者传播福音的愿望。然而，欧洲人却发现，印度教曾传播到巴厘岛和柬埔寨，而在东南亚许多宫廷中，婆罗门（Brahman）扮演了占星家的角色。他们也发现，佛教遗迹残留在贝纳勒斯，而佛教是印度教的衍生物，却被婆罗门从印度剔除出去。在印度西部地区，佛教石窟是佛教曾在那里占有重要地位的见证。但欧洲人却声称，佛教几乎已经从印度次大陆消失。

佛教从印度传入锡兰、经东南亚、中国西藏及内陆地区远播至朝鲜和日本。实际上，欧洲人意识到，它是唯一一种在某种程度上实现了印度以东国家宗教一统局面的信仰。在阿拉干、暹罗、老挝和日本，佛教作为主导性信仰受到统治者的支持和维护。虽然在这些佛教国家，宗教宽容政策一度盛行，但除了日本的天主教外，穆斯林和基督教徒均未造成太多的改变。在锡兰、阿拉干、暹罗或日本，对于外来宗教的威胁，佛教统治者的反应迅速而激烈。在中国、朝

① 或英译为 Jagannath，此地有印度著名的贾格纳神庙，是重要的宗教中心和朝圣之地。——译者注

② 罗伯特·德·诺比利（1577—1656 年），全名为：Robert de Nobili，意大利耶稣会士。——译者注

③ 亚伯拉罕·罗杰，全名为：Abraham Roger，荷兰新教传教士。——译者注

④ 菲利普斯·巴尔斯（1632—1672 年），全名为：Philippus Baldaeus，荷兰新教传教士。——译者注

鲜和越南，佛教必须同儒教、道教进行竞争，但总体而言，它作为一种大众宗教时不时得到官方的承认和支持。在相关描述中，欧洲评论家通常向人们展示统治阶层对佛教及其经典的态度。描写暹罗的作家对佛教的成就表示钦佩，而描述中国或日本的人则极力诽谤佛教徒。天主教在日本的失败经历，扭曲了他们对整个东亚地区的佛教的描述。他们对佛教的厌恶，也受到儒家对这种来自印度的外来信仰的否定态度的影响。除了描写暹罗的法国作家，许多欧洲评论家在对佛教教义进行批判时，仅就佛教的表层进行评论。但在中国，有些耶稣会士撇开儒家学者的态度，开始对不同形式的佛教教派进行区分。对欧洲的读者来说，佛教肯定表现出一副竞争性信仰的模样，它在外表和传教热情方面，都与基督教相似。但最令他们感到惊讶的，是所有地方的佛教徒都对其他信仰展现出宽容的态度。

在海岛东南亚和菲律宾，印度、中国和日本的宗教没有对当地造成太多影
1895 响。印度教曾在印度尼西亚西部广泛传播，但只有巴厘岛保留了这一信仰。与附近其他伟大文化的输出一样，亚洲人的宗教被商人和其他生活在城镇地区的外国人带至岛上。欧洲人的记载清晰地显示出，通过阿拉伯人、土耳其人、波斯人、马来人和古吉拉特教师、商人、经纪人，伊斯兰教传遍海岛东南亚，传入菲律宾南部。大量保守的统治者追随伊斯兰教，一些统治者联合起来，以反抗欧洲人在马六甲、巴达维亚、马尼拉的商业扩张和宗教扩张。作为最后传入群岛地区的竞争性信仰，基督教只在菲律宾、安汶岛（Amboina）、帝汶岛和小巽他群岛（Lesser Sundas）获得长久的胜利。在其他地方，欧洲基督徒及其皈依者要么生活在欧洲战舰、枪炮和军队保护下的城区内；要么生活在隔绝的区域，当地人之所以容许他们生活在这样的区域，是因为担心受到欧洲人商业或军事方面的报复。

从欧洲人的观点来看，亚洲可以划分为四大区域：南亚及其邻岛、东南亚大陆、海岛东南亚及菲律宾、东亚。印度本身被分成两个独立却相互联系的部分，即伊斯兰教的北部和印度教的南部。在政治上，莫卧儿帝国已经将其辖区向东拓展，越过了孟加拉，甚至延伸到阿拉干地区。通过在德干高原（the Deccan）的战争及对比贾布尔—戈尔康达的征战，它也得以向南扩张。这些穆

斯林城邦的南侵活动，受到南部印度教城邦，特别是马杜赖的坚决反抗。果阿及西南沿海地区躲过了莫卧儿的入侵，却遭受到西瓦吉的压迫。马拉巴尔海岸的卡利卡特（Calicut）与卡纳拉（Kanara）是两个印度教城邦，在邻邦遭受葡萄牙人、荷兰人欺压时，它们却保持了相对的独立。而马尔代夫的独立地位，则定期受到葡萄牙人和坎纳诺尔（Cannanore）的穆斯林海盗的威胁，后者控制着马尔代夫的商业。即便是在其北部和西部海岸受到葡萄牙和荷兰殖民者侵占的情况下，锡兰内地的佛教圣地康提（Kandy）也成功地抵制了外国的控制，保持独立的状态。

在写到印度时，这些欧洲作家与其16世纪的前辈一样，特别关注印度的自然环境以及与外国旅行者极为相关的事情。在多数省和邦，欧洲人均可自由通行。因此，他们可以提供在莫卧儿帝国、在印度内部旅行的相关信息，包括从苏拉特到马苏利帕塔姆（Masulipatam）、从马苏利帕塔姆到戈尔康达、从南部沿海城市到内地的维查耶纳伽尔（Vijayanagar）①、京吉（Gingee）、坦焦尔（Tanjore）和马杜赖的内陆交通路线和陆路旅行团体方面的信息。他们描述了这些路线的危险和不便之处，而且对那些需要篷车、向导、道夫或过路费的路线加以标示。他们注意到，在印度西南沿海旅行要比在其他地方更安全、轻松，一些地方甚至供应免费的点心。对于莫卧儿首府阿格拉与德里、拉合尔之间绿树成荫的公路，他们做了最为详尽的描述。他们还注意到，在一些情况下，当 1896
跨越内部的边界时，旅行者必须遵循一些习俗。一些欧洲人十分赞叹为夜行设计的道路和靠信差接力传递音信的方式。欧洲旅行家面临的主要问题，是风雨、洪水等自然阻碍以及强盗的劫掠、当地官员贪婪的勒索。从锡兰沿海地区进入康提丘陵地带的道路无法自由穿行，实际上，那里由重兵把守，人们无法自由通行。

莫卧儿帝国的多数省份，特别是孟加拉，物产丰富，粮棉自给自足。但是，在干旱季节，畜牧主无法获取足够的牧草。在印度北部的肥沃土地上，种植业

① 胜利城维查耶纳伽尔，古国名。14世纪中叶印度教徒在南印度建立的封建国家。——译者注

的发展受到莫卧儿帝国落后的土地制度的阻挠。但莫卧儿帝国和戈尔康达的水利事业特别令人赞叹。在戈尔康达，土地受城邦的控制，被出租给出价最高的人；不过，戈尔康达出产大米、蓝靛、鸦片和大象，所有这些产品均被用以出口。尽管欧洲人对维查耶纳伽尔不断衰落的帝国言之甚少，但他们注意到，饥荒反复扫荡着科罗曼德尔地区。他们也记录了17世纪30年代横贯印度的大饥荒[①]所造成的破败景象。在印度南部，农业发达，出产的粮食足以供应果阿和欧洲人其他地区的前哨的需求，而胡椒和其他农产品则供出口。与维查耶纳伽尔一样，在马杜赖，农业也遭受到连年战争的破坏。锡兰和马尔代夫仍然相对宽裕，出产用于出口的产品。

在政治上，印度被看作是一个由众多发展和衰落的帝国、少数民族、先前帝国的残余和沿海城邦组成的综合体。莫卧儿帝国被分成20个省，帝国在中心地区拥有较高的权威，而在边缘地区，帝国的权威则会不时地受到挑战。奥朗则布（Aurangzib）面临众多的问题：安抚孟加拉、奥里萨（Orissa）和德干，定期在拉贾斯坦邦（Rajasthan）、坎大哈（Qandahar）、阿萨姆邦（Assam）宣称莫卧儿帝国的权威，迫使比贾布尔（1686年）和戈尔康达（1688年）屈服，威胁17世纪90年代印度西北沿海葡萄牙人和英国人的据点。在政治上，从果阿向南到西部沿海地区，再到半岛尖端的土地被分成24个小邦。其中，卡纳拉和卡利卡特最为独立，生命力最为顽强。在内陆，它们与维查耶纳伽尔的残余城邦接壤，后者为躲避穆斯林城邦的南侵、保持独立地位而斗争。在南部印度人的城邦中，马杜赖最为独立。在北部受到莫卧儿帝国权力约束的欧洲人，试图蚕食印度南部沿海地区、卡纳提克（Carnatic）和锡兰，以保护他们的商业以及从科钦（Cochin）、圣多默（San Thomé）、马苏利帕塔姆和科伦坡（Colombo）
1897 等基地出发的海运航线。当离开受保护的基地、深入内地时，欧洲的商人和传教士便不得不按照印度当局设定的规则行事。

莫卧儿帝国的君主，特别是奥朗则布，被认为是世界上最富有和最有权

① 1630—1632年，印度发生饥荒，即德干大饥荒（Deccan Famine of 1630-1632），死亡人数达200万。——译者注

力的君主之一。根据莫卧儿帝国的历史记载，欧洲人对帝国以及各个省份的税收、军队规模做了估计。他们在从事商业活动的过程中了解到，在国际贸易中，这个帝国处于有利的收支平衡状态，甚至可以称得上“一个银库”（sink for silver）。作为土地的唯一拥有者，君主独占来自农业的所有收入，并能随意征收附加税。臣下在有任何请求时，往往用贡品贿赂君主。一些奢靡的宫廷典礼可以为君主带来额外的收入；另一些仪式则是对君主钱财的挥霍。但这些典礼和仪式又常常是掏空国库资源的军队和要塞得以维持的稳固基础。在战争频繁时期，这种耗费国库资源的情况更为严重。由于在次大陆以外没有可以严重威胁莫卧儿的势力，频繁的战争大多发生在印度内部，造成了大范围的内部破坏和长期的混乱，而影响到农业和贸易的发展。可能古吉拉特是最少受到影响的省份，在那里，欧洲人的贸易稳步发展。在本世纪大部分时间里，在南部印度，局部性的战争也不断发生，造成政治的动荡和经济的混乱。

印度主要的稳定性力量，来自社会和宗教关系中无处不在的宽容倾向。与南部一样，在整个莫卧儿帝国内，印度人对不同的信仰与社会习俗表现出的容忍态度令欧洲人惊讶。尽管帝国统治者为逊尼派穆斯林，但印度教大众仍在不受严重干扰的情况下，继续信奉原有的信仰、沿袭祖先的习俗。在古吉拉特，耆那教徒（the Jains）和拜火教徒（the Parsees）不会受到打压。其他群体，像犹太人、亚美尼亚基督教徒（the Christian Armenians）以及新来的欧洲基督教教徒，也可以自由地传布信仰。欧洲人注意到，各个团体在相互接触过程中彼此影响。印度的种姓制度对穆斯林、耆那教徒和圣多默基督教徒（St.Thomas Christians）的信仰和习惯产生了影响。同对印度教徒或基督教徒的态度相比，戈尔康达占主导地位的什叶派教徒对逊尼派的态度就不那么宽容。印度教教徒时常参与穆斯林的庆祝活动，也许仅仅将之视为让自己放松的假期而已。印度瑜伽士和穆斯林苦行僧和平相处，普遍受到大众的尊重。对于这些群体的成员，人们可以通过服装、庙宇、清真寺或教堂、仪式等外在的东西进行区分。虽然莫卧儿并不提倡寡妇殉夫的习俗，但他们也没有像后来英国人所做的那样，对之加以禁止。与其他人相比，对于外来的宗教和社会习俗，僧伽罗（Sinhalese）佛教徒表现出较少宽容性，这可能与他们处于弱势地位有关。虽然欧洲人从 1898

未试图对印度的种姓制度进行深入的理解，但在寻找和翻译印度教的宗教小册子、区分耆那教（Jainism）和印度教、记录拜火教（Parsees）的历史等方面，他们做出了更多的努力。与一些传教士抨击印度人“迷信”的做法不同，诺比利设法采取适应策略，以迎合印度教的方式进行基督教福音的传播。德拉·瓦勒（Della Valle）等旅行家则走访一个没有受到伊斯兰教或基督教太多影响的沿海城邦——卡纳拉，以期获得对于印度教的深入了解。耶稣会士范尼西欧（Fenicio）与荷兰新教教徒罗杰、巴尔斯，试图系统地阐述南部印度教的教义。对他们或者其他欧洲人来说，印度教是理解印度南部地区的关键，因为它本身就可以解释印度的种姓制度、童婚、殉夫、庙妓（temple prostitutes），以及其他大量令欧洲人困惑的社会习俗。

虽然印度社会的稳定性与包容性给他们留下深刻的印象，但17世纪的欧洲人并不认为印度是静止或者不变的。的确，透过一些亲身经历，欧洲人深刻地感受到：印度人生活的许多方面具有变动性。他们考察了莫卧儿和克什米尔的历史，并注意到印度北部、南部昔日一些帝国的遗迹和残存。他们了解到，莫卧儿帝国多次迁都；在莫卧儿人建起沙贾汗纳巴德（Shahjahanabad）之前，德里曾被几个帝国作为首都。他们还调查了埃洛拉（Ellora）、象岛（Elephanta）、甘赫瑞（Kanheri）的石窟，并了解到它们是如此古老。带着钦佩的心情，他们观赏了阿克巴大帝陵墓、泰姬陵（Taj Mahal）、海德拉巴（Hyderabad）和沙贾汗纳巴德计划建造的城市，以及遍布整个印度的庙宇、水渠和花园。与欧洲工匠相比，印度许多行业的工匠被认为技艺更精湛，而且他们很快就开始模仿欧洲人在造船业、纺织业领域的一些设计。印度人在艺术和手工业领域的创造力，并未受到传统或者个人创造力缺乏的阻碍，而是受到限制、轻视创造力的政治经济环境的影响。只有在技术和科学的一些特定领域，印度人才被认为是落后的。

虽然一些欧洲人将婆罗门视为傲慢而迷信的一群人，但也有人将他们看成道德教义的忠诚牧师，并利用他们对印度的信仰和习俗进行研究。虽然欧洲人强调莫卧儿人对白种人的偏好，但种姓制度通常与职业，而不是肤色相提并论。大多数欧洲人十分欣赏印度人的礼貌、谦逊与仁慈。另一些人则痛斥奸诈的印度商人和与其他印度人一样柔弱、狡猾而奴性十足的孟加拉人。在莫卧儿帝国，司法苛刻却又公正；而其他地方的司法则被认为是统治者残酷的报复手段。令人印象深刻的是，印度教将驱逐基督教牧师作为讨好邪灵（evil spirits）和恶魔的仪式。有几位欧洲人为西瓦吉书写下传记，在这些传记中，西瓦吉被称颂为印度英雄。我们透过这些例子很容易看到，尽管他们的判断一定反映出其作为欧洲人和基督教徒的共同背景，但对于印度及其风俗、民族，欧洲人并没有统一的看法。与描述中国的那些人相比，除了同为西方人的背景外，他们的观点更具多样性。描述印度的作家论及商人、医生、新教牧师以及天主教神父等不同人物。对于想对上述偏见进行描述的现代学者而言，17世纪欧洲人关于印度的报道提供了丰富的材料。这些材料，在当地的记载中找不到，也无法从关于印度人生活、活动的描述中获得，因为本地观察者都会认为它们是习以为常、不足挂齿的。 1899

在东南亚大陆、印度尼西亚与临近的印度、中国两大文明之间，显示出密切的历史关联。老挝和泰国的居民由南中国迁移而来，而越南的大部曾经是中华帝国的一个省[①]。佛教是印度和锡兰的遗产，而越南的佛教却经中国传入，同时，在这一过程中，佛教染上了中国的属性。尽管巴利语（Pali）伴随佛教自印度传出，但东南亚多数常见的语言显示出同汉语存在明显的联系。越南的通俗语言，用汉字书写；泰语（the Thai language），与汉语类似，看上去是单音节且带有音调的，尽管它在17世纪是以字母的形式书写。历书和日历均经由印度和中国传入。中国的印刷术传入越南，但没有传入暹罗。在处理国际关系时，暹罗、老挝和越南采用、模仿中国的朝贡体系进行操作。越南的官僚机构带有儒家、暹罗、阿拉干佛教的特点。

在对待伊斯兰教和基督教影响的问题上，较小的城邦反而比内陆大国更为开明。即便在统治者是穆斯林的情况下，它们的商业也通常由中国、印度、阿拉伯和欧洲的商人们把持。在马六甲之外的马来半岛地区，北大年（Patani）和半岛东岸的其他城市向暹罗上缴贡物，而葡萄牙人和荷兰人则试图以战争或胁

① 即交趾，又名交阯。——译者注

迫的方式垄断贸易。在东南亚大部分输入港和转口港，特别是在本世纪后期的柬埔寨，马来西亚的穆斯林十分活跃。1641 年，马六甲被荷兰人占据，在本世纪剩下的时间里，它的领土范围在缩小，而商业重要性也在降低。荷兰人向前推进，迫使葡萄牙人及其传教士撤离马六甲，前往更能包容他们的地区寻找避难所和工作。于是，妙乌、大城、金边和西里伯斯岛上的望加锡，成为安置葡
1900 萄牙人和穆斯林的地方。阿拉干和暹罗的统治者利用日本雇佣兵组成武装军队，而这些雇佣兵多是基督教教徒。土耳其人（Turks）和伊朗人也在沿海港口与内陆市场进行贸易。

根据欧洲作家的记载，除了马来亚（Malaya），东南亚大陆的国家都能实现粮食的自足。那里的居民以大米、鱼、水果为食，居住在由桩子架起、稻草盖顶的竹房里。每一年，大河的三角洲地区都会遭受洪水的侵袭，暹罗和柬埔寨的洪灾尤为严重。通过成熟的水利技术，河水被储存起来，以供稻田灌溉之用。特别是暹罗，大米自足之外，过剩的大米被出口到马来亚、印度等地。泰国山区的农民也种植小麦，并在 1670 年前后开始培育玉米。各大州均出口木材等；鹿皮被卖到日本。马来半岛，特别是吉打（Kedah），大量出产需求量极高的锡。据说暹罗富藏金矿资源，但从未获得证实。

欧洲商人、外交人员和传教士对东南亚内地的探索揭示出，水运是最主要的交通方式。妙乌、大城是拥有发达的河流、运河交通系统的重要城市。沿着人口聚居区附近的大河逆流而上，是深入内地进行勘察的唯一途径。欧洲人发现，从湄公河（Menam）要比由大城或河内经陆路进入老挝容易得多。有人推测，这里的大河发源自中亚群山中一个神秘湖泊，但也有人否定了这样的说法。法国工程师绘制了暹罗、湄南河及其支流的地图，这些支流分布在从大城到海边的广阔地区内。欧洲人在进行河流勘探活动时，曾沿红河（the Red River）上溯至河内，沿湄公河至金边、华富里（Lop Buri），沿伊洛瓦底江（Irrawaddy）至勃固，沿妙乌的河流来到阿拉干的首府。因为这些河流一般都是从北向南流，所以欧洲人从东到西旅行时主要依赖海运，从而避免了高山林立、河谷割裂所带来的交通不便。

在 17 世纪，欧洲人只在缅甸（Burma）的沿海地区活动，而对内地

的探察局限在阿拉干和勃固地区。他们已经知晓作为暹罗入口的丹那沙林（Tenasserim）海岸，而且他们曾沿着湄南河来到清迈（Chiang Mai）。以金边为起点，他们对柬埔寨其他城市进行调查，并顺河而上，抵达老挝。在越南，他们了解到东京、交趾支那的内地。在内地勘察期间，他们考察了阿拉干和勃固的古老遗迹，并被吴哥（Angkor）杂草丛生的遗址所吸引。他们了解到，柬埔寨是这一地区佛教徒朝圣的中心地；即使是在战争肆虐，或者佛教僧侣主导老挝的时期，亦是如此。他们还顺便提到马来亚的米南加保族（Minangkabau） 1901
穆斯林和越南山区的居民。

在东南亚大陆地区，战争长期威胁到社会稳定。暹罗与缅甸的战争、阿拉干与葡萄牙人的战争，以及交趾支那与东京之间的战争，同时在陆地和海上展开。暹罗的内陆边界始终受到战争的威胁，那里长期驻有军队和引人注目的武装力量。他们不在任何地方设置长期性的要塞，而是依赖自然的屏障。界墙将东京同交趾支那分隔开来，但仅建有基本的临时性防御壁垒。庞大的陆军力图避免阵地战，而将领则试图以计策克敌。在炮火中，使用大象的骑兵和前锋部队变得混乱不堪。战争的主要目的不是杀敌，而是捕获大量的俘虏。这些俘虏被用作奴隶，从事农业生产活动。被攻克的城市常常被焚毁，其人口被掳走，而财产则被没收，成为战利品。军火是越南的长期需求品，为此，越南不得不向欧洲和日本的粮食商贩打开大门。日本、欧洲和穆斯林雇佣兵是各地急需的枪炮手，因为据称除越南人外，亚洲人多不擅长使用枪炮。

暹罗，一个政治、文化和宗教合一的国家，是欧洲人最为熟悉的东南亚国家。在世俗和宗教领域内，暹罗的佛教领袖均为绝对的统治者。他主宰着一个拥有近200万登记人口的复杂的等级社会。这些人口包括除僧侣、奴隶和外国人外的所有成年男子，他们每年都要承担国家六个月的劳役。妇女则肩负起农田和市场上的绝大多数活儿。负债或在战争中被俘，使许多人沦为奴隶。由于劳动力短缺，许多土地被闲置。国王指派的官员构成一套包括文、武两部分的官僚体系，而每个省份都由一位世袭或指派的地方官管辖。在做出判决、进行处罚时，作为法律终极权威的国王遵从古老的习俗与法典。但在关系到皇室的案件中，法律并非如此严格地遵循。王位继承往往通过篡夺的方式进行，而国王则不顾法律与宗教上的约束，娶其姐妹为妻，以保持家族血统的纯正。他在“副王”（Second King）的辅佐下进行统治，将官员置于严密的监管之下。所有税收均由国王来征收；国际贸易作为对外事务的一部分，发展成为王室的垄断事业。除了中国之外，其他国家的使节都被当作朝贡使团来接待。在专制主义的限制下，手工业、艺术和科学无法充分发展。泰国人被认为是天生的诗人、舞蹈家和音乐家，但他们对外国艺术毫无兴趣。

越南被视为独立的国家。经过内战，它分裂成两部分，南部为交趾支那，
1902 在北部则是东京。南北部边界地区均存在一些小的国。东京是最大、最富有的城邦，而且是“皇帝”（vua）或者说君主——整个半岛公认的君主的驻地。两大城邦的政府均遵循中国的模式，通过科举考试建立起儒家的官僚系统。在人们看来，与明代中国一样，越南的统治者和社会秩序在宫廷太监的恶劣影响下，一步步走向败落与混乱。连绵不断的战争迫使两国长期维持着大批军事力量，并向国外的军火供应者、外国商人甚至基督教传教士敞开大门。不过，它们的统治者依旧对经济进行控制，以保持物价的低廉与平稳。传统习俗与观念受到国家的严密控制，民族英雄则经常受到国王和各阶层人群的崇拜。红河三角洲（the Red River delta）的市场——河内，以及交趾支那的贸易中心——会安（Fai-fo [Hôi An]），是欧洲商人和传教士进入这一地区的入口。到本世纪末，天主教传教士已经发展了大量的皈依者，而基督教团体则分散在越南的各个地方。

在欧洲人看来，群岛地区——海岛东南亚和菲律宾——大陆的南边有些不同。在这里，他们看不到难以渗透的大国，只发现小型城邦和岛屿聚落，它们可以被各个击破。在对亚洲岛屿进行描述的同时，欧洲人也忙于对它们进行开发。到本世纪末，荷兰人已经在海岛东南亚及其东部边缘建立起自己的商业势力范围；通过马尼拉的基地，西班牙人控制了北部的菲律宾，他们只是在向南拓展时，受到苏禄岛（Sulu）和棉兰老岛穆斯林的阻碍，被迫停了下来。西班牙人逐步征服了马里亚纳群岛，但与此同时，迫于荷兰人的压力，他们于1662年从香料群岛（the Spiceries）撤出。欧洲人意识到，在除马里亚纳群岛之外的所有岛屿上，他们都会被穆斯林商人和毛拉（mullah）视为入侵者、占领者。在整个17世纪，他们都受到来自外国穆斯林、包括统治者在内的本土皈依者和

伊斯兰教徒的仇视与抵抗。渐渐地，欧洲人征服了众多地方，而穆斯林则在荷兰新教和西班牙天主教的夹缝间生存下来，成功地在苏禄岛维持着一块独立的基地。当基督教在西属菲律宾传播时，尽管处于荷兰的殖民控制之下，伊斯兰教依旧主宰着海岛东南亚。不过，欧洲人的描述显示出，印度的伊斯兰教徒与近东的伊斯兰教徒有着相当大的差异。欧洲人也注意到，古阿拉伯的信仰与习俗不仅在海岛东南亚的内地，而且也在沿海的穆斯林居民中间继续传播。

尽管专注于殖民帝国的建设，但欧洲人仍清醒地意识到海岛东南亚的复杂性。虽然在自然上，它的岛屿彼此之间分割开来，但在欧洲人看来，这些岛屿是互相联系的。其岛民在外貌、肤色等方面的特征存在一致性，而恰恰是这些 1903
特征令他们与同样生活在这些岛上的山区土著以及巴布亚、澳大利亚的居民区别开来。马来语是商贸活动中的通用语言，而包括菲律宾人在内的岛民，都被认为与马来半岛和印度的居民存在某种历史关联。欧洲人注意到，在商业习惯和造船方面，各个岛屿之间存在着相似性。他们看到岛屿贸易中的一种商业互赖性。例如，香料群岛从其他从事海外贸易的岛民那里进口粮食和布匹。一个国际性的港口就是一个城邦，与其邻近城邦十分相像，有着相似的政治、商业组织以及行政官员。贸易由当地的王公把持，他们以夺取其他海岸地区，而不是向其所控制岛屿内部深入的方式拓展领土。在所有城邦，控制劳动力是富足的重要基础；像债奴（debt bondage）等通行制度被普遍用作社会控制的手段。欧洲人记述了制海权在德那地、蒂多雷（Tidore）、亚齐、望加锡间的迅速转移，以及马打兰帝国的历史演变，它们都曾参与到地区性的竞争中。

在许多贸易中心，中国商人和移民发展迅速，但他们往往受到海岛东南亚当局的控制。荷兰人打破了这种控制，却又将自己的新枷锁强加到人们身上。在荷兰东印度公司的逼迫下，人们迁离故土；生产中心被转移；交通和贸易的新线路建立起来，而旧的权力关系被打乱。中国人被容许像以前一样承担贸易中间商的角色。通过荷兰人的努力，巴布亚和东边其他地方开始融入到以巴达维亚为中心的区域经济体中。

欧洲人发现，由数千岛屿组成的菲律宾群岛，与海岛东南亚、马来半岛和印度之间存在传统的联系，即便这种联系是微弱的。菲律宾人（the Filipinos）

和马里亚纳群岛上的查莫罗人（the Chamorros），可能是从马来半岛经印度尼西亚迁移而来的。在菲律宾，马来人的后裔曾经占据沿海地区，并驱使土著矮小黑人退入山中。来自婆罗洲的穆斯林曾在菲律宾南部捕捉奴隶，而且在西班牙人到来之前，他们就已经在马尼拉建立了据点。在麦哲伦（Magellan）到来以前，其他穆斯林曾占据苏禄岛和棉兰老岛。在南部，来自中国福建的商人已经同穆斯林进行了长时间的贸易活动，而且在西班牙人主导的北部，尤其是马尼拉，也有他们的定居点。日本人，惊恐地目睹了西班牙人在菲律宾的殖民拓展，首先尝试与跨越辽阔太平洋而来的基督教徒进行和平的交流。与中国人一样，日本人受到试图同东亚建立起紧密联系的欧洲商人和传教士的欢迎。然而，在菲律宾的中国人和日本人却令人不安，因为西班牙人认为，其强大的祖国同样觊觎菲律宾，而他们则是先遣者。

1904 在穆斯林和基督教徒到来之前，菲律宾并没有中央政府，甚至不存在强大的城邦。的确，不同的传统、信仰和语言分割了菲律宾人；甚至马里亚纳群岛的查莫罗人也拥有属于自己的独特文化。受地理和文化因素的分割，面对穆斯林和基督教徒，菲律宾人无法形成一股凝聚的抵抗力量。权力属于首领，首领之间以结盟或者斗争的形式解决本地的问题。在西班牙军队的保护下，基督教牧师学习菲律宾的语言，深入岛屿，发展信徒，并建立教堂。与穆斯林一样，基督教徒对固有的风俗采取容忍态度，并逐步倾向于温和而不是激烈的传教方式。他们很快就体会到本地船只在航海中的优越，十分钦佩菲律宾人在日常交往中表现出的礼貌态度，并对他们勤于洗澡与讲究个人卫生的做法表示赞许。尽管对本地繁杂的社会风俗采取容忍态度，传教士仍将菲律宾人的宗教信仰看作迷信，并宣称一些祭祀和庆祝仪式是不合法的做法。欧洲人对本地语言和法律进行研究，并尽可能地对其加以改造。彼此之间的调和造成菲律宾与西班牙在文化、宗教方面的融合，而这一融合的过程一直持续到 20 世纪。在马里亚纳群岛，耶稣会士将基督教体系强加于此，而本土文化被西班牙人破坏殆尽。欧洲的文献仍是复原这段历史最好的材料。

对于 17 世纪早期的多数航行者来说，中国是最终的目的地，因为那里有亚洲最伟大的帝国。在整个 17 世纪，欧洲的观察家始终对这样一个国家饶有兴趣——它有独立的领土、统一的文化、由一位君主统治。其他国家——暹罗、越南、日本和韩国——全都包含在中国的世界中，却要弱小得多。在 17 世纪，超过 50 种关于中国或者中国某一地的游历记述在欧洲刊布。这些叙述包括耶稣会士的书简及其相关的引述、关于亚洲的总体描述。17 世纪末，一些经陆路而非海路来到中国的欧洲人的叙述，涉及中国北部和西部边疆的状况。相对于亚洲其他地方，欧洲人对中国——它的地形、政府、历史和思想——更为熟悉。不过在中华帝国，除了葡萄牙人所占据的澳门外，他们并无立足的据点。

在 17 世纪，欧洲人已经对中国相当了解。对于中国的面积、形形色色的景观、它的河流、湖泊、山脉、城市、村庄及边疆地区，他们都有比较准确的描述。卫匡国的《中国新图志》描述了整个帝国及其周边、帝国内各个省份的大 1905
致情况，并附以地图。这些出版物中包含了较为准确的有关中国人口总量，甚至众多城市与村镇人口数的估计。在 17 世纪，很少有国家能像中国一样，被如此全面而准确的叙述。对于中国巨大的国土面积、庞大的人口数字，欧洲人惊叹不已。卫匡国认为，由长城围起来的中国是一个巨型城市。对前工业（pre-industrial）时代的欧洲观察者而言，在这个世界上，中国拥有一切充足的资源，足以维持它庞大的人口与崇高的声望。它几乎不需要从外界获取什么，与印度一样，它也是一个“银库”。通过众多巨大的河道，物资和人口在广阔的帝国内不断地进行交流。在无法通航的地方，中国人开凿了大运河。在欧洲人看来，大运河是可以同长城相提并论的奇迹。在陆地上，一张广阔的驿站网络以及随处可见的客栈将地方城市与首都连接起来。

最让欧洲人着迷的是，这一庞大帝国由一位君主依靠经科举考试获得官职的学者——而不是世袭贵族——组成的庞大而复杂的官僚体系进行统治。欧洲观察者详细描述了中国的政府及其运作方式，包括宫廷典礼、六部及其官员、地方官员的情况。他们认识到，事实上，在理论上拥有至高权力的皇帝受到官僚体系的约束。他们看到，在政府的儒家理想和具体实践之间，经常出现不一致的情形，而具体实践的实际效果往往令人失望。他们了解到宦官在宫廷中的角色及其在官僚体系中的作用。他们意识到监察机关的重要意义，但也经常提到监察官员滥用权力的现象。尽管对中国政府和法律的理想化与缺陷有着相当深刻的认识，17 世纪多数的观察者仍断言，中国是地球上治理最为完善的一片土地。

中国的学问与教育，也给欧洲人留下了深刻的印象。他们对科考体系、参加科考前长达数年的学习以及科考成功者所获得的学术、政治、社会、经济方面的回报加以描述。中国语言，与欧洲任何语言都截然不同，也令人着迷。在本世纪，熟知中国语言的耶稣会士，曾提到书面与口头汉语的差异、声调的运用、汉字的演变和不同的字体。他们清楚地指出（也许有些夸大）中国文化所具有的文学色彩（the literary nature）。他们对汉语的描述，促使一些欧洲学者投身于对这门语言的学习中。对于中国较高的识字率以及哲学、宗教、历史、法律、政府、自然科学、军事科学、医学、数学、农学、诗歌、戏剧方面数不
1906 尽的著作，耶稣会士与荷兰评论者也有所报道。尽管中国医学等科学令他们印象深刻，但多数欧洲观察者认为中国科学缺乏有力的理论基础。至少在自然科学领域，欧洲人拥有更高的成就，而数学和天文学是最好的例子。对于儒家伦理与中国历史，欧洲观察者的印象更为深刻。他们对经典、先秦儒学、宋朝新儒学、17 世纪不同学派的思想做了深入而详细的考察。到本世纪末，几位儒家哲学家的著作及一些医学方面的论文已被译成西方语言。同样令人印象深刻的，是中国的历史著作。除了记载一些主要的“世界”历史和数不清的地方历史外，卷帙浩繁的官方史书主要关注中国各个王朝的历史。欧洲人很快便得出结论，中国人拥有世界上时间跨度最长、内容最详细的历史记载。卫匡国的《中国上古史》（1658 年）及特维诺、柏应理所出版的该书的续作，为欧洲读者提供了从圣君时代到 17 世纪晚期康熙在位期间中国历史的详细情况。欧洲其他的出版物，使得编年史式的描述得以扩充。

作为一个有着儒家政治理想和复杂行政机构的统一帝国，中国是如此古老，以致可能令包括欧洲人在内的外国人以为：它是不朽的。尽管欧洲到访者已经了解过往王朝的兴起、衰落以及 13 世纪的蒙古征服，但 17 世纪前半叶的作家仍倾向于强调中国的稳固性。然而，被详加报道的满族征服运动，似乎极具破坏性。有人认为，他们正目睹中华帝国的陷落，并将这些事件与 4 世纪罗马的野蛮人入侵相提并论，尽管如此，17 世纪末的欧洲作家更多地强调明清两朝之

间的延续性而非断裂性。与此同时，大多数欧洲作家和编年史家都开始将清朝加入到中国的王朝谱系中。

虽然多数学者—官员信奉儒教，中国却不是一个单一宗教国家。佛教和道教广泛传播，经常相互融合，有时还会得到皇帝和官员们的支持。犹太教、伊斯兰教及 17 世纪的基督教等外国宗教也是如此。通常，在个人的信仰和实践中，中国人融合了三种主要的传统理念。耶稣会士试图对基督教进行调整，以适应儒教，并将儒教与佛道两教清楚地区分开来。因此，在描述中，他们把更 1907
多的注意力投放在儒教、而不是其他宗教上面。对于佛道两教，他们只是轻描淡写。但对于佛道两教的信仰、传统、仪式以及佛教一些教派教义的差异、融合的大众宗教，欧洲的读者可能已经有所了解。一些欧洲观察者，特别是神秘的大卫·莱特，是如此详细地描绘了中国的大众宗教，敏锐的读者甚至开始将其视为无处不在的信仰。

欧洲观察者注意到中国家庭及相关礼仪、习俗（如子女孝顺、祖先崇拜、婚嫁、丧葬、纳妾、继承和休妻）的重要性。似乎中国所有的社交场合都极其正式而讲究礼仪。耶稣会士了解到“礼”在儒家伦理中的重要地位，而且似乎所有观察者都对中国人社会交往错综复杂的情形有着浓厚的兴趣。他们赞许地提到，中国妇女通常深居闺房且十分忠贞，而且与欧洲不同，男女服装的款式没有大的改变，只是在满族征服之后，中国人不得不拖起长长的辫子。

对于中国农民的勤劳与节俭，欧洲观察者大加赞叹。不过一般来说，他们同儒家学者一样，对商人和士兵持有偏见。荷兰商人发现，中国商人狡诈且时常背信弃义；他们的观察使得中国商人的名声变得更加糟糕。不过，中国的工匠和手工业者极受尊重。

东边的朝鲜有古老而先进的文明，这种文明是建立在中国的农业模式基础上的，尽管深受中国文明的影响，却在许多方面保留了自己的特点。

在**战国时代**（*Sengoku era*）的日本，强大的大名为争夺国家的统治权力而 1908
争斗，但这些争斗却为 1600 年以后德川幕府时代将军一统国家的行动奠定了基础。德川时代的将军牢牢地控制着地方诸侯和子民，极力维持着日本国境内外的和平局面。17 世纪早期的传教士曾对 16 世纪晚期日本的内战、德川势力的巩固进行详细的描述。他们还重述了早期关于日本地理、社会、宗教和文化的描写，仔细记述了政治变动对日本基督教会的影响。在17世纪的头十年里，新教荷兰与英国的观察者也从某种不同的视角对日本及德川统治的加强做过描述。在17世纪伊始，对于亚洲，欧洲读者最熟悉的便是日本。

到了1640年，所有传教士都被逐出日本，基督教堂被毁灭殆尽；所有欧洲人都被排斥在日本国门之外：只有荷兰人不在排斥之列，他们获准在出岛上进行贸易，但其贸易活动处于日本牢笼般的限制和监管之下。在本世纪剩下的时间里，欧洲只能从荷兰人和服务于荷兰东印度公司的德国人口中，了解到日本的最新情况。在两个世纪里，荷兰成为西方了解日本和日本了解欧洲的狭小窗口。与本世纪头十年相比，1640年后的报道比较少，但它们涉及内容广泛且包含一些关于德川时代日本的准确信息。其中，卡龙、蒙塔努斯、麦斯特尔的报道是最重要的。他们描述了统治者对于基督教的畏惧态度以及搜捕、打击皈依者的严酷做法。他们还对德川幕府成熟的控制体制做了准确的描述：参觐交代——大名隔一年在江户和领地轮住、回领地时妻与子需留在江户作为人质；巡回的监察官（**目付**）监督诸侯忠诚与否；幕府特派员（**奉行**，*bugyo*）负责城镇和佛教寺社的监管；所有佛教寺庙中日本人的登记；严厉的连坐制度。江户发展迅速，商业和政治上的重要性越来越明显；在建造、维护江户庞大而精巧的宫殿的巨大经济压力下，大名被进一步削弱。与日本所有的城市一样，江户时常遭受火灾。荷兰的报告还提到江户的城堡、每年都会在那里举行的觐见仪式、从长崎到江户沿途的城市和乡村、法律和司法、婚嫁习俗、房屋和花园、贸易和物产。对于其中的许多问题，他们都有超越先前传教士报道的认识。不过，关于宗教和学术，他们言之甚少。

在17世纪，欧洲人对亚洲做了许多描述，而敏锐的读者可能已经从中发现，
1909 亚洲许多地方存在共同特征，同时，在亚洲各个社会间又有着惊人的差异。在许多情况下，欧洲作家会明确对异同两方面的内容进行评述。有时候，受到作为基督教徒和欧洲人的背景的影响，他们的认识带有偏见，遭到扭曲或存在局限。不过在大多数时候，他们能够展现亚洲的真实面目。例如，欧洲到访者不仅对亚洲伟大的王宫建筑大加赞叹，而且对亚洲统治者的威严与权力着迷。甚

至对于相对卑微的王公，他们也经常使用诸如“亚洲最有权势的人之一”一类的说法，对这些人的财富与权力投以过多的注意力。他们通常会罗列一位统治者所拥有的诸侯、士兵、女人和奴仆的数目；他们会估算他的财富与每一年的财政收入，并对其宫廷礼仪加以描述。作为亚洲最有权势的皇帝，中国皇帝和伟大的莫卧儿君主无所不有、无所不能。此外，这些强大的君主有时会被描述成“喜怒无常”（unstable）。多数亚洲统治者都被认为是专制的，他们将绝对的权力施加在其臣民身上。几乎在所有地方，他们都被描绘成专横的模样，而他们的法律则极其严酷。欧洲人注意到，在中国和日本都存在连坐的制度，但与后来的作家不同，他们并没有对这一制度进行责难。似乎死刑是最寻常的处罚——经常是极其残酷的死刑。严刑拷问被普遍使用；残害或肢解身体是常用的处罚形式。在莫卧儿帝国、暹罗、马打兰和日本，贵族或者他们的家族成员被朝廷作为人质扣押起来。而在印度、中国、日本、暹罗和马打兰，帝国密探或监察官员被广泛使用。欧洲官员对亚洲人过分炫耀的做法进行模仿。一些傲慢的炫耀适用于果阿的总督，因为他们是代表葡萄牙王权的贵族，但巴达维亚出身平凡的荷兰总督—将军（governors-general）似乎也认为：在同亚洲的王公进行谈判的过程中，一定的炫耀性展示是必要的。

亚洲政治上的专制主义与同时代欧洲的专制主义存在许多差异。也许是因为在地理上与世隔绝，莫卧儿印度和中国的皇帝并不渴望在领土扩张和宗教扩张上获得拥护，这一点与路易十四等伟大的欧洲统治者不同。一般来说，亚洲人只与本国人联姻，而不会同外国王室家族联姻。在亚洲所有的宫廷，外国的影响都是鲜见的，也许只有波斯渗入阿格拉和戈尔康达的情况是个例外。的确，在锡兰、阿拉干和暹罗，国王迎娶他们的姐妹甚至女儿，以保证血统的纯正。在亚洲，除了日本，找不到以土地为基础的、强大的世袭贵族。除中国皇帝外，亚洲的多数统治者都不注重艺术和科学的发展，而欧洲的统治者则十分重视艺术创造力，并大力提倡科学团体的创建。在亚洲内部，专制主义的差异也同样 1910
显著。在中国，文官占据支配地位；而在莫卧儿印度，军事贵族更为重要。帝王的亲信在阿格拉扮演了更重要的角色，而在北京和河内，宫廷太监则在统治者与官员之间周旋（creat a buffer）。在日本和越南，尽管皇帝在表面上享受着官员和民众的崇拜，但在政治上，篡权的将军和领主手握实权。在暹罗、锡兰和老挝，就像伊斯兰教在莫卧儿印度的情况一样，佛教实际上是国教；经对比可知，中国、越南和日本的统治者同时信奉多种信仰，尽管有时他们会偏爱其中的一种。在莫卧儿印度和暹罗，土地是统治者赐予的；而在中国和日本，土地多半归个人或团体所有。与亚洲其他国家不同，日本拥有庞大、强大且世袭的土地贵族。在南印度和海岛东南亚，专制主义者联合强大的贵族和商业寡头进行统治。类似地，在巴达维亚、马尼拉、果阿和澳门的欧洲官员，在来自母国的商人、士兵和基督教领袖的帮助下，以一种官僚专制的形式实行统治。

印度和中国（至少是在17世纪大部分时间里）均处于外族统治之下。但与满族人不同，伊斯兰教的莫卧儿人从未征服整个国家、完成国家的统一。尽管在康熙时期，满族人成功将中原、台湾岛及周边的亚洲内陆一部分纳入其统治范围，但在很大程度上，他们的胜利是通过与汉人的文化、政治体系相妥协和适应来实现的。相比之下，莫卧儿人则不得不时时压制印度教，排斥西瓦吉领导的印度复兴运动，而且在南印度，他们的统治也相当无力。此时，欧洲人正从印度沿海的据点向科罗曼德尔、孟加拉扩张，并从经济上向古吉拉特渗透。在中国，与16世纪一样，欧洲人继续被限制在澳门，而且他们被国姓爷从台湾赶了出来。总之，中国维持了统一的局面，欧洲人几乎无法渗透，而印度则继续遭受着内部的分裂，面对欧洲人的贸易、定居，它变得更为开放——这是一个好的征兆！

在欧洲人看来，与同时代的欧洲相比，亚洲的教育水平、识字率更高。在家中、乡村学校、寺院或者私塾，男童学习读、写和算的能力；上流社会的女性，特别是在日本，在家中接受教育。至于从事启蒙教育的教师，在印度来自婆罗门；在佛教国家、日本和中国来自僧侣；在中国、朝鲜、越南和日本来自儒家学者；在莫卧儿印度、马尔代夫和印度尼西亚的部分地区来自毛拉；在菲律宾来自天主教牧师；在爪哇、安汶、班达（Banda）和台湾来自荷兰新教徒。
1911 具有代表性的是，学童同时被教授家庭、公民和宗教方面的美德、礼仪以及学校的课程。欧洲作家经常注意到，训导和教育的严酷、宽大程度各有不同，而且与欧洲的同龄人相比，亚洲儿童更守规矩、更成熟。在亚洲，对于语言等课程，学生通过死记硬背的方式进行学习，这一学习过程以个人或班级为单位展开。在印度和中国，存在很强的经典传统，因此，学童必须背诵经典中具有启发意义的片段。

佛教寺院经常被作为高级生徒（advanced students）学习宗教、哲学和经典的学院。在贝纳勒斯和马杜赖，与在印度其他地方一样，梵文大学的学生学习印度教的观念与传统。在日本的大学里，儒学开始受到重视。中国、朝鲜和越南的高级教育仅仅依靠家庭教师、学生为准备帝国的考试而组成的学习团体来进行。所有大陆国家以及锡兰都为学生制作了手写和印刷的书本。在整个亚洲，知识和文化备受推崇，而且被认为是政府、商业和宗教活动中的必需品。

我们只能以男性的目光对亚洲妇女的社会身份和地位进行观察。在所有可以查阅的著作中，找不到一本由欧洲女性完成的著作。这是不可避免的，因为除了少数陪伴丈夫或者被派去嫁给本国人的妇女，前往东方的欧洲人都是男性。欧洲人的描述透露出，似乎亚洲女性以其忠贞、谦逊和慈祥受到赞赏。她们被视为家庭主妇，却又在丈夫和（有时是）儿子面前拥有第二大权威。在出嫁之前，女儿通常被看作家仆，而且一般来说，她们不能继承父母或者丈夫家庭的财产。妇女往往会准备膳食，但不与丈夫一同用餐。虽然大多数家庭都由丈夫、一名妻子及其子女组成，但一夫多妻和纳妾的现象随处可见。卖淫通常是合法的，但无论合法与否，在整个东方地区，娼妓随处可见。

在印度教的印度，寡妇要么殉夫，要么沦入潦倒的境地。印度妇女，与其丈夫一样，受到涉及结婚、离婚等社会活动的种姓制度的支配。**神庙舞女**（*devadāsi*）① 作为一个单独的种姓而存在，她们往往十分富有，而且在科罗曼德尔海岸，她们享有较高的社会声誉。在印度南部、锡兰等地，处于经期和分娩期的妇女被认为是肮脏的。在林伽崇拜的影响下，湿婆皈依者有时会牺牲女儿的贞洁。在莫卧儿印度，女性，特别是后宫的女性，对皇帝及其宫廷产生了深远的影响——她们有时被描绘成反面角色。但我们也不能忘记，为了纪念自己 1912
的妻子和皇后，沙·贾汗建造了泰姬陵。

① 又称“庙妓”（前文作“temple prostitutes”），印度教庙宇中的舞女、妓女。——译者注

印度南部和东南亚的一些城邦由强大的女王及其配偶统治着。东南亚的一些君主，如亚齐和马打兰的苏丹，由女性专门服侍、守护。这些女性有时会承担重要的政府事务，而且会被当作使者，极受信任。在马拉巴尔地区，特别是纳亚尔人（Nayar），母系继嗣体系盛行，妇女自己持有财产。在马里亚纳群岛，类似的母系继嗣系统十分盛行。在印度北部、马拉巴尔、锡兰和马里亚纳群岛，存在一妻多夫制。可能因为丈夫每年要为国家服役六个月，暹罗的女性会扮演农民、货币兑换商（money-changers）和商人等角色。同样地，在海岛东南亚，商业和许多农活被认为是妇女的工作，而且女性可以离婚、再婚、继承财产。在菲律宾和台湾，作为社会关系的调节者，本地宗教的女性神职人员拥有很高的社会地位。在锡兰，农妇收获大米，并投入到其他社会活动中。尼姑在耆那教以及暹罗、日本的佛教中占据特殊的地位。

根据单身牧师的报道，在东亚，中国和日本上流社会的妇女深居闺房，受到丈夫的严密控制。对于中国皇帝和贵族的一夫多妻制，欧洲牧师给以猛烈的抨击。而对于印度、中国或日本后宫女性的堕落，多数欧洲作家感到好奇。中国各阶层的妇女都要承受缠足的苦痛，而且只有少数妇女读书识字。在日本，上层社会读书识字的妇女将一些家务活提高到艺术的高度——例如插花和茶道。在中国和日本，普通妇女出现在街头田间，公开在舞蹈、戏剧和歌剧中表演。自从满族人推翻明朝以后，人们便注意到，与深居闺房的汉族妇女不同，满族妇女并非与世隔绝，她们较多地出现在社交场合。

尽管大家使用的术语不同、难以界定，但欧洲人大都十分关注亚洲人的肤色。亚洲人的肤色分别被描述成褐色、黄色、黄—褐色、黑色、碳黑色或者深黑色。最后几个术语通常被用来描述非洲人，而非洲人经常与巴布亚人、菲律宾矮小黑人和澳大利亚土著相提并论。北欧人有时会将亚洲人的肤色与伊比利亚人相比较。中国人和日本人有时被描述成“与我们一样白”，尽管许多欧洲人
1913 注意到，在印度人、中国人甚至日本人的内部，肤色又有相当大的差别。一些人注意到，亚洲人并不羡慕白皮肤，他们甚至会视白色为麻风病人的肤色。当然，也有例外：莫卧儿人认为白皮肤漂亮，而且据说文莱的男子喜欢达雅女子，因为后者有着十分白皙的皮肤。

欧洲旅行家经常提及，亚洲的服饰很少发生变化。其主要的例外是，在满族征服以后，汉族男子采用满族的发式和长袍服饰，引起人们的关注。在亚洲多数社会中，服饰也反映出一个人的社会等级、地位或官职。有时，欧洲人会对这些区别进行十分完整的描述。

在印度、中国和日本等一些高度文明的社会里，其个人品行经常被认为比欧洲人还要好，甚至被作为典范。不过，应当受到批判的风俗似乎比比皆是。在欧洲作家看来，那时亚洲人的性观念并不保守。卖淫活动随处可见，尽管在一些时候，欧洲人可能将它与纳妾混为一谈。鸡奸也时有发生，而且欧洲旅行家曾在印度和海岛东南亚遇见过异装癖者（transvestites）。海岛东南亚、台湾和菲律宾的土人有猎首的风俗。尽管很少有人亲见，但人们仍然认为，一些偏远而古老的部落保留了食人的传统。只有两位欧洲人声称曾亲眼目睹食人现象，他们都是受东印度公司雇用的安汶士兵。像为年轻男性提供的公共的单人房、穿耳和穿鼻、在发育期去齿和染黑牙齿等不那么令人厌恶的习俗，在多数群岛及其他地区流行。例如，印度人穿耳洞、穿鼻，而日本人则有染黑牙齿的习俗。菲律宾人、通古斯人和日本人将新生儿浸入冰冷的水中，希望他们因而变得健壮。

正如 17 世纪欧洲人所描述的那样，在亚洲，蓄奴制度十分普遍。但欧洲人也了解到，其中一些“奴隶”与欧洲人所理解的“奴隶”不同。一些人因无法偿还债务而沦为奴隶；一些奴隶来自战争中的俘虏；还有一些山地的居民被沿海的商人抓获，并卖为奴隶。奴隶制度促使一些亚洲民众发动暴乱。欧洲人发现：缅甸和印度有中国奴隶，爪哇有印度奴隶，巴厘有巴布亚奴隶，西里伯斯有菲律宾奴隶，在任何地方都能看到巴厘和婆罗洲奴隶。同在非洲一样，欧洲人也在亚洲蓄奴，这进一步促进了人口的流动。

虽然欧洲的一些传教士和学者试图理解亚洲的宗教，但多数旅行家都将宗教视为混乱而愚昧的偶像崇拜。他们相信，以妥协的方式安抚恶魔是亚洲大众宗教的共性。另一种普遍信念是天体运动左右或者预示着人间万事万物，许多欧洲人也有这样的看法。人们注意到民众对日食和月食的恐惧，而且在北京和香料群岛，均保留有关于日食和月食的记载。从锡兰到朝鲜，各地都有关于彗 1914

星的记载，这可以帮助我们去确定一些受到怀疑的历史记述的真实性。

亚洲人对烈性酒没有太大兴趣，尽管各地人民都会生产一些酒精饮料。似乎亚力酒（arrack）和棕榈酒（palm wine）最为寻常。许多酒精饮料用大米酿造而成。没有葡萄酿造的酒；葡萄酒和白兰地由欧洲传入。许多欧洲论述提到鸦片的用途以及吸食成瘾的危险。多数鸦片在古吉拉特、孟买和戈尔康达种植，而印度和东南亚的士兵经常吸食鸦片，据说，这让他们在作战时更加勇敢。嚼槟榔在南亚和东南亚颇为流行。许多欧洲人提到这种咀嚼物的制作方法及其对于当地社会的重要性。他们还提到烟草的培育及其在从北印度到菲律宾、朝鲜的广泛使用。

亚洲工匠，不管是印度的宝石匠、中国的陶瓷匠、苏门答腊的短剑匠，还是望加锡的船匠，都受到欧洲人的一致好评。亚洲艺术，特别是音乐和绘画，却不怎么被欣赏。例如，中国画家不用油彩作画，也不懂得透视法、明暗运用和色彩搭配的使用技巧。欧洲人不喜欢中国和日本的音乐。他们认为，爪哇音乐更柔和、更悦耳。

一般来说，欧洲观察者十分敬佩亚洲的医学，特别是在欧洲知之甚少的热带疾病的研究领域。有几部著作对亚洲的医学做了论述，这些论述涉及亚洲地区特殊的疾病及其治疗方法。欧洲医师似乎对中国人切脉诊断的方法尤为感兴趣。很显然，亚洲没有专门的医学学校。作为一项实用的技能，医术通过研习传统医学著作、当学徒和在诊所实习的方式获得。在一些欧洲人聚集区，本地和欧洲的医师一起行医，互相学习。在亚洲的欧洲人也提到一些新疾病（天花和梅毒）的传播，不过，他们经常将梅毒和雅司病混为一谈。

西方人带给亚洲的不仅仅是新疾病，还有新作物。17 世纪欧洲人的论述提到几种已经适应亚洲水土的作物，其中一些十分重要。据欧洲作家说，在本世纪最后三十多年里，玉米已经在暹罗和中国种植，西班牙士兵在德那地种植，而帝汶岛岛民称之为“玉蜀黍”（Indian corn），并把它作为主食。欧洲蔬菜首先在欧洲人的定居点种植。红胡椒和菠萝在爪哇培育。卜弥格提到几种来自南美洲的作物，其中就包括已经在南中国普遍种植的菠萝。许多美洲作物也传入菲律宾，但在这些岛屿上，小麦很难培育。

欧洲人对亚洲的植物很感兴趣。他们的著作中有许多关于植物的描述和图示，有几部著作专门论述亚洲的植物。荷兰早期航海家将植物带回荷兰，以供 1915
莱顿的植物学家和医学家研究。后来，所有来自亚洲的植物都被带到巴达维亚。在印度南部，一个国际性的研究群体对马拉巴尔的植物群进行研究，并最终写成著名的《印度马拉巴尔植物志》(*Hortus indicus malabaricus,1678-1703*)一书。

对于中国、暹罗和爪哇的稻米培育，欧洲人也做了详细的描述。他们提到暹罗等大米产量过剩的产地，也提到东部群岛等依赖于进口大米的地区。在他们笔下，中国农民勤劳而精明，而印度农民则十分懒惰。群岛地区的土人不喜欢农业生产，而喜好争战。除了马打兰和望加锡这两个大米过剩的地区，人们只种植少量的稻米。在亚洲各地，人们主要食用谷物、蔬菜和水果；肉类通常供节日之用，或作为装饰菜。印度人和印度尼西亚人用手抓饭；中国人和日本人则使用筷子。

同各地的旅行家一样，17 世纪的欧洲人比较留心与欧洲相异的地方。因此，他们有时会对亚洲一些风俗进行详细的描述，而本地观察者可能会以其过于寻常、不值得讨论而不予理会。对亚洲一些社会来说，欧洲人的叙述是唯一保留下来的书面记载，因而，这些叙述又是了解这些人群的历史不可或缺的材料。在另一些情况下，他们记载了迅速变化而后人无法描述的社会场景。例如，对于日本，他们描述了统一战争的最后几个阶段以及德川势力的巩固。对于蒙古和满洲，他们曾对草原游牧生活进行粗略的描写，而这种生活方式正在清帝国和俄国的扩张下逐步消失的。在一些情况下，欧洲人会对自己的描述进行彻底的改变：例如对锡兰、香料群岛、班达、巴布亚、西里伯斯和马里亚纳群岛的描述。因此，17 世纪欧洲旅行家和评论家所构筑的亚洲形象，不仅对了解欧洲的历史及欧亚关系至关重要，而且影响到我们对亚洲本身的理解。

在亚洲的欧洲人也经常提供一些对他们来说的坏消息，这些消息的数量极为庞大。他们提到本世纪上半叶的政治混乱：莫卧儿帝国的继承危机、德干战争、中国的满族征服与“三藩之乱”、德川势力的巩固、日本的基督教迫害运动以及一些极具戏剧性的纷乱。在自然上，亚洲似乎也被视为灾害频仍的地方。欧洲人时常提到火灾、洪灾、饥荒、地震以及火山爆发等灾害，有时他们会评论说，与以前相比，这些灾害更为频繁、更为严重。例如，在 1629—1631 年间，班达群岛遭受了三次地震和一次巨大的火山爆发。在本世纪中叶，东北亚
1916 地区（northeast Asia）似乎格外寒冷。1653 年 11 月，汉城附近河流结冰之厚，足够支撑 300 匹驮马通行。卫匡国（1654 年）称，中国北部的河流每年的冰期长达四个月，河流封冻之时，马匹和马车可以安全穿行。哈梅尔写道，每年冬天，黄海北部结冰，使之成为朝鲜通往中国的道路。他还提到，他在 1662 年冬天拜访山中一座寺庙，山中积雪甚厚，寺中僧侣在各个建筑之间挖掘地道，而且只能脚穿粗糙的雪地靴在外面行走。弗里斯则提到，1643 年冬天北海道的天气十分寒冷，当地食物匮乏，大量人口死亡；半数阿伊努人的居所被空置。虽然也会提及严冬与饥荒，但欧洲人还是把过多的目光投放在地震和火山爆发身上，原因是他们此前很少这方面的亲身感受。但我们不能忘记，许多欧洲报道者在亚洲生活多年，而且许多人与亚洲人联系密切。因此，与今天的旅行家相比，他们的报道可能完全反映了亚洲人的看法。透过欧洲人的记载，我们很难知道是不是本世纪后半叶的自然灾难要少一些。不过，他们的确提到，与早些年相比，政治环境变得相当稳定：德川幕府的统治为日本带来了和平；东印度公司和西班牙人也将平静带给了群岛；在平定郑成功和“三藩之乱”后，清朝统治者也获得了安逸的统治；法国人被驱逐出暹罗，奥朗则布则在西瓦吉去世、比贾布尔和戈尔康达被征服后稳固了自己的统治地位。

当然，欧洲人夸大、不准确或者草率的判断，时常将亚洲人和亚洲社会模式化。欧洲的一些文章和书籍，特别是一些来自相关观察者的论述，出现某些程式化的看法。例如，印度人被认为身陷种姓制度和大量古怪神灵的困扰，穆斯林受困于严刑峻法和社会掠夺，中国人受困于过分注重礼仪和习俗的传统，日本人受困于对苦难和死亡的冷漠态度，耆那教教徒受困于荒谬的苦行，佛教徒受困于对一切宗教信仰和无理做法的无理性的、不加批判的包容心，而所有亚洲人都受困于令人恼怒和糟糕的社会传统、饮食习惯。虽然由此可见，欧洲的基督教评论家对陌生的国外环境持有偏见，但我们不应该孤立地看待这些成见。在另一方面，他们又赞叹亚洲伟大的文明成就，赞叹中国政府在内战和王朝更替面前的稳定性，赞叹印度有着不同人种、社会地位和宗教信仰的人群相

对和平共处的局面，赞叹日本人在军队和政治事务中的纪律性。透过这些真诚的赞叹，我们看到，欧洲人的认识没有偏颇，或许称得上持平之论。

随着时间的流逝，欧洲人那些批判性抑或赞赏性的模式化认识，不断被新 1917
的、而且时常是充满矛盾的材料所修正，因为这些材料要求人们做出更准确、更详细的描绘。而且有一点事实无疑会令欧洲工业的先进性遭受质疑：如果没有印度纺织品和中国瓷器的涌入，欧洲人就不可能成功地在织布机上或瓷窑中进行模仿。尽管多数人仍然将亚洲人的宗教斥为“迷信”，17 世纪后半叶的欧洲作家，尤其是传教士，尝试通过本地的学者和文献认真钻研印度教和儒教的基本教义。在这一世纪，亚洲人在水利、特殊建筑建造方面表现出的高超技术——吴哥窟、泰姬陵和南京瓷塔——越来越让欧洲人敬佩。尽管依旧对伊斯兰教心存恐惧与厌恶，欧洲人也逐步对穆斯林精明的商业头脑及清真寺、墓地和花园表示欣赏。最明显的就是对一般亚洲人的赞赏，赞赏他们礼貌、谦逊、规矩且关爱家庭。撇开他们排斥西方人的自闭性格和局限不论，到 17 世纪末，亚洲人已被认为是值得尊重的。而且，同欧洲人一样，他们也拥有属于自己的、任何人类都有的缺点和优点。

注释：

[1] 这方面的总体描述，大多收录在 D.F.Lach and E.J.Van Kley, “Asia in the Eyes of Europe:The Seventeenth Century,” *The Seventeenth Century*(Durham), Vol.V,No.1 (Spring,1990), pp.93-109.© 1990 by The University of Chicago. All rights reserved.

[2] 关于这些出版物的详细介绍，参见原书第三卷，第 589-597 页。

参考文献

General Bibliography

As a convenience to the reader,the bibliography is divided as follows:

General Bibliography

Reference Materials

Source Materials

Jesuit Letterbooks

Chapter Bibliographies—twenty -three in number—each divided into books and articles.

The chapter bibliographies are limited,in general,to relevant secondary books and articles most important to individual chapters.Certain titles appear in more than one of the chapter bibliographies.The reference materials and sources for each chapter will be found in the general bibliography.

REFERENCE MATERIALS

Aa, Abraham Jacob van der. *Biographisch Woordenboeck der Nederlanden. 21 vols. Haarlem,* 1852-78.

Adams, Percy G. *Travelers and Travel Liars, 1660-1860.* Berkeley, 1962.

Adelung, Friedrich von. *Kritisch-Litterärische Uebersicht der Reisenden in Russland bis 1700...* 2 vols. St. Petersburg and Leipzig, 1846.

Aernsbergen, A. J. van. *Chronologisch overzicht van de werkzaamheid der Jezuïeten in de missie van Nederlandsch Oost-Indië.* Amsterdam, 1934.

Aguado-Bleye, Pedro. *Manual de historia de España.* 8th ed. 3 vols. Madrid, 1958-59.

Ainslie, Whitelaw. *Materia Indica; or, Some Account of Those Articles Which Are Employed by the Hindoos and Other Eastern Nations in Their Medicine, Arts and Agriculture; Comprising also Formulae, with Practical Observations, Names of Diseases in Various Eastern Languages and a Copious List of Oriental Books Immediately Connected with General Science, etc.* 2 vols. London, 1826.

Alcocer y Martinez, Mariano. *Catálogo razonado de obras impresas en Valladolid, 1481-1800.* Valladolid, 1926.

Ali, Salim. *The Book of Indian Birds.* 7th rev. ed. Bombay, 1964.

Alkira, W. H. *An Introduction to the Peoples and Cultures of Micronesia.* New York, 1973.

Almagià, Roberto. *Monumenta cartographica Vaticana.* 4 vols. Vatican City, 1944-55.

Alpers, Antony. *Legends of the South Seas: The World of the Polynesians Seen through Their Myths and Legends, Poetry, and Art.* New York, 1970.

Amat di San Filippo, Pietro. *Gli illustri viaggiatori italiani, con una antologia dei loro scritte...* Rome, 1885.

Ambrosius à S. Theresia, O.C.D. *Hierarchia Carmelitana.* Rome, 1939.

André-Marie, [Father], O.P. *Missions Dominicaines dans l'Extreme Orient.* 2 vols. Paris, 1865.

Anthiaume, Albert. *Cartes marines, constructions navales: voyages de découverte chez les Normands, 1500-1650.* 2 vols. Paris, 1916.

Arnold, Dennis. *The New Oxford Companion to Music.* 2 vols. Oxford and New York, 1983.

Arveiller, Raymond. *Contribution à l'étude des termes de voyage en français (1505-1722).* Paris, 1963.

Asher, A. *Bibliographical Essay on the Collection of Voyages and Travels Edited and Published by Levinus Hulsius and His Successors at Nuremburg and Francfort from Anno 1598 to 1660.* Berlin, 1839.

Attman, Artur. *The Bullion Flow between Europe and the East, 1000-1750.* Göteborg, 1981.

Backer, Augustin de; Backer, Aloys de; Sommervogel, Carlos; Carayon, Auguste; and Bilard, Pierre. *Bibliothèque de la Compagnie de Jésus.* 12 vols. Louvain, 1960.

Baginsky, Paul Ben. *German Works Relating to America, 1493-1800.* New York, 1942.

Bagrow, Leo (Castner, H. W., ed.). *A History of the Cartography of Russia Up to 1600 and a History of Russian Cartography to 1800.* Ontario, 1975.

Baker, George Pierce. *Calico Painting and Printing in the East Indies in the Seventeenth and Eighteenth Centuries.* London, 1921.

Ball, J. D. *Things Chinese.* 5th ed. London, 1926.

Bamboat, Zenobia. *Les voyageurs français aux Indes aux XVIIe et XVIIIe siècles.* Paris, 1933.

Bangert, W. V. *A History of the Society of Jesus.* St. Louis, Mo., 1972.

Baranowski, Bondan. *Znajomosc Wscnodu w dawnej Polsce do XVIII wieku.* ("Knowledge of the East in Old Poland up to the Eighteenth century.") Lodz, 1950.

Barbosa Machado, D. *Bibliotheca Lusitania.* 4 vols. Lisbon, 1741-59. Reprinted, Coimbra, 1966-67.

Barnett, Lionel David, and Pope, G. *A Catalogue of the Tamil Books in the Library of the British Museum.* London, 1909.

Baudet, Henri (Evenholt, Elizabeth, trans.). *Paradise on Earth.* New Haven, Conn., 1965.

Beauchamp, H. K. (trans. and ed.). *Hindu Manners, Customs, and Ceremonies by the Abbe J. A. Dubois.* 3d ed. Oxford, 1959.

Beckmann, Johann. *Litteratur der älteren Reisebeschreibungen.* 2 vols. Göttingen, 1808-9.

Bedini, S. A. "The Secret of Time: A Study of the Use of Fire and Incense for Time Measurement in Oriental Countries," *Transactions of the American Philosophical Society,* n.s., LIII (1963), 1-51.

Berlin, Japan-Institut. *Bibliographischer Alt-Japan-Katalog, 1542-1853.* Kyoto, 1940.

Bierens de Haan, David. *Bibliographie néerlandaise historique-scientifique des ouvrages importants dont les auteurs sont nés aux 16e, 17e et 18e siècles, sur les sciences mathématiques et physiques...* Nieuwkoop, 1960.

Borchling, Conrad, and Claussen, Bruno. *Niederdeutsche Bibliographie; Gesamtverzeichnis der niederdeutschen Drucke bis zum Jahre 1800...* 2 vols. Neumünster, 1931-36. (Vol. II, 1601-1800.)

Boulnois, Luce. *The Silk Road.* (Translated from the French.) London, 1966.

Boxer, Charles R. "A Glimpse of the Goa Archives," *Bulletin of the School of Oriental and African Studies* (London), June, 1952, pp. 299-324.

——. *Race Relations in the Portuguese Colonial Empire, 1415-1825.* Oxford, 1963.

——. *The Dutch Seaborne Empire: 1600-1800.* New York, 1965.

——. *The Portuguese Seaborne Empire, 1415-1825.* London, 1969.

——. *Exotic Printing and the Expansion of Europe.* Bloomington, Ind., 1972.

——. *The Church Militant and Iberian Expansion, 1440-1770.* Baltimore, Md.,1978.

Brébion, Antoine. *Bibliographie des voyages dans l'Indochine française du IXe au XIXe siècle.* Reprint of 1910 edition. New York, 1970.

Brown, C. J. *The Coins of India.* Calcutta, 1922.

Brown, Percy. *Indian Painting under the Mughals A.D. 1550 to A.D. 1750.* Oxford, 1924.

——. *Indian Architecture (Buddhist and Hindu Periods).* 5th ed. Bombay, 1965.

Bruijn, Caspar Adam Laurens van Troostenburg de. *Biographisch woordenboek van Oost-Indische predikanten.* Nijmegen, 1893.

Burkill, I. H. *A Dictionary of the Economic Products of the Malay Peninsula.* 2 vols. London, 1935.

Burney, J. *A Chronological History of the Discoveries in the South Seas or Pacific Ocean.* 5 vols. London, 1803-17.

Bushan, Jamila B. *The Costumes and Textiles of India.* Bombay, 1958.

Buzeta, Manuel, and Bravo, Felipe (eds.). *Diccionario geográfico, estádistico, histórico de las islas Filipinas.* 2 vols. Madrid, 1850-51.

Camara Manuel, Jeromynio R A. *Missões dos Jesuitas no Oriente nos seculos XVI e XVII.* Lisbon, 1894.

The Cambridge History of Islam. Edited by R M. Holt, Ann K. S. Lambton, and Bernard Lewis. 2 vols. Cambridge, 1970.

Camus, A. C. *Mémoire sur la collection des Grands et Petits Voyages et sur la collection des voyages de Melchisedec Thévenot.* Paris, 1802.

Castellani, Carlo (comp.). *Catalogo ragionato delle più rare o più importanti opere geografiche a stampa che si conservano nella Biblioteca del Collegio Romano.* Rome 1876.

Castro, Augustin María de. *Misioneros augustinos en el extremo oriente, 1565-1780 (Osario venerable). Ed., introd. y notas por el P. Manuel Merino.* Madrid, 1954.

The Catholic Encyclopedia. 15 vols. New York, 1913-22.

Chakravarty, I. *Saga of Indian Food; A Historical and Cultural Survey.* New Delhi, 1972.

Chatterton, Edward R. *Sailing Ships, The Story of Their Development from the Earliest Times to the Present Day.* Philadelphia, 1909.

Chaudhuri, K. N. *Trade and Civilisation in the Indian Ocean.* Cambridge, 1985.

Chijs, J. A. van der. *Proeve eener Nederlandsch-Indische bibliographie (1659-1870).* Batavia, 1875.

Chulalongkorn University (Bangkok). *Bibliography of Material about Thailand in Western Languages.* Bangkok, 1960.

Cidade, Hernani; Baião, A.; and Murias, M. *História da expansão portuguesa no mundo.* 3 vols. Lisbon, 1937-40.

Cipolla, Carlo M. (ed.). *Guns, Sails, and Empire.* New York, 1965.

——. *Fontana Economic History of Europe. Vol. II. The Sixteenth and Seventeenth Centuries.* London, 1977.

Clair, Colin. *A History of European Printing.* London, 1976.

Coats, Alice M. *The Plant Hunters; Being a History of the Horticultural Pioneers, Their Quests, and Their Discoveries from the Renaissance to the Twentieth Century.* New York, 1970.

Coedès, G. *The Making of South East Asia.* Berkeley and Los Angeles, 1967.

Conlon, Pierre M. *Prélude au siècle des lumières en France. Répertoire chronologique de 1680 à 1715.* 6 vols. Geneva, 1970-75.

Coolhaas, W. Ph. *A Critical Survey of Studies on Dutch Colonial History.* The Hague, 1960.

Corbett, M., and Norton, M. *Engraving in England in the Sixteenth and Seventeenth Centuries.* Cambridge, 1964.

Cordier, Henri. *Bibliographie des ouvrages relatifs à l'île Formose.* Chartres, 1893.

——. *Bibliotheca indosinica; dictionnaire bibliographique des ouvrages relatifs à la péninsula indochinoise.* 5 vols, bound in 3. Paris, 1912-32.

——. *Bibliotheca japonica.* Paris, 1912.

——. *Bibliotheca sinica.* 2d ed. 6 vols. New York, 1968. Also see Yuan Tung-li for continuation.

Correia, Alberto Carlos German da Silva. *História da colonização portuguesa na India.* 5 vols. Lisbon, 1948-54.

Correia-Afonso, John, S.J. *Jesuit Letters and Indian History, 1542-1773.* 2d rev. ed. Oxford, 1969.

Cortazzi, Hugh. *Isles of Gold, Antique Maps of Japan.* New York and Tokyo, 1983.

Cortesão, Armando, and Teixeira da Mota, Avelino. *Portugaliae monumenta cartographica.* 5 vols. Lisbon, 1960-62.

Costantini, C. *et al. Le missioni cattoliche e la cultura dell'Oriente.* Rome, 1943.

Couling, Samuel. *The Encyclopedia Sitiica.* London, 1917.

Cowan, C. D., and Wolters, O. W. (eds.). *Southeast Asian History and Historiography: Essays Presented to D. G. E. Hall.* Ithaca, N.Y., 1976.

Cox, Edward Godfrey. *A Reference Guide to the Literature of Travel, Including Voyages, Geographical Descriptions, Adventures, Shipwrecks and Expeditions.* 3 vols. Seattle, 1935-49.

Cox, Evan H. M. *Planthunting in China; A History of Botanical Exploration in China and the Tibetan Marches.* London, 1945.

Crawfurd, John. *History of the Indian Archipelago...* 3 vols. Edinburgh, 1820.

——. *A Descriptive Dictionary of the Indian Islands and Adjacent Countries. London, 1856.* Reprinted, Varanasi, 1974.

Cunningham, Sir Alexander (ed.). *Archaeological Survey of India.* 23 vols. Calcutta, 1871-87.

Curtin, Philip D. *Cross-Cultural Trade in World History.* Cambridge, 1984.

Dalgado, S. R. *Glossário Luso-Asiático.* 2 vols. Coimbra, 1919, 1921.

——. *Portuguese Vocables in Asiatic Languages.* Translated, revised, and augmented by A. X. Soares. Baroda, 1936.

Dalyrymple, A. *An Historical Collection of the Several Voyages and Discoveries in the South Pacific Ocean.* 2 vols. London, 1770-71.

Dam, Pieter Van. *Beschryvinge van de Oostindische Compagnie.* 5 vols. The Hague, 1927-43.

Daniélou, A. *Hindu Polytheism.* New York, 1964.

Danvers, Frederick Charles. *The Portuguese in India, Being a History of the Rise and Decline of Their Eastern Empire.* 2 vols. London, 1894.

Das, P. K. *The Monsoons.* New Delhi, 1968.

De Backer; *see* Backer.

Dehergne, Joseph, S.J. *Répertoire des Jésuites de Chine de 1552 à 1800.* Rome and Paris, 1973.

Desgraves, Louis. *Bibliographie bordelaise: Bibliographie des ouvrages imprimés à Bordeaux au XVIIe siècle.* Geneva, 1971.

Diaz, José Simon. *Impresos del siglo XVII.* Madrid, 1972.

Diehl, Katherine S. *Printers and Printing in the East Indies to 1850.* Projected to be 9 vols; Volume I on Batavia was issued in 1990.

Djambatan Uitgeversbedrijf, N.V., Amsterdam. *Atlas of South-east Asia.* London, 1964.

Dobby, Ernest H. G. *Southeast Asia.* 9th ed. London, 1966.

Dowson, John. *A Classical Dictionary of Hindu Mythology and Religion.* 8th ed. London, 1953.

Draeger, Donn F. *Weapons and Fighting Arts of the Indonesian Archipelago.* New York, 1972.

Dymock, William. *Pharmacographia Indica. A History of the Principal Drugs of Vegetable Origin, Met with in British India.* 2 vols. London, 1890-93.

Edwardes, Michael. *East-West Passage. The Travel of Ideas, Arts and Inventions between Asia and the Western World.* New York, 1971.

Eliade, Mircea (ed.). *The Encyclopedia of Religion.* 15 vols. New York, 1987.

Eliot, Sir Charles. *Hinduism and Buddhism. An Historical Sketch.* 3 vols. London 1921. Reprinted 1954.

Embree, John E, and Dotson, L. O. *Bibliography of the Peoples and Cultures of Mainland Southeast Asia.* New Haven, 1950.

Encyclopaedie van Nederlandsch-Indië. 2d ed. 4 vols. The Hague, 1917-21.

Encyclopedia of Islam. See Gibb, H. A. R., et al.

Encyclopedia of Religion. See Eliade, M. (ed.).

Febvre, L., and Martin, H. J. *The Coming of the Book. The Impact of Printing, 1450-1800.* London, 1979.

Fergusson, J. *History of Indian and Eastern Architecture.* New York, 1899.

Ferrando, Juan, O. P. *Historia de los PP. Domenicos en las Islas Filipinos y en sus misiones del Japón, China, Tungkin, y Formosa.* 6 vols. Madrid, 1871-72.

Ferrero, Manuel (ed.). *Historia de la provincia del Santo Rosario de la orden de predicadores en Filipinas, Japón, y China.* 2 vols. Madrid, 1962-63.

Fischel, Walter J. *The Jews of India: Their Contribution to the Economic and Political Life from the Sixteenth Century On.* Jerusalem, 1960.

Fliickiger, F. A., and Hanbury, Daniel. *Pharmacographia. A History of the Principal Drugs of Vegetable Origin Met with in Great Britain and British India.* London, 1879.

Furber, Holden. *Rival Empires of Trade in the Orient, 1600-1800.* Minneapolis, 1976.

Gallardo, Bartolomé José. *Ensayo de una biblioteca española de libros raros y curiosos.* 4 vols. Madrid, 1863-89.

Gardiner, J. S. *The Fauna and Geography of the Maldive and Laccadive Archipelagos.* 2 vols. Cambridge, 1903.

Gensichen, Hans-Werner. *Missionengeschichte der neuern Zeit.* 3d rev. ed. Göttingen, 1976. In series: "Die Kirche in ihrer Geschichte," ed. by Bernd Moeller, Vol. IV.

Gibb, H. A. R.; Kramers, J. M.; *et al. The Encyclopaedia of Islam.* 5 vols. Leyden, 1960.

Goedertier, Joseph M. *A Dictionary of Japanese History.* Tokyo and New York, 1968.

Goldsmith, V. F. *A Short Title Catalogue of French Books 1601-1700 in the Library of the British*

Museum. Folkestone and London, 1973.

——. *A Short-Title Catalogue of Spanish and Portuguese Books 1601-1700 in the Library of the British Museum.* London, 1974.

Gole, Susan (comp.). *Early Maps of India.* New Delhi, 1976.

——. *A Series of Early Printed Maps of India in Facsimile.* New Delhi, 1980.

Gonçalves, José Julio. *Bibliografia dos descobrimentos e navegações existenta na Sociedade de Geografia de Lisboa.* Lisbon, 1954.

Goodrich, L. Carrington (ed.). *Dictionary of Ming Biography, 1368-1644.* 2 vols. New York, 1976.

Greenslade, S. L. (ed.). *The Cambridge History of the Bible.* Cambridge, 1963.

Grist, D. H. *Rice.* 3d ed. London, 1959.

Grothe, J. A. (ed.). *Archief voor de geschiedenis der oude hollandsche zending.* 6 vols. Utrecht, 1884-91.

Habib, Irfan. *An Atlas of the Mughal Empire.* Delhi, 1982.

Hall, D. G. E. (ed.). *A History of South-East Asia.* New York, 1955; London, 1964.

——. *Historians of South East Asia.* London and New York, 1961.

Hambye, E. R. *A Bibliography on Christianity in India.* Serampore, 1976.

Hargrave, Catherine P. *A History of Playing Cards.* Boston and New York, 1930.

Hart, Clive. *Kites. An Historical Survey.* Rev. 2d ed. New York, 1982.

Heawood, Edward. *A History of Geographical Discovery in the Seventeenth and Eighteenth Centuries.* Cambridge, 1912. Reprinted, New York, 1969.

Henry, Blanche. *British Botanical and Horticultural Literature before 1800...* Vol. I. London, 1975.

Henry, G. M. *A Guide to the Birds of Ceylon.* London, 1955.

Herrmann, Albert. *An Historical Atlas of China.* Edited and augmented by Norton S. Ginsburg. Chicago, 1966.

Hind, A. M. *Engraving in England in the Sixteenth and Seventeenth Centuries.* Cambridge, 1955.

Howard, Alexander L. *A Manual of the Timbers of the World.* 3d ed. London, 1948.

Huber, Raphael. *A Documented History of the Franciscan Order.* Milwaukee, 1944.

Hucker, Charles O. *A Dictionary of Official Titles in Imperial China.* Stanford, 1985.

Hummel, A. W. (ed.). *Eminent Chinese of the Ch'ing Period (1644-1912).* 2 vols. Washington, D.C., 1943-44.

Hunter, Sir William Wilson. *Imperial Gazetteer of India.* 2d ed., 14 vois., London, 1885-87. New ed., 26 vois., Oxford, 1908-31.

Hyams, Edward S. *Plants in the Service of Man: Ten Thousand Years of Domestication.* Philadelphia, 1972.

Imperial Gazetteer of India; see Hunter, Sir William Wilson.

Jal, Auguste. *Glossaire nautique. Répertoire polyglotte de termes de marine anciens et modernes.* Paris, 1850.

Jann, P. Adelheim, O.M.C. *Die katholischen Missionen in Indien, China, und Japan. Ihre Organisation und das portugiesische Patronat von 15. bis im 18. Jahrhundert.* Paderhorn, 1915.

Janson, H. W. *Apes and Ape Lore in the Middle Ages and the Renaissance.* London, 1952.

Jedin, H., Latourette, K. S., and Martin, J. (eds.). *Atlas zur Kirchengeschichte.* Freiburg, 1970.

Keith, A. Berriedale. *A History of Sanskrit Literature.* London, 1920; reprint 1961.

Kemp, Peter (ed.). *The Oxford Companion to Ships and the Sea.* London, New York, and Melbourne, 1976.

Kennedy, Raymond. *Bibliography of Indonesian Peoples and Cultures.* 2d rev. ed. Hew Haven, 1962.

Kern, H. *Manual of Indian Buddhism.* Varanasi, 1968.

Kloosterboer, W. *Bibliografie van nederlandse publikaties over Portugal en zijn overzeese gebiedsdelen: taal, literatuur, geschiedenis, land en volk...* Utrecht, 1957.

Koeman, Cornelis (comp, and ed.). *Atlantes Neerlandici. Bibliography of Terrestrial Maritime and Celestial Atlases and Pilot Books Published in the Netherlands up to 1880.* Amsterdam, 1969.

Kondansha Encyclopedia of Japan. 9 vols. Tokyo and New York, 1983.

Konvitz, Josef W. *Cities and the Sea.* Baltimore, 1978.

Kratz, E. U. "The Journey to the Far East. Seventeenth- and Eighteenth-Century German Travel Books as a Source Study," *JRAS, Malaysian Branch,* Vol. LIV No. 239, Pt. i (1981), pp. 65-81.

Krishnaswami, S. *Musical Instruments of India.* Delhi, 1965.

Kronk, Gary W. *Comets. A Descriptive Catalog.* Hillside, N.J., 1984.

Latourette, K. S. *A History of the Expansion of Christianity.* Vol. III: *Three Centuries of Advance A.D. 1500-A.D. 1800.* New York, 1939.

Launay, Adrien. *Atlas des missions de la Société des Missions-Étrangères.* Lille, 1890.

Laures, Johannes, S. J. *Kirishitan Bunko; a Manual of Books and Documents on the Early Christian Mission in Japan.* 3d ed. Tokyo, 1957.

Law, B. C. (ed.). *Mountains and Rivers of India.* Calcutta, 1968.

Leggett, William Ferguson. The Story of Silk. New York, 1949.

Lehner, Ernst, and Lehner, Johanna. *Folklore and Odysseys of Food and Medicinal Plants.* New York, 1962.

Leitão, Humberto. *Dicionário de linguagem de marinha antiga e actual.* Lisbon, 1963.

Le May, Reginald. *The Culture of Southeast Asia. The Heritage of India.* London, 1954.

Lenox, James. *The Voyages of Thévenot.* New York, 1879.

Liebert, Gosta. *Iconographic Dictionary of the Indian Religions: Hinduism-Buddhism-Jainism.* Leyden, 1976.

Lopes, David. *A expansão da lingua portuguesa no Oriente durante os seculos XVI, XVII, e XVIII.* Barcelos, 1936.

Loureiro, Joannis de. *Flora Cochinchinensis*... 2 vols. London, 1790.

Lubac, Henri de. *La rencontre du bouddhisme et de l'occident.* Paris, 1952.

MacKinnon, J., and MacKinnon, K. *Animals of Asia.* New York, 1974.

Macmillan, H. F. *Tropical Planting and Gardening with Special Reference to Ceylon.* 5th ed. London, 1962.

Magalhães Godinho, Vitorino. *Os descobrimentos e a economia mundial.* 2 vols. Lisbon, 1963, 1971.

A Manual of Netherlands India (Dutch East Indies). Compiled by the Geographical Section of the Naval Intelligence Division, Naval Staff, Admiralty. London, 1921.

Marazzi, Ugo (ed.). *La conoscenza dell'Asia e dell'Africa in Italia nel secoli XVIII e XIX.* 2 vols. Naples, 1984.

Marcellino da Civezza. *Storia universale delle missioni Francescani.* 9 vols. in II. Rome, I857-95.

Maroni, Gaetano (ed.). *Dizonario di erudizione storica-ecclesiastica.* 102 vols. Venice, 1840-61.

Mason, John Brown, and Parish, H. Carroll. *Thailand Bibliography.* Gainesville, Fla., 1958.

Masson, Joseph. *Missionaires beiges sous l'ancien régime (1500-1800).* Brussels, 1947.

Medina, José T. *Bibliografia espanola de las Islas Filipinas (1523-1810).* Santiago, Chile, 1897.

——. *La imprenta en Manila desde sus origines hasta 1810.* Santiago, Chile, 1904.

Meilink Roelofz, M. A. P. *Sources to the General State Archives in The Hague Relating to the History of East Asia between c. 1600 and c. 1800.* In "Felicitation Volumes of Southeast Asian Studies." Pt. I, pp. 107-84. Bangkok, 1965.

Menachery, George (ed.). *The St. Thomas Christian Encyclopedia of India.* 2 vols. to date (anticipated 3 vols.). Trichur, 1982.

Menninger, Edwin A. *Fantastic Trees.* New York, 1967.

Merriman, R. B. *The Rise of the Spanish Empire in the Old World and the New.* 4 vols. New York, 1918-34.

Miller, Roy Andrew. *The Japanese Language.* Chicago, 1967.

Misra, S. D. *Rivers of India.* New Delhi, 1970.

Mitter, Partha. *Much Maligned Monsters.* Oxford, 1977.

Molhuysen, Philip Christiaan. *Nieuw nederlandsch biografisch woordenboeck.* 10 vols. Leyden, 1911-37.

Mollat, Michel (ed.). *Sociétés et compagnies de commerce en Orient et dans l'Océan Indien.* Paris, 1970.

Montalban, J. *Manual de historia de las misiones.* Bilbao, 1952.

Mooij, Jacob. *Atlas der Protestantsche Kerk in Nederlandsch Oost-Indië.* Weltevreden, 1925.

Morisue, Yoshiaki, and Hinonishi, Suketaka (eds.). *Fūzoku Jiten* [Dictionary of Social Customs]. Tokyo, 1957.

Mousnier, Roland. *Les européens hors d'Europe de 1492 jusqu'à la fin du XVIIe siècle*. Paris, 1957.

Müllbauer, Maximilian. *Geschichte der katholischen Missionen in Ostindien von der Zeit Vasco da Gama's bis zur Mitte des 18. Jahrhunderts*. Freiburg im Breisgau, 1852.

Murray, Hugh. *Historical Account of Discoveries and Travel in Asia from the Earliest Times to the Present*. 3 vols. Edinburgh, 1820.

Murray, John (publisher). *A Handbook for Travellers in India and Pakistan, Burma and Ceylon*... 18th ed. London, 1959.

Nakayama, Shigero, and Sivin, Nathan (comps.). *Chinese Science, Explorations of an Ancient Tradition*. Cambridge, Mass., 1973.

Needham, Joseph. *Science and Civilization in China*. 5 vols. Cambridge, 1954-85.

Neill, Stephen. *Christian Missions*. Harmondsworth, 1964.

——. *A History of Christianity in India. The Beginning to A.D. 1707*. Cambridge 1984.

New Catholic Encyclopedia. 18 vols. New York, 1967-89.

Nihon Koguyo Daijiten [Unabridged Japanese Dictionary]. 20 vols. Tokyo, 1974.

Nunn, Godfrey Raymond. *South and Southeast Asia: A Bibliography of Bibliographies*. Honolulu, 1966.

——. *East Asia: A Bibliography of Bibliographies*. Honolulu, 1967.

Papinot, E. *Historical and Geographical Dictionary of Japan*. 2 vols. New York, 1968.

Parker, John. *Books to Build an Empire: A Bibliographical History of English Overseas Interests to 1620*. Amsterdam, 1965.

Patterson, Maureen L. P., and Alspaugh, W. J. *South Asian Civilizations. A Bibliographic Synthesis*. Chicago, 1981.

Peeters-Fontainas, Jean. *Bibliographie des impressions espagnols des Pays-Bas*. Louvain and Antwerp, 1933. 2 vols. in 1965 3d ed.

Penrose, Boies. *Travel and Discovery in the Renaissance, 1420-1620*. Cambridge, Mass., 1965.

Perquin, W. *et al. Bibliotheca catholica neerlandica impressa, 1500-1727*. The Hague, 1954.

Perry, Frances. *Flowers of the World*. London, 1972.

Pfister, Louis. *Notices biographiques et bibliographiques sur les Jésuites de l'ancienne mission de Chine, 1552-1773*. 2 vols. Shanghai, 1932.

Philips, C. H. (ed.). *Handbook of Oriental History*. London, 1951.

——. *Historians of India, Pakistan and Ceylon*. London and New York, 1961.

Picart, Bernard (comp, and ed.). *The Ceremonies of Religious Customs of the Various Nations of the Known World*... 7 vols. in 6. London, 1733-39. Translated from French.

Polgar, Ladislaus, S. J. *Bibliography of the History of the Society of Jesus.* Rome and St. Louis, Mo., 1967.

Prater, S. H. *The Book of Indian Animals.* 2d ed. Bombay, 1965.

Pratt, James B. *The Pilgrimage of Buddhism.* New York, 1928.

Pruthi, J. S. *Spices and Condiments.* New Delhi, 1976.

Pullapilly, C. K., and Van Kley, E. J. (eds.). *Asia and the West. Encounters and Exchanges from the Age of Explorations.* Notre Dame, 1986.

Qaisar, A. J. *The Indian Response to European Technology and Culture, A.D. 1498-1707.* Delhi, 1982.

Quinn, D. B. (ed.). *The Hakluyt Handbook.* 2 vols. London, 1974.

Ramunny, Murkot. *Laccadive, Minicoy and Amindivi Islands.* New Delhi, 1972.

Ray, Ram Kumar. *Encyclopedia of Yoga.* Varanasi, 1975.

Raychaudhuri, Tapan, and Habib, Irfan (eds.). *The Cambridge Economic History of India, Vol. I, c. 1200-c. 1750.* New York, 1982.

Reid, Anthony (ed.). *Slavery, Bondage, and Dependency in Southeast Asia.* New York, 1983.

——. *Southeast Asia in the Age of Commerce, 1450-1680. Vol. 1. The Lands below the Winds.* New Haven, Conn., 1988.

Reis, Beatrice, and Batalha, Cinatti. *Useful Plants in Portuguese Timor.* Coimbra, 1964.

Répertoire de bibliographie française, Fasc. 1-10. Paris, 1937-41.

Retana, W. E. (comp.). *Aparato bibliográfico de la historia general de Filipinas.* 3 vols. Madrid, 1906. Reprinted, Manila, 1964.

Ridley, Henry N. *Spices.* London, 1912.

Rodrigues, Francisco, S. J. *História da Companhia de Jesus na assistencia de Portugal.* 4 vols. in 2 parts. Porto, 1931-50.

Rodríguez Moniño, A. "Bibliografía hispano-oriental," *Boletín de la Real Academia de la Historia,* XCVIII (1931), 417-75.

Rogers, Francis (ed.). *Europe Informed.* Cambridge, Mass., 1966.

Rosengarten, Frederic, Jr. *The Book of Spices.* Philadelphia, 1969.

Rosenthal, Franz. *A History of Muslim Historiography.* Leyden, 1968.

Ross, E. Denison. *An Alphabetical List of the Feasts and Holidays of the Hindus and Mohammedans.* Calcutta, 1914.

Ruinen, W. *Overzicht van de literatuur betreffende de Molukken.* 2 vols. Amsterdam, 1928-35.

Satyaprakash, A. *Kerala, a Select Bibliography.* "Indian States Bibliographical Series," IX. Gurgaon, 1979.

Savage, Victor R. *Western Impressions of Nature and Landscapes in Southeast Asia.* Singapore, 1984.

Schauensee, R. M. de. *The Birds of China.* Washington, D.C., 1984.

Schmid, M. *Végétation du Viet-Nam.* Paris, 1974.

Scholberg, Henry, *et al. Bibliography of Goa and the Portuguese in India.* New Delhi, 1982.

Scholberg, Henry, and Divien, Emmanuel. *Bibliographie des français dans l'Inde.* Pondicherry, 1973.

Schütte, Josef Franz, S. J. "Wiederentdeckung des Makao Archives wichtige Bestände des alten Fernost-Archivs der Jesuiten, heute in Madrid," *AHSI,* XXX (1961), 90-124.

——. *El' Archivo del Japon," vicistudines del Archivo Jesuitico del Extremo Oriente y descripción del fondo existente en la Real Academia de la Historia de Madrid.* Madrid, 1964.

Schwartzberg, J. E. (ed.). *A Historical Atlas of South Asia.* Chicago, 1978.

Scott, J. George. *Burma: A Handbook of Practical Information.* London, 1911.

Silva, Daya de. *The Portuguese in Asia. An Annotated Bibliography ...* , 1498-C. 1800. Zug, Switzerland, 1987.

Silva, S. F. *A Regional Geography of Ceylon.* Colombo, 1954.

Silveira, Lúis. *Ensaio de iconografia das cidades portuguesas do ultramar. Vol. III. Ásia proxima e Ásia extrema.* Lisbon, n.d.

Singh, Gopal. *A Geography of India,* 2d ed. Delhi, 1976.

Sopher, David E. *The Sea Nomads. A Study Based on the Literature of the Maritime Boat People of Southeast Asia.* [Singapore], 1965.

Souza, G. B. "Portuguese Trade and Society in China and the South China Sea," *Itinerario,* Vol. III, No. 1 (1979), pp. 64-73.

Spate, O. H. K. *India and Pakistan: A General and Regional Geography.* London, 1954.

——. *The Spanish Lake.* Minneapolis, 1979.

Spiro, Melford E. *Buddhism and Society: A Great Tradition and Its Burmese Vicissitudes.* New York, 1970.

Srivastava, G. P. *History of Indian Pharmacy.* Calcutta, 1954.

Stephens, H. Morse, and Bolton, Herbert E. (eds.). *The Pacific Ocean in History.* New York, 1917.

Stoddard, T. L., *et al. Area Handbooks for the Indian Ocean Territories.* Washington, D. C., 1971.

Streit, Robert, *et al. Bibliotheca missionum.* 30 vols. Münster and Aachen, 1916-75.

Sudjatmoko (ed.). *An Introduction to Indonesian Historiography.* Ithaca, N.Y., 1965.

Szilas, L., S. J. *Xaveriana.* Lisbon, 1964.

Taylor, Clyde Romer Hughes. *A Pacific Bibliography*. Wellington, New Zealand, 1951.

Taylor, Norman. *Plant Drugs That Changed the World.* New York, 1965.

Tchemerzine, Avenir. *Bibliographie d'éditions originales et rares d'auteurs français des XVe, XVIe, et XVIIe siècles contenant environ 6,000 facsimiles de titres et du gravures.* 10 vols. Paris, 1927-33.

Ternaux-Compans, H. (comp.). *Bibliothèque asiatique et africaine, ou catalogue des ouvrages relatifs à l'Asie et à l'Afrique qui ont paru depuis la découverte de l'imprimerie jusqu'en 1700.* Reprint of

Paris ed. of 1841: Amsterdam, 1968.

Tervanent, Guy de. *Attributes et symboles dans l'art profane, 1450-1600.* Geneva, 1958.

Thekkedath, Joseph. *History of Christianity in India.* 6 vols. Bangalore, 1982.

Thomas, Gertrude Z. *Richer than Spices.* New York, 1965.

Thrupp, G. A. *The History of Coaches.* London, 1877. Reprinted, Amsterdam, 1969.

Tiamson, Alfredo T. *Mindanao-Sulu Bibliography: A Preliminary Survey.* Davao City, 1970.

Tiele, Pieter Anton. *Bibliotheck van nederlandsche pamfletten ... Eerste deel: 1500-1648.* Amsterdam, 1858.

——. *Mémoire bibliographique sur les journaux des navigateurs néerlandais réimprimés dans les collections de De Bry et de Hulsius, et dans les collections hollandaises du xviie siècle, et sur les anciennes éditions hollandaises des journaux de navigateurs étrangers; la plupart en la possession de Frederik Muller.* Amsterdam, 1960. (Reprint of 1869 edition; first published in 1867.)

——. *Nederlandsche bibliographie van land- en volkenkunde.* Amsterdam, 1884.

Tinto, Alberto. *Annali tipografici dei Tramezzino.* Venice, 1966.

Torres Lanzas, Pedro. *Relación description de los mapas, pianos, etc., da Filipinas, existentes en el archivo general de Indias.* Madrid, 1897.

Trager, F. N. *Annotated Bibliography of Burma.* New Haven, 1956.

Tregear, T. R. *A Geography of China.* Chicago, 1965.

Trewartha, Glenn T. *The Earth's Problem Climates.* Madison, 1981.

Ukers, William H. *All about Tea.* 2 vols. New York, 1935.

Unger, Richard W. *Dutch Shipbuilding before 1800.* Assen, 1978.

Uphof, Johannes C. Th. *Dictionary of Economic Plants.* 2d ed. Brunswick, 1968.

Uriarte, José Eugenio de, S. J. *Catalogo razonado de obras anonimas y seudonimas de autores de la Compania de Jesus pertenecientes a la antigua asistencia española.* 5 vols. Madrid, 1904-1916.

Verwaltung der Staatlichen Schlösser und Gärten. *China und Europa: Chinaver-ständnis und Chinamode im 17. und 18. Jahrhundert.* (Catalog of the exhibition of 1973 held at the Schloss Charlottenburg, Berlin.)

Villiers, Alan. *The Indian Ocean.* London, 1952.

Vindel, Pedro. *Biblioteca oriental. Comprende 2.747 obras relativas à Filipinas, Japón, China y otras partes de Asia y Oceanía...* 2 vols. in 1. Madrid, 1911-12.

Walckenaer, C. A. *Vies de plusieurs personnages célèbres des temps anciens et modernes.* 2 vols. Laon, 1830.

Walker, George Benjamin. *The Hindu World. An Encyclopedic Survey of Hinduism.* 2 vols. London, 1968.

Wall, Frank. *Ophidia Taprobanica, or the Snakes of Ceylon.* Colombo, 1921.

Waller, G. F. *Catalogus van nederlandsch en vlaamsch populaire boeken.* The Hague, 1936.

Wallerstein, Immanuel Maurice. *The Modern World System. Vol. II. Mercantilism and the Consolidation of the European World-Economy 1600-1750.* New York, 1980.

Walravens, H. *China illustrata. Das europäische Chinaverständnis im Spiegel des 16. bis 18. Jahrhunderts.* Wolfenbüttel, 1987.

Watt, Sir George. *A Dictionary of the Economic Products of India.* 7 vols. in 10. Calcutta, 1885-96; reprinted, Delhi, 1972.

Wernstedt, Frederick L., and Spencer, J. E. *The Philippine Island World. A Physical, Cultural, and Regional Geography.* Berkeley, 1967.

White, Thomas E. "Seventeenth-Century Spanish Sources on East Asia," unfinished Ph.D. diss., Dept, of History, Univ. of Chicago.

Whitfield, Danny J. *Historical and Cultural Dictionary of Vietnam.* Metuchen, N.J., 1976.

Wijnaendts van Resandt, Willem. *De gezaghebbers der Oost-Indische Compagnie op hare buiten-comptoiren in Azië.* Amsterdam, 1944.

Williams, L. F. R. *A Handbook for Travellers in India, Pakistan, Burma, and Ceylon.* 20th ed. London, 1965.

Wills, John E., Jr. "Advances and Archives in Early Sino-Western Relations: An Update," *Ch'ing-Shih Wen-T'i,* Vol. IV, No. 10 (1983), 87-105.

Winternitz, Moriz. *History of Sanskrit Literature.* Calcutta, 1927.

Wright, H. Nelson. *Catalogue of the Coins in the Indian Museum, Calcutta.* Vol. III, *Mughal Emperors of India.* Varanasi, 1972.

Yuan Tung-li. *China in Western Literature. A Continuation of Cordier's Bibliotheca Sinica.* New Haven, 1958.

Yule, Henry, and Burnell, A. C. *Hobson Jobson: A Glossary of Colloquial Anglo-Indian Words and Phrases, and of Kindred Terms, Etymological, Historical, Geographical, and Discursive.* New edition edited by William Crooke. Reprint of London, 1903 edition. New Delhi, 1968.

Zhou Xun and Gao Chunming. *Five Thousand Years of Chinese Costumes.* San Francisco, 1987.

Zimmer, Heinrich R. *Hindu Medicine.* Baltimore, 1948.

SOURCE MATERIALS

Abreu, Francisco de [pseudonym for Severim de Faria, Manuel]. *Relaçao universal do que sucedeu em Portugal e nas mais provincias do Ocidente e Oriente desde março de 625 até setembro de 625, desde março de 626 até agôsto de 627.* Evora, 1628.

Abreu Mousinho, Manuel de. *Breve discurso en que se cuento la conquista del Reyno de Pegu ... hecha por los Portugueses desde el año de mil y seyscientos, hasta el de 1603. Siendo Capitan Salvador Ribera de Soza, natural de Guimaraés, a quien los naturales de Pegu eligieron por su Rey.* Lisbon, 1617.

——. *Breve discurso em que se conta a conquista do reino de Pegu.* Edited by M. Lopes d'Almeida. Barcelos, 1936.

Acta Audientiae Publicae. Rome, 1615.

Adams, William. "William Adams, His Voyage by the Magellan Straights to Japon, Written in Two Letters by Himselfe. ..." *PP*, II, 326-47.

Aduarte, Diego. *Historia de la provincia del Santo Rosario de la orden de predicadores en Filipinas, Japon, y China.* Manila, 1640. (Ed. of 1693 reprinted in 2 vois., prepared by Manuel Ferrerò, Madrid, 1962.)

——. *Relacion de los martires que ha hauido en Japon desde el año de 1626. hasta el de 28. en particular de seys de ellos de la religion de Sancto Domingo, dos sacerdotes Españoles, y quatro legos Iapones, collegida de algunas q han enuiado de alla a estas islas Philippinas algunos religiosos de differentes ordines...* Manila, 1629.

Affair de la Chine. [Paris, 1700]. (Includes six different pamphlets on the Rites Controversy.)

Agostino, Francisco. *Breve racconti del viaggio di due religiosi Carmelitani scalzi al regno di Achien, nell'isole di Sumatra.* Rome, 1652.

Aguilar, Manuel Perusquets de (trans.); *see* Faria y Sousa, Manuel de.

Alegambe, Philippe. *Mortes illustres et gesta eorum de Societate Iesu. ...* Rome, 1657.

Alexandre, Noel. *Apologie des Dominicains missionnaires de la Chine, ou Réponse au livre du Père Le Tellier Jésuite, intitulé, Défense des Nouveaux Chrétiens; Et l'éclair-cissement du P. Le Gobien de la même Compagnie, sur les honneurs que les Chinois rendent à Confucius et aux morts.* Cologne, 1699.

——. *Conformité des ceremonies chinoises avec l'idolatrie Grecque et Romaine. Pour servir de confirmation à l'apologie des Dominicains missionnaires de la Chine...* Cologne, 1700.

——. *Lettre d'un docteur de l'ordre de S. Dominique sur les ceremonies de la Chine.* Paris, 1700.

——.*Recueil des pièces des differens de Messieurs des Missions Etrangères et des religieux de l'Ordre de S. Dominique, touchant le culte qu'on rend à la Chine au philosophe Confucius.* Cologne, 1700.

Almeida, M. Lopes d' (ed.); *see* Abreu Mousinho, Manuel de.

Almeida, Manuel de. *Catéchisme, exemple et miracles, et trois volumes de sermons en langue concannique.* Goa, 1658.

Almeida, Miguel de. *Jardim dos Pastores.* 5 vols. Goa, 1658-59.

Amati, Scipione. *Historia del regno di Voxu del Giappone, dell' antichità, nobilità, e valore del suo re Idate Masamune.* Rome, 1615.

Les ambassades, et presents du Roy de Siam envoyez à l'excellence du prince Maurice... Lyons 1608.

Amzalak, M. B. (ed.); *see* Gomez Solis, Duarte.

Andrade, Antonio de, S.J. *Novo descobrimento do Gram Cathay0 ou reinos de Tibet.* Lisbon, 1626. (Modern Italian translation in Giuseppe M. Toscano, *La prima missione cattolica nel Tibet,* Parma, 1951.)

——. *O descobrimento do Tibet ...* Ed. F. M. E. Pereira. Coimbra, 1921.

An Answer to the Committee of Seventeen; ... London, n.d.

An Answer to the Hollanders Declaration Concerning the Occurents in the East India. London, 1622.

The Answer unto the Dutch Pamphlet made in Defense of the Unjust and Barbarous Proceedings against the English at Amboyna. London, 1624.

Anzi, Aurelio degli (pseudonym of Zani, Conte Valerio). *Il genio vagante.* Parma, 1691.

Apius, Martinus. "Verklaring van Martinus Apius van hetgeen hem en zijne medegevangenen van de vloot van Jacob van Neck in 1602 te Macao is over-komen." Edited by P. A. Tiele in *Bijdragen en mededeelingen van het Historisch Genootschap gevestigd te Utrecht*, VI (1883), 228-42.

Aranda, Gabriel de. *Vida y gloriosa muerta del V. padre Sebastian de Monroy ... que murió dilatando la fe alanceado de los barbaros en las islas Mariannas.* Seville, 1690.

Archamone, Ignacio. *Ignacii Archamonis condones per annum concannice composita.* Rachol, 1668.

Argensola, Bartolomé Leonardo de. *Conquista de las islas Malucas.* Madrid, 1609.

——. *The Discovery and Conquest of the Molucco and Philippine Islands.* Translated by John Stevens. London, 1708.

Arnold, Christoph (ed.); *see* Merklein, Johann Jacob.

Arthus, Gotthard. *Historia Indiae Orientalis ex variis auctoribus collecta...* Cologne, 1608.

——. *Dialogues in the English and Malaiane Languages...* Translated by Augustus Spalding. London, 1614.

Atáide, Dom António de (comp.). *Viagens do reino para a India e da India para o reino (1608-1612). Diarios de navegacão colligidos poro D. António de Ataíde no século XVII.* With an introduction and notes by Humberto Leitão. 3 vols. Lisbon, 1957-58.

Avila, Francisco Garcia de. *Para que se devan preferir todos los que huvieron servido en las Indias a su Majestad en conformidade de un decreto suyo.* Madrid, 1630.

Avisos del felix sucesso de las casas espirituales, y temporales en diversas provincias de la India, conquistas, y navegaciones de los Portugueses por los años 1620, y 1629. Lisbon, 1630.

Avity, Pierre d'. *Les estais, empires, et principautez du monde...* Paris, 1614.

——. *Estates, Empires, and Principalities of the World...*London, 1615.

Avril, Philippe, S. J. *Voyage en divers états d'Europe et d'Asie, entrepris pour découvrir un nouveau chemin à la Chine.* Paris, 1692.

Baeza, Pedro de. *Jesus Maria. Pedro de Baeza, vezino desta villa de Madrid. Dizo, q por V. Excel me mâdar hazer este memorial ... de los Indias Orientales ... y demas partes de la Mar del Sur.* n.p., 1608?

Baikov, Fedor Isakovich. "Autre relation d'une ambassade du czar à l'empereur du Katay Bogdé l'an 1653, ecrite en Latin." In TR, Vol. V.

——. "Voyage d'un ambassadeur que le tzaar de Moscovie envoya à la Chine l'anée 1653. dont il est parlé dans la relation de voyage des ambassadeurs de la Compagnie Hollandoise à Pekin." In M. Thévenot, *Recueil de voyages...* (English translation in *CV*, II, 547-51.)

Baldaeus, Philippus. *Naauwkeurige beschryvinge van Malabar en Choromandel, der zelver aangrenzende ryken, en het machtige eyland Ceylon...* Amsterdam, 1672. (An abridged English translation first appeared in 1702.)

——. *A True and Exact Description of the Most Celebrated East India Coast of Malabar and Coromandel as also of the Isle of Ceylon... CV* (1744-46 ed.), III, 509-793.

——. *A fgoderye der Oost-Indische heydenen door Philippus Baldaeus...* Edited by A.J. de Jong. The Hague, 1917.

Baldinotti, Guiliano. "La relation sur le Tonkin du P. Baldinotti." *Bulletin de l'école française d'Extreme-Orient* (Hanoi), III (1903), 71-78. (Original published in 1629 in Jesuit letterbooks; see list, below.)

Ball, V., and Crooke, W. (eds.); *see* Tavernier, Jean Baptiste.

Banuelos y Carrillo, Geronymo de. *Del estado de las Philippinas y conveniencias de ellas.* Mexico, 1638. (Original seems not to be extant. See TR (1696), Vol. I, Pt. 2. English translation of TR in BR, XXIX, 66-85.)

Barbosa, Duarte. *The Book of Duarte Barbosa.* Translated and edited by M. L. Dames. 2 vols. London, 1918, 1921.

Barbosa, Vicente. *Compêdio da relação, que veio da India o ano de 1691 a El-Rei Vosso Senhor D. Pedro II na nova missão dos clérigos regulares do Divina Providéncia na ilha de Borneu.* Lisbon, 1692.

Barbuda, Luys Coelho de. *Impresa militares de Lusitanos.* Lisbon, 1623.

Barreto, Francesco, S.J. *Relatione delle missione, e christianità che appartengono alla provincia di Malavar della Compagnia di Giesu...* Rome, 1645.

Barrett, Ward (trans. and ed.). *Mission in the Marianas. An Account of Father Diego Luis de Sanvitores.1669-1670.* Minneapolis, 1975.

Bartoli, Daniello. *Parte prima dell' historia della Compagnia di Giesu; L'Asia.* Rome, 1653.

——. *Giappone.* Rome, 1660.

——. *La Cina.* Rome, 1663.

Baudier, Michel. *Histoire de la cour du roy de la Chine.* Paris, 1624.

Beauchamp. *Relation du Sr. de Beauchamp.* Middelburg, 1689.

Beauclair, Inez de; *see* C. E. S.

Beaulieu, Augustin de. "Relation de l'estat présent du commerce des Hollandais et des Portugais dans les Indes Orientales..." In TR (1666), Vol. II.

——. *Augustin de Beaulieu, sa navigation aux Indes orientales, 1616-1622. Edited by Eugène Guénin.* Paris, 1905.

Behr, Johann von der. *Diarium; oder Tage-Büch, über desjenige, so sich zeit einer neunjährigen Reise zu Wasser und Lande, meistentheils in Dienst der Vereinigten Geoctroyrten Niederländischen Ost Indischen Compagnie...*Jena, 1668.

——. *Reise nach Java, Vorder-Indien, Persien und Ceylon 1641-1650...* NR, Vol. IV. The Hague, 1930.

——; *see also* Raven-Hart, R.

Bergeron, Pierre. *Traicté de la navigation et des voyages de découvertes.* Paris, 1629.

——. *Relation des voyages en Tartarie.* Paris, 1634.

Bergeron, Pierre, and Coulon, Louis; *see* Le Blanc, Vincent.

Bernier, François. *Histoire de la dernière révolution des états du Gran Mogul.* 4 vols. Paris, 1670-71.

——. *Travels in the Mogul Empire, A.D. 1656-1668.* Edited by Archibald Constable. Rev. ed. Delhi, 1968. (This edition is based on the English translation of Irving Brock.)

Bernou, C. (ed.); *see* Magalhães, Gabriel de.

Berquen, Robert de. *Les merveilles des Indes Orientales et Occidentales...* Paris, 1661.

Bertrand, Joseph. *La mission du Maduré, d'après des documents inédits.* 6 vols. Paris, 1847-54, 1865.

Best, Thomas. "A Journal of the Tenth Voyage to the East India, with Two Ships..." PP, IV, 119-47.

——. *The Voyage of Thomas Best to the East Indies, 1612-1614.* Edited by Sir William Foster. "HS," 2d ser., LXXV. London, 1934.

Beyrlins, Jacob. *Reyss-Buch; das ist eingantz schöne Beschreibung und Wegwey ser etlicher Reysen durch gantz Teutschlandt, Polen, Siebenbürgen, Dennenmarck, Engeland, Hispanien, Frankreich, Italien, Sicilien, Egyptien, Indien, Ethiopien, und Türkey.* Strasbourg, 1606.

Biker, Judice, and Firmino, Julio (eds.). *Collecção de tratados e concertos de pazes que o Estado da India Portugueza fez com os Reis e Senhores com que teve relações nas partes da Asia e Africa Oriental.* 14 vols. Lisbon, 1881-87.

Blaeu, Johan. *Atlas major, sive cosmographia Blauiana, qua solum, salum, coelum, accuratissime describuntur.* 11 vols. Amsterdam, 1662.

——. *Le grand atlas...* Amsterdam, 1663.

Blair, Emma H., and Robertson, James A. (eds.). *The Philippine Islands, 1493-1898.* 55 vols. Cleveland, 1903-9. Cited as BR.

Blanquet de La Haye, Jacob; *see* La Haye, Jacob Blanquet de.

B[loemaert], S[amuel]. "Discours ende ghelegentheyt van het eylandt Borneo, ende 't gene daer voor ghevallen is in 't Iaer 1609..." *BV*, IIa. Appended to Verhoeff's voyage, pp. 98-107.

Bloody News of the East-Indies, Being a Relation and Perfect Abstract of the Barbarous Proceedings of the Dutch against the English at Amboyna. London, 1651.

Bobadilla, Diego De. *Relación de las gloriosas victorias de D. Sebastian Hurtado de Corcuera ... en mar y tierra, contra Cuchil Curralat.* Mexico, 1638.

——. *Relations of the Glorious Victories against the Moros of Mindanao.* BR, XXIX, 86-101.

——. Spanish manuscript dealing with the Philippines, attributed to Bobadilla. Published in French translation in TR, Vol. I, Pt. 2 (1696), and in English in BR, XXIX, 277-311.

Bolling, Frederick. *Oost-Indiske Reise-bog hvor udi befattis hans Reise til Oost-Indien saa vel og endeel Platzers Beskrifvelse med en Andtall hedningers Ceremonier...* Copenhagen, 1678.

——. "Friderici Bollingii, Oost-Indische reisboek ... 1678, uit het Deensch vertaald door Mej. Joh. Visscher; met voorbericht en slotnoot van G. P. RoufFaer." BTLV, LXVIII (1913), 298-381.

Boncompagni-Ludovisi, Francesco. *Le prime due ambasciate dei Giapponesi a Roma, 1585-1615. Con nuovi documenti.* Rome, 1904.

Bontekoe, Willem Ysbrantszoon. *Journael ofte gedenckwaerdige beschrijvinghe vande Oost-Indische reyse van Willem Ysbrantsz. Bontekoe van Hoorn...* Hoorn, 1646.

——. *Journalen van de gedenckwaerdige reijsen van Willem Ijsbrantsz. Bontekoe, 1618-1625.* Edited by G. J. HoogewerfF. "WLV," Vol. LIV. The Hague, 1952.

Bontius (Bondt), Jacob de. *Jac. Bontii, in indiis archiater, de medicina indorum libri IV.* Leyden, 1642.

——. "Historiae naturalis & medicae indiae orientalis, libri sex," appended to Willem Piso, *De indiae utriusque re naturali et medicae libri quatuordecim.* Amsterdam, 1658.

——. *An Account of the Diseases, Natural History and Medicines of the East Indies...*London, 1769. (Reprinted in *Opuscula selecta Neerlandicorum de arte medica...* , Vol. X, Amsterdam, 1931.)

Booy, Alfred de (ed.); *see* Caerden, Paulus van.

Bor, Levinus. *Amboinse oorlogen, door Arnold de Vlaming van Oudshoorn als superintendent, over d'oosterse gewesten oorlogaftig ten eind gebracht.* Delft, 1651.

Borges de Castro, Jose Ferreira, Visconde de. *Collecção dos tratados, convenes, contratos e actos publicos celebrados entre a coroa de Portugal, e as mais potencias desde 1640 ate ao presente, ...* 8 vols. Lisbon, 1856-58.

Borri, Cristoforo. *Relatione della nuova missione delle PP. della Compagnia di Giesu, al regno della Cocincina, scritta del Padre Christoforo Borri Milanese ... che fù uno de primi ch' entrorone in detto Regno...* Rome, 1631.

——. *Cochinchina, Containing Many Admirable Rarities and Singularities of That countrey, ...*

Translated by Robert Ashley. London, 1633. (Reprinted in 1970 by Theatrum orbis terrarum series, "The English Experience," No. CCXXIII.)

Bosnians, H. (ed.); *see* Rougement, François de.

Botero, Giovanni. *Delle relationi universali* ... Rome, 1591-92.

——. *Relations of the Most Famous Kingdoms and Common-weales through the World*... Translated by Robert Johnson. London, 1616.

Bourges, Jacques de. *Relation du voyage de M. l'Évêque de Beryte, par la Turquie, la Perse, les Indes, etc., jusqu'au royaume de Siam et autres lieux.* Paris, 1666.

Bourne, William. *A Regiment for the Sea, Containing Very Necessary Matters for All Sort of Seamen and Travellers ... Whereunto is Added a Hidrographicall Discourse to go unto Cattay, Five Severall Wayes.* London, 1580.

Bouvet, Joachim. *L'estat présent de la Chine en figures.* Paris, 1697.

——. *Portrait historique de l'Empereur de la Chine.* Paris, 1697.

Boxer, C. R. (ed.). *Seventeenth Century Macao in Contemporary Documents and Illustrations.* Hong Kong, Kuala Lumpur, and Singapore, 1984.

——(ed.); *see also* Caron, François, and Schouten, Joost.

Boym, Michael. *Sehr wehrte und angenehme newe Zeitung von der Bekehrung zum catholischen Glauben desz. jungen Königs in China und anderer furstl. Personen und von der Legation desz. Ehrw. P. Michaelis Bouyn der Societet Jesu priestern polnischer Nation zu ihrer Päbstl. Heyligkeit nach Rohm* ... Augsburg, 1653.

——. *Briefe relation de la notable conversion des personnes royales & de l'estat de la religion Chrestienne en la Chine* ... Paris, 1654.

——. *Flora sinensis, fructus floresque humillime porrigens*... Vienna, 1656.

——. *Specimen medicinae sinicae, sive opuscula medica ad mentem sinensium,* ... Edited by Andreas Cleyer. Frankfurt, 1682.

[——]. *Les secrets de la medécine des Chinois, consistant en la parfaite connoissance du pouls, envoyez de la Chine par un François, homme de grand mérite*... Grenoble, 1671. (Apparently taken from Boym's manuscript "Medicus sinicus...")

——. *Clavis medica ad chinarum doctrinam de pulsibus,* ... in the Miscellanea curiosa ... of the Academia Caesareo-Leopoldina Naturae Curiosorum. Nuremberg, 1686.

Brand, Adam. *Beschreibung der chinesischen Reise, welche vermittelst einer zaaris. Besandschaft durch dero Ambassadeur, Herrn Isbrand*... Hamburg, 1698.

——. *A journal of an Embassy from Their Majesties John and Peter Alexowitz, Emperors of Muscovy ... into China*... London, 1698.

Brandão, Lourenço. *Discurso sobre et susteno de las navegación de las armadas del rey no de*

Portugal... Madrid, 1622.

Bree, Jan Harmenszoon; *see* Warwijck, Wybrand van.

Brerewood, Edward. *Enquiries Touching the Diversity of Languages, and Religions through the Chiefe Parts of the World.* London, 1614.

Breve relazione del martyrio d'undeci religiosi dell' ordine de S. Domenico, sequato dell' Giappone nell' anno de 1618 e 1622. Rome, 1624.

Brewster, Francis. *Essays on Trade and Navigation.* London, 1695.

Broecke, Pieter van den. *Korte historiael ende journaelsche aenteyckeninghe ... beneffens de beschrijvingh en afbeeldingh van verscheyden steden, op de custe van Indien, Persien Arabien, en aen't Roode Meyr*... Haarlem, 1634.

——. "Historische ende journaels che aenteyckeningh... " In *BV,* Vol. IIa.

——. *Pieter van den Broecke in Azië.* Edited by W. Ph. Coolhas. 2 vols. "WLV," LXII and LXIV. The Hague, 1962. (This is an edition of his manuscript journal, not published in the seventeenth century.)

——, and Pelsaert, Francisco. *A Contemporary Dutch Chronicle of Mughul India.* Edited by Brij Narain and Sri Ram Sharma. Calcutta, 1957.

Broekhuyzen, Gotfried (trans.); *see* Vairasse, Denis.

Brouwer, Hendrick. *Journael ende historis verhael van de reyse gedaen by oosten de Straet le Maire naer de custen van Chili*... Amsterdam, 1646. (Includes a description of Hokkaido written by a participant in Martin Gerritszoon Vries' expedition of 1643.)

Brown, Arnold. "Briefe Extracts of a Journall of Arnold Brown, His Indian Voyage ... in Five Yeeres Time to Bantam, Patanie, Japan, the Manillas, Macau, the Coast of China, With Other Indian Ports." *PP,* X, 499-507.

Brown, John. *A Brief Remonstrance of the Grand Grievances and Oppressions Suffered by Sir William Courten, and Sir Paul Pyndar, knts. Deceased*... London, 1680.

Brune, Jean de la. *La morale de Confucius.* Amsterdam, 1688.

Brusoni, Girolamo. *Varie osservazioni sopra le Relazioni Universali de G. Botero.* [Venice, 1659].

Bruton, William. *Newes from the East Indies; or a Voyage to Bengalla*... London, 1638.

Bry, Johann Theodor de, and Bry, Johann Israel de (comps.). *India orientalis.* 12 vols. Frankfurt, 1598-1628.

Burckhard, Christian. *Ost-Indianische Reisebeschreibung.* Halle und Leipzig, 1693.

[Burg, Pieter van der]. *Curieuse beschrijving van de gelegentheid, zeden, Godsdienst, en ommegang, van verscheyden Oost-Indische gewesten en machtige landschappen. En inzonderheid van Golconda en Pegu*... Rotterdam, 1677.

B[urton], R[obert]. [Crouch, Nathaniel]. *A View of the English Acquisitions in Guiana and the East*

Indies... London, 1685.

C., *Histoire des ioyaux, et des .. . richesses de l'orient.* Genoa, 1667.

C. E. S. [Coyett, Frederick S.]. *'t Verwaerloosde Formosa, of waerachtig verhael, hoedanigh door verwaerloosinge der Nederlanders in Oost-Indien, het eylandt Formosa, van den Chinesen mandorijn ende zeerover Coxinga, overrompelt, vermeestert, ende ontweldight is geworden...* Amsterdam, 1675.

——. *Neglected Formosa; A Translation from the Dutch of Frederick Coyett's 't Verwaerloosde Formosa.* Edited by Inez de Beauclair. San Francisco, 1975.

Cabaton, Antoine (ed.); *see* Quiroga de San Antonio, Gabriel.

——(trans.); *see* Sevil, Pedro.

Cabreira, José. *Naufragio da não Belem.* Lisbon, 1636.

Caerden, Paulus van. "Kort verhael, ofte journael, . . " In *BV*, lb.

——. "Loffelijcke voyagie op Oost-Indien, met 8 schepen uyt Tessel gevaren int jaer 1606... In *BV,* IIa.

——. *De derde reis van de V O. C. naar Oost-Indië onder het beleid van Admiraal Paulus van Caerden, uitgezeild in 1606.* Edited by A. de Booy. "WLV," LXX and LXXI. The Hague, 1968-70.

Caland, W. "Ziegenbalgs malabarisches Heidenthum herausgegeben und mit Indices versehen." *Verhandelingen der Koninklijke Akademie van Wetenschappen te Amsterdam,* Afd. Letterkunde. Nieuwe reeks, XXV, No. 3 (1926), pp. 1-291.

——(ed.); *see* Roger, Abraham.

——, and Fokker, A. A. "Drie oude portugeesche verhandelingen over het hindoeisme." *Verhandelingen der Koninklijke Akademie van Wetenschappen te Amsterdam,* Afd. Letterkunde. Nieuwe reeks, XVI, No. 2 (1915), 1-216.

Cambut de Pontchateau, Sébastien J. *La morale pratique des Jésuites.* Paris, 1683.

Campbell, W. *Formosa under the Dutch.* London, 1903. (Includes translations of Candidius and of Pieter Nuyts' letter to the VOC.)

Candidius, George. "Discours ende cort verhael, vant eylant Formosa." *BV,* IIb. Appended to Van Rechteren's voyage, pp. 55-70.

Cannenburg, Willem Voorbeijtel (ed.); *see Journael vande nassausche vloot...*

Capitoli della navigatione all' Indie orientale della Compagnia di Genova. Genoa, 1648.

Cardoso, Manoel Godinho. *Relaçam do naufrágio da Não Santiago e itinerario da gente que delle se salvou.* Lisbon, 1602.

Careri, Giovanni Francesco Gemelli. Giro del mondo. 6 vols. Naples, 1699-1700. (English translations in *CV*, Vol. IV, 1754, and in Sen, S. [ed].)

Carletti, Francesco. *Ragionamenti di Francesco Carletti Fiorentino sopra le cose da lui redute ne'suoi viaggi si dell' Indie Occidentali, e Orientali come d'altri paesi...* Florence, 1701.

——. *My Voyage around the World by Francesco Carletti, a Sixteenth Century Florentine Merchant.* Translated by Herbert Weinstock. New York, 1964.

Carneiro, Antonio de Mariz. *Regimento de pilotos e roteiro des navagçaoens da India oriental.* Lisbon, 1642.

Carneiro, Diego Gomes. *Historia daguerra dos Tartaros.* Lisbon, 1657.

Carolinus, D. Godefridus. *Het hedendaagsche heidendom, of beschrijving van de godtsdienst der heidenen.* Amsterdam, 1661.

Caron, François. *Beschrijvinghe van het machtigh coninckrijcke Japan vervattende den aert en eygenschappen van't landt, manieren der volckeren, als mede hare grouwelijcke wreedtheydt teghen de Roomsche Christenen gesteldt...*Amsterdam, 1648.

——. "Beschrijvinghe van het machtigh coninckrijck Iapan, gestelt door Francoys

Caron, directeur des compaignies negotie aldaer, ende met eenige aenteeken- ingen vermeerdert door Hendrik Hagenaer." *BV,* IIb. Appended to Hagenaer's voyage, pp. 134-75.

——. *Rechte beschryvinge van het machtigh koninghrijck van lappan, bestaende in verscheyde vragen betreffende des selfs regiering, coophandel, maniere van leven, strenge justitie etc. voorgestelt door den Heer Philips Lucas, Directeur Generael wegens den Nederlandsen staet in India, ende door de Heer Francoys Caron, President over comp.ommeslach in Iappan, beantwoort inden lare 1636. Welcke nu door den selven autheur oversien vermeerdert en uytgelaten is de fabuleuse aentekeningen van Hendrick Hagenaer, soo dat nu ailes met zijn voorige origineel komt te accorderen, en met kopere figueren verrijckt.* The Hague, 1661.

——, and Schouten, Joost. *A True Description of the Mighty Kingdoms of Japan and Siam...* Edited by C. R. Boxer. London, 1935.

Carré, Abbé. *Voyage aux Indes Orientales...* 2 vols. Paris, 1699.

——. *The Travels of the Abbé Carré in India and the Near East, 1672 to 1674.* Translated and edited by Lady Fawcett and Sir Charles Fawcett. "HS," 2d ser., XCV-XCVII. London, 1947-48.

Cary, John. *A Discourse Concerning the East India Trade, Shewing it to be Unprofitable to the Kingdom of England. Being Taken out of an Essay on Trade; ... To Which Are Added Some Observations of Sir Jos. Child and of the Author of the Essay on Ways and Means Relating to Trade. And Also a Copy of the French King's Decree, Concerning Printed Callicoes.* London, 1699. (First edition, without the appended essays, London, 1696.)

Casteleyn, Pieter. *Vremde geschiedenissen in de konninckrijcken van Cambodia en LouwenAant, in Oost-Indien, zedert den iare 1635. tot den iare 1644. aldaer voor-gevallen. Mitsgaders de reyse der Nederlanders van Cambodia de Louse Rivier op, na Wincjan, het hof van de Louse Majesteyt...* Haarlem, 1669. (Apparently based on the journal of Geeraerd van Wusthof. Reprinted in H. P. N. Muller [ed.], *De Oost-Indische Compagnie in Cambodja en Laos* ["WLV," XIII], The Hague,

1917, PP. 1-54.)

Castro, Fernando Ulvia de. *Aphorismos y exemplos politicos, y militares. Sacados de la primera decada de Juan de Barros.* Lisbon, 1621. (Extracts from the first of Barros' Décadas da Ásia.)

Catalogue nouveau de toute sorte de livres françois ... que se trouvent à Amsterdam. Amsterdam, 1698.

Cayet, Pierre Victor Palma. *Chronologie septenaire de l'histoire de la paix entre les roys de France et d'Espagne ... avec le succez de plusieurs navigations faicts aux Indes Orientales...* Paris, 1605.

Cerqueira, Luis de. *Relatione delle gloriosa morte patita da sei Christiani Giaponesi...* Rome, 1607.

——. *Raccolta di relationi de'regni del Giappone...* Venice, 1608.

[Chappuzeau, Samuel]. *Histoire des joyaux, et des principales richesses de l'orient & de l'occident.* Geneva, 1665.

Chardin, Jean. *Journal du voyage du Chevalier Chardin en Pers et aux Indes Orientales.* London, 1686.

Charmot, Nicolas (ed.). *Historia cultus Sinensium...* Cologne, 1700.

Charpentier, François. *Discours d'un fidèle sujet du Roy touchant l'établissement d'une compagnie ... pour le commerce des Indes Orientales.* Paris, 1664.

Charpentier, Jarl (ed.); *see* Fenicio, Jacobo.

Chaumont, Alexandre de. *Relation de l'ambassade de Mr... de Chaumont à la cour du Roi de Siam.* Paris, 1686.

[Child, Sir Josiah]. *A Treatise; Wherein is Demonstrated I. That the East-India Trade is the Most National of all Foreign Trades ... V. That the East India Trade is More Profitable and Necessary to the Kingdom of England, than to Any Other Kingdom or Nation in Europe.* London, 1681.

Chirino, Pedro. *Relación de las islas Filipinas i de lo que en ellas an trabaiado los padres de la Compañía de Jesús.* Rome, 1604.

[Choisy, François Timoléon, l'Abbé de]. *Journal ou suite du voyage de Siam. En forme des lettres familières fait en M.DC.LXXXV et M.DC.LXXXVI.* Amsterdam, 1687.

——. *Journal du voyage de Siam fait in 1685 et 1686.* Preface by Maurice Garçon. Paris, 1930.

Churchill, A., and Churchill, J. *A Collection of Voyages and Travels.* 4 vols., London, 1704; 6 vols., London, 1732. Cited as CV (1704 ed. unless otherwise specified).

Claeszoon, Cornelis. *Journael. ofte een Oost-Indische-reys-beschrijvinghe, ghedaen door Cornelis Claesz van Purmerendt...* Amsterdam, 1651.

Clemens, Claudius (comp.). *Tablas chronologicos en que se contienen los sucessos eclesiasticos, y seculares de España, Africa, Indias Orientales, y Occidentales, desde ... 1642, hasta ... 1689 ... por Vicente Joseph Miguel.* Valencia, 1689.

Cleyer, Andreas; *see* Boym, Michael.

Cocks, Richard. "Relation of Master Richard Cockes, Cape Merchant, of What Past in the Generals

Absence Going to the Emperours Court. ..." *PP*, III, 519-70.

——. *Diary of Richard Cocks, Cape Merchant in the English Factory in Japan, 1615-1622, With Correspondence.* Edited by Edward Maunde Thompson. 2 vols. "HS," 2d ser., LXVI-LXVII. London, 1883.

Colección de documentos inéditos para la historia de España. 113 vols. Madrid, 1842-1912. (See Vol. LII [1868] on the Moluccas.)

Colenbrander, H. T. (ed.); *see* Vries, David Pieterszoon de.

Colin, Francisco. *Labor evangélica, ministerios apostolicos de los obreros de la Compañia de lesus, fundacion, y progressos de su provincia en las islas Filipinas ... Parte primera. Sacada de los manuscriptos del Padre Chirino, el primero de la compañia que passó de los reynos de España e estas islas*, ... Madrid, 1663.

——. *Labor evangélica, ministerios apostolicos de los obreros de la Compañia de lesus, fundacion, y progressos de su provincia en las islas Filipinas. Historiados por el padre Francisco Colin ... Nueva ed. ilustrada con copia de notas y documentos para la critica de la historia general de la soberanía de España en Filipinas...* Edited by Pablo Pastells. Barcelona, 1904. (Also in I.D.C. microcards.)

——. *India sacra, hoc est, suppetiae sacrae ex ultraque India in Europam, pro interpretation facili ac genuina quorundam locorum ex veteri Testamento qui adhuc Europaeos morantur interpretes ; opus posthumum.* Madrid, 1666.

Collado, Diego. *Ars grammaticae japonicae linguae.* Rome, 1631.

——. *Modus confitendi et examinandi penitentum japonensem, formula suam et lingua japonica.* Rome, 1631.

——. *Dictionarium sive thesauri japonicae linguae compendium.* Rome, 1632.

——. "Mémorial présenté à Philippe IV..." In *Annales de la Société des soi-disans Jesuits...* , III, 1764.

Combés, Francisco. *Historia de las islas de Mindanao, Iolo, y sus adyacentes.* Madrid 1667. Critical edition by W. E. Retana, Madrid, 1897.

Commelin, Isaac (ed.). *Begin ende voortgangh van de Vereenighde Nederlantsche Geoctroyeerde Oost-Indische Compagnie.* 2 vols. Amsterdam, 1645. Cited as BV. (Facsimile of the 1646 edition, with a separate introduction by C. R. Boxer published by Facsimile Uitgaven Nederland in Amsterdam, 1969. Facsimile edition has volumes numbered I, II, III, and IV, corresponding to volumes Ia, Ib, IIa, IIb of the 1646 edition.)

Commelin, Jan, and Commelin, Caspar. *Horti medici Amstelodamensis rariorum... plantarum... descriptio et icones.* 2 vols. Amsterdam, 1697, 1701.

Conceiçam, Manoel da. *Sermão funeral do arcebispo de Goa, D. Fr. Aleixo de Menezes.* Lisbon, 1617.

Conceiçam, Nuno da. *Relaçam, successo e viagem ... da capitainia N. senhora do Bom Despacho ...*

vindo da India. Lisbon, 1631.

Constable, Archibald (ed.); *see* Bernier, François.

Constituicoens do Arcebispado de Goa. Goa, 1649.

La conversion du plus grand roy; des Indes orientales a present regnat a la foy catholique, Avec six milles habitans de son royaume... Bordeaux and Paris, 1621. (Reproduced in Ternaux-Compans, *Archives des voyages* [Paris, 1852], I, 173-79.)

Coolhas, W. Ph. (ed.); *see* Broecke, Pieter van den.

Cooper, Michael, S.J. (comp.). *They Came to Japan. An Anthology of European Reports on Japan, 1543-1640.* London, 1965.

Copeland, Master; Bonner, Robert; and Withington, Nicholas. "Certaine Observations Written by Others Employed in the Same Voyage, Master Copland Minis¬ter, Robert Bonner Master, Nicholas Withington Merchant." *PP*, IV, 147-75. (Accounts of the tenth English voyage under Thomas Best.)

Copia de una carta, esenta al Padre Fray Alonso Sandin ... Procurador General de ... Santo Rosario de Philipinas... Madrid, 1684.

Copie de la requête presentée au roi d'Espagne par le capitaine Ferdinand de Quir, sur la descouverte de la cinquième partie du monde... Paris, 1617.

Corneliszoon, Reyer. "Schip-vaerdt by de Hollanders ghedaen naer Oost-Indien, onder 't beleydt van den Admirael Iacob Heemskerk, in den Iare 1601..." In BV, Ib, 26-31 of Steven van der Hagen's voyage.

Coronel, Fernando. *Memorial y relacion para su magestad, del Procurador General de la Filipinas, de lo que conviene remediar, y de la requeza que ay en relas, y en las Islas del Maluco.* Madrid, 1621. (See BR, XIX, 189-297, for a partial summary and translation.)

Correia, Duarte. *Relaçam do alevantamento de Ximabara.* Lisbon, 1643; reprinted, Alemquer, 1901.

Correia-Afonso, John, S.J. (ed.). *Letters from the Mughal Court.* Bombay, 1980.

Cortereal, João Pereira. *Discursos sobre la navigation de las nãos de la India de Portugal.* Madrid, 1622.

Cortés Osorio, Juan. *Memorial apologético de los missioneros de la China al conde de Villa Hombrosa.* Madrid, 1676.

——. *Reparos historiales apologéticos...* Pamplona, 1677.

Coryate, Thomas. *Thomas Coriate Traveller for the English Wits: Greetings from the Court of the Great Mogul, Resident at the Towne of Asmere in Eastern India.* London, 1616.

——. *Mr. Thomas Coriat to his Friends in England Sendeth Greetings.* London, 1618.

——. "A Letter of Mr. Thomas Coryat, ..." *PP,* IV, 469-94.

Couplet, Philippe. *Catalogus patrum Societatis Jesu, qui post obitum S. Francisci Xaverii primo saeculo sive ab anno 1581 usque ad 1681, in imperio sinarum Jesu Christifidem propagarunt...* Paris, 1686.

——. *Tabula chronologica monarchiae Sinicae ... ad annum post Christum 1683.* Paris 1686.

——. *Histoire d'une dame chrétienne de la Chine, où par occasion les usages de ces peuples, l'etablissement de la religion, les manières des missionaires, & les exercises de pieté des nouveaux chrétiens sont expliquez.* Paris, 1688.

——, *et al. Confucius Sinarum philosophus, sive scientia sinensis latine exposita.* Paris, 1687.

Courten, Sir William. *Catastrophe and Adieu to the East-Indies, ora General and Particular protest Framed there at Goa in the Year 1644.* n.p., 1652.

Couto, Diogo do. *Da Ásia, Década IV.* Madrid, 1615.

——. *Da Ásia, Década VIII.* Revised by João Baptista Lavanha. Lisbon, 1673.

——. *The Tragic History of the Sea, 1589-1622.* Translated by C. R. Boxer ("HS," 2d ser., CXII), 53-104. Cambridge, 1959.

Coverte, Robert. *A True and Almost Incredible Report of an Englishman, that... Travelled by Land through Many Unknowne Kingdomes, and Great Cities; ...* London, 1612.

Cowley, Ambrose. "Voyage Round the Globe." In William Hacke, *A Collection of Original Voyages...* London, 1699.

Coyett, Frederick S.; *see* C. E. S.

Cramer, Mattys. *Borts voyagie naer de kuste van China en Formosa...* Amsterdam, 1670.

Crasset, Jean. *Histoire de l'église du Japon.* 2 vols. Paris, 1689.

Crawther, John; *see* Steele, Richard.

Crocker, T. Croften; *see* La Boullaye Le Gouz, François de.

Crooke, W. (ed.); *see* Fryer, John.

Grouch, Nathaniel; *see* B[urton], R[obert].

Crus, Manoel de. *Fala, que fes O. P. Manoel de Crus ... no acto solemne, emque o conde, Ioam de Silva, Tello y Meneses, Visorey ... da India.* Goa, 1641.

Cruz, Extêvão da. *Discursos sobre a vida do apostolo s. Pedro em que se refutão os principaes errores do oriente compostos em verso, em lengua bramana. ...* 2 vols. Goa, 1634.

Gruz, Miguel de (ed.); *see* Pereyra, Antonio Pinto.

Cubero, Sebastián Pedro. *Breve relacion, de la peregrinación que ha hecho de la mayor parte del mundo ... con el viage por tierra desde España, hasta las Indias orientales...* Madrid, 1680.

Cummins, J. S. (ed.); *see* Morga, Antonio de; Navarrete, Domingo Fernandez.

Dalquié, F. S. (trans.); *see* Kircher, Athanasius.

Dam, Pieter van. *Beschrijving van de Oostindische Compagnie.* Edited by F. W. Stapel. 3 vols. The Hague, 1927-43.

Dames, M. L. (trans. and ed.); *see* Barbosa, Duarte.

Dampier, William. *A New Voyage Round the World.* London, 1697.

——. *A New Voyage Round the World. With an Introduction by Sir Albert Gray.* Edited by Norman Mosley Penzer. London, 1927.

——. *Voyages and Descriptions.* London, 1699.

——. *Dampier's Voyages.* Edited by John Masefield. 2 vols. London, 1906.

——. *Voyages and Discoveries.* Edited by Clennell Wilkinson. London, 1931.

——. *A Voyage to New Holland, &c. in the Year, 1699.* London, 1703.

——. *A Voyage to New Holland, &c. in the Year, 1699; A Continuation of a Voyage to New Holland &c. in the Year 1699...* London, 1709.

——. *A Voyage to New Holland; the English Voyage of Discovery to the South Seas in 1699.* Edited by James Spencer. Gloucester, 1981.

Dan, Pierre. *Le trésor des merveilles de la maison royale de Fontainebleau.* Paris, 1642.

Danckaerts, Sebastiaen. *Historische ende grondich verhael van de standt des Christendoms int quartier van Amboina...* The Hague, 1621. (Reprinted in BTLV, n.s., Vol. VI, Pt. 2 [1859], pp. 105-36.)

Dapper, Olfert. *Gedenkwaerdig bedryf der Nederlandsche Oost-indische Maetschappye op de kuste en in het keizerrijk van Taising of China: ...* 2 vols. Amsterdam, 1670.

——. *Asia, of naukeurige beschrijving van het rijk des grooten Mogols en de groot gedeelt van Indien: ...* Amsterdam, 1672.

——. *Asia, oder: ausführliche Beschreibung des Reichs des Grossen Mogols und eines grossen Theils von Indien.* Nuremberg, 1681.

——; *see also* Montanus, Arnoldus.

D[arell], J. *Strange News from the Indies; or East India Passages Further Discovered...* London, 1652.

——. *A True and Compendious Narration; or (Second Part of Amboyna) of Sundry Notorious or Remarkable Injuries, Insolences, and Acts of Hostility which the Hollanders have Exercised from Time to Time against the English Nation in the East Indies, &c. And Particularly of the Totall Plundering and Sinking of the Dragon & Catherine Both Ships and Men...* London, 1665.

Dassié, F. *L'architecture navale, avec le routier des Indes orientales et occidentales.* Paris, 1677.

D'Avalo, Marcus. "Beschryvinge van de stadt Maccaon, ofte Maccauw, met haer fortressen, geschut, commercien, ende zeeden der inwoonderen, ..." *BV*, IIb. In Van Rechteren's journal, pp. 78-86. English translation in C. R. Boxer (ed.), *Seventeenth Century Macao in Contemporary Documents and Illustrations.* Hong Kong, Kuala Lumpur, and Singapore, 1984, pp. 69-80.

Davies, John (trans.); *see* Olearius, Adam.

Davis, John. "The Voyage of Captain John Davis to Easterne India, Pilot in Dutch Ship, written by himself." *PP*, II, 305-26.

——. "The Second Voyage of John Davis with Sir Edward Michelbourne..." *PP*, II, 347-66.

Davys, John. "The Ninth Voyage of the Indian Companie to the East Indies, in the James, whereof Was Captaine, Master Edmund Marlowe of Bristoll, and the Master, John Davy, Which Wrote This Journall. " *PP*, IV, 77-87.

——. "A Rutter, or Briefe Direction for Readie Sayling into the East India..." *PP*, IV, 88-119.

Decker, Adolph. *Diurnal der nassawischen Flotta oder Tagregister und historische ordentliche Beschreibung einer gewaltigen mächtigen Schiffarht umb diegantze Erd-Kugel rund umbher...* Strasbourg, 1629.

De Feynes; *see* Feynes.

De Jong, A. J. (ed.); *see* Baldaeus, Philippus.

De Laet, Joannes (comp.); *see* Laet, Joannes de (comp.).

De La Haye, Jacob Blanquet; *see* Blanquet de La Haye, Jacob.

De l'Isle, Claude; *see* L'Isle, Claude de.

Della Valle, Pietro; *see* Valle, Pietro della.

Dellon, Gabriel. *Relation d'un voyage fait aux Indes Orientales.* 2 vols. Paris, 1685.

——. *Relation de l'Inquisition de Goa.* Leyden, 1687; Paris, 1688.

[Desfarges, Pierre]. *Relation des révolutions arrivées à Siam dans l'année 1688.* Paris and Amsterdam, 1691.

De Villiers, J. A. J. (trans.); *see* Spilbergen, Joris van.

De Vlamingh, Willem Hesselszoon; *see* Vlamingh, Willem Hesselszoon de.

De Vries, David Pieterszoon; *see* Vries, David Pieterszoon de.

Dharampal, Gita (trans.). "Heinrich von Poser's Travelogue of the Deccan," *Quarterly Journal of the Mythic Society,* LXXIII (1982), 103-14.

Diamper, Synod of. *Synodo diocesano da igreia e bispado de Anzamale dos antigos Christaõs de Sam Thome das serras do Malavar ... da India Oriental.* 2 pts. Coimbra, 1606.

Dias, Manuel, the Younger. *Lettera del padre vicareo provinciale dell' ordine di Santo Agostino dell' India Orientale.* Rome, 1629.

Dichiaratione di unapietra antica scritta e scolpita con l'infrascritte lettere, ritrovata nel regno della Cina. Rome, 1631. (Probably the first notice about the discovery of the Nestorian Monument published in Europe.)

Dieckszoon, Reynier; *see* Dirckszoon, Reynier.

Diogo de Santa Anna. *Relaçam verdadeira do milagroso portento e portentoso milagre q aconteceo na India no santo Crucifixo, q esta no coro do observantissimo mosteiro das Freiras de S. Monica da Cidade de Goa, em oito de Fevereiro de 1636. & continuou por muitos dias...* Lisbon, 1640.

Dirckszoon, Reynier. "Aenteeckeninghe uyt het journael ghehouden by Reynier Diecksz [sic] van

Nimmegen, alias Kreijsman, voor stuerman gevaren hebbende op het jacht de Leeuw met de Pijlen naar Jappan, ende van daer weder t'huys, onder de vloote van den Admirael Pieter Willemsz Verhoef." *BV*, IIa. Appended to Verhoeff's voyage, pp. 68-72.

Dosworth, Edward; *see* Elkington, Thomas.

Donneau de Visé, Jean. *Voyage des ambassadeurs de Siam en France.* 4 pts. Paris 1686-87.

D'Orleans, Pierre Joseph. *Histoire des deux conquerans Tartares, qui ont subjugué la Chine...* Paris, 1688. (Includes a copy of Ferdinand Verbiest's letters.)

——. *History of the Two Tartar Conquerors of China...* Translated and edited by the Earl of Ellesmere. "HS," o.s., XVII. London, 1854.

——. *Histoire de M. Constance, premier ministre du roy de Siam et de la dernière revolution de cet état, dediée à N. S. P. le Pape Alexandre VIII.* Paris, 1690.

Downton, Nicholas. "Extracts of the Journall of Captaine Nicholas Downton, Who Was Employed Chiefe Commander in the Second Voyage Set Forth for the Joyned Stockes in the East Indies. ..." *PP*, IV, 214-51. (Voyage of 1614-15.)

——. "Nicholas Downtaine Captaine of the Pepper-Corne ... Sixth Voyage . His Journall, or Certaine Extracts Thereof." *PP*, III, 194-304.

——. *The Voyage of Nicholas Downton to the East Indies, 1614-1615.* Edited by Sir William Foster. "HS," 2d ser., LXXXII. London, 1939.

——; *see also* Pring, Martin.

Dryden, John. *Amboyna: A Tragedy As it is Acted by their Majesties Servants.* London, 1691.

Dudley, Robert. *Dell'Arcano del Mare.* 6 vols. Florence, 1646-47.

Du Jarric, Pierre, S.J. *Histoire des choses plus memorables advenues tant ez Indes Orientales...* 3 vols. Bordeaux, 1608, 1610, 1614.

Duquesne-Guiton, Abraham. *Journal du voyage de Duquesne aux Indes Orientales, par un garde-marine servant sur son escadre.* Brussels, 1692.

E. G. *The Civil Wars of Bantam:* ... London, 1683.

East Indian Trade, Selected Works, Seventeenth Century. London, 1968. (Facsimile reprints of pamphlets, including Thomas Mun and Charles Davenant.)

Elia, Pasquale M. d'. *Fonti Ricciane; documenti originali concernenti Matteo Ricci e la storia delle prime relazioni tra l'Europa e la Cina (1579-1615)...* 3 vols. Rome, 1942-49.

Elkington, Thomas, and Dodsworth, Edward. "Relations of Master Elkington and Master Dodsworth Touching the Former Voyage." *PP*, IV, 251-66. (Downton's voyage of 1614-15. See also Foster, Sir William [ed.].)

Ellesmere, Earl of; *see* D'Orléans, Pierre Joseph.

Encarnação, António da. *Relaçam de alguns serviços que fizerão a Deos e a estes reynos de Portugal, nas partes do oriente os religiosos da ordem dos prégadores*: ... In Encarnação and Rangel, *Relaçoes summárias*.

——. *Relaçam do principio da Christandade das ilhas de Solor, e da segunda restauração della, feita pellos religiosos da ordem dos prégadores. In Relaçoes summárias*.

——, and Rangel, Miguel. *Relaçoes summárias de alguns serviços que fizerão a Deos, e a estes reynos, os religiosos Dominicos nas partes da India Oriental nestes annos proximos passados*. Lisbon, 1635. (For a modern edition see Sá, Artur Basilio de [ed.], J Documentaçao, V, 279-347.)

Engelbrecht, W. A., and Herwerden, P. J. (eds.); *see* Le Maire, Jacob.

Espinola, Juan de (trans.); *see* Suarez, Joseph, S J.

Ezquerra, Domingo. *Arte de la lengua bisaya de la provincia de Leyte*. Manila, 1663.

F[arewell], C[hristopher]. *An East-India Colation, or a Discourse of Travels*; ... London, 1633.

Fargeon, Jean. *Catalogue des marchandises rares, curieuses, et particulières ... qui se font et debitent à Montpelier*. Pezenas, 1665.

Faria, Manuel Severim. *Discursos varios politicos*. Evora, 1624.

Faria y Sousa (also Faria e Souza), Manuel de. *Epitome de las historias portuguesas*. Madrid, 1628.

——. *Asia portuguesa*. 3 vols. Lisbon, 1666-75.

——. *The Portuguese Asia: Or, the History of the Discovery and Conquest of India by the Portuguese*; ... Translated into an English abridgment by John Stevens. 2 vols. London, 1694-95.

——. *Asia portuguesa por Manuel de Faria e Sousa*. Translated by Manuel Perusquets de Aguilar. 6 vols. Porto, 1945-47.

——(ed.); *see* Semedo, Alvarez.

Favery, Luc Fermanel de. *Relation des missions des evesques françois aux royaumes de Siam, de la Cochinchina, de Cambodge, et du Tonkin*. Paris, 1674.

Fawcett, Sir Charles, *et al*. (eds.); *see* Carré, Abbé.

Fayle, C. Ernest (ed.). *Voyages to the East Indies: Christopher Fryke and Christopher Schweitzer*... London, 1929. (Translation of 1700 by S. L.)

Fenicio, Jacobo, S.J. *The Livro da seita dos Indios Orientais* (*Brit. Mus. Ms. Sloane 1820*). Ed. Jarl Charpentier. Uppsala, 1933.

Ferguson, D. (ed.); *see* Vennip, Cornelis Janszoon.

Fernandez, Pacita Guevara (trans.); *see* Ribadeneira, Marcelo de.

Fernandez Navarrete; *see* Navarrete, Domingo Fernandez.

Ferreira, Antonio Fialho. *Relaçam da viagem, que* ... [A.F.F.] fez ... , *deste Reyno à Cidade de Macao na China* ... Lisbon, 1643. English translation in C. R. Boxer (ed.), *Seventeenth Century Macau in Contemporary Documents and Illustrations* (Hong Kong, Kuala Lumpur, and Singapore, 1984), pp. 87-126.

Ferreira, Manoel, S.J. *Noticias summárias das perseguições da missam de Cochinchina principiada & continuada pelos padres da companhia de Jesu...* Lisbon, 1700.

Ferrero, Manuel (ed.); *see* Aduarte, Diego.

Ferro, Bartolomeo. *Istoria delle missioni de' cherici regolari Teatine*. 2 vols. Rome, 1705.

Feynes, Henri de. *An Exact and Curious Survey of the East Indies ... by Monsier de Monfart.* Translated from the French manuscript into English. London, 1615.

——. *Voyage faictpar terre depuis Paris iusques a la Chine... Avec son retour par mer.* Paris, 1630.

Finch, William. "Observations of William Finch, Merchant, Taken out of His Large Journall." *PP*, IV, 1-77.

Fitzherbert, Humphrey. "A Pithy Description of the Chiefe Hands of Banda and Moluccas. ..." *PP*, V, 174-81.

Floris, Pieter. "Extracts of Peter Williamson Floris, His Journal for the Seventh Voyage... *PP*, III, 319-43.

——. *Peter Floris, His Voyage to the East Indies in the Globe, 1611-1615; the Contemporary Translation of His Journal...* Edited by W. H. Moreland. "HS," 2d ser., LXXIV. London, 1934.

Fonseca, Henrique Quirino da. *Diarios da navegação de Carreira da India nos annos de 1595, 1596, 1597, 1600, e 1603*. Lisbon, 1938. (Includes a collection of Portuguese rutters.)

Foster, William (ed.). *The Voyages of Sir James Lancaster to Brazil and the East Indies, 1591-1603.* "HS," 2d ser., Vol. LXXXV. London, 1940.

——(ed.); *see also* Best, Thomas; Downton, Nicholas; Herbert, Thomas; Middleton, Henry; and Roe, Thomas.

France, Compagnie des Indes Orientales. *Articles et conditions sur lesquelles les marchands negotions du royaume supplient ... le Roy ... por l'établissement d'une compagnie ... pour le commerce des Indes Orientales.* Paris, 1664.

Freire de Andrade, Jacinto. *Vida de dom João de Castro, quarto visorey da India.* Lisbon, 1651.

——. *Life of Dom John de Castro, Fourth Viceroy of India.* Translated by Sir Peter Wycke. London, 1664.

Freitas, Serafim de. *De iusto imperio lusitanorum asiatico.* Valladolid, 1625.

Freyre, Antonio. *Elogio do livro" primor e honra da vida soldatisca no estado da India."* Lisbon, 1630.

Frick, Christoph. *Ost-Indienische Räysen und Krieges-Dienste, oder eine ausführliche Be¬schreibung was sich zeit solcher nemlich von A. 1680 bis A. 1685 so zur See also zu Land, in öffentlichen Treffen und Scharmüzeln, in Belagerungen ... mit ihme ... hin und wieder begeben, Da den insonderheit der Bantamische Krieg auf Gross-Java un An-fang bis zu Ende Wahrhafftig vorgestellt und entworffen...* Ulm, 1692. (English translation of 1700 in Fayle, C. Ernest [ed.].)

——; *see also* Raven-Hart, R.

Froger, François. *Relation du premier voyage des François à la Chine fait en 1698, 1699, et 1700 sur le vaisseau" l'Amphitrite."* Edited by E. A. Voretzsch. Leipzig, 1926.

Froideveaux, Henri (ed.). *Documents inédits relatifs à la constitution de la Compagnie des Indes Orientales de 1642.* Paris, 1898.

Fryer, John. *A New Account of East India and Persia, in Eight Letters, Being Nine Years Travels, Begun 1672, and Finished 1681*... London, 1698.

——. *A New Account of East India and Persia* ... Ed. W. Crooke. 3 vols. "HS," 2d ser., XIX, XX, and XXXIX. London, 1909-15.

A Full and True Relation of the Great and Wonderful Revolution that Happened Lately in the Kingdom of Siam in the East Indies... London, 1690. (Reprinted in *CV*, VIII.)

G. M. A. W. L.; *see* Lodewyckszoon, Willem.

Gali, Francisco. *Viaje y descubrimientos y observaciones desde Acapulco a Filipinas*... Amsterdam, 1638.

Gallagher, Louis J. (trans.); *see* Trigault, Nicolas.

García, Francisco. *Persecucion que movieron los Tartaros en el imperio de la China contra la ley de Iesu Christo, y sus predicadores; y lo sucedido desde el año de 1664 hasta el fin del año de 1668.* Alcalà, 1671.

——. *Vida del venerable P. Louis de Medina, muerto por la fe en las islas Marianas.* Madrid, 1673.

——. *Historia de la conversion de las Marianas que se llamaban de los Ladrones.* Madrid, 1683.

——. *Vida y martirio de el venerable padre Diego Luis de Sanvitores ... apostol de las islas Marianas, y successos ... desde ... [1668] hasta [1681].* Madrid, 1683.

——. *Relacion de los successos de los missiones Marianas, desde el 25 de abril 1684 hasta el primeiro de mayo de 1685.* s.1., 1685.

Garcia, Juan. *Aviso que se ha embiado do ... Manila, del estado que tiena la religion ... en las Philipinas, Japon y* ... China. Seville, 1633.

Gaspar dos Reys, Frey. *Commentarios do Grande Capitão Ruy Freyre de Andrade.* Lisbon, 1647.

Geddes, Michael. *The History of the Church of Malabar, from the Time of its being First Discovered by the Portuguese in the Year 1501 ... Together with the Synod of Diamper ... 1399. With Some Remarks upon the Faith and Doctrine of the Christians of St. Thomas of the Indies, Agreeing with the Church of England, in Opposition to that of Rome*... London, 1694. (Includes the English translation of Antonio de Gouveia's Synodo diocesam...)

Gemelli Careri, Giovanni Francesco; *see* Careri, Giovanni Francesco Gemelli.

Gerritszoon, Hessel (ed.). *Beschryvinghe vander Samoyeden landt in Tartarien*... Amsterdam, 1612. (Contains the first publication of Massa's treatises.)

Gervaise, Nicolas. *Description historique du royaume de Macaçar.* Paris, 1688.

——. *Histoire naturelle et politique du royaume de Siam...* Paris, 1688.

——. *An Historical Description of the Kingdom of Macassar in the East Indies.* London, 1701.

——. *The Natural and Political History of the Kingdom of Siam, A.D. 1688.* Translated by H. S. O'Neill. Bangkok, 1928.

Ghirardini, *Giovanni. Relation du voyage fait à la Chine sur le vaisseau l'Amphitrite en l'année 1698...* Paris, 1700.

Ginnaro, Bernardino. *Saverio orientale ò vero istorie de' Cristiani illustri dell' oriente li quali nelle parti orientali sono stati chiari per vertù, e pietà cristiana, dall' anno 1542...* Naples, 1641.

Glen, Jean Baptiste de (trans.). *La messe des anciens Chrestiens dicts de S. Thomas...* Antwerp, 1609.

Godinho, Manoel, S.J. *Relação do novo caminho que fez por terra, e mar vindo da India para Portugal, no anno 1663. o padre Manoel Godinho...* Lisbon, 1665.

——. *Relação do novo caminho que fêz por terra e mar, vindo da India para Portugal, no ano de 1663, o padre Manuel Godinho da Companhia de Jesus.* 2d ed., Lisbon, 1842. (Reprinted with an introduction by Augusto Reis Machado. Lisbon, 1944.)

Goens, Rijcklof Volckertszoon van. *Javaense reijse gedaen van Batavia over Samarangh na de konincklijcke hoofdplaets Mataram, ...* Dordrecht, 1666.

——. "Reijs beschrijving van den weg uit Samarangh nae de konincklijke hoof-plaets Mataram..." Edited by R A. Leupe. *BTLV*, IV (1856), pp. 307-67.

——. *De vijf gezantschapsreizen van Rijkloff van Goens naar het hof van Mataram 1648-1654.* Edited by H. J. de Graaf. "WLV," Vol. LIX. The Hague, 1956.

Gomes de Brito, Bernardo. *História tragico-maritima...* 2 vols. Lisbon, 1735-36.

Gomez Solis, Duarte. *Discursos sobre los comercios de las dos Indias, donde se tratan materias importantes de estado, y guerra...* [Madrid?], 1622.

——. *Discursos sobre los comercios de las dos Indias.* Edited by Moses Bensabat Amzalak. Lisbon, 1930.

——. *Alegación en favor de la Compañia de la India Oriental y comercios ultramarinos, que de nuevo se instituyó en el Rey no de Portugal.* [Lisbon], 1628. (Modem edition edited by M. B. Amzalak, Lisbon, 1955.)

Gonçalves, Diogo, S.J. *Historia do Malavar.* Edited by Josef Wicki. Munster, 1955.

González, Domingo. *Relación del martirio del B. P. F. Alonso Navrrete, del la orden de predicadores, y de su compañero el B. P. F. Hernando de S. Joseph, de la orden de S. Agustin, en Japon. Año 1617...* Manila, 1618.,

González de Mendoza, Juan. *Historia de las cosas mas notables, ritos y costumbres del gran rey no de la China.* Rome, 1585.

——. *The History of the Great and Mighty Kingdom of China*... Reprinted from the translation of R. Parke. Edited by Sir George T. Staunton. "HS," o.s., Vols. XIV-XV. 2 vols. London, 1853-54.

Gouvea, Antonio de, O. S. A. *Iornada do Arcebispo de Goa Dom Frey Aleixo de Menezes primaz da India Oriental, ... Quando foy as Senas do Malavar, & lugares em que morão os antigos Christãos de S. Thome, & os tirou de muy tos erros & heregias em que estavão, & reduzio à nossa Sancta Fè Catholica, & obediencia da Santa Igrega Romana, da quai passava de mil annos que estavão apartados*. Coimbra, 1606.

——. *Synodo diocesam da igrega e bispado de Angamale dos antigos Christaõs de Sam Thome*. Coimbra, 1606. (For English translation see Geddes, Michael.)

——. *Relaçam em que se tratem as guerras e grandes victorias que alcançou o grãde rey da Persia X'a Abbas do grão Turco Mahometto*. Lisbon, 1611.

Gouvea, Antonio de, S.J. *Innocentia victrix*... Canton, 1671.

Gouye (or Gouge), [Thomas], S.J. *Observations physiques et mathematiques à l'histoire naturelle et à la perfection de l'astronomie et de la géographie: Envoyées de Siam à l'A-cademie Royale des Sciences à Paris par les Pères Jésuites François qui vont à la Chine en qualité de Mathematiciens du Roy*... Paris, 1688.

Graaf, H. J. de (ed.); *see* Goens, Ryckloff Volckertszoon van.

Graaf, Nikolaas de. *Oost-Indise spiegel, behelsende een beschrijving van de stad Batavia, en wijse van leven der hollandse vrouwen in Oost-Indien, een net verhaal der bysondere handelaars; alsmede de gewone wijse van de scheepsbevelhebberen, mitsgaders een generale beschrijvinge van gants Oost-Indien*... Hoorn, 1701.

——. *Reisen van Nicolaus de Graaff na de vier gedeeltens des werelds, ais Asia, Africa, America en Europa. Behelsende een beschryving van sijn 48 jarige reise ... Als ook een nette, dog korte beschryvinge van China ... Hier agter is by gevoegd d'Oost-Indise spiegel*... Hoorn, 1701.

——. *Reisen van Nicolaus de Graaff, gedaan naar aile gewesten des werelds beginnende 1639 tot 1687 induis*... Edited by J. C. M. Warnsinck. "WLV," Vol. XXXIII. The Hague, 1930.

Grau y Monfalcón, Juan. *Memorial informatorio al rey nuestro señor en su real supremo Conseio de las Indias*... Madrid, 1637.

——. *Justificación de la conservación, y comercio de las islas Filipinas*. Madrid, 1640?

Graves, Edward, *et al. A Brief Narrative and Deduction of the Several Remarkable Cases of Sir William Courten and Sir Paul Pyndar, ... and William Courten, ... Deceased: Together With Their Surviving Partners and Adventurers With Them to the East Indies, China, and Japan, and Divers other Parts of Asia, Europe, and Africa, and America*; ... [London], 1679.

Gravius, Daniel. *Patar ki Tna'-'msing an ki Christang. Formos et Belge*. Amsterdam, 1661.

Gray, Albert; *see* Dampier, William.

Gray, Albert (trans. and ed.); *see* Pyrard, François.

Greslon, Adrien. *Histoire de la Chine sous la domination des Tartares...* Paris, 1671.

Grey, Edward (ed.); *see* Valle, Pietro della.

Grueber, Johann. "Voyage à la Chine des P. P. Grueber & d'Orville, avec la relation du voyage par terre de ces meme peres depuis Pekin jusqu' en Europe, où il se trouve aussi des remarques curieuses sur la langue chinoise." TR, Vol. II, pt.iv, pp. 1-23. (Also included in Athanasius Kircher, *China illustrata.*)

Guénin, Eugène (ed.); *see* Beaulieu, Augustin de.

Guerreiro, Fernão. *Relaçam annual das cousas que fizeram os padres da Companhia de Jesus. ...* 5 vols. Evora and Lisbon, 1603-11. (Title varies with each volume.) Complete Spanish translation, Madrid, 1613.

——. *Relação anual das coisas que fizeram os padres da Companhia de Jesus nas suas missões do Japão, China, Cataio, Tidore, Ternate, Amboino, Malaca, Pegu, Bengala, Bisnagá, Maduré, Costa da Rescaria, Manar, Ceilão. Travancor, Malabar, Sodomala, Coa, Salcete, Lahor, Diu, Etiopia...* Edited by Artur Viegas. 3 vols. Coimbra, 1930-42. (This is a modern edition of Relaçam annual.)

——; *see also* Payne, C. H.

Guzman, Luis de. *Historia de las missiones ... en la India Oriental y en los reynos de la China y lapón.* 2 vols. Alcalà de Henares, 1601.

Gysbertszoon, Reyer. *De tyrannie ende wreedtheden der Jappanen...* Amsterdam, 1637.

——. "Historie der martelaeren, die in Iapan om de Roomsche Catolijcke Religie schrickelijcke ende onverdraghelycke pynen geleeden hebben, ofte gedoodt zyn." BV, IIb. Appended to Hagenaer's voyage, pp. 176-88. (Included as an appendix to almost all editions and translations of Caron and Schouten.)

Hacke, William (ed.). *A Collection of Original Voyages: Containing I. Capt. Cowley's Voyage Around the Globe. II. Captain Sharp's Journey over the Isthmus of Darien, and Expedition into the South Seas, Written by Himself III. Capt. Wood's Voyage thro' the Streights of Magellan. IV. Mr. Roberts's Adventures among the Corsairs of the Levant...* London, 1699.

Haelbos, Hendrick. "Onbekende Zuid-land..." In *De nieuwe en onbekende, weereld...* , compiled by Arnoldus Montanus, pp. 577-85. Amsterdam, 1671. (The first published report of Tasman's discoveries.)

Haex, David. *Dictionarium Malaico-Latinum et Latino-Malaicum cum aliis quamplurimus quae quarta pagina edocebit...* Rome, 1631.

Hagen, Steven van der. *Kort ende warachtich verhael vande heerlicke victorie te weghe gebracht...* Rotterdam, 1606.

——. "Beschryvinge van de tweede voyagie, ghedaen met 12 schepen naer d' Oost-Indien onder den

Heer Admirael Steven vander Hagen..." *BV,* IIa.

——; *see also* Sas, Jan.

Hagenaer, Hendrick. "Verhael vande reysze gedaen inde meeste deelen van de Oost- Indien " *BV*, IIb.

Hakluyt, Richard. *The Principall Navigations, Voiages and Discoveries of the English Nation, Made by Sea and Overland.* 3 vols. London, 1598-1600.

Hamel, Hendrick. *Journael van de ongeluckige voyagie van't jacht de Sperwer...* Amsterdam, 1668.

——. *The Dutch Come to Korea,* by Gari Ledyard. Seoul, 1971. (Contains a reprint of the Churchill translation of Hamel' s *Journael.*)

——. *Verhaal van het vergaan van het jacht" De Sperwer" en van het wedervaren der schipbreukelingen op het eiland Quelpaert en het vasteland van Korea (1653-1666) met eene beschijving van dat rijk.* Edited by B. Hoetink. "WLV," Vol. XVIII. The Hague, 1920.

Happart, Gilbertus. *Dictionary of the Favorling Dialect of the Formosan Language, ... Written in 1650.* Translated by W. H. Medhurst. Batavia, 1840.

Harmenszoon, Wolfert. "Journael, ofte dach-register vande voyagie, ghedaen onder het beleydt van den Admirael Wolfhart Harmansen. Naer de Oost-Indien, inden iaren 1601. 1602. ende 1603.…" *BV*, Ib, 1-15.

Hartgers, Joost (comp.). *Oost-Indische voyagien door dien begin en voortgangh, van de Vereenighde Nederlandtsche Geoctroyeerde Oost-Indische Compagnie...* Amsterdam, 1648.

Hatch, Arthur. "Letter Touching Japon with the Government, Affaires and Later Occurrents There. ..." *PP,* X, 83-88.

Hatch, John. "Relations and Remembrances..." *PP*, IV, 53 5-47.

Havart, Daniel. *Op- en ondergang van Cormandel ... als mede de handel der Hollanders op Coromandel, met een beschrijving aller logien van de Compagnie op die landstreek; ook op- en ondergang der koningen, die zedert weynige jaren in Galconda ... geregeerd hebben...* 3 vols. Amsterdam, 1693.

Hawes, Roger. "Memorials Taken out of the journall of Roger Hawes Touching ... the Factorie at Cranganor. ..." *PP*, IV, 495-502.

Hawkins, William. "Capt. William Hawkins His Relations of the Occurrents Which Happened in the Time of His Residence in India, in the Countrie of the Great Mogol. ..." *PP*, III, 1-51.

Heemskerk, Jacob van; *see* Corneliszoon, Reyer; and West-Zanen, Willem Pieterszoon van.

Heiden, Franz Janszoon van der. *Vervarlyke schip-breuk van't Oost-Indische jachi Ter Schelling onder het landt van Bengale;* ... Amsterdam, 1675.

Herbert, Thomas. *A Relation of Some Yeares Travaile, Begunne Anno 1626. Into Afrique and the Greater Asia, Especially the Territories of the Persian Monarchie and Some Parts of the Oriental Indies and Isles Adjacent.* London, 1634.

——. *Thomas Herbert. Travels in Persia, 1627-1629.* Edited by Sir William Foster. New York, 1929.

Heredia, Manuel Godinho de. *Declaracam de Malaca e India meridional com o Cathay.* Goa, 1613. (English translation by J. V. Mills in *JRAS, Malay Branch*, VIII [1930], 1-227.)

Herport, Albrecht. *Eine kurtze ost-indianische Reiss-Beschreibung, ...* Bern, 1669.

——. *Reise nach Java, Formosa, Vorder-Indien und Ceylon, 1659-1668...* NR, Vol. V. The Hague, 1930.

——; *see also* Raven-Hart, R.

Herrera, Pedro de. *Confessionario en laengua Tagala.* Manila, 1636.

Herrera Maldonado, Francisco de. *Epitome historial del Reyno de la China, muerte de su Reyna, madre de este Rey que oy vive, que sucedio a treinta de Março, del ano de mil y seiscientos y diez y siete...* Madrid 1620.

——(trans.); *see* Pinto, Fernão Mendes.

Herrera y Tordesillas, Antonio de. *Descripcion de las Indias Occidentales...* Madrid, 1601.

——. *Historia general de los hechos de los Castellanos en las islas i tierra firma del mar oceano.* 3 vols. Madrid, 1601-15.

Hertz, Solange (ed. and trans.); *see* Rhodes, Alexandre de.

Hesse, Elias. *Ost-Indische Reise-Beschreibung oder Diarium, was bey der Reise des chur- jürstl. Sächs. Raths und Berg-Comisarrii D. Benjamin Olizschens im Jahr 1680 von Dresden aus biss in Asien auff die Insul Sumatra denckwürdiges vorgegangen ausgezeichnet von Elias Hessen...* 2d rev. ed., Leipzig, 1690.

——. *Gold-Bergwerke in Sumatra, 1680-1683...* NR, Vol. X. The Hague, 1931.

Heurnius, Justus (ed.). *De vier Heylighe Evangelien ... in de Maleysche tale ghesteldt...* [Amsterdam], 1651. (Translations by A. C. Ruyl, J. van Hasel, and J. Heurnius.)

——. *Jang ampat Evangelia derri Tuan kita Jesu Christi, Jang ampat Evangelia dem Tuan kita Jesu Christi, daan Berboatan derri jang apostoli bersacti bersalin dallam Bassa Malayo. That Is, The Four Gospels of our Lord Jesus Christ, and the Acts of the Holy Apostles, Translated into the Malayan Tongue.* Oxford, 1677.

Histoire de la persécution de deux saints évêques, par les Jésuites, l'un D. Bernardim de Cardinas, l'autre D. Philippe Pardo, archévêque de Manille. n.p., 1691.

L'histoire de la vie et de la mort du Grand Mogor. [Paris, 1640?].

Hoetink, B. (ed.); see Hamel, Hendrick.

Hoffman, Johann Christian. *Oost-indianische Voyage; oder eigentliches Verzeichnüs worin nicht nur einige merckwürdige Vorfälle die sich Theils auff einer indische See-Reise, Theils in India selbst begeben und zugetragen...* Cassel, 1680.

——. *Reise nach Kaplande, nach Mauritius, und nach Java, 1671-1676...* NR, Vol. VII. The Hague,

1931.

Holland, J. *A Short Discourse on the Present Temper of the Nation with Respect to the Indian and African Company*... Edinburgh, 1696.

The Hollanders Declaration of the Affairs of the East Indies, or a True Relation of that which Passed in the Islands of Banda... Amsterdam, 1622.

Hollandische mercurius, verhalende de voornaemste saken van staet, en andere voorvallen, die in en omirent de Vereenigde Nederlanden, en elders in Europe ... zijn geschiet. 41 vols. Haarlem, 1678-91.

Hooge, Romein de. *Les Indes Orientales et Occidentales, et autres lieux; representée en très belles figures.* Leyden, 1680?

Hoogewerff, G. J. (ed.); *see* Bontekoe, Willem Ysbrantszoon.

Hore, William. "William Hores Discourse of His Voyage in the Dragon and Expedition, from Surat to Achen, Tico, and Bantam..." *PP*, V, 64-86.

Houtman, Cornelis de; *see* Lodewyckszoon, Willem; and *Verhael vande reyse.*

Houtman, Frederick. *Spraeck ende woord-boeck, Maleysche ende Madagaskarsche*... Amsterdam, 1603.

Hoyland, J. S. (trans.); *see* Laet, Joannes de.

Hulsius, Levinus (comp.). [*Sammlung von sechs und zwanzig Schiffahrten in veschiedene fremde Länder durch Levinus Hulsium und einige andere aus dem Holländischen ins Deutsche übersetzt und mit allerhand Anmerkungen versehen*]. 26 vols. Nuremberg, Frankfurt, and Hannover, 1598-1660. (There is no general title page for this work; it is usually catalogued under the above factitious title.)

Hussey, G. *Memorabilia Mundi; or Choice Memoirs of the History and Description of the World.* London, 1670.

Hyde, Thomas. *Epistola de mensures et ponderibus Serum seu Sinensium. Oxford, 1688.*

Ides, Evert Ysbrandszoon. *Driejaarige reize naar China, te lande gedaan door den Moscovischen afgezant. E. Ysbrants Ides ... hier is bygevoegt eene beknopte beschryvinge van China, door eenen Chineeschen schryver t'zamengestelt;* ... Amsterdam, 1704.

——. *Three Years Travels from Moscow Overland to China*... London, 1706.

Ijzerman, J. W. *Dirck Gerritsz. Pomp alias Dirck Gerritz. China, de eerste Nederlander die China en Japan bezocht, 1544-1604.* "WLV," Vol. IX. The Hague, 1915.

——(ed.); *see* Noort, Olivier van.

An Impartial Vindication of the English East India Company, from the Unjust and Slanderous Imputations Cast upon them in a Treatise Intituled, a Justification of the Directors of the Netherlands East India Company... London, 1688.

Intorcetta, Prospero. *Compendiosa narratione dello stato della missione Cinese, cominciãdo dall' anno 1581, fino al 1669.* Rome, 1672.

——. *Sinarum scientia politico-moralis, sive scientiae sinicae liber inter Confucii libros secundus...* Paris, 1672.

——. *La science des Chinois ou le livre de Cumfu çu traduit mot pour mot de la langue Chinoise...* Paris, 1673.

——. *Testimonium de cultu sinensi datum anno 1668.* Paris, 1700.

Iwao Seiichi (ed.); *see* Vliet, Jeremias van.

Jacobs, Hubert, S.J. (ed.). *Documenta Molucensia.* 3 vols. "Monumenta missionum Societatis Iesu," XXXII, XXXIX, XLIII. Rome, 1974, 1980, 1984.

Jacque de los Rios de Mancaned, Christoval de. *Voyages aux Indes orientales et occidentales...* [Valladolid], 1606. (Reprinted in Ternaux-Compans (ed.), *Archives des voyages* ... [Paris, 1840-44], Vol. I, pp. 241-350.)

Jang ampat Evangelia ...; *see* Heurnius, Justus (ed.).

Janszoon, M. Barent. *Wijdtloopigh verhael van'tgene de vijf schepen...* Amsterdam, 1600. (Sebald de Weert's voyage.)

Jesuits. *Letters from Missions* (*The East*); *see* list below.

Jones, Thomas. "Relations of the Said Voyage..." *PP*, III, 61-72. (Written by a survivor of the "Ascension," wrecked off Surat in 1609.)

Jong, Albert Johannes de (ed.); *see* Baldaeus, Philippus.

Journael vande nassausche vloot ofte beschryvingh vande voyagie om den gantschen aerdtkloot ghedaen met elf schepen: onder 't beleydt vanden Admirael Jaques l'Hermite, ende Vice-Admirael Geen Huygen Schapenham, inde jaeren 1623, 1624, 1625, en 1626. Amsterdam, 1626. (Also *BV, IIb, 1-79.* Modern edition*: De reis om de wereld van de nassausche vloot 1623-26,* edited by Willem Voorbeijtel Cannenburg [The Hague, 1964].)

Journael vande rey se der hollandische schepen ghedaen...Middelburg, 1598.

Jovet, Jean. *L'histoire des religions de tous les royaumes.* 3 vols. Paris, 1676.

Junius, Robert. *Soulat i A.B... Katechismus in formosanischer Sprache...* Delft, 1645.

Keeling, William. "A journal of the Third Voyage to the East India, Set out by the Company of Merchants Trading in Those Parts: in Which Voyage Were Employed Three Ships, viz. the Dragon, the Hector, and the Consent, ..." *PP*, II, 502-49.

Kelly, Celsus (ed. and trans.). *Calendar of Documents: Spanish Voyages in the South Pacific ... 1517-1794.* Madrid, 1965.

——; *see* Quiros, Pedro Fernandes de.

Kerkhove, Iudocus van. *Nouvelles des choses qui se passent en diverses et loingtaines parties du monde.* Paris, 1607.

Kerr, Robert (ed.). *A General History and Collection of Voyages and Travels.* 2 vols. London, 1824.

Keuning, J. (ed.); *see* Neck, Jacob Corneliszoon van, and Warwijck, Wybrant van.

Khan, Sharfaat Ahmed (ed.). *John Marshall in India. Notes and Observations in Bengal, 1668-1672.* London, 1927.

Kircher, Athanasius. *Oedipus Aegyptiacus.* 3 vols. Rome, 1653.

——. *China monumentis, qua sacris qua profanis, nec non variis naturae & artis spectaculis, aliarumque rerum memorabilium argumentis illustrata...* Amsterdam, 1667.

——. *La Chine illustrée de plusieurs monuments tant sacrés que profanes, et de quantité de recherches de la nature & de l'art...* Translated by F. S. Dalquié. Amsterdam, 1670.

——. *China Illustrata by Kircher. Translated by Dr. Charles D. Van Tuyl from the 1677 [sic] Original Latin Edition.* Muskogee, Okla., 1987.

Kirwitzer, Wenceslaus. *Observationes cometarum anni 1618 factae in India Orientale a quibusdam Soc. Jesu mathematicis in Sinense regnum navigantibus.* Aschaffenburg, 1621. (*Cf.* the description in G. W. Kronks, *Comets. A Descriptive Catalog* [Hillside, N.J., 1984], pp. 9-10.)

Knowlton, E. C., Jr.; *see* Sa de Meneses, Francisco de.

Knox, Robert. *An Historical Relation of the Island Ceylon in the East Indies: Together with an Account of the Detaining in Captivity of the Author and Divers other Englishmen Now Living There, and of the Author's Miraculous Escape.* London, 1681. (Modern critical edition of S. D. Saparamadu is in *The Ceylon Historical Journal,*Vol. VI [1956-57].)

"Kort beschrijvinghe van het eylandt by de japanders Eso genaemt ..." (written by a participant in Martin Gerritszoon Vries' expedition). Appended to Hendrick Brouwer's *Journael ende historis verhael ...* (Amsterdam, 1646), pp. 95-104.

Krammer, Coenraet. "Verhael van de groote pracht die daer geschiedt, ende ghebruyckt is, op den feest gehouden inde stadt van Meaco, alwaer den Dayro, zijn keyserlijcke mayst. vanjappan quam besoecken, voor gevallen op den 20 October 1626..." *BV,* IIb, 189-94. (Appended to almost all editions and translations of Caron's description of Japan.)

La Boullaye Le Gouz, François de. *Les voyages et observations ... où sont décrites les religions, gouvernemens & situations des estais & royaumes d'Italie, Grece, Natolie, Syrie, Palestine, Karamenie, Kaldée, Assyrie, grand Mogol, Bijapour, Indes Orientales des Portugais, Arabie, Egypte, Hollande, grande Bretagne, Irlande, Dannemark, Pologne, isles & autres lieux d'Europe, Asie & Affrique, où il a séjourné...* Paris, 1653.

——. *The Tour of the French Traveller M. de la Boullaye le Gouz in Ireland, A.D. 1644.* Ed. T. Crofton Crocker. London, 1837.

Laet, Joannes de (comp.). *De imperio magni mogolis sive India vera commentarius e varijs auctoribus congestus.* Leyden, 1631.

——. *The Empire of the Great Mogol: a Translation of de Laet's "Description of India and a Fragment of Indian History."* Translated by J. S. Hoyland. Bombay, 1928.

La Haye, Jacob Blanquet de. *Journal du voyage des grandes Indes...* Orleans, 1697.

La Loubère, Simon de. *Du royaume de Siam.* 2 vols. Paris, 1691.

——. *The Kingdom of Siam.* Introduction by David K. Wyatt. Kuala Lumpur, 1969. A reprint of the English translation published in 1693.

Lancaster, *Sir James; see A True and Large Discourse* ... ; and *A Letter Written to the Right Worshipfull the Governours... See also* Foster, William (ed.), *The Voyages of Sir James Lancaster...*

Laneau, Louis. *Lettre de M. L'evesque de Metellopolis, Vicaire Apostolique de Siam au Supérieur et aux Directeurs du Séminaire des Missions-Etrangères étably à Paris...* Paris, 1690.

The Last East-Indian Voyage ... ; *see* Middleton, Sir Henry.

Le Blanc, Marcel, S.J. *Histoire de la révolution du royaume de Siam arrivée en l'année 1688...* Lyon, 1692.

Le Blanc, Vincent. *Les voyages fameux du Sieur Vincent le Blanc, Marseillois...* Edited by Pierre Bergeron and Louis Coulon. Paris, 1648.

——. *The World Surveyed; or the Famous Voyages...* Translated by F. B. London, 1660.

Le Comte, Louis, S.J. *Nouveaux mémoires sur l'état present de la Chine.* Paris, 1696.

——. *Memoirs and Remarks ... Made in Above Ten Years Travels through the Empire of China...* London, 1738.

Ledyard, Gari; *see* Hamel, Hendrick.

Le Gobien, Charles, S.J. *Histoire de l'édit de l'empereur de la Chine en faveur de la religion chrestienne. Avec un éclairissement sur les honneurs que les Chinois rendent à Confucius & aux morts.* Paris, 1698.

——. *Histoire des isles Marianas nouvellement converties à la religion chrestienne...*Paris, 1700.

——. *Lettre sur les progrez de la religion à la Chine,* n.p., [1697].

Le Gouz, François de la Boullaye; *see* La Boullaye Le Gouz, François de.

Le Maire, Jacob. *Spieghel der australische navigatie door den wijt vermaerden ende cloeck- moedighen zee-heldt, Iacob le Maire...* Amsterdam, 1622.

——. *De ontdekkingsreis van Jacob le Maire en Willem Cornelisz. Schouten in de jaren 1615-1617...* Edited by W. A. Engelbrecht and P. J. Herwerden. "WLV," XLIX. 2 vols. The Hague, 1945.

Leon, Miguel de. *Breve relacion de la estampa en que estava pintada su santidad con los Cardenales y demas personages que asistieron a las ceremonias de la canonización de los Santos Isidro de Madrid, Ignacio de Loyola, Francisco Xavier, Teresa de Jesús y Felipe Neri.* Madrid, 1622.

——. *Fiestas de Madrid, celebrados a XIX de Junio de 1622 años, en la canonización de San Isidro, S.*

Ignacio, S. Francisco Xavier... Madrid, 1622.

Leonardo y (or de) Argensola, B.; *see* Argensola.

Leon Pinelo, Antonio de. *Epitome de la biblioteca oriental i occidental, náutica i geografica.* Madrid, 1629.

L' Estra, François. *Relation ou journal d'un voyage fait aux Indes Orientales. Contenant l'état des affaires du pais et les établissements de plusieurs nations que s'y sont faits depuis quelques années.* Paris, 1677.

Le Tellier, Jean. *Voyage faict aux Indes Orientales*... 3 pts. Dieppe, 1631.

Le Tellier, Michel. *Defense des nouveaux chrestiens et des missionaires de la Chine, du Japon, & des Indes. Contre deux livres intitulez La morale pratique des Jesuites et l'esprit de M. Arnauld.* Paris, 1687.

——. *Lettre à monsieur docteur de Sorbonne, au sujet de la Révocation faite par m. l'abbé de Brisacier de son approbation donnée en 1687 au livre intitulé Defense des nouveaux chrestiens*... [n.p.] 1700.

Letona, Bartolomé de, O.F.M. *Descripción de las islas Filippinas.* La Puebla, Mexico, 1662.

A Letter Written to the Right Worshipfull the Governours and Assistants of the East Indian Merchants in London. London, 1603. (On the first English East India Company voyage under Sir James Lancaster. See also Foster, William [ed.], *The Voyages of Sir James Lancaster*...)

Lettre à monseigneur le duc de Mayne sur les cérémonies de la Chine. Paris, 1700.

Lettre écrite de la province de Fokien, dans la Chine, où l'on rapporte le cruel traitement que les chrétiens des jesuites ont fait souffrir à Maigrot et au R. P. Croquet, [n. p.], 1700.

Leupe, P. A. (ed.); *see* Goens, Rijklof Volkertszoon van.

L' Hermite, Jacques; *see Journal vande nassausche vloot*...

L' Honoré Naber, Samuel Pierre (ed.). *Reisebeschreibungen von deutschen Beamten und Kriegsleuten im Dienst der Niederländischen West- und Ost-Indischen Kompagnien, 1602-1797.* 13 vols. The Hague, 1930-32. Cited as NR.

Libertinus, Karl. *Divus Franciscus Xaverius Indiarum apostolus elogiis illustratus.* Prague, 1673.

Linschoten, Jan Huygen van. *Reysgheschrift vande navigatien der Portugaloysers in orienten*... Amsterdam, 1595.

——. *Itinerario, voyage ofte schipvaert*... Amsterdam, 1596.

——. *Itinerario, voyage ofte schipvaert van Jan Huygen van Linschoten naer Oost ofte Portugaels Indien, 1579-1592.* Edited by H. Terpstra. 2d ed., 3 vols. "WLV," Vols. LVII, LVIII, and LX. The Hague, 1955-57.

——. *The Voyage of John Huyghen van Linschoten to the East Indies. From the Old English Translation of 1598.* Edited by Arthur Coke Burnell and P. A. Tiele. "HS," Vols. LXX and LXXI; 2

vols. London, 1885.

L'Isle, Claude de. *Relation historique du royaume de Siam.* Paris, 1684.

Liste de livres nouvellement imprimés en Hollande... n.p., 1693.

Lodewyckszoon, Willem. *D'eerste boeck. Historie van Indien, waer inne verhaelt is de avontueren die de hollandtsche schepen bejeghent zijn...* Amsterdam, 1598.

——. (G. M. A. W. L.). *Premier livre de la navigation aux Indes Orientales par les Hollandois ... ; Le second livre, Iournal, ou Comptoir, ...* Amsterdam, 1609. (2 books in one volume, separately paginated and with an appendix of Javan and Malay words with their French equivalents.)

——, *et al. De eerste schipvaart der Nederlanders naar Oost-Indië onder Cornelis de Houtman, 1595-1597.* Edited by G. P. Rouffaer, and J. W. Ijzerman, 3 vols. "WLV," VII, XXV, and XXXII. The Hague, 1915, 1925, 1929.

Logan, Josias. "The Voyage of Master Josias Logan to Pechora, and His Wintering There, with Master William Pursglove, and Marmaduke Wilson. Anno 1611." *PP,* X III, 122-38.

Lord, Henry. *A Display of Two Forraigne Sects in the East Indies vizt: the Sect of the Banians the Ancient Natives of India and the Sect of the Persees the Ancient Inhabitants of Persia. Together with the Religion and Manners of Each Sect.* London, 1630.

Lualdi, Michelangelo. *L'India orientale, suggettata al vangelo...* Rome, 1653.

Luard, C. E., and Hosten, H. (trans. and eds.); *see* Manrique, Sebastião.

Magalhães, Diego de. *La conversion de trois grands rois infidèles de la secte de Mahomet.* Rouen, 1608.

Magalhães, Gabriel de. *Nouvelle relation de la Chine, contenant la description des particularitez le plus considerables de ce grand empire.* Edited and translated from Portuguese into French by C. Bernou. Paris, 1688. (The Portuguese original was never published.)

——. *A New History of China, Containing a Description of the Most Considerable Particulars of that Vast Empire...* Translated from French by John Ogilby. London, 1688.

Magalhães, Sebastian de (trans.); *see* Rougemont, François de.

Magalotti, Lorenzo. *Notizie varie dell'imperio della China, e di qualche altro paese adiacente con la vita di Confucio, il gran savio della China, e un saggio della sua morale...* Florence, 1697. *Also see Couplet et al., Confucius Sinarum...*

Magdalena, Augustin de la. *Arte de la lengua Tagala, sacado de diversos artes.* Mexico, 1679.

Magistris, Giacinto de, S.J. *Relatione della Christianità di Maduré.* Rome, 1661.

——. *Relation dernière de ce qui s'est passé dans les royaumes de Maduré, de Tangeor, et autres lieux voisins du Malabar aux Indes Orientales.* Paris, 1663.

Magnino, Leo (ed.). *Pontificia Nipponica. Le relazioni tra la Santa Sede e il Giappone attraverso i documenti pontifici.* Rome, 1947.

Maldonado, Francisco de Herrera; *see* Herrera Maldonado, Francisco de.

Maldonado, Miguel Rodriquez (comp.). *Relacion del levantamiento de los Sangleyes, nacion gentil, habitadores en las Islas Filipinas*... Seville, 1606.

Maldonde, J. B. *Prodigieux événements de notre temps arrivés à des Portugais dans un voyage extremement dangereux du côté de la Chine.* Mons, 1693.

Mandelslo, Johann Albrecht von. *Schreiben von seiner ostindischen Reise an Ad. Olearius ...mit etlichen Anmerkungen Ad. Olearii*... Schleswig, 1645. *Also see* Olearius.

Manrique, Sebastião. *Itinerario de las missiones.* Rome, 1649.

——. *Itinerário de Sebastião Manrique.* Edited by Luis Silveira. Lisbon 1946. (Reissue of the 1653 edition.)

——. *Travels of Fray Sebastian Manrique, 1629-1643.* Translated with an introduction and notes by C. E. Luard and H. Hosten. "HS," 2d ser., LIX and LXI. Oxford, 1926-27.

Marini, Gian Filippo de, S.J. *Delle missioni de' padri della Compagnia di Giesu nella provincia del Giappone, e particolarmente di quella di Tumkinó, libri cinque.* Rome, 1663.

Markham, Clements (ed.); *see* Torquemada, Fray Juan de, O.F.M.; and Quiros, Pedro Fernandes de.

Marshall, John; *see* Khan, Sharfaat Ahmed.

Martin, Nathaniel. "The Seventh voyage ... in the Globe ... under Captain Anthonie Hippon..." *PP*, III, 304-19.

Martin de Vitré, François. *Description du premier voyage faict aux Indes Orientales par les François en l'an 1603*... Paris, 1604.

Martinello, Cechino. *Ragionamenti ... sopra l'amomo et calamo aromatico novamente, l'anno 1604, havuto di Malaca, città d'India.* Venice, 1604.

Martinez de la Puente, Jose. *Compendio de las historias de los descubrimientos, conquistas, y guerras de la India Oriental y sus islas.* Madrid, 1681.

Martini, Martino, S J. *De bello tartarico historia; in qua, quo pacto Tartari hac nostrâ aetate sinicum imperium invaserint, ac fere totum occuparint, narratur; eorumque mores breviter describuntur.* Antwerp, 1654. French translation by Gilbert Girault, Paris, 1654.

——. *Bellum Tartaricum, or the Conquest of the Great and Most Renouwned Empire of China, by the Invasion of the Tartars*... London, 1654.

——. *Brevis relatio de numero, & qualitate christianorum apud Sinas.* Rome, 1654.

——. *Novus atlas sinensis*... Amsterdam, 1655. (Became part of Johan Blaeu's *Atlas major*..., Amsterdam, 1662. Blaeu version reprinted at Trent in 1981, by its Museum of Natural Sciences.)

——... *Sinicae historiae decas prima res à gentis origine ad Christum natum in extremâ Asia, sive magno sinarum imperio gestas complexa.* Munich, 1658.

[——?]. "Synopsis chronologica monarchiae sinicae. ..." TR, Vol. II, Pt. IV.

Masefield, John (ed.). *Dampier's Voyages.* 2 vols. London, 1906.

[Massa, Isaac]. "Copie vande beschryvinge der landen Siberia, Samoieda ende Tingoesa, met oock de weghen uyt Moscovia derwaert..." In Gerritszoon, Hessel (ed.), *Beschryvinghe vander Samoyeden landt in Tartarien ...* , pp. 1-8. (English translation in *PP*, XIII, 172-79.)

——. "Een cort verhael van de wegen ende rivieren uyt Moscovia oostwaerts en oost ten noorden aen to landewaert. ..." In Gerritszoon, Hessel (ed.), *Beschryvinghe vander Samoyeden landt in Tartarien ...* , pp. 9-22. (English translation in *PP*, XIII, 180-93.)

Mastrilli, Marcello Francesco. *Relación de un prodigiosos milagro que San Francisco Xavier Apostel de la India ha hecho en la ciudad de Napoles este año de 1634.* Madrid, 1634.

Matelief, Cornelius. *Breeder verhael ende klare beschrijvinge...* Rotterdam, 1608.

——. *Historiale ende ware beschrijvinge...* Rotterdam, 1608.

——. "Historische verhael vande treffelijcke reyse gedaen naer de Oost-Indien ende China, met elf schepen..." *BV*, IIa, 1-139.

Mayor, T. *Simbolo de la fe en langue y letra China.* Briondoc en Philippinos, 1607.

Medhurst, W. H. (trans.); *see* Happart, Gilbertus.

Medina, Baltasar de. *Vida, martyrio y beatification del protomartyr del Japon San Felipe de Jesus...* Mexico City, 1683.

Megiser, Hieronymus (ed.). *Septentrio novantiquus, oder die newe nort Welt. Das ist: Gründliche und warhaffte Beschreibung aller der mitternächtigen und nortwerts gelegenen Landen und insulen, so .. . von etlichen berühmten ... Adelspersonen, Schiffern, Befelchshabern ... seynd erfunden worden ... Sampt angehengter Relation, welcher gestalt in dem ... 1612. Jahr, beydes, eine newe kurtze Schiffart nach der China gegen nortwerts, und dann auch ein unsegliche grosse und reiche Landschafft sudwerts im füfften Theil der Welt Magellanica erfunden worden...* Leipzig, 1613.

Meister, George. *Der orientalisch-indianische Kunst- und Lust-Gärtner. Das ist: Eine aufrichtige Beschreibung der meisten indianischen als auf Java Major, Malacca und Jappon, wachsenden Gewürtz- Frucht- und Blumen-Bäume...* Dresden, 1692.

Memoria de lo que an de advertir los pilotos de la carrera de las Indias, a cerca de la reformación del padron de las cartas de marear, y los demas instrumentos de que usan, para saber las alturas y derrotas de sus viages. [Madrid?, 1630?]

Memorial que os Mandarins ou Governadores do Reyno da China mandarão ao seu Rey, em que ehe davão cõta das grandes guerras que tinhão com os Tartaros; et dos admiraveis sinaes qua apparecarão no mesmo Reyno o anno de 1618 etc. Lisbon, 1620.

Mendes da Luz, F. P. (ed.). *Livro das cidadas, e fortalezas que a coroa de Portugal tem nas partas da India...* n.p., n.d. Reproduced in Studia (Lisbon), VI (1960).

Mendoza, Juan Gonzáles de; *see* Gonzáles de Mendoza, Juan.

Menezes, Alexis de. *La messe des anciens Chrestiens diets de S. Thomas, en l'Evesché d'Angamal, 'es Indes Orientales: repurgée des erreurs et blasphèmes du Nestorianisme...* Translated and preface by Jean Baptiste de Glen, Liegsois. Antwerp, 1609.

Mentrida, Alonso de. *Diccionario de lingua Bisaya, Heligueyna y Haraia de la isla de Panai y Sugbu y para las demas islas.* Manila, 1637.

Mentzel, Christian. *Kurtze chinesische Chronologia oder Zeit-Register aller chinesischen Käyser...* Berlin, 1696.

Le Mercure Galant. Paris, 1684-88.

Mericke, John. "A Note of the Travels of the Russes over Land, and by Water from Mezen, Neere the Bay of Saint Nicholas to Pechora, to Obi, to Yenisse, and to the River Geta, Even unto the Frontiers of Cataia. ..." *PP,* XIII, 193-94.

Merklein, Johann Jacob. *Journal, oder Beschreibung alles dess jenigen was sich auf währender unserer neunjährigen Reise im Dienst der Vereinigten Geoctroyrten Niederländischen Ost-Indischen Compagnie, besonders in denselbigen Ländern täglich begeben und zugetragen...* In Arnold, Christoph (ed.), *Wahrhaftige Beschreibungen dreyer mächtigen Königreiche, Japan, Siam und Corea...* Nuremburg, 1663.

——. *Reise nach Java, Vorder- und Hinter-Indien, China und Japan, 1644-1653.* NR, Vol. III. The Hague, 1930.

Mesquita, Manoel Iacome de. *Relacam do que socedeo na cidade de Goa, e em todas as mais cidades e fortalezas do estado da India.* Goa, 1643.

Methwold, William. "Relations of the Kingdome of Golchonda, and Other Neighbouring Nations within the Gulf of Bengala..." In *Purchas His Pilgrimage*, 4th ed. revised, London, 1626. (Also see Moreland, W. H. [ed.], *Relations of Golconda...*)

Middleton, David. "The Voyage of Master David Middleton in the Consent, a Ship of an Hundred and Fifteen Tunnes, Which Set Forth from Tilburie Hope on the Twelfth of March 1606." *PP*, III, 51-61.

——. "The Voyage of Master David Middleton to Java and Banda ... This Being the Fifth Voyage. ..." *PP*, III, 90-115.

Middleton, Henry. *The Last East-Indian Voyage. Containing Much Varietie of the State of the Severall Kingdomes where they have traded;* ...London, 1606. (Anonymous account of Sir Henry Middleton's voyage, 1604-6.)

——. "The Sixth Voyage..." *PP*, III, 115-94.

——. *The Voyage of Sir Henry Middleton to the Moluccas, 1604-1606.* Edited by Sir William Foster. "HS," 2d ser., LXXXVIII. London, 1943.

Mildenhall, John. "The Travailles of John Mildenhall into the Indies, and in the Countries of Persia, and of the Great Mogor or Mogul..." *PP*, II, 299-304

Mills, J. V. (trans.); *see* Heredia, Manuel Godinho de.

Missions étrangères; *see* Paris. Séminaire des Missions Etrangères.

Mocquet, Jean. *Voyages en Afrique, Asie, Indes orientales et occidentales*... Paris, 1616.

Moelre, Johan de, and Febvere, Jacques le. "Journael ende verhael, van alie het gene dat ghesien ende voor-ghevallen is op de reyse, gedaen door den E. ende gestrengen Pieter Willemsz. Verhoeven, Admirael Generael over 13. schepen, gaende naer de Oost-Indien, China, Philipines, ende byleggende rijcken, in den lare 1607. ende volgende..." *BV*, IIa.

Moetjens, Adriaan. *Catalogue des livres de Hollande, de France, et des autres pays ... qui se trouvent à present dans la boutique.* The Hague, 1700.

A Momento for Holland, or a True and Exact History of the Cruelties Used on the English Merchants Residing in Amboyna. London, 1653.

Monfalcón, Juan Grau y; *see* Grau y Monfalcón, Juan.

Monforte y Herrera, Fernando de. *Relacion de las fiestas que ha hecho el Colegio Imperial de la Compañia de Jesus de Madrid en la canonizacion de San Ignacio de Loyola, y S. Francisco Xavier.* Madrid, 1622.

Montanus, Arnoldus [Dapper, Olfert]. *Atlas Chinensis: Being a Second Part of Relation of Remarkable Passages, in Two Embassies, from the East India Company of the United Provinces, to the Vice-Roy Singlamong and General Taising Lipovi and to Konchi, Emperor of China and East-Tartary...* Translated by John Ogilby. London, 1671. (A translation of Dapper's *Gedenkwaerdige bedryf* erroneously attributed to Montanus.)

——. *Atlas Japannensis, Being Remarkable Addresses by Way of Embassy from the East India Company of the United Provinces, to the Emperor of Japan...* Translated by John Ogilby. London, 1670.

——(comp.). *De nieuwe en onbekende weereld; ofbeschrijving van America en 't Zuidland.* Amsterdam, 1671. (Contains the first published reports of Abel Tasman's Australian discoveries, pp. 577-85.)

——. *Gedenkwaerdige gesantschappen der Oost-Indische maatschappy in't Vereenigde Nederland, aan de kaisaren van Japan.* Amsterdam, 1669.

——. *Denckwürdige Gesandtschafften.* Amsterdam, 1669.

Moraga, Hernando de, O.F.M. *De las cosas, y costumbres de los Chinos, Japones, Turcos y otras naciones del Asia.* Madrid, 1619.

——. *Relación breve de la embaxada ... hijo a ... Persia ... el año passado de 1618 ... ; aviendo venido de Manila, a Malaca...* Seville, 1619.

Moreira, João Marquez. *Relação da magestosa, misteriosa, e notavel acclamaçam, que se fez a magestade d'El Rey Dom Ioam o IV nosso senhor na cidade do nome de Deos do grande imperio da China*... Lisbon, 1644. English translation in C. R. Boxer (ed.), *Seventeenth Century Macau in Contemporary Documents and Illustrations* (Hong Kong, Kuala Lumpur, and Singapore, 1984), pp. 147-73.

Morejon, Pedro, S.J., *Breve relacion de la persecucion que huvo estos años contra la iglesia de Iapon*... Mexico, 1616.

——. *A Briefe Relation of the Persecution Lately Made Against the Catholike Christians in the Kingdome of Iaponia*... (Translated by W. W.) Saint-Omer, 1619.

Moreland, W. H. (ed.). *Relations of Golconda in the Early Seventeenth Century.* "HS," 2d ser., LXVI. London, 1931.

——(ed.); *see also* Floris, Pieter.

——, and Geyl, Pieter (trans.); *see* Pelsaert.

Morga, Antonio de. *Sucesos de las islas Filipinas*... Mexico, 1609.

——. *Sucesos de las islas Filipinas.* Translated into English and edited by J. S. Cummins. "HS," 2d ser., CXL. Cambridge, 1971.

Morrison, John (trans.); *see* Struys, Jan Janszoon.

Motta, Alexio da. "Le routier d'Alexio da Motta, traduit du Portugais." TR, Pt. II. (Reprint in Pereira, F. [ed.], *Roteiros portuguezes*...)

Müller, Andreas. *Abdullae beid avaei historia sinensis persicè e gemino manuscripto edita, latine quoque reddita ab Andrea Mullero Greiffenhagio, Berolini MDCLXXVII expressa, nunc vera una cum additamentis edita ab auctoris filio Quodvultdeo Abraham Mullero.* Jena, 1698.

Muller, Hendrik P. N. (ed.). *De Oost-Indische Compagnie in Cambodja en Laos.* "WLV," Vol. XIII. The Hague, 1917.

Mun, Thomas. *A Discourse of Trade from England into the East Indies.* [London], 1621.

Mundy, Peter; *see* Temple, Richard Carnac.

Murakami, N.; *see* Cocks, Richard.

Murchio, Vincenzo Maria; *see* Vincenzo Maria di Santa Caterina da Siena.

Narain, Brij, and Sharma, Sri Ram (eds.); *see* Broecke, Pieter van den.

Naufragio, que fizeramos duas naos de India: O Sacramento, nosso Senhora da Atalya, no cabo de Boa Esperança. Lisbon, 1648? (Also included in Bernardo Gomes de Brito's *História tragico-maritima.*)

Navarrete, Domingo Fernandez. *Tratados historicos, politicos, ethicos y religiosos de la monarchia de China*: ... Madrid, 1676. (English translation in CV, Vol. I.)

——. *The Travels and Controversies of Friar Domingo Navarrete, 1618-1686.* Edited by J. S. Cummins. 2 vols. "HS," 2d ser., CXVIII, CXIX. Cambridge, 1962.

Neck, Jacob Corneliszoon van, and Warwijck, Wybrant van. *Journael ofte dagh-register, inhoudende een waerachtigh verhael ende historische vertellinghe vande reyse, ghedan door acht shepen van Amsterdamme onder't beleydt van Jacob Cornelisz, van Neck als Admirael ende Wybrandt van Warwijck, als Vice-admirael, van Amsterdam gheseylt in denjare 1598*... Amsterdam, 1600.

——. *Het tweede boeck, journael oft dagh-register inhoudende een warachtich verhael*... Amsterdam, 1601.

——. *De tweede schipvaart der Nederlanders naar Oost-Indië onder Jacob Cornelisz. van Neck en Wybrant Warwijck, 1598-1600*. Edited by J. Keuning. 5 vols. "WLV," Vols. XLII, XLIV, XLVI, XLVIII, and L. The Hague, 1938-51.

——. *Waarachtige beschryving*. Amsterdam, 1599.

——. "Waerachtigh verhael van de schipvaerd op Oost-Indien ghedaen by de acht schepen in den jare 1598 van Amsterdam uyt-ghezeylt..." *BV*, Ia, 1-56.

Neuville, Foy de la. *Relation curieuse et nouvelle de Moscovie*. The Hague, 1698.

Newe und grundlich Relation von der mercklichen Victori oder Sig welchen Herr Joannes de Sylva ... den 24 Aprill des 1610 Jars wider etliche hollendsche Raubschiff... Augsburg, [1611].

Nicolai, Eliud. *Newe und warhaffte Relation, von deme was sich in beederley, das ist in den West- und Ost-Indien, von der Zeit an zugetragen, dass sich die Navigationes der hollunnd engelländischen Compagnien daselbsthin angefangen abzuschneiden ... Alles auss gewissen castiglianischen unnd portugesischen Relationen colligiert*...Munich, 1619.

Nicols, William. "The Report of William Nicols ... Which Traveled from Branpert by Land to Masulipatam..." *PP*, III, 72-74. (Written by a survivor of the *Ascension*, wrecked off Surat in 1609.)

Nierop, Dirck Rembrantsz van. *Eenige oefeningen in god-lijcke, wis-konstige en natuer-lijcke dingen*. 2 vols. Amsterdam, 1674. (Includes a version of Abel Tasman's journal.)

Nieuhof, Johann. *Het gezantschap der Neerlandtsche Oost-Indische Compagnie aan den grooten tartarischen cham, den tegenwoordigen kiezer van China*... Amsterdam, 1665.

——. *Die Gesantschaft der Ost-Indischen Geselschaft in den Vereinigten Niederländern an den tartarischen Cham und nunmehr auch sinischen Keiser*... Amsterdam, 1666.

——. *Gedenkwaerdige zee- en lant-reize door de voornaemste landschappen van West en Oostindien*. Amsterdam, 1682.

Nijhoff, Wouter; L'Honoré Naber, S. P.; Stapel, F. W.; and Wieder, F. C. (eds.); *see* Vennip, Cornelis Janszoon.

Nispen, Adriaen. *Voyagien ende beschryvinge van't koninckrijck von Siam, Moscovien ofte Russlandt, Ys-landt ende Groene-landt. Yder vertoonde in 't bysonder de gelegenheyt, religie, macht, regeringe, costumen, koopmanschappen, ende andere aenmerckens-weerdige saken derselver landen*. Dordrecht, 1652.

Noort, Olivier van. *Beschryvinghe vande voyagie om de geheelen werelt cloot, ghedaen door Olivier Van Noort van Utrecht*... Rotterdam [and Amsterdam, 1601].

——. *Extract oft kort verhael wt het groote journael vande wonderlijcke ende groote reyse ghedaen door de strate Magellana en andere vremde konincrijcken en landen byden E. Olivier Van Noort, Admirael en Generael vande vier schepen toegerust tot Rotterdam A°.* 1598. Rotterdam, 1601.

——. *De reis om de wereld door Olivier van Noort, 1598-1601.* Edited by J. W. Ijzerman. 2 vols. "WLV," XXVII, XXVIII. The Hague, 1926.

Novoa, Matiás de. *Memorias. In Colleccion de documentos inéditos para la historia de Espãna*... LX, 300-49, Madrid, 1875.

Ogilby, John (trans.); *see* Magalhães, Gabriel de; Montanus, Arnoldus.

O'Kane, John (trans.). *The Ship of Sulaiman.* New York, 1972. (A translation of Safinah-i Sulaymani, a seventeenth-century Persian manuscript in the British Library.)

Olearius, Adam. *Des hoch edelgebornen Johan Albrechts von Mandelslo morgenländische Reyse-Beschreibung. Worinnen zugleich die gelegenheit und heutiger Zustand etlicher fürnehemen indianischen Länder, Provincien, Städte und Insulen, sampt deren Einwohner Leben, Sitten, Glauben und Handthierung: ... Herausgegeben durch Adam Olearium*... Schleswig, 1658.

——. *Muskowitische offt begehrte Beschreibung der newen orientalischen Reise so durch Gelegenheit einer holsteinischen Legation an den König in Persien geschehen ... Item ein Schreiben des woledeln ... Johan Albrecht von Mandelslo worinnen dessen ostindianische Reise über den Oceanum enthalten*... Schleswig, 1647.

——(ed.). *Orientalische Reise-Beschreibungen Jürgen Andersen aus Schlesswig der An. Christi 1644 aussgezogen und 1650. wieder kommen. Und Volquard Jversen aus Holstein so An. 1635 aussgezogen und 1668 wider angelanget*... Schleswig, 1669.

——. *Reise Beschreibungen bestehend in der nach Musskau und Persien. Wie auch Johann Albrechts von Mandelslo morgenländischen und Jürg. Andersens und Volq. Yversens orientalischen Reise: mit angehängter chinesischen Revolution, ... Auch: wie der flüchtende Chinesische Mandarin und See-Räuber Coxinga, die von den Hollandern besetzte Insul Formosa angefallen und erobert: Nebenst beygejugtem Persianischen Rosen-Thal und Baum-Garten.* Hamburg, 1696.

——. *The Voyages and Travels of the Ambassadors sent by Frederick Duke of Holstein to the Great Duke of Muscovy, and the King of Persia ... Whereto are added the Travels of Johan Albert de Mandelslo*... Translated by John Davies. London, 1662.

O'Neill, H. S. (trans.); *see* Gervaise, Nicolas.

Opstall, M. E. van (ed.); *see* Verhoeff, Pieter Willemszoon.

Or, Marque d'. *Furieuse et sanglante bataille donnée entre les Portugois et les Hollandois (auprès de*

Malacca)... Paris, 1621.

Ordóñez y Cevallos, Pedro. *Historia y viages del mundo*. Madrid, 1614.

——. *Tratado da las relaciones verdaderas de los reynos de la China, Cochinchina, y Champas*. Jaen, 1628.

Orfanel, *Jacinto. Historia ecclesiastica de los sucessos de la christiandad en Japon, desde ... 1602 ... hasta ... 1622*. Madrid, 1633.

Orléans, Pierre Joseph d', S.J.; *see* D'Orleans, Pierre Joseph.

Ortiz, Ambrosio (trans.). *Istoria della conversione ... dell'Isole Mariane*... Naples, 1686. (See also Tinelli, Francesco.)

Osborne, Thomas. *Collection of Voyages and Travels*. London, 1745.

Ovington, John. *A Voyage to Suratt in the Year, 1689*... London, 1696.

——. *A Voyage to Surat in the Year 1689*. Edited by H. G. Rawlinson. London, 1929.

Palafox y Mendoza, Juan de. *Historia de la conquista de la China por el Tartaro*. Paris, 1670.

——. *Histoire de la conqueste de la Chine par les Tartares*... Amsterdam, 1723.

Pallu, François. *Relation abregée des missions et voyages des evesques françois, envoyez aux royaumes de la Chine, Cochinchine, Tonquin, et Siam*... Paris, 1668.

——. *Mémoires sur l'état présent des missions et des evesques français vicaires apostoliques dans la Chine et dans les royaumes de l'Orient*. n.p., 1677.

——. *Relation des missions et des voyages des evesques ... ès années 1676 et 1677*. Paris, 1680.

——. *Relation des missions et voyages des evesques Vicaires Apostoliques, et leurs éccle-siastiques ès années 1672, 1673, 1674, et 1675*. Paris, 1680.

The Palme of Christian Fortitude or the Glorious Combats of Christians in Iaponia. Taken out of the Letters of the Society of Iesus from thence, Anno 1624. St. Omer, 1630.

Pantoja, Diego de, S.J. "A Letter of Father Diego de Pantoia, One of the Company of Jesus, to Father Luys de Guzman, Provincall in the Province of Toledo: Written in Panquin, Which is the Court of the King of China, the Ninth of March the Yeere 1602." *PP*, XII, 331-410.

——. *Relación de la entrada de algunos padres de la Compania de Iesus en la China y particulares sucessos que tuvieron*... Seville, 1605.

Paris. Séminaire des Missions Etrangères. *Lettre ... au Pape, sur les idolatries et les superstitions chinoises*. Brussels, 1700.

Parthey, Daniel... *ost-indische und persianische neun-jährige Kriegs-Dienste und wahrhafftige Beschreibung*. Nuremberg, 1697.

Pastells, Pablo (ed.); *see* Colin, Francisco.

Payne, C. H. (trans. and ed.). *Akbar and the Jesuits*. London, 1926. (Translations from Fernão Guerreiro's *Relaçam*.)

——. *Jahangir and the Jesuits*. New York, 1930. (Translations from Fernão Guerreiro's *Relaçam.*)

Payton, Walter. "The Second Voyage of Captarne Walter Peyton into the East Indies. ..." *PP,* IV, 289-310.

Pedroche, Cristóbal de. *Breve, y compendiosa relacion de la estrañez, y destierro de el señor arçobispo, Don Fray Phelipe Pardo, por la grada de Dios, y de la santa sede apostolica, arçobispo de Manila, metropolitano de estas islas, de el consejo de su Magestad Catholica,* ... Seville, 1683.

Pelsaert, Francisco. *Jahangir's India; the Remonstrance of Francisco Pelsaert.* Translated by W. H. Moreland and Pieter Geyl. Cambridge, 1925.

——. *Ongeluckige voyagie, van't schip "Batavia" nae Oost-Indien. Uyt-gevaren onder de E. Francois Pelsaert...* Amsterdam, 1647.

——. "La terre australe descovverte, par le capitaine Pelsart, qui y fait naufrage." TR (1696), Vol. I, pp. 50-56.

——. "Très-humble remonstrance ... sur le sujet de leur commerce en ces quartiers là. ..." TR (1696), Vol. I, pp. 1-20.

Penzer, N. M. (ed.); *see* Dampier, William.

Perara, S. G.; *see* Queyroz, Fernão.

Percheron, I. Bellefleur. *Nouvelle histoire de la Chine...* Paris, 1622.

Pereira, F. (ed.). *Roteiros portuguezes da viagem de Lisboa á India nos séculos XVI e XVII.* Lisbon, 1898. (Contains a reprint of Vicente Rodriguez' and Alexio da Motta's *Roteiros.*)

Pereira, F. M. E. (ed.); *see* Andrade, Antonio de, S.J.

Pereira, Francisco (ed.). *Relatione autentica mandata da prelati, vicere', cancelliere maggiore, e secretano dello stato dell' Indie. Alla maestà catholica intorno alli maomettani orientali, che per misericordia di Nostro Signor' iddio col mezo de' frati dell' ordine Eremitano di Sant' Agostino del regno di Portugallo, riceverono l'acqua del Santo Battesimo nell' anno, M.DC.II.* Rome, 1606.

Pereyra, Antonio Pinto. *Historia da India no tempo en que a governovo visorey dom Luis de Ataide.* Edited by Miguel da Cruz. Coimbra, 1616-17.

Pérez, Juan. *Relación muy verdadera de un caso nuevamente sucedido en la India de Portugal, en que se cuenta como un cavallero Portugues llamado Felipe Brito, que es governador, y Capitan general en aquellas partes por su Magestad vencio a un Rey gentil del Pegú.* Cuença, 1614.

Perusquets de Aguilar, Manuel; *see* Faria y Sousa.

Petech, Luciano (ed.). *I missionari italiani nel Tibet e nel Nepal.* 7 vols. Rome, 1952-56.

[Petlin, Ivan]. "A Relation of Two Russe Cossacks Travailes, out of Siberia to Catay, and Other Countries Adjoyning Thereunto. ..." *PP*, XIV, 272-85.

Philippe de Sainte-Trinité, O.C.D. *Itinerarium orientale ... In quo varii successus itineris, plures orientis regiones, earum montes, maria & flumina, series principum, qui in eis dominati sunt, incolae tam christiani, quam infideles populi, animali, arbores, planta & fructus; religiosorum in oriente missiones ac varii celebres eventus describuntur.* Leyden, 1649.

——. *Voyage d'Orient.* Lyons, 1652.

——. *Orientalische Reisebeschreibung, warinnen unterschiedliche Begebenheiten seiner Reise vielerley orientalische Landschaften ..., so darinnen geherzschet...* Frankfurt, 1671.

Philosophical Transactions; see Royal Society of London.

Pieris, P. E. (trans. and ed.); *see* Ribeiro, João.

Pieterszoon van West-Zanen, Willem; *see* West-Zanen, Willem Pieterszoon van.

Pinelo, Antonio de Leon; *see* Leon Pinelo, Antonio de.

Pinkerton, John. *A General Collection of the Best and Most Interesting Voyages and Travels in All Parts of the World...* 17 vols. London, 1808-14.

Pinpin, Tomas, and Magourha, J. *Vocabulario de Japon declarado primero en Portugues...* Manila, 1630.

Pinto, Fernão Mendes. *Peregrinação.* Lisbon and Madrid, 1614.

——. *Historia oriental de las peregrinaciones de Fernan Mendez Pinto...* Translated by Francisco de Herrera Maldonado. Madrid, 1664.

——. *The Travels of Mendes Pinto.* Ed. and trans. Rebecca D. Catz. Chicago, 1989.

Pinto Pereyra, Antonio. *Historia da India no tempo en que a governovo visorey dom Luis de Ataide.* 2 pts. Coimbra, 1616 [and 1617].

Piso, Willem. *De indiae utriusque re naturali et medica libri quatuordecim.* Amsterdam, 1658.

Pomp, Dirck Gerritszoon; *see* Ijzerman, J. W.

Poser und Gross Nedlitz, Heinrich von... *Lebens und Todes Geschichte, worinnen das Tage Buch seiner Reise von Constantinople aus durch die Bulgarey, Armenien, Persien, und Indien aus Liecht gestellet...* Jena, 1675.

——; *see also* Dharampal (trans.).

Posthumus Meyjes, R.; *see* Wurffbain, Johann Sigmund.

Pouchot de Chantassin, Claude-Michel. *Relation du voyage et retour des Indes Orientales, par un garde de la marine, servant à bord du vaisseau de M. Duquesnes.* Paris, 1692.

[Powell, Thomas]. *Humane Industry; or a History of Most Manual Arts, Deducing the Original Progress, and Improvement of Them...* London, 1661.

Prévost, Antoine François. *Histoire générale des voyages.* 16 vols. Paris, 1764-91.

Priezac, Salomon de. *Histoire des éléphants.* Paris, 1650.

Pring, Martin. "Briefe Notes of Two Voyages of Master Martin Pring into the East Indies, the First with Captain Nicholas Downton. ..." *PP*, IV, 567-71. (Downton's voyage of 1614-15. *See also* Downton, Nicholas, *The Voyage of Nicholas Downton ...*, ed. Sir William Foster.)

——. "The Second Voyage of Captain Pring into the East Indies. ..." *PP*, V, 1-64. (Voyage of 1616-21.)

Puente, José Martinez de la. *Compendio de las historias de los descubrimientos, conquistas, y guerras de la India Oriental y sus islas.* Madrid, 1681.

Purchas, Samuel (ed.). *Hakluytus Posthumus or Purchas his Pilgrimes.* 4 vols. London, 1625.

——. *Hakluytus Posthumus, or Purchas His Pilgrimes.* 20 vols. Glasgow, 1905-7. Cited as PP.

——. *Purchas His Pilgrimage. Or, Relations of the World and of Religions Observed in all Ages and Places Discovered, from the Creation unto this Present.* London, 1613. 4th rev. ed., 1626.

Purificação, Miguel de. *Relação defensiva dos filhos da India...* Barcelona, 1640.

——. *Vida evangelica de los frayles menores en Oriente.* Barcelona, 1641.

Pursglove, William. "A Briefe Relation of a Voyage to Pechora, and Wintering There, Began in the Yeere 1611..." *PP,* XIII, 239-55.

Pyrard, François. *Discours du voyage des françois aux Indes Orientales...* Paris, 1611.

——. *Voyage de François Pyrard.* 2 vols. Paris, 1615.

——. *The Voyage of François Pyrard of Laval to the East Indies, the Maldives, the Moluccas, and Brazil.* Translated and edited by Albert Gray, assisted by H. C. P. Bell. 2 vols. in 3. "HS," o.s., LXXVI, LXXVII, and LXXX. London, 1887, 1888, and 1890.

Quarles, John. *The Tyranny of the Dutch against the English...*London, 1653.

Queyroz, Fernão. *The Temporal and Spiritual Conquest of Ceylon.* Translated by S. G. Perara. 3 vols. Colombo, 1930.

Quiroga de San Antonio, Gabriel. *Breve y verdadera relacion de los sucesos del Reyno de Camboxa.* Valladolid, 1604.

——. *Brève et véridique relation des événements du Cambodge.* Translated and edited by A. Cabaton. Paris, 1914.

Quiros, Pedro Fernandes de. *La Austrialia del Espiritu Santo.* Translated and edited by Celsus Kelly. "HS," 2d ser., CXXVI and CXXVII. 2 vols. London, 1966.

——. *El Capitan Pedro Fernandes de Quiros con este son ocho los memoriales.* [Seville?], 1610.

——. *Relacion de un memorial que presentado a su Magestad el Capitan Pedro Fernandez de Quir. sobre la población y describrimiento do la quarto parto del mundo, Austrialia incognita...* Pamplona, 1610.

——. *The Voyages of Pedro Fernandez de Quiros, 1595-1606.* Translated and edited by Sir Clements Markham. "HS," 2d ser., XIV and XV. 2 vols. London, 1904.

Rangel, Miguel. *Relaçam das Christandades, e Ihas de Solor, em particular da fortaleza que para amparo dellas foi feita...* In Encarnação and Rangel, Relaçoẽs summarias. (For a modem edition see Sá, Artur Basilio de (ed.), Documentaçao, V, 318-47.)

Raven-Hart, R. (trans. and ed.). *Germans in Dutch Ceylon.* Colombo, [1953]. (Translations from Behr, Herport, Schweitzer, and Fryke [Frick].)

Rawlinson, H. G. (ed.); *see* Ovington, John.

Rebello, Amador (comp.), *Compendio de algumas cartas que este anno de 97 vierao dos Padres da Companhia de Jesu.* Lisbon, 1598.

Rechteren, Seyger van. *Journael gehouden door ... op zyne gedane voyagie naer Oost-Indien.* Zwolle, 1635.

——. "Journael ghehouden op de reyse ende weder-komste van Oost-Indien..." BV, IIb. Appended to the voyage of Wybrant Schram, pp. 19-89.

Récit de ce qui s'est passé entre les Portugois et les Hollandois au delà de la ligne équinoxiale avec la copie de la cargaison de trois navires chargés aux Indes pour venir en Hollande et en Zélande, en 1616. Amsterdam, 1616.

Reede tot Drakestein; *see* Rheede tot Drakestein.

Reflexions générales sur la lettre que paraît sous le nom de messieurs des missions étrangères au pape, touchant les cérémonies chinoises. Paris, 1700.

Regni chinensis descriptio ex variis authoribus. Leyden, 1629.

Reimão, Gaspar Ferreira. *Roteiro de navagacãm carreira da India...* Lisbon, 1612.

Relacion breve, y sumaria del edito que mandó publicar en todo su Reyno del Bojõ, uno de las mas poderosos del Iapon, el Rey Idate Masamune, publicando la fé de Cristo, y del embaxador que embio a España, en compañia del reverendo padre Fr. Luys Sotelo ... que viene eo embaxada del Emperador del Iapon, hijo de Sevilla, y lo que en el viage le sucedio. Seville, 1614.

Relacion cierta y verdadera de la feliz vitoria y prosperos sucessos que en la India Oriental han conseguido los Portugueses, contra armados muy ponderosas de Olanda y Persia este año de 1624... Madrid, 1624.

Relacion de la batalla, que Nuno Alvarez Botello ... tuvo con los armadas de Olanda y Inglaterra en el estrecho de Ormuz. Seville, 1626.

Relacion de un prodigiosos milagro que San Francisco Xavier de la India ha hecho en la ciudad de Napoles este ano de 1634. Madrid, 1634.

Relacion escrita por uno de los padres de la mission, Mariana, remitada Mexico. Seville, 1674. (On the death of Diego Luis de Sanvitores.)

Relacion verdadera del Levantamiento que les Sangleyes o Chinos hizieron en las Filipinas y de las vitorias que tuvo contra ellos el Governador Don Sebastian Hurtado de Corcuero, el ano passado de 1640 y 1641. Madrid, 1643.

Relation de deux caravelles envoyées en 1618 ... sous la conduite de D. Juan de More, pour decouvrir le détroit de Lemaire. Amsterdam, 1622.

Relatione della solenne entrata fatta in Roma da D. Filippo Francesco Faricura [Hasekura] con il Reverendiss Padre Luis Sotel. Rome, 1615.

Relatione delle missioni di vescovi vicarii apostolici mandati dalla S. Sede Apostolica alli regni de Siam, Cocinchina, Camboia, e Tunkino. Rome, 1677.

Relation succincte de tout ce qui s'est passé ... en la guerre que la compagnie hollandoise ... a euë contre le roy et ... regens de Macassar, depuis ... 1666 ... à 1669. [Amsterdam?], 1670.

Relation véritable de huict navires, venus des Indes orientales et occidentales... Paris 1628. (Reports the return of ships from Cornelis Matelief's fleet.)

A Remonstrance of the Directors of the Netherlands East-India Company Presented to the General States in Defence of the Said Company, Touching the Bloody Proceedings against the British Merchants Executed at Amboyna, together with Acts of Process against the Said English, and the Reply of the English East India Company to the Said Remonstrance and Defence. London, 1632.

Rennefort, Urbain Souchu de. *Mémoires pour servir à l'histoire des Indes orientales.* Paris, 1688.

Rheede tot Drakestein, Hendrik Adriaan van, and Casearius, Joannes. *Hortus indiens malabaricus continens regni malabarici apud indos celeberrimi omnis generis plantas rariores, latinis, malabaricis, arabicis, & bramanum characteribus nominibusque expressas, unà cum floribus, fructibus, & seminibus, naturali magnitudine à pertissimis pictoribus delineatas, & ad vivum exhibitas...* 12 vols. Amsterdam, 1678-1703.

Rhodes, Alexandre de, S.J. *Relazione de' felici successi della santa fede predicata da' padri della Compagnia di Giesu nel regno di Tunchino...* Rome, 1650.

——. *Catechismus pro ijs, qui volunt suscipere baptismum, in octo dies divisus...* Rome, 1651. (Catechism in Latin and Annamese.)

——. *Dictionarium annamiticum, lusitanum, et latinum...* Rome, 1651.

——. *Relatione della morte di Andrea Catechista che primo de Christiani nel regno di Cocincina è stato ucciso da gl'infedeli in odio della fede, alli 26. di Luglio, 1644.* Rome, 1652.

——. *Divers voyages et missions ... en la Chine, & autres royaumes de l'orient, avec son retour en Europe par la Perse et l'Armenie...*Paris, 1653.

——. *Sommaire des divers voyages et missions apostoliques ... à la Chine, & autres royaumes de l'Orient, avec son retour de la Chine à Rome. Depuis l'année 1618, jusques à l'année 1653.* Paris, 1653.

——. *Relation de ce qui s'est passé en l'annee 1649 dans les royaumes ... du Iapon.* Paris, 1655.

——. *Rhodes of Vietnam.* Edited and trans. by Solange Hertz. Westminster, Md., 1966. Translation of Divers voyages.

Ribadeneira, Marcelo de, O.F.M. *Historia de las islas del archipiélago Filipino y reinos de la gran China, Tartaria, Cochin-China, Malaca, Siam, Cambodge y Japon.* Barcelona, 1601.

——. *History of the Philippines and Other Kingdoms.* Translated by Pacita Guevara Fernandez. 2 vols. Manila, 1970.

Ribadeneyra, Antonio San Román de; *Historia general de la Yndia Oriental ... desde sus principios hast' el año de 1557.* Valladolid, 1603.

Ribeiro, Diego (trans.). *Declaraçam de doutrina christam collegida do cardinal Roberto Belarmino da Cõmpanhia de Iesu e outros autores composta em lingoa Bramana vulgar...* Rachol, 1632.

Ribeiro, João. *Ribeiro's History of Ceilão...* Edited and translated by R E. Pieris. 2d ed., Colombo, 1909.

Rios Coronel, Hernando de. *Memorial, y relacion para su magestad, del Procurador General de la Filipinas, de lo que conviene remediar, y de la requeza que ay en ellas, y en las Islas del Maluco.* Madrid, 1621.

Rodriguez, João. *Arte de lingoa de Iapon...* Nagasaki, 1604-8.

Rodriguez de Saa y Menezes, Juan (also Sá de Meneses, Sao y Menezes). *Rebelion de Ceylan, y los progressos de su conquista en el gobierno de Constantino de Saa y Moronha.* Lisbon, 1681. (English translation by J. J. St. George in *JRAS, Ceylon Branch,* Vol. XI.)

Roe, Thomas. *The Embassy of Sir Thomas Roe to the Court of the Great Mogul, 1615-1619, as Narrated in His Journal and Correspondence.* Edited by Sir William Foster. "HS," 2d ser., I and II. 2 vols. London, 1899.

——. *The Embassy of Sir Thomas Roe to India, 1615-1619, as Narrated in his Journal and Correspondence.* Edited by Sir William Foster. Rev. ed. London, 1926.

——. "Observations Collected Out of the journall of Sir Thomas Roe. ..." *PP,* IV, 310-468.

Roelofszoon, Roelof. "Kort ende waerachtigh verhael van de tweede schipvaerd by de Hollanders op Oost-Indien gedaen, onder den Heer Admirael Iacob van Neck, getogen uyt het journael van Roelof Roelofsz, vermaender op't schip Amsterdam, ende doorgaens uyt andere schrijvers vermeerdert." In *BV,* Ib. (The account of Van Neck's second voyage.)

Roger (Rogerius), Abraham. *De open-deure tot het verborgen heydendom.* Leyden, 1651.

——. *Le theatre de l'idolatrie, ou la porte ouverte pour parvenir à la connaissance du paganisme caché,* ... Trans. Thomas le Grue. Amsterdam, 1670.

——. *De open-deure tot het verborgen heydendom.* Edited by W. Caland. "WLV," Vol. X. The Hague, 1915.

Röslin, Helisaeus. *Mitternächtige Schiffarth, von der herrn Staden inn Niderlanden vor XV. Jaren vergebenlich fürgenommen, wie dieselbige anzustellen, dass man daselbst herumb in Orient und Chinam kommen möge...* Oppenheim, 1611.

Rosnel, Pierre de. *Le mercure indien ou le trésor des Indes.* Paris, 1667.

Rotman, Paul Alofszoon. *Kort verhael van d'avonteurlicke voyagien en reysen...* Amsterdam, 1657.

Rouffaer, G. P., and Ijzerman, J. W. (eds.); *see* Lodewyckszoon, Willem.

Rougemont, François de, S.J. *Relaçam do estado politico e espiritual do imperio da China, pellos annos de 1659 até o de 1666.* Translated from Latin by S. de Magalhães. Lisbon, 1672.

——. *Historia Tartaro-Sinica nova.* Louvain, 1673.

——. *Lettres inédites de Francois de Rougemont.* Edited by H. Bosmans. Louvain, 1913.

Roy, Jacob Janssen de. *Voyagie gedaan door Jacob Janssen de Roy na Borneo en Atchen, in't jaar 1691 en vervolgens: ... Gedrukt volgens de copy van Batavia...* n.p., n. d.

Royal Society of London. *Philosophical Transactions...* London, 1666-1700. (Especially Vol. XVI [1686-87].)

Sá, Artur Basilio de (ed.). *Documentaçao para a história das missões do padroado português do oriente. Insulindia.* Vol. V. Lisbon, 1958.

Saar, Johann Jacob. *Ost-Indianische fünfzehen-jährige Kriegs-Dienst, und wahrhafftige Beschreibung...* Nuremberg, 1662.

——. *Johann Jacob Saars Ost-indianische fünfzehen-jährige Kriegs-Dienste und wahrhafftige Beschreibung ... zum anderen Mahl heraus gegeben...* Edited by Daniel Wülfer. Nuremberg, 1672.

——. *Reise nach Java, Banda, Ceylon, und Persien, 1644-1660...* NR, Vol. VI. The Hague, 1930.

Saa y Menezes, Juan Rodriguez de; *see* Rodriguez de Saa y Menezes, Juan.

Sá de Meneses, Francisco de. *Malacca conquista.* Lisbon, 1634.

——. *The Conquest of Malacca. Francisco de Sa de Meneses.* Translated by E. C. Knowlton, Jr. Kuala Lumpur, 1970.

Sá de Meneses, Juan Rodriguez de; *see* Rodriguez de Saa y Menezes, Juan.

Sainte-Trinité, Philippe de; *see* Philippe de Sainte-Trinité.

Salbranche, Joseph. "The Voyage of Master Joseph Salbranch through India, Persia, ..." *PP*, III, 82-90. (An account by a survivor of the Ascension, wrecked off Surat in 1609.)

Salgueiro, Diego Marques de. *Relaçam das festas que a religiam de Companhia de Jesu fez em ... Lisboa, na beatificaçam do beato P. Francisco de Xavier.* Lisbon, 1621.

Sampayo, Salvador do Coreto de. *Relaçam dos succesos victoriosos que na barra de Goa ouve dos Olandeses Antonio Tellez de Menezes, capitano geral do mar da India, nos annos de 1637 à 1638.* Coimbra, 1639.

——. *Relacion de los succesos de las armas españolas por mar y tierra en las islas Filippinas, y victorias contra Mindanao y con los Olandeses de Terrenate.* Madrid, 1639.

San Agustín, Gaspar de. *Conquista de las islas Philipinas.* Madrid, 1698.

San Antonio de Quiroga, Gabriel; *see* Quiroga de San Antonio, Gabriel.

San Bernardino, Gaspar de. *Itinerario da India por terra ate este reino de Portugal...* Lisbon, 1611.

San Román de Ribadeneyra, Antonio; *see* Ribadeneyra, Antonio San Román de.

Sanson d'Abbeville, Nicolas. *L'Asie en plusieurs cartes nouvelles et en plusieurs traités.* Paris, 1652.

Santa Caterina da Siena, Vincenzo Maria di; *see* Vincenzo Maria di Santa Caterina da Siena.

Santa Mariá, Juan de. *Relación del martirio que seys padres descalços Franciscōs, tres hermanos de la Compañia de Jesus, y decisiete Japones podecieron.* Madrid, 1601.

Santiago, Pedro de. *Relacion de lo que hicieron los religiosos augustinos en el transito a las Indias.* n.p., 1605.

Santos, Joam dos. *Ethiopia oriental, e varia historia de cousas notaveis do Oriente, e da christiandade que os religiosos da ordem de prègadores nelle fizerão.* Evora, 1609.

Sanvitores, Diego Luis de; *see* Barrett, Ward (trans. and ed.).

Sao y Menezes, Rodriguez de; *see* Rodriguez de Saa y Menezes, Juan.

Saparamadu, S. D. (ed.); *see* Knox, Robert.

Sardinha, João Mimosa. *Relació de la real tragicomedia con los padres ..., recibieron ... Felipe II de Portugal, y de su entrada in este reino...* Lisbon, 1620.

Saris, John. "The Eighth Voyage Set Forth by the East-Indian Societie..." *PP*, III, 357-490.

——. "Observations of the Said ... Saris, of Occurents which Happened in the East Indies During His Abode at Bantam from October 1605. till October 1609..." *PP*, III, 490-519.

——. *The Voyage of Captain John Saris to Japan, 1613.* Edited by Ernest M. Satow. "HS," 2d ser., V. London, 1900.

——. *Saris Nihon tokōki Wilman Nihon taizaiki* [*The Voyage of Captain John Saris to Japan, 1613, and Wilman's Stay in Japan*], trans. Murakawa Kengo et al. Tokyo, 1970.

Sas, Jan. "Historisch verhael van de voyagie der Hollanderen met dry schepen gedaen naer de Oost-Indien, onder het beleydt van den Admirael Steven vander Hagen. In den Iare 1599 ende volghende ... Daer by ghevoecht is de voyagie van twee Achins-vaerders, onder het beleyt van Cornelis Pietersz, ende Guiljam Senecal. Gedaen inden Jaere 1600 ende 1601. Item: Extract uyt het iournael van den Admirael Jacob Heemskerckx voyagie, ghedaen inden jaere 1601 &c. ghehouden by Reyer Cornelisz stierman op den vice-admirael. Alles waerdich om te lesen." In *BV*, Ib.

Satow, Ernest M. (ed.); *see* Saris, John.

Schall von Bell, Johann Adam. *Historica narratio de initio et progressu missionis Societatis Jesu apud Chinenses, ac praesertim in regia Pequinensi, ...* Vienna, 1665.

——. *Historica relatio de ortu et progressu fidei orthodoxae in regno chinensi per missionarios Societatis Jesu ab anno 1581. usque ad annum 1669...* Ratisbon, 1672. (*A second edition of Historica narratio.*)

Schilder, G. G. (ed.); *see* Vlamingh, Willem Hesselszoon de.

Schleusing, Georg Adam. *Neu-entdecktes Sibyrien oder Siewerien, wie es anitzo mit allen Städten und Flecken angebauet ist nebst dessen ... gräntzen so wohl bisz an Kara Kathaya und Chinesische*

Mauer...Jena, 1690.

Schott, Andreas. *Hispania illustrata seu rerum urbiumque Hispaniae, Lusitaniae, Aethiopiae et Indiae scriptores varii.* 4 vols. Frankfurt, 1603-8.

Schotte, Appolonius. "Corte beschrijvinge van het ghetal ende ghelegent vande forten, ..." *BV*, IIa. Appended to Verhoeff' s voyage, pp. 125-28.

——. "Discours van ... aengaende de Moluques." *BV*, IIa. Appended to Verhoeff's voyage, pp. 107-16.

——. "... verhael, wegens sijn voyagie gedaen van Bantam, nae Botton, Solor , ende Tymor..." *BV*, IIa. Appended to Verhoeff's voyage, pp. 116-25.

Schouten, Joost. "Beschrijvinge van de regeeringe, macht, religie, costuymen, traffrijcken, ende andere remarquable saecken des coningkrijcks Siam." *BV*, IIb. Appended to Hagenaer's voyage, pp. 203-17.

——. *Notitie vande situatie, regeeringe, macht, religie, costuymen, trafficquen ende andere remarcquable saecken des Coningkrijcks Siam.* The Hague, 1638.

——; *see* also Caron, François.

Schouten, Willem Corneliszoon. *Journal ofte beschryvinghe van de wonderlicke reyse, ghedaen door Willem Corneliszoon Schouten van Hoorn, in de jaren 1615, 1616, en 1617*... Amsterdam, 1618.

——; *see* also Le Maire, Jacob.

Schouten, Wouter. *Oost-Indische voyagie, vervattende veel voorname voorvallen en ongeneeme vreemde geschiedenissen, bloedige zee- en landt-gerechten*... 2 vols. in 1; Amsterdam, 1676.

——. *Reys-togten naar en door Oost-Indien.* 3d ed. Amsterdam, 1740.

Schreyer, Johann. *Neue ost-indianische Reise-Beschreibung, von Anno 1669 biss 1677. Handelnde von unterschiedenen africanischen und barbarischen Völckern, sonderlich derer an dem vor Gebürge Caput Bonae Spei*... Salfeld, 1679.

——. *Reise nach dem Kaplande und Beschreibung der Hottentotten 166g-1677*...NR, Vol. VII. The Hague, 1931.

Schweitzer, Christoph. *Journal- und Tage-Buch seiner sechs-jährigen Ost-Indianischen Reise. Angefangen den 1. Decembr. Anno 1675 und vollendet den 2. Septemb. Anno 1682*...Tübingen, 1688. (English translation of 1700 in Fayle, C. Ernest [ed.].)

——. *Reise nach Java und Ceylon, 1675-1682.* NR, Vol. XI. The Hague, 1931.

——; *see also* Raven-Hart, R.

Scott, Edmund. *An Exact Discourse of the Subtilties, Fashishions, Pollicies, Religion, and Ceremonies of the East Indians, as well Chyneses as Javans*... London, 1606.

Sebastiani, Giuseppe Maria. *Prima speditione all' Indie Orientali*... Rome, 1666.

——. *Seconda speditione all' Indie Orientali*... Rome, 1672.

Les secrets de la médecine des Chinois ... ; *see* Boym, Michael.

Semedo, Alvarez. *Imperio de la China. I cultura evangélica en él, por los religiosos de la Compañía de Iesus.* Translated and edited by Manuel de Faria y Sousa. Madrid, 1642.

——. *The History of that Great and Renowned Monarchy of China ... to Which is Added the History of the Late Invasion and Conquest of that Flourishing Kingdom by the Tartars. With an Exact Account of the other Affairs of China till these Present Times.* London, 1655.

Sen, Surendranath (ed.). *Indian Travels of Thevenot and Careri, Being the Third Part of the Travels of M. de Thevenot into the Levant and the Third Part of a Voyage Round the World by Dr. John Francis Gemelli Careri.* New Delhi, 1949.

Settle, Elkanah. *Insigniae Batavia: or the Dutch Trophies Displayed; Being Exact Relations of the Unjust Horrid, and Most Barbarous Proceedings of the Dutch against the English in the East Indies...* London, 1688.

Severim de Faria, Manuel; *see* Abreu, Francisco de.

Sevil, Pedro. *Conquista de Champan, Camboja, Siam, Cochinchina y otros paises de Oriente.* [Valladolid], 1603.

——. "Le Memorial de Pedro Sevil [de Guarga] à Philippe III ... (1603)." Translated from Sevil's *Conquista* by Antoine Cabaton in *Bulletin de la commission archéologique de l'Indochine* (1914-16), 1-102, Paris.

Seys, Gillis. "Verhael vande Mollucs eylanden, hoe ende in wat manieren de selvige in't jaer 1627 bevonden hebben, onder de regeringhe van de Heer Gouverneur Jacques le Febvres, . . *BV*, IIa appended to Verhoeff's voyage, pp. 162-87.

——. "Verhael van de tegenwoordigen [1627] staet inde quartieren van Amboyna, ende omleggende plaetsen..." BV, IIa. Appended to Verhoeff's voyage, pp. 130-51.

A Short Account of the Siege of Bantam: and His Surrender to the Rebels, Who Were Assisted by the Dutch, and Their Fleet in the East Indies. London, 1683.

Sibellius, Caspar. *Of the Conversion of five thousand nine hundred East Indians In the Isle Formosa neere China, to the Profession of the True God in Jesus Christ; by Means of M. Ro. Junius, a Minister Lately in Delph in Holland...* London, 1650.

Sicardo, José. *Cristiandad del Japón, y dilatada persecución que padeció. Memorias sacras, de los martyres de las ilustres religiones de Santo Domingo, San Francisco, Compañía de Jesus; y crecido numero de seglares: y con especialidad, de los religiosos del Orden de N. P. S. Augustin.* Madrid, 1698.

Silva, Fernando da. *Verissima relación en que se da quenta en el estado en que estan las guerras en las Filipinas, y reynos de el Japon, contra los Olandeses...* Seville, 1626.

Silveira, Luis (ed.); *see* Manrique, Sebastiâo.

Sinclair, William F. (trans.); *see* Teixeira, Pedro.

Skelton, R. A, (ed.); *see* Waghenaer, Lucas Janszoon.

Solá, Magino. *Informe al Rey ... Felipe quarto, en su real y supremo Consejo de las Indias, del estado eclesiástico y seglar de las islas Filipinas.* Mexico, 1658.

Solier, François. Histoire ecclésiastique des isles et royaumes du lapon. 2 vols. Paris, 1627-29.

Solis, Duarte Gomez; *see* Gomez Solis, Duarte.

Solt, Paulus van. "Verhael ende journael vande voyagie gedaen van Bantam naer de cust van Choromandel ende andere quartieren van Indien ... inden jaere 1605. 1606. 1607. 1608." *BV*, IIa. Appended to Van der Hagen's second voyage, pp. 40-91.

Sommaire recueil des raisons plus importantes, qui doyvent mouvoir Messieurs des Estats des Provinces Unies du Pays-bas, de ne quitter point les Indes. Traduit de Flamand en François. La Rochelle, 1608.

Sotelo, Luys; *see Relacion breve, y sumaria ...* ; *see also* Amati, Scipione.

Specx, Jacob, and Siegerszoon, Pieter. "[Reisjournaal van] Jacob Specx ende Pieter Siergertsz met het jacht *den Brack* van Patane naar Japan." *BV*, IIa. Appended to Verhoeff's voyage, pp. 72-98.

Speerway, Thomas. "A Letter of Thomas Spurway, Merchant Touching the Wrongs Done at Banda to the English by the Hollanders..." *PP*, IV, 508-35.

Spencer, James (ed.); *see* Dampier, William.

Spilbergen, Joris van. *Oost ende West-Indische spiegel der 2 leste navigatien, ghedaen in de jaeren 1614. 15. 16. 17. ende 18. daer in vertoont wort, in wat gestalt loris van Speilbergen door de Magellanes de werelt rontom geseylt heeft ... Met de australische navigatien, van Jacob le Maire, die int suyden door een nieuwe straet ghepasseert is...* Leyden, 1619.

——. "Historisch journael van de voyagie ghedaen met ses schepen... *BV*,IIa.

——. *The East and West Indian Mirror, Being an Account of Joris van Speilbergen's Voyage Round the World (1614-1617), and the Australian Navigations of Jacob Le Maire...* Translated and edited by J. A. J. de Villiers. "HS," 2d ser., XVIII. London, 1906.

——. *De reis om de wereld van Joris van Spilbergen, 1614-1617.* Edited by J. C. M. Warnsinck. "WLV," Vol. XLVII. 2 vols. The Hague, 1943.

——; *see also* Vennip, Cornelius Janszoon.

Spon, Jacob [?]. *De l'usage du caphé, du thé, et du chocolate.* Lyons, 1671.

——. *Traitez nouveaux et curieux du café, du thé, et du chocolate.* Lyons, 1685.

Staunton, Sir George T. (ed.); *see* González de Mendoza, Juan.

Steele, Richard. "A Journey of Richard Steel, and John Crawther, from Azmere in Endia ... to Spahan ... Persia, in the Affairs of the East Indian Society. Anno 1615. 1616." *PP*, IV, 266-80.

Stevens, John (trans.); *see* Argensola, Bartolomé Leonardo de.

Stokram, Andries. *Korte beschryvinge van de ongeluckige weer-om-reys, van het schip Aernhem, nevens noch zes andere schepen, onder't gebiedt van den Heer Arnout de Vlaming van Outshoorn, van Batavia na het vaderlandt afgevaren, op den 23. December 1661...* Amsterdam, 1663.

Struys, Jan Janszoon. *Drie aanmerkelijke en seer rampspoedige reysen door Italien, Griekenlandt, Lijflandt, Moscovien, Tartarijen, Meden, Persien, Oost-Indien, Japan, en verscheyden andere gewesten...*Amsterdam, 1676.

——. *The Perillous and Most Unhappy Voyages of John Struys through Italy, Greece,Lifeland, Moscovia, Tartary, Media, Persia, East-India, Japan, and other Places in Europe, Africa, and Asia...* Translated by John Morrison. London, 1683.

Suarez, Joseph, S.J. *La libertad de la ley de Dios en el imperio de la China...* Translated by D. Juan de Espinola. Lisbon, 1696.

Summaria relaçam dos prodigiosos feitos que as armas portuguesas obrasão na ilha Ceylão contra os Olandeses e Chingalas, no anno passado de 1655. Lisbon, 1656.

Tacchi-Venturi, Pietro, S.J. (ed.). *Opera storiche del P. Matteo Ricci.* 2 vols. Macerata, 1913.

Tachard, Guy, S.J. *Voyage de Siam des pères jésuites, envoyéz par le roy aux Indes et a la Chine...* Paris, 1686.

——. *Second voyage du Père Tachard et des Jésuites envoyés par le roy au royaume de Siam...* Amsterdam, 1689.

Tanner, Mathias. *Societas Jesu usque ad sanguinis et vitae profusionem militans, in Europe, Africa, Asia, et America, contra gentiles, Mohametanos, Judaeos, haereticos, impios, pro Deo, fide, ecclesia, pietate; ...* Prague, 1675.

Tappen, David. *Fünffzehen-jährige curiőse und denkwürdige auch sehr gefährliche ostindianische Reise-Beschreibung...* Hanover and Wolfenbüttel, 1704.

Tasman, Abel Janszoon. "Een Kort verhael uyt het journael van den Kommander Abel Jansen Tasman..." In *Eenige oefeningen in godlycke, wiskonstige en nateurlycke dingen*, by Dirck Rembrantszoon van Nierop (2 vols.; Amsterdam, 1674), II, 56-64. (Based on Tasman's original journal.)

——. "The Voyage of Captain Abel Jansen Tasman For the Discovery of Southern Countries by Direction of the Dutch East India Company." In *A General Collection of the Best and Most Interesting Voyages and Travels in All Parts of the World...* , by John Pinkerton (17 vols. London, 1808-14), XI, 441-42.

——. *Journal of His Discovery of van Dieman's Land and New Zealand in 1642.* Edited by J. E. Heeres and W. van Bemmelen. Amsterdam, 1898.

——. *De reizen van Abel Janszoon Tasman en Franchoys Jacobszoon Visscher ter nadere ontdekking van het zuidland in 1642/3 en 1644,* Edited by R. Posthumus-Meyjes. "WLV," Vol. XVII. The Hague, 1919.

——; *see also* Haelbos, Hendrik; Montanus, Arnoldus.

Tavernier, Jean Baptiste. *Les six voyages ... , qu'il a fait in Turquie, en Perse, et aux Indes...* 2 vols. Paris, 1676-77.

——. *Recueil de plusieurs relations et traitez singuliers et curieux ... qui n'ont point esté mise dans ses six premiers voyages, devisé en cinq parties.* Paris, 1679.

——. *Travels in India...* Edited by V. Ball and W. Crooke. 2 vols. London, 1925.

Teixeira, Pedro. *Relaciones de Pedro Teixeira d'el origen descendencia y succession de los reyes de Persia y de Hormuz, y de un viage hecho por el mismo autor desde la India Oriental hasta Italia por tierra.* 2 pts. Antwerp. 1610.

——. *The Travels of Pedro Teixeira with His" Kings of Hormuz," and Extracts from His" Kings of Persia."* Translated and edited by William F. Sinclair with notes by Donald Ferguson. "HS," 2d ser., IX. London, 1902.

Tellier, Michel le; *see* Le Tellier, Michel.

Tello de Guzmán, Francisco. *Relación que embio de seys frayles españoles dela orden de San Francisco que crucificaron los del Iapon, este año próximo passado de 1597.* Seville, 1598.

Temple, Richard Carnac (ed.). *The Travels of Peter Mundy in Europe and Asia, 1608- 1667.* 5 vols. "HS," 2d ser., XVII, XXXV, XLV, XLVI, LV, and LXXVIII. Cambridge, 1907-36.

Ternaux-Compans, H. (ed.). *Archives des voyages, ou collection d'anciennes relations inédites ou très-rares de lettres, mémoires, itinéraires et autres documents relatifs a la géographie et aux voyages...* 2 vols. Paris, 1840-44.

Terpstra, H. (ed.); *see* Linschoten, Jan Huy gen van.

Terry, Edward. "A Relation of a Voyage to the Eastern India..." *PP*, IX, 1-55.

——. *A Voyage to East India. Wherein Some Things Are Taken Notice of in Our Passage Thither, but Many More in Our Abode There, Within that Rich and Spacious Empire of the Great Mogul.* London, 1655.

Thévenot, Jean de. *Relation d'un voyage fait au Levant...* 3 pts. Paris, 1664-84. (English translation in Sen, S. [ed.].)

Thévenot, Melchisédech (comp.). *Relations de divers voyages curieux, qui n'ont point esté publiées ou qui ont esté traduites d'Hacluyt, de Purchas, & d'autres voyageurs Anglois, Hollandois, Portugais, Alemands, Espagnols; et de quelques Persans, Arabes & autres auteurs orienteaux...* 4 vols. Paris, 1663-96. Cited as TR.

——(comp.). *Recueil de voyages...* Paris, 1681.

Thompson, Edward Maunde (ed.); *see* Cocks, Richard.

Tiele, P. S. (ed.); *see* Apius, Martinus.

Tinelli, Francesco. *Compendio delia ... Sanvitores.* Brescia, 1695. (Epitomizes Ortiz' Istoria...)

Tissanier, Joseph. *Relation du voyage ... depuis la France jusq'u au royaume de Tunquin, avec ce qui s'est passé ... dans cette mission durant les années 1658-1660.* Paris, 1663.

Torquemada, Fray Juan de, O.F.M. *Monarquia Indiana.* Seville, 1615. (Contains a narrative of the Quiros expedition, extracts of which are also to be found in C. Markham [ed.], *The Voyages of Pedro Fernandez de Quiros, 1595-1606;* 2 vols. "HS," 2d ser., XIV-XV; London, 1904, II, 405-51.)

Toscano, Giuseppe M.; *see* Andrade, Antonio de, S.J.

Tosi, Clemente. *Dell' India orientale descrittione geografica et historica*...Rome, 1669.

"Translaet van een Japansche brief, van Siragemondonnae, burgermeester in Nangasacqui, aen den gouverneur-generael etc. door den opperkoopmen Jan van Elzerach overgesonden dato den 28 Oct. 1642." *BV,* IIb. Appended to Caron's account, pp. 195-97.

Trigault, Nicolas. *De christiana expeditione apud Sinas suscepta, ab Societate Jesu. Ex P. Matthaei Ricci ... commentariis. libri V ... in quibus sinensis regni, mores, leges atque instituta & nova illius ecclesiae difficillima primordia ... describuntur.* Augsburg, 1615.

——. *De christianis apud Iaponios triumphis, sive de gravissima ibidem contra Christi fidem persecutione exorta anno MDC XII usq. ad annum MDCXX. Libri quinq*... Munich, 1623.

——. *China in the Sixteenth Century: The Journals of Matthew Ricci: 1583-1610.* Translated by Louis J. Gallagher. New York, 1953.

A True Account of the Burning and Sad Condition of Bantam, in the East Indies... London, 1682.

A True and Large Discourse of the Voyage of the Whole Fleete of Ships Set Forth the 20. of Aprill 1601. by the Gouvernours and Assistants of the East-Indian Merchants in London, to the East Indies... London, 1603. (The first published report of the first English East India Company voyage under Sir James Lancaster. *See also* Lancaster, Sir James.)

*A True Declaration of the News Concerning a Conspiracy Discovered in the Island of Amboyna and the Punishment that Followed thereof.*London, 1628.

A True Declaration of the News that Came Out of the East Indies with the Pinnace Called the Hare... London, 1624.

A True Relation of the Unjust, Cruell, and Barbarous Proceedings against the English at Amboyna... London, 1624.

A True Relation Without All Exceptions of Strange and Admirable Accidents which Lately Happened in the Kingdom of the Great Magor or Mugul, Who is the Greatest Monarch in the East Indies, as also with a True Report of the Manners of the Country... London, 1632.

Twist, Jonathan van. "Generale beschrijvinghe van Indien. Ende in't besonder van't coninckrijck van Guseratten... " *BV*, IIb, 1-112. (Reproduced in separate publications, Amsterdam, 1647 and 1648.)

Vairasse, Denis. *Historie des Sevarambes, volkeren die een gedeelte van het derde vast-land bewoonen, gemeenlyk Zuid-land genaamd ... mitsgaders een zeer naauwkeurig journaal wegens de voyagie derwaarts gedaan in de jaaren 1696 en 1697 op ordre door der Hollandsche Oost-Indische Maatschappy door de schepen de Nyptang, de Geelvink, en de Wezel.* Translated by Gotfried Broekhuyzen. Amsterdam, 1701. (Contains the only seventeenth-century edition of Vlamingh's journal.)

Valentijn, François. *Oud en nieuw Oost-Indien...* 8 vols. Dordrecht, 1724-26.

——. *François Valentijn's Description of Ceylon.* Trans. and ed. S. Arasaratuam. "HS," 2d ser., Vol. CXLIX. London, 1978.

Valle, Pietro della. *Viaggi di Pietro della Valle il Pellegrino ... descritti da lui medesimo in 54. lettere familiari ... all' erudito ... suo amico Mario Schipano, divissi in tre parti, cioè la Turchia, la Persia, e l'India...* Rome, 1650.

——. *The Travels of Pietro Della Valle in India from the Old English Translation of 1664 by G. Havers. Edited by Edward Grey.* "HS," o.s., LXXXIV, LXXXV. 2 vols. London, 1891-92.

Van Dam, Pieter; *see* Dam, Pieter van.

Van den Broecke, Pieter; *see* Broecke, Pieter van den.

Van der Hagen, Steven; *see* Hagen, Steven van der.

Vandrille, De St. *Relation des révolutions arrivées dans le royaume de Siam.* Paris, 1690.

Van Goens, Rijcklof Volckertszoon; *see* Goens, Rijcklof Volckertszoon van.

Van Vliet, Jeremias; *see* Vliet, Jeremias van.

Van Zeyst, Gillis; *see* Seys, Gillis.

Varen, Bernhard. *Descriptio regni Iaponiae cum quibusdam affinis materiae, ex variis auctoribus collecta...* Amsterdam, 1649.

Veen, Cornelis van. "Kort verhael van de twee-jaerige voyagie ghedaen door Cornelis van Veen, in de Oost-Indien." *BV,* Ib. Appended to Wolfert Harmenszoon's voyage, pp. 26-27.

Veer, Gerrit de. "Kort verhael van d' eerste schipvaerd der Hollandsche ende Zeeusche schepen by noorden Noorwegen, Moscovien ende Tartarien om, nae de coningrijcken van Cathay ende China." In *BV,* Ia. (Isaac Massa's treatises are appended to this edition.)

Veiga, Manoel da. *Relaçam geral do estado da christandade de Ethiopia ... e do que de novo socedeo no descobrimento do Thybet, a que chamam gram Catayo.* Lisbon, 1628. (Contains an extract from Andrade's description of Tibet.)

Velloso, Gonçalo de S. José. *Iornada que Francisco de Souza de Castro ... fez ao Achem.* Goa, 1642. (See facsimile in C. R. Boxer, "Uma obra rarissima impressa em Goa no século XVII," *Boletim internacional de bibliografia LusoBrasileiro,* VIII, No. 33 [1967], 431-528.)

[Vennip, Cornelis Janszoon]. *'t Historiael journael van tghene ghepasseert is van weghen dry schepen, den Ram, Schaep, ende't Lam ... onder t' beleyt van Ioris van Spilberghen, generael.* [Delft, Floris

Balthazar, 1604].

——. "'t Historiael journael vande voyagie ghedaen met drie schepen, ghenaemt den Ram, Schaep, ende het Lam ... onder 't beleyt van den Heer Admirael Joris van Spilbergen, gedaen in de Jaren 1601, 1602, 1603, ende 1604." *BV*, Ib

——. "The Visit of Spilbergen to Ceylon, Translated from Admiral Joris van Spilbergen's 'Relation.'" Translated and edited from Vennip's 't Historiael journale by D. Ferguson. *JRAS*, *Ceylon Branch*, XXX (1927), 127-79, 361-409

——. *De reis van Joris van Spilbergen naar Ceylon, Atjeh en Bantam, 1601-1604.* Edited by Wouter Nijhoff, S. P. L'Honoré Naber, F. W. Stapel, and F. C. Wieder. "WLV," Vol. XXXVIII. The Hague, 1933.

Verbiest, Ferdinand, S.J. *Astronomia europaea sub imperatore tartaro sinico Cám Hy appellato ex umbra in lucem revocata*... Dillingen, 1687.

——. "A Voyage of the Emperor of China into Eastern Tartary, Anno 1682," *Philosophical Transactions*, XVI (1686-87), pp. 35-78.

——. *Voyages de l'empereur de la Chine dans la Tartarie*. Translated by D. D. Paris, 1685. (English translation in D'Orléans, Pierre Joseph, *History of the Two Tartar Conquerors of China*.)

Verhael vande reyse by de hollandische schepen gedaen naer Oost-Indien... Middelborgh, 1597. (The earliest account of Houtman's voyage. See also Lodewyckszoon, Willem.)

Verhoeff, Pieter Willemszoon; *see* Moelre, Johan de, and Febvre, Jacques le; also Dirckszoon, Reynier.

——. *De reis van de vloot van Pieter Willemsz. Verhoeff... 1607-1612*. Edited by M. E. van Opstall. 2 vols. "WLV," Vols. LXXIII, LXXIV. The Hague, 1974.

Verken, Johann. *Johann Verken, Molukken-Reise, 1607-1612. Neu herausgegeben nach der zu Franckfurt am Main im Verlag Joh. Th. De Bry im Jahre 1612 erschienenen Original-Ausgabe.* NR, Vol. II. The Hague, 1930. (First edition in Theodore de Bry [ed.], *India orientalis*, Part IX. Frankfurt, 1612.)

Vermeulen, Gerret. *De gedenkwaerdige voyagie ... naar Oost-Indien in't jaer 1668 aangevangen, en in't jaer 1674 voltrokken: Daarin onder veel andere toevallen de vermaarde oorlog tegen de koning van Macassar beknoptelijk verhaalt*... Amsterdam, 1677.

Verquains, Vollant des; *see* Vollant des Verquains.

Viegas, Artur (ed.); *see* Guerreiro, Fernão.

Villacastin, Thomas de. *Apostolica vida, virtudes y milagros del santo padre y maestro Francisco Xavier.* Valladolid, 1602.

Villiers, J. A. J. de (trans.); *see* Spilbergen, Joris van.

Vincenzo Maria di Santa Caterina da Siena. *Il viaggio all'Indie Orientali*... Rome, 1672.

Vlamingh, Willem Hesselszoon de. *Journael wegens een voyagie, gedaan op order der Hollandsche*

Oost-Indische Maatschappy in de jaaren 1696 en 1697 ... na het onbekende Zuid-land, en wijders na Batavia. Amsterdam, 1701. (Bound with a Dutch translation of Denis Vairesse, Histoire des *Sevarambes.*)

——. *De ontdekkingsreis van Willem Hesselsz. de Vlamingh in de jaren 1696-1697.* Edited by G. G. Schilder. 2 vols. "WLV," Vols. LXXVIII, LXXIX. The Hague, 1976.

Vliet, Jeremias van. *Beschrijving van het koningryk Siam...* Leyden, 1692.

——. *Historiael verhael der siechte, ende doot van Pra Interra-Tsia 22en coninck in Siam ende den regherenden coninck Pra Ongh Srij, ... 1640; with French Translation of Part thereof, Taken from Les revolutions arrivées au royaume de Siam, Paris, 1663.* Transcribed and edited by Seiichi Iwao. "The Toyo Bunko Publications," Ser. D, No. 5. Tokyo, 1958.

Vogel, Johann Wilhelm. *Diarium oder Journal seiner gethanen Reise aus Teutschland nach Holland und Ost-Indien.* Nuremberg, 1690.

Vollant (or Volant) des Verquains, [Jean]. *Histoire de la révolution de Siam. Arrivée en l'année 1688.* Lille, 1691.

Vondel, Joost van. *Volledige dichtwerken.* Ed. A. Verwey. Amsterdam, 1937.

Voretzsch, E. A. (ed.); *see* Froger, François.

Vries, David Pieterszoon de. *Korte historiael, ende journaels aenteyckeninge van verscheyden voyagiens in de vier deelen des wereldts-ronde, als Europe, Africa, Asia, ende Amerika gedaen.* Hoorn, 1655.

——. *Korte historiael ende journaels aenteyckeninge van versheyden voyagiens in de vier deelen des wereldtsronde...* Edited by H. T. Colenbrander. "WLV," Vol. III. The Hague, 1911.

Vries, Martin Gerritszoon; *see* Brouwer, Hendrick.

Waerachtich verhael van't geene inde eylanden van Banda, in Oost-Indien, inden jaere ses- tienhondert eenentwintich, ende to vooren is ghepassert. [Amsterdam], 1622.

Waghenaer, Lucas Janszoon. *Thresoor der zeevaert.* Leyden, 1592.

——. *Thresoor der zeevaert, Leyden, 1592...* Edited with an introduction by R. A. Skelton. Amsterdam, 1965.

Wagner, Johann Christophe. *Interiora orientis detecta, oder grundrichtige und eigentliche Beschreibung aller heut zu Tag bekandten grossen und herrlichen Reiche des Orients ...* Augsburg, 1687.

——. *Das mächtige Kayser-Reich Sina und die asiatische Tartarey vor Augen gestehet.* Augsburg, 1688.

Warnsinck, J. C. M. (ed.); *see* Graaf, Nikolaas de; Spilbergen, Joris van.

Warwijck, Wybrant van. "Historisch verhael vande reyse gedaen inde Oost-Indien, ..." *BV*, la. (Part of this account was written by Jan Harmenszoon Bree.)

——. *See also* Neck, Jacob Corneliszoon van.

Wassenaer, Nicolaes van. *Historisch verhael aider ghedenck-weerdichste geschiede- nisse...* Amsterdam, 1621-1632.

Webb, John. *An Historical Essay Endeavoring a Probability that the Language of the Empire of China is the Primitive Language*. London, 1669.

Weinstock, Herbert (trans.); *see* Carletti, Francesco.

West-Zanen, Willem Pieterszoon van. *Derde voornaemste zee-getocht (der verbondene vrye Nederlanden) na de Oost-Indien: Gedaan met de Achinsche en Moluksche vloten, onder de ammiralen Iacob Heemskerk, en Wolphert Harmansz. in den fare 1601. 1602. 1603...* Amsterdam, 1648.

White, Samuel. *A Letter from Mr. Samuel White to His Brother in London... Giving a Full Account of the Late Rebellion Made by the People of Macassar, Inhabiting in that Country, Which Ended in the Death of all the Rebells, Who Were Totally Destroyed by the King's Forces, Assisted by Some Europeans, of Several Nations, Amongst Whom Capt. Henry Udall, and Some Others of our Countrymen Most Unhappily Lost their Lives*. London, 1687.

Wicki, Josef, S.J. (ed.); *see* Gonçalves, Diogo.

Wieder, F. C. (ed.). *De reis van Mahu en de Cordes door de Straat van Magalhães naar Zuid-Amerika en Japan*. 3 vols. "WLV," Vols. XXI, XXII, XXIV. The Hague, 1923-25.

Wilkinson, C. (ed.); *see* Dampier, William.

Willman, Olof Eriksson... *Reesa till Ostindien, jempte een kort berättelese om konungerijket Japan och thess keysare... In Een kort beskrffning vppä trenne reesor...*Wijsindzborg, 1674.

Willson, David Harris. *A Royal Request for Trade. A Letter of King James I to the Emperor of Japan...* Minneapolis, 1965.

Wilson, Ralph. "The Eleventh Voyage to the East Indies in the Salomon, Begun in the Yeere of Our Lord 1611..." *PP*, IV, 175-80.

Withington, Nicholas. "Extracts of a Tractate, ..." *PP*, IV, 162-75.

Witsen, Nicolaas. *Noord en Oost Tartarye...* Amsterdam, 1692.

Wood, Benjamin. "The Voyage of Master Benjamin Wood, ..." *PP*, II, 288-97.

Wurffbain, Johann Sigmund. *Reisebeschreibung welche er wegen der in Niederland angeordneten Ost-Indianische Compagnie, 1632 dahin fürgenommen und 1646 vollendet hat*. Nuremberg, 1646.

——. *Reise nach den Molukken und Vorder-Indien, 1632-1646. Neu herausgegeben nach der zu Nürnberg im Verlag von Johann Georg Endter im Jahre 1686 erscheinenen Original-Ausgabe*. Edited by R. Posthumus Meyjes. NR, Vol. VIII. The Hague, 1931.

——. *Joh. Sigmund Wurffbains vierzehen jährige Ost-Indianische Krieg- und OberKauffmanns-Dienste. In einem richtig geführten Journal- und Tage-Buch. In welchem viel denckwürdige*

Begebenheiten, wohlbeglaubte Erzehlungen, fern entlegener Länder und dero Einwohner annehmliche Beschreibungen ausländischer Gewächse und Thiere deutliche Erklärungen sambt vielen in Handlungs-Sachen dienlichen Wichtigkeiten vorgestellet werden... Nuremburg, 1686.

Wusthof, Geeraerd van; *see* Casteleyn, Pieter.

Wytfliet, Cornelius. *Histoire universelle des Indes Orientales et Occidentales*... Douay, 1605. Translated from Latin into French.

Xavier, Manoel, S.J. *Vitorias do governador da India Nuno Alvarez Botelho.* Lisbon, 1633.

Ximenez, C. *Doctrina cristiana in lengua Bisaya.* Manila, 1610.

Zani, Conte Valerio; *see* Anzi, Aurelio degli.

Zeitung auss der newen Welt oder chinesischen Königreichen... Augsburg, 1654.

耶稣会士书信集

（17世纪出版的耶稣会士书信集的主要版本暂列）

下面的目录经过了精心的选择。该目录主要收录已出版的耶稣会士书信集的最初版本。只有在以下两种情况中，才会收录翻译的版本：一是重要的翻译书简合集首次出版时的版本，二是翻译本的书信集比最初出版的更为著名。尽管要在某位耶稣会士出版的著作和耶稣会士书信集之间做出区分非常困难，我们已经尽力尝试将耶稣会士撰写的著作排除在外，这些著作更应该归类到基本参考书目中。这里只包含了极小一部分最重要的殉教者名单，曾经在17世纪最后几十年占据主导地位的“礼仪之争”作品几乎全未收入。有关来自印度的耶稣会士书信集参见 Correia-Afonso, S.J., *Jesuit Letters and Indian History, 1542-1773* (2d ed.; Bombay, 1969), Appendix D. 有关17世纪的耶稣会士报告（包括已出版的和未出版的）的最完整的书目，参见 Robert Streit, *Bibliotheca mossionum,* Vols. IV and V (Aachen, 1928, 1929)。

整个17世纪，来自亚洲地区的耶稣会士书信集逐渐减少。本世纪最初30年出版的书信集几乎是剩余70年出版的书信集的两倍。虽然这并不意味着耶稣会士对欧洲的亚洲知识贡献减少，但是后半世纪的许多耶稣会士出版物都不宜被称为书信集。其中的很多都是由单个作者撰写的历史或描述作品，另外在本世纪的最后几十年，“礼仪之争”严重主导了耶稣会传教团的出版作品。尽管如此，直到本世纪结束，仍然有一些耶稣会士书信集继续出现。

尽管许多早期的的书信集包括了来自亚洲地区多个社会的书简，但是有些专门报告某个教团，比如在中国或日本的教团。迄今为止，在17世纪最初的30年，来自日本的书简的数量最多。但是到了1615年以后，这些书信通常写于澳门，并且包括了来自越南、印度尼西亚（Indonesia）和中国的书简，同时还有来自被从日本驱逐出来的传教团的书简。事实上，这些书简除了报道宗教迫害和殉教者名单之外，很少涉及日本的其他方面。在17世纪下半叶，无论相对日本还是印度尼西亚，中国都变得更为重要。如果将描述性书籍和“礼仪之争”著作——均未收入本书目——计算在内，那么直到本世纪结束，中国都主导了耶稣会传教团的报告。

在 17 世纪的大部分时间里，在意大利首次出版的书信集比其他任何地方都多，尽管在最初的几十年，许多书信集也在伊比利亚半岛中心地区出版。然而，翻译本和接踵而来的各种版本非常丰富。许多首次在罗马出版的书简都是从最初的葡萄牙语（Portuguese）或西班牙语（Spanish）中翻译过来的。已经在伊比利亚半岛出版的书信集也很快就被翻译成意大利语。大部分书信集也出现在拉丁译本中，这些译本不仅仅在意大利出版，也在美因茨、迪林根（Dillingen）、奥格斯堡（Augsburg）、杜埃（Douai）和安特卫普出版，这些地方的印刷工人似乎专门印刷耶稣会士书信集。有些书简也被翻译成德语、法语和佛兰德语（Flemish），少部分甚至被翻译成英语。几部书信集首次以拉丁语、意大利语或德语出版。不论首个版本是何种语言，这些书信集通常都可以在首次出版后 18 个月或书简写完两三年以后，看到拉丁或各国本国的语言版本。在本世纪初，两种主要的耶稣会士书信集汇集出现了：费尔南·格雷罗五卷本的《耶稣会神父事务年度报告》在 1603—1611 年出版；皮埃尔·杜·雅利克三卷本的《难忘的东印度历险》在 1608—1614 年出版。

在 17 世纪开始时，法国耶稣会士出版的书信集极少。他们并未亲自卷入东方的传教事务，法国最初十年的内部政治问题甚至使得他们很难出版翻译过来的报告。尽管如此，即使是在本世纪最初的十年，一些最重要的书信集仍被翻译成法文，而皮埃尔·杜·雅利克所编汇集的第一卷在在 1608 年出版。随后被翻译成法文的书信集快速增长。因此在 1625 年初，许多最重要的书信集都出现在一套名为 *Histoire de ce qui s'est passé* 的丛书中，这套丛书中大部分都由巴黎的 Sebastien Cramoisy 出版。到了 17 世纪末，法国的出版社主导了耶稣会士报告的出版。然而，其中的大部分都是单行本或“礼仪之争”类著作，而不是书信集。1702 年，《耶稣会士中国书简集》（*Letters édifantes et curieuses écrites des missions étrangères*）第一卷在巴黎出版，到了 1778 年完成之时，该书已经出版了三十四卷。

以下书目按出版日期编年排列。我们所列均为出现在标题页的标题，只在拼写方面做了少量修改。

1596

Francisci Xaverii Epistolarum libri quatuor, ab Horatio Tursellino e Societate Jesu in Latinum conversi ex Hispano. Ad Franciscum Toletum S. R. E. Cardinalem. Roma, 1596. (Correia-Afonso, p. 181. Many subsequent editions.)

1598

Cartas Que os Padres e Irmãos da Companhia de Iesus escreverão dos Reynos de Iapão & China aos da mesma Companhia da India, & Europa, desdo anno de 1549 atè o de 1580. Primeiro Tomo. Nellas se conta o principio, socesso, & bondade da Christandade da quellas partes, & varios costumes, & falsos ritos da gentilidade... Em Evora por Manoel de Lyra. Anno de M.D.XCVIII. (Streit, IV, 500-503. Contains a large number of Japan letters.)

Compendio de algunas cartas que este anno de 97. vierão dos Padres da Companhia de Iesu, que residem na India, & corte do Grão Mogor, & nos Reinos da China, & Iapão, & no Brasil, em que se contem varia cousos. Lisboa. Colligidas por o Padre Amador Rebello da mesma companhia. 1598. (Correia-Afonso, p. 181.)

Nova Relatio Historica de Statu Rei Christianae in Japonia et de Quabacundoni: Hoc Est, Monarchae Japonici trucidatione, binis Epistolis a R. P. Aloysio Frois Soc. Jesu, Anno M DXCV datis, comprehensa. Nunc ex Italico Idiomate in latinum traducta. Moguntiae [Mainz] ex Officina Typ. Joannis Albini, Anno M.D.XCVIII. (Streit, IV, 498. Contains two 1595 letters by Frois.)

Ragguaglio della Morte di Quabacondono, Scritta dal P. Luigi Frois della Compagnia di Giesù, dal Giappone nel Mese d'Ottobre del 1595. Et dalla Portoghesa nella lingua Italiana tradotta dal P. Gasparo Spitilli di Campli, della Compagnia medesima. In Roma, Appresso Luigi Zannetti, 1598... (Streit, IV, 498.)

1599

De Rebus Iaponicis Historica Relatio, Eaque Triplex: I. De gloriosa morte 26. crucifixorum. II. De Legatione Regis Chinensium ad Regem Iaponiae, & de Prodigijs legationem antegressis. III. De rebus per Iaponiam anno 1596. a PP. Soc. Iesu durante persecutione gestis. A. R. P. Ludovico Frois ... Et ex Italico Idiomate Moguntiae in Latinam linguam translata. Moguntiae [Mainz], ex officina Typographica Ioannis Albini, M.D.XCIX. (Streit, IV, 505-6. Contains translations of three letters of Luis Frois: March 15, 1597; Dec. 28, 1596; and Dec. 13, 1596.)

Historica relatio de magno rege Mogor et de Japoniae regnis. Moguntiae [Mainz], 1599.

Lettera Annua del Giappone, dell' Anno M.D.XCVI. Scritta dal P. Luigi Frois ... Tradotta in Italiano dal P. Francesco Mercati... In Roma, Appresso Luigi Zannetti 1599. (Streit, IV, 506. Letter dated Dec. 13, 1596.)

Relatione della Gloriosa Morte di XXVI Posti in Croce per commandamento del Re di Giappone, alli

5. di Febraio 1597. de quali sei furono Religiosi di S. Francesco, tre della Compagnia di Giesù & dicesette Christiani Giapponesi. Mandata dal P. Luigi Frois alli 15. di Marzo ... Et fatta in Italiano dal P. Gasparo Spitilli ... In Roma, Appresso Luigi Zannetti 1599... (Streit, IV, 506. Letter dated March 15, 1597.)

Trattato d'Alcuni Prodigii Occorsi l'Anno M.D.XCVI. Nel Giappone. Mandato dal P. Luigi Frois ... Tradotto in Italiano dal P. Francesco Mercati ... In Roma, Appresso Luigi Zannetti. M.D.XCIX... (Streit, IV, 507. Letter dated Dec. 28, 1596.)

1601

Breve relatione del Regno della Cina. Nella quale si dà particolar conto dello stato presente di quel Regno, della dispositione di quei popoli alla Fede Christiana, & de' loro costumi, studij, & dottrina. Scritta di là dal R. P. Nicolo Longobardi della Compagnia di Giesu. In Mãtova, Per Francesco Osanna Stampator Ducale. 1601. (Streit, V, 684.)

Copia d'una Breve Relatione della Christianità di Giappone, del mese di Marzo del M.D.XCVIII. insino ad Ottob. del medisimo anno, et della morte di Taicosama Signore di detto Regno. Scritta del P. Francesco Pasio, ... et dalla Portoghese tradotta nella lingua Italiana dal P. Gasparo Spitilli, di Campii della Compagnia medesima. In Roma, Appresso Luigi Zannetti M.DCI... (Streit, V, 7. Contains Pasio's 1598 letter from Japan, Pedro Gomez' 1598 letter, Longobardo's 1598 letter from China, and the 1589 and 1599 letters of "Gerolamo Sciavier" [Jerome Xavier] and Emanuel Pigneiro [Manuel do Pinheiro] from the Mughul Empire.)

Epistola Patris Nicolai Pimentae Visitatoris Societatis Jesu in India Orientali... Goae VIII. Kal. Januarij 1599. Romae, Apud Aloysium Zannettum. MDCI... (Streit, V, 8.)

Lettera del P. Nicolo Pimenta Visitatore della Compagnia di Giesù nell' India Orientale... Da Goa, li 25. di Decembre. 1598. [sic] In Roma. Appresso Luigi Zannetti. M.DC.I... (Streit, V, 9. In the text, the letter is dated 1599, not 1598.)

Newe Historische Relation und sehr gute fröliche und lustige Bottschaft was sich in vilen gewaltigen Königreichen der Orientalischen Indien... Dilingen durch Johannes Mayer. 1601. (Streit, V, 10. Contains Pasio's 1598 letter from Japan and Nicolas Pimenta's of 1598 and 1599.)

1602

Cartas Que o Padre Nicolao Pimenta da Companhia de Iesu, Visitador nas Partes do Oriente, escreveo ao Geral della mesma Companhia à 26 de Novẽbro [sic] do ano de 1599 et ao 1. de Dezembre de 1600. nas quaes entre agũas cousas notaveis et curiosas q conta de diversos reinos, relata o sucesso da insigne Victoria q Andre Furtado de Mendoça alcaçou do Cunhale grande perseguidor da Fee et Christãdade da India et cruel inimigo daquelle estado. Em Lisboa, por Pedro Crasbeeck 1602. (Streit, V, 15-16. Portuguese translation of the *Epistola* [Rome, 1600] and of the *Copia* [Rome,

1602]. Translated into English and edited by H. Hosten, S.J., in the *JRAS, Bengal Branch*, XXIII [1927], 95-97.)

Copia d'Una del P. Nicolo Pimenta, Visitatore Della Provincia d'India Orientale... del primo di Decembre 1600. In Roma, Appresso Luigi Zannetti 1602... (Streit, V, 12. Contains letters from Corsi, Soares, Cotigno, Fernandez, Fonseca, Boves, Brito.)

Relations des Peres Loys Froes, et Nicolas Pimenta de la Compagnie de Iesus... Concernant l' accroissement de la foy Chrestienne au Iappon & autres contrées des Indes Orientales és années 1596 & 1599. Traduittes du Latin imprimé à Rome. A Lyon, Par Iean Pillehotte, ... M.DCII. (Streit, V, 12. The two letters were each published before, but not together.)

1603

Lettera Annua di Giappone Scritta nel 1601. e mandata dal P. Francesco Pasio V. Provinciale ... In Roma, Appresso Luigi Zannetti M DC III... (Streit, V, 367-72.)

Lettera del P. Alessandro Valignano, Visitatore della Compagnia di Giesù nel Giappone, e nella Cina de'10 d'Ottobre del 1599... In Roma, Appresso Luigi Zanetti. 1603 ... (Streit, V, 372. Bound with *Sopplimento dell'Annua del MDC*, published 1603.)

Lettera della Cina dell' Anno 1601. Mandata dal P. Valentino Carvaglio Rettore del Collegio di Macao, ... In Roma nella Stamperia di Luigi Zannetti, 1603... (Streit, V, 689.)

Relaçam Annual das Cousas Que Fizeram os Padres da Companhia de Iesus na India & Iapão nos Annos de 600. & 601. & do processo da conversão, & Christandade daquellas partes: tirada das cartas gêraes que de lâ vierão pello Padre Fernão Guerreiro da Companhia de Jesus. Vai dividada em dous livros, hum das cousas da India & outro da Japam. Impressa com licença do S. Officio, & Ordinario. Em Evora, por Manoel de Lyra. Anno 1603. (Streit, V, 16-17. This work, which contains a great many Jesuit letters, was published in five volumes at Evora and Lisbon, 1603-11; the title varies with each volume.)

Relatione Breve del P. Diego de Torres della Compagnia di Giesù. Procuratore della Provincia del Perù circa i frutto che si raccoglie con gli Indiani di quel Regno... Al fine s'aggiunge la lettera annua dell' Isole Filippine del 1600. In Roma, Appresso Luigi Zannetti. M.DC III... (Streit, V, 243. Contains Francesco Vaez's Lettera Annua dell'Isole Filippine, dated 10, VI, 1601; see Streit, V, 240.)

Sopplimento dell'Annua del MDC. nel Qual Si da Raguaglio di quel chè è socceduto alla Christianità di Giappone, dal mese d'Ottobre di detto anno, insino à Febraio del 1601... dal R Valentino Carvaglio della medesima Compagnia. In Roma, Apresso Luigi Zannetti. 1603. (Streit, V, 372. Bound with *Lettera del P. Aless. Valignano, Ottobre 1599*, above.)

1604

Japponiensis Imperii Admirabilis Commutatio Exposita Litteris ad Reverendum admodum P. Claudium Aquavivam Praepositum Generalem Soc. Jesu, quas ex Italis latinas fecit. Io. Hayus Dalgattiensis Scotus de eadem Societate. Antverpiae Sumptibus Viduae & Heredum Io: Belleri, sub Insigni Aquilae aureae. Anno M.DC.IV. (Streit, V, 376. A translation of Valentim Carvalho's letter of 1601 in *Sopplimento dell'Annua del MDC*, published 1603; the first of John Hay of Dalgetty's many letterbook translations.)

Litterae Annuae Insularum Philippinarum Scriptae a P. Francisco Vaez ... X. Die Junij, anno M.DCI. Moguntiae [Mainz], Excudebat Balthasarus Lippius. Anno M.DCIV. (Streit, V, 247. A translation of Vaez's letter first published in D. de Torres'*Relatione breve*, Rome, 1603. This appears to be the first time it was published separately.)

Litterae societatis Jesu, duorum annorum 1594 et 1595. Naples, 1604.

Nouveaux Advis du Royaume de la Chine, du Jappon et de l'Estat du Roy de Mogor, successeur du grand Tamburlã & d'autres Royaumes des Indes à luy subiects. Tirez de plusieurs Lettres, mémoires & Advis envoyez à Rome: Et nouvellement traduits d'Italien en François. A Paris, Chez Claude Chappelet, ruë S. Jacques à la Licorne, M.DCIIII. (Streit, V, 21. Contains Longobardo's letter of 1598, Valignano's Japan letter of 1599, Carvalho's Japan letter of 1601, and three letters from the Mughul Empire.)

1605

De Rebus Iaponicis, Indicis, et Peruanis Epistolae Recentiores. A Joanne Hayo Dalgattiensi Scoto Societatis Iesu in librum unum coacervatae. Antverpiae. Ex Officina Martini Nutij, ad insigne duarum Ciconiarum, Anno M. DC. V. (Streit, V, 28-29. A compilation of Jesuit letters from 1577 to 1601.)

Lettera Annua della V. Provincia delle Filippine dal Giugno del 1602. al seguente Giugno del 1603. Scritta dal P. Gio. de Ribera della Compagnia di Giesu ... In Roma, Appresso Luigi Zannetti, M DC V. (Streit, V, 247.)

Lettera Annua di Giappone del M. DC. III. Scritta da P. Gabriel de Matos ... Con una della Cina e delle Molucche. In Roma, Appresso Luigi Zannetti. M.DC.V... (Streit, V, 31-33. Contains Matos'letter from Japan, 1603;Luigi Fernandez' letter from the Moluccas, 1603; Lorenzo Masonio's letter from Amboina, 1603; and Diego Antunez' letter from the college of Macao, 1603.)

Relacion de la Entrada de Algunos Padres de la Cõpañia de Iesus en la China, y particulares successos q tuvieron, y de cosas muy notables que vieron en el mismo Reyno... En Sevilla. Por Alonso Rodriguez Gamarra. Año de 1605. (Streit, V 692. Written by Diego de Pantoja; many subsequent editions and translations.)

1606

Relacion del Martyrio Que Seis Christianos nobles padecieron en el lapō, en el Reyno de Fingo, por causa de nuestra Sancta Fee Catholica. Sacada de unas que Dō Luis Sequeyra Obispo del Iapon escrivio desde Nangasaqui, su fecha a 25. de Enero del año de 1604. las quales se recibieron en España este de 1606. Por luan Mosquera Religioso de la Compañia de Iesus. Dirigida al Conde de Haro, &c. En Valladolid Año de 1606... En casa de Andres de Merchan. (Streit, V, 381. The Portuguese original of this frequently translated work was supposedly printed in China; see Streit, V, 376.)

1608

Tre Lettere Annue del Giappone de gli Anni 1603. 1604. 1605. e parte del 1606. Mandate dal P. Francesco Pasio V. Provinciale di quelle parti... In Roma, Appresso Bartholomeo Zannetti. 1608... (Streit, V, 385-86. Letters by Matteo Couros, 1603; João Rodrigues Girão, 1604 and 1605/1606; frequently translated and reissued.)

Histoire des Choses Plus Memorables Advenues tant ez Indes Orientales, que autres païs de la descouverte des Portugais, en l'establissement & progrez de la Foy Chrestienne, & Catholique: & principalement de ce que les Religieux de la Compagnie de Iesus y ont faict, & enduré pour la mesme fin; Depuis qu'ils y sont entrez jusques à l'an 1600. Le tout recueilly des lettres, & autres Histoires, qui en ont esté escriptes cy devant, et mis en ordre par le P. Pierre du Iarric Tolosain, de la mesme Compagnie. A Bourdeaus, Par S. Millanges, Imprimeur ordinaire du Roy M. DC.VIII. Avec Privilege de sa Majesté. (Streit, V, 44.3 vols., 1608, 1610, 1614.)

1609

Coppie de la Lettre du R. P. Nicolas Trigault Douysien de la Compagnie de Iesus, Contenant l' accroissement de la Foy Catholique aux Indes, Chines, & lieux voisins. Ensemble, L'assiegement de Mozambic, Malaca, Amboin &c. par la Flotte Hollandoise. Escrite Au R. P. François Fleron, Provincial de la mesme Compagnie, en la Province des Pays-pas, datée de Goa en l'Inde Orientale, la veille de Noël. 1607. En Anvers, Chez Daniel Vervliet, à l'Escu d'Artois. 1609... (Streit, V, 49.)

1610

Annua della Cina del M.DC.VI. e M.DC.VII. del Padre Matteo Ricci della Compagnia di Giesu... In Roma, Nella Stamparia di Bartolomeo Zannetti. Anno, M.DC.X... (Streit, V, 702.)

Lettera di Giappone dell'Anno M.DC.VI del P. Giovanni Rodriguez della Compagnia di Giesu... In Roma, Nella Stamparia di Bartolomeo Zannetti. Anno, M.DC.X... (Streit, V, 389.)

1611

Drey merkliche Relationes. Erste von der Victori Sigismundi III. desz Groszmächtigen Königs in Polen und Schweden so jhr May. uber der Moscuwiter vermainten unüberwindtliche Vestung Smolenzko erhalten und mit stirmender Hand erobert den 13. Junij desz 1611. Jars. Andere von bekörung und Tauff dreyer Junger Herren und Vettern desz mächtigen Königs Mogor in Indien den 27. Sept. Anno 1610. Dritte Wie die Insul und Königreich Ternate in jhr Mag. Königs in Spanien Namen den Moren und Holländern widerumb sighafft abgetrungen. Gedruckt zu Augspurg bey Chrysostomo Dabertzhofer. 1611. (Streit, V, 62).

Historicher Bericht Was sich in dem grossen unnd nun je lenger je mehr bekandten Königreich China in verkündigung desz H. Evangelij und fortpflantzung des Catholischen Glaubens von 1604. und volgenden Jaren Denkwürdigs zugetragen. Ausz Portugesischen zu Lisabona gedruckten Exemplaren ins Teutsch gebracht. M. DC. XI. Gedruckt zu Augspurg bey Chrysostomo Dabertzhofer. (Streit, V, 704. Translations from Guerreiro's *Relaçam* and from Ricci's letter of 1607.)

Indianische Relation was sich in den Königreichen Pegu, Bengala, Bisznaga, und etliche andern Ländern der gegen Auffgang gelegen Indien von 1604. und etlich volgenden Jahren, so wol in geist- als weltlichen Sachen zugetragen. Ausz Portugesischen zu Liszbona getruckten Exemplaren ins Teutsch gebracht. Augsburg: Chrysostomus Dabertzhofer, 1611.

Lettera Annua della Provincia delle Filippine dell' Anno M.DC.VIII. Scritta dal P. Gregorio Lopez Provinciale in quell' Isole... In Roma, Per Bartolomeo Zannetti, 1611... (Streit, V, 253-54.)

Relationi della Gloriosa Morte di Nove Christiani Giaponesi, Martirizzati per la Fede Cattolica nei Regni di Fingo, Sassuma, e Firando; Mandate dal P. Provinciale della Compagnia di Giesu in Giapone, nel Marzo del 1609 e 1610...In Roma, Appresso Bartolomeo Zannetti. M.DC.XI. (Streit, V, 391-92.)

1614

Deux Lettres, l'une envoyée des isles Philippines par le P. Gregoire Lopez, et l'autre de la Chine par le P. Matthieu Ricci au Reverend Pere Claude Aquaviva General de la Compagnie de Jesus à Rome. A Lille, De l'Imprimerie de Pierre de Rache, 1614. (Streit, V, 258. Ricci's letter of Aug. 22, 1608, does not appear to have been previously published.)

Indianische Newe Relation Erster Theil. Was sich in der Goanischen Provintz unnd in der Mission Monomatapa Mogor auch in der Provintz Cochin, Malabaria, Chinna, Pegu, unnd Maluco, so wol in Geistlichen als Weltlichen Sachen von 1607.1608. und folgenden zugetragen. Vom R. Patre Fernando Guerreiro, der Societet Jesu, in Portugesischer Sprach beschriben. Nachmals ausz dem zu Liszbona getruckten Exemplaren ins Teutsch gebracht. Gedruckt zu Augspurg bey Chrysostomo Dabertzhofer. Anno M.DC.XIIII. (Streit, V, 70. A partial translation of Guerreiros 1611 volume.)

1615

Due Lettere Annue della Cina del 1610. e del 1611... Dal Padre Nicolò Trigaut della medesima Compagnia di Giesu. In Roma, Per Bartolomeo Zannetti, MDCXV... (Streit, V, 715.)

Lettera Annua del Giappone del 1609. e 1610... Dal P. Giovan Rodriguez Girano. In Roma, Appresso Bartolomeo Zannetti. 1615... (Streit, V, 401-5.)

Raguagli d'alcune Missioni Fatte dalli Padri della Compagnia di Giesu nell' Indie Orientale, cioè nelle Provincie di Goa, e Coccinno, e nell' Africa in capo verde. In Roma, Appresso Bartolomeo Zannetti. M.DC.XV... (Streit, V, 75.)

Rei Christianae apud Japonios Commentarius. Ex litteris annuis Societatis Jesu annorum 1609. 1610. 1611. 1612. collectus. Auctore P. Nicolao Trigautio Eiusdem Societatis. Augustae Vindelicorum apud Christophorum Mangium M DC XV. (Streit, V, 406.)

1616

Breve Relacion de la Persecution Que huvo estos años contra la Iglesia de Iapon, y los ministros della. Dividida en dos Partes, la primera de lo sucedido, antes del destierro de los padres. Y la segunda de lo que huvo despues de su partida. Sacada de la carta anua, y de otras informaciones autenticas que truxo el Padre Pedro Morejon de la Compañia de Iesus, Procurador de la Provincia de Iapon. En Mexico, en casa de luan Ruiz, año de 1616. Con licencia de los Superioes. (Streit, V, 408. Frequently translated and reissued.)

1617

Lettera Annua del Giappone dell' Anno M. DC.XIII. Nella quale si raccontano molte cose dédificatione, e martirij occorsi nella persecutione di questo Anno. Scritta dal P. Sebastiano Vieira della Compagnia di Giesu... In Roma, Per Bartolomeo Zannetti, 1617... (Streit, V, 429.)

Lettera Annua del Giappone del M.DCXIV... Scritta dal Padre Gabriel de Mattos della medesima Compagnia di Giesu. In Roma. Appresso Bartolomeo Zannetti. M.DCXVII... (Streit, V, 419-27.)

Relacion del Sucesso Que Tuvo Nuestra Santa Fe en los Reynos del Iapon, desde el año de seyscientos y doze hasta el de seyscientos y quinze, Imperando Cubosama. Dirigida a la Magestad Catolica del Rey Filippo Tercero nuestro Señor. Compuesta por el Padre Luys Piñeyro de la Compañia de Iesus. Año 1617. Con Privilegio. En Madrid, Por la viuda de Alonso Martin de Balbao. (Streit, V, 428.)

1618

Annuae Litterae Societatis Iesu. Anni M.DC.IV. Ad Patres & Fratres eiusdem Societatis. Duaci [Douay]. Ex Officina Viduae Laurentii Kellami, & Thomae filij... M.DC.XVIII. (Pages 332-61 are on the Philippines.)

Annuae Litterae Societatis Iesu. Anni M.DC.V. Ad Patres & Fratres eiusdem Societatis. Duaci [Douay], Ex Officina Viduae Laurentii Kellami, & Thomae filij ... M.DC.XVIII. (Pages 442-515 are on the

Philippines.)

Annuae Litterae Societatis Iesu, Anni M.DC.IX. Ad Patres et Fratres Eiusdem Societatis. Dilingae, Apud Viduam Ioannis Mayer ... M.DC.XVIII. (Pages 545-90 are on the Philippines.)

Litterae Annuae Societatis Iesu, Anni MDCII. Antverpiae. Apud Heredes Martini Nutij. Anno MDCXVIII. (Pages 284-94 are on the Philippines.)

Lettres Annales du Jappon, des Annees M.DC.XIII. et M DC.XIV. Où plusieurs choses d'edification sont racontees fidelement, et les Martyres arrivez durant la persecution desdictes Annees, ... par le P. Sebastien Vieira, de la mesme Compagnie. Mises d'Italien en François, au Collège de Lyon, par le Pere Michel Coyssard. A Lyon, Par Claude Morillon, Libraire et Imprimeur de Madame la Duchesse de Montpensier. M.DC.XVIII... (Streit, V, 437. Vieira's letter of 1613, and Matos' of 1614.)

1619

Litterae Societatis Iesu, Annorum Duorum, MDCXIII, et MDCXIV, ad Patres, et Fratres eiusdem Societatis. Lugduni [Lyons], apud Claudium Cayne typographum, MDCXIX. (Pages 713-31 are on the Philippines.)

1620

Epistola R. P. Nicolai Trigautii e Societate Iesu de Felici sua in Indiam navigatione: itemque de Statu rei Christianae apud Sinas & Iaponios. Coloniae Agrippinae [Cologne], Apud Ioannem Kinchium Anno M.DC.XX. (Streit, V, 82.)

Histoire du Massacre de Plusieurs Religieux de S. Dominique, de S. François, et de la Compagnie de Iesus, et d'autres Chrestiens, advenu en la rebellion de quelques Indois de l' Occident contre les Espagnols ... A Valencienne, de l' Imprimerie de Ian Vervliet, l' An M.DC.XX. (Streit, V, 82-83. Contains letters from P. Elie Philippe Trigault, 1618; Nicolas Trigault, Goa, 1618; and Pierre Spira, Macao, 1612.)

Lettere del P. Giacomo Ro, della Compagnia di Giesù, doppò la sua partenza di Lisbona per la Cina, che fù alli 6. d' Aprile 1618. Scritta al Signor Alessandro Ro I. C. suo Padre, in mezo al Oceano, et poi da Goa capo delle Indie orientali al Signor Paolo suo fratello hora Vicario di Provisione, et Regio Fiscale in Milano, et ad altri suoi di casa. In Milano, Appresso Gio. Battista Bidelli. M.DC. XX. (Streit, V, 81.)

Narré Veritable de la Persecution Excitée Contre les Chrestiens au Royaume de la Chine, Extrait des Lettres du P. Alvares Semede de la Compagnie de Jesus, captif au mesme lieu, l' An 1619. A Paris, Chez Sebastien Chappelet, ruë S. Jacques, à l' Olivier. M.DCXX. (Streit, V, 737. Also contains W. Kirwitzer' s letter of Jan. 9, 1619.)

1621

Estado, i Sucesso de las Cosas de lapon, China, i Filippinas. Dase cuenta de la cruel persecucion que padece la Cristiandad de aquellas partes, i del numero de martyres que en ellas â avido de diferentes Religiones... Escrito por un Religioso de la Cõpañia, q̃ assiste en las Filipinas, a otro de Mexico, i de alli enbiado en el aviso a los desta ciudad de Sevilla. Con licencia impresso en Sevilla, por Francisco de Lyra. Año 1626 (Streit, V, 262. Written by Diego de Bobadilla.)

Historia y Relacion de lo Sucedido en los Reinos de Japon y China, en la qual se continua la gran persecucion que ha avido en aq̃lla Iglesia, desde el año de 615. hasta el de 19. Por el Padre Pedro Morejon de la Compañia de Jesus, Procurador de la Provincia de Japon, natural de Medina del Campo. Anno 1621. Con licēcia en Lisboa por Iuan Rodriguez. (Streit, V, 456. Includes B. de Torres' Japan letter of 1615; contains letters from other parts of Asia and Ethiopia as well.)

Kurtze Relation, was inn den Königreichen Iapon unnd China, in den Jahren 1618. 1619. und 1620. mit auszbreittung desz Christlichen Glaubens sich begeben Auch was massen vil Christen so wohl Geistliche als Weltliche darüber ihr Blut vergossen und die Marter Cron erlangt. Darbey auch etwas Berichts was in den Insuln Filippinen sich begeben Alles ausz glaubwürdigen Hispanischen schreiben und Relationen in die Teutsche Sprach ubergesetzt. Gedruckt zu Augspurg bey Sara Mangin Wittib. M.DC.XXI. (Streit, V, 456.)

Lettere Annue del Giappone, China, Goa, et Ethiopia... da Padri dell' istessa Compagnia ne gli anni 1615. 1616. 1617. 1618. 1619. Volgarizati dal P. Lorenzo delle Pozze della medesima Compagnia. In Napoli per Lazaro Scorriggio. M.DC.XXI. (Streit, V, 87. Contains a great many important letters by, for example, Johannes Vreman, Gaspar Luis, Pedro Paez, Michele della Pace, Francesco Vieira, Camillo di Costanzo, Alphonso Vagnone, Matteo de Couros, Francesco Pacco, Luis Martínez de Fiqueiredo, and Francesco Eugenio.)

1622

Copia de unas cartas de los padres ... en que se da cuentas de lo sucedido en las canonizaciones de los cinco santos, Isidro, Ignacio, Francisco, Teresa y Filipo. Madrid: Luis Sanchez, 1622.

1623

Relation-Schreiben Ausz Japon vom M.DC.XXII. Jahr ... Vom P. Jeronimus Maiorica zu Macao in Japon den 30. Septembris im Jahr 1623 datiret ... Ausz dem Spanischen ins Teutsch versetzt. Gedruckt zu Augspurg durch Andream Aperger auff unser Lieben Frawen Thor im Jahr 1623. (Streit, V, 463.)

Relatione Sommaria delle Nuove che son venute dal Giappone, China, Cochinchina, India, & Etiopia, l'anno 1622. Cavate d'alcune lettere di persone degne di fede. Stampata in Milano, nella Stampa Regia Camerale. Adi primo Giugno MDCXXIII. Et Ristampata in Bologna, Per gl' Heredi del Cochi, al Pozzo rosso, da S. Damiano. 1623... (Streit, V, 96.)

1624

Relacion Breve de los Grandes y Rigurosos Martirios que el año passado de 1622. dieron en el Iapon, a ciẽto y diez y ocho ilustrissimos Martyres, sacada principalmente de las cartas de los Padres de la Compañia de Iesus que alli residẽ: y de que han referido muchas personas de aquel Reyno, que en dos Navios llegaron a la Ciudad de Manila a 12. de Agosto de 1623. Impresso con licencia, en Madrid por Andres de Parra año 1624. (Streit, V, 476.)

Relatione delle Cose Piu Notabili Scritte ne gli anni 1619, 1620, e 1621 dalla Cina... In Roma, Per l' Erede di Bartolomeo Zannetti. M.DC.XXIV. (Streit,V, 755. Letters by Manuel Dias the Elder, 1619; Pantaleone [Kirwitzer], 1620; Trigault, 1621; etc.)

Relatione di Alcune Cose Cavate dalle lettere scritte ne gli anni 1619. 1620. & 1621. Dal Giappone... In Roma, Per l'Erede di Bartolomeo Zannetti. M.DC.XXIV... (Streit, V, 477.)

1625

Carta Nuevamente embiada a los Padres de la Compaiña de Iesus, en que da quenta de los grandes martirios q̃ en el Iapon, an padecido muchos padres de muchas Religiones. Y las grandes novelas y revolucion que ay en aquellas Provincias... En Sevilla por Iuan de Cabrera, año de 1625. (Streit, V, 482-83).

Histoire de ce qui s'est passé à la Chine. Tirée des lettres escrites és années 1619. 1620.& 1621... Traduicte de l'Italien en François par le P. Pierre Morin de la mesme Compagnie. A. Paris, Chez Sebastien Cramoisy, ruë sainct Iacques aux Cicognes. M.DC.XXV... (Streit, V, 755. A translation of Relatione delle cose piu notabili [Rome, 1624]; it is the first of a long series of French translations from Italian originals with titles that begin with *Histoire de ce qui s'est passé.*)

1626

Novo Descobrimento do Gram Cathayo, ou Reinos de Tibet. Pello Padre Antonio de Andrade da Companhia de Jesu, Portuguez, no Anno de 1624. Com todas as licenças necessarias. Em Lisboa, Por Mattheus Pinheiro. Anno de 1626. (Streit, V, 107. Many subsequent editions and translations.)

1627

Lettere Annue d'Etiopia, Malabar, Brasil, e Goa. Dall' Anno 1620. fin'al 1624... In Roma, Per Francesco Corbelletti M DC XXVII... (Streit, V, III.)

Lettere Annue del Giappone dell'Anno MDCXXII. e della Cina del 1621. & 1622... In Roma, Per Francesco Corbelletti. MDCXXVII... (Streit, V, 497. Maiorica's Japan letters of 1621 and 1622; Trigault's China letter of 1621; Semedo's of 1622.)

1628

Advis certain, d'une plus ample descoverte du royaume de Cataï. avec quelques autres particularitez notables de la coste de Cocincina, & de l'antiquité de la Foy Chrestienne dans la Chine. Tirées des lettres des PP. de la Compagnie de Iesus, de l'année 1626. A Paris, Chez Sebastien Chappelet, rue Sainct Iacques, au Chapelet, M. DC. XXVIII. (Streit, V, 116. Contains Francisco Godinho's letter of August 16, 1626, from Tibet.)

Breve Relatione della gloriosa morte di Paolo Michi, Giovanni Goto, e Giacomo Ghisai Martiri Giapponese della Compagnie di Giesù, Seguita in Nangasachi alli 5. di Febraro 1597. Cavata da una lettera del P. Pietro Gomez Viceprovinciale ... l'anno 1597. In Roma. Per l'Erede del Zannetti. 1628... (Streit, V, 511.)

Extrait des Lettres Addressées au R. P. General de la Compagnie de Jesus, contenant ce qui s'est passé de plus memorable depuis 1621. iusques à 1626. ès Indes au grand Mogor, et principalement en Ethiopie, au Royaume de Tibet et en la Chine. Au Pont-a-Mousson, Par François Gaunault, M. DC. XXVIII. (Streit V, 116.)

Lettere Annua del Giappone dell' Anno 1624. ... In Roma, Per l'Erede di Bartolomeo Zannetti. M.DC. XXVIII... (Streit, V, 515. Written by João Rodrigues Girão.)

Lettere Annue del Tibet del M.DC.XXVI. e della Cina del MDCXXIV... In Roma, Appresso Francesco Corbelletti. 1628. Con Licenza de' Superiori. (Streit, V, 117. Contains letters from Antonio de Andrade, Aug. 15, 1626, and Kirwitzer in Macao, Oct. 27, 1625.)

Vita del P. Carlo Spinola della Compagnia di Giesù, morto per la Santa Fede nel Giappone dal P. Fabio Ambrosio Spinola dell' istessa Compagnia. In Roma, Appresso Francesco Corbelletti, M.DC. XXVIII. (Streit, V, 513.)

1629

Lettere dell' Etiopia dell' Anno 1626. fino al Marzo del 1627. e della Cina dell' Anno 1625. fino al Febraro del 1626. Con una breve Relatione del viaggio al Regno di Tunquim, nuovamente scoperto. ... In Roma, Appresso l' Erede di Bartolomeo Zannetti 1629... (Streit, V, 589. Letters of Manuel de Almeida, Apr. 17, 1627; Dias the Younger, Mar. 1, 1626; and Baldinotti, Jul. 3, 1626.)

1630

Relacion de Alguna de las cosas tocantes a la vide y glorioso martyrio que con su Provincial y otros siete Religiosos de la Compañia de Jesus, padecio el S. P. Baltasar de Torres; sacada de las cartas autenticas, que han venido del Japon, de lo sucedido el año de seisciētos y veinte y seis en la cruel persecucion, que en aquel Imperio padece la Christiandad. [Salamanca, 1630.] (Streit, V, 528. The author is Antonio de Torres y Quesada.)

1632

Lettere Annue del Giappone de gl' Anni MDCXXV. MDCXXVI. MDCXXVII... In Roma, Appresso Francesco Corbelletti. MDCXXXII... (Streit, V, 533. Contains letters by G. B. Bonelli, Morejon, Rodrigues Girão, and Christovão Ferreira.)

1633

Compendio de lo Sucedido en el Iapon desde la Fundacion de Aquella Christiandad. Y relacion de los Martires Que Padecieron estos años de 1629. y 30. Sacada de las cartas Que Escrivieron los Padres de la Compañia que alli assisten. ... En Madrid en la Imprenta del Reyno, año 1633. (Streit, V, 538. Written by Matias de Sousa.)

1635

Catalogo de los Religiosos de la Compañia de Iesus, que fuerō atormentados, y muertos en Iapon por la Fé de Christo, año de 1632 y 1633. Sacado de las cartas annuas que llegaron este año de 1635 a Lisboa, con la Nave Capitana de la India Oriental... Por el P. Francisco Rodriguez de la Compañia de Jesus ... Con licencia en Madrid por Andres de Parra. Año de 1635. (Streit, V, 543.)

Relatione Delle Persecutioni Mosse Contro La Fede Di Christo In Varii Regni Del Giappone Ne gl'Anni MDCXXVIII. MDCXXIX. e MDCXXX. ... In Roma. Appresso Francesco Corbelletti. MDCXXXV... (Streit, V, 542. Written by Christovão Ferreira.)

1637

R. P. Marcelli Mastrilli e Societate Iesu et XXXII. Sociorum, ac XVI. Aliorum Religiosorum. Iter in Indiam S. P. Francisci Xaverii Patrocinio Feliciter Peractum. Ab eodem Marcello descriptū, atque ad Catholicam Hispaniarum Reginam transmissum. Antverpiae, Typisjoannis Meursi. M.DC. XXXVII. Superiorum Permissu. (Streit, V, 124. This appears to be the first published edition; Meurs published a Dutch translation in the same year.)

1638

Breve Relacion del Martirio del Padre Francisco Marcelo Mastrillo de la Compañia de Iesus, martirizado en Nangasaqui, Ciudad del Xapon, en 17. de Octubre de 1637. embiada por el Padre Nicolás de Acosta, Procurador del Xapon, al Padre Francisco Manso, Procurador general de las Provincias de Portugal de la dicha Compañia en Madrid. [Madrid, 1638.] (Streit, V, 547.)

Relación del Insigne Martyrio, Que padecio por la Fe de Christo el Milagroso P. Marcelo Francisco Mastrilli de la Compañia de Jesus en la Ciudad de Nangasaqui de los Reynos del Japō a 17. dias del mes de Octubre deste año pasado de 1637. [Manila, 1638.] (Streit, V, 549.)

1639

Historia de la celestial Vocacion, Missiones apostolicas, y gloriosa Muerte; del Padre, Marcello Fran. Mastrilli, Hijo del Marques de S. Marsano, Indiatico felicissimo de la Compañia de IHS a Antonio Telles de Silva. Por el P. Ignacio Stafford de la Compañia de Jesus ... En Lisboa Por Antonio Alvarez. Ano de 1639. (Streit, V, 551.)

1640

Paciecidos Libri XII. Decantatur P. Franciscus Paciecus Lusitanus S. J., Japponiae Provincialis, ibique vivus pro Christi fide lento igne concrematus, anno 1626. Auctore Bartholomeo Pereira S. J. Conimbriae, Expensis Emmanuelis de Carvalho, 1640. (Streit, V, 552.)

1642

Breve Recopilação dos principios, continuação e estado de christandande da China. Pelo P. Alvaro Semedo S. J. Em Lisboa, Por Paulo Craesbeeck 1642. (Streit, V, 778.)

1643

Relação da Gloriosa Morte de Quatro Embaixadores Portuguezes, da Cidade de Macao, con sincoenta, & sete Christaõs de sua companhia, degolados todos pella fee de Christo em Nangassaqui, Cidade de Iappaõ, a tres de Agosto de 1640 ... Pello Padre Antonio Francisco Cardim da Companhia de Iesu Procurador geral da Provincia de Iappaõ. Em Lisboa ... Na Officina de Lourenço de Anveres Anno de 1643... (Streit, V, 556-57.)

1645

Relatione della Provincia del Giappone Scritta dal Padre Antonio Francesco Cardim della Compagnia di Giesu, Procuratore di quella Provincia... In Roma, Nella Stamperia di Andrea Fei. M.DC.XLV... (Streit, V, 558.)

Relatione delle Missioni, e Christianità che appartengono alla Provincia di Malavar della Compagnia di Giesu. Scritta dal P. Francesco Barreto dell' istessa Compag. Procuratore di quella Provincia. En Roma, Appresso Francesco Cavalli. 1645. Con licenza de' Superiori. (Streit, V, 135.)

Relation de ce qui s'est passé depuis quelques années iusques a l'an 1644. au Iapon, à la Cochinchina, au Malabar, et en plusieurs autres isles et royaumes de l'orient compris sous le nom des provinces du Iapon et du Malabar, de la Compagnie de Iesus. (Published in 2 pts., Paris, 1645-46. Pt. 1 is by Cardim.)

1646

Fasciculus e Iapponicis Floribus, Suo Adhue Madentibus Sanguine, Compositus a P. Antonio Francisco Cardim è Societate Iesu Provinciae Iapponiae ad Urbem Procuratore... Romae, Typis Heredum Corbelletti. 1646. Superiorum Permissu. (Streit, V, 560.)

1650

Relação da conversão a nossa Sancta Fè da Rainha, & Principe da China, & de outras pessoas da casa Real que se baptizarão o anno de 1648 ... Em Lisboa, ... Na Officina Craesbeeckiana, anno 1650... (Streit, V, 790. Author is Matias de Maya.)

1651

Relation de Ce Qui S'est Passé dans les Indes Orientales en Ses Trois Provinces de Goa, de Malabar, du Iapon, de la Chine, & autres païs nouvellement descouverts ... Par le P. Iean Maracci Procureur de la Province de Goa, au mois d'Avril 1649. A Paris, Chez Sebastien Cramoisy, ... M.DC.LI. Avec Privilege du Roy. (Streit, V, 142-43.)

1652

Breve Relazione della China, e della Memorabile Conversione di Persone Regali di quella corte alla Religione Christiana. Per il P. Michele Boym S. J. Roma, 1652. (Streit, V, 793.)

1653

Relation des Progrez de la Foy au Royaume de la Cochinchine Ès Années 1646. & 1647. Envoiée au R. P. General de la Compagnie de Iesus. Par le P. Mettelle Saccano, ... A Paris, Chez Sebastien Cramoisy, ... M.DC.LIII... (Streit, V, 598.)

1659

Relation des Missions des Pères de la Compagnie de Iesus dans les Indes Orientales où l'on verra l'estat present de la Religion Chrestienne, et plusieurs belles curiositez de ces Contrées. ... A Paris, Chez Iean Henault ... M.DC.LIX. Avec Privilege du Roy. (Streit, V, 153. Editor is P. Machault.)

1661

El Apostel de las Indias y Nuevas Gentes San Francisco Xavier de la Compañia de Iesus. Epitome de Sus Apostolicos Hechos, Virtudes, Enseñança y Prodigios Antiguos, y Nuevos... Impresso en Mexico: En la Imprenta de Augustin de Santistevan, y Francisco Lupercio. Año de 1661. (Streit, V, 157. Author is Luis de Sanvitores.)

1662

Extract Schreibens, So ausz dem Weitberühmten gegen Aufgang gelegenem Königreich China... 6. Feb. 1659, in Europa 1662 angelangt. München, Wagener 1662. (Streit, V, 821.)

Lettre du R. P. Iacques le Favre ... Sur Son Arrivée à la Chine, & l'estat present de ce Royaume. A Paris, Chez Edme Martin, ruë S. Iacques au Soleil d'or. M. DC. LXII. Avec permission. (Streit, V, 821.)

1663

Relation du Voyage du P. Joseph Tissanier de la Compagnie de Iesus. Depuis la France, jusqu'au Royaume de Tunquin. Avec ce qui s'est passé de plus memorable dans cette Mission, depuis les années 1658. 1659. et 1660. A Paris, Chez Edme Martin, M.DC.LXIII. (Streit, V, 607.)

1665

Estat Sommaire des Missions de la Chine, et l'envoy de trois Evesques dans les nouvelles Eglises de cet Empire. [1665] (Streit, V, 609. Written by Vincent de Meur.)

Metodo Della dottrina che i Padri della Compagnia di Giesù insegnano a' Neofiti, nelle missioni della Cina. Con la risposta alle obiettioni di alcuni Moderni che la impugnano. Opera del Padre Antonio Rubino della Compagnia di Giesù, Visitatore della Provincia di Giappone e Cina. Tradotta dal Portoghese in Italiano, dal Padre Gio: Filippo de Marini, della medesima Compagnia. ... In Lione Appresso Horatio Boissat, E Georgio Remeus. M.DC.LXV... (Streit, V, 825-26.)

Relação do Novo Caminho Que Fez por Terra, e Mar, Vindo da India Para Portugal, no anno 1663. O Padre Manoel Godinho... Em Lisboa: Com Licença Na Officina de Henrique Valente de Oliveira, ... 1665. (Streit, V, 161.)

Relatio Rerum Notabilium Regni Mogor in Asia: ex R. P. Henrici Roht Dilingani Soc. Iesu, ... Complectitur Imperij Mogor Religionem Regionem Regimen: Tum Ritus varios & inaudita de Regno Cabul Christianorum, Potente Ethnicorum incognito hactenus: de Christianitatis statu in Iaponia, China: ... Aschaffenburgi Typis Joannis Michaelis Straub M DC LXV. (Streit, V, 163.)

Abrégé d'une Lettre du P. Ioseph Zanzini, appellé Sanchés, escrite des Philippines à Rome, ... Touchant la Persecution qui s'est eslevée contre les Chrestiens de la Cochinchine; Et la mort glorieuse de trente-sept Martyrs qui y ont repandu leur sang pour la deffense de nostre sainte Foy, depuis le mois de Decembre 1664 iusqu'au mois de Février 1665. [s.l., s.a.] (Streit, V, 614.)

1668

Les Dernieres Nouvelles de la Chrestienté de la Chine, Tirées des Lettres receuës par le Procureur des Missions de ce pays-là. A Paris, Chez Denys Bechet, M.DC.LXVIII... (Streit, V, 832-33. Edited by P. Chaignon.)

Lettres des Pays Estrangers, où il y a plusieurs choses curieuses d'édification. Envoyées des Missions de ces pays-là. A Paris, Chez Denys Bechet M.DC.LXVIII... (Streit, V, 168. Edited by P. Chaignon.)

1672

Compendiosa Narratione Dello Stato della Missione Cinese, cominciãdo dall' Anno 1581. fino al 1669... Dal Prospero Intorcetta della Compagnia di Giesù. In Roma Per Francesco Tizzoni. MDCLXXII, ... (Streit, V, 849.)

1673

Vida del venerable P. Louis de Medina, muerto por la fe in las islas Marianas... Madrid, ... 1673. (Written by Francisco García.)

1681

Le Progrèz de la Religion Catholique dans la Chine. Avec le Bref de N. S. P. le Pape Jnnocent XI. Au Père Ferdinand Verbiest, Jésuite, du 3. Decembre 1681. Jouxte la copie imprimée à Paris. A Toulouse, Par J. Boude, 1681. (Streit, V, 873.)

1682

La Vie de Saint François Xavier de la Compagnie de Jesus Apostre des Indes et du Japon. A Paris, Chez Sebastien Mabre-Cramoisy, Imprimeur du Roy, ruë Saint Iacques, aux Cicognes. M.DC.LXXXII... (Streit, V, 184.)

1683

Vita del venerabile P. Girolamo Lopez missionario apostolico della Compagnia di Giesù, scritta dal P. Giovanni Marini e tradotta dallo spagniceolo da un sacerdote della medesima Compagnia. Rome, 1683.

Vida y martirio de el venerable padre Diego Luis de Sanvitores ... apostol de las islas Marianas, y successos ... Madrid, ... 1683.

1684

Lettre du P. Ferdinand Verbiest de la Compagnie de Jesus. Ecrite de la Cour de Pekin sur un voyage que l'Empereur de la Chine a fait l'an 1683 dans la Tartarie Occidentale. A Paris, Chez la Veuve P. Bouillerot, M.DC.LXXXIV... (Streit, V, 880.)

1685

Relacion de los successos de los missiones Marianas, desde el 25 de abril 1684 hasta el primeiro de mayo de 1685... 1685. (Written by Francisco García.)

1687

Breve Ragguaglio delle cose più notabili spettanti al grand' imperio della Cina... P. Filippo Couplet della Compagnia di Giesù 1687. (Streit, V, 896.)

1696

La Libertad de la Ley de Dios en el Imperio de la China. Compuesta por el Rmo. P. Joseph Suarez ... De la Lengua Portuguesa à la Castellana, por Don Juan de Espinola, ... Lisboa. En la Oficina de Miguel Deslandes, Impressor de su Magestad. Año de 1696... (Streit, V, 934.)

1698

Annua do Collegio de Pekim desde o firn do anno 1694 atè o firn de Mayo de 1697 e d'algunas outras Residencias, e Christandades da Missão da China, escrita em Pekim 30 de julio 1697. Valencia 1698. (Streit, V, 945. Written by Joseph Suarez.)

1699

Relacion de las Missiones de la Gran China, Copiada de una Carta, Que Escriviò de Aquel Reyno un Ministro Evangelico... Com licencia en Cadiz, por Cristovai de Requena, año 1699. (Streit, V, 953-54. Written by Juan de Irigoyen.)

Chapter Bibliographies

I .EMPIRE AND TRADE

BOOKS

Abeyasinghe, Tikiri. *Portuguese Rule in Ceylon, 1594-1612.* Colombo, 1966.

Alexandrowicz, Charles Henry. *An Introduction to the History of the Law of Nations in the East Indies (Sixteenth, Seventeenth, and Eighteenth Centuries).* Oxford, 1967.

Andaya, Leonard Y. *The Kingdom of Johor, 1641-1728.* Kuala Lumpur, 1975.

——. *The Heritage of Arung Palakka: A History of South Sulawesi (Celebes) in the Seventeenth Century.* The Hague, 1981.

Arasaratnam, Jimmappah. *Dutch Power in Ceylon, 1658-1687.* Amsterdam, 1958.

Attman, Artur. *The Bullion Flow between Europe and the East, 1000-1750.* Göteborg, 1981.

Azevedo, J. L. *Epocas de Portugal economico.* 2d ed., Lisbon, 1947.

Barbour, Violet. *Capitalism in Amsterdam in the Seventeenth Century.* Ann Arbor, 1966.

Barrett, Ward (trans. and ed.). *Mission in the Marianas. An Account of Father Diego Luís de Sanvitores and His Companions, 1669-70.* Minneapolis, 1975.

Blussé, L., and Gaastra, F. (eds.). *Companies and Trade. Essays on Overseas Trading Companies during the Ancien Régime.* Leyden, 1981.

Borah, W. *Early Colonial Trade and Navigation between Mexico and Peru.* Berkeley, 1954.

Boxer, Charles Ralph. *Fidalgos in the Far East, 1550-1770; Fact and Fancy in the History of Macao.* The Hague, 1948.

——. *The Christian Century in Japan, 1549-1650.* Berkeley, 1951.

——. *The Great Ship from Amacon; Annals of Macao and the Old Japan Trade, 1555-1640.* Lisbon, 1959.

——. *The Dutch Seaborne Empire, 1600-1800.* London, 1965.

——. *The Portuguese Seaborne Empire, 1415-1825.* London, 1969.

——. *The Anglo-Dutch Wars of the Seventeenth Century, 1652-1674.* London, 1974.

Boyajian, James C. *Portuguese Bankers at the Court of Spain, 1626-1650.* New Brunswick, N.J., 1983.

Braudel, Fernand. *Civilization and Capitalism, 15th-18th Centuries.* Trans. by Sian Reynolds. 3 vols. New York, 1981-84.

Bruijn, J. R.; Gaastra, F.; and SchöfFer, S. (eds.). *Dutch Asiatic Shipping in the Seventeenth and Eighteenth Centuries.* 3 vols. The Hague, 1979.

Burke, Peter. *Venice and Amsterdam: A Study of Seventeenth-Century Elites.* London, 1974.

Carvalho, T. A. de. *As companhias portuguesas de colonização.* Lisbon, 1902.

Chang T' ien-tsê. *Sino-Portuguese Trade from 1514 to 1644. A Synthesis of Portuguese and Chinese Sources.* Leyden, 1934.

Chaudhuri, K. N. *The English East India Company: The Study of an Early Joint-Stock Company, 1600-1640.* London, 1965.

——. *The Trading World of Asia and the English East India Company, 1660-1760.* Cambridge, 1978.

——. *Trade and Civilisation in the Indian Ocean.* Cambridge, 1985.

Chaunu, Pierre. *Les Philippines et le Pacifique des Ibériques (XVIe, XVIIe, XVIIIe siècles).* Paris, 1960.

Clark, G. W., and Van Eysinga, W. J. M. *The Colonial Conferences between England and the Netherlands in 1613 and 1615.* Pt. 1, Leyden, 1940; Pt. 2, Leyden, 1951.

Clark, Peter (ed.). *The Early Modern Town. A Reader.* London, 1976.

Coolhaas, W. Ph. *A Critical Survey of Studies on Dutch Colonial History.* The Hague, 1960.

Cottineau de Kloquen, Denis L. *An Historical Sketch of Goa...* Madras, 1831.

Dahlgren, E. W. *Les relations commerciales et maritimes entre la France et les côtes de l'océan Pacifique.* Paris, 1909.

Das Gupta, J. *India in the Seventeenth Century as Depicted by European Travellers.* Calcutta, 1916.

Davies, D. W. *A Primer of Dutch Seventeenth-Century Overseas Trade.* The Hague, 1961.

De la Costa, Horacio, S.J. *The Jesuits in the Philippines, 1581-1768.* Cambridge, Mass., 1961.

De Vries, Jan. *The Economy of Europe in an Age of Crisis, 1600-1750.* Cambridge, 1976.

——. *European Urbanization, 1500-1800.* Cambridge, Mass., 1984.

Delumeau, J., *et al. Le mouvement du port de Saint-Malo (1681-1720).* Paris, 1966.

Disney, A. R. *Twilight of the Pepper Empire. Portuguese Trade in Southwest India in the Early Seventeenth Century.* Cambridge, Mass., 1978.

Duncan, T. Bentley. "The Portuguese Enterprise in Asia, 1500-1750." Unpublished typescript.

Eames, J. B. *The English in China.* London, 1909.

Flinn, Michael W. *The European Demographic System, 1500-1820.* Baltimore, 1981.

Foster, William. *England's Quest of Eastern Trade.* London, 1933.

Furber, Holden. *Rival Empires of Trade in the Orient, 1600-1800.* Minneapolis, 1976.

Glamann, Kristof. *Dutch Asiatic Trade, 1620-1740.* Copenhagen, 1955.

Gokhale, B. G. *Surat in the Seventeenth Century.* London, 1978.

Haan, Hans den. *Modernegotie engrote vaart, een studie over de expansie van het hollandse handelskapitaal in de 16 en 17 eeuw.* Amsterdam, 1977.

Hamilton, Earl J. *War and Prices in Spain, 1651-1800.* Cambridge, Mass., 1947.

Hutchinson, E. W. *Adventurers in Siam in the Seventeenth Century.* London, 1940.

Jack-Hinton, Colin. *The Search for the Islands of Solomon, 1567-1838.* Oxford, 1969.

Kaeppelin, Paul. *La compagnie des Indes orientales et François Martin.* Paris, 1908. Reprinted at New York in 1967.

Khan, S. A. *The East India Trade in the Seventeenth Century.* New Delhi, 1975.

Kiers, L. *Coen op Banda, de conqueste getoest aan het recht van den tijd.* Utrecht, 1943.

Konvitz, Josef W. *Cities and the Sea. Port City Planning in Early Modern Europe.* Baltimore, 1978.

Krause, G. *Tagebuch Christians des Jüngeren, Fürst zu Anhalt...* Leipzig, 1858.

Larsen, Kay. *De dansk-ostindische koloniers historie I-II.* Copenhagen, 1907-8.

Leitão, Humberto. *Os portugueses em Solor e Timor de 1515 a 1702.* Lisbon, 1948.

Léon, P. (ed.). *Histoire économique et sociale du monde.* 6 vols. Paris, 1978.

Leroy, Charles. *La compagnie royale des Indes orientales au Havre de 1664 à 1670.* Rouen, 1936.

Macau, Jacques. *L'Inde danoise: la première compagnie (1616-1670).* Aix-en-Provence: Institut d' histoire des pays d'Outre-Mer; Etudes et documents, no. 3, Université de Provence, 1972.

Madrolle, Claudius. *Les premiers voyages français à la Chine. La compagnie de la Chine, 1698-1719.* Paris, 1901.

Mansvelt, W. M. F. *Rechtsform en geldelijk beheer bij de Oost-Indische Compagnie.* Amsterdam, 1922.

Massarella, Derek. *A World Elsewhere: Europe's Encounter with Japan in the Sixteenth and Seventeenth Centuries.* New Haven, Conn., 1990.

Masselman, George. *The Cradle of Colonialism.* New Haven, 1963.

Mauro, Frédéric. *Le Portugal et l'Atlantique au XVIIe siècle, 1570-1670.* Ecole pratique des hautes études, Centre de recherches historiques, ser. 6: Ports, routes, traffics, Vol. X. Paris, 1960.

Mazumdar, Sucheta. "A History of the Sugar Industry in China: The Political Economy of a Cash Crop in Guangdong, 1644-1834." Ph.D. diss., Dept, of History, University of California of Los Angeles, 1984.

Meilinck-Roelofsz, M. A. P. *Asian Trade and European Influence in the Indonesian Archipelago between 1500 and about 1630.* The Hague, 1962.

Mendes da Luz, F. P. *O consehlo da India.* Lisbon, 1952.

Mollat, Michel (ed.). *Sociétés et compagnies de commerce en Orient et dans l'Océan Indien.* Paris, 1970.

Mukerji, Chandra. *From Graven Images. Patterns of Modern Materialism.* New York, 1983.

Norton, Luiz. *Os portugueses no Japão, 1543-1640. Notas e documentos.* Agencia Geral do Ultramar, Divisão de publicações e biblioteca. [Lisbon] 1952.

Oliveira-Marques, A. H. de. *History of Portugal.* 2d ed. New York, 1976.

Olsen, Gunnar. *Dansk Ostindien, 1616-1732.* Copenhagen, 1952.

Pearson, M. N. *Merchants and Rulers in Gujarat.* Berkeley, 1976.

Penrose, Boise. *Sea Fights in the East Indies, 1602-1639.* Cambridge, Mass., 1931.

Peres, Damião (ed.). *Regimento das Cazas das Indias e Mina.* Coimbra, 1947.

Pissurlencar, Panduronga S. S. *Agentes da diplomacia portuguesa na India (Hindus, Muçulmanos, Judeus e Parses), Documentos coordenados, anotados e prefaciados.* Goa, 1952.

Poonen, T. I. *A Survey of the Rise of Dutch Power in Malabar.* Trichinopoly, 1943.

Quiason, S. D. *English" Country Trade" with the Philippines.* Quezon City, 1966.

Rabb, Theodore K. *Enterprise and Empire: Merchant and Gentry Investment in the Expansion of England.* Cambridge, Mass., 1967.

Raychaudhuri, T. *Jan Company in Coromandel, 1605-90.* The Hague, 1962.

Ricklefs, M. C. *A History of Modern Indonesia.* Bloomington, Ind., 1981.

Rostow, W. *The Stages of Economic Growth.* Cambridge, 1960.

Rothermund, Dietmar. *Europa und Asien im Zeitalter des Merkantilismus.* "Erträge der Forschung," LXXX. Darmstadt, 1978.

Schilder, Günter. *Australia Unveiled. The Share of the Dutch Navigators in the Discovery of Australia.* Translated from German by O. Richter. Amsterdam, 1976.

Schurz, W. L. *The Manila Galleon.* New York, 1959.

Sharp, Andrew. *The Discovery of the Pacific Islands.* Oxford, 1960.

Singh, O. P. *Surat and Its Trade in the Second Half of the Seventeenth Century.* Delhi, 1977.

Spate, O. H. K. *The Spanish Lake.* Minneapolis, 1979.

Stapel, F. W. *Geschiedenis van Nederlandsch Indie.* 5 vols. Amsterdam, 1938-40.

Steensgaard, Niels. *The Asian Trade Revolution of the Seventeenth Century.* Chicago, 1974.

Thomas, Parakunnel Joseph. *Mercantilism and the East India Trade.* London, 1926.

Trend, J. B. *Portugal.* London, 1957.

Unger, E. W. *Dutch Shipbuilding before 1800.* Assen, 1978.

Van Kley, Edwin. "China in the Eyes of the Dutch, 1592-1685." Ph.D. diss., Dept. of History, Univ. of Chicago, 1964.

Vixeboxse, J. *Een hollandsch gezantschap naar China* ... (1685-87). Vol. V of *Sinica Leidensia.* Leyden, 1946.

Vlekke, Bernard H. M. *Nusantara. A History of the East Indian Archipelago.* Cambridge, Mass., 1945.

Wallerstein, Immanuel Maurice. *The Modern World System. II. Mercantilism and the Consolidation of the European World-Economy 1600-1750.* New York, 1980.

White, Thomas E. "Seventeenth-Century Spanish Sources on East Asia." Unfinished doctoral dissertation.

Wills, John E., Jr. *Embassies and Illusions: Dutch and Portuguese Envoys to K'ang-hsi 1666-87.*

Cambridge, Mass., 1984.

——. *Pepper, Guns, and Parleys. The Dutch East India Company and China, 1622-81.* Cambridge, Mass., 1974.

Willson, David Harris. *A Royal Request for Trade: A Letter of King James I to the Emperor of Japan Placed in Its Historical Setting.* Minneapolis, 1965.

Wilson, Charles Henry. *England's Apprenticeship, 1603-1763.* New York, 1965.

Winius, G. O. *The Fatal History of Portuguese Ceylon. Transition to Dutch Rule.* Cambridge, Mass., 1971.

ARTICLES

Alam, Shah Manzoar. "Masulipatam, a Metropolitan Port in the Seventeenth Century A. D." *The Indian Geographical Journal,* XXXIV (1959), 33-42.

Alvarez, J. L. "Don Rodrigo de Vivero et la destruction de la Não Madre de Deus, 1609." *Monumenta Nipponica,* II (1939), 479-511.

Andres, Gregorio. "Juan Bautista Gesio, cosmógrafo de Felipe II y postador de documentos geográficos desde Lisboa para la Biblioteca de El Escorial en 1573." *Boletín de la Real Sociedad Geografica* (Madrid), CIII (1967), 365-74.

Atwell, William S. "International Bullion Flows and the Chinese Economy circa 1530-1650." *Past and Present*, XCV (1982), 68-90.

Bangs, Carl. "Dutch Theology, Trade, and War, 1590-1610." *Church History*, XXXIX (1970), 470-82.

Barassin, J. "Compagnies de navigation et expéditions françaises dans l'Océan Indien au XVIIe siècle. " *Studia* (Lisbon), No. 11 (Jan. 11, 1963), 373-&9-

Bassett, D. K. "The Trade of the English East India Company in the Far East, 1623-84." *JRAS*, 1960, pp. 32-47, 145-57.

——. "The Amboina Massacre of 1623." *Journal of Southeast Asian History*, Vol. I, No. 2 (1960), pp. 1-19.

——. "The Trade of the English East India Company with Cambodia." *JRAS*, 1962, pp. 35-61.

Bonaparte, Roland Prince. "Les premiers voyages des Néerlandais dans l'Insulinde 1595-1602." *Revue de géographie,* Vol. XIV (1884), Pt. 1, pp. 446-55; Pt. 2, pp. 46-55.

Boxer, Charles Ralph. "Spaniards in Cambodia." *History Today*, XXI (1971), 280-87.

——. "A Note on the Triangular Trade between Macao, Manila, and Nagasaki." *Terrae Incognitae*, XVII (1985), 51-60.

——. "*Plata es Sangre*: Sidelights on the Drain of Spanish-American Silver in the Far East, 1550-1700." *Philippine Studies*, Vol. XVIII, No. 3 (July, 1970), 29-40.

——. "Portuguese and Spanish Projects for the Conquest of Southeast Asia, 1580-1600." *Journal of Asian History*, III (1969), 118-36.

——. "Manila Galleon, 1565-1815." *History Today*, VIII (1958), 538-47.

Brand, Donald. "Geographical Exploration by the Spanish." In Herman R. Friis (ed.), *The Pacific Basin: A History of Its Exploration,* pp. 109-44. New York, 1967.

Braudel, F., and Spooner, F. "Prices in Europe from 1450 to 1750." In E. E. Rich and C. H. Wilson (eds.), *The Cambridge Economic History of Europe,* IV, 378-486. Cambridge, 1977.

Brennig, J. J. "Chief Merchants and the European Enclaves of Seventeenth-Century Coromandel." *Modern Asian Studies,* XI (1977), 321-40.

Briggs, L. P. "Spanish Intervention in Cambodia, 1593-1603." *T'oung Pao,* XXXIX (1949), 132-60.

Brugmans, I. J. "De Oost-Indische Compagnie en de welvaart in de republiek." *Tijdschrift voor geschiedenis,* LXI (1948), 225-31. Reprinted in *Welvaart en Historie. Tien studien*, pp. 28-37. The Hague, 1950.

Bruijn, J. R. "Between Batavia and the Cape: Shipping Patterns of the Dutch East India Company." *Journal of Southeast Asian Studies,* XI (1980), 251-65.

Carter, Charles H. "The Nature of Spanish Government after Philip II." *The Historian,* XXVI (1963), 1-18.

Castillo, A. "Dans la monarchie espagnole du XVIIe siècle; les banquiers portugais et le circuit d'Amsterdam." *Annales.* E.S.C., XIX (1964), 311-16.

Chaudhuri, K. N. "The English East India Company in the Seventeenth and Eighteenth Centuries: A Pre-Modern Multinational Organization." In Leonard Blussé and F. Gaastra (eds.), *Companies and Trade,* pp. 29-46. The Hague, 1981.

——. "Treasure and Trade Balances: The East India Company's Export Trade, 1660-1720." *The Economic History Review*, 2d ser., XXI (1968), 480-502.

Chaunu, Pierre. "Le galion de Manile, grandeur et décadence d'une route de la soie." *Annales. E.S.C.*, VI (1951), 447-62.

Davis, Ralph. "English Foreign Trade, 1660-1700." In W. E. Minchinton (ed.), *The Growth of English Overseas Trade in the Seventeenth and Eighteenth Centuries,* pp. 78-98. London, 1969.

——. "The Rise of Protectionism in England, 1689-1786." *The Economic History Review,* 2d Ser., XIX (1966), 306-17.

Dermigny, L. "L'organization et le rôle des compagnies." In M. Mollat (ed.), *Sociétés et compagnies de commerce en Orient et dans l'Océan Indién,* pp. 443-51. Paris, 1970.

Duncan, T. Bentley. "Navigation between Portugal and Asia in the Sixteenth and Seventeenth Centuries." In C. K. Pullapilly and E. J. Van Kley (eds.), *Asia and the West,* pp. 3-25. Notre Dame, 1986.

——. "Niels Steensgaard and the Europe-Asia Trade of the Early Seventeenth Century ." *Journal of Modern History,* XLVII (1975), 512-18.

Duyvendak, J. J. L."The First Siamese Embassy to Holland." *T'oung Pao*, XXXII (1936), 286-92.

Feldbaek, Ole. "The Organization and Structure of the Danish East India, West India and Guinea Companies in the Seventeenth and Eighteenth Centuries." Jn L. Blussé and F. Gaastra (eds.), *Companies and Trade,* pp. 135-58. The Hague 1981.

Fisher, F. J. "London's Export Trade in the Early Seventeenth Century." *The Economic History Review,* 2d ser., Vol. Ill, No. 2 (1950), pp. 151-61.

——. "London as an 'Engine' of Economic Growth." InJ. S. Bromley and E. H. Kossman (eds.), *Britain and the Netherlands,* IV, 3-46. The Hague, 1971.

Fruin-Mees, Willemine. "Een bantamsch gezantschap naar Engeland en 1682." *Tijdschrijt voor indische taal land en volkenkunde,* LXIV (1924), 207-26.

Fu Lo-shu. "The Two Portuguese Embassies to China during the K'ang-hsi Period." *T'oung Pao,* XLIII (1955), 75-94.

Gaastra, Femme. "The Shifting Balance of Trade of the Dutch East India Company." In L. Blussé and F. Gaastra (eds.), *Companies and Trade,* pp. 44-70. The Hague, 1981.

Gentil da Silva, Jose. "Portugal and Overseas Expansion from the Fifteenth to the Eighteenth Centuries." *Journal of European Economic History,* VIII (1979), 681-87.

Glamann, Kristof. "The Changing Patterns of Trade." In E. Rich and C. Wilson (eds.), *The Cambridge Economic History of Europe,* V, 42-68. Cambridge, 1978.

——. "The Danish East India Company." In M. Mollat (ed.), *Sociétés et compagnies de commerce en Orient et dans l'Océan Indien,* pp. 471-77. Paris, 1970.

Gould, J. D. "The Trade Depression of the Early 1620's." *The Economic History Review,* 2d ser., VII (1954), 81-90.

Hazan, Aziza. "The Silver Currency Output of the Mughal Empire and Prices in India during the Sixteenth and Seventeenth Centuries." *Indian Economic and Social History Review,* VI (1969), 85-116.

Heras, Henry, S.J. "The Portuguese Alliance with the Muhammadan Kingdoms of the Deccan." *JRAS, Bombay Branch,* n.s., I (1925), 122-25.

Hugo-Brunt, Michael. "The Portuguese Settlement at Goa in India." *Plan* (Toronto), IX (1968), 72-86, 108-22.

Hutchinson, E. W. "Four French State Manuscripts Relating to Embassies between France and Siam in the Seventeenth Century." *Selected Articles from the Siam Society Journal,* VIII (1959), 90-98.

——. "The Retirement of the French Garrison from Bangkok in the Year 1688." *Ibid.,* 159-99.

Irwin, G. W. "The Dutch and the Tin Trade of Malaya in the Seventeenth Century." In Jerome Ch'en and N. Terling (eds.), *Studies in the Social History of China and South-East Asia,* pp. 267-87. Cambridge, Mass., 1970.

Iwao, Seiichi. "Japanese Foreign Trade in the Sixteenth and Seventeenth Centuries." *Acta Asiatica,* XXX (1976), 1-18.

Joshi, P. M. "Muhammad Adil Shah (1627-1656) and the Portuguese." *Journal of Indian History,* XXXIII (April 1955), 1-10.

Kato, Eiichi. "The Japan-Dutch Trade in the Formative Period of the Seclusion Policy—Particularly on the Raw Silk Trade by the Dutch Factory at Hirado, 1620-1640." *Acta Asiatica,* XXX (1976), 34-84.

——. "Unification and Adaptation, the Early Shogunate and Dutch Trade Policies." In L. Blussé and F. Gaastra (eds.), *Companies and Trade,* pp. 207-30. The Hague, 1981.

Kesivani, D. G. "Western Commercial Enterprises in the East. Some Oriental Archival Sources." In M. Mollat (ed.), *Sociétés et compagnies de commerce en Orient et dans l'Océan Indien,* pp. 12-20. Paris, 1970.

Keuning, J. "Sixteenth-Century Cartography in the Netherlands." *Imago Mundi,* IX (1952), 59-61.

Klein, E. "De zeventiende eeuw, 1585-1700." In J. H. van Stuijvenberg (ed.), *De economishche geschiedenis van Nederland,* pp. 106-15. Groningen, 1977.

Leuilliot, Paul. "Influence du commerce oriental sur l'économie occidentale." In M. Mollat (ed.), *Sociétés et compagnies de commerce en Orient et dans l'Océan Indien,* pp. 611-27. Paris, 1970.

Lombard, Denis. "Questions on the Contact between European Companies and Asian Societies." In L. Blussé and F. Gaastra (eds.), *Companies and Trade,* pp. 179-88. The Hague, 1981.

Mirkovich, Nicholas. "Ragusa and the Portuguese Spice Trade." *Slavonic and East European Review,* XXI (1943), 174-87.

Mols, Roger, S.J. "Population in Europe, 1500-1700." In C. M. Cippola (ed.), *The Sixteenth and Seventeenth Centuries,* Vol. II of *The Fontana Economic History of Europe,* pp. 15-181. New York, 1977.

Morineau, M. "Quelques remarques sur l'abondance monétaire aux Provinces-Unies." *Annales. E.S.C.,* XXIX (1974), 767-76.

Murakami, N. "Japan's Early Attempts to Establish Commercial Relations with Mexico." In H. M. Stephens and H. E. Bolton (eds.), *The Pacific Ocean in History,* pp. 467-80. New York, 1917.

Ortega, A. N. "Noticia entre Mexico y el Japon, durante el siglo XVII." *Archivo histórico diplomático Mexicano,* No. 2 (1923), 26-42.

Parker, Geoffrey. "The Emergence of Modern Finance in Europe, 1500-1730." In C. M. Cipolla (ed.), *The Fontana Economic History of Europe,* II, 527-94. New York, 1977.

Parry, John H. "Transport and Trade Routes." In E. E. Rich and C. H. Wilson (eds.), *The Cambridge*

Economic History of Europe, IV, 155-219. Cambridge, 1967.

Pearson, Michael N. "Indigenous Dominance in a Colonial Economy, the Goa Rendas, 1600-1700." In Jean Aubin (ed.), *Mare Luso-Indicum* (2 vols.), II, 61-73. Paris, 1972.

Pelliot, Paul. "Les relations du Siam et de la Hollande en 1608." *T'oung Pao,* XXXII (1936), 223-29.

Pérez, Lorenzo, O.F.M. "Las relaciónes diplomáticas entre España y el Japon." *Archivo Ibero-Americano,* XXXI (1929), 79-114.

Perez, R. Ferrando. "Felipe III y la política española en el Mar del Sur." *Revista de Indias,* Vol. XIII, No. 54 (1953), pp. 539-58.

Petech, Luciano. "Some Remarks on the Portuguese Embassies to China in the K' ang-hsi period." *T'oung Pao,* XLIV (1956), 227-41.

Prakash, O. "The European Trading Companies and the Merchants of Bengal, 1650-1725." *Indian Economic and Social History Review,* Vol. I, No. 3 (1964), pp. 37-63.

Ptak, Roderick. "The Demography of Old Macao, 1555-1640." *Ming Studies,* XV (1982), 27-35.

Rau, Virginia. "Les portugais et la route terrestre des Indes à la Méditerranée aux XVIe et XVIIe siècles." In M. Cortelazzo (ed.), *Mediterraneo e Oceano Indiano,* pp. 91-98. Florence, 1970.

Ray, Indrani. "The French Company and the Merchants of Bengal, 1680-1730." *Indian Economic and Social History Review,* VIII (1971), 41-55.

Regla, Juan. "Spain and Her Empire." In *The New Cambridge Modern History,* V, 369-83. Cambridge, 1961.

Rodríguez-Moñino, A. "Bibliografia hispano-oriental." *Boletín de la Real Academia de la Historia* (Madrid), XCVIII (1931), 418-19.

Romano, Ruggiero. "Una crisi economica, 1619-22." *Rivista storica italiana,* Vol. LXXIV, No. 3 (1962), pp. 480-531.

——. "Encore la crise de 1619-22." *Annales.* E.S.C., XIX (1964), 31-37.

Ronall, Joachim O. "Spain and Japan—Early Diplomatic Relations." *Eastern World,* Vol. XI, No. 12 (1957), pp. 38-39; Vol. XII, No. 1 (1958), pp. 24-25.

Seidenfaden, E., and His Highness Prince Dhani Nivat. "Early Trade Relations be¬tween Denmark and Siam." In *Selected Articles from the Siam Society Journal,* VIII (1959), 271-88.

Sen, Anjali. "Murshid Quli Khan' s Relations with the European Merchants." *Indian Historical Quarterly,* XXXV (1959), 16-42.

Sola, Emilio. "Notas sobre el comercio Hispano-Japonés en los siglos XVI y XVII." *Hispania,* XXXIII (1973), 265-83.

Souza, G. B. "Portuguese Trade and Society in China and the South China Sea." *Itinerario,* III (1979), 64-73.

Stols, E. "The Southern Netherlands and the Foundation of the Dutch East India and West India

Companies." *Acta Historiae Neerlandicae, Studies on the History of the Netherlands,* IX (1976), 30-47.

Tamaskar, B. G. "Malik Ambar and the Portuguese." *Journal of the Bihar Research Society,* XXXIII (1947), 25-44.

Teague, Michael. "The Portuguese in Japan." *Geographica,* I (1965), 80-94.

Unger, R. W. "Dutch Ship Design in the Fifteenth and Sixteenth Centuries." *Viator,* IV(1973), 403-11.

Usher, A. P. "Spanish Ships and Shipping in the Sixteenth and Seventeenth Centuries." In A. P. Usher (ed.), *Facts and Factors in Economic History,* pp. 189-213. Cambridge, Mass., 1932.

Van Dillen, J. G. "Economic Fluctuations and Trade in the Netherlands, 1650-1750." In E. Earle (ed.), *Essays in European Economic History, 1500-1800,* pp. 199-211. Oxford, 1974.

Van Eeghen, I. H. "Arnoldus Montanus' s Book on Japan." *Quaerendo,* II (1972), 250-72.

Van Gelder, H. E. "Oud-Nederlandsch Aardewerk." *De Gids,* LXXXVIII (1924), 1-18.

Van Kley, E. J. "The Effect of the Discoveries on Seventeenth-Century Dutch Popular Culture." *Terrae Incognitae,* VIII (1976), 34-42.

Vinaver, V. "Mercanti e bastimenti di Ragusa in India: una leggenda." In M. Cortelazzo (ed.), *Mediterraneo e oceano Indiano,* pp. 177-90. Florence, 1970.

Wake, C. H. H. "The Changing Pattern of Europe' s Pepper and Spices Imports, ca. 1400-1700." *Journal of European Economic History,* VIII (1979), 361-403.

Wilson, Charles. "The British Isles." In C. Wilson and G. Parker (eds.), *An Introduction to the Sources of European Economic History,* pp. 115-54. Ithaca, N.Y., 1977.

——. "Transport as a Factor in the History of Economic Development." *Journal of European Economic History,* II (1973), 320-37.

II .THE CHRISTIAN MISSION

BOOK

Allan, Charles Wilfred. *Jesuits at the Court of Peking.* Shanghai, 1935.

Allen, William Osborn Bird, and M'Clure, Edmund. *Two Hundred Years. The History of the Society for Promoting Christian Knowledge, 1698-1898.* London, 1898.

Almeida, Fortunato de. *História de igreja em Portugal. 4 vols.* Coimbra, 1910-24. New ed., Barcelos, 1968.

André-Marie, R. P. F., O.P. *Missions dominicaines dans l'Extrême Orient.* Paris, 1865.

Arasaratnam, Sinnappah. *Dutch Power in Ceylon, 1658-1687.* 2 vols. Amsterdam, 1958.

Ashley-Brown, William. *On the Bombay Coast and Deccan. The Origin and History of the Bombay Diocese, a Record of Three Hundred Years' Work for Christ in Western India.* London, 1937.

Ausejo, Luz. "The Philippines in the Sixteenth Century." Ph.D. diss., Dept, of History, Univ. of Chicago, 1972.

Bachmann, Peter R. *Roberto Nobili, 1577-1656. Ein missiongeschichtlicher Beitrag zum Christlichen Dialog mit Hinduismus.* Rome, 1972.

Bangert, W. V. *A History of the Society of Jesus.* St. Louis, 1972.

Barrett, Ward (trans. and ed.). *Mission in the Marianas, An Account of Father Diego Luis de Sanvitores and His Companions, 1669-70.* Minneapolis, 1975.

Bernard, Henri, S.J. *Les îles Philippines du grand archipel de la Chine: un essai de conquête spirituelle de l'Extrême Orient, 1571-1641.* Tientsin, 1936.

Biermann, Benno Maria, O.P. *Die Anfänge der neueren Dominikanermission in China.* Münster, 1927.

Birch, T. T. (ed.). *Robert Boyle, The Works.* Hildesheim, 1965.

Boetzelaer van Asperen en Dubbeldam, Carel Wessel Theodorus Bafon van (ed.). *De protestantsche kerk in Nederlandsch-Indië, 1620-1939.* The Hague, 1947.

Bolton, Herbert E. Rim of Christendom. *A Biography of Eusebio Francisco Kino, Pacific Coast Pioneer.* New York, 1936.

Bontinck, François. *La lutte autour de la liturgie chinoise aux XVIIe et XVIIIe siècles.* Louvain and Paris, 1962.

Boudens, Robrecht, O.M.I. *The Catholic Church in Ceylon under Dutch Rule.* Rome, 1957.

Boxer, Charles Ralph. *Fidalgos in the Far East 1550-1770.* The Hague, 1948.

——. *The Christian Century in Japan.* Berkeley, 1951.

——. *The Great Ship from Amacon. Annals of Macao and the Old Japan Trade, 1555-1640.* Lisbon, 1959.

——. *Race Relations in the Portuguese Colonial Empire, 1415-1825.* Oxford, 1963.

——. *The Dutch Seaborne Empire, 1600-1800.* London, 1965.

Bruijn, Caspar Adam Laurens van Troostenburg de. *De Hervormde Kerk in Nederlandsch Oost-Indië onder de Oost-Indische Compagnie, 1602-1795.* Arnhem, 1884.

Burrus, E. J. *Father Kino Writes to the Duchess.* Rome, 1965.

Callenbach, J. R. *Justus Heurnius, eene Bijdrage tot de Geschiedenis des Christendoms in Nederlandsch Oost-Indië.* Nijkerk, 1897.

Campbell, William. *An Account of Missionary Success in the Island of Formosa Published in London in 1650 and Now Reprinted with Copious Appendices.* London, 1889.

——. *Formosa under the Dutch, Described from Contemporary Records with Explanatory Notes and a Bibliography of the Island.* London, 1903. Reprinted Taipei, 1967.

Cácegas, Luís de. *História de São Domingos particular de reyno, e conquistas de Portugal.* 4 vols. Lisbon, 1623, 1662, 1678, 1733.

Chappoulie, H. *Aux origines d'une église. Rome et les missions d'Indochine au XVIIe siècle.* 2 vols. Paris, 1943.

Chatterton, Eyre. *The History of the Church of England in India.* London, 1924.

Clarke, J. (trans.). *The Truth of the Christian Religion by Hugo Grotius...* Cambridge, 1860.

Collis, Maurice. *The Land of the Great Image, Being Experiences of Friar Manrique in Arakan.* New York, 1943.

Coolhas, W. Ph. *A Critical Survey of Studies on Dutch Colonial History.* The Hague, 1960.

Cooper, Michael, S.J. *Rodrigues the Interpreter. An Early Jesuit in Japan and China.* New York, 1974.

Correia-Afonso, John, S.J. *Jesuit Letters and Indian History: A Study of the Nature and Development of the Jesuit Letters from India (1542-1773) and Their Value for Indian Historiography.* Bombay, 1955; 2d rev. ed., Bombay, 1969.

Coutinho, Fortunato. *Le régime paroissial des diocèses de rite latin de l'Inde des origines (XVIe siècle) à nos jours.* Louvain and Paris, 1958.

Croizier, Ralph C. *Koxinga and Chinese Nationalism: History, Myth, and the Hero.* Cambridge, Mass., 1977.

Cronin, Vincent. *A Pearl to India: The Life of Roberto de Nobili.* London, 1959.

——. *The Wise Man from the West.* London, 1955.

Dai Nippon Shiryo (*Japanese Historical Materials*). Vol. XII, Pt. 12. Tokyo, 1909.

Dehaisnes, Chretien Abbe. *Vie du Père Nicolas Trigault de la Compagnie de Jésus.* Tournai, 1861.

Dehergne, Joseph, S.J. *Répertoire des Jésuites de Chine de 1552 à 1800.* Rome and Paris, 1973.

De la Costa, H., S.J. *The Jesuits in the Philippines, 1581-1768.* Cambridge, Mass., 1967.

D' Sousa, Herman. *In the Steps of St. Thomas.* San Thomé, 1952.

Duncan, T. Bentley. *The Portuguese Enterprise in Asia.* Unpublished typescript.

Dunne, George, S.J. *Generation of Giants. The Story of the Jesuits in China in the Last Decades of the Ming Dynasty.* Notre Dame, 1962.

Elia, Pasquale M. d', S.J. (ed.). *Fonti Ricciane; documenti originali concernenti Matteo Ricci e la storia delle prime relazioni tra l'Europa e la Cina (1579-1615) ... sotto il patrocinio della Reale Accademia d'Italia.* 3 vols. Rome, 1942-49.

——. *Galileo in China: Relations through the Roman College between Galileo and the Jesuit Scientist-Missionaries.* Cambridge, Mass., 1960.

Fenger, J. Fred. *History of the Tranquebar Mission.* Madras, 1906.

Ferrando, Juan. *Historia de los PP. Dominicos en las Islas Filipinas y en sus misiones del Japon, China, Tung-kin, y Formosa.* In Wm. Campbell (trans.), *Formosa under the Dutch Described from Contemporary Records.* Taipei, 1967.

Ferroli, Domenco, S.J. *The Jesuits in Malabar.* 2 vols. Bangalore, 1939, 1951.

Fu Lo-shu. *A Documentary Chronicle of Sino-Western Relations (1644-1820)*. 2 vols. Tucson, 1966.

Gensichen, Hans-Werner. *Missionsgeschichte der neuern Zeit.* 3d rev. ed. In B. Moeller (ed.), *Die Kirche in ihrer Geschichte.* Göttingen, 1976.

Gernet, Jacques. *China and the Christian Impact: A Conflict of Cultures.* Translated from French by Janet Lloyd. Cambridge, 1985.

Gesquiére, Th. *Mathieu de Castro, premier Vicaire Apostolique aux Indes. Une création de la Propagande à ses débuts.* Bruges, 1937.

Gibbs, M. E. *The Anglican Church in India.* New Delhi, 1972.

Grayson, James Huntley. *Early Buddhism and Christianity in Korea. A Study in the Emplantation of Religion.* Leyden, 1985.

Guennou, Jean. *Les Missions Etrangères.* Paris, 1963.

Hartmann, Arnulf, O.S.A. *The Augustinians in Seventeenth-Century Japan.* Marylake, Ontario, 1965.

Havret, Henri. *La stèle chrétienne de Si-ngan-fou.* "Variétès sinologiques," No. XII. Shanghai, 1897.

Hay, Malcolm. *Failure in the Far East. Why and How the Breach between the Western World and China First Began.* Wettoren, Belgium, 1956.

Heras, Henry, S.J. *The Aravidu Dynasty of Vijayanagar.* 2 vols. Madras, 1927.

——. *The Conversion Policy of the Jesuits in India.* "Studies in Indian History of the Indian Historical Research Institute, St. Xavier's College, Bombay," No. XVIII. Bombay, 1933.

Hertz, Solange (ed. and trans.). *Rhodes of Viet Nam.* Westminster, Md., 1966.

Hull, Ernest, S.J. *Bombay Mission-History with a Special Study of the Padroado Question.* 2 vols. Bombay, 1927-30.

Hummel, A. W. (ed.). *Eminent Chinese of the Ch'ing Period (1644-1912).* Washington,D.C., 1943.

Hutchinson, E. W. (ed. and trans.). *1688. Revolution in Siam. The Memoir of Father de Béze, S.J.* Hong Kong, 1968.

Jack-Hinton, Colin. *The Search for the Islands of Solomon, 1567-1838.* Oxford, 1969.

Jann, P. Adelhelm, O.M.C. *Die katholischen Missionen in Indien, China und Japan. Ihre Organisation und das portugiesische Patronat von 15. bis ins 18. Jahrhundert.* Paderborn, 1915.

Janson, H. W. *Apes and Ape Lore in the Middle Ages and the Renaissance.* London 1952.

[Kroot, Antonius]. *History of the Telugu Christians by a Father of the Mill Hill St. Joseph's Society.* Trichinopoly, 1910.

Kuepers, J. J. A. M. *The Dutch Reformed Church in Formosa, 1627-1662. Mission in a Colonial Context.* "Schriftenreihe der Neuen Zeitschrift für Missionswissenschaft," Vol. XXVII. Immensee, 1978.

Lach, D. F. *The Preface to Leibniz' Novissima Sinica.* Honolulu, 1957.

Latourette, K. S. *A History of the Expansion of Christianity.* 7 vols. New York, 1937-45.

——. *A History of Christian Missions in China.* New York, 1929.

Launay, Adrien. *Histoire de la mission de Cochinchine, 1658-1823. Documents historiques, 1658-1728.* Paris, 1923.

Laures, John. *The Catholic Church in Japan: A Short History.* Revised by Joseph P. Ryan. Rutland, Vt., 1954.

Lemmens, Leonhard, O.F.M. *Geschichte der Franziskanermissionen.* Münster, 1929.

Lind van Wijngaarden, Jan Daniel de. *Antonius Waleus.* Leyden, 1891.

Lopez, Teofilo Aparacio, O.S.A. *La Orden de San Agustin en la India (1572-1622).* Valladolid, 1977.

Maclagan, Edward Douglas. *The Jesuits and the Great Mogul.* London, 1932.

Maras, Raymond J. *Innocent XI, Pope of Christian Unity.* Notre Dame, 1984.

Margiotti, Fortunato, O.F.M. *Il cattolicismo nello Shansi dalle origini al 1738.* Rome, 1958.

Meersman, A., O.F.M. (ed.). *Historia missionum ordinis Fratrum Minorum. I. Asia centro-orientalis et Oceania.* Rome, 1967.

——. *The Franciscans in Tamilnad.* Supplementa XVII of the *Neue Zeitshcrift für Missionswissenschaft.* Fribourg, Switzerland, 1962.

Merino, Manuel, O.S.A. *Misioneros Agustinos en el Extremo Oriente, 1565-1780. Obra inedíta que con el titulo" Osario Venerable, " compuso el Agustino P. Agustin Maria de Castro, Año de 1780.* Madrid, 1954.

Metzler, Josef. *Die Synoden in China, Japan, und Korea, 1570-1931.* Paderborn, 1980.

Michael, Franz. *The Origin of Manchu Rule in China.* Baltimore, 1942.

Montalbán, Francisco J., S.J. *Das spanische Patronat und die Eroberung der Philippinen.* Freiburg im Breisgau, 1930.

Mousnier, R. *The Institutions of France under the Absolute Monarchy, 1598-1789.* Trans, by Brian Pearce. Chicago, 1979.

Mulders, A. *Missionsgeschichte. Die Ausbreitung des katholischen Glaubens.* Translated from Dutch into German by J. Madey. Regensburg, 1960.

Müllbauer, Maximilian. *Geschichte der katholischen Missionen in Ostindien von der Zeit Vasco da Gamas bis zur Mitte des 18. Jahrhunderts.* Freiburg im Breisgau, 1852.

Neill, Stephen. *A History of Christianity in India, The Beginnings to A.D. 1707.* Cambridge, 1984.

——. *Christian Missions.* Harmonsworth, 1964.

Nevett, Albert M., S.J. *John de Britto and His Times.* Anand, 1980.

Nicholl, R. (ed.). *European Sources for the History of the Sultanate of Brunei.* Brunei, 1975.

Nilakanta Sastri, K. A. *A History of South India from Prehistoric Times to the Fall of Vijayanagar.* 3d ed. Madras, 1966.

Nobbs, Douglas. *Theocracy and Toleration.* Cambridge, 1938.

O Chronista de Tissuary. Nova Goa, 1867.

Oxnam, R. B. *Ruling from Horseback. Manchu Politics in the Oboi Regency, 1661-69*. Chicago, 1975.

Pachtler, G. M., S.J. *Das Christenthum in Tonkin und Cochinchina, dem heutigen Annamreiche von seiner Einführung bis auf die Gegenwart*. Paderborn, 1861.

Pastor, L. von. *The History of the Popes from the Close of the Middle Ages*. Vol. XXIX. Translated by Dom Ernest Graf, O.S.B. London, 1938.

Payne, C. H. (ed. and trans.). *Akbar and the Jesuits. An Account of the Jesuit Missions at the Court of Akbar by Father Pierre du Jarric, S.J.* New York, 1926.

——. *Jahangir and the Jesuits*. New York, 1930.

Pedot, Lino M., O.S.M. *La S. C. de Propaganda Fide e le missioni del Giappone,1622-1838*... Vicenza, 1946.

Penny, Frank. *The Church in Madras, Being the History of the Ecclesiastical and Missionary Action of the East India Company in the Presidency of Madras in the Seventeenth and Eighteenth Centuries*. 3 vols. London, 1904.

Phelan, John Leddy. *The Hispanization of the Philippines; Spanish Aims and Filipino Responses, 1565-1700*. Madison, Wis., 1959.

Pieris, P. E. (ed. and trans.). *Ribeiro's History of Ceilão*. Colombo, 1909.

Pinot, Virgile. *La Chine et la formation de l'ésprit philosophique en France, 1640-1740*. Paris, 1932.

Pinto da Franca, Antonio. *Portuguese Influence in Indonesia*. Djakarta, 1970.

Piskaty, P. Kurt. *Die katholische Missionsschule in Nusa Tenggara (Südost-Indonesien)— ihre geschichtliche Entfaltung und ihre Bedeutung für die Missionsarbeit*. "Studia. Instituti Missiologici Societatis Verbi Divini," V. Steyr, 1964.

Richter, Julius. *Die evangelische Mission in Niederlandische-Indien, Fern- und Südost-Asien, Australia, Amerika*. Vol. V of his *Allgemeine evangelische Missionsgeschichte*. Gütersloh, 1931.

Rosso, Antonio S., O.F.M. *Apostolic Legations to China of the Eighteenth Century*. South Pasadena, Cal., 1948.

Rowbotham, Arnold H. *Missionary and Mandarin. The Jesuits at the Court of China*. Berkeley, 1942.

Saeki, P. Y. *The Nestorian Documents and Relics in China*. Tokyo, 1937. 2d rev. ed., Tokyo, 1951.

Sánchez, Victor, and Fuertes, C. S. (eds.). *España en Extremo Oriente. Filipinas, China, Japon. Presencia Franciscana, 1578-1978*. Madrid, 1979.

Saulière, Augustin, S.J. *Red Sand. A Life of St. John de Britto, S.J., Martyr of the Madura Mission*. Madura, 1947.

Scherer, James A. (trans. and ed.). *Justinian Welz. Essays by an Early Prophet of Missions*. Grand Rapids, Mich., 1969.

Sebes, Joseph, S.J. *The Jesuits and the Sino-Russian Treaty of Nerchinsk (1689): The Diary of Thomas*

Pereira, S.J. Rome, 1961.

Shield, W. E., S.J. *King and Church. The Rise and Fall of the Patronato Real.* Chicago,1961.

Sitsayamkan, Luang. *The Greek Favourite of the King of Siam.* Singapore, 1967.

Spence, Jonathan D. *Ts'ao Yin and the K'ang-hsi Emperor, Bondservant and Master.* New Haven, 1966.

——. *Emperor of China. Self-Portrait of K'ang-hsi.* New York, 1974.

——. *The Memory Palace of Matteo Ricci.* New York, 1984.

Stegmaier, Ortrud, S.Sp.S. *Der missionarische Einsatz der Schwestern auf den Inseln Flores und Timor (Südost-Indonesien).* NO. 15, Studia Istituti Missiologici Societatis Verbi Divini. St. Augustin, 1974.

Teixeira, Manuel. *The Portuguese Missions in Malacca and Singapore, 1511-1698.* 3 vols. Lisbon, 1961-63.

Thekedathu, Joseph, S.D.B. *The Troubled Days of Francis Garcia S.J., Archbishop of Cranganore* (1641-59). Rome, 1972.

Thomaz de Bassierre, Yves de. *Un belge mandarin à la cour de Chine aux XVIIe et XVIIIe siècles. Antoine Thomas, 1644-1709.* Paris, 1977.

Tisserant, Eugène, Cardinal. *Eastern Christianity in India; a History of the Syro- Malabar Church from the Earliest Time to the Present Day.* Bombay, [1957].

Toscano, G. M. *La prima missione cattolica nel Tibet.* Parma, 1951.

Van den Berg, Johannes. *Constrained by Jesus' Love: An Inquiry into the Motives of the Missionary Awakening in Great Britain in the Period between 1698 and 1815.* Kampen, 1956.

Väth, Alfons. *Johann Adam Schall von Bell S.J., Missionar in China, Kaiserlicher Astronom und Ratgeber am Hofe von Peking, 1592-1666.* Cologne, 1933.

Vaumas, G. de. *L'éveil missionnaire de la France d'Henri IV à la fondation du Séminaire des Missions Etrangères.* Lyon, 1942.

Warneck, G. *Outline of a History of Protestant Missions.* Translated from 7th German ed. by George Robson. Chicago, 1901.

Wessels, Cornelius. *Histoire de la mission d'Amboine depuis sa fondation par saint François Xavier ... à 1605.* Translated from the Dutch by J. Roebroek. Louvain, 1934.

Widmer, Eric. *The Russian Ecclesiastical Mission in Peking during the Eighteenth Century.* Cambridge, Mass., 1976.

Wills, John E., Jr. *Pepper, Guns, and Parleys.* Cambridge, Mass., 1974.

Young, John D. *Confucianism and Christianity.* Hong Kong, 1983.

ARTICLES

Abad, Antolín. "El P. Alonso Muñoz." *Archivo Ibero-Americano* (Madrid), XIX (1959), 126-31.

——."Los Franciscanos en Filipinas, 1578-1898." *Revista de Indias,* Vol. XXIV, Nos. 97-98 (Jul.-Dec., 1964), pp. 411-44.

Alonso, Carlos, O.S.A. "Agustinos en la India. Relaciónes y listas de religiosos inéditas (1624-42)." *Analecta Augustiniana,* XXXVII (1974), 243-96.

——. "Primer projecto de Propaganda Fide para la creación de un obispado en Bengala (1624-25)." *Augustinianum,* VI (1966), 77-90.

Ambruzzi, Luigi, S.J. "Il contributo dei missionari cattolici alla conoscenza delle religioni, dei costumi e della geografia dell' India dalla seconda metà del' 500 alla metà del secolo XVIII." In C. Costantini *et al., Le missioni cattoliche e la cultura dell' Oriente,* pp. 261-92. Rome, 1943.

Besse, L., S.J., and Hosten, H., S.J. "List of Portuguese Jesuit Missionaries in Bengal and Burma (1576-1642)." *Journal of the Asiatic Society of Bengal,* n.s., VII (1911), 15-23.

——. "Father Manoel da Fonseca, S.J., in Ava (Burma), 1613-52." *Ibid.,* n.s., XXI (1925), 12-19.

Biermann, Benno M. "Frei Luis de Andrada und die Solormission." *ZMR,* XLIII (1959), 176-87.

——. "Die Mission der portugiesischen Dominikaner in Hinterindien." *ZMR,* XXI (1931), 305-27.

Bocarro, Antonio. "Decada 13 da Historia da India." In P. E. Pieris (ed. and trans.), *Ribeiro's History of Celão.* Colombo, 1909.

Bot, J. "Mission History Sketch of the Lesser Sunda Islands." *Mission Bulletin* (Hong Kong), 1955, pp. 573-78.

Boudens, Robrecht, D.M.I. "Attempts of Catholic Missionaries to Enter Ceylon in 1661-83." *JRAS, Ceylon Branch,* n.s., IV (1955), 35-44.

Boxer, C. R. "Macao as a Religious and Commercial Entrepôt in the Sixteenth and Seventeenth Centuries." *Acta Asiatica,* XXVI (1974), 64-74.

——. "Portuguese Military Expeditions in Aid of the Mings against the Manchus,1621-1647." *T'ien Hsia Monthly,* Vol. VII, No. 1 (Aug. 1938), pp. 24-36.

——. "The Portuguese Padroado in East Asia and the Problem of the Chinese Rites, 1576-1773." *Instituto Português de Hongkong. Boletim,* No. 1 (July 1948), pp. 199-216.

——. "The Problem of the Native Clergy in Portuguese India, 1518-1787." *History Today,* XVII (1967), 772-80.

Boxer, C. R., and Cummins, J. S. "The Dominican Mission in Japan (1602-1622) and Lope de Vega." *Archivum fratrum predicatorum,* XXXIII (1963), 1-88.

Brouwer, A. M. "De Zending onder de Oost-Indische Compagnie." In H. D. J Boissevain (ed.), *De Zending in Oost en West* (2 vols.), I, 27-69. The Hague,1934.

Burnay, J. "Notes chronologiques sur les missions Jésuites du Siam au XVIIe siècle." *AHSI,* XXII (1953), 170-202.

Carretto, P. "Vatican Papers of the Seventeenth Century." *Journal of the Thailand Research Society,* Vol. XXXV (1944), Pt.2, pp. 173-89. Reprinted in *Selected Articles from the Siam Society Journal,* VII (1959), 177-94.

Chalumeau, Raymond, C.M. "Saint Vincent de Paul, et le Saint-Siège." *Archivutn historiae pontificiae,* V (1967), 263-88.

Chen Min-Sun. "Hsü Kuang-ch'i (1562-1633) and His Image of the West." In C. Pullapilly and E. Van Kley, *Asia and the West,* pp. 27-44. Notre Dame, 1986.

Cummins, J. G. "Two Missionary Methods in China: Mendicants and Jesuits." In V. Sánchez and C. S. Fuertes (eds.), *España in extremo oriente,* pp. 33-108. Madrid, 1979.

De la Costa, H., S.J. "Philippines." *New Catholic Encyclopedia,* XI, 280-84.

Fernandes, Lagrange Romeo. "Uma descripção e relação 'Di Sasatana Peninsula' (1664) do Padre Inacio Arcamone." *AHSI,* L (1981), 76-120.

Gibbin, R. W. "The Abbe de Choisy." In *Selected Articles from the Siam Society Journal,* VIII (1959), 1-16.

Gonçalves, José Júlio. "Os Portugueses no Sião." *Boletim da sociedade de geografia de Lisboa,* LXXV (1957), 435-62.

Gordon, Amy Glassner. "The First Protestant Missionary Effort: Why Did It Fail?" *International Bulletin of Missionary Research,* Vol. VIII, No. 1 (Jan., 1984), pp. 12-18.

Grisar, Josef, S.J. "Francesco Ingoli über die Aufgaben des kommenden Päpstes nach dem Tode Urbans VIII (1644)." *Archivum historiae pontificae,* V (1967), 289-324.

Gschaedler, Andre. "Religious Aspects of the Spanish Voyages in the Pacific during the Sixteenth Century and the Early Part of the Seventeenth." *The Americas,* IV (1948), 302-15.

Guennou, J. "Paris Foreign Mission Society." *New Catholic Encyclopedia,* X, 1016-17.

Hartmann, Arnulf, O.S.A. "The Augustinians in Golden Goa..." *Analecta Augustiniana,* XXX (1967), 5-147.

——. "The Augustinian Mission of Bengal (1599-1834)." *Ibid.,* XLI (1978),159-213.

Henkel, Willy. "The Polyglot Printing-office of the Congregation." *SCPFMR,*Vol. I/ı, pp. 335-50. Freiburg im Breisgau, 1971.

Hoàng Xuân-hãn. "Girolamo Maiorica, ses oeuvres en langue Vietnamienne conservées à la Bibliothèque Nationale de Paris." *AHSI,* XXII (1953), 203-14.

Hoffman, R. "Propagation of the Faith, Congregation for the." *New Catholic Ency¬clopedia,* XI, 840-44.

Hoffmann, Karl. "Das erste päpstliche Missionsinstitut." *Zeitschrift für Missionswissenschaft,* XII

(1922), 76-82.

Hogg, W. R. "The Rise of Protestant Missionary Concern, 1517-1914." In G. H. Anderson (ed.), *The Theology of the Christian Mission,* pp. 95-111. New York, 1961.

Hosten, H. "Saint Thomas and San Thomé, Mylapore." *Journal of the Asiatic Society of Bengal,* n.s., XIX (1923), 153-235.

Hutchinson, E. W. "The French Foreign Mission in Siam during the XVIIth Century." In *Selected Articles from the Siam Society Journal,* VIII (1959), 17-90.

——. "Journal of Mgr. Lambert, Bishop of Beritus, from Tenasserim to Siam in 1662." *Ibid.,* pp. 91-94.

——. "The Retirement of the French Garrison from Bangkok in the Year 1688." *Ibid.,* pp. 159-99.

Kaung, Maung. "The Beginnings of Christian Missionary Education in Burma, 1600-1824." *Journal of the Burma Research Society,* XX (1930), 59-75.

Kelly, Celsus, O.F.M. "The Franciscan Missionary Plan for the Conversion to Christianity of the Natives of the Austral Lands as Proposed in the Memorials of Fray Juan de Silva O.F.M." *The Americas,* XVII (1961), 277-91.

Kilger, Laurentz. "Die ersten Jahre Propaganda—eine Wendezeit der Missionsgeschichte." *Zeitschrift für Missionswissenschaft,* XII (1922), 1-20.

Kowalsky, Nikolaus, O.M.I. "Die Errichtung des Apostolischen Vikariates Madras nach den Akten des Propagandaarchivs." *NZM,* VIII (1952), 36-48.

Lamalle, Edmond, S.J. "La propaganda du P. Nicolas Trigault en faveur des missions de Chine, 1616." *AHSI,* IX (1940), 49-120.

Lancashire, Douglas. "Anti-Christian Polemics in Seventeenth-Century China." *Church History,* XXXVIII (1969), 218-41.

Littell, F. H. "The Free Church View of Missions." In G. H. Anderson (ed.), *The Theology of the Christian Mission,* pp. 112-21. New York, 1961.

Maas, Otto. "Zum Konflikt der spanischen Missionäre mit den französischen Bischöfen in der chinesischen Mission des 17. Jahrhunderts." In H. Finke *et al., Gesammelte Aufsätze zur Kulturgeschichte Spaniens,* II, 165-95. Münster, 1930.

Margiotti, Fortunato. "La Cina, ginepraio di questioni secolari." *SCPFMR,* Vol. I/2, pp. 597-631. Freiburg im Breisgau, 1971.

Maybon, Charles B. "Notice sur Cristoforo Borri et sur les éditions de sa 'Relation.'" *Bulletin des amis du Vieux Hué,* XXXVIII (1931), 270-75.

Meriwether, C. "A Sketch of the Life of Date Masamune and an Account of His Embassy to Rome." *Transactions of the Asiatic Society of Japan,* XXI (1894), 1-105.

Merkel, Franz R. "The Missionary Attitude of the Philosopher G. W. von Leibniz." *The International*

Review of Missions, IX (1920), 399-410.

Metzler, Josef. "Foundation of the Congregation 'de Propaganda Fide' by Gregory XV." *SCPFMR,* Vol. I/1, pp. 79-111. Freiburg im Breisgau, 1971.

——. "Francesco Ingoli, der erste Sekretär der Kongregation." *Ibid.,* pp. 197-243.

——. "Die Kongregation in der zweiten Hälfte des 17. Jahrhunderts." *Ibid.,* pp. 244-305.

——. "Wegbereiter und Vorläufer der Kongregation." *Ibid.,* pp. 38-78.

Mungello, D. E. "The Jesuits' Use of Chang Chü-cheng's Commentary in Their Translation of the Confucian Four Books (1687)." *China Mission Studies (1550-1800) Bulletin,* III (1981), 12-22.

Pacheco, Diego, S.J. "The Europeans in Japan, 1543-1640." In M. Cooper (ed.) *The Southern Barbarians: The First Europeans in Japan,* pp. 35-98. Tokyo, 1971.

Perera, Simon G., S.J. "The Jesuits in Ceylon in the Sixteenth and Seventeenth Centuries." *Ceylon Antiquarian and Literary Register,* II (1916-1917), 1-11.

Peréz, Lorenzo. "Historia de las misiones de los Franciscanos en las islas Malucas y Celebes." *Archivum Franciscanum Historicum,* VI (1913), 45-60; VII (1914), 198-226, 424-46, 621-53.

Peri, Noel. "Essai sur les relations du Japon et de l'Indochine aux XVIe et XVIIe siècles." *Bulletin de l'Ecole Française d'Extreme-orient* (Hanoi), XXIII (1923), 1-136.

Phelan, John Leddy. "Pre-Baptismal Instructions and the Administration of Baptism in the Philippines during the Sixteenth Century." *The Americas,* XII (1955-56),3-23.

Ptak, Roderick. "The Demography of Old Macao, 1555-1640." *Ming Studies,* XIV (1982), 27-35.

Pullapilly, C. K. "Religious Impact of the Discovery of the Sea Route to India." In C. K. Pullapilly and E. Van Kley (eds.), *Asia and the West,* pp. 173-94. Notre Dame, 1986.

Rouleau, F. A., S.J. "Chinese Rites Controversy." *New Catholic Encyclopedia,* III, 612.

Schilling, P. Doroteo. "Il contributo dei missionari cattolici nei secoli XVI e XVII alla conoscenza dell'isola di Ezo e degli Ainu." In C. Costantini et al., *Le missioni cattoliche e la cultura dell'Oriente,* pp. 139-214. Rome, 1943.

Schmidlin, J. "Die Gründung der Propaganda Kongregation." *Zeitschrift für Missionswissenschaft,* XII (1922), 1-2.

Schütte, Joseph F., S.J. "Die Wirksamkeit der Päpste für Japan im ersten Jahrhundert der japanischen Kirchengeschichte (1549-1650)." *Archivum historiae pontificiae,* V(1967),175-261.

——. "Japan, Martyrs of." *New Catholic Encyclopedia,* VII, 835-45.

Schwade, A. "Japan." *New Catholic Encyclopedia,* VII, 828-35.

Silva Rego, A. da. "Padroado." *New Catholic Encyclopedia,* X, 1114-16.

Stokman, Sigfridus, O.F.M. "De eerste Missionarissen van Borneo." *Historisch Tijdschrift,* VII (1928), 347-60.

Taladriz, José Luis Alvarez. "Notas para la historia de la entrada en Japon de los Franciscanos." In V.

Sánchez and C. S. Fuertes (eds.), *España en Extremo Oriente ...* , pp. 3-32. Madrid, 1979.

Teixeira, Manuel. "Os Franciscanos em Macau." *Ibid.,* pp. 309-75.

Trindade, Paulo da. "Conquista espiritual do Oriente..." In R. Boudens (ed.), *The Catholic Church in Ceylon under Dutch Rule.* Rome, 1957.

Van Kley, E. J. "Some Seventeenth-Century European Protestant Responses to Matteo Ricci and His Mission in China." In C. K. Pullapilly and E. J. Van Kley (eds.), *Asia and the West,* pp. 195-203. Notre Dame, 1986.

Väth, Alfons. "P. F. Antonio Caballero de Santa Maria über die Mission der Jesuiten und anderen Orden in China." *AHSI,* I (1932), 291-302.

Wessels, Cornelius, S.J. "Catalogus patrum et fratrum e Societate Iesu qui in missione Moluccana ab A. 1546 ad A. 1677 adlaboraverunt. " *AHSI,* I (1932), 237-53.

——. "De Katholieke missie in het Sultanaat Batjan (Molukken) 1557-1609." *Historisch Tijdschrift,* VIII (1929), 115-148, 221-245.

——. "De Augustijen in de Molukken, 1544-46, 1601-25." *Ibid.,* XIII (1934),44-59.

Wicki, Josef. "Auszüge aus den Briefen der Jesuitengenerale an die Obern in Indien, 1549-1613." *AHSI,* XXII (1953), 114-69.

——. "India." *New Catholic Encyclopedia,* VII, 435-44.

Willeke, Bernward. "Die Ankunft der ersten Franziskaner in Japan." *ZMR,* XLIII (1959), 166-76.

Winckworth, E. P. T. "A New Interpretation of the Pahlavi Cross-Inscriptions of Southern India." *Journal of Theological Studies*, XXX (1929), 237-44.

Winslow, F. J. "Vicar Apostolic." *New Catholic Encyclopedia,* XIV, 638-39.

Wyngaert, Anastase van den, O.F.M. "Mgr. Fr. Pallu et Mgr. Bernardin Della Chiesa." *Archivum Franciscanum Historicum,* XXI (1938), 17-47.

——. "Le patronat portugais et Mgr. Bernardin della Chiesa (1690-1714)." *Ibid.,*XXXV (1942), 3-34.

Zürcher, E. "The First Anti-Christian Movement in China. Nanking (1616-1621)." In P. W. Pestman (ed.), *Acta Orientalia Neerlandica,* pp. 187-97. Leyden, 1971.

Zwemer, S. M. "Calvinism and the Missionary Enterprise." *Theology Today,* VII (1950), 206-16.

III .THE IBERIAN LITERATURE

BOOK

Alexandrowicz, Charles Henry. *An Introduction to the History of the Law of Nations in the East Indies (Sixteenth, Seventeenth, and Eighteenth Centuries).* Oxford, 1967.

Amzalak, Moses Beneabat. *Anciens économistes portugais.* Lisbon, 1940.

Aquarone, J. B. *D.João de Castro. Gouvernour et Vice-Roi des Indes Orientales.* 2 vols. Paris, 1968.

Ausejo, Luz. "The Philippines in the Sixteenth Century," Ph.D. diss., Dept, of History, Univ. of Chicago, 1972.

Barbosa Machado, Diogo. *Bibliotheca Lusitana, historica, critica, e cronologica. ...* 4 vols. Lisbon, 1741-59.

Barrett, Ward (trans. and ed.). *Mission in the Marianas. An Account of Father Diego Luis de Sanvitores and His Companions, 1669-1670.* Minneapolis, 1975.

Bell, Aubrey F. G. *Diogo do Couto.* London, 1924.

Boxer, Charles R. *A Portuguese Embassy to Japan (1644-47). Translated from Unpublished Portuguese Ms., and Other Contemporary Sources, with Commentary and Appendices.* London, 1928.

——. (trans. and ed.). *Commentaries of Ruy Freyre de Andrada...* London, 1930.

——. *A aclamação del Rei D.João IV em Goa e em Macau...* Lisbon, 1932.

——. *Macau na época da restauração. Macau Three Hundred Years Ago.* Macao, 1942. Revised ed., *Seventeenth-Century Macau in Contemporary Documents and Illustrations.* Hong Kong, 1984.

——. *The Christian Century in Japan, 1549-1650.* Berkeley and Los Angeles, 1951.

——. (ed. and trans.). *The Tragic History of the Sea, 1589-1622, and Further Selections from the Tragic History of the Sea, 1559-1565.* "HS," 2d ser., CXII, CXXXII. Cambridge, 1959, 1968.

——. *Exotic Printing and the Expansion of Europe.* Bloomington, Ind., 1972.

Boxer, Charles R., and Vasconcelos, Frazâo de. *André Furtado de Mendoça* (1558- 1610). Lisbon, 1955.

Brosses, C. de. *Histoire des navigations aux terres australes.* Paris, 1756.

Chen Min-sun. "Three Contemporary Western Sources on the History of Late Ming and the Manchu Conquest of China." Ph.D. diss., Dept, of History, Univ. of Chicago, 1971.

Clair, C. *A History of European Printing.* London, 1976.

Collis, Maurice. *The Land of the Great Image, Being Experiences of Friar Manrique in Arakan.* New York, 1943.

Cooper, Michael, S.J. *Rodrigues the Interpreter. An Early Jesuit in Japan and China.* New York, 1974.

Cortesão, A., and Teixeira da Mota, A. *Portugaliae monumenta cartographica.* 5 vols. Lisbon, 1960.

Cummins, J. S. (ed.). *Lope Felix de Vega Carpio. Triunfo de la fee en los reynos del Japon.* London, 1965; also London, 1967.

——. *The Travels and Controversies of Friar Domingo Navarrete, 1618-86.* "HS," 2d ser., CXVIII, CXIX. Cambridge, 1962.

Dai Nippon Shiryo (*Japanese Historical Materials*). Tokyo, 1909.

Dalrymple, A. *An Historical Collection of the Several Voyages and Discoveries in the South Pacific Ocean.* 2 vols. London, 1770-71.

Davies, David. *The World of the Elseviers, 1580-1712.* The Hague, 1954.

De la Costa, H. *The Jesuits in the Philippines, 1581-1768.* Cambridge, Mass., 1961.

Diehl, Katherine S. *Printers and Printing in the East Indies to 1850.* (Projected to be 7 vols.; Volume I on Batavia was issued in 1990 at New Rochelle, N.Y. The others have not yet appeared.)

Disney, A. R. *Twilight of the Pepper Empire. Portuguese Trade in Southwest India in the Early Seventeenth Century.* Cambridge, Mass., 1978.

Eisenstein, Elizabeth. *The Printing Press as an Agent of Change.* 2 vols. Cambridge, 1979.

Endo, Shusaku. *The Samurai.* Translated by Van C. Gessel. New York, 1982.

Febvre, L., and Martin, H. J. *The Coming of the Book. The Impact of Printing, 1450-1800.* London, 1979.

Ferrero, Manuel. *Historia de la provincia del Santo Rosario de la orden de predicadores en Filipinas, Japon, y China.* 2 vols. Madrid, 1962-63.

Fonseca, Henrique Quirino da. *Diários da navegação de carreira da India nos anos de 1595, 1596,1597, 1600 e 1603.* Lisbon, 1938.

González Sánchez, José María. *Un misionero diplomatico. Vida del J. Victorio Ricci en el tercer centenario de su primer entrada en China, 1655.* Madrid, 1955.

Gordon, Michael. "Morality and Politics in Seventeenth-Century Spain: The Arbitrista Pedro Fernandez Navarrette." Ph.D. diss., Dept. of History, Univ. of Chicago, 1972.

Graff, H. J. *The Legacies of Literacy.* Bloomington, Ind., 1987.

Greenslade, S. L. (ed.). *The Cambridge History of the Bible.* Cambridge, 1963.

Groslier, B. P. (with C. R. Boxer). *Angkor et le Cambodge au XVIe siècle, d'après les sources portugaises et espagnoles.* Paris, 1958.

Haley, K. H. D. *The Dutch in the Seventeenth Century.* London, 1972.

Heras, H. *The Aravidu Dynasty of Vijayanagar.* Madras, 1927.

Kagan, Richard. *Students and Society in Early Modern Spain.* Baltimore, 1974.

Kelly, Celsus (ed.). *La Austrialia del Espiritu Santo.* "HS," 2d ser., CXXVI- CXXVII. Cambridge, 1966.

Leitão, Humberto (ed.). *Viagens do reino para a India e da India para o reino.* 2 vols. Lisbon, 1957-58.

Ley, C. D. *Portuguese Voyages, 1498-1663.* London, 1948.

Luard, C. E. (ed.). *Travels of Sebastian Manrique, 1629-43.* "HS," 2d ser., LIX, LXI. Oxford, 1926-27.

Maclagan, Edward D. *The Jesuits and the Great Mogul.* London, 1932.

Magalhães, José Calvet de. *História do pensamento económico em Portugal. Da idademédia ao mercantilismo.* Coimbra, 1967.

Markham, Sir Clements (trans.). *The Voyages of Pedro Fernandez de Quiros, 1595-1606.* "HS," 2d ser., XIV, XV. London, 1904.

Martin, Henri-Jean. *Livre pouvoirs et société à Paris au XVIIe siècle* (1598-1701). 2 vols. Geneva, 1969.

Meersman, A. *The Franciscans in the Indonesian Archipelago.* Louvain, 1967.

Merino, Manuel. *Misioneros Agustinos en el extreme oriente, 1565-1780. Obra inédita que con el titulo " Osorio Venerable," compuso el Agustino P. Agustin Maria de Castro, Año de 1780.* Madrid, 1954.

Müllbauer, Maximilian. *Geschichte der katholischen Missionen in Ostindien.* Freiburg im Breisgau, 1852.

Murdoch, James, and Yamagata, Isoh. *A History of Japan during the Century of Early Foreign Intercourse (1542-1651).* Vol. II. Kobe, Japan, 1903.

Murray, Hugh. *Historical Account of Discoveries and Travel in Asia from the Earliest Times to the Present.* 3 vols. Edinburgh, 1820.

Parker, John. *Books to Build an Empire: A Bibliographical History of English Overseas Interests to 1620.* Amsterdam, 1965.

Payne, C. H. (ed. and trans.). *Akbar and the Jesuits. An Account of the Jesuit Missions at the Court of Akbar by Father Pierre du Jarric, S.J.* London, 1926.

——. *Jahangir and the Jesuits.* New York, 1930.

Peddie, R. A. (ed.). *Printing: A Short History of the Art.* London, 1927.

Peeters-Fontainas, J. F. *Bibliographie des impressions espagnols des Pays-Bas.* Antwerp,1933.

Penrose, Boies. *Travel and Discovery in the Renaissance, 1420-1620.* Cambridge, Mass., 1965.

Pereira, F. *Roteiros portuguezes da viagem de Lisboa à India nos seculos XVI e XVII.* Lisbon, 1898.

Pérez, Lorenzo. *Apostolado y martirio del Beato Luis Sotelo en el Japón.* Madrid, 1924.

Pieris, P. E. *Ribeiro's History of Ceilão; With a Summary of de Barros, de Couto, Antonio Bocarro and the documentos remettidos, with the Parangi Hatane and Kostantinu Hatane, Translated from the Original Portuguese and Sinhalese.* 2d ed. Colombo, 1909.

Pottinger, David. *The French Book Trade in the Ancien Regime, 1500-1791.* Cambridge, Mass., 1958.

Priolkar, Anant Kakba. *The Printing Press in India; Its Beginnings and Early Development, Being a Quatercentenary Commemoration Study of the Advent of Printing in India (in 1556). With ... an Historical Essay on the Konkani Language of J. H. da Cunha Rivara...* Translated from the Portuguese by Theophilus Lobo. Bombay, 1958.

Rogers, Francis M. (ed.). *Europe Informed: An Exhibition of Early Books Which Acquainted Europe with the East.* Sixth International Colloquium on Luzo-Brazilian Studies. Cambridge, Mass., and New York, 1966.

Saraiva, António José. *História da cultura em Portugal.* 3 vols. Lisbon, 1950-62.

Schilder, Günther. *Australia Unveiled.* Amsterdam, 1976.

Schurz, W. L. *The Manila Galleon.* New York, 1959.

Schütte, Josef Franz, S.J. *El" Archivo del Japon," vicistudines del Archivo Jesuitico del Extremo Oriente y descripción del fondo existente en la Real Academia de la Historia de Madrid.* Madrid, 1964.

Sinclair, William Frederick, and Ferguson, D. (eds.). *The Travels of Pedro Teixeira, with His" Kings of Hormuz," and Extracts from His" Kings of Persia.""* HS," 2d ser., IX. London, 1902.

Steinberg, S. H. *Five Hundred Years of Printing.* 3d ed. Harmondsworth, 1974.

Stephens, M., and Bolton, H. E. (eds.). *The Pacific Ocean in History.* New York, 1917.

Struve, Lynn A. *The Southern Ming, 1644-1662.* New Haven, 1984.

Szilas, L. Xaveriana. Lisbon, 1964.

Ternaux-Compans, Henri. *Bibliothèque asiatique et africaine; ou, catalogue des ouvrages relatifs à l'Asie et à l'Afrique qui ont paru depuis la découverte de l'imprimerie jusqu'en 1700.* 2 vols. Paris, 1841-42. Reprinted, Amsterdam, 1968.

Thaliath, Jonas. *The Synod of Diamper.* "Orientalia Christiana analecta," No. CLII. Rome, 1958.

Tiele, Pieter Anton. *Mémoire bibliographique sur les journaux des navigateurs néerlandais réimprimés dans les collections de De Bry et Hulsius ... avec tables des voyages, des éditions et des matières.* Amsterdam, 1867.

Toscano, Giuseppe M. *La prima missione cattolica nel Tibet.* Parma, 1951.

Wessels, Cornelius. *Early Jesuit Travellers in Central Asia, 1603-1721.* The Hague,1924.

White, Thomas E. "Seventeenth-Century Spanish Sources on East Asia," unfinished Ph.D. diss., Dept. of History, Univ. of Chicago.

Wicki, Josef (ed.). *Diogo Gonçalves S.J. Historia do Malavar.* Münster, 1955.

ARTICLES

Alonso, Carlos. "Documentación inédita para una biografía de Fr. Alejo de Meneses, O.S.A., Arzobispo de Goa, 1595-1612." *Analecta Augustiniana,* XXVII(1964), 263-333.

Bosmans, H. "Lettres inédites de François de Rougement. Missionnaire belge de la Compagnie de Jesus au XVIIe siècle." *Analecta Bollandiana,* XXXIII (1914), 174-293.

Boxer, Charles R. "Portuguese Roteiros, 1500-1700." *Mariner's Mirror,* XX (1934), 171-86.

——. "Three Historians of Portuguese Asia (Barros, Couto, and Bocarro)." *Instituto Portugués de Hongkong. Boletim,* No. 1 (July, 1948), 15-44.

——. "An Introduction to João Ribeiró's 'Historical Tragedy of the Island of Ceylon, 1685.'" *Ceylon Historical Journal,* III (1953), 234-55.

——. "An Introduction to the História Tragico-Marítima." *Revista da Faculdada de Letras* (Lisbon),

3d ser., Vol. XXIII, Pt. 1 (1957), pp. 48-99.

——. "Urna obra raríssima impressa em Goa no século XVII: A jornada que Francisco de Souza de Castro fez ao Achem no anno de 1638." *Boletim internacional de bibliografia Luso-Brasileira,* Vol. VIII, No. 3 (1967), pp. 431-528.

——. "Portuguese and Spanish Projects for the Conquest of Southeast Asia, 1580-1600." *Journal of Asian History,* III (1969), 118-36.

——. "A Tentative Check-List of Indo-Portuguese Imprints." *Arquivos do cêntro cultural português,* IX (1975), 567-600.

Briggs, L. P. "Spanish Intervention in Cambodia, 1593-1603." *T'oung Pao,* XXXIX (1949), 132-60.

Cabaton, A. (ed.). "Le Memorial de Pedro Sevil [de Guarga] à Philippe III. ..." *Bulletin de la commission archéologique de l'Indochine,* 1914-16, pp. 1-102.

Chen Min-sun. "Philippine Sources of Palafox y Mendoxa's 'History of the Conquest of China by the Tartars.'" *Annals of the Philippine-Chinese Historical Association,* V (1975), 51-62.

D'Silva, J. A. "On the Rebellion of Khusrū." *Journal of Indian History,* V (1926), 267-81.

Fenn, Eric. "The Bible and the Missionary." In S. L. Greenslade (ed.), *The Cambridge History of the Bible*, pp. 383-407. Cambridge, 1963.

Ferguson, Donald (trans. and ed.). "The History of Ceylon from the Earliest Times to 1600 A.D., as Related by joão de Barros and Diogo do Couto." *JRAS, Ceylon Branch,* Vol. XX, No. 60 (1908), 1-445.

Ferrando Pérez, Roberto. "Zeichnungen von Südsee-Eingeborenen aus dem frühen 17. Jahrhundert." *Zeitschrift für Ethnologie,* LXXIX (1954), 75-81.

Heras, Henry, S.J. "The Siege and Conquest of the Fort of Asirgarh by the Emperor Akbar, Described by an Eye-witness [Fr. Jerome Xavier, a Spanish Jesuit]." *Indian Antiquary,* LIII (1924), 33-41.

——. "The Jesuit Influence in the Court of Vijayanagar." *Quarterly Journal of the Mythic Society,* XIV (Oct. 1923), 130-40.

Hosten, Henry, S.J. "Fr. Fernão Guerreiro's Annual *Relation* of 1602-03 on the Mogor Mission." *Examiner* (Bombay), Nov. 22, 1919, pp. 469-70; Nov. 29, 1919, pp. 478-80.

——. (trans.). "Fr. N. Pimenta's Annual of Margão, Dec. 1, 1601." *Journal of the Asiatic Society of Bengal,* XXII (1927), 83-107.

——. "The Annual Relation of Father Fernão Guerreiro, S.J., for 1607-1608." *Journal of the Panjab Historical Society,* VII (1918), 50-73.

——. "A Letter of Father Francisco Godinho, S.J., from Western Tibet (Tsaparang, August 16, 1626)." *Journal of the Asiatic Society of Bengal,* XXI (1925), 49-73.

Knowlton, E. C. "South East Asia in the Travel Book by Pedro Ordóñez de Ceballos." *Proceedings of the Second International Symposium on Asian Studies* (Hong Kong, 1980), pp. 499-510.

Kömmering-Fitzler,H. M. A. "Fünf Jahrhunderte portugiesischer Kolonialgeschichtsschreibung." *Die Welt als Geschichte,* Vol. VIII, Pt. 2 (1942), pp. 104-17.

MacGregor, A. (trans.). "A Brief Account of the Kingdom of Pegu, Translated from the Portuguese." *Journal of the Burma Research Society,* XVI (1926), 99-138.

Meriwether, C. "A Sketch of the Life of Date Masamune and an Account of His Embassy to Rome." *Transactions of the Asiatic Society of Japan,* 1st ser., XXI(1893-94), 1-105.

Mills, J. A. (trans.). "Eredia's Description of Malacca, Meridional India, and Cathay." *JRAS, Malay Branch,* VIII (1930), 1-288.

Murakami, N. "Japans Early Attempts to Establish Commercial Relations with Mexico." In H. M. Stephens and H. E. Bolton (eds.), *The Pacific Ocean in History,* pp. 467-80. New York, 1917.

Pérez, P. Lorenzo. "Fr. Francesco de Jesús Escalona y su Relacion de China." *Extractum ex Periodico Archivum Franciscanum Historicum,* Vols. VIII-IX (1915-1916), 558-91, 184-218.

——. "De Filipinas a España, Naufragio de una armada en el siglo XVII." *Archivo Ibero-Americano,* IX (1922), 289-320.

Rehatsek, E. "Journal of Padre Manuel Godinho, S.J., from India to Portugal, in the Year 1663, by Way of Mesopotamia." *Calcutta Review,* XCIII, 63-97.

Retana, W. E. "La literatura histórica de Filipinas de los siglos XVI y XVII." *Revue hispanique,* LX (1924), 293-325.

Rodríguez Moñino, A. R. "Bibliografía hispano-oriental." *Boletín de la Academia de la Historia* (Madrid), XCVIII (1931), 417-75.

Schurhammer, Georg, S.J. "Historical Research into the Life of Francis Xavier in the Sixteenth Century." In L. Szilas (ed.), *Xavieriana,* pp. 90-114. Lisbon, 1964.

Tamaskar, B. G. "Malik Ambar and the Portuguese." *Journal of the Bihar Research Society,* XXXIII (1947), 25-44.

Teixeira, Manuel. "Diogo Veloso e a gesta lusíada em Cambodja." *Actas da Congresso Internacionál de História dos Descobrimentos* (Lisbon), Vol. V, Pt. 1(1961), pp. 339-77.

Van Kley, E. J. "News from China. Seventeenth-Century European Notices of the Manchu Conquest." *Journal of Modern History*, XLV (1973), 561-82.

Wills, John E., Jr. "The Hazardous Missions of a Dominican: Victorio Riccio, O.P., in Amoy, Taiwan, and Manila." *Actes du IIe Colloque International de Sinologie* (Chantilly), IV (1980), 243-57.

Zürcher, E. "The First Anti-Christian Movement in China, Nanking (1616-21)." In P. W. Pestman (ed.), *Acta Orientalia Neerlandica* (Leyden, 1971), pp. 188-95.

IV .THE ITALIAN LITERATURE

BOOKS

Bietenholz, Peter G. *Pietro della Valle (1586-1652); Studien zur Geschichte der Orientkenntnis und des Orientbildes im Abendlande.* Basel and Stuttgart, 1962.

Blunt, Wilfrid. *Pietro's Pilgrimage.* London, 1953.

Cooper, Michael, S.J. *Rodrigues, The Interpreter. An Early Jesuit in Japan and China.* New York, 1974.

——.*They Came to Japan. An Anthology of European Reports on Japan, 1543-1640.*London, 1965.

Correia-Afonso, John. *Jesuit Letters and Indian History.* Bombay, 1955; 2d rev. ed., Bombay, 1969.

Costantini, C., *et al. Le missioni cattoliche e la cultura dell' oriente.* Rome, 1943.

Cronin, Vincent. *A Pearl to India. The Life of Roberto de Nobili.* London, 1959.

Degel, Gustav Germann. "Die Erforschung des Festlandes von Hinterindien durch die Jesuiten am Eingang und Ausgang des 17. Jahrhunderts." Ph.D. diss., Univ. of Würzburg, 1905.

De la Costa, H. *The Jesuits in the Philippines, 1581-1768.* Cambridge, Mass., 1967.

Ferroli, D. *The Jesuits in Malabar.* 2 vols. Bangalore, 1951, 1959.

Guglielminetti, Marziano (ed.). *Viaggiatori del Seicento.* Turin, 1967.

Hängü, Anton. *Der Kirchenhistoriker Natalis Alexander (1639-1724).* Freiburg, 1955.

Maclagan, Edward Douglas. *The Jesuits and the Great Mogul.* London, 1932.

Magnaghi, Alberto. *Il viaggiatore Gemelli Careri (secolo XVII.) e il suo "Giro del Mondo."* Bergamo, 1900.

Müllbauer, Maximilian. *Geschichte der katholischen Missionen in Ostindien.* Freiburg im Breisgau, 1852.

Oxnam, Robert B. *Ruling from Horseback: Manchu Politics in the Oboi Regency,* 1661-69. Chicago, 1975,

Renaldo, John J. *Daniello Bartoli. A Letterato of the Seicento.* Naples, 1979.

Sen, Surindranath (ed.). *The Indian Travels of Thevenot and Careri.* New Delhi, 1949.

Toscano, Giuseppe M. *La prima missione cattolica nel Tibet.* Parma, 1951.

Tragella, G. B. *L'impero di Cristo, Le missioni cattoliche nel mondo.* Florence, 1941.

Weinstock, Herbert(trans.) *My Voyage around the World by Francesco Carletti, a Sixteenth-Century Florentine Merchant.* New York, 1964.

ARTICLES

Ambruzzi, Luigi, S.J. "Il contributo dei missionari cattolici alla conoscenza delle religioni, dei costumi e della geografia dell' India." In C. Costantini *et al., Le missioni cattoliche e la cultura dell' oriente,* pp. 261-92. Rome, 1943.

Baldinotti, Guiliano. "La Relation sur le Tonkin du P. Baldinotti." *Bulletin de l'Ecole Française d'Extrême-Orient* (Hanoi), III (1903), 71-74.

——. "Relation du Royaume de Tunquim, 'Nouvellement Découvert.' " *Ibid.*, pp. 75-78.

Berchet, Guglielmo. "Un ambasciatore della Cina a Venezia nel 1652." *Archivio veneto,* n.s., Vol. XXIX, Pt. 1 (1885), pp. 369-80.

Lamalle, Edmond. "La propaganda du P. Nicolas Trigault en faveur des missions de Chine, 1616." *AHSI,* IX (1940), 59-60.

Maybon, C. B. "Notice biographique et bibliographique sur G. F. de Marini, auteur d' une relation du royaume de Lao." *Revue indochinoise,* July, 1910, pp. 15-25; August, 1910, pp. 152-82; Sept., 1910, pp. 257-71; Oct., 1910, pp. 358-65.

Schütte, J. F. "Japanese Cartography at the Court of Florence: Robert Dudley' s Maps of Japan, 1606-1636." *Imago Mundi,* XXIII (1969), 29-58.

Trollope, M. N. (trans.). "The Carletti Discourse: A Contemporary Italian Account of a Visit to Japan in 1597-98." *Transactions of the Asiatic Society of Japan,* 2d ser., IX (1932), I-35.

Vargas, Philippe de. "Le 'Giro del Mondo'de Gemelli Careri, en particulier le récit du séjour en Chine. Roman ou verité?" *Schweizerische Zeitschrift fur Geschichte,*V(1955), 417-51.

Vigielmo, V. "The Preface and First Ten Chapters of Amati' s Historia del regno di Voxu ... Translated and Annotated." *Harvard Journal of Asiatic Studies,* XX (1957), 619-43.

V .THE FRENCH LITERATURE

BOOKS

Anderson, John. *English Intercourse with Siam in the Seventeenth Century.* London, 1890.

Atkinson, Geoffroy. *La littérature géographique française de la Renaissance. Répertoire bibliographique.* Paris, 1927. *Supplément.* Paris, 1936.

Baddeley, John F. *Russia, Mongolia, China.* 2 vols. London, 1919.

Bamboat, Zenobia. *Les voyageurs français aux Indes aux XVIIe et XVIIIe siècles.* Paris, 1933.

Brébion, Antoine. *Bibliographie des voyages dans l'Indochine française du IXe au XIXe siècle.* Paris, 1910.

Camus, A. G. *Mémoire sur la collection des grands et petits voyages de De Bry, et sur la collection des voyages de M. Thévenot.* Paris, 1802.

Chappoulie, Henri. *Aux origines d'une église. Rome et les missions d'Indochine au XVIIe siècle. ...* 2 vols. Paris, 1943.

[Crawford, James Ludovic Lindsay]. *Bibliotheca Lindesiana ... Catalogue of the Printed Books*

Preserved at Haigh Hall. 4 vols. Aberdeen, 1910. See especially Vol. IV.

Desmarquets, J. A. S. *Mémoires chronologiques pour servir à l'histoire de Dieppe, et à celle de la navigation française.* 2 vols. Paris, 1785.

Fargeon, Jean. *Catalogue des marchandises rares, curieuses ... qui se font et debitent à Montpelier.* Pezenan, 1665.

Fouqueray, Henri, S.J. *Histoire de la Compagnie de Jésus en France.* 5 vols. Paris, 1910-25.

Froidereaux, H. (ed.). *Documents inédites relatifs à la constitution de la Compagnie des Indes Orientales de 1642.* Paris, n.d.

Gatty, J. Collet (ed.). *Voiage de Siam du Père Bouvet.* Leyden, 1963.

Hertz, Solange. *Rhodes of Viet Nam.* Westminster, Md., 1966.

Hutchinson, E. W. *1688. Revolution in Siam.* Hong Kong, 1968.

——. *Adventurers in Siam in the Seventeenth Century.* London, 1940.

Jal, A. *Abraham du Quesne et la marine de son temps.* 2 vols. Paris, 1873.

Joret, Charles. *J. B. Tavernier.* Paris, 1886.

Lach, D. F. *The Preface to Leibniz' Novissima Sinica.* Honolulu, 1957.

La Roncière, Charles Germaine Marie Bourel de. *Histoire de la marine française.* 6 vols. Paris, 1899-1932.

Madrolle, Claudius. *Les premiers voyages français à la Chine. La Compagnie de la Chine, 1698-1719.* Paris, 1901.

Marchand, P. (ed.). *Dictionnaire historique et critique par M. Pierre Bayle...* 4 vols. Rev. ed. 1730.

Martin, Henri-Jean. *Livre pouvoirs et société à Paris au XVIIe siècle (1598-1701).* 2 vols. Geneva, 1969.

Masson, Joseph. *Missionnaires belges sous l'ancien régime (1500-1800).* Brussels, 1947.

Mousnier, Roland. *The Assassination of Henry IV.* New York, 1973.

Mungello, David E. *Curious Land: Jesuit Accommodation and the Origins of Sinology.* Stuttgart, 1985.

Oxnam, R. B. *Ruling from Horseback.* Chicago, 1968.

Payne, C. H. (ed. and trans.). *Abkar and the Jesuits. An Account of the Jesuit Missions to the Court of Akbar by Father Pierre du Jarric, S.J.* London, 1926.

Priolkar, A. K. *The Goa Inquisition.* Bombay, 1961.

Rivière, Ernest M. *Supplément* (Vol. XII) to A. and A. de Backer and E. Sommer-vogel, *Bibliothèque de la Compagnie de Jésus.* Louvain, 1960.

Rosso, A. S. *Apostolic Legations to China of the Eighteenth Century.* South Pasadena Cal., 1948.

Sottas, Jules. *Histoire de la compagnie royale des Indes Orientales, 1664-1719.* Paris ,1905.

Voretzsch, E. A. (ed.). *François Froger, Relation du premier voyage des François à la Chine, fait en 1698, 1699, et 1700...* Leipzig, 1926.

ARTICLES

Barassin, J. "Compagnies de navigation et expéditions françaises dans l'Océan Indien au XVIIe siècle." *Studia* (Lisbon), XI (1963), 373-89.

Fitzier, M. A. H. "Die Maldiven im 16. und 17. Jahrhundert; ein Kapitel portugiesischer Kolonialeschichte." *Zeitschrift für Indologie und Iranistik,* X (1935-36), 215-56.

Flaumenhaft, Eugene, and Flaumenhaft, Carol. "Asian Medicinal Plants in Seventeenth-Century French Literature." *Economic Botany*, XXXVI (1982), 147-62.

Joret, Charles. "Le voyage de Tavernier (1670-89). Un manuscrit des 'Voyages' ; relations de Tavernier avec le Grand Electeur; le lieu de sa mort et de sa sépulture." *Revue de géographie,* XII (1889), 161-74, 267-75, 328-41.

Kajdański, Edward. "Michael Boym' s *Medicus Sinicus.*" *T'oung Pao,* LXXIII (1987), 161-89.

Lamalle, E. "La propagande du P. Nicolas Trigault en faveur des missions de Chine, 1616." *AHSI,* IX (1940), 49-120.

Lindsay, R. O. "Pierre Bergeron: A Forgotten Editor of French Travel Literature." *Terrae Incognitae,* VII (1976), 31-38.

"Review of *Historia Cultus Sinensium.*" *In History of the Works of the Learned, or an Impartial Account of Books Lately Printed in All Parts of Europe,* II (1700), 466-72.

Van Kley, E. J. "News from China. Seventeenth-Century European Notices of the Manchu Conquest." *Journal of Modern History,* LXXVI (1973), 561-82.

VI .TUE NETHERLANDISH LITERATURE

BOOKS

Abeyashinge, T. *Portuguese Rule in Ceylon, 1594-1612.* Colombo, 1966.

Arnold, Thomas I. *Bibliographie de l'oeuvre de Lucas Jansz. Waghenaer.* Amsterdam, 1961.

Baddeley, John F. *Russia, Mongolia, China.* 2 vols. London, 1919.

Batchelor, J. *Ainu Life and Lore.* Tokyo, n.d.

Blussé, Leonard, and Falkenburg, R. *Johan Nieuhofs beelden van een chinareis 1655-1657.* Middleburg, 1987.

Boxer, C. R. (ed.). *A Description of the Mighty Kingdoms of Japan and Siam by Francois Caron and Joost Schouten.* London, 1935.

——. *Isaac Commelin's "Begin ende Voortgangh." Introduction to the Facsimile Edition.* Amsterdam, 1969.

Briels, J. G. C. A. *Zuidnederlandse boekdrukkers en boekverkopers in de der Vereenigde Nederlanden omstreeks 1570-1630.* Nieuwkoop, 1974.

Campbell, W. *Formosa under the Dutch.* London, 1903.

Charpentier, Jarl (ed.). *The Livro da Seita dos Indios Orientais.* Uppsala, 1933.

Drake-Brockman, H. *Voyage to Disaster.* London, 1964.

Ferdon, E. N. *Early Tonga as the Explorers Saw It, 1616-1810.* Tucson, 1987.

Gebhard, Johan Fredrik. *Het leven van Mr. Nicolaas Cornelisz. Witsen (1641-1717).* 2 vols. Utrecht, 1881.

Groeneveldt, W. P. *De Nederlanders in China. BTLV,* Vol. XLVIII, 1898.

Heawood, Edward. *A History of Geographical Discovery in the Seventeenth and Eighteenth Centuries.* Cambridge, 1912. Reprinted in New York, 1969.

Heeres, J. E. *The Part Borne by the Dutch in the Discovery of Australia, 1606-1765.* London, 1899.

Ijzerman, J. W. (ed.). *Dirck Gerritsz. Pomp alias Dirck Gerritz. China, de eerste Nederlander die China en Japan bezocht 1544-1604.* "WLV," Vol. IX. The Hague, 1915.

Koeman, Cornelis. *Joan Blau and His Grand Atlas.* Amsterdam, 1970.

Ledyard, Gari. *The Dutch Come to Korea.* Seoul, 1971.

Leupe, P A. *Voyage de M. Gerritsz. Vries vers le nord et l'est du Japon...* Amsterdam, 1858.

Locher, J. G., and Bucks, P de (eds.). *Moscoviche reyse, 1664-1665.* "WLV," Vols. LXVI, LXVII, LXVIII. The Hague, 1966-67.

Mungello, David. *Curious Land: Jesuit Accommodation and the Origins of Sinology.* Stuttgart, 1985.

Nachod, O. *Die Beziehungen der Niederländichen Ostindischen Kompagnie zu Japan im siebzehnten Jahrhundert.* Leipzig, 1897.

Ottow, Willem Martin. *Rijckloff Volckertsz. van Goens; de carrière van een diplomaat, 1619-1655.* Utrecht, 1954.

Phillips, George. *Dutch Trade in Formosa in 1629.* Shanghai, 1878.

Pott, P. H. *Naar wijder horizon.* The Hague, 1962.

Rouffaer, G. P., and Juynboll, H. H. *De Batik-Kunst in Nederlandsch-Indië en haar geschiedenis.* Utrecht, 1914.

Schilder, Günter. *Australia Unveiled: The Share of Dutch Navigators in the Discovery of Australia.* Amsterdam, 1976.

Schiltmeijer, J. R. (ed.). *Amsterdam in 17e eeuwse prent.* 3d ed. Amsterdam, 1968.

Schotel, G. D. J. *Vaderlandsche volksboeken en volksprookjes van den vroegste tijden tot einde der 18e eeuw.* Haarlem, 1875.

Smith, George Vinal. *The Dutch in Seventeenth Century Thailand.* Special Report No. 16 of the Center for Southeast Asian Studies, Northern Illinois University. De Kalb, 111., 1977.

Sullivan, Michael. *The Meeting of Eastern and Western Art.* Greenwich, Conn., 1973.

Terpstra, H. *De Nederlanders in Voor-Indië.* Amsterdam, .1947.

Unger, W. S. (ed.). *De oudste reizen van de Zeeuwen naar Oost-lndië, 1598-1604.* "WLV," Vol. LI. The Hague, 1948.

Wieder, Frederik Caspar (ed.). *De reis van Mahu en de Cordes door de Straat van Magalhães naar Zuid-Amerika en Japan 1598-1600; scheepsjournaal, rapporten, brieven zeilaanwijzingen, kaarten, enz., ...* The Hague, 1923-25.

Wills, John E., Jr. *Pepper, Guns, and Parleys. The Dutch East India Company and China, 1627-1681.* Cambridge, Mass., 1974.

ARTICLES

Blink, H. "Bernhard Varenius, de grondlegger der wetenschappelijke geographie." *Tijdscrift van het Nederlandsch Aardrijkskundig Genootschap gevestigd te Amsterdam,* ser. II, pt. 3 (1887).

Bodel Nijenhuis, J. T. "Johan Nieuhof." *Bijdragen van geschiedenis en oudheidkunde,* n.s., pt. 2 (1862), pp. 32-51.

Duyvendak, J. J. L. "Early Chinese Studies in Holland." *T'oung Pao,* XXXII (1936),293-344.

Ferguson, D. (trans, and ed.). "The Visit of Spilbergen to Ceylon, Translated from Admiral Joris van Spilbergen's 'Relation.'" *JRAS, Ceylon Branch,* XXX (1927), 127-79, 361-409.

Goetz, H. "Notes on a Collection of Historical Portraits from Golconda." *Indian Arts and Letters,* X (1936), 10-21.

Ijzerman, J. W. "Over de belegering van het fort Jacatra (22 Dec. 1618-1 Febr. 1619)." *BTLV,* LXXIII (1917), 558-679.

Leupe, P. A. (ed.). "Reysbesćhryving van het weg uit Samarangh nae de koninck-lijke hoofplaets Mataram..." *BTLV,* IV (1856), 307-47.

——. "Het gezandtschap naar Bali... en 1633." *Ibid.,* V (1856), 1-71.

——. "Verhael van de belegeringhe der stadt Batavia ... anno 1628. ..." *Ibid.,* Ill (1855), 289-312.

Pott, P. H. "The Orient Reflected Our Views on the East throughout the Ages." In *Acta orientalia Neerlandica,* ed. P. W. Pestman (Leyden, 1971), 8-10.

Ronkel, Philippus Samuel van. "De eerste europeesche Tamilspraakkunst en het eerst malabarsche glossarium." *Mededeelingen der Nederlandsche Akademie van Wetenschappen, afdeeling letterkunde,* n.s., V (1942), 543-98.

Tiele, P. A. (ed.). "Verklaring van Martinus Apius van hetgeen hem en zijne medegevangen van de vloot van Jacob van Neck in 1602 te Macao is overkomen." *Bijdragen en mededeelingen van het Historisch Genootschap gevestigd te Utrecht,* VI (1883), 228-42.

Van Eeghen, Isabella H. "Arnoldus Montanus's Book on Japan." *Quaerendo*, II (1972), 250-72.

VII .THE GERMAN AND DANISH LITERATURE

BOOKS

Asher, Adolph. *Bibliographical Essay on the Collection of Voyages and Travels Edited and Published by Levinus Hulsius and His Successors at Nuremburg and Francfurt from Anno 1598 to 1660.* Berlin, 1839.

Benzing, J. *Die Buchdrucker des 16. und 17. Jahrhunderts im deutschen Sprachgebiet.* 2d rev. ed. Wiesbaden, 1982.

Camus, A. C. *Mémoire sur la collection des grands et petits voyages de De Bry*... Paris, 1802.

Chabrié, Robert. *Michel Boym. Jésuite Polonais et la fin des Ming en Chine (1646-1662).* Paris, 1933.

Chen Min-sun. "Three Contemporary Western Sources on the History of Late Ming and the Manchu Conquest of China." Ph.D. diss., Dept. of History, Univ. of Chicago, 1971.

Commissariat, Manekshah Soräbshah. *Mandelslo's Travels in Western India* (A.D. 1638-9). London, 1931.

Kronk, G. W. *Comets. A Descriptive Catalog.* Hillside, N.J., 1984.

Lach, D. F. *The Preface to Leibniz' Novissima Sinica.* Honolulu, 1957.

Maclagan, Edward Douglas. *The Jesuits and the Great Mogul.* London, 1932.

Raven-Hart, R. (trans.). *Germans in Dutch Ceylon.* Colombo, n.d. (ca. 1953).

Väth, Alfons. *Johann Adam Schall von Bell, S.J., Missionar in China, kaiserlicher Astronom und Ratgeber am Hofe von Peking, 1592-1666.* Cologne, 1933.

Weigel, Theodor O. *Bibliographische Mittheilungen über die deutschen Ausgaben von de Bry's Sammlungen der Reisen*... Leipzig, 1854.

Wessels, C. *Early Jesuit Travellers in Central Asia, 1603-1721.* The Hague, 1924.

Wills, John E., Jr. *Pepper, Guns, and Parleys.* Cambridge, Mass., 1974.

ARTICLES

Dharampal, Ghita (trans.). "Heinrich von Poser's Travelogue of the Deccan (1622)." *Quarterly Journal of the Mythic Society,* LXXIII (1982), 103-14.

Foss, Theodore N. "Nicholas Trigault S.J.—Amanuensis or Propagandist?" *International Symposium on Chinese-Western Cultural Relations,* Supplement (Taipei, 1983), pp. 1-94.

Kajdánski, Edward. "Michael Boym's *Medicus Sinicus.*" *T'oung Pao,* LXXIII (1987), 161-89.

Knox, Robert. "An Historical Relation of Ceylon." *The Ceylon Historical Journal,* VI (1956-57), Nos. 1-4.

Rouffaer, J. S. "Een curieus Duitsch boekje over onze oost uit 1646." *BTLV,* LXIX (1914), 127-29.

Spence, J. "Reflections on Matteo Ricci." *China and Europe, Sixteenth to Eighteenth Centuries,*

International Symposium, Hong Kong, 1987.

Szczesniak, Boleslaw. “The Writings of Michael Boym.” *Monumenta Serica,* XIV (1949-55), 481-538.

Van Kley, E. “News from China. Seventeenth-Century Notices of the Manchu Conquest.” *Journal of Modern History,* XLV (1973), 561-582.

——. “Europe’s ‘Discovery’ of China and the Writing of World History.” *American Historical Review,* LXXVI (1971), 358-85.

Widman, Hans. “Geschichte des deutschen Buchhandels.” In H. Hiller and W. Strauss (eds.), *Der deutsche Buchhandel,* pp. 13-48. Munich, 1961.

Zimmel, Bruno. “Der erste Bericht über Tibets Hauptstadt Lhasa aus dem Jahre 1661.” *Biblos,* II (Vienna, 1953), 127-45.

VIII .THE ENGLISH LITERATURE

BOOKS

Clair, Colin. *A History of European Printing.* London, 1976.

Collis, Maurice. *Siamese White.* Rev. ed. London, 1951.

Foster, William. *England's Quest of Eastern Trade.* London, 1933.

Lloyd, C. C. *William Dampier.* London, 1966.

Parker, John. *Books to Build an Empire: A Bibliographical History of English Overseas Interests to 1620.* Amsterdam, 1965.

Parks, George B. *Richard Hakluyt and the English Voyages.* New York, 1928.

Pennington, L. E. (ed.). *The Purchas Handbook.* Forthcoming.

Penrose, Boies. *Tudor and Early Stuart Voyages.* Washington, 1962.

——. *Urbaine Travelers, 1591-1635.* Philadelphia, 1942.

Prasad, Ram Chandra. *Early English Travellers in India. A Study in the Travel Literature of the Elizabethan and Jacobean Periods, with Particular Reference to India.* Delhi, Patna, and Varanasi, 1965.

Ramsay, George Daniel. *English Overseas Trade during the Centuries of Emergence.* London, 1957.

Rawlinson, H. G. *British Beginnings in Western India, 1579-1657.* Oxford, 1920.

Satow, Ernest M. (ed.). *The Voyage of Captain John Saris to Japan, 1613.* “HS,” 2d ser., V. London, 1900.

Shipman, Joseph. *William Dampier, Seaman Scientist.* Lawrence, Kansas, 1962.

Strahan, Michael. *The Life and Adventures of Thomas Coryate.* London, 1962.

Tragen, Cecil. *Elizabethan Venture.* London, 1953.

ARTICLES

Foster, William. "Samuel Purchas." In Edward Lynam (ed.), *Richard Hakluyt and His Successors,* pp. 47-61. "HS," 2d ser., XCIII. London, 1946.

Lach, D. F. "The Far East." In D. B. Quinn (ed.), *The Hakluyt Handbook.* "HS," 2d ser., CXLIV, pp. 214-22. London, 1974.

Pennington, L. E. "Hakluytus Posthumus: Samuel Purchas and the Promotion of English Overseas Expansion." *The Emporia State Research Studies* (Emporia, Kansas), Vol. XIV, No. 3 (1966).

Strachan, M. F. "India." In D. B. Quinn (ed.), *The Hakluyt Handbook.* "HS," 2d ser., CXLIV, pp. 208-13. London, 1974.

Williamson, J. A. "Richard Hakluyt." In Edward Lynam (ed.), *Richard Hakluyt and His Successors,* "HS," 2d ser., XCIII, pp. 20-40. London, 1946.

IX .THE MUGHUL EMPIRE BEFORE AURANGZIB

BOOKS

Ansari, M. A. *Social Life of the Mughal Emperors (1526-1707).* Allahabad, 1974.

——. *European Travellers under the Mughals, 1580-1627.* Delhi, 1975.

Aziz, Abdul. *The Mansabdari System and the Mughul Army.* Delhi, 1972.

Banerji, R. D. *History of Orissa from the Earliest Times to the British Period.* 2 vols. Delhi, 1980.

Beauchamp, H. K. (ed.). *Hindu Manners, Customs and Ceremonies by the Abbé J. A. Dubois.* 3d ed. Oxford, 1959.

Bietenholz, Peter G. *Pietro della Valle (1586-1652); Studien zur Geschichte der Ori-entkenntnis und des Orientbildes im Abendlande.* Basel and Stuttgart, 1962.

Brown, Perry. *Indian Architecture (Buddhist and Hindu Periods).* 5th ed. Bombay, 1965.

Burgess, James, and Cousens, Henry. *The Architectural Antiquities of Northern Gujarat...* London and Calcutta, 1903.

Caland, W. (ed.). *De Remonstrantie van W. Geleynessen de Jongh.* Amsterdam, 1929.

Cambridge History of India; see Dodwell, H. H. (ed.).

Camps, Arnulf. *Jerome Xavier and the Muslims of the Mogul Empire; Controversial Works and Missionary Activity.* Schöneck-Beckenried, 1957.

Commissariat, M. S. *Studies in the History of Gujarat.* Bombay, 1935.

——. *A History of Gujarat with a Survey of Its Monuments and Inscriptions.* 2 vols.Bombay, 1938, 1957.

——. *Mandelslo's Travels in Western India (A.D. 1638-9).* London, 1931.

Daniélou, A. *Hindu Polytheism.* New York, 1964.

Das, A. K. *Mughul Painting during Jahangir's Time*. Calcutta, 1978.

Day, C. R. *The Music and Musical Instruments of Southern India and the Deccan*. Delhi, 1974. Reprint of the 1891 edition.

Deo, S. B. *History of Jaina Monachism from Inscriptions and Literature*. Poona, 1956.

Dodwell, H. H. (ed.). *The Cambridge History of India*. 6 vols. Cambridge, 1922-53.

D' Souza, V. S. *The Navayats of Kanara*. Dharwar, 1955.

Glasenapp, H. von. *Der Jainismus. Eine indische Erlösungsreligion*. Berlin, 1925.

Gokhale, B. G. *Surat in the Seventeenth Century: A Study in Urban History of Pre-Modern India*. London, 1979.

Grist, D. H. *Rice*. 3d ed. London, 1959.

Habib, Irfan. *The Agrarian System of Mughal India (1556-1707)*. Bombay, 1963.

Harvey, G. P. *Outline of Burmese History*. Bombay, 1947.

Hopkins, Thomas. *The Hindu Religious Traditions*. Encino, Cal., 1971.

Hutton, J. H. *Caste in India*. 4th ed. Bombay, 1963.

Jaini, Padmanabh S. *The Jaina Path of Purification*. Berkeley, 1979.

Katrak, S. K. H. *Who Are the Parsees?* Karachi, 1965.

Khan, Y. M. *The Deccan Policy of the Mughuls*. Lahore, 1971.

Maclagan, Edward Douglas. *The Jesuits and the Great Mogul*. London, 1932.

Mahapatra, K. *The Jaganatha Temples in Eastern India*. Bhubaneswar, 1977.

Majumdar, M. R. *Cultural History of Gujarat*. Bombay, 1965.

Mazumdar, K. C. *Imperial Agra of the Mughuls*. Agra, 1939.

Mehta, B. S., and Mehta, J. S. *Pratap the Patriot*. Udaipur, 1971.

Modi, Jivanji Jamshedji. *The Religious Ceremonies and Customs of the Parsees*. 2d ed. Bombay, 1937.

Moreland, W. H. *From Akbar to Aurangzeb. A Study in Indian Economic History*. London, 1972. Reprint of the 1923 original.

——. *India at the Death of Akbar: An Economic Study*. London, 1920.

Murray, John (publ.). *A Handbook for Travellers in India, Pakistan, Burma and Ceylon...* 18th ed. London, 1959.

Neill, Stephen. *A History of Christianity in India. The Beginnings to A.D. 1707*. Cambridge, 1984.

Ojha, P. N. *North Indian Social Life during the Mughal Period*. Delhi, 1975.

Pant, C. *Nur Jahan and Her Family*. Allahabad, 1978.

Payne, C. H. (ed. and trans.). *Akbar and the Jesuits. An Account of the Jesuit Missions at the Court of Akbar by Father Pierre du Jarric*. London, 1926.

——. *Jahangir and the Jesuits*. New York, 1930.

Penrose, B. (ed.). *The Travels of Captain Robert Coverte*. Philadelphia, 1931.

Phul, R. K. *Armies of the Great Mughals, 1526-1707.* New Delhi, 1978.

Prasad, Ishwari. *The Mughal Empire.* Allahabad, 1974.

Prasad, R. C. *Early English Travellers in India.* Delhi, 1965.

Prater, S. H. *The Book of Indian Animals.* 2d rev. ed. Bombay, 1965.

Qaisar, A. J. *The Indian Response to European Technology and Culture, A.D. 1498-1707.* Delhi, 1982.

Ravenshaw, J. *Gaur: Its Ruins and Inscriptions.* London, 1878.

Rawlinson, Hugh George. *British Beginnings in Western India, 1579-1657.* Oxford, 1920.

Rizvi, Athar Abbas. *Fatehpur Sikri.* New Delhi, 1972.

Roy, A. C. *A History of Mughal Navy and Naval Warfares.* Calcutta, 1972.

——. *History of Bengal; Mughal Period, 1526-1765 A.D.* Calcutta, 1968.

Sarkar, Jadunath. *A Short History of Aurangzib, 1618-1707.* 3d ed. Calcutta, 1962.

Shah, P. G. *Ethnic History of Gujarat.* Bombay, 1968.

Sherwani, H. K. *History of the Qutb Shāhī Dynasty.* New Delhi, 1974.

Strachan, Michael. *The Life and Adventures of Thomas Coryate.* London, 1962.

——. *Sir Thomas Roe: A Life.* Salisbury, 1989.

Thompson, Edward John. *Suttee. A Historical and Philosophical Enquiry into the Hindu Rite of Widow Burning.* Boston and New York, 1928.

Thoothi, Nasarvan Ardshur. *The Vaishnavas of Gujarat, Being a Study in Methods of Investigation of Social Phenomena.* Calcutta, 1935.

Wijnaendts van Resandt, Willem. *De Gezaghebbers der Oost-Indische Compagnie op hare buiten-comptoiren in Azië.* Amsterdam, 1944.

Yasin, Mohammad. *A Social History of Islamic India, 1605-1748.* 2d rev. ed. New Delhi, 1974.

ARTICLES

Acharya, S. R (ed.). "Bruton's Account of Cuttack and Puri." *Orissa Historical Journal*, X (1961), 25-50.

Gokhale, B. G. "Ahmadabad in the Seventeenth Century." *Journal of the Economic and Social History of the Orient* (Leyden), XII (1969), 187-97.

——. "Burhanpur. Notes on the History of an Indian City in the Seventeenth Century." *Ibid.*, XV (1972), 316-23.

Goysal, S. "Gujarati Shipping in the Seventeenth Century." *Indian Economic and Social History Review,* VIII (1971), 31-40.

Heras, Henry, S.J. "The Siege and Conquest of the Fort of Asirgarh by the Emperor Akbar." *Indian Antiquary*, LXXXIII (1924), 33-41.

Irwin, John. "Indian Textile Trade in the Seventeenth Century: Western India." *Journal of Indian Textile History,* I (1955), 4-24.

Moreland, W. H. "Johan van Twist's Description of India." *Journal of Indian History*, XVI (1937), 63-77.

Pradash, O. "The Dutch East Indies Company in Bengal; Trade Privileges and Problems, 1633-1712." *Indian Economic and Social History Review*, Vol. IX, Pt. 3 (1972), 258-87.

Randle, H. N. "Henry Lord and His Discoverie of the Banians." In *Jhā Commemoration Volume. Essays on Oriental Subjects,* "Poona Oriental Series," XXXIX, pp. 277-96. Poona, 1937.

Smith, Vincent A. "The Credit Due to the Book Entitled 'The Voyages and Travels of J. Albert de Mandelslo into the East Indies,' " *JRAS,* 1915, pp. 245-54.

Stein, Aurel. "Note on the Routes from the Panjab to Turkestan and China Recorded by William Finch (1611)" *Journal of the Panjab Historical Society,* Vol. VI, No. 2 (1917), pp. 144-48.

X .THE EMPIRE OF AURANGZIB

BOOKS

Ahmad, Aziz. *Studies in Islamic Culture in the Indian Environment.* Oxford, 1964.

Ali, Solim. *The Book of Indian Birds.* 7th rev. ed. Bombay, 1964.

Ansari, M. A. *Social Life of the Mughal Emperors (1526-1707).* Allahabad, 1974.

Athar Ali, M. *The Mughal Nobility under Aurangzeb.* Bombay, 1966.

Aziz, Abdul. *The Mansabdari System and the Mughul Army.* Delhi, 1972.

Banerji, Rakhal Das. *History of Orissa from the Earliest Times to the British Period.* 2 vols. Delhi, 1980.

Burgess, J. *Elura Cave Temples.* Varanasi, 1972.

——. *Report on the Elura Cave Temples and the Brahmanical and Jaina Caves in Western India.* Vol. V of the *Archaeological Survey of Western India.* Varanasi, 1970. (Reprint of 1882 ed.)

——. *The Muhammedan Architecture of India.* 2 pts. London, 1900, 1905.

Chaube, J. *History of Gujarat Kingdom.* New Delhi, 1975.

Chopra, R N. *Ladakh.* New Delhi, 1980.

Commissariat, M. S. *A History of Gujarat, with a Survey of Its Monuments and Inscriptions.* 2 vols. Bombay, 1938, 1957.

——. *Studies in the History of Gujarat.* Bombay, 1935.

Crooke, William. *The Tribes and Castes of the North-Western Provinces and Oudh.* 4 vols. Calcutta, 1896.

Da Cunha, J. Gerson. *Notes on the History and Antiquities of Chaul and Bassein.* Bombay, 1876.

Daniélou, A. *Hindu Polytheism.* New York, 1964.

David, M. D. *History of Bombay, 1661-1708.* Bombay, 1973.

Dehejia, V. *Early Buddhist Rock Temples. A Chronology.* Ithaca, N.Y., 1972.

Deo, S. B. *A History of Jaina Monachism...* Poona, 1956.

Drury, Heber. *The Useful Plants of India: With Notices of Their Chief Value in Commerce, Medicine, and the Arts.* London, 1873.

Ferguson, J. P. *Kashmir. An Historical Introduction.* London, 1961.

Fergusson, James, and Burgess, James. *The Cave Temples of India.* London, 1880.

Gherwal, R. S. *Lives and Teachings of the Yogis of India. Miracles and Occult Mysticism of India.* 2 vols. Santa Barbara, Cal., 1939.

Gokhale, B. G. *Surat in the Seventeenth Century.* London, 1979.

Habib, Irfan. *The Agrarian System of Mughal India (1556-1707).* Bombay, 1963.

Hallissey, Robert C. *The Rajput Rebellion against Aurangzib.* Columbia, Missouri,1977.

Hambly, Gavin, *et al. Central Asia.* New York, 1969.

——. *Cities of Mughal India; Delhi, Agra, and Fatehpur Sikri.* New York, 1968.

Herklots, G. A., and Crooke, W. (trans. and eds.). *Islam in India or the Oānūn-i-Islām ... by Ja' Far Sharif.* New Delhi, 1972. (Reprint of 1921 ed.)

Hutton, J. H. *Caste in India.* 4th ed. Oxford, 1963.

Irvine, William. *Army of the Indian Moghuls: Its Organization and Administration.* London, 1903.

Katrak, S. K. H. *Who Are the Parsees?* Karachi, 1965.

Kempers, A. J. B. (ed.). *Journaal van Dircq van Adrichem's Hofreis naar den Groot-mogol Aurangzeb, 1662.* "WLV," Vol. XLV. The Hague, 1941.

Khan, Y. M. *The Deccan Policy of the Mughuls.* Lahore, 1971.

Kitts, Eustace John. *A Compendium of the Castes and Tribes Found in India...* Bombay, 1885.

Koul, S. C. *Srinigar and Its Environs.* 3d ed. Srinigar, 1962.

Krishnaswami, S. *Musical Instruments of India.* Delhi, 1965.

Kulkarnee, N. H. (ed.). *Chhatrapati Shivaji, Architect of Freedom.* Delhi, 1975.

Lall, R. Manohar. *Among the Hindus. A Study of Hindu Festivals.* Cawnpore, 1933.

Law, B. C. (ed.). *Mountains and Rivers of India.* Calcutta, 1968.

Levine, Nancy E. *The Dynamics of Polyandry.* Chicago, 1988.

Liebert, Gosta. *Iconographic Dictionary of the Indian Religions: Hinduism-Buddhism-Jainism.* Leyden, 1976.

Magnaghi, Alberto. *Il viaggiatore Gemelli Careri (secólo XVII) e il suo "Giro del Mondo."* Bergamo, 1900.

Modi, J. J. *The Religious Ceremonies and Customs of the Parsees.* 2d ed. Bombay, 1937.

Moreland, W. H. *From Akbar to Aurangzeb, A Study in Indian Economic History.* London, 1923.

Murray, John (publ.). *A Handbook for Travellers in India, Pakistan, Burma and Ceylon.* 18th ed. London, 1959.

Nath, R. *Monuments of Delhi, Historical Study.* New Delhi, 1979.

Nayeem, M. A. *External Relations of the Bijapur Kingdom, 1489-1686.* Hyderabad, 1974.

O'Flaherty, W. D.; Mitchell, George; and Berkson, Carmel. *Elephanta, The Cave of Shiva.* Princeton, 1983.

Ojha, P. N. *North Indian Social Life during Mughal Period.* Delhi, 1975.

Pandey, R. B. *Varanasi, The Heart of Hinduism.* Varanasi, 1969.

Parker, Richard Neville. *A Forest Flora for the Punjab with Hazara and Delhi.* New Delhi, 1973.

Puhl, R. R. *Armies of the Great Mughals.* New Delhi, 1978.

Qaisar, J. *The Indian Response to European Technology and Culture (A.D. 1498-1707).*Delhi, 1982.

Rizvi, S. A. A. *A History of Sufism in India.* 2 vols. New Delhi, 1983.

Roy, A. C. *A History of Mughal Navy and Naval Warfares.* Calcutta, 1972.

Saran, P. *The Provincial Government of the Mughals, 1526-1658.* 2d ed. New York,1973.

Sarkar, J. *History of Aurangzib, Mainly Based on Persian Sources.* 2d rev. ed. Calcutta,1921.

——.*A Short History of Aurangzib.* 3d ed. Calcutta, 1962.

——.*House of Shivaji.* 3d ed. Calcutta, 1955.

——.*Mughal Administration.* 3d ed. Calcutta, 1972.

Schierlitz, E. *Die bildlichen Darstellungen der indischen Göttertrinität in der älteren ethnographischen Literatur.* Munich, 1927.

Sen, S. N. (trans. and ed.). *Foreign Biographies of Shivaji.* 2d rev. ed. Calcutta, 1977.

Sharma, G. N. *Mewar and the Mughal Emperors.* Agra, 1954.

Sharma, Y. D. *Delhi and Its Neighbourhood.* New Delhi, 1944.

Sherwani, H. K. *History of the Qutb Shāhī Dynasty.* New Delhi, 1974.

Srinivas, M. N. *Caste in Modern India and Other Essays.* Bombay, 1962.

Thomas, Edward. *The Revenue Resources of the Mughal Empire in India from A.D. 1953 to A.D. 1707.* London, 1871.

Thomas, P. *Hindu Religion, Customs, and Manners.* 4th rev. ed. Bombay, 1960.

Thootl, N. A. *The Vaishnavas of Gujarat.* Calcutta, 1935.

Toy, S. *The Strongholds of India.* London, 1957.

Watt, Sir George. *The Commercial Products of India.* London, 1908.

Wauchope, R. S. *The Buddhist Cave Temples of India.* New Delhi, 1981.

Wessels, Cornelius, S.J. *Early Jesuit Travellers in Central Asia, 1603-1721.* The Hague, 1924.

Wijnaendts van Resandt, Willem. *De gezaghebbers der Oost-Indische Compagnie op hare buiten-*

comptoiren in Azië. Amsterdam, 1944.

Yasin, Mohammed. *A Social History of Islamic India.* 2d rev. ed. New Delhi, 1974.

Yazdani, G. Bidar. *Its History and Monuments.* Oxford, 1947.

ARTICLES

Devra, G. L. "Manucci's Comments on Indian Social Customs and Traditions." In U. Marazzi (ed.), *La conoscenza dell'Asia ... in Italia nei secoli XVIII e XIX* (2 vols.), I, 351-71. Naples, 1984.

Gokhale, B. G. "Ahmadabad in the XVIIth Century." *Journal of the Economic and Social History of the Orient,* XII (1969), 187-97.

Guah, Amalendu. "Appendix." In *Cambridge Economic History of India,* I, 478-86.

Hatalkar, V. G. "French Sources for the History of Shivaji." In N. H. Kulkarnee (ed.), *Chhatrapati Shivaji, Architect of Freedom,* pp. 199-205. Delhi, 1975.

Keswané, D. G. "Shivaji through Foreign Eyes." In *ibid.*, pp. 182-98.

Lach, Alma. "Dining on the Rim of the Pacific Plate." *The World and I* (March, 1988), pp. 321-27.

Moraes, G. M. (trans.). "Surat in 1663 as Described by Manoel Godinho." *JRAS, Bombay Branch,* XXVI (1952), 121-33.

Refai, G. Z. "Foreign Embassies to Aurengzeb's Court at Delhi." In R. E. Fryken-berg (ed.), *Delhi through the Ages: Essays in Urban History, Culture, and Society,* pp. 192-204. Delhi, 1986.

Zimmel, B. "Die erste Sanskrit-Grammatik." *Biblos,* V (1956), 48-63.

——. "Die erste Sanskrit-Grammatik wiederentdeckt." *Ibid.,* XVI (1967), 219-22.

XI .FROM GOA TO CAPE COMORIN

BOOKS

Anantha Krishna Iyir, L. K. *The Tribes and Castes of Cochin.* 3 vols. Madras, 1909-12; reprinted in New Delhi, 1981.

Aubin, J. (ed.). *Mare Luso-Indicum.* 2 vols. Paris, 1972.

Basham, A. L. *The Wonder That Was India.* 3d rev. ed. London, 1967.

Battacharji, S. *The Indian Theogony.* Cambridge, 1970.

Bhardwaj, S. M. *Hindu Places of Pilgrimage in India; A Study in Cultural Geography.*Berkeley, 1973.

Bietenholz, Pieter G. *Pietro Della Valle (1586-1652): Studien zur Geschichte der Ori-entkenntnis und des Orientbildes im Abendlande.* Basel and Stuttgart, 1962.

Bobroff, Sara Ann. "Exotic Plants in Carl Linnaeus' *Species Plantarum* (1753)." Ph.D. diss., Dept.of History, Univ. of Chicago, 1973 .

Brown, C. J. *The Coins of India.* Calcutta, 1922.

Caland, W. (ed.). *Ziegenbalgs Malabarisches Heidenthum heraus gegeben und mit Indices versehen.* "Verhandelingen der Koninklijke Akademie van Wetenschappen," Vol. XXV, Pt. 3. Amsterdam, 1926.

Caland, W., and Fokker, A. A. *Drie oude Portugeische Verhandelingen over het Hin-doeisme.* In "Verhandelingen der Koninklijke Akademie van Wetenschappen te Amsterdam," Afdeeling Letterkunde, n.s., Vol. XVI, No. 2, pp. 166-175, 211. Amsterdam, 1915.

Charpentier, Jarl (ed.). *The Livro da seita dos Indios Orientais.* Uppsala, 1933.

Chatelain, H. A. *Atlas historique.* Paris, 1719.

Cousens, Henry. *Bijapur. The Old Capital of the Adil Shahi Kings. A Guide to Its Ruins with Historical Outline.* 3d ed. Poona, 1923.

Dale, Stephen Frederic. *Islamic Society on the South Asian Frontier: The Māppilas of Malabar, 1498-1922.* Oxford, 1980.

Daniélou, A. *Hindu Polytheism.* New York, 1964.

Danvers, Frederick Charles. *The Portuguese in India, Being a History of the Rise and Decline of Their Eastern Empire.* 2 vols. London, 1894.

Day, F. *The Land of the Perumals, or Cochin; Its Past and Its Present.* Madras, 1863.

Edgerton, F. *Vikrama's Adventures, or the Thirty-Two Tales of the Throne.* Edited by C. R. Lanman in *Harvard Oriental Series*, Vol. XXVI. Cambridge, Mass., 1926.

Elliot, Sir Walter. *Coins of Southern India.* London, 1886.

Ferroli, Domemco, S.J. *The Jesuits in Malabar.* 2 vols. Bangalore, 1939, 1951.

Fonseca, José Nicolau da. *An Historical and Archaeological Sketch of the City of Goa, Preceded by a Short Statistical Account of the Territory of Goa Written by the Autho-rization of the Government.* Bombay, 1878.

Ghose, R. L. M., *et al. Rice in India.* Rev. ed. New Delhi, 1960.

Gupta, Shakti M. *Vishnu and His Incarnations.* Bombay, 1974.

Hough, James. *The History of Christianity in India from the Commencement of the Christian Era.* 2 vols. London, 1839.

Hutton, J. H. *Caste in India.* 4th ed. Bombay, 1963.

Jagadisa Ayyar, P. V. *South Indian Festivities.* Madras, 1921.

Koshy, Ninan. *Caste in the Kerala Churches.* Bangalore, 1968.

Krishna Ayyar, K. V. *A Short History of Kerala.* Ernakulam, 1966.

Krishna Iyer, L. A. *Social History of Kerala.* 2 vols. Madras, 1968.

Kuriakose, M. K. (comp.). *History of Christianity in India: Source Materials.* Madras,1982.

Kurup, K. K. N. *The Ali Rajas of Cannanore.* Trivandrum, 1975.

Logan, William. *Malabar.* 3 vols. Madras, 1951.

Luiz, A. A. D. *Tribes of Kerala.* New Delhi, 1962.

Meena, V. *Temples of South India.* Kanyakumari, n.d.

Menachery, George (ed.). *The St. Thomas Christian Encyclopedia of India.* 3 vols.Madras, 1982.

Misra, S. D. *Rivers of India.* New Delhi, 1970.

Mitter, Partha. *Much Maligned Monsters.* Oxford, 1977.

Nayeem, M. A. *External Relations of the Bijapur Kingdom, 1489-1686.* Hyderabad,1974.

Padmanabha Menon, K. P. *A History of Kerala, Written in the Form of Notes on Vis-scher's Letters from Malabar.* 3 vols. New Delhi, 1982. (Reprint of 1924 edition.)

Padmanabhan, S. *Temples of South India.* Napercoil, 1977.

Panikkar, K. M. *Malabar and the Portuguese.* Bombay, 1929.

Pereira, Rui Gomes. *Goa. Hindu Temples and Deities.* Translated from the Portuguese by Antonio Victor Couto. 2 vols. Panaji, 1978.

Poonen, T. I. *Dutch Hegemony in Malabar and Its Collapse (A.D. 1663-1795).* Trivandrum, 1978.

Priolkar, A. K. *The Goa Inquisition.* Bombay, 1961.

Radwan, Ann Bos. *The Dutch in Western India,* 1601-32. Calcutta, 1978.

Rajā, P. K. S. *Mediaeval Kerala.* Chidambaram, 1953.

Sen, S. P. *The French in India—First Establishment and Struggle.* Calcutta, 1947.

Silva, Severine. *History of Christianity in Canara.* 2 vols. Kumta, 1957-61.

Swaminathan, K. D. *The Nāyakas of Ikkēri.* Madras, 1957.

Terpstra, H. *De Nederlanders in Voor-Indië.* Amsterdam, 1947.

Thaliath, Jonas, T.O.C.D. *The Synod of Diamper.* No. 152 in *Orientalia Christiana analecta.* Rome, 1958.

Thekedathu, Joseph, S.D.B. *History of Christianity in India.* 6 vols. Bangalore, 1982.

——. *The Troubled Days of Francis Garcia, S.J., Archbishop of Cranganore (1641-59).*Rome, 1972.

Thompson, Edward. *Suttee.* Boston, 1928.

Thurston, E. *Castes and Tribes of Southern India.* 7 vols. Madras, 1909.

——. *Ethnographic Notes in Southern India.* 2 pts. Reprint of 1906 edition. New Delhi, 1975.

Tisserant, Eugène, Cardinal. *Eastern Christianity in India; a History of the Syro-Malabar Church from the Earliest Time to the Present Day.* Bombay, 1957.

Toy, Sidney. *The Strongholds of India.* London, 1957.

Verma, D. C. *History of Bijapur.* New Delhi, 1974.

Wheeler, J. Talboys (ed.). *Early Travels in India.* Delhi, 1975.

Wicki, Josef, S.J. (ed.). *O homem das trinta e duas perfeicões e outras histórias.* Lisbon,1958.

ARTICLES

Da Cunha, J. Gerson. "The Portuguese in South Kanara." *JRAS, Bombay Branch,* XIX (1895-97), 249-62.

De Souza, T. R., S.J. "Glimpses of Hindu Dominance of Goan Economy in the Seventeenth Century." *Indica,* XII (1975), 27-35.

Dharampal, Gita (trans.). "Heinrich von Poser's Travelogue of the Deccan (1622)." *Quarterly Journal of the Mythic Society.* LXXIII (1982), 103-14.

——. (trans.). "On Kanarese Language and Literature [written by Reverend Weigle of Tübingen]." *Quarterly Journal of the Mythic Society,* LXXII (1981), 1-34.

Figueìredo, Manuel Pacheco de. "The Practice of Indian Medicine in Goa during the Portuguese Rule, 1510-1699." *The Luso-Brazilian Review,* IV (1967), 51-60.

Joshi, P. M. "Johan van Twist's Mission to Bijapur, 1637." *Journal of Indian History,* XXXIV (1956), 111-37.

Koshy, M. O. "Dutch Impact on Kerala Society and Culture." *Journal of Kerala Studies,* IV (1977), 559-70.

Mundadan, A. M. "History of St. Thomas Christianity in India to the Present Day." In George Menachery (ed.), *The St. Thomas Christian Encyclopedia of India.* 3 vols. Madras, 1982.

Pearson, Michael N. "Indigenous Dominance in a Colonial Economy, the Goa Ren-das, 1600-1700." In Jean Aubin (ed.), *Mare Luso-Indicum,* II, 61-73. 2 vols. Paris, 1972.

Vasanth Madhava, K. G. "Kēladi Nāyakas in Malabar (1669-1763), Part II." *Journal of Kerala Studies,* I (1974), 429-39.

Warner, Marjorie F. "The Dates of Rheede's Hortus Malabaricus." *The Journal of Botany British and Foreign,* LVIII (1920), 291-92.

Wicki, Joseph, S.J. "Portuguese Works of Frs. J. Fenicio and Diogo Gonçalves on Malabar (1609-1615)." *Journal of Kerala Studies,* IV (1977), 543-58.

XII .INSULAR SOUTH ASIA

BOOKS

Abeyashinge, Tikiri. *Portuguese Rule in Ceylon, 1594-1612.* Colombo, 1966.

Alexander, P. C. *The Dutch in Malabar.* Annamalainager, 1946.

Arasaratnam, Sinnappah (trans. and ed.). *Francois Valentijn's Description of Ceylon,* "HS," 2d ser., CIL (London, 1978).

Bachmann, P.R. *Roberto Nobili, 1577-1656. Ein missionsgeschichtlicher Beitrag zum Christlichen Dialog mit Hinduismus.* Rome, 1972.

Cartman, J. *Hinduism in Ceylon.* Colombo, 1957.

Danvers, Frederick Charles. *The Portuguese in India, Being a History of the Rise and Decline of Their Eastern Empire.* 2 vols. London, 1894.

De Silva, C. R. *The Portuguese in Ceylon 1617-1638.* London, 1968.

De Silva, S. F. *A Regional Geography of Ceylon.* Colombo, 1954.

Farmer, B. H. *Pioneer Peasant Colonization in Ceylon.* London, 1957.

Gardiner, J. S. *The Fauna and Geography of the Maldive and Laccadive Archipelago.* 2 vols. Cambridge, 1903.

Geiger, Wilhelm. *A Grammar of the Sinhalese Language.* Colombo, 1938.

Glamann, Kristof. *Dutch-Asiatic Trade, 1620-1740.* Copenhagen, 1958.

Goonewardena, K. W. *The Foundations of Dutch Power in Ceylon 1638-1658.* Amsterdam, 1958.

Grist, Donald Henry. *Rice.* 3d ed. London, 1959.

Harper, E. B. (ed.). *Religion in South Asia.* Seattle, 1964.

Hayley, F. A. *A Treatise on the Laws and Customs of the Sinhalese, Including the Portions Still Surviving under the Name Kandyan Law.* Colombo, 1923.

Henry, G. M. *A Guide to the Birds of Ceylon.* London, 1955.

Kern, Hendrik. *Manual of Indian Buddhism.* Varanasi, 1968.

Kronk, Gary W. *Comets. A Descriptive Catalog.* Hillside, N.J., 1984.

Le Grand, Joachim, Abbé. *Histoire de L'Isle Ceylan...* Paris-Amsterdam, 1701.

Ludowyk, E. F. C. (ed.). *The Story of Ceylon.* London, 1962.

Macmillan, H. F. *Tropical Planting and Gardening with Special Reference to Ceylon.* 5th ed. London, 1962.

Perera, S. G., S.J. (trans. and ed.). *The Temporal and Spiritual Conquest of Ceylon.* Colombo, 1930.

Prater, S. H. *The Book of Indian Animals.* 2d rev. ed., Bombay, 1965.

Ramunny, [Murkot]. *Laccadive, Minicoy, and Amindivi Islands.* New Delhi, 1972.

Raychaudhuri, Tapan. *Jan Company in Coromandel, 1605-1690. A Study in the Interrelations of European Commerce and Traditional Economies.* The Hague, 1962.

Rouffaer, G. P. *Batik-Kunst in Nederlandsch Indië.* Utrecht, 1914.

Ryan, Bryce. *Caste in Modern Ceylon.* New Brunswick, N.J., 1953.

Silva, C. R. de; *see* De Silva.

Stoddard, T. L., *et al. Area Handbook for the Indian Ocean Territories.* Washington, D.C., 1971.

Wait, W. E. *Manual of the Birds of Ceylon.* 2d ed. London, 1931.

Wall, Frank. *Ophidia Taprobanica, or the Snakes of Ceylon.* Colombo, 1921.

Wijesekara, N. *Veddas in Transition.* Colombo, 1964.

Winius, George Davison. *The Fatal History of Portuguese Ceylon. Transition to Dutch Rule.*

Cambridge, Mass., 1971.

Yalman, Nur. *Under the Bo Tree. Studies in Caste, Kinship, and Marriage in the Interior of Ceylon.* Berkeley, 1967.

ARTICLES

Ames, M. M. "Magical-Animism and Buddhism: A Structural Analysis of the Sinhalese Religious System." In E. B. Harper (ed.), *Religion in South Asia,* pp. 21-52. Seattle, 1964.

Charpentier, Jarl. "Preliminary Report on the *Livro da seita dos Indios Orientais* (Brit, Mus. Ms. Sloane, 1820)." *Bulletin of the School of Oriental Studies* (London), II (1922-23), 731-54.

——. "The Brit. Mus. Ms. Sloane 3290, the Common Source of Baldaeus and Dapper." *Bulletin of the School of Oriental Studies* (London), III (1923-25), 413-20.

Chicago Tribune. March 14, 1983. Article on Maldive culture in the atolls in 2000 B.C.

Ferguson, Donald W. (trans. and ed.). "Captain João Ribeiro: His Work on Ceylon and the French Translation Thereof by the Abbé (Joachim) le Grand." *JRAS, Ceylon Branch,* X (1887-88), 243-70.

——. "The Reverend Phillipus Baldaeus and His Book on Ceylon." *Monthly Lit-erary Register* (Colombo), III (1895), 144-48.

—— "Robert Knox's Sinhalese Vocabulary." *JRAS, Ceylon Branch,* XIV (1896),155-99.

——. "The History of Ceylon, from the Earliest Times to 1600 as Related by João de Barros and Diogo do Couto." *JRAS, Ceylon Branch,* Vol. XX, No. 60(1908-9), 1-445.

——. "The Visit of Spilbergen to Ceylon, Translated from Admiral Joris van Spilbergen's 'Relation.'" *JRAS, Ceylon Branch,* XXX (1927), 127-79, 361-409.

Fitzler, M. A. H. "Die Maldiven im 16 und 17 Jahrhundert." *Zeitschrift für Indologie und Iranistik,* X (1935-36), 215-56.

Freudenberg, P. (trans. and ed.). "Wouter Schouten's Account of Ceylon." *JRAS, Ceylon Branch,* XI (1889-90), 315-54.

Gaspard, E., S.J. (trans. and ed.). "Ceylon according to Du Jarric." *Ceylon Anti-quarian and Literary Register*, III (1917-18), 163-73; IV (1918), 5-18; V (1919), 49-57.

Godahumba, G. E. "Historical Writing in Sinhalese." In C. H. Philips (ed.), *Histo-rians of India, Pakistan, and Ceylon,* pp. 72-86. London, 1961.

Ronkel, Ph. S. van. "De eerste europeesche Tamilspraakkunst en het eerste Mala-baarsche Glossarium." *Mededeelingen der Nederlandsche Akademie van Wetenschappen,* n.s., V (1942), 543-98.

St. George, H. H. *Rebelion de Ceylan of* Sa de Meneses (English summary)" *JRAS Ceylon Branch,* XI (1890), 427-45.

Saparamadu, Sumana D. (ed. and trans.). "A True and Exact Description of the Great Island of Ceylon by Phillipus Baldaeus." *Ceylon Historical Journal,* Vol. VIII, Nos. 1-4 (July, 1958-April, 1959).

Van Buitenen, J. A. B., and Ganeshsundaram, P. C. "A Seventeenth-Century Dutch Grammar of Tamil." *Bulletin of the Deccan College Research Institute* (Poona), XIV (1952-53), 168-82.

XIII .COROMANDEL

BOOKS

Bachmann, P. R. *Roberto Nobili, 1577-1636. Ein missionsgeschichtlicher Beitrag zum Christlichen Dialog mit Hinduismus.* Rome, 1972.

Basham, A. L. *The Wonder That Was India.* 3d rev. ed. London, 1967.

Beauchamp, Henry K. (trans. and ed.); *see* Du Bois.

Bertrand, Joseph, S.J. *La mission du Maduré d'après des documents inédits.* 4 vols. Paris, 1847-54 and 1865.

Bilgrami, Syed Ali Asgar. *Landmarks of the Deccan.* Hyderabad, 1927.

Buck, C. H. *Faiths, Fairs, and Festivals of India.* Reprint of 1917 ed. New Delhi, 1977.

Bühler, Georg (trans.). *Laws of Manu.* Vol. XXV of *The Sacred Books of the East.* Delhi, 1967.

Cronin, Vincent. *A Pearl to India; the Life of Roberto de Nobili.* London, 1959.

Daniélou, A. *Hindu Polytheism.* New York, 1964.

Devakunjari, D. *Madurai through the Ages.* Madras, 1957.

Diehl, Carl Gustav. *Instrument and Purpose. Studies on Rites and Rituals in South India.* Lund, 1956.

Drury, Heber. *The Useful Plants of India: with Notice of Their Chief Value in Commerce, Medicine, and the Arts.* 2d ed. London, 1873.

Du Bois, AbbéJ. A. *Hindu Manners, Customs, and Ceremonies.* Translated and edited by H. K. Beauchamp. 3d ed. Oxford, 1959.

Dupuis, Jacques. *Madras et le nord du Coromandel. Etude des conditions de la vie indienne dans un cadre géographique.* Paris, 1960.

Edgerton, Franklin (trans. and ed.). *Vikrama's Adventures.* 2 vols. Cambridge, Mass., 1926.

Farquhar, J. N. *A Primer of Hinduism.* 2d ed. London, 1912.

Ferroli, D., S.J. *The Jesuits in Mysore.* Kozhikode, 1955.

Furber, Holden. *Rival Empires of Trade in the Orient, 1600-1800.* Minneapolis, 1976.

Goetz, Hermann. *Indian and Persian Miniature Paintings in the Rijksprentenkabinet Rijksmuseum.* Amsterdam, 1958.

Gonda, Jan. *Aspects of Early Visnuism.* Utrecht, 1954.

Hari Rav, V. N. *History of the Srirangam Temple.* Tirupati, 1976.

Heras, H., S.J. *The Aravidu Dynasty of Vijayanagar.* Madras, 1927.

Imperial Gazetteer of India. Provincial Series. Hyderābad State. Calcutta, 1909.

Jagadisa Ayyar, P. V. *South Indian Festivities.* Madras, 1921.

Krishnaswami, A. *The Tamil Country under Vijayanagar.* Annamalainagar, 1964.

Krishnaswami Aiyangar, S. *Sources of Vijayanagara History.* Madras, 1919.

Lal, K. *Holy Cities of India.* Delhi, 1961.

Majumdar, R. C. (ed.). *The History and Culture of the Indian People. The Classical Age.* Bombay, 1954.

Manual of the Administration of Madras Presidency. Madras, 1893.

Meena, V. *The Temples of South India.* Kanyakumari, n.d.

Meersman, Achilles, O.F.M. *The Franciscans in Tamilnad.* Supplement XII of the NZM. Schöneck-Beckenried, Switzerland, 1962.

Miller, Barbara S. (trans.). *Bhartrihari: Poems.* New York, 1967.

Mitter, Partha. *Much Maligned Monsters.* Oxford, 1977.

Moreland, W. H. *From Akbar to Aurangzeb, A Study in Indian Economic History.* London, 1923. Reprinted in New Delhi, 1972.

Muthia, S. *Madras Discovered.* New Delhi, 1987.

Natarajan, B. *The City of the Cosmic Dance. Chidambaram.* New Delhi, 1974.

Nilakanta Sastri, K. A. *Sources of Indian History with Special Reference to South India.* New York, 1964.

Padmanabhan, S. *Temples of South India.* Nagercoil, 1977.

Palaniappan, K. *The Great Temple of Madurai.* Madurai, 1963. Reprint 1970.

Parr, Charles McKew. *The Voyages of David de Vries, Navigator and Adventurer.* New York, 1969.

Pillay, K. P. K. *The Caste System in Tamil Nadu.* Madras, 1977.

Qaisar, J. *The Indian Response to European Technology and Culture (A.D. 1498-1707).*Delhi, 1982.

Rajayyan, K. *Rise and Fall of the Poligars of Tamilnadu.* Madras, 1974.

Rav; *see* Hari Rav.

Raychaudhuri, T. *Jan Company in Coromandel, 1605-1690.* The Hague, 1962.

Richards, J. F. *Mughal Administration in Golconda.* Oxford, 1975.

Saletore, B. A. *Social and Political Life in the Vijayanagara Empire, A.D. 1346-A.D.1646.* 2 vols. Madras, 1934.

Sathyanatha Aiyar, R. *History of the Nayaks of Madura...* "Madras University Historical Series," II. Madras, 1924.

Schaeder, H. H. *Goethes Erlebnis des Ostens.* Leipzig, 1938.

Schwab, Raymond. *La renaissance orientale.* Paris, 1950.

Sen, S. P. *The French in India. First Establishment and Struggle.* Calcutta, 1947.

Sewell, Robert, and Dikshit, Sankara Balkrishna. *The Indian Calendar.* London,1896.

Sherwani, H. K. *History of the Qutb Shāhī Dynasty.* New Delhi, 1974.

Singh, Gopal. *A Geography of India.* 2d ed. Delhi, 1976.

Srinivasachari, C. S. *A History of Gingee and Its Rulers.* Annamalainagar, 1943.

Terpstra, H. *De Nederlanders in Voor-Indië.* Amsterdam, 1947.

Thani Nayagam, Xavier S. *Antão de Proença's Tamil-Portuguese Dictionary, A.D. 1679.* Kuala Lumpur, 1966.

Thekedathu, Joseph, S.D.B. *The Troubled Days of Francis Garcia, S.J., Archbishop of Cranganore (1641-59).* Rome, 1972.

Thompson, Edward. *Suttee. A Historical and Philosophical Enquiry into the Hindu Rite of Widow-Burning.* Boston and New York, 1928.

Thurston, E. *Castes and Tribes of Southern India.* 7 vols. Madras, 1909.

Toy, Sidney. *The Strongholds of India.* London, 1957.

Trewartha, Glenn T. *An Introduction to Climate.* New York, 1954.

Viraraghavacharya, T. K. T. *History of Tirupati: The Thiruvengadam Temple.* 3 vols. 2d ed. Tirupati, 1977.

Vriddhagirisan, V. *The Nayaks of Tanjore.* Annamalainagar, 1942.

Williams, L. F. R. *A Handbook for Travellers in India, Pakistan, Burma, and Ceylon.* 20th ed. London, 1965.

Willson, A. L. *A Mythical Image: The Ideal of India in German Romanticism.* Durham, N.C., 1964.

Wilson, H. H. *Sketch of the Religious Sects of the Hindus.* 2 vols. in 1. London, 1861.

Yasdani, G. (ed.). *The Early History of the Deccan.* 2 vols. London, 1960.

Ziegenbalg, B. *Genealogie der malabarischen Götter.* Madras, 1867.

ARTICLES

Arasaratnam, S. "François Valentijn's Description of Coromandel." In *Professor K. A. Nilakantra Sastri Felicitation Volume,* pp. 1-10. Madras, 1971.

Balusubramanyan, T. B. "Chidambaram in Vijayanagar Days." *Journal of the Bombay Historical Society,* IV (1931), 40-53.

Elliot, Sir Walter. "The Edifice Formerly Known as the Chinese or Jaina Pagoda at Negapatam." *Indian Antiquary,* VII (1878), 224-27.

Ghauri, Iftikhar Ahmad. "Kingship in the Sultanates of Bijapur and Golconda." *Islamic Culture,* XLVI (1972), 39-52, 137-51.

Goetz, Hermann. "Notes on a Collection of Historical Portraits from Golconda." *Indian Arts and Letters*, Vol. X, No. 1 (1936), pp. 10-34.

Goonewardena, K. W. "Dutch Historical Writing on South Asia." In C. H. Philips (ed.), *Historians of India, Pakistan and Ceylon,* pp. 170-82. London, 1961.

Heras, H., S.J. "The City of jinji at the End of the Sixteenth Century." *Indian Antiquary,* LIV (1925), 41-43.

Irwin, John. "Indian Textile Trade in the Seventeenth Century, II: Coromandel Coast." *Journal of Indian Textile History,* II (1956), 24-42.

Krishnaswami Aiyangar, S. "Mysore and the Decline of the Vijayanagar Empire." *Quarterly Journal of the Mythic Society,* XIII (1922), 621-27, 742-54.

Long, J. Bruce. "Mahāśwarātri: The Saiva Festival of Repentance." In G. R. Welbon and G. E. Yocum (eds.), *Religious Festivals in South India and Sri Lanka,* pp. 189- 217. New Delhi, 1982.

Narain, Brij (trans.), and Sharma, Sri Ram (ed.). "Schorer's Account of the Coromandel Coast." *The Indian Historical Quarterly,* XVI (1940), 827-37.

Rahim, M. Abdul. "Nagapattinam Region and the Portuguese." *Journal of Indian History,* LIII (1975), 483-96.

Raychaudhuri, H. "Geography of the Deccan." In G. Yazdani (ed.), *The Early History of the Deccan,* I, 40-42. 2 vols. London, 1960.

Richards, J. F. "The Seventeenth-Century Concentration of Power at Hyderabad." *Journal of the Pakistan Historical Society,* XXIII (1975), 33-34.

Saulière, A., S.J. "The Revolt of the Southern Nayaks. " *Journal of Indian History,* XLII (1964), 89-105; XLIV (1966), 163-80.

Sharma, Arvind. "Suttee: A Study in Western Reaction." In *Thresholds in Hindu-Buddhist Studies,* pp. 83-111. Calcutta, 1979.

Sherwani, H. K. "The Reign of Abdu'l-lah Qutb Shah (1626-1672), Economic Aspects." *Journal of Indian History,* XLII (1964), 443-70.

Subbarayappa, B. V. "The Indian Doctrine of Five Elements." *Indian Journal of the History of Science,* I (1966), 60-67.

Terpstra, H. "Daniel Havart en zijn 'Op- en Ondergang van Cormondel.' " *Tjid- schrift voor Geschiedenis,* LXVII (1954), 165-89.

Thani Nayagam, Xavier S. "Antão de Proença's Tamil-Portuguese Dictionary, 1679. An Introduction." *Tamil Culture,* XI (1964), 117-27.

Van Buitenen, J. A. B., and Ganeshsundaram, P. C. "A Seventeenth-Century Dutch Grammar of Tamil." *Bulletin of the Deccan College Research Institute,* XIV (1952-53), 168-82.

Wicki, J., S.J. "Ein vorbildlicher Missionar Indiens, P. Henriques (1520-1600)." *Studia missionalia,*

XIII (1963), 113-68.

XIV .CONTINENTAL SOUTHEAST ASIA

BOOKS

Andaya, Barbara W. *Perak, the Abode of Grace. A Study of an Eighteenth-Century Malay State.* Kuala Lumpur, 1979.

Andaya, Leonard Y. *The Kingdom of Johor, 1641-1728.* Kuala Lumpur, 1975.

Anderson, John. *English Intercourse with Siam in the Seventeenth Century.* London, 1890.

Aymonier, E. *Le Cambodge.* 3 vols. Paris, 1900-1904.

Bastin, John, and Roolvink, R. *Malayan and Indonesian Studies.* Oxford, 1964.

Berval, René de (ed.). *Kingdom of Laos. The Land of the Million Elephants and of the White Parasol.* Saigon, 1959.

Boxer, C. R., and Vasconcelos, Frazão de. *André Furtado de Mendoça* (1558-1610).Lisbon, 1955.

Burkhill, I. H., *et al. A Dictionary of the Economic Products of the Malay Peninsula.* 2 vols. London, 1935.

Chandler, David P. *A History of Cambodia.* Boulder, Co., 1983.

Chappoulie, Henri. *Aux origines d'une église. Rome et les missions d'Indochine au XVIIe siècle...* 2 vols. Paris, 1943.

Coedès, G. *The Making of South-East Asia.* Trans, by H. M. Wright. Berkeley and Los Angeles, 1967.

Collis, Maurice. *The Land of the Great Image, Being Experiences of Friar Manrique in Arakan.* New York, 1943.

Dobby, Ernest H. G. *Southeast Asia.* 9th ed. New York, 1966.

Groslier, B. P., and Boxer, C. R. *Angkor et le Cambodge au XVIe siècle d'après les sources portugaises et espagnoles.* Paris, 1958.

Hale, A. *The Adventures of John Smith in Malaya, 1600-1605.* Leyden, 1909.

Hall, D. G. E. *A History of South-East Asia.* New York, 1955. 2d ed. London, 1964.

——. *Early English Intercourse with Burma, 1587-1743.* London, 1928. 2d ed. New York, 1968.

——. *Europe and Burma: A Study of European Relations with Burma to the Annexation of Thibaw's Kingdom, 1886.* London, 1945.

Harvey, Godfrey Eric. *History of Burma from the Earliest Times to 10 March 1824, the Beginning of the English Conquest.* London, 1925.

Hertz, Solange. *Rhodes of Vietnam.* Westminster, Md., 1966.

Htin Aung, Maung. *A History of Burma.* New York, 1967.

Kunstadter, Peter (ed.). *Southeast Asian Tribes, Minorities, and Nations.* 2 vols. Princeton, 1967.

LeBar, Frank M., and Suddard, A. (eds.). *Laos: Its People, Its Society, Its Culture.* New Haven, 1963.

Lieberman, Victor B. *Burmese Administrative Cycles: Anarchy and Conquest, c. 1580- 1760.* Princeton, 1984.

Lombard, Denys. *Le Sultanat d'Atjéh au temps d'Iskandar Muda, 1607-1636.* Paris, 1967.

——*et al. Le "Spraeck ende woord-boek" de Frederick de Houtman. Première méthode de malais parlé (fin du XVIe siècle).* "Bulletin de l'école française d'Extrême- Orient," LXXIV. Paris, 1970.

Long, Ly Kim. *An Outline of Cambodian Architecture.* Varanasi, 1967.

Luard, C. E., and Hosten, H., S.J. *Travels of Fray Sebastien Manrique, 1629-43.* "HS," 2d ser., LIX. Oxford, 1927.

Manguin, Pierre Yves. *Les Portugais sur les côtes du Viêt-Nam et du Campā; étude sur les routes maritimes et les relations commerciales, d'après les sources portugaises (XVIe, XVIIe, XVIIIe siècles).* Paris, 1972.

Maring, Joel M., and Maring, E. G. *Historical and Cultural Dictionary of Burma.* Metuchen, N.J., 1973.

Muller, Hendrik P. N. (ed.). *De Oost-Indische Compagnie in Cambodja en Laos.* The Hague, 1917.

Osborne, Milton. *River Road to China. The Mekong River Expedition, 1866-1873.* New York, 1975.

Payne, C. H. (ed. and trans.). *Jahangir and the Jesuits.* New York, 1930.

Reid, Anthony. *Southeast Asia in the Age of Commerce, 1450-1680.* Vol. I, *The Lands below the Winds.* New Haven, Conn., 1988.

Scott, J. George. *Burma: A Handbook of Practical Information.* London, 1911.

Singh Sandhu, K., and Wheatley, Paul (eds.). *Melaka.* 2 vols. Kuala Lumpur, 1983.

Spiro, Melford E. *Buddhism and Society: A Great Tradition and Its Burmese Vicissitudes.* New York, 1970.

Teixeira, Manuel: *The Portuguese Missions in Malacca and Singapore, 1511-1598.* 3 vols. Lisbon, 1961-63.

Wallace, Alfred R. *The Malay Archipelago ... with an Introduction by John Bastin.* Singapore, 1986.

Wheatley, Paul. *Nagara and Commandery. Origins of the Southeast Asia Urban Traditions.* Chicago, 1983.

Wijnaendts van Resandt, Willem. *De gezaghebbers der Oost-Indische Compagnie op hare buiten-comptoiren in Azië.* Amsterdam, 1944.

Yoe, S. *The Burman, His Life and Notions.* London, 1910.

ARTICLES

Andaya, Barbara Watson, "Melaka under the Dutch, 1641-1795." In K. Singh Sandhu and P. Wheatley (eds.), *Melaka,* I, pp. 195-241. 2 vols., Kuala Lumpur,1983.

Bassett, D. K. "The Trade of the English East India Company in Cambodia, 1651-1656." *JRAS* (1962), 35-61; (1963), 145-57.

Boxer, C. R. "The Spaniards in Cambodia." *History Today,* XXI (1971), 280-87.

——. "The Achinese Attack on Malacca in 1629 as Described in Contemporary Portuguese Sources." In J. Bastin and R. Roolvink (eds.), *Malayan and Indonesian Studies,* pp. 105-21. Oxford, 1964.

Briggs, L. P. "Les missionnaires portugais et espagnols au Cambodge, 1555-1603." *Bulletin de la société des études indochinoises,* n.s., XXV (1950), 7-29.

Buch, W. J. M. "La Compagnie des Indes Neérlandaises et l' lndochine." *Bulletin de l'école française d'Extrême-Orient,* XXXVI (1936), 97-196; XXXVII (1937), 121-237.

Collis, M. S., and San Shwe Bu. "Dom Martin, 1606-1643, the First Burman to Visit Europe." *Journal of the Burma Research Society,* Vol. XVI, Pt. 1 (1926), pp. 11-23.

——. "The City of Golden Mrauk-U," *ibid.,* Vol. XIII, Pt. 3 (1923), pp. 244-56.

Coolhaas, W. Ph. "Malacca under Jan van Riesbeeck." *JRAS, Malaysian Branch,* Vol. XXXVIII, Pt. 2 (1965), pp. 173-82.

Duyvendak, J. J. L. "The First Siamese Embassy to Holland." *T'oung Pao*, XXXII (1936), 255-92.

Garnier, Francis. "Voyage lointain aux royaumes de Cambodge et Laowen par les Néerlandais et ce qui s' y est passé jusqu' en 1644." *Bulletin de la société de géographie de Paris,* 6th ser., II (1871), 249-89.

Hall, D. G. E. "Studies in Dutch Relations with Arakan. " *Journal of the Burma Research Society,* Vol. XXVI, Pt. 1 (1936), pp. 1-31.

Heine-Geldern, R. "Concepts of State and Kingship in Southeast Asia." *Far Eastern Quarterly*, II (1942-43), 15-30.

Hoffman, J. E. "Early Policies in the Malacca Jurisdiction of the United East India Company: The Malay Peninsula and the Netherlands East Indies Attachment." *Journal of Southeast Asian Studies,* III (1972), 1-38.

Hosten, Henry, S.J. (trans. and ed.). "Fr. N. Pimenta's Annual of Margão, Dec. 1, 1601." *JRAS, Bengal Branch,* XXIII (1927), 83-107.

Irwin, Graham W. "The Dutch and the Tin Trade of Malaya in the Seventeenth Century." In Jerome Ch'en and Nicholas Tarling (eds.), *Studies in the Social History of China and South-East Asia, Essays in Memory of Victor Purcell* (Cambridge, 1970), pp. 267-87.

Kratz, E. U. "The Journey to the Far East. Seventeenth and Eighteenth Century German Travel Books as a Source Study." *JRAS, Malaysian Branch,* Vol. LIV, Pt. 1, No. 239 (1981), 65-81.

Lévy, Paul. "Two Accounts of Travels in Laos in the Seventeenth Century." In René de Berval (ed.), *Kingdom of Laos. The Land of the Million Elephants and of the White Parasol,* pp. 50-67. Saigon,

1959.

Lieberman, Victor B. "The Political Significance of Religious Wealth in Burmese History: Some Further Thoughts." *Journal of Asian Studies,* XXXIX (1980), 753-69.

——. "Europeans, Trade, and the Unification of Burma, c. 1540-1620." *Oriens Extremus,* Vol. XXVII, Pt. 2 (1980), pp. 203-26.

Linehan, W. "The Earliest Word-lists and Dictionaries of the Malay Language." *JRAS, Malay Branch,* Vol. XXII, Pt. 1 (1949), pp. 183-87.

Macgregor, I. A. (trans.). "A Brief Account of the Kingdoms of Pegu." *Journal of the Burma Research Society*, Vol. XVI, Pt. 2 (1926), pp. 99-138.

——. "Notes on the Portuguese in Malaya." *JRAS, Malayan Branch,* Vol. XXVIII, Pt. 2 (1955), PP.1-47.

Maxwell, W. G. "Barretto de Resendes' Account of Malacca. " *JRAS, Straits Branch,* LX (1911), 1-24.

Pelliot, Paul. "Les relations du Siam et de la Hollande en 1608." *T'oung Pao,* XXXII (1936), 223-29.

Saulière, A., S.J. "The Jesuits in Pegu at the End of the Sixteenth Century." *Bengal Past and Present,* XIX (1919), 64-80.

Sheehan, J. J. "Seventeenth Century Visitors to the Malay Peninsula. " *JRAS, Malay Branch,* Vol. XII, Pt. 2 (1934), pp. 71-107.

Smith, W. H. C. "The Portuguese in Malacca during the Dutch Period." *Studia* (Lisbon), VII (January, 1961), 87-106.

Teixeira, Manuel. "Diogo Veloso e a Gesta Lusiada em Camboja." *Actas,* Congresso International de História dos Descobrimentos, Vol. V, Pt. 1 (1961), pp.339-77.

XV .SIAM

BOOKS

Alabaster, Henry. *The Wheel of the Law: Buddhism Illustrated from the Siamese Sources.* London, 1871; reprinted Varanasi, 1972.

Andaya, Barbara W. *Perak, the Abode of Grace, A Study of an Eighteenth-Century Malay State.* Kuala Lumpur, 1979.

Andaya, Barbara W., and Andaya, Leonard Y. *A History of Malaysia.* London, 1982.

Andaya, Leonard Y. *The Kingdom of Johor, 1641-1728.* Kuala Lumpur, 1975.

Anderson, John. *English Intercourse with Siam in the Seventeenth Century.* London, 1890.

Basche, J. *Thailand: Land of the Free.* New York, 1971.

Blanchard, Wendell, *et al. Thailand, Its People, Its Society, Its Culture.* New Haven, 1958.

Boxer, Charles Ralph (ed. and intro.). *A True Description of the Mighty Kingdoms of Japan and Siam by François Caron and Joost Schouten.* London, 1935.

Boxer, Charles Ralph, and Vasconcelos, Frazão de. *André Furtado de Mendoça* (1558- 1610). Lisbon, 1955.

Brandon, J. R. *Theatre in Southeast Asia.* Cambridge, Mass., 1967.

Buribhand, Luang Baribal. *Thai Images of the Buddha.* "Thailand Culture Series," No. 9, Bangkok, 1955.

Burkhill, I. H., *et al. A Dictionary of the Economic Products of the Malay Peninsula.* 2 vols. London, 1935.

Campbell, Stuart, and Shaweevongse, Chuan. *The Fundamentals of the Thai Language.* 4th ed. Kent, 1957.

Chandler, David P. *A History of Cambodia.* Boulder, 1983.

Chappoulie, Henri. *Aux origines d'une église. Rome et les missions d'Indochine au XVIIe siècle...* 2 vols. Paris, 1943.

Coedès, Georges. *The Making of South-East Asia.* Translated by H. M. Wright. Berkeley and Los Angeles, 1967.

Collis, Maurice. *Siamese White.* London, 1936.

——. *The Land of the Great Image, Being Experiences of Friar Manrique in Arakan.* New York, 1943.

Dobby, Ernest H. G. *Southeast Asia.* 9th ed. London, 1966.

Duriyanga, Phra Chen. *Thai music.* "Thailand Culture Series," No. 8, 3d ed. Bangkok, 1955.

Gatty, J. Coullet (ed.). *Voiage de Siam du Père Bouvet. Précedé d'une introduction, avec une biographie de son auteur.* Leyden, 1963.

Graham, Walter A. *Siam.* 2 vols. London, 1924.

Groslier, B. P., and Boxer, C. R. *Angkor et le Cambodge au XVIe siècle, d'après les sources portugaises et espagnoles.* Paris, 1958.

Hale, A. *The Adventures of John Smith in Malaya, 1600-1605.* Leyden, 1909.

Hall, D. G. E. *Europe and Burma: A Study of European Relations with Burma to the Annexation of Thibaw's Kingdom, 1886.* London, 1945.

——. *A History of South-East Asia.* New York, 1955. 2d ed., London, 1964.

Hart, C. *Kites. An Historical Survey.* Rev. ed., New York, 1982.

Hutchinson, E. W. *Adventurers in Siam in the Seventeenth Century.* London, 1940

——. (ed. and trans.). 1688. *Revolution in Siam. The Memoir of Father de Bèze, S.J.* Hong Kong, 1968.

Ishii, Yoneo (ed.). *Thailand: A Rice-Growing Society.* Trans, by Peter and Stephanie Hawkes. Honolulu, 1978.

Iwao, Seeichi (ed.). *Historiael verhael der sieckte ende doot van Pra Interra-Tsia 22en coninck in*

Siam, ende den regherenden coninck Pra Ongh Srij door Jeremias van Vliet, 1640. Tokyo, 1958.

Kasetsiri, C. *The Rise of Ayudhya.* Kuala Lumpur, 1976.

Kern, H. *Manual of Indian Buddhism.* Varanasi, 1968.

Kunstadter, Peter (ed.). *Southeast Asian Tribes, Minorities, and Nations.* 2 vols. Princeton, 1967.

Landon, Kenneth P. *Southeast Asia, Crossroads of Religions.* Chicago, 1949.

Lanier, Lucien. *Etude historique sur les relations de la France et du royaume de Siam de 1662 à 1703.* Versailles, 1883.

Librairie Larousse (publ.). *Le Thaïlande.* Paris, 1983.

Lieberman, Victor B. *Burmese Administrative Cycles: Anarchy and Conquest, c. 1580-1760.* Princeton, 1984.

Lombard, Denys. *Le Sultanat d'Atjéh au temps d'Iskandar Muda, 1607-1636.* Paris, 1967.

——. *et al. Le" Spraeck ende woord-boek" de Frederick de Houtman. Première méthode de malais parlé (fin du XVI siècle).* "Bulletin de l' école française d' Etrême- Orient," LXXIV. Paris, 1970.

Manguin, Pierre-Yves. *Les portugais sur les côtes du Viêt-nam et du Campā: étude sur les routes maritimes et les relations commerciales d'après les sources portugaises (XVIe, XVIIe, XVIIIe siècles).* Paris, 1972.

Martignan, L. R. *La monarchie absolue Siamoise de 1350 à 1926.* n.p., n.d.

Nimit Co. (publ.). *Thailand in Colour.* Bangkok, n.d.

O' Kane, John. *The Ship of Sulaiman.* New York, 1972.

Osborne, Milton. *River Road to China. The Mekong River Expedition, 1866-1873.* New York, 1975.

Osman, M. T. (ed.). *Traditional Drama and Music of Southeast Asia.* Kuala Lumpur,1974.

Pratt, James B. *The Pilgrimage of Buddhism.* New York, 1928.

Rabibhadana, Akin. *The Organization of Thai Society in the Early Bangkok Period.* Data Paper No. 74, Cornell University Southeast Asia Program. Ithaca, N.Y.,1969.

Rajadhon, Phya Anuman. *The Nature and Development of the Thai Language.* "Thai Culture," n.s., No. 10, 2d ed. Bangkok, 1963.

——. *Thai Traditional Salutations.* "Thai Culture," n.s., No. 14. Bangkok, 1963.

Reid, Anthony. *Southeast Asia in the Age of Commerce, 1450-1680.* Vol. I, *The Lands below the Winds.* New Haven, Conn., 1988.

—— (ed.). *Slavery, Bondage, and Dependency in Southeast Asia.* New York, 1983.

Sitsayamkan, Luang. *The Greek Favourite of the King of Siam.* Singapore, 1967.

Smith, George Vinal. *The Dutch in Seventeenth-Century Thailand.* Special Report No. 16, Northern Illinois University Center for Southeast Asian Studies. De Kalb, Ⅲ ., 1977.

Smithies, Michael (ed. and trans.). *The Discourses at Versailles of the First Siamese Ambassadors to France, 1686-87.* Bangkok, 1985.

Sopher, D. E. *The Sea Nomads.* Singapore, 1965.

Spiro, M. E. *Buddhism and Society: A Great Tradition and Its Burmese Vicissitudes.* New York, 1970.

Tambiah, S. J. *World Conqueror and World Renouncer: A Study of Buddhism and Polity in Thailand against a Historical Background.* Cambridge, 1976.

Teeuw, A., and Wyatt, D. K. *Hikayat Patani, The Story of Patani.* 2 pts. The Hague,1970.

Terwiel, B. J. *Monks and Magic.* Bangkok, 1975.

Viraphol, Sarasin. *Tribute and Profit: Sino-Siamese Trade 1652-1853.* Cambridge, Mass., 1977.

Wales, Horace Geoffrey Quaritch. *Ancient Siamese Government and Administration.* London, 1934.

——. *Siamese State Ceremonies, Their History and Function.* London, 1931.

Wallace, Irving, and Wallace, Amy. *The Two.* New York, 1978.

Welbon, Guy Richard. *The Buddhist Nirvana and Its Western Interpreters.* Chicago, 1967.

Wells, Kenneth E. *Thai Buddhism, Its Rites and Activities.* Bangkok, 1939.

Wenk, K. *Studien zur Literatur der Thai. Texte und Interpretationen.* Hamburg, 1982.

Wheatley, Paul. *Nagara and Commandery. Origins of the Southeast Asia Urban Traditions.* Chicago, 1983.

Wijnaendts van Resandt, Willem. *De gezaghebbers der Oost-Indische Compagnie op hare buiten-comptoiren in Azië.* Amsterdam, 1944.

Wyatt, David K. *Thailand: A Short History.* New Haven, 1984.

——. *The Politics of Reform in Thailand: Education in the Reign of King Chulalong- korn.* New Haven, 1969.

Yoe, S. *The Burman, His Life and Notions.* London, 1910.

ARTICLES

Bassett, D. K. "English Relations with Siam in the Seventeenth Century. " *JRAS, Malaysian Branch,* Vol. XXXIV, Pt. 2 (1961), pp. 90-105.

Briggs, Laurence P. "Les missionnaires portugais et espagnols au Cambodge, 1555-1603." *Bulletin de la Société des études indochinoises,* n.s., XXV (1950), 7-29.

Burnay, J. "Notes chronologiques sur les missions Jésuites du Siam au XVIIe siècle." *AHSI,* XXII (1953), 170-202.

Chorin, L. A. C. "From Paris to Ayuthia Three Hundred Years Ago, June 18th 1660 to August 22nd 1662." *Journal of the Siam Society,* L (1962), 23-33.

Damrong, Prince. "The Foundations of Ayuthia." *Selected Articles from the Siam Society Journal,* III, 199-202. Bangkok, 1959.

Dhani, Prince. "The Old Siamese Conception of Monarchy." *The Siam Society Fiftieth Anniversary*

Commemorative Publication, II, 160-75. Bangkok, 1954.

Duyvendak, J. J. L. "The First Siamese Embassy to Holland." *T'oung Pao,* XXXII (1936), 255-92.

Fournereau, Lucien. "Le Siam ancien: archéologie, épigraphie, géographie, prémière partie." *Annales du Musée Guimet,* XXVII (1895), 1-321.

Garnier, Francis. "Voyage lointain aux royaumes de Cambodge et Laowen par les Néerlandais et ce qui s' y est passé jusqu'en 1644." *Bulletin de la société de géographie de Paris,* 6th ser., II (1871), 249-89.

Giblin, R. W. "The Abbe de Choisy." *Selected Articles from the Siam Society Journal,* VIII, 1-16. Bangkok, 1959.

——. "Lopburi Past and Present." *Ibid.,* IV, 113-31. Bangkok, 1959.

Giles, Frances H. "A Critical Analysis of Van Vliet's Historical Account of Siam in the Seventeenth Century." *Selected Articles from the Siam Society Journal,* VII, 91-158. Bangkok, 1959.

Heine-Geldern, R. "Concepts of State and Kingship in Southeast Asia." *The Far Eastern Quarterly,* II (1942-43), 15-30.

Hoffman, J. E. "Early Policies in the Malacca Jurisdiction of the United East India Company: The Malay Peninsula and Netherlands East Indies Attachment." *Journal of Southeast Asian Studies,* III (1972), 1-38.

Hutchinson, E.W. "Journey of Mgr. Lambert, Bishop of Beritus, from Tenasserim to Siam in 1662." *Selected Articles from the Siam Society Journal,* VIII, 91-4. Bangkok, 1959.

Irwin, Graham W. "The Dutch and the Tin Trade of Malaya in the Seventeenth Century." In Jerome Ch'en and Nicholas Tarling (eds.), *Studies in the Social History of China and South-East Asia, Essays in Memory of Victor Purcell,* pp. 267-87. Cambridge, 1970.

Irwin, Graham W. "The Dutch and the Tin Trade of Malaya in the Seventeenth Century." In Jerome Ch'en and Nicholas Tarling (eds.), *Studies in the Social History of China and South-East Asia, Essays in Memory of Victor Purcell,* pp. 267-87. Cambridge, 1970.

Ishii, Yoneo. "History and Rice Growing." In Y. Ishii (ed.), *Thailand: A Rice Growing Society,* trans. by Peter and Stephanie Hawkes, pp. 27-29. Honolulu, 1978.

——. "Seventeenth-Century Japanese Documents about Siam." *Journal of the Siam Society,* Vol. LIX, Pt. 2 (1971), pp. 161-74.

Jacq-Hergoualc' h, M. "Les ambassadeurs siamois à Versailles." *Journal of the Siam Society,* LXXII (1984), 19-36.

Kratz, E. U. "The Journey to the Far East. Seventeenth and Eighteenth Century German Travel Books as a Source Study." *JRAS, Malaysian Branch,* Vol. LIV, Pt. 1, No. 239 (1981), pp. 65-81.

Lévy, Paul. "Two Accounts of Travels in Laos in the Seventeenth Century." In René de Berval (ed.), *Kingdom of Laos. The Land of the Million Elephants and of the White Parasol,* pp. 50-67. Saigon,

1959.

Linehan, W. "The Earliest Word-Lists and Dictionaries of the Malay Language." *JRAS, Malay Branch,* Vol. XXII, Pt. i (1949), pp. 183-87.

Pelliot, Paul. "Les relations du Siam et de la Hollande en 1608." *T'oung Pao,* XXXII (1936), 223-29.

Sariman, Chua. "Traditional Dance Drama in Thailand." In M. T. Osman (ed.), *Traditional Drama and Music of Southeast Asia,* pp. 165-71. Kuala Lumpur, 1974.

Satow, E. M. "Notes on the Intercourse between Japan and Siam in the Seventeenth Century." *Transactions of the Asiatic Society of Japan,* Vol. XIII, Pt. 2 (1885), pp. 139-210.

Sternstein, Larry. "An Historical Atlas of Thailand." *Journal of the Siam Society,* Vol. LII, Pt. 1 (1964), pp. 7-20.

——. "Krung Kao, the Old Capital of Ayutthaya." *Ibid.,* Vol. LIII, Pt. 1 (1965), pp. 83-132.

Unno, K. "The Asian Lake Chiamay in the Early European Cartography." In C. C. Marzoli *et al., Imago et mensura mundi. Atti del IX Congresso internazionale di Storia della Cartografia* (1985).

XVI .VIETNAM

BOOKS

Bernard, Henri, S.J. *Pour la compréhension de l'Indochine et de l'Occident.* Paris, 1950.

Bezacier, L. *L'art Vietnamien.* 2d ed. Paris, 1954.

Cadière, Leopold. *Croyances et pratiques religieuses des Vietnamiens.* Saigon, 1958.

Chappoulie, Henri. *Aux origines d'une église. Rome et les missions d'Indochine au XVIIe siècle...* 2 vols. Paris, 1943.

Coedès, G. *The Making of South-East Asia.* Translated by H. M. Wright. Berkeley and Los Angeles, 1967.

Devéria, Gabriel (ed. and trans.). *Histoire des relations de la Chine avec l'Annam-Vietnam du XVIe au XIXe siècle; d'après des documents chinois traduits pour la première fois.* Paris, 1880.

Diguet, Edouard J. *Les Annamites: société, coutumes, religions.* Paris, 1906.

Dobby, E. H. G. *Southeast Asia.* 9th rev. ed. London, 1966.

Giran, Paul. *Magie et religion annamites.* Paris, 1912.

Hall, D. G. E. *A History of South-East Asia.* New York, 1955. 2d ed. London, 1964.

Hejzlar, J. *The Art of Vietnam.* London, 1973.

Hertz, Solange (ed. and trans.). *Rhodes of Vietnam.* Westminster, Md., 1966.

Kronk, Gary W. *Comets. A Descriptive Catalog.* Hillside, N.J., 1984.

Lê Thânh Khôi. *Histoire du Vietnam des origines à 1858.* Paris, 1981.

Maybon, Charles B. *Histoire moderne du pays d'Annam (1592-1820). Etude sur les premiers rapports des Européens et des Annamites*... Paris, 1919.

Pachtler, G. M. *Das Christenthum in Tonkin und Cochinchina.* Paderborn, 1861.

Pasquier, Pierre. *L'Annam d'autrefois.* Paris, 1929.

Petit, R. *La monarchie annamite.* Paris, 1931.

Reid, Anthony. *Southeast Asia in the Age of Commerce, 1450-1680.* Vol. I, *The Lands below the Winds.* New Haven, Conn., 1988.

Schreiner, A. *Les institutions annamites en Basse-Cochinchine avant la conquête français.* 3 vols. Saigon, 1900-1902.

Taboulet, Georges. *La geste française en Indochine. Histoire par les textes de la France en Indochine des origines à 1914.* 2 vols. Paris, 1955-56.

Viraphol, Sarasin. *Tribute and Profit: Sino-Siamese Trade 1652-1853.* Cambridge, Mass., 1977.

Watt, Sir George. *A Dictionary of the Economic Products of India.* 7 vols. in 10. Calcutta, 1885-96.

Whitfield, Danny J. *Historical and Cultural Dictionary of Vietnam.* Metuchen, N.J., 1976.

ARTICLES

Baldinotti, Guiliano. "La relation sur le Tonkin du P. Baldinotti." *Bulletin de l'école française d'Extrême-Orient* (Hanoi), III (1903), 71-78.

Boxer, C. R. "Asian Potentates and European Artillery in the 16th-18th Centuries: A Footnote to Gibson-Hill. " *JRAS, Malaysian Branch,* Vol. XXXVIII, Pt. 2 (1966), pp. 156-72.

Deloustal, Raymond. "La justice dans l'ancien Annam, traduction et commentaire du Code des Lê." *Bulletin de l'école française d'Extrême-Orient* (Hanoi), VIII (1908), 117-220; IX (1909), 91-122, 471-91, 765-96; X (1910), 1-60, 349-92, 461-505; XI (1911), 25-66, 313-37; XII (1912), N0. 6, pp. 1-33; XIII (1913), N0. 5, pp. 1-59; XXII (1922), 1-40.

Knowlton, E. C., Jr. "South East Asia in the Travel Book by Pedro Ordóñez de Ceballos." In *Proceedings of the Second International Symposium on Asian Studies,* pp. 499-510. Hong Kong, 1980.

Lamb, Alastair (ed.). "British Missions to Cochin China, 1778-1822." *JRAS, Malaysian Branch,* Vol. XXXIV, Pt. 3 (1961), pp. 1-98.

XVII .INSULINDIA:THE WESTERN ARCHIPELAGO

BOOKS

Andaya, L. Y. *The Kingdom of Johore, 1641-1728.* Kuala Lumpur, 1975.

Ball, J. D. *Things Chinese.* 5th ed. London, 1926.

Bock, Carl. *The Head Hunters of Borneo.* London, 1881.

Boxer, Charles Ralph. *The Dutch Seaborne Empire, 1600-1800.* London, 1965.

Chijs, J. A. van der (ed.). *Nederlandsche-Indisch plakaatboek, 1602-1811.* 17 vols. Batavia, 1885-1900.

Clarke, T. H. *The Rhinoceros from Dürer to Stubbs, 1515-1799.* London, 1986.

Covarrubias, Miquel. *Island of Bali.* New York, 1937.

Crawfurd, John. *A Descriptive Dictionary of the Indian Islands and Adjacent Countries.* Varanasi, 1947.

——.*History of the Indian Archipelago.* 3 vols. Edinburgh, 1820.

De Graaf, H. J. *Islamic States in Java, 1500-1700. Eight Dutch Books and Articles Summarized by T. G. Th. Pigeaud.* The Hague, 1976.

Dobby, E. H. G. *Southeast Asia.* 9th ed. London, 1966.

Draeger, Donn F. *Weapons and Fighting Arts of the Indonesian Archipelago.* New York, 1972.

Eikman, A. J., and Stapel, F. W. *Leerboek der geschiedenis van Nederlandsch Oost-Indië.* Groningen, 1928.

Ferro, Bartolomeo. *Istoria delle missioni de' clerici regolari Teatine.* 2 vols. Rome, 1705.

Fisch, Jörg. *Holland's Ruhm in Asien; Francois Valentyns Vision des niederländischen Imperiums im 18. Jahrhundert.* Stuttgart, 1986.

Foster, William (ed.). *The Voyage of Sir Henry Middleton to the Moluccas, 1604-1606.* "HS," 2d ser., LXXXVIII (1943).

Freeman, D. *Report on the Iban.* New York, 1970.

Furber, Holden. *Rival Empires of Trade in the Orient, 1600-1800.* Minneapolis, Minn., 1976.

Furnivall, J. S. *Netherlands India.* Cambridge, 1944.

Geertz,Clifford. *Islam Observed: Religious Development in Morocco and Indonesia.* New Haven,1968.

——. *The Religion of Java.* Chicago, 1960.

Haan, F. de. *Oude Batavia.* Bandoeng, 1935.

Hesse, Elias. *Gold-Bergwerke in Sumatra, 1680-1683. NR,* Vol. X. The Hague, 1931.

Howard, Alexander L. *A Manual of the Timbers of the World.* 3d ed. London, 1948.

Jonge, J. K. J. de, and Deventer, M. L. van (eds.). *De opkomst van het Nederlandsch gezag in Oost-Indië.* 20 vols. Amsterdam and The Hague, 1862-95.

Klerck, E. S. de. *History of the Netherlands East Indies.* 2 vols. Rotterdam, 1938.

Koentjaraningrat, R. M. *Javanese Culture.* Singapore, 1985.

Lasker, Bruno. *Human Bondage in Southeast Asia.* Chapel Hill, N.C., 1950.

Lauts, U. G. *Geschiedenis van der veroveringen der Nederlanders in Indië.* 2 vols. Kampen, n.d.

Lombard, Denys. *Le sultanat d'Ajtéh au temps d'lskandar Muda, 1607-1636.* Paris, 1967.

Marsden, William. *The History of Sumatra.* Reprint of 3d ed. Kuala Lumpur, 1966.

McVey, Ruth T. (ed.). *Indonesia.* New Haven, 1963.

Müllbauer, Maximillian. *Geschichte der katholischen Missionen in Ostindien.* Freiburg, 1852.

Nicholl, R. *European Sources for the History of the Sultanate of Brunei in the Sixteenth Century.* Brunei, 1975.

Nothofer, B. *The Reconstruction of Proto-Malayo-Javanic.* The Hague, 1975.

Osman, M. T. (ed.). *Traditional Drama and Music of Southeast Asia.* Kuala Lumpur,1974.

Oud Batavia. Gedenkboek uitgegeven door het Bataviaasch Genootschap van Kunsten en Wetenschappen. 2.pts. Batavia, 1922.

Purcell, Victor. *The Chinese in Southeast Asia.* London, 1965.

Pruthi, J. S. *Spices and Condiments.* New Delhi, 1926.

Raffles, Sir Thomas Stamford. *History of Java.* 2 vols. London, 1817; 2d ed., 1830.

Reid, Anthony. *Southeast Asia in the Age of Commerce, 1450-1680.* Vol. I, *The Lands below the Winds.* New Haven, 1988.

——. (ed.). *Slavery, Bondage, and Dependency in Southeast Asia.* New York, 1983.

Reid, Anthony, and Castles, Lance (eds.). *Pre-Colonial State Systems in Southeast Asia; The Malay Peninsula, Sumatra, Bali-Lombok, South Celebes.* "Monographs of the Malaysian Branch of the Royal Asiatic Society," VI (Kuala Lumpur, 1975).

Sanford, W. R., and Green, C. R. *Gone Forever. The Dodo.* New York, 1989.

Savage, Victor R. *Western Impressions of Nature and Landscape in Southeast Asia.* Singapore, 1984.

Schärer, Hans. *Ngaju Religion. The Conception of God among a South Borneo People.* Translated by R. Needham. The Hague, 1963.

Simons, R. D. G. Ph. (ed.). *Handbook of Tropical Dermatology.* Amsterdam, 1952.

Snouk Hurgronje, C. *The Achehnese.* 2 vols. Leyden, 1906.

Sopher, David E. *The Sea Nomads. A Study Based on the Literature of the Maritime Boat People of Southeast Asia.* In *Memoirs of the National Museum* [Singapore], No. 5,1965.

Taylor, Jean Gelman. *The Social World of Batavia; European and Eurasian in Dutch Asia.* Madison, Wis., 1983.

Unger, W. S. (ed.). *De oudste reizen van de Zeeuwen naar Oost-Indië, 1598-1604.* "WLV," LI. The Hague, 1948.

Van Dijk, Ludovicus Carolus D. *Nederland's vroegste betrekkingen met Borneo, den Solo- Archipel, Cambodja, Siam en Cochin-China; een nagelaten werk van Mr. L. C. D. van Dijk; met eene levensschets en inleiding van Mr. G. W. Vreede.* Amsterdam, 1862.

Vlekke, Bernard H. M. *Nusantara, A History of Indonesia.* Rev. ed. Chicago, 1960.

Von Grünebaum, G. E. (ed.). *Unity and Variety in Muslim Civilization.* Chicago, 1956.

Vreeland, Nena; Just, Peter; *et al. Area Handbook for Indonesia.* Washington, D.C., 1975.

ARTICLES

Armstrong, Patrick. "The Dodo and the Tree." *Geographical Magazine,* Vol. LVII, No.10 (October, 1985), 541-43.

Ashworth,William B., Jr. "The Persistent Beast: Recurring Images in Early Zoölogical Illustration." In *The Natural Sciences and the Arts. An International Symposium* ("Acta Universitatis Upsaliensis," n.s., XXII; Uppsala, 1985), 46-66.

Banks, Edward. "A Note on Iban Omen Birds." *The Brunei Museum Journal,* Vol. V, No. 3 (1983), pp.104-7.

Berg, C. C. "The Islamization of Java." *Studia Islamica,* IV (1955), 111-42.

Blumentritt, F. "Spain and the Island of Borneo." *The Brunei Museum Journal,* Vol. IV, No. i (1977), pp. 82-96.

Blussé, Leonard. "Batavia, 1619-1740. The Rise and Fall of a Chinese Colonial Town." *Journal of Southeast Asian Studies,* Vol. XII, No. 1 (March, 1981), pp. 159-78.

——. "The Caryatids of Batavia: Reproduction, Religion, and Acculturation under the V.O.C.," *Itinerario,* Vol. VII, No. 1 (1983), pp. 57-85.

Broek, Jan O. M. "Place Names in Sixteenth- and Seventeenth-Century Borneo." *Imago Mundi,* XVI (1962), 129-48.

Brummund, J. F. G. "Bijdragen tot de geschiedenis der kerk te Batavia." *Tijdschrift voor indische taal-, land-, en volkenkunde,* III (1864), 1-190.

Cole, F. J. "The History of Albrecht Dürer's Rhinoceros in Zoölogical Literature." In *Science, Medicine, and History: Essays ... in Honour of Charles Singer,* ed. E. A. Underwood (London and New York, 1953), I, 337-56.

Drewes, G. W. J. "Indonesia: Mysticism and Activism." In G. E. von Grünebaum (ed.), *Unity and Variety in Muslim Civilization* (Chicago, 1956), pp. 284-310.

——. "New Light on the Coming of Islam to Indonesia." *BTLV, CXXIV* (1968),433-59.

Fruin-Mees, W. "Een Bantamsch gezantschap naar Engeland in 1682." *Tijdschrift voor indische taal-, land-, en volkenkunde,* LXIV (1923), 207-27.

Fung Yee Pong, and Konawa. "Blowpipes." *Sabah Society Journal,* III (1968), 294-96.

Hall, Kenneth R. "Trade and Statecraft in the Western Archipelago at the Dawn of the European Age." *JRAS, Malay Branch,* LIV (1981), 21-47.

Hoetink, B. "Chineesche officieren te Batavia onder de compagnie." *BTLV,* LXXVIII (1922), 1-136.

——. "So Bing Bong. Het eerste hoofd der Chineezen te Batavia, 1619-1636." *Ibid.,* LXXIII (1917), 311-43.

Hood, Mantle. "The Enduring Tradition: Music and Theater in Java and Bali." In Ruth T. McVey (ed.), *Indonesia.* New Haven, 1963, pp. 438-71.

Krom, N.J. "De naam Sumatra." *BTLV*, (1941), pp. 5-25.

Leupe, P. A. (ed.). "Het gezandtschap naar Bali, onder den Gouverneur-Generaal Hendrik Brouwer in 1633." *Ibid.*, V (1856), 1-71.

——. "Schriftelijck rapport gedaen door den predicant Justus Heurnius, aengaende de gelegentheijt van' t eijlandt ende tot het voorplanten van de Christe-lijcke religie, en van wegen de gelegentheit van Bali, 1638." *Ibid.*, III (1855), 250-62.

——. "Verhael van de belegeringhe der stadt Batavia in' t coninckrijck van Jaccatra, anno 1628, den 22 Agustij. (door en oogetuige)." *Ibid.*, 289-312.

Manguin, Pierre-Yves. "The Southeast Asian Ship; an Historical Approach." *Journal of Southeast Asian Studies,* XI (1980), 266-76.

Nicholl, R. "Brunei and Camphor." *The Brunei Museum Journal,* Vol. IV, No. 3 (1979), pp. 52-74.

——(ed.). "Relations of the East Indies Company with Borneo (Brunei), the Sulu Archipelago, Mindanao, etc." *Ibid.,* Vol. V, No. 3 (1983), pp. 61-80; Vol. V, No. 4 (1984), pp 6-34.

——. "Relation between Brunei and Manila, A.D. 1682-1690." *Ibid.,* Vol. IV, No. 1 (1977), pp.129-75.

——. "The Mission of Father Antonio Ventimiglia to Borneo." *Ibid.,* Vol. II, No. 4 (1972), pp. 183-205.

Reid,Anthony. "The Structure of Cities in Southeast Asia, Fifteenth to Seventeenth Centuries." *Journal of Southeast Asian Studies,* XI (1980), 235-50.

——. "Trade and State Power in Sixteenth- and Seventeenth-Century Southeast Asia." In *Proceedings of the International Association of Historians of Asia. Seventh Conference, Bangkok, 1977* (2 vols.; Bangkok, 1977), Vol. I, pp. 391-419.

——. "Trade and the Problem of Royal Power in Aceh. Three Stages: c. 1550-1700." In Anthony Reid and Lance Castles (eds.), *Pre-Colonial State Systems in Southeast Asia; The Malay Peninsula, Sumatra, Bali-Lombok, South Celebes,* "Monographs of the Malaysian Branch of the Royal Asiatic Society," No. 6, pp. 45-55. Kuala Lumpur, 1975.

Suwandono. "Gamelan Orchestra in Wayang Kulit." In M. T. Osman (ed.), *Traditional Drama and Music of Southeast Asia,* pp. 290-97. Kuala Lumpur, 1974.

Umemoto, Diane L. "The World' s Most Civilized Chew." *Asia,* VI (1983), 25- 27, 48.

XVIII .INSULINDIA:THE EASTERE ARCHIPELAGOAND THE AUSTRAL LANDS

BOOKS

Andaya, Leonard K. *The Heritage of Arung Palakka: A History of South Sulawesi (Celebes) in the Seventeenth Century.* "Verhandelingen van het Koninklijk Instituut voor Taal-, Land-, en Volkenkunde, " Vol. XCI. The Hague, 1981.

Arndt, P. P. *Gesellschaftliche Verhältnisse im Sikagebiet (Mittleflores).* Ende, Flores, s.d.

Austin, Robert F. *A Historical Gazetteer of Southeast Asia.* Dept of Geography, University of Missouri, Columbia, April, 1983.

Beekman, E. M. (ed.). *The Poison Tree. Selected Writings of Rumphius.* Amherst, Mass., 1981.

Bellwood, P. *Man's Conquest of the Pacific.* New York, 1979.

Boxer, Charles Ralph. *Francisco Viera de Figueiredo: A Portuguese Merchant-Adventurer in South East Asia, 1624-1667.* The Hague, 1967.

Boxer, Charles Ralph, and Vasconcelos, Frazão de. *André Furtado de Mendoça (1558-1610).* Lisbon, 1955.

Cobley, L. S. *An Introduction to the Botany of Tropical Crops.* London, 1956.

Collins, T. "The Historical Relationship of the Languages of Central Maluku, Indonesia," Ph.D. diss., Dept, of Linguistics, The University of Chicago, 1980.

Crawfurd, John. *History of the Indian Archipelago.* 3 vols. Edinburgh, 1820.

Eliade, Mircea. *Shamanism: Archaic Techniques of Ecstasy.* New York, 1964.

Ferdon, E. N. *Early Tonga.* Tucson, 1987.

Fisch, Jörg. *Holland's Ruhm in Asien; François Valentyns Vision des niederländischen Imperiums im 18. Jahrhundert.* Stuttgart, 1986.

Gibbs, W. M. *Spices and How to Know Them.* Buffalo, N.Y., 1909.

Guppy, H. B. *The Solomon Islands and Their Natives.* London, 1887.

Hall, Kenneth R. *Maritime Trade and State Development in Early Southeast Asia.* Honolulu, 1955.

Hanna, Willard E. *Indonesian Banda; Colonialism and Its Aftermath in the Nutmeg Islands.* Philadelphia, 1978.

Hart, Clive. *Kites. An Historical Survey.* Rev. ed. Mt Vernon, New York, 1982.

Jack-Hinton, C. *The Search for the Islands of Solomon, 1567-1838.* Oxford, 1969.

Jacobs, H., S.J. (ed.). *Documenta Malucensia.* 3 vols. Rome, 1974, 1980, 1984.

Kiers, Luc. *Coen op Banda; de conqueste getoetst aan het recht van den tijd.* Utrecht, 1943.

Klerck, E. S. de. *History of the Netherlands East Indies.* 2 vols. Rotterdam, 1938.

Leitão, Humberto. *Os Portugueses em Solor e Timor de 1515 a 1702.* Lisbon, 1948.

Matos, A. T. de. *Timor português, 1515-1769.* Lisbon, 1974.

Oliver, W. H., and Williams, B. R. (eds.). *The Oxford History of New Zealand.* Oxford, 1981.

Prins, J. *The South Moluccas.* Leyden, 1960.

Reid, Anthony. *Southeast Asia in the Age of Commerce, 1450-1680. Vol. I, The Lands below the Winds.* New Haven, 1988.

——(ed.). *Slavery, Bondage and Dependency in Southeast Asia.* New York, 1983.

Reid, Anthony, and Castles, Lance (eds.). *Pre-Colonial State Systems in Southeast Asia; The Malay Peninsula, Sumatra, Bali-Lombok, South Celebes.* "Monographs of the Malaysian Branch of the Royal Asiatic Society," VI. Kuala Lumpur,1975.

Reid, Anthony, and Marr, David (eds.). *Perceptions of the Past in Southeast Asia.* Singapore, Kuala Lumpur, and Hong Kong, 1979.

Savage, Victor R. *Western Impressions of Nature and Landscape in Southeast Asia.* Singapore, 1984.

Schilder, Günter. *Australia Unveiled.* Amsterdam, 1976.

Sharp, A. *The Discovery of the Pacific Islands.* Oxford, 1960.

Shipman, Joseph. *William Dampier, Seaman-Scientist.* Lawrence, Kansas, 1962.

Simons, R. D. G. Ph. (ed.). *Handbook of Tropical Dermatology and Medical Mycology.* Amsterdam, 1952.

Skeat, W. W. *Malay Magic.* London, 1900.

Sopher, D. E. *The Sea Nomads.* Singapore, 1964.

Tauern, Odo D. *Patasiwa und Patalima vom Molukkeneiland Seran und seinen Bewohnern.* Leipzig, 1918.

Verwey, A. (ed.). *Vondels volledige dichtwerken.* Amsterdam, 1937.

Vlekke, Bernard H. M. *Nusantura: A History of Indonesia.* Rev. ed. Chicago, 1960.

Wallace, Alfred R. *The Malay Archipelago.* New York, 1962. First published in 1869.

Wessels, Cornelius J., S.J. *De geschiedenis de R. K. Missie in Amboina, 1546-1605.* Nijmegen-Utrecht, 1926.

Wichmann, Arthur. *Entdeckungsgeschichte von Neu-Guinea.* 2 vols. Leyden, 1909-12.

Wilken, G. A. *Het animisme bij de volken van den Indischen Archipel.* 2 pts. Amsterdam, 1881.

ARTICLES

Andaya, L. K. "The Nature of Kingship in Bone." In Anthony Reid and Lance Castles (eds.), *Pre-Colonial State Systems in Southeast Asia; The Malay Peninsula Sumatra, Bali-Lombok, South Celebes,* "Monographs of the Malaysian Branch of the Royal Asiatic Society," VI, pp. 114-25. Kuala Lumpur, 1975.

——. "A Village Perception of Arung Palakka and the Makassar War of 1666-1669." In Anthony Reid and David Marr (eds.), *Perceptions of the Past in Southeast Asia,* pp. 360-78. Singapore, Kuala Lumpur, and Hong Kong, 1979.

Boxer, Charles Ralph. "Portuguese Timor." *History Today,* X (1960), 351-52.

Bronson, B. "Exchange at the Upstream and Downstream Ends: Notes toward a Functional Model of the Coastal State in Southeast Asia." In Karl L. Hutterer (ed.), *Economic Exchange and Social*

Interaction in Southeast Asia, pp. 39-52. Ann Arbor, 1977.

Bruijn, Jaap R. "Between Batavia and the Cape; Shipping Patterns of the Dutch East India Company." *Journal of Southeast Asian Studies,* IX (1980), 251-65.

Davidson, J. M. "The Polynesian Foundation." In W. H. Oliver and B. R. Williams (eds.), *The Oxford History of New Zealand,* pp. 3-25. Oxford, 1981.

Hamonic, Gilbert. "Travestissement et bisexualité chez les 'Bissu' du pays Bugis." *Archipel,* X (1975), 121-34.

Howells, W. "Physical Anthropology." In J. D. Jennings (ed.), *The Prehistory of Polynesia.* Cambridge, Mass., 1979.

Leupe, P. A. "De reizen der Nederlanders naar Nieuw-Guinea en de Papoesche eilanden in de 17e en 18e eeuw." *BTLV,* XXII (1875), 175-79.

Manguin, Pierre-Yves. "The Southeast Asian Ship: An Historical Approach." *Journal of Southeast Asian Studies,* Vol. XI, No. 2 (Sept., 1980), pp. 266-76.

Reid, A. "The Structure of Cities in Southeast Asia, Fifteenth to Seventeenth Centuries." *Journal of Southeast Asian Studies,* Vol. XI, No. 2 (Sept., 1980), pp. 235-50.

——. "Trade and State Power in Sixteenth- and Seventeenth-Century Southeast Asia." *Proceedings, Seventh IAHA Conference,* I, 391-419. Bangkok, 1979.

Sukanto, M. "Climate of Indonesia." In H. Arakawa (ed.), *Climates of Northern and Eastern Asia, Vol. VIII of World Survey of Climatology,* pp. 215-29. Amsterdam, 1969.

Van Dam van Isselt, W. E. "Mr. Johan van Dam en zijne tuchtiging van Makassar in 1660." *BTLV,* LX (1908), 1-44.

XIX .THE PHILIPPINES AND THE MARIANAS

BOOKS

Alip, E. M. *Philippine-Japanese Relations.* Manila, 1959.

Alkire, W. H. *An Introduction to the Peoples and Culture of Micronesia,* n.p., 1973.

Ausejo, Luz. "The Philippines in the Sixteenth Century." Ph.D. diss., Dept, of History, Univ. of Chicago, 1972.

Barrett, Ward (trans. and ed.). *Mission in the Marianas: An Account of Father Diego Luis de Sanvitores and His Companions, 1669-70.* Minneapolis, 1975.

Boxer, C. R. *South China in the Sixteenth Century.* "HS," 2d ser., CVI. London, 1953.

Burney, James. *A Chronological History of the Discoveries in the South Sea or Pacific Ocean...* 5 vols. London, 1803-17. Reprinted at Amsterdam, 1967, in 4 vols.

Burrus, E. J., S.J. *Father Kino Writes to the Duchess.* Rome, 1965.

Carano, Paul, and Sanchez, P. C. *A Complete History of Guam.* Rutland, Vt., and Tokyo, 1964.

Cushner, Nicholas P., S.J. *Spain in the Philippines from Conquest to Revolution.* Quezon City, 1971.

De la Costa, H., S.J. *The Jesuits in the Philippines, 1581-1768.* Cambridge, Mass.,1967.

Dobby, Ernest H. G. *Southeast Asia.* 9th ed. London, 1966.

Dudley, Robert. *Dell'Arcano del Mare.* 6 vols. Florence, 1646-47.

Felix, Alfonso, Jr. (ed.). *The Chinese in the Philippines, 1550-1770.* 2 vols. Manila,1966,1969.

Foss, Theodore N. "A Jesuit Encyclopedia for China." Ph.D. diss., Committee on the History of Culture, Univ. of Chicago, 1979.

Garcia, Mauro (ed.). *A Voyage to the Philippines by Giovanni Francesco Gemelli Careri.* Manila, 1963.

Garvan, John M. *The Manóbos of Mindanáo.* "Memoirs of the National Academy of Science," Vol. XXIII. Washington, D.C., 1941.

——. *The Negritos of the Philippines.* In B. Hochegger (ed.), *Wiener Beiträge zur Kulturgeschichte und Linguistik,* Vol. XIV (1963).

Gowing, P. G. *Muslim Filipinos—Heritage and Horizon.* Quezon City, 1979.

Griffin, A. P. C. *et dl. Bibliography of the Philippine Islands.* 2 vols. Washington, D.C., 1903.

Grist, D. H. *Rice.* 3d ed. London, 1959.

Hachisuka, the Marquess. *The Birds of the Philippine Islands.* 2 vols. London, 1931-35.

Hargrave, Catherine P. *A History of Playing Cards.* Boston and New York, 1930.

Hezel, Francis X., S.J. *The First Taint of Civilization: A History of the Caroline and Marshall Islands in Pre-Colonial Days, 1521-1885.* Honolulu, 1983.

Huke, R. E. *Shadows on the Land: An Economic Geography of the Philippines.* Manila, 1963.

Jack-Hinton, Colin. *The Search for the Islands of Solomon, 1567-1838.* Oxford, 1969.

Keesing, Felix M. *The Ethnohistory of Northern Luzon.* Stanford, 1962.

Lardizabal, A. S., and Tensuan-Leogardo, F. (eds.). *Readings on Philippine Culture and Social Life.* Manila, 1970.

Larkin, John A. *The Pampangans. Colonial Society in a Philippine Province.* Berkeley 1972.

Lebar, Frank M. (ed.). *Ethnic Groups of Insular Southeast Asia.* 2 vols. New Haven 1975.

Lopez-Gonzaga, Violeta B. *The Mangyans of Mindoro: An Ethnohistory.* Manila, 1975.

——. *Peasants in the Hills.* Quezon City, 1983.

Menninger, Edwin A. *Fantastic Trees.* New York, 1967.

Merrill, Edwin D. *An Enumeration of Philippine Flowering Plants.* 4 vols. Manila, 1922.

Montero y Vidal, José. *El archipielago filipino y las islas Marianas, Carolinas, y Palaos. Su historia, geografia y estadistica.* Madrid, 1886.

Murdock, G. F. (ed.). *Social Structure in Southeast Asia.* Chicago, 1960.

Pardo de Tavera, T. H. *The Medicinal Plants of the Philippines.* Philadelphia, 1901.

Phelan, John Leddy. *The Hispanization of the Philippines. Spanish Aims and Filipino Responses, 1565-1700.* Madison, Wis., 1959.

Plants of the Philippines. Prepared under the direction of C. V. Asis and D. F. Hernandez for the Science Education Center of the University of the Philippines. Quezon City, 1971.

Quirino, Carlos. *Philippine Cartography (1320-1899).* 2d rev. ed. Amsterdam, 1963.

Reid, Anthony (ed.). *Slavery, Bondage, and Dependency in Southeast Asia.* New York,1983.

Retana, W. E. (comp.). *Aparato bibliográfico de la historia general de Filipinas.* 3 vols. Madrid, 1906; reprint, 1964, Manila.

Roger, Juan. *Estudio etnológico comparativo de las formas religiosas primitivas de las tribus salvajes de Filipinas.* Madrid, 1949.

Safford, W. E. *The Useful Plants of the Island of Guam with an Introductory Account of the Physical Features and Natural History of the Island, of the Character and History of Its People, and of Their Agriculture.* "Contributions from the United States National Herbarium," IX. Washington, D.C., 1905.

Tantuico, F. S., Jr. *Leyte, the Historic Islands.* Tacloban City, Philippines, 1964.

Thompson, Laura. *Guam and Its People.* New York, 1941.

——. *The Native Culture of the Mariana Islands.* Bernice P. Bishop Museum publication No. 185. Honolulu, 1945.

Topping, D. M.; Ogo, P. M.; and Gungca, B. C. *Chamorro-English Dictionary.* Honolulu, 1975.

U.S. Department of the Navy. *Civil Affairs Handbook, Mandated Marianas Islands.* Washington, D. C., 1944.

Wernstedt, Frederick L., and Spencer, J. E. *The Philippine Island World. A Physical, Cultural, and Regional Geography.* Berkeley, 1967.

Zaide, G. F. *The Pageant of Philippine History.* 2 vols. Manila, 1979.

ARTICLES

Boxer, C. R. "A Late Sixteenth Century Manila MS." *JRAS,* April, 1950, pp. 37-49.

——. "The Mother of the Missions." *History Today,* XXIII (1973), 733-39.

——. "Two Jesuit Letters on the Marianas Mission, Written to the Duchess of Aveiro (1676 and 1689)." *Philippine Studies,* XXVI (1978), 35-50.

Burnes, E. J. "Sanvitores' Grammar and Catechism in the Mariana (or Chamorro) Language (1668)." *Anthropos,* XLIX (1954), 934-60.

Chan, Albert. "Chinese-Philippine Relations in the Late Sixteenth Century and to 1603." *Philippine Studies,* XXVI (1978), 51-82.

Chang, Y. Z. "Sangley, the Merchant-Traveller. " *Modern Language Notes,* III (1937), 189-90.

Churchill, M. H. "Indian Penetration of Pre-Spanish Philippines: A New Look at the Evidence." *Asian Studies,* XV (1977), 21-45.

Frake, Charles O. "The Eastern Subanun of Mindanao." In G. F. Murdock (ed.), *Social Structure in Southeast Asia,* pp. 51-64. Chicago, 1960.

Harrisson, Tom. "The 'Palang.' Its History and Proto-history in West Borneo and the Philippines," *JRAS,* Vol. XXXVI, Pt. 2 (1964), pp. 162-74.

Hester, E. D. "Alzina's *Historia de Visayas, a* Bibliographical Note. " *Philippine Studies,* X (1962), 331-65.

Hewitt, John. "Head Pressing amongst the Milanos of Sarawak." *JRAS, Straits Branch,* LX (Dec. 1911), pp. 69-72.

Jacobs, H., S.J. " *The Discurso Politico del Gobierno Maluco* of Fr. Francisco Combes and Its Historical Impact." *Philippine Studies,* XXIX (1981), 309-44.

Jurado, M. R., S.J. "Pedro Chirino, S.J., and Philippine Historiography." *Philippine Studies,* XXIX (1981), 345-59.

Manguin, Pierre-Yves. "The Southeast Asian Ship: An Historical Approach." *Journal of Southeast Asian Studies,* Vol. XI, No. 3 (Sept. 1980), pp. 266-76.

Murakami, Naojiro. "Japan's Early Attempts to Establish Commercial Relations with Mexico." In H. Morse Stephens and H. E. Bolton (eds.), *The Pacific Ocean in History,* pp. 467-80. New York, 1917.

Pardo de Tavera, T. H. "Biblioteca Filipina." In A. P. C. Griffin, *et al., Bibliography of the Philippine Islands* (2 vols.), Pt. 2, pp. 414-15. Washington, D.C., 1903.

Phelan, J. H. "Philippine Linguistics and Spanish Missionaries, 1565-1700." *Mid-America,* XXXVII (1955), 153-70.

Quirino, Carlos, and Garcia, Mauro (eds.). "The Manners, Customs, and Beliefs of the Philippine Inhabitants of Long Ago; Being Chapters of a Late Sixteenth Century Manila Manuscript, Transcribed, Translated, and Annotated." *The Philippine Journal of Science,* LXXXVII (1958), 325-453.

Radilla de Leon, Felipe. "Philippine Music." In A. S. Lardizabal and F. Tensuan- Leogardo (eds.), *Readings in Philippine Culture and Social Life,* pp. 357-63. Manila, 1970.

Santamaria, A., O.P. "The Chinese Parian (El Parian de los Sangleyes)." In A. Felix Jr. (ed.), *The Chinese in the Philippines, 1550-1770,* pp. 67-118. Manila, 1966.

Santamaria, M. G. "The Religion of the Filipinos." In A. S. Lardizabal, and F. Tensuan-Leogardo (eds.), *Readings in Philippine Culture and Social Life,* pp. 126-34. Manila, 1970.

Scott, William H. "*Oripun* and *Alipin* in the Sixteenth-Century Philippines." In A. Reid (ed.), *Slavery,*

Bondage, and Dependency in Southeast Asia, pp. 138-55. New York, 1983.

Thompson, Laura. "The Function of Latte in the Marianas." *Journal of the Polynesian Society*, XLIX (1940), 447-65.

Villa, R. L., Jr. "Filipino Identity in Folk Dances." In A. S. Lardizabal, and F. Tensuan-Leogardo (eds.), *Readings on Philippine Culture and Social Life,* pp. 164-69. Manila, 1970.

XX .CHINA:THE LATE MING DYNASTY

BOOKS

Ball, J. D. *Things Chinese, or, Notes Connected with China.* 5th rev. ed. London, 1926.

Boxer, C. R. *The Great Ship from Amacon; Annals of Macao and the Old Japan Trade, 1555-1640.* Lisbon, 1959.

——. *Fidalgos in the Far East, 1550-1770.* The Hague, 1948.

——(ed.). *Seventeenth Century Macau in Contemporary Documents and Illustrations.* Hong Kong, Kuala Lumpur, and Singapore, 1984.

Carter, T. C., and Goodrich, L. F. *The Invention of Printing in China and Its Spread Westward.* New York, 1955.

Chaffee, John W. *The Thorny Gates of Learning in Sung China: A Social History of Examinations.* Cambridge, 1985.

Chan, Albert, S.J. *The Glory and Fall of the Ming Dynasty.* Norman, Okla., 1982.

Ch' en, Kenneth K. S. *Buddhism in China: A Historical Survey.* Princeton, 1974.

——. *Buddhism: The Light of Asia.* Woodbury, New York, 1968.

Chen Min-sun. "Geographical Works by Jesuits in Chinese, 1584-1672." M.A. diss., Univ. of Chicago, 1959.

——. "Three Contemporary Western Sources on the History of Late Ming and the Manchu Conquest of China." Ph.D. diss., Univ. of Chicago, 1971.

Ch' ien Mu. *Traditional Government in Imperial China.* Trans, by Chün-tu Hsüeh and George O. Totten. Hong Kong, 1982.

Ch' ü, T. T. *Law and Society in Traditional China.* Paris, 1961.

Cormack, J. G. *Chinese Birthday, Wedding, Funeral, and Other Customs.* Peking, 1923.

Costa, A. *Macau, imagens e numeros.* 2 vols. Lisbon, 1981-82.

Couling, Samuel. *The Encyclopedia Sinica.* London, 1917.

Creel, H. G. *Confucius and the Chinese Way.* New York, 1960.

——.*et al. Literary Chinese by the Inductive Method.* 3 vols. Chicago, 1948.

De Bary, William T. *Neo-Confucian Orthodoxy and the Learning of the Mind-and-Heart.* New York,

1981.

Dehergne, Joseph, and Leslie, D. D. *Juifs de Chine à travers la correspondance inédite des Jésuite du dix-huitième siècle.* Rome and Paris, 1980.

Doolittle, J. *Social Life of the Chinese.* 2 vols. New York, 1867.

Eliot, Charles. *Hinduism and Buddhism.* 3 vols. London, 1954.

Elvin, Mark. *The Pattern ofthe Chinese Past.* Stanford, 1973.

Farmer, E. L. *Early Ming Government: The Evolution of Dual Capitals.* Cambridge, Mass., 1976.

Foss, T. N. "A Jesuit Encyclopedia for China. A Guide to Jean-Baptiste Du Halde's *Description ... de la Chine* (1735)." Ph.D. diss., 2 vols.; Committee on History of Culture, Univ. of Chicago, 1979.

Fuchs, Walter. *The "Mongol Atlas" of Chu Ssu-pen and the Kuang-yü t'ü.* "Monumenta Serica," Monograph VIII. Peiping, 1946.

Fung Yu-lan. *A History of Chinese Philosophy.* Trans. Derk Bodde. 2 vols. Princeton, 1952.

Groeneveldt, W. P. *De Nederlanders in China. BTLV,* Vol. XLVIII, Pt. 4 (1898), pp. 1-598.

Ho Ping-ti. *The Ladder of Success in Imperial China.* New York, 1962.

——. *Studies on the Population of China, 1368-1953.* Cambridge, Mass., 1959.

Huang, Ray. *1587, A Year of No Significance: The Ming Dynasty in Decline.* New Haven, 1981.

Hucker, Charles O. *The Censorial System of Ming China.* Stanford, 1966.

——. *A Dictionary of Official Titles in Imperial China.* Stanford, 1985.

——. *The Traditional Chinese State in Ming Times, 1368-1644.* Tucson, 1961.

Jordan, David K. *Gods, Ghosts, and Ancestors: Folk Religion in a Taiwanese Village.* Berkeley and Los Angeles, 1972.

Levy, Howard s. *Chinese Footbinding: The History of a Curious Erotic Custom.* New York,1966.

Lubac, H. de. *La rencontre du Bouddhisme et de l'Occident.* Paris, 1954.

Lu Guei-djen and Needham, Joseph. *Celestial Lancets. A History and Rationale of Acupuncture and Moxa.* Cambridge, 1980.

Lundbaek, Knud. *The Traditional History of the Chinese Script from a Seventeenth-Century Jesuit Manuscript.* Aarhus, 1986.

MacSherry, C. W. "Impairment of the Ming Tribute System as Exhibited in Trade through Fukien." Ph.D. diss., Univ. of California, Berkeley, 1956.

Malm, William P. *Music Cultures of the Pacific, the Near East, and Asia.* 2d ed. Englewood Cliffs, N.J., 1977.

Miyazaki, Ichisada. *China's Examination Hell.* Trans, by C. Shirokauer. New York and Tokyo, 1976.

Mote, R. W., and Twitchett, D. (eds.). *The Cambridge History of China,* Vol. Ⅷ .Cambridge, 1988.

Mungello, David E. *Curious Land: Jesuit Accommodation and the Origins of Sinology.* Stuttgart, 1985.

Needham, Joseph. *Science and Civilization in China.* 6 vols. Cambridge, 1955-85.

Olschki, L. *Marco Polo's Asia.* Berkeley, 1960.

Overmeyer, Daniel L. *Folk Buddhist Religion: Dissenting Sects in Late Traditional China.* Stanford, 1976.

Rawski, Evelyn S. *Education and Popular Literacy in Ch'ing China.* Ann Arbor, 1979.

Renaldo, John J. *Daniello Bartoli. A Letterato of the Seicento.* Naples, 1979.

Spence, Jonathan D., and Wills, John E., Jr. (eds.). *From Ming to Ch'ing. Conquest, Religion, and Continuity in Seventeenth-Century China.* New Haven, 1979.

Struve, Lynn. *The Southern Ming,* 1644-1662. New Haven, 1984.

Sullivan, Michael. *The Meeting of Eastern and Western Art.* London, 1973.

Sung Ying-hsing. *T'ien-kung K'ai-wu. Chinese Technology in the Seventeenth Century.* Trans. by E-tu Zen Sun and Shiou-huan Sun. University Park, Pa., 1966.

Thompson, Laurence G. *Chinese Religion, An Introduction.* Belmont, Cal., 1979.

Till, Barry. *In Search of Old Nanking.* Hong Kong, 1982.

Torbert, P. M. "The Ch'ing Imperial Household Department: A Study of Its Organization and Principal Functions." Ph.D. diss., Univ. of Chicago, 1973.

Tsien Tsuen-hsuin. *Written on Bamboo and Silk.* Chicago, 1962.

——. *Paper and Printing.* Vol. V, Pt. 1, of J. Needham, *Science and Civilization in China.* Cambridge, 1985.

Wakeman, Frederic, Jr. *The Great Enterprise. The Manchu Reconstruction of Imperial Order in Seventeenth-Century China.* 2 vols. Berkeley, 1985.

Wills, John E., Jr. *Embassies and Illusions: Dutch and Portuguese Envoys to K'ang-hsi, 1666-1687.* Cambridge, Mass., 1985.

——. *Pepper, Guns, and Parleys: The Dutch East India Company and China, 1662-1681.* Cambridge, Mass., 1974.

Wolf, Arthur P. (ed.). *Religion and Ritual in Chinese Society.* Stanford, 1974.

Yang, C. K. *Religion and Chinese Society.* Berkeley and Los Angeles, 1961.

Zhou Xun, and Gao Chunming. *Five Thousand Years of Chinese Costumes.* San Francisco, 1987.

ARTICLES

Bertuccioli, Giuliano. "Matteo Ricci and Taoism." *International Symposium on Chinese- Western Cultural Interchange in Commemoration of the 400th Anniversary of the Arrival of Matteo Ricci, S.J., in China.* Taipei, 1983.

Bürke, Alois, S.M.B. "Das Nestorianer-Denkmal von Si-an-fu. Versuch einer Neuübersetzung." *NZM,* Supplementa XVII (1971), 125-41.

Dehergne, Joseph, S.J. "Les historiens jésuites du Taoisme." *Actes du Colloque International de*

Sinologie. La mission française de Pékin aux XVIIe et XVIIIe siècles. Paris, 1976.

Ho Ping-ti. "The Introduction of the American Food Plants into China." *American Anthropologist,* Vol. LVII, No. 2, Pt. 1 (April, 1955), pp. 191-201.

Leslie, D. D. "Assimilation and Survival of Muslims in China." *Actes du IIIe Colloque International de Sinologie. Appréciation par Europe de la tradition Chinois a partir du XVIIe siècle,* pp. 116-26. Paris, 1983.

Lundbaek, K. "Notes sur l'image de Néo-Confucianisme dans la littérature européenne du XVIIe à la fin de XIXe siècle." *Actes du Ille Colloque International de Sinologie. Appréciation par Europe de la tradition Chinois a partir du XVIIe siècle,* pp. 127-35. Paris, 1983.

McDermott, J. "Bondservants in the T'ai-hu Basin during the Late Ming: A Case of Mistaken Identities." *Journal of Asian Studies,* XL (1981), 675-701.

Nishijima Sadao. "The Formation of the Early Chinese Cotton Industry." In *State and Society in China: Japanese Perspectives on Ming-Qing Social and Economic History*, ed. Linda Grove and Christian Daniels, pp. 17-77, Tokyo, 1984.

Shen Wen-hsiung. "Changes in China's Climate." *Bulletin of the American Meteorological Society,* LV (1974), 1348-52.

Szczezešniak, B. "The Seventeenth-Century Maps of China. An Inquiry into the Compilations of European Cartographers." *Imago Mundi,* XIII (1956), 116-36.

Van Kley, Edwin J. "Europe's 'Discovery' of China and the Writing of World History." *American Historical Review,* LXXVI (1971), 358-85.

Waldron, A. "The Great Wall Myth: Its Origins and Role in Modern China." *The Yale Journal of Criticism,* Vol. II, No. 1 (1988), pp. 67-98.

Wolf, Arthur P. "Gods, Ghosts and Ancestors." In Arthur P. Wolf (ed.), *Religion and Ritual in Chinese Society,* pp. 131-82. Stanford, 1974.

Young, John D. "Original Confucianism versus Neo-Confucianism: Matteo Ricci's Chinese Writings." *Actes du XXIXe Congrés International des Orientalistes. Chine ancienne,* pp. 371-77. Paris, 1977.

XXI .CHINA:THE EARLY GH'ING DYNASTY

BOOKS

Audemare, L. *Les jongues chinoises.* "Publicaties van het Museum voor Land- en Vol- kenkunde," No. 4 (Rotterdam, 1962), and No. 6 (Rotterdam, 1965).

Ball, J. D. *Things Chinese.* 5th rev. ed. London, 1926.

Blussé, L., and Falkenburg, R. *Johan Nieuhofs beelden van een Chinareis, 1655-1657.* Middelburg, 1987.

Boxer, Charles R. *Fidalgos in the Far East 1550-1770; Fact and Fancy in the History of Macao.* The Hague, 1948.

——. *Francisco de Figueiredo: A Portuguese Merchant-Adventurer in South East Asia, 1624-1667.* "Verhandelingen van het Koninklijk Instituut voor Taal-, Land-, en Volkenkunde, " *LII.* The Hague, 1967.

Boyd, Andrew. *Chinese Architecture and Town Planning, 1500 B.C.-A.D. 1911.* Chicago, 1962.

Cameron, Nigel, and Blake, Brian. *Peking: A Tale of Three Cities.* New York, 1965.

Cammann, S. *China's Dragon Robes.* New York, 1952.

Campbell, William. *Formosa under the Dutch.* London, 1903; reprinted Taipei, 1967.

Chabrié, Robert. *Michel Boym. Jésuite Polonais et la fin des Ming en Chine (1646-1662).* Paris, 1933.

Chan Wing-tsit. *Religious Trends in Modem China.* New York, 1953.

Ch'en, Kenneth. *Buddhism in China: A Historical Survey.* Princeton, 1974.

Chen Min-sun. "Three Contemporary Western Sources on the History of Late Ming and the Manchu Conquest of China." Ph.D. diss., Dept, of History, Univ. of Chicago, 1971.

Collani, Claudia von. *P. Joachim Bouvet, S.J., sein Leben und sein Werk.* Nettetal, 1985.

Cormack, J. G. *Chinese Birthday, Wedding, Funeral, and Other Customs.* Peking, 1923.

Creel, H. G. *Confucius and the Chinese Way.* New York, 1960.

De Bary, Wm. Theodore, *et al. (eds.). Sources of Chinese Tradition,* Vol. I. New York, 1965.

Dennerline, J. *The Chia-ting Loyalists: Confucian Leadership and Social Change in Seventeenth-Century China.* New Haven, 1981.

Doolittle, J. *Social Life of the Chinese.* 2 vols. New York, 1867.

Dunne, George, S.J. *Generation of Giants; The Story of the Jesuits in China in the Late Decades of the Ming Dynasty.* Notre Dame, 1962.

Eliot, Sir Charles. *Hinduism and Buddhism.* 3 vols. London, 1954.

Fung Yu-lan. *A Short History of Chinese Philosophy.* New York, 1959.

Henry, B. O. *Ling-Nam or Interior Views of Southern China.* London, 1886.

Ho Ping-ti. *The Ladder of Success in Imperial China.* New York, 1967.

Hummel, Arthur W. (ed.). *Eminent Chinese of the Ch'ing Period (1644-1912).* Washington, D.C., 1943.

Kessler, Lawrence D. *K'ang-Hsi and the Consolidation of Ch'ing Rule, 1661-1684.* Chicago, 1976

Mungello, David E. *Curious Land: Jesuit Accommodation and the Origins of Sinology.* Stuttgart, 1985.

Needham, Joseph. *Science and Civilization in China.* 6 vols. Cambridge, 1954-84.

Pachow, W. *Chinese Buddhism: Aspects of Interaction and Reinterpretation.* Lanham, Maryland, 1980.

Parsons, J. B. *The Peasant Rebellion of the Late Ming Dynasty.* Tucson, 1976.

Rawski, Evelyn S. *Education and Popular Literacy in Ch'ing China.* Ann Arbor, 1979.

Reichelt, Karl L. *Religion in Chinese Garment.* Trans. J. Tetlie. London, 1951.

——. *Truth and Tradition in Chinese Buddhism. A Study of Chinese Mahayana Buddhism.* Shanghai, 1928.

Rosenthal, Franz. *A History of Muslim Historiography.* Leyden, 1968.

Skinner, G. W. (ed.). *The City in Late Imperial China.* Stanford, 1977.

Spence, Jonathan. *Emperor of China: Self Portrait of K'ang-hsi.* New York, 1974.

Struve, Lynn A. *The Southern Ming.* New Haven, 1984.

Sullivan, Michael. *The Meeting of Eastern and Western Art.* New York, 1973.

Sung Ying-hsing, *T'ien-kung k'ai-wu. Chinese Technology in the Seventeenth Century.* Trans, by E-tu Zen Sun and Shiou-chuan Sun. University Park, Pa., 1966.

Thompson, Laurence G. *Chinese Religion: An Introduction.* Encino, Cal., and Belmont, Cal., 1975.

Till, Barry. *In Search of Old Nanking.,* Hong Kong, 1982.

Torbert, Preston M. "The Ch'ing Imperial Household Department: A Study of Its Organization and Principal Functions, 1662-1796." Ph.D. diss., Dept, of History, Univ. of Chicago, 1973.

Tsien Tsuen-hsuin. *Paper and Printing.* Vol. V, Pt. 1 of J. Needham, *Science and Civilization in China.* Cambridge, 1985.

——. *Written on Bamboo and Silk.* Chicago, 1962.

Wakeman, Frederic, Jr. *The Great Enterprise. The Manchu Reconstruction of Imperial Order in Seventeenth-Century China.* 2 vols. Berkeley, 1985.

Wills, John E., Jr. *Embassies and Illusions: Dutch and Portuguese Envoys to K'ang-hsi, 1666-1687.* Cambridge, Mass., 1984.

Worcester, G. R. G. *The Junks and Sampans of the Yangtze.* Annapolis, Md., 1971.

Zhou Xun and Gao Chunming. *Five Thousand Years of Chinese Costumes.* San Francisco, 1987.

ARTICLES

Bürke, Alois. "Das Nestorianer-Denkmal von Si-an-fu. Versuch einer Neuüber-setzung." *NZM,* Supplementa XVII (1971).

Chan, Albert. "Chinese-Philippine Relations in the Late Sixteenth Century and to 1603." *Philippine Studies,* XXVI (1978), 51-82.

Destombes, M. "A Rare Chinese Atlas," *Quaerendo,* IV (1974), 336-37.

Heeren, J. J. "Father Bouvet' s Picture of Emperor K' ang-hsi (with Appendices)." *Asia Major,* VII (1932), 556-72.

Ho Ping-ti. "The Significance of the Ch'ing Period in Chinese History." *Journal of Asian Studies,* XXVI (1967), 189-95.

Huart, C. Imbault. "Le voyage de l'ambassade hollandaise de 1656 à travers la province de Canton." *JRAS (North China Branch),* n.s., Vol. XXX, No. 1 (1895- 96), pp. 1-73.

Hucker, Charles O. "Governmental Organization of the Ming Dynasty." *Harvard Journal of Asiatic Studies,* XXI (1958), 1-66.

Lundbaek, K. "The First Translation from the Confucian Classics in Europe." *China Mission Studies (1550-1800) Bulletin,* I (1979), 2-11.

——. "The Image of Neo-Confucianism in *Confucius sinarum philosophus.*" *Journal of the History of Ideas,* XLIV (1983), 19-30.

Merkel, Franz R. "Deutsche Chinaforscher. " *Archiv jür Kulturgeschichte,* XXXIV (1951-52), 81-106.

Mungello, David. "Unearthing the Manuscripts of Bouvet's Gujin after Nearly Three Centuries." *China Mission Studies (1550-1800) Bulletin,* X (1988), 34-61.

——. "The Jesuits' Use of Chang Chü-cheng's Commentary in Their Translation of the Confucian Four Books (1687)." *Ibid.,* Ill (1981), 12-22.

Petech, L. "L'ambasciata olandese del 1655-57 nei documenti cinesi." *Rivista degli studi orientali,* XXV (1950), 77-87.

——. "La pretesa ambascita di Shah Jahan alla Cina." *Ibid.,* XXVI (1951), 124-27.

Rao Sahib, C. S. K. "Shah Jehan's Embassy to China, 1656 A.D." *Quarterly Journal of the Mythic Society,* Silver Jubilee Number XXV (1934-35), 117-21.

Szczesniak, Boleslaw. "The Writings of Michael Boym." *Monumenta Serica,* XIV(1949-55), 481-538.

——. "Europe's 'Discovery' of China and the Writing of World History." *American Historical Review,* LXXVI (1971), 358-85.

——. "News from China: Seventeenth-Century European Notices of the Manchu Conquest." *Journal of Modern History,* XLV (1973), 561-82.

Vargas, Philippe de. "Le 'Giro del Mondo' de Gemelli Careri, en particulier le récit du séjour en Chine. Roman ou verité?" *Schweizerische Zeitschrift fur Geschichte,* V(1955), 417-51.

Wallis, H. "Missionary Cartographers to China." *Geographical Magazine,* XLVII(1975), 751-59.

Walravens, Hartmut. "Eine Anmerkung zu Michael Boyms Flora Sinensis (1656)—einer wichtigen naturhistorischen Quelle." *China Mission Studies (1550-1800) Bulletin,* I (1979), 16-20.

Wolf, Arthur P. "Gods, Ghosts, and Ancestors." In A. P. Wolf (ed.), *Religion and Ritual in Chinese Society,* pp. 131-82. Stanford, 1974.

XXII .CHINA'S PERIPHERY

BOOKS

Ahmad, Z. *Sino-Tibetan Relations in the Seventeenth Century.* Rome, 1970.

Armstrong, T. (ed.). *Yermak's Campaign in Siberia.* "HS," 2d ser., CXLVI. London,1975.

Baddeley, John Frederick (ed.). *Russia, Mongolia, China ... Being Some Record of the Relations betweert Them from the Beginning of the Seventeenth Century to the Death of the Tsar Alexei Milhailovitch A.D. 1602-1676...* 2 vols. London, 1919.

Bell, G. *The People of Tibet.* Oxford, 1928.

Cammann, Schuyler. *The Land of the Camel. Tents and Temples in Inner Mongolia.* New York, 1951.

Campbell, William. *An Account of Missionary Success in the Island of Formosa.* London,1899.

——. *Formosa under the Dutch.* London, 1903; reprinted Taipei, 1967.

Chai Chen-kang. *Taiwan Aborigines: A Genetic Study of Tribal Variations.* Cambridge, Mass., 1967.

Chen Chi-lu. *Material Culture of the Formosan Aborigines.* Taipei, 1968.

Choi, Andreus. *L'Erection du première vicariat apostolique et les origines du Catholicisme en Corée, 1592-1837.* Schöneck-Beckenried, 1961.

Chopra, P. N. *Ladakh.* New Delhi, 1980.

Czaplicka, M. A. *Aboriginal Siberia. A Study in Social Anthropology.* Oxford, 1914.

Davidson, J. W. *The Island of Formosa, Past and Present.* London and New York, 1903.

Deny, Jean, et al. (eds.). *Philologiae turciae fundamenta.* 2 vols. Wiesbaden, 1959.

Dmytryshyn, Basil; Crownhart-Vaughan, E. A. P.; and Vaughan, Thomas (eds. and trans.). *Russia's Conquest of Siberia, 1558-1700.* Vol. I. Portland, Oregon, 1985.

Eliade, Mircea. *Shamanism: Archaic Techniques of Ecstasy.* New York, 1964.

Eliot, Sir Charles. *Hinduism and Buddhism.* 3 vols. London, 1954.

Gates, A. F. *Christianity and Animism in Taiwan.* San Francisco, 1979.

Grayson, J. H. *Early Buddhism and Christianity in Korea.* Leyden, 1985.

Grousset, René. *The Empire of the Steppes.* Trans, from French by N. Walford. New Brunswick, N.J., 1970.

Han Woo-keun. *The History of Korea.* Seoul, 1971; reprinted Honolulu, 1971.

Henthorn, William E. *A History of Korea.* New York, 1971.

Hsieh Chiao-min. *Taiwan-Ilha Formosa; Geography in Perspective.* Washington, D.C., 1964.

Hummel, Arthur W. (ed.). *Eminent Chinese of the Ch'ing Period (1644-1912).* Washington, D.C., 1943.

Kano, Tadao, and Segawa, Koichi. *The Illustrated Ethnography of Formosan Aborigines. The Yami Tribe.* Tokyo, 1945.

Knapp, Ronald G. (ed.). *China's Island Frontier.* Honolulu, 1980.

Kronk, Gary W. *Comets. A Descriptive Catalog.* Hillside, N.J., 1984.

Kuepers, J. J. S. M. *The Dutch Reformed Church in Formosa, 1627-1662.* "Schriftenreihe der Neuen Zeitschrift für Missionswissenschaft, " XXVII. Immensee,1978.

Kwanten, Luc. *Imperial Nomads.* Philadelphia, 1979.

Lattimore, Owen. *Inner Asian Frontiers of China.* Boston, 1962.

——. *Manchuria, Cradle of Conflict.* New York, 1932.

Lee, R. H. G. *The Manchurian Frontier in Ch'ing History.* Cambridge, Mass., 1970.

Lee Ki-Baik. *A New History of Korea.* Trans, by E. M. Wagner and E. J. Schultz. Cambridge, Mass., 1984.

Lee Kwang-Kyu. *Kinship System in Korea.* 2 vols. New Haven, 1975.

Levin, M. G., and Potapov, L. P. (eds.). *The Peoples of Siberia.* Trans. from Russian by Stephen Dunn. Chicago, 1964.

MacGregor, J. *Tibet. A Chronicle of Exploration.* New York, 1970.

Maclagan, Edward Douglas. *The Jesuits and the Great Mogul.* London, 1932; New York, 1972.

Mancali, Mark. *Russia and China: Their Diplomatic Relations to 1728.* Cambridge, Mass., 1971.

McGovern, Janet B. M. *Among the Headhunters of Formosa.* London, 1922.

Michael, Franz. *The Origin of Manchu Rule in China.* New York, 1972.

Murzaev, E. M. *Die mongolische Völkerrepublik, physisch-geographische Beschreibung.* Trans. Tutenberg. Gotha, 1954.

Nebesky-Wojkowitz, René de. *Oracles and Demons of Tibet.* The Hague, 1956.

——. *Tibetan Religious Dances.* Ed. Christoph von Fürer-Haimendorf. The Hague,1976.

Osgood, Cornelius. *The Koreans and Their Culture.* New York, 1951.

Oxnam, R. B. *Ruling from Horseback. Manchu Politics in the Oboi Regency, 1661-69.* Chicago, 1975.

Petech, Luciano (ed.). *I missionari italiani nel Tibet e nel Nepal.* 7 vols. Rome, 1952-56.

——. *The Kingdom of Ladakh, c. 950-1842 A.D.* Rome, 1977. Vol. LI of G. Tucci(ed.), *Serie orientale Roma* of the Istituto Italiano per il Medio ed Estremo Oriente.

Re, Arundel del. *Creation Myths of the Formosan Natives.* Tokyo, 1951.

Rossabi, M. *China and Inner Asia from 1368 to the Present Day.* London, 1975.

Schauensee, Rodolphe M. de. *The Birds of China.* Washington, D.C., 1984.

Schwartzberg, J. E. (ed.). *A Historical Atlas of South Asia.* Chicago, 1978.

Sebes, Joseph, S.J. *The Jesuits and the Sino-Russian Treaty of Nerchinsk (1689); The Diary of Thomas Pereira,* S.J. Rome, 1961.

Sinor, Denis. *Inner Asia and Its Contacts with Medieval Europe.* London, 1977.

Stein, R. A. *Tibetan Civilization.* Trans, from French by J. C. Stapleton Driver. Stanford, 1972.

Su Chung (Davis, Lucille). *Court Dishes of China. The Cuisine of the Ch'ing Dynasty.* Rutland, Vt., 1970.

Toscano, Giuseppe M. *La prima missione cattolica nel Tibet.* Parma, 1951; reprinted, The Hague, 1953.

Tregear, T. R. *A Geography of China.* Chicago, 1965.

Tucci, G. *The Religions of Tibet.* Trans, from German and Italian by G. Samuel. Berkeley, 1980.

Wakeman, Frederic, Jr. *The Great Enterprise. The Manchu Reconstruction of Imperial Order in*

Seventeenth-Century China. 2 vols. Berkeley, 1985.

Wessels, Cornelius. *Early Jesuit Travellers in Central Asia 1603-1721*. The Hague, 1924.

Widmer, Eric. *The Russian Ecclesiastical Mission in Peking*. Cambridge, Mass., 1976.

ARTICLES

Alvarez, Jose M. "The Aboriginal Inhabitants of Formosa." *Anthropology*, XXII (1927), 255-67.

Athapilly, Andrew. "An Indian Prototype for Prester John." *Terrae Incognitae*, X(1978), 15-23.

Cartier, Michel. "La vision chinoise du monde: Taiwan dans la littérature géo-graphique ancienne." *Actes du IIle Colloque International de Sinologie. Appréciation par Europe de la tradition chinois a partir du XVIIe siècle*. Paris, 1983.

Corbett, M. "The Dutch Mission to Peking in 1655." *Quaerendo*, Vol. XVI, No. 2 (Spring, 1986), pp. 131-36.

Cory, Ralph M. "Some Notes on Father Gregorio de Cespedes, Korea's First European Visitor." *JRAS, Korea*, XXVII (1937), 1-55.

Hosten, H., S.J. (trans. and ed.). "A Letter of Father Francisco Godinho, S.J., from Western Tibet (Tsaparang, August 16, 1626)." *Journal of the Asiatic Society of Bengal*, n.s., XXI (1925), 49-73.

Hsieh Chao-min. "Sequent Occupance and Place Names." In Ronald G. Knapp (ed.), *China's Island Frontier*, pp. 107-14. Honolulu, 1980.

Hsu Wen-hsiung. "From Aboriginal Island to Chinese Frontier: The Development of Taiwan before 1683." In Ronald G. Knapp (ed.), *China's Island Frontier*, pp. 3-28. Honolulu, 1980.

Jochelson, Woldemar. "The Yakut." In *Anthropological Papers of the American Museum of Natural History*, Vol. XXXIII, Pt. 2 (1933), pp. 35-225.

Lee Bing. "Aborigines of Formosa." *Far Eastern Economic Review*, XII (1952), 605.

Riess, Ludwig. "Geschichte der Insul Formosa." *Mittheilungen der deutschen Gesellschaft für Natur- und Volkenkunst Ost-Asiens*, Vol. VI, Pt. 59 (1893-97), pp. 405-15.

Roux, Jean-Paul. "Le chaman altaïque d'après les voyageurs européens des XVIIe et XVIIIe siècles." *Anthropos*, LVI (1961), 438-58.

Walton, W. H. H. "Among the Mountains and Headhunters of Formosa." *Geographical Journal*, LXXXI (1933), 481-500.

Wessels, C. "New Documents Relating to the Journey of Fr. John Grueber." *AHSI*, IX (1940), 281-302.

Widmer, Eric. "'Kitai' and the Ch'ing Empire in Seventeenth-Century Russian Documents on China." *Ch'ing-shih Wen-t'i*, Vol. II, No. 4 (Nov. 1970), pp. 21-39.

Zimmel, Bruno. "Der erste Bericht über Tibets Hauptstadt Lhasa aus dem Jahre 1661." *Biblos*, II

(Vienna, 1953), 127-45.

XXIII .JAPAN

BOOKS

Arnold, Denis (ed.). *The New Oxford Companion to Music.* 2 vols. Oxford and New York, 1983.

Batchelor, J. *Ainu Life and Lore.* Tokyo, n.d.

Boxer, C. R. *The Christian Century in Japan, 1549-1650.* Berkeley, 1951.

——. *Jan Compagnie in Japan.* The Hague, 1950.

——. (ed.). *The Affair of the Madre de Deus. A Chapter in the History of the Portuguese in Japan.* London, 1929.

Chamberlain, Basil Hall. *Things Japanese.* London, 1905.

——.and Mason, W. B. *A Handbook for Travellers in Japan.* 5th rev. ed. London, 1899.

Dore, R. P. *Education in Tokugawa Japan,* 2d ed. London, 1984.

Drummond, R. H. *A History of Christianity in Japan.* Grand Rapids, Mich., 1971.

Dunn, Charles J. *Everyday Life in Traditional Japan.* Tokyo, 1969.

Duus, Peter. *Feudalism in Japan.* New York, 1969.

Earhart, H. Byron. *A Religious Study of the Mount Haguro Sect of Shugendo: An Example of Japanese Mountain Religion.* Tokyo, 1970.

Eliade, Mircea. *Shamanism: Archaic Techniques of Ecstasy.* New York, 1964.

Eliot, Sir Charles. *Japanese Buddhism.* London, 1935.

Elison, George. *Deus Destroyed: The Image of Christianity in Early Modern Japan.* Cambridge, Mass., 1973.

Endo, Shusaku. *The Samurai.* Translated by Van C. Gessel. New York, 1982.

——.*Silence.* Tokyo, [1969].

Fredéric, Louis. *Daily Life in Japan at the Time of the Samurai, 1185-1603.* Trans, by Eileen M. Lowe. New York and Washington, D.C., 1972.

Geiser, P., and Peng, F. C. C. *The Ainu: The Past in the Present.* Hiroshima, 1977.

Hayashiya, Tatsusaburō (ed.). *Kyoto no rekishi* [History of Kyoto]. 10 vols. Kyoto, 1972.

Hearn, Lafcadio. *Glimpses of Unfamiliar Japan.* 2 vols. Boston, 1896.

Japan *Times. Kyoto. An Essay in Photographs.* Tokyo, 1975.

——. *Mt. Fuji.* Tokyo, 1970.

Kodansha Encyclopedia of Japan. 9 vols. Tokyo, 1983.

Landor, A. H. S. *Alone with the Hairy Ainu.* London, 1893.

Massarella, Derek. *A World Elsewhere: Europe's Encounter with Japan in the Sixteenth and*

Seventeenth Centuries. New Haven and London, 1990.

Miller, Roy Andrew. *The Japanese Language*. Chicago, 1967.

Minnich, H. B. *Japanese Costume and the Makers of Its Elegant Tradition*. Tokyo, 1964.

Mizuo, Hiroshi. *Edo Painting: Sotatsu and Korin*. New York, 1972.

Mogi, Hitoshi. *A Historical Study of the Development of Edo*. Tokyo, 1966.

Morisue, Yoshiaki, and Hinonishi, Suketaka (eds.). *Fuzoku Jiten* [Dictionary of Social Customs]. Tokyo, 1957.

Munro, Neil Gordon. *Ainu. Creed and Cult*. New York, 1963.

Murdoch, James, and Yamagata, Isoh. *A History of Japan*. 3 vols. London, 1949.

Nihon Kokugo Daijiten [Unabridged Japanese Dictionary]. 20 vols. Tokyo, 1974.

Papinot, E. *Historical and Geographical Dictionary of Japan*. 2 vols. New York, 1968.

Peng, F. C. C., and Geiser, P. *The Ainu: The Past in the Present*. Hiroshima, 1977.

Piggot, F. *The Music and Musical Instruments of Japan*. 2d ed. London, 1909.

Plutschow, Herbert E. *Historical Kyoto*. Tokyo, 1983.

——. *Historical Nagasaki*. Tokyo, 1983.

Rothermund, Harmut O. *Die Yamabushi. Aspekte ihres Glaubens, Lebens und ihrer sozialen Funktion im japanischen Mittelalter.* "Monographien zur Völkerkunde, herausgegeben vom Hamburgischen Museum für Völkerkunde," V. Hamburg, 1968.

Sansom, George B. *Japan, a Short Cultural History*. Rev. ed. New York, 1943.

Schurhammer, George, S.J. *Shinto. The Way of the Gods of Japan. According to Printed and Unprinted Reports of the Japanese Jesuit Missionaries in the Sixteenth and Seventeenth Centuries*. Bonn, 1923.

Statler, Oliver. *Japanese Inn*. New York, 1961.

Szilas, Lászlo, S.J. (ed.). *Orientalia*. Lisbon, 1963.

Totman, Conrad. *Politics in the Tokugawa Bakufu*. Cambridge, Mass., 1967.

Tsuda, N. *Handbook of Japanese Art*. Tokyo, 1936.

Tsukahira, T. G. *Feudal Control in Tokugawa Japan: The Sankin Kotai System*. Cambridge, Mass., 1966.

Wijnaendts van Resandt, W. *De gezaghebbers der Oost-Indische Compagnie ... in Azië*. Amsterdam, 1944.

ARTICLES

Bodart Bailey, Beatrice M. "Kaempher Restor'd." *Monumenta Nipponica*, Vol. XLIII, No. 1(1988), pp. 1-33.

Bouchy, Ann-Marie. "The Cult of Mount Atago Confraternities." *Journal of Asian Studies,* XLVI (1987), 255-77.

Ito, Shuntaro. "The Introduction of Western Cosmology in Seventeenth-Century Japan: The Case of Christovão Ferreira (1580-1652)." *The Japan Foundation Newsletter,* Vol. XIV, No. 1 (May, 1986), pp. 1-9.

Mass, Jeffrey. "The Emergence of the Kamakura Bakufu." In John W. Hall and Jeffrey Mass (eds.), *Medieval Japan: Essays in Institutional History,* pp. 127-56.

New Haven and London, 1974.

Nakamura, Hirosi. "The Japanese Portolanos of Portuguese Origin of the Sixteenth and Seventeenth Centuries." *Imago Mundi,* XVIII (1964), 24-44.

Schurhammer, Georg, S.J. "Die Yamabushis." In Lászlo Szilas, S.J. (ed.), *Orientalia*. Lisbon, 1963, pp. 705-30.

Schütte, J. F. "Japanese Cartography at the Court of Florence; Robert Dudley's Maps of Japan, 1606-1636." *Imago Mundi,* XXIII (1969), 46-50.

Van Eeghen, I. H. "Arnoldus Montanus's Book on Japan." *Quaerendo,* Vol. II, No. 4 (1972), pp. 250-72.

Wooley, M. A. "Historical Notes on Nagasaki." *Transactions of the Asiatic Society of Japan,* IX (1881), 125-51.

译名对照表

人 名

A

Aa, Peter Vander	万迪亚
Abahai	皇太极
Adam, Ann	安·亚当斯
Adams, Will	威尔·亚当斯
Adams, William	威廉·亚当斯
Aeldorp	黎英三
Akbar	阿克巴
Aleni, Giulio	艾儒略
Alexander Khan	亚历山大
Altine	俺答汗
Alvarez, Rmo.P.Fr.José Mara	约瑟·马拉·阿尔瓦雷兹
Amati, Scipione	斯皮翁·阿玛蒂
An Lu-shan	安禄山
Andrade, Antonio	安夺德
Argensola, Bartolomé Leonardo de	巴托洛梅·列奥纳多·德·阿亨索拉
Arroya, Alonzo de	阿隆佐·德·阿洛亚
Aurangzib	奥朗则布
Avril, Philippe	菲利普·爱维利尔

B

Baddeley, John F.	约翰·F. 巴德利
Baikov, Fedor	费德里克·巴伊科夫
Baillet, Adrien	阿德里安·巴耶
Baldaeus, Philippus	菲利普斯·巴尔斯
Bartoli, Daniello	丹尼尔罗·巴笃里
Baudier, Michel	米歇尔·博迪耶
Bernier, François	弗朗索瓦·贝尔尼埃
Bernou, Claude	克洛德·贝尔努
Blaeu, Joan	约翰·布劳
Blokovius, Petrus	彼得鲁斯·布洛克韦乌斯
Bolitho, Harold	哈罗德·博里索
Bolling, Frederick	弗雷德里克·博林
Bontekoe, Willem Ysbrantszoon	威廉·伊斯布拉松·邦特库
Bort, Baltasar	巴尔塔萨·博特
Bosson, James	詹姆斯·柏森
Bouvet, Joachim	白晋
Boym, Michael	迈克尔·卜弥格
Brand, Adam	亚当·布兰德

Briet, Philippe	菲利普 · 布里特
Broadbent, William，即 Broadbent,William	威廉 · 布兰德本特
Brouwer, Hendrick	亨德里克 · 布劳沃
Brune, Jean de La	让 · 德 · 拉 · 布吕内
Bürke, Alois	阿洛伊斯 · 伯克

C

Cabral, João	若昂 · 卡布拉尔
Caesar	凯撒
Caeuw, Jacob	高雅各
Campbell, William	威廉 · 坎贝尔
Candidius, George	乔治 · 甘治士
Cardim, Antonio	安东尼奥 · 嘉尔定
Careri, Francesco Gemelli	弗朗西斯科 · 杰米利 · 卡雷里
Carletti, Francesco	弗朗西斯科 · 卡莱蒂
Caron, Francois	弗朗索瓦 · 卡龙
Carravallo, Lopes Carmiente	洛佩斯 · 卡米恩特 · 卡拉瓦罗
Carter, T.C.	T.C. 卡特
Carvalho,Valentim	瓦伦丁 · 卡瓦略
Casella, Estevão	埃斯特旺 · 卡塞拉
Cassola, Francisco	弗朗西斯科 · 卡索拉
Cespedes, Gregorio de	格雷戈里奥 · 德 · 塞司佩代斯
Ch’ung-chen	崇祯皇帝
Chaffee, John	贾志扬
Cham Kui Chim，即 Chang Chü-cheng	张居正
Chan, S.J. A.	陈纶绪
Chang Hsien-chung	张献忠
Charles II	查理二世
Cheng Ch’eng-kung	郑成功
Cheng Chih-lung	郑芝龙
Cheng I	程颐
Chiao-min Hsieh	谢觉民
Chiara, Giuseppe	朱塞佩 · 乔亚拉
Chŏng Tu-wŏn	庄滔焕
Chou Kung	周公
Chu Hsi	朱熹
Chu Ssu-pen	朱思本
Chu Tz’u-hsüan	朱慈烜
Chu Yüan-chang	朱元璋
Chu Yu-lang	朱由榔
Chuan Hu	颛顼
Chung-ni	仲尼
Churchill	丘吉尔
Cisnocilio, Franco	佛朗哥 · 奇斯诺齐利奥
Clenk, Hermanus	赫曼努斯 · 克伦克
Cleyer, Andreas	安德里亚斯 · 克莱耶

Cocks, Richard	理查德·科克斯
Commelin, Isaac	艾萨克·考梅林
Constantine	君士坦丁
Coolie Verner	考库利·弗纳
Coronel, Fernando de los Rios	费尔南多·德·卢斯·里奥斯·科罗内尔
Correa, Duarte	杜阿尔特·科雷亚
Coventry, Kim	金·考文垂
Coyett, Fredrick	揆一
Crasset, Jean	基恩·克拉赛特
Cross F.	F. 克罗斯
Cruz, Gaspar Da	加斯帕尔·达·克路士

D

D'Avalo, Marco	马可·达瓦罗
D'Avalo, Marcus	马库斯·达瓦罗
D'Avity, Pierre	皮埃尔·达维蒂
D'Orléans, Pierre Joseph	皮埃尔·约瑟夫·多莱昂
D'Orville, Albert	吴尔铎
Dalai Lama	达赖喇嘛
Dapper, Olfert	奥尔夫特·达帕
Date Masamune	伊达政宗
De Bethune	德贝蒂纳
De Keizer	德·科泽尔
Dorgon	多尔衮
Dortsman, Daniel	丹尼尔·多兹曼
Du Jarric, Pierre	皮埃尔·杜·雅利克
Dunn, Stephen	斯蒂芬·邓恩
Duus, Peter	皮特·杜斯

E

E. Henthorn,William	威廉·E. 亨索恩
Elison, George	乔治·埃利松
Elserack, Jan van	扬·凡·艾尔塞拉克
emperor Hsiao Wen of the northern wei	北魏孝文帝
Endo Shusaku	远藤周作
Erdini	埃尔德尼
Escalante, Bernardino de	贝纳迪诺·德·埃斯卡兰特

F

Fadl Allah Rasidad-Din	拉施德丁
Faithorne, William	威廉·费索恩
Faria y Sousa, Manuel de	苏查
Fenicio, Giacomo	贾科莫·范尼西欧
Ferreira, Antonio Fialho	安东尼奥·弗亚略·费雷拉
Ferreira, Christovão	克里斯托旺·费雷拉

Findefira	陆奥守
Francis Dowley	弗朗西斯 · 道雷
Frick, Christoph	克里斯托夫 · 弗里克
Frisius, Andreas	安德里亚斯 · 弗里西斯
Fróis	伏若望
Fu Hsi	伏羲
Fujiwara no Hidehira	藤原秀衡

G

Gallagher, Louis	路易斯 · 盖拉赫
Galvão, António	安东尼奥 · 加尔旺
Garcia, Francisco	弗朗西斯科 · 加西亚
Gautama	乔达摩
Gerritszoon, Hessel	赫塞尔 · 赫里特松
Ginnaro, Bernardino	贝纳迪诺 · 金纳罗
Go-Daigo	后醍醐天皇
Godinho, Francisco	弗朗西斯科 · 戈迪尼奥
Goes, Bento de	鄂本笃
Golius, Jacob	雅各布 · 戈略斯
Go-Mizunō	后水尾天皇
Gonzalez de Mendoza, Juan	冈萨雷斯 · 德 · 门多萨，胡安
Goodrich, L.F.	L.F. 古德里奇
Graaf, Nikolaas de	尼古拉斯 · 德 · 赫拉夫
Gravius, Daniel	倪但理
Great Khan	成吉思汗
Greslon, Adrien	聂仲迁
Guerreiro, Fernão	费尔南 · 格雷罗
Gusri-Khan	固始汗
Guzman, Luis de	路易斯 · 德 · 古兹曼
Gysbertszoon, Reyer	雷耶 · 希斯伯斯逊

H

Hagenaer, Hendrick	亨德里克 · 哈格纳尔
Hakluyt, Richard	理查德 · 哈克路特
Hall, John W.	约翰 · W. 霍尔
Ham	含
Hambroek, Anthonius	安东尼乌斯 · 亨伯鲁克
Hamel, Hendrik	亨德里克 · 哈梅尔
Happart, Gilbertus	吉尔伯图斯 · 哈帕特
Harootunian, Harry	哈利 · 哈鲁图涅
Hasekura Rokuemon	支仓常长
Hatch, Arthur	阿瑟 · 哈奇
Hayton of Armenia	亚美尼亚的海屯
Hazart	哈扎特
Helen	海伦

Herbert, Thomas	托马斯 · 赫伯特
Herdtrich, Christian	恩理格
Herport, Albrecht	阿尔布莱希特 · 赫波特
Hidenobu	织田秀信
Hidetada	德川秀忠
Hideyori	丰臣秀赖
Ho Ping-ti	何炳棣
Homem, Lopo	洛波 · 欧蒙
Hoorn, Pieter van	彼得 · 范 · 霍恩
Houtman, Cornelis de	科尼利斯 · 德 · 豪特曼
Hsiao-hsien	孝贤皇后
Hsien Tsung	唐宪宗
Hsü Kuang-chi	徐光启
Hsuan Tsung	唐玄宗
Hucker, Charles O.	贺凯
Hudson, Henry	亨利 · 哈得孙
Huissen, Michael	迈克尔 · 惠森
Hung-hsi	洪熙皇帝

I

Ides, Evert Ysbrandszoon	雅布兰
Iemitsu	德川家光
Indyk, Henry	亨利 · 因迪克
Inouye Chikugo no Kami Masashige	井上政重
Intorcetta, Prospero	殷铎泽
Iperen, Thomas van	托马斯 · 范 · 伊伯伦
Iquan, Nicholas	尼古拉 · 一官
Ishida Mitsunari	石田三成

J

Jen Tsung	宋真宗
Jenghis Khan	成吉思汗
John of Plano-Carpini	柏朗嘉宾的约翰
Junius, Robertus	尤罗伯

K

K’anghsi	康熙
Kaempfer, Engelbert	恩格柏特 · 坎普法
Kao Tsu	高祖
Kapstein, Matthew	马修 · 卡普斯坦
Keng Ching-chung	耿精忠
Khublai Khan	忽必烈
Kircher, Athanasius	阿塔纳修斯 · 基歇尔
Kley, Edwin J. Van	埃德温 · J. 范 · 克雷
Koxinga	国姓爷；郑成功

Krammer, Coenraet	科恩莱特 · 克拉默
Ku	喾
Kuo-hsing yeh，即 Master of the [imperial] surname	国姓爷

L

Lach, Alma	阿尔玛 · 拉赫
Lach, Donald F.	唐纳德 · F. 拉赫
Lao Tzu	老子
Le Blanc,Vincent	文森特 · 勒布朗
Le Comte, Louis	李明
Le Favre, Jacques	刘迪我
Le Gobien, Charles	郭弼恩
Ledyard, Gari	加里 · 莱德亚德
Leibniz	莱布尼茨
Levin, M.G.	M.G. 莱文
Li Shuai-t' ai	李率泰
Li Sung	李嵩
Li Ssu	李斯
Li Tzu-ch' eng	李自成
Linnaeus, Carolus	林奈
Linschoten, Jan Huygen van	扬 · 惠根 · 范 · 林斯乔坦
Liu Pang	刘邦
Liu Yüan-jan	刘元真
Lo Hung-hsien	罗洪先
Lodensteyn, Jan Joosten	杨 · 约斯顿 · 莱登斯丁
Logan, Josias	约西亚 · 洛根
Longobardo, Niccolò	龙华民
Louis XIII	路易十三
Louis XIV	路易十四
Lu Guei-djen	鲁桂珍
Lu Hsing-tu	卢兴祖
Lu Ying yang	陆应阳
Lucaszoon, Philips	菲利普斯 · 卢卡斯逊
Luís, Gaspar	加斯帕尔 · 路易斯

M

Ma T' ang	马堂
Ma Tailoi	马泰来
Ma Yong	马雍
Maffei, Giovanni Pietro	乔万尼 · 皮特罗 · 马菲
Magalhães, Gabriel de	安文思
Magellan	麦哲伦
Maldonado, Don Francisco de Herrera	堂 · 弗朗西斯科 · 德 · 埃雷拉 · 马尔多纳多
Malm, William P.	威廉 · P. 马尔姆
Manley, Roger	罗杰 · 曼利

Marini, Giovanni Filippo de	乔万尼·菲利普·德·马里尼
Marquez, Pedro	佩德罗·马克斯
Martini, Martino	卫匡国
Mascarenhas, Antònio de	安东尼奥·德·马斯卡伦哈斯
Massa, Isaac	艾萨克·马萨
Massarella, Derek	德里克·马萨雷拉
Matelief, Cornelis	科尼利斯·马塔利夫
Matsūra Shigenobu	松浦镇信
Matsūra Takanobu	松浦隆信
McGovern, Janet B.M.	珍妮特·B.M. 麦克高文
Meister, George	乔治·麦斯特尔
Mencius	孟子
Meng T' ien	蒙恬
Mentzel, Christian	克里斯蒂安·门采尔
Mericke, John	约翰·梅里克
Merklein, Johann Jacob	约翰·雅各布·梅克林
Meurs, Jacob van	雅各布·范·米尔斯
Mexia, Lourenco	罗伦索·梅西亚
Meyer, Daniel	丹尼尔·梅耶
Minamoto Yoritomo	源赖朝
Ming Ti	汉明帝
Miyazaki Ichisada	宫崎市定
Mocquet, Jean	让·莫凯
Monserrate, Antonio	安东尼奥·蒙塞拉特
Montanus, Arnoldus	阿诺尔德斯·蒙塔努斯
Moreira, Dom João Marquez	堂·若昂·马尔克斯·莫雷拉
Morejon, Pedro	佩德罗·莫雷洪
Mr. Leonardus	莱昂纳德斯爵士
Müller, Andreas	安德里亚斯·米勒
Mundoff, Andrei	安德烈·曼多夫

N

Naim, C. M.	C. M. 纳伊姆
Nasirodin	纳失达丁
Navarrete, Domingo Fernández	闵明我
Neck, Jacob van	雅各布·范·内克
Needham, Joseph	李约瑟
Nero	尼禄
Neuville, Foy de la	富瓦·德·拉·纳维尔
Ngowang Labzang Gyatso	阿旺罗桑嘉措
Nieuhof, Johan	约翰·纽霍夫
Nishijima Sadao	西岛定生
Nobili, Robert de	罗伯特·德·诺比利
Noort, Olivier van	奥利维尔·范·诺尔特
Nurhachi	努尔哈赤
Nuyts, Pieter	彼得·奴易兹

O

Oboi	鳌拜
Oda Nobunaga	织田信长
Odoric of Pordenone	波代诺内的鄂多立克
Ogilby, John	约翰·奥格尔比
Ortelius, Abraham	亚伯拉罕·奥提留斯

P

Palafoxy Mendoza, Juan	帕莱福
Pantoja, Diego de	庞迪我
Pasio, Francesco	巴范济
Pedel, Thomas	拔鬼仔
Peruschi, Giovanni Battista	乔万尼·巴蒂斯塔·佩鲁奇
Petech, Luciano	卢恰诺·佩泰克
Petlin, Ivan	伊凡·斐德林
Pinto, Fernão Mendes	费尔南·门德斯·平托
Polo, Marco	马可·波罗
Possevino, Antonio	安东尼奥·波西维诺
Potapv, L.P.	L.P. 波塔普夫
Prester John	祭司王约翰
Prince of Orange	奥伦治亲王
Pring, John	约翰·普林
Ptolemaeus, Claudius	托勒密
Purchas, Samuel	塞缪尔·珀切斯
Pursglove, Willian	威廉·珀斯格洛夫

R

Rada, Martin de	马丁·德·拉达
Rechteren, Seyger van	塞格·范·雷基特伦
Reijersen, Cornelis	科尼利斯·雷尔松
Rho, Giacomo	罗雅谷
Rhodes, Alexandre de	罗历山
Ribadeneira, Marcelo de	马塞洛·德·里瓦德内拉
Ricci, Matteo	利玛窦
Rodrigues Gião, João	若昂·罗德里格斯·吉朗
Rodrigues, João	陆若汉
Roelofszoon, Roelof	鲁洛夫·鲁洛夫斯逊
Roger, Abraham	亚伯拉罕·罗杰
Rosenthal, Robert	罗伯特·罗森塔尔
Roth, Heinrich	海因里希·罗斯
Rougemont, François de	鲁日满
Rubino, Antonio	卢安东
Ruggiero, Michael	罗明坚

S

S.Sylvester	S. 西尔维斯特
Saint Bartholomew	圣巴托罗缪
Saint Thomas	圣多默
Saldanha, Manoel de	曼诺埃尔 · 德 · 萨尔达尼亚
Sansom, G.B.	G.B. 桑塞姆
Santa Maria, Juan de	胡安 · 德 · 桑塔 · 玛利亚
Santvoort, Melchior van	苗其尔 · 凡 · 桑梧特
Saris, John	约翰 · 萨利斯
Schaep, Henry Corneliszoon	亨利 · 科尼利斯逊 · 舍佩
Schall von Bell, Johann Adam	汤若望
Schouten, Wouter	沃特 · 斯考顿
Segerszoon, Pieter	彼得 · 塞格斯逊
Semedo, Alvarez	曾德昭
Shang Chih-hsin	尚之信
Shang emperor	商王
Shang K' o-hsi	尚可喜
Shao Hao	少昊
Shen Nung	神农
Shih-tsu	世祖
Shōtoku Taishi	圣德太子
Shun	舜
Shun-chih	顺治帝
Sibellius, Caspar	卡斯帕尔 · 西贝柳斯
Sicardo, José	杰瑟 · 西卡多
Simtangong，即 Keng Chi-mao	耿继茂
Sivaji	西瓦吉
Sohyŏn	李溰
Solier, Francois	弗朗索瓦 · 索列尔
Sotelo, Luis	路易斯 · 索特洛
Spathary, Nikolai	尼古拉 · 斯帕塞理
Specx, Jacob	雅各布 · 施佩克斯
Ssu-ma Ch' ien	司马迁
Ssu-ma Kuang	司马光
Steven, Simon	西蒙 · 斯蒂文
Struys, Jan Janszoon	杨松 · 司徒鲁伊
Suarez, Joseph	苏霖
Sung Ying-hsing	宋应星
Swiderski, Richad M.	理查德 · M. 斯维德斯基

T

T' ai Tsung	唐太宗
Tai Wen-pai	戴文伯
Taira	平氏
Tamerlane	帖木儿

Terenz	特伦兹
Tetsuo Najita	奈地田哲夫
Thévenot, Melchisédech	玛尔什代锡·特维诺
Tokugawa Hidetada	德川秀忠
Tokugawa Ieyasu	德川家康
Tokugawa Tadanaga	德川忠长
Toscano, Guiseppe M.	朱塞佩·M. 托斯卡诺
Toshio Tsukahira	冢平俊雄
Totman, Conrad	康拉德·托特曼
Toyotomi Hideyoshi	丰臣秀吉
Trigault, Nicolas	金尼阁
Ts'ang Chieh	仓颉
Tsintsius,Vera	维拉·钦齐乌斯
Tu Yung-ho	杜允和
Turrensis	图伦西斯

U

Ukita Hideie	宇喜多秀家

V

Valckenier, Gillis Janszoon	吉利斯·杨松·华尔克尼尔
Valentijn, Francois	弗朗索瓦·瓦伦廷
Valignano, Alesandro	范礼安
Valle, Della	德拉·瓦勒
Van der Lan, Jan	扬·范·德兰
Vanderstappen, Harrie A.	范德本
Varen, Bernhard	伯恩哈德·瓦伦
Varenius	瓦伦纽斯
Verbiest, Ferdinand	南怀仁
Verhoeff, Pieter Willemszoon	彼得·威廉斯逊·沃霍夫
Vremans, Giovanni	乔瓦尼·弗雷曼斯
Vries, Martin Gerritszoon	马丁·赫里特松·弗里斯

W

Wada Mankichi	和田万吉
Wagenaer, Zacharias	扎卡赖亚斯·瓦赫纳格
Wakeman, Frederic	魏斐德
Wang An-shih	王安石
Wang Lai-jen	王来任
Wang Mang	王莽
Wan-li emperor	万历皇帝
Warwijck,Wybrandvan	韦麻郎
Wassenaer, Nicolaesvan	尼古拉斯·范·瓦森纳
Weddel, John	约翰·威德尔
Wessels, C.	C. 韦塞尔

William of Rubruquis	卢布鲁克的威廉
Witsen, Nicolaas	尼古拉斯·维特森
Wolfgang, G.H.	G.H. 沃尔夫冈
Woodward, David	大卫·伍德沃德
Worcester, William	威廉·伍斯特
Wright, David	大卫·莱特
Wu Hsiang	吴襄
Wu San-kuei	吴三桂
Wu Ti	汉武帝
Wu Wang	周武王
Wurffbain, Sigmund	西格蒙德·伍尔夫班

X

Xavier, Francis	圣方济各·沙勿略

Y

Yang Kuang-hsien	杨光先
Yao	尧
Yoko Kuki	久喜洋子
Yokoyama Yozaemon	横山与左卫门
Yoshitsune	源义经
Yü	禹

Z

Zeldron	泽尔德隆
Zhang Yü-chu	张宇初
Zhijia Shen	沈志佳

地　名

A

Acassie，即 Nakatsu	中津市
Acheh	亚齐
Agra	阿格拉
Ahmadabad	艾哈迈达巴德
Aksu，即 A-k'o-su	阿克苏
Albazkin	阿尔巴津
Amboina	安汶岛
Amoy	厦门
Amsterdam	阿姆斯特丹
Amur River	阿穆河
Angara river	安加拉河
Angkor	吴哥

Angola	安哥拉
Anhwei	安徽
An-p' ing	安平
Antwerp	安特卫普
Arakan	阿拉干
Argun River	额尔古纳河
Arita	有田
Asoeck	阿束
Assam	阿萨姆邦
Atech	阿托克河
Australia	澳大利亚
Ayut' ia	大城

B

Badrinath	伯德里纳特
Bakloa，即 Backlauan	目加遛湾
Bali	巴厘岛
Baltistan	巴尔蒂斯坦
Banda	班达
Bandas	班达群岛
Bandou，即 Bandō	坂东市
Bantam	万丹
Bao En Buddhist temple	报恩寺
Barantola	巴兰多拉
Batavia	巴达维亚
Bay of Bengal	孟加拉湾
Bay of Namboe，即 Bay of Nambu	南部湾
Bay of Nanking	南京湾
Benares	贝纳勒斯
Bering sea	白令海
Bijapur	比贾布尔
Boedor	水里
Boeneo	婆罗洲
Bombay	孟买
Bordeaux	波尔多
Brandenburg	勃兰登堡
Bukhara	布哈拉
Burma	缅甸

C

Calcutta	加尔各答
Calicut	卡利卡特
Cambalu，即 Cambaluc	汗八里
Cambodia	柬埔寨
Camono Sicky，即 Shimonoseki	下关市

Cannanore	坎纳诺尔
Carnatic	卡纳提克
Celebes	西里伯斯岛
Central Asian	中亚地区
Ceylon	锡兰
Ch' ien T' ang River	钱塘江
Ch' ungch' ŏng	忠清道
Chamdo	昌都
Champa	占婆
Chang River	章水
Chang-chia-k' ou，即 Kalgan	张家口
Chang-chou	漳州
Chao ch' ing	肇庆
Cheju island	济州岛
Chekiang Province	浙江省
Chen River	浈水
Chen-chiang	镇江
Chia-li	佳里
Chiang Mai	清迈
Chiating	嘉定
Chien	建溪
Chikuzen	筑前
Chi-lin	吉林
Chinese Turkestan	中国新疆地区
Chini	奇尼
Chirkock，即 Shikoku	四国
Chiu-lung River	九龙江
Chŏlla	全罗道
Chungking	重庆
Chüan-chou	泉州
Cientang，即 Ch' ien-t' ang	钱塘江
Cincheu，即 Chang-chou	漳州
Cochin	科钦
Cochin-China	交趾支那
Colombo	科伦坡
Coromandel	科罗曼德尔

D

Daibutsu Temple	大佛寺
The Deccan	德干高原
Deredonsel	多雷栋
Deshima	出岛
Dordrecht	多德雷赫特
Dorogawamura	洞川村

E

Eastern Siberia	东西伯利亚
Eastern Turkistan	东突厥斯坦
East Indies	东印度群岛；东印度地区
Edo	江户
El Paso	厄尔帕索市
Elephanta	象岛
Ellora	埃洛拉
Eso	虾夷

F

Faberlang	噶玛兰
Fai-fo，即 Hôi An	会安
Faitsnichina，即 Hachijōjima	八丈岛
Fei-lai ssŭ	飞来寺
Feng-ling Pass	枫岭关
Fizen，即 Hizen	肥前
Flying Bridge	陕西飞桥
Foochow	福州
Formosa	台湾
Fort Zeelandia	热兰遮城
Fou-liang	浮梁
Frenoxama，即 Hiei-no-yama、Hieizan	比睿山
Fujinomiya	富士冈市
Fukien Province	福建省
Fukuoka	福冈市
Fushimi	伏见城

G

Ganges	恒河
Garhwal	噶瓦尔
Gen River	根河
Gifu	歧阜
Gingee	京吉
Goa	果阿
Goema	牛骂
Golconda	戈尔康达
Goto	五岛列岛
Grueber, Johann	白乃心
Gujarati	古吉拉特
gulf of Pei chih-li	北直隶湾

H

Hachiman-gu	八幡宫
Hague	海牙

Hailar river	海拉尔河
Hakozaki	箱崎
Hamgil	咸吉道
Hami，即 Ha-mi	哈密
Hangchow	杭州
Hanoi	河内
Hanyang	汉阳
Hemi	逸见
Higashi Hongwanji	东本愿寺
Higashima Ridge	东岛山脉
Himalayas	喜马拉雅山
Hirado	平户
Hiyoshi Jinja	日吉神社
Hokkaido	北海道
Honnō-ji	本能寺
Honshu	本州岛
Honum	河南
Hoorn	合恩
Hsin-shih	世新
Hukeu，即 Hu-k'ou	湖口
Hukuang	湖广
Hwanghae	黄海道
Hyderabad	海德拉巴

I

Iamaysoirt，即 Yamashiro	山城
Iberian	伊比利亚
Ietsengen，即 Echizen	越前
Ietsengo，即 Echigo	越后
Ilha Formasa	台湾岛
Ingoda	音果达河
Inner Asian	亚洲内陆
Inner Mongolia	内蒙古
Insulindia	海岛东南亚
Irkutsk	伊尔库茨克
Irrawaddy	伊洛瓦底江
Irtysh River	额尔齐斯河
Ise shrine	伊势神宫

J

Jagganath	贾格纳
Java	爪哇
Jenping，即 Nan-p'ing	南平

K

K'aifeng	开封
Kabelang	蛤仔难湾
Kabul	喀布尔
Kagoshima	鹿儿岛
Kamchatka	勘察加半岛
Kamo River	鸭川
Kan River	赣江
Kancheu，即 Kanchou	赣州
Kandy	康提
Kangwŏn	江原道
Kanheri	甘赫瑞
Kashmir	克什米尔
Kantō Plain	关东平原
Katmandu	加德满都
Kedah	吉打
Keelung	基隆
Kiangnan Province	江南省
Kiangsi	江西
Kiangsu	江苏
Kiyomizudera	清水寺
Koguryŏ state	高句丽州
Koke nayur	库库诺尔
Kŏke-qota	呼和浩特
Kokonot	青海湖
Koryŏ	高丽
Kuei-hua	归化
Kurile Islands	千岛群岛
Kwangsi	广西
Kwangtung	广东
Kweichou	贵州
Kyŏnggi	京畿道
Kyŏngsang	庆尚道
Kyushu	九州

L

Laccadives	拉克代夫群岛
Lago do Chiamay，即 chieng-mai	清迈
Lahore	拉合尔
Lake Baikal	贝加尔湖
Lake T'ai	太湖
Lakjemuyse	鹿耳门
Lamaseries	喇嘛庙
Lan-tao	蓝涛岛
Laos	老挝

Le Pont du Gardon	嘉德水道桥
Lena River	勒拿河
Lesser Sundas	小巽他群岛
Leuton，即 Liaotung	辽东
Leyden	莱顿
Liao river	辽河
Liao-tung Peninsula	辽东半岛
Liaoyang	辽阳
Lisbon	里斯本
Liu ch'iu islands	琉球群岛
loess plateau	黄土高原
Logga，即 Laoha river	老哈河
Long White Mountains	长白山
Lop Buri	华富里
Loyang	（河南）洛阳
Lo-yang	（福建）洛阳
Luang Prabang	琅勃拉邦
Luzon	吕宋岛

M

Macao	澳门
Madagascar	马达加斯加
Madurai	马杜赖
Magellan Straights	麦哲伦海峡
Mainz	美因茨
Makassar	望加锡
Malabar	马拉巴尔
Malacca	马六甲
Malaya	马来亚
Maldives	马尔代夫群岛
Mana Pass	马纳山口
Manchuria	满洲
Manila	马尼拉
Mariamma，即 Maruyama	丸山
Marianas	马里亚纳
Masulipatam	马苏利帕塔姆
Mataram	马打兰；马打兰王国
Matchma，即 Matsumae	松前
Mathura	马图拉
Matsmey，即 Matsumae	松前
Mattau，即 Ma-tou	麻豆
Mei-kuang	梅关
Meiriki	明历
Menam	湄公河
Mergeen，即 Mergel river	莫勒格尔河
Metropolitan museum	大都会博物馆

Mexico　墨西哥
Miaco，即 Kyoto　宫古
Middag　大肚王
Min River　闽江
Mindanao　棉兰老岛
Mino　美浓
Miura Peninsula　三蒲半岛
Miyako　宫古
Moluccas　马鲁古群岛
Momoyama　桃山
Mongal Land　蒙古高原
Mongolia　蒙古
Moscow　莫斯科
Mount Atago　爱宕山
Mount Everest　埃弗勒斯峰
Mount Fuji　富士山
Mount ōmine　大峰山
Mountains of the five horses' heads　五马头山脉
Mozambique　莫桑比克
Mrauk-u　妙乌
Mt. Fujiyama　富士山
Mt. Halla　汉拿山
Mukden　奉天
Myōhō-in　妙法院
Myōko-kugi　妙国寺

N

Nagasaki　长崎
Nam-tsho phyug-mo，即 Chumo　纳木错
Nan-ao　南澳岛
Nanch' ang　南昌
Nangan，即 Nan-an　南安
Nanhung，即 Nan-hsiung　南雄
Nanking　南京
Nara　奈良
Nen Rivervalley　嫩江流域
Nepal　尼泊尔
Nerchinsk　涅尔琴斯克；尼布楚
New Guinea　新几内亚
New Orleans　新奥尔良
New Spain　新西班牙
New Zealand　新西兰
Nicobars　尼克科群岛
Niko，即 Nikko　日光
Ningpo　宁波
Niti Pass　泥底山口

Nolin	诺林
North Sea	北海
northeast Asia	东北亚地区

O

Ochio，即 Oshu	陆奥
Okinawa	冲绳岛
Orissa	奥里萨
Osaka	大阪
Oudauwe，即 Odawara	小田原
Oxford	牛津

P

P’eng hu	澎湖
Peking	北京
Persia	波斯
P’oyang Lake	鄱阳湖
purple mountain	紫金山
P’yŏngan	平安道
P’yŏngyang	平壤
Pacific	太平洋
Pamirs	帕米尔高原
Papuas	巴布亚
Patani	北大年
Patient	忍耐河
Pearl delta	珠江三角洲
Pegu	勃固
Pei Chih-li	北直隶
Pei River	北江；北河
Pekou	澎湖
Percuzi and Pergunu	南嵌和八里坌
Pescadores	澎湖列岛
Phnom Penh	金边
Pimaba	卑南
Porraven	房里
Portugal	葡萄牙
Po-ta-la	布达拉
Pousan，即 Pusan	釜山
Poutchin，即 P’u-ch’eng	浦城
province of Daur	达斡尔省
Pukkal	竹堑
Pulau Ai	艾岛

Q

Qandahar	坎大哈

Quanto，即 Kanto	坎托
Quelpaerts	奎尔帕特岛

R

Rajasthan	拉贾斯坦邦
Ramesvaram	拉梅斯沃勒姆
Ravi	拉维河
Rengeō-in Temple	莲华王院
river“Pisida”	皮西达河

S

Saccam	赤嵌
Sada	沙达
Saint Paul	圣保罗大教堂
Sakai	堺市
Sakhalin	库页岛
San Thomé	圣托梅
Sang-won-hab，即 Ch’ing-yüan Hsia	清源峡
Sanjūsangendō	三十三间堂
Santiago	三貂角
Sanyuum，即 Ch’ing-yüan	清远
Sapat	扫叭
Saycock，即 Kyushu	九州
Schara Murin	沙拉木伦
Seberia	西伯利亚
Sekigahara	关原
Sendai	仙台
Sengen Jinja	浅间
Seoul	汉城
Seville	塞维尔
Shahjahanabad	沙贾汗纳巴德
Shan-hai-kuan	山海关
Shan-hua	善化
Shansi Province	山西省
Shantung Province	山东省
Shensi	陕西
Shenyang	沈阳
Shiba	江户芝公园
Shikoku	四国岛
Shilka river	石喀勒河
Shirakawa area	白川地区
Shizuoka	静冈
Sian	西安
Simla	西拉姆
Sinkan，即 Sin-kang	新港

Sinung，即 Hsi-ning	西宁
Solor	索洛岛
Soochow	苏州
Soulang，即 Siau-lang	萧垄
Southern Africa	南部非洲
Srinagar	斯利那加
stone city	石头城
Su-chou	肃州
Suissima，即 Tsushima	对马岛
Sukothai	素可泰
Sulu	苏禄岛
Sumatra	苏门答腊岛
Sumpu	骏府
Sungari	松花江
Surat	苏拉特
Surgut	苏尔古特
suringa，即 suruga	骏河
Sutlej	萨特累季河
Szechwan	四川

T

Taffakan，即 Tavakan	大目降
Ta-hsing-an Lingmountains	大兴安岭
Tainan city	台南市
Taj Mahal	泰姬陵
Takkais	斗六门柴里
Tamilnadu	泰米尔纳德
Tamsui	淡水
Tanjore	坦焦尔
Tannatanna	双寮
Tarim Basin	塔里木盆地
Ta-t’ung	大同
Tayouan	大员
Tefurang，即 Tevorang	大武垅
Te-hua	德化
Tenasserim	丹那沙林
Tennōji	天王寺
Teopan	大唪社
Ternate	德那地
Texas	德克萨斯州
Thames	泰晤士河
Great Eastern Sea Road	东海道
Red River	红河
the Spiceries	香料群岛
strait of“Iessu”（Yezo）	鞑靼（虾夷）海峡
Tibet	西藏

Tientsin	天津
Tifulukan	知母义
Timor	帝汶岛
Tobolsk，即 Tobolskoy	托波尔斯克
Tokabolder	内文
Tōkaidō	东海道
Tokodekal	中港
Tokyo	（日本）东京
Toling	托林
Tomsk	托木斯克
Tongking	（越南）东京
Tonglou，即 Dong-Liu	东流
Tongsiou，即 Tung-hsien	通县
Troy	特洛伊
Tsaparang	阿里土林
Turfan，即 T' u-lu-fan	吐鲁番

U

Ula	乌拉

V

Vaccata，即 Hakata、Fuccate	博多
Vannungam，即 Wan-an	万安
Venice	威尼斯
Victoria and Albert Museum	维多利亚和阿尔伯特博物馆
Vietnam	越南
Volga River	伏尔加河

W

Warrawarra	苑里
Wei River	渭河
West Lake	西湖
Wu River	武江
Wu-ma kuei ts' ao-shan	五马归槽山

X

Xaocheu，即 Shao-kuan	韶关
Xiexui，即 Kissuwen、Chi-shui	吉水
Xixigar，即 Tsitsihar	齐齐哈尔

Y

Yalu river	鸭绿江
Yalu valley	雅鲁河流域
Yamato	大和

Yangtze	扬子江；长江
Yangtze valley	长江流域
Yarkand，即 So-ch' e	叶尔羌；莎车
Yellow River	黄河
Yellow Sea	黄海
Yenisey River	叶尼塞河
Yoshino	吉野
Yunnan	云南

Z

Zōjōji Temple	增上寺

著作名

A

A New History of China	《中国新史》
A Relation of Some Years Travaile	《亚非旅行记》
Among the Head Hunters of Formosa	《深入台湾的猎首部族》
Amsterdam newssheet	《阿姆斯特丹报》
An Elegant Exposition of the Empire of China Tyrannically Devastated and Ravaged by the Tartars	《中华帝国被鞑靼人残酷毁灭的概述》
The Art of Graveing and Etching	《雕刻和蚀刻的艺术》
Asia Portugues	《亚洲的葡萄牙人》
Astronomia europaea sub imperatore tartaro sinico Cám Hý apellato ex umbra in lucem revocata	《清帝国的欧洲天文学》
Atlas major	《大地图集》

B

Begin Ende Voortgangh, Vande Vereenighde Nederlantsche Geoctroyeerde Oost-Indische Compagnie	《荷兰联合省东印度公司的创始和发展》
Beschrijvinghe van het machtigh coninckrijck Iapan, gestalt door Francoys Caron, directeur des compaignies negotie aldaer, ende met eenige aenteekeningen vermeerdert door Hendrick Hagenaer	《大日本王国志》
Bibliotheca selectade ratione studiorum in Historia, In Disciplinis, in salute omnium procuranda	《历史、科学、救世研讨丛书选编》
Bleve relatione del regno della China	《关于中国宗教若干问题之考察》

Breve relacion de lapersecucion que huvo eatos anos contra laiglesia de Iapon 《日本迫害耶稣会士简报》

C

Cartas...dos reynos de Iapão e China 《来自日本和中国的信札》
Catalogus patrum Societatis Jesu,qui post obitum S.Francisci xaverii primo saeculo sive ab anno 1581 usque ad 1681,in imperio sinarum Jesu Chriti fidem propagarunt 《圣教信证》
Ch'un Ch'iu 《春秋》
Ch'u-tz'u，即 *The Elegies of Ch'u* 《楚辞》
China 's Examination Hell 《中国的贡院》
China Devastated by the Barbarous Tartar:Including the Dreadful Ruinous War Begun by the tartars in the Empire of China 《中华帝国为野蛮的鞑靼人所摧毁》
China illustrate 《中国图志》
Chou-li 《周礼》
Chung Yung 《中庸》
Commentary on the Works of Confucius 《孔子著作评注》
Confucius sinarum philosophus,sive scientia sinensis,latine exposita 《孔夫子：中国哲学家》
Conquista de las islas Malucas 《马鲁古群岛之征服》

D

De bello tartarico 《鞑靼战纪》
De christiana expeditione apud Sinas 《基督教远征中国史》
De christianisapud Iapanios triumphis 《基督教在日本的胜利》
De tyrannie ende wreedtheden der Jappanen 《幕府时代日本的暴政》
Delle missioni de' padri della Compagnia di Giesu nella Provincia del Giappone 《神父在日本教省传教记》
Der orientalish-indianische Kunst-und Lust-Gärtner 《东方印度园艺师》
Descriptio regni Iaponiae cum quibusdam affinis materiae,exvariis auctoribus collecta 《日本物产概况》
Discoursende cort verhael,van't eylant Formosa 《台湾志略》

E

Edo Kagami，即 *Edo Mirror* 《江户之镜》
Epitome historial del Reyno de la China, muerte de su Reyna, madre de este Rey que oy vive, que secedio a treinta de Marco, del ano de mil y seiscientos y diez y siete 《中华帝国简史》

F

Feudalism in Japan	《日本的封建制度》
Five Centuries of Map Printing	《地图印刷五百年》
Flora sinensis,fructus floresque humillime porrigens	《中国植物志》
Formosa geografica ehistóricamente considera	《台湾的地理与历史简况》
Fu-i Ch'uan –shu	《赋役全书》

G

Gedenkwaerdige gesantschappen der Oost-Indische maatschappy in't Vereenighe Nederland,aan de kaisaren van Japan	《荷兰东印度公司特使觐见日本天皇实录》
Gedenkwaerdige zee- en lant-reize door verscheide gewesten van Oost-Indien	《东印度难忘之旅》
Giro del mondo	《环游世界》

H

Hakluytus Posthumus or Purchas his Pilgrimes	《珀切斯游记大全》
Hamel's Journal and a description of the Kingdom of Korea,1653-1666	《哈梅尔游记》
Het gezantschap der Neêrlandtsche Oost-Indische Compagnie aan den grooten Tartarischen cham,den tegenwoordigen kiezer van China	《荷兰东印度公司出使鞑靼大汗朝廷》
The Hangchow Bore in Moonlight	《月夜看潮图》
Histoire de l'eglise du Japon	《日本教会史》
Histoire de la Chine sous la domination des Tartares	《鞑靼统治时代之中国史》
Histoire de la cour du roy de la Chine	《中国宫殿史》
Histoire ecclésiastique des isles et royaumes du Japon	《日本传教史》
Historia de las islas del archipiélago Filipino y reinos de la gran China,Tartaria,Cochin-China,Malaca,Siam,Cambodge y Japan	《东方诸国志》
Historia de las missiones que han hecho los religiosos de la Compañia de Iesus : para predicar el sancto Evangelio en la India oriental, y en los reynos de la China y Iapon	《东印度、日本和中国的耶稣会传教史》
Historia tartaro-sinica nova	《鞑靼中国史》
Historica narratio de Initio etprogressu missionis Societatis Jesu apud Chinenses,ac praesertim in regia Pequinens	《1581—1669 耶稣会士在华传教史说》
Historie des deux conquerans Tartares qui ont subjuguela Chine	《鞑靼人两次征服中国史》

Historisch verhael alder ghedenck-weerdichste geschiede-niss, Historisch verhael alder ghedenck-weerdichste geschiedenisse, die hier en daer in Europa,als in Duijtsch-lant, Vranckrijck, Enghelant, Spaengien, Hungarijen, Polen, Sevenberghen, Wallachien, Moldavien, Turckijen en Neder-lan	《欧洲历史要事录》
History of Japan	《日本史》
History of the Two Tartar Conquerors of China	《两位鞑靼征服者之历史》
Hokkekyō	《法华经》
Hollandtsche mercurius	《荷兰信使》
Hortus indicus malabaricus,1678-1703	《印度马拉巴尔植物志》
Hsiao-erh lun，即 *Small Child's Discourse*	《小儿论》

I

I Ching	《易经》
I-li	《仪礼》
Imperio la China	《大中国志》
Informatione del regno et stato del Gran Redi Mogor	《莫卧儿大帝国志》
Itinerario: Voyage ofte schipvaert van Jan Huyghen van Linschoten naer Oost ofte Portugaels Indien,1579-1592	《林斯乔坦葡属东印度航海记》

J

Journael gehouden door…op zyne gedane voyagie near Oost-Indien	《东印度旅行日记》
Journael ofte gedenckwaerdige beschrijvinghe vande Oost-Indische reyse van Williem Ysbrantsz. Bontekoe van Hoorn	《东印度航海记》

K

K'ang-hsi Tsu-tien	《康熙字典》
Kodansha Encyclopedia of Japan	《日本百科全书》
Kort beschrijvinghe	《旅行志略》
Kort verhael van Tayovang	《台湾小记》
Ku'ang-yu-chi	《广舆记》
Kuang-yüt'u	《广舆图》

L

La Cina	《中国志》
La géographie	《中国地理》
Les estats,empires,et principautez du monde	《全世界的国家、帝国、王国、君主领地、采邑和公国》

Les voyages fameux du Sieur Vincent Le Blanc marseillois,qu'il a faits,depuis l'âge de douze ans jusques à soixante,auxquatre parties du monde,à sçavoir	《马赛人文森特·勒布朗先生一生环游世界纪实》
Li-chi	《礼记》
the Lotus Sutra	《妙法莲华经》
Lun Yü	《论语》

M

Meng-tzu	《孟子》
Ming shih	《明史》
Ming Sin Pao Kien，即 *Ming-hsin pao-chien*	《明心宝鉴》
Mo chüeh	《脉学》
Montanusu Nihonshi	《蒙塔努斯的日本图志》

N

Noord en Oost Tartatye	《东北鞑靼志》
Nouveaux mémoires sur l' état present de la Chine	《中国近事报道》
Nouvelle relation de la Chine,contenant la description des particularitez le plus considerables de ce grand empire	《中国新志》
Novissima Sinica	《中国近事》
Novo descobrimento do Gram Cathayo,oureinos de Tibet	《大契丹或西藏王国的发现》
Novus Atlas Sinensis	《中国新图志》

O

Old Testament	《旧约》
Oost-Indische voyagie,vervattende veel voorname voorvallen en ongeneeme vreemde geschiedenissen,bloedige zee- en landt-gerechten	《东印度航海日志》
Oud en niew OosIndien	《新旧东印度志》

P

Portrait historique de l'empéreur de la Chine	《康熙皇帝》

R

Ragionamenti di Francesco Carletti Fiorentino sopra le copse da lui redute ne' suoi viggi si dell' Indie Occidentali,e Orentali come d'altri paese	《卡莱蒂环球旅行记》
Recueil de voyages	《旅行文集》

Regni chinensis description ex varijs authoribus	《中国多面观》
Reisen van Nicolaus de Graaff na de vier gedeeltens des werelds, als Asia, Africa, America en Europa. Behelsende een beschryving van sijn 48 jarige reise... Als ook een nette,dog korte beschryvinge van China...Hier agter is by gevoegd d'Oost-Indise apiegel	《尼古拉斯·德·赫拉夫游记》
Relaçam annal das covsas qve Fezeram os Padres da Companhia de Iesvs nas partes da India Oriental, & no Brasil, Angola, Cabo verde, Guine, nos annos de seiscentos & dous & seiscentos & tres, & do processo da conuersam, & christandade da quellas partes, tirada das cartas dos mesmos padres que de là vieram	《耶稣会神父传教事务年度报告》
Relaçam annual	《耶稣会神父传教事务年度报告》
Relación de la entrade de algunos padres de la Compania de iesus en la China	《一些耶稣会士进入中国的纪实及他们在这一国度看到的特殊情况及该国固有的引人注目的事物》
Relation...de Muscovie	《俄国新奇见闻录》

S

Saverio orientale ò vero istorie de' Cristani illustri dell' oriente de'Cristiani illustri dell' oriente liquali nelle parti orientali sono stati chiari per vertù, e pietà critiana, dall' anno 1542	《东方圣典》
Shih Ching	《诗经》
Shu Ching	《书经》
Sinicae historiae decas prima res à gentis origine ad Christum natum in extremâ Asia,sive mango sinarum imperio gesas complexa	《中国上古史》
Specimen medicinae sinicae,sive opuscula medica ad mentem sinensium	《中医临床》

T

Ta Hsüeh	《大学》
Tabula chronologica monarchiae Sinicae	《中华帝国朝代表》
Ta-ch'ing i-t'ung-chih	《大清一统志》
Tao-te-ching，即 *The Way and Power Classic*	《道德经》
Theatrum	《环宇大观》
Tratados Historicos, Politicos, Ethicos, y Religiosos de la Monarchia de China	《中华帝国的历史、政治、伦理和宗教论集》
Treaty of Nerchinsk	《尼布楚条约》

't Verwaerloosde Formosa,of waerachtig verhael,hoedanigh door verwaerloosinge der Nederlanders in Oost-Indien,het eylandt Formosa,van den Chinesen mandorijn ende zeerover Coxinga,overrompelt,vermeestert,ende ontweldight is geworden	《被贻误的台湾》

U

Universal History	《世界通史》

V

Voyage en divers états d'Europe et d'Asie,entrepris pour découvrir un nouveau chemin à la Chine	《欧亚行记：探寻通往中国的道路》
Voyages en Afrique,Asie,Indes orientales et occidentales	《非洲、亚洲和东西印度群岛地区的航海行纪》

Z

Zeiting auss der newen Welt	《新世界报》

专有名词

A

Ainu	阿伊努人
Altars of Earth	天坛
Altars of Heaven	地坛
Amdo	安多
Ami	阿美人
Amida，即 Fombum	阿弥陀佛
Amidabut，即 namuamida butsu	南无阿弥陀佛
an-ch' a-ssu	按察使
Annual Letters	年度书简
Aramaic	亚拉姆语
Ashikaga Gakkō	足利学校
Ashikaga	足利氏
Assessor on the Left	左侍郎
Assessor on the Right	右侍郎
Association for Asian Studies	亚洲研究会
asuras	阿修罗
Atayal	泰雅人
Augustinians	奥古斯丁会修士
Austronesian language	南岛语
Avalokitesvara	观音菩萨

B

Barantola	巴兰多拉
Belgian	贝尔贾
Bengali	孟加拉人
biwa	琵琶
Blaeu printing house	布劳出版社
Bo festival，即 Bon	盂兰盆会
Board of Civil Office	吏部
Board of Punishments	刑部
Board of Rites	礼部
Bodleian Library	博德莱安图书馆
Bolgars	保加尔人
Bon	盂兰盆会
Bonzos	禅师
Bōzu	坊主
Braeck	布莱克号
Brahman	婆罗门
Breskens	布雷斯肯斯号
brotherhood of the moon	每月兄弟会
bu	普
Buddha Amida	阿弥陀佛
Buddha City	佛城
Bugi	布吉斯人
bugyo	奉行
Bulgarian	保加利亚语
Bunkyo University	东京文教大学
Burattians	布里亚特人
Burgan Koton，即 Idol City	神像城
burher	市民
Buryat Mongols	布里亚特蒙古人
buth	普斯
’bag	面具

C

Cafers	卡菲尔人
Calendrical Bureau	钦天监
calling card	请帖
camis，即 kami	神仙
Can	大汗
Cantonese	广东语
Caoli	高丽
Capuchins	嘉布遣会士
Caracathai	哈喇契丹
Carthage	迦太基
Castricum	卡斯特里库姆号

Catayo，即 Cathay	契丹
Celestial Empire	天朝
ch'a-yüan	察院
Ch'en	陈
Ch'iang	羌
Ch'in	秦
Ch'ing	清
ch'ing-nan wang	靖南王
ch'onmin	贱民
Cham gan Kiai，即 Chang-an chieh、Street of Perpetual Repose	长安街
Chamorros	查莫罗人
Ch'an Buddhism	禅宗
Chancery of Request	申诉大臣
channels of gold	黄金航道
Chao-hsien	朝鲜
Chaosien，即 Chao-hsien	朝鲜
Cheu	周
Chiang-ning	江宁
Chief Master of the Horse	太仆寺
chien-ch'a yü shih	监察御史
chih-chou	知州
chih-fu	知府
chih-hsien	知县
Chinese opera	京剧
Chinese Pale	汉边
Chinese rose	月季
Chin-kang	金刚
Chinoiserie	中国风格；中国热
chin-shih	进士
chi-shih-chung	给事中
Cho Seng，即 chou-sheng、tirisan	畜生道
Chou dynasty	周朝
chou	州
Christian Armenians	亚美尼亚基督教徒
chü-jen	举人
Chung-hua	中华
Chung-kuo	中国
chün-men	军门
Chunugandono，即 Chūnugan-dono	中纳言大人
Chuvash	楚瓦什语
Cialis	察理斯
cloud toe	云头履
Clove	克拉夫号
Cogue，即 Guge、Guje	古格
Combodians	柬埔寨人

Comichicho	阿弥陀佛
Copperplate Printing	铜版印刷
Cossack	哥萨克人
court shoes	朝鞋
Courteen Association	科腾协会
coyfe	头巾
Crimean Tartars	克里米亚鞑靼人
Cubo，即 Kubō-sama、Cubozama、kubosama	公方大人
cultural accommodation	文化适应策略
cungues，即 keuge	公家
Cupid	丘比特
cut-off region	截止区域
Cybele	西布莉

D

Daghors	达呼尔人
daimyō	大名
Dainichi	大日如来
Dairi	内里
Dalai Lama	达赖喇嘛
Date	政宗
Daurians	达斡尔人
Dayak	达雅克人
Department of South Asian Language and Civilizations	南亚语言与文明系
Deva	提婆
devadāsi	神庙舞女
Dominicans	多明我会修士
Dragon boat Festival	龙舟节

E

East Asian civilization	东亚文明
East Asian empire	东亚帝国
Eastern Chin	东晋
Eastern Sea Route	东海道
Eastern Tartarie	东鞑靼
eastern Tartars	西鞑靼人
Eastern Wei	东魏
Ebisu-sō	惠比寿节
Eleuth	厄鲁特人
Eleuths	硕特人
Emperor Chiongon	幕府将军家光
En no Gyōja	役行者
Epicureans	伊壁鸠鲁主义者

eta	秽多
exterior way	外表的道路

F

Fachiman，即 Hachiman	八幡神
Farihhe Fikarigo Gougosey，即 Fariche Fikri go Gon go Sey	法理海·费卡里句·昊勾希
Favorling	虎尾垄语；法波兰语
Feast of Lantern	元宵节
Feastival of the Tombs	清明节
Fenghuang	凤凰
Filipinos	菲律宾人
Five Clasics	五经
Five Dynasties	五代时期
five relationships period	五伦
five virtues	五德
flat pieces of ivory	笏板
floating village	浮村
fo，即 Buddhas	佛
Fobidden City	紫禁城
Foguexus，即 Hokkeshū	日莲宗
Foque	法华
Former Han	西汉
Formosan aborigines	台湾原住民
Formosan Council	台湾委员会
Fort Santo Domingo	圣多明戈城堡
Fort Zeelandia	热兰遮城堡
fotoques，即 Buddhas	佛陀
Four Books	四书
Franciscans	方济各会修士
free-lance	自由人
Fu	府
fudai daimyō	谱代大名
fu-t’ou	幞头

G

garden of Eden	伊甸园
Gelukpa	格鲁派
geta	日本式木屐
geta	木屐
Giambo	蒲桃
Gion	祇园祭
Gobi	戈壁
God with three heads	三首神灵
gonin gumi	五人组

gosho	御所
Go-shuin-sen	朱印船
Gospels of Saint Matthew	圣马太福音
governor-general，即 viceroy	总督
Grand Canal	大运河
Grand Coordinator	巡抚
Grand Court of Revision，即 tai li su	大理寺
Grand Lama	大喇嘛
Grand Secretariat	内阁
Grand Secretary	尚书
Grand Tartary	大鞑靼
Grand Tibet	大西藏
Great Chancery of the Kingdom	帝国大法院
Gregorian chants	格里高利圣咏
Groups of Ch' iang	羌族部落
Guge Chaparang	古格扎布让
Gujaratis	古吉拉特人

H

Hachiman	八幡节
hai-tao	海道
hakama	袴
Han	大汗
Han	汉
han' gŭl	朝鲜语
hanjin	旅馆
Han-lin yüan	翰林院
haori	羽织
Hatamoto	旗本
head-hunting	猎首
Heads of ten-family groupings	甲长
Hector	赫克托号
heer	绅士
Heidelberg Catechism	海德堡要理问答
Hermit Kingdom	隐士王国
High Steward of the King's Household	詹事府
Him gin su，即 hsing-jen ssu、Messenger Office	行人司
Hinayana	小乘佛教
Hinduism	印度教
hinin	非人
Historical Institute	历史研究所
hitatare	直垂
Hōjō	北条氏
Hokke	法华宗
Hokkien	闽南语

Holy spirit	圣灵
Hottentots	霍屯督人
House of Youth	青年房
Hsia	夏
Hsiao Liu Ch' iu，即 Little Liu Ch' iu	小琉球
hsien	县
Hsi-fan	西蕃
Hsing-pu	刑部
hsiu-ts' ai	秀才
hsün-tsang	殉葬
hu	笏
Huang-ti，即 yellow Emperor	黄帝
huang ch' eng	皇城
Hundred-Schools Era	诸子百家时期
Hu-pu	户部

I

Iaca，即 Shaka、Shakyamun	释迦摩尼
Icko，即 Ickois、Ikkō	一向宗
Icoxus，即 Shingon-shū	真言宗
idu	吏读
Ijue，即 Yüan	元
Imperial Academy	翰林院；帝国研究院
imperial grain barges	漕船
imperial temples	太庙
Inibs	尪姨
inkyo	隐退
interior way	秘密的道路
Isis	伊希斯
Islam	伊斯兰教

J

Jade Emperor	玉皇大帝
Jainism	耆那教
Jains	耆那教徒
Jakutisians，即 Yakuts	雅库人
Japan letters	日本来信
Jews	犹太人
jiki	日本瓷器
Jin Tao，即 jen-tao	人道
Jodō Shin	净土宗
Jōdo	一向宗
Joosie，即 Joossie	祖师
judo	柔道
Jugogayers，即 Yukaghirs	尤卡既尔人

Ju-i-kuan	诸夷馆
Jürchen	女真

K

k' ai-shu	楷书
k' ang	炕
K' o-li	科吏
Kabuki	歌舞伎
kaisen	廻船
Kakure Kirishitan	隐切支丹
Kalmuk Tartars	卡尔梅克鞑靼人
Kalmuk	卡尔梅克
kamakura bakufu	镰仓幕府
Kamakura shogunate	镰仓幕府
Kamchadal	堪察加人
kami	神祇官
kana	假名
Kanara	卡纳拉
kanmuri	冠
Kannon	观音
kaolin	考林
Khams	朵甘思
Kian Hao	枷号
Kicius，即 Korea、Ki-ja	箕子
kin，即 Chin	金
King of Guge	古格国王
King of Heaven	天帝
Kingdom of Cascar（Kashgar）	喀什葛尔王国
Kingdom of Cathay	契丹王国
Kingdom of Niuche	女真国
Kingdom of Surunga Suruga	骏河国
Kingdom of Voxu，即 Oshu Mutsu	陆奥国
Kirghizens，即 Kirghiz	吉尔吉斯人
kite-flying festival	风筝节
Koeliki，即 Koryaks	科里亚克族
Ko-lao	阁老
Konni Tunguzians	驯马通古斯人
Konohana no Sakuya Hime no Mikoto	木花之开耶姫命
Korea	高丽
Korean letters	朝鲜文字
Korean paper	朝鲜纸
Kuan Ti Kung	关帝公
Kuan Yin	观音
kuan-fu	官府
Kuan-hua	官话
kuge	公家

Kui-pi Shu Kuo-tzu	桂皮树果子
Kung-pu	工部
kuni，即 koku	国
kunshu	君主
Kuo Hsüeh	国学
kushan	固山
Kyōgen，即 nō drama	狂言

L

Ladak，即 Ldakh	拉达克
Lamaism	喇嘛教
Lamoignon library	拉穆瓦农图书馆
Land of Morning Calm	朝静之国
lao-tieh	老爹
lao-yeh	老爷
Latter Han	东汉
Law of Avoidance	回避原则
lha	活佛
Liang	梁
Licham	里长
Li-chi kuo-tzu	荔枝果子
Liefde	慈爱号
Li-pu	吏部；礼部
li-shu	隶书
li-tz'u	鸬鹚
Liu Sung	刘宋
Lo Haon，即 lo-Han、arhats	罗汉
Lop	罗布
Lord of Fiamor，即 daimyo of Hirado in Hizen	肥前平户城的大名
Lower MIyako，即 Miaco de baixo	下町
Lü-mao kuei	绿毛龟
lung-p'ao	龙袍

M

Macanese	澳门人
Madonna	圣母玛利亚
Mahayana Buddhism	大乘佛教
Malabar	马拉巴尔人
Malay	马来语
Malays	马来人
man-chou	满洲
Manchu Banners	满洲八旗
Manchu Conquest	满族征服
Manchu empire	满族帝国
Manchus	满族人

Mandate of Heaven	天命
Mangin	蛮荆
mang-kuo	芒果
manipadme	嘛呢叭咪
Manipe	玛尼普
manju	满族
many worlds	大千世界
Mariul，即 Maryul	玛域
Master of Ceremonies and Complements of the Court	鸿胪寺
Ma-tsu	妈祖
Meermano-Westreenianum museum	梅尔马诺博物馆
memorial arch	牌坊
metropolitan censorate	都察院
metsuke	目付
Middle Kingdom	中国
Mi-le-fo	弥勒佛
Minangkabau	米南加保族
mitsu-aoi	三叶葵
Miyako on the Hill，即 Miaco de riba	山之手
money-changers	货币兑换商
Mongol Conquest	蒙古征服
Mongol dynasty	蒙元时期
Mongol-Tungusic	蒙古—通古斯部落
moxibustion，即 kyū	艾灼
Mughul	莫卧儿帝国
mullah	毛拉
multi-armed Kannon	千手观音
Muscovy	俄国
Muslim	穆斯林

N

Nampan Kouk，即 Namp'an K'uk	南蛮国
natural morality	自然道德
Nayar	纳亚尔人
nei-ko	内阁
Neo-Confucian	新儒学
Neo-Confucianism	新儒家
Nestorian	景教
Netherlander	荷兰人
Ngo Kuei，即 o-kuei	饿鬼道
Nhuna	八关斋戒
Nichiren Buddhism	日莲宗
Nō	能
non-Gelukpa	非格鲁派
Northern Ch'i	北齐

Northern Chou	北周
Northern Tibetans	藏北人
Nostra Seignora de Guyll	东望洋炮台
Nostra Seignora de la Penna de Francia	西望洋炮台
Nostra Seignora del Bon Patto	南湾炮台
nyung-ne	纽涅

O

Obi	腰带
Office of Transimission	通政司
ōgosho	大御所
Oirat	瓦剌
old Tarttary	旧鞑靼国
Olenni Tunguzians	驯鹿通古斯人
O-mi-t'o-fo，即 Amitabha	阿弥陀佛
ōoku	妻妾
Orthodox Christianity	东正教
Osaka campaign	大阪战役
Ozero	湖

P

Pa-chiao shu	芭蕉树
Pai-lien-chiao	白莲教
Paiwan	排湾人
Pali	巴利语
Parsees	拜火教；拜火教徒
pei-lin	碑林
Persian	波斯语
Phasianus calchicus	野鸡
Phife，即 Flute	笛子
Ping-pu	兵部
p'ing-nan wang	平南王
Platonist	柏拉图主义者
Polish	波兰人
Portuguese	葡萄牙人
posadha fast	布萨斋戒
Potala Palace	布达拉宫
Prajñaparamita	般若佛母
prayer wheel	地藏车；祈祷轮
pre-Kamakura-era	前镰仓幕府时代
princes of the blood	亲王
Protestant	新教徒
provincial governors，即 hsün-fu	巡抚
provincial inspector	按察使
Provintia	普罗民遮城
Pu Sa，即 p'u-sa、bodhisattvas	菩萨

pu-cheng-ssu	布政使
Pure Land Buddhists	净土宗
Pure Land sect	净土宗
Pythagorean	毕达哥拉斯

Q

Qǒsot	硕特族
Quei	葵
Quinsay	行在

R

Raijin	雷神
Reformed Christianity	改革宗教会
Regenstein Library	雷根斯坦图书馆
Rhine	莱茵
Rites Controversy	礼仪之争
Rites in more particular matters	太常寺
ritsuyō system	律令体制
rivers of silver	白银河道
rōjū	老中
Roshana Butsu	卢舍那佛
royal council	皇家内阁
Rudok，即 Rudoc	日土
Russian Academy of Science	俄罗斯科学研究院

S

sailing carriages	帆式马车
sailing chariot	帆船战车
St. Antonio	圣安东尼堂
St. Clara	圣家辣堂
Saint John	圣约翰
St. Lorensio	圣老楞佐堂
Saint Michael	圣·米迦勒
St. Paulo	圣保禄炮台
St. Thomas Christians	圣多默基督教徒
sama	大人
Samda-do	三多岛
Samo	萨摩
Samrkand，即 Samahania	撒马尔罕
samurai	武士
samurai-merchant	武士—商人
San Fan Su，即 san fa-ssu	三法司
San Salvador	圣·萨尔瓦多城堡
San To，即 san-tao	三道
san-chiao	三教

sangmin	常民
sankin kōtai	参觐交代
Santiago de la Barra	妈阁炮台
Saracen	撒拉森人
Sariasingh，即 Sariafey	萨里阿非
sashimi	日本生鱼片
Satan	撒旦；魔鬼
scholar-official	学者—官员
Sciam	商
Scotchman，即 Scotman	苏格兰人
sDe-pa	第巴
Second King	副王
Sect of the Learned	学者教派
sect of the Literati	文人宗教
Sengeum，即 Sengen	浅间大神
Sengoku era 即 sengoku jidai（日本）	战国时代
seppuku	切腹自杀
shaku-byoshi	笏拍子
shakuhachi	尺八
shamanism	萨满教
shang-shu	尚书
Shang-ti	上帝
sheng-yüan	生员
shih chia	释迦
Shih-chia，即 Gautama、Shaka	释迦牟尼
shih-lang	侍郎
shih-ping shu	柿饼树
Shiites	什叶派
Shimabara rebellion	岛原叛乱
Shinto shrine	日本神社
Shinto	神道教
shogun	幕府将军
shōji	障子
Shou hsing	寿星
Shu Han Kingdom	蜀汉王国
Shugendō	修验道
Siamese	暹罗人
Sieu Lo	修罗道
Sifan	西藩
silent trade	沉默的交易
silk road	丝绸之路
Sinhalese	僧伽罗
Sinic world	中国世界
Siraya	西拉雅族
Siva	湿婆神
six boards	六部

Six Offices of Scrutiny	六科给事中
Sixteen Kingdoms	十六国
Slavic Bulgarian	斯拉夫的保加利亚语
Soboltzy	森林通古斯人
Son of Heaven	天子
Sopo，即 Sog-po、Mongolia	蒙古
soroban	日式算盘
Southern Ch'i	南齐
Southern Ming	南明
Soviet	苏联
Spaniard，即 Spanish	西班牙人
straight dress	直裰
suke	太政官
Sumo	相扑
Sunnis	逊尼派
Sutkur	苏特加尔
Syriac	叙利亚语
`S Gravelande	斯·格拉弗兰号

T

t'ai-chi，即 Supreme Ultimate、Tai-jih	太极
T'iao-shen	跳神
T'ien fei	天妃
T'ien hsia hsien-shih	天下先师
t'ien，即 heaven	天道
T'ien-chu	天主
T'ien-T'ai	天台宗
T'ien-tzu	天子
Ta Liu Ch'iu	大琉球
Ta Ming	大明
Tabers	鼓
tael，即 ryō、bu	两
taepis，即 tabi	日本式厚底短袜
Ta-fu	大夫
Tai huang	大黄
Taicosama，即 Taikōsama	太阁大人
Takaraenpada	塔卡琅帕达
Talafula	塔拉富拉
Talieukieu，即 Grand liu ch'iu	大琉球
Tamagisangang	塔玛吉山岗
Tamagisanhach，即 Tamasisangak	塔玛吉山哈
Tamatatah	女巫医
Tamil	泰米尔语
Tangth，即 Tangut、Tanyu	唐古特
Tangu	唐兀
Tao-li	道吏

Tapaliape	塔帕犁沛
Tapaliat	塔帕犁阿特
Tara	度母
Targazinians	通古斯人
Tartars	鞑靼人
tatami	榻榻米
Tatawoeli	塔塔巫里
Taxankpada，即 Takarupada	塔卡露帕达
Taycko	太阁
Temple of the Golden Amida	金佛寺
Ten heavenly stems	十天干
Tendai sect	净土宗
ten-family groupings	里甲制度
Tenshō daijin，即 Amaterasu Omikami	天照大神
Thai language	泰语
Than	唐
Thie	帖
Thirty Years' War	三十年战争
Thomas	托马斯号
Three Kingdoms epoch	三国时期
Tibetian Buddhism	藏传佛教
Tibeto-Burman	藏缅语族
Tiguasamma	太阁殿下
ti-hsiao	提校
ti-hsüeh	提学
timber raft，即 mu p'ai	木排
Tiozencouk，即 Chosŏn	朝鲜
Tithing-man	十户长
tokonoma	壁龛
Tokugawa bakufu	德川幕府
tonosama	殿様
Tosa	土佐人
Toune	端午
Tribunal of the Grandees	宗人府
tributary system	朝贡制度
Trinity	三位一体
triumphal arche	凯旋门
tsar	俄国沙皇
tsung-tu	总督
Tu li-yüan	土利援
Tuan Yang	端阳
Tunghoafung	桐华凤
Tungusic	通古斯人
Turkic	土耳其语
Turks	土耳其人
tu-t'ang	督堂

tu-tu	都督
Twelve earthly branches	十二地支
Twenty-eight heavenly councilors	二十八宿星官

U

uchikake	打掛
United Province	荷兰联合省
universal flood	史前大洪灾
University of Chicago	芝加哥大学
University of Tokyo	东京大学
Utsang，即 U-Tsang	乌思藏
Uytrecht	乌特勒支堡

V

Vairocana	毗卢遮那
Viceroy of Province of Canton	广东总督
Vijayanagar	维查耶纳伽尔
Virgin Mary	圣母玛利亚
Vishnu	毗湿奴
Vo，即 ō	大日
VOC	荷兰东印度公司
Volga Bolgar kingdom	伏尔加保加尔汗国
vua	皇帝

W

Wade-Giles	威妥玛注音
Warring States Period	（中国）战国时代
wei-ch’i	围棋
well-field system	井田制
Western Chin	西晋
Western Paradise	西天极乐世界
western Tartars	东鞑靼人
willow palisade	柳条边
world map	万国地图
Wu-ssu-tsang	乌思藏

X

Xamabugis，即 yamabushi	山伏
Xenxi，即 Zenshū	禅宗
Xodoxius，即 Jōdoshū	净土宗
Xuxi，即 Chukchis	楚科奇族

Y

Yami	雅美人
Yang Hou Wang	杨侯王

yangban	两班
Ya-ta kuo-tzu	亚大果子
Ye-ki，即 Yeh chi	野鸡
Yezo	虾夷
Yi dynasty	朝鲜李氏王朝
Yousbecs，即 Uzbeks	乌兹别克人
Yu	虞
yüan-kuang	圆光

Z

Zen，即 bonzes	禅师

索 引①

A

阿尔巴津 Albazin，1756

阿里土林 Tsaparang，1773-1775，1777；安多德在阿里土林，1777；传教团进入阿里土林，1782-1783

阿弥陀佛 Amida，1835-1836

阿弥陀佛 Amitabha（*O-mi-tö Fo*），1651n，1735n，1737

阿穆河 Amur River，1756

阿托克河 Atech River，1776n

阿旺罗桑嘉措，伟大的五世达赖喇嘛 Ngowang Labzang Gyatso，the Great Fifth Dalai Lama，1775n

阿伊努人 Ainus，1852，1856，1870-1872，1888

埃尔德尼（约1623年） Erdini（ca. 1623）：满文手稿，1761n

埃斯卡兰特，贝纳迪诺·德 Escalante，Bernardino de，1567

艾岛 Pulau Ai，1818

艾尔塞拉克，扬·凡 Elserack，Jan van，1877-1878

爱维利尔，菲利普 Avril，Philippe，1686；经陆路来华，1686，1759；《欧亚行记：探寻通往中国的道路》，1759

安哥拉河 Angara River，1762

安文思 Magalhaes，Gabriel de，关于礼部的论述，1675；关于中国的帝国宫殿，1694；关于满族征服，1674；《中国新史》，1679；关于中国的省级政府，1714；关于四川的描述，1666n

俺答汗 Altan（or Altine）Khan，1756-1757，1766n，1775n

澳门 Macao，1610，1697-1700；澳门主教职位，1610；与广东的关系，1611，1617，1698；澳门的庆祝活动，1642，1612；在澳门的中国人，1609；与清朝的关系，1697-1700；衰落，1611-1612，1697，1700；关于澳门的描述，1609-1612；多明我会修士在澳门，1610，1700；与荷兰人的关系，1571，1610；食物，1698；堡垒，1609-1611；方济各会修士在澳门，1610；尼古拉斯·德·赫拉夫关于澳门的论述，1686；土地出租，1699-1700；与日本的关系，1610-1611；与耶稣会士的关系，1610，1697，1699，1843；地理位置，1609；与马尼拉的关系，

① 本书索引所标页码为原书页码，见本书边页码。——译者注

1610，1700；作为传教团的中心，1609-1610，1697；与军火的关系，1610；名称，1609；澳门的修女，1610；起源，1699-1700；与葡萄牙人的关系，1609-1610，1612，1699；奴隶，1612，1629；走私，1698；贸易，1610-1611，1686n，1697-1698。**同时参见**中国、葡萄牙

B

八丈岛　Hachijōjima，1862

巴笃里，丹尼尔罗　Bartoli，Daniello，1567；关于中国的论述，1567-1568，1644-1645；《神父在日本教省传教记》（1660 年），1873

巴范济　Pasio，Francesco：1601 年年度书信，1838；与江户城堡的关系，1840；关于富士山的描述，1841-1842

巴伊科夫，费德里克　Baikov，Fedor，1686；出使北京，1758

拔鬼仔　Pedel，Thomas，1819-1820

白晋　Bouvet，Joachim，1675；对康熙皇帝的描述，1675，1680；《康熙皇帝》，1680，1710

白令海　Bering Sea，1767n

白乃心　Grueber，Johann：关于达赖喇嘛的描述，1780；从中国经陆路到达印度，1759，1769，1776-1777；关于西藏的描述，1774

白银　Silver，1803；与中国的关系，1563，1613

柏森，詹姆斯　Bosson，James，1760n-1761n

柏应理，菲利普　Couplet，Philippe；《圣教信证》，1679；与安文思，1679；《中华帝国朝代表》，1683-1684

般若佛母　Prajñaparamita，1778

邦特库，威廉·伊斯布拉松　Bontekoe，Willem Ysbrantszoon，1571；《东印度航海记》，1571

北海道（虾夷）　Hakkaido（Yezo），1574，1845n，1870-1872，1874，1876；矮人传奇，1852；和日本，1856，1870，1874；松前，1852，1870；银，1870；贸易，1852，1872。**同时参见**阿伊努人

北江　Pei River，1669；1689

北京　Peking，1563，1575，1587，1695-1696；天文机构，1643，1678；大钟，1693；作为汗八里，1575-1577，1688；弗朗西斯科·杰米利·卡雷里在北京，1686；与科举考试的关系，1640-1641；气候，1575，1695；与欧洲城市的比较，1573；与南京的比较，1608；描述，1578，1608，1695，1720；使臣在北京，1565，1686；食物，1696，1706；帝国荣耀与仪式，1580；帝国宫殿，1601，1694；耶稣会士在北京，1565，1592，1672；喇嘛在北京，1738；地理位置，1574；满族人占领北京，1665；地图，1575n；蒙古人在北京，1729；天文台，1693，1721，1729；占领北京，1695；官僚，1701；人口，1573，1744；利玛窦在北京，1592；汤若望关于北京的论述，1672；与鞑靼人的关系，1756；征税，1608；与朝鲜的

C

E

F

G

H

J

K

L

M

N

O

P

帕莱福 Palafox y Mendoza，Juan de：关于满族征服的论述，1670-1672，1677
庞迪我 Pantoja，Diego de，1572-1573；关于中国的宦官，1580；关于中国的帝国宫殿，1580，1601；关于中国的名称，1575；关于中国的贵族，1581；关于中国的面积，1574；关于中国的士兵，1587；关于中国的水路，1614；关于中国的城市，1607；关于中国的法律，1588；关于中国人的婚姻，1623；关于中国的绘画，1598；关于中国的丝绸，1603；关于鸬鹚，1596；《一些耶稣会士进入中国的纪实及他们在这一国度看到的特殊情况及该国固有的引人注目的事物》，1565
佩鲁奇，乔万尼·巴蒂斯塔 Peruschi，Giovanni Battista：《莫卧儿大帝国志》，1773
澎湖列岛 Pescadores，1798；与荷兰人的关系，1571，1818；科尼利斯·雷尔松的探险，1570
平户 Hirado，1853，1855，1870，1874；盂兰盆会，1852，1869；城堡，1875；大名，1860-1861；荷兰人，1849，1875；英国人，1849，1869-1870n；死刑，1851，1868；地方长官的居所，1875；八幡节，1836，1853，1869；萨利斯在平户，1850-1851；街道，1852-1853；赋税，1853
平壤（朝鲜） P'yŏngyang（in Korea），1784
鄱阳湖 P'oyang Lake，1689
珀切斯，塞缪尔 Purchas，Samuel，1757；与日本人的关系，1848-1849
葡萄牙 Portugal，1697；与日本的关系，1849，1873；与澳门的关系，1609-1610，1612，1699；前往北京的商贸使团，1697-1698
葡萄牙人 Portuguese：与日本的关系，1849；在澳门，1609-1610，1612，1699
浦城 P'u-ch'eng，1690
普林，约翰 Pring，John，1849

Q

齐齐哈尔 Ch'i-ch'i-ha-erh（Tsitsihar），1764-1765
奇尼 Chini，1776
契丹 Cathay，1565，1757；意指中国的“契丹”，1565，1575-1578，1647，1688，1729，1742-1743；基督教徒，1576；意指蒙古的“契丹”，1774-1775；波斯文学中的“契丹”，1577；意指西藏的“契丹”，1773-1775
钱塘江 Ch'ien T'ang River，1575n
浅间 Sengen Jinja，1841n
羌族人 Kiang people，1768
乔亚拉，朱塞佩 Chiara，Giuseppe，1877n
青海 Ch'inghai，1767

R

S

T

W

X

Y

Z

译后记

从接手本书的翻译到最终完成定稿，前后正好一年半时间。其间由于语言水平有限、知识储备不足以及翻译经验欠缺，尽管早早完成了初稿的翻译，但校改的时间甚至长于初稿翻译的时间。书中牵涉区域之广泛、族群之复杂、文化之多样，驾驭起来极为困难。尤其是相关的专有名词，更非笔者学力所逮。译事难，始知严复先生当年所说翻译之“信、达、雅”，其境界只能高山仰止，心向往之。翻译虽不为今日学界重视，然自有其内在的价值。怪不得严耕望先生认为，冯承钧先生虽无陈寅恪先生之学识，但对学界的贡献绝不在陈寅恪先生之下。其言外之意，无非是说翻译工作有其不可替代的价值和贡献。正是这样一种信念，带给我们信心；这种信心，支撑我们有始有终地完成了工作。

本书的主题虽然是通过梳理西方的亚洲知识和亚洲形象，来分析亚洲在欧洲现代化进程中的影响，进而达到反思“西方中心论”的目的，但是其主要内容因以16—17世纪的东亚为主，因此牵涉到大量第一次“西学东渐”中的传教士汉学著作。在本书翻译之前，已有大量此类书籍被翻译出版，如门多萨的《大中华帝国史》、曾德昭的《大中国志》、卫匡国的《鞑靼战纪》、金尼阁的《基督教远征中国史》、基歇尔的《中国图志》等，本书的作者在写作中参考了大量此类著作，我们在翻译中就不得不参考现有的中文翻译。虽然在实际的翻译中，我们仍然坚持自己的观点和风格，但这些翻译著作仍为我们奠定了基础。因此对于我们来说，翻译本书更多的是一个学习的过程，学习相关语言和知识、研究方法和视野的过程。这个过程虽有时焦躁不安，有时诚惶诚恐，但仍充实而快乐。

接手本书的翻译之后，我和孙杰展开了分工合作，我负责第二十章、第二十二章和第二十三章的翻译，孙杰负责第二十一章、第二十四章和插图说明三部分的翻译。在完成初稿之后，彼此互校一遍。各自校对之后，再次互校一遍。其间对翻译中的难点问题和专有名词进行过很长时间的讨论，讨论无果之时各自分头查阅资料。虽然我们的性格、兴趣和笔风各不相同，但彼此之间的长期合作却甚见默契。尤其是他的细心和耐心，有效地弥补了我的不足，所有这些都使我们的合作倍觉愉快。尽管有时我会固执地坚持自己的看法，但并不妨碍彼此有效的互帮互助。

本书的翻译，始终得到厦门大学人文学院院长周宁教授有条不紊的组织和无微不至的关怀。从翻译进度的把握到翻译经验的指导，从英文句子的语法到专有名词的对译，周教授无不倾注了大量心血。即使是在那段身体欠安的日子里，周教授的关怀也未尝一刻或忘。期间两次抽空面聊，在耳濡目染中，更仰见周教授之学识与风度。翻译的日常业务则总体由厦门大学南洋研究院张长虹老师负责。在繁忙的工作中，除了相关会务的安排和专有名词的修订之外，张老师还对本书的数处译文提出了参考意见。她对相关译名的校对一丝不苟，对正文内容的翻译精益求精，以及对我们学习生活的热情帮助，都带给我们太多的感激和感动。还应该特别感谢厦门大学历史系张侃教授和林枫教授，作为我和孙杰的导师，他们总是以最大的宽容和鼓励，允许我们“不务正业”，涉猎本专业之外的领域。除了长期以来的关怀和帮助之外，在本书翻译过程中，还为我们就书中的数处疑惑提供了线索和参考。

其实本书的专有名词不仅量大面广，而且极为复杂。许多专有名词本就经由不同西方国家的传教士用本国语言就中国各地的方言、东亚各地区的语言进行过罗马化，而本书的作者在英文写作时，又有不少被再次翻译成英文。我们的工作，是在这两次转化之后将英文翻译成中文，有时并无中文材料可资参考，虽略知其大意，却无法准确对译。为此，本书在翻译这类专有名词时，已尽量保留了英文原文。当然更多的已经多方查阅和请教，其中日文部分曾得到东京大学博士候选人陈永福、南开大学博士研究生徐枫的帮助，法文和荷兰文部分曾得到法国高等研究实验学院博士候选人巫能昌的帮助。除此以外，在翻译过程中与译友许玉军的频繁交流也让我们受益匪浅。所有这些，谨此表达真诚的谢意！另外还要感谢师弟方勇骏、吕俊昌、陈显露，师妹董丽琼等，在本书译稿定稿之后，他们帮忙校对了书中的错别字并提出了一些建议，在此谨表谢忱！

最后，由于自身学力所限，书中错误在所难免，所有错误概由译者负责，同时恳请读者批评指正。

朱新屋于厦门大学勤业园

2012 年 3 月 10 日

总译后记

译稿交齐，长虹又转来拉赫夫人的序，万事俱备，该写后记了。

上世纪 90 年代中期，笔者读《欧洲形成中的亚洲》前两卷，那时候第三卷才刚刚出版，国内还看不到。2001 年去美国 UIUC 访学，离芝加哥不远，计划去拜访拉赫先生，才知道拉赫先生已于一年前仙逝，甚为遗憾。而在我离开美国那年，克雷先生也不幸去世。初读这部巨著，曾暗下发愿有朝一日能将其翻译成汉语在中国出版，一直未能如愿。2008 年，笔者有幸申请到教育部哲学社会科学研究重大课题攻关项目，机缘终于成熟。笔者与人民出版社的朋友一道联系版权、联络译者，筹备翻译事宜。2009 年年底，翻译工作如期启动，两年以后，在各位译者的努力下，三卷九册陆续译完。回顾这段翻译历程，既惊且喜。惊在翻译过程中遇到那么多困难，竟然一一克服，想起来都后怕，有位译者说如果让他再翻译一遍，他死都不干了；喜在终于完成了一项有意义的事，了却一桩近二十年的心愿，实乃人生大幸事。

在“总译序”结尾处，笔者说学术是一项一代一代人努力、不断累积成果的事业，《欧洲形成中的亚洲》所奠定的深厚宽广的研究基础，不仅使学术界受益无穷，也激励着后辈学者在这个领域中继续努力。对当下中国学者，在一个文化自觉的时代大命题下，继续这项研究，尤为重要。陈寅恪先生在《陈垣敦煌劫余录序》中说："一时代之学术，必有其新材料与新问题。取用此材料，以研求问题，则为此时代学术之新潮流。治学之士，得预于此潮流者，谓之预流（借用佛教初果之名）。其未得预者，谓之未入流。此古今学术史之通义，非彼闭门造车之徒，所能同喻者也。"一代人面对一代人的问题，有一代人的学问。如何理解世界近500年来东西方文明互动互惠的全球化历史，如何评价东方文明对现代西方的贡献，是我们这一代人学术的大问题。《欧洲形成中的亚洲》为我们奠定了丰厚坚实的文献基础，在拉赫、克雷先生开辟的领域里继续研究，是我们义不容辞的学术使命。翻译只是第一步，但是不可缺少的关键一步。

感谢教育部重大攻关课题的资助，使我们可以聚集在一项有意义的事业中，带着温情与敬意，沉潜翻译这套巨著，在一个亢奋飞扬的学术时代，也算是做一份静好的功德；感谢人民出版社与林敏女士，慷慨许诺并如期出版，使这套巨著得以汉语表达，流布中国；感谢参与翻译的师友，他们无比艰辛的工作，终于使这部"巨译"问世，尤其需要感谢的是张长虹女士，她自始至终地协助我做这套书的组织联络工作，校对核查全书的译名对照表，后一项工作耗费精力之大，是别人难以想象的；最后，还要感谢未来阅读或参考这套书的读者朋友，我们有缘相遇在这博大的文字里，成为知识与思想的伴侣。

我们默默期望与读者相遇，也谦谦期待读者的批评。

周　宁

2012年4月于南闽春雨楼头

责任编辑:林　敏
责任校对:刘亚萍
装帧设计:亚细安设计

图书在版编目(CIP)数据

欧洲形成中的亚洲.第3卷,发展的世纪:全4册/(美)拉赫(美)克雷 著
许玉军等 译. -北京:人民出版社,2013.3
书名原文:Asia in the making of Europe
ISBN 978-7-01-011700-3

Ⅰ.①欧… Ⅱ.①拉…②克…③许… Ⅲ.①文化交流-文化史-研究-欧洲、亚洲-16世纪~18世纪 Ⅳ.①K500.3②K300.3

中国版本图书馆CIP数据核字(2013)第022685号

Licensed by The University of Chicago Press, Chicago, Illinois, U.S.A

著作权合同登记　图字:01-2010-3438号

欧洲形成中的亚洲第三卷·发展的世纪

OUZHOU XINGCHENG ZHONG DE YAZHOU DISANJUAN FAZHAN DE SHIJI

(美)唐纳德·F.拉赫　埃德温·J.范·克雷 著　许玉军 译

人民出版社 出版发行
(100706　北京市东城区隆福寺街99号)

北京中科印刷有限公司印刷　新华书店经销

2013年3月第1版　2013年3月北京第1次印刷
开本:710毫米×1000毫米 1/16　印张:191.25
字数:3000千字

ISBN 978-7-01-011700-3　定价:498.00元

邮购地址 100706　北京市东城区隆福寺街99号
人民东方图书销售中心　电话 (010)65250042　65289539

2008年度教育部哲学社会科学研究重大课题攻关项目
“西方中国形象的变迁及其历史和思想根源研究”资助成果
厦门大学985三期工程项目资助成果
“十二五”期间（2011—2015年）国家重点图书出版规划项目

第三卷　发展的世纪

[美] 唐纳德·F.拉赫　埃德温·J.范·克雷　著

第三册

东南亚

张长虹　译

欧洲形成中的亚洲

ASIA IN THE MAKING OF EUROPE

[美] 唐纳德·F.拉赫　埃德温·J.范·克雷　著
周宁 总校译

人民出版社

目　录

缩略表

AHSI	*Archivum Historicum Societatis Iesu*
Annales. E.S.C.	*Annales: Economies, sociétés, civilisations; revue trimestrielle*
Asia	Earlier volumes of this work: D. Lach, *Asia in the Making of Europe*,Vols.I and II (Chicago, 1965-77)
BR	Blair, Emma H., and Robertson, James A. (eds.), *The Philippine Islands, 1493-1898* (55 vols., Cleveland, 1903-9)
BTLV	*Bijdragen tot de taal-,land-en volkenkunde van Nederlandsch-Indië*
BV	[Commelin, Isaac (ed.)], *Begin ende voortgangh van de Vereenighde Nederlantsche Geoctroyeerde Oost-Indische Compagnie...* ([Amsterdam],1646).（First edition published 1645. Fascimile edition published in Amsterdam,1969. The Facsimile edition has volumes numbered I, II, III, and IV, corresponding to vols. Ia, Ib, IIa, and IIb of the 1646 edition.）
CV	[Churchill, Awnsham and John (eds.)], *A Collection of Voyages and Travels, Some Now First Printed from Original Manuscripts...*(4 vols.; London, 1704)

"HS"	"Works Issued by the Hakluyt Society"
JRAS	*Journal of the Royal Asiatic Society*
NR	L'Honoré Naber, Samuel Pierre (ed.), *Reisebeschreibungen von deutschen Beamten und Kriegsleuten im Dienst der Niederländischen West- und Ost-Indischen Kompagnien, 1602-1797* (The Hague, 1930-32)
NZM	*Neue Zeitschrift für Missionswissenschaft*
PP	Purchas, Samuel, *Hakluytus Posthumus, or Purchas His Pilgrimes:...*(20 vols.; Glasgow, 1905-7. Originally published 1625.)
SCPFMR	*Sacrae Congregationis de Propaganda Fide Memoria Rerum* (Freiburg, 1971)
Streit	R. Streit, *Bibliotheca Missionum* (30 vols.; Münster and Aachen, 1916-75)
Ternaux-Compans	H.Ternaux-Compans, *Bibliothèque asiatique et africaine* (Amsterdam, 1968; reprint of Paris, 1841-42 ed.)
TR	Thévenot, Melchisédech, *Relations de divers voyages curieux qui n'ont point esté publiées, ou qui ont esté traduites d'Hacluyt, de Purchas & d'autres voyageurs anglois, hollandois, portugais, allemands, espagnols; et de quelques Persans, Arabes, et autres auteurs orientaux* (4 vols.; Paris, 1663-96)
"WLV"	"Werken uitgegeven door de Linschoten Vereeniging"
ZMR	*Zeitschrift für Mission swissenschaft und Religionswissenschaft*

插图说明

对 17 世纪欧洲出版的亚洲插图的研究表明，当艺术家和插图作者们获取到相关材料，如来自实地的人们所画的素描或者带回欧洲的轻便物品——植物、动物、服装、绘画、瓷器等的时候，在大多数情况下，他们会努力地如实描绘。很多根据素描和绘画制作的雕刻的真实性是令人信服的，像广东的“老总督”画像（第 276 幅图）、暹罗和中国船只的图画等。许多亚洲物品——各式中国卷轴画、一种佛教徒的祈祷轮和小动物们——首次在欧洲版画和绘画中出现。欧洲人对亚洲人，如被派往法国的暹罗使臣进行写生，并雕刻他们的肖像。

缺乏资料的时候，插图作者和艺术家们就利用他们的知识来填补空白，或者依照书籍文本，或者依照创造想象中的绘画，包括地图。例如，与以其他地区为描绘对象的插图相比，关于日本的插图更不符合现实，这也许是因为日本政府在该世纪大部分时间里严厉限制对外交往。印刷社的雕刻师们经常“借用”早期版本中的插图，往往通过为其润色而“美化”它们，结果这些插图被欧化了。

插图与文本一道以各种各样的方式被翻译过来。如果一个译本的出版商与原著的出版商或印刷商关系紧密，他可能会借用原版的铜版雕刻，或者让原出版商从原版画中抽取出插图，与译本装订出版。原版画上的说明文字被擦掉，再配上新语言的文字说明，但是也有很多印刷商并不愿意费力气这么做。即使

没有原印刷商的配合，新雕刻仍然可以从一张原版画中制作出来。最简便的方法是将版画正面朝下，放置在要雕刻的涂漆或涂蜡的铜板上，然后擦磨版画的背面，使版画上的油墨附着在涂蜡的铜板表面。拓印出来的图像随后被用来雕刻，或是用硝酸蚀刻新的版画，再把它倒转过来，印刷效果即与原版完全一样。不过，如果雕刻师想要避免损伤需用来完成雕刻的版画，他则会用一张涂有石墨或黑垩的薄纸片，将图像从原版画转印到新的铜板上。为了进一步保护版画，他在摹写画像的时候可能也会将油浸纸置于其上。不论版画正面朝下或者朝上，这道工艺程序都是奏效的。事实上，版画正面朝上更容易摹写画像，在这种情况下，新版画与原版画相对，被蚀刻而成。关于 17 世纪新版画蚀刻方式的描述，可以参阅威廉·费索恩（William Faithorne）的《雕刻和蚀刻的艺术》（*The Art of Graveing and Etching*，纽约，1970 年）第 41-44 页，该书 1662 年在伦敦首次出版。也可以参考库利·弗纳（Coolie Verner）的“铜版印刷”（Copperplate Printing），载于大卫·伍德沃德（David Woodward）编的《地图印刷五百年》（*Five Centuries of Map Printing*，芝加哥，1975 年）第 53 页。我们收录了一些插图，它们曾经被出版印刷商相互“借来借去”，如插图第 96 和 97 幅；第 100、101 和 104 幅；第 266 和 267 幅；第 349 和 350 幅；第 356—358 幅。

本卷收编的大部分插图都来自 17 世纪的著作，这些书均藏于芝加哥大学雷根斯坦图书馆（Regenstein Library）特藏部。其余插图则获自欧洲或美国的各大图书馆和档案馆，这些机构友好地准许我们复制这些插图。我们尽可能努力撰写解释插图的说明文字，只要有用，便会提供相关的补充信息。

400 幅左右的插图都复制于阿尔玛·拉赫（Alma Lach）所拍或翻拍的图片，她痴迷于摄影并编写食谱。我们也得到特藏部工作人员，特别是已故的罗伯特·罗森塔尔（Robert Rosenthal）、丹尼尔·梅耶（Daniel Meyer）和金·考文垂（Kim Coventry）的支持，他们帮助我们查找插图和筹备复制。范德本神父（Father Harrie A. Vanderstappen）是芝加哥大学远东艺术系的荣退教授，具有非凡的见识和洞察力，他帮助我们分析了有关东亚的插图。芝加哥大学南亚语言系的 C. M. 纳伊姆（C. M. Naim）也慷慨地尽其所能，尤其是与这里描绘的莫卧儿图章（第 100、101 和 104 幅图）有关的知识，无所保留。有关中国的插图得益于雷根斯坦图书馆东亚藏书部的马泰来（Ma Tai-loi）、戴文伯（Tai Wen-pai），以及沈志佳（Zhijia Shen）女士，她慷慨地献出了自己的时间和知识。雷根斯坦图书馆东亚藏书部的久喜洋子（Yoko Kuki）不吝赐教，修改了日本插图的说明文字。芝加哥大学历史系的奈地田哲夫（Tetsuo Najita）帮助我们起草了第 369 幅插图的说明文字。芝加哥大学艺术系的安·亚当斯（Ann Adams）和弗朗西斯·道雷（Francis Dowley）帮助我们分析了一些雕刻品，特别是那些出自荷兰插图作者之手的作品。

对于所有这些为插图工程慷慨奉献他们智慧和时间的专家学者们，我们致以诚挚的谢意。

插图目录

原文页码第 1380 页（本书页码第 270 页）之后

207. 妙乌，阿拉干首都，1660 年
208. 北大年女王的队列
209. 图班王宫
210. 法语—马来语—爪哇语词汇表，1609 年
211. 手握吹箭筒的望加锡士兵
212. 万丹素描
213. 万丹的外国商人
214. 赶集途中的万丹爪哇人
215. 万丹的主要华商
216. 与万丹统治者在一起的来自麦加的穆斯林使节以及他们的随员
217. 万丹的华人神龛
218. 坐在皇家白牛拉的四轮车中的巴厘国王
219. 行进中的巴厘绅士
220. 苏门答腊岛首领和他的人民
221. 爪哇锣乐队
222. 爪哇舞者
223. 藤球，马来人的足球游戏
224. 爪哇斗鸡
225. 爪哇的贾帕拉清真寺
226. 德那地的加穆拉莫港
227. 巴达维亚运河边的老虎街
228. 巴达维亚：蒌叶和槟榔树园
229. 巴达维亚：里斯维克城堡
230. 东京禁卫
231. 东京官员
232. 在德那地捕鱼
233. 东印度群岛的蝾螈或壁虎
234. 一种奇特的蝙蝠，或狐蝠

第十四章　大陆东南亚：马来亚、勃固、阿拉干①、柬埔寨和老挝 1111

东南亚大陆地区的早期历史，一如东南亚海岛地区的早期历史，主要记载了首领们与首领地位的兴衰，贯穿始终的是对外来侵扰的描述。这片土地有诸多山脉、河谷与半岛，人烟稀少，四条大河——伊洛瓦底江（Irrawaddy）、萨尔温江（Salween）、湄南河（Menam）及湄公河（Mekong）由北而南流过，其三角洲和高原地带小首领们的地位此兴彼覆。[1] 传统的看法认为，近邻中国和印度的高级文化使东南亚大陆地区相形见绌，这是由于该地区是一个农村集合体，时时受到仪式中心、内陆城市或沿海港埠的支配。只是在穆斯林和欧洲基督教徒入侵的威迫下，现代意义上的民族国家马来西亚、缅甸、暹罗②、老挝、越南和柬埔寨才缓慢而痛苦地以可行的政治实体出现。印度教比伊斯兰教更早传入东南亚，但在其南部已销声匿迹，只有上座部佛教③（Therevada Buddhism）在缅甸、泰国和柬埔寨仍为当地人的主要信仰。直到 10 世纪，越南方不再作为

① 缅甸语称为 Rakhain，译作若开。有关语言部分，本书译为若开。——译者注

② 原文 Siam，即泰国（Thailand），是外国人对泰国的称呼。泰人（Thai）称自己的国家为孟泰，即泰人之国。原文交替使用 Siam、Thailand 和 Thai，中译本不做统一。——译者注

③ 亦称南传佛教，俗称小乘佛教。——译者注

中国操控的一省，然而，在欧洲人首次登陆之际，从文化和宗教上看，越南依然是华夏文明的一部分。日往月来，位居印度与中国之间的东南亚诸国，继续在多方面保留着与两个伟大的陆地邻国的相似性，但又表现出各自不同的特点。

通过 16 世纪的欧洲出版物，葡萄牙人与西班牙人展示了大陆东南亚的大
1112 体规模和地形轮廓。最初的观察资料见于 16 世纪 50 年代赖麦锡的《航海旅行记》三卷本（Ramusio's *Navigationi*[①]）。16 世纪下半叶，伊比利亚人（Iberians）、耶稣会士们（Jesuits）和北欧商旅出版了更多详细的记述。这些文献和描述大多集中在该地区的外部边缘，或与马六甲（Malacca）、勃固（Pegu）、暹罗和柬埔寨有关。较勇敢的旅行者则有些零散的阐述，其中包括他们对马来半岛、老挝和暹罗内陆地区的模糊认识。从这些出版物中可以清晰地看出，欧洲人与东南亚大陆边缘国家的直接联系较少，相应地，与对群岛地区及其民族的了解相比，欧洲人对它们也所知甚少。这种情况直到 17 世纪下半叶仍未见改观。[2]

17 世纪伊始，葡萄牙人在马六甲、勃固、阿瑜陀耶（Ayut'ia）[②]和澳门拥有了贸易与传教的前哨基地，藉此参与当地的、区域性的和亚洲内部的贸易。西班牙人梦想从菲律宾群岛侵入柬埔寨和暹罗，1599 年金边（Phnom Penh）战败之后，他们仍然希冀通过来自马六甲和马尼拉的传教士，以比较平和的活动对印度支那施展影响。[3] 对于贸易中心诸城的财富以及葡萄牙人在印度尼西亚西部和暹罗的地位来说，16 世纪 90 年代，荷兰舰队在马来世界的出没预示了一种新的、不稳定的因素。为了防范荷兰人的威胁，葡萄牙人在 1601 年和 1605 年增派了大批援军。[4] 新近一派繁荣的暹罗帝国乐与葡萄牙人、西班牙殖民地菲律宾群岛、中国和日本保持友好的贸易关系，其国王亦欢迎到来的荷兰人成为新的贸易伙伴。1608 年，暹罗国王满怀信心地遣使海牙，觐见莫里斯亲王（Prince Maurice）。[5] 紧随荷兰人之后，英国人也着手调查与暹罗诸王国，以及像苏门答腊岛（Sumatra）上依然独立于伊比利亚人政权的亚齐（Acheh）
1113 这类贸易中心国家建立商贸关系的可能性。葡萄牙人侵占马六甲后，苏丹统治

① Giovanni Battista Ramusio's three-volume *Le navigationi et viaggi* (1550, 1556, 1559).——译者注

② 阿瑜陀耶王朝与其首都同名，本书将王朝名译为阿瑜陀耶，首都则为大城。——译者注

的亚齐成为马来群岛一带的穆斯林商贾中心，人们抵制葡萄牙航运业的战争几乎不断。[6] 在早期闯入大陆东南亚海峡区域贸易的探险中，荷兰人与英国人自然寻求亚齐以及其他葡萄牙敌人的合作。

第一节　马来亚

在天主教欧洲，传教士们早期关于马来世界的报告聚焦马六甲。1601 年，方济各会修士里瓦德内拉（Ribadeneira）笔下的马六甲是“一个多种族、多习俗和多文化的熔炉”。1580 年，意大利托钵修会修士黎玉范（Friar Juan Bautista）等 3 人修建了一座赤足方济各会女修道院（Franciscan convent of Discalced order），他们的葡萄牙会友在此继续为信徒履行职责，教育年轻人。[7]1549 年，耶稣会士在马六甲创立学院，他们通常将这座枢纽城市作为向东拓展传教领域的落脚点。[8] 在其 16 世纪初年的书信里，耶稣会士谈及他们中有 8 人常驻马六甲，为当地少数葡萄牙基督徒主持宗教仪式。[9] 在马来亚，葡萄牙人首要的两个劲敌是亚齐和柔佛（Johore）。[10]

耶稣会士们很快就披露了荷兰人在马六甲周遭的掠夺与阴谋。异教荷兰人与当地穆斯林统治者协定联合进攻马六甲。1606 年 4 月 29 日，来自欧洲与本地的舰队终于实施了攻打这座城市的计划。面对 1.4 万从海陆围而攻之的敌军，马六甲指挥官安德烈·芬塔多·德·门多萨（André Furtado de Mendoça，1558—1610 年）只有 180 名士兵和日本援军护城。尽管实力悬殊，戍军还是固守了马六甲近四个月，直到总督堂·马丁·阿方索·德·卡斯特罗（Dom Martim Afonso de Castro）下令从印度派大型舰队解围。10 月，葡萄牙舰队溃败。一个月后，总督身故。虽然解除了封锁，但受荷兰人与亚齐舰队挟持，马六甲 1114
局势依然危殆。[11]

荷兰东印度公司（VOC）的德国职员约翰·凡肯（Johann Verken）生动地描述了 1608—1609 年间荷兰人在马六甲近海和岛屿以及柔佛宫廷的持续举动。他提到，由于葡萄牙人的侵袭，1604 年旧柔佛被废弃，其国王在河流上游重建新城。荷兰人在掠夺海峡一带葡萄牙和穆斯林船舶的同时，也在柔佛展开贸易，设法让柔佛国王助其攻占马六甲。[12]1606 年受葡萄牙人围困之后，芬塔多前往果阿（Goa），1609 年，他在该地被任命为驻扎官。1610 年，德高望重的果阿档案管理员迭戈·杜·科托（Diogo do Couto）在里斯本发表了一篇文章，对芬塔多的升迁大加赞词，这次擢升预示了芬塔多前程似锦。然而，具有讽刺意味的是，芬塔多当年便辞世了。[13]

已决然闯入东方贸易的荷兰人与英国人，迅速着手编写并传播相关文献资料。1599 年，两艘荷兰贸易巨轮的联合指挥——科尼利斯（Cornelis）和弗雷德里克·德·豪特曼（Frederick de Houtman）试图开创与亚齐苏丹的商业关系。正当协议露出似可实现的苗头时，苏丹遽然向基督教欧洲人毁约。科尼利斯被杀，弗雷德里克入狱。1601 年 8 月，在抗拒所有迫其改信伊斯兰教的威逼利诱之后，弗雷德里克获释，他已被监禁两年有余。[14]在狱中，他编纂了马来语会话和词汇表。1603 年，这部著作于阿姆斯特丹出版，书名为《马来语和马达加斯加语会话与词典》(*Spraeck ende woordboeck, maleysche ende madagaskarsche talen*)。此书介绍并教授了学习马来口语的方法，这一语言是印度尼西亚地区
1115 最重要的商业用语。很快地，这部作品再版，并被译作拉丁语和英语，成为后继者编写新著的基点。[15]德·豪特曼在该书中亦收编了南方星辰名录，以辅助到东印度的航海者，这份目录初版在欧洲发行。[16]曾在科尼利斯船上的英国领航员约翰·戴维斯（John Davis）写下一本荷兰人航海回忆录，1625 年由珀切斯（Purchas）编撰刊行。这份写给埃塞克斯伯爵罗伯特（Earl Robert of Essex）的报告让英国人对亚齐市场、亚齐统治者及其臣属，以及该国与柔佛之间的持久战有所了解。[17]根据戴维斯的讯息，英国人先后于 1602 年、1613 年和 1615 年派遣他们自己的特使前往亚齐。詹姆斯·兰卡斯特（James Lancaster）爵士和托马斯·贝斯特（Thomas Best）是最初两位特使的上司，他们关于亚齐的报告同样发表在珀切斯的作品集中。[18]

亚齐苏丹伊斯坎达尔·穆达（Iskandar Muda，1607—1636 年在位）将其控制区沿苏门答腊西海岸向南伸至巴东（Padang），东岸扩抵硕坡（Siak）。1613 年、1618 年和 1623 年，他统率全军，侵入柔佛，突袭东海岸中部的北大年（Patani）。

然而，所有战争只是他的主要目标——挫败并斥逐马六甲葡萄牙人的热身。未逮1629年春，伊斯坎达尔·穆达就已厉兵秣马了。同年7月，亚齐的大型舰队驶达马六甲，围攻并占据马六甲要塞。受困的葡萄牙人顶住了压倒性多数的敌军的攻势，直至10月一支葡萄牙舰队前来增援。在来自柔佛与北大年的船队的援助下，这支舰队迅速突围，俘获了一些亚齐海船，并驱散其余。[19]1630年，葡萄牙公众通过在里斯本印行的两份手册最先获悉了伊斯坎达尔的惨败。三年后，耶稣会士曼诺埃尔·沙勿略（Manoel Xavier）于里斯本出版《印度总督努诺·阿尔瓦雷斯·博特略的胜利》（*Vitorias*）①，汇编了寄自马六甲的关于1629年战役的各种书简和报告。此后的评论家，如苏查（Faria y Sousa），则以沙勿略的文集为基础文献，使他们有关奏凯的叙述益发精炼。[20]1634年，弗朗西斯科·德·萨·德·梅内塞斯（Francisco de Sá de Meneses）兴致勃勃地出版了英雄史诗《征服马六甲》（*Malacca Conquista*，里斯本），有人评价此诗仅逊于卡蒙斯（Camoens）的《卢济塔尼亚人之歌》（*The Lusiads*）。前者庆贺阿尔伯克基（Albuquerque）② 在马六甲的胜利，后者则是庆祝瓦斯科·达·伽马（Vasco de 1116
Gama）于印度的凯旋。在史诗的最后一行及其他诗句里，萨·德·梅内塞斯一反基调，开始担忧荷兰人以及亚齐和柔佛正危及阿尔伯克基的胜利果实。[21]

亚齐的失败即为柔佛与马六甲的获胜。消弥海峡对岸入侵的威胁之后，柔佛集中精力重树其在马来世界的经济和政治地位。柔佛与荷兰人的友谊可追溯至1602年，这种友谊使柔佛在很长一段时间里免受葡萄牙人的威慑。1639年，柔荷双方签约联手进攻马六甲。1640年8月2日，荷兰人开始封锁马六甲，最终于1641年1月14日占领此城。虽然柔佛人没有真正参战，但是他们运送物资，巩固城防，切断葡萄牙人在陆地上的后路。为回报柔佛的接应，荷兰东印度公司表示同意做到如下：保护这个马来人的国家，使其免受本土敌人的侵犯；在柔佛与亚齐之间斡旋，缔结和平条约；并赋予柔佛商人在马六甲特别的贸易优惠。此后，荷兰东印度公司专注于它在巴达维亚的经济活动，因之，马六甲仅仅成

① 此书全名为：*Vitorias do governador da Índia Nuno Alvarez Botelho*。——译者注

② 又译亚伯奎、阿尔布克尔克。——译者注

为半岛上的另一个港口。柔佛港逐渐取代亚齐和马六甲，成为海峡区域的主要贸易中心。[22]

17 世纪后半叶，中途羁留在马六甲的许多传教士、商人以及冒险家将有关马来亚的资讯传到欧洲。1622—1623 年，罗历山神父（Father Alexandre de Rhodes）在马六甲居住了九个月。1646 年年初，他又逗留了四十天，并将这些经历写入《罗历山神父在中国和东方其他王国的旅行和传教记》（*Divers voyages*，巴黎，1653 年）。[23]1660 年年底，荷兰商人约翰·纽霍夫（Johann Nieuhof）造访马六甲，他过世之后，其兄弟在 1682 年出版了他的日记。[24]1670 年年初，西班牙多明我会传教士闵明我（Domingo Navarrete）从澳门往罗马途中取道马六甲。他的日记作为《中华帝国的历史、政治、伦理和宗教论
1117 集》（*Tratatos historicos*，马德里，1676 年）的一部分发表。[25]1692 年，德国园艺师乔治·麦斯特尔（George Meister）出版了《东印度园艺师》（*Der orientalisch-indianisch Kunst-und Lust-Gärtner*，德累斯顿）。1686 年，乔治·麦斯特尔为荷兰东印度公司而往返于爪哇与日本之际，在马六甲小住了三个月。[26] 三年后，船长威廉·丹皮尔（William Dampier）居马六甲一月，这在他刊出的《航海与纪实》（*Voyages*，伦敦，1699 年）中有所叙述。[27] 最后一位是 1695 年到访马六甲的那不勒斯律师、环球旅行家弗朗西斯科·杰米利·卡雷里（Francesco Gemelli Careri）。他的描述载于《环游世界》（*Giro del mondo*，那不勒斯，1700 年）。[28] 这六部有关马六甲和马来亚的著述原文为六种不同的西欧语言，17 世纪末，有几部被译作其他语言。

法国耶稣会罗历山神父是唯一一位在葡萄牙人与荷兰人统治时期亲赴马六甲的观察者。1646 年 1 月，阔别二十三年的罗历山神父称其故地重游时“热泪盈眶”。更糟的是，荷兰人正在庆祝占领马六甲六周年。其时，他走过一座“真诚信仰之迹荡然无存”的城市。马六甲的教堂和耶稣会士住所被荷兰新教徒拆毁或亵渎。虽然“偶像崇拜者”获准在城门旁拥有一座庙宇，本地的天主教徒却连座小教堂都不许拥有。罗历山神父与两位意大利和葡萄牙耶稣会士联袂为当地的天主教徒尽天职。他还受到了马六甲荷兰驻扎官的优待，后者应许他向公众发表言论，在城外主持宗教游行。其后，这位友好的驻扎官被荷兰人控告

过分偏袒天主教徒，最终调往马鲁古群岛（Moluccas），在那里，“他们以为他将不会这么经常见到神父们”。[29]

根据纽霍夫的日记，当年马六甲港开放通航，“其便利性是在东印度（Indies）其他任何地方所缺乏的”。市镇建于马六甲河西岸的山丘一侧，要塞坐落在对岸，连接市镇与要塞的是一座多拱石桥。市镇地广人稠，1660 年之前，荷兰人绕城修了一环方石墙，其上设防御工事。街道总体上是狭窄的，但也有 1118
些较宽的林阴道。房屋大多用“相当耐旱”的竹板建成，少数石屋矮小，分作数小间。市镇中心的丘峦立着一座献给圣·保罗的精致教堂，那是“荷兰人礼拜之所”。早先，葡萄牙人向所有驶经马六甲海峡的船只征 10% 的关税，荷兰人却取消了这一收费。马六甲所产甚少，生活源自贸易，倚赖进口。然而，自荷兰人占有马六甲以来，商贾数量减少。以前的交换媒介只有锡锭，荷兰人则铸造了金币和银币。

马六甲住着土生葡人（Luso-Asians）、华人、印度人、犹太人以及许多荷兰人。本地的马来人“皮肤黄褐色，头发黑长，眼大，鼻扁”。他们的服装只限于一块围腰布，仅有的饰物是金手镯与耳环。绝大多数马来人是穆斯林或天主教徒。住在马六甲的另一相当特殊的民族被荷兰人称为“蟑螂”（Kakerlakken），因其昼眠夜作，看上去宛若欧洲人。靠近马六甲的沿海地区地平，多沼泽。从海上很容易便可望见内陆的高山。虽然这片土地只产少量稻谷，自然界却结丰美的可食之果。榴莲比东印度其他地方的好且大。自从荷兰人占领马六甲，一度迫人躲宿树上的凶猛野兽便鲜有耳闻了。

马六甲附近有座崔嵬之山，名曰“马甸”（Madian，马来语发音为 *mĕsin*，意为硝石），因“其最深处”发现了硝石。[30]1646 年，此山喷发，伴着“恐怖的声响与地震，犹如审判之日来临”。[31] 在“全亚洲最南端”的新加坡附近，另一座大山出产“精美的宝石”。[32] 柔佛河从新加坡角东面注入大海。在其入海口，[33] 有两座岛屿“状若方糖”，二者面积相差三倍。临近马六甲港有几座小岛，其中一岛为船只供应淡水。距马六甲北部相当远的海域有座无人岛，名为“丁丁”（Dinding，距离大陆的丁丁不远的岛屿，现亦名邦洛岛 [Pangkor]），其木质燃料和优质水资源丰富。

撇开马六甲和新加坡，马来半岛还包括其他几个城邦：“北大年”、“彭亨”
1119 （Pahang）、“霹雳”（Perak）、“吉打”（Kedah）、柔佛、“洛坤”（Ligor[①]）及丹那沙林（Tenasserim）。柔佛，连同其岛屿所属地区，被命名为城邦首府，“有人称之为果亚（Goer 或者 Goera，也叫它 Joar 或 Goar、Gohor）”。柔佛周围是海峡、马六甲和彭亨。1603年，其宏伟的旧都被葡萄牙人摧毁。在荷兰人的财政资助下，1609年，柔佛苏丹在更远的河流上游建了一座新城，名为“峇株·沙哇”（*Batu Sawar*），与海上“西的里”（Sedili）相距半日之遥。柔佛土地肥沃，盛产水果，也产些许胡椒和桂皮。森林里有水牛、奶牛、鹿、野猪、各种猴子和飞禽。其居民均分为穆斯林和异教徒，他们“天性骁勇狂放，傲慢无礼”。柔佛亦管控林牙岛（island of Lingga），此岛住民 3 000 人（1606 年），所产西米颇丰。

彭亨在柔佛的北部，与北大年接壤。其都是一座小城，只居贵族，所有平民则住在城郊。紧缠树干的木栅栏匝城，街道两侧被芦苇篱障、椰子及其他树围住。屋宇由芦苇和麦秆建成，但王宫是木制的。彭亨河很宽，帆船却只有在涨潮的时候才可通航。山谷生长着少许胡椒，还有伽罗木、沉香和樟树。在内陆，人们发现了野象和“粗粒金”。彭亨人编织大量箩筐，制造几尊重达 3 000 磅的巨炮。[34] 在宗教方面，大多数彭亨居民是异教徒或穆斯林，其国王是暹罗的封臣。

北大年在半岛东岸，位于彭亨之北，其北部即暹罗的附属国洛坤。北大年的首都离海不远，“陆地一侧为沼泽”。海港和王宫建筑被木栅栏包围。城内，穆斯林有一座庄严的清真寺，清真寺由砖砌成，带柱形墩，寺内金碧辉煌；也有许多异教徒寺庙，“其中三座最佳”。1602 年，荷兰人初次移居北大年时，他们看到寺庙里巨大的镀金雕像，这些寺庙“属于暹罗国王的臣民”。[35] 北大年是稻和热带水果之乡。农民种植的胡椒价格比东印度大多数地方的贵。野猪“对稻田的破坏极大”，农民捕杀它们，掩埋尸首，因为当地穆斯林显贵不食猪肉，也不允许旁人吃。作为一个对外贸易场所，北大年比柔佛或彭亨都重要得多。

① 同“Lugor”、“Lakon”，旧译“六坤”，即 Nakhon Sithammarat，也译作“那空是贪玛叻”。——译者注

北大年的人口也较其他马来王国的多，北大年能在战场上投入 18 万兵力。此国 1120
所用语言为马来语、暹罗语、“北大年语”（Patne）和华语。其国王每年向暹罗进贡“一朵金制花，数匹精细织物、丝绒和鲜红色布”。他的首席外交大臣人称“曼特利”（Mentary）。[36]

1670 年，西班牙多明我会传教士闵明我在马六甲逗留了十二天。尽管当时西班牙与荷兰人相处和睦，但是，驻扎官巴尔塔萨·博特（Baltasar Bort）并没对充满激情的闵明我特别友好。[37] 闵明我最终获准巡视并向 2 000 名天主教徒行使神父职责，他们住在上游，荷兰人控制区之外。[38] 天主教徒的居所为一座庭园。荷兰人慷慨地向天主教穷人布施，“但近乎于要挟他们随时听候吩咐”。异教传教士也施行洗礼，与天主教徒结婚。古老的圣保罗教堂现为马六甲的部分城郭，耶稣会士的住宅被用作仓库。一些马尼拉的菲律宾人乐于住在马六甲，在这里，他们逃避了在菲律宾群岛的西班牙人的苛捐杂税。离开马六甲的时候，这位西班牙神父谈到无人居住的槟榔屿（Pulau Pinang），其船在尼科巴群岛（Nicobar Islands）的两座岛屿间穿行，据说群岛上好战的民族“生吞他们擒获的欧洲人”。[39]

与闵明我不同，1689 年 10 月中旬，英国冒险家威廉·丹皮尔抵达马六甲时，他在一艘满载鸦片的船上受到热情友好的欢迎。其船只维修之际，威廉·丹皮尔在马六甲住了一个月。此时，该城住着两三百户荷兰人与葡萄牙人家庭，“其中许多人是混种”。马来人住在市镇边缘的小村舍，荷兰人为自己居住的石屋感到得意。街道宽敞、笔直，却没有铺砖。在市镇的西北部，城墙凿门，也有座始终有人守卫的小城堡。在距海约百步之地，一座活动吊桥横跨江面，连接着市镇与河流东岸的坚实要塞。这座最重要的堡垒临海而建，位于小“陡坡”脚下海拔略低的土地上。城堡半圆形，面海，由一堵厚高的城垣守护着。在小山后面，一条从大海流向江河的航道被切断，“使整座城堡变为孤岛”。小山背后，“乔木林立，
绕为屏障”。山上的城堡内有座小教堂，足以容纳礼拜日来做弥撒的所有居民。 1121
城堡显得陈旧，朝海的部分还留着荷兰人围攻时的弹痕。只是由于葡萄牙人的总体管理不善和规划阙如，才使得荷兰人能够攻克“如此金城汤池”。

马六甲不再是一个重要的国际贸易中心，但一些外国人依然在那里居住，

做生意。几位穆斯林商人经营的店铺销售印度产品。有些勤奋的华人进口茶叶，开茶馆；其余的是猪肉贩子、工匠和赌徒。马六甲有一集市专门售鱼。在其他人允准购买之前，士兵已为军官们挑选了最美味的捕捞物。随后，各种捕捞物被拍卖，通常卖给渔妇，她们是零售商。除了水果和家禽，大米以及其他所有供给都是进口的。[40] 周围的乡村是一片大森林，“我们在英国使用的手杖（马六甲手杖）大多”出自于此。驻扎官住在城堡里；港主（Shabandar①）现为荷兰人，住在市镇。港主是副指挥官，掌管贸易和海关。市镇拥有的警卫舰在海峡巡弋。据说当时荷兰人向英国之外的所有船只征收关税。

大多数船舶经停马六甲是为了木料、水和“点心”。一艘丹麦轮船驶往柔佛途中在此抛锚，荷兰人知会船长，柔佛贸易是他们的专营。然而，丹麦轮船继续驶向柔佛，“发现所有这些只是一种假象”，并逐渐生意兴隆。柔佛保持了独立，因为假使它被荷兰人侵占，柔佛人民将会逃离自己的国家。荷兰人太少，无法殖民，平常便在柔佛保留一艘警卫舰，定期卸货，强行垄断柔佛贸易。他们在吉打和丁丁岛（或邦洛岛）如法炮制，这两座岛也微不足道，没有设置商馆的必要。这种无声的胁迫政策激怒了马来人，也可能成为海岸上如此频繁的海盗行为和抢劫的原因。荷兰人严禁鸦片进口，它是“大多数地方的马来人”吸食的一种毒品。虽然马来人不会与荷兰人竞争国外贸易，但是，他们的商人会设法通过当地贸易过着体面的生活。[41]

离开马六甲，丹皮尔在船只失去一根桅杆后被迫前往“丁丁岛”。荷兰人是这座小岛仅有的居民，岛屿东部有座城堡，住着一位驻扎官和二三十名士卒。
1122 城堡面向半岛低地和海湾，一条可容小艇航行的河流进这片海湾。[42]

在河流入海口，荷兰人通常会驾驶一两艘警卫舰，以防他人介入该区域贵重的锡贸易。荷兰人也试图垄断吉打的锡交易，但成效不佳。丁丁岛的马来人极其愤怒荷兰人阻止旁人从事此交易。故而，荷兰人一直过得提心吊胆，从不敢到大陆，甚至不敢远离城堡。[43]

卡雷里估计 1695 年马六甲有 5 000 人口，大多数是心地善良的葡萄牙天主

① 即 Shahbandar。——译者注

教徒。马六甲的人口如此多样，以至于驻扎官颁布的公告使用了荷兰语以及其他四种语言。葡萄牙天主教徒必须在城外的树林里从事宗教活动，他们被迫缴纳的特别税比犹太人和穆斯林要交的多。现任驻扎官指挥着 180 人的卫戍部队。除了英国船之外，所有经过海峡的船只都必须向马六甲王国交税。西班牙船和葡萄牙船的纳税额多于其他国家所缴。荷兰人的控制区只扩展到绕城 3 英里的地域。马六甲的郊区被野蛮民族——米南加保族（Minangkabau）控制，他们好行窃，是荷兰人不共戴天的敌人。他们的国王“巴葛努永”（Pagar Ruyong，现为一地名）在纳宁（Naning，位于现代的森美兰州）有自己的府邸，纳宁是位于树林最葱茏处的一个小村庄。[44] 被称作“海峡人”（Cellates，或者 Orang Selat）的马来穆斯林沿新加坡海峡而居，住在“轻便、漂浮的屋子里”。他们是机敏的渔民，用竹矛刺鱼。由于他们是柔佛的臣民，柔佛国王便在海峡维持着“为鱼而设的海关”。海峡人与柔佛人都围着一条及腰的裙子。男人们剃头，刮胡子，将一小块碎布而不是包头巾绑在额头上。[45]

第二节　勃固与阿拉干

葡萄牙人在马六甲忙于自卫之际，卢济塔尼亚（Lusitanian）传教士和冒险家则设法在缅甸海岸附近的阿拉干（Arakan）与勃固建立据点。自从 1404 年独 1123
立以降，阿拉干在 16 世纪和 17 世纪卷入与印度莫卧儿王朝争夺孟加拉湾（Bay of Bengal）上游的控制权之中。1459 年，阿拉干占有吉大港（Chittagong），这是阿拉干人袭击驶往恒河三角洲（Ganges delta）船只的中心。16 世纪，数百名葡萄牙海盗凭借在阿拉干活动，拥护阿拉干、抗击勃固的战争，以及海盗式地突袭孟加拉的贸易，发展了他们自身的利益。1557 年以来，多明我会和方济各会传教士已经在勃固开展工作；1560 年前后，葡萄牙人先是获准在沙廉（Syriam），接着是在勃固最重要的港口城市建城堡。1599 年至 1600 年，在葡萄牙雇佣兵的助战下，阿拉干国王明耶娑只（Minyazagyi，1592—1612 年在位）击败了东吁人（Toungoos），焚烧勃固首都，使该城人口锐减。[46] 此后，传教士涌进孟加拉或阿拉干。[47]1600 年前后，许多耶稣会士即与葡萄牙海盗一同在缅甸建立基督教殖民地，这些耶稣会士的数量之多在孟加拉或勃固从未有过。

1600 年年底，耶稣会印度巡阅使尼古拉斯 · 皮门塔（Nicholas Pimenta）从果阿寄了一批书简到罗马，这些书简由其教省的耶稣会士们传至他的总部，他们在孟加拉湾地区工作。其中 3 封转自两位神父，他们是 1598 年离开果阿赴孟加拉的四名神父中的两位。1599 年，弗朗西斯科 · 费尔南德斯（Francisco Fernandez，约 1547—1602 年）派人从吉大港南部的第安加（Dianga）禀报皮门塔。大约一年后，他又从马达班（Martaban）向皮门塔发送报告。另一份来自墨西拿（Messina）人安德里亚 · 博韦斯（Andréa Boves，1569—1634 年），他的报告于1600年3月28日写自勃固沙廉。1602年，这些长信首次在罗马发表，收录它们的书简集名为《神父尼古拉斯 · 皮门塔访问印度各省书简全本》（*Copia d'una del P. Nicolo Pimenta...*）①，此卷的意大利语和拉丁语译本很快再版。[48]最后两封书简的摘录后来被译为英语，1625 年载于《珀切斯游记大全》（*Purchas His Pilgrimes*）。[49] 在寄自第安加的书札里，费尔南德斯禀告阿拉干的统治者，他已致函要求派遣传教士到阿拉干。在另一封信中，这位耶稣会士特别提到马达班曾经是个大国，但“如今因闪米特人的战争而荒凉，这些战争的破坏性不亚于勃固战争带来的灾害”。马达班国王只在两三座筑有防御工事的城市称雄，其 20 万“居民则隐藏在群峰丛林之中”。除了每年生产三季水稻之外，这片沃
1124 土还能出产足够的“柏油和木料，每年可以造 20 艘最大的船”。在勃固首屈一指的港口——沙廉，寺庙和建筑变为废墟，尸首遍布大地江河，“其状惨恻，令人忉怛”。

在其他寄往欧洲的信函中，耶稣会士称阿拉干或“马格人的王国”（kingdoms of the Mogos [Mughs]）是孟加拉（Bengala）所有国家中最强盛的。[50]吉大港有位驻扎官和一座要塞，于此，葡萄牙人享有极大的服务优惠，事实上控制了港口。摧毁勃固之后，明耶娑只国王奏捷归来，带着丰厚的战利品与勃

① 此书全名为：*Copia D'una Del P. Nicolo Pimenta Visitatore Della Provincia d'India Orientale*，其中“P.”为“Padre”缩写。——译者注

固珍贵的白象回到他的都城，其都亦称阿拉干（或妙乌 [Mrauk-u]）。这座首都的人口多于里斯本人口，两名耶稣会士和一位葡萄牙绅士奉迎获胜的统治者。侍卫长陪同这些欧洲人登上泊于莱姆罗河（Lemro River）的皇家游艇。盘问耶稣会士的信仰之后，国王结束了会晤，使他们确信自己会欣然接纳耶稣会士留在吉大港和阿拉干，并将支付后者生活费和薪俸。旋即，在葡萄牙雇佣兵和一名耶稣会士的陪驾下，这位阿拉干国王决定重返勃固，收集早先错过的所有战利品。这次随行的耶稣会士安德里亚·博韦斯观察了下缅甸所罹蹂躏，断定此地已成为“丛林之国”，无法维持一个传教区。受暴虐、内战和外来侵略之害，“无以计数的勃固居民，还有阿瓦（Ava）、卑谬（Prome）、马达班、毛淡棉（Moulmein）以及其他邻国的居住者都被杀戮，整个地区阒无一人”。[51]

最受明耶娑只国王庇护的葡萄牙雇佣兵是“费利佩·德·布里托·尼科特（Felippe de Brito Nicote），这位富有而高贵的人是许多葡萄牙人的领袖，由明耶娑只国王引至勃固”。[52] 为奖赏其所做的贡献，德·布里托被任命为“驻扎官和勃固王国的君主，虽然职位不高”，但准予在马达班湾——勃固河入海口 1125
的港埠沙廉建造城堡。[53]1599 年至 1602 年，布里托·尼科特修建了一座石制的要塞，“装备精良的武器和军火，所处位置极利于防守”。与此同时，他着手为流离失所的下缅甸人建造一座市镇，吸引他们到沙廉。这些人“在他的统治下，过着宁静、无忧无虑的日子”。到 1603 年秋之前，这座市镇的“人口从 1.4 万增至 1.5 万，居民咸忙于耕地”。随着城市的快速复苏，明耶娑只国王开始担心德·布里托获取的独立权。明耶娑只宫廷里的某些穆斯林和“马苏利帕塔姆（Massulapatam①）国王”（也许是戈尔康达 [Golconda] 苏丹）力劝其斥逐葡萄牙人，向他们的子民开放。当德·布里托拜谒王室成员，获悉这些阴谋时，他提醒国王记得葡萄牙人是这片海域的主人，他们彼此忠诚，是阿拉干与阿克巴（Akbar）作战时必需的盟友。虽然此后国王断绝了和穆斯林的来往，保持与葡萄牙人的友好关系，但他还是勒令德·布里托拆毁城堡，“否则他将派军队去做”。他也敕令葡萄牙人要尊重留守勃固以监控德·布里托的“勃因”（*Bayin*）

① 即 Masulipatam，现亦称 Machilipatnam（默吉利伯德讷姆）。以下同。——译者注

或君主。尽管受到这些警诫，德·布里托及其随从仍然袭击了“勃因”的部队，迫使那官员逋逃。[54]

此后的和平岁月中，沙廉的耕者使该地大米自给自足，并企望很快能出口印度。在这欣欣向荣的日子里，“人人都乐意受洗”。为了他的王国，德·布里托派遣使臣到东吁、卑谬、清迈（Chiengmai，当时隶属于老挝，现位于暹罗境内）、暹罗及其他邻国，签订友好协议，“劝阻所有国家与他们共同的敌人——阿拉干国王结盟”。暹罗国王之外的所有君主皆回复赞同。在大城的葡萄牙人马丁·德·托雷斯（Martin de Torres）禀奏暹罗国王，德·布里托是阿拉干的奴臣，未被果阿的葡萄牙政权机构承认。在其他缅甸诸国使臣的随同下，德·布里托赴果阿，“将城堡和勃固王国的权力移交（葡萄牙）政府”。1602 年（或许有误，是 1603 年）12 月，他从果阿返回，领着一支舰队，“由 16 只划艇组成，配备 300 名葡萄牙人”。凭借这支舰队以及其他已泊在孟加拉湾的葡萄牙船只，葡萄牙人，“如系天意”，将成为孟加拉和勃固所有港口无可争议的控制者。[55]

1126 1603 年，德·布里托在果阿的时候，为了生活、为了港口的部分收益、为了儿子的继承权，他上奏葡萄牙国王，请求官方任命其为沙廉的指挥官。[56] 里斯本的耶稣会士们简写了他的报告，并把它收入格雷罗（Guerreiro）的《耶稣会神父传教事务年度报告》（*Relação anual*）中，作为掌控环孟加拉湾诸国的十个上好的理由：[57] 其一，葡萄牙政府将能够要求收回它的服务——现在，有 2 500 名被放逐或作为难民的葡萄牙人和土生葡人在为该地区的外邦人和摩尔人的国王们工作；其二，关税征收将为葡属印度（Estado da India）提供额外的进项；其三，在勃固及其他地区，造船用的木料廉价、丰茂；其四，通过这些港口，粮秣和军火终年可以输送到马六甲和较东部地区的其他葡萄牙军事基地，这也比从果阿运出要容易得多；其五，凭借勃固，葡萄牙舰队将易于从暹罗夺回在与下缅甸战争中被占领的土地——马达班、土瓦王国（kingdom of Tavoy）、丹那沙林、养西岭（Junk-Ceylon）和吉打；其六，作为葡萄牙基地，勃固的被占和发展将终结暹罗对这一区域的野心和权利要求；其七，“当葡萄牙人在印度的马拉巴尔（Malabar）海岸巡逻时”，他们能借勃固控制临海地区；其八，通过沙廉，葡萄牙人可以“在两年内”征服东吁，没收那里贮存的巨额财富，并将他们的管辖权延伸至马达班湾整个海岸；[58] 其九，“用这种征服方式”，葡萄牙人将能检验荷兰人的威势在这一区域的影响范围；其十，“远较世俗收益更多的考虑”是“无数的灵魂”，这些灵魂可在“天性驯服、不难改弦易辙”的人们中赢得。

1603年，从果阿返回途中，德·布里托在科钦（Cochin）羁留，请求外省的耶稣会士派神父到沙廉。此后，两名耶稣会士从“孟加拉”派出。1602—1603年，当阿拉干人控制松迪布岛及恒河三角洲其他地区时，“孟加拉”的事态变得对基督徒不利。1604年2月间，耶稣会士终于抵达沙廉，“这令城堡里的葡萄牙人心满意足，十分慰藉”。在宫廷穆斯林的敦促下，明耶娑只国王决定于1604年年底将葡萄牙人驱逐出沙廉，把他的权力向南扩展到马达班、土瓦和丹那沙林的城市与港口。为了实现此目的，他武装了一支舰队，这支舰队“由近550艘船只组成，备有1.5万人的部队”，听命于他的长子以及“其国所有的总船长”。葡萄牙人只有8艘装备精良的船只，配有180名葡萄牙人，以迎战这支舰队。两支舰队在离开“内格雷斯角（Negrais）的海面”相逢。[59] 1127
它们持续作战，所涉足的海域跨越伊洛瓦底江三角洲东西。1605年1月，第四次，亦即末次交战在通往沙廉城堡的河面爆发。阿拉干舰队受困于这条褊狭的水道，将士被迫投降。阿拉干王子和大臣们纷纷弃船，登岸逃命。德·布里托和他的部队拦捕王子及其扈从，羁押在牢，而后，阿拉干国王将他们赎回。这场大捷，为1605年葡萄牙人在伊洛瓦底江三角洲赢得丰厚的资产和蒸蒸日上的传教区奠定了基础。[60]

依据德·布里托以及该教区联合会神父们的报告，里斯本的耶稣会士预言缅甸的教堂和国家前程远大。此国不仅富藏稀有金属和宝石，农产品也十分丰饶，果实成熟，易于采摘。1 000名士卒从沙廉沿河而上，轻取东吁、卑谬和阿瓦等富国。以沙廉为基地的海军舰艇可以轻而易举地攻占土瓦、丹那沙林、马达班和养西岭的南部海岸城市，而今，这些城市系挺进清迈、暹罗和琅勃拉邦（Luang Prabang）的入口。连“孟加拉”的所有国家都可能被从沙廉派往恒河三角洲的舰队征服。与马六甲、南部及东部的其他葡萄牙军事基地一样，这个幅员辽阔的帝国也由沙廉供给所需。勃固的沃土，“如果灌溉充足”，将“收成……好庄稼……包括所种的一切”。在缅甸，葡萄牙国王的贫穷臣民可获赏肥沃的田产，而印度却“寸土”不可分配给个人。船只能从里斯本直航沙廉，保证满载而归。货物有来自吉打和亚齐的胡椒，还有缅甸和孟加拉的产品，可在气度恢宏的内格雷斯港装载。时下，产自科罗曼德尔（Coromandel）的棉织品通过其他港口进入东南亚大陆，一如往昔，它们经由沙廉，为国王带来关税收益，使葡萄牙商人取得更好的贸易条件。以马达班湾为中心的新帝国使沙廉处于安全状态，该帝国在周围海域确立了葡萄牙人的优势，让邻国国王极其敬畏，“以致无人敢威胁要攻击我们”。

当这些幻泡被吹大时，德·布里托挟阿拉干王子以求赎金，逼迫阿拉干签订和平条约。通过西西里岛耶稣会神父纳塔勒·萨莱诺（Natale Salerno，卒于 1607 年）的谈判，这项条约规定将松迪布岛的监管权归还德·布里托。当德·布里托派其子马科斯（Marcos）带领一班葡萄牙人马占领该岛时，遭到阿拉干人背叛性
1128 地伏击，他们被残忍地杀害。愤怒的明耶娑只国王显然无意遵奉这项条约，他也着手反抗 5 000 名住在其领地上的基督徒和在其港口的葡萄牙人。他武装了一支舰队，对沙廉展开新的进攻，即便他的“塔拉波们”（talapois，或佛教僧侣）反对这一行动。获悉这些筹划后，德·布里托派萨莱诺神父到被围困的马六甲乞求援助。在德·布里托尽其所能召集船只，抵抗前来攻击的 1 200 艘船的时候，萨莱诺神父带回两艘大划桨船和 6 艘帆船。采取这些措施的同时，两位耶稣会士继续在沙廉为忠实的信徒奉守职责，一位是在城堡，另一位则在海船上。

凭借卑谬国王转来的情报，德·布里托掌握了阿拉干人的筹备状况。此番阿拉干舰队大多是浅水小桨船，由 5 艘全副武装的炮座式船舶护卫，准备围攻沙廉。舰队载有 3 万士兵，多数来自印度和波斯，由明耶娑只国王御驾亲征。与德·布里托共事多年的保罗·杜·雷戈（Paulo do Rego）指挥一支由 12 艘船组成的葡萄牙小舰队，与阿拉干舰队再次相遇内格雷斯角。首场血战始于 1607 年 3 月 31 日，双方不分胜负。同年 4 月 4 日的第二场鏖战中，葡萄牙人失去了旗舰，连同船长保罗·杜·雷戈和萨莱诺神父。葡萄牙舰队的其余将士得知这一惨重的损失，便秩序井然地撤回沙廉城堡。阿拉干舰队封锁了沙廉，来自东吁的大批盟军经由陆路攻打城堡。沙廉腹背受敌，一面是东吁人，另一面是来自包围舰队的登陆士兵。三十天来，葡萄牙的小卫戍部队击退了围攻者的反复进

攻。鉴于这种强有力的反击和他们的严重损失，5月10日，受挫的阿拉干人撤退，起航返国。翌年1月12日，仓促修复的葡萄牙城堡在一场大火中被夷为平地，德·布里托及其太太几乎丧命。德·布里托担心阿拉干军队卷土重来，他开始在地势更高、位置更具防御性的场所建造新城堡。1608—1609年，塞巴斯蒂昂·贡萨尔维斯·铁霸（Sebastião Gonçalves Tibão）率领来自印度的葡萄牙海盗侵袭第安加，从而阻止阿拉干人利用德·布里托的困境前来进攻。塞巴斯蒂昂·贡萨尔维斯·铁霸是“海狼”的头目，令孟加拉湾的城镇居民心存畏惧。[61]

当阿拉干人设法维持在下缅甸的霸权时，良渊王（Nyaungyan Min）统治中（1597—1605年在位，东吁王朝的篡夺者）的上缅甸新兴了一个王国，后来，此国征服了缅甸南部，并于1635年恢复王朝的统一。就在阿那毕隆 1129
（Anaukpetlum）执政期间（1605—1628年在位），卑谬被攻陷，1609—1610年夹击东吁王国和勃固城的计划得以筹谋。此后，2/3的东吁人口迁至上缅甸，德·布里托统治的内陆地区出现了他要填补的一块空白。1612年，葡萄牙人及其雇佣军与来自马达班的陆军联盟劫掠东吁。为了雪耻，1613年，阿那毕隆派出庞大的军队围攻沙廉。三个月后，该城陷落，德·布里托被施以刺刑，这种刑罚依据的是缅甸法律对劫毁佛教寺庙者的惩处规定。他的基督教侍从们，那些善于制造火器和大炮者，则被流放到缅北，作为世袭军队定居在阿瓦西北部特设的村寨。阿那毕隆因此将伊洛瓦底江平原重新整合为其农业腹地，然而，1615—1617年，在荷兰人的帮助下，阿拉干国王还是摧毁了这个由塞巴斯蒂昂·贡萨尔维斯·铁霸在孟加拉湾源头创立的岛屿帝国。[62]

但是在葡萄牙，却鲜有人出版关于这些战败的著作。1614年，德·布里托殁后翌年，西班牙发行了一本小故事，该书明显是在颂扬德·布里托的浪漫生涯及其1612年劫夺勃固。[63] 三年后，曼努埃尔·德·阿布雷乌·莫施奴神父（Father Manuel de Abreu Mousinho）用卡斯蒂利亚语写的《东印度勃固征服简述》（*Breve discurso*）① 在里斯本面世。曼努埃尔·德·阿布雷乌·莫施奴是

① 此书全名为：*Breve Discurso, Em Que Se Conta A Conquista Do Reyno De Pegu Na India Oriental*，讲述了对东印度勃固王国的征服。——译者注

埃武拉（Evora）人，曾在果阿的大臣官署工作过一段时间。[64]从书中可以证明，他在撰写1600年至1603年间的沙廉葡萄牙人的记述之前就回到了欧洲。他对勃固的地理描述至少有部分源自巴罗斯的作品。显而易见，是他在果阿工作的时候——因为曼努埃尔·德·阿布雷乌·莫施奴没有提及他亲访勃固——获知了葡萄牙人努力在沙廉站稳脚跟以及萨尔瓦多·利贝罗·德·苏萨（Salvador Ribeyro de Souza）在那里的功勋，萨尔瓦多·利贝罗·德·苏萨是葡萄牙杜罗-米尼奥（Douro-Minho）省吉马良斯区（Guimaraes district）人。无疑，阿布雷乌·莫施奴决意查明利贝罗·德·苏萨赢得了应有的赞誉，因为在沙廉城堡最早的时期，他抵御所有来犯，保卫了这个葡萄牙基地。莫施奴辩称，有人向科钦主教和德·布里托太太的叔父——艾尔斯·德·萨尔达尼亚（Ayres de Saldanha）
1130 总督误报了德·布里托在沙廉城堡初建中的作用。利贝罗·德·苏萨阻挡了缅甸敌军，而德·布里托——阿拉干国王的管家（Changa），却在孟加拉为这位“摩尔人的”统治者工作。同时，利贝罗·德·苏萨挽救了城堡，为这个地区带来了和平，赢得了众多当地人的拥戴，被勃固感恩之民誉为“国神”。1602年，利贝罗·德·苏萨被德·布里托取代，之后，他在1603年的雨季离开了沙廉。虽然偏袒的阿布雷乌·莫施奴可能在叙述其主人公的功绩时有夸大之过，但这本小书却为世人提供了1600年至1602年间下缅甸的战争信息。此书还提及参与战争的缅甸人与葡萄牙人的姓名和职务。但它尤具价值的是提供了值得高度赞赏的细节，这些细节涉及城堡的建设、围攻战术、陆路和海上的军事行动以及葡萄牙人和缅甸人使用的武器。[65]

在珀切斯出版的节选，彼得·弗洛里斯（Pieter Floris）的日记（1611—1615年）中，作者注意到德·布里托的活动，德·布里托曾被称作“曾伽（Xenga）①，即阿拉干国王信任的人”。[66]1614年2月，弗洛里斯在马苏利帕塔姆，他从一位勃固人那里得知德·布里托败北，于一年前的3月被“阿瓦国王”处决。得胜的国王逼迫臣民重建沙廉，与此同时，先前在沙廉服役的5万名缅甸人拥护他往南攻打丹那沙林。事态的发展令“期于重新掌握勃固贸易权”的马苏利

① 或同Changa（steward），意为管家。——译者注

帕塔姆穆斯林感到振奋。[67]

1618—1622 年，威廉 · 梅思沃尔德（William Methwold）在马苏利帕塔姆，此间，他透露了“阿拉干国王”（明迦莽 [Minhkamaung]，1612—1622 年在位）继续与东孟加拉的莫卧儿王朝展开防御战，善待住在其领地的穆斯林，频频邀请荷兰人和英国人“光临他的国家”。顾虑到阿拉干的形势，英国人以及其他国家的商人还是喜欢与勃固建立商业关系，勃固“还很难从早年战争、瘟疫和饥荒侵扰而致的荒芜中复原”。尽管勃固的新统治者阿瓦国王起初在 1617 年至 1618 年间对英国人相当热情，随后他却以为应将全部外国人视作“其奴隶”， 1131
他是其臣民及其他所有人的专制君主。[68] 虽然英国商人发现勃固的贸易条件并不令人满意，但勃固国王写了封信让他们转交印度的英国官署，“表示他渴望让英国人自由贸易，并给予优礼”。阿拉干、勃固、丹那沙林和暹罗的统治者皆为“异教徒”，“对酒肉全然无兴致”。[69] 在阿拉干，国王“自来与其姐妹结婚”，这一合理的风俗是以“亚当的儿子与亚当的女儿成婚”之古训为依据的。[70] 他们的宗教入门授自“无疑有时支配了那些国家”的华人。[71]

托钵修会修士塞巴斯蒂昂 · 曼里克（Sebastião Manrique，卒于 1669 年）是一位葡萄牙奥古斯丁会士（Augustinian），他从 1629 年至 1636 年在自建修会的孟加拉传教区工作。1643 年，他在旅居东方四十年之后抵达罗马。在国外任传教士期间，塞巴斯蒂昂 · 曼里克保存了详细的游历日记。在撰写回忆录时，他还借用了德 · 莱特（De Laet）、门德斯 · 平托（Mendez Pinto），可能还有其他人的文字，却没有致谢。但他对“孟加拉”和阿拉干的描述大多依据其亲身经历和笔记。他不用母国葡萄牙语，而是用西班牙语写作，因西班牙语在欧洲的使用更为广泛。1649 年，他的《东印度传教记》（*Itinerario de las missiones del India Oriental*）在罗马出版，虽然是用蹩脚的西班牙语撰写，但对于重构孟加拉和阿拉干历史来说，这却是“格外有趣和珍贵”的回忆录，因为鲜有其他原始资料了。尽管看来塞巴斯蒂昂 · 曼里克没有学缅甸语，他却能够用葡萄牙语或乌尔都语与统治者及阿拉干商人们交谈，乌尔都语是那时莫卧儿帝国广泛使用的一种主要方言，正如葡萄牙语在孟加拉湾的商贸往来中得到普遍运用一样。[72]

1132 1629年年初，曼里克的船只从科钦满载着印度海螺，在通往恒河三角州的胡格利河东部的昌德干（Chandekhan）浅滩沉没。与地方当局发生一系列不幸事件后，曼里克修士和他的同伴被带往胡格利的奥古斯丁会士住处，这一居所位于阿克巴时代由葡萄牙商人建成的恒河港口。[73]1629年9月11日，曼里克的上司派他到第安加港——葡萄牙人在阿拉干控制的军事基地和海军基地，奥古斯丁会士在此拥有一座教堂和一处住所。曼里克独自在这座偏远的市镇居住了十九个月，他很快便卷入当地的纷争，这些纷争与吉大港的新驻扎官有关，驻扎官对在阿拉干被雇为皇家侍卫和掠奴者的葡萄牙人充满敌意。在1630年写给妙乌国王梯利都昙摩（Thirithudhamma）的信中，这位驻扎官控告在第安加的葡萄牙人密谋向莫卧儿帝国的达卡（Dacca）总督开放吉大省。为防患于未然，国王筹措了一支庞大的舰队，预备攻打在第安加的葡萄牙人。葡萄牙人通过本地基督徒获悉这些筹划，决定派密使到妙乌宫廷，使国王确信驻扎官是在说谎，葡萄牙人依然忠实于阿拉干。[74]

1630年年初，在声名狼藉的海盗王之子塞巴斯蒂昂·贡萨尔维斯·铁霸船长的陪同下，曼里克无视狂风暴雨，搭上一艘大划桨船。三天后，他到达拉穆（Ramu），此城驻扎官劝其放弃海上航行，选择危险的山路前往梅宇河（Mayu River）流域的贝罗因（Peroem）。内陆的航道可由此地通向妙乌。虽然时时害怕老虎和野象出没，葡萄牙特使仍然不顾一切地越过岩石密布的巍巍群山。在“菩萨（Pora）地界”的最后一座高峰，他们看到岩石中开凿的神龛，内有一尊石像，“跏趺而坐——一种东方人常见的坐姿”。[75]当阿拉干人跪拜在地，感谢神祇“让他们平安地翻山越岭”时，曼里克及陪同的穆斯林则不以为然地在旁观看。仪式完毕，曼里克和他的同伴骑着大象下山，穿过低洼的稻田，进入贝罗因。[76]

翌日，贝罗因驻扎官派人抬了两顶轿子去接特使来拜会他。遵照当地的习
1133 俗，葡萄牙特使先奉赠了外国礼物——“四个相当大的镀金中国盘，盘内摆满了丁香、肉桂皮、胡椒和豆蔻干籽”。驻扎官一现身，他们便恭恭敬敬地呈献蒌叶，此乃“印度大部分地区惯常”晋见“显要”的礼仪。获悉他们的来访任务后，驻扎官令一位警官（koran）找来一艘大桨帆船，带他们横渡“孟湾”（Gulf

of Maum），此湾即为当时人们熟知的梅宇河的入海口。迨葡萄牙人得知在贝罗因，一支阿拉干舰队正准备于第一有利时机从乌瑞洞（Urritaung）港（现为邦纳均 [Ponnagyun] 港）驶向第安加，他们不得不仓促应对。艰难地渡过宽阔的梅宇河入海口之后，特使抵达乌瑞洞，来到舰队司令的营地。进谒这位军官时，特使让他确信第安加的葡萄牙人没有背叛阿拉干，并已将他们的代牧交给国王作为人质，以证其清白。舰队司令告诉特使，国王不在妙乌，而在摩诃牟尼（Mahamuni）圣地朝圣，那是“他们造出的最重要的神的故乡”。[77]

乘着舰队司令提供的舟楫，他们在内陆航道蜿蜒穿行，驶过阿拉干的水稻平原。猴子们在航道两旁的树林里嬉戏，灌木丛中，偶尔可瞥见犀牛或一群孔雀。他们行进的速度因水上住宅和无数拥挤在航道上和登陆点的小船而放慢。在夏季的两个月间，阿拉干国王常常乘坐竹制的“浮动宫殿”巡幸这些低地，并在浮动宫殿里继续完成“如他在陆地所要处理”的事务。这幢“浮动的游乐屋是个奇迹”，它分为起居室、卧室、梳妆室和会客室。让人更惊奇的是“沿河流动的城市景观”，这是由陪绕着国王的侍臣和官员的诸多舟楫制造的。[78] 因无法继续抄水路行进，曼里克便差遣陆上的向导们传信国王，以告求见。恭候回音时，曼里克会见了一名在皇家禁卫队服役的日本基督徒。这位日本人已七年没见过一位神父，因此，他怀着极其畏怯和崇敬的心情拜会了传教士。神父与日本人交谈时，督军（Bo-sikke）带来国王表示热烈欢迎的讯息，并保证曼里克将受到接见。接着，神父及其同伴被带到开往摩诃牟尼佛寺庙的官船上，筵席已备，他们受到盛情款待。这场“马格式”（Magh style）的琼宴摆设了“数百盘小碟”，装有“通常理性可以接受的食物以及其他令人厌恶的天然食品”，如老鼠、蛇和腐鱼。所有碟子都配了一道菜“萨托”（若开语，sahtol）——一 1134
种恶臭的干酱，由已分解的鱼虾酿成，加上调味汁。[79]

次日，特使准备了敬呈国王的礼物：一顶丁香花冠、一盒瓶装波斯香水、14 小盒西藏麝香 [80] 与四码绿色的西班牙羊毛织物。在敬候国王赐见时，曼里克替小教堂配备设置，为众信徒传教，并询问阿拉干基督徒的数量和境况。梯利都昙摩国王的召见延期，直到他完成一次仪式性的斋戒，向其“罗汉”（Raulins，缅语，*rahan*）咨询吉祥时日以接见外宾。7 月 31 日，罗汉建议国王等到翌日，食物如常拜献“偶像”之时。此事完结，他必须释放9只鸟，让它们“展翅高飞，并向菩萨敬奉斋果”。[81] 随后，国王在侍臣和僧侣们的陪同下，开始了朝拜“偶像”之旅。回朝时，国王命舰队司令在晚饭后领葡萄牙人来见他。[82]

1630年8月1日，葡萄牙特使在舰队司令的陪同下，乘坐轿子来到王宫。到达接见厅之前，他们穿过三道门厅。舰队司令叩了三下门，禀报他们的来临。他们在门前“悄无声息地跪了半个多小时”后，一名俊俏的年轻宫女从大门中的一扇小门出来迎接。接着，一位“姿容端丽的女子”打开门，领他们来到年轻的皇帝面前。舰队司令随即伏地三拜，余者从之。[83] 其后，葡萄牙人获准接近临窗而坐的国王。这时，“几位太监”奉上他们的礼物，国王未加臧否地收下了。通过一位葡萄牙翻译，国王垂询他们的使命。曼里克小心翼翼地遵循着宫廷礼节，让国王记起葡萄牙人长久以来与其先帝及其本人的投桃报李和互利关
1135 系。国王谈到了葡萄牙人的忠诚，他们在保卫阿拉干、“反抗莫卧儿王朝强权”中的贡献，并将此归因于孟加拉湾战俘向他的领地再移民。在多年的骚乱不安中，葡萄牙人自始至终拒绝了莫卧儿王朝的诱惑，对阿拉干忠贞不渝。这是事实，“诚若君所知的”，君怎能相信与葡萄牙人为敌的吉大港驻扎官的指控呢？或许在会见他们之前，国王已调查此事，所以他承认曼里克的陈述是真实的，并同意下旨召回他的舰队。

曼里克派专门的信使将此佳音传到第安加，其后，他礼节性地拜访并向宫廷顾问委员会及朗伽罗阇亲王（Prince Longaraja，或世界的统治者）——重要性仅次于王室家族成员的人物——致以谢忱。曼里克再度拜见国王，并谨呈一封来自印度外省奥古斯丁会士的信函。这位传教士使国王确信里斯本政府已明令印度的葡萄牙人支持诸国抗击“他们的共敌”——莫卧儿王朝。在曼里克的请求下，国王承诺褫革诬陷葡萄牙人不忠的吉大港驻扎官，开释囚在加拉丹河（Kaladan River）肯米村（Khemi village）的基督徒，并俞允在其首都的基督徒居住区修建一座教堂。一旦贸易许可令（*farmans*）颁布，这些上谕奏效了，基督教囚犯即被交托曼里克管治。接着，在其欧洲、印度和日本的随从的陪伴下，曼里克启程前往妙乌。他们临近首都时，受到了城里葡萄牙人和其他欧洲居民

节日般的欢迎。他们一到城内，“基督教社区余者”便极尽善意地招待他们。[84]

教区的房屋刚盖好，曼里克遂向当地的基督徒践行神父的责任。五日之内，他聆听了89位信徒的忏悔，为227人施洗，其中160位是成年人。在这关键时刻，曼里克发高烧，病笃而被迫卧床三个月（1630年8—11月）。与此同时，基督徒着手建造竹木教堂——教堂于10月的第三个周日落成，许多重要的异教徒也参与了这项活动。国王甚至还容许曼里克在受人尊敬的寺庙举行“盛典”。[85]这位传教士趁机声明基督上帝是全世界的，并痛斥国王崇拜的黄铜形象。两名佛教僧侣愤怒地质问基督徒为何拒不尊重他们的偶像，胆大无礼地宣称自己的信仰是唯一正确的。其中一位试图解释缅甸宇宙学中的天堂或得救之所， 1136
另一位则谈到转世——二者均没有给这位奥古斯丁会士留下太深的印象！稍后一次谒见皇帝时，曼里克成功地让先前的基督教囚徒为王室效劳，并获致薪俸。

由于此前还没有一位基督教神父在阿拉干工作过七年，曼里克便承担了巡察在那里居住的基督徒的任务。他惊异地发现他们有些人纳妾——一种被已婚妇女和小妾们皆默许的情况。通过威吓将这些纳妾者逐出教会，曼里克能强迫终止一些非法婚姻。早期的皈依者和新信徒依然崇拜偶像，“在公开的宗教仪式中将某种异教徒的仪式与天主教仪式相混杂”。为了使他们与异教徒联系时所受玷污最小化，曼里克设法把所有基督徒带到他们自己的社区，尽管葡萄牙人和国王越来越反对他的霸道。曼里克向王后本人，一位年轻时有意于基督教的勃固当地人请教更隐晦的新策略。王后建议他请求国王应允为他的新教堂雇些奴仆，这一许可就等同于分派一些寺院奴隶（Pagoda slaves）到新落成的佛教寺庙。[86]礼节性地进谒王后，拜谢之余，曼里克很快设法向国王奏禀她的建议。国王携其二子出席庆贺两头幼象到来的会演，曼里克也参加了。他为孩子们带去了机械玩具，借机向国王提出请求。国王沉浸在国内的乐事和狂喜之中，旋即准许这位奥古斯丁会士物色他所需的寺院奴仆。深思熟虑之后，曼里克遴选了18名基督徒，让他们携家眷住在陆上教堂的附近，所居房屋是用虔诚的阿拉干基督徒的认捐款买来的。[87]

据估计，1630年，阿拉干的首都妙乌有16万人口，外国商人和士兵不计。[88]此城坐落在一个迷人的河谷之中，“崇山峻岭是其天然屏障”，将它完全围住。

多座要塞配备了火力，控制住群山和通往河谷的条条道路。一条急湍（莱姆罗河）流经这座城市，此河有无数支流，形成了深水航道网络，是“最主要的公共与个人交通方式”。[89] 莱姆罗河的两个入海口坐落着外国商人的拓居地，这
1137 些商人多数是穆斯林。在莱姆罗河流域，人们的活动受潮汐左右，潮汐带着强力冲进或退出城市。城里的房屋大多是以竹子和木结构覆顶，同时夹着“孟加拉藤条，我们用葡萄牙语称它们为‘cana da Bengala’”。这些房屋的大小和装饰随着建造者的身份和财富的变化而变化。竹屋配以木质支撑物可以延用十二至十五年。他们用“色彩斑斓的、最精巧的织物”来美化屋内的毛墙。较好的房子和城阙有木屋，“饰以雕刻图案、镀金线条以及各种色调的搪瓷制品”。

连王宫也是“由这些芦苇材质建成的”，尽管宫内重要的木柱往往被镀金。一些宫殿以拥有檀香木房或其他香木房而自豪。一座富丽堂皇的寝宫有一间“金屋”，一个亭子从地板到穹顶都用那种贵重的金属装潢。这间屋里竖着 7 尊金偶像，用珍稀的宝石以及 8 个金制器皿和 9 盘碟子做修饰。他们还将著名的东吁耳环收藏在此处一个金首饰盒里。在缅甸，有太多人为这些红宝石流血献身，所以，人们通常只有在加冕典礼或“一些格外隆重的盛宴”上才佩戴它们。一座内院里有尊莽瑞体（Tabinshwehti）铜像，莽瑞体是东吁王朝的创建者（1531—1550 年在位），此像在东吁战败后也被搬至妙乌。[90] 据说这尊塑像有能力治愈痢疾，人们对其怀着深深的敬意。靠近王宫有一面人造湖，点缀着本地祭司与僧侣们居住的岛屿。除了葡萄牙人，城里还有许多“日本人、孟加拉人及其他国民”的亚洲基督徒。[91]

缅甸的四个民族——马格（阿拉干）人、勃固人、缅甸人以及阿瓦人，还有他们的大多数邻居，皆属于不同宗派的异教徒。虽然就这些宗派的数量未达成一致意见，但他们相信“其中任何一个人咸将得到救赎”。所有宗派的祭司和僧侣们均称“罗汉”。他们分为三类：“具足戒比丘”（Pungrins，若开语，*Pongyi*）、“不住寺院的具足戒比丘”（Panjans），神职人员是“沙弥”（Mozans）。[92] 他们一律穿黄色长袍，削发。具足戒比丘还戴黄冠。他们誓言忠贞，违者遭贬谪，被免去
1138 神职，受制于世俗法律，必须纳税。[93] 阿拉干各阶层僧侣都认可僧王（Xoxom Pungri）。[94] 僧王受众人尊敬，连皇帝也要向他跪拜。

许多罗汉住在寺庙和修道院，其中一些奢如宫殿，由建造者慷慨捐资，他们是试图积德的要人，甚至还有国王。王子们和其他位尊者在这些修道院和寺庙里接受罗汉的教育。人们较少将儿子送交这些机构之外的僧侣指导。教育强调学习“正确的习俗”和文学。[95]阿拉干人有许多好习惯，其中最令人著称的是慈善。罗汉的房门永远向各阶层的旅行者敞开；“实际上，一位罗汉的房屋就等同于一间公共旅馆。”[96]此外，罗汉是宗教隐士，住在偏僻的荒地，“俨然为隐遁者和修道士”。[97]所有僧侣，尤其是那些生活得宛如隐士者，被信徒们奉为圣人。

缅甸人在家中保留偶像，“每日供奉他们自己的部分膳食”，有些人还外出为寺庙里的偶像送食物。[98]连国王也会在每日晚餐前送馔到佛寺。这些皇家馔礼由“专门指定”的人带在轿子里，通过乐师引入寺庙。食品置于偶像之前，一位寺院罗汉诵读经文。接着，僧侣拿起饭食，“自己享用”。除了僧王，所有罗汉始终裸足。这些祭司和僧侣们试图用经文治病，或者以祭献家养动物博得要神们的好感。康复者在被抚慰的神的面前表演仪式舞蹈，为寺庙的偶像涂油。在寒冷的季节，“立于旷野中”的偶像也涂着油，人们在它们身上系了几片布，使偶像在狂热的信徒面前得到保护。[99]

遗体停放在“灵堂”，供人瞻仰，直到入殓火化。与此同时，罗汉反复念诵超度经文，家庭最重要的成员在“锣声不绝”中守灵。采取这种防备措施是为了阻止一只黑猫越过尸首，迫使其复活。在将尸身搬离房屋前，按惯例要为“代表亡魂”的乌鸦设宴。若乌鸦不吃摆出的食物，那么亡魂便被宣判到了“烟室， 1139
如同他们所称的地狱”。尸身置于棺木中，或火葬柴堆上，尺寸大小根据亡者的财富而变化。由于相信转世，他们就把动物图像画在棺椁上，亡者希其灵魂能转生。接着，棺椁被扶至一片旷地，环绕着木柴，地位高者用香木，余者用普通木料。罗汉一边绕着柴堆走，吟唱功德，一边往上洒香水。尸体化为灰烬后，身穿素服的吊唁者来到某座寺庙，为一些偶像涂油。较大的寺庙里偶像众多，因此，公道地讲，是不可能将它们悉数涂油的。多数寺庙呈“金字塔状”，尖顶末端是镀金的球体，其上悬挂着小铃，在风中叮当作响。寺庙通常由晒干的砖块建成，其内部用“以金和各种颜料完成的湿壁画”装潢。[100]

如同大多数到东南亚的外国访问者，曼里克对白象的重要性亦感好奇。他对这种动物的故事十分入迷，还研究了“缅甸君主制时代”白象的传奇经历。在讲述了一则白象们作为月亮的儿子，进而成为神的散漫杂芜的故事之后，曼里克把白象视作赐予君主合法性以及统治缅甸各族人民的权力的象征。因此，拥有白象，不管它是神还是恶魔，均为争夺权力者的主要目标。1600 年，阿拉干侵占勃固，明耶娑只国王携金银财宝回銮，其中最珍贵的估计是白象。曼里克亲眼所见“为象采用的饰物与提供的服务”。[101] 无论白象走到哪儿，即便只是到水槽里洗澡，都有一队乐师和仆人跟随。在节日里，它穿着“一件最精致的深红色天鹅绒外套，边沿镶金，绣着相当大的珍珠”，还有金质饰物。[102]

1140 莫卧儿王朝的穆斯林犹同东南亚的统治者，也期于捕获白象，作为他们不断努力向东扩展版图的一部分。“崇拜偶像的马格人”领会了这些打算，已通过让葡萄牙人继续为他服役，设法封锁进往阿拉干的海陆入口。曼里克认识到葡萄牙人总是在恒河三角洲保留船只与人员，以阻止莫卧儿人的进犯，他遂授予其中 700 余人能创收的田产。1621 年，奥古斯丁会士们着手在阿拉干的葡萄牙人拓居地工作。在此过程中，他们改变了当地人，主要是孟加拉人的宗教信仰。1631 年 1 月，曼里克从妙乌回到第安加——恒河三角洲的基督教中心。他奉领圣旨，在靠近第安加的安加拉卡尔（Angaracale）渔村，将吉大港周围所有基督徒聚集在一起。这些多数已基督教化的印度难民在葡萄牙人的拓居地受雇佣。他们中有许多人与非基督教女子结婚，这些女性不情愿离开自己的家和朋友而住到一座基督教圣所里。面对这些抵抗，曼里克派一名皈依妇女及其丈夫去“改变这些女子的宗教信仰，使她们铭记摒弃错误宗教后将得到的一切”。当他在安加拉卡尔建造一座教堂的时候，他的女皈依者回来了，领着她从“地狱监禁”中拯救出来的“223 人”。在恒河三角洲十三年的奥古斯丁修会传教活动中，曼里克称逾 1.6 万名印度人，以及其他 5 000 余人受洗。在这些其他人中，接受洗礼的有明耶娑只国王的两个孙子、国王次子的儿子们，他们作为基督徒被抚养成人。[103]

1633 年秋，在第安加住了近两年后，曼里克收到两封信而被迫返回妙乌。其中一封寄自果阿的葡萄牙传教团，他们让他与阿拉干王朝商定条约；另一封来自印度外省的奥古斯丁会士，他们恳求曼里克到妙乌助使节谈判。尽管有曼里克的辅助，谈判还是持续了五个月，并无果而终。也许是将谈判失利归咎于曼里克，所以，梯利都昙摩国王禁止这位奥古斯丁会士离开他的国都。此后的十四个月间，国王敕令曼里克留在妙乌，没有其他天主教神父陪伴。曼里克为城里 700 名基督徒主持宗教仪式，使一些异教徒改变信仰，以此消磨时间。他还使两名欧洲人——德国马丁·路德教派信徒和比利时再洗礼派教徒转而皈依天主教。有一天，一位和尚到来，给他捎了封用拉丁语写的棕叶信，曼里克平静的生活就此中断。写信的是 1608 年离别阿拉干时遭受海难的葡萄牙人。他 1141
和他的 12 位同伴被俘，流放到首都西部的“孟山”（Mountains of Maum，可能在靠近阿拉干的 [Maumowe]① 地区）。执笔者祈求曼里克去看望他，为他的妻子儿女，以及住在附近的其他 7 位基督徒的家人洗礼。仅有罗汉可以探访这座山上的监狱，所以，曼里克决定披上袈裟，扮作捎信给他的那位真僧的同伴。经过危险的跋涉之后，他为被囚禁的基督徒行使神父天职，时间不到六周。1634 年 5 月前，曼里克返回妙乌，安然无恙。[104]

与此同时，骇人听闻的事件正在阿拉干首都展开。自 1622 年即位以来，梯利都昙摩国王已执政十二载，却未举行加冕典礼，因为有一个古老的预言声称他会在正式立王后大约一年驾崩。曼里克还在山上的时候，一位医师处心积虑地骗取国王的信任。这位邪恶的顾问让国王相信他只要服一颗神秘的灵丹妙药，便可使自己隐身，天下无敌，或许就能躲避预言的恶咒。这粒魔药必须由“他的 6 000 位臣民的心脏，4 000 头白奶牛和 2 000 只白鸽的心”炼制而成。据曼里克所说，这种残忍对“暴君们”而言，并非不曾存在过，亦非罕见。这些暴君依祭司的建议，经常悄悄在城里放火，以平息神的怒气。那些被抓住的纵火者，即便是受人指使，也往往被刺穿，以此显证王室的正义。犹豫片刻，梯利都昙摩国王即下诏处决 6 000 位子民。几个月来，城市及其周边地区一片恐惧，人们被“逼上梁山”。随着大炮撤出宫室，公告加冕典礼将在即日起六个月后举行，这场大屠杀才告终结。[105]

① 可能是指孟都（Mangdaw）。——译者注

其后半年，妙乌居民通过排演，欣然筹办着加冕典礼，他们似乎忘却了“悲惨的过去”。从恒河取来的圣水，通过拜受“王冠”仪式来净化国王。与此同时，显达贵人和驻扎官们云集妙乌，参加了12位小国“国王”的加冕典礼，这些国君必须在皇帝授权仪式举行之前戴上王冠。[106]这些次级的加冕典礼每场持续八天。首场仪式的第一天，王国的显要人士，包括曼里克和葡萄牙人，萃
1142 聚王宫“大堂”，见证了诸侯吞坦（Toon-htan）——乌瑞洞统治者的授权仪式。梯利都昙摩国王亲自主持升迁王位的仪式，30名绕着王位的祭司在帮他。[107]进程以音乐会为序，三组乐师，伴着歌者，用莫卧儿语、缅语和勃固方言吟唱。一小时后，曲罢，24名舞女开始表演，一些人弹奏乐器，她们演技“高超、娴熟”。12名年轻女孩跟随其后，每人手捧一顶王冠，放在国王足边。另外12名女子接着进来，将金节杖置于君主脚旁。诸侯吞坦，“一位气宇轩昂的年轻人”出场了，40名英俊的侍从走在前面。年轻的诸侯拜倒在国王面前，随后，他被4位祭司扶起，登上通往龙椅的第一级台阶。当他再次稽首时，3位新祭司进场，其中一位手捧一尊金偶像。梯利都昙摩国王恭敬地起身，站到一边，为大祭司让坐。诸侯对此龙椅伏拜7次，接着，两位助祭将他扶上龙椅。他手捧偶像，置于头顶，双膝下跪，跟着宣誓：忠于“他的真帝王和主”。当祭司赞颂其未来地位显赫，为“世界上最英明、无上光彩之王”的时候，国王返回帝祚。诸侯跪在国王跟前，接过他的王冠和金节杖。诸侯将王冠戴在头上，左手握着金节杖。他5次亲吻御足，盛赞国王是“名副其实的君主”。

典礼以国王退场告终，庆祝活动拉开序幕。曼里克被冗长的典礼弄得精疲力竭，勉强答应加入前往新“王”宫的狂欢队伍。群象位于游行队列之首，队伍穿过城市主干道后，于黄昏时节抵达王宫，宫内“鸣巨炮致敬”，朝臣们手持火把相迎。宴会大厅装点着丝挂，铺满地毯，从天花板垂下的吊灯燃着“宝贵、气味香甜的油料”。新“国王”坐在大厅尽头的华盖之下，两侧各立一位声名赫赫的大臣。出席宴会者都坐在地上，每人前面有一张小桌子，上面“摆着五六盘瓷碟”。银盘上盛着的馔馐包括可以想象的各色肉品和“他们自制”的甜点，相当可口。用餐多时后，霓裳尽欢，直至日落。宴罢，众人“十分疲惫、心怀怨气”地回家了。

接下来一周，首位“国王”的庆典继续进行着。此后，其余11位“国王”依次举行相仿的仪式和庆祝活动，因而，三个多月来，整个妙乌完全沉浸在盛大的节日气氛与欢乐之中。与此同时，周边国家和商业中心的商贾们纷至沓来。 1143
加冕期间，他们可以在妙乌免税售货。他们“建立商业街”，廉价推销“各种商品”。警卫维持着顾客的秩序。集市的白昼充满着节日的欢庆，夜间则灯火通明、烟花璀璨。皇帝的加冕典礼也在筹备之中，金银织物装饰着大街小巷。每条街道的中央都矗立着镀金凯旋门，拱门上的壁龛竖着木制和金属的偶像，它们头戴的王冠象征着加冕时的宗教地位。最后，王宫张挂着彩幅、锦旗和国旗。

皇帝的加冕典礼于1635年1月23日举行，这是一个明媚如夏的日子。当天一早，所有王公贵胄以及住在首都的葡萄牙人荟萃王宫的加冕大厅。大厅的金顶“点缀着各色花朵”，由30根镀金柱子支撑。[108]大厅三面敞开，一幅华贵的绣帷将第四面与外界隔开来。大厅中央立着一扇印有浮雕图案的镀银拱门，由一块绿缎帘子遮挡着，帘上缀满金色织绣和奇珍异宝。所有来宾一坐在色彩艳丽的地毯上，庆祝活动就在五声擂鼓、五次鸣钟、持续整整半小时的礼炮声中开幕了。当沉寂再度降临，击鼓三响，全体人员拜倒，帘子猛然打开，露出银銮宝座，其后倚着4头银象。抬起的象鼻擎着一顶绿丝绒罩篷，上面绣着“珍珠饰物”，边沿垂挂着串串金银珠宝。入座的皇帝身穿蓝色丝绒长袍，袍上镶着珍珠，他还戴着一对珍贵的东吁红宝石耳环。在他穿着凉鞋的脚下，12位小国“国王”跪在通往御座的台阶上，头戴王冠，手握节杖。皇帝身后站着两名侍女，她们身着素丝缎，轮流为君王扇扇子。就在这一时刻，主持典礼的大祭司请求戴着人造银手的葡萄牙船长退出大厅，加冕仪式方可继续进行。[109]

祭司通过某种仪式为皇帝举行登基典礼。其后一个多小时，他力劝聚众为国王作为皇帝的神圣化而祈祷，祈望他的统治将是“公正、神圣与公平的”。曼里克描述了皇帝面无表情地听着滥施其上的阿谀奉承，他尽责地预言：听信谄言的统治者的下场将似这位皇帝一般，“在加冕几年后暴亡”。[110]加冕讲经一 1144
结束，盛大的游行队伍就形成了，并护送国王到“僧王”的寺庙。[111]8位穿着绿丝绒的年轻人扛着国王的轿銮，穿过安静的人群，沿着铺上地毯、被各色棉布部分围住的道路前行。[112]在寺庙入口，他遇见僧王以及2 000名身披黄色长袍的祭司和僧侣们。国王进门后，只有信徒才可随他入寺。人们礼貌地劝说穆斯林和包括曼里克在内的葡萄牙人留在寺庙的围墙之外。加冕仪式持续了两小时，直至几声钟鸣预示了完结。随着一声悠长的礼炮响，葡萄牙人即自由进入寺庙庭院，观看皇帝退场。皇帝头戴一顶镶嵌宝石的新王冠，他骑上一头高大的象，坐在一把奢华的白伞之下。伞或阳伞是“皇帝地位的象征之一”，“其他任何人都不许拥有”。在这种等级制度中，一个人的地位可通过伞柄的颜色得以分辨。[113]200 头武装了的大象为仪仗队，走在前面；皇帝和 12 位小国“国王”骑在象上，颇为气派；王公贵胄则随其后，排着两条长长的纵队。他们穿过凯旋门时，登上拱门的“大群人”向游行队伍倾撒一簇簇鲜花；人们演奏小夜曲颂赞君主，并敬献象征各种美德的勋章。最引人注目的是佩金戴玉的王室女成员，她们虽然“肤色微黑”，但与“我们肤若凝脂的欧洲女子”同样美艳绝伦。返回宫中，新皇后已在恭迎新帝，她既是他的夫人，亦是其长姐。皇帝与皇后站立窗前，向人们抛洒“专门为庆祝加冕而铸造”的银钱，由此结束了一天。[114]

当阿拉干人在祥和的气氛中庆祝加冕典礼时，其余的缅甸人却陷入孤立。东吁王朝恢复了元气，它的统治者们已设法与暹罗一起保证边界安全，并在 1635 年后撤回阿瓦和上缅甸。因此，事实上，下缅甸与西方国家的商贸和外交关系停止了。阿瓦政府将精力集中在国内问题上，因为权力逐渐从国王的掌控之中滑入他的大臣之手。荷兰与英国的商人们在沙廉和阿瓦断断续续地从事着
1145 贸易。继续留下的两家东印度公司代表都希冀通过“以前的缅甸道路”与中国西部开展贸易。1623 年，荷兰人已开始在阿拉干从事贸易活动。他们的船只不定期地从巴达维亚开到那里购买大米和孟加拉奴隶，这些奴隶是由到处明火执仗的孟加拉湾欧亚混血人带来的。1653 年，阿拉干与巴达维亚缔结了商贸条约，这使得荷兰人蒙王室许可，享受免税贸易。这种贸易方式一直持续到 1665 年，莫卧儿人控制了第安加和吉大港，并消灭了阿拉干舰队。这场战败使阿拉干人无法再通过劫掠与贸易获利，此后，阿拉干一蹶不振。[115]

1660 年年底至 1661 年年初，一位小有名气的荷兰船员与商人沃特 · 斯考顿（Wouter Schouten，1638—1704 年）在阿拉干住了四个月。1665 年，他回到阿姆斯特丹。十一年后，他在阿姆斯特丹出版了 1658—1665 年游历东方的日记，

书名为《东印度航海日志》(*Oost-Indische voyagie*)[116]。1660年年末，斯考顿记道：他旅行乘坐的荷兰舰队有3艘船，它们安然闯过了在当地众所周知的“孟加拉湾象”风暴。在返回港口的途中，他经过乌瑞洞，这是一座以宝塔而闻名的朝圣之城。在实兑（Akyab）港口的小划桨船上，阿拉干的首席代理商赫拉德·范·沃布尔格（Gerard van Voorburg）迎接了舰队船员。在荷兰商馆，新来者受到王室顾问的正式欢迎，后者收下写给国王的引见函，便乘坐他们的三桅划桨炮舰或轻便快艇启航前往妙乌。

几天过后，荷兰人获准正式列队前往王宫，由一位骑在巨象上的阿拉干驻扎官带领，乐师们相伴而随。[117]他们献给国王的礼物是漆器、镜子和精美的香料，收到的回赠是阿拉干衣料。国王年约28岁，敦实，皮肤接近白色。他衣着鲜红，包着一块饰以珠宝的头巾，臂上套着大金镯，佩戴贵重的耳环与项链。[118]每五年，一般是在11月15日，国王就会出宫，巡视首都，公开接受臣民的效忠宣誓。正式进见一结束，沃特·斯考顿及其友人在等待他们的货物——大米时，遂有闲四处观光。

阿拉干城市、乡镇和村庄的人口众多。首都妙乌的面积约同于阿姆斯特丹 1146
的，人口却较多，它亦为亚洲最富庶的城市之一。阿拉干人烟稠密的原因在于宜人的气候，政府对离开国家者的处罚，以及人们缺乏海上劳作的兴趣。大量外国人来此贸易与工作。许多穆斯林在码头做技工以永久居住，其他人每年来为印度和波斯购买大象。距首都3英里处，住着被国王雇为士兵与水手的葡萄牙人。[119]他们中有的人与葡萄牙女子结婚，有的人则与改信天主教的阿拉干女性成亲。阿拉干城堡是许多葡萄牙人工作的场所，在此可以瞭望河畔广袤的平原。[120]当地人是异教徒，被称为“马格人”，他们极其崇敬僧侣和修道院。国王的后宫每年新增12位皮肤白皙的美貌少女。

斯考顿的大多数陈述与1660年8月26日，或在这位荷兰作者到达前几个月现身妙乌的“孟加拉国王”及其扈从有关。[121]被流放的国王旋即成为阿拉干的政治包袱。苏查和他的随员暂住城外，被隔离开来。其党羽从印度来与他汇合，被勒令离开时，他们在首都发动暴乱。冲突升级，但苏查在问题解决前遂离阿拉干而去。最终，阿拉干与莫卧儿人的战争导致了1665年荷兰人的撤离。[122]

第三节　柬埔寨与老挝

16 世纪下半叶，泰人攻打柬埔寨的都城洛韦，柬埔寨国王向马尼拉求救。1594 年，泰人攻陷洛韦，某些西班牙人已厚颜地接管了柬埔寨的权位，并号召马尼拉与马德里着手征服大陆东南亚。在马尼拉，教会和政府中性情急躁者设
1147 想使柬埔寨沦为保护国，以此作为侵吞和征服印度支那与中国的第一步。就在马德里讨论这些计划之际，在柬埔寨的西班牙人继续实施他们的政治和军事图谋。这些行动激起了柬埔寨人的反抗，1599 年 7 月，他们及其马来人雇佣兵在金边屠杀了一小撮西班牙人。此后，泰人逐步建立柬埔寨保护国，立巴隆·拉嘉四世（Barom Reachea IV）为新王（1603—1618 年在位）。17 世纪，柬埔寨通过挑动越南人与泰人发生争端而保持某种程度的独立。至于欧洲人，柬埔寨人则不得不使他们局限于间断性的贸易和传教活动。[123]

由于伊比利亚人介入柬埔寨事务，17 世纪初叶出版的欧洲资料是西班牙语和葡萄牙语的记述，大部分与征服地的潜在价值相关。17 世纪最早与柬埔寨有关的文献收于方济各会修士里瓦德内拉刊出的《东方诸国志》(*Historia*，巴塞罗那，1601 年）①。通过他的线人们，里瓦德内拉获悉吴哥（Angkor）的没落。就我们所知，他是首位评介吴哥毁灭的欧洲人。[124] 但在这些西班牙语著述中，最具影响力的是多明我会神父加布里埃尔·基罗加·德·圣安东尼奥（Gabriel Quiroga de San Antonio，卒于 1608 年）印行的《柬埔寨王国纪要》(*Breve y verdadera relación de los sucesos del Reyno de Camdoxa*，巴利亚多利德 [Valladolid]，1604 年）。[125] 圣安东尼奥在东方工作九年期间（1595—1603 年），他似乎并未到过柬埔寨。他所知的绝大多数来自马尼拉、马六甲、果阿和西班牙的线人。在巴利亚多利德，他与佩德罗·塞维尔（Pedro Sevil）领导的主张干涉他国内政者有来往。佩德罗·塞维尔是参加了首场柬埔寨战役的退伍军

① 此书全名为：*Historia de las islas archipiélago Filipino y reinos de la gran China, Tartaria, Cochin-China, Malaca, Siam, Cambodge y Japón*。——译者注

人，1603 年，他出版了一本回忆录，鼓吹在柬埔寨开展新的军事行动。[126]1609 年，另外两本有关这个主题的书在墨西哥城和马德里面世。第一部是由驻菲律宾群岛的一位官员安东尼奥·德·莫尔加（Antonio de Morga）撰写的；第二部作者是皇家传道者巴托洛梅·列奥纳多·德·阿亨索拉（Bartolomé Leonardo de 1148
Argensola，1562—1631 年），此书是他凭借旁人的报道写成的。莫尔加的《菲律宾群岛志》（*Sucesos de las islas Filipinas*）多处提及攻克柬埔寨的计划以及他对这些计划的反对意见，该内容散见于此书。[127]1598 年年初，在圣安东尼奥离开马尼拉之前，他看到了莫尔加的书稿，但显然并没有对莫尔加的异议留下深刻的印象。阿亨索拉的《马鲁古群岛之征服》（*Conquista de las islas Malucas*）① 在为西班牙征服马鲁古群岛而感到骄傲的同时，也涵括了对柬埔寨的总体描述，以备来日西班牙人的扩张。同圣安东尼奥一样，阿亨索拉可能也受益于阅读了莫尔加著作的手稿。另一方面，或许是莫尔加得知了阿亨索拉的活动，最终决定出版很长时间来还半私人性的手稿。[128] 使用阿亨索拉的资料必须留心，因为他有时会将古吉拉特（Gujarat）的坎贝（Cambay）与柬埔寨混淆起来，而在其另外的优秀编著中，他则将这二者放在一起。此后，欧洲的原始资料出现一大段空白。1640 年，迭戈·阿杜阿尔特主教的《多明我会圣玫瑰省在菲律宾、日本和中国的传教史》（*Historia de la provincia del Santo Rosario*）② 于马尼拉面世。此书详述了 1587—1636 年间多明我会修士在东方，包括柬埔寨的活动。[129] 柬埔寨的耶稣会士处于日本教省的管辖区内。[130] 从那个时期至 1644 年，与他们在柬埔寨活动有关的一些介绍被列入嘉尔定（António Francesco Cardim）的《日本教省报告》（*Relatione*③，罗马，1645 年）之中。[131] 一般而言，欧洲的原始资料有两类：一者像圣安东尼奥的著作，描述了这个国家以及西班牙人在那里的活动；二者如莫尔加的著述，主要涉及欧洲的政治交往与传教士的遭遇。

一个多世纪以来，葡萄牙人已经熟知印度支那，尤其是柬埔寨的海岸。[132]

① Malucas 即 Moluccas，旧译摩鹿加群岛，亦被称为香料群岛。——译者注

② 此书全名为：*Historia de la Provincia del Santo Rosario de la Orden de Predicadores en Filipinas, Japón y China*。——译者注

③ 此书全名为：*Relatione della prouincia del Giappone*。——译者注

该国与暹罗接壤，北部毗邻老挝，占婆（Champa）位其东面，南部临海。[133]其主要河流是湄公河，一如尼罗河，会季节性地泛滥，淹没周边的平原。每年有六个月的时间，风在入海口堆积沙土，导致河水逆流，由此生成了内陆的几
1149 大湖泊。[134]柬埔寨的主要城市是“吴哥”、“查图穆卡（Chaturmukha）①或金边”和“斯雷桑托”（Srei Santhor），意即“大村庄”。最后一座城市这般命名是因其十分重要，有5万多居民，为皇都。[135]当地产品包括棉花、丝、香、安息香以及产量很大的稻米和紫胶。柬埔寨有银、金、铅、铜、锡和明矾。那里发现了大量的珍贵宝石。犀牛与大象，尤其是白象，在野生动物中最引人瞩目。湄公河与湖泊的鱼，特别是随潮汐溯游而上的一种金枪鱼（thon blanc）数量甚多。[136]

里瓦德内拉、圣安东尼奥和阿亨索拉评价了吴哥的灭亡。[137]这些作者通过同代人获知这座诡异的古城，他们对吴哥的描绘相当一致，不过未能免谬。[138]吴哥位于靠近暹罗和老挝的难以进入的荒野之地，1570年，猎人们首次发现它的遗迹。[139]这是个建筑奇迹，街道铺着大理石板，有着保存完好犹如现代作品的艺术纪念碑。据说吴哥是由外国人，也许是亚历山大大帝或罗马人建造的。吴哥亦名“五塔城”（city of five points），因其有五座方尖塔，顶部饰以铜球。在石垛墙内，有大象、雪豹、老虎、狮子、鹰和狗的雕像。[140]精致的石屋井然有序地沿街而列，石屋内外的工艺像是罗马式的。有许多石蓄水池与水渠，
1150 因为生活区远离寺院和市场。船完全可以在大护城河上航行。石桥细部都很华丽，其拱门由石巨人的头与手支撑着。[141]一处遗迹临近洞里萨湖的边沿。这些遗迹中有碑文、铭刻，以及迄今为止无人可以辨认的文字。当吴哥重新被发现时，人们并没有看到活的动物，只有树和其他植物继续在废墟的裂隙中生长。如今，这座市镇又有人居住了，奥古斯丁会士与多明我会修士已到那里传播福音。假若我们通晓中国人的历史，那么，他们将向我们讲述这座城市为何被遗弃，并解释纪念碑上连当地人也看不懂的文字。印度犹太人说是中国犹太人建造了吴哥，后来又在移民中国时遗弃了它。[142]

柬埔寨人口稠密，这个中等身材、肤色黝黑的民族和蔼、单纯，仅承认一

① 是长方形，四面有门，围以城墙的城市。——译者注

个国王，认为其社会只分为贵族与平民两个阶级。他们的贵族头衔是“部长”、“昭德佐”（*Chau decho*）、“勋爵”（*oknea*）和“昭蓬黑阿”（*Chau ponhea*）[143]。所有贵族都有几房妻室，其数量取决于他们拥有的财富。高官的太太皮肤白皙，花容月貌；平民妻子的皮肤皆褐色。普通妇女耕地，她们的丈夫为士兵。妻妾通常善妒，难以共处。贵族着绫罗绸缎和极细棉布；平民则穿粗棉和棉亚麻混纺粗布。贵族坐轿子（Kre）出行，这种轿子由轿夫们扛在肩膀上，[144]平民则乘牛车或马车。农民向主要的高官们和国王交纳他们海洋捕捞及田间收成的1/10。

他们的语言（高棉语）不同于其他语言，但易于学习与会话。他们用铅笔在“中国纸”（Papier de Chine）上画一份特别的手迹。[145]他们从右写到左，并不似这些王国的其他人那般反向书写。柬埔寨人用木槌玩游戏，他们不像在卡斯蒂利亚（Castile）那样以脚踢球，而是在马背上打球。[146]他们放纸风筝，1151
用线绑着簧片，在风中发出颤音琴般的声响。[147]同他加禄人一样，柬埔寨人也喜欢斗鸡，鸡腿上缚着距铁。他们用芳草和草药治病，焚烧寿终正寝者的遗体。那些被判处死刑者被刺穿、剥皮，或遭受蚊子攻击。他们有自己的金币和银币，钱币上印有一只公鸡、一条蛇和一颗心，有朵花居中。[148]

虽然柬埔寨人是异教徒，但他们认可一项至高无上的事业和单一、最强大的神，他们称之为“佛陀”（Amida，日语）。他们也崇拜太阳和月亮，有关于战争、和平、健康、疾病以及播种的各种神祇。[149]首要的神像是用金银塑成的，神像的眼睛是红宝石和钻石；次要的神像则以铜和铸铁制成。在他们的许多塔式寺庙里，住着僧侣与祭司，柬埔寨人呼其为“吾主”。那些想遵循宗教生活的人从小就接受培训。到成年时，这些虔诚的信徒发誓不撒谎、不杀生、不偷盗、不与妇女私通。[150]他们每天参加唱诗班七次，祷告前相互忏悔。他们的圣歌由唱诗班以一种特殊的语言（巴利语）轮唱。[151]信徒与俗众咸信灵魂不灭。他们认为动物也有不朽的灵魂，因而，从不以它们为食。俗众无视这些规诫，神职人员则笃守。在一条道路的入口处，基督徒会放一个十字形记号；柬埔寨人则竖起一根高杆，顶部悬挂着一条他们崇拜的经装饰的蛇。当他们发生龃龉或争执的时候，会通过一种特殊的仪式重归于好。他们把血样混放在瓶里，每个人轮饮。借此行为，他们立誓永远同血、同心、同愿。[152]

在欧洲原始资料中，柬埔寨的历史主要记述了柬埔寨人与葡萄牙人和西班牙人的联系。里瓦德内拉和他的方济各会修士们实际上记录了吴哥遗迹，望其能“复原，成为基督徒在菲律宾群岛之外的传教基地”。[153]1598年，莫加尔在马尼拉收到一封朱笔写的西班牙语信件，此信来自柬埔寨的傀儡国王“Prauncar”（可能是巴隆·拉嘉二世，1596—1599年在位）。在信中，巴隆·拉嘉二世详
1152 细说明了其对西班牙人的职责，请求他们派遣传教士，并宣告他已将两个省——特雷昂（Treang）与巴普农（Baphnom）分别赐与冒险家迭戈·贝洛索（Diego Veloso）和布拉斯·鲁伊斯·德·埃尔南·冈萨雷斯（Blas Ruiz de Hernan Gonçales）。[154]莫尔加和阿杜阿尔特描述了1603年多明我会传教团向巴隆·拉嘉四世派出代表。这位传教士代表在金边受到宫廷上下的优待，不久，他却碰到来自马来人、华人、首都的交趾支那人（Cochin-Chinese）的麻烦事。经过数番交谈，多明我会修士很快就放弃了要在柬埔寨工作的努力。[155]1628年，一个新的多明我会传教团奉命前往柬埔寨。虽然该团成员受到殷勤的接待，但国王还是拒绝准允他的属下受洗，只让华人与日本人改变信仰。[156]与此同时，澳门的耶稣会士潜入柬埔寨，为日本难民奉行职责。两位日本基督教神父帮助他们做这一努力。1629年，几位欧洲神父前往柬埔寨，以获准溯湄公河而上，进入老挝——一个没有自己海港的国度。由于与湍流搏击的艰难，以及必须在陆路行走很长一段以避瀑布，并找到另一条可通航的河段，因此，从柬埔寨到老挝需八个月。[157]通过这些和其他许多迹象可以看出，自泰国建立霸权以来，柬埔寨和老挝正与欧洲人断交。对基督徒而言，他们则被柬埔寨佛教徒对基督教要旨的忍耐和冷漠激怒了。在一个既不可能改宗，又无法殉道的国家，将有何获益呢？

此世纪后半叶，柬埔寨在欧洲原始资料中的重要性迅速减弱。安南人与暹罗人为控制柬埔寨而展开的决胜战导致了王室家族内部紧张的派系之争，因为在首都地区角逐权力者会向这两种外部力量中的一个或另一个寻求援助。自1620年起，荷兰东印度公司在柬埔寨开设了一个常驻办事处。1635年后，日本与柬埔寨的贸易终止，这使得巴达维亚政府对柬埔寨与老挝投入极大的关注。
1153 而今，日本商人被禁止到海外旅行，很快地，荷兰东印度公司取而代之，继续

在柬埔寨从事贸易。这些荷兰商人为巴达维亚购买大米，在日本出售鹿皮和紫胶梗，获利丰厚。1636—1670年，荷兰商人住在乌东（Udong）一个半永久性的基地。政治的不稳定性和1641年马六甲沦陷后许多葡萄牙人的到来，危及了荷兰东印度公司在柬埔寨的地位，结果是对抗升级，贸易多次中断。最终，大约是1670年，柬埔寨的内部骚乱迫使荷兰东印度公司停止了在乌东的固定据点进行贸易的努力。[158]1651—1656年，英国东印度公司在柬埔寨维持着一间商馆，作为其努力闯入日本贸易的一部分。该公司一宣布这家企业经营失败，英国的私人贸易商遂来到了柬埔寨，他们为的是自己的目的和利润。[159]

1669年，彼得·卡斯特林（Pieter Casteleyn）出版的报告详细叙述了荷兰人在柬埔寨的诸多事务——从1636年荷兰东印度公司商馆的设置到1643年荷兰使节及其全体雇员被暗杀，这一官方的暴力行为结束了十余年的定期贸易。这份荷兰语报告是极少数让人们了解柬埔寨最黑暗时期事件的资料之一。[160]凭借他们在首都的有利位置，荷兰人仔细观察并记述了巴隆·拉嘉七世（1659—1672年在位）刚掌权前的政治混乱、阴谋与暗杀。1635年，3位国王试图统治分裂的国家，每一位都希望自己较别人长寿。其中，“老国王”比另外两位有更多的权力与资助。[161]每个国王都有一群朝臣和一支禁卫队。柬埔寨有三种官衔，依次为“勋爵”（*okna*）、“侍从官”（*Tevinia*）和“御仆”（*nak prah*）。外国商人一般通过港主经营业务，港主往往是一位华人。宫廷各派系斗争，竞相赢得西方商人及其武装船只的资助。1641年荷兰人攻占马六甲后，许多马来人偕葡萄牙人来到柬埔寨。令荷兰人惊愕的是，新来者拥戴摄政王的兄弟。1642年1月5日，“老国王”及其家眷被弑，他的兄弟在马来人的帮助下掌权。稍晚些，他接纳了伊斯兰教，并以易卜拉欣（Ibrahim）为名，令柬埔寨佛教徒大为失望，他们称之为巴隆·拉嘉六世（1642—1659年在位）。在马来人、葡萄牙人和爪
哇人的拥护下，他背弃了荷兰人，尽其所能地限制他们的贸易并收税。一个争 1154
端导致又一个争端，最终直至荷兰大使于1643年被暗杀，所有进一步的和平交往中止了。[162]

同样地，欧洲天主教徒在动荡的柬埔寨也时局艰难。1630年前后，随着日本基督教流放者从泰国涌入，来自菲律宾群岛的多明我会修士以及澳门的

耶稣会士为在柬埔寨传播福音做出了短暂的努力。1641 年后，来自马六甲的葡萄牙神父和教长们进入柬埔寨。澳门耶稣会士，包括目的地为老挝的乔万尼·玛丽亚·莱里亚跟随其后。[163]17 世纪 50 年代，交趾支那阮福濒（Nguyễn Phúc-Tần，或贤王 [Hiên Vủỏng], 1648—1687 年在位）麾军远征占婆（Champa）和柬埔寨。他是在阮氏公主——易卜拉欣孀嫂的煽动下进犯柬埔寨的，阮氏公主从国王组织的不得人心的内部抵抗中受益，这场抵抗以她的亲属干预而告终。1658 年，乌东遭劫，易卜拉欣及其家眷被囚禁。作为战争赔偿，西贡（Saigon）正北的边和（Bien Hoa）地区被割让给了交趾支那，其军队占领柬埔寨以维持秩序。获释后，易卜拉欣于 1659 年驾崩。翌年，其侄子，吉·哲塔二世（Chei Chetta II）之子继位，作为巴隆·拉嘉七世执政。[164] 与此同时，萨瓦的耶稣会士石嘉乐（Carlo della Rocca，1613—1670 年）在 1659 年被派往乌东，也许是为了帮助占领军中的交趾支那基督徒。正是通过石嘉乐的书札，乔万尼·菲利普·德·马里尼（Giovanni Filippo de Marini，1608—1682 年）获知了他出版的《耶稣会神父日本教省传教记》（*Della missioni*①, 1663 年）中有关柬埔寨的信息。[165]

马里尼记道：柬埔寨是一个地广人稀的国度，由残暴而放荡的国王拉玛·图迭·赞（Rama Thupdey Chan）统治着。他受到马来人的控制，这些马来人担任所有要职，占据有权力的头衔。长久以来，穆斯林统治者与佛教徒臣属之间始终关系紧张，尤其在关于继位的问题上。阮氏公主与其亲属勾结，攻克了占婆，侵入柬埔寨。通过劫掠乌东，安南人抢走了极多的战利品，需 27 艘巨轮与 70 条小船来运载这些皇家宝藏。800 头大象，甚至更多匹马，还有 1 600 门大炮被侵略者劫夺。在乌东遭洗劫的大火中，荷兰人丧尽其物，英国人失去了一艘满载的货船。1659 年 6 月 15 日，在莱里亚和安东尼奥·洛佩斯（Antonio Lopez）
1155 的陪同下，石嘉乐暂时离开柬埔寨前往澳门。在柬埔寨期间，他们认识到那里的佛教徒并不比在日本的同一宗教信徒更愿意接受基督教要旨。

① 此书全名为：*Delle missioni de' padri della Compagnia di Giesu nella Provincia del Giappone,e particolarmente di quella di Tumkino*。——译者注

1665年，巴黎外方传教会神父路易·谢弗勒伊（Louis Chevreuil）到柬埔寨帮助保罗·达科斯塔（Paulo d' Acosta）——年迈染恙的马六甲主教管辖区教长摆脱困境。[166] 在湄公河入海口被一艘暹罗船只抛下的谢弗勒伊幸运地发现一个交趾支那基督教家庭，他们用平底船带他溯河而上。船在拥挤的河道穿梭着，之后，他于1665年11月21日抵达金边。教长在一处葡萄牙殖民地践行教职，这个殖民地的成员几乎是清一色来自望加锡（Makassar）的难民。1663年，望加锡被荷兰人占领。辅佐教长之余，谢弗勒伊还为占领军中的基督徒主持宗教仪式。一位孤独的耶稣会士在乌东所做的，与王国首都的交趾支那人所提供的服务相仿。[167]

谢弗勒伊在金边所处的位置颇有利于俯瞰河道交通。他看到来自澳门的葡萄牙船只载着大量中国商品到柬埔寨，这些商品被人以耶稣会士的名义销售。由于他公开谴责这种非基督教商业，很快地，他便与葡萄牙人难以相处。1670年年初，谢弗勒伊受控传播异端邪说而遭绑架，并捆往澳门。关了四个月后，他被押至果阿受审。他最终获释，并于1671年来到苏拉特（Surat）。两年后，谢弗勒伊返回暹罗。[168]

1677年，传信部将谢弗勒伊的柬埔寨五年生活回忆录刊在《暹罗、交趾支那、柬埔寨和东京传教记》（*Relatione*①）中。[169] 距金边八日陆路之遥的是一座十分古老的寺庙和朝圣之地，曰“安哥寺”（吴哥寺的旧名）。安哥寺受到所有东南亚异邦人的崇敬，犹如欧洲天主教徒对罗马圣彼得教堂的尊崇。[170] 谢弗勒伊期望有朝一日能参观这座神庙，首席教师们居住于此，他们的决策在这里受到的尊重与欧洲教廷法令所受的尊重同样多。即便是在与柬埔寨开战的时候，来自暹罗、勃固、老挝和丹那沙林的香客依然络绎不绝。自从暹罗国王反叛以来，他与柬埔寨争执不下，每年却仍派遣宗教特使到此巡礼。同一时期的文献并没有指出谢弗勒伊是否真的参观过吴哥窟。然而，《暹罗、交趾支那、柬埔寨和东京传教记》说得十分明了，柬埔寨人是好客、驯顺的民族，有坚定的本土信仰。谢弗勒伊承 1156

① 此书全名为：*Relatione delle missioni de' vescovi vicarii apostolici, mandati dalla S.sede apostolica alli regni di Siam, Cocincina, Camboia, e Tvnkino*。——译者注

认在他们中工作三年多来，自己没有让一个人改变信仰。这些年间，他不得不安于帮助金边的 400 名基督徒。与石嘉乐一样，为交趾支那基督徒工作时，谢弗勒伊也受到阻碍，因其不懂他们的语言，也无法找到足以准确翻译基督教语词和思想的译者。尽管通常柬埔寨国王对所有来者都很友善，但交趾支那侵略军还是遭到他以及全体民众的强烈愤恨。1666 年，许多入侵的士兵被杀，交趾支那与柬埔寨之间的所有贸易和交往中断。在 1670 年即将离开之前，谢弗勒伊改变了两位柬埔寨女子的宗教信仰，她们答应在他启程后继续基督教的工作。然而，谢弗勒伊仍旧断定柬埔寨是亚洲最难宣讲基督教要义的地方之一。

1687 年间，丹皮尔通过“豪威尔船长”了解到柬埔寨的骚乱，豪威尔船长替暹罗国王服务，远征海盗，为大城通航。[171] 湄公河河口有许多岛屿，是掠夺暹罗与远东之间海上贸易的海盗们最佳藏身之所。许多海盗是逃离家乡的华人，他们乘坐自己的舟楫，“宁可自由地随处而居，也不愿屈服于满族暴君”。他们进入“柬埔寨河流”，在从未有人居住过的荒岛建造与世隔绝的村落。虽然在这片沃土上，他们应该容易以农业为生，却宁愿抢劫邻人，袭击船只。暹罗国王首先派陆军击溃他们，使其逃离设防的村落。这次远征失利后，他遣两艘快速帆船沿河而上，由英国船长指挥，生于暹罗的土生葡人操纵。他们炮轰并向村落开火，抓俘了很多居民。为了讨好满人，英国人把中国难民押送给澳门当局。[172] 通过这段简短的插曲，显见 17 世纪末柬埔寨受到外国人的全面困扰，很少独立自卫，以防陆地或海上的长期或短暂的入侵。

老挝是位于暹罗与柬埔寨之间的内陆国家，其民族与物产通过葡萄牙人若昂·德·巴罗斯（João de Barros）和多明我会神父加斯帕尔·达·克路士（Gaspar da Cruz）的报告传至 16 世纪的欧洲。[173] 17 世纪 60 年代，大量记述随后在荷兰及意大利出现，但与老挝有关的是在 17 世纪 40 年代。海拉尔德·范·伍斯托夫（Geeraerd van Wusthof）是一位荷兰东印度公司年资较浅的商人，1641—
1157 1642 年，他从柬埔寨率一队商业使团进入老挝。1669 年，他保存的部分日记由哈勒姆（Haarlem）的印刷商彼得·卡斯特林发行。[174] 范·伍斯托夫离开琅勃拉邦（从前称作南掌 [Lan sang]）不久，耶稣会士乔万尼·玛丽亚·莱里亚（1597—1665 年）及其同伴抵达老挝。1642—1647 年，莱里亚久居老挝，大多数时间在万象（Vientiane）度过。1663 年，罗马出现了一系列对老挝的描写，玛丽亚准备将其作为日本教省耶稣会士活动报道第五册的内容。[175] 显然，这份资料大多获自莱里亚的具禀详报。

1641 年 7 月 20 日，在两位助手、两位仆人和一位理发师（他们全是荷兰人）的陪同下，范·伍斯托夫离开了洛韦。他们的向导是一位老挝商人，翻译被叫作“先生”（*Enche lanang*，马来人的一种称呼）。他们溯湄公河而上，在荷兰语文献中，这条河通称“老挝河”，流经金边。接着，他们来到小集镇，然后到达换船的地点松博（Sambor）。8 月 17 日晚，他们在上丁（Stung Treng）附近巴孔（Bakong）一座破败的寺庙留宿，上丁以其高棉山型寺庙而闻名。[176] 他们无法通过咆哮的孔瀑布（Waterfalls of Khone），被迫下船，带着物品穿越有标记的柬老边界。[177] 他们用了十二天才绕过瀑布。跋山涉水整两个月之后，他们终于来到了第一座老挝重镇巴沙（Bassac）。接下来两个星期，他们缓慢而艰难地渡过大约长 80 英里的肯马拉湍流（Khemmerat rapids）。在湄公河中段，当他们靠近塔帕侬（That Phanom）时，航行变得比较简易且快捷了。翌日，他们到达拉空（Lakhon）——老挝人“享有盛誉”的十字路口和集市中心。在此，他们目睹了一场秋天的节庆，这与其在柬埔寨见过的相似。[178] 11 月中旬，在溯河而上的途中，他们在万象附近遇到了来检查致老挝国王信柬的皇家驳船。 1158
范·伍斯托夫拒绝交信，或透露信的内容后，信柬及荷兰使团被带到一艘大船上，置于一顶镀金的天篷之下，运往万象。

当时的老挝国王是苏里亚旺萨（Souligna Vongsa，1637—约 1694 年在位），一位最伟大、最受欢迎的老挝统治者。11 月 16 日一早，皇家大象载着范·伍斯托夫使团来到接见厅。来自巴达维亚总督范·迪门（Van Diemen）的信柬被放在第一头大象背上的金盒里。[179] 特使随后，每位骑着一头大象，手捧礼物。这列队伍穿过了兵列和王宫前部。临近接见厅时，他们从坐骑上下来，被领进帐篷，等待皇帝召见。一小时后，国王骑着一头白象驾临，当他经过帐篷时，荷兰人仿效老挝人下跪。国王是位 23 岁左右的年轻人，约有 300 名武装步兵、一些战象及其骑手，还有一班乐师在前开路。[180] 在国王和他的侍卫之后，跟着另外 200 名士兵和 16 头载着国王 5 位夫人及其侍从的大象。队列经过后，特使回到帐篷用餐。下午 4 点左右，国王宣见，他们被领至一个大广场，四周是有小孔穿过的石头城垛。广场中央矗立着一座巨大的锥形塔，塔顶的装饰图案镀金。进入这座广场后，所有的老挝人都按惯例行走，并手持点燃的蜡烛。荷兰人的礼物通过一扇门进入另一个广场，被放在距国王 16 步之遥的地毯上。每位荷兰人似乎是名侍从官，他随后领到一支蜡烛。[181] 秉烛的荷兰人被带到国王面前，国王站在一座大寺庙里，靠近一尊大偶像，立于贵族之间。引见完毕，荷兰人双膝跪下，位于礼物之后，伏地磕头三响。接着，有人宣读信柬，荷兰人放下蜡烛。国王邀请他们坐在寺庙穹顶之下靠近他的地毯上。随之而来的会谈通过一位侍从官得以继续。国王表示很高兴会见他们，并看到来函。他欲知是否应该遣使随他们回访，请总督每年给他一封信，且派出更多的商人及其他访客。[182] 散场之后，每位荷兰人均获赠礼品一份，并受邀参加摔跤、拳击、击剑比赛等活动。夜幕降临，他们欣赏了舞蹈，其中一场由国王的一位夫人表演。此外，他们还观看了烟花燃放。[183]

1159 根据其勘察的一部分，范·伍斯托夫了解到连接老挝与暹罗及其他邻国的商队路线。老挝与周边国家处于和平状态，但关系并不特别好。老挝和柬埔寨关系紧张，国王决定不派自己的特使随同范·伍斯托夫。

老挝由三位权贵统治。一位控制军队，掌管万象及其近邻，在政权空位期间充任摄政王；另一位任老挝南部总督；第三位管控外交事务。[184] 这些显要无须与国王同血统。当他们任其顾问时，只是每两三个月，抑或国王特意一并召见时，方入宫。王室的收益来自紫胶、安息香和黄金的出口。[185] 这些财富大多献给了僧侣和供奉偶像的寺庙。

范·伍斯托夫售出其商品，于 1641 年 12 月 24 日回到柬埔寨。他的两位助手则留了下来，几近一年后才返回。[186]

对于耶稣会士而言，老挝乃大陆东南亚中部的处女地，是来自阿瑜陀耶、柬埔寨，或东京（Tongking）的传教士可能渗透的印度支那传教区的自然延伸。东京耶稣会士已改变了一位老挝特使的宗教信仰，这位特使一返桑梓，就说服国王邀请传教士们到老挝。1621—1629 年在大城的葡萄牙耶稣会士嘉尔定首先尝试经暹罗进入老挝。鉴于老挝与阿瑜陀耶王国之间的敌对行为，他的努力失败了。1629 年，几位耶稣会士被派往柬埔寨，希望溯游而至老挝。由于当地的情势，他们的事业再次受阻。1638 年，乔万尼 · 巴蒂斯塔 · 伯内里（Giovanni Battista Bonelli，1589—1638 年）故去时，他实际上正在从东京往万象的途中。1642 年，莱里亚进入老挝，与范 · 伍斯托夫一样，他也沿湄公河北上。1647 年，他离开老挝前往东京。[187]

在莱里亚记述的基础上，马里尼着意对老挝，一个“在欧洲鲜有耳闻”的国度做了地理描画。这是个狭长的内陆国家，距海 300 英里。四周是嵚崟之山，“只有 150 英里的大片平坦地区”适宜农耕。环绕的群岳使低地免受老挝强邻 1160
的侵扰，并为该国提供丰富的可出口木材。万象与东京之间的边境是一片荒漠地带，被高山围住。“庐迈”（Rumai）山位于边界。群山底部的森林种植似乎有着明确的目的，即保卫低地，缓解季节性暴雨侵袭带来的严重后果。山泉“通过既定的路径”流注低地，形成了汇入“被誉为母亲河的大河”河道。“古代与现代地理学家未能准确定位”湄公河。这条大河的源头实际上是中国边境云南崇山的深沼泽。[188] 从那里，湄公河经狭窄的河谷喧腾而下，流入老挝附近的平地，支流的汇注悄然拓宽了它的水域。在老挝西部，它分为两条大河，一条往西流经勃固，进入孟加拉湾。湄公河本身流过老挝四周的山脉，进入平原，分作诸多岔流。接着，它往南流，将这一区域隔为两个大省。[189]5 月，由于西藏山川融化，从老挝明显可见其河流水位开始提升，这是暴风雨季节的发端。河水连连上涨，尤其是 9 月到 1 月间，但湄公河从未漫过其高高的两岸。升高的水位没有中断航行，河道及运河上的贸易与交通持续着。然而，向上游划船的难度增大了，在湍急的河流中停船则情势危殆。所有季节里，经河道从老挝进入柬埔寨都需用十天绕过孔瀑布和悬崖峭壁。建几道船闸，以方便传教士（也许是莱里亚）运送欲敬呈老挝国王礼品的计划碰壁了，因为这会给其内陆国敌人提供一个门户。[190]

公元 600 年前后，老挝人从中国移民而来，赶走了早先的“黎人”（Lai，也许是泰人），老挝的历史由此拉开了序幕。[191] 面向阿瓦的山脉还住着一个野蛮、原始的艾族（Gnai）。[192] 老挝土地十分肥沃，人丁兴旺。老挝中部一处褊 1161
狭地带生长着一种极品稻，其味道或芳香是其他任何一种东方大米所无法媲美的。[193] 河流及其他水道鱼量丰富，有些鱼肥硕。每年某一时期捕捞的小鱼被腌渍或制成酱，穷人用其作为米饭的佐料。[194] 由于生活必需品富足，老挝人口持续增长。“不久前”所做的人口普查显示老挝有50万壮丁。假如需要，百岁老人可组成另一支完整的军队。[195] 南掌人（南掌，“万象之地”）是一个爱好和平、温驯的民族，在他们有天然屏障的国度里过着安静、简朴的生活。法律制裁格外严厉，故而，南掌人几乎从不偷窃和通奸。他们对外国人极尽友好，渴望了解外国风俗、法律和宗教。总的来说，他们和蔼可亲、彬彬有礼、值得信赖、真诚，且乐于接受理智。[196]

他们首要的城市与皇都是万象，坐落在该国中部。[197] 万象周遭为高墙，一面由大河，另一面被城壕保卫着。很远便能望见的王宫占地广阔，房舍极多，人们容易误以为它是一座市镇。在这个对称的结构中，国王的居住区以一条华丽的门道为饰，通过这道门，国王可以进入一间大厅，其侧面有许多精致的房屋。寝宫由不会腐蚀的木材建成，内外都装饰着镀金雕塑。庭院四周矗立着一排排朝廷官员住的木屋，这些木屋同样建造与修饰得极漂亮。通常朱门邸宅是“很高、颇为精巧”的木建筑，根据每人所能花费的金额进行装潢。平民与穷人住在环境恶劣、简陋的小屋里。只有僧侣才准许用砖石修建寺院与房舍。[198]

1162 与其他亚洲人相同，老挝人也相信“佛陀”（Xaca，日语）。佛陀的教义从印度东来，因此，他们的经书也用巴利语书写。老挝语称老挝的僧侣们为“菩”（Pho或父亲），或“塔拉波”，这是一种外来语，引自勃固。[199] 大多数僧侣住在寺院，许多人是乞食者。沙弥在青春伊始修行，持续至23岁。市镇的多数寺院是历史悠久的宗教机构，僧侣们在此遵循一种严格的惯常程序。其他僧侣，如丛林中的隐士则独自居住。所有僧侣永葆贞洁，否则就得辞去神职。鉴于他们的神奇力量和国王树立的宗教典范，僧侣们受到俗众的高度敬仰。国王任命大和尚（Grand Master），庇护他们，并赐封土地、完整的市镇、奴隶与仆人。他赠送他们钟爱之物，当其有过失时，甚至还替之求情，因为他害怕他们的反对。4月，当人们向“佛陀”慷慨献祭时，“塔拉波”收获最丰。[200] 此月，每天都有俗众带祭品涌入寺庙。月末，一位有名的“塔拉波”会来讲经。他立如塑像，不做手势，力劝俗众把儿子们送到寺院接受教育。其他的教义不过是禁止杀生、通奸、撒谎、偷窃和饮酒。在宗教仪式中，俗众不致谢，其祭品亦非圣礼。在特定的场合上，他们通过释放被关起来的鸟来积德。[201]

自初，佛教徒就痛斥莱里亚及其教义。莱里亚如同一位虔诚的耶稣会士，将其努力投入到转变老挝国王的宗教信仰——在老挝，谁的领土，信谁的宗教！他用老挝语撰写了一本书，讲述耶稣诞生的故事与基本的基督教信仰。当他将此书作为礼物献给国王时，僧侣与廷臣控告他企图摧毁他们的国教。1645年3月，他被传唤至法庭接受调查与审讯。国王替他说情后，莱里亚向旁人传播其书，提出老挝信仰中的八条根本性讹误。虽然国王怒斥争议，但他仍然令莱里亚书写“佛陀”的生活经历，以此比照耶稣的一生！这引发了更多的宗教批评，可是现状并没有什么改变。1647年12月2日，失望的莱里亚离开老挝，用了十五天的时间到达东京边境。[202]

根据耶稣会士的说法，国王本为军事首领，是不受限制的、独立的统治者， 1163
社会与宗教事务中至高无上的领主。全部土地都是其私人财产，犹之乎其臣民的所有亦为他的私产。无论什么均不可能在一个家庭中继承。贵族头衔不是靠出生、购买或功德获得的，实际上没有真正的贵族阶级。官员、年金和荣誉仅仅是国王赐予的。在持有者的有生之年，国王可以随意撤销其荣誉和年金，直至其殁。孤儿可以继承小额遗产或动产，但绝不是田产、房屋、贵重金属或武器。无人拥有寸土，只有僧侣能处置他们的住所。国王委派大臣将余下的土地租给耕者。耕者租赁农场，只经营三年，须交政府的佃租为三年收成的一半。

8位要员辅助国王管理事务。国王驾薨时，首席副王免除一切行政负担，任摄政王。这种时期，所有官员都要服从他，直到新国王践祚。[203]王室委员会包括老挝所设的七省总督。[204]总督的权力相当，他们通常住在宫廷，将各省及下设行政区划的日常政务留给委派的副总督处理。总督们通过朝廷管理各省财政事务与军事非务。各省用专款供养一支国民军。总督的出席以及青年侍从、求官者、猎礼者每日对国王的大献殷勤，令宫廷平添光彩。这些官员除外，宫廷人员还包括其他职业广泛的受雇者。凭借侍从在公共集会所捧礼盒的大小与形状可以区分官员的级别。“大副王”是唯一一位坐在国王身边，可以在队列中骑象的人。总督们坐在轿子里，着上等制服的持械侍从伴随，其余官员走在后面。

老挝国王自认其级别比其他统治者的弥高，甚至还称其可与中国皇帝比肩。他很少在公共场合露面，被臣民奉若隐神。所有公事，无论多么重要，皆由中间人或代言人处理。他通过扮演君主，即接受诸侯效忠的贡品来表现其权力范
1164 围。他坐在大厅的高位上接见这些进贡者，只通过他人与他们说话。老挝国王对其自由和独立感到格外自豪，他喜欢这一事实，即非常富有的暹罗与东京向中国朝贡，而他却不用。[205]

从欧洲原始文献中可以看出马六甲和马来半岛的变化形势。1629年被葡萄牙人打败后，亚齐再也不能主动干预半岛事务。1641年后，马六甲被荷兰人占领，其作为贸易中心的重要性衰落了，因为柔佛和北大年在这一区域的贸易和战争中变得益发自主与突出。荷兰人在马六甲的控制区局限在城市及其紧邻。丹皮尔相当详细地描述了它的城堡。卡雷里估计1695年马六甲人口多样化，大约有5 000名欧洲人、亚洲人和混血人。其天主教徒被迫隔离，住在城外，然而，荷兰人却容忍了在马六甲之内的异教徒，乃至穆斯林和犹太人。马六甲护卫舰在海峡巡弋，向英国之外的所有船只征税。荷兰商贾和官员们学习马来语，同半岛港口和国家的穆斯林统治者合作。马六甲北部是有敌意的米南加保人的家园。荷兰人尝试恩威并济，而非通过战争或侵占来垄断柔佛和吉打的对外商贸，尤其是后者的锡贸易。1689年，荷兰人在离丁丁岛不远的岛屿修建了一座小城堡，他们试图借此控制锡的海上运输。在海峡区域，海峡渔民生活在柔佛的管辖之下。半岛东部的北大年是人口最多的贸易中心之一，每年向暹罗进贡。

缅甸各国中，只有勃固和阿拉干在出版资料里得到详细的论述。1599—1600年，阿拉干攻克勃固后，控制了局面，直到1665年莫卧儿王朝击败其舰队，把它的官员和葡萄牙增援人员逐出“孟加拉”。1600年前后，来自印度的耶稣会士加入孟加拉湾的葡萄牙海盗，试图填补阿拉干人摧毁勃固后造成的下缅甸的权力真空。德·布里托及其支持者在沙廉建了一座城堡，成功地抵御了阿拉干舰队的报复，同时请求果阿与里斯本支援并参与他们在勃固的事业。在叙述这些海战时，葡萄牙人提供了有关武器、所涉舟楫、人员数量和城堡建设的原

始资料，细节丰富，注明日期。在寄往欧洲的信札里，耶稣会士简要地提出一
项计划，即以沙廉为基础，在马达班湾创建一个新的葡萄牙贸易帝国。他们认
为这项事业如果得到“孟加拉”葡萄牙人的支持与合作，最终将使其控制孟加 1165
拉湾东部的大多数港口，乃至沙廉北部内陆地区富庶的缅甸城市。1613 年，阿
瓦占领沙廉，两年后，阿拉干侵袭葡萄牙人操控的“孟加拉”诸岛，这些幻想
因之破灭了。

曼里克对 17 世纪 30 年代阿拉干的描述，以及 1660 年沃特·斯考顿的阿拉干记述对重构 17 世纪的历史格外有益且重要。两位欧洲作者都生动描述了进入妙乌的陆路与航道，而且评论了在阿拉干的众多穆斯林商人、工匠、日本基督徒和雇佣兵。他们还注意到阿拉干人不准出国。两人均描绘了国王接见、王室礼仪、皇家列队，以及时任国王的外貌。阿拉干的首都妙乌所辖面积与阿姆斯特丹相同，但人口较稠密，估约 16 万人。曼里克比斯考顿久留于阿拉干，他提供了朝廷官员的名字和头衔，着重谈到宫廷里的婆罗门和太监。他描画了不复存在的王宫、神龛和寺庙；他还提及尚存的摩诃牟尼佛神殿和庙宇，不过没有大量的细节。作为一位奥古斯丁会神父与传教士，曼里克对佛教的外部特征表现出特殊的兴趣，但对他所知的一些教义极端鄙视。他详述了佛教的等级制度、僧侣的誓言和修行、家庭礼仪与丧葬习俗。寺庙、偶像和宗教仪式也引起他的关注。他对佛教僧侣与俗众的慈善和宽容印象最深刻。

不过，他对国事的描写较为散漫。曼里克深深地迷上了白象及相关神话，他得出结论，也许是正确的——白象象征着执政者的合法性与至高无上的权威。他报告了 1633 年果阿与阿拉干签订协约的徒劳。在惊恐之中，曼里克描述了 1634 年的大屠杀——统治者对民众施罪，作为准备其稽延已久的加冕典礼的一部分。他参加了 1634—1635 年的加冕典礼，梯利都昙摩为 12 位诸侯加冕，从而使其擢升为帝国至尊。作为一名目击者，他能描摹各种仪式，察觉到官员的头衔是通过他们准许带的伞柄来显示的。他出席皇家宴会，观察了饮食习惯和盛上的食物。他了解到，如早期欧洲人也知道的，阿拉干国王同其姐妹合卺以葆血统的纯洁。据说，国王每年还从阿拉干的 12 省各选一名少女为妃。在阿拉干，虽然很难且极少有人彻底改变信仰，但三角洲的奥古斯丁会士还是使两位

阿拉干王子皈依了基督教。其中一位教名为堂·马丁（Dom Martin），在果阿的
1166 葡萄牙海军工作。1640年后，他在里斯本宫廷受到接见。通过斯考顿，我们得知臣民每五年向国王宣誓效忠一次，通常是在11月15日。也是这位荷兰人讨论了沙·苏查给阿拉干带来的问题，1660年，为了躲避奥朗则布的报复行为，沙·苏查逃到了妙乌。五年后，荷兰人及其他外国人撤离阿拉干，以避免卷入与莫卧儿人的战争中。

17世纪有关柬埔寨的出版物比前一世纪的少了许多，可能是因为湄公河三角洲的对外与国内的战争。书写柬埔寨的欧洲人都是难得一遇的商人与传教士，他们是在处于相对和平与恢复秩序的间隙进入该国的。他们特别提到柬埔寨主要城市的名字，开始追问吴哥的毁灭。这座城市的建造者，尤其是当地文人无法辨识碑文的真相引起了他们的好奇。在宫廷与沿着湄公河的集镇，他们看到了马来人、华人、日本人和安南人，甚至还有一支来自交趾支那的占领军。他们为三个一夫多妻的贵族阶级命名，注意到国王向所有产品征收10%的税款。传教士记述了马来人在宫廷不断提升的影响力，以及巴隆·拉嘉六世改变信仰。他们描写1658年交趾支那人占领柬埔寨，劫掠并焚毁了乌东。1666年，这支占领军所余兵士被杀，柬埔寨与交趾支那的关系完全中断。高棉文字、铸币以及当地活动如斗鸡、放风筝和马球均有论及。传教士们详细评述了佛教和在柬埔寨受尊崇的各种自然神祇。耶稣会士被柬埔寨人对基督教的无动于衷激怒了，他们视柬埔寨为进入老挝的通道。

在苏里亚旺萨统治盛世，欧洲人的两个消息来源——范·伍斯托夫和马里尼说出了与17世纪40年代老挝有关的丰富细节。两人皆提供了沿湄公河而上，从洛韦到老挝旧皇都南掌的旅行日记。他们详细描摹了孔瀑布、肯马拉湍流、中途停留的城市和分岔的旅行队路线。长期以来，耶稣会士打算从暹罗和东京进入老挝，他们寻找内部航线信息。莱里亚离去的时候，他探察了到东京的路径。老挝四周崇山环抱，湄公河及其支流浇灌着它的中心地带。据说湄公河源起云南，从老挝平原可见冰雪覆盖的西藏山脉，来自这些山脉的江水流入湄公河。据当地的资料提供者所说，老挝的历史可追溯至公元600年。人口普查显示，必要时有5 000名士兵可以征募。举国信仰以佛教为主，法律制裁十分严厉，

几乎从不存在偷窃和通奸的现象。在节日中，老挝人通过游戏、体育运动、烟 1167
花、戏剧和舞蹈展现了一个开朗、生气勃勃的民族。

但最多的注意力聚焦于宫廷、国王和政府。对首都和王宫建筑，还有觐见与队列的描写相当详细。出身军队首领的国王是绝对的统治者和土地唯一所有者。贵族阶级不拥有土地，所有官员都将一切归功于国王的恩赐。高官们遵旨授地，并将土地租给耕者，三年一赁。三年收成的一半上交给国王。佛教僧侣和寺院永久拥有并可以处理国王让与的土地和城市。除了礼物和地租，国王还获得垄断紫胶、安息香和黄金的贸易收入。国王通过一个八大臣委员会统治国家，这个委员会由“一位第二国王”（a Second King）或副王以及七省总督组成。总督们住在宫廷里，每位均委任副总督管理各省，指挥其国民军。中央政府分设三个主要机构。副王控制军队，管理首都，在新旧政权更替的过渡期任摄政王；另一位官员在南部任总督；第三位负责管理外交事务。国王任命佛教僧侣统治集团的大和尚。国王本人像隐居的神，与五位夫人一起生活。他通过中间人处理事务，绝少公开抛头露面。他认为自己与中国皇帝平起平坐，因为他不用向北京朝贡，却接受其诸侯国的贡品。

上座部佛教是除马来亚之外，所有在此评述过的沿海国家共有的要素。所有的佛教宫廷都雇佣穆斯林为士兵，这些穆斯林大多数来自马来亚，其他许多穆斯林则在此地到处经商。日本人大多是基督教难民，受雇为兵士，常住在单独的社区。婆罗门掌管阿拉干和柬埔寨的占星术和各种礼仪。来自科罗曼德尔海滨的商人在大多数港口城市，尤其是在马来亚和阿拉干地位显赫。中国商人和工匠有时为逃离满人的统治而到东南亚港口避难。每年暹罗国王派人向柬埔寨著名的神庙献礼。即便是在战争时期，香客们还是定期从东南亚所有其他佛教国家来朝拜这座神庙。与穆斯林君主和马六甲的荷兰基督徒不同，佛教徒通常会宽容外国人及其信仰。当耶稣会士莱里亚用老挝语撰写基督教信仰时，苏里亚旺萨敕令他也为佛的一生著述！

注释：

[1] 关于大陆东南亚城市出现和形成的政治与文化变化的错综复杂的细节参见 P. Wheatley, *Nagara and Commandery. Origins of the Southeast Asia Urban Traditions* (Chicago, 1983), chap.ii。

[2] 关于欧洲出版的原始资料参见 *Asia*, I, pp.493-505。同时参见 W. G. Maxwell, "Barretto de Resende's Account of Malacca," *JRAS, Straits Branch*, LX (1911), 1-24。

[3] 来自马尼拉和马六甲的传教士在柬埔寨开展工作，直至 1603 年，暹罗军队占领湄公河流域。与此同时，多明我会（Dominican）神父加布里埃尔·德·圣安东尼奥（Gabriel de San Antonio）与迭戈·阿杜阿尔特（Diego Aduarte）前往西班牙求援。参见 L. P. Briggs, "Les missionaires portugais et espagnols au Cambodge, 1555—1603," *Bulletin de la société des études indochinoises,* n.s., XXV (1950), 28-29; and Manuel Teixeira, "Diogo Veloso e a Gesta Lusiada em Camboja," in Congresso Internacional de Historia dos Descobrimentos, *Actas* (Lisbon, 1961), Vol.V, Pt.1, pp.359-61。关于圣安东尼奥的报告参见原书第三卷，第 1147-1151 页。

[4] 参见 I. A. Macgregor, "Notes on the Portuguese in Malaya," *JRAS, Malayan Branch*, Vol.XXVIII, Pt.2 (1955), p.27, n.93。

[5] 参见 J. J. L. Duyvendak, "The First Siamese Embassy to Holland," *T'oung Pao* XXXII (1936), 255-92。关于他们的抵达参见 P. Pelliot, "Les relations du Siam et de la Hollande en 1608," *ibid.*, pp.223-29。同期出版的 11 页资料描述了使臣所受到的正式接见，手册的法语标题有误：*Ambassades du Roy de Siam envoyé à l'Excellence du Prince Maurice, arrivé à la Haye le 10. Septem. 1608*。

[6]1600 年前后对亚齐的一份描述参见 Denys Lombard, *Le Sultanat d'Atjéh au temps d'Iskandar Muda, 1607—1636* (Paris, 1967), chap.i。

[7] 参见 P. G. Fernandez (trans.), *History of the Philippines and Other Kingdoms by Marcelo de Ribadeneira, O.F.M.* (2 Vols.; Manila, 1970), I, 421-22。

[8] 关于 16 世纪欧洲记述中的马来亚参见 *Asia*, I, 505-19。

[9] 16世纪初，马六甲主教区（Diocese）危机四伏。1603—1610年，堂·弗雷·克里斯托旺·德·萨·伊·里斯博阿（D. Frei Cristóvão de Sá e Lisboa）任主教期间，宗教形势有所改善。参见 Manuel Teixeira, *The Portuguese Missions in Malacca and Singapore (1511—1598)* (3 vols.; Lisbon, 1961—63), I, 188-96。

[10] 参见 A. Viegas (ed.), *Relação anual ... nos anos de 1600 à 1609 ... pelo Fernão Guerreiro* (3 vols.; Coimbra, 1930, 1931, 1942), I, 49。（此书全名为：*Relação anual das coisas que fizeram os padres da Companhia de Jesus nas suas missoes : do Japao, China, Cataio, Tidore, Ternate, Amboino, Malaca, Pegu, Bengala, Bisnaga, Madure, Costa da Pecaria, Manar, Ceilao, Travancor, Malabar, Sodomala, Goa, Salcete, Lahor, Diu, Etiopia a alta ou Preste Joao, Monomotapa, Angola, Guine, Serra Leoa, Cabo Verde e Brasil, nos anos de 1600 à 1609, e do processo da conversao e Cristianidade daquelas partes; tirada das cartas que os missionarios de la escreveram / pelo Fernao Guerreiro*。——译

者注）

[11] *Ibid*., II, 312-16. 但这只是荷兰人在殖民世界向伊比利亚人要塞发起的系列进攻之一。关于一份 1606 年围攻马六甲的类似记述参见 F. C. Danvers, *The Portuguese in India* (2 vols.; London, 1894), II, 135-37。

[12]1612 年，初版凡肯日记在法兰克福面世，德·布莱（De Bry）发行，题名为 *Pars IX Indiae Orientalis...auctore Gotardo Artusio*。此后不久，胡尔修斯（Hulsius）再版该书。现代版本也许可以在 S. P. L' Honoré Naber (ed.), *Johann Verken, Molukken-Reise 1607—1612*, NR, Vol.II 中找到。关于马六甲和柔佛的资料在第 50-63 页。有关凡肯所述柔佛的现代评论参见 E. W. Kratz, "The Journey to the Far East. Seventeenth- and Eighteenth-Century German Travel Books as a Source Study," *JRAS, Malaysian Branch*, Vol.LIV, Pt.1 (1981), p.70。其中亦有关于马来亚的资料，是英国人约翰·史密斯（John Smith）在日记和论文中记录的，直到 20 世纪才出版。史密斯在北大年受雇于荷兰东印度公司。参见 A. Hale, *The Adventures of John Smith in Malaya, 1600—1605* (Leyden, 1909)。

[13] 关于围攻马六甲以及芬塔多所起作用的最佳记述见于 C. R. Boxer and Frazão de Vasconcelos, *André Furtado de Mendoça (1558—1610)* (Lisbon, 1955)，第四章。此书附录为科托一份珍贵出版物的复制本，其题名为 *Fala que fez Diogo de Couto Guarda Mor da Torre do Tombo da India, em nome da Camara de Goa, a Andre Furtado de Mendoça, entrando por Governador da India, em successão do Conde da Feyra Dom Ioão Pereyra*。

[14] 关于使其改信伊斯兰教的努力参见 Lombard, *op. cit.* (n. 6), pp.235-39。捕捉他的是阿拉丁·里阿亚特·沙（'Ala ad-din Ri' ayat Syah，1589—1604 年在位）。

[15] 奇怪的是，似未见葡萄牙人编纂的马来语词典。德·豪特曼编著的学术版已由德尼·龙巴尔（Denys Lombard）重新发行，*et al., Le " Spraeck ende Woord-Boek" de Frederick de Houtman. Première méthode de malais parlé (fin du VIe)* (Paris, 1970)。关于此书 17 世纪的再版与改编本参见 W. Linehan, "The Earliest Word-Lists and Dictionaries of the Malay Language, " *JRAS, Malay Branch,* Vol. XXII, Pt.1 (1949), pp.183-87。

[16] Lombard *et al*:, *op. cit*. (n. 15), p.4.

[17] 戴维斯关于亚齐的记述或许可见于 PP. II, 305-24。

[18] 兰卡斯特的报告刊于 *ibid*., pp.406-28；贝斯特的报告刊于 *ibid*., IV, 137-42。

[19] 参见 Lombard, *op. cit*. (n. 6), pp.96-97; and Leonard Y. Andaya, *The Kingdom of Johor, 1641—1728* (Kuala Lumpur, 1975), pp.22-23。

[20] *Vitorias do governador da India Nuno Alvarez Botelho*. 关于对此著以及 1630 年小册子的讨论参见 C. R. Boxer, "The Achinese Attack on Malacca in 1629 as Described in Contemporary Portuguese Sources, " in J. Bastin and R. Roolvink (eds.), *Malayan and Indonesian Studies* (Oxford, 1964), pp.105-21。

[21] 这部史诗第三版（1779 年）的英译本参见 E. C. Knowlton, Jr. (trans.), *The Conquest of Malacca.*

Francisco de sa de Meneses (kuala Lumpur, 1970)。1658 年与 1779 年的两个版本在 1641 年荷兰人攻占马六甲之后出版，自然得相应地修改。

[22] 依据 Andaya, *op. cit.* (n. 19), pp.25-27, 37-38。亦参见 J. E. Hoffman, "Early Policies in the Malacca Jurisdiction of the United East India Company : The Malay Peninsula and Netherlands East Indies Attachment, " *Journal of Southeast Asian Studies*, III (1972), pp.3-38; and B. W. Andaya, "Melaka under the Dutch, 1641—1795," in K. Singh Sandhu and P. Wheatley (eds.), *Melaka*...（2 vols.; Kuala Lumpur, 1983）, I, 195-200。（P. Wheatley 编著的全名为 *Melaka : The Transformation of A Malay Capital c.1400—1980*。——译者注）

[23] 关于附加的文献详情参见原书第三卷，第 408 页。由索兰格·赫兹（Solange Hertz）译为英文版 *Rhodes of Vietnam* (Westminster, Md., 1966)。（此书全名为：*Divers voyages et missions apostoliques du P. A. de Rhodes à la Chine et autres royaume de l'Orient*。——译者注）

[24] *Gedenkwaerdige zee-en lant-reize door de voornaemste landschappen von West en Oostindien* (Amsterdam). 英文版收录于 *CV*, 1744-46 ed., II, 138-305。英文版有关马来亚部分再版于 J. J. Sheehan, "Seventeenth Century Visitors to the Malay Peninsula," *JRAS, Malay Branch*, Vol. Ⅻ, Pt.2 (1934), pp.72-78。

[25] 编校的英译本被收入 J. S. Cummins (trans. and ed.), *The Travels and Controversies of Friar Domingo Navarette* (2 vols.; "HS," 2d ser., CXVIII, CXVIX; Cambridge, 1962), pp.279-86。（*Tratatos historicos* 全名为：*Tratados Historicos, Politicos, Ethicos, y Religiosos de la Monarchia de China*。——译者注）

[26] 关于文献详情参见原书第三卷，第 542-543 页。关于他的著作和马来语研究参见 Kratz, *loc. cit.* (n. 12), pp.69, 79。

[27] 关于更多的文献详情参见原书第三卷，第 582-585 页。他的航行和有关马六甲的描述可能见于 John Masefield (ed.), *Dampier's Voyages* (2 vols.; London, 1906), II, 80-90。（丹皮尔一书的全名为：*Voyages and Descriptions*。——译者注）

[28] 再版自 1754 年丘吉尔（Churchill）的英文版本，Sheehan, *loc. cit.* (n. 24), pp.94-107。

[29] Hertz (trans.), *op. cit.* (n. 23), pp.187-91. 参阅朱斯特·斯考顿（Justus Schouten）1640—1641 年关于马六甲形势的报告，译于 *JRAS, Malay Branch*, Vol.XIV, Pt.1 (1936)，主要在第 112-113 页。阿诺德·德·弗莱明·范·奥茨霍恩（Arnold de Vlaming van Oudshoorn）是罗历山神父在马六甲时的代理驻扎官。1647 年年初，他被任命为安汶岛（Amboina）驻扎官。参见 W. Wijnaendts van Resandt, *De gezaghebbers der Oost-Indische Compagnie*...(Amsterdam, 1944), p.202。（*De gezaghebbers der Oost-Indische Compagnie*... 全名为：*De gezaghebbers der Oost-Indische Compagnie op hare buiten-comptoiren in Azië*。——译者注）

[30] 在马来亚，硝石被用于制作火药、治疗皮肤病的泥敷剂以及金匠的工作中。参见 I. H. Burkill *et al.*, *A Dictionary of the Economic Products of the Malay Peninsula* (2 vols.; London, 1935), II, 1944。

[31] 虽然在马来亚发现了火山灰和火山岩，但活火山或死火山现在均不为人所知。参见 E. H. G. Dobby, *Southeast Asia* (New York, 1951), p.90。

[32] 可能是石英晶体。参见 Burkil *et al., op. cit.* (n. 30), I, 801。

[33] 关于柔佛河地区的一幅地图参见 Andaya, *op. cit.* (n. 19), fig.5。

[34] 关于彭亨的金和铁参见 Dobby, *op. cit.* (n. 31), pp.126-27。

[35] 亦即佛教寺庙和偶像。

[36] 依据纽霍夫的陈述，载于 Churchill, *op. cit.* (n. 24), II, 167-74。从这部记述的历史参考资料，可以清晰地看到编辑者或出版机构，抑或二者在日记中增加的资料可能摘自未出版，但那时在阿姆斯特丹可获得的荷兰语报告。

[37] 根据1666年1月15日博特颁布的公告，葡萄牙神父不许在马六甲上岸。参见 Teixeira, *op. cit.* (n. 9), I, 313-14。

[38] 关于马六甲天主教徒的命运参见 W. H. C. Smith, "The Portuguese in Malacca during the Dutch period," *Studia* (Lisbon), VII (1961), 87-106。此时，天主教徒似乎已被限制在文加拉亚（Bunga-raya）。

[39] Navarrete in Cummins (trans. and ed.), *op. cit.* (n. 25), pp.281-87. 关于 17 世纪 60 年代马六甲形势的一份记述参见 W. Ph. Coolhaas, "Malacca under Jan van Riesbeeck," *JRAS, Malaysian Branch*, Vol. XXXVIII, Pt.2 (1965), pp.173-82。

[40] 麦斯特尔只比丹皮尔早三年到马六甲，他声称这座城市的水果和农产品过剩，没必要进口（*op. cit.* [n. 26], p.202）。

[41] Dampier in Masefield (ed.), *op. cit.* (n. 27), II, 83-91.

[42] 关于展示荷兰城堡与丁丁河航线的一幅地图参见 B. W. Andaya, *Perak, the Abode of Grace. A Study of an Eighteenth-Century Malay State* (Kuala Lumpur, 1979), P. xiv。城堡遗迹现在邦洛岛犹自可见。

[43] 关于总体的锡贸易参见 G. W. Irwin, "The Dutch and the Tin Trade of Malaya in the Seventeenth Century, " in J. Ch'en and N.Tarling (eds.), *Studies in the Social History of China and South-east Asia, Essays in Memory of Victor Purcell* (Cambridge, 1970), pp.267-87。

[44] 这可能是对巴葛努永君主的一个不明确的、混乱的旁注。巴葛努永位于半岛上米南加保的中心，介于蔴坡（Muar）河与彭亨河之间。纳宁在内陆，大约位于马六甲北部 8 英里处。参见 Andaya, *op. cit.* (n. 19), pp.110-12。

[45] Careri in Sheehan, *loc. cit.* (n. 24), pp.94-107. 关于早先时候提及的海峡人参见 *Asia*, I, 507-8。

[46] 关于 16 世纪欧洲人在缅甸的战争参见 *Asia*, I, 539-60。

[47] 据耶稣会士所述的勃固陷落参见 Pierre du Jarric, *Histoire des choses plus memorables*... (3 vols.; Bordeaus, 1608, 1610, 1614), I, 612-29。这一描述已被译成英语，见于 A. Saulière, S. J. (trans.), "The Jesuits in Pegu at the End of the Sixteenth Century," 刊于 *Bengal Past and Present*, XIX (1919), 64-80。（Pierre du Jarric 的葡萄牙语著述全名为：*Histoire des choses*

plus memorables advenues tant ez Indes orientales, que autres païs de la descouverte des Portugois。——译者注）

[48] 初版中有疑问的信件出现在第 63-71、75-80、80-83 页。

[49] *PP*, X, 215-17.

[50] 葡萄牙人借“Bengala”意指孟加拉湾上段与恒河三角洲的海岸地带和岛屿。阿拉干居民被称为“马格人”（“Mughs”，肇始于孟加拉语，*magh*）。

[51] Guerreiro in Viegas (ed.), *op. cit.* (n. 10), I, 44-49. 关于英译本参见 C. H. Payne (trans. and ed.), *Jahangir and the Jesuits* (New York, 1930), pp.185-93。

[52] Payne, *op. cit.* (n. 51), p.194. 一旦葡萄牙被西班牙哈布斯堡统治者取代，征服者的心态就蔓延到东方的伊比利亚帝国——菲律宾群岛、柬埔寨和孟加拉湾。其他自封的葡萄牙“国王”在孟加拉湾的松迪布（Sandwip）岛与第安加就位。德·布里托生于里斯本，为朱里奥·尼科（Julio Nicot）之子，让·尼科（Jean Nicot）之兄，让·尼科于 1559—1561 年任法国驻里斯本大使，是公认将烟草引入法国者。其母是位葡萄牙贵妇。他在印度是位盐商。由于阿拉干王国的特许，德·布里托控制了松迪布岛上的商馆。耶稣会士们十分敬重他，希望为他找到一名赞助者。参见都主教皮门塔的年度书简英译本，耶稣会士 H. 霍斯坦(H. Hosten)编，“Fr. N. Pimenta's Annual of Margão, Dec.1, 1601," *JARS, Bengal Branch*, XXIII (1927), 95-97。从苏查（Faria y Souza）起，其他不赞赏德·布里托的作者称其出身贫寒。参见苏查著，M. V. G. S. 费雷拉（M. V. G. S. Ferreira）译，*Asia portuguesa* (6 vols.; Porto, 1945—47), V, 246。这位神秘的神父，参见 M. Htin Aung, *A History of Burma* (New York, 1967), P.135。

[53] Payne, *op. cit.* (n. 51), p.194. 沙廉坐落在勃固河左岸，距其与伊洛瓦底江三角洲东部、现曰仰光河（the Rangoon River）的连接处 3 英里。

[54] 关于勃因（尊贵的长官）一职参见 V. B. Lieberman, *Burmese Administrative Cycles: Anarchy and Conquest, c. 1580—1760* (Princeton, 1984), PP.33-38。

[55] Guerreiro in Viegas (ed.), *op. cit.* (n. 10), I, 290-93；英译本见于 Payne (trans. and ed.), *op. cit* (n. 51), PP.194-200。

[56] 参见 Payne (trans and ed.), *op. cit.* (n. 51), p.262, n.1。

[57] Viegas (ed.), *op. cit.* (n. 10), I, 293-95.

[58] 在这一点上，有份德·布里托私人观察报告的摘要，这些报告关乎东吁的城市与城堡，以及东吁国王可用的部队和军火。

[59] 内格雷斯角或宝塔角（Pagoda Point）位于阿拉干最南部。此角东端在伊洛瓦底江三角洲西侧的勃生河入海口。

[60] Guerreiro in Viegas (ed.), *op. cit.* (n. 10), II, 137-41; and Payne (trans. and ed.), *op. cit.* (n. 51), pp.207-15.

[61] Guerreiro in Viegas (ed.), *op. cit.* (n. 10), II, 317-20; III, 77-84. Payne (trans. and ed.), *op. cit.* (n. 51), pp.216-40. 关于塞巴斯蒂昂·贡萨尔维斯·铁霸在第安加及其附近的活动参见 D. G.

E. Hall, *Europe and Burma...to...1886* (London, 1945), pp.36-37。（D. E. Hall 一书的全名为 *Europe and Burma: A Study of European Relations with Burma to the Annexation of Thibaw's Kingdom, 1886*。——译者注）

[62] 依据 Htin Aung, *op. cit.* (n. 52), pp.139-41; Lieberman, *op. cit.* (n. 54), pp.48-54; and V. B. Lieberman, "Europeans, Trade, and the Unification of Burma, ca. 1540—1620," *Oriens Extremus*, XXVII (1980), 217-20。这些现代著作将大部分显而易见的欧洲原始资料与缅甸的原始资料联系起来，这些资料与葡萄牙人在缅甸建立军事飞地的努力有关。然而，它们普遍没有在任何细节上谈及世俗葡萄牙人或耶稣会士的原始资料。

[63] 我们未曾见到胡安·佩雷斯（Juan Pérez）的 *Relacion muy verdadera de un caso nuevamente encedido en la India de Portugal, en que se cuento como un cavallero Portugues llamado Felipe Brito, que es governador, Y Capitan general en aquellas partes por su Magestad vencio a un Rey gentil del Pegú*（Cuenca），抑或此书的意大利语译本，*Relatione breve del tesoro grandissimo nuovamente acquistato nell' Indie Orientali di Portugallo...*(Milan and Bologna, 1614)。

[64] 关于文献详情参见原书第三卷，第 329 页。

[65] 关于葡萄牙语文本参见 M. Lopes d' Almeida (ed.), *Breve discurso em que se conta a conquista do reino de Pegu* (Barcelos, 1936)；此处引用的英语来源于 A. 麦克格雷戈（A. Macgregor）译自葡萄牙语版的文本，"A Brief Account of the Kingdoms of Pegu, " *Journal of the Burma Research Society*, Vol. XVI, Pt.2 (1926), pp.99-138。

[66] "Xenga" 不是一种缅甸头衔，而似为在海港方言流行的一个绰号，意即"好人"。参见 G. E. Harvey, *History of Burma... to... 1824* (London, 1925), p.189。安东尼·肖尔（Anthony Schorer）在其 1614 年关于科罗曼德尔的记述中谈及"斯琴甘（Schengan）处决"。参见 W. H. Moreland (ed.), *Relations of Golconda in the Early Seventeenth Century* (London, 1931), p.69。(G. E. Harvey 著述的全名为：*History of Burma: From the Earliest Times to 10 March 1824*。——译者注）

[67] Floris in *PP*, III, 326-27, 335-36. 亦参见 W. H. Moreland (ed.), *Peter Floris, His Voyage to the East Indies in the Globe, 1611—15* (London, 1934), pp.53-55, 188-89。虽然阿那毕隆轻而易举地重新赢得马达班以及暹罗控制的一些南部地区，但在 1614 年，丹那沙林王国借助暹罗雇佣的葡萄牙士兵，成功地捍卫了自己的主权。此后，阿那毕隆巩固了他在缅甸的控制权，设法复兴国际贸易。参见 Htin Aung, *op. cit.* (n. 52), pp.141-43; and Lieberman, *op. cit.* (n. 54), p.54。

[68] 这里谈及的英国商人是亨利·福瑞斯特（Henry Forrest）和约翰·斯塔维利（John Stavely）。关于他们在下缅甸的活动参见 D. G. E. Hall, *Early English Intercourse with Burma, 1587—1743* (2d ed.; New York, 1968), pp.35-43。

[69] 他们在宗教上是佛教徒，对穆斯林的禁忌不感兴趣，但对救济梅思沃尔德及其同时代的基督徒饶有兴致。

[70] 他与同父异母（或同母异父）的姐妹成亲，可以保持王室血统的纯洁性。直到 1885 年，这一习俗对缅甸国王还有效。此外，参见原书第三卷，第 1144、1165、1227 页，注释第 207 条。

[71] 可以肯定的是，这些地区人口密集，某种程度上是由于来自北方的藏缅部落持续的迁移浪潮；此外，现代缅甸的某几个国家间或是中国的附属国。在梅思沃尔德所处的时代，印度不再普遍遵奉佛教，佛教却在中国广为传播。由此产生了他有关缅甸国家宗教发轫于中国的错误臆断。许多早期的欧洲人相信中国人曾经控制了印度东部大陆的一切以及从菲律宾群岛到马达加斯加的岛屿世界。梅思沃尔德的报告最先由珀切斯在 1626 年出版。20 世纪编撰的版本参见 Moreland (ed.), *op. cit.* (n. 66), pp.42-49（这是原书第三卷引用的版本）。

[72]1653 年，他的《东印度传教记》于罗马再版。现代校勘版（in"*HS*", 2d ser., LIX）由 C. E. 卢亚德（C. E. Luard）和耶稣会士 H. 霍斯坦翻译，*Travels of Fray Sebastien Manrique, 1629—43*（2 Vols.; Oxford, 1927）；第一卷与阿拉干王国有关。亦参见 M. Collis, *The Land of the Great Image, Being Experiences of Friar Manrique in Arakan* (New York, 1943)。关于原书第三卷所引曼里克著作的评价参见 D. G. E. Hall, *A History of South-East Asia* (2d ed.; London, 1964), p.373。

[73] 参见原书第三卷，第 678-684 页有关曼里克在孟加拉和胡格利的部分。

[74] Luard and Hosten (trans. and eds.), *op. cit.* (n. 72), Vol.I, chaps.i-xi.

[75]"Pora"即阿拉干人的"帕牙"（*Hpura*），一种敬词，用于称呼特别神圣或具有尊严的人和事。佛教的塑像通常就是这样命名的。参见 H. Yule and A. C. Burnell, *Hobson-Jobson* (rev. ed.; London, 1968), pp.728-29。

[76] Luard and Hosten (trans. and eds.), *op. cit.* (n. 72), Vol.I, chaps.xii-xiii. 总是对异教徒的习俗感到不耐烦的曼里克，显然没有注意到"菩萨"是佛教的一尊偶像，他正进入一个佛教王国。参阅 the journey of Father A. Farinha, S. J., from Dianga to Mrauk-u in 1639—40。收录于 1640 年科钦耶稣会士的一份年度书简，由 H. 霍斯坦出版英译本，刊于 *ibid.*, pp.172-75。

[77] *Ibid.*, chap. xiv. 关于摩诃牟尼佛神庙的详细描写和初步规划参见 Collis, *op. cit.* (n. 72), chap. xv。

[78] 这些流动的城市随着溪河的潮汐运动壮观地前行。参见 Collis, *op. cit.* (n. 72), p.119。

[79] 缅甸语的对应词为雅比（*nga-pi*），在东南亚，这种鱼酱也被加在米饭和蔬菜中。关于雅比的调制和使用参见 J. George Scott, *Burma: A Handbook of Practical Information* (London, 1911), p.211; and S. Yoe, *The Burman, His Life and Notions* (London, 1910), pp.280-85。关于它在越南的使用参见原书第三卷，第 1259 页。参见 A. Reid, *Southeast Asia in the Age of Commerce, 1450—1680*，Vol.I, *The Lands below the Winds* (New Haven, 1988), p.29。

[80] 在游记中，"契丹"（Cathay）常被用作西藏的代名词。关于"契丹"所在位置的混淆参见原书第三卷，第 1575-1578 页。

[81] 释放被羁的鸟和其他动物是上座部佛教徒积德的一种常见方式。

[82] Luard and Hosten (trans. and eds.), *op. cit.* (n. 72), I, 124-42. 梯利都昙摩国王登上室利毱多山

（Mount of Sirigutta）顶的神庙，顶礼膜拜。参见 Collis, *op. cit.* (n. 72), p.126。

[83] 这是礼节式的施叩（*Shi-ko*）。要求双膝跪地，两手握紧，放在头顶，然后身体前倾，以额头触地。

[84] Luard and Hosten (trans. and eds.), *op. cit.* (n. 72), I, 142-63.

[85] 关于“Quiay”始自“上帝”参见 S. R. Dalgado, *Glossário Luso-Asiático* (2 vols.; Coimbra, 1919, 1921), I, 236。

[86] 这位王后推囊（Htwe Naung）女士，自 1622 年来，为高高在上的孀居贵妇。参见 Collis, *op. cit.* (n. 72), p.175。关于基督教奴隶参见 V. B. Lieberman, “The Political Significance of Religious Wealth in Burmese History: Some Further Thoughts, ” *Journal of Asian Studies*, XXXIX (1980), 761。

[87] Luard and Hosten (trans and eds.), *op. cit.* (n. 72), I, 163-204.

[88] M. S. 科力斯（M. S. Collis）在 20 世纪调查了这座古老城市的毁灭，认为此估算是“相当可能的”。参见他的文章“The City of Golden Mrauk-U,”载于 *Journal of the Burma Research Society*, XIII (1923), 245。

[89] 尽管它距海 60 英里，但当时远洋航行的最大船只可以溯河而上，进入妙乌的码头（*ibid.*, p.244）。

[90] 这些是 1599—1600 年阿拉干王国打败东吁时，暹罗人获得的一部分赃物。

[91] Luard and Hosten (trans. and eds.), *op. cit.* (n. 72), I, 205-20. 亦参见附带的妙乌规划，由科力斯发表的著述复制而来，与原书第三卷（注释第 88 条）所引其文有关。

[92] 关于缅甸的现代僧侣等级制度参见 M. E. Spiro, *Buddhism and Society. A Great Tradition and Its Burmese Vicissitudes* (New York, 1970), pp.310-11。

[93]《律藏》（*Vinaya*）强调独身，现代缅甸人视之为最基本的僧侣道德。虽然不多，但违者还是被逐出他们的阶层。参见 *ibid.*, pp.366-69。

[94]“Xoxom”可能是锡唐（Sitthaung）的一个讹词。在曼里克时代，阿拉干的僧王（primate）也是锡唐寺的住持。

[95] 对于修道院里初级教育的生动描述参见 Scott, *op. cit.* (n. 79), pp.366-67。

[96] 关于他们的好客和慷慨参见 Spiro, *op. cit.* (n. 92), pp.351-52。

[97] 关于在森林隐修处与世隔绝的僧侣参见 *ibid.*, p.54。

[98] 关于每日的家庭仪式参见 *ibid.*, pp.209-10。

[99] 关于保护仪式参见 *ibid.*, pp.151-53。

[100] Luard and Hosten (trans and eds.), *op. cit.* (n. 72), I, 220-31. 在这部分，曼里克看来是借用了门德斯·平托的描述，却无致谢。关于平托参见 *Asia*, I, 554-56。关于现代缅甸的佛教葬礼仪式参阅 Spiro, *op. cit.* (n. 92), pp.248-54。在这段对佛教盛行的描写之后，曼里克记述了一个纪念亡者的节日，他称之为“满月节”（Sansaporace）。这个节日令人困惑地将佛教与印度教习俗结合起来，它似乎完全来自平托对他早些时候在东吁观察到的节日的描绘。

[101] 科力斯（Collis, *op. cit.* [n. 72], p.157）认为这头白象是 1563 年缅甸人从暹罗带回的 4 件战利品之一。

[102] 很少有人知道崇拜白象的起因。它看来是肇端于印度教；至少在佛教宫廷里，通常是由婆罗门照管白象。因此，白象被认为是无可争议的王权和全世界最高权威的象征。例如，当明耶娑只国王回到阿拉干时，他得意洋洋地炫耀铸造的勋章，宣称他是“白象的主人”。参见 *ibid.*, pp.157-60。曼里克对有关白象的缅甸传说所作摘要冗长、混乱，关于这一摘要参见 Luard and Hosten (trans and eds.), *op. cit.* (n. 72), I, 238-75。

[103] Luard and Hosten (trans. and eds.), *op. cit.* (n. 72), I, 276-321 *passim*. 两位王子中年长者于 1619 年受洗，取教名堂·马丁（Dom Martin）。他在果阿的葡萄牙海军基地服役，1640 年后一度在里斯本王宫受到国王若昂四世接见。亦参见 M. S. Collis and S. S. Ba, “Dom Martin, 1605—1643, the First Burman to Visit Europe,” *Journal of the Burma Research Society*, Vol. XVI, Pt.1（1926），pp.11-23。

[104] Luard and Hosten (trans. and eds.), *op. cit.* (n. 72), I, 322-50.

[105] *Ibid.*, pp.351-61. 关于这段恐怖的历史参见 Collis, *op. cit.* (n. 72), pp.210-16。关于它可能确有其事参见 Harvey, *op. cit.* (n. 66), p.144, n.317。

[106] 那时阿拉干被分为 12 省，每个省由一名总督管制。只要梯利都昙摩国王意识到他打算成为有诸侯的皇帝，那么，每位总督就不得不升至王位。参见 Collis, *op. cit.* (n. 72), pp.219-20。参见 R. HeineGeldern, “Concepts of State and Kingship in Southeast Asia,” *The Far Eastern Quarterly*, II (1942—43), 15-30。

[107] 也许是在宫廷负责所有国家仪式的婆罗门。Collis, *op. cit.* (n. 72), p.220.

[108] 如今，这些宫阙的遗迹已消失殆尽。参见 *ibid.*, p.229。

[109] 在东方的礼仪场合，有生理缺陷的人常被视作不祥之兆。

[110] 这一情节以 1638 年梯利都昙摩国王被杀告终，关于其后端详参见 Collis, *op. cit.* (n. 72), chap. xxx。

[111] 锡唐寺的宝塔构造至今尚且完好无损地保存着。参见 *ibid.*, p.229。关于宝塔外部的照片和内部的雕刻墙体参见 *Report of the Superintendent, Archaeological Survey, Burma* (Rangoon, 1921), Pl.I, figs, 1-2。

[112] 一条所谓的精神之路。

[113] 关于官员各式各样的伞参见 S. Yoe, *op. cit.* (n. 79), pp.409-10。实际上，一个人的阶层或地位可凭借伞柄的式样加以区别。

[114] Luard and Hosten (trans. and eds.), *op. cit.* (n. 72), I, 362-92.

[115] 依据 Hall, *op. cit.* (n. 72), pp.357-62, 375-79。

[116] 关于文献详情参见原书第三卷，第 496-497 页。随后依据的是斯考顿的再版著作，名为 *Reistogt naar en door Ostindien* (two parts, 4th ed.; Amsterdam, 1780)。斯考顿有关阿拉干记述的概要载于 A. F. Prevost (comp.), *Histoire générale des voyages* (16 vols.; Paris, 1764—91), XI, 277-85。

[117] 关于这个队伍的详细描述译自《日记》(*Daghregister*)，参见 D. G. E. Hall, “Studies in Dutch

Relations with Arakan," *Journal of the Burma Research Society*, Vol. XXVI, Pt.1（1936), p.21。

[118] 这就是被称为僧陀都昙摩的国王（Sandathudamma，1652—1684 年在位），阿拉干王朝最有名的一位统治者，荷兰人的盟友。关于僧陀都昙摩的简短传记参见 J. M. Maring and E. G. Maring, *Historical and Cultural Dictionary of Burma* (Metuchen, N. J., 1973), p.212。

[119] 参见妙乌计划，载于 Collis, *op. cit.* (n. 72), p.145。亦参见我们的图，第 207 幅。

[120] 坐落于妙乌的东部，城堡用于抵御缅甸人的入侵，参见 *ibid.*, p.144。

[121] 这位王子是沙 · 苏查（Shah Shujah），被废黜的沙 · 贾汗（Shah Jahan）的次子。自 1637 年以来，苏查为孟加拉统治者，他抵制了其弟奥朗则布（Aurangzib）的篡权，1660 年被米尔 · 朱木拉（Mir Jumla）击败。关于这些事件参见原书第三卷，第 704-705 页。

[122] Schouten, *op. cit.* (n. 116), Pt. I, pp.103-56. 对苏查造成问题的详述见第 122-145 页。

[123] 关于 16 世纪伊比利亚人在柬埔寨参见 *Asia*, I, 309-12，565-70。亦参见 C. R. Boxer, "The Spaniards in Cambodia," *History Today*, XXI（1971), 280-87; and D. P. Chandler, *A History of Cambodia*（Boulder, Colorado, 1983), pp.80-87。

[124] 参见西班牙语文本，再版于 P. G. Fernandez (trans.), *op. cit.* (n. 7), I, 169, 181-82。杜 · 科托可能比里瓦德内拉更早描述吴哥。20 世纪，他的文章首先由 B. P. 格罗利耶（B. P. Groslier）与 C. R. 博克舍（C. R. Boxer）刊于 *Angkor et le Cambodge au XVIe siècle d'après les sources portugaises et espagnoles* (Paris, 1958), pp.68-74。

[125] 原版已被复制并译为法语，载于 A. Cabaton (trans. and ed.), *Brève et véridique relation des événéments du Cambodge par Gabriel Quiroga de San Antonio* (Paris, 1914)。关于卡巴通（Cabaton）版本的评论参见 Groslier and Boxer, *op. cit.* (n. 1244), pp.84-86。

[126] 他的《占婆、柬埔寨、暹罗、交趾支那及其他东方国家之征服》（*Conquista de Champan, Camboja, Siam, Cochinchina y otros paises de Oriente*）被译为法语，载于 A. Cabaton (ed.), Le mémorial de Pedro Sevil (de Guarga) à Philippe III...*Bulletin de la commission archéologique de l'Indochine* (Paris, 1914—16), pp.1-102。圣安东尼奥似乎也蒙克里斯托弗 · 德 · 雅克（Christobal de Jacque）深恩，后者是另一位活跃于巴利亚多利德的柬埔寨老兵。他写于 1606 年的回忆录在被收入 H. Ternaux-Compans, *Archives des voyages* (Paris, 1840—41), pp.241-350之前，从未出版过。格罗利耶及博克舍同上书注释第 124 条，第 84-87 页得出结论：其文本实际上和圣安东尼奥的相同，与卡巴通的观点相反，他们认为圣安东尼奥可能大量借用了雅克的著作。格罗利耶和博克舍还将圣安东尼奥文本的讹舛归因于这位多明我会神父所做的补充，这些补充也许来源于里瓦德内拉的《东方诸国志》。

[127] 关于莫尔加及其著作参见原书第三卷，第 326-328 页。

[128] 参见 J. S. Cummins (trans.and ed.), *Sucesos de las islas Filipinas by Antonio de Morga* ("HS," 2d ser., CXL; Cambridge, 1971), pp.18, 27。关于阿亨索拉《马鲁古群岛之征服》的文献详情参见原书第三卷，第 311-312 页。

[129] 关于文献资料参见原书第三卷，第 342-343 页。

[130] 关于整个 17 世纪在柬埔寨的葡萄牙耶稣会士名单参见 Teixeira, *op. cit.* (n. 9), I, 436。

[131] 参见原书第三卷，第 378-379 页。对柬埔寨的简短描述在嘉尔定的《日本教省报告》（巴黎，1645—1646 年）法译本，第 179-180 页。

[132] San Antonio in Cabaton (trans. and ed.), *op. cit.* (n. 125), p.94. 在印度支那的葡萄牙人定期贸易之滥觞大约可追溯到 1525—1530 年间。参见 P. Y. Manguin, *Les Portugais sur les côtes du Viêt-Nam et du Campā: étude sur les routes maritimes et les relations commerciales, d'après les sources portugaises* (*XVIe, XVIIe, XVIIIe siècles*) (Paris, 1972), p.184。

[133] Cardim, *op. cit.* (n. 131), p.179. 早期作者关于这些边界的描述不精确。

[134] 6 月至 10 月的洪水季节，由于湄公河的沉积物，其支流与河水就会逆流至洞里萨湖（Tonle Sap）。参见 *Dobby*, *op. cit.* (n. 31), p.301。圣安东尼奥（卡巴通的版本，引自注释第 125 条），第 94 页，以及 B. Leonardo y Argensola, *Conquista de las islas Malucas* (Zaraqoza, 1891), p.213，他们对这种现象的解释可能肇端于加斯帕尔 · 达 · 克路士（Gaspar da Cruz）。参见 *Asia*, I, 566。

[135] San Antonio in Cabaton (trans. and ed.), *op. cit.* (n. 125), p.95. 依据格罗利耶及博克舍，同上书，注释第 124 条，第 100 页，Srei Santhor 的意思并非“大村庄”。可能是圣安东尼奥谈及其他几个意为“大城市”的名字时混淆了。Cardim, *op. cit.* (n. 131), p.179，他们断言柬埔寨的首要城市名为“Rauecca”或皇城。

[136] San Antonio in Cabaton (trans. and ed.), *op. cit.* (n. 125), p.95, and Argensola, *op. cit.* (n. 134), pp.213-14. 这种鱼可能是 *Scumber thunina*。关于对柬埔寨自然资源的这些断言的评价参见 Groslier and Boxer, *op. cit.* (n. 124), pp.152-54。

[137] Fernandez (trans.), *op. cit.* (n. 7), pp.169, 181-82; Cabaton (trans. and ed.), *op. cit.* (n. 125), pp.96-97; Argensola, *op. cit.* (n. 134), pp.214-15. 一份描述也被收录于 João dos Santos, *Ethiopia Oriental*...(Evora, 1609), pt.II, Bk.2, chap.vii, fols.39v-40r。关于这些葡萄牙语文本和西班牙语文本的法译本参见 Groslier and Boxer, *op. cit.* (n. 124), pp.75-80。Cardim, *op. cit.* (n. 131), p.179，他们都谈到这座伟城的毁灭，与传统说法不同的是，他们认为这座城市是由古罗马人建造的。（João dos Santos 著述的全名为：*Ethiopia Oriental e varia historia de covsas notaueis do Oriente*。——译者注）

[138] 他们的资料来源以及他们相互之间的关系参见 Groslier and Boxer, *op. cit.* (n. 124), pp.81-89。圣安东尼奥犯的错比其他人多。

[139]1432 年前后，吴哥遭废弃，1550 年左右重新被发现。1570 年后，国王萨塔（Satha，1576—1596 年在位）在吴哥遗址附近修建了王宫。1593 年前，宫廷被迁至洛韦。参见 *ibid.*, p.23。

[140] 吴哥有这样雕像的说法可能是个讹误。参见 *ibid.*, pp.91-92。

[141] 在吴哥通城（Angkor Thom）的水道上，王宫的地址靠近佛寺吴哥窟（Angkor Wat）。参见 *ibid.*, p.101。圣安东尼奥声称王宫坐落于湄公河，他将湄公河误认为暹粒河（river of Siemreap）。

[142] 关于与中国的这些联系参见 *ibid.*, pp.84, 88。

[143] 他们的头衔与变化由莫尔加提供，载于 Cummins (trans. and ed.), *op. cit.* (n. 128), pp.125-30, and by San Antonio in Cabaton (trans. and ed.), *op. cit.* (n. 125), p.98。关于他们高棉人的对应头衔参见 Groslier and Boxer, *op. cit.* (n. 124), p.156。（Chau decho 意为“掌权人”，chau ponhea 即“村长”，现为 ecAsgáat，即“区长”。——译者注）

[144] 关于这些有点特别的轿子参见 Groslier and Boxer, *op. cit.* (n. 124), pp.156-57。

[145] 关于他们传统书写方式的细节参见 E. Aymonier, *Le Cambodge*（3 vols.; Paris, 1900—1904）。1600 年前，柬埔寨人就使用了中国纸。参见 Reid, *op. cit.* (n. 79), p.228。

[146] 通过吴哥通城皇家大象露台的著名浅浮雕，他们在古柬埔寨打马球的说法得到证实。参见 Groslier and Boxer, *op. cit.* (n. 124), p.161。参照打槌球（*ti-khi*），在老挝玩的一种具有仪式功能的曲棍球。

[147] 在柬埔寨，至今还有人放飞带着一捆或三捆竹线的风筝。参见 *ibid.*, p.161, n.4。

[148] 金边博物馆拥有许多钱币，它们与这些描述正好一致。参见 *ibid.*, p.163。

[149] 一份正确但不完整的名单。参见 *ibid.*, p.159, n.2。

[150] 不友善的多明我会神父圣安东尼奥相信最后一项誓言对他们来说易于遵循，因为他们中一些人热衷于不洁的性行为方式。

[151] 关于这种吟唱参见 Groslier and Boxer, *op. cit.* (n. 124), p.160。

[152] 关于柬埔寨人的这些风俗参见 San Antonio in Cabaton (trans. and ed.), *op. cit.* (n. 125), pp.98-100。

[153] Fernandez (trans.), *op. cit.* (n. 7), I, 441.

[154] Cummins (trans. and ed.), *op. cit.* (n. 128), pp.119-20. 随这封信而来的是另一封写给莫尔加的信，它来自瑞兹（Ruiz），详述了柬埔寨战争期间伊比利亚人的冒险活动，并被复制为莫尔加的历史的一部分，载于 *ibid.*, pp.120-135。（Treang 在茶胶省。——译者注）

[155] *Ibid.*, pp.211-12; and Aduarte in *BR*, XXXI, 175-80.

[156] Aduarte in *BR*, XXXII, 172. 国王是波尼·笃（Ponhea To，1628—1630 年在位）；他统治的时期正值交趾支那的越南人向南扩张，柬埔寨开始从海上受到孤立。

[157] Cardim, *op. cit.* (n. 131), pp.180-82. 这些耶稣会士已使一位在东京的老挝特使改变信仰，该特使回国时，说服他的主上，让他出函邀请耶稣会士到老挝。嘉尔定写作时，乔万尼·玛丽亚·莱里亚（Giovanni Maria Leria）正在前往老挝的途中，他是首位到那里尽责的耶稣会士。马里尼对耶稣会日本教省活动的总结中（1663 年）报告了他在这六年间（1642—1647 年）的传教活动。参见原书第三卷，第 1157、1159-1164 页。

[158] 关于对在柬埔寨的荷兰东印度公司的一次完整的讨论参见 W. J. M. Buch, “La Compagnie des Indes Néerlandaises et l' Indochine,” *Bulletin de l'école française d'Extrême-Orient*, Vol. XXXVII, Pt.1 (1937), pp.195-237。参见我们的图，第 206 幅。

[159] 参见 D. K. Bassett, “The Trade of the English East India Company in Cambodia, 1651—1656,”

JRAS (1962), pp.35-61。

[160] 参见原书第三卷，第 489-490 页。整份报告载于 Hendrik P. N. Muller (ed.), *De Oost-Indische Compagnie in Cambodja en Laos* ("WLV," XIII; The Hague, 1917)。亦参见 Aymonier, *op. cit.* (n. 145), III, 772-73。

[161] 这位"老国王"可能是帕 · 乌迭（Preah Outei），由于年轻王子与国王们争夺权力，他便充当摄政王的角色。参见 Aymonier, *op. cit.* (n. 145), III, 770。

[162] 依据 Castelyn in Muller (ed.), *op. cit.* (n. 160), pp.11-27。亦参见 Buch, *loc. cit.* (n. 158), pp.213-19。

[163] 参见原书第三卷，第 1152 页，注释第 157 条。

[164] 参见 H. Chappoulie, *Aux origines d'une église. Rome et les missions d'Indochine au XVIIe siècle* (Paris, 1943), I, 167-68。

[165] *Della missioni*, pp.389-406；参见原书第三卷，注释第 175 条。1664 年石嘉乐有关柬埔寨的书札于 1670 年单独成册出版。参见 Streit, V, 620-21。

[166] 当主教空缺时，在亚洲的葡萄牙人任命一位驻扎官为副主教。

[167] 也许是 1660 年石嘉乐返回乌东后，目睹了其 1664 年书简，书简引自原书第三卷，注释第 165 条。谢弗勒伊说这位博学者更喜欢澳门的大学，而不是柬埔寨丛林。参见 Chappoulie, *op. cit.* (n. 164), pp.187-88。

[168] *Ibid.*, pp.188-89,303.

[169] Pp.93-110. 这份记述在罗马连缀而成，它还包括摘自马里尼著作的背景性资料。关于书目的历史参见原书第三卷，第 383 页。

[170] 这是指吴哥窟的圣剑寺（Preah Khan），一个最神圣的佛教场所吗？参见 Ly Kim Long, *An Outline of Cambodian Architecture* (Varanasi, 1967), pp.36-37。在 1657 年荷兰人的书札中，也同样谈及从吴哥窟到金边，路上要花十天的时间。参见 Muller(ed.), *op. cit.* (n. 160), p.360。关于对谢弗勒伊所谈事件的讨论参见 Groslier and Boxer, *op. cit.* (n. 124), pp.131-32。

[171] 豪威尔（Howell）是拉尔夫 · 兰顿 · 韦斯特肯（Ralph Lambton Verstecken）的英语化名字。参见 J. Anderson, *English Intercourse with Siam in the Seventeenth Century* (London, 1890), p.322。

[172] Dampier in Masefield (ed.), *op. cit.* (n. 27), II, 36-38.

[173] 参见 *Asia*, I, 523, 565。

[174] 其名为 *Vremde geschiedenissen in de konninckrijcken van Cambodia en Louwen-Lant, in Oost-Indien*。卡斯特林的编撰，连同范 · 伍斯托夫的全部日记以及其他同时代的文献再版于 Muller (ed.), *op. cit.* (n. 160)。卡斯特林未出版的日记节选，还有范 · 伍斯托夫的经历概要见于 Paul Lévy, "Two Accounts of Travels in Laos in the Seventeenth Century," in René de Berval (ed.), *Kingdom of Laos. The Land of the Million Elephants and of the White Parasol* (Saigon, 1959), pp.50-59。1866—1873 年，弗朗西斯 · 安邺（Francis Ganier）及其小组成员在考察湄公河

地区之前，仔细查阅了范·伍斯托夫的记述。参见他的“Voyage lointian aux royaumes de Cambodge et Laowen par les Néerlandais et ce qui s'y est passé jusqu'en 1644,” *Bulletin de la société de géographie de Paris*, 6th ser., Vol.II (1871), pp.249-89。

[175]《耶稣会神父日本教省传教记》(*Delle missioni de' padri della Compagnia di Giesu nella Provincia del Giappone ...*）这本书很快用意大利语再版，并被译为法语。关于更多的文献详情参见原书第三卷，第 382-383 页。

[176] 参见 G. Coedès, *The Making of South-East Asia,* trans. H. M. Wright (Berkeley, 1967), pp.104-5。

[177] 这里还是边境。

[178] 可能是出夏节（*Boun Ok Vassa*），或者是大斋节的尾声，全民欢庆的一段时间。参见 Frank LeBar and A. Suddard (eds.), *Laos, Its People, Its Society, Its Culture* (New Haven, 1963), p.58。

[179] 暹罗的习俗尊重信札甚于信使，参阅原书第三卷，第 1191-1192 页。

[180] 根据老挝的编年史，当时国王 28 岁。参见 Lévy, *loc. cit.* (n. 174), p.57。

[181] 一种下级廷臣的旧官职，相当于现在的县长（Panga）官衔。

[182] 简言之，国王是在建议每年的进贡任务。

[183] 依据 Van Wusthof in Muller (ed.), *op. cit.* (n. 160), pp.28-29。接见厅的描述几乎被逐字译为英语，刊于 Lévy, *loc. cit.* (n. 174), pp.54-56。然而，译文有纰缪，当慎用。

[184] 关于这种传统政府的三权分立，参阅 LeBar and Suddard (eds.), *op. cit.* (n. 178), pp.116-17。

[185] 黄金采自波罗芬高原(Boloven Plateau)，直到 19 世纪中期矿石被开采殆尽。参见 *ibid.*, p.211。

[186] Van Wusthof in Muller (ed.), *op. cit.* (n. 160), pp.42-52.

[187] 关于耶稣会士进入老挝的努力以及莱里亚在那里的航行参见 Marini, *op. cit.* (n. 175), pp.492-503。

[188] 事实上，湄公河源起西藏边境。许多关于河流起源与流向的问题还悬而未解，“因为据我们所知，还无人看到或跟踪其上流河段所有奇异的峡谷”。引自湄公河项目的官方出版物，刊于 M. Osborne, *River Road to China. The Mekong River Expedition, 1866—1873* (New York, 1975), p.240。

[189] 如今，湄公河成为老挝与泰国的边界线。在 17 世纪，湄公河西岸，或现为泰国东北部的大片地区处于老挝的控制之下。

[190] Marini, *op. cit.* (n. 175), pp.444-47, 536-40.

[191] *Ibid.*, p.456. 关于老挝起源的传统和神话参见 LeBar and Suddard (eds.), *op. cit.* (n. 178), pp.7-9。有记载的历史始于 14 世纪中叶。

[192] Marini, *op. cit.* (n. 175), p.445. 关于现代老挝的部落群参见 Peter Kunstadter (ed.), *Southeast Asian Tribes, Minorities, and Nations* (2 vols.; Princeton, 1967), I, 241-42。

[193] Marini, *op. cit.* (n. 175), p.447. 可能是指狭窄的洪泛区桑怒（Samneva）省及其湿米地。参见 LeBar and Suddard (eds.), *op. cit.* (n. 178), p.26。

[194] Marini, *op. cit.* (n. 175), p.449. 即老挝语鱼露(*padek*)，发酵的鱼酱。不管它的当地名字叫什么，

东南亚各地人都使用它。

[195] *Ibid*., p.454. 参阅 LeBar and Suddard (ed.), *op. cit*. (n. 178), p.11 讨论的 1376 年人口普查。此处所指的人口普查可能发生在 1637 年，苏里亚旺萨登基后不久。

[196] Marini, *op. cit*. (n. 175), pp.451-52, 454.

[197] 16 世纪中叶，该城已成为老挝国都。后来，为了纪念尊敬的金佛勃拉邦（Pra Bang），旧都南掌易名为琅勃拉邦。

[198] Marini, *op. cit*. (n. 175), pp.449-50.

[199] 其来源鲜为人知，但一些语言学家认为它来自勃固语 *tala*，“主”，或 *poin*，“财富”。参见 Yule and Burnell, *op. cit*. (n. 75), p.891。

[200] 此乃新年庆典。参阅这份描述，载于 LeBar and Suddard (eds.), *op. cit*. (n. 178), pp.56-57。

[201] Marini, *op. cit*. (n. 175), pp.465-92.

[202] *Ibid*., pp.492-540. 1649 年，莱里亚继续前往澳门之前，他在东京住了大约一年。1665 年，他在澳门辞世。

[203] 西方文献称这位官员为“第二国王”。参见 LeBar and Suddard (eds.), *op. cit*. (n. 178), p.11。

[204] 可能是由有王室血统的王子们担任总督。“第二国王”不一定要有王室血统。参见 *ibid*.。

[205] Marini, *op. cit*. (n. 175), pp.456-60. 老挝编年史证实了这一有关独立的断言。参见 Lévy, *loc. cit*. (n. 174), p.67, no.13。

第十五章　暹罗 1168

当葡萄牙人在马六甲采取守势，下缅甸一片混乱之际，阿瑜陀耶帝国（暹罗）从16世纪由怀有敌意、挑衅邻国而致的兵燹中复苏了。[1]作为国际贸易的一个中心，长期以来，阿瑜陀耶帝国在受中国控制的亚洲国家体系和国际帆船贸易中发挥着重要的作用。它吸引了商人和远自日本与欧洲的航运，尤其是那些渴望在大城商业中心购买中国商品者。就阿瑜陀耶王朝本身来说，它已向葡萄牙人收购火器，并从日本进口了其他武器。它的贸易船只来源地在印度到菲律宾群岛之间，范围相当广泛。“黑王子”纳黎萱（Naresuan）不久便成为帕那莱（Phra Naret，1590—1605年在位），1580年前后，在他的指挥下，人们开始重新建立一个独立的暹罗。纳黎萱最先派了一支外交使团到中国，努力获得北京对其新兴的独立运动的资助。与此同时，暹罗加强了武装力量，并对柬埔寨高棉人发动代价更大的周期性袭击。纳黎萱违抗他的缅甸宗主国君主，于1590年自封为阿瑜陀耶国王。1593年，纳黎萱成功抵御缅甸人的末次进犯，保卫其国，之后，他在柬埔寨、孟加拉湾、丹那沙林和土瓦的缅甸省打了几场战役，捷报频频。在保卫内陆边界的同时，纳黎萱继续维持并扩大与欧洲和亚洲的贸易伙伴关系，甚至还在1598年与西班牙殖民地马尼拉缔结了条约。[2]

1169 1512 年，开始在暹罗经商的葡萄牙人控制了欧洲与中国和日本的贸易，直到 16 世纪最后十年。随着 1565 年后马尼拉的崛起，以及定期跨太平洋贸易的发展，葡萄牙人的垄断局面被瓦解了。长久卷入东海帆船贸易的菲律宾群岛，而今成为西班牙人从事商业、军事和传教活动的一个跳板。在马尼拉和西班牙，一场是否要利用泰—柬战争而派军队远征印度支那的争辩持续着，尤其是 1580 年西班牙和葡萄牙的国王们达成联盟之后。当葡萄牙多明我会修士和西班牙方济各会修士到暹罗工作时，他们陷入大陆战争的漩涡，并侥幸逃命。1593 年，暹罗击溃勃固，它一重新获得独立，方济各会的新代表团就奉使大城，尽力令马尼拉与暹罗的关系更为稳固。

第一节　伊比利亚人与荷兰人的记述

在与几位方济各会会友通讯的基础上，马塞洛·德·里瓦德内拉将一份暹罗简述收进其《东方诸国志》（1601 年）中。16 世纪，葡萄牙人出版了诸份对泰国君主政体的描述，此书很少有超出或明显修改这些作品的内容。里瓦德内拉报告了种种国家仪式和接见柬埔寨使节的场景，但他写得最出色的是 16 世纪末的阿瑜陀耶首都。[3] 它是个大“湖岛……可由环绕的通航河流进入”。[4] 水泥砖砌成的高墙与哨塔同高，加固了河岸线。城墙上“约有 800 门火炮”，
1170 保卫着河岸一带的安全。河流泛滥，整座城市被洪水淹没的时间“至少有半年”，这进一步加强了防御，使城市在那段时期免受围困或攻克。大城的远处展现了一系列“塔和雕有各种银像的镀金宝塔”。虽然寺庙和宫掖全是“宏伟的建筑”，平民却住在简陋的茅屋中。周遭的河流可见来自中国、澳门、马六甲、北大年、爪哇和婆罗洲的船只。几乎每个城市居民“都至少拥有一条船，多数有几艘大船”，用以从事贸易。负责外国来访者的官员是位归化的华人，他自己就有许多贸易商船。暹罗出口棉线、巴西苏木、银、铅和鹿皮。虽然杀鹿有罪，但鹿群还是在干季，从山林下平原吃草的时候遭围猎。鹿肉受腌，鹿皮被鬻。暹罗人也在其他野生动物大象、老虎、犀牛和山羊来到平原的时候，捕获

并宰杀它们。[5]

暹罗饱学之士讲述了一个传说，即他们最早的国王之一是如何从柬埔寨的大荒漠而来，带给他们宗教信仰与修持的。享受了婚姻大喜之后，这位国王弃世遁隐，在山中诵经、苦修。过了一段时间，他返回城池，传授僧侣以下六条戒律：尊崇偶像、绝不杀生、绝不偷盗、绝不撒谎、绝不与外国女子同居、不饮酒或沉湎酒色。在中国和日本，这位伟大的国王名为佛陀，但在暹罗，他被称作“Perdeneab”和其他各种名字。[6] 他的所有教义与启示为“受教育者和僧侣之密藏”。三种主要的宗教阶层是：隐修者；住在社区里的和尚，他们遵从一种规则，并求乞食物；静默的冥想者。这些和尚的职责是照顾与安抚病人、祭奠、集体诵经。所有住在寺院里的人均在一位上司或僧侣统治集团其他成员的监视下，遵循每日的惯例。他们如兄弟般彼此关心，尊敬长者和地位高者。通常是一位僧友为另一位剃发，小和尚会因为长老为其削发而感到格外荣幸。

暹罗“唯一有价值的科学”是与阅读和书写有关的技艺。宗教、世俗历史和文化书籍的撰写简单，通俗易懂。学习法律“只是少数学者尊崇”的科目。[7] 男孩与年轻男子，无论平民还是贵族，都在最初两个等级学习；由专门的学校 1171
教授法律，“只有少数精选生才可以进入”这所学府。人们将多数宗教资料精心手书于大棕榈叶上，用上光的镀金镶边。来自勃固、北大年、柬埔寨、中国、交趾支那和日本的外国学生也在他们的寺庙学堂接受教育。受过教育的年轻人，即便是平民，均有权选择是否为了僧职留在寺院做沙弥。社会各阶级都很尊重并遵从僧职人员，甚至宽容那些为躲避法律惩罚或追求生活稳定而逃到寺庙的人。供养寺院与僧侣是“每一位市民应尽的义务”。进入寺庙时，暹罗人“把他们的双手放在肩上，左右摇摆头部”，以示尊敬。当方济各会修士被告知暹罗无需新的法律或宗教时，基督教托钵修会修士则受到俗众与僧众的优待。基督徒获准从事宗教活动，一如穆斯林被准许教授《古兰经》，犹太人可以学习《摩西律法》。大多数犹太人与暹罗女子结婚，建立他们自己的犹太教堂。[8]

帕那莱与欧洲人建立了贸易关系，其弟厄迦陀沙律（Ekathotsarot）继位（1605—1611 年在位），实际上是和帕那莱联袂统治国家。新国王继承了一个稳固的强国，很快便遣使果阿，以期与葡萄牙人建立更密切的联系。长期以来，耶稣会士一直关注在大城的日本皈依者，1606年，他们派巴尔塔萨·塞奎拉神父（Father Baltasar Sequeira，1551—1609年）从印度圣多默（San Thomé）到暹罗。1607年3月，巴尔塔萨·塞奎拉神父抵达大城，他留在那里的时间略长于两年半。[9] 与首位耶稣会士活动有关的消息最先由刊于格雷罗文集的信柬转至欧洲。塞奎拉实地勘察，以决定是否可以在大城建立一个富有成效的传教区。他与“塔拉波”（佛教僧侣）面谈，了解他们的信仰，观察他们的宗教队伍和殡葬，研究寺庙的“奇特建筑”。国王两度亲切接见了他，并再三保证葡萄牙商人和耶稣会士在大城将继续受欢迎。基于这些经历，塞奎拉推断这片土地看来地广人稠，是播种福音的“温床”。然而，耶稣会士并没有因为这份有利的报告而迅速前往暹罗建立一个固定传教区。[10]

葡萄牙人与阿瑜陀耶关系的总体恶化也许可以解释耶稣会士迟疑进入暹罗
1172 的原因。大多数耶稣会士是在葡萄牙国王的俞允下，乘葡萄牙船行至暹罗的。葡萄牙人在孟加拉湾受到越来越多的威胁，特别是德·布里托在下缅甸的行动引起了阿瑜陀耶王国对丹那沙林的安全之虞，丹那沙林是1593年以来暹罗与印度贸易的主要港口。与此同时，1602年与北大年建立商业关系的荷兰人在暹罗湾的活动渐趋活跃。荷兰人始终渴望获得中国商品，1604年，荷兰人派出一个使团与暹罗建立联系，暹罗是中国在这一区域最重要的附属国。泰人欢迎此提议，以期找个盟国，参与他们遏制葡萄牙人扩张的斗争。1607年，通过同时派外交使团到果阿与荷兰，国王厄迦陀沙律暗示了其政策的改变。当到达果阿的使团抱怨葡萄牙人在下缅甸的活动时，果阿当局和马德里对泰—荷建交感到愤怒。在菲利普三世的眼中，荷兰人既是叛逆者，又是异端者，他认为荷兰人必定会利用与暹罗的新关系结成反抗马六甲的联盟，占有马达班湾的港口和要塞，以阻止沙廉当局向南扩展。暹罗特使从荷兰返回之际，国王厄迦陀沙律于1610年为荷兰东印度公司提供在丹老（Mergui）① 建造要塞的机会，丹老是邻近丹那沙林的港口，位于葡萄牙人在沙廉与马六甲的基地之间。虽然荷兰人颇想参与大城贸易，但此时他们并不准备承认自己是暹罗的政治同盟，因为这可能会卷

① 又译墨吉。——译者注

入与伊比利亚人的战争。[11]1611 年，使者们返回大城，适值厄迦陀沙律驾崩，王位继承权产生纷争。继任者颂昙（Song Tham，1611—1628 年在位）继续优待荷兰人，即便荷兰东印度公司拒绝在 1613 年德·布里托殁后为丹那沙林而公开卷入暹罗与缅甸的纷争。最终，缅甸与暹罗在 1617 年年底达成和平协议，即割让清迈给阿瑜陀耶王国，马达班则归属于缅甸。[12]

1612 年，英国东印度公司“环球”号轮船勘察了暹罗湾。此船的商人在北大年创办了一间商馆，之后，继续前往大城，将国王詹姆斯一世（King James I）的书信禀呈暹罗统治者。颂昙热情地接见了英国商人，并俞允他们设馆。尽管荷兰人明显不满，英国人还是着手在亚洲间的一般贸易中开展竞争，侵犯泰国与日本之间的贸易。“环球”号的商人彼得·弗洛里斯于 1615 年回到英国， 1173
之前，他在暹罗海域度过了一年多的时光。1625 年，珀切斯发表了他的日记节选。通过这份不连贯的叙述，读者有可能了解暹罗湾经济、社会和政治环境的一些真相。1610—1611 年阿瑜陀耶王朝继位危机的详情浮现，其中亦多处提及 1612 年南掌王国与阿瑜陀耶王国之间的大陆战争，这些战争导致“贸易萧条”。英国人在北大年度过了 1612—1613 年的冬季，该国女王“风韵犹存……高挑而威严万端”。二十八年前，这位女王的妹妹嫁与彭亨国王，此次婚姻导致了两个马来王国间的冲突而非联盟。[13]1613 年 7 月 12 日，彭亨国王受战争与饥荒所迫，最后只得向在北大年的夫人和两个儿子寻求避难。他带来的消息是柔佛的“罗阇·邦苏”（Raja Boungson）及其子女在亚齐被捉，这位统治者逃到宾坦岛（island of Bintan）。虽然彭亨统治者享受了北大年的殷勤款待，但他还是鼓励英国人到他的港口从事贸易。10 月 4 日，英国人与荷兰人帮助他镇压了爪哇奴隶起义。这是第三次起义，前两次是由日本人发起的，“北大年被焚烧”。[14]这几处引文依稀可见享有高度独立的阿瑜陀耶的附属国北大年已深陷于马来半岛诸多事务之中。[15]

不久，在北大年和阿瑜陀耶的英国人发现竞争已无利可图。1623 年前，在暹罗的英国商馆停业。[16] 虽然荷兰人也对在暹罗的贸易利润感到失望，他们却仍然维持着商馆，与阿瑜陀耶王朝谈判。1623—1624 年，他们暂时关闭了办事处，很快便看出巴达维亚需要暹罗的大米和其他供给才能继续存在。1628 年，颂昙崩殂，再度引发了阿瑜陀耶王朝的继位危机，这有碍于贸易。帕拉塞·东（Prasat Thong，1630—1656年在位）登基，开创了政治与商业变局，导致葡萄牙人与北大年结盟，这一结盟将矛头指向了荷兰人与阿瑜陀耶。1633年，日本人暂时重开国际贸易门户，荷兰东印度公司毫不犹豫地主动加入暹罗与反叛它的几个附属国在马来半岛的战争。支持北大年的葡萄牙人被禁止在阿瑜陀耶从
1174 事贸易；同样地，马尼拉的西班牙人也与泰人交恶。因此，在1633年之前，荷兰人是唯一与阿瑜陀耶保持友好关系的欧洲人。1624—1629年，鹿特丹的朱斯特·斯考顿（卒于1644年）曾经是荷兰东印度公司在阿瑜陀耶的骨干，他于1633年被任命为公司经理。其后三年，他留任该职。此间，荷兰东印度公司成为大陆东南亚较活跃的军事力量，同时，它加强了与阿瑜陀耶的关系。[17]

在大城居住的最后一年，朱斯特·斯考顿写就了《记暹罗王国的政府、军队、宗教、服饰及交通》（*Beschrijvinghe van…Siam*）①。1638年，此著首度付梓。17世纪期间，这本书在荷兰数次再版，被译为德语、英语、拉丁语和瑞典语。[18]这是17世纪出版的首部关于暹罗的全面记述，故其发行甚广，通常被后世的作者用作原始资料。[19]朱斯特·斯考顿的《日本与暹罗王国纪实》（*Description*）是东印度公司一位能干、忠诚职员的报告，他打算交给公司。不过，这份报告却是一部精辟的论述，作者如实记录，并令人合意地评论了在暹罗工作八年期间他所观察到的。[20]

“赫赫有名的强国”暹罗的北部与勃固和阿瓦接壤，它向西扩至孟加拉湾，往南延伸到暹罗湾，朝东进入“柬埔寨沙漠”和琅勃拉邦。暹罗形似半月，有许多港口和海湾，以及无以计数的离岛。虽然内陆大多平坦，滨海地区却多山，树木葱郁，有沼泽。其最重要的河流名为湄南河或母亲河，宽且长，“是全国最繁忙的避风港”。它从北向南疾流而下，经过阿瓦、勃固，进入暹罗，其源头无人知晓。它通过三个出口流进暹罗湾。[21]犹如尼罗河与恒河，湄南河每年亦泛滥，淹没周围地区四五个月。一片沙滩横越其东部的大入海口，只有在高潮和

① 此书全名为：*Beschrijvinghe van de regeeringe, macht, religie, costuymen, traffijcken. des Coninghrijcx Siam*。——译者注

洪泛时节，远洋轮船才可安然驶过。[22] 船只可以轻易地溯流而上，远至曼谷。那些要前往大城的船只有时则被迫搁浅，直到秋季洪水给河流带来更多的资源。

暹罗的南部城市、乡村星罗棋布，人口密集。其 20 个主要城市为政府的 1175
中心区。首都大城建在湄南河的白沙洲上，厚石墙围绕着它。大城市郊位于“一片平坦、富饶之地”，湄南河穿流而过。有城墙的都会内，街道“宽大、笔直，河槽遍布”，“直达家门”。300 多座“相当大的神殿和寺庙”装饰着镀金的塔楼、锥形塔和无数的塑像，为这座城市平添了秀色。宏伟的皇家居住区位于湄南河畔，如同“一座独特的小镇”，有许多镀金的建筑和塔。大城的贸易与防御状况良好，“举国”居民接踵而至。

暹罗政府掌控在一位出身名门望族的专制君主手中。他“不征求顾问委员会或领主们的意见或同意”，就立法、审判、谈判结盟。他只是偶尔才与其顾问委员会商议国家事务。无论顾问委员会提交怎样的奏议，均会以一种祈求的形式递呈，“他会依据他所认为好的，同意、改变或拒绝这些建议”。他独自任命文武百官，钦赐各种荣誉。一般他会优待最古老与最伟大的家族，以及所有贵族，或为他尽心效力且忠诚的平民。同样地，他也会随心所欲地惩罚官员并罢黜他们，甚至是“为了些小过错”。他的臣民自诩为国王的奴仆或所封的官臣。虽然他行动专制，但身为君主，他“处事总是师出有名”，或总会考虑泰国的风俗和法律。然而，他的确有特权“凭据他的专断和意愿”歪曲或重新诠释古老的传统。国王极少公开露面，仅在“某些特定时日”，他才召见群臣。在王室会客厅，国王盛装，威坐金质帝祚，头戴皇冠，300 名持械亲兵护驾。全厅朝臣及外宾下跪，双手合拢，头垂下。口呼国王时，他们依然跪拜。他们称呼国王时，使用多种高贵的尊称，所言极尽谄媚。他的回答是“受到尊重的圣言，他的命令不可变更”。[23]

这位专制君主“享尽世间一切可以想象的乐事，他幸福地生活”在遍布王国诸多富丽堂皇的宫掖、亭阁之中。除了王后，他还有许多嫔妃，她们是选自全国“最尊贵的绝色佳人”。虽然他食馔玉，但所饮限于水和椰子汁，因为根据宗教和法律规定，“烈性饮料”是受禁的。国王及王室人员通常乘一队划桨结彩大游艇从一地游到另一地。国王坐在皇家画舫的御座上，其上有一亭。在陆

1176 地的皇家巡行中，国王及其朝臣悄然安于轿内，当其随员经过时，目击者拜伏，默默地对国王示以崇敬。每年10月左右，国王行至各大寺庙献祭，他会在公共场合现身。这时候，在陆地游行中，国王或骑着大象，或坐在镀金的宝座上，由人抬着，1.5—1.6万名侍从和600位武装人员前呼后拥。他巡幸寺庙的水路也跟随着同样浩浩荡荡的队伍，在河道排列的诸多观船中迤逦而行。[24]

作为“东印度最富有的国君”之一，这位国王每年的收入达“数百万”。国王的收益来自向外国人销售泰国大米、苏木、锡、铅、硝石以及“金沙和金山”。[25]到印度与中国贸易的皇家船舶也带回大额利润。海关收受附属国与统治者交纳的贡品，以及为庇护而赠送的礼物，令国王中饱钱囊。当地商品由皇家代理商销售，因为对外贸易由国王垄断。[26]几位命官每年收缴皇家财税，并报账。这类收入大多用于建设与维修寺庙、奖赏和日常开支。余下的可观款项则留存国库。

虽然暹罗的法律和习俗奇特，但它们并非没有常规。国王驾崩之后，法律上要求由其兄弟而非儿子继位。若国王无兄弟，则转由其长子继任，接着依次为这位长子的弟弟们。一旦这个家系终结，就由长兄的儿子们继位。女儿没有王位继承权，亦无权在政府中发挥任何作用。但这一规则并不永远得到遵守，如现任国王帕拉塞·东的继位。帕拉塞·东出身显赫，受民众爱戴，他废黜太子，篡夺了王位。[27]

国王任命的法官强制实施传统习俗和法律，民事审判与刑事审判由他们执行。在阿瑜陀耶王国，除了普通法院之外，还有一个12名法官组成的团体，该团体由一位长官主管，充当民事案件和刑事案件的终审法院。当事人获准向国王上诉，但上诉费用高，而且可能无效，因为国王和王室顾问委员会通常会重申上诉法院的决定，饬令维持原判。律师将民事纠纷提交普通法院，他们查问
1177 证人，在法官面前为其当事人辩护。一位书记员在记录簿上写下这些程序的总结，由诉讼人或他们的代理人签字。记录簿封存后，直至下次开庭，才在双方当事人面前打开。接着继续辩论，并被写入记录簿，直到再次被封。这些法律争辩常常在案件“最后判决，全体法官终审”前，持续经年。在刑事案件——抢劫、人身伤害、谋杀和叛国中，犯罪嫌疑人遭囚禁，然后对簿公堂。倘若他否认针对其指控，他“将被严刑逼供”。认罪书具呈审判官。死刑则留由国王决

定是否特赦、流放，或对死囚施以极刑。刑罚依罪而设，有撤职、流放、服苦役、没收财产、致残以及处决。每当无法定罪时，当事人就得受尽审讯的煎熬。

皇家海军与陆军部队主要从泰人、封臣，包括一些外国雇佣兵：穆斯林、马来人和大约500名极受器重的日本人中征募新兵。[28]本国所征兵员无偿服役，且必须随时听候国王调遣。根据国王的需要，每100人、50人、20人、10人或5人中有一人应征。贵族的家仆，通常是每位领主几百人，随其主人上战场。需要时，国王可以召集“几十万名男子”和两三百头战象，以及必需的补给和武器。然而，根据规定，他的军队很少超过10万人，一般只有四五万名将士。步兵团组织得相当好，却只配备了弓箭、盾、剑、长矛和一些火枪；骑兵的武装只有剑、盾、弓和长矛。几百头受过训练的大象组成了强大的战斗部队，每头象由3名武士驾驭。虽然有许多尊大炮，但他们“并不知道该如何使用”。[29]在海上，他们的桨帆船和快速帆船配备有极好的枪支，然而，其船员却是“令人遗憾的”。许多帆船装备差，水手训练不当。即便如此，泰人还是将他们牢牢管控，使其足以应对“邻敌”。只要有权威人士领导，这些并不好战者也能被培养为优秀的士兵，正如他们在周边王国和省份取得的胜利所证明的。暹罗继续出师讨伐勃固和反叛的柬埔寨，同时，“两三万快速小部队”保卫着战痕累累的边境。[30]

一如其邻国人，泰人也是偶像崇拜者和异教徒，到处修神殿，建寺庙，以 1178
“供奉他们的神祇，为僧侣提供住处”。这些奢华的木建筑或石建筑收藏着极多尺寸不一、装饰华丽的偶像，其中一尊高达120英尺。暹罗许多有宗教信仰的人奉守纪律，遵从上级，服从阿瑜陀耶高僧的终极权威。他的精神力量虽然“很强大”，但仍然逊于国王的威力。[31]仅大城就至少有3万名身穿黄衣、禁欲的僧侣与和尚。那些不愿奉守誓言的僧侣可以随意脱去黄袍，开始另一种大多数人过的日子。这些宗教人士中最有学问的“是职业僧侣，寺院住持从他们中间选出”。僧侣教学、讲经，于节日和神日里献祭。在寺庙中，所有宗教人士每日以吟唱、诵经和其他法事颂扬诸神。他们靠国王与“大人物”的施舍以及土地的收益过活。但他们主要是由全体民众供养的，这些人每天向他们布施。剪了发的老修女住在“最大寺庙旁边的小教堂里”，协助宗教的服务性工作，她们无规则可遵循，仅是随自己的意愿，主动提供帮助。[32]

暹罗人无一例外地相信一位“创造一切”的大神，他和诸多小神住在极乐之地。人的灵魂都是不朽的，“根据他们的功德与行为”受到奖赏或惩罚。[33]他们所奉圭臬，“数百年来以书写的方式流传着”，并通过许多圣人树立的典范不断重申。他们在塑像中崇奉圣灵，“也为同样这么多的小神立像”。他们相信亡灵会再生为动物和鱼，故不杀生。为求功德，他们在寺院庆祝节日时释放被抓的鸟和鱼。所有其他“自然告诫我们有罪”的恶行，僧侣也同样加以劝诫。他们在偶像前供祭以抚慰神祇，于“朔日、望日、上弦日和下弦日”举行隆重的法事。每年他们斋戒三个月，为病人和亡者祈祷。[34]人们为准备送上柴堆荼毘的亡者“剃发、涂油、施魔法，举行隆重的仪式”，让僧侣为之祈祷。亡者的
1179 骨灰被收集、拣选，葬于一座寺庙附近。他们为残存物在坟上修建了一座精致的方尖塔，花费甚多。[35]

婚俗根据社会和经济状况的不同而有所变化。荣华富贵者结婚需要家长或朋友的同意，“僧侣完全不干涉”。离婚与再婚未遭反对。一位已婚男子可能拥有许多他挑选的小妾。她们的生活地位低于正室，“只有嫡出子女才有继承权”。“大人物”去世后，他们的财产被分成三部分：分别给国王，归于僧侣和用于葬礼，以及遗赠子女。对平民来说，习惯上是由男子向新娘的父亲或朋友出资买她。与上层阶级一样，他们也可以随意离婚或再婚。除去“长子的某些有利条件”，平民的子女享有同等的继承权。

泰人的皮肤是黄褐色的，身材很匀称，他们“在社会交往中十分谦逊”，但不老实、胆怯，“极好说谎”。男人“懒且迟钝”，强迫他们的女性和奴隶耕田，做其他在别处属于男人的活。男人和女人都只穿“色彩艳丽的衬裙”，其余部位裸露。名流和贵族由许多奴隶服侍，连普通市民“出国时”，也跟着一两位仆人。他们的房屋“根据印度的时尚”修建，比涨潮至最高点高出三四英尺。镇民任官员、商人、工匠或渔民，“每个人都有一种属于自己的职业”。村民种植水稻和果树，饲养许多家畜与家禽。粮食丰盛而便宜，甚至有大量的米出口。砖块、石灰、木料及其他建筑材料随时可供建造寺庙、城堡、房屋和船只。

集镇尤其是大城的贸易“方式极好且自由”。主要的销售商品有来自科罗曼德尔和苏拉特的纺织品、中国制品、珠宝、黄金、安息香、紫胶、蜡、苏木、

沉香木、锡、铅，以及与日本交易的鹿皮。[36] 国王本身是位商人，他每年安排自己的船只、代理商和资金到科罗曼德尔和中国。在与中国的长期贸易中，他比其他君王享有更多的优惠与特权。[37] 他从对外和国内的商机中获利无数，“对私商造成极大的阻扰”。泰国货币是一种圆形的精致银币，“印着国王的肖像”，有多种面额，名为“提卡”（ticals，或泰铢）、“马斯”（*maas*①，泰语 *sa-lu*^{c}*ng*）以及“分”（*fuang*，泰语 *bia*，相当于 600 枚宝贝贝壳）。通常他们根据“斤”（Catty，泰语 *Chăng*）来计算，每“斤”等于 20 两（Tayl，1 两 =4 提卡）。② 除 1180
了穷人用于小额采购的宝贝贝壳之外，这些是交易中仅被接受的钱币。[38]

16 世纪期间，在与欧洲人的交往中，泰人给予葡萄牙人的待遇极其优厚。他们不仅款待葡萄牙使节和商人，其国王还赏赐住在泰国的葡萄牙人官职，并“擢升”他们。葡萄牙人可以自由地从事自己的宗教活动，他们的祭司长向泰国政府领取月薪，“过着极舒适的生活”。虽然天主教神父与穆斯林一样享有自由，但泰人并无兴趣改变自己的信仰。佛教徒谴责没有信仰的人，“但相信所有的人，尽管有不同的信条，只要生活合乎道德，均可被拯救”。由于荷兰人阻断了暹罗与科罗曼德尔海岸的贸易，并着手在阿瑜陀耶王国经商，葡萄牙人便不再享受这些优惠。1624 年，泰人拦阻了来自马尼拉的西班牙人，因为后者攻击暹罗海域的海上运输。此后，葡萄牙人在宫廷中彻底失去了信誉。1631 年，他们在暹罗的国民被监禁，部分是由于荷兰人的阴谋。尽管荷兰人没有从在阿瑜陀耶的贸易中“获利甚多”，但培养与暹罗的友好关系，供应巴达维亚，防止其他欧洲商人，尤其是西班牙人重返大城，是荷兰东印度公司最大的收益。[39]

所有西班牙人减少暹罗人敌意的和解努力均告失败。1626 年，在一位日本教友的陪同下，耶稣会神父佩德罗 · 莫雷洪（Pedro Morejon）和嘉尔定从菲律宾群岛抵达大城。莫雷洪获准开释一些卡斯蒂利亚囚犯，随这些卡斯蒂利亚人回到马尼拉，并带着暹罗国王的一封信，以及 1624 年从西班牙侵犯者手中没收

① 即 mas，马来语，重量单位，约等于 1/16 两。Mas 也是古金币。——译者注

② 即 kati，马来语，意为“斤”，传统上作为银的重量单位，又相当于 1% 担、0.6 公斤。“两”既是银的重量单位，相当于 580 克；也是记账单位，相当于 1 000 个铜钱。——译者注

的部分赃物。嘉尔定受托在老挝建立一个传教区，1627 年，他与意大利耶稣会士朱利奥·切萨雷·马吉科（Giulio Cesare Margico，卒于 1630 年）在大城汇合。传教区的前景看来充满希望，直到 1628 年暹罗人与伊比利亚人之间爆发新的海上战争。暹罗人拒绝准许嘉尔定继续前往老挝，他就在 1629 年与一西班牙使团重返马尼拉，该使团奉命解除与阿瑜陀耶王国的关系。次年，另一来自马尼拉的西班牙使团向暹罗宣战。马吉科和日本教友随即被捕入狱。这位意大利神父卒于监狱，日本人则被他的同胞救出，并于 1632 年离开大城。随着他的离去，耶稣会士从暹罗消失了，直到 1655 年，大城又建了一处耶稣会士居所。[40]

1181 葡萄牙耶稣会士嘉尔定（大约 1596—1659 年）在 1645 年罗马初版的《日本教省报告》中报道了这些事件。他概述了 1644 年暹罗、东京、交趾支那、柬埔寨发生的事件，以及计划派往老挝的传教团，此团成员后来全处于总部在澳门的日本教省的管辖之下。[41] 嘉尔定学习了泰语，称为了撰写反驳它们的教义，读过佛教经文。华人、日本人、葡萄牙人和它自己的一些国民称这个国家为暹罗，但该国居民通常将它称作“摩诃泰”（Maha-Thai，或大泰国）、“Crug Cia”（Krung Kao，意为古城，或大城）[42]、“大城市”（Pramachanacara①）、“室利”（Sri，一个尊敬的缀词），以及大城。他们也将“Crug Cia”之名用于中国，这一尊称暗示暹罗比其他所有王国优越，仅劣于中国。“Pramachanacara”意即无敌之国。“室利”是一种颇受尊敬的称谓，因此，他们把它献给了寺庙。“大城”是首要城市的专有名词，常以“Odin”② 出现在世界地图上。暹罗的附属国是攀（Pran）③ 王国、“北大年”王国、“宋卡”（Singora）王国和“洛坤”王国。[43]

王宫是一座砖砌的大建筑，位于湄南河畔，此河的宽度为台伯河（Tiber）的 3 倍。几个入口通往宽敞的宫廷，其间矗立着若干座砖塔，收藏着皇家金银财宝。国王接见外国特使的大厅有三个入口。中间入口是为国王预留的，其他人

---

① Pramachancara 一词应为 Pramahancara。——译者注

② 可能是 Yodia。古代缅甸人称阿瑜陀耶（Ayuthaya）为 Yodia（约蒂耶），即“瑜陀耶”的简称或缅语译音。——译者注

③ Pran 亦可译为攀河。根据地图所示，Pran 所处位置即为巴蜀府的攀武里（Pran Buri）。有一种说法认为中国史书上的盘盘国在攀武里。——译者注

则从两扇旁门进出。[44] 国王本人住在一间高堂，它有一大开口可以俯瞰接见厅，透过此孔，大厅四面立着的金像熠熠生辉。这个窗口上有一镀金的大铁栅栏和极其贵重的帘幔。当国王驾幸时，帘幔即被拉到旁边，喇叭、横笛和鼓声回荡，群臣伏拜。国王身后站着两位宫廷婆罗门，他们不时地递给他蒌叶，同时对国王大加歌颂。当国王表示要与某人说话时，那人即刻上前握住他的手，吻其指尖，然
后退回原位，洗耳恭听国王说话。在回应的时候，恳求者必须遵循同样的礼节。 1182
每年春分和秋分时节，国王接受他的“高官们”的效忠宣誓。[45] 在举哀和忏悔的场合，廷臣们着素服。“总督们”（也许是宫廷婆罗门）的头巾上戴着一顶小金冠。他们刚聚集在皇家大厅，装满水的金瓶就运到了。他们将各式武器扎入其中，而后每人喝了一口瓶里的水。据说倘若谁怀有贰心，他将死于兵刃。[46]

暹罗政府分成多个审理委员会，每个委员会有一位会长。这些官员，以及“高官们”的主管径自向国王汇报。“高官们”有五个等级：“坤”（Ocun）、“蒙”（Ocmun）、“銮”（Ocluang）、“拍”（Ocpra）和“耶”（Oýa）。[47] 最后两组成员为国王的顾问。就职时，这些“高官”接受蒌叶盒里的一枚徽章。“拍”得到的是银徽章，“耶”收到的是精美的金徽章。国王赠与他们大象、船只、村庄和侍从，以作为其生活费。他们有一半侍从通常住在村庄，另一半则跟随主人住在宫廷或别处。[48]

湄南河的洪水量比东京与交趾支那的大。[49] 当洪水逼近时，人们把牲畜赶到山上，将他们的小家畜圈在专门预备的场地。水刚开始退去，国王遂率一列队在河上巡行。[50] 从大城溯游而上二十天的行程处，坐落着彭世洛（Phitsanulok）、素可泰（Sukhothai）和甘烹碧（Kampengget），这些城市被乡村围绕着。[51]

暹罗人尊奉佛法（Xaca，日语“佛陀”）。佛教僧侣坐在椅子上讲经、传道。他们的字母并不是汉字那样的象形符号，而是截然相反。其葬礼也相异。人死
后，遗体在家中保留一个月。它的四肢和躯干平展，被绳索绑定。盐水从眼睛 1183
和嘴巴灌进，流遍其周身。一旦准备好，尸体就被运到市镇外的焚烧场。“高官”的遗体则由船队送到那里。吊唁者，包括亡者妻室，在柴堆点燃前绕着走9圈。如果亡者是一位最重要的“高官”，国王会钦燃柴堆；由僧侣为次要者燃柴。荼毘后三天，他们拾起骨灰，装入银瓶，带回寺院。他们将亡者的首饰带回家作

为纪念。儿童的尸首不焚化，但会曝露，让猛禽吞噬。[52]

泰国的专制制度和它的继承权危机，特别是伴随着篡权而来的阴谋和叛乱引起了17世纪欧洲观察者的兴趣。在欧洲，17世纪中叶普遍的叛乱使一种观点得到明确强调，即专制主义者不得不采取统一的立场以对抗暴动这一传染病的扩散。随着“野蛮”的满人成功地反抗强大的中国皇帝的统治，文明与合法的规则看来好像危机四伏。即便是在邈远的暹罗，专制主义统治者也面临周期性的叛乱，这些叛乱得到外来者的援助与煽动。1633—1641年，最重要的荷兰商人耶雷米亚斯·范·弗莱特（Jeremias Van Vliet）置身大城，他为欧洲概述了17世纪上半叶暹罗王权和战争的历史。范·弗莱特的《阿瑜陀耶二十二世王继位战争史》(*Historia verhael*)①写于1640年，在欧洲首次发表的是亚伯拉罕·德·威克福（Abraham de Wicquefort）的法译本，并被收作《波斯及东印度群岛航海记》（*Relation du voyage de Perse et des Indes orientales*，巴黎，1663年，托马斯·赫伯特 [Thomas Herbert] 译自英文）的一份附录（自第569页起）。[53] 范·弗莱特的纪事以不复存在的暹罗编年史为基础，是现存最古老的阿瑜陀耶王朝及其国王在位期间的记载之一。它强调了暹罗的根本法律，该法律规定王国的合法继承人是亡君的弟弟而非其儿子。[54] 在一定程度上，帕拉塞·东（1630—1656年在位）的传记集中叙述了他的篡位以及王宫显贵在暹罗继位政变中扮演的角色。此著亦记载了阿瑜陀耶在王朝更迭的紧急关头，控制附属国所经历的种种危难。
1184 它清晰地阐明了日本雇佣兵在1629—1633年帕拉塞·东反叛引发的暹罗内部分裂中所起的重要作用。[55] 范·弗莱特累积的17世纪30年代错综复杂的政治详情，使人们了解到其他文献从未谈及的这段历史事实。范·弗莱特与一位在王宫有影响力的泰国女子结婚，他因此处于有利的位置，得以观察，并通过从暹罗及荷兰的提供资料者获悉帕拉塞·东执政初期的情况。

帕拉塞·东的反叛成为越来越多荷兰人介入暹罗政治事务与军事事务的标志。1634年，荷兰东印度公司从经济上和军事上支持帕拉塞·东的反伊比利亚

① 此文全名为：*Historiael verhael der sieckte ende doot van Pra Interra Tsia 22en Coninck in Siam & den regherende Pra Onghsry*。——译者注

人政策及其与北大年的战争。作为援助的回报，东印度公司要求并接受了重要的商业让步。为了抗衡荷兰人不断增强的势力，1636 年，帕拉塞·东向马六甲的葡萄牙人和马尼拉的西班牙人表示了新的友好姿态。在玩这种平衡游戏的同时，帕拉塞·东已剿灭了其国内的敌人，安抚柬埔寨之外的所有诸侯国，建立了一个稳定、安全的政府。1641 年，葡萄牙人将马六甲输给荷兰人，也大大丧失了他们在马来半岛的影响力。17 世纪 40 年代末，当暹罗开始遭受南方诸侯国新近出现的抵抗时，暹罗与荷兰人的关系重新变得密切起来。帕拉塞·东任期的最后几年，荷兰东印度公司在阿瑜陀耶王朝的地位再次下降。巴达维亚在别处陷入与伊比利亚人、英国人及其在这个海岛地区的合作者们的对抗之中，便不再有可能为暹罗提供军事援助，以平息半岛的战争。[56]

随着荷兰人在阿瑜陀耶王朝影响力的衰落，耶稣会士于 1656 年——帕拉塞·东驾崩之际重返暹罗。[57] 经过一场短暂的继位危机之后，纳莱（Narai）夺位，他着手借助松散型联盟，即日本人与泰人、北大年人与马来人，以及伊朗穆斯林的合作，巩固其政权。[58] 在其漫长的统治余年（1656—1688 年），新国王很少面临内部的反抗，他趋向于对欧洲商人和传教士保持“门户开放”。与此同时，他和他的代理商管理并垄断了阿瑜陀耶王国的对外贸易，扩大了暹罗本国与日本、中国以及台湾（Formosa）的直接贸易。荷兰东印度公司忙于被国姓爷逐出台湾的战争，出于经济上的考虑，1663—1664 年间，公司被迫关闭在大城的商馆。暹罗与巴达维亚之间悬而未决的怨愤，在 1664 年签订的条约中得到纾解。这个条约重新确认并调整了荷兰公司的商业权力与义务，准允它拥有出 1185
口兽皮的实际垄断权，为它向当地商人收取债务提供适当的保证，承认它对欧洲雇员拥有治外法权。[59]17 世纪 80 年代初，根据该条约的条款，暹罗与荷兰的良好贸易关系占上风，荷兰人于 1671 年设法获得了从这个半岛上的洛坤出口锡的专营权。纳莱本人则由荷兰人为其供应来自欧洲的奢侈品、军事用品、欧洲工匠与士兵。对于荷兰人来说，这种可喜的局面随着法国传教士和英国商人抵达大城而蒙上了阴影。1674—1684 年，英国东印度公司在那里维持着一间商馆，由于当地人管理极为不善，让公司的雇员盗用钱财，这家企业倒闭了。与此同时，法国的影响力逐渐攀升。[60]

第二节　纳莱（1656—1688年在位）与法国

长期以来，法国人一直嫉妒地观望着荷兰人与英国人在东方的商业成功，他们首次通过传道总会的宗教团体（Congregation of the Propaganda）获得进入亚洲的机会。法国神职人员与法国外贸批发商一样，也渴望参与赢得亚洲的活动。传道总会曾尝试让传教团免受这些世俗国家的控制，1658 年，该会只得不情愿地同意任命三位法国人到远东地区担任有头衔的宗座代牧（vicars apostolic）。在组建巴黎外方传教会（Paris Society of Foreign Missions），使其作为传道总会的一个国家附属机构期间，法国人筹集了经费，资助派遣宗座代牧们到亚洲就职。首位离开法国的是贝鲁特（Beirut）的领衔主教朗贝尔·德·拉·莫特（Lambert de La Motte），他对交趾支那、中国东南四省以及海南岛拥有教会管辖权。1660 年，他及其两位同伴悄然作别马赛（Marseilles），由陆路前往苏拉特。经过四十一天长途跋涉，他们穿过印度来到了马苏利帕塔姆，之后，他们乘着摩尔人的船只到达丹那沙林。从沙廉的这个东部港口，他们继续向大城进发，并于 1662 年抵达该城。[61] 由于当地人对基督徒的敌意，朗贝尔无法施行其管辖权，他和他的同伴被迫滞留大城，这是一座宽容的城市，后来大约有 2 000 名基督徒。

1186 自立教士（secular priest）① 雅克·德·布尔热（Jacques de Bourges，大约 1630—1714 年）是朗贝尔的一位同伴，他在暹罗居住了一年后被遣返法国。布尔热一回到巴黎，就以其存留的日记为基础，出版了有关其旅行的《东方传教记》（*Relation*，1666 年）。[62] 在马苏利帕塔姆逗留二十天后，1662 年 3 月 26 日，教士们乘坐由葡萄牙人掌舵的摩尔人船舶离去。经过三十三天横渡孟加拉湾的航行之后，他们抵达丹老。途中，他们在安达曼群岛（Andamans）险些遇难。安达曼群岛以其居民的凶残而著称，他们毫不留情地屠杀所有上岸的陌生人。[63]

① 有关 secular priest（自立教士）的解释，参见本书第三卷第一册引言第 8 页译者注第 4 条。——译者注

在丹老，他们经暹罗海关官员盘查后，继续前往丹那沙林。[64]5月19日到丹那沙林时，他们搭乘葡萄牙耶稣会士贾若望（João Cardozo，1619—1676年）的小船，与他同宿。次日，他们领取行李的时候，得知要交货值8%的关税。[65]行李检查敷衍了事，故易于藏匿欧洲小珍品，这些是他们到暹罗所需的礼物。当他们在丹那沙林等候通行证时，获悉当地居民大多是异教徒，在“塔拉波”的宗教管辖之下。他们通过翻译与一位当地僧侣谈及他的信仰，惊讶地发现他可以通过引述圣书回答他们所有的问题。他还使他们安心，作为基督徒，他们将受到包容，并获准自由地教授其教义。法国人也注意到丹那沙林的穆斯林数量在增加，他们同样可以自由地遵奉自己的信仰。[66]

6月30日，他们带着翻译，乘3条河船，每船3人，告别了丹那沙林。每条船由一棵大树干刨空而成，故所有船只都是完整的一块木料。这种船非常适合湍流和瀑布密集的急川。船只逆流而上，速度缓慢。船上的人生活艰难，因为森林里有老虎、大象和其他肉食兽，十分危险，所以，他们无法上岸，进入茂密的森林。尽管船夫擅长将船只拉过湍流，或把船抬过瀑布，但意外还是发生了——法国人遗失了他们的通行证。神父弗朗索瓦·戴迪（François Deydier，1187
1634—1693年）被迫折回丹那沙林领取新的通行证，布尔热和朗贝尔则在一间茅舍等待他回来，他们在凯灵伽（Jalinga）的村子租了这间小屋。7月27日，教士们终于离开凯灵伽，乘着马车或步行，由陆路逶迤而行三日。到达湄南村时，他们必须在获准继续行进前出示通行证。从这里，他们下峻岭而至一片宜人、可耕作的山谷。他们接着北上，在抵达攀——临海的河畔市镇之前，经过了桂（Koui①），“一个有着200户人家的小镇”。8月13日，他们来到碧武里（Petchaburi），“一座带砖墙的大城市”。翌日，他们租了条船，溯游而上，抵达大城的时间为8月22日，几乎是他们从丹那沙林启程后的两个月。[67]

暹罗的地理位置具有优势，因其介于两大洋之间，是前往所有邻国的通道。船只从暹罗的许多海滨城市定期驶向印度、日本、中国、占婆、柬埔寨、爪哇和菲律宾群岛。暹罗被分为十一个府：暹罗、马达班、丹那沙林、养西岭、吉

① 即Kui Buri（桂武里），在巴蜀府。——译者注

打、霹雳、柔佛、攀、北大年、洛坤和宋卡。以前，这些府是独立的王国。如今，暹罗控制了它们及其统治者。每个府，包括大城都有一座同名的城市作为首府。最后位于半岛东海岸的四府较其他府更为独立，但依然得向暹罗朝贡。沿海城市人烟稠密，周遭是沃土良田。虽然暹罗整个国家土壤肥沃，却由于早年诸多战争造成劳动力短缺，导致许多土地休耕。尽管暹罗人是驾轻就熟的渔民，渔业是该国极大的产业，但暹罗人并不擅长海外航行。因此，有许多外国商人到大城，人们在街上能听到20种不同的语言。[68]

世界上除了暹罗，也许没有哪个国家能让所有的宗教享受这般自由。大城的2 000名基督徒大多是来自东部其他地区的葡萄牙难民，他们可以像在果阿那样自由地从事宗教活动。虽然在一定程度上，这种宽容有其经济动机，但这也与泰人的看法一致，即宗教都是善的。正是这种有害的淡漠成为他们皈依基督教的最大障碍。他们有太多的偶像、大寺庙，以及无数的和尚与僧侣，所以，他们只专注于异教信仰的外部特征。无法断定暹罗人是否相信来世或灵魂的不朽。他们的训诫可以归纳为两点，即避恶与行善，它们涵括了其他所有内容。他们的僧侣依靠大众施舍生存，过着隐士般的生活，或者住在僧王（Sancrat）
1188 管辖区，僧王掌控了大城郊区的皇家寺院。[69]

1664年，布尔热赴罗马汇报在暹罗传教的情况，他抱怨葡萄牙人和耶稣会士对朗贝尔主教的到来反应并不友好。几乎与此同时，法国东印度公司和外方传教会在巴黎正式设立。陆方济（François Pallu）是赫利奥波利斯（Heliopolis，巴勒贝克[Baalbek]）的领衔主教，管辖着东京、老挝和中国西南四省。同年，他带着4位神父和1名秘书抵达大城。朗贝尔逃脱了果阿政府对他的逮捕令，住在正对该城河流南岸的安南人定居点巴拉赫村（Ban Plahet）。[70]陆方济一获知在安南（Annam）和越南其他地方普遍的不友好状况时，他和朗贝尔就认定位于中部的宽容的大城将成为他们在东南亚宣传宗教的中心。1665年1月，陆方济启程往罗马解释这个决定时，该领地的法国人即着手在大城修建一个总部。1668年，在纳莱拨予传教团的土地巴拉赫村上，矗立了一所两层的砖砌修院、一座大教堂。[71]学校开始培训男孩，作为招募本地神职人员计划的一部分。基督教安南人被派往大城培训和授任神职。1669年，朗贝尔由法国东印度公司的一艘船送到河内，他授予当地僧侣神职。来自暹罗的法国神父们在勃固建了一个固定的小传教区，其他人开始帮助病者。

1667—1670年，陆方济在欧洲朝见了路易十四，国王保证会给传教区更多的资助。他还出版了缩略本的《弗朗索瓦主教中国、交趾支那、东京和暹罗航海记与传教简记》（*Relation*，巴黎，1668年），报告法国主教们的航行游记与传教活动。[72]1670年，陆方济带着法国国王和教皇给纳莱的国书与礼物，辞别法国，远赴暹罗。在印度时，陆方济便致函国王，请求海军援助，以抵御传教区的葡萄牙敌人。国王对击败强盛的荷兰人更感兴趣，1672年，他派遣一支舰队攻打他们在科罗曼德尔海岸的军事设施。1673年，陆方济回到大城，受到纳莱的热情接待，显然，纳莱已经察觉到法国军舰在孟加拉湾出没了。1673年，主教在华富里（Lop Buri）获赠一块土地，法国人于此修建了一座神学院，很快便 1189
有100名学生入院。同年，教皇将暹罗设为直辖教区，置于新任宗座代牧路易·兰奈（Louis Laneau）的职权范围内，这是陆方济在罗马赢得的另一场胜利。同一教皇法令亦宣告法国主教脱离果阿政府的管辖，命令非葡萄牙直接控制的所有地区的宗教教派成员要服从宗座代牧们。纳莱显然乐于收到欧洲第一君主的来函，并对他所受的其他礼遇欣然有喜，旋即表示愿派一使团赴法国，以便两国建立更为密切的关系。[73]1674年，新书《弗朗索瓦主教暹罗、交趾支那、柬埔寨和东京传教记》（*Ralation*）在欧洲巴黎面世，它提供了有关1666—1671年暹罗基督教徒以及法国和当地的神父们在交趾支那、柬埔寨和东京传教境况的新信息。[74]纳莱对基督教感兴趣，且他本人有可能改变信仰的谣言亦开始流布。

陆方济对法国基督教在暹罗的前景充满了乐观，1674年，他再别大城。同年，戈尔康达与荷兰联军在东方击溃了法国海军舰队，使得这些厚望暂时化为泡影。陆方济本人则被西班牙人囚禁，直到1677年，只是由于教皇在马德里干预之后，他才抵达罗马。荷兰人牢牢地控制了海上各条航线，故而，纳莱提议的使团无法前往法国。但是，作为安南神职人员的培训中心，法国在大城的传教区依然兴盛。1677年，经过唇枪舌剑，暹罗耶稣会士迟迟才接受了法国宗座代牧的权威。1678—1679年的荷兰战争一结束，法国东印度公司即于1680年在大城设置商馆，法国在暹罗的经济势力始创。翌年，一艘法国船只载着纳莱所派延宕已久的使团前往法国，此船在毛里求斯海域出现后消失。直到1683年，这场灾难的报道才传到大城，纳莱立即设法证实它们。一确证这些报道后，他就于1684年派遣两名新使节到法国，尽他们所能寻找与不幸罹难的首个使团有关的一切，征求法国人的意见，获知最恰当的加强关系的方法。[75]1684年秋，暹罗使节抵达法国，开启了两国关系的几年蜜月期，法国由此掀起了一次短暂的暹罗物品流行风潮。

1190 暹罗使节——两位小官，由另外六名暹罗人及一位翻译陪同。这个调查使团由贝尼涅·瓦谢神父（Father Benigne Vachet，1641—1720年）负责安排，贝尼涅·瓦谢神父是法国传教士，他的亚洲生涯大部分是在交趾支那度过的。一获悉暹罗派出首个使团，法国人便匆匆做出结论，即纳莱“想与国王（路易十四）结盟……路易十四能令荷兰人蒙羞”。在东印度，荷兰因其众多船舰而被视作欧洲最强盛的国家”。[76]暹罗国王遴选了一位举足轻重的大臣作为最初的首席大使，这位官员曾三度出使中国。国王特意挑选这位经验丰富的使节，希冀通过其奏折了解，“以他的观点来看，中华帝国与法兰西王国，位于世界两极的国度”之间的区别。由于法国公众要求更多的信息，1684年，《文雅信使》（*Mercure galant*）及《法兰西报》（*Gazette de France*）开始发表有关暹罗的文章和新闻。[77]兰奈主教致巴黎传教会的信柬，强调了纳莱喜好法国人的倾向，以及他渴望看到法国东印度公司经营业务的扩大。此时，在暹罗的法国传教士已经放弃改变国王信仰的尝试。[78]显然，是瓦谢向法国宫廷建议应向大城派遣特使，其目的是为了订立商业协定，保证法国传教士的地位并使之合法化，让纳莱皈依基督教。所有宗旨是在康斯坦丁·华尔康（Constantine Phaulkon，1647—1688年）的帮助下实现的，华尔康是纳莱最宠信的希腊人，不久前已因佛兰德耶稣会士安多（Antonie Thomas，1644—1709年）而改变了信仰。法国的耶稣会士由拉雪兹神父（Father François de La Chaise，1624—1709年），1675年以来聆听路易十四忏悔的耶稣会士所领导，他们很快便支持瓦谢神父向暹罗派遣全权大使，邀请纳莱成为一名基督徒的建议。这种改变与耶稣会士专注于统治者的计划相契合，此决策同时在北京得到采纳。[79]

路易十四的大使是谢瓦利埃·亚历山大·德·肖蒙（Chevalier Alexandre de

Chaumont，大约生于1640年），他是法国最古老家族的后裔，在黎凡特（Levant）荣膺勋章的海军军官，新近才由加尔文教派改信天主教。[80]肖蒙的助手是弗朗 1191 索瓦·提摩勒昂·德·梭亚只（François Timoleon de Choisy，1644—1724年），一位文化修养高的花花公子，亦称德·梭亚只神父。早年他以乔装女子的癖好而令巴黎社会哗然、惊骇反感。一场重病之后，他摒弃了纵情欢闹的生活方式，成为巴黎外方传教会的一员。当他得知国王在遴选派往暹罗的大使时，便毛遂自荐为使团团长。但他却被任命为副职，假若需要，他将替代肖蒙；或一旦纳莱决定信奉基督教，他便留在暹罗做国王的导师。6位奉命前往中国的耶稣会科学家与肖蒙使团同行。其中一位是塔夏德（Guy Tachard①，1648—1712年），他后来随肖蒙回法国招募新的耶稣会科学家到暹罗。回国后，肖蒙、梭亚只和塔夏德都在他们日记的基础上，出版了首份法国使团的描述。这三本著作相互补充，提供了1685—1686年纳莱在任时期，使节到暹罗的精彩文献。[81]但是，每一本书在某些方面亦有其独特性。肖蒙的《肖蒙爵士出使暹罗记》（*Relation*）是枯燥乏味、充满歉意的官方之作，因为实质上，他的使团未能令纳莱皈依基督教。梭亚只的《1685年和1686年游暹日记》（*Journal*）为一本流畅且生动的私人著作，以致友人的便函形式编排，据称不是为了出版。塔夏德神父的《巴黎耶稣会士暹罗航海记》（*Voyage*）②则是路易十四敕令他写的，旨在继续相信暹罗及其国王做好了转变的准备，尤其是在耶稣会士的努力之下，以及法国应竭力与阿瑜陀耶王朝发展更为密切的经济、政治和知识的关系。尽管梭亚只最初被凡尔赛宫回绝了，但他后来还是充任暹罗使节的随同与翻译。1687年，改邪归正的神父入选法国科学院，他漫长的余生是在撰写法国国王们的通俗历史和虔敬之书中度过的。

这些报道基本上都讲述了使节在暹罗受到接见，以及1685年秋纳莱及其王室人员高度尊重法国人的往事。[82]暹罗人对法国国王信柬的敬意远甚于他们对呈递信柬的大使的敬意，这令法国人感到有点困惑。所有法国特使，尤其是肖

---

① 亦称 Père Tachard，也译作“塔夏尔”。——译者注

② 此书全名为：*Voyage de Siam des Pères Jésuites*。——译者注

1192 蒙，都对他们备受尊敬而感到称心，并写道，他们所受礼遇，中国大使亦无出其右。法国人甚至无需像英国与荷兰的使节那样在国王面前稽首。法国作家珍视这种特许权，他们也都崇敬纳莱，视之为缔造者，渴求新知、思想开明的君主。

通过其特别亲密的友人华尔康，梭亚只获知国王的作息表。国王每天早上5点起身，亲自向第一位到宫殿门前的僧侣布施。7点，他会见住在宫廷里的女性、太监及其他人员。此后，他面谕侍卫长们，若其禀告，他会倾听。接着，住在宫中，负责外国人事务的高官和大臣们出现了。民事法官禀报审讯和判决结果，国王或首肯，或随意修改。11点前后，他接见所有要臣。午时，他与王妃、姐妹和姑婶们共进午膳；其兄弟们每年只见到他两次。用膳时，他聆听审判罪犯的启奏，决定处罚或宽恕。然后，他回到卧室，躺在地上，在侍从向他大声朗读祖先编年史中安然入睡。晚上6点至9点，他召见国家最高官员，他们于此上奏。10点，秘密的顾问委员会成员汇聚一堂，国王的导师入列，他是一位八旬老人，虽聋，却头脑清醒。顾问委员会还包括首席刑事法官，他也主管医生们，是位大管家，国王的年轻心腹；以及华尔康——宫廷首要官员、顾问委员会的灵魂人物。通常，这个委员会直到凌晨两点才解散。御医是唯一一位准允打断会议者，当他认为国王应该就寝时，他会这么做。这位医生彻夜留守在国王门边，检查御膳。每年协商会议较少，狩猎活动较多时，国王会在华富里住上八个月。[83] 纳莱在位三十年间，他每天花8个多小时处理国家事务。他大约55岁，颇瘦，眼睛大而黑。他充满活力，精力充沛，语速快，结巴。他神态端庄，绝不会被人谴责为一知半解。[84]

基于诸多原因，大城的对外贸易额缩减。中国商人与日本商人的祖国时局
1193 艰难，限制了他们的活动。暹罗人陷入与柬埔寨、老挝、勃固的持久战中。在柬埔寨，战争进展并不顺利；两个国王——暹罗的附属国国王与交趾支那的附属国国王争权夺利。许多"摩尔人"——这一词语也被理解为望加锡、爪哇、马来亚、土耳其、波斯、莫卧儿帝国和戈尔康达的穆斯林，离开了阿瑜陀耶王国，到与暹罗发生海战的戈尔康达避难。1685年11月，一个波斯使团抵达丹那沙林，令纳莱大为不快。由于担心穆斯林的进一步入侵，他继续在丹老及其他沿海港口巩固城防。[85] 他还忧虑荷兰人与英国人将利用其大量的军事投入而

提出新的要求。正是出于所有这些国际原因，纳莱更加关注与法国缔结政治同盟，而非皈依基督教。[86]

东南亚的战争是为了掠夺奴隶而不是剿除敌人。例如，整个村庄从勃固移至暹罗，俘虏们受地耕种。几近一半的暹罗人口是来自勃固的耕奴。他们开始在高地播种小麦，小麦长势喜人。葡萄起初繁茂，但由于白蚁侵袭其根部导致葡萄园消失了。暹罗人主要做工匠，尤其是泥瓦匠和木匠。他们可以复制欧洲一流的雕塑与镀金作品，却不懂得如何模仿油画。[87]节日里，他们表演中国戏、暹罗歌剧、走钢丝和勃固人的舞蹈。[88]梭亚只最重要的工作之一是帮助华尔康从收藏中挑选送往法国的礼物，这一丰富的收藏包括国王财产里的所有中国瓷器。[89]

1686年的那个特别使团让法国人萌发了在暹罗建立切实可行的亚洲前哨的希望。1687年年初，法国人决定派遣小分队在暹罗建立基地；余者继续为改变纳莱及其国家的信仰而工作。为了实现这些目的，法国国王派出一个特别使团，由法国东印度公司经理克劳德·希波利特·杜布雷（Claude Ceberet Du Boullay），以及一位学者和经验丰富的外交官西蒙·德·拉·卢贝尔（Simon de La Loubère，1642—1729年）领导。1687年9月，这个使团的6艘军舰、军事小分队和15名耶稣会士进抵暹罗。尽管朝廷上下对华尔康及其法国朋友的敌意加深，1687年12月11日，纳莱还是与法国人签订了一项商业协议。1688年年初，法国外交官辞别大城前往欧洲，留下了军队、商人和所有耶稣会士，除了塔夏德神父。据说塔夏德作为暹罗代表被派往欧洲，负责与法国结成政治联盟。[90] 1194

这些事件激起法国人的兴奋，促使尼古拉·热尔韦斯（Nicolas Gervaise，大约1662—1729年）出版了他的《暹罗王国自然与政治史》（*Histoire naturelle et politique du royaume de Siam*，巴黎，1688年）。1681—1685年间，尼古拉·热尔韦斯在暹罗，他是一位年轻的自立教士与传教士。[91]依据作者自己的证言，他在暹罗游历甚广，能讲流利的泰语。据说他曾将回忆录藏起来，只是在朋友们的强烈要求下才筹划刊印。根据出版者的前言，1686年至1687年，热尔韦斯成为暹罗使节的朋友，在撰史的过程中，他常与他们交谈。他亲眼目睹且相当了解暹罗人的日常生活。虽然并不总是如愿，但他还是极力避免重复在欧洲已广为人知的对暹罗的描述。与同侪一样，热尔韦斯在其献辞中，奉承路易十四，声称纳莱“以陛下为懿范，根据陛下旷世一生来规范自己的举止”。此乃事实，暹罗国王必须改变信仰，表现得“热衷于废除其国家的偶像崇拜，一如您曾经将异端邪说之恶魔（胡格诺教徒）逐出领地”。显然，热尔韦斯打算将其著述作为此后赴暹罗实现路易十四计划的法国人的背景读物。年轻的神父还领回两个男孩，他们是被废黜的望加锡国王的儿子。一回国，他就带他们到宫廷，尽可能为其提供法国教育。1688 年，热尔韦斯的暹罗史付梓，他还在巴黎出版了《望加锡王国史》(*Description historique du royaume de Macaçar*)。[92]

路易十四派往暹罗宫廷的杰出特使西蒙·德·拉·卢贝尔，于 1688 年 7 月 27 日回国，即华尔康被处死后的一个多月，比纳莱驾崩略晚两周。翌年末，“1688 年革命”的消息还未传到欧洲。获知那消息后，塔夏德神父及其他人却依然相信法国在暹罗的地位可以得到挽回，即便纳莱的继任者帕碧罗阇（Phra Phetracha，1688—1703 年在位）已经与荷兰人订立了友好协议，并在 1688 年 11 月强迫法国驻军撤出。拉·卢贝尔知悉纳莱驾薨后，继续撰写为其赢得声誉的著作《暹罗国》(*Du royaume de Siam*，2 卷；巴黎，1691 年)。[93]

1195 此书献给年轻的托尔西侯爵让·巴蒂斯特·科尔贝（Jean-Baptiste Colbert），他在 1689 年被任命为负责对外事务的国家大臣。拉·卢贝尔出生于图卢兹（Toulouse），早年便来到了巴黎，他常光顾沙龙，就在那些地方培养了友谊。授命为路易十四的特使之后，他开始废寝忘食地阅读其所能获得的一切有关暹罗和东方的资料。在其著述中，他提及从平托到热尔韦斯的 23 位欧洲作者。他引用了与暹罗和欧洲的消息提供者，尤其是巴黎外方传教会传教士的对话。虽然他仅在暹罗三个月，但他孜孜不倦、有系统地提问，并将回答和自己的观察记在回忆录中。他可能受到耶稣会科学家们的激励，这些与使团随行的科学家对暹罗宇宙学、天文学和数学有着持久的兴趣。他也不满足于仅仅研究暹罗。拉·卢贝尔注意到印度与中国对暹罗过去的重要性，他阅读了亚伯拉罕·罗杰（Abraham Roger）和罗伯特·德·诺比利（Roberto de Nobili）有关印度教，贝尔尼埃（Bernier）对莫卧儿帝国，以及闵明我、卫匡国（Martini）、曾德昭（Semedo）关于中国的著述。他细读了已出版的耶稣会士和巴黎外方传教会法国传教士的书简，及罗历山神父有关印度支那的著作。他为自己的第二卷收集了本地作品的法译本。

拉·卢贝尔的书反映了其研究之深度及其对他人观察的依赖，同时，第一卷也是对当时阿瑜陀耶王朝有条理的、综合的、近乎精确的全面考察。他得到现代评论者的充分褒扬，这些评论者往往没有意识到他借自早期作者著述的程度，或他偏好将他人的观察与自己的相混，而不顾及他们有些人更早讲述着暹罗的事实。不过，他多半会设法说明他的借用涉及早期的暹罗。通过他与塔夏德，以及怀揣强烈的欧洲和基督教偏见的其他作者相比，一些近代学者强调了拉·卢贝尔的客观性。其他学者则沾沾自喜地评述他的观察不断地被确证，确证者为后世的旅行家、学者，以及在泰国现代化程度较低的地区尚可看见的遗迹。虽然他的书“被公认为是关于17世纪泰国的最佳著作”，[94]但由于意识到它不过是一份个人经历和一种原始的资料来源，那么，这一评价就必须有所降低。他自己则说道：“这一准备弥补了居住更久些的不足，没有这些著述的帮助
及对它们的仔细研究，我在暹罗的三个月里，就无法谈论并明白也许三年都不 1196
能理解或评述的史实。”[95]

与拉·卢贝尔权威性描写的出版同期，法国出现了大量关于暹罗“1688年革命”以及康斯坦丁·华尔康生平的作品。在塔夏德神父已版著作与未刊书简的基础上，耶稣会士皮埃尔·约瑟夫·多莱昂（Pierre Joseph d'Orleans，1641—1698年）撰写了一本书，于1690年发行。[96]法国耶稣会士后来向暹罗和中国传教士庄严承诺，他们希冀通过这些出版物来鼓励国王和教皇继续支持其在暹罗的事业，尽管法国人遭遇惨败。多莱昂使华尔康成为殉道者，华尔康是与法国人极为密切工作过的大臣。多莱昂还效仿塔夏德神父，乐观地写到重返暹罗的事情。如同塔夏德神父，耶稣会士马塞尔·勒布朗（Marcel Le Blanc，1653—1693年）亦被逐出暹罗。1690年，他和一些法国军官回到欧洲，带去了有关灾难的第一手讯息。1692年，马塞尔·勒布朗的著作面世，这本回忆录的出版被审查员推迟，因其提及暹罗革命时期耶稣会士的某些阴谋。[97]鉴于耶稣会士因迁就中国和印度使团的政策而受到攻击，以及不再需要引起不和的出版物，他们在法国的处境变得特别敏感。[98]一些来自暹罗的法国官员

在好望角遭荷兰人逮捕，并被送回荷兰关押。不久，他们着手刊出德法尔热元帅（General Desfarges）统领下法军从暹罗撤出的各种版本。[99]1690—1691 年，迪耶普（Dieppe）的亚伯拉罕 · 迪凯纳 - 吉东（Abraham Duquesne-Guiton）航至东方的其他法国据点勘察，但没有到暹罗。[100] 包括兰奈主教在内的 70 名法国人质被押在暹罗监狱，直到 1691 年春才获释。当塔夏德和其他人继续在丹老争取新的法国据点的时候，荷兰人依然是 18 世纪伊始唯一在大城经营日常商贸业务的欧洲人。

1197

第三节　自然环境

在其《自然历史》第一部中，热尔韦斯特别提到 3 月至 10 月的雨季——他的前人已评述很多——降雨强度会变化并总是时断时续。通常 8 月河流泛滥，洪水淹没田地 8—13 英尺深。只有干旱和雨水不足令人堪忧，洪涝则是受人欢迎的。洪水带来的鱼不计其数，“一个人无需离开家门就可以捕捞到不只够他吃几天的鱼”。在雨季，暹罗人乘着船，玩着游戏，在“公共欢庆中”举行各种比赛。这个季节盛行的南风使船易于驶入暹罗湾的港口。在暹罗三条河中最重要的水道上，载重三四百吨的船可以通过其入海口远溯至大城。更大的船只被迫在途中抛锚，因为它们可能会在河流出口的沙滩上搁浅。由于沙滩边沿的水深，商人们“就用他们的船只搭了座桥，以便在码头卸货”。

在暹罗语中，“湄南”一词的意思不过是条河。鉴于这些人们相信“河流是水之源”，他们就用此语，意即“母亲河”来称呼所有的河流。每条河根据其流经的城镇命名，彼此迥异。大城河流的源头仍然未知，但暹罗人认为它滥觞于几年前在老挝发现的一面大湖。在干季，河水可以饮用，但雨季的水则受污染，“必须将水保存在能得到净化的大水船上，否则饮之会引发痢疾”。[101] 欧洲人称最常见的河鱼为蛙鱼，在太阳下将它晒干，出口给巴达维亚的荷兰人。在沿河的偏僻之地，大鳄鱼“会攻击人和鱼”（参阅第 187 幅图）。从日落到黎明，在河上旅行是令人难受的，“因为一小群蚊子与你如影随形”。第二条河流经丹那沙林，发源于阿瓦山脉。第三条为尖竹汶河，注入暹罗湾东部，容纳的船只比大城河的大。暹罗最重要的港口在其东部的丹老和养西岭（现为普吉）。丹老是东印度最安全的口岸之一，其港口全年开放，是极好的修船之地，因为当地的木料很便宜。养西岭唯一的缺点是水不够深，大船无法通过。[102]

无论水之深浅，稻总能在其间茁长。麦穗高出水面，除非洪水来势汹汹。 1198
这种时节，水稻长势不快，故会被淹没，继而腐烂、凋败。[103]水稻只在5月播种，通常洪水一退即收割。有时必须在洪水退去前收刈，因为水稻已长得太高，无法支撑其身。这种非同寻常的收获由船只来采集，而正常的收成则用牛车。一般水稻有三种。野稻无需湿地，“价廉、不甚佳”；两种培育的水稻中，“ponlo”较另一种白，也比较贵。刈稻由集体共同完成，人们一起劳作、用餐。白天，他们把一捆捆收割的谷物运到室内；夜晚，一些小公牛踩踏出稻谷。

虽然大多数稻长在洪泛区，暹罗人还是在干地种植另一种稻，它可以保存得更久，味更美。他们在一地播种，将秧苗运到另一处。移栽前，他们从蓄水池引水淹没田地。田里储着雨水和灌溉水，“四周是低矮的田埂”。平整田地后，他们用拇指将秧苗一棵棵地插入土中。[104]长在高地的小麦由手工浇灌，或用田头蓄水池所储雨水灌溉。麦子被制成干面包，供国王食用。[105]农作时，人们驱公牛和水牛拉犁。农夫用绳索牵引它们，绳子穿过分开牛鼻孔的软骨。“木犁”末端有一孔，通过此孔，木犁与耕牛相连。犁无轮，由四块用皮索固定在一起的木头制成。

在暹罗沃土上所种的一切植物均生长良好，“无需用心栽培”。玫瑰、康乃馨和晚香玉四季常开。他们最主要的两种花是欧洲人不知道的茉莉和栀子花。十二年或十五年前（大约1670年），玉米首次在高原引种，其长势甚好，可能很快就成为一种常见作物。[106]人们也种植黍、豆子与胡椒藤；“豌豆是唯一在此国没被发现的庄稼”。利润最高的是他们制作的红糖。除了柠檬和橘子，暹罗
的水果有所不同，比欧洲的更甘甜、更美味。其中包括柚子、七八种香蕉、山竹、 1199
番荔枝、芒果、菠萝蜜、番木瓜和菠萝。暹罗的森林覆盖率过半。森林里竹子密布，使陆地边境几乎无法通过。暹罗人还在他们的城池与私宅四周栽种竹篱。林区产两种几乎无法摧毁的铁木，它们被劈作建筑用料。在柬埔寨边界可见珍

稀树种沉香木与伽罗木。[107] 虽然暹罗没有金矿，但诸多迹象表明那里有黄金。人们在河道中发现金块，这使得国王经常雇人寻找金矿。[108] 这些努力未见成功，不过，近来发现的铁、锡、卡林（calin，铜与锡的混合物）和硝石补偿了这一失败。这些矿山涌出温泉与冷泉，欧洲人视其与波旁地区（Bourbon）和维希（Vichy）的泉水同效。暹罗人，“一如他们的性情与我们的不同，并不相信这些泉水具有治愈力”。[109]

森林里栖息着野象、残暴的犀牛和凶猛的老虎。这儿有许多欧洲没有的鸟。在南部丛林里，兔子和鹿很普通，“眼见一群猴子，有年幼的和年老的，在水边玩耍，是令人极为欢悦的”。热带气候滋生了有毒的动物与昆虫。一些蛇长 20 英尺，直径 1.5 英尺，五彩缤纷的皮肤美得令人惊异。由于从远处就可看到它们，所以，这些蛇还不是最危险的，它们通常以家畜为食。小蛇更恐怖，因其会潜入屋内和床铺。灌木丛中常见黑色的蝎子，它们的叮蜇是致命的。黑蜈蚣长 1 英尺，其毒液的毒性至少与蝎子的相当。最有害的是一种壁虎（tokay），因其叫喊而得名。这种动物类似蜥蜴，在茅屋顶捉老鼠，被它咬啮则会丧命。奇怪的是，暹罗人面对这般有毒动物，却没有研制出疗治蛇咬的药物。[110] 每年洪水会淹死低地许多恼人的昆虫。白蚁严重损坏了传教士的书籍。为了保存书籍，欧洲人拆去封面，用一种无色的小紫胶镶边。蠓透过“羚羊皮长袜”叮咬欧洲人的腿。约 6 英寸长的千足虫夹痛始料不及者的头和臀部。飞行时，有着两对翅膀的萤火虫通过其下部双翼发光。[111]

1200 虽然暹罗有许多小村庄和乡村，但只有 9 座算得上城市。暹罗人称其首都为“孟速提”（Muang Syouthed），即欧洲人所说的“大城”，这是华人命名的。[112] 外国人用“暹罗”指称此国后，其他人也就跟着称之为“暹罗”。[113] 暹罗人自己总是称他们的国家为“孟泰”（Muang Thai）或“孟贴摩诃那空”（Muang Thep Mahanakorn），后者意为“强盛之国”。二百多年前，乌通王（Chao U Thong）创建了大城，他成为拉玛蒂菩提一世（Rama Tibodi I）或黄金国王。[114] 如今，椭圆形的首都三面环绕着一堵破败的砖墙，此墙正被“更好的城垣”替代。从大河流入城市的运河“甚长、笔直、相当深，以运载最大的船只”。城市分成数个区，称为“村”（ban），最有吸引力的是南端的皇家地界。

宫廷最前面的两个庭院住着王室官员，其他地方“为先王们的旧宅，被尊为圣地”。最后一个庭院矗立着十字形的新王宫，中部升起一座象征皇族的锥形塔。公主——国王之女和他的后宫佳丽凭眺“布局精巧的大花园”。国王的 500 多艘船排列在河岸附近。大城的另一区住着外国商人。所有商船泊于一个宽阔的船坞内。人们在这拥挤的区域里进行着交易，与此同时，河道上的船厂正忙碌地修船与造船。第三区最大，住着当地人，他们多为手工艺者。在这个区域，每天早晚都有集市。由于水路无数，大城有五六座引人瞩目的砖桥和许多不太坚固的竹桥。大城人口众多，国王可以从该城的街巷与郊区召集 12 万名适龄男子从军。[115] 大城的秀色与辉煌主要源于 500 多座有着无数金像的塔寺。

暹罗的第二大城市彭世洛坐落在位于大河畔的大城北部。它的缔造者是帕
孟（Phra Muong），他在大城创建前二百五十年执政。这位统治者与老挝展开 1201
旷日持久的拉锯战，他建此城为都，也使其成为当地还可见到的早期宫阙之一。从规模和人口来看，大城近乎是暹罗防御最好的都会。[116]

华富里位于彭世洛与大城之间，是暹罗的凡尔赛宫。[117] 一个多世纪前，先王们在此地的游乐场就已被废弃了。纳莱修了条直接通往大城的运河，在大河支流附近建了一座迷人的新宫室。三个迥然不同的庭院正对着市镇。第一个庭院有两座小监狱，一间专为审判被控叛国罪的犯人。附近有一个大水库，由精通水力学的法国人和意大利人建成，他们是在其他人十年徒劳之后开始这项工程的。[118] 它为王宫、佛塔以及花园里的喷泉供水。穿过一片树林、一道门，便进入了第二个庭院，院里的每个角落都有“四只二等大象”的畜舍。广场四周环绕着白色饰墙，此院被分成多个小隔间，装饰着中国瓷器以示庆祝。对面是一等大象舒适的畜舍。旁边矗立着一座宏伟的建筑，中间有扇大窗，国王由此出场，接见外国显贵。接见厅有三道门，墙面贴着两位暹罗使节从法国带回的镜子。厅的顶部分四个同等区域，饰以花型图案和中国水晶。大厅后部安放着一张“豪华御座”，国王从后面步上。第三个庭院的地势较前两院的低，其间有一组建筑群是皇家休憩场所。护墙环绕着这些富丽堂皇的宫殿，四个角落有王室浴池，池上遮着篷盖。不远处的人工洞穴爬满了常春藤与花朵，为浴池提供丰富的水源。禁卫室位于护墙周遭，靠近“极其稀有的花卉”园林，国王有

时会亲手培植奇葩。与宫闱相对的是栽种本地树木的大花园，人行道沿墙排列。夜间，当国王在深宫时，壁龛里的灯笼点燃着。在国王与王妃的寝宫后面，是住着宫女的狭长房屋。只有太监才获准进入这些住所。[119]

1202 毫无疑问，曼谷是“王国首要之地”，因为它是暹罗唯一用以抵御南部敌人入侵的海滨城市。100 名葡亚混血的基督教士兵守卫着河流两岸的小城堡，听从一位“每日操练他们”的将官指挥。肖蒙留下的法国工程师将在此地修建新的、更坚固的城防工事。暹罗最北部的边远地区仅有两座很重要的城池：老挝边境的宋加洛（Sawankhalok）[120] 和滨海的丹那沙林。丹那沙林先前属于阿瓦。[121] 那里还使用缅甸语，人们一般不懂泰语。虽然在过去的五六年里，丹那沙林的对外贸易额减少，但它仍是暹罗最好的附属国之一，由阿瑜陀耶王朝任命的一名总督管理。在陆地，通过正常路径从丹那沙林到大城约摸得花六周的时间，国王知晓“藏在深山密林里”的捷径。[122] 暹罗南部的城池不甚重要。尖竹汶（Chantabun）是在柬埔寨边境筑了防御工事的秀城，统治者在距海一日之遥的位置修建而成，他同时也创建了彭世洛。与尖竹汶隔海相望的是碧武里，一座非常古老的城市，早期为王宫。荷兰东印度公司在其南部洛坤经营一间商馆。此海岸仅有的另一城市是宋卡。[123] 在北大年的刺激下，这座城市“早于十二年前就”反叛了暹罗。一支泰国远征军平息了暴乱，把煽动者押赴法庭审判。[124]

虽然暹罗河谷人口密布，但该国有“可怕的沙漠，大部分地区荒无人烟”，仅有的小屋稀稀落落，彼此相距甚远。1/3 居民为外国人，他们大多是来自勃固和老挝的战俘，“四散在全国所有可居住的地方”。他们被分散以防叛乱，现
1203 在却“与暹罗人混血而无法区分”，即便他们保留自己的语言。其他外国人作为难民来到暹罗，有些被国王授予相当重要的官职。七八个葡萄牙人的家庭过着穷困潦倒的生活。日本侨民、东京人、交趾支那人和柬埔寨人有自己的首领，遵从自己的法律。这里发现了许多凶狠的马来人，“一切犯罪皆归因于他们”。撇开这些人的不良品质不论，作为国王的卫士，他们还是相当称职的。在赴暹罗做生意的外国商人中，法国人比其他人都好，虽然他们人数不多。三四年前，除去一些人还在为国王效劳，英国人都放弃了暹罗。在最后的四十年里，荷兰人一直在暹罗经商，他们是暹罗最重要的欧洲人。他们建于大城附近的商馆坐

落在河岸，“无疑是王国里最上乘、最宽敞的建筑之一”。在河流入海口（位于北榄 [Paknam]），荷兰人有座货栈。5 月，他们的船只来此装货，以赴日本贸易；10 月，他们则载着供应暹罗市场的器物到这儿卸货。虽然他们的贸易依然有利可图，但国王并不信任荷兰人，正在寻找“一个有利的时机，将他们逐出自己的领土”。与荷兰人同，摩尔人亦令他心忧，并且只是由于他们带来的巨额贸易才得以容身。华人几乎与摩尔人一样多，“交易量最大”，每年派遣 15—20 艘中式帆船，满载精妙无比的中国和日本的物品。[125]

暹罗人自己没有编纂地图；抑或他们若有，那便是一个守护甚严的秘密。[126] 为弥补这一不足，拉·卢贝尔获得一帧欧洲人制作的地图，这位欧洲人一路溯流而上，直至暹罗北部边境。拉·卢贝尔并不满意这张业余制图，他请著名的巴黎天文台台长让 - 多米尼克·卡西尼（Jean-Dominique Cassini，1625—1712 年）根据在暹罗获得的“一些记录”修改了此图。尽管拉·卢贝尔承认这份修订的地图仍有瑕疵，但他还是将它纳入书中，称其提供了“前所未闻”的资料，较为精确地记录了所知一切。[127] 他质疑的根本观念之一是被广为接受的欧洲制图惯例，此惯例显示大陆东南亚的诸条大河滥觞于清迈附近的大湖。通过参与三十年前泰国攻占清迈的暹罗人，他获知他们从未见过这面大湖。因此，他推 1204
断要么此湖比先前所想的更遥远，要么“并无此湖”。[128] 对他来说，一获知湄南河进入暹罗的“通道小”，这个结论就得到进一步的证实。

暹罗基本上是一个大山谷，内陆四面崇山环绕，将它与老挝、勃固和阿瓦分开。其人口大多辐辏于南部水路沿线，这些水路可供远洋船只航行。为了说明这一事实，拉·卢贝尔插入了一幅从大城到海湾的湄南河流域详图，这幅地图由一组法国工程师绘制。邈远的北方是孟枋（Menang fang）镇，此地以它的苏木和“佛牙”闻名。他准确地断言，葡萄牙人将“苏木”这种染料木称作枋（Fang）。然而，朝圣者称之为“牙城”。华富里的东北部名帕巴（Phra Bat），是一敬词，被佛教用为“足”意。此地有一只佛足印，他们将其当作锡兰僧伽罗人（Sinhalese）崇敬的亚当之足迹来膜拜。国王每年都会亲往以示仰慕，尽管老人们说这种传统至少可追溯到九十年前。[129] 勃固边境是 Cambory 城 [130]，老挝边界为“呵叻”（Corazema）。[131]

诸多航线横贯暹罗山谷。大城坐落于其他几座岛屿之中，此岛通过东部一条堤道与大陆连接。虽然这座四面筑墙的城市土地辽阔，但只有东南部，或不到 1/6 的地方有人居住。其余则荒无人烟，却寺庙如织。[132] 为了使大城的结构更为明晰，拉·卢贝尔收录了该城的一幅地图，显示其街道、水路、郊区和外国人居住区。这一地区的暹罗人自称“小泰人”（*thai-nọi*），而称山里的暹罗人为“大泰人”（*thai-yai*），即蛮夷。北部山脉向南进入半岛时，地势逐渐变平，
1205 最后止于新加坡。从这些山脉飞溅而下的河水流入孟加拉湾和暹罗湾，使东部沿海地区可以居住，暹罗与柬埔寨交界地带不那么令人恐怖。暹罗东海岸的众多岛屿有优良的港口、丰富的淡水和廉价的木料。“对殖民者来说，它们是一个诱惑”，因为暹罗国王对其掌控不严。[133]

暹罗陆地大多被覆着欧洲人所不知的树木。竹子在森林里生长茂密，但那里却鲜有印度常见的榕树。极有用的是大量“棉树”，暹罗人从中采集木棉以替代短绒毛。[134] 他们从其他树上提炼油，并用这些油漂白石膏和水泥。其余的树产胶，成为华人与日本人制胶的来源。暹罗工匠自己并不擅长使用这些漆。他们用棉碎布或鹊肾树（Ton-khoi）的树皮制成劣质纸。通常，他们让纸张变黑，使之体积增大，表面较光滑。他们在变黑了的、像卡纸板的纸张上写字，用的是由干颜料做的彩色蜡笔。[135] 未装订的书是由一张长纸向后、往前折叠而成的扇状褶皱。暹罗人也蘸中国墨汁在未变黑的纸上书写，用尖笔在类似手掌的树叶上写字，这种树叶名为“掌书”（ton lam）。他们将这些树叶切成长而狭窄的矩形，写下僧侣们在寺庙里吟唱的祷文。造船的木料丰富，欧洲人所谓的“玛丽木”（Wood-Mary）“比其他木材更适宜做船舶的龙骨”。棉花易长，但亚麻的生长情况却不为人知。与亚麻相比，暹罗人更喜欢棉纱，因为后者有较强的吸湿性。暹罗出产肉桂，不过，它们无法与锡兰的相媲美。虽然他们的沉香逊于交趾支那的“伽罗木”，却胜过其余所有国家的沉香。[136] 从前，伽罗木在巴黎价值连城，“如今的价格却还过得去”。[137]

暹罗的矿藏资源名噪天下，无与伦比，或许是有众多偶像、模压金属制品和镀金寺庙的缘故。通过每天发现的矿坑和熔炉遗址，似乎可以看出暹罗早期的矿山比现在更多产，人们认为这些矿坑和熔炉是勃固战争期间被废弃的。在

欧洲人的帮助下，现任国王徒然地坚持寻找有价值的金矿和银矿。在此过程中，他们已经确定了几个次要铜矿的准确位置，其中也发现了少量黄金。暹罗人不知该如何分离这些金属，他们就添加了较多金子，把它当作金铜合金（马来语 *Tambaga*；泰语 *nak*）出售。[138] 通过锡与铅的制品，暹罗人经常获利甚丰。据 1206
葡萄牙人所说，一种软锡“卡林”（印地语，*kala'i*）在东方随处销售，暹罗茶罐即为例证。为了使“卡林”较坚硬、更白，他们将它熔化，掺入钙或锌和铜的粉末。这种混合物产生一种淡黄、易碎的金属——白铜或白锡（*tutenag*）。[139] 人们在华富里附近的山脉和养西岭发现了天然磁石。甘烹碧以铁矿著称。其居民凭此制作马刀、匕首和通用的小刀。他们没有大头针、针、钉子、凿子或锯子。房屋用竹钉固定住。他们从日本进口铁锁和铜锁，出售大量硝石，制作当地“非常劣质的火药”。[140]

暹罗人仅将一年分为三季：冬天是“寒冷的开端”（*na-nao*），“初夏”为“热季伊始”（*na-rọn*），“盛夏”是“三伏的起点”（*na-rọn-yai*）。虽然他们没有词汇表达“星期”，但他们的日子“与我们的相似”，只是早“大约六小时”。他们和我们一样以行星命名七天。[141]“水星”（星期三）被称作“挽普”（*wan-put*），来自一个波斯单词，意为“偶像”，由此衍生出偶像庙（*Put-chedi*）——“塔式寺庙”的词源。[142] 暹罗年始于 11 月或 12 月月圆初日。每年更常以一个专有名词而非数字称呼。与其他东方民族相同，暹罗人将年按 60 轮回为一组。他们把 60 年轮回分为 5 个次循环，用 12 种动物命名每个次循环中的年份，再反复使用。[143] 就两年期来说，运行一年的时间被分为十二个月，接下来的第三年则有十三个月。人们通常认为他们的月份包括三十天，但一些稍长，有些稍短。月份没有名字，暹罗人只是按数字顺序指称它们。[144] 季节长短不一，前两个 1207
月为冬天，其后三个月是“初夏”，余下的七个月为“盛夏”。

据拉·卢贝尔估计，古代暹罗人是靠鱼和水果为生的原始人，可能是华人教他们农艺。在中国、东京、交趾支那和暹罗的统治者早期开创的耕种季节的仪式中，发现了这一推测的证据。从前，国王会在每年的某日亲自举行这种仪式。如今，他将其留给“一位虚设的国王”，该国王每年被选为“稻王”。在所择之日，这位临时国王骑着一头公牛到耕田，“一长列官员”陪驾。由于此要职对执行者来说是不祥或不幸的，所以，临时国王会因一日装扮而得到“维持一整年生活”的报酬。这种仪式可能“只是为了使农业获得声誉而发明的，它以国王们本身为示范”。如今，它却涉及祈求福神、抚慰邪神的宗教祭献，以确保大丰收。最后，通过亲手点燃一堆稻束，临时国王为神灵们献上了祭品。[145]

暹罗园圃被施以肥料。在块茎植物中，马铃薯值得特别一提。马铃薯与欧洲萝卜的大小和形状相仿，其内部通常是白色的，但也可能是红色或紫色。在灰烬中烘烤后，“食之如板栗”。虽然他们种植绿洋葱，却好像没有葱头、块菌、大蒜、白萝卜、南瓜、西瓜、洋蓟、芹菜、甜菜、花椰菜、欧洲萝卜、韭葱、甘蓝菜、胡萝卜、莴苣，或其他沙拉用的绿叶蔬菜。这些水果与蔬菜，荷兰人在巴达维亚几乎都有种植，因此，它们似乎也可以在暹罗生长。暹罗人有大量他们不吃的芦笋，以及几种大而无味的蘑菇。他们像其他东方民族那样，也吃生黄瓜、绿洋葱、大蒜和小萝卜，这种小萝卜比法国的甜。长在华富里皇家珍稀植物园的葡萄小而苦。[146]

靠近华富里，国王在“富海”之地有一间小屋或狩猎棚屋，那里的雨水和地下水被引入大水库，供其所用。“为了消遣和交谈”，城市居民更热衷于饮茶，
1208 他们像华人，称之为“Cha”。茶有三个品种，均可入药。茶水在日本制作的“内部镀锡的铜罐”或陶碗中煮沸。[147]他们边嚼糖块，边从“瓷杯”中啜茗。他们用大米酿制啤酒、烈酒和醋。暹罗的摩尔人喝咖啡，葡萄牙人吃巧克力。暹罗人嗜好水果，一有便终日享之。橙子、柠檬和石榴是欧洲人所知道的水果。柠檬小且酸，但橙子和石榴是甜的。一流的橙子叫作水晶橙，极贵。有种橙子和香蕉（kluai）全年均可收获，其他水果则是季节性的。他们用酸柠檬和某些油使自己的牙齿变黑。为了涂红小指指甲，他们敷上“捣碎在柚子汁里的米饭，柚子汁掺着几片树叶”。[148]

暹罗人的小高脚屋四周环绕着“旷地”。牛爬上斜坡，走进屋子底部的牛棚。炉灶建在屋外，置于一筐泥土之上，用三根棍子支撑着。虽然茅草房和竹屋常常且容易被焚毁，人们重建它们却也快而简单。暹罗没有客栈。大城与华富里之间有家旅馆，国王有时会在那儿停歇用膳。但大多数旅行是通过水路，故而船只被当作旅店。个人的殷勤招待不得而知，也许是由于暹罗人小心地隐藏他

们的妻室。没有妻室的僧侣与和尚会更好客些。暹罗人为拉·卢贝尔及其使团成员修建了多座房屋，“依据他们国家的时尚”，装饰了大量的垫子、地毯和挂件。欧洲人、华人和摩尔人有砖房，不过，暹罗人似乎难以造这样的建筑。廷臣住在木屋里，竹围栏绕之，他们的侍从及其家眷住在各自的房间。所有住宅仅有一层，据传是因为当国王经过时，任何人都不能比他高。为了确保无人轻视国王，人们纷纷出屋，跪拜在王室随员面前。所有王室建筑也都只有一层楼，比较可能的原因是，这仅仅为表示尊敬的一种传统方式，而与他们建造单层建筑无关。

大城与华富里的王宫和几座塔式寺庙是矮砖建筑。塔式寺庙状似“我们的小教堂”。将砖石建筑物引介到暹罗可能有欧洲人的因素，因为当地人称他们最
古老的砖石寺庙为“商馆塔式寺庙”。[149] 王宫和寺庙的外部装修限于用“卡林” 1209
或瓷砖盖屋顶。楼梯逼仄，没有扶手。使这些单层建筑别具特色的是与台阶相连的各式各样的室内层。人字屋顶亦有多种层次，较矮的似从较高的房顶中露出，使建筑略显宏伟。在寺庙里，最高的屋顶下是偶像竖立的殿堂。首要的寺庙装饰为与之相伴的砖石和灰泥建成的宝塔，宝塔底部圆，向上逐渐变窄，终端“像个穹顶”。那些较矮的建筑顶部为尖尖的锡塔。[150]

每个人都知道该如何使用锯子和木工刨，因为所有的人皆自建住宅，或指导奴仆建房。他们简朴的家具也是自制的。生活用的床架只有简单的木框，而没有设计可以固定草席的床架头或柱子。桌子像鼓，棱和脚朝天。人们坐在垫子上，可能没有地毯，除非国王御赐。富人有棉垫，席地而坐时，他们可以斜靠着。他们的容器是陶、瓷、铜和木制的。王室家具与此类同，但比其他人的贵重。拉·卢贝尔开列了一份暹罗语清单，内容是常见的便携式财产，包括两位高官为他预备的枪械。[151]

鱼和米饭是暹罗人的日常主食。他们从海上捕捞各种鱼和龟、小牡蛎，以及各种尺寸的龙虾。从河里，他们获得甘味绝顶的鳗鱼和多种淡水鱼。两种小河鱼石斑鱼（Pla out）和三星斗鱼（Pla cadi）被腌制，放在咸水中，直到它们化为“一种异常黏着的膏”的一部分。暹罗人嗜干鱼、咸鱼或“臭鱼”甚于新鲜的鱼。他们也食腐烂的鸡蛋、蝗虫、老鼠、蜥蜴和大多数昆虫。其调味汁易做，由水加以香料、大蒜、绿洋葱或甘草调味而成。他们有一种像芥末的液体鱼酱

（kapi），原料只是“腐烂的虾鱼”。虽然他们的牛奶乳脂浓渥，但并不被制成奶酪和极小的黄油。他们将干鱼切成薄片，像意大利面条那样食之。吃肉的时候（他们很少这么做），他们更喜好肠子及动物的内脏，而非其他部位。在集市上，他们出售煎炙或烘烤的昆虫。暹罗人没有饲养家禽。在自己觅食的动物中，有
1210 两种鸡和许多鸭子。尽管猎禽无数，有时会被吃掉，但暹罗人并不抓它们。几乎所有的鸟都有漂亮的羽毛，但它们的叫声令人不悦、烦躁。虽然有些鸟学人类说话，其他鸟则聒噪却不会唱歌。麻雀擅自闯入房间，捕捉在那里发现的大量昆虫。因暹罗人喂食乌鸦和秃鹫，它们便极其大胆，无所畏惧。4 岁前早殇的幼童通常会被陈尸户外，成为这些猛禽的猎物。摩尔人饲养小山羊和绵羊，并贩卖它们。猪很小，极胖。暹罗人饱受多疾之苦，却与欧洲人一般长寿。口腔溃疡和脓肿是常见病，但无坏血症和水肿。天花周期性爆发，夺去了许多人的生命。为了阻止这种传染病蔓延，他们将罹难者掩埋，三年或更长时间都“没有焚化”。[152]

仅有的家畜是作为坐骑的公牛、水牛和大象。雌象执行一般的日常功能，因为雄象为战争而受训。暹罗没有养马，但国王从国外进口了 2 000 匹。国王好骑象甚于骑马。在王宫里，警卫大象常常值班，时刻以备国王登骑。除了王宫的女士、太监与官员之外，无人见过国王步行。他们的肩舆是方形的，配有扁平、升高的座椅，由 4 个人至 8 个人抬着。较好的肩舆有椅背和扶手。在这两种椅子上，暹罗人盘腿而坐。轿子是“一种床，几乎垂至地面”，男人们通过一根横杆把它扛在肩上。照例，轿子是留给病人用的，但有时欧洲人也被允许乘坐。无论国王走到哪里，总有一位举着皇伞（pat-bok）的人相随。由于大多数旅行是通过水路完成的，拉·卢贝尔便提供了与窄船（balon，意为一种划桨船）有关的冗长、详尽的描述，以及各种类型的窄船的插图。[153] 撑伞是国王赐予的另一种特权，只针对他最喜欢的人和欧洲人。多数官员获准拥有一把单层伞或阳伞。多层伞为国王专用。僧王手持一柄单层伞（klot），伞沿垂挂着几块画布。普通僧侣与和尚们撑着一把遮阳伞，伞由一片可以对折的棕榈叶制成，暹罗语为 ta-la-pat，欧洲人可能由此衍生出“塔拉波”（Talapoin）一词，这是他们为那些僧侣起的名字，那些僧侣在泰语中被称为昭坤（*chao-khun*）。[154]

第四节　国家兵役与管理 1211

暹罗的自由民组成一支自卫队，人人登记在册。即便妇女和僧侣无需服国家兵役，他们依然被列入这类人的名单之中。所有男子都是军人，每年为国王服役六个月。他们的武器和牲畜由国王供应，但他们的着装与生活必须依靠自己。在人口登记中，人们被分为右和左，“最后每个人皆能知道其职责范围内应把自己划归哪边”。[155] 在一位“乃”（Nai，首领）的领导下，这两个部门分为“队”。这些“队”的人数各异。“乃”的职责是根据需要为军事部门或政府部门提供人员。[156] 儿童与其双亲同属一“队”。

如果父母应为不同“队”，那么，奇数号的孩子为母亲“队”的成员，偶数号的孩子则为父亲“队”的成员，只要他们的结合获母亲的“乃”批准。“乃”有权先向其“队”的士兵贷款，然后使之受债务束缚。国王为每位“乃”配备一艘窄船，由其“队”中的年轻人划船。他们的手腕外部被热铁烙上印迹，以示他们的职责包括划桨和其他劳务。

“乃”并不都同样重要。他们的地位由“队”中的数字计算。有“7 种级别的‘乃’”，虽然如今有用的仅 6 种。从最高头衔开始，它们依次为“拍耶”（Pa-ya）、“拍”（Oc-Pra）、“銮”（Oc-Louang）、“坤”（Oc-Counne）、“蒙”（Oc-Meung）、“攀”（Oc-Pan）。[157] “Oc”一词虽非泰语，但意思似为首领。“攀”（Pan）意即一千，“Meung”为一万，故“蒙”意为“万人之首”。可能其他头衔也同样涉及数字，或者来自巴利语。另一“无功用的头衔”是“孟”，似意为“城市首领”，一种在最终成为“昭孟”（chao-muang）或“城主”前的必备职位。“首领”真实的暹罗语是“Hua”，它被用于各种头衔中，例如：“甲长”（hua-sip）或“十人之首”，“登上皇家大象尾部”的官员或“千总”（hua-phan），以及在国王的窄
船上执皇旗者。当上级称呼下级时，尊词“Oc”从头衔中省略。葡萄牙人将最 1212
高头衔“拍耶”译为“亲王”，这一称号不准确，因为国王既将其赐予亲王，亦将其钦赐诸官。拉·卢贝尔时代，老挝还在使用头衔“拍耶”和“蒙”。[158]

因暹罗有 6 种头衔，故对应 6 个城市等级，每个等级的地位“在古代是由

居民册决定的”。人口最稠密的由一位“拍耶”掌控，人口较少的由“耶”或次一级高官管理。旧城媚达（Mae-tak）和彭世洛以“拍耶”为长官。丹那沙林、洛坤与呵叻的首领仍然是“耶”，较小的地方如曼谷有“拍”或头衔更低的长官。所有官员均有头衔，但“相同的头衔并不总是对应着相同的职位”。人们常常身兼多职，故有数种头衔。同一个人既占虚位又居实职的现象并不少见。例如，“耶帕拉塞德”（Oc-ya Pra Sedat）是大城长官的头衔，如今，其实际作用则相当于大库官（Oc-ya Barcalon）或对外贸易部部长。头衔、职位和姓名的多样性给试图了解暹罗的欧洲人造成极大的混乱。[159]

欧洲人称较高级的文武官员及其子女为“高官”。当国王册封一位高官时，被委任者会得到类似封号的新名字。赐予令人尊敬的古老名字，常常是作为深恩的标志。暹罗人为欧洲人和其他外国人起了适当的名字。在等级制度中，地位不同的显贵往往会被起相同的名字，因此，人们只呼其尊称。依据暹罗法律，所有官职应为世袭。然而事实上，国王不容质疑或无所补偿便褫夺官职，他对来自王室家族的成员尤其如此。高官无薪俸，但由国王供养，负责他们一切需求，并赠与礼物，乃至耕地。官员殁后，国王收回官位及其全部遗产。大多数官员经常通过敲诈、掠夺和礼物中饱私囊。所有皇臣，连外国人，都必须饮效忠水。[160]三卷暹罗公法编辑出版。首卷为 *Pra Tam Ra*①，涵各种官位的名称、职能与权力。次卷名《宪法》（*Pra Tam Non*），系“古代国王们的宪法”汇编。末卷是《王室法规》（*Pran Rayja Cammanot*），即纳莱之父编纂的一本记载法律的著作。[161]

1213 暹罗北部或上部分为 7 府，以其最主要的城市命名：彭世洛有 10 个辖区，素可泰 7 个，宋加洛 8 个，甘烹碧 10 个，coconrepina②5 个，碧差汶（Phetchabun）2 个，披猜（Phichai）7 个。[162]上暹罗还有其他 21 个辖区，独立于大府之外，它们“会求助于朝廷，如此多的小府亦同”。在南部，柔佛府有 7 个辖区，北大年 8 个，洛坤 20 个，丹那沙林 12 个，尖竹汶 7 个，博他仑（Phat tă lung）8 个，

① 可能是 Rat，意为国、政府。*Pra Tam Rat* 可译为《国法》。——译者注

② 原文括号内对应着 Kambenbejira，同“甘烹碧”。——译者注

猜亚（Chaiya）2 个。[163] 下暹罗辖 13 个小区，“也就增设同样多的府”。在国家的中心地区，大城或“暹罗城还有自己的府”。

府尹的职位是世袭的，权力涵括司法管理和指挥所有府的雇佣军队。有权势的府尹和远离宫廷的官员试图部分或完全独立于大城。例如柔佛，不再进贡或“臣服”。北大年继续每三年正式朝贡一次金树与银树，正如暹罗国王每三年向中国纳贡一次以持续贸易。在其他地方，国王已设法罢黜最有权势的世袭府尹，或昭孟（地区领主），以代理执行官（Pouran）取而代之，任期三年。除了国王照惯例钦赐的礼物之外，世袭府尹有权依法与国王分享所收的地租，攫取所有的没收，拿走全部罚金的 10%。通过国王，世袭府尹接纳“执行其命令者，他们用桨划其船，无论其往何方皆随行相伴”。这些人被称作“彩绘手臂”，因为他们在自己的手臂上刺一种已褪的蓝色花纹。[164] 沿海各府的府尹们向商船收取关税；在丹那沙林，则是按 8% 的税率估算。[165] 一些府尹僭越主权，向边境人民强制征收特别税。其他人通过代理经商，或在池塘干涸时，要求得到最 1214
好的鱼。被任命的府尹与世袭的府尹拥有同样的威信与权利，但前者比后者获利少。他们在职位有空缺时被委命，或在世袭府尹不在时替代他们。在第一种情况下，被任命者只接受分配给他的利益。遇第二种情形，他则与缺席的世袭府尹享受同样的待遇。[166]

府尹负责司法部门，许多次级官员为其副手。帮助他奉行职责的副官无法在其缺席时代之，因为他只是一位顾问官。另一名官员是“御史”，由国王任命，以制衡府尹并独立向国王汇报。府的卫戍部队指挥官，“若有任何情况”，即向府尹禀报；若不在战场，他们则无权直接指挥士兵。还有一位官员及其下属负责征兵并为他们提供所需物品。他亦查核“居民册”，并制衡那些编纂和控制它们的官员。这些部门易滋生严重的腐败现象。官员们会收受贿赂，使个别人免于记录在册。警察的权力把控于负责监视的部门。又一名官员维护府尹官邸，指挥侍卫。法律记录由一名裁定何为违法的官员管理，他亦宣判处罚。王室垄断的货物由负责国王仓库的官吏销售。外国人服从于一位保护与监管他们的巡官。当低级法官中出现空缺职位的时候，每一个高级司法部门都会指派官员补位。其他官吏任监管者、狱卒，以及养在各府的皇家大象的守护者。每个部门都有一个档案室，档案管理员查阅诏书并保存它们。这些官吏均“来自府内”。其他任职地位较低者“来自府外”。每位“府内”官皆有一名副官和秘书，室内有国王提供的用于听审的大厅。[167]

民事案件与刑事案件都依照一种法律程序。所有指控均须递交书面报告，提供担保。原告通常先找其“首领”，后者替他起草递呈府尹的诉状。府尹细查后决定是否应该进行审讯。假若他判定这不是一宗合法的案件，那么，原告就必须受到责罚，以阻止其他人提交无事实根据的指控。如果府尹同意审理诉状，
1215 那么，就会有人向聚集一堂的顾问们大声宣读，供他们思考并提出建议。调解不成时，书记员会接受证人宣誓作证，并记录在案。证人从未在法庭露面或与诉讼当事人对质。证词宣读完毕，与会的顾问写下他们的意见，随后与出席的府尹相会，府尹并没有参加先前的会议。聆听相关文案诵读之后，府尹质问“那些他认为意见不公者”，然后宣布：“概言之，此当事人依法被判有罪。”接着宣读被认为有关案件的适用法律条款。由府尹秉公裁决纠纷，并宣告记录在案的判决。[168]在所有案件中，三四例获准向高级司法部门申诉，但法庭费用和差旅费使人们无法再上诉。直接证据不足时，他们就在法官和公众面前求助于神裁法来拷问与审判。“唯国王有权”宣判死刑，除非他将此权特别授予执法官或委员会。审判是一个漫长且开销巨大的过程，其费用由双方当事人负担。拉·卢贝尔列了一份译自暹罗语的货币收费单，由每一级官吏征收，针对各自独立的执法行为，包括从审理案件到抄写诉状。[169]

在大城，“国王即昭孟”，两个重要政府机关分别执行司法职能与行政职能。审判长（Yama-rat-chă）主管的法院是“全国所有上诉案件的受理机构”。当国王住在大城时，就在王宫开庭；国王离城时，开庭地点则设在宫廷外的一座城市塔楼里。只有这位官员有“决定性的发言权”，通过他，当事人才可能向国王申诉，不过代价沉重。递呈的申诉由有咨询权的王室顾问委员会复查。国王仅在判决时才出现。在讨论顾问委员会的咨询意见和达成决议的时候，国王“表现得极具智慧和判断力”。大城的政府长官名为“帕拉塞德”（Prasedet），一些人认为“sedet”是巴利语，意为“国王离去”。[170]从湄南河入海口到大城，周围地区被分成5个小辖区：碧武里、佛统（Nakhon Phatom）、曼谷、土瓦和

大城。[171]

全国的政府管理部门由“却克里”（Tchary）监督。所有府尹“在他任国家委员会主席一职时向其汇报”。伽罗凤①（Calla-hom）指挥全国的军事部门，是 1216
皇家大元帅。但是大象和马匹，“暹罗最重要的军事力量”，则在另一位官员碧罗阁的掌控之中，[172] 如今，它们已成为“国家受雇数最多的职业之一”。“却克里”的家庭成员通过设法与王室成员结盟而长期居高位。传闻他或他的儿子可能成为纳莱的继任者，假若他们比纳莱长寿。[173]

暹罗几乎没有培养作战技术。如同大多数亚洲人，暹罗人也缺乏勇气和那种“见到一把出鞘的（欧洲）剑就足以让上百人冲锋陷阵”的气势。他们“缺乏战斗精神”可归因于过度炎热的气候，“懒散不安和独裁政府”。他们憎恶流血，出兵进犯邻国只是为了夺取奴隶。两军相接时，他们奉命不杀戮或不直接射杀敌人。与其他自由人一样，士兵无薪俸，每年应征六个月，服役完毕，由他人替换。曼谷的驻军约有士兵 400 人，华富里则屯兵 800 人左右。王国的天然防御——树林、山峦、运河与洪水使城堡建设成为多余。暹罗人也不屑于在坚固之地筑防御工事，“以免失去它们，且无法重新夺回”。他们的大炮寥寥无几，军队主要有大象和徒手、装备不良的步兵。

在战役中，他们“排成三列，每列由三个大方正营组成”，或共有 9 个营。大元帅坐镇中营，该营由最精良的部队组成。一如其他指挥官，“为了个人安全起见”，大元帅立于方阵中央。每个营的后部有 16 头扛旗的战象。每头雄象由两名帮助管控它的雌象陪伴。除了运货的大象，其余每头都载着 3 位全副武装的兵士。火炮大多装在船或牛车上，有些象也运载轻便的大炮。炮火拉开了作战的序幕，随后先遣队将敌军引入小炮弹与弓箭的射程之内。厮杀得以避免。即使敌人不逃跑，他们自己也会休息，在树林里重新整编。虽然他们严重依赖大象冲锋，但这种动物并不很适应战争。它惧怕炮火，实际上难以控制；受伤时，它常常会突然攻击自己的主人。暹罗人根本无法打包围战，因为他们不直接进攻任何哪怕只是稍加巩固的阵地或场所。在海战中，他们更显无能。国王 1217

① 即军务总长。——译者注

保有五六艘很小的商船，战争时期，他将它们武装成私掠船。在军官和海员方面，他必须依靠其招募的欧洲人。同样地，在陆地上，暹罗人更感兴趣的是获得珍品，而不是杀人或沉船。除了这些远洋船只，国王还有五六十艘战船，保卫暹罗湾海岸。[174]

葡萄牙人的大库官负责国内外贸易，监管皇家仓库，乃事实上的外交部长，因为几乎所有的暹罗对外关系都与商业相关。王室收入来源于城市与农村的税收，前者交给大库官，后者给税务部长耶·泼拉台（Oc yo Palatey）。耕地的税款由土地面积决定，现金支付。税额分与统治者，但“在边远地区，人们从未向国王交足赋税”。传统上，未耕地不纳税，但“强迫其臣民工作”的纳莱已规定田赋针对所有土地，须“向那些拥有土地已有时日者”收税。[175]船只交税取决于它们的大小，在沿河岸的某些驻地收取现金。除了关税，远洋船只据其所载容量以赀所费。果树的主人为他们园里的每棵树交纳年税。在首都，妓女及其所有者“耶敏”（Oc ya Meen）均纳税。皇家领地出产君主统治集团所需的粮食和饲料，“余地由王鬻之”。国王接受的非经常性收入来自礼物、官员的遗产、特别税收、没收财物和罚金。他收受富人交纳的实物或货币，这些支付用以替代他们每年六个月的服役。其收入余额源于垄断。他将棉布卖给臣民，通过占领整个市场而迫使商人们离开这一贸易领域。除了产自养西岭的锡之外，锡都被国王垄断了。当地人和外国人都只能在皇家仓库里才能买到象牙、硝石、铅和苏木。亚力酒（arrack）的出口销售亦被垄断。武器和军火仅在皇家仓库方可买卖。国王与荷兰人签署协议，他被迫收购兽皮，并且仅能售予他们。暹罗贸易的其余部分则完全开放。[176]

玉玺只归国王所属，并不托付给其他任何人，仅用于“所有他直接处理的事务”。每位有权签署指令的官员皆有一枚印章盖在发文上。秘书把印章蘸上印泥，
1218 钤盖在文件上，但拥有印章的官员必须“亲手将其从图案中拔出”。[177]阿瑜陀耶没有总理，但有“王国首席官员”，称作“摩诃兀帕拉特”（Maha Obarat）。他是“副王”，国王缺位时履行国王的职责。他有权居王位，享有“拍耶”的头衔。[178]王宫的官员分“朝内”官员与“朝外”官员：那些“朝官”的官衔较高，在宫里执行其职能；“外官们”则在宫外为王室工作。三层宫墙的最深处为“宫”（Vang），

整个大王宫被称作“城堡”（Prassat）。“耶往”①（Oc-ya Vang）是负责保养王宫以及宫中居者与皇家仪式开支的大臣。[179]

宫门总是关着，每道门后面立着一位携带武器的警卫。进出许可证必须向侍卫长获取。武装者或醉酒者不准入内。警卫每二十四小时一换。在最前面的两堵墙之间，立着一小群携带“各色兵器”的人，他们担任皇家的刽子手、侍卫和桨手。在礼仪场合，皇奴们身着红色穆斯林衬衫，配备武器。看守皇家马匹的护卫队由来自老挝和另一邻国的人组成。“右”指挥官的儿子在法国几年，学习了制作喷泉的技艺。国王离开王宫时，一队骑兵侍卫随驾，此队有130名外国人，包括摩尔人、莫卧儿人、中国鞑靼人（满族人）、印度人和拉其普特人（Rajputs）。马与象留在宫内圈养地，如同“朝官”，它们也由国王赐名。白马与白象受到暹罗人的尊敬。伽罗凤负责养护和守卫皇家驳船与战船。[180]

当国王上朝时，他坐在一扇窗内，此窗高于会客厅9英尺。大厅的两个角落各具一牖，牖旁为门，门与牖同高，均可通过狭窄的楼梯登上。窗前立着一支九层伞，两侧各有一支七层伞。[181]众官员与大使把所有敬献国王的贡品呈放在一盏金杯中，此杯的金制手柄颇长。就在此厅，国王为他的44位“宫内”侍从官赐级，他们被称为“摩诃特雷克”（Mahatleks）。他们分作4组，每组11人，由国王一一赐名，钦授军刀。一些人为国王提供私人服务，另一些则任信使，将诏书传给众多住在宫外的侍从或在各府的官员。指挥侍从的4位官员权力极大，“因为他们与国君这般亲近”。[182]在王室会客厅有一位司仪，他是唯一一位无需向国王伏拜者。国王本人有极强的求知欲，努力认真地了解欧洲。他有昆图斯·库尔提乌斯（Quintus Curtius，一位罗马历史学家，撰写了亚历山大大帝一生）著作的暹罗语版，已下旨“翻译我们的一些历史”。[183]

1219

成年女子是国王室内的“贴身官”，因为她们仅仅照顾他的私人需求。没有明令，她们从不离开后宫，除非陪伴国王或太监。[184]国王的亡妻，“既是他的夫人，亦是他的姐姐”，被称作“至尊王后”（Nang Achamahisii）。国王在世时，其名被隐藏，要不然就是没有名字，直到继任者为他封谥号。[185]王后是

① 清乾隆官修：《清朝文献通考》卷297，四裔考五，暹罗条译为“握亚往”。——译者注

国王独女的母亲，“现已有王后的身份与宫闱”。其他妃嫔称“昭宫”（Tchaou Vang），尊王后为其君主，臣服于她的统治。王室人员不断地招选宫女，但暹罗人并不情愿舍弃他们的女儿。一些人甚至出钱以免自己的女儿被禁锢在后宫，了其一生。国王极其节俭，仅有 8 位至 10 位妃嫔。虽然实际上是宫女为国王穿戴，但国王的藏衣室是由公职人员管理的。这些职务的最高者保管国王的帽子，此要职现被柬埔寨王室的亲王据有。王后有自己的大象、船只和禁卫。只有太监和宫女才能见到她。在宫外，当她骑在象上，或坐在船中时，帘子会将其遮住。她从事贸易，有自己的船队和仓库。然而，女儿们可能无法继承王位。根据法律，王后的长子被立为太子。[186] 然而实际上，继位却是通过其他方式，一般是用武力获取的。[187]

1220 虽然暹罗平民没有时钟，王宫里却藏有“一具计时的水钟”。[188] 国王每天早上 10 点至晚上 10 点朝政。奏疏的起草与国家事务有关，奏议是为国王撰写的。国王上朝时，他研究奏本，发布决议。如果需要比较详细的讨论，他便不做决定，但会审查被牵扯在内的问题，任命一个委员会进一步调查事件，起草新的奏章。“在全体顾问和国王面前”，一位委员会成员宣读奏章。通常国王会迅速地做出判断，但在极少数情况下，他则会咨询僧侣或召集各府官员征求意见和建议。归根结底，只要他愿意，便可宣布自己的所有决定，不听从“任何人的意见”。

他惩罚劣质建议，奖赏质优者，所以，其臣“更多地用心揣测他的想法，而不是发表自己的意见”。他检查官员是否尽责，惩治那些“不十分称职者”。为了防止有人结成阴谋小集团，惯例规定朝臣只有在受邀时方可谒见国王，而且总得有第三方在场。任何暹罗人一旦告密，且不能对国家重要事务保持沉默，均须以死论处。虽然国王雇佣专业间谍，但他仍然易被有心取悦于他或误导他的虚假奏折蒙骗。一经发现，那些提供讹谬信息者会被他处死。在其他情况下，惩处与罪行可能更相称些：敲诈勒索和抢劫者吞咽熔化的金或银；说谎者被缝上嘴巴；在执行命令时健忘或精神松懈者被轻轻地抽打头部“以惩罚记忆力”。在处罚王子们或王室家族其他成员时，流血事件从未发生。他们会被施以绝食、窒息或烧死。罪犯常常被强制在公众场合戴枷锁、镣铐或脚镣。一些人被埋至肩，他们的头被人强行抓住或敲打。但是，惩罚结束，羞辱也随之终结。国王的责罚，即使是笞刑，都被受惩方视为慈爱的标志。被降职是常见的，并非耻辱。父亲代子女受过，上级因下级渎职而受牵连。被指控无异于被判有罪，尤其是如果被控者身为高级政府官员。

国王对众人的专横与残暴显示其专制君主统治，他对待自己的两个兄弟亦同样如此。作为权力的争夺者，他们令他感到害怕。只有普通百姓和各府官员可以体验自由，享受生命。那些靠近国王的人，特别是大臣们，是难以捉摸、常常心存疑虑的统治者的奴仆，他们过着动荡不安的日子。人们不会忠于或献身于一位特定的君主或一个统治家族。为君王或国家捐躯并非大德。因其家无 1221
财产，暹罗战俘便在勃固耕种分给他们的田地，生活平静。由于统治者没有分派职责，所以，当他遭到攻击时，几乎无人援助他。人们无疑将服从任何统治者，只要他掌握玉玺，控制国库。虽然表面上人们敬重如神的统治者，但臣民与国王们是疏远的，因为他们在国家与防御工事方面没有共同的兴趣。[189]

东方各国大使仅被视为信使，而非其统治者的代表。外交使节与大使之间没有明显的区别，不存在永久驻外大使。暹罗的外交使臣总是包括3位大使，其中一位官职较高，被称为皇家信使（Rayja Tout）。国王一收到公函，便向信使出具收据。回函没有托付给到访的大使，却交由暹罗信使们携带，随大使送出。外国特使们禁止进入暹罗，除非国王得知他们到来。一位大使在首次朝见国王时，可能不进入大城。国王为外国特使提供食宿。递呈国书与说明信之后，外国使节可以从事贸易。“饯行”前夕，国王会询问大使是否还有更多的提议。大使最后一次晋谒国王时，国王问“他是否称心如意”。大使立即从首都起程，“不再商议”。在大城，国王专门公开接见了大使。其他地方的召见是私人性的，“无庆典”。华富里的接见安排比较简单，但还是依大城的礼仪范式。在所有正式接见中，国王先开尊口，询问大使一些普通的问题，然后命使节与大库官谈判。大使获赠亚力酒、蒌叶，还有随即穿上的暹罗礼服。在谈判中，“暹罗人从未背离他们的习俗”，他们尽可能少地写下来。礼节上要求他们对外国大使们带来的礼物公开表露喜爱之情。礼物是必需的，因为它们是“在一种荣誉头衔下，国王与国王之间”的交换物品。所有亚洲统治者都乐于接待特使，因为他们视其为一种表示尊敬的形式。因此，他们派出的使节尽可能少，却挽留外国大使极久以提高自己的声望。莫卧儿帝国、中国和日本从未派特使，波斯人只遣使暹罗。波斯派了一位大使到暹罗，建立贸易关系，使暹罗国王皈依伊斯兰教。[190]

1222 最初，是自由贸易吸引许多外国人到大城，在这座城市里，他们获准遵循自己的习俗，信奉自己的宗教。在首都城郊，每个民族各有其居住区（村）。他们在自己选择的首领统治下生活。他管理他们的事务，与一位被委任专门应对他的官员联系。但重要的谈判由大库官操控。摩尔人是公认在暹罗经商的几个民族中最成功的。与许多其他主要王室官员一样，先前的大库官也是位摩尔人。纳莱最有兴趣推动与临近的穆斯林中心的对外贸易，为他们建清真寺，资助他们每年纪念阿里忌日的盛大节日。信奉伊斯兰教的暹罗人可以豁免六个月的个人服役。然而，当穆斯林大库官失宠时，情况旋即发生了变化。穆斯林被黜免，暹罗穆斯林被迫为免除个人服役支付现款。富甲一方的穆斯林商人弃暹罗而去，但仍有三四千名穆斯林留下来，继续在他们的清真寺自由地敬神。[191] 同等数量的土生葡人、华人和马来人也住在暹罗。

自从暹罗国王“独霸所有的对外贸易”以来，许多最富有的外国商人，包括穆斯林均离开了该国。商船货主必须将整船货卖给国王，并只能向他购进所有货物，除了某些当地产品。“同时有几艘外国船在暹罗的时候”，或在外国商人与暹罗私商之间，货物均不能直接交换。国王以自己的价格买入最佳进口商品，再以他想要的价格转售它们。到了来船离港的季节，外国商人只得亏损倾销所余商品，被迫高价买入出口货。由于缺乏供出口的原材料产品和工业制品，暹罗并非一个诱人的市场。暹罗人民无力购买进口货。是国王自己造成了这个问题，他囤积财富而不将其回馈经济。[192]

第五节　社会、文化与佛教

据热尔韦斯所言，暹罗人是天性羞怯、恭顺的民族。他们对自己的国王如此尊敬，当他说话时，谁也不敢注视他。对他们来说，发怒与醉酒是恶习，但他们不会对言行虚伪感到愧疚。他们明确区分为害与想为害之间的差别。他们 1223
不像敌人那样危险，但也不似朋友那般可靠。由于天生懒散，暹罗人偏好安逸、清静的生活甚于通过工作获得的所有快乐。虽然不善于创造，但他们能模仿别人最复杂的创意。每位手工艺者都有许多生意，这些活均能圆满完成。尽管鄙视他人，他们却希望尊重自己及其所想象的渊博知识。在日常生活中，他们俭朴、温和、慈善。富人实行一夫多妻制，他们的太太是技艺娴熟、忠诚、通情达理的妇女。[193]

从身材来看，暹罗人体态匀称，且相对矮小。妇女的乳房垂至肚脐，却很相称。暹罗两性均宽脸，高颧骨；鼻短，末梢圆。他们的眼睛大，但他们还是极尽所能使之看上去更大些。前额终端似颏，眼睛稍稍向上倾斜，“通常是黄色的”。他们的下颚凹陷，嘴大、唇厚，皮肤红棕色。女性既“不傅粉施妆，也不贴饰颜片”，但国王及一些大领主会把他们的腿染成暗蓝色。[194]其发“黑、浓密，平直而无光泽”，两性的头发都被剪得很短，仅到耳朵上部。未婚的年轻人梳头髻，余发几乎垂肩。他们极其洁净，每天洗三四次澡；将香水喷在身上的几个部位，涂白嘴唇，与染黑的牙齿相对照；用油和粉涂抹头发，使之有光泽。虽然他们剃须，却让指甲渐长。专业舞者戴上修长的铜指甲，让她们“看上去像鸟身女妖”。[195]

社会分为奴隶与自由民两个阶级。除了不能处死奴隶之外，主人有权任意支配他们。自由如此受限，自由民受到这么严厉的处置，以至于奴隶更乐意生活得像一位自由的乞丐。私人奴隶每年耕种田地、花园，从事家务劳动，收入微薄。暹罗人可能生为或成为奴隶。自由民因债务或违法，以及战争时被囚而沦为奴隶。还清债务后，债奴们可以重新获得自由。即便儿童生来只是暂时的奴隶，也会永久任人劳役。对出身奴隶者的拥有权遵循离婚时孩子的分配制度：奇数孩子属于母亲的主人，而对于偶数孩子来说，如果他们的父亲是自由的，那么他们就属于自己的父亲，反之则属于父亲的主人。母亲的主人必须事先承认其女仆与这位父亲之间的关系。只要他不答应，那么，主人就保有奴隶的所 1224
有子孙。国王整年雇佣他的奴隶忙于个人劳动；国王的自由臣民每年工作六个月，自己负担费用。私人奴隶无需为国王服务。当自由民沦为奴隶时，其劳动便被剥夺，国王亦无需补偿。自由民之间仅有的区别就在于一些人当官，其余的没有职务。同一个家中的成员长久担任官职是鲜见的。僧侣与其他人之间的差异模糊不清，因为人们频繁行走于宗教生活与世俗生活之间。[196]

除了在礼仪场合之外，暹罗人均穿得极少。国王穿着一件锦缎坎肩，其他人一律不许穿这种服装，除非是参加皇家宴会。[197]他有时赐给官员一件猩红色的防护衣，仅供战争和狩猎时穿。高而尖的白头巾是国王与达官们戴的“礼巾”。国王的帽子装饰着一圈宝石，而官员的帽子根据戴者官衔的大小只是修饰着几圈镀金边或毫无饰物。由于他们是为觐见国王或参加其他宫廷仪式时才戴帽子的，所以，这些帽子与在法国宫廷的暹罗大使所戴的别无二致（参见第198—200幅图）。旅行时，官员们也戴着这种帽子。他们将帽子系在下颏，为表敬意而从未摘下。普通人不戴帽，或用一块布盖住头部以遮挡阳光。虽然他们的服装露出了身体的某些部位，但对于风俗责成人们遮掩的，暹罗人则极其羞于展露。他们反对法国士兵在河里裸浴，因为暹罗男女全是穿着衣服洗澡或游泳的。为了维持他们耳目的纯洁，法律禁止展出有伤风化的图画或播放猥亵歌曲。只有那些国王御赐奢华服装的人才可以穿这类衣服。他们大多通过佩戴珠宝来表现自我。社会地位允许他们在每只手的最后三根手指上展示任何数量的戒指。妇孺戴梨形的金、银或朱砂描金的耳坠。世家幼童在臂上或腿上套手镯或脚链，直到他们六七岁穿上衣服为止。[198]

在大城的时候，国王照惯例每年仅在公开场所露面五六次。在这些十分隆重的礼仪场合，他履行了自己的宗教职责。在第六个月与第十二个月月初，他向城里最主要的寺庙和修院的僧侣与和尚赠送礼物。在这些佛日（wan-phra）
1225 里，国王先骑象到城里的寺庙朝圣。他顺流而下，来到城外的一座寺庙。然后寄送施舍物给那些较小的，他没有钦拜的塔式寺庙。[199]在华富里，“他可以撇开国王的身份”，过着比较不拘泥于礼仪的生活，追逐更多的猎物。无论国王何时外出，欧洲人都被警告要回避他及其扈从。步兵携带棍棒和小手枪，领着扈从，“将所有人逐出国王途经的线路”。[200]

与许多其他欧洲访问者一样，拉·卢贝尔详细记述了猎捕野象的多种方式，这是国王最喜爱的娱乐之一。对于暹罗人来说，大象与人同样理性，只是没有说话的能力。3 头“为法国国王孙子们准备的”小象登上了一艘法国船，与此同时，饲养员径直在其耳旁安慰、鼓励着它们。当两头战象为宫廷娱乐而争斗时，这些野兽也被绳索羁缚，这样它们及其饲养员均不会受伤或被杀。虽然暹罗人喜爱斗鸡，但在僧侣的压力下，国王宣布斗鸡为非法。拉·卢贝尔及其随员欣赏了舞台上表演的“中国喜剧”，“舞台底部有块布，四周空无一物”。暹罗人像欧洲人，也乐见这些喜剧，尽管不懂得它们所说或所描述的。通过伶人的着装与手势，他们能够猜出伶人扮演的角色。在暹罗，人们十分欣赏哑巴傀儡戏，尤其是来自老挝的那些演出。国王到大城时，优秀的暹罗杂技演员为他表演。一些舞者（Lot Bouang）攀上一根竹竿，头部顶着个大圈，保持平衡。余者在一张铜丝网上跳舞，还有些人站稳，在没有支撑、阶踏为军刀的竹梯顶端舞动。受训的蛇闻乐起舞。宗教法令规定，在感恩节，当洪水退去时，他们用许多盏灯笼照亮水域与陆地。暹罗的华人长于制造烟花。在冬季的两个月里，官员们每晚为国王放纸风筝（Wao）。有时，他们将烟火绑在风筝上，点亮了天宇。偶尔，他们会附上一块黄金，这是如果线断或风筝坠入“再也无法取回”之地时，给风筝的发现者的。[201]

暹罗人上演三种舞剧。“孔剧”（khon）是伴随音乐的表意舞，戴着面具、
手持武器的伶人模拟作战。[202]严肃的传统戏剧名为“洛坤乃”（Lacone），是“集 1226
史诗般与戏剧性于一体的诗歌”。几位伶人用韵文唱这些历史故事，表演持续三天，每日从早上 8 点到晚上 7 点。[203]拉巴姆（Rabam）是一种缓慢而庄严、热情洋溢的舞蹈，男女演员都戴着铜质假指甲。他们一边翩翩起舞，“委蛇婀袅，云转飘忽”，一边动朱唇、歌数语。舞蹈继续上演，“两位男子在旁插科打诨”。在所有这些舞剧中，服装并不重要，但“孔剧”和“拉巴姆”的舞者因表演时所戴高而尖的镀金“纸帽”而显得雍容华贵。最后这两种戏剧为世俗表演，在葬礼或其他场合上演出，僧侣禁止观看。“洛坤乃”通常在寺庙开张或一尊新佛像进殿时作为一种奉献戏剧。在这些节日里，他们也举办赛牛、摔跤大赛和拳击表演。泰国拳师用几圈细绳而不是老挝人用的铜线来保护他们的手。[204]暹罗人对这些竞赛以及船赛下赌注。无休止的赌博是一种罪恶，上瘾者可能会沦

为债奴。虽然他们不打牌，但会玩名为“撒卡”（sǎ-ka）的十五子棋，以及国际象棋和中国象棋。[205] 他们最大的欢愉之一是吸烟，各阶级暹罗女子咸嗜烟成瘾。尽管他们不吸鼻烟，但会吸马尼拉、中国和暹罗的烈烟。华人与摩尔人用水烟袋“降低烟的强度”（参见第 191 幅图）。虽然暹罗男子极爱其妻孥，但他们的至乐是在不为国王服务的六个月间追求闲适的生活。由于这些男子的皇家徭役是被指派的，所以，他们不具备一种独立职业所需的特别技能或培训。他们游手好闲，妻子们却要耕田或在城里从商。[206]

未婚少女被密切监视，不能接近年轻男子。她们早婚，因其在 12 岁或更年轻的时候就到了生育的年龄，40 岁之后则绝少生子。一些女性终生独处，但
1227 她们不能像单身汉那样献身于宗教，直到“年事已高”。婚姻是由未来新郎的父母提议安排的，他们请一位女尊长向女孩的家长提亲。答复之前，父母会咨询女儿以及他们的占星家。占卜为吉，年轻人便先后三次送信物给未来的新娘，以示敬重。当他第三次登门拜访时，双方亲属到场，见证了新娘的嫁妆。接着，男女双方均收到叔伯们的贺礼，一对新人由此合卺。婚礼上没有举行宗教仪式，僧侣们不得参加喜宴。婚后几天，一位僧侣来到洞房，喷洒圣水，吟诵经文。婚礼在新娘的亲戚家举行，新郎于此已建了一间单独的蜜月房。新婚夫妇搬到自己的一栋住宅之前，他们会在蜜月房住几个月。

只有富人纳妾，她们“多数出身豪门，高贵；少数出身烟花柳巷”。买来的小妾被当作婢女，完全听命于“正室”。庶出子女称其父为“父亲大人”，而正出儿女仅称之为“父亲”。“一级亲属”之间禁止通婚，但堂表亲之间可以通婚。一位男子可与两位姐妹结婚，但不能同时成亲。国王不必遵循这些习俗，因为他们是与自己的姐妹们成婚的。现任国王纳莱与其姐以及他们俩的女儿结婚，他的姐姐深居东宫，被欧洲人称为“公主王后”。[207] 普通人家的嫡妻及其子女是唯一的合法继承人。她的孩子们获得双亲的遗产份额相同。暹罗人不立遗嘱，所以，如果做父亲的果真对媵妾及其子女宠爱有加，那么，他就不得不为之未雨绸缪，否则，继承人会鬻之。庶出女儿被卖给出价最高的买主，并成为偏房。虽然土地可以合法遗赠或出售，但除了国王之外，无人能拥有土地。因此，他们的大部分遗产是“可流动的”，如易于隐藏和搬运的钻石。

暹罗家庭通常是幸福的，正如“忠贞的妻子滋养夫君，他则侍奉国王”所显示的。离婚是合法的，为夫的从未拒绝离婚。丈夫归还妻子的妆奁，孩子们在夫妻间划分。母亲领走长子和其他所有奇数子女，丈夫则负责余下的儿女。离婚后，双方均可合法地再婚。尽管如此，离婚却被认为是一种大恶，因为孩子常常在再婚家庭中受虐待或被变卖。虽然暹罗人“多产”，经常生双胞胎，但 1228
他们国家的人口并不稠密。[208]父母不会自相残杀或戕害他们的儿女，因为所有的谋杀都是被禁止的。在普通百姓看来，未婚者之间的性关系并不可耻。[209]

父亲对其子女的控制力是毋庸置疑的。不过，孩子还是深爱并崇敬父母。家长向国王负责他们子女的行为，分担孩子们的受罚。当子女触犯法律时，双亲必须将他们送交司法部门。如果违法者逃逸，他会在父母或其他亲人被捕替代他的位置时回来。孩子们被培养成稳重、谦逊、文明的人，具有成功从事贸易或为王室服务所必需的品质。泰语“比我们（所表达的）更能表示尊重，体现差别”。得体的礼仪对暹罗人几乎是必要的，一如这对华人的重要性。行礼遵从惯例，可以明显地区分官衔的大小。上司从来不会向下属询问国王的健康。较高的座席或位置比较低的有名望，正如站着的比坐着的更威严。右边的比左边的位高，议院里正对门的席位比两旁的更受尊重。他们清楚地知道何时该坐或立，何时该鞠躬或跪拜，何时该合手或不合手。他们所做或所言都受限于一种互惠的敬意，结果是上司与下属之间极难亲近。他们从幼年起就受训遵守这些习俗，因此，这些习俗对他们来说，既不麻烦，也不繁复。在欧洲人眼里，他们的某些习惯并不文明。他们不带手帕，在公众场合打嗝，用手指拂拭额头的汗水，将痰吐到随手携带的壶里，贪婪地攫取所给的一切。触碰其头、发或帽，是对他们最大的冒犯。另一方面，将礼物或信放在自己的头上，则是尊崇之至的行为。仅用单手相握是不礼貌的。暹罗人将其双手“置于你的手下，就像他让自己完全处于你的权势之下”。礼节上也要求人们用双手捧礼物。[210]

虽然暹罗人过着宁静、有节制的生活，但他们是一个好交际的民族。他们墨守传统礼仪，相互拜访。当平民拜会官员时，一进入房内，他便跪在垫上，“举起双手，放至额头”。拜见者轻轻地将头触地，请求恩准问候其上司。当近乎 1229
同级的两人相见时，这些仪式就少了些点头哈腰之意。平级之间，来客只是微微屈膝，举手，与鬓角齐。主人友好地回应，并高声呼喊："他已来临，君已来临。"忽略这一问候是严重的侮辱。坐在垫子或地毯上之后，主人与来客彼此嘘寒问暖，咀嚼蒌叶，蒌叶盛放在一个小金盘或银盘（Talap）中。午餐摆在矮桌上，桌子顶部像托盘，四周围边，以防溅溢。接着，来客向主人请辞，主人一接受请辞，他们便重复进屋时的诸种礼节。[211] 有失体统被视为侮辱，会化挚友为仇敌。最严重的侮辱是称呼他人为"恶心之人"（Potspoon），这种冒犯按规定要受到法律的惩罚。上街时，他们先后而行，从不并肩。[212] 遇上朋友或看见僧侣或宝塔时，他们举手齐额。当有人从桥下乘船经过时，人们绝不跨桥，因为将任何东西或人置于一个人的头上是种侮辱。有鉴于此，他们的房屋都在同一水平线上。[213]

所有阶级的人们都仅以米饭、几种水果、一些干鱼以及淡水为生。野禽、家禽（特别是鸭）、山羊、猪、蛋与牛肉均很便宜。绵羊由巴达维亚和印度北部引入暹罗。暹罗人的烹饪糟蹋了所有的肉，无论它们有多么新鲜甘旨，因为他们把一种恶臭难闻的鱼酱放进炖煮的全部食物之中。鱼酱由鱼子、盐、胡椒、美味香料、蒜、白洋葱以及"一些味浓的芳草"做成。宴席上供肉食，但不按特定的顺序，一道上来的还有装在金盘、银盘或瓷盘里的水果和米饭。摩尔人卖牛奶，因为暹罗人对它不感兴趣。黄油稀少，大多数食物用椰子油煎炒。用膳时间并不是交谈和盛情款待的社交机会。在家中，丈夫先独自用餐，接着是母亲，孩子们随后依次进食，余下的才轮到仆人。[214]

男人的服装叫作"帕农"（pha-nung），包括两片丝或棉的织物：一片作为围巾绕在肩上；另一片系在腰部，从两股间往下拉，成为一条正好盖膝的裤子。高官的着装包括内衣裤和一种"帕农"，其衣料比他人穿的更华贵、宽大。冬
1230 日里，这些绅士们披着紧身的斗篷，斗篷是由中国锦缎或欧洲布制成的，对襟、宽袖。每个人皆裸足行走，只有一些高官穿着"摩尔人款式的拖鞋"。这些高官走在街上的时候，仆人随后，拎着他们的帽子、剑及槟榔盒。

女人穿的"帕农"显得大些，几乎垂至脚踝，一般是黑色的，常常绣着金银边。她们用一小块细薄棉布遮住胸部，身体的其余部位裸露。虽然这些女子跣足而行，不戴帽，但她们十分洁净。男女咸用香油（Namam hom）抹发，使

之有光泽。

人们在河中为新生儿洗浴，然后将他们赤裸着放在小床上。婴儿半岁时断奶。许多孩子在出生几天或几个月后夭折。婴儿都是在出生时，由双亲为其命名的，名字与姓氏截然不同。只有国王可能借头衔改变原名。[215]仅仅恶魔和野兽才有白牙，当孩子在青春期时，父母就把其牙染黑，让它们光亮。社会地位较高的人把每只手的小指指甲染红。他们屋内的家具简陋，不过，一些人吹嘘有中国橱柜和瓷器、波斯地毯、丝套枕头。他们全身装束地睡在草垫上。[216]

男孩七八岁时被送到寺庙培训，接受教育。这些沙弥被称作“nen”，他们的食物由外面送入，其中的富人有一位或更多的仆人服侍。除了“读、写、算”之外，他们还学习了宗教基本原理和巴利语。[217]大多数人的巴利语了无长进。巴利语只在宗教和法律场合使用，主要由僧侣和在工作中需要它的官吏保留下来。暹罗语和巴利语的字母合成音节和单词。一份泰语字母表涵括37个辅音，第二份是一系列元音，其三为一组双元音，其四是一个音节序列。[218]与欧洲
语言一样，这种表音语言也从左写到右。词汇量不大，因此，语意的变化依靠 1231
词组顺序的变换和语调。暹罗语的大多数单词，如同汉语，是意思不一的单音节词，取决于它们发音的声调。暹罗语和汉语相同，均无词性变化和动词变化。名词的格依赖于所在的位置，然而，时态、数字和表情是由在动词之前或之后的虚词指示的。[219]巴利语的字母表有33个辅音，其余是元音和双元音。与泰语不同，巴利语的字尾有屈折变化。

他们的算术，“与我们的相同”，是以零为基础的十进制体系。他们计算得很快，但“不用代数”；用钢笔在纸上而不在中国的算盘上运算。他们学得轻松，思考清晰、理性，反应快速、精明。但是，他们受到“不可战胜的慵懒”与应用匮乏的妨碍，因此，他们“在钟爱的化学和天文学之类的科学方面无所建树”。他们精神饱满，充满想象力，“天生是诗人”。他们的诗是格律诗，押韵，但几乎不可翻译，“他们的思维与我们的大相径庭”。他们有爱情诗，也有关于历史和道德的歌曲。[220]他们在作诗上有天赋，却拙于演讲与撰写记叙文。他们的传道士解释经文，回避劝诫性的讲话。泰语书包含简单、无风格的叙述或“充满思想，不成体的格言”。虽然他们“懂得该如何与商人交谈”，但他们的问候套

用预先备好的公式，总是一成不变。他们无视哲学，除了一些道德格言之外，“没有任何神学内容”。[221] 法律不是学术科目，无专业律师。他们“只是在工作中”，通过与职业有关的手稿本学习法律。[222]

暹罗历史有许多寓言。暹罗史书极少，因为暹罗人不“使用印刷术”。依据暹罗编年简史，首任国王开始执政的时间是在九百三十四年前或公元 755 年。在这一历史过程中，他们有 52 位国王，“却不全都是同一血统”。依照热尔韦斯和范·弗莱特的说法，近年来，持续的王室革命与暴乱屡见不鲜。暹罗人是起源于原始居民抑或来源于定居多年的入侵民族，尚不清楚。产生这个问题，是因为他们使用两种语言：通俗、简单的暹罗语和已废弃、屈折的巴利语，他们
1232 的宗教、司法、行政的术语以及“本地语的所有修饰”均来自巴利语。“他们用巴利语谱写了最美的歌曲”，外来入侵者似乎吸收了巴利语。暹罗人自己声称他们的法律和国王源自老挝，这种看法存在也许只是因为两种法律和君主制的传统之间的诸多相似。虽然这些王国的宗教相同，但这并不意味着是一个国家借鉴另一国；可能它们均来自同一根源。一些暹罗人和某些欧洲传教士怀疑巴利语与科罗曼德尔沿海的语言有关，巴利语在那里还有活力。传统看法也坚持认为“苦行的乔达摩（Gautama）”是锡兰国王的儿子。另一方面，单音节暹罗语和汉语有相似性，这看来将暹罗人与华夏世界联系了起来。暹罗人与中国人和印度人的容貌相像。经过这些推测之后，拉·卢贝尔断定：“无疑，暹罗人与外国人的混血程度高。”由于他们每年进行一次人口普查，因此很容易看出，与土地规模相比，暹罗的人口较少。在最后一次计算中，他们得出“仅 190 万人”。[223]

医学在暹罗不是一门科学，因为医生用传统的治疗方法对待一切，拒绝改变。国王的私人医生有华人、暹罗人、勃固人，近来是巴黎传教会的法国人波马尔（Paumart）。亚洲医生对解剖学、外科手术或血液循环一窍不通。他们通过规定饮食、配给矿物药和草药来治疗所有疾苦。他们向欧洲人学习了如何使用金鸡纳霜。他们不懂化学，却像欧洲炼金术士那样，会不断地寻找秘密工序，练就哲人石、金子和长生不老的灵丹妙药。数学没有得到很好的发展，因为他们很快就厌倦了采用“长时间的推理思维，他们既望不见尽头，也看不到获益”。鉴此，他们对几何学或机械学一无所知，关心天文学只是为了占卜、绘制星座，

并编撰历书和历法。泰国历法被有才华的天文学家修改了两次。为了制作天文表，他们凭主观地开创了两个新时代。较近的一个始于公元638年，选择兹年只是为了天文计算的方便。[224] 较早的时代发端于公元前545年，据说是佛陀涅
槃的日子。但它看上去与其他历法一样，也是非历史性的和武断的。[225] 在暹罗， 1233
人们依然用这两种历法计算日期。[226]

暹罗人“不知道世界的基本体系，因为他们不懂得通过理性了解它”。他们和其他亚洲人一样，相信当一条龙吞噬了太阳或月亮时，会发生日蚀或月蚀。他们想象一个浩瀚的地球广场，被一道位于两极的“穹拱”覆盖。他们的地球分为四个被海洋隔离的可居住地带。在这四个地带的中央，立着一座高耸、金字塔型、四等边的“须弥山”（Caou pra Soumene）。人类的世界坐落于大山之南。太阳、月亮和星星围绕着大山旋转，产生了昼夜。山顶之上是人的天堂，天使的极乐之地。[227]

暹罗人与古代希腊和罗马人同样迷信。他们相信占卜者可以治病，预测未来。当御医或占卜者未能实现允诺的咒语或预言时，他们作为“玩忽之人”会被罚以笞刑。未事先咨询卜者，国王和臣民皆不会出行或做一件“事情”。王室卜者都是婆罗门或勃固人。一位婆罗门占星家每年编撰一本年历，提示日常行事的吉凶之日。暹罗人视狼嚎与野兽的吼叫、穿过道路的蛇、击中房屋的闪电，以及“任何似乎自己倒下之物”为恐怖的预兆。他们抢在命运安排之前，举行仪式或接受最初的言语为神谕。巫师能祛除邪神，招纳福神，故享有盛誉。他们戴着护身符（cata），声称能杀死或完成人们要求的其他一切。为了驱邪，他们把纸贴在药瓶和船的装置上。人们认为孕妇是不纯洁的，让她们在床上躺一个月，床前生着一堆烟火。[228]

他们对音乐的理解并不比其对几何学与天文学了解的更多。他们创作“幻想曲调（Airs by Fancy），但不知该如何用音符记下”。[229] 有时，他们唱着无字的歌，仅是重复“喏噫，喏噫”。其音乐不那么协调，很少有颤音。歌咏队齐声合唱，不分声部。至于乐器，他们有“非常难听”的小三弦提琴（Tro）和刺耳
的簧管乐器（Pi）。在他们的乐团中，这些乐器由吊在一条线上的铜磬，以及两 1234
种木鼓“柯隆塔”（Tlompoumpan）和“塔蓬”（Tapen）伴奏。他们还有另一种

月牙形的乐器“孔旺”（Pat-cong），乐手盘腿坐在其中部，用两根木棍击打。[230]独唱者演唱时，他们用来伴奏的是两支相互敲击的短棍，或一面鼓（Tong），他们背着这种蒙着鼓膜的陶制椎体，并用手敲击。[231]他们的喇叭（Tre）小，声音难听。“真鼓（Clong）”最常为舞蹈伴奏。总体来看，泰国民众获得最多体育锻炼的方式是划船而非跳舞。[232]

艺术与工艺在暹罗并不繁荣，“因为他们生活在政府的统治之下”。大多数私人财富被隐藏起来，人们不需要美术。为王室效劳的艺术家为了免受责罚，做着他们必须做的一切，而不努力追求优质。他们担心在余生“被迫无偿工作”。他们对革新与提高功效不感兴趣，雇了500人，花上几个月的时间，才完成几位高薪的欧洲人几天即可做完的事。虽然欧洲人容易受国王雇佣，但他们也常常收到空头支票，极难在为王室服务中致富。暹罗木匠是“还算好的细木工人”，擅长拼装板块。其他人制作砖块和优质水泥，但砖建筑维持不久，因为它们没有地基。暹罗人无玻璃制品，所以，国王被反射多重影像的凹面镜深深地吸引着，要求“窗户清一色与此同质”。虽然他们自称是雕刻家，却不懂得雕石头。寺庙里的雕塑由大批石头和灰泥草率制成，它们的表层覆盖了一层薄薄的金箔、银箔或铜箔。他们是优秀的镀金者，“十分熟知该如何打金”。给其他国王的御柬是用一支钝铁笔，在一张薄如纸的金片上写就的。他们是蹩脚的铁匠与鞣皮工，因此，马匹没有铁蹄，只有极劣的马鞍。虽然他们编织粗棉，却无丝织品或羊毛织品。他们的刺绣设计精美，赏心悦目。华人与暹罗人皆不作油画。他们的画避开了自然主义，以及不切实际地表现“从未有过的”人物和鸟兽草木。[233]

1235 有资本的暹罗人，包括国王本人都追求以贸易为职业。对外贸易几乎是一种国王垄断，国内贸易量微不足道，单靠它不可能获得巨额利润。个人贷款由第三方写在借据上，条款一旦有争执，第三方就作为证人。以书面形式作为凭证的私人交易既无具名，亦无盖章。他们用简单而个性化的打叉来替代署名。他们极少购置土地和别的不动产，故不使用契约、其他长期承诺或文书。在平常的集市交易中，买卖双方相互信任，无需清点钱数或计量交换的货物。他们用英寻（一单位长6英尺）来丈量一般由国王使用的运河与道路，例如，从大城到华富里的道路沿线排着里程标。他们有许多度量谷物和液体的方法，却连一个标准都没有。重量单位也同样不精确，或不统一。所有银币都印下戳记，形状相同，不过，有些比别的小一点。他们没有金币或铜币。黄金被当作商品出售，其价值是白银的 12 倍。中国铜币与日本金币也在暹罗流通。小额购买则用亚洲通行的宝贝贝壳结算。[234]

总体而言，暹罗人性淑，憎恶道德败坏，由于“自高自大或精神高尚”而不能容忍邪恶。“妇女不会因游手好闲而堕落”，所以，私通不常见。女人不赌博，不接受男人的探访，不常光顾戏院或将她们的钱浪费在奢侈品上。虽然商人的太太可以自由行走，贵族的夫人却只能锁在闺阃之中，并为她们的角色感到荣耀。犯有不贞的妻子可能会被发怒的丈夫杀死或卖掉。人们会将被捉奸的宫廷女子投喂动物。蒙国王俞允，有爵位的妓院老板买下那些流离失所的女儿们与妻子们。年长者令人敬仰，即便只是相差几岁。人们普遍说谎，尽管上司和国王会严厉惩罚他们。家庭成员通常结成一个联盟，内讧时不会分裂。对个人及其家庭来说，乞讨都是可耻的。偷盗更令窃者和他的亲人蒙受羞耻。然而，当机会来临时，他们很少拒绝盗窃。强盗住在法律范围之外的树林里，他们抢劫游客，但罕见杀人。虽然在商业交易中，彼此信任已为共识，但高利贷者毫无限度，贪婪是他们“邪恶的本质”。暹罗人天性不喜欢流血，他们难得采取谋杀行动，争执最终“只是导致动武，或相互诽谤”。即便他们血誓要保持永久的友谊，也不足为信。一般而言，他们比欧洲人冷静、温和。他们只是在必要时才行动，把为自己的活动看作无德。由于他们没有好奇心，也就不会羡慕或发明什么。暹罗人难于捉摸、犹疑不决，他们对文雅举止轻慢以待，面对苛严待 1236
遇却又卑躬屈膝。[235]

“塔拉波”（僧侣与和尚）住在寺庙（越，wăt）中，“使用”佛堂（wĭ-hans）——葡萄牙人的塔式寺庙。[236] 寺庙和神殿坐落在广场上，竹篱笆环绕其四周。神殿位于围场中央，寮房在竹篱笆之内，排列成行。神殿被内墙包围，宝塔绕之。神殿的围墙与寮房之间是一块空地，即寺庙的庭院。[237] 在一些寺庙里，年事已高的妇女与和尚同住，但有自己的小屋。沙弥是被父母送到寺庙的儿童，跟僧侣与和尚们同住。他们为寺庙和僧侣服务，一些人终身为沙弥。

沙弥的学校是一间独立的竹殿，与之毗连的是另一幢建筑，寺庙关闭时，这座建筑用以存放人们带来的施舍物。

每座寺庙皆由一位住持（*Chao-wăt*）管理。不是所有的住持都同级。至高位者是僧王，他在宫中最受尊重。[238]然而，僧王没有对其他住持的管辖权。与主教一样，僧王也委任僧侣，但他们只能管辖自己院里的成员。僧王的寺庙因“一些石头摆于神殿旁，在其围墙附近”，而迥异于其他寺庙。[239]僧王接受国王钦赐的徽章、名字、伞和有轿夫的肩舆。所有僧侣与和尚的宗教目标是过着无罪的生活，为那些有罪的施主忏悔。他们各自以施舍物为生，禁止与他人分享。如果很有必要，他们会相互布施，始终热情款待俗众。寺庙大门的每一侧都有供旅客居住的房间。

“塔拉波”有两种：农村隐士和城市居民，隐遁的苦行者比住在寺院的僧侣
1237 更受人尊敬。所有人都被迫禁欲，否则就得撤销神职。他们免于本人服兵役六个月的义务，这一特权吸引许多人过宗教生活。为了控制宗教界人数，国王测试他们，以确定其能说巴利语，理解圣著。那些未能通过者却有数千人，他们都将“返回俗界”。[240]每月初二、十六，和尚们在“威严的高椅”上跏趺而坐，教育年轻人，讲经。[241]俗众始终毅然决然地前往寺庙聆听传道，向传道者布施。“塔拉波”持斋很长一段时间，以庆祝大斋节。[242]水稻丰收之后，他们夜里在田间睡觉，三周后，则回到寺院寮房就寝。“塔拉波”有108颗念珠，“他们戴着念珠吟诵某些巴利语词句”。[243]他们黄色的“亚麻”服由四片组成：一条围巾称作昂撒（Angca），披在左肩；一件长袍名为帕奇旺（Pa Schiwon），罩着右肩，垂到地面；左肩上的一顶兜帽拍帕特（Pa Pat）有时是红色的；中部绕着一条腰带拉帕罗德（Rapparod），以固定其他几片布。[244]化缘的时候，他们背着装在布袋的铁钵盂，用一条绳子跨过右肩，悬挂在身体左侧。他们用铜剃刀剃除胡须、头发和眉毛。住持们必须自己剃，但长老可以为小和尚刮脸、剃发。朔望之日，他们剃除毛发。虔诚的俗众过午不食，禁止捕鱼，捧着施舍物到寺庙。[245]施舍的牲畜如果死了，可以食之；若未死，它们就在寺院里吃草，直至死后方可食用。在这些日子里，施主们炫耀新衣，通过收购被关在樊笼里的动物，而后放生来积德。“塔拉波”手捧祭品，将其仪式性地献给偶像，再留

给自己享用。“塔拉波”将点燃的细支蜡烛供品附着在偶像的膝部。第五个月的望日，他们用香水清洗整座偶像，除了头部。随后，所有神职人员和俗众次第沐浴。在老挝，他们在河里为国王净身。[246]

拂晓时分，洗净完毕，“塔拉波”与他们的住持回到寺庙。他们跏趺而坐两小时，念诵巴利语典籍中的经文。他们一起诵经，同时与信徒合拍。进出寺 1238
庙时，僧众与俗众都在偶像前跪拜三下。念罢经，僧众进城行乞一小时。他们托钵，默然立于门口。空手而归是罕见的，因为至少他们的父母有求必应。化缘归来，他们拜伏于住持面前，捧起他的一只脚放在自己头上。然后他们吃早餐，接着学习到中午用主餐之时。饭毕，他们诵读经文给沙弥听，而后安寝。黄昏时节，他们清扫寺院，诵经两个多时辰。晚上，他们有时会吃水果，或者到寺外散步。[247] 在寺庙里，他们让奴隶在免税的土地上种粮食。除了奴隶之外，每位僧人还有一两名白衣仆役，这些仆役是俗众，称作“塔帕考”（Tapacaou）。[248]

住持殁后，寺庙成员通常另选一位院内最年长或最有学问的僧侣。如果有位俗人愿意新建一座寺庙，他会选择年长的“塔拉波”为住持。宗教职位的见习候补人开始向住持请求加入寺院。其后，僧王为他授职。儿子进入寺庙的时候，父母为此感到欢欣，因为他将受到照顾，且不必非得留在那里生活。事实上，反对任何人申请进入宗教生活都是一种罪过。一旦他正式获准，其双亲、朋友和乐师会列队陪他行至寺庙。女性、舞者和乐师留在寺外，申请人及其男性随从人员则进入寺中，参加僧王主持的入院仪式。申请人刮脸、落发之后，他在僧王宣告“几句巴利语”的同时，接受并穿上了僧衣。仪式一结束，家长和朋友们就将新和尚带到他的小屋。几天后，新和尚的父母在寺庙前设宴，他和他的同伴都不能观赏舞蹈或聆听音乐。尼姑（Nang Tchii）身着白衣，“总体上是不受敬重的出家人”。违背慈善誓言的僧侣会被烧死；行为出格的尼姑则被遣返家中，施以笞刑，因为是不允许和尚们亲自打人的。[249]

“塔拉波”相信宇宙中的万物都生机勃勃，地球、行星、天堂以及“其他 1239
要素”计入其中。灵魂实际上不安于身体，随遇而飘。“灵魂的无上幸福”是不附体，“永葆安宁”。“灵魂真正的灾难”是“通过屡屡转世”，不断地从一个身体进入另一个身体。宇宙是永恒的，感知世界却会腐烂、消亡和复苏。暹罗人难以把握抽象的纯粹精神理念。他们认为“灵魂十分微妙，不易觉察，无法触碰与瞥见”。身体的灵魂是不朽的，“辞别生命时”，会受到惩罚或奖赏，直至它们重返另一个人体。人的灵魂幸福抑或痛苦，与“他们前世”行善和作恶的数量有关。暹罗人相信人的灵魂可以投生动植物，同时，他们还相信“在这个世界之外，有几处灵魂可以受到奖惩的地方”。根据他们大多数书籍所述，上部有九片福地，下部有九处凶所。灵魂在这些场所重生，并在那儿过着我们无从知晓的生活。可能要数千年，灵魂方可再生于兹世。[250]

描写安葬的时侯，拉·卢贝尔将华人的葬礼与暹罗人的做了比较，“因为通过对比邻国的习俗，总能更好地说明一个国家的风俗”。[251] 在暹罗，尸首被置于镀金的木棺中。人们将水银从亡者口中灌进肠子，希望能消除恶臭。棺椁放在一块高地上，香木和点火木片在其四周燃烧。每天晚上，“塔拉波”为亡者念经，接受施舍物。同时，家人选择一块荼毘地，通常是在寺庙附近。他们用竹篱笆绕之，其上建一座凉亭，以“绘纸或镀金”来装饰，裁成房屋或动物的图像。在圈地中央，人们小心地把香木做成盘根错节的火葬柴堆。父母亲及朋友们会在清晨将尸体抬至柴堆上。棺椁位于送殡队伍的前列，随后跟着亡者的家人和朋友，他们全都一身缟素，头上垂下白色的面纱。在庄严排场的出殡中，他们携带“大竹具”，上面罩着纸扎的宫殿、大象和狰狞怪兽。

在荼毘场，人们将尸体从棺椁中移出，放在柴堆上。“塔拉波”诵经 15 分
1240 钟，迨现场开始呈现节日气氛，即退出仪式。为了使葬礼更壮观，他们表演“孔剧”，燃放烟花，吊丧者则“肝肠寸断”。[252] 晌午前后，一位“塔帕考”——“塔拉波”的俗家仆役点燃了柴堆。虽然燃烧了两小时，但尸体并未烧尽。如果亡者是位王室成员或大领主，国王就钦燃柴堆而不离王宫。通过宫殿的一个窗口，他将点燃的火把从绳索滑落到柴堆。丧葬完毕，家属款待客人，接着连续三天向“塔拉波”、整座寺庙和神殿布施。荼毘之后，人们将遗骸放入灵柩中，常常为了来生随葬黄金或其他贵重物品。其后，灵柩置于寺院的一座锥形塔（Pra Tchau di）内或“神圣的安息”之地。那些不能进入塔内者将怙恃的骨灰放在家中。但是，每位殷实的暹罗人都会努力修建一座寺庙，作为家庭财富不容亵

读的圣所。那些家境一般的人会塑几尊偶像，献给现有的寺庙。穷人埋葬考妣，既不焚化，也不将其放在支架上，而是任由乌鸦和秃鹫吞噬。他们从不将罪犯、死婴、死于分娩的妇女、自溺身亡者、在自然灾难或事故中丧命者火葬，或用别的方法为这些人举行葬礼。这些例外的理由是“因为他们相信如此厄运绝不会降临到无辜者身上”。与在中国一样，暹罗也没有规定具体的服丧期。虽然暹罗人不为亡者祷告，但他们会到坟茔献祭，以免受到“亡灵”的折磨。善良的灵魂将会转为天使，邪恶的灵魂则会变成魔鬼，继续保护或折磨人类。没有造物主可以判断善或恶，因为所有均被“一种无形的命运”操控着。[253]

五戒：不杀生、不偷盗、不邪淫、不妄语、不饮酒是暹罗人的道德准则。[254]正统的信徒们只能以水果果腹，甚至还不能食颗粒或种子。不同于种子，水果只是生物的部分，取之无害于树、灌木丛或植物。虽然他们谨慎，不杀生，然而，一旦“灵魂离开尸体”，他们就会毫不犹豫地食之。他们厌血，不会让身体有切口，或斫伐带有血色汁液的树木。如果谋杀使灵魂脱离苦海，那么，这种行为是值得称道的。自杀是“一种有利于灵魂的牺牲”。有时信徒会在院子里自种的圣树（Ton Po）下上吊。绝望引起的自焚是个人牺牲，将使个体升为圣徒（Pra 1241
tian tec）身份。禁止的淫秽行为有私通、淫乱以及婚姻本身。独身是完美的状态，因而，婚姻是有罪的。懿德并非众望所归，却是“塔拉波”的底线。虽然俗人会犯罪，“塔拉波”却无可指摘，并为罪犯祈祷。但他们会毫不犹豫地迫使他人犯戒。“塔拉波”自己不愿因煮米而扼杀水稻，他们便让旁人代为。俗众被环境逼为罪人，他们只得通过慷慨解囊来赎罪。“塔拉波”遵守一长列的道德准则，唯凭此，他们才如愿纯洁，成为“Creeng”。[255]

既然灵魂获得如许美德，天地间无处与它相配，“灵魂因而免于每一次转生与每一份激情”。它既无需重生，也不会消亡，而能够享受“永恒的静止，一种真正的无知觉（或无痛感、无情绪）”。它已达致涅槃，或完全从世界消隐的状态。葡萄牙人将该词译为“寂灭”或“羽化”。暹罗人却反对灵魂是“真正的寂灭，或成就任何神性”。[256]对暹罗人来说，真正的灾难是被判无休止地投生，身体是“灵魂的牢笼”。在涅槃消隐之前，靠近它的人“享受了此生极大的恩典”。他成为一位灵验的教师，获得非凡的知识、“身体不可战胜的力量”和创造奇迹的能力。他尊贵地仙逝，不复存在，“似一簇火花，迷失在天地之间”。虽然有几个人赢得了这种“无上的幸福”，但他们仅为一个人独自授勋，“此君德邵，无人过之”。他们称之为“Sommona-Codom”或“Codom”，即“森林里的塔拉波”（乔达摩，苦行者）。在暹罗人的教义中，没有神圣的造物主，因为他们的宗教“将所有简化为死亡崇拜”。[257]

“塔拉波”向人们解释他们书中的寓言故事。这些寓言，犹如他们的道德戒律与教义，被人讲述，几乎遍及东方。每个地方的人们都相信轮回、幽
1242 灵、神兽和树木。“乔达摩”的一生也在此片区域通用的、无名且时间不详的巴利语书中讲述着。暹罗人期待另一位“乔达摩”，他们称之为未来佛（Phra Narotte）的出现。[258]长篇故事述说了“乔达摩”完美的一生、体力、不可思议的能力以及顿悟。他有两位主要的追随者：“目犍连尊者”（Pra mogla）和“舍利弗尊者”（Pra Scaribout）。在庙中，他们的塑像分别立于其左右。在涅槃之前，他令塑像和寺庙须留作纪念他所用。因其进入“长眠状态”，暹罗人便向他祷告，并请求“他们想要的一切”。他不被尊为他们的教义或法律的作者。他似乎已被确认为德邵之人，一如他的亲属提婆达多（Thevetat），其反对者，则被认作邪恶之人。[259]暹罗人相信只有他们崇拜乔达摩，其他民族则敬重另外值得敬仰的人。他们完全献身于传统和信仰，不能理解为何有人谴责他们是虚伪的。由于他们相信没有造物主或至高无上的立法者，因此，其崇拜偶像是对伟人的纪念，而不是对神的崇敬。这是真实的，故应称他们为无神论者和偶像崇拜者。[260]

人们，尤其是耶稣会传教士、荷兰商人、法国外交官与士兵有意并谨慎地着手努力，以尽可能多地了解暹罗。斯考顿、范·弗莱特、热尔韦斯、某些耶稣会士，以及拉·卢贝尔的许多传教士线人羁旅大城，学习泰语。因此，他们的报告首次包括许多关于地名、官职、行政部门、服饰、日常活动与诸多物品的泰语词汇。由于不存在单独的暹罗地图，热尔韦斯和拉·卢贝尔就计划描画暹罗的布局与范围、最明显的地貌特征（如海岸线、山脉、河流航道），以及最重要的城市位置。法国军事工程师开始与肖蒙使团联袂，系统地收集资料，绘

制地图，为具有重要战略意义的场所设计图纸。拉·卢贝尔出版了由一位工程师编纂的从大城到暹罗湾的湄南河航道详图。他颇有创见，推断东南亚的大河可能并非滥觞于他人先前假定的清迈大湖。他又提供了大城及其王宫和一座寺庙的详图，还有对奇花异草、船只、房屋、字母、钱币、王宫、寺庙、乐谱和 1243
乐器、偶像以及中国象棋棋盘的描画，这些描画被人雕刻出来。

斯考顿、热尔韦斯和拉·卢贝尔的著述最出色地描述了暹罗的自然历史。尤其令人感兴趣的是他们对森林及其物产、暹罗享有盛誉的金矿，以及锡和其他矿产储量的浓墨重染。他们描写了水稻灌溉、种植和收获，注意到生产出来的不同品种。水稻的经济价值与社会价值超过其他所有庄稼的。麦子生长在高原上，玉米也于1670年前后被引入高原种植。暹罗生长着许多不为人知的花卉水果，但只有几种蔬菜是欧洲人未曾听闻的。凶猛的野兽、蛇、毒昆虫、恼人的蠓和蚊子，与易受惊吓的鹿、爱嬉戏的猴子、会说话的奇异鸟、埋头苦干的公牛、训练有素的大象这些行为近乎有人性的动物形成强烈的对照。河流、池塘与周围海域的鱼很多。每年低地的洪水令土壤肥沃、培植水稻的灌溉水充裕，并杀死了许多老鼠和昆虫。家养的动物，特别是家畜通常被主人预先安顿好，以防洪灾。自然界处处丰饶，但劳动力匮乏却使大量土地闲置。泰人的饮食以鱼、米饭和水果为主。虽然他们不为食而杀生，但会吃自然死亡的，包括从大象到蜥蜴在内的所有动物的肉。

住宅通常是茅草顶的单层高脚竹屋，建在离地几英尺的柱子上。只有外国人的房子用砖筑成。室内陈设一般简单，极少有不必要的饰物。仅在那些受国王恩宠者的府邸才能看到奢侈品。大部分旅行和交通是凭借水上众多小舟与驳船完成的。因鲜有道路，小酒店和客栈无人知晓。在大城，外国商人和士兵住在指定的区域，在自己首领的直接管辖下，这些首领强制执行自己的法律，向暹罗当权者负责他们的民族。来自勃固以及其他临近地域的战俘像奴隶一样被监禁，如农民般工作。这个世纪欧洲人的著述经常报道大城的重建。对大城内部区划、市郊、王宫的描述频繁出现，有所变化，暗示了随着时间推移发生的改变，或因干季而将王宫移至华富里。热尔韦斯形容华富里是“暹罗的凡尔赛宫”；其他人则道出了大城北部市镇以及孟加拉和暹罗湾附属城市的地位。

有着 190 万人口的暹罗是一个按等级划分的复杂社会，法律与传统详细规
1244 定了每个人的职位与职能。除了僧侣、和尚、奴隶及外国人之外，19 岁至 60 岁间的所有男子每年都必须为国家服兵役六个月。官员通常是由国王依据功劳大小来委任的。他们管理的官僚机构按功能分为政府部门和军事部门。这些部门再分为 6“队”，由 6 位头衔不同的首领领导。在欧洲文献资料中，府的数量从 7 个变为 11 个。每个府都有一位世袭的或受委任的府尹。那些被任命三年一期的官员逐渐取代了早先在某些外府受承认的世袭府尹。各府均以主要城市为名，这些城市通常是一府的行政和司法中心。府再细分为郡与次郡——次一级政治和司法中心。那些与大城距离稍远的府远比内府更独立于国王的控制。在所有府中，政府机构的职能是授予领导权和控制权、秣马厉兵、供应并组织军需。

专制国王及其大臣是行政系统和法律系统的首领。虽然在所有事务中，国王仍为最终权威，但他的统治通常会与书面法规和古代传统保持一致。法律程序每次都要记录，冗长而乏味。允许向高级法院和国王上诉。一般来说，上诉不仅费用太高，而且无用，因为法院和国王本人可能会维持原判。法律规定应由长子继位，但是，帕拉塞·东与纳莱都篡夺了王位。国王只在传统典礼上现身，被大臣、禁卫和青年侍从这一复杂的宫廷官场包围着。那些在王宫工作的官员和仆从们普遍具有比在宫外为国王效劳者更高的声望和更大的影响力。

纳莱被尊为一位求知欲强、有建设性的国王，遵守严格的接见日程表。为了维护其家族的纯洁性，他与自己的姐姐以及他们的女儿结婚，尽管乱伦在宗教和法律上均受到责难。他在一位“第二国王”的辅佐下执政，第二国王的角色并不局限于典礼。与从前的暹罗君主一样，他也要求其官员每年饮忠诚水。所有官员，特别是朝臣，常常处于严密监视之下，一旦被疑有异心或渎职，就会遭革职。虽然国王雇佣专业间谍，但法律规定，在与国家利益攸关的事件中，每位臣民均须提供消息。国王施行的惩罚，即便是那些不公正和残酷的，也被受刑者视为国王慈爱的标志。除了官员之外，国王的臣民都对国王、朝廷或国家不忠，因为他们在维护或防卫国家中没有既得利益。他们乐意在勃固像奴隶一样工作，就如同他们乐意在暹罗作为自由民而生活。

所有土地归国王永久拥有，让给修道院和寺庙维持生计的某些财产除外。 1245
有才能的艺术家不得不在皇家作坊工作，土地被分给耕者。对外贸易事实上已为国王垄断，这使得暹罗私商和外国商人极为不满。国王任命的官员负责所有对外事务。国王对产品、船只和国内贸易征税。进口商与出口商各征 8% 的税金。在依惯例出席的场合，国王期待接受臣民，特别是那些已获得恩惠或特许者的“礼物”。重商的国王囤积黄金和其他贵重金属，却只将尽可能少的财富回馈经济。

外国特使深受欢迎，因其被视为朝贡团，会提升国王的威望。外国统治者的信柬比信使受到更大的尊重。使节需要带礼品，作为回报，他们获准在居住期间从事贸易。马来人、印度人、伊朗人、华人、日本人和欧洲人长久住在暹罗，许多人充当国王的士兵、船员和官吏。穆斯林毛拉和天主教神父仅使极少数人皈依他们的宗教信仰。华人控制了暹罗的对外贸易。马来人、日本人和葡萄牙人在暹罗内陆和海上的战争中打仗，这些战争是为抢夺奴隶和战利品而发动的。既有绝佳的天然防御屏障，暹罗便无需城堡。虽为战士，暹罗人却很胆怯，总是避免激战，宁愿以快速移动的小分遣队来保护他们的边界。泰人依靠战象在战场上冲锋，但欧洲人很快就明白可以用炮火惊吓大象，使之逃跑。

泰国社会分为自由民与奴隶，后者身陷债务。泰人通常穿得极少，但外貌洁净，举止谦和。在集市的日常交易中，由于没有统一的度量衡制度，他们诚实以待，彼此信任。放高利贷和贪得无厌是他们最坏的恶习。朝臣与国王的礼仪装束，以及官阶与穿着之间的关系颇受关注。宫中使用的官话异乎于普通泰人的言语。与汉语相同，泰语也是单音节，有声调，几乎没有语法。泰语不是用字，而是以获自四份字母表中的字母书写的。许多词汇和术语借自印度语，主要是来自巴利语。佛教僧侣、某些官吏与学者仍然学习巴利语必读书目。泰国的算术以十进位为基础，使用“0”。在用的历法有两种，其中一种始于公元前 6 世纪佛陀涅槃之年。暹罗人有编年史稿本，以及有关历史和法律的书籍。
与中国人不同，他们未掌握印刷知识。泰人被认为是天生的诗人和音乐家。他 1246
们无乐谱，却能在音乐会上独奏或合奏多种乐器。他们穿着精心制作的服装表演舞蹈，演出描述传统故事和重大事件的舞剧。鉴于严厉的专制主义，艺术与科学无法繁荣。泰国手工艺者满足于模仿欧洲产品，而无兴致学习欧洲艺术。普通百姓以传统运动和游戏自娱自乐。他们每日生活都极大地依赖于征兆、灵魂和占卜。

婚姻是由家庭安排的世俗行为，神职人员不参与。平民的新娘通常是买来的；卖淫合法，妓女及其主人均须上税。女性在政府的任何阶层都没有地位。妻子们劳作以维持家庭，而丈夫们每年被迫服劳役。一旦不服国家兵役，没受过其他工作训练的丈夫们便无所事事，妻子们则重操旧业。只有妇女以追求货币交换为业。一夫多妻制仅限于有钱有势的男子，他们的娇妻常被深藏并受到密切监视。国王只有适量的妃嫔，王后有自己的船只，从事贸易。妻子通奸处以死刑，或被卖为娼。一夫多妻的家庭中，嫡出子女用他们自己的语言称呼“父亲”，是仅有的合法继承人。老妪常常选择到修道院或寺庙做助手。

佛教是组织严密的宗教，由国王支持与控制。他从最年长、最有才智的僧侣委员会中任命僧王。它的神职人员分为和尚，以及住在国王赐地上的大院或在荒原当隐士的僧侣。俗众的捐赠常常作为寺院的报酬，这些俗众追求功德或一心建造纪念碑。所有年轻人接受的早期教育都来自和尚们。那些选择留下剃度的学生参加被授神职的培训。和尚始终可以选择放弃或恢复俗人的身份。王室考官定期测试神职人员对巴利语圣典的了解。未能通过者，与违背誓言者一样，都被逐出佛教界。和尚与僧侣穿黄色服装，剃光头，手持108颗念珠。他们遵循祈祷和宗教仪式的固定程序，每日求乞食物。僧侣将俗众的供品献给偶像，规劝他们要奉养和尚，释放被捕的动物，送他们的儿子到寺庙接受教育。他们主持丧礼和荼毘仪式。他们引香客到神圣的地方，特别是到有佛陀足迹的神庙。他们带领忠实的信徒度过大斋期和新年节日。

1247 佛教徒，尤其是宗教领袖恪守五六条戒律。俗众有罪，常常需要神职人员的指导。他们不相信有缔造者、至高无上的立法者，或神；他们宁愿崇拜伟大而神圣，被奉为偶像的人物。他们认为，人死后，灵魂会进入若干层天堂或地狱之一。它最终从这些静止状态入侵又一有形物，并残忍地在身体间不断地转生。他们伟大的导师，乔达摩达致涅槃——一种永久的静止和免于转世。虽然大多数佛教徒从未梦想过自己的涅槃，但暹罗人皆信“未来佛”。欧洲人非常清楚地认识到佛教践行于从暹罗到日本的整个东方世界。在亚洲的其他地方，尤其是日本和越南，佛教徒会迫害传教士，对于国家及其宗教来说，改变信仰是危险的。尽管受益于暹罗人的宽容，欧洲人还是指责佛教徒对基督教要旨的漠视。

注释：

[1] 关于16世纪的暹罗参见 *Asia*, I, 519-38。跟随这章内容，我们已尝试了解曼谷皇家学会（1954年）设计的，将泰语用罗马字母标音的通用体系，地名和大多数专有名词除外。

[2] 参见 David K. Wyatt, *Thailand: A Short History* (New Haven, 1984), pp.100-105。关于暹罗在中国朝贡体系以及亚洲海运的国际帆船贸易中的地位参见 S. Viraphol, *Tribute and Profit: Sino-Siamese Trade, 1652—1853* (Cambridge, Mass., 1977), pp.1, 7-8。

[3] 1569年战败后，大城围墙可能被拆除，后来由于缅甸人蔑视的滋长而逐渐重建。尽管学者们对于拆除意见不一，但无可争议的是1580年，这座城市的防御工事得到翻修。虽然里瓦德内拉是最早描述大城重建的西方人之一，但他的资料并没有在拉里·斯滕斯坦（Larry Sternstein）有关"阿瑜陀耶旧都"的其他优秀文章中被引用，*Journal of the Siam Society*, Vol. LIII, pt. 1 (1965), pp.83-132。亦参见 J. Gatty, *Voiage de Siam du Père Bouvet* (Leyden, 1963), p.107 中的描述。

[4] P. G. Fernandez (trans.), *History of the Philippines and Other Kingdoms by Marcelo de Ribadeneira, O. F. M.* (2 vols.; Manila, 1970), I, 427. 大城其实建在昭披耶（Chao Praya）水系中部的湄南河的一座岛上。关于阿瑜陀耶王朝时期洪泛平原南端的运河参见 Yoneo Ishii, "History and Rice-Growing," 载于 Y. Ishii (ed.), *Thailand: A Rice-Growing Society* (Honolulu, 1978), pp.27-29 and fig.4。

[5] Fernandez (trans.), *op. cit.* (n. 4), I, 427-28. 关于打猎和诱捕参阅 W. A. Graham, *Siam* (3d ed.; 2 vols.; London, 1924), II, 52-58。

[6] Fernandez (trans.), *op. cit.* (n. 4), I, 429-30. 有关佛陀的暹罗名字参见 *ibid.*, pp.214-15, and H. Alabaster, *The Wheel of the Law. Buddhism Illustrated from the Siamese Sources* (Varanasi, 1972), pp.163-64。

[7] Fernandez (trans.), *op. cit.* (n. 4), I, 431-32. 关于大量的法律书籍参见 Graham, *op. cit.* (n. 5), I, 281-82。

[8] Fernandez (trans.), *op. cit.* (n. 4), I, 434-35. 其他有关该时期马尼拉与暹罗关系的参考书可见于安东尼奥·德·莫尔加的《菲律宾群岛志》（1609年），根据 J. S. 康明斯（J. S. Cummins）的编译本（"HS," 2d ser., CXL; Cambridge, 1971），主要在第80-83、151、189-191页。

[9] 参见 J. Burnay, "Notes chronologiques sur les missions Jésuites de Siam au XVIIe siècle," *AHSI*, XXII (1953)，170-76。

[10] 关于耶稣会士最终在大城修建的住宅参见原书第三卷，第1188页。

[11] 1609年，暹罗使臣还在低地国家的时候，荷兰人就与西班牙签订了休战协议。

[12] 根据 George V. Smith, *The Dutch in Seventeenth-Century Thailand,* Special Report No.16 of the Northern Illinois University Center for Southeast Asian Studies (De Kalb, 1977), pp.10-17。

[13] 北大年最早的两位女王罗阇·伊简（Raja Ijan）和罗阇·碧路（Raja Biru）从1584年至1624

年执政。1584 年后，罗阇·伊简嫁给彭亨苏丹阿卜杜尔·加法尔·莫哈丁·沙（Abdul-Ghafur Mohaidin Syah，1590—1614 年在位）。在女王时代，她们以泰语专有名词“帕昭”（Phrao-cao）而为人所知，该词的暗示之一是她们承认阿瑜陀耶王朝的霸主地位。参见 A. Teeuw and D. K. Wyatt, *Hikayat Patani. The Story of Patani* (2 pts.; The Hague, 1970), Pt. I , pp.13-14。参阅第 208 幅图。

[14] *PP*. III, 322-33. 弗洛里斯对这些事件及其他许多事件的完整记述参见 W. H. Moreland (ed.), *Peter Floris and His Voyage to the Indies in the Globe, 1611-15* (“HS,” 2d ser., LXXIV; London, 1934), chaps.iv-viii。

[15] 参阅 B. W. Andaya and L.Y. Andaya, *A History of Malaysia* (London, 1982), p.67。

[16] 当然，这与英国东印度公司的总体决策有关，这一决策专注于印度而不是远东地区。参阅原书第三卷，第 77-78 页。

[17] 参见 Smith, *op. cit.* (n. 12), pp.17-27。

[18] 关于更多的文献详情参见原书第三卷，第 456-457 页。

[19] 范·弗莱特（Van Vliet）有关暹罗的记述最早发表于 1692 年，此书在很大程度上倚赖朱斯特·斯考顿的著述。参见原书第三卷，第 501 页。

[20] 随后出现的著作是以 1663 年英译本为基础的，由 C. R. 博克舍作导言与编辑，其详细信息是：*A True Description of the Mighty Kingdoms of Japan and Siam by François Carton and Joost Schouten* (London, 1935)。

[21] 事实上，“湄南河”并不是一条河，而是泰语有关河流的总体词汇。一条短河源起泰北山区四条主要溪流，它形成后迅速分为支流。向东的主支流——昭披耶河习惯上被指称为湄南河，或暹罗的首要河流。参见 E. H. G. Dobby, *Southeast Asia* (9th ed.; London, 1966), pp.263-64。

[22] 这片沙滩或泥地的障碍带宽约 10 英里。低潮时，该水域有 3 英尺深或更浅。参见 John Crawfurd, *A Descriptive Dictionary of the Indian Islands and Adjacent Countries* (1856 ed., reprinted Varanasi, 1974), p.380。

[23] 参阅 1926 年巴差提勃（Prajadhipok）加冕时，对一间国宾厅的描写，载于 H. G. Quaritch Wales, *Siamese State Ceremonies, Their History and Function* (London, 1931), pp.177-80。

[24] Schouten in Boxer (ed.), *op. cit.* (n. 20), pp.95-99. 这是王室的供衣节（*Kathina*），一种十分壮观的佛教节日。参见 Wales, *op. cit.* (n. 23), ch.xvi。（供衣节也称供僧衣节、迦希那衣节。——译者注）

[25] 关于泰国的黄金参见 Graham, *op. cit.* (n. 5), II, 71-72。

[26] 关于帕拉塞·东开始发展国王贸易垄断，参见 Viraphol, *op. cit.* (n. 2), p.19。

[27] 关于阿瑜陀耶王国的继位与篡权参见 Wales, *op. cit.* (n. 23), p.67, and Wyatt, *op. cit.* (n. 2), pp.105-8。

[28] 关于在暹罗的日本人参见 E. M. Satow, “Notes on the Intercourse between Japan and Siam in the Seventeenth Century,” *Transactions of the Asiatic Society of Japan*, Vol. XIII, Pt.2 (1885),

pp.139-210, and Y. Ishii, "Seventeenth-Century Japanese Documents about Siam," *Journal of the Siam Society*, Vol.LIX, Pt.2, (1971), pp.161-74。

[29] 通过比较，欧洲人报告安南人擅长使用欧洲武器。参见原书第三卷，第 1252 页。

[30] Schouten in Boxer (ed.), *op. cit.* (n. 20), pp.99-102.

[31] 关于国王的"神"性参见 Wales, *op. cit.* (n. 23), pp.29-41。关于早期佛教中教堂与国家的关系参见 M. E. Spiro, *Buddhism and Society: A Great Tradition and Its Burmese Vicissitudes* (New York, 1970), p.379。

[32] 关于泰国佛教中女性的角色参见 B. J. Terwiel, *Monks and Magic* (Bangkok, 1975), pp.257-60。

[33] 泰国居士从不谈自己的涅槃，因为他们相信懿德首先会在天堂或亡灵国度——一个转生路上的极乐世界得到奖赏。参见 Spiro, *op. cit.* (n. 31), p.77。

[34] 这是坐夏（*vassa*），常被称作佛教的四旬斋期。它通常始于农历七月十五，至十月十五结束，日出坐禅修行，日落开斋。

[35] Schouten in Boxer (ed.), *op. cit.* (n. 20), pp.104-6. 参阅现代葬礼的描写，刊于 Terwiel, *op. cit.* (n. 32), pp.260-68。

[36] 在日本，鹿皮用于制作盾牌和软帮鞋。

[37] 中国与暹罗的海上贸易追溯至 13 世纪。关于宫廷经营的贸易参见 Viraphol, *op. cit.* (n. 2), chap.ii。

[38] Schouten in Boxer (ed.), *op. cit.* (n. 20), pp.107-9. 关于泰国的重量单位与货币参见 Smith, *op. cit.* (n. 12), pp.134-35。亦参见第 24 幅图。

[39] Schouten in Boxer (ed.), *op. cit.* (n. 20), pp.106, 109-10.

[40] 参见 Burnay, *loc. cit.* (n. 9), pp.180-83。

[41] 关于完整的文献资料参见原书第三卷，第 378-379 页。嘉尔定接下来有关暹罗的报告来自法语译本 *Relation de ce qui s'est passé depuis quelques années, iusques à l'an 1644. au Iapon, à la Cochinchine, au Malabar, et en plusieurs autres isles et royaumes de l'orient compris sous le nom des Provinces du Iapon et du Malabar, de la Compagnie de Iesus* (2 pts.; Paris, 1645-46), Pt. I, pp.153-78。只有第一部分是嘉尔定写的，他写给罗马的原始报告用的是葡萄牙语。只有意大利语和法语版本出版了。

[42] 克伦（*Krung*）只用来命名一座首都城市。参见 C. H. Philips (ed.), *Handbook of Oriental History* (London, 1951), p.110。

[43] 关于它们的地理位置参见地图，载于 E. W. Hutchinson, *Adventurers in Siam in the Seventeenth Century* (London, 1940), frontispiece。

[44] Cardim, *op. cit.* (n. 41), p.156，称其在"1619"年，进过这间会客厅，可能是 1629 的误印。

[45] 嘉尔定及其他人在叙述暹罗场景中使用了几种专门名词，这些是欧洲人有关中国和日本的常用语。也许"高官"一词是用来指称泰国贵族，与中国人一样，"高官"是非世袭的。

[46] Cardim, *op. cit.* (n. 41), pp.156-57. 这是有关饮忠诚水的简短但基本正确的描述。参阅 Wales,

op. cit. (n. 23), chap.xv。

[47] 这些是亚萨（Yasa），一系列表示尊敬的头衔，此处用旧的形式书写。参见 H. G. Quaritch Wales, *Ancient Siamese Government and Administration* (London, 1934), p.35。

[48] 1454 年，暹罗全部人口，包括官员，被分为文官政府和军事政府。官员营生完全依赖于那些履行其职责，没有直接向王国领取薪水的人。参见 *ibid.*, pp.34, 41。

[49] 水灾期间，泰国低洼处浸水 1 英寸至 10 英尺深。东南亚其他地方的洪水比较容易控制。参见 Dobby, *op. cit.* (n. 21), pp.274-75。

[50] 这是“流出超速”的仪式。参见 Wales, *op. cit.* (n. 23), pp.225-26。

[51] Cardim, *op. cit.* (n. 14), pp.157-59.

[52] *Ibid.*, pp.168-71.

[53] 1904 年，这个法译本由 W. H. 蒙迪（W. H. Mundie）译作英语，再版于 *Selected Articles from the Siam Society Journal*, VII (1959), 31-90。在这本文集中，此文后面接着是 Frances H. Giles，“A Critical Analysis of Van Vliet's Historical Account of Siam in the Seventeenth Century,” *ibid.*, pp.91-158。佛兰芒语原文与 1663 年法译本同时出版，刊于 S. Iwao (ed.), *Historiael verhael der sieckte ende doot van Pra Interra-Tsia 22^en^ coninck in Siam, ende den regherenden coninck Pra Ongh Srij door Jeremias van Vliet, 1640*...(Tokyo, 1958)。佛兰芒语原文后来在 1967 年由凯洪·素卡巴尼杰（Kaehorn Sukhabanij）用泰语加以研究。参见 Smith, *op. cit.* (n. 12), pp.127-28。

[54] 关于暹罗传统的理想君主参见 Prince Dhani, “The Old Siamese Conception of Monarchy,” *The Siam Society Fiftieth Anniversary Commemorative Publication* (Bangkok, 1954), II, 160-75。

[55] 许多日本居民在这个时期被消灭了。

[56] 取材于 Smith, *op. cit.* (n. 12), pp.21-35。

[57] 参见 Burnay, *loc. cit.* (n. 9), p.185。

[58] 在基督教作者撰写的欧洲原始文献里，伊朗人于东南亚商贸中处于无名的地位，因为怀有敌意的基督教作者将大多数穆斯林称作“摩尔人”，在使用诸如“土耳其人”或“波斯人”这样的词汇时，极少加以区别。关于伊朗人参与纳莱的反叛参见 John O' Kane (trans.), *The Ship of Sulaiman* (New York, 1972), pp.94-97。

[59] 关于这个条约的完整英语文本参见 Smith, *op. cit.* (n. 12)，附录 6。

[60] 参见 *ibid.*, pp.35-42; and D. K. Bassett, “English Relations with Siam in the Seventeenth Century,” *JRAS, Malaysian Branch*, Vol.XXXIV, Pt.2 (1961), pp.90-105。

[61] 关于传道总会及其与法国神职人员的关系参见原书第三卷，第 222-269 页。

[62] 布尔热此书第二版（巴黎，1668 年）名为 *Relation du voyage de Monseigneur l'évêque du Beryte, vicaire apostolique du royaume de la Cochinchine par la Turquie, la Perse, les Indes... jusqu'au royaume de Siam, et autres lieux*，随后被引用。选自布尔热的日记手稿（Archives des Missions Etrangères [Paris], DCCCLXVII, 117；and CXXI, 626），E. 哈钦森（E. Hutchinson）译，“Journal

of Mgr. Lambert, Bishop of Beritus, from Tenasserim to Siam in 1662," 刊于"*Selected Articles from the Siam Society Journal*, VIII (1959), 91-94; L. A. C. 科林(L. A. C. Chorin)也译作"From Paris to Ayuthia Three Hundred Years Ago, June 18th 1660 to August 22nd 1662," *The Journal of the Siam Society*, L (1962), 23-33。

[63] 关于马来半岛西岸的漂海民参见 D. E. Sopher, *The Sea Nomads* (Singapore, 1965), pp.57-58。

[64] 于此，法国人循着印度商人和波斯商人的常用路线到大城。他们这么做是为了避免与葡萄牙人及荷兰人的冲突。

[65] 这是 *changkob sinka*，一种进口与出口商品时均需交纳的税款。参见 Viraphol, *op. cit*. (n. 2), p. 25。

[66] Bourges, *op. cit*. (n. 62), pp.121-30.

[67] *Ibid*., pp.130-40.

[68] *Ibid*., pp.140-45.

[69] *Ibid*., pp.157-85. 僧王是由国王从神职人员执行委员会中选出的。参见 W. Blanchard *et al*., *Thailand, Its people, Its Society, Its Culture* (New Haven, 1958), p.99。

[70] Hutchinson, *op. cit*. (n. 43), p.46.

[71] 它们的地基轮廓在大城依然可见。*ibid*., p.48.

[72] 1669 年，陆方济的《弗朗索瓦主教中国、交趾支那、东京和暹罗航海记与传教简记》(*Relation abregée des missions et voyages des evesques françois, envoyez aux royaumes de la Chine, Cochinchine, Tonquin, et Siam*)一书被译作拉丁语，在罗马出版。第二版法语文本于 1682 年发行。

[73] 关于纳莱此时是否视法国为抗衡荷兰人的力量的问题参见 Smith, *op. cit*. (n. 12), p.42。

[74]《弗朗索瓦主教暹罗、交趾支那、柬埔寨和东京传教记》(*Relation des missions des evesques françois aux royaumes de Siam, de la Cochinchine, de Camboye, et du Tonkin*)一书可能是吕克·费尔曼内尔·德·法韦里(Luc Fermanel de Favery)撰写的。参见 Streit, V, 630。1677 年出版了意大利译本，另一法译本于 1684 年付梓。

[75] 参见 L. Sitsayamkan, *The Greek Favourite of the King of Siam*(Singapore, 1967), p.55。

[76] 源自地理学家克洛德·德利斯勒(Claude de L'Isle)的《暹罗王朝史述》(*Relation historique du royaume de Siam*，巴黎，1684 年)的序言。这是一本汇编，取材于当时可获的亲眼所见者的资料，这些资料已出版。此书于 1684 年秋付梓，也许与使节们到来的时间一致。

[77] 关于法国公众对暹罗不断增加的兴趣亦参见 Gatty (ed.), *op. cit*. (n. 3), pp.xi-xix。

[78] 1684 年，德利斯勒谈及由于法国传教士给人留下了良好的印象，"我们将可能成功地改变当地人的宗教信仰"。参见 *op. cit*. (n. 76), p.266。

[79] 关于瓦谢的作用参见 Hutchinson, *op. cit*. (n. 43), pp.98-99; Sitsayamkan, *op. cit*. (n. 75), pp.56-57; and L. Lanier, *Etude historique sur les relations de la France et du royaume de Siam de 1662 à 1703* (Versailles, 1883), pp.40-44。关于同一时期耶稣会士在法国和中国的活动参见原书第

三卷，第 193-200 页。

[80] 1684—1685 年，路易十四颁布反胡格诺派教徒计划。许多加尔文主义的教徒改信天主教；其他人则逃离法国。在采取这一行为上，国王受到法国耶稣会士，尤其是拉雪兹神父的极大影响。

[81] A. de Chaumont，*Relation de l'ambassade de Mr... de Chaumont à la cour de roy de Siam* (Paris, 1686); Abbé de Choisy, *Journal du voyage de Siam fait en 1685 et 1686* (Paris, 1687)；梭亚只的著作再版，莫里斯·加尔松（Maurice Garçon）添加了插图（巴黎，1930 年）；G. Tachard, *Voyage de Siam des Pères Jesuites...*（巴黎，1686 年）。关于更多的文献细节参见原书第三卷，第 420-421 页。（A. de Chaumont 的著述全名为：*Relation de l'ambassade de Monsieur le chevalier de Chaumont à la cour du royde Siam*。G. Tachard 的著述全名为：*Voyage de Siam des Pères Jésuites envoyés par le Roy, aux Indes et à la Chine, avec leurs observations astronomiques et leurs remarques de physique, de géographie, d' hydrographie et d'histoire*。——译者注）

[82] 关于这些书以及其他资料来源的概述参见 Hutchinson, *op. cit.* (n. 43), pp.101-15; and Sitsayamkan, *op. cit.* (n. 75), chaps.vii-viii。

[83] Choisy in Garçon (ed.), *op. cit.* (n. 81), pp.180-81. 关于 1458 年首次制定的国王作息表参见 Wales, *op. cit.* (n. 47), pp.71-73。欧洲人的"大库官"（Barcalon）华尔康时任丞相。梭亚只与他说意大利语，他则用葡萄牙语回应。

[84] Choisy in Garçon (ed.), *op. cit.* (n. 81), p.189.

[85] *Ibid.*, p. 199. 关于沙·苏莱曼（Shah Sulaiman，1666—1694 年在位）的这位使节以及同时代暹罗的波斯语资料载于 O'Kane (trans.), *op. cit.* (n. 58), *passim*。

[86] Chaumont, *op. cit.* (n. 81), pp.80-99.

[87] Choisy in Garçon (ed.), *op. cit.* (n. 81), pp.241-43. 关于东南亚的战争参见 A. Reid, *Southeast Asia in the Age of Commerce, 1450—1680*，Vol. I , *The Lands below the winds* (New Haven and London, 1988), pp.121-29。

[88] Choisy in Garçon (ed.), *op. cit.* (n. 81), pp.172-73.

[89] *Ibid.*, pp.173-74,177. 关于这些送去礼物的清单参见 Chaumont, *op. cit.* (n. 81), pp.152-68。

[90] 参见 L. R. Martignan, *La monarchie absolue Siamoise de 1350 à 1926* (n. d., n.p.), p.133。

[91] 随后我们引用 H. S. 奥尼尔（H. S. O'Neill）的译本，即 *Nicolas Gervaise. The Natural and Political History of the Kingdom of Siam, A.D. 1688* (Bangkok, 1928)。

[92] 参见原书第三卷，第 422 页，以及原书第三卷，第 1448-1455 页。

[93] 1693 年的英译本（伦敦）近年已再版两次：未注明日期的缩微图片拷贝，由在克利夫兰的贝尔豪公司制作，以及戴维·K. 怀亚特（David K. Wyatt）作导言，1969 年由位于吉隆坡的牛津大学出版社印行，书名为 *A New Historical Relation of the Kingdom of Siam*。迄今为止，还未见这本综合研究的校勘版。第一版（巴黎，1691 年）第一卷卷首增加了《必要的提醒》（*Avertissement necessaire*），于此，拉·卢贝尔述及暹罗国王崩殂，帕碧罗阇登基。英语版的

译者偶尔会漏掉些单词，或将几个句子缩为一句。除此以外，英译本似乎忠实于原文，涵括它的所有插图。随后我们将引用怀亚特作导言的牛津版。

[94] Wyatt in his introduction, *op. cit.* (n. 93).

[95] 源自“The Occasion and Design of this Work,” *ibid.*, p.2。

[96] *Histoire de M. Constance…et de la dernière révolution …*（Paris, 1690; reprinted in 1962）.（此书全名为：*Histoire de M. Constance, Premier Ministre du Roi de Siam, et de la derniere Revolution de cet Etat*。——译者注）此著献给教皇亚历山大八世（Pope Alexander VIII）。

[97] *Histoire de la révolution du royaume de Siam Arrivée en l'année 1688* (Lyon, 1692). 关于对审查员的任务以及对勒布朗回忆录与勒布朗同事德·贝兹（de Bèze）神父回忆录的关系的讨论参见E. W. Hutchinson (trans. and ed.), *1688 Revolution in Siam. The Memoir of Father de Bèze, S.J.* (Hongkong, 1968), pp.xi-xv。这两本回忆录本来只是准备给耶稣会士们的上司看的。

[98] 参见原书第三卷，第 134-135 页。

[99] 关于德法尔热两位至关重要的下属——德·圣旺德里耶（De St. Vandrille，1690 年）和沃兰·德·韦尔坎（Vollant des Verquains，1691 年）的记述参见原书第三卷，第 425-426 页，以及 Hutchinson (trans. and ed.), *op. cit.* (n. 97), pp.125-26。

[100] 这一记述于 1692 年在布鲁塞尔出版，名为：*Journal du voyage de Duquesne aux Indes Orientales, par un garde-marine servant sur son escadre*。

[101] 水蓄在马达班罐里，直至纯净。

[102] Gervaise in O'Neill (trans.), *op. cit.* (n. 91), pp.1-6.

[103] 热尔韦斯在此（*ibid.*, p.7）描述了这种“随着水平面上涨，节间拔高”的漂浮水稻。大城四周也培育此稻。参见 H. Fukui in Y. Ishii (ed.), *op. cit.* (n. 4), p.248。亦参阅 1690 年前后一位日本人的描绘，引自 *ibid.*, p.27。

[104] La Loubère in Wyatt (intro.), *op. cit.* (n. 93), p.19. 在高地，人们栽培雨养水稻。参见 S. Tanable in Ishii (ed.), *op. cit.* (n. 4), p.42。

[105] La Loubère in Wyatt (intro.), *op. cit.* (n. 93), p.17.

[106] 事实上，玉米已然如此，特别是在二战之后。如今，它位居第二，仅次于水稻。玉米由墨西哥引进，早在 16 世纪中期的时候就在东南亚生长。参见 Reid, *op. cit.* (n. 87), p.19。

[107] 参阅原书第三卷，第 1205、1259 页。

[108] 参阅 Graham, *op. cit.* (n. 5), II,70-72。

[109] Gervaise in O'Neill (trans.), *op. cit.* (n. 91), pp.6-12.

[110] *Ibid.*, pp.12-14. 关于壁虎，参见我们的图，第 233 幅。

[111] La Loubère in Wyatt (intro.), *op. cit.* (n. 93), pp.15-17.

[112] 可能来源于 Ayodhya，印度的拉玛城。参见 Sternstein, *loc. cit.* (n. 3), p.85, n.2。

[113]“暹罗”一词可能源于柬埔寨词语“战俘”。参见 G. Coedès, *The Making of South-East Asia* (Berkeley, 1967), pp.101-2。

[114] 事实上，他于 1350 年或热尔韦斯著述的三百多年前便创立了阿瑜陀耶王朝。U Thong 意为“黄金之源”。Chao 即首领或国王。参见 Prince Damrong, “The Foundation of Ayuthia,” *in Selected Articles from the Siam Society Journal*, III (1959), 200-201。关于大城的起源参见 C. Kasetsiri, *The Rise of Ayudhya* (Kuala Lumpur, 1976), chap.iv。

[115] 关于大城 1685 年的人口数量参见 Sternstein, *loc. cit.* (n. 3), p.98, n.60。其人数无疑有几十万。

[116] 彭世洛初为总督首府，后来成为一级府。参见 Coedès, *op. cit.* (n. 113), pp.124-25。彭世洛坐落于难河（Nan River）两岸，如今是通往素可泰古都遗址的门户。参见 J. Basche, *Thailand: Land of the Free* (New York, 1971), pp. 171-74。

[117] “Louveau” 与 “Lawo” 是 Luvo 或 Lo-hu 的法语文字，此城的原名，在大城北部 40 英里处。参见 Hutchinson, *op. cit.* (n. 43), p.15。

[118] 暹罗人称水库或人工湖为 *ta-le-chup-sọn*。

[119] 根据 Gervaise in O' Neill (trans.), *op. cit.* (n. 91), pp.17-21。在法语版中，作者提供了一份位于华富里的皇家居住区的草图。这是可获得的对华富里宫阕与庭院的最详尽的文字描述。参见 R. W. Giblin, “Lopburi Past and Present,” 的描述集，载于 *Selected Articles from the Siam Society Journal*, VIII (1959), 119-23。

[120] 在拉·卢贝尔著作中的地图上显示为“Lacontai”。参见原书第三卷，第 1186-1187 页。

[121] 丹那沙林城是马来半岛北部的一个河港。

[122] 参阅布尔热从丹那沙林至大城的游记。参见原书第三卷，第 1204 页。

[123] 1685 年，纳莱希望通过谈判协商法国的安排，以在宋卡成立法国军队。法国人想让他们的士兵驻扎在丹老和曼谷。在华尔康的帮助下，法国得以随心所欲。D. G. E. Hall, A *History of South-East Asia* (London, 1964), pp.345-46.

[124] Gervaise in O' Neill, *op. cit.* (n. 91), pp.21-23. 法语原版包括一幅被耶稣会士们修改了的暹罗地图，此图是 1687 年威尼斯共和国杰出的宇宙学家 M. V. 科罗内利（M. V. Coronelli）于 1687 年绘制的。

[125] Gervaise in *ibid.*, pp.24-29.

[126] 关于从 16 世纪至 18 世纪，欧洲人制作暹罗地图的一部编著参见 Lucien Fournereau, “Le Siam ancien...,” *Annales du Musée Guimet*, XXVII (1895), 3-43。20 世纪 30 年代中期，皇家测量局在泰国发行了五本一套的历史地图。关于对这些地图的论述参见 Larry Sternstein, “An Historical Atlas of Thailand,” *Journal of the Siam Society*, Vol. LII, Pt. 1 (1964), pp.7-20。（Lucien Fournereau 的著述全名为：*Le Siam ancien : archeologie, epigraphie, geographie*。——译者注）

[127] 奇怪的是，这幅普通地图并没有在富尔纳罗（Fournereau）文集（*loc. cit.* [n. 126]）中重现，虽然他的确知道拉·卢贝尔的著作和这幅地图。此图绘制了沿着从大城到海洋的河流的透迤航线。

[128] 惯例很难且缓慢地从人们的记忆中消除。直到 1868 年，拉格里—安邺使团（Lagrée-Garnier mission）才最终证实此湖不存在。关于这一想法缘起的有趣研究参见 K. Unno, "The Asian Lake Chiamay in the Early European Cartography," in C. C. Marzoli *et al.*, *Imago et mensura mundi. Atti del IX Congresso internazionale di Storia della Cartografia* (Turin, 1985)，pp.287-96。

[129] 1 月和 2 月，香客们还到华富里东部"神圣的佛足印"朝拜。大约在 1626 年，人们发现了这个足印。参见 Graham, *op. cit.* (n. 5), II, 248-50。

[130] 拉·卢贝尔的地图上显示在暹罗北部，宋加洛之南。（可能是北碧府 [Kanchanaburi]。——译者注）

[131] Wyatt (intro.), *op. cit.* (n. 93), pp.3-6. "Corazema" 可能指的是呵叻（Khorat）与是玛（Sima）两个东北边境城市在 17 世纪下半叶合并后，移至呵叻（Nakhon Ratsima）的一处新址。参见 C. Kasetsiri, *op. cit.* (n. 114), P.115, n.17。（Nakhon Ratsima 即 Nakhon Ratchasima，那空叻差是玛。——译者注）

[132] 干季时期，纳莱住在华富里，故在王室成员外出的八九个月内，大城人口锐减。参见原书第三卷，第 1200 页。

[133] Wyatt (intro.), *op. cit.* (n. 93), pp.6-8.

[134] 关于木棉和印度吉贝（Ceiba indica），参见 E. A. Menninger, *Fantastic Trees* (New York, 1967), pp.109-10。

[135] 这种软铅笔名为托亚容（toa rong），参见 Graham, *op. cit.* (n. 5), I, 285。

[136] 关于交趾支那的伽罗木参见原书第三卷，第 1259 页。

[137] Wyatt (intro.), *op. cit.* (n. 93), pp.8-13.

[138] 据说比纯金更稀少，更贵重。参见 H. Yule and A. C. Burnell, *Hobson-Jobson* (rev. ed., London, 1968), p.929。

[139] 白铜是一种稍白的铜、锌、镍合金。关于 16 世纪欧洲对这些合金的混淆参见 *Asia*, vol.II, BK.3, pp.426-27。

[140] La Loubère in Wyatt (intro.), *op. cit.* (n. 93), pp.13-15.

[141] 参阅 Philips (ed.), *op. cit.* (n. 42), p.129；参见 La Loubère in Wyatt (intro.), *op. cit.* (n. 93), 第 168 页提供的表。

[142] 关于该词作为这一神秘词汇的一个可能词源参见 Yule and Burnell, *op. cit.* (n. 138), p.653。

[143] La Loubère in Wyatt (intro.), *op. cit.* (n. 93)，第 169 页用暹罗语为这些年份取名。

[144] 在古代暹罗，年为"农历年，每年 354 天。分作 12 个月，天数在 29 日、30 日之间轮替。为了使之与太阳时一致，大约每三年就得增加第十三个月"（Philips [ed.], *op. cit.* [n. 42], p.129）。

[145] La Loubère in Wyatt (intro.), *op. cit.* (n. 93), pp.19-20. 关于耕种仪式的暹罗习俗是否起源于印度或中国，现代学者展开了辩论。有关近期对这种仪式的一份冗长描述和讨论参见 Wales, *op. cit.* (n. 23), chap. xxi。关于现代仪式的图示参见 S. Nimit Co. (pub.), *Thailand in*

Colour (Bangkok, n.d.)。

[146] La Loubère in Wyatt (intro.), *op. cit.* (n. 93), pp.20-21. 这一描述好像有部分是自相矛盾的，当然也与早期观察者所述相左。例如，暹罗人似乎可能种植大蒜。

[147] 关于他们的陶制茶具，参见 Graham, *op. cit.* (n. 5), II, 87。

[148] La Loubère in Wyatt (intro.), *op. cit.* (n. 93), pp.20-24. 关于最重要的当地水果清单，附暹罗名，参见 *ibid.*, pp.171-72。

[149] 看来上层阶级向欧洲人学习了用砖和灰泥建造巴洛克式风格的建筑，这种风格一直持续到19 世纪。参见 Graham, *op. cit.* (n. 5), II,193。

[150] 关于两种主要的宝塔参见 J. B. Pratt, *The Pilgrimage of Buddhism* (New York, 1928), pp.153-54。

[151] In Wyatt (intro.), *op. cit.* (n. 93), pp.29-34, 165-68.

[152] La Loubère in Wyatt (intro.), *op. cit.* (n. 93), pp.35-39.

[153] 葡萄牙人将这一词语应用于所有类似东印度划艇的船只。这可能源于马拉地语 *balyanw*，一种驳船。参见 Yule and Burnell, *op. cit.* (n. 138), p.53。参见我们的图，第 189、190 幅。

[154] 关于扇形棕榈在亚洲的通常用法参见 *ibid.*, pp.892-93。有关它在锡兰的使用参见原书第三卷，第 963 页，及第 171 幅图。

[155] 即军事部门和政府部门。

[156] 关于这些下级部门参见 Wales, *op. cit.* (n. 47), pp.138-39。

[157] 这些是亚萨（Yasa），一系列表示尊敬的头衔。参见 Wales, *op. cit.* (n. 47), pp.29, 35-36；以及原书第三卷，第 1182 页。

[158] 关于同一时期老挝的头衔参见原书第三卷，第 1163 页。

[159] La Loubère in Wyatt (intro.), *op. cit.* (n. 93), pp.78-80.

[160] 关于这种仪式参见原书第三卷，第 1182 页。

[161] La Loubère in Wyatt (intro.), *op. cit.* (n. 93), pp.80-82. 暹罗古代法律源自印度的《摩奴法典》。这些准宗教与准法律的文本大多在阿瑜陀耶王朝初期便被收集好，并装订成册。1767 年，大城遭劫时，绝大部分被损毁，也许包括上述汇编。现代学习泰国法律的学生无法找到拉·卢贝尔提及的文本。参见 Wales, *op. cit.* (n. 47), p.175。

[162] 这些“辖区”是四级行政区，依赖于各自所属的大府。参见 Wales, *op. cit.* (n. 47), pp.109-10, n.2。

[163] 柔佛和北大年不是省，而是朝贡国。关于拉·卢贝尔略去的这些省参见同上书。

[164] 此处谈及的是派（*prai*），世袭的服役阶层。参见 Graham, *op. cit.* (n. 5), I, 235-37。

[165] 参阅原书第三卷，第 1186 页。

[166] 关于进一步阐发拉·卢贝尔对府尹的描写参见 Wales, *op. cit.* (n. 47), pp.118-19。

[167] La Loubère in Wyatt (intro.), *op. cit.* (n. 93), pp.82-85. 他列出了诸府官员的头衔与姓名。关于这些官员及其职责的更精准的细节参见 Wales, *op. cit.* (n. 47), chap.v。

[168] 参阅司法程序的讨论，Wales, *op. cit.* (n. 47), pp.185-87。

[169] La Loubère in Wyatt (intro.), *op. cit.* (n. 93), pp.85-88,163.

[170] 热尔韦斯称他为"Pesedet"，参见 O' Neill (trans.), *op. cit.* (n. 91), p.35。

[171] 关于都府参见 Wales, *op. cit.* (n. 47), p.85。

[172] 范·弗莱特（参见原书第三卷，第 1183-1184 页）记述大象部门由皇家大元帅领导。帕拉塞国王就任期间（1629—1656 年在位），这一独立机构设在政府部门之下。亦参见 Wales, *op. cit.* (n. 47), pp.143-44。

[173] La Loubère in Wyatt (intro.), *op. cit.* (n. 93), pp.88-89. 1688 年，纳莱驾崩后，大象部门的领导实际上攫取了王位，以帕碧罗阇之名统治国家（1688—1703 年在位）。关于外族的重要性和他们垄断某些王室官职的能力，参见 Wyatt, *op. cit.* (n. 2), pp.108-9。

[174] La Loubère in Wyatt (intro.), *op. cit.* (n. 93), pp.90-92. 威尔士同意拉·卢贝尔对暹罗军队无战斗力的理由的分析，参见 Wales, *op. cit.* (n. 47), pp.163-64。

[175] 此乃生产税，被称为 ǎkara。参见 Wales, *op. cit.* (n. 47), pp.201-2。

[176] La Loubère in Wyatt (intro.), *op. cit.* (n. 93), pp.93-95. 参阅 Wales, *op. cit.* (n. 47), chap.ix。

[177] 关于官员的印章参见 Wales, *op. cit.* (n. 47), pp.83-84。

[178] 欧洲人通常称其为"第二国王"。参见 Wales, *op. cit.* (n. 23), pp.52-53。

[179] 关于此官参见 Wales, *op. cit.* (n. 47), pp.92-93。

[180] La Loubère in Wyatt (intro.), *op. cit.* (n. 93), pp.95-99.

[181] 国家的大白伞九层，为掌握全权的国王专用。在他举行加冕典礼之前，仅有权用七层伞。参见 Wales, *op. cit.* (n. 23), p.93。参见我们的图，第 205 幅。

[182] 这些是来自显赫家庭的年轻男孩，由他们的父亲送到宫中。关于更详细的描述参见 Wales, *op. cit.* (n. 47), pp.40-41。

[183] La Loubère in Wyatt (intro.), *op. cit.* (n. 93), pp.99-100.

[184] 拉·卢贝尔（*ibid.*, p.101）通过报告了解到国王"只有 8 名或 10 名太监，白人与黑人一样多"。威尔士是一名学生，经常密切关注拉·卢贝尔的著作，他却声称没有太监，其资料来源于平托。参见 *op. cit.* (n. 23), pp.47, 50。热尔韦斯（*op. cit.* [n. 91], p.104）也提及太监。

[185] 当国王有自己名字的时候，此名为避讳，被视为神圣而无法通用。国王驾崩后，他被称为"瓮主"以区别于继位者。

[186]1458 年的王权法。

[187] La Loubère in Wyatt (intro.), *op. cit.* (n. 93), pp.100-102.

[188] 参阅对锡兰和印度使用的水钟的描述，原书第三卷，第 811、992 页。

[189] La Loubère in Wyatt (intro.), *op. cit.* (n. 93), pp.102-8.

[190] La Loubère, *ibid.*, pp. 108-10. 参阅接见外国使节，载于 Wales, *op. cit.* (n. 23), pp.180-85。1668 年，穆斯林传教士从亚齐抵达大城。参见 Sitsayamkan, *op. cit.* (n. 75), p.9。

[191] 关于华尔康时代在暹罗的穆斯林参见 Sitsayamkan, *op. cit.* (n. 75), p.26。

[192] La Loubère in Wyatt (intro.), *op. cit.* (n. 93), pp.112-13.

[193] Gervaise in O'Neill (trans.), *op. cit.* (n. 91), pp. 24-25.

[194] 可能与暹罗北部大老挝部族成员有关，他们会在大腿和身体下部刺花纹。参见 Graham, *op. cit.* (n. 5), I, 167。

[195] La Loubère in Wyatt (intro.), *op. cit.* (n. 93), pp.27-29. 关于指甲舞的图示参见 Librairie Larousse (publ.), *La Thailande* (Paris, 1983), p.89。

[196] La Loubère in Wyatt (intro.), *op. cit.* (n. 93), pp.77-78. 关于对奴隶制的延伸讨论参见 Wales, *op. cit.* (n. 47), pp.58-63。关于一般的债务奴隶参见 A. Reid (ed.), *Slavery, Bondage and Dependency in Southeast Asia* (New York, 1983), pp.8-12。

[197] 可能指的是婆罗门腰带，参见 Wales, *op. cit.* (n. 23), p.101。

[198] La Loubère in Wyatt (intro.), *op. cit.* (n. 93), pp.25-27.

[199] 王室的供衣节，一种佛教节日，亦参见原书第三卷，第 1176 页。

[200] La Loubère in Wyatt (intro.), *op. cit.* (n. 93), pp.39-44.

[201] 参阅 Wales, *op. cit.* (n. 23), pp.221-22 关于作为民族消遣的放风筝。亦参见 C. Hart, *Kites. An Historical Survey* (rev. ed.; New York, 1982), pp.47-49, and Libraire Larousse (publ.), *op. cit.* (n. 195), p.74。

[202] 孔剧是一种假面哑剧，通常仅由男子表演。情节出自《罗摩衍那》(*Ramayana*)，常常是战争场景，被改编为这种宫廷戏。参见 J. R. Brandon, *Theatre in Southeast Asia* (Cambridge, Mass., 1967), pp.64-66。

[203] 参见 Chua Sariman, "Traditional Dance Drama in Thailand," in M. T. Osman (ed.), *Traditional Drama and Music of Southeast Asia* (Kuala Lumpur, 1974), p.169；and Brandon, *op. cit.* (n. 202), pp. 63-64。当洛坤乃作为一种宫廷表演渐渐风行时，女伶逐渐取代了所有男性的角色。

[204] 关于现代泰式拳击参见 Basche, *op. cit.* (n. 116), pp.115-16。

[205] 关于中国象棋游戏的描写参见 La Loubère in Wyatt (intro.), *op. cit.* (n. 93), pp.181-82。

[206] *Ibid.*, pp.44-50.

[207] 与姐妹们，甚至是女儿成亲，实际上有利于保持王室血统的纯洁性。参见 Wales, *op. cit.* (n. 23)，p.117。

[208] 在现代，东方人生的双胞胎比欧洲人少。所谓的"暹罗孪生子"（Siamese twins），是因名为昌（Chang）和昂（Eng）的"连体男孩"，他们在 1811 年生于暹罗，并作为怪胎在欧洲与美国展览。关于最早的"暹罗孪生子"的传记参见 Irving and Amy Wallace, *The Two* (New York, 1978)。关于暹罗人的性与婚姻习俗在何种程度上与海岛东南亚人的相同，参见 Reid, *op. cit*, (n. 87), pp.146-72。

[209] La Loubère in Wyatt (intro.), *op. cit.* (n. 93), pp.51-53.

[210] *Ibid.*, pp. 54-58. 关于泰国社会习俗的错综复杂参见 Akin Rabibhadana, *The Organization of Thai Society in the Early Bangkok Period*, Data Paper No.74, Cornell University Southeast Asia Program (Ithaca N.Y., 1969)。

[211] 参阅 Phya Anuman Rajadhon, *Thai Traditional Salutations* ("Thai Culture, New Series," no.,14; Bangkok, 1963)。

[212] 直到最近，道路才不至于窄得让两人无法并肩而行。

[213] Gervaise in O' Neill (trans.), *op. cit.* (n. 91), pp.41-43.

[214] *Ibid.*, pp.43-45. 关于无所不在的东南亚鱼酱参见 Reid, *op. cit.* (n. 87), p.29。

[215] 与热尔韦斯同时代的大多数欧洲人一样，他只是假设所有的家庭成员都有姓。源自父姓的做法最早在暹罗施行，依据的是 1916 年的皇家法令。参见 Graham, *op. cit.* (n. 5), pp.243-44。

[216] Gervaise in O' Neill (trans.), *op. cit.* (n. 91), pp.45-48.

[217] 关于对 17 世纪泰国教育的精彩讨论参见 D. K. Wyatt, *The politics of Reform in Thailand: Education in the Reign of King Chulalongkorn* (New Haven, 1969), pp.7-23。

[218] La Loubère in Wyatt (intro.), *op. cit.* (n. 93), pp.170, 176. 参见我们的图，第 194 幅。"泰国字母表包括一系列辅音以及另一完全独立的元音系列，后者又被分为单元音与复合元音。复合元音的构成要素是一个单元音，某些辅音，两个或更多合为一体的单元音的结合体……每一系列有自己的顺序，必须单独习得。"（Stuart Campbell and Chuan Shaweevongse, *The Fundamentals of the Thai Language* [4th ed.; Kent, 1957], p.9）通过这一描述，不难看出拉 · 卢贝尔或其合作者是如何得出"四份字母表"的。

[219] 泰语语法相对简单。La Loubère in Wyatt (intro.), *op. cit.* (n. 93), pp.173-80 提供了一份对泰语和巴利语的概述，主要介绍了泰语口语。

[220] 参见 Graham, *op. cit.* (n. 5), I, 282-86 关于诗歌的讨论。有关 10 首诗歌的德语翻译参见 K. Wenk, *Studien zur Literatur der Thai. Texte und Interpretationen* (Hamburg, 1982), Vol. I。其中第一首是颂扬纳莱的克龙体（khlong）诗。

[221]"暹罗人没有形而上学的天性"（Graham, *op. cit.* [n. 5], II, 227）。

[222] La Loubère in Wyatt (intro.), *op. cit.* (n. 93), pp.58-62. "法律书的数量几近过剩"（Graham, *op. cit.* [n. 5], I , 281）。

[223] La Loubère in Wyatt (intro.), *op. cit.* (n. 93), pp.8-11.

[224] 这是巴黎天文台卡西尼的论断，拉 · 卢贝尔将此历法的译本寄给了卡西尼。卡西尼的分析收录于 La Loubère in Wyatt (intro.), *op. cit.* (n. 93), pp.186-227。卡西尼将这一历法与印度和中国的做了详细对照。事实上，这是缅甸人确定年代的体系，1569 年被强加于暹罗，为官方所用，直至 1889 年。参见 Philips (ed.), *op. cit.* (n. 42), p.128。

[225] 在暹罗语中，这种纪年被称作佛历（*phra-phut-tă-sak-kă-rat*），农村地区仍然使用它。然而，是公元前 543 年，并非在此谈及的公元前 545 年，方为佛陀涅槃年。参见 Philips (ed.), *op. cit.* (n. 42), p.128。

[226] La Loubère in Wyatt (intro.), *op. cit.* (n. 5), pp.62-65。

[227] 关于暹罗人的宇宙起源学参阅 Graham, *op. cit.* (n.93), II, 220-22。

[228] La Loubère in Wyatt (intro.), *op. cit.* (n. 93), pp.65-67.

[229] 所有乐曲都是无名氏所作，通过吟游诗人一代代传下来。参见 Blanchard *et al. op. cit.* (n. 69), p.472。参见我们的图，第 193 幅。

[230] 关于泰国管乐队乐器参见 Thai Delegation, "Thai Traditional Music" in Osman (ed.), *op. cit.* (n. 203), pp.234-45。

[231] 参阅 Graham, *op. cit.* (n. 5), II, 198。

[232] La Loubère in Wyatt (intro.), *op. cit.* (n. 93), pp.68-69.

[233] *Ibid.*, pp.69-71. 关于 20 世纪人们对暹罗艺术与工艺的一种印象，参阅 Graham, *op. cit.* (n. 5), II, 154-74。

[234] La Loubère in Wyatt (intro.), *op. cit.* (n. 93), pp.71-73. 在我们的第 24 幅图中可见他们货币的插图，亦参阅原书第三卷，第 1179-1180 页。

[235] La Loubère in Wyatt (intro.), *op. cit.* (n. 93), pp.73-76. 参阅有关"生命的性情"部分，载于 Blanchard *et al.*, *op. cit.* (n. 69), pp.15-17，20 世纪对暹罗人性格的一些概括。

[236] 拜神的中央大厅为"波"（*bot*），佛堂是神像藏身的第二大殿。参见 Pratt, *op. cit.* (n. 150), pp.151, 153。关于"塔式寺庙"参见原书第三卷，第 1208-1209 页。

[237] 拉·卢贝尔重现了寺庙的镌版平面图。参见第 195 幅图。

[238] 由国王任命为"僧王"（Prince of the Church）或现任领导。国王是一位信徒，寺庙最重要的支持者，但他不是神职人员。参见 Blanchard *et al.*, *op. cit.* (n. 69), p.99。

[239] 这些为是玛(Sima)或八座界碑,围绕着圣地,举办授任神职与其他官方仪式的大殿在此落成。参见 K. F. Wells, *Thai Buddhism, Its Rites and Activities* (Bangkok, 1939), pp.141-42。

[240] 关于现在使用的测试系统参见 Blanchard *et al.*, *op. cit.* (n. 69), p.101。

[241] 佛日或佛教休息日。

[242] 佛教斋期或雨季安居。参见原书第三卷，注释第 34 条。

[243] 关于佛教徒的念珠参见 Spiro, *op. cit.* (n. 31), p.210。108 颗念珠代表佛陀足上的印迹及其化身的数量。

[244] 这三件长袍和腰带是和尚的三衣（trai-chi-won）。参见 H. Alabaster, *op. cit.* (n. 6), p.202。

[245] 捕鱼遭人蔑视，尽管从严格的法律意义来说，渔夫并没有杀生。参见 Spiro, *op. cit.* (n. 31), p.45。

[246] 可能是指庆祝新年。*ibid.*, pp.220-21.

[247] 参阅现代僧侣的作息表，*ibid.*, pp.305-10。

[248] La Loubère in Wyatt (intro.), *op. cit.* (n. 93), pp.113-18. 这些白衣仆役可能是那些辞去僧侣神职的人。参见 Wells, *op. cit.* (n. 239), pp.139-41。

[249] La Loubère in Wyatt (intro.), *op. cit.* (n. 93), pp.118-19. 在这一节，拉·卢贝尔引述热尔韦斯的话，大意是"塔拉波"有三级。拉·卢贝尔自己没有这般见多识广，便质疑热尔韦斯的描述。事实上，热尔韦斯更近乎正确，即便他为三级的命名似乎有误。三级是以教育成就为基础生效的，教育成就是由国家控制的僧侣考试决定的，拉·卢贝尔本人描述了这些考试。

参见 S. J. Tambiah, *World Conqueror and World Renouncer: A Study of Buddhism and Polity in Thailand*...(Cambridge, 1976), p.203。（此书全名为：*World Conqueror and World Renouncer: A Study of Buddhism and Polity in Thailand against a Historical Background*。——译者注）

[250] La Loubère in Wyatt (intro.), *op. cit.* (n. 93), pp.119-22. 参阅 Blanchard *et al., op. cit.* (n. 69), pp.94-97。

[251] 无论这作为一般理念有多么值得称赞，拉·卢贝尔于此涉猎宗教和人种学的比较却是误导多于启蒙。虽然拉·卢贝尔模糊地意识到上座部佛教的印度背景，但他的中国资料来源主要还是与儒教而不是与佛教修行有关。关于同一时期欧洲原始资料里的中国宗教参见原书第三卷，第 1648-1661、1731-1741 页。

[252] 关于孔剧舞参见原书第三卷，第 1225-1226 页。有时侯，一出戏剧表演甚至还是泰国宗教仪式的一部分。参见 Brandon, *op. cit.* (n. 202), p.195。

[253] La Loubère in Wyatt (intro.), *op. cit.* (n. 93), pp.122-26. 参阅 Blanchard *et al., op. cit.* (n. 69), pp.94-87。这种"无形的命运"是每个人的"因果报应"。

[254] 最严重的淫秽行为是通奸。

[255] La Loubère in Wyatt (intro.), *op. cit.* (n. 93), pp.126-29. 在第 158-163 页，拉·卢贝尔提供了一份"塔拉波"最重要的行为准则表，此表译自暹罗语，此外还有他自己的些许斜体字评论。

[256] 这可能是欧洲文献第一次提到佛教涅槃，它是"一份对这个术语的令人惊异的现代评价"。参见 G. R. Welbon, *The Buddhist Nirvana and Its Western Interpreters* (Chicago, 1967), p.21。

[257] La Loubère in Wyatt (intro.), *op. cit.* (n. 93), pp.129-30. 关于祖先崇拜与国王的神性参见 K. P. Landon, *Southeast Asia, Crossroads of Religions* (Chicago, 1949), pp.120-22。

[258] 在这个世界轮回中，第五尊，即最后一尊未来佛是弥勒佛，他在释迦牟尼佛仙逝后五千年出现。

[259] 拉·卢贝尔在他的文献中涵括了提婆达多的一生，这些内容译自巴利语，载于 Wyatt (intro.), *op. cit.* (n. 93), pp.149-57。关于提婆达多参见 H. Kern, *Manual of Indian Buddhism* (Varanasi, 1968), pp.38-40。

[260] La Loubère in Wyatt (intro.), *op. cit.* (n. 93), pp.135-40.

第十六章　越南 1248

当两大家族——北部郑氏与南部阮氏争夺印度支那半岛的控制权时，来自澳门和日本的贸易商人与传教士抵达越南。他们的敌对状态导致了1620—1674年间一系列非决定性的战争。这个时期逐渐出现了两个独立国家：越南中部峥江（Gianh River）之北的东京以及之南的交趾支那。双方都想向欧洲人获得现代武器和经验丰富的炮兵。[1] 所以，在这两个国家进行贸易和传教活动是容许的，南部的阮氏家族尤其宽容，因为他们更需要武器。然而，当武器运输停止或被认为不足时，欧洲人的活动间或会突然中断。对越南有统治权的明代中国，不愿或不能控制在其南部的这个半岛。1620年起，日薄西山的明王朝本身开始遭到向南挺进的满族的进攻。日本对基督教传教士及其皈依者不断增加的敌意，也造成了日本难民的外流。这些难民中有许多人被欣然接纳为援军，以对抗在越南的敌人。来自澳门和日本的传教士迅速利用机会，向日本基督徒和在这些越南人领地工作的欧洲人履行宗教职责。天主教传教士最渴望在处女地开辟新的传教区。

16世纪末之前，澳门的葡萄牙人与东京和交趾支那都建立了商贸关系。他们在东京购买赴日本销售的生丝。在交趾支那，他们的交易地是会安（Hội

1249 An）——对外商贸中心和广南省（Quảng-Nam）首府。[2] 在东京和会安，他们与中国和日本的商人竞争，越南的海外贸易几乎全部被外国人控制。1592 年，日本人开始派出官方许可的“朱印”船到越南。来自日本的私人航海无疑已领先于这种官方贸易。17 世纪初期，荷兰人与英国人开始慢慢地跻身于越南的对外贸易之列。1614 年，就在大量基督徒纷纷离去之际，英国商人与荷兰商人乘着一艘日本帆船，带着日本翻译，载着一批要出售的货物在会安登陆。他们被杀，货物遭罚没。两年后，又一位英国人居然着手在交趾支那经商。[3] 与此同时，几位被日本驱逐、困于澳门的耶稣会士决定到会安开展工作。早在 1615 年，他们就在弗朗西斯科·布索美（Francesco Buzomi，1576—1639 年）的领导下到达那里。弗朗西斯科·布索美是那不勒斯人，他将传教团带至交趾支那，直到 1629 年。[4] 后来，一个由六名耶稣会士组成的新代表团于 1624 年加盟此传教组织。这个代表团由加布里埃尔·德·马托斯（Gabriel de Matos，1572—1633 年）带领，包括在前一年抵达澳门的罗历山（1593—1660 年）。[5] 三年后，即 1627 年，罗历山率先带首个耶稣会传教团进入东京。1630 年，他被驱逐出境，此后，其余的耶稣会士被迫在东京开展秘密工作。[6]

16 世纪期间，欧洲人对越南人的国家知之甚少。[7] 除了珀切斯编著（1625 年）中一鳞半爪的文献之外，[8] 17 世纪上半叶，欧洲出版的有关越南的第一手资料均来自传教士的文章。在其《东方诸国志》（1601 年）中，里瓦德内拉记述了他通过方济各会同人，特别是一位名为巴托洛梅·鲁伊斯（Bartolome Ruiz）的托钵修会修士了解交趾支那。巴托洛梅·鲁伊斯设法在那儿住了两年。[9] 耶稣会士朱利安诺·巴尔迪诺蒂（Giuliano Baldinotti，1591—1631 年）是意大利皮斯托亚（Pistoia）人，1626 年，他奉上司之命，到东京勘察。返回澳门之前，他在那里逗留了五个多月（3 月 7 日—8 月 18 日）。11 月 12 日，他写了一份报
1250 告致罗马耶稣会总会长，概述其经历，这是欧洲首份颇具价值的有关东京的报告。1629 年，他的书信作为《埃塞俄比亚信札》（*Lettere dell'Etiopia*）的附文在罗马面世，同年，与其他意大利语信简原件一起被译为法语和波兰语。[10] 巴尔迪诺蒂的报告在东京出版两年后，克里斯托弗·波利（Cristoforo Borri，1583—

1632 年）的《交趾支那王国耶稣会士新传道志》（*Relatione*[①]，1631 年）在罗马发行。波利至少与交趾支那的耶稣会传教团共处了四年（1617—1622 年）。1623 年，他从越南继续前往果阿。在果阿，他遇到了勇敢的旅行家皮特罗·德拉·瓦勒（Pietro della Valle）。[11] 波利既是一位受到教育的数学家和天文学家，又是一位格外有天分的观察家和认真学习安南语的学生。其《交趾支那王国耶稣会士新传道志》的第一部分专门论述交趾支那；第二部分记录了传教区的历史，并描述了东京。[12] 最后是嘉尔定的《日本教省报告》（1645 年于罗马付梓），它探讨了 1644 年之前在东京与交趾支那两地的耶稣会传教区。[13]

第一节　最初的介绍

1626年，郑梉（Trịnh Tráng，1623—1657年在位）统治红河三角洲王国之际，巴尔迪诺蒂来到了东京。他由一位日本教友陪同，力图查明东京是否准备接受基督教传教团。他乘坐的葡萄牙商船由 4 艘皇家战船护送过河，以防海盗。抵达东京城（后来为河内）后，他及其他人受到国王的欢迎，国王允诺满足他们一切需要。他为他们提供了当地服装，将其安顿在城里最好的一处住所。他邀请他们参观斗象、赛马、河上赛舟以及各种庆祝活动。巴尔迪诺蒂认为这种盛情跟国王渴望与葡萄牙人有更多的交易密切相关。国王一获悉巴尔迪诺蒂的数学和天文学知识，便请这位耶稣会士留在宫中教他这些科学知识。邀请遭婉言谢绝，因为巴尔迪诺蒂的上司要求他随其负责的商人返回澳门。他许诺一回澳 1251
门，就会请求恩准回到东京，为国王效劳。国王对这一回应感到满意，遂邀请他出席盛宴。巴尔迪诺蒂回答了国王有关球体的数学问题，其后，他接受了太后惠赐的礼物，以及国王和太子的特许信，他们俞允他返回，并住在东京，费用由国王支付。

① 此书全名为：*Relatione della Nova Missione delli PP. della Compagnia di Qiesu, al Regno della Cocincina*。——译者注

在一位“摩尔人”指控葡萄牙人受领交趾支那国王的薪俸，并作为间谍来到东京之后，这种祥和遂告终结。国王对这些控告反应并不激烈，他下令欧洲人发誓不到交趾支那，绝不偏袒其国王，永远是他忠实的好朋友。对于宣誓应当遵照佛教的惯例还是基督教的惯例引发了长久的争辩，而后，当他们在一尊基督塑像前起誓时，国王终于心满意足。释疑后的国王为基督徒派送礼品和一张许可证，让他们启程。8 月 18 日，清风和畅，在两艘皇家战船的伴随下，他们离开了这座城市。在信的结尾，巴尔迪诺蒂竭力主张在东京建立一个传教区，这样便可更容易地进入中国南部和老挝。据罗历山所说，老挝人正准备接受神法（Divine Law）。

在东京时，巴尔迪诺蒂依从上司的指示，有系统地收集了情报。王国及宫城（现为河内，或“河上”）都被称作东京。王国的北部与中国交界，南部和交趾支那接壤，西部与老挝人为邻，东部是中国海。大河流经这片平原，有助其出产丰富的粮食，如水稻；家养与野生的动物、家禽和鸟的肉；以及许多与中国的相似的水果。然而，粮食并不便宜，因为必须供养大量的人口。国民是偶像崇拜者。一些人经常施术士的魔法，另一些人则采用占星术。一些人信奉印度天衣派信徒的教义，但绝大多数人崇拜本地偶像“Zinum”，他们出于恐惧而供奉他。他们说这尊塑像被砍掉的头有能力让树木烧焦，毁坏园圃，杀死其眼睛瞄向的动物。其头藏在此人出生的城市里，位于距王宫四日行程之遥的地方，他的侄儿及他们的后裔住在此城。他的其他后裔依然是城中塔式寺庙的成员。[14]
1252 安南人一般只是略微喜爱崇拜塔式寺庙，因为他们有足够的智慧认识到它的虚伪性。人们不会敬重那些不著书、仪表不洁的佛教僧侣，或认真聆听他们的讲经。

东京人深爱武器，特别是火炮和他们擅长使用的火枪。士兵肩上悬吊着剑和短弯刀。他们肤白，颀长，快活而勇敢。他们穿类似长衫的袍子，胸前开襟，垂至腿中部。他们以帽遮住长发（参阅第 231 幅图）。由于人们敏感、驯顺、忠诚且开朗，所以，他们没有中国和日本的恶习（也许是通奸）。平民喜欢偷窃，这就是为何窃贼同通奸者一样，被判处死刑的原因。东京国王是九省领主。老挝、交趾支那和“保”国统治者向其进贡。[15] 他自己则向中国朝贡，每年送三尊金像、三尊银像到北京。东京能将大部队投入战场，600 名达官被迫自费装备一两千名招自其采邑的士兵。带兵打仗是这些高官唯一的工作。国王在各地拥有400多艘桨帆船，每艘船的两侧各有26支桨。巡行时，几乎所有人都携带武器。有一次，他们中的500人集会纪念太上皇的忌辰，几年前，他被幺子暗杀，后者极度渴望执政。[16] 其后，这位儿子被太上皇的长子，现任国王郑梉（1623—1657年在位）刺杀，郑梉成为王位的合法继承人。东京国王极其好战，骑在马背或象背上时，他总是不停地射击一个目标。他还喜欢操纵桨帆船。首都既无城墙，也没有防御工事防守，天气闷热，直到每年6月始吹季风。王宫用厚实、做工精细的贴瓷砖块建造。其他房屋则由本地竹子建成，盖以稻草。城里有几面大湖，当火势危及屋舍时，其水用以灭火。四五天之内，大火焚毁了五六千间房屋。东京城周长6里格①，人口不计其数。城内有条可通航的大河，流入18里格之遥的大海。河水浑浊，但人人饮之，因为整座城没有别的泉水、井或水塘。河流一般在6月初泛滥，11月再度发大水。因此，洪水淹没了半座城市，但其周期不长。

波利熟谙巴尔迪诺蒂的东京记述，以他在交趾支那所能获悉的为基础，提 1253
供了自己的一份报告。[17] 在澳门，他被告知要在交趾支那学习安南语，以备最终带传教团进入东京。因此，他在东京的时候也设法了解东京，“它们的语言相同，因为从前只是一个王国”。他从当地人获知交趾支那是东京的一个附属国，东京国王还统治其他四省，“幅员均同”。东京的面积是交趾支那的4倍，方形，正中央为首都，四省“环绕周遭”。[18] 中国与东京间的贸易“互动、频繁”，边境无门无墙。因此，耶稣会士希望取道东京进入中国，以避免小行政区的障碍和控制。东京西部的大国老挝，必然在其东部与西藏接壤，因为“在它们之间似乎不可能隔着其他任何国家”。[19] 东京是世袭君主制，由“国王（vua）统治”。他仅是名义上的君主，因全部权力归于他的亲信王公（chúa）。[20] 国王在东京王宫深居简出，被尊为“圣人，有权制定法律，确认各种法令”，[21] 对此，

① League，欧洲和拉丁美洲一个古老的长度单位，在英语世界通常定义为3英里（约4.828公里，适用于陆地上），或定义为3海里（约5.556公里，适用于海上）。本书换算有误。——译者注

他心满意足。王公的权力在和平与战争的公共事务管理中是如此绝对，以致他“逐渐丧失优势”。虽然王公尽力让其子继位，但这些儿子们的监护人通常密谋废立合法的继承人，篡夺王位。较大的东京国的王公可以投入战斗的兵力是交趾支那统治者所能招募人数的三四倍。他轻易就能要求大臣为其提供“30万或更多的武装人员”。虽然国王的禁卫军（参见第230幅图）人数不到4万，但他一直被3个竞逐权力的家族（莫氏、郑氏和阮氏）尊为君主，并接受老挝的
1254 “某种贡品”。与其他人不同，国王始终是由自己的后代继位的，因为统治权仍在其家族中世袭。

嘉尔定是早在1631年，罗历山被逐出十个月后到达东京的那些耶稣会士中的一个，他重复了许多耶稣会士先辈们已有的报告内容。通过他的个人经历，嘉尔定可以在先前出版的东京素描上添加一些新的笔绘。[22] 华人称它为东京，但它的本地名是“安南”，意即“西部国家”。如此称呼是因为它位于中国的西部；“东京”（Tunquim）一词的本义是“西部朝廷”，正如“北京”意即“北部朝廷”。[23] 东京的南部与“占婆”接壤，其北部止于“高平”（Cao-bằng）王国，该王国与中国毗邻。当地人称东京的大都市为“个帮”，（Ke-cho）。[24] 西部的嵯峨群山将安南与老挝分开。来自这些山脉的水流注入江河，常常淹没低地，肥沃了土地。这里播种的每棵谷物产出过百。此国众多居民像日本人和中国人一样白皙。士兵身穿及膝的长内裤，套一件类似夹克的外衣（阿拉伯语，*kaba*）。他们头戴一顶无沿便帽。国王拥有许多战船以备战争，他还有游行用的轻型船只。节日时分，战船回应击鼓，表演了水上芭蕾。该国风行“佛陀”派。印度国王的一个儿子名为罗睺罗（Do Dau ha），是“佛陀”与妻子“迈亚”（Maia）所生。此子出生后，佛陀弃世，云游四方，吸引了众多门徒。他首先教他们哲学，而后是如何施1 000种巫术。他生活的时代在我们的救世主降生前四百年。[25]

巴尔迪诺蒂的东京报道令人赞许，据此，澳门耶稣会士派佩德罗·马尔克斯（Pedro Marquez）和罗历山作为传教士来到东京。他们于1627年3月19日的圣若瑟节抵达东京港。已能说流利安南语的罗历山神父随即着手在港口城市传道、指导，改变人们的信仰。不久，一位太监出宫，奉旨将船上的货物与神父们带给郑梉。正打算离开这座城市的国王热情地接见了他们，之后，他请他

们在先前王宫所在地清化（Thanh-Hóa）省的一个地方等他回来。[26]他们在此 1255
建了一座教堂，门前竖了一座十字架。这些活动很快引起了附近大佛寺僧侣的注意。耶稣会士转变了“佛教僧侣”的信仰，他们开始布道，帮助修建一座新教堂，向基督教事业捐款，并鼓励人们捐赠。治疗与奇迹帮助偶像崇拜者相信基督神的力量。不过，流言还是散布开来，这些流言即神父们改变世人的信仰，使之在未来成为葡萄牙人的奴隶，以及他们焚烧东京古老教派的书籍以传播自己的思想。尽管如此，耶稣会士还是在此地让200人皈依基督教，其中有一位是国王的女眷。

国王一返回，耶稣会士即前往谒见，并送其一本中文版的数学书。他们伴驾回到东京，途中努力解释书中的数学知识。在他们抵达王宫之前，许多朝臣已对其如雷贯耳。经国王同意，他们为御姐洗礼。1628年5月前，就在他们回来后的一年内，耶稣会士已为1 500人施洗，包括国王身边的一位要臣。这位要臣受洗后旋即暴亡，国王勒令禁止耶稣会士再为他的臣民洗礼。在他看来，基督教法律即死亡宗教。当王后获赠一本基督教书籍时，她即刻拒绝它的言论。除了寺庙的信仰之外，她什么信仰都不想了解。[27]

尽管国王反对，1631年，耶稣会士还是为5 727人施行洗礼。到17世纪40年代末，他们已为10.8万人施洗，拥有235座分散在全国的教堂。嘉尔定承认这些数字似乎不可信，特别是由于国王的反对，有资格的神父甚少。所以，如此巨大的成功须归因于新教徒和传道员对传播福音的热情，先前自大而在皈依基督教后表现出慈善的官员（狼变为羊），基督教葬礼中对亡者表示的敬意，成功地祛除折磨灵魂乃至本地人家庭的邪神，以及在基督教各阶层中盛行的平等意识。但这些成功的首要原因在于1629年3月制定的迫害基督教徒的皇家法令，法令驱逐拆毁寺庙和传授死亡教义的耶稣会士。在他们流放期间，越南基督教徒继续受洗，在宫中逼迫国王改变主意。1631年3月，包括嘉尔定在内的
耶稣会士一返回东京，国王就迎接他们，让其留宿宫中。他邀请他们陪同一位 1256
随员，这位随员正着手在一个指定日主持文人的国家考试。最后，他解释了驱逐他们的前任并非基于恶意。他将非常乐意让耶稣会士住在他的王国，只要他们不干扰佛教徒或损毁首都的寺庙；佛教徒是那些寺庙的成员。他把一处大宅

分给耶稣会士，此地周围有许多屋舍，并正式俞允他们指导所有愿意成为基督徒者，并为这些人洗礼。

尽管耶稣会士在东京开局不稳，但他们在交趾支那却有一个较好的开端。葡萄牙人和西班牙人每年在会安从事三四个月的贸易，他们通常由教士相伴。这些专门为基督徒施行职责的自立教士未学会越南语，无法与当地人一起推动基督教的发展。然而，其中一位教士厚颜地在《世界航海记》（*The Voyages of the World*）一书中发表了虚假声明，称他已为交趾支那的公主及其众多女侍从施洗。1615年，当耶稣会士开始在交趾支那工作时，他们没有发现公主是基督徒，“或者甚至是她知道何为基督徒”的证据。[28] 布索美在土伦（Tourane，岘港 [Đà Nẵng] 的法语名）着手他的传教活动，土伦是一座市镇，位于来自国王居住地河流的下游。[29] 在他最初到达的时候，交趾支那人以为要当基督徒便意味着放弃做安南人，而成为葡萄牙人。此误解一消除，安南人很快就改变信仰，一座教堂在土伦落成。在耶稣会士被控给这个国家带来严重干旱的时候，他们的进展受挫，是一位隐士僧（ông sù）提出了对其不利的指控。1617年，一位葡生日本人佩德罗·马克斯神父与米兰人克里斯托弗·波利作为代表，从澳门送去救济品，他们带来了雨水。其后，在会安日本基督教社团的帮助下，对耶稣会士的迫害停止了。就在此刻，归仁省总督到土伦探访了他们。他紧接着帮助外国神父，将他们4位中的3人带到他的省府归仁城。这位总督在毗连的广义省（Quang-Nghiã）的权力与在其本省的同样大，他款待耶稣会士们并为之提供住宿，仿佛他们拜访的是王室成员。他为他们在归仁建了座教堂和住宅。随后，他忽然发烧，
1257 很快便故去。耶稣会士们又面临问题，接下来的三年里，他们的传教工作未能取得进展。1622年，波利离去后不久，也就是在他们改变了几位重要人物的信仰，于1620年、1621年两次预测天食都胜过当地占星家，并通过使异教僧侣皈依基督教和祛除恶魔赢回了平民的心之后，他们的事业再度如火如荼。[30]

1629年，国王的诏书迫使耶稣会士们放弃了大约1.5万名皈依者、8座教堂，以及在土伦、会安、清占（Chi-Ciam，国王的宫城）和讷曼（Nurcrnan）①

① 即 Nước Mạn。——译者注

或羊屿（在占婆边境）的住所。两位传教士撤回澳门，3 位前往占婆，两人隐匿在交趾支那中部，其余 3 人到王国南部边境的 Ranran① 省，他们在那儿受到当地人的虐待。耶稣会士请求澳门的葡萄牙人派一个使团，与国王交涉，放回传教士。国王最终同意送回耶稣会士，但只是在葡萄牙舰队还停留在港口的时期。经老国王同意，两三位耶稣会士留在此国，作为这个规定的特例。他的儿子，即太子自从执政以来，拒绝做出例外，所以，神父们只能每年随葡萄牙商人进出。[31] 例如，1640 年前后，罗历山和林本笃神父（Father Bento de Matos，1600—约 1658 年）乘一艘葡萄牙船只，从澳门而来。一抵达土伦，林本笃即入宫。罗历山则在南部省份巡回，他在 Ranran 尤其成功，为穷人建了一所医院。大约三个月之后，他们悄然返回澳门。[32]

波利的交趾支那报告是一份基于个人经历的系统调查，由其他人的报告做补充。[33]“交趾支那”是葡萄牙人为安南的这个地区所起之名。它源于日语“科支”（Cochi），一个像“安南”的词，意为“西部国家”。葡萄牙人把这个词与中国连在一起，将之用于该国，“仿佛他们称之为中国的科钦，可以更好地将它与印度的科钦城相区别”。[34] 交趾支那位于占婆与较大的东京王国之间，是一片狭长的平原，介于山海间。山区住的是“摩依人”（moị）或未开化的人，临 1258
近老挝边界，他们绝不会屈从于外界规则。交趾支那本身分为 5 省：与东京交界的皇家属地“清化”、王子统治的广南、广义、葡萄牙人称为“羊屿”的归仁以及占婆边界的 Ranran。[35]

虽然夏日里的交趾支那比欧洲热得多，但它还是享有分明的四季，气候也比印度的更温和。秋季降雨，冬日刮寒冷的北风，春天“万物葱绿，姹紫嫣红”。人们喜迎秋季的降雨和洪水，他们庆祝，并欢呼“daden lut，daden lut”[36]，意即“洪水来临，它在此”。[37] 当洪水突如其来，家禽常常会被淹死。依照惯例，动物的尸体属于任何找回它们的人。为避洪水，老鼠逃上树。小男孩在船上，做着一种运动——把它们从树枝上摇下来，淹没在水中，这是一种“对国

① 越南语为 Răn Răn。根据原书第三卷第 1269 页，注释第 71 条，Ranran 即现今的富安省。——译者注

家极其有益的娱乐”。洪水也是有利的，因为整个国家可通航，所以，人们乘坐船只，可以更便利地将商品从一地运到另一地，甚至是从山林里运送木材。在这种时期，他们拥有“最大的集市与市场”。[38]

洪水使沿海平原十分肥沃，每年能收获三季水稻。几种水果产量巨大，通年可食。橘子比欧洲的大，皮太薄、味美，要连果肉和果汁一起吃。香蕉长在树上，其叶“长且宽，两片便可将一人从头遮到脚”。“番荔枝”是交趾支那特有的水果，其形状和外壳像石榴，柔软的内部可用汤匙挖出来吃。另一种水果名“小荔枝”，长得像樱桃，但吃起来似葡萄干。西瓜“大而鲜美”，但其他瓜果“并不如我们欧洲的好”。交趾支那的菠萝蜜比那些长在东方其他地方的大，一人差不多可以携带一个菠萝蜜。菠萝在印度和巴西也是常见的，它长在茎部，像洋蓟。削皮食之，其味“剧甜”。他们自己从来不吃槟榔，但会将之切成片，制成槟榔嚼块。在交趾支那，每家由一个人，通常是女性负责准备槟榔嚼块。
1259 槟榔使用这么广泛，“所以，该国的最大利润来自槟榔地”。烟草并“不像槟榔那样被广泛”使用。虽然越南生产蔗糖、各种南瓜和葫芦，但“那里没有出产”欧洲水果。欧洲草本植物，如莴苣，在交趾支那适于长叶，不产种子，“故它们必定仍在欧洲之外有所供应”。肉丰，味鲜之鱼量大。每天日出前，人们成群结队地从海边渔村带鱼到内陆和山区。他们用鱼制作鱼酱，并常将此酱倒在米饭上。他们手头存有大量用桶和盆装的酱。燕窝是交趾支那特有的，农民们从海边高高的岩石上采集它们。在水中软化之后，这种胶状的燕窝在各种菜肴中被用作调味品。国王垄断燕窝销售，他最重要的顾客是出高价的中国人。越南人既不吃白肉，也不喝牛奶。夺走牛奶被认为是有罪的，牛奶是年幼者维持生命的营养物。

“交趾支那盛产人类存活必需的所有其他物质。”丝的产量如此大，价格这般低廉，结果是农民和工匠普遍都穿丝绸衣服。桑树广泛种植，所产树叶喂养蚕。与中国的丝织物相比，当地的“更坚韧，量也更大”，但“无这等精致、柔软”。丝出口到日本和老挝，“从那里，它接着传到遥远的西藏”。木材是“全球的最上品”。虽然他们有多种多样的木材，但只有两种可用于建筑。一种是黑色的，另一种是红色，两种木都不透水，也不腐烂。它们坚硬、沉重得不会漂浮。山上长满了这些树，人人均可随心所欲地砍伐。柱子、可移动地板和他们房屋内的装饰是由“tin-bi”木制成的。[39] 沉香是交趾支那最主要的出口物之一。摩依人所在的山上产此树，小树被伐时人称沉香木，成材后名为“伽罗木”。由于盛产沉香，每个人都可以按需斫伐。只有在无人可及的山顶方可发现伽罗木——一种有香味的树，在那里，幼苗免遭破坏。国王垄断这种珍稀香木的出口，将它们销往日本，日本人由此制作精美的枕头，同时销到印度，用作他们的火葬柴堆。[40] 交趾支那也富藏贵重金属，尤其是黄金。

各种各样的野兽数不胜数，它们，主要是大象和犀牛，在森林里漫步。由 1260
于不知道该如何捕获并训练野象，交趾支那人便从柬埔寨进口驯服的大象。这些大象的体型是“常在欧洲展览”的印度象的两倍。受过训练的大象在陆地和水上一般均可载十三四人。大象根据象夫的命令跪下，它的腿上安放着一架梯子，乘客们可以借此登上用皮绳捆在其背部的轿厢。在战役中，轿厢的盖顶移开，成为士兵的堡垒。有时候，象夫用一条钩刺激大象，吸引它的注意，但大多数训导以口语表述，用的是几种语言中的任何一种。唯一令这种温和动物不安的是用一根荆棘刺其脚的柔软之处。大象是令人畏惧的敌手，直到葡萄牙人懂得如何用烟火来惊吓并击溃它们。受训的大象只能与野象和犀牛搏斗。象习惯于猎杀独角犀牛。交趾支那人会烤犀牛吃。它的蹄和角被制成毒物的解药。[41]

由于他们国家的天然财富，交趾支那人从不出国做生意。他们欢迎用白银来交换其产品的外国商人。白银作为交易商品，其市场价格依据当地的货币而有所不同。他们的钱由黄铜圆形物构成，中间带孔，每一枚上面都印有王室的徽章。一个交易所或市场每年大约持续四个月。华人带着白银，日本人携大量精美丝织品来到市场。国王与这个国家从贸易、顾客和税收中获取巨额利润。由于交趾支那人“自己极少致力于艺术”，所以，他们乐意出高价，并为头梳、针、手镯和玻璃垂饰之类的小玩意儿竞相出价。他们还添置珍品，如欧洲服装。珊瑚是他们最珍视的进口货。虽然他们在沿海一带有 60 多个港口和登陆点，但最重要的是广南省。那里有两个入海口，其中一个位于土伦，另一个位于占毕罗岛（Pullu-chimpello）。[42] 每年的集会都在两个入海口的交汇处。国王将一块地分派给常驻的中国商人及日本商人。这座名为会安的城市实际上是双城，华人和日本人依照他们自己的法律，各自与其统治者独立居住。虽然葡萄牙人及其他人可以自由进入集市，但是荷兰人，“作为臭名昭著的海盗”，则遭到排斥。葡萄牙人获赠一个靠近会安的选址，并在其上建立了自己的城市。[43]

交趾支那人与华人的肤色、脸型相像，都是扁鼻、小眼睛。他们不像华人那么高，但也不似日本人那样矮，却比他们任何一个都更强壮、更活跃。虽然
1261 他们比中国人勇敢，但在视死如归方面却比不上日本人。交趾支那人是全亚洲最有礼貌、最友善，且最好客的民族。他们有爱心，相待“亲如兄弟或一家人”。他们对穷人慷慨以对，从不拒绝布施。他们还往往询问所看到的，对他们而言新的、奇怪的一切事物。在教养和礼仪方面，他们和“华人一样，总是准确地遵守一切细节”。每间房屋有三种座位。同等者与家人坐在铺展于地板的席子上，地位较高者栖于蒙着较精致垫子的小矮凳上，高级行政官员和神职人员则靠着小沙发歇息。他们对外国人彬彬有礼，尊重外国习俗，不像华人“鄙视一切，他们自己的风俗和教义除外”。

通常各阶级成员都穿丝绸衣服。妇女适度遮掩全身，腰部以降系着五六条颜色不一的小衬裙。腰上着格子紧身胸衣，外披一件透明的薄纱巾。她们的头发蓬松，任其变长。她们头上戴的帽子宽得遮住了脸，女帽的质地是“金丝混合”。在向另一人致意时，女子将帽沿抬起，显露脸庞。[44] 男人身上裹着绚丽多彩的宽袖丝袍。这些长袍在腰部以下开衩，露出它们的多彩。男人们像女人那样，也披长发，戴着同类的宽帽。他们从来不剪稀疏的胡须。财主们让其指甲留长，作为与众不同的标志。学者和医生在长袍上罩着黑锦缎，脖颈围着长巾，双臂套蓝色丝绸，头上戴类似主教冠的帽子。男女都持扇以为饰物。服丧时，他们穿白衣。在大庭广众之下露头是不礼貌的。他们不穿鞋袜，却喜欢皮拖鞋或裸足。进入自己家之前，他们会脱去拖鞋并洗脚。

每日主食是熟米饭，这是他们在品尝其他菜之前的食物。他们一日四餐，在一张小圆桌前盘腿席地而坐。按惯例，每个人都有自己的桌子。进餐之前，食物被切成小片，所以，他们无需用刀叉。他们用两根小筷子进食，干净得不用纸巾。招待客人时，不上米饭，因为“每个人在家都已饱食”。在宴席上，他们至少为每位客人供应100碟本国能提供的各式食品。主人们吃饱喝足之后，

他们最重要的仆人便取而代之。由于习俗要求所有的菜都必须一扫而光，最下
等的仆人就得尽其所能地吃完，把余下的统统带回家。他们喝米酒而不是葡萄 1262
酒，这种米酒品起来像白兰地。在两餐之间，他们喝茶——一种在水中煮沸的草药根，也许是做药。华人与日本人煮这同一种植物的叶子，制作他们自己的品种茶。

交趾支那有众多葡萄牙医生和本地医生。根据经验，本地医生能够治疗许多欧洲医生“不知该如何处理”的疾病。初遇一位病人时，本地医生先把一会儿脉。然后，他们开出一具药方，要么坦率地告知病人得了不治之症。如果疾病可以治疗，他们会说明有一种合适的疗法，在一定时间内见效。接着，医患之间签订了口头或书面的合同，其中谈妥了医生的费用。医生自备药，对处方守口如瓶，所以，国内无药剂师。如果病人在讲定的时间内痊愈，那么，“正如通常所见”，病人会支付费用。若治疗无效，医生则一无所获。他们的药物“没有改变生理规律”，却是宜人、有营养的，并“在寻常的治疗中”救护生命。放血疗法不像在欧洲那么常用。他们用一种如锯的工具打开血管，工具由鹅翮制成，添了数片精致的瓷器。这种器械造成的伤口很小，医生只用一个大拇指按压就可以使之闭合。[45]

交趾支那统治者依赖一种混合的知识，这种知识融华人尊重的学识和日本人崇敬的军事威力于一体。他们同等地鼓励战争中的学识和技能，有时前者优先，有时后者居先。与在中国一样，他们也有几所大学，大学里有“教授、学者和通过考试授予的学位”。他们阅读相同的书，揣摩同样的作者，尤其是孔子。他们花费多年学习语言，但最重视的是“道德哲学或伦理学、经济学及政策”。学习时，他们大声诵读并温习功课。口语跟书面语以及“他们在学校里阅读和所教的不同”。通常，交趾支那人只用 3 000 个字来书写信柬、请愿书和奏折。[46] 书用汉字印刷，因为在中国和交趾支那，“印刷术已为人所知”，远比在欧洲的早。[47] 除了道德书籍之外，他们有区别于“俗书”（saye-chin）的“经书”（saye-kim）。虽然交趾支那的语言是单音节的，音调和汉语的相似，但它的单
词包括更多的元音。如同汉语，它也没有动词的词性变化或名词变格。六个月 1263
内，人们就可能学会足够多的口语，聆听表白，但需要四年才能掌握这种语言。

交趾支那人以“显贵的职位、擢用和收入”来奖励博学者，同时，他们也优待精兵。国王派给每位指挥官一定数量的人员，而不是用封地来犒赏勇猛。这些封臣向国王缴纳应付的所有税赋，为他提供武器。因此，指挥官们被称为拥有一定数量人员的领主。文官政府是由各省总督和长官们按军事方式管理的。他们每天坐堂四小时，听取控诉，宣布判决。他们在听众面前审问诉讼当事人，当听众赞同原告或被告时，会鼓掌喝彩。总督察觉到公众的反应，迅速宣布他的判决，保证执行惩罚，“每个罪犯都将依据制定的法律受到惩处”。最严厉的惩罚是针对“作伪证、偷窃和通奸”。作假证的人受到的惩罚是承担他们指证罪犯的罪名。重大盗窃犯处以斩首。轻微偷窃中的初犯被割掉一只手指，重犯四次者杀头。私通的男女都被大象摔死。从法律上来讲，每个男子只能娶一房妻室，虽然富人可以拥有他们尚能供养的所有偏房；一般来说，这些小妾是由太太挑选的。离婚是合法的，除非原告提供理由和证据，其后可再婚。丈夫们准备彩礼，住在妻子家中。她料理全部家务，管理家庭，而他则在屋内无所事事。

1617—1622 年，波利在交趾支那期间，其国王频于作战。[48] 他从在岸边失事的葡萄牙人与荷兰人的船只上打捞起许多门大炮，这鼓励并支持他继续反抗东京。在王宫里，可以看到 60 门最大的炮。交趾支那人比欧洲人更擅长射击。国王还有 100 余艘战船使他在海上令人畏惧。因为与日本的经常性贸易，交趾支那人已获得大量战争用的优质短弯刀。士兵们携带一面椭圆形的中空轻便盾牌遮挡全身。交趾支那盛产小马，骑兵从马背上向敌人投飞镖。虽然国王可在战场上投入 8 万士兵，东京的可用兵力却有其 4 倍之多。交趾支那国王“为了
1264 平息战事”，向东京进贡，主要是金、银、大米以及制造战船的木料。但是，他也与东京的敌人（莫氏）结盟，这些敌人占领了东京最北部、位于中国边界的省份。鉴于东京的频繁威胁，交趾支那国王维持着他在东京边境的大本营。在这些年里，他还面临了一次内乱。谋反是由他的两个兄弟领导的，他打败了他们，而后将其收监。他几乎常常在南部和西部与占婆作战。占婆是个弱国，被 Ranran 总督的军事力量控制。他把他的“私生女”嫁给了柬埔寨国王，并派战船支持柬埔寨反抗暹罗的战争。皇家战船的划桨人是被强征为国王服役的，他们收入高，离家期间，其家人受到供养。由于这个王国的城市是用木材建成的，

它们的居民一遭受入侵的威胁，便烧掉房屋，逃进山林。这种焦土战略让敌人既捞不到粮食，也得不到城堡。一旦受挫的入侵者撤离，市民们就返回，并迅速重建家园。在一位建筑师的指挥下，一大群人重新切割并拼接柱子、横梁、柱顶和支架，凭此，甚至一座教堂也能在一日之内建成。[49]

友善的占婆省总督歿时，耶稣会士注意到仪式和典礼之后，接着是致命的疾病和死亡。武士用他们的短弯刀向空中又刺又砍，以吓走恶魔，这些恶魔可能会在总督的灵魂离开其身体时寄居在他的灵魂中。总督故后，隐士僧聚集一堂，确定死因。他们一致判定是一束光落入他的新宫殿。他们一旦做此决定，即烧掉整座殿堂。巫师随后发现某人受到一位邪神的折磨——这回是总督的姐姐，她在讲述离魂的状态和情况时胡言乱语，高声责骂。对于大人物来说，习惯上是将他们封为圣徒，通过把他们加入神之列以示永久的尊重。[50]为使他们成为圣徒，人们守夜八日。然后，遗体入殓天篷下的银棺，由一群兴高采烈者伴随，扛至其出生地。当他们来到临近城市的一片平原时，即着手建造一座比他的墓地更奢华的宫殿。为了炫耀他的财富和力量，他们造了安在轮子上的战船以及木象、木马。在新宫殿的中央，他们建起一座寺庙和祭坛，棺椁置于其上。五六百名穿白衣的隐士僧举行献祭和礼仪三日，同时，公众娱乐和宴请安排“2 000余位名人参加”。在这三天的最后时刻，他们焚烧了新宫殿和寺庙。棺椁与尸体一起埋在12座坟墓之一，这样，人们就将“永远不能确定棺木究 1265
竟放在哪儿”。这增加了新偶像的荣耀，因为他们将“在所有骨骸可能埋葬之地”祭拜它。接下来三年里，这种庄严肃穆的礼仪重复了几次，此间，在总督的儿子，实际上为副总督的帮助下，他的灵魂继续统治着全省。由此，一个新偶像确立了。[51]

占星术，尤其是预测天食，颇受关注，费时甚久。多所大学教授占星术，占星家分获特殊津贴和土地以维持生计。如同他的儿子，国王也有自己的占星家，他们专注于预测天食。当他们的预测精确时，占星家会获赏一定面积的土地；预测不准时，他们同样面积的土地会被剥夺。国王提前一个月就获知天食出现的日子和时间。他于是向众人发布通知，让他们为这种天象作准备。天食发生的当天，不论是日食还是月食，各省领主都与上流社会人士、指挥官和长官们相聚。最大的集会是在王宫，国王穿着丧服，主持仪式。他们一边仰望天空，以示敬意和崇拜，一边在“龙吞噬太阳或月亮”的时候为高空天体经历的痛苦而哀伤。人们从王宫开始鸣枪、敲钟、击鼓，而后遍及全城，以惊吓龙，让它吐出吞下的天体。[52]

寺庙与隐士僧随处可见，即便是在最小的镇上。僧侣中的有些人类似于“修士、主教、大主教，他们使用镀金的木棒，与我们主教的权杖没有什么不同”。献身于宗教的人穿特殊颜色的衣服，表明他们不同的职业。有些人住在社区，另一些人依靠施舍物为生，其余的照顾病人，做值得赞许的善行。一些人为公共事业如桥梁和寺庙化缘募捐，余者照料动物，“没有获得任何奖赏，满足于人们无偿给他们的一切”。隐士僧照看寺庙中的女子，“她们全是他们的妻子”。还有其他的人则在公立学校传授他们的宗教教义。

这些异教徒有的相信灵魂不朽，另一些则认为“一切终于肉体的死亡”。所有教派都源于暹罗的一位玄学家“佛陀”，他掌握的“自然知识”不逊于亚里士多德所知。经过长期的思考，他撰写了几部书，题名为《论空》（*On Nothing*），他的论断是：“道德以及身体和自然物乃空，源于空，止于空。”肉体物质以及人
1266 并无个体，只是不断变化的合成物。[53]人类的幸福并不存在于“一切皆同时为善的积极性，而在于摆脱所有邪恶”以及世间苦难之中。当这些教义通过戒律传入中国时，它们遭到了拒绝。“佛陀”对他的追随者感到失望，他写了几本新书，告诉人们“万物真正的起源、天堂和地狱之主、灵魂的不朽与转生”。这种修改的教义（大乘佛教 [Mahayana Buddhism]）被华人和日本人接受。同样地，交趾支那人也拒绝“空”的教义，如今，他们笃信“灵魂不朽”，以及对公正的持续报答和对邪恶的永久惩处。他们的圣书常被用于占星术，这些书宣称男人有三魂七魄，女人则有三魂九魄。[54]他们的错误在于没有区别不朽的灵魂与恶魔，他们将二者都称为“Ma”；相信更好的灵魂，即便普通人的灵魂也可能转世投胎到国王的身上；认为死者的灵魂需要肉身的支持。他们还错误地崇拜世间的名人，并将他们的灵魂加入偶像之列。他们寺庙的人行道上摆满了偶像，最小的摆在首位，越大和越重要的依次排列在后。虽然对所有偶像都怀有崇拜之心，他们还是为无形的神——开天辟地者保留了一个特殊的位置。在祭坛之后，有

一处隐藏的空位，这是给不能被有形偶像所代表的无形创造者特有的空间。偶像代人们向深不可测的创造者祈求，“使他们可以获得他的恩惠与祝福”。[55]

第二节　阮氏家族与基督徒

1650—1700 年间，6 本最重要的关于交趾支那和东京的欧洲人著作出版了。“越南最初的传道者”耶稣会士罗历山于 1650 年的大赦年在罗马刊出他的怀旧之作《东京王国史》（*Relazione*）。1627—1630 年，他曾在东京宣讲福音。[56]三年后，他努力唤起法国人对亚洲传教区的兴趣。[57]他在巴黎发行了《罗历山神父在中国和东方其他王国的旅行和传教》，一本他个人活动的总结，这些活动集中于 1640—1645 年他在交趾支那的经历。[58] 1663 年，又一本耶稣会士出版物，乔万尼·菲利普·德·马里尼（1608—1682 年）的著述在罗马面世。在他的《耶稣会神父日本教省传教记》（*Delle missioni*）中，马里尼专注于东京。1661 年被召回罗马之前，他在东京当了十四年传教士，此书报告了日本教省的情况。[59]1677 年，罗马出现了有关几个传教区的著作《暹罗、交趾支那、柬埔寨和东京传教记》，这些传教区是 1667—1670 年间，由在暹罗、交趾支那、柬埔寨和东京的宗座代牧们发起和负责的。这本书的总体背景大多来源于罗历山的著作，其余则详细叙述个体传教士的活动。[60]在丹皮尔的《航海与纪实》（1699 年）中，他讲述了自己的经历，以及 1688 年他在东京观察到的事物。最后，曼诺埃尔·费雷拉（Manoel Ferreira，1631—1699 年）概述了交趾支那的耶稣会士们遭受的迫害。曼诺埃尔·费雷拉是一位以澳门为基地的葡萄牙神父，1674—1675 年间，他曾在东京任会长。他的《交趾支那信众罹难述要》（*Noticias summarias das perseguições da missam de Cochinchina*，里斯本，1700 年）是最后一份有关东京和交趾支那耶稣会士活动的报告。费雷拉也是一部未刊本《葡萄牙语—安南语词典》的编者。[61]

作为真实的资料来源，有一本书的价值难测。此书有必要一提，因为在 17 世纪最后的十年里，它在欧洲发行甚广。1676 年，让 - 巴蒂斯特·塔韦尼耶

（Jean-Baptiste Tavernier）的《塔韦尼耶六游记》（*Les six voyages*①）在巴黎面世。塔韦尼耶是一位法国珠宝商，对印度莫卧儿王朝所知甚多。[62] 在刊印了一本没被收入《塔韦尼耶六游记》、与东方有关的杂集之后三年，塔韦尼耶出版了广受欢迎的游记。这本杂集的第四册声称是以其兄弟丹尼尔的回忆录、地图以及他本人在巴达维亚和万丹（Bantam）与东京商人的访谈为基础的，东京商人与他们的家人和同事一起，[63] 在那些海岛港口做生意。17 世纪 40 年代，丹尼尔曾经 11 次或 12 次从印度尼西亚前哨向东京进发。据称，其间，他收集相关资料，
1268 编制地图，与让 - 巴蒂斯特的《东京王国新奇记》（*Relation*）一同出版。1680 年，塔韦尼耶文集的英文版发行。同期，东印度公司对在东京的贸易产生了极大的兴趣。在公司的请求下，1685—1686 年，河内本地人及公司雇员萨缪尔 · 巴伦（Samuel Baron，大约生于 1650 年）在马德拉斯（Madras）撰写了一文评论塔韦尼耶的《稀世珍本集》。虽然塔韦尼耶声称他是全面、准确描述东京第一人，但巴伦开篇就断言“两位耶稣会士”罗历山和马里尼的记述更佳。他认为塔韦尼耶的编著“难以置信，满纸荒唐”。[64] 对塔韦尼耶描绘的查核也表明他的比较符合现实的资料获自耶稣会士们，尤其是狄若瑟神父（Joseph Tissanier，1634—1688 年）② 的作品。尽管有明显的错误，但鉴于作者在同时代的知名度和受欢迎程度，人们很可能会广泛阅读塔韦尼耶的记叙，并信以为真。然而，此书未被列为东京的欧洲人形象的资料来源，因为包括巴伦在内的许多同侪怀疑塔韦尼耶的诚实，且都不假思索地如是说。[65] 这本书被忽略，也是因为作者没有补充重要的新视角。

罗历山神父在交趾支那和东京工作了七年（1627—1630 年，1640—1645 年），其间，他学习了当地语言，对安南风俗与文字有了深刻的理解。1650 年，

① 此书全名为：*Les six voyages de Jean Baptiste Tavernier ...en Turquie, en Perse, et aux Indes, pendant l'espace de quarante ans ... accompagnez d'observations particulieres sur la qualité, la religion, le gouvernement, les coûtumes & le commerce de chaque païs, avec les figures, le poids, & la valeur des monnoyes qui y ont cours*。——译者注

② 又见《在华耶稣会士列传及书目补编》（下），第 674 页，狄若瑟神父的生卒年为 1618—1688 年。——译者注

在返回欧洲途中，他出版了其东京历史（1650 年）以及他在越南的经历总述（1653 年），以唤醒人们对传教区的热情。除了这些著作之外，他在罗马用拉丁语和安南语刊出一本《教理问答》，越南基督徒现在仍然使用此书。[66] 他还印行了一部《安南语—葡萄牙语—拉丁语词典》，这本词典是由罗历山神父及其在越南的耶稣会士前辈们逐渐收集而成的。[67] 这些著作，连同马里尼的报告（1663 年），为欧洲人概括了 1627—1658 年马里尼被驱逐出境期间耶稣会士对越南的了解。与诸多耶稣会士的著作相仿，作者并入了他们在传教区的同事用信寄来的资料，从这个意义上看，这些报告是合作性成果。

17 世纪下半叶，欧洲人关于东京的资料远比有关交趾支那的丰富。作为 1269
一个独立王国，交趾支那是一个较小的国家，只有短暂的独立历史。对欧洲人来说，它的名字总是一种困惑之源——它可用以指称从中国到占婆的整个半岛，抑或被阮氏家族控制的领地。东京和交趾支那的区别主要是政治上的，因为两个国家的背景都是中国人，宗教、语言和风俗亦相同。[68] 交趾支那现任国王的祖父来自东京，被派任总督。他反抗其统治者，通过武器的优势保持独立和控制能力。[69] 阮氏成功抵抗了东京的进攻，使顺化（Hue）成为他们的皇都。[70] 宫廷蔚为壮观，云集着珠光宝气的贵族。其木质建筑令人舒适，因“锻造精良的支柱”而相当美观。阮氏家族拥有的土地被分为六省，每一省都有自己的总督和法律制度。[71] 国王始终精心维护着存于 3 个不同港口的 150 艘战船。

阮氏国土上主要居住着名门士族，不过，他们也造就了精兵强将。虽然他们的宗教、法律和风俗来源于中国，但他们更谦逊、温顺，比华人更胜任军人一职。土壤极其肥沃，故而他们生活富庶。该国由 24 条清丽的河流供水，极大地方便了交通和贸易。每年 11 月和 12 月，这些河流会泛滥成灾。交趾支那有金矿，出口大量的胡椒、丝和糖。丝量极丰，平常被用于编织渔网和船索。只有在这里才生长着 3 种伽罗木，[72] 方能看到被用作汤和荤菜的配菜的小燕窝。[73]

在这个富饶、肥沃的国度，传播福音很快成效卓著。归仁省总督是阮氏
家族的一名亲信，他支持首批耶稣会传教士，帮助他们在他的首府建立了第 1270
一个立足点。[74]1624 年，到交趾支那的耶稣会士访问者与其他 5 位神父，包括罗历山，被派去帮助劳累过度的先行者。罗历山对弗朗西斯科·德·佩莱拉

（Francisco de Peria）神父的语言能力印象深刻，于是开始每天学习安南语。他的一位老师是个小男孩，教他正确的发音和语调。

六个月内，他学会用当地语言布道。到 1625 年，10 位修士已在全国主要中心地区传道。在顺化，他们使一位宫廷女子皈依，她是国王的近亲。她在其宫殿里建了座小教堂，取教名玛丽·玛格达伦（Mary Magdalen），成为传教区的中流砥柱。[75] 成功伴随着新的，特别是来自国王的问题。1625 年，葡萄牙船只没有出现，令国王愤怒，他着手对传教士及其新教徒加以限制。在交趾支那十八个月之后，罗历山于 1626 年奉其上司之命前往澳门，并到东京的传教区。[76]

罗历山在东京（1627—1630 年）、澳门、广东（Kwangtung，1630—1640 年）尽职后，1640 年年初，他再次被派往交趾支那。他独自回来，替代已故的布索美（卒于 1639 年），赢回了 1639 年驱逐耶稣会士的国王之心，为 1.2 万名新教徒传教。起初，他小心翼翼地躲藏在会安的日本人居住区。在日本统治者、富裕农民以及玛丽·玛格达伦的调解下，国王阮福澜（Nguyễn Phúc Lân）有所转变，在大厅接见了罗历山，谦恭以待。接着，罗历山返回会安，在葡萄牙船队准备离开时，躲藏起来。当占婆省总督“王义波”（Ông Nghê Bộ）意识到耶稣会士并未随葡萄牙船只离去时，他勒令罗历山及其同伴随即出发，无论以何种方式。1640 年 9 月，在安南年轻的基督徒的帮助下，他们乘坐一条极小的船平安驶达澳门。在随后的圣诞之夜，他重返土伦，与闻讯匆匆赶到的基督徒一同庆贺。由于担忧基督徒活动复兴，王义波劫掠了他们的家和教堂，夺走他们的偶像，并逮捕他们的人员。1641 年年初，罗历山悄然作别土伦，从容前往占婆省的市镇和主要村庄，走访它们的基督徒。然后，他与他的同伴林本笃神父分道扬镳。林本笃在北部省份工作，罗历山接着在南部三省住了六个月，由一位
1271 本地基督徒陪同。除了报告他听到的忏悔、施洗和驱邪之外，罗历山还记下许多战船留在 Ranran 港口，“以防来自占婆的袭击”。Ranran 总督信奉基督教的夫人为无药可救的基督徒，特别是为麻风病患者建了一所医院。国王敕令罗历山随下一队葡萄牙船只离开他的国家，罗历山的活动因此突然中止。[77]

1641 年 7 月，罗历山乘坐一艘船前往菲律宾群岛，在他看来，这些岛屿“既

不美，也不很肥沃”。在吕宋岛（Luzon）待了五个星期之后，他来到了澳门。1642 年 1 月底，他带着呈献给王义波和国王的礼品回到交趾支那，希望能赢得他们的恩宠。这个策略奏效了，因为国王让他安静了两年。葡萄牙商人从事贸易时，他则被留在宫中。国王格外欢喜收到“一些刻有汉字的新时钟”，向耶稣会士学习“某种数学奥秘”。罗历山适时离宫，但未与葡萄牙人一同返回，而是去了土伦，制定游览全国的计划。罗历山不敢在大庭广众之下暴露自己，便在夜间行游，他常常背着那种用来运送病人和亡者的吊床。他先往南部旅行，访问并为热心的基督徒履行职责。作为王国唯一的神父，罗历山在南部与 10 位“全都来自不同省”的年轻人联合，他们帮助他鼓吹信仰。上帝为如下 3 人“保存了殉教者的荣耀”：安德鲁（Andrew）、伊格内修斯（Ignatius）和文森特（Vincent）。[78] 前文职官员伊格内修斯是一位“知识渊博者，因为他十分熟谙汉字”。两年来，这支队伍走得很远，行迹广。他们向忠实的信徒传教，使之皈依。1643 年 9 月，罗历山再度离开之前，他用庄严的誓言团结十位传道员，让他们为教堂服务，终身不娶，听从传教会的神父们。接着，队伍分成两个小组，一组在北部工作，另一组则在南部，遵从其上司伊格内修斯的总指挥。[79]

传道员十分出色地完成了作为修道士和传教士的职责，令异教徒感到惊恐。Ranran 的一位新总督对基督徒充满敌意，下令捉捕传道员，并惩罚他们。在北方，传道员同样成功地转变了人们的信仰，并招致迫害。在澳门五个月后，罗历山于 1644 年年初返回，并在土伦遇上 10 位传道员。他们便与耶稣会士结伴前往宫廷，向国王进贡礼物，以示敬重。此时，国王开始怀疑他的婶婶——玛
丽·玛格达伦与基督徒密谋将继位权授予她的子孙而非他的后裔。罗历山以她 1272
在顺化的宫殿为基地，在王宫中改变人们的信仰，增添了国王的恐惧。他从这里来到了广平（Quảng-Bình），这是与东京交界的最北的省份，“此地有座城墙将两个王国分开”。[80] 当 10 位东京基督徒的代表团来探望罗历山，请求他攀越城墙探访他们的时候，国王的疑心更重了。虽然罗历山拒绝了他们的邀请，但他勇气十足地派伊格内修斯到其住所。罗历山一回到顺化，就加入几位文官之列，他们在宫廷里“认真地向国王宣讲基督教信仰”，具有影响力。他们在场的时候，罗历山和伊格内修斯会与和尚们争辩，惹怒了他们中间的几位。尽管罗

历山的敌人设下阴谋，而今，国王对基督徒的处置更显恩惠了。虽然罗历山获利于国王的善意，但他努力改变重要军事将领的信仰再次挑起事端。他试图使他们相信无视“任何异教徒预想的异教仪式是作战成功之必需”。[81]

1644年6月，罗历山发高烧，他首次与越南医生和药物打交道。虽然他们的医生没有在医学院接受训练，然“其并不逊于我们的医生，在一些事项上，他们甚至更胜一筹”。这是一种家传技术，由父亲通过私人书籍传授给儿子，这些书籍“有秘诀”。当医生探视病人时，他们先把脉，再忖之。他们用三只手指，诊断很准。对他们来说，脉搏分为三部分，与头、胃、腹部相对应（参见第308、309幅图）。通过把脉，医生可以确定身体有病的部位，向病人描述他所遭受的疾苦。如果医生的描述是错误的，那么，他即刻遭到解雇；若正确，“他便受到信任”。医生们探病时，常常由一位贴身男仆伴随，他拎着一个装满草药的包，以备用药。无论他们开出什么样的药方，他们都自己为病人备药，或指导他如何抓药。他们的药不贵，“从不像我们的这么难取”。治疗间歇性发烧的处方全无在欧洲所开的催泄药、灌肠剂和放血。拔火罐的玻璃杯常被用到，甚至是在街上。病人请医生时，费用是谈好了的，只有在病愈后支付。罗历山一退烧，即向医生讲授基督教教义，拯救他的灵魂。当医生得知自己无法崇拜雕刻的偶像，不能拥有献给一位偶像的祭坛时，他丧失了成为基督徒的兴致。这
1273 种基督教的要求与他的职业传统直接冲突，该传统是在家中设一祭坛，供奉古代受人尊重的、“首位教授医学的医生”。如果他损坏或搬动这座祭坛，他将失去作为一名医生的信誉，甚至会因为不敬而受到惩罚。[82]

新教堂最伟大的胜利之一是1644年7月传道员安德鲁的殉难。王义波依女王的命令行动，女王誓与基督徒，尤其是伊格内修斯为敌。王义波此时正着手一项有系统的迫害计划。[83]他的士兵抢夺并焚烧基督徒的房舍和教堂。他们关押了19岁的安德鲁，控告他是一位基督徒、布道者和不服从其统治者的国民。总督审讯了他及其同伴，安德鲁未能申辩，即被判处死刑。翌日，他被带到城外的刑场，脖子上套着沉重的枷锁。他跪在地上，士兵们环绕四周。他们用一支长矛从后面刺穿了他，接着，他的脑袋被短弯刀砍下。罗历山和当地基督徒来收尸，并将其作为一件神圣的遗物送往澳门。罗历山亲自保存了安德鲁的头

颅，将它带回罗马，作为“这位上帝忠实朋友的荣耀”的见证。[84]

殉教者的同伴是一位年纪较长的文官，亦名安德鲁，鉴于其年龄和家庭责任而未被行刑。由于始终坚定地奉守信仰，他成为基督教抵抗力量的领袖，一位自豪的戴枷锁者，被信徒们称为“交趾支那的十字架”。殉教事件发生之后，国王再次明令罗历山随葡萄牙船队离开。罗历山不愿放弃信徒，便转入秘密行动，因为王义波正加紧搜寻基督教偶像及其他信仰的标志。有钱有势的基督徒保护其他人，替他们交付罚金。囚犯遭捕，被官方树为顽抗和不屈的基督徒之典范，当众击打。为避总督的怒火，1644 年 9 月，伊格内修斯前往北部，罗历山则到南方省份。在归仁省的市镇以及“许多基督徒制盐的工作场所”，耶稣会士们躲在船上和朋友的家中。他与伊格内修斯以及盐床周围市镇的信徒共度圣诞节。利用圣诞节庆的分心，官方将伊格内修斯和罗历山双双擒住，并控告他们违背国王禁令，宣传基督教教义。最终他们俩被释放，获准传教，直到 1645 1274
年大斋节伊始，伊格内修斯和另外两个人入狱。他们与其他囚犯一样，戴着枷锁，白天走出牢房，到城市广场“讨活”。这种新的迫害一开始，就有 4 名女基督徒被绑在一条极重且粗的柱上——通常是对女犯施行的最严厉的一种处罚。她们还遭受在晌午的阳光下曝晒的磨难。

罗历山尚不受约束，经国王俞允可自由行走。在归仁省总督的压力下，1645 年 2 月 15 日，他离开了归仁。罗历山从海路前往会安，有两艘船刚从澳门到那里。在附近的一个港口，一艘西班牙船抛锚，船上两名方济各会修士正由澳门往马尼拉途中。4 名圣嘉勒修会（Order of St. Clare）的西班牙修女也已抵达西班牙船只。修女的出现引发了当地，尤其是宫廷人们对这些宗教女子所过的受限制的圣洁生活的好奇。她们应召入宫，受到奢华的款待，被要求掀开面纱。她们全然拒绝露出秃头，仅允许王后看她们的脸。人们对这些修女的普遍好奇暂时抑制了对基督徒的残害。西班牙人访问顺化的十日间，游戏、模拟的搏斗和比赛为他们而上演。[85] 西班牙人离去后，罗历山和他的 9 位传道员被拘捕入狱。不久，罗历山被判斩首。经一位重要的异教徒文官求情，国王将死刑改为“尽快”流放。罗历山被士兵从顺化监狱押赴会安的另一牢房，他在那儿一直被关到 1645 年 7 月 3 日送上一艘葡萄牙船为止。[86]

罗历山在交趾支那的事业由梅特洛·萨卡诺和石嘉乐继承，他们凭借精致的珍珠礼品争取到国王的支持。1648年，阮福澜驾崩后，阮福濒继位，他被欧洲人称为“贤王”（1648—1687年在位）。新国王是一位野心勃勃的统治者，在损害占婆和柬埔寨利益的情况下，他向南扩展自己的疆界，并往北侵入东京南部的两省。原则上，基督教继续遭到禁止，但强制执行仍然是反复无常、难以预测。耶稣会士留在会安，通常在夜间为秘密集会而出行，这些集会是传道员
1275 与基督徒一起筹备的。在剑拔弩张，或真的发动反抗北部国家的战争时，国王会安抚葡萄牙人，放缓对基督徒的迫害。葡萄牙人无法每年运送武器往往会给耶稣会士和基督徒增加压力。1659—1661年，平静与相对的和平占上风，直到贤王在北方遭遇惨败。就在交趾支那的迫害重新开始的时候，法国主教到达暹罗，希冀拓展他们在越南的活动。[87]

1677年出版的《暹罗、交趾支那、柬埔寨和东京传教记》向欧洲大众转述了法国人对1664—1671年间交趾支那的勘察报道。[88]1664年，法国神父路易·谢弗勒伊以副主教（Vicar-General）的身份代表朗贝尔·德·拉·莫特主教前往会安，他后来被派驻柬埔寨[89]。[90]尽管澳门的耶稣会士历尽艰难，法国人似乎依然相信若非国工的顽固反对，交趾支那大众会很快皈依基督教。一位法国神父（也许是位耶稣会士）还告诉他们必须努力改变摩依人（[*moị rợ*]，野蛮人）的信仰，他们是皮肤黝黑、没有宗教组织的山地人，几乎完全处于交趾支那的统治之下。一位日本翻译陪同谢弗勒伊，这位翻译会说安南语，在与会安的日本基督徒交往时充当中间人。不久，谢弗勒伊离开会安，前往顺化和土伦探访耶稣会士，向他们展示他作为副主教的授权书，要求他们服从他的权威。耶稣会士虽然意识到谢弗勒伊的地位，但在未获得澳门上司同意的情况下，他们还是拒绝手书正式的顺从函。由此开始了法国神父与有保教权的耶稣会士之间的权力之争，这场纷争最终不得不在罗马化解。[91]

1664—1665年，对基督徒的迫害加剧了。1665年2月，3名澳门耶稣会士遭驱逐，一个月后，谢弗勒伊被迫离去。谢弗勒伊在暹罗短暂休息之后，于同年8月，由安托万·昂盖斯（Antoine Hainques）陪同，重返交趾支那。他们带着朗贝尔·德·拉·莫特的信，此信授权他们以他的名义管理传教区。当他们到

占婆潘里（Phan-ri）时，谢弗勒伊病倒，昂盖斯身穿日本人的服装，独自跨越边界进入交趾支那，向 Ranran 的基督徒求助。在内陆行走了四个月之后，昂盖斯于 1666 年春抵达会安，他发现两名耶稣会士已在那里。此后不久，他们乘葡萄牙船离开，昂盖斯成为其后两年交趾支那唯一的传教士。耶稣会士探望在东
京皈依他们宗教的人，宣称他们并不服从法国副主教。1669 年春，昂盖斯与法 1276
国神父皮埃尔·布兰多（Pierre Brindeau）会合，皮埃尔·布兰多早年被葡萄牙人逮捕，并押往果阿的宗教法庭审判。这位法国人估计在 1670 年之前，交趾支那有 3 400 名基督徒。1670 年年末至 1671 年年初，昂盖斯与布兰多在一场流行病中都过世了。随后，基督教皈依者决定于 1671 年 5 月派一个代表团到暹罗，请人接替这两位神父。此后不久，朗贝尔·德·拉·莫特在纪尧姆·马霍特（Guillaume Mahot）和贝尼涅·瓦谢（Benigne Vachet）的陪伴下，亲自来到交趾支那。[92]

1688 年，威廉·丹皮尔的船队沿交趾支那的海岸，从昆仑岛（Pulau Condore）向北行至广东群岛（Cù-Lão-Rẽ）及其他离岛。来自交趾支那南部的渔民常到这些岛屿捉捕用以制油的海豚和海龟。占毕罗岛（Champello de la Mar）无人居住，面对着一条可通航的大河入海口，交趾支那的首都归仁坐落在河道两岸。在英国船员中，交趾支那的统治者因残酷奴役遭遇海难者而享有恶名。交趾支那人希望从事贸易，与中国进行胡椒、珍稀木材和蒌叶的小额贸易。尽管他们看来没有国际贸易所需的舰队，但他们会使用小敞篷船捕鱼，从昆仑岛运沥青、焦油到大陆。[93]

第三节 郑氏家族统治下的东京

罗历山 1650 年的《东京王国史》及马里尼 1663 年的《耶稣会神父日本教省传教记》是耶稣会士最好的两份东京叙述。虽然这位法国人于 1658 年被驱逐之前，在东京仅生活了三年零两个月（1627—1630 年），意大利人则在那里住了十四年。他们两人均十分熟悉中国，因此，对中国与安南之间的历史关系高

度敏感。在他们看来，安南人的国名有诸多混淆源于它们复杂的过去。中国人在他们的史书中宣称其对安南的控制可追溯至公元前441年。在这段漫长的历史时期，中国史书用各种名字指称这些南部省份。[94]这些国家作为独立实体出
1277 现，产生了中国人不认可的新安南名，例如“大越”（*Đại Việt*）。[95]明政府拒绝承认这些国家的独立，不给予它们附属国的地位，因为这暗示了中国传统威权的削弱。欧洲人对这段历史或这些官方的关系所知甚少，他们为这些国家的取名获自中国、日本和当地提供资料者，并以讹传讹，满不在乎地用于不同的地区。欧洲宇宙学家无知地用“交趾支那”命名“整个半岛”。[96]

八百年来，安南一直是中国完整领土的一部分，为那个大国十七省中颇有分量的一省。[97]独立的东京被分为六省，最常见的名字是首都南部的义安（Nghệ-An）和清化，其他围绕“个幣”（Ke Ci①，东京城或河内）的四省，指的是“北边”（Ke-Bak，北省）、“南边”（Ke-Nam，南省）、“东边”（Ke-Dom，东省）、“西边”（Ke-Tay，西省）。[98]这些省有8 600座市镇，无数个村庄。[99]事实上，整个国家像是一座大城市。在沿海低地的后面住着山地未开化的摩依人，他们肤黑，讲一种不同的语言。[100]

在一个最高顾问委员会的帮助下，国王操纵审判，这个委员会由许多博学的执法官组成。该委员会充当民事案件和刑事案件最后诉诸的法院，并作为不服总督和地方法官判决的终审司法部门。各省总督被授予司法权，甚至可以宣判死刑，如果要求快速结案的话，因为省与首都相距遥远。但一般来说，所有死刑都必须由最高顾问委员会复审。死刑针对的是杀人、盗窃和通奸。日常的
1278 审判管理由“文”（vǎn）和“武”（võ）两大官署掌控。[101]“文”官由有学问的博士组成，他们解释法律，无一例外地穿着黑色长袍，戴上帽子。“武”将则是有头衔的人，选自军队上层，他们在某些案件中宣读判决，武器从不离身。总督属于第二组，他们是有皇族血统的贵族、领主或主要的国家军事领导人。每位总督都指派一位通晓法律的助理为他做出裁决提供建议。

每个省的首府都有两个司法部门发挥作用。这两个法院中的高级法院称为

① 即“Ke Cio”。——译者注

"Gna-to"，受理较大的案件；低级法院名为"Gna-hien"①，对较小的案件有审判权。两院在全省范围内都能行使司法权，配备了博学之士。此外，有三级隶属的法院，最低一级的法院设在每个镇。镇法院由最高尚、年龄最长的居民构成，他们听理同镇居民带来的民事案件。对于一个镇民的法院的裁定，人们可以向上一级法院"县衙"提出申诉，县衙对一个地区或一个县的 10 个或 12 个镇拥有司法权。[102] 每个地区都有一名专门的长官"县令"审理向他提出的上诉。更进一步的可以送到"府衙"，通过这个司法部门，人们可以向已提及的两个省院上诉。由于它们幅员辽阔，省依据司法效用分为"府"，每个"府"由一位领主或府尹管理，府尹的官衔与一位法国伯爵或侯爵相当。[103] 各"府"又被分为"县"，由一位在官职上与法国男爵相类的县令管理。最后，每个"县"有一定数量的镇，他们称之为"社"（xã），各社都有一位相当于庄园主的社长。诚然，这些比较是有误导性的，因为没有官职或官衔是世袭的，即便是总督，通常也只有三年任期。省里无公共牢狱。罪犯被拘禁在法官屋里，有时遭受拷问。所有囚犯都上脚镣，被迫披枷锁。在首都，囹圄都设在没有通气口或窗户的地下室，按规定不允许有访客。一般而言，最严厉的处罚是斩首。与在柬埔寨一样，有王室血统的贵族是被勒死而非遭到斩首。[104]

根据罗历山所言，王室官员通常都是博士或法律硕士，他们参加科举考试，1279
获取学位和职位。每三年，官府布告天下将举行首轮考试的时间。那些认为自己已成竹在胸者应邀入王宫，王宫通称"廷"（Đình）。[105] 每位考生都被锁在一间为这种场合准备的小屋里。他不能携书，只许带纸、墨水和毛笔。每位考生配有一名士兵，伺候其所需，防止任何人帮助他。考生根据主考博士们出的题目撰写文章。撰文具名完毕，考生写上他们给定的号，呈交主考官。文章通过者获得学士学位，称"举人"（*sinh-do*）。[106] 每位学士获得国王签发的文凭，每年减免 1/2 的人头税。第二轮考试涉及法律，只有那些拥有第一级学位至少三年者方可参加。成功的考生被授予法律硕士，称"贡士"（*nhân-cu*），由国王签发，免除全额人头税。其后，他们一般会被派到县衙充任法官一职。第三轮

① Gna-hien 可译为"县衙"，但原书加上问号，故不译。——译者注

考试仅对那些持有硕士文凭三年以上者开放。依据法律，国家只有一定量的博士或“进士”（*tiến-si*）；因此，一些考生即便通过考试也不能获得学位。这些不幸者为此后三年的再次考试挂号，同时，他们被聘为法官，或在王宫之内，或在王宫之外。据说从前还有第四种学位，但已不再使用。[107] 新博士获赏免税的地位，可以传至他们的子孙，无论其是否成为文人。他们还被分配到国内外最重要的岗位。会从他们中间挑选出王室顾问、带上常规贡品到中国的使节，以及国王最亲密的顾问。“进士”每个月到王宫两次，向国王表忠。[108]

马里尼对教育和考试制度的讨论与罗历山的有许多细节上的差异。兴许这
1280 仅仅反映出他们不同的理解，抑或它也表明 1630—1658 年间制度的变化，这段时期适值罗历山和马里尼各自离开东京之际。据马里尼所说，东京各省有 7 种公立学校和一所大学。第一级学位的考生在省里应试。通过第一级省考者为“举人”，免服兵役，只需交纳正常人头税和盐务税的一半。通过第二级省考者称为“贡士”，享有更多的免税与荣誉。这两级学位持有者都在省考中工作，第二级学位拥有者通常任镇长或村长。“进士”学位考试每六年在宫廷举行一次。考生提交依国王命题撰写的文章。学位最高者成为王室顾问，他们及其几代后裔均无需缴纳税款或贡金。[109]

依罗历山之言，东京的国力首先且最重要的是来自其人口的规模。其人口数量巨大的某种观点可能是由对其首都顺化人口的估算获得的。这座城市长 6 000 多步（大约 30 英里），宽相等（面积 900 平方英里）。其街道宽敞，足以容纳 10—12 匹马并驾齐驱。[110] 然而，每个月的朔望两日，当所有人停止工作，为节日聚会的时候，街道却处处拥堵。从聚众来判断，一般认为在这些场合，人口膨胀到 100 万。[111] 由于其国民数量多，国王可以轻而易举地从他控制的各省召集 10 万士兵。在与交趾支那的战争中，他就投入战场 12 万兵力。如今，他已不能再用这支强大的军事力量镇压南部省份的造反，因其缺乏足够的武器和军需。[112]

通过大量的人口，国王积攒了巨额税收。所有 19—60 岁的男子，除了已
1281 豁免的，每年都必须交税。[113] 那些住在早期反叛的四省者均须缴纳额外的税款，以及 4 倍于始终忠于郑氏王朝者的贡品。这种人头税向穷人、富者同等征

收，但也许是不公正的。有一种次要的税别也是以同样的方式收缴，表面上却是一种公民自愿奉上的礼品，每年三四次。岁末年初是新年礼物；接下来的时机是国王的寿诞之日；其三为已故国王忌日的周年纪念；最后的礼物预计在收获季节伊始。“礼品”常常由镇民或村民收集好，通过一位代表送给国王，代表是以他们的名义献礼的。

东京大多数镇民或村民都按时向国王或那些替国王收缴的人交税。有些地方要求人们将税交给地区的贵族、当地的首领和士兵，或那些国王希望用个人缴税款奖赏者。包税额通常只是针对受让人的一生，不会传给他的继承人。有时，国王甚至会在承租人的有生之年就废除契据。在分配包税额时，国王往往会优惠有血缘或婚姻关系的亲戚，还有军队首领与英雄们。那些受到如此优惠的人每年必须向国王供奉“礼物”，即三四倍于他们获封地价的黄金或白银。鉴于近千名首领享有税收转让，国王的臣民们承受着苛捐杂税。[114]

东京和交趾支那耗巨资维持人数众多的常备军和海军。由于被拉长的和陷入僵局的国内战争，东京国王通常人称“水王”，交趾支那的国王则被称作“火王”。[115]两个国家主要都依赖于天然屏障，而非要塞或围城。村镇只用竹篱笆围着，火易彻底毁灭它们。军火和战争物资保存在原始的隐蔽处而不是受保护的武器库。军队的行动受到洪水、沼泽地和森林的阻挠。海滨与河流入海口享有天然暗礁与河口沙洲的保护。海边的入侵者会面临湍滩和潮流，这让他们难以逆流而上。它们军队的实力在于其数量、纪律和招兵买马的方式。各省统帅招募士兵，为他们提供武器和生活费。除了留驻宫廷的 4 万部队之外，还有 3 万多士兵可以迅速召集。1640 年军队的现役人数计入 1641 年的东京人口普查中。据称有 33.5 万名步兵，11.2 万名骑兵，2 000 头用于作战和运输的大象。6 万士兵守卫在交趾支那边境，由于中国满族人的南进，北部边境也有重兵把守。
如果一位欧洲统治者有东京的实力和财富，早就击败了所有这些小而恼人的内 1282
敌。优柔寡断、反复无常的东京国王们喜欢进贡甚于征服。[116]

除了强大的地面军队，东京还维护着一支惊人的作战与运输舰队。虽然交趾支那在其 3 个主要港口至少拥有 200 艘战船，东京最少却有五六百艘。平常这些战船上每边排列 25—30 人，有时多达 35—40 人。它们的桨轻便，一两个站着的划船人便可操纵，他们向前推桨而不是向后拉桨。领航员站在船尾的甲板上，击拍一块小木棍让桨手们保持节奏。对他们来说，划桨的职业并不像我们所认为的是有失身份或耻辱的；战船上的全体船员通常都是士兵，他们视被选任这份工作为荣耀。他们登上中型火炮，其中一门炮在船首，两门在船尾。交趾支那的战船与东京的相似，除了后者更宽敞、更便利之外，因为从中国运送黄金要用到它们。[117]

东京人很少出国从事贸易有三个主要原因。[118]由于东京人不懂得航海技术，他们仅限于沿海航行。此外，他们的船只经受不住远洋航行中会经常遇上的风暴，因为木壳板只用绳索捆绑，而这些绳索必须每年更换。最后，如果他们在别处定居，国王会丧失税收，所以，他禁止他们离开该国。国王每年会派一些沿海贸易船只到柬埔寨和暹罗。[119]外国船和商人定期到安南的约 50 个港口，为当地商人带来了高额利润。扣除他们自己和货物的风险，凭借这些交易，他们每年可获两三倍的巨额利润。中国和日本的商人按惯例会到安南港口购买丝和沉香木。日本商人从前带来许多白银和武器，二十五年前，他们在安南已不复出现。[120]日本人如今严禁出国旅行，违则以死论处，因为1614—1624年间，大量日本基督徒冒充商人外出寻找他们被流放的神父。与在中国一样，东京的
1283 所有钱币都是铜铸的，因为金条和银条比钱币贵得多。他们的铜币有大小两种。作为交换的基本方式，大铜币可在全国通用；小铜币只能在皇城和四个周边省流通。所有铜币都是光滑的圆形，中间带孔，一面有四个字。600 枚铜币串在一条绳子上，每 60 枚铜币之间有一个分隔物。因此，很方便将它们吊在手臂或肩上。这些钱币的价值从不确定或固定，完全取决于流通中可用的供应量。[121]

东京进口的大多数是奢侈品、武器和贵重金属。该国粮食自给自足，只需相当少的劳动力就可获得丰收。6 月和 11 月，人们收割水稻。他们在不种稻的地方开垦果园，水果全年都可以食用。来自海洋与河流的鱼量丰富，不过，还有许多私人池塘养的鱼作为补充。野猪成群，四下奔跑，严重损害了稻田。它们及家养的猪为人们提供了大量的猪肉。他们将多余的甘蔗、大麻、棉花和丝卖给中国人与荷兰人。几乎每一种金属都有矿藏或积聚。森林里有一种像乌木的铁木，他们用之来建造城堡和船锚。黄金和珍珠为国王垄断，所以，在国王

的财产中，贮藏着大批黄金。[122]

作为一个民族，东京人体格强壮、心性慷慨，颇像意大利人，是国王的专制使他们变得温顺、胆怯。他们只会一点技术和手艺活，对掌握新的技能了无兴趣。他们把大多数时间花在学习如何读写上。城市居民的肤色较农民的浅。城里和农村的女性都举止端庄、衣着得体。普通男子着装所费甚少，因为他们全年外出几乎都赤身。在他们简易的住房周围，有果园、鱼池以及各种各样的家禽。较富裕者的住宅是土制的平屋，这座大建筑物围绕着一个庭院。寺庙不像屋舍那么简陋，因为它们部分是用砖砌成的，以木柱为装饰。老百姓用法术召唤各种神灵和恶魔，特别是一位土地神。[123]

河内是一座堂皇的城市，房屋鳞次栉比，人口众多。其城市无计划地扩展，周边没有墙、护城河及栅栏。房屋矮小，每座都有自己的池塘，水用来饮、洗涤、沐浴和养鱼。城市分为 72 个区，每个区都有自己的主要街道，这些区共同组成了王宫和市场。[124] 王宫并不是由一位建筑师设计的建筑物。确切地说，它是 1284
一座居住着官员、士兵和仆人的大城市。木制建筑装饰着黄金凹雕。王宫外绕着一圈石墙，一扇大拱形门穿墙而过。也许它最初是由华人在他们还是最高领主的时候建造的。王宫有许多房间、有顶的长廊和宽敞的庭院。在这些庭院中，有一座女眷居住的后宫，它是许多女子被关的牢狱。每位女子有一间小屋和一个花园，以及一位听凭她使唤的太监。虽然她们的数量不为人知，但内院必然有数百名女子和等量的太监。一位是元配，始终极受尊重，除非她被打入冷宫。男子不可进入内院，即便是分配给侍臣的年纪很小的男听差。在邻近的商业城市，集市每两个月一次，也有每日市场。没有铺砖的街道在雨季一片泥泞。所有外国商人只能通过一个港口合法进入河内，此外，别无他径。所有税赋由王室官员收缴。在王宫，受到接待的进贡者来自老挝、交趾支那、高平与保河。中国大使在一间豪华的接见厅受到身穿中国服饰（*à la Chine*）的国王与王公的召见。与在暹罗一样，他们对于皇帝的信柬也比对信使及其随员更尊重。[125]

宫廷和寺院礼节是严格规定的，须一一遵守。招待国王之下的各级官员时，按惯例要奉守行礼的程式、进入的方法以及合宜的举止。他们甚至还有一套套制茶与品茗的仪式。官员们花费心思表现正派，讲求中庸，但大多数是伪善者。

法律制定如此完备，柏拉图都会承认它们实现了他的理想——建立一个公正和明智的政府。法律使公共利益与个人利益相平衡，并捍卫节制、忠诚和崇敬，以确保王朝的和平与安宁。[126]但是他们的立法与实践大相径庭。他们合于传统习俗的礼节与他们在食品上的粗野口味形成极其鲜明的对照。他们吃蜜蜂、昆虫和象鼻。撇开他们明智的好法律不说，国王的统治则像个暴君。他将一切都据为已有，除了他自己之外，任何人均不能保留遗产。虽然高官通过一种令人敬慕的教育和考试制度选聘，但在宫廷里，太监（quan-trai）的权势比文职高官的大。[127]

1285 东京人对冥想或形而上学不太感兴趣。他们深谙农业、军务、历史、医学和道德哲学。对他们来说，孔子集柏拉图和亚里士多德于一身，孔子是一位中国理性哲学家，教授臣对君、子女对父母之礼。他们学习诗和散文。在6万个字中，他们至少必须学会4万个才能阅读经典著作。他们研究天文和宇宙，发明历书和阴历表。他们的道德和文明学说来源于孔子的书，在东京，孔子被称为“孔丘”(Khổng-Tử)。学校里用他的四书和寓言故事来讲授善礼、道德之举。与孔子一样，他们迷信过去即是好的。孔子受到如此高度的敬重，以致引用其著作足以终结一切争辩。[128]

安南人信奉三种宗教，安南语称宗教为“tôn-qiáo”。[129]第一种是孔教或儒教（*Đạo Nho*），人们以庄严的仪式和礼拜来纪念孔子。第二种教派称佛教(*Đạo Thích*)或释迦(*Thích Ca*，佛陀的族姓)，由印度引入中国，而后传到东京。其南北两派在东京相遇。僧侣被称为和尚（tu si），他们向偶像献祭，研习经文。5 000本书讲述了他们的学说，阐释了佛陀的教义，佛陀同样也是日本人的教师，他们称之为“Xaca”。他传授灵魂转世之说（安南语为“Lộ An Hồn”），认定有六层地狱、四阶天堂。[130]作为一种极其重要的神灵，神无所不在。万物皆空以及它们的非永久性的基本原理是佛陀学说的第一法则。幸运的是，由于儒教推崇理性的作用，这个利用普通人轻信的学派并没有受到全世界的尊敬。另一种虚妄的教派——道教，崇拜一位古代巫师，其名为“老子”(Lau-tse)。许多老子的追随者（道士）是沉溺于迷信和巫术的医生。除了已有的教派之外，安南人相信许多恶魔以及家神。医生和士兵还有他们的职业神。[131]

不考虑死者信奉的宗教，三种教派的处理方式与所有葬礼一样：棺椁；除了近亲与朋友之外，还有吊唁者参加；埋在由风水先生（địa lý）选定的坟地。[132]其独特之处在于仪式和殡葬队伍是由长子来安排的。在葬礼上，以及此后三年带孝期间的每个月，均为哀悼者举办丰盛的宴席。举哀之际，近亲只能穿白色 1286
棉衣，绝不能穿丝绸，且不能穿鞋袜。一块方形布绣在衣服背后，头发削去一半以示对死者的尊重。服丧期间，他们禁止参加庆祝活动、舞会或戏剧演出。亡者的兄弟姐妹也不许结婚，其父母不得同房。[133]所有这些居丧要求都有法律的支持，违规者须受罚。虽然坟墓常常仅是简易的圆冢，但只要有可能，人们还是会立碑筑坟，缅怀亡者。国王及其他任何人都崇拜祖先。一位首席太监每天跪拜在国王父亲的灵牌前，在念诵国王名字时焚烧祭物。祭礼是为了纪念82岁的国王郑梉，他于1657年5月26日驾崩，丧葬仪式极尽铺张且冗长。[134]

婚礼既无世俗亦无宗教的仪式，它们是两个家庭成员所做的安排，依照的是法律规定的条目繁多的既定程序。未来新郎的父母步入将为新娘者的闺房，向她行聘礼。如果聘礼被接受，那么，合约就达成了。一份彩礼几乎就是一件信物，于双方择定的良辰吉日送给新娘。[135]接下来是确定公众庆贺之日，新郎宴请双方亲友。私自结婚是有罪的。宴罢，新娘由唱着歌的亲友陪到新郎家里。新娘一到屋内，他们首先向灶君表示敬意。然后，她跪拜在新夫面前，许诺顺从。在接下来的四十天里，她向她的新家神祈求庇佑。[136]婚礼只为元配而庆祝。一夫多妻制仅限于富贵之人。两兄弟的子孙禁止结婚，但两姐妹的后嗣自第五代起可以成亲。[137]

与其他亚洲国家一样，东京也采用阴历。一年分为12个月，360天。每3年增加一个第13月，使阴历与更精确的阳历相一致。一年始于并终于最临近2月5日的朔日午夜。日被分为12个而不是24个单位，每个单位依据12种一套的动物来命名：鼠、牛、虎、猫、龙、蛇、马、羊、猴、小鸡（公鸡）、狗和猪。他们也用这些生肖来命名12年一轮回的年份。安南人将60年分为一组。孩子 1287
刚出生即1岁。

庆祝活动的日期由婆罗门占星家设定，他们撰写吉凶日的年历。[138]对所有阶级的人，无论老幼来说，新年的庆祝活动（*Tết*）是一年中最重要的事。在这个时刻，国王会处理掉他的旧衣服，沐浴更衣。随后，他正式接见家人和官员。国王与王公向天献祭，完毕，他们礼节性地洗手。接着，他们接受官员奉上的礼物。全国的上司向下属送礼物：君主致封臣、老师赠学生、父亲给孩子。人们努力了结旧年遗留下来的事务：还债和释放囚犯。阴历旧年的最后一天，他们会在家门前竖一根竹竿，竿上挂一个小竹篮，装饰着红飘带。竹竿一直保留到庆祝活动结束，像个稻草人，祛除旧恶魔和邪神。[139]基督徒立的不是竿而是十字架，他们在飘带上写的是宗教要旨。和尚不过此节。他们有宗教节日，过节时祭拜被尊为圣人的民族英雄。国王也会崇敬伟大的历史人物和国家的捍卫者。农历初五，农民向偶像神农（Thần Nông）——农业和丰收神献祭。[140]农历七月，每个人都参加一个庄严的节日，祈祷者会得到亡灵的宽恕。厚礼献给和尚，国王赠给仆人及其子女金银。[141]其他纪念亡者的节日在国王生日那天，以及禁卫宣誓效忠的时候举行。[142]

1677年，罗马出版了一本《暹罗、交趾支那、柬埔寨和东京传教记》，此书涉及1667—1670年间巴黎外方传教会传教士在东京的活动。这恰逢郑柞率军远征，攻打高平莫氏统治者的时期。自1660年起，莫敬宇（Mạc-Kinh-Vũ，1638—1677年在位）已拒绝向东京进贡。传教士报告在1667年，郑柞召集15万大军，包括100名基督徒，奇袭高平。不到五个月，1668年3月29日，他奏捷而归。被东京大军击败的莫敬宇领着精锐部队逃亡中国。东京人烧了他的村庄，没收其金银财宝以及许多动物。在从高平撤退之前，郑柞任命了忠于他
1288 的地方行政官和官员们。他还留下一支军队和一位将军驻防边疆。在这次战役中，他损失了1万兵力，他们不是死于战争，而是亡于这个地区恶劣的水质。[143]

战胜高平立刻成为东京与中国的新满族政府谈判的砝码。[144]1668年，特使被派往中国和日本。[145]1669年3月1日，来自中国的大使首次得到郑柞的召见。皇帝下诏，令国王将高平还给莫敬宇。此后三四个月，谈判艰难地进行着。郑柞装出一副气势汹汹的样子，举行军演，以火炮齐射结束。然而，最后他被迫默许。可能是出于无奈，郑柞颁布了新的反对基督徒法令，恢复制度化的迫害。[146]

1688—1689年，英国商人水手丹皮尔在东京逗留了五六个月。他详细记载

了自己观察的细节，以及他向当时住在或访问东京的欧洲商人与传教士收集来的信息。由于他只通晓自己的语言，略懂一点西班牙语和希伯来语，所以，与他从口头调查中挑选的资料相比，他能从自己敏锐、稳定、愉快的视角获得的信息则有限得多。他对东京湾入口的语言描画，令最灵敏的欧洲人穿行在迷宫般的红河离岛时，或能看到并感受到栩栩如生的图像。此河的界标是一座高耸的“象”山。中国和暹罗的帆船从河流的一个入口而进，较大的欧洲船只则朝向另一条更深、约 1 英里宽的河道前行。由于浅水滩、河口沙洲与潮汐，领航员们被带上船，他们住在河口，靠钓鱼维生。岸边第一个有名的聚居点是杜米亚（Domea），这是一座约有百所住房的村庄，荷兰人的驳船之地。[147] 再上溯 3 英里，距海大约 20 英里处，英国人有一抛锚地。[148] 经一位官员检查船只及 1289
其货物之后，英国官员带货乘着当地人划的租船继续逆流而上。当他们驶向或划经三角洲的平地时，来自其殖民地的麻风病人向他们求乞。四天后，他们抵达“铺宪”（phô-hien，现为仁德 [Nhỏn-đûc]），一个离海 80 英里，约有 2 000 户人家的内陆市镇。其中一条街住着被驱逐出河内的中国商人，他们在河内的数量太多而令东京人不满。法国人也不准永久居住首都，他们在铺宪有一栋商馆和一座“主教宅邸”。[149] 南省（南边）总督居此，供养着一支卫戍部队。所有过往舟楫在允许继续行进前，均须获得总督的“出入港证或通行令”。到河流中段，皇家舰队的船只以及暹罗和中国的贸易帆船停在抛锚点。[150] 又航行了两天，上溯约 20 英里之后，他们终于到达了河内。[151]

依据丹皮尔所言，1688 年的东京有 8 个省。[152] 这些省盛产紫胶、丝和大米，“但比例不一”。虽然这里的人们以大米为主食，但他们也有各种山药和马铃薯。绿叶菜遍地生长，然而，干地上长满了吞噬许多其他作物的马齿苋。[153] 他们将之从其田地和菜园里除去，尽管它可能在这个炎热的国度成为一种好的沙拉蔬菜。他们吃另一种长于死水塘里、漂浮在水面的草本植物。[154] 其菜园里生长着很多别种草本植物和大量的洋葱。他们的水果包括南瓜、西瓜、菠萝、芒果、橘子、酸橙、椰子、番石榴、桑葚和荔枝。柑橘有广西沙柑（Cam-sānh）和金橘（Cam-quất）两种；安南语中，“Cam”一词意为柑橘。[155] 第一种是美味的大柑橘，第二种则是非常小的深红色水果。低地通常是稻田和牧场，有着

仅生长在村庄周围的小树丛。一种像冷杉的树“Pone”①产软木，用以制作贮藏
1290 橱和其他需要用漆涂的什物。[156]桑树极少产可食的果子，因为这些树每年一换，以便蚕能吃到它们更喜欢的嫩叶。虽然他们饲养了几种家禽，鸭子却受到特殊的对待。夜里，它们被关在小屋里生蛋。[157]傍晚时分，人们在野鸟筑巢的池塘附近捕捉它们，这些鸟栖息在伸出的方形鸟巢里。1月和2月，成群的蝗虫从地里涌现，当地人从撒下小网的水中捞取它们。他们生吃蝗虫或拿来焙烤，并“腌制以存”。他们还喜欢吃青蛙、龟蛋和所有带壳的水生动物。他们在池塘中用双脚搅动泥底，直到鱼冒出水面，可轻易地捕入小网里，小网“系在一根竹竿末端的圈子上”。他们将没有取出内脏的小虾、鱼制成虾酱，其汁液倾倒时称为鱼露。他们用叶子卷生猪肉，腌生牛肉、马肉和象肉。[158]

在东京，从11月到3月的干季最令人舒适。如果湿季比往常干燥，那么，水稻就会遭殃。一旦大米短缺，他们就通过海路进口，大米因而变得昂贵。但饥荒从未像在马拉巴尔、科罗曼德尔肆虐那样，在东京呈猖獗之势，因其几条大河不会完全干涸。河水被引入稻田，使它们保持湿润。如果降水量太多，虽然罕见，他们则有拦在河道里的堤坝，且有灌溉田地的水渠。那些因缺水而受灾最重者是城市穷人，尤其是小商人和丝工。许多人鬻儿卖女，或在这种匮乏时期死去。[159]

低地人的皮肤呈黄褐色，质地这般素净、纯色，以至于你可以看到他们脸红。男孩与女孩都在青春期将他们的牙齿染黑，这种处理需要三四天。他们一般活跃且机敏，“精于任何其从事的制造技术”。虽然他们勤勉刻苦，但许多人还是在这个人口稠密的国度中失业。在外国船只带来金钱和交易物之前，丝绸业和漆器业仅能提供很少的工作。没有资金的普通工匠直到接下来自英国与荷兰商人的产品订单才开始干活。外国商人至少必须先付给他们订单货值的1/3至1/2的款项。由于手头无库存，外国船只须停留五六个月，直至订单完成。[160]穷人与士兵平日穿染成黑色的朴素棉衣，而富人和官员则身着丝绸，抑或穿红
1291 色或绿色的英国细平布装闲逛。至于光线，他们简陋矮房的墙上有小方孔，晚

① 可能是凤凰树。——译者注

上用一块木板遮上。外面的房间摆放着桌凳，桌边立着家庭神龛。村庄通常有20户至40户农家，他们在大人物拥有的农庄劳作。平地上的村庄及其小树丛被阻挡洪水的堤坝包围着。深渠蓄满水以备干季之用。个人菜园的灌溉水来自属于村庄水库一部分的小水渠，这些小水渠从菜地两边流过，将之与邻家菜地分开。每所房屋各自立于篱笆围着的园子中间，人们从小门进入园子。干季是令人愉快的；湿季的村庄与外界隔离，“像这么多的鸭舍全都湿漉漉、脏兮兮的”。在较高地区的森林里，村子会更清洁、舒适，因为它们从不会被水包围。[161]

首都河内坐落于河流西岸的高地，距海100英里。河内有多达2 000间的矮茅房，它们大多有个院子，院里立着一座“有点像窖的拱形小建筑物”。它用抹着泥的砖砌成，约6英尺高。无院子的人们就在房屋中间建一栋较小但类似的建筑物，在城市发生火灾时用来储藏他们的贵重物品。在干季，火灾是一种常见的威胁，因此，政府会采取预防和保护措施。干季时节，每位户主都必须在屋顶保存一大罐水，屋内有一条长汲器，可以用渠里的水灭火。当这些方法无法阻止火势蔓延的时候，户主奉命割断支撑茅屋顶的藤绳，让其倒地。为此，一柄长镰刀存放在门口，以便尽快移开房屋的遮盖物而形成一个隔火带。那些没能采取这些方法的人会受到严厉的处罚。然而，火灾还是继续发生并蔓延。[162]

常常驻跸的国王在城市里有两三处“不过尔尔”的行宫。它们中有两座宫
殿是用木材建成的，由架在隔壁建筑上的大炮守护着。附近还有赛马训练场和
几个阅兵大广场，士兵们“定期在那里整队集结”。第三座宫殿是“王宫”，也
是由木材建造而成的，但“比另外两座宏伟”。一堵引人注目的圆形墙环绕着它，
墙面贴砖，砖高十五六英尺，几乎同宽。大门面对着市场，只有在国王外出时
才打开。两扇小门与之毗连，各居一边，因正常交通而总是开着。外国人绝不 1292
能进入，但准许拾阶而上，在城墙上自由走动。从城墙可以看到大鱼池，池上
有游船“供皇帝消遣”。[163]

两栋外国商馆建筑坐落在城市的最北端，它们临河，令人舒适。最近从铺宪搬到这里的英国人拥有城中最好的住所。这栋馆舍每一个方向的尽头都是小储藏间和厨房。每周日和其他特殊的日子里，此馆与河之间的露天院子都会升起英国国旗。荷兰商馆与英国大院南面毗连，但面积没有那么大。除了一座“能

够承受雨季洪流”的大木桥之外，此城乏善可陈。[164] 这座城市虽然高于洪水水位，但它却是建在“一种柔软的沙土上”，这种土使河流可能轻易地改变航道。

首都的东京人普遍对外国商人彬彬有礼，官员却轻慢失礼，士兵则粗野无礼。“虽然会受到严厉的处罚”，但穷人还是有偷盗的癖好。鉴于男人们按习俗买妻，年轻女子便会为一种价钱而委身于陌生人。连家道殷实的男子都会将女儿嫁与外国人。认白人为父的女孩比其他人更有教养，身价更高。一些与白人暗度陈仓的女人能攒钱，因此，外国人作别后，她们变得更适婚。其余的则忠实地依附于每年归来的荷兰人。有些女人甚至受托管理资金和货物，在外国船只离去之后，她们可以通过在一年中的淡季购物而获利。她们还能雇佣价格较低廉的工人，在有人失业和无需仓促的时候，获得更好的产品。[165]

由于不存在公墓，有财产的死者就被埋在他自己的土地上。亡后一个月内，由僧人在他的坟茔主办一场盛宴。为支付这场宴席，家人被迫卖掉一块地。对于重要人物，他们则在墓地上建造一座木塔，并在附近搭起小棚存放宴席所需之物。在指定的日子里，一位僧侣登塔，向“塔下众生发表演说”。接着，他们将塔烧为平地，宴席开始。新年时节，他们歇业十至二十天。然后，他们穿上
1293 最好的衣服，去赌博、饮酒，寻欢作乐。在拥挤的街道，人们架了座秋千，只用绳子绑住一块木头，他们站在木头上，与秋千一起荡到最高点。

东京人相信一种伟大的主宰力量和灵魂的不朽。他们用似人的偶像代表神性，表明他们相信它具有超常的“眼界、力量、勇气和智慧、公正等等”。偶像的面容表现出爱、恨、欢乐或悲伤。其他呈现为马、象之形的偶像立于农村的寺庙中。城市的大多数寺庙是木制建筑，顶部为波形瓦。许多异教僧侣依附于这些寺庙，他们佯称善于占卜命运。除了每年的节日之外，他们没有固定的祈祷时间。俗众把他们的祈求交给僧侣，僧侣代其在偶像面前大声诵读，于恳求者匍匐在地的时候烧了它们。官员们和富人极少亲自造访寺庙，但会让自己的神职人员在其府邸念诵他们的祈求，双眼仰望天空。[166]

（安南人）的口语和中国的福建方言很相似。东京人看得懂汉字，甚至能用不同的方式拼读。朝中士大夫说的语言与通俗用语大相径庭。但是，当塔韦尼耶的兄弟报告宫廷语言是“马来语”时，他提供了错误的信息。[167] 东京人

有学校，以及他们教授年轻人文字的特殊场所。书写的时候，他们直立，一手持纸，另一手执毛笔。在其研究数学和天文学的同时，他们已向耶稣会士更多地学习这些科学知识。他们擅长多种手艺，故有许多人出售自己的服务，这些人是铁匠、木匠、锯工、细木工人、车工、织工、裁缝、制陶工人、画匠、货币交易商、造纸匠、漆工及铸钟工人。货币交易是由女性经营的。纸用丝和木浆制成，后者更适于书写。从质量上来看，只有在日本制作的漆器能够胜过本地的漆器。东京的紫胶是一种来自树上的白色“胶汁”，该国人每天带着大桶大桶的紫胶到市场。[168] 细木工人为物件上漆的技术不如欧洲的工人娴熟。鉴于紫胶散发的气体有毒，漆工涂清漆被视为一种危险的职业。在这种行业工作只限于干季，因为每次涂漆必须在上一层漆干了之后方可继续。只有等外层的漆干了，他们才能擦亮它。加上油和其他原料，紫胶可以被调成任何颜
色。他们由此还制成了一种价廉物美、不可出口的胶。东京的陶器粗糙，色灰。 1294
欧洲人将他们大量的小盘子带到马来人的国家和阿拉干销售。尽管倾其所有商品，但东京的百姓依然贫穷。[169]

政府是一种绝对君主制，“却又是世界上绝无仅有的”。它由两个国王统治，“每一位都以其特殊的方式显示至高无上的地位”。长期以来，国王及其后裔是唯一的君主，亦是交趾支那的统治者。随着造反的发生，国王也被指挥其军队的将军剥夺了他在东京的权力。篡权者以王公为头衔，这个词的意思是“主人”。[170] 自那以后，国王被软禁在旧宫，从未离开，活得像个“国囚”。然而，他依然受到人民的尊重，人民认为他们没有其他国王。王公似以最高敬意相待，每年正式召见他两三次。来自中国的大使坚持仅向他一人递呈他们的公报。除此之外，王公则听任国王与家人及指派给他的几位仆人自便。没有官员向他报告，他也不允许有禁卫。所有国事，连同战争与和平，都掌握在王公手中。王公是一个“凶暴、心地不良的麻风病人”[171]，与“他的十房或十二房妻室”住在第二宫殿。在篡权之前，王公家族是掌控北部清化省的重要高官。此省现任总督是其最重要的太监之一，他掌管王公的金银财宝，这些珍宝埋在“蓄满水的大池子里，该池是特意为这个用途而挖就的”。

一队强壮的禁卫在王公宫殿周围看守着他的象棚和马厩。前方的阅兵广场

是高官们坐观士兵操练的地方。越过这些场地，即一间小屋，屋里装着安于“制作不佳的旧支架上”的火炮。有一门铜炮比其余的大，它更主要是用来展示而非射击。此炮是十二三年前，在英国人的帮助下铸造而成，并安装在支架上的。尽管造型不美观，工艺一般，但它应被理解为“东京人十分善于粘合泥土，制作模型”。虽然王公鲜有大炮，无城堡，不过，据说他雇佣了七八万士兵，其中3万为其个人禁卫军。他们大多数是步兵，配备了剑和厚重的火绳枪，并自
1295 制火药。每人都有一个装着弹药筒的皮套箱，这些弹药筒是“空的小竹杖，每根装填着一筒或一定量的火药”。他们用一根上漆的竹杖将枪支完全罩住，使其保持洁净、干燥。他们行进的时候，每纵队10人，由一位长官指挥。士兵们是健壮的小伙子，他们的气力是根据其所能吃的饭量来判断的；大多数是义安省本地人。[172]服役三十年之后，士兵可以请求退役。一旦获准，他出生的村庄就必须派另一名男子来替代他。步兵和骑兵都擅长使用枪支和弓箭，通过打靶来练习。国王每年举行一场比赛，比赛中最佳射手赢得一件上好的外套。许多士兵坚守在前线，主要是在交趾支那边境。这些是防御性部队，偶尔闪电式侵袭敌国的领地。军队只在干季开战。陆上的远征由骑在象上的官员指挥。士兵们背着炮管长六七英尺的小野战炮；其他步兵则运载这些小野战炮射击时安放的支架。这些炮用来炸通一座加固的隘口或从河上向敌人的阵地开火。士兵被派去守卫大路与河流，充当海关官员。他们查看是否有人进口或出口违禁商品。所有旅客都被搜查，遭到严厉的审讯，“因此，有异心或叛乱者稍有举动即为人所知”。

皇家海军由平底战船组成，士兵们乘坐战船从一地前往另一地。这些船只长50—70英尺，宽10—12英尺，人们从船中间进入。船首与船尾高出水面两英尺，但船首不像船尾那么高，也没有那么多装饰。船长坐在看上去像小宝座的椅子上，位于有盖顶的船尾。每艘战船都载着一门小铜炮，“通过前端炮眼向外观望”。桨手常常是士兵，他们只穿围腰布，站在桨后。划船人将桨向前推进，“桨置于舷边的凹口之中”。为了设置旋律，一张小弓或木制乐器在每次击桨前发出声响。桨手回以一声叫喊，然后再将桨插入水中，同时，一只脚踩在甲板上。如果满载，逆流而上的速度则极慢。远航时，舰队被分为中队，以不同颜

色的旗帜作为区别。如果战船不在使用中，就会被拖上岸，藏在河边的小屋里。他们将战船清洗干净，保持干燥。一旦战船安全着陆，作为桨手的士兵们就回家耕地。

一些士兵为私人雇主担任安全警卫，或在村镇当巡夜人。在河内，夜间，每条街都由巡夜人守卫着，以维持秩序和安静。他们佩带棍棒，立于街上岗亭 1296
旁，检查所有过往行人。一条齐胸的绳子横越街道，以防人们逃避检查。每间岗亭附近都有“一副手枷”，小偷在夜里偷盗一旦发现会被拘留，若给一些小贿赂，警卫则装作没看见，所以，“通常只有穷人被抓”。虽然腐败、随心所欲，但这些士兵——巡夜人受到当权者和其他雇主的保护，他们无视对巡夜人的怨声载道。

肉体惩罚林林总总，且严厉。欠债者常被关在债权人的屋里，拷打得几乎难以存活，直到还清债务。罪犯戴着铁镣或负着绑在他们双腿上的原木，其余的犯人脖子上扛着两块沉重的厚板。一种相似的处罚器具是枷，这是梯状的竹枷锁，犯人在服刑期间常戴在其颈上。失火的屋主被迫坐在一张高12—14英尺的椅子上，光着头，整整三天暴露在灼热的阳光下。轻罪被罚者遭细竹条鞭打，击打的次数取决于罪行的轻重。地方法官颁发逮捕令拘押罪犯，并立即审判他们。宣判不能上诉，迅速执行。死刑犯处以斩首，窃贼被割掉整只手、一根手指或一个手指关节。

大多数最亲近国王的官员是精通土地法的太监。虽然他们享有很容易接近国王的权利，但仍然嫉妒地阻止别人靠近他。一些高官变得极其失意，以至于自我阉割，从而获得太监和国王的恩宠。丹皮尔称他听说只有三位相当重要的官员不是太监。宦官住在“豪华的宅邸”，周围是他们的士兵和警卫。“他们普遍极度贪婪，十分歹毒。”每年所有官员都要向国王和他们的上司表忠一次。在这种场合，他们喝亚力酒，每位官员在庄严宣誓效忠之后饮鸡血，以见证其忠诚。虽然宦官们满腹仇怨，但他们对外国访问者还是友好与殷勤的。东京人在请客和每日进食的时候，用两根小木棍夹食物，“英国船员称之为筷子”。[173]

1688年10月中旬，丹皮尔的英国同事准备了一队小船到Tenan省买米。河内的大米缺货且太贵。当他们穿过海边岛屿向东前进的时候，经常要当心海

盗的出没。临近 11 月底，他们返回，将大米卸载到抛锚地的英国船只上。丹皮
1297 尔决定在一名当地向导的陪同下，从这里徒步沿河流到河内。沿河东岸而上，他看到横跨红河的渡船。虽然一路无客栈，但他们能在私人家庭找到出租房和食物。他看见农村寺庙，庙里有朝向门的动物偶像。第三天，他发现一座高 26 英尺、被一群人围着的塔，还有他喜欢的贩卖肉和水果的摊位。当他打算买些肉的时候，受到围攻，因为他并不是在一个市场上，而是置身于一场葬礼之中。两天后，他停在铺宪歇息，拜访了住在那里的欧洲传教士。他描述了"主教宅邸"及其庭院。他用西班牙语同一位法国传教士交谈，后者告诉他东京民众打算接受基督教，国王和王室人员则全然反对它及传教士。因此，神父们装扮成商人住在铺宪。尽管困难重重，但他们"有 1.4 万名皈依者，每天有更多人前来"聆听两位法国主教、十位欧洲神父和三位本地神父传教。虽然他们不允许住在河内，这些神父却频频受邀，到首都修理钟表和高官的精密仪器。皈依者大多是穷人，他们在"匮乏时期"为了大米来找欧洲人。基督教受英国商人与荷兰商人中"生活放荡者"树立的坏榜样牵累。尽管天主教徒尝试让人们用其异教偶像交换圣人的塑像，但他们不太可能成功地使人们放弃"对自己的神或英雄的美好信仰"。

丹皮尔乘渡船离开铺宪前往河内，在四五艘其他客船的陪同下继续溯流而上。在他的船上，有 20 位乘客，四五位划桨人；女子与男人分开坐。午夜时分，他们停在一个小村落，那里的居民靠款待乘客为生。丹皮尔下船，从距离首都大约 5 英里之地走到城里。在河内，他与一位英国私商相处了几日，直到一位承运人载着为其船买的货物离去。在这些船货中，有两座在河内铸造的巨钟，它们是华尔康为暹罗的教堂订购的。在英国代理商的怂恿下，钟在铺宪被攫夺，因为当时英国正与暹罗交战。这位"近乎不称职"的代理商未能根据丹皮尔的看法，适当地将东京用作发展英国与中国和日本贸易的中间地。[174]

在这些欧洲资料中，所提供的东京细节多于交趾支那的，尽管这个世纪的
1298 大多数时期，商人和传教士在南部比在北部更活跃。欧洲人敏锐地察觉到东京面积更大、更富庶，及其作为进入中国和老挝通道的潜在战略价值。他们意识

到两个越南人的国家与中国有着深厚的历史渊源，他们在文化、宗教和语言方面几近相似。因此，他们所述一个国家的诸多情况，除了政治和经济，几乎也适用于另一个国家。所以，它们的区别主要与政治组织、战争状态和贸易形势相关。他们认识到阮氏王朝在其叛乱的整个过程中仍然向国王进贡，视之为东京和交趾支那的君主。由于大多数传教士能说会读安南语，且在延长期留驻印度支那，所以，在当地信仰、风俗和制度方面，传教士们通常会比贸易商的消息更灵通。像丹皮尔这样的世俗观察者则生动地描述了地形、当地行业，以及每日问题和惯常做法。[175]

对于他们的欧洲读者来说，传教士的报告提供了两国省名和数量，以及诸省在管理与司法上的职责。他们描述了法律制度、司法体制和实施的处罚。他们揭示了一个既存的编写代码，此码详尽无遗地说明了与无数习俗、日常生活方面有关的非法行径，罪犯理应受到的惩处。因此，政府对国民和外国人的管制都很严厉。教育和国家科举考试特别引起传教士的注意与钦羡。大多数观察者强调了宫廷太监的重要性日益增长，还有他们对统治者、高官和国家秩序的有害影响。他们记述了两个国家的军事和海军力量，及禁卫军的数量。他们详陈招募的方法，提供可从戎的人员数目，这样的估计是根据 1641 年所做的军队人口调查得出的。大多数欧洲人一致认为越南士兵与其他亚洲兵不同，是好枪手。尽管差不多常常发生内战，横穿越南中部、作为东京与交趾支那分界线的城墙却是唯一的固定防御工事。

越南的国力集中在它的许多有生产力的沿海人口上；内陆山区住着原始的黑人部落，他们被视为野蛮人，有各种不同的贬义名称。两个国家在食品上都自给自足，生产一些出口商品。只有少数越南船和商人出国。通常他们的商业限于本地贸易，并与通过沿海航行可以到达的邻国交易。为了保持稳定的低价， 1299
经济受到控制，不对外开放。由于定期需要武器和军火，所以，外国商人被接纳了。在交趾支那，日本和中国的商人住在会安各自的拓居地，遵从他们自己的法律与领导。在东京，外国人的活动范围局限于从河内到海洋的红河流域。外国商船，特别是那些欧洲船只，被迫在延长期留驻港口，等待货物：糖、大麻、棉布、丝绸和漆器。他们支付购买贵重金属、武器和外国古玩所需的款项和税收。黄金和珠宝均为国王垄断。虽然国王储存了大量黄金，民众却饱受失业之苦。在短缺时代，城市居民常常不得不鬻儿卖女，以求生存。

东京的首都河内位于红河三角洲的中心市场，是一个人口拥挤，但秩序良好的城市。它的72个区皆有宽阔的主街道和许多逼仄、没有铺砖的小路。其市场附近有几座带院落的宫殿，其中一座是国王的，四周环绕着高墙。禁卫军驻扎在王公的宫殿附近。巡夜人晚上在河内街道巡逻，保证安全，严守秩序。首都最大的危险是火灾。尽管恪守防火举措，河内在干季还是常受大火肆虐。过节的时候，尤其是春节期间，来自周边地区的人们涌进城里。17世纪80年代之前，荷兰人与英国人在城北设立了他们的商馆。即便河内手艺人有自己的技术和工艺能力，他们还是对学习新的、不同的技术无甚兴趣。他们没有动力。

传统的习俗依靠法律维系，即便是轻微的违犯也会受到惩罚。某些节日在历书所设定的固定日子庆祝，历书是由宫廷的印度占星家撰写的。人们也诵读其他印刷书籍，特别是儒家经典。结婚典礼、殡葬和服丧的习俗依据传统牢牢地固定下来，并在法律中被神圣化。人们奉行三种宗教，越南人倾向于全部相信这些宗教，还有泛灵论，以及邪神和福神。大多数官员是儒士。佛教僧侣、偶像和塔式寺庙随处可见。许多道教徒是施行巫术的医生。从国王到最下等的国民，人人都定期拜民族英雄与祖先。出于武器贸易的需要，有一段时间政府没有干预基督教，但是，官员们普遍认为基督教会对传统及内部和平与秩序构成威胁。

注释：

[1] 参见 C. R. Boxer, "Asian Potentates and European Artillery in the Sixteenth to Eighteenth Centuries: A Footnote to Gibson-Hill," *JRAS, Malaysian Branch*, Vol. XXXVIII, Pt.2 (1966), pp.166-67。

[2] 关于在会安的国际贸易参见 Lê Thânh Khôi, *Histoire du Viet Nam des origines à 1858* (Paris, 1981), pp.278-83。1771—1778 年西山起义（Tây-Son rebellion）引发的战争几乎完全摧毁了此城。亦参见 D. J. Whitfield, *Historical and Cultural Dictionary of Vietnam* (Metuchen, N.J., 1976), pp.112-13。

[3] 参见理查德·科克（Richard Cock）来自日本的报告，载于 Purchas: *PP*, III, 557-58, 561。

[4] 6 位耶稣会士以及自立教士和庶务修士各两名，在归仁省（Qui-Nhỏn province）的"羊屿"（Pulocambi）组成了一个传教团。参见 Streit, V, 448。

[5] 参见 H. Chappoulie, *Aux origines d'une église. Rome et les missions d'Indochine au XVIIe siècle* (2 vols.; Paris, 1943), I, 23。

[6] *Ibid.*, pp.32-39；亦参见原书第三卷，第 237-244 页。

[7] 参见 *Asia*, I, 570。

[8] 例如，参见 M. 德·蒙法特（M. de Monfart，亨利·德·腓内斯 [Henri de Feynes]）关于交趾支那的一份令人相当困惑的描述，德·蒙法特大约于 1604 年在那里逗留了两个月，载于 *PP*，XII，490-95。关于德·腓内斯，参见原书第三卷，第 401、554 页。

[9] 关于文献详情参见原书第三卷，第 321-322 页。

[10] 巴尔迪诺蒂报告的意大利语版本和法语译文被复制，载于 *Bulletin de l'Ecole Française d'Extrême-Orient* (Hanoi), III (1903), 71-78。关于更多的文献详情参见原书第三卷，第 376 页。

[11] 关于德拉·瓦勒及其有价值的著作参见原书第三卷，第 380 页。

[12] 波利记述的第一部分载于 1623 年罗伯特·阿什利（Robert Ashley）的英译本，1970 年，这部分由《环宇大观》（*Theatrum Orbis Terrarum*）再版，列为其关于《英格兰人的经历》（*The English Expericence*）系列之 223 号。完整的英译本可在《航海记和游记集成》（*CV*）中找到。此译本再版于 Johan Pinkerton, *A General Collection of ...Voyages and Travels* (10 vols.; London, 1811), IX, 772-828。关于完整的文献详情参见原书第三卷，第 377 页。（此书全名为：*A General Collection of the Best and Most Interesting Voyages and Travels in All Parts of the World*。——译者注）

[13] 载于法语著作 *Relation* (Paris, 1645), pp.51-113。关于文献详情参见原书第三卷，第 378-379 页。

[14] Baldinotti *loc. cit.* (n. 10), p.77，模糊地意识到安南人民间信仰的复杂特征：巫术、泛灵论、佛教和印度教。"Zinum"的故事可能指的是对 13 世纪陈兴道（Trân Hủng-Đạo）将军的崇拜。据传说，他抓获并斩首了一位华人指挥官乌马尔（O-ma-nhi）。民间传说是兴道及其后裔被视作福神，而乌马尔和他的子孙则被看作邪神，常常作祟于兴道的善行。参见 P. Giran, *Magie et religion annamites* (Paris, 1912), pp.430-31。

[15]“保”，或保河（Baoha）是考河（the Câo River）畔的一个小国，被中国的广西省、老挝和东京围着。

[16] 这位父亲是郑松（Trịnh Tùng，1570—1623 年在位）。1593 年，他在河内创立了郑氏王朝。

[17] 载于 Pinkerton, *op. cit.* (n. 12), IX, 825-27。

[18] 指的是首府的北部、南部、东部和西部诸省。参见原书第三卷，第 1277 页。

[19] 与许多耶稣会士评论者一样，波利对想象中的老挝幅员和重要性印象深刻。他还注意到同一时期耶稣会士在西藏的活动。参见原书第三卷，第 147、338-339 页。

[20] 关于这些利害相关参见 C. B. M. Maybon, *Histoire moderne du pays d'Annam (1592—1820). Etude sur les premiers rapports des Européens et des Annamites*... (Paris, 1919), p.15, n.3。阮氏和郑氏家族的头领都用“王公”这一名字。人们称前者为“南部领主”，后者为“北部领主”。虽然阮朝正式承认黎朝（Lê dynasty）君主的宗主权，但阮朝的各种行动仍然完全独立。

[21] 1533 年，强大的阮氏家族重新掌控了黎朝。此后，莫朝国王们实际上统治着东京，直至 1592—1593 年，他们被郑氏家族替代。黎朝傀儡君主接着被从西都（Tây-dô）移往河内或东京城。后黎朝时期，他仍然是名义上的统治者。参见 D. G. E. hell, *A History of South-East Asia* (2d ed.; London, 1964), pp.188-89, 892-93。

[22] 参见 Cardim, *op. cit.* (n. 13), pp.51-93。2 月 18 日，他与加斯帕尔 · 达马拉尔（Gaspar d'Amaral）和安托万 · 德斯 · 方丹（Antoine des Fontaines）一同离开澳门，3 月 15 日到达东京（*ibid.*, p.90）。

[23] 不正确。安南是中文名，意思是“安静的南方”。东京意为“东都”，也是一个中国名称。皇都只是在 1831 年才被正式命名为河内。参见 Whitfield, *op. cit.* (n. 2), p.95。

[24] 在 20 世纪，通行的说法还是称河内为“市场”。参见 A. Schreiner, *Les institutions annamites en Basse-Cochinchine avant la conquête française* (3 vols.; Saigon, 1900-1902), I, 4n。

[25] 如同日本教省的其他耶稣会士，嘉尔定对佛教的出现及其寺庙、和尚与僧侣异常敏感。

[26] 黎朝的故土在越南中部。黎朝的开国君主黎利（Lê-Lọi）出生于此省。（Lê-Lọ 应该是 Lê Lợi。——译者注）

[27] 罗历山神父于东京的活动同样，且更清晰地在《罗历山神父在中国和东方其他王国的旅行和传教记》一书中得到概述。关于英文版参见 S. Hertz (trans.), *Rhodes of Viẹtnam* (Westminster, Md., 1966), pp.61-75。

[28] Borri in Pinkerton, *op. cit.* (n. 12), IX, 797-98. 这里提及的是《世界旅行记》（*Historia y viage del mundo*，马德里，1614 年）一书，据说 1590 年前后，其作者佩德罗 · 奥多涅斯 · 德 · 塞瓦略斯（Pedro Ordóñez de Cevallos）在交趾支那。这本游记应该与平托同年出版的相比照。我们怀疑这两本书均为虚实参半。关于一场学术讨论参见 E. C. Knowlton, Jr., “South East Asia in the Travel Book by Pedro Ordóñez de Cevallos,” *Proceedings of the Second International Symposium on Asian Studies* (Hong Kong, 1980), pp.499-510。

[29] 1600 年之后，阮朝宫廷位于清化省，在临近东京边界的马河与楚河（the Mã and Chu rivers）的交汇处。

[30] 依据 Borri in Pinkerton, *op. cit.* (n. 12), IX, 798-820。

[31] Cardim, *op. cit.* (n. 13), pp.96-98. 赛王（Sãi Vủỏng, 或 Chúa Sãi）薨于 1635 年，由阮福澜继位（1635—1648 年在位）。

[32] *Ibid.*, pp.105-13，包括罗历山 1614 年的信柬，此信报告了交趾支那的基督教的状况。

[33] 在他 1622 年离开交趾支那后，他收到继续留在那里的耶稣会士的信札。

[34] Borri in Pinkerton, *op. cit.* (n. 12), IX, 773. 关于"科钦"的各种词源参见 *Asia*, I, 561n; H. Yule and A. C. Burnell, *Hobson-Jobson* (rev. ed.; London, 1968), p.226。在现代日本语中，"cochi"意为"这边"。关于"科钦"源自马来语 *Kutchi* 和葡萄牙语 *Cauchi*，亦参见 A. Lamb (ed.), "British Missions to Cochin China, 1788—1822," *JRAS, Malaysian Branch*, Vol.XXXIV, Pt.3 (1961), P.1, n.1。

[35] 后来的耶稣会士们提及六省。参见 Chappoulie, *op. cit.* (n. 5), I, 19，以及原书第三卷，第 1277 页。

[36] 也许"*Lụt đa đen, lụt đa đen*"更讲得通。

[37] 越南的降雨比东南亚其他地区的更无规律，不稳定。水稻种植严重依赖有规律的降水和日照。参见 E. H. G. Dobby, *Southeast Asia* (9th rev. ed.; London, 1966), pp.290-91。

[38] Borri in Pinkerton, *op. cit.* (n. 12), IX, 773-75.

[39] 也许是山牵牛，一种常见的树。（此处有误，可能是越南人常用的家具木料格木 [gô lim]。——译者注）

[40] 根据现代植物学家所言，*Aquilaria agallocha* 也被称作沉香木，只产自孟加拉湾和苏门答腊岛附近的国家。但是，早期的植物学家也将它与安南相联系。参见 G. Watt, *A Dictionary of the Economic Products of India* (7 vols. in 10; Calcutta, 1885-96), I, 279-81。

[41] Borri in Pinkerton, *op. cit.* (n. 12), IX, 775-84.

[42] 在他的地图上，罗历山神父展示了一座岛屿，名为"占毕罗岛"（Polociampeilo）。

[43] Borri in Pinkerton, *op. cit.* (n. 12), IX, 795-97.

[44] 这是一种越南独有的圆锥形帽"竹笠"（*nón*），男女皆戴。参见 Whitfield, *op. cit.* (n. 2), pp.213-14。

[45] Borri in Pinkerton, *op. cit.* (n. 12), IX, 784-90.

[46] 这是喃字（*chú nôm*），由越南人发明的书面语。它的文字普遍简单，选自汉语词汇。参见 E. J. Diguet, *Les Annamites: société, coutumes, religions* (Paris, 1906), pp.50-51; and Whitfield, *op. cit.* (n. 2), p.213。现已不再使用。（Chú nôm 应为 Chữ Nôm。——译者注）

[47] 木版印刷术于 15 世纪引自中国。参见 Whitfield, *op. cit.* (n. 2), p.235。

[48] 阮福源（Nguyễn Phúc-Nguyên，1613—1635 年在位）这位"国王"被欧洲人认作"赛王"。1599 年之前，"王"（Vủỏng）已在阮氏家族世代相传。

[49] Borri in Pinkerton, *op. cit.* (n. 12), IX, 793-95.

[50] 与守护神或城隍（Thành-Hoàng）有关。大多数村庄都有一位被皇帝认可的守护神。在许多地方，民族英雄也在公共礼堂被顶礼膜拜。参见 Whitfield, *op. cit.* (n. 2), pp.275-76。

[51] Borri in Pinkerton, *op. cit.* (n. 12), IX, 806-9.

[52] *Ibid.*, pp.815-17.

[53] 佛陀首先宣扬万物皆空。参见 Diguet, *op. cit.* (n. 46), p.211。

[54] Cardim, *op. cit.* (n. 13), p.102.

[55] Borri in Pinkerton, *op. cit.* (n. 12), IX, 820-23.

[56] 罗历山的《东京王国史》(*Relazione de' felici successi della santa fede Predicata da' padri della Compagnia de Giesu nel regno di Tunchino*) 包括两本书，第一本关于世俗的环境；第二本关于到东京的传教团。二者都依据他的亲身经历以及1630年被驱逐后，他通过追随者所获知的。

[57] 关于他在创立巴黎外方传教会中的角色参见原书第三卷，第229-231页。

[58] 被译作英语，载于 Hertz (trans.), *op. cit.* (n. 27)。

[59] 1658年，郑柞（Trịnh Tạc，1657—1682年在位）登基不久，马里尼被逐出东京。1673年，已身为澳门的日本教省大主教的马里尼重返东京，很快地，他作为一个不受欢迎的人又被迫离开。参见 J. Dehergne, S.J., *Répertoire des Jésuites de Chine de 1552 à 1800* (Rome and Paris, 1973), pp.72-73。在马里尼的《耶稣会神父日本教省传教记》(*Delle missioni de' padri della Compagnia di Giesu nella Provincia del Giappone,e particlar-mente di quella di Tumkinó, libri cinque*) 第1-2页，他列出了1626年至1660年间在东京工作的耶稣会士的名字。

[60] 这本无名氏的《暹罗、交趾支那、柬埔寨和东京传教记》是由传信部(Propaganda Fide)出版的。

[61] 参见 Streit, V, 632。

[62] 关于文献详情参见原书第三卷，第416-418页。

[63] 塔韦尼耶的《稀世珍本集》(*Recueil de plusieurs relations et traitez……qui n'ont point esté mise dans ses six premiers voyages*，巴黎，1679年）第四册是《东京王国新奇记》(*Relation nouvelle et singuliere du royaume de Tunkin avec plusieurs figures et la carte du pay*)。

[64] 巴伦（Baron）自己关于"东京王国"(Tonquun）的描述首发于《航海记和游记集成》第六卷。它再版于 Pinkerton, *op. cit.* (n. 12), IX, 656-707。巴伦是首批指出红河谷作为一条商业路线的重要性的人员之一。参见 G. Taboulet, *La geste française en Indochine. Histoire par les textes de la France en Indochine des origines à 1914* (2 vols.; Paris, 1955-56), I, 88。

[65] 参阅原书第三卷，第416-418页。

[66] 1651年，《教理问答》(*Catechismus...in octo dies divisus*) 由传道总会出版社印行。亦参见 Hertz (trans),*op. cit.* (n. 27), pp.xiii-iv。（此书详细信息为 *Catechismus pro iis qui volunt suscipere Baptismum in octo dies divisus*，越南语为 *Phép giảng tám ngày cho kẻ muốn chịu phép rửa tội*，mà vào đạo thánh đức Chúa blời。——译者注）

[67] 1651年，由传道总会的多种语言出版社出版。它的最后31页专门讨论安南语。同样是这些传教士，主要是罗历山，发明了国语（quốc-ngủ），或"民族字母"，使安南语罗马化，它们在今日被广泛使用。关于对发明国语的复杂历史的讨论参见 Maybon, *op. cit.* (n. 20), pp.36-37, n. 4。关于这本词典扉页的一份复印件参见 Taboulet, *op. cit.* (n. 64), I, facing p.16。

[68] Rhodes, *op. cit.* (n. 56), pp.1-3.

[69] 祖父是阮福源，孙子为阮福濒（1648—1687 年在位）。

[70] 只是在 1687 年，富春（Phú-xuan）或顺化才成为阮氏王朝的皇都。参见 Lê, *op. cit.* (n. 2), p.262。

[71] 北部省份是广平省（Quảng-Bình）和清化省，中部省份有占婆省或广南省。三个南部省份是广宁（Quảng-Ninh）、归仁和 Ranran（现为富安 [Phu-Yen]）。皇城顺化或 Sinoa（葡萄牙语）在清化省内。占（Cham）是最为欧洲人所知的省份，因为它包括贸易城市土伦和会安。罗历山神父和其他人常常谈及占省的省府“个占”（Katscham）。这也许就是后来被称作广南营（Quảng-Nam-Định）的城市或者广南省的“主城”。参见 G. M. Pachtler, *Das Christenthum in Tonkin und Cochinchina* (Paderborn, 1861), pp.8-9。（广宁省在越南东北部，此处有误，应为广义省。——译者注）

[72] 参阅原书第三卷，第 1205、1259 页。

[73] Rhodes in Hertz (trans.), *op. cit.* (n. 27), pp.43-46. 可食的燕窝（yên sào）亦能入药。

[74] 现为平定省（Bình-Định），其省府是归仁。

[75] “玛丽女士”是越南南部教堂的负责人。她是明德公主（Princess Minh-Đức），阮氏王朝创立者晚年的妃子。参见 Hertz, *op. cit.* (n. 27), p.52n。

[76] *Ibid.*, pp.46-55.

[77] Rhodes in Hertz (trans.), *op. cit.* (n. 27), pp.77-94.

[78] 参见原书第三卷，第 1273-1274 页。

[79] Rhodes in Hertz (trans.), *op. cit.* (n. 27), pp.95-107.

[80] 实际上有两座城墙斜建在海滨。比较重要的那座建于 1631 年，从山峦到日丽河（Nhựt Lệ River）三角洲。参见 Maybon, *op. cit.* (n. 20), p.18。（“日丽河”的现代越南语写法为 Nhật Lệ River 。——译者注）

[81] Rhodes in Hertz (trans.), *op. cit.* (n. 27), pp.107-25.

[82] *Ibid.,* pp.125-28. 这座祭坛敬奉慧静（Tuē-Tiñh），10 世纪的一位名医，南药（*Thuõc Nam*）的守护神。（Tuē-Tiñh 应为 Tuệ-Tĩnh—— 译者注）

[83] 这位王后是宋氏碎（Tông-thị-Toại），被阮福濒当作夫人供养的女子。他们的结合是非法的，因为她先前属于其兄。参见 *ibid.*, pp.121-22。

[84] 如今，安德鲁的头颅存在罗马的耶稣会教廷。澳门教堂的意外失火导致他的遗体连同其他受难者的一起被烧毁。参见 *ibid.*, p.132n.。为了教化和鼓舞欧洲的信徒，罗历山出版了一本殉教者传记《基督教传道员安德鲁殉教记》（*Relatione della morte di Andrea catechista che primo de christiani nel regno di Cocincina...*，罗马，1652 年），作为他努力宣传的一部分。1653 年，第二版在巴黎发行。（此书完整信息为：*Relatione della morte di Andrea catechista che primo de christiani nel regno di Cocincina è stato vcciso da gl'infedeli in odio della fede 1652, fransk 1653*。——译者注）

[85] 正如罗历山所说的，国王可能注意到当时葡萄牙人和西班牙人在远东的对抗正处于高潮。他

也许希望从马尼拉和澳门获得武器。

[86] Rhodes in Hertz (trans.), *op. cit.* (n. 27), pp.128-78. 他离开之后，1645 年 7 月 26 日，9 位传道员被斩首。1645 年 7 月 23 日—12 月 20 日，罗历山在澳门的时候，他用安南语指导两名神父梅特洛·萨卡诺（Metello Saccano，1612—1662 年）和石嘉乐（*ibid.*, p.185）。在他亲自洗礼的一位中国基督徒陈维苏·马诺（Tcheng Wei-Su Ma-no）的陪同下，罗历山离开了澳门。参见 Dehergne, *op. cit.* (n. 59), p.216。

[87] 依据 Chappoulie, *op. cit.* (n. 5), I, 164-75。

[88] *Op. cit.* (n. 60), pp. 51-92.

[89] 参见原书第三卷，第 383、1155-1156 页。

[90] 关于他在巴黎计划中扮演的角色参见原书第三卷，第 239-246 页。谢弗勒伊被选派可能是因为他不像别人那样反对耶稣会士。

[91] 参见原书第三卷，第 239-269 页。

[92] 关于朗贝尔·德·拉·莫特在他的交趾支那宗座代牧区参见 Chappoulie, *op. cit.* (n. 5), Vol. I, chap.xxii。有两本书讲述了 1672—1677 年，法国传教士在东方的故事，这两本书都以 *Relation des missions...* 为名，1680 年在巴黎出版。（这两本书的全名分别为：*Relation des Missions et des Voyages des Evesques Vicaires Apostoliques, et de leurs Ecclesiastiques ès Années 1672, 1673, 1674 et 1675, Paris, Charles Angot, 1680*，以及 *Relation des Missions et des Voyages des Évesques Vicaires Apostoliques, et de leurs Ecclesiastiques ès années 1676—1677*。——译者注）

[93] Dampier in J. Masefield (ed.), *Dampier's Voyages* (2 vols.; London, 1906), I, 561-63.

[94] 关于越南的中国名字的目录参见 G. Devéria (ed. and trans.), *Histoire des relations de la Chine avec l'Annam-Vietnam du XVIe au XIXe siècle; d'après des documents chinois traduits pour la première fois* (Paris, 1880), pp.1-2, n.2。

[95] 李日尊（Lý Thần-Tông）在他统治期间（1054—1072 年）为安南国家命此名。参见 G. Coedès, *The Making of South East Asia* (Berkeley, 1967), p.84。在黎氏王朝期间（1428—1788 年），它成为整个越南的名字。

[96] Marini, *op. cit.* (n. 59), pp.18-22. 这位耶稣会士观察者似乎是通过何大化（António de Gouvea，1592—1677 年）了解到中国历史的内容的。何大化是一位葡萄牙耶稣会士，以中国历史为专业的学生。何大化自 1636 年就在中国，直到他终老于福州（Foochow）。参见 Dehergne, *op. cit.* (n. 59), pp.115-116。

[97] 直到公元 1 世纪，或仅在丁部领（Đhin-Bộ-Lĩnh）于公元 968 年建立首个本土王朝之前的八百年，中国统治者才开始进入红河三角洲。

[98] Marini, *op. cit.* (n. 59), p.23. 其他同时代的欧洲人，包括罗历山，算的是七省，因为他们将“个帮”认作首都省，另外的人将南部最远的布政（Bô-chính）省计入在内。布政是交趾支那和东京之间产生争议的主要原因。

[99] 在现代越南语中，*thôn* 的意思是农村或小村庄。

[100] Marini, *op. cit.* (n. 59), pp.32-34；Rhodes, *op. cit.* (n. 56), p.5，称这些山地人为“Remoé”。

[101] 像在中国一样，官员分为文官（quan văn）和武官（quan võ）两班。参见 P. Pasquier, *L'Annam d'autrefois* (Paris, 1929), p.119。

[102] 县（*huyện*）是一个省内的行政单位——在 15 世纪开始使用。参见 Whitfield, *op. cit.* (n. 2), p.118。

[103] 每个省都分为几个府。*ibid.*, p.225.

[104] Rhodes, *op. cit.* (n. 56), pp.37-42; and Marini, *op. cit.* (n. 59), pp.77-86. 关于司法程序参阅 Pasquier, *op. cit.* (n. 101), pp.211-26。耶稣会士似乎并不知道整个法律程序都写上了。

[105] 每三年一次的考试称为廷试（Thi-Đình），在王宫举行；省、地区和大都市的考试也同样进行。参见 Whitfield, *op. cit.* (n. 2), pp.278-79。

[106] 这是那些已通过省考最初三部分的考生。参见 Lê, *op. cit.* (n. 2), p.260。

[107] 在中国制度中，有第四种学位。参阅 R. Petit, *La monarchie annamite* (Paris, 1931), p.58，他指出安南也使用第四种学位。

[108] Rhodes in *op. cit.* (n. 56), pp.13-18. 从后来罗历山对官僚机构的描述似乎可以看出，他并不懂得东京的职官制度与中国的一样，分为两班九品，每一品又分为两个等级。

[109] Marini, *op. cit.* (n. 59), pp.95-98. 罗历山没有提及省考。关于一份对科举考试制度完整演变的描述参见 Schreiner, *op. cit.* (n. 24), II, 77-87。

[110] 与大多数东亚城市一样，顺化也是一个建筑绝大多数为单层的都市聚居点，依据功能分为各种不同的区。它是一个行政首都，人口密集的市场，以及村庄的集结地。参见 H. Bernard, S.J., *Pour la compréhension de l'Indochine et de l'Occident* (Paris, 1950), p.131。

[111] 众所周知，根据拥挤的规模来估算人口是不正确的。目前河内大概有 100 万人口；其大都会区约有人口 250 万。

[112] Rhodes, *op. cit.* (n. 56), pp.28-30. 亦参阅原书第三卷，第 1253 页。

[113] 向三类登记在册的男子征收人头税（*dung*）。最基本的一组含 20—50 岁男子。17—19 岁的年轻人，50—60 岁的男子以及学生只要交纳普通注册者一半的税款。超过 60 岁的男子、政府官员和清化—义安（Thanh-Nghệ）地区的所有人口则全部免交人头税。参见 Lê, *op. cit.* (n. 2), p.260。

[114] Rhodes, *op. cit.* (n. 56), pp.28-32.

[115] Marini, *op. cit.* (n. 59), pp.32-33. 交趾支那通过较强的火力维持其独立。参见原书第三卷，第 1269 页。

[116] *Ibid.*, pp.61-69.1664 年，郑柞在五个军区只设了一个指挥官。

[117] Rhodes, *op. cit.* (n. 56), pp.20-28; Marini, *op. cit.* (n. 59), pp.63-64，称东京能让 2 000 艘战船以及同样多的其他船只下水。

[118] 东京和交趾支那都坚持一种闭关经济。限制出口是否有利于保持本地产品低价，且更稳定

是令人怀疑的。参见 Taboulet, *op. cit.* (n. 64), I, 78。

[119] 他似乎也派贸易船到日本。参见 S. Viraphol, *Tribute and Profit: Sino-Siamese Trade, 1652-1853* (Cambridge, Mass., 1977), p.68。他肯定派它们到过中国。

[120] 确定无疑的是，1636 年之后，他们不再定期来安南了。

[121] Rhodes, *op. cit.* (n. 56), pp.51-53, 58-59.

[122] Marini, *op. cit.* (n. 59), pp.37-46, 70.

[123] *Ibid.*, pp.46-57. 关于流行传说中的土地神参见 L. Cadière, *Croyances et pratiques religieuses des Vietnamiens* (Saigon, 1958), pp.50-53。

[124] 河内被分为 36 个区，每个区再一分为二。参见 Bernard, *op. cit.* (n. 110), p.137。

[125] Marini, *op. cit.* (n. 59), pp.67-74.

[126] 首部安南法典颁布于公元 1042 年，其后有许多增扩和修改。关于 19 世纪黎朝法典的法译版参见 R. Deloustal, "La justice dans l'ancien Annam," *Bulletin de l'Ecole Française d'Extrême-Orient* (Hanoi), VIII (1908), 117-20; IX (1999), 91-122, 471-91, 765-96; X (1910), 1-60, 349-92, 461-505; XI (1911), 25-66, 313-37; XII (1912), no.6, 1-33; XIII (1931), no.5, 1-59; XXII (1922), 1-40。

[127] Marini, *op. cit.* (n. 59), pp.57-61, 74-77.

[128] *Ibid.*, pp.98-105.

[129] 宗教这一单词反映的事实是，越南人将他们的三种宗教视为一种，是同一信仰的不同表达方式。（"tôn-qiáo" 应为 "Tam Giáo"，意即 "三教"。——译者注）

[130] 安南人的阴间分为十界，由 10 位判官管理。离开人体后，灵魂被审判，而后投胎于一个更优秀或更低劣的人。

[131] Marini, *op. cit.* (n. 59), pp.105-30; Rhodes, *op. cit.* (n. 56), pp.59-81, 108-14.

[132] 关于安葬地点的选择参见 Giran, *op. cit.* (n. 14), pp.374-75; and Diguet, *op. cit.* (n. 46), p.165。

[133] 关于新近更多的服丧习俗参见 Diguet, *op. cit.* (n. 46), pp.168-71。

[134] Rhodes *op. cit.* (n. 56), pp.82-98; Marini, *op. cit.* (n. 59), pp.152-55. 1657 年，弗朗西斯科 · 兰赫尔神父（Father Francesco Rangel，1614—1660 年）是耶稣会传教区会长，他写下了亲眼见证的郑梉的葬礼，这份描述在马里尼的著作第 155-167 页中也有记载。

[135] 这就是定亲仪式问名礼（*Ăn Hỏi*）。

[136] 参阅对一场现代婚礼（Lễ Hôn-Nhân）的描述，载于 Whitfield, *op. cit.* (n. 2), pp.144-45。

[137] Rhodes *op. cit.* (n. 56), pp.103-8; Marini, *op. cit.* (n. 59), pp.86-95.

[138] 但许多节日仍然在固定的日期庆祝。

[139] 这是新年树（*Cay Nên*）。篮子里装着槟榔果和蒌叶，作为吸引福神的供品。

[140] 有关细节参见 Diguet, *op. cit.* (n. 46), pp.249-50。

[141] 这是"游魂"日（*Trung Nguễn*），一年中第二重要的节日。*Ibid.*, pp.234-35.

[142] Rhodes *op. cit.* (n. 56), pp.99-103; Marini, *op. cit.* (n. 59), pp.141-45.

[143] *Relatione*（参见 n.60），pp.135, 140, 149-50。作为这个资料的可靠性证据参见第 144-145 页的一份报告，这份报告与一颗彗星有关，1668 年 3 月 8—16 日，人们在河内西部可以看见它。在果阿，从 3 月 9—17 日，戈蒂尼（Gottignies）每天观察同一颗彗星。参见 G. W. Kronk, *Comets. A Descriptive Catalog* (Hillside, N.J., 1984), p.11。

[144] 1667 年，黎氏已被正式承认为安南仅有的合法统治者，黎朝成为中国的一个附属国。它令其内敌归顺之后，清政府最终宣布了这一正式承认。参见 Maybon, *op. cit.* (n. 20), p.103。

[145]"On Gia Phu Do An"被派往中国，一位太监奉命前往日本，也许是为了打听欧洲人的贸易和管理方式。（"On"即"翁"，在越南语中，人们称呼高官的名字时，在前面添加的敬语。Gia Phu Do An 或可译为"嘉福都安"。——译者注）

[146] *Relatione* (see n.60), pp.164, 173, 176-78。1672 年，东京再次夺取高平，并占领它。清政府当时正忙于镇压吴三桂在云南的起义。因此，安南每六年才向中国进贡一次，而非像从前那样每三年一次。参见 Devéria, *op. cit.* (n. 94), p.10。关于第三版反对基督徒的法令文本（1669 年 6 月 29 日）的意大利语译本参见 *Relatione* (n.60), pp.179-80。

[147] 从 1640 年至 1700 年，荷兰人与东京维持着贸易关系，几乎没有中断。

[148] 自 1672 年起，英国人开始为欧洲市场在东京购买丝绸，这与他们在日本从事贸易的新的努力有关。1697 年，他们放弃了这些努力。

[149] 法国商人跟随巴黎外方传教会的传教士进入东京，他们的商馆建于 1680 年。

[150] 海军部坐落于此，欧洲的海船在这个时期不得继续前往铺宪。

[151] Dampier in Masefield (ed.), *op. cit.* (n. 93), I, 563-70.

[152] 河内省，四个周边省，以及边界省 Tenan（高平早先的名字）、清化和 Nghê-hiên。*Ibid.*, p.573. 亦参阅原书第三卷，第 1277 页。（Tenan 可能是 Tiên Yên［先安］，但疑有误，因为先安不是省，且与高平相隔甚远。"高平"原名"太原"，"太原"不靠海，其拼写为"Thái Nguyên"。Nghê-hiên 应为 Nghệ-An，即义安。——译者注）

[153] 马齿苋属植物，一种开黄花的野草。

[154] 旋花属植物，一种藤蔓状蔬菜，长在池塘和沼泽中。参见 Whitfield, *op. cit.* (n. 2), p.245。

[155]"Cam-chain"是广西沙柑（*Citrus nobilis*）；金橘是山茶柑橘属果树（*Citrus japonica*）的果实。

[156] 也许是藤黄科植物（Calophyllum inophyllium）。

[157] 与菲律宾人一样，越南人也偏爱吃鸭蛋。

[158] Dampier in Masefield (ed.), *op. cit.* (n. 93), I, 573-82.

[159] *Ibid.*, pp.585-89.

[160] 最好的手艺人在国有店为皇家订单劳作，大众缺乏购买力以支持私人企业与各行各业的发展。参见 Lê, *op. cit.* (n. 2), p.285。

[161] Dampier in Masefield (ed.), *op. cit.* (n. 93), I, 590-94.

[162] 17 世纪晚期的欧洲人对城市火灾尤其敏感。1666 年，丹皮尔 14 岁时，一场大火席卷伦敦。此后，人们提出用砖重建城市，并再建更宽的街道。

[163] Dampier in Masefield (ed.), *op. cit.* (n. 93), I, 594-98. 这些宫殿的遗迹不复存在。19 世纪初，它们已被新建筑替代。参见 L. Bezacier, *L'art Vietnamien* (2d ed.; Paris, 1954), p.68。

[164] 与中国人一样，越南人也是善于建造桥梁者。参见 J. Hejzlar, *The Art of Vietnam* (London, 1973), pp.58-59, pls.163-65。

[165] Dampier in Masefield (ed.), *op. cit.* (n. 93), I, 598-600.

[166] *Ibid.*, pp.600-603. 以一种简单的方式，暗示了这些官员是儒士，只有极少数人是佛教徒。

[167] 关于塔韦尼耶及其兄弟有关东京的记述参见原书第三卷，第 1267-1268 页。

[168] 漆树（*Rhus vernicifera*）的树脂。不要将这与印度的紫胶相混，那是一种通过紫胶虫而在各种树的细枝皮上形成的树脂凝结物。

[169] Dampier in Masefield (ed.), *op. cit.* (n. 93), I, 604-12.

[170] 其他同时代的欧洲作者贴切地将王公比作日本幕府时代的将军。

[171] 郑根（Trịnh Căn），他统治东京的时间是 1682—1709 年。

[172] 这些是第一类士兵“优兵”（*uu binh*），他们是从郑氏王朝的发源地清化—义安省招募来的禁卫。参见 Lê, *op. cit.* (n. 2), p.257。

[173] Dampier in Masefield (ed.), *op. cit.* (n. 93), II, 1-18. 这是最早知道使用“筷子”一词的印刷文字（1699 年）。参见 *OED*。

[174] Dampier in Masefield (ed.), *op. cit.* (n. 93), pp.19-34.

[175] 关于越南作为“东南亚与中国之间的一个边境”的独特位置，参与了两种文化，但实际上阻碍了中国政治影响力在东南亚的扩展，参见 A. Reid, *Southeast Asia in the Age of Commerce, 1450-1680*, vol. I, *The Lands below the Winds* (New Haven, 1988), pp.7-10 and *passim*。

第十七章　海岛东南亚：西部群岛 1300

印度尼西亚群岛是最重要的赤道国家和世界上重要大岛的最大聚集区。该群岛从苏门答腊岛西端延伸至新几内亚岛（New Guinea）东部，长约 2 500 英里，包括 3 000 座岛屿。随着时间的推移，人们竭力根据地形类同、植被差异、经济联系或政治联盟，将群岛再分为岛群。所有这些分组都是随心所欲的，未能以一种或另一种方式满足群岛历史学家的要求。这也许是由于海洋将该群岛连在一起，而陆地则分离了它。本书的目的是要划出一条专断的海上分界线，依据的是 19 世纪华莱士线（the Wallace line）设定的界限，这条分界线位于巴厘岛和龙目岛（Lombok）之间，向北穿过望加锡海峡，将婆罗洲与西里伯斯岛（Celebes）分开。线之西有婆罗洲、巴厘岛、苏门答腊岛和爪哇岛——最后两个岛屿是印度尼西亚历史和文明的中心。线之东有西里伯斯岛、多火山的马鲁古群岛、小巽他群岛（Lesser Sunda islands）、东帝汶岛、新几内亚岛和南方陆地。从经济上和政治上来看，通过贸易，婆罗洲与印度尼西亚的西部和东部地带甚至菲律宾群岛紧密地联系在一起。同样地，西里伯斯岛也凭借贸易，使群岛的东西部密切相连。

海岛东南亚早期历史的特征是连续的移民浪潮或征服，在此过程中，新民族控制了沿海地区，将原住民赶到内地山区。只有几个例外，如爪哇岛的满者伯夷帝国（Majapahit，13—15世纪），它是这些沿海城市中最有名的政治势力
1301 之一。野心勃勃的国王们竞相争夺海港及其贸易的控制权，他们中最成功者创建了虽然短命、却令人敬畏的海上帝国。然而，即使从最乐观的方面来看，他们对内部的管理可能也是不完善的。文化侵入的持续浪潮最主要是来自印度或中国，由移民或征服者以及在群岛的贸易商带来，影响了该地区的整个历史。在内陆，尤其是在爪哇岛和巴厘岛上的诸多民族中，印度人、印度支那人和华人与当地的原始传统相融合，读者不难看出印度教和佛教产生的诸多影响。首批欧洲人在东南亚随处遇到讲马来语的、信仰伊斯兰教的沿海民族，这些民族代表了席卷而来的最新的文化浪潮。近来它确是如此：苏门答腊北部沿海的八儿剌（Perlak）和苏木都剌（Samudra）于13世纪末，马六甲、亚齐和爪哇先后于15世纪初、15世纪末和16世纪成为穆斯林国家。[1]一些主要的军事强国，如望加锡直到17世纪才改变信仰。有些则像巴厘，从未接受伊斯兰教。对葡萄牙人的担忧和希望得到其他穆斯林统治者的帮助，可能煽动了16世纪的新宗教扩张。[2]

16世纪期间，欧洲读者对这个群岛的大多数重要岛屿有所了解。葡萄牙和西班牙作者们看来已对此域的面积、看似无数的岛屿与民族，以及各种不同的文化惊叹不已。他们还到处遇见说马来语的民族，这些民族控制了海港和海滨，是其在宗教和贸易方面强大的竞争对手。因此，他们的描述强调了穆斯林的重要性和力量，极少谈及岛屿内陆或前于伊斯兰教时期的传统。许多人记述了华人在群岛经济中的重要性。例如，爪哇人被认为是华人移民的后裔。16世纪的报告最详尽地描写了香料群岛与欧洲人在马六甲及其他地方遇到过的爪哇人。鲜有关于爪哇岛或婆罗洲和苏门答腊的叙述，也许是因为它们受充满敌意的摩尔人统治，伊比利亚人在那里没有大本营。然而，葡萄牙和西班牙作者对马鲁古群岛的地点有争议。很少有人提及新几内亚岛，澳大利亚实际上不为人知。[3]

1302 17世纪初，葡萄牙人占有马六甲，这使他们卷入和亚齐，以及与马来半岛上柔佛的战争，亚齐是苏门答腊西北部新兴的穆斯林国家。[4]他们来自马六甲，在苏门答腊岛、爪哇岛和婆罗洲从事贸易，但在这些地方没有安全的根据地。

他们在香料群岛立足，却陷入与穆斯林国家联盟的长期战争，不时地与来自菲律宾群岛的西班牙人发生对抗，西班牙人称马鲁古群岛在分界线属于他们的一侧。当首批荷兰船只抵达群岛的时候，荷兰人最先在爪哇岛和苏门答腊岛进行交易，葡萄牙人在那些地方的影响力微弱。他们尝试与葡萄牙人的敌国——比如亚齐合作，不久之后，便同当地国君们签订协议。协议授予荷兰人独家经营的贸易特权，作为回报，荷兰人将保护这些国家免受葡萄牙人的侵犯。自 1599 年第二次航海起，荷兰人着手与葡萄牙人争夺香料群岛的控制权。他们与德那地（Ternate）① 苏丹以及葡萄牙人的敌手联盟，最终试图与他们的同盟垄断香料贸易。在 1625 年之前，大部分香料群岛被荷兰人控制着。紧接荷兰人之后，从事所有这类活动的是英国人，他们马上就看出新近立足的荷兰人与葡萄牙人一样嫉妒其在群岛的地位。不久，他们便开始诱惑当地统治者与之联合反抗荷兰人。实际上，许多当地统治者很快也发现甚至葡萄牙人都比荷兰人更可取。

第一节 爪哇岛

一、文献的发展

1597 年，首支荷兰舰队从印度尼西亚返回，它开始通过欧洲的各种出版物引起了一股源源不断且渐渐扩大的信息流，这些讯息与该群岛，特别是爪哇岛有关。16 世纪对爪哇岛的报告乏善可陈，这既是因为葡萄牙人和西班牙人无法在爪哇岛立足，也是由于葡萄牙的保密政策。[5] 不过，无名氏的《航海记》（*Verhael vande reyse*，米德尔堡 [Middelburg]，1597 年）和扩充版《航海日志》（*Journael vande reyse*，米德尔堡，1598 年）都有关于爪哇岛，特别是万丹的长篇叙事。威廉 · 罗德维克松（Willem Lodewyckszoon）的《东印度史》第一卷（*D'eerste boeck*②，阿姆斯特丹，1598 年）对万丹和爪哇岛的描述则更为丰富、

① 又译特尔纳特。——译者注

② 即 *D'eerste boeck. Historie van Indien*。参见原书第三卷第 438 页。——译者注

更加细致。虽然罗德维克松的描述似乎更依赖于一位葡萄牙人的手稿而非直接
1303 的观察，但它比先前可用的书籍为欧洲读者提供了更多、更好的有关群岛主要岛屿的信息。[6]

17 世纪第一个十年期间，所有其他荷兰舰队都泊于爪哇岛，通常是在万丹，那些刊出的航海报告都有关于爪哇岛的短述。例如，雅各布·范·内克（Jacob van Neck）和韦麻郎（Wybrand van Warwijck）的《荷兰人东印度航海日志》第二部（*Het tweede boeck*①，1601 年）有一段对图班（Tuban）和马都拉岛（Madura）简短而有趣的描绘。[7]1601 年 1 月，奥利维尔·范·诺尔特（Olivier van Noort）在锦石（Gresik）②的东爪哇港饶洞（Jortan）歇停，修补他的船只。1602 年，其航行记包括对这一地区的概述。[8]

1606 年，艾德蒙·斯科特（Edmund Scott）的《东印度群岛的神秘、时尚、宗教和礼仪之精要》（*An Exact Discourse*）③出版，它为欧洲读者提供了大量有关爪哇岛万丹的第一手描述。斯科特是 1603 年因为詹姆斯·兰卡斯特而经过万丹的英国代理商之一，他留在了万丹，希望购买此后三年半的胡椒。[9]列奥纳多·德·阿亨索拉的《马鲁古群岛之征服》（马德里，1609 年），以及弗朗索瓦·皮拉尔德（François Pyrard）的《拉瓦勒的弗朗索瓦·皮拉尔德东印度、马尔代夫群岛、马鲁古群岛和巴西游记》（*Voyage*④，巴黎，1611 年）有一些对爪哇的描写。

---

① 此书全名为：*Het tweede boeck, Journael oft dagh-register, inhoudende een warachtich verhael ende historische vertellinghe vande reyse, gedaen door de acht schepen van Amstelredamme, gheseylt inden maent Martii 1598. onder ' tbeleydt vanden admirael Jacob Cornelisz. Neck, ende Wybrant van Warwijck als vice-admirael. Van hare zeylagie ende gedenckwaerdighste zaken ende gheschiedenissen, haer op de voorss. reyse bejeghent. itsgaders hare handelinge int coopen ende vercoopen. Oock historisch verhael vande plaetsen die sy beseylt hebben inde Molucken, den handel, krijchs-rustinghe, ghelegentheyt der plaetsen, ende wat profijt daer te doen is, wonderlijck ende profytelijck om lesen*。——译者注

② 又译革儿昔。——译者注

③ 此书全名为：*An exact discourse of the Subtleties, Fashions, Religion and Ceremonies of the East Indies*。——译者注

④ 此书全名为：*The Voyage of François Pyrard of Laval to the East Indies, the Maldives, the Moluccas and Brazil*。——译者注

然而，这两本书都不是作者亲眼目睹的第一手记述。[10]

1605年，船长约翰·萨利斯（John Saris）替代斯科特作为住在万丹的英国居民，他一直住到1609年10月。1625年，他对那些年的记述发表在《珀切斯游记大全》中。不过，作为斯科特故事的续集，这本记述并没有达到珀切斯的预期效果。萨利斯记载了来往舟楫及其货物，但鲜谈爪哇或爪哇人。其中最具描述性的部分与东印度药物和万丹使用的度量衡单位有关。[11]托马斯·赫伯特爵士后来的《亚非旅行记》（*A Relation of Some Yeares Travaile*）版本略微谈及爪哇，但所有都选自先前印行的著作。赫伯特还再版了一本英语—马来语词表。[12]

1629年9月23日，塞格·范·雷基特伦（Seyger van Rechteren）抵达巴达维亚，当时荷兰总部仅在总督扬·彼德尔斯逊·昆（Jan Pieterszoon Coen）亡故后两天就遭到一支来自马打兰（Mataram）的爪哇军队包围。他写了一份有关围攻及其前期事件的简短报告，包括1618—1619年的首次围攻，这次围攻
的结果是巴达维亚的诞生。范·雷基特伦的《东印度旅行日记》（*Journael*） 1304
于1635年首版，也含有巴达维亚及其华人社区的概述。[13]大卫·彼德尔斯逊·德·弗里斯（David Pieterszoon de Vries）亦在其《诸次航海简史与日志》（*Korte historiael ende journaels aenteyckeninge*①，霍伦[Hoorn]，1655年）中记叙了1628—1629年巴达维亚被围攻，但很少另外谈到爪哇及其人民。[14]文森特·勒布朗（Vincent Le Blanc）在1648年出版了《马赛人文森特·勒布朗先生一生环游世界纪实》（*Voyages*）②，其中也简要描述了爪哇。他的报告大多似以先前出版的叙述为基础，有些令人难以置信。文森特·勒布朗要么易受骗，要么是想象——抑或兼而有之。[15]

雅各布·邦修斯（Jacob Bontius）的《印度医学》（*De medicina indorum*，1642年）于1658年由威廉·皮索（Willem Piso）增补，此书不仅记述了热带

① 此书全名为：*Korte historiael ende journaels aenteyckeninge van verscheyden voyagiens in de vier deelen des wereldts-ronde, als Europe, Africa, Asia, ende Amerikagedaen*。——译者注

② 此书全名为：*Les voyages fameux du Sieur Vincent Le Blanc marseillois, qu'il a faits, depuis l'âge de douze ans jusques à soixante, aux quatre parties du monde, à sçavoir*。——译者注

亚洲疾病及其治疗方法，还描画了动植物。[16] 虽然在这个世纪中期的数十年间，荷兰作家没有对先前的爪哇描写添加什么内容，但服务于荷兰东印度公司的德国人贡献了一些有价值的报告。1662 年，约翰·雅各布·萨尔（Johann Jacob Saar）的《东印度服役十五年记》（*Ost-Indianische fünfzehen-jährige Kriegs-Dienst*）① 刊行，雅各布·梅克林（Jacob Merklein）的《描述日志》（*Journal der Beschreibung*）于次年面世，每一本都有对巴达维亚和爪哇的第一手描述。[17]1668 年，约翰·冯·德·贝赫（Johann von der Behr）的《日记或九年旅行日志》（*Diarium; oder Tage-Buch*）出版，此书重复了萨尔和梅克林所写的许多内容。[18] 阿尔布莱希特·赫波特（Albrecht Herport）的《东印度旅行纪略》（*Eine kurze ost-indianische Reiss-Beschreibung*，1669 年）既一般性地描写了爪哇和巴达维亚，也生动记述了进入巴达维亚北部丛林的十三天探险经历。[19]

里伊克洛夫·福尔克特松·范·昆斯（Rijcklof Volckertszoon van Goens）1666 年出版的《爪哇行记：从巴达维亚经三宝垄至马打兰皇家总部》（*Javaensche reijse gedaen van Batavia over Samarangh na de konincklijcke hoofdplaets Mataram*）包含了 17 世纪爪哇内地最详细的信息。[20]1648—1654 年间，范·昆斯领着 5 位荷兰东印度公司特使到马打兰的苏苏胡南（Susuhunan）宫廷。他的《爪哇行记：从巴达维亚经三宝垄至马打兰皇家总部》涵括了对中爪哇山川、森林、稻田、君主及其宫廷和政府的生动描绘。

在这个世纪最后的二十五年里，几份有关爪哇的新描述面世，它们多数传达了荷兰人侵扰此岛事务导致爪哇人生活与政治发生的一些变化。最妙的描写
1305 见于 1676 年面世的沃特·斯考顿的《东印度航海日志》。[21] 斯考顿记述了大事，还有这片土地及其人民。他所述多为自己观察所得，尽管他显然添加了来自其他资料的信息。譬如，他对马打兰宫廷的描摹便非亲眼所见；他看来似乎从未参观过它。整本书是以斯考顿的生动风格撰写的，然而，却难以区别其中的第

① 此书全名为：*Ost-Indianische fünfzehen-jährige Kriegs-Dienst, und Wahrafftige Beschreibung*。——译者注

一手资料与来自其他资料的部分。

有关荷兰东印度公司在巴达维亚总部的数份叙述于该世纪最后的二十五年间印行，它们大多是由常常对该公司的贸易、财富和军事力量感到震惊的作家所写，这些作家不是荷兰人。例如，1673—1674 年，法国人弗朗索瓦·莱斯特拉（François L'Estra）被囚禁在那里。他描述了这座城市及其各种居民，以及荷兰东印度公司政府。[22] 受雇于荷兰东印度公司的丹麦士兵弗雷德里克·博林（Frederick Bolling）也描写了荷兰总部及其贸易的一些细节。[23] 在 17 世纪最后二十年间，荷兰东印度公司的所有德国雇员出版了他们的日记，内含巴达维亚和爪哇的写照。克里斯蒂安·霍夫曼（Christian Hoffman，1680 年）和克里斯托夫·施威策尔（Christoph Schweitzer，1688 年）所写的那些著作简短，颇似先前的报告。[24] 艾利亚斯·何塞（Elias Hesse，1687 年）和克里斯托夫·弗里克（Christoph Frick，1692 年）的篇幅较大，容纳了一些新颖的第一手信息，尽管弗里克的大部分描述似乎来自萨尔。[25]

在约翰·纽霍夫的《东印度难忘之旅》（*Gedenkwaerdige zee-en lant-reize*，①1682 年）中，读者看到的也许是 17 世纪期间刊出的有关巴达维亚的篇幅最长、无疑有最精彩插图的描画。[26] 它不但详细描绘了城堡以及巴达维亚的每一座主要建筑、墙垣、城门、要塞、市场和街道，而且，它还包含了漂亮的插图，这些插图是由纽霍夫精确逼真的素描制成的，素描的内容为他所描写的几乎所有建筑以及所描画的住在巴达维亚的各色人等。同样细致的是纽霍夫对爪哇植物、树木、水果、香料、鸟类、鱼和动物的论述。它们也配有通过纽霍夫素描制作的雕刻。然而，纽霍夫的巴达维亚史以及他对爪哇其余地方及其人民的写照颇似早期作者的创作，而不像从他自己的观察中获益良多。最后，尼古拉斯·德·赫拉夫（Nikolaas de Graaf）在 1701 年收录了一份相当长的有关巴达维亚的描述，这份描述与纽霍夫的非常相似。德·赫拉夫也描绘了他游览过的贾帕拉（Japara），并撰长文抨击巴达维亚的荷兰人和女混血儿，以及在亚洲

① 此书全名为：*Gedenkwaerdige zee-en lant-reize door verscheide gewesten van Oost-ndien*。——译者注

的其他荷兰东印度公司拓居地。[27]

1306 二、地理与风景

在巴达维亚，首个大多数人都描写的地方是爪哇北岸的最东部港口万丹。欧洲来访者承认它是岛上绝好、最大的海港。[28] 它位于高山脚下的低地——有人说是沼泽，有一个免税、便利的港口。最早的作者们叙述了从山里流出的3条浅溪。一条从城市的两边经过，形成了天然的护城河。一条从城市中间流过。[29] 罗德维克松描述了一堵绕城的红砖墙，它大约一箭高，1英寻（6荷兰尺左右）厚，有多道防卫严密的门，门的侧翼有炮台，以及许多像陈列台的三层瞭望塔。然而，他认为大炮是无用的，因为爪哇人几乎不会开炮，除了他们从葡萄牙人的马六甲——那儿有一家火药厂——获得的军火之外，别无其他。[30]《航海记》写到墙不足两英尺厚。[31] 皮拉尔德说瞭望塔之间相距约百步之遥。[32] 据艾德蒙·斯科特所言，一些人认为是中国人建了万丹城墙，另一些人则认为城墙乃葡萄牙人所建。他断定城墙必为中国人建造，因为它看上去陈旧，且多处已败落。[33]

万丹是座人口众多的城市，但实际上仅有三条街道。这些街道起于一片开放的广场——“谒见室”（爪哇语和马来语，*paseban*，或接待处）——在城市中央苏丹王宫的北侧，通向三道城门。城里没有一条街道或道路铺砖，无横跨溪流的桥梁。[34] 皮拉尔德叙述了冬日里，街道常常遭水淹没，人们被迫以船代步。[35] 每个人都讲述万丹的溪流受到污染，恶臭难闻。土地泥泞，湍流不够急速，无法冲走人们在溪里洗澡、向其中扔掷各类废弃物，包括动物尸首而产生
1307 的污秽。[36] 在几份早期对万丹的描写中有一项城市规划。[37]

万丹的房屋大多是由竹木建成的，屋顶盖着棕榈叶。据罗德维克松所言，它们立于4根、8根或10根柱子上，底部敞开以便散热。[38] 斯科特称它们为“苗条”的建筑。他还述及富贵人家府中拥有的上品工艺和精美雕刻。[39] 罗德维克松记述了贵族宅邸外部有一间款待客人的庭院，亦称“接待处”。接待处通常有一间警卫室，一个沐浴用的水箱，以及一座供日间香客朝拜的小“清真寺”。奴

隶的居住区常常将接待处与家庭生活区分开。富人家用木材、砖和沙建成方形、砖砌、无窗的平顶储藏间，这样，货物便可以免受万丹火灾频仍的损害。[40]有时，在城西一个专门居住区的华人会建此类平顶砖房来住。[41]据说，爪哇人屋内的分隔物为丝帘，或为棉帘，抑或竹纹帘。[42]

在万丹，火灾显然是一种常见的威胁。斯科特及其同伴似乎已被惧火的情绪弄得心神不宁，几乎不敢在夜间入眠。[43]爪哇人的屋舍不贵，易于建造。不过，相较于欧洲的火灾，此处频繁的火灾看来并非个人或家庭的灾难。罗德维克松描述了一场大火后，几日内新建的房屋；弗兰克·范·德·杜斯（Frank van der Does）称，建一栋完整的屋舍只需花费1个雷阿尔（piece of eight）①。[44]

万丹分为四个区，各区都有一位“贵族”负责在火灾或战争期间的保护工作。每个居住区有一面报警的巨鼓。[45]沃特·斯考顿声称这些鼓宽8英尺。[46]50名士兵在夜间守卫着苏丹的王宫；贵族往往在他们的府邸留有10—12名警卫。[47]除了王宫之外，大多数欧洲来访者还提到了王宫西侧的大清真寺、一位“年轻国王”的寝宫和万丹的三个市场。罗德维克松相当详细地描写了市场和那 1308
里销售的产品。[48]它应该是爪哇最重要的城市，但范·德·杜斯认为，就其城墙、要塞、街道和建筑等等而言，它无法与荷兰最小的市镇比肩。[49]

从总体上来看，17世纪上半叶，欧洲人对爪哇地理和风景的描写少得令人失望。例如，斯科特写道，虽然沿岸的地低，时常泥泞，其空气不清新，但大多数爪哇城市坐落在那里。他列举了井里汶（Cheribon）、万丹、雅加达和锦石。[50]在海滨低地，鲜有比胡椒更有价值的植物了。内地是高山，然而，山并非高得让人无法攀登。斯科特谈及内陆多处无人居住。他指出爪哇岛所处的位置在南纬9°，其中心位于经度140°；从东到西146里格，由北至南90里格。[51]

最早到爪哇岛的访问者偶尔会简短地描述沿其北海岸的其他城市。罗德维克松的许多海岸线草图无疑也使其读者对爪哇岛海岸的风景略有所知。德·豪特曼的舰队在雅加达逗留，它被描绘为一座约有3 000座屋宇的城市，一道木栅栏环绕着它，一条秀丽的大河从其中穿过。然而，四周的土地低而贫瘠，这

① 西班牙古银币，也称real of eight。——译者注

个地区有许多岛屿和海湾。[52]《荷兰人东印度航海日志》第二部是流传最广的有关荷兰人再度航海的报告，它将雅加达形容为爪哇最美的城市。[53]

德·豪特曼的舰队也停靠在图班（Tuban），这是一座位于丘陵的城市，市里有一片广阔的沙滩，背部是嶙峋之山。它与另外三座城市西达尤（Sidayu）、泗水（Surabaya）和锦石离得非常近。[54]《荷兰人东印度航海日志》第二部对图班的谈论充实得多。它包括一份长文，叙述了王宫以及国王的马、狗、象、妃嫔和卧室的独立建筑。但是，它没有真正描述城市及其环境，各式建筑的想象性插图无济于事。[55]《荷兰联合省东印度公司的创始和发展》（*Begin ende voortgangh*）① 中的德·豪特曼航行记有一张关于马都拉的插页，该岛位于爪哇岛的东北部，土壤十分肥沃，盛产大米。不过，沙洲和浅滩令大船极难靠近。[56]
1309 奥利维尔·范·诺尔特的船只停泊在饶洞，他出版的《环球航海记》② 指出这个港口建在一片岬角上，约有 1 000 多所房屋，无墙。[57]

罗德维克松的《东印度史》第一卷也略述了爪哇岛北部诸多市镇，这也许摘自未刊的葡萄牙语著作。此书提及带城墙的“名”城巴兰邦岸（Balambangan），它与巴厘岛隔着狭窄的海峡；住着许多葡萄牙人的巴那鲁干（Panarukan），被一座大火山拉翁山（Raoen）的阴影笼罩着；向西 6 英里的坚固城寨巴苏鲁安（Pasuruan），一条纯净的河流装点着它。再往西 10 英里是苏吉丹（Joartan），也位于绮丽的河畔，有个良港。河流的西面是锦石。继续朝西是泗水、“布兰达恩”（Brandaen）和“西达尤”。泗水在一条“小河”（大小相当的金河 [Kali Mas]）旁，西达尤是一座坚实的城市，带城墙，其后有三座长而矮的山脉，从海上就可以辨认出来。人口众多的图班，还往西 10 英里，在水湾边。再向西的爪哇那（Jawana）也在水湾附近。曼达利卡（Mandalika）的海湾上有座小岛，是渔村而不是港口。[58] 然而，曼达利卡往西 5 英里的贾帕拉是一个有影响力的、繁忙的港口。它被木栅护卫着，建在向海延伸 3 英里的岬角上，有一个绝好的抛锚

① 此书全名为：*Begin Ende Voortgangh, Van de Vereenighde Nederlantsche Geoctroyeerde Oost-Indische Compagnie*。——译者注

② 此书全名为：*Beschrijvinghe vande voyagie om den geheelen werelt-cloot*。——译者注

地，附近有条清丽的河流。贾帕拉在马打兰内陆，马打兰的国王是爪哇最有势力的统治者。巴蒂（Pati）、坚城淡目（Demak）和直葛（Tegal）位于贾帕拉与井里汶之间，它们都建在靠近河流的水湾边上。美丽的城市井里汶在一条令人惬意的河流（虾河 [Shrimp River]）旁，有堵牢固的城墙，两座高山立于其后，在海上便可认出。井里汶和雅加达（先前称巽他卡拉巴 [Sula Kalapa]①）之间是南安由（Indramayu）、帕马努坎（Pamanukan）和克拉旺（Krawang）。南安由和帕马努坎都在马努克河（Ci Manuk）或伯德河（Bird River），以及普纳嘎拉河（Ci Punagara）河畔。克拉旺是一个位于岬角上的渔村，那里有条塔龙河（Ci Tarum），此河通过三个入口流进大海。罗德维克松罗列举了在雅加达和万丹之间的一个村庄、蓬唐河（Kali Pontang），以及塔纳腊（Tanara）。村庄在顿均爪哇河（Tonjonjava River，芝沙达尼河 [Ci Sadane] 或丹戎翁东顿均爪哇河 [Tanjung Untung Tonjonjava River] 河畔的马来人码头）往上约 1 英里处，蓬唐河向上游大约 1 英里也有个村子。许多胡椒都长在这片地区，沿海的水域布满了小岛。[59]

虽然最早的作品对爪哇风景略显缄默，但是，至少罗德维克松的《东印度史》第一卷肯定详述了岛上的动植物。其四章专注于爪哇植物，一章着眼于动物。这些动植物还被描画在 10 张插图上。[60] 在爪哇的动物中，罗德维克松描写了用于劳作和按日租用的大象。[61] 爪哇人告诉他岛上发现了犀牛，他自己则似乎一头也没有看到；《东印度史》第一卷的插图描绘了独角犀牛。[62] 根据罗德维克松所言，爪哇有许多鹿、野公牛（也许是水牛）和野猪。爪哇人还饲养牛、水牛、绵羊和山羊。[63] 对罗德维克松来说，更奇异的是长尾猴和他称作鼬的动物，它们的滑稽恶作剧逗他开心。[64] 至于爪哇的鸟类，他只列出孔雀、“鹦鹉”（也许是绿鹦哥）、“麻雀”（他指的是 burung pipit，看上去像一种欧洲麻雀），以及一种巨鸟，长颈，歪嘴，无舌，翅膀很小或无翅，无尾，爪子长、厚且有力。他说它会吞噬一切——如蛋、苹果或锡。[65] 爪哇河流布满了鳄鱼，万丹华人常常捕捉鳄鱼，或养为美食。[66] 虽然有人告诉罗德维克松鳄鱼肉味美，但他显然没有吃过。他品尝过爪哇海边发现的一些海龟和乌龟，感觉它们的味道非常像 1310

① 即 Sunda Kalapa。——译者注

牛犊肉。他写道：华人购买龟壳，并将它们运往中国。他还提及爪哇岛的果子狸。[67]最后，罗德维克松描写了爪哇斗鸡，以及爪哇人如何在鸡距上绑柳叶刀，然后让两只这般武装的公鸡斗到死，旁观者则在它们身上下赌注。[68]

对罗德维克松而言，最令人着迷的爪哇植物是槟榔树及其果实，他的描绘细致入微。他说，在阿拉伯，它被称作“faufel”，葡萄牙语是“arequero”，马来语为“pinang”。它长在东印度许多地区，包括爪哇岛。在它不生长的任何地方，它都会成为一种重要的贸易品。槟榔果看上去像海枣。当果实初现时，它被包在壳里；成熟时，壳会落地，留下果实挂在长而粗的枝干上。每个东南亚人都咀嚼包在蒌叶里、带熟石灰白的槟榔果。罗德维克松写道：蒌叶长在像胡椒或啤酒花的藤蔓上，与槟榔果一样，在爪哇岛的每一个市镇都有出售。有钱人无论走到哪里，都要让仆人携带他们咀嚼物的配料。为客人提供蒌叶是爪哇
1311 人礼仪的重要部分。同样无所不在的是咀嚼时产生的血红色唾液。[69]

罗德维克松还描述了竹子，爪哇人以竹代木，用于大多数建筑。他说芒果长在类似胡桃木、叶小枝繁的树上。稍红的黄绿色果实有几分月牙状，垂挂在小嫩枝上。它是纤维质的，有一个大纹孔，味道很美。芒果在10月、11月、12月成熟。爪哇人也用韭葱、姜腌制芒果，像欧洲人吃橄榄那样食之。罗德维克松认为腌制的芒果没有橄榄那么苦。[70]他还描画了菠萝，细节精确。他断定找不到更美味的水果。虽然它们在爪哇岛产量大，但是，罗德维克松意识到是葡萄牙人将它们从巴西引入这个群岛的。[71]

罗德维克松描绘了爪哇岛上的许多罗望子树。此树大，枝干扩展，叶子的形状与紫蘩蒌的叶子相像。紫蘩蒌的叶子日出时会卷起，遮住果实。其花最初是红色的，而后变白；其果成熟时是浅灰色的，逐渐转红。人们用盐腌制罗望子树的果实，运到欧洲，那里的药剂师用它医治发烧、便秘和各种肝脏疾病。马达加斯加岛上发现了大量罗望子树，此树也在爪哇岛生长。果中“极品”“榴莲”如同苹果一样长在乔木上。它像菠萝那么大，虽然有令人不快的强烈气味，有时会让不熟悉这种味道的人闻而却步，罗德维克松却说它是东方最好、最健康、最可口的水果。后来的荷兰旅者称它们是发恶臭之物（参见第236、242幅图）。扇叶糖棕也生长在爪哇岛。其叶如纸，用于书写，绑在两片薄木板之间，

而后成册。[72] 罗德维克松还描写了荜澄茄，外国商人所需极多；他错误地形容山竹长得像李子；植物“Talasse”不结果，但被广泛用于爪哇人的烹调之中；当然，还有胡椒。[73]

罗德维克松较为简略地描述了葡萄牙人所谓的菠萝蜜——还提供了插图；1312
蛇皮果主要生长在巴厘岛上；腊肠树最大的生长地是苏门答腊岛西南部与喀拉喀托岛（Krakatoa）；长在爪哇岛的野肉桂不如来自锡兰的好；美味的野生山竹像草莓，华人对它及菖蒲（*Acorus calamus*，俗称藤）的需求量大。长胡椒实际上为辣椒，是16世纪后期西班牙人横渡太平洋带来的，它在爪哇岛产量丰富且廉价，常被万丹的上流人士用来替代胡椒。[74]

罗德维克松说艳山姜颇似姜，但是更好，种在爪哇岛西部。南姜像百合，长于巴厘岛和爪哇岛。他还提到姜黄在爪哇食品中被广泛使用，葡萄牙语称姜黄为 *saffron da terrce*；一种常见药物花椒实际上并不长在爪哇；紫胶树（马来语，*kajulaka*），可制成漆；大西瓜通称番木瓜（爪哇—马来语，*Kates*；爪哇语，*katela*；马来语，*betik*；葡萄牙语，*pateca*），或许是另一种从通用西班牙语的拉丁美洲国家进口的植物；安息香种在爪哇岛以及苏门答腊岛的若干地方；他说来自文莱、马辰（Banjarmasin）、婆罗洲拉威（Lawai）的樟木，大多被运往中国。[75] 据罗德维克松所言，红檀香木和白檀香木都长在爪哇岛（其实红檀香木不是），但人们更想持有来自帝汶岛（Timor）和索洛群岛（Solor）的白檀香木。长于爪哇岛的这种檀香木没有独特的香味。他记述了不能用现金购买帝汶岛和索洛群岛的白檀香木，但可以用中国珠链和“拉瑞斯”（波斯语，lārīs）——来自波斯南部拉尔（Lar）的双面小银锭。[76] 广受欢迎的香料、姜在爪哇岛生长繁茂，据罗德维克松所说，腰果亦如此。[77] 罗德维克松述及“podi”被用于治疗感冒。眼镜蛇木通常被用作毒药的解毒剂。草红花既当作香料，也作为棉布的染料。[78]

最后，罗德维克松列举了大量药物、芳草和种子。在大多数情况下，他提 1313
到它们的原产地和使用方法：爪哇人把薪柴（马来语，*kayu api*）涂在身上；苏门答腊油楠（*Sindora sumatrana* Miq），一种块茎植物；治疗牙齿的槟榔剂；一种类似姜的块根金叶女贞球（*Ligustrum glomeratum* Bl.；爪哇语，*ganti*），引自中国；有药用的白胡椒；黑芥末或芥末种子；菖蒲，或用于新生儿饮料中的菖蒲根；一种长在水中的冷却剂苏里南樱桃；篱笆菜（马来语，*cangkok*），病人饮水服用；来自苏门答腊岛的印度大麻，用于酒中；看上去像灰的“木炭”，涂于身，如同铁力木；引自苏门答腊岛的山菅兰，用来净身；红杉木（马来语，*suriyan*）；虾仔花（爪哇语，*sidawayah*），也被敷于身上；从中国进口的莪术，涂在身上，可解虫子叮咬之毒；病人将毗黎勒调入他们的饮酒中；蛇目木叶（马来语，*daun perawas*），一种退烧叶；艳山姜（*Curcuma zerumbet Roxb*）搽身可退烧；辣木的果实被用于爪哇食品中；据说相思子的豆状果实有毒；沉香用以治疗胃病。作者在描写这些植物时，大多数配有铜版插图。[79] 在罗德维克松的植物目录中，他还举出几种产自印度、南非或印度洋岛屿，而非印度尼西亚群岛本土的植物。

三、巴达维亚，大都会及其外围地区

17世纪下半叶，爪哇最常被描写的地方是巴达维亚——新的荷兰东印度公
1314 司总部与城市，1619年后在雅加达或从前的巽他卡拉巴的旧址上修建而成。几位作者描述了1618—1619年雅加达被围困的过程，其间，荷兰卫戍部队顶住英国人和万丹人的进攻，直到总督扬·彼德尔斯逊·昆率领麾下所有荷兰战舰从马鲁古群岛返回，赢得了胜利。随后，获胜的荷兰人摧毁了古城的大部分建筑，包括英国商馆，在其上创建了一座新城堡和巴达维亚新城。1629年9月，范·雷基特伦到达巴达维亚，适值该城与城堡被来自马打兰的一支爪哇军队包围。彼德尔斯逊·昆在这次围困中阵亡，时间仅在范·雷基特伦抵达的两天前。范·雷基特伦对1628—1629年间以及十年前的围攻都做了描述。[80] 在17世纪下半叶出版的大多数对巴达维亚的主要描写中，叙述巴达维亚的起源及1628—1629年的两次围困已然寻常。[81]

许多到访巴达维亚者说他们对城市与城堡的第一印象深刻，从海上来看，这显然是一种令人震惊的景象（参见我们的图，第6幅）。巴达维亚背倚浓密的树林和高山，其白色的珊瑚墙在日光下隐约泛光。一列列椰子树、芒果树和柑橘树排成围墙，甚至美化了巴达维亚的堡垒和炮台。[82] 夜晚，在海上远远便可

望见总督府顶部的灯笼。[83] 博林描述了海湾的两座有防御设施的岛屿——恩日斯岛（Onrust）和马龙岛（Maron），岛上的旗信号或炮弹向城堡发出有船只靠近的警报。荷兰东印度公司的船舶也在恩日斯岛上建造和修理。[84] 弗里克说，总而言之，巴达维亚是“一个人类的奇观……甚至比阿姆斯特丹本身更精美”。[85]

城堡在港口的东面，其入口朝北，城墙延伸到水边。它既美观，又大而坚固。该世纪下半叶的许多作者描写了它的防御工事和建筑。据范·雷基特伦所 1315
言，城堡由 15 尊大炮和五六队士兵把守。[86] 萨尔认为它的吊桥和吊门与德国城堡的相似。他逐一描述了它的四个堡垒：珍珠、钻石、红宝石和蓝宝石。[87] 博林列举了驻守每个堡垒的士兵数量。[88]

两道大门供人们进入城堡：一道是水门，面向大海；另一道面向城市，称陆门或城门。17 世纪 80 年代，弗里克到访巴达维亚，他提及新建的第三道门，后来德·赫拉夫还谈到大门之外的另外四扇小门。[89] 博林撰写时仅有两道门，他说每道门有 100 名士兵守卫。[90] 一座带有 14 个拱门的石桥跨越一片沼泽，这片沼泽将陆门与城市分隔开来。[91]

城堡内有两个大广场，总督府位于较大的广场上，这座三层砖块建筑令人印象深刻，站在其高高的穹顶上可以将全城和港口尽收眼底。总督府也是荷兰东印度公司的审计部门、秘书处，以及东印度委员会成员聚首的会议厅。议员们的住所在附近。[92] 城堡中住着其他许多高官，包括公司的外科主任医生、首席商人、军械库总管，还有诸多簿记员、商人、助理和手工艺者。博林估计约有 150 人。[93] 城堡还容有很多货栈，供荷兰东印度公司存放商品、货物、医用品和军事装备。简而言之，它是整个荷兰东印度公司的政治、经济和军事的神经中枢。根据博林所言，爪哇人称总督为“雅加达国王”。他确实生活得像王室成员：由穿着繁复精美制服的警卫侍候；每当他离开城堡，定期视察其部队，隆重接待亚洲国君的时候，都有列队随行。在城堡里，有一座钻石尖顶的八角形石砌小教堂，每周日，荷兰归正会的神父在那里讲道两次。[94] 从城堡的陆门穿 1316
过石桥，便来到一片旷地，其上有经常使用的一台绞刑架、鞭笞柱和轮子。旷地另一侧的小桥通向守护之门和城市的主要街道。[95]

与城堡一样，也有一堵石墙围绕着巴达维亚城，反过来，石墙亦被一条宽而深的运河包围着。它有4道门、21座防御工事。全部都是根据荷兰的城市或省命名的。一座堡垒——中型平底船位于城市中央。据博林所说，巴达维亚的城门和防御工事由四队士兵把守，每队有300人。每晚9点，所有的门，包括从河道进出城市的水门都被关闭。城市通过六座小“城堡”得到进一步保卫，这些小城堡建在城外的三个方向，距城墙约0.25英里（参见第229幅图）。虽然荷兰东印度公司在其军队中用了许多亚洲士兵，但只有欧洲人——绝大多数是德国人守卫巴达维亚。[96]

每个人都将巴达维亚形容为一座完美的城市，其街道宽阔，直角对接。河道由南向北，流经城市中部，为巴达维亚深深的运河提供了清水（参见第227幅图）。棕榈树沿街道和运河成列排开；运河的两侧是铺砖的人行道。它是热带的荷兰城市。许多巴达维亚建筑是荷兰式的：运河屋后附带花园，美不胜收，还有巨石与红砖砌成的公共建筑。

纽霍夫和德·赫拉夫描画了巴达维亚的每一座主要建筑：十字教堂（Kruiskerk Church），1640年用白珊瑚建成，与钟塔、气候风向标、乌木镶嵌的讲道坛和长椅一同完工；三层楼的市政厅位于宽阔的广场中央，入口处有科林斯式柱；医院；严加看守、无窗，为改造行为不规矩的女子设置的劳教所（Spinhuis）。巴达维亚有值得夸耀的屠宰场、鱼市、玉米和大米市场、家禽市场和水果市场，所有市场都沿河而建，这样，买卖产生的废物可以被轻易地丢弃在河里，还有一个服装市场。商人——大多数是华人——租用这些城市拥有的市场摊位或桌子。优质的华人医院和敬老院位于史宾修斯劳教所隔壁，建于1646年，大部分支持是来自华人社区的捐赠，由荷兰人与华人联合管理。巴达维亚的孤儿院主要也是由私人慈善机构维持的。最后，纽霍夫和德·赫拉夫都稍稍谈及城市赛马训练场、巧匠屋（Artisan's House）、各种城市货栈和拉丁
1317 语学校。纽霍夫提供了大多数建筑的上佳素描。[97]除了十字教堂用荷兰语布道之外，还有一个马来语教堂和用葡萄牙语做礼拜的教堂。[98]博林记道，城里共有4座教堂。这些教堂，城堡里的教堂除外，由8位传教士布道，其中德国人、英国人、荷兰人和法国人各两位。无主教或教长。一位神职人员充任教区长，这一职务由他们轮任。博林还列举了荷兰东印度公司支付给神职人员的薪金。[99]

巴达维亚首先是一个商业中心。17世纪的访问者几乎都谈论了港口船只拥塞，街道上商店和旅馆林立。差不多所有亚洲国家的人们都来巴达维亚做生意、居住。例如，德·赫拉夫列出欧洲人之外的华人、马来人、“摩尔人”、安汶人、爪哇人、望加锡人和“自由人”（Mardykers），或讲葡萄牙语的印度基督徒。[100] 博林的清单则长得多。除了德·赫拉夫提到的，他还举出了阿鲁岛民（Aru islanders）、邦加岛人（people from Bangka Island），还有来自班达、印度马拉巴尔、日本、台湾、暹罗、马尼拉、波斯、锡兰、婆罗洲、科罗曼德尔、孟加拉、叙利亚、希腊、土耳其和其他许多地方的人。据博林所说，住在巴达维亚的欧洲人有德国人、丹麦人、挪威人、意大利人、巴比伦人、马耳他人、波兰人、法国人、英格兰人、苏格兰人、爱尔兰人、西班牙人、葡萄牙人、瑞典人以及荷兰人。总而言之：“在巴达维亚，住着来自全世界大多数国家的人，只有非洲人除外。”尽管每个人也能说葡萄牙语和马来语，但人人都信仰自己的宗教，讲自己的语言。[101]

纽霍夫和德·赫拉夫都将巴达维亚政府描述为六个议会的组合体：东印度
议会，由总督执掌，操纵最高权力；司法委员会，主席通常是一位东印度委员 1318
会成员，行使该城总的司法、政治和财政权；市议员委员会，选自巴达维亚最好的市民，其中两名来自华人社区；医院与孤儿院委员会，华人亦被选为代表；小事务委员会，由一名司法委员会成员任主席；以及民防委员会。各民族被任命的“甲必丹”（captains）及其下属也持有限的政府权力，尤其是华人“甲必丹”。荷兰东印度公司对所有进出巴达维亚的贸易征税，向商人出售许可证，征收城市居民的人头税，此外，它还有更多权利。17世纪巴达维亚的一些访问者列出了多种税收。许多人还记载了巴达维亚严厉的法律制裁，举例说明通常遭受的处罚。[102]

迄今为止，最重要和人数最多的巴达维亚居民是华人。1628年到巴达维亚的范·雷基特伦记述了住在该城的五六千名华人。[103] 每个人都将他们描画成巴达维亚最勤奋的居民、聪明的手工艺人，参与商贸的各行各业。事实上，他们控制了这座城市的商业命脉。因此，对巴达维亚的叙述大多有关于华人的长篇描写。[104]

华人的着装和容貌与其他巴达维亚人的不同。他们通常穿袖子宽大、手可藏入其中的蓝色长袍，蓝宽裤和柔软的宽便鞋。天气潮湿的时候，他们脚着木
1319 鞋。他们对自己的头发一丝不苟得令人惊异，其发颇长，不梳辫子，即使是在被满族人征服之后。大多数华人每周请理发师修剪、清洗他们的头发，盘成一个髻，用簪子固定在脑后。他们都用一个黑色马鬃做成的网套在发髻上。欧洲人称他们难以区别年轻男子与妇女。年长男子往往蓄着长长的薄胡须。每个人都将巴达维亚华人形容为赌瘾很大，实在是不顾一切后果的人，他们常常把家业、妻子儿女当作赌注。然而，只有在最后关头，他们才会将自己的头发押为赌注。"假若一个人失去头发，那么，他将随之失去所有信誉，沦为奴隶，被迫终其一生劳作，并被卖给别人。"[105]

华人社区里的妇女大多数是来自巴厘岛或望加锡的奴隶。很难见到一名华人妇女。男人想要多少女人，就悉数娶回。一旦男人辞世，他的妻妾们通常会被卖掉，除了极个别情况下，他在遗嘱中明确要求让一位最宠爱的妻子获得自由。皮拉尔德记述了巴达维亚华人在返回中国的时候也会卖掉他们的女人，但会将孩子留在身边。[106] 在巴达维亚华人社区，女儿们与那里的大陆华人女子一样罕见。许多17世纪的作者认为女性往往在出生时便遭扼杀。

虽然如此，巴达维亚华人还是喜气洋洋地庆祝婚礼。年轻夫妇在亲朋好友的伴随下，带上他们的礼品和最贵重的财产游街过巷。有时，婚庆典礼在运河的小船里或港口的船舶上举行。无论哪一种情况，他们都离不开音乐、鲜花、演剧、宴席和酒饮。所有欧洲作者都为华人对筷子驾轻就熟而感到诧异。

萨尔描述了一些巴达维亚中医疗法，其中有放血疗法，他说中医们令病人半窒息，让其头朝下，用刀切开这位患者的前额。[107] 巴达维亚华人为亡者净身，用白布将他们包裹起来，连同金钱和被认为在另一个世界有用的旁物入殓。出殡队伍扶棺到城外的华人墓地。萨尔说抬棺者穿黑衣。[108] 博林描写了僧侣在
1320 葬礼中的作用，推测神职人员在殡殓后回到坟地，从棺材里取出钱。[109] 皮拉尔德却辩称巴达维亚华人从不埋葬逝者，只是对尸体进行防腐处理，将遗体运回中国安葬。[110]

大多数欧洲作者都叙述了巴达维亚华人敬奉魔鬼"Joosje"。[111] 华人把偶

像放在他们的屋内，也放于就在城门外的一座寺庙里。弗里克对这样一位家“神”及敬神活动的描述是有代表性的。

> 他们在房间的一个角落设了一座祭坛，点缀着许多漂亮的小饰物，坛上供奉着一尊泥土做成的偶像，大约一拃宽。它的脸很宽，有一双大眼睛；它是黑色的，涂了些红色的弧形条纹；鼻子巨大，长须皤然；头上竖着两支绚丽多彩的角。他们称这尊偶像为Josgin；他们向此像鞠躬，表达十分的敬意；双手合拢，祈求它保佑他们不受到任何伤害，无灾无祸。
>
> 他们有一位创造天地的强大的神。但是，他们说他天性善良、性情温和，不用惧怕他的伤害。他们所有的担忧却是来自恶魔，他们在那偶像的外形下，用供品和祷告来抚慰他：因此，他们费尽心思地讨好他，夜间，总要点燃摆在它前面的红蜡烛或黄蜡烛，还奉上肉和酒、各式水果，次日全部撤换，家人随后吃掉，余下的鲜肉放在它的屋里。[112]

博林描述了华人寺庙的一场仪式：庙里有3座祭坛，各供奉一尊“撒旦”金像；3位穿着红披风的和尚，披风的流苏缀着小铃。摇铃人拿着铃，跟在和尚们后面。12盏巨烛在祭坛前燃烧。仪式始于铃响，人们伏地叩首，重复着“卜噫赞嘚，卜噫赞嘚，斯吉啰……荣耀归于神”。摇铃人把一头嘴里含着一粒葡萄柚的死羊和各种水果摆在祭坛上。接着，和尚们开始缓慢地逐字诵“经”，每一句句末，铃声作响，“众信徒”随之弯腰行礼。仪式持续了一个多小时。[113]博林还描写了一种节日“Weang”，人们会在每月望日过节时，向魔鬼“Josie”表示敬意。他描述了每年3月持续八天的中国新年节庆活动。[114]德·赫拉夫记述 1321
了在贾帕拉的一种“哇扬”（Wayang，木偶戏）节日，贾帕拉也有一个相当大的华人社区。[115]雅加达围墙外的郊区人口大多数是华人。城外还有美丽的花园和公园、娱乐场所，以及让所有人漫步的舒适小路。[116]

在1640年尼古拉斯·德·赫拉夫首访巴达维亚与1687年他最后一次到

访之间，巴达维亚的许多人种逐渐形成了一个新部族，弗雷德里克·德·汉恩（Frederick de Haan）后来称其为**巴达维亚人**①（*Homo Bataviensis*）——巴达维亚的自由市民。这些人是荷兰人和其他欧洲人，他们在与荷兰东印度公司的服务期满后留住巴达维亚；与他们结婚的亚洲或欧亚混血女子；及其子女。德·赫拉夫在题为《东印度的荷兰富人与豪华生活方式：以妇女为重点》的一章中刻画了他们。[117] 他描述他们乘坐昂贵的四轮马车在街道穿行，奴隶们跟在后面。他将妇女形容为“如此华丽、傲慢、性感和奢侈，以至于除了骄奢淫逸之外，她们简直不知道该如何自持”。她们日夜被人伺候，从未自己抬过一只手指，却残酷地虐待其奴隶，哪怕他们只是偷窥地上的一根稻草。[118] 她们太懒，不愿抚养自己的子女，差不多孩子一出生，就被交托给奴隶们。因此，孩子们长大后说奴隶的语言，几乎不会正确地读一个荷兰语单词，更遑论用荷兰语造句了。[119] 所以，马来语和洋泾浜葡萄牙语，而非荷兰语，就成为巴达维亚主要的语言。巴达维亚自由市民的子女虚度年华，成天嚼蒌叶、吸烟、喝茶，或者只是躺在一床席子上。他们交谈的内容只有奴隶和食物。他们吃爪哇食品，用的是手指，几乎不懂得如何使用欧洲餐具。德·赫拉夫认为他们像猪那样吃食。[120] 他们很难得参加一场荷兰人晚宴，这种时候，他们往往举止笨拙，既不懂得该如何谈吐，也不知道应怎样进食。德·赫拉夫觉得女人们丑陋（似乎
1322 主要是由于她们的皮肤黑），不道德，对其夫不忠；她们与妓女并无二致。在他看来，住在巴达维亚、与这些欧亚女子成亲的荷兰男子真的永远无法重返他们故乡的家中。[121]

再也没有比巴达维亚人周日在教堂炫耀消费更乏味和无礼的了。妇女们妆扮过分，她们穿着最贵的服装，戴着黄金和镶有宝石的项链、耳环与胸针。家人们招摇而往教堂，随行的奴隶举着他们的遮阳伞，拎着诗篇歌集和蒌叶盒。礼拜的时候，教堂外面的广场挤满了等待其男女主人的奴隶们。德·赫拉夫对比了所有这种虚荣与此类人回到荷兰后所住的朴实无华的居所。[122] 他还抱怨荷兰东印度公司雇员在巴达维亚和亚洲其他地方的普遍腐败。他描述了荷兰东

① 原文为斜体，以示强调，中译统一改为黑体。下文不再另注。——译者注

印度公司雇员在公司船上经营的越来越多大宗非法私人贸易，所有交易只有通过广泛的贿赂才可能实现，它们对公司的不利令人担心。[123]

该世纪下半叶出版的文献偶见对爪哇北部海岸其余城市的描写。例如，德·赫拉夫描绘了贾帕拉，博林刻画了贾帕拉和万丹。范·昆斯对贾帕拉的叙述更长，侧重于它的防御能力。如同罗德维克松在这个世纪早期已撰写的，斯考顿也简要地提及从巴兰邦岸到万丹的每一座城市。[124] 但这些语焉不详的描摹都没有对先前的报告增加很多内容。

多数欧洲人说爪哇南部海岸不为人知，大部分地方荒无人烟。不过，斯考顿讲述了 4 名荷兰水手的经历，他们在搜寻澳大利亚海岸沉船“德雷克”号（Drake）幸存者的时候被扔下，搭乘一艘敞舱船来到爪哇南海岸，由当地向导们陪同，从陆路前往贾帕拉。[125] 正如斯考顿所描画的，森林延伸到水边。悬崖和洞穴在海滨，礁石和沙洲远离海岸，因此，要找到一处安全的着陆点，甚至是一叶小舟都非常困难。可见的内陆是岩峣之山，山巅直入云霄。在找到任何人类生命迹象之前，4 名水手沿着海岸走了极远。他们遇到的第一个人是位孤独的隐士，靠钓鱼为生。他们与这位隐士共同生活了几天，直到碰上一位带 1323
他们穿过岛屿到贾帕拉的向导。但是，斯考顿的描述写并非其亲眼所见，风景谈得相当少。

该世纪下半叶，爪哇内陆的两份第一手叙述面世，一份是阿尔布莱希特·赫波特的简短描画，另一份是范·昆斯翔实得多的写照。赫波特是 12 位士兵、4 名水手、4 个爪哇人之一，他们领命陪伴一位荷兰东印度公司大使，他的任务是调查一群近来定居在巴达维亚南部的爪哇人。他对考察所遇种种困难的讲述，展示了爪哇内陆风景，给人留下深刻的印象。考察队乘两条船离开巴达维亚，向东航行。他们一到达勿加泗（Bekasi）河口，便溯流而上。行进是缓慢的。河岸在水下，难以发现主流。天不停地下雨，他们遭受蚊子的肆虐，特别是在黄昏。“蚊子多得让我们无法免受叮咬；故我们只得通过随身带的亚力酒来自我麻醉，忘却痛苦。”[126] 清晨，他们的脸、手和脚都肿胀，流血。只有烟火可以驱虫。篝火也是夜间防止老虎攻击的唯一有效措施，但是他们极难点火，因为没有干木柴。一天晚上，他们准备在一个貌似岛屿，自以为会更安全的地方露宿。然而，入夜，他们的岛屿开始自行开裂，顺流而下。人们争先恐后地爬上船，驶向岸边。另一个夜晚，他们坐在篝火旁睡觉，有两人放哨，其中一名警卫遭到老虎攻击，不久死去。当他们缓慢地逆流而上的时候，常常看到岸边的老虎和犀牛，以及水中的鳄鱼。到了末段，湍流变得太急。士兵们站在齐腰的深水中，试图推船前进，但是急湍中的沙子和硝石很快就使他们的皮肤受损。

除了派两人乘两艘船顺流而下折回之外，余者继续徒步前进。雨仍然下着。他们几乎耗尽给养，且浑身湿透，不得不扔掉一些储备物。他们在茂密的藤林里艰难地开出一条路，荆棘撕碎其衣，刺破了皮肤。他们讨论原路返回。最后，在离开巴达维亚的第八天，他们突然发现远处有一个人。跟着他，他们终于看到了炊烟，接着发现一条小路，此路引其通往一块已开发地和一片爪哇人的营地。他们最终到达了目的地。大约一年前，来自万丹的爪哇人已建造了 100 幢房屋，种植了水稻和甘蔗。当荷兰使节问他们是否愿意成为荷兰东印度公司的臣民时，他
1324 们迅即同意了。他们让欧洲人饱食，并使其衣服干透。几日之后，一位爪哇向导带他们回巴达维亚。返程只用了两天时间。回去后，这些欧洲人都患上了“致命的疾病”，赫波特认为这是由持续的降雨和有损于健康的空气造成的。[127]

范 · 昆斯记述了从巴达维亚到万丹的路线和苏苏胡南王宫，苏苏胡南王宫的记述中还包括对爪哇岛中部风景较生动的描写。陆地行程始于三宝垄（Semarang），这是巴达维亚往东 53—54 英里、贾帕拉往西 7 英里的一个海港。三宝垄无城墙，有 2—2.5 万户人家，他们靠捕鱼、伐木、耕种和其他各种职业为生。在三宝垄，苏苏胡南的代表们会见了荷兰大使，将他们领到宫中，并盛情款待。[128]

在三宝垄南部旅行的首日，他们穿过山麓丘陵约 6 英里，途经 8 至 10 个村庄，每个村庄有 60—100 户人家，而后，来到了翁加兰（Ungaran）村。翁加兰大约有三四百户人家，他们不得不为到苏苏胡南王宫的官方使者提供食宿。此村位于一座同名的秀山脚下，虽然山峰常常高耸入云，但几近巅峰处也种了甘蔗和果树。范 · 昆斯评道：“这里的岛屿乍看像是一个奇迹和大自然的饰物，有许多如画、壮观的稻田，还有各种水果与浆果，形容它怎样令人心旷神怡都不

为过。”[129]距翁加兰 6 英里处便到了基安第（Chiandi）村和沙拉笛加（Salatiga）村，山村海拔较高，在一个 2.5—3 英里宽的山谷间。那里遍地稻田，众多溪流从山峦流经，注入淡目河（Tuntang）。山村越来越多，这个使团成员有时一小时内可穿过三四个村庄。他们还经过“令人难以置信”的柚木林，林中的树粗大，可锯出 3—3.5 英尺厚的木板。[130]行至第三日，在沙拉笛加与塞林比（Selimbi）间，一座大桥横跨山谷上端的河流。桥长 300 步，桥上每一条木板都是一根 10 平方英寸或 12 平方英寸的横梁，范·昆斯认为其坚固，足以承受数千头大象和重炮列队通过。

塞林比是“马打兰省的……首个门户”，重兵防范，每月朔日换一队卫兵。城门内是一个约有 1 000 户或 1 500 户人家的大村庄。未获苏丹亲笔签署的通行证，任何人都不许通过三宝垄的大门。出了塞林比，道路通向一座大约 1 英 1325
里或 1.5 英里的山林，林后露出大片开垦的山谷，范·昆斯将它形容为“人间天堂的入口”。极目所望尽是稻田，数条山泉灌之，无数村庄星罗棋布，彼此相隔一炮轰之远。范·昆斯爬上默尔峇布（Merbabu）山腰观光。他疲惫得无法登上山顶，但从他所在之地可以俯瞰山谷内部全貌，眺望南面和北面的海洋。登高时，他至少穿过了 12 个小村庄，每个村庄有十五六户人家。从默尔峇布山往前，路上立着第二道大门塔吉（Taji），也是把守甚严。通过此门，游客可以进入马打兰四面环山的中部平原。郁郁葱葱的稻田映入眼帘，清澈的河流从中穿过。山麓丘陵，甚至环绕群山的山坡也是梯田层层，种着水稻和果树。村庄遍布，范·昆斯估计数量不下 3 000 个，规模从 100—1 500 户人家不等。他勾画出山脉的轮廓，为山峰取名。山中有爪哇最高峰“Belivangh”①，从海上 36 英里处即可望见。虽然三宝垄到马打兰长约 30 英里，至南海湾则又达 34 英里，但此地的爪哇只有 20 英里宽。[131]

马打兰在塞林比和塔吉的收费站是木制的，建在陡峭的山坡上，起城墙的作用。范·昆斯认为任何人都不可能绕过城门。在塔吉的另一边，通往马打兰城和王宫的路上设有两道防守更为严密的城门。城市四周环绕着一座极其破旧

① 爪哇最高峰为赛梅鲁火山（Gunung Semeru），海拔 3 676 米。——译者注

的石墙，此墙长2英里，高18—20英尺，厚达8—12英尺。城墙多处破裂，损坏程度给人以深刻的印象，已不能再用于城防。皇家城堡大且环境舒适，前方有一巨型广场，其后有硕大无朋的围场，养着供苏苏胡南狩猎的各种野生动物。[132]范·昆斯提到另外两条到马打兰的路线：一条从西面直葛港进入；另一条从东面，起于巴兰邦岸，有条由锦石而来的岔道。[133]沃特·斯考顿对马打兰的描写明显源自范·昆斯的著述，没有任何新资料。[134]

17世纪下半叶出版的爪哇记述大多有一些动植物知识。邦修斯、沃特·斯考顿和纽霍夫的描写显然是最详细的。[135]斯考顿提及的动物有公牛、奶牛、绵羊、山羊、马、驯养与野生的水牛、家猪和野猪、老虎、鳄鱼、犀牛以及蛇。
1326 他记录了爪哇人养鸡既为食，且为斗，他们沉溺于斗鸡。[136]他对食火鸡或鸸鹋的描画与罗德维克松的相差无几。斯考顿注意到，变色龙被认为会依照当下的环境而改变颜色，不吃东西，无需食物。斯考顿无法核实变色龙的日常饮食，但是经过几番试验之后，他发现它不会变色。他推测这些描述可能是因为季节变化而产生的。邦修斯只是表达了变色龙不吃东西是错误的见解。[137]每个地方，连房间里偶然都会有无害的蜥蜴在你入睡时从你的脸上窜过。博林认为长得像青蛙的蜥蜴此举实际上意在通过唤醒处于危险中的睡者，以免他们受到蛇、类蜥蜴爬行动物和蝎子的攻击。[138]更令人烦恼得多的是斯考顿所谓的蟑螂，葡萄牙人称之为书虫，但是，他形容的一种淡红色飞虫对书、纸、布和食物损害极大。据斯考顿所言，如果被碰到，它们会散发难闻的气味，还咬人。它们常常寄生在比较陈旧的船上。[139]舟楫还携带有毒的蜈蚣或千足虫，一些长六七英寸，它们的叮蛰令人感到相当疼痛。[140]爪哇岛也有许多毒蝎。斯考顿说它们爬进箱子和衣柜，甚至是书里。他还看到很多巨大的毒蜘蛛。最后，他略写了萤火虫。[141]博林描述了一只蝾螈，爪哇人模仿其叫声，称之“jeccho”（壁虎，一种无害的蜥蜴），其尿剧毒，触及它的人健康将受到永久性损害。[142]邦修斯谈及小鸡、水禽、山羊、水牛、鹿和猪，它们提供了爪哇岛最美味的肉食。与欧洲的鸭鹅不同，爪哇水禽生活在河里，而不是湖泊或沼泽中，这使它们的肉更有益于健康。[143]他对自己显然在爪哇岛见过的犀牛和老虎的描摹尤具洞察力。犀牛与象大小相当，但腿较短。它的皮肤非常粗糙且厚，两侧和背部褶皱深，令一些欧洲人以为它身披铠甲。它食草和嫩枝而不是肉，对人没有伤害性，除非被激怒。若受到挑衅，无论如何，它会开杀戒，将一匹马及骑手抛向空中，仿佛它们是苍蝇一般；有时则用粗舌舔吃敌手，使其骨肉分离而毙命。[144] 不过，老虎却是一种极其危险的野兽。并非因为它动作敏捷，大多数野生动物都能跑得比它快。老虎每次伏击猎物，如果第一次猛扑没有捕到，便极少再追赶。鉴此，它们常常捕食人类，人跑得不快，无法逃脱。老虎极其强壮，它们往往只要一击就能杀了猎物。一头老虎能不费吹灰之力，将一只三倍于它的水牛拽进树林。邦修斯描写了老虎与犀牛之间的共生关系或“友谊”，它们时常为邻。爪哇人告诉他，一般老虎会拼命地吃肉，经常让胃不舒服，就用犀牛粪作为解药。然而，邦修斯叙述他看到一只小犀牛被老虎杀死并吞噬。邦修斯断定老虎是猫科动物，他描述了它们在吃猎物前，会饮其血。[145] 1327

邦修斯对塞兰岛鹂鹋的细描给人留下了深刻的印象。它昂首阔步，高约5英尺，从胸到尾长3英尺。其黑蓝色的秃头与身躯相比，显得很小。它的眼睛“大、闪亮，且恶毒”。喙上的两个洞做鼻孔，黄褐色的饰物从鼻孔延伸到头冠。当鹂鹋羽毛脱落的时候，这个饰物也会脱落，并像羽毛那样会再重新生长。羽毛是红色和黑色的。其颈前部有两团像火鸡那样的红色肉垂。其腿长而粗，带硬垢；趾短，无距。其脚不像鸵鸟的有分叉，但与鸵鸟一样，鹂鹋也不会飞。它吃任何扔来的食物，仅仅略过吃了之后会难以消化的东西。[146]

邦修斯还描画了一种比鹦鹉更能准确模仿人声的“啄木鸟”或“印度八哥”；华人采集的食用燕窝，由一种源于鲸鱼或其他鱼的精子的柔软物制作而成；翅膀像蝙蝠的飞鱼；以及猩猩。他声称看过猩猩哭、叹气，并展示其他人类的情绪。爪哇人告诉他，只要愿意，猩猩会说话，但是它们选择沉默以免被迫劳作。邦修斯认为这是荒谬的，但他对爪哇人相信猩猩是猿和当地女子的后裔未加评论。[147]

纽霍夫的叙述包括许多精致的铜版插图和对爪哇动物、鸟和昆虫的文字描写。[148] 大多数欧洲人着迷于鳄鱼。例如，梅克林描述鳄鱼长16—18英尺，皮肤坚硬，刀枪不入。他记述了总督悬赏死鳄鱼。[149] 梅克林亦描摹了爪哇巨大的蛇。他声称看过一条巨蛇吞下一名女子；另一条吞过一头猪。[150] 赫波特

1328 描绘了所见的猩猩、飞猴、大飞鼠和小飞鼠、鹦哥，以及每年其喙上都会长出新斑点的“年鸟”(year bird)。[151]

斯考顿、纽霍夫和邦修斯还描写了大量的爪哇植物。斯考顿对于各种胡椒、菠萝、椰子和香蕉（他认为香蕉叶应该曾是亚当和夏娃的第一件衣服）的描绘尤其生动。[152]纽霍夫的植物目录详尽，但其中只有极少数物种是罗德维克松在这个世纪早些时候没有描述过的，它还记入了许多不是原产于爪哇岛的物种。无论如何，它的确含有大多数所述植物的精美铜版插图。[153]邦修斯书中的大多数植物罗德维克松已描绘过，不过，多数情况下，邦修斯的描画更胜一筹。举例来说，他描述姜黄有一朵红花和一支黄根，爪哇人把它制成一种药膏，涂抹全身，以防发烧、晒伤和蚊子叮咬。[154]安息香树由一簇粗吸根组成。由于其他植物经常长在安息香簇中，一些观察者猜想安息香树会生长出几种叶子。[155]榴莲闻起来像腐烂的大蒜，却是最有益于健康和有药用价值的水果之一。但是，吃太多榴莲会令肝火旺、血液热，从而导致面部湿疹。邦修斯认为菠萝蜜有损健康，不宜吃。一种类似的水果叫包丰（马来语，champědak，另一种菠萝蜜），尝起来味道更佳，也更有益于健康。爪哇人用其外皮的烧灰替代碱液来洗衣。他把木瓜形容为长在树上的柠檬。[156]邦修斯对槟榔和蒌叶的描述集中在咀嚼混合物上。红汁大部分被吞咽，最终使牙齿变黑。常嚼槟榔会让牙齿崩裂、脱落。所以，大多数马来人缺牙，一些年仅25岁的年轻人已然无牙。嚼一粒未熟的槟榔果会令人头昏眼花。嚼蒌叶不利于神经质者的健康。尽管如此，邦修斯喜欢嚼蒌叶甚于吸烟叶。[157]

邦修斯从未见过成长中的茶树。为了描摹这些植物，他研究干叶，显然与
1329 巴达维亚的华人交谈过，并依仗总督雅克·施佩克斯（Jacob Specx）。他说茶植物是一种灌木，叶子像有凹痕的草，边缘锯齿状，参差不齐。他发现茶叶制成的饮料微苦，比较富有的品茗者会加糖。邦修斯主要对茶的药性感兴趣，他向患有肺病、呼吸短促、膀胱和肾结石的人推荐茶，茶可作为一种利尿剂。邦修斯的编辑威廉·皮索对其一页正文添加了三四页评论，邦修斯的这页文本取自广泛的资料来源，如弗朗索瓦·卡顿（François Carton）、利玛窦（Matteo Ricci）、路易斯·弗洛伊斯（Luis Fróis）和路易斯·达尔梅达（Luis d' Almeida），

从而成就了该世纪一份对茶较为精彩的描述。[158]

邦修斯是为鸦片辩护而不是在描写鸦片。他认为鸦片对于治疗痢疾、霍乱、高烧和其他胆病是必不可少的，不能仅仅因为有人用之不当而败坏它的名声。[159]然而，他质疑牛黄石和猪石的药用。猪石是一种类似牛黄石，在猪的胆囊或豪猪胃里发现的结石。爪哇人把猪石泡在酒里医治霍乱。邦修斯琢磨为何是这些动物结石而非人的胆石或膀胱石受到如此重视。[160]邦修斯对声名狼藉的安汶人天花的描述可能是该世纪最详尽的。邦修斯详细描写的天花症状与梅毒的如出一辙，除了与它们相伴而来的痛苦较轻之外。其治疗方法与通常描述的梅毒疗法也很相近。然而，这种疾病不是由性交引起的。邦修斯认为安汶人的天花是安汶岛上特殊的气候、土壤和当地人的不良饮食所致，他们的日常食物是鱼、西米和被称作萨给厄（saguër）的棕榈酒。[161]最后，邦修斯列出了几种“大自然的杰作”，他认为后世的医生应加以调查研究。其中包括爪哇岛和班达岛上的火山将岩石抛入天际，石巨大，需 20 多人才能搬动；苏门答腊岛上在水中燃烧的石脑油；望加锡人的标枪上涂的毒药，最少的量便能迅即致命；一粒放在嘴里的小种子可助产。[162]

四、特征、风俗、社会和文化

最早的爪哇记述——后来的记述也说到爪哇人自认为他们来源于中国。罗
德维克松发现这是容易令人相信的。爪哇人像中国人，也有着宽额头、大嘴和 1330
小眼睛。马可·波罗也注意到爪哇人向中国蒙古帝国进贡。[163]《航海记》形容万丹的爪哇人皮肤黄，男人穿宽松的、从腰到膝盖的棉裙或丝裙，脚或腰部以上赤裸。一些人——更多的是虔诚的穆斯林，缠着头巾或戴小布帽，但大多数人头上不戴东西。每位爪哇男子腰上都插着一把波状刃短剑，短剑往往制作精良，配着一根人工雕刻或饰以珠宝的柄。欧洲观察者似乎被爪哇人的短剑迷住了，觍缕再三。女子穿棉布或丝绸衣服，服装只高于乳房，垂至膝盖之下，但腰间扎着另一块布。她们跣足而行，不戴帽，只是在特殊场合，她们才会头戴金“冠”或银“冠”，手臂上套镯子。除了冠冕和首饰之外，贵妇与贫女之间

的着装鲜有区别。[164] 罗德维克松对爪哇“甲必丹们”的装束描摹较为用心：腰部服装的金线、精致的孟加拉亚麻头巾（也许是达卡细平布），以及带绒袖的上衣，或者带黑色或红色布袖的上衣。[165]

随后，赫波特形容爪哇人的皮肤有点褐色，脸宽、鼻扁、眼小、发短，没有胡须。他说他们是相当矮小的民族，但肢体强壮。[166] 萨尔以为爪哇人的皮肤是黄色的，他注意到他们用椰子油搽发，使之闪亮。他描述男人用小镊子将胡须连根拔起。[167] 斯考顿的描绘最为细致，他认为爪哇人“大多数是黑色人种”。[168] 他看到他们的衣服不过是一块棉布或丝绸，绕身三四匝。他描写女人每天用一种黄色油膏涂她们的皮肤，油膏是经姜黄根粉、檀香油、香料和椰子油调制而成的。[169]8 岁以下的孩童裸体奔跑。[170]

几乎所有欧洲作者都评述了爪哇人洗澡有多么频繁，尤其是女性：一天往往五六次。一些较富人家有沐浴用的水缸或蓄水池。那些靠河流或运河为生的
1331 人常常在水边建浴箱。一些浴箱被建在水面上，地面有活板门。[171] 然而，大多数女子只是在河流与运河里洗澡，她们显然没有顾虑到礼仪或隐私。荷兰观察者认为这么多人洗澡玷污了溪水与河流。例如，《航海记》的作者相信梅毒是由水感染的，他还说几位荷兰船员死于饮水。不过，邦修斯并不认为巴达维亚的河水都那么有害，倘若汲取的是靠上游一点的水。[172]

对于爪哇人的性格和品行，欧洲作者的看法殊为一致。在这个世纪刚开始的时候，罗德维克松写道：“爪哇人是一个顽固、不诚实、有敌意的民族……一些人善于偷窃。”[173] 这些特征不断地被后来的作者重述，他们还在令人讨厌的形容词表上增加了靠不住、骄傲、懒惰、妒忌、有报复心、暴力、冷酷无情，偶尔会提供这些缺点的示例。譬如，斯科特估计 100 个爪哇人中大约只有一人乐意工作。他们的怠惰致其贫穷。“这个国家的绅士因他们养的奴隶而变得贫穷，这些奴隶吃的速度比胡椒或水稻生长得快。”[174] 对于欧洲人来说，爪哇人的骄傲好像常常表现为不可思议的神经过敏。例如，爪哇人无法容忍坐时有人站着比他们高，甚或不许同等地位的人坐在比其他人只高出 1 英寸的椅子上。将手放在爪哇人的头上，辱莫大焉。[175] 博林注意到爪哇人从不成双结对地行走，即便他们数百人在一起的时候。[176] 爪哇人的嗜血成性和暴力倾向

使他们成为优秀的战士。范·昆斯认为他们是“拼死的斗士”，比其他任何民族更亡命。[177] 凶杀是常见的，官方对谋杀的处罚轻微，在万丹只需交小额罚金。然而，亲戚朋友们每次都为谋杀报仇雪恨，所以，杀人的数量和罚款急剧上升。[178] 差不多每个人都论及“四处疯狂劈杀”（running amok）的行径，这似乎是一种爪哇人或马来人的自杀形式。斯科特写道：

> 如果一位爪哇人犯了死罪，受到追踪，自认为当死，他即拔出武器，疯狂地叫嚣，这相当于说：吾意已决，过往男女老幼一律格杀勿 1332
> 论。他以最大的荣耀和光彩夺去了大多数人的生命。[179]

即便是荷兰东印度公司在巴达维亚的管理机构对“杀人狂”施以可怕的死刑，也未能阻止这一做法。[180]

在17世纪记述爪哇的欧洲人中，只有范·昆斯展示了爪哇人的一系列优点：他们友善且礼貌，从不用污言秽语，讨论重要事务优雅而高效，享受欢乐和喜庆，酷爱马并温和以待，近乎虔诚地尊敬其统治者，彼此宽厚相待。范·昆斯还察觉到爪哇人彼此也惊人地相似：他们如此相像，“以至于人们可以说，所有爪哇人都是在一个屋檐下养大的，是一位父亲的后裔”。[181] 与最早的叙述相比，该世纪末，欧洲人对爪哇民族的刻画并没有表现出更多的赞赏。譬如，弗里克坦言：

> 出于对吾国公开之热爱，吾乐见他们有希望战胜其敌人，扩大其领地。此外，见爪哇人为吾侪之征服对象，吾私下亦甚感得意。在所有东印度人中，他们最不忠实、奸诈。他们胜任一切胡作非为，却从不适于从事任何高贵或慷慨的活动。[182]

从欧洲人出版的描述中，只能浮现17世纪爪哇社会结构的模糊轮廓。他们仅仅评述了社会的最顶层和最下层。社会是等级制的——也许甚至可以说是封建制。所有等级的爪哇人都唯恐失去他们的社会地位，对其上司毕恭毕敬、阿谀奉承。比如，范·昆斯写道，在马打兰，爪哇人和他们的上司讲话时，一定

要宣誓效劳：主人开口的时候，他们始终处于紧张状态，身体僵直，然后向上
1333 跃起，大喝一声，尽力全速听命于他。无论何时向其上司报告，一位爪哇人总是卖力地狂奔而入，气喘吁吁。据范·昆斯所言，连这个国家的最高领主——亲王们，在面对其上级——苏苏胡南时，也是同出一辙。[183]

奴隶似为普遍，因为所有欧洲作者都谈到他们人数众多。一些作者认为爪哇人用他们保有的奴隶数量来判定其财富。其他人声称炫耀拥有奴隶使爪哇望族一贫如洗。根据斯科特所说，在万丹，一个自由的爪哇人必须为他娶的每位妻子养 10 名女奴。他说一些爪哇人让每房妻室有奴隶 40 名之多。[184] 奴隶不仅伺候他们的男主人或女主人，还要完成家庭内外的各类工作：纺纱、织物、手工、农活、在市场销售等等。[185] 罗德维克松描写了万丹的各种奴隶，不过，却是以提问的方式写就的，他的问题即“奴隶”一词是否适用于欧洲报告中如此称呼的每一个人。例如，一些“奴隶”可以按日聘请，获得约定的一笔钱。一些人似乎只需侍奉其主一半的时间，另一半则为他们自己及其家庭工作。[186] 何塞记述了勤奋的奴隶能挣得可观的收入，凭此，他们有时可以购买奴隶。许多有进取心的奴隶拥有五六名奴隶。据何塞所言，总督施贝尔曼（Speelman）的一位奴隶另外拥有 80 名奴隶。不清楚是否只有荷兰东印度公司官员的奴隶方能买其他奴隶，抑或爪哇富人的奴隶也可以这么做。[187]

鲜有比婚俗更吸引人的爪哇社会面貌了。每个人都说爪哇人是一夫多妻的。最早的一份荷兰报告《航海记》说明爪哇人可娶他们企求的所有女性为妻，但是，平民通常只有一两位妻子，10—20 名妾。妾被买进卖出。[188] 也许这些妾与斯科特所述每位太太拥有的 10 名强制性女奴一样。作者报告小妾们担任太太的侍女和丫鬟，他注意到爪哇男人将他们的女奴当作小妾。斯科特还说爪哇人只允许有 3 房妻室。[189] 斯考顿也认为男人可以随心所欲地成亲，范·昆斯
1334 却说马打兰贵族限娶 4 名太太。不过，他们喜欢多少小妾均可如数保有。[190]

最早的诸份报告、罗德维克松和《航海记》都坚信爪哇女子——至少是穆斯林女子，近乎幽居，似与公开洗澡的描述略不一致。[191]《航海记》说她们被太监看守着。除了皮拉尔德陈述的感受之外，其他 17 世纪对爪哇的描写均未提及太监。[192] 作者们都同意爪哇人极度猜疑他们的妻子，尽管如此，好几

个人却声称通奸是常见的。例如，据范·昆斯所言，一个男人只因另一男子染指其妻而杀之，是情有可原的。在马打兰，一位怀疑有人调戏其妻的男子可以向苏丹投诉，如果苏丹认为原告有起疑心的理由，那么，他将下诏禁止嫌疑人再走近上诉人的住宅。苏丹还御赐原告一把短剑，只要嫌疑人真的靠近他家，即可刃之。[193]

据斯考顿说，孩子们到了十三四岁就准许结婚。[194] 苏苏胡南和大贵族对缔结姻缘格外谨慎，贵族任何婚配都须征得苏苏胡南的同意。偶尔，苏苏胡南会从其庞大的后宫或所有侍女中为他的一位贵族挑选一名女子。这被视为无尚的荣耀。[195] 根据《航海记》所说，妻子们会因很小的过错而被休回娘家。其作者还记述了妻子常常毒死其夫之妾生的婴儿。范·昆斯写道，苏苏胡南和大贵族通常会与怀孕的妃嫔，有时甚至是夫人断绝关系，直到婴孩出生，以免一个父母身份不绝对确定的孩子获得合法地位。生出畸形或丑陋孩子的妻子被休掉，永世不得再与男人相会。不过，那些产下健康男孩的妻子们则极受尊敬。[196]

罗德维克松略述了一场爪哇人的婚礼。新娘和新郎婚前不能见面。婚礼的当天，朋友、仆人和奴隶们扛着带彩旗的长矛，聚集在新娘和新郎的家门前，他们呼喊着，鸣枪，且通常会高声喧哗。午后，新郎官缓缓地骑着一匹备好鞍的马穿过全城，身后跟着祝福者，在黄昏之际来到他的新娘家门口。在那里，他遇到将要伴嫁的奴隶们，每个人都提着一份嫁妆，还拎着新娘的礼物。接着，他们大摆喜宴，新人的父母双双出场。终了，两方家长离席，新娘新郎悄然辞行，同入洞房。[197] 1335

斯考顿对一位巴达维亚穆斯林富人婚礼的描绘则详细得多，与罗德维克松的叙述也略微不同。他声称曾参加过那场婚礼。它始于傍晚，有一列迎亲的队伍，领头的是举火把的人、舞者、杂技演员和乐手。身穿白衣的两位穆斯林“长老”（村长）之后，跟着新婚佳偶的众亲戚。新郎骑在一匹骏马上，他的两位密友在后面陪着，保持一小段距离。他的头顶上有一柄精心制作的流苏阳伞，两名步行的男子牵着他的马，另外两名向他喷洒玫瑰香水，同时，在他前面拿着一块很大的调味香布。队伍徐徐移动，穿过城市，最终停在新娘宅前。两位朋友扶新郎下马。随后，他与所有男宾步入在新娘家门口搭起的巨大帐篷，共进喜宴。女性在里屋，分开用餐。有为新郎和两位伴郎准备的垫子，其他人则盘膝坐在铺于地板的波斯毡毯上。筵席有许多道菜，以蒌叶开局和收盘。宴罢，新娘由其父引入，婚礼开始。结婚仪式包括新娘和新郎的“长老”提问，新娘的随从唱歌，交换戒指和花环。[198] 新娘哭泣，不得不用些水振作精神，方能回答问题，同时允许斯考顿瞥一眼她的面容。她戴着鼻环、耳环和戒指，还有一种缀着数朵鲜花和金属箔的头饰。斯考顿觉得她有羞花闭月之貌。婚礼过后，新娘骑上新郎的马，参加宴会的人们将其送至新郎府上。新郎的母亲在家中备了一颗让他们分享的槟榔嚼块，祝福两位新人，并引之入洞房。其时东方初晓。据斯考顿所言，宾主的行为整晚都受到限制，他们举止得体，仪态端庄。婚礼上没有假笑、粗鄙的笑话、饮酒，或其他愚蠢的举动。斯考顿认为他们令基督徒感到羞愧。[199]

1336　范·昆斯描述了马打兰苏苏胡南举办的皇家宴会。宴会在帐篷中举行，一面敞开，围着苏苏胡南的帐篷摆成半月形，以便所有的宾客都可以瞻仰他。仆人捧进放在香蕉叶上的食物，他们从每顶帐篷背面的帘子下缓慢而入。进膳之前，每位客人都用端来的水净手。接着上来许多道菜，范·昆斯没有对此详述。他说有些是油煎的，其余是烘烤或煮的，但用的都是油而非黄油。烤全鸡、绵羊、山羊和半只公牛或水牛是常见的食物。有辣汤和蔬菜。米饭是主食，盛在形状有趣的篮子里，篮子倒扣在香蕉叶上并挪开。米饭保持着在篮子里的形状，与盘腿坐在地上的用餐者齐肩。范·昆斯认为盛馔太过，极其浪费，因为每顶帐篷里有25—30位食客，却摆足了150人的饭菜。然而，范·昆斯发现仆人们以剩下的菜肴为食，他们吃不下的就带回家。宴末，端出的是摆在干净香蕉叶上的水果和甜蛋糕，最后是烟草和必备的槟榔嚼块。餐罢，在娱乐的过程中，客人们嚼着蒌叶，饮一种味道像西班牙酒的甜米酒。宾客们密切注视着苏苏胡南在这方面的举动，只有当他饮酒时，他们才跟着喝。据范·昆斯所言，大贵族们也常常在府邸开办这类筵席。[200]

王室盛宴之后，表演通常会持续到夜间。如范·昆斯描述的，最初是乐师和舞女。苏苏胡南的宫廷女侍先舞，他高声叫好时，间或赏给她们金戒指和手镯。接着出场的是贵宾自己带来的舞女。有时会有剑术、小丑和戏剧表演。娱乐的部分项目纯粹是宾客间的欢快对答，每个人都努力逗苏苏胡南和其他客人发笑。其余时间里，苏丹及王室成员会欣赏比赛、狩猎和动物相斗。范·昆斯极其详尽地描述了各种皇家赛事。[201] 大多数作者列出爪哇人最喜爱的消遣是音乐、舞蹈、戏剧、嚼蒌叶、烟草和鸦片。根据斯科特所说，一些人喜欢盘腿坐着削棍。他们成天这么做着，斯科特以为也许是为了练习雕刻短剑刀柄的技法。[202] 对于爪哇的戏剧，斯科特评述道：

> 爪哇人也用剧本，但是他们只有画在一张卡片或地图上的一些历史（即故事），有人用这般与之相称的示意动作，将它们联系起来。1337
> 同样地，木偶戏表演，是由居住在那里的某些科罗曼德尔人完成的，木偶穿的是如同基督徒的服装款式。他们有人工制作的狮子及各种野兽，藉此，他们的游戏表演得惟妙惟肖。但是，与华人所为不同，他们的戏剧与宗教或为神服务无关。[203]

音乐、舞蹈和木偶戏表演往往通宵达旦。[204]《航海记》和罗德维克松都将跳舞形容为瑰姿袅袅，和乐绰约，手足并舞，而无跳跃。罗德维克松收录一张图片，上有一队舞者，与类似木琴的乐器相和踏歌。[205] 范·昆斯后来细描了舞女及其装束，但没有述及舞蹈。[206]

大多数作者观察到舞蹈每次都有音乐伴奏，一些人描写了加美兰乐队（gamelans，管弦乐队）显见为何物。例如，范·昆斯描述了许多大大小小的锣、几支笛子及弦乐器组成的乐队。通过他和其他 17 世纪的描述，都可以明显看出打击乐器是加美兰乐队中最多和最重要的乐器。罗德维克松画了几张图（参见第 221 幅图）。欧洲作者大都形容音乐美妙、悦耳。[207]

除了大量描写精雕细琢、珠光宝饰的短剑刀柄之外，17 世纪欧洲人对爪哇岛的叙述并没有提及绘画和雕塑之类的其他艺术品。[208]

第一位荷兰访客报道爪哇人说与写用的是与他们截然不同的语言，大多数 1338
人也讲马来语，这是一种在东南亚大部分地区，甚至连许多印度海港都通用的国际语言。[209] 然而，在随后 17 世纪欧洲人的报告中却极少论及爪哇语。罗德维克松准确记述了爪哇字母表有20个字母。[210] 斯考顿注意到，如同华人，爪哇人只需几个字母便可写出他们的意思。他说，他们嘲笑荷兰人用这么多字母来描写某件事。为数不多的爪哇字母能够表达一整页荷兰语内容。[211] 范·昆斯（在一份17世纪从未刊出的记述中）认为爪哇语是一种非常古老的语言，它的字母与其他任何民族的语言无共同之处。他还说与东南亚讲马来语的人不同，大多数爪哇人能读会写。[212]

许多欧洲作者因马来语在印度及东南亚的通用性，而将其与拉丁语相比较。[213] 它通常被评价为“悦耳”、流畅、高效、易学。[214] 范·昆斯说马来语用阿拉伯字母书写，然而，他写的这篇论述在17世纪又一次未被发表。[215] 博林观察到与希伯来人一样，他们也是从右写到左，但是，他又认为在每一页上，诸行的书写顺序是自下而上的。[216] 罗德维克松还提到了一些爪哇人学习阿拉伯语的学校。[217]

罗德维克松说爪哇人不印刷书籍，除非他们写得极好。他们用一种铁尖笔在树叶上写字。而后，树叶可以如卷轴似的被卷起，或像书那样被绑在两片木板之间。他注意到，爪哇人还使用中国纸和一种由树木制成的纸。[218] 博林说
1339 他从未见过书，但看过爪哇人在椰子树皮上写字。[219] 17世纪几份来自爪哇的报告内有马来语、爪哇语，以及荷兰语或拉丁语的词汇表。[220] 无人描述爪哇人的教育、学校或文学。

所有17世纪到过爪哇岛的欧洲访问者都说爪哇人大多是穆斯林。然而，他们是近期才皈依伊斯兰教的。两份报告确定伊斯兰教进入的时间是在1560年。[221] 一些人观察到爪哇岛还有许多阿拉伯“阿訇”和教师。[222] 大多数欧洲访问者说，虽然住在大城市和海滨的爪哇人看来都是穆斯林，但居于内陆的许多人并没有改变信仰，仍然是“异教徒”。

在该世纪伊始，罗德维克松就描述了爪哇岛的伊斯兰教信仰，这是最长的描述之一。他说他们遵守《古兰经》的教义；崇敬四位先知（摩西、大卫、耶稣和穆罕默德）；并在清真寺默默地顶礼膜拜，面西、稽首，且聆听《古兰经》的章节。他们每年还斋戒两次。最长的斋戒期始于每年8月5日，要求日出入斋，日落开斋，持续四十天。斋期结束后，家庭成员，连同其奴隶和仆人，均

席地围坐，吃“逾越节晚餐”。[223] 其他 17 世纪的报告大多数仅提到爪哇穆斯林戒食猪肉，施行割礼。割礼显然被视为一种特别神圣的行为。斯科特洋洋洒洒，以 10 页笔墨详述了 1605 年 6 月围绕万丹年轻“国王”施行的持续一个月的割礼：游行队伍、娱乐活动，以及其下属和高级外国使团馈赠的厚礼。[224] 斯科特和梅克林均认为除了割礼和禁食猪肉之外，他们一般不太能在平民的日常生活中看出信仰伊斯兰教的标志。斯科特继续描写了人们普遍信仰一位创造宇宙的遥远的神和一位恶魔，他们认为崇敬恶魔便可不受其伤害。所有这些听起来更像是早期欧洲人对华人的民间信仰而非对爪哇人宗教的描述。[225] 萨尔 1340
说爪哇穆斯林每年设法派一些朝圣者到麦加向穆罕默德献祭。据萨尔所言，每年 3 月初一和新年伊始，他们还会在白昼斋戒八天。[226] 斯考顿补充说，他们将星期五定为安息日，对其清真寺无比崇敬。基督徒或其他未受割礼的人不能进入任何一座清真寺。若此事发生，那座清真寺将不得不再神圣化，亵渎者会被处死。斯考顿和一些同伴在贾帕拉清真寺九死一生，仅因他们尚在外院的时候就被挡住了。斯考顿的书中有一整页关于清真寺的版画，这座清真寺更酷似一座寺庙而非传统的近东清真寺。[227] 奥利维尔·范·诺尔特描绘了一位“最高教长”，他在饶洞附近有宫殿。据说他已 120 岁高龄，是基督徒的大敌。他供养了许多妇女，她们为其取暖，喂之以奶。[228]

虽然曾经有较多的爪哇人皈依伊斯兰教，一些住在岛屿内陆的爪哇人却仍然是“异教徒”。这些人显然信奉集印度教、佛教和早期当地信仰于一体的爪哇传统混合教。[229] 大多数 17 世纪欧洲作者记述了爪哇“异教徒”遵从毕达哥拉斯（Pythagoras）的古老教义，即他们相信轮回。[230] 因此，根据罗德维克松所言，他们辟谷，过着素朴、安静的日子，穿树木制成的白衣。[231] 此外，欧洲访者对前于伊斯兰教时期的爪哇宗教再无描述。不过，该世纪末，弗里克描绘了他走访巴达维亚南部“青胡椒山”（Blue Pepper Mountain）的情况，那儿有一个圣人区，他们“专心致力于终身苦行、禁欲和自我否定”。他们笃信严 1341
惩身体将博得神特别的祝福。他们穿长袍，昼夜云游，双眼与手朝天，只吃煮的草本植物、块根和豆类植物。但是，据弗里克说，在节日里，他们吃苍蝇、老鼠、蝎子和蜘蛛，这些听起来似与伊斯兰教、印度教或佛教的禁欲主义相左。

爪哇人非常崇敬这些圣人。他们坐化后，其荼毘仪式“极其庄严”，常常“被封为圣徒”。[232]

五、政治生活

当荷兰人在16世纪最后数年首先到达爪哇的时候，万丹的苏丹无疑是此岛西部最有权势的统治者。再往东，复苏的马打兰帝国威胁着爪哇岛北岸海港诸侯国的独立。在17世纪最初的二十五年间，马打兰征服了大多数海港侯国。佐格罗固斯摩（Nyakra-Kusuma）于1613年即位，他后来以苏丹阿贡（Sultan Agung）闻名于世。佐格罗固斯摩宣称对整个爪哇岛拥有统治权，照他看来，他已继承了14—15世纪的满者伯夷王国。事实上，当他在1625年任苏苏胡南一职时，几乎所有的爪哇人都臣服于他，只有最东面由巴厘支持的巴兰邦岸和最西面的万丹还保持独立。然而，不迟于1619年，荷兰人就使雅加达国君屈服，并在巴达维亚的新城堡和城市建立了他们的总部。[233]

最早的欧洲人报告准确地反映了17世纪最初二十五年间爪哇不稳定的政治局势。例如，罗德维克松称爪哇的每座城市都有自己的国王，但是万丹国王最具影响力。[234]《航海记》记录了爪哇国君们为微不足道的原因而轻率地交战。在万丹贸易谈判期间，苏丹提出作为一船胡椒的回报，荷兰人必须派遣船只到苏门答腊岛的巨港（Palembang），助杀其王。[235]罗德维克松提到巴兰邦岸与巴苏鲁安之间的战争。[236]此外，他还述及马打兰国王在爪哇岛最有实力，常常威胁万丹，由于惧怕他，万丹人一直处于军事战备状态。[237]
1342 皮拉尔德认为万丹是爪哇岛最有名的王国，然而，那里还有其他有影响力的国王：如马都拉国王和图班国王，他们可以在24小时内召集3万兵力。[238]斯科特断言，自从淡目皇帝被废黜和驾崩以来，万丹国王“被人们视为那座岛上的九五至尊”。[239]

只有对万丹政府的记述无所不包。斯科特报告“国王”——也许是苏丹，是专制的。他谈到其他官员——邦格兰（pangerans，或贵族），以及“小国国王”，但没有描述他们的权力。从斯科特描写的年轻苏丹的割礼仪式来看，邦格兰显然是苏丹的亲戚："邦格兰·葛邦（Pangeran Gĕbang）的儿子们位于他（苏丹）的左右两侧，显而易见，邦格兰·葛邦是王位的继承人，假如国王晏驾时没有子嗣。"[240]"拥有强大军队的小国国王"似为苏丹的诸侯。[241]斯科特注意到，"国王"是通过"最高指挥官法"（marshall law）来管理国家的，但他没有对此法下定义。不过，丈夫们可以手刃不忠的妻子及其情人，奴隶会因"任何一点小错误"而被其主人处决。他还解释了妇女作为国王信使的一种奇怪角色：

> 如果国王派人去请任何一位住在其领地的臣民或陌生人，倘若他派的是一名男子，对方可能会拒绝前来；可是假使一旦他派出一名女性，那么，对方就可能不会拒绝或找借口。此外，若是一位下级向权威人士有所请求，即使他们没有亲自来，每次也总会派遣一名妇女。[242]

斯科特住在万丹期间，还不得不应付其他政府官员。他偶尔谈到"protectour"、"saybyndar"和"admirall"，但提供辨别他们的线索却寥寥无几。罗德维克松亦提及甲必丹（地方长官）、舰队司令托蒙贡·安加巴亚（Tomongon Angabaya）、亲王、军事提督，以国王为名义的统治者，以及港主——首席收费官，其地位仅次于国王。他还不断地谈及贵族。[243]

此外，罗德维克松描述了被称作"战争委员会"（Krijghs Raet）的万丹会员大会，他们定期在客厅聚首，客厅位于苏丹宫殿前面的一片广场上，时间通常是在下午，太阳热量稍微减少之后。午后会议主要关注的看来都属于法律范
畴。罪犯受到审判，任何人都可以提出法律问题。必须由当事人提请控诉并作 1343
答，爪哇人不用律师。万丹会员大会在法律案件上所花的时间比欧洲法院的多。国家事务也在午后会议上被提出讨论，但这些问题都在晚间，月上柳梢头之前得到解决，相关决定同时出台。罗德维克松怀疑这是缘于有关月亮的古老迷信。他说夜晚会议仍然继续，直到月落。军事问题也是在夜间会议上获解的。

会员大会成员的名单不明确。罗德维克松记述了在讨论军事问题的时候，所有大贵族或甲必丹中有300人受邀，因为他们共同保护全体人民的安全，又各负其责。一旦遭受攻击，万丹的每位居民都服从于这300位甲必丹中的一位。

罗德维克松的日记有一页插图，描画了在开会的战争委员会。那些看似甲必丹的人被安排在摄政王（在苏丹未成年的时候，有时被称为保护者）和4位“最重要的甲必丹”的周边，围成半个圈。他们的数量好像远远少于300人。在摄政王和“最重要的甲必丹”之后，站着大批仆人和奴隶。在一些小细节上，插图似与罗德维克松的描述不一致，故有可能是其内容更大程度上是由雕刻师而非作者决定的。罗德维克松记述了会员大会成员席地而坐，围着“国王或统治者”以及2位或4位“要人”，国王和要人们向大会提出问题，征求意见。大会成员从权位最重者到最轻者，依次向国王提出建议。[244]

许多欧洲观察者描写了爪哇士兵，罗德维克松的叙述最早，仍是最好的版本之一。除了随处可见的短剑之外，士兵们还使用长矛、剑、弯刀和吹箭筒，筒里的小鱼齿尖镖能穿进伤者的肉体。飞镖和其他大部分武器往往被涂上毒药，即便是一点伤口都会致人于死命。少数一些人持火枪，但他们通常缺乏弹药，枪技不精。他们扛着用兽皮或皮革蒙着支架的盾牌。一些人穿着由方铁片制成，连缀着小铃的护甲。大多数万丹士兵留着长发、长指甲，把他们的牙齿锉成尖角。[245]欧洲观察者认为爪哇士兵居亚洲最勇猛的士兵之列。士兵与其首领或甲必丹的关系表明了万丹军队，兴许也是其政府的一种封建组织。据罗德维克
1344 松所言，士兵顺服以致捐生。他们没有受薪，但由其甲必丹配备武装并供养。[246]拥有最多士兵者被认为是富甲一方和最有权势的人。

1625年之后的半个世纪，马打兰、万丹与荷兰三股势力角逐爪哇的控制权。马打兰的苏丹阿贡（1613—1645年在位）决意使万丹和巴达维亚屈从于他的统治，荷兰东印度公司决定垄断与马鲁古群岛的贸易，万丹的苏丹们则决心抵抗马打兰对他们领地以及荷兰对其贸易的威胁。阿贡对爪哇岛东部港口的控制及其对商业的鄙视，也许有助于荷兰人将东爪哇的商业大王们淘汰出局，掌控群岛东部的贸易权。与此同时，巴达维亚的荷兰人封锁了苏苏胡南前往万丹的道路。17世纪20年代末，两个爪哇苏丹国都声称拥有旧雅加达，进攻过巴达维亚：1627年12月，万丹士兵突袭了城堡；翌年，马打兰军队两度围攻荷兰东印度公司总部。不过，马打兰1629年的战败使荷兰东印度公司在爪哇的地位得以稳固。

荷兰人在爪哇的优势没有立即显现。1629年之后，荷兰东印度公司派出正

规使团到苏苏胡南王宫，努力实现和平，使大米的定期货运价格保持稳定、低廉。在马打兰，人们认为这些使团意味着荷兰东印度公司对苏苏胡南的屈服。荷兰人似乎并不介意。与此同时，阿贡将注意力转向东面，并在 1639 年攻打巴兰邦岸和巴厘岛。不久，他侵占了巴兰邦岸。然而，巴厘人击退了他对其岛屿的进攻，随后，他们还收复了巴兰邦岸的部分领土。同年，阿贡企图争取更强有力的盟军反抗荷兰人，他遣使前往麦加，由此导致马打兰成为一个苏丹王国。1645 年，阿贡登基后不久，他的儿子和继位者阿莽古拉特一世（Amangkurat I，1645—1677 年在位）以马打兰的霸主气势措辞，与荷兰东印度公司签订了一份正式的条约。

不过在 1674 年，马都拉王子杜鲁诺佐约（Trunajaya）领导了反抗马打兰的斗争，严重威胁它继续称霸。与此同时，苏丹阿布尔法尔塔·阿贡（Abulfatah Agung，1651—1683 年在位）统治下的万丹人行动起来，反抗马打兰西部省份，扬言要包围巴达维亚。这些年恰逢万丹兴旺蓬勃的贸易扩张期与繁荣期。荷兰人无意介入，但是 1677 年，当杜鲁诺佐约烧毁皇家城堡，阿莽古拉特一世在战争中阵亡之后，荷兰东印度公司在新总督里伊克洛夫·范·昆斯的领导下，击败了杜鲁诺佐约，扶阿莽古拉特二世继位。此后，苏苏胡南完全仰仗荷兰东印度公司。万丹仅仅多维持了几年的独立。在 1682—1684 年苏丹阿布尔法尔塔与 1345
其子哈只（Hadji）王子的战争中，荷兰人站在年轻王子的一边，确保他获胜，使万丹归顺于荷兰东印度公司。这样一来，荷兰人便将爪哇置于手掌之中。[247]

1625 年后访问爪哇的欧洲人对这些事件做了部分报道。例如，范·雷基特伦描写了 1629 年马打兰王国对巴达维亚的最后一次围攻。[248] 沃特·斯考顿的书在 1676 年，万丹内战之前首版，斯考顿注意到万丹的苏丹几次举兵反抗荷兰人，但他最终意识到和平共处更好。[249] 弗里克于 1692 年出版著作，他极其详尽地描述了万丹内战以及荷兰东印度公司在此间的作用。[250] 其他所有 17 世纪的报告都准确但笼统地评述道，虽然爪哇曾经有许多独立的王国，可是，除了万丹和雅加达的统治者之外，其余全部屈服于马打兰王国。雅加达被荷兰东印度公司控制，万丹保持独立，对马打兰王国与荷兰人均怀有敌意。[251]

1648—1654 年，里伊克洛夫·范·昆斯五次以大使的身份前往阿莽古拉特一世王宫，他是有关马打兰政府讯息的重要来源。其他人对马打兰政府的言论似乎一概来自于他，包括斯考顿相当翔实的记述。[252]正如范·昆斯所描写的，从根本上说，马打兰帝国是一个封建国家，是由一个君主的专制权力来改造的，他对整个国家采取高度的中央集权制。整个爪哇岛被分为 14 省，其中 12 省属于苏苏胡南。余下的两省当然是万丹和雅加达，他却不能对它们称霸。每个省都由 1 名**邦格兰**统治，他看来或是皇家亲王，或是在归顺马打兰之前统治该省的王室男性成员。**邦格兰**好像都住在苏苏胡南的宫廷，几乎是作为人质。但是，他们不在的时候，似乎能够任命副职官员管理各省。军队也许是邦格兰具有独立权的最显明的线索。范·昆斯列出了每位**邦格兰**保留的士兵数量，它们从 2—10 万不等，苏
1346 苏胡南个人则拥有 50 万兵力。据范·昆斯所言，苏苏胡南保持着所有**邦格兰**的士兵名册，并委派专员，以确保他们的数量既不增加，亦不减少。[253]

国王指定的“**天猛公**”（tumenggung）① 或统领的职位高于各省**邦格兰**的副官。马打兰内省**天猛公**的职位相当于苏苏胡南的宰相。除了**天猛公**之外，各省还有两名**港主**或收费官，他们不受制于**天猛公**，但服从两位监督海滨市镇的专员之一。这两位专员中，一位管辖北海岸的东部，另一位负责北海岸的西部。范·昆斯认为国王任命的这些官员无一任职超过一年。即便是马打兰的宰相**天猛公**，通常在位也不过两年。最后，据范·昆斯所说，国王派出 4 000 名代理执行官，“他们与整支军队一起，如同猎犬，奔波于全国，察看并了解事态”。[254]这些代理执行官通过 4 位住在宫廷里的高官向苏苏胡南报告，他们诚惶诚恐，战战兢兢。[255]

苏苏胡南住在皇家城堡里，与世隔绝，受人保卫。依范·昆斯所言，他专门由女性服侍。算上夫人、妃嫔、侍女、厨师、手工艺人、卫士、舞女和娱乐者，范·昆斯认为宫中起码住着 1 万名女子。每次苏苏胡南离开城堡，至少有 30 位女性伴驾，其中一些人配备长矛和火枪，另一些人则携带令其享受舒适和礼遇所需之物。[256]

苏苏胡南每周出宫三次：星期四上朝，星期六或星期一观看或参加比赛，

① 也译作德莽公、杜猛公。——译者注

另外一天与**邦格兰**、**天猛公**以及国家其他重要官员开会讨论。实际上，除了星期五，这些大领主每天早上 9 点到 12 点都会在城堡外的大方形广场上恭候，直至他驾幸，或宣召他们中的一位入内。范·昆斯猜测，谁若没有每日在那儿候旨，其生命将会受到危及。

当苏苏胡南上朝的时候，所有的音乐和鼓声骤停。一旦他就坐于一间高脚夏宫中，受控的囚犯——他们往往戴着脚镣，脖颈上套着木枷锁，伸出的手臂被紧紧地缚住——便被脸朝下地扔在距他约 50 步之遥的地上。随后，一位官员向国王禀奏诉状，召唤证人，每宗案件至少 3 人作证。君主同时派出他的两位顾问，其中一位询问囚犯为何被控，他们对控诉的反应如何；另一位则审讯证 1347
人，威胁若其撒谎，那么，苏苏胡南和上帝将会动怒。当两位顾问返回时，苏苏胡南与他们及其他顾问短暂地商议，之后，他宣布判决。作伪证比被判有罪受到的处罚更严厉。所有罪案都必须提交苏苏胡南处理。省级官员仅能逮捕罪犯，并将他们押至法院。对范·昆斯来说，死刑似乎是曾经命令执行的唯一惩罚。偷窃、谋杀、私通、诽谤统治者，一律判处死刑。有时候，整个家族会受株连。有时候，父亲则被迫替子受罪，儿子不得不代父服刑。判决是在君主心血来潮时宣布的。[257]

皇家顾问委员会会议所起的作用是审讯而非审议。虽然大多数官员坐在外庭等候宣召，但只有最有影响力和最亲近的顾问才可聚集在内院。苏苏胡南现身后，他们都静穆以坐良久，**邦格兰**像奴隶似的坐在地上，盘膝，手置于股上，头低垂，眼朝地。无人挪动或谈话。接着，苏苏胡南开始询问**邦格兰**及统领的公务。他们极力奉承君主，向他保证其所有臣民都是平和、顺从的。苏苏胡南每天通过他的密探获悉各省情况，然后对令他不满的事务提出更为棘手的问题。他的大臣们有自己的密探，极少措手不及，总能机警地回答他的问题，尽可能使他对他们的忠诚放心。总而言之，范·昆斯认为这是一件极危险的事。只要最高统治者对一位大领主不满，那么，可以预见他受到的惩罚至少是丢掉其乌纱帽和领地，甚至还可能丧失性命。[258]

尽管大领主和高官们拥有表面的财富和声望，但他们一直生活在恐惧中，实质上与苏苏胡南的奴隶们相差无几。举例来说，假若他要求让一位官员参加一次顾问委员会会议，而无指定人员，那么，所有大领主都会一跃而起，几乎是争先恐后地听命于他。[259] 文武百官，连外国大使都常常为觐见时，他们在大殿中所处的座次而烦恼，邻近苏苏胡南表示更多的恩宠——也意味着更大的危险。[260] 一旦苏苏胡南剪发，举国男子仿效。代理行政官四处巡逻，逮捕任何一个留长发的人，使不从者遭受骇人听闻的酷刑，这些酷刑往往置他们于死地。若苏苏胡南戴一条穆斯林头巾，所有贵族亦如此；如果他戴一顶传统的
1348 爪哇帽，他们都迅速地跟着改变。假若他在一场宴席上不喝咖啡，便无人饮之。[261] 范·昆斯对苏苏胡南的独断专行以及他的臣民，甚至是首要人物对其奴才般的卑躬屈膝感到震惊。他认为给予苏苏胡南的荣耀更适于献给上帝而非人。不过，范·昆斯似乎并未注意到马打兰统治者值得崇敬的品格，或是其名震天下的魔力。[262]

范·昆斯通过相当详细地描写阿莽古拉特的弟弟维拉·古那（Vira Guna）之死，举例说明了阿莽古拉特的绝对权力和残暴。阿莽古拉特年仅 18 岁的时候，他们为一名妃子而争吵，为此，他长久以来一直谋划复仇。阿莽古拉特登基后不久，维拉·古那察觉到他对自己越来越明显的疑心和敌意，便试图决一雌雄。在一次朝见国王时，维拉·古那与其心腹在殿前行刺阿莽古拉特。阿莽古拉特的禁兵和封臣守卫着他，当然先杀了维拉·古那的所有扈从，接着是他的马，但无人敢结束国王弟弟的性命。为了阻止维拉·古那靠近苏苏胡南，一位又一位封臣挺身护驾，都先后被维拉·古那刺毙。只有在阿莽古拉特撤入皇家城堡之后，维拉·古那才一命归西。维拉·古那殒命后，阿莽古拉特处决了另外几位大臣及 2 000 名阿訇，因为他怀疑他们支持维拉·古那反叛。据范·昆斯所说，在清算结束前，逾 6 000 人被杀。[263] 尽管范·昆斯对苏苏胡南的权力充满敬畏，但他还是欢喜地记述了荷兰大使在马打兰受到优待，在一次次谒见国王的过程中，逐渐靠近君主，享受许多非同寻常的恩惠。[264]

六、经济与贸易

欧洲人到爪哇自然是为了贸易，他们出版的记述包括大量有关商业和经济

事务的资讯。早期作者都认为万丹是爪哇最好和最繁忙的港口，所以，他们对
其贸易和商品的描述相当详尽。三大市场每天都营业，一个人可以买到几乎所
有能想象的物品。人们蜂拥而至，市场与英格兰的任何一个集市同样忙碌。[265]
《航海记》的作者罗列了一些当地产品：小鸡、鹿、鱼、大米、菠萝、香蕉、椰子、 1349
芒果、榴莲、木菠萝、李子、葡萄、橘子、柠檬、石榴汁糖浆、黄瓜、瓜、洋葱、
韭菜等等。[266] 罗德维克松带其读者漫步大市场，观察出售胡椒和香料的摊位，
以及武器展所。他记录了这些地方专卖檀香、服装和干货、珠宝、肉、鱼、水果、
大米、家用器具、食用油、药品等等。一张大幅的折叠式铜版插图描画了所有
这些场景和物品。[267]

该世纪最早的欧洲访问者都强调了万丹贸易的国际化特征。它是来自群岛所有地域及岛外产品的贸易中心。来自全亚洲的商人都住在城里，在万丹的市场上可以看到他们（参见第213幅图）。其船云集万丹港。他们来收购丁香、肉豆蔻干皮、运自马鲁古群岛的肉豆蔻、由苏门答腊和爪哇其他地方载来的胡椒。他们买瓷器、丝绸、花缎、金线，以及从中国带来的铁锅。[268] 在万丹能兑换货币，发放贷款。罗德维克松报告了一些在万丹的爪哇人、马来人和奎隆（Quilon）商人是船舶抵押契据专家，也就是将贷款预付给海商，以他们的船只作为抵押品。[269]

通过所有的记述可以看出，华人可谓是万丹最有进取心、最富有的商人。
他们销售大量的中国产品。《航海记》说他们用蒸馏法将大米或椰子制成白兰地
酒，由于伊斯兰教禁酒，爪哇人就暗中买白兰地酒。[270] 更重要的是，华人实
质上控制了万丹的胡椒贸易。华商向爪哇农民收购胡椒，将其存到1月份，那
时，有8艘至10艘中国帆船抵港载货。欧洲人很快发现他们也不得不向华人
中间商购买胡椒。[271] 斯科特观察到从该群岛其他地方运到万丹销售的胡椒更
少，因为荷兰人在别的港口已买进胡椒。[272] 据《航海记》的作者所言，华人
“几乎如同我们国家的犹太人：因其向来秤不离身，他们尤其关注是否有利可
图”。[273] 斯科特描述了华人中间商常常掺假，他们在胡椒里混杂污物和水，因 1350
为他注意到华人懂得荷兰人将要买的一切。这种描述是正确的。[274]

事实上，中国钱币——方孔铜钱（caixos）是万丹和爪哇通行的标准货币，

《航海记》将它们简称为“Iavas gelt”。[275] 罗德维克松比较详细地描写了铜钱。他说，在马来语中，它们被称作“cas”，爪哇语为“pitis”。它们单独使用时价值甚微——“少于1法新①”。它们由极少的合金铸成，罗德维克松认为铜渣里混着铅。如果你将一吊铜钱落在地上，8枚到10枚会破损。假若它们整夜浸在盐水中，则会粘在一起，一半将破裂。他说铜钱的中央有方孔，200枚为一串。五串绑在一起，达1 000枚铜钱，爪哇人称其为一千（peku）。荷兰人会用1个雷阿尔（real of eight）② 换十二三吊钱。据罗德维克松所说，1590年，中国铜钱首次被引入爪哇。这些最初的铜钱现已罕见，因为它们比近来的铸币贵重得多：1万枚最早的铜钱能买一大袋胡椒，而通常两袋或两袋半的胡椒可卖10万枚铜钱。1月，当中国船只进港时，1000枚铜钱可买到五六个中国瓷盘；在其他时候，1 000枚铜钱只能买两三个瓷盘。华人也将雷阿尔寄回中国，但不是以铜钱的形式，而是铸为银“两”。[276] 萨利斯注意到中国吊钱极少达到要求的数量。一串中只有160枚或170枚方孔铜钱，而不是200枚。所以，1 000枚一吊的铜钱也会少150枚或200枚。一吊方孔铜钱的购买力亦随之而变。中国船只于1月抵达万丹后，当时1个雷阿尔可换三十四五吊钱，但是，随后的一年里，每个雷阿尔只能换到20—22吊铜钱。所以，通过铜钱的投机买卖，能获得一笔可观的利润，然而，萨利斯注意到，在一场火灾中失去它们的危险性也是极大的。[277]

萨利斯提供了相当详细的爪哇度量衡单位。他说胡椒是以袋为包装，他们称为“丁磅”（来自马来语和爪哇语，timbang，重量单位或平衡），每袋装49.5“斤”。2“丁磅”相当于1“担”（picul）③，3“担”等于1个小“巴哈尔”（bahar④），4.5“担”折合1个大“巴哈尔”，即445.5“斤”。他写道，爪哇人

① 1961年以前的英国铜币，等于1/4便士。——译者注

② 雷阿尔是一种旧时西班牙硬币，即piece of eight，17世纪以来，其价值在48—49.75斯泰佛（荷兰旧时辅币）间浮动。20斯泰佛等于1荷兰盾。参见Kristof Glamann, *Dutch-Asiatic Trade, 1620—1740*, the Hague: Martinus Nijhoff, 1958, pp.50-52。——译者注

③ 马来语，担，相当于100斤，两麻袋重，秤胡椒时为60公斤。——译者注

④ 称胡椒的重量单位，马来语，即bahara，等于12担、6担、3担、10斤等不定。——译者注

通常使用一种体积测量单位“库拉克”（kulak，马来语，一种当地的度量单
位，相当于满满的半个椰子），因为他们不善于使用平衡秤。1“库拉克”重
7.25“斤”。7“库拉克”折合1“丁磅”，比1.25“斤”重，假如“丁磅”装的 1351
是以重量来计算的物品。[278]萨利斯记述了黄金、牛黄和灵猫香使用“两”为
重量单位，等于2雷阿尔或2英国盎司。但1个马来亚银两折算为1.5个雷阿
尔或1又1/3英国盎司。10中国银两与6爪哇银两等同。萨利斯注意到，重量
单位具有很大的欺骗性，尤其是在华人市场上。[279]

萨利斯还引述了许多万丹市场上销售的产品价格。例如，来自南京的中国生丝，每担卖190雷阿尔；广东生丝每担售80雷阿尔。一匹长112码的中国塔夫绸售价为46雷阿尔。13码的天鹅绒每匹卖12雷阿尔。上好的麝香每斤获22雷阿尔。[280]他继续描写从其他港口运到万丹的产品，在许多情况下，也记载了这些产品在万丹的价格。[281]

虽然该世纪的第二个二十五年间，巴达维亚在很大程度上取代爪哇，成为贸易中心，但至少在荷兰报告者的眼中，万丹依然繁荣，并为贸易而竞争。后来，作者们偶尔也提供了万丹持续繁荣的一瞥。比如，梅克林还列出了爪哇的主要港口万丹和贾帕拉，各国人民都来这些地方做生意。[282]1676年，斯考顿的著述称万丹是“这个岛屿上最重要的海港，由当地居民管理，是整个东印度群岛最富庶的城市之一”，[283]不过，他注意到由于巴达维亚的兴起，其商业已“急遽衰退”。[284]即便如此，斯考顿形容万丹的三个市场充斥着来自东印度各地的货物，全亚洲的商人皆云集于此。许多外国人还住在市镇里。实际上，英国人，甚至荷兰人都发现那里仍然有利于商馆的运营。[285]莱斯特拉也用类似最初欧洲访问者的语言描画了万丹熙熙攘攘的市场与港口。[286]最后，博林发表于1678年的著述又一次报告荷兰人和英国人，还有葡萄牙人和丹麦人继续住在万丹。他们所购多半是胡椒和玛瑙。[287]

不过，欧洲人的记述大多写于1625年之后，它们传递了这么一种印象，
即巴达维亚已取代万丹，成为爪哇最繁忙的港口和最重要的贸易中心。亚洲各
国商人咸居于彼地；世界各地的船只都到那儿交易。来自荷兰东印度公司其他
商馆的货物囤积在巴达维亚，同时等待被运至欧洲或其他亚洲港口。大多数 1352

17 世纪到巴达维亚的访问者都惊叹于它的贸易量。例如，博林提到亚洲每一个荷兰东印度公司商馆的名称，并开列各间商馆购进和销售的产品：荷兰东印度公司将雷阿尔和来自中国、孟加拉和科罗曼德尔的布匹送到安汶岛；作为回报，他们把丁香精油、肉豆蔻、棕榈油和柠檬带回巴达维亚保存。荷兰人将来自苏拉特和科罗曼德尔的布匹运到班达岛，换回肉豆蔻、肉豆蔻干皮、加工后的肉豆蔻、柠檬脯，以及天堂鸟。巴达维亚的荷兰东印度公司从索洛群岛及帝汶岛购入檀香油、猪石、蜂蜜、蜡、龟壳和珍珠母，售出各种布匹和小装饰品，如钉子、镜子与刀。从马鲁古群岛运来的是丁香精油和棕榈油，用以交换的还是雷阿尔与来自苏拉特和科罗曼德尔的布匹。在望加锡，荷兰东印度公司用大米、布匹和雷阿尔交换奴隶与黄金。在德那地，荷兰人用大米和布匹换取烟草与欧亚甘草。[288]

荷兰东印度公司每年从巴达维亚派 8 艘船到日本，其中一艘常常在台风中不知所踪。尽管有这些损失，对荷兰东印度公司来说，与日本进行贸易仍然是利润最丰的。在日本销售的产品是各种布——博林为每种产品报价，以及土耳其罗缎、象牙、摩洛哥皮革制品、檀香油、乌木、皮衣、胡椒、丁香精油、有斑点的几内亚亚麻布、丝织品，尤其是塔夫绸，几种精致的亚麻制品、糖、琥珀、干比目鱼翅、蓝棉布和巨犬。荷兰东印度公司从日本将白银、黄金、漆器、铜、樟脑、大黄、竹子、珍珠、清酒、小麦、大米、栗子及其他坚果、弯刀和毛皮运到巴达维亚。大多数卖给巴达维亚人的产品也可以在东京销售。在东京，荷兰人购买丝绸、黄金、麝香和五色丝（Pelang① silk）。暹罗人与日本人所购相同。荷兰人买的是香、铅、锡、橡胶树脂和暹罗象牙。在苏门答腊岛，荷兰东印度公司用科罗曼德尔的布匹和小饰物换取香、黄金、胡椒和安息香。荷兰东印度公司船只亦将各种布、丁香精油和其他香料，以及中国瓷器带至马六甲，他们从马六甲载回大象、猴子、锡、树脂、铁矿石和树胶。[289]

甚至连荷兰东印度公司与锡兰、印度和波斯的贸易也以巴达维亚为总部。博林还描述了荷兰东印度公司在“西区”的购销之物。他们运到辛达（Sinda，

① 马来语，为 pĕlang。——译者注

在霍尔木兹岛 [Ormuz] 上）的是硫黄、锡、胡椒、龟壳、肉桂皮、安息香、琥珀、藏红花、小豆蔻、马六甲树胶、槐蓝属植物、糖、瓷器、土茯苓、肉豆蔻干皮、肉豆蔻和红辣椒。他们从辛达载回巴达维亚的有波斯布、棉布、丝绸、丝棉、硝石以及食品，如牛油、大米和面粉。荷兰东印度公司沿科罗曼德尔海岸收购棉布、红宝石、钻石、玛瑙、珍珠、槐蓝属植物、鸦片和“Callo Krud”。1353
他们兜售硫黄、肉豆蔻、肉豆蔻干皮、丁香精油、明矾、苏木、锡、水银、白蜡、加工后的肉豆蔻、麝香、紫胶、黄金和土茯苓。据博林所说，他们还出售科罗曼德尔沿海地区商馆里的大部分丝绸和瓷器。荷兰东印度公司将白银、黄金和来自中国、科罗曼德尔与苏拉特的布匹拿到锡兰，他们用船将肉桂、姜、胡椒、大象、大黄和宝石从锡兰运至巴达维亚。在马来半岛的霹雳和吉打，荷兰东印度公司用科罗曼德尔布匹和雷阿尔换取锡。在远离西里伯斯岛海岸的布敦岛（island of Butung）上，他们以各种布织品交换马匹、蜡、蜂蜜和奴隶。在马拉巴尔沿海地区，荷兰东印度公司用科罗曼德尔布匹和雷阿尔买入的主要是胡椒和小豆蔻。在孟加拉，他们用雷阿尔、中国瓷器和马鲁古群岛香料换到了姜、糖、棉布、未纺的丝线、藏茴香、鸦片和硝石。荷兰人卖的是各种英国布、丁香精油、肉豆蔻、黄铜、锡、红铜、苏木、硫黄、胡椒、樟脑、象牙、龟壳、安息香、琥珀、藏红花、中国生丝、糖、明矾、松节油、土茯苓、檀香木、水银、布匹和苏拉特经过雕琢的珠宝。他们在苏拉特购买的主要产品是精致的亚麻制品、硝石、槐蓝属植物、地毯、麝香和白色藏茴香。在波斯，荷兰东印度公司出售胭脂虫红、染色布料、琥珀、科罗曼德尔布匹、日本铜、香料、硬糖果、腌姜、紫胶、槐蓝属植物、小豆蔻、肉桂、苏木、英国锡、乌木、土茯苓和瓷器。他们从波斯买珍珠、红丝绸、金色织锦、地毯、硫黄、藏红花、明矾、杏仁及其他坚果、葡萄干、波斯无籽葡萄干和摩尔人的硬币达克特（Ducat）。末了，根据博林所说，荷兰人获得雷阿尔、达克特、蓝珊瑚、龙涎香、“Selisba”、琥珀，以及来自红海摩卡（Mocha）的灵猫香，他们在摩卡所卖的物品与他们带到苏拉特的相同。[290] 博林列出一长串随船进出巴达维亚的产品名录，所列限于那些在荷兰东印度公司商馆之间来往，载于该公司船上的货物。此外，相当多的商品是用华人和爪哇人的船只运送的。

在这个荷兰人未建立基地的群岛上，许多岛屿的货物没有用当地小艇运载，这些货物主要是大米和别的食品。[291]

欧洲作者们还收录了一些在爪哇岛其他港口进行商业贸易的具体细节。例如，罗德维克松提及沿爪哇岛北岸的村庄以渔业著称。他描述了从巴苏鲁安运来的念珠，这是印度教徒和穆斯林都需要的，由一种树的如胡椒粒一般大小的果实制成。万丹商人也在巴苏鲁安购买棉布，并销售中国产品。[292]《荷兰人东印度航海日志》第二部的作者描绘了图班的丝绸、羽纱、棉布和食品交易活
1354 跃。[293] 多数欧洲商人都将马都拉看作一个大米出口区。[294] 奥利维尔·范·诺尔特记道，饶洞国王允许外国人从事贸易，且无需缴费或纳税。[295] 萨利斯提到在饶洞，人们销售来自占碑（Jambi）的食品、棉布、细纱和胡椒，以及班达岛的肉豆蔻和坚果。[296]

马打兰和贾帕拉是大米和造船木材的主要来源。巴达维亚的大米和别的食品多出自那些地方。[297] 除了评论马打兰丰饶的稻田之外，范·昆斯几乎没有述及马打兰的商业。斯考顿列举了爪哇岛的首要产品，如大米、胡椒、椰子、椰子油、盐、糖、姜和亚力酒，但是，他说几乎任何可以想象的，来自全亚洲和欧洲的物品都可以在万丹、贾帕拉和巴达维亚的大市场上买到。[298]

爪哇人亦被视为一个航海民族。岛屿间的许多货物是用爪哇船只运载的。据罗德维克松所言，他们是能干的水手，不用地图，最先向葡萄牙人学习使用指南针。他们通常在看得见陆地的海域航行。他与其后许多欧洲观察者描绘并勾勒了爪哇船舶和舟艇的草图。[299] 根据罗德维克松的说法，最上乘的小型浅水货船名为“卡图尔斯”（cathurs），在拉森（Lasem）建造，他误以为拉森位于井里汶和贾帕拉之间，这两地有特别好的木材。[300] 这些船是单桅船，由奴隶桨手操控，载着许多士兵登上其他船只，或上岸。大多数作者还描绘了大型三桅帆船，此船甲板高，外舱悬挂在水面上——据斯考顿所说像农民的附属房，以及用稻草或椰子树皮制成的方形船帆，但没有上桅帆。它们被用于商业贸易而非战争。爪哇人和华人常常携其家眷在这些船上长途旅行数周，甚至数月。[301]

1355 荷兰作者称爪哇海域大多数较小的船为“蒂楠亨”（tynangen）、马来帆船

（proas）和飞船（flyers）。这些船有各种尺寸，船首和船尾尖，张挂着大三角帆，但有时是用桨来划动的，通过一柄竹船舵操控，船舵挂在靠近船尾的一侧。最大的船配备了帐篷或另外一些保护乘客的遮盖物。最小的船通常是由一根原木凿成，用粗的竹原木制成的舷外浮材保持平稳。因其速度极快，荷兰人称之为飞船。经荷兰东印度公司准允，爪哇船只在群岛各地从事贸易。[302]

围绕爪哇农民或工匠的叙述不多。斯考顿列举了他们的一些技能。他断言爪哇岛有手巧的铜匠、铁匠和金匠。那些制作短剑者是技艺高超的手艺人。不过，除了短剑，他并未描述爪哇工匠的其他任何制品。别的作者亦无。但是，斯考顿注意到爪哇有许多可以自夸的机敏商人。与大多数欧洲访问者相附和，他声称：

> 爪哇商人一般极度狡诈、不诚实，对于他们运送的货物和商品，尤其是对基督徒，总是欺诈十足。他们往胡椒里掺杂小卵石和褐色的沙子，在其交易业务中表现精明，不住地四下张望，寻找获利或胜过他人的好运气。[303]

17 世纪期间，欧洲人的爪哇形象由朦胧逐渐变得相当清晰。已出版的各种报告广为散布，它们十分详细地记载了爪哇的贸易、政治生活、社会风俗、宗教与风景。到了该世纪最后 1/3 时光，它们不再局限于海滨市镇，而收录了相当多有关内陆风景和马打兰帝国的讯息。一位翻阅了所有这些报告的读者能获得对 17 世纪爪哇颇为复杂的认知，但还是难以评估这种形象的准确性。它对一些重要话题表述不清，至于其余，则是观察者太少。在这个世纪间，形象的某些方面发生了变化。但是，对于 17 世纪爪哇历史的许多层面来说，已印行的欧洲报告是它们本身不可或缺的重要来源。此外，欧洲人不仅仅是爪哇现实的观察者，他们本身亦以深刻的方式改变了爪哇社会和政治，却又常常让人注意不到他们的影响所产生的变化。所以，他们的描述，也许是对因群岛上欧洲人的 1356
存在而有所变化的环境的描写，这种变化相当大。不过，他们可能提供了对爪哇及其随处可见之民的最初形象。这种综合形象是值得信赖的。

第二节　巴厘岛

荷兰人首航东南亚的刊出报告也包括一些欧洲人涉及巴厘岛的最早文献资料，以及首份用若干种语言撰写的对该岛的连续描述。实际上，这些内容被证明是17世纪有关巴厘岛的最详尽的介绍。[304]

《航海记》（1598年）的报告篇幅简短：巴厘岛富饶，但不产香料；巴厘人的着装与爪哇人的相像，使用同样的武器，主要是波状刃短剑和吹箭筒；他们都是穆斯林和葡萄牙人的敌人；巴厘国王有一座宫殿比万丹国王的更富丽堂皇。据《航海记》所述，国王乘坐的车由两头白水牛拉着，他的侍卫扛着带金顶的长矛（参见第218幅图）。巴厘人是"异教徒"，没有共同的宗教信仰。一些人崇拜牛，有的人崇拜太阳；每个人都敬仰自己的神。《航海记》谈到巴厘妇女殉夫自焚。如果她们拒绝这么做，则会被认为是可耻的。[305]

罗德维克松对巴厘岛的描述也在1598年出版，是刊行的最详细的介绍。它确定巴厘岛与爪哇岛东岸相隔，其北端在南纬8.5°。据罗德维克松所说，巴厘岛周长12普里（German mile）①，其北岸多山，南岸有一片长而高的岬角在海中远远地延伸着。[306]巴厘岛的人口很多——他估计有60万，他推断这是一夫多妻制的结果。实际上，他记录了巴厘人将他们中间的许多人当作奴隶贩卖。奇怪的是，他形容他们为卷发的黑人。[307]但是，他们所穿与爪哇岛以及
1357 其他近邻岛屿居民的穿着相仿。据罗德维克松所言，巴厘人是异教徒，他也许只是为了说明他们不是穆斯林。至于巴厘宗教的内容，罗德维克松仅仅记述了他们崇拜清晨第一眼目睹的任何事物。[308]他还描写了殉夫自焚，他认为这一风俗在巴厘岛广受遵循。当荷兰人在岸边休息的时候，他们听说一位显贵的大约50名妻子将在他的葬礼上被活活烧死。罗德维克松说无一荷兰人想观看这种场面。罗德维克松以为殉夫自焚是巴厘妇女的一种道德义务，她们相信这会使其能到另一个世界与夫君相伴。虽然他提到印度人也奉行殉夫自焚，但他似

① 17世纪，1普里（长度单位）相当于7 532.48米。——译者注

乎并不把它理解为一种宗教行为，他没有将巴厘岛的宗教与印度宗教相联系。他反而重述欧洲与殉夫自焚的起源有关的保留故事：它是由一位欲阻止不忠妻子毒害其夫的国王创立的。[309]

罗德维克松对巴厘岛的富饶印象最为深刻。巴厘人种植的水稻丰饶“四溢”，国王却禁止其出口。他凭此养活巴厘岛的众多人口，并将余粮存在山上的“要塞”里，以备歉收或防御水稻种植低地的外来入侵。[310]巴厘岛还出产大量的椰子（当地居民用来制油）、橘子、柠檬、酸橙——实际上是所有爪哇岛上都生长的水果。罗德维克松特别提到“一种水果，它与梨子同样大小，裹着一层薄壳，状若栗子”（蛇皮果），以及“一种长在地下，胡桃般大的果实……食品中也常常使用它们”（落花生）。[311]除了姜和一些爪哇岛或印度尼西亚群岛其他岛屿也盛产的药材之外，巴厘岛不长香料。[312]

环巴厘岛的海域鱼群密集，捕鱼是居民主要的职业之一。巴厘人养鸡、鸭、山鹑、孔雀、猪和斑鸠，还有各种动物：公牛、水牛、山羊、猪和极多的马驹。马匹鲜有出口。平民用它们作为交通工具。大贵族坐在奴隶抬的轿椅中，或乘坐水牛拉的车厢。[313]罗德维克松还记述了巴厘岛上储存铁、铜和黄金。国王
严禁开采金矿。然而，参观巴厘王宫的荷兰人却报告看到许多金器皿，它们比 1358
在爪哇，包括万丹在内的所有王宫所见的任何金器都要多得多，也更为昂贵。[314]

除了务农和捕鱼之外，巴厘人还生产大量由岛上所种棉花织成的布。罗德维克松认为它是出口到爪哇岛和松巴哇岛（Subawa）的主要产品。巴厘人用小船载棉布到爪哇岛东部交易，此外，他们极少或没有从事其他海外贸易。然而，来自别处，如万丹、安汶岛、望加锡、帝汶岛、索洛群岛的船只却经常停在巴厘岛补给食品与水，并购买布匹、牛和奴隶。华人偶尔也到巴厘岛以物易物。他们用瓷器和剑换回棉布。但是，华人的吊钱在巴厘岛，不似在爪哇岛和苏门答腊岛那样可被接受为货币，尽管巴厘人使用更大的中国铜钱。华人在巴厘岛的影响力似乎比在印度尼西亚群岛其他地方的弱。[315]

与爪哇士兵一样，巴厘士兵也使用短剑、长矛、剑和盾牌，但他们最青睐的武器是吹箭筒。吹箭筒里薄飞镖的小箭头抹了毒，它们每次都撕开受害者的肌肤，产生剧痛，致死率极高。[316]

巴厘国王是专制独裁的。他上朝的排场奢华、壮观，即便是最显赫的贵族也只敢双手合十与他讲话。[317] 日常管理看来是由一位被称作“奎罗”（Ki Lurah）的长官操控的，罗德维克松将其比作波兰的首席大臣。其麾下有其他诸多贵族，每个人都以国王的名义统治自己的管区。罗德维克松描述了十年或十二年前，一场密谋反对国王的未遂事件。企图在宫中弑君的反叛者旋即全部遭捕，并被判死刑。不过，国王慈悲地改变宣判，将他们流放到巴厘东南部一座名为“鹿岛”（马来语，Pulau Rusa；巴厘语，Nusa Penida）的小岛上。他们依然在那儿生活着，相当富足，还是国王的臣民，只是不允许返回巴厘岛。[318] 巴厘国王乘坐两头白水牛拉的精致车厢，由携带金顶长矛的侍卫随驾，御迎荷
1359 兰船只。罗德维克松推断国王认为他们以前到过那里，因为弗朗西斯·德雷克（Francis Drake）曾经访问该岛。[319]

罗德维克松的文中配有几幅铜版插图，它们的内容分别是：一位巴厘贵族被人抬着，坐在轿椅上；一位贵族乘坐水牛拉的车厢；一幅巴厘岛地图；一名殉夫自焚的妻子。所有都是雕刻师想象的作品。殉夫自焚的图片获自林斯乔坦（Linschoten）。[320] 罗德维克松对巴厘的描绘，包括铜版雕刻，也被收录于《荷兰联合省东印度公司的创始和发展》的德·豪特曼航海记之中。[321]

在 17 世纪余下的年岁里，仅有相当少的欧洲作者简短介绍了巴厘岛。例如，皮拉尔德有两页关于巴厘岛的内容几乎与《航海记》中可见的介绍相同。[322] 赫雷特·弗穆伦（Gerret Vermeulen）的《赫雷特·弗穆伦东印度旅行记》（*De gedenkwaerdige voyagie*①，1677 年）的插页可能与罗德维克松的记述同源，或是从后者中挑选的。弗穆伦是荷兰东印度公司与望加锡作战中的一名士兵，1667 年或 1668 年，他来到巴厘海岸。当荷兰人登陆，寻觅淡水的时候，当地的官方人士告诉他们不能携带武器上岸。荷兰人退回船上，但是当晚，他们组织了更多的警卫卷土重来。一场战斗发生了，一名荷兰东印度公司士兵被杀。翌日清晨，荷兰人持枪返回，为其收尸。他们在战场上遇到巴厘士兵，却未开枪。随后，荷兰人向巴厘人买了许多猪。弗穆伦也讲述了一个欧洲人密谋

① 此书全名为：*De gedenkwaerdige voyagie van Gerret Vermeulen naar Oost-Indien*。——译者注

推翻巴厘国王，而被碎尸万段的故事。[323]

最后，弗里克在1692年纳入一份对巴厘岛的简评。除了从那以后成为标准信息的内容之外，弗里克注意到巴厘人将自己卖为奴隶；他买了一名少女。他还认为巴厘人不结婚，但共同拥有女人。他也谈到殉夫自焚——声称曾目睹过一次——这似乎暗示了婚姻。[324]

首位荷兰访问者发现这座岛屿及其民众令人十分愉悦，舒适生活所需一应俱全，相当丰富。罗德维克松说他们称巴厘岛为“新荷兰”。两位荷兰水手跳下船，当荷兰人驶离的时候，他们留了下来。[325]17世纪期间，巴厘岛还不属于荷兰东印度公司的操控之列，也许是因为它不产香料，东海岸没有港口，而且已脱离马打兰王国，保持独立。1620年，荷兰人建了一座住所，但次年即被 1360
毁坏。1633年，荷兰东印度公司派一个使团到巴厘岛，试图谋求国王对他们反抗马打兰的援助。受这个使团成员的影响，传教士贾斯特斯·赫尔纽斯（Justus Heurnius）随后给总督写了一份巴厘局势报告。然而，已刊描述都不是因它而产生的。[326]其后数年，荷兰东印度公司派出特使，又与巴厘国王签署了几份购买奴隶的合约。不过，直到1841年，荷兰东印度公司解散后很久，巴厘岛才成为荷兰的一块属地。[327]因此，在17世纪期间，欧洲的巴厘形象基本上是通过罗德维克松的记述塑成的。它将欧洲读者引入这座岛屿，但几乎没有谈到巴厘人的文化特征。19世纪，欧洲人却发现这些特征十分引人入胜。此著极少论及巴厘宗教，譬如，所缺内容包括巴厘寺庙和艺术；音乐、舞蹈和戏剧；语言和文学；巴厘复杂的社会结构和种姓制度。

第三节　苏门答腊岛

16世纪的欧洲文献已常常描写苏门答腊岛，但这些描述中较少为作者亲眼所见。[328]16世纪末（1597—1599年），当荷兰人首航亚洲的几份报告出版后，人们开始看到了对苏门答腊岛的第一手介绍。[329]然而，这些报告中的大多信息似乎来自葡萄牙人的印度原始资料或荷兰作者在印度的见闻。例如，当他们描画在苏门答腊岛看到的椰子树和胡椒时，作者们采用印度的插图比苏门答腊岛的多。[330]1603 年，詹姆斯·兰卡斯特首赴英国东印度公司的航行记述刊行；1605 年，约里斯·范·斯皮尔伯根（Joris van Spilbergen）远渡锡兰的航海记发
1361 表，亲见亚齐的详情出现在这两份出版物中。[331] 巴托洛梅·列奥纳多·德·阿亨索拉的《马鲁古群岛之征服》（马德里，1609 年）含有一份苏门答腊概述，但并非以第一手的新观察为基础。显然，1611 年皮拉尔德的记述也不是，尽管它包括一些新的亚齐政治资讯。[332]

萨缪尔·珀切斯里程碑式的《珀切斯游记大全》于 1625 年面世，它有几份第一手的苏门答腊岛记述，其中英国领航员约翰·戴维斯的内容最为广博。1598 年，他陪同科尼利斯·德·豪特曼航至亚齐。[333] 珀切斯出版的托马斯·贝斯特、约翰·米尔沃特（John Milward）、沃尔特·佩顿（Walter Payton）的第二次航海记也介绍了亚齐。佩顿、威廉·霍勒（William Hore）、威廉·基林（William Keeling）的航海记还有对苏门答腊岛其他港口，主要是西海岸城镇蒂库（Tiku）和普里阿曼（Priaman）的简介。[334]

1646 年刊出的荷兰人首航报告《荷兰联合省东印度公司的创始和发展》文集添加了选自 16 世纪文献的插页内容。这部文集也有其他对苏门答腊岛的第一手介绍，其中最具描述性的内容见于保卢斯·范·卡尔登（Paulus van Caerden）、韦麻郎和彼得·威廉斯逊·沃霍夫（Pieter Willemszoon Verhoeff）的日记。[335]1642 年，印度—葡萄牙方济各会修士贡萨罗·德·S. 何塞·韦洛索（Goncalo de S. Jose Velloso）出版了一份概述。1652 年，加尔默罗会修士弗朗西斯科·阿戈斯蒂诺（Carmelite Francisco Agostino）发行了另一份，这两份概述都描写了 1638 年，葡萄牙使团觐见亚齐苏丹伊斯坎达尔·泰尼（Iskandar Thani）的过程。该使团成员是由弗朗西斯科·德·苏萨·德·卡斯特罗（Francesco de Souza de Castro），以及皮埃尔·贝特洛（Pierre Bertholet）神父和另一位被亚齐人擒杀的加尔默罗会神父引荐的。[336]

文森特·勒布朗广为流传的游记于 1648 年出版，也包括一份苏门答腊岛概述，无疑，它不是基于第一手材料写成的。[337]1620—1622 年间，奥古斯丁·德·博利厄（Augustin de Beaulieu）访问亚齐，他的记述首发于玛尔什

代锡·特维诺（Melchisédech Thévenot）的《神奇旅行记（1664—1666年）》（*Relations de divers voyages curieux*[1664—66]），它不仅是第一手资料，而且是该世纪最敏锐、见闻最广的一份叙述。博利厄在亚齐用了近一年的时间试图购买胡椒，等待来自其海军中队副司令的消息。居住期间，博利厄多次觐见苏丹伊斯坎达尔·穆达（1607—1636年在位），他对这位杰出统治者的描画是17世纪最犀利的。[338] 沃特·斯考顿刊于1676年的《东印度航海日志》收入了对于苏门答腊岛比较出色的描写，它大部分似乎是以个人的观察为基础的。[339] 约翰·纽霍夫在其1682年的《东印度难忘之旅》中有一份相当长的叙述。尽管他 1362
到过苏门答腊岛，但是，其报告似乎在很大程度上依赖于早期发表的记述。[340] 几位德国人与在荷兰东印度公司工作的丹麦人，如弗雷德里克·博林（1678年）、艾利亚斯·何塞（1687年）、约翰·威廉·沃格尔（Johann Wilhelm Vogel，1690年）和克里斯托夫·弗里克（1692年）回到欧洲后，出版了他们的回忆录，描述苏门答腊岛。[341] 其中，何塞随同荷兰东印度公司一支淘金队到达西海岸派南（Painan）北部的西尔里达（Sillida），他的描写最精彩。最后，在该世纪末，雅各布·詹森·德·罗伊（Jacob Janssen de Roy）发表了一些围绕亚齐贸易和政治的评论，威廉·丹皮尔相当详细地讨论了亚齐和明古连（Benkulen）。尼古拉斯·德·赫拉夫在1641年首航时造访亚齐，他也在1701年刊出的《尼古拉斯·德·赫拉夫游记》（*Reisen*）① 中收录了一份简述。[342]

一、位置、气候与物产

17世纪的报告都确定苏门答腊岛位于北纬5°或5° 30′至南纬6°之间，横跨赤道。它通常被称为世界上最大的群岛之一。荷兰人最初对其大小的报告似乎令人困惑。根据一些报告的说法，它周长700荷兰里，宽200英里。另一些则断定它长170英里，宽60英里。[343] 沃特·斯考顿和艾利亚斯·何塞在该世纪下半叶写道，其长分别为195英里和200英里，宽50英里。斯考顿认为它周

① 此书全名为：*Reisen van Nicolaus de Graaff*。——译者注

长480英里，大约等于英格兰连同苏格兰的总长。[344]苏门答腊岛或锡兰，孰为古代的塔普罗班纳（Taprobana）以及苏门答腊岛是否为所罗门国王得到黄金的俄斐（Ophir），是16世纪的推测，这些推测在整个17世纪的许多描述中重
1363 复出现。[345]多数作者还记录了苏门答腊岛靠近马来半岛。他们通常报告马六甲海峡宽10英里。斯劳顿认为在有些地方，它只有6—8英里宽。[346]

苏门答腊岛的旖旎风光给大多数来访者留下了深刻的印象。斯考顿速写了最生动的图像："苏门答腊岛层峦叠嶂，森林四季常青，山谷爽心悦目，平原硕果累累，港湾与江河鱼群密布，溪流清澈。"[347]每个人都论及长至水边的茂密森林，树木延伸，垂挂在海面上。人们在船上常常既看不到沙滩，也望不见城市与村庄。很难确切地判断，沿苏门答腊海岸的许多小岛是否有人居住。德·豪特曼的男仆报告巽他海峡西部小岛太多，不易发现航道。[348]博利厄描述了凌家卫岛（Langkawi，胡椒岛之一），它的山脉、森林、峡谷、沿海平原、民族和物产。[349]斯考顿描写了苏门答腊东岸的许多岛屿。例如，"邦加"岛大且物产丰富。他对岛上无人居住感到惊讶。[350]1681年，何塞的船只尽量驶近巽他海峡的喀拉喀托岛，以便他查看1680年5月火山爆发的后果。他报告了荒凉的森林一片焦土，数英里外尚可见烟雾，不再有人住在岛上。[351]他认为另一座荒无人烟的巽他海峡岛屿赛贝西（Sebesi）是邪神之家，因为他听到从岛上传来持续的尖叫声。[352]

威廉·丹皮尔用显然相当内行的细节详述了苏门答腊岛上的各种地形和土壤。群山多岩石，沿西海岸的山峦尤是。但它们有足够的薄层土种植灌木、小树和良草。小山丘的树木长势旺，足见土壤相当丰饶。平原上的土壤往往深厚，或黑，或灰，或微红。亚齐周遭的土壤厚，小河与溪流灌溉充分。岛上有些地
1364 方森林茂密，另一些是沼泽。[353]据17世纪欧洲观察者所说，苏门答腊岛极其富饶。它盛产大米，以及橘子、柠檬、香橼、香蕉、椰子、姜、蜂蜜、甘蔗、西瓜、香脂、槐蓝属植物、樟脑、檀香油，当然，还有胡椒。荷兰人最先看到胡椒长在苏门答腊岛，罗德维克松对胡椒的描绘可能是荷兰首份。他说，它是一种藤蔓，绕着一根粗芦苇杆生长。其叶像橘子树的叶子，只是较小些。胡椒粒像小葡萄似的，成簇挂着。直到10月或1月，它们被采摘之前，胡椒叶是常

青的。[354] 博利厄描述的胡椒与此相似，但提供了额外的细节：苏门答腊人常常在他们攀爬的树的脚下种胡椒藤。新藤蔓通常在第三年结籽，在第四年到第六年或第七年产量最高。十年或十二年后，人们照惯例会毁掉它们，种下新的藤蔓。4 月，胡椒藤开出白色小花。8 月，果实看上去像绿色的小葡萄，10 月转红，11 月或 12 月变黑。12 月中旬至 2 月底，北苏门答腊岛北部的胡椒丰收。[355] 罗德维克松亦描绘了香蕉树和椰子树，他称香蕉树为印度无花果树。他痴迷于椰子叶、壳、肉和汁的诸多用法。但是，这些明确、细致的描画似乎并不完全依据他在苏门答腊岛所见，它们多次提及印度。[356]

丹皮尔列出的树木和水果与早期作者所举相差无几，不过他还详细描述了自己格外喜欢的山竹果、柚子，以及一种被称作“Ganga”（印度大麻）的植物，它看起来像大麻，每次泡在任何一种液体中，“所有饮之者的大脑都会昏昏沉沉，结果，有的人会极其困乏；有的人微醉或冒傻气；有的人则会发疯”。据丹皮尔所言，苏门答腊岛还产许多药物和草药。他特别提到常常被运到日本提炼的樟脑。苏门答腊人亦种植山药、甘薯和水稻。他判定苏门答腊岛上广泛的稻作文化却是最近出现的，他感到如果他们愿意，可以种更多的水稻。[357]

苏门答腊岛的港湾、江河与溪流产各类鱼，不计其数，此外还有鳄鱼。内陆有大象、犀牛、马驹、奶牛、公牛、水牛、绵羊、鹿、老虎、野猪、山羊、猴子、小鸡、鸭和其他家禽。丹皮尔认为在大草原牧养的水牛群属于那些挤它们的奶，并杀之为食的人。就他所知，它们不作为耕畜。[358] 博利厄却以为它们被用于 1365
田间耕作。[359] 何塞还描绘了猩猩，他声称它们长得像人，甚至经常强奸在丛林深处迷路的女子。他坚持认为，猩猩会使人类的女性受孕。[360]

多数 17 世纪的欧洲观察者报告了在苏门答腊岛的溪流中可以寻见黄金，山里有金矿。何塞真实描写了在巴东南部西尔里达的矿山，此矿曾被当地人采掘过。1671 年，荷兰东印度公司雇佣他和别的撒克逊矿工，试图重新开矿。但是，矿山出产的黄金不足以支付费用。欧洲人发现在苏门答腊岛的气候条件下，几乎不可能采矿，极难找到当地人做此项工作。他们使用奴隶，但这些奴隶却需要重重监督，还得有士兵看守。1694 年，矿山被关闭。[361] 丹皮尔也报告了苏门答腊岛，特别是亚齐，富产黄金。人们在靠近英国人称为“金山”的地方开矿，从海上可见此山，但在内陆，它与首都（班达亚齐[Banda Acheh]）相距甚远。他获知从班达亚齐到矿山的路途千难万险，矿山环境实在不利于健康，结果是，去的人仅有半数归来。而且，只有穆斯林才获准进入那种地区。他说奴隶被用于采矿。[362] 雅各布·詹森·德·罗伊也认为亚齐会有许多黄金。他说，仅丹麦人每年就从亚齐运 70—80 巴哈尔的黄金到他们在科罗曼德尔海滨德伦格巴尔（Tranquebar）的商馆。[363] 欧洲作者还说苏门答腊岛上存在其他金属和矿产：银、锡、铜、铁、硫黄、红宝石、蓝宝石和石榴石。斯考顿描绘了珊瑚："非常精致的植物，像石头，我们发现它们是天然妙成的小树。有些是红色的，但是，多数是灰色的，长着细枝，在水底和地面上十分透明，令人惊叹，它们为奇珍异宝平添了一种罕见之物。"[364]

尽管苏门答腊岛山清水秀、丰饶多产，有潜在的财富，但其气候遭遇普
1366 遍的责难。诚然，文森特·勒布朗报告苏门答腊岛的空气有益于健康，其民高寿。[365] 但是，实际到访苏门答腊岛的欧洲人常常描写酷暑和许多沼泽地区，特别是岛屿东部会出现浓雾，以及一般而言，有损于健康的空气，尤其是在雨季，岛上每天雷声轰隆，大雨滂沱。[366] 对于外国人来说，空气显得特别污浊。何塞在中爪哇的西海岸度过了六个月，提供了对此地气候最生动的描述。他坚持最好称西海岸为瘟疫海岸。[367] 夜间暴雨横扫矿山后，来自山谷的雾气增多，变得太浓，三四步开外，人们就无法辨认彼此。[368] 几乎所有的欧洲矿工都发高烧，情况十分严重，许多人死去。何塞自己也精神错乱了三四天，矿长本杰明·奥立茨（Benjamin Olitz）则病故。[369] 他宣称"苏门答腊岛的空气是世界上最有害于健康的"。[370] 英国船长托马斯·贝斯特在巴赛（Pasai）港口停泊了十一周，此间，他的 25 名船员丧命。他称赞英国东印度公司鉴于该岛的传染性空气和污水，从未再派人员或船只到那里。[371] 丹皮尔也同样报告了在明古连的英国要塞的疾病和高死亡率。[372]

二、亚齐及其他城镇

人们最经常、最广为描写的是苏门答腊岛西北端的亚齐。17 世纪的欧洲

作者一致赞同它的人口比该岛其余地区的多，其统治者最有权势。大多数欧洲人判定亚齐的气候也比较好。譬如，戴维斯写道："整个国家像是一座宜人的花园。气候温和，空气有益于健康，每天清晨都有丰沛的露水或小雨。"[373] 约翰·德·莫尔热（Johan de Moelre）觇缕舰队司令彼得·沃霍夫的部分航行，形容亚齐的周边地区舒适、富饶。[374] 看过苏门答腊岛其他几处地方的斯考顿说，亚齐是一座人口众多、精心建造的城市，位于一条距海半英里、令人愉悦的河畔。他注意到，"其空气似比南部的好，也更益于健康"。[375] 博利厄却抱怨有 1367
害健康的空气、水和食物，它们在大约五个月后夺去了40名船员的生命，大多数人死于痢疾和呕吐。[376] 他还记述了频繁的地震——每年三四次。[377]

据戴维斯所说，亚齐城建在森林里，其所有房屋和建筑都立于离地面8英尺或更高的木桩上。人与动物可以在屋下自由行走。因此，从远处无法看见城市。然而，一旦进入城内，房屋和人又似乎太多了，所以，他认为城市应该分布在一片完整的土地上。[378] 尼古拉斯·德·赫拉夫估计城市周长约两普里，无围墙或要塞，不过他说看到葡萄牙人要塞的废墟。[379] 博利厄还评述了城墙的缺失，猜测是由于城市周围的复杂地形而使它们变得无关紧要。[380] 依德·赫拉夫所言，亚齐有两个大市场、几座塔、一座清真寺和附带绮丽花园的大王宫。[381] 戴维斯认为有三大市场。苏丹王宫在河流上游，距离城市约半英里。它的建造与其他屋宇相仿，只是较高，得享一览无遗的风光。王宫墙面上铺的是锦缎或金布。[382] 斯考顿描述了环绕宫殿的护城河及若干座炮台。[383] 韦麻郎也提到一条护城河与进入王宫必须经过的七重门。[384] 博利厄形容王宫是椭圆形的，有条护城河，宽25英尺或30英尺。取代城墙的是一道厚厚的竹篱，未经允许，无人可以通过或观看。他谈到只有四重门，还描写了一条改道穿过王宫的支流。外国觐见者在三座大院受到接待，他们首次到访时，骑着皇家大象前往，场面蔚为壮观。至于接下来的访问，他们则从城里步行，或乘船。[385] 没有欧洲人参观过据说是豪华的花园和王室宫邸。据戴维斯所言，亚齐的港口小，不过，一旦船只进入，那里则是一处舒适的泊地。在入口处的沙洲，水深 1368
只有6英尺。一座构造简陋的石堡垒守卫着入口。[386] 博利厄进来的时候丢了一只锚，因而，他对亚齐港口造成的问题印象较深。不过，他对堡垒的描画似乎给人留下更深刻的印象。在这期间，它一定重建过。[387] 韦麻郎注意到城里的许多清真寺，但所有都是草草搭建的。[388] 丹皮尔描绘了苏门答腊岛西北端之外，诸多小岛围起的半圆拱形，它形成了通道和亚齐外港。[389] 他说城市距海约两英里，无城墙——甚至没有沟渠，有七八千座住宅。它有几座清真寺，都不很大，均无塔楼或尖塔。他想象王后的石宫"建得富丽堂皇"，但他无法入内。他听说宫中有几尊巨炮，一些为铜管炮，是英格兰国王詹姆士一世赠给一位先王的。[390]

17 世纪的欧洲作者还描述了苏门答腊岛的其他城镇。譬如，威廉·基林描写了海岸线、礁石，以及靠近普里阿曼的离岛，但没有写城镇本身，除了他推动那里的贸易之外。[391] 沃尔特·佩顿的记叙包括了对普里阿曼、巴赛、蒂库极短的介绍。[392] 梅克林确定占碑位于东海岸。[393]1620 年 12 月，他游览了蒂库，描述它位于南纬 5′，在河流上游，距海约半里格，大致有 800 间屋舍。高山在内陆拔地而起，但是沿海的陆地低、肥沃，众多溪流交错。它的气候极其炎热，不利于健康。然而，苏门答腊岛却是顶级胡椒的来源地。他还简述了巴鲁斯（Barus），尽管他未作逗留。他感觉几乎无法从那里获得胡椒。[394] 博利厄还描绘了几座他未曾到访的北苏门答腊海滨城镇："亚齐的谷仓"帕提尔（Pedir）盛产大米，亦有些生丝；巴赛的食物丰富；德利（Deli）是一种油（石油或液体香脂）的出处，这种油据说一旦点燃就不会熄灭；巴鲁斯位于一条大河畔，风景秀美，出售樟脑和安息香；巴萨曼（Pasaman）在一座 30 里格外可见的万仞山下，产上等胡椒；巴东周围地区人口密集，可耕地上至山脚，是胡椒、黄金和精美金属制品的一个来源。[395] 斯考顿说出大多数苏门答腊海滨城镇的名字，
1369 通常会对它们的贸易和产品逐个点评一两句。他提到东海岸的帕提尔、巴赛、德利、监蓖（Kampar）、因陀罗基里（Indragiri）、占碑和巨港。在西海岸，他列举了因德拉普拉（Indrapura）；西列巴尔（Silebar）在一条大河湾处，被茂密的丛林环绕，崇山峻岭将其框住；普里阿曼、蒂库、巴赛、巴鲁斯、辛吉尔（Sinkil）、"Labo"① 和达雅（Daya）。[396] 纽霍夫提及"达雅，写到舰队司令约

① 可能是 Labota，即拉博塔。——译者注

翰·范·德·拉恩（Johan van der Laen）为了给两艘荷兰快艇上被杀的船员复仇，毁坏了巨港”。[397]

除了西尔里达，何塞亦描画了在京库克（Chingkuk）小岛上用栅栏围护的村庄，还有因德拉普拉。他谈及荷兰东印度公司在巴东、巴鲁斯、普里阿曼、巴章（Bajung①）、亚齐（Ajer）、楠榜（Lumpo）、塔鲁桑（Tarusan）、占碑和巨港还有货栈和营业所。[398] 与大多数欧洲观察者一样，他也评论了苏门答腊岛的建筑。岛上的房屋、宫殿，甚至寺庙都建在桩柱上。它们用竹子架构，棕榈叶覆顶，房间铺着席子。[399]

丹皮尔描绘了西海岸的明古连，他在那里住了五个月，担任英国要塞的炮兵。明古连坐落在一条小河畔，位于南纬 4°，大约在西列巴尔北面约两三里格。像马来亚的所有市镇一样，这个村庄也建在沼泽地中，房屋立于木桩上。丹皮尔认为马来人住在河边，因为他们喜爱沐浴，他坚信这是他们宗教重要的一部分。镇后面有座狭长的高山（弯曲的山 [Gunung-bengkok]），所以，从海上不难辨认出明古连。镇里人大多是渔民或在英国要塞工作的木匠。镇外的农民主要种植块茎作物、水稻和胡椒。荷兰人将英国人赶出万丹之后，英国人于 1685 年定居明古连，开始收获胡椒。[400] 由于苏门答腊岛的城镇无一例外地位于河流上游，远离海岸，在海上很难看到它们。因此，欧洲观察者们认为沿苏门答腊海岸的许多岛屿无人居住，但可能有村庄。[401]

三、人口、风俗和信仰

苏门答腊人看上去很像爪哇人。他们的皮肤黑——有的人说是黑，有的人则认为是黄；身材与爪哇人的相同；据有些人说，他们长得丑。[402] 何塞记录了女性的长耳朵有时垂至她们的双肩。他描述苏门答腊人视长耳为美，并用耳环 1370
和宝石装饰它们。[403] 文森特·勒布朗声称那里有许多阴阳人，他推断这是由苏门答腊人吃的药物和香料所致。[404] 克里斯托夫·弗里克医生说看见很多象皮病

① 一般写作 Pajang。——译者注

患者，他们的一条腿与人的腰同粗。患肢的肌肉感觉像海绵，不过，他断言患者可以跑得与马一样快。[405]丹皮尔形容苏门答腊人“中等身材、笔直、匀称，有黑印度人的古铜色皮肤。他们的发黑而平直，脸一般很长，但还算优雅。他们有黑眼睛、中等鼻子、薄嘴唇和经常嚼蒌叶而导致的黑牙齿”。[406]

罗德维克松记述苏门答腊女子戴粗手镯，穿两件套的服装。[407]斯考顿形容苏门答腊人的服装轻便，只用丝、棉或亚麻制成。所有等级的男子，连同高官，都常常上身裸露。大多数男人穿鞋和袜。许多人戴包头巾。[408]韦麻郎却说他们既没穿鞋，也没穿袜。[409]丹皮尔提及苏门答腊人不穿鞋袜，但是，他说“地位较高者”穿凉鞋，戴红色或其他颜色的无边“羊毛”帽。不过，大多数男子包小头巾。此外，“地位较高者”还在他们的肩上披一片丝绸。[410]男子无一例外地在腰间携带一柄波状刃短剑，几位作者细致地描画了他们。[411]何塞说苏门答腊男人蹲下来小解。[412]据沃霍夫所言，幼童没有穿衣，除了小女孩在她们的生殖器上套了一件银制品。[413]

1371 苏门答腊人的个性一律获低分。阴险、恶毒、傲慢、野蛮、欺诈、不忠、不可信赖、凶残、残忍和懒惰是最常被使用的形容词。[414]几位作者引用了例子。戴维斯详细描述了1599年9月，在亲切迎接科尼利斯·德·豪特曼之后，亚齐港主的代理人如何在食物和酒水中掺曼陀罗子，然后在荷兰人酩酊大醉之际袭击他们。包括科尼利斯·德·豪特曼在内的68名荷兰人在那场背叛中殒命，[415]他的兄弟弗雷德里克入狱。纽霍夫描写了1659年11月荷兰人攻打巨港，他称是为了1658年两艘荷兰快艇的船员被作乱谋杀而复仇。[416]沃尔特·斯考顿也提及荷兰快艇在巨港遭劫，他叙述了在西列巴尔沙滩聚会时，他的船只遭受背叛性袭击，付出了牺牲两名翻译的代价。[417]据何塞所说，他在苏门答腊岛半年，苏门答腊人历来撒谎，绝不可信。[418]不过，斯考顿认为他们是十分优秀的士兵——勇敢而残忍。[419]17世纪杪，丹皮尔和德·罗伊写的负面成分稍微少些。丹皮尔形容苏门答腊人“积极而勤勉……好交际，渴望贸易；但如果被冒犯，他们会反叛、复仇”。[420]德·罗伊将他们描绘成“骄傲……异常敏捷与聪明”的商人，却又是“行动非常迟缓和怠惰”的工人。[421]

丹皮尔经常评述苏门答腊人酷爱沐浴。他说，亚齐城里的河流永远人满为患，特别是在清晨。那些因为办事而走近河流的人极少有不洗澡就离开这个地区的。人们认为沐浴有益于健康，患者被带到河里。丹皮尔开始确信每日沐浴 1372
有助于治疗他的发烧和痢疾。但是，他相信苏门答腊人常常洗澡主要是出于宗教的原因。[422]

每个人都注意到苏门答腊人是一夫多妻。妇女和少女都被形容得极不贞洁。例如，纽霍夫以为苏门答腊妇女并不视卖淫为羞耻。[423]何塞认为卖淫——这在他看来似也意味着姘居——是很平常的，年仅 8 岁的女孩受孕并不罕见。然而，他把对女性乱淫的判断扩展到所有的"东印度妇女"。何塞对"东印度"奴隶之间的结婚与离婚的描写看来并非取自苏门答腊岛的习俗。[424]

所有 17 世纪访问苏门答腊岛的欧洲人都说苏门答腊人讲马来语，他们是穆斯林。然而，斯考顿、纽霍夫和其他许多作者察觉到，尽管沿海居民是穆斯林，但大多数内陆部族还是异教徒。[425]博利厄观察到被马来人驱逐的原住民还生活在许多近海的岛屿上。[426]丹皮尔似乎认为从人种上来看，讲马来语的沿海居民与住在内陆的人不同。他注意到柔佛、马六甲和东印度群岛其他地方的人，包括苏门答腊人，都说马来语。苏门答腊人也"具有同样的傲慢性情和生活方式，因此，他们似为同源人种"。[427]17 世纪无人写到住在苏门答腊岛的内陆人，也没有人留心除马来语之外的其他任何语言。[428]

文森特·勒布朗相信苏门答腊国王是穆斯林，但大多数苏门答腊人是"偶像崇拜者"。他声称，国王"与偶像崇拜者连连作战"。然而，他对偶像崇拜者的宗教描写听起来极像标准的 16 世纪和 17 世纪初欧洲人对印度宗教的描述：他们信奉轮回，主要崇拜一种偶像，有殉夫自焚的习俗，仇恨基督徒。他们会摔碎一个基督徒用过的杯子。[429]1687 年，何塞说苏门答腊人皈依伊斯兰教是
最近的事情。[430]梅克林注意到苏门答腊人信奉的伊斯兰教与土耳其人或波斯 1373
人信奉的伊斯兰教不同。苏门答腊人保持迷信的信仰和习惯，看起来"比土耳其人更像异教徒"，但是，他仅仅列举了一例，即苏门答腊人用蒸馏法造酒并饮酒（ajar putih① 与亚力酒），尽管穆斯林严禁酒精。[431]

① 可能是 anggur putih，白葡萄酒。——译者注

在这个世纪的早先时候，戴维斯描述了一场亚齐王室典礼，它暗示了伊斯兰教对王室礼拜仪式的适应令人好奇。据戴维斯所说，每年苏丹在浩荡的队伍中，骑着大象到清真寺去看弥赛亚是否已到。队伍里有一头装备豪华的大象，无人骑，特意留等弥赛亚使用，只要他一出现。一到达目的地，苏丹和他的几位贵族（orang kayas）入清真寺查看，未发现弥赛亚，便骑上象，领着队列回宫。返程途中，苏丹骑的是为弥赛亚准备的大象。[432]

丹皮尔认为虽然每天很少有人去清真寺，但亚齐人仍然热衷于改变信仰。他说一位华人皈依者骑着象招摇过市，不在乎有谣言说他利用改宗来摆脱自己在华人社会遇到的种种困难。丹皮尔还把沐浴看作“他们宗教生活的主要部分”。[433] 大多数 17 世纪的欧洲作者认为苏门答腊人憎恨基督徒。[434]

17 世纪初，戴维斯已记述了苏门答腊穆斯林自称祖先是圣经的夏甲（Hagar）和以实玛利（Ishmael），他们像罗马天主教徒一样使用念珠，热衷于教育其子女，有许多学堂。他还描写了一位受到高度崇敬、亦被视为先知的“大主教”，也许是巴赛的苏菲派沙姆斯 · 乌德 - 丁（Syams ud-Din），他是亚齐社会的精神领袖及其苏丹的顾问，直至其殁于 1630 年。博利厄说他能预测地震。[435]
1374 据戴维斯所言，苏门答腊人将亡者葬于家族墓地，让他们的头朝麦加，在坟首和墓尾都放置石块。据说亚齐统治者被授予雕刻精美的金石。[436]

四、经济与政体

尽管苏门答腊人以懒惰著称，但 17 世纪的欧洲报告却说他们是能工巧匠和精明商人。在苏门答腊岛，尤其是在亚齐，可以见到来自全亚洲的商人。例如，戴维斯将苏门答腊人描绘为“狡猾的商人，全心致力于彼”。他们又是能干的金匠、制枪者、造船工、裁缝、织工、制帽者、陶匠、切割工、铁匠和酿酒者。在亚齐，他发现来自中国、孟加拉、勃固、印度和阿拉伯的商人。[437] 文森特 · 勒布朗描述了亚齐的许多奴隶交易。[438] 斯考顿列出在苏门答腊岛每一个重要港口可以买到的产品目录，他记下了苏门答腊人特别擅长造船和制刀。苏门答腊人的短剑受到高度的评价。[439] 几位欧洲人评述了苏门答腊金匠用金铜合金（马来语，tambaga）制成的精美作品，苏门答腊人认为这种合金比黄金的纯度更高。[440] 博利厄描绘了亚齐的一些丝织品。他认为苏门答腊岛的丝不如中国的白、质优——它是黄色的，尽管如此，它却能制成绮丽的塔夫绸。[441]

丹皮尔列举了亚齐主要的小商人，如木匠、金匠、渔夫和货币兑换商通常为女性。当然，乡村人是农民，他们饲养牛和家禽，种植块茎植物和果树。苏门答腊人对辛苦耕种稻田没有兴趣，便把大部分活儿留给奴隶。他写道，亚齐的大米多数还需进口，新的稻田增加了对奴隶的需求。他认为渔民是苏门答腊岛最富裕的劳动者，主要是他们总会买得起渔网。木匠特别擅长建造苏门答腊式房屋和马来帆船。铁匠人数很少，金匠一般是外国人，货币兑换商通常为女性。[442]17 世纪，没有一位欧洲作者提到亚齐统治者伊斯坎达尔·穆达在位（1607—1636 年）期间的文化繁荣。大体而言，他们多半不 1375
提苏门答腊岛的文学。[443]

丹皮尔描述了在亚齐他称为“中国营”的城区，该区近海，贸易季节（从 6 月至 9 月）华人在此居住。每年 6 月，华人批发商和店主到此，建立一个看似持续型的集市。随着货物被售出，他们所占的房屋越来越少，“中国营”的规模缩小。当他们的生意减少时，赌博则增加了。在夏季结束之前，华人往往无所不售，有时甚至连他们自己的船都卖了，然后乘别人的船只回国。当华人住在城里的时候，丹皮尔注意到，几乎没有别的商人做生意。[444] 丹皮尔描写了亚齐使用的各种硬币（中国铜钱、小金币 [mas①]、库邦 [Kupan]②、葡萄牙帕达奥 [pardao]、银两）③，以及苏门答腊重量单位（巴哈尔和斤）。[445] 文森特·勒布朗说小金币相当于 5 克朗。他认为 2 000 个铜钱等于 1 枚小金币。勒布朗还提及银两。[446] 博利厄暗示亚齐不使用银币雷阿尔。[447]

17 世纪末，丹皮尔写道，在亚齐用的钱币是由铅而非铜制成的，1 500 枚

---

① 在亚齐的价值约为 1 个西班牙雷阿尔的 1/4 或 1/5；在望加锡的约为 1 雷阿尔的 4/5。——译者注

② 应为 kupang，印尼语，旧币名，其价值因地而异。——译者注

③ 也写作“Pardaw”、“pardau”，曾为果阿铸币。10 帕达奥相当于 1 卢比（印度货币）。——译者注

钱币相当于1枚小金币。1枚薄金币的双面都印有马来字母，价值15英国便士。16枚小金币等于1个银两，约20英国先令。他准确地说两是一种重量单位。5“两”重1“班卡尔”（Bancal），20“班卡尔”重1“斤”。他观察到小金币鲜有固定重量，因此，1“斤”含的金币数量会变化。钱币的价值似乎听凭货币兑换商而改变。丹皮尔说100“斤”等于1担（132市斤[pond]），300“斤”折合1“巴哈尔”或396市斤。他还认为这些重量单位在不同的港口会有所差异。[448]德·罗伊也说亚齐使用的大多数硬币是金币。他注意到，它不像未铸的黄金那么纯，女王控制它的铸造。[449]

1376 17世纪的欧洲作者为读者们提供了相当详细、可靠的苏门答腊政治信息，包括对岛上正在或近来已经发生的迅速变化的印象。《荷兰联合省东印度公司的创始和发展》版本的德·豪特曼航海记的插页指出岛上有几个王国，比葡萄牙人常常提到的两个多得多，这两座岛屿是因陀罗基里和阿鲁，它们的居民被形容为异教徒和食人者。插页列出了帕提尔、巴赛、监蓖、米南加保和亚齐。它声称亚齐已成为最重要的国家，不仅征服了帕提尔和巴赛，而且征服了岛屿整个西北区。[450]戴维斯提到苏门答腊岛上的四个王国：亚齐、帕提尔、米南加保和阿鲁。除了阿鲁以外，其余国家都向亚齐进贡。阿鲁与柔佛国王结盟。[451]博利厄详述了亚齐对苏门答腊岛西北港口的统治。例如，未经亚齐苏丹的俞允，他不能在蒂库购买胡椒。他必须同时向苏丹和蒂库国王纳税。博利厄定期报告苏丹的军事远征。他首次到亚齐之前，在蒂库遇上3艘亚齐战船，每艘船上有300名士兵和一头大象，用以苏丹讨伐叛逆的国王。[452]斯考顿1676年刊出的叙述更为细致。他说亚齐苏丹还统治帕提尔、巴赛、达雅、巴鲁斯、巴萨曼、蒂库、普里阿曼和巴东，以及马来半岛上的吉打和霹雳王国。岛屿南部西列巴尔、Dampin、楠榜（Lampung）、巨港和占碑的“国王们”，或如西列巴尔屈服于万丹，或在马打兰的保护之下。[453]丹皮尔对亚齐权限的描叙不那么具体，但是说它向东延伸，沿东北岸长驱直向马六甲海峡。当他注意到在距城40里格的金刚石角（Diamond Point）之外，“居民虽然归属于亚齐，却并不怎么顺从”的时候，他似乎感觉到17世纪末亚齐权力的衰落。丹皮尔不知道亚齐辖区沿西岸或在内陆伸至多远，但他认为它包括许多离岛，其中有作为流放地的韦岛

（Pulau Way）。[454]

苏门答腊统治者一向被形容为暴君，对其臣民拥有绝对的权力，轻罪重判。 1377
然而，除了亚齐苏丹之外，17 世纪的欧洲作品几乎没有出现苏门答腊统治者。梅克林只是最简短地提及占碑，他认为它“不是一个非常强大的国家”。[455] 威廉·霍勒描写了蒂库的一场神裁法，审判的是一位被控杀死一名英国海员的本地人。被告能从一鼎滚油巨锅中取出一粒小球而未被烧伤，霍勒认为是恶魔助之。[456] 何塞描绘了两位当地统治者。他称一位为因德拉普拉“皇帝”，形容他显富态，穿红色丝绸，衣服上带大金扣。除了凉鞋，他脚上不穿鞋袜。随同的贵族跣足，上身赤裸。他们都戴包头巾。[457] 何塞喜欢与荷兰东印度公司金矿附近的西尔里达“小国国王”共进晚餐。他将“小国国王”比作一位德国乡村校长——极受尊重，村民对其畏惧而非爱戴，那是位小暴君。何塞也描绘了膳食，这显然是一桌米饭：一大碗白米饭，其周围是许多摆着咖喱的小碟。他不喜欢它是在意料之中。[458]

作者们对苏门答腊岛最有权势的统治者亚齐苏丹着墨甚多，他也被反复地形容为暴君。其臣民害怕他而非爱戴他。他只用武力统治，施酷刑，如因为相当轻微的犯罪而将人处以剜眼、断手截足，或阉割。[459] 据戴维斯所说，致残的违法者常常被流放到韦岛。罪犯被判刺刑或让群象践踏而亡。戴维斯还描述了在亚齐的诸多监狱。[460] 博利厄察觉到亚齐有四种司法审判——民事、刑事、宗教和商业的，每一种审判，都在不同的地点执行判决。[461]

该世纪末，亚齐由女王统治期间，丹皮尔详述了各种刑罚。他说轻罪通常
处以笞刑。然而，按惯例，小偷却在初犯时被断右手，重犯时则会被剁去另一 1378
只手或一足。人们将不可救药的罪犯放逐到韦岛，这是一个致残贼群聚居的岛屿。被判截肢造成的伤口由一块皮革止血，相当快就能愈合。尽管死刑施于其他罪犯，窃贼却未获死罪。丹皮尔描述他看见一名男子受刺刑，但他无法查明是因何罪。他说，被判死刑的贵族，“可以与一大批武士决斗”。[462] 博利厄说他看到一名妇女因为在其家中引起一场大火而遭刺刑。[463] 德·罗伊认为处罚是由偷盗的数量而不是犯罪的频率决定的，那些所窃数目极其巨大的被处以刺刑。由于对窃贼的处罚严厉，因此，他以为对于商人来说，亚齐是整个亚洲最安全

的城市之一。[464]但是，博利厄却形容亚齐的贸易税赋沉重，受苏丹控制。他的笔墨大多用于他同苏丹交涉时所遇的困难和挫折，谈判的内容涉及胡椒价格、可购得胡椒的数量以及贸易交纳的关税。[465]

17世纪的欧洲人常常评论亚齐盛行的奴隶制。譬如，据丹皮尔所言，在亚齐，几乎每个人都拥有奴隶。据说港主有1 000多名。事实上，连奴隶都有奴隶，这些奴隶转而也有奴隶。奴隶在亚齐的待遇并不卑贱。他们住在自己的家里，常常离主人很远。他们可以挣钱，有时赎得自由。依丹皮尔所言，难以将自由民与奴隶区别开来，"因为从某种程度上说，他们都互为奴隶，总体来看，他们全是女王和贵族的奴隶"。[466]德·罗伊还描述了亚齐对奴隶需求的激增，这一需求是靠英国人和丹麦人得到满足的，他们卖奴隶以换取黄金。[467]

戴维斯记述了苏丹在五位首要官员——一位国王秘书和四位港主的帮助下统治亚齐，其余官员服从于他们。不过，最重要的是，"国王的意志即法律。这个国家似无自由人，所有生命和私人财产都任由国王处置"。[468]大多数17世纪

1379 的欧洲访问者谈论贵族，他们借此了解有政治权力的显赫之人或大贵族。[469]博利厄报告每位贵族负责一片城区，在其间执法。他们也在夜里密切守卫自己的区域，并为此专备了200匹马，分为4队。[470]博利厄亦称苏丹是其所有臣民私人财产的继承人，"仿佛他们无胤"，他还没收"其每日处死者"的财物。任何死于亚齐的外国人的财产也归苏丹所有，他声称拥有沿其海岸的一切遇难船只。[471]

戴维斯估计苏丹约有100艘战船，其中有些可载400名士兵。它们是敞舱船，用短桨而非长桨划动，无炮。但是，它们似乎足以保证邻国的顺服。据戴维斯所说，亚齐军队用弓箭、投枪和剑作战，他们没有防护设施，无盾牌。苏丹有一些铜炮，戴维斯曾见过最大的一门，但它们没有炮架，放在地上开火。根据戴维斯之言，苏丹陆上的真实兵力是大象。[472]博利厄还描述了伊斯坎达尔·穆达统治下可以招募4万名士兵的征兵制度。虽然苏丹提供武器，这些武器在战后归还于他，但由应征士兵负责多达三个月的食物。苏丹还有许多尊大炮和大量的火药炮弹。即便如此，博利厄依然认为900头大象是苏丹陆军的主力。[473]

苏丹拥有极多黄金、珠宝和大象，有几位夫人和许多妃嫔，她们由太监守

护。[474] 戴维斯认为苏丹最亲密的顾问是女子，连他的舰队司令也是一名女性。据说他不信任男人。[475] 博利厄还说内宫是由一支女子大队——据闻有 3 000 人提供服务和守护的，她们难得离宫。事实上，她们有自己的市场，在宫内有自己的庭院。[476]

并非所有统治亚齐的苏丹都如伊斯坎达尔·穆达一般强势。博利厄形容 1589 年之前，大商业贵族们掌握亚齐政权的时期为黄金时代，他们似乎随意 1380
立君或废君：

> 贵族们生活奢华，天性猎奇、懒惰、骄傲。其祖先留下的巨额财富——田产和城市房屋，还有黄金和白银供养着这种生活。他们既不受国王压迫，也不会被外族抢掠。城市人口是现在的 6 倍，街道水泄不通。
>
> 贵族有时尚、坚固的大宅邸，门口摆放大炮。他们拥有大量的奴隶，包括警卫和仆人。他们外出时珠光宝气，前呼后拥，受人尊敬。这般大权严重削弱了国王的权威，还有安全，因为首席贵族有如此职权和实力：当他们厌倦一位国王的统治时，会弑君，另立国王。因此，如果一位国王能享位两年，那么，他便是十分幸运的。[477]

然而，1589 年，在大贵族们选择阿拉丁·里阿亚特·沙·赛义德·穆卡米尔（‘Ala ad-din Ri‘ayat Syah Sayyid al-Mukammil）为国王之后，他们的权力遽然终止。据博利厄所言，他年届古稀，已然老矣，是一位海军指挥官，众所周知的翘楚。戴维斯说他曾是一名普通的渔民，因其作战勇猛而擢升为海军司令，由前苏丹御赐一位王室新娘。当他被任命为苏丹的继承人，即苏丹的孙子的摄政王不久，便杀了这名幼童及其数千名潜在的支持者。[478] 博利厄详细描写了政变，穆卡米尔设盛宴邀请众多贵族，他诱惑他们一一进入后宫，旋即杀之。那夜，1 100 名贵族遇害。此后，他们的府邸遭毁，财产和武器被新统治者没收。国王立法限制城市新宅的规模与建设。[479] 穆卡米尔在位直至 95 岁，依博利厄所言，他统治残暴。据说他即位初年便处死了两万人。随后数年，血流不止。

他在弥留之际，将王国分给两个儿子，其中一位获封帕提尔国王。博利厄细致描绘了这两位国君的暴政，还有最后在他们之间及其与葡萄牙人的战争。此间，穆卡米尔的孙子讨好贵族与军队领袖，他在其叔驾薨之际，被任命为国王。正如博利厄所描画的，新国王伊斯坎达尔·穆达（1607—1636 年在位）甚至比其祖父更贪婪、嗜杀。[480]

1381 17 世纪末，亚齐的权势已衰落，女王当政，欧洲作者描写了与他们 17 世纪上半叶到访时迥然不同的亚齐政府。丹皮尔报告女王在 12 位贵族大领主的帮助下执政，港主是其中之一。女王通常是位老处女，选自王室家族。一旦中选，她就得在自己的宫闱里独居，除了为一年一度的沐浴仪式御驾赐临江河。她几乎没有实权，真正的政府管理权旁落贵族之手。丹皮尔听说 17 世纪初亚齐由国王统治，但他也转述了人们的猜测，即亚齐最初是由女性统治的，《旧约》中拜会所罗门国王的示巴女王（Queen of Sheba）来自亚齐。丹皮尔叙述了 1688 年由几位贵族反对新选女王而导致的继位危机。[481]德·罗伊称亚齐为一个共和国。他说女王有许多荣耀，但基本无权。权力由一个王室委员会控制，它的任一成员均可阻扰其行动，只要他或他的家族利益令之如此而为。他将亚齐政府与波兰政府相比。[482]

17 世纪上半叶，许多访问亚齐的欧洲人必须与苏丹洽谈贸易，所以，他们觐见了苏丹，并与之交谈，随后写下对苏丹们的描述。戴维斯最详尽、最生动地刻画了穆卡米尔。当戴维斯遇见他时，据说他已逾百龄，但依然精力充沛。戴维斯形容他“极其粗俗、大腹便便”，趺坐于宫中，佩戴四把鞘上镶着珠宝的短剑，“膝盖上放着一把剑”。40 名女子伺候他，为其扇风拭汗，侍奉酒水，为其唱歌。他成天除了吃喝，几无所为，“当其腹部将要撑爆的时候，他开始嚼蒌叶……获得一个强有力的胃”，而后，“他鼓起新的勇气继续进食”。他有时会改变常规，到河里沐浴，恢复食欲。“他，及其要臣和女人，除了吃喝、谈论狩猎以外，无所事事。”[483]那些走到苏丹面前的人，首先要脱去鞋袜，然后深深地
1382 鞠躬，将手掌合拢，置于头顶——合十施礼，接着，他们盘腿坐在地上。戴维斯总结道：“他的时间只用来与女人共食和斗鸡。王如此，臣亦如此，整个国家别无所好。”韦麻郎对穆卡米尔的描绘与此极为相似。[484]

185. 暹罗国王纳莱骑在皇家大象上

来自 G. Tachard, *Second voyage*...[①]（Paris, 1689）, facing p.288。

这张图片上的大象是传统木刻中的欧洲怪兽。国王和拜倒在地的侍从戴着暹罗礼帽，他们所处的环境看上去像凡尔赛宫。坐在象背部的男孩手持清晰可辨的象钩。

le Roy monté sur son Elephant

186. 三层透雕细工金盘，盛放着国王的信柬

来自 La Loubère, *op. cit.*（pl.209）, I, facing p.62。

Vase dor de filigrane.
To.1. pag. 62.
Vase d'or à triple étage ou l'on portoit la lettr
du Roy

① 此书全名为：*Second voyage du Père Tachard et des Jésuites envoyez par le Roy au royaume de Siam*。——译者注

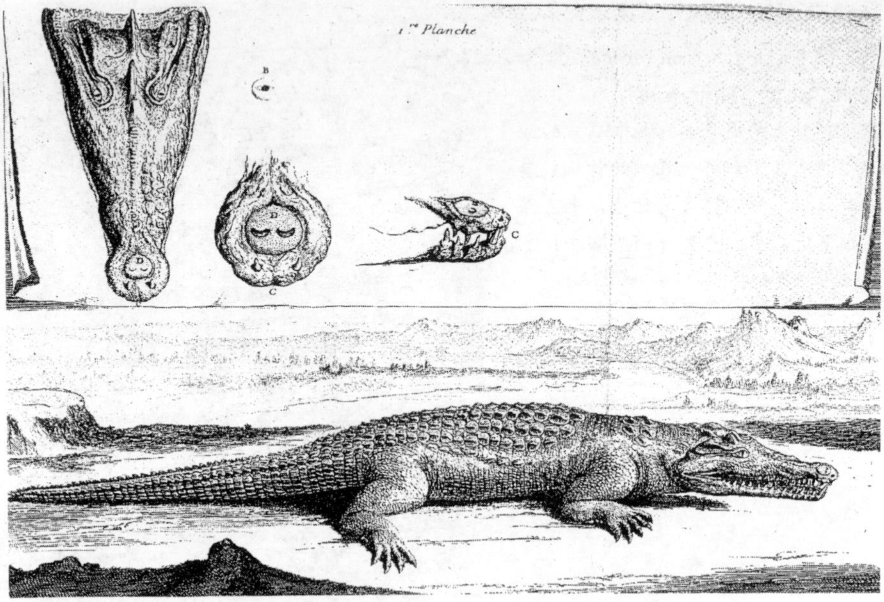

187. 在暹罗，被称作“TAKAIE”的不为人知的暹罗鳄鱼：解剖图绘

来自 Thomas Goüye (or Gouge) *et al., Observations physiques et mathematiques*...（Paris, 1688）, plate 1。

这幅图描绘的是暹罗人捉捕的三只鳄鱼之最，它为法国科学家解剖和研究所用。在此展现的是鳄鱼的少许部分。纳莱令其子民汇集所有不为欧洲人熟知的动物，让他们研究这些怪兽的构造。由大划桨船上的暹罗渔民从湄南河中捕捉到这些鳄鱼。第 2 幅图，这里没有显示，描绘了鳄鱼的内部器官。第 3 幅图，此处亦无显现，展示了鳄鱼的主要骨骼。

OBSERVATIONS
PHYSIQUES
ET MATHEMATIQUES
POUR SERVIR
A L'HISTOIRE NATURELLE,
& à la Perfection de l'Astronomie
& de la Geographie :

Envoyées de Siam à l'Academie Royale des Sciences à Paris, par les Peres Jesuites François qui vont à la Chine en qualité de Mathematiciens du Roy :

AVEC LES REFLEXIONS
DE MESSIEURS DE L'ACADEMIE,
& quelques Notes du P. Goüye,
de la Compagnie de Jesus.

A PARIS,
Chez la Veuve d'Edme Martin, Jean Boudot, & Estienne Martin, ruë Saint Jacques, au Soleil d'or.

M. DC. LXXXVIII.
AVEC PRIVILEGE DU ROY.

188.

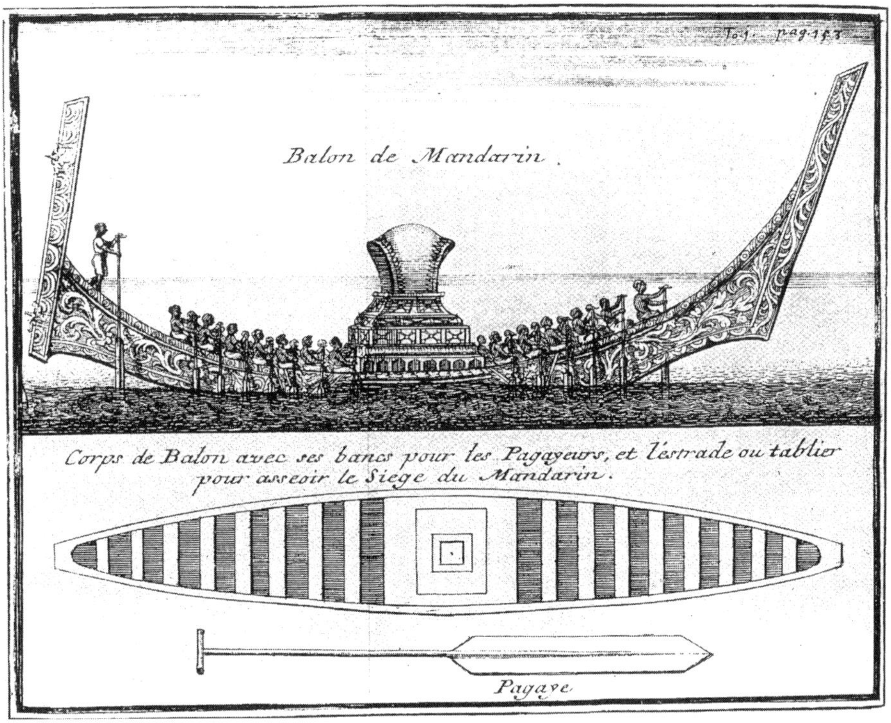

To.1. pag.153
Balon de Mandarin.
Corps de Balon avec ses bancs pour les Pagayeurs, et l'estrade ou tablier pour asseoir le Siege du Mandarin.
Pagaye

189. 高官的“窄船”（大划桨船）

来自 La Loubère, *op. cit.*（pl. 209）, I, between pp.152 and 153。

“一艘窄船的主体仅用一棵树制成，有时长 16—20 英寻。两人各居一侧，盘腿坐在横板条上，板条便占满了。一位桨手在右，另一位居左。桨手划短桨，双手握住桨的中段和尾部……有时仅一艘窄船就有 100 位或 120 位桨手……但低级官员的窄船则短得多。”（La Loubère, *A New Historical Relation*...[2 vols., London, 1693; Wyatt facsimile edition, Kuala Lumpur and Singapore, 1969], I, 41.）

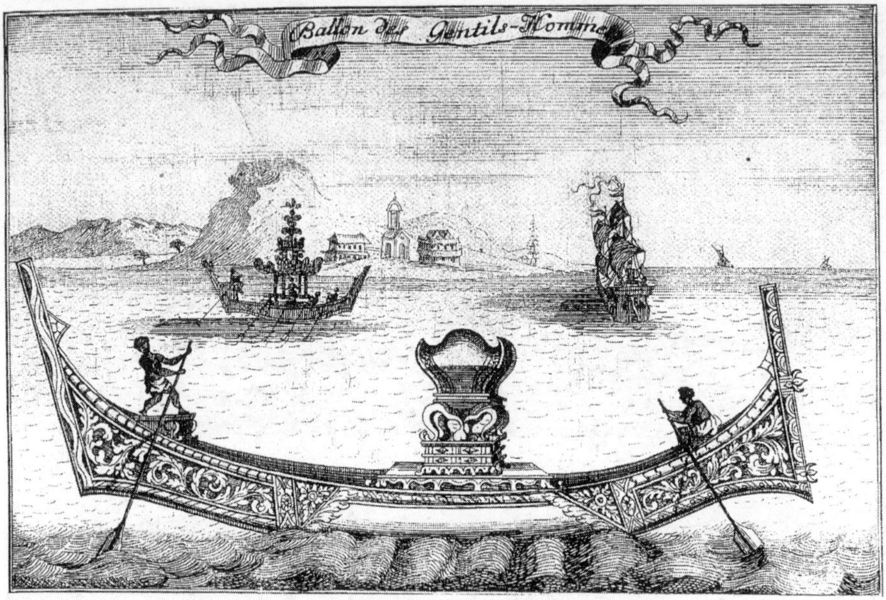

190．贵族的“窄船”

来自 Alexandre de Chaumont, *Relation*（Amsterdam, 1686）, between pp.26 and 27。第 204 幅图是此书的扉页。

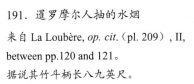

191．暹罗摩尔人抽的水烟

来自 La Loubère, *op. cit.*（pl. 209）, II, between pp.120 and 121。

据说其竹斗柄长八九英尺。

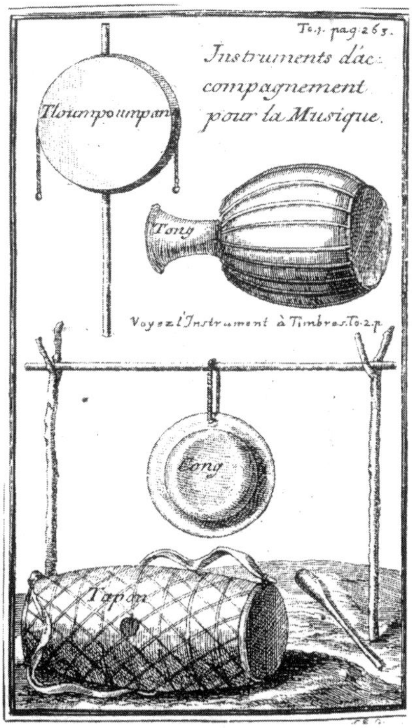

192．暹罗的节奏乐器

来自 La Loubère, *op. cit.*, I, facing p.263。

传统的暹罗乐器可以分为弦乐、管乐和打击乐器。最大多数的是打击乐器，具体详见在此展示的鼓和锣。

193．西方记谱法标识的暹罗歌曲

来自 La Loubère, *op. cit.*, I, facing p.262。

泰国音乐类似于中国和缅甸的音乐，但有自己特设的七个全音音阶。泰国没有本民族的音符，因为所有音乐都是通过耳朵获悉的。歌者和乐手均向传统音乐专家求学。20世纪初，陆续有人努力尝试用符号记录泰国传统音乐，但均未成功。参见 Phra Chen Duriyanga, “Thai Music,” in *Thailand Culture Series*, No.8（3d ed., Bangkok, 1955）, pp.52-53。

premiere planche To. 2. p. 98.

Trois Alphabeth Siamois.

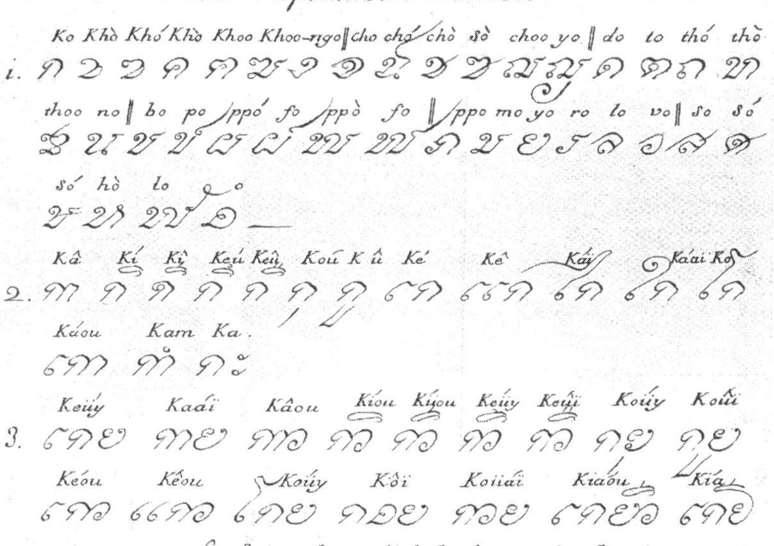

seconde planche To. 2. pag. 98.

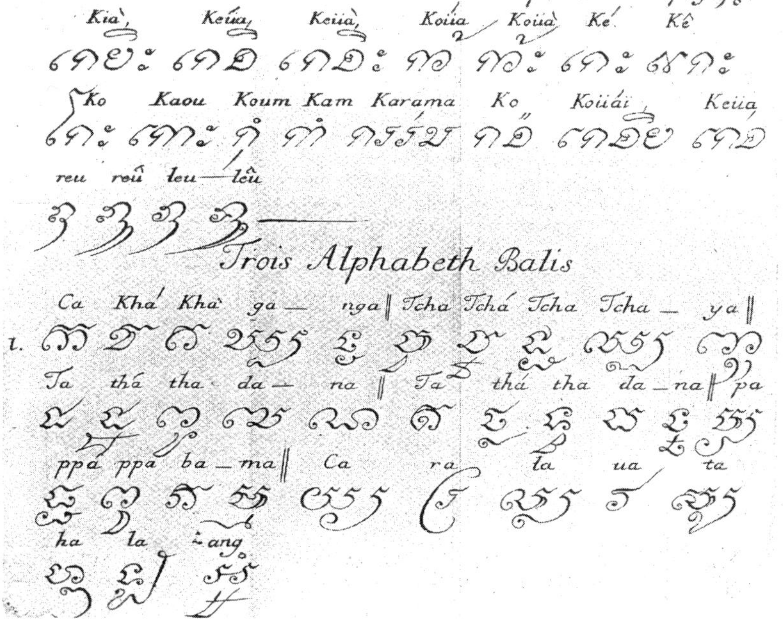

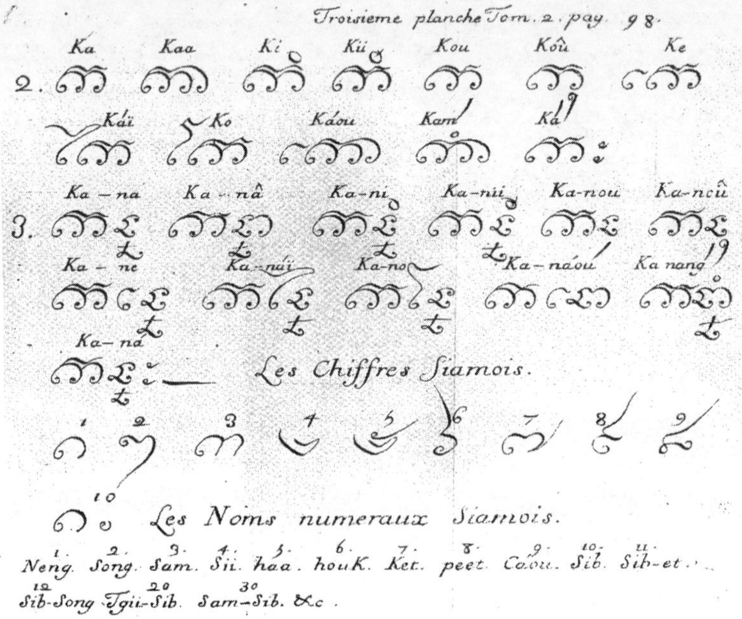

194．三种暹罗语字母表、三种巴利语字母表及暹罗数字

来自 La Loubère, *op. cit.*（pl. 209）, II, between pp.98 and 99。

泰语字母源于印度和柬埔寨的字母，可追溯至 13 世纪末。关于泰语字母的演变参见 Phyre Anuman Rajadhon, “The Nature and Development of the Thai Language,” *Thai Culture, New Series*, No.10（2d ed., Bangkok, 1963）, pp.18-30。

巴利语源自梵语，是暹罗佛教用语。在暹罗，“Pali”发音为“Bali”，一如此处所书写的。

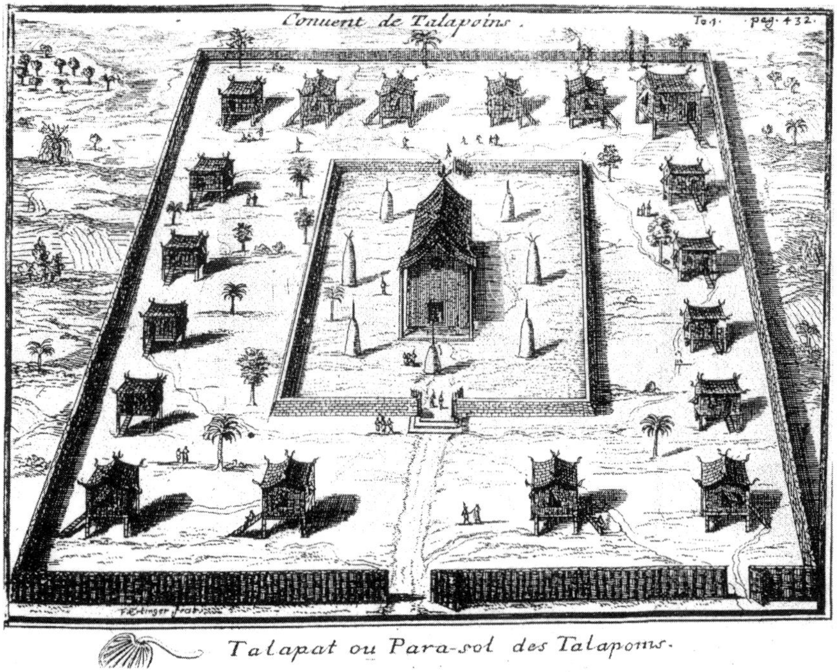

195．暹罗佛寺

来自 La Loubère, *op. cit.*,（pl.209）, I, facing p.432。

暹罗语称这组木制宗教建筑群为“越”。中央的大殿是“波”，通常供奉佛像，贮藏宗教壁画。大殿周遭环绕着 8 座界碑，以示其所在场地的神圣。寮房位于矩形围场的内外墙之间。这可能是一座社区寺庙图，寺庙由附近的民众建造与供养。和尚的扇形棕榈阳伞在底部。

196. 暹罗佛像

来自 La Loubère, *op. cit.*, I, facing p.531。

索摩那·科通（Somona Kotom）塑像，索摩那·科通是佛的泰语名：上左，铜像（可能是青铜像）；上右，砖像（或是灰泥塑像），以浅浮雕为修饰；底部为镀金铜像。

在暹罗，佛像可能比人多。这些佛像的大小介于微雕与巨像之间，用各种材质做成，一如这里显示的。参见 Luang Baribal Buribhand, “Thai Images of the Buddha，” in *Thailand Culture Series*, No.9（Bangkok, 1955）。

197. 3 名赴法国的暹罗使节，1686 年

来自德·拉尔内松（De l’Arrnessin）的铜版雕刻，*Les augustes representations de tous les roys*（Paris, 1688), fol.189。蒙法国国家图书馆提供（B.N. N2 12 4°）。中间手持“致国王”信函者是帕威戍顺吞（Phra Wisut Sunthorn）大使，通常被称为哥沙班（Kosa Pan）。其右侧为第二位使节，名銮卡拉衍·拉差·迈蒂（Ok Luang Kalayan Racha Maïtri），左侧是年轻的第三位使节坤斯威讪瓦差（Ok Khun Si Wisan Wacha）。1686 年 9 月 1 日，这 3 名使节都在凡尔赛宫的会客厅受到接见。

OOC, LOÜANG CALAYANARAA TCHAMAÏTRIOUPATHOUD.
Premier adjoint de l'Ambassadeur de Siam envoyé au Roy, homme âgé et qui a beaucoup d'Esprit.
Il a été Ambassadeur du Roy de Siam vers l'Empereur de la Chine, et s'acquita fort bien de cette
Ambassade. Ces Ambassadeurs partirent de Siam le 22 Decembre 1685. sur les trois heures du
matin dans le Vaisseau du Roy nommé l'Oiseau, commandé par Mr. de Vaudricourt.

198. 第二位觐见法国国王路易十四的暹罗使臣（1686 年）

写真素描。原件藏于巴黎的法国国家图书馆。

“Ooc, Loüang Calayanaraa Tchamaitrioupathoud”是位年长的男性，先前曾任暹罗大使出访中国。1685 年 12 月 22 日，他乘坐“飞鸟”号（Oiseau）离开暹罗。

他的名字在现代抄本中为銮卡拉衍·拉差·迈蒂，这个官衔亦可写为銮·波翁·卡拉亚·拉伽迈蒂（Luang Bovorn Kalaya Rajmaitri）。参见 M. Jacq-Hergoualc'h, “Les ambassadeurs siamois à Versailles,” *Journal of the Siam Society*, LXXII（1984）, p.32, n. 1; and L. Sitsayamkan, *The Greek Favorite of the King of Siam*（Singapore, 1967）, p.92, n.6。

199. 第三位觐见法国国王路易十四的暹罗使臣（1686年）

雕刻师海因策尔曼（Hainzelman）制作的胸像。原件藏于巴黎的法国国家图书馆。

根据说明文字，这是“Tan oc-Cun Srivi Sarauacha tritud”的半身画像。依肖蒙（参见第204幅图）所见，他名为“Ockhun Jurin Ocman Viset Ppubaan”，可以写作坤斯威讪瓦差或 Khun Srivasar Vacha。参见 Jacq-Hergoualc’h, *op. cit.*（pl.223）, p.33, n.2; and Sitsayamkan, *op. cit.*（pl.223）, p.92, n.7。

200．1686 年 9 月 1 日，路易十四接见暹罗使臣

原件藏于巴黎的法国国家图书馆。

注意使节的礼帽和盛放国王信柬的金盘（参阅第 186 幅图）。参见 E. W. Hutchinson, *1688 Revolution in Siam: The Memoirs of Father de Bize, S.J.*（Hong Kong Univ. Press, 1968）, Pl.10。

HISTOIRE
DE LA
REVOLUTION
DE SIAM.
ARRIVE'E EN L'ANNE'E 1688.

A LILLE,
chez JEAN CHRYSOSTOME MALTE,
Imprimeur juré, ruë Equermoise,
au bon Pasteur 1691.

Avec Permission,

201.

JOURNAL
DU
VOYAGE
DE SIAM
FAIT
en 1685. & 1686.
Par M. L'ABBE' DE CHOISY.
Seconde Edition.

A PARIS,
Chez SEBASTIEN MABRE-CRAMOISY,
Imprimeur du Roy, ruë Saint Jacques,
aux Cicognes.

M. DC. LXXXVII.
Avec Privilege de Sa Majesté.

202.

HISTOIRE
De Monsieur
CONSTANCE,
Premier Ministre du
ROY DE SIAM,
ET
DE LA DERNIERE
Revolution de cet Etat.
PAR
Le Pere d'ORLEANS,
de la Compagnie de
JESUS.

A PARIS,
Chez DANIEL HORTHEMELS,
ruë S. Jacques, au Mecenas.

M. DC. XCII.

203.

RELATION
DE
L'AMBASSADE
de Mr. le Chevalier
DE CHAUMONT
A LA COUR DU ROY
DE SIAM,
Avec ce qui s'est passè de plus
remarquable durant son
voyage.

A AMSTERDAM,

Chez PIERRE MORTIER, Librâire sur le Vygendam, à la Ville de Paris.
M. DC. LXXXVI.

204.

A Prospect of the Hall of Audience in the Pallace of Siam.

205．暹罗国王的接见厅

来自拉·卢贝尔英译本（1693 年）的复制本，由 D. K. 怀亚特作导言（Kuala Lumpur and Singapore, 1969）, facing p.72。

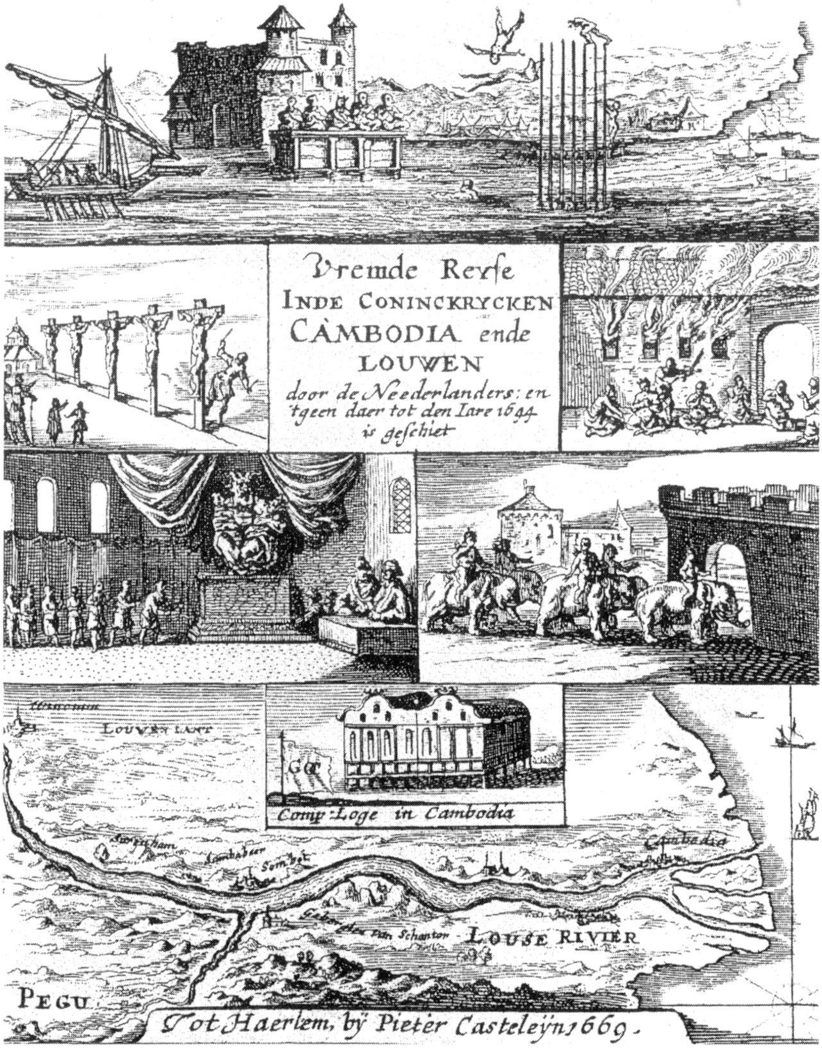

206．在柬埔寨的荷兰人（1644 年）

扉画，*Vremde Geschiedenissen in de Koninckrijcken van Cambodia en Louwen-Lant*（参阅第 246 幅图）。

参见 H. P. N. Muller, *De oost-indische Compagnie in Cambodja en Laos*, IV, Vol.XIII（The Hague, 1917），pt.I。“Louse River”即老挝河流，或为湄公河。

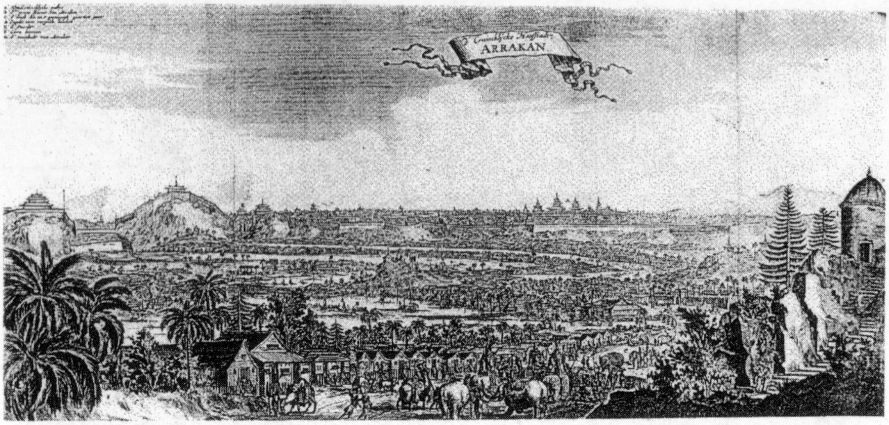

207．妙乌，阿拉干首都，1660 年

来自 Wouter Schouten, *Reistogt naar en door Oostindien*（Amsterdam, 1780）, Pt.I, between pp.158 and 159。第 225 幅图也源自此书。

这一风景源自台里—佩（Daingri-pet），首都妙乌西郊的葡萄牙人居住区。参见 M. Collos, *The Land of the Great Image*（New York, 1943）, pp.143-44, and plate facing p.150。

IV.

DELINEATIO PROCESSIONIS REGINÆ
PATANIENSIS.

Ciuitas Patane à Regina quadam defuncti Regis vxore, cum Hollandi ibi essent, gubernabatur. Hæc si quando animi oblectandi gratia prodire in publicum constituit, Elephanti regium in morem splendide exornato insidet, habetq; secum gynæceum siue virgines suas pulcherrimè exornatas, Elephantib. similiter insidentes, nobilibus vero & satellitibus stipata, Elephantes aliquot secum duçit, arma defuncti sui Regis gestantes.

B V. DELI-

208．北大年女王的队列

来自 Johann Theodor de Bry and Johann Israel de Bry（comps.）, *India orientalis*,VIII（Frankfurt, 1607）, pl.4。第 224、226 幅图亦来自此书。

北大年一个多世纪的女性统治（1584—1688 年）包括 4 名连续继位的女王，她们是在北大年作为一个主要的贸易中心时期占据王位的。关于东南亚商业国家的女性统治参见 Anthony Reid, *Southeast Asia in the Age of Commerce 1450-1680*, Vol.I, *The Lands below the Winds*（News Haven and London, 1988）, pp.170-72。

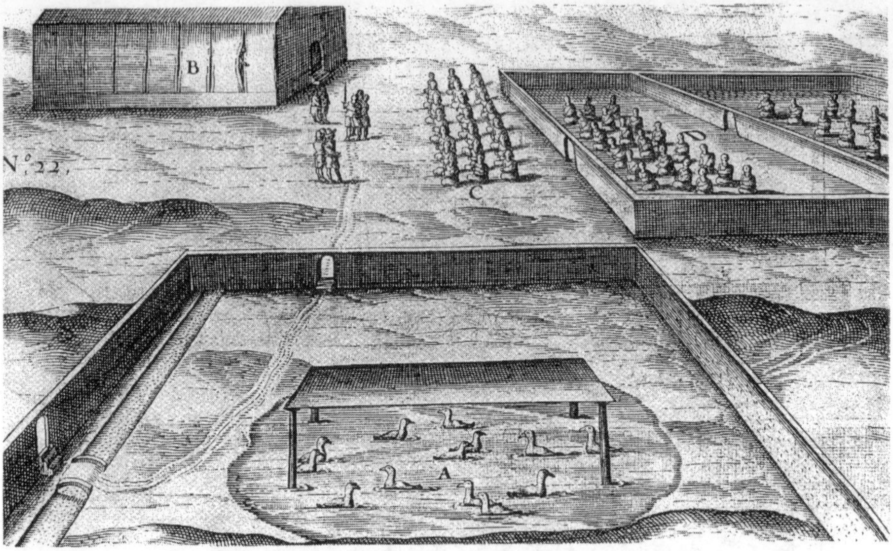

209. 图班王宫

来自 Lodewyckszoon, *op. cit.*（pl. 237）, appendix。

A，东方鸟池，这种鸟看上去像欧洲大鸭，产的蛋较大；B，国王 4 位妻子的住所；C，D，此外，国王还有 300 名妃嫔。

图班是一个港口，东爪哇一个富有的皇家中心，每周比赛的场所。关于一幅在图班比赛的插图参见 Anthony Reid, *op. cit.*（pl. 244）, p.188。

VOCABVLAIRE DES MOTS IAVANS ET MALAYTS, QV'AVONS

MESMES ESCRIT A TERNATI, SERVANT DE PROMPTVAIRE
a ceux qui y deſirent naviger; car la langue Malayte s'uſe par toutes les Indes Orientales, principalement ez Molucques. Leſquels avons voulu mettre icy pour ſatisfaire au curieux Lecteur.

François.	*Malayts.*	Javans.
CHauſſer	*Packhoe*	Rnghe
deſubler	*kaelwaer*	kallap panna
reſpondre	*miniaot*	ara raſſana
adorer	*backaſſe*	rarna ala (re
porter en bas	*batturon cabauwa*	gavanay hinſchoz
detenir	*carratan pangal*	kattala tongal
accepter	*tariman*	kaſſambet
arer	*bangala tana*	—— ——
cultiveur	*oran gouno*	woncarga ſaua
arriver	*ſampe*	woſtaka (ſchoor
deſcendre	*turan cababe*	monga dikine
ouïr	*badangat*	badangar
labourer	*backarga*	mangaue
couper	*karat*	ſigaer
autre	*laing*	manny
ainſi	*bigitou*	mackono
touſiours	*ſarian*	ſabandina
illec	*diſornna*	ankana
povre	*caſſian*	woucaſſiay
derriere	*balacan*	boure
trop tard	*lambaet*	—— ——
trop tempre	*arry galab*	pagidina
vuide	*abis*	antyy
regardez	*liat*	delay
manifacture	*pande*	pangaua
ouche	*bavan mira*	bauay abay
vin aigre	*thouka*	derack
reſponce	*britou*	raraſſanna
terre	*tava*, ou *darat*	lava, ou darat
ſurgir a terre	*piggy darat*	monga darat
ſoir	*malan*	malay
tout	*ſamonga*	kobbe
ancre	*ſavou*	ſauou
povreté	*kaſſion amat*	voy kaſſiana amat
ancrer	*labo ſaou*	batianſiay
rabatre	*tarre kaelwaer*	—— ——
voſtre Seigneurie	*candari packanira*	—— ——
bras	*tangan*	langay
amore	*oupan*	oupay
ſeul	*ſendiri*	devect
tirer les vaines	*kaelwaer darot*	ala panay gitz
accorder	*badamme*	gaue ſobat
aventurer	*bamanarou onuton*	—— ——
arreſter	*bapaſſou*	—— ——
ceſſer	*jangan*	gava
amener	*bawa*	manko
attendre	*nanty*	ghynny mangala
bruſler	*backara*, ou *mangala*	gongoy
abayer	*mangala*	lallz mana

François.	*Malayts.*	Javans.
Lier	*Icat*	Bonſgacla
arrouſer	*zieron*	bonſgacla
apreſter	*boat adar*	gavenay adeer
faire credit	*petſchaya*	andal
amender	*boeaet bae*	gave lanay
cogiter	*battau doelou*	dero dumgy
ſauver	*ſemoeny*	zaparot
garder	*ſemoeny*	zaparot
deſplaire	*tida biſhouka*	hora zoucka
employer	*zouda balanga*	antyy kattar
enfumer	*baaſſap*	aſſap gimnz
nager	*trayzion*	batrazzioy
rompre	*peytzia*	potoh
payer	*bayar*	mangalo
commencer	*moullay*	mangavekay
deſirer	*mauncka*	arap
piper	*bodoy*	gaue bodo
enſevelir	*tanam*	lanam
guetter	*batiagay*	mandalankay
enchanter	*tackana*	—— ——
mocquer	*barmayn*	bothyobor
defendre	*papodan*	goue paday
mordre	*giget*	iokot
aggraver	*mangoro*, ou *ſourou*	kuukoy
offrir	*batavaer*	manavaer
prier	*mintacan*	ialonkay
feuiles	*tiop*	tiop ana
ſaigner	*kalwaer darat*	mattou gitz
diligenter	*betachinta*	manira pugadt
trembler	*goumattaer*	bagoumattaer
promettre	*tavar*	ghalouka
retenir	*manaroo*	bataroo
commandement	*ſourouan*	roukonay
aveugle	*bouta*	bouta
large	*lebar*	lebar
homme courtois	*kyaey agum*	kiay lora
dedans	*dalang*	dalang
dehors	*lonaer*	iaba
bleu	*idgo*	idgo
en haut	*attas*	attah
en bas	*di bava*	hinſchoz
meilleur	*bayck*	betzeyck
amer	*payit*	payit
pain	*rotty*	rottz
beurre	*minga ſappi*	langa ſappi
Chirurgien	*oran pande thicor*	pande minyoucor
boulenger	*oran pande rotty*	papavbay
ſire de nopſes	*cave cavyan*	mangaue caue
nopſes	*macanan minum*	dy eray panganta

François

210．法语—马来语—爪哇语词汇表首页

来自 Willem Lodewyckszoon（G. M. A. W. L.），*Premier livre de l'histoire de la navigation aux Indes orientales par les Hollandois*（Amsterdam, 1609），附图第 212—222 幅也来自此书。这里呈现的马来语译文以当时在德那地流行的用法为基础。

211. 握有吹箭筒的望加锡士兵

来自Nieuhof, *Voyages and Travels,* in *CV*（3d ed.; 6 vols., London, 1744）, II, between pp.258 and 259（该书的图由纽霍夫的《东印度难忘之旅》第35幅雕刻图复制而来）。第227—229幅图亦来自此书。欧洲人刚到东印度群岛时，吹箭筒是苏门答腊岛、婆罗洲和西里伯斯岛上的大多数原始部落打猎和作战时使用的武器。

由哈勒姆的威廉·范·德·哈文（Gilliam [or Willem] van der Gaawen [or Gouwen]）雕刻，第152幅图也同样为其所刻。

212．万丹素描（1596 年）

来自 Lodewyckszoon, *op. cit.*（pl. 246），p.26r。

荷兰的一张版画制作以这个版本为基础。

注意坐在前景的商人腰带上系着波状刃短剑。在其后，可观察到大尾巴绵羊。

213．万丹的外国商人（1596 年）

来自 Lodewyckszoon, *op. cit.*（pl.246）, p.30r。

从左往右：勃固人、波斯人和阿拉伯人（参阅第 18 幅图）。

214．赶集途中的万丹爪哇人（1596 年）

来自 Lodewyckszoon, *ibid.*, p.29r。

左边的男人和女子腰部以上裸露，其穿着无异于普通爪哇人。右边走着一位较富裕的爪哇人，其后跟着仆人。两位男子裙腰上都插着波状刃短剑，因为这是所有阶级的男士着装的一部分。女子将其头发拢在脑后，盘成一个惯常的大发髻。关于一份对当地人装束的详细描写参见 Sir Thomas Stamford Raffles, *The History of Java*（2d ed.; 2 vols.; 1830），I, 96-99。

215. 万丹的主要华商（1596 年）

来自 Lodewyckszoon, *op. cit.*（pl.246）, p.31r。

注意右边的商人手提一杆秤（*timbangan*），左边女子可能是华人买来的，她是他住在爪哇时的侍妾之一。

216．与万丹统治者塞巴特（Chepate）在一起的来自麦加的穆斯林使节以及他们的随员（1596 年）

来自 Lodewyckszoon, *ibid*., p.27v。

打扮齐整者显然是来自麦加的使节。

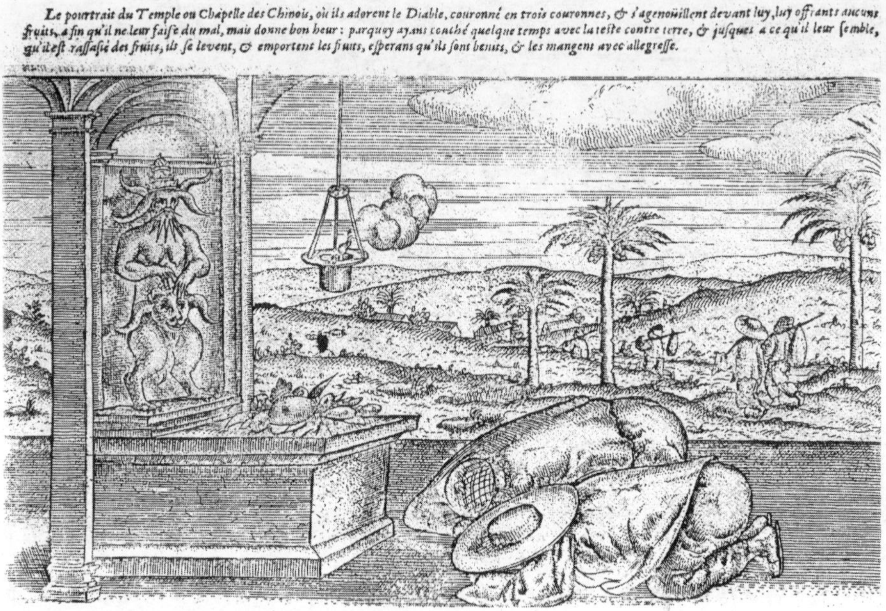

217．万丹的华人神龛（1596 年）

来自 Lodewyckszoon, *op. cit.*（pl.246）, p.31v。

海外华人信奉民间信仰的一个范例。

Le pourtrait du Roy de Bali, qui nous monſtra beaucoup d'amitie : lequel ainſi aſsis ſur un char Royal, eſt tiré par deux Buffles blancs : ſa garde portant picques longues a fers eſmouluz & dorez., & ſont auſsi comme ſarbacanes, par leſquels ils ſouſſlent petites fleſches : ce que bien apperçeumes le 2 jour de Novembre dernier, a l'eſcarmouche, quand neuf des noſtres en furent navrez.

218．坐在皇家白牛拉的四轮车中的巴厘国王（1596 年 11 月）

来自 Lodewyckszoon, *ibid*., p.50r。

拉车的牛是白色的婆罗门牛，可能随着印度教从印度引入。阿尔弗莱德·华莱士记道："它们是大而漂亮的动物，浅棕色，腿白，相同颜色的背部有一块明显的椭圆形斑点。"（*op. cit.* [pl.237], p.162.）

禁卫们手持长铁矛与吹箭筒。

219.（上图）1597年，行进中的一位巴厘绅士

来自 Lodewyckszoon, *op. cit.*（pl.246），p.44v。

220.（下图）苏门答腊岛首领和他的人民

来自 Lodewyckszoon, *ibid.*, p.18r。

221. 爪哇锣乐队（1596 年）

来自 Lodewyckszoon, *ibid*., p.34r。

这是荷兰人对一个万丹小集市的加美兰乐队的印象。在此图上，男人们在户外击奏乐队中的数面锣（gongs）。参见 Reid, *op. cit*.（pl.244）, pp.210-13。

222. 爪哇舞者（1596 年）

来自 Lodewyckszoon, *op. cit.*（pl.246）, p.36v。

左边的男子为舞者伴奏，他敲击的乐器看来像是金属木琴（*demung*）。注意右边舞者的手指动作。这似乎是未戴面具的乔吉德舞女（unmasked *teledek*① dancing girls）的表演。参见 Koentjaraningrat, *Javanese Culture*（Singapore, 1985）, pp.200-201。

① 即 Joged dance。——译者注

223．藤球（Takraw）或踢藤球（Sepak Raga），马来人的足球游戏

来自 Lodewyckszoon, *op. cit.*（pl.237）, fig.12。

1599 年，在班达岛的荷兰人看到了这种娱乐或运动。踢的是一个藤编的空球，目标即在圈子里，由一名队员用腿或脚将球传给另一名队员，球不能落地。藤球（这种游戏用具的泰语词汇）的变种至今仍被玩遍东南亚。按现代的说法，这是一种类似于排球的竞争性运动。关于藤球历史的引人入胜的讨论参见 Reid, *op. cit.*（pl.244）, pp.199-201。

V.

QVO PACTO IAVANI GALLOS GALLINACEOS IN PVGNAM committant.

SINGVLARI Iauanis voluptati est, gallos educatos in conflictum pugnamque instituere. Quoties enim familiaritatis gratia conueniunt, tum inter cætera plerunque ipsis contentiuncula nascitur, vter eorum pugnacissimum & bellicosissimum gallum alat. Certa quoque pecunia interdum deposita, de sui galli victoria concertant. Quo facto, quilibet sui galli pedibus calcaria in hunc vsum fabrefacta innectit. Sic ergò hi armati, ex oppositis in publico locis committuntur. Qui confestim congressi, tanta alacritate & pertinacia depugnant, vt eos humano more q. quadam victoriæ laude inflammari existimare queas. Nec duellum deserunt remittuntue prius, donec alter alterum confecerit & obtruncarit.

Hac ipsa quoque icone Gatto Dalgalia siue catus zibeticus depingitur. Similiter & animalculum aliud quod plerunque in Tamarindorum arboribus degit, cuius fructibus victitat.

b 2

224. 爪哇斗鸡

来自 De Bry, *op. cit.*（pl.244），IV（1601），pl.5。

斗鸡的起源有宗教意义，即以血敬神。近代以来，斗鸡成了一种最流行的赌博形式。男人们都养殖并珍爱公鸡。有一种秘密的魔法可以保护斗鸡和他们的主人。关于当代斗鸡的象征性分析参见 Reid, *op. cit.*（pl.244），pp.189-91, 193-94。注意背景中的灵猫和罗望子树。

225．爪哇的贾帕拉清真寺

来自 Wouter Schouten, *op. cit*.（pl.243），Pt.I, between pp.40 and 41。

XIII.

DESCRIPTIO CIVITATIS

GAMMÆ LAMMÆ.

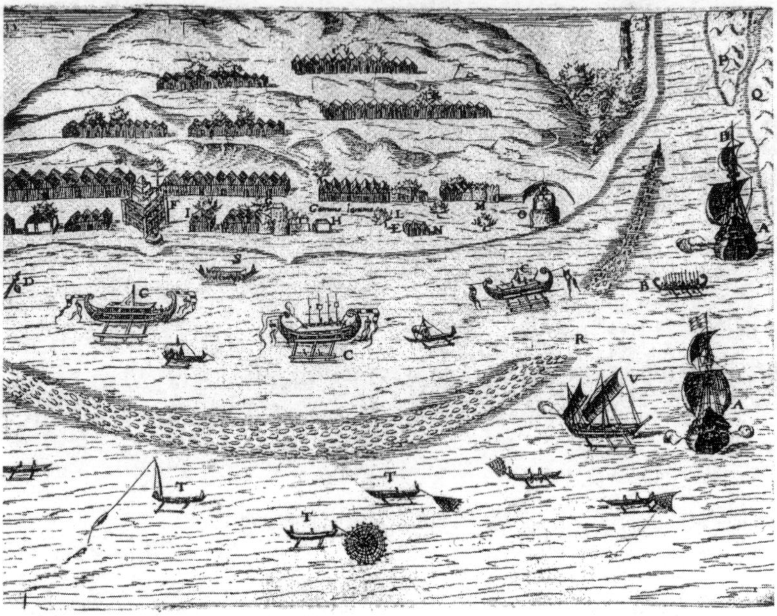

CIVITAS dicta in Ternate Insula sita est. In illa Hollandi sua quoque commercia agitauerunt. Domus eorum ex crassa arundine confecta aut fissa, intorta sunt. A. Hollandorum binæ naues sunt. B. Karkolla est, exploratum ad illos veniens, qualesnam homines essent, qua mente appellerent. Quo cognito gaudere visi sunt. C. Karkolla bellica est. D. Palus in vnda erectus, ex quo caput hostis propendebat. E. Forum, propter solis vehementiam sub arbore agi solitum. F. Musquita seu templum. G. Palatium Regis, ex lapidibus structum. H. Ædicula, in qua tormentum positum est, quod capitaneus Franciscus Draco quondam valida tempestate concussus in mare exturbauerat. Hoc deinde à Barbaris extractum, eo collocatum est. I. Domus est, à Rege Hollandis illis, qui remanserunt, data & concessa. K. Domus est Hollandorum mercatoria. L. M. Cœnobium S. Pauli, ex lapidibus olim extructum à Lusitanis. N. Interpretis regij domus. O. Turris est, tormento munita. P. Insula intra Ternatem & Tidorem sita. Q. Insula Tidore. R. Aditus est ciuitatis, aliàs vndiquaque breuiis & scopulis interiectis inaccessa. Hoc loco deflua vnda piscatores pisces captant. S. Nauis est ludicra seu ambulatoria. T. Naues sunt, quibus iis modis, vt in historia commemoratum est, pisces captant. V. Nauis vectoria, qua merces ab vna insula in aliam transuehunt.

d 2

226. 德那地的加穆拉莫港（Harbor of Gamulamo）

来自 De Bry, *op. cit.*（pl.244）, V（1601）, pl.8。

对德那地的马来人来说，*gamu* 意为村庄或市镇；*lamo* 意即大的。1606 年，德那地被西班牙人占领后，官方称这座市镇为罗萨里奥（Rosario）。在其城堡附近，葡萄牙耶稣会士修建了一处住宅。他们的宗教事务得到西班牙方济各会修士的帮助。参见 H. Jacobs, S.J.（ed.）, *Documenta Malucensia*（3 vols.; Rome, 1974-84）, III, 14*-15*; 659。

227. 巴达维亚运河边的老虎街

来自 Nieuhof, *op. cit.*（pl.247）, between pp.252 and 253。

在巴达维亚有水道的 15 条街中，“运河边的老虎街是最壮观、最令人愉悦的，既因其建筑美观，也因其街道修饰一新”。（第 253 页）

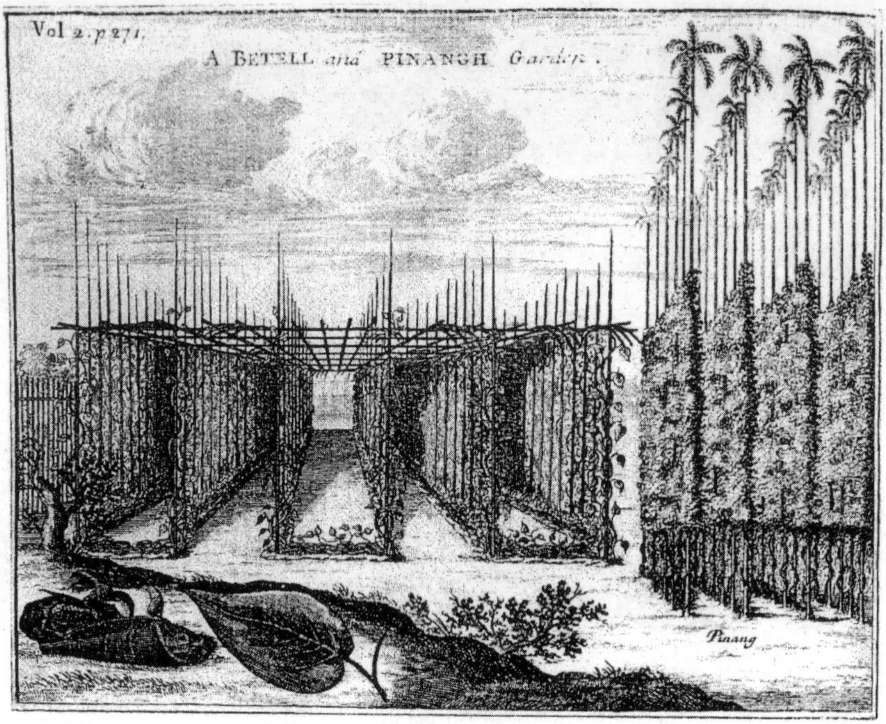

228. 巴达维亚：蒌叶和槟榔树园

来自 Nieuhof, *op. cit.*（pl.247）, facing p.271。

蒌叶“从远处看像黑胡椒，将它的枝缠上树、茎、杆或其他任何它碰上的，如同我们的啤酒花……叶有辣味，颇具穿透性，略带收敛性。它们在东南亚被如此普遍使用，以致人们似乎离开它们便无法生活。他们取一片蒌叶和少量烧蚝壳制成的石灰，然后用叶片将它们包裹起来，放在石灰中，加上第四部分——可以提高蒌叶收敛质量、生津的槟榔仁”。（*CV*, II, 271）这是制作蒌叶咀嚼物的方法。“Pynang”是马来语对槟榔的称呼，已被荷兰作者们广泛采用。

229．巴达维亚：里斯维克城堡（Fort Ryswick）

来自 Nieuhof, *ibid*。

1656 年夏，里斯维克城堡被建作边远的防御工事，其坐落在巴达维亚南部的稻田的中央。1697 年，城堡撤空，1729 年倾圮。参见 *Oud Batavia. Gedenkboek uitgegeven door het Bataviaasch Genootschap van Kunsten en Wetenschappen*（2 pts.; Batavia, 1922），Pt.1, pp.131-32, 392。

230. 一名东京禁卫

来自 Giovanni Filippo de Marini, *Historia et relatione del Tunchino*（Rome, 1665）, between pp.62 and 63。

东京王宫一名全副武装的禁卫。他展开的扇面题写着汉字，只有些许可辨。

Habito de Mandarini
letterati che uan calzati
in Casa del Re detto Bua
in TumKino

231．一位东京官员

来自 Marini, *op. cit.*, between pp.270 and 271。

河内王宫的盛装官员。

232. 在德那地捕鱼

来自 De Bry, *op. cit.*（pl.260）, VIII（Frankfurt, 1607）。

233.（下页上图）东印度群岛的蝾螈或壁虎

来自 J. Bontius（Jacob de Bondt）, *Historia naturalis et medica* in Piso, *De Indiae utriusque re naturali et medica*（Amsterdam, 1658）, p.57。第 234—238、240—241 幅图也来自此书。

“那里生存着一种极其危险的蜥蜴，在此我向你展示一张图片，它是根据这种动物的原型描摹的。被该动物咬伤十分危险，如果伤口没有立即剜除，或用烫火烧净，那么伤者必死无疑。”（译自 *Opuscula selecta Neerlandicorum de arte medica*, X [Amsterdam, 1931], 229。）

壁虎是一种在屋内出没的蜥蜴，无害。邦修斯在此重申他的时代的一种普遍看法。“gecko”一词可能源于马来语“*gēkoq*”。

SALAMANDRA INDICA.

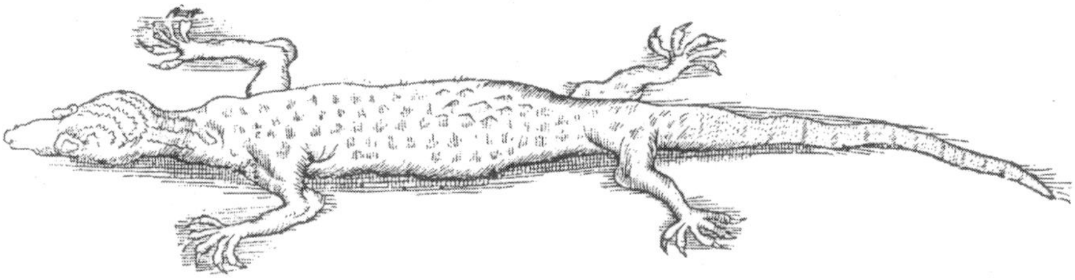

HIST. NATVRAL. & MEDIC. LIB. V.

VESPERTILIO VOLANS.

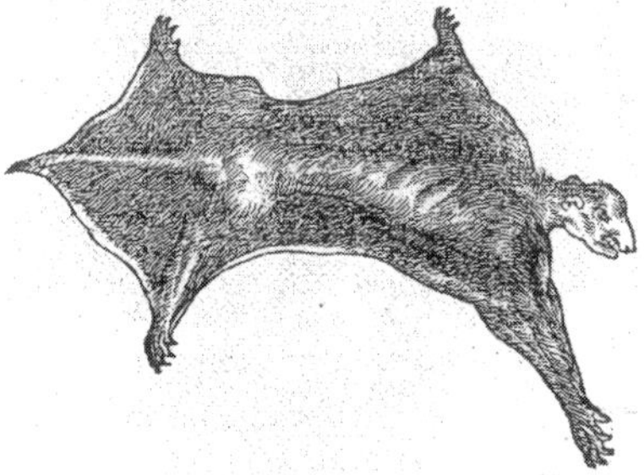

VESPERTILIO arte EXTENSVS.

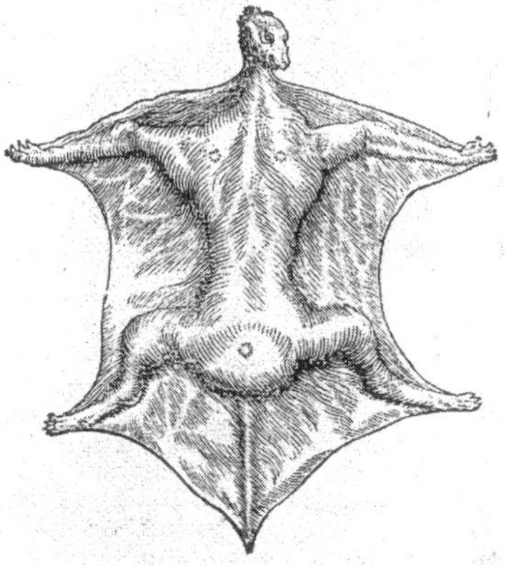

234. 一种奇特的蝙蝠，或狐蝠

来自 Bontius, *op. cit.*, p.69。

“当看到它们的个头和奇异的形状时，所有外来者都大为惊愕。因此，荷兰人不可思议地称之为有翼猴子。由于它们以膜状皮肤为翅膀，有长耳和长指甲、四条腿，哺乳所生的幼仔，不产卵，所以，它们应该被列为其他兽类。”（*Opuscula*, X, 253）

这实际上是巨型果蝠，俗称狐蝠。从马可·波罗开始，西方人就对这些令人难忘的蝙蝠感到震惊，尤其是夕阳西下，它们成群掠过海洋或内陆水域的时候。

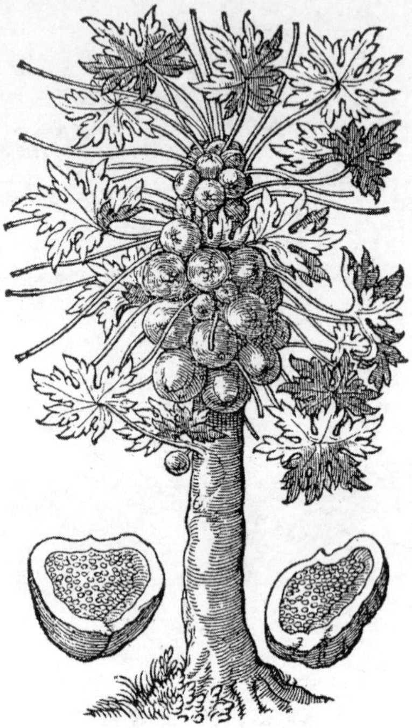

235．瓜树，或番木瓜

来自 Bontius, *op. cit.*（pl.269），p.96。参阅我们第 150 幅插图。

“一个从未到过这些国家的人如何能够相信瓜会长在树上？就其果肉和味道而言，它们像瓜。”（*Opuscula*, [see pl.269], X, 313.]）

番木瓜原产美洲，可能经由菲律宾群岛引进东印度群岛。“papaya”一词源于加勒比语。如今，番木瓜在热带地区广为种植。

FRVCTVS DVRIONIS Majoris IAACA.

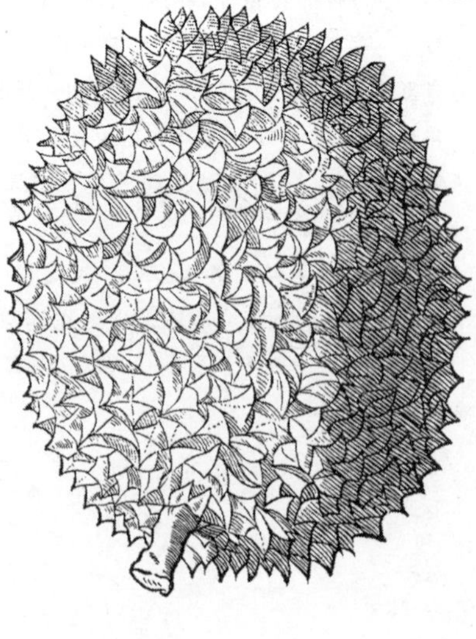

236．榴莲果特写

来自 Bontius, *op. cit.*, p.118。

“这种水果因为硬外壳或刺被称作榴莲。第一次尝榴莲时，人们会感到恶心，因为它们闻起来像腐烂的大蒜，但它们应当算作东印度群岛上一种最有益于健康的水果……当一个人习惯这种水果时，他就不会像厌倦其他水果那样快地厌倦榴莲。”（*Opuscula,* X, 346-47）

这种球状水果的大小约同于一个巨型椰子（大约 8 磅重），坚硬的外壳覆盖着尖刺。可食部分是粘性肉质，裹着名为假种皮的种子。如今，人们食用时，会顺其自然地食此果肉，或者把它制成奶油冰淇淋、果酱和糖果。

参阅下面第 242 幅图。

237. 爪哇犀牛

来自 Bontius, *op. cit.*, p.51。

邦修斯写道："我将尽所能地描述我所见的这种动物，以澄清艺术家们的错误，他们为它画的图上有一块背甲和许多鳞片。"（*Opuscula*, X, 211）最初的尝试之一是为犀牛写生。它与丢勒（Dürer）令人惊叹的野兽无关。参见 T. H. Clarke, *The Rhinoceros from Dürer to Stubbs, 1515-1799* London, 1986）, p.41。这也是最早科学地研究犀牛结构的努力之一。参见 F. J. Cole, "The History of Albrecht Dürer's Rhinoceros in Zoölogical Literature," in *Science, Medicine and History: Essays…in Honour of Charles Singer*，[①]ed. E. A. Underwood（London and New York, 1953）, I, 349。

HIST. NATVRAL. & MEDIC. LIB. V.

RHINOCEROS.

CRANIVM RHINOCEROTIS.

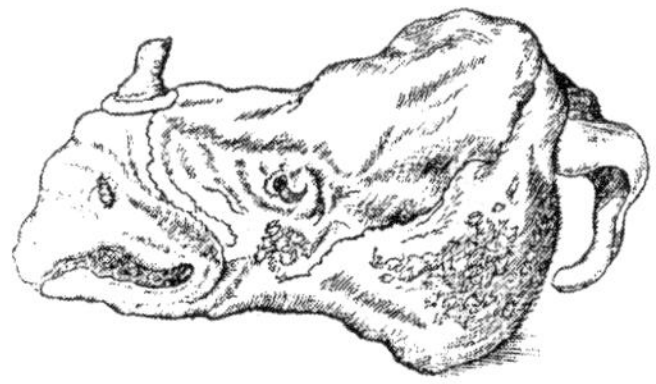

238. 渡渡鸟

来自 Bontius, *op. cit.*, p.74。

毛里求斯岛上，"外表奇怪的渡渡鸟（Dronte）[②]数量繁多。它的大小介于鸵鸟与鸡之间……其头大而丑，皮薄，似布谷鸟……体肥圆，布满柔软的灰色羽毛，像鸵鸟的毛……脚黄色，粗且很短；四只长而坚硬的脚趾有鳞，多黑色；趾甲结实。此鸟步履蹒跚、呆笨，故而易被猎人捉捕"。（*Opuscula,* X, 255）

笨拙、不能飞的渡渡鸟似在 17 世纪末前后就灭绝了。荷兰与英国的水手们将活的渡渡鸟当作珍品带到爪哇和欧洲。参见罗兰特·萨弗里（Roelant Savery）的画，刊于 *Asia*, Vol.II, Bk. I, pl.142。1637 年，一只渡渡鸟来到英格兰。其死后被制成标本，赠予阿什莫尔博物馆（牛津），在那里，一直展到 1755 年。"dodo" 一词源于葡萄牙语 *doudo*，意为"呆子"。关于进一步的讨论参见 *Encyclopaedia Brittanica*, 11th ed., Vol. VIII; Patrick Armstrong, "The Dodo and the Tree," *The Geographical Magazine*, Vol. LVIII, No.10（Oct., 1985）, pp.541-43; and W. R. Sanford and C. R. Green, *Gone Forever. The Dodo*（New York, 1989）。

DRONTE.

---

① 此书全名为：*Science, Medicine and History: Essays on the Evolution of Scientific Thought and Medical Practice, Written in Honour of Charles Singer*。——译者注

② "Dronte" 是 17 世纪荷兰人对渡渡鸟的称呼。——译者注

239. 印度洋群岛的动物

来自 TR, I（Paris, 1666），“Voyage de Bontekoe,”p.5。

据说这些是被邦特库（Bontekoe）及其随从在 1619 年前往东印度群岛途中吃掉的动物的画像。

中间的独角羊可能使人折回古老的欧洲人对亚洲独角兽的想法。

文中写到渡渡鸟的翅膀太小以致无法飞行，它胖得几乎走不动——唾手可得！

根据原文可以判断，左边的小鸟可能就是所猜想的小鹦鹉。

EMEV vulgo CASOARIS.

240. 鸸鹋，俗称食火鸟

来自 Bontius, *op. cit.*（pl.269），p.71。

“在塞兰岛和马鲁古群岛邻近的岛屿发现了这种众所周知的鸟。它行走时，头挺立，颈微曲，约达 5 英尺。从胸脯到腚部的体长是 3 英尺。”（*Opuscula*, [see pl.269], X, 257.）

“这些鸟漫步于塞兰岛广袤的山林之中，主要以坠落的果实、昆虫或甲壳纲动物为生。雌鸟在一堆叶丛中产 3—5 枚大而漂亮的鲨革面绿蛋，雄鸟与雌鸟轮流孵卵约一个月。”（Wallace, *op. cit.* [pl. 237], p.403.）

241．猩猩

来自 Bontius, *op. cit.*, p.84。

“最离奇的是，我曾亲眼看到一对异性直立行走，雌猩猩（我在此提供的一幅画）因为陌生男子而非常害羞地将自己藏起来，用双手遮住脸（请允许我用那种方式来表达），她叫喊、叹气，表现出其他属人的情绪，因此，每个人都倾向于认为她具有人的特质……他们（爪哇人）称它们为猩猩，意即森林人。”（*Opuscula*, X, 285）

邦修斯是将这种大类人猿的名字引入欧洲文献的第一人。它源于马来语 *orang-utan*, 森林里的人。参见 H. Yule and A. C. Burnell, *Hobson-Jobson*（rev. ed.; London, 1968）, pp.643-44。当然，这幅画不像猩猩——婆罗洲和苏门答腊岛的长臂猿，那才是我们通常指称的猩猩。关于这种“猩猩”与其他当代欧洲插图之间的关系参见 William B. Ashworth, Jr., “The Persistent Beast: Recurring Images in Early Zoölogical Illustration,” in *The Natural Sciences and the Arts. An International Symposium*（“Acta Universitatis Upsaliensis,” n.s. 22; Uppsala, 1985）, pp.55-57。

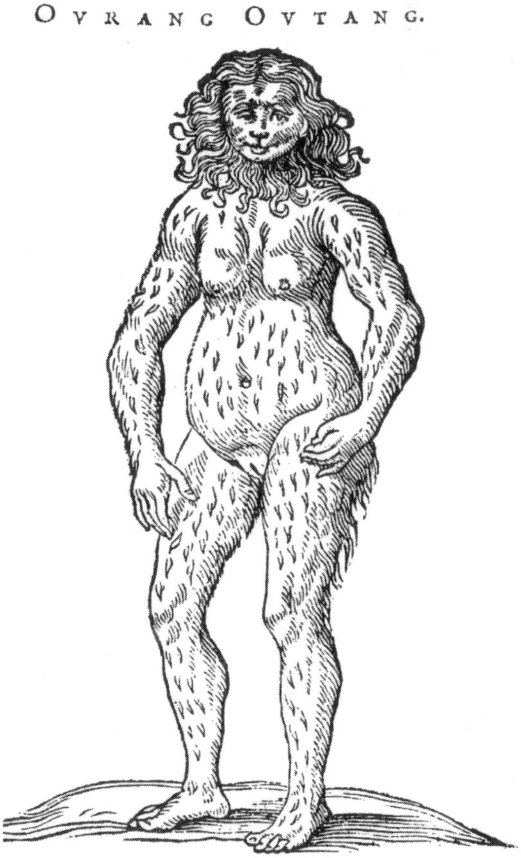

XII.

DE ALGA SEV ARVNDINE INDICA, BAMBVS DICTA, ITEM DE arbore radicosa: & tandem de arbore Duryoens.

ARVNDINIS *quoddam in India genus prouenit, quod Indi Bambus vocant, craßitiem femoris virilis occupans.*

Arbor quoque alia ibidem prouenit, Arbore de Rays .i. de radicibus nuncupata, è cuius ramis filamenta plurima descendunt, quæ terram attingentia illi se denuò insinuant, & radice sagentia ramos vicißim alios sursum parturiunt, qui & ipsi latius propagati tandem arborem constituunt, ambitu suo quartam partem milliaris vnius complexam.

His quoque iunctim appicta cernitur alia quadam arbor, quæ fructum Duryoens dictum fert, in sola Malacca cognita. Fructus iste à gustantibus fructuum omnium, quos vniuersus terrarum orbis gignit, longè optimus & suauißimus censetur. De qua re vberius historia euoluatur.

d

242. 榴莲、榕树和竹子

来自 De Bry, *op. cit.*（pl.260）, IV，plate 12。

榴莲是一种巨大的水果，每个都从其树的一条长枝末梢垂下。一旦榴莲成熟、坠落，它就会分作好几瓣，如这里所展示的。人们吃的是这些榴莲瓣中有气味的，类似蛋奶，包着种子的果肉。

榕树是一种无花果树，它的气根（额外的树干）支撑其超大的结构。正如这种树本身，“榕树”一名已传遍热带世界。

竹子的剖面被制为盛放水、棕榈汁和果汁的容器。

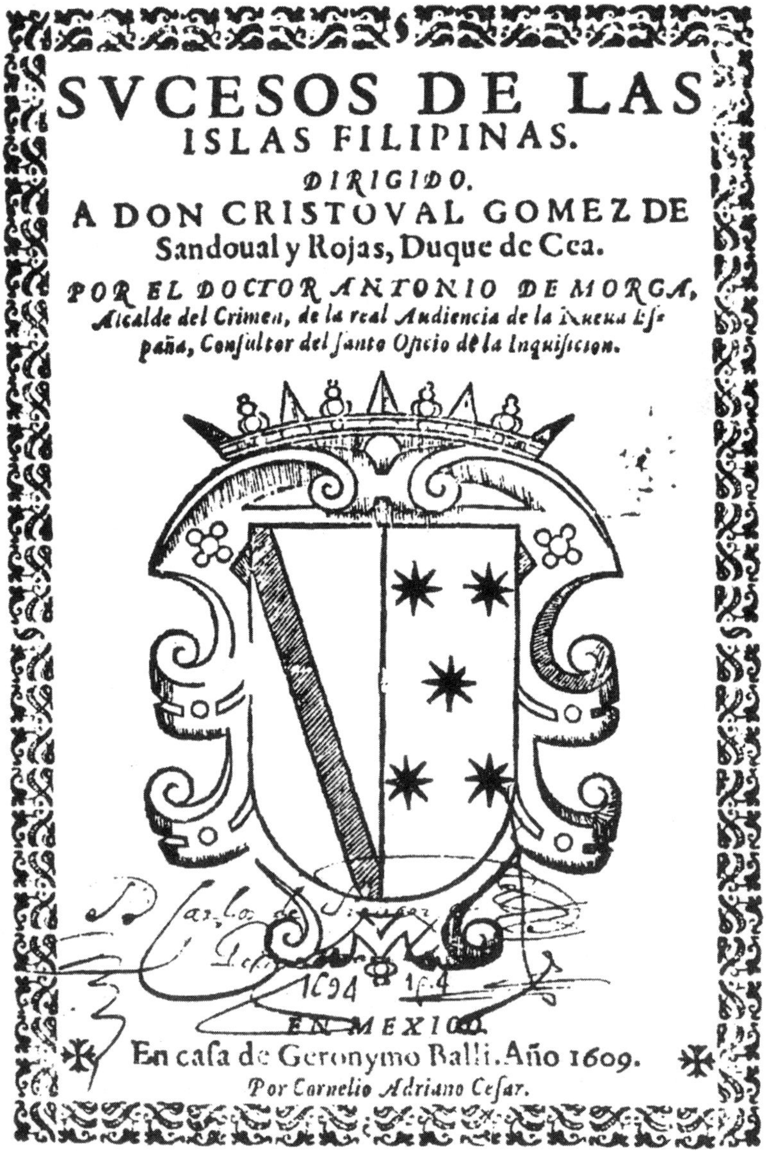

SVCESOS DE LAS ISLAS FILIPINAS.

DIRIGIDO.

A DON CRISTOVAL GOMEZ DE Sandoual y Rojas, Duque de Cea.

POR EL DOCTOR ANTONIO DE MORGA, Alcalde del Crimen, de la real Audiencia de la Nueua Eſpaña, Conſultor del ſanto Officio de la Inquiſicion.

EN MEXICO.

En caſa de Geronymo Balli. Año 1609.

Por Cornelio Adriano Ceſar.

243.

244. 万丹市场（大约 1596 年）

来自 *BV*, I, “De eerste Schipvaerd der Hollandsche Natie naer Ost-Indien,” 复印本 , between pp.68 and 69。

市场每日都开张，它位于苏丹宫殿前极大的露天广场，靠近清真寺。可以通过荷兰人举的遮阳伞找到他们所在的位置。

K
I
T
S
G
F
X
H
C
V

COCHIN-CHINA:
Containing many admirable Rarities
and Singularities of that Countrey.

Extracted out of an Italian Relation,
lately presented to the POPE, by
CHRISTOPHORO BORRI,
that lived certaine yeeres there.

And published by ROBERT ASHLEY.

Cum hac persuasione viuendum est; Non sum vni angulo natus: Patria mea totus hic mundus est. Seneca.

LONDON.
Printed by *Robert Raworth*; for *Richard Clutterbuck*, and are to be sold at the signe of the Ball in *Little-Brittaine*. 1633.

245.

Vremde
GESCHIEDENISSEN
In de Koninckrijcken van
CAMBODIA en
LOUWEN-LANT,
IN OOST-INDIEN,
Zedert den Iare 1635. tot den Iare 1644.
aldaer voor-gevallen.

Mitsgaders de Reyse der Nederlanders van Cambodia de Louse Revier op, na Wincjan, het Hof van de Louse Majesteyt.

Ende ten laetsten de wreede Massacré in Cambodia door de Indianen, Anno 1643. geschiet.

TOT HAERLEM,

Gedruckt by *Pieter Casteleyn*, Boeckdrucker woonende op de Marckt in de Keyzers Kroon, 1669,

246.

ITINERARIO
DELAS MISSIONES
DEL INDIA ORIENTAL
Que hizo el P. Maestro Fra Sebastian Manrique Religioso Eremita de S. Agustin.

Missionario Apostolico treze años en varias Missiones della dicha India
Y al presente Prefecto Apostolico de la Mission Calaminense especialmente delegado por la Santidad de INNOCENTIO X. nuestro Señor.

Procurador, y Diffinidor General della Prouincia Augustiniana de Portugal en esta Curia de Roma.

Con una Summaria Relacion del Grande y Opulente Imperio del Emperador Xa-ajahan Corrombo Gran Magol, y de otros Reis Infieles en cuios Reynos assisten los Religiosos de S. Agustin.

AL EMINENTISS. SEÑOR
CARDENAL PALLOTTO
Protector de la Religion Augustiniana.
CON PRIVILEGIO

IN ROMA A la instancia de Guillelmo Halle Sub signo Salamandræ Regie. M. DC. LIII.

Con licencia de los Superiores.

247.

韦麻郎也提到“年轻的国王”，其最大的可能是阿利·里阿亚特沙（‘Ali Ri‘ayat Syah）或苏丹穆达（1604—1607年在位），他住在一座独立的宫殿里，只有女人守卫着他。年轻国王最喜爱的娱乐是在河里游泳和猎捕大象。[485]随后，韦麻郎描画了一位正在吃喝的国王，他趺坐于华盖下，四周是武装女子。他的日记里有一幅关于这个场景的颇富想象的版画。[486]

1602年，英国东印度公司首航的指挥詹姆斯·兰卡斯特爵士也谒见了老苏丹穆卡米尔。他描述了将其带至王宫的大象队列、国王接见、礼物交换和受邀观看的斗鸡，但他没有描写国王自身。[487]皮拉尔德在其1611年首版的《拉瓦勒的弗朗索瓦·皮拉尔德东印度、马尔代夫群岛、马鲁古群岛和巴西游记》中报告了年轻国王新近篡夺其父的王位，他偏爱荷兰人，憎恶葡萄牙人。[488]

博利厄对伊斯坎达尔·穆达大帝的刻画细致入微。从他的报告中浮现出一位君主形象，这位君主具有高度的责任感，对其成就感到骄傲，但喜怒无常，似有无名怒火。当他亲自陪同博利厄参观部分王宫，炫耀其金银珠宝的时候，他显得仁慈宽厚。但他也会残酷得几乎令人难以置信，有时会亲自折磨嫌疑犯。据说他杀了自己的母亲，手刃柔佛国王的幼子。依博利厄之言，苏丹差不多每天都会将人处死，有时，一日数人。博利厄认为伊斯坎达尔·穆达处决了近乎所有旧权贵。[489]

托马斯·贝斯特和帕特里克·科普兰（Patrick Copeland）也于1613年，伊斯坎达尔·穆达在位期间访问亚齐，他们描述了有四五百道菜的国宴。其中一场国宴持续了整个下午，用餐者坐在苏丹最喜欢的浴场的水面上，浴场位于上游，离城约6英里。伊斯坎达尔·穆达亦招待他们参观斗鸡、象、雄绵羊、水牛，还有羚羊。[490]博利厄很详细地描绘了国宴后表演的舞女，她们的金布戏服、珠宝首饰及其舞蹈。[491]王室对外国大使和其他显要遵循一套相当僵化的程序，
1383
大多数欧洲人记叙了这套程序的若干部分。[492]1614年造访的约翰·米尔沃特目睹了一队载着苏丹及其妻子和太监的大象。沿途的旁观者被强行推出视线以外；门窗紧闭。米尔沃特还报告了前往马六甲和帕提尔的苏丹战船的抵达和启程。他听说苏丹的战船凡300多艘，有些可载1 000名士兵。[493]1641年2月，伊斯坎达尔·泰尼（1636—1641年在位）驾崩之际，德·赫拉夫在亚齐。他描写了

葬礼：一个浩浩荡荡的队列，有 260 头披着昂贵丝绸的大象，长牙上镀着金银；披金挂银的犀牛和波斯马。苏丹的遗体安放在合金棺椁中，被扶至王宫后花园，其先祖墓旁长眠，他的夫人与妃嫔在那里守孝百日。[494] 后来，斯考顿和纽霍夫还报告了一位统治亚齐的女子——无疑是达朱尔阿蓝（1641—1675 年在位），传闻她想与一位荷兰人结婚，但未获总督和东印度委员会准允。[495] 达朱尔阿蓝及其后继者在位期间，接近统治者的男子寥寥无几。没有一位西方作者描画他们或他们的宫殿。[496]

17 世纪期间，许多欧洲旅行者游览了苏门答腊岛。还有不少人沿其海岸航行，描绘它们的外观，常常在他们的叙述中添加从早期已刊记述收集来的信息。从那些的确到过苏门答腊者的记述中，可以看出该岛相当清晰和详细的地理图像、气候、物产、民众、统治者与政治。亚齐是苏门答腊岛沿海最强大的国家和最繁忙的港口，它的形象最清晰。苏门答腊岛的内陆形象几乎模糊不清。除了简短、含糊、笼统地提到黄金和其他内陆产品之外，17 世纪基本上无人写到苏门答腊岛内陆地区，人们对其了解比对爪哇内陆，甚至婆罗洲内陆的更少。欧洲人对苏门答腊岛内陆知识的显著提升迨至 1783 年，威廉·马斯登（William Marsden）的《苏门答腊史》（*History of Sumatra*）面世。至于海岛东南亚的其余地方，17 世纪到苏门答腊岛的欧洲访问者所述不仅为他们有文化的同辈提供
1384 了信息和世界遥远角落的形象，而且，鉴于当地原始文献的匮乏和质量，这些描述也为他们本身提供了苏门答腊岛前殖民史不可或缺的、最初的文献。

第四节　婆罗洲

通过 16 世纪欧洲人的报告，仅能依稀看出婆罗洲模糊的轮廓。几座贸易城市，如文莱、丹戎布拉（Tanjungpura）、拉威，还有婆罗洲的主要产品被提及，但只有文莱浮现得特别清晰。[497] 除了文莱之外，16 世纪记述中提到的城镇大多数在 17 世纪已不复出现，取而代之的是 16 世纪未曾述及的地方：在此岛西海岸和南海岸的苏卡达纳（Sukadana）、兰达克（Landak）、三发（Sambas）、

讫丁良（Cotawaringin）、马辰、马塔普拉（Martapura）及其他地区。大多数新讯息来自荷兰人的报告。不过，17 世纪的荷兰人从未真的在婆罗洲立足。从 1608—1622 年，他们维持着苏卡达纳的一间商馆，并于 1610 年间在三发经营商馆。他们与马辰签订了几份协议，展开零星的贸易。但是，他们不能垄断婆罗洲其他地方的贸易，与当地统治者的关系通常令人难受，贸易从未获厚利。因此，尽管 17 世纪婆罗洲的形象明晰了许多，但与爪哇岛、苏门答腊岛，或香料群岛的相比，对它尚属轻描淡写。

17 世纪最早对婆罗洲的介绍，与 16 世纪的相同，几乎全部与北海岸的文莱苏丹有关。其中最早的是奥利维尔·范·诺尔特的《环球航海记》（1601 年），这是最详尽，很可能也是仅有的一份亲眼目睹的记述。[498]1600 年 12 月 26 日，范·诺尔特的船只在“婆罗洲湾”（文莱）停泊。他一到，就派遣一位华人领航员到首都觐见“婆罗洲国王”。首都亦称“婆罗洲”（文莱），在河流上游，距海岸 3 英里。领航员向“国王”保证荷兰人会带来友谊，请求获准贸易和购粮。华人领航员很快便带国王的“特使”返回，国王担心荷兰人是他正与之作战的西班牙人。[499]经过华人中介的努力和帮助，国王终于相信他们不是西班牙人， 1385
此后，荷兰人可以向常驻华商购买粮食和一些胡椒。华商警告范·诺尔特有人密谋袭击他的船只。1601 年 1 月 1 日，近 100 艘马来帆船出现在海湾，荷兰人进入戒备。他们的警戒显然阻止了对船舶的进攻，挫败了 4 名游泳者砍断锚绳的企图。尽管如此，范·诺尔特还是与国王维系着表面的友谊，直到 1 月 5 日他起航离去。[500]

范·诺尔特报告婆罗洲是东印度群岛最大的岛屿之一，人口多。首都亦称“婆罗洲”，建在一片沼泽地上。其居民驾驶马来帆船在屋与屋之间往返。城市约有 300 户人家。许多住在内陆更深处的人是偶像崇拜者。他们“与其他东印度人一样，皮肤是棕褐色的”，穿一件长布，穿一件长布，“用各种方式将之缠绕在身上”。他们戴薄的棉头巾。男人身材魁梧，总是随身携带武器，“连最穷的农民或渔民亦如此”。他们的武器是弓箭和铁尖长投枪。但是，他对弓箭的进一步描写表明他指的是吹箭筒。他说箭有毒，可以用强力“吹出”。任何中箭者只要流血，就会死于箭毒。[501]

沿海人普遍都是穆斯林，他们“宁死也不愿吃猪肉”，这就是为何岛上没有猪的缘故。男人有“尽可能多的妻子，只要他们养得起”，对其女人的猜疑心很重。范·诺尔特还形容妇女勇敢，许多女性到船上与荷兰人做生意。但是，无论何时，只要一位船员向女人们做出暗示的手势，男人们就会发怒，威胁着拔出他们的武器。范·诺尔特描述国王是一位年轻人，尚在其叔父的监护之下，其叔父拥有一座豪华大宫殿。来拜访荷兰人的官员们着盛装，说话严肃，乘坐带篷的马来帆船，船上有桌子，桌上摆放着精致的银盘，盘内盛着槟榔嚼块的配料。[502]

范·诺尔特说婆罗洲没有种植香料，但出产东方顶级樟脑，不过，价格十分昂贵。胡椒在婆罗洲似乎也很贵重。卖给他胡椒的华人要雷阿尔，不要商品：每担胡椒值 13 个雷阿尔。实际上，大多数文莱贸易似乎都操控在来自北大年的华人手中，他们住在文莱，但自称是“北大年国王”的臣民。[503]

1604 年，佩德罗·特谢拉（Pedro Teixeira）访问文莱。在他的《佩德罗·特
1386 谢拉东印度游记》（*Relaciones*①，1610 年）中，他描述婆罗洲富产粮食和值得拥有的产品，特别是樟脑。当地人用铁爪从大树中心挖出樟脑。樟脑价格太高，故而未被运往欧洲。[504] 谢特拉还提及龟壳、蜡和黄金。文莱人口不多，其民亦不十分健康。他认为岛屿另一面的王国——拉威和马辰更富有。文莱的贸易量不大。他说西班牙人一度控制它，但是他们“因为有损于健康和不畅通的交通、不适宜的土地、无能的民众，摒弃了它”。文莱的港口大且安全。城市建在河面上，房屋是由在木桩顶部的木材构成的，可轻易地从河流的一边飘移到另一边，防御台风。文莱的居民是穆斯林，橄榄肤色，相貌好，尤其是女子。他们大多数除了在腰上围一块布之外，全身赤裸。他们沉溺于偷盗，特别是在海上，常常航至 400 英里远的勃固海岸，进行海盗袭击。除了吹箭筒和长矛，他们还使用藤制的盾牌和烧焦的木矛。木矛坚硬如铁，但会裂开，将碎片留在被

① 此书全名为：*Relaciones de Pedro Teixeira d'el origen, descendencia, y succession de los reyes de Persia, y de Harmuz, y de un viage hecho por el mismo autor desde la India oriental hasta Italia por tierra*。——译者注

它们击中者的伤口里。[505]

1646 年，考梅林（Commelin）的《荷兰联合省东印度公司的创始和发展》出版时，其中，范·诺尔特的记述有一张插页，此页进一步描绘了婆罗洲，内容主要来自特谢拉。不过，它追加了一些类似牛黄石的结石的资料，描写了人们是如何在绵羊和山羊的胃里发现它们，并如何将其用于解毒的。[506]它报告婆罗洲周长的估计数在 250—2 100 英里之间不等。[507]在其几乎所有版本中，范·诺尔特的记述都有三页婆罗洲插图：一页是荷兰船只在海湾被当地的马来帆船包围；另一页是一艘皇家帆船；以及一幅婆罗洲地图，含可能源自 16 世纪描述的地名。

17 世纪期间，荷兰人从未在文莱设一间营业所或商馆，他们与那里的贸易
往来也没有规律性。文莱商人自由地在巴达维亚做买卖，不过，1641 年之后， 1387
地点是在马六甲。对西班牙人的共同厌恶使荷兰东印度公司与文莱苏丹保持友好关系。他们之间互换信柬和一些特使。荷兰人许诺，假若苏丹遭到来自马尼拉西班牙人的进攻，他们将会援助他。[508]

《荷兰联合省东印度公司的创始和发展》还有一份 1609 年至 1610 年年初，荷兰人在婆罗洲西海岸——主要在苏卡达纳和三发活动的报告。[509]1607 年或 1608 年，作者塞缪尔·布鲁马特（Samuel Bloemaert）被派往苏卡达纳，奉令与尽可能多的当地国王谈判独家贸易协议，其中包括苏卡达纳女王、文莱国王和马辰国王。荷兰人对由兰达卡“原始人”（达雅部落成员 [Dayak tribesmen]）运到苏卡达纳的钻石最感兴趣，兰达卡位于河流上游，苏卡达纳之北。但他们对黄金、大米和牛黄石也有兴致。不过，他们认为黄金质地非常低劣。1604 年，韦麻郎还提到婆罗洲西海岸，曾派一艘单桅船到苏卡达纳购买钻石。后来，文莱国王在北大年为他释放了 8 名荷兰囚犯，这些囚犯是文莱人从舰队司令海姆斯凯尔克（Heemskerk）的一艘船上擒获的。韦麻郎的报告发表在《荷兰联合省东印度公司的创始和发展》中，不过，没有提及婆罗洲。[510]

布鲁马特及其助理们来自苏卡达纳，他们与马辰国王洽谈贸易，并交涉释放一名关押在那里的荷兰人；与苏卡达纳女王商谈钻石的免税贸易，无来自其

他欧洲人的竞争；与奎艾·阿里亚（Quiay Area①），一位兰达卡首领谈判，兰达卡是钻石的发现地；与苏卡达纳北部三发国王商谈独家经营的自由贸易；与兰达卡和三发诱使兰达卡的达雅人（Dayaks）沿河而下，将钻石运到三发而不是苏卡达纳。[511] 布鲁马特的“记述”详细说明了这些谈判。它没有描绘婆罗洲西部的诸多地方或民族，这是令人遗憾的，因为布鲁马特在这个区域游历甚广，包括溯游而至兰达卡。尽管如此，与16世纪可见的著述相比，他的读者们还是从中获得了相当多有关婆罗洲地理与政治的讯息。

1388 布鲁马特指出文莱国王控制遥远的北方，马辰国王则统治婆罗洲的南海岸。他认为他们之间的谈判需要一整年。[512] 从兰达卡买卖钻石最好通过三发。苏卡达纳女王是一位篡权者，她弑夫并夺取了政府的控制权。布鲁马特形容她是一位“吝啬的妻子”，试图买断所有来自兰达卡下游的钻石，她认为自己年事已高，希望将它们留给子女。她的权贵们担心自己的性命，不敢违抗她。布鲁马特观察到兰达卡在河流上游，距苏卡达纳约40英里。通过奎艾·阿里亚，他获知亦可经过塔詹（Tajan）到兰达卡。塔詹是卡普阿斯河（Kapuas river）畔的一个小村庄，卡普阿斯河有一条支流延至兰达卡。他知道还能在一日内，通过三发北部的沙东河（Sadong river），由陆路抵达兰达卡。不过，兰达卡归顺于苏卡达纳，未经女王俞允，奎艾·阿里亚什么都不敢做。布鲁马特的大部分努力都是为了通过与三发国王达成协议，使兰达卡脱离苏卡达纳，三发国王会保护兰达卡，并准允经过他的领土运钻石到荷兰。他还认为可以由三发北部的曼帕瓦（Mempawa）与兰达卡开展贸易。布鲁马特看到一些钻石。他猜测一颗钻石重达30—40克拉。假若荷兰东印度公司与三发签订协议，布鲁马特以为荷兰人便无需马辰。他断定那里的贸易被华人抢占了，华人每年来一次，带去当地人所需的一切。而且，来自马辰的商人定期到马六甲交易，他们在马六甲获得的布匹比荷兰人能卖的便宜。他说在马辰，胡椒和其他商品的价格太高。

布鲁马特的谈判被其他政敌，如兰达卡的两位首领，奎艾·阿里亚及其敌人天猛公（Temenggong，也许是天猛公·波洛克萨 [Temenggong Boroxa]）之

① Quiay Area（Kiai Aria）是爪哇贵族称号，Quiay 意为“尊敬的”、“圣”。——译者注

间的争吵复杂化了。苏卡达纳女王试图了结它，当她获悉荷兰人与兰达卡和三发协商时，便派出一艘战船逆流而上。此外，兰卡达的“原始人”不信任穆斯林，苏卡达纳人和三发人都是穆斯林。尽管如此，当苏门答腊岛上的巨港威胁苏卡达纳时，女王似乎愿与荷兰人谈判，但没有签署协议，因为她不允许垄断。1609 年，荷兰人与三发国王签订了这种合同，但在布鲁马特记述的结尾，通过三发与兰达卡的贸易尚未开始。[513]

从布鲁马特的记述中，我们还得知三发是由马来半岛的柔佛苏丹控制的；三发北部的三个地区——卡卢卡河（Kaluka river）、也许是沙捞越（或萨里巴 [Salibas]）和 Malanau[①] 已背弃文莱苏丹，投靠柔佛苏丹的庇护。为了报复， 1389
文莱苏丹筹备了一支由 150 艘马来帆船组成的作战舰队进攻三发。后来，布鲁马特闻言柔佛苏丹派遣一支舰队攻打文莱。布鲁马特一度尝试用爪哇岛上“泗水国王”的影响力来帮助他与苏卡达纳交涉，他认为泗水是苏卡达纳的宗主国。通过这份记述，读者可以基本了解婆罗洲的主要政治辖区，它们与海外国家如柔佛、巨港和泗水之间的颉颃，以及爪哇和马来亚在婆罗洲的影响力。对欧洲读者来说，布鲁马特提及的大多数城镇、领土与河流都是新的。但是，他所描画的全部精确得足以在今日找到准确的位置。[514]

1610 年，荷兰东印度公司在三发设立了一间商馆。同年，该馆却遭劫掠，馆员全部被杀。显然，有人奉国王谕旨行事，荷兰人不交付他们曾许诺的大炮令这位国王动怒。1612 年，荷兰东印度公司派出一支复仇远征队，对此，人们知之甚少。从那以后，荷兰人似乎不再与三发有任何交往。1611 年，英国也出现在苏卡达纳，他们的竞争推动了钻石价格的上涨。1622 年，在马打兰入侵苏卡达纳城的过程中，该城的荷兰商馆被一场神秘的大火焚毁。此后，苏卡达纳看来就一直受马打兰控制，其国王住在马打兰。荷兰人与英国人好像都没有恢复那里的正常贸易。反而是来自苏卡达纳的商人将商品带到巴达维亚。[515] 这些活动并未产生有关婆罗洲西海岸的新出版物。1646—1692 年间，已无人继续发表婆罗洲记述，尽管游记作品中偶见提及这座岛屿和它的沿海地区。[516]1692

① 可能是 Melanau，马兰诺，通常指的是一个民族。——译者注

年，维森特·巴尔博萨（Vicente Barbosa，1663—1721年）发表了一篇简述，庆贺1687年一个基廷会（Theatine）传教团开始接受马辰附近的比达友族（Biadjoes，更准确的是雅楚族 [Ngadjus] 或“山地人”）。[517] 巴尔博萨描述了传
1390 教士的经历及其首批皈依者，以及在比达友族与穆斯林冲突期间，他们的活动。不过，他对婆罗洲和比达友族的描写却只有寥寥数语。比达友族信仰一神教，扬善惩恶，不祭拜偶像。[518] 他们极善嫉妒，任何冒犯者必遭报复致死。他们实行财产公有制，对那些善待其者极端慷慨。他们与穆斯林处于交战状态。[519] 尽管巴尔博萨的报告持乐观看法，但是，1692—1693年之后，基廷会传教团并未能取得进展。[520]

1698年，随着该世纪最重要的婆罗洲单本描述——雅各布·詹森·德·罗伊的《婆罗洲游记》（*Voyagie*①）的出版，人们开始获知更多、更重要的有关马辰和比达友族的信息。[521] 德·罗伊是一位荷兰东印度公司船长，1692年2月，他的中国船员与爪哇船员多半哗变，他在婆罗洲南海岸丧失其船。《婆罗洲游记》讲述了他六年多来在婆罗洲冒险，随后在婆罗洲、亚齐和暹罗成为一名自由商人的故事。他的可靠性曾受到质疑，因为荷兰东印度公司称他卷走船上的钱财而逃，是逃犯。《婆罗洲游记》显然竭力证明其作者为了公司在马辰的利益而不知疲倦地工作着，即便公司未能对他想利用自己已创造的商业和政治机会的若干请求做出反应。尽管他的叙述可能因为一心谋私利而让人无法相信，但是，他对婆罗洲的写照似为真实。[522]

虽然德·罗伊在马辰的时候，那里没有荷兰人居住地，但其统治者与荷兰东印度公司的关系友好，二者之间有贸易往来，最经常的发生地是在巴达维亚。该世纪早期，荷兰东印度公司已认为马辰在商业上比婆罗洲的其他地区重要。荷兰人与班贾尔人（Banjars）的交往变得困难，1607年，苏丹已囚禁并处死一名荷兰使节。自那时起到1612年间，荷兰人为了报复，看来是烧毁了马辰首府。围绕焚烧旧马辰的细节笼罩着神秘的色彩——或受到官方的保密。1612年，苏

① 此书全名为：*Voyagie gedaan door Jacob Janssen de Roy, na Borneo en Atchin, in' t jaar 1691*。——译者注

丹在马塔普拉修建了一座新都。马塔普拉是钻石产区中心，在河流上游，与海 1391
滨相距数日之遥。此后不久，荷兰人恢复了在马塔普拉的贸易。其后，苏丹似乎接受了一项条约的谈判。荷兰东印度公司想要来自马辰的胡椒、大米、牛黄石、樟脑和黄金，他们希望在那里销售印度布匹。但是，和往常一样，他们要求苏丹签订一项合同，授予荷兰人一种贸易垄断权。苏丹则想让荷兰人保护他们免受爪哇岛上马打兰的入侵。1635 年，经过数年谈判，双方终于签订了一项独家经营协议。然而，在协议签订之前与之后，荷兰东印度公司代理都向苏丹连连抱怨大多数胡椒已通过望加锡，有时则直接卖给了葡萄牙人或英国人。苏丹再三保证合作，但荷兰人已不复信任。班贾尔人可以沿任何一条小溪将胡椒运到海上，荷兰人阻止或延缓这种非法贸易的尝试始终无效。

不过，1637 年，马辰发生了重大的变化。老国王重建旧都，并迁居那里。他留下的官员负责在马塔普拉与马打兰谈判条约。1638 年 4 月 16 日，除了 7 名信奉伊斯兰教和接受割礼者之外，在马塔普拉和旧马辰的荷兰人全部被杀，死者为 64 名荷兰人、21 名日本人以及荷兰东印度公司的其他亚洲雇员。几日后，在哥打瓦灵因（Kotawaringin）的所有荷兰人——另外 40 名——遇害，哥打瓦灵因在马辰东部，亦归顺于马辰。当噩耗传到巴达维亚的时候，荷兰东印度公司的官员们愤声谴责马辰，并誓言复仇。虽然荷兰人对一些马辰船员施加了可怕的报复，但是，扬言的大规模复仇却从未实现，尽管 1638—1660 年间，他们又数次造成威胁。马辰的负罪官员最终离世，荷兰东印度公司不想表现得像葡萄牙人那么专横，小额贸易逐渐恢复。1660 年，马塔普拉与荷兰东印度公司之间终于签订了一份新协议，这份协议未提及复仇、赔款或补偿。[523]

德·罗伊的游记包括了对文莱和苏卡达纳的简述，然而，其描写大多与马辰有关。他还为欧洲读者描述了婆罗洲内陆和住在那里的各种民族，他提供的这份叙述是他们首次发表的。他描绘了沿巴里托河（Barito River）而居的雅楚族，以及他在与马辰国王从凯杰廷加（Caijetinga）到塔塔斯（Tatas）再至马辰
途中观察到的大溪流。德·罗伊注意到他们的宗教、法律和商业与婆罗洲其余 1392
居民的一致。但是，住在巴里托河沿岸的雅楚族被认为比其他婆罗洲人更强大、更勇敢。[524] 据德·罗伊所言，他们是猎头人，偶尔会在胡椒商或来自马辰的人

们溯游而上时，出人意料地袭击其船只。达雅男子机灵而强壮，披长发，黄皮肤。他们与爪哇人一般勤劳、勇敢。猎头似乎只是他们的一种仪式。青年男子只有在取下一颗头颅后方可成亲。头颅被挂在柱子顶部，他敲锣，全村，甚至邻村的人都穿上他们最体面的服装到场庆贺。[525] 德·罗伊没有描写人们在婚礼上穿戴的华丽服饰。他说，达雅人的普通装束与“马拉巴尔人的相像”：一片树皮系在阴部上，另一片他们则戴在头上。达雅女人“容貌姣好，身材匀称”。她们顺从自己的丈夫。[526]

据德·罗伊所说，达雅人的宗教“充满迷信”。他们崇拜太阳和月亮，在日常生活中密切关注征兆，譬若鸟鸣。如果一个人在离家外出时，遇到一只被判定为最强大的鸟向他飞来，那么，他会立即折回家中，此日余时都会留下。假若他看到一只鸟飞往他要去的方向，他会视其为吉兆。[527] 德·罗伊认为达雅人的大多数风俗、礼仪和道德与马鲁古群岛阿尔弗洛斯人（Alfurese）的大同小异。[528]

正如德·罗伊所表达的，“这些冒傻气的裸体民族实际上拥有相当丰厚的财富，因为黄金和其他商品恰巧就在他们的土地上”。他说他们喜欢做生意，可是，只要有点经验的商人就可以用不值钱的东西获取达雅人的财富。最重要的是，达雅人认为红玛瑙戒指，还有珊瑚及铜手镯是给他们的女人的。与国王一同在水上巡游时，德·罗伊还参观了孔佩（Compay）、巴拉拜（Barabai）、麻拉普劳
1393 （Muarapulau）村庄的胡椒，他记述了来自澳门的葡萄牙人在那些地方交易。他亦描写了一个大渔村，村里“常见的圆鳍雅罗鱼的数量异常丰富，它们”被晾干，运往周边地区。国王一度下榻于此。德·罗伊详细描绘了建在临村水边的一种大古堡。[529] 达雅人的村庄和屋舍极大，常常有多达100户的亲族住在单独一幢大宅里，每户人家都有自己的房间。大家族显然统治着小家族，偶尔家族间的对抗或争吵会牺牲一些人。[530]

据德·罗伊所言，马辰国王将他的权力归功于“爪哇邦格兰”——苏苏胡南在叛乱中被逐出爪哇的一名庶子。马辰人讲马来语，混杂着爪哇语、达雅语和其他言语。他准确地评述印度尼西亚群岛大多数沿海人说的马来语是一种混合语言，吸收了来自所有当地语言的文字。马辰居民也是穆斯林，间或他们会试着向内陆人传播自己的宗教，却并不怎么成功，因为达雅人的数量约为他们的

1 000 倍。由于害怕沿海穆斯林的火器，达雅人没有进攻他们。然而，尽管达雅猎头人会杀掉一些马辰国王的子民，但鉴于他们控制的丰富货品：黄金、珠宝、樟脑、牛黄石、五彩服、蜡、藤和除了盐及大米以外的大多数供给，马辰国王还是努力与达雅人和睦相处。德·罗伊说达雅人的金矿产量高。他曾经常看到他们用船将 20—100 斤金粉运到班贾尔，尤其是到苏卡达纳，他们用此交换布匹、瓷器、铜手镯、珊瑚，以及他们戴在臂上和肩上的某种红色长玛瑙石。[531]

巴里托河河道深，易于航行，河中有些海拔很高的岛屿，容易避绕。国王的主要行宫在塔塔斯和卡乔滕加（Cajoe Tenga）村，它们位于从岸边往上几英里处。此地生长上等胡椒，在附近的山丘可以找到黄金，但它的质量差。当地人常将它掺杂在较好的黄金中。德·罗伊列出这些和其他几个临近的村庄（凡 16 个），以及每个村庄能召集的壮丁数量——总共是 5 900 名士兵。[532]

德·罗伊简要描写了巴里托河西面的溪流与沿岸地区：大而深的“比达友” 1394
河（巴里托河的另一条支流），“沿其堤岸，住着无数的异教徒”，所藏黄金和其他昂贵商品的丰富程度令人难以置信。来自澳门的葡萄牙人在这里做生意，他们成立了一个传教区，最初非常成功——据记载，皈依者逾 3 000 人。离开牧师，他们便无可救药地迷信，除了戴十字架，他们对基督教懵然无知。[533] 沿岸继续向西是河流与 Tabanio① 村，该村村民以造船而闻名，以及门达瓦伊河（Mendawai River），人们于此买卖黄金、蜡、龙血（一种红树脂，用于染色，在某些藤中发现）、藤和牛黄石。再继续往西是河流、港湾和桑皮特（Sampit）镇，一个避风良港，交易量相当大。德·罗伊报告山区人带丁香和肉豆蔻到桑皮特，丁香的气味和口味与来自安汶岛的一样好。他称见过丁香和肉豆蔻沿河漂流而下，推断若非当地人太懒，香料则会多得多。德·罗伊列出了每个村庄的士兵数量，他一直向西行进，来到了河流与“班贾尔王国的边境”——塞鲁扬河（Serujan）畔的彭布昂（Pembuang）镇。[534] 在马辰之外往西，德·罗伊提及哥打瓦灵因与苏卡达纳，它们的面积虽然没有马辰的大，却极其富庶，因为当地人会溯游而上出售钻石与樟脑。苏卡达纳国王禁止外国人与当地人交易。[535]

① 或为 Tabenio（塔伯纽）。——译者注

最后，德·罗伊略述了文莱，“其居民的财富超过别处所有居民的财富”。他们拥有的黄金质地较佳，还有更多樟脑和其他贵重的商品。德·罗伊记述文莱的村民常与达雅女子结婚，她们肤色浅，有智慧，因而成为首选。他说苏卡达纳国王亦娶达雅妻子。[536]在德·罗伊描绘婆罗洲的末尾，他声称曾看到一颗鸽蛋大小的钻石，它归苏卡达纳国王所有。[537]无论他是否真的看见，他一定是在写17世纪著名的苏卡达纳钻石乌比（Intan Uby），后来被称为“皇室之湖”（Danau Radje），据说这枚宝石重达367克拉。[538]

有一份对婆罗洲极短的介绍出现在安布罗斯·考利（Ambrose Cowley）
1395 的《环球航行记》（*Voyage Round the Globe*）中，此文作为赫克文集（Hacke Collection，1699年）的部分刊出。[539]1683年，考利的船只到达婆罗洲海岸。他提及婆罗洲的产品——钻石、胡椒、樟脑、乌木，以及大量的食品和动物。他说岛上有位国王，先前是两位，但北方的国王打败了南方的国王。他认为这位国王与马尼拉的西班牙人有一项协议。除了当地人是穆斯林，禁食猪肉，不饮酒之外，他没有谈到这片土地或人民。[540]

虽然对婆罗洲的描述不如对爪哇岛和苏门答腊岛的精彩，但是，从17世纪游记中浮现出的婆罗洲形象已经比先前所知的大为改进。该岛的主要政治权势人物得到明确，他们与这座群岛其他政权的关系有所涉及。显然，文莱与马六甲、马尼拉、巴达维亚和澳门有4条对外交通和贸易线路。婆罗洲的主要产品被准确列出。游记确认了许多沿南岸和西岸的城镇与河流，略为详细地描写了卡普阿斯河与巴里托河及其众多支流和汉河。一位欧洲读者能迅速领会，就食品、旅行和防御等等而言，河流对于婆罗洲人的重要性。所有城镇都建在靠近河岸的地方。尽管在内陆旅行艰难，但17世纪对婆罗洲的介绍清晰地区别了海滨说马来语的伊斯兰人与内陆的达雅人。事实上，巴尔博萨和德·罗伊提供的欧洲出版物，可能是首份有关巴里托河一个达雅部落——比达友族的描述：这份叙述虽然短得令人沮丧，但与现代对达雅人的描写相比，却显得相当准确。实际上，对于重构此岛的早期历史来说，德·罗伊的记述及所有其他17世纪对婆罗洲的介绍都是不可或缺的。

注释：

[1] 关于将伊斯兰教引入爪哇的一系列权威性研究参见 H. J. de Graaf, *Islamic States in Java, 1500-1700. Eight Dutch Books and Articles Summarized by T. G. Th. Pigeaud* (The Hague, 1976)。

[2] 参见 B. H. M. Vlekke, *Nusantara. A History of Indonesia* (rev. ed., Chicago, 1960), pp.1-93; K. R. Hall, "Trade and Statecraft in the Western Archipelago at the Dawn of the European Age," *JRAS, Malaysian Branch*, LIV (1981), 21-47; and A. Reid, *Southeast Asia in the Age of Commerce, 1450-1680*, vol.I, *The Lands below the Winds* (New Haven, 1988), pp.1-10。

[3] 关于 16 世纪的报告参见 *Asia*, I, 493-505, 646-50。

[4] 参见原书第三卷，第 12-13 页。

[5] 关于 16 世纪爪哇岛的形象及其来源资料参见 *Asia*, I, 585-91。

[6] 关于科尼利斯 · 德 · 豪特曼（Cornelis de Houtman）领导的荷兰首航已出版报告的完整文献信息参见原书第三卷，第 437-439 页。

[7] J. Keuning (ed.), *De tweede schipvaart der Nederlanders naar Oost-Indië onder Jacob Cornelisz. van Neck en Wybrant Warwijck, 1598-1600* (5 vols; "WLV", XLII, XLIV, XLVI, XLVIIII, L; The Hague, 1938-1951), III, 34-52. 关于这次航海的文献参见原书第三卷，第 439-441 页。

[8] J. W. Ijzerman (ed.), *De reis om de wereld door Olivier van Noort, 1598-1601* (2 vols.; "WLV", XXVII and XXVIII; The Hague, 1926), I, 141-42. 关于这次航行的文献参见原书第三卷，第 441-442 页。

[9] 参见原书第三卷，第 551-552 页。

[10] 关于阿亨索拉参见原书第三卷，第 310-312 页；关于皮拉尔德参见原书第三卷，第 396-397 页。

[11] 关于萨利斯参见原书第三卷，第 560-561 页。

[12] Herbert, *A Relation of Some Yeares Travaile*...(London, 1634), pp.202-5. 关于文献参见原书第三卷，第 571-572 页。（Herbert 著述的全名为：*A relation of some yeares travaile, begunne anno 1626: Into frique and the greater Asia, especially the territories of the Persian monarchie: and some parts of the Orientall Indies, and iles adiacent : of their religion, language, habit, discent, ceremonies, and other matters concerning them: together with the proceedings and death of the three late ambassadours, Sir D.C., Sir R.S., and the Persian Nogdibeg : as also the two great monarchs, the King of Persia and the great Mogol*。——译者注）

[13] Seyger van Rechteren, "Journael...", *BV*, IIb, 26-30. 关于文献详情参见原书第三卷，第 453-455 页。（此书全名为：*Journael op zyne gedane voyagie near Oost-Indien*。——译者注）

[14] 参见原书第三卷，第 482 页。

[15] 关于文献参见原书第三卷，第 406-407 页。

[16] 关于文献详情参见原书第三卷，第 457 页。1769 年，邦修斯最初的 4 本书，连同皮索的附加部分被译成英语：*An Account of the Diseases, Natural History and Medicines of the East*

Indies...(London)；此译本再版于 *Opuscula selecta Neerlandicorum de arte medica*……（阿姆斯特丹，1931 年），第十卷。我们随后使用了《文选》（*Opuscula selecta*）版本。

[17] 有关萨尔和梅克林的文献详情参见原书第三卷，第 529-531 页。

[18] 参见原书第三卷，第 531-532 页。（此书全名为：*Diarium oder Tagebuch einer neunjährigen Reise*。——译者注）

[19] 关于文献参见原书第三卷，第 532-533 页。

[20] 参见原书第三卷，第 484-485 页。

[21] 关于文献参见原书第三卷，第 496-497 页。

[22] 关于文献参见原书第三卷，第 418 页。

[23] 参见原书第三卷，第 535-536 页。

[24] 关于霍夫曼和施威策尔的文献信息参见原书第三卷，第 538、540-541 页。

[25] 关于何塞与弗里克的文献信息参见原书第三卷，第 539-540、541-542 页。

[26] 关于文献参见原书第三卷，第 500-501 页。

[27] 参见原书第三卷，第 505-506 页。

[28] 例如，参见 Lodewyckszoon in G. P. Rouffaer and J. W. Ijzerman(eds.), *De eerste schipvaart der Nederlanders naar Oost-Indië onder Cornelis de Houtman, 1595-1597* (3 vols.; "WLV," VII, XXV, XXXII; The Hague, 1915-35), I, 105。罗菲尔（Rouffaer）的第一卷和艾泽曼（Ijzerman）的版本包括罗德维克松的记述。第二卷包含《航海记》、《航海日志》，以及弗兰克·范·德·杜斯先前未出版的记述。第三卷含其他与德·豪特曼航海有关的文件。

[29] Lodewyckszoon in *ibid.*, I, 105, and *Verhael vande reyse*, *ibid.*, II, 23. 实际上，这些溪流不过是一条河流万丹河（the Kali Banten）的分支，参见我们的图，第 21、212 幅，来自罗德维克松书中与万丹有关的插图。

[30] *Ibid.*, I, pp.105-6.

[31] *Ibid.*, II, p.23.

[32] Albert Gray (ed.), *The Voyage of François Pyrard of Laval to the East Indies, the Maldives, the Moluccas, and Brazil* (2 vols. in 3; "HS," o.s. LXXVI, LXXVII, LXXX; London, 1887-1890), II, 161.

[33] William Foster (ed.), *The Voyage of Sir Henry Middleton to the Moluccas, 1604-1606* ("HS," 2d ser., LXXXVIII; London, 1943), p.169.

[34] Lodewyckszoon in Rouffaer and Ijzerman (eds.), *op. cit.* (n. 28), I, 106; *Verhael vande reyse* in *ibid.*, II, 24.

[35] Gray (ed.), *op. cit.* (n. 32), II, 161.

[36] Lodewyckszoon in Rouffaer and Ijzerman (eds.), *op. cit.* (n. 28), I, 106; *Verhael vande reyse* in *ibid.*, II, 24, 308.

[37] 例如，参见 Lodewyckszoon in *ibid.*, I, 104, or *BV*, Ia, 66。

[38] Rouffaer and Ijzerman (eds.), *op. cit.* (n. 28), I, 108.

[39] Foster (ed.), *op. cit.* (n. 33), p.169.

[40] Rouffaer and Ijzerman (eds.), *op. cit.* (n. 28), I, 107-8. 爪哇语称储藏间为 *gedong*，马来语为 *gudang*，源于英语词汇“godown”。

[41] Scott in Foster (ed.), *op. cit.* (n. 33), pp.169-70.

[42] Lodewyckszoon in Rouffaer and Ijzerman (eds.), *op. cit.* (n. 28), I, 108; *Verhael vande reyse* in *ibid.*, II, 24.

[43] 例如，参见 Foster (ed.), *op. cit.* (n. 33), pp.97-98。

[44] Lodewyckszoon in Rouffaer and Ijzerman (eds.), *op. cit.* (n. 28), I, 108; Van der Does in *ibid.*, II, 308.

[45] Lodewyckszoon in *ibid.*, I, 107.

[46] Wouter Schouten, *Reys-togten naar en door Oost-Indien*...(3d ed.; 3 vols. In I; Amsterdam, 1740), III, 140.（Schouten 的全书信息为：*Reys-togten naar en door Oost-Indien; in welke, de voornaamste landen, koningryken, steden, eylanden, etc. naauwkeurig word beschreven. Doorgaans gemengt met veel vreemde voorvallen, ongemeene geschiedenissen, bloedige zee-en veldslagen, zoo met de Portugyzen en Makassaren, als andere*。——译者注）

[47] Lodewyckszoon in Rouffaer and Ijzerman (eds.), *op. cit.* (n. 28), I, 107.

[48] *Ibid.*, I, 110-13.

[49] *Ibid.*, II, 308.

[50] 饶洞或贾拉坦（Jaratan）是锦石的港区。

[51] Foster (ed.), *op. cit.* (n. 33), p.168. 斯科特的数字是相当宽的刻度。爪哇岛位于东经 105° 12′—114° 4′，南纬 5° 22′—8° 40′。其长 575—622 英里，宽 48—121 英里。

[52] Lodewyckszoon in Rouffaer and Ijzerman (eds.), *op. cit.* (n. 28), I, 104；*BV*, Ia, 57.

[53] Keuning (ed.), *op. cit.* (n. 7), III, 35.

[54] Lodewyckszoon in *BV*, Ia, 58.

[55] Keuning (ed.), *op. cit.* (n. 7), III, 35-43; *BV*, Ia, 9-13. 关于王宫参见我们的图，第 209 幅。

[56] *BV*, Ia, 94.

[57] Ijzerman (eds.), *op. cit.* (n. 8), I, 141.

[58] 与罗德维克松暗示的相反，泗水在锦石的东南面。金河是爪哇岛第二大河布兰塔斯河（the Brantas）的主要支流。关于爪哇那参见 De Graaf, *op. cit.* (n. 1), p.10。

[59] Rouffaer and Ijzerman (eds.), *op. cit.* (n. 28), I, 100-5.

[60] *Ibid.*, pp.133-57.

[61] *Ibid.*, p.133. 就我们所知，没有其他人报道爪哇岛上用于劳作的象。关于一头爪哇犀牛的写生画参见我们的图，第 237 幅。

[62] *Ibid.*, p.134. 是一位雕刻家阿尔布雷特 · 丢勒（Albrecht Dürer）的努力复制，使犀牛在欧洲极受欢迎。

[63] *Ibid.*

[64] *Ibid.* 也许是一种红棕色的猫鼬。

[65] *Ibid.*，以及罗德维克松的第 30 幅图。最后描述的鸟可能是食火鸟或塞兰岛（Ceram）鸸鹋。参阅我们的图，第 240 幅。

[66] *Ibid.*, pp.134-35.

[67] *Ibid.*, p.135.

[68] *Ibid.*, p.136. 参见我们的图，第 224 幅。

[69] *Ibid.*, p.136-38. 关于嚼蒌叶参见 D. L. Umemoto, "The World's Most Civilized Chew," 载于定期出版的 *Asia*, VI (1983), pp.25-27, 48。亦参见我们的图，第 228 幅。

[70] Rouffaer and Ijzerman (eds.), *op. cit.* (n. 28), I, 138-39. 参见我们的图，第 318 幅。

[71] *Ibid.*, pp.139-40.

[72] *Ibid.*, pp.140-42.

[73] *Ibid.*, pp.142-43.

[74] *Ibid.*, pp.143-46.

[75] *Ibid.*, pp.146-50.

[76] *Ibid.*, p.150.

[77] *Ibid.*, p.151. 据罗菲尔和艾泽曼所言，腰果并不生长在爪哇。

[78] *Ibid.*, pp.151-52.

[79] *Ibid.*, pp.152-57. 罗菲尔和艾泽曼的注释非常好。他们提供了所知的拉丁名、阿拉伯名和印度名；他们偶尔提到奥尔塔（Orta）。

[80] Van Rechteren, *loc. cit.* (n. 13), pp.26-29.

[81] 如参见 Johann Jacob Saar, *Reise nach Java, Banda, Ceylon und Persien, 1644-1660*, NR, VI (The Hague, 1930), p.31; Johann Jacob Merklein, *Reise nach Java, Vorder und Hinter Indien, China und Japan, 1644-1653*, NR, III (The Hague, 1930), pp.14-16; Johann Nieuhof, *Gedenkwaerdige zee-en lant-reize door verscheide gewesten van Oost-Indien*...(Amsterdam, 1682), pp.219-25; Johann Nieuhof, *Het gezantschap der Neerlandtsche Oost-Indische Compagnie, aan den grooten Tartarischen cham, den tegenwoordigen keizer van China*...(Amsterdam, 1665), pp.28-30。关于巴达维亚的建立与围攻亦参见 J. S. Furnivall, *Netherlands India* (Cambridge, 1944), pp.25-28; U. G. Lauts, *Geschiedenis van der veroveringen der Nederlanders in Indië* (2 vols., Kampen, n.d.), I, 45-50, 58-61; A. J. Eijkman and F. W. Stapel, *Leeboek der geschiedenis van Nederlandsch Oost-Indië* (Groningen, 1928), pp.55-59, 66-68; H. Furber, *Rival Empires of Trade in the Orient, 1600-1800* (Minneapolis, 1976), pp.43-45; C. R. Boxer, *The Dutch Seaborne Empire 1600-1800* (London, 1965), pp.189-90。至于亲眼所见的记述直到 19 世纪才出版，参见 P. A. Leupe (ed.), "Verhael van de belegeringhe der stadt Batavia in't coninckrijck van Jaccatra, anno 1628, den 22 Augustij. (door en oogetuige)," *BTLV*, III (1855), 289-312。

[82] 特别参见 Frederick Bolling, "Oost-Indisch reisboek, bevattende zijne reis naar Oost-Indië..." *BTLV*, LXVIII (1913), p.330, and Christoph Frick and Christoph Schweitzer, *Voyages to the East Indies*, ed. C. Ernest Fayle (London, 1929), pp.26-27。

[83] Nieuhof, *Zee-en lant-reize* (n. 81), p.210.

[84] *Loc. cit.* (n. 82), p.26.

[85] *Op. cit.* (n. 82), p.26.

[86] *Loc. cit.* (n. 13), p.29.

[87] *Op. cit.* (n. 81), pp.32-33.

[88] *Loc. cit.* (n. 82), p.330.

[89] Frick and Schweitzer, *op. cit.* (n. 82), p.27; J. C. M. Warnsinck (ed.), *Reisen van Nicolaus de Graaff gedaan naar alle gewesten des werelds beginnende 1639 tot 1687 incluis* ("WLV," XXXIII; The Hague, 1930), pp.7-8.

[90] *Loc. cit.* (n. 82), p.330.

[91] Warnsinck (ed.), *op. cit.* (n. 89), p.7. Nieuhof, *Het gezantschap* (n. 81), pp.28-29，有一张精致的铜版插图，刻画了城堡、市镇和连接桥。弗里克说桥上有 21 个拱门：*op. cit.* (n. 82), p.28。

[92] 博林暗示有四名常任理事，其中一名是理事长，以及四位特派理事，他们全住在城堡里：*loc. cit.* (n. 82), p.331；弗里克说只有两名理事住在城堡里，四位特派员住在城里：*op. cit.* (n. 82), p.27。Nieuhof, *Zee-en lant-reize* (n. 81), pp.208-9，提供了总督府的一份精致素描。

[93] *Loc. cit.* (n. 82), p.331.

[94] 城堡的这一描述主要选自 Bolling, *loc. cit.* (n. 82), pp.330-32; Saar, *op. cit.* (n. 81), pp.32-33; Frick and Schweitzer, *op. cit.* (n. 82), pp.27-28; Nieuhof, *Zee-en lant-reize* (n. 81), pp.209-12; and De Graff in Warnsinck (ed.), *op. cit.* (n. 89), pp.7-8。

[95] Frick and Schweitzer, *op. cit.* (n. 82), p.24.

[96] 关于巴达维亚的防御工事和卫戍部队参见 Bolling, *loc. cit.* (n. 82), pp.332-34。Elias Hesse, *Gold-Bergwerke in Sumatra, 1680-1683* (NR, X; The Hague, 1931), p.39，把碉堡设在市外，距城墙大约半英里。

[97] 关于独特建筑的描写参见 Nieuhof, *Zee-en lant-reize* (n. 81), pp.196-208; Warnsinck (ed.), *op. cit.* (n. 89), pp.1-8。关于纽霍夫素描的例图参见第 227—229 幅。

[98] 参见 Hesse, *op. cit.* (n. 96), p.38; Bolling, *loc. cit.* (n. 82), pp.333-34; Schouten, *op. cit.* (n. 46), III, 168。

[99] *loc. cit.* (n. 82), pp.334-35。亦参见 Nieuhof, *Zee-en lant-reize* (n. 81), pp.219。

[100] Warnsinck (ed.), *op. cit.* (n. 89), pp.9-11. 关于"自由人"或 *Mardykers*，参见 Leonard Blussé, "The Caryatids of Batavia: Reproduction, Religion, and Acculturation under the V. O. C.," *Itinerario,* VII (1983), No.I, pp.57-85; Vlekke, *op. cit.* (n. 2), pp.157n and 190; and J. G. Taylor, *The Social World of Batavia; European and Eurasian in Dutch Asia* (Madison,

Wis., 1983), pp.47-49。“Mardijkers”一词的荷兰语译文是*mardekar*，葡萄牙语译文是*maharddika*，梵语的意思是“大人物”或“权贵”。在荷兰人的海岛东南亚（Insulindia）地区，它意为自由人。自由人通常是来自马拉巴尔、科罗曼德尔、阿拉干或孟加拉的移民，讲葡萄牙语，是归正会的受洗成员。

[101] Bolling, *loc. cit.* (n. 82), p.336. 在巴达维亚，无论是在公开场合还是私下里，只有信仰荷兰归正会才是合法的。不过，华人和穆斯林事实上享有宗教自由。参见 Vlekke, *op. cit.* (n. 2), p.150, and J. F. G. Brummund, “Bijdragen tot de geschiedenis der kerk te Batavia,” *Tijdschrift voor Indische taal-, land-, en volenkunde*, III (1864), 1-190。

[102] Nieuhof, *Zee-en lant-reize* (n. 81), pp.217-19; Warnsinck (ed.), *op. cit.* (n. 89), pp.11-12. 亦参见 Merklein, *op. cit.* (n. 81), pp.18-19; Van Rechteren, *loc. cit.* (n. 13), p.29; Johann von der Behr, *Reise nach Java, Vorder-Indien, Persien und Ceylon, 1641-1650* (NR, IV; The Hague, 1677), p.43; François l’Estra, *Relation ou journal d’un voyage fait aux Indes Orientales*...(Paris, 1677), pp.230-32。关于一本其中有许多内容涉及巴达维亚早期历史的文件选集参见 J. A. van der Chijs (ed.), *Nederlandsche-Indisch plakaatboek* (Batavia, 1885), and J. K. J. de Jonge and M. L. van Deventer (ed.), *De opkomst can het Nederlandsch gezag in Oost-Indië* (20 vols; Amsterdam and The Hague, 1862-95)。关于对巴达维亚政府里的市民的简短速写参见 Taylor, *op. cit.* (n. 100), p.10。亦参见 Boxer, *op. cit.* (n. 81), pp.206-41。

[103] *Loc. cit.* (n. 13), p.29; Vlekke, *op. cit.* (n. 2), p.155，叙述了最初十年（1619—1629年），巴达维亚的华人人口数从800涨至2000。亦参见 Anthony Reid, “The Stucture of Cities in Southeast Asia, Fifteenth to Seventeenth Centuries,” *Journal of Southeast Asian Studies*, Vol. XI, No.2 (Sept., 1980), 235-50。

[104] L. Blussé, “Batavia, 1619-1740.The Rise and Fall of a Chinese Colonial Town,” *Journal of Southeast Asian Studies*, Vol. XII, No.1 (Mar., 1981), 159-78，声称巴达维亚基本上是一个华人城市，荷兰东印度公司让华人在该城处于一个有利的地位，鼓励他们到那里定居。实际上，巴达维亚经常受到赞扬的公共机构——孤儿院、医院和公共市场等等的成功，主要都是因为它们与华人的实践经验相一致。关于华人在巴达维亚政府中的角色以及他们与荷兰东印度公司的关系参见 B. Hoetink, “So Bing Bong: Het eerste hoofd der Chineezen te Batavia, 1619—1636,” *BTLV,* LXXIII (1917), 311-43, and “Chineesche officieren te Batavia onder de compagnie,” *ibid.*, LXXVIII (1922), 1-136。亦参见 Victor Purcell, *The Chinese in Southeast Asia* (London, 1965), pp.383-403。

[105] Frick and Schweitzer, *op. cit.* (n. 82), p.29.

[106] Gray（ed.）, *op. cit.* (n. 32), II, 163. 关于这种惯常做法，参见 Anthony Reid (ed.), *Slavery, Bondage and Dependency in Southeast Asia* (New York, 1983), pp.26-27。亦参见 Reid, *op. cit.* (n. 2), pp.154-56。

[107] *Op. cit.* (n. 81), p.42. John Crawfurd, *History of the Indian Archipelago* (3 vols.; Edinburgh,

1820), I, 32，说爪哇人偶尔采用热带放血疗法，但绝非一般的放血疗法。

[108] *Op. cit.* (n. 81), p.43. 在中国，白色是服丧的通用色，但素色是最重要的考虑因素。在中国南部，蓝色是丧服的常用色。参见 J. D. Ball, *Things Chinese* (5th ed.; London, 1926), pp.403-4。

[109] *Loc. cit.* (n. 82), pp.346-47.

[110] Gray (ed.), *op. cit.* (n. 32), II, 163.

[111] *Jossie, Jossje* 或 *Joosje* 显然是葡萄牙语神（Deos）的讹误。然而，荷兰人认为他们用的是真正的中国词语。参见 H. Yule and A. C. Burnell, *Hobson-Jobson; Being a Glossary of Anglo-Indian Colloquial Words, Phrases, and Kindred Terms;...*(London, 1886), p.353。荷兰人描写的偶像可能是华人民间诸多神祇中的任何一位；参见原书第三卷，第 1648-1651 页。

[112] Frick and Schweitzer, *op. cit.* (n. 82), p.30（参阅第 217 幅图）。

[113] Bolling, *loc. cit.* (n. 82), pp.344-45. 关于巴达维亚华人事实上的宗教信仰自由，参见 Brummund, *loc. cit.* (n. 101), pp.69-71。

[114] *Loc. cit.* (n. 82), pp.345-46.

[115] Warnsinck (ed.), *op. cit.* (n. 89), pp.205-6. 德 · 赫拉夫一定是指皮影戏（*wayang kulit*）或爪哇木偶戏。上述对巴达维亚华人社区的描写主要来自 Van Rechteren, *loc. cit.* (n. 13), pp.29-30; Saar, *op. cit.* (n. 81), pp.37-43; Schouten, *op. cit.* (n. 46), I, 21-27; L'Estra, *op. cit.* (n. 102), pp.224-30; Frick and Schweitzer, *op. cit.* (n. 82), pp.28-30; Bolling, *loc. cit.* (n. 82), pp.343-47。

[116] 参见 Merklein, *op. cit.* (n. 81), p.19; Hesse, *op. cit.* (n. 96), p.39; L'Estra, *op. cit.* (n. 102), p.219; Schouten, *op. cit.* (n. 46), III, 169。关于对 17 世纪巴达维亚的现代描述参见 Boxer, *op. cit.* (n. 81), pp.206-14; Vlekke, *op. cit.* (n. 2), pp.153-58, 185-99; and F. de Haan, *Oude Batavia* (Bandoeng, 1935)。

[117] De Graff, *Oost-Indise spiegel,* in *Warnsinck* (ed.), *op. cit.* (n. 89), separate pagination, pp.13-22。

[118] *Ibid.*, pp.13-14.

[119] *Ibid.*, pp.14-15.

[120] *Ibid.*, p.15.

[121] *Ibid.*, pp.16-17.

[122] *Ibid.*, pp.18-20.

[123] *Ibid.*, pp.22-48. 亦参见 Hesse, *op. cit.* (n. 96), pp.109-14 关于巴达维亚自由市民的生活方式。德 · 赫拉夫的巴达维亚自由市民生活的负面图景是不典型的，夹杂着种族偏见。不过，它与对 17 世纪巴达维亚环境的现代重建是一致的。如参见 Taylor, *op. cit.* (n. 100); Haan, *op. cit.* (n. 116); Boxer, *op. cit.* (n. 81), pp.206-14; Crawfurd, *op. cit.* (n. 107), I, 139-49; and Blussé, *loc. cit.* (n. 100)。

[124] Warnsinck (ed.), *op. cit.* (n. 89), pp.204-5; Bolling, *loc. cit.* (n. 82), pp.327-29; Rijckloff van Goens, "Reijsbeschrijving van het weg uit Samarangh, nae de konincklijke hoofplaets Mataram...," ed. P. A. Leupe, *BTLV*, IV (1856), pp.345-46; Schouten, *op. cit.* (n. 46), III, 134-39.

[125] Schouten, *op. cit.* (n. 46), I, 27-35.

[126] Albert Herport, *Reise nach Java, Formosa, Vorder-Indien und Ceylon, 1659-1668*...(NR. Vol. V; The Hague, 1930), p.89.

[127] *Ibid.*, pp.89-94.

[128] Van Goens, *loc. cit.* (n. 124), p.307.

[129] *Ibid.*, pp.307-8.

[130] *Ibid.*, p.308.

[131] *Ibid.*, pp.308-11.

[132] *Ibid.*, pp.311-14.

[133] *Ibid.*, p.348.

[134] *Op. cit.* (n. 46), III, 137-39.

[135] *Ibid.*, III, 161-67; Nieuhof, *Zee-en lant-reize* (n. 81), pp.226-97; Bontius, *op. cit.* (n. 16).

[136] Schouten, *op. cit.* (n. 46), III, 161-62. Bolling, *loc. cit.* (n. 82), p.329，不过，据说爪哇岛没有绵羊。

[137] Schouten, *op. cit.* (n. 46), III, 162. Bontius, *op. cit.* (n. 16), p.65.

[138] Schouten, *op. cit.* (n. 46), III, 162-63. Bolling, *loc. cit.* (n. 82), p.327.

[139] Schouten, *op. cit.* (n. 46), III, 163.

[140] *Ibid.*

[141] *Ibid.*, pp.163-64.

[142] *Loc. cit.* (n. 82), p.327. 邦修斯还描写了壁虎，参见我们的图，第 233 幅。

[143] Bontius, *op. cit.* (n. 16), pp.65-67.

[144] *Ibid.*, p.11. 关于邦修斯的犀牛插图参见我们的图，第 237 幅。

[145] *Ibid.*, pp.217-19.

[146] *Ibid.*, p.257. 参见我们的图，第 240 幅。

[147] *Ibid.*, pp.67, 249, 271, and 285. 参见我们的图，第 241 幅。

[148] Nieuhof, *Zee-en lant-reize* (n. 81), pp.265-97.

[149] *Op. cit.* (n. 81), p.13.

[150] *Ibid.*

[151] *Op. cit.* (n. 126), p.31. 据赫波特的编辑所说，猩猩并不产自爪哇岛。它原产于苏门答腊岛和婆罗洲。人猿（man-ape）的名称是欧洲人稀里糊涂地从马来语 *orang utan* 得来的，这个词语用于人类的原始部落。参见 Yule and Burnell, *op. cit.* (n. 111), pp.643-44。邦修斯还描述了一种猩猩和巨型蝙蝠或狐蝠；参见我们的图，第 234 幅和 241 幅。

[152] Schouten, *op. cit.* (n. 46), III, 164-67.

[153] Nieuhof, *Zee-en lant-reize* (n. 81), pp.226-68.

[154] Bontius, *op. cit.* (n. 16), p.345.

[155] *Ibid.*, p.7.

[156] *Ibid.*, pp.345-47. 关于邦修斯对榴莲的描写参见我们的图，第 236 幅；关于木瓜参见第 235 幅图。

[157] *Ibid.*, pp.301-3. 参阅我们的图，第 228 幅。

[158] *Ibid.*, pp.293-301. 关于茶树参见我们的图，第 22 幅。

[159] *Ibid.*, p.5.

[160] *Ibid.*, pp.41-43.

[161] *Ibid.*, pp.181-83. 这种病现在称为雅司病。参见 R. D. G. Ph. Simons (ed.), *Handbook of Tropical Dermatology* (Amsterdam, 1952), I, 270-73。

[162] Bontius, *op. cit.* (n. 16), pp.287-89.

[163] Rouffaer and Ijzerman (eds.), *op. cit.* (n. 28), I, 91.

[164] *Verhael vande reyse*，in *ibid.*, II, 117-18. 编辑们辩称，在 16 世纪晚期，万丹妇女腰部以上仍然裸露，仅在乳房上系一条胸带。与罗德维克松记述中的一张插图相同（*ibid.*, I, 118, pl.16），《航海记》中也有一页插图刻画了一位如此着装的爪哇女子（II, 26, pl.5）。

[165] *Ibid.*, I, 116.

[166] *Op. cit.* (n. 126), pp.28-29.

[167] *Op. cit.* (n. 81), p.25.

[168] *Op. cit.* (n. 46), III, 152.

[169] 关于在化妆品中使用姜黄根粉参见 J. S. Pruthi, *Spices and Condiments* (New Delhi, 1976), p.227。

[170] Schouten, *op. cit.* (n. 46), III, 154-56. 关于东南亚的服装参见 Reid, *op. cit.* (n. 2), pp.85-90。

[171] Schouten, *op. cit.* (n. 46), III, 156.

[172] Rouffaer and Ijzerman (eds.), *op. cit.* (n. 28), II, 29; Bontius, *op. cit.* (n. 16), pp.73-75. 关于饮水参见 Reid, *op.cit.* (n. 2), pp.36-40。

[173] Rouffaer and Ijzerman (eds.), *op. cit.* (n. 28), I, 117.

[174] Foster (ed.), *op. cit.* (n. 33), p.171.

[175] *Ibid.*, pp.159, 171.

[176] *Loc. cit.* (n. 82), p.335.

[177] *Loc. cit.* (n. 124), p.346.

[178] Scott in Foster (ed.), *op. cit.* (n. 33), p.171.

[179] *Ibid.*, p.171. 源于马来语 *amoq*。根据 Yule and Burcell, *op. cit.* (n. 111), pp.18-23，该词的意思是"疯狂地攻击"而不是"吾意已决"。亦参见 John Crawfurd, *A descriptive Dictionary of the Indian Islands and Adjacent Countries* (Varansi, 1974), p.12。

[180] 例如，参见 Schouten, *op. cit.* (n. 46), III, 152，或 De Graaf in Warnsinck (ed.), *op. cit.* (n. 89), pp.222-23。

[181] *Loc. cit.* (n. 124), pp.346-47.

[182] Frick and Schweitzer, *op. cit.* (n. 82), p.53. Crawfurd（*op. cit.* [n. 107], I, 38-73）提供了一种比较赞赏爪哇民族性格的看法，但他的记述还是受到社会达尔文主义的优等种族观点的影响。关于17世纪荷兰人对爪哇民族性格的评价的讨论参见 Jörg Fisch, *Holland's Ruhm in Asien; Francois Valentyns Vision des niederländischen Imperiums im 18. Jahrhundert* (Stuttgart, 1986)。关于气候对性格的影响参见 V. R. Savage, *Western Impressions of Nature and Landscape in Southeast Asia* (Singapore, 1984), pp.170-75。

[183] *Loc. cit.* (n. 124), p.314. Crawfurd（*op. cit.* [n. 107], I, 122-23）将此形容为"庄严的舞蹈"。

[184] Foster (ed.), *op. cit.* (n. 33), p.170.

[185] 例如，参见 Rouffaer and Ijzerman (eds.), *op. cit.* (n. 28), I, 129, and Schouten, *op. cit.* (n. 46), III, 158。

[186] Rouffaer and Ijzerman (eds.), *op. cit.* (n. 28), I, 129-30.

[187] Hesse, *op. cit.* (n. 96), p.41. 参见 Reid, *op. cit.* (n. 106), pp.1-43, and Bruno Lasker, *Human Bondage in Southeast Asia* (Chapel Hill, N.C., 1950)。欧洲人记述中对奴隶制的描写基本上是正确的。

[188] Rouffaer and Ijzerman (eds.), *op. cit.* (n. 28), II, 28.

[189] Foster (ed.), *op. cit.* (n. 33), p.170.

[190] Schouten, *op. cit.* (n. 46), III, 155; Van Goens, *loc. cit.* (n. 124), p.343. 根据伊斯兰教教义，大多数爪哇贵族与其他穆斯林一样，也限娶4位妻子。

[191] Rouffaer and Ijzerman (eds.), *op. cit.* (n. 28), I, 114, and II, 28.

[192] *Ibid.*, II, 28; Gray(ed.), *op. cit.* (n. 32), p.163.

[193] Van Goens, *loc. cit.* (n. 124), p.344. 克劳福德（Crawfurd）并不支持有关女子隐居和男人猜疑其妻的记述，*op. cit.* (n. 107), I, 73-82。

[194] *Op. cit.* (n. 46), III, 156.

[195] Van Goens, *loc. cit.* (n. 124), p.343.

[196] *Verhael vande reyse* in Rouffaer and Ijzerman (eds.), *op. cit.* (n. 28), II, 28-29; Van Goens, *loc. cit.* (n. 124), p.344. 关于东南亚的性关系与婚姻参见 Reid, *op. cit.* (n. 2), pp.146-60。

[197] Rouffaer and Ijzerman (eds.), *op. cit.* (n. 28), I, 115. 参阅 R. M. Koentjaraningrat, *Javanese Culture* (Singapore, 1985), pp.127-33 中描写的婚礼。

[198] 在现代，人们只向新郎提问。

[199] *Op. cit.* (n. 46), II, 324-28. 关于爪哇人的婚俗，亦参见 *Crawfurd*, *op. cit.* (n. 107), I, 86-93。

[200] *Op. cit.* (n. 124), pp.325-27. 关于东南亚作为仪式的食肉参见 Reid, *op. cit.* (n. 2), pp.32-36。

[201] *Op. cit.* (n. 124), pp.322-25, 327-29.

[202] Foster (ed.), *op. cit.* (n. 33), p.173.

[203] *Ibid.*, p.176. 事实上，爪哇木偶戏的灵感似乎大多来自印度文学，如《摩诃婆罗多》(the Mahabharata）和《罗摩衍那》(the Ramayana)。然而，迄今为止，爪哇木偶戏的起源仍

然不清晰。参见 Nena Vreeland, peter Just, *et al.*, *Area Handbook for Indonesia* (Washington, 1975), p.141; and Mantle Hood, "The Enduring Tradition: Music and Theatre in Java and Bali," in Ruth T. McVey (ed.), *Indonesia* (New Haven, 1963), pp.438-71。亦参见 Crawfurd, *op. cit.* (n. 107), I, 127-32。参阅 Koentjaraningrat, *op. cit.* (n. 197), pp.286-90。

[204] *Verhael vande reyse* in Rouffaer and Ijzerman (eds.), *op. cit.* (n. 28), II, 30. 关于近期的描写参见 Vreeland, Just, *et al.*, *op. cit.* (n. 203), pp.138-41, and Hood, *loc. cit.* (n. 203), pp.438-71。

[205] *Verhael vande reyse* in Rouffaer and Ijzerman (eds.), *op. cit.* (n. 28), II, 30, and Lodewyckszoon in *ibid.*, I, 124 (4). 参见我们的图，第 222 幅。

[206] *Loc. cit.* (n. 124), pp.327-28. 关于一份对爪哇舞蹈的类似描述参见 Crawfurd, *op. cit.* (n. 107), I, 121-28。

[207] Van Goens, *loc. cit.* (n. 124), pp.327-28; *Verhael vande reyse* in Rouffaer and Ijzerman (eds.), *op. cit.* (n. 28), II, 128(3) and (4). 关于爪哇音乐的一份描述参见 *Encyclopaedie van Nederlandsch-Indië*, II, 812-36。亦参见 Crawfurd, *op. cit.* (n. 107), I, 332-41。关于管弦乐队本身参见 Suwandono, "Gamelan Orchestra in Wayang Kulit," in M. T. Osman (ed.), *Traditional Drama and Music of Southeast Asia* (Kuala Lumpur, 1947), pp.290-97。关于东南亚的戏剧、音乐和舞蹈，参见 Reid, *op. cit.* (n. 2), pp.201-15。

[208] Crawfurd（*op. cit.* [n. 107], I, 327）说道："对于东印度群岛岛民的雕塑和绘画，目前尚一无所知。" 从仍受崇敬的寺庙废墟来看，他推测他们一度有雕塑家，但认为他们从未画过。奇怪的是，没有一位 17 世纪观察者提到寺庙或寺里的雕塑。参阅我们第 225 幅图。

[209] Lodewyckszoon in Rouffaer and Ijzerman (eds.), *op. cit.* (n. 28), I, 119-20.

[210] *Ibid.*, p.120. 关于爪哇字母参见 Koentjaraningrat, *op. cit.* (n. 197), pp.14-15。关于字母表参见我们第 210 幅图。

[211] Schouten, *op. cit.* (n. 46), III, 158-59.

[212] Van Goens, *loc. cit.* (n. 124), p.356. 古老的爪哇文字源于印度。关于印度尼西亚语的一份简短说明参见 *Encyclopedia of Islam*, 2d ed., III, 1215-17。关于前于伊斯兰教时期的语言（古爪哇语）与现代爪哇语的区别参见 B. Nothofer, *The Reconstruction of Proto-Malayo-Javanic* (The Hague, 1975), pp.8-20。

[213] 例如，参见 Merklein, *op. cit.* (n. 81), p.14, and Bolling, *loc. cit.* (n. 82), p.336。

[214] 例如，参见 Lodewyckszoon in Rouffaer and Ijzerman (eds.), *op. cit.* (n. 28), I, 120，and Schouten, *op. cit.* (n. 46), III, 159。

[215] *Loc. cit.* (n. 124), p.356. 他的观察是正确的。参见 *Encyclopedia of Islam*, 2d ed., III, 1217。

[216] *Loc. cit.* (n. 82), p.340. 阿拉伯语显然是按行书写，从右往左，但人们是由上而下阅读它们的。

[217] Rouffaer and Ijzerman (eds.), *op. cit.* (n. 28), I, 120. 也许是 C. Geertz, *Islam Observed: Religious Development in Morocco and Indonesia* (New Haven, 1968), pp.65-70 中描写的圣特里（Santri）（宗教学生）传统的发端。

[218] Rouffaer and Ijzerman (eds.), *op. cit.* (n. 28), I, 119-20. 纸是用 Lontor 树制成的。显然，早在 13 世纪，爪哇人就造纸了。参见 Reid, *op. cit.* (n. 2), pp.227-28。（Lontor 或为 Lontar，印尼语，意为扇叶树头榈。——译者注）

[219] *Loc. cit.* (n. 82), p.340.

[220] Rouffaer and Ijzerman (eds.), *op. cit.* (n. 28), II, 162-68; Keuning (ed.), *op. cit.* (n. 7), III, 158-75; Bolling, *loc. cit.* (n. 82), pp.337-40. 参见我们第 25 幅和第 210 幅图。

[221] 比如，参见 *Verhael vande reyse* in Rouffaer and Ijzerman (eds.), *op. cit.* (n. 28), II, 27, and Schouten, *op. cit.* (n. 46), III, 155。伊斯兰教进入这一地区的时间显然早得多。它是在 1112 年前后被引入苏门答腊岛北部的。自从 1400 年以来，波斯传教士就在爪哇岛上活动了。15 世纪期间，在爪哇岛北海岸具有商业重要性的海港，许多人成为穆斯林。参见 *Encyclopedia of Islam*, 2d ed., III, 1218-21, and Vlekke, *op. cit.* (n. 2), pp.80-86。穆斯林才逐渐在爪哇岛占据优势。参见 De Graaf, *op. cit.* (n. 1), p.3。

[222] 例如，参见 *Verhael vande reyse* in Rouffaer and Ijzerman (eds.), *op. cit.* (n. 28), II, 27, and Schouten, *op. cit.* (n. 46), III, 155。

[223] Rouffaer and Ijzerman (eds.), *op. cit.* (n. 28), I, 113. 这种所谓的逾越节（*Rijaja*）是一种致力于请求宽恕的节日。

[224] Foster (ed.), *op. cit.* (n. 33), pp.152-62. 亦参见 Saar, *op. cit.* (n. 81), p.27。关于割礼参见 C. Geertz, *The Religion of Java* (Chicago, 1960), pp.51-53。

[225] Merklein, *op. cit.* (n. 81), p.14; Scott in Foster (ed.), *op. cit.* (n. 33), p.172. 印度尼西亚伊斯兰教与近东的种种伊斯兰教大相径庭的看法是正确的。印度尼西亚和爪哇的伊斯兰教也有相当多种。伊斯兰教是通过商人和传教士而非征服传入印度尼西亚的，这些人对当地的传统和信仰十分包容。不久，伊斯兰教神秘主义与印度教—佛教的神秘传统相整合。从近东方面来看，若非荷兰人的入侵及其对爪哇贸易的控制严重阻断了爪哇伊斯兰教与近东伊斯兰教世界的经常交往，那么，也许爪哇岛上的伊斯兰教最终会变得更正统。例如，参见 C. C. Berg, "The Islamiztion of Java, " *Studia Islamica*, IV (1955), 111-42; G. W. J. Drewes, "New Light on the Coming of Islam to Indonesia," *BTLV,* CXXIV (1968), 433-59; G. W. J. Drewes, "Indonesia: Mysticism and Activism," in *Unity and Variety in Muslim Civilization*, ed. G. E. von Grünebaum (Chicago, 1956), pp.284-310; "Indonesia," *Encyclopedia of Islam*, 2d ed., III, 1215-35。

[226] *Op. cit.* (n. 81), pp.27-28. 爪哇穆斯林总是渴望到麦加朝圣。例如，参见 *Encyclopedia of Islam*, 2d ed., III, 1227-28。

[227] *Op. cit.* (n. 46), I, 37-39; III, 155. 参见我们的图，第 225 幅。

[228] Ijzerman (ed.), *op. cit.* (n. 8), pp.141-42. 锦石是爪哇最古老的伊斯兰教中心，其清真寺备受崇敬。

[229] 关于前于伊斯兰教时期的爪哇宗教参见 Vlekke, *op. cit.* (n. 2), pp.59-79。

[230] 例如，参见 Lodewyckszoon in Rouffaer and Ijzerman (eds.), *op. cit.* (n. 28), I, 113; Schouten,

op. cit. (n. 46), III, 155。

[231] Rouffaer and Ijzerman (eds.), *op. cit.* (n. 28), I, pp.128-128 (2). 编辑们注意到年长的爪哇人穿树皮做成的衣服（deluang）。

[232] Frick and Schweitzer, *op. cit.* (n. 82), pp.152-53. 关于爪哇禁欲主义、伦理和神秘主义的运动与秩序参见 Koentjaraninggrat, *op. cit.* (n. 197), pp.404-10。

[233] Vlekke, *op. cit.* (n. 2), pp.128-31.

[234] Rouffaer and Ijzerman (eds.), *op. cit.* (n. 28), I, 99-100.

[235] *Ibid.*, II, 28.

[236] *Ibid.*, I, 100-101.

[237] *Ibid.*, I, 103.

[238] Gray (ed.), *op. cit.* (n. 32), II, 160, 164.

[239] Foster (ed.), *op. cit.* (n. 33), p.170.

[240] *Ibid.*, p.153.

[241] *Ibid.*, p.160.

[242] *Ibid.*, p.170.

[243] Rouffaer and Ijzerman (eds.), *op. cit.* (n. 28), I, 104-7, 127-28; *BV*, Ia, 38b.

[244] Rouffaer and Ijzerman (eds.), *op. cit.* (n. 28), I, 127-28, pl.22.

[245] 关于爪哇和马都拉的传统军事技术和武器参见 D. F. Draeger, *Weapons and Fighting Arts of the Indonesian Archipelago* (New York, 1972), chap. ii。

[246] Rouffaer and Ijzerman (eds.), *op. cit.* (n. 28), I, 117-18, pl.15. 亦参见 Foster (ed.), *op. cit.* (n. 33), p.171。

[247] Vlekke, *op. cit.* (n. 2), pp.131-84. 亦参见 W. Fruin-Mees, "Een Bantamsch gezantschap naar Engeland in 1682," *Tijdschrift voor Indische taal-, land-, en volkenkunde*, LXIV (1923), 207-27, and Boxer, *op. cit.* (n. 81), pp.190-94。

[248] *Loc. cit.* (n. 13), 27-29.

[249] Schouten, *op. cit.* (n. 46), III, p.151. 17 世纪 80 年代，几本与万丹国内战争有关的英语小册子出版，参见原书第三卷，第 577-578 页。

[250] *Op. cit.* (n. 82), pp.38-69.

[251] 例如，参见 Saar, *op. cit.* (n. 81), pp.25-26; Merklein, *op. cit.* (n. 81), p.12; Herport, *op. cit.* (n. 126), pp.27-28; Bolling, loc, cit. (n. 82), pp.327-29; Nieuhof, *Zee-en lant-reize* (n. 81), p.194。

[252] Schouten, *op. cit.* (n. 46), III, p.141-51.

[253] Van Goens, *loc. cit.* (n. 124), pp.319-20.

[254] *Ibid.*, p.320.

[255] 这份对政府机构的概述来源于 *ibid.*, pp.317-321。关于政府参见 E. S. de Klerck, *History of the Netherlands East Indies* (2 vols.; Rotterdam, 1938), I, 177-84。

[256] *Loc. cit.* (n. 124), pp.341-43.

[257] *Ibid.*, pp.315-17.

[258] *Ibid.*, pp.317-22.

[259] *Ibid.*, p.327.

[260] *Ibid.*, p.347.

[261] *Ibid.*, pp.344-45.

[262] 参见 Vlekke, *op. cit.* (n. 2), pp.145-52。关于政府行为亦参见 De Klerck, *op. cit.*（n.255), II, 184-89。

[263] *Loc. cit.* (n. 124), pp.329-41. 弗莱克（Vlekke）注意到维拉·古那的反叛以及随后的大屠杀并不仅仅是一场维拉·古那与阿莽古拉特之间的个人之争，而是一次对其父伊斯兰教化政策的有意废弃。阿莽古拉特从未获封苏丹称号，更喜欢传统的爪哇称号苏苏胡南。他还谋划改变政府和司法部门，旨在减少伊斯兰教在王国的影响力。参见 Vlekke, *op. cit.* (n. 2), pp.174-75。

[264] *Loc. cit.* (n. 124), 347-48.

[265] Scott in Foster (ed.), *op. cit.* (n. 33), p.169. 亦参见我们的图，第 214 幅。

[266] Rouffaer and Ijzerman (eds.), *op. cit.* (n. 28), II, 25-26.

[267] *Ibid.*, I, 110-13. 参见我们的图，第 244 幅。

[268] 例如，参见 Rouffaer and Ijzerman (eds.), *op. cit.* (n. 28), I, 105-21, and II, 24; Scott in Foster (ed.), *op. cit.* (n. 33), pp.168-69。

[269] Rouffaer and Ijzerman (eds.), *op. cit.* (n. 28), I, 120-21.

[270] *Ibid.*, I, 24; II, 26.

[271] 例如，参见 *Verhael vande reyse* in *ibid.*, II, 25-26, and Lodewyckszoon in *ibid.*, I, 122;"The Eighth Voyage Set Forth by the East-Indian Society...under Captaine John Saris," in *pp*, III, 506-8。萨利斯报告了中国帆船来的时间是 2 月或 3 月（第 508 页）。

[272] Foster (ed.), *op. cit.* (n. 33), p.168.

[273] Rouffaer and Ijzerman (eds.), *op. cit.* (n. 28), II, 26. 参见我们的图，第 215 幅。

[274] Foster (ed.), *op. cit.* (n. 33), p.104.

[275] Rouffaer and Ijzerman (eds.), *op. cit.* (n. 28), II, 25.

[276] *Ibid.*, I, 122-23. 是罗菲尔和艾泽曼以荷兰盾估算方孔铜钱和雷阿尔的价值。罗德维克松日记的第 44 幅图描画了钱币，其中有中国方孔铜钱，*ibid.*, I, 214。

[277] *PP*, III, 506-7.

[278] *Ibid.*, p.506.

[279] *Ibid.*, p.507.

[280] *Ibid.*, p.508.

[281] *Ibid.*, pp.506-16.

[282] Merklein, *op. cit.* (n. 81), p.14.

[283] *Op. cit.* (n. 46), III, 139.

[284] *Ibid.*, pp.140, 159.

[285] *Ibid.*, pp.140-41.

[286] *Op. cit.* (n. 102), pp.217-18.

[287] Bolling, *loc. cit.* (n. 82), p.327.

[288] *Ibid.*, pp.347-50.

[289] *Ibid.*, pp.350-55.

[290] *Ibid.*, pp.355-61.

[291] *Ibid.*, p.350.

[292] Rouffaer and Ijzerman (eds.), *op. cit.* (n. 28), I, 100-103.

[293] Keuning(ed.), *op. cit.* (n. 7), III, 36.

[294] 例如，参见 *ibid.*, III, p.52。

[295] Ijzerman (ed.), *op. cit.* (n. 8), I, 142.

[296] *PP*, III, 510.

[297] 例如，参见 Merklein, *op. cit.* (n. 81), p.14; Bolling, *loc. cit.* (n. 82), p.327; Schouten, *op. cit.* (n. 46), III, 136-37。

[298] Schouten, *op. cit.* (n. 46), III, 159.

[299] Rouffaer and Ijzerman (eds.), *op. cit.* (n. 28), I, 130-33 and pl. 27. 亦参见 Saar, *op. cit.* (n. 81), p.28, and Schouten, *op. cit.* (n. 46), III, 160-61。克劳福德（*op. cit.* [n. 107], I, 307-11）推测他们可能已经向华人学习使用指南针，但是同意指南针作用甚微，爪哇人的船只大多在看得见陆地的海域航行。

[300] Rouffaer and Ijzerman (eds.), *op. cit.* (n. 28), I, 132 and pl.27. 罗菲尔和艾泽曼确认这种木材为柚木。关于爪哇柚木参见 A. L. Howard, *A Manual of the Timbers of the World* (3d ed., London, 1948), pp.581-82。"cathur"或"catur"一词的来源不确定。参见 Yule and Burnell, *op. cit.* (n. 111), p.175。亦参见 Schouten, *op. cit.* (n. 46), III, 160。

[301] Lodewyckszoon in Rouffaer and Ijzerman (eds.), *op. cit.* (n. 28), I, 132-33; Schouten, *op. cit.* (n. 46), III, 160.

[302] Rouffaer and Ijzerman (eds.), *op. cit.* (n. 28), I, 133; Schouten, *op. cit.* (n. 46), III, 160-61. 罗菲尔和艾泽曼确认它们是舷旁装有防覆装置的小船（perahu katir）。关于普通船只参见 Pierre-Yves Manguin, "The Southeast Asian Ship: An Historical Approach", *Journal of Southeast Asian Studies*, XI (1980), 266-76。

[303] Schouten, *op. cit.* (n. 46), III, p.158.

[304] 关于文献参见原书第三卷，第 437-439 页。Rouffaer and Ijzerman (eds.), *op. cit.* (n. 28), I, 197. Thomas S. Raffles, *The History of Java* (2d ed., 2 vols.; London, 1830), II, Appendix K,

有对巴厘岛的再次续写。1817 年，它首度付梓。

[305] Rouffaer and Ijzerman (eds.), *op. cit.* (n. 28), I, 60-61. 范 · 德 · 杜斯的《简记》(*Kort verhael*) 有一份类似的巴厘岛简介。参见 *ibid.*, II, 358-359。

[306] *Ibid.*, I, 197. 实际上，巴厘岛位于南纬 8°4′（其北端）和 8°51′（其南端）之间。其周长为 400 公里或 52 普里。

[307] *Ibid.*, I, 197-198. 罗菲尔与艾泽曼推测罗德维克松沿着海岸和在其船上看见的黑人都是巴布亚奴隶，19 世纪，这些奴隶在巴厘岛的数量还很多。他们断定罗德维克松对巴厘岛人口的估算是可信的。罗德维克松的 60 万人口与 1817 年拉弗尔斯（Raffels）报告巴厘岛有 21.5 万人大体相符。

[308] *Ibid.*, I, 197. 这是一种常见的印度教习俗。

[309] *Ibid.*, I, 202. 关于对一位巴厘人殉夫自焚的描写参见 Crawfurd, *op. cit.* (n. 107), II, 241-53。亦参见 Miguel Covarrubias, *Island of Bali* (New York), 1937, pp.378-80。

[310] Rouffaer and Ijzerman (eds.), *op. cit.* (n. 28), I, 198-99. 没有其他资料提到山上藏大米的“要塞”。参阅中国的“常平仓”(ever normal granary) 制度。

[311] *Ibid.*, I, 199.

[312] *Ibid.*

[313] *Ibid.*, I, 198-99. 罗菲尔和艾泽曼记录了在爪哇岛，只有达官贵人才骑马；而在巴厘岛上，平民都以马代步——这暗示了巴厘岛更富庶（*ibid.*, p.198n）。参见我们的图，第 219 幅。

[314] *Ibid.*, 201. 罗菲尔和艾泽曼断言荷兰人在巴厘岛看到的黄金来自别处，这种金粉从苏门答腊岛、西里伯斯岛和婆罗洲而来，用以交换巴厘大米、棉布和奴隶。他们还用这份报告证明，与爪哇海港金匠的技艺相比，巴厘金匠的技艺更高超（参见 *ibid.*, 200-201n)。

[315] *Ibid.*, 198, 199.

[316] *Ibid.*, 199-200.

[317] *Ibid.*, 200.

[318] *Ibid.*, 201-2. 罗菲尔和艾泽曼指出此乃欧洲人首次声明“鹿岛”是一个巴厘人的流放地（*ibid.*, p.201n）。亦参见 *Encyclopaedie van Nederlandsch-Indië*, III, 382。

[319] Rouffaer and Ijzerman (eds.), *op. cit.* (n. 28), I, 195-96. 参见我们的图，第 218 幅。

[320] *Ibid.*, I, 196, 196 (2), 202, 202 (2). 参见我们的图，第 218、219 幅。

[321] *BV*, I, 98-101.

[322] Gray(ed.), *op. cit.* (n. 32), II, 165-66.

[323] Gerret Vermeulen, *De gedenkwaerdige voyagie ...naar Oost-Indien in't jaar 1668 aangevangen, en in't jaar 1674 voltrokken*...(Amsterdam, 1677), pp.61-66. 关于文献参见原书第三卷，第 498-499 页。（此书全名为：*De gedenkwaerdige voyagie van Gerret Vermeulen naar Oost-Indien, in't jaar 1668. aangevangen, en in 't jaar 1674. voltrokken : daar in, onder veel andere toevallen, de vermaarde oorlog tegen de koning van Makasaar beknotelyk verhaalt, en de*

verschyde voorvallen, daar in voorgekomen, en het eynde daar af, vertoont worden; nevens een nauwkeurige beschrijving van des schrijvers heen-reys, en wat hy in die gewesten van Indiën heeft gevonden; hare wetten, zeden, godsdienst, costuymen, kleding, dieren, vruchten, en plantagien des lands; en sijn weêrom-reys tot Amsterdam。——译者注）

[324] *Op. cit.* (n. 82), pp.108-10.

[325] Rouffaer and Ijzerman (eds.), *op. cit.* (n. 28), I, 203.

[326] 参见 P. A. Leupe(ed.), "Schriftrlijck rapport gedaen door den predicant Justus Heurnius, aengaende de gelegentheijt van't eijlandt ende tot het voorplanten van de Christelijcke religie, en van wegen de gelengentheit van Bali, 1638," *BTLV*, III (1855), 250-62, and P. A. Leupe (ed.), "Het gezandtschap naar Bali, onder den Gouverneur-Generaal Hendrik Brouwer in 1633," BTLV, V (1856), 1-71。

[327] *Encyclopaedie van Nederlandsch-Indië*, I, 108-9.

[328] 参见 *Asia*, I, 571-78。

[329] 关于文献参见原书第三卷，第 437-439 页。

[330] 例如，参见 "De eerst schipvaerd...," *BV*, Ia, 33-36。

[331] 关于兰卡斯特的航海记参见原书第三卷，第 549-550 页；关于斯皮尔伯根的航海记参见原书第三卷，第 443-444 页。

[332] 关于文献参见原书第三卷，第 310-312 页以及第 396-397 页。

[333] 参见原书第三卷，第 558 页。关于航行参见 W. S. Unger (ed.), *De oudste reizen van de Zeeuwen naar Oost-Indië, 1598-1604* ("WLV," LI; The Hague, 1948), pp.xviii-xl, 19-113。

[334] 关于文献参见原书第三卷，第 558、562-564、566 页。

[335] 关于文献参见原书第三卷，第 462-463、466、470-471 页。

[336] 关于文献参见原书第三卷，第 348、381 页。

[337] 参见原书第三卷，第 406-407 页。

[338] 关于文献参见原书第三卷，第 410-411 页。亦参见 D. Lombard, *Le sultanat d'Atjeh qu temps d'Iskandar Muda, 1607-1636* (Paris, 1967), pp.25-27, 193-96。

[339] 参见原书第三卷，第 496-497 页。

[340] 参见原书第三卷，第 500-501 页。

[341] 参见原书第三卷，第 535-536、539-540、541-542 页。

[342] 关于德·罗伊参见原书第三卷，第 503 页；关于丹皮尔参见原书第三卷，第 582-585 页；关于德·赫拉夫参见原书第三卷，第 505-506 页。

[343] 例如，参见 "De eerste schipvaerd...," *BV*, Ia, 36。学者估计 3—6 英里折合 17 世纪的 1 荷兰里。例如，博克舍（*op. cit.* [n. 81], p.305）说，"1 荷兰里变化很大，但通常认为相当于 17 世纪的英国里格（3 英里）"。William Campbell（*Formosa under the Dutch* [London, 1903; reprinted Taipei, 1967], p.541）估算 6 英里约等于 17 世纪的 1 荷兰里。亦参见

Encyclopaedie van Nederlandsch-Indië, II,686。

[344] Wouter Schouten, *op. cit.* (n. 46), III, 46; Hesse, *op. cit.* (n. 96), p.61. 亦参见博利厄的相关描述，“Relations de l' estat present du commerce des Hollandais et des Portugais dans les Indes Orientales: memoires du voyage aux Indes Orientales du General de Beaulieu,” in TR, II, 96。苏门答腊岛实际长 1 100 英里，最宽为 250 英里，面积是 164 198 平方英里。此岛周长大约 2 300 英里。

[345] 例如，参见“De eerste schipvaerd,” *BV*, Ia, 36; Bartolomé Leonardo de Argensola, *Conquista de las islas Malucas* (Madrid, 1609), p.141; Vincent Le Blanc, *The World Surveyed or the Famous Voyages of Vincent le Blanc...*, trans. F. B. (London, 1660), p.91; Merklein, *op. cit.* (n. 81), p.21; Hesse, *Op. cit.* (n. 96), pp.61-62; Schouten, *op. cit.* (n. 46), III, 46。关于 16 世纪文献中对这一议题的讨论参见 *Asia*, I, 574。有关此岛的名字参见 William Marsden, *The history of Sumatra* (reprint of 3d ed.; Kuala Lumpur, 1966), pp.3-13, and N.J. Krom, “De naam Sumatra,” *BTLV*, C (1941), 5-25。（Vincent le Blanc 的完整书名为：*The world surveyed, or, The famous voyages & travailes of Vincent Le Blanc, or White, of Marseilles*。——译者注）

[346] *Op. cit.* (n. 46), III, 46.

[347] *Ibid.*

[348] “De eerste schipvaerd,” *BV,* Ia, 31.

[349] *Loc. cit.* (n. 344), pp.80-82. 凌家卫是马来半岛靠近吉打的离岛群中最大的一个岛屿。参见 Crawfurd, *op.cit.* (n. 179), p.207。

[350] *Op. cit.* (n. 46), III, 35-36.

[351] *Op. cit.* (n. 96), p.54.

[352] *Ibid.*

[353] William Dampier, *Voyages and Discoveries,* ed. Clennell Wilkinson (London, 1931), pp.86-87. 马斯登（Marsden）用相似的一些词描写了苏门答腊岛的土壤，但声称它绝大部分是贫瘠而非肥沃的：*op. cit.* (n. 345), pp.25-33, 78-81。关于苏门答腊岛的冲积沼泽地参见 E. H. G. Dobby, *Southeast Asia* (9th ed.; London, 1966), pp.198-99。

[354] Lodewyckszoon in Rouffaer and Ijzerman (eds.), *op. cit.* (n. 28), I, 64, 68-69; “De eerste schipvaerd,” *BV,* Ia, 35-36. 亦参见 W. S. Unger (ed.), *op. cit.* (n. 333), p.53。

[355] Beaulieu, *loc. cit.* (n. 344), pp.81-82.

[356] Rouffaer and Ijzerman(eds.), *op. cit.* (n. 28), I, 68-69; “De eerste schipvaerd,” *BV*, Ia, 33-35.

[357] Dampier, *op. cit.* (n. 353), pp.88-89.17 世纪述及苏门答腊岛植物群和农业的报告大部分看来相当准确。参阅 Marsden, *op. cit.* (n. 345), pp.65-84。关于苏门答腊岛的樟脑参见原书第三卷，第 1386 页，注释第 504 条。

[358] Dampier, *op. cit.* (n. 353), p.89. 关于他列举的苏门答腊岛动植物亦参见 Beaulieu, *loc. cit.* (n. 344), pp.96-97。

[359] Beaulieu, *op. cit.* (n. 344), p.96.

[360] Hesse, *op. cit.* (n. 96), p.75. 马斯登列出的苏门答腊岛动物与17世纪作者所举的十分相似，但还包括河马、鹿、水獭、“放臭气的动物”、豪猪、犰狳、灵猫和蝙蝠。他没有提到猩猩：Marsden, *op. cit.* (n. 345), pp.112-28。关于猩猩亦参见 Yule and Burnell, *op. cit.* (n. 111), pp.643-44，以及原书第三卷，第1327页。

[361] Hesse, *op. cit.* (n. 96), pp.viii-ix. 亦参见 Marsden, *op. cit.* (n. 345), pp.165-72。

[362] Dampier, *op. cit.* (n. 353), pp.92-93.

[363] *Voyagie gedaan door Jacob Janssen de Roy na Borneo en Atchin, in't jaar 1691. en vervolgens:... Gedrukt volgens de copy van Batavia*, n.d., p.126.

[364] Schouten, *op. cit.* (n. 46), III, 37. 马斯登的列表没有包括宝石：*op. cit.* (n. 345), pp.28-29, 172-77。

[365] Le Blanc, *op. cit.* (n. 345)，p.91.

[366] 例如，参见 Schouten, *op. cit.* (n. 46), III, 46-47; Hesse, *op. cit.* (n. 96), p.69; Dampier, *op. cit.* (n. 353), pp.103。参阅 Dobby, *op. cit.* (n. 353), pp.202-3。

[367] *Op. cit.* (n. 96), p.61.

[368] *Ibid.*, pp.69-70.

[369] *Ibid.*, pp.64-65, 70, 81.

[370] *Ibid.*, p.70.

[371] Thomas Best, “A Journall of the Tenth Voyage to the East India...,” *PP*, IV, 144.（Thomas Best 所著的全名是：*A Journall of the tenth Voyage to the East India, with two shippes, the Dragon, and the Hosiander*。——译者注）

[372] *Op. cit.* (n. 353), p.123.

[373] Unger (ed.), *op. cit.* (n. 353), p.53.

[374] “Journael ende verhael van alle het gene dat ghesien ende voorghevallen is op de reyse ghedaen door den E. ende gestrengen Pieter Willensz. Verhoeven, ...” *BV*, IIa, 37-38. Marsden（*op. cit.* [n. 345], p.398）同意，但有所保留。

[375] *Op. cit.* (n. 46), III.48. 亦参见 “Historische verhael vande reyse gedaen inde Oost-Indien...onder het beleydt van...Wybrandt van Waerwijck...ende Sebaldt de Weert...,” *BV*, Ib, 14。（此书全名为：*Historische Verhael, vande Reyse gedaen inde Oost-Indien, met 15 schepen voor Reeckeninghe vande vereenichde Gheoctroyeerde Compagnie: onder het beleydt van de vroomen ende manhaften Wybrandt van Waerwijck, als Admirael ende Sebaldt de Weert, als Vice-Admiraal*。——译者注）

[376] *Loc. cit.* (n. 344), p.72.

[377] *Ibid.*, p.57.

[378] Ungern (ed.), *op. cit.* (n. 333), p.53. 戴维斯贴切地描述了安东尼·瑞德（*loc. cit.* [n. 103]）所谓的东南亚诸城的农村生活样式。亦参见 Marsden（*op. cit.* [n. 345], pp.54-60）。关于房屋

结构参见 C. Snouk Hurgronje, *The Achehnese* (2 vols.; Leyden, 1906), I, 16, 34-44。亦参见 Crawfurd, *op. cit.* (n. 107), I, 159-62。

[379] Warnsinck (ed.), *op. cit.* (n. 89), p.13.

[380] *Op. cit.* (n. 344), p.104.

[381] Warnsinck (ed.), *op. cit.* (n. 89), p.13.

[382] Unger (ed.), *op. cit.* (n. 333), pp.53-54.

[383] *Loc. cit.* (n. 46), III, 48.

[384] *Loc. cit.* (n. 375), p.15.

[385] Beaulieu, *op. cit.* (n. 344), pp.49-50, 103-4.

[386] Unger (ed.), *op. cit.* (n. 333), p.53.

[387] Beaulieu, *op. cit.* (n. 344), p.5.

[388] *Loc. cit.* (n. 375), p.14.

[389] *Op. cit.* (n. 353), pp.85-86.

[390] *Ibid.*, pp.90-91.

[391] William Keeling, "A Journall of the Third Voyage to the East India...," *PP*, II, 518-20.

[392] Walter Payton, "The Second Voyage of Captaine Walter Peyton into the East-Indies...," *PP*, IV, 301-5.

[393] *Op. cit.* (n. 81), p.20.

[394] Beaulieu, *op. cit.* (n. 344), pp.43-44.

[395] *Ibid.*, pp.45, 98-100.

[396] Schouten, *op. cit.* (n. 46), III, 47-48.

[397] *Zee-en lant-reize* (n. 81), pp.67-69.

[398] *Op. cit.* (n. 96), pp.58-61.

[399] *Ibid.*, p.73.

[400] Dampier, *op. cit.* (n. 353), pp.122-26.

[401] 关于印度尼西亚的城市与村镇，参见 Reid, *loc. cit.* (n. 103)。

[402] 例如，参见 Verhoeff, *loc. cit.* (n. 374), p.37。Hesse（*op. cit.* [n. 96], p.73）认为他们肤黑。

[403] Hesse, *op. cit.* (n. 353), pp.73-74, 84-85.

[404] *Op. cit.* (n. 345), p.92.

[405] Frick and Schweitzer, *op. cit.* (n. 82), pp.106-7.

[406] *Op. cit.* (n. 353), p.90. 关于比照参见 Marsden, *op. cit.* (n. 345), pp.40-49。马斯登描述了苏门答腊人剔除体毛和脸毛的方法。他提到较富有的苏门答腊人留着长长的彩绘指甲，以及山地人的甲状腺发生率。他还注意到，内陆人比沿海马来人的体形更大。在其他多数情况下，他的描述与 17 世纪欧洲作者的一致。17 世纪描写苏门答腊人的欧洲作者无一住在内陆。

[407] Rouffaer and Ijzerman (eds.), *op. cit.* (n. 28), I, 64.

[408] Schouten, *op. cit.* (n. 46), III, 49.

[409] *Loc. cit.* (n. 375), p.15.

[410] Dampier, *op. cit.* (n. 353), p.90.

[411] 例如，参见“De eerste schipvaerd,” *BV*, Ia, 37. 亦参见我们的图，第 220 幅。

[412] *Op. cit.* (n. 96), p.76.

[413] *Loc. cit.* (n. 374), p.37. 关于 17 世纪欧洲人对苏门答腊人着装与容貌描写的总体确认，包括套在生殖器上的银器，参见 Marsden, *op. cit.* (n. 345), pp.49-53。马斯登说小女孩在她们的头发前部还戴了一条狭窄的银板，她们戴银手镯。根据马斯登所说，男女都在青春期将他们的牙齿锉平、染黑。17 世纪欧洲作者均未提及这一习俗。关于对现代亚齐人着装的描写参见 Snouk Hurgronje, *op. cit.* (n. 378), I, 25-30。

[414] 例如，参见 Schouten, *op. cit.* (n. 46), III, 49；Nieuhof, *Zee-en lant-reize* (n. 81), p.76; Hesse, *op. cit.* (n. 96), p.73。

[415] Unger (ed.), *op. cit.* (n. 333), pp.49-52.

[416] *Zee-en lant-reize* (n. 81), pp.67-69.

[417] *Op. cit.* (n. 46), III, 16-18.

[418] *Op. cit.* (n. 96), pp.80-81.

[419] *Op. cit.* (n. 46), III, 49.

[420] *Op. cit.* (n. 353), p.123.

[421] De Roy, *op. cit.* (n. 363), p.129. 就比较而言，马斯登对 18 世纪苏门答腊岛上说马来语的沿海人的描写几乎与 17 世纪欧洲人的一样，是表示责备的。它包括懒惰、顽固、骄奢淫逸、阴险、嗜杀和贪婪之类的词语。他称内陆各族为“苏门答腊本地人”，对他们的评价稍好一些。他写道：他们温和、安宁、宽容、撙节、冷静、好客，生活方式简单，全无马来人的狡猾，谦虚、有礼貌。但他们也爱打官司，懒惰、嗜赌，对陌生人不诚实，迷信、奴性、粗心，且无远见。参见 Marsden, *op. cit.* (n. 345), pp.204-9。1906 年，斯诺克·赫格隆杰（Snouk Hurgronje）的著作没有汇编令人不快的形容词表，但述及“亚齐人自认为懒惰，不适合固定工作”（*op. cit.* [n. 378], I, 22）。影响评定苏门答腊人性格的因素为观察者的价值观以及他们与苏门答腊人的关系类别，另一个是苏门答腊人自己的本性，显然，这两种因素的影响力一样大。对这个问题的一场有趣、但略带抨击的讨论参见 Fisch, *op. cit.* (n. 182), pp.1-8。

[422] *Op. cit.* (n. 353), pp.95-96.

[423] *Zee-en lant-reize* (n. 81), p.76.

[424] *Op. cit.* (n. 96), pp.84-85.

[425] Schouten, *op. cit.* (n. 46), III, 49；Nieuhof, *Zee-en lant-reize* (n. 81), p.76；Marsden, *op. cit.* (n. 345), p.390，描述了 18 世纪在巴达族（Bataks）中，人们还遵循吃敌人或一些罪犯的肉的仪式。亦参阅 Draeger, *op. cit.* (n. 245), pp.118-20。

[426] *Loc. cit.* (n. 344), p.98.

[427] *Op. cit.* (n. 353), pp.89-90. Marsden,（*op. cit.* [n. 345], pp.40-42）指出沿海居民讲马来语的穆斯林与内陆部族之间的差别并不完全一致。有些沿海人不是穆斯林，而有些内陆部族则是。

[428] 关于亚齐的语言，参见 Lombard, *op. cit.* (n. 338), pp.54-56。

[429] Le Blanc, *op. cit.* (n. 345), p.94. 16 世纪初，亚齐苏丹发起一系列“圣战”，使大多数沿西北岸的胡椒产区处于他的控制之下。至 16 世纪中期，他还征服了米南加保海岸。也许这些就是文森特·勒布朗所指的战争。参见 B. H. M. Vlekke, *op. cit.* (n. 2), p.93。亦参见 *The Cambridge History of Islam*, ed. P. M. Holt, A. K. S. Lambton, and B. Lewis (2 vols.; Cambridge, 1970), II, 126-28。

[430] *Op. cit.* (n. 96), p.73. 中国的资料记录，早在 1282 年，伊斯兰教在苏木都剌（巴赛）创立，苏木都剌后来成为亚齐领土的一部分。参见 *The Cambridge History of Islam* (n. 429), pp.124-28。

[431] Merklein, *op. cit.* (n. 81), p.20.

[432] Unger (ed.), *op. cit.* (n. 333), pp.58-59. 关于对这一事件的解释与评价，参见 Lombard, *op. cit.* (n. 338), pp.146-47。

[433] *Op. cit.* (n. 96), p.73. Snouk Hurgronje, *op. cit.* (n. 378), I, 206-7，描写了在他的时代，人们还会经常在篝火月（Achura-month）的“最后一个星期三”沐浴。亦参见 Lombard, *op. cit.* (n. 338), pp.139-51，关于亚齐宗教中前于伊斯兰教时期的因素。

[434] 这是对所有印度尼西亚人的一般看法。一些印度尼西亚国君已接受伊斯兰教似乎主要是为了反对欧洲人——例如，1605 年的望加锡统治者。参见 lekke, *op. cit.* (n. 2), pp.105-6，and *The Cambridge History of Islam* (n. 429), pp.137-39。

[435] *Loc. cit.* (n. 344), p.57. 关于沙姆斯·乌德 - 丁参见 Lombard, *op. cit.* (n, 338)，pp.161-62。

[436] Unger(ed.), *op. cit.* (n. 333), pp.56-57.

[437] *Ibid.*, pp.57-58. 关于亚齐的外国商人参见 Lombard, *op. cit.* (n. 338), pp.112-25。

[438] *Op. cit.* (n. 345), p.94.

[439] *Op. cit.* (n. 46), III, 47-48, 49. 关于对在亚齐买卖的产品的一场讨论参见 Lombard, *op. cit.* (n. 338), pp.109-11。关于武器参见 Draeger, *op. cit.* (n. 245), pp.112, 124-26。

[440] 例如，参见 Beaulieu, *op. cit.* (n. 344), p.54；亦参见 Lombard, *op. cit.* (n. 338), p.50。

[441] *Loc. cit.* (n. 344), p.99. 亦参见 Lombard, *op. cit.* (n. 338), p.66。

[442] Dampier, *op. cit.* (n. 353), pp.91-92. 亦参见 Beaulieu, *loc. cit.* (n. 344), pp.99-100。马斯登的职业表与 17 世纪作者的相当接近。不过，他提到金匠是苏门答腊岛最好的手艺人（*op. cit.* [n. 345], pp.178-96）。尽管如此，伊斯坎达尔·穆达却极度渴望雇佣和留用博利厄的金匠（例如，参见 Beaulieu, *op. cit.* [n. 344], p.52），龙巴尔也视外国金匠的存在为亚齐手艺衰落的迹象（*op. cit.* [n. 338], p.51）。在暹罗和东南亚其他地方，妇女亦是货币兑换商。

[443] 关于伊斯坎达尔·穆达统治时期的亚齐文化参见 Lombard, *op. cit.* (n. 338), pp.127-64。

[444] *Op. cit.* (n. 345), pp.94-95.

[445] Unger (ed.), *op. cit.* (n. 333), pp.57-58. 翁格尔（Unger）的记录鉴别了硬币及其等价物。亦参见 Argensola, *op. cit.* (n. 345), p.142。

[446] *Op. cit.* (n. 345), pp.93-94.

[447] *Loc. cit.* (n. 344), pp.57, 68-69.

[448] Dampier, *op. cit.* (n. 353), p.92. 关于一份颇为相似的 18 世纪对苏门答腊铸币的描述参见 Marsden, *op. cit.* (n. 345), p.401。关于亚齐铸币亦参见 Lombard, *op. cit.* (n. 338), pp.105-9。

[449] *Op. cit.* (n. 363), p.127.

[450] "De eerste schipvaerd...," *BV*, Ia, 37.

[451] Unger (ed.), *op. cit.* (n. 333), p.59. 亦参见 Argensola, *op. cit.* (n. 345), p.141。到了 17 世纪初，阿鲁王国已不复存在。德利为它的一部分。关于阿鲁与柔佛和亚齐的关系参见 L. Y. Andaya, *The Kingdom of Johore, 1641-1728* (Kuala Lumpur, 1975), p.65。

[452] *Loc. cit.* (n. 344), pp.41, 91-96.

[453] Schouten, *op. cit.* (n. 46), III, 47-48.

[454] *Op. cit.* (n. 353), pp.84-85. 关于前殖民时期苏门答腊政治及亚齐的兴起参见 Hall, *op. cit.* (n. 2), pp.21-47; A. Reid and L. Castles (eds.) *Pre-Colonial State System in Southeast Asia* (Kuala Lumpur, 1975); A.Reid, "Trade and State Power in Sixteenth- and Seventeenth-Century Southeast Asia," in *Proceedings of the International Association of Historians of Asia. Seventh Conference, Bangkok, 1977* (2 vols.; Bangkok, 1977); Lombard, *op. cit.* (n. 338); Vlekke, *op. cit.* (n. 2), pp.93, 121-23; Marsden, *op. cit.* (n. 345), pp.406-63。

[455] *Op. cit.* (n. 81), p.20.

[456] "William Hores Discourse of his voyage in the Dragon and Expedition, from Surat to Achen, Teco and Bantam...," *PP*, V, 78-79.

[457] Hesse, *op. cit.* (n. 96), pp.60-61.

[458] *Ibid.*, p.73.

[459] 例如，参见 Verhoeff, *loc. cit.* (n. 374), p.37; Van Warwijck, *loc. cit.* (n. 375), p.14; "Remembrances taken out of a tractate written by Master Patricke Copland Minister in the former Voyage," *PP*, IV, 151; Schouten, *op. cit.* (n. 46), III, 49; Nieuhof, *Zee-en lant-reize* (n. 81), p.76。

[460] Unger (ed.), *op. cit.* (n. 333), p.56.

[461] *Loc. cit.* (n. 344), pp.101-2. 亦参见 Lombard, *op. cit.* (n. 338), pp.79-81。

[462] *Op. cit.* (n. 353), pp.96-98.

[463] *Loc. cit.* (n. 344), p.71.

[464] *Op. cit.* (n. 363), p.128. 关于法律制裁，参阅 Marsden, *op. cit.* (n. 345), pp.404-5。

[465] Beaulieu, *loc. cit.* (n. 344), 58-60，以及其他许多地方。

[466] *Op. cit.* (n. 353), p.98. Lombard (*op. cit.* [n. 338], pp.57-58) 表明，就亚齐平民的义务而言，"奴隶"一词是不恰当的。

[467] *Op. cit.* (n. 363), pp.126-27. Lasker（*op. cit.* [n. 187], pp.27-28）巴达人有根深蒂固的奴隶制传统，亚齐从印度和非洲进口奴隶，但善待他们。关于对奴隶身份的一次综合讨论参见 Reid (ed.), *op. cit.* (n. 106), pp.1-43。

[468] Unger (ed.), *op. cit.* (n. 333), p.56. 韦麻郎的记述非常相似：*loc. cit.* (n. 375), p.14。

[469] 该词的字面意思是"富人"。参见 Yule and Burnell, *op. cit.* (n. 111), pp.644-45。

[470] *Loc. cit.* (n. 344), p.102.

[471] *Ibid.*, pp.108-9, 172. 关于伊斯坎达尔 · 穆达统治时期的亚齐政府参见 Lombard, *op. cit.* (n. 338), pp.74-76。

[472] Unger (ed.), *op. cit.* (n. 333), p.56.

[473] *Loc. cit.* (n. 344), pp.105-7. 关于伊斯坎达尔 · 穆达的兵力和军事作战参见 Lombard, *op. cit.* (n. 338), pp.85-100。

[474] 例如，参见 Unger (ed.), *op. cit.* (n. 333), p.56; Verhoeff, *loc. cit.* (n. 374), p.37; Beaulieu, *loc. cit.* (n. 344), pp.52-55; Schouten, *op. cit.* (n. 46), III, 48。

[475] Unger (ed.), *op. cit.* (n. 333), p.56.

[476] Beaulieu, *loc. cit.* (n. 344), p.102.

[477] *Ibid.*, p.110.

[478] Unger (ed.), *op. cit.* (n. 333), pp.54-55.

[479] Beaulieu, *loc. cit.* (n. 344), pp.111-12.

[480] *Ibid.*, pp.112-14. 关于君主专制制度的兴起参见 A. Reid, "Trade and the problem of Royal Power in Aceh. Three Stages: c.1550-1700," in Reid and Castles (eds.), *op. cit.* (n. 454), pp.45-51。

[481] *Op. cit.* (n. 353), pp.98-103.

[482] De Roy, *op. cit.* (n. 363), pp.128-29. 丹皮尔与德 · 罗伊对 17 世纪下半叶亚齐政府的描述总体上看来是正确的。虽然伊斯坎达尔 · 泰尼统治时期（1636—1641 年）以及伊斯坎达尔 · 穆达的女儿，首位女王达朱尔阿蓝（Taj al-Alam）在位期间（1641—1675 年），王室威信似无受损，但是，随后的 17 世纪里，在位女王们看起来实质上已被权贵们控制。关于 1676 年之后，亚齐王权的衰落参见 Reid, *loc. cit.* (n. 480), pp.52-55。亦参见 Marsden, *op. cit.* (n. 345), pp.446-48。

[483] Unger (ed.), *op. cit.* (n. 333), pp.54-55. Beaulieu, *loc. cit.* (n. 344), p.113，记录了 1603 年穆卡米尔崩殂之时高寿 95 岁。

[484] Unger (ed.), *op. cit.* (n. 333), p.55; Van Warwijck, *loc. cit.* (n. 375), pp.14-15.

[485] Van Warwijck, *loc. cit.* (n. 375), p.15.

[486] *Ibid.*, pp.31-32.

[487] Sir William Foster (ed.), *The Voyage of Sir James Lancaster to Brazil and the East Indies, 1591-1603* ("HS," 2d ser., LXXXV; London, 1940), pp.90-99, 129-36.

[488] Gray (ed.), *op. cit.* (n. 32), II, 157-60. 亦参见 Marsden, *op. cit.* (n. 345), pp.437-38。

[489] *Loc. cit.* (n. 344), pp.56-59, 101-2.

[490] Best, *loc. cit.* (n. 371), pp.137-40; Copeland, *loc. cit.* (n. 459), pp.150-54.

[491] *Loc. cit.* (n. 344), pp.54-55.

[492] 例如，参见 *ibid.*, pp.49-51。参阅 Lombard, *op. cit.* (n. 338), pp.139-43。

[493] Johan Milward, "Memorials of a Voyage Wherein Were Employed Three Shippes," *PP*, IV, 284-85.

[494] Warnsinck (ed.), *op. cit.* (n. 89), pp.13-14.

[495] Schouten, *op. cit.* (n. 46), III, 48; Nieuhof, *Zee-en lant-reize* (n. 81), p.73.

[496] 关于达朱尔阿蓝和其后该世纪统治亚齐的女王们参见 Reid (ed.), *loc. cit.* (n. 480), pp.52-55。亦参见 Marsden, *op. cit.* (n. 345), pp.446-47。

[497] 参见 *Asia*, I, 579-85, and R. Nicholl (ed.), *European Sources for the History of the Sultanate of Brunei in the Sixteenth Century* (Brunei, 1975)。

[498] 关于文献参见原书第三卷，第 441-443 页。关于婆罗洲资料的英译本参见 Nicholl (ed.), *op. cit.* (n. 497), pp.82-87。

[499] Ijzerman (ed.), *op. cit.* (n. 8), I, 121-22. "国王" 可能是苏丹赛义福·瑞贾尔（Sultan Saiful Rijial, 1575—1600？年在位）。1578 年，在马尼拉的西班牙人正式宣称对北婆罗洲拥有主权。参见 F. Blumentritt, "Spain and the Island of Borneo," *Brunei Museum Journal*, Vol, IV, No.1 (1977), p.85。实际上，1599 年，婆罗洲苏丹在一封信中已请求马尼拉的和解与友谊。

[500] Ijzerman (ed.), *op. cit.* (n. 8), I, 122-25.

[501] 如今在婆罗洲，人们还使用吹箭筒捕杀小猎物。关于它们的构造参见 Fung Yee Ping and Kinawa, "Blowpipes," *Sabah Society Journal*, Vol.III, No.4 (March, 1968), pp.294-96。

[502] Ijzerman (ed.), *op. cit.* (n. 8), I, 126-27，收录了范·诺尔特大部分描述性资料。

[503] *Ibid.*, I, 124.

[504] 婆罗洲的樟脑是山樟的分泌物，北婆罗洲富产山樟。樟脑晶体是在朽木树干里形成的。这些乔木被砍倒后，人们从树中央摇出或刮出纯樟脑的鳞叶。若没有与产自苏门答腊岛和东南亚其他地方的树以及另一种原产东亚的大树（香樟）的劣质樟脑相混，那么，婆罗洲樟脑是最令人垂涎，价格最高的。参见 R. Nicholl, "Brunei and Camphor," *Brunei Museum Journal*, Vol. IV, No.3 (1979), pp.52-74。

[505] William F. Sinclair (trans.), *The Travels of Pedro Teixeira; with His "Kings of Harmuz" and Extracts from his "Kings of Persia"* ("HS," 2d ser., IX; London, 1902), pp.4-6. 关于文献参见原书第三卷，第 323-324 页。亦参见耶稣会士安东尼奥·佩雷拉（Antonio Pereira）的报告，1608 年，他在离开婆罗洲时遭遇海难，如 Nicholl (ed.), *op. cit.* (n. 497), pp.87-90 中所译。

[506] 关于牛黄石参见 Carl Bock, *The Head Hunters of Borneo* (London, 1881; reprinted in Singapore, 1986), pp.205-6。

[507] "Beschrijvinge van de schipvaerd by de Hollanders ghedaen onder't beleydt en generaelschap van Olivier van Noort, door de Straet oft Engte van Magallanes, ende voorts de gantsche kloot

des aertbodems om," *BV*, Ib, 50-51.

[508] 关于荷兰与文莱的关系参见 L. C. D. van Dijk, *Neerland's vroegste betrekkingen met Borneo, den Solo-Archipel, Cambodja, Siam en Cochin China* (Amsterdam, 1862), pp.209-317。范·戴克（Van Dijk）有关婆罗洲资料的一份英译本参见 R. Nicholl (ed.), "Relations of the East Indies Company with Borneo (Brunei), the Sulu Archipelago, Mindanao etc.," *Brunei Museum Journal*, Vol.V, No.3 (1983), pp.61-80; Vol.V, No.4 (1984), pp.6-34。

[509] "Discours ende ghelegentheyt van het Eylandt Borneo, ende't gene daer voor ghevallen is in't Iaer 1609. ghestelt door S(amuel). B(loemaert)...," *BV*, IIa, 98-107（附在彼得·沃霍夫的航海记之后）。关于文献参见原书第三卷，第 471-472 页。

[510] "Historisch verhael vande reyse...," *BV*, Ia, 70-71, 75. 关于文献参见原书第三卷，第 466 页。亦参见 Van Dijk, *op. cit.* (n. 508), p.211。

[511] 关于在兰达克的钻石参见 *Encyclopaedie van Nederlandsch-Indië*, I, 597。关于马塔普拉的矿井参见 Bock, *op. cit.* (n. 506), pp.170-71。

[512] *Loc. cit.* (n. 509), p.100.

[513] 关于协议的文本参见 *ibid.*, pp.103-4。

[514] 关于地名的辨识参见 J. O. M. Broek, "Place Names in sixteenth- and seventeenth-Century Borneo," *Imago Mundi*, XVI (1962), 129-48。也记录作为贸易要道的河流的重要性、人口的中心区、政治权力的中心等等。参见 *Encyclopaedie van Nederlandsch-Indië*, I, 359-68。

[515] Van Dijk, *op. cit.* (n. 508), pp.130-99.

[516] 1648—1649 年，来自马尼拉的西班牙人偷袭了婆罗洲，只留下几位耶稣会士。1679—1680 年，来自文莱的大使被派往马尼拉。参见 Nicholl (ed.), *op. cit.* (n. 497), pp.94-96。这个故事续自未发表的西班牙语文献英译本，载于 R. Nicholl, "Relations between Brunei and Manila, A.D. 1682—1690," *Brunei Museum Journal*, Vol. IV, No.I (1977), 129-75。

[517] Vicente Barbosa, *Compêndio da relação, que veio da India o ano de 1691*...(Lisbon, 1692). 参见原书第三卷，第 363 页。山地达雅人被巴里托（Barito）的其他部落称作比达友族。参见 Hans Schärer, *Ngaju Religion: The Conception of God among a South Borneo People, trans. by R. Needham* (The Hague, 1963), p.1。

[518] 与其他亚洲人——特别是印度人和中国人相比，山地人算不上偶像崇拜者。关于他们的神和最高神灵的显现，参见 Schärer, *op. cit.* (n. 517), p.235。

[519] Barbosa, *op. cit.* (n. 517), p.6.

[520] 基廷会教团的创始人安东尼诺·文提米利亚（Antonino Ventimiglia）神父是一位西西里人，1692 年死于他的雅楚族皈依者手中。此后的努力零星且徒劳，直到 1761 年，教团恢复向雅楚族传教。巴托洛梅奥·费罗（Bartolomeo Ferro）的巨著 *Istoria delle missioni de' Clerici regolari Teatine* (2 vols.; Rome, 1705), II, 405-22, 501-675 讲述了文提米利亚及其葡萄牙追随者的故事。R. Nicholl, "The Mission of Father Antonino Ventimiglia to Borneo," *Brunei*

Museum Journal, vol.II, No.4 (1972), 183-205，概括并评述了这些素材。亦参见原书第三卷，第 218 页。

[521] 关于传记和文献的评细资料，参见原书第三卷，第 503 页。

[522] 亦参见 Broek, *op. cit.* (n. 514), p.30。关于对婆罗洲和达雅人的一份大体描述，参见 *Encyclopaedie van Nederlandsch-Indië*, I, 355-81, 556-67。鉴此，德·罗伊的记述似乎相当准确。

[523] 关于荷兰东印度公司与马辰的故事参见 Van Dijk, *op. cit.* (n. 508), pp.1-129。约翰·萨利斯在 *PP*, III, 第 494 页中描述了马辰屠杀。

[524] 雅楚族是达雅人一个特有的部落，住在巴里托河中下游。如今，他们的数量约达 5 万。参见 *Encyclopaedie van Nederlandsch-Indië*, I, 557。

[525] 关于达雅人猎头的论述参见 *ibid.*, p.566。敌人的头颅为所有仪式包括婚礼增色。参见 Bock, *op. cit.*（n.506）pp.215-16。

[526] De Roy, *op. cit.* (n. 363), pp.48-49. 关于达雅人的一些优质插图参见 Bock, *op. cit.* (n. 506)。

[527] 文莱人共有 7 只吉祥鸟。参见 Edward Banks, "A Note on Iban Omen Birds," *Brunei Museum Journal*, Vol.V, No.3 (1983), pp.104-7。鸟图出现在该文的结尾。

[528] De Roy, *op. cit.* (n. 363), pp.49-50. "阿尔弗洛斯人" 是马鲁古群岛沿海人使用的一个词语，指的是内陆未开化的异教徒部族。参见 *Encyclopaedie van Nederlandsch-Indië*, I, 30。这可能来源于葡萄牙语或阿拉伯语，属于欧洲人的词汇。一般用于不服欧洲人威权的民族。(Alfurese 即 Alfuros, Alfoores，意为山地人。——译者注)

[529] *Op. cit.* (n. 363), pp.50-51.

[530] *Ibid.*, p.103. 关于伊班（Iban）的多家庭式长屋参见 D. Freeman, *Report on the Iban* (New York, 1970), pp.1-7。亦参见 *Encyclopaedie van Nederlandsch-Indië*, I, 559。

[531] De Roy, *op. cit.* (n. 363), pp.102-3. 这是一种淘自河流的冲积砂金。关于达雅人佩戴的红色与白色的玛瑙项链参见 Bock, *op. cit.* (n. 506), p.153。

[532] De Roy, *op. cit.* (n. 363), pp.103-5.

[533] 显然指的是基廷会传教团（1687—1693 年）及其皈依者。参见原书第三卷，第 218 页。

[534] De Roy, *op. cit.* (n. 363), pp.105-6.

[535] *Ibid.*, pp.106-7.

[536] *Ibid.*, pp.107-8.

[537] *Ibid.*, p.108.

[538] 参见 Van Dijk, *op. cit.* (n. 508), pp.180-82。*Encyclopaedie van Nederlandsch—Indië*, I, 598，报告现代学者视其为水晶，而非真钻石。

[539] "Cowley's voyage Round the Globe," in W. Hacke, *A Collection of Original Voyages* (London, 1699). 关于文献参见原书第三卷，第 585-586 页。

[540] Hacke, *op. cit.* (n. 539), pp.24-25. 1683 年，文莱与马尼拉达成了一项协议。

1396

第十八章　海岛东南亚：东部群岛与南方陆地

循着穿过马六甲海峡的传统直接航线，欧洲船舶掀开了海岛东南亚东部边远地区的面纱。这条直航线路是曾在爪哇岛南部间接路线航行的荷兰航海者以及那些跨越太平洋的勇士们开辟的。在这里，欧洲航海者如同在菲律宾群岛一样，也遇到了来自相反方向的那些同类。他们还碰上了不同背景的当地民族，其中许多人世世代代生活在相对封闭的环境中。虽然阿拉伯、中国、印度和日本的行商不定期地出现在这些有人居住的岛屿的许多地方，却是欧洲人——葡萄牙人、西班牙人、荷兰人，甚至是英国人，开始系统勘探并开发这些先前偏远的岛屿的。这些岛屿从华莱士线延伸至澳大利亚，深入广袤的南太平洋。欧洲基督徒认识到，当他们行进时，在此所遇见的，与在海岛东南亚西部看见的相同，有着由伊斯兰教构成的挑战，以及阿拉伯、中国和印度的商人们带来的竞争。大自然也让他们分享了诸多障碍和考验：台风、火山爆发、地震、酷热、危险和恼人的动物与昆虫，以及种种地方病。

印度尼西亚群岛东部包括四个不同的岛屿群：马鲁古群岛（德那地岛、蒂多雷岛 [Tidore]、莫蒂岛 [Moti]、马基安岛 [Makian]、巴占岛 [Bachan]，和拥有不同名字的大岛哈马黑拉岛 [Halmahera]、吉洛洛岛 [Gilolo]，或巴托支那德莫

罗岛 [Batochino① do Moro]；安汶群岛（塞兰岛、布鲁岛 [Buru]、安汶岛）；班达群岛（火山岛 [Gunung Api]、奈拉岛 [Neira]、隆塔尔岛 [Lonthor] 或大班达岛）；以及连同最大的小巽他岛链的西里伯斯岛（西里伯斯岛、弗洛勒斯岛 [Flores] 1397
和帝汶岛）。[1] 这些即是闻名遐迩的香料群岛，它们及其附属地是 16 世纪许多葡萄牙人，乃至 17 世纪荷兰人与英国人的最终目标。因而，大多数 17 世纪的航海记描写了香料群岛，或至少是它们的某些区域。甚至那些不曾访问它们的航海记中也常常有对马鲁古群岛、安汶岛或班达岛的描述。对香料群岛的兴趣贯穿着整个世纪，尽管在 17 世纪 20 年代之后，荷兰人对香料贸易的控制往往限制了欧洲人获取它们的讯息，减少了叙述的总体数量。同样地，南方陆地的消息也主要是来自荷兰人的报告，虽然一些早期葡萄牙人的介绍已再版，同时代的西班牙人和英国人的记述也面世。在 17 世纪，许多 16 世纪的“无名之国”因此被冠名，并获得描述（虽然这些描述中有的无足轻重）。

第一节　马鲁古群岛

整个 16 世纪，马鲁古群岛始终是葡萄牙海上帝国一个极其重要，却又令人烦恼的地区。葡萄牙人从 1521 年便已开始卷入了岛屿间的较量和战争，尤其是德那地与蒂多雷统治者之间的那些争斗。兴盛的传教活动还引发了更多的本土敌意。这些情况以及几位葡萄牙驻扎官的霸权行径导致了一个穆斯林联盟的成立，此联盟以德那地苏丹为首，它决意将基督教和葡萄牙人驱逐出香料群岛。1570 年，驻扎官迭戈·洛佩斯·德·梅斯基塔（Diogo Lopez de Mesquita）背信弃义地谋杀了德那地苏丹海龙（Sultan Hairun，1535—1545 年；1546—1570 年在位），随后，葡萄牙人几乎不停地与穆斯林国君联盟作战。此外，西班牙人声

① 即 Batochina。据多默·皮列士著：《东方志——从红海到中国》（*An Account of the Orient-from Red Sea to China*），何高济译，第 177 页注释第 137 条，Batochina 与中国有关，为“中国地”。原书第三卷第 1412 页亦有此说。——译者注

称马鲁古群岛属于他们海外世界的一部分，尤其是1565年，西班牙人在马尼拉建立政权之后，他们偶尔会与葡萄牙人争夺对香料群岛的控制权。[2]

16世纪末，葡萄牙人与西班牙人、穆斯林联盟之间的对抗，在英国人与荷
1398 兰人入侵马鲁古地区之后进一步复杂化。1579年，弗朗西斯·德雷克爵士访问德那地岛，他显然被苏丹视为一个抵抗葡萄牙人的潜在盟友。[3]1599年，在雅各布·范·内克与韦麻郎的指挥下，来自荷兰的第二东方远征队的船只抵达香料群岛，代理商们留在了班达岛、安汶岛和德那地岛。[4]

因此，在17世纪最初的十年里，荷兰人常常在马鲁古群岛统治者的支持下，与伊比利亚人争夺对香料群岛的控制权。马鲁古群岛统治者希望荷兰人帮助他们摆脱葡萄牙人，英国人则左右逢源，指望用某种方法取得独立的势力。风云变幻，故事显得错综复杂。例如，1599年，雅各布·范·内克在安汶岛建立一间荷兰商馆之后，逐出葡萄牙人。但是，安德烈·芬塔多于1601年便重申对安汶岛的权利要求。然而，1605年，史蒂文·范·德·哈根（Steven van der Hagen）将葡萄牙人赶出了蒂多雷岛和安汶岛。1606年，在佩德罗·德·阿库尼亚（Pedro de Acuña）的统率下，西班牙人在一次远征中把荷兰人驱逐出他们于安汶岛之外香料群岛上的所有阵地，这次远征在马尼拉和西班牙受到庆贺，史称“马鲁古群岛之征服”。但是翌年，科尼利斯·马塔利夫（Cornelis Matelief）舰长加强了荷兰人在安汶岛和德那地岛的阵地防御。1611年年底，荷兰东印度公司与德那地苏丹及其他几位马鲁古国君签订了垄断性条约，果断地击败了西班牙人的反攻企图。在该世纪的第二个十年期间，与伊比利亚人的竞争相比，荷兰人更担心英国人试图争夺香料贸易的垄断权。[5]

马鲁古群岛的消息接二连三地出现在17世纪最初十年伊比利亚人的记述中。若昂·德·巴罗斯的《亚洲旬年史》（*Décadas*）① 刊于1602年与1616年，由迭戈·杜·科托续撰，讨论了葡萄牙人在马鲁古群岛的活动，书内有一些描述。[6] 费尔南·格雷罗（Fernão Guerreiro）在他的《耶稣会神父传教事务年度报告》（1603—1611年）中也收集了与马鲁古群岛事务有关的资料。[7] 他描写

① 此书全名为：*Décadas da Ásia*。——译者注

了伊比利亚人、穆斯林联盟与荷兰人之间的战争，但他主要感兴趣的是这些争斗对耶稣会传教活动及马鲁古基督徒的影响。《耶稣会神父传教事务年度报告》含有当地事件和耶稣会士命运的详情，但对群岛或岛民则相对描摹甚少。[8] 巴 1399
托洛梅·列奥纳多·德·阿亨索拉的《马鲁古群岛之征服》（1609 年）收录了从欧洲人到马鲁古群岛经商伊始至佩德罗·德·阿库尼亚远征期间，对这一群岛事件最详细的记述。[9] 虽然阿亨索拉主要关心的是庆贺西班牙人 1606 年的胜利，但他将此岛及其民众、统治者、丁香和其他产品的描述作为著作的一部分，不过，这些记述似乎大多来自巴罗斯。安东尼奥·德·莫尔加的《菲律宾群岛志》（1609 年）也追述了马鲁古群岛的军事活动，包括德·阿库尼亚的胜利及此后不久荷兰人的重返。然而，它并没有描绘马鲁古群岛。[10] 安东尼奥·德·埃雷拉·托德西拉斯（*Antonio de Herrara y Tordesillas*）的《卡斯蒂利亚岛通史》（*Historia general de los hechos de los Castellanos*...①，1601—1615 年）再次祝贺西班牙人的奏凯，却又极少描画这些岛屿及其人民。[11] 除了苏查的三卷《亚洲葡萄牙人》（*Asia Portuguesa*，*1666—1675* 年）[12] 和弗朗西斯科·科林（Francisco Colin）的《菲律宾群岛传教士之传教工作》（*Labor evangélica*②，1663 年）之外，[13] 从 17 世纪 20 年代开始，便再也没有见到伊比利亚人对香料群岛的记述。

17 世纪头二十年，亦可见最早来自马鲁古群岛的荷兰人与英国人的报告。雅各布·范·内克和韦麻郎的舰队是首个访问马鲁古群岛的远征队，它的诸多记述刊于 1600 年和 1601 年。其中第二本称作《荷兰人东印度航海日志》第二部，对马鲁古群岛浓墨重笔。1620 年之前，它被再版或翻译了 10 次。[14] 阿亨索拉对香料群岛的一些描写似乎源自它，尽管他提到林斯乔坦的书是其唯一的荷兰语资料来源。[15] 约里斯·范·斯皮尔伯根以及雅各布·勒梅尔（Jacob Le Maire）和威廉·科尼利斯逊·斯考顿（willem corneliszoon schouten）的航行是两次荷兰人的环球旅行，他们的记述于 1618 年首次出版。在 17 世纪 20 年代，这两

① 此书全名为：*Historia general de los hechos de los Castellanos en las islas y tierra firme del Mar Oceano*。——译者注

② 此书全名为：*Labor evangélica : ministerios apostolicos de los obreros de la Companìfia de Iesvs, fvndacion, y progressos de su provincia en las islas Filipinas*。——译者注

次环球旅行还风靡一时。两次环球航行日志往往一同发行。尽管每次船员都在马鲁古群岛登陆，但没有一份日志对它们着墨颇多。不过，在它所有组合印行的版本里，都附上了一份对马鲁古群岛的翔实“记述”（Discourse），这是由阿
1400 波罗尼乌斯·斯科特（Appolonius Schotte）撰写的。[16] 亨利·米德尔顿（Henry Middleton）的航程是英国东印度公司的第二次航行，1606 年，这份航海报告面世。[17]1605 年间，米德尔顿与史蒂文·范·德·哈根同时出现在马鲁古群岛。面对企图垄断香料贸易的葡萄牙人与荷兰人，米德尔顿努力与所有人——葡萄牙人、当地国君们及荷兰人谈判，从而确保英国人获得一席之地。他的航海记不具名，极其详尽地叙述了这些谈判及马鲁古群岛大事。但它对岛屿本身或岛民费笔不多。

17 世纪最初二十年间，其他几位访问马鲁古群岛的欧洲人出版了他们的报告。1607 年，弗朗索瓦·皮拉尔德随一艘葡萄牙船来到了马鲁古群岛，他在 1611 年发表了航海记，其中描写到这些岛屿，以及荷兰人与伊比利亚人争夺对它们的控制权。[18]1615 年，一本意大利耶稣会士书简《耶稣会神父在东印度群岛、果阿省、交趾支那和非洲佛得角传教记》（*Raguagli d' alcune missione fatte...nell' Indie Orientali...*）① 在罗马印行，此书亦记述了马鲁古群岛大事及其对耶稣会传教区的影响。[19] 在 17 世纪前二十年间，所有这些与马鲁古群岛有关的报告中，《荷兰人东印度航海日志》第二部、阿亨索拉与斯科特的作品是迄今为止资料最翔实的。

他们记述了组成马鲁古群岛的 5 座主要岛屿：德那地岛、蒂多雷岛、莫蒂岛、马基安岛和巴占岛，这些岛屿都处于同一条经线上，在大岛哈马黑拉的西侧，此岛亦名吉洛洛岛或巴托支那德莫罗岛。据阿亨索拉之言，最北端的德那地岛位于北纬 0.5°，最南端的巴占岛在南纬 1°。它们遥遥相望，南北相距共 25 里格（100 英里）。他注意到巴占岛实际上是几座彼此独立的岛屿，被狭窄的航道隔开，仅可通过小船。[20] 世界上只有这些小岛生长着丁香。但是，《荷

① 此书全名为：*Raguagli d'alcune missioni fatte dalli padri della Compagnia di Giesu nell'Indie Orientali, cioè nelle provincie di Goa, e Coccinno, e nell'Africa in Capo Verde*。——译者注

兰人东印度航海日志》第二部的作者指出丁香也长在距德那地岛约 11 荷兰里的马宇岛（Mayu）、马里戈朗岛（Marigorang）、锡诺莫岛（Sinomo）、卡巴勒岛（Pulau Cabale）和安汶岛上。[21] 除了安汶岛之外，这些岛屿似乎处于“无数岛屿”之中，从德那地火山顶上可以远眺它们。[22] 这些岛很小，最大的周长不足 7 里格（28 英里），它们几乎都是圆形的，故而岛上良港匮乏。据阿亨索拉说， 1401
仅在德那地岛东海岸有两个可用的港口特灵加姆美（Telinggamme）和“托洛科”（Toloco），珊瑚礁保护着它们的锚地。[23]

这些岛屿虽小，但山区土壤清一色“干性、海绵状”，无论雨水有多少，这种土壤都会如数吸收。在许多地方，溪流由山中涌出，却从不汇入大海。[24] 几乎每位欧洲访问者都提及德那地岛上的火山，但是，阿亨索拉对它的描摹最生动，尽管不完全可信。他断言它高达 2 里格。[25] 树木和别的植被覆盖到其 2/3 的高度。它的顶峰寸草不生，全无鸟类，然而有蝇灾。火山口宽——几乎没有见过一名男子越过它，而且深邃。阿亨索拉说测得它深 500 英寻（3 000 英尺）。在其底部，可见一块“宛如打谷场”的方形平地，以及一泓美丽、清澈的泉水。他描述道，在火山顶部，还有一汪“芬芳四溢的池塘，绿树环绕，其间有蓝色短吻鳄和金色短吻鳄，长 1 英寻（6 英尺）多”。阿亨索拉认为火山喷发是由于太阳经过赤道，点燃了它的火焰。它气味难闻，喷出烟、硫黄与红宝石，犹如来自“一尊大炮口”。[26]

马鲁古群岛的气候令人不适：炎热、空气沉闷，有损外国人的健康。那里无季节变化，甚至没有一个觉察得出的雨季，尽管通常东北风带来的降雨比南风带来的多。[27]《荷兰人东印度航海日志》第二部的作者观察到每天炎热的日照之后，它都会下雨。[28]

马鲁古群岛树木常青、植被蓊郁，然而，欧洲作者都谈起它所产食物微乎其微。那里的人们既不种水稻，也不种任何可以制成面包的谷物。他们不养牛，只饲养为数不多的山羊和一些小鸡。[29] 据《荷兰人东印度航海日志》第二部所言，四周海域的渔产并不特别丰富。[30] 阿亨索拉却似乎持不同意见。[31] 皮拉 1402
尔德说食物很贵，因为大多必须进口。[32]

马鲁古群岛的主食是被称作西米的白“面包”，人们用藤锤敲打西米棕榈的木髓，制成西米粉。马鲁古人把它烤成一个人手掌大小的方形蛋糕。皮拉尔德说它们极其美味可口。[33] 据《荷兰人东印度航海日志》第二部所言，在岛上，西米面包也充当货币的职能。[34] 大多数欧洲观察者谈到岛上盛产椰子和香蕉，有一些橘子树和柠檬树。[35] 棕榈酒是用椰子和西米棕榈的汁液酿成的，据阿亨索拉说，另一种酒来自空竹茎。[36]《荷兰人东印度航海日志》第二部报告人们必须偷偷地买棕榈酒，因为伊斯兰教的法律反对饮酒。[37] 此外，阿亨索拉提到了马鲁古群岛的物产“沉香木、檀香木、肉桂、肉豆蔻和乳香黄连木”。[38]《荷兰人东印度航海日志》第二部还描绘了作者所谓的一种大类爪哇橄榄树。[39] 阿亨索拉指出那里无金无银——事实上，马鲁古群岛上根本就没有金属。[40]

虽然丁香看起来不能长在地球上的其他地方，但是，这些小岛上确实生长着丁香。阿亨索拉的《马鲁古群岛之征服》、《荷兰人东印度航海日志》第二部和皮拉尔德的《拉瓦勒的弗朗索瓦·皮拉尔德东印度、马尔代夫群岛、马鲁古群岛和巴西游记》都详细描写了丁香树。[41] 丁香生长在岛屿内陆的山坡上和溪谷里，无需栽培。与林斯乔坦的报告相反，《荷兰人东印度航海日志》第二部的作者说沿海不长丁香树。[42] 阿亨索拉提到在蒂多雷岛上，当地人会做些修剪、
1403 浇水，以提高丁香的产量。[43] 丁香树类似于欧洲的月桂树，其叶与月桂树叶相仿，叶子的味道尝起来很像它的果实。丁香长得颇快，遭火灾或砍伐损毁的树迅速地被取代。阿亨索拉重复讲述了斑鸠的故事，斑鸠以丁香为食，它们掉下的种子会很快长出。丁香树所长之处，都会通过吮吸有用的水份而毁坏其他植物。实际上，一袋袋的丁香会吸收或减少放在附近的一桶桶水或一碟碟水的水分。丁香树需八年才成熟。它们的寿命长达百年，每两年或三年结丁香。[44]

丁香花最初是白色的，接着转绿，最后变红。丁香开花的时候，整座岛弥漫着芳香。丁香成熟时落地。不过，马鲁古人收获它们的方式是：先清扫树下的场地，然后用杆子或绳索摇动树枝，使丁香坠落。丁香成熟时是红色的，晒干后则为黑色。据《荷兰人东印度航海日志》第二部所言，它们在 8 月至 12 月间收成；阿亨索拉则说是在 9 月到 2 月间收获丁香。[45]

阿亨索拉关心的是将西班牙“征服”马鲁古群岛置于一个全球背景之下，他提供了丁香贸易的一份历史纲要。他说在古时候，贸易是由华人控制的。波

斯人和阿拉伯人将丁香转运给希腊人与罗马人。埃及一度扼住亚洲与欧洲之间的通道。威尼斯人是最主要的进口商。随着拜占庭帝国的衰落，丁香贸易旁落他人之手，先是土耳其人，继之是绕好望角航行的葡萄牙人，他们左右着贸易和马鲁古群岛。[46] 在这份概述之后，他觇缕了近些时候葡萄牙人、西班牙人、荷兰人与英国人在马鲁古群岛的诸次较量，它们最后以1606年佩德罗·德·阿库尼亚的胜利告终。

正如阿亨索拉指出的，丁香在西方久已闻名。普林尼（Pliny）称其"Garyofilo"，波斯人名之为"calafur"。先前西班牙人叫它"girofe"，但是现在冠以"clavos"，因为丁香看上去宛似指甲。不过，马鲁古人称其树为"Siger"，叶为"varaqua"，果实为"chamque"（马来语，*chĕngkeh*）。[47] 为了获取丁香，人们远道而来，并屡次争战。阿亨索拉写道，丁香"实际上是纷争之果，比传说中三位女神的苹果引起更多的不和，因它引发的战斗比为金矿而起的多，过去是这样，现在依然如此"。[48]

在马鲁古群岛的鸟类和动物中，阿亨索拉与《荷兰人东印度航海日志》第 1404
二部都描绘了色彩斑斓的鹦鹉，它模仿其他动物，能轻松地学会说话。[49]《荷兰人东印度航海日志》第二部还提到天堂鸟。[50] 阿亨索拉列出各种鸟、鱼类和螃蟹，还描写了一些看上去十分奇特的动物。例如，那里有30多英尺的长蛇，以鱼为食。但是，它们会先咀嚼某一种草本植物，之后吐向大海，使鱼沉醉、无助。这样，它们便能毫不费力地捕鱼。他描述了海里的鳄鱼很温顺，可以在水下将它们绑在一起；像煤一样燃烧的奇怪的红棍；一种叫作"catopa"的灌木或树，其叶飘落时会变成蝴蝶。[51]

《荷兰人东印度航海日志》第二部的作者发现各阶层的马鲁古人都非常有善心，尽管他们"囊空如洗"。阿亨索拉觉得他们"对陌生人过分殷勤、彬彬有礼"，但是，熟悉之后，便"对他们的要求纠缠不休，令人厌烦"。此外，他还补充了他们嫉妒、欺诈、表里不一、贫穷、傲慢，"集诸多缺点于一身，使人不愉快"。然而，《荷兰人东印度航海日志》第二部形容德那地贵族有才能、较可靠，比爪哇贵族少欺诈。二者都谈到岛民憎恶偷窃，在德那地岛，这种行为从不被宽恕。《荷兰人东印度航海日志》第二部描述了一位11岁的男孩因偷了几片烟叶而入狱，并被迫接受严厉的当众羞辱。不过，通奸可以姑息。岛民英勇骁战。用阿亨索拉的话来说，“他们强壮、好战，懒于做其他的一切工作”。《荷兰人东印度航海日志》第二部为此举了一例，即对1599年7月20日德那地国王攻打蒂多雷岛的记述。[52]

女子肤白，靓丽；男子肤色较深。他们有大眼，染黑长眉毛和睫毛，用香油搽抹直发。他们长寿，但早生华发。[53]《荷兰人东印度航海日志》第二部的作者认为王宫里胡须灰白的贵族仪表威严。他还说道，与爪哇人不同，一些马鲁古人任其胡须留长。总而言之，他发现马鲁古人的容貌和身体条件比爪哇人的胜一筹。[54]

德那地男子戴五颜六色的头巾，通常头巾上插有羽毛。他们着短上衣，“像葡萄牙人那样”穿蓝色、红色、绿色或紫色的裤子。据《荷兰人东印度航海日志》第二部的说法，衣服是用棉布或树皮制成的。阿亨索拉谈到他们，甚至普通百
1405 姓也穿丝织物。[55]女子以其发为傲，梳着各种发式，但都饰以缎带和鲜花，概莫能外。女人们还戴手镯、项链、钻石和红宝石坠子，有时戴长串珍珠，所有这些都是通过贸易从别处运至德那地岛的。阿亨索拉说女性穿衣，仿效的是波斯人和土耳其人的流行款式。[56]

马鲁古群岛上有许多种语言。有时，一座城市的人们不理解另一座城市的人。不过，马来语却是最常用的语言。阿亨索拉认为多样化的语言是由于一波又一波的外国人占领所致：先是中国人，随后为爪哇人和马来人，最后是“波斯人和阿拉伯人”。[57]

阿亨索拉意识到，与穆斯林交易将伊斯兰教引入了马鲁古群岛。大多数马鲁古人是穆斯林。事实上，正如格雷罗和阿亨索拉对他们所描绘的，反抗葡萄牙人的战争至少部分是由穆斯林反对葡萄牙人的宗教激起的，对基督徒的迫害是这个故事的部分内容。《荷兰人东印度航海日志》第二部描述德那地苏丹每次都定期在他们的安息日到清真寺。[58]阿亨索拉注意到马鲁古群岛的伊斯兰教与早期的宗教信仰相混合。尽管《古兰经》禁止献祭，但阿亨索拉有一段描写，是关于苏丹海龙的儿子巴布拉赫（Bab-Ullah，1570—1583年在位）所作的供奉。他描绘了一支带香的队伍，在门口用于清洗手足的水盆，跪在白地毯上的

祈祷者，以及一面面鼓而不是钟。[59]《荷兰人东印度航海日志》第二部还提及在清真寺的山羊祭品，并描画了为一场割礼仪式进出清真寺的队列。[60]17 世纪前二十年，没有作者提到马鲁古群岛上的非穆斯林。

在伴随着一次月食而来的数场典礼上，明显可见前于伊斯兰教时期的诸多信仰得到保存。[61]德那地人相信月食预言了国王或其他某位伟人的羽化。为了阻止这种灾难的发生，月食期间，人们会发出可怕的噪音，大声叫嚷、哭喊、祈祷，敲打鼓或盆和锅。如果月食消失，国王或其他显贵未遭不测，那么，人们会设宴庆贺，并列队穿街过巷，到清真寺谢恩。当荷兰人告诉德那地人，欧洲人能预测月食的时候，无人听信他们。

马鲁古群岛最有权势的君主是德那地国王或苏丹。阿亨索拉描画了他的帝 1406
国范围——该群岛上的 72 座岛屿，许多是他命名的——并列出每处愿为他作战的士兵数量。[62]这些地方多数有自己的国王（罗阇），他们向德那地进贡。据阿亨索拉之言，马鲁古群岛有 14 位国王，他们中的几位，其中包括德那地统治者和他的主要竞争对手蒂多雷国王，声称缘起神授。他讲述了古代国君俾高喜卡拉（Bicocigara）的故事，早先巴罗斯已刊印过这则故事。国君俾高喜卡拉一看到巴占岛沿岸一片长势极好的藤，即令手下伐之。一旦到陆地，他们便无法找到这些藤。所以，俾高喜卡拉亲自到岸上监督。但是在斫伐的时候，藤条流出鲜血，并发出一种声音，命令俾高喜卡拉保护好其根部出现的四枚蛇蛋，允诺它们将诞生伟大的国君。他从命，随后，三位国君和一位女王从蛋里孵出。一位统治巴占岛，一位在巴布亚人的国土（新几内亚岛），一位在布敦岛。女王嫁与哈马黑拉岛西部洛洛达群岛（the Lolodas）的统治者。从他们中间，走出了哈马黑拉岛、蒂多雷岛和德那地岛的统治者。一位古蒂多雷国王的儿子被尊为预言家，他可以预见铁人的出现，他们来自世界遥远的地域，在这些岛屿上定居，并成为支配者。依据阿亨索拉的说法，1513 年，当弗朗西斯科·塞朗（Francisco Serrão）身披盔甲，在德那地岛登陆时，葡萄牙人被视为这个寓言的践行者。[63]

阿亨索拉继续描述随后葡萄牙人与德那地和蒂多雷，尤其是德那地变幻莫测的杀人者苏丹海龙的关系，海龙之子巴布拉赫誓言复仇，以及穆斯林联盟反抗葡萄牙人和蒂多雷的战争。[64]首批荷兰人到达之际，正值巴布拉赫的儿子穆达法拉（Modafara，1606—1627年在位）执政德那地。他们形容他身材矮胖，约36岁，精神抖擞，对世界的好奇心无法餍足。荷兰人林斯乔坦向他展示的未刊手稿《林斯乔坦葡属东印度航海记》令之神魂颠倒。[65]但是，他对自己的臣民并不那么友好，他们十分怕他。每个人觐见他的时候都将双手合拢，一直高举过头部，再徐徐放下。当他们与苏丹说话，或在他面前的时候，始终保持着这种行礼的姿势。[66]

苏丹最恨葡萄牙人和蒂多雷国王，尽管后者是其叔父。他骁勇善战，不遗
余力，且无惧危险。1599年，在攻打蒂多雷的战役中，他向荷兰人证明了这一点，
1407 给他们留下了深刻的印象。鉴此，荷兰人认为他将是一位反抗马鲁古群岛伊比
利亚人的有利盟友。[67]

苏丹的士兵亦英勇无畏。他们最主要的武器是手掷木矛或箭、大阔剑、4英尺长的盾牌。有些人使用从葡萄牙人那里缴获的火枪。苏丹指挥着34艘科拉科拉（cora-cora）①，这些船每艘载4门或6门炮，由40—60名桨手划动。苏丹大多时间乘坐精致的科拉科拉，在城镇间巡游。不过，他在每座城镇都有行宫和夫人，因此，他永远身处家中。他共有40多位夫人。[68]阿亨索拉描绘了御用科拉科拉：其四周有一走道；勺状的大桨而非橹，每支桨由两名奴隶划动，乐师在顶层甲板上为桨手们奏乐；7门铜管炮；以及一张装饰豪华的床，供苏丹坐卧，仆从随行伺候，为他扇风。[69]阿亨索拉还说马鲁古群岛的国王们经常划着自己的船，像西班牙国王骑马那样，这并不意味着有损他们的九五之尊。[70]

在马鲁古群岛，德那地岛是人们最常到访之所。17世纪早期的欧洲作者谈及这个群岛时，大多以他们在德那地岛所见为基础。《荷兰人东印度航海日志》第二部简略描写了德那地岛的首要城市及苏丹居住地加穆拉莫（Gammolammo，或“大市镇”）。这是一座令人惊异的大城市，其主干道与穿过阿姆斯特丹旧城的最远距离等长，即“从哈勒姆门（Haarlemmer poort）到

① 意即战船。——译者注

修士门（Reguliers Poort）”（约 2 英里），但没有铺砖。大多数房屋是用芦苇建成的，然而，有些房屋是木制的。清真寺是木建筑。当荷兰人到来时，一些葡萄牙人的建筑仍然立在原处：城堡、苏丹的宫殿、圣保罗教堂、被毁坏的多明我会修道院、石墙，以及三四幢石屋。加穆拉莫没有供大船停泊的港口，因为穿过其礁石的通道太窄小。《荷兰人东印度航海日志》第二部的作者显然认为礁石是人造和石质的。他将它与用以保护阿姆斯特丹港口的木桩相比。较大的船只泊在特灵加姆美。附近有座带围墙的小镇摩罗游（Malayu），那是荷兰人的要塞。[71] 关于蒂多雷岛，《荷兰人东印度航海日志》第二部仅仅述及它与德那地岛同纬度，受葡萄牙人控制。[72] 阿亨索拉记录蒂多雷岛和德那地岛一般 1408
富饶，面积较大，人口更多。[73] 阿亨索拉只描绘了马鲁古群岛另一地，即哈马黑拉岛。其周长为 250 里格（1 000 英里），它臣服于吉洛洛国王和洛洛达国王。洛洛达国王是马鲁古群岛最老的统治者，一度最有权势。而今，他却是最软弱无力的。北哈马黑拉岛人是住在沙漠里的蛮夷，没有国王、法律或城镇。在东海岸莫罗（Moro），有人口稠密的城镇。[74] 那里的人们讲几种不同的语言，但看来好像相互理解。莫罗的近海处是莫罗泰岛，岛上住着“不诚实、残暴、怯懦之人”，无“法律、度量衡单位、钱币、金、银和其他金属，或一位国王”。女人们耕田，每座城镇都由一位民选的地方官管理，他们不纳税。一些莫罗泰城镇被德那地控制着，其余的则由蒂多雷支配。[75]

阿波罗尼乌斯·斯科特的《记述》发表于 1618 年，描写了 1610 年马鲁古群岛的政治状况，全面臧否了马鲁古人的性格。他报告荷兰人在德那地岛有三座要塞：一座名为摩罗游，或奥兰治（Orange），位于德那地东端；Tolucco①，或荷兰迪亚（Hollandia）要塞，在摩罗游村北约半英里处；以及该岛西北部的塔科美（Takome）或威廉斯塔德（Willemstadt）要塞。这些要塞保护了许多德那地人，他们早先从西班牙逃到哈马黑拉岛，如今已重返。据斯科特所说，德那地与蒂多雷之间的诸次战争已使莫提尔的人口灭绝了。荷兰人在此岛北端修建了一座要塞，从哈马黑拉岛将人们带回那里居住。1610 年，2 000 多人住在莫

① 可能是 toloco，托洛科。——译者注

提尔。[76]

三座要塞确保了荷兰人对马基安岛的控制：西面的图法索霍（Tufasoho），北面的鄂法基亚哈（Ngofakiaha）和东面的塔比洛洛（Tabilolo）。岛上大约住着9 000人。斯科特称它比其他岛屿产更多食物和丁香，因为马基安人和莫提尔人比德那地人和蒂多雷人更努力工作，对他们的田地照管更为精心，而后者“更多是以交战而非以农业为生”。

巴占岛亦土地肥沃，盛产丁香、西米和水果，但它人口稀少，住着一个“懒散、漫不经心的民族，除了酗酒好色之外，他们终日无所事事，过着挥霍无度的日子”。巴占人常常任丁香腐烂。1600年11月，荷兰人攻克了在拉布哈
1409 （Labuha）的西班牙人和葡萄牙人的一座要塞。斯科特报告还有17名葡萄牙人和80名当地基督徒仍然住在那里。

荷兰人仅仅控制了哈马黑拉岛东南部的外加尼村（Outer Gani），但其人口密集，因为来自西班牙人控制的一些哈马黑拉岛地区的人们逃到了那里。[77]另一方面，西班牙人在哈马黑拉岛也有几座要塞：萨武戈（Sabugo），连同另一座吉洛洛——于1611年被西班牙人从荷兰人手里夺下，还有一座名为阿基拉诺（Aquilamo），它们都在该岛的西海岸。西班牙人又控制住此岛东侧莫罗海岸的几座要塞，由此获得大米、西米和别的食物，以供应他们在蒂多雷岛与德那地岛上的要塞所需。整座蒂多雷岛都掌握在西班牙人的手中，他们在岛上有三座要塞：蒂多雷大城里的托曼伊拉（Tomanyira）；一座葡萄牙人重建的要塞，荷兰人拥有它的时间很短；第三座是马里科（Marieko）。在德那地岛，西班牙人还管控着一座大镇，他们称之为“玫瑰圣母”（Neustra signora del rosario）。它有围墙，重兵防守。在它与摩罗游之间，他们有另一座城堡，名为“圣彼得和圣保罗”（San Pedro y Pablo）。[78]斯科特担心一旦西班牙人和葡萄牙人控制的威胁消除，德那地人会发现他们已向荷兰人许诺的通行费和交易量，比他们愿意兑现的多。他指出，他们是一个勇敢的民族，惯于左右其他民族。他恐怕他们会被西班牙人的统治激怒。更甚者，他认为他们怀有贰心，轻言无信，且英勇无畏。他们“沉迷于战争与抢劫”，轻信、反复无常，受其年轻苏丹统治，治理不善——是“一个挥霍无度、淫荡、凶狠、贪婪、暴虐、作伪证的民族”。他劝

告在马鲁古群岛定居的荷兰殖民者与基督徒要逐渐使当地人与荷兰人结合在一起。[79]他不希望西班牙人继续与荷兰人争夺对这么多马鲁古岛屿的控制权。斯科特建议大举进攻在马尼拉的西班牙人，这是将他们逐出马鲁古群岛的最有效途径。[80]

1625年，另外两份有关马鲁古群岛的英国报告作为《珀切斯游记大全》（*Hakluytus Posthumus*）的一部分面世了，它们是约翰·萨利斯的报告，1612年与1613年，他在马鲁古群岛从事贸易；以及汉弗莱·费茨赫伯特（Humphrey Fitzherbert）的《班达主岛与马鲁古群岛要述》（*A Pithy Description of the Chiefe Ilands of Banda and Moluccas*）。[81]萨利斯主要描述了他对马鲁古群岛贸易做出的种种努力。他所到之地——巴占岛、马基安岛、蒂多雷岛和德那地岛——的当地人都渴望将丁香卖予他，却常常受到荷兰人的阻挠。正如萨利斯所描写的，马鲁古群岛上的长期战争已造成很大程度的破坏、混乱和苦难。荷兰人的 1410
统治并未改善状况。例如，在巴占岛和马基安岛，人们容许丰富的丁香果实腐烂在地上。[82]战争连绵不休。萨利斯在蒂多雷泊船之际，"蒂多雷国王"正带领100名德那地头领返回，其中有德那地的王子。[83]萨利斯描画了几座岛屿，但是几乎没有在可见的早期报告基础上添加内容。他很仔细地描绘了较小的岛屿、沙洲、礁石、锚地、海峡与海滨地区。他报告了每座马鲁古岛屿的年产量。[84]萨利斯收录了一份马鲁古群岛的战争和对抗简史，以及一张荷兰诸要塞列表。其表与斯科特的相同，除了他记述蒂多雷岛上的西班牙要塞马里科在荷兰人手中之外。[85]费茨赫伯特对5座产丁香的主要岛屿的简述大部分重复了先前的出版物。巴占岛最富饶，但依然人口稀少。荷兰人从马基安岛获利最丰，岛上火山锥高耸入云，了无平原。马基安岛上生长着一种名为国王丁香的特殊林木，它的果实与其他丁香树的不同。马基安人从不出售它们，仅是成捧地赠送给朋友。[86]萨利斯与费茨赫伯特的这两本著作被证实为是英国人对马鲁古群岛的最后描述，直到该世纪末威廉·丹皮尔的著述出版。[87]

自17世纪30年代起，荷兰人继续加强对马鲁古群岛的控制。1625年之后，欧洲对马鲁古群岛的信息绝大部分来自荷兰人或在荷兰东印度公司供职的德国人的记述。1645年与1646年出现的荷兰人记述大多作为艾萨克·考梅林（Isaac

Commelin）的《荷兰联合省东印度公司的创始和发展》作品集的一部分。[88] 它们包括鲁洛夫·鲁洛夫斯逊（Roelof Roelofszoon）关于雅各布·范·内克第二次航海的报告，这次航海于 1601 年在德那地岛登陆；史蒂文·范·德·哈根 1605 年的马鲁古战役报告；以及 1607 年科尼利斯·马塔利夫、1608 年保卢斯·范·卡尔登、1609 年彼得·威廉斯逊·沃霍夫的那些报告；还有 1627 年吉利斯·塞伊思（Gillis Seys）对马鲁古群岛状况的报告和亨德里克·哈格纳尔（Hendrick Hagenaer）1635 年短暂访问的报告。[89] 这些记述都没有大量描写马鲁古群岛。
1411 它们主要记录了荷兰人在那里的权力得到加强，他们与西班牙人和葡萄牙人的战役，和马鲁古统治者签订的条约，以及试图强制执行这些条约。大多数描述性段落重复着早先报告所写的内容。尽管如此，他们还是为欧洲人的马鲁古形象添加了一些新的细微变化。举例来说，鲁洛夫斯逊的记述有一小张关于哈马黑拉岛的插页：一座大岛，盛产水稻、西米、鸡和海龟；它住着身材匀称却野蛮的民族，其中有些是食人肉者。[90] 鲁洛夫斯逊还描摹了德那地一场精心筹措的婚宴，他的编辑为此配上了一幅富有想象力的插图。[91] 在火绳枪射程的距离内，只能看到三四户人家。与岸一箭之遥的礁石，在落潮时裸露；涨满潮时，水面仅高出它 3 英尺，有效地阻扰了水路两栖的进攻。[92] 沃霍夫的航海记描述了巴占岛地区的一片领地无人居住，有块好锚地。它有淡水、大量的西米、水果、水牛、鸡和猪，还有丁香。[93]

塞伊思的报告叙述了 1627 年他首次正式访问期间，荷兰东印度公司在马鲁古群岛的事务状况。他列出各种荷兰要塞，它们的人员、武器、防御工事、补给品和开支，以及依赖于各个要塞的村庄。他报道了大事记：1627 年 5 月 23 日，蒂多雷国王驾崩；[94] 德那地国王于同年 6 月 16 日崩殂。德那地新国王没有获得荷兰总督的认可。[95]1627 年，斯科特早先的一些担忧变为现实。譬如，塞伊思记述了在摩罗游的荷兰要塞附近的德那地人是年未收获丁香，原因是他们太忙于农活和捕鱼。他怀疑他们将丁香卖给西班牙人，这违背了荷兰人与之签订的条约。荷兰人对此无计可施，除了在德那地国王需要帮助抵抗蒂多雷的时候，拒绝提供援助。[96] 当时，蒂多雷与德那地正相安无事。对于密谋占领巴占岛的巴讷费尔德城堡（Fort Barneveldt），并将它移交给西班牙人，可以采取一些举措。他们逮捕了5名间谍，枭首示众。余者逃往山林，荷兰人悬赏其颅。[97]阴谋诱发了对巴占岛及其人民的诸多描摹：一片盛产丁香与食物的土地，但住着一个懒散、无忧无虑的民族。当他们收获丁香的时候，会毁坏树林。大多数作物未被收割，因为在丰收季节，巴占国王让他的子民一直忙于狩猎或赛艇。1412
人口不足；国王只能操控两艘大科拉科拉。国王想让荷兰人帮助他降伏一些乱民，但是塞伊思认为荷兰人应以叛乱为借口，让其他人在巴占岛定居，这些人不管怎样都会采获丁香。[98]相形之下，马基安岛人口稠密——在那里可以招募2 200名壮丁。该岛周长仅7英里，所产丁香却比巴占岛之外其他岛屿的多。马基安人臣服于德那地国王，他们也将丁香卖给西班牙人。[99]

弗朗西斯科·科林的《菲律宾群岛传教士之传教工作》于1663年出版，此书讲述了直到1616年，菲律宾群岛耶稣会传教区的故事。[100]作为耶稣会菲律宾教省的一部分，马鲁古群岛出现在他对菲律宾群岛的西班牙人的历史记述和耶稣会传教区的记录中。[101]尽管与其他岛屿相比，科林更关注德那地岛和蒂多雷岛，但他还是逐一描绘了五座产丁香的主要岛屿。他的描写并不似《荷兰人东印度航海日志》第二部或阿亨索拉的《马鲁古群岛之征服》中所见的那么详细。其所述大多可在早期出版物中找到。不过，它们有些差异。举例来说，除了西米之外，他还列出了长在岛上的主食玉米和山药，他报告了德那地士兵种植玉米、山药、豆子和其他供消遣的菜园植物。他还描述马鲁古海域大量的鱼。他认为德那地人最健康、长寿。他们用草药与块根治愈了自己的大多数疾病。[102]蒂多雷岛的气候比德那地岛的更有益于健康，岛屿更富饶，因其居民耕种比较精心，所承受的兵役较轻。它也人口众多，国王可以全套装备30艘科拉科拉，一旦战争爆发，他能征募六七千名士兵。国王亦宣称拥有附近岛屿的6 000条支流。蒂多雷岛的地形多岩石峭壁，利于建造要塞。此岛南部的火山比德那地岛的更像圆锥形。当地人称之为水火山，并将治病的功效归因于取其水沐浴。蒂多雷岛的主要作物是丁香——每年产五六百巴哈尔，同时，科林报告它还产肉豆蔻。[103]

科林非常简略地述及莫提尔、马基安和巴占岛，记录巴占岛上有些烟草。哈马黑拉岛面积大、海拔高，且多山。其名来源于Bata和中国，Bata意即多岩石或多山，中华帝国一度统治了马鲁古群岛。他列举了哈马黑拉岛上的几个地方：吉洛洛、萨武戈、莫罗泰、托洛、加莱拉（Galela）、拉乌（Rau）、卡乌
1413 （Kau）、莫罗泰岛上的萨基塔（Sakita）、尼拉（Nira）和多伊（Doi）。但只说吉洛洛有自己的国王，它与萨武戈都人口极多，除了大量小船之外，它们各拥有 8 艘科拉科拉。他说其他地方均为德那地国王的附属国。[104]

科林也提到德那地岛与菲律宾群岛的棉兰老岛（Mindanao）之间，实际上不属于马鲁古群岛的岛屿。他对它们用笔甚少。早先在《荷兰人东印度航海日志》第二部提及的马宇岛很小，无锚地和避风处，为不毛之地，无丁香。[105]当地人以捕鱼为生，是荷兰人的朋友。蒂福雷（Tifore）岛在其周围，仅约 3 里格之遥，此岛圆锥形顶部有一面大湖。它产西米和数种水果，但因与马宇岛的战争而人口锐减。[106]往北 16 里格是火山岛塔布兰当（Tabulandang），岛上有处好锚地、一条清净的淡水河，产西米和水果，还有自己的国王。它的人民好战，所说语言与马鲁古人的以及马来语不同。[107]最后，他描绘了在塔劳群岛（Talaud group）上的卡隆安（Kalongan）岛，其周长六七里格，有座活火山，富庶，有三位国王，其中最重要的一位是基督徒。[108]

两位荷兰人前往印度尼西亚群岛的航海记在 17 世纪 70 年代后期出版，它们是 1676 年沃特 · 斯考顿的《东印度航海日志》和 1677 年赫雷特 · 弗穆伦的《赫雷特 · 弗穆伦东印度旅行记》。[109]弗穆伦仅收录了一段对德那地岛的极短描述，所提供的讯息已广为人知。[110]斯考顿对德那地岛的描摹却是该世纪最生动的篇章之一。初见马鲁古群岛，他感觉“山峰奇高……它们的蓝顶耸入云霄”。[111]斯考顿经过“耐心海峡”（Patience Strait），从德那地岛航至安汶岛，这个海峡之所以获此名，是因为岛屿间的通道有许多沙洲、暗礁和峡口。显然，蓝色海洋的清丽，以及无数火山覆顶的岛屿令斯考顿如痴如醉。[112]德那地岛的锚地盛产各类鱼，海水澄澈，7 英寻深的船锚清晰可见。耀眼的褐色沙滩在阳光下闪烁。[113]1659 年 6 月，斯考顿的船只在那里抛锚，他与派驻德那地岛的旧友
1414 以远足度日。他们参观了卡拉马塔（Kalamata）岛上的西班牙城堡，与其指挥官交谈投机，意气相合，指挥官希望西班牙人与荷兰人在马鲁古群岛和睦相处，为穆斯林树立基督徒仁爱与懿德的典范。[114]西班牙人仍然维持着德那地岛与

蒂多雷岛上的城堡，一位西班牙驻扎官住在加穆拉莫，不过如今，所有的马鲁古岛屿都在荷兰人的掌控之中。斯考顿简要讲述了德那地与蒂多雷、伊比利亚人与荷兰人之间的战争史。在他看来，这些战争是由于其他岛屿国君嫉妒德那地的势力而造成的，欧洲人利用并加剧了他们的对抗行为。德那地国王统治着72座岛屿，包括西里伯斯岛地区，是荷兰东印度公司的一位盟友。[115]

虽然斯考顿关于德那地的说法多数重复了早先出版的描述，但其中绝大部分似乎来自他到访那里的亲眼所见。此岛周长7英里，从海上看起来却宛若一座孤山，峰顶吐出火焰，喷发烟雾。苏丹带围墙的宫殿离摩罗游极近。斯考顿瞥见其花园种着大量外来植物，是各种热带鸟的家。园里有3种鹦鹉：三色吸蜜小鹦鹉、长尾小鹦鹉和雪白的凤头鹦鹉。摩罗游村庄的房屋大多用茅草建成，以椰树叶覆顶。它们有门窗，被隔成房间，但窗户无玻璃，门夜间不上锁，屋内家私极少。摩罗游的清真寺使斯考顿想起在爪哇岛上的贾帕拉的清真寺（参见第225幅图），它有五个屋顶，层层叠高。岛民全是穆斯林，进清真寺前必须洗手。他们施割礼，禁食猪肉。苏丹出游时，总有一队身穿白衣的阿訇随驾。现任苏丹名为曼达沙（Mandar Syah，1648—1675年在位）。有时，他会与几名侍从沿街散步，边走边问候人们。在他面前，即便是最位尊的贵族也要鞠躬，十指交叉，握住双手，举至头顶，缓缓俯身。

德那地人是“战斗英雄”，此外，他们却也仁慈、有礼。他们憎恶荣华与无节制，不会容忍偷窃，但他们喜爱休闲，对工作或学习投入不多。他们似乎自给自足：每个人都自建房屋，织布制衣，用粗树干刻舟，以捕鱼或打猎为生。他们穿的不多，大多数人只在腰间围一块布，不穿上衣或鞋子。一些人头包绢帛或棉布。男人可以与他们想要且能供养得起的所有女子结婚。斯考顿似乎被德那地的女性所吸引，但是，他说在街上很少看到她们。她们“乌黑锃亮”的 1415
长发披肩，扎着细绳和蝴蝶结。她们普遍“容貌迷人、面庞可爱，皮肤基本上是褐色的，但不全黑；温柔绝顶、谦恭、言辞友好；身材矮小，穿得少”。一些人仅在身体中间缠了一块布，其他人则穿一件薄乳罩。有些人肩上披一片棉布或丝绸。她们将时间用于配制蒌叶，只能做一点针线活或纺些纱。一些人到城里卖水果，帮助她们的懒丈夫养家。德那地人按照穆斯林的方式，将亡者葬于砖块砌成的墓穴之中，除此之外，没有其他丧葬仪式。[116]

17世纪，最后一位出版德那地记述的荷兰作者是尼古拉斯·德·赫拉夫，他在第16次，即最后一次航海中（1683—1687年）来到了德那地岛。[117]当他访问德那地岛的时候，可能已超过65岁。与大多数欧洲访问者一样，德·赫拉夫也对德那地火山的印象深刻：火山高约4 540英尺，快到山顶的地方依然树木繁茂。山上可见溶洞与硫黄池。他听说人们爬火山，但他不懂得他们何以能够做到，因为它极为陡峭，火山口喷出巨石与岩浆。它一直烟雾弥漫，有时会燃烧。[118]德·赫拉夫回想起1646年的地震与马基安火山喷发，他描绘了1673年，哈马黑拉岛上甘科诺（Gamkonorah）火山的喷发。[119]德·赫拉夫记录了自从斯考顿描述以来的诸多变化。加穆拉莫的西班牙城堡现已毁坏，在它与奥拉涅城堡（Fort Oranje）之间，有一面湖，西班牙人曾试图将其变为内港。[120]奥拉涅城堡却是坚固的：四座石堡垒、厚厚的城墙、一条深护城河和许多尊大炮。访问者住在那里，它的医院照顾病人。如今，鲜有丁香收获，每年树木被砍伐、烧毁。安汶岛所产丁香能满足荷兰东印度公司所需。[121]摩罗游村庄似被分为两部分。南部是荷兰东印度公司园林，以及荷兰自由居民与混血公司职员的家。苏丹王宫、清真寺、墓地和穆斯林市场则位于城市北部。

1416　第二节　安汶岛

与马鲁古群岛相比，安汶岛只是17世纪最初二十五年间出版的少数几份扩展了的描述的主题。阿亨索拉未提及安汶岛，格雷罗则为它花费了许多页，它们大部分描写的是芬塔多的舰队，以及他在1601年战胜荷兰人与安汶岛的德那地人；余下的都专用于一份对传教士努力照顾当地基督徒的记述。[122]1605年2月，亨利·米德尔顿访问安汶岛，但是，他的航海记只谈到他试图交易，与荷兰人、葡萄牙人及安汶人的交涉，以及史蒂文·范·德·哈根夺取葡萄牙城堡。它没有描述岛屿或民众。[123]

《荷兰人东印度航海日志》第二部简要描摹了安汶岛：此岛位于班达岛东北

部约24英里，极其丰饶。那里生长着丁香，还有橘子、酸橙、柠檬、椰子、香蕉和甘蔗。本地人“品性不佳”。他们的穿着与班达人或马鲁古人的相似，他们以收获和销售丁香过活。至于武器，他们有铁尖长矛，长矛像鱼叉，投得远，命中率很高。他们还使用马刀与盾牌。穷人携带工作用的大折刀。安汶人烘焙大米、糖和干杏仁制成的蛋糕，把它们卖到周边的岛屿。蛋糕是治疗痢疾的灵丹妙药。他们也用大米烘烤一种面包。《荷兰人东印度航海日志》第二部未述及安汶岛是否生长水稻。安汶人乘着名为科拉科拉的划桨船行游，这种船型宛如一只公鸭，装饰着旗标和三角旗，可以划得飞快。一些船建造精美，看来价格不菲。比如，“海上舰队司令”以三艘精心制作的巨型科拉科拉迎接荷兰人，它们环绕着荷兰船只，人们在船上载歌，击鼓或敲铜钹。鼓与钹为划桨和歌唱的“奴隶们”奏乐。司令的每一艘科拉科拉都安装了三门炮，向荷兰人鸣炮致敬。[124] 考梅林的《荷兰联合省东印度公司的创始和发展》版本在《荷兰人东印度航海日志》第二部中，他为这个版本又插入一份对安汶岛的简短描述。[25]

在17世纪最初的二十五年间，塞巴斯蒂安·丹卡兹（Sebastiaen Danckaerts）的《基督教在安汶地区教势的历史与完整的故事》（*Historische ende grondich verhael van de standt des Christendoms int quartier van Amboina*，海牙，1621年）出版，这是迄今为止最翔实的安汶岛记述。[126]1617年，丹卡兹被荷兰东印度公司聘为牧师，向该公司职员及安汶岛当地基督徒布道。他的任命也许是荷兰东印度公司首次认真尝试对安汶基督徒承担某种责任，自范·德·哈根1605年征服葡萄牙城堡以来，这些基督徒已近乎全被忽视。[127] 丹卡兹用马来语及荷兰语传教，为安汶年轻人复兴学校。其《基督教在安汶地区教势的历史与完整的故事》的主要目的是为了描写基督徒在安汶岛的情况。为此，他论述了安汶人、他们的文化和生活方式，但是，他没有描摹岛屿的地理形态，抑或连它们的产品都未提及。 1417

据丹卡兹所言，安汶人曾经全都是“异教徒”。在爪哇与德那地的商人们进入这些岛屿后，一些人随之成为穆斯林，正如有些人在葡萄牙人控制这些岛屿后，成为天主教徒。不过，丹卡兹暗示大多数安汶人仍是异教徒，多数安汶穆斯林和基督徒保留了许多异教的信仰和习俗，相当容易悄然返身而为异教徒。

他几乎没有谈到伊斯兰教，却大量地描写了“异教徒”信仰。

对异教徒而言，虽然似有一个至高无上的神灵“仑提拉”（Lenthila），以及其他最重要的神灵“拉尼特”（Lanithe）和“饕雷”（Taulay），但每个村庄、市镇，甚至家庭好像都有其自己独特的神灵，他们通常称之为亡灵（*nitu*），该词也用来指称某些死者，如灵魂仍在漫游的谋杀犯或巫师。[128] 有时神灵会显灵，常常是以人而非动物的形态现身，这样他们便可与其交谈。一些人说在其他的呈像中，他曾显为安汶群岛的三位国王——罗西文（Rossiiven）、索伊简（soijen）和基朗（Kielangh）。[129] 在安汶岛的仪式上，他们召唤或侍奉神灵，有蜡烛、鼓、诵经、吟唱，以及食品和酒饮陈设。大多数人在家中留有摆放酒馔的地方，为神灵们燃烛。他们常常在打算做某件要事，如召开一次理事会议、建房，或旅行的时候，向神灵祈求保佑，这样，神灵们就不会伤害或阻扰他们。每次他们
1418 享用特别的一餐时，都会留一部分给神灵。他们将厄运、疾病与死亡归咎于没能抚慰神灵们。据丹卡兹说，他们始终生活在对神灵的畏惧之中，实际上是神灵们的奴隶。[130] 丹卡兹注意到，安汶岛上的多数生活层面都受到人们崇拜神灵的影响。尽管如此，他认为在上述东印度群岛其他所有民族中，安汶人是世俗的，无宗教信仰。[131]

安汶人施行的一种割礼似乎与穆斯林的无关。他们不像穆斯林那样除去整个包皮，而只用某一类芦苇割破它的顶部。丹卡兹没能发现这种习俗的起源。人们仅仅告诉他女人不会与不曾施割礼的男子结婚。[132] 安汶人的婚姻罕见，易于破裂。婚礼是简单的：新郎的父亲向准亲家翁赠送聘礼。如果对方接受，新娘的父亲便设宴以示一对新人合卺。婚姻由于琐碎的争吵而离散。女人退还聘礼，朝男人的脚泼些水，表明涤荡一切污染，夫妻离异。有时，子女们会被卖给出价最高者。[133]

丹卡兹确定安汶岛的发誓仪式马塔考（matakau）源于神灵崇拜。他们把一些黄金、泥土，或一粒子弹置于一杯水中，抑或将一柄刀或一支矛的尖部浸入其中，“喃喃数语”之后，饮此水；假若他们不守约，则会因此遭受伤害，或失去那些东西。这样一种盟誓，每次都是以首要神灵“仑提拉”的名义完成的。[134] 安汶人十分惧怕并憎恶巫师和囚犯们（Zwangij），他们相信这些人会造成各种

各样的麻烦。某人身亡后，夜里，一面盾牌和一柄剑被放在尸首旁，以防囚犯偷走它的心脏，并吃掉它。丹卡兹从未见过一例事件或听过任何一起可靠的报道。但是，恐惧这等强烈，以至于只要有人被怀疑是一名囚犯，他就多半会被杀，并株连全家。丹卡兹不喜欢安汶人。他们“天性是一个极为不忠、胆怯、愚钝和倔强的民族”。[135]他们彼此不信任，便把贵重物品埋入地里，有时会将东西遗放太长而让它们腐烂。他们几乎没有勇气，不会自我防卫。除了制作妇女所穿的粗糙的袋类服装之外，他们没有别的手艺。他们学习新知费力，无好奇心；不收存自己过去的任何东西，没有书写语言。他们草率地搭建房屋，吃得很少，丹卡兹怀疑其何以存活。不过，他承认他们健康、精力充沛，相当强壮。他们将大多数时间花在钓鱼或种植花木上，仅从事丁香贸易。对丹卡兹来说，安汶夫妻间似乎极少有恩爱或情感，但他们溺爱自己的孩子，娇宠放任。他们宁愿受到子女的打击，也不会惩罚孩子。[136]

丹卡兹描述了相当多尚且住在岛上的基督徒，这些安汶人在葡萄牙人控制时期，因天主教传教士而转变信仰。靠近城堡的哈蒂威（Hatiwi）村民对葡萄牙人很忠诚。自从葡萄牙人离去，他们便疏远基督教，一些人已回归神灵崇拜。据丹卡兹所说，他们从未完全接受基督教教义的训导。只有在教堂里，凭借神父的威信，才坚持基督教信仰。对于其他村庄的安汶基督徒来说，他们的实际情况比哈蒂威存在的事实有过之而无不及。有些人退回神灵崇拜，大多数则还保留一些异教信仰，连同那些对基督教教谕把握不很准确的人。

住在安汶岛的外国人来自马鲁古群岛及其他地方，他们被葡萄牙人带到那里。这些他们所谓的自由人[137]，过去常常为葡萄牙人工作，现在却获得了自由，并与安汶人通婚。他们多数还是基督徒，尽管一度全是“异教徒”。然而，他们与安汶人截然不同，即便其为异教徒时，也不崇敬神灵。住在安汶岛的华人也是异教徒，但是不像安汶人，他们并不对神灵顶礼膜拜。与安汶人有所区别的还在于，他们驯顺、好奇，渴望求知。有些人近来已成为基督徒，丹卡兹对于向安汶岛华人传教寄予厚望，只要找到能用华语教他们的人。所有安汶岛上的基督徒和从前的基督徒在信仰上都需要更多的教导。丹卡兹对他复办和改革的学校信心最足。与寄望年长者真的能皈依相比，他更期望年轻人能改变信仰，接受教诲。[138]

1420 1623年发生了著名的或臭名昭著的安汶岛大屠杀，许多与此有关的小册子面世，其中首本于1624年出版。[139]英国人的谴责与荷兰人的辩护几乎持续到该世纪末。这些小册子的细节包括1623年的事件，以及荷兰人与英国人在香料群岛和别处的活动，这些活动导致了屠杀，但他们没有描画安汶岛或安汶人。[140]1623年后，英国人撤出香料群岛，因此，他们对欧洲人的安汶岛形象毫无贡献，直到这个世纪末，威廉·丹皮尔才简略地描绘了塞兰岛和布鲁岛沿海地区。[141]

17世纪第一个二十五年之后，荷兰作家或受雇于荷兰东印度公司的德国人塑造了欧洲的安汶岛形象。如就马鲁古群岛而言，考梅林的《荷兰联合省东印度公司的创始和发展》（1646年）包括了几份安汶岛描述。[142]史蒂文·范·德·哈根的两次航海记述和沃霍夫的航海记中的相关写照都十分简短。不过，科尼利斯·马塔利夫的《东印度非凡之旅行记》（*Historische Verhael*）① 以及吉利斯·塞伊思的《安汶岛分区现状记述》（*Verhael van den tegenwoordigen staet inde quarteren van Amboyna*）里的资料却相当丰富。[143]

1607年3月，马塔利夫访问安汶岛，弗雷德里克·德·豪特曼当时仍任驻扎官，德那地国王还在乞求荷兰人帮助他反抗西班牙人。马塔利夫了解到许多在外围岛屿的安汶人拒绝接受年轻的德那地新国王作为他们的君主。住在荷兰城堡附近的安汶人的领袖们大多数是基督徒，他们向马塔利夫抱怨1605年荷兰人获胜后的士兵暴乱、教堂服务和基督教教育匮乏、荷兰东印度公司士兵生活放荡，以及不准他们像葡萄牙士兵那样与当地女子结婚的事实。马塔利夫重新开办了一所学校，并任命一位老师；准许荷兰士兵娶当地妇女；挑选三名年轻的本地男子，其中两位是“希图甲必丹”（Captain Hitu）的儿子，让他们随他回荷兰，了解荷兰人在故乡是如何生活的，而后返回教育安汶人。[144]马塔利夫描写了安汶人所谓的西米棕榈树“乐比亚”（Lepia），以及如何用它的果肉做成

① 此文全名为：*Journael, ende Historische Verhael, van de treffelijcke Reyse, gedaen naer Oost-Indien, ende China, met elf Schepen*。——译者注

面包，以其汁液酿酒，并将其树叶制成衣服。[145]他描绘了另一种树，安汶人 1421
称它为“尼纳”（Nina），此树也被用于制作西米面包。不过，其质量低劣。[146]

马塔利夫收录了一份对安汶岛的总述。安汶岛位于南纬4°，在塞兰岛往南3荷兰里，班达岛西北方向24英里处。它的周长约20—24英里。安汶岛一词包含数座岛屿：安汶岛本身、塞兰岛、西面的布鲁岛，以及几座如马尼帕（Manipa）之类的小岛。马尼帕岛介于布鲁岛和塞兰岛之间，在布鲁岛以北八九英里处。塞兰岛与所有安汶人的岛屿无所区别，也是座大岛，附属于德那地国王。其居民大多是异教徒，野性难羁，以偷窃而闻名。不过，安汶岛的对面则是一些穆斯林村庄——安伯兰（Ambelan）和卢戈（Lougo），那里生长着丁香。安汶岛西部有个安全的深水港，荷兰城堡前方有一处抛锚良地。此岛东部也有一个安全港。安汶岛居住着诸多家族或部族，每个家族或部族都住在一个独立的村庄里，有它自己的首领们。譬如，荷兰城堡附近住着“哈蒂威”、“塔威瑞”（Tawiri）、“阿朗”（Alang）、“巴古拉”（Bagula）、“帕索”（Paso）和“鲁马”（Rumah）家族，每个家族都生活在自己的村庄里。[147]这些家族的成员全都是基督徒。此岛以北的村民皆为穆斯林。安汶岛土壤肥沃，水质优等，有益于健康。那里有充足的西米树、水果和鱼，他们无需进口食品。安汶岛上种植着水稻，但是，村庄之间战争频仍，庄稼常常被毁。此岛每年收入丁香约600巴哈尔，包括塞兰岛南海岸所产。如果国家维持和平，假若人们采摘丁香，马塔利夫估计丁香产量会翻一番。多数土地荒芜，但他认为丁香可种于其上。安汶岛还生长着丰富的造船木材，椰子树可以制成张帆索具。[148]

在《荷兰联合省东印度公司的创始和发展》中，接着马塔利夫对安汶岛描写的是另一份简述，其作者为驻扎官弗雷德里克·德·豪特曼。[149]他提供了村庄的许多细节，这些是在马塔利夫的记述中看不到的。安汶岛分为两个区域。荷兰城堡位于小区，有20个村庄，约2 000名体格健壮的男子，均为基督徒。大区有28个村庄、4座大市镇，约1 500名男子，绝大部分是穆斯林，全部受到希图的控制。如其在大多数荷兰语报告中被称呼的，“希图甲必丹”是荷兰东印度公司的封臣。安汶村民分为乌利西瓦斯（ulisivas）和乌利利马斯（ulilimas）
两个联盟或派性。大多数穆斯林是乌利利马斯；乌利西瓦斯派包括穆斯林、异 1422

教徒和基督徒村民。德·豪特曼说各村都有自己的语言。他继续列举每座岛上的各个村庄，它所属的派系、宗教，及其战士的数量。

吉利斯·塞伊思的《安汶岛分区现状记述》源于1627年他的官方视察之旅。[150]它是荷兰人在该岛所建机构的详细信息的源泉。他非常细致地描写了城堡，它的防御工事、大炮、粮秣和人员等等。他列出了各岛的每个村庄及其宗教，健壮的士兵数量和每年的丁香产量。他一一列举了荷兰人在诸岛上的各个机构及其人员。这份报告有些内容与马塔利夫和弗雷德里克·德·豪特曼的重复，但是它更详尽，显示了1607—1627年间发生的一些变化。例如，塞伊思说鲜有丁香出产，不过，在最后的五六年里栽种的许多新树已开始渐渐成熟。[151]他报告德那地人对塞兰岛的一些村庄施行暴政，在塞兰岛，他们与荷兰人各有一个机构。接着，他描述了塞兰岛岛民如何逃往山林，避免到公司工作，他们以蛇、块根、蝙蝠等等为生，以树叶为衣，凡前来寻找他们者，格杀勿论。安汶岛穆斯林和基督徒对这些山地人的恐惧令人难以置信。[152]

塞伊思的报告表明了在荷兰人的统治及荷兰东印度公司的丁香垄断之下，德那地苏丹及安汶人已变得多么不受管束。他们不断地尝试规避专营，常常用科拉科拉将丁香运到塞兰岛东岸的村庄和海滩，然后在夜里将丁香卖给来自望加锡的商人。望加锡人支付每巴哈尔100—120雷阿尔，荷兰东印度公司的垄断价格是60雷阿尔。“希图甲必丹”遏制垄断的有效性在安汶诸领袖中无人可及。他从不犯下有据可查的、违反荷兰东印度公司条约的罪过，但是，他在组织向望加锡人、马来人和爪哇人销售丁香上却成效最为显著。正如塞伊思所见，希图甲必丹明为荷兰东印度公司之友，暗为敌人。他的目标是使所有安汶人皈依伊斯兰教，让他们脱离荷兰人，将丁香全部卖给望加锡人，售价为每巴哈尔100—120雷阿尔。塞伊思介绍了荷兰人在塞兰岛上焚烧村庄、劫掠海滩、侵扰领袖、毁坏丁香，直到众所周知再也无法从那里买到丁香。[153]

安汶岛的宗教状况略有改善。宗教仪式定期用荷兰语和马来语举行，但
1423 荷兰人的出席率相当低。塞伊思埋怨荷兰东印度公司雇员和自由市民通常为安汶基督徒树立了坏榜样。马来人对宗教仪式的出席率较高，通常参加的人数在200—300人之间，他们会从基督教的教理问答中选一道题，让孩子们回答。塞

伊思注意到，在安汶岛上，没有人对穆斯林进行基督教传教。问题之一是牧师和校长们在安汶岛住的时间不太长，每一年在他们懂得足够多马来语，工作效果不错之前，他们就被撤换了。如今，岛上创办了 16 所学校。校长们抱怨他们没有纸给学生，以及安汶人往往在自己的子女才 10 至 11 岁时，就让他们退学，在家工作。[154]

17 世纪 60 年代初，3 本非荷兰语著作载有对安汶岛的简短描述，它们是：约翰·雅各布·萨尔的《东印度服役十五年记》(1662 年)、梅克林的《描述日志》(1663 年）和科林的《菲律宾群岛传教士之传教工作》(1663 年)。[155] 萨尔与梅克林皆为荷兰东印度公司雇员，1644—1659 年间，他们都在亚洲工作。[156] 萨尔的著作是三部描写中最长的，但是他们都没有增加任何对欧洲的安汶形象有意义的文字。科林认为安汶岛的丁香不如马鲁古群岛的好，安汶人比马鲁古人或班达人瘦。[157] 萨尔觉得安汶人皮肤的颜色比爪哇人的深，是“黑棕色”。[158] 与大多数欧洲人一样，萨尔描写了西米面包以及它是如何制成的。对于它的味道，他也许比多数人更坦率：即便是新出炉的，它也是劣质食品，像羊毛。仅仅在必要时，一个人才会吃它。当它放久之后，只有泡在水中或汤里方能下咽。来自塞兰岛的白西米比其他种类的可口些。[159] 他还生动地描绘了安汶天花，他断言它使这些岛屿恶名远扬。它会折磨人的额头、四肢或脖子。要治愈它，他们或用曼陀罗叶包裹疤痕，要么在盐水里清洗疤痕，用柠檬汁涂在它们上面。患者必须回避所有热食。有些人每年得一次天花，有些人一年得两三次。萨尔揣摩不出安汶天花的病因。[160]

梅克林记述了 1651 年安汶人反抗荷兰人的起义。一些荷兰士兵遇害，一些城堡和前哨被攻占。阿诺德·德·弗莱明·范·奥茨霍恩随一支舰队前往安汶岛恢复秩序，舰队由 10 艘船和 1 400 名士兵组成。虽然取得了进展，但是在 1424
1653 年，梅克林回到欧洲的时候，任务尚未完成。[161] 1647 年，弗莱明成为安汶岛驻扎官，不过，1651 年起义爆发之际，他在巴达维亚。他及其前任试图强制实施 1651 年之前，荷兰东印度公司几十年来对香料贸易的垄断。他们通常采用暴虐的方式，破坏村庄，阻碍走私频繁发生的塞兰岛北岸的食物供给，并摧毁公司控制区域外的丁香树。1651 年，弗莱明重返安汶岛之后，他强化了这些手段，安汶人的反抗和走私遭到无情的镇压。到了1659年，秩序恢复，然而，“走私”继续困扰荷兰东印度公司，直至1669年最后的望加锡之征服。[162]

大多数对安汶岛的描述在该世纪最后的二十五年间出版，它们都是由荷兰东印度公司的荷兰雇员或德国雇员撰写的，这些描述反映了1659年之后的形势。赫雷特·弗穆伦的著作于1677年面世，他在17世纪70年代访问安汶岛。他提到当地人没有骚乱。他说安汶岛的荷兰驻扎官管辖马鲁古群岛全部区域。他述及安汶岛常见的自然物，但是最感兴趣的似乎是天堂鸟。天堂鸟无腿，一旦降落地面，便会死去；还有一种鹦鹉，它聪明地将巢建在高高的枯树上，无人敢爬，因为树中有红蚂蚁。至于安汶岛岛民，弗穆伦记道，当一名女子结婚时，新郎送聘金给她的父亲，年轻夫妇在婚前先同居一年，看女人是否有孕。弗穆伦以为安汶岛是一个有益于健康的地方，除了天花。他认为天花是由某一种苍蝇传播的，无法医治。[163]

1659年，全面镇压叛乱之前，沃特·斯考顿曾到访安汶岛，不过，他的著作是于1676年出版的。实际上，他工作过的船只参与了对布鲁岛和塞兰岛的讨伐。斯考顿提供了它们的详细记述。本地国王们需要为远征预备士兵。斯考顿描绘了布鲁岛的进程。举例来说，当荷兰人攻击塞兰岛哈图威（Hatuwe）的时候，居民们逃到山林里。荷兰人烧毁村庄，砍掉全部的果树与西米树，杀死或抢走他们发现的所有奴隶。他们的安汶盟友提着阵亡敌人的首级作为战利品，
1425 挂在其科拉科拉上，作为装饰，或献给他们的妻子。他们还烧烤尸体，并吃掉部分，但这是暗中而为，因为荷兰指挥官禁止这么做。荷兰人在所到之处，无不焚烧村庄、毁坏果树与西米树，并巡游阻截来自望加锡企图购买丁香的一切船只。[164]

由于斯考顿随行远征，他得以游览安汶岛地区，而不仅仅是安汶岛上维多利亚城堡（Victoria Castle）的附近区域。譬如，塞兰岛东南海岸的戈龙（Gorong）小岛葱茏、多山，内陆地区有深峡谷、沼泽和岩洞。其民裸体，仅缠腰布，住在芦苇茅舍，靠干鱼和西米度日。他们不可信赖、嗜杀成性、顽固不化。[165]布鲁岛亦突兀森郁，还有清亮纯净的溪流、硕果累累的农田，产椰子、槟榔、香蕉、豆子、木豆、烟草、甘薯和绿叶蔬菜。岛民大多是由荷兰人引来的，他

们住在东北岸卡耶利（Cayeli）湾周围的14座小村庄。他们只穿围腰布。妇女在河里为新生儿洗澡，将他们安放在一种吊床上，接着工作。丧葬之后，他们设宴，边吃边喝，载歌载舞，直至深夜。一些人开始接受伊斯兰教，但是，大多数人仍然崇拜鳄鱼。他们讲述了一头大鳄鱼每日来到岸边食人，却爱上了国王的女儿。它许诺假如他们把公主赠给它，它就不再伤害人，而会保护他们。事毕，此岛变得安全而富饶，其民愈加崇敬所有的鳄鱼。当荷兰人捕杀鳄鱼时，他们深感悲伤和恐惧。[166]

如同他的所有记叙一样，斯考顿对安汶岛本身的描绘也是生动的，却只在已出版物的基础上增添了极少的内容。他陶醉于景色之中：山势峥嵘、森林茂密、溪流清湛，风景引人入胜。荷兰城堡维多利亚建在一个深水良港上。它附近有一座极好的圩镇和诸多村庄。来自许多国家的人都住在那里。无疑，他描画了丁香，评述了食品的匮乏，他认为这不是由于土地贫瘠，而是因为其民懒惰造成的。他们宁肯生活贫穷，也不愿努力工作。[167]斯考顿还描写了从海上所见的其他多座岛屿，以及恐怖的暴风雨、一场地震和海上龙卷风，其中有些略微重复。虽然克里斯蒂安·霍夫曼从未到过安汶岛，但他收录了一份极其生动的记述，它与1674年2月17日发生的强烈地震有关，选自一位目击者所写 1426
的信件。[168]

1659年，约翰·纽霍夫亦到访安汶岛。他的记述包含一份简短的历史梗概，内容是这些岛屿如何落入荷兰人之手，但没有详陈任何一次军事远征。纽霍夫描摹了他所熟稔的荷兰城堡、丁香、西米、科拉科拉、武器和民众的本性。他非常详细地描绘了安汶天花，坚信尽管它与梅毒相似，但并不是通过性交感染的。他认为它是由湿热的气候与所吃的海鱼和西米相混合而引起的。纽霍夫对安汶人刻画的独到之处仅与妇女有关：妻子们是向女子的父母买来的；她们淫荡，偏好基督徒；她们用一种毒药杀人，其药性发作很慢，令受害者虚弱无力，但是，如果同是那名让人服毒的女子给了解药，情况便可发生逆转。[169]纽霍夫对布鲁岛的描述似乎来自斯考顿。[170]

1632年与1633年，约翰·西格蒙德·伍尔夫班（Johann Sigmund Wurffbain）参加讨伐马尼帕、塞兰岛和偏离东海岸的塞兰海或小塞兰岛期间，他访问了安汶岛。他对这些行动的记述与沃特·斯考顿的相类。荷兰人每次都焚烧村庄，摧毁丁香、果树和西米树，烧毁村民的船只。伍尔夫班还记述了荷兰东印度公司安汶盟友中的食人行为，他称确实亲眼目睹过。[171] 伍尔夫班对安汶岛的描写绝大部分与1686年之前已众人皆知的相重复。他为安汶岛上有许多基督徒而表扬荷兰人，并描绘了荷兰人授予已成为基督徒的拉伽（Radjas）和贵族们的特别毡帽。它们拖着丝带，丝带上写着金字或银字，缘自“位高权重的杰出领主、社会特殊阶层的成员（宗教团体领袖）和纳塞公国的贵族”。在最后一个词的上面或下方，描画着一双合掌。尽管有这些荣耀，但是伍尔夫班说，仍有人放弃信仰，恢复异教习俗。伍尔夫班还列举了他所谓的安汶岛特有
1427 的灾难和疾病：地震、安汶天花、脚气病和一种罕见的夜盲症，以及令人疼痛的脸肿，人们认为这是由于月光照在某人脸上所致。[172]

尼古拉斯·德·赫拉夫到访过安汶岛两次，首番于1644年，第二次是在1683年。他对1644年访问的描述非常简短，没有新信息。他评论安汶人的懒惰——“他们宁肯贫穷地生活，也不愿努力工作”——很可能摘选自斯考顿。[173] 他对1683年巡视的记述也未提供更多的资讯，但是，他暗示了荷兰人控制的范围。他列出大多数岛屿上的城堡，详细描绘了安汶岛的维多利亚城堡。城堡外的市镇如今有一道城门、一座女子劳教所、一家医院、一个孤儿院，还有两间教堂——一座荷兰殖民市镇必需的组成部分。[174]

第三节　班达群岛

虽然葡萄牙人在16世纪初登陆班达群岛，但他们自己还未在那里定居。马鲁古群岛、德那地岛和蒂多雷岛成为他们在香料群岛的主要关注焦点。帝国拥有这两个马鲁古岛屿的统治权，班达岛显然不在其列。尽管如此，整个16世纪，葡萄牙商人都在班达岛从事贸易。1529年，葡萄牙士兵在班达奈拉（Banda Neira）着手修建一座城堡。然而，城堡永未竣工，在该世纪余下的时间里，葡萄牙人向当地商人购买肉豆蔻、肉豆蔻干皮，这些商人将它们带到北部的德那

地岛和蒂多雷岛。[175]因此，伊比利亚人很少写到班达岛。巴罗斯有一段极短的记述，[176]但即便是阿亨索拉1609年的描写都在很大程度上依赖于最早的荷兰人记述。[177]迟至1663年，科林也基本上是在重复巴罗斯的描述。[178]

17世纪，班达群岛很快成为荷兰人的一个独占区。1599年，雅各布·范·海姆斯凯尔克（Jacob van Heemskerk）指挥的两艘船，以及雅各布·范·内克和韦麻郎舰队的部分船只到那里进行肉豆蔻交易。他们让22名士兵留守小屋，以便 1428
舰队启程后可以继续从事贸易。1602年5月，荷兰东印度公司与几个班达岛村庄的贵族们签订了首份垄断性合约。在班达群岛，荷兰人遭遇的竞争和对抗不是来自西班牙人或葡萄牙人，而是来自1601年首次到达那里的英国人，以及班达人，他们拒绝承认与荷兰东印度公司签订的垄断性合约有效，这既是因为他们不明白自己所做的许诺，也是因其逐渐意识到与荷兰人的独家贸易会威胁其独立，实际上是他们的生计。

荷兰人再三试图强制执行垄断权。班达人达成协议，并毁约，但总体上似乎决意避免垄断。英国人鼓励班达人反抗，有时会为班达人供应武器。1609年，舰队司令彼得·威廉斯逊·沃霍夫及其整个顾问委员会在应邀与班达贵族商讨一份新合约的条款之后，遭到伏击身亡。此后，双方的敌对行动升级。荷兰人修建多处城堡，采取报复：控制并烧毁沿海村庄、船只，封锁港口，夺去班达人的食物。班达人有时英勇反抗；有时围攻在奈拉的荷兰城堡；有时言和，签订新合约，但很快地，他们又置之不理。与此同时，英国人加固了自己在几座小岛（伦岛 [Pulau Run] 和艾岛 [Pulau Ai]）上的防御工事；与班达人进行交易，违反了他们与荷兰东印度公司的协定；并以其他多种方式挑衅荷兰人。最终，荷兰东印度公司总督扬·彼德尔斯逊·昆在1621年大举进犯这个群岛，杀死或驱逐大多数班达人，处决领头的贵族，赶走英国人。[179]然后，昆将这些岛屿分为数份，称为**分配物**（*perken*），把它们租给荷兰自由市民、原荷兰东印度公司雇员，他们的工作期满后，留在了东印度群岛。**接受分配物者**（*perkenier*）必须保养土地，以固定价格交出肉豆蔻收成物。荷兰东印度公司以成本价供应大米和其他进口必需品，提供种植肉豆蔻园的奴隶。[180]

因此，荷兰人对班达岛的最早描述不仅对17世纪欧洲人的班达岛印象，而

且对于1621年之后，任何一部班达群岛史都至关重要。荷兰人的占领相当程
1429 度上改变了这个群岛。举例来说，1621年后的到访者对班达人所知甚少，因为他们很少留在这些岛屿上，留下来的是沦为奴隶者。令人遗憾的是，1621年前访问班达群岛的欧洲人所撰记述大多没有描写该群岛及其人民。在这些文献中，最早的荷兰记述《荷兰人东印度航海日志》第二部的内容最为广泛。[181]《荷兰人东印度航海日志》第二部的作者确定班达岛位于南纬4.5°，距离安汶岛24英里。它分为三部分，总面积约5平方英里。[182]班达岛的首府是奈拉，来自周边许多岛屿和远至爪哇岛、马六甲及中国等地的商人到此购买肉豆蔻。在商人们有一船货之前，他们往往会住上两三个月。此间，他们通常会买当地女子，受其服侍。他们一辞别，女人即获得自由，直到商人重返。[183]

全世界只有班达群岛上生长着肉豆蔻。作者提及隆塔尔岛、奈拉岛、火山岛、艾岛和伦岛。他还谈到奥兰塔塔（Orantatta）、孔比特（Combit）和瓦佐（Wajo），这些不是岛屿，而是隆塔尔岛上的村庄。他没有述及罗曾艾恩岛（Rozengain）。肉豆蔻一年成熟三季：时间在4月、8月和12月。4月的收成最多且最好。肉豆蔻树长得颇似桃树，但其叶较短、更圆。[184]果实裹着一层厚壳，熟时开裂——露出红色的肉豆蔻干皮与果仁自身。晒干之后，肉豆蔻干皮与果仁分离，变得近乎橘黄。肉豆蔻开胃、暖胃、下气。它助消食，“除寒燥湿”。磨成粉的肉豆蔻干皮制成的膏药掺着玫瑰油，置于胸部，亦能助消化。《荷兰人东印度航海日志》第二部还包括一张肉豆蔻叶、花和果实的素描，此外，也有一幅班达岛地图。[185]

班达人是虔诚的穆斯林，他们经常到清真寺祷告。士兵站岗前后都在清真寺祈祷。祈祷者的高声喧闹，远离20栋房屋都能听得见。濯足之前，无人踏入清真寺。在清真寺外，他们使用祈祷跪垫。当他们在家中、街巷、海滩，或科拉科拉的时候，会在垫上默念祷文。这些祈祷仪式遵循一套程序：将跪垫铺于
1430 地板；之后，他们站在其上，将目光投向高处两三次；随后，他们双膝下跪，将头触垫三两回。[186]

他们在清真寺所吃常为普通膳食，每个人支付自己的食物份额。在丛林里吃的也是这种家常便饭，特别是要商议政务的时候。有时多达100人出席，他

们似乎其乐无穷。[187]他们还欣赏了一场足球游戏，球员们站在一个圈里，一人立于中央，将芦苇制成的球传给别人，他们随后必须踢到空中的球。荷兰人对球员们同时扭动、旋转、跳跃蹴鞠的能力印象深刻。有时候，球飞得很高，几乎看不见。然而，如果一位球员踢不到球，别人便会大笑，并奚落他。[188]

不过，班达岛的生活并非充满田园诗意。奈拉和拉贝塔克（Labbetacke）村庄相距不到 1 英里，却相斗不休。他们的争执显然始于许多年前，当时拉贝塔克村民砍伐了一些树，这些树种在奈拉村民照管的区域内。战争如火如荼，敌对双方彼此毫不宽容。他们彻夜保持警惕，以防袭击。当荷兰人在奈拉的时候，拉贝塔克人攻打此镇，杀伤数人。翌日凌晨，来自奈拉的士兵乘 5 艘科拉科拉，他们的进攻目标是韦戈（Wayger）小岛，而非拉贝塔克村，前者岛民是后者的盟友。他们杀了几乎所有的人，除了少数几个被带回奈拉的女子。荷兰人亲眼见到一个人被残忍地劈死。炫耀被其所杀的敌人的头颅之后，他们带着这些首级而归，用白布裹之，厚葬。他们在墓地焚香，就好像这些亡者是奈拉人，但无亲属前来坟茔哀悼祈祷。荷兰人发现这些行为是班达人葬礼上常见的。班达人是勇士。他们的作战器械是枪、长盾、大刀，以及像鱼叉的小武器，上面系着粗绳。他们戴着鸡冠花一般的头盔，头盔上插有天堂鸟的羽毛，以求自我保护，抑或他们相信真的会如此。一些人穿背甲和胸铠。在海上，他们的科拉科拉成为令人畏惧的武器，船上载着两门小铜炮，坐在舷外托座上的奴隶划得飞快。士兵们为他们可以携带所有武器从船上跃出多么远而感到得意，他们跳跃时，每次都伴随着阵阵叫喊和击鼓声。[189]班达岛上有一些老寿星。一位老翁据称有 130 岁，荷兰人经常看见他。妇女承担大部分工作，包括收获和晾 1431
干肉豆蔻以及其他许多任务。男人当兵，“在街上巡逻”。[190]

17 世纪上半叶，另一份有关班达岛的报告集中在重大事件上：与班达贵族们谈判，跟他们签订垄断性条约；班达人的背信弃义以及他们经常违反条约；英国人的不断干涉和挑衅；沃霍夫司令的悲剧经历及随后的事件，这些事件以昆最后在 1621 年征服这些岛屿而告终。1607 年，保卢斯·范·索特（Paulus van Solt）指挥史蒂文·范·德·哈根舰队的一艘船，到访班达岛。他的记述首次在《荷兰联合省东印度公司的创始和发展》中发表，描述了早期的多次谈判。[191]《荷兰联合省东印度公司的创始和发展》中的沃霍夫航海记觑缕了1609年与1610年的悲剧性事件。[192]1609—1621年间的事件概览与对昆武装侵犯的详述，从头到尾强调了英国人的敌对角色，它们最终在1622年出版，题名为《东印度班达群岛纪实：1621年及其之前》（*Waerachtich verhael van't geene inde Eylanden van Banda...Inden Jaere sestien- hondert eenentwintich...*）。[193]同年，此书被译为英语，还被附于《荷兰联合省东印度公司的创始和发展》中雅各·赫米特（Jacques l' Hermite）的航海记之后。[194]1622年，一份关于昆征服班达群岛及其原因的类似报告在尼古拉斯·范·瓦森纳（Nicolases van Wassenaer）的报纸上刊载。[195]其中，只有索特的记述有极短的描述性插页。[196]他校正了所有的岛名，增加了香蕉岛（Pulau Pisang），简短地描画了肉豆蔻，观察到这些树一年四季同时开花，结青果，并成熟。索特说班达岛食物极度匮乏。但是，那里生长着榴莲、菠萝、香蕉、橘子和椰子。大米和其他必需品从望加锡进口，西米获自塞兰岛。

1609—1611年，德国人约翰·凡肯被派驻班达群岛，1612年，他的《东印度第九部分：荷兰人与泽兰人在东印度航海史述》（*Beschreibung*）① 提供了荷兰人在那里活动的极为详细的报告，包括沃霍夫之死。然而，它几乎没有提及诸岛或岛民，除了为诸岛命名，认为它们因肉豆蔻而成为全东方最好和最有价值的岛屿。他估计群岛上生活着1—1.2万人。[197]

1432 早在1621年荷兰人攻克班达群岛之前，许多英国船只就在那些地方从事贸易了。1625年，珀切斯出版了几份航海记。威廉·基林、约翰·萨利斯和托马斯·思柏卫（Thomas Spurway）在那里的时间分别是1609—1610年、1613年、1616—1617年。1616—1620年，纳撒尼尔·考托普（Nathaniel Courthop）指挥伦岛和内贾拉卡小岛上的英军，其后，荷兰人令他饮弹身亡。1621年，汉

① 此书名为：*Neundter Theil Orientalischer Indien, Darinnen begrieffen Ein kurtze Beschreibung einer Reyse, so von Holländern und Seeländern, in die Orientalischen Indien, mit neun grossen und vier kleinen Schiffen, unter der Admiralschafft Peter Wilhelm Verhuffen, in Jahren 1607. 1608. und 1609. verricht worden, neben Vermeldung, was ihnen fürnemlich auss solcher Reyse begegnet unnd zu handen gangen*。——译者注

弗莱·费茨赫伯特在那儿。[198]这些篇章有大量英国人与班达人洽谈贸易以及荷兰人在班达群岛活动的细节，但是，与岛屿或人民有关的内容却只有寥寥数语。即便是费茨赫伯特的《班达主岛和马鲁古群岛要述》，对事件的叙述也远多于对岛屿的论述。不过，他评述了由隆塔尔岛形成的“极大、开阔的港口”、奈拉岛和火山岛。他形容后者贫瘠，“顶部寸草不生，只有灰烬、火与烟；在地表，树林没有维持人的生命之水与果实”。[199]火山喷发经常毁坏火山岛上的森林，它们有时还会将灰烬和巨石抛到奈拉岛。所有的班达岛屿都遭遇频繁的地震。奈拉岛上的荷兰城堡建得大而坚固，可糟糕的是，其后一座高山拔地而起。为了克服这一不利条件，荷兰人在山上修了一座小城堡，但它也是脆弱的，因为还有另一座山俯瞰着它。[200]隆塔尔是班达群岛最大、最富有的岛屿，可是它几乎无法从海路到达。荷兰人征服了它，他们已在上面建了座城堡。[201]艾岛是天堂：“那岛上除了肉豆蔻之外，别无他树；其他的可口水果过多，最重要的是，随处闲庭信步，整个国家像是一个品种繁多的人造果园。”但是它缺水，其民必须收集雨水，或从别的岛上运水。其岸陡峭、险峻，只有一个可接受的锚地，却一点也不安全。荷兰人在其上造了一座坚固的城堡。伦岛既无秀色，也不丰饶，但荷兰人还是攻占了它。[202]费茨赫伯特未提及罗曾艾恩岛。珀切斯作品集里的托马斯·思柏卫记述有一份关于伦岛的极短描述。他报告它被判断为最恶劣的岛屿，然而，它却出产“相当丰富的肉豆蔻干皮与果仁”，如果照管得好些，产量会更大。隆塔尔岛和罗曾艾恩岛产的肉豆蔻最多，最大部分来自罗曾艾恩岛。此外，他说如果英国人能继续控制伦岛，那么，班达人将会从隆塔尔岛上带来他们需要的所有肉豆蔻。[203]

至于班达岛岛民，1621年之前荷兰人与英国人的所有记述都清晰地浮现出他们的一种性格特征：顽固的独立性。他们反抗难以抵制的荷兰政权，似决意维护自己的自由。他们英勇作战，必要时会与敌人和解；但一旦有能力的时候，则会再次毁约而斗；他们试图通过正式将土地让与英国国王，以谋取英国人的支持。他们把肉豆蔻偷运出岛，卖给望加锡岛上的英国人，甚或葡萄牙人。他们伺机伏击荷兰人，有时还围攻奈拉岛的荷兰城堡。但是到1622年之前，他们大多要么被杀，要么沦为奴隶，荷兰人牢牢地掌控了他们的岛屿。 1433

那些1621年后到访班达群岛者可以报道的有趣事件便少得多了。在1630年和1631年间，荷兰东印度公司神父塞格·范·雷基特伦在隆塔尔岛的塞拉美（Celamme）工作，对于他来说，最重要的事件是1630年，一艘从巴达维亚来的货船沉没后的米荒，以及1630年6月21日、7月17日和1631年4月发生的地震。[204]伍尔夫班在班达岛度过了五年时光，他也报告了地震；还有一条24英尺长的蛇，它吞噬了一名女奴和她的两个孩子；一场海啸；一次不寻常的捕鱼；一艘英国船只在远离伦岛的地方抛锚。[205]然而，在伍尔夫班的大部分记录中，值得注意的事件是船只的到达与启航，以及逮捕和惩罚罪犯。

雷基特伦的描述反映了与荷兰东印度公司占领相伴随的种种变化。他为6座主岛命名，确定它们的位置，但接着描写了每座岛上的荷兰要塞与据点：奈拉岛的两座要塞、隆塔尔岛的一座要塞和五个据点、艾岛的一座要塞、伦岛和罗曾艾恩岛的各一据点。[206]

火山岛无人居住，其火山昼夜冒烟。若干年前的一次喷发将许多岩石抛入火山岛与奈拉岛（the Sonnegat）之间的海峡，航船再也无法通行。这条海峡过去曾经深20英寻。[207]范·雷基特伦描写的内容既有肉豆蔻和肉豆蔻干皮，还有分配物与荷兰东印度公司的肉豆蔻系列产品。[208]他描绘了巨蛇、鹦鹉、凤头鹦鹉、“印度乌鸦”，以及一种当地人称为“Lo”的鸟，此鸟只吃肉豆蔻。[209]至于班达岛岛民，范·雷基特伦着墨极少。他简短地描述了穆斯林与“印度基
1434 督徒”的葬礼。但是，他报告了本地班达人，由于他们向来对荷兰人背信弃义，已“完全被驱散，无后嗣，甚至整个地区的幼儿都被抢走、杀死或沦为奴隶”。[210]

1646年，约翰·雅各布·萨尔在班达岛，他的书于1662年出版。[211]他形容居民的着装与安汶人的相像，除了其头上盘绕着一圈头发。他们健壮，有卷发和长须，是优秀的战士；使用长盾、短宽剑和吹箭筒。萨尔描写荷兰城堡与驻军、荷兰东印度公司的肉豆蔻产品和运输方法。他报告在6月、7月和8月间，夜盲症普遍存在于班达岛，这种疾病可以通过吃一种鱼肝治愈，此鱼名为“Hay”。班达岛上有种植物看上去像亚麻，名为金吉（ginji，马来语，或印度大麻），人们将它研磨成粉，卷在蒌叶里抽。吸它会导致幻觉和眩晕。受它的影响，人们似乎特别容易跃入水中游泳，他们甚至荒唐到连湿地都想如此一试。

不过，口中含些盐则能恢复理智。品种优质的野马在这座岛上漫游。一旦被驯养，它们便与任何波斯马一样精良。荷兰东印度公司在巴达维亚总部养了300匹这种马。[212] 阿鲁群岛（Aru Islands）住着被荷兰人驱赶到那里的本地班达人。他们是荷兰人不共戴天的仇敌，破坏荷兰人在那儿的活动。在萨尔伴随的一次远征过程中，几位荷兰人被这些班达人处死并斩首。[213] 赫雷特·弗穆伦的《赫雷特·弗穆伦东印度旅行记》也有一份对班达诸岛、气候与肉豆蔻的简述。关于班达人，他只谈到他们的长相和着装与安汶人的相仿。[214]

17世纪下半叶，伍尔夫班撰写了班达岛被征服后最详尽的描述。1633—1638年，他在班达奈拉的拿骚城堡驻军服役，然而，实际上是到1686年，他才出版了自己的日记。[215] 与班达岛被征服后的早先作者相同，伍尔夫班也描绘了每座岛屿、荷兰要塞与据点。不过，他记述了一些早期作者没有提及的事情。例如，艾岛有座极好的城堡，却无水。在城堡里，他们采集雨水，但也从其他岛屿运水。荷兰人已毁坏了全部肉豆蔻树，没人住在那里。伦岛仍为英国人拥有，但它对他们却无甚用处，因为它极难控制，代价太大。他们还荒废了最大、最好的肉豆蔻产区——罗曾艾恩岛。火山岛不结果实，无人居住，然而，荷兰东印度公司在该岛的一侧修建了好几个烟草种植园。在火山岛与奈拉岛之 1435
间有一座极小的无人岛——喀拉喀岛（Pulau Kraka），此岛以一种鱼的捕获量极其丰富而闻名，他称它们为鲐鱼，捕鱼期持续整整一个月。岛屿遭受频繁的地震和海啸。伍尔夫班描写了1629年的一场地震，它摧毁了房屋，损坏了城堡的围墙，将一艘船抛上岸。当地人相信岛屿位于一头大牛的双角上，当它摇头时便会导致地震。[216]

荷兰东印度公司将肉豆蔻的生产仅限于3座岛屿——奈拉岛、隆塔尔岛和艾岛，然而，这些岛屿却多产得几乎令人难以置信。1634年，这3座岛出产666 744磅肉豆蔻与178 170磅肉豆蔻干皮。伍尔夫班在那里的五年间，荷兰东印度公司运了3 097 209磅肉豆蔻和890 754磅肉豆蔻干皮到巴达维亚。[217] 伍尔夫班也像大多数欧洲访问者那样描绘了肉豆蔻树及其果实。但是，与早期作者相比，他述及第三年是最大的丰收年。一经收成，肉豆蔻干皮就被放在太阳下晒干，果仁被置于火上烘干。肉豆蔻干皮掺盐或海水可以防腐；果仁则腌在浓石灰水中。然后，它们被运至巴达维亚。伍尔夫班还描写了分配物以及接受分配物者的义务，并注意到荷兰东印度公司享有肉豆蔻的全权垄断。班达群岛上也长着一些丁香，但是，荷兰东印度公司经常毁坏树木，因为马鲁古群岛和安汶岛上生长的丁香已足够多。[218]

班达群岛上生长着椰子树、一些别的果树和伍尔夫班所说的烟草。班达岛上的动物群包括野牛和驯养的牛，吸蜜小鹦鹉、凤头鹦鹉和果鸠。果鸠很好吃。那里有许多巨蛇，长 5 英尺到 10 英尺，但它们无毒。猪、山羊和小鸡泛滥成灾。它们都是从其他岛上引进的，会造成相当大的破坏。伍尔夫班没有提到马。渔民从周边海域捕获许多种不为欧洲人所知的鱼。他们使用了诸多捕鱼技巧：有些人夜间在自己的船上生火，吸引鱼；有些人沿着底部拖拽铁钩或铜钩；有些人摆放编织的鱼篓；有些人用一种毒药让鱼跃出水面，死去，然而现在禁止使用这种毒药。[219]

服装与食品绝大部分由巴达维亚、爪哇岛、塞兰岛、阿鲁群岛和卡伊群岛进口，它们大多是荷兰东印度公司船只带来的。只有来自卡伊群岛和阿鲁群岛的货物被用来与班达群岛进行本地贸易，这种贸易获得批准。每年有 16—20 艘载着 80—100 人的船只，从卡伊群岛和阿鲁群岛运载西米、椰子、椰叶、豆类、
1436 豌豆、奴隶、鹦鹉和天堂鸟。与流行看法相反的是，天堂鸟有脚。来自阿鲁群岛和卡伊群岛的人用这些产品交换布、铁、银和金。大米、腌肉、猪油、橄榄油、醋、酒等等均由巴达维亚进口。[220]

伍尔夫班概述了班达群岛近代史。它们曾经被德那地国王统治，但班达人经常谋反。一旦摆脱了德那地国王，每个班达村庄就都有自己的首领或长老。接着，葡萄牙人、英国人与荷兰人来购买肉豆蔻。班达人经常偷盗他们的商品，杀其商人。荷兰人随后攻占了这些岛屿。许多班达人逃到周边岛。其余的或在战争中殒命，被运到巴达维亚；或沦为奴隶。班达人因此成为一盘散沙。被征服之前，他们在宗教方面是穆斯林，为精兵，尤擅使用剑与盾。他们身材傲人，智力中等——与爪哇人所差无几。[221]

自从攻占班达群岛以来，荷兰东印度公司时常试图参照巴达维亚的模式，建立一个教会与文官的政府。他们努力向其余人口传播福音，并为了那个目标

兴办免费学校。最初，有不少人成为基督徒，一些人学会读写荷兰语。然而，这些人大多倒退回他们祖先“盲目的异教信仰”。伍尔夫班没有描述同一时期班达群岛的人口，但谈及他们的数量。1638 年，岛上住着 3 842 人，12 岁以下的儿童不计其中。他列出每座岛上，以及隆塔尔大岛每个村庄的人数，还报告欧洲人、老班达人与其他民族的数量。每一类里的项目都包括男人、女人、孩子，以及他们是奴隶还是自由民。在 3 842 人中，有 560 名班达老汉、老妪与儿童，其中 280 人是奴隶。[222]1683 年之后，尼古拉斯·德·赫拉夫曾在班达群岛逗留了一段时间，但他对这些岛屿的描述很短，对其他征服后的描写并无增添内容。[223]

第四节　西里伯斯岛

17 世纪，西里伯斯大岛在很大程度上还不为人知。一些作者甚至不确定“西
里伯斯”其名是用于一座岛，抑或群岛。[224] 奥利维尔·范·诺尔特没有描写西 1437
里伯斯岛，但他的记述收录了婆罗洲地图，此图将望加锡定位为几座远离婆罗洲东海岸小岛中最大的一座，另一座被标名为“布吉斯”。[225] 看来，沃特·斯考顿 1676 年的记述是最早将西里伯斯岛明确写为单一岛屿，估计周长 300 荷兰里的作品之一。[226]

阿亨索拉形容西里伯斯岛居民“举止淫猥、邪恶”。每个家族或氏族同住在一栋独立的住宅里，岛屿“到处是小镇”。市镇为“骇人的尸奸贫民区”。他们把战争中被杀者的头发吊起来，挂在家中。[227] 阿亨索拉对马鲁古群岛西部岛屿居民的泛泛描写似乎包括了西里伯斯岛本地人：他们经常不穿衣服；彩绘身躯；长发披肩或盘起，但留有刘海；牙齿整齐却染黑；穿耳。此外，他描画西里伯斯岛上一种奇怪的树，任何躺在其树阴西侧的人都会毙命，不过，只要迅速移步树阴东侧便可免遭厄运。[228] 鲁洛夫斯逊对雅各布·范·内克第二次航海的记述中有一张插页，它将西里伯斯岛居民描绘成白皮肤的民族，曾经是食人者、偶像崇拜者和海盗，裸体奔跑，只围一条缠腰布。“马鲁古群岛国王通过将死刑

犯押至那里（西里伯斯岛），让居民食之，来折磨他们。”[229] 这些描述都不是第一手资料。

除了望加锡之外，在西里伯斯岛的具体地点中，常被提及的是位于东北岬角的万鸦老（Menado），但鲜有人描述它。科林称之人口众多——3—4 万人，有丰富的大米、豆类植物、螃蟹和羊群，此外还有铜与青铜。他说这个民族的肤色比菲律宾人和马鲁古人的要白。男人裸行，女人穿一件芦苇制成、从腰部
1438 到双膝的织物。他形容女子眉清目秀。当地的人们是异教徒，非常迷信，却是葡萄牙人的朋友。他们在战争中冷酷无情，把俘虏屠尽。[230] 科林接着谈到在一条大河畔的凯迪潘（Kaidipan），那里的人们好战，着装与蒂多雷人和德那地人的相似。凯迪潘的水果、大豆和鱼储量丰富。[231] 不远处是博朗（Bolaang），一座约 300 人的小镇，其中有些人是基督徒。他们是凯迪潘的敌人，荷兰人的朋友。他们的大米产量高，水果却极少。[232]

1657 年，闵明我修士从马尼拉到望加锡的航行时运不济，花了八个月——从 2 月 14 日到 10 月 17 日，他们大多数时间住在沿西里伯斯岛北岸和西岸的市镇。他在其第六部著作《中华帝国的历史、政治、伦理和宗教论集》（1676 年）中描写了这些市镇以及他的经历。[233] 约六周的狂风暴雨和变幻无常的航行过后，闵明我的船只在北海岸的通托利（Tontoli）抛锚，他们发现另有一艘船在泊。通托利有大量的西米面包，不过，闵明我极不喜欢。他回想起令人怜悯的菲律宾穷人在食品匮乏时被迫吃它，如今，他及其同船船员却饥饿得感到它是一种“可口的食物”。他写道，它“很像黄沙……有时索然无味，间或有味道。它非常坚硬，从未破裂，即便它被拉长一码”。[234] 闵明我拜会通托利“国王”，“王宫是一间用藤条和麦秆建成的小屋，在那间陋室里，他自命为令人难以相信的陛下，其所有臣民与他说话时都伏拜在地”。[235] 在他儿子的葬礼上，国王穿着木屐，王后跣足而行。一天 24 时，小型炮每半点钟鸣响一次。国王隐退数日，将其所有财产出售。然而，无人敢买任何东西。[236]

闵明我从通托利驶向西里伯斯岛西岸的卡杰里（Kajeli），他确定其位置在南纬 1°。[237] 在卡杰里，闵明我遇到的男人穿着女人服装，他们公开与其他男子结婚。据传闻，这些易装癖者很多，他们专营当地金匠的工艺。[238] 卡杰里

的男女都穿一种树皮（构树）制成的纸衣。妇女们似乎不停地将树皮锤作成色 1439
不同的纸衣，并染为各种颜色。在寒冷的天气里，纸衣可以保暖，但雨水会毁坏它。因此，一旦下雨，人们就脱下衣服，将其夹在腋下。男人们似乎一直忙于制作椰子油。他们既卖油，又将油作为贡品，用船只运载，献给望加锡国王。闵明我说，卡杰里地区亦出产大量世界上最好的香蕉。香蕉是卡杰里人的主食，他们不种水稻或其他谷物。他们还饲养水牛、山羊和马，并贩卖它们。在公共聚会上，他们烘烤一对水牛，一只被吃的时候烤得半熟，一只未煮过。据闵明我所言，卡杰里人乐意归顺西班牙人，以逃避望加锡的专制。[239]在从卡杰里到望加锡的途中，闵明我提及西海岸的市镇马莫尤（Mamoiu）和曼达尔（Mandar），并注意到比较靠近望加锡的市镇的人们似乎更文明。[240]

威廉·丹皮尔对西里伯斯岛位置和形状的描摹是该世纪最详尽、最准确的。此岛从大致北纬 1°30′延伸至南纬 5°30′，约 7°，其宽大约跨 3°。他描述它长而狭窄的岬角向东，面对哈马黑拉岛和一大片海域或海湾，宽七八里格，从岛屿的南端——波尼湾（Gulf of Bone）往北长四五十里格。丹皮尔实际上只在西里伯斯岛的东岸航行，他将其形容为低地，土壤深黑，水湾和溪流众多，茂密的森林乔木耸立。“其实，此岛东侧整体看来似乎只是一片巨大的丛林，有极其高大的树木。”海边有许多小岛。[241]丹皮尔和他的同船船员经常上岸捕捉龟和水生有壳动物，但是他们未发现人或屋舍，仅有一次他们看到本地舟楫。从近海处到此岛南端的险滩都用小屋做了记号，小屋建在高高的木桩上，作为航标。丹皮尔在海滨发现巨大的“鸟蛤”，足以让七八个人饱食，以及一种长在树上的藤蔓，其叶有药用价值。[242]

布敦岛是远离西里伯斯岛东南岸的大岛，17 世纪欧洲人的记述中也经常提到。1612 年 12 月，阿波罗尼乌斯·斯科特到访该岛，在荷兰东印度公司与
布敦岛的“强权国王”之间签订条约。斯科特的记述未描写此岛及其岛民，除 1440
了述及他们使用布匹作为货币，要荷兰人在随后的访问中，带铜钱来购买它们。[243]1632 年 4 月 20 日，范·雷基特伦在那里登陆，由荷兰东印度公司大使安东尼·卡恩（Anthony Caen）陪同觐见国王。范·雷基特伦将统治者形容为耄耋之人，一缕白须；是荷兰人的朋友，望加锡国王的仇敌。范·雷基特伦说布敦

岛周长大约80英里。岛上几乎不长水稻，当地人吃名为山药的块茎植物和卷耳（草本植物），而不是大米或面包。最好的长尾鹦鹉和凤头鹦鹉来自布敦岛，但是，岛上除了奴隶之外，别无可买之物。[244] 早先时候，范·雷基特伦谈及他乘船小心翼翼穿越布敦海峡的艰难经历。[245] 萨利斯也描写了这个海峡，提供了关于它的航海建议，但是他没有描述这座岛屿。萨利斯乘科拉科拉从此岛前往他的船只，其间，他遇见一位英国人，名韦尔顿（Weldon），为布敦国王所雇。[246]

1635年，荷兰东印度公司商人亨德里克·哈格纳尔从巴达维亚到马鲁古群岛途中，在布敦岛逗留。他简短地描述国王接见了他。城市位于一座高山上，山很陡，攀登时，必须手脚交互使用。一到山顶，行者穿过一个洞口，洞外，立着几幢竹茅屋。在它们的远处，是国王颇大的宅邸。年轻的国王坐在孟加拉地毯上。礼炮鸣响，交换礼物之后，他们小酌亚力酒。国王向哈格纳尔抗议荷兰人夺走了一艘中国式帆船，船上载着运往布敦岛的西米和其他食品。[247]

1632年，伍尔夫班的船只在布敦岛停泊，但他好像不曾上岸。他所描述的全是与布敦的交易，买卖限于奴隶和食物。岛民是农民。他描述了荷兰东印度公司与布敦之间的诸多纷争，以及二者近来签署的协定。伍尔夫班也抱怨布敦岛与西部穆纳岛（Muna）之间的海峡充满艰险。[248]

丹皮尔对布敦岛的描写提供了该世纪最丰富的信息。布敦岛所处位置距离西里伯斯岛大约三四里格，长25里格多，宽约10里格。陆地海拔高，但地势
1441 平坦，绿意盎然。有一港口相当不好，在该岛东部，位于南纬4°54′。大镇卡灵苏苏（Kalingsusuh）与一锚地相距不到1里格，该锚地在一座“小山丘”（而不是哈格纳尔所谓的峭拔之山）顶部，椰树和一堵坚固的石墙环绕四周。丹皮尔不知道岛上是否还有其他市镇。他认为市镇干净、舒适，住所建得与他在棉兰老岛看到的别无二致，但是更洁净。岛民的容貌和着装也与棉兰老岛居民的相像，“却更匀称、紧身”。他们是穆斯林，讲马来语。他们由一位苏丹统治，苏丹是名矮小男子，约四五十岁，有许多妻室和孩子。当他们停靠在那里的时候，苏丹两度上船，丹皮尔曾陪船长到苏丹府邸。苏丹戴一块镶金色蕾丝的穆斯林头巾，穿着一件往一边垂的宽衣、天蓝色马裤，一片红丝绸披散在肩上。他没穿鞋袜，来到这艘船上，这是“一艘极其整洁的快速三角帆船，依照棉兰

老岛的样式建造”。一面白色、丝制、镶红边的大旗迎风飘扬，旗的中央是一头狮鹫踩踏着一条翼蛇图案。他由3位幼子与16名火枪手伴驾。苏丹的府邸坐落在城市的远端。英国人经过的时候，人们在街上列队观看他们。那座住宅“十分整洁”，建在地面，而不是淤泥上，大约有40名士兵守卫。他们坐在小地毯上，苏丹以烟草、蒌叶和椰子款待他们。据丹皮尔所言，统治者埋怨荷兰人，对英国人的到访格外欣喜。荷兰人在布敦岛买奴隶，他们是来自此岛内陆的异教徒，尚不服从苏丹统治。苏丹的臣民追捕他们，以充作奴隶贩卖。在丹皮尔的船只离开布敦岛之前，苏丹送给船长1名年轻的奴隶，其上下颚各有两排牙齿。他还赠与这位英国人两只山羊。与早期访问者一样，丹皮尔也说布敦岛上不长水稻，当地人所食大多数是块根。英国人购买了许多美丽的长尾小鹦鹉和凤尾鹦鹉，它们是丹皮尔见过的最漂亮的鹦鹉。[249]

西里伯斯岛最常被描述的地区是该岛最南端的望加锡。4个族群住在今日称为南苏拉威西的地区（布吉斯、望加锡、托拉查[Toraja]和曼达尔），其中，望加锡早在17世纪初显然就已是最强盛的国家。其领地位于半岛西岸，它只受到东岸波尼的布吉斯王国的挑战。然而，在1611年之前，望加锡的两个王国戈阿（Gowa）和塔洛（Tallo）已征服波尼，并控制了整个半岛。实际上，望加锡的势力范围覆盖了西里伯斯岛整个南半区，并延伸到婆罗洲东部和小巽他群岛的松巴哇岛。早在1605—1607年间，望加锡已接纳伊斯兰教，它在17世纪初 1442
的一些扩张显然意在传播这种新宗教。望加锡的港口成为东部群岛一个主要贸易中心。欧洲人通常称苏丹为国王，苏丹乐意欢迎所有商人、他自己的臣民在整个群岛做生意。当荷兰人逐渐加强对香料群岛的管制时，他们承认望加锡也许是其垄断经营的最严峻的挑战。

来自望加锡的商人定期航至香料群岛的边远岛屿，尤其是到塞兰岛和布鲁岛，他们在那里获取了贵重货物，可卖予在望加锡的葡萄牙人、丹麦人或英国人。荷兰人经常突袭可疑的公共场所，并频频扣押望加锡船只，但收效甚微。作为回应，望加锡人怂恿班达岛和安汶岛本地人反抗。事实上，他们公开援助了17世纪50年代初的安汶人的起义。荷兰人的反应是劫持更多望加锡船只，并封锁望加锡港口。1656年，他们签订了一项条约，但对望加锡在香料群岛的活动并未产生明显的影响。戈阿统治者显然认为荷兰东印度公司的垄断不仅对他们在望加锡港口的国际贸易——他们的命脉构成一份威胁，而且对他们自己勒索钱财的权利和在该地区的统治权地位造成一种挑战。戈阿与荷兰东印度公司是香料贸易控制权与政治霸权的竞争对手。[250]因而，1660年，约翰·范·丹（Johann van Dam）率领一支舰队炮轰望加锡，攻占了帕纳库康（Pa'nakkukang）城堡——它位于此城的南部边沿，显然是为了报复望加锡人劫夺了一艘荷兰东印度公司沉船货物，并杀害其船员。随后，荷兰东印度公司与望加锡签订了另一项条约，但是，它们的关系江河日下。直到1666年，荷兰东印度公司发起了一场针对望加锡的全面战争，这场战争于1669年告终。最后，望加锡接受了一项垄断性条约；在望加锡修建一座荷兰要塞；望加锡政府受控于一位布吉斯国君拉·滕瑞塔塔（La Tenritatta，他的名字），或荷兰人所称的阿隆·帕拉卡（Arung Palakka，他的封号），这位国君帮助荷兰人征服了望加锡。[251]

1443 17世纪初年，来自欧洲人的报告已将望加锡描绘为强大的王国和主要商业贸易中心。举例来说，1603年8月，韦麻郎在马六甲附近遇见一艘望加锡船只。他记述了望加锡人的生意主要集中于香料群岛的丁香、肉豆蔻和肉豆蔻干皮，他们讲马来语，是一个“好心、朴实和友善的民族”，勇于与敌人作战。韦麻郎报告国王及其人民是异教徒，然而，有许多穆斯林和基督徒也住在望加锡。[252]1607年，马塔利夫舰长实际上在望加锡塔洛王国的卡科喀（Kakeka）村庄登陆。他访问的地区人口密集，平坦、美丽、葱绿，森林的密度不如群岛其他岛屿的大。他认为这个国家是“迄今为止他们所见最丰产、最舒适的地方”。望加锡的国王是有权势的国君，他的领土遍地稻米和食物。马塔利夫谈到为了购买肉豆蔻和肉豆蔻干皮，与他签订一份条约。[253]保卢斯·范·索特的记述同样源于1607年的一次访问，其中有一页对望加锡的描写，信息相当丰富。[254]他还述及大量的食物：大米、各种水果、椰子、山羊、猪和水牛。他说仅是在四年前，国王已成为一位穆斯林，并决意让整个国家转变信仰。在国王皈依伊斯兰教之前，望加锡人与勃固人和暹罗人一样，也是异教徒，他们在身体上有某些相似之处。如同暹罗人，望加锡男子过去常常在阴茎上戴小金属铃。但是，自从他们成为穆斯林后，便不再如此。女子过去常常剪发，接受伊斯兰教后，她们就任由它留长，并像马来妇女那样将头发盘起来。女奴依然是上身赤裸地在街上行走。可以看到男人与女人裸立井边冲凉。从 11 月至 3 月是漫长的季风雨季，所以，望加锡的房屋都建在高于地面 1.5 英寻（9 英尺）的柱子上。塔洛国王（苏丹阿拉瓦丁 [Sultan Alauddin]，1593—1639 年在位）是一位肤色浅，年约 40 岁的男子，十分勤勉。他的宅邸和科拉科拉大且建造精美。荷兰木匠相信在荷兰，没有巧匠能造出这等杰作。国王不乏礼貌地牢牢控制着他的贵族及其他臣属。例如，他待戈阿国王如父，因为戈阿国王确实比他更显贵。国王为所有村庄提供了粮仓，这些粮仓不会被清空，直到有新的作物入库，因此，收成差时，粮食无缺。国王特别渴望吸引人们到望加锡从事贸易，为此，他让一位代理商留在班达岛。[255] 虽然韦麻郎、马塔利夫和索特在 1444
该世纪最初十年到访过望加锡，但他们都未发表作品，直至 1646 年《荷兰联合省东印度公司的创始和发展》文集出版。

1632 年 3 月，塞格 · 范 · 雷基特伦因一项荷葡囚犯交换任务而逗留望加锡。望加锡是这一交换的理想之地，既因为它是一个开放的港口，也因丹麦人、英国人和葡萄牙人都在那里设立了商馆。然而，范 · 雷基特伦注意到，望加锡国王不是荷兰人的朋友，因为他们已阻断了他与安汶岛的频繁交易。不过，苏丹在其宫殿接见了他与荷兰大使。范 · 雷基特伦生动描绘这幕场景。王宫规模宏大，雕梁画栋。它立于 46 根高圆柱上，超出地面 3 英寻（18 英尺）。范 · 雷基特伦感到震惊：如此沉重的建筑能在地面上建得这么高。国王坐在一块昂贵的小地毯上，斜倚着天鹅绒垫子，由约 100 名贵族和仆人伺候，他们全都佩戴着装饰华丽的波状形短剑。20—22 名女子盘膝坐在他的身旁，为其端上烟草和蒌叶。国王看来约 58—60 岁。他没有胡须，富态，上身裸露，其肤色介于黄色和棕色之间。国王头戴一顶小白帽，此外，他的下身裹着一件金线衣。他们为荷兰人提供烟草、蒌叶和椰子。一位 22 岁的王子与范 · 雷基特伦谈论宗教，展示其通晓《旧约》，令人印象深刻。范 · 雷基特伦允诺送他一本希伯来语的《旧约》。[256] 一堵石墙环绕着王宫，周长约 0.5 英里。在海边，4 座坚固的堡垒有 20 尊大炮，均由基督教国家捐赠。望加锡人制造他们自己的火药。据范 · 雷基特伦所言，他们的军械是由一位成为穆斯林的英国人管理的，他骑马绕城，自命不凡，身后跟着一位仆人。国王的战船是范·雷基特伦见过的最好的。它们很大，用乌木和象牙镶嵌着精美的装饰。有两三艘战船供苏丹私用，每艘载五六百名桨手。战船被拖上岸，加盖防雨，但是，它们不到一个半小时便可准备航行或作战。如果需要，苏丹能在六小时之内召集 10 万士兵。他们的主要武器是长矛和带毒飞镖的吹箭筒。[257]

1445 概括地说来，范·雷基特伦将望加锡人形容为精兵，强壮而勇敢。从宗教上看，他们是穆斯林。妇女务农，男子捕鱼。男人仅在腰上围一条裙子。女人穿一件宽松的袋状长袍，罩着她们的裤子。长袍之大，足以在其间另藏一人。鸡奸在望加锡司空见惯。它持续不断，未受处罚，人们对它鲜有或无羞耻感。[258] 范·雷基特伦的记述于 1635 年首版。

1647 年，或在范·雷基特伦之后约十五年，法国耶稣会士罗历山神父巡视望加锡。他也在宫中受到接见，但接见者不是苏丹，而是他的首席大臣卡棱·帕廷加隆（Karaeng Pattingalloang，卒于 1654 年）。罗历山形容卡棱·帕廷加隆：

> 极其聪明、理智，除其邪教之外，是个十分诚实的人。他对吾之秘密了如指掌，好奇地阅读了所有的欧洲国王的编年史。他总是将吾之卷册在握，尤其是那些探讨数学的书，他相当精通数学。事实上，他对这门科学的所有分支都激情满怀，并夜以继日地致力于它。[259]

罗历山常常与他谈论数学、科学和宗教。他像一位葡萄牙本地人那样讲葡萄牙语。卡棱·帕廷加隆不仅聪明，熟悉西方科学，而且品行极其高尚。他作为未成年苏丹哈桑丁（Sultan Hasanuddin）的摄政王统治国家，当贵族们将皇冠赐予他时，他拒绝了，并在苏丹开始有统治能力的时候，自愿让权与后者。尽管卡棱·帕廷加隆看来好像真的对基督教感兴趣，聆听布道，跟从圣周队伍（Holy Week processions），但罗历山神父使其皈依的全部努力还是徒劳。[260]

罗历山对望加锡的总体描述与范·雷基特伦的所差无几，除了他似乎强调在这个王国里的穆斯林的联合：出于宗教原因，猪被赶尽杀绝；虽然男人可以上身赤裸地行走，女人却得从头罩到脚趾，甚至不能露出她们的脸。[261] 罗历山还讲述了广为流传的故事，故事描写了望加锡臣服于伊斯兰教国家：国王向寻求宗教指导的马六甲基督徒和亚齐穆斯林派遣大使，其潜在的意图是接纳先到者的宗教。让罗历山深感遗憾的是，穆斯林胜出。[262]

1657 年，闵明我抵达望加锡，他也讲到望加锡改变信仰的故事，并补充说， 1446
自从接纳了伊斯兰教，望加锡人便成为极其严格的穆斯林。[263] 与罗历山一样，闵明我与卡棱·帕廷加隆之子，首席大臣卡棱·卡伦隆（Karaeng Cronon）也有过几番对话。卡伦隆向闵明我展示了其父的书籍、地图、地球仪和时钟。苏丹出现在一次集会上。在那个场合，闵明我描述道："他们的装束最荒唐可笑。他们都穿灰衣，将欧洲的布外套直接罩在身上；手臂露出，袖子垂落；他们模仿时尚，袒露腹部。"[264] 集会在一位有影响力的葡萄牙富商和冒险家弗朗西斯科·维埃拉·德·菲格雷多（Francisco Viera de Figueiredo）府上举行。[265] 菲格雷多并非望加锡唯一的葡萄牙居民。闵明我记述了自 1641 年马六甲落入荷兰人手中之后，数千名葡萄牙人移居望加锡，那里的葡萄牙贸易与日俱增。苏丹已分配一片城区作为葡萄牙人的居住地。[266] 除了他自己在望加锡的经历之外，闵明我还描写了不少奇物：一头巨鳄，它的胃里装有他物，其中有人头、匕首与手镯；一些异常美丽的天堂鸟；一种名为冢雉的鸟，其蛋比自己的身体还大，蛋被深埋入沙中，本地人寻找它，当作一份美味；一名有 24 只手指与脚趾的儿童，据说其亦是一个两性体。[267] 闵明我报告看见一支殡葬队，其中 4 名男孩扛棺材，每人手上拿一把扇子，用来冷却亡者的灵魂。[268]

那些在 17 世纪最后二十五年间描写望加锡的作者大多集中于它与荷兰人的纷争，以及荷兰人最终征服该王国。例如，沃特·斯考顿参与了 1660 年约翰·范·丹对望加锡的进攻，他详尽地描写这场战争。他对本地人几无善言：他们是凶残的斗士，多年来，或是荷兰人不共戴天的敌人，或为荷兰人有贰心的朋友，没完没了地在马鲁古群岛、安汶群岛和班达群岛挑起事端，经常与葡萄牙人结盟。接着，他继续描述了远征计划、舰队装配、战略部署、海军炮轰城市、围攻港口，以及和平谈判。他在其进攻记中收录了若干份简短的风景概述。海岸线风光旖旎，有迷人的沙滩和令人印象深刻的房屋。内陆是可爱的田野、农
场和游乐园，宜人的平原背后是蓝色的峥嵘群峰。它看上去像是一片绿色的天 1447

堂。[269]他说穆斯林阿訇的着装从头到脚一身白，过着有道德的生活，勤于他们的宗教职责。一般而言，望加锡人比该群岛其他大多数人穿得更体面、更齐整。他们也有礼貌、较勤劳，是十分聪明的建造者、最勇敢的战士。[270]

弗穆伦的望加锡记述主要关注1666—1669年间的荷兰—望加锡战争及其前事。他提供了可能是最早出版的阿隆·帕拉卡传略，帕拉卡为荷兰东印度公司在望加锡战役中的布吉斯同盟。弗穆伦说阿隆·帕拉卡的父亲是来自半岛东部波尼的一位渔民，他参加苏丹的军队，出类拔萃，大权在握，成为一位王室宠臣。他曾经救过苏丹的性命，然而，他两度密谋推翻苏丹，阴谋败露后遭处决。阿隆·帕拉卡被扣在宫中作为王奴，他提着苏丹的蒌叶盒。随着年龄的增长，他决意替父报仇。终于，他潜入荷兰东印度公司轮船，来到了巴达维亚。他主动提出要帮助荷兰人攻打望加锡。阿隆·帕拉卡的真诚与能力在苏门答腊岛的一次战役中得到考验，其后，总督宣布其为布吉斯国王，在1666年的武装入侵中，让他统帅500名布吉斯士兵。[271]弗穆伦接着继续细描攻打望加锡的施贝尔曼战役，特别提到阿隆·帕拉卡一直发挥十分重要的作用。它以望加锡的战败、望加锡与荷兰东印度公司签订条约而告终，弗穆伦重现了条约原文。望加锡的贸易垄断权被让与荷兰东印度公司，它的港口向其他所有人关闭。战争中夺取的土地仍由荷兰东印度公司掌控，阿隆·帕拉卡的一切物品、土地和财产归还于他，他被宣布为布敦国王。阿隆·帕拉卡剪发庆祝胜利。他被加冕
1448 为王，并获授一条金链。后来，他向半岛另一边的瓦佐族开战。[272]在弗穆伦的征服记中几乎找不到对这个地区或人民的写照。其记述最后的简短概述差不多没有新的内容。他评论了望加锡人的金牙齿，他们在头上戴花的习俗及其屋内没有家具。[273]

迄今为止，17世纪期间对望加锡书写得最详尽的著作是尼古拉·热尔韦斯的《望加锡王国史》（1688年）。[274]热尔韦斯在暹罗任传教士四年，1685年，他与达英·马阿莱（Daën Ma-Allé）的两个儿子返回法国，达英·马阿莱是一位殁于暹罗的望加锡流亡国王。他似乎并未亲自到访过望加锡。他的记述有大量关于望加锡历史、政府、宗教、社会习俗和物产的细节，却几乎没有关于风景的具体内容，或任何一个人不得不亲眼所见才能描述的文字。此外，固然他的

记述是 17 世纪最长的望加锡描述，它的确是唯一一部完全专注于这个国家的著作，但还是有许多差错。事实上，他似乎相当容易受骗。

热尔韦斯从望加锡的历史着手，注意到尽管它长期以来被视为一个强国，但它对西里伯斯岛整个南半岛的控制只是由现任统治者的祖父在六十年前实现的；在那之前，曼达尔和布吉斯仍然独立。[275]据推测，热尔韦斯指的是苏丹阿拉瓦丁（1593—1639 年在位），不过，他不是现任统治者卡棱·贝希（Karaeng Bisei）的祖父。热尔韦斯所述其他占领南苏拉威西的细节也令人困惑。例如，他将 1669 年荷兰人征服之后，托拉查的屈从（1683 年）归因于卡棱·贝希（1674—1677 年在位），却注明此事“大约发生在七年前”，这是将其置于苏丹哈桑丁（1653—1669 年在位）或苏丹阿米尔·哈姆扎（Amir Hamzah，1669—1674 年在位）统治期间。[276]热尔韦斯说托拉查拒绝受伊斯兰教的约束，尽管其民已不再是异教徒，并相信有一位造物主上帝。[277]热尔韦斯的荷兰人征服望加锡的年表同样不明确，有点混乱。他对葡萄牙人或望加锡参与者个人勇气的讲述比对事件的讲述更清晰。他没有提到阿隆·帕拉卡。他描述了荷兰人密谋与国王的宠妾反对国王的兄弟达英·马阿莱，达英·马阿莱先是逃到爪哇，最后于 1664 年来到暹罗，卷入穆斯林反抗暹罗国王的阴谋，在那里被杀。热尔韦 1449
斯关于望加锡的讯息可能来自达英·马阿莱或他的儿子们。[278]

据热尔韦斯所言，望加锡的气候非常炎热、潮湿，不过空气有益于健康，因为风通常从北面吹来；“大多数地区的人身体都十分健康，享寿期颐或花甲重开”。[279]它是一片肥沃且物产丰富的土地，有大量的宝石、黄金、铜、锡、乌木、沉香、檀香木和竹资源。那里生长着柠檬和橘子，还有芒果、西瓜、香蕉、核桃、棉花、甘蔗、胡椒、蒌叶和上等大米。望加锡不产酒，棕榈汁液品起来，却“如同法国最好的酒一般美味”，贪杯者不会犯头疼，但喝太多会引起痢疾。当地人也酿制亚力酒。[280]

热尔韦斯提到一种像百合的香花，名为“Bougua Gené Maura”，此花用作药，并防腐；包括甘薯在内的几种可食块根；鸦片，从这种灌木中可提取令人极其兴奋的汁液，本地人将其与烟草相混。“因此，染上吸食像这种洒有鸦片酊的烟草的习惯是危险的，在很短的时间内，鸦片烟将成为瘾君子的必需品，他们无法离开它而生存。因为那些停止吸鸦片的人，很快就会消瘦、衰弱无力，不久之后死于肺病。”吸食太多将令人在睡眠中作古。望加锡士兵在上战场前，会把一针头剂量的鸦片与一袋烟叶混在一起。[281]

这片土地养着家禽、鹦鹉、公牛、奶牛、鹿、种猪、一种奇美的捕鱼鸟——翠鸟（Ten Rou Joulon）、巨蛇、许多猴子，以及狒狒。有些猿猴无尾。白猿犹具危险性，常常攻击和杀死女性。猴子与山羊以一种特定的灌木为食，所以，它们都长类似牛黄石的结石，结石可以在它们的粪便中找到。猴子的结石更好，较大且治疗更有效。在望加锡未发现大象，但有许多马，不过它们逊于欧洲的。河流是凶险鳄鱼和“奇大”的美人鱼的家，鳄鱼有时会攻袭船只。[282]

热尔韦斯将望加锡的海港乌戎潘当（Ujung Pandang）与“王国的大都市，以及国王们最常住的地方”（他称之为“望加萨拉”[Mangkasara]）区别开来。[283]
1450 乌戎潘当是一座繁忙的港口城市，有片极好的港湾，维系着与许多地区的贸易，如婆罗洲、香料群岛、暹罗、柬埔寨、交趾支那、东京和菲律宾群岛。荷兰人控制这个港口逾卅载。尽管在压服望加锡人上困难重重，但荷兰人如今对他们已无甚担忧，他们只派大约20名荷兰人与一些未受过良好训练的本地人把守港口。[284] 大都市望加锡位于内陆一片肥沃的平原上，距一条河流（也许是加拉西河 [the Garassi]）的入口不远。它的街道宽阔、洁净，但没有铺砖。王宫和一些清真寺是用石头建成的，其他屋舍却是木质的，通常雕刻、镶饰精美。窗户窄小，屋顶铺着厚厚的阔叶。房屋建在柱子上，梯子可以向上拉起，以防狗跟踪屋里的某个人，这是由于穆斯林害怕接触狗而被玷污。那里商店林立，公共集市每天在日出前一小时到日落前一小时之间开张两次。只有妇女到集市，一名男子在那儿被人看见是有失体面的。望加锡的人口一度超过16万，但是自从与荷兰人的战争及二十五年前的一场瘟疫以来，其人口仅约8万。[285] 热尔韦斯谈及望加锡的另外几座城市：繁忙的港口波尼有一个优质避风港，与它保持贸易的地区不仅有西里伯斯岛的其他区域，还有瓦佐、索彭和布吉斯省的佩内基（Peneki）；曼达尔省的曼达尔和马杰内（Majene）；托拉查地区的托拉查；望加锡省的塔洛、图拉特亚（Turatea）和巴鲁（Barru）。除了述及他们离望加锡有多少天的路程之外，他没有谈论这些地方。[286]

望加锡人健壮、精力充沛，对军事活动十分感兴趣，且精于此道。他们不如暹罗人肤黑，鼻子更扁平，因为他们从一出生就努力使鼻子变得较平。“虽然望加锡人天性并不耽于爱抚与亲吻，但他们的友谊却十分牢固，极其忠诚。”不过，他们的性子急。婴儿一岁断奶。男孩五六岁起离家成长，七八岁上学，穆斯林阿訇每日教他们诵读、算术和两小时《古兰经》。“那些僧侣是无比严厉的一类人，两年就足以使男孩们像国内任何人一样博学。”孩子们不停地忙于学习各门手艺——或者，对于贵族来说，还有多种体育运动，以免他们变懒。[287]

“一名男性几乎无法想象女子的贤淑，或她们是多么贞洁，举止矜持。”她 1451
们近乎与世隔绝，甚至不敢探访自己的兄弟。男人极端善妒，法律允许他们杀死一名被发现与别人太太在一起的男子。然而，男人们却可以娶几房妻室，认为仅有一位夫人或孩子很少是丢脸的。[288]

婚姻是由父母安排的，家长常常在子女才三四岁时就为他们订下婚约。16岁时，订过婚的孩子可以在他们父母在场时彼此照面。准新郎要在婚前建一所房屋。与此同时，他的父母带聘礼到新娘家中，履行最初的婚约。如果聘礼被接受，那么，精心打扮的新郎就前往清真寺，阿訇会告诫他，然后抓住他的大拇指，领他到新娘家中。新娘通常会让他们在敲门后稍等片刻。进屋后，阿訇握着新娘的大拇指，给她告诫。接着，新婚夫妇被关在一间小屋三日，他们的宾客则在外面尽情享用美食佳肴，时而向一对新人高呼调情话。一位老妪坐在门口，听候夫妻俩的一切差遣。第四日清晨，新娘和新郎整装步出。他们裸足，立于“一条刻有某种神秘符号的铁棒”上，一位仆人往他们身上泼了一桶水。他们更衣后，来到宴会厅。午时，所有客人陪他们到新郎父母家，他们大快朵颐、纵情欢舞，直到夜幕降临。之后，他们来到自己的新家，新娘即刻承担所有的家务。“事实上，一位女子一入其夫家中，可以说，她便沦为奴隶。”[289]

纳妾制经常引发望加锡人的家庭问题。上流妇女通常坚持其夫将妾养在一处独立的住所里，但是，正房与侧室之间的争斗乃家常便饭。男人在纳妾或休妻前会咨询一位阿訇。男人很容易通过向阿訇抱怨妻子的品行而与她们离异。如果阿訇同意，一位世俗的法官即解除他们的婚姻。离婚男子往往会扶一位宠妾为正室。离婚妇女若能找到丈夫，亦可再婚。望加锡人对于遗嘱和遗产非常谨慎。假使一位妇女比她的丈夫长寿，但无儿女，那么，她及其父母分得其夫一半的财产，余者留给他的家庭成员。如果她有孩子并再婚，则获 1/3 家产；倘
1452 若她有子女，未再婚，那么，她将拥有一切。其子在她死后分得所遗之物，女儿们一无所承，除非她无子。鳏夫继承其妻的一切财物。[290]

望加锡女孩留在家中，学习烹饪与针线活。女子缝制所有家庭成员的衣物。那里没有专业裁缝，亦无男厨。望加锡人一日食两餐：一餐在早上八九点，另一餐在日落时分。两餐之间，他们咀嚼蒌叶，抽烟叶，饮亚力酒、果子露、茶或咖啡。全家人在矮桌旁席地而坐，一同用膳。他们用双手啖饭，所喝皆来自同一个瓶子。他们在食物中搁了许多胡椒和丁香。[291]

上流男士穿一件金锦缎或银锦缎，抑或猩红色的长衬身服，及膝，其下着裤。衬身服长袖，在手腕处用纽扣扣紧。他们外出时，在上面套件马甲。他们不穿鞋袜，不过，上层阶级的男士有时会穿小拖鞋。他们不戴帽，只有在节日里缠头巾：阿訇和老人的头巾是白色的，年轻人的则是彩色。女子穿窄领拖地长裙，袖子至肘部，裙下穿着到小腿的女式灯笼裤。在这一切之上，她们罩了件外衣（马来语，jipun）。她们不戴帽，很少佩戴珠宝。男人戴上大多数首饰。已婚妇女挂一条金项链以示顺从她们的丈夫。男子不理发，阿訇留长须。望加锡人每日冲凉两三次，用一块马铃薯泥和檀香粉制成的软膏擦身。他们把指甲剪短，染上红色；将牙齿涂成黑色、绿色或红色。十一二岁的时候，他们锉齿，使之相互分开，这是一个痛苦的流血过程。有时他们拔掉一颗牙，代之以一颗金牙、银牙或金银铜合金的牙齿。[292]

热尔韦斯报告望加锡的奴隶极少。父母不许卖儿鬻女，战俘通常被卖到别处。另一方面，他报告了上流妇女“支使众多仆人和女奴做苦差事”，她们外出时，受人伺候。总是乘坐轿子，相当招摇。[293]贵族们极其傲慢，他们分为“达英”（Daën，布吉斯贵族头衔）、卡雷（Care）和洛洛（Lolo）三个等级。他们有些
1453 人因为对国王有大功而获封采邑。虽然贵族必须支付国王年费、侍奉他、在其军中服役，但是，采邑是不可剥夺的。贵族家族皆历史悠久。没有在建的新贵家族。[294]

作客的时间甚短。一位客人被领进主人家中，坐在带垫子的地毯上。约 15

分钟之后，有人为他端上蒌叶和酒水。通常再过一刻钟，客人辞行，被引到门口；若他的官衔较高，则会被送至其府邸。望加锡人有很强的等级意识。但是，他们的探访和在街上邂逅并不过分拘泥于形式。[295]

望加锡国王是一位权力相当大的专制君主，然而，他似乎听从一个顾问委员会和他的首席大臣的建议。据热尔韦斯说，其实，是首席大臣任命大多数国家官员的。国王无一例外地同意委任。国王亲自审判被控告的亲王或达英们。这些以及全部审讯都是以一种采用指控、作证和审问的有序形式执行的。商人的主管官员判决商业纠纷，不过，重要案件历来交由国王及其委员会审理。无辩护人，登记员或公证人十分重要，大多数合同与协议是由他们拟订的。很少要犯被当众处死；他们大多数自杀或死于拒捕。任何人如果逮住一位窃贼或通奸者，都可杀了他。盗贼数量众多，却不太残忍。他们大多亦是巫师，会迷惑其受害者。[296]在他对望加锡政府的描写中，热尔韦斯没有提及阿隆·帕拉卡或荷兰人。

在位的国王名为卡棱·贝希，在其家系中为第二十世。迄今为止，他无兄弟或后代。他接受耶稣会士的教育。[297]国王将大多数时间用于狩猎和训练他的军队。士兵是由国王装备的，但没有工资，因此，他们不会同时都在岗。10万名望加锡士兵参与了最后一场战争。国王通常御驾亲征。在一场战争期间，他们悬赏敌人的首级。战利品在国王、亲王和官员们，以及士兵之间三分。热尔韦斯涵括了与旗帜、编队等等有关的诸多细节。年轻人一般在成为技艺高超的士兵后才结婚。叛徒、逃兵和懦夫会受到严厉的处罚。一旦他们成为士兵，便认为务农或从商是“不得体的”。他们将大部分时间用来打猎。他们最常见的武器是波状形短剑，“造得像一把匕首，约1.5英尺长，刀刃形如我们画家所描 1454
绘的一束阳光”。短剑通常涂毒。他们还从吹箭筒中射出轻木箭，箭头带有鱼齿，射程七八英尺远。[298]

望加锡人玩几种游戏：一种有点像西方象棋的“Toupie”、放风筝和斗鸡。[299]他们亦弹奏乐器，却从不用它们伴唱，“因为他们只有小号，声音没有变化；鼓不如我们的一半好；以及一种小提琴，他们用一根棍棒触弦；一蒲式耳的小容器由很薄的木材制成，他们用两根棍子敲打着，动作十分潇洒，使它发出数种不同的声响，任何人乍听的时候，都觉得声音悦耳，但是再听之便不能忍受”。[300]

“近一百二十年来，望加锡人全都是偶像崇拜者。”他们崇拜太阳和月亮，在它们升起和降落时祈祷。每月初一和初五是节日。他们相信灵魂转世，反对夺取任何人的性命。但是，他们会向日月奉献动物祭品；如果无牲畜，他们甚至会牺牲自己的孩子。他们吃猪肉和禽肉，显然是因为他们相信没有比再生为猪或家禽更坏的灵魂了。热尔韦斯描述了一种宇宙论，即天无起源，太阳追赶月亮，围绕着她，由此诞生了地球。月亮每十万年又产生一个世界，旧者被太阳的热量吞噬。[301]

热尔韦斯留出相当多的空间讲述望加锡皈依伊斯兰教的故事。在16世纪期间，两名望加锡商人在德那地的葡萄牙总督安东尼奥·加尔旺（Antonio Galvão）的指导之下，成为基督徒。他们回到望加锡后，宣讲教义，使人们转变信仰。许多国君对基督教感兴趣，但只有“索彭国王”（索彭大督 [Datu Soppeng]）接受了洗礼。圣方济各·沙勿略（Francis Xavier）决心到望加锡，却始终未能如愿以偿。与此同时，望加锡国王派人延请马六甲神父和亚齐阿訇，发誓谁先到就接受谁的宗教。穆斯林长老先到后，国王不得已接受并建造了一座清真寺，人们被施割礼，望加锡人成为穆斯林。耶稣会士随后的到访无法改变这种状况，不过，国王准许与葡萄牙人的贸易及宗教自由。他还为他们修建了一座教堂。自此以后，伊斯兰教传至西里伯斯岛大部分地区，还散布到索彭。然而，葡萄牙人在望加锡继续自由崇拜，直到荷兰人攻克望加锡。热尔韦斯谴
1455 责荷兰人摧毁葡萄牙人教堂，驱散本地改变信仰者。[302]

望加锡人是极为虔诚的穆斯林，从未忽略一场典礼或一个圣日，从不做出格的事。他们“远比其他所有伊斯兰教徒虔诚”。施行割礼有许多仪式。男孩沐浴一小时，当长老对他训话的时候，他坐在一头用于祭献的公牛或水牛的双角之间，额头上涂着鲜血，孩子重复着忏悔。施割礼后，男孩躺在床上四十天，经常洗澡，由医生看护着。其间，家庭成员为此庆祝，除非孩子生病。据热尔韦斯说，望加锡人还为女孩施割礼，但只是悄悄地做，很少人了解它。[303]

葬礼特别复杂。人们清洗遗体五遍，让它穿上一件白色长袍，戴一条白头巾，躺在一块木板上，置于家中最好的房间里。寡妇在另一处接见吊唁者，长

老将遗体运到清真寺，在殡葬队穿过街巷时撒钱。戴白头巾是哀悼的一种标志。在清真寺里，人们往尸体上洒水和灰，吊唁者祈祷约两小时。接着，殡葬队继续走到坟场，那里无棺木。在墓地上，尸体由扛它来的木板遮盖着。土铲进墓穴，长老朝尸身泼一桶水，其后，吊唁者回家清洗自己。后来，一座陵墓建成，随之而来的是更多的仪式和一场筵席。大斋期过后的那日亦是为亡者祈祷的一天。[304] 清真寺是用石头建成的，它们没有神坛、塑像或装饰物。人们跣足礼拜，女子在一个独立的清真寺做礼拜。望加锡有三种等级的祭司：可以结婚的拉比（lebes）；圣特里①（或教师），他们独身，且住在清真寺；到过麦加的端（Toun，也许来自马来语，tuan，主人）。热尔韦斯收录了望加锡奉行的其他穆斯林仪式的细节，强调人们恪守它们。[305]

第五节　小巽他群岛

除了苏门答腊岛、爪哇岛、婆罗洲、西里伯斯岛和香料群岛之外，欧洲人出版的报告中如实描写了其他数百座岛屿及沿海地区，这些欧洲人曾在 17 世纪 1456
期间到过印度尼西亚群岛。有些报告容易被验明，有些却不能。对于现代学者来说，要探讨小巽他群岛（龙目岛、松巴哇岛、弗洛勒斯岛、松巴岛 [Sumba]、萨武岛 [Savu]、罗地岛 [Roti]、索洛群岛和帝汶岛）以及许多周边岛屿尤其困难。17 世纪的描述一般都是从船上观望岛屿的人撰写的，这使得它们彼此颇为相似。诸岛绿意盎然，通常林密阴浓，乔木之巅屡屡耸入云霄，令人诧异。火山举目皆是，对于欧洲访问者来说，没有看到大自然的烟火表演似乎是罕见的。那些在小岛登陆者所述的植被一般与较常到访地的相仿。连那些岛屿的居民也被形容得与爪哇人、马鲁古人、安汶人，或菲律宾人相类。这些记述的读者最终对深蓝海洋上翠绿诸岛的景色、壮观的火山、色彩斑斓的鸟类，以及乘坐马来帆船和带有舷外浮材的小船的黄褐色岛民感到麻木。

① 也称白派。——译者注

然而，鉴于一些岛屿是传教基地，抑或具有商业或政治的重要性，因此，它们在该世纪经常受到关注。例如，索洛岛和帝汶岛是重要的檀香木来源地。16 世纪间，葡萄牙人已在索洛岛上建造了一座城堡，使众多本地人改宗。[306] 佩德罗·特谢拉在 1610 年版的《波斯国王》(*Kings of Persia*) 中有许多题外话，其中之一是简要描写了帝汶岛的檀香木，并特别提到帝汶岛产其他不甚出名的药用木，因为它们不是主要的贸易物品：如"白苹果"（white apple）或"海苹果"（sea apple）。他还提及来自附近索洛岛的"索洛木"，这是一种重要的解毒剂。他对檀香木如何生长以及帝汶岛岛民的描述显然是间接的，特谢拉从未到过那里。[307]

索洛岛的详细信息出现在一本书中，此书为该岛多明我会传教区的三则短述，由安东尼奥·达·恩卡尔纳桑（António da Encarnação，大约卒于 1672 年）和米格尔·兰赫尔（Miguel Rangel，卒于 1645 年）写就。[308] 恩卡尔纳桑的首份论述是对亚洲多明我会活动的概述。在其第二份论述中，恩卡尔纳桑简短描述了多明我会传教区于 1561 年在索洛岛成立，1613 年被荷兰人摧毁，1616 年，兰赫尔与其他人重建此区，以及 1629 年，总督努诺·阿尔瓦雷斯·博特略（Nuno
1457 Alvarez Botelho）舰队的巡视。除了讲述索洛岛的基督教堂史之外，他称赞索洛岛宜人的气候、有益于健康的空气和肥沃的土地。若不是索洛人懒惰，所有适于地球上那片地区的水果都可在此岛大量种植。他特别提到索洛岛上的四种不同语言。[309]

兰赫尔的叙述意在说明索洛岛的多明我会城堡是确保有权享用帝汶岛檀香木，以及保护住在那里和邻近的帝汶岛、弗洛勒斯岛、英德岛（Ende）的葡萄牙人和本地基督徒之必要。[310] 在书的结尾处，兰赫尔栩栩如生地描写了原先的城堡和附近的教堂，1613 年荷兰人极其严重地摧毁了城堡与教堂，以及荷兰人放弃索洛岛之后，多明我会修士是如何重建城堡与一些教堂的。1620 年，荷兰人进攻复建的城堡，尽管他们被城堡防御者击退，但城堡已损失惨重。荷兰人再度进攻期间，兰赫尔在欧洲，但是，他于 1630 年随努诺·阿尔瓦雷斯·博特略舰队重返索洛岛。他重新修建城堡的热情遭到拉兰图卡（Larantuka）葡萄牙人的反对，他们希望将其夷为平地，担心如果他们重建它，荷兰人会回击。

兰赫尔斥责他们，因为他们对荷兰异教徒侮辱教堂乃至上帝的举动不够愤怒。其书余下篇章讲述了重修城堡的细节，以及对重建与维护城堡的必要性的激烈论争。[311]

兰赫尔以对索洛岛的一份总体描画作为其城堡记述的开场白，尽管有些乐观，却是该世纪最详尽、信息最丰富的描写。他报告索洛岛有大量人类生活与商业利润所必需的物品。譬如，城堡可享用的大米价廉物美，它并非种在水田里的低地，而是长在山中，山中有天上的甘露。[312]在缺乏蔬菜的情况下，山药是人们的主食。见多识广的人说东印度群岛所有的酒都无法与索洛岛上酿制的相媲美。兰赫尔没有讲述酒是如何制作的。优质的肉不难获取：绵羊每年生三胎，山羊每胎产三只健康的幼崽，此外是许多鹿、猪、水牛（与牛一样美味）和多种鲜鱼。好水果甚至更为丰富：麝香葡萄全年可食（人们每月修剪它们）；橘子与来自中国的一般可口；还有瓜、石榴、无花果、柠檬、菠萝、芒果、菠萝蜜、李子、杏仁及其他。在众多作为调料的花草中，野生墨角兰长得像葡萄牙的迷迭香。索洛岛上可以找到所有制造火药的材料。那里有用作建材的宽大 1458
石头和上等石灰（由钙化贝壳制成）。木柴充裕，同样也是建房和造船的好木料。它做成的盒子与箱子经久耐用。兰赫尔提到在索洛岛上发现的几种药物：猪石（一种类似牛黄石的结石）、lucerragem、belile、bidarupes、罗望子和甘蔗。[313]

索洛岛的气候并不像有些人所想的那样，会因为据说有害的微风而致病。兰赫尔认为微风不会让这片土地损害健康，但是，本地人用它们来解释他们无法理解的疾病或问题。他声称住在城堡附近的人寿登期颐，一些人已然花甲重开。他发现这里微风清新、气候宜人，适于各类娱乐活动。[314]

这个地区最重要的出口产品是来自帝汶岛的贵重檀香木。其他出口产品包括蜡、海龟、奴隶、牛和源于英德岛的上好肉桂皮。它的更重要的进口产品是黄金、白银、象牙、铁和成品布，尤其是丝绸。兰赫尔认为对于当地人和外国人来说，与索洛岛及周边岛屿贸易所获得的利润格外丰厚。这里海上的和来自盗贼的险情也比其他大部分地方的少，一位雄心勃勃的商人能迅速发家。兰赫尔引用了近期一封澳门的来信，可信赖的商人说道，最后的雨季期间，在中国的檀香木贸易利润高达200%。其他可靠的商人说利润至少达150%。至于货币，索洛商人像中国商人持有白银那样持有黄金。对于小买卖，他们则用果阿的罗林（Larin）。[315]

索洛人懒惰，那些住在山脉高处、被称为“山民”（Gunos，来自马来语，*gunung*，或山）的人除外。基督徒和异教徒都“并非生而要工作的”。他们对务农和捕鱼没有兴趣。他们不寻找谋生的出路。他们对学习，甚至连致富的好处都看不到。故而，他们没有专业或技能，仰仗外国人来提供这些。他们全心于战争、武器、虚荣、荣誉和消遣。因此，他们大多贫穷而吝啬，但是，他们不喜欢承认它，或在极饿的时候乞讨。不过，如果有人施舍，他们似乎会以自己的方式表示感谢。

他们被领主控制着，有些人称领主为“阿塔夸比勒”（ataquabile），更多人
1459 将其称作“阿拉拉奎”（alalaque），余者名之为国王。大多数罪犯，连杀人犯、窃贼和通奸者都被处以奴役而非死刑。然而，巫师遭到普遍的憎恨而被处决，他们的子女名誉受损，沦为奴隶。[316]

索洛人，尤其是贵族，珍藏金币、银币、象牙和珍珠，他们凭此买女成婚。妇女因而如同其夫的奴隶，加之她们结婚时所招来的财富，故而，人们对女儿求之不得。关于买卖妻妾，当地基督徒与其他人，特别是贵族之间几无二致，兰赫尔对此感到遗憾。尽管教堂反对，但他们如同乐于将女儿嫁与基督徒一样，也欣然把她们许配给穆斯林、异教徒和叛教者。年长的男子和较富的人是最坏的罪犯。[317]

兰赫尔形容索洛岛最初的要塞美丽、坚固，有五道防御工事：三道在海滨，两道在陆地。墙外是漂亮的花园、一座市镇和三所精致的教堂。尽管荷兰人毁坏了市镇和教堂，但是，他们无法摧毁索洛岛的基督徒社区。市镇曾经重建，生意兴隆，多达 5 000 名的葡萄牙人与当地人到教堂忏悔。[318]

阿波罗尼乌斯·斯科特（Appolonius Schotte）对 1613 年荷兰人占领索洛岛的记述包括了帝汶岛和索洛岛的详细信息。[319]1613 年 1 月中旬，斯科特的船只抵达索洛岛的葡萄牙城堡，开始炮击它，登陆部队从背部攻之，并焚烧环绕城堡的市镇。他与帝汶岛的几位国王谈判贸易条约并结交，其中包括帝汶岛西端的古邦（Kupang）国王。古邦国王许诺贸易，给荷兰城堡地皮，改变其所有

人民的信仰。斯科特察觉古邦国王已向葡萄牙人承诺同样的事情。1613年4月，荷兰人最终攻占了索洛岛上的要塞。其后，斯科特航至帝汶岛，与此岛“内部”的国王们完成谈判，准备在古邦建造一座城堡。[320]

斯科特描述索洛岛的葡萄牙城堡也靠近海岸，但在高地，两边是深谷。荷兰人占领城堡之后，葡萄牙人和梅斯蒂索混血儿（mestizos），包括7名多明我会神父，被遣往马六甲。当地基督徒顺从于荷兰人。索洛岛有3个新基督徒村庄：奎里瓦图（Querivatu），约40户人家；帕马凯奥（Pamacaio），大致有80家；以及勒瓦霍琼（Levahojong），约30户。附近的一座岛屿上另有4个村庄，亦在荷兰人的掌控之中：卡尔曼（Carmangh），约有1 000户；卢奥科科尔 1460
（Louococol），约300家；卢奥纳曼（Louonamangh）也有300户人家；以及卢昂金（Louoongin），约100家。接着，他列举了米姆巴（Mimba），约300家；弗洛勒斯岛的锡卡（Sika），200家左右；弗洛勒斯岛的拉兰图卡，约100家。这些基督徒村庄各由一位军官（中校）和一名神父控制。他们用弓箭、盾和剑武装自己，然而，还有些人携带火枪。[321]除了基督徒村庄之外，如今，索洛岛的5个穆斯林村庄发现它们自己也处于荷兰东印度公司的统治之下，它们是拉马凯拉（Lamaqueira）、阿多纳拉岛（Adonara）的拉马拉（Lamala）、图劳（Tulão）、阿多纳拉岛和普拉托洛利（Pratololy）。[322]不过，许多农民与奥德（Aude）人和萨勒兰沃（Sallelanvo）人一样，仍是异教徒。[323]望加锡苏丹似乎也声称对索洛岛拥有部分管辖权。当斯科特在那里的时候，一支由33艘科拉科拉组成的舰队从望加锡来收缴贡品。但是，索洛人认为他们是德那地苏丹而非望加锡苏丹的臣民。[324]

荷兰人对索洛岛的兴趣首先在于它是檀香木的一个来源地，这些檀香木大多被运往中国和印度的科罗曼德尔海岸。荷兰人对索洛岛的关注根本上是为了巩固他们在帝汶岛的地位。此外，索洛岛和帝汶岛都可以充作班达群岛和马鲁古群岛的一个邻近的食品来源地。作为交换，帝汶人和索洛人购买科罗曼德尔布、中国小饰物，如珊瑚，以及来自锦石的产品。[325]斯科特的记述没有描写索洛岛或帝汶岛风光，抑或岛民，仅仅介绍了他们的宗教。

1660年，就在进攻望加锡之前，斯科特随约翰·范·丹的舰队来到索洛岛及附近诸岛。他的记述有更多一些描写。他们显然是从龙布陵岛（Lomblen）和他称为“Serbiete”的阿多纳拉岛之间航至索洛岛的。龙布陵岛有座巍峨的活火山，撇开这一点，它的景色则是十分宜人的：绿树成林，有沙丘和适意的村庄。他提及弗洛勒斯岛上拉兰图卡的葡萄牙人逃到帝汶岛。“索洛王后”和众贵族乘两艘大船出迎舰队，船上有人载歌、奏管乐、吹笛并敲锣。荷兰人则鸣放礼炮。舰队似乎已泊在比较靠近阿多纳拉岛的地方，荷兰人显然是在那里交易。它炫示着美丽的农田和种植园、由木栅栏保护的村庄、一座高山与一条清
1461 澈的河流。人们只穿小缠腰布，不使用货币。荷兰人用锡、旧铁和汤匙换食品。索洛人比阿多纳拉人勇敢。他们每天划着独木舟，将食品带到舰队，希望借此换来棉布。[326] 与斯考顿的相同，弗穆伦 1676 年出版的记述也有一份对帝汶岛的简短概述。它是一座富饶的岛屿，供养着众多动物和大量人口，还藏有黄金，但气候有损健康。人们皮肤黑，头发乌长。女性戴着许多大戒指、手镯和臂环。她们的耳朵穿有大孔。他们不是穆斯林，吃各种肉。[327]

17 世纪最详细的帝汶岛描述是由丹皮尔在该世纪末撰写的。1687 年 12 月，在丹皮尔穿过阿洛岛（Alor）和潘塔尔岛（Pantar）之间的海峡时，他初次发现帝汶岛。他提到潘塔尔岛上浓烟滚滚，以及该岛东北部的一座大市镇。他将帝汶岛形容为“一座长长的高山岛，向东北和西南延伸”。它大约长 70 里格，宽 15—16 里格，其中心位于南纬 9°。他已耳闻葡萄牙人在那里从事贸易，但是除了用于编织绳索的椰子壳粗纤维之外，他不知道他们买卖何物。[328] 他好像不了解檀香木，也许这是丹皮尔太少依赖于先前出版物的一种迹象。[329]

1699 年，丹皮尔在其不甚成功的澳大利亚发现之旅中，再度光临帝汶岛。他从 9 月至 12 月住了三个月，设法修船，并在他的《新荷兰航海记》（*A Voyage to New Holland*）中增加了一份帝汶岛记述。[330] 丹皮尔的风景描写如常，细节丰富。沿岛屿南侧的海滩是丹皮尔初次登陆之所，那里“地势低，多沙，长满了像松树之类的直体乔木，向内陆纵深约 200 码”。从这个沙滩之外，延至内陆约 3 英里的山脚下，是“一大片沼泽地和红树林带”。满潮时，这个区域会被淹没。[331] 岛屿南岸相当笔直，没有岬角或可停泊的水湾，但有一浅水区，从海滩延绵 1 英里或 1.5 英里。内陆山岭有部分覆盖着树木，间杂着热

带稀树草原。丹皮尔看见一些椰园。他沿南岸航至岛屿西端，看到南部干旱而 1462
贫瘠，到处都只有少量的树。接着，他在帝汶岛西端和塞毛岛（Semau）之间航行，进入古邦湾。在那里，他发现了海湾南侧的荷兰康科迪亚堡（Dutch Fort Concordia）。[332] 没有一位荷兰人很友善，显然，他们怀疑丹皮尔是一名间谍。

丹皮尔说塞毛岛仅约10里格长，4里格宽，却有两个王国：东面为阿纳马保（Anamabao），西面是阿纳保（Anabao），它们互为仇敌。本地人“皮肤暗铜色，头发黑直”。他们种植块茎作物和椰子树、养鱼、猎捕龟和水牛。他们经常一次狩猎四五天，将猎取的鱼或肉烘干带回家。[333] 离开古邦湾，丹皮尔在帝汶岛北部海滨沿岸航行，他形容帝汶岛北岸比南岸地势高，但南岸草木比较繁茂。热带稀树草原的草显得干枯，树木看起来矮小而枯萎，它们似乎缺水。[334] 在北岸葡萄牙人的拓居地利法奥湾（Lifao Bay），丹皮尔受到热情地接待。他住在那里，直到西北季风令在利法奥驳船不再安全。其后，他驶回古邦湾，在巴保（Babao）北侧抛锚上岸，开始刮船底。[335]

帝汶岛有许多港湾，在每年的某些时段，船舶可以驶进。但是，它却鲜有良港，古邦湾是最好的港口。丹皮尔细致、准确地描绘了它的所有海岸和泊地。荷兰康科迪亚堡建在海湾南面近水的一块岩石上，它规模不大，却是用石头筑成的。一条小河从它旁边流过，另一侧是个小沙湾。桥畔有片果园，四周墙体牢固。此园为城堡供应果蔬。附近有五六十户本地人家，城堡由约50名士兵把守。[336]

葡萄牙人拓居地利法奥湾有四五十户家庭和一座教堂。房屋低矮、质劣，墙壁由泥土或枝条建成，四面夹板，屋顶覆盖着棕榈叶或蒲葵叶。教堂小，东端顶部铺着木板，其余三面却只有三四英尺高的围墙。它也有一个茅草屋顶。教堂有座小圣坛和一对塑像。每家住宅都位于一个庭院中间，四周用9英尺或10英尺高的竹条围着，院里种着果树和椰子树，有一口井。在海边，一艘日渐
腐烂的平底驳船上架着6门风化剥蚀的小炮，这些炮由几名武士守卫着。[337] 1463
城里人看上去与帝汶岛的其他人别无二致，不过，他们却是天主教徒，讲葡萄牙语。他们以自己的宗教和葡萄牙血统为傲。事实上，如果有人说他们不是葡萄牙人，他们便会暴跳如雷。但是，丹皮尔在那里只看到3位白人，其中两位

是神父。一些华人也住在利法奥。利法奥的贸易量相当大，丹皮尔说与来自澳门的中国人交易尤其可观。中国人带来大米、掺假黄金、茶叶、铁、器械、瓷器和丝绸，用以交换山中采集的纯金、蜂蜡、檀香和奴隶。偶尔会有一艘来自果阿的船只。

这些"葡萄牙人"声称能召集五六百名持枪佩剑的士兵，吹嘘只要果阿总督允许，他们随时可以将荷兰人驱逐出去。他们在帝汶岛的首领名为安东尼奥·恩里克斯（Antonio Henriquez），人称"总领"（Capitão-mor，或指挥官）。他们说他是果阿总督派来的白人，但住在此岛东端的新门（Porta Nova）（帝力）。他似乎卷入了帝汶岛的部落对抗之中，与好几位当地国君发生战争，并和其余的结盟。有位男子住在7英里开外的地方，利法奥的人称之为中尉。他看上去像本地人，却是天主教徒，讲葡萄牙语。另一位"中尉"住在利法奥。他年老体弱，也貌似当地人，却说葡萄牙语。鉴于他们都自诩为葡萄牙人，丹皮尔断定他们是一个难驯的民族，实际上并未置于葡萄牙人的控制之下。此前一段时间，总督派一位驻扎官随船到帝汶岛，"总领"将驻扎官铐起来，押回果阿。从那以后，再也没有来自果阿的军需或武器。他们向巴达维亚的荷兰人购买枪支弹药。[338]一列山系穿过帝汶岛中部，巍巍群山几乎横贯南北。由于岛屿狭长，岛上无大河，溪流短小。土质疏松，有的地方多沙，只有少部分土壤肥沃。许多山脉富藏金和铜。本地人从溪流中淘金。丹皮尔不知他们如何获得铜。[339]

丹皮尔描绘了帝汶岛的许多树木：白色、红色和黑色的红树林、葫芦、木棉树、洋槐、金雨树、罗望子树、野无花果树、檀香木和几种棕榈树。他通常会注明帝汶岛上这些树木与西印度群岛相似物种的差异。一些树他未曾见过，
1464 比如有种棕榈，树干周长七八英尺，高八九十英尺，结鸭蛋大小的椭圆形坚果。果壳软，色黄；内核坚硬，无法食用；果心无汁液。坚果落地后破裂，很快便散发气味。另一种棕榈树枝短，在顶部分为细小的嫩枝而非长枝条。其果像洋葱串似的垂挂在细枝上，每个约有李子般大。其树干的直径总是取决于分枝，大约高出地面五六十英尺，树干顶部锥化为一个圆点。树上只有果实是绿色的。帝汶岛还长着很多笔直的成材木，其中有些像松树。木材坚硬、沉重，颜色微红。[340]在帝汶岛的水果中，丹皮尔列举了番石榴、芒果、榴莲、椰子、芭蕉、

香蕉、菠萝、香橼、石榴、橘子、柠檬、酸橙、香瓜、西瓜和南瓜，有些是由荷兰人或葡萄牙人带到岛上的。丹皮尔还提到香菜、海蓬子和一种在西印度群岛被称作“马蹄莲”，味道有点像菠菜的草本植物。

在帝汶岛上，水牛、公牛、马[341]、豕、山羊、绵羊、猴子、鸟粪、蜥蜴、蛇、蝎子和蜈蚣随处可见。丹皮尔认为公牛、马、山羊和绵羊可能是葡萄牙人与荷兰人带来的。岛上有许多种鸟：野公鸡和母鸡、鹰、隼、乌鸦、两种鸽子、斑鸠、三四种鹦鹉、长尾小鹦鹉、凤头鹦鹉、黑鸟以及其他更多鸟类。那里有一种他称为银铃般叫声的鸟，因为它会反反复复地演唱六音符歌曲。这种鸟与云雀一般大，喙尖而小、黑色，有一对蓝色翅膀，头部和胸脯浅红色，颈部有一条蓝斑纹。水鸟包括军舰鸟、鲣鸟、鱼鹰、苍鹭、金鸟、捕蟹手，以及其他鸟。森林里群蜂飞舞，蜜和蜡是贸易货物。环海渔产丰富。丹皮尔罗列了鲻鱼、鲈鱼、鳊鱼、锯盖鱼、鲭鱼、鹦鹉鱼、长嘴硬鳞鱼、海鲢、墨鱼、黄貂鱼、鞭尾魟、Rasperages、“鸟蛤商人或牡蛎捕手”、竹荚鱼、海鳗、岩鱼和鲨鱼。魟鱼颇丰，每网捞上来都有些魟鱼。丹皮尔捕到一条尾巴长13英尺的魟鱼。此外，还有几种牡蛎、与人头同大的鸟蛤、小龙虾、虾、甲鱼、大鱼和一些短吻鳄。[342]

丹皮尔形容帝汶岛的“原住民”中等身高，身材挺拔、苗条，脸长，皮肤极黑，头发乌直。他们聪明机敏，却十分懒惰。“据说除了奸诈和残忍之外，他们对凡事都索然无趣。”他们的房屋矮、质量差，服装仅是绕着身体中部的一块布。有些人在其眉毛上的额头镶着细薄的椭圆形珍珠母贝、金片或银片，五个一排。有些人则戴各种形状的蒲葵帽。他们与自己可以供养的女子结婚，有时甚至卖子买妻。当丹皮尔问及他们的宗教时，他们答之无。他们以玉米为主食，在干季时节，会焚烧禾草灌木，清理田地。他们大多喜欢狩猎，少许是渔民。他们用长矛、粗短棍子和盾牌打猎、争斗。[343] 1465

虽然本地人似为同一人种，拥有相同的文化，但他们分作许多王国，有各自的语言。丹皮尔开列出古邦、阿马维（Amavi）、洛罗托瓦（Lorotova）、博博克（Boboque）、奈穆特（Naimute）、阿马努保（Amanubão）和安贝诺（Ambeno）。[344]“这些王国每个都有一位苏丹，他在其辖区和王国的地位至高无上，其下有几位罗阇和低级官员。”他们大多彼此为敌，丹皮尔认为这是由荷兰人与葡萄牙人挑起的，荷兰人的城堡在古邦国。阿马维、博博克、奈穆特和洛罗托瓦是葡萄牙人的盟友。[345]他们在战役中砍下敌人的首级，带回村里，挂在屋顶上。[346]

与该群岛的其他所有岛屿一样，帝汶岛的通用语言也是马来语。“贸易额越大者，使用其语言的人就越多：在有些地方，它成为它们仅有的语言；在其余场所，则鲜有人说这种话，除了滨海人。”丹皮尔注意到，伊斯兰教随着马来语得到传播，尽管葡萄牙人或荷兰人占领区的伊斯兰教已衰落，但人们依然坚持说马来语。不过，在荷兰人与葡萄牙人势力微弱的地区，如索洛群岛和弗洛勒斯岛东部，伊斯兰教仍然是主要宗教，马来语尚为首要语言。丹皮尔听说拉兰图卡是帝汶岛上最大的一座市镇，也是由一位“总领”统治，他像他在东帝汶的绰号所呈现的那般独立、专制。[347]

该世纪初，荷兰人到达香料群岛的时候，葡萄牙人在那里依然站得住脚，
1466 尽管来自马尼拉的西班牙人和德那地穆斯林联盟的苏丹正在争夺他们的地位。在17世纪最初的二十年间，荷兰人将伊比利亚人扫荡出香料群岛，与德那地及其他大多数国君谈判垄断性贸易条约，打消了英国人分享一份贸易额的企图。荷兰东印度公司决意垄断香料贸易，这激起了本地人相当强烈的反抗，他们将香料偷卖给别的买家，进而武装反叛荷兰霸主。然而，他们接二连三地全都屈服于荷兰人的权势之下，先是德那地人、班达人、安汶人，最后是望加锡人。除了葡萄牙人占领的帝汶岛之外，香料群岛的绝大多数地区成为荷兰人的一个独占区。

在这个世纪中，已刊的香料群岛资讯几乎全是荷兰语。到了17世纪下半叶，葡萄牙语、西班牙语和英语的报告不复存在，只有极少数例外，如科林、兰赫尔、热尔韦斯和丹皮尔。除了荷兰人与他们的德国雇员之外，再无欧洲人访问过香料群岛。与欧洲人对亚洲所有地方的报告相同，欧洲人的报告也描述了这些岛屿和地貌、特征、风俗、宗教、政治、商贸及岛民社会，无疑地，它们传达出香料群岛作为一个相关体的印象。此外，他们还描写了荷兰人占领后产生的种种变化，其中既有社会、政治、商贸方面的嬗变，亦包括人们自身及其岛

屿的演变。该群岛的人口混杂，经常迁移。一些族群，如班达人，几乎消亡。来自许多岛屿的丁香和肉豆蔻树的灭绝以及新植物的引进，改变了岛屿上的动植物。相比亚洲其他任何地方，欧洲人的报告对于香料群岛来说，更为其早期历史必不可少的，因为那里几乎没有本地的资料。欧洲人创造的香料群岛形象实际上是我们拥有的唯一形象，这些作者是写于荷兰人占领之前的欧洲人，抑或那些追溯占领前情境的后世作家。

第六节　海岛东南亚的东部与南部边缘地区

17 世纪期间，欧洲人从印度尼西亚群岛的南部和东部向新几内亚岛、巴布亚群岛、南太平洋群岛和澳大利亚探险。他们发现这里是一个与印度尼西亚群岛大相径庭的世界，虽然有部分地区，如巴布亚群岛和新几内亚岛西部与香料群岛有些商业和政治的联系。于此，他们遇到了与印度尼西亚群岛民族迥然不同的人，他们看上去还未开化，不是穆斯林，不懂马来语。他们的报告延伸到 1467
海岛东南亚的边远地区，为其读者介绍它们周围不为人知的地方。

一、新几内亚岛及附近诸岛

17 世纪最早与新几内亚岛及其离岛有关的报告似乎来源于 16 世纪出版的耶稣会士的第二手描述。[348] 譬如，1609 年，阿亨索拉报告了与德那地和蒂多雷相竞争的国王们，“继续在马鲁古群岛东部的巴布亚群岛设立领地，这些岛屿多沼泽和浅滩，故鲜有人出入。当地人肤黑，像非洲黑人”。阿亨索拉说，其实单词“Papua”的意思即为黑色。[349] 巴布亚人将他们的头发“盘成大卷”。然而，大多数 17 世纪的观察者都形容巴布亚人的头发卷曲或满是卷结。不过，阿亨索拉写道，他们的脸庞“瘦而丑”。他们是一个“坚定的民族，吃苦耐劳，会做任何背信弃义的事”。其岛屿“属于国王，每座都富藏黄金，他们没有将黄金运到别处，因为无人所存超过他们的首饰之需”。阿亨索拉听说巴布亚人中有些白化病人，许多巴布亚人耳聋。“至于这个国家的面积，如果我们相信曾经到过那里的西班牙领航员的记述，那么，这些岛屿环绕着一片巨大的陆地，其终点在麦哲伦海峡。”[350]

阿亨索拉显然指的是1526—1545年间，几位葡萄牙人和西班牙人远征的报告，这些报告谈及新几内亚岛北海岸及其邻岛，也许是指阿尔瓦罗·德·门达尼亚·内拉（Alvaro de Mendaña y Neyra）1567年寻找南方大陆的探险。[351]出版的报告都不是起因于这些航行，但是，有些第一手的观察资料来自门达尼亚和佩德罗·费尔南德斯·德·奎罗斯（Pedro Fernandez de Quiros）1595年以及奎罗斯1605年的探险，它们可能已出现在奎罗斯呈交菲利普三世的第八份请愿书中，这份请愿书在1610年出版，与南方大陆的探险和拓殖有关。[352]门达尼亚和奎罗斯曾谈到马克萨斯群岛（Marquesas）、所罗门群岛和新赫布里底群岛（New Hebrides）。奎罗斯认为这些群岛与南方大陆距离很近。他将它们及其人民形容为澳大利亚世界的一部分。因此，一些欧洲最早期的关于这些群岛的描
1468 述也许已经嵌入奎罗斯对南方大陆的记述中，但是，极难将第一手的观察资料与奎罗斯充满激情想象的作品区别开来。

奎罗斯对南方大陆面积的估计——“与整个欧洲和亚洲相当，从莱斯河（the Lesse）到北高海（Sea of Bachu，里海[Caspian Sea]）、波斯和所有小岛，以及海洋，如地中海，包括英格兰和爱尔兰”，以及他对其人口的概述——“人数多得难以置信……有些是白人，有些是黑人，其余肤色混杂”，明显都不是基于直接的观察。[353]当他说人们对贸易知之甚少；住在没有设防的小村落中，木屋以棕榈叶覆顶；用弓箭、棍棒、长枪和飞镖作战；只穿一件从腰遮至大腿的短衣；洁净、开朗、温顺且和蔼可亲的时候，他描写的可能是在所罗门群岛和新赫布里底群岛观察到的人。因此，奎罗斯对当地人用大块根制作面包、以椰子做多种用途的描述，说的也是所罗门群岛和新赫布里底群岛的人。但是，他列举的产品，诸如银、珍珠、金、肉豆蔻、肉豆蔻干皮、丁香、胡椒、肉桂、大茴香、乌木、坚果、大多数水果和甘蔗，依据的似乎是在美洲和香料群岛看见的东西，美洲和香料群岛在他想象的南部大陆所包括的维度之内。[354]也许是同样的推断引发了他关于南方陆地气候的报告：气候有益于健康——他的船员无一生病；

当地人长寿，并在地上而非支柱上建房——气候温和，既无沼泽，也不贫瘠或沙化；没有蓟、湿地、雪、蛇、鳄鱼、蠕虫、跳蚤、毛虫和蚊子。[355]

欧洲最早可信赖的对汤加群岛（the Tongas）、所罗门群岛和新赫布里底北岸离岛的第一手描述，发表在已出版的雅各布·勒梅尔和威廉·科尼利斯逊·斯考顿 1615—1617 年发现之旅的日志中。[356] 受奎罗斯描述的启发，勒梅尔相信这些岛屿距离南方大陆极近。但是，他对它们的描写似乎并未因有关南方大陆的先入为主的观念而加以发挥。

在土阿莫土群岛（Tuamotu archipelagop）的几个环礁登陆之后，1616 年 5 月，勒梅尔的船只在他所谓的椰子岛（汤加群岛的塔法希岛 [Tafahi]）停泊。[357] 1469
他形容此岛为一座高山，与马鲁古群岛相同，被椰子树覆盖。当地人用椰子、山药、香蕉和猪换来珊瑚和铁片，特别是钉子。同时，从荷兰船只偷走一切可能之物。他们的“国王”率一队轻舟到荷兰船上，似为欢迎这些陌生人，并赠送礼物。荷兰人在勒梅尔所称的霍恩群岛（Hoorn Islands）（富图纳岛和阿洛菲岛 [Futuna and Alofi Islands]）停泊的前两周，也在“叛徒”岛（纽阿托普塔普岛 [Niuatoputapu]）和“好望”岛（纽阿福欧岛 [Niuafo’ou]）从事短暂的贸易活动。[358] 然而，在富图纳岛和阿洛菲岛抛锚前，船舶理事会不顾勒梅尔的反对，决定放弃寻找南方陆地（Terra Australis），转向北方，沿着新几内亚岛北岸航至马鲁古群岛，而非冒险被困于新几内亚岛南部，无法发现前往西方的通道，并且由于稳定、强劲的东风而不能重返东方。[359] 显然，在勒梅尔的船上，没有人知道 1606 年，奎罗斯船队的一位船长路易斯·瓦埃兹·德·托雷斯（Luis Vaez de Torres）已经在新几内亚岛和澳大利亚约克角半岛（Cape York Peninsula）之间航行。[360] 不过，勒梅尔似乎也未想到，他们在富图纳岛和阿洛菲岛停泊时，已发现了南方陆地。[361]

荷兰人在富图纳岛和阿洛菲岛逗留了约两个星期，他们似乎都很愉快。勒梅尔、斯考顿及其他官员均受到隆重的礼遇和尊敬。当地“国王”与人民下跪磕头，亲吻他们的手足。国王将他的皇冠戴在勒梅尔的头上。他们用美食和娱乐盛情款待荷兰人。荷兰水手还在夜间与当地人共舞。正如勒梅尔所描述的，汤加岛民高大健壮，皮肤黄棕色，为他们的头发感到自豪：他们将头发梳成各种发式，剪短并使之卷曲；扎起来；或编发辫。他们只用一块小布遮住生殖器。汤加女性貌丑，双乳长而下垂，蓄留短发。他们显然贫穷，住在周长约25英尺的锥形小屋中，屋内家具寥寥无几，门极低，人们必须匍匐而进。他们似乎没有关于贞洁的规定，无宗教，不精于商务。他推断他们生活得无忧无虑，好似
1470 诗人黄金时代的人们。他们全部所需皆采自树林。他们会生吃偶尔抓到的鱼。[362]勒梅尔还描写了岛民的节日；岛民们为奇异鸟举行的盛大活动；以及一款名为"卡瓦"（Kava）的饮料，这款饮料是通过咀嚼某一类绿叶，再从咀嚼物中提取一种麻醉液制成的。[363]尽管他们的生活充满田园诗意，勒梅尔还是记录了岛民之间频仍的战争。[364]

荷兰人认为，所罗门群岛（1616年6月，勒梅尔与斯考顿的下一个着陆点）以及新爱尔兰岛（New Ireland）和新几内亚岛沿岸诸岛的民族都是新几内亚人，他们形容这些民族与汤加民族属于不同的人种。[365]与汤加岛民一样，他们也只是用一片叶子或其他小遮盖物挡住生殖器，有些人甚至遮挡得更少。不过，他们的肤色更黑，事实上，他们与非洲人同样黑，唇厚、鼻扁。虽然他们的耳垂有孔，但他们大多穿鼻翼两侧，通过鼻中隔，戴上环形物。许多人在上臂戴链子，用贝壳或野猪的牙齿装饰他们的脖颈和肩膀，或在头发上插羽毛。他们的头发卷曲，却不像埃塞俄比亚人的那么卷。常见的是胡子而非髭须。有些人用石灰把他们的头发和胡子涂上条纹。有些人则在他们的脸庞和身体留下疤痕。许多人把牙齿染黑。妇女极丑：她们的头发如男子的那般短；双乳像肠一样垂至肚脐；腹部突出；手脚细长；其背部隆起，大得足以让婴儿骑在上面。

他们的语言似乎与汤加岛民的用语及马来语截然不同。[366]他们与汤加人也有所区别，会将房屋建在离地八九英尺的柱子上。[367]有些人戴树皮制成的小帽子，他们会把帽子举过头顶以示敬意。有些人在其头顶折断箭或木制长矛以示和平或友谊。有些人在饭前唱歌，或许是为了感恩。并非所有人都是友好的。荷兰船只经常遭到攻击，荷兰人有时开枪吓退岛民，偶尔会杀了他们。他
1471 们用吹箭筒、木制长矛、弓箭、木剑和棍棒作战。有些被荷兰人抓获者会嚼松绳索，咬捉捕他们的人。当荷兰人缓慢地向西移动时，他们发现与其他文明帝国相联系的迹象：出自西班牙的物件；中国瓷器；对船只的好奇心减少；贸易的

经验更丰富；在交换食品和按马鲁古样式装饰的独木舟时，他们对布比对钉子或珊瑚更感兴趣；最后则是，肤色较浅的人穿衣服，说马来语。[368] 勒梅尔和斯考顿的航行不仅绘制出穿越太平洋的新路线，而且，它还提供了可能是最早的具有比较性的第一手描述，它描写的是他们遇到的南太平洋主要族群：波利尼西亚人、巴布亚人和马来人。[369]

扬·卡斯滕斯逊（Jan Carstenszoon）1623 年发现之旅的报告最早刊于 1625 年 5 月，瓦森纳的出版物《欧洲历史要事录》（*Historisch verhael*①）中。[370] 卡斯滕斯逊沿新几内亚岛南岸航行，经过进入托雷斯海峡的入口，他将这条海峡误判为一个浅湾；往下沿澳大利亚约克角半岛的西岸行船，他把约克角半岛当作新几内亚岛的一部分。[371] 因此，他刊在瓦森纳报纸上的探险报告中有一些对新几内亚岛南岸的描述，但是，他并未将它与约克角半岛清楚地区别开来。它是一片地势低、平坦、森林茂密的海岸，被许多河流、小溪和水湾分割得支离破碎。其人口众多，报告称他们为巴布亚人。这些人野蛮，是全裸的食人者，用弓箭、飞镖、木制长矛作战。起初他们不怕枪，但当他们意识到会被枪打死的时候，便心存恐惧。

在前往新几内亚岛的途中，卡斯滕斯逊在卡伊群岛和阿鲁群岛停留，以使它们归顺于荷兰人。荷兰东印度公司与阿鲁贵族之间的协议签于 1623 年 2 月 4 日，附在保卢斯·范·卡尔登《荷兰联合省东印度公司的创始和发展》（1646 年）的记述之后。协议列举了贵族们代表的村庄——沃德吉尔（Wodgier）、图特瓦纳格（Tutewanagh）、萨尔瓜丁（Salguadingh）、波坤（Bocun）、瓜马尔（Guamar）、巴加姆贝尔（Bagambel）、美卡（Maycoor）、拉托（Rato）、塔兰甘（Tarangan），允许岛民们在班达岛和安汶岛自由交易，并禁止任何其他贸易。它没有描画这些岛屿或居民。[372]

不过，约翰·萨尔在其 1662 年的记述中收录了对巴布亚群岛的若干描写。

① 此书全名为：*Historisch verhael alder ghedenck-weerdichste geschiedenisse, die hier en daer in Europa, als in Duijtsch-lant, Vranckrijck, Enghelant, Spaengien, Hungarijen, Polen, Sevenberghen, Wallachien, Moldavien, Turckijen en Neder-lant*。——译者注

萨尔是一名士兵，他在1645年的一次探险时，陪同阿德里安·多兹曼（Adriaen Dortsman）为阿鲁群岛的新基督徒施洗礼，并在达马尔岛（Pulau Damar）建造
1472 了一座城堡。[373] 萨尔首次邂逅巴布亚人是在塔宁巴尔群岛（Tanimbar）或帝汶海（Timor Laut），船队为汲取补给而在那里停留。60艘科拉科拉出迎荷兰人，每艘载四五十人，他们叫喊、鸣锣，在头顶折箭以示友好。他描述他们是健壮的男子，十分黑，头发绑在脑后，似马尾一般。他们的主食是一种像土豆的巨型块茎植物（山药），其味道比西米的好。他们的服装与爪哇人的类似，他们住在茅屋里，用鱼和水果交换布、红帽子、小刀、红珊瑚和其他小饰物。萨尔断定他们是一个不诚实的民族，他被人欺骗过。[374]

萨尔被范德烈教士（Reverend Jacobus Vertrecht）选为陪员之一，随同他前往阿鲁群岛，应早年的请求为新基督徒施洗礼。他们乘一艘小帆船上岸，舰队则驶向卡伊群岛，为在达马尔岛建造城堡砍伐木材。最初，范德烈一行受到河流两岸村民极其友好的款待。巴布亚人捧出礼物：天堂鸟；鹦鹉；绿色的东印度群岛乌鸦；色彩缤纷、黑鸟一般大小的吸蜜小鹦鹉，它们有美丽的蓝色头颅、红羽毛、绿翅膀、由红到墨绿的胸脯和略带红色的脚爪，人们可以很快地教会它们说话、大笑。但是，当范德烈准备为人们授洗时，他们则畏葸不前，害怕如果自己顺从会必死无疑。

舰队已前往卡伊群岛，打算在四五个星期后返航，接回范德烈一行。与此同时，许多班达流亡者煽动巴布亚人反抗荷兰人，指挥他们袭击一部分正在交易的荷兰人。两名荷兰人身首异处，另一人在中毒镖后殒身。荷兰人撤回小帆船，到江口等待舰队返回营救他们。[375]

萨尔从阿鲁群岛前往达马尔岛，他帮忙修建一座新的荷兰城堡——威廉斯堡（Fort Willemsburg）。达马尔岛沿海人对荷兰人友善以待，但那些山里人则表现出不可调解的敌意，他们常常杀死在森林里逛得太远的士兵或工人。此外，萨尔说达马尔岛是一片有损健康的地区。在岛上的7个星期间，荷兰人失去了127名士兵。几乎所有的人都患病，然而，萨尔却将其归咎于多兹曼的残酷和有些问题的微咸水。他们不敢到内陆取淡水。萨尔对达马尔岛本身谈得很少，只是说那里生长着肉豆蔻树。[376]

1671 年，首份对阿贝尔·塔斯曼（Abel Tasman）诸次探险的介绍出版了，随之，人们可以看见与汤加群岛、斐济群岛、所罗门群岛以及沿新爱尔兰岛和新几内亚岛海岸诸岛有关的新描述。[377]1642—1643 年，塔斯曼在澳大利亚南部航行，他绘制的图纸包括其所谓的范迪门地（Van Diemen's Land）——塔斯 1473
马尼亚（Tasmania）海岸的近半地区，以及在汤加群岛内的爱华岛（Eva）、汤加塔布岛（Tongatapu）和诺穆卡岛（Nomuka）登陆前的新西兰西海岸。[378]他从那里前往斐济群岛，接着再到所罗门群岛、“马肯岛”（Marcken），以及早先被勒梅尔与斯考顿发现的格林群岛（Green Islands）。[379]他从这里开始重走勒梅尔与斯考顿的航路，沿着新爱尔兰岛和新几内亚岛北岸到马鲁古群岛，观测先前勒梅尔与斯考顿记录的许多沿岸岛屿，或在这些岛屿登陆。

塔斯曼之旅的最初记述显然是由随船医生亨德里克·黑尔博斯（Hendrik Haelbos）撰写的，其中有所遇民族的一些趣事，却无多少精确的地理信息。譬如，它没有告诉读者在汤加群岛、斐济群岛或所罗门群岛，是否可能看到用芦苇和泥土建成的无窗圆屋。他进入其中的一间屋子，发现几名年轻男子和妇女围坐着，好像在照顾一位盲人老妪。由于意识到荷兰人对他们的女人感兴趣，男人们就都留在了小屋里。当荷兰人裹足不前时，女人们围着他们起舞，一边唱着奇怪的歌曲。此地男人的胸部和肩膀有装饰性伤疤，其中有些还是最新的，尚在淌血。他们不种粮食，但似乎靠天然生长物，尤其是椰子过活。他们几乎是生吃肉食，仅仅稍微加热而已。他们睡在平铺地板的草席上，头部枕着木制的小四脚凳。他们对自己的头发感到无比自豪。[380]

黑尔博斯对沿新爱尔兰岛和新几内亚岛海岸的本地人的描摹与勒梅尔和斯考顿的相似。他们的肤色由深棕色到深黑色不一。每个人都只围一件极小的遮挡物挡住阴部。绝大多数族群编发辫，或用其他方式装扮他们的头发：有些人用木梳，有些人则在头发里插羽毛或鲜花。有些族群戴项链和猪牙腰带或海贝腰带。有些族群彩绘身体，一族人在他们的额头画上红色条纹。许多人戴穿耳骨环。一些人将两头锋利的骨制品穿过他们的鼻子。许多族群断箭以示友好。[381]

伍尔夫班收录了一段对阿鲁群岛到卡伊群岛之间的巴布亚人的简短描述，这些巴布亚人每年在班达岛从事贸易活动，然而他本人似乎不曾亲自到访过这

1474 些岛屿。他说他们“贫穷、朴素、肤黑，绝大多数天生是异教徒”。伍尔夫班报告班达人已让一些人皈依了伊斯兰教，这些班达人是在荷兰人攻占后逃到那里的，但他们的皈依相当表面。他们不遮头，吃猪肉。实际上，他们像是“十足的野蛮人”。他们不穿衣，只用一片叶子挡住生殖器。他们用弓箭、木剑和盾牌自卫，受到火枪或炮弹的惊吓。在班达岛，他们中一大群人——五六十人或更多——走街串巷，唱歌、蹦跳，或以其他丰富的形式自娱自乐。此外，伍尔夫班对他们敏于经商印象深刻。例如，他们通过在头发上摩擦黄金，再闻它的气味，便可以测试出金子的纯度。[382] 伍尔夫班还述及荷兰官员说服阿鲁人、卡伊人和达马尔人毁掉他们岛上的丁香和肉豆蔻树。[383]

17 世纪，显然只有一份已出版的报告记述了 1636 年荷兰东印度公司到新几内亚岛和澳大利亚的失败之旅，伍尔夫班将一则罕见的对新几内亚大陆人的介绍收入其中。[384] 几位荷兰人，包括探险的指挥官赫里特·托马斯逊·波尔（Gerrit Thomaszoon Pool），刚在新几内亚岛南岸的“凶手湾”（Murderers’ Bay）登陆，就被约 100 名当地人杀死。如同伍尔夫班所描述的，“野蛮人”像安哥拉的黑人，但是比欧洲人高大，其发黑而长。除了“阴部”之外，他们全身赤裸，每个人都在肩膀上挂着一张兽皮。他们用棍棒、吹箭筒和弓矢作战。他们从森林里冲出，立于沙滩两侧，近乎疯狂地叫喊着，毫不在意荷兰人的火枪射击。他们射出极多飞镖，看上去如同一场雹暴来临。波尔及其同伴倒地后，“野蛮人”举起波尔的日本剑，将荷兰人碎尸万段。伍尔夫班认为他们是食人者。[385]

17 世纪最后到访新几内亚岛北岸的欧洲人是威廉·丹皮尔。1699 年 12 月，丹皮尔离开帝汶岛，向东北方向驶去，穿越新几内亚岛西北端的离岛，绕过马博角（Cape Mabo）。他从那里沿岸向东航行，看到了新爱尔兰岛海岸。同时，顺着岸边往南，直到偶然瞧见新不列颠岛（New Britain）海岸，他以为此岸与新爱尔兰岛相接。他循着新不列颠岛海岸，穿过它与新几内亚岛间的通道（丹皮尔通道），从而发现这些岛屿并不属于新几内亚岛。他接着沿岸向西折回马博
1475 角，看到许多欧洲人未曾到过的岛屿，并在这些岛屿登陆。他的记述一如往常，发表在他的《新荷兰航海记》中，内有详备的纬度、经度、距离、海岸轮廓注释，以及对风景、民族和动植物的细致描述。

丹皮尔对马博湾附近新几内亚岛海岸的印象是：“一片平坦的高地，乔木繁盛，郁郁葱葱，一派赏心悦目的景致。”[386] 丹皮尔继续往东，他在香蕉岛上做生意，香蕉岛位于南纬 2° 43′，与帝汶岛的巴巴湾（Baba Bay）相距 486 英里。岸边多岩石，但石上土质优良。岛上树木高大，生长着许多有益的物产。他提及芭蕉、椰子、菠萝、橘子、木瓜、马铃薯、菠萝蜜和“利比树”（Libby Tree），当地人用此树制作西米蛋糕。[387] 他看见海鸟与陆鸟，特别是天空色的巨鸟，以及大量的蝙蝠。岛民们皮肤“深褐色”，头发黑且长，有点像棉兰老岛和其他岛屿的人。他们似乎统治着也住在岛上的卷发黑人，这些黑人可能是他们的奴隶。他们裸体，只在臀部围着一块布，但是，女人们会穿“一种薄纱衣”。许多人在手腕上戴蓝黄色的珠链。他们凭借弓箭、长矛和宽剑作战。他们用木叉刺鱼，以一种带雕刻装饰、色彩鲜丽的诱饵——“酷似一只海豚”，将鱼引到水面。他们的独木舟与马来人的类似。丹皮尔无法确定他们的宗教，但他怀疑他们都是穆斯林，因为他们乐意从英国人的酒杯中饮白兰地。[388] 在他所称的威廉国王岛（King William's Island）上，丹皮尔描写了六七十英尺高的树，这些树树干笔直、绿阴浓郁，多数开白色、紫色和黄色的花朵，全岛芳香四溢。[389] 一路上，丹皮尔都试图与人们进行交易。通过炊烟和山坡上已开垦的小片田地，丹皮尔断定大陆和许多离岸岛屿人口相当稠密。那里似有诸多语言。丹皮尔向东旅行时，他在一处所学的单词很快就派不上用场了。表示友谊的标记不同，但通常都是将某物置于头顶：一条树枝、双手、几支箭、一根棍棒，或别的武器。在一个地方，当地人将箭投入海中，用双手舀水，倒在头上。然而，在有些地方，他们似乎变幻莫测，充满危险，会用石头突袭船只。有时丹皮尔会开枪恐吓他们，有时当地人被杀或受伤。在荷兰人图纸中的加雷特·丹尼斯岛（Garret Dannis Island）上，丹皮尔形容当地人是一个“极黑、健壮和四肢发达”的民族，
其头大而圆，头发短而卷。他们会将头发装饰成各种形状，染为红色、白色或 1476
黄色。他们的脸大，瓶状的鼻子伸展，戴着大什物，什物长 4 英寸，如同一个人的大拇指一般厚，穿过鼻孔。他们的耳朵戴着饰物，脸上涂着油彩。丹皮尔赞赏其独木舟的船首和船尾高翘，弯曲的线条漂亮。他们似乎未听说过铁。[390] 在新不列颠岛上，男人在头发上插着有色的羽毛，携带长矛，女人则跟在其后，

头顶装着山药的大篮子。女性只在腰上用条细绳裹着一串绿色小枝条。当他发现沿岸航行的这块土地与新几内亚岛并不相连时，丹皮尔将它命名为新不列颠，并描述它：

> 大概位于纬度4°：其主体在4°，最北端位于2° 30′，最南端在6° 30′。从东到西约跨5°18′。大体而言，它是一片海拔高的山地，其间有大溪谷，还有山脉，土壤似乎非常肥沃。我们看到的多数地方树木极其高大、粗壮。四肢发达的黑人也在那里安居，在几处地方，我们发现他们很大胆、勇敢。[391]

丹皮尔沿岸向西折回时，他对所见之处的描述大多与勒梅尔和黑尔博斯早先叙述的相似，然而，丹皮尔对地理细节的描写总是更精确。那些阅读了他的记述以及17世纪先驱对新几内亚岛的描绘的读者们可能希望获得更详细的资料或对岛屿内陆的某种描述，但尽管如此，从这些作品中，他们还是瞥见了香料群岛之外的巴布亚地区和东部群岛，这是一个色彩斑驳的世界，其人和物产与马来人所控群岛的大相径庭，它仅是最低限度地发展它的交易方式。

二、澳大利亚和新西兰

17世纪以欧洲人依然不曾改变的古老信念为开端，他们相信在好望角、爪哇岛和麦哲伦海峡的南部的某个地方有一块尚未发现的大陆。因此，该世纪最重要的成就包括：真正发现了澳大利亚，一种对其位置和大小的实际想法得到发展，并绘制出其大约近半海岸线的图纸。曼努埃尔·戈迪尼奥·德·埃雷迪亚（Manuel Godinho de Héredia）声称葡萄牙人在1601年已发现了澳大利亚，
1477 但看来事实是荷兰人于1605年发现了它。非常明确的是，17世纪对其海岸的进一步探险是一则荷兰人的故事。[392]

1605年，威廉·杨松（Willem Janszoon）和扬·罗德维克松·范·罗森金（Jan Lodewyckszoon van Roossengin）乘荷兰“小鸽”号（Duyfken）帆船抵达澳大

利亚，这是首次有文献充分地证明欧洲人到过澳大利亚。他们奉命从万丹出发，“发现”新几内亚岛和班达群岛南部的其他岛屿，他们看到了靠近彭尼法瑟河（Pennefather River）的约克角半岛西海岸。他们沿着岸边航行了一段时间，然后折回，沿同样的海岸向北行进。他们在阿尔伯特罗斯湾（Albatross Bay）的巴达维亚河登陆，在那里，他们遭到了土著居民的袭击，几名荷兰船员被杀。杨松和罗德维克松将该海岸命名为新几内亚岛。然而，他们驶过托雷斯海峡，却并未意识到它是前往新几内亚岛南部的一个通道。他们的发现很快就作为新几内亚岛海岸的一个南部扩展区出现在绘图上，但是，其航海记的17世纪版本并没有显示这些地方。[393]不过，英国代理商约翰·萨利斯从万丹报道了他们乘“小鸽”号出发，1606年返回班达岛。1625年，珀切斯发表这份报道时，它可能是欧洲发行的首份对澳大利亚的介绍：

> 1605年11月18日，佛兰德人的一艘小帆船由此出发，其目的是为了发现名为新几内亚的岛屿，据说，此岛富藏黄金。[394]
>
> 1606年6月15日，印度人诺克霍达·汀格尔（Nockhoda Tingall）从班达岛乘一艘爪哇帆船到此……他告诉我，为发现新几内亚岛而去的佛兰德人的帆船返回了班达岛，他们已经发现此岛：但是在派人上岸恳求交易时，有9位被食人的异教徒杀害。因而，他们发现那里无利可图，被迫返航。[395]

不可将澳大利亚西海岸与新几内亚岛相混淆，前者的发现，是起因于1611年之后，许多荷兰船只循着横渡印度洋的新航线。那年，亨德里克·布劳沃（Hendrik Brouwer）论证了如果船只绕过好望角后，可以在纬度35°—40°之间向东航行，而不是转北，那么，到达爪哇岛的旅行就可以快得多。在布劳沃转向正北，经过巽他海峡到达万丹之前，他在好望角东部航行了约1 000英里，纬度在35°—40°之间，此间盛行稳定的西风。考虑到17世纪在海上测量远程距离和计算纬度的困难，追随布劳沃航线的一些船舶能向东行驶如此遥远，并 1478
发现澳大利亚海岸，真是令人难以置信。[396]1616年，迪尔克·哈托格斯逊（Dirck

Hartogszoon）率先指挥“和睦”号（Eendracht）实践这一航程。与哈托格斯逊的发现有关的报告未出版，“和睦”号的航行日志也没存留下来。不过，哈托格斯逊将一块锡镴板钉在一根柱子上，锡镴板刻有日期和他的船名，他将这根柱子插在一座离岛上。17 世纪末，威廉 · 德 · 弗拉明哥（Willem de Vlamingh）发现了这块锡镴板。[397]

在哈托格斯逊的发现之后数年间，许多荷兰船只在前往巴达维亚途中观测了澳大利亚海岸。1617 年，这条新航线成为荷兰东印度公司船只的法定专线。对它的描述没有出版，不过，鉴于海岸危险重重，巴达维亚的荷兰东印度公司官员仔细地将所见一切绘在图纸上，同一时期的海图和地图开始展示澳大利亚海岸相当长的延伸部分，通常会标上南部地区或恩德拉赫特之地（Land van d' Eendracht）。1622 年，英国船“实验”号（Tryall）在沿澳大利亚海岸航行时失事。翌年，一艘荷兰船险些遭遇同样的厄运。荷兰东印度公司官员确信他们必须派遣多艘船只，细致地绘出海岸图，包括它的离岛和浅滩。[398]

翘首以盼的发现之旅数次延期，1623 年年初，在安汶岛的荷兰东印度公司总督赫尔曼 · 范 · 斯珀尔特（Herman van Speult）派出两艘小船“佩拉”号（Pera）和“阿纳姆”号（Arnhem），由扬 · 卡斯滕斯逊指挥，进一步勘察新几内亚岛南岸。卡斯滕斯逊沿新几内亚岛海岸向西南航行。在新几内亚岛海岸，他的一名指挥官和几位水手被巴布亚人杀死。航至托雷斯海峡的时候，他以为这是一片浅湾。他从那里离开海岸，径直向南，直到他发现了约克角半岛。他认为约克角半岛仍然是新几内亚岛的一部分。他沿着半岛西岸航至南纬 17° 8′，数次登陆，与人相遇。在返航途中，两艘船分道扬镳：“佩拉”号沿新几内亚岛海湾返回，“阿纳姆”号则沿着卡奔塔利亚湾（Gulf of Carpentaria）西北岸察看陆地。“佩拉”号的航海日志得以保存，其中包括可能是西方人对澳大利亚以及卡斯滕斯逊在约克角半岛所遇民族的首份描述。[399]

这份短述载于瓦森那的《欧洲历史要事录》（1625 年 5 月），它也许是最早出版的关于澳大利亚及其居民的描述，不过，难以断定瓦森纳的概述哪些与新
1479 几内亚岛有关，哪些与约克角半岛有关。海岸地势低、平坦，森林密布，溪流纵横交错。那里有许多巴布亚人，他们肤黑、裸体，只遮住阴部，似乎从未见

过枪支。[400] 然而，他是根据来自澳大利亚的“佩拉”号航海日志来描写被卡斯滕斯逊抓捕的土著的。很难擒获土著居民，荷兰人不得不用色彩缤纷的珊瑚块引诱他们。即便如此，还是有一人逃脱。那里定然有许多种语言。两名来自同一海岸，仅相距 25 英里的俘虏无法相互理解。他们都是黑皮肤、黑卷发，一人留长须。他们好像从未见过铁，感到十分好奇。一位囚犯可以用线和一支小棍，将擒者给他的几块布做成帽子自戴。他们通过烧掉多余的木料，把一根原木造为精致的独木舟。在北上的回程途中，一名俘虏能认出他来自何方。他突然跳入水中，试图游上岸。[401]

沿着澳大利亚西海岸，不经意发现的景色接二连三，因此，他们将越来越多的海岸线绘入图中。荷兰东印度公司高官彼得·奴易兹（Pieter Nuyts）在弗兰斯·蒂森（Frans Thyssen）指挥的“金海马”号（Gulden Zeepaerdt）上，此船偶然经过澳大利亚西南端，而后向东航行，他们将南海岸的位置大致绘为东经 133°。在 1630 年之前，几乎整个西海岸和近半的南海岸被绘入地图。虽然新的信息呈现在已出版的地图和地球仪上，人们却没有看到文字性的描述。[402]

最先出版的西海岸描述起因于“巴达维亚”号的悲剧性船难，1629 年，“巴达维亚”号在豪特曼群礁（Houtman’s Abrolhos）的沃勒比群岛（Walabi Group）沉船。弗朗西斯科·佩尔萨特（Francesco Pelsaert）是“巴达维亚”号的指挥，他将船员和乘客撤离到一座岛上之后，乘坐船中的小舟到大陆找水。海岸荒凉，几乎无处可登陆，他们没有在海滨发现水。起初为了寻水的行动以无甲板船航至巴达维亚为告终。在巴达维亚，一艘救援船很快装备出发，营救幸存者。“巴达维亚”号不幸事件的记述以佩尔萨特的日记为基础，受到大众的欢迎，在 1647 年出版（1635 年，塞格·范·雷基特伦的《东印度旅行日记》已发表了一份简短的介绍）。[403]

佩尔萨特诸次冒险的故事广为流传、令人兴奋，但这并非由于它描写了澳大利亚海岸。乍一看，这个海岸地势低、贫瘠，多岩石，像邻近多佛港的海滨。远离海岸的地区似乎令人舒适、硕果累累，可是海浪太大，船无法靠岸。[404] 1480
继续往北，海岸似乎是一块微红色的成片岩石，波浪不断地撞击着它，人们不可能在此登陆。[405] 数天后，6 名荷兰人游上岸，整日觅水。他们一无所获，只看到4名全裸的黑人。当他们靠近时，这些黑人都逃开了。随后的登陆并没有更多的收获，唯一发现的水是在一些岩石浅凹处采集的雨水。他们只看见一片干燥、贫瘠的平原，蚁冢密布、巨大，从远处看，像当地人的茅屋。他们仅见到再多几个赤身裸体的人，这些人也是飞奔似地逃离他们。他们饱受苍蝇的折磨。[406]

对于确定澳大利亚的面积和位置来说，塔斯曼的1642—1643年之旅至关重要。事实上，他环绕了澳大利亚，故而反对存在一个与之相对的大洲。然而，他的那次旅行也没看到澳大利亚海岸，所以，已出版的多本航海记中没有写到它。不过，它们包括欧洲人对塔斯马尼亚和新西兰的最早描述，他在这两处都上岸过，并大范围地绘图。[407]

在塔斯马尼亚的范迪门地，塔斯曼认为自己听到类似小号的声音，他以为是人吹奏的。两棵巨树被踏脚点劈开，人们也许可以借助这些踏脚点，爬到约60—65英尺高的树枝，采集鸟巢。立足点离地约5英尺，这表明要么人们身材很高大，要么他们有某种特殊的爬树方法。有些立足点是新砍的。但是，塔斯曼没有发现人或动物，只看见远处的几缕烟雾和沙地里留下的一些老虎脚印般的爪痕。[408]

不过，沿新西兰海岸，塔斯曼则发现了许多人：他们极其高大，皮肤黄褐色，似乎无所畏惧，嗓门大而嘶哑。他们的头发像日本人的，长而厚。他们将头发向上梳，在头顶盘成一束，用一根羽茎固定住。他们只遮住身体的中部，有些人用一种草席，余者所用看上去像是毛织品。他们步履敏捷，脚步奇大。
1481 一些人上船，与他们友善地以货易货；其他人却袭击一艘荷兰单桅帆船，杀死3名船员。因之，荷兰人称这个泊地为凶手湾。[409]

黑尔博斯出版的作品，应该是首部与毛利部落成员有关的描述。他对塔斯曼的图片添加了一些细节，其中有些实际上可能来自对汤加岛民的叙述。他写道：许多人在头发上插一根白羽毛，脖颈挂着一块方形金属，胸部画有白条纹。一些人头戴四方形斗篷，绳结系在喉部。有些人将头发扎成一束，染为红色；其余的人则编为长辫，任其垂落。男人们用附在小棍上的鱼齿刮髭须，却在下巴留着整齐的胡子。没有胡子的年轻人便在上唇画了一条看似长须的黑条纹。

尽管少数人在眼睛上部戴着一顶方形的椰叶遮阳帽，但大多数男人不戴帽子。黑尔博斯描写了两种腰部服装：一种是草裙，另一种是用椰壳做成、遮住生殖器的小席子。有的岛民文身，或在他们身体的各个部位烙下疤痕。女人的着装与男人的唯一区别在于她们的草裙垂得更长些。一些年长的女性和男子把他们的小拇指切掉。黑尔博斯不能理解他们为何如此。据黑尔博斯说，来到荷兰船上的女性公然不断地挑逗船员，显然她们受到丈夫的鼓励。[410]

塔斯曼未提到这一点。不过，他描述新西兰地势高、多山，但是看上去富饶且土地肥沃。它好像还未被开垦。[411]

1644 年，塔斯曼的第二次发现之旅始于重走卡斯滕斯逊的航路，这条线路沿新几内亚岛南海岸，穿过托雷斯海峡，但还无人认识到它是什么，而后再往下，经过约克角半岛西海岸。然而，他继续沿海岸航行，超过了卡斯滕斯逊的返回点。航程结束时，他已将卡奔塔利亚湾和澳大利亚北海岸的大部分地区绘入海图。不过，其成就的证明仅存于地图与海图中，此次航海记没有出版，船舶的航海日志亦无留存。尼古拉斯·维特森（Nicolaas Witsen）的《东北鞑靼志》（*Noord en Oost Tartatye*）中有条简短的注释，该注释暗示已有这么一篇文章描述过卷发的裸体黑人带着弓箭、投枪和长矛，在南纬 17° 12′袭击了塔斯曼的船只，此船在南纬 19° 35′、经度 134°的地方又受到当地人乱石齐掷。维特森说本地人吃块根，不穿衣，“似乎生活悲惨”。他们喝井水，用桨划树皮制成的轻 1482
舟。他们好像以烟雾作为远距离的交流信号。[412]

尽管荷兰东印度公司系统的勘察性探险中断了，但是在 17 世纪最后的二十五年间，与南方大陆有关的短小介绍仍然不断地出现在旅行文献中。例如，弗雷德里克·博林声称他已在试图前往巴达维亚的航行中望见了西海岸。他似乎太痴迷于看到构成整个世界的五大部分，毋庸置疑，南方大陆是第五个部分。他的全部描述是：“这片土地看上去像丹麦的西兰岛（Seeland），海边白沙荡荡。”[413] 伍尔夫班重述了佩尔萨特沿西海岸的冒险故事，却未提供其他关于这块大陆或人民的描写。[414] 他还谈到 1636 年，指挥官赫里特·托马斯逊·波尔在新几内亚岛南海岸辞世，但没有提及波尔船队随后前往澳大利亚北部梅尔维尔岛（Melville Island）和科堡半岛（Coburg Peninsula）的航程。[415]

1696—1697 年，威廉·德·弗拉明哥指挥了荷兰人最后一次发现澳大利亚之旅，这次航行考察了大约南纬 34°—20°的西部海岸。除了将海岸绘入海图，德·弗拉明哥应该还评估了在南方大陆进行商业活动的可能性。因此，他在内陆做了几次短途旅行，结果却令人失望。他没有发现有价值的商品、可定居的富饶地区或进行交易的人。1701 年，他的航海记出版，只添加了确证 17 世纪澳大利亚形象的细节：那是一片不宜居住的土地，民族野蛮，几无潜力。[416] 大部分地区多沙、多岩石，“海岸与荷兰的相似”。[417] 内陆旅行令人不快。德·弗拉明哥及其雇员经常与草丛、沙洲、眼痛和苍蝇做斗争。植被看起来古怪：稀奇的植物、某种香木。他们吃了些类似豆、可能来自泽米棕榈的水果，开始剧烈地呕吐。那里有几种似乎极胆怯的鸟，除了约和普通猫同样大的老鼠之外，无其他动物。但他们瞧见了黑天鹅，捉了两只带回去。人们看上去像鸟一般胆怯。虽然他们常常看到脚印、烟火，还有“与霍屯督人（Hottentots）的同样劣质”的茅屋，但是，只有一次他们遇见了几个立即逃离的裸体黑人。[418] 他们并不后悔离开：

1483 （1697 年 2 月）21 日晨扬帆，纬度 21°，又商议了一次。出航，航向西北。从德·弗拉明哥处获三桶各仅装一半的水。日出后一小时，我们的船长由德·弗拉明哥的船上回来，5 枚炮弹发射出去，我们船上发射的 3 枚是告别令人痛苦的南方大陆的信号。[419]

毫不奇怪的是，丹皮尔对澳大利亚的描述是 17 世纪最详尽、信息最丰富的。1688 年，他初到澳大利亚，最先的两个月在北海岸度过。他对那次访问的描述是首份用英语写的关于澳大利亚的文字，出现在他的《新环球航海记》（*A New Voyage Round the World*，1697 年）中。[420] 他说这片土地低而平坦，海滨多沙，除了几处多岩石。内陆土壤干燥、沙质，却生长着各种树木，最常见的是“龙树”。但是，森林稀疏，树木相当矮小。他未发现水果树或浆果树。那里也无任何动物。仅有一次，他看见一只动物的踪迹，他认为这只动物的大小可能与一条大狗相当。他没见过几只鸟，这些鸟不很大。尽管海里有许多“海牛”和海龟，却似乎没有多少鱼。[421] 虽然丹皮尔提供了土著居民的更多细节，但是，与早期荷兰人的记述相比，他的细节并不显得更引人入胜。他总结道：

> 世界上最悲惨的人……他们没有房屋、皮衣、绵羊、家禽和地球上的水果……除了其人形之外，他们与野兽无甚区别。他们高大，身体直立、瘦，四肢长。他们的头大，额头圆，眉毛浓。他们的眼睑自来半闭，将苍蝇挡在眼睛之外。苍蝇极惹人厌烦，不扇动，就无法将它们从脸上赶走。如果不借助双手阻挡它们，苍蝇就会爬进人们的鼻孔和嘴巴，假若嘴唇合得不够拢。因此，他们从婴儿时期就为这些昆虫感到烦恼，结果是，他们从不像其他民族那样睁开双眼；所以，他们看不远，除非抬起头，仿佛在仰望一些高于他们的东西……他们有大瓶鼻、颇丰满的嘴唇和宽嘴巴。[422]

无论老幼，都缺上颌的两颗门牙。丹皮尔不能断定他们是天生如此，还是牙齿被拔掉了。他们的脸长，无胡须；头发短，黑而卷；皮肤墨黑。他们不穿衣，只围着一条树皮带，上面挂着一串串草，或小叶枝条，遮住生殖器。[423]

他们似无住宅，只是露天而睡，二三十人群居。丹皮尔无法说出其家庭结 1484
构类型。其仅有的食物好像是小鱼，他们是通过在小湾和小港拦起石坝捕捉小鱼的，当潮水退尽的时候，将鱼捡起。他们还在低潮时采集贝类。他们既无垂钓也无捕猎的装置。他们好像不吃任何谷物、块茎植物、鸟类或动物，只是烧烤在低潮时从海边收集来的所有可食之物，一同分享。木剑和长矛似为其仅有的武器。他们没有金属，既无小船也无独木舟，到离岛的时候，来回都用游泳的方式。其声音嘶哑，丹皮尔听不清任何一个词。他未发现宗教或信仰的证据。当英国人靠近时，他们看到大陆上的土著居民全都逃离了。在其中一座不易逃跑的岛屿上，丹皮尔试着赠给一些人衣服，让他们打水，但未能遂愿。[424]

1699 年，丹皮尔再次到访澳大利亚，此次是在西部和西北部海岸，从鲨鱼湾（Shark Bay，他命名的）向北，勘测德·弗拉明哥仅仅两年前已考察过的同一海岸的一部分。他的这次旅行记述《新荷兰航海记》于 1703 年出版。[425] 丹皮尔对海岸线的描写如往常一般，极其详细、准确。他记录了纬度、经度、指南针方向、风向、深度和每个抛锚区的自然状况。他勾勒了海岸线的轮廓。他随身带着塔斯曼的海图，纠正了它的许多错误。他显然不知道德·弗拉明哥的航行。他对海岸外观的描摹只是确证早期作者所描述的：这片土地地势很低、平坦，海边的悬崖却是陡峭的。有的悬崖看上去颜色微红，有的呈白色。在鲨鱼湾，陆地缓缓地斜入水中。海滩多沙，但是在更远的内地，泥土则是淡红色的。可以看见一些细草和小植物或灌木丛，却没有一种高过 10 英尺。再往北，他能走到内陆，他注意到这片地比沿海的地势更低；有些地方的沙更粗糙，掺杂着泥土。森林在还要更远的地方才出现。那里有几种小树，周长无一超过 3 英尺，高都不到 12 英尺或 14 英尺。[426] 与帕尔萨特或德·弗拉明哥相同，他也没能找到水。

丹皮尔对动植物的描绘比先行者的都更生动、细致。草一簇簇地分散着，每丛像一蒲式耳的容器那么大。几种树或灌木大约都长到 10 英尺高，树干的周长约 3 英尺，直到五六英尺以上才长出细密的小枝杈。狭窄的长叶一面绿色，另一面则是白色的。有的树木散发出香甜的气味，树皮内颜色微红。在林地里，
1485 树木高一点，却比较细，它们都还有一个小枝头。在近海的小溪沿岸，有少许黑色的小红树。丹皮尔也像德·弗拉明哥那样着迷于花卉和果树之花。他 8 月到澳大利亚，正值早春。树和灌木花团锦簇，有红色、白色、黄色和蓝色。高的开花植物争相绽放，地上还蔓延着一些很小的花卉。许多与他先前看到的不同，真是满目姹紫嫣红，一片桂馥兰馨。[427]

丹皮尔看到少数陆鸟：几只鹰和五六种小鸟，大小从麻雀到云雀不等。海鸟有鸭，早春尚幼，还有麻鹬、金鸟、捕蟹手、鸬鹚、海鸥、鹈鹕以及一些他从未见过的。他收录了多份素描。继续往北，他还看见了乌鸦、小鹰、鸢和斑鸠。[428]

那里有些陆上动物：几头蜥蜴；一只貌似饿狼的动物；一种丑陋、鳞状的“鸟粪类”，有一截残尾，让它看上去像有双头；以及袋鼠。丹皮尔描画的袋鼠令人失望：“浣熊的一类，与西印度群岛的不同，主要在于它们的腿。这些袋鼠有极短的前腿，却像其他袋鼠那样，用前腿跳跃（与它们同样拥有十分美味

的肉）。”[429]

海湾与海洋产各种各样的鱼：鲨鱼、灰鳐、刺鱼、鳐鱼、长嘴硬鳞鱼、鲣鱼、鲸鱼、岩鱼、油鲱和鹦鹉鱼。那里有水蛇和巨型绿龟，有的重约 200 磅。沿着海边，可以找到多种新鲜的贝类。海滩上散落着美丽的贝壳，其中有很多丹皮尔未曾见过。[430]

与帕尔萨特或德·弗拉明哥一样，丹皮尔只看到少数几个人，他们一发现陌生白人，就全都跑了。试图与他们接触或抓其中一位，最终都导致暴力。丹皮尔的一位雇员被一支木剑刺伤，丹皮尔朝一名土著居民开了枪。他们似乎与丹皮尔 1688 年在北海岸遇见的那类人相同。尽管丹皮尔不能看出他们是否缺两颗门牙，但这两类人看上去并无二致。在与英国人作战的那群人中，有一位年轻的黑人显然是首领。他的眼睛周围涂着一圈白，鼻子和额头上有一条白纹，手臂和胸部有许多白条纹。土著居民看起来主要靠有壳的水生动物为生。在他们生火之处，总有一堆堆的贝壳。他们没有住宅。丹皮尔说，乍看像茅屋的东西，后来被证明是岩石。他显然未意识到这些是蚁冢。[431]

由于他的船员患上坏血病，他们不断受到苍蝇的纠缠，始终缺水，几乎找 1486
不到维持进一步探险所需之物，因此，与德·弗拉明哥一样，丹皮尔情愿驶离澳大利亚。[432] 与该世纪早期几位荷兰人的描述相同，他的描写无疑也没有为南方大陆画一张诱惑人的草图。它们与奎罗斯希望发现的相差甚远。不过，丹皮尔与他的荷兰先驱为欧洲人提供了相当详细与准确的澳大利亚西海岸和北海岸以及土著居民的形象。东海岸的风景和人物也许与塔斯曼对塔斯马尼亚和新西兰描述所引人联想的不同。无论是否引人入胜，17 世纪末，欧洲的海外世界形象包括了一个真实而非传说的澳大利亚，以及对新西兰及其毛利人的第一印象。

17 世纪到海岛东南亚的欧洲访问者的已刊报告描述了其他许多岛屿和海岸。它们大部分是从船上观察到的，其中有很多无法确认。在可取得的作者游记和船舶的航海日志中，绝大多数描写了岛屿，连同暗礁、岩石、火山喷发、台风、龙卷风、海啸和寻常的天气情况。无法一一汇报它们。

与17世纪伊始相比，在这个世纪结束前，欧洲人已获得更多无可估量的、极其丰富的群岛信息。他们简直可以借助阅读，了解数百座岛屿和宗教、政治、风俗、艺术、外观，以及许多族群的特征，这种特征的细节丰富，获自直接的观察。他们可以看到对植物、鸟类、动物、花卉、土壤、服装、住宅、舟船、手艺、乐器、武器之类的细致、科学的描述。载负所有这类信息的文献是多卷本、重复的，发行广泛，被译为多种欧洲语言。简而言之，它数量充足、普及，令许多欧洲读者对其了如指掌。

17世纪期间，欧洲的海岛东南亚形象不再局限于它的沿海地区。读者可以看到大量有关许多岛屿内陆和部落的消息。其中有些消息依据的仍然是沿海马来人告诉欧洲人的内陆情况，但是有些消息，特别是爪哇岛、婆罗洲和香料群岛的，则是源于亲眼所见。欧洲的东南亚形象因此更加丰富、复杂。17世纪，人们也到马来群岛边缘地区探险，到了该世纪末，欧洲读者已初次窥见东南亚
1487 之外的世界——巴布亚群岛、新几内亚岛、南太平洋群岛、新西兰和一个真实而非长期想象的澳大利亚。

17世纪描述海岛东南亚的欧洲人也在改变着它。从可见的文献中，17世纪的读者探出强大的海上国家，如亚齐、万丹、德那地、蒂多雷和望加锡的财富，注意到在进入新的世纪之前，它们最终都臣服于荷兰东印度公司的统治。他们获悉几座马鲁古岛屿的人口减少，丁香和肉豆蔻树被毁，班达人几近灭绝，其他民族移居班达群岛及别处，中国俘虏定居爪哇岛。最终，这个群岛沦为荷兰人的一个独占区。它们的伊比利亚人和英国竞争者实际上被挤出。越来越多的荷兰人成为描写它的作者，因此，荷兰人的优先权以及他们对臣民的评价影响了17世纪文献塑造的形象。例如，爪哇岛比该群岛的其他地方得到更详细的描绘，这部分是由于它的传统文化和政治优势，但也是因为它是荷兰东印度公司帝国的心脏。

这些大量的第一手报告和描述所塑造的形象，并不仅仅是大大小小、令人混淆的杂乱岛屿，它们由数百名小暴君统治着，经常彼此交战，且人口众多，有着各种各样的风俗、宗教、服装和社会结构。文献中出现许多毋容置疑的统一要素，17世纪的作者们经常察觉并特别提到它们。他们将海岛东南亚视为一

个相关体。对于 17 世纪到那里旅行的欧洲人来说，这个地区的地貌给他们留下了一致性的印象。他们文采不一，都描摹了蓝色海洋、绿色海岸、高山、火山、苍翠葳蕤的植物，以及热带季风气候。虽然爪哇岛与一侧的苏门答腊岛和另一侧的马鲁古群岛都有明显的差异（从 17 世纪的描述中可以查明华莱士的诸多区域和分界），但是，它们的相似性却远更引人注目。[433] 只有澳大利亚的风景，在较小的程度上，与巽他群岛东部看似迥然不同。连定期往返于该地区水域之间的船舶和舟艇都彼此酷似。远洋船只，通称中国式帆船，看起来全都有几根桅杆、芦苇帆或竹帆、多层铺板、高船尾和双侧舵。[434] 从苏门答腊岛到新几内亚岛或更远的地方使用较小的舟艇，无论它们的大小、装饰和工艺有多么不 1488
同，它们看来都是独木舟的变体。民族提供了证明海岛东南亚整体性的另一个重要因素。17 世纪的欧洲人形容海岛东南亚人的皮肤为色度不一的棕色或黄褐色，非黑色，头发直且黑。当然，他们也发现不同岛民之间的身体差异，但是，最常见的是，他们会吝啬笔墨，例如，将对一个新民族的写照简化为他们在许多方面与爪哇人或德那地人相似。17 世纪的欧洲人旋即意识到从人种上来看，住在这个地区东部和南部边缘的黑皮肤、卷发巴布亚人和澳大利亚土著与其他所有民族都不同。那些曾经使用“黑色”来形容肤色较深的爪哇人或苏门答腊人的欧洲作者用“墨黑”或类似的词汇来形容巴布亚人或澳大利亚人。甚至 17 世纪欧洲人刻画的民族性格也展现出诸多相同的特征。一长串频见于形容爪哇人和苏门答腊人负面性格的特征似乎变化甚小，便可同样适用于东部群岛的民族。当然，这些判断可能既源自偏见、意图、与欧洲人的关系，也同样归因于岛民的共同行为。不过，他们认为巴布亚人的性格特征迥然有异。[435]

17 世纪欧洲人描写的海岛东南亚的沿海地区居住着讲马来语的民族。他们报告马来语在整个地区通用。许多欧洲观察者意识到马来人已替代逃到内陆山区的早期居民。他们说，伊斯兰教随马来语而进入这个地区。那些住在内陆的人——年老的爪哇人、苏门答腊岛的巴达族、婆罗洲的达雅人、马鲁古群岛的阿尔弗洛斯人等，保留着他们原来的宗教和语言。只有在巴布亚群岛、新几内亚岛和澳大利亚才打破了说马来语的人口结构，那里住着穆斯林沿海人和文明程度较低、信仰异教的内地人。进程仍在持续，然而，随着欧洲人的入侵，当地人在不知不觉中被煽动。例如，逃到荷兰的班达人在卡伊群岛和阿鲁群岛产生了影响，他们向巴布亚人介绍马来词汇和习俗，使有些人皈依伊斯兰教。与此同时，荷兰统治者将新的人口引入班达岛，与群岛的其他地区一样，这些新的人口的数量也正在增加。

海岛东南亚以高度城市化的人口为主。除了盛行农耕的爪哇和望加锡内陆
1489 之外，这片区域的内陆地区似乎人烟稀少。在亚齐，试图鼓励水稻农业被说成是无效的。亚齐的大部分大米依然进口。大多数人好像已住在靠近河口颇大的海滨城市。一些城市规模奇大，且彼此相仿，都建在沿河的木桩上，城市中间有果树和椰子树。从海上几乎望不见许多大城市，一些小市镇根本无法看见。城市居民从他们实际上极难控制的内陆部族获得适销产品，而后，他们用这些商品与来自别处的商人，特别是印度、中国或欧洲的商人进行交易。没有直接与外国商人交易的镇民通常到一个或另一个主要商业中心——万丹、巴达维亚、望加锡、亚齐或马六甲——做生意，外国人会在这些商业中心购买他们的产品。[436]因此，如同17世纪欧洲人所描写的，海岛东南亚不仅高度城市化，而且形成了一个商业统一体。在它的多个大市场里，可以买到来自整个地区的产品。这个区域的许多地方并不自给自足。例如，香料群岛的大多数食物和服装是进口的，交换物为丁香、肉豆蔻和肉豆蔻干皮。荷兰人企图垄断香料贸易，使香料产品本土化，这破坏了该区域的商业一体化，对香料群岛的一些人来说是灾难性的。荷兰人承诺带来食物和服装。当地人并不信任他们有能力或愿意这么做，事实上，荷兰人的确无法满足需求。他们试图通过允许卡伊群岛和阿鲁群岛的巴布亚人与班达岛和安汶岛自由贸易，从而增补他们的食品运输量。这样做的一个后果是加速了巴布亚人与东南亚商业网络的一体化。这一切从已出版的17世纪欧洲人的描述中很清晰地显露出来，一位阅读广泛、敏锐的17世纪读者也许已能辨识它。

东南亚诸城和商业的本质有助于解释这个地区的政治。除了在中爪哇之外，野心勃勃的统治者们都寻求通过控制靠近河流的城镇而非征服内陆地域来扩张，这些河边的城镇是内地产品交易所。虽然17世纪没有一位作者准确地用这些术语描述它，但是，他们出版的许多描述都追溯了东南亚帝国，如亚齐、

柔佛、万丹、马打兰、德那地、蒂多雷、文莱和望加锡的兴衰，以及它们之间的对抗。也许荷兰东印度公司应该被视为这些主要海上商业帝国中最后和最成功的一个。连东南亚城市的政治结构也表现出相同的特征。各处的本地国君都 1490 控制了他们的城市贸易，并征收贸易税。每个地方的欧洲人都遇到类似的官员：一位国王或苏丹、港主、贵族等等。有时他们会不正确地应用这些头衔，但实际上，港口城市拥有相当多共同的特征。甚至整个地区都出现相似的社会制度，诸如奴隶制和作为一种财富衡量尺度的劳动力支配能力。[437] 在这些共同特征中，有许多是新几内亚岛、澳大利亚和南太平洋群岛不具备的，这种缺失显然刻画出该区域东部和南部边远地区的特点。然而，新几内亚岛西部及其西海岸离岛是东南亚奴隶的一个固定来源。

最近的学术成就在很大程度上强调或假定了海岛东南亚的整体性要素，这些要素在源自 17 世纪描述的该地区的形象中已清晰可见。实际上，对于这个地区的大部分地方来说，这些 17 世纪的描述和游记，连同未出版的欧洲资料，是重建该地区历史必须倚赖的原始资料。

注释：

[1] 这些分界线的一个依据见于 *Asia*, I, 592-93。

[2] 关于 16 世纪的香料群岛参见 *ibid*., pp.286-90, 592-623。

[3] 参见 *ibid*., pp.622-23。

[4] 参见 J. Keuning (ed.), *De tweede schipvaart der Nederlanders naar Oost-Indië onder Jacob Cornelisz. van Neck en Wybrant Warwijck, 1598-1600* (5 vols.; "WLV", XLII, XLIV, XLVI, XLVIII, and L; The Hague, 1938-51), I, xvii-xxiii。

[5] 关于 17 世纪最初十年，欧洲人在香料群岛的活动参见原书第三卷，第 13-14 页；*Albert Gray* (ed.), *The Voyage of François Pyrard of Laval to the East Indies, The Maldives, the Moluccas, and Brazil* (3 vols.; "HS," o.s., LXXVI, LXXVII, LXXX; London, 1887-90) II, i-xvi； 尤其是 Bartolomé Leonardo de Argensola, *Conquista de las islas Malucas* (Madrid, 1609)。

[6] 关于文献信息，参见原书第三卷，第 314-315 页。

[7] 关于文献参见原书第三卷，第 315-316 页。

[8] 如参见 Artur Viegas (ed.), *Relação anual das coisas que fizeram os padres da Companhia de Jesus*... (3 vols.; Coimbra,1930-41), I, 267-72; II, 126-32, 302-12。关于耶稣会士本人的信柬参见 H. Jacobs, S.J. (ed.), *Documenta Malucensia* (3 vols.; Rome, 1974, 1980, 1984), II (1571-1606), 483-740; III (1606-82), 55-210。对于辨别其他资料中的地名来说，这些耶稣会士的书卷极有价值。

[9] 参见原书第三卷，第 310-312 页。

[10] 参见原书第三卷，第 326-328 页。关于巴罗斯对马鲁古群岛的描写参见 *Asia*, I, 603-8。

[11] 参见原书第三卷，第 323 页。

[12] 关于文献参见原书第三卷，第 354-355 页。

[13] 参见原书第三卷，第 353 页。

[14] 关于文献目录参见原书第三卷，第 439-441 页。《荷兰人东印度航海日志》第二部亦再版于 Keuning (ed.), *op. cit*. (n. 4), III, 1-186。

[15] Argensola, *op. cit*. (n. 5), p.241. 他提及林斯乔坦与他对班达岛的评述有关。

[16] 关于文献参见原书第三卷，第 445-448 页。

[17] 关于文献详情参见原书第三卷，第 551 页。

[18] 参见原书第三卷，第 396-397 页。

[19] 参见原书第三卷，第 373 页。

[20] Argensola, *op. cit*. (n. 5), p.241.《荷兰人东印度航海日志》第二部确定德那地位于北纬 40′ 或大约 2/3 度。参见 Keuning (ed.), *op. cit*. (n. 4), III, 132。

[21] Keuning (ed.), *op. cit*. (n. 4), III, 131. 马宇小岛位于西里伯斯岛北部和马鲁古海的哈马黑拉岛之间。Argensola, *op. cit*. (n. 5), p.56，说马宇岛距德那地 20 里格（约 66 英里），这种说法显得更准确。

[22] Argensola, *op. cit.* (n. 5), p.56.

[23] *Ibid.*, pp.54-55.

[24] Argensola, *op. cit.* (n. 5), pp.9, 54-55.

[25] 它升至海拔 5 750 英尺。这座岛屿本身不过是山的一个基座。参见 John, Crawfurd, *A Discriptive Dictionary of the Indian Islands and Adjacent Countries* (London, 1856), p.430。

[26] Argensola, *op. cit.* (n. 5), pp.55-56.

[27] *Ibid.*, pp.9, 56.

[28] Keuning (ed.), *op. cit.* (n. 4), III, 114. 这个区域的气候，特别是下雨，几乎完全为季风所控制。参见 M. Sukanto, "Climate of Indonesia," in H. Arakawa (ed.), *Climates of Northern and Eastern Asia,* Vol.VIII, *World Survey of Climatology* (Amsterdam, 1969), pp.215-29。

[29] Argensola, *op. cit.* (n. 5), p.9; Keuning (ed.), *op. cit.* (n. 4), III, 115; Gray (ed.), *op. cit.* (n. 5), II, 166.

[30] Keuning (ed.), *op. cit.* (n. 4), III, 116.

[31] Argensola, *op. cit.* (n. 5), p.10. 关于在德那地岛捕鱼参见我们的图，第 232 幅。

[32] Gray (ed.), *op. cit.* (n. 5), II, 166.

[33] *Ibid.* 关于西米参见 A. R. Wallace, *The Malay Archipelago* (New York,1962), pp.289-92（1869 年首次出版）。

[34] Keuning (ed.), *op. cit.* (n. 4), III, 115.

[35] 例如，参见 Argensola, *op. cit.* (n. 5), p.9; Keuning (ed.), *op. cit.* (n. 4), III, 115; Gray (ed.), *op. cit.* (n. 5), II, 166。

[36] Argensola, *op. cit.* (n. 5), p.10. 竹茎常被用作盛酒的容器。也许阿亨索拉的原始资料误解了，以为酒是由竹子制成的。

[37] Keuning (ed.), *op. cit.* (n. 4), III, 116. 在马鲁古群岛与在东南亚其他地方一样，穆斯林从未能禁止用酒来请客、设宴。参见 A. Reid, *Southeast Asia in the Age of Commerce, 1450-1680,* Vol. I, *The Lands below the Winds* (New Haven, 1988), pp.39-40。

[38] Argensola, *op. cit.* (n. 5), p.9.

[39] Keuning (ed.), *op. cit.* (n. 4), III, 116. 这是一种橄榄树（爪哇橄榄，属橄榄科）。亦参见 J. Crawfurd, *History of the Indian Archipelago* (3 vols.; Edinburgh, 1820), I, 383, and *Encyclopaedie van Nederlandsch-Indië* (2d ed., 8 vols.; Leyden, 1919-39), I, 435。

[40] Argensola, *op. cit.* (n. 5), p.10.

[41] *Ibid.*, pp.51-54; Keuning (ed.), *op. cit.* (n. 4), III, 111-15.《荷兰人东印度航海日志》第二部中的描写大多源自林斯乔坦的《林斯乔坦葡属东印度航海记》(*Itinerario*)。亦参见 Gray (ed.), *op. cit.* (n. 5), pp.357-58。（林斯乔坦的书全名为：*Itinerario: Voyage ofte schipvaert van Jan Huyghen van Linschoten naer Oost ofte Portugaels Indien, 1579-1592*。——译者注）

[42] Keuning (ed.), *op. cit.* (n. 4), III, 115-16. 在离海太近的地方或海拔 1 000 英尺开外的山上，丁

香树长得不好。参见 W. Gibbs, *Spices and How to Know Them* (Buffalo, N.Y., 1909), p.108。

[43] *Op. cit.* (n. 5), p.96.

[44] 它们需要四五年才开始结果。正常情况下，它们每年收成一季。丁香树的存活纪录是一百五十年。参见 Gibbs, *op. cit.* (n. 42), p.116。

[45] Argensola, *op. cit.* (n. 5), p.53; Keuning (ed.), *op. cit.* (n. 4), III, 114; Gray (ed.), *op. cit.* (n. 5), pp.357-58.

[46] Argensola, *op. cit.* (n. 5), pp.12-13.

[47] *Ibid.*, p.52. "Calafur" 可能是阿拉伯语的 *kerunful*，波斯语为 *meykuk*。

[48] *Ibid.*, p.58.

[49] *Ibid.*, p.57. Keuning (ed.), *op. cit.* (n. 4), III, 116.

[50] Keuning (ed.), *op. cit.* (n. 4), III, 116. 关于天堂鸟参见 Wallace, *op. cit.* (n. 33), pp.431-32。

[51] Argensola, *op. cit.* (n. 5), pp.56-57. "Catopa" 可能来自马来语 *kĕtapang*，即榄仁树（*Terminalia catappa*），印度杏树。关于这个地区的奇异景色参见 V. R. Savage, *Western Impressions of Nature and Landscape in Southeast Asia* (Singapore, 1984), chap.ii。

[52] Keuning (ed.), *op. cit.* (n. 4), III, 117, 136; Argensola, *op. cit.* (n. 5), pp.10-11.

[53] Argensola, *op. cit.* (n. 5), pp.10-11.

[54] Keuning (ed.), *op. cit.* (n. 4), III, 136. 参阅 J. Prins, "Location, History, Forgotten Struggle," in *idem*, *The South Moluccas* (Leyden, 1960), p.15。

[55] Keuning (ed.), *op. cit.* (n. 4), III, 136; Argensola, *op. cit.* (n. 5), pp.11-12.

[56] Argensola, *op. cit.* (n. 5), pp.11-12.

[57] *Ibid.*, p.12. 马鲁古群岛上所讲的本地语言属于南岛语系。除了新几内亚地区和邻近的一些岛屿之外，从非洲东海岸到美洲西部边沿的人们都说着这一语系的语言。参见 J. T. Collins, "The Historical Relationship of the Languages of Central Maluku, Indonesia" (Ph.D. dissertation, Dept. of Linguistics, The University of Chicago, 1980), p.1。

[58] Keuning (ed.), *op. cit.* (n. 4), III, 136.

[59] Argensola, *op. cit.* (n. 5), pp.79-80.

[60] Keuning (ed.), *op. cit.* (n. 4), III, 136-37.

[61] Argensola, *op. cit.* (n. 5), p.354; Keuning (ed.), *op. cit.* (n. 4), III, 118-19. 阿亨索拉的这个观点似乎借鉴自《荷兰人东印度航海日志》第二部。

[62] Argensola, *op. cit.* (n. 5), p.82.

[63] *Ibid.*, pp.2-8. 关于巴罗斯的记述，参阅 *Asia*, I, 607。

[64] 1606 年，苏丹赛义德·伯哈特（Sultan Said Berhat）遭捕，被押至马尼拉。1627 年，他卒于马尼拉。参见 Jacob (ed.), *op. cit.* (n. 8), p.5*。

[65] Keuning (ed.), *op. cit.* (n. 4), III, 133-36.

[66] *Ibid.*, p.136.

[67] *Ibid.*, pp.118-19, 132. 传统的风俗似乎要求蒂多雷统治者必须将其公主嫁与德那地的苏丹，也许是作为对德那地宗主权的一种承认。参见 Jacob (ed.), *op. cit.* (n. 8), p.4*。

[68] Keuning (ed.), *op. cit.* (n. 4), III, 118, 136.

[69] Argensola, *op. cit.* (n. 5), p.81.

[70] *Ibid.*, p.151.

[71] Keuning (ed.), *op. cit.* (n. 4), III, 132-33. 关于加穆拉莫港口的风景参见我们的图，第 226 幅。

[72] *Ibid.*, p.132.

[73] Argensola, *op. cit.* (n. 5), p.96.

[74] "莫罗"（Moro）一词包括哈马黑拉岛东北部的沿海地区莫罗提亚（Morotia），其首要城市是托洛（Tolo），以及对面的莫罗泰岛（Morotai）。

[75] Argensola, *op. cit.* (n. 5), pp.70-71.

[76] 与马鲁古群岛别的地方一样，莫提尔（Motir）也是一座火山岛，产丁香。1650 年，荷兰人摧毁它的丁香树后，莫提尔的人口迅速减少。

[77] Apollonius Schotte, "A Discourse," in J. A. J. de Villiers (trans.), *The East and West Indian Mirror, being an Account of Joris van Speilbergen's Voyage around the World (1614-1617) and the Australian Navigations of Jacob le Maire* ("HS," 2d ser., XVIII; London, 1906), pp.134-37.

[78] *Ibid.*, pp.142-44.

[79] *Ibid.*, pp.137-42.

[80] *Ibid.*, pp.145-49.

[81] 关于文献详情参见原书第三卷，第 560-561、566 页。

[82] "The Eighth Voyage set forth by the East-Indian Societie...under the Command of Captaine John Saris," *PP*, III, 416.

[83] *Ibid.*, pp.429-30.

[84] *Ibid.*, pp.431-32.

[85] *Ibid.*, pp.432-34. 1634 年，彼得·范·登·布洛克（Pieter van den Broecke）做了一份表，内含 5 座岛屿及其年产量、岛上的荷兰城堡，但他的年产量数据远低于萨利斯的。参见 Pieter van den Broecke, "Historische ende journaelsche aenteyckeningh," in *BV*, IIa, 27-28。

[86] Humphrey Fitzherbert, "A Pithy Description of the Chiefe Ilands of Banda and Moluccas," *PP*, V, 178-80. 关于稀有的国王丁香参见 Gibbs, *op. cit.* (n. 42), p.109。

[87] 参见原书第三卷，第 1420、1439-1441 页。

[88] 关于文献参见原书第三卷，第 461-462 页。

[89] 关于文献详情参见原书第三卷，第 463-465、466-470、472 页，以及第 461 页。

[90] Roelof Roelofszoon, "Kort end waerachtigh verhael...," *BV*, Ib, 5-6.

[91] *Ibid.*, pp.7-8.

[92] Cornelis Matelief, "Historische verhael...," *BV*, IIa, 64.

[93] "Journael ende verhael...," *BV*, IIa, 60-61.

[94] G. Seys, "Verhael vande Mollucs Eylanden...1627...," *BV*, IIa, 162.

[95] *Ibid.*, 183. 作为一位德那地国王，哈姆雅（Hamja，1627—1648 年在位）曾在马尼拉受洗。只有在他宣布与天主教绝交之后，他才成为国王。参见 Jacobs (ed.), *op. cit.* (n. 8), III, 5*。1627 年，蒂多雷的莫勒（Mole）驾崩后，纳罗（Naro）继位（1627—1634 年在位）。参见 *ibid.*, p.6*。

[96] Seys, *loc. cit.* (n. 94), 165.

[97] *Ibid.*, p.167.

[98] *Ibid.*, pp.171-72.

[99] *Ibid.*, p.182.

[100] 关于文献，参见原书第三卷，第 353 页。

[101] Paulo Pastells (ed.), *Labor evangélica*...(3 vols.; Barcelona, 1900-1902; covers dated 1904), I, 105-15. 亦参见原书第三卷，第 1512 页。

[102] Pastells (ed.), *op. cit.* (n. 101), I, 107.

[103] *Ibid.*, pp.108-9.

[104] *Ibid.*, p.109.

[105] *Ibid.*《荷兰人东印度航海日志》第二部的作者形容它是一座小岛，亦产丁香。参见原书第三卷，注释第 21 条。

[106] Pastells (ed.), *op. cit.* (n. 101), I, 109.

[107] *Ibid.*, I, 110.Robert F. Austin, "A Historical Gazetter of Southeast *Asia*" (Dept. of Geography, University of Missouri, Columbia; April, 1983), p.82，认为它即是 Roang，但不确定其是否为一座岛屿，是否在菲律宾群岛。

[108] Pastells (ed.), *op. cit.* (n. 101), I, 110. 参阅 *Asia*, I, 621。

[109] 关于文献参见原书第三卷，第 496-497、498-499 页。

[110] Gerret Vermeulen, *De gedenkwaerdige voyagie*...(Amsterdam, 1677), pp.81-83.（此书全名同原书第三卷第十七章，注释第 323 条。——译者注）

[111] Schouten, *Reys-togten naar en door Oost-Indien*...(3d ed.; 3 vols. In I; Amsterdam, 1740), I, 42.

[112] *Ibid.*, p.51.

[113] *Ibid.*, p.50.

[114] *Ibid.*, pp.44-45.

[115] *Ibid.*, pp.45-46. 参阅阿亨索拉的 72 岛列表，这些岛屿隶属于德那地，原书第三卷，第 1406 页提及。

[116] Schouten, *op. cit.* (n. 111), I, 47-50. 第 46-47 页间有一张清晰的德那地图片。在东南亚的传统中，营销和做生意是女人们的工作。参见 Reid., *op. cit.* (n. 37), pp.162-65。

[117] 关于他的《尼古拉斯·德·赫拉夫游记》（霍伦，1701 年）的文献信息，参见原书第三卷，

第 505-506 页。

[118] J. C. M. Warnsinck (ed.), *Reisen van Nicolaus de Graaff gedaan naar alle gewesten des werelds beginnende 1639 tot 1687 incluis* ("WLV," XXXIII; The Hague,1930), p.208. 火山实际上高 1 537 米。

[119] *Ibid.*, p.210.

[120] 这座城堡的遗迹仍然可见，还有一道防浪堤尚完好无损。参见 Jacobs (ed.), *op. cit.* (n. 8), III, 659, n.3。关于一张 1933 年城堡遗迹的照片参见 C. R. Boxer and F. de Vasconcelos, *André Furtado de Mendonça (1558-1610)* (Lisbon, 1955), facing p.70。

[121] Warnsinck, *op. cit.* (n. 118), pp.209-10.

[122] Viegas (ed.), *op. cit.* (n. 8), I, 273-83.

[123] William Foster (ed.), *The Voyage of Sir Henry Middleton to the Moluccas, 1604-1606* ("HS," 2d ser., LXXXVIII; London, 1943), pp.20-25.

[124] Keuning (ed.), *op. cit.* (n. 4), III, 55-59.

[125] *BV*, Ia, 18-19.

[126] 关于文献详情参见原书第三卷，第 448-449 页。

[127] 关于葡萄牙人统治时期，安汶岛的天主教传教区参见 C. J. Wseeels, S.J., *De geschiedenis de R. K. missie in Amboina, 1546-1605*（Nijmegen-Utrecht, 1926）。关于 1605—1616 年间，荷兰东印度公司统治下的形势参见他的最后一章，第 161-171 页。亦参见原书第三卷，第 215-218 页。

[128] 关于亡者的灵魂参见 G. A. Wilken, *Het animisme bij de volken van den Indischen Archipel* (2 pts.; Amsterdam, 1881), pt.2, pp.168-69。

[129] 安汶岛没有统治整座岛屿的苏丹。其北海岸的小伊斯兰教国家希图是由 5 位宰相统治的，他们受德那地苏丹任命的甲必丹控制。参见 Jacobs (ed.), *op. cit.* (n. 8), II, 12。

[130] Sebastien Danckaerts, *Historisch ende grondich verhael van den standt des Christendoms int quartier van Amboina* 再版于 *BTLV*, VI (n. s., II, 1859), pp.110-13。关于印度尼西亚的萨满教（shamanism）参见 M. Eliade, *Shamanism. Archaic Techniques of Ecstasy* (New York, 1964), pp.344-54。

[131] *Op. cit.* (n. 130), p.118.

[132] *Ibid.*, pp.113-14. 丹卡兹可能将他所谓的割礼与东南亚广泛施行的插小阴茎铃混淆了，参见 Reid, *op. cit.* (n. 37), pp.149-50。

[133] Deankaerts, *op. cit.* (n. 130), pp.114-15. 在大多数东南亚社会，离婚是容易实现的。参见 Reid, *op. cit.* (n. 37), pp.151-53。

[134] Deankaerts, *op. cit.* (n. 130), p.115. 关于马塔考参见 O. D. Tauern, *Patasiwa und Patalima* (Leipzig, 1918), pp.53-54。

[135] *Op. cit.* (n. 130), p.116.

[136] *Ibid.*, pp.116-18.

[137] 参见 Jacobs (ed.), *op. cit.* (n. 8), II, 352，n.26。关于自由人参见原书第三卷，第十七章，注释第 100 条。

[138] *Op. cit.* (n. 130), pp.118-36.

[139] 关于安汶岛屠杀参见原书第三卷，第 51 页。

[140] 关于安汶岛诸份小册子的文献参见原书第三卷，第 555-556 页。

[141] James Spencer (ed.), *A Voyage to New Holland; The English Voyage of Discovery to the South Seas in 1699* (Gloucester, 1981), p.162.

[142] 关于文献参见原书第三卷，第 465-467、470-472 页。

[143] 参见原书第三卷，第 467-470、472 页。

[144] Matelief, *loc. cit.* (n. 92), pp.54-57.“希图甲必丹”是德那地苏丹在安汶岛的代表，他的名字可能应呈现为“Captain of Hitu”。

[145] 西米至少由 5 种棕榈树制成，其中最常见的有两种，即光滑的棕榈树（Sagus laevis）和多刺的西米棕榈树。参见 Crawfurd, *op. cit.* (n. 25), pp.371-72。亦参见 L. S. Cobley, *An Introduction to the Botany of Tropical Crops* (London, 1956), p.190。

[146] Matelief, *loc. cit.* (n. 92), pp.55-56.

[147] 关于这些确认参见地图，载于 Jacobs (ed.), *op. cit.* (n. 8), I, facing p.36*。

[148] Matelief, *loc. cit.* (n. 92), pp.57-58.

[149] *Ibid.*, pp.58-61.

[150]“Verhael van de tegenwoordigen staet inde quartieren van Amboyna, ende omleggende plaetsen,”附于沃霍夫的航海记之后，*BV*, IIa, 130-51。

[151] *Ibid.*, p.133.

[152] *Ibid.*, pp.134-35.

[153] *Ibid.*, pp.137-38, 140-42.

[154] *Ibid.*, pp.149-51.《荷兰联合省东印度公司的创始和发展》也含有两份 1609 年希图甲必丹与荷兰当局签订的合同文本，*ibid.*, pp.197-99，以及一份 1638 年荷兰人与德那地苏丹及其安汶臣民之间的合同，*ibid.*, pp.209-14。

[155] 关于文献参见原书第三卷，第 353、529-531 页。

[156] 两人都于 1644 年离开荷兰。梅克林和萨尔返回欧洲的时间分别是 1653 年和 1659 年。

[157] Pastells (ed.), *op. cit.* (n. 10), I, 113.

[158] Johann Jacob Saar, *Reise nach Java, Banda, Ceylon, und Persien, 1644-1660...*(NR, VI; The Hague, 1930), p.46.

[159] *Ibid.*, pp.46-47. 关于塞兰岛西米参见 Wallace, *op. cit.* (n. 33), pp.289-92。

[160] Saar, *op. cit.* (n. 158), p.47. 这种皮肤病现在被称为雅司病。早期的医生们看出了它与梅毒之间的一种关系。参见 R. D. G. Ph. Simons (ed.), *Handbook of Tropical Dermatology* (Amsterdam,1952), I, 270-73。

[161] Johann Jacob Merklein, *Reise nach Java, Vorder- und Hinter-Indien, China und Japan, 1644-1653*, (NR, III; The Hague, 1930), p.91.

[162] Bernard H. M. Vlekke, *Nusantara. A History of Indonesia* (rev. ed., Chicago, 1960), pp.166-68; E. S. de Klerck, *History of the Netherlands East Indies* (2 vols.; Rotterdam, 1938), I, 242-44, 255-57. 关于望加锡之征服参见原书第三卷，第 1442、1446-1448 页。

[163] Vermeulen, *op. cit.* (n. 110), 81-84. 关于文献参见原书第三卷，第 498-499 页。关于天堂鸟，参见 Wallace, *op. cit.* (n. 33), pp.419-40。

[164] Schouten, *op. cit.* (n. 111), I, 53-61.

[165] *Ibid.*, p.60.

[166] *Ibid.*, pp.72-73. 野生鳄鱼在今日印度尼西亚的许多地区差不多已灭绝。参阅菲律宾群岛的鳄鱼所受到的崇敬，原书第三卷，第 1505 页。

[167] *Ibid.*, pp.76-78. Wallace, *op. cit.* (n. 33), pp.226, 230，同意安汶人懒惰的说法。

[168] Johann Christian Hoffman, *Reise nach dem Kaplande, nach Mauritius, und nach Java, 1671-1676*（NR, VII; The Hague, 1931），pp.67-71. 关于他的《东印度航海日志》（1680 年）参见原书第三卷，第 538 页。

[169] Johann Nieuhof, *Gedenkwaerdige zee-en lant-reize door de vornaemste landschappen van Westen Oostindien* (Amsterdam, 1682), pp.27-38. 关于文献参见原书第三卷，第 500-501 页。纽霍夫对安汶天花的描述与雅各布·邦修斯的描写很相似：*An Account of the Diseases, Natural History and Medicines of the East Indies*, in *Opuscula selecta Neerlandicorum de arte medica* (Amsterdam,1931), X, 181-83。

[170] Nieuhof, *op. cit.* (n. 169), pp.24-27.

[171] Johann Sigmund Wurffbain, *Reise nach den Molukken und vorder-Indien* (2 vols.; NR,VIII, IX; The Hague,1931), I, 80-91; 关于同类相食参见第 88 页。关于文献，参见原书第三卷，第 523-525 页。

[172] Wurffbain, *op. cit.* (n. 171), I, 71-80. 关于随后一份对安汶人混杂天主教徒、新教教徒、异教徒的宗教习俗的描述，参见 Wallace, *op. cit.* (n. 33), pp.230-31。

[173] Warnsinck (ed.), *op. cit.* (n. 118), pp.24-25.

[174] *Ibid.*, pp.212-15.

[175] W. E. Hanna, *Indonesian Banda; Colonialism and Its Aftermath in the Nutmeg Islands* (Philadelphia, 1978), pp.1-11.

[176] 参见 *Asia*, I, 609。

[177] *Op. cit.* (n. 5), pp.238-44.

[178] Pastells (ed.), *op. cit.* (n. 101), I, 112-13.

[179] 昆允许英国人留在内贾拉卡岛（Pulau Neijalakka），一个就在伦岛不远处的珊瑚小岛，似乎半承认他们对伦岛的所有权。但是，他砍伐了伦岛上所有的肉豆蔻树。英国人仍留在那里，

直到 1628 年，但不能从事贸易。不过，他们继续拥有伦岛，间或尝试重新在那里站稳脚跟。直到 1667 年《布雷达条约》（*Treaty of Breda*）签订，他们才正式将伦岛转让给荷兰人。参见 Hanna, *op. cit.* (n. 175), pp.64-66。

[180] *Ibid.*, pp.11-78. 亦参见 Luc Kiers, *Coen op Banda; de conqueste getoetst aan het recht van den tijd* (Utrecht, 1943), and De Klerck, *op. cit.* (n. 162), I, 211-12, 229-30。

[181] 关于文献参见原书第三卷，第 439-441 页。

[182] Keuning (ed.), *op. cit.* (n. 7), III, 76. 与安汶岛实际相距 30 普里。班达奈拉位于南纬 4°32′。三座岛屿方圆 44 平方英里。这三座岛指的是奈拉岛、隆塔尔岛或大班达岛，以及火山岛。这整个岛群构成的空间长 7 英里，宽 3 英里。

[183] *Ibid.*, p.77.

[184] Argensola, *op. cit.* (n. 5), p.239，说它状似梨。

[185] Keuning (ed.), *op. cit.* (n. 4), III, 77-82.

[186] *Ibid.*, pp.82-83.

[187] *Ibid.*, p.83.

[188] *Ibid.*, pp.84-85. 这种游戏名为踢藤球（*sepak takraw*），是东南亚最普遍的本土娱乐活动。参见 Savage, *op. cit.* (n. 51), p.117。亦参见 Reid, *op. cit.* (n. 37), pp.199-201, and W. W. Skeat, *Malay Magic* (London, 1900), p.483。参见我们的图，第 223 幅。

[189] Keuning (ed.), *op. cit.* (n. 7), III, 73, 83-90.

[190] *Ibid.*, p.90.

[191] 关于文献参见原书第三卷，第 466-467 页。

[192] 关于文献参见原书第三卷，第 470-471 页。

[193] 参见原书第三卷，第 449 页。（此书全名为：*Waerachtich verhael, van't geene inde Eylanden van Banda, in Oost-Indien: Inden Jaere sestien hondert eenentwintich: ende tevooven is ghepasseert*。——译者注）

[194] 参见 *BV*，IIb，第 75-79 页。

[195] Wassenaer, *Historisch verhael alder ghedenck-weerdichste geschiedenisse...*，II (Feb., 1622), 81-85. 亦参见 G. Seys, *loc. cit.* (n. 94), pp.191-95。（Wassenaer 著述的全名为：*Historisch verhael alder ghedenck-weerdichste geschiedenisse, die hier en daer in Europa, als in Duijtsch-lant, Vranckrijck, Enghelant, Spaengien, Hungarijen, Polen, Sevenberghen, Wallachien, Moldavien, Turckijen en Neder-lant*。——译者注）

[196] Paulus van Solt, "Verhael ende journael vande voyagie...," *BV*, IIa, 79.

[197] Johann Verken, *Molluken-Reise 1607-1612*...(NR, II; The Hague, 1930), pp.73-74. 关于文献参见原书第三卷，第 519 页。荷兰统治前的人口通常估计在 15 000 左右。参见 *Encyclopaedie van Nederlandsch-Indië* (n. 39), I, 133。

[198] 关于文献参见原书第三卷，第 558、560-561、565-566 页。

[199] Fitzherbert, *loc. cit.* (n. 86), p.174.

[200] *Ibid.*, p.175.

[201] *Ibid.*, pp.174-75.

[202] *Ibid.*, pp.176-77.

[203] "A Letter from Master Thomas Spurway, Merchant, touching the wrongs done at Banda to the English by the Hollanders...Bantam...1617," *PP*, IV, 532.

[204] Seyger van Rechteren，"Journael gehouden..." , *BV*, IIb, 31, 33.1635 年，范·雷基特伦的《东印度旅行日记》首次出版；关于文献参见原书第三卷，第 453-455 页。

[205] Wurffbain, *op. cit.* (n. 171), I, 96, 94, 139-40, 95, 157.

[206] Van Rechteren, *loc. cit.* (n. 204), p.32.

[207] *Ibid.* 可能指的是 1629 年的火山爆发。参见原书第三卷，第 1435 页。

[208] Van Rechteren, *loc. cit.* (n. 204), p.33.

[209] *Ibid.*, p.35. Wallace, *op. cit.* (n. 33), p.233，称"Lo"为果鸠。

[210] Van Rechteren, *loc. cit.* (n. 204), pp.32, 33.

[211] 参见原书第三卷，第 529-530 页。

[212] Saar, *op. cit.* (n. 158), pp.48-51.

[213] *Ibid.*, p.56.

[214] Vermeulen, *op. cit.* (n. 110), pp.84-86.

[215] 他的班达岛记述见于 *op. cit.* (n. 171), I, 92-161。它的大部分篇幅描述了他的每日经历。

[216] Wurffbain, *op. cit.* (n. 171), I, 92-98.

[217] *Ibid.*, p.98.

[218] *Ibid.*, pp.98-100.

[219] *Ibid.*, pp.100-102.

[220] *Ibid.*, pp.102-4,108.

[221] *Ibid.*, pp.104-5.

[222] *Ibid.*, pp.105-7.

[223] Warnsinck (ed.), *op. cit.* (n. 118), pp.215-17. 关于很久以后，一份对荷兰人统治下班达群岛的描述参见 Wallace, *op. cit.* (n. 33), pp.219-23。他对这个群岛和肉豆蔻种植园的描写大多与那些撰于 17 世纪的著述一致。他认为本地班达人是巴布亚人（Papuan）。他还坚定地为荷兰人垄断肉豆蔻，甚至在他们不能有效控制时毁坏群岛上的树木辩护。

[224] 例如参见 Argensola, *op. cit.* (n. 5), pp.71-72; Roelofszoon, *loc. cit.* (n. 90), pp.5-6; and Colin in Pastells (ed.), *op. cit.* (n. 101), I, 2。

[225] J. W. Ijzerman (ed.), *De reis om de wereld door Olivier van Noort, 1598-1601* (2 vols.;"WLV" , XXVII, XXVIII; The Hague, 1926), II, 127-28. 亦参见 Van Noort in *BV*, Ib, 50-51。关于范·诺尔特记述的文献参见原书第三卷，第 441-443 页。一些布吉斯人可能来自波尼（Bone）地

区西里伯斯岛西南部的延伸地带。关于讨论参见 D. E. Sopher, *The Sea Nomads* (Singapore, 1964), pp.357-58。

[226] *Op. cit.* (n. 111), I, 74-75.

[227] Argensola, *op. cit.* (n. 5), p.72.

[228] *Ibid.* 传说中的望加锡“毒”树或“见血封喉”(upas)。参见 E. M. Beekman, *The poison tree. Selected Writings of Rumphius*...(Amherst, Mass., 1981), pp.135-39。(E. M. Beekman 著述的全名为 *The poison tree: selected writings of Rumphius on the natural history of the Indies*。——译者注)

[229] Roelofszoon, *loc. cit.* (n. 90), p.5. 亦参见 Roelofszoon, *loc. cit.* (n. 110), pp.37-39。

[230] Pastells (ed.), *op. cit.* (n. 101), I, 111. 关于皮肤白、猎人头的万鸦老人，参见 Wallace, *op. cit.* (n. 33), pp.185-86。

[231] Pastells (ed.), *op. cit.* (n. 101), I, 110-111. 凯迪潘是一个村庄及其在北海岸周边地区的名字。参见 Jacob (ed.), *op. cit.* (n. 8), I, 414, n.15。

[232] Pastells (ed.), *op. cit.* (n. 101), I, 111. 博朗是隆巴金河(Lombagin River)河口博朗蒙贡多(Bolaang Mongondow)地区的中心城市。参见 Jacob (ed.), *op. cit.* (n. 8), I, 414, n.12。

[233] 关于文献参见原书第三卷，第 358-360 页。

[234] J. S. Cummins (ed.), *The Travels and Controversies of Friar Domingo Navarette* (2 vols.; “HS,” 2d ser., CXVIII, CXVIX; Cambridge, 1962), I, 106-7.

[235] *Ibid.*, p.107.

[236] *Ibid.*

[237] 凯里(Kaili)或卡杰里是望加锡海峡沿岸狭长地带的通用名。

[238] Cummins (ed.), *op. cit.* (n. 234), I, p.109. 闵明我显然遇到了易装癖者比苏(*Bissu*)，他们在布吉斯社会和宗教中享有正式的身份。比苏在各种宗教仪式中发挥作用，充当人们与他们的神之间的中性媒介。如今，一些前于伊斯兰教时期的仪式仍然得到因循。在瑟盖里(segeri)，一个出现于仪式上的易装癖者社团还存在着，瑟盖里位于望加锡北岸，闵明我在那里遇到他们。参见 Gilbert Hamonic, “Travestissement et bisexualité chez les ‘bissu’ du pays Bugis,” *Archipel*, X (1975), 121-34。婆罗洲滨海地区的萨满教依然遵循仪式性的易装癖。参见 Eliade, *op. cit.* (n. 130), pp.351-52。

[239] Cummins (ed.), *op. cit.* (n. 234), I, 109-10.

[240] *Ibid.*, p.111.

[241] Albert Gray (ed.), *A New Voyage Round the World* (London,1927), pp.301-2. 关于文献参见原书第三卷，第 582-585 页。

[242] Gray (ed.), *op. cit.* (n. 241), pp.302-3.

[243] “Schot’s verhael, wegens sijn voyagie gedaen van Bantam, near Botton, Solor ende Tymor...” 附于沃霍夫的航海记之后，*BV*, IIa, 116-17。这只是几个例子之一，即荷兰人似乎在该群岛

的新地区推广钱币的使用。

[244] Van Rechteren, *loc. cit.* (n. 204), pp.40-41. 布敦的苏丹与苏禄和蒂多雷的苏丹们一样，在 17 世纪发展了利润丰厚的奴隶交易。参见 Reid, *op. cit.* (n. 37), I, 133。

[245] Van Rechteren, *loc. cit.* (n. 204), pp.36-37.

[246] Saris, *loc. cit.* (n. 82), p.413.

[247] Hendrick Hagenaer, "Verhael vande reyze..." *BV*, IIb, 79.

[248] Wurffbain, *op. cit.* (n. 171), I, 66-70.

[249] Gray (ed.), *op. cit.* (n. 241), pp.305-9.

[250] 关于戈阿对荷兰东印度公司垄断和这些条约的看法参见 Leonard Y. Andaya, *The Heritage of Arung Palakka: A History of South Sulawesi (Celebes) in the Seventeenth Century* ("Verhandelingen van het Koninklijk Instituut voor Taal-, Land-, en Volkenkunde," XCI; The Hague, 1981), pp.45-49。

[251] 关于背景参见 Andaya, *op. cit.* (n. 250); Andaya, "A Village Perception of Arung Palakka and the Makassar War of 1666-1669," in Anthony Reid and David Marr (eds.), *Perceptions of the Past in Southeast Asia* (Singapore, Kuala Lumpur, and Hong Kong, 1979), pp.360-78; Andaya, "The Nature of Kingship in Bone," in Anthony Reid and Lance Castles (eds.), *Pre-Colonial State Systems in Southeast Asia; The Malay Peninsula, Sumatra, Bali-Lombok, South Celebes* ("Monographs of the Malaysian Branch of the Royal Asiatic Society," VI; Kuala Lumpur,1975), pp.114-25; C. R. Boxer, *Francisco Viera de Figueiredo; A Portuguese Merchant-Adventurer in South-East Asia, 1624-1667* (The Hague, 1967); W. E. van Dam van Isselt, "Mr. Johan van Dam en zijne tuchtiging van Makassar in 1660," *BTLV*, LX (7th ser., VI) (1908), 1-44; De Klerck, *op. cit.* (n. 162), I, 218, 256-59, 275-78。

[252] Wijbrand van Warwijck, "Historische verhael vande reyse gedaen inde Oost-Indien," *BV*, Ib, 34-35. 关于文献参见原书第三卷，第 466 页。

[253] Matelief, *loc. cit.* (n. 92), pp.53, 73-74. 望加锡是一个大米过剩区，马罗斯平原（the Maros plain）已被开发为大米出口产区。参见 Reid, *op. cit.* (n. 37), pp.24-25。

[254] 参见原书第三卷，第 467 页。

[255] Van Solt, *op. cit.* (n. 196), pp.82-83. Andaya, *op. cit.* (n. 250), pp.32-33，说出 1605 年塔洛和戈阿皈依伊斯兰教的情况。其他记述则说明望加锡在 1607 年之前就已接受了伊斯兰教。参见 Jacobs (ed.), *op. cit.* (n. 8), III, 245, n.16; and Boxer, *op. cit.* (n. 251), p.3, n.6。*The Encyclopedia of Islam*, (5 vols.; Leiden, 1960), I, 830，写明伊斯兰教是经由德那地传到西里伯斯岛的。

[256] Van Rechteren, *loc. cit.* (n. 204), pp.37-39.

[257] *Ibid.*, p.40. 关于携带吹箭筒的望加锡士兵，参见我们的图，第 211 幅。

[258] Van Rechteren, *loc. cit.* (n. 204), p.40.

[259] Solange Hertz (trans.), *Rhodes of Viet Nam; The Travels and Missions of Father Alexander de*

Rhodes in China and Other Kingdoms of the Orient (Westminster, Md., 1966), p.208. 关于文献参见原书第三卷，第 408-409 页。

[260] Hertz (trans.), *op. cit.* (n. 259), 208-10. 关于卡梭·帕廷加隆参见 Boxer, *op. cit.* (n. 251), pp.4-5, and Andaya, *op. cit.* (n. 250), pp.33-39。荷兰诗人约斯特·范·冯德尔（Joost van Vondel）写了一首致卡梭·帕廷加隆的赞歌。参见 Vondel's *Volledige dichtwerken*, ed. A. Verwey (Amsterdam, 1937), p.982。

[261] Hertz (trans.), *op. cit.* (n. 259), pp.206-7.

[262] *Ibid.*, pp.207-8.

[263] Cummins (trans. and ed.), *op. cit.* (n. 234), I, 113. 康明斯说 1620 年举行了"教会船赛"比赛，输者为耶稣会士曼努埃尔·德·阿泽维多（Manuel de Azevedo）。难怪罗历山为不得不报告它而感到遗憾。

[264] Cummins (ed.), *op. cit.* (n. 234), I, 115-16.

[265] 关于菲格雷多参见 Boxer, *op. cit.* (n. 251)。

[266] Cummins (ed.), *op. cit.* (n. 234), I, 113-14.

[267] *Ibid.*, pp.116-18, 126. 关于冢雉参见原书第三卷，第 1521-1522 页。

[268] Cummins (ed.), *op. cit.* (n. 234), I, 118.

[269] Schouten, *op. cit.* (n. 111), I, 85-86.

[270] *Ibid.*, I, 98. 斯考顿对进攻望加锡的完整记述见第 74-98 页。

[271] Vermeulen, *op. cit.* (n. 110), pp.39-45. 弗穆伦的记述中有些不正确之处。阿隆·帕拉卡的父亲是索彭（Soppeng）的布吉斯王国的小领主，其母为波尼国王的女儿。1660 年，布吉斯人反抗戈阿的望加锡王国，起义失利之后，阿隆·帕拉卡和一小帮布吉斯斗士逃到布敦岛。由于总是担心来自望加锡的远征，他们向荷兰人求助，这些荷兰人在巴达维亚附近的红溪（Angke River）沿岸定居。阿隆·帕拉卡和他忠实的布吉斯同伴发誓要重返南苏拉威西，使其民摆脱望加锡的统治。荷兰人发现他们是一个烦人的群体，但最终还是在 1666 年利用他们与苏门答腊岛的普里阿曼的米南加保人作战，他们在那里表现卓著，从而成为荷兰人攻打望加锡战役中的同盟。参见 Andaya, *op. cit.* (n. 250), chap.iii, and "A Village Perception of Arung Palakka," (n. 251), p.363。

[272] Vermeulen, *op. cit.* (n. 110), pp.45-73. Reid, *op. cit.* (n. 37), p.81，认为阿隆·帕拉卡履行誓言，剪其发作为一种牺牲，以回报征服望加锡中获得的神助。

[273] Vermeulen, *op. cit.* (n. 110), pp.75-78.

[274] 参见原书第三卷，第 422-423 页。

[275] Nicolas Gervaise, *An Historical Description of the Kingdom of Macassar in the East Indies...* (London, 1701), pp.1-4.

[276] *Ibid.*, pp.6-9. 参见 Andaya, *op. cit.* (n. 250), pp.258-63。

[277] Gervaise, *op. cit.* (n. 275), p.9. 实际上，托拉查人是，或已经是基督徒。

[278] *Ibid.*, pp.31-54.

[279] *Ibid.*, p.11. 依据宫廷记事《望加锡日记》（*Lontara'-bilang Gowa*），瑞德估计 17 世纪活过婴儿期，且寿终正寝的望加锡男人的平均寿命约为 50 岁，参见 *op. cit.* (n.37), p.49。

[280] Gervaise, *op. cit.* (n. 275), pp.13-21.

[281] *Ibid.*, pp.21-24.

[282] *Ibid.*, pp.25-29. 美人鱼可能是儒艮。参见原书第三卷，第 1521 页。

[283] Gervaise, *op. cit.* (n. 275), pp.29,42, and 56. 对于我们所谓的望加锡人来说，望加萨拉（Mangkasara）是更为准确的当地名字。

[284] *Ibid.*, pp.29-31. 荷兰人只是自 1669 年起才控制了望加锡的贸易。

[285] *Ibid.*, pp.56-60. 那些早期到访过苏丹王宫者报告它是木质的，建在柱子上，不过，四周环绕着一堵石墙。参见，例如，Van Rechteren, *loc. cit.* (n. 204), pp.37-39。

[286] Gervaise, *op. cit.* (n. 275), pp.60-61.

[287] *Ibid.*, pp.62-63.

[288] *Ibid.*, pp.67-69.

[289] *Ibid.*, pp.103-12. Reid, *op. cit.* (n. 37), pp.159-60，得出的结论是，女子结婚的年龄在 15—21 岁之间。

[290] Gervaise, *op. cit.* (n. 275), pp.112-16. 根据 Reid, *op. cit.* (n. 37), pp.152-53 所说，在望加锡和海岛东南亚的普遍地区，大多数婚姻都是一夫一妻。离婚是容易的，既可由女子，亦可由男子先提出。

[291] Gervaise, *op. cit.* (n. 275), pp.74-76. 在海岛东南亚，男女的活动领域有明显的区分，除了纺织与烹饪之外，移栽、收割和营销通常被认为是女性的工作。参见 Reid, *op. cit.* (n. 37), pp.162-72。

[292] Gervaise, *op. cit.* (n. 275), pp.76-80. 虽然在东南亚绝大多数地方，剪发是皈依伊斯兰教的一种标志，但是大部分望加锡人继续留长发，直到 19 世纪。参见 Reid, *op. cit.* (n. 37), pp.81-82。

[293] Gervaise, *op. cit.* (n. 275), pp.81-85.

[294] *Ibid.*, pp.87-90.

[295] *Ibid.*, pp.86-87.

[296] *Ibid.*, pp.90-91, 98-103.

[297] 1641 年荷兰人占领马六甲之后，许多耶稣会士到望加锡避难。这个军事基地最后归于耶稣会的日本教省。参见 Jacobs (ed.), *op. cit.* (n. 8), III, 574-75。1667 年荷兰人征服望加锡后，耶稣会士们离去。

[298] Gervaise, *op. cit.* (n. 275), pp.70-71, 92-97.

[299] 关于印度尼西亚的放风筝参见 C. Hart, *Kites, an Historical Survey* (Mount Vernon, N.Y., 1982), pp.44-47。关于象棋参见 Skeat, *op. cit.* (n. 188), pp.485-86。

[300] Gervaise, *op. cit.* (n. 275), pp.69-70, 72-73.

[301] *Ibid.*, pp.118-22.

[302] *Ibid.*, pp.121-32.

[303] *Ibid.*, pp.133-40. 关于女性割礼参见 Reid, *op. cit.* (n. 37), pp.148-49。

[304] Gervaise, *op. cit.* (n. 275), pp.140-47.

[305] *Ibid.*, pp.147-58. 仍然有相当多的印度尼西亚人到麦加朝圣。

[306] 参见 *Asia*, I, 599-601。亦参见原书第三卷，第 14、138-139 页。

[307] William F. Sinclair (ed.), *The Travels of Pedro Teixeira; With His "Kings of Hormuz" and Extracts from His "Kings of Persia"* ("HS," 2d ser., IX; London, 1902), pp.215-16. 关于文献参见原书第三卷，第 323 页。

[308] *Relaçoẽs summarias de alguns serviços que fizerão a Deos*...(Lisbon, 1635). 这些叙述的现代版见于 Artur Basilio de Sá (ed.), *Documentação para a história das missões do padroado português do oriente* (5 vols.; Lisbon,1958), Vol.5, *Insulindia*, pp.277-347。参见原书第三卷，第 343-344 页。（此书全名为：*Relaçoẽs summarias de alguns serviços que fizerão a Deos, & a Estes Reynos, os Religiosos Dominicos nas Partes da India Orlental nestes annos Proximos Passados*。——译者注）

[309] Encarnação, *Relaçam do principio da Christandade das ilhas de Solor, e da segunda restauração della,...*, in Sá (ed.), *op. cit.* (n. 308), V, 308-9.

[310] 其论述的题名为：*Relaçam das Christandade, e ihas de Solor, em particular, da fortaleza,...*, in Sá (ed.), *op. cit.* (n. 308), V, 318-45。关于兰赫尔经历的概述参见 A. T. de Matos, *Timor português, 1515-1769* (Lisbon, 1974), pp.47-48, n.27。

[311] Sá (ed.), *op. cit.* (n. 308), V, 327-46.

[312] *Ibid.*, p.322.

[313] *Ibid.*, V, 323-24. "Pedras de porco espinho"（猪石），有时称作"pedra de Malaca"，看起来像是一种用作解毒剂的牛黄石。我们无法辨别"Lucerragem"、"belile"、"bidarupes"。不过，兰赫尔也将弗洛勒斯岛上的一座市镇称为"Lucerragem"；参见 *ibid.*, p.320。

[314] *Ibid.*, V, 324.

[315] *Ibid.*,V, 324. 据兰赫尔所说，罗林与葡萄牙人的 20 雷（vintem，一种古铜币，相当于 20 个雷阿尔。——译者注）相同。

[316] *Ibid.*, V, 325-26.

[317] *Ibid.*, V, 326.

[318] *Ibid.*, V, 330-31.

[319] Schotte, *loc. cit.* (n. 243), pp.116-25.

[320] *Ibid.*, pp.116-21.

[321] *Ibid.*, pp.119-20.

[322] 关于构成葡萄牙人索洛群岛的"诸岛"参见地图（图 vii），载于 H. Leitão, *Os Portugueses*

em Solor e Timor de 1515 a 1702 (Lisbon, 1948); and Matos, *op. cit.* (n. 310), p.19。关于 1640—1688 年间在望加锡和帝汶岛，亦参见 Boxer, *op. cit.* (n. 251)。

[323] Schotte, *loc. cit.* (n. 243), p.120.

[324] *Ibid.*, p.123.

[325] *Ibid.*, pp.121-22,125.

[326] Schotte, *loc. cit.* (n. 111), I, 80-82.

[327] Vermeulen, *op. cit.* (n. 110), pp.78-79. Wallace, *op. cit.* (n. 33), p.142，认为与新几内亚岛的巴布亚人和马来人相比，帝汶岛本地人更像前者。他形容他们的头发“拳曲”。帝汶人的身材和语言与印度尼西亚人和美拉尼西亚人（Melanesian）的都不同。

[328] Gray, *op. cit.* (n. 241), pp.309-10. Wallace, *op. cit.* (n. 33), p.141，说帝汶岛长为 300 英里，宽 60 英里。帝汶山脉海拔 7 300 英尺。

[329] 例如参见 J. C. *Shipman, William Dampier, Seaman-Scientist* (Lawrence, Kans., 1962), pp.9-11。

[330] 关于文献详情参见原书第三卷，第 384-385 页。

[331] Spencer (ed.), *op. cit.* (n. 141), pp.152-54.

[332] *Ibid.*, pp.154-56.

[333] *Ibid.*, pp.158-59.

[334] *Ibid.*, p.162. 关于对帝汶岛植被概貌的类似观察，参见 Wallace, *op. cit.* (n. 33), pp.142-43, 152。

[335] Spencer (ed.), *op. cit.* (n. 141), pp.165-71.

[336] *Ibid.*, pp.172-75.

[337] *Ibid.*, pp.175-76.1668 年之后，葡萄牙人着手将帝力（Dili）建成他们在帝汶岛的主要居住区。

[338] *Ibid.*, pp.176-78, 183-84.

[339] *Ibid.*, pp.178-79. 有关坚信帝汶岛富藏金矿和铜矿以及发现它几乎没有这两种矿的叙述，参见 Wallace, *op. cit.* (n. 33), pp.147-49。

[340] Spencer (ed.), *op. cit.* (n. 141), pp.179-80.

[341] 关于帝汶岛上豢养的阿拉伯马参见 Matos, *op. cit.* (n. 310), p.17。

[342] Spencer (ed.), *op. cit.* (n. 141), pp.180-82. 丹皮尔的书包括在巴西、澳大利亚、帝汶岛和新几内亚岛收集的许多植物（*ibid.*, pp.126-34）和一些鱼（第 135-137 页）的素描。Wallace, *op. cit.* (n. 33), p.144，无法鉴别丹皮尔的银铃般叫声的鸟。关于帝汶岛的自然史及其与澳大利亚自然史的关系，亦参见 Wallace, pp.155-62。

[343] Spencer (ed.), *op. cit.* (n. 141), pp.182-83.

[344] 这些“王国”大多位于帝汶岛西南部的塞旺（Servão）。参见地图，载于 Matos,*op. cit.* (n. 310)，facing p.16。

[345] Spencer (ed.), *op. cit.* (n. 141), pp.183-84.

[346] *Ibid.*, p.185.

[347] *Ibid.*, pp.185-86. 也许指的是 1673—1693 年间，拉兰图卡、索洛和帝汶的“国君”安东尼奥·德·奥尔内（António De Hornay），他是位欧亚混血儿。参见 C. R. Boxer, “Portuguese Timor”, *History Today*, X (1960), 351-52。

[348] 关于 16 世纪的描述参见 *Asia*, I, 616。

[349] Papua 实际上意为“卷发的”。

[350] Argensola, *op. cit.* (n. 5), p.71. 后来的探险者也报告了这些人口中有白化病者。

[351] 参见 Günter Schilder, *Australia Unveiled* (Amsterdam, 1976), pp.27-28 以及原书第三卷，第 6-8 页。

[352] 关于奎罗斯的出版文献参见原书第三卷，第 307-308 页。

[353] “The Copie of a Petition presented to the King of Spaine, by Captaine Peter Ferdinand de Quir...,” *PP,* XVII, 219-20; “Verhael van seker memoriael, gepresenteert aen Sijne Majesteyt den Koningh van Spangien, by den Capiteyn Pedro Fernandez de Quir,...,” appended to “Journael van de Nassausche Vloot...,” *BV*, IIb, p.69.

[354] *PP*, XVII, 220-24; *BV*, IIb, 69-71.

[355] *PP*, XVII, 228-29; *BV*, IIb, 72-73.

[356] 关于此次航行的描述及其出版物参见原书第三卷，第 445-448 页。亦参见 Schilder, *op. cit.* (n. 351), pp.32-37; P. A. Leupe, “De reizen der Nederlanders naar Nieuw-Guinea en de Papoesche eilanden in de 17 en 18e eeuw,” *BLTV*, XXII (1875), 175-79; A. Wichmann, *Entdeckungsgeschichte von Neu-Guinea* (2 vols.; Leiden, 1909-12), I, 60-72; and C. Jack-Hinton, *The Search for the Islands of Solomon, 1567-1838* (Oxford, 1969), pp.190-97。

[357] 关于详情参见 A. Sharp, *The Discovery of the Pacific Islands* (Oxford, 1960), p.74。

[358] W. A. Engelbrecht and P. J. Herwerden (eds.), *De ontdekkingsreis van Jacob le Maire en Willem Cornelisz. Schouten in de jaren 1615-1617, journalen, documenten en andere bescheiden* (2 vols.; “WLV,” XLIX; The Hague, 1945), I, 54-58; “Australische navigatien, ontdeckt door Jacob le Maire ende Willem Cornelisz. Schouten inde jaeren 1615, 1616, 1617,” *BV,* IIb, 90-94. 参见地图，facing p.1 in E. N. Ferdon, *Early Tonga* (Tucson, 1987)。

[359] “Australische navigatien ” (n. 358), p.94; Schilder, *op. cit.* (n. 351), p.36.

[360] 关于北欧人不知道托雷斯的功绩参见 Jack-Hinton, *op. cit.* (n. 356), p.192。

[361] Engelbrecht and Herwerden (eds.), *op. cit.* (n. 358), I, 63. 这两座岛被一条约 1 英里宽的狭窄通道分开。

[362] *Ibid.*, p.73. “Australische navigatien” (n. 358), p.101.

[363] “Australische navigatien” (n. 358), pp.97-100. 关于卡瓦，一种由胡椒植物酿制而成、适用于各种场合的饮料，参见 Ferdon, *op. cit.* (n. 358), chap.iii。

[364] “Australische navigatien” (n. 358), p.98.

[365] 汤加人是波利尼西亚人，余者为美拉尼西亚人，“两种主要的太平洋民族综合体”，依据 W. 豪威尔斯（W. Howells）有关“身体人类学”的文章，载于 J. D. Jennings (ed.), *The Prehistory*

of Polynesia (Cambridge, Mass., 1979), p.272。

[366] 在大洋洲和海岛东南亚，大约有 1 400 种本地语言。单单所罗门群岛就通行至少两种或两种以上的语言。关于对太平洋中南诸岛和巴布亚语言及其子语言的错综复杂关系的一场现代语言学讨论参见 P. Bellwood, *Man's Conquest of the Pacific* (New York, 1979), chap. v。

[367] 显然，有些房屋建在离地 5 至 8 英尺高的柱子上，但是这种风俗远非普遍。参见 H. B. Guppy, *The Solomon Islands and Their Natives* (London, 1887), p. 60。

[368] Engelbrecht and Herwerden (eds.), *op. cit.* (n. 358), I, 76-84; "Australische navigatien" (n. 358), pp.104-10.

[369] 关于海岛东南亚的人种参见 Wallace, *op. cit.* (n. 33), pp.446-57；关于巴布亚人参见 pp.449-52。亦参见 Crawfurd, *op. cit.* (n. 39), I, 1-36，特别是第 23-26 页。

[370] *Op. cit.* (n. 195), IX, 68-69.

[371] 关于卡斯滕斯逊的探险参见 Schilder, *op. cit.* (n. 351), pp.84-98, and Leupe, *loc. cit.* (n. 356), pp.8-10。

[372] Paulus van Caerden, "Kort verhael ofte journael...," *BV*, Ib, 19-20.

[373] 关于多兹曼的探险参见 Leupe, *loc. cit.* (n. 356), pp.44-47。

[374] *Op. cit.* (n. 158), pp.52-54.

[375] *Ibid.*, pp.54-57. 关于阿鲁群岛参见 Wallace, *op. cit.* (n. 33), pp.327-75；关于阿鲁群岛的"江河"参见 pp.369-71。

[376] *Op. cit.* (n. 158), pp.57-61.

[377] 关于文献参见原书第三卷，第 492 页。关于塔斯曼探险的记述，附带手稿分析及相关印刷资料参见 Schilder, *op. cit.* (n. 355), pp.139-205。

[378] Schilder, *op. cit.* (n. 351), pp.174-77; R. Posthumus-Meyjes (ed.), *De reizen van Abel Janszoon Tasman en Franchoys Jacobszoon Visscher ter nadere ontdekking van het Zuidland in 1642-43 en 1644* ("WLV," XVII; The Hague, 1919), pp.57-76; Leupe, *loc. cit.* (n. 356), pp.179-84; Wichmann, *op. cit.* (n. 356), pp.85-101.

[379] Schilder, *op. cit.* (n. 351), pp.178-79; R. Posthumus-Meyjes (ed.), *op. cit.* (n. 378), pp.94-96.

[380] 黑尔博斯的记述载于 Arnold Montanus, *De nieuwe en onbekende weereld; of beschryving van America en't Zuid-land, vervatende d'oorsprong der Americanen en Zuidlanders...*(Amsterdam, 1671), pp.581-82。关于所罗门群岛的发型参见 Guppy, *op. cit.* (n. 367), pp.116-18。

[381] Montanus, *op. cit.* (n. 380), pp.582-85.

[382] Wurffbain, *op. cit.* (n. 171), I, 102-3.

[383] *Ibid.*, I, 100.

[384] 关于赫里特·托马斯逊·波尔（Gerrit Thomaszoon Pool）指挥的探险参见 Schilder, *op. cit.* (n. 351), pp.129-38; Wichman, *op. cit.* (n. 356), I, 80-85; and Leupe, *loc. cit.* (n. 356), pp.10-38。

[385] *Op. cit.* (n. 171), I, 108-9,144-46.

[386] Spencer (ed.), *op. cit.* (n. 141), pp.190,198.

[387] 这可能是指多刺的西米棕榈树，新几内亚岛和马鲁古群岛的一种本地植物。参见 L. S. Cobley, *op. cit.* (n. 145), p.190。

[388] Spencer (ed.), *op. cit.* (n. 141), pp.194-95.

[389] *Ibid.*, p.200.

[390] *Ibid.*, pp.210-12.

[391] *Ibid.*, p.224.

[392] 关于 16 世纪可能发现澳大利亚，以及曼努埃尔 · 戈迪尼奥 · 德 · 埃雷迪亚的制图参见 Schilder, *op. cit.* (n. 351), pp.20-23 和原书第三卷，第 328 页。关于古代与中世纪对南方大陆的信念，以及欧洲人对南太平洋的探险早于发现澳大利亚参见 Schilder, pp.5-31。

[393] 关于“小鸽”号的航行参见 *ibid.*, pp.43-53。

[394] Saris, *loc. cit.* (n. 82), p.491.

[395] *Ibid.*, p.492.

[396] 关于新航线和它带来的航海问题参见 Schilder, *op. cit.* (n. 351), pp.54-60, and Jaap R. Bruijn, “Between Batavia and the Cape; Shipping Patterns of the Dutch East India Company,” *Journal of Souotheast Asian Studies*, IX (1980), 251-65。

[397] Schilder, *op. cit.* (n. 351), pp.60-70.

[398] *Ibid.*, pp.70-84.

[399] 关于卡斯滕斯逊的探险参见 *ibid.*, pp.84-98。亦参见原书第三卷，第 450 页。

[400] 参见原书第三卷，第 450 页与第 1471 页。

[401] Wassenaer, *op. cit.* (n. 195), pp.68-69.

[402] Schilder, *op. cit.* (n. 351), pp.99-110.

[403] 关于“巴达维亚”号沉船的故事和后续事件，以及佩尔萨特日记的文献参见原书第三卷，第 475-477 页，和 Schilder, *op. cit.* (n. 351), pp.111-28。

[404] “La terre australe descovverte, par le capitaine Pelsaert, qui y fait naufrage,” TR, Vol. I, No.21, p.51.

[405] *Ibid.*, p.52.

[406] *Ibid.*, pp.52-53.

[407] 参见原书第三卷，第 492 页。关于塔斯曼的航行与他们的制图成果参见 Schilder, *op. cit.* (n. 351), pp.139-205, and Posthumus-Meyjes (ed.), *op. cit.* (n. 378)。

[408] Abel Tasman, “The Voyage of Captain Abel Jansen Tasman for the Discovery of Southern Countries by Direction of the Dutch East India Company,” in J. Pinkerton (ed.), *A General Collection of the Best and Most Interesting Voyages and Travels in All Parts of the World* (17 vols.; London, 1808-14), XI, 441-42. 平克顿（Pinkerton）所编的是这部航海记的译本，见于 Drick Rembrantszsoon van Nierop, *Eenige oefeningen*...(Amsterdam, 1674)。参见原书第三卷，

第 492 页。（Nierop 的著述全名为：*Eenige oefeningen in godlijcke, wiskonstige en natuerlijcke dingen*。——译者注）

[409] Tasman in Pinkerton (ed.), *op. cit.* (n. 408), pp.442-43. 这些波利尼西亚人通称毛利人，是最早定居新西兰者。他们可能是从社会群岛（Society islands）、库克群岛（Cook islands）和马克萨斯群岛迁移到那里的。参见 J. M. Davidson, "The Polynesian Foundation," in W. H. Oliver and B. R. Williams (eds.), *The Oxford History of New Zealand* (Oxford, 1981), pp.3-5。凶手湾似乎位于现今塔斯曼湾的东岸。

[410] Montanus, *op. cit.* (n. 408), pp.579-81. 关于毛利人的装束参阅 Davidson, *loc. cit.* (n. 409), pp.24-25。

[411] Pinkerton (ed.), *op. cit.* (n. 408), pp.441-42.

[412] Nicolaas Witsen, *Noord en Oost Tartarye* (2d ed.; Amsterdam,1705), pp.175-76, quoted in Schilder, *op. cit.* (n. 351), pp.184-87.

[413] Frederick Bolling, "*Oost-indische reisboek, bevattende zijne reis naar Oost-Indië...*," *BTLV*, LXVIII (1913), p.324.

[414] Wurffbain, *op. cit.* (n. 171), I, 40-45.

[415] *Ibid.*, 109,144-46. 参见原书第三卷，第 1474 页。

[416] 关于航行的详述与文献，参见原书第三卷，第 504-505 页。

[417] G. G. Schilder (ed.), *De ontdekkingsreis van Willem Hesselsz. de Vlamingh in de jaren 1696-1697* ("WLV," LXXVIII, LXXIX; The Hague, 1976), II, 210.

[418] *Ibid.*, pp.209-15. 那些"茅屋"可能是蚁冢。

[419] *Ibid.*, p.220. 由 C. H. 罗伯特（C. H. Robert）翻译，载于 C. H. Robert (ed.), *The Explorations, 1696-1697, of Willem De Vlamingh...*(Amsterdam, 1972), p.135。

[420] 参见原书第三卷，第 582-585 页。

[421] Gray (ed.), *op. cit.* (n. 241), p.312.

[422] *Ibid.*

[423] *Ibid.*, pp.312-13.

[424] *Ibid.*, pp.313-16.

[425] 参见原书第三卷，第 584-585 页。

[426] Spencer (ed.), *op. cit.* (n. 141), pp.105, 108, 124-25.

[427] *Ibid.*, pp.108, 124-25.

[428] *Ibid.*, pp.108, 125.

[429] *Ibid.* 佩尔萨特的日记手稿详细且准确地描写了袋鼠，但它似乎不曾出版。

[430] Spencer (ed.), *op. cit.* (n. 141), pp.108-9, 124-25.

[431] *Ibid.*, pp.120-23.

[432] *Ibid.*, p.125.

[433] Wallace, *op. cit.* (n. 33), pp.1-15.

[434] 关于远洋航行的中国式帆船参见 Pierre-Yves Manguin, "The Southeast Asian Ship: An Historical Approach," *Journal of Southeast Asia Studies*, Vol.XI, No.2 (Sept., 1980), 266-76。

[435] 十七八世纪欧洲人对东南亚人性格的种种概括引来了诸多问题，对这些问题的一场专门而深入的讨论参见 Jörg Fisch, *Holland's Ruhm in Asien, François Valentyns Vision des niederländischen Imperiums im 18. Jahrundert* (Stuttgart, 1986)。

[436] 关于东南亚诸城参见 A. Reid, "The Structure of Cities in Southeast *Asia*, Fifteenth to Seventeenth Centuries," *Journal of Southeast Asia Studies*, Vol.XI, No.2 (Sept., 1980), 235-50; and Bennet Bronson, " Exchange at the Upstream and Downstream Ends: Notes toward a Functional Model of the Coastal State in Southeast Asia," in Karl L. Hutterer, *Economic Exchange and Social Interaction in Southeast Asia* (Ann Arbor, 1977), pp.39-52。

[437] 参见 A. Reid, "Trade and State Power in Sixteenth and Seventeenth Century Southeast Asia," *Proceedings of the Seventh IAHA Conference, Bangkok, August, 1977* (Bangkok, 1979), pp.391-419; Kenneth R. Hall, *Maritime Trade and State Development in Early Southeast Asia* (Honolulu, 1955); A. Reid (ed.), *Slavery, Bondage and Dependency in Southeast Asia* (New York, 1983)，特别是导言，第 1-43 页。

第十九章　菲律宾群岛和马里亚纳群岛（拉德龙群岛） 1491

16 世纪出版的有关太平洋地区的书籍和地图，首次向欧洲人揭示了菲律宾群岛和拉德龙群岛（Ladrones，马里亚纳群岛）的存在与西班牙人对这两个群岛的兴趣。[1]17 世纪初，欧洲突然涌现大量出版物，它们包括经验丰富的观察者所撰内容真实的亲历记，以及对荷兰人出现在西太平洋和他们与西班牙人冲突的报道。奥利维尔·范·诺尔特的环球航海记（1598—1601 年）和他与马尼拉以外的西班牙人的战争，初次让世界上大多数人认识到西班牙人在太平洋的垄断地位正遭受咄咄逼人的荷兰人的挑战。[2] 同时期，西班牙方济各会传教士马塞洛·德·里瓦德内拉出版了他的《东方诸国志》，此书的题名即承诺要描写菲律宾群岛及东方其他地区。[3] 里瓦德内拉皇皇巨著的主要落笔点是与日本耶稣会士的一场争辩，和对在中国、暹罗和别处的方济各会活动的描述，他仅将其六本书的第一卷用于描述菲律宾群岛及方济各会在那里获得的成功。日本新增的基督教问题与新教荷兰人在太平洋的出现使罗马感到苦恼，它本身则开始更多地关注处于战略性位置的菲律宾群岛的传教区。例如，耶稣会士着手分别 1492
出版来自菲律宾群岛的年度书简，以便让欧洲的信徒知道尽管在日本遭遇挫折，但他们在太平洋仍然赢得了胜利。[4] 他们还收录了传教的统计数据，以及对荷兰人在太平洋地区的活动和野心的警告。[5]

这个时期，最好的耶稣会士记述是佩德罗·奇里诺（Pedro Chirino）的《菲律宾群岛纪事》（*Relación de las islas Filipinas*，罗马，1604年）。[6]1590—1602年，佩德罗·奇里诺在菲律宾群岛，1603年，他作为特派员前往罗马，在那里写下了自己的故事。耶稣会总会长阿夸维瓦（Acquaviva）被这份记述深深地迷住了，他下令立即在罗马出版此书。与此同时，西班牙开始出现多份讲述1603年华人在马尼拉暴动以及当局努力控制与安抚华人的小册子。[7] 在他庆祝西班牙人征服马鲁古群岛的书中，巴托洛梅·列奥纳多·德·阿亨索拉提供了少许关于菲律宾群岛——西班牙军事探险补给站的新消息。[8] 安东尼奥·德·莫尔加撰写了该时期最优秀的著作，他在1595—1598年间出任菲律宾群岛副总督，1598—1603年位居法院高级法官。他的《菲律宾群岛志》（墨西哥，1609年）成为有关该群岛的一本范书，被莫尔加的同代人与后继者广泛引用、抄袭，还被用作西班牙时代伊始菲律宾文化状况的基础性描述。[9]1640年之前，除了纪念国王和殉教者之外，欧洲极少出版其他关于菲律宾群岛的书籍。

1493 第一节　“菲律宾土著”（菲律宾人）与西班牙人

在1600年之前，欧洲人对菲律宾群岛所知大部分来自经太平洋路线，主要目的是到香料群岛、中国或日本的作者。因此，他们有关菲律宾群岛的报告的内容大多是次要的，或者其重要性纯属巧合。只是随着奇里诺和莫尔加的著作的面世，菲律宾群岛才开始凭借自己的实力成为研究的客体。[10] 一些同代人提供的资料补充了这两位评论者的作品，它们第一次使菲律宾群岛成为17世纪上半叶欧洲读者关注的焦点。这两部著作比其他任何作品更令人察觉到本土文化、基督教，以及西班牙人的政府管理和军事管理三者之间的冲突。从他们的记述中还可以清楚地看到，西班牙世俗管理者与传教士在采用最好的平定冲突和使岛民成为基督徒的方法上，并不总是意见一致。

16世纪的许多报告涉及菲律宾群岛的位置，还有它们与邻近岛群和大陆东南亚的地理关系。不过，奇里诺（Chirino）和莫尔加都提醒读者，菲律宾群岛位于马鲁古群岛和日本之间，他们注意到它们向赤道南部延展，止于婆罗洲岛。[11] 这个群岛包括大大小小无数的岛屿，但西班牙人仅管理较大的 40 座岛。[12] 那里有 16—19 座主要岛屿，最大的吕宋岛从贝纳迪诺海峡（San Bernardino Channel）向北伸至卡加延省（Cagayan Province），其宽度变化很大。吕宋岛和婆罗洲都比西班牙大，棉兰老岛也不小。这些岛屿彼此毗邻，“没有一座像实际所能见到的那么小”。[13] 据莫尔加所言，“有关吕宋岛的描述，差不多 1494
都是真实的，一般地说，也适用于其他岛屿”。[14]

吕宋岛由北至南、从低地到山地的气候有所变化，北部较温和，南部较炎热。冬天（湿季）和夏天（干季）大致上与欧洲的季节相反。6 月至 9 月是雷雨天，10 月到 5 月天气晴朗。但这些季节并非各处都是一样的。例如，吕宋岛最北部的季节与西班牙的相同。龙卷风和暴风雨（台风）席卷陆地和海洋。它们通常发源于北部，而后转向西部和南部，“在 20 个小时或更长时间之内，迂回移动”。[15]

受阳光明媚、雨水充沛的庇佑，这些岛屿上各类动植物数量繁多。在平原和山区，各种树木全年为人蔽阴，提供木料、船桅和果实。虽然大多树木不落叶，菲律宾榕和刺桐却是例外，这两种树叶都被用于烹饪。[16] 除了数量极丰、有价值的椰子树之外，那里还有许多本地树木，它们产各种不同的食用水果，包括橘子、柠檬和“10 种或 12 种”香蕉。各类植物生长茂盛。葡萄已成功引入，来自西班牙的橄榄树和柑橘树却水土不服。在吕宋岛的卡加延省，栗子和松子长势喜人。其山区还出产包含杉木、各种等级的乌木，以及红木在内的优质木材。竹茎提供制作文具所需的薄膜，它们的空心可以用来传送净水，并很容易被制成坚硬的梯子。在一片片肥沃的平原上，人们种植山药、水稻和棉花。山区有很多蜂窝，蜜和蜡的产量大。[17]

田野和丘陵到处都是野禽、鹿、猪和山羊。岛民们繁殖并饲养这些及其他许多动物，涵从国外进口的一些品种。水牛（Carabao）是本地品种，带长角，在山区便四处游荡，在平原则为家养。较小且较温顺的牛是从中国引进的，它 1495
们的双肩有大驼峰，人们养它们是为了取其奶。[18] 马、牝马和驴并非菲律宾群岛土产，而是由新西班牙、中国和日本引入的。马和牝马在这种气候下茁壮成长，它们以一种类似玉米的植物和米糠为食，日渐膘肥。骡、驴和绵羊从美洲进口，“但从未增加，因为迄今为止，它们似乎还不适应气候和牧草”。[19] 猴子、鹦鹉、长尾小鹦鹉和大毒蛇随处可见。在河流和江口生活着致命的蝎子和嗜血的鳄鱼，菲律宾土著（Indios）敬重鳄鱼。江河湖泊和海洋提供各种鱼和贝类为食。菲律宾土著用竹罩网鱼，将它们捉到芦苇篮里，或用带钩的钓鱼线。[20]

莫尔加的个人经历局限于吕宋岛及其接邻地区，他称其南部和北部省份都住着“此岛的土著居民”。马尼拉地区的那些居民是马来人和其他来自远方的移民。[21] 男人们和女人们均“身材中等”，天生丽质，皮肤为“熟木瓜”般的铜色。他们有黑发，男人拔去毛发，只留少量胡须。这些菲律宾土著敏锐精明、性情火爆、意志坚定，擅长务农、捕鱼和做生意。他们举止文雅，通常富人走在街上，都跟着一队仆从。在吕宋岛的某些地方，住着未开化的卷发黑人。这些小黑人能力有限，居无定所，在山区和全国到处流浪。他们一般住在乡村，依靠狩猎、在临时的小块土地上种水稻过活。他们偶尔会攻击其他本地人的小村落。他们抗拒一切要使之屈服的努力。[22] 北吕宋岛卡加延省的居民比其邻人更勇敢、更好战，他们至少已经发动两次反抗西班牙统治者的战争。[23]

吕宋岛的男性通常穿一件无领的亚麻短衣（他加禄语 [Tagalog]，*kangan*），
1496 它像一件短袖夹克，稍过腰部。普通夹克是蓝色或黑色的，但那些首领的夹克（Chinana，也许来源于马来语的锦缎 [chincha]，一种昂贵的织物）是红色的。他们的腰部缠着一条红色腰带（bahag），头上围的是一种类似穆斯林头巾的窄布（putong）。许多人用金项链和手镯装饰自己，余者将玛瑙串和盘在绳子上的其他宝石缠绕着脚。在中吕宋三描礼士省（Zambales）的山区，他们剃光前半部头皮，让一束长而浓密的头发散披在背部。吕宋岛的妇女一般穿带袖的短上衣（báros），袖子颜色不一。她们的腰部围着一条垂到双脚的白色棉裙。她们也穿别的颜色的衣服。社会地位高的女性穿优雅、装饰性的红丝衣和其他贵重织物。[24] 她们用金项链、手镯、耳环和戒指打扮自己，把乌发梳到脑后，盘成一个结。只有酋长和他们的夫人穿鞋，其余的人则裸露腿脚。[25]

男女个人都非常洁净，服装整洁。他们尤其注意头发，用戈格（*gogo*，一

种爬藤植物的树皮）清洗，[26] 在头发上抹芝麻和麝香油洗液，使之格外有光泽。他们爱护牙齿，定期刷牙，年幼时，就把牙齿锉成同样大小，染成黑色。他们在牙齿之间镶金，作为装饰。岛民们在水中长大，他们像鱼一样游泳，经常在海里沐浴，既洁身又娱乐。新生儿和他们的母亲在凉水里浸洗。每个人都在日落时分，一天工作结束后洗澡。羞怯使他们在沐浴时以蹲姿浸入水中。每家门口都放着一容器的洗脚水。在靠近巴伊湖（Lake Bay）的著名温泉里沐浴被当作治疗特殊疾病的方法。他们从不认为沐浴是有害的。[27]

家庭杂务以及照顾孩子、家禽和猪是妇女的工作。女人织布、纺棉花和做 1497
针线活的时候，男人则务农、钓鱼、航海或做买卖。对于菲律宾土著来说，女性的贞操和纯洁没有任何特殊价值，甚至通奸都不会或只会招来一点责备。[28] 当菲律宾土著走过街道时，他们缓慢而庄严的游行队伍由拿着伞的女性引领，男人及其侍从则跟在后面。女人们在木臼中将米捣碎，然后放在水中煮。他们的主食是熟米饭，菲律宾的西班牙人称之为白米饭（Morisqueta）。他们吃煮过的鱼、猪、鹿和水牛的肉。植物和水果丰富，尤其是块根和豆类植物，还有香蕉、番石榴、菠萝、番荔枝和许多种橘子。他们在矮小的桌子旁边吃饭，毫不犹豫地将手都伸进同一盘碟子，喝同一杯里的水。所有岛屿的人都饮一种蒸馏的棕榈清酒图巴酒（Tuba）。在节日里和庆典上，他们饮之不辍。虽然菲律宾人喝得醉醺醺的，但他们极少醉得神志不清。对他们来说，微醉或醉酒并不丢脸。[29]

菲律宾人用弓矢作战，但是他们更常以铁头长矛装备自己。他们用木盾牌从头到脚地自我保护。他们在腰部挂一把有尖刃的匕首，刀柄是黄金或象牙的，未包裹的圆头带着两条横档护手。双刃匕首（barong）插入木鞘或水牛角中。用这种武器，他们只要一击就可砍下敌人的脑袋。战争中割下的首级作为战利品被挂在他们的家中。在西班牙人到来之前，他们用要塞保卫自己的小居民点，要塞上架着早期的大炮。他们很快向西班牙人学会熟练地使用欧洲火绳枪和火枪。[30]

菲律宾人严重依赖水运，他们建造各式船，用于江河与沿海水域，以及岛屿和岛屿之间较远的航行。他们乘大独木舟在内陆的江河与溪流中旅行，独木舟由单根原木制成，配有龙骨，排着木凳。长船（vireys）和巴朗盖（barangays）

用于战争。这些细长的船由许多桨手推进，他们在船的两侧划桨，有时每侧多
1498 达 100 人。一些人唱曲来调整桨手的速度。士兵们站在高过这些桨手的竹台上准备战斗。由两根粗竹条撑着的一张方形亚麻帆在同一个平台上升起，较大的船只有前帆，也同样竖起。两种帆都用带索具的起锚机降下来。整个平台用一张棕榈叶席制成的天篷来挡风遮雨。船的两侧各牢牢地绑着一个舷外浮材或竹架。舷外浮材起着平衡船体的作用，以防船在强风骇浪中倾覆。菲律宾人还建造了更大、更宽敞的船舶，载大宗商品沿海岸航行。通常所有船只是用小木螺栓和拼接板连在一起的，然而，他们有时会使用铁钉。[31]

在吕宋岛及其周边岛屿有许多海湾、河流、沙洲、小湾和其他大小船只的避风口。但是，对于缺乏经验者来说，暗礁、流动的浅滩、强劲的水流和狂风令航行变幻莫测，难以应对，行船充满风险。马尼拉位于一个有狭窄入口的海湾上，科雷希多岛（Corregidor）在海湾的中部斜横着。远洋船舶可以通过这个岛屿的两侧海峡进入海湾。整个海湾有多处好锚地，同时，有一岬角也替甲米地（Cavite）的大港挡住了来风。马尼拉河本身不太适合泊船，因为其沙洲和流动的浅滩让船只在入口处即便是运少量水都不容易。所以，大多数远洋船只都停泊在马尼拉正南方的甲米地。[32]

这些封闭的海岸出产制成珍品的珍珠母、小颗珍珠、大牡蛎和龟壳、龙涎香与子安贝壳。这些产品多数出口到东方的其他地区和墨西哥。棉线、棉织物和水牛角被卖到中国。出口到日本的重要物品是红木、鹿皮和存放茶叶的古式陶罐。日本人珍视这些陶罐，将它们陈列在自己家中。黄金的存在推动了国内外贸易的发展。吕宋岛帕拉卡莱（Paracole）的砂积矿床和矿山出产混铜的黄金。这座岛屿内陆山区的伊戈诺特人（Igorots，他加禄语，山地人）未被征服，他们开采混银的黄金。据说他们只提炼自己所需的量。在伊罗戈（Ilocos），这种部分提炼的黄金被换为生活必需品。于此，它继续被提纯，而后作为一种商品和交换媒介，进入一般商业流通。[33]

1499 菲律宾群岛中部的米沙鄢群岛位于吕宋岛和棉兰老岛之间，它们是早期西班牙探险者最早登陆的地方。在这些不计其数、人口众多的岛屿中，最重要的是莱特岛、伊巴保岛（Ibabao，或东萨马 [East Samar]）、萨马岛、保和岛（Bohol）、

内格罗斯岛、宿务岛、班乃岛（panay）、库约群岛（Cuyo group）和介于巴拉望岛和民都洛岛之间的卡拉棉群岛（Calamians）。说米沙鄢语的居民被西班牙人称作“大西洋马鲛鱼”（即彩绘或文身的人），因为他们“喜欢用各种图像从头到脚地装饰自己的身体”。男孩从小时候起，就被刺上不同深度的花纹，由一位文身艺术家在身体上描画图案和线条。艺术家将这些线条刺入身体，直到血流出来。他们将一种永不褪色的黑粉（煤灰或墨汁）涂在流血的皮肤表层。幼童不文身，女性仅在一只手上及另一只手的部分刺青。即便图画掩饰着身体，他们也不裸体闲游。他们穿的无领棉袍从肩膀垂至脚踝，镶着多彩花边。在这些外套下，他们围着一条腰布。奇里诺亲眼见过这些文身的米沙鄢人（Bisayans），相信在欧洲只要展示他们中的一位，就可以财源滚滚。[34]

与吕宋当地人相比，米沙鄢人本性更善，举止更端庄。男人剪掉头发，只留一条短辫，这是他们保留的旧式西班牙发型。在头部，他们缠绕着一条类似包头巾的独特头饰。虽然他们与其他菲律宾人从事同样的职业，但是，他们更愿意当海员、士兵和海盗，而不是农民。[35]他们的舟船和武器与吕宋人的相似。他们的皮肤更黑，举止不如吕宋居民的文雅。莱特岛和吕宋岛一样，南部和北部的气候也不相同。[36]当北方人在收获时，南方人正在播种。因此，岛屿每年产两季庄稼。在班乃岛，大多数男人是专于造船、技艺精湛的木匠。[37]米沙鄢人以固定价格相互卖米，他们总是盛情款待旅者。

菲律宾群岛没有统一的通用语。虽然有许多不同的语言，但是它们表现出很强的相似性，人们可以在短时间内学会并说其中的任何一种。如果懂得一种语言，其他语言就容易学了。[38]只有尼格利陀人（Negritos）的语言与别的迥然不同。每一座岛的语言甚至不只一种。吕宋岛有6种不同的语言，马尼拉的 1500
语言是他加禄语（河人的语言）。[39]它是吕宋岛、民都洛岛、卢邦岛（Lubang）和其他岛屿的主要语言。有些地区说的语言比别处的更优美。米沙鄢语是大多数“大西洋马鲛鱼”的语言。但在有些村庄，人们讲的是瓦赖语（Harayan）。[40]奇里诺和莫尔加都得出结论，他加禄语是一种词汇丰富、相当成熟的语言，“能充分、优雅，以诸多方式和规则来表达一个人所要说的一切”。[41]

据西班牙人所说，这些语言是用当地字母书写的，与阿拉伯字母相像，完全不同于汉字和日本字，抑或印度字母。菲律宾土著的字母表有15个字符，由3个元音字母和12个辅音字母组成。[42]每个辅音字母都与元音字母A一起发音。为了改变从A到E、I、O或U的元音音调，某些像逗号的点被放在辅音的上方或下方。奇里诺提供了一份字母表样本和元音音调如何被改变的插图。[43]大多数男女能正确地读写。[44]以前，他们用一支尖笔在竹叶或棕榈叶上从上而下，由左往右地书写。[45]如今，他们用墨水在纸上，按西班牙人的习惯水平地书写。为了举例说明他加禄语、米沙鄢语和瓦赖语的异同，奇里诺用那三种语言翻译了《圣母颂》（*the Ave Maria*）。虽然他们有朴素的诗作，这种朴素诗被称为**戈洛**（golo，给情人们的小饰物），但他们没有关于科学、哲学或宗教的书面作品。[46]

1501 他们的小村落位于江河与溪流之间的海滨地区，是致力于农业或渔业的小经济单位。所有岛屿的平民住宅和其他建筑都相似。它们是独立式的房屋，建在高于地面的桩柱上，屋顶用木料和竹材搭成，上面盖着棕榈叶。在屋下的地板上，他们用栅栏把动物圈起来，给它们灌稻谷。他们通过可以往上拽的竹梯爬到低矮的小住所。父母和子女住在一起，家中几乎没有装饰。他们的简易床铺和地板是用竹茎做成的，用竹条牢牢地固定住。与其他人的相比，首领的住宅建筑结构相似，不过更大、更坚固，装饰也更漂亮。由于洪水以及会损坏屋舍和庄稼的硕鼠的缘故，平民和首领都不住在其屋的较低处。有时候，被淹没的村庄的街道只能泛舟而过。[47]

在西班牙人到来之前，菲律宾群岛不存在中央政府。[48]每座岛屿上有许多受人认可的首领，他们权力不一，彼此打仗或结盟。由于统治、援助和保护他的跟随者们，首领赢得了尊敬、战争与和平中的劳役，以及贡品。首领的地位由父亲传给儿子，若无直接继承人，领地和权力则传给兄弟和旁系亲属。首领的男性和女性后代，即便不是继承人，也都被视为贵族，没有义务像自由民或平民那样必须服兵役。小酋长向大首领宣誓效忠，保留对他们自己的群体或巴朗盖（他加禄语意为小船，被用作指称最小的政治单位的词语）的控制权。例如，泰泰（Taytay）村有400户人家，被分作4个巴朗盖。巴朗盖的长老被称为大督（datus）。在西班牙人的时代，他们还要处理每个卡顿戈汗（*Catongohan*，一个巴朗盖的居民）的特殊问题。[49]

大督握有下属的生杀予夺之权，在行使审判权时经常行事专断。与诉讼当事人同一阶级的长者受命审理和判决民事诉讼案件。法官以先例为依据，做出他们的决定。法律制度源于口述传统和习俗而不是书面的法规。[50]不过，整个 1502
群岛都遵循同样的诉讼程序，各地之间只有较小的差异。[51]

群岛上有三个社会阶级：首领及其家族、自由民和奴隶，奴隶受制于其他两个群体。所有奴隶都是本地人，他们因在抢劫时被捕，无力偿还贷款，或者作为犯罪和违法的惩罚而被迫沦为苦役。在他加禄人的地区，有许多类型和种类的奴隶。那些"住在主人家的奴隶"（aliping saguiguilir）及其子女是家仆。其他人称作"居家的奴隶"（aliping namamahay），他们独立居住，定期为主人效劳，无薪俸。奴隶的后代永远继承他们被奴役的卑贱地位。在上述两群人中，有些人只是部分奴隶。如果一位父亲（母亲）是自由人，另一位是奴隶，他们的独生子女一半自由，一半为奴。如果不只一位后代是源于这样的杂婚，那么，最长者拥有父亲的身份，次长者具有母亲的身份，其余类推。若是子女数为奇数，最小的孩子则一半为自由人，一半是奴隶。一位自由的父亲（母亲）与一位半奴隶的母亲（父亲）的孩子成为1/4奴。半奴隶和1/4奴这个月为他们的主人服务，下个月则为自己工作。同样地，奴隶的地位也是由继承惯例决定的。在分财产时，一名奴隶可能得为几位主人工作，他根据其分配的时间比例给每位提供相应的劳务。半奴和1/4奴可以向主人支付相当价格赎得全部自由，这种价格是由其他人规定的。不能强迫主人交换或解放一名十足的奴隶。奴隶们经常被贩卖、交换和交易，因为他们构成了当地自由人的主要资本。一位"住在主人家的奴隶"的价格通常是一位"居家奴隶"的两倍。[52]

婚姻一般在同一社会阶级之间缔结，不过，偶尔也会发生跨越阶级界限的婚姻。与他加禄人相比，米沙鄢人更反对异族通婚，他们经常找一位近亲为妻。叔父和侄女或第一代堂兄妹之间成亲是常见的。虽然他们奉行一夫多妻制，但这种制度并非寻常。奇里诺在菲律宾群岛住了几近十年，才知道这个群岛上存在着一夫多妻制。他在受伊斯兰教影响最大的南部地区发现了它。即便有一夫多妻制，它却不是普遍的现象。大多数菲律宾人仅有一位妻子，然而，纳妾很

1503 普通。缔结婚约要遵循某些典礼、仪式和习俗。结婚当天，新郎父母在新娘的男眷面前给她的父亲一份聘礼。聘礼的数目是由双方根据新郎的家产协商确定的。一位富有的新郎有时会赠送礼物给新娘的亲属。交付聘礼之后，婚礼在一场热闹非凡的宴会中结束。

合法妻子（配偶，“asawa”）是家庭的女主人，她的孩子们是唯一的婚生子女，父亲的继承人。所有法定继承人平分他们父母的财产。家中的其他妇女是妾，她们的子女非继承人。妾及其子女只能通过特殊的遗赠获得遗产。遗嘱通过在见证人面前口述得到确立。离婚对于丈夫和妻子都是容易的。准备离婚的夫妻的亲属们聚集在一起，决定哪一方有过错。如果丈夫被判要负责任，那么，他将失去嫁妆；若是妻子有错，聘礼则归还夫家。女方的通奸足以让丈夫获准离婚。通奸并不一定会导致离婚，因为违者只要向受害方支付罚金。离婚时，共同获得的一切财产均分，双方按照他们认为合宜的方式处理自己的份额。子女和奴隶也被平分。与自由民拥有后代的女性自身获得解放，她们的孩子也得到自由。这样的孩子，以及已婚妇女的非法子女没有继承权。[53]

当地的习俗只要不与欧洲基督教道德严重冲突，那么，西班牙当局和教士们就乐意宽容。奇里诺是一位稳重的传教士，连他也在选择各种名字时为依照风俗而略感迷惑。在这些惯例中，他发现用他加禄语表达的另一个关于优雅和礼貌的实例。婴儿一出生，就由母亲取名，通常选择的名字能反映出母亲怀孕或分娩的体验，抑或她对孩子的渴望。其他时候，初为人母者用想到的第一个单词为孩子起名，而无论它是什么。在这个孩子结婚之前，他 / 她只有此名。此后，头生子女将其名赐给父母，父亲因此成为“某某人的父亲”，母亲为“某某人的母亲”。女性的名字与男性的区别在于前者增加了“in”。谈到孩子的时候，父母常用昵称和别的爱称。一个孩子与其父亲的另一个子女交谈时，称父亲为“ang amaco”或“家父”，单词“ama”意为“父亲”。直接和父亲说话时，
1504 孩子不用“ama”，而用更亲密的“爸爸”（bapa）。母亲和孩子也用个人的爱称直接称呼。子女对其父母的名字十分尊重，从不敢说出它们。说出另一人的父母的名字是对他的侮辱。虽然菲律宾人传统上没有专门的姓氏或特殊的头衔，但是，皈依基督教的教徒们模仿西班牙人，很快就学会在名字前面加上“堂”，

因此，“比起在我们的西班牙人中间，他们中甚至有更多的人姓堂”。[54]

他加禄人虽然不像中国人和日本人那么讲究礼仪，却也教养良好，“举止言谈非常文明，有礼貌”。他们相遇时，会彼此脱帽致敬。与长辈谈话时，他们脱下帽子，将头垂贴着左肩，蹲在地上。他们的行礼方式是鞠躬，将一只手或两只手放在他们的面颊上。接着，他们坐下，等候提问。在长辈开口前先说话是无礼的。他们总是用客气的第三人称，从不用一种亲近的方式与别人交谈。甚至在地位相同的人之间，他们也用敬语修饰。信件是他们唯一的书面表达形式，在信件的开头与结尾，他们使用繁复的礼貌和情感用语。他们敏于各种交流方式，能用娴熟的吉他（Kudyapi）演奏技巧传达信息。与他加禄人相比，米沙鄢人的言谈举止就不那么文明礼貌。他们的字母借自他加禄语，礼貌和客套用语就比较不成熟。[55]

虽然当时的菲律宾人天性彬彬有礼，讲究个人卫生，但是，他们的品行尚不令人满意。他们中的一些人暗中纳妾、乱伦。单身汉（bágungtao）和未婚女子（dalága）同居，公开做爱。他们视童贞为结婚的障碍。男人婚前普遍会与他们未婚妻的姐妹和母亲发生性关系。米沙鄢人，尤其是一些妇女，“乐于享受感官刺激”。年轻男子将一根钉子插进她们的阴茎。中国人和西班牙人引导岛民学会鸡奸。[56]

菲律宾土著的宗教信仰和习俗被强烈斥责为由恶魔捏造的盲目偶像崇拜。奇里诺出于对他们无知的同情，设法“减少人们对这种错误的未开化宗教的需求”。与其政府一样，他们的信仰也是依据当地的传统，即一套他们从未费心用文字记录的习俗和信仰。他们用歌曲成功地保存了这些传统。“他们用心理 1505
解，从小就学会了”这些歌曲，[57]会在工作，或航海、收割、哀悼亡者时唱着它们。[58]在反复念颂中，其重述了家谱以及他们的神的功绩。他们相信一个至高无上的生命，他加禄人称之为“创造神”（Bathálà May kapál），米沙鄢人名其为“古神”（Laon）。这些歌曲讲述了“世界的创造、人类的起源、大洪水、天堂、惩罚和其他看不见的事物”。简而言之，他们相信灵魂、善与恶，以及天堂和地狱。

至高无上的神是遥不可及的，受到一个巨大的万神殿的保护，神殿诸神与女神们更直观，较易接近。他们敬重祖先并奉若神明，甚至塑造偶像纪念逝者。[59]他们还崇拜太阳、月亮、彩虹、动物和鸟。他加禄人敬慕一种蓝鸟，他们称之为“神”（Bathálà）。[60]他们亦敬拜一只乌鸦，其名为 May lúpa，意即“土地的主人”或土地神。有些人崇敬鳄鱼，称它为祖父（núno）。余者向古树、暗礁、悬崖、海角和特别的岩石奉献祭品。“众神”的预言指导他们做出日常决定。

不存在共同的崇拜场所或公共节日。他们都在自己的家中向供奉的偶像献祭。虽然他们没有寺庙，但是，他们有僧侣和尼姑，他加禄语名为 *katolonan*，米沙鄢语称作 *baylan*。僧侣有时在主持仪式的场合会打扮得像名女性。他们被培训为巫医或巫师，“通过特殊的友谊或亲族关系，或作为一种遗赠”获得僧职。这些僧侣受到其他人的崇敬，他们在献祭时主持宗教仪式，收到丰厚的礼物。通常他们会献上一只公鸡或阉猪，但绝不会是人。在他们的节日里，这些僧侣
1506 和尼姑比其他人更陶醉。某些尼姑、有些富贵人家会胁迫村民，强迫基督教皈依者追求他们的宗教仪式。[61]

假如生病，祭品就供奉给阿尼托（anitos）①，抑或米沙鄢人称为迪瓦达（divatas）的偶像。[62]在献祭时，僧侣或尼姑狂舞并摇铃。当有人身亡时，这些仪式突然中止。接着，他们演奏哀乐，伴着众人的哭泣唱起挽歌，有些恸哭是职业哀悼者所为。随着这些哀声入耳，他们为遗体净身，洒香水。然后，他们用“醇香的香脂”涂尸，特别是往亡者嘴中投入槟榔，让它渗透周身来防腐。[63]接着，他们为亡者穿上最好的衣服，开始了三日的哀悼。悼期结束后，他们将尸体装进密封的硬木棺椁，这样处理的遗体有些“历经多年而不腐烂”。他们将金块放入遗体口中，许多其他有价值的物件被置于棺木中，包括衣服和来世的食物。棺木通常葬于亡者自己的住宅或绕远道的旷野中挖的墓穴里。白色是米沙鄢人的服丧色，他加禄人的则为黑色。近亲有时必须在丧期斋戒。葬礼之后，吊唁以一场宴席告终。[64]一位长老故去，整个巴朗盖都正式致哀。服丧期间，村民必须完全沉默，违者将受到严厉的处罚。[65]

穆斯林（摩洛人）在 1565 年到吕宋岛之际，就已在菲律宾群岛积极活动，

① 意即灵魂，或为精灵，或是恶魔。——译者注

让西班牙人大为惊慌。来自婆罗洲的商人定居马尼拉地区，与菲律宾女子结婚。通过这些穆斯林商人，阿訇（kazis）开始向吕宋岛的民族，包括其最重要的首领们介绍伊斯兰教。他们受到阿訇的密切注意。阿訇们从红海一路而来，教导、照管着穆斯林及他们的皈依者。[66]西班牙人很快认识到棉兰老岛南部和苏禄群岛的穆斯林比吕宋岛和民都洛岛的多得多。被德那地人煽动的穆斯林是西班牙人和菲律宾土著的敌人。[67]

“诸城之城”马尼拉建于帕西格河（Pasig River）流进海湾的入口。河 1507
流两岸坐落着小居民点和两位当地酋长的城堡，这两位酋长被称为年轻罗阇（Rajamora，名为索利曼[Soliman]）和老罗阇（Rajamatanda）。[68]1571年西班牙人获胜之后，这个地区被均分为诸多小块，归西班牙人所有。一个规划整齐的崭新城市很快建成，根据皇家法令，它成为群岛的首都，有自己的徽章。马尼拉的中央广场有城市的大教堂和政府建筑。另一个广场留作阅兵场，阅兵场的中部是要塞和其他皇家建筑。出于保护的目的，此城四周围着一圈宽石墙，一座要塞位于河流的沙洲上，另一座位于“沿岸护墙的末端”，向内陆一侧的壁垒用大炮控制着所有靠近城墙的人。城门每晚天黑前关闭，钥匙寄存在卫兵室。在阅兵场的皇家军械库和火药库有它们自己的管理员和工作人员。在此城另一地区的铸造厂，人们浇铸大炮。奥古斯丁会士、多明我会修士、方济各会修士和耶稣会士目前有他们自己的机构。耶稣会士开办了一所学院，并帮助为受难妇女和少女设立的皇家庇护所。那里也有一家为西班牙人创办的皇家医院，即一个致力于慈善工作的慈济院，以及一所由赤足方济各会修士管理的当地人医院。

作为政府的所在地，马尼拉有皇家机构：高等法院、皇家大臣官署、总督府与总司令官署。该城由一个委员会、两位常驻法官、十二名常任公证人和其他小官治理。宿务岛、卡加延和甘马粦（Camarines）主教区的教会组织以一位常驻大主教和三位副主教为首领。宗教法庭（Holy Office of the Inquisition）在马尼拉和其他主教区有它的执法官。大教堂下有固定神父、受全薪或半薪的神父、助理神父和教堂圣器收藏室管理人。在雕梁画栋的大教堂里，唱诗班由管乐和吹奏乐器伴奏而歌。为了娱乐性的短途旅行，城市外设了两条车道。[69]

但马尼拉主要是一个港口，有皇家大划桨船、士兵和贸易官员。它的居民大多数从事海岛的和国家间的贸易或相关职业。一年一度的大型帆船从马尼拉湾登陆，或前往新西班牙。当地的船只与来自中国、日本、海岛东南亚、暹罗、柬埔寨、马六甲和印度的商船涌进它的港口。每年，通常是在3月，三四十艘大帆船从中国南部而来。船上满载着货物，以及中国商业机构雇佣的商人和代
1508 理商，这些是中国官方许可的贸易航行。“繁卷难书”这些帆船在马尼拉销售的各类货物清单。税收为中国货物价值的3%，需及时交到皇家国库。其后，货被卸下，运至仓库和“可以自由销售的”城市市场。华人坚持用白银付款，快速销售，以便在5月底离开。西班牙方面也要求迅速处理，因为大帆船将于6月底前往新西班牙。不是所有的交易都是匆忙的。一些华人留在马尼拉算出丝绸和其他丝织品的销售量，制定与大商人的信贷协议。

10月和3月，来自长崎（Nagasaki）的日本与葡萄牙商船驶往马尼拉。他们带来的主要是食品，尤其是“优质面粉和上等腌肉”。只有一小部分从日本进口的商品被转运到新西班牙。大多数商品在菲律宾群岛售罄，或留在那里。这也许是因为日本人与中国人不同，并不坚持带回白银，相反，他们购买中国生丝以及菲律宾群岛、新西班牙和西班牙本国的产品。来自东印度群岛的葡萄牙船只带来该群岛的香料，还有印度织品和宝石。这些船只没有被征收国税，因为它们归属于同一位国王的臣民。婆罗洲小船的水手就在甲板上向菲律宾人销售樟脑和其他土产。偶尔有来自暹罗和柬埔寨的船只，它们所载货物为胡椒、象牙、宝石、犀牛角、奴隶和小饰物。

阿卡普尔科大帆船（Acapulco galleon）的货物是由这些亚洲进口商品以及菲律宾产品组成的，后者有黄金、棉织品、填充布料（木棉），以及白蜡块和黄蜡块。在大帆船起航之前，船主除了运输费用之外，还缴纳了货值2%的出口税。在阿卡普尔科，他们支付了10%的入口费。鉴于这些船上的空间有限，总督指派官员对它进行划分并做分配。大帆船贸易便于经营，所有相关事务都有利可图。由于船舶每年只在马尼拉停留三个月，所以，交易期短暂而忙碌。西班牙人从这项事业中获利太多，他们不屑于其余一切业务。对贸易的专注进一步限制了农业、采矿和其他非商业活动的发展。当地人也放弃了农业和其他必需的

劳动形式，因为他们间接地从船运和商贸中获益。由于大多数商品必须用白银支付，所以，贸易，尤其是与中国的贸易使白银从新西班牙流入“异教徒”的钱箱，他们再也不会归还它。[70]

在马尼拉，仆人的和日常的大部分工作是由“生理”[71]（Sangleys，华人）① 1509
来完成的，因为“他们精于各种交易，是十分刻苦的工人，满足于一般的工资”。事实上，马尼拉离开他们便不复存在。由于中国南部的工作稀缺、工资低，每年有大批人随帆船到来。许多华人留在这些岛屿的西班牙人拓居地劳作。虽然有些人务农、捕鱼，在岛屿之间做买卖，但是大多数人担任店员或从事服务性工作。在马尼拉一个特殊的商业区“八连”（Parian）② 里，绝大多数人有自己的商店和住宅。[72] 华人异教徒是一个“邪恶、堕落的民族”，他们诋毁菲律宾土著的道德，为非作歹，引发动荡，侦察“地形……他们比西班牙人自己更了解这片土地”。为了限制华人的数量，西班牙人要求他们向一位委派专员获得“书面的居留许可”。他限制市议会要求颁发的许可证数量。余者全都必须随每年的船队回到中国。八连有自己的法官，他使它更有安全感，且秩序井然。那些无法在八连找到居所的“生理们”住在河对面的两个小拓居地，它们由通多（Tondo）镇管理。那里的多明我会修士学习华语，以帮助他们开展传播福音的工作。修士们还为华人维持一家特殊的医院。基督徒“生理”总计 500 户人家，他们在自己的社区里分开居住，有一位同族的基督徒区长。根据法律，“生理”不能在这些专区外面居住，或拥有它们之外的财产。未经准允，他们不能到城外或其他岛屿行走。当地人不许住在他们中间，甚至不能靠近他们。[73]

日本人，无论是基督徒或异教徒在马尼拉都有一个专门的社区和区域。日
本人大约共有 500 名，远不如“生理”那么多。他们是“一个充满生气的民族， 1510
性情好、英勇”。与“生理”不同，他们从不无故拖延返乡，制造麻烦，也不想前往其他岛屿，一旦皈依，便是“真正虔诚”的基督徒。[74] 在菲律宾群岛，人们对日本人“以礼相待”，因为他们是一个意志坚毅的民族，“从不降低要求”。

① 还有不同的译法，如“生意人”、“常来”等。——译者注

② 即唐人街，明代史籍称之为“涧内”。——译者注

西班牙当局也需要将他们看作“高素质的民族”，因其希望与日本保持友好的关系。其余不常到马尼拉的亚洲人随其来船返回原地。[75]

五个教团的成员勤奋地工作，按照基督徒和西班牙人的方式转变当地人的信仰，并培训他们。他们受到一个世俗统治集团的支持，该集团试图监督广布诸岛、不断增加的全体基督教徒。基督教的传播得到总督和高等法院的帮助，主要是因为它满足了这种需要，即**委托监护主们**（*encomenderos*）① 忠实地履行义务，为纳税的**菲律宾土著**提供现世与精神的保护。鉴于西班牙人和基督教当局的扩张，这些岛屿充满和平与正义。当地首领们的苛政有所缓和。如今，大督们及其侍从一起为共同的利益工作。大督向他们的臣民收税，那些**委托监护主**指定的人员可以避税。各个社区每年遴选一位本地长官及法官，法官们审理当地人之间的小民事案件。在这些诉讼案中，只要习俗没有违反自然法，本地传统即影响了判决。[76]

菲律宾土著可以自由走动，除非他们不在同一个市区里变更巴朗盖，或从一个基督徒社区移到非基督徒社区，抑或未经许可进行贸易考察。虽然西班牙人不许拥有奴隶，当地人却继续实行传统的奴隶制。主人必须为他们的家仆缴纳“贡品”，居家的奴隶有责任自己纳贡，因为他们拥有独立的生活方式。当地各阶级的人都有义务向西班牙人提供**劳务**（*polo*）。官员和神职人员只给**菲律宾土著**一点点工资，他们就必须在本国服役，担任战船领航员和水手，在皇家铸
1511 造厂、弹药库和造船厂工作。由于西班牙人自己不务农或采矿，这些活动也就不吸纳新劳工。[77] 当地人还被迫依据配额和“他们自己现行”的价格，向西班牙人供应大米和其他生活必需品。[78]

这些岛屿上住着西班牙人的五个社会等级：神职人员、**委托监护主**、士兵和水手、零售商和商人，以及王室官员。大多数西班牙人住在马尼拉及其周边地区，但是一些**委托监护主**住在新塞哥维亚（Nueva Segovia）、新卡塞雷斯

① 委托监护制是西班牙统治菲律宾的一种主要殖民制度。委托监护主有义务保护被委托监护人的福利，为他们提供教育并促进天主教的传播。参见施雪琴：《16 世纪天主教会对西班牙海外管辖权的争论——兼论菲律宾群岛的“和平征服”》，《厦门大学学报》（哲学社会科学版）2004 年第 1 期。——译者注

（Nueva Cáceres）和宿务岛的省辖市。只有在收缴贡品的指定时段，官员们才获准进入当地人的地区。此外，他们必须不断地迁移，每四个月把家搬到一个不同的地区，从而"减轻当地人不得不供养和侍候这些官员的繁重负担"。总督任命所有的公共官职和军队职务。根据皇家法令，一些买官者终生享有职位。每年元旦选举西班牙城镇官员。马尼拉的收入源于罚金、过磅费、八连的租金，以及纸牌的垄断权。[79] 官员的薪水、防御工事的维持费和节日开销出自该城的预算。[80]

第二节　更深入的渗透

在奇里诺和莫尔加的记述之后出现的著作增加了许多细节，但都没有明显改变这两位早先评论者勾画的概貌。随后的所有作品都是由教团神职人员撰写的，他们主要专心于记录其修会的胜利。1649 年，葡萄牙奥古斯丁会士塞巴斯蒂昂·曼里克在罗马出版了他的《东印度传教记》，此书包括几篇短章，与1637—1638 年他在马尼拉中途停留十四个月有关。[81] 多明我会主教迭戈·阿 1512
杜阿尔特（1569—1636 年），在对其教会圣玫瑰省不偏不倚的记事中，提供了关于边远地区、吕宋岛北部民族和"生理"的新资料。[82] 一本珍贵的小册子（墨西哥，1662 年）重新描述了这些岛屿的地理特征，这本小册子也许是一位方济各会修士巴托洛梅·德·莱托纳（Bartholomé de Letona）撰写的。[83] 更重要的是耶稣会士弗朗西斯科·科林的《菲律宾群岛传教士之传教工作》（马德里，1663 年），他打算将此书作为奇里诺未刊行的《耶稣会菲律宾省史（1581—1606 年）》的续本。① 科林在菲律宾群岛居住了三十五年，之后，他于 1656 年将手稿寄到欧洲出版。科林使用了他所见的书籍和文件，并结合着讲述 1632 年之前菲律宾群岛的耶稣会传教区故事的资料。著作首册描述了这些岛屿的地理

① *Historia* 原书全名为：*Història de la província de Filipines de la Companyia de Jesús, 1581-1606*。——译者注

和历史，还有关于当地语言、风俗、宗教与政府，以及早期西班牙人航至马鲁古群岛和菲律宾群岛的短文。第二册和第三册回顾了菲律宾群岛的耶稣会传教区的创建、发展与种种困难。随后的两份补充材料收录了16世纪诸多相关文献的重印本。第四册叙述1600—1632年耶稣会士在菲律宾群岛和东南亚其他岛屿地区的拓业史。这套著作的结尾是一份1656年耶稣会省状况的统计附录，那一年，科林完成了他的手稿。[84]由始至终，他都试图将自己有关菲律宾群岛地理和自然世界的专门知识与以托勒密（Ptolemy）和生物学家库希乌斯（Clusius）为范例的欧洲学术传统合为一体。简而言之，这是一部学术著作和观察报告。[85]

玛尔什代锡·特维诺的《神奇旅行记》（巴黎，1666年）第二卷有6篇译自西班牙语手稿和出版资料的简述。[86]在前言部分，特维诺声称这些是最早普及的菲律宾群岛概述，它们都追溯到1640年或更早的时期。其中最重要的
1513 是由一位修士撰写的《菲律宾群岛记》（*Relation*）①，他在菲律宾群岛生活了十八年。这份无签名、未注明日期的记述是耶稣会神父迭戈·德·博瓦迪利亚（Diego de Bobadilla，1590—1648年）所著，1637—1641年间，他是欧洲的耶稣会特派员。来自书中的文字表明，此作可能写于1640—1641年。[87]博瓦迪利亚坚称他是应一位朋友——也许是罗马收藏家卡罗·德尔·佩佐（Carlo del Pezzo）的请求而撰写这份报告的。书里的内容清楚地显示，在写这份手稿时，博瓦迪利亚查阅了奇里诺和莫尔加的记述。但是，这份手稿的大部分，尤其是与米沙鄢人和棉兰老岛有关的那些部分，记录的是博瓦迪利亚的亲身经历和观察。[88]在这些文字记载之后，有一张葡萄牙语的东方地图，地图的内容集中在菲律宾群岛。

在多明我会修士闵明我的《中华帝国的历史、政治、伦理和宗教论集》（马德里，1676年）中，可以找到更多关于17世纪中期马尼拉及其近郊的资料。闵明我在菲律宾群岛几近十年之久（1648—1657年）。[89]1698年，加斯帕尔·德·圣阿古斯丁（Gaspar de San Agustín）的《菲律宾群岛之征服》（*Conquistas de las islas Philipinas*，马德里）的首部面世，它回顾了南方海洋的

① 此书全名为：*Relation of the Philippine Islands*。——译者注

诸多发现以及 1614 年之前西班牙人在菲律宾群岛的历史，特别提到了奥古斯丁会士们的活动。这部编年史仅仅是 17 世纪出版物的第一部，其重要性只是针对传教史而言，因为它鲜有关于菲律宾群岛的新资料。[90] 最后出现的是那不勒斯环球旅行家杰米利·卡雷里的观察资料，在 1697 年五六月的逗留期间，他游览了马尼拉及其郊区。[91]

科林提供了一份对群岛的综合性地理概述。以马尼拉湾的马尼拉为起点，他往南到了甲米地，接着发现了沿着南部海岸的主要地区。他顺带提到了阿 1514
尔拜（Albay）火山，它的喷发，以及作为一种陆标，它对于航海者的重要性。[92] 阿尔拜靠近吕宋岛南部的狭长海湾，他从那里出发，向北来到了新卡塞雷斯的西班牙城，此城与那牙（Naga）本地人的市镇毗邻。从这里，他带着读者北上帕拉卡莱地区，发现了黄金和其他金属。沿东海岸往北行进两三天便是毛班（Mauban），一个位于大海湾（拉蒙湾（[Lamon Bay]）畔的港口，海湾穿过狭窄的吕宋岛中部和马尼拉。漫长的东海岸由此向北，直到恩加尼奥角（Cape Engaño），属该岛最大的省份卡加延管辖，人口稀少。新塞哥维亚（Nueva Segovia）的首府阿帕里（Aparri）坐落在一条大河河口，发源于邦板牙（Pampanga）地区的桑托尔（Santor）山脉，西班牙人称之为塔霍（Tajo）。这个区域最重要的**菲律宾土著**是伊拉雅人（Irrayas）。北端的恩加尼奥角被叫作"欺骗角"（Cape of Deceit），因为它的凶涛巨浪和狂风令许多船只失事。狭长的伊罗戈省在肥沃的卡加延河谷（Cagayan Valley）西部，据说它是岛屿上人口密度最大、最独立、最富饶的地区。在其僻静的山林里，住着伊戈洛特人，他们是一个好斗的民族，身材高大，开采金矿。[93] 伊罗戈南部是邦阿西楠（Pangasinan）省，其岸为博利瑙（Bolinao）港和宏达海滩（Playa Honda），西班牙人打败荷兰异教徒的地方。南部邻省是邦板牙，它有广袤的平原和三描礼士山脉，敌对部落住在山脉的西部地区。其低地各族并肩与西班牙人作战，这些民族很快就被平定。它出口大米和甲米地船坞所需的木材。[94] 两个紧挨着马尼拉的省份是巴伊（Bay）和小布拉干（Bulacan）。巴伊省有大湖，小布拉干省位于邦板牙和通多之间，他加禄城与马尼拉隔河相望。[95]

科林随后列出吕宋周围的小岛，并加以评述。卡坦端内斯岛（Catanduanes）

的形状几近于三角形，是最大的岛屿之一，控制了贝纳迪诺海峡——阿卡普尔科大帆船进入群岛的入口。这座岛屿河流纵横，产大米、棕榈产品、蜡、蜂蜜和黄金。岛民大多像米沙鄢人那样文身，他们善于制造各类船只，是优秀的海员和桨手。海峡中有卡普尔岛（Capul）和另外几座小岛，这些岛民爱好和平，遵从米沙鄢人的习俗。蒂考岛（Ticao）靠近海峡出口处，人烟稀少，是驶往美
1515 洲的大帆船的给水地之一。蒂考岛的西部是布里亚斯岛，其南部为马斯巴特岛（Masbate）。这两座岛屿均为航海要地，在1579年前实现了和平。马林杜克岛（Marinduque）是大帆船前往马尼拉途经的另一座岛屿，它有500户他加禄族家庭，他们相互间使用自己的方言交流。西南部的民都洛岛大得多，它是一个崎岖不平的山区，马尼拉对岸的**菲律宾土著**是他加禄人，面向班乃岛（Panay）的海滨住着米沙鄢人。其最重要的城市是瑙汉（Naujan），位于北岸。孟仁族（Mangyans）住在内陆，这是一个半裸的、使用不同语言的民族。[96] 南吕宋的八打雁（Batangas）与民都洛北海岸之间是佛得（Verde）小岛，其附近的海峡与之同名，是甲米地船只所经之地。佛得岛通道的东端是小岛卢邦（Lubang），其延伸的低地区被一座火山般的山脉包围着。卢邦是小岛中人口最多的岛屿之一，一度为当地居民反抗西班牙人进攻的中心。卢邦岛以北的吕宋岛西部海滨没有离岸岛群。巴布延群岛（Babuyan Islands）位于吕宋岛北端海面，地势低，是通往台湾的一个小岛链。只有其中最大、最近的岛屿已屈服。[97]

民都洛西南部是17座小岛和只有一座大岛的卡拉棉省。菲律宾群岛第三大岛巴拉望岛仅部分处于西班牙人的控制之中。[98] 其南端的居民和再往南的诸座小岛依然向婆罗洲朝贡。在其北岸不远处是卡拉棉群岛的3座最重要岛屿，它们已遭安抚的**菲律宾土著**出口蜡。[99] 从民都洛岛的山顶，可以望见卡拉棉群岛西部库约群岛的5座岛屿。继续往西的班乃岛为三角形，就人口数量和土地肥沃度而言，它在较大的诸岛中名列第一。它的3个最重要的岬角是普西奥角（Pucio）、纳索角（Naso）和布拉卡威角（Bulacaue）。许多条河从内陆山区流到沿海低地海域，特别是著名的班乃河，西班牙人在它的入海口修建了卢塔亚港（Lutaya）。[100] 在此岛的南北两端，哈劳（Jalaud）河与哈罗（Jaro）河之间的伊洛伊洛（Iloilo）地区，西班牙人已建起了一座美丽而坚固的石堡。邻近有

奥顿人（Oton），他们被分为两个群落，各有 500 名进贡者。虽然两个族群都 1516
是米沙鄢人，但是一个说瓦赖语，另一个讲希利盖农语（Hiligaynon）。班乃岛附近有许多较小的岛屿，它们是：与伊洛伊洛相对的吉马拉斯岛（Guimaras）、锡布延岛（Sibuyan）、朗布隆岛（Romblon）、班塔延岛（Bantayan）和塔布拉斯岛（Tablas）。[101]

在米沙鄢群岛东部的萨马岛、莱特岛与保和岛，耶稣会士发现了对基督教信息最敏感的民族。西海岸的第一个此类岛屿是萨马岛，其东部为伊巴保。[102]最靠近萨马岛的岬角人称巴利夸特罗（Balicuatro），位于贝纳迪诺海峡的南面。其南部的突出部分名为吉万（Guian）。在吉万和北部的圣埃斯皮里图角（Cape Espirito Santo）之间是博龙岸（Borongan），荷兰人经常利用这个东岸港口劫掠来自墨西哥的大帆船。北部是帕拉帕格（Palapag）镇和卡图比格（Catubig）镇，西海岸与莱特岛相望的是伊巴坦（Ibatan）、班加恩（Bangahon）、卡巴洛甘（Catbalogan，区域行政与耶稣会传教的中心）、帕拉纳斯（Paranas）和卡尔比加（Calbig）的多个拓居点。伊巴坦是大帆船的制造地之一。莱特岛与萨马岛极近，就在帕纳贸（Panamao）岛南部。莱特岛南部是帕诺安岛（Panoan），莱特岛对面是索戈尔岛（Sogor）和 1521 年麦哲伦所到的卡巴利安岛（Cabalian）。北部是奥尔莫克（Ormoc），前往莱特岛肥沃河谷的通道之一。[103]船只从莱特岛西海岸的奥尔莫克港和拜拜港（Baybay）出发，往南到达保和岛，其东南海岸面对着棉兰老岛。保和岛的人大多数住在南部城镇洛博克（Loboc）和巴克拉永（Baclayon），还有邦劳（Panglao）小岛附近。因为与德那地摩洛人（Moros）和葡萄牙人的战争，以及反抗西班牙人，保和岛的人口锐减。保和岛不产米，但是金矿丰富。它盛产棕榈、几种块茎作物，渔场产量大。保和妇女将耕作物织成精致的布匹，用来进贡。保和人在海上和陆地都英勇、自负，他们在为首大督瓦赖·图普英（Warai Tupuing，或无敌者）的统治下，与一切来者作战，直到最后他们被迫恳求西班牙人的保护。[104]

宿务岛和内格罗斯岛位于保和岛与班乃岛之间。在马尼拉建成之前，西班牙人的行政总部在宿务岛。虽然宿务岛面积小，但是，它的宗教、政治和商业特别重要。宿务城约有 5 000 人，是马尼拉的翻版，有教会机构、政府机构，

1517 还有自己的八连。宿务岛没有水稻，人们种植一种类似玉米，可以制成面包的谷物黍（borona）。[105] 此外，宿务岛还产蕉麻、大蒜、洋葱、烟叶、蜡和灵猫香。他们用棉花纺织各类织物，将某种蕉麻与棉一起织成有条纹的混纺布匹。[106] 宿务岛附近的小米沙鄢群岛和卡莫特斯群岛（Camotes island group）也向西班牙人进贡。巨大的内格罗斯岛靠近宿务岛的南端塔尼翁（Tañon），穿过一条狭长的海域。这座多山的岛屿产米，在宿务岛内及周边地区销售，也被当作贡品。内格罗斯岛的名字源于其山区的黑人居民，他们大都像先民一样，过着野蛮、桀骜不驯的生活。它的海滨地区住着讲米沙鄢语的土著，他们大多生活在岛屿西部的一片河谷地带。[107]

阿杜阿尔特在菲律宾群岛的时间是1595—1596年、1597—1599年、1600—1602年、1606—1607年，以及1628—1636年。在其生命最后的十八个月里，他担任新塞哥维亚的主教。就是在这最后的一次任职期间，他写下了多明我会在菲律宾群岛、日本和中国传教的最初五十年的历史。他杂乱无章、有时极其隐晦的叙述，对澄清北吕宋邦阿西楠—伊罗戈和卡加延地区的人种史尤具价值。[108] 在这些落后地区，一些山区几乎仍未开发。阿杜阿尔特首次记录了自然特征及殖民地、部落，还有酋长的名字。尽管自1572年起，该地区已偶遭入侵，但直到17世纪初，西班牙人才开始掌握它的大量信息。1587年，多明我会修士在北吕宋最先开展活动，阿杜阿尔特将他们的报告编辑成册，并结合其个人经历，创作了一幅传教士所见、所理解的当地情形和风俗的生动画卷。

新塞哥维亚多明我会省位于北吕宋卡加延河谷。西班牙人将它称为塞哥维亚，这是因为其气候也相对凉爽、温和、宜人。[109] 它靠近中国，亦盛产鱼、米和野味。[110] 松树和橡树原产于其较高、较冷的地区。引进这里的西班牙植物已回报颇丰。一支日本舰队进攻该区，其后的1581年间，马尼拉的西班牙
1518 人开始对它感兴趣。日本人关注卡加延河谷是因为他们需要它的农作物和木材。但是西班牙人数量少，他们担心人数众多、“胆大妄为”的日本人成为恶邻，便决定亲自到那里，防止日本人进入这片肥沃、有战略意义的河谷。[111]

奥古斯丁会士是修道团最早派到这个地区传播基督教的神职人员，他们遭到强烈的抵抗而仓皇撤退，留待军队来平息。马尼拉派远征队从邦阿西楠平原

北上，穿过山脉进入河谷流域。他们称河谷上游为“伊图义”（Ituy，如今的新比斯开 [Nueva Vizcaya] 省）。西班牙人的其他努力是从港口和新塞哥维亚拓居地向上游发展，直到河谷东部，范围是从阿布卢（Abulug）上溯至阿巴尧河（Apayao River）。这样，多明我会修士便逐渐能够对西班牙中心实施教会控制，西班牙中心所处的位置是沿卡加延河的中游直到马加特河（the Magat）汇入其中。所有修道团的传教士偶尔会从南部翻越山脉，到“伊图义”当地人中间工作。即便是在卡加延下游河谷最平定的地区，也常有抗击西班牙收税者及其传教伙伴的事件。[112]

最严重的是战争，**菲律宾土著**“自身不断地挑起内部”战争，下层人民反抗上层的残酷压迫。[113]1604 年，多明我会修士从卡加延殖民地被派往位于“洛博河口”（estuary of Lobo）的伊塔韦斯（Itaves）国，让这些人“从嗜血成性的狼变为温顺的绵羊”。[114] 其余的人勇敢地从邦加西楠平原北上，走陆路，穿过伊罗戈沼泽和低地，越过“坎坷高峻”的卡拉巴略山脉（Caraballo Mountains）。[115] 伊拉雅地区住着一个比较孤立、好斗的山地部落加当族（Gaddangs），他们鼓动其他**菲律宾土著**反抗西班牙人。[116]1633 年，多明我会修士在与“伊图义”同名的重要村庄建立了一个固定传教区。直到这时，传教士在“伊图义”的工作才有了一个固定的基地。传教士考察了卡拉巴略山脉高处，他们报告了它以物易物的经济情况，细致地记述了旱稻耕种的方法，赞扬人们爱好清洁，具有博爱精神。不过，多明我会修士计划将他们的皈依者重新安顿在河谷更大的社区，这样，少数到职的传教士就“可以探访他们，帮助他们解决困难”。[117] 与此同时，多明我会修士开始负责在伊罗戈传教，其他人 1519
则到“新塞哥维亚省偏僻、陡峭的山区”，说服曼达亚人（Mandayas）回归基督教。[118] 改变巴布延岛和巴坦岛（Batan Island）的信仰也是有希望的，这两座岛屿是通往台湾和日本的必经之路。[119]

女祭司（managanito）敬奉其“最伟大的偶像”（Ana Gaoley），人们对基督徒的敌意通常是由她们煽动的。[120] 基督徒及其十字架的出现触怒了这位神，它拒绝回应他们的祈祷，或向他们的女祭司传授神谕，以此来惩罚**菲律宾土著**。任何用来平息恶魔怒气的祭品都算不上昂贵。即便它的仆人们在为一个崇敬的人服丧时，它也要求他们戴金项链，时段是全程或者一直到丧亲者血刃凶手。服丧者头三日斋戒；接下来三天，他们吃一点水果；此后，他们长期只煮草本植物或块茎作物。一旦报仇雪恨，服丧和斋戒便告结束，纵情享乐开始了。[121]**菲律宾土著**相信有他们必须遵从或取悦的善阿尼托和恶阿尼托。人们患病时，女祭司会主持仪式，向灵魂献祭。在收割稻田之前，他们设宴三日。所有人都相信预兆、占卜和预言。[122]在新塞哥维亚省，**菲律宾土著**将偶像藏在秘密的地方，或他们朝觐的神圣小屋。[123]然而，诸神照样会严厉地惩罚**菲律宾土著**。1631 年，卡加延下游河谷遭遇蝗虫灾害，“蝗虫的数量之多是当地人从未见过的”。[124]天花时疫也常发生，这种瘟疫对幼童尤具致命性。[125]

博瓦迪利亚报告菲律宾土著用歌曲来展示他们“与我们相近的看法……关于创造世界”。根据他们所言，人类首对夫妻，刚从崩裂的芦苇（竹子）中出现
1520 时，便对他们的婚姻产生争执。[126]死亡时，灵魂离开身体，他们相信它漫游到一座四处漆黑的岛屿。它从那里转到另一座岛，岛上的一切都颜色各异。最终，它来到了一座万物皆白的岛屿。[127]崇拜他们的“祖先的灵魂”（humalagar）是一种主要的偶像崇拜形式，那些祖先的勇气或智慧超凡。任何时候，只要有可能，每个人一弃世，都会立即将神灵归于其父。莱特岛的一位老人预感谢世后会成为神，就将自己安放在海滨，受到过路水手的崇敬。[128]除了动物和鸟之外，**菲律宾土著**崇拜古树，他们拒绝砍伐它们。他们的家庭祭祀是供奉神的。在这些祭祀上，一些女祭司被恶魔控制，“言谈举止令旁观者畏惧”。[129]

女性普遍颇受尊敬。大多数夫妻有子女。在一些岛上，新生儿的头被两块板挤压着，“这样，脑袋便会拉长，而不圆”。他们也让前额变扁，这是美的一种标志。[130]名门之后出生时，人们会举行一周的庆祝活动，妇女们在喜庆日唱欢快的歌曲。女人常常被雇为葬礼上的哀悼者，“因为她们最擅长那种音乐”。与男人一样，女人也是游泳高手，故无需跨河的桥梁。经期，她们在温泉中沐浴。

绝大部分男子是出色的水手，对岛屿间的航行驾轻就熟，经营买卖。但是，他们并不同样擅长在外海航行，因为他们不会使用指南针。他们普遍是懦夫，更喜欢打伏击战。为了使动物和庄稼免遭野兽和贼人的伤害，他们将蒺藜（星

蓟）散绕在它们的周围。许多人已学会如何用火器作战，特别是被征募的邦板牙人，他们并肩抗击西班牙人。虽然大多数**菲律宾土著**欣然接受基督教，“但是，他们有限的理解力使之无法探询其秘密的核心部分”。他们最大的两个缺点是放高利贷和醉酒，尽管传教士尽了全力，他们依然顽愚不化。[131]

虽然群岛没有麦子、葡萄、橄榄和常见的欧洲水果，它们的大米却很多。在平原地区，稻长在水里；山区里的稻却只能用雨水灌溉。马和牛是从墨西哥与中国引进的，但人们平常吃的是猪肉和数不清的禽肉、鹿肉及本地的山羊。
糖量丰富，自从西班牙人到来之后，他们建了许多糖厂。豆、草莓、肉桂容易 1521
获得，不过，棉兰老岛的肉桂质量逊于锡兰的。最常见的水果是香蕉（十五六种）、仙都果（Santors）和杨桃（birinbines）。[132] 由于它们味酸，后两种水果被制成果浆。橘子产量大，它们包括带红色果肉的一个品种。在山区，**菲律宾土著**采集野生块根“蝶豆”（Pugaian）和“白薯莨”（Corot）为食物。[133] 他们培育其他植物主要是为了它们的块茎：苦瓜、山药、印度防己和甘薯。[134] 全岛的树木，主要是椰子树，提供了食品、遮蔽处和造船材料。一种树长在高处干地，涌出的水像连绵不断的泉水。[135]

在菲律宾群岛，蛇是一种威胁，被环纹赤蛇咬伤尤其危险。其他名为网纹蟒的蛇垂挂在路边的树枝上。它们将巨大的身体缠绕猎物数圈，令其骨碎裂，而后将它吞噬。[136] 野生块茎植物和草药长在山里，被用作治疗蛇伤的特效药。[137] 灵猫看上去像小老虎，在山林里游逛。人们捕获这些动物，将它们绑起来，从其尾巴下的一个小囊袋中取出麝香。河流挤满了凶猛、有鳞的鳄鱼，它们有恃无恐地攻击船只和人。当它们在岸上晒太阳时，并不显得那么贪婪。“女人鱼”（儒艮）大如牛犊，其肉味似牛肉。虽然它们以美人鱼著称，但是，“它们的脸毫无动人之处，声音听起来像是汽笛声”。最后，那里还有灰白色的冢雉，
大如鸡。[138] 其蛋是鸡蛋的 3 倍大，产在它们挖的沙洞中，上面有遮掩，“有时 1522
在同一个洞中，可以找到 150 枚蛋”。[139]

据科林所言，菲律宾群岛的本地民族有三种：“摩洛—马来人”、米沙鄢人和尼格利陀人。[140] 最初和最开明的族群起源于马来半岛，从婆罗洲进入菲律宾群岛，这可以通过马来语和他加禄语、人体肤色及特征、服装、习俗和仪式

的诸多相似得到说明。米沙鄢人可能来自望加锡，据说望加锡住着其他的文身民族。[141] 然而，并无足够的资料表明它的由来，“连一个相当可靠的推测”都不存在。尼格利陀人是未开化的民族，住在远离海洋的山区和密林里。他们裸体四处行走，只围一条树皮腰带。他们的装饰局限于藤制的臂镯、脚镯和手镯，以及头上的花叶鸟羽饰物。他们没有法律、文字或政府，仅遵从族长的领导。作为最早的岛民，尼格利陀人已被后来迁入的比较开化的民族逼进内陆。一些人显然已和后来的这些移民通婚，生下了混血人种，在不同的岛屿有不同的名字。[142] 通常这些混血人住在河流源头，顺流而下，与海滨的他加禄人和米沙鄢人进行交易。他们虽然不是基督徒，却向西班牙人进贡，管理自己的事务。鉴于**菲律宾土著**如此多样的背景，在过去，来自印度支那、印度和日本的人们便也可能到那里定居，在北吕宋发现的墓地中找到的手工艺品可以为此作证。[143]

他加禄语的字母表源于信仰伊斯兰教的马来人，是他们向阿拉伯人获取的。[144] 懂得拉丁字母表的**菲律宾土著**尝试用它的字母书写他加禄语。但是，大多数男女即便是成为基督徒之后，仍然“喜欢坚持他们自己的书写和阅读方式”。他们用自己的语言诵读祷告书，将有关神圣主题的祈祷文和诗歌写入其中。有些人甚至能够将西班牙语剧本译为优雅的他加禄语诗。许多人已学会作为公务员与文书需要能写的西班牙语。少数人掌握了足够的拉丁语，帮助学生
1523 修订他们的草稿。其余的人则足以胜任在马尼拉的两家出版机构当印刷工。虽然当地语言很多，但彼此相似，因为它们都以马来语为共同的起源。科林力图展示它们和马来语的相似，并写下一个对照表，表中有马来语、他加禄语、邦板牙语和米沙鄢语的单词：天空、太阳和月亮，从而表明它们彼此类同。他还修订了奇里诺《圣母颂》的他加禄语译本，因为它“是用旧体撰写的，旧体文自那以后已略有改变”。[145]“未开化民族”的语言实际上更多，尽管人数较少。几乎每个河谷都有自己的语言。在民都洛岛孟仁族的一次聚会上，来自不同地方却相邻的那些人“无法理解对方”。语言的多样性极大地阻碍了这些原始民族接受教育，发生转变。[146]

词汇量远多于其他语言的他加禄语在使用名字时，极其礼貌、准确。直呼他人姓名令人尴尬，他们通常会在名字前添加尊称。在宴会上，无子女承继其

姓氏的贵族被正式指定一个新的名字。[147]亲朋好友的一场聚会为这种场合的受勋者创造一个头衔。它通常是由一种文字游戏或妙喻游戏想到的，以出生名为根据。举例来说，如果命名为“Bacal”（意思是铁），那么，授予的头衔可能是意为“永不变质”的那一类。在日常生活里，称呼朋友或密友绰号也是合乎习俗的，这会唤起人们对彼此都认为重要的经历或事件的回忆。科林宣称：“以上所有论点都赞同这些东印度群岛人是开化的。”[148]

整个群岛的男男女女都身材匀称、容貌清秀，肤色相同，全是黄棕色。有些米沙鄢女性的肤色比较浅。男人不以胡子或髭须为傲，他们用竹钳或贝壳钳拔脸毛。男女都穿耳，戴圆形金耳环，不过，这样的女性比男性多得多。由于爱美，女人尽可能拉长她们的耳孔，一些人甚至在每只耳朵上穿两个洞，戴上不同类型、大小不一的耳环。男人们戴一顶窄窄的薄头巾，系成各种样式。他们的官衔通过头巾的颜色得到暗示。红色用来尊敬那些至少杀一人者。绣花的头巾只能由杀了七人者戴上。吕宋岛的伊诺卡诺人（Ilocanos）像米沙鄢人那样，也自己文身，却不那么精心。伊罗戈的男人和女人都穿同样的或相似的服装。 1524
不过，大多数**菲律宾土著**很快就选用了西班牙人的衣服、饰物，连同鞋子。[149]

西班牙人称他们煮熟的米饭为“白米饭”，仿佛是在说“摩尔人的食物”。**菲律宾土著**用煎熟的小鱼和鱼酱配饭。他们在酒席上吃鹿肉、猪肉和牛肉，比较喜欢在肉开始变质的时候入口。晚餐时，他们围着低矮的方形或圆形小桌，席地而坐，桌子可以容纳四人。他们没有餐具，共享摆在桌上的各种盘中物。他们所食甚少，大多数喜欢咸、辣、酸的食物。宴席劝酒，食物次之。他们喝棕榈制成的图巴酒，或甘蔗酿成的吉浪酒（他加禄语，kilang）。米沙鄢人也将大米做成一种酵母，他们在这种发酵的麦芽浆上加水，它变为一种酒后，他们再用管子吮吸。[150]

在宴席上，他们唱传统歌曲，一两位领唱，余者唱和。他们也在金属铃的伴奏下起舞。他们的舞蹈“尚武，充满激情”，不过，舞步整齐有节奏，自成风格。他们通常手持一块布、一支长矛或一面盾牌，跟随音乐做出富有意义的动作。当他们手中无物时，其双脚动作或快或慢，表现进攻和退却、激动与平静。他们的民间舞者十分优雅、端庄，受邀参加基督教节日。年轻人与孩童擅长音乐和舞蹈，他们很快就学会了唱歌、表演和跳舞，颇具欧洲风格。[151]

歌曲和故事保存了他们有关创造世界与人类的传说。他们说太初仅有天、水和在它们之间飞翔的鸢。倦于飞行，无处歇息的鸢“激水溅天”。为了抑制水，天用诸岛压住它。天接着命令鸢落在群岛上，在那里筑巢，让天水和睦相处。[152]据说人出自一根大竹竿，竿上正巧有两个结节。当竹竿在水中漂流时，它被冲上岸，碰到鸢的双足。鸢被撞击物惹恼，啄开了竹子，“一个结节出现男人，另
1525 一个出现女人”。地震神请求众鱼群鸟准允他们结合，尽管他们是兄妹。这对夫妻生下许多儿女，他们是“不同民族和阶级”的起源。父亲对如许多在家四周闲逛无用的子女感到愤怒。有一天，他决定用棍子鞭笞他们，受惊的孩子们逃到家中各个地方。那些到寝室最深处避难的成为首领，逃到外面的变为自由民，遁入厨房和其他矮房的沦为奴隶。那些跑到远方的人建立了另外的国家。[153]

献祭的仪式随场合不同而变化。酋长的献祭活动铺张奢华，被称作“伟神的节日”。他们在酋长的宅邸附近竖了一圈多叶的树枝，将五颜六色的布以摩尔人的方式挂在枝上。一旦宾客汇集，主持的**女祭司**即令最美的少女向病人献上动物，通常是一头猪，其他人同时表演仪式性的舞蹈。动物死后，他们将它切成碎片，传给人们，“如同神圣的面包”。在为一位生命垂危的人献祭的时候，病者花钱请人迅速建起一间新而大的房屋。患者单独被抬进他的新屋，躺在一张棕榈席上。祭品——一名奴隶、一只乌龟、大贝类或阉猪，与数小桌食物一起被放在靠近病人的地板上。**女祭司**随着锣声起舞，她打伤祭品，将它的血涂在病人和一些旁观者身上。宰杀祭品，将其剥皮之后，**女祭司**取出它的内脏，并仔细观察，内脏是病人命运的征兆。经历一场先知的狂乱之后，**女祭司**预测了病人的将来。如果预言是康复，那么，他们就高歌欢庆，直至精疲力竭。假若预言为死亡，**女祭司**就会宣告已为这位贤人选择了偶像，他将成为其中的一位，请求他在来生记住她。此后，所有人都尊他为**阿尼托**。祭祀以宴席告终，每一位在座者都向**女祭司**献贡。由于她们贪婪，所以，人们并不很尊重**女祭司**，除非她们“与权贵”联合。[154]

这些人靠预言和占卜为生：一只猫头鹰在屋顶是死亡的征兆；一条蛇在路上，或一头蜥蜴发出唧唧叫声，预示了危险等等。他们的誓言是可怕的诅咒，

如“愿我死去”，或者“愿我被一头鳄鱼吃掉”。1571年，当马尼拉首领们向西班牙人发誓效忠时，他们请求若违背誓言，则“太阳将从他们中间穿透”。他们为庄严的宣誓表演一种仪式“帕萨姆巴坎”（pasambakan），展示一幅怪兽图， 1526
如果他们不能履行诺言，“请求它将其撕成粉碎”。[155]他们也采用一种“野蛮的报复”（balata），意即以牙还牙。人们对一名受害者的哀悼无法终止，直到擒拿凶手并杀之。[156]

他们的法律、传统和习俗“对野蛮人来说，并不十分残暴”。人们认为无论环境怎样，打破传统、不讲礼节都是无法接受的。从不说自己父亲的名字是他们的习俗，人们虔诚地坚持这种习俗，即便是幼童，也尊敬父母和长辈。在民事案件和刑事案件中，大督与长老担任法官。在民事诉讼中，法官们先传唤当事人，再达成协议。仲裁失败后，各方宣誓遵守法院的判决。接着证人被召来审问。如果不可能做出一个明确的判决，“双方就同样都妥协”。即使判决对一方有利，另一方也必须接受它。假如罪犯违背誓言，法官会责难他，甚至使用武器逼迫他屈服。在这类案件中，法官和胜诉方的证人收纳了大部分罚金。在凶杀案里，区别的依据是凶手与受害者的社会地位。如果受害者是首领，那么，他的同族会对凶手及其亲戚穷追猛打，相当于发动一场战争。其后，调解人会介入，罚凶手缴纳黄金。调解人拿走一半罚金，余下的在亡者的妻子、儿女和亲属之间分配。法律从不判死刑，除非受害者是一位平民，凶手也是一位平民，无法以黄金支付罚款。在这些案件中，由他自己的首领或其他首领进行处决，他们用绳子将凶手捆绑在木桩上，将他刺死。偷窃嫌疑人受到神裁法的审判。嫌犯首先获得补偿的机会。每个人奉命把一堆布、叶子或别的任何东西集中在一起，如果在这堆东西中找到赃物，那么，审判结束。若没有发现赃物，则会安排以下三种神裁法之一：嫌犯每人手持一支长矛，跳入水中，先浮上来者被裁定有罪；或者每个人必须从沸水中取出一块石头，拒绝者被判盗窃罪；抑或给每个人一支点燃的蜡烛，谁的蜡烛先熄灭，谁就被视为罪犯。[157]

首领们常常凭借血统或个人力量、勇气和足智多谋获得这种地位。没有更高的权力机构来任命或遴选一位首领。世袭并非理所当然的，因为一切都取决于提出要求者的能力。出身卑微者可以通过展示能力与实力获得权力。

1527 各阶级人们的生活方式和日常行为都反映出他们专注于贸易。这片土地的大多数产品均由生产者亲自销售。渔夫、猎人和农民贩卖他们自己的捕捞物、猎物和庄稼，或拿它们作为交换。几乎所有女人都会阅读和书写，她们尤其敏于经营自己的女红作品、纺织物和刺绣。当夫妻俩动身参加一场商业宴会时，他们单列行走，妻子领路。即便是几群人走在大路上，他们也是鱼贯而行。商业活动并不总是安宁的。沿海民族常常突袭其他岛屿而获利，内陆民族则袭击商人。收养孩子是另一种商业形式，亲生父母支付子女的领养费。通奸所受的惩处是缴付一笔罚金。无法偿还债务与利息的人会沦为奴隶。一名不完全奴隶有权以适当的价钱赎身。除了聘金或彩礼之外，新娘的母亲可获赠一份礼物“帕努姆亚特”（panhumuyat），这是对她将新娘抚养大的报答。[158]

多明我会修士专门负责“生理”，用汉语向他们布道，照顾老弱病残。1617年，托钵修会修士住在华人的基督教区毕农多（Binondo），建了一座中式教堂。[159] 如今，那里不准上演华人话剧和戏曲，因为它们“充满迷信和偶像崇拜”。1618—1633年间，多明我会修士为4 752名华人成年者授洗，并继续这般快速地改变华人的信仰。那些返乡的人将这些成功以及多明我会修士为华人主持宗教仪式的消息传回中国。多明我会修士渴望在中国有自己的传教区，他们准备派修士到台湾、韩国和中国本土，等待收获。[160]

1637—1638年，马尼拉城墙内有150户西班牙人家庭，八连约有两万名华人。“生理”在城内可以如此自由地开拓，从而成为一个无所不在的危险。尽管八连是唯一未受保护的木建筑居地，但西班牙人还是禁止华人携带武器，并常常将火力对准八连。假若不是华人的兴趣在于让秘鲁的白银落入自己的掌控之中，流进中国，那么，他们早就占领了马尼拉。马尼拉历来受到荷兰人与穆斯林的威胁，非法贸易严重制约了它的经济发展。在它的西班牙家庭中，“没有两
1528 户是富豪”。几年后，随着墨西哥援军的到来，大帆船消失，这些严峻的形势因此每况愈下。在菲律宾群岛的西班牙人受到敌人的包围，他们“几乎召集不到800名士兵”。[161]

1650—1657年，多明我会神学家闵明我在马尼拉及其近郊。他评述了堂·塞巴斯蒂安·德·科奎拉（Don Sebastian de Corcuera）任总督期间（1635—1644年）

遭遇的许多挫折：诸次远征霍洛岛（1637—1639 年）中无数马尼拉人殒命，丧失台湾（1642 年），以及科奎拉侵吞钱财。科奎拉因首创名为**征购制**（vandala）的税负而遭到当地人的痛斥。[162] 邦板牙起义（1660 年）归因于**征购制**强获不义之财。邦板牙必须按一种固定价格交纳 2.4 万蒲式耳米税；虽然政府方面履行其他义务较快，却拖延多年才支付这些款项。沮丧的**菲律宾土著**移居他乡，或者拒绝收割水稻。即便是自然灾害重创庄稼时，顽固的西班牙人依然不顾**菲律宾土著**的苦难或群岛的福祉，强制百姓向政府销售商品。地方当局也同样专横，勒索苛捐杂税，有些人借此中饱私囊。[163]

托钵会修士"不费力"地学会了他加禄语。他们发现**菲律宾土著**"彬彬有礼且温顺"，不像墨西哥的印第安人那么"残酷而严厉"。他们听从神父，很快便学会任何一门手工艺术。有些人是优秀的"书法家、画家（和）雕刻家"。他们喜爱阅读用自己语言印刷的宗教书籍。妇女们格外虔诚，男男女女都喜欢并参加宗教节日，他们唱歌跳舞、弹奏乐器，并装饰教堂。**菲律宾土著**特别崇拜十字架，他们的新拓居地布满了十字架。[164]

对于托钵会修士来说，日常生活远非舒适。在极度炎热潮湿中，他们渐渐变得体弱多病。他们受到狂风暴雨、地震和洪水的惊吓。到内陆旅行千辛万苦，因为山体岩石滑落，无路可走，水蛭遍布。"凶猛、可怖的短吻鳄"在陆上和水中恐吓人们。为了躲避这些怪兽，**菲律宾土著**攻击它们的眼睛，迫其逃离。雌短吻鳄在水流中产卵。幼鳄孵出后，它们随潮流而下，母亲在那里等待，准备吃掉它的嘴巴所能捕捉的全部幼崽。[165] 比野兽更可怕的是"他们称为卡姆孔 1529
人（Camucones）的强盗"，这些人定期袭击基督徒岛屿，活捉俘虏。[166] 甚至恶魔也派出"巫婆和仙女"，发出神秘的噪音，在四周抛物，使传教士感到烦恼，遭受折磨。[167]

并非一切都令人郁闷。**菲律宾土著**，还有山里的原始人善良而温和。土地和海洋盛产食品。巴丹（Bataan）有世界上最好的水果之一——荔枝。民都洛岛上的"山林黑人"（Mountain-Blacks）"看上去像魔鬼"，因为男人被涂成白色，女人则被涂成别的颜色。不过，结果证明他们都是友好的。民都洛岛的巴科山（Mount Baco）看"似一座水晶山"，那是由于有条河从它旁边翻腾而落。

这座岛上生长着“无数的杉树，其花……散发出一种最香的气味”。他们用一种树（西班牙语，棕榈属 [cabo negro]）制成装在船上的黑纤维帆；另一种名为蕉麻，是“优等的绳索原料，因为它被弄得越湿，会变得越坚固”。周围的海洋与山区河流鱼量极丰。瑙汉湖里的鳐多得“有时他们用手便可抓住”。人们腌这些鱼卵配饭。他们在马尼拉四周岛屿的岩石里发现“燕窝”，马尼拉人和中国人高价购买它们享用。葡萄牙人经常在柬埔寨和暹罗低价收购燕窝，然后卖到中国，赚取厚利。马尼拉旧天主教堂在1645年的地震中遭到毁坏，1657年正在重建中。在他们的书里，华人称马尼拉岛为吕宋岛，确切地说是它富藏黄金。[168] 在吕宋岛的邦阿西楠省和伊罗戈省最容易找到黄金。有一种水稻长得奇快，“四十天内，它被种下，而后生长、成熟，人们收割并享用它”。[169] 只要农民有动力种植麦子，那么，它们就会长得好，在吕宋岛的价格也变得便宜。本地水牛与进口母牛交配，产下“人们认为极其精良的第三物种”。番石榴树的散布破坏了牧场，人们把番石榴与肉一块吃，存为果冻。[170] 番石榴树的传播是由于鸟吃了
1530 它的果实，落下种子。“可与我们最好的水果相媲美”的是马六甲蒲桃、杨桃、长梗芒果、仙都果和木瓜。[171]“世界闻名的最大水果”菠萝蜜含有“内核”，“无论生吃或烘烤都美味可人”。[172] 小人心果，还有黑色人心果量丰、极佳，不过，就味美和香气而言，上好的水果是番荔枝。[173] 千种香花甘草漫山遍野。江河湖海盛产鱼，鲱鱼和鲳鲹格外多。“奇妙”的牡蛎和长相恐怖的鬣蜥是上等佳肴。群岛上有些地方极其肥沃，无所不产。种在图纳詹（Tunasan，位于马尼拉附近的内湖省）的小麦一季收成130蒲式耳。[174]

在马尼拉，有一所学院名为“圣约翰拉特兰（St. John Lateran）儿童院”，它是由一位多明我会世俗会友为菲律宾男孩创建的。这些年轻人接受了传统的欧式教育，成为士兵、神父，以及多明我会、方济各会和奥古斯丁修会的成员。虽然城市小，西班牙人很少，但它却养活了数千名华人、本地菲律宾人和混血儿。八连住着200名华人木匠和“一定比例的其他商人”，其中至少有200名华人和混血的理发师。在多明我会修士的华人医院里，有一位开中药的中医。一名会说汉语的多明我会修士始终在八连教堂供职。一位方济各会修士则在迪劳（Dilao）的日本教堂履行类似的宗教仪式。当基督徒被驱逐出日本之后，众多

皈依者到马尼拉寻求避难，马尼拉人视他们为圣人，尊其为“无价之圣徒”。[175]

1697 年 5 月 8 日—6 月 28 日，卡雷里在马尼拉及其近郊。此间，他顺便短暂地游览了甲米地（5 月 17—19 日），就在他启程往墨西哥之前，故地重游了十二天（6 月 16—28 日）。6 月 2—7 日，他骑马观光了内湖（Laguna de Bay）。他的描述包括马尼拉城门、铸造厂、教会和政府建筑，还估算了各色人种中的华人人数。他声称只有 3 000 名华人在八连居住，同样数量的华人则住在其他岛上。[176] 八连华人的控制者是一位驻扎官、一名“担任他们保护者的文官”， 1531
以及一位管事和其他“他们支付报酬”的官员。在他们的农历新年，华人缴纳一种特别税，以享有搓“麻将”，一种奇偶游戏的特权。[177] 除了八连之外，马尼拉在它的紧邻还有其他 15 个郊区，住房建筑可与暹罗人的相比。在这些郊区和内湖当中，农田散布在小村庄之间，方济各会修士、奥古斯丁会士和耶稣会士为所有的村庄履行职责。近湖处是另一个更深的湖和温泉。甲米地是一座半圆形的港口城市，其屋“都不精美”。它的主要工业是造船业，600 多名本地人被迫在船坞劳作。[178]

第三节　棉兰老岛及霍洛岛

在米沙鄢群岛南部，被西班牙人称为“摩洛人”的各民族坚决抵抗欧洲人的入侵。对奇里诺、莫尔加和阿亨索拉来说，他们是穆斯林，是敌人，与德那地的穆斯林统治者结盟，形成了一个反抗西班牙基督徒的统一战线。虽然当地人一般性情友善，但是，那些住在“棉兰老河”周边的人却是西班牙人以及与基督徒共事的本地人的仇敌。[179]16 世纪的西班牙人试图平定这片区域，建立殖民地，在德那地派罗阇·西龙甘（Raja Sirongan）前来增援并提供资金之后，这些企图落空了。为了报复西班牙人的侵略，愤怒的摩洛人开始袭击米沙鄢群岛的基督徒村落。1600 年之前，西班牙人成功地平定了棉兰老岛，范围仅在北部的武端（Butuan）河（或阿古桑 [Agusan] 河）四周、达皮丹（Dapitan）以及东南部的卡拉加（Caraga）省和滨海地区。1608 年，西班牙人占领德那地之 1532

后，他们能够对摩洛家园（Moroland）①发动新的进攻。[180] 然而，直到 1635 年，他们才控制三宝颜（Zamboanga），在那里修建了一座要塞。此后几年，总督乌尔塔多·德·科奎拉（Hurtado de Corcuera）攻克了棉兰老岛中部的马京达瑙（Maguindanao）和霍洛岛（Jolo）。随着这些征服，特别是通过传教士的著述，欧洲开始更多地了解南部诸岛。

耶稣会神父博瓦迪利亚在他的《战胜棉兰老岛摩洛人的光荣记事》（*Relación de las gloriosas victorias de…Corcuera…contra Curralat*，墨西哥，1638 年）中庆祝了科奎拉的功绩。[181] 在其他两位耶稣会士的作品中，人们发现了对棉兰老岛和霍洛岛，连同它们邻近小岛的更为重要的记述：一本是科林的《菲律宾群岛传教士之传教工作》（1663 年），另一本是弗朗西斯科·孔贝斯（Francisco Combés）的《棉兰老岛、霍洛岛及其周边历史：天主教传教历程》（*Historia de las islas de Mindanao, Iolo, y sus asyacentes. Progressos de la religion y armas catolicas*，马德里，1667 年）。[182] 与科林的书一样，孔贝斯的作品也集中叙述了耶稣会士在推进基督教信仰方面取得的胜利。他在其 8 部书里，描写了这一过程中摩洛家园的地形、民族和产品；拉瑙湖（Lake of Lanao）地区被占领（第三部）；以及“迭戈·法哈尔多”（Diego Fajardo）政府，这届政府统治期间，西班牙人与马京达瑙人和苏禄人在 1645—1646 年签订了和平协议。孔贝斯的《棉兰老岛、霍洛岛及其周边历史：天主教传教历程》可能是 1662—1664 年间在马尼拉成书，它祝贺西班牙的种种征服，解释并强烈地反对 1662 年撤出香料群岛与南部地区的决定。西班牙人撤离后，棉兰老岛的生活景象可以通过威廉·丹皮尔船长的《新环球航海记》（伦敦，1697 年）获晓。[183]1686 年 7 月至 1687 年 1 月，这位英国人在那里进行了一次冒险性的考察。丹皮尔从摩洛家园往北到达马尼拉，但是，对于早先关于信仰基督教的菲律宾群岛的可用信息来说，他的日记并没有添加多少新的内容。

棉兰老岛大致成三角形，有一片锯齿状的海滨、3 个著名的岬角：三宝颜、圣阿古斯丁角（Cape of San Agustin）和苏里高（Surigao）。卡拉加地区介于东

① 一译摩洛兰。——译者注

海岸的苏里高与圣阿古斯丁之间。[184] 卡拉加的北部向内陆延伸到阿古桑河。在武端与伊利甘湾（Iligan Bay）之间，住着崇拜偶像的民族马诺博人（Manobos）以及甘米银岛（Camiguin Island）的米沙鄢基督徒。苏巴农人（Subanons）住 1533
在三宝颜半岛北海岸的伊利甘和达皮丹之间，他们是这座岛上最早改变信仰的民族之一。[185] 在靠近伊利甘南部巴尤格（Bayug）的内地，有 8 000 名好斗的摩洛人，他们被称为马来诺人（Maranaos），在拉瑙湖周围居住。[186] 达皮丹城坐落在伊利甘湾西北部的高地，城里的居民是最先平定这片土地者的后代。这些顺民有米沙鄢人血统，住在三宝颜的北海岸。更远的南部是锡奥孔（Siocon），这座半岛止于“火山口”（Punta de la Caldera），这么说是因为它拥有一个深海湾，从海上看像是一鼎大锅。海湾位于马鲁古群岛、望加锡、婆罗洲和其他要岛中间，与这些岛屿的距离近乎相等。西班牙人在这里维持着一座要塞，因为它位于他们在棉兰老岛和霍洛岛的摩洛敌人的前沿，它的港口是从马尼拉驶往德那地的船只的中途停留地。棉兰老岛的摩洛人领地沿南部海岸，从锡布盖河（Sibuguey River）开始向东延伸到卡拉加地区。摩洛人的家园从北往东延至伊利甘湾，由卡齐尔·库德拉特（Kachil Kudrat，1619—1671 年在位）统治，所有摩洛领主都向他进贡。棉兰老岛的南部有一条岛链，差不多伸到婆罗洲。离三宝颜最近的是巴西兰（Basilan），它是一个巨大的岛屿花园，场地的形状近似圆形。在巴西兰岛与霍洛岛之间有无数小岛，一些岛屿无人居住。霍洛岛住着好战的萨马尔人（Samals），他们最初来自保和岛。它的穆斯林统治者将附近许多岛屿纳为其领地。[187]

棉兰老岛是一座水源丰富的岛屿，有 20 条可通航的长河，300 多条大溪流有自己的名字。它有两面著名的大湖：拉瑙湖和“棉兰老湖”，实际上，在通用语中，*danao* 意即“湖”。[188] 它的两条最有名的河流棉兰老河与阿古桑河发源于山中同样的湖泊。平原多产，达皮丹的滨海地区和锡布盖河谷格外肥沃，生长着土豆、芋头、“apanes”和其他物产。西米棕榈随处可见，它们含有淀粉的木髓被制成面粉。在三宝颜和达皮丹，肉桂皮有 25 处生长区。人们从卡拉加的溪流中淘金。[189] 火山口汇集着硫黄，制造火药的硝石却短缺。附近火山的 1534
喷发使三宝颜处于雾霭之中，白昼变成了黑夜。一次喷发之后，火河从山中奔流而下数月，使河谷土壤肥沃。棉兰老岛独有的鸟是绿啄木鸟和一种捕食黑鸟，它与鸢同大，名为“可洛可拉”(Colocola)。[190] 野猪在森林里漫游。在花园岛屿巴西兰，生长着各种稻，足以养活整个海洋—萨马尔族（Samal-Laut nation），此外，还有大量的榴莲、大蕉和仙都果。在穆斯林商业中心和捕鱼中心霍洛岛，可以看到许多大象和梅花鹿。华商非常珍重它的小候鸟金丝燕。[191] 霍洛岛特殊的水果是“天堂果”，只有皇族方可享用。其色紫，大小如苹果。[192] 霍洛岛产胡椒和一种草药“普纳亚曼”(Punayaman)，它的作用与鸦片的相似。荷兰人称霍洛岛为“珍珠岛”，因为他们在其海域找到了珍珠。[193] 人们在这座富岛的海滨发现了琥珀。当地人吃巨龟，把它们的壳高价卖给华人。[194]

棉兰老岛的居民数估计有 50 万人。[195] 他们分为四个主要“民族”：卡拉加人、棉兰老人（或来自湖泊的人）、海洋—萨马尔族（或“海洋上的萨马尔人”）和苏巴农人（或“河人”）。[196] 卡拉加人在总体人数中所占比重最小，但他们却以勇敢和在海陆上的好战行为著称。在皈依基督教之前，他们是“群岛的祸患”，经常劫掠莱特岛。穆斯林马京达瑙人统治了布哈延的几个政治单位，他们有“同一习俗和语言”。海洋上的萨马尔人所住船屋散布在棉兰老岛、巴西兰岛和霍洛岛的海域。这些船民拒绝在陆地务农，仅仅依靠捕鱼和贸易为生。在棉兰老岛，他们的活动集中在从三宝颜的顶端到棉兰老河入海口的沿海地带。尽管人数最少，卡拉加人却受到其他族群的高度重视，因为他们善于制造和驾驭
1535 战船。他们灵活机智，被视为“这些岛屿上最能干、最具眼光、最灵巧的人”。他们被别人雇为战士和海盗，实际上，权力的衡量依据是一位统治者所能指挥的萨马尔人的数目。很多萨马尔人是基督徒，所以，他们也为西班牙人打仗。其他许多人则为穆斯林的霍洛岛作战，是其军事实力的主要来源。苏巴农人是一个消极的民族，最不受尊重。他们住在沿着河岸的孤零零的小居民点。苏巴农人极度贫穷，对别人普遍充满敌意。为了自我保护，他们在高高的树上修建鸟巢般的屋舍。他们的每一个村落都向一位萨马尔酋长进贡，他“完全控制了他们的自由”。[197]

1656 年，达皮丹住着 7 000 名基督徒，[198] 传教士作者对它的注意力超过了它应受到的关注。人们发现其居民比“所有其他人更高贵、勇敢、忠诚，且

信奉天主教”，因而颂扬他们。这些米沙鄢人源于保和岛，以杰出的军事才能而闻名。作为保和岛的统治者，他们是诸岛上唯一有权力接待来自德那地和婆罗洲特使的群体。在与德那地的一场战争中，米沙鄢人被他们当时首次见到的火器消灭了。在他们的长老帕格布阿亚（Pagbuaya）的带领下，1 000个米沙鄢自由人的家庭来到了棉兰老岛，在其北海岸夺取了一座道路崎岖、易于防守的小山丘，他们从那里继续参加岛屿间的贸易。达皮丹大督帕格布阿亚与西班牙人联盟，他的后代成为基督徒。他的基督徒儿子和继承人马诺克（Manook）帮助西班牙人占领马尼拉，征服了吕宋岛的甘马粦。达皮丹人也支持西班牙人在棉兰老岛和霍洛岛的战役。在攻占马鲁古群岛的过程中，马诺克的堂弟拉里亚（Laria）为西班牙人服役。此后，达皮丹的权力随着西班牙人的时运而兴衰。如今（大约1665年），它已沦为一个极小的市镇，经常受到摩洛人的攻击。在耶稣会士巡回传教，为附近的苏巴农人宣讲福音时，达皮丹人仍然担任他们的向导和护卫。达皮丹人的习俗已西班牙化，尽管他们有新的弱点，却依然信仰坚定。[199]

这些岛屿的原住民，住在伊利甘地区和三宝颜的被称为苏巴农人；在棉兰老岛的其他地方，他们名为*man-suba*（意即“河人”），以及*man-anap*，与“野兽”同义；在霍洛岛上，他们是吉姆巴加诺人（Guimbanos）；在巴西兰岛上，人们称其为萨美卡人（Sameacas）。地形和语言证实这些原住民是马来人出身。控 1536
制原住民的海洋—萨马尔族是船民，穿摩尔人的款式，说一种优美的语言，信奉伊斯兰教，与婆罗洲人通婚，所有这些都表明他们是“群岛的新民”。与内格罗斯岛的本地人及吕宋岛住在山地的阿埃塔人（Aetas）一样，尼格利陀人无需向棉兰老岛的任何人进贡。他们住在伊利甘湾附近，裸体而行，携带浸毒的箭。尽管其“生活方式艰苦”，但是，他们保持着自由，因为没有外来权力可以使之屈服。虽然他们可能是原住民，却无任何关于他们来源的材料。[200]霍洛岛和巴西兰岛的传说是，他们的统治者和贵族缘起棉兰老岛，在武端的米沙鄢村庄，可以看见保和岛。[201]

信奉异教是盛行于这些南部岛屿的各种信仰和迷信的基础。沿棉兰老岛南部海岸，先知的法律占主导地位。它也在巴西兰岛和霍洛岛流行，后者是苏禄群岛的麦加。在霍洛岛，有一座他们首位统治者的墓地，“穆斯林教师讲述了许多关于这位统治者的传说”。[202]一则故事声称他与另外三个人来自天堂。一人去了爪哇，一人到婆罗洲，另外两人前往霍洛岛。一个人从霍洛岛到棉兰老岛，他在那里受到的待遇不佳。在霍洛岛，另一个人用欺骗手段改变了“野蛮人”的信仰，他告诉他们，他可以从海里获得淡水，在陆地上航行，在山林里捕鱼。在他们保存的手泽中，有第一位教师的拐杖和帽子。帽子是苏丹的世袭物，他戴着帽子庄严宣誓。1638 年，西班牙人占领霍洛岛时，他们亵渎并毁坏了这座首位教师的精致陵墓。无论摩洛人如何自我吹嘘，他们都不是优秀的穆斯林。他们的宗教教义仅在于不吃猪肉，坚持割礼，娶几房妻室。尽管他们禁酒，却依然醉酒狂欢。不管他们自称多么虔诚，他们都更喜欢遵循本地的风俗、法律和迷信。大多数人是无神论者，他们相信预兆、祖先崇拜和巫术。[203]

与其他菲律宾人一样，南部岛屿的本地人也“知足常乐”，且不知“享受美好的艺术”。连富人也只是准备简单的米饭和块根。他们炖鱼、鹿肉或猪肉时，用辛辣的草本植物调味。盛大节日用的“腌制品”和“波雷亚达”（poleada，
1537 一种带馅的油炸面团）是由椰奶和糖浆做成的。在霍洛岛的宫廷里，他们供应非常丰富的小蛋糕，这些棕色的蛋糕用米粉和椰奶烤成，配上榴莲酱和果汁。如同他们的食物，其服装也是简单、自制的。各阶级人都穿便服，衣料相同，款式统一。服装革新遭人反对，因此，所有男子都穿外观相似的白裤和裙，有些人偶尔会披上一件敞胸的夹克。在特殊活动中，他们会穿镶金边的丝绸裤，并符合马来人的时尚。他们羞于在公共场合露面时头无遮盖，总是戴一顶摩尔人样式的头巾。女人们穿土布制成的袋裙（malong），围在腰部。夜里，她们将袋裙当作被子，盖在身上“御寒防蚊”。在欢庆的场合，妇女也穿长袖裙（sayuelo），臂上戴金手镯。她们的斗篷是用一种极其贵重的丝绸“帕托拉”（patola）做成的。他们建在桩上的房屋只是提供庇护所。这些住宅用竹子建成，屋顶铺茅草，适用于这个经常遭遇地震的地区。他们没有长凳或椅子，因其感觉坐在地上更安全。他们吃饭用的桌子有的是圆形的，中间挖空。他们将碟子放在洞里以防溢出。其罐和碗是用取自竹节之间的一段段竹子制成的。他们以椰壳为杯。[204]

菲律宾人在日常生活中比较专横，喜欢奴役他人，无视家庭或等级关系：父亲奴役儿子，儿子“使母亲屈从于他们选择的一切”。真正的慈善不为人知，一个人给另一个人的所有好处都被看作债务。孤儿和被抛弃的人沦为奴隶，以支付他们的抚养费和生活费。这些习俗在别的地区有可能更为恶劣。因为在一些地方，没有中间阶级的自由民，只有首领和奴隶。[205]司法仅朝有利于富贵者的方向运作。不仅罪犯被处罚，就是他们的亲戚也会因为其同族中的一人犯罪而遭奴役，或受株连。所有惩处，包括死刑，都可以通过付款得到赦免或减刑。夫妻们各自拥有财产，可能还为做错事而相互支付罚金。偷窃格外令人憎恶，为了杀一儆百，小偷的手指会被剁掉，“剁多少手指则依据罪行”。但是，即便是这种处罚也是可以通过赎金逃避的。不正常的性犯罪，尤其是乱伦者， 1538
无一例外被判处死刑，没收全部财产。人们认为，自然灾害是上苍对一个未能发现并处死乱伦者的社会的惩罚。法官沿用习惯法，极少辩论解释，执行快速。他们先担任仲裁人，如果这失败了，他们会用“烧红的煤炭或热铁”折磨诉讼双方，进行审讯。被告若烧伤，则受罚；否则，原告“必须赔偿”。这种借助神裁法的审判似乎由德那地引入，在德那地，“至今还可以看到这种审判”。[206]

虽然他们的“国王”（苏丹）专横，却也保持了“法院的形式和威严”。法院的首席法官和执行者是港主，他“裁决案件和诉讼，以及与判决有关的建议”。[207]在村庄里，法律掌控在本地长老（大督）的手中，出于他们的权威，那里没有求偿权。在处理纠纷时，苏丹往往支持大督们，因为他需要他们帮助自己维护政权。苏丹的统治权仰仗大督们承认其“贵族身份”，他的权力扩展也只限于他们乐见的范围。既定的社会阶级是“端”或领主；“贵族”或富人；以及有皇族血统的首领，他们被称作卡齐尔（kachils）。[208]富人或大督是其所控村庄的统治者，当他们本人被迫向苏丹纳贡时，就会冷酷无情地敲诈下属。他们对待苏巴农人及其首领如同奴隶。海洋—萨马尔族的大督即便臣服于西班牙人，“沿锡奥孔所有海岸的人们仍然向他们表达世袭的敬意”。事实上，与苏巴农人屈服于西班牙人相比，他们更快、更顺服地听从于这些大督。海洋上的萨马尔人对他们顺从的可怜回报是将这些不幸的人卖到望加锡为奴，直到他们在自己的家乡濒临灭绝。通过授予大督们特殊权力，向他们让步，卡齐尔·库德拉特设法控制了马京达瑙，并转变他的政府制度，使之相当于神圣的伊斯兰教法。[209]

苏巴农人被西班牙人救出灭绝的境地，他们受到诱惑，走出山林，接受了较文明的邻居们的服装和习俗。传说中，他们是“人类的敌人”，敬仰谋杀。为了赢得戴勇士红头巾的权利，他们会杀死最好的朋友。在卡拉加，他们必须至
1539 少杀7人才可以戴珍爱的条形头巾，穿勇士的专用裤子。[210]他们的妇女是贞洁的，并努力保持纯洁，“即便到了晚年”。基于女性受到的保护，海洋上的萨马尔人有时会将他们的女儿交给苏巴农人抚养。最不寻常的是有类苏巴农男人，他们奉行禁欲，穿得像女性。他们和女人们共度所有时光，被叫作“拉比亚”（Labia）（可能与跨越“空地”[labáng，他加禄语]有关）。他们被尊为德行之楷模和圣人。[211]虽然他们尊重那些过着清白生活的人，苏巴农丈夫们却彼此交换妻子，醉酒狂欢，庆祝“巨额的贷款和微薄的偿还”。[212]

丧葬和婚礼与日常生活的简朴形成了鲜明的对照。他们的单片棺材用“不会腐蚀的木头”制成，每个人在有生之年已准备好，陈列于家中。有人与世长辞的时候，人们毫不吝啬地为亡者穿上可以买到的最精致、最奢华的服装。他们将尸体埋在小岛或偏僻山林的洞穴里，陪葬的是黄金和其他贵重物品。这些坟墓及其金银财宝原封不动，“除了他们想象中的宗教，并无其他防护措施！”。在皇族或贵族的葬礼上，坟茔的上方张着一顶帐篷，“四边各有一面白旗”。帐篷内，香在丧期燃烧不止。苏巴农人也如海洋上的萨马尔人一般，通过将金银财宝抛入海中来表达他们的悲伤。在一座岛上，他们会杀了遇到的第一个人，以减轻自己的悲痛。[213]

在南部诸岛，结婚典礼，尤其是首领们的婚礼是按习俗举行的欢庆活动。婚庆日的前后各一周，有间极尽铺张的房子任人自由进出。在那里，人们开怀畅饮，舞蹈越来越欢快。结婚当日，新娘摆脱“严格的幽闭生活”，当众出嫁。在身穿盛装、携带长矛盾牌的亲戚和族人的陪同下，新娘离家与新郎相会。乐师、女司仪和年轻婢女走在前面。新娘坐在四抬大轿上压阵。新郎的队伍如果有什么区别的话，那就是它更浩大。会面之前，两位新人都穿白衣。相见时，新娘会卖弄风情地同意新郎披上一件红衣。新娘通过自己的服装展示了贞洁和

谦恭。在遮有天篷的家中，装饰华丽的新房向公众开放。新娘和新郎按摩尔人的姿态坐在垫子上，但她“像座雕像，一动不动”。两位新人的举止都十分端庄， 1540
三天过去了，他们还没有“利用自己的新房放纵一下”。[214]

与服装一样，船只和武器也是南部原住民用当地产品制造的。海洋—萨马尔族的战船轻，速度奇快。这些船“驶起来像鸟似的飞速，而我们的船在这点上却如铅制品般沉重缓慢”。人们用薄板造船，拿藤条将它们拴在一起。在这艘快艇上，他们建了竹脚手架，“高度如其所愿”。他们在从船首到船尾的船身两侧系上舷外托座，让船“在外部载运的比内部的多”。外部脚手架为船内桨手之外的另外两群划船人提供了空间。这些浅吃水船的船员数量在60—300人之间。他们的圆刃桨没有支在桨架上，而是由桨手直接插入水中，划桨的节奏“恰好与他们的呼吸时间相合”。狭长的船身是新月形的，只有一个小龙骨。龙骨平展部分的两侧各有一个舵用来驾驭船只。中间是一个脚手架平台，桨手在其下，平台上罩着一片棕榈天篷。天气从未威胁过这些快艇，因为它们可以很快地在岛上找到一处庇护所。在东部岛屿，人们经常使用这种船的舷外托座，一位西班牙人受到启发，他建议必须将浮标系在西班牙船上，防止它们下沉，“即便它们浸满了水”。[215]

海洋上的萨马尔人珍爱他们精良、贵重的武器。从小武器就是他们忠诚的伙伴。在和平时期，镇民会佩戴一柄波浪状的短剑，剑柄的形状是一个小偶像，平民的为象牙制品，首领的是用宝石装饰的黄金制品。在摩洛家园，人们使用一种圆盾牌；在棉兰老岛其他地方和别的岛屿上常见的则是一种狭长的盾牌。长矛手柄是由乌木或其他上好木材做成的，它的上端是黄铜制的。他们在长矛的末梢系着一个大铃，然后摇铃，和着战争呐喊的节奏，以恐吓敌军中的懦夫。在陆地和海洋的交战中，短距离内他们会投掷小竹箭，速度极快，百发百中。当竹箭如阵雨般飞落到一艘船上或被包围的要塞时，这些武器特别有战斗力。同样地，他们使用在火中变硬的棍棒，以及射毒箭的吹箭筒。吉姆巴加诺人穿以象皮为衬里的盔甲，从头到脚地保护自己，抵挡子弹之外的一切武器。
作战前，他们吸鸦片，使自己意识不到危险。棉兰老岛战士用的是一种扛在肩 1541
上的单刃重短剑。所有本地人已开始使用获自西班牙的敌人的火器和大炮。[216]

1662年，西班牙人撤退，此后，几乎没有与群岛南部有关的新出版物。1697年，英格兰著名的海盗作家威廉·丹皮尔船长（1652—1715年）首次出版了《新环球航海记》（伦敦），此书收录了他的日记以及1686—1687年他在棉兰老岛半年的回忆录。[217] 苏丹库德拉特是独立的马京达瑙最伟大的统治者，1671年驾崩，这使他的人民处于一种相对平静与安宁的状态。此后，马京达瑙和苏禄群岛完全在西班牙的影响范围之外，可以自由地与婆罗洲和马来半岛的穆斯林邻居发展较为密切的关系。尽管摩洛人偶尔会来侵袭，但达皮丹的耶稣会士与阿古桑河谷的重整奥古斯丁会士（Recollects）还是继续从事他们宁静的传教工作。一旦西班牙士兵离开这里，荷兰人便履足于与摩洛家园和平共处、寻求友谊和建立贸易关系，让本地人当家作主。像丹皮尔那样的英国人到菲律宾群岛南部时，一心想的尽是抢掠、探险和生意。

丹皮尔是大自然的亲密学生，他说棉兰老岛的土壤肥沃、水分充足。虽然它的山丘多石，但是，它们生长着“我们未知的多种”大树。他相当精确、详细地描写了西米棕榈树、各种大蕉槟榔树、榴莲以及“菠萝蜜”近亲树种的诸般特性和用途。野猪、鹿、猴子、蜥蜴和蛇数目众多，“它们在那里从未受到干扰”。尽管没有发现捕食性野兽，生命却因为蝎子、蜈蚣、毒蛇和鬣蜥蜴的叮咬而痛苦。野鸟繁多，仅有的家禽却是鸭和鸡。河谷里种植水稻，山中长着块茎作物和南瓜。江河湖海盛产多种鱼，以及海龟和小海牛。虽然棉兰老岛离赤道近，但在海滨地区，炎热一般是可以忍受的。“最糟的气候”是在7月底和8月，因为“那时市镇似乎坐落在大池塘中，他们乘独木舟从一个家到另一个家”。[218]

尽管棉兰老岛在政治、社会和语言方面处于被分割的境地，它的各民族身体状况却相像，普遍信奉伊斯兰教及其惯例和风俗。马京达瑙的民族最多，最
1542 具国际性。另外三个族群是马来诺人、苏禄人和阿尔弗洛斯人（山地人）。马来诺人住在岛屿的中心，用黄金和蜂蜡交换其他商品。西北部的苏禄人（可能是基督徒）与马尼拉和除了马京达瑙之外的其他岛屿进行交易。阿尔弗洛斯人是穆斯林民族，有自己的苏丹，曾经是，现在仍被视为马京达瑙苏丹的臣民。马京达瑙人是一个身材矮小的民族，他们的脸椭圆、皮肤黑、头发直，任由其大拇指指甲，特别是左手的大拇指指甲留长。他们虽然灵巧、敏捷，却普遍懒惰，

有偷窃癖，“仅仅由于饥饿才工作”。尽管懒惰“是大多数东印度群岛人的天性”，但他们满足于糊口度日，因为其统治者专横地没收了他们任何一点积蓄。这些人为自己的举止感到骄傲，他们对陌生人彬彬有礼，对冒犯或伤害他们的人则睚眦必报。普通人穿大蕉纤维制成的衣服，其他人则穿棉布衣。女人获准与陌生人说话，但她们的丈夫必须在场。新来者在岸上的时候受到款待，但条件是他们要向男女主人赠送礼物。丹皮尔将此命名为“行乞风俗”，称它是棉兰老岛特有的。[219]

棉兰老既是岛屿的名字，也是它的首府名。其城市住宅建在高木桩上，但只有一层，分作许多房间。房屋大多建在河畔，他们把屋里的“全部污物”排到河里。苏丹的宫邸比民居大且高。它立在约 180 根大桩上，人们通过宽台阶而非一架简易的梯子进入。皇宫的第一个房间里有 20 门安在架上的铁炮。距离这个宫殿大约 20 步远的地方，有一座比较矮小的建筑，苏丹在那里接见外国特使和商人。它的地板铺着干净的草席，因为他及其顾问委员会在接见访问者时，是盘腿而坐的。在城里，他们通常讲自己的语言和马来语，一些年长者仍然会说西班牙语。如今，尽管西班牙人已被逐出，人们却害怕荷兰人，愿意接受作为抵抗力量的一座英国商馆和要塞。

只有棉兰老城的工匠会些手艺。两三名金匠能制作预订的任何东西，不过，他们没有商店展示或销售自己的制品。铁匠只使用一根树干做成的风箱和锤击时所凭借的一块硬石或老枪，他们设法以某种方式锻造优质器皿和船舶配件。每个男人都是自己的木匠，仅以“斧和锛子”斫树，并将它们刨成木板。他们建造耐用的商船、游船和战船。其商船将蜂蜡和黄金运到马尼拉，他们在那里交换“印花棉布、平纹细布和中国丝绸”。来自德那地和蒂多雷的荷兰单桅帆船 1543
在棉兰老城购买大米、蜂蜡和烟草。虽然烟叶种子可能最初是由马尼拉传入的，但是，棉兰老岛的烟叶比吕宋岛黄灿灿的叶子更大、颜色更深。关岛（Guam）和棉兰老岛的许多人都遭受一种皮肤病之苦，患者的皮肤会痒，一层层剥落。有时病愈后，身上会留下大片白斑。[220]

苏丹是位五六十岁的矮小男子，据说脾气极好，受其左右控制。他有 1 位王后和 29 名妃嫔，他大多数时间与她们在一起。王后为他生下一位公主，他与其他妃嫔则有多个儿女。14 岁的年轻公主足不出户，她所能见到的男人只有自己的父亲和叔父。其余的孩子们则在街上游逛，“总是向欧洲人讨东西”。苏丹乘坐轿銮探访朋友。他的远途旅行主要抄水路，乘的是一艘游船，船上可容纳五六十人。它的竹船舱分为三间：一间是他自己的，第二间给他的妃嫔，仆人用第三间。[221] 苏丹的兄弟大督罗阇·劳特（Datu Ladja Laut，海军事务大臣）是“王国的第二号人物”，负责所有海事。他是个精明的人，通过与外国商人交谈，对别处了解甚多。他讲西班牙语，借助阅读西班牙语书籍，他“对欧洲略有所知”。罗阇·劳特是一位勇士，妇女们用歌舞颂扬的本地英雄。显然，他是在马京达瑙时而发动的战争中确立名誉的，这些战争针对的是邻近的阿尔弗洛斯人或山地人。[222]

星期五是棉兰老岛穆斯林的安息日，但鲜有人遵守它。苏丹星期五在清真寺祈祷两次，罗阇·劳特却从未到过那里。不过，他极其虔诚，经常会在固定的时点祷告。苏丹的清真寺里有面大鼓名为“锣”，每三小时响一次，夜以继日地记录时间。男子在十一二岁时施行割礼。当一位要人的儿子准备遵奉这种习俗时，他们会举办一场隆重的典礼。其他小人物的儿子则跟随着举行典礼的人一起施割礼。做手术的是一位“伊斯兰教的神职人员”。在那场盛典上，长者们手持武器，表演与一位假想敌特有的模拟战争。一个火炬列队跟在后面，由两名舞女引领，在其子已施割礼的要人府邸停止。在更多的音乐演奏和舞蹈
1544 表演之后，烟花鸣放，庆典告终。虽然大多数人通常不严格履行他们的宗教义务，但在斋月期间，每个人每日都会斋戒和祈祷，持续整整一个月。他们宗教的主要特征是经常清洗，通过不吃猪肉或不与那些已经这么做的人交友而免受沾污。由于只有异教徒杀猪，因而，山中常见的野猪为数众多，以致它们成群袭击城市。[223]

第四节 关岛和马里亚纳群岛（拉德龙群岛）

自麦哲伦时代以降，西班牙人的大帆船在穿过太平洋的途中经停拉德龙群

岛，这些岛屿是由此位伟大的探险者命名的。欧洲出版了 16 世纪几份关于这些热带岛屿及其岛民的独立报告。它们基本上都与首份一致，第一份报告是麦哲伦的同伴安东尼奥·皮加费塔（Antonio Pigafetta）撰写的。[224]1565 年，米格尔·洛佩斯·德·莱加斯比（Miguel Lopez de Legaspi）正式宣称拉德龙群岛属于西班牙，但是，直到 1668 年，西班牙人才试图在群岛上建立他们的统治制度。此间的一个世纪里，遭遇海难的船员们和各个国家的弃船者到这些岛上寻求避难。在德雷克和卡文迪什（Cavendish）的领导下，英国人劫掠了大帆船贸易。1588 年，卡文迪什经过这个岛链最南端的关岛。荷兰舰队在前往马鲁古群岛的路上横渡太平洋。1600 年、1616 年和 1623 年，它们先后在关岛得到补给。17 世纪期间，对于从阿卡普尔科（Acapulco）驶往马尼拉的西班牙大帆船来说，关岛始终是个固定的补给站。在返程中，大帆船沿着往北部岛屿或关岛南面的路线行进。[225]

1662 年，西班牙人撤离马鲁古群岛和菲律宾群岛南部之后，在菲律宾群岛的某些耶稣会士开始到拉德龙群岛寻找新的机会。1662 年，一位耶稣会传教士迭戈·路易斯·德·桑维托雷斯（Diego Luís de Sanvítores，1627—1672 年）在往马尼拉的途中落脚关岛，他是拉德龙群岛传教运动背后的推动力量。一个多世纪以来，西班牙世俗政权对殖民这些荒芜、贫瘠的岛屿不感兴趣，因为在菲律宾群岛以及在东亚和东南亚有很多更好的机会，那些机会似乎更近，就在
眼前。与许多其他同时代的狂热者一样，桑维托雷斯也向往为基督到新的征 1545
服地工作。桑维托雷斯再也不可能在日本或中国成为殉教者，他在民都洛和其他荒僻的他加禄地区艰苦地工作，逐渐地将更大的热诚和激情注入到菲律宾皈依者及其神父们的内心中。虽然他忙于这些鼓舞人心的工作，却从未忘记拉德龙群岛居民的可怕困境，他们对真实的信仰懵然无知，没有机会获得永生。但是，他的提议——在拉德龙群岛建立一个小教区，并没有在马尼拉引起人们的兴趣。他的耶稣会上司声称他们缺乏人力负责一个遥远的新教区。世俗政权同样以人手不足为由，坚称他们无余款建立并维持一支卫戍部队来保护一个固定传教区。[226]

热心的桑维托雷斯并没有轻易受挫，他向马德里和罗马请求帮助实现他的

计划。他的书信被转呈国王菲利普四世（King Philip IV）和奥地利的马里亚纳（Mariana of Austria，1632—1696年），传信者是她的耶稣会忏悔神父埃弗拉德·尼塔德（Everard Nithard），他是一位德国人，因其在宫廷中的极大影响力而颇受一些同行猜疑。[227]1667年6月24日，国王颁布了一份《诏书》（*cedual real*），同意在这些岛屿上建立一个教区。三个月后，国王驾崩，马里亚纳成为摄政女王。出于感激和对将来恩惠的期许，桑维托雷斯极力主张将有诽谤性的拉德龙群岛改为含谄媚之意的马里亚纳群岛。尽管马尼拉方面磨洋工，桑维托雷斯还是于1667年被任命为马里亚纳教区的会长，该教区隶属于宿务主教的教会管辖区。坚持不懈的神父接着驶往阿卡普尔科，领取国王的捐赠，募集新教区所需的其他经费和人员。1668年6月15日，桑维托雷斯抵达关岛，随同他的还有另外4位耶稣会神父、1名庶务修士、30位传道员，以及由1个上尉和32名士兵（大多数是菲律宾自愿者）组成的一支卫戍部队。[228]

最初，欧洲人及其菲律宾同伴受到了岛民们的欢迎。一些西班牙人了解来自先前补给站的岛民；余者有在菲律宾群岛的经历，明白当地语言和习俗与他加禄人的相似性。所有新来者都和善地对待当地人，当地人则报之以友谊。在传教的第一年，桑维托雷斯称有1.3万个岛民受洗，两万人接受宗教教义。然而不久，传教士与他们的皈依者便在社会事务、强迫洗礼与改宗上发生了争议。不过，1669年，关岛的基督教中心阿加尼亚（Agana）修建了一座教堂和
1546 一所学校。由于基督徒将他们的活动推广到北部诸岛，1670年，不满的岛民们爆发了公然的起义。许多基督徒被杀，其中包括该教区的第一位殉教者路易斯·德·梅迪纳神父（Father Luis de Medina）。尽管来自新西班牙的增援教士抵达此地，桑维托雷斯努力恢复和平，但是，受惊的西班牙士兵与愤慨的查莫罗人（Chamorros）间的敌意仍然有增无减。1672年4月2日，桑维托雷斯以身殉教，激起了西班牙人与查莫罗人之间漫长的战争，战争时断时续，一直到1695年当地人投降才告终结。[229]

在天主教欧洲，人们很快就可以通过耶稣会士的同时代出版物了解遥远的马里亚纳群岛发生的这些事件。与教区最初两年历史有关的报告迅速以手册的形式发行。它们出自桑维托雷斯及其同伴的信简，由菲律宾群岛的耶稣会特派

员安德烈斯·德·莱德斯马（Andrés de Ledsma）编纂，在马德里出版，时间也许是1670年或1671年。每年都印行全本和简本。与许多耶稣会士书简集一样，更详尽的记述是用来启蒙在欧洲可能成为这个教区新成员的耶稣会士。简本适合大众消费，发行量较大。[230]为了吸引读者，耶稣会士书简集和由此编纂的书籍收录了世俗的与传教士的资料。在西班牙，有关马里亚纳群岛的这些报告显然引起了玛丽亚·瓜达卢佩·德·兰卡斯特（Maria Guadalupe de Lencastre，1630—1715年）的兴趣，她是阿威罗（Aveiro）的公爵夫人，为同时代人所熟知的“慈善会堂之母”（Mother of the Missions）。[231]她成为马里亚纳群岛耶稣会士的一名非公开的女施主和通信者。[232]

17世纪“殉教者之血”催生了殉教者名册。一本殉教者名册的目的是为了颂扬殉教者，鼓励别人以他为榜样，在某些情况下，它是为追封殉教者为圣徒做准备。早在1673年刊印于塞维尔（Seville）和马德里的编年史中，路易斯·德·梅迪纳的生命和牺牲就受到了赞颂。翌年，有关桑维托雷斯成就和死亡的故事开始面世。[233]1683年，弗朗西斯科·加西亚（Francisco Garcia）在马德里出版了一本桑维托雷斯传记，内容全面。安布罗西奥·奥尔蒂斯（Ambrosio 1547
Ortiz，1638—1718年）将它翻译成意大利语，把教区的历史推延到1684年，译文载于他的《马里亚纳群岛皈依神圣信仰的历史》（*Istoria della conversione alla santa fede dell'isole Mariane*，那不勒斯，1686年）[234]。在这个世纪结束前，北欧开始出现关于马里亚纳群岛的资料。威廉·丹皮尔船长在其《新环球航海记》（1697年）第十章叙述了他在关岛的经历。1686年，他前往棉兰老岛，中途在关岛停歇。1700年，法国耶稣会士郭弼恩（Charles Le Gobien，1653—1708年）出版了他的《马里亚纳群岛史：新近皈依基督教与首批传教士光荣殉教》（*Histoire des isles Marianes, nouvellement convertes à la religion chrestienne*）①，这本书包括了平定马里亚纳群岛的完整故事，一直叙述到1695年。[235]1696年，意大利环球航行家杰米利·卡雷里在他从菲律宾群岛赴美国的

① 此书全名为：*Histoire des isles Marianes, nouvellement convertes à la religion chrestienne; et de la mort glorieuse des premiers Missionnaires qui y ont prêché la Foy*。——译者注

艰难旅程中，于关岛抛锚泊船。在其菲律宾群岛卷中，他用数页描写了马里亚纳群岛的环境。[236]

马里亚纳群岛是一个新月形的“十三岛”（实际上是15座岛）群岛，位于“无数岛屿”链的中心，这个岛链在日本和“先前无人知晓的南方陆地”之间延伸。[237]总的来说，马里亚纳诸岛相距很近，这使得岛屿间的经常性贸易成为可能。事实上，它们的居民与菲律宾群岛的岛民不同，都说同一种语言。关岛是最大、最南端的岛屿，有7个海港。其中1个海港在西面，皮蒂（Piti）村的前方，有两条河流使它成为一个良好的灌溉地。[238]南部是乌马塔克（Umatag）港，这是过去荷兰人将船拖上岸、倾侧待修和下水的地方。其他环绕岛屿的港口提供了庇护所，但是有些水位不佳。在当地人称为罗塔（Rota）的扎尔帕纳（Zarpana）岛上，有个朝向西北的海港，位于索坎罗戈（Socanrogo）村的前方；
1548 另一个港口靠近南部。[239]塞班岛（Saipan）上有一个良港，“其入海口朝东”，有片锚地在桡桡（Raurau）村的前面，一块陆岬为它挡风。[240]诸岛再往北还有良港，能“为来自马尼拉的大帆船提供锚位”。[241]与岛屿商人一样，耶稣会士也能在由关岛向北行进的过程中，从一个锚地到另一个锚地。[242]

口头传说认为群岛上住的人与来自南部的人属于同一民族，是他加禄人的祖先。这种看法的证据是他们在语言、政府和涂牙方面有相似性。[243]一些欧洲人推测这些岛民源自埃及和别处，例如，科林神父视日本为他们最初的家。日本之所以被认作一个可能的发源地是因为它与北马里亚纳群岛接近。马里亚纳群岛的气候温暖，有益于健康，它没有受到附近其他群岛常见的地震和极端气温的搅扰。[244]淡水丰富，特别是关岛有30多条河流。一些河流水量充沛，鱼，尤其是鳗鱼的储量大。[245]这些岛屿没有本地的蛇或其他有毒动物。群岛上，椰子林不计其数，还生长着许多其他树种，“主要有他们用来造船的胡桐树”。[246]他们住在多个村庄里，村庄有10—100多栋屋子。许多房屋建在木桩上，顶部
1549 铺着茅草。他们精心打造寝室，用垂挂的垫子分成多个房间。[247]

鱼是普通食物，大多时候搭配着可口的面包果。面包果不上季时，他们就吃类似菲律宾山药的块茎植物。他们平常的饮食习惯是有节制的，在宴席上，他们供应本地稻米，“这种稻的产量相当大”。[248]他们在庆典上讲述“自己的

历史”、摔跤，并比赛投矛。在讲故事和做游戏的时候，他们传递茶点：米糕、玉米粉蒸肉、鱼肉、椰子、大蕉、甘蔗，以及用米和搓碎的椰子酿成的酒。女人们举行专门的盛宴，用各种饰品以及鲜花、龟壳和红贝壳制成的饰物妆扮自己，她们视红贝壳的贵重程度堪与欧洲人对珍珠的宠爱相比。为了参加这些特殊的筵席，她们用细绳束紧了裙子，裙子由树根做成，上面挂着小椰子，这是一种装饰形式，“看起来更像鸟笼而不是服装”。在她们的游乐会上，十二三名女子围成一圈，用诗歌吟诵其传统故事。在这场男高音独唱会上，伴唱的有女高音、女低音和假声，男高音是“参加这些娱乐活动者中的首要人物”之一。唱歌的时候，他们一同有节奏地摆动双手，并像敲响板那样拍击贝壳。就普通妆扮而言，女人们是涂黑牙齿，留长发，并将它漂白；男人们则剃光头，只在顶部留一簇。[249]

他们的生活方式比他们缺乏衣服、政府和文化所表明的要好。劳动限于捕鱼、造船和种植园林。大体而言，他们都爱好和平，尽管无法律和警察，但他们会纠正自己的行为。没有普遍承认的统治权威。每个家族或氏族都有它自己的族长。他拥有最好的土地和住宅，颇受其他氏族成员尊重。[250]他的职位不是由儿子继承，却“像在印度”那般，是由一位兄弟或侄儿继承的。[251]掌权后，新族长将他的名字改为本家族最重要的祖先的名字。他们对家系和社会等 1550
级的关注暗示“其血统源于某种高度文明的民族”。最高阶级的年轻人被称作查莫力（Chamorris），他们不可能娶一位平民的女儿，如果他们这么做，所冒的风险是被同族人杀死。查莫力不会与社会地位低的人一起进食或饮酒，不允许后者走近贵族府邸。与同类人交往时，查莫力表现得极有礼貌，照面会说“ati arimo”（意为请允许我亲吻您的双足），向所有经过他们家门的人敬蒌叶。他们憎恶凶杀和其他残酷的行为，会孤立那些粗暴对待他者或过度倾向使用武器的人。

从幼时起，他们就十分娴熟地使用投石器和石块。矛带着像鱼钩的倒钩，用“他们父亲的骨头”制成。这种矛刺入敌人容易，拔出则难。[252]单身汉与未婚女子住在公共寝室，不受父母控制。[253]已婚男子绝少与别的女性结交，或养情妇。夫人们极其善妒，一位妻子会因为丈夫的任何不忠而迅速惩罚他。

在其他村妇的支持下，她铲平迷途配偶的园林，威胁要用矛刺他，最后将他赶出家门。有时，妻子会离弃丈夫，然后与亲戚们折回，洗劫并毁坏他的住宅。结果是，这位妇女控制了家庭和子女，丈夫则依凭“她的欢喜和首肯”过活。万一她得知他曾经折磨孩子，她会带着子女离家，另外找一位丈夫和父亲。[254]

在欧洲人到来之前，查莫罗人认为“他们是世界上唯一的人类”。而且，根据他们的传统，“全部土地和人以及一切事物都有他们的起源……来自关岛的一个地区”。[255]那里出现了第一个人，他被变为一块石头，“生出所有的人”。那些被分散到“西班牙和其他地方”的人忘记了他们自己的语言，不再相互理解，如今“讲话像疯子”。首个人名为蓬坦（Puntan），在天地创造之前，他世代生活在“某个虚构的地方”。这个好人临终之际，为了把土地和食物赠与人类，他将一切权力都赋予他的妹妹。她听从他的指示，将其胸部和背部变作天
1551 与地，眼睛化为太阳和月亮，眉毛成了彩虹，并“如法炮制”其余，以保持“小世界与大世界”的相互关系。他们在各种节日里举办讲故事比赛，人们在比赛中用对句和歌曲的形式来讲述这些创造的故事和其他“古老的传说”。[256]公众既没有将蓬坦和其妹敬作一位神，也没有呼吁将兄妹俩视为神。他们亦无祭司或其他宗教领袖。那里有“一些魔术师，名为马卡纳斯（Makahnas）或职业巫师”，他们请求马里亚诺人（Marianos）留在家中的亡者头骨为其提供所需的一切。马卡纳斯和其他所有人都承认不可能真的期待任何美好之物来自天堂的死者，所以，他们的祈祷是用来取悦恶魔，使亡者不伤害人。由于查莫罗人缺乏有组织的宗教和祭司职位，让他们皈依基督教的工作就比较容易完成。[257]

但是，查莫罗人固守自己的迷信、信仰和风俗。他们断言（正确地）欧洲人将疾病，还有老鼠、苍蝇和蚊子引到他们的岛上。因此，“当船在港湾的时候”，他们住在海滨地区。在钓鱼时，他们会很长一段时间阒然无声，稳然不动，以抚慰**阿尼托**，或祖先的灵魂，它们可能将鱼吓跑或通过出现在其梦中惊吓他们。一个人亡后，按习俗，人们要将一个篮子靠近尸体的头部，邀请它留在家中，或在灵魂作为一名游客回来时，为它提供一处栖息地。那些寿终正寝的人被埋在地下。[258]服丧者习惯上会用香油为尸首搽身，将它抬到他们的亲戚家中，也许这样灵魂就可以决定它在四处游览时想要居住或返回的地方。在葬礼

上，他们极尽悲哀，“潸然泪下，斋戒，吹奏海螺”。灵柩台设在墓地上方或旁边，守灵的服丧期为六天到八天，或更长的时间。灵柩台上装饰着鲜花、棕榈叶和贝壳。他们唱着使人忧郁的歌曲，亡者的母亲剪下一绺头发作为纪念物，脖子上戴着一条绳子，每天晚上她会将绳打成一个结，伴随着亡者。一位族长或“有名的已婚女子”故去的时候，人们表示哀痛的方式发展为用棕榈树装饰道路、修建凯旋门，并摧毁椰子树、房屋和小船。在颂扬亡者功绩的时候，他们会在一位优秀渔夫的墓地献上桨，或为一名勇士的墓穴献上矛。[259]

在第一年间，传教士们巡视了11座岛屿。翌年，他们北上，来到被称为 1552
“Asuncíon”的亚松森（Asomsom）和圣洛伦索（San Lorenzo），人们可以乘当地小船从这座岛屿靠近日本。在传教的最初两年里，这13座岛上有3万名成年人和儿童接受了洗礼。自那以后，多达300名受洗儿童夭折。为了神圣的宗教仪式，人们建起5座教堂，一个儿童唱诗班在圣玛丽亚皇家小教堂（Royal Chapel of Holy Mary）练习唱歌，玛丽亚是这些岛屿的女资助人。但是，接下来的一切进展并不顺利。在天宁岛（Tinian），皈依者与他们的敌人之间很快爆发了战争，这场战争历时四个月，被一位西班牙上尉和九名使用火器的菲律宾士兵平息了。一旦外国人用他们的火器让天宁岛当地人渐渐感到恐惧，塞班岛和阿纳塔汉岛（Anatahan）附近的岛屿就掀起了另外的起义。他们受到流言的蛊惑，流言传自早期一位“华人偶像崇拜者”，内容是洗礼中所用的圣油和圣水掺着毒药，会杀死皈依者，尤其是对毒药抵抗力最小的虚弱者和幼童。[260]路易斯·德·梅迪纳神父在马里亚纳群岛主持宗教仪式两年之后，被塞班岛的反叛者用矛刺死。随后，耶稣会士们在1671年请求摄政女王从菲律宾群岛派来更多的传教士、基督教工匠，并从墨西哥调来用于岛屿间旅行的小船。他们建议应该用大帆船将查莫罗人送到菲律宾群岛，作为交换，来自菲律宾群岛的士兵将被带至马里亚纳群岛。他们请求女王降旨，谕令所有到马尼拉的大帆船经停关岛，回程在阿格里汉岛歇靠，从而使岛民们意识到西班牙依然对他们的安定与福祉感兴趣。他们要求从马尼拉派一艘船勘察马里亚纳群岛的各个港口，实地察看马里亚纳群岛与棉兰老岛间的诸岛；另一艘船从秘鲁遣往南方陆地和所罗门群岛，勘探由关岛往东，直到“逼近秘鲁”的岛链；再从新西班牙派一艘船探察联系马里亚纳群岛与日本的岛屿。他们请求建立一所少年神学院，为单身汉提供教育和道德训导；可能也会为未婚少女创建另一所学校，这些女孩子的父母将她们卖到被单身汉占用的公共寓所。[261]

1686年5月，丹皮尔接近关岛，他主要描写了那座岛屿及其居民的自然特征。从离岸1英里处看去，关岛中心部位的西侧“显得平坦而不曲折”。靠近些观察，“它渐渐倾斜”，东岸“围着陡峭的岩石……那里没有锚地”。许多岬角从
1553 地势低的西岸突出，它们之间可以看到小沙湾。[262]关岛的土壤“淡红，干且不肥沃”。它的主要作物是稻、菠萝、西瓜、甜瓜、橘子、酸橙、椰子和面包果。基于土壤干性，他们只种植少量稻。在西岸，椰子树林长三四英里，宽一二英里。随后，丹皮尔详细描画了椰子树及其副产品，描画被认为“精确得不可思议”。[263]之后，他对面包果树，以及将其果烹为主食做了同样精确的描述。本地人在成长的果实尚绿、坚硬之际便加以采集。他们把它放在一个炉里烘烤，直到外皮变黑。裂壳剥落后，余下的是一个类似面包、带着一层软薄皮的固体食物。它必须趁鲜吃，因为二十四小时后它会腐坏，“吃起来涩口，让人窒息”。这种水果每年上季八个月。[264]丹皮尔报告他从未见过或听说面包果树长在别处。在这些对椰子树和面包果树的经济价值的描写中，丹皮尔的心里有部分想到“我们美洲（热带）种植园中的乡下人”，他们对这些树木的巨大收益一无所知。

关岛的本地居民“身量魁梧、四肢健硕、身材匀称”。他们的皮肤为红铜色，有黑色的长发。他们的双眼“比例适中”，鼻子大，嘴唇相当丰满，牙齿“不黑不白”。虽然查莫罗人“脸长，表情严厉”，但他们“和蔼可亲、彬彬有礼”。在干季里，他们身体健康；到了6月至10月间的湿季，他们却发“烧”。与在棉兰老岛相同，雅司病也是关岛一种常见的折磨。

查莫罗人“极其善于制造船只或马来帆船（小船），他们的心灵手巧无人堪比”。这些像划艇的胡桐独木舟长26—28英尺，有一条宽约1英尺的圆形龙骨，两端都是尖尖的船首。狭窄的厚板两侧高5英尺，一侧为圆形，另一侧则是直的。中部竖着一根桅杆，挂着一张表面粗糙的船帆，“像后桅纵帆桁（一面大三角帆）”。他们沿着舟楫腹边放了一根轻原木，两端削尖，几乎与舟身等长。竹舷外支架长8—10英尺，从舟的一侧向外延展，也让原木紧靠着它。由于盛

行的风是东风，他们从北向南行驶，以平的侧面逆风而行，舷外浮材在背风处。
人们以一支宽桨而非舵来驾舟。这些舟是世界上航行最稳、最快的船。它们每 1554
小时至少行 12 英里。虽然它们主要用于岛屿间的交通，但是，有人告诉丹皮尔，这些舟楫中有一只四天内能开到马尼拉。[265]

关岛西部的查莫罗人住在村里沿岸而建的“干净小屋”。在这里，西班牙人有一个小城堡，由二三十名士兵守卫，他们管理 6 支枪。除了驻扎官和两三名神父之外，那里没有其他西班牙人。在 1686 年丹皮尔到来前不久，此地发生了一起骚乱，许多西班牙人被杀。反叛遭镇压之后，受挫的查莫罗人摧毁了“种植园和仓库”，逃到其他岛屿。[266] 在反叛前，有三四百名查莫罗人在关岛居住，如今留下的却未及百人。[267] 即便是余者也对西班牙人充满敌意，其中有些人表示愿意帮助丹皮尔及其船员将他们赶出岛屿——这个建议被礼貌地婉拒了。

已到关岛的英国人希望为其船只空荡荡的食品室提供补给，他们受到西班牙人和本地人的友好款待。甚至在英国人泊船之前，已有一位托钵会士和两位执意想知道其身份的本地人探访了他们。托钵会士被英国人为扣为人质，两位本地人则将信函和礼物带给驻扎官，同时告诉他，他们需要食物，乐意付款。由于驻扎官的府邸“靠近西部岛屿的南端”（在乌马塔克），与他们的锚地隔一段距离，英国人并不期望很快收到回复，与此同时，他们忙于垂钓和采集椰子。驻扎官表示俞允的复函比预期来得快，因为英国人不知道当地人乘他们的舟能行多么迅速。驻扎官的信件伴随着一份礼物：6 头猪，西瓜和甜瓜各一打。这些小猪是由西班牙引入美洲的品种。在关岛，它们吃椰子，这种饮食会使猪长出结实的优质肉。驻扎官还命令邻近他们锚地的一个村庄每天为英国人供应新鲜的面包果，帮助他们采椰子。此后，驻扎官送来更多的猪和水果，以交换“火药、子弹和武器”。离开前不久，英国人释放了托钵会士，捎带的礼物是：“一座巨大的铜钟、一张星盘和一副大望远镜。”5 月 30 日，他们趁着西季风，前往棉兰老岛，带着“所有我们能装载的椰子……满满一贮藏间的米，以及大约 50 头腌猪”。[268]

1697 年 9 月间，卡雷里在从马尼拉往阿卡普尔科的航程中，逗留于马里 1555
亚纳群岛，差不多比丹皮尔在那儿的时间晚了十二年。[269] 与大多数向东航行的船只相同，卡雷里的船首先进入这个岛链的北端。当他继续向东时，卡雷里注意到阿格里汉岛上有“一个陡峭的、正在燃烧的圆形山脉……顶部冒烟”。[270]在前往马里亚纳群岛要地阿加尼亚的路上，他经过 3 座火山暴发的岛屿。西班牙人在阿加尼亚有一座城堡，由八九十名士兵护卫，而且，他们在罗塔岛上还有一支“控制那些野蛮人”的驻军。阿加尼亚有两所学院，一所是为本地女孩开设的，另一所是本地男孩学校，它们由 12 位耶稣会教师管理，王室拨款负担费用。乌马塔克的驻扎官每年从总计 3.4 万的王室薪俸中获得 3 000 个雷阿尔。余下的用来维持卫戍部队、耶稣会士和学院的开支。钱和服装由新西班牙送往马尼拉，再分发到马里亚纳群岛。耶稣会士住在关岛带泥墙的房屋里，只是偶尔才到塞班岛，他们在塞班岛没有固定居所。

查莫罗人“身材高大、肥胖，且十分强壮”。他们是游泳高手，“潜水速度快得可以捉鱼”。据卡雷里的传教线民所说，在西班牙人到来之前，他们“不知道火为何物”，故凡物皆生吃。[271]他们无铁，不懂得怎样用钱。他们的所有生意交往都是以货易货。[272]他们没有受到认可的宗教，只有对其祖先的一种特别敬重。这些岛屿上“最精彩和独特的”水果是面包果，此果可以水煮或烧烤，保存四个月到六个月。豆可豆可（Dokdok）是一种像面包果的树，产可食的种子，烤后的种子尝起来像栗子。[273]不过，最引人注目的是岛民制作的“十分奇妙”的小快艇。由于船体最多只能载 3 名船员，他们就在船中铺设木板，“悬挂在两侧的水上”，为乘客们提供座位。[274]

1700 年，马里亚纳群岛教区最后一份耶稣会士的狂热记述在巴黎出版，其作者是法国耶稣会诸教区的秘书郭弼恩（1653—1708 年）。尽管与郭弼恩的声明相反，耶稣会士花费努力为马里亚纳群岛受难的先驱桑维托雷斯追封圣徒
1556 的这段历史却达致一个顶点。此外，它还实现了许多其他目标。在这个世纪末，耶稣会士们，尤其是郭弼恩以及他在**圣路易宣教堂**（*Maison profess Saint Louis*）的法国同事都深深地卷入了对中国的礼仪之争中。[275]虽然他们对在华传教取得的进展感到洋洋得意，但是，法国耶稣会士自 1688 年在暹罗覆灭之后，需要多方胜利来反驳其他修道会对他们的传教政策的抨击。在法国商人中，同样也有渴望着手参与太平洋贸易者，即便这必然触犯西班牙拥有的垄断

权。[276]他们想当然地认为太平洋还留着许多未被认领的群岛，岛上的当地人只是在等待法国商人和传教士！尽管岛民们殊死顽抗，1695 年，马里亚纳群岛还是被平定了，并完全基督教化。在西班牙人与查莫罗人的战争中，12 名耶稣会士为信仰捐躯，最后一位是卒于 1685 年的比利时神父皮埃尔·科曼斯（Pierre Coomans）。虽然马里亚纳群岛无法弥补耶稣会在日本和暹罗的损失，但是，正当耶稣会的传教方法受到最严重质疑的时候，它在这些遥远且危险岛屿的完胜似乎证实了它们的有效性。郭弼恩为那个时代写的小册子是一部 443 页的八开本，插入了两幅图。[277]《马里亚纳群岛史》是献给伊普尔（Ypres）的主教的，其副标题为“新近皈依基督教”与“首批传教士光荣殉教”。这本合乎时宜的书当年便再版，1701 年在阿姆斯特丹又一次重新印刷。

到了 17 世纪末，巴黎已成为亚洲教区的新闻中心。郭弼恩的办公室实际上是一个情报交换所，各类信简都要经过这里。1673 年，耶稣会士书简集已终止出版，教皇克莱门特五世（Pope Clement V）颁布了一道教廷通牒，要求修道会会员在出版传教区信简和报告之前，必须获得罗马传信部的俞允。然而，1700 年前后，郭弼恩与其他法国耶稣会士仅在他们的教省和国王的批准下，又开始刊印“有教育意义、稀奇”的传教区书简。[278]郭弼恩有关马里亚纳群岛的书籍流传广，此书依据的是早期耶稣会士书简集、加西亚和奥尔蒂斯的殉教者列传以及随后从实地写来的书信和报告。[279]它颂扬了西班牙国王用金钱和武器在资助传教区中发挥作用。这是一种国家传教区，耶稣会士在法国政府的 1557
支持下，未曾在暹罗如愿建成它。西班牙人受到一个多民族的耶稣会传教团的领导，他们在马里亚纳群岛的例子中业已表明，如果能获得政府始终如一的资助，那么，即便是在可能最恶劣的环境下，一种不屈不挠的努力也会获得成功。

郭弼恩的著作为欧洲和法国天主教会提供了许多消息，这本书叙述了马里亚纳群岛完整的平定过程。它是按时间编排的，涵括了 1668—1695 年间的教区故事，成功事件是精华部分。除了对原住民的生活方式进行道德论说之外，它对早期文献中发现的查莫罗人图像几乎没有新的补充。据说最初关岛和塞班岛各有 3 万人口，其余岛屿无人居住。它们的第一个皈依者奎普赫（Quipuhe）是一位当地族长，他将阿加尼亚的土地赠与耶稣会士。他们在那里建造教堂，

1669年竣工。虽然当地人起初态度友好，但是，他们很快便把强加其上的基督教生活看作为一种无法容忍的枷锁。不久，查莫罗人开始憎恨下层阶级的洗礼、基督教葬礼、婴儿被迫受洗和西班牙人强加的审判。为了让传教士们做更好的准备，桑维托雷斯用查莫罗语编纂了一本简略的语法和教义问答书。1671年，他将关岛分为4个区，每个区有一座教堂和40个村庄。光阴荏苒，传教士开始确信大多数当地人耽于享乐、懒散，且反复无常，故而无法仅仅通过教学领会基督教的实质。

接着，在拯救了13座岛5万人的灵魂、为忘恩负义的当地人修建了8座教堂和3所学校之后，桑维托雷斯以身殉职。桑维托雷斯之死让耶稣会士和西班牙驻扎官们相信必须用武力镇压诸岛。为了报复谋杀耶稣会士的人，他们逮捕了当地人，烧毁房屋。暴力行为演变为常态，犯罪团伙从关岛逃往北部岛屿，以躲避西班牙人的审判。为了保护皈依者和传教士，西班牙人让当地人从分散的村庄进入较大的市镇，他们在那里更容易被控制。神父们经常努力使士兵与本地人保持和好。西班牙人派探险队到北部群岛，将当地人赶回塞班岛、罗塔岛和关岛。许多墨西哥人和菲律宾人被引进，充任传道员与士兵。恐怖行动和示范性惩罚成为当时的常规——在对付野蛮人的时候，郭弼恩同意使用这些方法。

1681年，随着总督堂·安东尼奥·德·萨拉维亚（Don Antonio de Saravia）的到来，局势有所改善。萨拉维亚被授予的权力使他完全独立于墨西哥总督和菲律宾群岛的总督。他采取的第一个行动是召集当地族长，要求他们宣誓对西
1558 班牙及其国王效忠。他们同意之后，他改革了政府，让查莫罗人的族长们分享他的治安权和管理权。作为西班牙的臣民，岛民们变得更加驯服，开始采纳西班牙人的习俗，自愿接受宗教教诲。他们还发现基督教生活的约束力太强，常常会使人对重拾旧风俗的想法感到内疚。1683年，萨拉维亚不幸辞世，接替者是何塞·德·基罗加（José de Quiroga），他启用了一项新的镇压政策。他决定征服整个地区，减少北部群岛的人口，这在当地人中引起了恐慌，他们害怕会永远失去逃离路线和避难所。当地人思念自古以来的自由和散漫，1684年，他们在一位查莫罗皈依者堂·安东尼奥·尤拉（Don Antonio Yura）的领导下，再次揭竿而起，袭击了城堡和在阿加尼亚的传教团住所。这次起义刚被镇压，基

罗加就面临其部队的哗变，这些部队永不安宁。在基罗加重建教堂，派出一支徒劳的远征队与新发现的加罗林群岛建立关系的时候，[280]他筹划并实施了对北部群岛的最后攻占。1695年，到处爆发当地人的反抗，全部人口移至塞班岛和关岛。一个短暂的时期之后，他们又都定居关岛，成为西班牙安宁、忠实的臣民。基督教教义永远取代了本地的迷信和信仰。[281]

已出版的各种著作极其详细地描绘了菲律宾群岛和马里亚纳群岛的地形，它在17世纪刊印的地图中并未得到很好的反映。这个时期，首次出现了菲律宾群岛特有的地图和关于它们的单本书籍。制图所呈现的莫过于岛屿的轮廓、岛名，以及一些重要的港口城市、河流和岬角的名字。[282]科林、阿杜阿尔特（Aduarte）、孔贝斯和其他作者的文本清晰、完整地勾勒了内陆，地图却无法如此展示内陆的地形。这些作者为欧洲读者们提供了大量的信息，其内容有关河流、山脊、火山，以及岛与岛之间，有时是同一座岛上的气候差异。在这些水域安全航行必须懂得各类盛行风、潮流和季风，并保持警惕，注意观察强风暴 1559
和台风的动向。欧洲人为许多比较有名的岛屿或地区提供了人口估量，有时清晰地表明哪些岛屿尚未勘察或无人居住，以及西班牙人和穆斯林控制区之间的边界如何变化。他们为土生动植物命名，报告来自美洲、亚洲大陆和日本的进口物是如何被成功地引入这个群岛的。

17世纪的观察者像现代人类学者一样，也设法解释这些岛屿上存在不同民族、各种语言和多样风俗的原因。他们视尼格利陀人为菲律宾土著，被其神秘性所吸引。尽管观察者们对其他菲律宾人和查莫罗人的起源有一些离奇的推测，但是，根据其面容、语言和风俗来判断，他们是在较晚的时期从马来半岛经印度尼西亚移入这些岛屿的。查莫罗人的语言似乎与他加禄语相关，与菲律宾人相比，他们人口较少，更原始，文化上比较统一。他们亦被形容为比欧洲人肥胖、高大和强壮。这两种热带民族都过着简单、安逸的生活，不会费心搜寻食物。他们生活得很好，以鱼、米、块根和大量当地水果为食。在从异地引进其他疾病之前，发烧、雅司病和天花是他们的主要病痛。

直到穆斯林和欧洲人来临，这些群岛才有了中央政府。权力由当地的酋长们掌控，他们结成联盟，并彼此相争。法律以当地传统为基础，受长老委员会或者酋长的心血来潮操纵。根据科林的判断，当地的法律、传统和风俗“对于未开化人来说并不十分野蛮”。因此，在菲律宾群岛，西班牙人和穆斯林人容忍本地习俗，只要它们不公然违抗自然界的法则或基督教的主流思想，抑或穆斯林的道德规范。菲律宾群岛的基督教神父更多地依靠说服而不是武力来开展他们的传教工作。但是在马里亚纳群岛，当查莫罗人发现基督教戒律如枷锁般沉重的时候，强制性的平定与事实上的根除取代了一项与当地习俗相调适的政策。在菲律宾群岛南部，只要伊斯兰教的权力没有受到挑战，通常宽容的穆斯林同样会尽可能少地干涉异教徒的习俗。也许是他们根本上的相互畏惧，导致了菲律宾群岛的基督徒与穆斯林在他们各自的控制区采用宽容的政策对待本地习俗和信仰。

尽管这些欧洲目击者与评论者有明显的偏见和误解，但是，他们提供的资料已被证明是迄今为止，重建海岛东南亚历史所必需的。他们显然对当地人建
1560 造海岛小船的能力感到震惊，这种船的速度和平稳度比在欧洲所建的任何一种都更快、更好。至少在马里亚纳群岛，这些船只不用钉子或其他铁扣件便可拼在一起。然而，他们也指出当地人并不擅长在外海航行，因其无指南针。虽然菲律宾人的武器和防御工事比查莫罗人的功效强大、先进，不过，两个民族都很快地学会使用由西班牙人和摩洛人引入的更具威力的武器。三个阶级——首领、自由民和奴隶是这些岛屿的社会结构特征。在菲律宾群岛，情况则与马里亚纳群岛的相反，大量可识别的部落和民族使社会变得极其复杂，它们的语言、风俗和信仰各异。米沙鄢人自己文身，一夫多妻制在南部较为盛行，海洋上的萨马尔人住在船屋里。但是，那些地方在语言、谦恭的习俗、住宅结构、女性的重要作用方面也表现出极大的相似性，且人们普遍对嚼蒌叶、沐浴和个人卫生上瘾。

菲律宾人相信一个至高无上的生命和一群中介神；查莫罗人没有明晰可辨的神。其创造世界的神话反映了他们的海岛历史，并让第一个人出现在他们的岛屿上。他们崇拜鸟类和其他动物，且供奉神。他们抚慰其祖先，以及**阿尼托**或亡灵。各种传统在歌曲、故事和舞蹈中得以保存，为宴席和庆典活动带来生

气。虽然祭司和巫师会主持祭祀、婚礼和葬礼，可是，他们缺乏有组织的神职人员，甚或没有做礼拜的固定场所。葬礼的特征是极尽铺张，以表悲哀，在菲律宾群岛，人们甚至雇佣专业哀悼者。

尽管查莫罗人的语言与菲律宾人的相关，但他们也有自己独特的风俗。在关岛，男人们和女人们通常都不穿防护衣；在菲律宾群岛，各族群的服装却彼此相异。虽然所有住宅都用木桩升高，那些在马里亚纳群岛上的房屋却是建在石柱上。两个群岛上的婚姻都是根据阶级和血亲关系来决定的。马里亚纳群岛的继承制度是母系制的，对于欧洲人来说，这可能暗示查莫罗人的后代来自一个比较文明的社会，如印度的马拉巴尔社会。婚前性行为是常见的，但在马里亚纳群岛，以公寓为基地的一种社会公共建筑使单身汉接纳未婚女性获得合法的依据。与菲律宾人不同，查莫罗人没有烈酒瘾。

也许是由于菲律宾人不那么孤立，所以，他们比查莫罗人更具世界主义，更有教养。政府、大帆船贸易和教堂位于马尼拉中央，马尼拉城是由西班牙人创立的，是他们的太平洋帝国的中心。来自附近岛屿，以及远自印度和中国地
区的商人与避难者到了这里。在南部，霍洛岛是苏禄群岛的麦加，它在穆斯林 1561
的海岛贸易世界中扮演了一个相似的角色。由于大多数当地贸易是以货易货，因此，岛民们对金和银的兴趣不大，一个人使用这些金属更多是基于装饰的目的，而非用作货币。与欧洲人一样，华人对白银也有着一种几乎难以餍足的欲望，白银是他们在马尼拉最渴望用自己的产品交换的商品。随着那个群岛对西班牙基督徒商人和传教士关上门户，它与日本的贸易逐渐停止。长期以来，日本人、中国人和婆罗洲的穆斯林一直视吕宋岛为一个值得追求的目标。是西班牙基督徒的出现终止了穆斯林向北扩张和日本人往南冒险。据说吕宋岛和棉兰老岛是重要的黄金生产中心，它们似乎使外来者有望获得丰厚的回报。

北部的基督徒与南部的穆斯林在软硬兼施中寻求和解。本地的宗教信仰被斥责为只不过是各种迷信，而过去的习俗则受到容忍，它们逐渐成为基督徒和穆斯林菲律宾化的依据。习俗法也同样与基督教法律和伊斯兰教法律的许多层面相混合。他加禄语是最复杂、最有影响力的菲律宾语言，它成为执行基督教教义的一种主要工具。由于它有一份字母表和一本早期的文学作品，传教士们

便专心地学习它，研究它与这些岛屿其他语言的关系。他们为这些语言中的几种编撰了语法和词典，其中有些是用他加禄语书写的。皈依者使用的教义问答和祈祷书常常以西班牙语和他加禄语刊印。在教区的学校里，孩子们被教授的是卡斯蒂利亚语和其他欧洲科目。虽然当地人演奏自己的乐器，但是，他们像能说一口流利的西班牙语那样，很快就学会了欧洲音乐。当地首领们与入侵者之间的合作，在基督教和伊斯兰教控制的区域内，都产生了联合且可行的多种政治、社会和宗教的机构。

注释：

[1] 参见概述，载于 *Asia*, I, 623-46。

[2] 范·诺尔特的日记在其 1601 年回乡后不久出版，题目为 *Beschryvinghe vande Voyagie om den geheelen Werelt cloot...*（Amsterdam）。关于它的文献历史参见原书第三卷，第 441-443 页。其中一部分出版为英译本，载于 *PP*, II, 187-206。

[3] *Historia de las islas del archipiélagoo Filipino y reinos de la gran China, Tartaria, Cochi-China, Malaca, Siam, Cambodge y Japon* (Barcelona,1601). 由 P. G. 费尔南德斯（P. G. Fernandez）用西班牙语再版，连同英译本，作为历史保护协会（the Historical Conservation Society）的出版物第十六卷和第十七卷（马尼拉，1970 年）。随后的参考文献是属于这份英译本的。

[4] 直到 17 世纪早期，有关秘鲁和日本的书简集还常常提到菲律宾人。参见 W. E. Retana (comp.), *Aparato bibliográfico de la historia general de Filipinas*（3 vols.; Manila, 1906; reprinted [Manila] in 1964），I, 45; and A. Viegas (ed.), *Relação anual...nos anos de 1600 à 1609* (3 vols.; Coimbra,1930-42), I, 169-70。菲律宾群岛单本的书简集在 1604 年、1605 年和 1610 年首版。这些书简集很快被翻译并在欧洲各耶稣会士出版社再版。参见 Streit, V, 237-49, 253-54。1618—1619 年，书简集在低地国家和迪林根（Dilligen）与里昂出版，其中有 1602—1614 年间耶稣会士在菲律宾群岛进行传教的简要资料。芝加哥大学雷根斯坦图书馆保存着这五本极其珍贵的书简集。关于对来自菲律宾群岛的耶稣会士书简集的评价参见 H. de la Costa, S.J., *The Jesuits in the Philippines, 1581—1768* (Cambridge, Mass., 1967), p.629。

[5] 例如，参见耶稣会士罗文藻（Gregorio Lopez）有关 1609 年与 1610 年事件的信函，这封信函的内容集中在荷兰人对菲律宾群岛的威胁上。英译本载于 BR, XVII, 100-43。

[6] 英译本载于 BR, XII, 175-321; XIII, 29-217。关于了解其生平和著述的一份近期概述参见 M. R. Jurado, S.J.,"Pedro Chirino, S.J., and Philippine Historiography," *Philippine Studies*, XXIX (1981), 354-59。关于更多的文献详情参见原书第三卷，第 318-319 页。

[7] 例如，参见 *Relación del levantamiento de los Sangleyes...*(Seville, 1606)，译于 BR, XIV, 119-39。(此书全名为：*Relación del levantamiento de los sangleyes en las Islas Philipinas su caftigo, y pacificacion efte ano de 1640*。——译者注）

[8] *Conquista de las islas Malucas* (Madrid, 1609). 有关菲律宾群岛的摘录译于 BR, XVI, 217-317。

[9] 关于更多的文献详情参见原书第三卷，第 326-328 页。最新的校勘版是 J. S. Cummins (trans. and ed.), *Sucesos de las islas Filipinas*（"HS," 2d ser., CXL; Cambridge, 1971)。

[10] 在他的题辞中，莫尔加说道（*ibid.*, p.43）："这些地方太遥远，故未曾出版过专门谈及它们从发端到当前形势的记述。"在还没有出版自己的著述前，看过莫尔加未刊作品的奇里诺称它是"一部完整的、内容翔实的史书"(BR, XII, 176)。这使奇里诺打消了需要为自己有关传教区的报告撰写一份历史背景的念头。

[11] 婆罗洲可能因为其贸易联系、奴隶劫掠，以及向苏禄群岛和棉兰老岛输出伊斯兰教而被纳入

菲律宾群岛的一部分。但是，奇里诺还谈到南部界标不为人知。参见 BR, XII, 177, 202。例如，根据 Argensola in *ibid.*, XVI, 225，棉兰老岛并不总是被认为是菲律宾群岛本身的一部分。里瓦德内拉的地理定位特别不精确，他似乎认为宿务岛（Cebu）和吕宋岛是同一座岛屿的异名。参见 Fernandez (trans.), *op. cit.* (n. 3), I, 331。

[12] Morga in Cummins (trans. and ed.), *op. cit.* (n. 9), p.245. Argensola (BR, XVI, 233) 声称这个群岛"名为菲律宾"，包括 11 000 座岛屿。这个数字更常被用来指东南亚的全部岛屿。菲律宾群岛本身实际上大约有 7 100 座岛屿。

[13] Chirino in BR, XII, 204. 事实上，西班牙的面积比任何一座菲律宾岛的面积都大得多。吕宋岛的面积与危地马拉的相当。

[14] Cummins (trans.and ed.), *op. cit.*(n. 9), p.246. Ribadeneira（[Fernandez [ed.], *op. cit.* [n. 3], I, 340）只写了他加禄语地区的本土风俗和习惯。

[15] Cummins (trans.and ed.), *op. cit.* (n. 9), pp.247-248; and Chirino in BR, XII, 183. 菲律宾群岛的气候全年恒温、暖和，季节变化不似大陆东南亚的那么明显。如莫尔加所说，在吕宋岛上有天气变化。台风频频袭击菲律宾群岛，尤其是棉兰老岛的北部诸岛。关于菲律宾群岛的气候参见 E. H. G. Dobby, *Southeast Asia* (9th ed.; London, 1966), pp.320-23。

[16] 这些树在炎热的干季落叶。参见 Science Education Center, Univ. of the Philippines, *Plants of the Philippines* (Quezon City, 1971), p.4。

[17] Chirino in BR, XII, 187-91, 214-16; and Morga in Cummins (trans. and ed.), *op. cit.* (n. 9), pp.253-54. 里瓦德内拉错误地断言"群岛遍地麦子"(Fernandez [trans.], *op. cit.* [n. 3], I, 333)。实际上，小麦在菲律宾群岛的长势并不好。

[18] 关于在西班牙人到来之后的家畜饲养参见 J. L. Phelan, *The Hispanization of the Philippines. Spanish Aims and Filipino Responses, 1565—1700* (Madison, Wis., 1959), pp.111-12。西班牙人很快认识到来自其他东方国家的动物比那些来自美洲的能更好地适应新环境。

[19] 骡是不育的。

[20] Chirino in BR, XII, 188-89; and Morga in Cummins (trans. and ed.), *op. cit.* (n. 9), pp.255-58. 尽管这两位作者很少谈及它，但是，正如 16 世纪末奇里诺和莫尔加在那里的时候，马尼拉遭遇食品短缺所表明的，这些岛屿的自给经济担负着沉重的压力。参见 Luz Ausejo, "The Philippines in the Sixteenth Century" (Ph.D. diss., Dept. of History, University of Chicago, 1972), pp.354-58。

[21] 关于菲律宾群岛的史前史参见 Ausejo, *op. cit.* (n. 20), Pt. I。

[22] 被西班牙人称为尼格利陀人（Negritos），是在内格罗斯岛（Negros）的内陆河段以及民都洛岛（Mindoro）、吕宋岛和棉兰老岛发现的矮小黑人。参见 *ibid.*, pp.267-68，以及原书第三卷，第 1522、1536 页。

[23] Morga in Cummins (trans. and ed.), *op. cit.* (n. 9), pp.247-48; 亦参见 Ribadeneira in Fernandez (trans.), *op. cit.* (n. 3), I, 341。

[24] 在吕宋岛，棉裙被称作 sáya，外面的披风名为 tapis。参见 G. F. Zaide, *The Pageant of Philippine History* (2 vols.; Manila, 1979), I, 107。

[25] Morga in Cummins (trans. and ed.), *op. cit.* (n. 9), pp.248-49. 参阅 Ribadeneira in Fernandez (trans.), *op. cit.* (n. 3), I, 341。彩绘展示了菲律宾人的服装，这些彩绘可能是由一位同时代的中国艺术家创造的。它们是在未出版的“博克舍抄本”（Boxer Codex）中被发现的，详情见于 C. Quirino and M. Garcia, “The Manners, Customs, and Beliefs of the Philippine Inhabitants of Long Ago; Being Chapters of ‘A Late Sixteenth Century Manila Manuscript,’ Transcribed, Translated, and Annotated,” *Philippine Journal of Science*, LXXXVII (1958), 325-449。博克舍抄本的一份影印件存于纽贝里图书馆（Newberry Library）的艾尔收藏室（Ayer Collection），其四幅菲律宾人的彩绘被复制为黑白图片，刊于 Phelan, *op. cit.* (n. 18), between pp.32 and 33。关于这份抄本的完整描述和历史参见 C. R. Boxer, “A Late Sixteenth Century Manila MS,” *JRAS,* April, 1950, pp.37-39。

[26] 在菲律宾群岛，戈格仍被视为最好的清洗长发的老式洗发剂。

[27] Morga in Cummins (trans. and ed.), *op. cit.* (n. 9), pp.249-50.Chirino in BR, XII, 186-87, 212-13. 传教士尽力让他们的皈依者放弃每日沐浴，以作为一种忏悔行为，却枉费心力。菲律宾基督徒还热衷于使用圣水。参见 Phelan, *op. cit.* (n. 18), p.75。许多欧洲人，尤其是新教徒认为经常沐浴，特别是在江河与溪流中沐浴，有损于健康，具有现世性。1571 年，剑桥大学禁止河浴！

[28] 参阅 Ausejo, *op. cit.* (n. 20), pp.292-93。

[29] Morga in Cummins (trans. and ed.), *op. cit.* (n. 9), pp.250-51; Chirino in BR, XII, 308-10. 关于作为一种习惯的饮酒参见 Phelan, *op. cit.* (n. 18), p.23。

[30] Morga in Cummins (trans. and ed.), *op. cit.* (n. 9), pp.251-52。关于卡加延的猎头习俗参见 Quirino and Garcia, *loc. cit.*(n. 25), p.393。大炮使用和制造的引介应归功于婆罗洲人（Borneans）。参见 Phelan, *op. cit.* (n. 20), pp.303-4。

[31] Morga in Cummins (trans. and ed.), *op. cit.* (n. 9), pp.252-53. 关于一场综合讨论参见 P. Y. Manguin, “The Southeast Asian Ship: An Historical Approach,” *Journal of Southeast Asian Studies*, XI (1980), 266-76。

[32] Morga in Cummins (trans. and ed.), *op. cit.* (n. 9), pp.264-65.

[33] *Ibid.*, pp.261-63. 关于伊戈洛特人的金矿参见 Quirino and Garcia, *loc. cit.*(n. 25), pp.391-92, n.10。关于金币参见 Zaide, *op. cit.* (n. 24), pp.145-46。关于南部诸岛的黄金参见原书第三卷，第 1516、1533 页。

[34] Chirino in BR, XII, 205-6. 莫尔加注意到他们的脸没有刺青（Cummins [trans. and ed.], *op. cit.* [n. 9], pp.266-67），但是一幅同时代的插图显示他们的脸有部分刺青。参见第二幅图，载于 Nicholas P. Cushner, S.J., *Spain in the Philippines from Conquest to Revolution* (Quezon City, 1971), facing p.62。

[35] 关于米沙鄢人对战争的态度参见 Ausejo, *op. cit.* (n. 20), pp.287-88。

[36] 更准确地说，莱特岛（Leyte）被一条山脉分为北区和南区。

[37] Morga in Cummins (trans. and ed.), *op. cit.* (n. 24), pp.266-68.

[38] 现今，菲律宾人大约说 55 种语言，142 种方言。由于他们都来源于马来—波利尼西亚语族，语言属于粘着语，如果学会一种语言，就容易学会其他语言。参见 Zaide, *op. cit.* (n. 24), p.131。

[39] 其他语言是伊罗戈语（Ilokos）、比考尔语（Bikol）、邦阿西楠语（Pangasinan）、邦板牙语（Panmpanga）和伊巴纳格语（Ibanag）。

[40] 瓦赖语（Waray-waray）是米沙鄢人的一种方言，主要在萨马岛（Samar）和莱特岛使用。米沙鄢人群的三种主要语言是瓦赖语、希利盖农语（Hiligaynon，在班乃岛 [Panay] 和内格罗斯岛东部）和宿务语（Cebuano）。它们一同形成了菲律宾最大的语言群。宿务语和希利盖农语不能相互理解。

[41] Morga in Cummins (trans. and ed.), *op. cit.* (n. 9), p.269；参阅 Chirino in BR, XII, 235-36。1593—1648 年间，传教士出版了 24 本他加禄语书籍，但只有 5 本是用米沙鄢语发行的。与奇里诺一样，其他传教士也视他加禄语为当地最成熟的语言。参见 J. L. Phelan, "Philippine Linguistics and Spanish Missionaries," *Mid-America*, XXXVII (1955), 159。

[42] 另一位同时代作家，"博克舍抄本"的作者（参见原书第三卷第十九章，注释第 25 条）称在使用的有 17 个字母。参见 Quirino and Garcia, *loc. cit.* (n. 25), p.424。现代他加禄语用 17 个字母。这个字母表叫作"贝贝音"（*Baybaying*），可能来源于印度的阿育王字母表（Asokan alphabet）。参见 Zaide, *op. cit.* (n.24), p.132。

[43] 对比奇里诺的字母表与 Zaide, *op. cit.* (n. 24), p.133 所提供的。亦参见字母表，载于 Bobadilla's *Relation* in BR, XXIX, 289。

[44] 根据佚名作者所说，见 Quirino and Garcia, *loc. cit.* (n. 25), p.425，他们读写缓慢，像"学童在拼写"。

[45] 现在，人们认为他们总是从左到右水平地书写。参见 Zaide, *op. cit.* (n. 24), p.133。前西班牙时期书写用的字母如今已几近消亡，但是在民都洛岛和巴拉望岛（Palawan），当地人还使用它。

[46] BR, XII, 237-39, 242-44, 254; also Morga in Cummins (trans. and ed.), *op. cit.* (n. 9), p.269; and Ribadeneira in Fernandez (trans.), *op. cit.* (n. 3), I, 342.

[47] Morga in Cummins (trans. and ed.), *op. cit.* (n. 9), pp.270-71; Chirino in BR, XII, 210; Ribadeneira in Fernandez (trans.), *op. cit.* (n. 3), I, 341.

[48] 苏禄国是例外。

[49] Morga in Cummins (trans. and ed.), *op. cit.* (n. 9), p.271; Chirino on Taytay in BR, XII, 211. 关于前西班牙时期巴朗盖制度的概述参见 Ausejo, *op. cit.* (n. 20), pp.272-80。

[50] 班乃岛大督们撰写的法律也许还存留在大约 1250 年和 1433 年的两部法典中。1614 年，西班牙人发现了其中的第二部法典。参见 Zaide, *op. cit.* (n. 24), pp.117-22。其他学者怀疑这些法典的真实性。

[51] Morga in Cummins (trans. and ed.), *op. cit.* (n. 9), p.272.

[52] *Ibid.*, pp.272-74; Chirino in BR, XIII, 56-58. Phelan, *op. cit.* (n. 18), pp.20-22，认为将奴隶制用于基本上是由一个依附民阶级来完成的劳动制度上，它便是一个误导人的词。西班牙人，尤其是奇里诺和其他传教士谴责人们给予这个依附民阶级的待遇，政府努力改革传统的劳动制度，但没有彻底成功（Phelan, pp.113-16）。尽管费兰（Phelan）提出告诫，但是，大多数菲律宾历史学家仍然继续使用“奴隶”一词来指称这个阶级。参见 Ausejo, *op. cit.* (n. 20), pp.280-87。欧洲词语使人产生误解，因为西方社会没有一个对应的阶级。关于一份详尽的研究参见 W. H. Scott, “*Oripun* and *Alipin* in the Sixteenth-Century Philippines,” in A. Reid (ed.), *Slavery, Bondage, and Dependency in Southeast Asia* (New York, 1983), pp.138-55。

[53] Morga in Cummins (trans. and ed.), *op. cit.* (n. 9), pp.274-76; Chirino in BR, XII, 293-96. 参阅 Ausejo, *op. cit.* (n. 20), pp.289-95, and Phelan, *op. cit.* (n. 18), pp.18-20, 64。

[54] Chirino in BR, XIII, 200-203.

[55] *Ibid.*, XII, 240-42. 参阅 Zaide, *op. cit.* (n. 24), pp.113, 130。

[56] Morga in Cummins (trans. and ed.), *op. cit.* (n. 9), pp.277-78. 关于阴茎小钉或针参见 Tom Harrisson, “The ‘Palang,’ Its History and Proto-history in West Borneo and the Philippines,” *JRAS*, vol. XXXVI, Pt.2 (1964), 162-74。

[57] 菲律宾的本土宗教似乎只是略微受到与他们有长期贸易交往的其他人的仪式和典礼的影响。在东南亚其他地区极其重要的印度教和佛教，在吕宋岛、米沙鄢群岛或棉兰老岛只留下了相当少的印记。除了他加禄语的字母表，前西班牙时期的菲律宾人还将许多印度宗教术语、概念和风俗融入当地信仰和习俗中。例如，参见 M. H. Churchill, “Indian Penetration of Pre-Spanish Philippines: A New Look at the Evidence,” *Asian Studies*, XV, 21-45。伊斯兰教和基督教是仅有的最终成功根除当地信仰的世界性宗教，一些边远地区除外。

[58] 关于传统歌曲的样式参见 Felipe Radilla de Leon, “Philippine Music,” in A. S. Lardizabal and F. Tensuan-Leogardo (eds.), *Readings in Philippine Culture and Social Life* (Manila, 1970), pp.157-59。

[59] 关于残存小塑像的一些图片参见 Juan Roger, *Estudio etnológico comparitivo...de Filipinas* (Madrid, 1949), appendix。

[60] 他们也称它为 Villiarayani 和 Tigmamanuquin。它的学名为 *Irena cyanogastra*，常用名是吕宋蓝腹和平鸟（the Luzon fairy bluebird）。关于一种科学的描述参见 the Marquess Hachisuka, *The Birds of the Philippine Islands* (2 vols.; London, 1931-35), II, 377。Morga in Cummins (trans. and ed.), *op. cit.* (n. 9), p.279，认为此神是一只黄色小鸟。

[61] Chirino in BR, XII, 262-71. 关于“泛灵论—自然神论”（animo-deism）参见 M. G. Santamaria, “The Religion of the Filipinos,” in Lardizabal and Tensuan-Leogardo (eds.), *op. cit.* (n. 58), pp.126-34。

[62] 写成各种形式，“divata”一词在现代宿务语中意为“半神半人”，源自梵文。参见 Churchill, *loc. cit.* (n. 57), p.37。

[63] 在菲律宾群岛，槟榔、蒌叶也被西班牙人和土著用作一种刺激物。

[64] 参阅凯尔特人（Celtic）的苏醒节或死亡节。

[65] Chirino in BR, XII, 302-4.

[66] Morga in Cummins (trans. and ed.), *op. cit.* (n. 9), pp.280-81. 将伊斯兰教引入东南亚和菲律宾群岛是许多与这个地区早期历史有关的未决问题之一。它在菲律宾群岛南部的出现通常可追溯到14世纪或晚些时候。参见 Ausejo, *op. cit.* (n. 20), pp.310-11，以及原书第三卷，第1536页。

[67] Chirino in BR, XII, 313-14. 基督徒在菲律宾群岛南部和马鲁古群岛的出现促使了该地区穆斯林领袖们的合作。参见 Ausejo, *op. cit.* (n. 20), p.312。

[68] 两位都是穆斯林，也许与文莱王室家族有某种关系。参见 Zaide, *op. cit.* (n. 24), p.248。

[69] Morga in Cummins (trans. and ed.), *op. cit.* (n. 9), pp.281-87.

[70] *Ibid.*, pp.304-10. 关于白银的外流参见原书第三卷，第38-39页。

[71] 也许源自汉语的 *Shang lü*，意为"商旅"，依据 Y. Z. Chang, " Sangley, the Merchant-Traveller," *Modern Language Notes*, LII (1937), 189-90。关于这个词语的一条长学术注释以及华人的性格参见 C. R. Boxer (ed.), *South China in the Sixteenth Century* ("HS," 2d ser., CVI; London, 1953), p.260, n.2 和对面页的插图。亦参见 Albert Chan, "Chinese-Philippine Relations in the Later Sixteenth Century and to 1603," *Philippine Studies*, XXVI (1978), 55-56, n.8。参见我们的图，第20幅。

[72] 这个词语的来源不明，它可能源于他加禄语 *Dian* 或 *Diyan*。参见 A. Santamaria, O.P., "The Chinese Parian (El Parian de los Sangleyes)," in A. Felix, Jr. (ed.), *The Chinese in the Philippines 1550-1770* (Manila, 1966), p.71。第一个八连可追溯至1581年年底或1582年年初。

[73] Morga in Cummins (trans. and ed.), *op. cit.* (n. 9), pp.314-17. Argensola (BR, XVI, 226-34 *passim*) 与其他同时代人一样，再三证明了一个观点，即华人曾经控制过海岛东南亚，包括菲律宾群岛。由于成本太高，他们放弃了这个事业，但继续从事贸易活动。他们很高兴接受西班牙人的白银，乐意准许西班牙人承担帝国的重负。华人住在附近，他们密切关注这些岛屿的发展，尤其是"生理们"的待遇。在这个时期，那些主张摒弃菲律宾群岛的西班牙人提出了这些观点中的若干看法。

[74] 与华人皈依者相比。西班牙作者经常怀疑华人皈依者缺乏真诚，他们是在物质利益的驱动下接受基督教的。

[75] Morga in Cummins (trans. and ed.), *op. cit.* (n. 9), pp.317-18. 西班牙人早就担心日本的入侵，因为1592年，丰臣秀吉（Hideyoshi）派了一个使团到这些岛屿，要求他们归顺。1601年当权的德川家康（Ieyasu）承诺与菲律宾群岛保持友好关系。德川统治者还想与墨西哥建立直接的商贸关系，很少关注他的马尼拉臣民的福祉。参见 N. Murakami, "Japan's Early Attempts to Establish Commercial Relations with Mexico," in H. Morse Stephens and H. E. Bolton (eds.), *The Pacific Ocean in History* (New York, 1917), pp.467-80。关于这个时期菲律宾群岛的日本居民参见 E. M. Alip, *Philippine-Japanese Relations* (Manila, 1959), pp.22-25。

[76] Morga in Cummins (trans. and ed.), *op. cit.* (n. 9), pp.291-94.

[77] 17 世纪初，对劳工的需要量比较小。在 1621—1648 年西班牙—荷兰战争的影响下，对军人的需求不断增加，尤其是海军以及与海军有关的职位。参见 Phelan, *op. cit.* (n. 18), p.99。

[78] Morga in Cummins (trans. and ed.), *op. cit.* (n. 9), pp.297-99. 关于强制向政府销售产品，被称为征购制，参见 Phelan, *op. cit.* (n. 18), pp.99-100。

[79] 赌博是一种常见的娱乐方式，尤其是对西班牙人与华人的太太们来说。

[80] Morga in Cummins (trans. and ed.), *op. cit.* (n. 9), pp.299-301. 关于西班牙人在菲律宾群岛的目标和方法参见 Phelan, *op. cit.* (n. 18), pp.8-14, and Zaide, *op. cit.* (n. 24), chaps. xiii-xiv。

[81] Chaps. xli-xliv in Vol.II of C. Eckford Luard and H. Hosten (trans and eds.), *Travels of Fray Sebastien Manrique, 1629-1643* (2 vols.; "HS," 2d ser., LX, LXI; Oxford, 1926-27). 这些章节已再版，并被编为附录，附在 Mauro Garcia (ed.), *A Voyage to the Philippines by Giovanni Francisco Gemelli Careri* (Manila, 1963) 之后。曼里克希望通过马尼拉进入日本。当他在那里要求前往澳门时，总督拒绝了任何想进入日本的企图。

[82] *Historia de la Provincia del Santo Rosario de la orden de predicadores en Filipinas, Japon y China* (Manila, 1640).1693 年于萨拉戈萨（Zaragoça）再版，作为多明我省两卷本历史的首卷。第二卷由巴尔塔萨·德·圣克鲁斯（Baltasar de Santa Cruz）撰写。第一版译出，部分为概要，载于 BR, XXX, 110-321, XXXI, XXXII。其后的参考文献都是指这份英译本。

[83] 译于 BR, XXXVI, 189-217。

[84] 部分译于 *ibid.*, XL, 37-98。关于参考文献，参见原书第三卷，第 353 页。保罗·帕斯特尔斯（Pablo Pastells）出版了科林著作的校勘版三卷本（巴塞罗那，1900—1902 年，封面注明时间为 1904 年）。帕斯特尔斯添加了大量注释和许多有助益的地图。

[85] 关于这部著作在耶稣会菲律宾省官方历史中的地位参见 De la Costa, *op. cit.* (n. 4), p.623。

[86] 特维诺的文集分章节印刷，在不同时间发行。书本的排版设计和配页有所变化。1666 年的版本有三个独立标页的章节，包括来自 1638 年在墨西哥出版的一本书或小册子的诸份译文。舰队司令堂·赫罗尼莫·德·巴纽艾洛斯·卡里略（Don Geronymo de Bañuelos y Carillo）的《菲律宾群岛记》（*Relation*）与 1637—1638 年以来的菲律宾群岛有关，是这些记述中的首部。它由特维诺的法语本译为英语，载于 BR（XXIX, 66-85）。原版书不复存在。在这个部分，特维诺还出版了菲律宾群岛编年史的节选译本，以及迭戈·德·博瓦迪利亚（Diego de Bobadilla）的叙述和一份佚名的棉兰老岛记述，其中包括马塞洛·马斯特里利（Marcello Mastrilli）的一封信。菲律宾群岛编年史是由费尔南多·德·卢斯·里奥斯·科罗内尔（Hernando de los Rios Coronel）和胡安·格劳·蒙法尔孔（Juan Grau y Monfalcón）撰写的。这些资料在特维诺 1695 年版的文集中再次印刷，关于它的内容参见 T. H. Pardo de Tavera, "Biblioteca Filipina," in A. P. C. Griggin *et al.*, *Bibliography of the Philippine Islands* (Washington, D. C., 1903), Pt. 2, pp.414-15。（堂·赫罗尼莫·德·巴纽艾洛斯·卡里略的著作全名为：*Relation of the Filipinas Islands*。——译者注）

[87] 由一份西班牙语手稿译为法语，这份手稿藏于一位罗马绅士堂·卡罗·德尔·佩佐（Don Carlo del Pezzo）的古玩柜里。英译本载于 BR, XXIX, 277-311。

[88] 这三份文本的比较显示博瓦迪利亚对于当地宗教信仰和自然史的叙述是最新颖的。

[89] 其有关菲律宾群岛的英语资料参见 J. S. Cummins (trans. and ed.), *The Travels and Controversies of Friar Domingo Navarrete* (2 vols.; "HS," 2d ser., CXVIII, CXIX; Cambridge, 1962), I, 52-102。康明斯的译本限于闵明我游记的第六册，以一位无名氏的译稿为基础，这份译稿被收入丘吉尔 1704 年的《航海记和游记集成》（*CV*）（I, 238-57），插入资料来自闵明我未刊著作的某些内容以及《中华帝国的历史、政治、伦理和宗教论集》的其他部分。

[90]《菲律宾群岛之征服》第二部直到 1890 年才在巴利亚多利德出版。它全面评述了 1616—1698 年间，奥古斯丁会士在菲律宾群岛传教的进展。载于《菲律宾群岛，1493—1898 年》（BR）的《菲律宾群岛之征服》的英译资料均来自第二部。

[91] 关于他的《环游世界》的文献详情参见原书第三卷，第 386-387 页。第五卷与菲律宾群岛有关，包括他个人的观察日记以及一份源自别人著作的总体描述。譬如，他抄录了科林亲自为菲律宾群岛命名的技巧，甚至援引了同样的例子。关于英译本参见 *CV*, IV, 416-500。他的日记载于第 416-426、475-478 页。关于卡雷里作品的真实性与局限性亦参见 Garcia (ed.), *op. cit.* (n. 81), p.xix。

[92] 吕宋岛南部阿尔拜省的马荣火山（Mount Mayon）是菲律宾群岛最壮观的景色之一。从塔阿尔火山（Taal volcano）到马荣火山，吕宋岛内湖（Laguna）的东南部成为一个多样化的火山区。参见 Dobby, *op. cit.* (n. 15), p.320。

[93] 1661 年，伊罗戈叛乱受到惩处，有 30 人被判死刑，500 人沦为奴隶。参见 Bartolomé de Letona in BR, XXXVI, 193。

[94] 参阅 Johan A. Larkin, *The Pampangans. Colonial Society in a Philippine Province* (Berkeley, 1972), chap.ii。

[95] Colin in Pastells, *op. cit.* (n. 84), I, 20-24.

[96] 关于今日的孟仁族人参见 F. L. Wernstedt and J. E. Spencer, *The Philippine Island World. A Physical, Cultural, and Regional Geography* (Berkeley, 1967), p.433, and V. B. Lopez, *The Mangyans of Mindoro: An Ethnohistory* (Manila, 1976)。

[97] Colin in Pastells, *op. cit.* (n. 84), I, 24-29.

[98] 其实，它是该地区第五大岛。

[99] 3 座主要的岛屿是库利昂岛（Culian）、布桑加岛（Busuanga）和科伦岛（Coron）。

[100] 建在班乃河形成的宽阔的三角洲地带，"卢塔亚"现称罗哈斯（Roxas）城。

[101] Colin in Pastells, *op. cit.* (n. 84), I, 29-32.

[102] 到 1768 年为止，东部海岸名为伊巴保。

[103] 关于莱特岛的地形参见 F. S. Tantuico, Jr., *Leyte, the Historic Islands* (Tacloban City, Philippines, 1964), chap.i。

[104] *Ibid.*, pp.32-36. 关于保和岛参阅 De la Costa, *op. cit.* (n. 4), pp.163-64。

[105] 也许是意大利小米。

[106] 蕉麻俗称马尼拉麻，原产于菲律宾群岛。这些坚硬的棕榈纤维被织成绳索、布料、环形饰物和布袋。

[107] Colin in Pastells, *op. cit.* (n. 84), pp.36-40 提及在内格罗斯岛塔奈河谷（the Tanay valley）的多个耶稣会传教团。参见地图，载于 De la Costa, *op. cit.* (n. 4), p.432。

[108] 在 F. M. Keesing, *The Ethnohistory of Northern Luzon* (Stanford, 1962) 中，它被大量用作一种资料来源。

[109] "虽然还是极其炎热，但与菲律宾群岛的其他地方相比，河谷每日和季节性的气温变化则明显许多。"（Wernstedt and Spencer, *op. cit.* [n. 96], p.316）

[110] 1599—1600 年间，阿杜阿尔特在中国。

[111] Aduarte in BR, XXX, 272-74.

[112] 参见 Keesing, *op. cit.* (n. 108), pp.176-77，以及随书地图。

[113] Aduarte in BR, XXX, 193.

[114] *Ibid.*, XXXI, 204-5. 在卡加延河谷奇科河（Chico River）下游的伊塔韦斯，现在差不多有 12 000 人，他们大多数是基督徒。参见 Keesing, *op. cit.* (n. 108), p.221。

[115] Aduarte in BR, XXXII, 65-66.

[116] *Ibid.*, pp.113-14. 亦参见 Keesing, *op. cit.* (n. 108), pp.250-52。加当族住在卡加延地区的中上部，有他们自己的语言。

[117] Aduarte in BR, XXXII, 192-203; 亦参阅 Keesing, *op. cit.* (n. 108), pp.280-83。多明我会修士也邀请近邻阿拉奎特人（Alaquetes）加入这些社区。

[118] Aduarte in BR, XXXII, 210, 226-30； 亦参阅 Keesing, *op. cit.* (n. 108), pp.194-96。大约在 1625 年，曼达亚人从阿巴尧河的传教区逃到他们原先在山林的家中。

[119] Aduarte in BR, XXXII, 91.

[120] 邦加西楠地区"最伟大的偶像"是位神，他们向它供奉的祭品是猪和人。参见 Roger, *op. cit.* (n. 59), p.73。

[121] Aduarte in BR, XXX, 190-93. 参阅 Keesing, *op. cit.* (n. 108), p.58, and Zaide, *op. cit.* (n. 24), pp.127-28。也许指的是对杀人凶手的报复性谋杀，或是"以牙还牙"。

[122] Aduarte in BR, XXX, 285-91. 关于迷信参阅 Zaide, *op. cit.* (n. 24), pp.129-30。

[123] Aduarte in BR, XXX, 155-56. 关于阿尼托的相片参见 Roger, *op. cit.* (n. 59), appendix。

[124] Aduarte in BR, XXXI, 203.

[125] *Ibid.*, XXXII, 93-94.

[126] 这显然是一个故事的缩略本，仍然在口述传说中留存。参见 Zaide, *op. cit.* (n. 24), p.31。

[127] 关于早期菲律宾人对来生的看法参见 *ibid.*, p.127。

[128] 参阅 Roger, *op. cit.* (n. 59), 126-27。

[129] Bobadilla in BR, XXIX, 283-86.

[130] 参阅 J. Hewitt, "Head Pressing amongst the Milanos of Sarawak," *JRAS, Straits Branch*, LX (December, 1911), pp.69-72。

[131] Bobadilla in BR, XXIX, 286-96 *passim*. 关于作为道德家的博瓦迪利亚及其他耶稣会神学家参见 De la Costa, *op. cit.* (n. 4), pp.354-57。

[132] "Santor" 是仙都果，一种产厚皮果的树。"birinbines" 是杨桃，即林奈（Linnaeus）的杨桃（Averrhoa carambola）。参见 *Plants of the Philippines* (n. 16), pp.119-21。

[133] "Pugaian" 是蝶豆，一种常见的藤本植物。参见 T. H. Pardo de Tavera, *The Medicinal Plants of the Philippines* (Philadelphia, 1901), pp.92-93。"Corot" 是白薯莨，它的块根多肉，黄色的山药常被称作 namé。参见 *Plants of the Philippines* (n. 16), p.71。

[134] "Apari" 也许是苦瓜（伊诺卡诺语为 *Paria*），它通常被当作水果食用。"Ubi"（他加禄语）是最普通的山药。"Laquei" 也许是印度防己（*Anamirta Corculus*）。参见 Pardo de Tavera, *op. cit.* (n. 133), p.24。在大多数方言中，"Camote" 是几种甘薯的属名。它也许是从新西班牙引进的（参阅 Aztec, *camotl*）。

[135] Bobadilla in BR, XXIX, 296-300. 供水的树也许是澳大利亚木麻黄。参见 E. A. Menninger, *Fantastic Trees* (New York, 1967), p.231。

[136] 普通巨蟒不会袭击人。

[137] 博瓦迪利亚（BR, XXIX, 302）给出了一份清单，内有 12 种不同药物的当地名字。将他的罗马化名字与那些载于 Pardo de Tavera, *op. cit.* (n. 133) 的名字对比之后，人们发现它们之间没有关联。

[138] 根据他加禄语词典，这是一种鸟名。此鸟只产一枚蛋。依据 Hachisuka, *op. cit.* p.60，他加禄语的塔奔（ta-bon）指的是一种鸡形目鸟，冢雉科。

[139] Bobadilla in BR, XXIX, 301-3. 关于一份对塔奔筑巢习惯的确证性描写参见 José Montero y Vidal, *El archipielago filipino*...(Madrid, 1886), pp.97-98。

[140] 如今，人们认为马来人、印度尼西亚人和尼格利陀人是前西班牙时期住在菲律宾群岛的三个主要族群。参见 Zaide, *op. cit.* (n. 24), p.65。

[141] 参阅原书第三卷，第 1499 页。据说婆罗洲的几个达雅部落施行文身术。参见 John Crawfurd, *A Dsecriptive Dictionary of the Indian Islands and Adjacent Countries* (London, 1856), pp.426-27。

[142] 例如在民都洛岛，他们名为孟仁族或被其他人称为山地人。关于他们的自我命名参见 Johan M. Garvan, *The Negritos of the Philippines*（H. Hochegger [ed.], "Wiener Beiträge zur Kulturgeschichte und Linguistik," XIV; 1963）, pp.6-7。

[143] Colin in BR, XL, 38-48.

[144] 其终极根源可能是印度的阿育王字母表。参阅原书第三卷，第 1500 页。

[145] 关于奇里诺的译本参见原书第三卷，第 1500 页。

[146] Colin in BR, XL, 48-56. 关于尼格利陀方言的种类参见 Garvan, *op. cit.* (n. 142), pp.188-91。

[147] 关于父母的姓氏，参见原书第三卷，第 1503 页。

[148] Colin in BR, XL, 59-60.

[149] *Ibid.*, pp.60-64.

[150] *Ibid.*, pp.64-67. 参阅清酒和亚力酒的酿制，载于 D. H. Grist, *Rice* (3d ed.; London, 1959), pp.323-24。

[151] Colin in BR, XL,67-68. 关于传统舞参见 R. L. Villa, Jr., "Filipino Identity in Folk Dances," in Lardizabal and Leogardo (eds.), *op. cit.* (n. 58), pp.164-68。这里描述的舞蹈是常见的一种，以战斗为主题，也许是"摩洛—摩洛"（Moro-Moro）。

[152] 口述传说中仍然保留着这种起源的神话。参见 Zaide, *op. cit.* (n. 24), p.2。

[153] Colin in BR, XL, 73-74. 这个神话版本稍长且不同，但可以清晰地辨认，它仍留存在口述传说中。参见 Zaide, *op. cit.* (n. 24), p.31。

[154] Colin in BR, XL, 74-77. 关于吕宋岛北部的祭祀参阅 Quirino and Garcia, *loc. cit.* (n. 25), pp.394-95。

[155] Colin in BR, XL, 77-79.

[156] *Ibid.*, p.82.

[157] *Ibid.*, pp.84-86. 参阅 Zaide, *op. cit.* (n. 24), pp.122-24。

[158] Colin in BR, XL, 86-97 *passim.*

[159] 毕农多是帕西格河北部华人和华人混血儿的一个永久性拓居地。

[160] Aduarte in BR, XXXI, 68-69, 216-18; XXXII, 76-87, 204. 关于台湾和中国的多明我会修士参见原书第三卷，第 190-191、197、358 页。

[161] Bañuelos y Carillo in BR, XXIX, 69-76. 此时，曼里克修士也在马尼拉，他在等待时机前往日本。他强调马尼拉对大帆船贸易的依赖。参见 M. Garcia (ed.), *op. cit.* (n. 81), pp.201-2。1639 年，在所谓的"第二次大起义"中，八连遭焚毁，许多居民被西班牙和菲律宾的军队杀死。参见 Felix (ed.), *op. cit.* (n. 72), pp.24, 78。

[162] 关于征购制，或强制向政府销售商品，参见 Phelan, *op. cit.* (n. 18), pp.99-102, 108-9。

[163] Navarrete in Cummins (trans. and ed.), *op. cit.* (n. 89), I, 52-58.

[164] *Ibid.*, pp.58-60, 89.

[165] 显然是一个神话。短吻鳄在陆地产卵。

[166] 卡姆孔人是巴拉望和文莱的异教徒，在米沙鄢群岛北部和吕宋岛南部猎捕人类。参见 De la Costa, *op. cit.* (n. 4), p.321。

[167] Navarrete in Cummins (trans. and ed.), *op. cit.* (n. 89), I, 52-58 *passim.* 许多传教士述及被喧闹鬼探访过。

[168] 关于明史（Ming Annals）对吕宋所作记述的译本参见 Felix (ed.), *op. cit.* (n. 72), pp.246-51。

[169] 极不可能，因为东南亚水稻的成熟期在 90—260 天之间。参见 Grist, *op. cit.* (n. 150), p.67。

[170] 从热带美洲引进的番石榴树和灌木如今长遍菲律宾群岛。参见 E. D. Merrill, *An Enumeration of Philippine Flowering Plants* (4 vols.; Manila, 1922), III, 155。

[171] 这些水果可能全都引自热带美洲。关于它们的学名依次参见 *ibid.*, III, 168; II, 324, 467-8, 361; III, 119。关于另外的讨论参见 BR, XXXVIII, 49, n.17; XIII, 141, n.20。

[172] Merrill, *op. cit.* (n. 170), II, 41. 这是菠萝蜜。亦参见 H. Yule and A. C. Burnell, *Hobson-Jobson* (rev. ed., London, 1968), pp.440-43。

[173] BR. XXXIII, 50, nn.20-21. "Ates" 是番荔枝。参见 Merrill, *op. cit.* (n. 170), II, 177。

[174] Navarrete in Cummins (trans. and ed.), *op. cit.* (n. 89), I, 91-98. 内湖是菲律宾群岛的园林省。参见 BR, XXXVIII, 53, n.23。菲律宾群岛一般不种植小麦。

[175] Navarrete in Cummins (trans. and ed.), *op. cit.* (n. 89), I, 99-102.

[176] 自 1662 年西班牙人撤出马鲁古群岛后，从墨西哥出口的白银减少。随着科罗曼德尔商人竞争力的提升，1670 年之后，舢板贸易衰落。由于不再如此依赖华人商业，1689 年，马尼拉市议会遂下令驱逐所有的非基督徒华人。直到 1700 年之前，此项政策的执行成效并不显著，这也许是因为华人人口的总体下降影响了卡雷里的计算。参见 Felix (ed.), *op. cit.* (n. 72), pp.172-73, 189-90。卡雷里的数字也与声称的法律情况不谋而合，法律将菲律宾群岛的华人居民限制在 6 000 人之内（*ibid.*, p.34）。或许卡雷里在此不过是重复了西班牙当局告诉他的数字。

[177] "Metua" 可能是 *má tséuk*，广东俚语，打牌，字面的意思是"麻雀"。参见 Catherine P. Hargrave, *A History of Playing Cards* (Boston and New York, 1930), p.9。

[178] Careri in *CV*, IV, 420-26, 475-78. 关于甲米地的造船厂参见 De la Costa, *op. cit.* (n. 4), pp.343-45。

[179] 西班牙语的"棉兰老河"即大河（the Rio Grande）。它的入海口是哥打巴托（Cotabato）城。在这个地区，穆斯林实力的中心是布哈延（Buhayen）城（Bwayan，靠近现今棉兰老河畔的杜拉万 [Dulawan] 城）。

[180] 参见 Chirino in BR, XII, 313-21; Morga in Cummins (ed.), *op. cit.* (n. 9), 268; and Argensola in BR, XVI, 270-74。

[181] 部分被翻译，载于 BR, XXIX, 86-101，名为 *the Relation of the Glorious Victories against the Moros of Mindanao*。（此书全名为：*Relación de las gloriosas victorias que en mar, y tierra an tenido las armas de nuestro invictissimo rey, y monarca Felippe IIII el grande. en las Islas Filipinas, contra los Moros mahometanos de la gran Isla de Mindanao, y su Rey Cachil Corralat, debaxo de la conducta de Don Sebastian Hurtado de Corcuera, Sacada de varias relaciones que este año de 1638*。——译者注）

[182] 1897 年，保罗·帕斯特尔斯与 W. E. 雷塔纳（W. E. Retana，指的是后人所称的帕斯特尔斯—雷塔纳 [Pastells-Retana]）出版了孔贝斯著作的校勘版。Cols. 27-75 and 489-498 被译为英语，载于 BR, XL, 99-182。关于孔贝斯的进一步资料参见 H. Jacobs, S.J., "*The Discurso Politico del Gobierno Maluco* of Fr. Francisco Combés and Its Historical Impact," *Philippine Studies*,

XXIX (1981), 309-44。

[183] John Masefield edited Dampier's *Voyages* (2 vols.; London, 1906)；他的棉兰老岛日记和回忆录出现在第一卷，第 318-376 页。

[184] 关于卡拉加参见 Crawfurd, *op. cit.* (n. 141), p.83。

[185] 关于苏巴农人参见 F. M. Lebar (ed.), *Ethnic Groups of Insular Asia* (2 vols.; New Haven, 1975), II, 32-34。

[186] 参见 *ibid.*, pp.36-39。

[187] 依据 Colin in Pastells (ed.), *op. cit.* (n. 84), I, 40-42, and Combés in Pastells-Retana, *op. cit.* (n. 182), col. 104。关于萨马尔人参见 Lebar (ed.), *op. cit.* (n. 185), pp.5-6。

[188] Colin in Pastells (ed.), *op. cit.* (n. 84), I, 40; and Combés in Pastells-Retana, *op. cit.* (n. 182), col.4. 这里指的是阿波山（Mount Apo）北部的马京达瑙湖或布哈延湖。参见 Montero y Vidal, *op. cit.* (n. 139), p.373。

[189] 人们在棉兰老岛东北部的武端附近发现了黄金。

[190] 也许是华南亚种小啄木鸟和菲律宾白领翠鸟。参见 Hachisuka, *op. cit.* (n. 60), II, 135, 234。

[191] 也许是闻名全菲律宾群岛的阔嘴三宝鸟。参见 *ibid.*, p.122。

[192] 在印度化文化中，榴莲是专门留给皇族的。

[193] 关于苏禄群岛的珍珠捕捞参见 R. E. Huke, *Shadows on the Land: An Economic Geography of the Philippines* (Manila, 1963), pp.391-92。

[194] Combés in Pastells-Retana, *op. cit.* (n. 182), cols.4-27.

[195] Colin in Pastells (ed.), *op. cit.* (n. 84), I, 43.

[196] 如果卡拉加人曾在棉兰老岛东岸形成一个独立的"民族"，那么，他们就不再享有一种个体的存在。卡拉加被用于命名苏里高的居民，是一个有米沙鄢血统的民族。这个名字可能源于灵魂（*kalag*）加上"an"，意为"勇敢人的宗教"。参见 M. Garcia (ed.), *op. cit.* (n. 81), p. 101, n.2。

[197] Combés in BR, XL, 100-111. 苏巴农人是游耕者，一般在山里居住和工作。参见 Lebar (ed.), *op. cit.* (n. 185), pp.32-34。

[198] 参见 De la Costa, *op. cit.* (n. 4), p.434。

[199] Combés in BR, XL, 111-22.1662 年，西班牙人放弃了三宝颜的城堡和传教区，但是耶稣会士们依然住在达皮丹，继续为改变苏巴农人的信仰而工作。参见 De la Costa, *op. cit.* (n. 4), pp. 451-52。

[200] 这些棉兰老岛的东北人像尼格利陀人，名为马文罗亚人（Mamanua）。他们有自己的语言。参见 Lebar (ed.), *op. cit.* (n. 185), pp.29-31。

[201] Combés in BR, XL, 122-30.

[202] 有一座外国穆斯林的墓穴注明日期是公元 1310 年，它坐落在巴德·达托（Bud Dato）的小树林里，巴德·达托与霍洛城相距几英里。这个受人崇敬之所是苏禄苏丹举行加冕典礼的

常用地。

[203] Combés in BR, XL, 130-38. 关于菲律宾伊斯兰教的“小传统”参见 Gowing, *op. cit.* (n. 202), pp. 64-69。

[204] Combés in BR, XL, 139-46. 参阅 Gowing, *op. cit.* (n. 202), pp. 83-86, 90-92。

[205] 在传统的菲律宾穆斯林社会，一位自由民是一个没有财产或声望，但亦非奴隶的人。他唯一的权利似乎是依附于一位首领或改变首领们。参见 Gowing, *op. cit.* (n. 202), p. 52。这个阶级包括工匠、农民、渔夫和水手。

[206] Combés in BR, XL, 146-54. 这份简述清楚地展示了棉兰老岛的社会管制是一种习俗法(*adat*)与伊斯兰教法律的联合体。参阅 Gowing, *op. cit.* (n. 202), pp.95-100。

[207] 在许多海上的马来人国家，港主是一位重要的政府官员。参见 Yule and Burnell, *op. cit.* (n. 172), p.816。

[208] 端是自由民，耕种他们的土地，在季风时期，与他们的大督进行贸易的或劫掠性的远征。

[209] Combés in BR, XL, 154-58.

[210] 现代苏巴农人认为任何暴力行为都是不受欢迎的。参见 Lebar (ed.), *op. cit.* (n. 185), p.34。

[211] 关于雌雄同体参见 John M. Garvan, *The Manóbos of Mindanao* (“Memoirs of the National Academy of Sciences,” Vol. XXIII; Washington, D.C., 1941), P.117。

[212] Combés in BR, XL, 158-64.

[213] *Ibid.*, pp.165-67；参阅原书第三卷，第 1506 页，and C. O. Frake, “The Eastern Subanun of Mindanao,” in G. E. Murdock (ed.), *Social Structure in Southeast Asia* (Chicago, 1960), pp.51-64。

[214] Combés in BR, XL, 167-71. 作者本人在这么一个婚礼的现场。穆斯林仍然认为贞洁和谦恭是新娘值得拥有的美德。参见 Gowing, *op. cit.* (n. 202), pp.73-74。

[215] Combés in BR, XL, 171-74. 西班牙人的建议设想的是，如果需要让船上升，可以吹大系在船上的诸多气囊，将它们掷于船的侧面。显然，这个主意在菲律宾群岛没有试行，因为风暴肆虐。

[216] *Ibid.*, pp.174-82.

[217] 再版于 Masefield (ed.), *op. cit.* (n. 183)。关于棉兰老岛的资料在第一卷，第 319-376 页。

[218] *Ibid.*, pp.319-31.

[219] *Ibid.*, pp.332-35.

[220] *Ibid.*, pp.335-41. 棉兰老岛还生长着少量烟草，但是，如今大多数菲律宾烟叶都产自吕宋岛。皮肤病可能是雅司病，一种在许多热带地区特有的苦恼。

[221] 关于船的结构参阅原书第三卷，第 1497-1498 页。

[222] Dampier in Masefield (ed.), *op. cit.* (n. 183), I, 341-44.

[223] *Ibid.*, 344-50.

[224] 关于皮加费塔、奥维耶多（Oviedo）和门多萨的报告纪要参见 *Asia*, I, 627-28, 640, 644。

[225] 参见 P. Carano and P. C. Sanchez, *A Complete History of Guam* (Rutland, Vt., and Tokyo, 1964), pp.42-50。

[226] 参见 De la Costa, *op. cit.* (n. 4), pp.455-57, 470-73。

[227] 注意后来奥地利的耶稣会士是如何作为传教士出现在马里亚纳群岛的。*Ibid.*, p.457.

[228] 参见 Carano and Sanchez, *op. cit.* (n. 225), pp. 62-64; and Ward Barrett (trans. and ed.), *Mission in the Marianas: An Account of Father Diego Luis de Sanvitores and His Companions* (Minneapolis, 1975), pp.4-5。

[229] 参见 Carano and Sanchez, *op. cit.* (n. 225), pp.73-87。这些作者指出西班牙人平定马里亚纳群岛导致了古老的查莫罗人及其宗教的实际灭亡。

[230] 简本的书简集（也许在 1671 年出版）讲述了 1669 年 5 月 15 日—1670 年 4 月 28 日的新闻，藏于明尼苏达大学的詹姆士 · 福特 · 贝尔图书馆（The James Ford Bell Library）。它的英译本载于 Barrett (trans. and ed.), *op. cit.* (n. 228)。

[231] 关于她的职业和贡献参见 E. J. Burrus, S.J., *Father Kino Writes to the Duchess* (Rome, 1965), pp. v-vi, and C. R. Boxer, "The Mother of the Missions," *History Today*, XXIII (1973), 733-39。

[232] 关于一份从马里亚纳群岛寄给她的一些信件的清单参见 Streit, XXI, 44, 45, 46, 48, 49, 50, 51, 52, 53, 55, 62。亦参见 C. R. Boxer, "Two Jesuit Letters on the Mariana Mission, Written to the Duchess of Aveiro (1676 and 1689)" *Philippine Studies*, XXVI (1978), 35-50。

[233] Boxer, *loc. cit.* (n. 232), pp.41-43.

[234] 玛格丽特 · 希金斯（Margaret Higgins）将加西亚的著作部分译为英语，载于 *The Guam Recorder*，1936 年 9 月—1939 年 7 月。它着重描写了土著居民及其历史，收录于 W. E. Safford, *The Useful Plants of the Island of Guam with an Introductory Account of the Physical Features and Natural History of the Island, of the Character and History of Its People, and of Their Agriculture,* Vol. IX of *Contributions from the United States National Herbarium* (Washinton, D. C., 1905)。奥尔蒂斯的著作包括对桑维托雷斯的宣福礼的几点建议。关于其内容参见 Streit, XXI, 56。1695 年，此书有一部分再版于布雷西亚（Brescia）。

[235] 它的一部分被译为一份英语摘要，收录于 Jamnes Burney, *A Chronological History of the Voyages and Discoveries in the South Sea or Pacific Ocean*（伦敦，1813 年；1967 年于阿姆斯特丹再版，四卷），III, 271-315。

[236] 重印本出自 Gacia (ed.), *op. cit.* (n. 81), pp.137-45。经关岛向东航行非同寻常。从马尼拉驶往阿卡普尔科的时候，大帆船经常被反向的风逼到关岛北部或南部。

[237] 可能是指马里亚纳群岛北部的博宁群岛（Bonins）和南部的加罗林群岛（Carolines）。这一系列的群岛没有直接与 1606 年荷兰人发现的澳大利亚接壤。在南太平洋的航程是按照对海岛世界各种各样的假说设定的。西班牙人显然希望把马里亚纳群岛用作一个基地，借此勘探南大陆边缘的岛链，并使它们基督教化。参见 C. Jack-Hinton, *The Search for the Islands of Solomon, 1567-1838* (Oxford, 1969), pp.172-75。亦参见原书第三卷，第 220-222 页。

[238] 皮蒂是阿加尼亚附近阿普拉港（Apra Harbor）的登陆点。参见 Carano and Sanchez, *op. cit.* (n. 225), p.204。

[239] 人们在此岛西南端的索森再也湾（Sosenjaya Bay）和索森拉格湾（Sosenlagh Bay）发现了罗塔岛的锚地。罗塔岛位于关岛东北部 32 英里处。在早期文献中，它常被称作"扎尔潘"（Zarpan），可能是塞班的异读。"大扎尔潘"通常是指塞班岛。参见美国海军部，*Civil Affairs Handbook, Mandated Marianas Islands* (Washington, D. C., 1944), pp.10-11。

[240] 塔拉帕格港（Tarapag）是塞班岛上唯一的锚地，它还提供了部分抵挡各路来风的避难所。港湾是由一个大沙洲形成的。*Ibid.*, p.12. 塞班岛位于关岛北部 121 英里处。

[241] 在从马尼拉前往阿卡普尔科的旧航线或北部航线上，船只有时会停在阿格里汉岛（Agrigan）的北部。

[242] 依据 1671 年的耶稣会士书简集，译于 Barrett (ed. and trans.), *op. cit.* (n. 228), pp.14-18。

[243] 和他加禄人相同，古查莫罗人可能也来自印度尼西亚。查莫罗人在许多方面与密克罗尼西亚（Microesia）的其他民族不同。最近，这个科目的学生相信进入密克罗尼西亚的移民"至少来自两个方向：最先来自菲律宾群岛和印度尼西亚，随后来自美拉尼西亚的东部"。查莫罗人也许从西部进入马里亚纳群岛。参见 W. H. Alkire, *An Introduction to the Peoples and Cultures of Micronesia* (s.l., 1973), pp.18-19。如今，约有 5 万人说查莫罗语，这种语言属于南岛语系或马来一波利尼西亚语系。它的语法特征和词汇表明它与一种或其他种菲律宾语的关系最为密切。参见 D. M. Topping, P. M. Ogo, and B. C. Gungca, *Chamorro-English Dictionary* (Honolulu, 1975), p.ix。

[244] 1902 年 9 月 22 日，在关岛成为一个美国属地之后四年，它遭遇了一场强地震。

[245] 鳗鱼是除了最低阶级之外，所有人的禁忌之物。

[246] 西班牙语和他加禄语称一种独特的沙滩森林树为 *palo maria de playa*。它生长在菲律宾群岛和许多其他太平洋岛屿的岸边。

[247] 依据 Barrett (trans. and ed.), *op. cit.* (n. 228), pp.18-19。"石柱"被称作 *latte*，一些石柱的残存物仍在群岛上。现代人类学家用它们来确定古代生活场所的位置。参见 L. Thompson, "The Function of *latte* in the Marianas," *Journal of the Polynesian Society*, XLIX (1940), 447-65。对于更多有关石柱的近期资料参见 P. Bellwood, *Man's Conquest of the Pacific* (New York, 1979), pp. 283-85。

[248] 关于水稻种植参阅 L. Thompson, *The Native Culture of the Mariana Islands*, Bernice P. Bishop Museum Publication No. 185 (Honolulu, 1945), p.29。米被用来交换铁。就目前所知，密克罗尼西亚的其他地方不长水稻。参见 Bellwood, *op. cit.* (n. 247), p.282。

[249] Barrett (trans. and ed.), *op. cit.* (n. 228), pp.20-21. 人们可能如大洋洲其他地区的人所为，用石灰将牙齿涂黑。

[250] 领导（*maga*）治理一个通常包括几个邻村的辖区。参见 Thompson, *op. cit.* (n. 248), pp.12-13。

[251] 在太平洋诸岛，母系制度下的财产和头衔经常传给一位姐妹的儿子。参阅 Safford, *op. cit.* (n.

234), p.106。在关岛，母系血统是惯例，直到美国人废除了它。关于马拉巴尔的母系制度参见原书第三卷，第 884 页。虽然没有看到更多有关社会组织的直接信息，但一鳞半爪的数据无疑暗示查莫罗人社会组成了母系氏族。参见 Thompson, *op. cit.* (n. 248), p.11。

[252] 关于他们的武器和交战状态参见 Safford, *op. cit.* (n. 234), pp.106-7。

[253] 单身汉们拿着雕刻的拐杖，拐杖的上端缀着三条树皮饰带。参见 Thompson, *op. cit.* (n. 248), p.12。

[254] Barrett (trans. and ed.), *op. cit.* (n. 228), pp.19-23. 关于古老的查莫罗社会的母系氏族特征参见 L. Thompson, *Guam and Its People* (New York, 1941), pp.39-40。

[255] 在富纳（Fuuna），位于关岛的西南海岸。

[256] 民歌通常由两个对句组成，第二行和第四行押韵。参见 Thompson, *op. cit.* (n. 248), p.24。

[257] Barrett (trans. and ed.), *op. cit.* (n. 228), pp.24-26. 参阅 Carano and Sanchez, *op. cit.* (n. 225), pp.23-24。

[258] Le Gobien（*op. cit.* [n. 235], p.66）坚持认为那些寿终正寝者将升天堂，暴亡者会入地狱。

[259] Barrett (trans. and ed.), *op. cit.* (n. 228), pp.26-28.

[260] 这位“华人偶像崇拜者”名为周可（Choco）。1648 年，他被吹到马里亚纳群岛，当时他正在一艘试图从马尼拉驶往德那地的船上。

[261] Barrett (trans. and ed.), *op. cit.* (n. 228), pp.29-45.

[262] 整座岛屿，除了位于海湾的空地与河流入海口之外，都被一座宽 20—700 码的珊瑚礁包围着。参阅 Safford, *op. cit.* (n. 228), p.46。

[263] *Ibid.*, p.234.

[264] 事实上，面包果上季的时间只有四个月，水果的贮存方式是将其切成碎片晒干。参见 *ibid.*, pp.98-99。

[265] 关于一艘马来快速帆船的尾部、侧面和顶端的一幅画参见 Carano and Sanchez, *op. cit.* (n. 225), fig.10, facing p.81。与丹皮尔的报告相反，平的一侧总是背风，舷外浮材迎风。参见 Safford, *op. cit.* (n. 234), p.102。

[266] 指的是始于 1684 年 7 月 23 日的那场叛乱。参见 Carano and Sanchez, *op. cit.* (n. 225), pp.81-82。

[267]“百”也许有误，“千”是一个可能性更大的数字。参见 *ibid.*, p.84n。

[268] Dampier in Masefield (ed.), *op. cit.* (n. 183), I, 302-14. 驻扎官是一位陆军少校达米安 · 德 · 埃斯普拉纳（Damian de Esplaña），他在任的时间为 1683—1688 年。

[269] 这次访问也发生在该群岛彻底平定之后约一年。

[270] 1917 年，阿格里汉岛上发生最后一次火山喷发。

[271] 显然不真实，因为他们在地坑里煮食。参见 Thompson, *op. cit.* (n. 248), p.33。

[272] 关于交换参见 *ibid.*, pp.41-42。

[273] 这是一种特殊的面包果，种子在果实里。

[274] Careri in Garcia (ed.), *op. cit.* (n. 81), pp.140-43. 这是对一种近海独木舟的描写，不应与丹皮尔

所述的马来快速帆船或扬帆航行的独木舟相混淆。参见 Thompson, *op. cit.* (n. 248), pp.34-35。

[275] 关于礼仪之争参见原书第三卷，第 267-269 页。

[276] 参见原书第三卷，第 103-105 页。

[277] 1671 年，阿隆索·洛佩斯（Aloson Lopez）教友制作了这座群岛完整的地图和关岛地图，与路易斯·德·莫拉莱斯神父（Father Luis de Morales）1671 年赴马尼拉之前对几座岛屿的地理描画相关联。莫拉莱斯的记述也由郭弼恩出版。

[278] 1702 年，郭弼恩开始实践其野心勃勃的重大计划，他出版了首卷浩瀚而不朽的《耶稣会士中国书简集》（*lettres édifiantes et curieuses*）。参见 T. N. Foss, "A Jesuit Encyclopedia for China" (Ph.D. diss., Committee on the History of Culture, Univ. of Chicago, 1979), pp.26-30。

[279] 例如在 1670 年到 1684 年科曼斯被杀之间，他从马里亚纳群岛写来的许多信函，还有一份已发表的简短报告，它与 1674 年弗朗西斯科·埃斯克拉（Francisco Ezquerra）的殉教有关。

[280] 1686 年，弗朗西斯科·拉斯卡诺（Francisco Lazcano）发现了一座岛屿，为了纪念西班牙国王查理二世（King Carlos [Charles] II of Spain），他称之为"卡罗利娜岛"（Isla de Carolina）。西班牙宣称对加罗林群岛拥有主权，这些岛屿很快便被置于关岛驻扎官的行政辖区之下。参见 Francis X. Hezel, S.J., *The First Taint of Civilization. A History of the Caroline and Marshall Islands in Pre-Colonial Days, 1521-1885* (Honolulu, 1983), p.47。

[281] 根据 1716 年以及 1721 年的再次估计，关岛本地人口的数量少于 2 000 人。参见 Burney, *op. cit.* (n.235), III, 312。

[282] 第一幅单独的菲律宾群岛地图是彼得鲁斯·卡琉斯（Petrus Kaerius，范·登·凯勒 [van den Keere]）的作品，由伯纳德·朗厄内斯（Bernard Langenes）出版，载于他的《图典》（*Caert Thresoor*，米德尔堡，1598 年）。它在后来的许多地图集和史书中被复制、重刻。更显示野心的是三幅菲律宾群岛图，载于罗伯特·达德利爵士（Sir Robert Dudley）的《论海洋的秘密》（*Dell'arcano del mare*，佛罗伦萨，1644 年，并于 1661 年再版）。由于这些基本上是海图，所以它们极少展示内陆的地形。关于对达德利海图的一份描述以及他的菲律宾群岛中部图的一件复制品参见 C. Quirino, *Philippine Cartography (1320-1899)*(2d rev. ed.; Amsterdam, 1963), pp.39, 43, and fig. 20。（*Caert Thresoor* 是至今仍在发行的有关历史制图的荷兰期刊，副标题为 Tijdschrift voor de Geschiedenis van de Kartografie。——译者注）

译名对照表

人　名

A

Abdul-Ghafur Mohaidin Syah	阿卜杜尔 · 加法尔 · 莫哈丁 · 沙
Acquaviva	阿夸维瓦
Acuña, Pedro de	佩德罗 · 德 · 阿库尼亚
Adams, Ann	安 · 亚当斯
Aduarte, Diego	迭戈 · 阿杜阿尔特
Agostino, Francisco	弗朗西斯科 · 阿戈斯蒂诺
Agung, Abulfatah	阿布尔法尔塔 · 阿贡
Agung, Sultan	苏丹阿贡
Akbar	阿克巴
‘Ala ad-din Ri‘ayat Syah Sayyid al-Mukammil	阿拉丁 · 里阿亚特 · 沙 · 赛义德 · 穆卡米尔
Alauddin, Sultan	苏丹阿拉瓦丁
Albuquerque	阿尔伯克基
Alexander the Great	亚历山大大帝
‘Ali Ri‘ayat Syah	阿利 · 里阿亚特沙
Amangkurat I	阿莽古拉特一世
Amir Hamzah, Sultan	苏丹阿米尔 · 哈姆扎
Anaukpetlum	阿那毕隆
Angabaya, Tomongon	托蒙贡 · 安加巴亚
António Da Encarnação	安东尼奥 · 达 · 恩卡尔纳桑
Argensola, Bartolomé Lenardo de	巴托洛梅 · 列奥纳多 · 德 · 阿亨索拉
Arung Palakka	阿隆 · 帕拉卡
Ashley, Robert	罗伯特 · 阿什利
Athotsarot	厄迦陀沙律
Aurangzib	奥朗则布
Azevedo, Manuel de	曼努埃尔 · 德 · 阿泽维多

B

Bab-Ullah	巴布拉赫
Baldinotti, Giuliano	朱利安诺 · 巴尔迪诺蒂
Bañuelos y Carillo, Don Geronymo de	堂 · 赫罗尼莫 · 德 · 巴纽艾洛斯 · 卡里略
Barbosa, Vicente	维森特 · 巴尔博萨
Barom Reachea IV	巴隆 · 拉嘉四世
Baron, Samuel	萨缪尔 · 巴伦
Barros, João de	若昂 · 德 · 巴罗斯
Bautista, Juan	黎玉范
Beaulieu, Augustin de	奥古斯丁 · 德 · 博利厄
Behr, Johann von der	约翰 · 冯 · 德 · 贝赫

Bernier	贝尔尼埃
Bertholet, Pierre	皮埃尔·贝特洛
Best, Thomas	托马斯·贝斯特
Bèze, Claude de	克劳德·德·贝兹
Bicocigara	俾高喜卡拉
Bisei, Karaeng	卡棱·贝希
Blaeu, Johan	约翰·布劳
Blaeu, Willem	威廉·布劳
Bloemaert, Samuel	塞缪尔·布鲁马特
Bobadilla, Diego de	迭戈·德·博瓦迪利亚
Bolling, Frederick	弗雷德里克·博林
Bonelli, Giovanni Battista	乔万尼·巴蒂斯塔·伯内里
Bontekoe	邦特库
Bontius, Jacob	雅各布·邦修斯
Boroxa, Temenggong	天猛公·波洛克萨
Borri, Cristoforo	克里斯托弗·波利
Bort, Baltasar	巴尔塔萨·博特
Botelho, Nuno Alvarez	努诺·阿尔瓦雷斯·博特略
Bourges, Jacques de	雅克·德·布尔热
Boves, Andréa	安德里亚·博韦斯
Boxer, C. R.	C. R. 博克舍
Brindeau, Pierre	皮埃尔·布兰多
Brito Nicote, Felippe de	费利佩·德·布里托·尼科特
Broecke, Pieter van den	彼得·范·登·布洛克
Brouwer, Hendrik	亨德里克·布劳沃
Buzomi, Francesco	弗朗西斯科·布索美

C

Cabaton	卡巴通
Caen, Anthony	安东尼·卡恩
Caerden, Paulus van	保卢斯·范·卡尔登
Camoens	卡蒙斯
Cardim, António Francesco	嘉尔定
Cardozo, João	贾若望
Careri, Francesco Gemelli	弗朗西斯科·杰米利·卡雷里
Carlos (Charles) II, King of Spain	西班牙国王查理二世
Carstenszoon, Jan	扬·卡斯滕斯逊
Carton, François	弗朗索瓦·卡顿
Cassini, Jean-Dominique	让-多米尼克·卡西尼
Casteleyn, Pieter	彼得·卡斯特林
Castro, Dom Martim Afonso de	堂·马丁·阿方索·德·卡斯特罗
Castro, Francesco de Souza de	弗朗西斯科·德·苏萨·德·卡斯特罗
Cavendish	卡文迪什
Chaumont, Chevalier Alexandre de	谢瓦利埃·亚历山大·德·肖蒙
Chei Chetta II	吉·哲塔二世
Chepate	塞巴特（万丹统治者）

Chevreuil, Louis	路易·谢弗勒伊
Chirino, Pedro	佩德罗·奇里诺
Choisy, François Timoleon de	弗朗索瓦·提摩勒昂·德·梭亚只
Churchill	丘吉尔
Clement V, Pope	教皇克莱门特五世
Clusius	库希乌斯
Cock, Richard	理查德·科克
Coen, Jan Pieterszoon	扬·彼德尔斯逊·昆
Colbert, Jean-Baptiste	让·巴蒂斯特·科尔贝
Colin, Francisco	弗朗西斯科·科林
Collis, M. S.	M. S. 科力斯
Combés, Francisco	弗朗西斯科·孔贝斯
Commelin, Isaac	艾萨克·考梅林
Coomans, Pierre	皮埃尔·科曼斯
Copeland, Patrick	帕特里克·科普兰
Corcuera, Don Sebastian de（Hurtado de Corcuera）	堂·塞巴斯蒂安·德·科奎拉（乌尔塔多·德·科奎拉）
Coronelli, M. V.	M. V. 科罗内利
Courthop, Nathaniel	纳撒尼尔·考托普
Couto, Diogo Do	迭戈·杜·科托
Coventry, Kim	金·考文垂
Cowley, Ambrose	安布罗斯·考利
Cronon, Karaeng	卡棱·卡伦隆
Cruz, Gaspar Da	加斯帕尔·达·克路士
Cummins	康明斯

D

D' Acosta, Paulo	保罗·达科斯塔
D' Almeida, Luis	路易斯·达尔梅达
D' Amaral, Gaspar	加斯帕尔·达马拉尔
D' Orleans, Pierre Joseph	皮埃尔·约瑟夫·多莱昂
Dam, Johann van	约翰·范·丹
Dampier, William	威廉·丹皮尔
Danckaerts, Sebastiaen	塞巴斯蒂安·丹卡兹
Davis, John	约翰·戴维斯
De Bry	德·布莱
De l'Arrnessin	德·拉尔内松
De L'Isle, clande	克洛德·德利斯勒
Della Valle, Pietro	皮特罗·德拉·瓦勒
Desfarges	德法尔热
Deydier, François	弗朗索瓦·戴迪
Diemen, Van	范·迪门
Dijk,Van	范·戴克
Đhin-Bộ-Lĩnh	丁部领
Do Dau ha	罗睺罗
Does, Frank van der	弗兰克·范·德·杜斯

Dortsman, Adriaen	阿德里安·多兹曼
Dowley, Francis	弗朗西斯·道雷
Drake, Francis	弗朗西斯·德雷克
Du Boullay, Claude Ceberet	克劳德·希波利特·杜布雷
Dudley, Robert	罗伯特·达德利
Duquesne- Guiton, Abraham	亚伯拉罕·迪凯纳 - 吉东
Dürer, Albrecht	阿尔布雷特·丢勒

E

Earl Robert of Essex	埃塞克斯伯爵罗伯特
Esplaña, Damian de	达米安·德·埃斯普拉纳
Ezquerra, Francisco	弗朗西斯科·埃斯克拉

F

Faithorne,William	威廉·费索恩
Fajardo, Diego	迭戈·法哈尔多
Faria y Sousa	苏查
Favery，Luc Fermaner de	吕克·费尔曼内尔·德·法韦里
Fernandez, Francisco	弗朗西斯科·费尔南德斯
Fernandez, P. G.	P. G. 费尔南德斯
Ferreira, Manoel	曼诺埃尔·费雷拉
Ferro, Bartolomeo	巴托洛梅奥·费罗
Feynes, Henri de	亨利·德·腓内斯
Figueiredo, Francisco Viera de	弗朗西斯科·维埃拉·德·菲格雷多
Fitzherbert, Humphrey	汉弗莱·费茨赫伯特
Floris, Pieter	彼得·弗洛里斯
Forrest, Henr y	亨利·福瑞斯特
Fontaines, Antoine des	安托万·德斯·方丹
Fournereau	富尔纳罗
Frick, Christoph	克里斯托夫·弗里克
Fróis, Luis	路易斯·弗洛伊斯

G

Galvão, Antonio	安东尼奥·加尔旺
Ganier, Francis	弗朗西斯·安邺
Garcia, Francisco	弗朗西斯科·加西亚
Garçon, Maurice	莫里斯·加尔松
Gautama	乔达摩
Gĕbang, Pangeran	邦格兰·葛邦
Gervaise, Nicolas	尼古拉·热尔韦斯
Gottignies	戈蒂尼
Gouvea, António de	何大化
Gaawen, Willem van der	威廉·范·德·哈文
Graaf, Nikolaas de	尼古拉斯·德·赫拉夫
Groslier, B. P.	B. P. 格罗利耶

Guadalupe de Lencastre, Maria	玛丽亚·瓜达卢佩·德·兰卡斯特
Guerreiro, Fernão	费尔南·格雷罗
Guna, Vira	维拉·古那

H

Haan, Frederick de	弗雷德里克·德·汉恩
Hadji	哈只
Haelbos, Hendrik	亨德里克·黑尔博斯
Hagar	夏甲
Hagen, Steven van der	史蒂文·范·德·哈根
Hagenaer, Hendrick	亨德里克·哈格纳尔
Hainques, Antoine	安托万·昂盖斯
Hainzelman	海因策尔曼
Hairun, Sultan	苏丹海龙
Hamja	哈姆雅
Hartogszoon, Dirck	迪尔克·哈托格斯逊
Hasanuddin, Sultan	苏丹哈桑丁
Heemskerk, Jacob van	雅各布·范·海姆斯凯尔克
Henriquez, Antonio	安东尼奥·恩里克斯
Herbert, Thomas	托马斯·赫伯特
Hérédia, Manuel Godinho de	曼努埃尔·戈迪尼奥·德·埃雷迪亚
Herport, Albrecht	阿尔布莱希特·赫波特
Herrara y Tordesillas, Antonio de	安东尼奥·德·埃雷拉·托德西拉斯
Hertz, Solange	索兰格·赫兹
Hesse, Elias	艾利亚斯·何塞
Heurnius, Justus	贾斯特斯·赫尔纽斯
Hideyoshi	丰臣秀吉
Higgins, Margaret	玛格丽特·希金斯
Hoffman, Christian	克里斯蒂安·霍夫曼
Hondt (Hondius), Joost de	朱斯特·德·洪特
Hore, William	威廉·霍勒
Hornay, António de	安东尼奥·德·奥尔内
Hosten, H.	H. 霍斯坦
Houtman, Cornelis de	科尼利斯·德·豪特曼
Houtman, Frederick de	弗雷德里克·德·豪特曼
Howell	豪威尔
Howells, W.	W. 豪威尔斯
Htwe Naung	推囊
Hulsius	胡尔修斯
Hurgronje, Snouk	斯诺克·赫格隆杰

I

Ibrahim	易卜拉欣
Ieyasu	德川家康
Ijzerman	艾泽曼
Iskandar Muda	伊斯坎达尔·穆达

Iskandar Thani	伊斯坎达尔·泰尼
Ishmael	以实玛利

J

Jacque, Christobal de	克里斯托弗·德·雅克
Janszoon, Willem	威廉·杨松

K

Kaehorn Sukhabanij	凯洪·素卡巴尼杰
Kaerius, Petrus	彼得鲁斯·卡琉斯
Kalayan Racha Maïtri, Ok Luang	銮卡拉衍·拉差·迈蒂
Keeling, William	威廉·基林
Kielangh	基朗
Kosa Pan	哥沙班
Kotom, Somona	索摩那·科通
Kudrat, Kachil	卡齐尔·库德拉特

L

L' Estra, François	弗朗索瓦·莱斯特拉
La Chaise, François de	拉雪兹
La Loubère, Simon de	西蒙·德·拉·卢贝尔
La Mare, M. de	M. 德·拉·马雷
La Tenritatta	拉·滕瑞塔塔
Lach, Alma	阿尔玛·拉赫
Lach, Donald F.	唐纳德·F. 拉赫
Ladja Laut	罗阇·劳特
Laen, Johan van der	约翰·范·德·拉恩
Laet, De	德·莱特
Lambert De La Motte	朗贝尔·德·拉·莫特
Lancaster, James	詹姆斯·兰卡斯特
Laneau, Louis	路易·兰奈
Langenes, Bernard	伯纳德·朗厄内斯
Laria	拉里亚
Lazcano, Francisco	弗朗西斯科·拉斯卡诺
Le Blanc, Marcel	马塞尔·勒布朗
Le Blanc, Vincent	文森特·勒布朗
Le Gobien, Charles	郭弼恩
Lê Lợi	黎利
Le Maire, Jacob	雅各布·勒梅尔
Ledsma, Andrés de	安德烈斯·德·莱德斯马
Legaspi, Miguel Lopez de	米格尔·洛佩斯·德·莱加斯比
Leria, Giovanni Maria	乔万尼·玛丽亚·莱里亚
Letona, Bartholomé de	巴托洛梅·德·莱托纳
Linnaeus	林奈
Linschoten	林斯乔坦
Lodewyckszoon, Willem	威廉·罗德维克松

Lombard, Denys	德尼·龙巴尔
Longaraja	朗伽罗阇
Lopez, Aloson	阿隆索·洛佩斯
Lopez, Antonio	安东尼奥·洛佩斯
Lopez, Gregorio	罗文藻
Luard, C. E.	C. E. 卢亚德
Lý Thần-Tông	李日尊

M

Ma-Allé, Daën	达英·马阿莱
Ma-no, Tcheng Wei-su	陈维苏·马诺
Mạc-Kinh-Vũ	莫敬宇
Macgregor, A.	A. 麦克格雷戈
Mahot, Guillaume	纪尧姆·马霍特
Maia	迈亚
Mandar Syah	曼达沙
Manook	马诺克
Manrique, Sebastião	塞巴斯蒂昂·曼里克
Marco Polo	马可·波罗
Marcos	马科斯
Margico, Giulio Cesare	朱利奥·切萨雷·马吉科
Mariana of Austria	奥地利的马里亚纳
Marini, Giovanni Filippo de	乔万尼·菲利普·德·马里尼
Marquez, Pedro	佩德罗·马尔克斯
Marsden, William	威廉·马斯登
Martini	卫匡国
Mary Magdalen	玛丽·玛格达伦
Mastrilli, Marcello	马塞洛·马斯特里利
Matelief, Cornelis	科尼利斯·马塔利夫
Matos, Bento de	林本笃
Matos, Gabriel de	加布里埃尔·德·马托斯
Maurice, Prince	莫里斯亲王
Medina, Luis de	路易斯·德·梅迪纳
Meister, George	乔治·麦斯特尔
Mendaña y Neyra, Alvaro de	阿尔瓦罗·德·门达尼亚·内拉
Mendoça, André Furtado de	安德烈·芬塔多·德·门多萨
Merklein, Jacob	雅各布·梅克林
Mesquita, Diogo Lopez de	迭戈·洛佩斯·德·梅斯基塔
Methwold, William	威廉·梅思沃尔德
Meyer, Daniel	丹尼尔·梅耶
Middleton, Henry	亨利·米德尔顿
Milward, John	约翰·米尔沃特
Minh-Đức, Princess	明德公主
Minhkamaung	明迦莽
Minyazagyi	明耶娑只
Mir Jumla	米尔·朱木拉

Modafara 穆达法拉
Moelre, Johan de 约翰·德·莫尔热
Mole 莫勒
Monfalcón, Juan Grau y 胡安·格劳·蒙法尔孔
Monfart, M.de M. 德·蒙法特
Morales, Luis de 路易斯·德·莫拉莱斯
Morejon, Pedro 佩德罗·莫雷洪
Morga, Antonio de 安东尼奥·德·莫尔加
Mousinho, Manuel de Abreu 曼努埃尔·德·阿布雷乌·莫施奴
Muller 穆勒
Mundie, W. H. W. H. 蒙迪

N

Naim, C. M. C. M. 纳伊姆
Narai 纳莱
Naresuan 纳黎萱
Naro 纳罗
Navarrete, Domingo 闵明我
Neck, Jacob van 雅各布·范·内克
Nguyễn Phúc-Tần 阮福濒
Nguyễn Phúc-Lân 阮福澜
Nguyễn Phúc-Nguyên 阮福源
Nicot, Jean 让·尼科
Nicot, Julio 朱里奥·尼科
Nieuhof, Johann 约翰·纽霍夫
Nithard, Everard 埃弗拉德·尼塔德
Nobili, Roberto de 罗伯特·德·诺比利
Noort, Olivier van 奥利维尔·范·诺尔特
Nuyts, Pieter 彼得·奴易兹
Nyakra-Kusuma 佐格罗固斯摩
Nyaungyan Min 良渊王

O

O-ma-nhi 乌马尔
Olitz, Benjamin 本杰明·奥立茨
Ông Nghê Bộ 王义波
O'Neill, H. S. H. S. 奥尼尔
Ordóñez de Cevallos, Pedro 佩德罗·奥多涅斯·德·塞瓦略斯
Orta 奥尔塔
Ortiz, Ambrosio 安布罗西奥·奥尔蒂斯
Oudshoorn, Arnold de Vlaming van 阿诺德·德·弗莱明·范·奥茨霍恩
Oviedo 奥维耶多

P

Pagbuaya 帕格布阿亚
Pallu, François 陆方济

Pastells, Pablo	保罗·帕斯特尔斯
Pastells-Retana	帕斯特尔斯 - 雷塔纳
Pattingalloang, Karaeng	卡棱·帕廷加隆
Paumart	波马尔
Payton, Walter	沃尔特·佩顿
Pelsaert, Francesco	弗朗西斯科·佩尔萨特
Pereira, Antonio	安东尼奥·佩雷拉
Pérez, Juan	胡安·佩雷斯
Peria, Francisco de	弗朗西斯科·德·佩莱拉
Peyrouin, A.	A. 佩里昂
Pezzo, Don Carlo del	堂·卡罗·德尔·佩佐
Phaulkon, Constantine	康斯坦丁·华尔康
Phelan	费兰
Philip IV, King	国王菲利普四世
Phra Muong	帕孟
Phra Naret	帕那莱
Phra Phetracha	帕碧罗阇
Phra Wisut Sunthorn	帕威戍顺吞
Pigafetta, Antonio	安东尼奥·皮加费塔
Pimenta, Nicholas	尼古拉斯·皮门塔
Pinkerton	平克顿
Pinto, Mendez	门德斯·平托
Piso, Willem	威廉·皮索
Pliny	普林尼
Pool, Gerrit Thomaszoon	赫里特·托马斯逊·波尔
Prajadhipok	巴差提勃
Prasat Thong	帕拉塞·东
Preah Outei	帕·乌迭
Prince Longaraja	朗伽罗阇亲王
Ptolemy	托勒密
Puntan	蓬坦
Purchas	珀切斯
Pyrard, François	弗朗索瓦·皮拉尔德
Pythagoras	毕达哥拉斯

Q

Queen of Sheba	示巴女王
Quintus Curtius	昆图斯·库尔提乌斯
Quiroga, José de	何塞·德·基罗加
Quiros, Pedro Fernandez de	佩德罗·费尔南德斯·德·奎罗斯
Quipuhe	奎普赫

R

Raffles	拉弗尔斯
Raja Biru	罗阇·碧路
Raja Boungson	罗阇·邦苏

Raja Ijan	罗阇 · 伊简
Rama Tibodi I（Chao U Thong）	拉玛蒂菩提一世（乌通王）
Rama Thupdey Chan	拉玛 · 图迭 · 赞
Ramusio	赖麦锡
Rangel, Francesco	弗朗西斯科 · 兰赫尔
Rangel, Miguel	米格尔 · 兰赫尔
Rechteren, Seyger van	塞格 · 范 · 雷基特伦
Rego, Paulo do	保罗 · 杜 · 雷戈
Retana, W. E.	W. E. 雷塔纳
Rhodes, Alexandre de	罗历山
Ribadeneira, Marcelo de	马塞洛 · 德 · 里瓦德内拉
Ricci, Matteo	利玛窦
Rios Coronel, Hernando de los	费尔南多 · 德 · 卢斯 · 里奥斯 · 科罗内尔
Robert , C. H.	C. H. 罗伯特
Rocca, Carlo della	石嘉乐
Roelofszoon, Roelof	鲁洛夫 · 鲁洛夫斯逊
Roger, Abraham	亚伯拉罕 · 罗杰
Roossengin, Jan Lodewyckszoon van	扬 · 罗德维克松 · 范 · 罗森金
Rosenthal, Robert	罗伯特 · 罗森塔尔
Rossiiven	罗西文
Rouffaer	罗菲尔
Roy, Jacob Janssen de	雅各布 · 詹森 · 德 · 罗伊
Ruiz, Bartolome	巴托洛梅 · 鲁伊斯
Ruiz de Hernan Gonçales, Blas	布拉斯 · 鲁伊斯 · 德 · 埃尔南 · 冈萨雷斯

S

Sá de Meneses, Francisco de	弗朗西斯科 · 德 · 萨 · 德 · 梅内塞斯
Sá e Lisboa, D. Frei Cristóvão de	堂 · 弗雷 · 克里斯托旺 · 德 · 萨 · 伊 · 里斯博阿
Saar, Johann Jacob	约翰 · 雅各布 · 萨尔
Saccano, Metello	梅特洛 · 萨卡诺
Said Berhat, Sultan	苏丹赛义德 · 伯哈特
Saiful Rijial, Sultan	苏丹赛义福 · 瑞贾尔
St. John Lateran	圣约翰拉特兰
St. Vandrille, de	德 · 圣旺德里耶
Saldanha, Ayres de	艾尔斯 · 德 · 萨尔达尼亚
Salerno, Natale	纳塔勒 · 萨莱诺
San Agustín, Gaspar de	加斯帕尔 · 德 · 圣阿古斯丁
San Antonio	圣安东尼奥
San Antonio, Gabriel Quiroga de	加布里埃尔 · 基罗加 · 德 · 圣安东尼奥
Sandathudamma	僧陀都昙摩
Sanson D'Abbeville	桑松 · 达布维尔
Santa Cruz, Baltasar de	巴尔塔萨 · 德 · 圣克鲁斯
Sanvítores, Diego Luís de	迭戈 · 路易斯 · 德 · 桑维托雷斯
Saravia, Don Antonio de	堂 · 安东尼奥 · 德 · 萨拉维亚
Saris, John	约翰 · 萨利斯
Satha	萨塔

Savery, Roelant	罗兰特·萨弗里
Schorer, Anthony	安东尼·肖尔
Schotte, Appolonius	阿波罗尼乌斯·斯科特
Schouten, Joost	朱斯特·斯考顿
Schouten, Willem Corneliszoon	威廉·科尼利斯逊·斯考顿
Schouten, Wouter	沃特·斯考顿
Schweitzer, Christoph	克里斯托夫·施威策尔
Scott, Edmund	艾德蒙·斯科特
Semedo	曾德昭
Sequeira, Baltasar	巴尔塔萨·塞奎拉
Serrão, Francisco	弗朗西斯科·塞朗
Sevil, Pedro	佩德罗·塞维尔
Seys, Gillis	吉利斯·塞伊思
Shah Jahan	沙·贾汗
Shah Shujah	沙·苏查
Shah Sulaiman	沙·苏莱曼
Shen, Zhijia	沈志佳
Si Wisan Wacha, Ok Khun	坤斯威讪瓦差
Sirongan, Raja	罗阇·西龙甘
Smith, John	约翰·史密斯
Soijen	索伊简
Soliman	索利曼
Solt, Paulus van	保卢斯·范·索特
Song Tham	颂昙
Souligna Vongsa	苏里亚旺萨
Souza, Salvador Ribeyro de	萨尔瓦多·利贝罗·德·苏萨
Specx, Jacob	雅各布·施佩克斯
Speelman	施贝尔曼
Speult, Herman van	赫尔曼·范·斯珀尔特
Spilbergen, Joris van	约里斯·范·斯皮尔伯根
Spurway, Thomas	托马斯·思柏卫
Stavely, John	约翰·斯塔维利
Sternstein, Larry	拉里·斯滕斯坦
Syams ud-Din	沙姆斯·乌德-丁

T

Tabinshwehti	莽瑞体
Tachard, Guy	塔夏德
Tai Wen-pai	戴文伯
Taj al-Alam	达朱尔阿蓝
Tasman, Abel	阿贝尔·塔斯曼
Tavernier, Jean-Baptiste	让-巴蒂斯特·塔韦尼耶
Tavernier, Daniel	丹尼尔·塔韦尼耶
Teixeira, Pedro	佩德罗·特谢拉
Tetsuo Najita	奈地田哲夫
Thévenot, Melchisédech	玛尔什代锡·特维诺

Thevetat	提婆达多
Thích Ca	释迦
Thirithudhamma	梯利都昙摩
Thomas, Antoine	安多
Tibão, Sebastião Gonçalves	塞巴斯蒂昂·贡萨尔维斯·铁霸
Tingall, Nockhoda	诺克霍达·汀格尔
Tissanier, Joseph	狄若瑟
To, Ponhea	波尼·笃
Tông-thị-Toại	宋氏碎
Toon-htan	吞坦
Torres, Luis Vaez de	路易斯·瓦埃兹·德·托雷斯
Torres, Martin de	马丁·德·托雷斯
Trần Hủng-Đạo	陈兴道
Trịnh Căn	郑根
Trịnh Tạc	郑柞
Trịnh Tráng	郑梉
Trịnh Tùng	郑松
Trunajaya (Trunojoyo)	杜鲁诺佐约
Tuệ-Tĩnh	慧静

U

Unger	翁格尔

V

Vachet, Benigne	贝尼涅·瓦谢
Van Kley, Edwin J.	埃德温·J. 范·克雷
Van den Keere	范·登·凯勒
Van Goens, Rijcklof Volckertszoon	里伊克洛夫·福尔克特松·范·昆斯
Vanderstappen, Harrie A.	范德本
Vasco de Gama	瓦斯科·达·伽马
Velloso, Goncalo de S. Jose	贡萨罗·德·S. 何塞·韦洛索
Veloso, Diego	迭戈·贝洛索
Ventimiglia, Antonino	安东尼诺·文提米利亚
Verhoeff, Pieter Willemszoon	彼得·威廉斯逊·沃霍夫
Verken, Johann	约翰·凡肯
Vermeulen, Gerret	赫雷特·弗穆伦
Verner, Coolie	库利·弗纳
Verstecken, Ralph Lambtonm	拉尔夫·兰顿·韦斯特肯
Vertrecht, Jacobus	范德烈
Vlamingh, Willem de	威廉·德·弗拉明哥
Vlekke	弗莱克
Vliet, Jeremias van	耶雷米亚斯·范·弗莱特
Vogel, Johann Wilhelm	约翰·威廉·沃格尔
Vollant des Verquains	沃兰·德·韦尔坎
Vondel, Joost van	约斯特·范·冯德尔
Voorburg, Gerard van	赫拉德·范·沃布尔格

Vries, David Pieterszoon de	大卫·彼德尔斯逊·德·弗里斯

W

Wallace, Alfred R.	阿尔弗莱德·R. 华莱士
Warai Tupuing	瓦赖·图普英
Warwijck, Wybrand van	韦麻郎
Wassenaer, Nicolases van	尼古拉斯·范·瓦森纳
Weldon	韦尔顿
Wicquefort, Abraham de	亚伯拉罕·德·威克福
Witsen, Nicolaas	尼古拉斯·维特森
Woodward, David	大卫·伍德沃德
Wurffbain, Johann Sigmund	约翰·西格蒙德·伍尔夫班
Wusthof, Geeraerd van	海拉尔德·范·伍斯托夫
Wyatt, David K.	戴维·K. 怀亚特

X

Xavier, Francis	圣方济各·沙勿略
Xavier, Manoel	曼诺埃尔·沙勿略

Y

Yoko Kuki	久喜洋子
Yura, Don Antonio	堂·安东尼奥·尤拉

地　名

A

Abulug	阿布卢 [菲]
Acapulco	阿卡普尔科 [墨]
Acheh	亚齐 [印尼]
Adonara	阿多纳拉 [印尼]
Agana	阿加尼亚 [关岛]
Agrigan	阿格里汉 [马里亚纳]
Agusan	阿古桑 [菲]
Akyab	实兑 [缅]
Albatross Bay	阿尔伯特罗斯湾 [澳]
Albay	阿尔拜 [菲]
Alofi Island	阿洛菲岛 [纽埃]
Alor	阿洛 [印尼]
Amanubão	阿马努保 [印尼]，在帝汶岛
Amavi	阿马维 [印尼]，在帝汶岛
Ambelan	安伯兰 [印尼]
Ambeno	安贝诺 [印尼]
Amboina	安汶（旧译安波那）[印尼]

Anabao	阿纳保［印尼］，王国名，在塞毛岛
Anamabao	阿纳马保［印尼］，王国名，在塞毛岛
Anatahan	阿纳塔汉［太平洋］
Andamans	安达曼群岛［印］
Annam	安南［越］
Angaracale	安加拉卡尔［孟］
Angke River	红溪［印尼］
Angkor	吴哥［柬］
Angkor Thom	吴哥通城［柬］
Angkor Wat	吴哥窟［柬］
Aparri	阿帕里［菲］
Apayao River	阿巴尧河［菲］
Apra Harbor	阿普拉港［关岛］
Aquilamo	阿基拉诺［印尼］，西班牙城堡
Arakan	阿拉干［缅］，又译作若开
Aru Islands	阿鲁群岛［印尼］
Asuncíon	亚松森［菲］
Aude	奥德［印尼］
Ava	阿瓦［缅］
Aveiro	阿威罗［葡］
Ayut' ia	阿瑜陀耶、大城［泰］

B

Baalbek	巴勒贝克［黎］
Baba Bay	巴巴湾，在帝汶岛上
Babao	巴保［印尼］，在帝汶岛
Babuyan Islands	巴布延群岛［菲］
Bachan	巴占［印尼］
Bagambel	巴加姆贝尔［印尼］，阿鲁群岛村庄名
Bajung	巴章［印尼］
Bakkong	巴孔［柬］
Balambangan	巴兰邦岸［印尼］
Balicuatro	巴利夸特罗［菲］
Ban Plahet	巴拉赫村［泰］
Banda	班达［印尼］
Banda Acheh	班达亚齐［印尼］
Banda Neira	班达奈拉［印尼］
Bangahon	班加恩［菲］
Bangka Island	邦加岛［印尼］
Banjarmasin	马辰［印尼］
Bantam	万丹［印尼］
Bantayan	班塔延［菲］
Baoha	保河［越］
Baphnom	巴普农［柬］
Barabai	巴拉拜［印尼］
Barito	巴里托［印尼］

Barito River	巴里托河［印尼］
Barru	巴鲁［印尼］
Barus	巴鲁斯［印尼］
Basilan	巴西兰［菲］
Bassac	巴沙［老］
Bassein River	勃生河［缅］
Bataan	巴丹［菲］
Batak	巴达［印尼］
Batangas	八打雁［菲］
Batavia	巴达维亚［印尼］
Batochino do Moro	巴托支那德莫罗［印尼］
Batu Sawar	峇株·沙哇［马来］
Bay	巴伊［菲］
Bay of Bengal	孟加拉湾［印度洋］
Baybay	拜拜［菲］
Bayug	巴尤格［菲］
Beirut	贝鲁特［黎］
Bekasi	勿加泗［印尼］
Benkulen	明古连［印尼］
Bien Hoa	边和［越］
Bình-Định	平定［越］
Binondo	毕农多［菲］，也译作岷伦洛
Bird River	伯德河［印尼］
Blue Pepper Mountain	青胡椒山［印尼］
Boboque	博博克［印尼］
Bocun	波坤［印尼］，阿鲁群岛村庄名
Bô-chính	布政［越］
Bohol	保和［菲］
Bolaang	博朗［印尼］
Bolaang-Mongondow	博朗蒙贡多［印尼］
Bolinao	博利瑙［菲］
Boloven Plateau	波罗芬高原［缅］
Bone	波尼［印尼］
Bonins	博宁群岛［日］
Borneo	婆罗洲［印尼］
Borongan	博龙岸［菲］
Bourbon	波旁地区［法］
Brandaen	布兰达恩［印尼］，在爪哇岛
Brantas	布兰塔斯河［印尼］
Brescia	布雷西亚［意］
Bud Dato	巴德·达托［菲］
Bugis	布吉斯［印尼］
Buhayen，即 Bwayan	布哈延［菲］
Bulacan	布拉干［菲］
Bulacaue	布拉卡威角［菲］
Bunga—Raya	文加拉亚［马来］

Burias	布里亚斯 [菲]
Buru	布鲁 [印尼]
Busuanga	布桑加 [菲]
Butuan	武端 [菲]

C

Cabalian	卡巴利安 [菲]
Cagayan Province	卡加延省 [菲]
Cagayan Valley	卡加延河谷 [菲]
Caijetinga	凯杰廷加 [印尼]
Cajoe Tenga	卡乔滕加 [印尼]，婆罗洲村名
Calamians	卡拉棉群岛 [菲]
Calbiga	卡尔比加 [菲]
Camarines	甘马粦 [菲]
Cambay	坎贝 [印]
Camiguin Island	甘米银岛 [菲]
Camotes Island Group	卡莫特斯群岛 [菲]
Cao-bằng	高平 [越]
Caou Pra Soumene	须弥山
Cape Engaño	恩加尼奥角 [菲]
Cape Espirito Santo	圣埃斯皮里图角 [菲]
Cape Mabo	马博角 [新几内亚]
Cape of San Agustin	圣阿古斯丁角 [菲]
Cape Verde	佛得角 [非洲]
Cape York Peninsula	约克角半岛 [澳]
Capul	卡普尔 [菲]
Caraballo Mountains	卡拉巴略山 [菲]
Caraga	卡拉加 [菲]
Carmangh	卡尔曼 [印尼]，村名
Carolines	加罗林群岛 [太平洋]
Castile	卡斯蒂利亚 [西]
Catanduanes	卡坦端内斯岛 [菲]
Catbalogan	卡巴洛甘 [菲]
Catubig	卡图比格 [菲]
Cavite	甲米地 [菲]
Cayeli	卡耶利 [印尼]
Cebu	宿务 [菲]
Celamme	塞拉美 [印尼]，在隆塔尔岛
Celebes	西里伯斯岛 [印尼]
Ceram	塞兰 [印尼]
Chaiya	猜亚 [泰]
Champa	占婆 [越]
Chandekhan	昌德干 [印]
Chantabun	尖竹汶 [泰]
Chaturmukha	查图穆卡 [柬]
Cheribon	井里汶 [印尼]

Chiandi	基安第［印尼］，三宝垄村名
Chico River	奇科河［菲］
Chiengmai	清迈［泰］
Chingkuk	京库克［印尼］，小岛名
Chittagong	吉大港［孟］
Chu River	楚河［越］
Ci Manuk	马努克河［印尼］
Ci Punagara	普纳嘎拉河［印尼］
Ci Sadane	芝沙达尼河［印尼］
Ci Tarum	塔龙河［印尼］
City of Five Points	五塔城［柬］
Coburg Peninsula	科堡半岛［澳］
Cochin	科钦［印］
Cochin-China	交趾支那［越］
Combit	孔比特［印尼］，隆塔尔岛村名
Compay	孔佩［印尼］，婆罗洲村名
Cook Islands	库克群岛［太平洋］
Coromandel	科罗曼德尔［印］
Coron	科伦［菲］
Corregidor	科雷希多岛［菲］
Cotabato	哥打巴托［菲］
Cotawaringin	讫丁艮［印尼］
Cù-Lão-Rẽ，即 Pulau Canton	广东群岛［越］
Culian	库利昂［菲］
Cuyo Group	库约群岛［菲］

D

Đà Nẵng	岘港［越］
Dacca	达卡［孟］
Dapitan	达皮丹［菲］
Daya	达雅［印尼］
Deli	德利［印尼］
Demak	淡目［印尼］
Diamond Point	金刚石角［印尼］
Dianga	第安加［孟］
Dieppe	迪耶普［法］
Dilao	迪劳［菲］
Dili	帝力［帝汶］
Dillingen	迪林根［德］
Domea	杜米亚［越］
Douro-Minho	杜罗 - 米尼奥［葡］
Dulawan	杜拉万［菲］

E

Ende	英德［印尼］
Estado da India	葡属印度

Estuary of Lobo	洛博河口[菲]
Eva	爱华[汤加]
Evora	埃武拉[葡]

F

Fajardo	法哈多[波多]
Flores	弗洛勒斯[印尼]
Foochow	福州
Formosa	台湾
Fort Barneveldt	巴讷费尔德城堡[印尼]
Fort Concordia	康科迪亚堡[印尼]
Fort Oranje	奥拉涅城堡[印尼]
Fort Riswick	里斯维克城堡[缅]
Fort Willemsburg	威廉斯堡[印尼]
Futuna Island	富图纳岛[太平洋]
Fuuna	富纳[关岛]

G

Galela	加莱拉[印尼]
Gamkonorah	甘科诺[印尼]
Ganges delta	恒河三角洲[孟·印]
Garassi	加拉西[印尼]，河流名
Garret Dannis Island	加雷特·丹尼斯岛[新几内亚]
Gianh River	峥江[越]
Gilolo	吉洛洛[印尼]
Goa	果阿[印]
Golconda	戈尔康达[印]
Gorong	戈龙[印尼]
Gowa	戈阿[印尼]，望加锡古国名
Green Islands	格林群岛[巴布]
Gresik	锦石[印尼]，又译作革儿昔
Guam	关岛[美]
Guamar	瓜马尔[印尼]，阿鲁群岛村庄名
Guian	吉万[菲]
Guimaraes District	吉马良斯区[葡]
Guimaras	吉马拉斯[菲]
Gujarat	古吉拉特[印]
Gulf of Bone	波尼湾[印尼]
Gulf of Carpentaria	卡奔塔利亚湾[澳]
Gulf of Maum	孟湾[缅]
Gunung Api	火山[印尼]，岛名

H

Haarlem	哈勒姆[荷]
Halmahera	哈马黑拉[印尼]
Harbor of Gamulamo (Gammolammo)	加穆拉莫港[印尼]

Hatiwi	哈蒂威[印尼]，在安汶岛
Heliopolis	赫利奥波利斯[埃]
Hitu	希图[印尼]
Hội An (Fai-fo)	会安[越]
Hollandia	荷兰迪亚[印尼]
Hoorn	霍伦[荷]
Hoorn Islands	霍恩群岛[瓦利]
Houtman's Abrolhos	豪特曼群礁[澳]
Hue	顺化[越]
Hugli River	胡格利河[孟]

I

Ibabao	伊巴保[菲]
Iban	伊班[印尼]
Ibatan	伊巴坦[菲]
Iligan (Pangil) Bay	伊利甘湾[菲]
Ilocos	伊罗戈[菲]
Iloilo	伊洛伊洛[菲]
Indies	东印度
Indragiri	因陀罗基里[印尼]
Indramayu	南安由[印尼]
Indrapura	因德拉普拉[印尼]
Insulindia	海岛东南亚
Irrawaddy River	伊洛瓦底江[缅]
Isla de Carolina	卡罗利娜岛
Island of Bintan	宾坦岛[印尼]
Island of Butung	布敦岛[印尼]
Islands of the Sundas	巽他群岛
Itaves	伊塔韦斯[菲]
Ituy	伊图义[菲]

J

Jalaud	哈劳[菲]
Jalinga	凯灵伽[泰]
Jambi	占碑[印尼]
Japara	贾帕拉[印尼]
Jaratan	贾拉坦[印尼]
Jaro	哈罗[菲]
Jawana	爪哇那[印尼]
Joartan	苏吉丹[印尼]
Johore	柔佛[马来]
Jolo	霍洛岛[菲]
Jortan	饶洞[印尼]
Junk-Ceylon	养西岭[泰]

K

Kai	卡伊［印尼］，群岛名
Kaidipan	凯迪潘［印尼］
Kajeli（Kaili）	卡杰里（凯里）［印尼］
Kakeka	卡科喀［印尼］
Kaladan River	加拉丹河［缅］
Kalamata	卡拉马塔［印尼］
Kali Banten	万丹河［印尼］
Kali Mas	金河［印尼］
Kali Pontang	蓬唐河［印尼］
Kalingsusuh	卡灵苏苏［印尼］
Kalongan	卡隆安［印尼］
Kaluka River	卡卢卡河［印尼］
Kampar	监蓖［印尼］
Kampengget	甘烹碧［泰］
Kapuas River	卡普阿斯河［印尼］
Kau	卡乌［印尼］
Ke-Bak	北边［越］
Ke-cho	个幇［越］
Ke-Dom	东边［越］
Ke-Nam	南边［越］
Ke-Tay	西边［越］
Kedah	吉打［马来］
Khemi Village	肯米村［缅］
Khemmerat	肯马拉［老·柬］
Khmer	高棉
Khorat	呵叻［泰］
King William's Island	威廉国王岛［澳］
Kotawaringin	哥打瓦灵因［印尼］
Pulau Kraka	喀拉喀岛［印尼］
Krakatoa	喀拉喀托［印尼］
Krawang	克拉旺（加拉横）［印尼］
Kruiskerk Church	十字教堂［印尼］
Kupang	古邦［印尼］
Kwangtung	广东

L

Labbetacke	拉贝塔克［印尼］
Labuha	拉布哈［印尼］
Ladrones	拉德龙群岛［太平洋］
Laguna de Bay	内湖［菲］
Laguna	内湖［菲］
Lake Bay	巴伊湖［菲］
Lake of Lanao	拉瑙湖［菲］
Lakhon	拉空［老］
Lamaqueira	拉马凯拉［印尼］

Lamala	拉马拉［印尼］，阿多纳拉岛村名
Lamon Bay	拉蒙湾［菲］
Lampung	楠榜［印尼］
Land van d' Eendracht	恩德拉赫特之地［澳］
Landak	兰达克［印尼］
Langkawi	凌家卫［马来］
Lansang	南掌［老］
Lar	拉尔［波斯］
Larantuka	拉兰图卡［印尼］
Lasem	拉森［印尼］
Laval	拉瓦勒［法］
Lawai	拉威［印尼］
Lemro River	莱姆罗河［缅］
Lesse	莱斯河［比］
Lesser Sunda Islands	小巽他群岛［印尼］
Levahojong	勒瓦霍琼［印尼］，索洛岛村名
Levant	黎凡特［南欧］
Leyte	莱特岛［菲］
Lifao Bay	利法奥湾［印尼］，葡萄牙人拓居地，在帝汶岛
Ligor	洛坤［泰］
Lingga	林牙［马来］
Lolodas	洛洛达群岛［印尼］
Lombagin River	隆巴金河［印尼］
Lombok	龙目［印尼］
Lomblen	龙布陵［印尼］
Lonthor	隆塔尔［印尼］
Lop Buri	华富里［泰］
Lorotova	洛罗托瓦［印尼］
Lougo	卢戈［印尼］，村庄名
Louococol	卢奥科科尔［印尼］，村名
Louonamangh	卢奥纳曼［印尼］，村名
Louoongin	卢昂金［印尼］，村名
Lovek	洛韦［柬］
Luang Prabang	琅勃拉邦［老］
Lubang	卢邦［菲］
Lumpo	楠榜［印尼］
Lusitania	卢济塔尼亚［葡·西］
Lutaya	卢塔亚［菲］
Luzon	吕宋［菲］

M

Mã River	马河［越］
Madras	马德拉斯［印］
Madura	马都拉［印尼］
Mae-tak	媚达［泰］，旧城名
The Magat	马加特河［菲］

Maguindanao	马京达瑙［菲］
Majapahit	满者伯夷，爪哇古国名
Majene	马杰内［印尼］
Makassar	望加锡［印尼］
Makian	马基安［印尼］
Malabar	马拉巴尔［印］
Malacca	马六甲［马来］
Malayu	摩罗游［印尼］
Mamoiu	马莫尤［印尼］
Mandalika	曼达利卡［印尼］
Mandar	曼达尔［印尼］
Manipa	马尼帕［印尼］
Marcken	马肯［太平洋］，岛名
Marianas	马里亚纳群岛［太平洋］
Marieko	马里科［印尼］，蒂多雷城堡
Marigorang	马里戈朗［印尼］，岛名
Marinduque	马林杜克岛［菲］
Maron island	马龙岛［印尼］
Maros	马罗斯［印尼］
Maros Plain	马罗斯平原［印尼］
Marquesas Islands	马克萨斯群岛［波利］
Marseilles	马赛［法］
Martaban	马达班［缅］
Martapura	马塔普拉［印尼］
Masbate Island	马斯巴特岛［菲］
Massulapatam (Masulipatnam)	马苏利帕塔姆［印］
Mataram	马打兰［印尼］
Mauban	毛班［菲］
Maycoor	美卡［印尼］
Mayu Island	马宇岛［印尼］
Mayu River	梅宇河［缅］
Mekong River	湄公河［泰］
Melville Island	梅尔维尔岛［澳］
Mempawa	曼帕瓦［印尼］
Menado	万鸦老［印尼］
Menam River	湄南河［泰］
Menang Fang	孟枋［泰］
Mendawai	门达瓦伊［印尼］
Merbabu	默尔峇布［印尼］，山名
Mergui	丹老［缅］，又译墨吉
Messina	墨西拿［意］
Micronesia	密克罗尼西亚［太平洋］
Middelburg	米德尔堡［荷］
Mimba	米姆巴［印尼］，村名
Mindanao	棉兰老岛［菲］
Mindoro	民都洛岛［菲］

Mocha	摩卡［也门］
Moluccas	马鲁古群岛［印尼］
Moro	莫罗［印尼］
Moroland	摩洛家园［菲］，一译摩洛兰
Morotai	莫罗泰［印尼］
Morotia	莫罗提亚［印尼］
Moti	莫蒂［印尼］
Motir	莫提尔［印尼］
Moulmein	毛淡棉［缅］
Mount Apo	阿波山［菲］
Mount Baco	巴科山［菲］
Mount Mayon	马荣火山［菲］
Mount Merbabu	默尔峇布山［印尼］
Mount of Sirigutta	室利毱多山［缅］
Mountains of Maum	孟山［缅］
Mrauk-u	妙乌［缅］
Muang Thai	孟泰，意即泰国
Muang Thep Mahanakorn	孟贴摩诃那空［泰］
Muar	蔴坡［马来］
Muarapulau	麻拉普劳［印尼］
Mughul	莫卧儿［巴基斯坦］
Muna	穆纳［印尼］
Murderers' Bay	凶手湾［新几内亚］

N

Naga	那牙［菲］
Nagasaki	长崎［日］
Naimute	奈穆特［印尼］，在帝汶岛
Nakhon Phatom	佛统［泰］
Nakhon Ratsima	呵叻［泰］
Naning	纳宁［马来］
Naso	纳索角［菲］
Naujan	瑙汉［菲］
Negeri Sembilan	森美兰［马来］
Negrais	内格雷斯［缅］
Negros	内格罗斯［菲］
Neira, 即 the Sonnegat	奈拉［印尼］
Neustra Signora del Rosario	玫瑰圣母［印尼］，德那地镇名
New Britain	新不列颠岛［巴布］
New Guinea	新几内亚岛［巴布·印尼］
New Hebrides	新赫布里底群岛［太平洋］
New Ireland	新爱尔兰岛［巴布］
Nghệ-An	义安［越］
Ngofakiaha	鄂法基亚哈［印尼］
Nhật Lệ River	日丽河［越］
Nhỏn-đûc	仁德［越］

Nicobar Islands	尼科巴群岛［印］
Nira	尼拉［印尼］
Niuafo' ou	纽阿福欧岛［汤加］
Niuatoputapu	纽阿托普塔普岛［汤加］
Nomuka	诺穆卡［汤加］
Nurcrnan, 即 Nước Mạn	讷曼［越］
Nueva Cáceres	新卡塞雷斯［菲］
Nueva Segovia	新塞哥维亚［菲］
Nueva Vizcaya	新比斯开［菲］

O

Onrust Island	恩日斯岛［印尼］
Ophir	俄斐
Orange	奥兰治［印尼］，城堡名
Orantatta	奥兰塔塔［印尼］
Ormoc	奥尔莫克［菲］
Ormuz	霍尔木兹［伊朗］
Outer Gani	外加尼［印尼］

P

Padang	巴东［印尼］
Pagar Ruyong	巴葛努永［马来］
Pagoda Point	宝塔角［缅］
Pahang	彭亨［马来］
Painan	派南［印尼］
Paknam	北榄［泰］
Palapag	帕拉帕格［菲］
Palawan	巴拉望［菲］
Palembang	巨港［印尼］
Pamacaio	帕马凯奥［印尼］，在索洛群岛
Pamanukan	帕马努坎［印尼］
Pampanga	邦板牙［菲］
Pa' nakkukang	帕纳库康［印尼］，望加锡城堡名
Panamao	帕纳贸［菲］
Panarukan	巴那鲁干［印尼］
Panay	班乃［菲］
Pangkalan	庞卡兰［印尼］
Pangkor	邦洛［马来］
Panglao	邦劳［菲］
Panoan	帕诺安［菲］
Pantar	潘塔尔［印尼］
Papua	巴布亚［巴布］
Paracole	帕拉卡莱［菲］
Paranas	帕拉纳斯［菲］
Pasai	巴赛［印尼］
Pasaman	巴萨曼［印尼］

Pasig River	帕西格河［菲］
Pasuruan	巴苏鲁安［印尼］
Patani	北大年［泰］
Pati	巴蒂［印尼］
Patience Strait	耐心海峡［印尼］
Pedir	帕提尔［印尼］
Pegu	勃固［缅］
Pembuang	彭布昂［印尼］
Peneki	佩内基［印尼］，在布吉斯省
Pennefather River	彭尼法瑟河［澳］
Perak	霹雳［马来］
Perlak	八儿剌［印尼］
Peroem	贝罗因［缅］
Petchaburi	碧武里［泰］
Phan-ri	潘里［越］
Phat tă lung	博他仑［泰］
Phetchabun	碧差汶［泰］
Phichai	披猜［泰］
Phitsanulok	彭世洛［泰］
Phnom Penh	金边［柬］
Phô-hien	铺宪［越］
Phra Bat	帕巴［泰］
Phra Phutta Bat	帕普他巴［泰］
Phu-Yen	富安［越］
Phú-xuan	富春［越］
Pistoia	皮斯托亚［意］
Piti	皮蒂［关岛］
Playa Honda	宏达海滩［菲］
Ponnagyun	邦纳均［缅］
Porta Nova	新门［印尼］
Pratololy	普拉托洛利［印尼］，索洛岛村名
Priaman	普里阿曼［印尼］
Prome	卑谬［缅］
Pucio	普西奥［菲］
Pulau Ai	艾岛［印尼］
Pulau Cabale	卡巴勒岛［印尼］
Pulau Condore, 即 Côn Sởn	昆仑岛［越］
Pulau Damar	达马尔岛［印尼］
Pulau Neijalakka	内贾拉卡岛［印尼］
Pulau Pinang	槟榔屿［马来］
Pulau Pisang	香蕉岛［印尼］
Pulau Run	伦岛［印尼］
Pulau Rusa	鹿岛［印尼］
Pulau Way	韦岛［印尼］
Pullu-Chimpello	占毕罗岛［越］
Pulocambi, 即 Cu Lao Xanh	羊屿［越］

Q

Quang Nam province	广南省［越］
Quảng-Bình	广平［越］
Quảng-Nghĩa	广义［越］
Quảng-Ninh	广宁［越］
Querivatu	奎里瓦图［印尼］，在索洛岛
Qui-Nhơn Province	归仁省［越］
Quilon	奎隆［印］

R

Ramu	拉穆［缅］
Rangoon	仰光［缅］
Ranran	即现今富安［越］
Raoen	拉翁山［印尼］
Rato	拉托［印尼］，阿鲁群岛的村庄
Rau	拉乌［印尼］
Raurau	桡桡［马里亚纳］，村庄名
River of Siemreap	暹粒河［柬］
Romblon	朗布隆［菲］
Rosario	罗萨里奥［印尼］
Rota	罗塔［马里亚纳］
Roti	罗地［印尼］
Rotterdam	鹿特丹［荷］
Roxas	罗哈斯［菲］
Rozengain	罗曾艾恩岛［印尼］
Rumai	庐迈［缅］，山名

S

Sabugo	萨武戈［印尼］，西班牙城堡
Schengan	斯琴甘［缅］
Sadong River	沙东河［印尼］
Saigon	西贡［越］
Saipan	塞班［加罗林］
Sakita	萨基塔［印尼］，在莫罗泰岛
Salatiga	沙拉笛加［印尼］
Salguadingh	萨尔瓜丁［印尼］，阿鲁群岛村庄名
Salibas	萨里巴［马来］
Sallelanvo	萨勒兰沃［印尼］
Salween River	萨尔温江
Samar	萨马［菲］
Sambas	三发［印尼］
Sambor	松博［柬］
Samneva, 即 Sam Neur	桑怒［老］
Sampit	桑皮特［印尼］
Samudra	苏木都剌［印尼］
San Bernardino Channel	圣贝纳迪诺海峡［菲］

San Lorenzo	圣洛伦索［菲］
San Pedro y Pablo	圣彼得和圣保罗［印尼］，城堡名
San Thomé	圣多默［印］
Sandwip	松迪布［孟］
Santor	桑托尔［菲］
Sarawak	沙捞越［马来］
Savu	萨武［印尼］
Sawankhalok	宋加洛［泰］
Sea of Bachu (Caspian Sea)	北高海（里海）
Sebesi	赛贝西［印尼］
Sedili	西的里［马来］
Seeland	西兰岛［丹］
Segeri	瑟盖里［印尼］
Selimbi	塞林比［印尼］
Semarang	三宝垄［印尼］
Semau	塞毛［印尼］
Serujan	塞鲁扬［印尼］
Servão	塞旺［印尼］
Seville	塞维尔［西］
Shark Bay	鲨鱼湾［澳］
Shrimp River	虾河［印尼］
Siak	硕坡［印尼］
Sibuguey River	锡布盖河［菲］
Sibuyan	锡布延［菲］
Sidayu	西达尤［印尼］
Sika	锡卡［印尼］
Silebar	西列巴尔［印尼］
Sillida	西尔里达［印尼］
Singora	宋卡［泰］
Sinkil	辛吉尔［印尼］
Sinomo	锡诺莫［印尼］，岛名
Siocon	锡奥孔［菲］
Sitthaung	锡唐［缅］
Socanrogo	索坎罗戈［菲］，村庄名
Society Islands	社会群岛［波利］
Sogor	索戈尔［菲］
Solor	索洛［印尼］，群岛名
Soppeng	索彭［印尼］
Sosenjaya Bay	索森再也湾［马里亚纳］
Sosenlagh Bay	索森拉格湾［马里亚纳］
Srei Santhor	斯雷桑托［柬］
Stung Treng	上丁［柬］
Sukadana	苏卡达纳［印尼］
Sukhothai	素可泰［泰］
Sula Kalapa (Sunda Kalapa)	巽他卡拉巴［印尼］，雅加达旧名
Sulu Islands	苏禄群岛［菲］

Sumatra	苏门答腊（岛）[印尼]
Sumbawa	松巴哇 [印尼]
Sumba	松巴 [印尼]
Surabaya	泗水 [印尼]
Surat	苏拉特 [印]
Surigao	苏里高 [菲]
Syriam	沙廉 [缅]

T

Taal volcano	塔阿尔火山 [菲]
Tabenio	塔伯纽 [印尼]
Tabilolo	塔比洛洛 [印尼]
Tablas	塔布拉斯 [菲]
Tabulandang	塔布兰当 [印尼]
Tafahi	塔法希 [汤加]
Tajan	塔詹 [印尼]
Taji	塔吉 [印尼]
Tajo	塔霍 [菲]，河流名
Takome	塔科美 [印尼]，城堡名
Talaud group	塔劳群岛 [印尼]
Tallo	塔洛 [印尼]
Tanara	塔纳腊 [印尼]
Tanay valley	塔奈河谷 [菲]
Tanimbar	塔宁巴尔 [印尼]
Tanjung Untung Tonjonjava River	丹戎翁东顿均爪哇河 [印尼]
Tanjungpura	丹戎布拉 [印尼]
Tañon	塔尼翁 [菲]
Taprobana	塔普罗班纳 [斯里兰卡]
Tarangan	塔兰甘 [印尼]
Tarapag	塔拉帕格 [加罗林]，港口
Tarusan	塔鲁桑 [印尼]
Tasman Bay	塔斯曼湾 [新西兰]
Tasmania	塔斯马尼亚 [澳]
Tatas	塔塔斯 [印尼]
Tavoy	土瓦 [缅]
Tây-dô	西都 [越]，黎朝都城
Taytay	泰泰 [菲]
Tegal	直葛 [印尼]
Telinggamme	特灵加姆美 [印尼]
Tenasserim	丹那沙林 [缅]
Ternate	德那地 [印尼]，一译特尔纳特
Thanh-Hóa	清化 [越]
That Phanom	塔帕侬 [老]
Tiber	台伯 [意]
Ticao	蒂考 [菲]
Tidore	蒂多雷 [印尼]

Tifore	蒂福雷［印尼］
Tiku	蒂库［印尼］
Timor	帝汶［印尼］
Timor Laut	帝汶海
Tinian	天宁［马里亚纳］，岛名
Tolo	托洛［印尼］
Toloco	托洛科［印尼］，德那地港口
Tomanyira	托曼伊拉［印尼］，蒂多雷岛的要塞名
Tondo	通多［菲］
Tongas	汤加群岛［汤加］
Tongatapu	汤加塔布［汤加］
Tongking	东京［越］
Tonjonjava River	顿均爪哇河［印尼］
Tonle Sap	洞里萨湖［缅］
Tontoli	通托利［印尼］
Toraja	托拉查［印尼］
Torres Strait	托雷斯海峡［大洋洲］
Toulouse	图卢兹［法］
Toungoo	东吁［缅］
Tourane	土伦［越］
Tranquebar	德伦格巴尔［印］
Treang	特雷昂［柬］
Tuamotu Archipelago	土阿莫土群岛［波利］
Tuban	图班［印尼］
Tufasoho	图法索霍［印尼］，要塞名，在马基安岛
Tulão	图劳［印尼］，索洛岛村名
Tunasan	图纳詹［菲］
Turatea	图拉特亚［印尼］
Tutewanagh	图特瓦纳格［印尼］，阿鲁群岛村庄名

U

Udong	乌东［柬］
Ujung Pandang	乌戎潘当［印尼］
Umatag, 即 Umatac	乌马塔克［关岛］
Ungaran	翁加兰［印尼］
Urritaung	乌瑞洞［缅］，现为邦纳均（Ponnagyun）

V

Valladolid	巴利亚多利德［西］
Van Diemen's Land	范迪门地［澳］，现为塔斯马尼亚岛
Verde	佛得［菲］
Vichy	维希［法］
Victoria Castle	维多利亚城堡［印尼］
Vientiane	万象［老］

W

Wajo	瓦佐 [印尼]
Walabi Group	沃勒比群岛 [澳]
Wayger	韦戈 [印尼]，小岛名
Willemstadt	威廉斯塔德 [印尼]，城堡名
Wodgier	沃德吉尔 [印尼]，阿鲁群岛村庄名

Y

Ypres	伊普尔 [比]

Z

Zambales	三描礼士 [菲]
Zamboanga	三宝颜 [菲]

著作名

A

A Collection of Voyages and Travels	《航海记和游记集成》
A New Voyage Round the World	《新环球航海记》
A Pithy Description of the Chiefe Ilands of Banda and Moluccas	《班达主岛与马鲁古群岛要述》
A relation of some Yeares Travaile, begunne anno 1626: Into Frique and the Greater Asia, especially the Territories of the Persian Monarchie	《亚非旅行记》
A True Description of the Mighty Kingdoms of Japan and Siam	《日本与暹罗王国纪实》
A Voyage to New Holland	《新荷兰航海记》
An exact Discourse of the Subtleties, Fashions, Religion and Ceremonies of the East Indies	《东印度群岛的神秘、时尚、宗教和礼仪之精要》
The Art of Graveing and Etching	《雕刻和蚀刻的艺术》
Asia Portuguesa	《亚洲葡萄牙人》
Atlas Maior	《大地图集》

B

Begin Ende Voortgangh, Van de Vereenighde Nederlantsche Geoctroyeerde Oost-Indische Compagnie	《荷兰联合省东印度公司的创始和发展》
Beschrijvinghe van de Regeeringe, Macht, Religie, Costuymen, Traffijcken . des Coninghrijcx Siam	《记暹罗王国的政府、军队、宗教、服饰及交通》
Beschrijvinghe vande Voyagie om den Geheelen Wereltcloot	《环球航海记》

Breve Discurso, Em Que Se Conta A Conquista Do Reyno De Pegu Na India Oriental	《东印度勃固征服简述》
Breve y Verdadera Relación de Los Sucesos del Reyno de Camdoxa	《柬埔寨王国纪要》

C

Caert Thresoor	《图典》
Conquista de Champan, Camboja, Siam, Cochinchina y otros paises de Oriente	《占婆、柬埔寨、暹罗、交趾支那及其他东方国家之征服》
Conquista de las islas Malucas	《马鲁古群岛之征服》
Conquistas de las Islas Philipinas	《菲律宾群岛之征服》
Copia D'una Del P. Nicolo Pimenta Visitatore Della Provincia d'India Orientale	《神父尼古拉斯·皮门塔访问印度各省书简全本》

D

D'eerste Boeck. Historie van Indien	《东印度史》第一卷
De Gedenkwaerdige Voyagie van Gerret Vermeulen naar Oost-Indien	《赫雷特·弗穆伦东印度旅行记》
De Medicina Indorum	《印度医学》
Décadas da Ásia	《亚洲旬年史》
Dell'Arcano del Mare	《论海洋的秘密》
Delle Missioni de' Padri della Compagnia di Giesu nella Provincia del Giappone, e Particolarmente di Quella di Tumkino	《耶稣会神父日本教省传教记》
Der Orientalisch-Indianisch Kunst-und Lust-Gärtner	《东印度园艺师》
Description Historique du Royaume de Macaçar	《望加锡王国史》
Diarium oder Tagebuch einer Neunjährigen Reise	《日记或九年旅行日志》
Divers Voyages et Missions Apostoliques du P. A. de Rhodes à la Chine et Autres Royaume de l'Orient	《罗历山神父在中国和东方其他王国的旅行和传教记》
Du Royaume de Siam	《暹罗国》

E

The English Expericence	《英格兰人的经历》
Eine Kurze Ost-Indianische Reiss-Beschreibung	《东印度旅行纪略》

F

Five Centuries of Map Printing	《地图印刷五百年》

G

Gedenkwaerdige Zee-en Lant-Reize door Verscheide Gewesten van Oost-Indien	《东印度难忘之旅》
Giro del Mondo	《环游世界》

H

Hakluytus Posthumus	《珀切斯游记大全》
Het Tweede Boeck, Journael oft dagh-register, inhoudende een warachtich verhael ende historische vertellinghe vande reyse, gedaen door de acht schepen van Amstelredamme, gheseylt inden maent Martii 1598. onder 'tbeleydt vanden admirael Jacob Cornelisz. Neck, ende Wybrant van Warwijck als vice-admirael. Van hare zeylagie ende gedenckwaerdighste zaken ende gheschiedenissen, haer op de voorss. reyse bejeghent. itsgaders hare handelinge int coopen ende vercoopen. Oock historisch verhael vande plaetsen die sy beseylt hebben inde Molucken, den handel, krijchs-rustinghe, ghelegentheyt der plaetsen, ende wat profijt daer te doen is, wonderlijck ende profytelijck om lesen	《荷兰人东印度航海日志》第二部
Historia y Viage del Mundo	《世界旅行记》
Història de la Província de Filipines de la Companyia de Jesús, 1581-1606	《耶稣会菲律宾省史（1581—1606年）》
Historia de la Provincia del Santo Rosario	《多明我会圣玫瑰省在菲律宾、日本和中国的传教史》
Historia de las islas Archipiélago Filipino y reinos de la gran China, Tartaria, Cochin-China, Malaca, Siam, Cambodge y Japón	《东方诸国志》
Historia de las islas de Mindanao, Iolo, y sus asyacentes. Progressos de la Religion y Armas Catolicas	《棉兰老岛、霍洛岛及其周边历史：天主教传教历程》
Historia general de los hechos de los Castellanos en las islas y tierra firme del Mar Oceano	《卡斯蒂利亚岛通史》
Historiael Verhael der Sieckte ende doot van Pra Interra Tsia 22en Coninck in Siam & den Regherende Pra Onghsry	《阿瑜陀耶二十二世王继位战争史》
Histoire des Isles Marianes, Nouvellement Convertes à la Religion Chrestienne; et de la Mort Glorieuse des Premiers Missionnaires qui y ont prêché la Foy	《马里亚纳群岛史：新近皈依基督教与首批传教士光荣殉教》
Histoire naturelle et Politique du Royaume de Siam	《暹罗王国自然与政治史》
Historisch Verhael alder Ghedenck-weerdichste Geschiedenisse, die hier en daer in Europa, als in Duijtsch-lant, Vranckrijck, Enghelant, Spaengien, Hungarijen, Polen, Sevenberghen, Wallachien, Moldavien, Turckijen en Neder-lant	《欧洲历史要事录》

Historische ende grondich verhael van de standt des Christendoms int quartier van Amboina	《基督教在安汶地区教势的历史与完整的故事》

I

Istoria della Conversione alla Santa fede dell'isole Mariane	《马里亚纳群岛皈依神圣信仰的历史》
Itinerario: Voyage ofte Schipvaert van Jan Huyghen van Linschoten naer Oost ofte Portugaels Indien, 1579-1592	《林斯乔坦葡属东印度航海记》
Itinerario de las Missiones del India Oriental	《东印度传教记》

J

Javaensche Reijse Gedaen van Batavia over Samarangh na de Koninckliijcke Hoofdplaets Mataram	《爪哇行记：从巴达维亚经三宝垄至马打兰皇家总部》
Journael, ende Historische Verhael, van de Treffelijcke Reyse, gedaen naer Oost-Indien, ende China, met elf Schepen	《东印度非凡之旅行记》
Journael op zyne gedane Voyagie near Oost-Indien	《东印度旅行日记》
Journael vande reyse	《航海日志》
Journal der Beschreibung	《描述日志》
Journal du Voyage de Siam fait en 1685 et 1686	《1685 年和 1686 年游暹日记》

K

Kings of Persia	《波斯国王》
Kort Verhael	《简记》
Korte historiael ende journaels aenteyckeninge van verscheyden voyagiens in de vier deelen des wereldts-ronde, als Europe, Africa, Asia, ende Amerikagedaen	《诸次航海简史与日志》

L

Labor Evangélica: Ministerios apostolicos de los obreros de la Compañia de Iesvs, fvndacion, y Progressos de su Provincia en las islas Filipinas	《菲律宾群岛传教士之传教工作》
Les six Voyages de Jean Baptiste Tavernier	《塔韦尼耶六游记》
Les Voyages fameux du Sieur Vincent Le Blanc Marseillois, qu'il a faits, depuis l'âge de douze ans jusques à soixante, aux quatre parties du monde, à sçavoir	《马赛人文森特 · 勒布朗先生一生环游世界纪实》
Lettere dell'Etiopia	《埃塞俄比亚信札》
Lettres édifiantes et Curieuses	《耶稣会士中国书简集》
Lontara'-bilang Gowa	《望加锡日记》
The Lusiads	《卢济塔尼亚人之歌》

M

Mahabharata	《摩诃婆罗多》
Malacca Conquista	《征服马六甲》
Mercure Galant	《文雅信使》

N

Navigationi et Viaggi	《航海旅行记》
Neundter Theil Orientalischer Indien, Darinnen begrieffen Ein kurtze Beschreibung einer Reyse, so von Holländern und Seeländern, in die Orientalischen Indien, mit neun grossen und vier kleinen Schiffen, unter der Admiralschafft Peter Wilhelm Verhuffen, in Jahren 1607. 1608. und 1609. verricht worden, neben Vermeldung, was ihnen fürnemlich auss solcher Reyse begegnet unnd zu handen gangen	《东印度第九部分：荷兰人与泽兰人在东印度航海史述》
Noord en Oost Tartatye	《东北鞑靼志》
Noticias Summarias das Perseguições da Missam de Cochinchina	《交趾支那信众罹难述要》

O

On Nothing	《论空》
Oost-Indische Voyagie	《东印度航海日志》
Ost-Indianische fünfzehen-jährige Kriegs-Dienst , und Wahrafftige Beschreibung	《东印度服役十五年记》

P

The Philippine Islands,1493-1898	《菲律宾群岛，1493—1898 年》
Pra Tam Non	《宪法》
Pran Rayja Cammanot	《王室法规》
Premier livre de l'histoire de la navigation aux Indes orientales par les Hollandois	《荷兰东印度航海史第一部》
Purchas His Pilgrimes	《珀切斯游记大全》

R

Raguagli d'alcune missioni fatte dalli padri della Compagnia di Giesu nell'Indie Orientali, cioè nelle provincie di Goa, e Coccinno, e nell'Africa in Capo Verde	《耶稣会神父在东印度群岛、果阿省、交趾支那和非洲佛得角传教记》
Ramayana	《罗摩衍那》
Recueil de Plusieurs Relations et Traitez Singuliers et Curieux	《稀世珍本集》
Reisen van Nicolaus de Graaff	《尼古拉斯·德·赫拉夫游记》
Relação anual	《耶稣会神父传教事务年度报告》

Relación de las Gloriosas Victorias que en mar, y tierra an tenido las armas de nuestro invictissimo rey, y monarca Felippe IIII el grande. en las Islas Filipinas, contra los Moros mahometanos de la gran Isla de Mindanao, y su Rey Cachil Corralat, debaxo de la conducta de Don Sebastian Hurtado de Corcuera, Sacada de varias relaciones que este año de 1638	《战胜棉兰老岛摩洛人的光荣记事》
Relación de las islas Filipinas	《菲律宾群岛纪事》
Relaciones de Pedro Teixeira d'el origen, descendencia, y succession de los reyes de Persia, y de Harmuz, y de un viage hecho por el mismo autor desde la India oriental hasta Italia por tierra	《佩德罗·特谢拉东印度游记》
Relation abregée des Missions et Voyages des evesques François, envoyez aux Royaumes de la Chine, Cochinchine, Tonquin, et Siam	《弗朗索瓦主教中国、交趾支那、东京和暹罗航海记与传教简记》
Relation de l'ambassade de Monsieur le Chevalier de Chaumont à la cour du roi de Siam	《肖蒙爵士出使暹罗记》
Relation de Missions des evesques François aus Royaumes de Siam, de la Cochinchine,de Camboye, et du Tonkin	《弗朗索瓦主教暹罗、交趾支那、柬埔寨和东京传教记》
Relation du Voyage de Monseigneur l'évêque du Beryte, Vicaire apostolique du Royaume de la Cochinchine Par la Turquie, la Perse, les Indes,&C. jusqu'au Royaume de Siam, et autres lieux	《东方传教记》
Relation du Voyage de Perse et des Indes Orientales. Traduite de l'Anglois de Thomas Herbert	《波斯及东印度群岛航海记》
Relation Historique du royaume de Siam	《暹罗王朝史述》
Relation nouvelle et singuliere du royaume de Tunkin avec plusieurs figures et la carte du pay	《东京王国新奇记》
Relation of the Philippine Islands	《菲律宾群岛记》
Relatione delle Missioni de' vescovi vicarii apostolici, mandati dalla S. sede apostolica alli regni di Siam, Cocincina, Camboia, e Tvnkino	《暹罗、交趾支那、柬埔寨和东京传教记》
Relatione della Morte di Andrea Catechista che primo de Christiani nel regno di Cocincina è stato vcciso da gl'infedeli in odio della fede 1652, fransk 1653	《基督教传道员安德鲁殉教记》
Relatione della Nova Missione delli PP. della Compagnia di Qiesu, al Regno della Cocincina	《交趾支那王国耶稣会士新传道志》
Relatione della Prouincia del Giappone	《日本教省报告》
Relations de divers Voyages Curieux（*1664-66*）	《神奇旅行记（1664—1666 年）》

Relazione de' felici Successi della santa fede Predicate da' padri della Compagnia de Giesu nel regno di Tunchino	《东京王国史》

S

Spraeck ende Woordboeck, maleysche ende madagaskarsche talen	《马来语和马达加斯加语会话与词典》
Sucesos de las islas Filipinas	《菲律宾群岛志》

T

Theatrum Orbis Terrarum (1635 to 1655)	《环宇大观（1635—1655 年）》
Tratados Historicos, Politicos, Ethicos, y Religiosos de la Monarchia de China	《中华帝国的历史、政治、伦理和宗教论集》

V

Verhael van den Tegenwoordigen Staet inde Quarteren van Amboyna	《安汶岛分区现状记述》
Verhael vande Reyse	《航海记》
Vinaya	《律藏》
Vitorias do Governador da Índia Nuno Alvarez Botelho	《印度总督努诺·阿尔瓦雷斯·博特略的胜利》
Voyage de Siam des Pères Jésuites	《巴黎耶稣会士暹罗航海记》
The Voyage of François Pyrard of Laval to the East Indies, the Maldives, the Moluccas and Brazil	《拉瓦勒的弗朗索瓦·皮拉尔德东印度、马尔代夫群岛、马鲁古群岛和巴西游记》
Voyage Round the Globe	《环球航行记》
Voyages and Descriptions	《航海与纪实》
Voyages of the World	《世界航海记》
Voyagie gedaan door Jacob Janssen de Roy, na Borneo en Atchin, in't jaar 1691	《婆罗洲游记》

W

Waerachtich Verhael, van 'tgeene inde Eylanden van Banda, in Oost-Indien: Inden Jaere sestien hondert eenentwintich: ende tevooven is ghepasseert	《东印度班达群岛纪实：1621 年及其之前》

专有名词

A

Acapulco Galleons	阿卡普尔科大帆船
Achura-month	篝火月
Aetas	阿埃塔人

Airs by Fancy	幻想曲调
Alalaque	阿拉拉奎（人们对索洛群岛领主的一种叫法）
Alang	阿朗（安汶岛家族名）
Alaquetes	阿拉奎特人
Alfurese, 即 Alfuros, Alfoores	阿尔弗洛斯人，意为山地人
Aliping Namamahay	居家的奴隶
Aliping Saguiguilir	住在主人家的奴隶
Ana Gaoley	最伟大的偶像
Animo-deism	泛灵论—自然神论
Anito	阿尼托
Arnhem	“阿纳姆”号
Arrack	亚力酒
Artisan's House	巧匠屋
Asokan Alphabet	阿育王字母表
Ataquabile	阿塔夸比勒（人们对索洛群岛领主的一种叫法）
Augustinian	奥古斯丁会士、奥古斯丁修会的
Ave Maria	圣母颂
Ayer Collection	艾尔收藏室

B

Bagula	巴古拉（安汶岛家族名）
Bahar	巴哈尔（马来语，量胡椒的重量单位）
Balon	窄船
Ban	班，意即村
Bancal	班卡尔
Banjars	班贾尔人
Barangay	巴朗盖
Barcalon	大库官（相当于对外贸易部部长）
Bataks	巴达族、巴达人
Bathálà May kapál	创造神（他加禄语）
Baybaying	贝贝音（他加禄语字母表）
Bayin	勃因，意为尊贵的长官
Biadjoes	比达友族
Bikol	比考尔语
Birinbines	杨桃
Bisayan	米沙鄢人、米沙鄢语
Bissu	比苏（西里伯斯岛男扮女装的祭司）
Bo-sikke	督军
Bot	波（拜神的中央大厅）
Boxer Codex	博克舍抄本
Boun Ok Vassa	出夏节（老挝节日）
Burung Pipit	麻雀

C

Caixos (Cash)	方孔铜钱（在中国或东印度群岛流通）
Calin	卡林（铜与锡的混合物）

Calla-hom	伽罗凤，即军务总长
Callicoe	薄纱
Camucones	卡姆孔人
Capitão-mor	总领
Captain	甲必丹
Care	卡雷（望加锡的贵族等级之一）
Carmelite	加尔默罗会、加尔默罗会修士
Cata	护身符
Catongohan	卡顿戈汗（菲律宾一个巴朗盖的居民）
Catty, 即 kati	斤（马来语，传统上作为银的重量单位，又相当于 1/100 担、0.6 公斤）
Cebuano	宿务语
Cedual Real	诏书
Ceiba indica	印度吉贝
Celtic	凯尔特人的
Chamorris	查莫力
Chamorros	查莫罗人
Changkob Sinka	进出口税
Chanequas	东吁耳环
Chao Praya	昭披耶
Chao-muang	昭孟，意为城主
Chao-wăt	住持
Chau Decho	昭德佐
Chau Ponhea	昭蓬黑阿
Chi-Ciam	清占（越南国王的宫城）
Chũ Nôm	喃字
Chúa	王公
Clong	真鼓
Congregation of the Propaganda	传道总会的宗教团体
Cora-cora	科拉科拉（战舰）
Crug Cia	古城

D

Daën	达英（布吉斯贵族头衔）
Danau Radje	“皇室之湖”（钻石名）
Datu	大督，意为酋长、首领
Dayak Tribesmen	达雅部落成员
Dayaks	达雅人、达雅族
Diocese	主教区
Divine Law	神法
Dokdok	豆可豆可（一种像面包果的树）
Dominican	多明我会修士
Ducat	达克特（古代欧洲各国流通的钱币）
Dutch Reformed Services	荷兰归正会礼拜
Duyfken	“小鸽”号

E

Eendracht	“和睦”号
Enche lanang	先生
Encomendero	委托监护主
Ever Normal Granary	常平仓

F

Farmans	贸易许可令
Franciscan Convent of Discalced Order	赤足方济各会女修道院
Friar	托钵修会修士

G

Gaddangs	加当族
Gamelan	加美兰乐队
Globe	“环球”号
Gnai	艾族
Gogo	戈格（一种菲律宾老式洗发剂）
Grand Master	大和尚
Guimbajanos	吉姆巴加诺人
Gulden Zeepaerdt	“金海马”号

H

Habsburg	哈布斯堡王朝
Hacke Collection	赫克文集
Harayan (Waray-waray)	瓦赖语
Hiên Vủong	贤王
Hiligaynon	希利盖农语
The Historical Conservation Society	历史保护协会
Holy Office of the Inquisition	宗教法庭
Holy Week Processions	圣周队伍
Homo Bataviensis	巴达维亚人
Hottentots	霍屯督人
Hua-phan	千总
Humalagar	祖先的灵魂

I

Ibanga	伊巴纳格语
Iberian	伊比利亚人
Igorots	伊戈洛特人（他加禄语，山地人）
Ilocanos	伊诺卡诺人
Ilokos	伊罗戈语
Indios	菲律宾土著
Intan Uby	钻石乌比
Irena Cyanogastra	蓝腹和平鸟
Irrayas	伊拉雅人

J

James Ford Bell Library	詹姆士·福特·贝尔图书馆
Jesuit	耶稣会士

K

Kachil	卡齐尔（菲律宾有皇族血统的首领）
Kapi	鱼酱
Kathina	供衣节，也译作供僧衣节、迦希那衣节
Kazis	阿訇
Khlong	克龙体（一种泰国诗）
Khon	孔剧
Ki Lurah	奎罗（巴厘岛的长官）
Kilang	吉浪酒
Kingdoms of the Mogos (Mughs)	马格人的王国
Krijghs Raet	战争委员会
Kudyapi	吉他
Kulak	库拉克（马来语，重量单位）
Kupan	库邦（印尼语，旧币名，黄金重量单位）

L

Lacone	洛坤乃（泰国宫廷戏，即内洛坤）
Lagrée-Garnier Mission	拉格里—安邺使团
Lai	黎人
Lanithe	拉尼特（安汶岛上最重要的魔鬼之一）
Larin	罗林（果阿的一种货币）
Lê dynasty	黎朝
Lenthila	仑提拉（安汶岛至高无上的魔鬼）
Libby Tree	利比树
Lolo	洛洛（望加锡的贵族等级之一）
Lot Bouang	舞者
Luso-Asians	土生葡人
Luzon fairy bluebird	吕宋蓝腹和平鸟

M

Magh style	马格式
Maha Obarat	摩诃兀帕拉特（王国首席官员）
Mahamuni	摩诃牟尼
Mai-pai	竹子
Maison profess Saint Louis	圣路易宣教堂
Makahnas	马卡纳斯（职业巫师）
Malayo-polynesian	马来—波利尼西亚语族
Mamanua	马文罗亚人
Mandayas	曼达亚人
Mangyans	孟仁族
Manobos	马诺博人

Maranaos	马来诺人
Mardyker (Mardijker)	自由人
Marianos	马里亚诺人
Marshall law	最高指挥官法
Mas	马斯（马来语，古金币，也是重量单位，约等于 1/16 两）
Matakau	马塔考（安汶岛的发誓仪式）
Melanesian	美拉尼西亚人
Minangkabau	米南加保族
Mogo (Mugh)	马格人
Moị rợ , 即 Rumoi, Remoé	摩依人
Mozan	沙弥
Moor	摩尔人
Moros	摩洛人
Moro-Moro	摩洛—摩洛（一种菲律宾舞蹈）
Mother of the Missions	慈善会堂之母
Mountain-Blacks	山林黑人

N

Nga-pi	雅比（缅语的鱼虾酱）
Nai	乃（首领）
Nak prah	御仆
Nang Achamahisii	至尊王后
Nang Tchii	尼姑
Negritos	尼格利陀人，即矮小黑人
Nen	沙弥
Newberry Library	纽贝里图书馆
Ngadjus	雅楚族
Nhân-cu	贡士
Nón	竹笠

O

Oc yo Palatey	昭披耶·泼拉台（税务部长）
Oc-Counne (Ocun)	坤（泰国头衔）
Ocluang	銮（泰国头衔）
Oc-Meung (Ocmun)	蒙（泰国头衔）
Oc-Pan	攀（泰国头衔）
Oc-Pra	拍（泰国头衔）
Oc ya Meen	耶敏
Oc-ya Pra Sedat	耶帕拉塞德（大城首领的头衔）
Oc-ya Vang	耶往（泰国头衔）
Oc-yas	耶
Oiseau	“飞鸟”号
Oknea	勋爵（柬埔寨官衔）
Orang Kayas	贵族
Orang Selat	海峡人

Order of St. Clare	圣嘉勒修会
Oton	奥顿人
Oýa	耶（泰国头衔）

P

Pa-ya (Pra-yas)	拍耶（第二等爵位）
Padek	鱼露（老挝语）
Pagoda Slave	寺院奴隶
Panga	县长（当代老挝官衔）
Pangasinan	邦阿西楠、邦阿西楠语
Pangeran	亲王
Panjan	不住寺院的具足戒比丘
Panhumuyat	帕努姆亚特（菲律宾新娘母亲获赠的抚养费）
Papier de Chine	中国纸
Papuan	巴布亚人
Parian	八连，即唐人街
Paris Society of Foreign Missions	巴黎外方传教会
Pasambakan	帕萨姆巴坎（菲律宾的一种宣誓仪式）
Paso	帕索（安汶岛家族名）
Pat-cong	孔旺（月牙形乐器）
Patne	北大年语
Patola	帕托拉（一种极其贵重的丝绸）
Peku	一千（爪哇语）
Pera	“佩拉”号
Perahu katir	舷旁装有防覆装置的小船
Perken	分配物
Perkenier	接受分配物者
Pha-nung	帕农
Phra-phut-tǎ-sak-kǎ-bat	佛历
Pi	簧管乐器
Picul	担（马来语，相当于 100 斤，秤胡椒时为 60 公斤）
Piece of Eight	雷阿尔，西班牙古银币，也称 Real of Eight
Prasedet	帕拉塞德
Pla Cadi	三星斗鱼
Pla Out	石斑鱼
Poleada	波雷亚达（菲律宾人的一种带馅油炸面团）
Polo Labor	劳工
Pond	市斤（荷兰语），相当于 0.494 公斤
Pouran	代理执行官
Pra Mogla	目犍连尊者
Pra Scaribout	舍利弗尊者
Pra Tchau Di	锥形塔
Pra Tian Tec	圣徒
Prai	派
Prassat	王宫

Preah Khan	圣剑寺
Proa	马来帆船
Propaganda Fide	传信部
Punayaman	普纳亚曼（菲律宾霍洛岛的一种草药）
Pungrin	具足戒比丘
Punta de la Caldera	火山口
Put-chedi	偶像庙

Q

Quiay Area (Kiai Aria)	奎艾·阿里亚（爪哇贵族称号）
Quốc-ngủ	国语

R

Rabam	拉巴姆，泰国传统舞蹈
Radja	拉伽
Rajputs	拉其普特人
Rapparod	拉帕罗德（腰带）
Raulin	罗汉
Rayja Tout	皇家信使
Recollects	重整奥古斯丁会士
Regenstein Library	雷根斯坦图书馆
Reguliers Poort	修士门
Rijaja	逾越节
Rumah	鲁马（安汶岛家族名）
Rumoi	摩依人

S

Saguër	萨给厄（印尼一种棕榈酒）
Sǎ-ka	撒卡（十五子棋）
Sãi Vủỏng	赛王
Samal-Laut Nation	海洋—萨马尔族，即海洋上的萨马尔人
Samals	萨马尔人
Sameacas	萨美卡人
Sancrat	僧王
Sangley	生理（16—17 世纪菲律宾土著和西班牙人对华人的称呼）
Sansaporace	满月节
Santri	圣特里（虔诚穆斯林，也叫白派）
Saye-chin	俗书
Saye-kim	经书
Sea apple	海苹果
Sepak raga	踢藤球
Shahbandar	港主
Shamanism	萨满教
Shi-ko	施叩
Siamese Twins	暹罗孪生子

Sidawayah	虾仔花
Sima	是玛，即八座界碑
Sinh-do	举人
Sinhalese	僧伽罗人
Spinhuis	劳教所
Sri	室利
Subanons	苏巴农人
Susuhunan	苏苏胡南

T

Ta-bon	塔奔（他加禄语，指的是一种鸡形目鸟，冢雉科）
Ta-le-chup-sọn	水库
Tagalog	他加禄人、他加禄语
Takraw	藤球
Talapoi	塔拉波
Tambac	金铜合金
Tapacaou	塔帕考（俗众）
Tapen	塔蓬（一种泰国木鼓）
Taulay	饕雷（安汶岛上最重要的魔鬼之一）
Tawiri	塔威瑞（安汶岛家族名）
Tayl	两（既是银的重量单位，相当于 580 克；也是记账单位，相当于 1000 铜钱。）
Tây-Son Rebellion	西山起义
Tchaou Vang	昭皇妃
Tchary	却克里（泰国官名）
Teledek Dancing Girls	乔吉德舞女
Ten Rou Joulon	翠鸟
Terra Australis	南方陆地
Tevinia	侍从官
Thai-nọi	小泰人
Thai-yai	大泰人
Thần Nông	神农
Theatine Mission	基廷会传教团
Therevada Buddhism	上座部佛教
Thi-Đình	廷试
Thuõc Nam	南药
Ti-khi	打槌球
Tical	提卡，泰国货币
Tiến-si	进士
Timbang	丁磅（马来语，重量单位）
Tlompoumpan	柯隆塔（一种泰国木鼓）
Toa Rong	托亚容（一种泰国软铅笔）
Tokay	壁虎
Ton-khoi	鹊肾树
Tong	鼓
Toun, 即 Tuan	端（主人）

Toungoos 东吁人
Trai-chi-won 三衣
Tre 喇叭
Treaty of Breda 《布雷达条约》
Tro 小三弦提琴
Tryall “实验”号
Tuba 图巴酒（菲律宾一种蒸馏的棕榈清酒）
Tumenggung 天猛公，也译作德莽公、杜猛公

U

Ulilimas, 即 Olilimas 乌利利马斯（安汶岛的两个联盟或派性之一）
Ulisivas, 即 Olisivas 乌利西瓦斯（安汶岛的两个联盟或派性之一）
Upas 见血封喉
Uu Binh 优兵

V

Vǎn 文
Vandala 征购制，即强制向政府销售产品
Vang 宫
Vassa 坐夏，亦称雨安居
Vicar Apostolic 宗座代牧
Vicar-General 副主教
Vintem 二十雷（一种古铜币，合二十雷阿尔）
Võ 武
VOC 荷兰东印度公司

W

The Wallace Line 华莱士线
Wan-put 挽普（星期三，水星）
Wao 纸风筝
Waterfalls of Khone 孔瀑布
Wayang 哇扬，意即木偶戏
Wayang Kulit 皮影戏
Wĭ-hans 佛堂

X

Xã 社
Xaca 佛
Xoxom Pungri 僧王

Y

Yama-rat-chǎ 审判长
Yasa 亚萨，表示尊敬的头衔

索　引[①]

A

阿埃塔人（吕宋岛的）　Aetas（of Luzon），1536

阿巴尧河（菲律宾群岛）　Apayao River（Philippines），1518-1519n

阿布卢（菲律宾群岛）　Abulug（Philippines），1518

阿杜阿尔特，迭戈　Aduarte，Diego，1112n，1152，1517；《多明我会圣玫瑰省在菲律宾、日本和中国的传教史》，1148；与吕宋岛；1517；关于“生理”，1512

阿多纳拉岛　Adenare（also Adonara）Islands，1460-1461

阿尔拜　Albay，1514

阿尔伯特罗斯湾　Albatross Bay，1477

阿尔弗洛斯人（山地人）　Alfoores，Or Alfurs（mountain people），1392，1541-1542

阿戈斯蒂诺，弗朗西斯科　Agostino，Francisco，1361

阿格里汉（在马里亚纳群岛）　Agrigan（in the Marianas），1548n；与大帆船贸易，1552；火山，1555

阿古桑河谷　Agusan valley，1533；重整奥古斯丁会士在，1541

阿亨索拉，巴托洛梅·列奥纳多·德　Argensola，Bartolomé Lenardo de，1148，1353，1399，1492；关于柬埔寨，1148；关于西里伯斯岛，1437；关于东南亚华人，1509n；《马鲁古群岛之征服》（1609年），1148，1303，1399；关于爪哇岛，1303；关于巴布亚人，1467；关于苏门答腊岛，1361

阿加尼亚（在关岛）　Agana（in Guam），1545，1555，1557-1558

阿卡普尔科　Acapulco，1508，1545

阿库尼亚，佩德罗·布拉沃·德　Acuña，Pedro Bravo de，1398-1399

阿夸维瓦，克劳迪奥　Acquaviva，Claudio，1492

阿拉干　Arakan，1132-1144，1146，1165；兵力，1126-1128，1136；奥古斯丁会士在，1132，1140；婆罗门，1142n；佛教，1132，1137-1139，1144；基督徒，1133-1137，1141；征服勃固，1164；梯利都昙摩的加冕典礼，1141-1144；与死亡，1138-1139；德·布里托，1127；荷兰人在，1145；与英国人，1130-1131；太监，1134；动物群，1133，1136；食物，1133-1134，1142；1634年的大屠杀，1141，1165；朗伽罗阇，1135；摩诃牟尼圣地，1133；与莫

① 本书索引所标页码为原书页码，见本书边页码。——译者注

B

C

D

E

F

G

H

J

K

罗国》，1194-1196；他的大城地图，1204；他的暹罗地图，1203；与暹罗，1195-1196；与塔夏德，1195
拉德龙群岛　Ladrones。**参见**马里亚纳群岛
拉恩，约翰·范·德　Laen，Johan van der，1369
拉空（在老挝）　Lakhon（in Laos），1157
拉兰图卡（在弗洛勒斯岛）　Larantuka（in Flores），1457，1460，1465
拉马拉（在阿多纳拉岛）　Lamala（on Adenare），1460
拉玛·图迭·赞　Rama Thupdey Chan，柬埔寨国王，1154
拉瑙湖　Lake of Lanao，1532
拉斯卡诺，弗朗西斯科　Lazcano，Francisco，1558n
拉威（在婆罗洲）　Lawai（in Borneo），1384
拉雪兹　La Chaise，François de，1190
莱德斯马，安德烈斯·德　Ledsma，Andrés de，1546
莱加斯比，米格尔·洛佩斯·德　Legaspi，Miguel Lopez de，1544
莱里亚，乔万尼·玛丽亚　Leria，Giovanni Maria，1154；在老挝，1157，1159；在澳门和东京，1162n
莱姆罗河　Lemro River，1124
莱斯特拉，弗朗索瓦　L'Estra，François，1305；关于爪哇岛，1351
莱特岛　Leyte，1499，1516
莱托纳，巴托洛梅·德　Letona，Bartholomé de：关于菲律宾群岛，1512
赖麦锡，乔万尼·巴蒂斯塔　Ramusio，Giovanni Battista，1112
兰达克（在婆罗洲）　Landak（in Borneo），1384，1387-1388
兰赫尔，弗朗西斯科　Rangel，Francesco，1286
兰赫尔，米格尔　Rangel，Miguel：关于索洛岛，1456-1459
兰卡斯特，詹姆斯　Lancaster，James，1303；与亚齐，1115，1360，1382
琅勃拉邦　Luang Prabang，1127，1157；名字，1161n
朗贝尔·德·拉·莫特，皮埃尔　Lambert De La Motte，Pierre：在大城，1185，1188；与交趾支那，1275-1276；在河内，1188
老挝　Laos，1159-1164，1253；娱乐，1158，1225；军队，1161；与佛教，1157，1162，1166；商队路线，1159；人口普查，1161；荷兰人在，1156-1158；出口，1159-1160；节日，1157；对外关系，1163-1164；地理，1157，1159-1160，1253；黄金，1159；政府，1159，1163；历史，1160-1161；继承习俗，1163；与耶稣会士，1157，1159，1181，1251；法律制裁，1161；拥有土地，1163；湄公河航线，1152；省，1161n，1163；收益，1159，1163；国王接见，1158-1159，1161；“副王”，1163；与暹罗，1173，1232；与奴隶制，1162；打槌球，1150n；头衔，1158，1163，1212；清洗仪式，1237

M

N

O

P

S

T

W

X

Y

Z

译后记

2010年寒假，农历正月初四，在恩师周宁先生府上，这是我一年惬意的时光——随意、放松的聊天，祝福中又有所遐思。事实上，每次与周先生畅谈，均不得不提防他的设问，都让人有如深冬中感受春芽萌发般的触动与惊喜。先生总是关心着我们的幸福，亦惦记着我们的学术成长，即便是在他康复之中。是年初春伊始，先生还在调养，本担心可能会被拒绝。结果，我们还是有幸享受了先生的热情。让我颇感意外而震撼的是，先生谈及他十余年来世界之中国形象的研究时，眼里透出足以驱散阴寒的光。多年来，先生旨在通过世界与中国的对话，对中国的国民性格进行透彻、全面的学理性研究。如今，跨文化形象学渐为热点，而先生并没有刻意引领时尚。这一学术前沿进入大众的关注视野，是综合国力逐渐提升中，国民文化自觉的标志。授人以渔，救人救心。最终真正支撑社会的专业技术性实践落实了人的欲求，其后有着人类社会既定的伦理和不言自明的价值观。然而，知也易行难，知也难行易。对于有些人来说，幸福最终不得不逆回于文化、精神，而文化、精神最终要追溯哲学的根本问题。这种科学研究上的理想主义关注的不仅仅是民族的，更是超越民族的，关于人的本源性问题。

先生话锋一转，说到他计划主持翻译美国芝加哥大学唐纳德·F. 拉赫教授的一套九卷本皇皇巨著《欧洲形成中的亚洲》，问我是否能承担第三卷《发展的世纪》东南亚册。我不假思索地应允了——不是因为自信，而是因为此乃恩师多年研究的第二部分，能以经典为学术训练，是何等荣耀与激励！

过后，我才发现这却是一份尴尬而艰难的挑战，一项浩繁而琐细的工程。两年多来，无论是在肃穆慈明的南普陀寺、烟雨静谧的山水阳朔、清芳烂漫的卑诗大学漫步，还是在忘机斋中的操缦、图书馆里的阅读、虚拟世界的交流，相关的思考冲破重重尘埃，不时地敲着心门，启之，迎接的是一双双拯救之手。

诚何有幸，我藉此得到海内外专家、师友以及所在单位——厦门大学南洋研究院诸位先进同人的指点和帮助，谨此致以谢忱。首先感恩廖少廉教授。八年多来，廖教授对我在英语方面的难题，总是有求必应，而且极尽耐心、快速。对于我翻译此著所遇的问题，他还不辞辛苦，多方查证，甚至转而求教海外学人。教授雅量、幽默和中英文学养如涓涓甘泉，诲人怡心。其次，格外感谢廖大珂教授在佛学、东南亚史方面的专业点化与不吝赐教，这是拙译学术水准的重要保障之一。挚友张旭东副教授主动请其北京大学博导、缅甸研究专家姚秉彦先生、李谋教授解答缅甸史地方面的问题以及外国语学院东语系学者。前辈法眼，一语破的，幸甚！而旭东在我初稿译成之时，自告奋勇校对全书，其夫人王增红女士，厦门大学外文学院英语系2011级博士生，亦提出改进的意见。他们坦诚质疑、认真指误，使拙译更符合学术规范，令我尤感慰藉，也少了几许不安。作为研究十七八世纪荷兰东印度公司与中国贸易关系的史学专家，刘勇副教授则多次出手化解难题、及时斧正，并亲自复印资料以为实据。熟谙古荷兰语的他还尽其所学，帮助我们解密四百多年前的古书名，使全套书更为严谨。广州外语外贸大学教师、我院2010级博士生郑虹女士对我翻译所遇诸多小语种问题甚为关心，热忱代向多方高人求教。因她，我有幸得到了澳大利亚国立大学李塔娜教授和广西民族学院范宏贵教授的指点，尤其是李教授细致认真地解答我很多难易不一的问题、坦陈建议、做出点评，并求教越南专家，尽显名师提携后进的学养与风范。不仅如此，其一丝不苟和求索精神使我对学术益生谨严之心。李教授的知音之言率诚、简明而深刻，更乃可遇而不可求。朋友新加坡东南亚研究所许耀峰博士在有关印尼问题上的悉心解析和诚意关切亦拂去些许沉郁。广西民族大学外国语学院印尼语教研室主任、我院2009级博士生杨晓强先生在印尼方面的解疑，北京大学印尼语专家梁敏和教授的尽心解答，均令我倍受鞭策，获益良多。在华侨大学集美华文学院涂文晖副教授的引荐下，香港许昭华先生给予了有关柬埔寨的相助，云南省社科院方芸研究员亦想方设法解决老挝方面的问题。我院施雪琴教授则对其专长——菲律宾史无甚保留，并引荐北京大学东语系黄铁老师，黄博士转请史阳老师诚意援助，他尽其所能地解答了我在菲律宾语方面的许多问题。与此同时，十分感激芳邻钱晓鸣博士、苏沫先生（Walter Sommer）伉俪在德语、意大利语、西班牙语等书名翻译，以及本书的相关背景知识和提升注释学术品质等方面的专业指教与主动深谈。亦深深感谢美国芝加哥大学历史系博士生成国泉先生、康奈尔大学东亚图书馆馆长郑力人博士和芝加哥大学东亚图书馆馆长周原博士的热心联络与帮助，多年的泰国文友——曾心先生、《世界日报》文艺副刊编辑杨玲小姐以及陈伟林先生在泰语方面的倾力协助，广东工业大学黄素芳博士对于古代暹罗史的深度追溯，广东外语外贸大学东语学院泰语教研室主任罗奕原副教授、云南省社科院谢远章研究员在泰语方面的尽力指教，马来西亚博特拉大学中文系主任洪丽芬教授的鼎力支持，我院编审刘晓民博士数次解答日语问题、庄国土教授百忙中的荷兰语释惑、林达丰博士的指点和鼓励，福建农林大学黄志坚教授及其硕士研究生们帮助查找生僻动植物词汇的译法，以及同门师妹、厦门大学外语教学部王卫华老师的关心。此外，我所在东南亚研究中心图书馆馆藏的相关资料和各类词典大有裨益，用之极为便利，也提高了效率。最后，还应感谢编辑林敏女士的支持和敬业。

这是工作之余的兴趣和事业之一，占去了我大多数空闲时间，外子黄钟灵先生以其特有的方式为我排除生活的琐屑和烦扰，给予最深的理解、最多的自由和最大的支持。在这个世界上，每个生命都是一粒法种，人生就是让种子自在的护法过程。但愿我也能助他人自在、彻悟。

翻译既是去伪存真的思辨，也是精进忍戒的修持。《易·乾卦》曰："君子学以聚之，问以辩之，宽以居之，仁以行之。"精神融汇，情谊无价。学术的要旨和乐趣即在于此间。古希腊数学家欧几里得的《几何原本》开篇便道出：“在这里，皇帝没有特权。”两千多年前，中西大家已超越了时空，觉悟生命的至美所在，体现了无分别心的真相。

2010年小暑节气，清华大学王宁教授来鹭岛参加“中国和欧洲：文化对话研讨会”，当晚，他的讲座“全球化·世界文学·翻译”让我进一步理解了翻译的意义和价值，并因此阅读了本雅明的传世短文《译者的任务》。这生发出两层问题。一方面是如何看待《欧洲形成中的亚洲》。因翻译而阅读原著，等于直接进入异国作者的内心，捕捉其细微、敏锐的思维。虽然每个人只有一双眼睛，但有多少种思维，就有多少双眼睛。游历不仅仅是看显见的，还要透过细节、史迹看到无形之大象。唐纳德·F. 拉赫与埃德温·J. 范·克雷的书便使我们获得了复眼，而不只是循着他们的足迹和思维。另一方面则是如何看待译作。本雅明认为“一切生命的有目的的呈现，包括其目的性本身，其目的都不在于生命本身，而在于表达自己的本质，在于对自身意义的再现。而译作在终极意义上正服务于这一目的，因为它表现出不同语言之间的至关重要的互补关系”。

翻译几经波折，或停或减缓速度，但始终不敢放弃这份牵挂和事业，终了，更添对学术的敬畏，对大智的追崇。2011年2月中旬，数十年方遇的寒冬过后，菩提种播下。翻译对于我，犹如读书和写作，不仅是生活的方式，亦是获得淳朴的生命本真的渡筏。其间，自我在与他者的互话中显相、蜕变和超然。而发现新的真问题的意义不啻于解决问题，也是创造的原点。一言百趣，数夜寂如。众灵幻游，吾与之舞。

如此丰富、独特的历史记录，与其说是考验人的毅力，提升人的学术功力，不如说是让人体味虔敬，达致明净。然而，我深知自己终非专业人士，虽辞去诸多，尽心尽意承此重托，又幸得师友热忱相助，诚勉力而为，却甚愧学浅，难免其谬。恳望专家雅正。

张长虹

2012年6月修订于厦门大学颂恩楼

2008年度教育部哲学社会科学研究重大课题攻关项目
“西方中国形象的变迁及其历史和思想根源研究”资助成果
“十二五”期间（2011–2015年）国家重点图书出版规划项目

第三卷　发展的世纪

[美] 唐纳德·F.拉赫　埃德温·J.范·克雷　著

第一册（上）

贸易　传教　文献

许玉军　译

欧洲形成中的亚洲

[美] 唐纳德·F.拉赫　埃德温·J.范·克雷　著
周宁　总校译

ASIA IN THE MAKING OF EUROPE

人民出版社

献给阿尔玛·拉赫和伊莱恩·范·克雷

目　录

（上）

缩略表

AHSI	*Archivum Historicum Societatis Iesu*
Annales. E.S.C.	*Annales: Economies, sociétés, civilisations; revue trimestrielle*
Asia	Earlier volumes of this work: D. Lach, *Asia in the Making of Europe*,Vols.I and II (Chicago, 1965-77)
BR	Blair, Emma H., and Robertson, James A. (eds.), *The Philippine Islands, 1493-1898* (55 vols., Cleveland, 1903-9)
BTLV	*Bijdragen tot de taal-,land-en volkenkunde van Nederlandsch-Indië*
BV	[Commelin, Isaac (ed.)], *Begin ende voortgangh van de Vereenighde Nederlantsche Geoctroyeerde Oost-Indische Compagnie...* ([Amsterdam],1646).（First edition published 1645. Fascimile edition published in Amsterdam,1969. The Facsimile edition has volumes numbered I, II, III, and IV, corresponding to vols. Ia, Ib, IIa, and IIb of the 1646 edition.）
CV	[Churchill, Awnsham and John (eds.)], *A Collection of Voyages and Travels, Some Now First Printed from Original Manuscripts...*(4 vols.; London, 1704)

"HS"	"Works Issued by the Hakluyt Society"
JRAS	*Journal of the Royal Asiatic Society*
NR	L'Honoré Naber, Samuel Pierre (ed.), *Reisebeschreibungen von deutschen Beamten und Kriegsleuten im Dienst der Niederländischen West- und Ost-Indischen Kompagnien, 1602-1797* (The Hague, 1930-32)
NZM	*Neue Zeitschrift für Missionswissenschaft*
PP	Purchas, Samuel, *Hakluytus Posthumus, or Purchas His Pilgrimes:...*(20 vols.; Glasgow, 1905-7. Originally published 1625.)
SCPFMR	*Sacrae Congregationis de Propaganda Fide Memoria Rerum* (Freiburg, 1971)
Streit	R.Streit, *Bibliotheca Missionum* (30 vols.; Münster and Aachen, 1916-75)
Ternaux-Compans	H.Ternaux-Compans, *Bibliothèque asiatique et africaine* (Amsterdam, 1968; reprint of Paris, 1841-42 ed.)
TR	Thévenot, Melchisédech, *Relations de divers voyages curieux qui n'ont point esté publiées, ou qui ont esté traduites d'Hacluyt, de Purchas & d'autres voyageurs anglois, hollandois, portugais, allemands, espagnols; et de quelques Persans, Arabes, et autres auteurs orientaux* (4 vols.; Paris, 1663-96)
"WLV"	"Werken uitgegeven door de Linschoten Vereeniging"
ZMR	*Zeitschrift für Mission swissenschaft und Religionswissenschaft*

插图说明

对 17 世纪欧洲出版的亚洲插图的研究表明，当艺术家和插图作者们获取到相关材料，如来自实地的人们所画的素描或者带回欧洲的轻便物品——植物、动物、服装、绘画、瓷器等的时候，在大多数情况下，他们会努力地如实描绘。很多根据素描和绘画制作的雕刻的真实性是令人信服的，广东的“老总督”画像（第 267 幅图）、暹罗和中国船只的图画等。许多亚洲物品——各式中国卷轴画、一种佛教徒的祈祷轮和小动物们——首次在欧洲版画和绘画中出现。欧洲人对亚洲人，如被派往法国的暹罗使臣进行写生，并雕刻他们的肖像。

缺乏资料的时候，插图作者和艺术家们就利用他们的知识来填补空白，或者依照书籍文本，或者依照创造想象中的绘画，包括地图。例如，与以其他地区为描绘对象的插图相比，关于日本的插图更不符合现实，这也许是因为日本政府在该世纪大部分时间里严厉限制对外交往。印刷社的雕刻师们经常“借用”早期版本中的插图，往往通过为其润色而“美化”它们，结果这些插图被欧化了。

插图与文本一道以各种各样的方式被翻译过来。如果一个译本的出版商与原著的出版商或印刷商关系紧密，他可能会借用原版的铜版雕刻，或者让原出版商从原版画中抽取出插图，与译本装订出版。原版画上的说明文字被擦掉，再配上新语言的文字说明，但是也有很多印刷商并不愿意费力气这么做。即使

没有原印刷商的配合，新雕刻仍然可以从一张原版画中制作出来。最简便的方法是将版画正面朝下，放置在要雕刻的涂漆或涂蜡的铜板上，然后擦磨版画的背面，使版画上的油墨附着在涂蜡的铜板表面。拓印出来的图像随后被用来雕刻，或是用硝酸蚀刻新的版画，再把它倒转过来，印刷效果即与原版完全一样。不过，如果雕刻师想要避免损伤需用来完成雕刻的版画，他则会用一张涂有石墨或黑垩的薄纸片，将图像从原版画转印到新的铜板上。为了进一步保护版画，他在摹写画像的时候可能也会将油浸纸置于其上。不论版画正面朝下或者朝上，这道工艺程序都是奏效的。事实上，版画正面朝上更容易摹写画像，在这种情况下，新版画与原版画相对，被蚀刻而成。关于 17 世纪新版画蚀刻方式的描述，可以参阅威廉·费索恩（William Faithorne）的《雕刻和蚀刻的艺术》（*The Art of Graveing and Etching*，纽约，1970 年）第 41-44 页，该书 1662 年在伦敦首次出版。也可以参考库利·弗纳（Coolie Verner）的“铜版印刷”（Copperplate Printing），载于大卫·伍德沃德（David Woodward）编的《地图印刷五百年》（*Five Centuries of Map Printing*，芝加哥，1975 年）第 53 页。我们收录了一些插图，它们曾经被出版印刷商相互“借来借去”，如插图第 96 和 97 幅；第 100、101 和 104 幅；第 266 和 267 幅；第 349 和 350 幅；第 356-358 幅。

本卷收编的大部分插图都来自 17 世纪的著作，这些书均藏于芝加哥大学雷根斯坦图书馆（Regenstein Library）特藏部。其余插图则获自欧洲或美国的各大图书馆和档案馆，这些机构友好地准许我们复制这些插图。我们尽可能努力撰写解释插图的说明文字，只要有用，便会提供相关的补充信息。

400 幅左右的插图都复制于阿尔玛·拉赫（Alma Lach）所拍或翻拍的图片，她痴迷于摄影并编写食谱。我们也得到特藏部工作人员，特别是已故的罗伯特·罗森塔尔（Robert Rosenthal）、丹尼尔·梅耶（Daniel Meyer）和金·考文垂（Kim Coventry）的支持，他们帮助我们查找插图和筹备复制。范德本（Harrie A. Vanderstappen）神父是芝加哥大学远东艺术系的荣退教授，具有非凡的见识和洞察力，他帮助我们分析了有关东亚的插图。芝加哥大学南亚语言系的 C. M. 纳伊姆（C. M. Naim）也慷慨地尽其所能，尤其是与这里描绘的莫卧儿图章（第 100、11 和 104 幅图）有关的知识，无所保留。有关中国的插图得益于雷根斯坦图书馆东亚藏书部的马泰来（Ma Tai-loi）、戴文伯（Tai Wen-pai），以及沈志佳（Zhijia Shen）女士，她慷慨地献出了自己的时间和知识。雷根斯坦图书馆东亚藏书部的久喜洋子（Yoko Kuki）不吝赐教，修改了日本插图的说明文字。芝加哥大学历史系的奈地田哲夫（Tetsuo Najita）帮助我们起草了第 369 幅插图的说明文字。芝加哥大学艺术系的安·亚当斯（Ann Adams）和弗朗西斯·道雷（Francis Dowley）帮助我们分析了一些雕刻品，特别是那些出自荷兰插图作者之手的作品。

对于所有这些为插图工程慷慨奉献他们智慧和时间的专家学者们，我们致以诚挚的谢意。

插图目录

51. 何大化的《无罪获胜》(1671 年) 扉页和另一页
52. 菲利普·巴尔德的肖像
53. 沃特·斯考顿的肖像
54. 约翰·纽霍夫的肖像
55. 曾德昭的肖像
56. 让·德·特维诺的肖像
57. 奥尔夫特·达帕的《亚洲记述》(1681 年) 卷首插画
58. 约翰·纽霍夫的《荷兰联合省东印度公司出使大清帝国》(1666 年) 卷首插画
59. 德·布莱的《东印度》(1601 年) 卷首插画
60. 约翰·冯·德·贝赫的《日记或日志》(1668 年) 卷首插画
61.《多个作者的中国描述》扉页，附带有中国风景画，1639 年
62.《东印度游记》(1655 年) 扉页
63.《约翰·特威斯特的印度概述》(1648 年) 扉页
64. 曼德尔斯罗的《从马达加斯加致 M. 阿达姆·奥利尔姆的一封信》扉页 (1645 年)
65. 菲利普·德·圣三一的《东方游记》扉页
66. 菲利普·德·圣三一的《东方游记》卷首插画
67. 朱塞佩·迪·圣玛丽亚·塞巴斯蒂亚尼的《第二次东印度之旅》(1672 年) 扉页
68. 乔万尼·菲利普·德·马里尼的《东京和日本的历史与记述》(1665 年) 扉页
69. 李明的《中国近事报道》(1697 年) 扉页
70. 罗伯特·诺克斯的《锡兰岛的历史记述》(1681 年) 扉页
71. 亚当·奥利瑞乌斯的《令人渴望的东印度旅行记述》(1647 年) 扉页
72. 伯恩哈德·瓦伦的《日本和暹罗记述》(1673 年) 扉页
73. 西蒙·德·拉·卢贝尔的《暹罗国》(1691 年) 扉页
74. 加布里埃尔·德隆的《果阿的宗教裁判所历史》(1688 年) 扉页

前 言

从《欧洲形成中的亚洲》第二卷最后几册书的出版到现在已经过去十五年了。那时我就意识到完成这项工程所面临的巨大工作量，因而邀请了埃德温·J. 范·克雷先生和我共同完成本项目的第三卷和第四卷。范·克雷是我以前的一个学生，现在已经是加尔文学院（Calvin College）的历史学教授了。这个决定是在我深思熟虑之后做出的，因为我非常明白所需要的合作者必须具备丰富的语言学技能、广泛的欧洲和亚洲历史知识、表述清晰的语言风格、健康身体和极大的耐心。非常幸运的是，范·克雷接受了我的邀请，并且立刻投入了这项令人腰酸背痛的工作。芝加哥大学出版社愉快地同意了范·克雷的合作署名权，我也做了相应的安排和调整。

和前几卷一样，我们需要感谢的机构、基金会和个人有很多。首先要感谢的是芝加哥大学和加尔文学院，感谢他们的宽容和仁慈、坚定不移的支持，以及给予我们的自由支配时间。历史系的同事们替我们承担起日常的科研琐事，耐心地倾听我们的想法，从他们各自的专业角度或者宏观角度慷慨地为我们提供信息和建议。对范·克雷帮助最大的莫过于已经离世的 M. 霍华德·雷恩斯塔（M. Howard Rienstra），对拉赫帮助最大的莫过于 T. 本特利·邓肯（T. Bentley Duncan）。我们的学生也应该值得感谢，他们耐心地在课内外倾听我们研究过程中的故事，有时也通过他们的问题激发起我们的灵感。

这些年里，该项研究将我们带到很多地区。范·克雷1977年的大部分时间在牛津的曼斯菲尔德学院（Mansfield College）度过，查找牛津博德伦图书馆（Bodleian）和其他图书馆的稀有藏书。他还在荷兰的多个图书馆以及西欧其他
xxxiii 地区的图书馆工作过很长时间。在纽约的亚洲学会的资助下，我从一次环球旅行（1973年）中受益良多，这次旅行将我带到原葡萄牙据点，从波斯湾的巴林（Bahrain）到果阿、小巽他群岛的弗洛雷斯岛（Flores），最后来到澳门。最近几年，我们两人都曾到远东参加在台北和马尼拉举行的几次会议。会议结束后，我们继续前行来到中国大陆、日本、香港和其他几个地区，这些地区对我们的这项研究有重大意义。

在雷根斯坦图书馆，我得到芝加哥大学社会科学部的基金支持，也得到古根海姆基金会（Guggenheim Foundation）的一年研究金支持。范·克雷获得如下单位的资助：谢尔基金会（Shell Foundation，1971年和1974年）、纽贝里图书馆（Newberry Library，1972—1973年）、美国学术团体理事会（American Council of Learned Societies，1975—1976年）、加尔文校友会（1977年）、芝加哥大学中西部研讨会（1979—1980年；1982—1983年）。加尔文学院为范·克雷提供的两项科研基金（1982—1983年；1986—1987年）和三次公休假，其慷慨程度有点超过人们对“中西部教会学院”的期望。

我们对特殊材料的需求得到一些人士的特别关注和支持，他们是长时间担任雷根斯坦图书馆特藏部的主任罗伯特·罗森塔尔和加尔文学院图书馆的主管助理。我们一直特别依赖我们所在机构和馆际互借部的工作人员，特别是加尔文学院的林恩·霍普金斯（Lynne Hopkins）给我们提供的基本资料。我们也特别感谢相关领域的馆员就一些具体问题给予我们的指导：关于南亚的是莫林·帕特森（Maureen Patterson）、比尔·阿尔斯波（Bill Alspaugh）和詹姆斯·奈（James Nye）；关于东亚的是马泰来、戴文伯、沈志佳、巴巴拉·查普曼·班克

斯（Barbara Chapman Banks）和久喜洋子。① 丰富的插图已经表明了雷根斯坦特藏部及其工作人员对我们的巨大帮助。

可资利用的各种基金为我们雇佣大量的科研助手提供了便利。芝加哥的一些本科生和研究生给予了我们极大的帮助。现在已经在斯坦福大学任职的西奥多·N. 福斯（Theordore N. Foss）协助完成了本书的第二卷，并且帮助我们着手筹备第三卷的撰写。本研究项目早期的各个阶段，也曾得到芝加哥大学的讲师凯蒂·奥布莱恩（Katy O' Brien）和塔玛拉·文斯兰特（Tamara Vincelette）的支持，后者现在已经是丹佛（Denver）的执业律师。目前已经是鲍尔州立大学（Ball State University）奥斯曼研究专家的丹尼尔·高夫曼（Daniel Goffman）为我们提供了专业目录书籍，澄清了与穆斯林相关的一些问题。罗伊·韦斯（Roy Vice）和理查德·英特马（Richard Yntema）帮助我们整合并且修改了前两章的内容。现在耶鲁大学攻读历史学博士学位的罗伯特·迪特尔（Robert Deitel），在芝加哥大学读本科时也曾协助本书的撰写。斯图亚特（Stuart）和桑德拉·费尔德斯坦（Sondra Feldstein）在本科阶段结为夫妻，妻子继丈夫之后成为我的助手。詹姆斯·坎宁安（James Cunningham）若干年来一直协助完成本卷书稿，他的经济学专业知识特别有助于第一章和香料价格目录的完成。同时，他还汇 xxxiv
编了耶稣会士书简列表，并且按照时间先后顺序编排。此间，在大瀑布市（Grand Rapids）工作的范·克雷也聘用了几个本科生协助完成一些具体事务。他特别感谢迈克尔·阿巴马（Michael Abma）和雷蒙德·卡普坦（Raymond Kapteyn）；雷蒙德几乎独自汇编了参考文献的第一稿。针对浩瀚无边的前几稿的打字和修订工作，我们特别感谢桑德拉·奥斯藤森（Sondra Ostenson）、辛迪·鲍恩德（Cindy Boender）、戴安娜·范德·波尔（Dianne Vander Pol）和简·哈尼（Jane Haney）。我们真诚地感谢他们所付出的劳动。

一些专家对接下来的很多章节进行了审阅、评论和校正。参加李约瑟教授资助的在剑桥举行的联合国大学会议的与会代表，曾经阅读并讨论了“帝国与

① 这里谈到的中国或者东方的姓名根据音译而来，并不确定其原来的具体汉字拼写。——译者注

贸易”这一章节的最后一部分。第二章“传教”的内容概述被提交到在台北举行的利玛窦研讨会上，并且在会议公报上发表。[①] 这些内容也曾是芝加哥大学某研讨班的核心材料，我在那里工作了五年，讲授的对象主要是神学专业的学生。丹尼森大学（Denison University）的艾米·戈登（Amy Gordon）和加尔文神学院（Calvin Theological Seminary）的理查德·德·里德（Richard De Ridder）及罗伯特·兰克（Robert Recker）审阅了新教传教活动部分。

亚洲的一些专家学者仔细审查了描绘欧洲关于亚洲形象的部分章节。芝加哥大学的卡利·查兰·巴尔（Kali Charan Bahl）和 C. M. 纳伊姆评述并校正了与莫卧儿印度相关的章节。同时在马拉巴尔教会任职并且在巴黎圣母院圣玛丽学院（St. Mary’s of Notre Dame）担任历史学教授的西里亚克·普拉皮里（Cyriac Pullapilly）详细地审阅了与印度西南部相关的第十一章；他的一些简要评论被揉入正文或脚注中。泰米尔语专家拉尼·范德森（Rani Fedson）认真地阅读了关于科罗曼德尔海岸的第十三章，避免了我们可能犯下的许多错误。著名地理学家保尔·惠特利（Paul Wheatley）勤勉地校阅了关于大陆东南亚的一些小国家的第十四章。第十五章主要关涉暹罗，芝加哥大学神学院的弗兰克·雷诺兹（Frank Reynolds）校验了相关材料。位于堪培拉的澳大利亚国立大学太平洋研究中心的安东尼·里德（Anthony Reid）阅读了关于海岛东南亚的第十七章和第十八章，并且提出了一些建设性修改意见。第十九章关涉菲律宾群岛和马里亚纳群岛（Marianas），已经离世的弗雷德·埃根（Fred Eggan）和菲律宾贝克鲁市（Bacolod City）拉萨尔学院（La Salle College）的薇奥莱塔·洛佩斯-贡扎加（Violetta Lopez-Gonzaga）核查了这一章。芝加哥大学离休教授何炳棣（Ho Ping-ti）校阅且扩充了关于中国及其周边地区的第二十章、第二十一章和第二十二章的内容。安大略省湖头大学（Lakehead Universoty）历史学教授陈旻淳（Chen Min-sun）和何炳棣一样，也是中国明清历史专家，他
xxxv 认真校阅了关于中国的第二十章和第二十一章。哥伦比亚大学的马修·卡普斯

① *International Symposium on Chinese-Western Cultural Interchange in Commemoration of the 400th Anniversary of the Arrival of Matteo Ricci, S. J., in China* (Taioei, 1983), pp. 297-310.

坦（Matthew Kapstein）和加利福尼亚大学伯克雷分校东方语言系的詹姆斯·柏森（James Bosson）仔细地校阅了关于中国周边地区的第二十二章，并提出修改意见，我们从中受益良多。乔安妮（Joanne Cho）阅读并且校正了关于朝鲜的资料。芝加哥的哈利·哈鲁图涅（Harry Harootunian）和东京中央大学（Chuo University）经济系的德里克·马萨里拉（Derek Massarella）分别阅读了关于日本的第二十三章，提出很多建设性的意见，文稿质量因而得到提高。在东京文教大学（Bunkyo University）任教的迈克尔·赫伊森（Michael Huissen）也细致入微地阅读并校正了这一章节。芝加哥大学的地理学家协助我们制订了地图。

芝加哥大学出版社的员工愉悦地投入这项巨大且繁重的工作，表现出职业水准和敬业精神。副社长佩内洛普·凯瑟琳（Penelope Kaiserlian）主持具体工作，他体谅、忍耐、克制、内敛、机智。如果不是编辑凯瑟琳·克鲁格（Kathryn Krug）的眼力和挑剔，我们可能会犯更多显而易见的错误或者留下诸多不恰当的表述。约翰·斯波蒂斯伍德（John Spottiswood）、乔·克劳德（Joe Claude）和约瑟夫·奥尔德弗（Joseph Alderfer）设计出版这套丛书，表现出高水平的专业能力和想象力。本丛书前几卷的设计师卡梅伦·保尔特（Cameron Poulter）负责插图的排版。出版社的其他很多人一如既往地负责各方面的杂冗之事。我们希望他们所付出的时间和努力有所回报。

我们也努力尝试着将亚洲的人名、地名和专有名词罗马化，尽量统一拼写规则，尽管这个过程不够系统，经常表现出随意性。为了防止复合词的混淆不清，我们在本卷中尽量采用前几卷使用过的拼写方式。针对汉语，我们继续使用威妥玛注音法（Wade-Giles），而地名采用那些经常出现在英语地图上的拼法。除地名外，来自泰语的专有名词尽量采用曼谷的皇家学院（1954年）习惯使用的罗马化拼写。越南语专有名词通常可以从安南语的现代字母中找到。对于亚洲其他语言，我们通常采用英语读者可以理解的拼写方式。印度的语言繁杂多样，采用统一标准是不切实际的。欧洲人撰写的莫卧儿印度记述中涉及一些专业术语，我们试图为其提供波斯语对应词。南印度语中的一些专有名词如果没有清晰的英语表述，我们便提供马拉雅拉姆语、泰米尔语、泰卢固语等的对应词。采取这种处理方法的还有马尔代夫语、僧伽罗语、印度尼西亚语、查莫罗语、菲律宾语等语言中的名词和术语。这些音译造成的复杂不仅仅是我们自己造成的。我们所使用的欧洲文献中的亚洲名词和术语都来自17世纪欧洲人的罗马化，这些伊比利亚人、荷兰人、德国人、意大利人、英国人和法国人等并
xxxvi 没有先人让他们模仿，他们可能也没有料想到自己创造的迷宫。从“越南使徒”罗历山（Rhdes）神父之后的现代欧洲学者，一直致力于创造音译的“标准方法”以飨欧洲读者，但没有取得预期的成绩。直到今天，学术界仍然存在严重的分歧，无法最佳地统一亚洲象形文字和字母文字的罗马化。因此，我们应该保留这种不一致性，它是我们的遗产，保留这不统一性是非常必要的而绝不是反常的。

最后，我们愿意为在本卷中详细阐述的内容和做出的结论负责。对于巨著，错误、缺漏、内容不均衡等是难以避免的。我们一方面遗憾于这些缺漏，另一方面又欣喜于所付出的努力。我们所希望的是，这卷作品以及先前的几卷著作，可以为世界近代早期历史的系统性的比较研究奠定坚实的基础。

我们将最深沉的谢意和歉意留给我们的妻子：阿尔玛·拉赫和伊莱恩·范·克雷（Elaine Van Kley）。她们的生活经常因从事研究和写作的丈夫的特殊需求而被扰乱。她们为本卷的写作投入了时间、精力和鼓励，慷慨地为这个工程牺牲着自己的方方面面。阿尔玛·拉赫如同先前一样，自愿地为本卷的大量插图贡献自己的摄影知识和才能。如果不是她们的奉献，这一卷不可能是目前这个样子，作为男人，我们也将是另外一种风貌！为了表达小小的谢意，我们将这一卷献给她们。

xxxvii 唐纳德·F.拉赫

引 言

《欧洲形成中的亚洲》第一卷的引言部分就该丛书的总体目标做了概述，请有兴趣的读者就此参阅。呈现在读者面前的这部作品即第三卷命名为《发展的世纪》（*A Century of Advance*），是第一卷《发现的世纪》（*The Century of Discovery*）的继续，它们一脉相承。本卷集中阐述了17世纪，其方法基本类似于第一卷对16世纪的处理。有关16世纪和17世纪的分界点—— 1600年——的重大意义已经在第一卷的引言部分论述过了。

但是，把第三卷内容的终点设在1700年至多不过是一个约略的估计而已。此时，北欧和亚洲的大国实力和影响力都处于巅峰状态。荷兰和英国的东印度公司已经绕过葡萄牙控制了亚欧之间的贸易。独立后的葡萄牙效仿它的邻居西班牙从1700年开始把目光从亚洲转向美洲。法国作为刚刚登上亚洲历史舞台的后起之秀，颇有后来者居上之势，不幸的是它随后遭遇了一系列军事和政治挫折。1700年，由于大西洋沿岸各国控制了欧亚之间的航线和贸易，所以包括神圣罗马帝国在内的欧洲其他大国只能远观而已。

17世纪的一个显著特点是欧洲商旅和传教士向亚洲大陆及群岛的纵深挺进。他们从上个世纪夺来的沿海据点出发，深入内陆，还踏入了印度莫卧儿王国（Mugul India）、暹罗（Siam）[1]、马打兰（Mataram）、中国、日本等国家的宫廷。这些行迹虽然为他们带来了更加可靠的信息和知识，但这并不直接意味着现实的政治权力延伸和领地范围的扩张。帝国基业的打造只能被局限在一些群岛上，如海岛东南亚（Insulindia）和菲律宾群岛；或者孤立的岛屿上，如台湾（Formosa）、关岛（Guam）、锡兰（Ceylon）[2]；或者相互隔离的城市国家，如科
xxxix 钦（Cochin）、马六甲（Malacca）、望加锡（Makassar）。法国人妄图贿买泰国，结果却被当地的民族运动驱出境外。欧洲人最成功之处在于他们或者通过内部合作，或者与当地土著居民合作，在沿海地带建设新城或者改造旧城：如马尼拉（Manila）、长崎（Nagasaki）、澳门（Macao）、巴达维亚（Batavia）、科伦坡（Colombo）、马德拉斯（Madras）、孟买（Bombay）、加尔各答（Calcutta）等。这些战略性货物集散港口的修建，使得欧洲商人垄断了亚洲各地之间的贸易，同时还满足了欧洲市场的需求。

北欧控制了除绕道太平洋之外的所有贸易。从欧洲不断涌入的天主教传教士继续操控着荷兰和穆斯林控制地区以外的传教事务。曾经占主导地位的耶稣会士不得不让出部分传教圣地，与由罗马的传信部（Propaganda Fide）和巴黎的外方传教会（Society of Foreign Missions）派出的自立教士（Secular Priest）[3]分享。有关教会管辖权和传教政策的辩论直接导致了天主教教会内部、教会与世俗国家政府之间的激烈争吵。荷兰新教牧师将传教范围限定在他们同胞控制的领域，特别是集中在海岛东南亚和台湾两个地方。在东方的荷兰牧师由于没有得到宗教机构的支持，只能集中侍奉那些和自己有共同信仰的信徒的精神需求上。不论是天主教神甫还是新教牧师，他们都为欧洲认知亚洲的视角增加了文化之维

---

① 泰国的旧称。——译者注

② 斯里兰卡的旧称。——译者注

③ regular priest 是团体的教士，他们是有规矩有纪律的，定好的制度大家都要遵守，比如，钱财的分配、教区的管理等等，都要按照事先规定好的规则去执行；而 secular priest 则指非团体的、一个人的教士，所有的规矩、纪律由他自己定，比如他想几点工作就几点工作，钱财的分配也是由自己支配。根据有关专家的解释，我们将 regular priest 翻译为教团教士，secular priest 译为自立教士。——译者注

和智力支撑。

大约从1600年始，商人和探险者激发了趋近太平洋的民间潮流。俄罗斯顺应此潮流，开始横穿东西伯利亚（Eastern Siberia）。部分激进的俄罗斯人借着满族人1644年胜利入关之机，继续向南方推进，直逼位于中俄边界的阿穆尔河（Amur River）。俄中之间的冲突不可避免，双方就边界问题达成谅解是绕不过去的课题。由于耶稣会士从中斡旋，俄中于1689年签订《尼布楚条约》（*Treaty of Nerchinsk*），以阿穆尔河以北的山脉为界。随后俄国沙皇彼得一世试图和北京进行贸易，但均无功而返。所以直到该世纪末，所谓横跨欧亚的俄罗斯帝国不过是他们的一个梦想而已，名不副实。亚洲领地对于俄罗斯只不过意味着政府一小部分的收入来源，别无他用；彼得一世和他的智囊团对西部先进技术的兴趣远胜于开发东西伯利亚的冲动。有关俄罗斯帝国东部地区以及俄罗斯人与亚洲人的交往活动，18世纪之前从未出版俄语文献。今人对俄罗斯东进运动的知识都来自西欧的出版物。所以，本卷和前几卷一样，我们在构建西方对亚洲形象时并没有涵盖俄语出版文献。

和俄罗斯不一样的是，西欧的百姓可以从商旅、传教士、冒险家等的报告，以及源源不断涌入欧洲的产品那里获得欧洲人在亚洲的进展情况，详细而生动。17世纪的大部分相关报道均来自北欧出版界，尤以荷兰最为突出。西班牙和葡萄牙继续出版一些在亚洲获得胜利的通知和布告，但是这一趋势在该世纪后半叶逐渐衰退。来自低地国家（Low Countries）[①]和法国的雕刻师、制图师参照这些出版报告不断地细绘着自己的作品。耶稣会士书信和书简集及传教报告都来自罗马出版界和其他天主教出版中心。大部分重要的商人和传教士报告都重印过，有的在再版发行前还进行了修订。很多文献被译成各种文字广泛流传，一部分还被再版收录在德·布莱（De Bry）、珀切斯（Purchas）、考梅林（Commelin）、特维诺（Thévenot）等著名的游记集里。就连新成立的法国和英国的学术协会也加入到出版亚洲文献的行列，他们特别关注学术著作以及植物学、动物学和医药方面的东方知识。

① 低地国家指比利时、荷兰、卢森堡三个国家。——译者注

有了这些丰富的出版材料作为支撑，17世纪那些“好奇”的读者了解亚洲的各个侧面就没有问题了。有关中国、印度等亚洲大国形象的转述相比前一个世纪更加全面深刻。17世纪的欧洲人充分利用和吸纳了前辈作品的精华，所以更容易理解东方社会和文化。他们，特别是那些传教士们通过学习当地语言，可以更加深入地理解印度、中国、日本等国的高雅文化。对于印度教、佛教、儒家文化以及这些宗教伦理文化对于其信徒施加的影响，该世纪的传教士比他们的先行者有更加深刻的体悟。亚洲的一些偏僻地区和较小的国家把欧洲人的到来看作是对现存秩序的持续威胁，因此欧洲人在亚洲遭遇的失败和胜利一样，都是历史书写的重要内容。除荷兰外，其他欧洲人于1640年被日本驱出境外；二十年后，就连荷兰人也被郑成功率领的中国人赶出台湾。在菲律宾、印度尼西亚及印度部分地区，穆斯林不时地阻滞着基督徒的传教事业。即使在宗教信仰比较包容的佛教地区如阿拉干（Arakan）和泰国，连最狂热的基督教传教士都为他们所看到的民众对宗教显示出的麻木不仁而感到气馁。在越南，由于它文化品格的杂糅和宗教传统的多元，使天主教的传播比别的地方更加成功和顺利，但是最成功的还属菲律宾群岛和马里亚纳群岛。

从欧洲对亚洲各个地区形成的形形色色的印象来看，投身其中的欧洲人在
XIi 从事着一场商业贸易和信仰领地争夺的鏖战，这一点是不言自明的。从文献记载来看，欧洲在亚洲大部分地区的事业推进是顺利的，但是我们也不难发现，他们在将自己的意志强加给卑微的亚洲人时，并不是都获得了绝对的成功。荷兰和英国记录下来的在很多地区的胜利其实都是借助于伊比利亚人的臂膀实现的，如印度、锡兰、海岛东南亚、日本等地区。新近被发现的很多亚洲地区其实都曾留下了传教士、商人、冒险者个人的足迹，如中亚诸国、朝鲜、老挝、澳大利亚以及一些太平洋岛屿。随着视界的拓展，那些不曾被人知晓的地域与已知的世界联系起来。到1700年，欧洲人对于亚洲的地理盲区只剩下如下几个地方：中国和印度北部的一些大陆边缘地带、澳大利亚的心脏部分（包括有关澳大利亚的大小和形状也不为人所知），以及南洋的一些偏僻地区，如新西兰等。

和第一卷一样，接下来我们要把17世纪的资料与目前最权威的学术成果做

一比对。当今的学者面临的最大困扰是17世纪的作者在参考其前辈或者同辈的资料时并未注明出处。遇到这样的情况，我们尽量在文本的正文或者以脚注的形式予以说明，但有时也并不尽如人意。我们也试图判断这些作者是讲述自己的亲身经历，还是讲述随便捡来的一些道听途说，抑或搜集来的一些离奇古怪的闲话以博得人们的好奇。17世纪的旅行者们不像现在的游人与当地的百姓非常隔膜，他们从容地游走，和当地百姓接触得更多，当然在一个地方逗留的时间也更久。正是因为这样，他们的报告不仅仅是表达了他们自己的见解，同时更是当地百姓观念的反映。我们试图找出每个个体作者在记录个人经验时的深度和长度，并尽可能地找出其持有的个人偏见。我们发现所谓的偏见其实并不存在。例如，荷兰牧师用少有的客观来书写印度教，英国探险者不带任何偏见地描述锡兰康提（Kandy）的日常生活，真诚的耶稣会士不带任何恶意和玫瑰色的眼镜记录满族人入主华夏中原等。我们也发现如今的学者有时并没有充分分析个体文本以及它们的作者，就随意引用这些文献。当17世纪的文献是唯一可以获得的材料，或者当该材料与同等权威的欧洲或亚洲文献相矛盾时，这一步骤的省略产生了更多的麻烦。应该注意的是，只要有本土资料或者研究资料，一些欧洲学者都会努力地使用它们。许多亚洲地方历史的重塑，都把欧洲提供的具体日期和统计数据奉为权威，甚至是唯一可循的资源。由于这些资料专拣那些不同于欧洲的风土人情记载，所以有关亚洲地区土著居民平凡生活的材料十分丰富，而这些内容恰恰是常被当地文人忽略的。 XIii

本卷中，没有花工夫去评说这些资料对欧洲艺术、科学、思想、制度、经济和社会实践的影响。读者反映的这个课题留待计划中的下一个本系列作品的第四卷再续。

第一部分

在东方的持续扩张

引 言

17世纪，欧洲的商业和宗教在融入亚洲的过程中经历了巨大变革。17世纪前半叶，葡属印度（Estado da India）萧条不堪，里斯本的东方贸易规模也在缩水。随着西班牙人放弃深入柬埔寨的努力，以菲律宾群岛为基地的西班牙太平洋帝国，于1606年将自己的势力推进到马鲁古群岛（Moluccas）①。1662年，他们又从马鲁古群岛撤出以巩固在菲律宾群岛和马里亚纳群岛的据点，并且确保美洲阿卡普尔科（Acapulco）和亚洲马尼拉之间大型帆船贸易的顺利进行。整个17世纪，荷兰都在打造位于爪哇岛（Java）和其他印度尼西亚岛屿上的商业帝国，这直接威胁了西班牙在亚洲的利益。英国人试图在香料群岛（Spiceries）占据一席之地，结果都是无功而返，后来他们集中力量发展通过西部港口苏拉特（Surat）与莫卧儿国的贸易。到1641年，荷兰已经从葡萄牙手里夺取了具有战略意义的马六甲港口，并且确立了在台湾的统治地位。这时，德川幕府（Tokugawa）将除荷兰人之外的所有欧洲人赶出日本国土。世纪过半，荷兰将葡萄牙赶出锡兰并且接手了马拉巴尔（Malabar）沿岸各大商馆的生产和贸易。1668年，葡萄牙摆脱哈布斯堡王室（Habsburg）的统治获得独立。其时，

① 也叫摩鹿加群岛。——译者注

葡属印度势力范围仅限于果阿及其北部的一些据点、中国东南部的澳门、帝汶岛（Timor）和小巽他群岛（Lesser Sundas）中的几个小岛。在这个节骨眼上，法国国王路易十四高调入场，希望通过和亚洲贸易，实现法兰西民族的复兴大业。17 世纪末的二十年，法国船队和使团出现在亚洲。借此，路易十四企图
3 与暹罗联盟形成与荷兰在印度东部势力的抗衡。1688 年，法国被驱逐出暹罗，这使得该世纪末对亚洲的掠夺落在了各有特点的几个国家手中：荷兰实力巩固，如日中天；英国事业拓进，蒸蒸日上；而伊比利亚却穷途末路，日薄西山。该世纪后半叶正当西欧强国从海路入侵亚洲时，俄罗斯也紧锣密鼓地开发东西伯利亚，并通过陆路将它的势力推进到中国边界。

西班牙和葡萄牙资助的基督教传教事业随着伊比利亚世俗政权的削弱也逐渐地衰落下去，只是还不那么剧烈和彻底。传教领域的领导权被在印度、中国、菲律宾群岛的耶稣会士把持，他们既受托钵修会（medicant orders）、自立教士和政府的援助，也受他们的牵制。在日本，从 1614 年至所有欧洲人被驱逐出境的 1640 年期间，除荷兰新教徒之外的所有基督徒和基督教信仰都遭受了剧烈的攻击。逃难的传教士和皈依基督教的信徒在澳门和马尼拉找到了避难所。耶稣会士以这两个地方为中心，把上帝的福音传播到越南、暹罗，甚至老挝。他们在亚洲大陆的东南部很快就遭遇了从 17 世纪 60 年代开始由罗马传信部和巴黎外方传教会派出的自立教士。在欧洲，有关天主教控制权的问题在各个国家和兄弟教会之间争论不休，到了该世纪的最后几十年，争论愈发增多，裂痕也愈大。同时为国王和教皇服务的法国耶稣会士在中国传教事业中的地位是显而易见的；而越南的传教活动却被巴黎外方传教会派出的神职人员控制着。在印度，以本地治里（Pondicherry）为基地的法国耶稣会士于该世纪末开始在卡纳蒂克（Carnatic）传播福音。该世纪初由罗伯特·德·诺比利（Robert de Nobili）创办的马杜赖（Madura）传教会继续发展壮大，一直辉煌到最后一刻。总体而言，天主教的布道在越南、菲律宾群岛、印度南部、锡兰等地最为成功。耶稣会士妥协主义者在日本的传教活动彻底失败了，在中国获得的成功也是微乎其微。

随着荷兰和英国控制了海上贸易，他们的新教牧师们集中精力皈依那些商业网点上的欧洲异教徒。荷兰的加尔文教徒（Calvinist）在皈依印度尼西亚群

岛上的安汶岛（Amboina）和台湾岛上的土著居民取得的成就是微不足道的；他们在锡兰和马拉巴尔皈依异教徒以及使新教徒脱离当地天主教等方面获得了些许的进展。从文化角度看，葡萄牙的亚洲天主教分部在抵制荷兰强权方面比世俗的葡属印度（Estado da India）成功得多。

伊斯兰教此时继续在印度、东南亚、菲律宾群岛等地扩张，在东方保持着对基督教的威胁。到该世纪末，几个来自俄国的东正教神甫突然出现在北京。这样一来，世界上所有最重要的非东方[①]土生土长的宗教在亚洲都有了自己的代表。

4

① 根据作者的陈述，这里的东方不涵盖现在的西亚。——译者注

第一章　帝国与贸易

麦哲伦时代以来，西班牙人一直着迷于太平洋的浩瀚与广阔，梦想着有朝一日可以从墨西哥和秘鲁派遣舰船去征服太平洋西岸，特别是马鲁古群岛和菲律宾群岛。然而这样的梦想由于早期派出的航海家不能成功返航始终未能实现。安德烈斯·德·乌尔达内塔（Andrés de Urdaneta）于1565年发现了一条从菲律宾群岛返回新西班牙①的航线，两年以后，从秘鲁出发的船只首次沿着这一航线探索**未知的南方大陆**（Terra Australis）②。对于这个神秘的“第五大陆”，古代的地理学家就预测了它的存在。[1]早在16世纪，就有制图师，特别是奥龙斯·法恩（Oronce Fine）和格哈德·墨卡托（Gerhard Mercator）将**未知的南方大陆**绘制在地图上，尽管那个时候有关这个地方的知识并不十分确定。为了获取更加准确的东方地理信息，菲利普二世于1569年派遣宇宙学家那不勒斯人胡安·包蒂斯塔·盖西欧（Juan Bautista Gesio）去里斯本参加教皇钦定的亚洲地区划界的讨论会。[2]1573年，盖西欧携带着大批地图、航海图、航海手册及有关描

① 指西属拉美地区。——译者注

② 指澳大利亚，当时人们还没有确切地认识这块陆地。原文为斜体，以示强调，中译统一改为黑体。下文不再另注。——译者注

述马鲁古群岛的材料等返回马德里。[3] 发生在亚洲的各种事变也增加了解决由
5 谁来统治马鲁古群岛问题的难度。1574 年，葡萄牙在德那地（Ternate）的堡垒被当地的穆斯林统治者联盟占据，[4] 其香料贸易中心也不得不退守到蒂多雷（Tidore）岛屿附近。五年以后，弗朗西斯·德雷克爵士（Sir Francis Drake）入驻德那地，这为英国主导香料贸易打下了基础。[5]

1580 年，菲利普二世加冕为葡萄牙国王，伊比利亚人争吵不休的马鲁古群岛问题最终得以解决。接着，葡萄牙派遣航海家和宇宙学家去马德里与**数学学会**（Academy of Mathematics，1582 年由国王赞助成立）成员一道研究航海、探险、开垦等事宜。[6] 早期的葡萄牙和西班牙探险家在航海日志中报道了新几内亚（New Guinea）北部沿海地区，并且在 1526—1545 年还曾登上海岸来到陆地；在此之后的很长一段时间内，大家都认为他们已经到过了那个传说中的未知大陆（austral continent），而且马上就要在美洲和新几内亚之间发现一个新的“秘鲁”或者“印度”了。事实上，负责管辖太平洋地区的秘鲁总督于 1567 年派出了由阿尔瓦罗·德·门达尼亚·尼拉（Alvaro de Medaña y Neyra，1541—1595 年）率领的两艘航船去寻找所谓的“第五大陆”，开启了殖民之旅。其实门达尼亚的航线还没有超过所罗门群岛（Solomon Islands）的南岸。[7] 1582 年弗朗西斯科·加利（Francisco Gali）从中美洲的阿卡普尔科出发，一路西行，到达菲律宾，从那里又北上澳门，沿途还注意到台湾，于 1583 年返回阿卡普尔科。加利 1585 年撰写的航海报告，后来收编在扬·惠根·范·林斯乔坦（Jan Huyghen van Linschoten）的《林斯乔坦葡属东印度航海记》（*Itinerario*，1598 年）和当时由 J. 沃尔夫（J. Wolfe）翻译的英语版本中。[8] 其他的西班牙航海家命运各不相同，有的发现了茂格岛（Maug）到关岛之间的马里亚纳群岛，有的却葬身于此。[9]

没有任何实战经验的菲利普二世麾下的航海家和宇宙学家在马德里的家里就得出结论：门达尼亚实际上已经触及到了南方神秘大陆的北岸，有必要再派船前往来证实这一推断。于是 1595 年从卡亚俄（Callao）① 派出了 4 艘船

① 秘鲁西部港市。——译者注

只，在门达尼亚率领下由葡萄牙航海家佩德罗·费尔南德斯·德·奎罗斯（Pedro Fernandez de Quiros，1615 年逝世）担任首席舵手（pilot-major）前往神秘大陆探查究竟。他们尽管没有找到**未知的南方大陆**，甚至也没有找到所罗门群岛， 6
但是却意外地于 1595 年仲夏发现了马克萨斯·德·门多萨群岛（Marquesas de Mendoza Islands）中的 4 个岛屿。[10] 不久之后，门达尼亚去世；奎罗斯和他的遗孀带着那些幸存者费尽周折来到了菲律宾群岛。在马尼拉，奎罗斯认识了刚从墨西哥来的安东尼奥·德·莫尔加博士（Dr. Antonio de Morga），他也是菲律宾总督手下的一个海军上尉。奎罗斯坚信马克萨斯群岛附近一定存在着一块陆地，并且私下里告诉莫尔加，这些岛屿对控制新西班牙和菲律宾之间的航线具有重要的战略意义。奎罗斯预言，国王将会亲自决策如何充分地利用这个重大的发现。[11]

不久，奎罗斯返回到新西班牙且于 1597 年 6 月抵达利马（Lima），他向上级报告了遭遇的海难并且盘点了自己的科学发现。他希望总督继续支持太平洋探险，却被建议返回故土直接面陈国王。还在返回欧洲的路上，奎罗斯就得知菲利普二世已经去世，罗马将在 1600 年庆祝圣年（Holy Year），于是他决定改道去罗马朝圣。1601 年 8 月 28 日，教皇克莱门特八世（Pope Clement VIII）正式接见了奎罗斯，当得知他在南洋的发现后，教皇鼓励他将基督教推向那些褊狭的土著居民。在罗马逗留期间，奎罗斯还向克里斯托弗·克拉维乌斯（Cristoforo Clavius）和其他科学家汇报了在马克萨斯群岛附近可能存在着一片大陆，一些“漂亮的土著居民”（comely inhabitants）曾经还从那里向外迁徙。[12]

有了罗马教皇和西班牙驻教廷大使的亲笔信，奎罗斯于 1602 年底气十足地返回了西班牙。菲利普三世（Philip III，1598—1621 年）与其说对奎罗斯的科学计划感兴趣，还不如说对他的宗教事业更加痴迷。国王生性怯懦，缺乏探险精神，他更加在乎个人的灵魂拯救和基督教事业的推广。奎罗斯对此深谙于胸，投其所好，将自己发现新大陆的消息上呈国王：这块土地上有成千上万的灵魂嗷嗷待哺，基督教的降临必将极大程度地实现国王拯救灵魂、征服异教的宏图大业。[13] 游说就此如愿。那个时候，人们普遍认为，在不断扩张的欧洲国家当中，西班牙是唯一可以担当“文明推广任务”（civilizing misson）的国家。[14] 7

尽管奎罗斯建议重新考察太平洋被一些大臣否决了，但是菲利普三世本人却对此十分赞同。1605 年晚期，由 3 艘船组成的舰队从卡亚俄出发寻找那未知的神秘大陆。奎罗斯一路目睹了无数的环状珊瑚岛及其他在地图上没有标出的岛屿，最终于 1606 年 5 月 3 日在新赫布里底群岛（New Hebrides）① 圣埃斯皮里图（Espiritu Santo）的“大湾”（Big Bay）驻船停航。此后的三十六天内，他努力地寻找所谓的“圣埃斯皮里图的澳大利亚”（La Austrilia del Espiritu Santo），但是暴虐的狂风大雨加上船员的刁难使得他的所有努力付之东流。最后奎罗斯不得不留下 2 艘船守在那里，自己沿着北向的航线返回墨西哥，遗憾的是没有机会深入探索“澳大利亚”了。[15] 留下来的路易斯·瓦埃兹·德·托雷斯（Luis Vaez de Torres）船长继续向马尼拉前进，并于 1607 年全面考察了新几内亚沿岸各地，得出的结论是新几内亚根本不是什么未知大陆的一部分，他后来又航行到香料岛。托雷斯是欧洲第一个成功穿越现在以他的名字命名海峡的人。

奎罗斯返回之后，墨西哥和马德里对他的态度不冷不热。从 1607 年到 1614 年，他执着地向国王上呈了 70 多份报告，以期恩准他继续垦殖和教化“澳大利亚”。尽管奎罗斯拥有航海天赋、富有领导艺术、擅长化解危机，但是他的对手仍然不遗余力地将他的计划阻滞到 1614 年，就在这一年他才再次获准重返秘鲁。奎罗斯于 1615 年死于巴拿马，但是他的影响力在西班牙乃至整个世界至今持续不减。

正当西班牙如火如荼地在太平洋探险时，葡萄牙却在忙着巩固 16 世纪攻打下来的沿海据点。17 世纪的曙光刚刚降临，葡萄牙这个横跨亚洲、非洲和巴西的帝国，其领土疆域和 16 世纪后半叶一样，没有变化。以果阿为首府的葡属印度的地理位置十分重要，保护和指挥着来往于莫桑比克（Mozambique）与日本之间的船只。在葡萄牙这个庞大的海上帝国里，城区殖民地在御用官员的指挥下继续扮演着贸易港口的角色，甚是繁华。土生土长的葡萄牙人在海外港口的人数并不多。以 1590 年举例来说，散居在葡属印度且出生在欧洲的葡萄牙人不

① 在西南太平洋，斐济西面，瓦努阿图的旧称。——译者注

足1.4万，而更多的是葡亚混血儿，他们在土著居民和葡萄牙人之间扮演着调解的角色。[16] 在果阿和科钦以及它们的附属地区，甚至在马六甲和澳门等地，葡萄牙人都占主导地位，欧洲的生活习惯十分盛行。在亚洲其他一些比较小的贸易港口驿站，葡萄牙人来来往往的路过但并不过久滞留，只是偶尔地发威警
示自己的存在。1574年马鲁古群岛的德那地要塞沦陷之后，葡萄牙人返回到丁 8
香群岛（clove islands）并且在它的毗邻蒂多雷岛建立起新的堡垒。十年内，葡萄牙人自动放弃了马拉巴尔海岸上的查利港口（Chale）和小岛图纳塔（Tunata）。除此之外，从1559年吞并达曼（Damão）到16世纪末再没有领土变更。[17] 整个17世纪，葡萄牙的前哨基地也没有增加，相反，很多的阵地被他的对手西班牙和荷兰掠取了。[18]

西班牙国王菲利普二世（葡萄牙的菲利普一世）牵头组建的伊比利亚联盟于1580—1581年通过法律程序正式成立，到1600年之前在欧洲及海外运行良好。根据1581年4月在托马尔（Tomar）签订的协议，葡萄牙有权掌控自己的政府运行和海外帝国管理。[19] 伊比利亚联盟逐渐成长为一个集经济、文化、政治等于一体的庞大实体，为海内外的伊比利亚人创造了新的机会。葡萄牙人除继续管理自己的王国外，还获准去西班牙帝国旅行，可以在西班牙本土自由贸易，但是不允许葡萄牙人在西班牙帝国范围内贸易或定居；同样的禁止条款也适用于西班牙人在葡萄牙帝国范围内的规定。这两个帝国在经济上互补，原因很简单：与印度的贸易离不开西属美洲的金条。不久葡萄牙商人社团在塞维尔（Seville）雨后春笋般地发展起来了，其中的一些社团会员本身就是西班牙国民，这样他们就可以合法地参与塞维尔和美洲之间的贸易。[20] 在亚洲东部，西属菲律宾群岛成了以马尼拉、马六甲、澳门为外围，香料群岛为中心的商业和军事三角地区的一部分。西班牙垄断了太平洋范围内以及马尼拉—阿卡普尔科之间的所有贸易，排斥一切外来者。

对于葡萄牙不幸的是，伊比利亚联盟使其卷入麻烦不断的外交漩涡和菲利普二世与他的后继者之间的斗争。葡萄牙于1588年加入西班牙抗击英格兰的无敌舰队，这使其蒙受了巨大数量的船只和人员损失。十年后，菲利普二世的去
世大大地削弱了葡西在托马尔签订的协议效力。继任的菲利普三世将政府管理 9

委托给他的亲信莱尔玛公爵弗朗西斯科·德·桑多瓦尔（Francisco de Sandoval，1598—1618 年在位）。桑多瓦尔在马德里大搞中央集权，不断地违反菲利普二世在位时签订的条约和协议，引起葡萄牙的不满和指控。例如，1600 年，他以西班牙国王的名义向葡萄牙派遣了一个三人委员会接管当地的经济业务，包括印度商馆（Casa da India）。[21] 诸如此类的来自马德里的武断行为使得菲利普三世在葡萄牙国内非常不受欢迎，人们不断地抵制西班牙哈布斯堡王室的统治。在亚洲东部，人们甚至怀疑西班牙人密谋企图控制澳门、马六甲、香料群岛以及日本的某个据点。

第一节　伊比利亚的东方海上帝国

随着荷兰和英国首次进入东洋直接挑战伊比利亚在当地的垄断地位，伊比利亚内部的竞争也在不断加剧。[22] 从果阿到澳门，葡萄牙人都保持着高度警觉的防卫姿态，这是因为他们和西班牙于 1600 年已经尝到北欧强国的海上作战威力。伊比利亚人曾经把这些荷兰异类（在西班牙国王眼里就是“叛逆者”）当作海盗对待，必须将其从东洋海域坚决迅速地驱逐出去而后快。从 16 世纪 90 年代开始，大批的葡萄牙人投入到锡兰和莫桑比克征战中去了，导致他们对于荷兰在东方其他地方的威胁来不及做出快速有力的回应。1609 年，菲利普三世和联合省（United Provinces）签订了《十二年休战协议》（*Twelve Years'Truce*），停战条件是荷兰有权在东方进行贸易。荷兰承诺不在由西班牙和葡萄牙控制的港口经营业务；根据规定，他们有权与其他统治者或当地土著居民进行贸易。尽管荷兰已经开始在爪哇修建自己的帝国基地，但是他们并没有彻底放弃印度和波斯；英国将主要力量投入到印度和波斯——葡属印度的心脏。葡萄牙的欧洲主要对手在东方的出现，也激发了亚洲各地的统治者和商人抵制葡萄牙对其
10 实施贸易和航运控制的狂潮。

葡萄牙哈布斯堡王朝统治时期（1580—1640 年），其亚洲帝国的殖民地共有 50 个，首府为果阿。1610 年，这些殖民地的人口包括土著居民和欧洲殖民

者在内达到其最高峰约 4 万人；到了 1635 年，这个数字急剧地下滑到 3 万人左右。[23] 果阿和比贾布尔（Bijapur）1576 年签订的协议确保果阿在陆地上不被对方攻击；比贾布尔惧怕莫卧儿人，一直未把葡萄牙人赶出境内。果阿与锡兰、马拉巴尔、古吉拉特（Gujarat）、波斯湾等城邦之间的贸易价值，远远超过了其与里斯本直接商业往来带来的收益。通常情况下，所有跟里斯本的交通往来和贸易必经果阿。每年都派出的**果阿护航船队**（*Cafilas*）保护东方的航道，盘查那些没有授权贸易的船只，从而保证葡萄牙各商业网点的安全。[24] 果阿的贸易虽然十分发达，但是缺兵少将，食物匮乏。即便如此，荷兰和英国在 17 世纪早期仍然不敢从正面攻击果阿。他们更擅长的是公开挑衅果阿给船只颁发牌照的权威，骚扰葡萄牙的海上运输，偶尔还封锁其港口。同时，荷兰和英国也寻求与葡萄牙敌对的印度王子和商镇缔结条约，结成联盟。远在印度的葡萄牙人从没奢望欧洲的母国给予足够的军事支持；他们主动寻求印度王子们，包括穆斯林统治者的援助，帮助果阿应对莫卧儿王国从陆地上以及荷兰和英国从海上的威胁。到了 1617 年，葡萄牙已经组织了一个德干高原苏丹人构成的联盟，和莫卧儿王国、英国与荷兰形成对峙。[25] 果阿的政府越来越依靠婆罗门（Brahman）和拜火教徒（Parsis）代表他们跟莫卧儿和其他印度统治者进行谈判。[26] 在学者们还没有完全挖掘整理所有可以获得的果阿和印度其他地方的资料之前，有关葡萄牙和印度的各个王国的故事是说不尽的。[27] 葡萄牙很多在东洋的商业公 11
司都曾受到日本人和古吉拉特人的经济支持。随着葡萄牙财富的不断缩水，曾经资助过他们的亚洲人和欧洲人一起变得愈发警觉，不再将自己的资金投向伊比利亚人而是转向荷兰和英国企业了。[28]

锡兰岛西部沿海平原地区有一个僧伽罗人（Sinhalese）统治的科特国（Kotte），葡萄牙和他们很早就建立了联系。以武力先行的葡萄牙商人从 1505 年开始就从科伦坡（Colombo）的基地出发到处寻求商机，并且资助那些对他们友好的科特本土统治者。然而几乎到了 16 世纪末，葡萄牙在锡兰岛的地位仍然不够牢固。1591 年，葡萄牙人征服了贾夫纳（Jaffna）半岛；三年之后，从印度派来的一支远征军平定了科特和内陆王国康提。葡萄牙人在经历先前的一些挫败之后，于 1594—1601 年间牢牢地控制着科特。接着，他们的主要目标是吞并山区佛教圣地康提，从而达到完全征服整个锡兰岛的目的。从 1602 年到 1612 年的十年间，葡萄牙每年都向康提派兵两次，企图在荷兰前来支援之前将其攻下。整个过程，康提损失惨重，但始终没有屈服，保持独立。[29]

17 世纪早期的马六甲是一个十分繁荣的转港口，其地理位置得天独厚，处于太平洋和印度洋两大贸易区之间，常年沐浴在印度洋季风和信风之中。马六甲作为一个要塞城市，大部分粮食主要依靠进口。葡萄牙常常派遣卫戍部队和海军到马六甲，保护其免受附近的马来国和苏门答腊国（Sumatra）的攻击；确保关系到马六甲海峡生存的贸易正常运转；当自然灾害发生或者贸易中止的时候还可以控制当地人口。马六甲位于通往荷兰和英国垂涎已久的香料生产基地的航道上，扼住了他们在海岛东南亚发展事业的咽喉。荷兰第一次突袭香料群岛的尝试于 1601—1602 年间被葡萄牙从马六甲派出的舰队赶跑了。然而，荷兰却不遗余力地压制马六甲，特别是当他们于 1602 年成立了东印度公司后，这种欲望愈加强烈。1606 年，荷兰与葡属马六甲最大的马来亚敌人——柔佛州
12 （Johore）的苏丹人——签订贸易协定并且结成联盟，同时还轰炸了马六甲城。荷兰人被从果阿派出的舰队驱逐了出去。尽管马六甲还是控制在葡萄牙人手里，但是荷兰通过在印度尼西亚海域巡逻并且强迫客商们改道去爪哇岛进行贸易等方法，逐渐地破坏葡萄牙人在马六甲的贸易。荷兰人还与伊斯坎达尔·慕达（Iskandar Muda，死于 1636 年）结盟，慕达是一位年青的亚齐（Acheh）苏丹，于 1607 年登上国王宝座。亚齐的崛起与途经红海和埃及的香料贸易的复兴是分不开的；亚齐地区是被从马六甲和其他葡萄牙占据的港口驱逐出来的伊斯兰商人的聚集地。[30]1655 年夏季，荷兰人和亚齐人派出一支舰队攻打马六甲；起初进展顺利，给马六甲造成了巨大的威胁，但最终被西班牙从马尼拉派出的舰队击退了。

位于中国南方沿海地区的澳门从 16 世纪 50 年代开始就是葡萄牙的海外前哨，在进入 17 世纪时，澳门已经是一个拥有 1 万人口的贸易中心，但是没有任何军事设防。[31]1599 年，以马尼拉为基地的西班牙人试图绕过澳门与中国广东直接进行贸易，打破了这片土地的平静。[32] 两年以后，荷兰人也来凑热闹，并

且开始骚扰葡萄牙人在澳门和日本之间的船运。此后，荷兰人，如1607年科尼利斯·马塔利夫（Cornelis Matelief）努力地与中国人进行直接谈判，但均没有成功。中国人习惯了容忍，也习惯了与葡萄牙人的贸易，不愿意将类似的权利赋予给他们不熟悉的北欧人。《十二年休战协议》（1609—1621年）中止了荷兰人在一段时间内企图打破葡萄牙人和澳门垄断中国贸易的愿望。[33]

马鲁古群岛位于伊比利亚人控制的亚洲东部三角地带中央，现在成了荷兰人东进的主要障碍。马鲁古群岛的德那地岛穆斯林统治者乐见葡萄牙人从眼前消失，于1600年派使节前往英格兰和联合省商讨贸易和援助事宜。蒂多雷岛的统治者——德那地岛的穆斯林邻居，也是敌人——于1601年派代表去马尼拉寻求西班牙人的帮助。[34]从1601年到1603年间，马六甲的葡萄牙军队和马尼拉 13
的西班牙军队试图收复德那地岛，结果未能如愿。荷兰海军1605年远征葡萄牙，迫使其从马鲁古群岛和安汶岛（Amboina）撤退。为了还以颜色，驻扎在菲律宾群岛的西班牙人接到马德里皇家的命令，组织了一支由36只战船组成的无敌舰队，招募了2 000多名水手和士兵。[35]马尼拉和西班牙本土为这次被称作“马鲁古群岛征战”的胜利举行了盛大的狂欢。但是这次征战留有后患，荷兰人在班达岛（Banda）和安汶岛的防御工事坚不可摧，随时都可以对丁香群岛发起攻击。马鲁古群岛的葡萄牙人乖乖地臣服于菲利普三世，而这个地区的管理也从属于西属马尼拉。葡萄牙人虽然总体上控制着丁香贸易，但是贸易的主流已经从原来的老市场马六甲转移到新市场马尼拉了。

早在1566年，葡萄牙多明我会神父从精神上暂时征服了小巽他群岛上的索洛岛（Solor）和帝汶岛。这些岛屿盛产白檀木，长久以来吸引着来自中国、菲律宾群岛、马鲁古群岛等地的商人和旅客，甚至连印度尼西亚最西端距此1 700多英里的马六甲人也慕名前来。[36]16世纪末叶前，葡萄牙人在索洛岛建立了堡垒并派遣了一小支卫戍部队把守，保护当地基督徒的安全以及贸易的正常运营。刚刚在马鲁古群岛出现不久的荷兰人便开始攻打索洛岛，并在1613年将葡萄牙在当地的堡垒攻陷。从索洛岛涌出的难民逃向弗洛勒斯岛（Flores）东部边缘的拉兰图卡（Larantuka），并在当地定居下来，有效地抵御了17世纪荷兰人的进犯。[37]占领了索洛岛的荷兰人并没有在此久居的意思，所以葡萄牙人于1620

年后重返索洛岛继续在当地经营贸易、传播基督教。在繁荣的“帝汶—澳门—望加锡（Makassar）”三角贸易中，索洛岛和弗洛勒斯岛的前哨迅速地成长为重要的贸易中转站了。当1614年荷兰人将马六甲从葡萄牙人手中夺走时，葡萄牙人以索洛岛为中心继续与周边岛屿——帝汶、弗洛勒斯岛、罗提（Roti）、萨武（Savu）、松巴（Sumba）——的友好商人进行贸易。在这些岛屿上，葡萄牙人虽然经常遭到荷兰人的攻击，但仍然保留着表面上的宗主权。1661年签订的《葡荷和平协议》（Luso-Dutch peace treaty）正式结束了两国在小巽他群岛上的
14 宿怨。[38]

荷兰对菲律宾的侵略始于1600年，接着他们致力于与中国和日本进行直接的商业交易。当时生活在马尼拉约2万多的华人于1603年起义，数量少于中国人的西班牙人在菲律宾人的帮助下镇压起义，这让马尼拉政府担心中国的报复。[39] 荷兰人早期对西班牙人的突袭基本上都以失败告终。1609年，正当双方停战的协议还在欧洲老家酝酿当中，荷兰人却在策划着对马尼拉的大规模进攻，试图打破伊比利亚人对马鲁古群岛的控制，把中国的贸易从马尼拉引向万丹。1610年年初，一支荷兰舰队强行进入马尼拉海湾，结果宏达海滩（Playa Honda）的首战失利，其将领也牺牲了（4月25日）。荷兰人与摩洛人（Moros）①结成联盟；作为回应，西班牙人在马鲁古群岛上建堡筑垒，发起针对棉兰老岛（Mindanao）和苏禄岛（Sulu）上摩洛人的战役。尽管是出于与荷兰达成短期停战的权宜之计，马尼拉总督胡安·德·席尔瓦（Juan de Silva）还是组织了一支庞大的舰队在果阿方面的配合下，于1611年发起了一场规模宏大的驱逐荷兰人离开印度尼西亚群岛的战役。1615年，马尼拉的舰队为马六甲解了围，但是来自果阿的葡萄牙中队遭到荷兰人的阻截，不得不原路返回。这次重创加上德·席尔瓦牺牲于马六甲，迫使西班牙回师马尼拉。荷兰人在相对和平的环境下继续他们的贸易和海上活动。由于德·席尔瓦的军事失利，葡萄牙人对西班牙和荷兰的野心同样怀有戒心，再没有和他人合作拓展事业的欲望了。西班牙人，无

① 主要分布在菲律宾南部的苏禄群岛、棉兰老岛、巴西兰岛和巴拉望岛等地。属蒙古人种马来类型。使用多种语言，属南岛语系印度尼西亚语族。文字用阿拉伯字母。——译者注

论是在马德里还是在马尼拉，都把重点放在已有据点的防御和巩固上，而不是对亚洲的荷兰人再度发起攻击。[40]

1600年，葡萄牙是唯一与日本在长崎（Nagasaki）进行常规贸易的欧洲国家。当时，正在京都（Kyoto）、本州岛（Kyushu）和九州岛（Honshu）其他几个城市传教的耶稣会士皈依了大约30多万名日本人。那时，无论是耶稣会士还是葡萄牙商人，都担忧菲律宾的西班牙人以及荷兰人和英国人打破他们在日本的垄断地位。然而就在1600年的4月，一艘标有“利佛德”号（Liefde）的航船抵达九州别府，随船来的两个人，一位是荷兰籍船长雅各布·奎科纳克（Jacob Quaeckernaeck），另一位是英国籍舵手威尔·亚当斯（Will Adams）。他们克服了艰难险阻，九死一生地越过麦哲伦海峡和太平洋来到这里。但是这并不意味着荷兰和英国的先驱者立刻对日本的葡萄牙人构成了威胁，真正的危险还是来自马尼拉的西班牙人。北欧人在东方既没有立足基地，也不了解这里的战况和贸易形势。葡萄牙人和西班牙人在东方越积越深的仇恨在西方的马德里也有了回应。佩德罗·德·巴埃萨（Pedro de Baeza），一个在东方有着丰富贸易经验的 15
人，于1609年向国王递交了呈文。呈文中说，同在亚洲的葡萄牙人和西班牙人均属菲利普三世的臣民，他们应该相互援助支持，而不是相互拆台竞争。[41]深谙欧洲人之间分歧的日本人对他们采取不偏不倚的态度，默默地忍受着各异邦不同的风俗习惯，这种情况一直持续到1614年。事实上，菲利普三世1613年曾致信给日本天皇，感谢他给予伊比利亚商人和传教士的慷慨和仁慈。[42]

正当葡萄牙政府和商人谋求科伦坡—长崎之间的海上帝国地位时，他的部分国民却在东南亚陆地上到处偷袭、掠夺。当年从菲律宾出发攻伐中国和柬埔寨的行动，充分展示了西班牙人骁勇好战的天性。然而他们对葡萄牙17世纪早期的挑衅却无动于衷。约1600年，西班牙停止了对柬埔寨的干涉，而葡萄牙却一波接着一波地偷袭或侵占缅甸和暹罗。[43]17世纪初的前十五年内，缅甸的一股葡萄牙雇佣军分队图谋通过武力夺取当地政权。从东吁（Toungoo）、阿拉干（Arakan）、暹罗等地调集来的欧洲籍雇佣军在费利佩·德·布里托·尼科特（Felipe de Brito e Nicote）和萨尔瓦多·利贝罗·德·苏萨（Salvador Ribeyro de Souza）的领导下，并且在阿拉干国王的部分帮助下，于1599年包围了勃固

（Pegu），占领了其西部港口沙廉（Syriam）。战争洗礼后的首领德·布里托愈加果敢独立，经过长途跋涉于1603年到了果阿。果阿的葡萄牙人十分需要勃固的木材，因此布里托受到了热烈的欢迎和接待。他还和艾尔斯·德·萨尔达尼亚（Ayres de Saldanhada）总督的侄女在婚姻中牵手，这就等于正式承认他是勃固地方和军队的统帅（Captain-General）。在勃固当地首领的支持配合下，德·布里托逐渐控制了缅甸南部的局势以及来自孟加拉、马达班（Martaban）和马来亚等地的商业贸易。到了1605年，缅甸南部陆陆续续来了一些耶稣会士，他们希望在此建立永久的传教基地。正当德·布里托巩固他在勃固的地位时，缅甸国王阿瓦（Ava）却在紧锣密鼓地统一国家中部领地。1613年，阿瓦占领勃固、包围沙廉、活捉葡萄牙“统帅”。德·布里托和他的亲信全被处死，其他俘虏被当作奴隶带走。其中的一部分葡萄牙人最终逃到了大城（Ayut’ia）①，1614年他
16 们在这里帮助暹罗人抵御阿瓦企图收复丹那沙林（Tenasserim）的军事进攻。作为回报，葡萄牙人在丹那沙林获得外事和商业特许权。[44]17世纪二三十年代，葡萄牙人、欧亚大陆雇佣军、海盗继续活跃在阿拉干和缅甸南部地区。直到莫卧儿人1666年占领了吉大港（Chittagong）②，这些人才被彻底地从恒河三角洲（Ganges delta）驱逐出去。

虽然葡萄牙的一小撮强盗想方设法地扩张他们的帝国规模，但是哈布斯堡王朝在亚洲地区（除了锡兰、马鲁古群岛、太平洋外）的整体政策倾向于审慎的防守。在比较偏僻的地区，正在崛起的荷兰和英国威胁着葡萄牙人的既得利益。但是，直到1615年之前，葡萄牙基本上保住了在马六甲及其他地方的控制地位，当然有时还得借力于西班牙。在海岛东南亚、澳门、日本等地，对葡萄牙不利的伊比利亚内部之间的竞争，与马鲁古群岛和爪哇岛成长起来的盎格鲁—荷兰势力带来的外部威胁相比，已经不足为道。很多殖民地本土统治者和商人曾经一度欢迎荷兰人和英国人的到来，以形成与葡萄牙人抗衡的局面。痛

① 泰国南部城市，阿瑜陀耶王朝与其首府同名，本书将王朝名译为阿瑜陀耶，首府则为大城。——译者注

② 位于现在的孟加拉。——译者注

苦而艰难的经历告诉他们，这些北欧佬在商业贸易上同样精明，本性和葡萄牙人一样贪婪。欧洲达成的《十二年休战协议》（1609 年），为 1615 年后葡属印度和马尼拉处于防守地位的葡萄牙人提供了一段短暂而不安的缓冲时间。葡萄牙在东洋的商业继续繁荣，官方或非官方的贸易仍然发达。葡萄牙在锡兰、小巽他群岛、马鲁古群岛、缅甸南部等地精心布置的武装部队，特别是海军，确保了贸易的正常运行和扩张。17 世纪初，虽然葡萄牙的香料贸易在欧洲的霸主地位被动摇了，但是它作为亚洲海上帝国的地位却难以被替代，并且一直维系到 1615 年，当然它承载的压力也在不断加重，维持成本急剧攀升。西班牙不断开发太平洋的其他岛屿，从而保护其大帆船的正常航行，并且拓展新的传教领地。[45]

无论是欧洲本土的葡萄牙人还是亚洲殖民地的葡萄牙人，在哈布斯堡王朝的统治下变得好逸恶劳，不思进取。依靠香料贸易谋生的商人开始抗议，特别是在 1606 年荷兰封锁里斯本之后，他们认为西班牙人的介入导致各地经济一片混乱。遭到葡萄牙反对的《十二年休战协议》在东方的收效甚微。1611 年至 1614 年间与英国在苏拉特的海事冲突，使葡萄牙更加担忧他们在印度洋地区的前景。《十二年休战协议》以及莱尔玛的对策都没有解决国内通货膨胀和其他难以治愈的经济和社会问题。1609 年至 1614 年与摩尔人的战争也加剧了伊比利
亚联盟内部的紧张关系，人们痛苦地反思该联盟存在的意义。葡萄牙人也担心 17
国王为维持在美洲和西非的帝国利益而投入巨大的人力和物力。但是最具撼动性的事件是 1614 年至 1616 年发生在日本的变故，当时日本政府决意驱逐所有天主教传教士出境，并且限制本国与澳门和马尼拉之间的贸易。[46]

在西班牙国内，改革派（arbitritas）长久以来就警告人们，国家处于经济崩溃和道德沦丧的边缘。从 1617 年始，来自菲律宾的谏臣们便抱怨岛上经济萧条，有必要保护自然资源。[47] 但是菲利普三世政府对这些警告置若罔闻，他们将精力放在了欧洲内部更加紧迫的问题上。1618 年波希米亚（Bohemia）爆发了**三十年战争**（Thirty Years' War），西班牙不得不在低地国家布防重兵。马德里 1619 年注意到西班牙内部的问题，提出改革政府的紧迫性，以便有效管理殖民地事务。 但是直到 1621 年菲利普三世逝世之后，他的继任者才注意到费

尔南多·德·卢斯·里奥斯·科罗内尔（Fernando de los Rios Coronel）和杜阿尔特·戈麦斯·索利斯（Duarte Gomes Solis）关于菲律宾和印度情况逐渐恶化的呈文。[48] 但为时已晚，因为正是在1621年这一年西班牙和荷兰的战争再度爆发，殖民地改革事宜被无限期地“束之高阁”。

正当谏臣们警告亚洲殖民地可能遭遇的问题时，其实那里的情况已经每况愈下。1616年日本天皇德川家康逝世，激发了对基督徒的新一轮迫害。日本政府要求严格执行法律，限制外国人入境贸易，控制日本人的出境活动。到1624年，日本人切断了与菲律宾群岛的所有联系，但是每年还准许来自澳门的葡萄牙“大型船只”（Great Ship）入港。日本南方的大名（Daimyo）① 不时地向马尼拉做出希望恢复贸易的示好姿态。但是其他崇尚武力的大名却迫不急待地要进犯澳门和菲律宾群岛，尽管那时葡萄牙人和日本人都从与澳门的贸易中获利不菲。事实上，17世纪30年代是葡萄牙商人和日本商人在澳门获利最多的几年。[49] 此时，日本的基督徒继续承受着政府衙门的迫害，终于导致了1637—1638年间的九州岛起义。日本方面怀疑在澳门的葡萄牙人从中煽风点火引爆了起义，所以于1639年下令立即并且永久终止持续了九十五年的澳门和长崎之间的商业贸
18 易。荷兰人从1609年后逐渐稳固了在平户（Hirado）的贸易地位，并且不断地威胁着菲律宾、澳门以及公海航运。伊比利亚人普遍谴责荷兰与日本的异教徒密谋打倒当地的天主教，破坏了伊比利亚和日本的正常关系。[50]

虽然荷兰人不该为伊比利亚在日本的全面溃败负所有责任，但是毋庸置疑，他们是将伊比利亚人驱逐出海岛东南亚和中国海域的主要因素。从1619年起，即欧洲的停战协议到期前的两年，荷兰人发起了一场大规模讨伐东印度群岛上的敌人的海战——不论他们是亚洲人还是欧洲人。荷兰人将英国人驱逐出印度尼西亚中东部的一些岛屿后，1622年攻袭了澳门，两年后又攻打了马尼拉。虽然两座城市都没有陷落，但是荷兰人实质上在相当长的一段时间内中止了伊比利亚前哨商站的贸易活动，他们采取的手段包括封锁阻击、干涉海运航线，以及1624年在具有战略性位置的台湾岛上建立永久性商馆和

① 日本封建时代的大领主。——译者注

堡垒等。澳门加强自身防御工事的同时，西班牙人 1626 年在台湾的北部地区基隆（Keelung）建立了自己的基地，抵御荷兰人进驻台南（Tainan）的热兰遮城（Fort Zeeland）。如同马尼拉和澳门一样，葡萄牙在马六甲的前哨阵地抵御住了荷兰人对它商业上的进攻，同时也抵御住了荷兰的苏门答腊人同盟亚齐国 1629 年的进犯。接下来的二十余年里，伊比利亚人享受了一段免受荷兰人压力的缓冲期。这段时间，经济繁荣和军事安全一度再现于伊比利亚贸易中心。

澳门的复兴获益于和中国明朝政府的军火交易，1620—1644 年间明朝统治者正与关外的满族人（Manchu）进行战争，他们需要大量的武器。同时，澳门继续从日本和印度支那（Indochina）① 之间稳定的贸易往来获利；17 世纪 30 年代秘密发展起来的与马尼拉的贸易也促进了澳门的繁荣。荷兰的封锁被解除之后，来自中国的丝绸帆船重返马尼拉，该地区跨太平洋贸易再度复兴。马尼拉的经济和建设稍有起色，当权者们便迫不及待地向棉兰老岛的摩洛人和苏禄海域（Sulu Sea）的穆斯林发起攻击。1635 年，西班牙人占领了棉兰老岛最西端的三宝颜（Zamboanga）—— 一个摩洛人的聚点。尽管如此，西班牙还没有完全排除摩洛人对菲律宾群岛中部和西部造成的威胁。随后，西班牙以三宝颜为基地，向婆罗洲（Borneo）东部的卡姆孔人（Camucones）② 发起攻击。卡姆孔
人经常在米沙鄢群岛掳掠、施暴、奴役。发生在 17 世纪中叶的这几次袭击是西 19
班牙在东南亚扩张运动的最后尝试。

在印度，葡萄牙对荷兰和英国的进攻一直顽抗到哈布斯堡王朝的终结（1640 年）。印度西海岸果阿北部和南部的各贸易前哨据点功能依旧，延续着昔日 16 世纪末的辉煌。葡萄牙人 16 世纪晚期开发出来的卡纳拉（Kanara）地区

① 印度支那一般指印度支那半岛即中南半岛或中印半岛。中南半岛在亚洲东南部，位于中国和印巴次大陆之间。包括缅甸、泰国、老挝、越南、柬埔寨、马来西亚西部和新加坡。——译者注

② 西班牙对该地区的群族的一种称呼，这里采用音译法。——译者注

沿岸城市继续供应胡椒、稻米、纺织品、硝石等。[51] 对乌奴耳（Onor）① 的最大威胁来自于 1602—1629 年崛起的内陆国家伊喀利（Ikkeri）。葡萄牙果阿当局为平息来势汹汹的伊喀利统治者的扩张态势，不得不放低姿态，让他为卡纳拉的胡椒贸易制定贸易条款。马拉巴尔地区的葡萄牙人稍感幸运，没有面临类似的威胁。科钦（Cochin）作为葡萄牙人在印度的根据地，地位仅次于果阿，继续为他们在印度建造船只提供柚木和其他木材。然而这个和里斯本有大帆船海运往来的港口于 1611 年被废弃了。葡萄牙人在继续关注沿海航运和私人贸易的基础上，现在更加关注发展当地的实业。虽然葡萄牙与马拉巴尔地区的宿敌卡利卡特（Calicut）之间的和平协议还没有完全签订下来，但是由于葡萄牙拥有足够的实力控制本地的海上活动，所以继续在该地区设立机构颁发东海域的商船营运证。在整个哈布斯堡王朝期间，葡萄牙在从果阿到奎隆沿岸的海上势力仍占上风。[52]

1622 年，霍尔木兹被盎格鲁—荷兰—波斯联合军队攻陷，这是葡萄牙第一个被攻陷的要塞，果阿与波斯湾地区的正常贸易也因此急剧逆转。尽管葡萄牙政府在 16 世纪采取了很多措施操控霍尔木兹的陆地贸易，但是成效甚微。[53] 霍尔木兹的陷落并没有彻底阻隔果阿和波斯湾之间的陆路贸易。葡萄牙人仍然可以获得所需的波斯丝绸和地毯、阿拉伯马匹、来自波斯湾周围地区——马斯喀特（Muscat）、贾斯克（Jask）、Kung② 等——的巴林（Bahrein）珍珠。虽然马斯喀特于 1650 年被奥斯曼阿拉伯人（Osmani Arab）占领，但是葡萄牙在波
20 斯湾各城市的贸易活动一直持续到 17 世纪末。[54] 尽管受到奥斯曼人的监管，本地区的陆路信使服务和沙漠商队贸易（caravan trade）③ 还是得以有效地运行到 17 世纪末。[55]

哈布斯堡王朝的最后十年，葡萄牙在锡兰岛的地位急剧下滑。从 1612 年到 1630 年，葡萄牙在锡兰的军队，通常是在堂 · 康斯坦丁诺 · 德萨（Dom

① 现在的霍纳沃尔，那个时候是卡纳拉胡椒出口的主要港口。俄罗斯称奥诺尔（Onor）。——译者注

② 无以查证。——译者注

③ 通常往返于沙漠地带，caravan 通常指一队旅行者及动物（尤指骆驼）。——译者注

Constantino de Sa）的率领下，从来没有真正战胜过康提的国王；同时，康提也从未真正威胁过科伦坡的葡萄牙人。然而，1629 年当堂·米格尔·德·诺罗尼亚（Dom Miguel de Noronha）——林哈里斯（Linhares）家族的第三位伯爵——出任印度总督的时候，锡兰的僵局被打破了。林哈里斯伯爵不满意德萨的不作为，指控其玩忽职守，谋取私利。德萨经受不住对方的责难，于 1630 年发起进攻康提的战役，其时，他手里没有多少兵力。灾难随之而来：德萨和一些重要的贵族（fidalgos①）都被处死。接着康提方面试图围困科伦坡但是没有成功，双方再次陷入僵局。约 1635 年，辛哈（Raja Sinha）在康提称王，并且宣称自己是科伦坡的君主。随后，他和印度科罗曼德尔海岸（Coromandel coast）的荷兰人接触并且提出愿与对方谈判协商。1638 年，双方签订了一份由荷兰人一手策划的协议。根据该协议，荷兰保护康提人的安全；作为回报，康提供应给荷兰人肉桂的价格比给葡萄牙人的更为优惠。[56] 随即荷兰人不顾辛哈的抗议，尝试以各种方式将葡萄牙人从锡兰岛彻底清除出去。不久他们占领了科伦坡南方的加勒（Galle）②，成为锡兰岛南部的霸主。这个时期其他区域发生了一系列事变，一定程度上挽救了葡萄牙人，使得他们没有完全被驱逐出去。事实上，葡萄牙人在该地的贸易活动一直延续到 1658 年。

哈布斯堡王朝的最后几年，葡萄牙人在亚洲地区特别是在公海域，一片溃败。从 1637 年始，荷兰每年都封锁果阿，这使得该地区与里斯本的大帆船（carrack）③ 贸易几乎不可能。从 1631 年到 1640 年的整整十年间，仅有 15 艘船从亚洲到达里斯本，这个数字比以往任何时代都少。[57] 葡萄牙的所有前哨防御落后，不堪一击，到 1635 年都成了荷兰军事进攻的主要目标；这一年，葡萄牙手里的霍尔木兹已经被夺走了。虽然荷兰人到处扰乱葡萄牙人在各地的贸易，但是他们将 17 世纪 30 年代的重点放在占领马六甲、控制该海峡的航运上。到

① 贵族，葡萄牙语。——译者注

② 斯里兰卡西南部港市。——译者注

③ 15 世纪至 18 世纪初军舰商船两用的大帆船。——译者注

1631年，荷兰和暹罗的关系开始好转，暹罗是当时亚洲东南部最主要的大陆国家，也是马来亚的宗主国。从1635年开始，荷兰不断派出快艇潜伏在马六甲海峡，伺机捕获葡萄牙的航船，实际上等于封锁了这个港口。1637年，柔佛州
21 （Johore）的苏丹人与荷兰人再度联手结盟。停泊在印度洋的一支荷兰舰队阻止葡萄牙派兵支援马六甲。葡萄牙殖民者还没有从1639年日本禁止对外贸易的消息中反应过来，1641年他们又听到另一个噩耗——澳门的生命线由于马六甲投降了荷兰而被切断。祸不单行，发生在欧洲的事变导致他们与马尼拉的贸易也被禁止。

里斯本的民族主义者越来越明白，葡萄牙帝国没有一寸国土是安全的，国王为应对欧洲的战争而搜刮民脂民膏，财力和人力负担逐年攀升。1635年和英格兰达成的协议使葡萄牙在海外的敌人只剩下荷兰及其亚洲的盟友，这对印度的葡萄牙人是极大的宽慰。西班牙之外的伊比利亚人1640年发动起义，反抗奥利瓦雷斯（Olivares）和菲利普四世的铁腕政策和中央集权。是年6月，加泰罗尼亚人（Catalanian）发生叛乱；11月，有独立意识的葡萄牙贵族的密谋得到了布拉干萨（Bragança）公爵的支持。1640年年底，葡萄牙宣布脱离西班牙王国，布拉干萨公爵在里斯本加冕称王，是为若昂四世。听到这个消息，葡萄牙的亚洲帝国如释重负，欣喜雀跃。可是没有人会预料到葡萄牙脱离西班牙的道路竟然走了整整二十八年。期间，双方战争不断，葡萄牙失去在葡属印度的大部分土地。

1640年之前，葡萄牙帝国在亚洲的衰落被归因于西班牙国王的管理不当；而葡萄牙重振时期（Portugal's Restoration era，1640—1668年）遭受的一系列重大失利可以追溯为：国内，常年累月应对西班牙的保卫战；国外，对荷兰劫掠亚洲各前哨港口的无能为力。1641年，葡萄牙人和西班牙人之间所有在亚洲的交往被马德里和里斯本双双禁止。《葡荷十年停战协议》（*Ten-Year Luso-Dutch Truce*，1641—1651年）最后终于得以签订，而实际执行于1645年之后。这给了不堪其扰的东方葡萄牙人一个短暂的喘息机会。马六甲沦陷之后，葡萄牙极力挽救在印度尼西亚的阵地。它利用这次停战的机会将贸易中心从印度东部转

移到西里伯斯（Celebos）[①]的望加锡（Makassar）和小巽他群岛上残存的一些港口前哨。澳门失去了与日本和马尼拉获利颇丰的贸易往来之后，不得不将生存的希望寄托于和广东、望加锡、弗洛勒斯岛、帝汶岛等地的商业往来上。葡萄牙与西班牙的战争1668年结束之后，分别于1670年和1678年派了两个贸易代表团前往北京。这两次示好都没有收到任何预期的效果，葡萄牙继续被限制在澳门的弹丸之地。[58] 22

马尼拉的西班牙人同样遭受了巨大的经济损失。1637年，中国平板帆船贸易的介入、荷兰频繁的海事活动、吕宋岛（Luzon）华人的新一轮起义等都使西班牙跨太平洋的贸易大大缩水。1642年，荷兰发起对马鲁古群岛、菲律宾群岛南部以及西班牙在台湾根据地的第三次进攻。西班牙被迫撤离台湾但是死守马鲁古群岛。更糟糕的是，1645年马尼拉发生破坏力极强的大地震，一多半儿的城市被毁，600多名居民死亡。马尼拉还没有从地震中恢复元气，荷兰就分别于1646年和1647年再度进攻马尼拉，试图夺取西班牙在东方的总指挥部，只是都没有成功。菲律宾群岛比较侥幸，1648年西班牙和联合省签订的《明斯特条约》（*Treaty of Münster*）使其免受荷兰的猛攻。这个条约结束了荷兰八十年独立战争（Eighty Years’ War of Dutch Independence）的历程。同时大家也达成共识：荷兰可以永久立足于东方；西班牙在东方的扩张企图必须有效遏制。

《威斯特伐利亚和约》（*The Peace of Westphalia*，1648年）使得哈布斯堡王朝谋求“普鲁士—西班牙”在欧洲霸权的大戏落下帷幕。被普鲁士同伴抛弃的西班牙孤军奋战，攻伐法国和葡萄牙。1651年，葡萄牙和联合省的停战协议刚刚期满，荷兰、英国、葡萄牙三方参与的殖民战争大幕再次拉开，主战场在大西洋。[②]1654年签订的条约正式赋予英国与葡萄牙在亚洲除澳门外的各港口前哨进行贸易的权利。但是葡萄牙常年忙于独立于伊比利亚的战争，使其无暇派遣重兵前往亚洲。现实面前，里斯本政府不得不得出葡萄牙无法在世界各地同

① 印尼苏拉威西岛之旧称。——译者注

② 1652年至1654年的英国—荷兰战争。——译者注

时全面进行有效防御的痛苦结论。特别是1659年法国和西班牙达成和平谅解之后，这一结论更加肯定。显然，如果不能全面顾及，那么应该把国家本土安全和民族独立放在首位。离葡萄牙本土最远也最不容易防守的亚洲据点，就让它自生自灭；葡萄牙政府将重点放在防守非洲和巴西的殖民地。被巴西和安哥拉（Angola）殖民地排除在外的荷兰向葡萄牙发起新一轮征战，封锁里斯本。1661年，荷兰迫使葡萄牙重金赔偿战争损失，并且使其享有与七年前葡萄牙赋予英国的同样的贸易权利。

从1640年到1665年的二十五年间，葡萄牙在葡属印度的灾难接踵而至。1656年失去了科伦坡，两年后又失去了锡兰岛的所有其他据点。果阿的经济贸易也日渐衰落，特别是17世纪50年代葡萄牙人从阿拉伯半岛和波斯湾地区被驱走之后，衰败迹象更加明显。果阿无论从规模上还是从重要性上都大不如从
23 前，其经济现在由本地商人操控。[59]虽然葡萄牙和联合省之间的和平协议已经在欧洲签订，但是荷兰为补偿在巴西的损失将马拉巴尔沿海据为己有；1661—1663年间，荷兰不断地在以下各地注资：奎隆（1661年）、僧急里（Cranganore，1662年）、科钦（1663年）、坎纳诺尔（Cannanore，1663年）。葡萄牙为夯实与英格兰的友好关系，1661年把孟买（Bombay）作为布拉干萨的凯瑟琳的嫁妆赠送给查理二世（Charles II）。这样，葡萄牙在东方的殖民地只剩下果阿、第乌（Diu）、勃生（Bassein）、小巽他群岛、澳门等地了。其中，澳门由于人口逐年增长而最为繁荣。[60]1668年与西班牙战争的结束，为葡萄牙留出多于一代人的时间（到1704年）来恢复元气，弥补损失。他们利用这个时期全身心地谋取内部发展，打造与巴西和非洲各港口更加紧密的关系。[61]

当西班牙承认了葡萄牙的独立，它在东方的帝国宏伟构想犹如一个美丽的肥皂泡破灭了。1640年后，马尼拉和澳门的贸易中止，菲律宾群岛从此在亚洲就没有任何欧洲贸易伙伴了。马尼拉内部，华人社区仍然让西班牙当局十分头痛。1662年，郑成功收复台湾，要求马尼拉进贡，并威胁说要进攻菲律宾群岛。这使马尼拉华人和西班牙人的紧张关系演化成明显的阵营分化。被西班牙看作是郑成功在城内的“木马”（Trojan Horse）的菲律宾华人，现在公然藐视比他们人数少的西班牙统治者。正是在这种情况下，西班牙不得不从马鲁古群岛的

最后一个据点德那地撤军。1640 年之前，只有葡萄牙有权经营马鲁古群岛的丁香生意；在此之后，德那地的西班牙人也把丁香贩运到马尼拉。然而，1662 年马尼拉的普遍观点是防守和维持德那地正常运转的成本远远超过丁香生意带来的收益。对西班牙人来说，从德那地撤兵带来的痛苦和失望，远不如从马尼拉传来郑成功去世的消息所带来的宽慰和愉悦那么令他们激动。[62]

随着西班牙对德那地的放弃，马尼拉这个曾经被设想成伊比利亚在东方的帝国之城，现在却成了西班牙在吕宋岛和维萨亚斯（Visayas）的行政、宗教、贸易中心，同时也是中国和墨西哥之间大型帆船贸易的货物集散地。在日本、马鲁古群岛、印度尼西亚受挫但是意志坚韧的耶稣会士于 1668 年开始从菲律宾
群岛东进，转移到马里亚纳群岛的关岛。以前虽然有很多前往菲律宾群岛的帆 24
船队和舰队都停靠关岛，但是直到 1668 年西班牙政府才正式命令阿卡普尔科帆船队可以入港进行油料和食物补给。1681 年，西班牙在关岛已经拥有了一个布道团、一个防御堡垒、一支卫戍部队及一位总督。[63] 到 17 世纪末，西班牙探险家和传教士发现在关岛附近还有很多小岛；他们给其中新发现的两个岛群分别命名为马里亚纳群岛（Marianas）和加罗林群岛（Carolines）。[64]17 世纪末，西班牙由于殖民地战略重心的调整，它在东方的帝国确切地说不是亚洲帝国而是太平洋帝国了。

第二节　伊比利亚的贸易萎缩

1591 年，菲利普二世成立了财政委员会来整合伊比利亚的财政管理。在葡萄牙，16 世纪早期由堂 · 曼努埃尔（Dom Manuel）创建的一些管理部门被废止，“印度商馆”和香料贸易纳入新成立的财政委员会管理。1593 年，葡萄牙总督——枢机主教大公艾伯特（Albert）被召回马德里；从此以后一直到 1600 年前，葡萄牙的管理由设在里斯本的摄政委员会负责。尽管很多权力都被收归到伊比利亚联盟中央，菲利普二世在世时葡萄牙基本上都配合联盟的改革，这是因为菲

利普二世一直履行《托马尔协议》中的承诺，即葡萄牙国家的管理部门只雇佣葡萄牙人。[65]菲利普三世打破了这个脆弱、微妙的平衡关系，于1602年派遣西班牙人到葡萄牙管理委员会任职。从1604年到1614年，王国创建的印度管理委员会本应管理海外事务，但是由于财政委员会还在控制经济事务，印度管理委员会的作用一直得不到发挥。1608年，路易斯·门德斯·德·瓦斯康塞洛斯（Luis Mendez de Vasconcelos）在他的《关于里斯本位置的对话录》（*Dialogos do sitio de Lisboa*）中，表达了海外探索发现对葡萄牙经济的影响：

> 辉煌的发现、勇敢的创举及坚韧的探索所付出的代价是，在我们不断地向新世界推进时，葡萄牙的耕作越来越落后，人口逐年下降。[66]

尽管这种表述值得商榷，但是这也反映了葡萄牙人当时的普遍观点，即对哈布斯堡王室统治的不满。塞巴斯蒂安主义（Sebastianism）——一种认为年轻的塞巴斯蒂安国王在阿尔卡塞尔·克比尔（Alcacer Kebir，1578年）战争中没有牺牲，并且很快就会重回国王宝座的疯狂信仰——在民间迅速蔓延，挑战着
25 哈布斯堡王室的经济和海外政策的中央集权。[67]

连年不断的战争，特别是荷兰和英国开始封锁港口并且骚扰大西洋和东洋的航运，使得伊比利亚王国的主要收入来源之一的香料贸易遭受重创。早在1591年，私人承包商就不能满足香料贸易配额指标，迫使国王不得不重新担负起贸易管理的责任，并且重组“印度商馆”。菲利普三世执政早期，有关“印度商馆”和“印度货栈”（Armazem da India）①运营不良的报告不断发往马德里。国王于1598—1602年派遣特使前往印度核查记录，质询官员；调查揭示了很多执行官员操作上的不当。两年后，一场改革拉开大幕，不称职的官员被开除公职。[68]然而，机构组织本身没有进行任何本质上的改革。1628年，当本土的管理模式引进到葡属印度公司时，机构设置和机构职能的脱节仍然是其管理模式的最大弊病。[69]“印度商馆”负责向海外的所有商品收取关税和其他各种税费，

① 印度货栈：葡萄牙语，主要指葡萄牙在印度设的造船所和货物仓库。——译者注

销售胡椒，其收入统统纳入国家账户；其官员监管船运的装卸、盘查走私及支付船员的工资。“印度货栈”负责建造、修理及供应船只，招募船员，并且负责航海材料的补给。[70] 到 1628 年，“印度商馆”和“印度货栈”都归与皇家财富息息相关的最高机构——国家财政委员会——管理。

“印度之旅”（Carreira da India，India run，passage to India）——从里斯本到印度果阿之间的航行——曾经是 16 世纪航海技术实践的伟大成就之一。印度船队，尽管也遭遇了沉船事故或者因疾病和营养不良导致的船员伤亡，但总体上实现了定期和有效地往返航行。1497 年至 1590 年的近百年历史中，从里斯本始发的航船有 87% 成功到达了目的地；88% 的返航获得成功。但是荷兰和英国的加入使这幅美丽愉悦的风景面目全非。1591 年，16 世纪历史上第一次没有任何船只返回里斯本；1598—1599 年，一支强大的英国舰队封锁了里斯本， 26
期间没有一艘航船从塔霍河（Tagus）离港或入港。由于英国和荷兰的海军袭击或者出于对他们袭击的恐惧，促使葡萄牙人迫不得已冒险寻找新的航线，导致沉船事故不断增加。里斯本和果阿资金的短缺也使得造船数量下滑，船只维护成本、航海技术及引航标准都下降了。尽管如此，“印度之旅”一度还恢复了往日的辉煌。从 1591 年到 1630 年，为应对荷兰的挑战，平均每年发往印度的吨数增长了 38%，这个数字比 1521 年至 1590 年的年平均增长数还高。事实上，17 世纪的第一个十年是通往印度航线最繁忙的一个时期，特别是承运军队、武器和弹药等方面的增长速度十分明显。然而，从 1590 年到 1630 年的四十年间，船只失踪、牺牲人数及货物丢失的情况不断发生，数量有增无减。葡萄牙海军由于在东方管控范围太广，点儿太散，在武器装备和速度等方面都比不过船只比自己小的荷兰海军，所以越来越不能适应保护葡属海外港口和护送商船的需要。不断失利于荷兰的葡萄牙不得不将视线收回到大西洋，放任“印度商馆”自生自灭。从 1631 年到 1670 年的四十年间，每年只有一两个印度人到达里斯本港口，所带的货物平均也只有 900 多吨。1668 年之后和平时代的到来，也没有使“印度之旅”航线有任何起色。葡萄牙决定将所有精力和财力用来保护和开发巴西。[71] 通过“印度之旅”实现与亚洲的贸易量，在其最高峰时也没有达到通过印度洋航线实现的与亚洲贸易量的 2%。[72]

从葡萄牙出现在世界东方的那一刻起，4 个特点鲜明的贸易区域就存在了：红海周边国家和波斯湾、南亚、东南亚的岛屿和陆地国家，以及远东地区（中国、日本、台湾、朝鲜、菲律宾群岛）。所有贸易区域中，印度由于其地处核心、易于深入内陆、经济组织形式多样且富于弹性、交通便利、功能多样化等原因，是最优越和最具实力的贸易中心。1600 年左右，印度是当之无愧的世界上最大的棉纺织品生产国；印度的布料出口到西至东非、东至菲律宾群岛的广大区域。[73] 正因为如此，葡萄牙人并没有轻易触动这些现存的亚洲沿海贸易网络结构；相反，他们努力让自己适应它，并且促使他们的个体贸易商人融入其中。[74] 17 世纪的前几十年，葡萄牙人购买的印度胡椒，主要来自卡纳拉和马拉巴尔而不是古吉拉特、科罗曼德尔海岸和孟买等地区。但是无论葡萄牙人从印度直接进口什么材料，他们必须付给对方珍贵稀缺的金属货币，这是因为只有这些稀缺的金银才能在这里找到市场。令他们欣慰的是，从大洋彼岸运来的白银购买
27 力也增加了 50%。[75] 在马来西亚—印度尼西亚地区，葡萄牙人用印度的布料交换当地的粮食、香料、白檀木及中国的商品。到 1641 年之前，果阿和马六甲之间的贸易主要是通过可以躲避荷兰巡视的小船断断续续地进行的。

葡萄牙人在达利戈达（Talikota）战胜维查耶纳伽尔国①之后（1565 年），印度的葡萄牙人迁移到卡纳拉，目的是从经济和政治即将崩溃的古印度帝国获取渔翁之利。葡萄牙人在卡纳拉地区占据了三个沿海城镇并且迅速地建立起城堡和商馆。卡纳拉的胡椒比马拉巴尔和印度尼西亚的胡椒质量更好，它的主要出口港是乌奴耳（Onor）。至于卡纳拉的其他港口，葡萄牙人可以从中获取大米以满足亚洲其他港口的需要，特别是那些干旱或者饥荒的年代，这一供应起到了至关重要的作用。从 1602 年到 1629 年，伊喀利王国的纳亚克（Nayak）②文卡塔帕（Venkatapa）在卡纳拉发起了一系列的扩张战争。1623 年，伊喀利的统治者占领了胡椒生产基地，于是强迫葡萄牙人以比以前更高的价格购买卡纳

① 维查耶纳伽尔，古国名。14 世纪中叶印度教徒在南印度建立的封建国家。现在是印度南部一城市名。——译者注

② Nayak 是当地发音，意为总督、首领。——译者注

拉的胡椒。葡萄牙人迫不得已答应了文卡塔帕提出的条件，从而保证其在卡纳拉的 3 个据点的安全。

马拉巴尔沿海城镇长久以来就是胡椒出口的供应地，卡纳拉前哨港口现在作为马拉巴尔地区的替代，对于葡萄牙人的意义同样十分重要。坎纳诺尔、卡利卡特、科钦、奎隆、特拉凡科尔（Travancore）等都是马拉巴尔地区历史悠久的王国。它们各自都有独特的商业基础设施和制度，彼此不分高下，也不向任何外来的霸权统治者低头。葡萄牙人在这里的贸易仅限于合同或者协议约定的范围，其中明确规定了胡椒运输的价格。马拉巴尔地区的王子们参与其中的运作，确保有利于自己的船运价格。马拉巴尔地区的商业运作基本上控制在摩弗拉人（Moplahs）①、犹太人和古吉拉特人手里。[76] 卡利卡特——一直是马拉巴尔地区的重要王国并且是葡萄牙人的宿敌——也许是因为葡萄牙帝国的衰落，在 17 世纪早期经济有所复苏。在此期间，葡萄牙驻卡利卡特的代理机构有偿颁发营运证书给那些在本地从事贸易的船只，除此之外便基本无所作为了。葡萄牙在马拉巴尔地区的主要商业活动集中在科钦；早在 1501 年，本地的统治者就与葡萄牙人有贸易往来。除了胡椒外，葡萄牙人还从科钦获得柚木和其他木材用作造船。科钦也是印度南部地区区间贸易最重要的转港口，而葡萄牙个体贸 28
易商是其中的主要参与者。从 1611 年始，马拉巴尔的胡椒不再从科钦直接海运到里斯本了；而是先用快艇运到果阿，再从那里转运到欧洲。[77]

从 1503 年到 1540 年，王室始创并且垄断的葡萄牙海上胡椒贸易供应着欧洲大部分地区对胡椒的需求。在此之后，由于通过陆路供货增多，到达里斯本的胡椒量相对减少。16 世纪 90 年代，由于葡萄牙在好望角线路（Cape-route）的贸易垄断地位被打破，葡萄牙的胡椒进口量只占整个欧洲胡椒消费量的 1/4。整个 16 世纪，葡萄牙都在试图通过控制胡椒进口保证每公担胡椒 35—38 达克特（ducat）② 的价格，这个价格是他们在 1520 年左右制定的。该世纪的最后几十年，随着好望角线路进口量的越来越有限和不确定性，加上黎凡特路线

① 被印度化了的阿拉伯人后裔。——译者注

② 曾在欧洲许多国家通用的金币。——译者注

（Levantine route）[①] 胡椒进口量的增多，葡萄牙人提高胡椒价格的行为不可能不失去他的欧洲客户。[78]1610—1635 年间，尽管葡萄牙努力增加进口，但是其胡椒在欧洲市场的份额仍然不断下滑；原因是这时荷兰和英国的进口数量也在不断增加，阿姆斯特丹的胡椒价格越来越低于里斯本的价格。1640 年，葡萄牙和西班牙战争爆发，随之而来的是失去西班牙的欧洲和海外市场，这使得葡萄牙恢复昔日贸易辉煌的梦想彻底破灭了。到 1670 年，葡萄牙的胡椒进口额只占整个欧洲实际需求的 1%。[79]

1618 年之前，前往日本的“大型船只”每年都从果阿出发，经停马六甲和澳门，最后抵达长崎。从此之后到与日本停止贸易之前的 1638 年之前，该航线改用小船、快艇以躲避荷兰及其亚洲同盟的袭击。在澳门进行的中国丝绸和日本白银的交易中，葡萄牙人一直充当着中间人角色。葡萄牙人在澳门设置各种规则，禁止中国人直接与日本贸易，但是他们之间的地下交易从来就没有停止过。日本帆船，也叫作八月红印船舶（August Red-Seal ships），[80] 沿着政府授权的航线进入印度支那和东南亚市场，与葡萄牙人争夺和中国的贸易。尽管荷兰人经常干涉日中之间的贸易，但是他们早期的成功也仅限于对印度尼西亚
29 贸易的操纵，以及对澳门与马鲁古群岛、马六甲和果阿之间商业贸易的骚扰。尽管竞争激烈，但是澳门的葡萄牙人和他们的耶稣会士同胞通过扮演交易中间人的角色获得了巨大利润。他们的同胞在日本的经历大体相似，其中的一部分人还积累了巨额财富。正因为如此，所有在日的葡萄牙人都竭力阻止日本政府颁发禁止贸易的法令，或者推迟其收取过高税负，从而事实上给贸易判了死刑。相关的两座城市——澳门和长崎——也从中日贸易中获利颇丰，两座城市的规模在 17 世纪最初十年也急剧地扩大。[81]

葡属印度的繁荣主要依靠葡萄牙对东洋的控制及对该地区区间贸易征收的税赋。17 世纪早期，从颁发执照获取的税费和从霍尔木兹、果阿、第乌、科钦及马六甲等地收取的关税足以支撑葡萄牙在亚洲事业的拓展。[82] 为了从贸

① 指地中海东部人开发的贸易线路，具体指经由波斯湾、红海、地中海到达欧洲的线路。——译者注

易中榨取最大的利润，伊比利亚王室在亚洲的代表还向当地商人收取保护费，因此他们必须拥有足够的军事力量来履行诺言。换言之，由于欧洲人几乎没有额外的稀有金属换取亚洲的产品，他们不得不将自己的交易服务、商业技巧及航海技术兜售给参与其中的亚洲王子和商人。没有任何一个亚洲国家或者联邦拥有足够强大的海上军事力量来抗衡欧洲的海上优势，因此葡萄牙对印度洋的航线控制一直维持到1630年左右。期间，当然也允许亚洲商人在保证安全的前提下偶尔与荷兰人和英国人进行一些交易。[83] 印度的统治者并不关心本国商人为获取海上航行和贸易活动权不得不向葡萄牙人缴纳额外的税赋。[84] 事实上，这些统治者自身也偶尔雇佣葡萄牙人护航他们前往麦加（Mecca）朝圣的船只，或者付钱购买其他的海上航行旅游权。先是葡萄牙，接着是荷兰和英国等国家，通过保护亚洲地区间正常贸易的安全来回报亚洲国家允许他们滞留其境内的特权。

尽管王室不遗余力地保护葡萄牙在亚洲的贸易，但是17世纪的前四十年，它的交易量还是稳步地下滑了。由于关税的减少，果阿的总督府税收急剧地缩水。[85] 到了1635年，果阿出售经营权这一项的税收十年内下降了90%。[86]1634年，印度北部地区只有勃生、朱尔（Chaul）及达曼三个地区的税收超过了所付出的成本。随着苏拉特的崛起，第乌贸易中心的地位逐年下降，
到1642年，其税收下降了三分之二。1622年失去了霍尔木兹，这使得曾经给 30
王室带来巨额收入的关税大幅跳水，也使得葡萄牙在印度西北部和波斯湾地区的贸易量大大缩减。到1635年，果阿和古吉拉特之间的贸易量也大幅缩水了。

同样，经由果阿出口葡萄牙的胡椒贸易量也在急剧下滑。17世纪初的前十年，印度西南部年胡椒产量的10%被发往里斯本。[87] 但是到了17世纪20年代晚期，胡椒出口量还不及上个世纪平均出口量的一半。[88] 马拉巴尔和卡纳拉的胡椒价格不断飙升激起了贸易商和供应商及当局之间的矛盾。葡萄牙人为获取价格低廉的胡椒，经常在贸易中采取暴力和欺诈行为。[89] 这势必导致胡椒贸易量的下滑，而这一情势由于荷兰在欧洲的强势竞争以及17世纪20年代里斯本胡椒价格的跌落变得更加糟糕。[90] 亚洲价格不断上升，欧洲价格不断下滑，两者共同作用促使胡椒进口数量和从中实现的利润大幅跳水。截至1635年，果

阿的亚洲贸易价值量是里斯本的“印度之旅”贸易价值量的7倍。[91]

葡属印度在哈布斯堡王朝统治时期虽然也在努力地谋求出路，但是由于战舰、资金、人力及富有阅历的领导的长期短缺，而且这一趋势越来越明显，所以它的衰落迹象暴露无疑。16世纪末叶，在欧洲和美洲面临类似问题的哈布斯堡家族勉勉强强地维系着它的海外贸易和航运霸权。荷兰和英国授权公司的成功并没有影响到伊比利亚政治和经济咨询专家与改革家们的行动。杜阿尔特·戈麦斯·索利斯，一位新基督徒商人，于1612年至1621年不厌其烦地向王室提案建议成立合股公司来管理葡萄牙与亚洲的贸易。[92]正当王室对索利斯的建议积极回应的时候，1621年国王去世，《十二年休战协议》期满，政治风云突变。祸不单行，1622年霍尔木兹沦陷，从美洲进口的白银短期内急剧下滑，纺织业一片萧条。1624年，奥利瓦雷斯实施“伟大工程”（Great Project），即成立一系列相互牵制的公司来重振西班牙的国家贸易并且阻滞荷兰的扩张。正是作为这一伟大工程的配套措施，葡属印度公司的方案才最终死而复生直至组
31 建完成。[93]

1624年，堂·豪尔赫·马斯卡伦哈斯（Dom Jorge Mascarenhas）被任命为里斯本卡马拉（Camara）董事长，他首当其冲向葡属印度公司注资并且对公司进行架构。他通过在里斯本贷款和向市政当局发行债券等方式募集资金。王室也采取类似的方法从其他市政区寻求投资款项，结果成效都不明显。[94]通过以上这种方法获得的资金还不及王室最终收集到资金总量的1/3。尽管如此，在奥利瓦雷斯的所有“伟大工程”中，只有葡属印度公司方案支撑到1628年。私人企业主们不愿意将资金投入到葡属印度公司从而卷入到印度贸易当中去，因此，王室成为公司最大的注资者，它希望一旦公司开始正常运转便可以吸引更多的私有资本。王室在1628年公司正式宣布成立的法令中承诺，王室将以三年分期付款的方式向公司注资；其中包括5艘补给充足的海船、海上必需品、胡椒以及现金。就这样，1628年，葡属印度公司用应该所需全部资本量稍稍过半的资金开始运作了。[95]

通过承包合约的形式，葡属印度公司由里斯本7人组成的董事会管理，该董事会必须向马德里的贸易委员会负责。堂·豪尔赫·马斯卡伦哈斯是该董事

会的董事长，其他筛选出来的 6 位董事会成员都是里斯本地区富有的新基督徒商人。[96] 然而公众对新成立的公司反应十分冷淡。葡萄牙人认为，这个项目经济基础不成熟，只不过是西班牙逃避《托马尔协议》承诺的阴谋诡计的一部分；西班牙将公司的控制权交给几个新基督徒商人，这些商人表面上是葡萄牙人，而实际上却不愿意向他们负责的公司投一分钱。1629 年，当林哈里斯带着国王的授权到达果阿准备成立公司的执行管理部门时，他发现当地的葡萄牙人并不情愿投入这一新事业；他们认为这一新的尝试可能会侵犯他们现有的私人贸易活动利益，而且他们也担心随着葡萄牙在印度洋海上实力的削弱，公司难以为继。[97]

根据皇家协议，公司可以垄断胡椒、珊瑚、黑檀及货贝①的贸易，同时有权向私人货船收缴各种费用和关税。被大家称作“胡椒钱币”的金条和铸币被船运到果阿。1630 年，胡椒运输占公司出口给葡萄牙船运总吨数的 81%，而次年这一数字达到了 96%。但是从 1629 年到 1633 年，从果阿港装载的货物数量平均只有 5/8 真正到达里斯本。沿路的沉船、延期，再加上胡椒在印度价格高
涨及在欧洲的不断下跌，都使公司蒙受了巨大的经济损失。事实上，胡椒在里 32
斯本的价格从 16 世纪晚期就开始下跌了，当时由“印度商馆”制定的价格是每公担 32 克鲁扎多（cruzado）②。这就难怪 1634 年王室抱怨，胡椒在科钦的价格“那么高”（so high），而在里斯本价格又被“大幅压缩”（so much reduced）。[98] 当王室有上述评论时，他们已把葡属印度公司变卖了（1633 年 4 月 12 日正式宣布），印度的贸易重归财政委员会管理。从此之后，即便当时只有霍尔木兹这一座城市被竞争对手占领，葡萄牙也难以维持里斯本和果阿之间一年一度的正常海上航运和贸易。[99] 1640 年由葡萄牙人控制的“印度商馆”重新开业，继续发挥其 1509 年初创时颁发训令规定的功能。[100] 1643 年，一个专门管理海外事务的委员会在里斯本成立，作为葡萄牙海外活动的最高管理机构取代财政管理委员会。[101]

① 宝贝科宝贝，从前南亚和非洲部分地区作货币用的货贝。——译者注

② 巴西货币单位。——译者注

葡属印度公司的破产及印度之旅贸易实质上的停止导致各国在印度休战，葡萄牙和英格兰结盟。1635年，葡萄牙勉强接受其他欧洲国家在印度洋贸易的合法性，因此，1630年签订的《盎格鲁—西班牙和平协议》（*Anglo-Spanish peace*）也适用于印度地区。葡萄牙和英国当初在果阿和苏拉特达成的协议被延伸到整个印度地区，这是由于这两个国家都对荷兰在印度洋、南印度及锡兰的频繁活动越来越感到不安。1614年被宣布为皇家垄断的锡兰肉桂，到了1631年已经成为十分珍贵的香料，这在一定程度上弥补了葡萄牙在马鲁古群岛香料贸易中的损失。[102] 事实上，锡兰是最后一个从葡萄牙压制中解放出来的香料生产基地。随着葡萄牙不断失去亚洲前哨港口，它越来越多地雇用印度生产的小船和欧洲本土生产的快艇作为运输工具进行贸易，从而避免遭遇北欧国家的舰艇以确保其在亚洲的贸易地位。[103] 该世纪后半叶，非正式的葡萄牙贸易商帝国取代了正式的“葡属印度”。[104]

1640年葡萄牙反抗哈布斯堡王朝的起义为它在欧洲赢得了新的政治、军事及商业同盟。1641年，葡萄牙国王若昂四世，即布拉干萨统治者，与当时也在
33 争取从马德里统治中赢取解放的荷兰达成和解。然而，亚洲的荷兰东印度公司官员对此并不在意，直到1645年之前他们仍然不断地袭击葡萄牙在亚洲的航运和据点。到了1658年，荷兰完全征服了锡兰；1663年，马拉巴尔地区的所有贸易都控制在他们手上。在此期间，葡萄牙分别于1642年、1654年及1661年和英国签订《盎格鲁—葡萄牙系列协议》（*Anglo-Portuguse treaties*），加紧改善与英国的关系。荷兰和葡萄牙的和平协议于1663年才姗姗来迟，当时葡萄牙已经失去在印度的所有胡椒贸易基地了。[105] 为了和英国的关系绑得更紧，葡萄牙于1661年勉强地将孟买作为布拉干萨凯瑟琳的嫁妆割让给英国。这样，葡萄牙在亚洲的贸易帝国仅限于小巽他群岛、澳门、果阿及印度的其他3个地点。

从1668年始，葡萄牙与亚洲每年只有一两艘航船对开，大帆船的数量也在减少，每年到达里斯本的货物吨数不断下滑。这时，葡萄牙商人将重点放在购买珍贵的小宗商品上，所以香料进口变得微不足道。17世纪末的几年里，欧洲的利润主要依靠从印度进口珍珠、宝石、钻石和丝织品，以及从中国进口瓷器、家具和纺织品；从巴西进口贵重物品的剧增使这个时期被称作葡萄牙的“金

银和钻石时代”（age of gold and diamonds）。部分商人渴望在澳门和里斯本之间进行直接贸易，以回避在果阿交纳税赋和接受控制。葡萄牙通过前哨港口参与地区间的贸易维系着其在亚洲非正式帝国的表象。该世纪下半叶，葡属“印度商馆”蜕变成“葡萄牙—巴西”商业圈的一个分支机构了。[106] 欧洲在亚洲香料贸易的大部分被荷兰和英国笑纳怀中。北欧国家控制下的跨大西洋和地中海贸易圈中，葡萄牙越来越像其中的中转站了。[107]

从马尼拉基地建立之日起，西班牙人就不遗余力地探察菲律宾群岛的自然资源和贸易潜力。令他们失望的是，并没有在当地发现有巨大商业价值的丁香或其他产品。他们发现棉兰老岛盛产种类繁多的肉桂而且还藏有少量的金子。不过岛屿上的自然资源或者人力资源不够丰富，开发的程度不足以支撑有利可图的跨太平洋贸易。马尼拉，四周海湾环绕，永远也不可能发展成为西班牙在东方经营香料、药品及纺织品以换取美洲的贵重金属的货物集散地。[108] 当葡 34
萄牙努力地维系着和欧洲有限的、直接的贸易时，西班牙却越来越依靠由西属“菲律宾商馆”（correra de Filipinas）经营的“中国—美洲”之间的商贸往来。

马尼拉政府受哈布斯堡王室委派帮助葡萄牙维持其亚洲帝国。但是葡萄牙人并不买账，并对西班牙人的动机和目的持怀疑态度。由于葡萄牙人想方设法将马尼拉人从中日贸易中排挤出去以维持自己中间商人的地位，作为回应，马尼拉人拒绝向葡萄牙提供人力、资金和武器。西班牙人努力与华人协商试图跟他们进行直接贸易，但是这违反了1593年制定的禁止西班牙人进入澳门的法律规定，同时也损害了葡萄牙人的利益。1608年始，王室特许马尼拉政府每年派一艘船进入澳门购买基本物资。根据法律规定，葡萄牙人有权去马尼拉旅游，但是他们将这一特权进一步延伸，竟然将装满“中国货物”的船只发往马尼拉，这一倾向在1619年当中国到达马尼拉的船只减少的情况下变得更加明显。1620年后，中国内战持续进行，这时马尼拉越来越依靠澳门为他们发往墨西哥的大型船只供应货物。反过来，澳门也越来越依赖与马尼拉的贸易，因为那时荷兰已经开始威胁到马六甲和澳门之间的海上航线。葡萄牙人利用中间商的特殊优势从西班牙人那里索取比中国人要求的更高的价格。马尼拉人不堪于葡萄牙的过分利益榨取，不断地向王室诉求，请政府采取行动阻止葡萄牙对他们城市的

"洗劫"。最终，王室于1636年下诏宣布澳门和马尼拉的往来正式切断；然而两地之间的地下贸易一直延续到1640年，那一年澳门重新获得独立并开始和马尼拉进入交战状态。[109] 直到1670年，或者直到中国内战和伊比利亚内战结束之前，从澳门出发的葡萄牙商船不再返回马尼拉。就在这段时间，葡萄牙派使团到北京磋商，希望在中国创造更好的贸易条件。尽管使团的努力没有成功，但是葡萄牙继续将"中国货物"源源不断地运往马尼拉。然而，此时葡萄牙人不再一家独大，因为越来越多的中国平板船加入贸易行列，形成了与葡萄牙人的持续竞争。

1598年掌握日本政权的德川家康开始妒忌澳门在日本海外贸易的中间商地位，想方设法让马尼拉人知道日本愿意（跳过澳门）和他们进行直接商贸往来。
35 两年以后，10艘日本平板船出现在马尼拉，他们带来了德川家康的亲笔信，建议日本和新西班牙直接交易。其实当这个建议还在考虑中时，长崎和马尼拉之间的直接交易已经发展起来了，这使澳门方面惊愕不已。从1608年始，每年都有船只从马尼拉驶往日本浦贺港（Uraga），但是西班牙并未正式做出任何实质性行动来推进日本和墨西哥之间的直接交易。1610年，一艘由威尔·亚当斯建造的日本船只直接驶往墨西哥，借口是护送前总督堂·罗德里戈·维维罗（Don Rodrigo de Vivero）返回墨西哥，他的船于1609年触礁沉没于日本海域。[110] 另一艘日本船只于1612年抵达墨西哥，船上载有前往欧洲的路易斯·索特洛修士（Friar Luis Sotelo）和日本大使。[111] 日本大使游说西班牙放弃垄断跨太平洋贸易的失败，是导致1624年日本禁止和西班牙贸易的一个重要因素。1603年至1607年的这段时间，共有126个船次往返于日本和西班牙殖民地之间，其中的5次是跨太平洋航行。截止贸易结束前，已有2 000多名日本人定居在马尼拉。马尼拉和长崎之间的商贸物品主要包括生活用品、马尼拉需要的日本艺术品、日本需要的生丝及其他中国产品。日本作为白银和红铜的主要出口国，自然对进口贵重金属不感兴趣。[112]

马鲁古群岛与澳门和日本一样，都是西班牙和葡萄牙摩擦不断的根源，同时也是伊比利亚和北欧国家的主要战场。早在西班牙王国和葡萄牙王国联盟之后不久，西班牙便寻求各种方式平息马鲁古群岛的态势，这是因为马尼拉政府方面希望（马鲁古群岛的）香料可以增加他们和中国之间的贸易收益。英国人和荷兰人的出现迫使葡萄牙和西班牙相互合作，共同保护和开发马鲁古群岛。从马尼拉出发的伊比利亚远征军于1606年将马鲁古群岛重新夺回，紧接着就向该地区分配政治和商业任务。1612年，马鲁古群岛的政府和军事防务都置于马尼拉的管辖之下。依赖马鲁古群岛的自然资源维系其亚洲帝国的葡萄牙，继续垄断着香料贸易。军人出身的堂·杰罗尼莫·达·席尔瓦（Don Geronimo da Silva），由于阅历丰富，被任命为马鲁古群岛的总督，督府设在德那地。席尔 36
瓦向菲利普三世汇报说，马鲁古群岛盛产丁香，将其销往马尼拉可以冲抵船只维护和军队补给的费用。[113] 他还多次向国王抱怨其中的不公平：马尼拉方面负责马鲁古群岛的正常运转并保护它的安全，而葡萄牙人却坐享其成，从丁香贸易中攫取丰厚的收益。到1640年止，新西班牙拨给菲律宾群岛的所有款项基本上全都花在维系马鲁古群岛上了。[114] 本该用来攻打摩洛人的士兵和战舰也都被束缚在马鲁古群岛的防卫上。

1607年的一个诏令禁止马尼拉与美洲直接进行丁香贸易。然而，马尼拉城市是亚洲丁香贸易的重要转港口；澳门、马六甲及果阿的葡萄牙人和亚洲人经常光顾这里。大型帆船经常非法运载丁香到新西班牙，不过1640年伊比利亚联盟分裂之前，大部分销往墨西哥的香料都是经由欧洲转运来的。在此之后，西班牙和荷兰就香料贸易展开激烈的竞争，但是都不太成功。西班牙人从德那地岛收购丁香，然后再销往马尼拉，买主似乎是以亚洲人为主。尽管西班牙曾经与荷兰展开激烈争夺马鲁古群岛的大战，但是最终于1622年放弃了马鲁古群岛的德那地岛，因为此时他们更担心郑成功突袭马尼拉，实际上这件事从未发生。[115] 此后，西班牙人与其他人一样，所购的精香料主要来自荷兰人。

1565年至1815年期间，马尼拉和中美洲阿卡普尔科之间的大型帆船往来频繁、运营有序，装载的货物以丝织品为主，以香料为辅。[116]1604年至1620年，葡萄牙和中国对马尼拉的丝织品供应量持续增长。在这段繁荣时期，有一艘号称“不是来自中国”（náo de China）的大型帆船，重量为1 000吨，全部由硬木组建。其时，大部分贸易船只由菲律宾劳工在甲米地（Cavite）建造。以中国丝绸为主的货物在马尼拉的贸易量被严格限制，总价值不得超过25万墨西哥

37 或者秘鲁比索（peso）；而这同一宗货物到了阿卡普尔科，售价可以翻一番。许多前往墨西哥的大型帆船的贸易量严重超出法定标准。理论上可以分为 4 000 个包厢的货船空间，根据马尼拉市民和各个教会的订单要求，每年都由一个委员会重新分配一次。从阿卡普尔科出发前往马尼拉的航船，如果时间选在 3—6 月之间，轻轻松松地三个月就能到达目的地；但是反过来从马尼拉出发前往阿卡普尔科的航运，通常定在 6、7 月份出发，这个回程变得艰难费时，时间不低于六个月。

王室受到来自塞维尔和里斯本重商主义者持续而严厉的抗议，要求限制美洲和亚洲之间的大型帆船贸易。两座城市的金银货币通商主义者十分痛惜，本该来到欧洲的大量美洲金银财宝却被转到亚洲，有时一年就高达 400 万比索，目的只是维持菲律宾的稳定、传教事业或者丝绸贸易的正常运行。[117] 西班牙和墨西哥的丝绸生产商害怕中国材料带来冲击；事实上，墨西哥丝绸产业最终被中国丝绸生产打败了。王室目前只有两个选择：或者从菲律宾群岛撤出；或者限制投给殖民地及其贸易的金银数量。欧洲和王国的所有宗教阶层强烈抗议放弃菲律宾群岛并且最终占了上风。不堪其扰的王室从 1590 年起大力限制菲律宾群岛的贸易，采取的措施是严加控制大型帆船的数量、吨位及货物流量。为阻止秘鲁的金银不断流入中国，王室 1631 年决定禁止墨西哥和秘鲁之间的所有贸易。[118] 令人气馁的是，所有这些措施都失败了，于是 1635 年王室派遣佩德罗·德·基罗加（Pedro de Quiroga）前往阿卡普尔科，视察对该地贸易实施限制的执行情况。马尼拉商人对这些限制做出回应：未来三年拒绝为航运贸易供货。危机继续蔓延，1640 年，葡萄牙人起义并且断绝了马尼拉和澳门之间的商贸往来，这给了荷兰和英国趁虚而入的机会，他们比以往更加积极参与本地的丝绸贸易。葡萄牙的退出也终止了它和塞维尔之间的密切商贸关系，当时塞维尔殖民地有 2 000 多名商人，经济十分繁荣。[119]

马尼拉和它的大型帆船贸易都经受住了暴风骤雨般的打击，跨太平洋贸易一直延续到 17 世纪末。中国产品与美洲稀有金属的贸易在马尼拉商贸业中继续占据统治地位。事实上，所有的贸易经济区（菲律宾群岛、日本、台湾、澳门和马鲁古群岛）对中国的事变反应十分敏感。马尼拉从中国进口产品量的最

高纪录发生在1611—1612年；到了1671—1675年，跌入了最低点。1650年 38
后马尼拉从中国进口量的减少，部分地反映了另一波商人带来的竞争，他们从印度引进纺织品，加入大型帆船贸易。往来于马尼拉和马德拉斯（Madras）之间的商人主要是亚美尼亚人、印度—葡萄牙混血人、英国人及西班牙人，他们用印度产的布匹和硝石交换美洲的白银。[120]马尼拉是东亚地区唯一集中了西属美洲、中国清朝及印度莫卧儿王国产品的贸易基地。整个17世纪，西班牙为维持大型帆船贸易消耗了大量的白银和黄金，费用集中在为保护菲律宾的军队特别是海军的支出。这些开销加上通过好望角线路运到东方的贵重金属，可能花去西班牙当时在美洲生产的珍贵金属总量的三分之一强。[121]17世纪的百年，除南亚小部分地区外的整个东方，西班牙白银是国际贸易中最主要的货币和记账单位。在西班牙国内，贵金属于1625年后被低等银合金逐出流通市场，低等银合金是一种笨重不结实的铜质或者银铜合成的金属货币。[122]货币贬值直接导致西班牙金融系统无序，经济一片混乱，这是西班牙衰落时的一个突出特点。

1640年后，尽管有西班牙人提议经由好望角线路发展加迪斯（Cadiz）和马尼拉之间的直接贸易，但是这些建议并没有结出硕果，菲律宾群岛人越来越依靠自己料理自己的事务。墨西哥至西班牙的丝绸运输彻底停止。1658年，耶稣会士马基诺·索拉（Magino Sola）作为菲律宾群岛的代言人来到马德里，向国王汇报马尼拉不景气的经济状况。[123]在他1660年的呈文中，索拉认为如果马尼拉要存续下去，1635年以来不断遭受骚扰的大型帆船贸易必须重振复苏，必须派遣军队、殖民开拓者及专业人员前往以备不时之需。由于国内纺织品生产商的反对，马尼拉的这些以及其他请求都被隐没了。到该世纪末的几年里，只有太平洋两岸的一小撮专职商人经营着马尼拉和阿卡普尔科殖民地之间的大型帆船贸易。武装力量一片混杂，无人看管；补给部队都是来自墨西哥没有经验的士兵和水手。虽然马尼拉的大型帆船贸易的规模缩小到只有墨西哥所能吸纳的量，但是这个贸易规模获取的利润足以让马尼拉在该世纪余下的日子里保
持社会兴旺、经济活跃、政治自由。 39

第三节　荷兰帝国

对于荷兰，17 世纪是个黄金时代，国内经济一片繁荣，国外影响持续扩大。到 1600 年，阿姆斯特丹取代了安特卫普（Antwerp）成为荷兰的经济和文化中心。与西班牙的八十年战争（Eighty Years War，1568—1648 年）如同催化剂一样让荷兰发生了巨变。战争打破了荷兰原来的固有体制和贸易模式，并迫使其进行政治、商业及海洋业的革新。欧洲北部 7 省，也称作联合省，集体抗议西班牙的统治并且取得节节胜利，这让他们尝到了很大的甜头。一旦脱离西班牙的统治，荷兰便创造了自己的寡头共和制政权。荷兰省（Holland）和泽兰省（Zeeland）的经济主要依靠海洋业，海洋业决定着荷兰国家的未来发展和走向。八十年战争开始之前，这里的水手和商人积极参与大西洋和波罗的海（Baltic）的商业和渔业活动。1572 年进入连续战争状态后，水手和商人阶层参与战斗并且逐渐在独立省份和城镇议会中获得政治和经济权力；他们像敌视西班牙那样敌视天主教，同时在共和国内武力扶持加尔文教派。尽管加尔文教主义者从未在数量上占据优势，但是他们在初期快速地控制了政府和贸易。市政和其他政府职位预留给那些信奉正统加尔文教的信徒。这些官员迅速形成了一个寡头统治政权，他们绝对排斥他人参与执政；这样共和国便被控制在约 2 000 多个中上层的加尔文教信徒手里。国务会（States General）作为国家唯一的行政主体，是由 7 个有独立主权省份的代表组成的议会，会议地点设在海牙（Hague）。各个代表分别按照各省级议会指令行事。国务会的领导权由最富裕的荷兰省代表和握有军事大权的奥兰治家族（House of Orange）代表轮流掌控。阿姆斯特丹通过其最高级别的省议会议长（the Pensionary）[①] 同时操控着荷兰省和国务会。奥兰治家族的王子们经常联合其他省份挑战阿姆斯特丹和荷兰省的霸主地位，

① 荷兰联合省时期，各省在国务会的主要代表，权力和影响力都很大，由于其领取年金 pension，pensionary 的称谓由此而来，英国将其翻译为 Grand Pensionary，这里译为省议会议长。——译者注

冲突因而不断发生。[124] 40

阿姆斯特丹之所以能在联合省共和国内部脱颖而出是基于它快速地成长为国际贸易中心，欧洲的其他地方望尘莫及。1514 年，阿姆斯特丹的人口不足 4 万，到 1600 年却翻了一番；经过 17 世纪的发展，它的人口再翻一番达到约 20 万人。[125] 阿姆斯特丹中心城区是欧洲人口最为密集的城市之一，以它为中心，半径 21 英里之内共有 8 个城区：阿姆斯特丹、莱顿（Leyden）、哈莱姆（Harlem）、乌得勒支（Utrecht）、古达（Gouda）、代尔夫特（Delft）、鹿特丹（Rotterdam）及海牙；截止 17 世纪 20 年代，联合省 60% 的人口集中在这些城区里。[126] 这些城市的银行、铸币厂及海洋保险会所为联合省的贸易扩张提供资金和金融场所。阿姆斯特丹港口的规模不断扩大优化，城市模型逐渐显现，在拓展外向型贸易港口的同时，1607 年规划建设的呈 3 个环状的运河网刺激着城市内涵发展。[127]

16 世纪 90 年代，荷兰由于发明了一种叫**“翼船”**（*fluit*）① 的海上运输工具而获得巨大利润，这种船产量大，成本低，需要的水手相对较少。[128] 快速平底船通常都没有配备枪炮，所以他们的运营必须有海军舰艇护航。1568 年后才发展起来的荷兰海军，到 1600 年已经对大西洋和东洋海域的西班牙和葡萄牙舰队构成持续的威胁。在欧洲水域范围，荷兰的商船迅速地霸占了从波罗的海到地中海的所有贸易。荷兰的船只将北方的谷物和木材、英国的羊毛织品，以及南方的盐运输到大西洋沿海贸易港口。尽管战争期间各种禁令和商业风险无处不在，但是荷兰与伊比利亚的直接贸易在 1580 年后还是风风火火地发展起来了。荷兰在与德国和葡萄牙新教徒合作的同时，在进入 17 世纪之后不久还与巴西开始了直接贸易。[129] 来自新世界② 的贵金属或直接进口或间接购自欧洲，为荷兰的铸币业提供了原材料，这极大地提高了他们从与亚洲贸易中获利的能力。

41

① “fluit”在荷兰语里是“翼船”的意思，是对船形状的类比，英语对应词“flyboat”说明该船速度快，这里译为“翼船”。——译者注

② 指美洲。——译者注

荷兰人一旦成功地击退了西班牙的陆地部队，并且于1588年见证了菲利普舰队的溃败，他们便迅速地拓展在南大西洋、地中海及黎凡特的贸易。西班牙控制了大西洋欧洲地区的香料和金条贸易，因此荷兰不得不通过走私才能参与其中的贸易活动，这种方式不仅不稳定，而且极易被对方遏制。与伊比利亚人贸易的不稳定性促使荷兰尝试着使用自造的船只直航到东方。1592年，科尼利斯·德·豪特曼（Cornelis de Houtman）被派往里斯本调查香料贸易，他两年后返回，要求紧急与东方进行直航。[130] 扬·惠根·范·林斯乔坦1592年从东方返回荷兰的恩克赫伊曾（Enkhuizen），他把葡萄牙人在东方境况的信息带到了荷兰商会，这也激发了荷兰人1594年创建“远地公司”（Company of Distant Lands）的灵感，该公司由9名商人创建，曾两度派船直航东方，挑战葡萄牙在当地的垄断地位。当时出自葡萄牙人巴托洛梅乌·拉索（Bartolemeu Lasso）之手的一幅特制的马鲁古群岛的地图，在阿姆斯特丹被著名的神学家和地理学家彼得·普兰修斯（Petrus Plancius，1552—1622年）出版发行。[131] 正当荷兰商人装备他们的舰队时，林斯乔坦1595年出版了他的《葡属东方航海旅行记》（*Reysgheschrift*）——一组从葡萄牙航海线路图中拣选出来的从好望角到亚洲的航海知识详解说明。

1595年4月，科尼利斯·德·豪特曼率领的舰队从阿姆斯特丹出发，参照《葡属东方航海旅行记》的一个手抄本的描述和指引驶向东方。[132] 林斯乔坦在他所著的《林斯乔坦葡属东印度航海记》（1596年）中向荷兰人建议，葡萄牙的东方帝国正趋于衰落，他们无力阻挡荷兰的东进。这一建议在《林斯乔坦葡属东印度航海记》出版之前也曾口头表达过。他进一步说明，荷兰人应该避免与葡萄牙人在印度、马六甲及其他葡萄牙实力比较雄厚的地方遭遇，他们应该直接航行到爪哇，因为葡萄牙在这里的军事实力相对薄弱。德·豪特曼捕捉到这一建议，他在马来—印度尼西亚海域附近巡航了约八个月，始终没有被葡萄牙人发现。1597年8月，德·豪特曼的舰队装载着从万丹购买的胡椒返回荷兰。这次航行虽然在商业上获利不多，但是却在航海界引起了极大的反响，各种相关的报道描述相继出现。[133] 这次大胆的试航给了当时的人们一个非常重要的印象——荷兰很可能会轻易地打破葡萄牙的垄断，并与东印度群岛建立直接商业贸易关系。

新的贸易企业集团和各式各样的公司如雨后春笋般在联合省出现了。1598年，5个公司向东方派发的船只有22艘。其中由鹿特丹的奥利维尔·范·诺尔特（Olivier van Noort）率领的一支舰队，绕过南美洲，越过太平洋，经由好望角，完成了荷兰的首次环球航行。另一支由雅各布·范·内克（Jacob Van Neck）率领的舰队来去都是绕经好望角线路，于1599年返回荷兰，船上所载的香料为那些投资者带来300%的纯利润。[134]这笔意外发的横财激发着荷兰投资商们把大笔资金投向这项新事业。到了1601年，14支舰队即65艘航船驶向东印度群岛。但是没有一次航行获得像范·内克所带来的经济上的巨大回报。这些“前公司”（pre-company）①相互竞争，同时也与欧洲和亚洲的葡萄牙人角逐。他们在爪哇岛的竞购抬升了当地产品的收购价格，也使胡椒库存销售一空。当伊比利亚向荷兰“前公司”竞逐东方市场做出回应时，这些公司以个体身份根本无法与之抗衡。很显然，将这些竞逐的小公司合并成综合性的大公司更符合那些先驱、投资商及荷兰国家的整体利益，这可以打破内部竞争带来的致命瓶颈。英国就审时度势地于1600年在印度成功地组建了一家授权公司。

从1598年到1602年联合省东印度公司（United East India Company）组建完成的这段时间里，荷兰共向东方派发了15支舰队，对通往东方海路的信息和知识比林斯乔坦在《林斯乔坦葡属东印度航海记》中描述的更加丰富。[135]东印度公司成立之前每次航行都会将一些代理商留在万丹、马来半岛及马鲁古群岛等地，让他们在当地收购货物以满足舰队返航的需要。事实上，建立永久的贸易工厂是十分必要的，因为当欧洲航船远道而来时，当地的货物库存迅速售空，价格因而急速飙升。

早期的荷兰航海家们占据了毛里求斯（Mauritius），他们以此为基点不断向马达加斯加（Madagascar）和巽他海峡之间的印度洋海路辐射，这条南方路
线可以避免和葡萄牙人的强兵重镇正面遭遇，但是同样十分危险和艰难。[136] 43
这条海路的开辟打破了西班牙在太平洋的垄断，一艘名叫“利佛德”号的航船

① 指正式统一的东方公司成立之前的一些非正规的私人小公司。——译者注

于1600年到达日本；随后西方来的其他船只也出现在马尼拉海湾和婆罗洲的文莱（Brunei）。1601年，约里斯·范·斯皮尔伯根（Joris van Spilbergen）率领的由3艘船组成的舰队离开泽兰省出航东方，次年他与锡兰的康提国王达成协议。继而从这里出发沿着苏门答腊岛北端到达亚齐国并与当地统治者协商，在马六甲周围巡航侦察葡萄牙航船。总之，东印度公司前时代的航海家们不断地向伊比利亚帝国的南端和东端探底，并且开始从它的莫桑比克和菲律宾群岛之间薄弱的腹部戳开一道口子。荷兰人通过巩固南方的海上航线，以爪哇岛为基地，占据了一个坚固且有战略意义的位置，由于他们不依靠季风航行，这使得荷兰人可以一年四季都能在这里有效地作为。[137]

早在荷兰舰队还没有驶往东方的1598年，国务会就强调各竞逐商人避免在印度相互冲突，他们应该为实现打倒伊比利亚王国这一共同目标相互协作，直接与印度建立贸易关系，从而获取丰厚的利润。1600年，荷兰省的省议会议长（Grand Pensionary）扬·范·奥尔登巴内菲尔特（Jan van Oldenbarneveldt）倡议，“荷兰国务会”（Estates of Holland）应该牵头团结各个公司形成国家规模，统一经营。荷兰省组成了一个团队负责具体事宜，他们在1601年的草拟报告中倡议，成立的新公司必须涵盖现有的所有小公司。这个提议遭到了泽兰省商人的强烈抗议。即便如此，1601年，国务会就有关统一东印度各小公司的讨论正式拉开了。经过一系列的激烈争吵，最终由拿骚（Nassau）的莫里斯王子（Prince Maurice），即奥兰治的王子，联合奥尔登巴内菲尔特的武装力量结束了这场纷争，巩固了国家的统治。1602年3月20日，国务会正式通过了一项决议，将现存的各个小公司统一成唯一的、垄断经营的大公司，称作荷兰东印度公司（*Vereenigde Oostindische Compagnie*，缩写为VOC，不太正式的英语叫法为Jan Company）。[138]

荷兰政府通过租赁合约赋予东印度公司在东至好望角、西至麦哲伦海峡地域之间的所有航运和贸易垄断权，或者是被伊比利亚垄断的地球表面的任何地
44 区的贸易权和航运权，租期为二十一年。公司在上面规定的范围内一旦遭遇西班牙和葡萄牙的阻挠，有权以国务会的名义发动战争、缔结条约或者和其他国家结盟，也有权筑垒防御工事。在荷兰国内，东印度公司由6个分会——阿姆

斯特丹、泽兰、鹿特丹、代尔夫特、霍恩（Hoorn）及恩克赫伊曾——组成，由17位董事（de Heeren XVII）在阿姆斯特丹（四年）和米德尔堡（两年）两地轮流主持工作。这17位董事中，有8位来自阿姆斯特丹，4位来自泽兰省，另外5位分别来自其他4个地方分会。各分会向东印度公司注入启动资金约650万盾（guilder）①，其中的一多半儿由阿姆斯特丹提供。[139] 公司投资面向所有公众，来自国内甚至国外的资本纷纷流向各分会，有些数额很小，有些数额十分巨大；人们对投资冒险的热情源自他们对于高额回报的渴望，这一点已被一些前东印度公司所证实。作为事实上的国中之国的东印度公司，迅速地成长为荷兰重要的政治和经济力量。与17世纪荷兰的其他寡头统治集团一样，公司的决策层即十七位董事（the Seventeen）逐渐地被阿姆斯特丹的富商们控制，他们同时也是公司的最大股东。[140]

既然荷兰东印度公司被授予权力迎着伊比利亚的阻挠向亚洲推进，海上战争便不可避免地成为贸易活动的一部分。[141] 尽管政府表态不插手公司内部事务，但是一旦发生与外国人的纠纷，荷兰政府总体上还是偏袒公司。即使东印度公司成立之后，仍然有一小部分荷兰人反对将战争和贸易连在一起的政策导向。在私人企业向东印度总公司垄断经营的过渡期间，海军将领韦麻郎（Wybrand van Warwijck）率领的由前东印度公司小企业筹集14艘航船组成的舰队前往亚洲，这是他们的首次东方之旅，期望有所斩获。韦麻郎在东印度公司命令下，在东方找到了最稳定的香料市场，并且发现了一个可以作为永久指挥中心的地点。韦麻郎除了为荷兰在东方发展打好基础之外，还为他的投资商们带来了165%的利润回报，利润的一半是战利品。[142] 这么丰厚的利润让那些反对将战争和贸易联系在一起的投资商们不再痛苦。 45

1602年后，一支支舰队沿着前东印度公司时代开辟出来的航线驶向东方。舰队首领们积极地与锡兰和苏门答腊结盟，在万丹装载胡椒货物，寻求与中国和马鲁古群岛直接贸易的可能性。他们很快就发现，马上与中国和锡兰建立直接贸易伙伴关系的希望十分渺茫。1603年12月，荷兰东印度公司的首支舰队

① 盾，荷兰货币单位。——译者注

登上历史舞台，驶往东方，舰队由13艘全副武装的舰艇和1 200多人组成。其总指挥史蒂文·范·德·哈根（Steven van der Hagen）受命加强反对敌人的行动，在果阿面前展示荷兰国旗，袭击葡萄牙航运，与印度地区沿海各国缔结协议，全力占领马六甲，将马鲁古群岛的西班牙老窝连根拔起等。在不到两年的时间里（1604年12月至1606年7月），范·德·哈根侦察了北至古吉拉特的印度西岸所有地区，并且与卡利卡特缔结了友好条约。他在安汶岛战败了葡萄牙人（1605年），将该岛屿置于荷兰的控制之下并且与当地的统治者达成谅解，他们产的丁香只销售给荷兰东印度公司。同时，范·德·哈根还在蒂多雷教训了西班牙人并与班达缔结协议。总之，范·德·哈根通过武力胁迫缔结的协议和条约，为他的后继者建立荷兰在东方的贸易大厦打下了坚实的基础。范·德·哈根从香料群岛出发，取道万丹，在这里他满载货物凯旋回归荷兰。除了货物，他也为祖国带回了极有价值的关于东方地区内部之间的贸易信息，特别是印度的丝织品和马来亚及印度尼西亚地区的商业贸易。[143]

16世纪后期，葡萄牙在东方的海上力量刚显示了一点点优势之后，便安于现状，习惯于与没有任何武器装备的货船在和平环境中进行交易。荷兰在东方的首次突袭便获得胜利，这得益于他们袭击的突然性，也得益于其先进的海军设备和灵活的战略战术以及数量上占优势的训练有素的水手和士兵。[144]荷兰船只形体相对较小，速度快，易于操作，适合沿海岸航行和作战。舰船上安装的重炮在数量上和口径上都优于伊比利亚的船炮。荷兰舰队的指挥者更希望与葡萄牙战舰和堡垒进行远距离地炮轰，避免贴近他们的战舰，以防止和他们的防御炮台正面冲突。荷兰的优势从一开始就显露无遗，重型武器装备、一流的组织能力、优越的航海技术等都为他们在海战中和在控制海上航线中占据先机提供了强有力的保障。

尽管如此，1605年5月科尼利斯·马塔利夫率领的11艘船舰离开欧洲，在葡萄牙的亚洲据点遭遇了顽强的抵抗。1606年，该舰队围困马六甲但最终归于
46 失败，没有将伊比利亚人从马鲁古群岛驱逐出去。[145]马塔利夫从香料群岛出发驶向中国沿海地区，但是他没有完成阿姆斯特丹方面要求在这里建立贸易关系的任务。在返回万丹的路上，马塔利夫获悉英国已经在香料群岛从事各种活

动了。1608年9月，马塔利夫返回荷兰，尽管他的业绩不佳而且还带回了坏消息，但是奥尔登巴内菲尔特和莫里斯王子还是公开向他表示了致谢。

对联合省而言，荷兰东印度公司既是一股强有力的政治和经济力量，也是和西班牙抗衡的新式武器。1606年，正当马塔利夫围困马六甲的时候，国务会在东印度公司和其他各方商业团体施加的压力之下，发起了针对伊比利亚在欧洲海域船只的袭击，特别是那些从美洲贩运白银的商船。荷兰向西班牙舰队大肆袭击并于1607年在直布罗陀（Gibraltar）将其中的一支舰队击败，马德里政府不得不做出停战示好的姿态。接下来的两年，双方秘密协商，最终于1609年签订了《十二年休战协议》。尽管莫里斯王子、东印度公司及其他商人、有影响力的正统加尔文教信徒反对该协议，但是主张和解的奥尔登巴内菲尔特一方获得了最后的胜利，因为当时欧洲和东方的境况非常不乐观。荷兰在佛兰德斯（Flanders）的军队陷入困境，胡椒价格急速下跌，股东得不到股息分红，菲律宾群岛和马鲁古群岛的荷兰军队已经被西班牙打败，法国国王亨利四世在荷兰和佛兰德斯叛徒的帮助下跃跃欲试要建立自己的东印度公司。在奥尔登巴内菲尔特看来，喘息的时间是必要的，荷兰可以利用这个间歇解决其内部不断激化的宗教、政治及贸易等方面的矛盾，并加强联合省的国际地位。

截止休战协议签订之时，荷兰已多次进攻葡萄牙的亚洲据点，并且取得了几场重要的胜利，但是他们突袭西班牙却没有这么幸运。1601年，荷兰贸易商在马来亚半岛东部的北大年（Patani）获得了一个落脚点，迅速地从这里深入到暹罗腹地。这两个地方都是日本和中国货物的贸易基地：北大年是暹罗的一个附庸国，而暹罗又是中国的一个封国。暹罗的首府大城派出两位使者前往欧洲；他们历经波折终于在1608年9月到达荷兰。这些暹罗使者虽然在当地受到了很好的礼遇并且在荷兰逗留到1610年1月30日，但是显然没有取得多大成就。无论如何，荷兰都没有实现通过暹罗与中国进行直接贸易的意愿。与暹罗的双边贸易涉及欧洲的土特产和暹罗的兽皮及胡椒之间的交换，对于荷兰东印度公司，这显然没有和中国进行贸易那么有吸引力。[146] 47

和中国进行贸易的诱惑从始至终吸引着荷兰。自从他们第一次到达东方，就和万丹、北大年及其他东方市场的华人进行过接触。在这些地方，他们也见到了日本商人，其中的一部分商人还接受了耶稣会士的皈依，信仰了基督教。1605—1610年间，日本在大城拥有自己的定居点。[147] 通常情况下，海外的日本人和华人对荷兰人都持敌视的态度。荷兰人急切希望和东亚国家建立直接贸易关系，因此他们不断向四面突袭，特别是经常袭击伊比利亚的亚洲据点。他们沿着亚洲东南部沿海地区探索，攻打澳门和马尼拉，1605年奎罗斯从秘鲁出发并真正发现了澳大利亚。由于荷兰人抛弃了早期的不与伊比利亚正面冲突的政策，他们和对手的战争越来越多。

荷兰需要科罗曼德尔海岸的布匹去和印度尼西亚进行物物交换，因此，1605年他们在印度戈尔康达（Golconda）的一些港口建立了商馆。[148] 1606年，他们还在印度北部古吉拉特的苏拉特建立了一个据点收购棉花和靛青。[149]1608年，荷兰东印度公司派遣一艘快艇到东方，声明他们和西班牙马上就要签订休战协议，敦促那些还没有和公司建立正式关系的当权者立刻与其缔结条约。这一次，荷兰人还是没有摆平葡萄牙在澳门设置的障碍，他们接着于1609年7月来到日本，和当地达成协议，在平户建立一个荷兰商馆。当年8月，他们又与马鲁古群岛的班达岛签订协议，将附近的班达岛—奈拉岛（Neira）吞并。就这样，当1609年4月《十二年休战协议》在欧洲签订时，荷兰在亚洲的大部分贸易地区都已经建立或者正在建立自己的据点。荷兰使葡萄牙在海运和海军方面遭受损失的同时，也受到对方的强力阻击，他们未能攻破伊比利亚王国在果阿、马六甲、马尼拉、德那地及澳门等地的堡垒。

国务会对荷兰海军在亚洲取得的成绩十分满意。让股东们生疑的是东印度公司的经营活动给他们带来的收益在缩水。从1606年到1609年，他们的利润从原来的75%下降到现在的25%。[150] 为了扭转这一局面，巩固公司在东方的地位，委员会十七位董事在和国务会协商的基础上于1609年决定对荷兰东印度公司的管理模式进行一次彻底的革新。由于公司的业绩不断下滑，让新到任
48 的海军将领接替上一任将领管理公司的游戏规则受到了谴责。这种类似于葡萄牙人管理体制的操作模式，导致权出多门、管理混乱、短视狭隘。这也导致了公司管理的不连续性，限制其在欧洲和亚洲的持续拓展。为了让公司管理更加

理性和有效，**十七位董事**决定聘任一位总督管理印度地区，组建一个5人委员会指挥公司在东方的活动。政策的重点也由原来到处发动和伊比利亚的战争，转为巩固爪哇岛的管理和贸易。虽然伊比利亚和荷兰只是断断续续地遵守双方1609年签订的休战协议，但是这也为他们提供了一个不确定的喘息时间和机会来巩固各自在东方的据点。[151]

总督彼得·博特（Pieter Both）来自荷兰南部地区，曾经在东方服役；他于1610年12月到达万丹，陪同的还有一群殖民者。他给自己定的第一个目标就是找到一块比万丹更安全、气候更好的新殖民地作为荷兰的指挥总部。1611年，他和雅加达（Jakatra）的统治者达成协议，对方允许荷兰人在当地建立不设防的商馆。雅加达是一座位于芝里翁河（Jiliwong River）河口的城镇，四周被多个岛屿环绕包围。随后，彼得·博特全力以赴地巩固荷兰在印度尼西亚群岛东端的哨站。1613年，他们攻克葡萄牙在索洛岛的堡垒，强行和马鲁古群岛当权者签订香料运输合同。1614年当博特从其职位上退下来时，英国人在爪哇岛和马鲁古群岛的频繁活动对荷兰的霸权是一种不祥的预兆。

博特的非凡业绩让他希冀扬·彼德尔斯逊·昆（Jan Pieterszoon Coen，约1587—1629年）加入自己的团队成为现实。早在1600年当扬·彼德尔斯逊·昆还是一位青少年的时候，他就被送往意大利，在罗马长时间地学习记账和做生意。1607年，他返回出生地霍恩，在同一年搭乘东印度公司派发的由彼得·威廉斯逊·沃霍夫（Pieter Verhoeff）率领的第五支舰队前往印度。1609年早期他刚一到万丹就发现公司的情况一团糟。1610年，扬·彼德尔斯逊·昆返回荷兰向东印度管理层汇报了东方的境况。1613年，被任命为商务主席的扬·彼德尔斯逊·昆再次来到东方，很快就被提拔为万丹地区的首领，之后又获得了全荷兰在亚洲企业的记账总管职位。[152]

扬·彼德尔斯逊·昆利用这个全新的职位负责记录和报告公司在东方的所
有经济活动。但是扬·彼德尔斯逊·昆和他的上司总督博特并不仅仅满足于报
告公司的盈亏状况。1614年1月，他们向荷兰发出了一个报告：《关于荷属印 49
度地区致尊敬主管们的讲话》（*Discourse to the Honorable Directors Toutching
the Netherlands Indies State*），其主要内容是向决策层推荐基本政策改革的思路，

描绘帝国构建的蓝图。被全文递交给国务会的这份《讲话》提议，荷兰在东方的政策应该由防守转为进攻；新政策的主要目标是荷兰必须垄断和控制亚洲地区之间的贸易，在扬·彼德尔斯逊·昆看来，这比亚洲和欧洲直接贸易带来的利润更可观。他粗暴地实施精香料垄断经营政策，要求荷兰殖民者（必要的时候，也包括当地被控制的奴隶）确保香料的正常种植和生产，所收获的香料必须只卖给荷兰商人。荷兰东印度公司的 17 位董事中的一部分成员立刻对这一激进的政策做出了积极的回应，扬·彼德尔斯逊·昆也因此入选了公司在印度地区的委员会，其权力仅次于接替彼得·博特的新总督格拉尔德·雷因斯特（Gerald Reynst）。

然而，不是每一个荷兰人都希望在东方扩张。国务会所持的态度与东印度公司激进分子就不一样，他们担心荷兰与英国在亚洲的冲突可能损害联合省在欧洲的利益。早在 1610 年，荷兰曾建议与英属东印度公司联盟，但是被英国拒绝了，因为英国害怕拥有一个财富和军事都比自己强大的伙伴。盎格鲁人和荷兰人在东方的持续冲突导致双方一系列的殖民会议（1613 年、1615 年、1618—1619 年）。通过这些会议协商，荷兰仍然保留对先前占领殖民地的控制权，他们和当地统治者签订的合同继续有效并绝对排斥他国加入。英国则认为，世界上没有任何一个国家可以合法地阻止他国在海上航行的权利，更不可以干涉他国参与国际贸易。最终，荷兰由于与西班牙的休战合约即将于 1621 年到期，不得已和英国于 1619 年达成协议。根据该协议，荷兰容许英国分享马鲁古群岛香料贸易 1/3 的份额，容许其分享爪哇地区胡椒贸易 1/2 的份额。两国的海军合作组建一支“防御舰队”（defense fleet），保护他们在亚洲的共同利益，干扰伊比利亚的活动。[153]

各国一方面在欧洲起草和平协议，另一方面在亚洲的敌对行动也在加紧进行。1615 年，扬·彼德尔斯逊·昆在征得雷因斯特总督的同意之后，草拟了一个方案——阻止所有非荷兰人在印度海域的贸易。荷兰设在雅加达的印度地区委员会的法令规定，所有未经授权的亚洲地区的贸易必须停止，一经发现，所有财产将被全部没收。尽管英国在亚洲的舰船比荷兰少得多，但它不顾雅加达发出的禁令，继续在印度尼西亚群岛从事贸易活动。马鲁古群岛的荷兰人也不顾他们和西班牙早些时候签订的休战协议，他们以班达岛和安汶岛为基地，发起针对防御工事十分坚固的西班牙和葡萄牙的战争。他们与香料群岛其他地区的本土统治者签订了更多的霸权合同。令扬·彼德尔斯逊·昆懊恼和气馁的是，50
一旦荷兰的船只离开马鲁古群岛，当地的当权者就公然将香料出售给所有外来客商，无视荷兰强加给他们的合同。荷兰和英国的《1619年协定》（*Accord of 1619*）在欧洲宣布的时候，他们却在印度尼西亚公开地大动干戈。当该协定在亚洲颁布时，扬·彼德尔斯逊·昆在其作为亚洲总督的第一个任期（1619—1623年），通过信件持续不断地向荷兰政府表达他的愤怒，并且私下肆意破坏这一协议。除了扰乱伊比利亚贸易之外，盎格鲁—荷兰之间唯一一次成功的合作是，1621年双方海军联合行动毁掉了葡萄牙在印度洋的一支舰队。[154]

1619年后，扬·彼德尔斯逊·昆和他的荷兰同胞继续早期制定的扩张和霸权政策，同时还指责英国的不合作行为。扬·彼德尔斯逊·昆一直认为马鲁古群岛的本土当权者不够合作，对此非常气恼，1620年始发起一系列的争霸行动，以达到荷兰完全控制安汶岛和班达群岛的目的。班达地区的反抗被残酷地镇压，人们的土地被没收，并被重新分配给殖民者；此后，荷兰的海外殖民者利用当地的亡国奴经营这些土地。那些不屈从的马鲁古群岛居民被当作奴隶流放到爪哇岛，其酋长们或被拷打或被处死。自愿留下来的酋长被迫宣誓，他们将忠实地履行合同。荷兰殖民者除了残酷地镇压当地的百姓之外，还不断地攻击这些岛屿上的英国人。由于各种摩擦事件越来越频繁，英国人不得不撤离这些地区。在他们还没有来得及离开之前，马鲁古群岛的荷兰总督于1623年3月发动了史上臭名昭著的“安汶岛大屠杀”（Massacre of Amboina）；10名英国人和10名日本雇佣军被指控阴谋颠覆荷兰在当地的统治而被砍头。[155]

印度西部地区的英国人同样受到荷兰人的威胁。1620年晚期，彼得·范·登·布洛克（Pieter van den Broecke）到达苏拉特接任“阿拉伯、波斯和印度的主管”职位。接下来的八年，他在印度地区的布罗奇（Broach）、坎贝（Cambay）、阿默达巴德（Ahmadabad）、阿格拉（Agra）、布尔汉布尔（Burhanpur）等地加紧建设商馆，在波斯地区酝酿挖掘前哨阵地。荷兰人进驻波斯湾地区使英国人十分恼怒，因为当时他们与当地的伊朗王（shah）刚刚建立起友好关系。波斯人不堪于葡萄牙人对霍尔木兹和波斯海湾地区的控制，不得已向英国寻求帮助：一方面为了得到海上援助；另一方面也是为获得新的贸易通道。[156] 但是英国注定不能替代葡萄牙人垄断波斯湾地区。1623 年，荷兰和伊朗王签订协议，该协议规定允许荷兰人在甘布龙布（Gambroon）和伊斯法罕（Ispahan）建立商馆，可以自由交易法律没有明确禁止的商品，免交各种税
51 费等。荷兰人可以大量地供应当地紧缺的精香料以交换波斯的丝绸，这使得他们备受伊朗王的青睐。

扬·彼德尔斯逊·昆决意参与和中国的直接贸易，密切日本和巴达维亚（Batavia，1619 年荷兰人为雅加达取的名称）之间的商业联系。为了达到这一目的，他们或者单独行动，或者借助于英国人的帮助，攻打和封锁马尼拉。虽然这些行动成功地扰乱了马尼拉和澳门之间的贸易，但是这并没有给荷兰人带来稳定的中国货源。1622 年荷兰人对澳门的正面进攻被中葡联军击退了，之后他们不得已退守在澎湖列岛（Pescadores）的基地。[157] 接下来的两年，荷兰船只以澎湖列岛为大本营不断掳掠中国福建沿海地区，成功地袭扰了澳门和长崎之间的商业贸易。中国命令荷兰撤离澎湖列岛，并且派出战船以及登陆部队前往澎湖列岛确保荷兰执行这一命令。由于当时中国明朝政权已经在走下坡路，特别是在福建的统治更是薄弱，最终他们与荷兰达成妥协和谅解。荷兰必须从澎湖列岛撤退到台湾地区，同时中国商人可以到台湾旅游，可以和当地的荷兰人进行贸易，当时台湾岛还不是中华帝国的领土。明朝政府试图阻止福建的走私船和台湾之间的贸易，但是他们在这一点上总是感到力不从心。[158]

荷兰出现在地理位置优越的台湾岛，不仅威胁到澳门和日本之间的贸易，也危及到西班牙和日本的商业活动安全。1624 年荷兰在台湾西南沿海建立热兰遮城（Castle Zeelandia，现在的台南），激发了西班牙 1626 年在台湾岛北端的基隆开发定居点的热情。此时，西班牙人刚刚被日本驱逐出境两年，他们希望利用在台湾建立的这个前哨能够与荷兰和葡萄牙竞争跟中国及日本的商业贸易。宣称拥有台湾主权的日本人对荷兰和西班牙的入侵十分愤怒，他们特别憎恨荷兰对日本探险者和商人实施的迫害，这些日本商旅事实上已经在台湾从事贸易和定居整整一个时代了。[159] 为了迫使荷兰承认自己在台湾的主权，日本

政府于 1628 年颁布了贸易禁令，绑架了荷兰在当地的首领。该禁令有效持续了两年。到了 1634 年，由于日本“闭关锁国”（closed country）政策的继续推行，日本人被禁止前往台湾，荷兰便可以在他们的热兰遮城为所欲为了。[160] 52

荷兰在东方的推进政策最初是由扬·彼德尔斯逊·昆一手策划的。扬·彼德尔斯逊·昆 1623 年 2 月返回欧洲之后，他的亲信彼得·德·卡彭蒂尔（Pieter de Carpentier）接替他的职位从 1623 年至 1627 年担任巴达维亚的总督，继续推行他的政策。回到荷兰，扬·彼德尔斯逊·昆继续向**十七位董事**游说，不通过战争手段，贸易是不可能顺利推行的；必须在东方建立荷兰殖民地，才能约束有利可图的亚洲地区之间的贸易。尽管有人批评他的政策并没有带来所承诺的高额利润，但是公司领导还是默许了他采取血腥手段在马鲁古群岛拓展和保护香料贸易垄断。股东们抱怨扬·彼德尔斯逊·昆军事活动的成本太高，但是公司领导却要求其利用武力维持当地的香料生产和贸易垄断。然而公司领导层拒绝在亚洲其他地区使用武力获得贸易便利和特权，也拒绝将公司的统治推广到其他地区。1627 年 9 月，当扬·彼德尔斯逊·昆再次返回亚洲开始其总督职位的第二任期时，他立刻就遭遇爪哇人的敌视，他们严重威胁着荷兰人在巴达维亚的这个职位。1629 年，扬·彼德尔斯逊·昆为抵御爪哇中心地区的马打兰王国的猛攻而战死。荷兰挡住各种敌对势力成功地保住巴达维亚的地位，向当地土著统治者展示了欧洲的海上优势和欧洲人组织及训练有素的雇佣军在亚洲战争中的行动效率。[161]

扬·彼德尔斯逊·昆的继任者们再没有遭遇到爪哇或者马鲁古群岛的有效反抗。他们集中全力打造以巴达维亚为基地的荷兰海上贸易帝国。在亚洲海域，对荷兰的持续挑战来自欧洲的对手。安东尼·范·迪门（Anthony van Diemen）在其任期内（1636—1645 年），全力以赴地征服葡萄牙从果阿到马六甲之间的海域前哨——所谓的荷兰帝国的西部行营（Western Quarter）。范·迪门还希望拓展荷兰东印度公司在东部和南部地区的贸易空间，特别是澳大利亚。为此，阿贝尔·杨松·塔斯曼（Abel Janszoon Tasman）先后两次（分别是 1642—1643 年和 1644 年）远征探察，解开了新西兰的神秘面纱，并将澳大利亚北部海岸绘制在世界地图上。[162] 由于这些远征和探索成本很高且当下不能获得利润，公司高层下令禁止继续该行动。

荷兰秉承其东印度公司制定的袭击葡萄牙前哨的政策，1632年它攻打的第一个目标是锡兰岛，希望借此控制肉桂贸易。由于荷兰的不断袭扰，尽管葡萄牙在当地的统治被削弱了，但是直到1656年之前，荷兰未能将葡萄牙人从科
53 伦坡全部清理出去。与此同时，荷兰1635年获得了在孟加拉贸易的权利，早在1580年葡萄牙就在该地活动了。荷兰人在孟加拉的胡格利（Hugli）和比布利（Pipli）地区小心翼翼地从事贸易的同时，他们于1638年获准进入上游的巴特那（Patna）——硝石的主要产地。为了在孟加拉湾取代葡萄牙，荷兰于1635年在勃固地区的沙廉和曼德勒（Mandalay）附近的上游城市阿瓦（Ava）开办商馆。1637年，他们试图在马拉巴尔地区建立荷兰前哨但是没有成功，几乎在同一时间，为保持印度支那商馆盈利的愿望也归于失败。尽管如此，荷兰仍然不时地出现在大部分亚洲商贸中心地区，在亚洲地区之间的贸易中扮演着显著而果敢的角色。

葡萄牙亚洲帝国的崩溃与荷兰强大的海上实力密切相关。[163] 1636年，范·迪门启动了一个项目，对海上线路进行定期巡航视察，每年都对葡萄牙主要港口封锁包围。荷兰强迫给所有在坎贝和澳门运营的船只颁发通行证。英国和葡萄牙的立场一致，都反对荷兰在印度洋实行的政策；但是英国被警告不要干涉荷兰封锁果阿的行动或者为葡萄牙海运提供任何援助。范·迪门和远在荷兰的东印度公司领导层的意见相左，他坚持认为如果不进行领土扩张，公司在亚洲的贸易不可能持续发展。1640年，他征服了锡兰的肉桂贸易港口尼甘布（Negombo）和加勒。1641年1月，即《荷葡停战协定》（*Dutch-Portuguese truce*）生效前的十一个月，马六甲落在荷兰手里。1642年，荷兰将西班牙逐出台湾，荷兰东印度公司进一步巩固了其在马鲁古群岛的地位。1646年当范·迪门去世时，只剩下果阿、马拉巴尔、科伦坡、弗洛勒斯、帝汶和澳门等几个地区控制在葡萄牙手里。

1621年3月4日，巴达维亚最终被东印度公司**十七位董事**定为荷属印度地区的首府，并根据扬·彼德尔斯逊·昆制定的计划建设。早在1619年祭奠完雅加达老城区之后，扬·彼德尔斯逊·昆下令在其旧址上建造一座大型堡垒和

一座包含有运河和桥梁的小城，以怀念远方母国的阿姆斯特丹。荷兰东印度公司利用其“征服权”（right of conquest）宣布其对巴达维亚及其周围地区的主权。[164]万丹和马打兰的爪哇王子们为争夺巴达维亚的控制权，时而联合起来攻打荷兰，时而相互作战，一直持续到1639年。之后，范·迪门完成了巴达维亚城的建设，鼓励大型华人社区建设的早期政策如今也结出累累硕果。当地的华人被赋予贸易和居住的特权。1636年至1642年之间起草的巴达维亚法律 54
章程，将这个种族和宗教混杂的社区的习俗和惯例赋予了正式的法律效力，确保了本地区的社会生活正常运转。到范·迪门任期结束的1646年，巴达维亚已经牢牢地确立了其在荷兰从波斯湾到日本的海上帝国的指挥中心地位。所有荷兰帝国的商馆必须向巴达维亚汇报其生产情况，所有通往欧洲的贸易以及亚洲地区之间的商业都得经由巴达维亚。巴达维亚取代了马六甲成为通往西方贸易的纽带。[165]

1650年，荷兰的领导层颁发了一系列政令指导巴达维亚执政，这些政令取代先前的法令成为荷兰东印度公司在印度地区余下历史的基本法。这为当时以及后来的历史学家研究17世纪中期荷兰在亚洲的地位提供了系统的材料。荷兰领导层认为亚洲最流行的贸易方式有三种：第一，在通过协议或者武力获得地方裁判权的地区所进行的贸易——巴达维亚、马六甲、普利卡特（Pulicat）（位于印度）、热兰遮（台湾）以及马鲁古群岛的一些岛屿；第二，通过和当地的王子或者日本幕府将军签订契约（通常在武力胁迫下），荷兰东印度公司在本地享有绝对排外的贸易特权；第三，和暹罗、印度等亚洲国家的贸易，要求荷兰和其他外国商人自由竞争，在平等的基础上和当地的统治者协商谈判。[166]

1650年后，荷兰的亚洲帝国通过外交、压迫、威胁、征服等手段继续扩张事业。荷兰人以马六甲为基地资助柔佛州的苏丹国复兴，它是葡萄牙在马来西亚的宿敌，也曾支持荷兰征服马六甲。荷兰通过与柔佛州达成协议或者密切商业伙伴关系等手段，将它的控制力扩展到马来西亚半岛及其周围群岛的主要商品进出口，将它的竞争对手如英国排除在外，并且监控马六甲地区主要海峡的交通运输。[167]

马打兰的苏丹王们都宣称他们拥有对爪哇所有地区的主权（万丹的苏丹国

除外），而荷兰以巴达维亚为基地不断地暗中破坏马打兰。1677 年之前，荷兰一直承认马打兰的独立，并且定期派遣使臣携带贵重礼品前往马打兰朝廷进贡。1677 年，马打兰帝国组织松散，逐渐分裂，这给荷兰提供了绝好的机会；荷兰扮演着苏丹王“护主”（protector）角色，帮助其镇压那些诸侯封臣和王权觊觎者。作为支持马打兰既定政策的一部分，巴达维亚方面也干涉万丹的内部事务
55 并于 1682 年占据该地区，两年之后万丹接受荷兰东印度公司监管。[168] 尽管荷兰的高层领导不愿意推行成本高昂的军事扩张，但是巴达维亚方面还是通过武力控制了爪哇的贸易，排斥欧洲竞争对手在本地从事贸易。[169]

同时，荷兰也加强了对除婆罗洲之外印度尼西亚群岛其他所有地区的控制。1640 年后，荷兰将对马鲁古群岛控制的重点放在使异教徒、天主教徒及穆斯林皈依加尔文教上，希望借此使这些人不再像原先那么反叛。针对这种情况，荷兰的宿敌——西里伯斯的望加锡苏丹王——准备发动战争。1663 年后当西班牙从德那地撤离而荷兰进驻该地时，苏丹王的担心加剧了。作为该地区伊斯兰的代表，望加锡统治者对荷兰教团的进驻非常敌视。他决定捍卫望加锡作为向所有人开放的国际香料贸易市场的地位。借助于葡萄牙人、英国人、丹麦人等的帮助，他长时间地顽强抵抗荷兰垄断精香料贸易的企图。望加锡苏丹王加筑了防御工事，在欧洲友人帮助下打造海军，公然对抗荷兰。面对这种态势，巴达维亚于 1666 年派出一支由科尼利斯·斯皮尔曼（Cornelis Speelman）领导的远征军镇压望加锡。经过两年艰苦卓绝的战争，1669 年斯皮尔曼强迫望加锡苏丹王签订条约。根据该条约，荷兰获得在望加锡的贸易垄断权，并且有权在这里建筑堡垒。包括王子在内的望加锡难民逃往没有臣服于荷兰的地方。渐渐地，整个西里伯斯及其邻近岛屿都被控制在巴达维亚统治之下。[170]

在荷兰推进控制马来西亚和印度尼西亚贸易的过程中，苏门答腊也未能幸免。马来西亚半岛生产的锡在欧洲和印度十分畅销，但是其中的一部分生产被控制在亚齐国的苏丹手里，亚齐是位于马六甲海峡入口处的一个苏门答腊人的王国，控制着当地的西海岸地区。[171] 在柔佛州——亚齐在马来西亚半岛的宿敌——的支持下，荷兰 1650 年后开始煽动亚齐诸侯起义，并且定期封锁苏门答腊西部港口。到 1663 年，荷兰已经和亚齐的三个诸侯国签订协议，协议规定

荷兰东印度公司保证他们独立于亚齐；作为回报，各诸侯国必须接受公司对当地贸易的控制和垄断。由于苏门答腊地区大部分苏丹国王接受了巴达维亚的统 56
治，其他苏丹也纷纷效仿。除了英国人于1684年在苏门答腊西海岸靠近明古连（Benkulen）修建了一座堡垒外，其他所有欧洲人都被排除在苏门答腊地区贸易之外。[172]

1650—1685年间，印度尼西亚各国分崩离析的状态为荷兰东印度公司在东南亚打造海上商业帝国提供了便利条件，尽管它对所涉及的这片广阔地域承担的管理责任不是非常积极。巴达维亚政府只对本地区有绝对主权；对于数量众多的表面上有自己君主的受庇护国或者半受庇护国，巴达维亚政府扮演着宗主国或者保护国的角色。除了巴达维亚本地区，荷兰很少在其他地区（比如安汶岛和台湾）花大力气使当地土著人皈依加尔文教，也很少将欧洲的生活方式强加给当地人。对于荷兰人来说，地域广阔的马来西亚和印度尼西亚地区是一个以巴达维亚为中心的复杂的贸易网络。垄断和控制贸易环境催使着荷兰人采取军事行动去扶持或者打压当地的统治者。与荷兰合作的当地国王们，比如柔佛州和德那地地区，有时可以为本国争取一些商业和政治上的利益。尽管很多沿海地区难以摆脱海盗的骚扰，但是荷兰成功地控制了数量众多的海上航线。任何可以促进贸易、获取利润的行为都得到孕育发展；任何无利可图的行为，如探险或者传教，都未被重视甚至很快被遗忘了。

荷兰人为了彻底消灭马来西亚和印度尼西亚地区的欧洲对手，逐同时猛烈地打击亚洲南部地区的欧洲人和当地土著人。一波三折的《荷葡停战协定》于1652年到期，两年后荷兰和英国之间的战争结束，这给荷兰留出空间和时间攻打锡兰岛。早在1638年，荷兰就开始积极地与康提的国王辛哈协商，竭力将葡萄牙人从该地区驱逐出去，从而垄断锡兰地区的肉桂生产和贸易。荷兰人从他们一到达这里就表现出扩张领土的野心。他们从沿海的据点向腹地深入，企图控制生产肉桂的土地。1656年，从巴达维亚出发的一支远征军在国王辛哈的援助下成功地包围和占领了科伦坡。接下来的两年，对于该地区的剩余据点，荷兰在军事上采取孤立和侵犯战略，最终征服了贾夫纳。虽然荷兰东印度公司于1658年宣称拥有对葡萄牙曾经控制地区的主权，但是它对肉桂基地的控制远没

有得到延伸甚或完全占领，因为从葡萄牙撤出本地的真正受益者是国王辛哈，
57 他将康提的管辖权扩充至锡兰半岛两岸的所有地区和港口。因此，荷兰从未能够垄断肉桂的生产和贸易，不得不和国王辛哈及其后继统治者做生意。事实上，荷兰人表面上一直保留着对锡兰的合法权利，护佑着国王的领地。[173]

锡兰岛和马拉巴尔沿岸的港口只有一步之遥，荷兰人很快就将其占为己有。17世纪的前半叶，荷兰个体商人和一些舰队就出现在这些港口，他们还多次试图在该地区（特别是卡利卡特）建设商馆。起初，马拉巴尔的一些王子们，如康提的国王辛哈，渴望和荷兰结盟。但是随着时间的推移，他们越来越意识到荷兰的贸易政策和贸易实践的霸权本质；当葡萄牙在本地区的势力趋于下风时，这一本质愈发的昭然。1656年，科伦坡沦陷，葡萄牙在马拉巴尔地区的大本营受到的威胁异常紧迫。

荷兰1657年发起的征战，直指葡萄牙在锡兰岛的剩余前哨阵地和马拉巴尔的奎隆港口。这次战役由里伊克洛夫·范·昆斯（Rijcklof van Goens）率领，指挥总部设在科伦坡，里伊克洛夫·范·昆斯曾经在印度担任助手，也是巴达维亚委员会的重要成员。1658年12月，荷兰占领葡萄牙在奎隆的堡垒；次年1月，荷兰与奎隆的女王签订条约。条约规定葡萄牙人离境，他们的财产转给荷兰东印度公司所有。奎隆女王也同意当地生产的胡椒只出售给荷兰，保护荷兰籍商人，没有荷兰颁发的通行证任何船只不得入港。这个条约明确暴露了荷兰人比葡萄牙人更加贪得无厌，他们比葡萄牙人更擅长将自己的要求和意志强加给对方。由于土著人和葡萄牙人的反抗，1658年被范·昆斯留在当地的卫戍部队不得不撤退。这次出征的失败加上后来遭遇的几次挫折，使得巴达维亚当局认识到征服马拉巴尔还需要重新制定不同的策略和战术。[174]

1661年，荷兰如同先前一样退回到卡利卡特。在扎莫林（Zamorin）及其同盟的援助下，荷兰于同年12月再度占据奎隆；1662年荷兰与当地的统治者和特拉凡科尔国王达成协议重申1659年签订的条约。同时，范·昆斯率领的荷兰军队于1662年1月占领了僧急里城，并和当地政府签订了类似的霸王条约。在扎莫林的配合和援助下，荷兰继续向前推进征战科钦；1663年1月7日，荷兰派发两次远征军，科钦最终有条件投降。根据三个月后双方签订的条约，科

钦国王承认“**尊贵公司**”（Honorable Company）在本地的护国者角色，承诺将胡椒和野生肉桂只售给公司客户，同意按照公司的指令管理科钦领地和领海的贸易。[175]1663 年 2 月，失去从果阿和科钦得到援助希望的坎纳诺尔很快就 58
落在荷兰人的手里。从此之后一直到 1678 年，荷兰不断加强对马拉巴尔地区的城市及其附庸国的控制，所有这些地区由一名直接向巴达维亚负责的统帅管理。[176]17 世纪余下的日子里，荷兰人忙于加固他们在印度和锡兰地区的地位，极尽所能地控制亚洲地区之间的贸易。

荷兰人经常在科罗曼德尔沿岸地区购买向远东地区行销的布料，到 17 世纪 30 年代，他们在此牢牢地建立了自己的立足点。荷兰人以此为据点不断地向缅甸和孟买拓展他们的活动空间。缅甸的商馆到 1680 年被废弃之前一直被控制在科罗曼德尔的管理之下；1655 年，孟买由于荷兰人在当地的贸易发达而独立成为一个单独的行政区域。[177] 同时，范 · 昆斯作为锡兰地区从 1622 年到 1675 年的总督，梦想着该地首府科伦坡有朝一日取代巴达维亚成为荷兰帝国在东方的基地。他的野心是削弱康提的独立，同时架构荷兰对印度地区马拉巴尔和科罗曼德尔沿岸的贸易垄断地位。范 · 昆斯的扩张行动虽然遭到了巴达维亚方面的反对，但是由于荷兰东印度公司**十七位董事**的支持取得了一定的成功。然而，随着范 · 昆斯计划执行费用的不断飙升，公司领导的立场很快就转移到巴达维亚，总督也被召回国内。随后，荷兰的政策是安抚康提，放宽对锡兰地区亚洲人内部之间贸易的控制。

由于英国、丹麦、法国的竞争以及印度对其布料、硝石、食品及廉价劳动力等方面的冲击，荷兰对从该世纪中期开始占据的科罗曼德尔海岸市场的控制力削弱了。不堪军事和行政成本的急剧攀升以及经常卷入到和印度两败俱伤的战争，荷兰人的日子靠着微薄的毛利难以为继；该世纪最后十年的败仗使荷兰人在科罗曼德尔海岸的贸易成为一笔赔本的买卖。到该世纪末，尽管荷兰仍然占据着苏拉特和其他西印度和波斯地区的商馆，但是只有在印度次大陆的孟买和马拉巴尔的地位比较牢固可靠。[178] 59

荷兰东印度公司在爪哇、锡兰及马鲁古群岛等地区行使直接行政权力。对于印度尼西亚水域范围以外的地区，荷兰没有控制其海上贸易或者建立强有力的基地。即使在苏门答腊地区，英国人也公然反抗荷兰维护其在印尼霸主地位的努力。垄断锡兰和马鲁古群岛的香料贸易，要求荷兰不断地巡视以防止其逃脱控制。与暹罗、日本、中国之间的贸易基本上按照这些亚洲国家规定的条件进行。1640年后，荷兰作为唯一被允许在日本从事贸易的欧洲国家垄断了本地的商业活动。该世纪末，菲律宾群岛和弗洛勒斯与荷兰的关系愈加密切。

荷兰东印度公司努力和中国建立直接贸易关系的努力漫长而复杂。荷兰人试图紧跟葡萄牙人进入澳门的努力失败之后，一段时间内他们满足于在台湾的贸易地位。荷兰人从早期遭遇的挫折中认识到，通过武力打开中国的国门是行不通的，他们转而借助于谈判。但是和一个深深地陷入内战（1620—1644年）中的政府谈判十分不易。清军（满族人）占据中国沿海地区迫使当地很多居民快速移居台湾，海盗活动也严重干扰了荷兰东印度公司与日本和台湾的海上联系。1655—1656年，荷兰派使者到清朝廷示好，但是中国新入主中原的满族统治者傲慢无礼。随后，巴达维亚政府决定加强荷兰在台湾的工事，防范郑成功的进攻。郑成功在欧洲史料中拼写为“Koxinga”，他是中国福建人，明政府的忠臣，是一支由中国平底式战船组成的舰队的统帅。

1661—1662年，郑成功将荷兰人逐出台湾，荷兰从此失去和中国贸易的主要通道。失去热兰遮城，令巴达维亚和荷兰方面既惊讶又沮丧，这是荷兰东印度公司在亚洲遭遇的最严重的一次挫败，它也说明荷兰帝国军事战线拉得太长。1662—1664年，荷兰海军和清军陆地部队联合攻打郑成功在福建的大本营，寻求复仇。作为协助平息福建战乱的回报，荷兰希望北京作出贸易妥协和让步。但是中国人[①]却另有计划。他们希望荷兰海军协助他们攻打台湾，因为那个时候清军远不是郑成功军队的对手。

由于双方存在着这些分歧，也由于相互猜疑对方的动机，中荷关系从1664年到1669年持续恶化。荷兰东印度公司1666—1667年派出由彼得·范·霍恩（Pieter van Hoorn）率领的使团前往北京，但是他们没有从康熙皇帝那里获得

① 这里指清政府。——译者注

任何贸易的权利；事实上，1668 年中方停止了荷兰曾经获得的所有贸易特权。从此以后，荷兰人和中国人之间的非官方私下贸易十分盛行，这一情况在福州表现的尤为明显。1679 年，北京方面表现积极主动，官方谈判正式恢复，当 60
时清廷派出规格比较低的使团手持皇帝诏书前往巴达维亚，希望对方给予海上援助。但是荷兰的军队在别处活动，它既没有船只也没有意愿派遣一支舰队开往中国。

1683 年，清政府在没有借助任何外援的情况下收复了台湾，因而中国不再请求荷兰的援助。1685—1687 年间，荷兰为改善贸易条件派出文森特·帕慈（Vincent Paets）使团前往北京做最后的努力。使团没有实现既定目标；三年后荷兰贸易船只不再来中国，因为他们通常情况下基本无法获利。另一方面，1684—1685 年中国政府决定调整海上政策，准许中国商人从事海洋贸易，允许外国人在中国境内从事贸易活动，建立了一整套制度规范从事贸易的国内外船只应缴交的税费。有了这一规定，荷兰人从巴达维亚管辖地区的葡萄牙人和中国人手里购买商品比他们直接派遣船只前往中国更能获利。荷兰与中国建立直接贸易关系的失败是荷兰东印度公司于 18 世纪走向衰落的主要因素。[179]

荷兰从来没有像在日本或者其他地方那样在中国占据一个立足点。荷兰强大的海上实力在印度尼西亚、锡兰及南印度占据绝对的优势，却对庞大的大陆国家——莫卧儿王国、暹罗和中国——构不成任何严重的威胁。然而，也正是他们的海上优势和高效的军事活动迫使葡萄牙远离荷兰的主要前哨，限制了西班牙和英国在亚洲的活动范围。从扬·彼德尔斯逊·昆时代到该世纪末，同道中的荷兰人只要遇到反抗都鼓吹使用武力。当然，有时也采用谈判手段，比如和中国的贸易协商，但是这种情况只有在对方的实力太过强大难以用武力威慑的条件下才发生。这种情况一旦发生，在日本的荷兰人或者派往中国使团的荷兰人表现的如同东方人（Orientals）一样卑躬屈膝、奴颜谄媚。**十七位董事**要求不惜任何代价刺激和保持贸易规模，因此亚洲的荷兰殖民者不得不绞尽脑汁革新方法寻求新的目标。任何被认为是有利可图的能够刺激贸易的计谋或策略都会被**十七位董事**接受，他们甚至默认奴仆们私下从事贸易的行为。**十七位董事**不愿从事战争或承担任何地方责任，但是也不得不勉强宣称这对保护和拓展贸

易是必要的。但是整个世纪，战争和行政成本的攀升削弱了荷兰的实力，不得
61 不逐渐放弃一些计划和事业，比如没有巨大利润的派往中国的舰队。

第四节　荷兰东印度公司①的贸易活动

与亚洲贸易仅仅是荷兰多种国际商业活动的一个方面。从1580年始，荷兰省和泽兰省的船只及商人控制了波罗的海地区鲱鱼和谷物的航运和贸易；到1660年，他们的商业活动延伸到俄罗斯地区的阿尔汉格尔（Archangel）。他们从波罗的海地区买进大量谷物，然后再销往伊比利亚半岛换取食盐、白银和香料。荷兰商人从里斯本和塞维尔出发游历到（意大利）托斯卡纳地区（Tuscany）的自由港里窝那（Livorno）、热那亚（Genoa）和威尼斯（Venice）。1612年，荷兰人与土耳其人达成商业协定，他们将经由好望角运来的亚洲商品，再从阿姆斯特丹转运到黎凡特市场卖给土耳其人。该商业渠道的开发发生在1590年至1630年间，当时黎凡特和波斯湾陆地之间的通商贸易处于低潮。大体而言，东印度地区的贸易对荷兰国际商业活动的影响到1620年后才逐渐显现；1635年后，阿姆斯特丹出口到波罗的海的香料在价值上已经超过了鲱鱼。[180]

以海洋贸易和工业著称的荷兰省和泽兰省为首的联合省成长为欧洲航运和贸易中心。以这两个省为中心的造船业早在14世纪开始确立，16世纪经历了巨大的革新。起初，荷兰造船商们只关注于建造以波罗的海木材为主材料的渔船和商船。到了西班牙无敌舰队时代（1588年），用来护航的荷兰船只都是商船改装的。为了应对西班牙的挑战，荷兰组织海军上将们督造专门的战舰。放任自流的私人造船商们继续生产商船，数量逐年攀升，设计标准可以满足任何特殊要求。最终于16世纪晚期，他们开发出一款名叫“**翼船**”（*fluit*）的专用

① 荷兰东印度公司在英语中经常用Jan Company表示，直译为扬公司，这里采取说明性翻译，更符合汉语表述习惯。有时也翻译为荷兰联合省公司（VOC），本节中所提到的公司如果没有特别说明都指这一机构。——译者注

货船，可以远距离运输，载重量达 300 吨至 500 吨，这为荷兰人提供了廉价的运输工具，使他们在北欧的货运贸易中独领风骚。[181]

荷兰人不论去哪里都带上自己的造船工匠，建造小型货船，以减轻亚洲地区间贸易时大型货船的负重。战舰和大型货船的建造基本上是在荷兰省内完成的。[182] “翼船”没有任何武器装备，因此，在到处潜伏着危险的印度洋海域贸易中，它不能正常运营。为满足在亚洲的需要，荷兰人建造了中型舰艇，一种较大的材质更重的木质船，吃水较深，实际上相当于“翼船”货船的战舰翻版。这些中型舰艇比亚洲当地打造的船更结实，武器装备先进，也比其他改装的配备武器装备的商船更快，更易于驾驶。在亚洲地区之间的贸易活动中，荷兰中型舰艇与当地船只和欧洲对手使用的较大的改装船只相比，占据更加明显的优势。[183] 62

由荷兰东印度公司在荷兰省码头打造的**荷兰东印度商船**（*retourschepen*），是专门为亚洲航运设计的。这种商船从荷兰中型舰艇演化而来，16 世纪初其载重量为 400 吨至 500 吨，该世纪末其载重量发展到 1 200 多吨。通常情况，这些特制船只比战舰的载货量更多，比轻型武装货船更易于防守。[184] 荷兰东印度公司的一个特派委员会和各联合省议院的领导共同负责东印度商船的组建和安装。各省都有总指挥负责配备、安装、修理和监督其所属的东印度商船的建造。在没有得到东印度公司**十七位董事**的同意下，各省议院都不允许建造和购买船只。

通常情况下，荷兰东印度公司的所有舰队中，只有 10—12 艘印度商船运营。低地国家到巴达维亚之间的航程一般持续九个月。每年 11 月或 12 月从欧洲出发的航船，一般在次年的 8 月或 9 月到达巴达维亚，航程大约为 3 400 英里。从巴达维亚返回欧洲的船只一般在 10 月或 11 月出发（从锡兰出发的航船稍晚一些，11 月或 12 月出发），次年夏季停泊在须得海（Zuider Zee）入海口的一个小岛——特塞尔港口（Texel）——卸货。[185] 联合省参战期间，从亚洲返航的船只不得不避开（欧洲大陆和不列颠之间的）海峡航道，绕行苏格兰，最终于 8 月 15 日停泊在码头。装载着进口货物的轻型驳船经由荷兰水路进入沿海和内陆城镇。精香料和昂贵的丝织品储藏在阿姆斯特丹的**东印度仓库**（Oost-

Indische Huys）①，1605年后这里已经成为荷兰东印度公司的总部了。比较大宗和重型的用作压仓物的胡椒、硝石和铜，储藏在阿姆斯特丹和邻近城镇的其他
63 仓库。[186]

1602年制定的租约，屡经1623年、1647年、1672年和1696年的修订，为公司在好望角东部的贸易垄断提供了极大的方便。在低地国家，公司对从亚洲进口货物的控制基本上是有效的；在亚洲地区，公司从没有完全垄断所有货物的贸易（精香料除外）。与英国人不同的是，荷兰人十分成功地控制了货物走私和外部干涉；与葡萄牙人不同的是，荷兰人未能阻止本国人为欧洲其他国家效力。在同时代的所有欧洲人当中，荷兰人在保持航运正常高效运营方面做得最为成功，他们将亚洲产品倾销到东方市场，将从亚洲进口的产品在欧洲销售，从中谋取暴利。荷兰东印度公司建立了一整套集报告、记录、理性决策为一体的制度，这使其比当时国家的其他机构更为高效、智谋。公司的不足之处是，由于商馆和议院的多头管理而导致的不统一的会计制度，不能精确记录运营盈亏状况。[187] 即便如此，公司仍然能估算出17世纪在亚洲获取的纯利润，特别是在1631年至1653年以及1664年至1684年这两个时间段内实现的利润。此后，亚洲内部之间的贸易量不断下滑，荷兰东印度公司越来越依赖亚洲货物出口欧洲。[188] 在荷兰国内，当时股东们最多的抱怨都与公司记账方式和分红有关。[189]

贯穿整个17世纪的是，荷兰东印度公司不断出台各种规章制度规范公司活动的方方面面：欧洲和亚洲的人事雇佣，船舶的装卸货物技术，总督仆人、制图者及制桶工人的义务。公司各个层级的管理政策都强调**控制**和**垄断**。公司**十七位董事**决意以固定价格购买精香料，排斥其他一切竞争者，操控欧洲市场供应，控制香料销售价格。欧洲各地的商人将货物放在阿姆斯特丹代售，然后将倒卖商品获得的收入投资于国内。每周的价格列表都要发布，供有兴趣的人
64 订购。欧洲各国的统治者都临时或者长期在阿姆斯特丹派驻代理机构购买硝石、铜、船只和其他战争必需品。荷兰人和外国人一道将大笔小笔的资金投入到工

① 位于阿姆斯特丹中心。17世纪早期荷兰的重要建筑物。曾经是荷兰东印度公司十七位董事聚首和议会的重要场所，公司很多重要的文献资料和地图等都收藏于此。——译者注

业、贸易或者金融机构，这一趋势在 1609 年《十二年休战协议》签订之后更加明显。有些富裕的荷兰人甚至也投资国际贸易或者外国企业，特别是瑞典的制铜业。总之，阿姆斯特丹作为一个转港口，享有一流的航运技术、优良的储藏设备、合理的信贷制度、可靠的保险体系，以及便捷的商业信息，实际上垄断了西欧的所有贸易。[190]

来自东方的货物在阿姆斯特丹港口一卸下来，马上就被安排销售。新闻简报发给北欧的各路记者，告知他们市场情况、可能出售的货物，以及拍卖日期。有关香料贸易中的供货商和购买商知之甚少。由于商人们努力在这种或者那种商品贸易中占据一席之地，各式各样的财团在该世纪早期形成了，有时这些财团包括各企业的董事会成员或政府领导。1620 年至 1622 年期间，财团根据合同按照预定的价格购买公司的胡椒，按照附着的条件规定，公司在规定的时间内不得在市场上销售胡椒。[191] 该世纪的前半叶，以合同形式销售比公共拍卖方式销售更为普遍。购买货物都以“八里尔银币”或者西班牙“里亚尔”货币支付货款。到 1648 年荷兰与西班牙的战争结束时，西班牙的大部分钱财通过汉堡（Hamburg）落入荷兰人口袋里。该世纪下半叶之前，荷兰对金银的出口一直严加控制。[192] 当时阿姆斯特丹贸易领域的金钱比欧洲其他地方相应领域的金钱更加丰盈。[193]

到 1690 年，公共拍卖制度已经完善并且处于主导地位，待销售商品的具体状况被描述的更加详细清晰。商品销售给最高的竞价者，并且要求他们在阿姆斯特丹以现金方式支付货款，销售掉的商品将在两个星期之内发给购买商。商品交易过程的各种约定条款中，有一部分详细规定，及时支付货款可以拿到回扣，不遵守公司约定将受到惩罚。荷兰东印度公司从仓库直接销售产品，这样他们的投资可以最快地得到回报。任何由于商品竞拍、货款支付以及货物运输引起的争议，公司都有最终的决定权。购买商每购买 1 000 盾的商品都要求捐献 1 盾钱币给慈善事业。[194]

65

确保阿姆斯特丹市场上足够和持续的胡椒和香料供应也给公司带来持续的麻烦。过量供应和供应不足都是公司十分担忧的情况。对商品和市场的理性估计要求商品数量和质量都符合需求。第一次对胡椒年消费量的估计（根据 1621

年英格兰和1622年荷兰的消费情况）约700万磅；1688年公司**十七位董事**将这一估计量略有提高。[195] 荷兰和英国公司该世纪下半叶实际上贩卖到欧洲的胡椒比例，明显超过该世纪上半叶，上半叶葡萄牙人每年贩卖到欧洲的胡椒量约为150万磅。不论欧洲需要多少数量的胡椒，印度和马来西亚及印度尼西亚地区的产量都可以从容供应。当然，荷兰所需的胡椒多来自爪哇、苏拉特、马来亚及婆罗洲。来自不同地区的胡椒品质不同，价格也不同。然而，巴达维亚的荷兰人约从1622年开始将各地生产的胡椒，不管它是黑色或是棕色，掺在一起，以同一种名义投放在欧洲市场，按照统一价格销售。1655—1656年，白胡椒首次在阿姆斯特丹拍卖市场上出现。[196]

整个17世纪，只有黑胡椒（或棕色胡椒）被大量的不间断地进口到欧洲。该世纪后半叶运送到阿姆斯特丹的胡椒的绝对数量大于其上半叶的数量；然而，该世纪下半叶荷兰从亚洲进口的胡椒量的比例在总量中有所下降，因为这时纺织品变得更为重要了。公司董事会成员像16世纪安特卫普的商人一样，极力隐瞒胡椒数量，借此保持市场稳定。该世纪前二十年（到1619年止），或者市场供不应求的时候，阿姆斯特丹的胡椒价格就会稳定上升，只有个别几次有下降趋势。[197] 香料贸易的利润十分可观，1618年阿姆斯特丹胡椒的售价是从爪哇岛进价的5倍。[198] 我们不应只看到这一方面，综合评估各种统计数据后，发现公司搭建这个贸易平台的成本以及投入到东方的战争费用此时也在大幅度上扬。

荷兰东印度公司早期的财务状况极度糟糕。从1602年到1612年，公司失
66 去了800多位原始股东中的300多名投资者，他们不看好公司的前途。1610年之前，公司没有任何分红，之后曾用香料和现金支付红利；又过了十年才有了下一次分红，这次分红部分以现金支付、部分以商品支付。由于投资商施加的压力，1623年公司决定每年按照红利的10%支付给股东，但前提条件是先偿还公司的重要债务，其次才能分红。1631年后，每年的红利都能按时支付。[199] 从此以后，最大的抗议之声结束了，但是股东们开始抱怨应该加大分红比例。[200]

与英国合作采购项目启动之后的一段时间内（1619—1623年），胡椒进口的数量开始下滑。安汶岛大屠杀之后，随着合作项目的破产，自由竞争重又成

为当时的主旋律。1621 年荷兰和西班牙重新开战，引发了阿姆斯特丹胡椒价格的一次大范围下降，1637—1638 年价格又急速反弹。1640 年的革命和 1641 年马六甲沦陷扰乱了里斯本市场，葡萄牙进口量短期内下滑，这也许说明了 1638—1648 年间阿姆斯特丹胡椒价格上下波动以及进口量的急速飙升。1648 年与西班牙的战争结束，胡椒价格下跌；1643—1654 年，胡椒价格再次急速上扬，这也许和盎格鲁—荷兰战争有关（1652—1654 年）。随后，阿姆斯特丹胡椒价格平稳下降，只是偶有上调，一直持续到 1688—1689 年。此时，胡椒价格再次急速上扬，也许与当时的光荣革命（Glorious Revolution）扰乱伦敦市场有关。[201] 综观整个世纪，香料价格最高是 1638 年的每磅 85 盾，最低是 1683 年的每磅 35 盾（与 17 世纪 80 年代荷兰征服万丹及其产品有关）。[202] 显然，17 世纪 80 年代胡椒市场趋于饱和，这十年荷兰胡椒进口数量远远低于前四十年的进口量。[203] 此时，荷兰人也开始向印度地区销售大量印尼胡椒，17 世纪 30 年代，他们甚至还向波斯商人和中国商人供应胡椒。该世纪的最后几年里，中国和英国在亚洲地区的胡椒贸易竞争加剧。该世纪末，由于阿姆斯特丹胡椒价格高居不下，公司的欧洲竞争商们转向从亚洲的荷兰人手中购买胡椒以满足他们国内市场的需求。[204] 67

17 世纪中叶之前，荷兰从亚洲进口的胡椒量一直独领风骚，精香料和纺织品进口分别占据第二位和第三位。但这绝对不是**荷兰东印度商船**运载到阿姆斯特丹货物数量和品种的真实反映。1648 年的任何一艘商船货单都可以更真实地反映出运载到这里货物的多样性。除了大量的胡椒、香料和各种各样的纺织品外，还包括购自中国和孟买的粉末状糖；马尔代夫的硝石、舢板木、生姜和货贝；苏拉特的安息香、漆胶、蜡、4 321 颗钻石、590 片瓷器、靛青和棉线；日本的檀木、牛黄石和漆器。[205] 货单上甚至还列有 38 万多磅的肉桂，这发生在荷兰实质性占据科伦坡的八年之前。此时茶叶没有列在货单上，但是中国和日本的茶叶出现在阿姆斯特丹 1651—1652 年的拍卖会上。[206]1688 年的一支荷兰舰队货单上，中国茶叶和大量中国“食品盒”（一种铜、锌和镍的合金）及硝石占主角地位。除胡椒和香料外，这些商品的大部分都不隶属于租约赋予荷兰东印度公司垄断经营的范围。[207]

当时精香料是唯一被公司牢牢控制的商品，又过了三十年，肉豆蔻和丁香才加入到公司贸易垄断范围之内。面对来自伊比利亚、英国、亚洲当地人的反抗，荷兰对班达群岛、安汶岛、塞兰岛（Ceram）及马鲁古群岛的有效控制过程痛苦而又漫长。1621 年被荷兰彻底征服的班达岛为换取粮食和纺织品，很长一段时间成了荷兰的肉豆蔻和肉豆蔻干皮供应基地。[208] 一旦这些地方被荷兰殖民者占据，公司便完全控制当地的肉豆蔻和肉豆蔻干皮的生产。同时，公司全力以赴控制丁香生产，将其生产基地限定在安汶岛村庄里，大肆毁坏周围地区及其较大岛屿塞兰岛上的丁香树木。之所以做出这样的决定是因为他们认为，安汶岛的丁香产量可以同时满足欧洲和亚洲的需求，将丁香种植限定在安汶岛，有利于公司垄断丁香贸易，有利于控制丁香购买价格和销售价格。然而彻底根除塞兰岛上的丁香树木并未获得成功。丁香仍然困扰着荷兰人，大批量的丁香从塞兰岛和马鲁古群岛涌入到望加锡市场，欧洲商客们可以从这里自由购买，该情况一直持续到荷兰征服望加锡的 1669 年。荷兰迎着葡萄牙的抵抗向锡兰岛推进，同时也燃起了公司垄断肉桂生产的希望。由于康提国决意保持独立的顽强抵抗，荷兰的这一目标从未完全实现。然而，公司通过逐渐融入并控制锡兰
68 的旧体制，能够在该地区组织收购和贩运肉桂。到 1660 年，荷兰实质上已经垄断了当地肉桂出口欧洲的贸易。[209]1685 年后，肉豆蔻销售每年实现的毛利润是其购买价格的 1 000 倍。[210]

公司对丁香和肉桂的垄断姗姗来迟，且垄断程度远不如像垄断肉豆蔻和肉豆蔻干皮那么彻底。公司未能控制丁香种植意味着它必须严加核查航道和亚洲各地市场。很多岛屿都可以种植丁香，有数不清的海道可供亚洲商船航行，所以控制荷兰人所谓的“走私”是不可能的；望加锡沦陷之前，荷兰甚至不能将欧洲人完全排除在廉价的丁香市场之外。1630—1656 年，阿姆斯特丹的丁香价格稳步下跌；显然，对贸易的垄断还不够彻底。[211]

1656—1658 年，荷兰人完成了他们对锡兰的征服之后，欧洲的肉桂价格急剧上扬。新卡斯蒂利亚的价格涨落轨迹清晰可辨，1659 年肉桂价格突然猛涨，其涨势一直持续到 1666 年，其中的原因是货源不足。同一时间，亚洲的肉桂价格也在上涨，只是涨势不如欧洲那么急速。1660 年，亚洲的肉桂价格达到最高

点，这时公司**十七位董事**将印度地区的肉桂价格固定下来，迫使其他商人从事肉桂贸易或者将肉桂贩运到欧洲无利可图。之后，由于很多亚洲和欧洲商人将目光投向马拉巴尔地区价格低廉的野生肉桂（cassia ligna），荷兰人控制的肉桂销量急速下滑。1663 年，荷兰控制了马拉巴尔地区，要求当地统治者遵守他们之间的协议，停止在当地从事肉桂贸易。[212] 到了 1665 年，荷兰完全控制了欧亚两洲的肉桂贸易已经成为不争的事实。1664—1694 年，阿姆斯特丹市场的肉桂价格相对比较平稳，但是其稳定程度还不及丁香价格。伦敦市场的肉桂价格波动更大。[213]

17 世纪的最后十年，公司实现了对精香料的垄断。荷兰对肉豆蔻和肉豆蔻干皮的控制始于 1621 年征服班达岛，但是直到完全占据马拉巴尔之后才实质上控制了肉豆蔻和肉豆蔻干皮的生产和贸易。为维持丁香价格，公司努力将丁香生产限定在安汶岛。1664 年起，公司一直垄断着肉桂的生产和销售。几乎整个 17 世纪，荷兰人人为地提高亚洲地区精香料的销售价格；即便有强加的人为提价，他们还是销售了亚洲商馆库存产品的三分之一。总体而言，出现货物紧缺 69
时，亚洲地区的商馆，如巴达维亚，都有一定的提高产品价格的自由。在荷兰国内，从 1650 年到可以控制价格之前，公司负责人都通过拍卖形式处理滞销的精香料。此后，他们通过合同销售。[214]

精香料是荷兰东印度公司能够实质上操作并控制的唯一亚洲商品。但是从欧洲人的视角看，公司 1640 年后甚至还垄断了和日本的直接贸易。荷兰人在雅各布·施佩克斯（Jacob Specx）的率领下，成功地适应了日本多变的政治气候。起初，他们以平户为基地到处私掠商船。1621 年，荷兰东印度公司领导层认为日本是一个潜在的贸易伙伴。1627 年至 1632 年由于发生在台湾的摩擦事件，荷日关系十分紧张；除了这段时间之外，公司用中国丝绸交换日本的白银，数量逐年攀升。[215]

荷兰人不遗余力地购买日本的铜、金和银，马六甲的锡，以及其他少量的来自苏门答腊和马六甲的金，然后将其转卖到亚洲其他地区。1628 年，日本生产的铜首次出现在阿姆斯特丹市场，这明显地将瑞典的铜价拉下来。1638—1645 年间，可以用作桅杆材料的日本生产的铜星星点点地出现在欧洲市场；

1655 年后，该产品经常大批量地进入欧洲。尽管如此，荷兰人贩卖日本铜的市场主要集中在亚洲，他们将其转手倒卖到印度、锡兰和波斯地区，这里的铜价在该世纪最后几年之前一直高于欧洲。应该注意的是，荷兰从未垄断日本铜的贸易，因为大部分日本生产的铜都直接和中国商人进行交易了。事实上，荷兰人和中国人一直争夺日本生产的铜的出口。[216]

1640—1668 年，公司经营出口的白银源源不断地流出日本，其中有几年甚至超过了阿姆斯特丹出口到巴达维亚的数量。白银和铜一样，从亚洲的购买量超过了从欧洲的购买量，然后将其转卖换取亚洲的其他商品。1668 年，日本政府禁止白银出口，荷兰人就开始购买日本生产的黄金。17 世纪 60 年代，日本发现了大量的金矿，荷兰人从 1670 年开始大批量购买当地生产的黄金。17 世
70 纪后半叶，日本开采的贵重金属在数量上相当于美洲的生产规模。日本的贵金属产能弥补了荷兰人在个别亚洲沿海地区经历的相关产品贸易的不平衡；对欧洲来说，这意味着出口到东方的贵金属数量的减少。17 世纪 80 年代，日本贵金属出口量的减少影响了荷兰在亚洲地区之间的贸易，甚至还导致了荷兰东印度公司在东方利润的下滑。[217]

该世纪下半叶，荷兰东印度公司积极地从事进口亚洲丝织品生意。1603 年，荷兰人在柔佛州捕获了一艘葡萄牙大帆船，这使公司第一次接触到中国生丝。中国生丝在阿姆斯特丹市场深受欢迎，于是公司**十七位董事** 1608 年命令其亚洲代表们与中国建立间接或者直接的贸易关系，同时要求他们在北大年购买中国生丝。在未纺织成品的生丝当中，中国产品因其多样性比波斯和意大利类似产品更受欢迎，尽管这些地区的生丝在阿姆斯特丹市场的销量也不错。1623 年起，作为与英国短期合作项目的一部分，公司开始进口波斯丝绸。此后，阿姆斯特丹市场上的波斯丝绸在数量上超过了中国丝绸；该两地生产的丝绸都面临着与意大利、法国及黎凡特生产的丝绸竞争的问题。1636—1637 年，波斯丝绸价格突然飙升，荷兰人重新关注中国丝绸，同时也开始进口孟买丝绸。[218] 从 1640 年始到该世纪结束，荷兰一直在东京（Tongking）① 设置商馆购买中国丝绸。日

① 越南北部一地区的旧称。——译者注

本人不喜欢波斯丝绸，当中国丝绸紧缺或者比较昂贵时，他们更愿意购买孟买丝绸。在欧洲地区，孟买丝绸比亚洲其他地区生产的丝绸售价低，所以在欧洲从东方进口的丝绸中逐渐占据了主导地位。1655年，荷兰人在孟买的胡格利建立了指挥总部，在克辛巴札（Kasimbazar）建立了一个专营丝绸管理局。紧随荷兰东印度公司之后进入孟买的是英国人，二者之间竞相控制的产品越过丝绸，延及到丝线和花式纺织材料。整个17世纪，英国在年纺织品进口总量上都没有赶上荷兰。[219]

1670年后，从印度进口的棉花的数量和品种大大地增加了。科罗曼德尔海岸未经染色的布和蜡染布，经常被荷兰人和其他商人在印度尼西亚交换胡椒和其他精香料，在欧洲更为常见。一些科罗曼德尔海岸和古吉拉特地区的粗糙产品被贩运到欧洲，然后再转销到西印度群岛和非洲地区。1665年后，荷兰人和
英国人从印度进口更精致的棉花特别是白棉布，数量也比以前更多。高品质的 71
印度棉布被用在欧洲人生活的方方面面：桌布、毛巾、帘子、地毯、内饰以及衣服等。17世纪80年代和90年代掀起的“印度热”是建立在孟买丝绸和棉布在欧洲市场上的唾手可得和价格低廉的基础之上。到1697年，荷兰东印度公司进口商品总价值的三分之一是孟买纺织品。[220]

公司从亚洲和欧洲贸易中获取利润的多寡难以精确估计。通常认为，从17世纪40年代始，公司在亚洲的“地区贸易”（country trade）比欧亚之间的贸易获利更多。在亚洲跨地区贸易中，香料、铜、银和金等被从西方运到东方。富有的印度尼西亚、印度和其他地区的商人是荷兰人在当地的合作伙伴和帮手，为荷兰的企业提供货源、服务和资金。[221] 到1660年前，荷兰为每3艘英国船配7艘东印度商船进行合作运营；与他们的竞争对手不同的是，荷兰主要关注东印度地区，而不太在意非洲、美洲地区以及殖民开拓活动。[222] 该世纪后半叶，欧洲对精细纺织品和硝石的需求量不断增加，因此公司经营的巴达维亚和阿姆斯特丹之间的直接贸易额稳步上升。尽管如此，每年从贸易中获得的利润总是上下浮动，很多时候，公司高层领导不得不贷款支付下次出发的货轮运费和商品成本。1654年之前，股东们从一单价值为2 500万盾的生意当中获取的纯利润约为970万盾，利润率约为38%。从1674年到1693年的二十年“印度热”

期间，公司的利润总量和利润率甚至更高。[223]

荷兰东印度公司在17世纪获得的巨大商业成就不是完全依靠香料贸易垄断。它必须在欧洲和亚洲竞争和控制大多数产品，纺织品的垄断使公司的繁荣程度达到巅峰。1640年后，公司对香料和“地区贸易”的垄断为荷兰人在东方（以巴达维亚为中心）的企业提供了一套控制系统，这是其他任何竞争对手都无法企及的。公司本身的性质是一个商业企业，它依靠其稳定、高效和大范围的活动，开创了规模宏大的贸易。荷兰东印度公司利润虽然巨大，但是仍然比不上荷兰人从航运和欧洲商贸活动中获得的回报。[224]公司和亚洲的贸易绝不仅
72 仅是只占整个荷兰和共和国商贸总量的一小部分那么简单。荷兰东印度公司无疑激发了共和国的贸易和工业发展，特别是公司开创的新行业直接或间接地为人们提供了就业渠道。[225]但是亚洲的商品市场是有限的，亚洲贸易的涉险程度也比欧洲商贸活动高。投资商们对欧洲贸易比对亚洲企业更感兴趣，因为投资于联合省公司的资本回收的时间要长得多。我们现在也不能精确地计算出亚洲贸易对荷兰经济的影响到底有多大。[226]但必须强调的是，到1700年仍然有很多人认为，和亚洲贸易发展潜力巨大，很有价值。

第五节　英国东印度公司①

1599年，范·内克率领的4艘荷兰商船从东方运回丰富商品的消息传到英国，这激发了英国加入东方海上贸易竞逐的行列。在此之前，伦敦商人绕过伊比利亚王国控制的地域，致力于通过北路航线和南路航线直接进入亚洲的香料市场。然而这些努力都没有获得成功，1581年他们成立黎凡特公司（Levant Company），在地中海地区用英格兰的布匹、锡和兵器等交换在当地出售的亚洲商品。起初，他们在那里商业活动的唯一主要竞争对手是威尼斯。但是不久之

① 本节如果没有特别注明，所提到的“东印度公司”或者“公司”均指英国东印度公司。——译者注

后的16世纪90年代，荷兰人突然出现在地中海地区出售波罗的海生产的谷物，谷物在地中海区域普遍匮乏。1590年后，印度到地中海之间的陆路交通效率低下，引发了地中海地区香料价格的上涨，当时欧洲人当中只有荷兰人有能力支付得起这个价格。荷兰征服地中海和荷属前东印度公司开辟东方航路发生在同一时代，英属黎凡特公司对此十分关注。像地理学家理查德·哈克路特（Richard Hakluyt）一样的一些伦敦商人推崇荷兰的做法，英国应该派出商船经由好望角进入东方。尽管有伊比利亚的控制，荷兰的经验证明，这样的航线选择既安全又有利可图，这一点令英国人十分欣慰，一些力主模仿荷兰的伦敦商人请求伊丽莎白女王恩准派遣舰队前往东方。1600年，正在进行的英国和西班牙之间的 73
战争即将接近尾声，起初还在犹豫的女王最终恩准了他们的请求。[227]

1600年，伊丽莎白统治下的英格兰（不包括苏格兰和威尔士地区）的人口超过400万，相当于联合省当时人口的3倍多；18世纪初，这个数字飙升到580万，而荷兰人口仅从1620年的150万上升到1690年的190万。17世纪早期，在欧洲所有城市中，伦敦的规模排位第四，17世纪末其人口超过40万，在规模上跃居欧洲第一位。英格兰大多数的跨国贸易活动必经伦敦和南方的几个沿海城镇，17世纪后半叶这些贸易活动主要集中在伦敦地区。1688年革命之前，负债累累的皇家开支主要依靠关税收入支撑。整个17世纪，英国国内各郡县的税赋严重负载，资金都集中在伦敦城并且越来越多地控制在富商、联合控股公司和银行手里。尽管如此，到1660年前，英格兰地区和欧洲大陆一样，基本上还属于农业经济。唯一的例外是联合省，它已经超越了农业经济模式。[228]

根据1600年最后的租约，英国东印度公司可以垄断东方贸易十五年；这样它便有机会在全世界范围内参与多边贸易体系竞争。[229]许多参与组建英国东印度公司的商人冒险家们同时也是黎凡特公司的主要成员。在他们看来，新成立的东印度公司不应是一个独立的商业企业，而应该致力于将香料贸易从黎凡特公司的商品贸易中独立出来。17世纪的前半叶，黎凡特和亚洲企业之间的联系一直持续不断；事实上，英国人和荷兰人一样，很快就将香料再出口到黎凡特。同样和欧洲竞争伙伴一样的是，英国在规范东方贸易总体性政策上困难重重。出口到黎凡特的锡和布匹在远东并不畅销；伦敦对东方白银的需求量也不像阿姆斯特丹那么大。在东方任职的东印度公司员工的失望可以在 1614 年托马斯·阿尔德沃思（Thomas Aldworth）写自苏拉特的一封信中清晰地反应出来：英国的布匹（羊毛）售不出去；起初也只有几个有钱的人买来遮盖他们的大象
74 或者用来做马鞍。但是他们从不用这些东西做服装。[230]

英国东印度公司的主要价值在于其纲领赋予公司的简约组织模式。每年的股东大会都选出 24 名董事成员组成公司委员会。公司委员会包含有 1 名总裁，1 名副总裁，是公司的执行机构，只对股东负责；它负责草拟公司政策和日常运作管理。委员会的 24 名成员通常被分配到各个次级委员会负责安排运输、组织货物、装载和销售等各项任务。一些官员负责日常管理，公司付给他们薪水。从一开始，一群富有的伦敦商人（他们中的多数也从事其他海外贸易事业）就控制了公司的运营管理。公司大会的 217 名原始股东成员形形色色，来自各个领域，包括贵族、寡妇、孤儿，甚至还有外国投资商。伦敦商人十分欢迎贵族投资者，因为他们很早就意识到皇室应该有和公司利益相关的代言人。大多数的外国投资商是荷兰人；他们受欢迎是因为伦敦方面希望通过他们获取荷兰东印度公司的活动情报。[231]

在公司运作的第一个十年内，它尝试了各种贸易路线，试营了国内和亚洲地区的各种商品和经营方法。1614 年之前，通常是不同的股东投资不同的生意，因此航运都是分开进行的。1614 年，一些若干年内持续合作的企业共同出资从事航运贸易，替代了原有的分开运输的模式。1608 年之前，只有等到一支舰队回来之后，公司才派出另一支舰队。在此之后，每年都派出多支舰队。1601 年和 1604 年分别由詹姆斯·兰卡斯特（James Lancaster）和亨利·米德尔顿（Henry Middleton）指挥的两支舰队到达东印度，在万丹设立商馆收购胡椒，在班达岛和安汶岛寻找丁香和肉桂的产地。在当地设立商馆提前收购货物是必要的，因为当商船从欧洲到达目的地时，当地物品价格就会急速飙升。英国人从早期的航运贸易经历中认识到印度的纺织品是可以交换到印度尼西亚的胡椒和香料的主要产品。

1610 年，英国人为了插足亚洲地区间的贸易甚至还雇佣了两位荷兰人——

彼得·弗洛里斯（Pieter Floris）和卢卡斯·安特尼（Lucas Antheunis）。在此之前，英国人自己率领的4支舰队曾试图在苏拉特和科罗曼德尔海岸建立永久贸易据点，但是都没有成功。代表英国东印度公司的荷兰人在科罗曼德尔海岸和暹罗成功地与当地人进行了交易，1615年他们率领的商船带回丰富的商品。1612年， 75
托马斯·贝斯特（Thomas Best）率领船队来到东方，与莫卧儿人达成协议，英国人获准在苏拉特进行定期且永久的贸易权。1613年，英国东印度公司在苏拉特建立了贸易站，公司在亚洲的贸易模式就此形成并且一直持续到最后：用欧洲的白银购买印度的纺织品，纺织品用来交换印度尼西亚的胡椒和香料，再将胡椒和香料出口到英格兰。

从1610年到1620年的十年间，欧洲和亚洲都发生了巨大的变化。根据英国和荷兰签订的《1619年协定》，荷兰在马鲁古群岛遭遇的问题被搁置一边，至少在欧洲是这么处理的。[232]同时，英国以苏拉特为基地参与和波斯地区的贸易。在苏拉特和霍尔木兹等地，英国人都遭遇到和他们敌对的葡萄牙人。英国人在亚洲东南部设立的商馆渐渐地从万丹延伸到亚齐和苏门答腊的其他港口，这些地区对苏拉特布料的需求量更大。1613年英国在望加锡和婆罗洲西部设立商馆采购当地的香料。托马斯·罗伊爵士（Sir Thomas Roe）是1615年至1618年英格兰驻莫卧儿朝廷的特使，他制定出英国在莫卧儿王国贸易的条件。从苏拉特派出的代理机构在科罗曼德尔沿海地区的阿格拉、马苏利帕塔姆（Masulipatam）、布尔汉布尔、布罗奇和阿默达巴德等地设立驻印度的分馆，购买当地的靛蓝、纺织品和硝石。英国人继续向东方推进，甚至还在日本的平户、暹罗的大城和马来西亚半岛东部沿海的北大年等地设立了商馆。

设立在平户的商馆由于地理位置偏僻和与万丹缺乏持续定期的交流，在其短短的存续期间（1613—1623年）遭受了重重困难。[233]然而，该商馆的代理商理查德·科克斯（Richard Cocks）与他在大城和北大年的同行们于1618年建立了科钦、中国和柬埔寨之间的贸易网络，规模虽小，但是获利不菲。到1620年，苏拉特商馆的主管控制了印度地区和波斯地区的贸易，而万丹商馆的主管控制了其余的英国海外据点。约1623年，英国东印度公司开始关注其贸易组织的巩固，停止了对外扩张。[234]

从1620年到1640年，公司面临各种来自亚洲的危机和贸易问题，这使得公司盈利十分困难。拓展新商馆的速度逐渐放慢并最终完全停止下来。1623年，公司不顾理查德·科克斯的反对，把派驻东亚地区的所有人员都撤了回来。日本、暹罗和印度支那地区的内部环境复杂，不能维持公司正常的贸易和盈利。由于市场条件不好，荷兰人甚至在英国人撤出之前就放弃了除日本之外的所有东亚地区的商馆。虽然1637年一些商业竞争伙伴——也叫科廷协会成员（Courteens）——试图与中国建立直接贸易伙伴关系，但是英国东印度公司的
76 高层领导直到1657年之前并没有认真考虑与中国恢复直接贸易。[235]

1622年，英国人在荷兰人和波斯人的协作下，攻陷了葡萄牙在霍尔木兹的堡垒。作为回报，英国人只接收一半战利品，接管一半的海关，并宣布霍尔木兹永远免收关税。然而，英国人绝不可能控制波斯湾地区的贸易，因为1623年伊朗王与荷兰人缔结了条约，该条约对英国相当不利。荷兰人比英国人更擅长做白银和精香料的生意，他们提供的商品更符合波斯人的胃口，作为回报，荷兰人也得到了波斯人的纺织品。[236]这时，欧洲的战争爆发了，贸易秩序混乱，货币贬值。英国的羊毛织物贸易遭受的损失最严重。伦敦市场的震动和混乱影响到白银兑换亚洲商品的贸易。[237]正是在这种背景下，托马斯·门（Thomas Mun，1571—1641年），有时也被称作重商主义之父，于1621年撰文为公司申辩，回应那些对公司的指责：“这个基督教世界，特别是这个国度的金银钱币被耗尽了，去换取那些没必要的瓶瓶罐罐。”[238]公司较小的股东们和先前一样，吵闹着要求尽快获得更大的利润，公司董事会成员认为只有等到打好贸易基础，站稳脚跟，才能获取利润，然而这些小股东并不买账。

1623年“安汶岛大屠杀”的消息传到伦敦，荷英关系极度紧张，《1619年协定》面临严峻挑战。[239]然而，我们不能就此推断，1623年英国从香料群岛、日本和暹罗等地的撤出是由这次大屠杀导致的。其真正原因在于，荷兰在印度尼西亚地区不遵守《1619年协定》，公司早已认清这一点，再加上当地的商馆无法获利，董事会成员便下令放弃这些商馆。[240]从这些地区的撤出又激发了
77 英国对印度贸易的关注。在印度西部沿海和印度洋地区，荷兰人仍然和英国一道攻击葡萄牙人和当地的海运。作为报复，莫卧儿国王威胁说要关闭苏拉特港

口。1624年双方达成协议，该协议几乎赋予了英国在莫卧儿王国贸易的全部自由，条件是他们不能再次袭击当地的海运。[241]1630年开始并持续了很久的发生在古吉拉特地区的严重饥荒几乎导致了该地区的贸易停止。苏拉特地区商品的匮乏促使公司在科罗曼德尔海岸、波斯和孟买等地开发新的贸易渠道。由于葡萄牙对英国在印度地区的威胁没有荷兰那么大，英国最终于1635年与葡萄牙签订停战协议。

随后公司发现它在英格兰的垄断受到了严重的挑战。1637年，查理国王赋予科廷协会（Courteen Association，由一些对现状不满的公司雇员和公司商业竞争对手组成）一个特权，允许他们在公司没有设立商馆的印度地区从事贸易。1637年，科廷协会派出首支远征军——约翰·韦德尔（John Weddell）船长率领的4艘船舶和两艘中型舰艇——前往中国。这支舰队经由果阿到达澳门，然而在这里非常不受当地的葡萄牙人和中国人欢迎。显然，在葡萄牙人看来，盎格鲁和葡萄牙的停战协议并不意味着澳门向英国人敞开大门。[242]随后，科廷协会将目光投向亚洲其他地区；在英格兰国内，科廷协会继续威胁着公司的生存。1646年，财政赤字的压力和国内战争迫使科廷协会最终解散。然而，整个17世纪，类似这些组织的成员以及英国东印度公司自己的一些员工从事的私人贸易从未被彻底压制下去。

从其存续历史期间的第一个阶段始，到1642年的国内战争爆发，英国东印度公司在英格兰和欧洲的商务中占据极为重要的地位。就拿伦敦地区来说，公司是一个最主要的船舶建造商和租赁商。英国制造的东印度商船（English East Indiamen）类似于荷兰东印度商船，通常的载重量为300多吨。比东印度商船小一些的船舶用来参与东方港口对港口之间的贸易竞争，或者被用作传递英格兰和亚洲商馆之间快件的邮轮。东印度公司在泰晤士的布莱克韦尔（Blackwell）工厂基地建造自己的海军船坞、铸造厂、绳索纺织作坊以及数量众多的木材、帆布和粮食仓库。1626年后，公司开始生产火药；在此之前，火药生产一直被埃弗兰（Evelyn）家族垄断。[243]

从1600年到1640年，东印度公司共建造或购买了76艘船只。早期建造的几艘船舶的载重量为900吨至1000吨，但是1628年之后建造的船舶没有一艘的载重量超过600吨。发往国外的船只都以粮食和金银作为压舱物，开往万丹的舰队的压舱粮可以支撑他们二十四个月的用度，开往苏拉特舰队的压舱粮也
78 可以供他们十八个月的消费。通常船只每年3月初就离开伦敦，6月或7月抵达好望角，然后继续行进，或者前往苏拉特或者前往万丹。英国人吸取了葡萄牙人和荷兰人的航海经验，很少因为导航错误或者海员的失误而遭受海难。即使当英国人已经深入参与亚洲地区间的贸易之后，他们也没有在亚洲建造几艘船。

东印度公司从印度地区进口货物的资金，主要依靠本国的贵金属和少量欧洲大陆货物出口，从事亚洲地区贸易的收益，以及从印度商人的短期借贷。本国贵重金属枯竭式的出口虽然经常遭受批评者的诟病，但是由于其在亚洲的价格远远高于它在欧洲的价格，所以被容忍接受了。[244] 在贸易当初，英国人就意识到钱是成功的关键。西班牙的金币在英格兰十分紧缺，人们通常到荷兰市场或者法国市场才能购得。1615年，政府原则上禁止从英格兰出口金银，但是东印度公司被当作特例，允许其继续从事金银贸易出口。转出口到欧洲大陆和黎凡特的胡椒、香料和纺织品的盈利可以抵偿国内贵重金属的出口。

到了1640年，伦敦已经成长为可以与里斯本相媲美的供应亚洲商品的大市场了。由于英格兰对东方商品的需求量不大（胡椒例外），所以东印度公司不得不将大部分亚洲进口商品转销到欧洲大陆。单单胡椒的数量和价值就超过了公司进口的其他所有产品的数量和价值；当然从中获取的利润也远远超过从亚洲进口其他商品获取的利润。早期从亚洲返航的船舶都装满了胡椒，因此公司能及时满足英格兰有限的市场需求。胡椒的需求量没有弹性，英格兰市场很快出现了供过于求的情况。鉴于此，公司努力寻求其他进口货源，开拓新的市场。他们努力地在东方原产地购买精香料，顺便还收购一些靛蓝、纺织品和硝石。胡椒在英格兰一旦没有更大的销售空间，公司便致力于开发欧洲大陆市场处理那些冗余的产品。

英格兰每年的胡椒消费量都在20—30万磅之间徘徊；而东印度公司每年从亚洲进口的胡椒量不低于50万磅，通常还会多一些。驻扎在亚洲的东印度公司代理机构似乎能够买到所需要的不管数量多么巨大的压舱胡椒。1617年至1630年，胡椒进口量达到了历史的巅峰。荷兰和英国为在欧洲销售各自盈余的商品

和争夺消费者，展开了激烈的价格战。荷兰虽然最终控制了精香料市场，但是却无法将英国从胡椒市场上驱逐出去。直到 17 世纪中叶，胡椒生意一直是英国 79
企业的核心部分。购自望加锡的丁香是唯一从东方直接进口到英格兰的精香料；其他进口到英格兰的精香料都来自荷兰。

1609 年，国王为保护国内市场，命令他的臣民们只能购买东印度公司提供的胡椒，不得接触任何其他货源。公司宣布胡椒的固定价格定在每英担 2 先令到 6 英镑不等。然而，从 1615 年到 1617 年胡椒价格持续上升，可能是欧洲大陆的需求量不断加大的原因。1618 年当三十年战争（Thirty Years' War）爆发时，公司才认识到西欧各国市场上到处都是胡椒。

1635 年，公司的丁香贸易达到顶点，随后价格开始下滑。[245] 从英国的角度研究胡椒和香料贸易更能凸显出其需求量的无弹性，增长速度缓慢，以及荷兰垄断香料贸易的影响力。

1600 年至 1640 年间，英国东印度公司与印度的直接贸易比其从事的香料贸易更重要。靛蓝、白棉布、硝石和糖等商品贸易为欧洲和亚洲的商业开辟了更加光明的前景。这个时期，荷兰已经不是英国东印度公司靛蓝贸易的主要竞争对手；公司的主要对手是葡萄牙和黎凡特的靛蓝承办商。靛蓝作为从苏拉特进口的主要印染商品通常被销售给英国的布匹行业。17 世纪 20 年代的经济萧条时期，棉纺织行业受灾最重，引发靛蓝需求量的下滑。后来，随着棉织品和丝织品大量进入英国市场，靛蓝的需求量再度升高。1626 年，第一批进口硝石到达英格兰，随后，特别是在英国内战期间，进口规模不断扩大。这个期间，棉织品进口也经历了一个高潮，大量的白棉布被转出口到欧洲大陆、北非和黎凡特地区。1619 年，波斯的丝绸首次抵达英格兰，随后公司努力扩大其进口规模，但都没有成功。1614 年至 1615 年，公司尝试着购买中国丝绸，但是随后便禁止其员工再度收购这些产品。

英国东印度公司早期发展的四十年被很多人认为是荷兰东印度公司的穷人翻版。[246] 英国东印度公司早期面临着很多问题：长期缺乏资金，国内市场有限，欧洲大陆市场对其商品转销不利。根据后来的研究估算，第一次参股投资（1613—1621 年）的利润率为 87.5%；第二次参股投资（1617—1632 年）的利

润率仅为12.5%；第三次参股投资（1631—1642年）的利润率有所好转，十年
内的平均利润率为35%。[247] 英国东印度公司最困难的时期是17世纪20年代
80 的后半期，当时荷兰人极端敌视英国人。为保护贸易正常运转的巨额费用支出、
意外的船舶损失，以及为支付股东红利借款所支付的利息等等，将公司的钱柜
耗得一干二净。1640年至1642年开始的国内战争也加速了公司的利润下滑，
17世纪50年代公司的破产终于到来。

尽管公司面临着严重的财政困难、饥荒、令人窒息的贸易萧条，但是它的东方员工设法克服困难，努力消除笼罩在公司上空的阴影。1635年英葡停战之后，1642年签订的协议结束了双方在印度地区和公海的敌对行为，不幸的是两个国家内部都遭遇了严重的分裂。设立在苏拉特的商馆开始购买在葡萄牙港口勃生和达曼附近建造的用于地区贸易的小型船只。英国商人利用停战带来的和平环境将他们的商贸据点拓展到科罗曼德尔海岸。1640年，他们在马德拉斯帕塔姆（Madraspatam）建立了一个定居点，恰巧位于葡萄牙圣多默据点的北部（圣多默位于美勒坡[Mylapore]，马德拉斯的一部分；17世纪最后二十年人们开始用马德拉斯指称该整个地区）。随后的1641年，他们在当地统治者的准许下开始建设圣乔治堡（Fort St. George）。这次行动基本上未能实际上付诸实践，因为当时印度南部爆发战争，两个穆斯林王国戈尔康达和比贾布尔（Bijapur）瓜分了印度教王国老胜利城的剩余部分。17世纪40年代发生的这些征战导致了印度南部的饥荒，三年内严重扰乱了当地的纺织品生产。后来随着秩序的重新恢复，欧洲人获准在印度南部继续开办商馆，原因是这些商馆必然给这些地区带来经济收益。1651年，马德拉斯的地位直线上升最终取代万丹成了公司在南方的总部。次年，克伦威尔（Cromwell）与葡萄牙达成协议，允许英国商人在除澳门外所有葡萄牙占据的东方地区从事贸易。[248]

世纪过半，伦敦的东印度公司仍然经营不善，董事会成员和涉足海外贸易的人员致力于谋求新的发展思路。一些人坚持认为，荷兰东印度公司的巨大成功缘于其与政府的密切关系，赋予东方代表非同寻常的权利，所有贸易都集中在巴达维亚中心，以及阿姆斯特丹分配制度的高效。国王过去支持东印度公司的垄断地位和其他特权是因为他十分依赖关税和贷款所带来的收入；国王查理

一世甚至还鼓励无执照营业。英国不像荷兰那么占据有利条件，他们在东方没有可以独占的疆域，不能以该独控区域指挥周边市场，也不能向该区域派遣殖民者。即使在英国人贸易活动比较集中的印度地区，公司的代表们也不得不花 81 费精力与当地官员周旋，而且除了有权发动海上攻击和停止贸易之外，他们没有任何其他权力实施命令，不能确保既得利益。既然东方的情况不易改变，那么就应该采取措施改善一下公司在国内的分配制度。

从公司成立之初，亚洲进口商品的分配权便落在一些员工或者批发商手里。17 世纪 50 年代，公司董事长迫于资金短缺的压力，着手举办定期拍卖会。每个季度在伦敦举办的拍卖会逐渐地吸引了欧洲大陆的一些经销商。这些专业的经销商有的甚至来自遥远的东欧地区，他们在各自国内市场的实践经验中受到很好的训练：他们手中有货物储备，深谙替代商品的价格，知晓什么时间什么线路适合航运，了解当地的口味。从英国东印度公司的角度来看，他们可以从一年四个季度的拍卖会上了解市场行情，观察市场走向信号。拍卖会举办地点和时间是固定的，这有助于供货商和采购商聚在一起交换货物和交流信息。每次拍卖会开办之前，印刷出版的货单便流传开来，人们可以据此获取欲出售商品的类型、数量、质量以及开盘价格。拍卖过程中，各出席拍卖会的经销商们自由竞买欲出售商品，最终的价格也由此最终确定。显然，致力于压低价格的采购商团虽然数量众多，拍卖会上的竞买铃声也是此起彼伏，但仍不足以消除人们对公司的诟病。[249]

英国共和制时期，1650 年国会下议院重申的一项决议确保东印度公司对印度地区贸易垄断的合法地位。然而，私人企业继续参与经营贸易并未受任何阻碍；事实上，从 1654 年到 1657 年该地区的贸易向所有来者开放。内部之间的残酷竞争，再加上国外荷兰的插足，给公司的贸易带来短暂的破坏。一些批评者认为，公司的失败在于其不能控制非法贸易，不能限制盛行于欧洲和亚洲各地的竞争泛滥。1657 年，公司颁布新的纲领，用独一的、永久性的联合股份组织制度取代前后继承的、时而中断的、不连贯的联合股份组织结构。斯图亚特王朝复辟之后，1661 年查理二世下了一道新的和先前有些类似的纲领，该纲领为公司提供了一个永久性的稳定的股份联合组织体系。他还赋予公司一些特权，公司有权处理私人违法贸易者，有权和不信仰基督教的王子们发动战争或者缔结和平协定，在亚洲前哨据点拥有民事和刑事司法裁判权。[250]

这些新赋予给公司的合法权利和稳定体系，极大地改善了它的能力，提高了公司在英国海外贸易关系中的地位。国王开始充当公司和荷兰及其他国家关系的代言人。[251] 由于国王的撑腰，公司从亚洲的进口量在1684年之前经历了一次巨大的增长。期间，公司继续进口胡椒和精香料，消费者口味逐渐改变的星星之火演变成人们对亚洲纺织品、茶叶和咖啡疯狂痴迷的燎原之势。

重新获得活力的东印度公司面临的首要任务就是给胡椒贸易活动在亚洲找一个稳固的立足点。1651年至1659年荷兰在万丹地区的封锁和贸易禁令削弱了公司在当地的重要性，进而刺激了苏门答腊地区一些小商馆的成长。当万丹重新开放，便再次成为公司的主要货源地，这种格局一直持续到荷兰占据该地的1682年。随后，公司将其胡椒采购地转移到苏门答腊的明古连，1685年公司在此建立了一个商馆。[252]

1661年，苏拉特仍然是公司在印度北部的贸易中心。为减少管理成本，苏拉特被迫削减了一些周边地区的附属商馆。1661年孟买被葡萄牙作为查理王后的嫁妆割让给英国，开启了英国在印度西北部地区的新前景。1665年英国正式占据了孟买，三年之后英国政府将其租赁给东印度公司。公司迅速加强该港口和岛屿的防御工事，巩固其优势，然而公司希望它取代苏拉特的地位迟迟没能实现。孟买作为深水港且远离大陆的喧嚣是其优势，然而它的不利因素是反复无常的气候变化，和著名的**沙漠商队贸易**道路缺乏联系。**沙漠商队贸易**道路的著名，在于其穿越了富饶的古吉拉特平原，连通了苏拉特和印度北部市场。[253] 尽管1687年孟买已经成为东印度公司在西印度地区的行政中心，但是苏拉特在此之后的很长一段时间内仍然发挥着贸易中心的功能。

到1661年，马德拉斯已经发展成为公司在印度东海岸的主要贸易港口。英国人与之前的荷兰人一样，沿着传统贸易线路深入周边各地，从科罗曼德尔海岸出发，越过孟加拉湾，最终到达恒河三角洲港口和集贸市场。孟加拉因生产高质量的平纹细布、生丝和硝石而在欧洲人中十分闻名。恒河三角洲的地理环境不利于欧洲的大型船只航运，欧洲商人不得不将孟加拉地区的贸易局限在胡格利河沿岸各地的城镇。结果，孟加拉地区的英国商馆一直没有军事防御，只能依靠马德拉斯发挥作用。从1661年到1680年，马德拉斯逐渐超过并取代了苏拉特，成为公司在整个印度地区的主要贸易港口。1696年，孟加拉爆发了反对莫卧儿统治的大型起义，因此总督允许当地的欧洲商馆建立防御工事保护贸易。到了17世纪末叶，英国东印度公司已经拥有3座防守严密的前哨城市—— 83
孟买、马德拉斯和加尔各答（Calcutta），形成了贸易三角带。这些地区不仅相互联系紧密，而且通过**沙漠商队贸易**道路和河道连接到印度内陆腹地。然而随着英国海军实力的壮大，他们在亚洲的商业扩张主要沿着海路进行。[254]

17世纪70年代至80年代，英国从万丹派遣船只和商人到台湾、东京（越南）、厦门等地开发新的贸易商栈。这个时候，尽管荷兰人十分不情愿，但是他们无法阻拦及改变英国人和自己竞争参与和中国贸易的现实。从1670年到1673年，英国在东京和台湾设立商馆，致力于进入日本市场。欧洲老家的东印度公司董事会成员迫于用羊毛织品取代贵金属出口的压力，乐于接受万丹和亚洲其他地区代理人的建议——如果将羊毛织品直接运到日本销售，英国便有可能打破荷兰在日本的贸易垄断。1673年英国前往长崎的船只被拒绝入港之后，便致力于进入中国沿海进行贸易，特别是厦门和福建其他地区。[255]1683年清朝统治者收复台湾结束了英国在那里的活动；次年，公司把暹罗的商馆也关闭了。英国打开广东市场四年之后的1685年，他们开始往这里派遣商贸使团；东京的商馆在1697年关闭之前也供应中国货物。[256]

无论从哪个角度比较英国和荷兰在亚洲的海军实力，人们都不难发现荷兰海军舰队在17世纪前半叶占据绝对的优势。[257]1652年至1654年发生在大西洋的盎格鲁和荷兰之间的战争只不过是二者三次战争中的第一次（第二次战争发生在1665—1667年；第三次战争发生在1672—1674年），通过这一系列的战争，英国逐渐超越荷兰占据在欧洲水域的海上优势。[258]该世纪上半叶，东印度公司就可以独自生产适用于印度地区贸易的商船，然而从1658年起它开始从私人船主那里租用货船，而风险全由私人船主承担。从1658年到1687年三十年的贸易时间里，公司租用的船只在伦敦和东方之间航行了404次，平均每个季度派发13艘航船。大部分时间里，至少有20艘东印度商船在海上航行。为保持这欣欣向荣的贸易，公司充分发挥运输的效力，在东西方直接航运和跨地区贸易的货物搭配上下足了工夫。返航欧洲的商船在货物搭配上十分讲究，确保价值含量高的货物和价值含量低的货物的平衡，既要让装载的货物足以支付
84 航运成本，又不能让船只超载。整个 17 世纪，公司由于船难遭受的经济损失微乎其微。[259]

1664 年，东印度公司拥有了自己的固定资本，从这一年开始留存下来的账簿使人们全景式地研究公司贸易活动成为可能。在积累运营资本的过程中，公司迟迟不愿公布红利，因为红利的支付主要依靠所获取的利润（势必影响资本的积累）。从 1657 年公布新纲领之后的七年内，公司宣布按股资 60% 的比例分配红利，以每次 20% 共三次分期支付的方式分红。随后的三年里，公司分红的比例徘徊在股资的 40% 和 50% 之间。到 1670 年，公司每年从伦敦的销售中获取的利润稳定地超过 100 万英镑，从此之后到 1690 年前，公司每年都有分红，其中 1682 年红利额度达到最高点。1662 年至 1682 年的二十年间，公司的收入稳步上升，基本上超过了要支付的股利，但通常超过的额度比较小。即便我们可以获得公司所有的记录和数据，也不可能精确地计算出它的利润。董事会成员们认为他们和他们的事业获得了成功——获得成功的还有荷兰人以及世界上其他人。[260]

英国王政复辟时期，公司的繁荣主要依靠其在棉布匹、白棉布和平纹细布等贸易领域的拓展上。纺织品与亚洲其他商品相比的优势是，纺织品需求量的弹性更大。用来统称各种廉价棉织物的白棉布的进口量从 1663—1669 年的 24 万匹，增加到 1699—1701 年的 86.1 万匹；此后（17 世纪内）这些布匹的三分之二被转销到其他地区。[261]1664 年至 1678 年，胡椒进口的份额占公司进口总量的 15% 至 30%。同一时期，棉布和丝绸的份额却占到进口总量的一半；之后该数据一路攀升，平均占到总量的 60% 至 70%。靛蓝和硝石的进口量徘徊在 2% 至 5% 之间。1690 年前，从万丹进口的茶叶不超过公司进口总量的 1%，咖啡的进口量与茶叶进口量大体相当。到 1700 年前，苏拉特和马德拉斯供应了公司进口总量 60% 至 80% 的货物，十分受欢迎的孟加拉纺织品都是通过马德拉斯倾销到欧洲的。[262] 到 1688 年，通过伦敦转销到欧洲其他地方的印度商品数量

的一半是棉纺织品。[263] 85

东印度公司在印度的管理成本和军费支出稳步上升。在杰拉尔德·昂基亚（Gerald Aungier，1669—1677年在位）长官的领导下，开发孟买给公司带来新的财政负担，他担任英国海军长官时也给公司带来类似的财政困难。生活在这块大陆上的马拉他人（Mahratta）先后直接或间接地参与了公司的战争。1674年，西瓦吉（Sivaji，1627—1680年）公然抗议奥朗则布国王（Aurangzib，1659—1707年在位），激发了一系列以德干地区西部为中心的马拉他人参与的战争，该战争一直持续到该世纪结束后的好多年之后。这些战争预示着一个新兴的印度国家即将登场，并且最终导致了18世纪莫卧儿王朝的崩溃。整个莫卧儿帝国以及英国人都嗅到了这一点。公司驻印度军队指挥官约翰·查尔德爵士（Sir John Child）面临着十分棘手的任务，即保护英国在当地的航运和商馆免受这些战争带来的负面影响，特别是当西瓦吉开始打造自己的马拉他海军时，这一任务显得愈加繁重。17世纪80年代，公司被迫关闭古吉拉特的内陆地区商馆，加速建设孟买和马德拉斯的防御堡垒。不久，英国人和奥朗则布之间的战争全面展开，1690年当战争结束时欧洲人全面溃败。但是奥朗则布深谙欧洲人的贸易给自己带来的经济收益，所以即便英国人战败之后，他也并无将他们从本国彻底铲除出去的意思。

在印度遭遇的这些挫败与1688年及其之后发生在英格兰的光荣革命几乎是同一时间。[264]该世纪结束时，东印度公司的利润开始下滑。1692—1697年间，公司股票价格疯狂波动，从每股价格最高200英镑到最低37英镑不等。1688年，奥兰治家族的威廉继位让公司的敌人燃起了新的希望。非法贸易商们通过议会运作，试图整合各政治联盟力量，打破公司的垄断地位。他们指控公司巨量出口金银，未出口英国商品，漠视婴儿棉织品行业，从而扰乱国民经济。1690年，公司在印度的失利进一步证明了公司敌对势力攻击的合理性。非法贸易商的主要目的是说服政府赋予英国私营商人合法经营的权利，或者增加东印度公司股东成员数量。“旧公司”和包括私营商在内的“新公司”（1698年政府授权成立）之间的斗争持续了十年。这些年的骚乱的一个后果就是，公司特权的授予权重又回到议会手里，作为补偿，国家可以得到稳定的巨额贷款。[265]

公司在印度的贸易环境混乱不堪，欧洲的处境更加糟糕，此时反对纺织品进口的观点盛行，法国也加入贸易竞争行列，**奥格斯堡联盟战争**（War of
86 League of Augsburg，1688—1697 年）如火如荼地进行。1685 年，议会规定进口的棉纺织品在原有的基础上再增加 10% 的关税，保护国内纺织行业的序幕就此拉开。[266] 该世纪 90 年代，包括胡椒在内的东印度货物普遍匮乏，价格总体上扬；到 1699 年之前，莫卧儿战争导致的经济混乱使纺织品供应一直恢复不到战前状态。[267] 1697 年，伦敦发生了纺织工人暴乱，公司的总部——印度院（Indian House）受到了攻击。三年后，议会在纺织工人和贵族的双重压力下通过了一项法案，禁止进口、使用和穿戴“任何产自波斯、中国和东印度的丝绸加工品、孟加拉饰品，以及带有丝绸或药草的东西，包括各种白棉布（棉纺织品），不管是涂色的、染色的还是印染的或是褪色的……”。[268] 这道训令的颁布有助于改善英国国内印刷业和涂饰业的发展，但是未能阻止公司进口印度产品，也未能培育国内棉纺织生产行业的成长。该世纪末，公司的财务状况十分糟糕；1690 年以来，公司从未分红，董事会领导提高运营资本的难度也在增加。[269]1700 年，政府再次增加关税，按照公司拍卖会上印度纺织品销售总额 15% 的比例收取。[270] 购买人被局限在那些欲把商品转卖出去的经销商范围内。[271] 英格兰的欧洲大陆市场也在缩水，以前曾经是公司最大客户的法国出台了新政策，限制或者绝对排斥纺织品进口。[272]

斯图亚特王朝时期，英国东印度公司和它的竞争对手荷兰东印度公司一样，合法垄断国内市场，独自在东方发动战争，相当于国中之国。通常来说，公司只能依靠国王的支持才能维持其垄断地位，只有利用外交手段才能保证其在海外的利益。印度地区孟买公司的总裁在处理与莫卧儿人和其他王子们关系上的所作所为，更像是英国国王派出的钦差大臣。尽管有人鼓吹要在亚洲扩展领土，他们认为荷兰人在商业上的成就缘于他们一贯遵循的霸占土地的政治策略，然而实际情况是英国人和荷兰人一样，并没有在亚洲占据太多土地的野心。两个
87 公司都通过在亚洲和欧洲的买卖实践活动寻求控制市场的捷径，制定一套商品交换和营销的中央集权式的官僚体系。荷兰在亚洲控制“地区贸易”方面所取得的成就远远超过英国，当然双方都通过出售海上运营通行证谋取了稳定的利

益。在欧洲，两家公司都通过销售合同和拍卖亚洲进口商品两种方式控制市场；总体而言，双方都通过对货源的控制来防止货物的供过于求、供货不足或者价格大波动。然而，英国东印度公司与荷兰东印度公司比较，它在吸取贸易资本、在东方建立牢固的政治基地，以及在控制走私和非法经营等方面远没有荷兰东印度公司效率那么高，成绩那么斐然。英国东印度公司发展的相对滞后也反映了英格兰金融管理方面的落后；例如，1609 年成立的阿姆斯特丹银行比英格兰银行的成立早了八十五年。然而到了 17 世纪末期，英国东印度公司，也是当时英格兰最大的唯一的一家私有公司实体，逐渐找到了自己的经济地位和发展平台，这为它在经营亚洲商品方面迅速赶上并超过荷兰竞争对手提供了便利。[273]

第六节　较小的东印度公司①

最早向荷兰和英国事业提出挑战的小型公司是成立于 1616 年的丹麦东印度公司。[274] 由国王克里斯蒂安四世（Christian IV，1588—1648 年）创建的丹麦东印度公司到 1800 年前历经了 4 次重组。17 世纪的曙光刚刚降临，新当选的丹麦国王便统治了从波罗的海到北海（The North Sea）的广大海上帝国。马尔默（Malmo）和哥本哈根（Copenhagen）之间的海峡是这个帝国的中心。该海峡的东部是斯堪尼亚（Scania），包括瑞典南部海岸、丹属岛屿哥特兰（Gotland）、博恩霍尔姆（Bornholm）和欧塞尔（Oesel），这让丹麦在波罗的海占据了绝对的优势；海峡的西部是丹属西兰岛（Zealand）、菲英岛（Fyn）和日德兰（Jutland）。从 1526 年起就是丹麦属国的挪威在丹麦的北部腹地。在对外
关系上，丹麦背靠瑞典，面朝德国和荷兰联合省。为粉碎瑞典的统治，克里斯 88
蒂安四世发动了卡尔马战争（War of Kalmar，1611—1614 年），使其后三十年瑞典和丹麦之间的摩擦不断。丹麦人从这次战争中认识到，皇家舰队是保护国

① 指除影响力大的东印度公司（如荷兰东印度公司和英国东印度公司）之外的其他从事东方贸易活动的欧洲公司。——译者注

家安全和控制周边水域的利器。丹麦国王依靠向通过其海湾的船只和商品征收过境税获取巨大的收益，他还利用1614年至1625年的十年和平时期扩大哥本哈根的港口设施，重建海军，启动各种各样的商业拓展计划。[275]

正是在这种对外扩张的氛围中，丹麦国王决定参与东方贸易竞争。1615年，在丹麦经商的两位荷兰人扬·德·威勒姆（Jan de Willum）和赫曼·罗斯克兰茨（Herman Rosenkranz）向克里斯蒂安四世建议创建丹麦东印度公司。根据1616年3月17日的一项授权，国王同意在哥本哈根成立东印度公司与亚洲各国和太平洋地区进行贸易，同意在亚洲相关地区王子们许可的地方设立商馆。罗兰·格拉普（Roland Grappe）是丹麦东印度公司的第一个顾问，他是一位曾经7次跟随荷兰东印度公司到达东方的退伍军人。格拉普建议丹麦东印度公司派船前往科罗曼德尔沿海地区，而另一位荷兰人马赛尔·德·柏肖尔（Marcel de Boshouwer）却说服国王派船前去锡兰。柏肖尔曾经服务于荷兰东印度公司锡兰分部，后来返回荷兰国内试图促成康提国王和荷兰东印度公司的结盟。荷兰最终决定不站在康提国王的一侧向葡萄牙开战，因此柏肖尔转身投靠了克里斯蒂安四世，并且同时又是康提国王的全权代表。1618年3月30日，柏肖尔利用这个身份便利制定出丹麦和康提结盟及商贸的一系列条款，该条例有效实行了七年之久。根据该条款规定，丹麦将派军队援助康提，作为回报，欧洲与锡兰的贸易由丹麦垄断。丹麦东印度公司首批前往东方的职员携带着协议接受康提国王的审核批准，并且立即向康提提供军事支援和海上援助；同时他们也要向康提收取上面提到的服务报酬，而且他们还要在锡兰岛和科罗曼德尔海岸建立堡垒和开办商馆。[276]

丹麦东印度公司的总部设在哥本哈根，当时该城市的居民还不足1.5万人，公司从国王和300名股东那里筹集了18.8万里克斯代尔（rixdales）作为启动资金。国王本人十分痴迷充满东方异趣的亚洲产品，是公司最热情也是最大的投资者。[277] 虽然丹麦东印度公司大多数的股东是哥本哈根商人，但是最大的私有股东却是扬·德·威勒姆和他的弟弟大卫。挪威和汉堡以及一些丹麦小城也向公司投资。王国政府除了向公司投入启动资金和随后的一系列资金之后，国王还向公司提供了用于远征的武装船只。当丹麦东印度公司需要额外资金时，特别是17世纪30年代和40年代大部分外资撤出之后，国王向丹麦商人、贵族和专业人士施加压力，要求大家向公司注资。整个17世纪，包括在有人建议将公司出售给荷兰和英国公司的最困难时期，王国政府都极力地摆脱外国的控制。1670年（这一年也是公司第一阶段结束的时间）当丹麦东印度公司重组时，王国政府通过其新成立的贸易董事会（Board of Trade）继续极力限制外国资本的参与。

1618年11月，丹麦东印度公司开启了其历史上第一次东方之旅，这次航行由奥沃·格野德（Ove Gjedde）指挥，由荷兰籍军官和水手组成船上工作人员。参加航行的丹麦东印度公司组装的两艘船由一艘中型艇和两艘国王战舰护航。经过艰难的航行，1620年5月丹麦的舰队终于到达锡兰岛东部的亭可马里港湾（Bay of Trincomalee）。康提国王拒绝接受柏肖尔提议的条约，也拒绝为丹麦提供的援助支付报酬；更有甚者，1620年8月他跟格野德签订了一个新条约，将亭可马里港连同它的防御权都交给这个丹麦人。正当各方谈判正酣之时，两艘丹麦舰船来到印度南部的坦焦尔（Tanjore）；1620年秋季，格野德也来到这里，并且在当年的11月19日与坦焦尔的纳亚克签订协议。1621年，一位丹麦代理商越过孟加拉湾（很可能是乘坐当地的小船）与丹那沙林（Tenasserim）的暹罗人总督建立了联系。在返回欧洲的路上，格野德在亭可马里港停靠，一方面督查当地堡垒修建的进展情况；另一方面是为筹集一船肉桂。留下来的丹麦人一事无成，格野德最终抑郁离去。1622年，葡萄牙人占据了亭可马里。[278]

1622—1623年间，其余的丹麦船只返回哥本哈根。返航的两艘船满载着购自印度的胡椒和异域木材。格野德在东方取得的成就却丰硕得多。虽然和康提国的协议失败了，但是他在科罗曼德尔海岸取得了持久的成果。在这里，他从坦焦尔的纳亚克获得了一份贸易许可令（farman），允许丹麦人在德伦格巴尔（Tranquebar）建设一个商馆和一座堡垒，他们可以在纳亚克的管辖范围内自由贸易，免缴关税。其他欧洲人，除了已经在讷加帕塔姆（Negapatam）立足的葡萄牙人，都被排除在坦焦尔地区之外。当时深陷于印度尼西亚冲突的荷兰和英国无暇顾及丹麦在德伦格巴尔扎根落地。丹麦和丹那沙林的关系似乎也开局

90 良好。丹麦人出现在位于孟加拉湾的各个暹罗省，颂昙国王（King Song Tham，1610—1628年在位）对他们的到来十分欢迎。他长期以来受逐渐壮大的荷兰商人的困扰，对其贪得无厌的要求十分反感，渴望其他欧洲人介入。1621年，丹那沙林的总督发表书信向丹麦人示好，给予他们港口关税优惠。[279]

格野德离开印度之前任命罗兰·格拉普为德伦格巴尔和亭可马里的代理商。1623年，一艘重量为500吨名叫“珍珠”的航船离开丹麦前往德伦格巴尔；两年后，返航的“珍珠”号满载精美货物，而将乔恩·奥拉佛逊（Jon Olaffson）留在国外。奥拉佛逊是丹尼斯伯格（Danesborg）的冰岛人和猎枪手，他因为写于1661—1679年的印度观察备忘录而名垂青史。[280]到1626年，丹麦人已经在马苏利帕塔姆、本地治里（Pondicherry）、孟加拉的比布利（Pipli）等地建立了商馆。[281]他们很快就在印度东部的万丹、望加锡和婆罗洲西部的苏卡达纳（Sukadana）建立了商馆。1625年，克里斯蒂安四世将他的祖国卷入到发生在德国的三十年战争中，丹麦东印度公司的灾难由此开始。

丹麦东印度公司早期航运很可能是赔钱的。17世纪20年代至30年代早期，公司没有任何分红；相反，国王和其他股东不得不投入更多的资本确保公司不破产。[282]1628—1629年间，印度的丹麦人由于缺乏资金，被迫将他们的靛蓝和硝石股权卖给荷兰人，将丹麦城堡挂牌出售或者出租。克里斯蒂安四世在德国战场遭受了巨大的创伤，而后方的祖国却对此爱莫能助。然而，印度的丹麦人仍然能在那些黑暗的日子里从“亚洲地区间的贸易”中获利，并且使公司生存下来。

对于东方的荷兰人和英国人而言，丹麦人就是非法贸易的走私商人，他们在舰队的保护下从事贸易却从不负担任何成本。荷兰和英国考虑到欧洲的战争形势，并没有阻止丹麦人从事海外贸易。丹麦人在印度地区经常以低价出售货物，扰乱了以使用铁腕著称的对手——荷兰和英国——控制的市场。在这个竞争游戏中，荷兰人和葡萄牙人联盟，运送葡萄牙货物和难民。他们逐渐将贸易的重心放在望加锡，在这里用香料交换科罗曼德尔海岸的布匹。他们经常逃过荷兰的控制和监管，几次航运贸易都获得了巨大的利润。1635年，货船“基督教花园”号（Christianshaven）返回哥本哈根，船上装有8.394万磅胡椒、2.8142

万磅硝石，还有少量的棉花、木材、蔗糖、靛蓝、生姜、陶瓷和钻石。这些货物在东方买入的价格是 5.8 万里克斯代尔，而在哥本哈根的价格据估计约为 14.5 万里克斯代尔。1637 年，“圣安娜”号（Saint-Anna）卸载了一船货物，其成本是 7.6 万里克斯代尔，而预售价为 20 万里克斯代尔。[283] 在科罗曼德尔沿海地区，人们不止一次地要求荷兰降低香料价格，以确保他们在该市场的控制地位。

格拉普 1637 年返回哥本哈根之后，丹麦城堡很快就衰落下去了。包括两位路德会牧师在内的丹麦城堡的欧洲人主要依靠海上掳掠生存。到 1640 年，丹麦人被迫将丹麦城堡卖给荷兰。出售还没有实际完成，1643 年荷兰和瑞典双方宣战，丹麦和荷兰在科罗曼德尔海岸的关系因此恶化。1645 年，克里斯蒂安四世被迫签订的《布罗姆谢布罗和平协议》（*Peace of Bromsebro*）使其从欧洲获得援助的所有希望都破灭了。据说，丹麦东印度公司的所有商馆里只有 72 名员工在作业。[284] 从此以后，丹麦余下的控制权逐渐被荷兰取代。17 世纪 50 年代，荷兰人甚至雇佣士兵保护丹麦城堡。荷兰东印度公司逐渐削减丹麦商馆的数量，到最终只剩下星星点点的几个附属小分馆了。1667—1668 年间，荷兰征服望加锡，干净利落地终结了丹麦所有独立的香料贸易活动。[285]

1670 年，国王弗雷德里克三世（King Fredrick III，1648—1670 年在位）和他的顾问团重组了丹麦东印度公司，试图再次获得公司在欧洲和亚洲的独立地位。重组资本主要来自国王、哥本哈根商人、重要官员和贵族。尽管公司努力排斥外来注资，但是荷兰两兄弟再次成为公司的主要成员。英国保护下的丹麦东印度公司在万丹的商馆成为公司重组后丹麦人在东方活动的重心。丹麦人从这里向东方派船，有时还有几艘叛变的荷兰商船相伴。1676 年，两年以前从哥本哈根出发的“福尔图纳”号（Fortuna）① 到达中国福州。首次抵达中国的丹麦商船——“福尔图纳”号——显然没有获得任何商业利益。[286] 他们一旦在和中国直接贸易过程中遇到困难，便在马尼拉、印度尼西亚和印度地区之间的贸易中充当中间商角色。[287]1682 年后，荷兰将它的欧洲竞争对手从万丹

① “命运女神”的意思。——译者注

驱赶出去，丹麦人在德伦格巴尔、西里伯斯、婆罗洲和菲律宾群岛等地充当中间商人。正当荷兰和英国卷入到奥格斯堡联盟战争之时，丹麦却大发贸易财。1687—1704 年期间，德伦格巴尔地区的经济较为繁荣，燃起希望的路德会信徒
92 们在这里扎根落地为日后的传教打下基础。1698 年，丹麦东印度公司的纲领重新修订，人们对未来充满了希望。然而这个时期正是公司（1670 年重建）在发展史上的最高潮阶段。18 世纪早期，丹麦东印度公司经历了严重挫折，1729 年解散，三年后被丹属亚洲公司（Danish Asiatic Company）取代。[288]

正当丹麦这个人口最少的欧洲国家从亚洲贸易中取得了一些小小的成绩时，法国这个人口最多的欧洲国家才慢吞吞地开始筹建永久性的贸易公司，和东方建立直接、持续的贸易关系。迟缓的动作可以部分地归因于法国的地理位置特点和经济特征。法国与联合省和英国相比，其国土面积较大，居民分散。各地方市场的多变和隔膜，再加上沿海各省份强烈的自我优越感，限制了国家整体实业的发展。除波尔多（Bordeaux）、拉罗谢莱（La Rochelle）和南特（Nantes）之外，大西洋各港口都是孤立的海外飞地。国内的各种关税和路桥费限制了陆地、河流和海洋贸易的发展。从海上沿着曲曲折折、汹涌澎湃的塞纳河（Seine）深入内陆很长一段距离才能到达巴黎，巴黎因此无法直接介入阿姆斯特丹和伦敦控制的海上贸易。塞纳河口和沿岸港口与巴黎的联系松散，它的经济主要依靠内陆的贸易网络。17 世纪 60 年代，路易十四为发展海上力量和拓展海上贸易启动了一个项目，在大西洋沿岸修建新港口。[289]

然而，这并不是说法国对海上事业和亚洲贸易不感兴趣。17 世纪早期，诺曼底（Normandy）和迪耶普（Dieppe）的商人和航海家遣船到达东方，并且组织商业社团资助航运和经营进口贸易。1600 年，圣 - 马洛（Saint-Malo）、拉瓦勒（Laval）和维特雷（Vitre）的商人注资 8 万埃居（ecus）① 成立社团，与马鲁古群岛和日本进行贸易。六个月之后，即 1601 年 5 月，法国派遣两艘航船绕过好望角，船上的两名航海家早期曾被荷兰人雇佣过。一艘船只在马尔代夫失事，其中一名来自拉瓦勒的乘客弗朗索瓦 · 皮拉尔德（François Pyrard）从此开始了

① 欧洲货币单位（European currency units）。——译者注

非凡的漂泊旅程，于1611年安全返回家乡。[290] 另一艘船抵达锡兰岛之后继续前行，最后在苏门答腊的亚齐国进行贸易，返航的路上在菲尼斯特雷海角（Cape Finisterre）被荷兰人捕获。一群迪耶普商人在一些渴望参与亚洲贸易的南方荷兰人（佛兰德人）的帮助下，于1604年6月1日收到国王亨利四世的信件，这些信件赋予他们通航印度专属权十五年。由于诺曼人、荷兰人和亨利的大臣苏 93
利公爵（Duke of Sully）等的反对，在亨利国王1610年被谋杀之前，迪耶普商团甚至连一艘航船都没有派往东方。[291]

国王逝世后，迪耶普公司纲领在其到期前的第八年即1611年进行了革新，革新过程持续了十二年。在玛丽·德·美第奇（Marie de Medicis）摄政期间的骚乱岁月里（1610—1624年），迪耶普公司一无所获。公司的消极被动促使鲁昂（Rouen）和其他地区的商人转向皇室寻求特权。女王继承死去丈夫的遗志，大力推进法国企业的发展，向新成立的一家马鲁古群岛公司派遣一群富有进取精神的商人，1615年她还曾授予该公司皇家特权十五年。1616年，诺曼人在一些对政府不满和逃亡的荷兰人帮助下曾两次小规模地东征：他们从翁弗勒尔（Honfleur）出发，3艘航船前往印度，两艘船前往万丹。其中的两艘在东方丢失了，一艘于1617年从万丹返回法国，所载货物甚少，还带回了一些驻扎在万丹的荷兰人的信件，荷兰人通过信件声明：荷兰将来绝不允许法国船只停靠印度、日本和菲律宾群岛。[292]

同时，圣-马洛的商人和他们的安特卫普同盟也蠢蠢欲动。1616年，他们派了两艘航船前往爪哇岛。途经科罗曼德尔海岸的本地治里时，当地的纳亚克准许法国筑垒建厂。荷兰人在万丹没收了一艘法国船只，对此荷兰政府给予了少量的补偿。其余几艘船只顺利返回圣-马洛，船上满载胡椒、靛蓝、钻石、锡兰的半成品宝石、中国箱柜和纺织品等。为了报复荷兰给法国带来的损失，两家法国公司整合资源合力向爪哇岛派遣了一支远征军。1619年，3艘舰艇载着275名船员和106门大炮从翁弗勒尔出发。在苏门答腊外围，他们遭遇了荷兰的一支舰队，其中的一艘船和船上的货物一并被捕获。另一艘船留在亚洲，试图从“地区贸易”中有所收益。还有一艘船于1622年最终返回勒阿弗尔（Le Havre）。法国法庭在布列塔尼（Brittany）和诺曼底地区有关社会阶层的压力下，向荷兰政府就干涉贸易自由提出抗议。在黎塞留（Richelieu）承诺法国将遵循1624年签订的针对哈布斯堡王室的《康皮格纳条约》（*Treaty of Compiegne*）的前提下，荷兰同意停止干涉法国贸易活动，同时还为法国商人在东、西印度地
94 区的贸易运输等提供帮助。两年后当黎塞留成为航运和贸易总管时，法国的所有成功只是：在波斯湾和本地治里获得一个港口的希望；有关东方航运贸易的大量信息；和亚齐国的联盟；在万丹的马路安（Malouin）的一个代理机构；以及一家试图在南特建立基地和中国进行直接贸易但是没有成功的莫尔比昂公司（Company of Morbihan）。[293]

在黎塞留的指挥下，法国西北部的商人以迪耶普商团为先锋继续积极地筹建海外公司。1630年至1640年的十年间，一些地方社团纷纷成立，并且组织了多次远航。1630—1632年间，迪耶普的吉尔斯·德·雷吉蒙（Gilles de Regimont）开发了印度市场和波斯湾地区；若干年后，他又代表自己的同胞们勘察了孟加拉湾。1635—1637年间，迪耶普群团还派遣远征军进入印度洋，这引起了他们对马达加斯加及其邻近岛屿的注意。这些海外探险活动激发了黎塞留和国王路易八世（1624—1643年在位）的兴趣，他们鼓励迪耶普人在马达加斯加建立贸易商站和殖民地。1643年2月15日，国王签署特别令，将迪耶普社团改造成东方公司（Company of Orient）。同时，雷吉蒙和他的同事们在马达加斯加建立殖民地，取名多芬堡（Fort-Dauphin），后来又改名为多芬岛。1643年至1664年，法国对外卷入国际战争，国内陷入投石党（Fronde）纷争，马萨林（Mazarin）当权。因此，开发马达加斯加和拓展东方贸易的事业几乎没有任何进展。1661年当路易十四掌控政权时，法国仍然处于东印度公司前期阶段，它仍然是荷兰和英国倾销香料和纺织品的最佳市场。[294]

在路易十四和皇家财务大臣让·巴蒂斯特·科尔贝（Jean Baptiste Colbert）的眼里，法国经济仍臣属于它的邻国，法国仍以高昂价格进口货物的形式向邻国进贡。在他们看来，法国早期试图与东方建立贸易关系的努力归于失败的原因是，商业活动缺乏合作，得不到国家统一的指挥和协调，资金不足，没有海军支撑；既是科尔贝的商业死对头也是他学习榜样的荷兰东印度公司因业绩卓著而著称，其原因是商业活动统一，受到国家的支持和保护，商业领军人物信

心十足。科尔贝认为，法国东方公司的马达加斯加殖民地虽然短期内处境困难，但是完全可以得到拯救并可能成为类似于巴达维亚的法国东方贸易基地。应该号召法国巴黎地区的大商人和港口城市的小商人共同出资，致力于打造皇家特许的大公司，改变各邻国长期盘踞在法国市场牟取暴利的现状。 95

为将这个计划兜售给持怀疑态度的商人，科尔贝派出代表到西北各省和安特卫普。法国地方商人托辞贫穷不愿投资；安特卫普商人无意将资本控制在法国国王手里。为了游说那些先前对东方贸易不感兴趣的巴黎商人，科尔贝还委派学者弗朗索瓦·夏庞蒂埃（François Charpentier）起草宣传册概述皇家规划。他还召开会议向商人们施加压力迫使他们合作；慑于国王的控制，商人们几乎没有敢怠慢的。在国王的大力支持下，科尔贝坚定不移地推进自己的计划，成立了被史学家们所经常称作的**"科尔贝公司"**。[295]

1664年春，巴黎的重要商人在压力之下从他们当中选出12名理事，并指派这12名理事组建一个注资1500万里弗（livres）的租赁公司。尽管这些理事可以强行从贵族、金融家和城市贷款，他们在公司正式成立之前所募到的款也只有800多万里弗，其中包括国王提供的300万里弗。1664年9月1日颁发的法国东印度公司纲领赋予公司特许经营权十五年。纲领规定公司有权垄断好望角东部的贸易，并将马达加斯加及其邻近岛屿的所有权转让给法国东印度公司，公司有义务在这些地方传播基督教，其在东方的权力进一步扩大，可以发布外交辞令，可以发动战争或讲和。为鼓励公司发展壮大，国王还提供了300万里弗的免费贷款，免除了公司造船税，自愿为出航舰队提供海军护航，为公司进出口贸易提供特殊补贴。像很多其他皇家机构一样，公司还被授予了与众不同的盾徽。[296]

公司随即开始筹建第一支舰队。除了国王提供的资助外，理事们手头上还有250万里弗的捐助款。在国王和科尔贝的要求下，理事们首先复兴马达加斯加并且向该地移民，将其作为通往印度途中的站点。采购团遍访法国和荷兰港口以获取船只和海军补给品，招募殖民者和雇主经营日常业务。22名荷兰水手、13名舵手以及8名商人加入法国国籍并且从事商业活动；其中只有两名是新教徒。3名贸易代表——贝伯（Beber）、马里亚热·杜邦（Mariage et Du Pont）、拉布拉耶·勒古兹（La Boullaye Le Gouz）——由陆路出发，向波斯王和莫卧儿皇帝索求对公司有利的贸易许可令（farmans）。1665年3月7日，公司的第一支舰队从布雷斯特（Brest）出航；该舰队由5艘船组成，船员212名，船上还
96 载有279名商人、职员、殖民者。此外，还有价值11.55万里弗的白银和商品。[297]

舰队的派遣调度是公司的组织机构根据章程的相关条款制定的。1665年3月2日，股东大会在卢浮宫（Louvre）召开，国王亲自出席，科尔贝主持会议。在此，他们通过了选举董事会成员的形式，大多数董事会成员都是曾经被国王提名的前理事成员。董事会成员被分成3个团体，分别负责公司在法国的行政管理，船只和武器的购买和装配，以及组织货物的进出口。会议还决定在孟买、科罗曼德尔海岸和中国建立商馆。最后，还做出决议将于1666年派出一支远征队伍出航。大多数的商馆选址问题都是由科尔贝在咨询弗朗索瓦·卡龙（François Caron，1600—1673年）之后决定的。弗朗索瓦·卡龙是加入法国国籍的荷兰人，他在东方的阅历十分丰富，也是即将建成的法国海外商馆的总指挥。1665年春夏之际，公司的海上中心建在勒阿弗尔（Le Havre）和大西洋的路易港，码头和仓库也建在这里。[298] 六年内，公司将其船只的装配和修理基地设在了勒阿弗尔。但是不久之后就意识到，驶离该港口的船只极易被英吉利海峡的敌人发现。[299] 约1670年，公司放弃了塞纳地区，开始将活动范围集中在布列塔尼南岸。1665年，公司在路易港（Port-Louis）对面的南布列塔尼入海口获得了一块土地洛里昂（Lorient）作为造船基地。遗憾的是，公司的状况羸弱不堪，在1668年至1684年间，公司平均每年只能造出一艘船。1688年奥格斯堡联盟战争爆发之初，法国海军占领了洛里昂之后，公司的这个未来中心才开始发展。[300]

公司的启动资金连同股东的耐心在十八个月内就耗费殆尽。大部分钱财都花在前3支舰队的组建和殖民活动上了。公司的董事成员和股东与国王和科尔贝不一样，他们并不在意马达加斯加，更希望尽快和东方建立直接贸易关系。既是董事会成员又是生产商的人们获得皇家特许权，这激励了他们生产玻璃和纺织品以便向东方销售。为抚慰股东并展示发展马达加斯加的信心，国王承诺
97 再向公司追加200万里弗的资金。受益于国王的馈赠，公司很快就组建成一支由11艘船组成的大型远征考察队，载有1 688名成员，其中的1 055名成员是

商人和殖民者。1666 年 3 月 14 日从拉罗谢莱出发的这支远征队的主要目标是，在印度建立稳定的殖民地，开展商业活动。卡龙也随这支远征队出行，负责指挥在印度和中国建立法国商馆。[301]

1667 年居住在马达加斯加的卡龙越来越衰弱；公司在法国的经济状况继续下滑。为防止企业破产，国王承诺再向公司追加 200 万里弗的资金；但是其他的许多投资者仍然延迟兑现他们的承诺。巴黎的商人和公司的董事会成员不时地强烈建议放弃成本昂贵、不堪一击的马达加斯加计划，要求科尔贝从事直接贸易。[302]1668 年早期，卡龙终于率领两艘船抵达苏拉特。他刚一到达便获悉拉布拉耶·勒古兹已经从奥朗则布那里成功获得一块商馆场地和贸易许可令，这为法国人提供了与荷兰和英国一样的贸易权利。卡龙迅速地拼凑了一船货物，并且抓紧发运，以免 1668 年雨季来临后导致货物在途中丢失。他也通过陆路向国内报告他已到达印度，报告中就时间仓促而购买的货物质量不高表示道歉，还详细描绘了与亚洲土著统治者进行军事合作的蓝图。[303]

1668 年 9 月 15 日，董事会成员以传单的形式在巴黎公布卡龙到达印度的消息；有关公司美好前途的预测也开始出现在报端。12 月 15 日，股东大会在杜乐丽（Tuileries）召开，国王亲自主持。科尔贝阅览了公司状况的报告，国王对企业进展表示满意，还承诺继续为公司提供经济援助，但是他也直言不讳地表达了对不兑现赞助款项股东的不满。1669 年 1 月，卡龙的船从苏拉特出发抵达路易港。尽管船上所载货品只是将来准备大规模进口的一些样品，但是国王已经是欣喜若狂了。科尔贝决定在巴黎销售货物。受到这次成功的鼓舞，董事会成员比以往更加激烈地要求放弃马达加斯加，以便全力以赴地建设东方的商馆。卡龙也从印度写信要求尽快放弃没有前途的马达加斯加殖民地。1669 年下半年，国王匆匆下令将马达加斯加收归皇室管理，公司将不再对其负任何管理
责任。[304] 从此以后，公司全力以赴打造东方商业。 98

路易十四从其在位以来一直不屈不挠地致力于打破荷兰的海上贸易垄断。就此他还得到英格兰查理二世的支持。1669 年，科尔贝决定展开法国与荷兰在东方的商业斗争。雅各布·布朗凯·德拉艾（Jacob Blanquet de La Haye）被任命为远征海军的指挥，其主要任务是挫败东方的荷兰，在锡兰岛和苏门答腊的

邦加岛（Bangka）建立新的城堡和商馆。1670 年 3 月 29 日，命名为“波斯中队”的皇家舰队掩藏真实目的地，从罗什福尔（Rochefort）出发。舰队由 5 艘船、1 艘护卫舰、3 艘舰载艇和 238 门大炮以及 2 100 名人员组成；公司还派了 3 艘商船随舰队出航以期得到舰队保护。简而言之，这是到目前为止从欧洲前往印度洋的实力最强的一支舰队。经过漫长的充满荆棘的航行之后，法国的这支舰队终于于 1671 年 9 月抵达苏拉特。此时，荷兰已经非常清楚德拉艾的真实意图，并采取了措施保护商馆和船只。[305]

德拉艾到达苏拉特时，法国的商馆由于人们意见的分歧而四分五裂，为其指派的领导却远在万丹。苏拉特的法国代理商们憎恨卡龙，一则因为他是外国人，二则因为他独断专行的性格，所以他们眼见着法国在印度的事业处于风雨飘摇之中而坐视不管。当卡龙 1671 年 11 月返回苏拉特时，皇家中队已经做好挑战荷兰的准备。1672 年 1 月 6 日，法国舰队向南开进，驶向锡兰岛，卡龙也在船上，在亭可马里布防严实的荷兰成功地阻击了法国舰队。耗尽补给的法国舰队逃向科罗曼德尔海岸并且占领了马德拉斯附近的圣多默。在此期间，德拉艾疏远了戈尔康达国王，该国王早些时候还曾准许法国在马苏利帕塔姆建厂。同一时期，荷兰和英法联盟在欧洲再次开战；听到战争消息后，卡龙立马返回欧洲，途经里斯本附近不幸遭遇船难身亡。圣多默的法国舰队受到戈尔康达陆地军队和荷兰海军舰队的两面夹击，早期从马德拉斯的英国人那里获得的一点援助现在也不复存在了。抵挡了两次围攻之后，德拉艾率领着“波斯中队”的残军败将于 1675 年 3 月上旬返回法国，此时距他们离开法国已接近五年。溃逃之外，他何只取得了一个积极的成就。当法国舰队在圣多默受到第一次围攻时，弗朗索瓦·马丁——希望成为法国在印度事业的范·迪门——从谢尔·汗·洛迪（Sher Khan Lodi，戈尔康达国的对手）那里获得许可，允许其在马德拉斯南方 60 英里的本地治里建设一座新商馆。而这个地方成为法国日后在印度的总指挥中心。[306]

德拉艾不在东方的五年内除了 1673 年外，公司每年都成功地向苏拉特派遣舰队；期间每年都有 1—3 艘船只载着货物返回法国。规定要求，货物必须在
99 勒阿弗尔和拉罗谢莱发售。尽管欧亚两洲的情况糟糕，但是所获利润远远超过

前期，足以抵扣公司的成本开销。不得不承认的是德拉艾的失败对国王和公司的打击很大，但是对股东们来说，开始获利的迹象完全可以平衡他们的心理了。董事会成员通过巧妙的手段高估公司的资产，宣布还没有赚到手的红利，以此助涨股东们的乐观情绪。然而，公司的经济状况糟糕，领导意见分歧，航班也是时有时无。苏拉特和巴黎之间最稳定的联系依靠陆地信使维持。[307]

接下来的十年，公司一直由科尔贝操控，不再是先前的那个以牟利为目的的商人组成的独立协会组织。1675 年，国王遭到荷兰支持下的大陆联盟的联合抵制，既没时间也没财力顾及东方的商业活动。《奈梅亨和平协议》（*Peace of Nijmegen*，1678 年）签订之后，董事会成员再次装配船只。1680 年，他们卖掉旧船，这些船经受不住印度之行的风风雨雨，不再适合海上航行，卖掉旧船所得资金足够组装 2 艘船并且可以购买 2 船的货物。公司在印度深陷于债务危机，因此其 1681 年的出口获利都用来安抚债主了。公司复兴计划的失败将其推入绝境，1682 年，科尔贝强制董事会成员同意向个体商人甚至外国人开放贸易，只要他们使用公司的船只、支付运费和其他相关费用。在弗朗索瓦·马丁的建议下，公司将注意力转移到本地治里和科罗曼德尔海岸，据估计这里的纺织品价格比苏拉特低 30%。由于这些政策上的调整，1683 年 9 月 6 日当科尔贝去世时公司开始盈利了。[308]

科尔贝的儿子马奎斯·德·塞涅莱（Marquis de Seignelay，1651—1690 年）立即被国王任命为国务卿，专门负责管理海军和海上贸易，包括东印度公司。当时公司内部事务并无变化，但是与西班牙和联合省再次爆发的战争迫使公司推迟开发本地治里，本地治里当时是一个任由巴达维亚海军摆布的前哨港口。1684 年的船只出发之后，塞涅莱立刻召集官员会议重组公司。商人们的监督官在这次会议上报告说，从 1675 年始公司向印度派遣了 14 艘船，载有价值 340 万里弗的白银或者其他商品；8 艘船只返回法国，载有从印度采购的价值 187 万里弗的货物。法国举行了 6 次销售印度货物的活动，销售额为 437 万
里弗，是其采购价格的 2 倍。自从公司将其主要商业活动集中在法国的路易港 100
和印度的本地治里和苏拉特之后，其经济状况有了极大的改善。公司遭受损失的主要原因是马达加斯加的事业不顺，缺乏经验，以及战争。得出的结论为贸

易本身是好的。对于投资 1682 年、1683 年和 1684 年海运的私人投资商在公司业务中所起的作用，监督官只字未提。这些私人投资商的作用也许只是使船只调遣有经济保障。[309]

面对这些总结性的陈述报告，塞涅莱开始清算其父创立的公司资产。经过重组的公司接管了前公司遗留下的近 100 万里弗的资产，于 1685 年 3 月 3 日正式成立。以前的一些个体商人现在成了公司的股东。新公司是商人协会的命题再也站不住脚了，因为它比其前身被皇家控制的更彻底，更紧迫。公司董事会的 12 名成员是由国王从那些向公司投资 2 万里弗以上的投资商中筛选出来的。充当股东和国王中间人的董事会成员分成 3 组管理群体：综合管理组、会计组和商业执行组。1685 年，法国公司随着新管理模式的落实开始进入其历史上最活跃的一个时期。[310]

重组后的公司开始在和平的国家和地区从事贸易活动，为东方存在的各种可能性而神魂颠倒。1684 年 10 月，暹罗的两个特使在一位天主教神父的陪伴下登上了一艘英国船只。塞涅莱和国王热情地接待了这些来客，因为他们知道暹罗在亚洲跨地区贸易中的重要性。主要依靠国家和法院的捐赠而不是罗马教廷资助的法国国家天主教使团，早在 1662 年就开始在大城发挥作用了。[311] 大城地处遥远，这里的传教士不得不经常搭乘外国船只往返此地，因此他们很久以来就向法院诉求要关注暹罗。暹罗的国王帕纳莱（Phra Narai）越来越关注逐渐强大的荷兰对东方贸易的控制，渴望寻求可以遏制荷兰的力量。1680 年，他向法国派了一名使节，但这名使节在海上迷失了；同一时期，路易十四的信件由神父们和巡回的法国商人送到大城。1684 年暹罗派使者去法国寻求结盟，这样法国可以享受暹罗的贸易优惠政策，这种前景十分吸引法国的传教士和商
101 人。[312] 塞涅莱非常渴望寻找一个可以用来经销中国和孟买商品的贸易场所开办一座商馆。1685 年 3 月 3 日，两艘皇家船只离开布雷斯特，载着使者和法国传教团前往暹罗。

公司董事会成员一边翘首以盼暹罗的好消息，一边集中精力发展与印度的直接贸易。发往本地治里和苏拉特的航船比以往更加频繁，船难也更少了。尽管如此，法国舰队仍然经常迟误或者错失季风带来的动力。弗朗索瓦·马丁向

新董事会成员强烈建议，将公司业务进一步从本地治里拓展到孟买，孟买当时是印度地区最大的纺织品生产中心。董事会成员却站在自己的立场上，集中力量加固公司在法国和苏拉特的经济基础。他们经常借款组建舰队，然后从下一次的收益中偿还这些借款。苏拉特的代理商经常抱怨资金的匮乏妨碍了他们在价格最低的时候进行采购。在公司剩余的日子里，各分公司继续四处借款，将希望寄托在未来的销售获利上，这种操作方式直接导致 1707 年的灾难。

在那个欲望暴涨的年代里，公司的麻烦沿着另一个方向蔓延。1685 年，《南特敕令》废止，胡格诺派（Huguenot）工人被迫外迁，法国纺织品业遭受重创，同时还面临着印度低价进口商品的冲击。生产和内贸大臣卢瓦（Louvois）申诉道，大量出口金银财宝换取纺织品将最终被证明是灾难性的。迪耶普等工业中心的呈文指控东印度公司没有全力以赴地在苏拉特销售法国商品，没有限制印度纺织品进口，也没有打造类似于巴达维亚那样的可以低价收购香料的基地。董事会成员回应道，由于竞争对手进口量巨大，法国纺织品的欧洲市场份额缩水，但是批评者们对此不以为然。1686 年，政府开始提高棉布进口关税。禁止进口已经着色的印花布和用来着色的布料，要求公司在法国外部销售印染布料。1686 年禁止进口印度布料的法令在 1687 年得到修改，修改后的法令准许法国印染业进口和销售白色布匹。公司也被授权每年可以进口一定量的丝织品，前提条件是必须向国外售出一定量的法国商品。[313]

塞涅莱和董事会成员对那些保护主义法令的回应十分机智。他们停止在苏拉特购买印染布料，将进口品种限定在白棉花、药材和胡椒上。每年派往科罗曼德尔海岸的船只比以往更多。法国开始认真发展与孟买的贸易关系，孟买的 102
纺织品没有列在禁买单上，可以进口。由于马丁的积极活动，公司于 1691 年开始在孟买的昌德纳戈尔（Chandernagore）打造自己的商馆。[314] 同时，巴黎方面建造了 8 艘新船并售出，努力恢复公司在法国和印度的信誉。1684 年，东印度地区的船只抵达圣 - 马洛。[315]1687—1688 年间，销售白棉花和其他商品所获得的利润颇高。据报道，法国在暹罗的贸易发展和政治影响力前景一片美好。塞涅莱在 1688 年上呈给国王的备忘录中预测道，四年后法国将牢牢地扎根于东方的“地区贸易”，“无限发展下去的贸易所获得的利润将超越英国，至少可以和荷兰持平”。[316]

1689年11月，欧洲战争遍地开花，人们对贸易前景的乐观预测结束。那时，国王和塞涅莱都听说1688年发生在暹罗的革命使当地的法国卫戍部队遭遇了重创，这给他们当头一击。[317]1690年，国王将欧洲战争的火焰烧到东方。由皇家和公司的6艘船组合而成的舰队在海军司令亚伯拉罕·迪凯纳-吉东（Abraham Duquesne-Guiton）率领下，来到东方搭救那些在暹罗受创的幸存者，他们一路上渔利，返回欧洲时还将物品以公司名义贮藏在印度。1697年签订的《里斯维克和约》（*Peace of Ryswick*）结束了各国的纷争，国王逐渐加强对公司及其资产的控制。面对荷兰和英国的海上冲击，法国海军难以保护商船航运。1691年、1694年以及1697年从东方返回的舰队都是由商船和军舰组合而成的，船上载满货物。1691年，迪凯纳-吉东中队返回法国，所载货物是价值不菲的硝石和布匹；另外两支商船和军舰混合舰队带来的收益平平。然而公司仍然东挪西凑，努力维持生计。1699年至1701年和平时代的海运贸易所带来的收益又让公司燃起了希望。1701年，希望再次熄灭，因为当年发生了西班牙王位继承战争，海上封锁和掳掠再度来袭。[318]

该世纪末的慌乱岁月里，公司对法国东方贸易的垄断毋庸置疑是破产了。
103 根据纲领，公司本应该发展与包括太平洋地区在内的亚洲各地的贸易，但是，法国一旦被暹罗驱逐出境后，公司在印度东部发展贸易的可能性彻底消失。法国的传教团、航海家和私人企业家不满公司的消极怠惰，他们恳求国王准许新的组织建立与中国和南洋的贸易关系。科尔贝的公司曾经尝试着发展与印度支那和中国的贸易关系；但是它从来没有从赋予其在太平洋地区的特权中获取任何利益。耶稣会传教士，特别是当时正在法国的神父白晋（Joachim Bouvet，1656—1730年）宣称，中国现在允许任何来者在广州从事贸易，法国应该派船到那儿。其他人强调，西班牙对麦哲伦海峡和太平洋地区的控制正在弱化，西班牙本土的实力也在下滑。随着1697年和平时代的到来，政府不应再忽视人们的诉求，法国企业有权组建一批公司旨在打开中国和太平洋地区的市场。

1690年继塞涅莱之后上任的热罗姆·德·庞特夏特兰（Jerome de Pontchartrain）同意私人航船前往中国，条件是公司应该得到他们收益的5%作为补偿。首次利用这次妥协性条款的是一位名叫让·朱丹·德·格朗韦尔（Jean Jourdan de Grovel）的富有船主和他的同伴们。1698 年 3 月，他们的护卫舰“安菲西利特”（Amphitrite）① 在谢瓦利埃·德·拉罗奎（Chevalier de la Rocque）的率领下从拉罗谢莱出发前往广州。1700 年，销售“安菲西利特”所载货物获利不菲，但是公司仅得其红利的 2.5%。之后，朱丹和他的同伴们组建了第一个**中国公司**（*Compagnie de la Chine*），紧随其后的 1700—1719 年期间，一系列的中国公司竞相成立。[319]

1698 年早期，正当朱丹筹建企业的时候，在巴黎遇见了圣 - 马洛地区的主要商人之一诺埃尔·丹西肯（Noel Dancycan）。西班牙的衰落给丹西肯留下了深刻的印象，他直言不讳地劝说朱丹，他们应该相互协作将法国的国旗升到智利沿海地区和太平洋地区。国王稍做犹豫之后，于 1698 年 9 月批准建立**太平洋皇家公司**（*Compagnie Roylae de la mer Pacifique*），该公司享有三十年在其他欧洲国家没有占据的太平洋岛屿和沿岸地区进行贸易和建造商馆的权利。尽管庞特夏特兰被任命为这个新成立公司的总裁，但是真正掌权的是朱丹及其同伴。1689 年 12 月，新公司的首支远征队在德·博切斯纳（De Beauchesne）的率领下离开拉罗谢莱。接下来的三年，公司的两艘航船，也是法国的船只首次来到
太平洋地区，探查南美洲顶端和西海岸地区以及邻近岛屿。德·博切斯纳远征 104
队又燃起了发财的希望，他们在秘鲁找到了市场，法国的货物在那里非常受欢迎，可以交换到白银和中国商品。[320] 从 1701 年始到 1720 年止，公司持续不断地从圣 - 马洛向南美洲和太平洋地区派船。[321]

法国东印度公司在其存续历史期间，比其他任何皇家特许成立的公司更直接地受到国家的控制。法国的领军商人和其他外国资本家一样，对投资一家自己没有多少发言权的公司表示出胆怯和担忧。[322] 情况确实如此，随着时间的推移，科尔贝和国王越来越独断，例如在决定平定和殖民马达加斯加的过程中，他们经常忽略股东们的诉求和愿望。商人们不愿意向公司的这次行动和其他的冒险行为投钱，这直接导致了公司资金经常短缺和财政赤字。公司的利益经常

① （希神）安菲特律特（海中 50 仙女之一，海的女神，海神波塞冬之妻）。——译者注

让步于国家，在路易十四时代的多次战争中，这种情况更加明显。公司在东方贸易活动中遭受遏制的原因是，它未能每年按时向东方派船，资金储备不足，商馆的商品储存不够，不能充分参与亚洲的“地区贸易”。作为东方角逐的后来者，法国一直处于防守地位；即使国王派遣的海军远征队越过了好望角——1670年的“波斯中队”和1685年的暹罗远征——也都是以惨败告终。法国过分依赖纺织品和硝石的进口，而较少进口胡椒。1682年荷兰占据万丹后，法国的贸易活动仅限于印度地区，依赖纺织品进口的趋势愈加明显。1686—1687年的保护主义法令下达之后，迫使公司将进口货物的品种限定在法国法律和市场允许的范围之内。与荷兰和英国公司不一样的是，法国公司的销售量不稳定，不足以引起国际的关注和兴趣。公司未能在印度东部赢得立足之地，直接导致其1698年最终失去垄断地位。到1700年，法国迷恋印度纺织品的风潮结束，取而代之的是对具有异国情调的中国风格的追捧。

第七节　世纪末的欧亚经济关系

到1700年止，经由好望角线路的贸易是一个复杂多元的探险项目，参与其中的有葡萄牙政府、4个国家的租赁公司、数不清的或公开声明的或暗地里
105 的走私贸易者。大西洋航线尽管有两个世纪的航行经验，但是仍然比从墨西哥出发经由太平洋到马尼拉的大型帆船线路危险。印度洋和大部分东洋水域很有航运价值，但是海盗劫掠仍然猖獗盛行。亚洲国家的海军力量大多薄弱，不重视海上贸易，也不控制海盗行为。当权的印度和东南亚王子们希望欧洲国家来维持这些海域的和平，回报他们以优惠的贸易条件。葡萄牙人为了在这些水域开展贸易，起初还在一些船舶和商馆加设了武装力量，以适应这里多变的商贸环境。荷兰人和英国人的到来也把欧洲的海战模式带到了东方：武装商船、护卫舰、封锁、包围、海军对垒。整个17世纪，这3个欧洲强国通过出售通行证，向那些经由他们控制的亚洲航线的船只收取钱财，从中牟利。该世纪后半叶，荷兰和英国公司拥有了自己的小型海军部队，他们经常在沿海地区巡视，追捕

海盗船。武装舰队、商馆保卫和城堡筑垒等的维持和养护费用的提高，不断地削减着贸易所得的收益。

大体而言，欧洲国家在亚洲获取和霸占土地的兴趣是有限的。伊比利亚人通过征服手段，占领了果阿、马六甲、第乌、马尼拉、帝汶岛和弗洛勒斯，通过中国的默认和谅解得到澳门。在印度地区，除了果阿之外，葡萄牙人该世纪末还在从勃生到达曼的60英里海岸线上占据了一系列的据点；此外，他们把控着第乌，控制着古吉拉特的经济。被葡萄牙人称作“北部省”的坎贝湾各地的经济繁荣，商贸发达，但是经常受到从海陆两个方向的攻击。勃生南部的若干英里处，英国人保持着对孟买的控制权，该地区是葡萄牙国王赠送的礼物，也是英国在印度西部的唯一据点。荷兰通过条约的形式控制了马拉巴尔的胡椒贸易和锡兰地区的肉桂生产。由于科罗曼德尔海岸的纳亚克给予了贸易许可令，英国在圣·乔治堡（在马德拉斯）、法国在本地治里、丹麦在德伦格巴尔分别建造了自己的商馆。印度的其他港口如苏拉特、加尔各答和马苏利帕塔姆，只要商人和公司遵守这里的法律就可以获准建立商馆，参与当地的经贸活动。

至于印度之外的东部地区，到1700年荷兰已经控制了除澳门、马尼拉和苏门答腊的明古连之外的所有主要贸易中心。荷兰以巴达维亚为中心操控着马来西亚和印度尼西亚群岛的国际贸易，并且从中征税，他们支配着各条航线和该地区的主要市场。荷兰仰仗其强大的军事力量，较少受到竞争对手走私贸易的干扰。荷兰通过派出的代理商和殖民者在班达群岛、安汶岛和马鲁古群岛积极地管理和调控着精香料的生产。在这个垄断体系里，当地居民被牢牢地控制 106
着，香料的生产根据公司的销售情况决定，价格也由公司把控。荷兰东印度公司不顾荷兰省的一些主管们的反对，或通过强制手段，或通过与亚洲当地统治者协商签订的条约和合同，于1700年在马拉巴尔和香料群岛等地实施商业分封制度。即便如此，荷兰从来没有完全阻止商业敌人从马拉巴尔和苏门答腊地区购买胡椒。

欧洲国家对东亚地区的控制却没有那么彻底。荷兰接受了日本幕府政府规定的条款之后，才获得在日本贸易的特权。印度支那的政治环境不利于在当地建立永久商馆；即便如此，该世纪后半期，荷兰、英国和亚洲的商人已成为东京（越南）的常客了。1700 年前，东京（越南）的荷兰商馆一直供应中国丝绸和其他商品，以满足有利可图的日本贸易需要，尽管商馆本身并无获利。1685—1697 年间，英国通过东京（越南）的商馆购进了大量的中国商品。1685 年，广东面向国际开放，随后中国商人的海外活动使得印度支那商馆根本无法获利，彻底失去了存在的意义。荷兰不再派船到中国港口，取而代之的是满足于在巴达维亚从中国商人和葡萄牙商人手里购买中国货。1697—1698 年间，英国和法国的商船直接到达中国。虽然荷兰东印度公司以巴达维亚为亚洲中心高效地运转着，但是叛变者和私掠船仍然不断侵扰着公司，参与着从朝鲜到马达加斯加之间的亚洲地区贸易。

荷兰东印度公司在 17 世纪逐渐成为亚洲“地区贸易”这部机器的一个重要齿轮。上个世纪，伊比利亚已经将亚洲内部贸易的控制权完全置于私人之手，国王几乎从中获取不到任何利益。从 17 世纪中叶起，荷兰东印度公司就控制了东南亚从东向西的香料和金属流动，以及从西向东的纺织品和金属的流动。由于荷兰东印度公司在日本的铜、银和金等的出口中扮演着重要角色，这迅速地使巴达维亚成长为亚洲海域的重要金融中心。从亚洲“地区贸易”中获得的利润支撑着荷兰东印度公司在欧洲的贸易，使公司降低了对从欧洲出口白银的依赖。相反，葡萄牙、英国、法国和丹麦等从“地区贸易”中获取的利润微不足道。由于荷兰操控了印度以东的亚洲商贸活动，英国被迫逐渐加大对亚洲和欧洲纺织品贸易的依赖。随着荷兰逐渐减少对美洲的投入和关注，它把丰富的资
107 源、智慧和实业都放在维护和发展世界商业帝国的亚洲这一端上。[323]

17 世纪，从印度出发经由波斯和奥斯曼帝国进入欧洲的陆路大部分时间都是开放的。葡萄牙一如既往地在里斯本和果阿之间的陆路上派遣使者和特使。17 世纪初，印度和葡萄牙之间的陆路变得十分繁忙，来往商旅甚多，以致于葡萄牙国王 1613 年下令，没有皇家的准许，从里斯本出发的商旅不得走陆路通道。[324] **沙漠商队贸易**遭遇的最严重的封锁发生在 1590 年至 1630 年期间，或者说是英国、荷兰和丹麦的东印度公司正在启动各自事业的阶段，当时主要航线已经从红海和波斯湾转移到好望角线路。陆路通道主要是被信使们和外交使节，以及黄金运输采用。法国的商旅们比其他国家的人更多地使用陆路通道：

一方面是因为法国与奥斯曼帝国的关系稳定；另一方面是因为17世纪60年代前，法国缺乏固定的国家级海上航线。欧洲内陆国家为建立免于大西洋控制的经贸公司，也努力与奥斯曼和波斯建立陆路联系。该世纪末的**沙漠商队贸易**或者遗留下的一些沙漠商队贸易活动，在欧洲主要由亚美尼亚（Armenian）、波斯和犹太商人把控。

许多亚洲国家的王子们和百姓由于参与欧洲国家的全球贸易而获利。传统意义上的贸易三角——日本、中国和菲律宾群岛——由于欧洲国家的到来，被拖入新的贸易格局。日本和中国的商人，以及在澳门和菲律宾群岛的欧洲商人等，都从荷兰制定的亚洲内部贸易秩序和西班牙规范的太平洋贸易秩序中获得了利润。莫卧儿帝王以及印度的其他王子们都十分珍惜欧洲贸易公司，给他们颁发贸易许可令，用接待国家大使的礼仪接待欧洲的使者，甚至在将他们打败之后仍然允许他们继续在当地从事贸易活动，比如孟买的英国人就是一例。在亚洲的其他地方，甚至是那些欧洲人享有控制地位或者宗主权的地方，很多王子、贵族和商人仍然把这些欧洲人当成新来的贸易伙伴来对待。除了马来西亚——印度尼西亚群岛之外，自愿签订协议的数量很可能超过被胁迫之下签订
协议的数量。亚洲各地的统治者们偶尔派使团去欧洲，致力于创造更好的贸易 108
环境和条件，或者是为了寻求军事支持。暹罗拒绝臣服于荷兰、英国和法国，成为海上贸易圈的一滩死水；相反，它的邻国们却极大地拓展了国际贸易规模。毋庸置疑，欧洲人帮助亚洲整合了其散乱不堪的、地域性的、狭隘的经济模式。在澳门、马尼拉、巴达维亚、马德拉斯、孟买和加尔各答等地建立了“新”的市场，规范贸易模式和改善商业实践也在进行当中。从美洲、欧洲和日本大量涌入的白银进入中国和印度，使得这两个国家的商品价格大幅上涨。[325]对印度纺织品需求的加剧导致该行业组织发生了变化。到1700年，亚洲已经成为国际经济社区不可或缺的一部分，越来越密切的欧亚关系使得亚洲发生变革，从中受益，当然也从中受损。[326]

欧洲的经济由于与亚洲发生了经贸关系同样在变化和发展。以阿姆斯特丹和伦敦为中心的欧洲经济中心，确保北欧一直享有商业和工业的优越地位。但从经济角度看，17世纪对西班牙、意大利和德国来说是一个黑色世纪；对荷兰

和英格兰来说是一个金色（银色）世纪；而对于法国而言是一个多色杂陈的世纪。北欧经济地位的攀升使得安特卫普和里斯本的贸易地位黯然失色，这两个港口不得不屈居于二流的分销市场。贸易格局的变化也导致威尼斯和亚得里亚海中部及地中海东部区域地位下滑，而意大利自由港里窝那却作为新兴转港口发展起来，各国东印度公司从该港获取珊瑚货源发往东方。大西洋沿岸的许多港口，特别是阿姆斯特丹和哥本哈根被加以修缮和扩容，这可以部分地缓解不断增长的亚洲贸易量带来的压力。法国国王为满足法国东印度公司的利益之需还创建了洛里昂市。

虽然只是一些拥有租赁公司的欧洲国家各自独立地组织贸易，但是整个欧洲都渐渐地加入到这个贸易网络中了。从来没有完全摆脱外来人员参与的葡萄牙皇家贸易垄断的地位，后来却被几家由各行各业的独立商人、航海家和官僚
109 等控制的租赁公司占据了。德国人、英国人和其他人经常服务于荷兰东印度公司，而荷兰的企业家和资本却参与丹麦、瑞典、法国和英格兰等国贸易公司的开发。到1650年，英吉利海峡两岸的港口、斯堪的纳维亚（Scandinavia）、德国和波兰等地之间的联系更加密切，这些地区的商人经常到阿姆斯特丹和伦敦采购东方产品。整个17世纪，法国和神圣罗马帝国对亚洲产品——香料、硝石、纺织品、异族珍品——的热情持续不减。各国东印度公司的不断扩张导致了贸易失衡、资金转移、货币浮动以及欧洲多边支付体系的拓展。

荷兰和英国公司效仿先前的葡萄牙人，致力于将两种不同的经济和政治体系连接在一起。在这个过程中，这些公司从商业性企业蜕变成亚洲地方的强权组织，从权利受让者转变成权利所有者。然而私有公司并不愿意和资助它的国家分享得失。1664年，荷兰东印度公司草率地宣布：

> 在东印度取得的土地和城堡不应该被当作国家征服所得，而应该作为个体商人的财产，他们有权将其出售给任何人，不论他是西班牙国王或者联合省的任何一个敌人。[327]

然而这个过程是一个生理变形，绝不是主动从容的自我转变。为了维持利

润源头，各家公司只有当他们的正常贸易受到威胁，或者当他们试图垄断某种货源时，才不得不采取战争手段拓展领地。相对于欧洲其他皇家授权公司而言（相当一部分是17世纪成立的），荷兰和英国东印度公司因以下特点而著称：寿命长、活动领域广泛、巨大的财富收入、对富商投资的吸引力、官僚组织机构严谨、整合和控制欧洲市场、经济记录，以及在国内外政治和经济的影响力。[328]

如果效仿可以一帆风顺，荷兰和英国的东印度公司必然是模仿对象。17世纪上半期，葡萄牙和法国由于缺乏资金和商人不予支持配合等原因导致它们成立公司的努力失败。以葡萄牙为例，首先是国王而不是里斯本商人群体发起成立公司活动的，当时时运不济，恰逢国内反抗哈布斯堡统治情绪高涨。葡萄牙
印度公司维持了五年就解散了。在法国，最早尝试成立公司的是西北部的一些 110
地方商人，他们即使得到了国王的鼓励支持和指导，也未能凝聚力量并达成一个可以遵循的方案。1661年科尔贝和国王路易十四当权之后，国王的巨大权力资源促成法国东印度公司于1664年正式成立。尽管科尔贝希冀成立一家可以得到巴黎商人支持的商业垄断公司，但是他的公司实力无法与荷兰东印度公司抗衡，更不能将其从本领域驱逐出去。相反，路易十四最具影响力的17世纪70年代和80年代恰逢荷兰和英国东印度公司全盛时期。同样，国王弗雷德里克三世于1616年成立并于1670年重组的丹麦东印度公司在该世纪的最后十年经历了其最辉煌的时期。

大西洋沿岸各国公司的成功，引起了内陆从苏格兰到拉古萨（Ragusa）①达尔马共和国（Dalmatian republic）等各地的商人和王子们的关注和嫉妒。拉古萨的达尔马共和国是连接欧亚两洲的重要商业纽带，其经济地位与威尼斯的联系十分紧密。[329]这些内陆统治者和英国人查尔斯·达文南特（Charles Davenant）一样，他们深信“如果东印度贸易不断地将世界这一端的金银带走，那么显然，法国、德国、西班牙和北欧各国在巨大的成本压力之下将很少有机会或没有机会在世界的另一端持续贸易”。[330]为了摆脱贸易失衡的不利状况，欧洲其他国家的商人和统治者整个17世纪都在努力筹建自己的企业以摆脱对欧

① 属克罗地亚，杜布罗夫尼克（Dubrovnik）的旧称。——译者注

洲现有公司的依赖，但是大都无功而返。这些尝试主要来自：热那亚（1647年）、勃兰登堡（Brandenburg，1658—1660年；1684—1688年）、哈布斯堡（1660—1662年）、瑞典（1626年；1668—1674年）、苏格兰（1693—1707年）。这些企业包括苏格兰公司的主要推动者，曾经都是那些大公司的员工，他们对前公司的状况不满意；或者是独立商人团体，特别是那些亚美尼亚商人群体。到17世纪后期，重要的亚美尼亚商人在欧洲市场的地位十分显赫，被各大公司当作事实上或者潜在的敌人。

香料价格（参见附录）可以进一步解释整个欧洲融入亚洲商业贸易的程度。
111 17世纪，随着胡椒贸易的竞争加剧和价格下降，欧洲的消费量不断增加。[331]胡椒是为数不多的有连续价格记录的亚洲商品之一；胡椒也是唯一未被荷兰垄断的香料。西欧和南欧的17个市场拥有不完整的胡椒价格流动表。其中的13个价格流动表在附录中可见；其他市场（维尔茨堡[Würzburg]、慕尼黑[Munich]及伦敦的两个市场）的价格表省却了，因为当时大家只报拍卖会上的公开价，没有提供市场交易价格。除了阿姆斯特丹的价格变动表外，最连续的价格变动表来自二流的欧洲市场奥格斯堡和布鲁日（Bruges）。里斯本1627年至1632年的市场价格变动表留存下来了，这个时段也正是葡萄牙东印度公司存续的历史。整体而言，这些价格列表粗糙不完整，然而，进口价格是可以反映那个时期全球贸易流通状况的最好晴雨表。

欧洲对亚洲廉价商品需求的不断增加激发了人们对租赁公司的兴趣。17世纪过半，葡萄牙停止进口胡椒，北欧公司纷纷增加胡椒进口量，逐渐控制了欧洲市场。17世纪后半期，葡萄牙将进口货物范围限制在体积小、价值大的品种上，比如精香料、纺织品、中国商品以及钻石。从17世纪后半叶开始大量进口的印度棉纺织品，对大部分欧洲国家来说是新鲜产品。这些产品在欧洲的迅速蹿红，再加上欧洲工业内部的各种不利因素，给欧洲现存的纺织行业带来重创。英国的毛织品、法国和意大利的丝绸以及德国的亚麻布等在国内外市场上都输给了印度白棉布。荷兰纺织品业，除了莱顿和哈莱姆（Harlem）亚麻布业外，都保持繁荣，未受任何冲击。虽然表面看来有些奇怪，但是生活在寒冷气候下的北欧人比南欧人更容易接受棉织品。

棉织品与丝绸不一样，它没有遭遇到欧洲产品的强烈冲击。[332] 相对棉花而言，丝绸在欧洲十分盛行，基础牢固。到 17 世纪早期，几个国家已经有了自己的丝绸实业，其他的几个国家后来也建立起了自己的丝绸工业。丝绸生产工艺容易习得，因为缠绕从蚕茧剥下来的纤维要求较少的技巧和灵敏度，而将棉花纺成纱线却没那么容易。当欧洲的棉纺织业最终发展起来后，它集中全力加工和印染未加工的或者半成品的印度纺织品。17 世纪中叶之前进口的白棉布， 112
不论是成品还是半成品，基本上都是家用，人们并不将其穿在身上。一旦发现棉布廉价、可洗、不易褪色，各个阶层的人们便将其作为内衣或者外衣来穿。对于那些富裕阶级而言，精细纺织品可以做成夏季服装，也可以用作男男女女们的衣服配饰。人们因为原创的欧洲先前没有的新印花棉布和丝绸的设计样式而获得额外酬金。无怪乎欧洲的织布工抱怨说，（1719 年）“城中的每一个任意抛弃情人的女子都有一件白棉布外衣”。[333]

咖啡和茶叶的引进激发了人们对异国饮料的追捧。来自也门（Yemen）南方和埃塞俄比亚（Ethiopia）的咖啡分别于 15 世纪被黎凡特和 16 世纪被意大利认可和接受。荷兰人来到东方，在爪哇岛和锡兰岛试验了咖啡种植；然而直到 1708 年前他们在爪哇岛并没有获得咖啡的巨大丰收。17 世纪中叶，来自摩卡（Mocha）的咖啡豆如同先前的胡椒粒成为主要的压舱物，开始不断地经由好望角线路进口到欧洲。斯图亚特王朝复辟早期，英国东印度公司开始大量进口咖啡。到 17 世纪 90 年代，咖啡已经遍布英格兰以及欧洲大陆烟雾缭绕的咖啡屋。[334] 茶在英格兰的流行速度稍微慢了一点，但是到了 1704 年已经成为一种大众商品了。到了 17 世纪中叶，茶已经成为荷兰的主要进口产品，茶对荷兰的社会生活影响极大。大量进口廉价的中国器皿和少量进口雅致的茶和咖啡用具，助长了人们消费异国饮料的时尚。[335]

亚洲商品的流行刺激了欧洲工业和商业模式的新发展。从塞维尔到伦敦各地的商人和实业家经常警告说，和亚洲贸易正在耗尽欧洲的白银并削弱欧洲的一些基础工业。欧洲想通过出口达到贸易平衡是不可能的，因为除了金银之外，欧洲在亚洲畅销的商品只是武器、弹药，以及小部分的机械工具和装置，如剪刀和针。西班牙的大型帆船贸易如同经由好望角线路的贸易一样，其主营的纺

织业局限在将中国丝绸和印度棉织品运到西班牙美洲殖民地。由于亚洲纺织品
113 的大量涌入，墨西哥的婴幼儿丝绸业消失不见了。西班牙纺织业生产商呼吁中止进口纺织品甚至放弃马尼拉。17 世纪 80 年代，整个欧洲纺织业遭遇重创，失业严重，秩序混乱。葡萄牙、法国和英国的工业受到的威胁导致保护贸易立法以及最终的贸易禁令。针对这些措施，各家公司做了调整，只进口中国商品（陶瓷、漆和茶）、棉纱以及其他竞争不激烈的产品；他们同时也努力增加转出口到东欧、南欧、非洲、黎凡特和美洲的商品数量。根据各公司的记载，走私商人继续经营政府禁止的纺织品；公司警告政府，国家越是控制贸易，走私贸易越是嚣张。

如果说欧洲生产商想到的第一个方法是贸易保护和贸易禁令，那么他们想到的第二个方案就是模仿。他们开始在纺织印染业上使用亚洲色彩，效仿亚洲样式。人们努力学习和掌握印度纺织和印染技术。例如，1678—1680 年，法国在苏拉特的一位代理商写了一篇 300 页长的关于西印度布匹生产的报告。[336] 亚美尼亚商人也传播了一部分纺织技术到欧洲。[337] 其他实业家特别是陶瓷制造商模仿中国产品，以达到竞争的目的。英格兰、法国和荷兰（东印度商船的主产地）的造船业被迫在设计上进行革新，以满足亚洲贸易的需要；荷兰工业通过规范生产标准和开发重复生产方法，在确保质量的能力方面展示了现代特点。[338] 里斯本和阿姆斯特丹钻石进口量的增加孕育了该地区的钻石切割技术和工业。

与亚洲贸易的同时也激发了人们采用新的商业组织形式和商业经营方法。远距离的贸易成本高、风险大，将欧洲各国的租赁公司转化成集体专营。随着商业组织投入到国际贸易，各国东印度公司都集中管理和控制市场。这些市场过去组织松散，各商人分散经营。其中最大的两家东印度公司起初都是私有的，分别由伦敦和阿姆斯特丹的商人资本家控制。而他们的对手都是国家创建的，
114 远不如这两家公司那么成功。所有这些公司都是跨远距离经营，面临的市场复杂，费用支出极大，并且需要国家和适应政府的配合。这些公司作为半公共组织在东方享有特殊的统治权，拥有出口本国金银的自由，以及有减少或免除关税的特权。各家公司不得不学会管理来来往往的各种舰队和适应变幻莫测的市

场。他们还得寻求投资商和贷款，聚拢船员和采集货物，建造和维修船只，行销进口货物，以及记录各种活动。为控制香料和纺织品贸易，他们详细规定了拍卖制度。根据规定，商人须定期会晤。他们决定出商品的数量，确定最低价格，定期出版价格表。通过控制市场，他们规避了香料贸易的许多风险——供过于求或供不应求，将经营品种多元化，如进口硝石、靛蓝和纺织品。

荷兰和英国公司从成立之初就有明显的法律特点。荷兰东印度公司经营不长时间之后便拥有了价值不菲的固定资产，这些资产并不是来自不稳定的投资者；英国东印度公司在该世纪最后十年才成长为一个稳定的法人团体。这些公司的法人结构赋予了它们团体力量和统一的目的，而那些小型商业组织却没有这样的优势。公司垄断的手段并不普遍；英国东印度公司还煞费苦心地向国家提供贷款，以维持其特权和垄断地位。在联合省，控制荷兰东印度公司的商人经常列席甚至支配国家政务会议，特别是那些与贸易和对外政策相关的会议。17 世纪下半叶，两家公司在国内外的商业和政治影响广泛，它们努力控制政权维护商业利益。尽管公司领导人激烈地抨击政治干涉商业活动，但是他们更倾向指控亚洲商品价格变化和欧洲贸易的中断带来的弊端。虽然经济理论家长久以来就试图将价格水平和流通领域中的货币量联系起来，但是商界和政界的领导人习惯于用传统的词汇解释问题：农业歉收、战争或者不可预测的灾难。[339]各公司根据竞争对手的计划进口量、库存成本、需求弹性以及当时的价格水平等做出的计算结果控制货物供应量。当时的记账系统限制了他们对长远利润的估算，也不能对企业某个特殊板块的表现做出预估。

英国东印度公司依靠大量出口金银换取奢侈品，且未能培育英格兰毛纺织品和锡的出口，因此经常受到攻击。1698 年，公司纲领重新修订，要求公司出口总额的 10% 必须是英国货物。[340]这个规定，再加上公司转出口香料的需要以及排挤亚洲纺织品在英国市场的法律责任等，迫使公司不得不完全依靠转出口贸易维系生存。到 1700 年，英格兰的转出口额占出口总量的 30%。[341]法国和西班牙纺织品贸易保护主义进一步恶化了英国的情况。为使进口产品多样化，逃避不断增加的各种限制，英国人跟法国人一样，在 17 世纪末的最后几年里想方设法地和中国进行贸易。 115

和欧洲16世纪享有的经济繁荣相比，17世纪绵长且大范围的经济萧条的主要原因，也许是流通领域里的金钱数量在减少。1651—1660年间来自美洲的金银数量是16世纪最后十年的六分之一，而且这种下滑的态势一直持续到该世纪末。结果，欧洲各大东印度公司经常大量购买金银的行为更加扰乱了欧洲商业、金融和行业活动的机制。[342]1650年始，物价全面持续下滑，小麦价格下滑尤甚，阿姆斯特丹小麦的价格越来越成为欧洲价格的标准。[343]西班牙、意大利和德国的人口数量下降，其他地区的人口增长缓慢，这些情况都直接导致了欧洲经济边缘区域的消费和生产的下降。战争、饥荒、疾病和国内人口流动等不时地扰乱大多数国家的市场和贸易模式。在这种经济萧条和秩序混乱的背景下，阿姆斯特丹和伦敦市场由于大量且有条不紊地进口和转出口海外产品脱
116 颖而出。这两个地区的经济相对繁荣、活跃，人口也在稳步增长。[344]在这些城市里，推动经济发展的是商人而不是实业家，因为投入商业的资本远大于投入企业的资本。欧洲的信贷设施都集中在这两座城市。贸易形成的资本加固了公司的政治力量：例如，通过补贴的手段雇佣军队和吸引联盟。[345]

英格兰和联合省与亚洲贸易的吨位量和价值量从来没有占据第一位，因为这个贸易量首先被他们与欧洲和黎凡特的贸易超越，后来又被与大西洋和欧洲地区的贸易量超越。截止1698年，荷兰东印度公司和东印度地区的贸易价值量占荷兰贸易总量的10%。[346]然而，这对于欧洲经济十分关键，荷兰东印度公司转出口货物到欧洲大陆、非洲、黎凡特和美洲等地，它借助于规模优势和丰富的贸易活动发挥作用；17世纪晚期，它也发挥着经济和金融扩张的“引擎”功能。[347]此时，这两个海峡国家积累了相当可观的资金，这部分源于其不断扩大的海外进口贸易，特别是1670年后，他们依靠香料、纺织品、硝石、靛蓝和其他含金量高的小商品的进口和转出口贸易积累了大量资金，这一切都极大地增强了两国的政治和经济耐力。因此，和亚洲贸易，而不是其他任何内部或外部的某个改革因素，使得这两个相对较小的海洋国家在路易十四时代经济遥
117 遥领先，军事实力一流。难道这不可能吗？[348]

注释：

[1] 有关综述参见 Donald Brand, "Geographical Exploration by the Spanish," in H.R.Friis (ed.), *The Pacific Basin: A History of Its Exploration* (New York, 1967), pp. 109-44。

[2] 一个西班牙和葡萄牙就马鲁古群岛具体位置及其归属权达成谅解的事件。有关 1519—1529 年西班牙和葡萄牙关于马鲁古群岛的争论参见 *Asia*, I, 114-19。（所有参考 *Asia in the Making of Europe* 前几卷的都以这种方式标注）

[3] 这些材料及部分汉语书籍都被神职人员献给葡萄牙国王，后被藏于埃斯科里亚尔图书馆（Escorial library）。参见 G. Amdres, "Juan Bautista Gesio, cosmografo de Felipe Ⅱ ... ," *Boletin de la Real Sociedad Geografica* (Madrid), CIII (1967), 365-67。

[4] 参见 *Asia*, I, 621-22。

[5] 参见 *ibid.*, p. 623。

[6] 参见 Andres, *loc. cit.* (n. 3), p. 366。

[7] 参见 G. Schilder, *Australia Unveiled* (Amsterdam, 1976), p. 28; and D. H. K. Spate, *The Spanish Lake* (Minneapolis, 1979), pp. 119-21。"所罗门"是指在门达尼亚发现其之前人们用来描述想象中的太平洋神秘群岛。这显然是借用了圣经典故。参见 C. Jack-Hilton, *The Search for the Islands of Solomon, 1567-1838* (Oxford, 1969), p. 31。

[8] 对该旅行日志的概览请参阅 J. Burney, *A Chronological History of the Discoveries in the South Sea or Pacific Ocean* (5 vols., Lodon, 1803-17), II, 58-61。加利（Gali）报告的第一个单印本是 *Viaje y descubrimientos y observaciones desde Acapulco a Filipinas, desde Filipinas a Macao, y desde Macao a Acapulco* (Amsterdam, 1638)。

[9] 参见 A. Sharp, *The Discovery of the Pacific Islands* (Oxford, 1960), pp. 86-87。

[10] 参见 Jack-Hinton, *op. cit.* (n.7), chap.iv。

[11] 参见 Celsus Kelly (trans. and ed.), *La Austrialia del Espiritu Santo*, "Works Issued by the Hakluyt Society"（以后简称"HS"）, 2d ser., CXXVI – VII (2 vols., Cambridge, 1996), I, 12-13。

[12] 参见西班牙在罗马的代表塞萨（Sesa）公爵写给菲利普三世的书信（1602 年 2 月 2 日），译自 *ibid.*, II, 302。

[13] 参见 R.Ferrando Perez, "Felipe III y la politica española en el Mar del Sur," *Revista de Indias*, XIII, No. 54 (1953), 543-44。

[14] 参见 A. Rodríguez-Moñino, "Bibliografia hispano-oriental," *Boletín de la Real Academia de la Historia*, XCVIII (1931), 418-19。

[15] 有关此次航行的细节请参阅 Kelly (ed.), *op. cit.* (n. 11), I, 38-50。

[16] 该评论请参阅 T. B. Duncan, "Navigation between Portugal and Asia in the Sixteenth and Seventeenth Centuries," in C. K. Pullapilly and E. J. Van Kley (eds.), *Asia and the West* (Notre Dame, 1986), pp. 10-11。

[17] 当时对葡萄牙亚洲帝国的描述，很可能是 1580 年或者 1581 年呈给菲利普二世和他的臣子们

准备的报告，请参照 the *Livro das cidades, e fortalezas que a coroa de Portugal tem nas partes da India, e das capitanias, e mais cargos que nelas ha, e da importancia delles,* as reproduced by F. P. Mendes da Luz in Studia (Lisbon), VI (1960)。

[18] 对葡萄牙在亚洲的势力范围和特点的独特且切实的评论，见 T. B. Duncan, "The Portuguese Enterprise in *Asia,* 1500-1750" (unpublished typescript), chap. i。

[19] 有关国王签订的 25 款条文的内容概要，请参阅 A. H. de Oliveira-Marques, *History of Portugal* (2d ed., New York, 1976), p. 315。

[20] J. Boyajian, *Portuguese Bankers at the Court of Spain, 1626-1650* (New Branswick, 1983), pp. 58-60.

[21] 菲利普二世创建的管理委员会，特别是国家管理委员会一直控制着西班牙及其殖民地的管理，直到 17 世纪才结束。具体请参见 C. H. Carter, "The Nature of Spanish Government after Philip II," *The Historian*, XXVI (1963), 5-7。

[22] 接下来，有关伊比利亚 1615 年前在亚洲的活动内容是以托马斯 · E. 怀特（Thomas E. White）未完成的博士论文"Seventeenth-Century Spanish Sources on East Asia," chaps. i-iii 为依据的。

[23] 根据 T. Bentley Duncan 提供的数据。以前对果阿人口的统计高达 22.5 万人，其规模相当于同时代的伦敦。果阿人口统计的最大困扰源自 D. L. Cottineau de Kloguen (in *An Historical Sketch of Goa* [Madras, 1831])，他是根据登记入教人数计算的。这里引用的其他数据都是基于地方辖区的记录以及旅行家或者传教士的推测，他们认为"果阿像图尔斯那么大"（Jean Mocquet in 1609），或者"果阿的大小相当于比萨"(Francesco Ramponi in 1698)。最近的一个关于果阿人口数量的说法可以在 M. Hugo-Brunt 的作品"The Portuguese Settlement at Goa in India," *Plan* (Toronto), IX(1968), 72-86, 108-22 中找到。到了 17 世纪末果阿的人口数量降到两万人。

[24] Duncan, *op. cit.* (n. 18), pp.507-12, 介绍了"果阿护航船队"（*Cafilas*）的历史。

[25] 参见 B. G. Tamaskar, "Malik Ambar and the Portuguese," *Journal of the Bihar Research Society*, XXXIII (1947), 25-44。

[26] 参见 P. S. S. Pissurlencar, *Agentes da diplomacia portuguesa na India* (*Hindus, muculmanos, judeus, e parses*) (Goa, 1952), pp. Liii-Lv。

[27] 最新的相关资料综述请参阅 D. G. Kesivani, "Western Commercial Enterprises in the East. Some Oriental Archival Sources," in M. Mollat (ed.), *Sociétés et compagnies de commerce en Oriént et dans l'Océan Indien* (Paris, 1970), pp. 546-48。也可以参阅 H. Heras, "The Portuguese Alliance with the Muhammadan Kingdoms of the Deccan," *Journal of the Royal Asiatic Society*（以后简写为 *JRAS*) (Bombay Branch), n.s., I (1925), 122-25; P. M. Joshi "Muhammad Adil Shah (1627-1656) and the Portuguese," *Journal of Indian History*, XXXIII (1955), 1-10; A. Sen, "Murshid Quli Khan's Relations with the European Merchants," *Indian Historical Quarterly*, XXXV (1959), 16-42。

[28] 参阅 K. N. Chaudhuri, "The English East India Company in the Seventeenth and Eighteenth Centuries: A Pre-modern Multinational Organization, in Leonard Blussé and Femme Gaastra (eds.), *Companies and Trade* (The Hague, 1981), p. 46; Femme Gaastra, "The Shifting Balance of Trade of the Dutch East India Company," in *ibid.*, p. 64; and Eiichi Kato, "Unification and Adaptation: The Early Shogunate and Dutch Trade Policies," in *ibid.*, p. 228。

[29] 参照 T. Abeyasinghe, *Portuguese Rule in Ceylon, 1594-1612* (Colombo, 1966), chaps. i-iii; and G. D. Winius, *The Fatal History of Portuguese Ceylon: Transition to Dutch Rule* (Cambridge, Mass., 1971), chap. i。

[30] 参阅 K. N. Chaudhuri, *Trade and Civilisation in the Indian Ocean* (Cambridge, 1985), pp. 74-75, 104, 108-14; Denis Lombard, "Questions on the Contact between European Companies and Asian Societies," in Blussé and Gaastra (eds.), *op. cit.* (n. 28), pp. 184-85; M.C. Ricklefs, *A History of Modern Indonesia* (Bloomington, Ind., 1981), pp.29-33。

[31] R. Ptak, "The Demography of Old Macao, 1555-1640," *Ming Studies*, XV (1982), 27-35. Ptak estimates six hundred Indo-Portuguese families in 1600, with a total population of about ten thousand (p. 28).

[32] 参阅 T. T. Chang, *Sino-Portuguese Trade from 1514 to 1644* (Leyden, 1934), pp. 109-10。

[33] 有关澳门贸易史以后的情况，请参阅 C. R. Boxer, *Fidalgos in the Far East, 1550-1770* (The Hague, 1948), chap. vii；1630 年以后的档案材料评述，请参阅 G. B. Souza, "Portuguese Trade and Society in China and the South China Seas," *Itinerario*, III (1979), 64-73。关于荷兰人早期与中国进行贸易的情况，请参阅 E. J. Van Kley, "China in the Eyes of the Dutch, 1592-1685" (Ph. D diss., Dept. of History, University of Chicago, 1964), pp.1-17。

[34] 关于这些代表及当时发生的情况，请参阅 B. de Leonardo y Argensola, *Conquista de las islas Malucas* (Madria, 1609), pp. 254-64。

[35] 关于西班牙远征，请参阅上面同一材料的 351-389 页。该作者提供的数据是 3 000。这里我们采用 Antonio de Morga 的数据，具体见 *Sucesos de las islas Filipinas*, trans. and ed. J. S. Cummins, "HS," 2d ser., CXL (Cambridge, 1971), 232。

[36] 参见 *Asia*, I, 599, 60, 617n。

[37] 参阅 Boxer, *op. cit.* (n.33), p. 176。

[38] 根据 Humberto Leitão, *Os portuguesas em Solor e Timor de 1515 a 1702* (Lisbon, 1948), passim。

[39] 参见 H. de la Costa, *The Jesuits in the Philippines, 1581-1768* (Cambridge, Mass., 1967), pp. 205-7。

[40] 比照原著第三卷第一册第 312-313 页。

[41] 参阅英译本摘要：C. R. Boxer, *The Christian Century in Japan, 1549-1650* (Berkeley, 1951), pp. 425-26。

[42] 相关的讨论，请参阅 L. Norton, *Os portuguese no Japão, 1543-1640* (Lisbon, 1952); and M. Teague, "The portuguese in Japan," *Geographica*, I (1965), 80-94。

[43] 参阅 L. P. Briggs, "Spanish Interventions in Cambodia, 1593-1603," *T'oung-pao*, XXXIX (1949), 132-60; C. R. Boxer, "Portuguese and Spanish Projects for the Conquest of Southeast Asia, 1580-1600" *Journal of Asian History*, III (1969), 118-36; 及上面同一作者的另一作品 "Spaniards in Cambodia," *History Today*, XXI (1971), 280-87。也可参见 *Aisa*, I, 570-71。

[44] 比照 the cordial treatment of the Danes in 1621。见本书原著第三卷第一册第 90-91 页。

[45] 参照本书原著第三卷第一册第 218-219 页。

[46] 有关马尼拉和日本之间的贸易，参阅原著第三卷第一册第 35-36 页。

[47] 参阅本书原著第三卷第一册第 336 页。

[48] 参阅本书原著第三卷第一册第 336-338 页。

[49]1615 年之后西班牙和日本关系日趋恶化。请参照 W. L. Schurz, *The Manila Galleon* (New York, 1959), pp. 111-14；有关澳门的贸易情况，请参照 C. R. Boxer, *The Great Ship from Amacon* (Lisbon, 1959), pp. 86-154。关于日本与印度支那的贸易情况，请参阅本书原著第三卷第一册第 236-237 页。

[50] 参见 L. Pérez, O. F. M., "Las relaciónes diplomáticas entre Espãn y el Japon," *Archivo Ibero-Americano*, XXXI (1929), 79-114; and J. O. Ronall, "Spain and Japan – Early Diplomatic Relations," *Eastern World*, XI, No. 12 (1957), 38-39; XII, No. 1 (1958), 24-25。

[51] 硝石是火药的主要成分。也可用来做药或者食物防腐剂。

[52] 根据 A. R. Disney, *Twilight of the Pepper Empire* (Cambridge, Mass., 1978), chap. i。

[53] 有关 16 世纪波斯湾与红海地区和欧洲的贸易史，请参阅 Duncan, *op. cit.* (n. 18), pp. 95-101。

[54] 关于把霍尔木兹陷落当作欧亚贸易的"结构性危机"的一段轶闻，请参阅 N. Steensgaard, *The Asian Trade Revolution of the Seventeenth Century* (Chicago, 1974)。相关评论请参阅 T. B. Duncan, "Niels Steensgaard and the Europe-Asia Trade of the Early Seventeeth Century," *Journal of Modern History*, XLVII (1975), 512-18。

[55] 参阅 H. Furber, *Rival Empires of Trade in the Orient, 1600-1800* (Minneapolis, 1976), p. 9。

[56] 相关内容参阅 Winius, *op. cit.* (n. 29), pp. 38-39。

[57] 参阅 Duncan, *loc. cit.* (n. 16), Table I。

[58] 参阅 Fu. Lo-shu, "The Two Portuguese Embassies to China during the K'ang-his Period," *T'oung pao*, XLIII (1955), 75-94; L. Petech, "Some Remarks on the Portugueses Embassies to China in the K'ang-his Period," *ibid.*, XLIV (1956), 227-41; J. E. Wills., *Embassies and Illusions: Dutch and Portuguese Envoys to K'ang-his, 1666 -1687* (Cambridge, Mass., 1984), pp. 82-144。

[59] 参 阅 M .N. Pearson, "Indigenous Dominance in a Colonial Economy: The Goa Rendas, 1600-1700," in J. Aubin (ed.) *Mare Luso-Indicum* (2 vols., Paris, 1972), II, 61-73。也可参阅本书原著第三卷第一册第 11 页的第 27 个注释。

[60] 邓肯（Duncan）认为澳门 1635 年的人口超过 1 万，其中包括 850 个葡萄牙家庭。普塔克（R. Ptak）认为澳门 1640 年的人口为 4 万。

[61] 参阅 C. R. Boxer, *The Portuguese Seaborne Empire, 1415-1825* (London, 1969), chap. vi。

[62] 参阅 Schurz, *op. cit.* (n. 49), pp. 138-42。也可参见本书原著第三卷第一册第 37 页。

[63] Schruz, *op. cit.* (n. 49), pp. 247-48. 也可参照 W. J. Barrett, *Mission in the Marianas*, 1669-70 (Minneapolis, 1975)。还可参见本书原著第三卷第一册第 37 页。

[64] 参见 Sharp, *op. cit.* (n. 9), pp. 87-88。

[65] 关于伊比利亚联盟的殖民地管理，请参阅 F. Mauro, *Le Portugal et l'Atlantique au XVIIe siècle, 1570-1670* (Paris, 1960), pp. 433-35。

[66] 译自 J. B. Trend, *Portugal* (London, 1957), p.146。

[67] 参阅 *Asia*, I, 135, 139; Olivera-Marques, *op. cit.* (n. 19), pp. 317-18; and F. P. Mendes da Luz, *O consehlo da India* (Lisbon, 1952), pp. 81-82。

[68] Mendes da Luz, *op. cit.* (n. 67), pp. 47-52; and J. L. Azevedo, *Epocas de Portugal económico* (Lisbon, 1947), pp. 152-54.

[69] 参阅 Disney, *op. cit.* (n.52), p. 87。

[70] 参阅 Mendes da Luz, *op. cit.* (n. 67), pp. 59-67。

[71] 根据 Duncan, *loc. cit.* (n. 16), pp. 20-21。

[72] 参阅 Duncan, *op. cit.* (n. 18), p. 187。

[73] 有关亚洲各国之间贸易的更加明晰的研究，请参照 Sucheta Mazumdar, "A History of the Sugar Industry in China: The Political Economy of a Cash Crop in Guangdong, 1614-1834" (Ph. D. diss., Dept. of History, University of California, Los Angeles, 1984)。

[74] Lombard, *loc. cit* (n. 30), pp. 179-87.

[75] 有关白银源源不断流入印度的历史，请参阅 F. Braudel, *Civilization and Capitalism, 15th-18th Centuries,* trans. Sian Reynolds (3 vols, New York, 1981-84), II,198-99; III, 490-91；白银从红海流入苏拉特的历史，请参照该作品第二卷 126-127 页，第三卷 478-479 页。

[76] 亚洲土著商人培养欧洲人在亚洲做生意的重要性，请参阅 F. Braudel, *Civilization and Capitalism, 15th-18th Centuries,* trans. Sian Reynolds (3 vols, New York, 1981-84), III, 489-490。

[77] 根据 Disney, *op. cit.* (n. 52), chap. i。

[78] 参阅 C. H. H. Wake, "The Changing Pattern of Europe's Pepper and Spices Imports, *ca.* 1400-1700," *Journal of European Economic History*, VIII (1979), 387-88。

[79] 根据 Duncan, *op. cit.* (n.18), pp. 118-29。1670 年欧洲年平均胡椒消费量约为 3 500 吨（700 多磅），是 1500 年的 3 倍。根据荷兰人的统计，到 1688 年，整个欧洲市场需求量达到 860 万磅。具体参阅 Wake, *loc. cit.* (n. 78), p. 391。

[80] 因红印盖章授权而得名。也可参阅本书原著第三卷第一册第 236-237 页。

[81] 根据 Boxer, *op. cit.* (n. 49) 的引言。

[82] 参阅 Steensgaard, *op. cit.* (n. 54), pp. 88-89。

[83] 关于印度洋海上军事问题，请参照 M. A. P. Meilinck-Roelofsz, *Asian Trade and European*

Influence in the Indonesian Archipelago between 1500 and About 1630 (The Hague, 1962), p. 122。也可以参照 Chaudhuri, *op. cit.* (n. 30), pp. 77-99。

[84] 参阅 M. N. Pearson, *Merchants and Rulers in Gujarat* (Berkeley, 1976), pp. 131-32。

[85] 参看表格 1600 年至 1634 年果阿的关税收入。Disney, *op. cit.* (n. 52), p.51.

[86] 参阅 Duncan, *op. cit.* (n. 18), p. 557。

[87] Disney, *op. cit.* (n. 52), p. 36.

[88] *Ibid.*, pp. 61-62.

[89] *Ibid.*, p. 35.

[90] 参阅本书原著第三卷第一册第 112 页以及 121-123 页。

[91] Duncan, *op. cit.* (n. 18), pp. 510-11.

[92] 从犹太教或伊斯兰教皈依过来的信徒叫新基督徒(New Christians)。有关杜阿尔特 · 戈麦斯 · 索利斯（Duarte Gomes Solis）的生平及他在亚洲的贸易经历，请参阅 Boyajian, *op. cit.* (n. 20), pp. 25-26。

[93] 参见 Disney, *op. cit.* (n. 52), pp. 72-74。

[94] 参阅 T. A. de Carvalho, *As companhias portuguesas de colonizacão* (Lisbon, 1902), pp. 24-25。

[95] Disney, *op. cit.* (n. 52), pp. 79-86.

[96] 关于里斯本新基督徒商人，请参阅 Boyajian, *op. cit.* (n. 20), pp. 26-36。

[97] Disney, *op. cit.* (n. 52), pp. 87-97.

[98] 引自 *Ibid.*, p. 111。也可参照该书第 112 页的表格六，其中标明了里斯本的胡椒价格。关于欧洲各地价格的比较，参看本书原著第三卷第一册第 121-123 页。

[99] Duncan, *loc. cit.* (n. 16), p. 20.

[100] 有关国王曼努埃尔（Manuel）当时颁布训令的文本，请参阅 D. Peres (ed.), *Regimento das Cazas das Indias e Mina* (Coimbra, 1947)；解释和修改该训令的文件，请参阅佩雷斯（Peres）的序言第 xii 页和 xiii 页。

[101] 参阅 Duncan, *op. cit.* (n. 18), p. 207。

[102] *Ibid.*, p.567.

[103] Meilinck-Roelofsz, *op. cit.* (n. 83), pp. 185-86.

[104] Duncan, *op. cit.* (n. 18), pp. 631-32.

[105] *Ibid.*, pp. 154-55.

[106] 参阅 Oliveira-Marques *op. cit.* (n. 19), pp. 344-46; Duncan, *loc. cit.* (n. 16), p. 22。

[107] 参阅 J. G. da Silva, "Portugal and Overseas Expansion from the Fifteenth to Eighteenth Centuries," *Journal of European Economic History*, VIII (1979), 685。

[108] 参阅 W. L. Schurz, *op. cit.* (n. 49), pp. 27-28。

[109] *Ibid.*, pp. 132-33. 比较 William S. Atwell, "International Bullion Flows and the Chinese Economy circa 1530-1650," *Past and Present,* XCV (1982), 68-90。阿特韦尔（Atwell）认为中国的经

济基本上依靠外国白银的支持。与日本贸易的中止以及马尼拉—澳门贸易的中断是导致中国货币危机并进一步导致明朝覆灭的根本因素。然而，阿特韦尔的论断是值得商榷的，因为1640年荷兰从日本倒卖到中国的白银数量达到了历史最高值。参阅 Kato, *loc.cit.* (n. 28), p. 224。

[110] J. L. Alvarez, "Don Rodrigo de Vivero et la destruction de la Nao Madre de Deus, 1609," *Monumenta Nipponica*, II (1939), 479-511.

[111] 参阅本书原著第三卷第一册第210-212页。

[112] 参阅 Boxer, *op. cit.* (n. 41), pp. 301-2; 关于日本背景，参阅 N. Murakami, "Japan's Early Attempts to Establish Commercial Relations with Mexico," in H. M. Stephens and H. E. Bolton (eds.) *The Pacific Ocean in History* (New York, 1917), pp. 467-80；关于相关的航海数据，参阅 E. Sola, "Notas sobre el comercio Hispano-Japonés en los siglos XVI y XVII," *Hispania*, XXXIII (1973), 274-77。有关这次贸易和发给欧洲大使的文献，请参阅 A. N. Ortega, "Noticia entre Mexico y el Japon, durante el siglo XVII," *Archivo histórico diplomático Mexicano*, No. 2 (1923)。

[113] 1612年4月13日的书信。发行在 *Correspondencia de Don Geronimo de Silva,* 1612-17 in *Colección de documents ineditos para la historia de España* (113 vols., Madrid, 1842-1912), III, 5-15。该文集收录了很多关于马鲁古群岛的信息；就我们所知，这些资料没有被广泛引用。

[114] 参阅 Schruz, *op. cit.* (n. 49), pp. 140-41。

[115] 关于菲律宾地区商贸情况的最好西班牙语文献来自胡安·格劳·蒙特法尔孔（Juan Grau y Montfalcon）分别于1637年和1640年写的两份备忘录。第一个备忘录的英文译本见 E. H. Blair and J. A. Robertson (eds.), *The Philippine Islands* (55 vols., Cleveland, 1905-9), XXVII, 55-212。

[116] 参阅 P. Chaunu, "Le Galion de Manile, grandeur et décadence dúne route de la soie," *Annales*. E. S. C., VI (1951), 447-62; and C. R. Boxer, "Manila Galleon 1565-1815," *History Today*, VIII (1958), 538-47；关于西班牙航运的总体情况，请参阅 A. P. Usher, "Spanish Ships and Shipping in the Sixteenth and Seventeenth Centuries," in *Facts and Factors in Economic History* (Cambridge, Mass., 1932), pp. 189-213。

[117] 参阅 C. R. Boxer, "*Plata es Sangre*: Sidelights on the Drain of Spanish-American Silver in the Far East, 1550-1700," *Philippine Studies*, XVIII, No. 3 (July, 1970)；从阿卡普尔科运输过来的白银数量，也可参阅 Atwell, *loc. cit.* (n. 109), pp. 72-74。

[118] W. Borah, *Early Colonial Trade and Navigation between Mexico and Peru,* No. 38 of *Ibero-Americana* (Berkeley, 1954), p. 127.

[119] 参阅 Juan Regla, "Spain and Her Empire," in *The New Cambridge Modern History* (Cambridge, 1961), V, 375。

[120] 参阅 S. D. Quiason, *English" Country Trade" with the Philippines* (Quezon City, 1996), chaps.

i-iii。1674—1706 年间发生的 25 次航运的列表，请参阅原著第三卷第一册第 43-44 页。

[121] 根据 P. Chaunu, *Les Philippines et le Pacifique des Ibériques (XVIe, XVIIe, XVIIIe siécles)* (Paris, 1960), pp. 252-53, 266-69。

[122] 参阅 E. J Hamilton, *War and Prices in Spain*, 1651-1800(Cambridge, Mass., 1947), p. 10。关于西班牙政府目光短浅的政策——铸造粗糙的银铜合金币，请参阅 Boyajian, *op. cit.* (n. 20), pp. 40, 170。

[123] 参阅 H. de la Costa, *op. cit.* (n. 39), pp. 414-16。

[124] 根据 C. R. Boxer, *The Dutch Seaborne Empire, 1600-1800* (London, 1965), pp. 4-19。有关正统加尔文教派信徒（其中的很多是从南部移民过来的富有阶层）逐渐放松操控政府和贸易的历史，请参阅 C. Bangs, "Dutch Theology, Trade, and War, 1590-1610," *Church History*, XXXIX (1970), 470-82。

[125] 有关阿姆斯特丹和欧洲其他城市的人口比较，请看表格 R. Mols, S. J., "Population in Europe, 1500-1700," in E. M. Cippola (ed.), *The Sixteenth and Seventeenth Centuries*, Vol. II of *The Fontana Economic Histoy of Europe* (London, 1977), pp.42-43。也可以参考 J. de Vries, *European Urbanization, 1500-1800* (Cambridge, Mass., 1984), pp. 140-141, 271。

[126] 参阅 P. Clark (ed.), *The Early Modern Town, A Reader* (London, 1976), p. 2。

[127] 见 J. W. Konvitz, *Cities and the Sea. Port City Planning in Early Modern Europe* (Baltimore, 1978), pp.34-36。有关阿姆斯特丹作为欧洲的金融中心，参阅 Braudel, *op. cit.* (n.75), III, 236-45。

[128] 荷兰船只建造和维修成本低以及所需人力成本低的相关信息，参阅 Braudel, *op. cit* (n. 75). III, 190-93。

[129] 关于在阿姆斯特丹的葡萄牙新基督徒商人和银行家以及他们的"新耶路撒冷"(New Jerusalem)，参阅 A. Castillo, "Dans la monarchie espagnole du XVIIe siècle; les banquiers portugais et le circuit d' Amsterdam," *Annales*, E. S. C., XIX (1964), 311-16。

[130] 见 G. Masselman, *The Cradle of Colonialism* (New Haven, 1963), p. 86。

[131] 见 J. Keuning, "Sixteenth-Century Cartography in the Netherlands," *Image Mundi*, IX (1952), 59-60。

[132] 有关 1595—1794 年间驶向亚洲的荷兰船只列表，可以参阅 J. R. Brujin, F. S. Gaastra, and I. Schöffer (eds.), *Dutch-Asiatic Shipping in the Seventeenth and Eighteenth Centuries,* Vol. II: *Out-bound Voyages from the Netherlands to Asia and the Cape,* and Vol. III: *Homeward-bound Voyages from Asia and the Cape to the Netherlands* (Rijks Geschiedkundiege Publication 166,167; The Hague, 1979)。

[133] 有关详细的目录纲要请参考原著第三卷第一册第 437-439 页。

[134] 有关这些"前公司"最成功的一次航行带来的经济收益，以及其他不太成功的经历，参阅 Hans den Haan, *Moedernegotie en grote vaart, een studie over de expansie van het Hollandse handelskapitaal in de 16- en 17- eeuw* (Amsterdam, 1977), p. 112。

[135] 相关航行的清晰列表，请参阅 R. Bonaparte, “Les premiers voyages des Neerlandais dans l' Insulinde, 1595-1602,” *Revue de géographie*, XIV, Pt. 2 (1884), 55。也可参阅本书原著第三卷第一册第 437-444 页了解当时出版的相关材料。

[136] 见 G. Schilder, *op. cit.* (n. 7), p. 54。荷兰人发现的西风吹过印度洋南面对世界海路运输是一个永久的贡献。J. R. Bruijin, “Between Batavia and the Cape: Shipping Patterns of the Dutch East India Company,” *Journal of Southeast Asian Studies*, XI (1980), 25-65.

[137] 见 Meilinck-Roelofsz, *op. cit.* (n. 83), p. 182。

[138] 关于前公司的记述，以及 VOC 的成立，参阅 F. W. Stapel (ed.), *Geschiedenis van Nederlandsch Indië* (5 vols., Amsterdam, 1938-40), II, 275-475; III, 5-44。斯塔贝尔（Stapel）早期编辑并注释过彼得·范·达姆（Pieter van Dam）撰写的历史，彼得·范·达姆是 1652—1706 年间 VOC 的领导人。范·达姆根据公司机密文件和档案编写的 *Beschryvinge van De Oost-indische Compagnie* 直到国家历史出版委员会授权斯塔贝尔负责整理出版之后才得以面世。这些材料最终于 1927—1929 年在阿姆斯特丹以 4 卷本形式出版。相关的更为详细的讨论，见 W. Ph. Coolhaas, *A Critical Survey of Studies on Dutch Colonial History* (The Hague, 1960), pp. 21, 25-26。

[139] 关于原始的投资数据，请参阅 Stapel (ed.) *op. cit.* (n. 138), III, 28。有关公司的权力下放趋势，参阅 F. Gaastra, *loc. cit.* (n. 28), pp. 51-52。

[140] 关于阿姆斯特丹的精英向公司投资的情况，请参见 P. Burke, *Venice and Amsterdam: A Study of Seventeenth-Century Elites* (London, 1974), p. 58。

[141] 有关 1602 年荷兰和葡萄牙在东印度群岛海战的描述，请参阅 *A True and Perfect Relation* ... (London, 1603)。翻印版见 B. Penrose, *Sea Fights in the East Indies in the Years 1602-1639* (Cambridge, Mass., 1931), pp. 43-51。

[142] 有关这次远征的详细情况，请参阅 Stapel (ed.), *op. cit.* (n. 138), III, 30-41。

[143] 根据 Masselman, *op. cit.* (n. 130), pp. 163-66。

[144] 据估计，荷兰每年向亚洲派 5 000 人左右，这使得他们在亚洲的人口比例较高。见 Braudel, *op. cit.* (n. 75), III, 224-25。

[145] 关于荷兰包围马六甲的情况，参阅 *An Historical and True Discourse* ... (London, 1608)。翻印版见 Penrose, *op. cit.* (n. 141), pp. 55-85。

[146] 见 P. Pelliot, “Les relations du Siam et de la Hollande en 1608,” *T'oung Pao*, 2d ser., XXXII (1936), 223-29; J. J. L. Duyvendak, “The First Siamese Embassy to Holland,” *ibid.*, 286-92。Braudel, *op. cit.* (n. 75), III, 219-20 提到荷兰的锡铅合金生产有绝对优势，产品行销欧洲各地。鹿皮销往日本。

[147] 见 E. W. Hutchinson, *Adventurers in Siam in the Seventeenth Century* (London, 1940), p. 27。

[148] 戈尔康达的港口是马苏利帕塔姆。在荷兰人到来之前，这里的对外贸易一直由波斯商人控制。参阅 Shah Manzoar Alam, “Masulipatam, a Metropolitan Port in the Seventeenth Century, A. D.,” *The Indian Geographical Journal*, XXXIV (1959), 33-42。

[149] 关于荷兰在苏拉特活动的历史，请参阅 B. G. Gokhale, *Surat in the Seventeenth Century* (London, 1978), pp. 162-68, and O. P. Singh, *Surat and Its Trade in the Second Half of the Seventeenth Century* (Delhi, 1977), chap. iv。

[150] 比较本书原著第三卷第一册第 66-67 页。

[151] 见 Masselman, *op. cit.* (n. 130), p. 296; Furber, *op. cit.* (n. 55), pp. 34-35。

[152] 见 Masselman, *op. cit.* (n. 130), pp. 296-306。

[153] 参阅 Part II (Leyden, 1951) of G. N. Clark and W. J. M. van Eysinga, *The Colonial Conferences between England and the Netherlands*；有关 1613 年在伦敦召开的会议，见 C. H. Alexandrowicz, *An Introduction to the History of the Law of Nations in the East Indies (Sixteenth, Seventeenth, and Eighteenth Centuries)* (Oxford, 1967), pp. 57-60。

[154] 见 Furber, *op. cit.* (n. 55), p. 44。

[155] 关于荷兰的镇压手段，见 L. Kiers, *Coen op Banda, de conqueste getoest aan hetrecht van den tijd* (Utrecht, 1943), and D. K. Bassett, "The 'Amboina Massacre' of 1623," *Journal of Southeast Asia History*, Vol. I, No. 2 (1960), pp. 1-19。

[156] 见本书原著第三卷第一册第 76-77 页。

[157] 关于这一著名战役的记述，见 Boxer, *op. cit.* (n. 49), pp. 105-6。

[158] 见 J. E. Wills, Jr., *Pepper, Guns and Parleys. The Dutch East India Company and China, 1622-81* (Cambridge, Mass., 1974), pp. 21-23。

[159] 见 Meilinck-Roelofsz, *op. cit.* (n. 83), p. 358, n. 37。

[160] 根据 Boxer, *op. cit.* (n. 49), pp. 110-41；也可见同一作者的 *The Christian Century* (n. 41), chap. viii, 特别是第 371-373 页。雅各布·施佩克斯（Jacob Specx）为阻止因台湾事件而中断日荷贸易的努力，请见 Kato, *loc. cit.* (n. 28), pp. 222-27。

[161] 见 Furber, *op. cit.* (n. 55), pp. 49-50。关于马打兰的苏丹阿贡（Agung）围困巴达维亚失败，请见 Ricklefs, *op. cit.* (n. 30), pp. 40-44。

[162] 关于塔斯曼的发现，请参阅 Schilder, *op. cit.* (n. 7), chaps. xiv-xv。

[163] 比照原著第三卷第一册第 21-24 页。

[164] 见 B. H. M. Vlekke, *Nusantara. A History of the East Indian Archipelago* (Cambridge, Mass., 1945), p. 126, n. 37。

[165] 参考 *ibid.*, pp. 130-133。巴达维亚的发展，见本书原著第三卷第一册第 106-107 页和第三册 1313-1322 页。

[166] 见 Boxer, *op. cit.* (n. 124), pp. 92-94。

[167] 见 L. Y. Andaya, *The Kingdom of Johor, 1641-1728* (Kuala Lumpur, 1975), chap. i。

[168] 苏丹于 1681 年至 1683 年派遣使臣前往英格兰寻求援助反抗荷兰。见 W. Fruin-Mees, "Een Bantamsch gezantschap naar Engeland in 1682," *Tijdschrift voor Indische taal-, land-en volkenkunde*, LXIV (1924), 207-26。

[169] 见 Vlekke, *op. cit.* (n. 164), pp. 158-61。

[170] *Ibid.*, pp. 147-52. 关于荷兰征服 Makassar，Arung Palakka，the Bugis 等地，见 L. Y. Andaya, *The Heritage of Arung Palakka: A History of South Sulawesi (Celebes) in the Seventeenth Century* (The Hague, 1981), pp. 73-155。

[171] 见 G. W. Irwin, "The Dutch and the Tin Trade of Malaya in the Seventeenth Century," in Jerome Ch'en and N. Terling (eds.), *Studies in the Social History of China and South-East Asia* (Cambridge, Mass., 1970), pp. 267-87。

[172] 见 Vlekke, *op. cit.* (n. 164), pp. 152-54。

[173] 见 J. Arasaratnam, *Dutch Power in Ceylon, 1658-1687* (Amsterdam, 1958), chap. i。

[174] 见 T. I. Poonen, *A Survey of the Rise of Dutch Power in Malabar* (Trichinopoly, 1943), pp. 68-72。

[175] 条款的全部内容，见 *ibid.*, pp. 115-18。

[176] *Ibid.*, pp. 200-202.

[177] 关于贸易公司对孟买及其商人在地区贸易中的构成、方向及程度等方面的影响，请参阅 O. Prakash, "The European Trading Companies and the Merchants of Bengal, 1650-1725," *Indian Economic and Social History Review*, Vol. I, No.3 (1964), pp. 37-63。

[178] 见 Furber, *op. cit.* (n. 55), pp. 80-83; T. Raychaudhuri, *Jan Company in Coromandel, 1605-90...* (The Hague, 1962), pp. 209-11; Arasaratnam, *op. cit.* (n. 173), chaps. ii and iii。

[179] 根据 Wills, *op. cit.* (n. 158), passim; also Braudel, *op. cit.* (n. 75), III, pp. 222, 228。关于帕慈（Paets）的使团，见 J. Vixeboxse, *Een Hollandsch gezantschap naar China,* 1685-87 (Leyden, 1946)。

[180] 见 D. W. Davies, *A Primer of Dutch Seventeenth-Century Overseas Trade* (The Hague, 1961), pp. 11-14。

[181] 见 R. W. Unger, "Dutch Ship Design in the Fifteenth and Sixteenth Centuries," *Viator*, IV (1973), 403-11。

[182] 举例说明，请参阅 Furber, *op. cit.* (n. 55), p. 45。

[183] 见 J. H. Parry, "Transport and Trade Routes," in E. E. Rich and C. H. Wilson (eds.), *The Cambridge Economic History of Europe*, IV (Cambridge, 1967), 213。

[184] 对荷兰东印度商船的具体描述，请参阅 R. W. Unger, *Dutch Shipbuilding before 1800* (Assen, 1978), pp. 47-48。

[185] 关于这些舰队的组织，请参阅 Bruijin, *loc. cit.* (n. 136), 252-55。

[186] 见 K. Glamann, *Dutch-Asiatic Trade, 1620-1740* (Copenhagen, 1955), pp. 25-28。根据范 · 达姆（Van Dam）的说法和荷兰的其他档案资料，这是最翔实的综述。有关 17 世纪贸易模式更为全面的调查，请参阅格拉门（Glamann）的文章，收录于 E. E. Rich and C. H. Wilson (eds.), *The Cambridge Economic History of Europe,* V (Cambridge, 1977), chap. iv。

[187] 关于荷兰东印度公司财务状况的最权威的研究，请参阅 W. M. F. Mansvelt, *Rechtsform en geldelijik beheer bij de Oost-Indische Compagnie* (Amsterdam, 1922)。他认为公司财务记录的混杂无序是由于多个议院各自记录导致的，该观点受到 M. Morineau 挑战。见 M. Morineau, in P. Léon (ed.), *Histoire économique et sociale du monde* (6 vols., Paris, 1978), II, 164-68。

[188] F. Gaastra, *loc. cit.* (n. 28), pp. 58-65.

[189] Van Dam, *op. cit.* (n. 138), Bk. I, Pt. I, pp. 285-95; 1620 年至 1702 年股东分红列表见该著作第 433-436 页。

[190] 根据 V. Barbour, *Capitalism in Amsterdam in the Seventeenth Century* (Ann Arbor reprint, 1966), chap. i。也可以参阅 Braudel, *op. cit.* (n. 75), III, 236-45。

[191] 该偏离正常的贸易可能受到联合省 1619 年至 1622 年间的贸易萧条影响。请参阅 R. Romano, "Encore la crise de 1619-22," *Annales, E. S. C.*, XIX (1964), 31-37。更长的相关辩论见 R. Romano, "Una crisi economica, 1619-1622," *Rivista storica italiana*, LXXIV (1962), no. 3。

[192] Glamann, *op. cit.* (n. 186), pp. 29-33, 51-52.

[193] M. Morineau, "Quelque remarques sur l' abondance monétaire aux Provinces-Unies," *Annales. E. S. C.*, XXIX (1974), 767-76.

[194] 见 Van Dam, *op. cit.* (n. 138), Bk. I, Pt. 2, pp. 269, 295-98。

[195] 比较 Duncan, *op. cit* (n. 18). p.66 的估计，1670 年为 700 万吨，或者是 1500 年的 3 倍。

[196] Glamann, *op. cit.* (n. 186), pp. 17, 73-75.

[197] 关于香料贸易的价格和数量部分，参阅本章的附录。

[198] Glamann, *op. cit.* (n. 186), p. 76.

[199] 见 Haan, *op. cit.* (n. 134), pp.114-15,122。

[200] 有关布罗代尔（Braudel）就公司利润的讨论，请参阅 *op. cit.* (n. 75), III, 225-27；关于公司支付给国家的税款，请参阅 *ibid.*, pp. 445-47。

[201] 关于胡椒进口和价格与欧洲事件的关系，见 Haan, *op. cit.* (n. 134), pp. 82-83。

[202] 见香料附录。关于阿姆斯特丹市场胡椒数量和价格的分析，见 Glamann, *op. cit.* (n. 186)，附录 E。

[203] 关于胡椒获利的总体情况，见 P. Léon (ed.), *op. cit.* (n. 187), II, 174。

[204] 见 Glamann, *op. cit.* (n. 186), pp. 83-86。

[205] P. Léon (ed.), *op. cit.* (n. 203), II, 18.

[206] Glamann, *op. cit.* (n. 186), p. 18.

[207] *Ibid.*, pp. 11-22. 1688 年的船运货物情况，见 Goerge Meister, *Der orientalish-indianische Kunst- und Lustgärtner...* (Dresden, 1710), pp. 259-63。

[208] 关于班达群岛的贸易，见 Meilinck-Roelofsz, *op. cit.* (n. 83), pp. 93-96, 219。

[209] 见 Arasaratnam, *op. cit.* (n. 173), chap. viii。

[210] 关于肉豆蔻的销售价格，见 Glamann, *op. cit.* (n. 186), pp. 92-93。

[211] 参阅香料附录，以及 Glamann, *op. cit.* (n. 186), pp. 96-98。

[212] 关于协议内容，参阅原著第三卷第一册第 58-59 页。

[213] 价格表请参阅香料附录；也可以参阅 Arasaratnam, *op. cit.* (n. 173), pp. 188-92。

[214] Glamann, *op. cit.* (n. 186), pp. 102-9.

[215] 见 Kato, *loc. cit.* (n. 28), 207-29; Seiichi Iwao, "Japanese Foreign Trade in the Sixteenth and Seventeenth Centuries," *Acta Asiatica*, XXX(1976), 1-18; E. Kato, "The Japan-Dutch Trade in the Formative Period of the Seclusion Policy-Particularly on the Raw Silk Trade by the Dutch Factory at Hirado, 1620-1640," *Acta Asiatica*, XXX (1976), 34-84。

[216] Glamann, *op. cit.* (n. 186), chap. ix.

[217] 见 *ibid.*, pp. 54-63；Gaastra, *loc. cit.* (n. 28), 64-65。

[218] 布罗代尔（Braudel）认为荷兰人出口白银是为了在印度洋进行贸易，他们没有购买过波斯丝绸。Braudel, *op. cit.* (n. 75), III, 217-18.

[219] Glamann, *op. cit.* (n. 186), pp. 112-31.

[220] *Ibid.*, pp. 132-45. 关于前工业经济时代纺织品的重要性，请参阅 Braudel, *op. cit.* (n. 75), II, 312-13。

[221] 例如，参阅 J. J. Brenning, "Chief Merchants and the European Enclaves of Seventeenth-Century Coromandel," *Modern Asian Studies*, XI (1977), 321-40。

[222] Furber, *op. cit.* (n. 55), p. 78.

[223] 根据 Glamann, *op. cit.* (n. 186), pp. 86-87。

[224] *Ibid.*, p.11. Davies, *op. cit.* (n. 180), pp. 53-54.

[225] 人们通过各种各样的方式计算东印度公司贸易量在整个荷兰国家贸易中的比列。I. J. Brugmans 认为公司在 1660 年至 1698 年间的贸易量占国家海外贸易总量的 9% 左右。参阅他的"De Oost-Indische Compagnie en de welvaart in de Republiek," in *Welvaart en Historie. Tien Studien* (The Hague, 1950), pp. 28-37。其他人认为这个估算偏低。参阅 Boxer, *op. cit.* (n. 124), pp. 278-81, and Haan, *op. cit.* (n. 134), pp. 183-84。

[226] 有关长距离贸易和短距离贸易的利润比较，请参阅 Braudel, *op. cit.* (n. 75), II, pp. 368, 403, 408, 430-32, 453-57。

[227] 见 W. Foster, *England's Quest of Eastern Trade* (London, 1933), chap. xiv。关于诉求的两个文本，请参阅 J. N. Das Gupta, *India in the Seventeenth Century as Depicted by European Travellers* (Calcutta, 1916), pp. 242-51。

[228] 根据 Mols, *loc .cit.* (n. 125), pp. 38-44; "The British Isles" by Charles Wilson in C. Wilson and G. Parker (eds.), *An Introduction to the Sources of European Economic History* (Ithaca, N. Y., 1977), pp. 115-54。

[229] 关于东印度公司的历史及其在世界贸易中的作用的权威作者是 K. N. Chaudhuri。具体请参阅他的作品 *The English East India Company. The Study of an Early Joint-Stock Company,*

1600-1640 (Lodon, 1965)，以及他的 *The Trading World of Asia and the English East India Company, 1600-1760* (Cambridge, 1978)。

[230] 引自 F. J. Fisher, "London's Export Trade in the Early Seventeenth Century," *Economic History Review*, 2d ser., III, No. 2 (1950), 159。

[231] 关于 1575 年至 1630 年形成的贸易公司的社会分析，请参阅 T. K. Rabb, *Enterprise and Empire: Merchant and Century Investment in the Expansion of England* (Cambridge, Mass., 1967), pp. 27, 39, 149-50。

[232] 参阅原著第三卷第一册第 50 页。

[233] 有关它的历史概略，请参阅 D. H. Willison, *A Royal Request for Trade. A Letter of King James I to the Emperor of Japan Placed in Its Historical Setting* (Minneapolis, 1965), pp. 17-25。

[234] 见 Furber, *op. cit.* (n. 55), pp. 40-42。

[235] 人们通常用荷兰和英国的竞争来解释英国人的撤退。然而这种情况只有在比较褊狭的地区符合事实，英国人做出最终撤退的决定的真正原因是亚洲大陆地区和日本的市场不景气。见 D. K. Bassett, "The Trade of the English East India Company in the Far East, 1623-1684," *JRAS*, 1960, PP. 32-47, 145-57。也可以参考这个作者的另一作品 "The Trade of the English East India Company with Cambodia," *JRAS*, 1962, PP. 35-61。1651—1657 年间存在的短命柬埔寨公司的成立并没有获得官方的批准。也可以参阅 J. B. Eames, *The English in China* (London, 1909), chap. i。

[236] 参阅原著第三卷第一册第 51-52 页。

[237] 见 J. D. Gould, "The Trade Depression of the Early 1620's, "*Economic History Review*, 2d ser., VII (1954), 81-90。

[238] A *Discourse of Trade* (London), p. 5. 他认为出口这些硬币是保持贸易平衡的必要。

[239] 参阅原著第三卷第一册第 51 页。

[240] 公司下令撤出这些地区和"大屠杀"之间的唯一联系是日期的巧合。公司放弃商馆的政策早在"大屠杀"发生和该消息到达伦敦之前就实行了。参阅 D. K. Bassett, "The Trade of English East India Company in the Far East, 1623-84," (n. 235), pp. 34-35。

[241] Furber, *op. cit.* (n. 55), p. 47.

[242] 见 Eames, *op. cit.* (n. 235), pp. 11-12。

[243] 东印度公司在伦敦活动的细节，请参阅 Chaudhuri, *The English East India Company* (n. 229), pp. 89-103。在该作品的第 91 页，作者提供了公司在 1601 年到 1640 年间的船期表。

[244]1601 年至 1640 年的出口列表，见 *ibid.*, pp. 114-15。

[245] 参阅香料附录。

[246] 见 Braudel, *op. cit.* (n. 75), II, 450, 关于荷兰东印度公司和英国东印度公司持股模式不同部分。

[247] 见 Furber, *op. cit.* (n. 55), p. 65。

[248] 见 *Ibid.*, pp. 66-73。

[249] 根据 Chaudhuri, *The Trading World* (n. 229), pp. 131-35。有关荷兰拍卖会情况，可以比照原著第三卷第一册第 65-66 页。

[250] Furber, *op. cit.* (n. 55), pp. 75-76.

[251] S. A Khan, *The East India Trade in the Seventeenth Century* (New Delhi, 1975), pp. 98-99.

[252] 见 Chaudhuri, *The Trading World* (n. 229), pp. 53-54。

[253] 约 1650 年左右沙漠商队贸易通道的主要线路图，请参阅 *ibid.*, p.48。

[254] 根据 *ibid.*, pp.51-53。

[255] 有关这个混乱时期荷兰在中国沿海活动的情况，请参阅 *ibid.*, pp. 60-61。

[256] 见 Bassett, "Trade... in the Far East, 1623-84" (n. 235), pp. 40-42, 153, 156。1640—1700 年，荷兰在东京的商馆没有受到严重的骚扰。

[257] 见 Meilinck-Roelofsz, *op. cit.* (n. 83), pp. 194-95。

[258] 见 C. R. Boxer, *The Anglo-Dutch Wars of the Seventeenth Century, 1652-1674* (London, 1974)。

[259] Furber, *op. cit.* (n. 55), p. 91; and Chaudhuri, *Trading World* (n. 229), pp. 71-74.

[260] Chaudhuri, *Trading World* (n. 229), pp. 415-25.

[261] 见 R. Davis, "English Foreign Trade, 1660-1700" in W. E. Minchinton (ed.), *The Growth of English Overseas Trade in the Seventeenth and Eighteenth Centuries* (London, 1969), p. 82。

[262] 同上，第 96-98 页。

[263] Furber, *op. cit.* (n. 55), p. 92.

[264] 同上，第 92-98 页。

[265] 同上，第 98-102 页。

[266] Chaudhuri, *Trading World* (n. 229), p. 294. 也可以参阅 R. Davis, "The Rise of Protectionism in England, 1689-1786," *Economic History Review*, 2d ser., XIX (1966), 306-17。

[267] Chaudhuri, *Trading World* (n. 229), pp. 324, 345.

[268] 引自 *ibid.*, p.295。

[269] *Ibid.*, p.460.

[270] 布罗代尔（Braudel）认为这次关税的收取在工业革命中起到了决定性作用。只有引进大机器生产，英国棉纺织业才能和印度竞争。见 *op. cit.* (n. 75), III, 567, 571-74。

[271] Chaudhuri, *Trading World* (n. 229), p. 295.

[272] 参考原著第三卷第一册第 102 页。有关提议停止从印度进口棉布的极端措施，请参阅 Braudel, *op. cit.* (n. 75), II, 178-80。

[273] *Ibid.*, pp. 20, 109, 115-17, 131-34, 208, 411.

[274] 关于该公司的历史，请参阅 Gunnar Olsen, *Dansk Ostindien, 1616-1732* (Copenhagen, 1952); K. Glamann, "The Danish East India Company," in M. Mollat (ed.), *op. cit.* (n. 27), pp. 471-77; Jacques Macau, *L'Inde danoise: la première compagnie (1616-1670)* (Aix-en-Provence, 1972); Furber, *op. cit.* (n. 55), pp. 211-13。有关印度的丹麦人的情况，请参阅 Kay Larsen, *De Dansk-*

Ostindische koloniers historie I-II (Copenhagen, 1907-8)。第一部分是关于印度德伦格巴尔地区；第二部分是关于孟加拉和尼科巴群岛。也可以参阅 Ole Feldbaek, "The Organization and Structure of the Danish East India, West India and Guinea Companies in the Seventeenth and Eighteenth Centuries," in Blussé and Gaastra (eds.), *op. cit.* (n. 28), pp. 135-58。

[275] 关于哥本哈根计划，见 Konvitz, *op. cit.* (n. 127), pp. 38-45。

[276] 有关这个"协议"的翻印版，可参考 Olsen, *op. cit.* (n. 274), p. 39。

[277] 1623 年，安哈尔特王子克里斯蒂安（Prince Christian of Anhalt）访问了哥本哈根。他在日记里描述了皇室的收藏，讲述了正在组装的将被派往东印度的两艘船只，报告了他拜访国王"丝绸之房"的印象。见 G. Krause (ed.), *Tagebuch Christian des Jüngeren, Fürst zu Anhalt* (Leipzig, 1858), pp. 94-96。

[278] 见 Olsen, *op. cit.* (n. 274), pp. 42-79。

[279] 有关各种暹罗文本及相互关系，请参阅 His Highness Prince Dhani Nivat and Major Erik Seidenfaden, "Early Trade Relations between Denmark and Siam," *Selected Articles from The Siam Society Journal*, VIII (1959), 271-88。20 世纪早期，在哥本哈根档案馆发现了这些原始文本。

[280] 参阅 Dame Bertha Phillpotts, *The Life of the Icelander Jon Olaffson, Traveller to India*, Vol. II (London, 1932), in "HS," 2d ser., LXVIII。

[281] 见 Raychaudhuri, *op. cit.* (n. 178), p. 112。

[282] Macau, *op. cit.* (n. 274), pp. 52-62.

[283] 见 *ibid.*, pp. 51-52。

[284] *Ibid.*, pp. 85-94.

[285] 见 Raychaudhuri, *op. cit.* (n. 178), pp. 114-15。

[286] 有关"福尔图纳"号的航行，见 Wills, *op. cit.* (n. 158), pp. 160-61。

[287] 有关这个时期的马尼拉贸易，见原著第三卷第一册第 38-39 页。

[288] 见 Furber, *op. cit.* (n. 55), p. 213。

[289] 见 Konvitz, *op. cit.* (n. 127), p. 83。有关法国的经济落后和对荷兰商业资本主义运营的从属性，请参阅 Braudel, *op. cit.* (n. 75), III, 256-60。

[290] 有关他的长途冒险旅程故事，请参阅原著第三卷第一册第 396-397 页。

[291] 见 J. Barassin, "Compagnies de navigation et expédition francaises dans l'Océan Indien au XVIIe siècle," *Studia* (Lisbon), No. 11 (Jan. 11, 1963), pp. 375-76；官方禁止南方的荷兰人向荷兰公司投资；但是一些人冒着违法的风险向这些公司投资。而其他人则寻找其他投资渠道，比如向法国海运公司投资。见 E. Stols, "The Southern Netherlands and the Foundation of the Dutch East and the West India Companies," *Acta Historiae Neerlandicae, Studies on the History of the Netherlands*, IX (1976), 41-42。

[292] 见 Barassin, *loc. cit.* (n. 291), pp. 377-78。

[293] *Ibid.*, pp. 378-82.

[294] *Ibid.*, pp.382-85.

[295] 见 Paul Kaeppelin, *La compagnie des Indes orientales et François Martin* (Paris, 1908; reprinted at New York in 1967), pp. 3-4。

[296] *Ibid.*, pp.5-7.

[297] *Ibid.*, pp. 8-10.

[298] *Ibid.*, p.11. 有关卡龙的情况，可以参阅 Furber, *op. cit.* (n. 55), p. 106。

[299] 关于公司在勒阿弗尔的活动，可以参阅 Charles Leroy, *La Compagnie royale des Indes orientales au Harve de 1664 à 1670* (Rouen, 1936)。

[300] 见 Konvitz, *op. cit.* (n. 127), p. 93。

[301] 法国海上航行的清单，参阅 Kaeppelin, *op. cit.* (n. 295), pp. 653-61。

[302] *Ibid.*, pp. 15-21.

[303] 见 Furber, *op. cit.* (n. 55), pp. 106-7。

[304] 见 Kaeppelin, *op. cit.* (n. 295), pp. 20-25。

[305] *Ibid.*, pp. 28-30.

[306] 根据 Furber, *op. cit.* (n. 55), pp. 110-12。

[307] 关于公司的虚假分红，参见 1675 年的股东大会讨论。Kaeppelin, *op. cit.* (n. 295), pp. 127-29.

[308] *Ibid.*, pp.129-39.

[309] *Ibid.*, pp. 140-44.

[310] *Ibid.*, pp. 193-97.

[311] 关于它的历史，请参阅原著第三卷第一册第 241-256 页和 420-422 页。

[312] 两名使者的名字分别是昆·瓦力特（Khun Walit）和昆·皮切特（Khun P'ichit）。参阅 E. W. Hutchinson, "Four French State Manuscripts Relating to Embassies between France and Siam in the Seventeenth Century," *Selected Articles from The Siam Society Journal*, VIII (1959), pp. 95-96。

[313] Kaeppelin, *op. cit.* (n. 295), pp. 203-5.

[314] 见 Indrani Ray, "The French Company and the Merchants of Bengal (1680-1730)," *Indian Economic and Social History Review*, VIII (1971), 41-42。

[315] 见 J. Delumeau *et al.*, *Le mouvement du port de Saint-Malo (1681-1720)* (Paris, 1966), p. 270。1685 年和 1687 年，其他船只也分别到达该地区。

[316] 引自 Kaeppelin, *op. cit.* (n. 295), p. 216。

[317] 见 E. W. Hutchinson, "The Retirement of the French Garrison from Bangkok in the Year 1688," *Selected Articles from The Siam Society Journal*, VIII (1959), 159-99。

[318] 见 Furber, *op. cit.* (n. 55), pp. 118-20。

[319] 关于本时期法国商业公司的家系谱图，请参阅 E.W. Dahlgren, *Les relations commerciales et maritimes entre la France et les côtes de l'océan Pacifique* (Paris, 1999), p.122; 这个时期的航

海和贸易，请参阅 C. Madrolle, *Les premiers voyages francais a la Chine. La compagnie de la Chine, 1698-1719* (Paris, 1901)。

[320] 见 Dahlgren, *op. cit.* (n. 319), chap. ii。

[321] 关于航船的到达和离开，参阅 Delumeau *et al.*, *op. cit.* (n. 315), pp. 286-87。

[322] Braudel, *op. cit.* (n. 75), II, 540-41. 声称法国资本家更愿意将钱投到农业而不是商业领域。

[323] Furber, *op. cit.* (n. 55), pp. 87-88.

[324] 有关该话题的讨论和 17 世纪葡萄牙和印度的三次陆路联系综述，请参阅 Virginia Rau, "Les portugais et la route terrestre des Indes a la Méditerranée aux XVIe et XVIIe siècles," in M. Cortelazzo (ed.), *Mediterraneo e Oceano Indiano* (Florence, 1970), pp. 91-98。

[325] 见 A. Hazan, "The Silver Currency Output of the Mughal Empire and Prices in India during the Sixteenth and Seventeenth Centuries," *The Indian Economic and Social History Review*, VI (1969), PP. 85-116. Glamann, in "The Changing Patterns of Trade," in Rich and Wilson (eds.), *The Cambridge Economic History of Europe*, V (Cambridge, 1978), writes (p. 213): "The great influx of silver and gold from the Americas extended to Asia from Europe, and the price revolution accompanied it." 也可参阅 Atwell, *loc. cit.* (n. 109), pp. 68-90; Braudel, *op. cit* (n. 75), III, 217, 409-91。

[326] 沃勒斯坦（I. Wallerstein）在他所规定的现代世界体系的资本主义世界经济 B 阶段（1600—1750 年）中，特别地将非洲和亚洲排除在外。他所认为的"资本主义世界经济"概念并不清晰，或者范围规定太死。*The Modern World-System II. Mercantilism and the Consolidation of the European World-Economy, 1600-1750* (New York, 1980), pp. 7-9.

[327] L. Dermigny, "L'organisation et le rôle des compagnies," in Mollat (ed.), *op. cit.* (n. 27), p. 451.

[328] *Ibid.*, pp. 444-46.

[329] 在 1667 年一场地震毁坏该城市前，拉古萨在陆路和海路香料贸易中一直扮演着一个小角色。见 N. Mirkovich, "Ragua and the Portuguese Spice Trade," *The Slavonic and East European Review*, XX (1942-43), pp 174-87; 关于对拉古萨人在印度的活动的一些论断的矫正，也可以参阅 V. Vinaver, "Mercanti e bastimenti di Ragusa in India, una leggenda," in Cortelazzo (ed.), *op. cit.* (n. 324), pp. 177-90。

[330] *An Essay on the East-India Trade* (London, 1696), p. 15.

[331] 三十年战争期间，消费量下滑，但是该世纪的后半叶消费量急剧攀升。Wake, *loc. cit.* (n. 78), pp. 390-91.

[332] 一些欧洲纺织品比如包括从埃及和土耳其进口的棉布在内的厚粗棉布。厚粗棉布是一种棉布和亚麻布的混合产品，其生产地在西班牙、伦巴第（Lombardy）、康斯坦茨湖地区（the Lake Constance）和法国的几个省份。粗布永远也不可能和印度精美廉价的棉布竞争。参阅 Jan de Vries, *The Economy of Europe in an Age of Crisis, 1600-1750* (Cambridge, 1976), p. 104。有关白棉布及其对英国纺织业影响的详细讨论，请参阅 Chandra Mukerji, *From Graven*

Images: Patterns of Modern Materialism (New York, 1983), pp. 166-209。

[333] Chaudhuri, *Trading World* (n. 229), pp. 15, 227, 281-83, 343-48. 关于英国斯图亚特王朝复辟时期的棉纺织业的流行程度，参阅 P. J. Thomas, *Mercantilism and the East India Trade* (London, 1926), chap.ii。

[334] Chaudhuri, *Trading World* (n. 229), 359-61; 也可以参阅 Glamann, *op. cit.* (n. 186), chap. x。

[335] Chaudhuri, *Trading World* (n. 229), pp.387, 406-7. 也可以参阅 E. Van Kley, "The Effect of the Discoveries on Seventeenth-Century Dutch Popular Culture," *Terrae Incognitae*, VIII (1976), 36-39。

[336] 他的手稿于 1966 年被人们从国家图书馆（巴黎）发现。见 Furber, *op. cit.* (n. 55), p. 242。

[337] P. Leuilliot, "Influence du commerce oriental, sur l'économie occidentale" in Mollat (ed.), *op. cit.* (n. 27), p. 617. *Cf.* H. E. van Gelder, "Oud-Nederlandsch Aardewerk," *De Gids*, LXXXVIII (1924), 1-18.

[338] 关于联合省的基础工业即造船业的状况，参阅 Charles Wilson, "Transport as a Factor in the History of Economic Development," *Journal of European Economic History*, II (1973), 331。

[339] Chaudhuri, *Trading World* (n. 229), p. 99. 参阅布罗代尔（Braudel）对前工业经济时代贵重金属重要性的评论，*op. cit.* (n. 75), II, 546-49。

[340] Chaudhuri, *Trading World* (n. 229), p. 219.

[341] C. Wilson, *England's Apprenticeship* (New York, 1965), p. 161.

[342] K. N. Chaudhuri, "Treasure and Trade Balances: The East India Company's Export Trade, 1660-1720," *The Economic History Review*, 2d ser., XXI (1968), 480-81; 关于欧洲货币储藏量和 1620 年后白银进口量的下滑态势，参阅 G. Parker, "The Emergence of Modern Finance in Europe, 1500-1730," in C. Cipolla (ed.), *The Fontana Economic History of Europe* (New York, 1977), II, 527-30。

[343] 小麦价格最好最明确地反映了该时期的经济波动。参阅 F. Braudel and F. Spooner, "Prices in Europe from 1450 to 1750," in Rich and Wilson (eds.), *The Cambridge Economic History of Europe*, IV (Cambridge, 1967), pp. 392-93 and graph on p. 464。

[344] 17 世纪的后半期法国不断遭受严重挫折（在人口增长方面）……。16 世纪晚期和 17 世纪，英格兰的迹象显示该地区的发展模式相对稳定，经济微量平稳增长……。只有荷兰的情况和欧洲的大趋势非常不同。17 世纪的大部分时间，欧洲经济下滑或停滞不前，而荷兰在 1680 年前的大半个 17 世纪经济增长势头强劲，只有到了 1680 年这一势头才中止，从此以后下滑的迹象至少持续到 18 世纪中叶。这一结论出自 S. Flinn, *The European Demographic System, 1500-1820* (Baltimore, 1981), p. 79。

[345] "17 世纪最强的是那些经济占主导地位的国家，联合省是一流国家。" 引自 I. Wallerstein, *op. cit.* (n. 326), p. 33。在 133 页，他做出更加可信但是有点矛盾的断言："1651 年，联合省是'强'国。1689 年，英格兰和法国都'强于'联合省，而这两个国家实力大体相当。"

[346] 见 I. J. Brugmans, "De Oost-Indische Compagnie en de welvaart in de Republick," *Tijdschrift voor Geschiedenis*, LXI (1948), 230。这只是一个预估数据，其他人认为这个预估偏低。参考原著第三卷第一册第 72-73 页。

[347] 见 D. Rothermund, *Europa und Asien im Zeitalter des Merkantilismus* (Darmstadt, 1978), p. 76。比较"主导"板块理论，见 W. Rostow's *The Stages of Economic Growth* (Cambridge, 1960)。也可以参考 Braudel. *op. cit.* (n. 75), II, 408, 600-601。

[348] 部分地根据 J. G. Van Dillen, "Economic Fluctuations and Trade in the Netherlands, 1650-1750," in E. Earle (ed.), *Essays in European Economic History, 1500-1800* (Oxford, 1974), pp. 199-211。也可以参阅 F. J Fisher, "London as an 'Engine' of Economic Growth," in Bromley and Kossmann (eds.) *Britain and the Netherlands* (The Hague, 1971), pp. 3-16; and H. Klein, "De zeventiende eeuw, 1585-1700," in W. Van Stuijivenberg (ed.), *De economishche geschiedenis van Netherland* (Groningen, 1977), pp. 106-15。

附录

17世纪的香料价格和数量

该附录包括17世纪的胡椒、肉桂、丁香等的价格和数量。但是不包括卖方公开报价（opening ask price）的原始数据（所谓的卖方公开报价指的是香料供应商向竞购商在拍卖会上提出的价格），因为这种报价长时间内保持不变，即使因供应变化引起交易价格巨大波动的年代里也没有任何变化。

考察这些数据可以发现该世纪价格变化趋势。荷兰东印度公司未能垄断胡椒供应和销售，意味着欧洲价格不稳定。17世纪的第一个十年里胡椒价格下降，随后的二十年价格起伏不定。安达卢西亚的胡椒价格从1601年的340西班牙铜币跌到1611年的249.3西班牙铜币，奥格斯堡的胡椒价格从1600年的280旦跌到1611年的154旦。1615年至1630年间，安达卢西亚的胡椒价格在203.8—308西班牙铜币之间波动。到了1640年，物价整体上涨的趋势将胡椒价格推到顶点，当时安达卢西亚的价格为694.2西班牙铜币，奥格斯堡的价格为294旦。随后的17世纪40年代，价格经历了一个下跌周期；1649年，安达卢西亚的胡椒价格跌至245.6西班牙铜币，奥格斯堡的价格也跌到115旦，二者都还不及1640年最高价格的一半。到1665年前，奥格斯堡的价格继续在100旦左右徘徊，1666年和1667年又有短暂的回升，分别达到了224旦和186旦。1668年后价格一直下跌，1688年跌到个位数。17世纪余下的时间里，奥格斯堡的胡椒价格一直处于较低的100多旦。

17世纪早期，肉桂价格和胡椒价格变化类似，安达卢西亚的价格从1601年的437.8西班牙铜币跌到1611年的283.2西班牙铜币。接下来的二十年里价格多变不稳，例如，新卡斯蒂利亚的肉桂价格在246.5—578西班牙铜币之间波动。17世纪30年代，肉桂价格逐渐回升，安达卢西亚的肉桂价格从1631年的348.5西班牙铜币飙升到1640年的580.9西班牙铜币。40年代的肉桂价格处于高位，安达卢西亚的最高价格达到1235.3西班牙铜币（1642年），新卡斯蒂利亚的最高价格达到1121.4西班牙铜币（1644年）。50年代，肉桂价格回落，但是60年代和70年代的价格再次飙升，新卡斯蒂利亚的价格达到最高点2000西班牙铜币。17世纪的最后二十年里，新卡斯蒂利亚的肉桂价格在900—1300西
118 班牙铜币之间波动。

丁香的价格在17世纪的前十年里处于上涨态势，安达卢西亚丁香的价格从1601年的391西班牙铜币涨到1611年的710西班牙铜币。接下来的十年里，该价格在493—965.6西班牙铜币间波动。从1626年开始，丁香价格一直在高位间波动，从来没有跌到900西班牙铜币以下，安达卢西亚的价格还一度达到2000西班牙铜币。新卡斯蒂利亚的价格表说明，17世纪后半期丁香价格处于上升状态，从1651年的1207.1西班牙铜币升到1677年的3477.6西班牙铜币；此后到该世纪结束之前，丁香价格回落在1200—1500西班牙铜币之间。

现在，我们来看一下这3种香料价格的总体变化趋势。该世纪的第一个十年，胡椒和肉桂的价格下降，而丁香的价格却在上升。随后的二十年里，3种香料的价格都不稳定，30年代至50年代，价格一直在高位波动；17世纪的第三个二十五年里，价格上升；该世纪的最后二十五年，价格回落。

列表数据说明

表一：胡椒价格

阿姆斯特丹（1）：盾 / 磅，出自 N.Posthumus (ed.), *Nederlandsche Prijsgeschiedenis* (2 vols., Leyden, 1943), Vol.I, pp. 174-75。

阿姆斯特丹（2）：“grooten Vlaems” 或“半便士”/ 磅，出自 W. A. Horst, “De Perhanddel van de Vereenigde Oost-Indische Compagnie,” in *Bijidragen voor Vaderlandsche Geschiedenis en Oudheidkunde*, Ser. 5, Vol. III(1941), pp.100-101。

安达卢西亚：西班牙铜币 / 磅，来自 Earl J. Hamilton, *American Treasure and price Revolution in Spain, 1501-1650* (Harvard Economic Studies, Vol. XLIII, Cambridge, Mass., 1934), pp. 358-69。

安特卫普：便士 / 磅，出自 Verlinden, *Dokumenten voor de geschiedenis van prijzen en lonen in Vlaanderen en Brabant* (Bruges, 1950), Vol. I, p. 114。

奥格斯堡：旦（尼尔）/ 磅，出自 M. J. Elsas, *Umriss einer Geschichte der Preise und Lohne in Deutschland* (Leyden, 1936-49), Vol. I, p. 623。

布鲁日：里弗 / 磅，出自 Verlinden, *op. cit.*, Vol. I, p. 114。

莱比锡：旦（尼尔）/ 磅，出自 Elsas, *op. cit.*, Vol. II, p. 533。

莱顿：盾 / 磅，出自 Poshumus, *op. cit.*, Vol. I, pp. 660-61。

里斯本：克鲁扎多 / 公担，来自 A. R. Disney, *Twilight of the Pepper Empire, Portuguese Trade in Southwest India in the Early Seventeenth Century* (Cambridge, Mass., 1978), p. 112。

新卡斯蒂利亚：西班牙铜币 / 盎司，出自 Hamilton, *op. cit.*, pp. 370-75 for 1600-1650; 西班牙铜币 / 磅，来自 Hamilton, *War and Prices in Spain 1651-1800* (New York, 1969), pp. 238-41 for 1651-1700。

旧卡斯蒂利亚 / 利昂：西班牙铜币 / 磅，出自 *ibid.*, pp. 376-383。

斯蒂夫特 · 克洛斯特新堡：克朗 / 磅，出自 Alfred Francis Pribam, *Materialen zur Geschichte der Preise und Lohne in Osterreich* (Vienna, 1938), p. 460。

瓦伦西亚：旦（尼尔）/ 盎司，出自 Hamilton, *American Treasure*, pp.384-89。

维也纳：克朗 / 磅，出自 Pribam, *op. cit.*, pp. 281-82。

表二：肉桂价格

阿姆斯特丹：盾 / 磅，出自 Posthumus, *op. cit*. Vol. II, p. 149。

安达卢西亚：西班牙铜币 / 磅，出自 Hamilton, *American Treasure*, pp. 358-69。

119 慕尼黑：旦（尼尔）磅，出自 Elsas, *op. cit*., Vol. IIa, p. 574。

新卡斯蒂利亚：西班牙铜币 / 磅，出自 Hamilton, *American Treasure*, pp. 370-75。

旧卡斯蒂利亚 / 利昂：西班牙铜币 / 磅，出自 *ibid*., pp. 376-83。

斯蒂夫特 · 克洛斯特新堡：克朗 / 磅，出自 Pribam, *op. cit*., p. 460。

表三：丁香价格

阿姆斯特丹：盾 / 磅，出自 Posthumus, *op. cit*. Vol. II, pp. 154-55。

安达卢西亚：西班牙铜币 / 磅，出自 Hamilton, *American Treasure*, pp. 358-61。

安特卫普：便士 / 磅，出自 Verlinden, *op.cit*. Vol. I, p. 114。

莱顿：盾 / 磅，出自 Poshumus, *op. cit*., Vol. I, pp. 660-61。

新卡斯蒂利亚：西班牙铜币 / 磅，出自 Hamilton, *American Treasure*, pp. 370-75。

旧卡斯蒂利亚 / 利昂：西班牙铜币 / 磅，出自 *ibid*., pp. 375-378。

斯蒂夫特 · 克洛斯特新堡：克朗 / 磅，出自 Pribam, *op. cit*., p. 460。

表四：香料数量

阿姆斯特丹：胡椒数量数据出 Horst, *loc. cit*., pp. 100-101；丁香数量数据出自 K. Glamann, *Dutch Asiatic Trade, 1620-1740* (Copenhagen, 1958)。

里斯本：出自 Disney, *op. cit*., p. 162。

伦敦：出自 K. N. Chaudhuri, *The English East India Company* (London, 1965), p. 148, for 1603-40，还出自 Chaudhuri, *The Trading World of Asia and the English East*
120 *India Company, 1660-1760* (Cambridge, 1979), p. 524, for 1664-1700。

表一：17 世纪的胡椒价格

年份	阿姆斯特丹（1）	阿姆斯特丹（2）	安达卢西亚	安特卫普	奥格斯堡	布鲁日	莱比锡	莱顿	里斯本	新卡斯蒂利亚	旧卡斯蒂利亚／利昂	斯蒂夫特·克洛斯特新堡	瓦伦西亚	维也纳
1600	..	..	..	..	280	..	302	..	..	..	..	..	..	112.5
01	..	..	340	..	280	..	257	..	..	24.5	..	..	..	75
02	..	..	309.6	..	224	72	173	..	..	22.3	..	..	..	70
03	..	..	251.8	..	168	56	123	..	..	16.7	..	81.2	..	52.5
04	..	..	232.7	..	157	58	120	..	..	10.7	..	55.6	7.6	45
05	..	..	241.2	..	157	48	128	..	..	..	..	53.8	..	..
06	..	..	294.7	..	154	..	153	..	..	..	..	52.5	..	..
07	..	..	272	..	164	52	135	..	..	21.4	..	60	..	..
08	..	..	274.8	..	168	..	144	..	..	16.1	..	48	..	..
09	.80	..	272	..	168	36	123	..	..	..	..	48.8	..	..
1610	..	..	..	..	168	22	124	..	..	..	..	..	8.0	..
11	..	..	249.3	..	154	40	120	..	..	..	..	..	7.5	..
12	..	..	..	..	162	46	..	..	..	21.4	..	..	7.0	..
13	..	..	..	..	168	..	144	..	..	..	..	..	..	64
14	..	..	254.9	..	168	38	150	..	..	22.1	..	..	..	..
15	..	..	203.8	..	182	..	216	..	31.5-34	..	..	..	7.0	..
16	..	..	237.8	..	210	52	..	..	..	17	..	..	..	..
17	..	..	272	..	196	..	..	..	42.5-45	21.4	..	..	..	..
18	..	..	276.3	..	196	44	..	..	..	21.4	..	..	..	..
19	..	..	204	..	189	..	..	..	..	..	..	..	13.0	..
1620	..	..	257.8	..	203	..	306	..	..	21.4	..	..	..	..
21	..	..	..	..	420	..	108	..	..	22.7	..	..	7.5	..
22	..	2,000	266.6	..	560	42	108	..	..	21.4	..	..	7.5	..
23	..	..	272	24	140	..	..	..	..	17	..	..	7.7	..
24	.80	..	238	14	157	40	..	..	..	21.4	..	..	8.0	..
25	.79	2,000	204	..	157	40	..	..	..	20.1	..	..	..	..
26	.67	..	305.3	..	157	..	..	..	..	..	306	..	..	..
27	..	..	246	..	168	..	..	..	17-19.5	24	340	..	..	..
28	.58	..	272	..	154	..	108	..	19-22.5	23.8	340	..	7.0	..
29	..	..	..	..	140	33	96	..	22	24	328.7	..	..	..

续表

年份	阿姆斯特丹（1）	阿姆斯特丹（2）	安达卢西亚	安特卫普	奥格斯堡	布鲁日	莱比锡	莱顿	里斯本	新卡斯蒂利亚	旧卡斯蒂利亚/利昂	斯蒂夫特·克洛斯特新堡	瓦伦西亚	维也纳
1630	.58	..	308	..	140	29	..	..	25	20	306	52	5.2	..
31	.53	..	..	..	126	28	..	..	24	..	204	..	5.5	..
32	.60	..	271.9	..	168	33	..	..	24	20	255	..	..	55.2
33	.66	..	238	..	168	..	..	..	..	20.8	..	..	5.5	..
34	.70	..	204	..	196	36	..	..	..	26.8	160	..	6.5	..
35	.54	..	310	..	175	36	..	..	..	20	170	..	8.6	..
36	.61	..	255	..	168	36	..	..	..	20	161.5	..	7.8	..
37	.75	..	433.1	..	203	36	..	..	..	26	204	..	10.0	..
38	.85	..	340	..	196	36	..	..	..	26.8	346	..	9.9	..
39	..	6,000	408	..	294	84	..	..	..	31	408	..	8.9	..
1640	..	..	694.2	..	280	..	..	1.2	..	46.5	612	..	17.0	..
41	.66	10,000	613	..	162	75	..	.75	..	48	340	..	13.1	..
42	.70	6,000	538	..	168	38	..	..	..	..	476	..	..	..
43	.70	..	578	..	126	..	..	..	..	48	476	..	7.3	..
44	..	..	433.1	..	140	..	..	.75	..	36	408	..	7.0	..
45	.67	..	328.7	..	140	40	..	..	..	..	340	..	6.9	..
46	.60	..	..	..	158	..	..	..	..	28	..	..	..	..
47	..	..	316.6	..	140	..	..	..	..	22.7	408	..	6.7	..
48	.57	..	238	..	126	..	..	..	..	..	340	..	..	..
49	.51	..	245.6	..	115	..	..	.55	..	21.4	289	..	6.0	..
1650	.51	..	297.5	..	108	..	..	.51	..	..	204	36	5.1	..
51	.43	..	..	..	105	36	..	.48	..	..	221	36	..	..
52	.43	..	..	..	91	33	..	..	..	..	263.5	..	..	..
53	.61	..	..	..	119	36	..	..	..	..	272	..	..	..
54	.64	8,000	..	..	119	36	..	.68	..	..	314.5	..	..	..
55	..	8,000	..	..	105	38	..	..	..	..	272	..	..	..
56	..	6,905	..	..	84	31	..	..	..	..	221.4	..	..	..
57	..	..	..	..	105	32	..	..	..	..	197.8	..	..	..
58	..	..	..	..	..	32	..	.48	..	..	209.7	..	..	..
59	..	..	..	..	90	34	..	.59	..	..	204	..	..	..
1660	..	..	..	..	98	28	..	..	..	..	209.7	..	..	..
61	..	..	..	..	98	32	..	..	..	..	204	..	..	..
62	..	..	..	..	98	32	..	..	..	..	229.5	..	..	..

续表

年份	阿姆斯特丹（1）	阿姆斯特丹（2）	安达卢西亚	安特卫普	奥格斯堡	布鲁日	莱比锡	莱顿	里斯本	新卡斯蒂利亚	旧卡斯蒂利亚/利昂	斯蒂夫特·克洛斯特新堡	瓦伦西亚	维也纳
63	..	..	..	..	100	..	..	..	..	..	255	..	..	..
64	.61	..	..	..	98	33	..	..	..	..	246.5	..	..	..
65	.61	..	..	..	112	34	..	..	..	..	306	..	..	..
66	..	..	..	..	224	52	..	..	..	..	408	..	..	..
67	..	..	..	..	186	54	..	1.35	..	..	442	..	..	..
68	..	10,000	..	..	131	44	..	..	..	..	425	..	..	..
69	.59	14,800	..	..	98	30	..	..	..	..	408	..	..	..
1670	..	7,974	..	..	84	30	..	..	..	..	340	..	..	..
71	.43	6,000	..	..	84	26	..	..	..	..	294.7	..	..	..
72	.50	10,000	..	12	86	24	..	..	..	..	323	..	..	..
73	..	3,000	..	10	..	26	..	..	..	..	334.3	..	..	..
74	.43	11,500	..	10	91	28	..	..	..	..	340	..	..	..
75	.35	11,500	..	10	70	26	..	..	..	..	311.7	..	..	..
76	.34	19,000	..	..	74	24	..	..	..	..	265.6	..	..	..
77	.29	..	..	8	63	24	..	..	..	..	255	21	..	..
78	..	7,500	..	7	63	22	..	..	..	..	255	22	..	..
79	.34	6,000	..	11	80	22	..	..	..	..	272	23	..	..
1680	..	6,000	..	9	84	22	..	..	..	..	204	..	..	..
81	..	9,000	..	9	84	22	..	..	..	..	157.3	..	..	..
82	.28	15,000	..	8	84	22	..	..	..	..	131.8	..	..	..
83	.35	7,600	..	8	77	22	..	..	..	..	116.9	..	..	..
84	..	8,800	..	10	77	22	..	..	..	..	123.9	..	..	..
85	..	5,800	..	9	84	22	..	..	..	..	133.9	..	..	..
86	.36	6,500	..	8	77	24	..	..	..	..	136	..	..	..
87	..	7,200	..	9	84	24	..	..	..	..	166.8	..	..	..
88	.55	8,900	..	12	94	28	..	..	..	..	170	..	..	..
89	.68	8,360	..	13	126	36	..	..	..	..	263.5	..	..	..
1690	..	8,000	..	14	129	36	..	..	..	..	312.4	..	..	..
91	..	5,300	..	15	135	36	..	..	..	..	263.5	..	..	..
92	.61	9,000	..	17	135	..	..	..	..	..	257.1	47.1	..	..
92	..	..	..	16.33	135	36	..	..	..	..	250.8	46	..	..
94	.42	..	..	13.4	119	24	..	..	..	..	218.9	..	..	..
95	..	..	..	..	105	..	..	..	..	..	210.4	..	..	..
96	..	10,000	..	..	105	26	..	..	..	..	215.3	..	..	..
97	..	2,700	..	..	133	24	..	..	..	..	212.5	..	..	..
98	..	7,800	..	..	129	24	..	..	..	..	217.8	..	..	..
99	.25	10,000	..	..	128	27	..	..	..	..	212.5	..	..	..
1700	..	12,000	..	..	..	..	..	..	..	..	187	..	..	..

123

表二：17世纪的肉桂价格

年份	阿姆斯特丹	安达卢西亚	慕尼黑	新卡斯蒂利亚	旧卡斯蒂利亚／利昂	斯蒂夫特·克洛斯特新堡
1600	..	..	..	..	..	..
01	..	437.8	..	288.6	374	..
02	..	349.9	..	255	208.7	..
03	..	361.3	..	..	289	192
04	..	308.1	..	180.4	170	60
05	..	306.4	..	270.6	267.8	84.8
06	..	331.5	..	289	289	90
07	..	379.7	..	..	272	..
08	..	369.8	..	246.5	289	..
09	..	335.8	..	..	384.3	74.4
1610	..	..	..	..	442	..
11	..	283.2	..	255	284	..
12	..	289	..	238	238	..
13	..	284.8	..	246.5	272	..
14	..	260.7	..	255	272	..
15	..	382.5	..	246.5	272	..
16	..	340	..	263.5	272	..
17	..	246.5	..	..	285.1	..
18	..	216.8	..	238	258.5	..
19	..	201.9	..	238	208.7	..
1620	..	206.1	..	..	204	..
21	..	..	..	..	178	..
22	..	184.9	..	238	..	..
23	..	191.5	..	272	187	..
24	..	212.5	..	238	272	..
25	..	306	..	292.5	408	..
26	..	306	..	345	374	..
27	..	555.3	..	578	550.1	..
28	..	561	..	476	..	..
29	..	476	..	487.3	544	..
1630	..	408	..	442	544	72.9
31	..	348.5	..	340	540.3	..
32	..	507.2	..	510	464	..
33	..	620.5	..	544	629	..
34	..	752	..	603.8	680	..
35	..	555.3	..	510	544	..
36	..	485.2	..	476	..	..
37	..	564.8	..	612	..	..
38	..	577.3	..	546.3	544	..
39	..	580.9	..	652.7	634.7	..
1640	..	566.7	..	690.1	657.3	..
41	..	1130.5	..	1,107	1,088	..
42	..	1235.3	..	930.2	1,768	..
43	..	901	..	862.6	1,350.7	..
44	..	991	..	1,121.4	884	..
45	..	981.8	..	977.6	1,020	..
46	..	929.3	..	977.6	748	..
47	..	753.7	..	..	782	..
48	..	722.5	..	970.4	884	..
49	..	566.7	..	714	1,088	..

续表

年份	阿姆斯特丹	安达卢西亚	慕尼黑	新卡斯蒂利亚	旧卡斯蒂利亚／利昂	斯蒂夫特·克洛斯特新堡
1650	..	850	..	..	..	120
51	..	..	..	589.3	..	120
52	..	..	..	697	..	..
53	..	..	..	748	..	..
54	..	..	..	725.3	..	..
55	..	..	..	657.3	..	..
56	..	..	..	641.8	..	..
57	..	..	..	748	..	..
58	..	..	..	986	..	..
59	..	..	..	1,139	..	..
1660	..	..	..	1,292	..	..
61	..	..	631	1,360	..	..
62	..	..	656	1,411	..	..
63	..	..	590	1,504.5	..	..
64	3.6	..	525	1,768	..	..
65	3.28	..	..	1,768	..	..
66	..	..	..	1,904	..	..
67	..	..	..	1,861.5	..	..
68	..	..	..	1,683	..	..
69	3.08	..	..	1,541.3	..	..
1670	..	..	..	1,586.7	..	216
71	3.15	..	..	1,700	..	..
72	3.5	..	..	1,847.3	..	..
73	..	..	..	2,040	..	..
74	3.06	..	..	2,187.3	..	..
75	4.9	..	..	2,040	..	216
76	3.25	..	..	1,989	..	..
77	3.16	..	..	1,926.7	..	165
78	..	..	..	1,904	..	180
79	3.28	..	784	2,006	..	180
1680	..	..	784	1,496	..	..
81	..	..	877	1,360	..	202.5
82	3.13	..	840	1,088	..	..
83	3.13	..	840	1,076.7	..	..
84	..	..	840	1,110.7	..	..
85	..	..	812	1,003	..	..
86	2.75	..	784	918	..	..
87	..	..	1,344	1,088	..	..
88	3.00	..	..	1,139	..	..
89	2.99	..	728	1,088	..	..
1690	..	..	..	1,258	..	..
91	3.00	..	784	1,088	..	..
92	3.00	..	728	1,088	..	288
93	3.00	..	784	1,088	..	..
94	3.00	..	..	1,088	..	256
95	..	..	..	1,122	..	288
96	..	..	..	1,088	..	..
97	..	..	..	1,224	..	..
98	..	..	1,008	1,122	..	..
99	..	..	..	1,292	..	..
1700	..	..	784	1,088	..	..

125

126

表三：17世纪的丁香价格

年份	阿姆斯特丹	安达卢西亚	安特卫普	莱顿	新卡斯蒂利亚	旧卡斯蒂利亚/利昂	斯蒂夫特·克洛斯特新堡
1600	..	..	..	..	..	..	..
01	..	391	..	..	..	30.1	..
02	..	385.3	..	..	..	17	..
03	..	384.6	..	..	..	22.9	192
04	..	333.2	..	..	..	26.9	157
05	..	534.8	..	..	..	37.7	198
06	..	630.9	..	..	..	43.9	..
07	..	778.2	..	..	..	59.2	192
08	..	773.8	..	..	..	65.9	..
09	6.9	725.3	..	..	..	68	143
1610	..	..	..	..	..	65.9	..
11	..	710	..	..	..	..	..
12	..	612	..	..	..	65.9	..
13	..	714	..	..	..	..	..
14	..	493	..	..	..	..	..
15	..	710	..	..	..	42	..
16	..	612	..	..	..	..	..
17	..	566.7	..	..	..	..	..
18	..	586.5	..	..	..	54	..
19	3.3	510	..	..	..	..	..
1620	..	578	..	..	..	82.5	..
21	..	..	..	..	..	..	..
22	..	680	..	..	..	..	..
23	..	680	96	..	..	56.5	..
24	2.71	544	96	..	..	61.9	..
25	2.82	..	..	..	..	51	..
26	4.23	965.6	..	..	..	96.3	..
27	4.65	1,931.2	..	..	..	187	..
28	..	2,896.8	..	..	..	..	..
29	..	1,576.2	..	..	..	136	..
1630	5.40	1,448.4	..	..	..	119	384
31	5.40	1,448.4	..	..	..	..	..
32	5.40	2,051.9	..	..	..	170	..
33	5.40	1,408.6	..	..	..	..	..
34	5.40	1,338.1	..	..	..	..	..
35	3.28	1,247.2	..	..	..	136	..
36	2.68	1,271.6	..	..	..	129.2	..
37	2.83	1,040.9	..	..	..	..	..
38	2.55	1,086.3	..	..	..	136	..
39	..	964.2	..	..	..	85	..
1640	2.69	1,058.6	..	..	..	76	..
41	2.51	1,088	..	..	..	93.5	..
42	2.42	1,327.7	..	..	..	119	..
43	2.46	965.6	..	..	..	102	..
44	..	933.7	..	..	..	68	..
45	2.49	986	..	..	..	85	..
46	2.66	1,207	..	..	..	102	..
47	..	1,277.3	..	..	..	102	..
48	3.90	1,994	..	..	..	119	..
49	3.75	1,314.7	..	..	..	129.2	..

续表

年份	阿姆斯特丹	安达卢西亚	安特卫普	莱顿	新卡斯蒂利亚	旧卡斯蒂利亚/利昂	斯蒂夫特·克洛斯特新堡
1650	3.47	1,428	..	..	..	..	210
51	3.50	..	..	3.50	1,207.1	..	210
52	3.50	..	..	..	1,477.3	..	..
53	3.50	..	..	..	1,790.1	..	..
54	3.50	..	..	3.50	1,567.4	..	..
55	..	..	..	..	1,362	..	..
56	..	..	..	..	1,704.4	..	..
57	..	..	..	..	1,292	..	..
58	..	..	..	..	1,208.7	..	..
59	..	..	..	..	1,276.6	..	..
1660	..	..	..	..	1,410.9	..	..
61	..	..	..	..	1,343	..	..
62	...	..	..	..	1,589.5	..	..
63	..	..	..	..	1,679.5	..	..
64	6.28	..	..	..	1,797.3	..	..
65	5.43	..	..	..	2,373.2	..	..
66	5.89	..	..	..	3,044.7	..	..
67	7.25	..	..	..	3,156.8	..	..
68	..	..	..	..	2,864.5	..	..
69	6.78	..	..	..	3,044.7	..	336
1670	..	..	..	..	3,670.3	..	..
71	5.42	..	..	..	2,988.8	..	..
72	5.38	..	..	..	3,054.1	..	..
73	..	..	120	..	3,088.9	..	..
74	4.39	..	..	..	3,088.9	..	..
75	4.21	..	..	..	3,556.4	..	..
76	..	..	..	..	2,760	..	210
77	..	..	..	..	3,477.6	..	210
78	..	..	..	..	2,686	..	210
79	..	..	..	..	2,417.4	..	..
1680	..	..	..	..	2,283.1	..	225
81	..	..	..	..	1,477.3	..	..
82	..	..	..	..	1,410.9	..	..
83	..	..	..	..	1,208.7	..	..
84	..	..	..	..	1,208.7	..	..
85	..	..	..	..	1,298.8	..	..
86	..	..	..	..	1,033.6	..	..
87	..	..	..	..	1,292	..	..
88	..	..	..	..	1,292	..	..
89	..	..	..	..	1,292	..	..
1690	..	..	..	..	1,895	..	..
91	..	..	..	..	1,208.1	..	320
92	..	..	..	..	1,433.1	..	..
93	..	..	..	..	1,410.9	..	320
94	..	..	..	..	1,769	..	320
95	..	..	..	..	1,564	..	..
96	..	..	..	..	1,145.5	..	..
97	..	..	..	..	1,343	..	..
98	..	..	..	..	1,394	..	..
99	..	..	..	..	1,360	..	..
1700	..	..	..	..	1,394	..	..

表四：17 世纪的香料数量

128

年份	胡椒			丁香
	阿姆斯特丹（千磅）	里斯本（公担）	伦敦（千磅）	阿姆斯特丹（百万磅）
1600	..	..	..	..
01	..	..	..	..
02	..	..	..	..
03	1675.5	..	..	..
04	..	..	..	..
05	..	..	..	..
06	..	..	..	..
07	..	..	..	..
08	..	..	..	..
09	..	..	..	..
1610	458.983	..	..	..
11	..	..	..	..
12	..	9,509	100	..
13	..	8,002	597	..
14	..	6,402	510	..
15	..	10,355	783	..
16	..	15,841	1,748	..
17	..	4,387	1,483	..
18	..	11,591	292	450-500
19	..	10,892	480	..
1620	..	5,999	980	..
21	..	7,586	1,615	324-60
22	..	5,878	1,057	..
23	..	9,158	1,658	..
24	..	..	1,270	..
25	..	21,373	2,928	..
26	..	9,970	1,238	..
27	..	14,830	1,112	..
28	..	5,821	1,065	..
29	..	5,505	790	..
1630	..	10,884	455	..
31	..	9,061	1,072	..
32	..	565	1,750	..
33	..	9,686	480	..
34	..	9,045	860	..
35	..	..	974	..
36	..	..	..	..
37	..	..	886	..
38	..	..	..	..
39	..	..	600	..
1640	..	..	..	..
41	..	..	..	..
42	..	..	..	..
43	..	..	..	..
44	..	..	..	..
45	..	..	..	..
46	..	..	..	..
47	..	..	..	..
48	..	..	..	..
49	..	..	..	..

续表

年份	胡椒			丁香
	阿姆斯特丹（千磅）	里斯本（公担）	伦敦（千磅）	阿姆斯特丹（百万磅）
1650	..	..	..	..
51	..	..	..	..
52	..	..	..	..
53	..	..	..	..
54	..	..	..	..
55	..	..	..	360
56	..	..	..	600
57	..	..	..	..
58	..	..	..	..
59	..	..	..	..
1660	..	..	..	..
61	..	..	..	..
62	..	..	..	..
63	..	..	..	..
64	..	..	1, 168	..
65	..	..	2, 025	..
66	..	..	..	..
67	..	..	194	150
68	..	..	..	150
69	..	..	3, 042	200
1670	..	..	4, 296	170
71	7, 974	..	2, 874	..
72	6, 000	..	7, 586	..
73	10, 000	..	845	..
74	20, 000	..	1, 347	..
75	50, 000	..	4, 437	..
76	60, 000	..	4, 457	..
77	60, 000	..	8, 127	..
78	..	..	4, 377	..
79	58, 000	..	2, 783	..
1680	..	..	3, 031	..
81	2, 000	..	5, 109	..
82	..	..	2, 302	..
83	..	..	1, 280	..
84	..	..	1, 318	..
85	45, 000	..	1, 837	..
86	47, 500	..	454	..
87	10, 000	..	1, 423	..
88	21, 000	..	1, 821	..
89	..	..	386	..
1690	32, 000	..	3, 537	..
91	..	..	1, 264	..
92	..	..	461	..
93	45, 000	..	329	..
94	4, 394, 600	..	..	..
95	3, 870, 000	..	..	..
96	4, 300, 000	..	1, 318	..
97	100, 000	..	938	..
98	..	..	2, 051	..
99	70, 000	..	1, 403	..
1700	70, 000	..	1, 862	..

129

第二章　传教

教皇利奥十世（Pope Leo X）赐予葡萄牙国王**圣职设立权**（*Jus patronatus*，1514 年）①之后，葡萄牙在东方的基督教上层建筑逐渐完善。1558 年，果阿城被尊崇为都主教区（metropolitan see），它作为葡萄牙在亚洲的宗教机构使得**保教权**（*padroado*）发挥了有效的作用。[1]17 世纪初，果阿通过马六甲（1557 年）、科钦（1558 年）、澳门（1575 年）、大分（Funai，1588 年）、僧急里（1601 年；1605 年晋升为大主教辖区）和美勒坡（1606 年）等主教辖区行使着葡萄牙在东方的宗教管理权。由于果阿教区主要依靠国王的财政资助、保护和支持，这使其更多的受葡萄牙世俗国家政权而不是教会的监管。1567—1606 年间在果阿城召开的 5 次宗教会议，按照特伦多大公会议（Council of Trent）②颁布的教令

① 即保教权，是由罗马教廷授予的由世俗政权承担的保护天主教在非天主教国家传播的权利和义务，是天主教传教事业上的一种优惠特权。教会在发展的初期因召集信徒帮助修建各种宗教设施而赐予他们各种特权作为回报。随着葡萄牙航海探险而在海外复兴，“保教权”可以说是欧洲国家瓜分世界的代名词，且很长时间里就是葡萄牙和西班牙平分秋色的标志。——译者注

② 特伦多大公会议指 1545 年至 1563 年期间，罗马教廷于北意大利的特伦多城（“The Council of Trent”中的“Trent”又译为脱利腾、特伦托、特伦特或天特）召开的大公会议。 这次会议是罗马教廷的内部觉醒运动之一，也是天主教反改教运动中的重要工具，用以抗衡马丁·路德的宗教改革所带来的冲击。——译者注

重组了**保教权**的主教区，确立了皈依和清除异教徒的方法，以及将穆斯林从葡萄牙的中心区驱逐出去等。印度西南部地区塞拉（the Serra）的圣多默基督教徒正式归属于拉丁派系管辖，且根据戴拜教务会议（Synod of Diamper，1599年6月20—26日）的法令接受葡萄牙国王的保护。 130

通过和亚洲世俗政权的交涉，为基督教福音传到未受葡萄牙控制的地区赢得了巨大的空间。1598年和卡利卡特签订的协议，赋予了扎莫林臣民成为基督徒的权利。1599年，派到维查耶纳伽尔朝廷[①]的耶稣会代表团获得了向这个印度王国派遣传教士的权利。1601年，在拉合尔（Lahore）和阿格拉的其他耶稣会士们收到阿克巴（Akbar）[②]的书面承诺，允许他们在莫卧儿王国境内传播福音。在远东地区，1582年首先来到中国境内的耶稣会士利玛窦（Matteo Ricci）于1601年获准前去北京。同时，日本的耶稣会士在当地皈依了30万名信徒，而且似乎和政府相处融洽。

1600年，对于亚洲东部的葡萄牙耶稣会士来说，以菲律宾群岛为基地的西班牙传教士对他们的威胁似乎受到了来自欧洲和日本的双重遏制。耶稣会士秘密地从教皇格里高利十三世（Gregory XIII，1572—1585年在位）那里得到一封宗座简函（1585年1月28日），禁止所有自立教士（secular priest，直接受他们的主教管辖）和教团教士（遵循某种宗教团体之律令；严格地讲，不包括耶稣会士）进入中国和日本从事传播福音活动；1597年，这个训令再次被重申。当西—葡联合王国国王菲利普三世（Philip III，1598—1621年在位）获悉教皇授予耶稣会士在日本和中国垄断性的传教地位，且没有向西班牙商讨，他立刻和罗马交涉，结果罗马做出了让步。1600年，教皇克莱门特八世（Clement VIII，1592—1605年在位）同意中国和日本向所有传教士开放。为了安抚耶稣会士，他在教皇诏书（*Onerosa Pastoralis*，1600年12月12日）中赋予葡萄牙特权，要求所有前往非洲和东方的传教士必须从里斯本出发。日本正式向托钵

① 古国名，14世纪中叶印度教徒在南印度建立的封建国家，现为印度南部城市。——译者注

② 阿克巴，印度莫卧儿帝国皇帝（1556—1605年），他征服了印度北部大部分地区并推行宗教宽容政策。——译者注

僧开放，条件是他们同意取道里斯本—果阿城，并且同意乘坐葡萄牙航船。任何企图取道美洲和菲律宾群岛前往日本、中国和印度的传教士，都须接受被逐出教会的后果。如此严酷的教令是由于在日本传教经历的血的教训得出的结论。1597 年，6 名私自闯入日本的西班牙方济各会修士和 20 名皈依该会的信徒在长崎罹难，传教士在东方的传教风险达到了顶点。耶稣会士，可能由于和利润可观的澳门贸易相关，暂时躲过了日本人的暴怒。17 世纪伊始，葡萄牙耶稣会在东亚基督教传播的垄断地位不但没有改变，而且还取得了新成果。

这新的曙光由于葡萄牙东方帝国的衰落逐渐被笼罩了一层阴影。果阿的世俗势力和宗教势力之间的摩擦不断，特别是国家未能履行向神职人员提供规定的薪俸义务，导致双方相互谩骂指责，这在里斯本、马德里和罗马都得到了回应。信奉新教的荷兰人和英国人在东方获得的成功迫使人们重新估量天主教事业。希望西班牙将传教活动拓展到太平洋地区和东方的国王菲利普三世，非常
131 排斥葡萄牙耶稣会的垄断地位，尽管他表面上不得不承认它的合法性。在菲利普三世的建议下，教皇保罗五世（Pope Paul V，1605—1621 年在位）1608 年下令，托钵修会①不必遵循克莱门特八世的教令（*Onerosa*）。[2] 西班牙方济各会修士继续攻击耶稣会在日本的独霸地位，不厌其烦地试图进入中国和日本，孜孜不倦地在马鲁古群岛传教，而葡萄牙认为这是其**保教权**（*padroado*）管辖区的一部分。教皇格里高利十五世（1621—1623 年在位）通过 1622 年 1 月 6 日的教宗训谕创立了**传信部**（*de Propaganda Fide*），这给葡萄牙**保教权**致命的一击。**传信部**是一个中央机构，有权管理布教、任命传教的神甫和教士、监管和维护海外地区的天主教教义。[3]

果阿的大主教[4]一如 16 世纪后半叶，继续控制着葡萄牙在东方的堡垒、定居点和传教驻所的政治和宗教事务。葡萄牙辽阔的大主教区逐渐被分为多个独立于都主教区的副主教区。1600 年，安卡玛丽（Ankamali，也叫僧急里 [Cranganore]）教区从科钦主教区分离出来，圣多默基督徒拥有了自己的独

① 托钵修会指方济各会、多明我会、奥古斯丁会和加尔默罗会，因为他们标榜赤贫乞食为生，因而得名。——译者注

立管辖区。[5] 六年以后，美勒坡教区也从科钦主教区分离出来成为一个新的辖区，管理绵长的科罗曼德尔沿岸地区和孟买。这两个基地的教宗训谕都承认葡萄牙国王资助人的地位，尽管他在这些地区的世俗影响力只限制在沿海地区的一些据点和堡垒。那些不臣服于印度副主教区的地方在理论上接受果阿主教区的管辖，尽管国王的世俗权力仅限于果阿和印度西海岸的几个沿海地区和岛屿。[6] 从葡萄牙国王的角度看，整个印度和印度之外的东方都归葡萄牙**保教权**管辖：澳门管理中国，大分管辖日本，马六甲管辖印度尼西亚。

16 世纪以来，**保教权**越来越被世俗权力绑架。没有任何教士——不论是教团教士还是自立教士——在没有得到皇室许可的前提下可以被合法地派往东方。计划前往亚洲的神职人员，被迫聚集在里斯本，出发之前宣誓效忠葡萄牙国王。国王为这些传教士提供免费的船只，并且支付小额的俸禄。一旦到达果阿城，这些新来的人员不得不屈从于世俗权力的严格控制，不得不接受检查机构的严格盘查，以判断他们宗教信仰的纯正性及对皇室的忠实程度。其他国家的传教士必须学习葡萄牙语，葡萄牙语被认为是传教工作不可或缺的工具；甚至连他们的名字也要“葡萄牙化”（Lusitanized）。不论是**保教权**的高级教士还是普通教士，都不得和罗马进行直接的书信来往，当然很多教士并不拘泥于这些条条框框。 132

在西班牙—葡萄牙联盟（1580—1640 年）期间，哈布斯堡统治者加紧皇权控制，谋求获得罗马教皇在东方的宗座代牧地位。萨拉曼卡（Salamanca）的一位教授胡安·所罗朗索·佩雷拉（Juan Soloranzo Pereira，1575—1653 年）在皇家财力的支持下，发布了一些言辞和理由，为国王扩大教会建设的权力保驾护航。他在《印度的法律》（*De Indiarum Iure*，马德里，1629 年）里宣称，皇室对东方的基督教活动有绝对的控制权，这份声明被马德里政府认为是在海外处理世俗和宗教关系的官方文件。1642 年，该著作中与教会管理相关部分被置于《禁书目录》（*Index of Forbidden Books*）。[7]

17 世纪，葡萄牙的里斯本—果阿贸易线路不再火热，东方的堡垒驻点数量逐年下降，依靠国家提供资金、运输和保护的**保教权**的运势也随之下滑。到 1640 年，尽管罗马和传信部的干涉也在日益加紧，果阿的教会管理继续行之有效。1627 年，即传信部正式建立五年之后，教皇乌尔班八世（Pope Urban VIII, 1623—1644 年在位）命令传教士克服磨难和痛苦，遵守传信部针对日本的相关决定。六年后的 1633 年，还是这位教皇下令中止以前的政策，即传教士必须按照克莱门特八世教皇诏书（*Onerosa*）的规定——经由葡萄牙前往亚洲，任何阻止他们通过其他线路进入亚洲的人都将被逐出教会。[8] 里斯本和果阿对教皇的这个决定反应十分强烈，那些逃过葡萄牙监控，通过西班牙、荷兰和英国船只或者通过陆路来到东方的传教士的生活因此变得相当困难。果阿当局和传信部派往东方的传教士之间的矛盾越来越多，仇恨也越来越深。这是因为里斯本世俗政权坚持认为，教廷（Holy See）应该对其通过行政手段废除葡萄牙**保教权**承担责任。罗马和里斯本之间的僵局，将东方的葡萄牙高级教士逼入绝境，因为他们中的大多数都忠实于国王。

随着传信部和葡萄牙**保教权**之间的关系不断恶化，葡萄牙攻击哈布斯堡统治以及独立运动的呼声越来越高。1640 年，若昂四世（King John IV）荣登独
133 立后的葡萄牙国王宝座，但是这并没有得到教廷的承认。在西班牙哈布斯堡家族的压力下，教皇拒绝与葡萄牙国王谈判，这一情况直到 1668 年西班牙承认葡萄牙独立后才得以改变。二十八年来，不论是欧洲的亦或是海外的葡萄牙教会，都承担着世俗国家天主教的功能，与罗马没有任何正式的联系。若昂四世掌权之后不久就禁止果阿当局接受传信部派来的传教士，除非他们经由里斯本到来并且持有皇室颁发的证书。包括果阿大主教在内的所有主教职位长期空缺，除了马杜赖（Madura）的耶稣会传教事业兴旺发达之外，其他地区的传教活动处于无人管理状态。不断发布的皇家律令继续镇压着传信部派往东方的传教士；一些传教士被果阿宗教法庭审判并被监禁，一些被遣送回欧洲。葡萄牙保教权和传信部为控制僧急里大主教职位而争斗不止；期间，夹在中间的圣多默基督教徒再次重申他们独立于拉丁派的愿望。

1668 年，马德里和里斯本，以及罗马和里斯本之间的关系分别恢复正常，但是葡萄牙**保教权**和传信部之间的斗争并未停止。东方的西班牙人拒绝承认葡萄牙**保教权**的权威，也不认可传信部派出代牧使徒的威望。1672 年，葡萄牙国王向果阿总督下令，抓捕任何由传信部派来且没有通过里斯本方面同意的主教

或传教士，将他们驱逐到葡萄牙。1673 年，教皇克莱门特十世（Pope Clement X，1670—1676 年在位）颁发了一系列的教令，正式剥夺了葡萄牙**保教权**的某些特权。除此之外，他还要求人们承认传信部无论从任何线路向东方派遣传教士的权利，认可传信部在东方自由设立宗座代牧的权利，以及传信部接受亚洲地区的葡萄牙主教和神职人员臣服的权利。1673 年，该教皇还在一个公开的宗座简函中声明，任何传教人员，在没有获得传信部检查和准许的前提下，都不得自行出版书籍或其他任何书面材料。1674 年，耶稣会会长要求耶稣会士听从宗座代牧的指挥。1682 年，罗马正式禁止传教士宣誓效忠由世俗国王控制的**保教权**。耶稣会士，甚至是那些居住在果阿和澳门的耶稣会士，拒绝听从国王的命令。耶稣会士、世俗统治集团和各层级的天主教会修士就传教方法的热烈讨论，加深了他们之间因管辖权结下的世仇。

该世纪后半叶，人们越来越热烈地讨论“适应策略”（accommodation）问题，换句话说，基督教为推进自己的信仰能够或者应该在多大程度上向当地文化习俗做出妥协。此外，马拉巴尔和中国的习俗礼仪也威胁着亚洲的传教事业，分化着欧洲教会。1690 年，教皇亚历山大八世（Alexander VIII，1689—1691 年在位），不顾传信部和法国传教士的反对，将澳门主教教区分为 3 个教区：澳门、南京和北京，各教区都设有主教职位。1695 年，这些教区的管辖范围一旦确定，任职该地区的新主教就被正式地承认为果阿主教区的副主教，而接受葡萄牙**保教权**的管辖。教皇同时规定，在没有得到葡萄牙国王的首肯下，任何人 134
包括教皇，都不能对葡萄牙**保教权**进行任何修改。[9] 该世纪结束时，罗马和里斯本之间的世怨恩仇以及“礼仪之争”① 都没有得到彻底解决。[10]

第一节 葡萄牙保教权下的托钵修士

从理论上讲，印度的果阿大主教之职直接管理基督教事务，其范围包括从

① 指基督教教义和亚洲当地的风俗习惯的冲突。——译者注

西藏到克什米尔地区及印度西海岸一路向南直到僧急里大主教辖区。1595—1610年在果阿担任奥古斯丁修道院大主教的阿莱绍·德·梅内塞斯（Aleixo de Meneses），同时也是果阿1607—1609年间的总督，在政治生活中颇有实力。[11] 1621年，他的继任者克里斯托旺·德·萨（Cristovão de Sá）向罗马报告，果阿地区当时有27个教区，其中城区内9个，周边的村寨里18个。巴尔代（Bardez）有10个教区，撒尔塞特岛（Salsette）的教区超过20个。1640年，他又向罗马教廷汇报了类似的内容，说葡萄牙控制的果阿地区共有29个教区。印度地区的自立教士在数量上远远比不上教团教士，这是因为，按照规定自立教士通常滞留在印度的时间为三年，之后必须返回葡萄牙。葡萄牙的3个主要宗教团体——方济各会（Franciscan）①、耶稣会（Jesuit）②和多明我会（Dominican）③——受葡萄牙国王委托在果阿传播福音，看护基督徒。1555年，巴尔代划拨给方济各会看管，撒尔塞特岛由耶稣会看管，果阿附近的岛屿平均分配给耶稣会和多明我会管理。1645年上呈给罗马的报告称，没有一个土著人加入任何基督教会。该

① 方济各会是天主教托钵修会之一，一译法兰西斯派，拉丁文名Ordo Fratrum Minorum，是拉丁语小兄弟会的意思，因其会士着灰色会服，故又称灰衣修士。1209年意大利阿西西城富家子弟方济各（Franciso Javier，1182—1226年）获得教皇英诺森三世的批准而成立该会，1223年教皇洪诺留三世批准其会规。方济各会提倡过清贫生活，衣麻跣足，托钵行乞，会士间互称“小兄弟”。他们效忠教皇，反对异端，中世纪时曾为替教皇出售赎罪券而到处游访。——译者注

② 耶稣会（拉丁原名Societas Jesus, S.J.），为天主教的主要修会之一，又称耶稣连队，1535年8月15日由西班牙罗耀拉的依纳爵（Ignace de Loyola）顺应当时基督新教的宗教改革而成立，获得罗马教廷教宗的许可。耶稣会最主要的任务是教育与传教，在欧洲兴办许多大学，培养出的学生除是耶稣会人才外，也活跃于政界与知识分子中，著名的如笛卡儿。——译者注

③ 多明我会（拉丁名Ordo Dominicanorum，又译为道明会），亦称“布道兄弟会”。会士均披黑色斗篷，因此称为“黑衣修士”，以区别于方济各会的“灰衣修士”、加尔默罗会的“白衣修士”。天主教托钵修会的主要派别之一。1215年，多明我会由西班牙贵族多明我创立于法国图卢兹，1217年获教皇洪诺留三世批准。多明我会建会不久就参与对阿尔比派的攻击，并受教皇委托，主持异端裁判所，职掌教会法庭及教徒诉讼事宜。至今罗马教廷的信理部及教会最高法庭仍由其会士掌握着。多明我会以布道为宗旨，着重劝化异教徒和排斥异端。其会规接近奥古斯丁会和方济各会，也设女修会和世俗教徒“第三会”，主要在城市的中上阶层传教。在灵修方面，该会称多明我，曾得有圣母玛利亚亲授之《玫瑰经》，并加以推广，今已成为全世界天主教徒最普遍传诵之经文。该会还兴办大学，奖励学术研究。——译者注

世纪的后半叶，当地土著自立教士逐渐取代了欧洲人在这些岛屿教区的位置，而巴尔代和撒尔塞特岛仍然控制在方济各会和耶稣会手里。特别是方济各会修士，大主教已经难以控制他们，这些修士谋求通过自己的贤士学会（*Collegio dos Reis Magos*）控制巴尔代。[12] 135

从组织层面看，葡萄牙方济各会修士归葡萄牙托钵僧严守派教区（Observant Province）管辖，他们是最早也是数量最多的在亚洲传教的天主教托钵修士。[13]1619年，葡萄牙保教权下的方济各会修士数量达到400名左右，教皇承认他们在亚洲事业的成就和重要性，并为其创建了独立的圣多默省。[14] 早在16世纪，方济各会的忠实信徒和彼达迪教区（Piedade province）的新托钵僧严守派（Reformed Observant）之间的争斗转移到印度，到了17世纪，这两个兄弟宗教团体的斗争继续肆虐。1629年，罗马教廷不顾葡萄牙和印度地区天主教修士的激烈反对，准许新托钵僧严守派在印度组建独立的马德雷·德·迪乌斯（Madre de Deus）教区。大部分的葡萄牙方济各会修士不顾他们隶属的宗派的复杂组织关系，将主要活动范围集中在葡萄牙的前哨港口地区，经营着这里的修道院和教堂，侍奉着这里的葡萄牙人以及他们的妻子儿女。

17世纪，在亚洲的所有葡萄牙天主教修士中，方济各会修士在数量上独领风骚。该世纪之初，最成功的传教活动发生在果阿、马拉巴尔和锡兰。一些小型传教团为生存而挣扎的地区有：美勒坡、讷加帕塔姆（Negapatam）和德伦格巴尔；捕鱼海岸城市杜蒂戈林（Tuticorin）；以及葡萄牙占据的印度北部边远前哨地区。[15] 葡萄牙方济各会在印度东部的马六甲和澳门拥有修道院，方济各会以这两个地区为基地，向勃固、柬埔寨、爪哇和马鲁古群岛等地派遣传教士。[16] 1641年荷兰征服马六甲之后，大多数天主教教士逃往望加锡，包括逃往方济各会和他们开办的医院。[17]17世纪60年代，荷兰在望加锡、锡兰、科罗曼德尔、马拉巴尔等地取得节节胜利，迫使葡萄牙方济各会退守果阿和印度东北部等葡萄牙保留落脚点的地方寻求避难。果阿聚集了大量的避难者，给皇室的钱袋子带来巨大负担。大约1660年，一个规模小但是稳定的传教团在缅甸的阿瓦和勃固成立。苏门答腊亚齐地区的一小部分方济各会修士看护着葡萄牙人；17世纪晚期，该会的另一部分修士出现在帝汶岛，援助葡萄牙控制岛屿上的多明我会

136 的传教事业。[18] 还有一部分方济各会修士继续留在荷兰控制的一些亚洲地区，或秘密或公开地帮助并引领那些皈依的土著信徒。葡萄牙保教权下的方济各会修士处境的日渐恶化，再加上世俗官方削减东方宗教人士数量的企图，导致葡萄牙年轻人加入方济各会的人数下滑。传教热情的逐渐冷却，使得在东方的方济各会修士人数降到1700年的280名，其中的大多数集中在印度。[19]

16世纪末叶前，多明我会如同方济各会一样，在印度和锡兰的根基已经十分牢固。[20] 一些多明我会修士私自闯入印度东部，特别是果阿修道院建立之后以及1548年多明我会基业正式确立之后，这一趋势愈加明显。同一年，多明我会在东印度的主教总代理迭戈·贝穆德斯（Diego Bermudez）来到果阿，同行的还有12名修士。其中的一位修士加斯帕尔·达·克路士（Gaspar da Cruz）很快就离开印度来到马六甲和其他的东部据点。[21]1554年，他创办了马六甲多明我会修道院，随后到达柬埔寨准备在那里成立一个传教团。柬埔寨事业未果，1565年他又转移到中国，其时正值澳门据点建立之前。1568年，克路士不得不返回葡萄牙，但是多明我会在马六甲的事业蒸蒸日上，第一个主教是来自阿威罗（Aveiro）的豪尔赫·德·圣卢西亚（Jorge de St. Luzia）修士。多明我会不时地从马六甲向暹罗、柬埔寨和小巽他群岛派遣传教士。一小部分修士的足迹几乎踏遍了亚洲。[22] 葡萄牙多明我会修士与方济各会修士一样，他们尊重耶稣会士在中国和日本享有的传教特权；1640年，多明我会在澳门拥有自己的修道院，这里的修士护佑着那些葡萄牙人和基督教皈依者。[23]

1610年，多明我会修士的数量和影响力都达到了巅峰。310名葡萄牙籍修士生活在亚洲，其中的大多数集中在葡萄牙的9个传教中心（果阿、科钦、朱尔、达曼、勃生、第乌、科伦坡、马六甲和澳门）。他们参与果阿的宗教审判事务，也是唯一向宗教审判所提供审判者的宗教团体。[24] 只有小部分修士生活在传教
137 驻所，他们的主要工作对象是当地居民。例如，在讷加帕塔姆地区，多明我会修士从1604年始主要侍奉和看护葡萄牙人及其他们的家人。葡萄牙控制中心区域之外的多明我会传教事业的一个显著特点是，德·布里托在缅甸处于支配地位时，这里的传教团十分短命（1604—1613年）。在没有提供世俗军队保护的地方，意志坚强的多明我会修士的殉难十分普遍。[25]

由多明我会团体开创的固定传教基地，位于比较偏僻的、保教权控制力薄弱的莫桑比克和小巽他群岛。[26]1561 年始，多明我会修士在小巽他群岛上的一个小岛索洛岛传教，该岛与较大岛屿弗洛勒斯岛东海岸隔海相望。[27] 五年以后，修士们在索洛岛修建了一座石头造的堡垒，确保当地基督徒和葡萄牙家人免受邻岛伊斯兰教统治者的攻击。约 1600 年，多明我会修士（在印度尼西亚经常被叫作“白衣修士”）皈依了 1 万多人，他们来自索洛岛、弗洛勒斯岛和英德岛（Ende）的 27 个**部落**（*kampongs*，马来语，指村落或者城镇的某些特定区域）。[28] 索洛—弗洛勒斯—帝汶等地是重要的经济贸易区，通过这个平台，帝汶岛的檀香木和奴隶、马鲁古群岛及其他岛屿的胡椒和精香料等与来自望加锡、马尼拉和澳门的商品进行交换。荷兰试图短时间内控制这个贸易十分繁荣的地区，并于 1613 年征服且毁坏了索洛岛上的多明我会城堡。败退的葡萄牙人和多明我会修士在弗洛勒斯岛东端的拉兰图卡（Larantuka）找到栖身之处，因为早些时候多明我会在这里皈依了一些信徒。1616 年，荷兰放弃索洛岛但是仍然滞留在英德岛，一直持续到 1618 年，放弃英德岛是因为他们认为当地的贸易不够繁荣，不值得争取。[29] 同时，弗洛勒斯岛上的多明我会修士队伍在 1614 年末得到了充实和加强，当年由东印度群岛教会主教总代理米格尔·兰赫尔（Miguel Rangel，死于 1645 年）带着 5 名天主教会修士来到这里。[30] 荷兰人刚一撤离，拉兰图卡的基督徒们在锡卡（Sika）的酋长的支持下，返回英德岛和索洛岛。三年后，若昂·达斯·恰加斯（João das Chagas）访问拉兰图卡，陪同的有路易斯·德·安德拉达（Luis de Andrada）修士及另外 3 名神父。他们和已经在 138
索洛岛工作的 6 名传教士一道，在弗朗西斯科·布拉达斯（Francisco Barradas）的监管下开始传教活动。安德拉达在小巽他群岛逗留了九年，期间，他监造了两座教堂并为 3 000 多名土著居民施洗。耶稣会士曾短时间占据邻近岛屿萨武（Savu，1624—1626 年），但是很快就被总督命令离开，因为当时安德拉达向世俗当局抗议，该岛屿是多明我会的保留地。[31]

多明我会在小巽他群岛的活动从一开始就卷入到当地的内讧中，当地有权有势的家族都陷入彼此征战的漩涡当中。邻近的伊斯兰统治者们，特别是望加锡的苏丹王效仿葡萄牙和西班牙，纷纷支持这个或那个相互间有世仇的家族。

约1630年左右，多明我会被逐出英德岛，贸易和皈依信徒的活动因而集中在索洛岛和拉兰图卡；帝汶岛是一个不适合贸易船只停靠的地方，经常被多明我会和葡萄牙商人造访，但是这段时间里他们并未在这里定居。1625年，米格尔·兰赫尔从欧洲返回到印度，1629—1630年间，他再次来到索洛岛，从果阿和马六甲带来的援军使得索洛的传教活动基地更加牢固和稳定。[32] 而他本人亲自从弗洛勒斯出发来到中国，目的是从事贸易和视察澳门的多明我会修道院。1631年当他返回印度时，被任命为科钦的主教。后来，他热情洋溢地记述道，索洛岛可以作为帝汶—澳门之间贸易的中转站，面向一切来客，且免受荷兰的控制。[33]

1641年，荷兰占领马六甲，迫使葡萄牙巩固在小巽他群岛的地位。很多马六甲信奉天主教的欧亚混血儿逃到望加锡寻求避难。马六甲的主教圣保罗·达·科斯塔（Paulo da Costa）试图在拉兰图卡建立居民地，但最终迫不得已逃到帝汶岛，后来又逃到澳门，使得索洛—帝汶地区没有一个主教在职。1642年，荷兰和刚刚独立的葡萄牙政府达成停战协议，东印度尼西亚划界问题确定。巴厘岛（Bali）和龙目岛（Lombok）成为荷兰的保留区；松巴哇岛（Sumbava）和帝汶岛同时向两个国家开放；只有弗洛勒斯和拉兰图卡和锡卡的多明我会基
139 地控制在葡萄牙手里。在帝汶岛北部（现在叫作帝汶·帝力），原来关系不太稳定的德·奥尔内家族（De Hornay）和葡萄牙联盟现在发展为牢固的盟友关系。[34] 即使在停战年代里彼此也是争争吵吵，荷兰和葡萄牙都在帝汶岛争相砍伐檀香木，而多明我会根据协议只能将檀香木供给荷兰人。[35]

1660年，荷兰袭击望加锡，迫使约3 000多人的天主教社区溃散：其中110名葡萄牙人去了暹罗和巴达维亚，530人去了澳门，还有120人逃到帝汶岛。[36] 同一年，安东尼·马塞多（Antonio Macedo）被任命为索洛岛多明我会修道院院长和特派员，他将望加锡的财物都悉数带到拉兰图卡。1661年2月，葡萄牙和荷兰签订协议，正式结束了两国在小巽他群岛五十年的敌对状态。滞留在帝汶岛和弗洛勒斯岛的葡亚混血儿贸易商并不刻意讨好果阿、澳门的当权者或者是多明我会，他们从自己的利益角度出发，独立行事。1679年末，只有16名多明我会修士滞留在小巽他群岛上。该世纪末的最后十年，葡属帝汶岛的真正统治者是荷兰叛变者德·奥尔内的子孙后代，以及被荷兰人称作“黑葡萄

牙人”的葡亚混血儿。[37] 德·奥尔内和达·科斯塔两个家族为控制拉兰图卡当地具有丰厚利润的贸易，持续不断地进行着战争。多明我会修士和自立教士一道，都指望着该地区的贸易给自己带来生活补给。到该世纪末，只有约130名多明我会修士成员分别在果阿、葡萄牙控制的几个印度西海岸的殖民区和小巽他群岛。[38] 约1700年，随着葡萄牙的活动集中在帝汶岛上的Lifao①，拉兰图卡被控制在达·科斯塔家族手里。印度尼西亚独立后，现代的弗洛勒斯岛上的居民记忆里，仍然保留着葡亚混血儿当年十分昌盛景况的温馨和美好。[39]

奥古斯丁会是葡萄牙最后一个进入东方传教领域的宗教团体组织。1572年9月3日，突然有10名奥古斯丁会修士到达果阿。应葡萄牙国王的号召，原来从里斯本出发的12名修士从莫桑比克直接来到霍尔木兹（Ormuz）。早期被耶稣会和多明我会放弃的波斯湾传教区，成为奥古斯丁会修士1622年前的主要奋斗目标。执着的修士们从波斯湾出发，穿越了波斯帝国，并于1602年在伊斯法 140
罕（Ispahan）建立了修道院。

16世纪末叶，欧洲的人力不断涌入果阿。1580年，一座奥古斯丁教堂和修道院在马六甲建立。1596年，奥古斯丁会修士阿莱绍·德·梅内塞斯（1559—1617年）就任果阿大主教，开启了奥古斯丁修会一段时间内（1596—1610年）的急速扩张。这些修士在东方的数量也从1600年的99人上升到1610年的155人；就这些年的拓展空间而言，一批修道院修建在果阿以外的地区，一直延伸到印度西海岸、锡兰、科罗曼德尔海岸和较远的孟买。[40]

果阿是这次奥古斯丁会修士急速扩张运动的神经中枢。1597年，慈悲圣母教堂（*Nossa Senhora da Graca*）开始建造。1602年，一所大学在果阿成立。[41] 在梅内塞斯的鼓励下，菲利帕·达·特林达德（Filipa da Trindade）于1606年按照奥古斯丁教派的规则建立了圣莫妮卡（St. Monica）女修道院。[42] 奥古斯丁教团和多明我会与方济各会一样，起始阶段在亚洲皈依了很多信徒。奥古斯丁修会在亚洲活动巅峰时期的1600年至1649年，录用的人力的89%来自亚洲。大多数初学修士都是青年人，他们在葡萄牙国内被吸纳为教徒，后任职于印度。

① 没有查实，保留原文。——译者注

这些青年多数来自里斯本地区，他们到达果阿之后，都希望体验一段另类的见习生活。修士这种职业一般情况下危险性小，比军队服役更加安全，大多数奥古斯丁会修士侍奉葡萄牙人或者是他们的家人，这些葡萄牙人及其家人通常居住在生活设施完备的葡属印度西海岸：果阿、达曼、勃生、塔纳（Thana）、朱尔（Chaul）以及科钦。[43] 大部分时间里，约 1/3 的奥古斯丁会修士生活在果阿巨大的修道院内。[44] 但不是所有的奥古斯丁会修士都是来自里斯本的青涩的年轻人。一些修士被派遣到果阿是为了管理这个团队并且记录他们的行迹。比较著名的是费利克斯·德·杰西（Felix de Jesus，1640 年去世）神父，他 1605 年来到果阿，记录了印度教士会众的历史。他还利用在果阿修道院中生活的最
141 后三十五年记录了奥古斯丁会修士在东方活动的轨迹。[45]

17 世纪早期的一个突出特点是果阿之外的传教活动十分密集。也许是为响应梅内塞斯（费利克斯所记载历史的主角）的号召，列奥纳多·达·格拉萨（Leonardo da Graça）和其他 3 个同伴于 1599 年来到孟买。1601 年，恒河三角洲的一个葡萄牙工商业中心胡格利正式成立了一个奥古斯丁传教团，该团体独立发挥作用，不受果阿的指挥。从基督教行政管理角度看，孟买那个时候接受科钦主教区管辖，列奥纳多由主教指派为孟买教区的奥古斯丁教派代理主教和教长。奥古斯丁会修士激烈地抵制其他宗教团体来孟买从事传教活动。这些修士以胡格利为中心分散开来，分布在葡萄牙人从事商业活动的孟买周边城镇，从事传教活动。1602 年，里昂那多被召回果阿，后被派往锡兰启动那里的传教事业。[46]

孟买的莫卧儿统治者能够包容奥古斯丁会修士的原因是，鼓励葡萄牙商人前来投资经商，而不是跨过海湾跑到其竞争对手阿拉干那里。[47] 1614 年，奥古斯丁教派修士经过在孟买各城区的艰苦挣扎，决定将胡格利打造成固定传教中心，并在达卡（Dacca）和比布利建造依附于该中心的传教驻点。根据当时的报道，奥古斯丁教派皈依了为数众多的孟买信徒。约 1620 年，耶稣会士试图在胡格利从事传教活动，双方争执不下。奥古斯丁教派立刻做出回应，反对对方占领自己的领地，声称美勒坡主教赋予他们在孟买绝对排外的传教权力资格。正当这两派的传教士相互争夺地盘时，1625 年莫卧儿当局和他们的支持者们同

时发起对他们的攻击。1628 年，当沙·贾汗（Shah Jahan）这个严格恪守穆斯林教规的人登上莫卧儿国王宝座时，孟买地区欧洲人的境况立刻变得愈加艰难。1632 年，莫卧儿军队占领胡格利，其目的是阻止葡萄牙人以阿拉干为中心对该地进行劫掠活动。奥古斯丁各机构场所被烧杀劫掠，一小部分传教士被俘虏到阿格拉。[48]

从 16 世纪末叶起，一些叛变了的葡萄牙人和探险者就开始为阿拉干效力。所谓的勃固王费利佩·德·布里托，也仅仅是最为成功且独立的雇佣军，仍然摆脱不了为阿拉干效力的命运。[49]来自欧洲的葡萄牙人和出生在亚洲的葡萄牙人组织起来，共同保护吉大港（Chittagong）和其他被阿拉干占领的地方，阻 142
止孟买的莫卧儿人的扩张运动。为阻遏莫卧儿人，以第安加（Dianga）为基地的葡萄牙雇佣军还定期劫掠孟买沿海地区，抢夺俘虏。这些劫掠行为让果阿的总督们恼羞成怒，他们曾十分努力地改善与莫卧儿人的关系。约从 1621 年始，在阿拉干工作的奥古斯丁会修士，把果阿和吉大港、第安加和阿拉干首都妙乌（Mrauk-u）的葡萄牙探险者联系起来。葡萄牙奥古斯丁会修士通过为从孟买带来的俘虏施洗，参与阿拉干的社会活动。奥古斯丁会修士还成功地皈依了当地一些皇家成员，其中的两位还被送到果阿接受进一步的教导。1632 年，随着胡格利的沦陷，很多葡萄牙人从孟买逃到阿拉干躲避灾难。[50]

也许是为了避免葡萄牙人落在阿拉干手里，或者是为了防止孟买商业的下滑，胡格利败落之后，沙·贾汗很快允许葡萄牙人返回原地。奥古斯丁修会的地位渐渐地再次得到确立。其他各宗教团体想方设法地控制孟买地区的传教活动，但是佩德罗·达·席尔瓦（Pedro da Silva）总督（1635—1639 年在位）赋予奥古斯丁团体在孟买的各项优先权，这使得其他修会的努力遭受挫折。[51]1641 年，马六甲失陷，许多流离失所的葡萄牙人逃往孟买。1658 年荷兰控制了锡兰，同时，英国和荷兰的势力扩张到科罗曼德尔各城市，迫使更多的葡萄牙人和葡亚混血儿迁移到孟买。他们开始在这里的欧洲商馆以及迅速扩张的荷兰和英国前哨地区工作。很多孟买人，特别是那些和欧洲人合作的或者在欧洲人手下工作的孟买人，在勇敢的奥古斯丁会修士的监护下皈依了天主教。法国医师弗朗索瓦·贝尔尼埃（François Bernier）报告说，1666 年，胡格利已经拥有 8 000—9 000 名信徒，而孟买其余地区的信徒也有 2.5 万多。在他们的努力下，已经皈依的声名显赫的孟买信徒反过来又大力帮助奥古斯丁会修士在当地的发展壮大。即便如此，奥古斯丁修会仍然受到耶稣会士的干扰，他们借助于在孟买的传教事业大搞“寻找出路”（help out）活动。奥古斯丁修会的垄断地位最终被打破了：1688 年，法国在昌德纳戈尔（Chandernagore）开办商馆，法国耶稣会士和早期派来的耶稣会士的命运不同，他们于 1690 年获准在孟买从事传教；17 世纪 90 年代，传信部开始派遣神父到胡格利和其他地方。到该世纪末，葡萄牙保教权这个靠山在孟买被打倒。从此以后，奥古斯丁修会的传教事业每况愈下，但它作为葡萄牙留在印度的传教团之一，一直持续到 1834 年
143 才彻底结束。[52]

1700 年，143 名葡萄牙奥古斯丁会修士分布在东方各地，在其传教最高峰的 1630 年，约有这个数字一半的人数在亚洲各地传播福音。他们拥有 8 个修道院（果阿、塔纳、朱尔、勃生、澳门、胡格利和伊斯法罕），其中除果阿之外最重要的修道院是胡格利。[53] 需要注意的是，除印度西部之外，奥古斯丁会修士同时也在其他穆斯林根基比较牢固的地方从事传教活动。在孟买和其他地方，皈依的信徒大多是非穆斯林。

葡萄牙保教权托钵修士尽管在 17 世纪初期为传教投注了巨大的热情，但是他们在亚洲的事业还是失败了。随着葡萄牙世俗势力在亚洲的衰落，天主教修士们总体上放弃了传教活动，摆出一副防守的态势。他们离开那些得不到国王支持的地方，聚集在果阿地区的修道院以及葡萄牙在印度西海岸设有堡垒的商馆（fortress-factory）。[54] 为数不多的几名方济各会修士或秘密或公开地在荷兰控制的地区进行传教。多明我会修士继续在小巽他群岛通过和当地的商业富豪、当权者们合作，勉强维持着其微弱的势力。果阿和里斯本的当局厌倦了支持海外飞地的那些数量巨大的天主教修士，这极大地削弱了他们的传教事业。没有几个印度人获准加入各天主教修会。[55] 在果阿和其他地区，当地的自立教士开始取代天主教修士的地位并为那些信徒指引。在这种情况下，其中的一些修士开始过着一种远不是表率和榜样的生活或者彻底放弃其职业，这不足为奇。到 1700 年，大约有 750 名葡萄牙天主教修士（方济各会修士、多明我会修士和奥

古斯丁会修士）在亚洲各地传教，而 16 世纪初也有数量相当的教士在亚洲传教；1630 年的传教高峰期，这个数字是 1 100 人，显然现在的数量有所下降；[56] 伴随着 1630 年后传教人数的减少，一股反叛的情绪开始蔓延，特别是当 1640—1668 年葡萄牙和罗马摩擦不断的情况下，这种情绪更加严重。即使和梵蒂冈（Vatican）① 的关系恢复正常时，葡萄牙保教权下的天主教修士在果阿和其他葡萄牙飞地的生活仍然单调乏味。尽管他们还在亚洲支撑着蒙混时光，但是他们皈依信徒的热情不见了，到 1833—1834 年传教士的数量和影响力都稳步地下滑了。[57] 144

第二节　葡萄牙保教权下的耶稣会士在南亚

葡萄牙保教权下的耶稣会士在亚洲的经历远比天主教托钵修士愉悦。范礼安（Valignano）从 1574 年到去世前的 1606 年一直在澳门担任耶稣会东方传教团主管。在他的带领下，耶稣会士数量急剧增长，耶稣会在从果阿到长崎广大地域的各基督教传教团中，处于主导地位。[58] 到 1605 年，先前的耶稣会印度教区被分割成 3 个次级区域：北印度（果阿）、南印度（科钦）、中国和日本。直接接受果阿管辖的是葡萄牙商业飞地——印度北部地区、迈索尔（Mysore）、莫卧儿王国、契丹（Cathay）和波斯；科钦管辖其余地区的耶稣会活动——印度北部之外的其他地区、锡兰、马六甲、马鲁古群岛和勃固。澳门是葡萄牙耶稣会士在亚洲工作的指挥中心。在这些教区里，耶稣会士经营了 100 多个组织机构：学院、教区长管区和居住区。17 世纪的前十年，近 600 名耶稣会士在东方从事工作，这个数字是其他任何天主教修会所无法企及的。1600 年，耶稣总会会员的数量是 1 万多名，葡萄牙保教权下的耶稣会士数量占耶稣会士总数的 6%。[59]

从 1600 年到 1700 年的一百年间，包括普通修士和神父在内，约有 930 名

① 指罗马教廷。——译者注

耶稣会士经由里斯本和好望角到达东方。[60]其中一多半的会士有葡萄牙血统。16世纪，在葡萄牙保教权名义下传教的耶稣会士约有20%来自西班牙；到了17世纪，他们几乎全部消失不见，其原因主要在于：西班牙籍的耶稣会士更加关注美洲的传教事业，除此之外，葡萄牙作为一个民族国家与西班牙哈布斯堡王朝统治之间的矛盾摩擦不断。17世纪在东方传教的1/3耶稣会士不是葡萄牙籍人，意大利籍耶稣会士仅次于西班牙籍耶稣会士成为最大的“外国”小分队。但是综观17世纪，意大利籍耶稣会士的数量在急剧下降，特别是在罗马和里斯本存有隔阂期间（1640—1668年）及之后，这一趋势愈加明显。随着葡萄牙保教权和传信部以及后来的法国传教会之间的关系愈来愈紧张，越来越多的北欧人出现在东方：德国人、奥地利人、瑞士人、佛兰德人（Flemish）、荷兰人和法
145 国人。无论是罗马方面还是耶稣会会长都不愿意看到，罗耀拉（Loyola）创建的、作为教皇重要臂膀的耶稣会堕落为和其他天主教托钵修会一样，完全由葡萄牙世俗王权控制和摆布。无论从哪个角度来看，耶稣会布道团成员总体上仍然由欧洲人构成，其原因在于耶稣会只吸纳了为数不多的亚洲人加入他们的行列，而且速度十分缓慢。[61]

在印度的耶稣会士按照范礼安的指导，将工作的重心集中在皈依异教徒方面，而引领和看护信徒的工作交给自立教士和托钵修士打理。耶稣会各层级的管理人员，从耶稣会会长到各教区副主教，都密切关注着基督教在果阿和印度其他各地的发展状况以及任何细小的变化。耶稣会会长克劳迪奥·阿夸维瓦（Claudio Acquaviva）在写给印度各教区主教的信中，提到从皈依政策到沐足等方方面面的细节。[62]弗朗西斯科·卡布拉尔（Francisco Cabral，1528—1609年）从1592年到1597年在果阿担任教区主教之职，也是前日本教区副主教（1582—1584年）。他于1596年详细地记录道，摩尔人和异教徒在葡萄牙世俗政权面前贬低耶稣会士并且指控他们不公正地通过暴力皈依信徒。[63]显然，此后的很长一段时间里，果阿地区的耶稣会士继续被诟病，指控其使用的传教手段比附近的撒尔塞特和巴尔代地区的托钵修士的手段更加暴力。[64]17世纪初，果阿地区完全天主教化，到了1619年，整个撒尔塞特半岛的土著居民（8万）都被悉数皈依了。

从1596年到努诺·罗德里格斯（Nuno Rodrigues）结束其教区主教（1597—1602年）一职期间，尼古拉·皮门塔（Nicolas Pimenta，1546—1613年）充任东印度地区的巡阅使，他因实行严苛的政策和野蛮的手段而颇有声望，即使在葡萄牙人和耶稣会士当中也是盛名不衰。1598年签订了《葡萄牙—卡利卡特协议》（*Portuguese-Calicut treaty*）——据此扎莫林首次对传教士开放，皮门塔利用这个协议向扎莫林派遣耶稣会士。意大利耶稣会士贾科莫·范尼西欧（Giacomo Fenicio，约1558—1632年）在该地区研习各种印度语言，1600年后开始创作他的纪实性“印度教派”史，称作《东印度教派书》（*Livro da seita dos Indios Orientais*）。[65]但是这些努力都是短暂的，因为荷兰的船只开始陆陆续续地出现在其沿海地区，扎莫林很快就恢复了先前的反葡萄牙政策。旅居在此的耶稣会士皮门塔，对耶稣会士在勃生、撒尔塞特岛（也叫Tana）和朱尔堡垒城等各站点所取得的成就表现出了明显的满意。约1600年，他在第乌建了一座房舍，此后耶稣会士被派往埃塞俄比亚、阿格拉和拉合尔等各地区。[66] 146

耶稣会和莫卧儿的统治者阿克巴（1556—1605年在位）之间的联系可以追溯到1580年，但期间也有一些磕磕绊绊。[67]神父热罗姆·沙勿略（Jerome Xavier，1617年去世）是教廷在印度地区宗座钦使的侄孙，他从1595年始就侍奉于阿克巴的左右，直到这个“伟大的莫卧儿英雄”于1605年逝世。热罗姆·沙勿略和他的同僚通过控制波斯人，可以和阿克巴及其朝廷进行直接对话。1601年，阿克巴最终通过书面的形式准许他的臣民接纳基督教。两年以后，教友鄂本笃（Benedict de Goes，1562—1607年），这个曾经和热罗姆·沙勿略在阿克巴朝廷共过事的葡萄牙人，在阿克巴的鼓动下取道陆路来到中国。1603年3月，鄂本笃乔装打扮成亚美尼亚商人启程出发，跨过“世界屋脊”来寻找在北京的利玛窦神父，判明契丹和中国北部是否同一地区。经过艰苦跋涉探索，他判定契丹和中国北部是同一个地方，这至少让耶稣会士十分欣慰。不幸的是，1607年他在到达北京见到利玛窦之前就死于中国西部的宿州。[68]

莫卧儿朝廷中的耶稣会士，对契丹和西藏的地理位置十分困惑，人们谣传数量庞大的基督徒曾在那里生活。鄂本笃远行的本意是澄清这些说法的真伪。尽管有人证明契丹就是中国而不是西藏，但是人们仍然坚信西藏就是很多基督徒曾经生活过的地方，一些西藏的礼仪风俗和基督教类似，这更加让人们相信以上的那些说法是真实的。1624年，安多德（Antonio de Andrade）神父被派去调查究竟，并希望和西藏基督徒进行接触。安多德越过喜马拉雅山，通过马纳山口（Mana Pass）进入西藏西部的萨特累季河（Sutlej）上游的阿里土林（Tsaparang）。他在这里没有发现任何基督徒的踪迹，但却受到当地王子的热烈欢迎，还被允许在那里设立布道所。1624年回到阿格拉之后，他又于次年带领两名耶稣会士再次返回阿里土林。安多德在那里建立的传道所一直存续到1635年；而安多德本人1630年就离开了阿里土林。1635年后，传教士继续源源不断地来到阿里土林，这一趋势一直持续到1650年；该年，包括阿里土林在内的古格王朝（Guge）① 被拉达克（Ladakh）吞并。从1625年到1650年，先后共有26个传教团光顾西藏西部。

1605年阿克巴去世，热罗姆·沙勿略和神父安东尼奥·马查多（Antonio Machado）居住在阿格拉，而曼努埃尔·皮赫尔（Manuel Pinheiro）神父和弗朗西斯科·科尔西（Francisco Corsi）神父在拉合尔工作。耶稣会在这两个城市拥有很多规模小但是十分忠实的信徒群体。虽然耶稣会士没有成功地将阿克巴吸纳到基督教会中，但是他们对将萨林王子（Salim）吸收到基督教会抱有极大的希望，当时萨林王子已经继承父亲的王位成为贾汗吉尔帝王（Emperor
147 Jahangir，1605—1627年在位）。但是耶稣会士对贾汗吉尔的皈依太过乐观了。自从贾汗吉尔登基以来，他便不断地挑拨毛拉（mullah）② 和耶稣会士之间的关系，让他们彼此出丑以供自己娱乐。随着时间的推移，他开始让耶稣会士充当到果阿的使臣，以及充当廷臣讲述基督世界的异国奇闻逸事，供他娱乐。[69]

1608年，威廉·霍金斯（William Hawkins）和其他英国人出现在苏拉特和

① 10世纪中叶至17世纪初，古格王国雄踞西藏西部，弘扬佛教，抵御外侮，在西藏吐蕃王朝以后的历史舞台上扮演了重要的角色。它位于青藏高原的最西端，札达象泉河流域为其统治中心，北抵日土，最北界可达今克什米尔境内的斯诺乌山，南界印度，西邻拉达克（今印占克什米尔），最东面其势力范围一度达到冈底斯山麓。古格王国的王族，是吐蕃赞普（即汉语中的“王”）的嫡系后裔。所以古格王国历史的源头，必须追溯到吐蕃王朝的晚期。——译者注

② 伊斯兰教国家对老师、先生、学者的敬称。——译者注

阿格拉，这给耶稣会带来新的问题。贾汗吉尔热忱地接待新的来客，满足他们在苏拉特贸易的请求，向他们咨询基督教教义，以及问询葡萄牙在第乌和果阿的军事实力。面对这样的威胁，果阿的总督做出和贾汗吉尔断绝交往的回应。尽管后来贾汗吉尔废除了和英国人进行贸易的约定，重又恢复和葡萄牙的贸易关系，但是耶稣会士和葡萄牙商人都没有恢复到曾经在莫卧儿朝廷享有的垄断地位。英国和荷兰新教徒在印度西海岸势力的不断壮大，也使贾汗吉尔皈依天主教的梦想逐渐破灭。1615 年，热罗姆·沙勿略和皮赫尔返回果阿。尽管有年轻一代前来顶替他们的位置，但是耶稣会士在莫卧儿的传教之旅，继续遭受着贾汗吉尔的冷眼和印度西北部不断壮大的英国势力的威胁。

耶稣会士尽管在印度北部被迫采取防守姿态，但是他们在南印度和锡兰仍处于进攻态势。1597—1598 年间，巡阅使皮门塔视察印度南部地区的传教情况，发起了新一轮的革新活动。他的目标与以往形成了鲜明的对比，即突入到葡萄牙飞地之外的区域和归当地土著管辖的区域。印度南部传教活动的目标应该与莫卧儿王朝、中国和日本的目标一致，将重点集中在与统治阶级建立联系、学习当地语言和风俗、集中全力皈依那些上层阶级而不是下层阶级等方面。1599 年戴拜教务会议之后，以科钦为基地的耶稣会士开始向腹地和印度东部推进，甚至还到了遥远的孟加拉。约有 25 名耶稣会士监管着从科钦南部到库勒姆（Coulam）的 35 个传教站点，并且看护着 4 000 多名基督徒。[70]1600 年恩里克这位德行高尚、性情执着的王子逝世，由沙勿略一手筹建的捕鱼海岸传教所遭遇了不可挽救的损失。[71] 在这里，恩里克王子和他的同仁们在基本没有任何外援的基础上建立了一个布道团；1601 年，这个布道团的耶稣会士数量达到约 20 名，他们分别为 7 个地区提供服务：杜蒂戈林、普尼卡尔（Punical）、马纳坡（Manapore）、班帕拉（Benpara）、特里坎杜尔（Trichandur）、马纳尔（Manaar）、皮尔利亚帕塔姆（Periapatam）。[72] 1600 年，方济各会修士应总督的要求，接管耶稣会曾经在特拉凡科尔、捕鱼海岸和锡兰北部地区打拼下的传教基地。同一时期，皮门塔从他的美勒坡总部出发，深入内陆，和京吉（Gingee）、坦焦尔、马杜赖及从日渐衰落的胜利城中独立出来的 3 个南部地区的纳亚克（总督）商讨准许传教团队进驻这些地区的事宜。耶稣会士也从王国政府那里获准进入昌 148

德拉吉里（Chandragiri）和首都胜利城从事传教活动。1598—1599年间，其他几位耶稣会士也借助水路从美勒坡进入孟买和勃固，但是很快又从这个并不友好的由奥古斯丁会修士控制的区域撤了出来。[73] 同样，耶稣会士寄托在胜利城的希望也破灭了，原因是连绵不断的战争席卷了整个印度王国。尽管马杜赖地区的传教团体仍在苦苦支撑，但是直到1606年罗伯特·德·诺比利（Roberto de Nobili，1577—1656年）到达之后，他们在这里才站稳脚跟。

诺比利是托斯卡纳家族的一个十分有天赋的子嗣，17岁那年他入了耶稣会；1603年，诺比利被封圣为神父。该年即将结束之时，他又赶赴里斯本学习葡萄牙语，以备将来到东方传教的不时之需。颠簸的旅程之后，诺比利这位年轻的耶稣会士于1605年5月20日在果阿登陆。接下来的五个月，诺比利留在果阿的一所耶稣会神学院，他逐渐适应了这里的生活并且完成了他的神学研究。1606年早期，他来到科钦进入该地的神学院，这里的教区主教是他的意大利同胞艾伯特·拉吉欧（Alberto Laerzio，1557—1630年）。[74] 不久之后，诺比利来到杜蒂戈林，加入已经在捕鱼海岸展开传教工作的耶稣会士行列。他在这里学习了七个月的泰米尔语（Tamil），一直持续到被派到马杜赖（印度南部地区的印度教中心）之后。

马杜赖王国创立于1540年，是向维查耶纳伽尔的印度王国进贡的一个小附庸国。其历届统治者纳亚克所治理领土面积大小相当于葡萄牙，北起乌拉图尔（Urrattur）和瓦力坎达普拉姆（Valikandapuram），南至科摩林角（Cape Comorin），西起哥印拜陀（Combinatore）、埃罗德（Erode）、达拉普兰（Dharapuram），东至大海和拉梅斯沃勒姆（Ramesvaram）。[75] 这个小王国的沿海地区，包括捕鱼海岸上的杜蒂戈林，1600年前在葡萄牙人和耶稣会士中间富
149 有盛名。马杜赖城位于瓦吉河（Vagai River）河畔马杜赖王国的中心，统治者纳亚克在此主持朝政。在诺比利到达这里之前的十一年，一小群葡萄牙和帕拉旺（Paravan）基督徒生活在该城的周边地区，由葡萄牙耶稣会士贡萨罗·费尔南德斯（Gonçalo Fernandes，1539—1621年）看护。尽管费尔南德斯在马杜赖地区的第一任期内没有皈依过一个上层阶级信徒，但是他获准在此建立了一座教堂、一所学校、一座小型医院，信仰印度教和基督教的信徒都可以免费享用

医院里的一切设施。拉吉欧担忧马杜赖的传教事业停滞不前，于1606年11月在杜蒂戈林会见了费尔南德斯和诺比利，共同规划未来。在这里，他们决定，诺比利应该以费尔南德斯助手的身份前往马杜赖。[76]

诺比利刚一到达马杜赖就给他罗马的表弟写信："我所在的地方是这个国家的一座名城…… 到处都是令人生畏的神像，如同先前的罗马城一样著名。"[77] 显然，要想在马杜赖实现传教成功，必须采取新的策略。如果不借助于葡萄牙的武器就赢得印度人的信赖，就需要包容当地的风俗习惯。费尔南德斯在马杜赖遵循已经确立的、在当地各港口十分盛行的方法和原则来皈依和侍奉信徒。然而，费尔南德斯和其他民族优越感十分强的欧洲人一样，他认为印度人应该认可基督教和葡萄牙的信仰和民俗，甚至还要承认欧洲海军和军队的优势地位。他甚至以"普拉格尼"（Parangi）这个南印度人给葡萄牙人取的绰号而骄傲。这个来自穆斯林的词语，很可能是亚洲人用泰米尔语和泰卢固语来称谓欧洲人的。对于印度南方的人来说，"普拉格尼"首先当然是指葡萄牙的文化、宗教和风俗，但同时也指涉那些外国人——他们不遵守印度阶层的制度规则，被归类于贱民阶层和其他污秽的阶层。① 如果一个印度人加入"普拉格尼"行列，就意味着他要彻底丢掉社会阶层地位；一个人所属的种姓地位越高，他加入基督教所遭受的损失也愈大！[78] 如果一个人叛变了他所属的种姓阶层，等于这个本土的"普拉格尼"彻底地妥协了，必须到葡萄牙人那里寻求庇护。诺比利用最快的速度让印度人知晓他不是"普拉格尼"，而是来自罗马上层社会家族，他所传授的宗教最为纯正，而不是"普拉格尼"人的宗教。诺比利从费尔南德斯的学校首陀罗教师那里了解了很多有关马杜赖种姓制度和印度教的知识。他被告知，那些遵守单一生活方式的印度人相当于基督教神父，被称作**弃绝者**（*sannyasis*），即放弃所有世俗物质的圣人。由于**弃绝者**的大门向所有婆罗门和非婆罗门敞开，诺比利决定模仿他们的穿着和饮食习惯，过简朴的生活，以此渗透到印度文化的深处。 150

① 在印度教种姓制度中，排除于种姓制度之外的人，即："不可接触者"或称为"贱民"，他们的社会地位最低，也最受歧视。——译者注

诺比利的计划尽管激进，但是很快就得到了这里的教区主教拉吉欧和大主教弗兰西斯科·罗斯（Francisco Ros，1557—1624年）的批准，罗斯是僧急里的宗教主管，而马杜赖就归僧急里管辖。罗斯同时也是忠实的圣多默基督教徒，他很久以前就知道必须要和当地的习俗做一些妥协才能达到目的。从严格的法律意义上讲，费尔南德斯是诺比利的上司，他对这种冒进的文化渗透十分反感，指责他的助手行为太过鲁莽。最令他恼火的是，诺比利决定游离于葡萄牙人身份之外，以避免被贴上“普拉格尼”的不利标记。然而诺比利还是坚决地追求新的生活道路。1607年，他退居在自己的一间简陋棚屋里，雇佣婆罗门为其准备一些简单的大米和药草作为食用，并声称自己已经成为酋长阶层了。由于这个阶层的成员须有皇室血统，他声称自己是国王奥拓三世（Otto III，996—1002年在位）的后裔。[79] 拉吉欧将费尔南德斯派遣到沿海地区后，诺比利更是悠然自得地在马杜赖过着酋长的生活。

1607—1609年，这位“罗马弃绝者”开始教化那些在马杜赖的印度大学求学的、年轻的婆罗门学子们。所有的皈依活动都在他优雅的泰米尔庭院进行，范围仅限于他的茅屋，这有利于他的把控。诺比利为5个年轻人施洗并给他们取了欧洲教名。到1609年，他皈依了60名信徒，两年之后这个数字达到150人。[80] 但是随之而来的是一系列的麻烦。1608年晚期或1609年早期，统治者纳亚克穆图·克里斯呐帕（Muttu Krishnappa，1601—1608/1609年在位）去世，他的儿子穆图·唯里帕（Muttu Virappa，1609—1623年）继位。[81] 诺比利对新继任的纳亚克一无所知，也许他会接受这位耶稣会传教士的对手的建议吧。同时，诺比利开始学习纳亚克使用的泰卢固语，以及婆罗门使用的梵语（Sankrit），这又为他深入印度南部地区的宗教生活提供了两条通途大道。他首先学会讲的是梵语，学会阅读的是格拉萨（Grantha）——用有角的泰米尔字母书写的梵语。他从梵语老师同时也是未来的古鲁（guru）① 西瓦达尔马（Sivadarma）那里秘密地学习阅读吠陀（Vedas）文本，吠陀经是婆罗门阶层的内部保密书籍，也是

① 宗教导师。——译者注

最神圣的印度书面作品。① 诺比利深入钻研吠陀文集且皈依了西瓦达尔马，这
两件事在印度教界和基督教界激起了轩然大波。当诺比利企图通过让自己成为
“丢失的（第四部）吠陀经的导师”来调和印度教教义和基督教教义时，印度教
和基督教界的神学家们都不禁要怀疑他们对自己各自信仰的宗教的忠诚度。诺 151
比利宣称，只遵循另外三部吠陀经——毗湿奴（Vishnu）、婆罗门（Brahman）
和湿婆（Siva）——的教义且践行善事，不可能达到救赎的目的。诺比利一直
强调信仰的首要性。[82]

虽然一些印度哲学家们贬斥诺比利的观点，但是另外一些人却认同他正提倡的“知识之路”（the way of Knowledge）——认为这是正统的印度教马杜赖派教义。[83] 然而，他的欧洲同胞批评家们却并不那么容易屈就。严重的冲突发生在1609—1610年，当时诺比利和他的60位同伴们修建了一座新教堂，采用印度庙宇建筑风格，这座教堂只供被皈依了的上层阶级使用。而葡萄牙人和地位低的基督徒禁止进入这座教堂。对于跟随在费尔南德斯左右的基督徒们而言，这一排斥是诺比利飞扬跋扈的又一个佐证。费尔南德斯长时间以来一直说服拉吉欧和罗斯制止诺比利的行为，但都没有成功，因此他决定向高等法院起诉。这真是适逢其时，因为皮门塔第二次被任命为巡阅使（1609—1613年）来果阿省和马拉巴尔视察。皮门塔和果阿的神学家们长久以来就认为马杜赖的传教事业已经误入歧途，因此对费尔南德斯的申诉做出了快速的回应，立刻着手调查诺比利的传教方法是否得当。

费尔南德斯在向皮门塔的申诉报告中称：诺比利否认自己是“普拉格尼”，他把自己装扮成古鲁，拒绝上座用餐，喜欢独自用餐并由他的婆罗门们侍奉；建造自己的房屋和教堂且禁止葡萄牙人进入（包括费尔南德斯本人）；供应给新入教的婆罗门们一些细绳，上面系有一个十字架刻着拉丁语耶稣字样；通过在众人面前沐浴来美化自己；在泰米尔语版本的祈祷书中改变字义，禁止他的信徒们参加费尔南德斯的礼拜；告知他的信徒他来自葡萄牙之外的另外一个国度，声称自己是皇室后裔，并传播道，所有的福音师都应该拥有贵族血统。[84]

① 吠陀经，也叫吠陀本集，是印度最古的宗教文献和文学作品的总称。——译者注

面对这些控诉，皮门塔命令拉吉欧和他在科钦的同事们来决断，马杜赖的传教事业是否应该改革或者取缔。针对费尔南德斯的指控，教区主教向10位新皈依的信徒咨询了15个问题。[85]基于这次特别的调查，拉吉欧宣布费尔南德斯
152 对诺比利的指控有违事实或者夸大其词。[86]

同时，皮门塔通过他的私人秘书路易斯·卡多佐（Luis Cardoso，显然不是耶稣会士）搜集其他对诺比利不利的指控。经过核查账目，卡多佐得出结论认为马杜赖传教会过度铺张浪费。[87]在果阿，皮门塔还将诺比利的案子呈给5位神学家参与定夺。他们认定婆罗门基督徒戴绳子于身上也许是出于妥协和包容，但认为修改祈祷书十分危险，公开沐浴是迷信行为，与费尔南德斯的隔阂是分裂教会的表现。皮门塔将这些总结性评价和他自己的亲笔信及他本人对诺比利采用方法失当的谴责，都寄给了诺比利。由于耶稣会会长没有赋予皮门塔任何权力来镇压传教活动，所以诺比利、拉吉欧和大主教罗斯迅速致信罗马为他们辩解。由于等待罗马回应的时间需要两年，诺比利继续自己的工作，到1611年他的信徒已达到150名。[88]

正当与皮门塔的争吵如火如荼时，1610年拉吉欧决定派遣安东尼奥·维科（Antonio Vico，1565—1640年）去协助诺比利。早在罗马时，维科和诺比利就是朋友关系了；来到印度之后，维科曾一度在科钦教授神学，他同时也十分景仰诺比利在马杜赖取得的成就。维科非常不满皮门塔对诺比利的指控。他刚一到达马杜赖，就草拟了一份小册子速递到罗马，驳斥费尔南德斯和果阿的神学家们对诺比利的指控。显然，这一事件已经演变成具有民族和神学的双重属性了，意大利籍的耶稣会士坚决地拥护他们的同胞诺比利，尽管他们在保教权范围内开展工作并且受到葡萄牙国王的经济和军事援助。

1611年，拉吉欧的教区主教职位由佩德罗·弗朗西斯科（Pedro Francisco，1568—1623年）取代。佩德罗是一位葡萄牙籍耶稣会士，有二十多年在印度传教的经验。他由皮门塔任命，用来阻止拉吉欧的政策，防止诺比利深入马杜赖腹地传教，并且督促费尔南德斯抓紧采取行动。他敦促费尔南德斯遵循诺比利提倡的禁欲传统习惯，更加深入地融入印度生活，且和高级种姓阶层合作。费尔南德斯遵循佩德罗的指示修改了自己的传教方法，这样他可能会为诺比利展

示一条正确的道路，既可以包容当地的风俗习惯，又不会导致他的教区被隔离出去。1613年8月11日，佩德罗·弗朗西斯科写信给诺比利，命令他放弃那些异教的仪式和习俗，要团结费尔南德斯会众，在接受这些条件之前不得为他人洗礼。诺比利认为，他率领的传教团的生存将会因遵循教区主教的命令而遭受损害，而这恰恰是耶稣会会长所希望避免的。事实上，1612年12月耶稣会会长致信给罗斯、弗朗西斯科和诺比利，希望他们召开一次会议，来决定马杜赖的传教活动哪些需要调整，但无论如何不得破坏现有的传教秩序。[89]显然，佩 153
德罗·弗朗西斯科在独断专行，希望诺比利不打任何折扣地遵循他的命令。

如果弗朗西斯科期望对方的盲从，那么他肯定很失望。1613年，诺比利在罗斯的陪伴下来到科钦，遵照耶稣会会长的建议讨论马杜赖的传教政策。弗朗西斯科拒绝和他们对话，他要求诺比利交出寄给罗马的信件，并且解释耶稣会会长信件的本义。[90]罗斯完全同意诺比利对耶稣会会长书信的理解，质问果阿神学家们所提供的建议，并且谴责费尔南德斯对耶稣会大主教的态度不恭。[91]罗斯控诉印度的耶稣会主管们，但是会长阿夸维瓦再也没有机会对此做出回应，因为他于1615年1月31日逝世于罗马。

1615年，新任的科钦教区主教加斯帕尔·费尔南德斯（Gaspar Fernandes）召集诺比利到科钦讨论传教事宜。大主教罗斯和他的耶稣会朋友们更加自在地站在诺比利的一边，因为新主教在处理诺比利的问题上至少是中立的。无论是在罗马还是在科钦，诺比利的问题越来越被大家接受了。1616年，似乎每一件事情都向着有利于他的方向发展。但就在这个时候，一个更加强劲的敌人堂·弗雷·克里斯托旺·德·萨·里斯博阿（Dom Frei Cristovão de Sá e Lisboa，1662年去世）出现了，继梅内塞斯之后担任果阿大主教和印度首席主教（Primate）。印度各地处于防守状态的葡萄牙人，特别是果阿的大主教，开始害怕新教徒和他们在印度的敌人的联盟。[92]大主教德·萨怀疑，向马杜赖传教团做出的妥协会引起马杜赖统治者的敌视，并可能导致果阿和其他地区的基督徒婆罗门重返先前被葡萄牙禁止了的传统习惯。[93]各港口的婆罗门可能会联合葡萄牙在欧洲的敌人，将葡萄牙人从印度的基地驱逐出去。这种观点并不是空穴来风；在印度南部，丹麦人占据了德伦格巴尔，荷兰盘踞在若干基地。诺比利因此被看作是对葡萄牙大主教位置的政治威胁和宗教威胁。

在罗马，亚洲的传教方法也成了人们讨论的核心问题。在中国的传教士长时间以来都采取适应策略，并且一直向教皇请求将《圣经》和其他宗教作品翻
154 译成汉语，要求在祈祷书中和执行圣礼时使用当地土著语言。[94]这个请求于1615年得到批准之后，罗马方面开始关注印度地区诺比利和果阿大主教之间的矛盾。1616年，教皇保罗五世（Paul V）命令大主教德·萨和罗斯研究争论激烈的事件，诸如婆罗门穿戴的绳子、额前标识、沐浴以及其他行为习惯，并做出决定是否准许那些皈依的信徒保留这些习俗。

由于教皇的指示需要两年才能够到达果阿，诺比利和维科在罗斯的准许下恢复了在马杜赖的神职。他们再次为别人施洗，但只限于那些属于首陀罗种姓阶层的印度人。他们通过书信，继续向耶稣会会长穆蒂里奥·威特勒斯奇（Mutio Vitelleschi，1615—1645年在位）及他在罗马的亲朋好友提供大量的信息，包括基金、种姓制度及其他印度习俗。1617年12月，教皇的通知终于到达果阿，德·萨拒绝接受教皇的建议召开会议，坚持认为诺比利的问题应该由葡萄牙宗教裁判所定夺。面对这位大主教的申诉，耶稣会的盟友——里斯本宗教裁判所的主审判认为，教皇的决定取代了果阿裁判所的早期声明，应该予以重新考虑审定。教皇的第二道宗座简函再次下达，要求在果阿召开会议，诺比利本人必须参与讨论和决策，并以书面形式向上报告。

1618年12月，诺比利和疾病缠身的大主教罗斯取道海路到达果阿。会议计划定于1619年2月4日在大主教的宫殿召开。会议召开之前，罗斯和诺比利发表了意见书表明他们对居民穿戴绳子、束发（婆罗门的一种发式，一簇头发比其余的头发要长一些）和沐浴等世俗习惯的观点。在获悉既定的参与者接受这些习俗之后，首席主教德·萨邀请了很多托钵修士和自立教士作为选民参与其中。在会议开始之初，这位首席主教通过以下的开场白为会议定下基调：

> 我个人以为，绳子和束发不能容忍。即便他们只是种姓身份的标志，也没有任何宗教方面的含义，包容这些标识也会给果阿教区带来丑闻。[95]

这位耶稣会士的立场得到班安德（Andrea Palmeiro，1569—1645年）的认同，班安德是一位葡萄牙籍的神学家，享有很高的声誉，他接替皮门塔于1618年以巡阅使的身份访问马拉巴尔省。在读到诺比利的备忘录之前，班安德意欲结束在马杜赖的传教会。权衡了传教士们的争论之后，他推翻了先前的决定，同意“那些标识表达的只是种姓身份和社会地位而不具备任何宗教含义”的观点。和班安德经历类似的是堂·若昂·费尔南迪诺·德·阿尔梅达（Dom João 155
Fernandino de Almeida），他是葡萄牙自立教士、教规律师和果阿的第二任宗教审判长。阿尔梅达起初十分敌视诺比利的传教方法，现在他也同意这些标识的世俗属性。[96] 一直以来都支持诺比利的德高望重的罗斯强调，马杜赖地区所采纳的传教方法没有一个不是源自使徒时代。他断言，教会有义务和责任拯救灵魂，应该准许皈依的印度信徒保留其社会习俗和仪式。[97] 面对诺比利的报告，大主教德·萨及其追随者们的回应充满了讥讽和影射。这位印度的首席主教因激动而尖叫道：“一位耶稣会的神父已经堕落到异教的歧途，并且邀请大家在叛教的路上越走越远！”[98] 诺比利为自己辩解之后，这位首席主教号召大家进行投票决策。第一位宗教裁判员指责诺比利；第二位赞许他。其余的20名神学家和神父，只有4名投了诺比利的赞成票。接下来的一个礼拜日，大主教德·萨在他的大教堂里喜气洋洋地做了一次布道演讲，且公开地谴责了诺比利崇拜偶像和倒行逆施的行为。

尽管诺比利在果阿的斗争中失利了，但是他在欧洲的斗争中体验到了凯旋。本次会议尘埃落定之后，斗争的双方都立刻致信给罗马告知这里的情况。欧洲其他职位显赫的权贵们，包括哈布斯堡国王的心腹们和葡萄牙的宗教裁判长，都收到了罗斯的来信。这位盛怒的大主教否认首席主教发往欧洲的报告的真实性，在他寄出的快件中含有一些声援信件，分别来自日本的耶稣会主教迭戈·瓦伦特·科雷亚（Diogo Valente Correia）、第二任宗教审判长和科钦的统治者维拉·喀拉拉·瓦玛（Vira Kerala Varma，1605—1635年在位）。[99] 里斯本方面，最高宗教裁判长堂·马丁斯·德·马斯卡雷尼亚斯（Dom Martins de Mascarhenas）拒绝了大主教德·萨判罚诺比利的诉求，并于1621年告知罗马表明自己支持诺比利的立场。教皇格里高利十五世（Gregory XV，1621—1623

年在位）任命一个特别委员会核查那些累积下来的资料，并上呈他们的立场。这个委员会在杰出的爱尔兰神学家彼得·龙巴德（Peter Lombard）的带领下，仔细研究了诺比利的各种传教方式，1622 年末他们做出裁定，准许信徒们保留种姓标识。1623 年 1 月 31 日，教皇格里高利出版了使徒法典《罗马教宗训令》（*Romanae Sedis Antistites*），正式批准印度信徒使用种姓标识和沐浴的习俗，但是皈依的信徒无论在心里还是日常行为实践中，都不能保留任何偶像崇拜的痕迹。[100] 1624 年 12 月，该法典下达到果阿教区，开启了印度传教历史上的
156 新纪元。

这些年的争吵使得马杜赖的传教环境每况愈下。诺比利经常脱岗，而且大部分时间被禁止施洗。维查耶纳伽尔和马杜赖之间发生的间歇性战争到了 1614 年达到巅峰，这一年马杜赖国王逝世了。随后发生的战争迫使纳亚克从马杜赖北迁到蒂鲁吉拉伯利（Tiruchirapalli），一个天然的岩石堡垒城。诺比利和许多信徒们，其中还包括一些士兵和朝臣，跟随统治者纳亚克来到北方基地。战争和饥荒使得马杜赖的民众和传教业陷于窘境。由于传教处于涣散状态，1619 年耶稣会会长命令马拉巴尔教区主教加斯帕尔·费尔南德斯，速派至少两名耶稣会士前往马杜赖援助诺比利和维科走出困境。这名曾经得到巡阅使班安德支持过的、并且在果阿站在诺比利的立场上说话的教区主教，既不派人也不给钱。1620 年，班安德本人亲自来到马杜赖。他拜访了费尔南德斯的“老住所”，也参观了诺比利的“新住所”。班安德在报告中声明，马杜赖的传教事业如果继续下去，必须从方方面面进行彻底改革。他认为这里的信徒不多，前景堪忧；事实上，1623 年诺比利的传教会拥有 300 多名基督徒。应该注意的是，班安德对诺比利和马杜赖看法的改变发生在教皇颁发的使徒法典到达前。[101]

就在这个节骨眼上，新任的纳亚克蒂鲁马拉（Tirumala，1623—1659 年在位）掌控了马杜赖的大权。他立刻将朝廷搬回马杜赖，并发起了一场扩张运动，其终极目标是马杜赖彻底独立于维查耶纳伽尔王国。诺比利在罗马的朋友们认为教皇的决定必定对他有利，因此，1623 年诺比利启动了自己的扩张计划。他从大本营蒂鲁吉拉伯利出发，扮演成流浪弃绝者，在其门徒的陪同下，前往其他地方传播宗教信仰。随着格里高利教皇法典的到达，诺比利又开始为高级种姓

的印度人施洗。1625 年圣诞节那天，他为蒂鲁门格勒姆（Tirumangalam）纳亚克——实际上也是北马杜赖的统治者——及其全部 11 位家人施洗。在其得到了第二名助手伊曼纽尔·马廷兹（Emanuel Mȧrtinz）之后，诺比利在印度南部拓展了自己的传播范围，并且成立了一些新的布道所。1627 年，友好的拉吉欧返回到科钦，他以教区主教的身份开启了第二轮巡视的序幕，这使得诺比利的传教负担减轻了。到 1630 年拉吉欧逝世时，诺比利的传教团已经拥有 3 个传教中心，每一个中心都管辖着一些附属教区。传教团之所以能获得如此辉煌的成就，是因为诺比利 1630 年为自己争取到可以在马杜赖的所有辖区自由布道和建造教堂的权利。[102]

当马杜赖的传教活动刚刚有所起色，外部因素又将其推向危险境地。1630 年，果阿的总督取消了国家对教堂的资助。1631 年，杜蒂戈林的葡萄牙司令官虐待采珠业者，激起了双方的争吵，直接导致马杜赖和葡萄牙之间的关系破裂。一直渴望寻求联盟的纳亚克，开始向普利卡特（Pulicat）的荷兰人示好。被独 157
立的蒂鲁马拉的背叛激怒的葡萄牙人，和维查耶纳伽尔王国缔结条约，联合对抗普利卡特和马杜赖。夹在战争中间的传教士们，努力摆出一副中立的姿态。不论是殖民总督还是土著纳亚克都恼怒于他们的不忠诚。尽管 1639 年双方达成了和平协议，但是 1640 年马杜赖的对手们还是将诺比利和马廷兹置于蒂鲁马拉的监狱中。

1641 年接近年底时，蒂鲁马拉释放了被捕的传教士。诺比利为挽回损失，扩大信徒规模，决定采取新的战略。为了将基督教传播给印度各个种姓阶层而确保基督教教义不被污染，他需要一些传道师（religious teachers），他们须自如地同时与高级种姓阶层和那些低贱阶层进行交流来往。他从对印度习俗的研究中得知，那里的维拉拉（Vellalas，一支最著名的首陀罗种姓阶层）当中有一个群体叫**潘达拉姆斯**（*pandarams*），他们非常喜好和享受高级种姓阶层对他们的尊重，尽管他们有很多低级种姓的律则需要遵守。诺比利决定创建一个类似的群团叫**潘达拉姆斯瓦姆斯**（*pandaramswamis*），① 或者叫传道师。这些传道师

① *pandarams* 和 *pandaramswamis* 都采用音译法。——译者注

须遵守以下规则，不得吃肉，不得雇用婆罗门，与印度籍的普通教义讲授师（lay catechist）和睦相处。一个名叫巴尔塔萨·德·科斯塔（Balthasar de Costa）的葡萄牙人，也是诺比利召集的第一位**潘达拉姆斯瓦姆斯**成员，他在1640年走上新岗位之后，很快就取得了成功。周旋于高低不同的种姓阶层中间，他和普通教义讲授师的同仁们，为很多低级种姓阶层的成年人施洗。巨大的成功迅速为传教会引来了敌人。为阻止对方的进攻，诺比利再次向蒂鲁马拉求援。他的目标是，通过在马杜赖自由地传播福音，为他的同胞们赢得他个人享有的权利和地位。1644年，他把从科钦带来的一架风琴作为礼物送给了纳亚克，对方接受了诺比利的建议。自此，这里的传教事业发达起来，尽管诺比利本人由于视力障碍被迫于1654年离开马杜赖。他生命的最后日子在美勒坡郊外的一间简陋棚屋中度过，1656年，他在这里辞世。

诺比利第一次到来时，印度南部腹地没有几个基督徒。1644年当他的传教事业达到巅峰时，这里的基督徒达到4 183名。到了这一年，马拉巴尔教区的其余地方（仅限于各沿海港城）皈依的信徒总数为190 268名；科钦：2 700名；僧急里：450名；奎隆：14 700名；马纳尔：5 450名；科伦坡：11 150名；贾夫纳：33 300名；美勒坡：1 700名；勃固-阿瓦-孟买：2 000名；马鲁古群岛：120 600名。[103]诺比利去世之后，他的一小部分跟随者们继续使用他确定下来的传教体制，看护分散在马杜赖、马拉瓦（Marava）、坦焦尔、京吉和萨蒂亚芒加兰（Satyamangalam）等各地的基督徒们。[104]频繁的地方战争、饥荒、流行病和移民等不时地阻断传教的发展，驱散基督徒群体。即便面对如此不利的
158 境况，他们仍然为很多人施洗。[105]要塞之城蒂鲁吉拉伯利——伊曼纽尔·马廷兹1656年去世之前一直担任修道院院长的地方——再次成为整个传教事业的中心重镇。1659年，安东·德·普罗恩扎（Anton de Proenza）接过风雨飘摇中的传教领导权，在接下来的三年里传教事业进入一个崭新的阶段。在他之后，传教事业的发展很不景气；巴尔塔萨·德·科斯塔以代理人的身份来到欧洲并于1673年返回印度，带回来17名新招募的传教士助力马拉巴尔的传教活动，至此，传教事业才得以改善。[106]

新赶赴印度的这支小分队由神父若昂·德·布里托（João de Britto，1647—

1693 年）率领，他出生在一个显赫的葡萄牙家族。[107] 准备前往马拉巴尔的耶稣会士中，只有 8 名在到达果阿之前的颠簸旅途中生存了下来。1673 年 9 月 4 日，他们在果阿停航；布里托及其团队在果阿稍休息了一段时间，于次年继续南行。他们在荷兰占领的僧急里和科钦之间的一小块陆地上登陆上岸，又徒步东行到达安巴拉卡特神学院（College of Ambalakat），这是耶稣会士于 1662 年为躲避荷兰的追捕而建立的。钻研了泰米尔语七个月后，布里托和一名经验丰富的耶稣会士安德烈·弗莱雷（André Freire）越过印度半岛从安巴拉卡特来到京吉县的克雷（Kolei）。在他们途经马杜赖时，受到当地基督徒的热烈欢迎。京吉地区的基督徒们受到比贾布尔（Bijapur）穆斯林苏丹王的仇视，这位苏丹王曾于 1652 年包围了京吉并推翻当地的纳亚克。七年后，坦焦尔同样落入比贾布尔及其同盟伊斯兰控制的戈尔康达地区势力的手里。1674 年 7 月 30 日当这两名耶稣会士到达克雷，荷兰刚刚将法国从圣多默驱赶出去，正沿着印度东南岸肆意撒野。[108] 总之，这里的政治环境对葡萄牙保教权下的耶稣会士相当不利。

克雷位于京吉的南部边界，毗邻坦焦尔前沿，是一个小型传教基地。1661 年，弗莱雷在坦焦尔开启了他的传教生涯，曾经花费了很多精力建设前哨城市克雷。布里托花费一年的时间在克雷学徒，然后在坦焦尔的塔图凡查理（Tattuvanchari）开始独立传教。战争、洪水、瘟疫等一直困扰他在那里的事业。1678 年，他被转移到京吉的喀拉拉邦（Kuttur）的丛林山区筹建新的布道所。 159
借助于诺比利的布道方法，布里托打入婆罗门和低等种姓阶层；与诺比利有所不同的是，布里托从一开始就十分关注南印度的低级种姓阶层。他坚持认为，马杜赖的所有神父们都应该以诺比利推行的禁欲主义为榜样，这引起了传信部和教区主教加斯帕尔·阿方索（Gaspar Affonso）的不满，后者是葡萄牙人，反对诺比利的传教方式。像他的前辈一样，布里托于 1682 年被他的上级指控，理由是傲慢、鲁莽和固执。[109]

1684 年 4—5 月间，布里托在马杜赖起草了 1683 年的年度报告。[110] 其中，他讲述了很多有关坦焦尔和京吉地区基督徒所处的恶劣困境，这些都是他在马杜赖不停歇的环游所亲眼见到的。1685 年，他被任命为马杜赖修道院院长，现在这个修道院还包含了一个新的传教所，由罗马一显赫家族后裔玛丽亚·沙勿略·贝佳斯（Maria Xavier Borghese）神父一年前在蒂鲁内尔维利（Tinnevelly）监建。这位新掌门人遭遇了一系列的问题：坦焦尔基督徒遭受迫害，活跃的修道士数量的急剧下降——“遗弃的荒野，只有我们 8 人坚守在这里耕耘”。[111]

一旦平静的迹象重返坦焦尔，布里托进驻到马拉瓦地区，早在 1679 年这里的所有修道士都被驱逐出去了。马拉瓦位于马杜赖和保克海峡（Palk Strait）之间，是一个极其干燥贫穷的地区，长期由一位叫作**保利加**（poligar）的头人占据和控制，这些人和强盗土匪无异。头领拉格诃纳撒·塞特帕蒂（Raghunatha Setupati，1674—1710 年在位）的老巢设在拉姆纳德（Ramnad），他在从这里到班本岛（Pamban）上著名的罗摩庙之间的堤道上设立警戒。[112] 尽管塞特帕蒂严加防范，但是布里托很久以来就梦想着重新开办马拉瓦地区的修道所。1686 年夏季，布里托为 2 000 多名信徒施洗，之后他和同伴们或者被捕或者入狱或者被拷问。[113] 印度地区的主管们事实上已经放弃了他会被释放的奢望，并向里斯本方面报告布里托可能无法活命了。然而当年 10 月，那位土匪头领**保利加**盘问了布里托之后，释放了他，但是禁止他再次返回马拉瓦。

经过马拉瓦的这次严峻考验，布里托被他的上司们以马拉巴尔传教团代理人的身份派回欧洲。1687 年 9 月他到达里斯本，在这里他受到皇室家族般的礼遇。毕竟，他是第一位在印度遭遇神圣殉道经历的葡萄牙人。如果他不是堂·佩德罗（Dom Pedro）的前学伴，后者怎可能于 1683 年成为佩德罗国王二世呢？这位葡萄牙贵族把自己装扮成印度**弃绝者**，过着印度的生活方式，环游整个葡
160 萄牙，激起了人们的普遍惊讶和好奇。他从未打算前往罗马，因为敌对的形势仍然离间着葡萄牙人和梵蒂冈之间的关系。尽管葡萄牙国王有意将他留在身边，但是固执的布里托最终还是获得皇室的恩准重返印度。[114]

1690 年 11 月 2 日，布里托到达果阿，受到曾经是他的上司现在是果阿教区主教的伊曼纽尔·罗德里格斯（Emmanuel Rodrigues）的热情欢迎。在果阿期间，他被任命为马拉巴尔教区的巡阅使。1691 年 2 月 24 日，他和同伴们到达安巴拉卡特，四天后来到托波（Topo）向弗莱雷报告工作，弗莱雷如今已是科钦的教区主教，准备回欧洲布道。布里托继续前去法国的前哨本地治里向弗朗西瓦·马丁（François Martin）致谢，他曾帮助过马拉巴尔地区的传教事业，

并且平息了葡萄牙和法国耶稣会士因管辖权引起的纷争。[115] 在前往本地治里的路途中，他访问了马杜赖和其他很多布道所。1691 年 8 月他离开了本地治里，顺便去了圣多默以及京吉地区的其他很多基督教社区，从而结束了自己的巡视之旅。现在他准备返回马拉瓦重操旧业皈依信徒，从事那些他曾经被迫放弃的工作。

马拉瓦北部的战争如火如荼地进行着，卷入其中的势力有马拉瓦、坦焦尔和马杜赖。长达八个月的时间里（从 1691 年 9 月到 1692 年 5 月），布里托藏身于马杜赖和马拉瓦边界的森林里，也正是在这里，他为上千人施洗。1692 年 5 月 27 日，恰是圣约翰、教皇和殉道者的斋日，布里托来到马拉瓦再次接受苦难的洗礼，耶稣会士作家们通常将他的这次到来称作“第二次殉道”。

一到马拉瓦，布里托便驻扎在穆尼（Muni）森林，当地的**保利加**头领掌控着那里的政权，他对宗教问题并不关心，所以也比较包容基督徒的活动。但是成千上万的基督徒从马拉瓦的其他地方涌入这个地区后，当地的头领逐渐开始关注这位异常受欢迎的**弃绝者**。就连他的一些亲属也皈依了基督教，更令人讶异的是，布里托可以治病，可以驱魔降妖。1693 年 1 月，一名皇室王子即西路瓦利（Siruvalli）的首领塔蒂亚 · 泰华（Tadiya Teva）从多年困扰他的疾病中恢复健康之后皈依了基督教。在受洗之前，他断绝了和除第一夫人之外所有其他妻妾的关系。其中一位最年轻的妻子也是当地大首领的侄女，她不愿那么轻易地接受这一结果，向她的叔叔添油加醋地申诉道，她的丈夫被基督教巫师施了魔法。当年 1 月 11 日，布里托和他的同伴被囚禁到拉姆尔德。由于担心数目众 161
多的信徒们的抗议，当地土著头领将刑罚执行日推迟到 1693 年 2 月 4 日。[116] 一百六十年后的 1853 年，教皇庇乌九世（Pius IX）为这位殉道的若昂 · 德 · 布里托神父举行升天仪式；1947 年 6 月 21 日，教皇庇乌十二世（Pius XII）将其封为圣徒。耶稣会士在印度内陆早期的这些努力继续结着硕果。1962 年，马杜赖大主教区（1953 年后的都主教区）在一个拥有 700 万人口的都市里拥有 22.7 万名天主教信徒。

随着葡萄牙世俗势力的削弱，耶稣会士在印度南部其他地方的事业也在走下坡路。特别糟糕的是，塞拉的圣多默基督教徒持续反抗天主教拉丁派系。[117]

根据戴拜宗教大会（1599 年 6 月 22—26 日）的规定，马拉巴尔的圣多默基督教徒必须承认教皇是统领天下所有修士的牧师（pastor）、必须接受葡萄牙世俗王权的保护并承认它的权威、必须接受果阿宗教裁判所的管辖、必须遵守特伦多会议颁发的教令。然而，他们仍然可以使用自己的叙利亚文祈祷书。1581 年始，耶稣会士就开始管理科钦附近的瓦伊庞康塔（Vaipocota）的神学院和学校，塞拉地区的管理也委托给了他们。弗朗西斯科·罗斯神父，也是这所神学院的叙利亚语教授和葡萄牙菲利普二世（在西班牙是三世）的加泰罗尼亚（Catalan）臣民，在得到国王的首肯后，被任命为安卡玛丽教区（Ankamali）的主教和果阿的副主教。1601 年 1 月 25 日，这位新主教的任命在圣多默基督教徒中引发了一些负面反应。他们认为，他们的独立传统同时被教会和世俗国家破坏了。从政治角度看，戴拜宗教大会要求他们臣属于葡萄牙在果阿的政府。从宗教角度而言，他们的都主教区（metropolitan see）必须屈尊于由果阿管辖下的一个普通教区（ordinary diocese）。新任主教尽管十分关心信徒们的信仰、需求和习俗，但是却十分鲁莽地将他的固定居所安置在僧急里，而这里却驻扎了一支葡萄牙守备队。科钦的主教（僧急里位于这个教区）抗议罗斯决定在他所辖的教区内定居。教皇保罗五世（Paul V，1605—1621 年在位）恢复了安卡玛丽大主教区的地位，控制全局，以平息这些抗议之声。两年后，他重新划分科钦主教区，将僧急里置于安卡玛丽大主教区的管辖范围之内。[118]

有了这些措施，暂时恢复了平静。然而圣多默基督教徒，特别是当地的神职人员，仍然憎恨教会的拉丁化以及欧洲把控的教会领导权。大都市耶稣会长
162 （Jesuit metropolitan）和先前的主教（patriarchs）不同，他亲自监管大主教区，削弱了地方执事长（archdeacon）先前的重要地位。乔治·德·克鲁斯（George de Cruce）执事长（罗斯曾经质询过他的信仰正统性）对自己被拉到幕后特别不满。1618 年，当罗斯决定陪伴诺比利去果阿时，这位大主教要求瓦伊庞康塔神学院院长替代乔治执事长陪同前往。由于这个事件让耶稣会士和当地的神职人员产生了摩擦和隔阂，这位大主教在 1624 年去世之前一直试图补救这个损伤。

为了平息和维持这里的和平，乔治执事长欢迎埃斯塔班·德·布里托

（Estaban de Brito）担任安卡玛丽大主教。布里托为安抚这位执事和他的同伴们，让他们分享了更多的管理职责，特别是涉及神职人员的任命事宜。但是好景不长，1638 年纷争再起，当时弗朗西斯科·多纳蒂（Francesco Donati）——罗马的多明我会修士和传信部的使徒——来到马拉巴尔地区，打算开办学校培训当地神职人员的叙利亚语。现任的大主教布里托与他杰出的前任主教不同，他对叙利亚语——叙利亚—马拉巴尔地区的教会语言——一无所知。这位大主教拒绝了多纳蒂，乔治和其他心存不满的马拉巴尔人指控布里托和他的同事们，谴责他们缺乏和外界沟通与联系，企图垄断大主教区的管理。执事长在给国王和教皇的信中，高度赞扬了多纳蒂，但严厉谴责了耶稣会士。国王固执地认为，耶稣会士应该管控安卡玛丽的事宜；然而，1636 年传信部规定，禁止任何人排挤该教区内的非耶稣会士成员，否则将被逐出教会。

乔治于 1637 年逝世，接替其职位的是他的侄子托马斯·德·坎普斯（Thomas de Campos）。约 1641 年，大主教弗朗西斯科·加西亚（Francisco Garcia，1580—1659 年在位）继布里托之后上任，他拒绝承认前任主教向新执事长做出的让步。新执事长坎普斯无法解决他和耶稣会士之间的分歧，决定向科钦的王公（raja）及耶稣会士的敌人求助。最终，他直接写信给开罗（Cairo）、安条克（Antioch）① 和巴比伦（Babylon）的主教，请求他们派一名大主教来塞拉。

对耶稣会士的憎恨，源自政府未能兑现向当地圣职人员和教区承诺的薪俸。[119] 由于国王无法兑现应尽的义务，加西亚大主教本人也陷入贫困状态，因此他向里斯本寻求资金援助。1640 年之后摆脱了哈布斯堡王朝控制的葡萄牙国王，不时地和梵蒂冈有点摩擦，他要求林哈里斯总督缴什一税。这位总督先生一方面声称，从他们身上所征的税收不足以补足所有的资金缺口；另一方面，他又于 1648 年向国王报告，塞拉的耶稣会士人数没有多少，他们正失去控制能力。圣多默基督教徒在执事长坎普斯的率领下，要求塞拉地区向所有修会开放， 163
因为这些修会在反对葡萄牙耶稣会士垄断的斗争中，得到了教皇和传信部的无条件支持。[120]

① 古叙利亚首都，现土耳其南部城市。——译者注

1652—1653年间，塞拉的反抗达到了顶点。1652年春季，一个名叫阿塔拉（Atallah）的人来到苏拉特，然后通过陆路继续前往美勒坡，并留在这里的耶稣会神学院。在这里，他秘密地以叙利亚语写了一封信给执事长坎普斯，告知他已到达这里。同时，他还向执事长说明，他已被教皇任命为叙利亚—马拉巴尔地区的主教，请求对方速派军队护送其前往塞拉地区。[121] 事实上，他在书信上的署名是“依纳爵（Ignatius），印度兼中国的主教”。得知圣多默基督教徒十分欢迎他的到来，葡萄牙当局意欲悄悄地将阿塔拉遣送到果阿。知道对方的险恶行为后，这位执事长和他的随从们悍然宣布，他们不再遵循加西亚大主教的指令。1653年5月，这些教会分裂者们公开宣布坎普斯为大都会主教，是为马尔·托马斯一世（Mar Thomas I）。1654年人们谣传阿塔拉因叛教被烧死，至此，除400名仍然忠于教会的修士外，圣多默基督教徒的分裂活动基本上结束。[122]

1655年，罗马收到圣多默基督教徒分裂教会的消息。报告该消息的是海叶森思·德·马吉斯特里斯（Hyacinth de Magistris）神父，他是一名意大利耶稣会士，也是加西亚大主教的使者。塞拉地区余下的那些忠实信徒，要求印度的加尔默罗修道士（Carmelite）① 转告罗马他们所处的困境。传信部反应迅速，以意大利神父海叶森思的名义派遣了一名使徒代表——圣·文森特（St. Vincent O.C.D.）——前来塞拉，同行的还有另外两名意大利神父——朱塞佩·迪·圣玛丽亚·塞巴斯蒂亚尼（Giuseppe di Santa Maria Sebastiani）和圣若瑟的马修（Matthew of St. Joseph）。海叶森思和马修经由里斯本取道海路；塞巴斯蒂亚尼在两名德国籍加尔默罗修士陪同下，取道更快的陆路。尽管遭到葡萄牙人和耶稣会士的反对，塞巴斯蒂亚尼还是立刻启程到马尔·托马斯的居住地艾达布里（Edapally），并于1657年到达这里。由于马拉巴尔海岸的荷兰人十分活跃，葡萄牙当局和加西亚主教出于恐惧，逐渐接受了加尔默罗修士的和平努力。

① 天主教托钵修会之一。前身是由意大利人贝托尔德于12世纪中在巴勒斯坦加尔默罗山创建的隐修院，约于13世纪时改为托钵修会。会规要求会士安贫、守贞、服从、静默、斋戒。14世纪末-15世纪初衰落，16世纪重整复兴后，又制订严格规戒，要求会士祷告、苦行、缄默、与世隔绝。该会为女修道者设有第二会，为在俗教徒设有第三会。——译者注

塞巴斯蒂亚尼不断地听到各种社团和神父的抗议，但是马尔·托马斯拒绝下台，多数圣多默基督教徒拒绝承认加西亚的权威。同时，1657年晚些时候使徒代表到达了果阿，1661年在那里去世，双方的裂痕依旧。塞巴斯蒂亚尼同时被派回罗马述职，他取道陆路并于1659年到达目的地。了解了马拉巴尔的情况 164
后，教皇亚历山大七世（Alexander VII，1655—1667年在位）在罗马秘密地将塞巴斯蒂亚尼奉为希拉波里斯（Hierapolis）的名誉主教（1659年12月15日），附加的称号还有宗座代牧和僧急里大主教。这位新任的使者享有的权力异常宽泛，这是因为他的主要目的，就是中止教会分裂，不论采取何种手段。[123]

1660年2月7日，塞巴斯蒂亚尼在两名懂叙利亚语的马龙派教徒（Maronite）① 陪同下再次上路。在阿勒颇（Aleppo），他听说加西亚已经逝世，荷兰正严重威胁着葡萄牙在马拉巴尔的地位。1660年5月他到达科钦，并第一次对外公布他被奉为名誉主教，准备接管他的教区。马尔·托马斯的身后迅速聚集了很多基督徒团体，葡萄牙当局想方设法抓捕他，但都无功而返。他躲避在内陆山区的避难所，仍然享有相当的权威。科钦落入荷兰之手后（1661年1月6日），塞巴斯蒂亚尼被赶出马拉巴尔。在离开之前，荷兰司令官开恩准许他召开一次宗教大会，目的是为仍然和罗马联盟的圣多默基督教徒选举一名新主教。大会一致推举马尔·托马斯的堂弟亚历山大·德·坎普斯（Alexander de Campos，也叫Parampil Chandy）为新主教。然而，这次行动并没有终止教会分裂，托马斯·德·坎普斯继续打击他的堂弟和欧洲的传教士。[124] 科钦的荷兰统治者们更感兴趣的是胡椒而不是灵魂，根本不愿花力气去基督化马拉巴尔，让他们信仰加尔文教。然而，很多生活并工作在马拉巴尔地区港口信奉天主教的荷兰人，倾向于支持和他们信奉同一宗教的人，只要对方愿意保持政治合作。其他荷兰人却在努力地消除果阿对教会和政治的影响，正是他们给了印度南方日益削弱的葡萄牙保教权最后的致命一击。

---

① 东仪天主教会。据说为叙利亚人马龙（？—410年）所创。该派保持古代叙利亚教会的传统礼仪，使用叙利亚语和阿拉伯语。遵奉卡尔西顿公会议的决议，维护基督一位两性论。16世纪时承认罗马教皇，与天主教会合一。在当代，该派对黎巴嫩政治生活具有重要影响。——译者注

16 世纪期间，锡兰岛仍然是方济各会的保留区，只有个别的耶稣会士在那里出没。通常情况下，这些耶稣会士都是从捕鱼海岸和马纳尔调集过来的。1594 年，葡萄牙国王赋予方济各会修士在锡兰传播福音的绝对权利。修士人数的短缺妨碍了方济各会控制当地的传教活动，世纪之交的葡萄牙世俗政权正致力于将势力延伸到锡兰北部，所以渴望派遣更多富有开拓精神的耶稣会士在锡
165 兰开展传教活动。[125] 1600 年，果阿的总督命令方济各会将锡兰北部的教会管理权转交给耶稣会。1602 年 4 月，来自马纳尔耶稣会士传教团的迭戈·达·库尼亚（Diego da Cunha）神父，被任命为堂主且在 3 名同伴的陪同下迅速来到锡兰。当然，方济各会修士极力反对在锡兰岛建立耶稣会士传教基地。但是教会和世俗权力最终将锡兰岛分为两部分，北部为耶稣会教区，南部为方济各会教区。捕鱼海岸的生活经历给了耶稣会士学习泰米尔语的机会，耶稣会士利用这个优势首先集中力量发展科伦坡和西海岸地区，因为这里的主导语言便是泰米尔语。1605 年，他们建立了科伦坡学院培养当地的贵族和王子们的子嗣。四年后，他们利用果阿政府捐赠的钱在科伦坡建立了教堂。一些耶稣会士开始学习僧伽罗语（Sinhalese）①，以方便自己更加有效地在岛屿的腹地和南方播撒福音。另外一些耶稣会士充当葡萄牙军队的随军神父，这些军队意欲征服康提和其他还未被平息的城镇和地区。[126]

1616 年，其中的两名耶稣会士“牺牲”在康提士兵的手里，这些士兵是为死在葡萄牙人手里的佛教僧侣报仇的。[127] 这些事件和一个名叫妮卡盘梯·班达尔（Nicapety Bandar）的人于 1616—1617 年的起义有关，他是基督徒，通过敌，曾经和康提的国王结盟反抗葡萄牙侵略军队。[128] 由于这些突发事件，岛上的 15 名耶稣会士不得不被从内陆召回到科伦坡学院。1620 年左右，方济各会修士和耶稣会士因援助钱财和奖励的分配再起纷争，科伦坡耶稣会士的地位一度面

① 僧伽罗语，是斯里兰卡主体民族僧伽罗族的语言，也是斯里兰卡的主要官方语言。僧伽罗语属印欧语系印度—伊朗语族印度语支，形成于公元前 6 世纪。在它的发展过程中，受梵语、巴利语的影响很深；近代以来又从葡萄牙语、荷兰语，尤其是英语中吸取了大量的词汇，使之更加丰富和完善。说僧伽罗语的人口约 1300 多万，绝大部分在斯里兰卡。此外，在阿联酋、加拿大、马尔代夫、新加坡和泰国也有部分人说僧伽罗语。——译者注

临危险。一旦传教经费得以恢复，耶稣会士再度继续他们在科伦坡、刚刚征服而来的贾夫纳，以及马纳尔和加勒等地的教育活动和传教活动。对天主教更加不利的是，17 世纪 20 年代，荷兰和丹麦的新教徒致力于与康提联盟，在锡兰岛东海岸建立属于他们自己的前哨港口。[129]

贾夫纳传教所 16 世纪曾经是方济各会修士竭力开拓的前沿阵地，1622 年后却成了耶稣会士在锡兰岛传教士事业最为繁荣的地方。到 1629 年，他们在贾夫纳已经拥有 16 个基地，皈依了约 5 万名信徒。贾夫纳地区的传教士对泰米尔语的掌握越来越好，他们教育上层阶级子女的项目开展的如火如荼。但是荷兰施加的压力也在逐年攀升，直到 1658 年 6 月 22 日，贾夫纳堡垒落入他们手里。 166
1658 年 11 月 28 日，弗朗西斯科·巴雷托（Francisco Baretto）神父写道：

> 科伦坡学院、贾夫纳帕塔姆学院（Jafnapatam）和讷加帕塔姆（Negapatam）学院，以及这些地方的居民区，有无数的基督徒需要看护和侍奉，但是这些地方都被征服了。我们同时也失去了捕鱼海岸传教基地以及这里的一切…… 我担心整个东部的传教所都会被彻底毁掉。[130]

这些悲观的预测并非空穴来风。早在 1606 年后，一小部分多明我会修士和奥古斯丁会修士就开始在这里传教。16 世纪就开始在科特国打造传教事业的方济各会修士，在 17 世纪的前半叶继续稳步前进。到 1628 年，在 24 名传教士的监管下，方济各会修士在科特、贾夫纳和曼堂塔（Mantotta）分别收获了 45 座、24 座和 5 座教堂。[131] 尽管他们憎恨耶稣会士，但是方济各会还是邀请耶稣会在他们控制领域内的加勒成立神学院。

在荷兰征服锡兰的过程中即 1638 年至 1658 年期间，天主教在科伦坡、加勒和尼甘布等地的印记无处不在。随着荷兰人逐渐占据锡兰岛屿并将天主教传教士驱逐出去，他们开始迫害这里的信徒，谋求通过胁迫的方式引进新教（Reformed Christianity）。虽然荷兰想方设法地消灭“葡萄牙天主教”，但是大多数信徒仍然意志坚定并且保护那些秘密前来拜访的神父们。马拉巴尔地区的加尔默罗修士和基廷会修士（Theatines），不时地侵入到锡兰岛为那里的人施洗及提供其他圣礼。1687年约瑟夫·瓦斯（Joseph Vaz，1615—1711年）神父的到来结束了锡兰的黑暗年代（1658—1687年），瓦斯是果阿人，是欧拉托会成员（Oratory）①。在他的监管下，锡兰的天主教教会克服了荷兰统治者的公开敌对，焕发出了新的生机。[132] 因此，锡兰的天主教想方设法地保留下来一部分，正是保留下来的这一部分在19世纪英国统治下成长为一个繁荣的团体。

葡萄牙保教权时代，耶稣会在印度南部和锡兰所取得的成就斐然。戴拜宗教会议没有将全体圣多默基督教徒永久地收纳在拉丁派系之内，大量圣多默基督教徒势力继续存在，衍生出加尔默罗派系和世俗僧侣派系。1700年左右，马杜赖教会已经拥有约8 000名基督徒。从第一个内陆布道所——马杜赖布道所开始，诺比利的后继者们在整个印度南部地区都建立了基督教社团，前赴后继地献身于这里。17世纪中期过后，归果阿教区管理的迈索尔（Mysore）耶稣会
167 沿用了诺比利的传教方式。从恩里克时代到康斯坦索·朱塞佩·贝齐（Constanzo Giuseppe Beschi，1680—1747年）神父来到坦焦尔的1711年，传教士在学习印度南部和锡兰岛的语言和文学方面取得了巨大的成就。[133] 耶稣会士把欧洲的书籍、印刷品、医药和教育带到南印度和锡兰岛。他们通过神学院和医院向社会提供服务，以此作为传播福音宣传手段的一部分。[134] 荷兰占领马拉巴尔之后，允许进入这个地区的多数耶稣会士都是非葡萄牙籍人，如意大利人和德国人。他们继续采纳诺比利开创的适应性传教方式，将重点放在文化传播上。1697年，只有46名耶稣会士和马拉巴尔保持联系，其中的12名驻扎在果阿。在果阿省内，有5名耶稣会士工作在科钦、4名在僧急里、7名在奎隆、6名在捕鱼海岸、5名在圣多默（马德拉斯）、4名在勃固，还有4名在孟买。到该世纪末，葡萄牙保教权下的耶稣会士彻底地从科伦坡、贾夫纳、马六甲和马鲁古群岛消失不见了。[135]

---

① 欧拉托（Oratory），1564年由Saint Philip Neri创办的一种崇尚通俗说教的神父团体。——译者注

第三节　葡萄牙保教权下的耶稣会士在东亚

长久以来，东亚就是耶稣会觊觎的地方；17 世纪，这里更是他们经历大喜大悲的前沿阵地。澳门是向日本、中国和印度支那传播福音的基地，是葡萄牙保教权副主教区，归果阿管辖，其辖区包括东亚地区的中国、马鲁古群岛和东南亚。严格意义上来讲，从 1588 年之初起，日本就归属于大分教区，但是直到 1596 年这里才迎来了它的第一任主教。从耶稣会组织图谱上看，日本和中国在 1605 年被划归为一个教区，但 17 世纪它们分别由各自的副教区主教（vice-provincial）管理，他们须向巡阅使同时也是 1575—1606 年间该两个地区的主管范礼安（Valignano）报告。[136]1608 年，罗马决定将日本教区从副省级提升为省级，但是这次调整直到 1611 年才在日本生效。 17 世纪，中国继续由一些主 168
管或者副省级主教管理。1606 年范礼安去世之后，继任的负责监管中国和日本传教会的耶稣会巡阅使们，每次在东亚地区居住的时间只有几年而已。[137] 澳门作为东亚的宗教和商贸的转出口基地，在该世纪初的人口为 6 000—7 000 人，其中多数为葡亚混血儿（Luso-Asians）。[138] 约 30 名耶稣会士长期居住在澳门，更多的耶稣会士只是在前往日本、中国和印度支那的传教会或者从这些地方返回时，在此或短或长的逗留而已。1565 年，耶稣会在这座城市建造了一座简陋的居所。1594 年由范礼安创办的马德雷 · 德 · 迪乌斯学院（Madre de Deus，通常叫圣保罗学院），为致力于传教的神职人员提供培训保障。紧邻该学院的是比之更高的圣保罗教堂。1601 年，原先的耶稣会教堂被烧毁，取而代之的是 1603 年修建的一座更新更精致的教堂，至今依然屹立在那里。

耶稣会在澳门传教地位的确立，很大程度上是由该修会投资澳门和日本之间的贸易所取得的利润保证的。1578 年，范礼安和澳门商业会签订合同，规定了耶稣会参与贸易的相关条款。澳门人从广东每年两次的商品交易会上购买的生丝和布匹，都被“大船舶”（Great Ship）从澳门运往长崎，交换那里的银和铜。从果阿到长崎的“大船舶”每次经由澳门时，船长在此逗留一年左右，利用为船舶备货的这段时间，船长充当澳门的临时总督。由于船长和澳门市政管理议会之间的争吵不断，从 1623 年始，（葡萄牙）国王任命历届“大船舶”船长同时为澳门的全权总督。之后，“大船舶”船长的权力限定在该船舶的管理和葡萄牙在长崎的贸易社区。耶稣会士对该贸易的运作，特别是在日本，起到了至关重要的作用；在日本，他们通常充当译者的角色，有时也是耶稣会、葡萄牙和日本投资商的代理人。[139]

耶稣会士在此期间充当中间人的角色，可以从葡萄牙耶稣会士陆若汉（João Rodrigues，1561—1633 年）的职业生涯中得到生动地诠释，他因充当译员（人
169 们都叫他 Tcuzzu，日语为 tsuji）而在同时代人中闻名遐迩。除 1596 年短暂访问澳门外，陆若汉在 1577 年至 1610 年长达三十三年的时间都在日本。尽管他的足迹踏遍日本各地，但是他的事业根据地却在长崎。长崎是坐落在九州岛的一座商业城市，它的迅速发展和繁荣，如同澳门一样得益于国际贸易。范礼安管控日本传教事务期间（1579—1606 年），陆若汉相当活跃，他由于具备精通日本语言和文化的优势，影响力和势力迅速膨胀。作为一个葡萄牙人，作为在日本耶稣会工作的为数不多的葡萄牙修士之一，陆若汉的“译员”身份赋予其独特的社会地位。他越来越频繁地被请去担任长崎耶稣会和日本政治当局之间的中间人。

西班牙籍耶稣会士和意大利籍耶稣会士，从日本传教会成立到 1600 年一直控制着这里的传教事务，但是他们贡献甚少，不如范礼安和陆若汉为维持葡萄牙在日本的控制力和刺激澳门贸易所付出的努力那么多。简言之，日本的西班牙耶稣会士面临着忠诚性的争论。对他们而言，是否接纳从菲律宾群岛来的西班牙托钵修士，成为一个效忠于耶稣会还是效忠于国家的问题。[140]1596 年，耶稣会佩德罗·马丁斯（Pedro Martins，1598 年逝世）主教来到日本，他直言不讳地宣布“日本只属于葡萄牙国王”。[141] 紧随其后的 1597 年 2 月又发生了“26 名修士殉道”事件，西班牙托钵修士愈加相信，包括新主教在内的葡萄牙耶稣会士促使丰臣秀吉（Hideyoshi）与他们为敌。在权衡“殉道”事件之后的传教政策时，耶稣会决定，马丁斯主教应该返回澳门安抚天主教托钵修士，希望借此机会躲避丰臣秀吉的刁难。[142] 即使是 1597 年 3 月丰臣秀吉下令驱逐传教士，1598 年日本耶稣会仍有 46 名神甫、79 名教友和数量众多的日本传

教师（dojuku）。陆若汉和其他几名修士因为牵扯到日本的贸易，而免遭丰臣秀吉的惩罚。大多数的耶稣会士聚集在长崎等待被驱逐出境，但是实际上这一次只有象征性的11名耶稣会士被遣回澳门。与之相反，1598年传教会的补充力量来到日本，包括范礼安和大分的新主教路易斯·谢奎拉（Lius Cerqueira）。然而，这位闻名遐迩的巡阅使和不请自来的新主教，并没有给日本人带来意外惊喜。丰臣秀吉病得奄奄一息，后续的斗争直接导致了最具实力的大名德川家康的篡权。 170

耶稣会士经常遭受性情反复无常、性格鲁莽草率的丰臣秀吉的威胁，他们希望无论何种新的政令下达，自己都能克服并坚持下去。1598年，陆若汉被任命为传教团的代理或财务主管，多次被派遣去拜访权力大佬，去试探那潭政治浑水的深浅。陆若汉很快就发现，德川家康正在扩张势力并策划谋反，准备废黜只有6岁的丰臣秀赖（Toyotomi Hideyori）。1600年夏季，德川家族和支持丰臣秀赖的大名们也卷入这个事件。该年10月，德川家康和他的敌军在关原（Sekigahara）进行了一场生死决战。很多信仰基督教的大名和德川家康并肩作战，或者在关原大战之后归顺了德川家康，他们因此获得了大量的封地。陆若汉立刻被派去拜访获胜方，代表长崎的耶稣会与对方交流。尽管德川家康是一位狂热的佛教徒，但还是调整了先前的政策，赋予耶稣会士的合法地位，正式承认了他们在宫本（Miyako）、大阪（Osaka）和长崎的居住权。耶稣会将这次让步当作允许他们可以在日本任何地方活动的信号；但是他们很快就发现，德川家康的性情可能和他的前任一样反复无常。

和丰臣秀吉比较，德川家康的阴险毒辣有过之而无不及，他只是把耶稣会士当作贸易这部机器的润滑剂而已。1601年，他雇用陆若汉充当他在长崎的个人商业代表，要求葡萄牙商人通过陆若汉与他进行贸易。[143]起初，耶稣会士非常欢迎这种安排，把它当作拓展他们影响力的一个机会。同样，德川家康起初也十分满意这种模式，甚至当1603年荷兰劫掠了教会的大帆船时还补偿了他们的损失。这一段时期，传教会的规模在悄悄壮大，1603年时日本的神甫数量达到70名。1602年，两名日本人被封为神父，并开始讲授教义。就连谢奎拉主教也无所忌惮的抛头露面参加公众庆典、接管他的教区。当范礼安1603年1

月最后一次离开日本时，这里的天主教传教事业的前景似乎一片光明。

如果没有欧洲宗教和商业领域的对手或潜在对手的存在，日本的传教事业和澳门的贸易很可能会继续繁荣下去。一向敌视来自菲律宾群岛天主教托钵修士的耶稣会主教于1604年写信给果阿大主教，说西班牙托钵修士“渴望将日本的灵魂管辖权交给马尼拉大主教，让西班牙人和葡萄牙人共享商业利益”。[144]这个时期的新教徒造成的威胁，更多是商业性的而不是宗教性的，尽管当时来自肯特的威尔·亚当斯（Will Adams）——一位不知悔改的新教徒——于1600
171 年来到日本，约于1605年始和陆若汉从德川家康那里争宠。1604—1605年间，信奉基督教的大村家族（Omura）卷入管理长崎问题的漩涡，直接导致耶稣会士在这些年里遭受了重大挫折。愤怒之下，大村义明（Omura Yoshiaki）和他的一些亲属及家臣弃绝基督教，转信了佛教日莲宗（Nichiren）。耶稣会士被驱逐出大村的地盘，这里曾经是他们遭受迫害时的避难所。然而，基督徒和德川家康之间的关系从表面上看还是很融洽。1606年，朝廷承认谢奎拉为日本基督教会的首领；次年，巴范济（Francesco Pasio，1600—1611年在位）副教区主教同样受到德川家康及他的当时还是江户（Edo）幕府将军的儿子秀忠（Hidetada）的礼遇。[145]德川家族权力不断攀升的时期，皈依信徒的工作从没有被抛到脑后。17世纪的前六年里，据报道，基督徒的数量翻了一番，从1600年的30万上升到1606年的75万。所有新皈依的信徒都来自贵族阶层之外的百姓，这是因为1600年后没有任何大名愿意入基督教受洗了。[146]

繁荣的局面是需要付出代价的。西班牙托钵修士继续向欧洲的教会和世俗当权者抗议耶稣会垄断传教事业、攻击他们参与贸易。传教会尽管亲自参与贸易活动，但是仍然长期负债于长崎商人和澳门商人。贫穷信徒数量的快速增加继续恶化着传教团的财政状况。[147]荷兰对澳门—长崎贸易的干扰越来越具威胁力，传教会的贸易成本也越来越高，这给传教团增加了财政和心理的不安全性。德川家康一方面热烈欢迎耶稣会士；另一方面于1606年明确警告，他们皈依的对象必须是下层阶级，并正式下令禁止贵族阶级接受基督教。同时，他结束了丰臣秀吉迫害佛教徒的政策，从而刺激了佛教的复兴。

1608年，每年都光顾日本的大船舶没有到访，这里的气氛立刻变得压抑起来。次年，荷兰和西班牙都派遣代表团到日本，给德川家康提供了新的商机。这样一来，由于日本商人反对陆若汉和耶稣会士，境况变得愈发对葡萄牙人不利。日本商人威胁道，如果陆若汉继续担任贸易中间人，那么基督徒可能再次遭到迫害。那些专为德川家族提供宗教政策咨询的僧侣们警告说，外国的宗教教义影响了日本的统一和团结。为了平息日本朝廷和商业群体的敌对情绪，谢 172
奎拉和巴范济敦促陆若汉尽快收起他从事的那些复杂的业务离开日本。1610 年，陆若汉离开日本来到澳门，他的二十三年余生都留在了中国。他作为贸易谈判人和译者的身份，后来未经官方批准就被威尔·亚当斯取代了。[148]

陆若汉刚一离开日本，一系列对基督徒的迫害便开始上演。德川家康之所以像他的前任们一样包容传教士是因为他顾及信仰了基督教的大名们，以及担心危害到与澳门的贸易。德川家康在登顶日本权力之巅的那些年里，一直担忧信仰基督教的大名和伊比利亚人联盟。1600—1612 年间，九州的基督徒或死或弃绝基督教，再加上反对地主们受洗的禁令，使得基督教团体得不到有效地政治保护和军事支持。荷兰人和西班牙人作为新的、可能的贸易伙伴的出现，减轻了日本对澳门贸易的依赖。日本船舶也成功地加入到丝绸贸易行列。由于日本人和葡萄牙人已经十分熟谙彼此的语言，无须口译也可以进行贸易，因此，耶稣会士作为中间人的垄断优势也被打破了。考虑到西班牙可能从菲律宾的入侵以及基督徒联合国内德川家族敌人的迹象，德川家康最终决定采取积极行动来对付基督徒。

耶稣会士将德川政权反对基督徒的行动称作“大迫害”（Great Persecution），起始于 1613 年至 1614 年间。当时，政府的呈文中规定，坚决抵制基督教向他的信徒们宣传这样的思想：即将精神信仰置于大名和幕府将军的世俗政权之上，损害传统社会和道德秩序为行为规则，以及轻视本土的宗教如佛教、儒教和神道教（Shinto）等。先前的那些压制基督教的星星之火，现在成为燎原之势，因为大名们都纷纷效仿德川家族，禁止或秘密或公开地开展基督教聚会等活动，惩罚那些危及到国家稳定的基督徒。教堂被迫关闭，抗拒者或被流放，或被处死。1614 年 1 月 27 日，历史上著名的敕令颁布，要求基督教传教士限期离开日本，日本籍的基督徒必须放弃基督教，重新皈依先祖留下的宗教。

2月14日该敕令送抵东京的耶稣会，并要求他们准备一份耶稣会士和教会机构清单。同时要求他们前往长崎准备离开。其中有几名声名显赫的日本基督
173 徒从他们所臣属的大名那里收到类似的命令。尽管有一些欧洲人藏匿起来了，但是绝大多数人都遵循命令聚集在长崎。长崎、有马（Arima）、博多（Hakata）、丰后（Bungo）和关东（Kwanto）的耶稣会神学院和居所都纷纷关闭。当时归属于耶稣会组织的工作人员有500多名，还有一些日本籍辅助人员；方济各会、多明我会和奥古斯丁会拥有的工作人员分别为14名、9名和4名，他们照看着各自为数不多的信徒，而耶稣会当时则拥有3万多名信徒的庞大队伍。在长崎滞留了几个月后，11月7日、8日，传教士和一些重要的日本籍基督徒登上“大船舶”和几艘平板式帆船。包括主教瓦伦丁·卡瓦略（Valentim Carvalho，1559—1630年）和50名自立教士在内的耶稣会士聚集在澳门艰难度日；23名耶稣会士、7名托钵修士和一些重要的日本籍基督教徒登陆马尼拉。剩余的至少有28名耶稣会士、14名托钵修士和5名日本籍神甫等仍然隐藏在日本，照管着这里的基督徒。事实上，直到18世纪之前，耶稣会日本教区由驻在澳门的主教管理。归澳门教区管理的地区还有朝鲜、印度支那和暹罗。欧洲的传教士不时地冒着风险加入仍然滞留在日本的地下队伍，还有许多人如澳门的陆若汉，向耶稣总会和世俗政权诉求，以支援那些挣扎在一线的每一个耶稣会士重返日本的努力。[149]

传教士等待离开日本期间，还没有完全熄灭的战火重新在日本燃起。秀赖和丰富（Toyotomi）的军队在信奉基督教的武士帮助下，于1615年6月被击败于大阪城堡，消除了地区威胁德川家族登顶日本政权的隐患。秀忠经过潜心经营，于1616年7月在德川家康去世的时候，在江户接替了他父亲的位置，成为日本幕府的主人。从此以后，这位幕府将军加紧控制大名和外国商人。欧洲人（葡萄牙人、英国人和荷兰人），1636年后还有中国人，被限制在长崎和平户港口，只准他们每年去一次江户朝圣，并给幕府大将军进贡新年贺礼。秀忠在1616年10月1日颁布的敕令中，加强了德川家康反对基督徒的政策，历史
174 上第一次出现了传教士（一经发现）为信仰献生的律令。

在传教士比较集中的九州，对他们的迫害极其严酷，1622年爆发的长崎“大殉道”（great martyrdom）使这一迫害潮达到顶峰。在这次殉道事件中，包括传教士在内的23名基督徒被烧死，22名同谋被砍头。家光（Iemitsu）于1623年继承秀忠的职位成为新幕府将军，他继续推行这一迫害政策，并将其范围拓展到东北部各省，而这里曾经是九州和西南部各省逃难而来的基督徒的藏身之所。还有一小部分基督徒甚至逃到虾夷（Yezo），紧随其后而来的是几个正在逃难的耶稣会士。[150]后来，政府一方面还偶尔处死那些顽抗者；另一方面调整做法，谋求让基督徒放弃信仰而不是让他们牺牲。政府发明出各种各样的新式花样迫使基督徒放弃信仰，并且和他们的智囊团合作致力于根除那些隐藏起来的基督徒。

和外国的贸易继续受到限制。由于家光持续推行他的“闭关锁国”（sakoku）政策，1633—1636年间，官方的贸易船只逐渐被淘汰。1634年，日本人被禁止出国。出于一种病态的恐惧，担心伊比利亚和德川的日本敌人合作谋反，幕府对内大肆征税确保国家的自给自足。有马和西南地区其他地方的或隐或现的基督徒，数量最多也最为顽强，这里的大名征收的各种税负使得已经连续歉收的农民们不堪重负。这种地方性的钱财掳掠，加上中央政府的反基督教运动，直接导致了1637—1638年的九州岛原（Shimabara）大起义。经过长期的斗争，据报道有37 000多人被杀，日本从此只向荷兰开放，面向欧洲其他国家的大门全部关闭。如果不包括在岛原大起义中牺牲的人数，1614年至1640年，至少有5 000—6 000人为他们的信仰而殉难，这个数字在天主教的历史上没有任何一个国家能超过。[151]日本的国门被紧锁之后，17世纪余下的历史继续实行迫害屠杀基督徒的政策。那些隐藏在地下的基督徒们，一经发现便会遭受苦刑、屠杀或者流放，这一趋势一直持续到1875年。

17世纪在所有的耶稣传教活动中，中国的传教会最为著名，特点也最为突出。耶稣会创始人之一圣方济各·沙勿略（Francis Xavier），就因为试图进入中国而牺牲。他的后继者们，在葡萄牙建立了澳门贸易中心后，借助各种能够想到的办法来打开“中央帝国”（Middle Kingdom）的大门。1577—1578年间，175
范礼安出现在澳门，他迅速地采取了包容性和适应性的传教策略。有文化修养的意大利耶稣会士，因其没有卷入伊比利亚之间的竞争而取得了传教优势。那不勒斯（Naples）的罗明坚（Michele Ruggieri）和马切拉塔（Macerata）的利玛窦（Matteo Ricci）首先来到中国，从澳门出发到达广东。罗明坚很快就返回到罗马，而利玛窦却从1582年到1600年开始了其“中国化”（sinicized）之旅，企图跨越那道接受过良好教育的欧洲人和有文化教养的中国人之间的鸿沟。同时，他继续北上，尽管屡有挫折，但最终于1601年1月24日来到帝国之都北京。就是在这里，他度过了余生，1610年5月11日在此与世长辞。[152]

被一位资深传记作家称为“来自西方的智者”的利玛窦，利用其生命的最后十年（一如他先前的岁月）致力于将基督教文化渗透到高度文明的中国。中国与日本和印度不一样，明朝在政治上是完整统一的。与同时代其他伟大的文明社会相比，它的文化富有凝聚力和民族自豪感。中国人共享一种古老的书面语言，其文学的辉煌和精巧堪与欧洲媲美。中国的政治、科学和宗教积淀，同样可以与17世纪的欧洲一争高下。中国人在艺术和工艺方面拥有相当久远的传统，而这一传统基本上是没有借鉴于任何其他外来文化因子，是自发生成的。利玛窦在进入中国之后不久就明白了，他必须得效仿中国绅士们的穿着打扮和行为礼仪；必须掌握汉语；必须抱有怜悯之心严肃地钻研儒家经典作品；必须培养与中国文人学士之间的友谊。为激发大家对他和基督教的好奇，利玛窦还用汉语撰写了一些有关欧洲人对“记忆”和“友谊”的观点的书籍，还准备了一份世界地图，赠予中国人一些礼品，诸如钟表、画以及一些其他欧洲产品等。他还发现，通过与各省和首都的士大夫们友好讨论可以拉近彼此间的距离，这比辩论和说教的效果好得多。正是因为采用了这种方式，利玛窦和其他耶稣会士，与中国的文学和哲学社团特别是东林书院的联系十分紧密。当时，东林书
176 院中对政权影响巨大的政治团体正在形成。[153]

利玛窦偏好彬彬有礼的沟通和亲切友好的讨论方式，并没有为他赢得数量可观的信徒。1597年当他成为耶稣会中国分会主管时，除澳门外中国的基督徒数量不超过100名。中国教会的规模与同时间的日本教会相比十分渺小，带有明显的利玛窦个性的中国教会从未经历过大规模皈依信徒的辉煌。当然这也不是利玛窦一个人的过错，中国传教会从未得到如同印度教会那样的来自葡萄牙

军事的和政治的支撑。但同时，中国传教会也有它的优势，它没有类似于印度那样的四分五裂。尽管中国传教会1604年脱离了澳门教区长的管控而独立，但是它作为一个独立的传教会仍然在葡萄牙保教权的范围内依法运营着。就耶稣会组织结构而言，中国教会一直归日本副教区和教区的管辖，直到1618年其自身也升为副教区，1623年宣布独立于日本教区。这些组织上的妥协安排是基于这样的考虑，中国远离葡萄牙保教权的世俗权力和宗教权力中心，对其实施的控制不如对其他教会的控制那么有效得力。即便如此，在中国的耶稣会士仍然间接地接受葡萄牙的控制，因为这些教士不得不乘坐葡萄牙商船、必须经由澳门进出中国、必须接受葡萄牙人补给的资金和用品、必须从投资于“大帆船”贸易获得收益、教会的官方语言也必须是葡萄牙语。[154]但是葡萄牙控制的港口实行的“葡萄牙化运动”策略，从没有被耶稣会士用来皈依大陆的中国人。

利玛窦到达北京之后，致力于取得更加丰硕的传教成果。西班牙耶稣会士庞迪我（Diego de Pantoja，1571—1618年）和利玛窦同时来到北京，他将传教的精力集中在首都及其周边地区，得到了1604年到达中国的费奇规（Gaspar Ferreira，1571—1649年）的援助。到了1605年，耶稣会在北京拥有了自己的驻所，100名皈依的信徒来自社会各个阶层。[155]尽管资金紧张，但是范礼安还是派了更多的传教士于1604—1605年来到中国。1607年，那不勒斯天文学家熊三拔（Sabatino de Ursis）来到北京加入利玛窦的事业。当1610年利玛窦去世时，中国已经拥有5家耶稣会传教点（重庆[1583年]、韶州[1589年]、南昌[1595年]、南京[1599年]、北京[1606年]），皈依的信徒大约为2 500名。

该世纪的前十年，在中国传教的10多名耶稣会士中，继利玛窦之后最重要的传教士是意大利籍的龙华民（Niccolo Longobardo，1565—1655年），他从1597年起就居住在韶州；比他大一些的葡萄牙籍耶稣会士阳玛诺（Manuel Dias, 1559—1639年）是中国耶稣会南部教区主管（1603—1609年），也是耶稣会澳门联络员。另一个值得注意的是广东的兄弟钟巴相（Sebastian Fernandes 177
Tchong，约1562—1621年）的积极活动，他是第一个被吸入耶稣会的中国人。钟巴相起初受到利玛窦的援助，曾于1604年至1608年在北京传教，先后代表耶稣会到处奔波。[156]根据1606年的官方指令，中国信徒不能担任神父职务，原因是他们的信仰太过稚嫩。早期的两位著名且有影响力的信徒为徐光启（Hsu Kuang-ch'I，1562—1633 年）和李之藻（Li Chih-tsao，1565—1630 年），这两位士大夫为耶稣会在北京和其他地区取得的成就做出了巨大的贡献。[157]

利玛窦逝世之后，龙华民被任命为耶稣会中国分会会长，从 1610 年起到 1622 年止。尽管他是利玛窦亲自选定的接班人，但是龙华民却不像他的前任那么小心翼翼，他更加坚决地拓展新领域，更加努力地赢得官方支持，以利于传播福音。他也会想方设法利用学者型使徒来扩大教会影响，这种方式首先是由利玛窦使用的。1611 年，佛兰德人耶稣会士金尼阁（Nicolas Trigault，1577—1628 年）刚一到达北京，龙华民就派他作为中国分会的代表返回欧洲。金尼阁曾在中国待过两年，他这次被派回罗马，主要是向教廷寻求一些指示，特别是关于棘手的教会管理问题，以及中国教会脱离日本教区独立的问题等。他还授命从教廷那里争取获准将祈祷书翻译成汉语的权力，以及授权中国籍教民可以担任神父职位的权力等。金尼阁还被要求为教会寻求额外的捐资和人才补给，尽可能多地搜集有关科学和宗教书籍。有了自己的传教指南在手，再加上《利玛窦中国札记》（*Commentaries* of Ricici）、《中国年度传教报告》（1610—1611 年）和《日本年度传教报告精简》（1609—1612 年），金尼阁于 1613 年 2 月从澳门出发到达果阿。离开果阿时，他取道陆路，途经霍尔木兹、波斯和埃及，最后于 1614 年 10 月 11 日到达罗马。

接下来的四年，金尼阁几乎都在欧洲。对于人们质疑龙华民对中国传教政策的特别妥协，罗马教廷迅速做出回应。在罗伯特·贝勒明（Robert Bellarmin）——诺比利和利玛窦的老师和支持者——的推动下，教皇保罗五世主政的教廷于 1615 年 1 月 15 日批准了中国耶稣会的请求：在中国主持弥撒的神父须带头套，准许将《圣经》翻译成汉语，中国人也可以担任神父职位。入教的中国人和没有入教的中国人一样，他们都恼恨那些在庄严场合下不带任何
178 头套的人。他们也不理解为什么那些宗教仪式都用一种他们不理解的语言。尽管 1615 年 6 月 27 日的宗座简函正式批准了上面提及的那些妥协做法，但是皈依了基督教的中国人此后仍然未能担任神父职位，汉语也未能被用作祈祷之语，这一切也许是因为"术语"之争没有定论。唯一付诸实践了的妥协行为是神父

在做弥撒时戴头套。

很可能的情况是，耶稣会士自身而不是什么教会机构，阻止中国本土神职人员队伍的组建或者使用汉语作为祈祷语。在澳门的日本耶稣会士非常反对龙华民主张中国教会独立，同样也十分敌视金尼阁从罗马赢得的特别妥协政策。根据他们在日本的传教经验，使用本土神职人员是绝对行不通的。他们认为，新皈依的信徒还不适应教会的清规戒律，也不习惯神甫的单身生活。日本的耶稣会认为龙华民使用各种创举为中国教会松绑太过慷慨，诸如脱离葡萄牙保教权的控制、绕过日本教区的管辖，以及获得教皇和欧洲非伊比利亚天主教会的直接支持等。[158]

伊比利亚人和日本传教士对金尼阁传教目标的评价并不是完全没有道理。还在罗马的时候，金尼阁就将利玛窦的回忆录翻译成拉丁语，热情洋溢地详细记述了中国的传教情况。[159] 利用出版这些书籍的机会，他游历了西欧，到处宣传，也因此首次来到南方的意大利和西班牙。当时，伊比利亚和意大利的公众注意力都转移到日本的伊达政宗（Date Masamune）那儿去了，他对教会表示了欢迎。这一西班牙方济各会修士的传教行动减少了人们对代表中国教会的金尼阁的关注。[160] 金尼阁返回罗马后，被特许出席耶稣会大会（1615 年 11 月 5 日—1616 年 1 月 6 日）。在这里，他向参会的各教区主教报告了中国教会的需要，以及龙华民希望中国皇帝下令支持人们可以自由信奉基督教。在耶稣会会长穆蒂里奥 · 威特勒斯奇的支持下，金尼阁建议继续推行和拓展范礼安的适应性传教政策。讨论中他暗示大家，信息和报告经由马尼拉比通过葡萄牙设置的路线快捷得多。1616 年 5 月，他离开罗马，最后一次游历了意大利北部的很多主要城市、里昂、德国南部城市，以及他的故乡杜埃（Douai）。几个月后，他又折向南方，横穿法国和马德里。 179

金尼阁大肆地向欧洲各国王子和天主教高级教士宣讲，并得到他们多数的援助和鼓励。因此，西班牙和葡萄牙的传教士们担心，他们的国王可能会关闭面向其他民族的传教活动。事实上，菲利普三世增加了每年对中国教会的补助；葡萄牙保教权下的葡萄牙籍神职人员，特别是日本教会的代理人加布里埃尔 · 德 · 马托斯（Gabriel de Matos）极力反对金尼阁的做法，反对大量的非伊比利亚人加入中国传教会组织。最后，在得到官方准许的前提下，金尼阁于1618年4月16日从里斯本启程，随身携带着钱财、书籍以及他在欧洲逗留期间为中国教会招募的22名传教士。在这22名工作人员中，只有10名是葡萄牙籍耶稣会士。[161]

尽管金尼阁或者通过资料散发，或者亲自宣讲，在欧洲热情洋溢地大肆鼓吹中国基督教的光明前景，但是中国耶稣会士的美好前景仍然覆盖着一层阴云。1611年，意大利人郭居静（Lazzaro Cattaneo，1560—1640年）在杭州这个充满诗情画意的城市成立了传教所，金尼阁也来到这里。在来自上海的基督徒特别是徐光启和李之藻的帮助下，这项新事业开局良好，发展迅速。在地方十分有影响的、因批判太监控制朝政而闻名的士大夫杨廷筠（Yang T' ing-yun，1557—1627年）于1613年受洗入教。他迅速地成长为宣传基督教和西学的一面旗帜。同一时间的北京，熊三拔和庞迪我与礼部（Board of Rites）一道致力于改良中国历法。熊三拔造了一部水压机，这成了首都民众的热门话题，他还用汉语写了一些文章，介绍水力学。耶稣会士的这些活动在全国范围内广泛传播，这给他们招来了势力十分强大的敌人，特别是那些认为在西方人面前丢脸的中国人。朝廷中的太监同样受到影响力越来越大的耶稣会士的困扰，特别是当这些修士们与太监的政敌——一些地下社团——保持密切联系时，太监们的担忧更为迫切。[162]

曾经是中国首都的南京市，在17世纪被耶稣会看作是最有前途的几个传教基地之一。作为城市，南京给人的印象比北京更深，居民区更为集中，是仅次于北京的第二大政治中心。所有帝国政府设在北京的机构，南京也有；这座城
180 市挤满了渴望在首都朝中谋有一席之地的官员。1599年，利玛窦亲自在这里成立了传教所，1609年能力非凡的意大利耶稣会士高一志（Alfonso Vagnone，1568[9？]—1640年）成为这里的主管。1613年，葡萄牙耶稣会士曾德昭（Alvarez Semedo, 1585[6？]—1658年）加入这里的教会；当时中国共有15名耶稣会士，曾德昭是其中的5名神父之一。南京的耶稣会拥有一处宽阔的驻地，还有一套房舍，房舍的围墙外还有一个果园。正是在这些地方，耶稣会士看护着那些集会的基督徒，这也许是中国当时最大也最活跃的传教会。

基于文化妥协的政策，中国传教取得了巨大成功，这同时招致澳门和南京方面1615—1616年的公开反对。1614年，日本教区主教瓦伦丁·卡瓦略在澳门逃难，一年后他禁止利玛窦的后继者们继续使用文化妥协的传教政策，他还要求他们全力以赴地传播福音。[163]卡瓦略本人从来没有亲自接触过真正的中国，他对中国传教的横加指责，主要是受到陆若汉这个充当口译的耶稣会士的启发。1613年至1615年间，陆若汉在中国游历，并和高一志在南京相聚了十八个月。陆若汉从这些游历中得出结论，中央帝国确实是一块传教沃土，只是这里的意大利主管们的经营方法不够得当。在弃绝妥协政策传教的立场上，他的态度十分强硬，特别是涉及“主”（God）、“灵魂”（soul）和其他表达基督教的汉语词汇上，他更是反对。[164]

1615年，对中国教会攻击的还有南京礼部侍郎沈㴶（Shen Ch'ueh）。1616年5月至1617年2月，沈㴶多次向朝廷请愿，要求立刻采取行动阻止外国神父及其具有颠覆性的宗教。他断言道，耶稣会士通过他们的传教活动，破坏了民众对中国本土宗教的信仰，将人们的道德引入歧途。他们和澳门的葡萄牙人勾结，活动资金来源不明，他们和那些占领吕宋岛及虐待马尼拉华人的人同属一个民族。他们还渗透到朝廷圈子里，通过在天文学知识方面的优势吸引文人学者的注意。他们在南京精心挑选的驻地，成了他们经常聚会施魔法练巫术的地方。他们的秘密社团如同令人恐怖的白莲教，详细地记录着每个成员的信息。加入这个秘密教派的人，都通过暗号和特定的手势相互识别。不论沈㴶的这些指控出于什么动机，显而易见的是，那些对基督教一无所知或者不感兴趣的人，或者那些受一些秘密社团煽动真切担忧国家的人们，都会将这些解释和耶稣会的活动联系起来。[165] 181

沈㴶的首次请愿得到北京的礼部的支持，徐光启代表耶稣会提起反诉。[166]1616年8月，皇帝的答复还没有下来时，礼部就开始推行反对传教士的行动了。高一志和曾德昭被置入监狱，其他地方的耶稣会士纷纷投靠那些有头有脸的皈依信徒。1617年2月14日，皇帝最终签发了一则敕令，驱逐高一志、庞迪我和他们的同伙出境。然而，这种压制只在南京的效果很好；在北京，该命令的执行被打了折扣，龙华民和毕方济（Sambiasi）悄悄藏在徐光启的家里。

只有庞迪我、熊三拔、高一志和曾德昭被真正地驱逐出境了；1624年，曾德昭和高一志又返回中国。隐藏在中国的耶稣会士在中国信徒的掩护下，继续他们的传教活动。1617年，他们在江西南昌建立了一个传教所；1621年，他们又分别在上海附近的嘉定和扬州筹建了传教所。至于沈㴶，他于1620年升迁为北京的礼部尚书，不过他在这个位置上的时间很短。这种对耶稣会的压制也没有顽强的心理准备，只不过是朝廷中的宦官和他们的学界政敌之间愈演愈烈的斗争的一部分。1625年，所有的民间学术机构都被禁办了，耶稣会经历了暴风雨般的苦难，但他们继续传教活动，即使在那些宦官当政的最为艰难的岁月里。[167]

大迫害时期，有8名神父留在中国，其中的几个聚集在杭州努力提高汉语语言和文学修养。士大夫基督徒杨廷筠担任他们的老师。他最喜欢的学生是艾儒略（Giulio Aleni，1582—1649年），这位意大利耶稣会士于1620年分别在山西和陕西建立了传教所，这两个省份比早期的传教基地更靠近西部。在这个过程中，他得到了中国士大夫马新志（Ma San-chih）的帮助，他和艾儒略研习西方数学并于1621年受洗入教。紧随艾儒略进入中国西北部的是金尼阁，他于1619年结束欧洲之旅返回澳门。1623年，金尼阁去了河南省的开封，这个城市曾经吸引了龙华民，因为这里有古代犹太人居住过的社区。利玛窦和龙华民都从犹太人那里获悉，中国西北部有一些早期基督徒活动的痕迹。1625年，高一志加入金尼阁的行动，正是高一志为绛州（Chiangchou，位于山西）的传教打下了良好的基础。金尼阁随后迁到邻省陕西，1623年他在古都西安发现了景
182 教碑（Nestorian Monument）。[168]

包括利玛窦在内的耶稣会士一直以来都十分困惑，中国的年鉴和历史中从来没有提及基督教在中国的早期活动。他们知道，蒙古时代（元朝）的中国，曾经有一些修士到来，他们希望在中国的历史记录中找到传播福音的证据。西部各省是东西方陆路通道进入中国的大门，在这里最有可能发现早期基督徒和中国的联系。对于传播福音事业，传教士能在中国发现前辈非常重要，因为中国人反对基督教的一个重要原因就是，基督教是一个全新的东西。在一个尊重古旧和传统的社会里，新事物尽管有趣，但易受怀疑且很可能不被看重。这就是早期的传教会主管们为什么想方设法地寻找中西关系的源头，以及将马

可·波罗所说的“契丹”当作他们所熟悉的中国北方的原因。[169]

中国人自身把陕西当作其历史上第一个伟大的中心，认为他们的第一任帝王就来自这里，他们经常在西安及其周边地区寻找古代遗产。汉语中所说的唐朝或者古代叙利亚的景教碑及其碑文是否在1623—1625年被发现，仍然值得商榷。耶稣会士首先是从金尼阁1625年的报告中获得这一知识的。碑文的内容被破译出来后，令耶稣会士惊喜的是，基督徒的信仰曾经在唐朝，特别是第7—8世纪被人们以景教的形式传诵。对于明朝的中国人而言，这个发现使人们认识到，基督教作为一种宗教形式早在辉煌的唐朝就被皇帝们接纳和崇尚，这增加了耶稣会士传教的公信力。1631年，墓碑上的内容首次在欧洲发行，激发了人们对这块石碑真实性的争论，争论持续了两个世纪或更久。[170]

在石碑上发现的古代文本含有用汉语指涉基督教概念的内容，这进一步激起了人们关于“术语问题”的讨论，这个问题从利玛窦去世后就分化了耶稣会士队伍。1600年，范礼安在澳门召集了一次传教大会，这次会议准许人们使用利玛窦提倡的“God”的各种汉语表达法（或者**天主**，或者**上帝**，或者只用一个单字**天**）。他用**天神**来称谓“spirit”，用**灵魂**来称谓“soul”。利玛窦没有 183
亲自参加这次会议，也没有参加随后分别在1603年和1605年召开的会议，这两次会议也是由范礼安主持的。当时正在中国传教的龙华民没有出席这些会议，他不像其他人那么满意于利玛窦推崇的“术语”，尤其怀疑那些用来称谓“God”的术语，并认为将拉丁语Deus（上帝）引入汉语可以避免误解，日本的传教士就是通过“日化”这个词汇达到避免误解的目的。龙华民继利玛窦当上中国教会主管之后不久，就收到新来的巡阅使巴范济（1554—1612年）的指示，通知他整个事件都要重新审视。咨询了所有传教士和一些中国学者之后，最后他决定于1612年禁止人们使用“上帝”这个术语，置利玛窦忠实跟随者的反对于不顾。[171]

1614年，日本耶稣会士来到澳门，使这一分歧进一步深化。和陆若汉一样，很多日本耶稣会士非常惊讶于中国传教会的妥协包容性政策走得如此之远。有关在中国使用的术语和信徒所允许遵循的风俗习惯的问题再次被提出。第二个问题经常被称作“礼仪之争”，逐渐成为大家激烈争吵的另一源头。1603年，利玛窦已经颁布了他对礼仪的指令并且得到范礼安的肯定。中国传教会的这位创始人宣布，有两种传统礼仪是需要准许的：尊孔祭祖仪式。利玛窦认为，这些礼仪从道德角度看是可以被基督徒接纳的，因为该礼仪不属于宗教哲学范畴，也与那些迷信如佛教、道教和宋朝的新儒学等没有关系。他辩解道，根据他的了解和阅读古典作品所知，儒学起源于社会礼俗。早期的儒学只是简单的一神论，随着时间的推移它被增加了一些非法的内容，要把这些附加的累赘去掉，让中国人明白原始的儒教是基督教的前身。他坚信，保留大众都践行的礼仪——尊孔祭祖——是传教成功不可或缺的一个步骤。他宣布道，这样的礼仪“显然不是偶像崇拜，甚至也不是迷信盲从”。[172]

尽管耶稣会士在传教领域基本上遵循了利玛窦的方法，但是礼仪之争贯穿了整个 17 世纪。到 1665 年，有关适应性政策问题在不少于 74 场的传教大会上
184 讨论过。对利玛窦的“术语”表达持异议的龙华民，却基本上认同他把“礼仪”当作民间仪式的立场。[174] 陆若汉和其他耶稣会士一样，在中国发现景教石碑让他惊喜不已，其中的单词“上帝”是汉化了的古叙利亚语“阿拉”（Allaa），这进一步证明了他的观点，即不能用一个已经确立了用法的汉语词汇来指涉基督神。陆若汉在 1626 年发往欧洲的辩论中宣布了他在“术语问题”上的立场，这得到很多人的支持，诸如教区主教小阳玛诺（Manuel Dias the Younger，1623—1635 年在位）、龙华民、黎宁石（Pedro Ribeiro，1570—1640 年）、费奇规、邱良厚修士（Pascoal Mendes，1584—1640 年），以及一名“对汉语语言和文学最熟悉”的中国神甫。陆若汉还声称，持反对意见的领头人是老阳玛诺，还有一些新来到这里不知情的人。[175] 1627 年晚期和 1628 年早期，9 名耶稣会士在上海附近的嘉定聚会。这次会议讨论的主要议题是围绕“术语”问题展开的。从来就不同意利玛窦使用上帝来表达“God”的龙华民，在他 1655 年去世之前一直关注着这个令人烦扰的问题。早期的那些争论备忘录都被毁坏了，因为耶稣会士为了防止这些分歧蛊惑他们的信徒。龙华民的论述，是逃脱压制命运留存下来的、反对利玛窦的、为数不多的书面材料之一。[176] 其余的传教士慢慢地将“术语”问题抛到脑后，因为更为紧迫的问题和困境开始威胁传教会的生存。直到今天，中国的天主教信徒仍然用天主作为基督神的称谓。[177]

争吵很快就发展成对整体传教方法的争议，特别是有关礼仪问题的分歧。例如，菲律宾群岛的耶稣会士对在中国实行的适应性传教方法理解甚少或者根本不理解；他们甚至公开谴责那些马尼拉的托钵修士，只因他们不积极主动同化那些皈依基督教的中国人。从一开始，他们就认为欧化外面世界的信徒的方法同样适用于东亚地区。他们也会以范礼安方案在日本的失败为例来说明，妥协和适应性政策走的太远可能遭受的结果。17 世纪 30 年代第一批方济各会修士和多明我会修士来到中国，这使得冲突更为复杂多变。这第一批托钵修士怀疑耶稣会士在中国采用的传教方法，他们决定使用自己在别的地方采用的方式在中国传教和布道。耶稣会士认为这些修士没有权利留在中国，他们藐视西班牙托钵修士或者指责他们对中国一无所知。当伊比利亚半岛的政治分歧演变成 185
分裂的绝境时，分属于葡萄牙保教权（padroado）和西班牙保教权（patronato）的传教士在中国的遭遇，将布道会卷入了民族间的斗争。该斗争持续了很长一段时间，使欧洲和亚洲的情况愈加恶化。[178]

北京的耶稣会士远离澳门以及其他欧洲人的阴谋，却面临着一些和自己不相关的问题。明朝万历年间（1573—1620 年）①，中央政权羸弱无力。由于不断恶化的朋党之争，朝廷和政府被宫廷宦官控制着。“天启”年间（1620—1629 年）的执政大权主要由魏忠贤掌控，他是宦党的头目，是具有改革精神的学士、社团和秘密团体的大敌。中原帝国的削弱，恰逢长城外东部鞑靼地区满族势力的上升。努尔哈赤（Nurhachi，1529—1626 年）一生都致力于将东部鞑靼地区四分五裂的部落整合成具有战斗力的统一势力。1609 年，他就停止向北京进贡，七年之后，他又自称帝王。1618 年，努尔哈赤开始进攻关内，试图推翻明朝并在北京建立自己的王朝。在他们攻打明朝的时候，满族人经常得到汉人的援助。[179] 内战一直持续到 1644 年，同一时间的欧洲正在经历着三十年战争（1618—1648 年）。

北京的耶稣会士起初并没有卷入内战。因为驱逐法令还没有撤销，所以他们的处境和地位还不明朗，须处处留心、时时留意。1623 年当小阳玛诺被聘

① 原文有误，努尔哈赤生卒年应为 1559—1626 年。——译者注

为中国教会第一任副教区主教时，龙华民正式成为北京耶稣会主管，也正是在这一年他返回帝国首都，不久之后，被金尼阁招募而来的德国耶稣会士邓玉函（Johann Terrenz Schreck/Terrentius，1576—1630年）也加入了龙华民的教团。邓玉函是一位杰出的数学家，也是伽利略（Galileo）的学生，他之所以被派到中国是因为，耶稣会多次请求派遣懂天文学的传教士来中国协助改革中国历法。1615年，耶稣会士将望远镜的发明及其相关发明的消息在中国公布。尽管教廷1616年禁止伽利略公布哥白尼（Copernicus）关于地球转动的学说，但是中国的耶稣会士仍然利用望远镜作业，且传播哥白尼的发现。其中的一部分耶稣会士虽然有点狐疑，但还是坚持托勒密的地心说，而不愿意接受哥白尼的日心说。[180] 邓玉函在离开欧洲之前花了几年时间收集材料和科学仪器，以方便北
186 京事业的开展。由于伽利略拒绝回答邓玉函的问题，耶稣会士想方设法为他从约翰内斯·开普勒（Johannes Kepler）那里获得援助。在北京，他还得到来自科隆（Cologne）的耶稣会士汤若望（Johann Adam Schall von Bell，1592—1666年）的帮助，汤若望陪伴邓玉函从欧洲出发，一路长途跋涉，最终到达北京。[181]

正当耶稣会士科学家将大部分时间花在学习汉语上时，他们的同仁和信徒们在北京致力于恢复和改善基督教在中国人中的名誉。在澳门，1622年间汤若望和其他耶稣会士参与了保卫该城市反对荷兰进攻的战争。在一座没有设堡垒的城市，一小股卫戍部队将强大的荷兰舰队击退，让中国人肃然起敬。人们认为，葡萄牙的胜利成为可能，是因为他们有效地使用了炮火。[182] 随后，广东当局允许葡萄牙人在澳门加强防御工事。期间，澳门人开始建造大炮。同时，1622年3月，满族人在北方的辽东地区彻底击垮了中国（明朝）军队。徐光启和其他皈依基督的信徒一直坚持推荐政府引进“外国大炮”和相关专家，以应对满族人的进攻。1622年革新党派短期地重新当权，控制了防御部队和局面。借助于“外国大炮”，他们在接下来的几年里逐渐地将满族人驱向北方。为了获得武器，中国人曾经雇佣不太情愿的耶稣会士担任中间人的角色或者军事顾问。作为回报，兵部（Board of War）出于策略考虑允许耶稣会士居住在北京。耶稣会士也被默许恢复他们的神职。[183]

政府里的一些官员对耶稣会士十分友好，这使北京的耶稣会士越来越自信。

特别是汤若望开始结交一些重量级朋友。他向朝廷展示了一份耶稣会士从欧洲带来的数学和天文学作品清单，他还展示了很多科学仪器。[184] 借助于这些仪器，187
他精确地预测了 1623 年 10 月 8 日的月食。此后不久，邓玉函来到北京，他和汤若望再次集中全力研习语言。1624 年至 1627 年间，首都的传教工作进展缓慢，这是因为传教士都忙于研究中国及这里的人。1626 年，汤若望用汉语出版了一本小书，介绍了望远镜及其构造。[185]

北京条件的改善在教区的各传教团中得到了反映。1623 年，艾儒略在江西常熟开创了一个基督教社区并且皈依了瞿式耜（Ch'u Shih-ssu，1590—1651 年），该人是著名的士大夫，后来成了反清复明的中坚力量。1625 年，艾儒略继续南移来到福建，很快就在福州成立了传教所。在当地的一些豪绅贵族的帮助下，他开始和福建各城市的学儒们讨论基督教。劝说那些有足够财产娶妻纳妾的绅士们皈依基督教，这和在中国别的地方一样困难。各士大夫们尽管也被基督福音吸引，但是他们不会那么无情地将妻妾逐出家门，以迎合一个外来信仰的规矩且破坏一夫多妻的传统。[186]

在北京展示了自己才气和潜质的汤若望，于 1627 年秋季被派到西安——中国现存城市中历史最悠久的一座。通往陕西的路早已铺就，早在 1620 年，艾儒略、高一志、金尼阁和其他人就在这里探索了。1628 年年初，曾德昭也紧随汤若望之后来到西安。这两位新人尽管得到早期曾经帮助过金尼阁的学儒们的援助，但是仍然遭到中国人的野蛮对待。曾德昭认为，南京监狱里的生活也比西安的境况好，于是他 1629 年来到江西南昌。汤若望被独自一人留在西安，这位大无畏的传教士艰苦卓绝地拓展传教活动，渐渐地赢得了更多的皈依信徒。他继续研习汉学，观测 1628 年 1 月 21 日的月食，决意推算出西安的精确纬度。汤若望从经常光顾西安的商队（caravan）头目那里获取信息，包括亚洲腹地的路线和地理地貌等。他从一个穆斯林商队的领队那里详细地了解到贸易的各条线路、驿站、距离和货物等信息。基于这些信息，他于 1629 年致信给罗马肯定了利玛窦的断言，即“契丹”实际上就是中国北方，马可·波罗所说的“汗八里”
（Khanbaligh）就是北京。[187] 188

正当汤若望在西安苦心经营的时候，北京的耶稣会士越来越深入地卷入到朝廷事务。令耶稣会士和他们的友人欣慰的是，1627年皇帝的意外驾崩结束了魏忠贤及其阉党的霸权地位。1629年，徐光启重返朝廷，被崇祯皇帝（1627—1644年在位）任命为礼部左侍郎。新形势下，耶稣会的很多朋友也都返回北京。履新的徐光启，十分有利于重谈历法改革问题以及西方天文学针对穆斯林和中国天文学说的斗争。在咨询了邓玉函之后，徐光启决定在1629年1月21日这一天决一胜负。因为这一天可能会出现日食。分属三个天文历法系统的大师们，被要求写下他们各自预测的日食出现的精确时间和日食存续时间。结果证明，耶稣会的预测最精确，而另外两个历法体系却没有做到。徐光启随即宣布，传统的天文历法推算法不可靠，唯一的补救办法是采用西方历法。9月1日颁布的国家法令，委托传教士和他们的门徒改革历法。

龙华民和邓玉函被任命为新成立历法局的官员，国家提供俸禄，他们负责提供作坊制造仪器。邓玉函提案翻译庞大的西方科学文献，抓紧制造望远镜和科学仪器。大约1628年，邓玉函写了一部题名为《测天约说》（*Abridged Theory of Measures of the Sky*）的专著，讨论了望远镜的用法，描述了太阳黑子现象。[188] 邓玉函还没来得及进一步在这个课题上做深入研究，就于1630年5月去世了，距离先前赢得天文历法大赛胜利还不到一年。徐光启当机立断召集汤若望和当时正在山西传教的意大利耶稣会士罗雅谷（Giacomo Rho，1592—1617年）① 来代替邓玉函在历法局的位置。[189]

北京耶稣会士在自然科学上取得的胜利被公布在《邸报》（*Imperial Gazette*），被国人广泛传阅。各省的情况和首都的情形类似，从1630年始传教士更公开地开展工作了。皈依的信徒越来越多，中国百姓因为认识到耶稣会士继续代表中国政府和澳门谈判大炮和军火的供应而更加信任他们。1630年，又有5名耶稣会士来到这里分赴各省工作。徐光启这颗明星继续在北京冉冉上升，传教业也沐浴在他的光辉恩泽之中。汤若望和罗雅谷忙于将西方科技专著译成

① 其他资料显示罗雅谷的生卒年为1593—1638年，这里可能源于作者的疏忽出现差错。至少，罗雅谷卒于1638年在这里更合理，因为1630年，邓玉函逝世，罗雅谷被召进北京，这更符合上下文语境。——译者注

汉语，以满足他们对助手的培养和使用之需。1631年，伽利略的发现传到朝鲜，若干年后又传到日本。这些年最大的损失是1633年11月8日徐光启的逝世，据耶稣会士评论，“他是中国第一位仅次于皇帝的伟人”。[190]这个评价并非是 189
虔诚的耶稣会士的夸张之词，徐光启去世之后被追授为少保（1643年又改为太保），成为其国人永久膜拜的对象。[191]

任何一个公正的人都应该承认，这么几个耶稣会士在短短的一个时代多的时间里却取得了如此巨大的成就，这是十分了不起的。到1615年，据估计约有5 000名中国人皈依了基督教，1627年这一数字达到13 000名，1636年达到38 000名。[192]到1634年，耶稣会在中国15个省份中的7个省拥有12个固定传教所。这些驻点由23名欧洲神父和4名中国普通教士看护和管理。[193]最为繁荣的是高一志在山西的传教团，以及到1637年止艾儒略在福建的传教团。中国的基督教信徒来自北京和各省的各个社会阶层。到1636年止，耶稣会士已经渗透到中国社会最为保守自闭的阶层和最为高等贵族的阶级。1636年，38 000名信徒中，约有300名为文人墨客，140多名为皇亲国戚，40多名为宫廷太监，还有若干名宫女。这几个宫女还于1637年成立了一个名叫“宫廷女士”（Ladies of the Imperial Palace）的团会小组。[194]地方上的耶稣会士受到很多人的保护和资助，如包括地方豪绅、小官员，以及成百上千的没有任何教育背景或政府关系的狂热信徒。

当徐光启还躺在病床上没去世前，发生的一系列事情已经预示着欣欣向荣的中国传教事业未来可能遭遇的麻烦。1633年，罗马不顾葡萄牙的反对，下令传教士可以自愿选择任何通往东亚的路线，不必按照先前的要求一定经由里斯本到达东方。尽管从1608年始，教廷下令传教士须采取特定的线路通往亚洲，但是世俗国王在这件事情上的意愿基本上被大家遵循了。[195]1608年后，西班牙的多明我会修士和方济各会修士没有受到去往中国和日本的宗教限制，但是西班牙耶稣会士却被耶稣会的政策局限在西班牙保教权活动范围内。菲律宾群岛 190
的托钵修士们，在经历了当初试图进入耶稣会士控制的中国和日本的失败之后，就再也没有进入中国的勇气了，这一情势直到1626年西班牙在台湾建立了前哨据点之后才得以改观。1632年早期，两名多明我会修士受台湾西班牙总督的指令速与福建建立贸易关系，他们经历了艰难险阻之后来到福州。尽管这两名多明我会修士被勒令离开中国，但是意大利神父安杰洛·高奇（Angelo Cocchi，1633 年去世）在福州之北福安的一个村庄里找了一个藏身之处。1633 年，又有另一名多明我会修士黎玉范（Juan Bautista de Morales）和两名方济各会修士来到这里。1634 年，这两名方济各会修士在村庄汀头（Tingtow）① 建立起他们自己的布道团。对于中国的耶稣会士而言，西班牙托钵修士在福建的出现，预示着传教方式争吵的再度开始，引发了 1637—1638 年福建世俗政权的干涉。[196]

明朝末年，除了福建的耶稣会遭遇了一些困难外，中国传教会的规模继续拓展，事业十分繁荣。1640 年当高一志去世时，他的山西传教分会已有 8 000 多名基督教信徒和 102 个基督团会。法国耶稣会士艾蒂安·法贝尔（Etienne Faber，1597—1657 年）从 1635 年到其去世前一直工作在陕西，这里的传教分会在明朝末年汹涌澎湃的岁月里及其以后发展迅速。年事已高的龙华民于 1636 年从北京繁忙的教会管理工作中，抽出时间来到山东并把基督信仰带到那里。西部两个边远省份——湖广省（Hukwang）和四川省（Szechwan）——也新成立了传教会。成绩最为骄人的地方当属上海，1637 年后意大利神父潘国光（Francesco Brancati，1607—1671 年）和徐光启的孙女许太夫人（Candida Hsu）在此工作。1640 年，耶稣会会长威特勒斯奇意识到教会扩张太快，以及中国政治情况的变化，任命艾儒略为中国南方教会主管，葡萄牙耶稣会士傅泛济（Francisco Furtado，1589—1653 年）为中国北方教会主管。到 1650 年，中国 1.5 亿的总人口中，约有 15 万人信奉基督教。[197]

在北京，汤若望和罗雅谷联合他们的中国同仁和历法局的助手，继续研究欧洲和中国天文学之间的分歧。他们全力以赴地开发各种仪器，并于 1634 年赠送给中国皇帝一部欧洲制造的望远镜。在解释望远镜的用途时，包含有下面的内容：“这个工具不仅可以观测天宇，而且还可以观察几里之外的物体……。非常有利于观察大炮射程内的敌人。”[198] 早在 1635 年关于欧洲天文学历史的知识便以汉文形式出现了；五年之后，在历法局工作的、在罗雅谷死后便

① 无法确定该村庄的汉语名字，在此根据发音暂译为汀头。——译者注

没有欧洲同行协助的汤若望，出版了简写版《西洋天文学家史》（*History of Occidental Astronomers*），其中将“Galileo”这个名字按照汉语发音写成“伽利略”（Chialileo）。一方面，很多人提案建议官方推动历法改革；另一方面，汤若 191
望仍然面临那些来自反对“外来天文学人”的压力。尽管龙华民和汤若望可以自由出入朝廷，并且拥有很多宦官和宫女信徒，但是黑暗的政治环境还是阻碍了明朝最后一位皇帝正式推行新历法。

汤若望 1630 年返回北京恰逢明朝衰亡的开始。因此，山西和陕西遭遇连年灾荒，盗贼四起，到处蔓延着不满的情绪。灾荒以及随之而来的问题蔓延到西部其他省份，促成由李自成（1605？—1645 年）领导的有组织的反抗力量的形成，他是一位叛逆的、富有野心的陕西割据势力头目。[199] 由于北方满族势力的压制，政府对李自成的造反无能为力。1642 年，汤若望被迫放弃他的历法研究，皇帝在绝望中命令他去造炮。各省的许多欧洲神父和归信基督的信徒，紧紧地抓靠着已经虚弱不堪的政府，因为他们被满族人的“野蛮”、变节的起义者们颠覆国家秩序吓得惊恐不已，这可能会将他们所知道的那一点文明之光熄灭。1644 年 4 月 25 日，李自成在城内同谋的帮助下进入北京，一路没有受到任何强有力的阻击。被欺骗了的皇帝命令他的 3 个儿子寻求藏身之所，而他自己在皇宫北面的“煤山”自缢。皇朝崩溃之后，吴三桂（1612—1678 年）领导的北部明军联合满族人击败了李自成和他的军队。1644 年春季，恐惧笼罩的皇城打开城门迎接满族人。[200]

汤若望是唯一见证这些重要历史事件的耶稣会士。1644 年 10 月 30 日，当满族人宣布清朝立国、顺治称帝时，他就在那里。几个月之后，新登基的皇帝正式采用了新历法。[201] 北京宣布新王朝的成立并没有熄灭各省汉人的反抗。清朝成立的第一年，满族的有效统治范围仅限于直隶、山东、山西和陕西等北方四省。控制和平息中国其他地方的叛乱花费了近二十年的时间；反清复明的最后一股势力直到 1659 年才被彻底消灭。耶稣会士和为数众多的信徒不可逃避
地必须做出艰难的立场选择。汤若望与其他见证了灾难席卷北京的人一样，迅 192
速地和新王朝合作并享受着当权者给予的青睐。不久之后，他就被任命为钦天监（Imperial Board of Astronomy）的监正，钦天监是已经灭亡的明朝历法局的

继承机构。虽然一些耶稣会士赞成汤若望的这种与“敌”合作的行为，但是南方的耶稣会士仍然和明朝的忠诚分子与满族人的对手为伍。[202]

清军入关不单单是满族人的胜利。1644年后，各个阶层都有汉人与满人同谋合作。从1621年满族占领辽东起，当地的汉人便与满人进行军事合作，帮助他们学习长城以南的生活和文化。吴三桂和辽东其他地区的汉人军事领导，将明朝北部军队的残余力量交由清廷处置。吴三桂在接下来的三十年里一直站在满族人的一边作战，对方也给了他很高的荣誉。辽东其他通敌的军人都被封赏了南方的土地，他们的子嗣也获准与皇室家族成员通婚。汉人因屠杀、土地没收和苛捐杂税而遭受深重的灾难和困苦，但是最让他们愤怒的是，他们被勒令提供军事补给和按照满族的习俗剃头。税负的减少和1650年后富饶地区的经济恢复，令自尊受损、骄傲有加的汉人的愤怒有所缓解。[203]对于清朝的平息绥靖的计划，最顽强的地方抵抗力量来自从1620年后就控制福建沿海地区的郑氏家族。[204]

在那些喧嚣不定的岁月里，欧洲和中国的基督教传教士内部斗争不断。葡萄牙耶稣会士安文思（Gabriel de Magalhaes，1610—1677年）的故事，是分化耶稣会势力因素的一个缩影。当满族人向北京推进的时候，他和来自西西里岛的耶稣会士利类思（Lodovico Buglio，1606—1682年）还在遥远的四川省，他们被囚禁在这里，被迫为张献忠（Chang Hsien-chung，1605—1647年）效命。张献忠在地方起义，觊觎皇权。1647年，一支满族高级近卫军来到这里，这两名耶稣会士因此被解救。其将领获悉这两名神父是汤若望的同事，便于1648年将他们带到北京。在北京，这两位耶稣会士被当作张献忠的同党投入监狱。尽管汤若望试图解救他们，但是他被朋友和主管大臣警告不要干涉法律程序。

两年的囚徒生活之后，这两名耶稣会士被释放出来，但仍由一名满族官员
193 监管，处于奴隶地位。虽然其主人实际上给予他们活动自由，但是安文思如同先前一样申述道，汤若望应该对他们的遭遇负责。他的这一控诉迅速有了响应，到了1649年，傅泛济、龙华民、利类思和费奇规等集体上诉于教区主教，要求把汤若望从耶稣会开除出去。汤若望是位率真、心直口快的人，很可能得罪了地位相对低下甚至有点妒忌他的同事们。作为帝国官员中的一员，他早已适应了政界的生活格调。他因和顺治皇帝私人关系要好，并收养了一个孩子作为其

孙子而出名。诋毁他的人指控其不尊重教区主管，坐拥不属于一名神父该有的官职，生活不贞洁等。1653 年，由 3 名顾问组成的调查委员会彻底免除了他的罪责，汤若望免遭被逐出耶稣会的厄运。此后的很长一段时间，相互争吵的声音仍然不绝于耳。[205]

当时，支持反清复明人士的耶稣会士和向满族人妥协的耶稣会士之间的非私人斗争持续上演。1648 年除福建之外的所有南方省份短暂地脱离清廷统治，反清复明的希望达到顶点。同年，那些伪装隐藏的、实际上支持明朝的志士的家人大多归信了基督教，这给了支持明朝复政的耶稣会士一个比以往更大的砝码。明朝（在南方）的短暂复苏立刻招来北方的报复，1650 年 11 月 24 日，广东最终投降。被清朝军队驱逐到西部的最后一股复明势力，在贵州安龙成立朝廷。奥地利籍耶稣会士安德里亚斯·科夫勒（Andreas Koffler，1612—1652 年）留在这里的朝廷充当基督徒的精神导师，波兰籍耶稣会士卜弥格（Michael Boym，1612—1659 年）于 1650 年在这里短暂逗留。1651 年，卜弥格在一位中国信徒陈安德（Andre Cheng）的陪伴下出使罗马。这位波兰神父被指控携带信仰基督的皇太后海伦娜（empress dowagor Helena）给教皇英诺森十世（Pope Innocent X）和耶稣会总会长的书信，在书信中，她请求为明朝基业祈祷，并请求派遣更多的传教士来中国。

这两名基督徒信使取道陆路从果阿来到地中海，于 1652 年 12 月到达威尼斯。由于卜弥格拜见威尼斯总督时是以明朝使节的身份出现的，因此被耶稣会总会长尼克尔（Goswin Nickel）斥责。这两名使节在罗马受到冷遇，他们在这里等了三年都没有受到教皇的接见。这个时候的欧洲，中国耶稣会士的敌人为数不少，他们指控卜弥格是骗子，从未去过中国。1655 年，教皇亚历山大七世
（1655—1667 年在位）和耶稣会总会长最终写了亲笔信，让他们带走。1656 年， 194
卜弥格和他的中国同仁离开里斯本，但是他永远也没有办法到达中国，因为 1659 年在他到达那里之前去世了。那一年，死去的还有明朝的前程和希望。[206]

卜弥格的欧洲经历反映了亚洲传教会之间的冲突和矛盾的激烈程度。没有承认葡萄牙独立的教廷，坚定不移地支持西班牙处于劣势的基业。西班牙和葡萄牙的战争还在持续着；1648 年西班牙不得不承认荷兰共和国的独立，1659 年

又被迫和法国达成和平协议。仍然仰仗葡萄牙的中国耶稣会士，夹在这些交叉的复杂冲突和矛盾中。多明我会修士、方济各会修士以及传信部的一些教士们，还在坚持不懈地控诉耶稣会在中国礼仪之争中的立场。曾经定居在福建的多明我会修士黎玉范突然出现在罗马，向教廷呈报托钵修士在礼仪问题上的立场。传信部大会 1645 年的教令规定，中国信徒不能从事某些孔教礼仪活动。[207]

面对这种情势，耶稣会 1650 年派遣卫匡国（Martino Martini，1614—1661 年）来到欧洲澄清案件的来龙去脉。当时中国南方的政治形势十分混乱，卫匡国只能从福建而不是澳门离开中国，结果在巴达维亚成了荷兰人的俘虏。最后，他通过海路来到挪威的卑尔根（Bergen），从这里他取道陆路来到罗马。卫匡国 1654 年到达目的地之后便雄辩地指出，引礼入教被托钵僧曲解了，因为他们在中国的阅历有限且十分肤浅。随后，他详细地解释了利玛窦是如何鉴定礼仪只是仪式而不包含宗教内容的。宗教审判所大会颁发的 1656 年的教令，允许礼俗入教，只要这些礼俗如同耶稣会士所声明的那样在本质上是民间性的。如果这些礼俗如同其他天主教托钵修士们所断言的那样有宗教元素，那么先前的惩罚令继续有效。欧洲各方都断章取义地做有利于自己的解释，以此平息基督群体的情绪。[208]

自从 1653 年汤若望从耶稣会士同仁们对其指控的漩涡中脱身之后，北京的情况有所好转。他和皇帝的友谊以及他任钦天监监正等行为，虽然在欧洲经常被认为是不适合一名神父和传教士的身份，但是这却确保了北京和其他满族人统治地区的传教士的安全。1656—1657 年当荷兰大使团访问北京时，各使节惊讶地发现中国的皇帝是多么尊敬这位耶稣会士。汤若望的职位迅速高升，直
195 到 1658 年 2 月升到官衔中的最高级别；他被任命为帝国内臣，属一品官员。利用皈依年龄尚小的皇帝的机会，汤若望讨论了基督教信仰问题。和中国的其他知识分子一样，小皇帝带着崇敬之情仔细聆听这位神父讲解基督教。当然，和他先前的很多人一样，这位小皇帝只是对知识感兴趣，并不愿意皈依这个宗教。汤若望称，一夫一妻制是皇帝成就大业的绊脚石，因为这使“他无法克服肉体的欲望”。[209] 在他晚年时，这位小皇帝离弃了汤若望，转而和朝廷中信仰佛教的宦官们的关系拉近了。

国内的混战，让耶稣会失去了很多人力，昔日的辉煌不再。这些年里，很多伟大的先驱自然死亡；可敬的龙华民神父于1655年寿终正寝，享年95岁。福建的基督教团体，包括那些由方济各会修士组建的团体，遭受了重大损失，因为这里的人过着民不聊生的生活，当时清政府为击败郑成功在沿海地带采取了激进的措施。[210] 然而，其他地区的传教分会在皈依信徒方面进步颇快。清政府对所有基督教活动基本上持温和态度。1655年，西班牙多明我会在浙江开办了一个新布道所，五年后又在山东新办了另一家。就连曾经是汤若望敌人的安文思和利类思，也安分守己地在北京默默地努力着，只因汤若望的名望给他们带来了这份宁静。1660年，汤若望又有了新的援军，这一年比利时天文学家南怀仁（Ferdinand Verbiest，1623—1688年）来到北京帮助他。

1661年2月，顺治皇帝驾崩，结束了平静的日子。长期酝酿的对耶稣会士的憎恨突然爆发了。在朝代更替的年代里，汉人和满族人都警惕地关注着耶稣会士扮演的各种角色，这些耶稣会士曾分别服务过清朝胜利者、明代的忠诚者和地方起义者。他们也怀疑这些与澳门和葡萄牙有密切关系的耶稣会士，也许隐藏着比表面看起来更大的政治野心。首都的满族官员们一直都十分讨厌汤若望和皇帝的亲密关系，视其为奇怪且不健康。协助只有7岁的康熙皇帝执政的4位行政和军政摄政王，都对汤若望及其耶稣会士同仁持有敌意。所谓的鳌拜（Oboi）摄政期间（1661—1669年）的前五年，鳌拜大权在握，迅速下令各省皇家传教士要调查耶稣会士的活动并向北京报告。[211] 196

杨光先（Yang Kuang-hsien，1597—1669年）发起了反传教运动，他自封为运动倡导者，是中国反基督教运动的煽动者。[212] 在提供给礼部的证件中，他指控汤若望在天文计算中出现错误，该指控其实是由拥护传统天文学且心怀不满的穆斯林报告的。他声称，传教士传授谬误的、颠覆性的观点，妄图推翻新王朝。像其他诋毁者一样，他指控传教士们乱施魔法、秘密集会、谋取反叛。公开迫害基督徒开始于1661年，到1664年这一行动扩展到四川、湖广、江西、山东等地。在这些省份，教堂被毁，传教士被捕，信徒入狱或被处死。[213] 在首都，起初对汤若望及其同伙的指控被忽略了，这一态势一直到辅政大臣鳌拜控制政权后。鳌拜作为一名彪悍的满族武士，不信任汉人的官僚机构，决意消除一切明代留下的遗迹，包括传教士。

有了鳌拜支持的杨光先，于1664年发起对耶稣会士的猛攻。他攻击汤若望为“耶稣死后的追随者，而耶稣是犹太王国邪恶帮派的头目”。[214] 他声称，基督徒错误地告诉人们，中国人是希伯来这个异族人种的后代。摄政王们担心基督徒如同杨光先所说的那样正煽动造反，所以拘捕了汤若望和北京的其他几位耶稣会士，还有一些他们的中国同仁。1664年至1665年间进行了九个月之久的审判。1665年4月30日，摄政大臣们公布了裁定结果：汤若望和其他几位汉人死刑。南怀仁、利类思和安文思获罪鞭刑并驱逐出境。5月1日北京发生地震，被人们解读为上天对审判结果不满的显灵，耶稣会士和两名汉人被暂缓执行死刑。4名耶稣会士获准留在北京，他们在各个省的同盟被官方流放。25名耶稣会士、4名多明我会修士和1名方济各会修士被拘禁在广东，一直到1671年；3名多明我会修士藏匿在福建。[215] 帝国的所有教堂被迫关闭，中国信徒都被严
197 加监视起来。直到1669年康熙亲政之后，基督徒活动才重获足够自由。

到17世纪60年代，中国以及东方其他地区的葡萄牙保教权和世俗权威都处于防守状态。从该世纪之初始，西班牙传教士就一直违反宗教管辖权，挑战葡萄牙保教权在亚洲的权威。国王菲利普三世支持西班牙传教士，并经常代表他们与教皇交涉。[216] 从1614年日本的传教士被驱逐开始，罗马自身产生了直接管理东方教会的兴趣。元老院成员如红衣主教罗伯特·贝勒明（Robert Bellarmine），不顾葡萄牙神职人员的苛责，支持利玛窦和诺比利遵循的适应性传教政策。1622年传信部大会成立，促成一个管理这样的机构中心的诞生，这越来越威胁到葡萄牙管理传教会的权威。为了应对罗马的新措施，西班牙和葡萄牙的哈布斯堡统治者加紧了对东方传教团的控制，果阿的世俗政权和传信部的机构发生了冲突。教皇1633年决定终止传教士必须经由里斯本到达东方的规定，恰逢葡萄牙东印度公司的破产。接下来，葡萄牙越来越不满于哈布斯堡王朝的统治。1638年当日本切断和澳门之间的贸易，葡萄牙在东亚的经济基础坍塌。1640年澳门和马尼拉的贸易也终止了，1641年马六甲落在荷兰人手里，这些事件的发生更是让澳门及其传教会惊讶不已。

1640 年至 1668 年葡萄牙的独立战争，终止了葡萄牙保教权和教皇之间的正常关系。因东方地区的宗教管辖权而起的纷争不断，遭致了更多的报复性后果。葡萄牙主教一个接一个死去，他们曾经管辖的教区留下了空白，无人打理。葡萄牙在东方的军事实力下滑，迫使很多处于危险或被征服据点的修士们离开曾经的驻所，聚集在果阿。传信部派出的传教士、1658 年后的教皇使徒等，开始在日渐凋零的葡萄牙保教权教区，特别是南亚大陆地区掌权。[217] 在南印度地区，圣多默基督教徒于 1652—1653 年反抗葡萄牙保教权保护下的主教。17 世纪 60 年代，锡兰和马拉巴尔地区各城市被荷兰占领，让果阿在印度南部的管辖地位处于风雨飘摇不定中。之后，获准在荷兰控制区传教的天主教传教士都不是葡萄牙人。

葡萄牙保教权势力的大幅下滑与传教政策息息相关。在葡萄牙直接控制的殖民区，欧化信徒的政策太过依赖世俗政权。当葡萄牙的世俗控制力削弱或者消失了，基督教事业也就相应地出局了。在葡萄牙控制区域之外的据点，传教 198
会因缺乏资金支持而难以为继；在孟买、印度南部和中国，传教会不得不依靠那些忠实的土著信徒的持续援助。在传教区域的任何一块版图上，甚至是以“妥协传教”著称的中国地区，欧洲人都没有鼓励本土神职人员的培养。1600—1649 年间在中国工作的 184 名耶稣会士中，有 14 名为中国人，两名为日本人，1 名为朝鲜人，还有 1 名为中朝混血儿；他们被归类为教友（brother），因为耶稣会拒绝承认他们足够成熟胜任神职。[218] 在印度，只有当越来越少的修士愿意投身于神职，本土的自立教士担任神职的人数才多了起来。荷兰控制比较放松的时期，一些残余的神职人员在锡兰生存下来。在日本，很多本土人被训练成普通教徒（lay catechist），即使在官方迫害期间，基督教团也生存了下来。印度南部内陆地区，诺比利去世之后，尽管政治情势多变，因为有了当地宗教工作人员和招募来为教会服务的普通教徒的帮助，基督教同样生存下来。

耶稣会负责向葡萄牙保教权引进非葡萄牙籍传教士。修士和世俗官僚基本都有葡萄牙背景（其中很多都是里斯本及其周边地区），或者是葡亚混血儿，或者是在东方招募的欧洲人。17 世纪的前六十年里，意大利籍的耶稣会士特别凸显：范礼安、利玛窦、诺比利、龙华民、高一志、艾儒略、卫匡国等。意大利籍传教士也是妥协适应性传教政策的主要推动者，他们在罗马有支持其创新做法的有权有势的朋友。1660 年前，其他地区的一些人员也加入他们的行列，如低地国家人（金尼阁和南怀仁）、德国人（邓玉函和汤若望）、奥地利人（科夫勒）和波兰人（卜弥格），他们在传教会扮演着领导性角色。殉难的圣人若昂·德·布里托，是唯一遵循适应性传教政策的重要的葡萄牙人，他在印度南部布道时一直贯彻这一策略。

葡萄牙国王一直担心他的大主教地位，努力限制注入教会的外国人数量；葡萄牙人对西班牙人持有特别的戒心，1600 年后将后者排斥在葡萄牙保教权之外。中国传教会特别具备国际性特点，康熙执政期间（1665—1723 年）这一特点愈加明显。尽管葡萄牙从来没有完全控制保教权，但是 1665 年后他们持续斗争以博取哪怕是一点点的权威。17 世纪 90 年代，尽管里斯本重获在中国传教会的实权，但是葡萄牙保教权的主张一直是欧洲和亚洲的热议话题。根据传信部的旨意，南京和北京主教区于 1690 年创建，使得大半个中国脱离澳门宗教辖区的管理。然而，新主教区仍然臣属于果阿都主教区，以不刺激葡萄牙人在保教权问题上的敏感神经。随着教皇使徒继续保持着对中国部分教会的控制，即
199 使这点妥协也渐渐消失了。[219] 但至少在纸面上，葡萄牙保教权在印度的功能一直持续到 1953 年 10 月 25 日。[220]

第四节　西班牙保教权在东方

和葡萄牙保教权一样，西班牙保教权（patronato real）代表着中世纪贵族和皇室对教会的赞助体制提升到民族国家层面上了。通过 1493 年和 1508 年的一系列教宗训谕，教廷指控西班牙国王将自己的精神意志强加给新大陆。作为回应，西班牙国王授权传教会招募专职神职人员。西班牙保教权的地域管辖范围模糊不清；久而久之，权力运转的条件凭着经验而定。国王被迫向其海外占领地区的教会提供经济援助和保护，传教士也因此乘坐皇家的船只前往美洲、菲律宾群岛和马鲁古群岛等地。一旦他们踏上布道之路，王国政府通过殖民机

构负责给他们提供薪俸，以维持传教士生活用度之需以及传教会、教堂、学校、孤儿院和医院的日常开销。由于伊比利亚王国越来越中央集权化，皇权对殖民地宗教活动的控制也相应地加紧了。

西班牙保教权，原初只是教廷向世俗王国在使徒派遣方面的一个特别让步，到了 17 世纪却演化成皇家宗座代牧权。西班牙政治理论家们声称，保教权一旦赋予就不可撤销，只能由王国独家投入经营。教廷拒绝承认世俗皇权对殖民地教会的全权控制，并将世俗皇权政治理论家的著书置于索引目录中，但是在实践中基本不能限制国王的控制力。特别是在菲律宾群岛，国王通过律令统治着当地的宗教机构。菲律宾群岛的教会被当作王国的政府机构，教会利用其政治上的优势对政府政策的形成和执行有极大的影响力。[221] 200

1565 年，西班牙奥古斯丁会开始在菲律宾米沙鄢群岛（Bisayan）布道。1571 年，马尼拉被定为西班牙在亚洲的总部之后，方济各会（1577 年）、耶稣会（1581 年）及多明我会（1581 年）等相继在菲律宾传教。1578 年，马尼拉被提升为主教区，从属于墨西哥大主教区；两年后，澳门提升为主教区，从属于果阿大主教区。尽管 1580 年后，葡萄牙保教权和西班牙保教权属于同一个西班牙哈布斯堡王朝的海外宗教机构，但是这两个新主教区的宗教管辖纷争逐渐加剧。葡萄牙和西班牙都指控对方非法入侵东方的海岛，是有罪的。菲利普二世根据《托马尔联邦条约》（*Union of Tomar*）分开治理这两个帝国的规定，所以经常拒绝马尼拉的请求。马尼拉要求皇室派送传教士甚至是军队到耶稣会保留地——葡萄牙保教权范围内的中国和日本。[222]

多明我会修士多明戈·德·萨拉萨尔（Domingo de Salazar，1581—1592 年在位）被任命为马尼拉的第一任主教。1582 年至 1586 年间，他每年都召集一次宗教大会，号召各宗派派遣代表会同大教堂教长一道，以期解决教会在菲律宾征服、定居和管理过程中遭遇的问题。欧洲和亚洲都提及教会应该在多大程度上参与征服这些岛屿及其居民的问题。宗教大会的结论是，西班牙人及其传教士的行为是正确的，他们让当地居民臣服于公正的世俗权威，并最终将其带进基督世界。[223] 关于传教方法，宗教大会并未做出根本性的结论，但是要求土著人用他们自己的母语接受教义，而无须使用西班牙语。[224] 除此之外，西班牙传教士必须使用在墨西哥和西印度群岛的传教方法：即西班牙化本土机制、道德、社会风俗和宗教信仰。[225]

菲律宾群岛的基督教化被证明是一个漫长而艰难的过程。为了更好地管理不断壮大的教会，1595 年马尼拉被提升为大主教区，管辖的教区有卡加延（Cagayan）、甘马粦（Camarines）、宿务（Cebu）等。西班牙国王为了减少摩擦，于 1594 年下令，任何两个传教团不能在同一教区布道，每个传教团都应该
201 拥有自己固定的传播福音区。[226] 王室同时也下令禁止传教士在他们不懂当地语言的地区传播福音。（传教）在低地（lowlands）和非穆斯林控制区的进展迅速。分散在各宗族村庄的信徒，或被哄骗或被威胁离开他们的土地，定居在较大的社区以方便监管。传教会学校、小教堂、医疗中心等在新基督社区建立起来。到 1600 年前，马尼拉已经拥有 3 座医院，分别为西班牙人、华人以及土著人提供服务。

到 1595 年，450 多名教团教士（regular cleric）乘船前往这些岛屿，[227] 其中大部分到达目的地；即便如此，神父数量总体上还是缺乏，甚至马尼拉地区也不例外。很多传教士坚持认为，他们应该被派去日本或者东南亚大陆地区，在那些不太原始的地方为信仰开疆拓土。那些乐意在菲律宾工作的教团教士，经常中伤大教区主教监管他们作为教区神父的权威。理论上讲，一个传教团一旦可以让一个教区有序运行，教士们就应该将这个教区转交给自立教士去看护。然而，教区神父数量的短缺和缺乏土著语言培训，使得西班牙教团教士不可替代。作为教区神父，他们担心如果接受主教视察和纪律约束，将危及到教会的团结，很可能将他们置于大教区主教（bishop）和教区主教（provincial）的双重指令中无所适从。特别是在基督教已经牢牢建立的马尼拉地区，教团教士和自立教士之间的争议最为激烈。主教和自立教士都暗自承认，在大多数岛屿，教团福音教士（regular missionary-priest）对维持平原地区取得的收获是至关重要的。山区的居民仍然是异教徒，最南端岛屿上的居民或者是异教徒或者是穆斯林，欧洲人基本上无法接近他们。1606 年，专职神职人员队伍因重整奥古斯丁会（Augustinian Recollects）的到来而加强了，这是一个冥想的教派。

传教士对皈依信徒的数字统计通常是令人怀疑的，而且各个宗派统计结果

相去甚远。这一情况在菲律宾尤为凸显。从粗略的估计来看，起初皈依信徒的数量很少，以少年儿童为主。随着大批教团教士的到来，进步迅速，获得巨大成功的关键时期发生在1576年至1586年间。到1594年，菲律宾的教团教士达到267名，受洗皈依的信徒据称达到28.6万名。[228] 根据总督特略（Tello）向国王的报道，1598年约有395名教团教士在菲律宾工作：299名神父和96名普通教友。[229] 到1600年，15名耶稣会神父和他们的教友，在10个不同的 202
传教所看护着12 696名基督徒。[230] 到16世纪末，被征服地区的一半居民受洗入教。[231]

菲律宾群岛的西班牙耶稣会士从未垄断过本地的传教事业，因为这是一项国家事业，旨在安抚各个岛屿。奥古斯丁会和方济各会的先行者主要在吕宋岛的他加禄（Tagalog）地区、讲比科尔语（Bicol）的马尼拉南部地区，以及宿务和班乃岛（Panay）等地传教。多明我会的教区主要集中在吕宋岛北部的卡加延、伊罗戈斯（Ilocos）和邦阿西楠（Pangasinan），他们取代了奥古斯丁会修士看护着马尼拉的华人。耶稣会1590年前主要是通过巡游的方式传教，此后才开始建造固定传教所。起初集中在马尼拉及周边地区，1593年后在东部的米沙鄢群岛，包括宿务、内格罗斯岛（Negros）、莱特岛（Leyte）、保和岛（Bohol）和萨马岛（Samar），重整奥古斯丁会看护着散落在群岛各地的社区居民。

所有的修会都在马尼拉拥有自己的宗教机构和传教分会，该世纪初马尼拉是一座约有6万多名居民的城市。安东尼奥·德·莫尔加（Antonio de Morga）是一名奉命暂管主教教区的一般信徒（layman），他描述了他本人1607年前离开该城市时的宗教机构：总教堂、奥古斯丁男修道院、多明我会修道院、圣方济各男修道院和耶稣会圣何塞神学院（College of San Jose）。[232] 约1595年，耶稣会在其围居区建立了一所文法学校，培养西班牙男童。[233] 到1611年，圣托马斯（Santo Tomas）多明我会神学院开始发挥作用，这个机构直到现在仍然屹立在马尼拉。

尽管传教士也是征服和殖民行为的帮凶，但总体而言，他们斥责西班牙士兵和官员虐待殖民地居民（indios，指纯种菲律宾人，也指相对应于穆斯林菲律宾人和摩洛人的基督徒菲律宾人）。普通士兵经常掠夺无助的弱者，因为他们一旦停止战争就得不到任何军饷。神职人员毫不犹豫地接受这样的提议，土著居民应该纳税以报答给他们带来的“拯救信仰”。然而神职人员向欧洲方面抱怨，税率太高，强加给这块土地和人民的负担太重。大主教萨拉萨尔在给国王的报告中大力声援土著居民的权益，他痛斥收租和招募土著居民服兵役和劳役的野
203 蛮做法。他成功地痛击了对土著奴役的野蛮做法。[234] 总督和皇家政府官员们甚至否认神职人员的指控，莫尔加在1598年向国王的报告中，指控传教士的不道义、非法贸易、故意曲解皇家命令，以及虐待菲律宾土著。奥古斯丁会因为信仰代表性不强而被其他修士挑拣出来给予特别的挞伐。[235]

起初，传教士们并不清楚国王关于菲律宾的打算，他们长期以来一直认为，吕宋岛只是用来作为进驻日本、中国和东南亚等地传教的跳板。群岛的地貌特征、居民的分散、神职人员的匮乏等，滞延了向南部岛屿传教的速度。1586年，除吕宋岛之外，有神父居住的西班牙定居区只有宿务和阿雷瓦洛（Arevalo）。传教士一直都没有大规模皈依信徒的计划，他们坚持认为菲律宾人在受洗之前须接受基本基督教教义的训诫。[236] 多明我会修士和方济各会修士因他们的耐心、宽仁和贫困给土著菲律宾人留下了深刻的印象。所有的修会都赢得了菲律宾土著的心，他们努力学习，能使用传教对象的语言传授知识。根据皇家的规定，西班牙语被用作传教所的辅助语言，有志于成为神职人员的土著人必须学习西班牙语。关键的基督教概念如上帝（God）、三位一体（Trinity）和圣礼（sacraments）等，必须保留西班牙语形式，以防止基督术语和异教术语混淆。菲律宾的情况如同日本，“术语问题”从来没有引发争吵，而这一问题却一直困扰着中国传教会。[237]

随着传教活动不断深入到那些被征服地区的民众当中，异教徒历史遗留下来的问题也在困扰着神父们。皈依的信徒们经常把基督教看作是一种新的魔法，具有神奇疗效和驱魔降鬼的作用。土著菲律宾人经常把传教士当作有名的江湖行医（baglons & katalonans）。西班牙人要求他们皈依的信徒必须切断与过去那些偶像、祖先、礼仪和迷信等的联系。那些传统的江湖医生为了保住自己的地位而威胁皈依的信徒，然后藏起来以逃避西班牙人的报复。菲律宾和其他地方的情况一样，要求一夫一妻制是皈依酋长首领和有钱人的主要障碍。男性信徒

被要求放弃第一任妻子之外的所有妻妾，休掉其他妻妾意味着她们曾经带来嫁
妆的流失。神父们猛烈抨击他们所认为的这些土著人的“不道德行为”。不贞洁 204
的妇女被揭发指责，不正常的性具被禁止使用；为维护自己的贞洁不被土著人和西班人侵犯的妇女被公开表扬。根据法律不能拥有奴隶的西班牙人，试图剥夺土著菲律宾人拥有奴隶的权利，但并不奏效。

为了接近活力四射的成年人，神父们首先集中全力教导孩童和老人。多数村民愿意将他们的孩子送到教会学校学习阅读、写作、音乐和教义等。多数天资聪颖的学生和酋长的孩子都充当了基督礼拜仪式的助手，他们被训练成可以教授他人新信仰基本知识的人才。耶稣会特别注重皈依酋长和其他社会头领，作为世俗精英的根基，他们的道德和宗教榜样力量最终扩大到社会，这是耶稣会士使徒在各地都使用的技巧。兄弟会和联谊会被组织起来从事特殊行善事宜，执行慈善工作，支持社会变革，如被传教士鼓吹的一夫一妻制。[238] 教堂的礼仪、圣事和庆典等依照土著人的兴趣和癖好进行调整。由于土著菲律宾人热衷于忏悔，神父们因势利导，规定了苦修，如鞭挞等，这似乎很受欢迎。在宗教节日里，大型游行队伍、宴会和使用本土语言演唱的合唱节目等，极大地吸引了这里的人们，他们基本上没有任何其他娱乐形式。[239]

随着该世纪向前推进，西班牙耶稣会士不同于其他教会，他们另辟蹊径，开办新传教所。从组织上看，菲律宾起初是耶稣会的一个副教区，归墨西哥教区管辖。从 16 世纪 90 年代就开始在菲律宾建设固定机构的耶稣会士争辩道，只有一位拥有教区主教权力的主管才能很好地管理一个远离墨西哥和欧洲的教会。1602 年，佩德罗 · 奇里诺（Pedro Chirino，1558—1635 年）以菲律宾副教区主教代表的身份回到罗马，向耶稣会总会长阿夸维瓦报告，传教会在菲律宾取得了巨大进步，拥有很多资源，并且表达了菲律宾独立于墨西哥教区的愿望。奇里诺 1640 年关于传教会未来的报告如此瑰丽，以至于阿夸维瓦会长竟然命令他将该报告详细写出并出版。[240] 奇里诺在叙述中认为传教事业可行并且前途无量，1605 年，总会长同意将菲律宾提升为教区。[241] 也许这个决定多少反映了菲利普三世的偏好和对罗马的影响力，因为繁荣的日本葡萄牙耶稣会直到三年
之后才被承认为独立教区。[242] 205

耶稣会总是缺乏训练有素的人力从事教育和劝人改变宗教信仰的工作。教区大约每六年都会派代表去欧洲为教会寻求人力补给。新的血液分别于1615年、1622年、1626年、1632年、1636年和1643年注入教会。就招募数量而言，给人印象最深刻的是最后一批人力：42名传教士分别来自耶稣总会的12个欧洲教区。以前大多数的传教士来自西班牙和意大利教区，西班牙人数量最多。到了17世纪30年代，对西班牙传教士的广泛需求已经耗尽了这个教区的人力和金钱。17世纪40年代，由于葡萄牙人、加泰罗尼亚人和那不勒斯人的反抗，欧洲和亚洲的荷兰人不断施加压力，以及肆虐于安达卢西亚（Andalusia）的瘟疫，耶稣会迫不得已从比利时、德国、奥地利和意大利等地招募更多的传教士。1656年，即菲律宾教区成立五十年之后，272名耶稣会士的庞大队伍从国外来到这里：151名神父、98名学者和23名普通教徒。[243] 耶稣会士被从菲律宾驱逐出境的1768年之前，没有记录显示耶稣会有菲律宾土著或混血儿担任神父或一般教徒之职。[244] 包括混血土著（creoles）在内的出生在菲律宾的欧洲人，是唯一可以被吸入耶稣会的当地人。

该世纪前半叶，教区的人数越来越多，它的责任和活动也相应地增加了。到1643年的巅峰时期，教区的133名耶稣会士看护着5个神学院和11个居民区。此后，传教士的数量开始下滑，可供使用的人力不得不分赴各个传教所，力不从心。同时，人们对传教的热情在冷却，欧洲和土著混血儿耶稣会士，以及耶稣会和多明我会教育者们之间的分歧和争吵越来越公开，退出耶稣会的修士越来越多。争议也使他加禄传教所和米沙鄢传教所的耶稣会士所践行的不同的风俗习惯浮出水面。马尼拉大型帆船和中转港贸易规模的不断壮大，使得耶稣会在这里的投资有了巨大收益。尽管荷兰想方设法地阻止贸易、破坏城市，马尼拉的财富却一直在增长，一直持续到17世纪40年代发生的灾难：澳门贸易中断、大帆船贸易经常被打断、1645年的地震等。在米沙鄢群岛，由于1649年规定了强行服劳役的敕令，人们对土著菲律宾人的憎恨在攀升。接下来的几年
206 里，西班牙人不得不一次次镇压席卷米沙鄢群岛各传教所的起义。

直到该世纪中叶，西班牙和基督徒才真正平定了吕宋岛各海域地区和米沙鄢群岛的起义。一些基督教徒的据点还建在了棉兰老岛北部沿岸地区。在米沙

鄢群岛，摩洛人的袭扰无处不在，基督徒的定居点通常都设在离海边稍远一点的内陆地区，防止以捕获奴隶为目的的穆斯林从海路入侵。到1655年，耶稣会士照看着59个教区，多数位于宿务大主教区，另有3个教区位于棉兰老岛。方济各会当时占据了53个教区，主要集中在吕宋岛中部和甘马粦。多明我会修士继续持守着他们的教区，当时的教区有18个，主要是吕宋岛北部和马尼拉；他们的活动范围主要在马尼拉及该地区的慈善机构。奥古斯丁会修士早期在传教会中建立起来的优势，因内部缺乏活力以及莫名其妙地对菲律宾缺乏兴趣等因素逐渐被削弱，他们想方设法地经营着南部的伊罗戈斯、班乃岛和宿务的56个教区。重整奥古斯丁会支撑着11个传教所，其中的4个位于棉兰老岛，其他的散布在相互隔离甚至相互敌对的很多地区。[245]

1640年到1668年，西班牙在欧洲遭遇的危机也反映在马尼拉曾经繁荣景象的急转直下。[246]1658年，一位青年耶稣会士马基诺·索拉（Magino Sola，1695—1664年）① 被派回马德里，就有关菲律宾大帆船贸易的下滑和中断而遭受的损失向国王请示。他提出扩张贸易规模的建议，在西班牙各基督教团体和纺织品利益群体中间就保留菲律宾殖民地的合理性和合法性引发了热议。这个争议在菲律宾的自立教士和教团教士之间酝酿已久，当时再次爆发。虽然国王整体上支持自立教士，但是菲律宾的神职人员基本上都是教团教士，其地位不可替代。自立教士人数较少，缺乏训练，不足以接管传教会。

教团教士在与国王、自立教士和纺织业利益群体之间的斗争中不得不做出一些让步，但是他们没有完全从已在菲律宾建立的牢固地位和马尼拉贸易中退出。1664年，耶稣会士甚至赢得了国王菲利普四世的同意，即从西班牙之外的国家中招收占总数1/4数量的传教士，条件是“只要他们是我的封臣（来自西班牙占据的区域如那不勒斯），或者属于奥地利家族的世袭王国的臣民”。[247]菲律宾的传教会像东方的其他耶稣会一样，从此便具有了国际性品格，特别是1675年后，当国王准许1/3之多的传教士来自西班牙之外的国家，这一特点更加明显。[248]但是棘手的主教管辖权问题，以及多明我会修士和耶稣会士之间 207

① 根据上下文，这里的生卒年显然是错误的，但具体的年份译者不敢揣测。——译者注

的竞争，继续困扰着传教会，使马德里和罗马的主管焦头烂额，这一情况一直持续到该世纪末。

菲律宾传教会的发展从一开始就受制于这样一种意识，即修士们决意将这里作为基督教事业拓展到其他地区的跳板。1584年，方济各会修士在一名澳门商人的陪伴下首次来到日本，他们决意打破葡萄牙耶稣会在这里的垄断地位。[249]1597年修士殉道的事件（1862年被封为“26名殉难圣徒”），加速了菲律宾4个宗教团体赴日履职的脚步。1598年，方济各会修士热罗尼莫·德·赫苏斯（Jeronimo de Jesus，死于1606年）勘察了日本，受到德川家康的友好接待。库斯托斯·弗朗西斯科·德·曼提亚（Custos Francisco de Mantilla）随后写信给罗马教皇告知，方济各会修士与耶稣会士不同，他们获准在日本居留、传教、公开颂扬大众等。[250]的确，1599年方济各会获准在江户建立教会，这个特许权被他们诠释成一种欢迎的示意。方济各会修士认为，他们接触各社会阶层的方法以及传教使用的话语和例子等都赢得了好感，这与耶稣会士使用的方法形成鲜明的差异，耶稣会士的重点在于皈依大名，并向大名封地上的臣民施加压力，迫使其接受他们主人已经接受的新信仰。

其他托钵僧团体长久以来就对日本发达的传教事业垂涎欲滴。奥古斯丁会修士和方济各会修士向国王写信谈论日本基督教的情况。自从奥古斯丁会修士1587年在澳门建立了小修道院后，他们便一直向国王报告澳门—长崎贸易链中“基廷会”（耶稣会）的情况。[251]奥古斯丁会与方济各会不一样，自从1596年教皇敕令在马尼拉公布赋予葡萄牙耶稣会垄断日本传教的特权以后，他们就停止进入日本的尝试。4名奥古斯丁会修士，作为乘客登上注定遭遇厄运的“圣费利佩”号（San Felipe）船，1597年其在日本沿海的土佐（Tosa）遭遇海难，他们因此在长崎见证了那一年的殉道事件。借助于这些早期见证人的眼睛，马尼拉的奥古斯丁会跟踪着发生在日本的大情小事，并预测日本作为一个传教圣
208 地必将拥有辉煌的前景。[252]

1598年方济各会和德川家康达成的协议燃起了马尼拉和日本改善宗教和商业关系的希望。西班牙就在日本传播福音的问题获得了德川家康的许可，附加条件是日本和马尼拉随时可以进行贸易。1602年，一名日本密使被派往马尼拉

参见刚刚走马上任的菲律宾总督佩德罗·布拉沃·德·阿库纳（Pedro Bravo de Acuna，死于1608年），请求对方提供船舶建造人员，以及在浦贺港（Uraga）进行定期贸易。阿库纳拒绝派遣造船技师，但是同意了他们贸易的请求。他也同意了天主教修士向日本派遣传教士的请求。同时，马尼拉的多明我会修道院副院长B.P.弗朗西斯科·莫拉莱斯（B. P. Francisco de Morales）亲自与萨摩（Satsuma）的日本基督徒们交涉，探讨是否有可能在这块封地上开设一个传教所。1602年，萨摩的统治者大名岛津义弘（Shimazu Yoshihiro）同意接受在此成立一家多明我会传教所，很可能是因为他本人希望与马尼拉建立贸易联系。尽管马尼拉对恢复与日本的传教和商业联系持有复杂的感情，但是各教会团体于1602年都获得进入日本的权利。[253]菲律宾群岛的耶稣会士与托钵修士不一样，他们不愿意入侵葡萄牙保教权下的耶稣会友在日本的垄断地位。

马尼拉的托钵僧被派遣到日本传教基地：方济各会首先集中在宫古（Miyako）和本州（Honshu）北部，多明我会在萨摩，奥古斯丁会在丰后。1603年，路易斯·索特洛（1574—1624年）带领一支由4名方济各会修士组成的队伍来到宫古，在这里他被同事热罗尼莫·德·赫苏斯引荐给德川家康。通过基督徒大名后藤若奥（Goto Joao），他还认识了日本东北部地区的仙台（Sendai）领主伊达政宗（Date Masamune，1566—1646年）。当时，莫拉莱斯派遣了5名多明我会修士前往萨摩，这里的岛津统治家族准许他们在此成立一个教会传播福音。1602年，两名奥古斯丁会修士到达平户。奥古斯丁会的教区主教代理迭戈·德·格瓦拉（Diego de Guevara，死于1621年）前往宫古，在这里他受到方济各会的友好相待并被引荐给德川家康。和幕府将军会晤了两次之后，格瓦拉在丰后的传教活动有了官方的庇护。[254]面对这些渗透，加上教皇1603年发布的禁止托钵修士取道马尼拉进入日本的命令，耶稣会主教谢奎拉1604年通知托钵修士必须马上离开日本。托钵修士对这一命令置之不理，认为罗马不了解这里的情况。在等待事情进一步发展的过程中，1608年教皇保罗五世下令日本向马尼拉各个教会开放，托钵修士所争取的权利得以维护。[255] 209

正当欧洲的形势向着有利于托钵修士发展时，他们在日本的境遇于1608—1612年却面临厄运。从未在萨摩赢得大批信徒的多明我会，于1608年失去岛津家族的支持。尽管遭到当地佛教徒的强烈反对，多明我会修士还是挡不住获得巨大成功的渴望和诱惑，非法为一名当地武士施洗，这名武士随即被处死作为公然藐视幕府将军禁令的惩罚和代价。这次背道而驰的事件，再加上贸易发展的失败，直接导致1609年5月多明我会修士被驱逐出萨摩。莫拉莱斯和另外两名修士来到长崎，他们在这里建立了玫瑰经多明我会教堂（Dominican Church of Rosary）。其他多明我会修士在肥前（Hizen，后来成为他们的主要传教基地）、东京和大阪等地建立了教会。多明我会修士的数量每次都不超过10名，他们的活动范围被限定在几个中心区，只许他们偶尔访问一下其他地方。[256] 奥古斯丁会修士的数量比多明我会甚至还少，他们在丰后的臼杵（Usuki）以及周边城镇的进展也不稳定。1611—1612年，奥古斯丁会将重心移到防范措施更为严密的长崎地区。长崎作为日本的天主教中心，在4万多人口中拥有两万多基督徒，4个教区均由当地神职人员打理，4个修会都在这里拥有房产和教堂。[257]

西班牙的各个托钵僧教会当中，方济各会修士在日本的优势最大，并试图从日本榨出最多的果实。他们也最擅长指责和批评日本和欧洲的耶稣会士。当耶稣会士辱骂对方为轻率的“软蛋白痴”（frailes idiotas）时，方济各会修士嘲笑对方软弱无力、不结果实的文化妥协传教方法，鄙视耶稣会士不守道德直接参与贸易的行为，嘲弄他们巴结攀附上层阶级的谄媚作风。即便如此，托钵修士们还是从耶稣会士那里学到了一些东西。他们投出和马尼拉贸易的诱饵，他们的领导想方设法与朝廷接近，时不时地赠送德川家康礼物等。1608年，耶稣会士获得官方许可在关东的浦贺港建立教会，马尼拉出发的贸易船只在这里靠岸。 一些耶稣会士在长崎和本州西部传教，而索特洛和其他几名同事却在本州北部开辟了一块新的传教领地。1611年，他们获得伊达政宗的正式批准在奥州（Oshu）自由传教。他们在伊达政宗总部所在城市仙台修造了教堂，以此为基
210 地向内陆拓展活动领域。

索特洛和伊达政宗的这段交往被载入宗教和贸易史册。德川家康和很多大名对与马尼拉的贸易越来越失望。[258] 渐渐地，日本人开始谈论绕过马尼拉，与墨西哥和欧洲建立直接的商业关系和政治关系。1610年，阿隆索·穆尼奥斯

（Alonso Munoz）作为日本国王的代表被派往墨西哥和西班牙。[259] 作为对穆尼奥斯使团的呼应，塞巴斯蒂安·维斯开诺（Sebastian Viscaino）被墨西哥总督从阿卡普尔科派往日本。德川家康热忱地接待了他，特准维斯开诺勘察日本东部沿海地区，确保西班牙海运更安全。勘察即将结束时，维斯开诺在一次暴风雨中失去了他的船只。他在由伊达政宗的家奴支仓常长（Hasekura Rokuemon）和方济各会修士索特洛率领的新组建的大使团陪伴下，乘坐由伊达政宗提供的船返回墨西哥。那时索特洛已经失宠于德川家康。[260] 维斯开诺还携带着德川家康赠予的礼物屏风（*byobu*）和盔甲。这个由 150 名日本商人和使者组成的代表团于 1614 年年初到达墨西哥城，其中有 70 名日本人在这里受洗，他们的头领受到墨西哥总督的接见。

多数日本人留在了墨西哥，但是使团中的 20 名成员选择继续前往西班牙，最终于 1614 年 10 月到达塞维尔。支仓到达欧洲后不久就受洗入教了。使团的目的被揭露无遗，在致给塞维尔城市、菲利普三世和教皇的书信，威尼斯驻罗马大使的观察录，以及耶稣会士的书信中等都有揭示。耶稣会士戴着有色眼镜观察着这个方济各会修士使团，系统地报道了索特洛的活动和抱负。热隆尼莫·德·安杰利斯（Jeronymo de Angelis）是一名来自西西里岛的耶稣会士，索特洛到来之前，他一直在伊达政宗的地盘上工作，他告知耶稣会总会长方济各会计划要做日本的总主教。伊达政宗致信请求塞维尔派遣造船师和舵手到日本。在信中呼吁与（西班牙）国王和教皇结成永恒盟友关系，并希望更多的方济各会修士来日本北方地区。信中同时也承诺，将热情接待西班牙船只，可以随时清退荷兰人和英国人。作为互惠友好的表示，信中也表达了日本船只可以到西班牙及其殖民地港口停靠的愿望。伊达政宗还向教皇请求派一名高级教士来统领日本北方教会，并且还暗示他将取代德川统治日本。教皇保罗五世出于权宜 211
之计，任命索特洛为日本大主教，同时还要获得西班牙国王的同意。菲利普三世和东印度委员会起初对特使的到来并没有表示出明确的态度，现在却非常不满于索特洛的任命，认为这破坏了西班牙保教权。1618 年，索特洛和支仓返回菲律宾群岛；1620 年，日本使节回国而索特洛继续滞留在马尼拉。索特洛试图在日本建立一个独立于菲律宾的圣·格里高利奥（San Gregorio）方济各会教区的教会，但被宣布为是一种不服从国王和他的主管们的行为。塞维尔和菲律宾的西班牙商人指控索特洛企图建立日本和墨西哥之间的直接贸易关系，这破坏了所有太平洋航行都应该遵守的大帆船贸易制度，即所有航行必须无一列外地要在阿卡普尔科和马尼拉之间运行。最后索特洛返回日本，1624年殉道。

无论派遣伊达政宗—索特洛使团到欧洲的背后动机是什么，很显然这次参访并没有给日本传教会带来任何实质性利益。甚至在索特洛离开欧洲之前，他的主管们还号召其去马尼拉，通过违背德川家康的命令而疏远他。索特洛并不在意马尼拉的指令，反而联合伊达政宗努力建立与墨西哥的直接贸易往来，以此报答伊达政宗支持他统领日本基督教事业。如果伊达政宗确有推翻德川的计划，很可能是和丰臣秀赖家臣们的合谋，但是1615年由于大阪堡垒的陷落以及秀赖的牺牲，他们的所有希望也因此而泯灭。如果索特洛在教皇和伊达政宗的支持下确有在日本领导一场基督教运动的愿望，那么由于1613—1614年德川政府颁发的反基督教令和包括国王在内的西班牙世俗力量的反对，他实现这个并未得到授权的计划的机会也消失殆尽。许多同时代人和一些历史学家认为，索特洛上演了“一出可悲且不光彩的闹剧”，贬损了基督教传教士和信徒当时在日本所表现出来的坚韧。[261]

正当索特洛在欧洲游历时（1614—1618年），日本的基督徒们在绝境中愈陷愈深。长崎地区本身也处于混乱状态，来自其他地区的传教士和信徒遵照政府的命令都聚集在这里。1614年谢奎拉主教去世，教团困难重重，内部分裂，这次继发的危机叫作“长崎教会分裂”（Nagasaki schism）。耶稣会士瓦伦丁·卡瓦略（1560—1631年），被选为教区主教代理，方济各会主管迭戈·德·钦乔（Diego de Chinchon，1617年去世）说服日本神职人员不要认可这次继任。反对势力宣布卡瓦略的当选无效，将该职位让给多明我会修道院院长弗兰西斯
212 科·德·莫拉莱斯。在后续的争吵中，神职人员和普通信徒各持立场，分裂了基督教会，而当时团结却是生存的关键。[262]

基督徒内部之间的相互中伤和争吵证实了政府对他们的看法：惹是生非、违法犯罪、贸易走私。一些基督徒和秀赖合作共同保卫大阪城堡，使得德川愈加相信，基督徒，特别是来自马尼拉的基督徒蓄意干涉政治，很可能是西班牙

的先遣部队。基督徒攻击佛教徒和神道教徒，毁坏对方的神庙和神像，引发了公众对基督徒的憎恨。[263] 在日本的26名方济各会修士中，只有6名继续在那里秘密地工作。他们遵循索特洛的指引，在距离政权中心相对较远的日本东部全力以赴地传教。[264] 9名多明我会修士中的7名巧妙地逃脱了被驱逐的命运，这个比例在各个教会中是最高的。在日本的3名奥古斯丁会修士，只有1名即赫尔南多·阿亚拉（Hernando Ayala）留了下来。这位孤独的奥古斯丁会修士在多明我会那里寻求庇护并和他们一道从事地下活动。[265] 有那么几年，多明我会得到了托安·村山富市（Toan Murayama）的保护，他是长崎的副总督，也是一名多明我会玫瑰经兄弟会（Dominican Confraternity of the Rosary）成员。当1619年村山富市去世以后，当局开始彻底地根除多明我会及其盟友。[266]

殉难事件的发生，一方面迫使基督徒转入地下、叛教，甚或转移到别的地方；另一方面激发各个教会成员将传教事业持续下去，救助日本籍基督徒。1622年“大殉难”事件以及与马尼拉贸易关系正式断裂之后，5名方济各会修士继续留在日本传教。[267] 迭戈·科拉多（Diego Collado，1638年逝世）是一名蛮横、精力充沛、不屈不挠的多明我会修士，也是该教会在“大殉难”事件中生存下来的两名修士之一。1622年年底，他离开日本前往马尼拉寻求援助。 213
那里的冷淡反应令他失望至极，于是在欧洲滞留了很久。在欧洲，他通过与传信部的交涉以及出版个人作品让人们对日本的兴趣再度复活。[268] 由于他的原因，传信部对耶稣会士的态度更加冷漠。1635年，他带领了23名虔诚的信徒再次出现在马尼拉，同时还获得教皇的准许成立一个新的、独立于玫瑰经菲律宾省（Philippine Province of the Rosary）的会众，致力于日本和中国的福音传播。他在菲律宾的计划被当地的多明我会修士和大主教否决了，原因是教皇准许科拉多将多明我会菲律宾省一分为二，却并未事先经过世俗皇室的恩准，这破坏了西班牙保教权。[269]

菲律宾的多数耶稣会士，曾经冷眼旁观方济各会和多明我会为挽回在日本的损失的忙乱景象，起初甚至还限制为从日本逃难的基督徒提供过多的援助和庇护。1624年后，在长崎的一些基督徒的要求下，大主教授权马尼拉的耶稣会士修建一所神学院培养日本籍神父，让他们学成后回国看顾（信徒）。这项计划因为缺乏应征人员而失败。[270] 来自菲律宾的最引人注目的试图重新开启日本国门的尝试，和马塞洛·马斯特里利（Marcello Mastrilli，1603—1637 年）神父的个人传教有关。马斯特里利是一名来自那不勒斯的耶稣会士，他在沙勿略的斡旋下捡回了一条命，曾发誓将福音传到日本。[271] 马斯特里利跟随西班牙 1637 年派出的远征军来到棉兰老岛之后不久，便在其他几名神父的陪同下去了日本。1637 年 10 月他光荣殉难，很多赞美他神奇生命和英勇就义的故事由此而生。其他耶稣会士在卢安东（Antonio Rubino，1578—1643 年）的率领下，分别于 1642 年和 1643 年乘船来到日本；尽管当时局势已经很明了，即 1640 年创建的江户调查事务所使得欧洲人秘密进入日本根本不可能。卢安东率领的第一批队员牺牲于长崎；一些成员叛教，被抓进了专为基督徒准备的监狱。

“大迫害”（Great Persecution）降临之初，多明我会修士和奥古斯丁会修士主动赴死，希冀以此确保皈依的信徒坚持自己的信仰。[272] 虽然一些耶稣会
214 士后来变节了，但是确有很多托钵修士为他们的信仰献出了生命。[273] 到 1640 年（日本的）传教活动事实上结束之时，1600 名有姓名登记在册的欧洲人和日本人为信仰而死。[274] 在 1640 年和 1641 年“大迫害”期间献出生命的人当中，教皇庇乌九世（Pope Pius IX）赐福其中的 205 名为现在被大家所知的“神圣的殉道英雄”（Blessed Martyrs）。

虽然菲律宾的传教士在日本吃了败仗，但是他们的一些同事试图在香料群岛重建永久的传教区，尽管很绝望。[275] 根据沙勿略的亲自侦察，香料群岛的基督教会一直由耶稣会控制，这一情势一直持续到 1574 年穆斯林统治者同盟夺取了葡萄牙在德那地的堡垒之后。一小部分逃难的耶稣会士来到临近的安汶岛；1578 年葡萄牙人在蒂多雷建立了一个新的堡垒，可与马鲁古群岛的德那地相匹敌。[276] 在各传教会中，经常被称作“候鸟”的西班牙方济各会修士 1577 年首次来到马尼拉。他们的领导（custos）佩德罗·德·阿尔法罗（Pedro de Alfaro）坚信教皇从未有让他们停滞在菲律宾的意图，所以他立刻开始着手拓展传教会的计划。1578 年，一组方济各会修士在西班牙前锋部队的掩护下登陆婆罗洲，这股入侵部队是到文莱惩罚那里的苏丹王的。[277]1579 年，阿尔法罗和其他 3 名修士秘密地离开马尼拉前往中国，他们在中国的澳门建立了一所男修道

院（friary）。1581年，其他西班牙方济各会修士在马六甲建立了一所女修道院（convent），三年后葡萄牙方济各会修士才姗姗来迟。方济各会总会长弗朗西斯科·贡扎加（Francisco Gonzaga）在罗马下令，马六甲女修道院应该由葡萄牙修士来经营，因为这座城市的控制权在葡萄牙人手里。到1590年，澳门修道院也被葡萄牙方济各会接管。[278]1593年，一些西班牙方济各会修士出现在安汶岛，那个时候这里被定位为耶稣会的保留地。1605年当荷兰占领了这个岛屿后，所有的天主教传教士都被赶了出去。[279]在这块饱受争议的地区，绵延不断的葡萄牙—西班牙宗教之争的序幕才刚刚开启。

教化香料群岛的先机于1606年首先被来自马尼拉的西班牙宗教人士抓住。德·阿库纳的远征海军长期（1606—1662年）在香料群岛彰显着西班牙的军事和政治力量，当时在菲律宾传教的4个修会都派代表伴随左右。[280]德那地的 215
苏丹王萨希德·巴达特（Sahid Bardat）及其子嗣和主要贵族等，都被获胜的西班牙人带到马尼拉。包括巴占岛（Bachan）的苏丹王在内的马鲁古群岛的其他统治者，很快就认识到政治中心的重心已经转移到马尼拉，于是主动臣服于西班牙。1608年，马尼拉的方济各会修士为德那地的5名王子（Cachiles）施洗。奥古斯丁会在德那地建立了一所修道院，而方济各会修士则把这里的主要清真寺改造成基督教堂。西班牙传教士从德那地出发，迅速地游历到周边岛屿和更远的地方，如吉洛洛岛（Gilolo）①和西里伯斯北部的保和岛，早些时候葡萄牙保教权就在这里建立了基督教社区，西班牙在这里拥有堡垒。[281]葡萄牙耶稣会士在这里基本上是自生自灭的一种状态，几乎得不到西班牙总督和各修会的任何帮助。[282]

1607年，荷兰重启进攻势头，迫使西班牙人从马鲁古群岛的马基安（Makian）和巴占岛撤出。荷兰在德那地建立了一座堡垒，这和西班牙的前哨只有一山之隔。荷兰在这里和印度尼西亚的其他地方利用日本雇佣军守住堡垒。1612年，荷兰在蒂多雷造了一座堡垒。荷兰随后在香料群岛的一系列军事活动，特别是1616—1618年间的活动进一步限制了天主教传播福音的活动。马尼拉的

① 也叫哈马黑拉岛（Halmahera），位于印度尼西亚东北部。——译者注

方济各会修士为了避免遭遇马鲁古群岛随处可见的堡垒，马不停蹄地来到万鸦老（Manado）和西里伯斯的望加锡，早些时候耶稣会士就开始在这里传教了。[283]想方设法在德那地修道院留下来的几名西班牙奥古斯丁会修士，最终不得不于1625年从马鲁古群岛撤出，不得不屈从于马六甲主教和葡萄牙奥古斯丁会修士。从此以后，西班牙的总督们和方济各会修士相互协作，确保从德那地到望加锡的香料群岛的政治局面掌控权和宗教事业的开拓势头。托钵修士们偶尔被总督当作政治使者利用，更经常的是当作水手和士兵来使用。西班牙多明我会修士和耶稣会士并不像方济各会修士那么急切地破坏葡萄牙保教权所主张的权利，这是因为葡萄牙多明我会在小巽他群岛的根基已经十分牢固，澳门的耶稣会士
216 已经深深地卷入了这里的贸易活动。[284]

起初，西班牙在香料群岛积极地援助葡萄牙抵抗荷兰。然而，1606年他们在香料群岛的扎根和日后在此的活动，成为大规模反抗摩洛人或者反抗穆斯林的重要组成部分。来自棉兰老岛、苏禄群岛（Sulu archipelago），或者更远的婆罗洲的穆斯林入侵者们，似乎很擅长在菲律宾特别是米沙鄢群岛进行游击战。在米沙鄢群岛袭击战中的俘虏，包括许多基督徒在内，被运到马来群岛市场上出售。因攻打马尼拉失败而垂头丧气的荷兰人，鼓动穆斯林突袭队并且不时地和他们联合来攻击天主教设施。1616年，胡安·德·席尔瓦总督派出他的巨型舰队试图将荷兰人从香料群岛驱逐出去，苏禄人则联合荷兰人以及来自巴拉望岛（Palawan）和文莱（Brunei）的穆斯林袭击马尼拉。[285]虽然西班牙人在这些进攻中生存了下来，但是他们十年内都未能再度组织对穆斯林据点的反攻。香料群岛的荷兰人虽然人数不多，但是也足以骚扰通往德那地的货物供给线，不时地利用海军侵扰破坏香料群岛的那些互相隔离的天主教社区。荷兰逐渐得到了从棉兰老岛到苏门答腊的整个群岛的穆斯林统治者们的支持，1621年还得到竞争对手英国人的支持，促使其决意将葡萄牙人和西班牙人驱逐出去。在菲律宾以及西班牙本土，抱怨声开始出现，有人认为维持西班牙在香料群岛的地位成本太高，有人还不再执着于努力巩固西班牙对菲律宾的控制。1628年，菲律宾的西班牙人卷入到4个相互隔离地区的争斗中去了，它们分别是台湾、马鲁古群岛、米沙鄢群岛与莫罗群岛之间的水域，以及爆发了起义事件的吕宋岛

北部地区。[286]

经历了相对比较平静的一个时代（十年）之后，马尼拉政府于 1637 年发起了征服棉兰老岛和苏禄群岛上的霍洛岛（Jolo）的战争。到 1646 年止，这些军事行动尽管取得了胜利，但马尼拉的西班牙人同时在 1639—1640 年间遭遇了来自华人的浴血抗争。1641 年，荷兰人占据马六甲，次年将西班牙人逐出台湾。始于 1640 年的葡萄牙反抗哈布斯堡的斗争，导致马尼拉—澳门之间贸易的中断，荷兰对局势不稳定的菲律宾发起新一轮攻击。包括西班牙人和葡萄牙人在内的分散在马鲁古群岛的各基督教社区声称，到 1644 年这里共有 12.6 万名基督徒。[287]1653 年，西班牙耶稣会士正式接管了耶稣会在马鲁古群岛的职责，教士们被不定期地从马尼拉派到德那地，一直持续到 1662 年西班牙守备部队从德那地撤出之后。[288] 217

在西班牙统治德那地的最后二十年里，来自马尼拉的各修会中，方济各会修士最富有野心。在他们的支持下，1641 年桑义赫（Sangihe）成立了一个新传教所，桑义赫是位于西里伯斯北部桑义赫群岛中最北端的一个岛屿，这个传教所的成立为菲律宾与万鸦老新成立的传教所搭起了一座桥梁。桑义赫的卡兰加（Kalanga）王国的领主邦图安（Buntuan）大王，因皈依基督而赢得了基督徒的支持，凭此对抗在同一岛上的穆斯林统治者塔布坎（Tabukan）。这些年间，万鸦老的方济各会修士和葡萄牙耶稣会士冲突不断。1655 年，3 名耶稣会士开始在桑义赫群岛中的锡奥岛（Siau）传教。到 1656 年，来自棉兰老岛三宝颜（Zamboanga）的耶稣会士在婆罗洲皈依了约 700 名卡姆孔（Camucones）信徒。[289] 直到 1662—1663 年西班牙从棉兰老岛和德那地撤出之前，这些传教团的作用一直在弱化。在接下来的四年当中，荷兰驱赶走香料群岛上余下的西班牙传教士。但是直到荷兰征服锡奥岛之前，仍有两名耶稣会士继续留在这里。7 名方济各会修士加入了帝汶岛上的多明我会队伍，其他几名方济各会修士在荷兰控制松弛的岛屿上秘密地从事地下工作。[290]1687 年，西西里岛基廷会的大贵族安东尼奥 · 文堤米利亚（Antonio Ventimiglia）独自一人来到婆罗洲内地的比亚丢（Biadju），他在这里传教八年，直到 1695 年被谋杀。他在罗马被称为婆罗洲使徒（Apostle of Borneo）；1692 年，传信部创建了婆罗洲宗座代牧区

（Vicariate Apostolic of Borneo），任命文堤米利亚为第一任宗座代牧，由基廷会负责开发该牧区。[291]17世纪末，印度尼西亚的天主教会基本泯灭了，只有葡萄牙的多明我会继续留在小巽他岛上闪耀着基督之光。[292]

比香料群岛上的传教会更稳定的是西班牙传教士在大洋洲取得的些许成功。早期的太平洋航海探险家们，特别是奎罗斯，一直试图在太平洋寻找新的灵魂和新的土地。奎罗斯1605年的探险更像是一次宗教意义上的十字军东征。方济各会和奥古斯丁会神职人员和普通修士与早期航海的船员们紧密协作，维持船上的秩序，维系宗教操守的践行。他们将十字架根植于各岛屿上，将当地的儿童带到菲律宾群岛和新西班牙，让他们从小就沐浴在基督教的恩泽之中。[293]在这块南方的大陆土地上，没有穆斯林和新教徒妨碍异教徒的基督化或
218 者挑战西班牙国王的世俗王权。太平洋就是一个“西班牙湖”（Spanish lake），人们认为其财富巨大，众多的野蛮人随时准备接受文明和基督的教化。[294]

有6名方济各会修士参与奎罗斯1605年的远征，其中之一的马丁·德·穆尼利亚（Martin de Munilla，1606年逝世）将这次航行记入史册，详细描述了各个发现的岛屿，特别是这些岛屿上的居民。1607年当奎罗斯返回西班牙，他立刻着手推动在这块神秘南方大陆上殖民和福音传播的计划。他给国王的系列呈文中（1607—1614年）请求赋予其在这里探险的权力，奎罗斯的计划得到十分强大的西班牙方济各会的支持。1615年奎罗斯去世之后，他的梦想被胡安·德·席尔瓦修士改造为方济各会传教方案。

菲利普三世本人倾向于奎罗斯和席尔瓦的建议；东印度群岛委员会反对他们的项目，认为这项计划太不切实际，不可靠，而且代价昂贵。席尔瓦作为一名老兵和在美洲探险的传教士，说服了他所属教会的上司以及墨西哥教区主教胡安·德·托尔克马达（Juan de Torquemada），奎罗斯的南方大陆应该被改造成广阔的方济各会布道区。1619年，国王和印度群岛委员会研究了他的前三份呈文。为了在更大的范围内检验公众的反应，根据东印度群岛委员会的指示，这些文献于1621年在塞维尔印刷出版。[295]席尔瓦当时是皇室家族的忏悔神父，他有理由希冀国家最终支持他的计划。他在呈文中强调了他所在教团的贡献，声称他的同事包括他的主管们自愿为传教事业奉献的决心。他反驳成本高的问

题，认为这次征服不会遭遇对方齐心协力的抵制。这绝对是一次纯粹精神上的尝试，因此成本很小。1621 年就在这些呈文出版之前不久，国王去世，席尔瓦希望获得国家支持的愿望化为泡影。

国家缺乏积极的回应令席尔瓦很是失望，他于 1623 年向教皇乌尔班八世（Pope Urban VIII）和传信部请愿支持方济各会的这项计划，并将计划书的副本发了几份给罗马。他还争取到殖民区的重要传教士和世俗人士的支持，依次说服教皇和西班牙新政府。塞巴斯蒂安·克莱门蒂博士（Dr. Sebastian Clementi）是利马（Lima）皇家教堂的神父，他甚至向罗马建议创建一个新的军事体制领导太平洋中部地区的探险事业。罗马方面和西班牙国王一样，仔细研究这些建议的同时却行动甚少。席尔瓦在给菲利普四世的呈文中反复提醒国王，西班牙保教权只有通过继续征服异教世界才能合法化。即便如此，他也没有获得正面的回应，不能期望一个同时在欧洲和东、西印度群岛与荷兰开战的政府给出积极的答复。[296]方济各会计划失败之后，南太平洋和没有开发的南方大陆的诱惑， 219
继续启发着人们的思维。奎罗斯和其他人的发现内容不断丰富的消息，刺激着荷兰和英国于 1616—1643 年间多次派出航船探索西南太平洋。[297]他们将触角深入到“西班牙湖”是为了劫掠财物和预期的贸易，绝不是为了发现本身、定居或者撒播福音等。同时，西班牙方济各会修士将精力放在维系他们在香料群岛的传教事业，以及开发中国和印度支那的传教所上了。太平洋两岸的西班牙商人完全失去了对大洋洲的兴趣，因为他们越来越明白，通过开发这些岛屿作为大帆船贸易线路的停靠站获取不到任何物质财富。西班牙 1662 年从马鲁古群岛撤出，腾出力量发起了新一轮的试图将信仰带入大洋洲各岛屿的行动，这次行动相对而言更加成功。

当时，全部活动基本上都是由菲律宾的西班牙耶稣会撑起了这次新尝试和新事业的领导权。其中之一的迭戈·路易斯·德·桑维托雷斯（Diego Luis de Sanvitores，1627—1672 年）不顾来自世俗和教会当局的反对，独自一人在拉德龙群岛（Ladrones，即马里亚纳群岛）建起了传教所。他在菲律宾履职期间（1662—1667 年），得到了西班牙摄政女王即奥地利的玛丽·安妮（Marie Anne）的正式恩准，从而可以追求自己心仪的项目。履职结束即获得恩准两年之后，他返回墨西哥筹钱和寻找志愿者。1668年7月，他在4名神父、1名即将获得神父资格的学生和30名普通教士的陪伴下登上关岛。在航行期间他研究了这些岛屿上的本土语言——查莫罗语（Chamorro），他将这些岛屿重新命名为马里亚纳群岛是为了纪念他的资助人西班牙女王。五年后他殉道于一位叛教的神父手里，因为他反对给自己的孩子施洗。桑维托雷斯的“殉道”激发起各地的基
220 督徒对马里亚纳群岛的兴趣，使得这里的传教事业持续下去。[298]

桑维托雷斯在关岛的阿加尼亚（Agana）建立了基地，这里是马里亚纳群岛链上最大、人口最多的13个岛屿之一。[299] 马里亚纳群岛的传教事业归属于耶稣会菲律宾教区管辖。一小股菲律宾卫戍部队和西班牙士兵驻扎在这些岛屿上，保护这里的传教士以防止有敌视情绪的土著人进犯。桑维托雷斯及其同伴的报道，被安德列斯·德·莱德斯马（Andres de Ledsma，1610—1684年）编辑归纳并在欧洲出版，莱德斯马是菲律宾教区的代理人。西班牙和墨西哥方面燃起了这样的希望，即平静的马里亚纳群岛也许可以成为进入南方大陆和富饶的所罗门群岛的垫脚石。[300] 但是平静并非意味着容易。1674—1676年间和1684—1685年间，血腥的起义席卷全岛，10名传教士因此丧生。耶稣会士继续坚守，1674年方济各会和多明我会修士的到来壮大了传教队伍，他们渴望扩大活动地盘，推进帝国事业。

耶稣会士书简在欧洲的出版和桑维托雷斯的殉道，远比在那里取得的基督教成绩更能激发人们的兴趣。国王越来越无能为力资助新开发的、遥远的传教事业，这促使耶稣会士努力从贵族赞助人那里寻求私人资助。一旦他们在这里的垄断地位被打破，已经对危险的传教失去热情的西班牙耶稣会士，开始越来越多地招募非伊比利亚籍的传教士，特别是那些来自意大利和德国的传教士。在各个向西班牙耶稣会捐助的人当中，最为慷慨的当属阿威罗的女公爵玛利亚·瓜达卢佩·德·兰卡斯特（Maria Guadalupe de Lencastre，1630—1715年）。被称作传教会教母的兰卡斯特，将她在马德里的宫殿改成信息资料处理中心。获悉国王和西班牙耶稣会对南太平洋缺乏热情，她感到惊愕不已，亲自鼓舞传教士们通过带去有安全感的信仰来拯救东方的异教徒。尤西比奥·弗朗西斯科·基诺（Eusebio Francisco Kino，1645—1771年）是美洲太平洋沿岸传教会

中著名的耶稣会士先锋，是为数不多的几名传教士之一，正是他为兰卡斯特施洗的。1680年，他写信安慰她：“在德国，我们的队伍非常敬重马里亚纳群岛的教会，更不缺乏皈依那里人民的热情。”[301]然而，尽管他的热情高涨，但是却从未被获准插手马里亚纳群岛的福音事业。奥地利神父卡尔·冯·博兰加（Karl von Boranga）和摩拉维亚（Moravian）的神父奥古斯丁·斯特罗巴赫（Augustian Strobach）于1681年被派往马里亚纳群岛，三年后两人都被杀死，与基诺殉道的方式一样。该世纪余下的时光中，一些来自中欧的耶稣会士继续出现在马里亚纳群岛。[302] 221

马里亚纳群岛是耶稣会布道所当中最不令人向往也是最危险的地区之一。然而传教士们特别是路易·德·莫拉莱斯（Louis de Morales，1647—1716年），继续勘探并绘制这些岛屿的地图。西班牙政府因大帆船贸易的需要而必须进入这些岛屿，所以不遗余力地平息这里的战乱。为了更好地监控这里的居民，西班牙军队于1685年开始将较小岛屿上的百姓迁移到关岛和罗塔岛（Rota）。加紧对这些岛屿的管理结束了频繁爆发的作乱，迫使岛民们接受西班牙的生活模式。到了18世纪中叶，这些岛屿上的异教信仰基本上消失不见了。

西班牙保教权庇护下的传教士所取得的不朽成功仅限于菲律宾群岛和马里亚纳群岛。西班牙传教士在中国只体验到了一点局部的成功，1632年他们开始进驻葡萄牙耶稣会垄断的中国。17世纪末的十年，西班牙传教士致力于接替葡萄牙和法国在中国传教会的领导地位。[303]某一时期内，菲律宾的西班牙传教士威胁到耶稣会士在日本的地位。基督教事业在日本遭遇的失败虽然不完全是西班牙修士的责任，但是仍然遭到耶稣会士的指责，指控他们为德川家族实施的“大迫害”负责。西班牙托钵修士一方面公开揭发耶稣会士参与商业活动，另一方面他们其中的一些成员自身也参与贸易买卖和政治欺诈。在马鲁古群岛，基督教事业完全依靠世俗政权的支持以维系它的存在。在菲律宾群岛，传教士们鼓动国家发起军事战争，抵抗荷兰人和穆斯林。哪里闪耀着国家的权威，哪里的保教权事业就繁荣昌盛。到该世纪后半叶，西班牙的亚洲帝国限于基督教化了的菲律宾群岛和太平洋中部的几个岛屿上。

第五节　“传信部”（1622年）、“外方传教会”（1664年）、耶稣会

与在罗马创建的其他反宗教改革机构一样，**传信部**（Propaganda Fide）的成立是为了重获欧洲那些被新教（Protestantism）掠去的灵魂，并将福音送到未开化的土地上。对于后特伦多主教会议（post-Tridentine）的教会而言，皈依异教徒和叛教徒的复归只不过是同一件事情的两个方面，这一点耶稣会的历史
222 已经揭示的很生动了。皈依犹太人、穆斯林（1543 年）、异教徒和叛教徒（1568 年）的专业机构，为教皇格里高利十三世（Gregory XIII）开启亚洲传教事业铺平了道路，格里高利十三世于 1585 年接待了日本使节之后不久便辞世。[304] 1599 年克莱门特八世（Clement VIII，1592—1605 年）担任教皇期间，致力于加强海外传教会的集中管理。此时，倡导教皇管控各教会的策划人是枢机主教朱利奥·安东尼·圣托里尼（Giulio Antonio Santori，1532—1602 年）；由于他的去世，这个倡议也就失去助推之力，但是他的建议却留存在他人的心里。他希望成立一个永久性的枢机主教公会以推动信仰的宣传力度，创建组织机构为教会募钱，建立出版社印刷基督教文献资料分发给各教会，以及开办神学院培养传教士。[305]

加尔默罗会修士托马斯·阿·耶稣（Tommas a Jesu）是圣托里尼的朋友和同事，他于 1613 年出版了《确保国家安全》（*De procuranda salute ominium gentium*，安特卫普），这个计划的主要目的是加强各教会在罗马的中央集权。其他的加尔默罗会修士以及一些嘉布遣会修士（Capuchins）①，继续倡议按照圣托里尼早期建议的模式创立一个公会。这些努力直到格里高利十五世教皇短暂的在位期间（1621 年 2 月 9 日—1623 年 7 月 8 日）才有了结果。这位教皇和他

① 一译“卡普秦修会”。嘉布遣是意大利文 Cappuccio 的音译，原意为“尖顶风帽”。因该会会服附有尖顶风帽而得名。天主教方济各会的一支。1528 年意大利人巴西（Matteo da Bassi，1495—1552 年）创立于意大利。该会持守方济各会的原有精神和严格的生活方式。——译者注

的外甥即教皇秘书卢多维科·路德维希（Ludovico Ludovisi，1632 年辞世）都曾在耶稣会学校受过教育，富有耶稣会复兴天主教的激情；他们共同发动了追认罗耀拉①和沙勿略为圣人的活动。1622 年 1 月 6 日，格里高利正式创建传信部，这是由罗马教廷创建的反宗教改革的最后一个重要公会。这既是一次政治行动，也是一次宗教行动，因为它让伊比利亚人认识到，罗马现在决意针对海外教会走一条独立自主的道路。同时，这也给信奉天主教的欧洲发出一个信号，从克莱门特八世开始开始转向依仗法国而不是西班牙的教廷，谋求限制伊比利亚的庇护权，试图为法国教会注入活力。 223

令拥护传信部的人们感到幸运的是，格里高利的继任者乌尔班八世（Urban VIII，1623—1644 年在位）同样全身心地投入教会事业，继续推行新的教会监管方法。原名为马费奥·巴贝里尼（Maffeo Barberrini）的新教皇，曾经在他的出生地城市佛罗伦萨（Florence）接受过耶稣会教育。当选教皇的那一天（1623 年 8 月 5 日），他实现了前辈的愿望，发布教令追认罗耀拉、沙勿略和奈里（Neri）为圣人。1632 年，他正式承认“遣使会”（Lazarist fathers）的合法性，该会也称传教会神父公会，由圣味增爵（Vincent de Paul）②始创。1633 年，他向所有传教士开放中国和日本，并且公开地向伊比利亚世俗政权表明，教廷不再默默地接受他们开出的向东方传教的条件了。

传信部如同起初设定的一样，由 13 名枢机主教、2 名高级教士、1 名秘书组成，他们每月会面一次。[306] 卢多维科·路德维希是两名高级教士中之一，路德维希这位教皇秘书掌控了未来十年的所有活动。另一位高级教士是胡安·包蒂斯塔·维维斯（Juan Bautista Vives，1545—1632 年），他提倡传教士教育西

① 圣依纳爵·罗耀拉（西班牙文：Ignacio de Loyola，1491 年 12 月 4 日？—1556 年 7 月 31 日），西班牙人，是罗马天主教耶稣会的创始人，也是圣人之一。他在罗马天主教内进行改革，以对抗由马丁·路德等人所领导的基督新教宗教改革。——译者注

② 又名辣匝禄会。天主教修会之一。因其第一座会院建立在巴黎辣匝禄教堂而得名。以派遣会士往乡区向贫民传教为宗旨。1625 年由法国人味增爵创立于巴黎，因而也被称作“味增爵会”。除传教外，兼办慈善事业，遍及亚洲、非洲和拉丁美洲等地。1773 年传入中国。1785 年耶稣会被解散后，接管了耶稣会在中国开办的教区。——译者注

班牙人，和 16 世纪著名的人文学者胡安·路易斯·维维斯（Juan Luis Vives）同属一个家族。J.B. 维维斯将西班牙广场（Piazza di Spagna）的非拉蒂尼宫殿（Palazzo Ferrantini）以及他个人的大部分财产捐献出来，创建了乌尔班神学院（Urban College，也称为传信部神学院）。[307]1627 年，乌尔班神学院开办，作为培养旨在传教的自立教士的国际中心；这个神学院后来被吉安·洛伦佐·贝尔尼尼（Gian Lorenzo Bernini）重新设计改造之后，至今仍然是传信部的聚会之地，也是他们祭祀东方三圣人（Three Wise Men）的圣地，东方三圣人指的是耶稣基督首先从异教徒世界皈依的 3 名信徒。1637 年和 1639 年的教令规定在神学院中建立一所学校，为 12 名青年人培训宗教知识，如果可能，要求其中的 6 名为印度婆罗门。[308]

在所有的创建者当中，为传信部的筹建打下了坚实基础的最有影响力的人是弗朗西斯科·英格利（Francesco Ingoli，1578—1649 年）。他是这个会众组织的秘书，也是传信部前二十七年的执行主管。[309]传信部成立早期，会众从各个教会那里收集了很多材料，系统地研究了如何宣传基督信仰。每一个新任命的枢机主教都要支付 500 达克特金币（gold ducats）① 的费用支援传信部的建
224 设。[310]枢机主教和其他神父、教士留下来的遗产，以及加尔默罗修士和基廷会修士募捐来的数额巨大的金钱，迅速地充实了传信部的金库。信奉天主教的各王子君主们也被要求资助传信部的活动；信奉新教的工了国君们确保传信部的传教活动在和平的环境中进行。传信部从各大传教士团体（耶稣会、多明我会、方济各会和奥古斯丁会）得到的第一批报告说明，只要有更多的钱和人补充进来，他们对未来获得巨大成功抱有明显的乐观态度。[311]罗马教廷的使节们却不像各传教团体那么积极地向传信部报告，相反，他们更加谨慎地预估他们在各自教区的前景。

① 达克特（ducat）金币是一战以前的欧洲贸易专用货币，主要为贸易所使用。随着金币本位制被金块本位制和金兑汇本位制所取代，达克特金币在一战前后逐渐退出历史舞台，该货币在欧洲多国均有铸造。每一达克特相当于纯度为 98.6% 的金 3.4909 克，0.1107 盎司，金币可为多个达克特如 2、3 等等。西西里王国在 1140 年第一个发行该货币，中世纪被威尼斯人发扬光大，时至今日，欧洲依然有银行铸造达克特金币供私人收藏和投资。——译者注

安东尼奥·雅伯加提（Antonio Albergati，1566—1634年）是1621年至1624年教皇在葡萄牙的代表（colletore），他在1623年写的报告中坦率地讲到葡萄牙保教权的悲观前景。正如他所看到的那样，葡萄牙帝国范围内的基督教事业处于一种可悲的状态，几乎没有提升的空间。他将这一状况归因于：虐待土著居民，葡萄牙平信徒和宗教界人士在海外远没有起到榜样的作用，教团教士敌视自立教士，各传教会之间的冲突和竞争不断，以及精神信仰顺从于世俗国家利益等。传教士们自身，甚至整个葡萄牙民族，似乎都只对世俗的物质感兴趣，都倾向于个人和家族的致富。雅伯加提建议，让更多富有激情和活力的传教士和其他各民族加入葡萄牙保教权行列。他写道，必须禁止葡萄牙国王任命亚洲各教区的领导成员，因为这些被他任命的主教经常歧视自立教士和其他传教会的教团教士。传信部必须全力以赴地终结各兄弟团体之间的纷争。传教士们应该通过陆路进入亚洲，以避开伊比利亚对派往东方传教士的国籍和数量的控制。最后，雅伯加提利用他在德国担任教廷代表的经验提出建议，增加亚洲主教辖区的数量以改善各传教会的管理。[312]

传信部为了达到自身的上下一致性和统一性，下令每一个传教士每年都得向会众递交一份报告。现存的档案资料中个人报告的匮乏，表明这个要求的执行并不彻底。然而，各修会、教廷代表和平信徒等团体的综合报告却源源不断地涌入罗马。面对收到的信息，英格利越来越不满于各传教团不能吸收土著人加入圣职的现状。他认为，土生土长的神职人员，如已经在日本建构起来的团体，可以巩固信仰的根基，维护土著的权利，在受压制的年代里也能使信徒忠于教会。他斥责强大的耶稣会不愿意将神父等职位授予具备相当资格的印度人 225
和中国人，但似乎没起到多少作用。[313]

为了满足大家经常表达的增加土著神职人员数量的愿望，传信部培训了一位富有的迪瓦尔（Diwar）婆罗门，名叫马蒂奥·德·卡斯特罗·马洛（Matteo de Castro Mahalo），并于1631年在罗马给他封了神职。教皇亲自下令要全力以赴皈依婆罗门，卡斯特罗·马洛于1633年奉旨返回果阿。果阿宗教公署（curia）否认他的委任书（credentials），葡萄牙人用尽了其所有权力来阻止马洛展开传教活动。在印度经历了风风雨雨，取得了一些微不足道的成绩之后，他于1658

年最后一次返回欧洲，1677 年在罗马与世长辞。[314] 在这次与葡萄牙保教权的冲突及其随后的很多次遭遇中，传信部总是略逊一筹。

传信部在其成立后的十年里，花了很多精力平息日本托钵僧和耶稣会之间的激烈争吵。会众成立前夕，长崎的“大迫害”事件发生，每个宗教团体都因日本不断升级的迫害和暴力而猛烈抨击对方。多明我会的日本教区代理迭戈·科拉多，于 1622 年以托钵僧各修会团体的代表和辩护人身份来到罗马。1625 年，传信部正式考虑他提出的问题，并与西班牙和葡萄牙皇家委员会一道致力于达成妥协。参与的各方逐渐达成以下意向：未来的几年内，各宗教团体都有权选择最便利的路线进入日本。但是直到一场激烈的战争之后，教皇（1633 年）和国王（1634 年）才下令，日本向所有的来者开放，传教士可以自由选择或借道菲律宾群岛，或借道印度到达那里。教皇乌尔班八世进一步规定，任何企图阻止传教士进入日本的人都将被逐出教会。通过这个简令可以看出，教皇和传信部明确地站在西班牙和托钵僧修会的一边。[315]

英格利和传信部努力**消除各传教会的民族化特点**（*denationalize the missions*），鼓励文化适应传教策略，并且取得了一些小成就。[316] 传教士不得担任各自国籍在海外的政治、外交和商业代表，也不能相互联合起来颠覆亚洲
226 各国政府。1633 年，乌尔班八世威胁道，任何为个人和家庭谋取财富而参与商业活动的传教士都将被逐出教会。为了将基督教提升为一个天下四海之内都信奉的宗教、不屈从于任何个体民族和文化的宗教，传信部征得教皇律令，命令所有的传教士都要热心学习地方土著语言，准许当地皈依的信徒保留各自的礼仪、习惯和风俗等，只要这些习俗不与基督教和道德相冲突。这就等于同意和支持了耶稣会士在北京和诺比利在马杜赖采用的包容性传教策略。为了给各教会提供基督教书籍和其他文献资料，1626 年，传信部成立了自己的出版社，叫作**多种语言**（*tipografia poliglotta*，现在也叫 vaticana）出版社。[317] 从此以后，只要有可能，教义问答书、圣经、文法以及字典等都用主要的亚洲语言印刷出版。同时，英格利开始筹集传教会图书馆，包括“来自各民族的历史书籍”，这是因为，传教士需要了解各民族地方的习俗、道德和政治倾向，从而使他们更顺利地开展工作。[318] 为了帮助会众的枢机主教更好的了解传教前沿阵地的问

题，为每个枢机主教提供一个小型的参考书阅览室的活动马上开展起来。[319]传信部还努力调停各传教修会和争执不下的各欧洲世俗国家之间的矛盾。在那些趾高气扬地将国家利益置于首位的地方，如葡萄牙和西班牙，传信部只能慢慢地寻找机会将其根须植入帝国悬崖峭壁的缝隙之中。

重组传教士在东方的领导层，是摆在英格利的计划日程表中首先要考虑的。由于没有足够的大主教之职充分监管基督徒活动，传信部建议成立一些新教区，直接接受教廷管辖并且独立于葡萄牙世俗国家的干涉。由于神父的供应总是处于短缺状态，传信部迫不得已培训并任命土著神职人员任职。罗马派出的主教和传教士经常分配不均，他们致力于前往在政治上没有被葡萄牙和西班牙霸占的地方，特别是那些偏远的内陆地区。赤脚的加尔默罗修会和嘉布遣会是两个相对年轻的教会团体，投入的精力和获得的特权都不够持久，也是被传信部看好的修会。从 17 世纪 30 年代开始，传信部就启动了建立独立主教区的计划。日本大分教区曾经是没有任何定位的，1632 年它被宣布为大主教区，直接归罗马管辖。为了避免和葡萄牙国王任命日本新主教的合法权利相冲突，传信部采用中世纪使用的名义上的主教职位（titular bishop）。这种教职主管由罗马任命但在宗教管辖区之外行使权力，直至条件改善到允许国王任命一位常驻主教为止。在亚洲，传信部任命的名义主教称作宗座代牧（vicars apostolic）①；他们拥 227
有的权力和尊贵基本上等同于常驻主教，直接向教皇报告。[320]

1638 年，任命了第一批东方名义主教。弗朗西斯库斯·安东尼奥·德·桑托·费利奇（Franciscus Antonio de Santo Felici）被任命为迈拉（Myra，位于吕基亚 [Lycia]，现代的土耳其南部）的名义大主教。他负责管理日本传教会，但是由于条件所限，他不能亲自到达所管理的教区。马蒂奥·德·卡斯特罗·马洛是一位皈依基督的婆罗门，在乌尔班神学院接受过教育，他被任命为克利索波利斯（Chrysopolis）主教，管理“艾德尔坎”（Idalcan，印度西部果阿主教区

① 天主教会内受罗马教皇委派代管某地区教务的主教或神父的统称。特指宗座代牧区的主管者。其权限与正式教区的主教基本相同，故又称代牧主教。教会内习惯上也被尊称为“主教”。——译者注

的一部分）、勃固和戈尔康达。由于卡斯特罗·马洛在罗马身体越来越衰弱，他的职位由卡斯托迪乌斯·德·皮尼奥（Custodius de Pinho，1669—1697 年在位）继承，这位赤脚加尔默罗修士是一名来自果阿周边的婆罗门，他被任命为比贾布尔和戈尔康达的宗座代牧主教。皮尼奥与葡萄牙人达成谅解，并于 1671 年与传信部合力建造卡纳拉教区。1677 年，印度基廷会会士托马斯·德·卡斯特罗（Thomas de Castro）到达芒格洛尔（Mangalore），来管理这个新的短命教区。直到 1928 年前，印度西部的天主教辖区一直被果阿和大莫卧儿牧区（Vicariate of the Great Mogul）分而治之，后者就是皮尼奥曾经花费巨大精力打造的具有坚实基础的教区。[321]

在罗马，传信部也在努力推行着自己的计划。1648 年，会众制定了一套地区名录，准备在葡萄牙控制的印度地区之外建立一些新主教区：孟买、索洛、望加锡、暹罗和锡兰。就人力资源方面的问题，传信部鼓励加尔默罗修会与基廷会招募和培训规划中的宗座代牧（apostolic vicariate），这两个修会反对宗教改革并且参与了传信部的筹建。1659 年，由于葡萄牙势力在马拉巴尔地区的萎缩，传信部成立了维拉波利（Verapoly，马拉巴尔）代牧区，将其委托给加尔默罗会打理，任命朱塞佩·德·桑托·玛丽亚（Giuseppe de Santo Maria）为第一任主教。荷兰攻陷了马拉巴尔地区各城市后，方济各会获准在这些港口滞留。1633 年后的实际情况是，荷兰只允许意大利、比利时和德国的天主教传教士进入马拉巴尔。

为了获得对其在东方拓展的新事业的政治和经济支持，传信部虽不情愿，但还是向法国寻求援助。法国长时间以来就十分关注葡萄牙和耶稣会在东方取得的宗教和商业成就，几乎达到了垂涎欲滴的地步。1603 年（法国）国王亨利四世再次批准耶稣会士进入巴黎，他这么做的部分原因是注意到耶稣会在中国
228 取得了辉煌的成绩。[322] 路易十三世（Louis XIII，1610—1642 年在位）当政期间，法国基层大众的虔诚意识复活，神职人员的培训发生变革，有些历史学家将这一时期称为 17 世纪天主教复兴。神职人员和平信徒 1630 年成立的圣事公司（Compagnie du Saint-Sacrament），致力于为国内传教会及其以后在加拿大传教服务。1642 年至 1660 年间，法国和西班牙的战争趋于结束，全国各地的神

学院以前所未有的规模成立起来。[323]这次革新的核心是味增爵（1581—1660年）及其领导的传教教士会众（Congregation of Priests of the Mission），该修会负责向法国低层穷人解释宗教教义，其活动范围迅速扩延到国外。[324]1664年**外方传教会**（*Société des missions étrangères*）在巴黎成立，对宗教和教会的持续关注转化成国家传播福音的现实努力，这一年恰逢法国东印度公司成立。[325]

将传信部的使徒愿望高扬在法国国旗上的人是罗历山（Alexandre de Rhodes，1591—1660年），他是一名来自阿维尼翁（Avignon）的耶稣会士，后来以越南地区的宗座使徒而闻名。他曾于1618年离开法国，1623年5月到达澳门。1624年到1626年间在交趾支那逗留，1627年至1630年间在东京（属越南），当时这两个地方是印度支那（越南）两个彼此的独立国家。在接下来的十年里，他以“基督徒神父”（Father of Christians）的身份看护着澳门的中国基督徒，这种职位在当时的葡萄牙教会里十分普遍。1640年，他返回交趾支那担任当地的耶稣会主管，1645年被驱逐流放。[326] 1645年，罗历山在一名中国信徒的陪伴下返回欧洲。1649年，他刚一到达罗马便敦促传信部派遣主教前往印度支那，组建当地的神职队伍以满足那里的看护信徒之需，他希望将那里建设成为欣欣向荣且富有生命力的基督教社区。传信部在招募志愿者方面已经遭遇了一些挫折，于是将招纳合适人选的任务交给罗历山。罗历山很快就发现，只要传信部不能保证其派出的主教免受葡萄牙的迫害和报复，招募志愿者的工作就依然十分困难。1652年，罗历山返回法国，开始打造传信部和法国教会之间的联盟，他们的联盟状态一直持续到该世纪末。[327]

和他同时代的法国人一样，罗历山也十分憎恨“我们有修养的法国百姓任凭外国人从遥远的东印度贸易中致富的处世态度”。尽管传信部对法国传教士失去了信心，但是罗历山仍然相信“法国主教的虔诚有能力将福音带到一个个不同的地方”。[328] 另一方面，传信部在英格利的率领下想要结束世俗国家保教权 229
制度，并试图开发亚洲当地的教会直接归罗马管辖。但是在日本和印度实现这些目标的努力遭到葡萄牙的强硬反抗。很显然，1649年英格利逝世之后，避免和伊比利亚势力冲突，并将重点放在伊比利亚没有控制或几乎没有控制的亚洲地区，是传信部迫不得已的选择。法国这个唯一在亚洲没有经济和宗教砝码的天主教和大西洋大国，也许能为传信部推行其计划提供所需的人力、金钱和保护。传信部犹豫了多年之后，认为自己足以防止法国成为其传教事业的保教国之后，才将这一联盟的设想落到实处。

人力问题是首先应该攻克的障碍。1650年，罗历山就建议应该派遣一些主教到印度支那创建一支本土神职队伍。敢于赴任这些职位的人数并不多，原因是葡萄牙、荷兰和英国造就的危险无处不在。传信部通过陆路派往印度的法国嘉布遣会修士，被葡萄牙世俗和宗教当局当成入侵者或者更加严重的违法者对待。[329]从1657年始一直到1662年荷兰占领僧急里止，传信部的4名赤脚加尔默罗修士极力恢复马拉巴尔地区的罗马权威，但收效甚微。[330]根据葡萄牙方面的解释，教廷1633年的敕令允许教团教士可以采取任一路线进入亚洲的规定，并不适用于传信部招募的自立教士。[331]英格利和他的继任者迪奥尼西奥·马萨里（Dionisio Massari，1649—1657年在位）资助了几个味增爵修士在非洲和美洲进行尝试，但都没有取得成功。这些尝试和新领域拓展的失败让罗马方面得出一个仓促的结论：即法国的神职人员在传教职业上不够坚定，不够有毅力。

另一方面，味增爵修士却指控传信部应该为他们的失败负责。1653年，味增爵写道，许多虔诚而富有热情的法国人，都希望教皇应该为在远东展开传教活动提供充分的组织保证。[332]1653年在巴黎期间，罗历山遇见路易·贝哥特（Louis Bagot）。他是一名耶稣会士，也是一群自称为**好朋友**（*Les bons amis*）
230 的教区主教们的精神领袖。他们立刻表示愿意前往亚洲传教。但是传信部仍然犹豫不决，是否应该让这个事业控制在法国教会手中。为了免除罗马对此事的担忧，1655年的法国神职人员大会（Assembly of the French Clergy）通过投票拿出足够的资金来资助3名主教志愿者。法国主教的根据地计划定在当时是教廷保护领地（protectorate）的阿维尼翁。[333]

1657年，陆方济（François Pallu，1625—1684年）和**好朋友**主教团的其他几名主教来到罗马，把他们的处境向教皇亚历山大七世（Pope Alexander VII，1655—1667年在位）做了汇报。他们的计划被呈交给由4名枢机主教组成的委员会审核，结果教皇做出了有利于他们的决定。教皇将远东分为3个宗座代牧区（东京、交趾支那、中国），并且指令他们必须向传信部负责。1658年，陆方济被任命为赫利奥波利斯（Heliopolis）①地区的名义主教，管辖东京（越南地区）、老挝，以及中国西南部的5个省区。皮埃尔·兰伯特·德·拉莫特（Pierre Lambert de La Motte，1624—1679年）被任命为贝利图斯（Berytus）②的主教，辖区有交趾支那、中国西南部的4个省区和海南岛。1660年，高多林（Ignace Cotolendi，1630—1662年）被任命为梅特洛波利斯（Metellopolis [Medele]）的主教，管理中国西南部的3个省区、鞑靼和朝鲜。他们都得到了自立教士的援助，帮助他们将土著基督徒培训成神父或者可以教授教义的人。在传信部审慎的同意下，新主教们部分地获得了在巴黎成立神学院的权利，旨在将自立教士培训成能够胜任的传教士，从整体上改善传教会。经过一系列的摸爬滚打，**外方传教会**终于在国王（1663年）和教皇（1664年）的批准下成立了。[334]

巴黎外方传教会并不算是一个正宗的宗教团体。它是由自立教士和普通教友组成的一个机构，旨在将福音远播到海外各地。至今依然屹立在巴克街区（Rue du Bac）的巴黎神学院，成为招募和培训传教士的中心。神学院没有一个高级主管，主要由法国主教、宗座代牧和学院的领导经营。应聘的人员必须不得超过35岁才可能被神学院录用。一旦加入这个外方传教会，必须宣誓终身投入传教工作。作为回报，该教会也同意用传信部、国王和有慈善意识的机构和个人那里获得的资金来满足传教士的世俗需求。该教会传教任务的首要目标是，如同传信部所坚持的那样，组建土著神职人员队伍和教会。1660年至1700年间，
外方传教会共向亚洲派遣了100多名传教士。[335] 231

随着巴黎外方传教会的逐步成形，法国主教们也着手准备前往各自的教区。传信部在1659年的训令中要求各宗座代牧秘密出发，取道陆路前往印度，避开所有葡萄牙控制的区域，对他们的目的地和传教任务保持沉默等。一旦在中国和印度支那就职之后，他们必须招募、教育和任命合格的青年土著担任教职，

① 也叫巴勒贝克（Baalbek），黎巴嫩东部的一个城镇，位于贝鲁特东北部。它是古代腓尼基城的遗址，那时可能是用于朝拜太阳神的地方，现在因其大量的罗马遗迹而闻名。——译者注

② 贝鲁特（Beirut）的古名，现在的黎巴嫩首都。——译者注

并向传信部通告任何可以胜任圣职的人选。他们必须适应当地的风俗习惯，并经常向传信部报告所遭遇的问题、分享成功的喜悦、汇报经历的失败。在英格利精神的指引下，他们必须时时刻刻将培育一批本土神职人员放在心里。

新任命的宗座代牧尽管被告诫不要声张，但是他们在离开法国之前就开始宣传自己的使命了。在与圣事公司合作的过程中，主教们出版了小册子，目的是引起人们关注摆在自立教士和普通信徒面前的使命。[336] 资金的筹措和人力的招募被提高到确保爱国主义落到实处的高度。传信部、葡萄牙、荷兰和耶稣会立即做出回应，他们把这视作法国集全国之力闯进亚洲的商业贸易和传道领域行为。1659 年**圣事公司**开始模仿荷兰东印度公司组建中国公司（Compagnie de Chine），这进一步证实了他们的怀疑。1660 年的商业探险失败，随之而来的是枢机主教马萨林（Mazarin）领衔的**圣事公司**被禁办，当时马萨林是法国的实际统治者。

随着这些不幸事件接二连三的发生，法国神职人员大会、**圣事公司**和很多私人捐献者努力筹集资金，支付第一次远征花去的费用。他们这种大张旗鼓的做法遭到传信部的反对和斥责，于是法国传教士们分三批悄悄地从马赛出发前往黎凡特，每一批都由一名宗座代牧带队。兰伯特·德·拉莫特和其他两名同伴于 1660 年 11 月 27 日离开；高多林和 3 名传教士于 1661 年 9 月 3 日出发；陆方济和 9 名同事于 1662 年 1 月 3 日离开。法国传教士到达黎凡特之后，便跟随沙漠贸易商队在夜色的掩护下前往波斯湾。在这次漫长、乏味、疲倦充斥的旅途中，几名传教士牺牲了，还有一些被遗弃了。余下的传教士从波斯湾出发，通过海路到达苏拉特。葡萄牙人得到命令要拘捕他们并将其遣送到里斯本，为了躲避葡萄牙人，兰伯特和两名同伴取道陆路，继续前往印度东部沿海的国际大港马苏利帕塔姆。在这里，他们又借乘摩尔人的船只来到丹那沙林。他们从这个被暹罗人控制的港口出发乘坐内河船和驳船到达了大城。当时（从黎凡特）出发的时候有 17 人，经过 1662 年到 1664 年两年多的旅途颠簸，只有 9 人最
232 终到达暹罗。高多林本人在马苏利帕塔姆等待前往暹罗期间不幸牺牲。[337]

以大城为起点，已经成形的海上路线将暹罗和印度、印度支那以及中国连接起来。然而，兰伯特和陆方济未能到达印度支那，因为这里持续不断地发生

迫害基督徒的事件。他们甚至也没有到达澳门和中国，因为耶稣会士警告他们说，基督徒正受到北京的鳌拜政权当局的攻击。[338] 法国传教士在大城成立了一个基督徒社区，大约有 2 000 多名信徒居住其中，由 4 名耶稣会士、2 名多明我会修士、2 名方济各会修士和一些自立教士看护着。耶稣会的主管是托马索·瓦尔古尔内拉（Tomaso Valguarnera，1608—1627 年），这位西西里岛人被从澳门派遣过来为暹罗的日本基督徒服务。1664 年，当陆方济和其他 4 名教士及 1 名平信徒到达大城，这里的法国传教士人数达到 9 名。尽管不久之后就有葡萄牙人对他们进行攻击，但是这些法国人决意留在大城，准备在这里建立根据地，伺机向暹罗东部和西部的腹地渗透。暹罗人十分包容基督徒的活动，法国传教士因此决定立刻成立一所学校专门培训青少年男生。1665 年，国王纳莱（Narai，1657—1688 年在位）批准该校的成立，并且允许其录用 10 名暹罗学生。不久之后，耶稣会效仿法国传教士成立了一所自己的学校。所有的基督徒传教士都被赋予特权在这个国家自由旅行，可以随处布道。尽管法国传教士的经验不够老道，但是早期获得的这些成功经历让他们相信，暹罗国王很快就会皈依基督，而他的国民也会效仿他接纳基督教。[339]

大城的法国人决定派遣陆方济回罗马，解释说明他们决定留在暹罗，报告他们与葡萄牙人之间的摩擦和冲突。他于 1665 年离开暹罗，1667 年 4 月 20 日返回到罗马。经过几年的交涉，1673 年克莱门特九世（Clement IX）最终下令成立暹罗使徒教区（Apostolic See），由高多林的继任者接管。教皇再次声明，禁止亚洲教团教士和自立教士（Regular and Secular Priests）参与商业活动，即便他们急需资金也不得参与。他同时规定，东印度群岛教会的教团教士要认识到宗座代牧的权威，要与他们和谐相处。耶稣会士、托钵僧和葡萄牙世俗阶层一直宣称他们不受教皇这个命令的束缚。[340] 233

宗座代牧到达暹罗之前，基督徒对亚洲东南部大陆地区的渗透只是星星点点，不成系统。欧洲和亚洲的商人经常在孟加拉湾和印度支那的广阔领域进行贸易活动，葡萄牙的政治控制触角还没有延伸到这里。传信部认为，传教士在这里作业可能不会遭到葡萄牙人和耶稣会士的激烈反对。1624 年，奥古斯丁主教总代理向英格利提议，在胡格利成立独立的主教区，据修士们称，当时胡格利拥有 14 000 多名信徒。这个建议曾被认真考虑过，但是孟买实际上从属于果阿和美勒坡管辖，而且葡萄牙耶稣会士也开始向其渗透。[341] 虽然这个方案起初被搁置在一边，但是奥古斯丁会修士继续竭力使孟买教会摆脱葡萄牙保教权的控制。[342] 直到该世纪末的最后十年，传信部传教士才以武力进入孟买，当时以胡格利为中心的奥古斯丁会继续垄断着恒河三角洲的基督徒活动，而且没有遭到果阿和耶稣会的严重干涉。[343]

16 世纪的最后几年，从马六甲和菲律宾来的几名修士穿梭在暹罗和缅甸之间从事传教活动。夹在战争漩涡当中的大城和勃固的传教士，由于绝望而投往比较安全的地方。[344]16 世纪对缅甸和暹罗并不在意的耶稣会士，在德·布里托当政的短暂辉煌期间（1604—1613 年）开始在勃固活跃起来。[345]1613 年德·布里托失败之后，耶稣会士迪奥戈·努涅斯（Diogo Nunes）和曼努埃尔·达·丰塞卡（Manuel da Fonseca）被阿瓦国王抓捕。他们和支持德·布里托的葡萄牙人以及葡亚混血儿一道，被当成奴隶运到缅甸北部。在这里，基督徒可以耕种土地，丰塞卡 1652 年逝世前一直作为神父看护着他们。这些巴英易人（*bayingyi*，Franks 的缅甸语形式）一直延续到 20 世纪。[346] 大约从 1640 年始，
234 传信部开始谋求复兴勃固的传教事业。意大利的基廷会和法国的嘉布遣会，也加入到葡萄牙托钵僧和耶稣会传教士的这一事业当中来了。[347]1665 年，缅甸被巴黎外方传教会委任为暹罗传教会的一个分支。到了 1667 年，在葡萄牙人的援助和配合下，一个小型但是固定的教会在勃固勉强地筹建起来。这个小教会一直存续到 1817 年。[348]

1605—1606 年间，纳黎萱王（Naresuan，1590—1605 年在位）逝世，荷兰人进入暹罗，葡萄牙和暹罗的关系开始改善。新的皇家政府全力以赴改善和果阿的关系，并且邀请葡萄牙商人和传教士前来大城。1613 年，阿瓦和暹罗之间的战争爆发，这更促使大城方面加紧和葡萄牙人的联系。日本“大迫害”事件的发生，迫使欧洲和日本的基督徒难民来到暹罗。1616 年，从果阿来的一名多明我会修士说服暹罗人重修和马六甲的友好关系，共同抵制荷兰人和英国人染指这里的贸易。1621 年，暹罗国王赋予天主教基督徒在大城讲教布道、皈依信徒和建设教堂的自由。多明我会修士和方济各会修士立刻被派遣到马六甲

筹建教会，不久日本教区的耶稣会士也来了。正是由于越来越多的日本基督徒出现在暹罗，才激发了耶稣会对这里重新产生了兴趣。[349] 到 1626 年止，大约有 400 名日本基督徒居住在这里。 其中有一些耶稣会士还参与了治理湄南河（Menam river）的工程。1629 年 Prien 王朝垮台①，所有的热忱也因此戛然而止。帕拉塞·东（Prasat Thong，1630—1656 年在位）登基，他屈从于荷兰的压制，并于 1633 年强迫天主教传教士离开大城。接下来的十年里，几乎没有几个葡萄牙传教士敢于公然地在暹罗、勃固和阿拉干等地活动。[350]

暹罗人谋求欧洲人相互之间互斗以削弱彼此的力量，从 1631 年到 1641 年马六甲陷落期间，暹罗人一直滋养着和荷兰的友谊。但由于担忧荷兰渐长的优势，暹罗随后再次转向投靠葡萄牙人。不久之后，从澳门和望加锡派来的多明我会修士重振大城的教会。偶尔也会有日本教区的耶稣会士访问暹罗，援助这里的多明我会修士，看护在这里流放的日本人。那些经常为皇家军队提供服务的传教士，经常得到国王的一些特别恩惠。他们得到一个佛教寺庙并获准将其改造成教堂。被荷兰人和暹罗人囚禁的基督徒，也不时地被释放去追索他们的 235
自由。这里的教会在 1662 年法国传教士到来之前，不仅存续下来而且还有所扩大。[351] 但是教会最辉煌的时代也没有几个人皈依，因为根据暹罗的法律规定，土著没有得到皇室的同意是不可以成为基督徒的。国王本人和达官贵族也不能随意皈依基督，因为他们信奉佛教并且提倡一夫多妻制。传教士们别无选择，只能在讨好国王的同时，去看护葡萄牙和日本基督徒。[352]

同样地，该世纪的前半叶，印度支那（东京、交趾支那、柬埔寨）的基督教事业也经历了起起落落。1593 年后柬埔寨和暹罗发生战争，来自马六甲和马尼拉的探险家、商人和修士站在柬埔寨的一边。1603 年暹罗获胜，尽管后来很长一段时间内有些热情高亢的人士在马德里游说诉诸军事解决问题，但是西班牙对柬埔寨的影响还是结束了。这些游说人士希望通过控制湄公河三角洲，作为进而深入到印度支那最终到中国的商业和宗教领域的第一步。据估计，菲律

① 根据时间推断为阿滴耶旺（Athīttayawong），但与这里的 Piren 不符，暂时保留原文不译。——译者注

宾的一支 1 000 人的军队就可以颠覆和占领暹罗。[353]

基督教真正意义上的渗透到印度支那半岛的序幕是从澳门而不是从马尼拉开启的。澳门和印度支那长期以来形成的贸易关系，让耶稣会士对安南山脉（Annamite）的东京和交趾支那王国有所了解，它们从中国的云南省一直向南延伸到占城（Champa）。这两个按照法律来讲都臣属于中国的王国，长期处于战争状态。它们均因富有而闻名，长期需要武器，只有欧洲人能满足它们的这一需求。结果，澳门的葡萄牙人可以自由进入河内（Hanoi）和顺化（Hue，1626 年建立）港口，它们分别是东京和交趾支那的首都，相互竞争。1601 年荷兰人来到印度支那沿岸地区，这让东京和交趾支那王国除了葡萄牙和澳门商人之外多了一个可能的选择。

从 1604 年始，日本的红印船（Red-Seal Ships），其中很多都载有为摆脱德川统治的政治逃难者，陆陆续续地来到印度支那各港口。接下来的十二年里，至少有 179 艘红印船驶离日本。其中的 80 艘来到印度支那，37 艘到达暹罗，34 艘去了菲律宾。[354] 安南地区（Annam，包括东京和交趾支那）给日本流亡者提供了比别的地方更好的、更人性的接纳，这是因为他们共享着语言、社会体制和道德观念等文化因素的亲缘关系，而文化的共同特性源自安南文明和日
236 本文明都拥有中国的文化因子。在印度化了的文化占主导地位的柬埔寨周边，日本人由于自己的异质性和桀骜不驯等特点而与当地人有一些隔膜。[355]1614 年后，日本基督徒大量涌入安南地区，紧随其后的是耶稣会教士。

在安南山脉王国传播福音的前锋人物包括，那不勒斯人弗朗西斯科·布索美（Francesco Buzomi，1576—1639 年）和澳门的几名葡萄牙耶稣会士。1615 年的复活节，他们在交趾支那的土伦（Tourane）① 进行弥撒活动。由于日本仍然实行闭门锁国政策，传教士们继续从澳门出发到交趾支那其他对外开放的领地。其中就有克里斯托弗·波利（Cristoforo Borri，1583—1632 年），这名米兰人从 1618 年到 1621 年都在印度支那；他回到欧洲之后，于 1631 年用意大利文出版了欧洲第一部介绍印度支那和当地建立耶稣教会的报道。[356]1624 年 12 月，6

① 越南中部港市岘港。——译者注

名耶稣会士在教会巡阅使加布里埃尔·德·马托斯（1572—1633年）的率领下加入布索美的队伍。其中就有“越南宗座使徒”罗历山。罗历山作为一名酷爱语言的人，很快就学会了用越南语布道，当时东京、交趾支那和占城都使用越南语。[357]新入教的信徒在会安（Fai-fo）①、土伦和顺化等地组织基督徒集体聚会，其中会安是一个古老的与中国进行海上贸易的重要商业中心。交趾支那的世方（Sai-voung，1613—1635年在位）包容耶稣会士及其福音传播活动，只要澳门的商船能够到达会安。1625年当这些船只不再出现在会安，这里的国王立刻禁止了交趾支那的基督徒活动；到1639年布索美作为主管的任期结束时止，类似的禁止法令颁布了好几次。这里的耶稣会士如同中国的耶稣会士一样，很快就学会了从皈依的信徒那里寻求庇护，或者到澳门进行短期的旅游，直到这场暴风骤雨结束。[358]

尽管耶稣会在印度支那的地位并不稳定，但是澳门的主管们于1626年决定在东京北部王国成立一个新的布道所。罗历山因其掌握了越南语而当选为该布道所的掌门人。1627年3月，他乘坐一艘葡萄牙商船到达东京，陪同他前去的是一名被派去看护日本信徒的葡日混血儿教士。郑梉（Trinh Trańg，1623— 237
1657年在位）当时正与交趾支那的世方进行战争，他对罗历山的礼物产生了兴趣，进而邀请这位耶稣会士留在首都河内。国王下令为这位耶稣会士建造一所宽敞的房舍，该房舍很快就被他改造成教堂。由于享受了皇室的特别资助，罗历山迅速地获得了一系列的成功。到达这里的第一年，他就为国王的妹妹、国王的17名近亲，以及1 200多名成人施洗。据他自己阐述，他还施洗了另外5 500多名信徒，其中包括200名土著教士。[359]他把皈依了的教士们训练成能够讲授教义的助手，以协助他为新受洗的信徒做准备。他遭遇的的第一个问题，和在其他亚洲国家遭遇的问题类似，即基督教反对一夫多妻制。国王本人受到宫女们的攻击，因为国王一旦决定接受基督教，她们的前途堪忧。来自妻妾、

① 越南会安古镇，位于秋盘河畔，离岘港之东南30公里，是广南省的一所古镇。本是占巴皇国的海港，15世纪其成为越南陈朝的沿海城市，命名为海丰。15和16世纪期间是外国商人云集之地，被欧洲人误唤为faifo。17和18世纪期间，会安更成为越南中部一个兴旺的商业中心和海港。——译者注

家族和宦官们的压力，迫使国王将矛头对准罗历山。1630年，这位耶稣会士被驱逐出境，郁郁寡欢地返回到澳门，再没有去东京。

接下来的十年内，罗历山在澳门从事传教活动，而东京的教会仍在发挥着作用。2—3名耶稣会士秘密地看护着那些虔诚的信徒，承担着皈依的重任。到1640年止，耶稣会在这里拥有9 400多名信徒，以及100多个大型教堂。从1643年开始的官方迫害行动，指控基督徒破坏非基督徒的形象和圣地。在交趾支那，此时有4—5名耶稣会士在布索美手下工作，他们同样对国王的情绪捉摸不透，对自己的安全也没有把握。到1639年布索美去世时，交趾支那至少拥有30 000多名基督徒。他们同样遭到王室的新一轮迫害。这些耶稣会士被指控通过魔法咒语妨碍了雨水甘露的降临。[360]

1640年，耶稣会在东亚到处面临着危险。卢安东这位运气不佳的中国和日本巡阅使，立刻派遣李方西（Giovanni Francesco Ferrari，1608—1671年）到东京，派遣罗历山去交趾支那，重振这些地区因为“放逐所有神父而导致损毁”的教会。[361]接下来的五年里，这些耶稣会士秘密地来到他们各自分配的岗位，在这里他们受到皈依信徒的保护。只要澳门的商人在这里从事商业活动，耶稣会士就会被包容。当商人们返回澳门，耶稣会士通常也会被迫离开。他们想方设法地通过钟表、数学和自然科学书籍等礼物来讨国王的欢心。虽然这些友好姿态赢得了短暂的气氛缓和，但是朝廷中耶稣会士的敌人加紧对基督徒的攻击，1645年还发生了基督徒殉难事件。安南地区这两个王国的统治者
238 都开始寻求马尼拉作为贸易伙伴。所以，当西班牙船只在那里登陆时，他们受到了热烈的欢迎。澳门的主管决定派遣罗历山返回欧洲寻求支援以推进印度支那的传教事业。经过艰苦卓绝的跋涉，穿越了荷兰的封锁，来到苏拉特，从这里他最终通过陆路到达地中海。1649年6月27日，罗历山到达罗马，他自称“坚强的意志和饱满的精神足以胜任任何使命，如同我三十一年前离开罗马前往印度那样”。[362]

正当罗历山返回欧洲的途中，安南地区的政治形势向着有利于交趾支那的方向发展。到1653年，新统治者阮福坦（Nguyen Phuc-Tan，1648—1687年在位）将他的政权范围穿过占城一直向南延伸到华列拉角（Cape Verella）。接下

来的几年里，他征服了柬埔寨的一大部分地区，并于1658年洗劫了这里的首都乌东（Udong）。此时，澳门的耶稣会士下定决心不能彻底放弃交趾支那的基督徒。西西里岛人梅特洛·萨卡诺（Metello Saccano，1612—1662年）和其他几名耶稣会士被派往河内，随身携带着给国王准备的礼物，并向澳门承诺将为它的军队提供大炮。1655年，出生在长崎的葡日混血儿佩德罗·马克斯（Pedro Marques，1613—1670年）和弗朗索瓦·里瓦斯（Francois Rivas）接替了萨卡诺的位置，当时萨卡诺代表日本教区返回罗马述职。意大利神父石嘉乐（Carlo della Rocca，1613—1670年）追随阮福坦的军队来到柬埔寨，致力于在此成立一个布道所。1656—1657年对于传教士而言是一段相对平静的日子。1658年由于澳门预期的大炮没有如期而至，麻烦随之光临。1659年，当承诺的大炮终于到来之时，会安、土伦和顺化的耶稣会士才迎来久违的和平。

17世纪60年代，东京的新一任统治者郑祚（Trinh Tac，1657—1682年在位）在军事上吃了败仗，于是再次鼓动交趾支那人反对耶稣会士。就在这时，暹罗的兰伯特·德·拉莫特的一封信到达，宣布他即将来交趾支那。耶稣会士们向这位宗座代牧报告了这里普遍存在的糟糕态势，并且提醒他，他的到来可能对这里的基督教事业更加不利。面对这一提醒，兰伯特决定留在暹罗，但是派遣路易·谢弗勒伊（Louis Chevreuil，1627—1693年）前来顶替他的位置，这位法国自立教士不久前和陆方济来到大城。[363]

这位谢弗勒伊神父于1664年1月到达暹罗，仅仅五个月之后就前往交趾支那。该年7月26日，他以主教总代理的身份来到会安，陪同他的只有一位日语译者。他秘密地来到顺化，住在让·德·拉·克鲁瓦（Jean de la Croix）的家里，克鲁瓦是一名专为皇室军队造炮的基督徒。谢弗勒伊又从这里出发到达土伦，马克斯在土伦照管着一个小型教堂。在马克斯的陪伴下，谢弗勒伊返回到会安并在这里租了一处房舍。安定下来之后，他便向这里的耶稣会士展示他的主教
总代理（vicar-general）的委任状，要求他们服从自己。交趾支那地区归属于葡 239
萄牙保教权的4名耶稣会士担心澳门主管的干涉，所以对谢弗勒伊做出模棱两可的含混态度。随后，耶稣会士和宗座代理代表之间产生了分歧，朝廷再度恢复对基督徒的攻击。许多刚刚皈依的信徒很快就弃绝了这一信仰，而其中的43

名忠实信徒于1665年殉难。3名耶稣会士被驱逐出境，几个月之后谢弗勒伊也被迫离开。

继谢弗勒伊之后来到交趾支那的是安托万·昂盖斯（Antoine Hainques，1670年逝世），是一位年轻聪颖富有活力的法国自立教士。他身着日本服饰进入贤王国（Hien Vuong），并于1665年晚期前往会安。次年春天，澳门来的两名耶稣会士在会安登陆，但只在这里滞留了三个月。此后，昂盖斯是唯一留在该王国的传教士，这一情况一直持续到1668年。该年，傅其达（Domenico Fuciti）这位三年前被驱逐出境的耶稣会士，携带着澳门赋予他的行使代理主教权的委任书再次出现在这里。让·德·拉·克鲁瓦和其他几位当地的基督徒在后来的斗争中站在耶稣会的一边；但是，傅其达很快就返回到澳门。昂盖斯抛开这些宗教管辖权的纷争继续在这里传播福音。昂盖斯1670年去世不久前向传信部报告，他在这里的五年时间里共为2 440名当地土著施洗，而传授教义的教士为教会拉拢了3 920名信徒。其时，交趾支那的基督徒处于自生自灭无人看管的状态。

当昂盖斯在交趾支那执行任务时，路易·谢弗勒伊被派往柬埔寨支援保罗·达科斯塔（Paulo d' Acosta）。达科斯塔是从望加锡逃难出来的教士，他曾在金边（Phnom Penh）侍奉葡萄牙的各个家族。先前在交趾支那十分活跃的耶稣会士石嘉乐，如今在乌东侍奉着500—600位从交趾支那逃出来的基督徒难民。石嘉乐是一位皮埃蒙特人（Piedmontese），他个人对法国传教士持同情态度。谢弗勒伊从石嘉乐那里获悉，信仰佛教的柬埔寨人比暹罗人更加难以皈依。由于反感澳门耶稣会士在湄公河三角洲从事贸易活动，谢弗勒伊开始给自己的主管们写控诉信。1670年早期，他被葡萄牙人绑架，用船押送到澳门，在这里他被以异端邪说起诉。他像之前的其他法国教士一样被送到果阿。谢弗勒伊最终到了苏拉特，在这里遇见了陆方济。[364]

自从1645年罗历山离开交趾支那之后，耶稣会士享受了一段较长的喘息时间，没有遭到一贯的迫害。在东京境内，基督教事业在中国获得成功的消息很快就被携带贡品进北京的使者传到河内。在北京，他们发现耶稣会士得到统治阶级的高度重视和尊重，他们甚至让河内的人们知道，北京的神父们甚至研究中国的官话。1645年，日本教区副主教若昂·卡布拉尔（João Cabral，1598—1669年）和其他4位耶稣会士加入吉罗拉莫·马豪里卡（Girolamo Majorica，1591—1656年）和一小群在河内逃避驱逐的传教士的行列。接下来的十年里， 240
传教事业稳步推进，郑梉当政期间，他的宽容和仁慈使得传教事业有了明显的进步。时而也会发生攻击基督教堂和居民区的事件，但是这都阻挡不了东京教会的逐渐成形。由于这里的耶稣会士的数量从来没有超过7—8名，他们不得不穿梭于各地视察基督教社区。到1656年止，教授教义的人有70名，他们成了教会规模拓展的真正支柱。耶稣会士给他们提供由罗历山和马豪里卡准备的安南语版本的经书，以此增援他们。[365] 河内的教会主管每周都觐见一次国王并赠送其礼物，以此试探朝廷政治这潭水的深浅。国王御用的本土基督徒和宫女，也可以让耶稣会士耳聪目明。

1657年郑梉去世，他的儿子郑祚（1657—1682年在位）掌控东京大权。起初，这位继任的当权者遵循父亲采用的对待基督徒的态度。然而渐渐地，他开始听信一些谏臣的意见，他们把传教士看作是一股外来的、全新的、分裂的势力。他们传授了一种教义，冲击了传统信仰，威胁到国王的权威。官员们将上一任政府最后几年遭遇的军事失利，归因于东京的内部分裂和澳门的葡萄牙人给予顺化统治者的支持。国王本人深信，基督徒臣民们欠缺的是忠心而不是表面上的拥戴。1658年6月，瑞士的主管奥怒佛莱·博尔赫斯（Onuphre Borges）被命令召集所有在各教区旅居的耶稣会士到河内集合。次月，除博尔赫斯和狄若瑟（Joseph Tissanier，1618—1688年）之外，所有的耶稣会士都着手前往澳门。国王一方面威胁说要彻底禁绝基督教，但他又继续包容耶稣会士及其皈依的信徒，以防与澳门的贸易联系彻底搁浅。耶稣会士在河内拥有有钱有势的盟友，特别是那些日本的基督徒商人，他们在朝廷里声援耶稣会的事业。1660年末，郑祚开始拓展军备，重启和交趾支那的战争，防备业已控制了中国南方满族军队有可能发动的进攻。为了加强他的统治，郑祚于1662年下令所有虚伪的教义都是非法的，包括道教教义、佛教教义和基督徒信奉的“新圣诫”。满族人的封锁（1662—1667年）彻底切断了澳门和东京的贸易，并导致1663年所有耶稣会士被驱逐出境。[366]

当1664年早期陆方济到达暹罗时，他获悉基督教在东京代牧区是禁止的。241 从兰伯特·德·拉莫特那里接过领导职位之后（他本人早期反对去交趾支那），陆方济决定留在暹罗。一年之后陆方济返回欧洲，兰伯特不得不自己做出决断何时派教士去东京。他也教导自己所领导的传教士，让他们注意识别自己的使命和耶稣会士使命之间的区别，后者因为其同胞的征服掳掠特性和商业野心而遭受怀疑。巴黎外方传教会的代表们，一方面表面上与耶稣会士保持合作态度；但另一方面又坚定地向东京人表明法国国王是不会在东方索要一寸土地的。1666年春季，从河内的一位教义讲师那里传来了有利于传教的消息，兰伯特迅速派遣弗朗索瓦·戴迪（François Deydier，1634—1693年）带着主教总代理的权威前去东京。1666年8月末，戴迪扮成一个贫穷的水手到达河内。在这里，他秘密地和拉斐尔·罗兹（Raphael Rhodes）——一位富有的交趾支那商人——居住在一起。戴迪虽然被耶稣会士侍奉的日本基督徒断然拒绝，但是他很快就赢得了当地的土著教义讲师的支持。其中有15名教士做了他的学生，他们经常在一艘到处航行的船上上课。1668年早期，两名学生被送到暹罗，兰伯特给他们封了圣职；这些人很快就返回到河内，在戴迪的指导下以神父的身份工作。到1669年，戴迪估算有10 000多人受洗，其中包括国王的一位嫔妃。[367]

在这个关键时刻，傅其达和另外两名耶稣会士从澳门来到东京，他们是1663年被放逐之后第一批来到这里的耶稣会成员。郑祚对于耶稣会士的再次出现十分恼怒，重新发起对基督徒的攻击。1669年7月13日，他下令所有外国船只都不得顺着红河（Red River）水道到达河内。外国船只不得不停靠在轩港（Hien，现在的仁德港[Nhon-duc]），这里是对外贸易中心；所有滞留在东京的外国人也不得不在此落脚。戴迪指责耶稣会士带来的这些变故，但是在这个变故多发的夏季，他在“流放”之地轩港也遇到一件开心的事，即新成立的法国东印度公司（*Compagnie des Indies Orientales*）的一艘船只来到这里。船上有兰伯特·德·拉莫特及其带领的两名自立教士——雅克·德·布尔热（Jacques de Bourges，1630—1714年）和加布里埃尔·布沙尔（Gabriel Bouchard）。

郑祚欢迎法国商人，他们可以成为荷兰人和其他在东京做生意的欧洲人的竞争对手。他准许他们在轩港建立一座商馆，寄希望因此可以获得更多欧洲制造的大炮。但他并没有放松对基督徒活动的压制，因为荷兰和葡萄牙方面都提醒他法国人将决意支援基督徒。对于这种事情，这位国王是绝对不会被误导的。由于有了新的靠山，戴迪向耶稣会士宣布了他作为宗座总代理主教的委任书，要求对方承认他作为东京教会领袖的地位。傅其达拒绝承认这一命令，并且引 242
用皮科洛米尼（Piccolomini）1650 年做出的决定——已经在传信部派出的神父所领导的区域内传教的耶稣会士可以不受限制。

兰伯特·德·拉莫特十分明智地留在法国船上，没有和傅其达正面冲突。这位主教确实将戴迪推荐的 7 位土著人封为神父。1670 年 2 月 14 日，在 3 名法国传教士和 9 名土著神父的陪伴下，他召集了一次宗教大会，整合刚刚成形的东京教会。将堂区（parishes）分别分配给各个司铎，具体的任务也都分发给各个传道师。世俗事务和财政事务的管理交由各个堂区或社区的两名平信徒打理。已经向傅其达宣读了的教令要尽快地在教会内公布。如果没有主教或宗座代牧主教的授权，任何人都不得行使神父或传教师的权利。对于那些愿意献身于宗教的基督徒妇女，兰伯特为她们创建了一个**耶稣基督十字爱心会**（*Amantes de la Croix de Jesus-Christ*）。然后，这位主教于 1670 年 4 月中旬返回到暹罗，陪同他的是加布里埃尔·布沙尔。被留下来陪伴戴迪的雅克·德·布尔热在给他弟弟的信中写道："我们作为法国商人生活在这里，除了圣洁的福音之外一无所有。"[368]

在雅克·德·布尔热到达东京之前，兰伯特交给他一个很需要技巧的外交任务。暹罗的法国主教在他们到达大城的那一刻起就深信，罗马只从书信内容不能明白亚洲和欧洲到底需要多少援助，以确保传信部的传教事业不被葡萄牙人和耶稣会士的阴谋诡计所破坏。1664 年 10 月 9 日，布尔热乘坐一艘通往欧洲的船到达罗马。葡萄牙由于和西班牙处于战争状态而没有和罗马建立任何正式的关系，所以从 1661 年开始，葡萄牙就同时向法国和罗马教廷抗议，反对派遣法国主教到东方。在阅读了法国主教的报告和听取了布尔热的呈文之后，专设的枢机主教委员会于 1665 年 1 月迅速地发布了一系列的教令，拓展和加固宗座代牧区的管辖权。交趾支那教区又增加了柬埔寨和占城两个地区，由兰伯特·德·拉莫特管理。该年 2 月，教皇敕令紧随其后，据此，暹罗的两位主教被授权为高多林选派一位继任者。在这个关键时刻，罗马拒绝将他们的宗座代牧管辖区延伸到暹罗和勃固，并且暗示说，暹罗的主教们过的太过舒适，不思进取，不在东方拓展更多的教区。传信部会众的秘书曼佛罗尼（Manfroni）在1666年的备忘录中，将中国、东京和交趾支那地区经历的困难归因于教团教士
243 （特别标明耶稣会士）支持葡萄牙保教权下的宗教管辖特权，拒不妥协。虽然法国主教仍然被迫坚持教团教士的从属性，但是曼佛罗尼仍然提醒道，为了招募传教士和资助基督教事业，各修会的合作仍然是必要的。[369]

陆方济和兰伯特·德·拉莫特同时推进他们在暹罗的规划。既然不能亲自前往印度支那的教区，他们就决定在暹罗建立一所学校，创办一个“宗座使徒会众”（apostolic congregation），旨在将他们这一小群自立教士转化成有组织的教团（regular order）。为了让教皇同意他们的规划，陆方济于1665年1月17日出发前往罗马。1667年4月，他经由陆路到达罗马，当时亚历山大七世（Alexander VII）即将离世。陆方济感觉到罗马的气氛十分压抑，因为传信部的成员开始担心法国东印度公司和巴黎的法国天主教徒（Gallican）①对布道团感兴趣的不仅仅是宗教。1668年，葡萄牙和罗马之间关系的正常化也迫使传信部对里斯本的抗议做出更加积极的回应。现在轮到西班牙感觉不安了，传信部的代表到达东方让西班牙保教权感受到威胁。1669年，马德里方面通知罗马，法国的主教不得将他们的管辖权拓展到已经臣服于西班牙国王的地区。[370]

在等待罗马对他的建议做出回应期间，陆方济于1668年1月28日来到法国，路易十四（Louis XIV）在圣日耳曼（Saint Germain）接见了他。国王和科尔贝承诺无条件地援助传教事业。延滞了很久之后，教皇克莱门特九世（Clement IX）于1669年7月4日颁布了一条宗座简函，将宗座代牧管辖区域扩展到暹罗，该区域归南京主教管辖，当时南京主教还没有任命。在次年9月下达的宗座简函中，教皇要求东方的教团传教士向宗座代牧主教出示他们的委任书，请求对方赋予他们开展传教活动的权利。传道师们被要求宣誓服从代牧主教，先前发的任何誓愿都被宣布为无效。教团教士再次被禁止为了个人致富

① 主张限制教皇权力，要求各国天主教自主的运动。——译者注

而从事贸易活动。陆方济在和欧洲神职人员较量中仅失利过一次：法国外方传教会和传信部都拒绝授权成立一个“宗座使徒会众”。巴黎神学院的领导公开指责主教们既固执又霸道，特别是兰伯特·德·拉莫特。1670 年 4 月 11 日，陆方济乘坐东印度公司的一艘船离开法国，和他一道的有专为传教招募的 6 名司祭。同时，他还带着教皇和路易十四为暹罗国王纳莱准备的书信和礼物。[371] 244

陆方济花了三年的时间才返回暹罗，期间他早期对宗教界敌人的克制和小心转化成焦躁和仇恨。1671 年 10 月他到达苏拉特，从已经在那儿恭候他的信件中得知，兰伯特公开谴责澳门的耶稣会士、东京举办的非法宗教会议，以及葡萄牙人对谢弗勒伊施加的粗暴等。对此，他没有立刻做出个人判断，他在欧洲的经验告诉自己，这些事件必将在欧洲特别是巴黎产生回响。为了更清楚的解释这些事情，他派遣曾和他一起离开法国的一名教士查尔斯·塞万（Charles Sevin）返回巴黎和罗马。塞万受命去游说罗马教廷，让其谴责果阿宗教裁判所对谢弗勒伊施加的不公正待遇，以及索取兰伯特在东京举办宗教大会的正式批文，因为他事先没有通过传信部的授意就组织了这次会议。塞万希望（法国）国王给予保护，防止葡萄牙的肆意破坏。塞万还带到欧洲一份由谢弗勒伊写的报告，谢弗勒伊在这名使者出发之前不久就到达了苏拉特，在报告中他向传信部的枢机主教们详细列举了他们派出到东方的代表们所遭受的来自葡萄牙和耶稣会士的凌辱。塞万同时也带了几封书信给科尔贝，陆方济在信中要求（法国东印度）公司在东方的活动要更加积极，国王的海军要支持法国传教会。这种要求世俗势力援助的诉求，恰恰和传信部的愿望相违背，因为传信部希望在传教领域剔除世俗国家势力的干涉。

塞万于 1672 年 8 月到达法国。巴黎神学院的领导们非常惊讶于东方世界所发生的一切。该年 11 月，在法国布永（Bouillon）的枢机主教居所举行的会议上，塞万正式向神学院的领导、耶稣会巴黎教区主教和巴黎最高法院第一任院长纪尧姆·德·拉玛侬（Guillaume de Lamoignon）提出了自己的诉求。巴黎教区主教同意将塞万的控诉提交给罗马耶稣会总会长，但同时也警告说世界各地的耶稣会士可能会因被指控生活腐化和道德堕落而暴怒。拉玛侬支持宗座代牧，尽管他本人深受耶稣会士的敬仰，被他们当作最忠实的支持者。枢机主教本人在法国外方传教会的要求下，将陆方济请求保护的愿望递交给国王。然而，此时不是一个合适的时机，因为路易十四那时正在和联合省交战，非常渴望葡萄牙的合作和友谊。

塞万于1673年年初到达罗马，发现传信部仍然坚定不移地支持宗座代牧主教。关于耶稣会士对塞万指控做出的回应，传信部委员会的枢机主教们基本上不闻不问。在耶稣会士们的建议下，1673—1674年间，教皇克莱门特十世（Pope Clement X）下了一系列的敕书，划定葡萄牙保教权和宗座代牧区之间的界限。传信部委员会下令，教皇下达的敕书在整个东印度群岛都具有法律效
245 力，不需要里斯本方面的批复。在东印度群岛，只要没有归属葡萄牙国王的世俗领地范围，宗座代牧主教都可以宣布不受果阿宗教裁判所的管辖；果阿宗教裁判所的管辖范围严格限制在实际归属果阿和里斯本的领域。为了彻底澄清这个决议，以结束葡萄牙对东印度群岛精神领域所宣称的独霸，教皇英诺森十世（Innocent X，1644—1655年在位）完成了他的前任们的愿望，宣布自立教士及其普通教友可以采用任一线路前往亚洲，不必去里斯本取得签证。任何人，不管是普通信徒还是神职人员，只要他们违背了这些教令，都将被逐出教会，以示惩罚。另一道敕书承认了兰伯特·德·拉莫特于1670年2月在东京召集的宗教会议的合法性。1673年12月23日的教宗敕令重申了早期的声明，即不归葡萄牙管辖区域的任何修士都归属宗座代牧主教管理。一个月之后，耶稣会总会长以书面形式要求耶稣会所有成员必须宣誓遵守教宗下达的有关宗座代牧的律令。[372]

罗马在清扫自家门户的同时，法国开始进攻东方的荷兰人。1672年，布朗凯·德拉艾（Blanquet de la Haye）指挥的“波斯中队”出现在印度东部沿海地区。[373] 该年8月，当陆方济在前往暹罗途经孟买时，听到了这一令人欣喜的消息。他给在美勒坡的布朗凯·德拉艾写信表达了自己的愿望，法国在印度的胜利将促使葡萄牙国王驾驭教会的权力转移到路易十四国王身上，美勒坡也将

取代果阿成为都主教教区[①]。他同时也给科尔贝写信，要求其进攻万丹并在那里修建商馆，试图争夺巴达维亚在东方贸易的主导地位。1674 年 9 月，布朗凯·德拉艾的军队被戈尔康达和荷兰的军队挫败在美勒坡，陆方济在东方建立法兰西帝国的希望就此破灭。

1673 年 5 月 27 日，陆方济在谢弗勒伊的陪伴下回到阔别八年之久的暹罗。一回到兰伯特·德·拉莫特身边，他就马上发现他们与暹罗的教团教士的交恶并没有释然。暹罗的耶稣会主管们仍然坚定不移地拥护葡萄牙保教权。成立于 1668 年的法国神学院，在路易·兰奈（Louis Laneau，1637—1696 年）和皮埃尔·朗格卢瓦（Pierre Langlois，1640—1700 年）的领导下呈现出欣欣向荣的景象，他们两人都认真学习交趾支那和暹罗地区的语言。1673 年 9 月末，重聚在一起的宗座代牧主教提名兰奈继任高多林之位成为南京宗座代牧主教，其管辖范围涵盖暹罗王国。他于 1674 年复活节那天正式履职，挂的是高多林曾经使用过的梅特洛波利斯主教（Bishop of Metellopolis）头衔。欧洲的来信和礼物让法 246
国的传教士受到纳莱国王的友好接待。法国舰队的出现及其占领美勒坡没有逃过暹罗人的眼睛。纳莱国王在与传教士交涉的过程中为法国提供了一个港口供其使用，国王还告诉对方他有意派遣使者前往欧洲，以示对路易十四和教皇友好行为的回应。

暹罗的各种事物似乎已经安排妥当，陆方济于 1674 年 8 月离开这里前往东京。为了躲避风暴他来到甲米地（Cavite）[②]，结果被西班牙当局以破坏保教权为由逮捕，经由墨西哥和马德里遣送到罗马！[374] 兰伯特·德·拉莫特被阮福坦王邀请去交趾支那任职，但是国王纳莱将他挽留下来，国王希望借助兰伯特加速暹罗和法国关系的发展。加布里埃尔·布沙尔和让·库特兰（Jean Courtaulin）只好代替他前去交趾支那支援已经在那里的传教士。兰伯特最终获准离开暹罗，

① 都主教教区（Metropolitan see），指基督教国家的京都或者大都会。都主教的地位在宗主教（Patriarch）之下，大主教（Archbishop）之上。20 世纪，天主教教会法典把都主教和大主教只作为不同的两个职称，其地位与职权完全一样。随着近代国家行政区域的变化，该职称已逐渐淘汰。——译者注

② 菲律宾吕宋岛南部港市。在马尼拉湾东南端，东北距马尼拉 16 公里。——译者注

于1675年7月23日开始担任交趾支那教区主教一职，正式结束了在暹罗的十二年职业生涯。兰奈留下来处理那些棘手的问题，将他的主教权威强加给那些不顺从的耶稣会士和多明我会修士。[375]

1670年，安托万·昂盖斯和皮埃尔·布兰多（Pierre Brindeau）离世，交趾支那的基督徒就没有一个固定的欧洲传教士来看护和引领。1671年夏季，兰伯特在贝尼涅·瓦谢（Benigne Vachet）和纪尧姆·马霍特（Guillaume Mahot）的陪伴下秘密地从暹罗来到交趾支那宣读教皇诏书，赋予了宗座代牧主教至高无上的、特别是组建教会的权利。1672年1月，兰伯特在基督教中心会安召集了一次宗教会议，参会的有法国神父及其传道师；耶稣会士及其传道师拒绝参加会议。1672年4月，兰伯特和瓦谢返回暹罗，顺便还为神学院带回了12个交趾支那的儿童用来培训。学校里当时已经有来自东京的学童，他们是交趾支那人的对手。

1672年夏季，东京再次发起攻打交趾支那的战争。进攻最终被击退，1673年春季，东京军队退到北方。战乱期间，对基督徒的迫害愈加紧迫，然而包括法国和耶稣会在内的欧洲传教士继续在地下传播福音。一旦阮福坦王（*Hiên-Vúóng*）巩固了它的疆域，他对基督徒的迫害也就松弛下来。1673年秋季，兰伯特委托马霍特给阮福坦王捎去了礼物。外务大臣向这位国王说明，法国传教士相当于一支强大的欧洲军队，他们正和暹罗建立友好关系，国王因此大方地接
247 受了这些礼物，并且向马霍特表示他愿意邀请兰伯特回来。一方面兰伯特与暹罗国王商讨他离开的事宜；另一方面交趾支那的神父们继续竭力让耶稣会士臣服于他们。十分渴望兰伯特出现在他的朝廷的阮福坦王，持续不断地向暹罗的这位宗座代牧主教发出邀请。最终，兰伯特乘坐阮福坦王派出的交趾支那船只离开暹罗。

1675年夏季，兰伯特刚一到达交趾支那就立刻前往顺化。在这里他被告知应该在会安建立一个固定居所，可以不时地去皇都参访。他可以自由地传播福音，但是禁止举行大型集会。虽然顺化的官员们热情地欢迎他，但是耶稣会士还是公开抵制他的到来。兰伯特不得已最后将这里的耶稣会主管约瑟夫·康多内（Joseph Candone）逐出教会；同时兰伯特也被康多内逐出教会。巡视了整个

国家之后，兰伯特获得阮福坦王的恩准返回暹罗从事一些必要的活动。在离开交趾支那之前，兰伯特为留下来的3名法国教士规定了各自固定的宗教管辖区。库特兰负责国家的中央地区，后来马霍特加入了他的行列；瓦谢负责北部地区，包括顺化在内；布沙尔留在了南方。兰伯特本人于1676年5月间返回暹罗，对交趾支那传来的好消息欣喜不已：交趾支那的法国传教士获得书面的许可，可以在这里自由的旅行，而且也获准向这里派遣新的传教士，只要他们有这样的人选。[376]

交趾支那天空上的乌云渐渐散去，而东京又迎来了新一轮风暴。戴迪和布尔热以法国商人的身份居住在轩港，他们秘密地与7名东京土著神父（Tonkingese priest）合作，这7名神父是兰伯特1670年离开这里之前任命的。轩港所在的这个省的总督是基督徒的直接敌人；他将戴迪从1670年囚禁到1672年。当时还在东京传教的孤独的傅其达继续隐藏在河内。1671年，日本教区主教乔万尼·菲利普·德·马里尼（Giovanni Filippo Marini，1608—1682年）也来到这里，他曾经根据自己早期在东京的经历写了一本书并于1663年在罗马出版。[377] 马里尼是欧洲批判宗座代牧制度的主要人物之一，也是葡萄牙国王的心腹，他把个人的仇恨带到了东京。他宣称兰伯特任命的土著神父不能胜任为别人施洗的任务，也不能担当其他圣职功能；东京的土著神父们也是针锋相对，向传信部写信斥责马里尼以及澳门的耶稣会士。郑祚恼怒于军事进攻交趾支那的失败，他将怒气发泄在耶稣会士身上，并于1673年春季将马里尼驱逐出境。其他几名耶稣会士继续隐居在这个国家。这两个派别不同的基督徒群体虽然手足相残，但是都施洗了数量相当可观的土著信徒。1676年，两位来自菲律宾的 248
西班牙多明我会修士来到东京，这着实让法国传教士和耶稣会士惊讶不已。听说了“波斯中队”行动的法国教士商人（priest-merchants），痴痴地妄想着法国船队的到来。到1677年，从未迎来其主教的东京，面临的却是如何生存下去的刻不容缓的援助。[378]

东京教会和其他伪装为西多会（Cistercian）① 的教会终于迎来了救赎。1675年9月24日，果阿新上任的大主教安东尼奥·白兰度（Antonio Brandao，1678年逝世）到达他的都主教教区，决意通过接受且实施克莱门特十世教皇的敕令的办法结束东方教会分裂的状态。保罗·奥里瓦（Paulo Oliva）耶稣会会长也投入其中，他分别于1673年和1674年以书面的形式通知耶稣会士要立刻听从宗座代牧主教的命令。经过短暂的犹豫之后，澳门教区的耶稣会士接受了这一指令。1677年间，多数在印度支那和暹罗传教的耶稣会士接受了法国代牧主教的权威。尽管法国人取得了一些胜利，但是他们对耶稣会士的妥协并不完全满意。特别是在印度支那地区，他们需要的是耶稣会士的彻底退出。

已经牢牢扎根于暹罗并享受着纳莱国王宠爱的法国人，现在又面临着从澳门索取领导权的问题。马尼拉的修士们同样被吸引到暹罗。为了给新开启的传教事业打一个坚固的基础，兰伯特·德·拉莫特奋斗了十八年，他终于见证了暹罗成立的圣约瑟修道院（Seminary of St. Joseph）成为本土神职人员的培训中心，这将会使得基督福音撒播给从印度到中国的亚洲大陆的广大民众。1679年6月15日他在暹罗——他造就最高辉煌的所在地——与世长辞。[379]

曾经于1674年被西班牙人囚禁在菲律宾的陆方济，最终于1676年11月来到西班牙。曾经因抓捕和驱逐陆方济而受到教廷强烈谴责的马德里政府如今热忱地欢迎他的到来。他很快就获准通过陆路穿越法国南部前来罗马。1677年6月5日，陆方济来到这座不朽之城（Eternal City），恰逢英诺森十一世（Innocent XI，1676—1689年在位）荣登教皇之位的庆典仪式。这位新上任的教皇多次接见了陆方济，陆方济向对方阐述了他在东方的坎坷经历，还讨论了大陆东南亚的传教情况。尽管教皇对他及其教会十分支持，但是陆方济仍然在接下来的三
249 年里卷入了罗马的纷争之中。[380]

葡萄牙摄政王堂·佩德罗（Dom Pedro）不断地向罗马施加压力，要求恢复

① 西多会，天主教隐修院修会之一。法国人罗贝尔（1027—1111年）15岁入本笃会修院。以后废弛修规，并同几位修士于1098年到第戎（Dijon）附近的西多旷野另立修院，故得“西多会”之名。该会除神工、祈祷外，还要垦荒。主张全守本笃会严规，故亦称“重整本笃会”。因其会服为白色，因此又称“白衣隐修院”。——译者注

葡萄牙保教权的合法效力。为了达到这一目的，他派遣布拉加（Braga）的大主教和宗教法规律师路易斯·德·索萨（Luis de Sousa，1637—1690年）作为葡萄牙案件的辩护人来到教廷法庭。在递交给教皇和传信部的几份呈文中，这位葡萄牙人一直呼吁罗马要重申葡萄牙保教权，切实履行长时间以来和里斯本达成的合约，将法国的宗座代牧主教召回到欧洲。由巴黎神学院和陆方济代表法国作出的回应声称，历届教皇从未赋予过葡萄牙历史上任何国王完全的、不可撤销的控制东印度群岛的权力，也没有赋予他们垄断亚洲宗教的权力。不论葡萄牙保教权的法律地位如何，法国方面于1677年指出，葡萄牙在东方的势力太过单薄，不足以履行应当承担的责任，不足以将福音带给异教徒，也不足以阻止荷兰异端的进攻势头。罗马方面本身考虑的根本不是什么合法不合法的问题，它采取的是一种实用主义方法，既不愿意召回法国的宗座代牧主教，也不想得罪葡萄牙。教皇在1680年写给堂·佩德罗的信中说道，教廷赋予宗座代牧主教的权利，不包括葡萄牙王国已经在东印度群岛的固定站点建立起来的宗教特权。鉴于与法国就**国王特权**（*régale*）[381]和法国天主教的其他要求经常有一些争议，英诺森十一世无意与葡萄牙就保教权而引发战争，特别是考虑到里斯本操控着巴西和其他海外领域的政治局势，这对外国的传教有重大影响。[382]

尽管从1674年起耶稣会士被正式要求接受东方的宗座代牧主教的权威，但是他们和里斯本的关系依然紧密。陆方济本人因为耶稣会士在西班牙拘押他的过程中所起的帮凶作用而十分仇恨他们，他来到罗马肆意与耶稣会挑起战斗。教廷里的很多成员以及教皇本人都对耶稣会士怀有敌意。英诺森十一世非常反感拉雪兹神父（Father François de La Chaise，1624—1709年），这位路易十四的忏悔神父在**国王特权**和其他相关问题上站在法国国王立场上。由传信部成立的东印度群岛委员会（Commission of the East Indies）对耶稣会士不服从教皇的命令非常担忧，从而开始敦促召回那些在东方的倔强的耶稣会士。委员会同时也提议，所有东方的传教士不论是自立教士还是教团教士（secular and regular）都应该发誓要服从法国代牧主教的指挥，否则将予以逐出教会。罗马一旦发现 250
前方的耶稣会士最终都遵循会长的命令，即愿意服从宗座代牧的权威，英诺森十一世在讨论这些问题的时候态度愈加温和了。关于葡萄牙保教权的问题，被耶稣会士反复提醒的教皇开始担忧，严肃处理传教士将可能导致里斯本彻底封锁通往东方的海路。

耶稣会士和法国传教士在印度支那的再次交恶，迫使传信部采取果断行动。在新上任的秘书艾德尔多·西波（Edoardo Cibo，1630—1705 年；1680—1695 年在位）的敦促下，1680 年传信部东印度群岛委员会发布了一系列决议，立刻得到教廷的批准。耶稣会长奥里瓦被要求召回费奇规、傅其达、达科斯塔以及康多内，并且命令所有滞留于亚洲包括中国在内的耶稣会士宣誓效忠相应的宗座代牧主教。通过该年发布的一系列教令，传信部将远东地区的传教会分为 6 个大的宗座代牧区：中国北方（6 个教区）分配给一名中国籍多明我会修士罗文藻（Gregorio López，1690 年去世）；中国南方（9 个教区）分配给陆方济；东京分配给戴迪和布尔热，他们两人当时都已升为主教；兰伯特·德·拉莫特仍然留任交趾支那；而兰奈负责暹罗。陆方济和兰伯特作为总管理者（General Administrators）的身份协同打理整个东方的教会事业，实际上相当于东方的都主教。[383]

1680 年春季，陆方济以福建宗座代牧主教的新身份离开罗马来到法国。陆方济在罗马取得了巨大成功，激动不已，所以对于回到祖国面临的挑战并没有做好心理准备。他访问巴黎时就从位于巴克街（Rue du Bac）的神学院的领导们那里获悉，对方就兰伯特和陆方济推动的反耶稣会士活动不满意。1680 年，反对耶稣会士的斗争，都会被贴上詹森主义者（Jasenist）① 的标签，冒着激怒拉雪兹和国王的风险。还在罗马期间，陆方济就写信给科尔贝说明东方有巨大的商机等着法国，希冀朝廷的支持。刚到达巴黎不久，陆方济就发现，国王认为传教士所遵守的誓约和法国天主教徒所该享受的自由完全不相容，侵犯了他的王室君权。同时对耶稣会士的攻击，国王十分生气，因此拒绝接见陆方济。最

① Jasenism，一译“詹森主义”。17 世纪罗马天主教詹森派的神学主张。主要根据詹森的著作《奥古斯丁书》发展而成。认为人性由于原罪而败坏，自由意志随之丧失；人若没有上帝的恩宠，便为肉欲所摆布而不能行善避恶，不能遵守上帝的“十诫”；上帝若赐给人恩宠，人的自由意志便不能抗拒。教会的最高权力不属于教宗而属于公会议。后被罗马教宗英诺森十世斥为异端，下谕禁绝，但仍有不少人信从。——译者注

终还是耶稣会总会长奥里瓦想出了一个让罗马和巴黎都满意的方案：法国传教士应该遵守罗马的誓约，但同时要经过法国国王的“恩准”！一旦达成妥协，陆方济就被国王接纳了，还获得了几个小荣誉，他因此也认为法国将支持教会的活动。[384] 1681 年 3 月末，陆方济再次出海，这一次他乘坐的是从路易港（Port-Louis）出发的法国东印度公司的一艘船只。跟随他的有 10 位新传教士， 251
他还携带着路易十四送给暹罗和东京统治者的信件和礼物。在苏拉特滞留了很久之后，他于 1682 年 7 月到达暹罗，此时兰伯特·德·拉莫特已经去世三年了。兰伯特的继任者，也是和陆方济共同执掌教会管理任务的兰奈接待了他。兰奈的升迁让陆方济感到不悦，因为他认为暹罗的主教比较软弱，在和东京的多明我会以及暹罗的耶稣会的交涉过程中公开妥协。陆方济要求教团教士遵守传信部制定的誓约；果阿的总督要求他们支持葡萄牙保教权。由于害怕引起与葡萄牙的相互指责，违背传信部誓约的气氛迅速蔓延到其他各个布道站。

果阿成立了一个委员会，旨在改革教会管理制度和阻止法国代牧主教权威的嚣张气焰。教团教士，特别是那些继续仰仗葡萄牙和西班牙的传教士，夹在双方的交火当中，过着水深火热的生活。巴黎神学院的主管们不断发出和解的意思，他们试图浇灭这场潜在的教会再次分裂的熊熊火焰。在暹罗的比利时耶稣会士安多（Antoine Thomas，1644—1709 年）以及在北京的另一名比利时人南怀仁，都扮演着和解的角色。双方都宣誓并且敦促其同事们效仿。1683 年 6 月，陆方济离开暹罗去福建履职。1684 年 1 月 24 日刚一到达那里，他便立刻要求中国南方的传教士宣誓臣服于他。中国的耶稣会士遵循会长的要求接受宣誓，没有给陆方济制造任何麻烦。西班牙籍的耶稣会士和暹罗的葡萄牙人一样，他们在接到国王命令之前拒绝接受宣誓效忠于陆方济。1684 年 10 月 29 日，陆方济在福建穆阳（Mo-yang）辞世，未能实现让中国的传教士严格遵循罗马教令的愿望是他终身的遗憾。[385]

暹罗的传教成了法国 17 世纪 80 年代在东方活动的焦点。纳莱王权的首府所在地大城，成了“法国的澳门”，传教士和商旅可以此为中转站前往远东或者从远东返回。宗座代牧主教长期以来一直都渴望纳莱国王和路易十四建立更紧密的关系。1681 年，一支从暹罗派出的布道团在马达加斯加海域附近迷失。

1682年当陆方济返回暹罗时发现，一个新的重要人物出现在阿瑜陀耶王朝朝廷。1678年，希腊商人和探险家康斯坦丁·华尔康（Constantine Phaulkon，1647—1688年）到达大城，陪同他来的是英国东印度公司新代理商理查德·伯纳比（Richard Burnaby）。两年内，华尔康就成功地渗透到纳莱的政府机构。1682年，他本人被安多皈依信仰了罗马天主教，并且与一位定居在大城的日本基督徒成婚。在纳莱国王的撮合下，华尔康很快就和法国人成了盟友，纳莱国王依
252 然希望借助于法国的力量对付荷兰人。到1683年，华尔康在欧洲以“大库官”（Barcalon，相当于对外贸易部部长）的名义被大家所知，暹罗人则称他为有行动力的“Phrakhlang”或者财务兼外务大臣。[386]

1684年1月25日，两名暹罗使节和传教士贝尼涅·瓦谢启程前往法国。11月，他们到达加来港（Calais），在去往巴黎的路上对法国北部的一片生机盎然惊奇不已。随后在法国朝廷上的讨论中，瓦谢设法说服皇室的大臣们——如果传教士能够得到政治和经济上的持续支持以及人员的补充，那么纳莱国王和他的臣民们必将皈依天主教。为打消法国人心中的疑虑，他还说法国人可以和华尔康合作。

谢瓦利埃·亚历山大·德·肖蒙（Chevalier de Chaumont）当选为路易十四国王的特使，他的助手名叫德·梭亚只教士（Abbé de Choisy），是一位奇怪而又神秘的航海日志写手。[387]陪伴这两位法国正式使节的有瓦谢、两名暹罗公使、巴黎神学院招募的4名传教士以及6名耶稣会士。科尔贝和其他朝臣长久以来就酝酿着向东方派遣数学家和天文学家的想法。他们以前就听到一些传闻，特别是从1684年身在朝廷的比利时耶稣会士柏应理（Philippe Couplet，1622—1693年）那里听说，汤若望和南怀仁已经通过在北京展示西方科技文明而发现了基督教进驻中国的方法。当听到这个规划，传信部主张法国耶稣会士科学家应该宣誓臣服于宗座代牧权威。法国耶稣会士在拉雪兹的带领并且在朝廷的支持下，坚持认为耶稣会士应该以科学观察者的身份而不该以传教士的身份出访。因此，根据这些法国人的说法，他们只能服从法国国王的指挥，而不能听从耶稣会长的指令。尽管罗马方面仍然反对，但是意在前往中国离开法国的6名耶稣会士并没有宣效忠之誓。1685年3月3日，他们跟随肖蒙从布雷斯特扬帆远航。

将法国耶稣会士科学家引入传教活动得到国王路易十四的全力支持，整个基督教事业有了新的发展方向。就连当时还没有和法国发生战争的荷兰也在好望角与巴达维亚热情地欢迎这些科学家传教士的到来。葡萄牙保教权的耶稣会士把他们当作新来的教友对待，而法国的这些耶稣会士科学家也很体谅对方在处理宗座代牧问题上的困难。暹罗的兰奈和自立教士给予法国科学家们的热情接待，让法国耶稣会士主管洪若翰（Jean de Fontaney，1643—1710 年）受宠若惊。对于国王下达的命令即法国耶稣会士无须向对方宣誓效忠的做法，兰奈也是欣然接受。纳莱国王本人虽然仍旧不屑于皈依基督教，但也完全沉迷于欧洲 253
的这些科学器具之中，恰如那些耶稣会士所预想的那样。[388]

纳莱和华尔康似乎对基督教表现出的兴趣不大，肖蒙本人对此有点天真的失望。由于受了瓦谢的引导，肖蒙和其他人都认为暹罗国王即将受洗入教。纳莱国王只是迷恋于西方的科学，而他的大臣也只是谋求与法国的政治和军事联盟以加固他个人在朝廷中摇摇欲坠的权威。华尔康与法国联盟的欲望得到塔夏德（Guy Tachard，1648—1712 年）的支持，这位耶稣会士有在南美洲传教的经历，也是拉雪兹的知己。1686 年，塔夏德与肖蒙和一位新暹罗使节返回法国。这第二个来自暹罗的代表团受到法国的热烈欢迎，其程度远胜于欢迎第一支大使团。[389]

塔夏德迫使巴黎神学院的代表退到后台，他单枪匹马地与王室的大臣们交涉。通过与华尔康的密谋，他还为双方的军事联盟打好了基础，法国迅速向暹罗派出一支远征部队。塔夏德也让对方明白，纳莱国王无意接受皈依已经是很明了的事情，暹罗的基督教化需要引入新的策略。明智的做法是吸收普通信徒和耶稣会士，让其担任重要职位，通过他们将暹罗带进基督教世界。为此，法国国王委派了 12 位数学家耶稣会士承担传教会的具体职务，并且开始录用一些普通教徒到暹罗供职。[390]

这些决议遭到了巴克街①和罗马的双重抗议，很明显法国意在将传信部的国际传教活动变成他们国家和民族的独霸事业。尽管索邦神学院（Sorbonne）

① 巴黎神学院所在地，这里喻指法国。——译者注

的法国天主教神学家们抗议不断，但是传信部坚持要求第二批耶稣会士宣誓（效忠教廷），每一个前往东方的传教士都是这么规定的。经过拉雪兹在中间的调停，（法国）国王最终同意耶稣会士效忠宣誓。尽管他们履行了国王的命令，但是塔夏德及其同伴们于1687年在布雷斯特港策划了很久的抗议活动，重申了自己的观点，即他们的效忠和感恩首先是给予国王和耶稣会的。[391]

1687年3月，在外交官、诗人、学者、王室全权代表西蒙·德·拉·卢贝尔（Simon de La Loubère，1642—1729年）的率领下，国王的船队从布雷斯特港起锚。和他同船的是克劳德·希波利特·杜布雷（Claude Ceberet Du Boullay），254 他是法国东印度公司的董事之一，全权负责贸易合同的签署。德法尔热·马歇尔（Marshall Desfarges）指挥着600多人的补充部队希望驻扎在曼谷和丹老（Mergui）。船上还有巴黎神学院的德·利昂教士（Abbé de Lionne），他专门负责管控宣誓态度不坚决的14名数学家耶稣会士和塔夏德，包括在海上期间以及到了东方以后的监控。从远航开启之时起，塔夏德和卢贝尔就教会的目标和所采取的策略就存有分歧。

1687年9月27日，法国的这支第二代表团到达暹罗。七个月的航行，636名士兵中只有492名活了下来。卢贝尔遵照国王的吩咐，首要任务是公布1685年肖蒙和华尔康达成的协议，该协议详细规定了传教士在暹罗传播福音和讲授教义的前提条件。长期以来与华尔康亲密合作的塔夏德要求法国外交官要有耐心，不要强求对方表态，否则将可能削弱华尔康在朝廷中的地位。塔夏德甚至还不无讽刺地提醒道，皈依信徒比公布前提条件更重要。兰奈和德·利昂教士并不同意塔夏德的观点，敦促协议的公布发行。他们对这件事情的固执己见以及不断挑衅他的策略，将华尔康对法国主教的憎恨激发出来；他指控道，如果纳莱国王没有信奉基督教，错误在于兰奈，他来暹罗已经二十七年，却还是操着一口这里的国王根本听不懂的口音。他还指控说，忠于耶稣会士的东京地区的基督徒，由于傅其达和费奇规被召回，曾经一度处于精神悲苦状态。华尔康宣称道，兰奈自称自己无能为力援救他们，同时又禁止刚刚到来的耶稣会士进行自救。虽然兰奈一直允许法国耶稣会士在暹罗自由传教，但是塔夏德对法国主教们很不友好。尽管法国人内部有分歧，朝廷中的反法势力也在增长，但是与纳莱国王的商业条约还是于1687年12月落定了。在华尔康的敦促下，塔夏德于1688年与两位东京传道师——德尼尔·李圣（Denir Ly Thanh）和米歇尔·方（Michel Phoung）——返回欧洲，并且教唆这两位传道师向教皇阐述他们的悲惨故事。

塔夏德到达法国之后发现，拉雪兹正致力于调节耶稣会士和朝廷与巴黎神学院和传信部之间的关系。在凡尔赛（Versailles）被接待之后，塔夏德于1688年11月5日离开巴黎前往意大利。塔夏德以暹罗国王特使的身份，将携带的礼物和纳莱王的一封信送交给教皇英诺森十一世。由于这次出使是以外交名义进行的，所以尽管塔夏德与传信部的教士有宿仇，但是仍然被罗马客气地接待了。此时欧洲还没有人知道纳莱国王已经离世，华尔康也在1688年的革命风暴中被暹罗的政敌们砍下了脑袋。 255

1688年12月23日，暹罗的使团正式受到教皇的接见，接待场面十分盛大。参加接待仪式的8名枢机主教中，有5名是传信部东印度群岛委员会的成员。[392]塔夏德在法国体验到的和解精神也蔓延到罗马。传信部在教皇的鼓励下现在也开始认识到，曾经要求传教士的效忠宣誓导致的不是团结而是分裂。本意是抵制国家和民族主义，结果却是激发了葡萄牙、西班牙和法国统治者的负面反应和敌视情绪。为不卷入到和西班牙的纠纷当中，教廷早在1688年11月23日废除了要求西班牙保教权下的奥古斯丁会修士、多明我会修士和方济各会修士宣誓效忠的规定。与塔夏德会晤之后，东印度群岛委员会也取消了要求暹罗、交趾支那、东京和中国的传教士宣誓臣服于宗座代牧主教的规定。他们甚至还邀请耶稣会总会长派遣4名耶稣会成员到东京和交趾支那，以代替那些先前被召回的耶稣会士。1689年3月13日，耶稣会代表和巴黎神学院代表达成的包括16个条款的协议，弥合了在法国产生的裂痕。耶稣会同意承认宗座代牧在印度支那的权威，并且愿意与对方共同致力于结束导致东京和交趾支那基督徒产生分歧的教会分裂状态。通过以上一系列的动作，教廷在主教当中重新树起了至高无上的权威；法国的神职人员（至少官方这么认为）再次团结一致地向东方撒播福音。决意维护其保教权的葡萄牙，仍然与教廷和法国神父们的争执不断。[393]

1688年发生在暹罗的革命运动，终结了法国—暹罗的联盟关系。卢贝尔和希波利特放弃的守备部队被暹罗的军队困在曼谷的堡垒中。兰奈主教被暹罗人当作人质，以此要挟法国军队撤离。1688 年 11 月，德法尔热·马歇尔及其带领的部队和法国耶稣会士撤离，这让激愤不已的暹罗人宽慰了很多。[394] 滞留下来的欧洲小分队遭到暹罗人的粗暴虐待。教会中的多数法国自立教士和普通信徒都被囚禁到 1691 年春季；但是暹罗人没有折磨葡萄牙耶稣会士和多明我会修士。到 1691 年之前，并没有法国的权威部门将这些事件报道出来。此时，路易
256 十四卷入到欧洲的全面战争，无暇继续向东方派遣布道团。[395]

在那些苦不堪言的艰难岁月里，法国的耶稣会士得到了让 - 巴蒂斯特·马尔多纳多（Jean-Baptiste Maldonado，1634—1699 年）的安慰和援助，这名比利时耶稣会士在暹罗有相当的阅历。1673 年马尔多纳多首次来到暹罗时，强烈反对法国的宗座代牧主教。作为日本教区的一名耶稣会士，他寻求从澳门和果阿的指导。但是自从兰奈被任命为暹罗的主教之后，马尔多纳多及其同事们便与法国教会合作了，不再顾及果阿方面发出的指令。马尔多纳多与塔夏德和法国耶稣会士的关系应该说是正常而不能定义为友好。法国部队撤离之后，留在暹罗的葡萄牙人立刻着手清除马尔多纳多的行动。1691 年，穆亚立（Aleixo Coelho，1626—1690 年后）被任命为暹罗、柬埔寨和交趾支那的耶稣会巡阅使。他命令马尔多纳多离开暹罗前去澳门，然后他本人便匆匆地去了柬埔寨。当时还在监狱的兰奈认为，穆亚立的行为冒犯了他的权威。显然，他的这一看法得到了马尔多纳多的支持，他同意为兰奈给罗马捎信抗议穆亚立的行为。马尔多纳多没有立刻前往澳门，相反，他去了法国在印度东海岸的据点本地治里。他在印度逗留了两年，一直没有找到去往欧洲的交通工具。1694 年，他最终去了澳门，在这里滞留了十八个月。在这一段隐居期间，他撰写了《杰出的较量》（*Illustre certamen*），讲述了若昂·德·布里托在印度殉道的故事（1693 年 2 月 4 日）。[396] 之后，马尔多纳多被派到柬埔寨传教会，并于 1699 年在此与世长辞。[397]

印度的第一批法国传教士来自成立于 1626 年的黎凡特地区的各个传教会，这些传教会都是在传信部的准许下成立的。来自阿勒颇监护会（Custody de Aleppo）的艾弗伦·德·讷韦尔（Ephrem de Nevers）和齐诺·德·鲍兹（Zeno

de Bauge），曾经通过陆路来到苏拉特并于 1636 年至 1639 年间在这里修建教堂
和房舍。孟买周边地区如同苏拉特一样，在这两位嘉布遣会修士到来之前，葡
萄牙方济各会修士以神父和传教士的身份已经在这里活跃了一个多世纪了。[398]
艾弗伦遵照上级主管的指示于 1640 年离开苏拉特，目的是到勃固组建传教所；
齐诺留在苏拉特。艾弗伦经由陆路来到当时还被戈尔康达占据的维查耶纳伽尔
（胜利城），在这里他受到当地苏丹王的热烈欢迎。1642 年，他从这里出发继续
前行，来到当时归戈尔康达管辖的马德拉斯，以及葡萄牙控制的美勒坡教区。
前一年刚刚完成圣乔治城堡（Fort St. George）建设的英国人双手欢迎这位法国
神父的到来。该城堡中的不列颠人员主要是一些英格兰和爱尔兰天主教徒，他
们当时由葡萄牙神父看护。考虑到他们国家的天主教和葡萄牙人的亲密关系，
不列颠官员们邀请艾弗伦留在马德拉斯。获得主管上司的许可之后，艾弗伦在 257
不列颠人保护下于马德拉斯成立了一个堂区（parish）和布道所。1649 年，艾
弗伦被葡萄牙人抓捕之后遣送到果阿，并在那里被囚禁了两年。1651 年，在教
廷、法英政府、戈尔康达苏丹王的联合威胁下，果阿当局释放了艾弗伦并准许
其返回马德拉斯。从此以后，马德拉斯传道会在不列颠的支持下稳步发展，其
平静状态一直持续到 18 世纪后期。[399]

1677 年，嘉布遣会修士继续向北推进到泰米尔地区。1683 年，法国东印度公司的弗朗索瓦·马丁在该地区建立了本地治里城。1686 年，法国耶稣会士出现在这里，三年之后，从暹罗驱逐出来的其他人员也来到这里。弗朗索瓦·马丁与若昂·德·布里托以及其他马杜赖的传教士关系密切，他鼓励法国耶稣会士与嘉布遣会修士和马杜赖神父们和平共处。[400]1689 年，从暹罗驱逐出来的巴黎外方传教会的神甫们也开始来本地治里活动。塔夏德很不情愿地放弃了重振暹罗教会的想法。在德·布里托的坚持下，塔夏德最终于 1692 年决定集中力量在印度内陆地区发展法国传教事业，其发展的起点就是马杜赖传教会终结的地方，然后一路向北推进到泰卢固地区（Telugu）。

在荷兰 1693 年攻陷本地治里之前，这里的传教事业几乎没有进展。塔夏德被囚禁，其他的法国人在次年也被禁止开展任何活动。1694 年，战争结束，本地治里重新回到法国人手里，塔夏德也被释放。那时，他被任命为法国耶

稣会士在东印度群岛和中国的主管。为了将法国耶稣会的传教事业推进到本地治里的腹地，塔夏德还争取到马杜赖传教会两名耶稣会传教士的支持，他们对印度南部的语言和风俗非常熟悉。葡萄牙保教权下的两名法国耶稣会士皮埃尔·莫德维（Pierre Mauduit，1664—1711 年）和让·布歇（Jean Bouchet，1655—1732 年），于 1695 年之后在泰卢固地区、马杜赖北部的广大区域及一直向北延伸到莫卧儿帝国的泰米尔地区创立了一系列的卡纳蒂克（Carnatic）传教所。1699 年，耶稣会士获得负责管控卡纳蒂克教区的美勒坡地区主教的准许去看护泰卢固人，条件是这些耶稣会士必须遵守布里托提倡的传教方法且与马杜赖传教会通力合作。1700 年，法国传教会独立于马杜赖耶稣会教区，但是它的主管查尔斯·德·拉·布勒伊（Charles de la Breuille）因为担心可能会与葡萄牙人产生隔阂而没有挂上教区主教的头衔，因为里斯本方面禁止非葡萄牙人担
258 任教区主教或者巡阅使职位。到 1702 年，卡纳蒂克主管布歇在泰卢固地区与让·巴蒂斯特·德·拉封丹（Jean Baptiste de La Fondaine，1718 年逝世）和另外一名以弃绝者（有时也被当地人称作罗马和尚）著称的马杜赖的神父共事。在该地区的统治者拉玛·拉吉欧（Rama Ragio）的支持下，他们这里的传教会打下了非常坚实的基础。18 世纪，这里发展成为法国耶稣会最为昌盛的传教圣地之一。[401]

其他被从暹罗驱逐出来的法国人去了孟买、印度支那和中国。天文学家雅克·迪夏茨（Jacques Duchatz，1652—1693 年）将法国耶稣会士带到孟买，他们看护着孟买三角洲的法国人和其他非葡萄牙籍的商人。1690 年，其中的一组耶稣会士在昌德纳戈尔建立了一个居住区，早在 1688 年法国人就在这里成立了商馆。1695 年，路易十四正式授权在印度的各个法国驻点成立传教所；此后，自立教士和传信部及巴黎外方传教会雇佣的普通教徒将耶稣会士引领到孟买地区。先前控制了孟买传教会的奥古斯丁会修士抵挡不住法国人的进犯，因为葡萄牙人的撤离导致他们在人员数量和堂区数量上的劣势。1712 年，塔夏德在访问孟买期间离世。到 1778 年最后一批耶稣会士从孟买撤离之前，胡格利的奥古斯丁会修士和昌德纳戈尔的耶稣会士之间的摩擦不断。[402]

自从法国人被从暹罗驱逐出去之后，印度支那的传教会主要依靠传信部和

巴黎外方传教会管控。这一过程早在耶稣会士被召回以及罗马宣布授予法国神父为东京和交趾支那大主教职位之时（1678 年）就开始了。1682 年，布尔热被任命为东京西部地区的主教，戴迪被任命为东京东部地区的主教，马霍特被任命为交趾支那的主教。1676 年，一些西班牙多明我会修士接受法国人之邀开始与在东京传教的法国教士通力合作。1693 年戴迪去世之后，西班牙多明我会修士承担起管理东京东部的宗座代牧区的责任。1687 年，教廷将交趾支那代牧区授权给弗朗西斯科·佩雷斯（Francisco Peres），他是一名葡亚混血儿，对法国人没有多少好感。塔夏德带着东京土著传道师成功地访问罗马之后，法国耶稣会于 1692 年获准派遣两名新传教士来东京。费奇规和康多内后来也获准重返安南地区担任原职。根据 1696 年 10 月 23 日的教令，交趾支那的传教会彻底地脱离了澳门教区。 259

17 世纪的最后十年，交趾支那地区出现了戏剧性的一幕，再次见证了传教会是如何受当地统治者摆布的。阮福凋（Nguyen Phuc Chu，1691—1725 年在位）并非不清楚法国在暹罗的地位或作用，应时而变。但是他对传教士的态度十分冷酷，更倾向于听从朝廷中佛教僧侣对传教士们的攻击。为了安抚这位多疑的统治者，1695 年，西班牙数学家耶稣会士庞若翰（Juan Antonio Arnedo，1660—1715 年）从中国来到交趾支那。阮福凋乐见庞若翰留在他的朝廷，但是却仍然反对传教士。1698 年，他干脆将所有传教士投入监狱，包括庞若翰。不久之后，这位西班牙耶稣会士被释放，但是其他传教士却被置于那里任由生命的凋零。法国神父朗格卢瓦、耶稣会士康多内和贝蒙特（Belmonte）死于狱中。再度获宠的庞若翰继续致力于劝导这位统治者放松对传教士及其皈依信徒的苛刻限制。1704 年，传教会获准重新开放。庞若翰本人也成了这位国王的知己，并被授权率团出访澳门。在这里如同在中国一样，基督徒因为他们对统治者有用而被包容。[403] 东京的基督徒们也处于一种防守状态，传教士之所以能够被接纳，是因为当地统治者寄希望于他们和法国东印度公司建立商业关系。从罗马的角度看，安南地区的各传教团被牢牢地控制在传信部手中，它们的人员不能仅限于欧洲的任何一个单一民族或国家，也不能仅限于任何一个单一的宗教团体。交趾支那的佛教势力不比缅甸和暹罗那么强劲，其基督教会在 18 世纪继续向前发展。

17世纪末叶，发生在中国的分裂天主教教会的事件成了焦点。1669年，康熙帝镇压了摄政王鳌拜，亲自掌权，废除了这位摄政王曾经规定的很多政策。他结束了1665年实行的反基督教运动，将教会归还给传教士，准许中国信徒恢复信仰，恢复汤若望生前在摄政王统治期间被剥夺的各种头衔。但是他没有正式撤销禁止汉人和满人皈依基督教的命令；康熙规定这个禁令仍然有效，[404]但在实践中他默许福音传播，只要这些信徒温和易控，不滋生是非。他还恢复了南怀仁在天文台（钦天监）的职位，这位年轻的皇帝在这位耶稣会士的指导下研习西方数学。康熙愈发地欣赏南怀仁及其在北京的同事们，他们在医学、艺术、机械和学术方面的造诣让其钦羡不已，他甚至还将他们的才华运用到一些项目

260 工程上。康熙欣赏他们，并且希望他们保持合作、顺从的态度，别无他求。[405]

在康熙执政的初期，据估计中国约有20多万名基督徒。1670年夏季，中国朝廷接待了来自葡萄牙的使团。从1671年初，囚禁在广东的25名传教士被释放并陆续返回各自的驻点。耶稣会士闵明我（Claudio Filippo Grimaldi，1638—1712年）① 是一位工程师和数学家，他离开广东前往帝国首都。尽管遭到了澳门耶稣会巡阅使的反对，但是一群新西班牙方济各会修士还是于1672年进驻中国。1673年1月，葡萄牙音乐家徐日升（Tome Pereira，1645—1708年）也加入到北京的耶稣会士群体当中，并且很快就开始教授好学的康熙皇帝如何在古竖琴上弹奏圣歌。1673年，“三藩之乱”（War of the Three Feudatories）爆发，这场国内战争持续了八年，康熙几乎失去了皇帝的宝座。此时的耶稣会士如同早期的经历一样，被当成军火生产者来使用。这位帝王为了表达对耶稣会士的谢意，甚至还访问了他们的教会及其从事生产的作坊，并且用漂亮的汉字亲手题写“敬天”（Honor God）的牌匾。随后，这个题词的复制品纷纷被高挂在中国各个耶稣会教堂里。

此时欧洲的耶稣会士的各项事业进展的并不顺利。1669年，教皇克莱门特九世重申了早期发布的有关礼仪之争的教令。1669年从广东逃出来的多明我会

① 历史上的假闵明我。——译者注

修士闵明我（Domingo Fernandez Navarrete）① 于 1673 年 1 月到达罗马，表明了天主教会修士们对中国传教方法和礼仪问题的观点。他从传信部那里没有得到多少满意的答复，于是转身跑到马德里开始撰写他的《中华帝国的历史、政治、伦理和宗教论集》（*Tratados Historicos, Politicos, Ethicos, y Religiosos de la Monarchia de China*）。[406] 同一年的晚期，教皇克莱门特十世禁止出版未经传信部批准的有关传教的书籍，之后还命令中国的传教士服从宗座代牧的管理。[407]1676 年，闵明我在马德里出版了其广为传播的著作的第一卷，这又将中国礼仪的争论引入到欧洲的公众当中。他著作的第二卷被西班牙宗教裁判所压制了。[408] 同时，北京的耶稣会士因其为中国帝王生产军火而遭到欧洲的严厉谴责。 261

1677 年，葡萄牙向罗马建议了一个方案，如果宗座代牧主教的国籍不是法国，葡萄牙保教权下的传教士可以接受其权威。罗马方面的反应十分迅捷。在陆方济和巴黎外方传教会的坚持下，教皇英诺森十一世于 1678 年发布宗座简函，要求所有传教士宣誓服从宗座代牧的管理。虽然当时中国的耶稣会士数量不多，但是北京政府和伊比利亚传教士之间的矛盾却已经出现了。1678 年，西班牙国王查理二世（Charles II）同意从马尼拉的西班牙各传教团体中抽调 10 名传教士来中国。曾经有一段时间，西班牙耶稣会士甚至希望领导中国的传教会。面对这些突发事件，南怀仁写信给传信部让其迅速派遣法国传教士到中国。[409]

1680 年，教廷做出回应，重新划分了原来的宗座代牧区，要求派往中国的传教士宣誓服从宗座代牧主教的权威。1680 年，西班牙奥古斯丁会修士在广东建立了他们的第一家女修道院，他们没有宣誓，也没有和传信部商议，更没有承认宗座代牧的合法权威。[410] 传信部于 1680 年任命威尼斯一个贵族家庭的后代伊达任（Bernardino della Chiesa）为宗座代牧，并且派遣他和其他 4 位意大利方济各会修士到中国。[411]1684 年，伊达任和陆方济到达中国。到达中国之后不久，陆方济任命巴黎外方传教会的颜珰（Charles Maigrot，1652—1730 年）为他的接班人。当伊达任到达广东，他发现那里已经聚集了 23 名西班牙传教士（12 名方济各会修士、7 名多明我会修士和 4 名奥古斯丁会修士）。他们拒绝宣

① 历史上的真闵明我。——译者注

誓效忠，但却遵循陆方济的指令准备前往马尼拉。

陆方济和颜珰都是自立教士和狂热的法兰西人，反对任命伊达任到中国宗座代牧区任职，因为他是意大利籍的方济各会修士。伊达任一到广东就表达了自己的观点，认为西班牙教士不该越过他们国王的意志，被迫向教廷宣誓效忠，这遭到了陆方济和颜珰的反对。在伊达任的眼里，西班牙教士的被迫撤出将中国南方的整个基督教事业置于危险的境地。来自中国的相互矛盾的各种报告，使得传信部调和各个使团之间矛盾的努力都是徒劳。在有国王支持的西班牙各修会施加的压力下，传信部于 1688 年 11 月决定暂时中止要求从马尼拉到中国的西班牙修士宣誓效忠教廷的规定。[412] 陆方济逝世之后，被罗马任命为他的接班人的伊达任直接解除了这个禁令，西班牙传教士返回各自的驻点。此后，
262 颜珰和伊达任就宗教管辖领导权的斗争愈加明显。[413]

为了在伊比利亚保教权中树立权威，传信部一直和巴黎外方传教会保持合作，并且直到 1680 年前一直得到法国政府的支持。路易十四认为要求法国传教士宣誓效忠教廷的做法侵犯了他的权威，从而产生了愤恨，对法国耶稣会士比对其他传教士多了一份偏袒。在他的忏悔神父拉雪兹和 1683 年去世之前的科尔贝的激励下，这位国王逐渐下定决心走出一条独立的道路。

南怀仁从北京写信给罗马，要求派遣受过西方科学教育的法国耶稣会士到中国。首先对此做出回应的耶稣会士是安多，他出生在比利时的那慕尔（Namur）。1677 年，安多在前往里斯本的路上经由巴黎，礼貌性地拜访了巴黎外方传教会。在这里他认识了洪若翰，后者同样是耶稣会士数学家，也是中国传教会的前主管。安多在西班牙受到玛丽·达维罗公爵夫人（Duchess Marie d’ Alveiro）的接见并且得到她的鼓励和支持。安多于 1680 年 4 月离开里斯本，1682 年在暹罗皈依了华尔康，又在同一年来到澳门。1685 年，他受康熙皇帝之邀来到北京，加盟到年长的南怀仁效命的钦天监。[414]

正当安多前往北京的途中，派遣法国耶稣会士科学家到北京的工程也在蒸蒸日上地发展。柏应理与南怀仁和安多一样都是比利时人，他从 1661 年至 1681 年被派往欧洲之前一直在中国各省工作，头衔是耶稣会中国副教区代理。1684 年后期，他访问法国朝廷要求派遣有学识的耶稣会士到北京。也许正是因

为这次访问，法国才下定决心由柏应理带领5名神父到中国。1684年12月9日，拉雪兹热情洋溢地给罗马的耶稣会总会长写了一封信，建议派遣一支传教团到中国。在给南怀仁及其周围的传教士的信中，拉雪兹认为康熙和路易十四是世界上最强大的两位国君，也是两位为发展科学最慷慨的资助者。根据法规，耶稣会士数学家应该被当作科学观察员，不该被要求向宗座代牧宣效忠之誓。[415]

1685年3月3日，6位法国耶稣会士乘坐“飞鸟”号（l' Oyseau）船从布雷斯特扬帆启航，直指暹罗。因天文观察而闻名遐迩的柏应理在塔夏德和其他4名耶稣会士数学家陪伴下前往中国传教。这4位耶稣会士为：张诚（Jean-François Gerbillon，1654—1707年）、李明（Louis-Daniel Le Comte，1655—1728年）、刘应（Claude de Visdelou，1673—1737年）和白晋（Joachim Bouvet，1656—1730年）。为了不和澳门的葡萄牙人正面冲突，法国耶稣会士 263
于1687年7月23日在宁波登陆。当地的官员对欧洲人的不期而至感到讶异，不愿送他们到北京。最终，在南怀仁的斡旋下，他们才被朝廷召见。

1688年2月7日，这群法国耶稣会士终于到达北京，正好赶上了南怀仁的葬礼。他们4人当中有3人获准去地方省份：柏应理去上海，刘应和李明去山西绛州。尽管徐日升和其他葡萄牙人反对他们的到来，张诚和白晋仍旧留在了朝廷服务于皇帝。这两位法国耶稣会士与徐日升共同担负起南怀仁曾经的工作，当然他们的个人关系根本谈不上热诚。尽管他们的个人恩怨不断，但是却把康熙服侍的很好，张诚和徐日升因为在中俄签署《尼布楚条约》（1689年8月28日）中所起的重要作用而赢得了皇帝的恩宠。

早在1676年，南怀仁就十分关注中俄为争夺阿穆尔河流域而发生的争斗。长期以来一直在寻求中国和欧洲之间的、比海上路线更安全的大陆路线的耶稣会士，早些时候找到了一条经由波斯的通道。1673年，为了打通直接和亚洲传教会交流的通道，教皇克莱门特十世发布了一封宗座简函，准许传教士绕过里斯本采用陆路进入印度和远东地区。三年后，由N. G. 斯帕塔尔（N. G. Spathar）率领的俄罗斯使团来到北京，南怀仁与他建立了友好的私人关系，寄希望俄罗斯政府准许耶稣会士可以自由借道西伯利亚。直到南怀仁去世之前，他一直与这些俄罗斯人保持书信往来，替他们打理北京的事务。当中俄双方在尼布楚谈判时，张诚和徐日升跟随着由满人和汉人组成的外交团，起着顾问和翻译的作用。这个阻止俄罗斯南下的条约，在这两位耶稣会士的帮助下于1689年达成。他们用拉丁语和俄罗斯人谈判，该和平条约的官方文本也是在他们指导下用拉丁语写成的。[416]

正当徐日升和张诚在尼布楚并肩作战时，他们的短期合作并没有结束法国人和葡萄牙人在北京的斗争。徐日升在尼布楚同时赢得了俄罗斯人和中国人的感激之情，但是他作为一个葡萄牙人，一个支持东西方陆路通道的人，却没有向俄罗斯人提出自由穿越西伯利亚的要求，尽管当时欧洲的耶稣会士竭力地向
264 俄国沙皇争取这一特许权。[417] 到了1688年，法国在暹罗吃了败仗，葡萄牙国王要求（前往东方的）传教士从里斯本出发并且宣誓臣服于葡萄牙保教权，陆路通道的开发显得愈发的必要了。葡萄牙保教权的复兴，再加上西班牙提出的各种要求，迫使罗马于1689年1月6日放弃了（要求传教士）宣誓效忠教廷的规定。

但是康熙对欧洲的这些你争我斗全然不知。他感激这些传教士，不拘礼节地与他们见面，默许他们的福音传播。然而，严格意义上说，这些传教士违反了法律，所以康熙还是密切地关注着他们的宗教活动。鉴于还没有固定的制度和惯例来处理这些传教士的行为，中国的地方官员也就包容了他们的活动，只要这些传教士没有威胁到公共秩序。1690—1691年，浙江出现了一些麻烦，导致当地官员压制传教活动，这些官员显然是依法办事。为了明确传教会的地位以及减少被压制的可能，传教士们努力地谋求皇帝的正式授权。徐日升作为北京教会的主管，于1692年上书皇帝请求中国正式接受基督教。经过朝廷的激烈讨论，康熙皇帝于1692年3月22日颁布了法令，其结果恰如传教士们所预想的那样。根据该法令的条款，全中国现存的教会都要保护，基督徒有信仰的自由。法令给了基督教一个确定无疑的合法地位，其地位相当于喇嘛（Lama），并且认定这种新信仰不会对公共秩序和帝国权威造成威胁。[418]

法令颁布后的几年里，中国的基督徒和传教士的数量和影响力稳步上升。1693年，耶稣会士治好了康熙皇帝的病。作为回报，康熙在皇宫附近给这些博学之士安排了居所，并且恩赐给他们额外的土地、金钱，准许他们在神圣的

故宫（*huang che'eng*）周围建设教堂。他还派遣白晋作为使者去欧洲拜见路易十四。正如在尼布楚谈判的案例中所展示出来的那样，这些耶稣会士正扮演着康熙皇帝使者的角色与外界进行交流。该世纪的最后几年里，闵明我（Grimaldi）担任历算司（Board of Mathematics）的主管，徐日升专注于机械发明，张诚和白晋教授皇帝几何学和哲学，意大利建筑师聂云龙（ Gio Gherardini）教友开始在朝廷讲授西方的油画。 265

除了西部甘肃之外的中国各个省份，哪里驻扎着传教士，哪里就有当地居民接触并体验着基督教信仰。[419] 到 1700 年，中国信徒的总数约为 30 万人。1701 年，在中国的传教士数量据估计为 117 人：59 名耶稣会士、29 名方济各会修士、8 名多明我会修士、15 名自立教士（多数来自巴黎外方传教会）、6 名奥古斯丁会修士。就国籍而言，这些传教士可分为西班牙方济各会修士；法国自立教士和耶稣会士；葡萄牙托钵修士、耶稣会士和自立教士；还有一群来自意大利的方济各会修士和耶稣会士。到了该世纪末，德国的耶稣会士也来北京谋求组建他们国家的教会组织。[420]

正当福音在中国传播的有声有色之际，欧洲却就各个民族问题和礼仪问题争执不下。教皇亚历山大八世（Alexander VIII，1689—1691 年在位）彻底逆转了其前任的政策，将中国传教会复归于葡萄牙保教权管辖，不管不顾传信部和法国外方传教会的抗议。根据 1690 年 4 月 10 日的《罗马教宗谕令》（*Romani Pontifices*），教皇默许了葡萄牙建议在中国成立南京和北京两个新教区的建议。[421] 这两个新教区和澳门一样，归属于果阿管辖；重申了原有规定，据此，葡萄牙国王将资助传教活动。在里斯本赞助权的庇护下，教皇想要实现的任何改革必须得到国王的首肯。根据葡萄牙的策划方案，1695 年，新立的教区管辖范围确定下来。澳门教区的管辖范围限制在该半岛、周边岛屿，以及临近的广东省和江西省。南京教区管理 7 个中部省份、浙江省沿海岛屿以及福建省。北京教区统辖 7 个北部省份及其沿海岛屿、朝鲜、鞑靼。这样一来，传信部对中国传教会的控制权就被剥夺了。

尽管这样的处置方式在欧洲定了下来，可是其在中国的执行还需时日适应客观环境。尽管葡萄牙传教士质疑颜珰的权威，但他还是声明自己对福建和浙江的管辖权。从1674年就等着受神职的中国籍多明我会修士罗文藻，到1685年终于被伊达任正式提升为主教。罗文藻直到离世前一直在这个职位上工作。伊达任本人的位置长久以来已经界定不清了，最终于1690年确认为北京主教，到1699年，他接管了耶稣会神圣修女（Holy Virgin）大教堂。澳门的管辖授权给若昂·德·卡萨尔（João de Casal，1735年逝世），他于1692年到达其主管教区。由于卡萨尔企图通过任命亲信来控制整个中国传教会，果阿和澳门之间的
266 冲突不可避免地发生了。[422]

正当人们费尽周折地解决中国这些纷繁芜杂的事情时，教皇再次调整方向。也许这次调整的逻辑在于，包容的态度可以让传教事业更加繁荣，可以极大地增加对传教士和神父的需求。1696年，不顾葡萄牙的反对，英诺森十二世（Innocent XII，1691—1700年在位）在中国设立了8个宗座代牧区，除了福建之外，基本都坐落于先前没有很好开发的地区。1697年，法国遣使会会士（Lazarist）到达中国接受任命，每个葡萄牙保教权下的主教的管辖范围限制在两个省份。[423]随着印度支那正式从澳门脱离出来，巴黎外方传教会的传教士负责中国西南部的四川和云南，这两个地方与法国在安南地区的传教会相邻。[424]除此之外，1700年法国耶稣会士摆脱葡萄牙的控制，转由本国主管管理，法国因此又打了一个小小的胜仗。然而，开发得最好的基督教社区仍然被控制在葡萄牙保教权手里，尽管南京和北京宗教辖区最后仅限于这两座城区及其近郊。中国教会的分裂状态让西班牙和意大利天主教修士产生了不安和恐惧的心理，他们担心有朝一日自己将被逐出这里。[425]

1689年，由于双方都放弃传教士宣誓效忠的要求，罗马和里斯本重新合作，教廷和信奉天主教的主要领导终于达成了来之不易的和解。同年，法国耶稣会士和巴黎外方传教会代表（1689年3月13日）签署了一个和平协议，包含16个条款，这获得了巴黎大主教和法国国王的同意，结束了他们宗教管辖权的敌对态势。这些体制性的纷争一旦敲定，关于中国礼仪之争便成了焦点问题。

17世纪80年代，法国一直被牵扯在宗教—政治纷争当中：主张限制教宗权的限制主义问题（Gallican articles）、国王特权问题（*régale*）、南特敕令撤

销问题（Revocation of the Edict of Nantes）①、詹森派—耶稣会士争议（Jansenist-Jesuit）、寂静主义（Quietism）②，以及中国的礼仪之争问题。就礼仪问题，教廷先前的声明摇摆不定，现在处于一种极大的压力之下，它必须对争论不休的双方给出一个明确的定论。[426] 针对中国基督教问题颁布的《宽容法案》（*Edict of Toleration*，1692 年），直接导致了官方就礼仪问题给出一个新的结论性的答案的必要性。从 1687 年颜珰担任福建宗座代牧之后，英诺森十二世就交给他一 267
项艰巨的任务——调查与术语和礼仪相关的问题。颜珰一点都不喜欢这个指令，在葡萄牙施加压力之下，他于 1690 年弃绝了自己的职位。由于害怕宽容政策和葡萄牙保教权的复兴对中国传教产生影响，颜珰马上宣布反对耶稣会士的立场。据他推算，过度包容可能导致腐蚀中国基督教的纯正性，将其归入中国宗教之一，基督也将沦为中国众神当中的第四个神。1693 年，他禁止自己教区的基督徒使用天和上帝等术语来指涉耶稣基督，并且指令传教士们禁止信徒们从事尊孔祭祖仪式活动。福建的代理主教（vicar-general）③ 葡萄牙籍耶稣会士何塞·蒙泰罗（Jose Monteiro S. J.）拒绝遵守颜珰的命令，并且宣布脱离他的管辖。此时，颜珰写了一份授权书，由尼古拉·夏蒙（Nicolas Charmot）带回欧洲，呈交给巴黎外方传教会。1694 年，夏蒙带着颜珰的报告和支撑材料来到巴黎。两年以后，这些材料被巴黎外方传教会交给英诺森十二世，请求给一个明确的裁定。

耶稣会士，不论是在中国还是在欧洲，对颜珰的这一创举做出了快速而又

① 南特敕令是法国国王亨利四世在 1598 年 4 月 13 日签署颁布的一条敕令。这条敕令承认了法国国内胡格诺教徒的信仰自由，并在法律上享有和公民同等的权利。而这条敕令也是世界上第一份有关宗教宽容的敕令。——译者注

② 寂静主义是一种神秘的灵修神学，指信徒在灵修中，单纯地享受与神交流的神秘经验，而这经验乃是神主动赐下的，并非来自个人修为。17 世纪的法国，寂静主义者模利诺斯、盖恩夫人、主教非尼伦就是因为不同意人能够靠人为的努力来达到完美的境界，他们主张应该把自己交给上帝，通过祈祷人才会达到不会犯罪的境界，因为没有自己的意志，就算因诱惑而犯罪，那也不算为罪刑。他们的主张触怒了天主教，因为这主张威胁了天主教一贯主张刻苦、行善以换取天主喜悦、得到平安的主张，1687 年教宗英诺森十一世予以谴责。——译者注

③ 也称“教区长”或“副主教”。是由主教委任的司铎，因为对教区非常熟悉而在教务及行政工作上担任主教助手。——译者注

愤怒的回应。在中国，耶稣会士及其同情他们的方济各会修士、奥古斯丁会修士以及葡萄牙人纷纷宣布，1690 年由于中国成立了 3 个主教辖区，颜珰及其支持他的那些法国主管们已经不再有管辖区了。在欧洲，李明对颜珰和多明我会修士的指控做出回应，他于 1696 年代表法国耶稣会士出版了《中国近事报道》（*Nouveaux mémoires sur la Chine*）。在其作品中，李明声称法国耶稣会士就赢得《宽容法案》的颁布而应该受到褒奖，并且预测康熙本人及其朝廷会被耶稣会士皈依。紧随其后的是 1697 年出版的郭弼恩（Charles Le Gobien）撰写的《中国帝王宗教法令史》（*Histoire de l'édit de l'empereur de la Chine*），巴黎外方传教会因此卷入了争吵的漩涡之中。从 1697 年始，罗马宗教裁判所根据教皇的指示审查双方提交的论点及其支撑材料。为了影响这些精英群体的决策，（双边的）拥护者们加入了发表小册子造势的大战之中，这在整个欧洲产生了广泛的回应。信奉新教的德国人莱布尼茨（Leibniz）担心这将断绝欧洲和中国之间的联系，因而跳到耶稣会士的一边，发表了他的《中国近事》（*Novissima Sinica*，1697 年出版；1699 年再版）。[427]

正当罗马的枢机主教们争论不休时，巴黎外方传教会在巴黎发起了新一轮
268 攻击，旨在影响他们的商讨。其领导还争取到巴黎大主教路易·安东尼·德·诺阿耶（Louis Antoine de Noailles，1651—1729 年）、主教波舒哀（Bossuet）和德·曼特农（de Maintenon）夫人的支持。在这 3 位权力显赫的人物支持下，巴黎外方传教会从李明和郭弼恩的作品中抽取出六点主张，递交给索邦神学院作为谴责的对象。根据 1700 年 10 月 18 日的裁定，六点主张中的五点完全应该谴责批判，还有一点也达到了谴责的标准。耶稣会士的立场应该受到谴责的主要原因是他们认为，中国的道德伦理作为一个系统足以满足人的需要，由于它的古老性，其价值可以和《启示录》（*Christian revelation*）相媲美。神学院指控道，最关键的是，耶稣会士破坏了道德和启示宗教是不相容的这种关系。

正当巴黎方面努力通过这种方式影响罗马正在进行的争论时，耶稣会士也在筹划着自己的妙招。根据李明的建议，北京的耶稣会士（闵明我、徐日升、安多、张诚）于 1699 年 11 月 30 日向（康熙）皇帝上书，探明他对他们所理解的儒家礼仪的观点。一年之后发布的上谕中，皇帝回应道：

这所写的甚好（关于礼仪特征），有合大道。敬天及事君亲敬师长者，系天下通义，这就是无可改处。[428]

几天之后，北京的耶稣会士将他们给皇帝的呈文和康熙的上谕连同解释的书信都送到罗马。但在康熙上谕发布之前，英诺森十二世已于1700年9月27日去世。虽然教皇的去世短暂地平息了官方和公众的讨论，但是有关中国礼仪之争一直延续到18世纪，继续困扰着教会。即使早在1701年9月传信部和宗教裁判所做出了对耶稣会士不利的裁定，也没有阻止这一态势绵绵地延续到18世纪。在罗马看来，中国的这位皇帝尽管博学多才、卓越出众，但他没有能力和权力裁决基督教问题。[429]

第六节 新教的传教活动

16世纪，新教在东方没有传教所或传教活动。路德（Luther）和加尔文（Calvin）在他们的教义中没有强调天主教徒和再洗礼派（Anabaptists）① 所认可 269
的传教士应该承担的义务，而这却是基督向世界传播福音的要求。[430] 路德派和加尔文派宗教运动的主要目的是，建立各自的教会，赢得生存的权利。路德派于1555年借助于《奥格斯堡和约》（*Peace of Augsburg*）的签订在神圣罗马帝国获得合法地位，而加尔文派直到1648年才获得其合法地位。在谋求自我保护和自身发展的过程中，新教徒既没有欲望也没有机会在海外开展传教活动。整个16世纪，由于教义分歧、区域差异、国别利益等导致的无数次分裂和分化，削弱了新教的势力。天主教徒依然控制着异教世界，他们经常斥责叛逆的新教徒"腐蚀基督徒"，而没有去皈依犹太人、土耳其人和异教徒。

① 16世纪欧洲宗教改革时期新教中一些主张成人洗礼的激进派别的总称。因该派否认婴儿洗礼的效力，主张能够行使自由意志的成人受洗才为有效，故名。再洗礼派最初出现并流行于瑞士和德国，从一开始就受到世俗当局和教会权威的双重迫害，并一直被视为异端。再洗礼派一般流行于下层社会，今仍在一些地区传播。——译者注

偶尔也有一些人呼吁路德派和耶稣会竞争，将“真正的福音”带到亚洲。[431]但是新教徒们根本没有接到展开传教活动的宗教命令，尽管他们从神学的意义上已经做好接受天主教挑战的准备。可以想象一下，如果自立教士（secular clergy）可以放手传播福音，那么天主教的传教事业该是多么的辉煌！路德派特别强调，可以直接聆听到救世主训诫的使徒，已将基督的福音信息传到全世界了。可惜的是异教徒没有把握住机会，正如现在所见到的状况。当今的人们努力地——不管是天主教徒也好，新教徒也好——将信仰播撒出去，结果都是徒劳的，因为那些异教徒坚持生活在一种无知状态中；传教这件事曾经是而且现在依然是上帝而不是人能做到的。以后，路德派评论家和正统的神学家依然持有这一观点，期间他们全力以赴地在欧洲各国皈依信徒以及加强成立新的教会。[432]

英国东印度公司（1600 年）和荷兰东印度公司（1602 年）的成立，迫使英国国教会（national church of England）① 和联合省的归正会（Reformed church）②
270 将目光投向亚洲。根据纲领的规定，两个公司都没有义务保障新教神职人员的生活或者支持他们传教。[433]新教徒和天主教徒一样，他们认为国家及其机构应该对海外领域的基督教和传教负责。换句话说，他们应该将**奥格斯堡公式**（*cuius region, eius religio*）出口到亚洲，即属于哪个国家的领域，哪个国家就该负责这里的宗教事务，并最终将执行权交给公司。

罗马天主教徒的人数在联合省仍占相当的份额，但是他们却没有被加尔文派主导的荷兰东印度公司所聘用，他们的神职人员在法律上也被禁止在公司各站点上担任神父或传教士的职务；天主教徒被认为是危险的、潜在的葡萄牙和西班牙的盟友。[434]1598 年，阿姆斯特丹教会借助于荷兰前东印度公司（Pre-Company）开始向东方派遣普通传教士或者“病人安抚者”（comforters of the sick）。[435]一旦荷兰东印度公司于 1603 年正式运营之后，神学学徒们和传教士便被招纳进来，通常情况下学习周期较短，然后让其看护东方的荷兰人和从事传教事务。早期的传教士很少有服务期满的，牧师数量的紧缺就愈发凸显了。

① 也叫英格兰圣公会。圣公会在英格兰被定为国教，故称。——译者注

② 加尔文教会的另一统称。“归正”，意指经过改革而复归正确。——译者注

这也并不奇怪，家乡的牧师数量也是供不应求。

从 1609 年始，东印度公司的总督就被告知要关照其辖区内的牧师和普通传教师（lay teachers）。代尔夫特的**长老监督会**（*classis*，特定选区的由牧师和教会长者组成的管理团体，在组织上向宗教会议负责）于 1614 年发出号召，保护印度群岛的基督教，成立神学院，培养旨在服务东方的牧师，建立学校以便有朝一日为牧师培养当地遴选出来的基督教人才。荷兰的其他教会团体痛斥东印度公司治理下的基督教的混乱状态，倡导将宗教文献译成马来语。1619 年召开的多特宗教大会（Synod of Dort）① 敦促国务会在东方推广基督教，但是具体采取什么措施却只字未提。[436]

1617 年在多特宗教大会召开之前，荷兰东印度公司的董事们起草了一些指令，以指导爪哇的总督们处理宗教事务。他们正式被授权在东方宣传基督教以及修建学校。他们也被敦促与荷兰东印度公司派出的旨在帮助和指导宗教活动 271
的牧师和“病人安抚者”精诚合作。[437] 公司 1622—1623 年的“新章程”包括了这么一条规定：“保护普世信仰”。

国内的牧师密切关注着天主教徒组建传信部，在这些牧师施加的压力下，荷兰东印度公司资助成立了一个**印度研习班**（*Seminarium Indicum*），由莱顿大学的神学人员经营管理。在神学教授和著名抗议派反对者（Counter-Remonstrant）安东·瓦留斯（Anton Walaeus，1573—1634 年？）的亲自指导下，研习班从 1622 年到 1633 年在其家里举行。期间，有 12 名牧师在这里学习研讨，为去东方做准备。研习班后来中断是因为成本问题，培养的牧师对传教比对执行公司的殖民方案更感兴趣，也或许是因为瓦留斯个人卷入宗教纷争的原因。[438]

世俗势力急切寻找荷兰东印度公司在“大东方”（Great East）扩张的支援力量，在他们的鼓励下，1605 年当葡萄牙人从德那地和安汶岛撤逃之后，这里的宗教活动拉开序幕。在这里，荷兰人面对的土著群体中，有 16 000 人被耶稣

① 荷兰加尔文派在荷兰国务会议支持下，1618—1619 年在多特召开的会议。会议旨在镇压谏诤派（阿明尼乌派），参加会议的除本国代表外，英格兰、瑞士、黑森和不莱梅领地的加尔文派也派特使到会。——译者注

会皈依到天主教；余下的人当中不是万灵论者（animist），就是穆斯林。[439]由于十分渴望保持与德那地苏丹王的亲善关系，荷兰东印度公司与其签署了一份合同，规定如果荷兰人皈依了伊斯兰教，应该准许他们引渡；而如果当地土著居民皈依了基督教，由苏丹王做最后决断。在荷兰统治不太稳固的安汶岛，荷兰平信徒1605年后不久就开始训练这里的青少年的阅读、写作、计算和祷告等能力。1612年，印度群岛的第一个归正宗传教士马蒂亚斯·范·登·布洛克（Matthias van den Broecke）开始在安汶岛开展工作。他和两年后刚刚到来的卡斯帕·威尔腾（Caspar Wilten）在马来西亚拉开传教大幕。随后而来的是塞巴斯蒂安·丹卡兹（Sebastiaen Danckaerts，1617—1619年在安汶岛），他用马来语布道的方式在其离开后很长一段时间内一直被他人效仿。1620年，4名安汶岛青少年被送到荷兰研习宗教。[440]1622年，著名牧师阿德里安·雅各布松·胡瑟伯斯（Adriaan Jacobszoon Hulsebos）及另外2名在普通传道师来到班达岛和安汶岛，并在这里建立了教会组织。在一次从班达岛到安汶岛的航行中，他和他的同伴溺水而亡。此后，安汶岛继续吸引了大批优秀牧师，其中最著名的是弗朗索瓦·瓦伦廷（François Valentijn），他从1681年到1694年，又从1705年
272 到1713年两次在此工作。[441]

1620年，丹卡兹返回荷兰，认真钻研马来语。他曾写过一本关于安汶岛基督教情况的书，在他返回家乡时出版发行。[442]他还翻译了马来语版的新教教义，编辑了马来语词汇，其后的很长一段时间东印度群岛的荷兰牧师都在使用这些材料。他正在根据多特宗教大会的决议参与关于东印度群岛教会的基本模式的讨论会议时，这些作品就发表了。1621年在雅加达还没有成为巴达维亚之前，胡瑟伯斯就开始组建正式的教会了。1624年7月在听到胡瑟伯斯死在东方的消息之后，丹卡兹在贾斯特斯·赫尔纽斯（Justus Heurnius，1587—1652年）和J. 杜·普拉特（J. Du. Praet）的陪伴下迅速返回巴达维亚。不久，乔治·甘治士（George Candidius）也来到这里加入他们这个群体，他后来成为台湾教会的创始人。

当这些神职人员到达巴达维亚时，发现这里的教会完全没有章法。为了将这一混乱状况引入到正常秩序，他们呼吁召开宗教大会。从1624年8月6日

到10月20日，这些神职人员每周与荷兰东印度公司的代表会面3次，由丹卡兹主持会议。这个“大型聚会”（great assembly）制定出大家所知的《1624年教会条例》（*Kerkorde*），这部宗教法规包括东印度群岛归正宗立下的46个条款，由总督大将军（Govenor-General）彼得·德·卡彭蒂尔（Pieter de Carpentier）授权生效。根据这些条款，教会的管理中心设在巴达维亚，主要由丹卡兹和赫尔纽斯负责。同时还决定，赫尔纽斯和安东尼乌斯·迪尔克松（Antonius Dirckszoon）留在巴达维亚工作，而J.杜·普拉特前往安汶岛。所有的牧师都须接受总督大将军的领导，致力于在东印度群岛建立修会，该修会应该尽可能地与祖国的归正宗教会组织结构相一致。巴达维亚的传教士和普通传道师，把他们侍奉信徒的服务从荷兰社区延伸到当地土著居民、马来人、日本人和中国人群体当中。他们决意要将穆斯林、异教徒和“其他盲目民族”的风俗习惯全部根除掉。布道和讲道必须用人们能理解的语言进行。[443]赫尔纽斯在巴达维亚一直工作到1633年，他痛斥世俗政权对宗教事务实施的铁腕政策。赫尔纽斯离开这里十年之后，范·迪门（van Diemen）总督在没有与家乡的教会商讨的情况下起草了一份新的教会条例。原来的法规不能囊括在多特制定的所有教会 273
决议，也不能预见帝国内后来发生的变化，因此于1643年修订改编了，新的教会条例更加详细，也更加严格地限制了教会的独立品格。针对安汶岛教会的特别条例于1673年颁布。[444]

荷兰在东方的教会与西班牙和葡萄牙宗教机构相比更受世俗政权的挟持。东印度群岛的世俗统治者们给牧师安排职位、给他们发放薪资、决定他们开办学校的选址、审查他们寄回国内教会的信件等。[445]虽然归正宗的传道士主要侍奉欧洲人，但他们也经常被荷兰东印度公司动员去皈依当地土著居民，特别是去那些荷兰控制不够稳定、当地民众反叛的地方。牧师们有时还会收到一些地区需要皈依信徒的配额（*discipelgeld*），这些地区在远离巴达维亚的马鲁古群岛和锡兰岛。[446]这些刺激措施是有必要的，因为牧师们往往倾向于聚集在巴达维亚接受荷兰枪炮的保护。他们通过赠送礼物和赋予恩惠来诱导百姓受洗。有时也会使用惩戒的措施，但这只针对那些拒绝皈依或者没有将子女带来让牧师付洗的人。在印度尼西亚的皈依基督教相当于被驯化，将会享受到通常只有欧洲人才可以触及的特权。那些没有接受长时间的教化，内心还没有做好准备就被吸纳到教会的土著居民，常常被认为是名义上的基督徒而被排除在圣餐聚会之外，直到他们的虔诚和奉献得到考验。由于只有不到 1/10 的人有权参加圣餐，这个惯例后来引发了关于“分割圣礼”（separation of sacraments）的争议，在荷兰和亚洲的争论都很激烈。[447]

虽然东印度群岛的教会被牢牢地控制在荷兰东印度公司手里，但是荷兰国内的教会努力地争取着传教的独立权。长老监督会的几个成员密切关注东方的传教事业，招募并且考核派遣的人员，并与他们保持通信。然而，他们没有花力气去为传教募钱或者创立传教会。阿姆斯特丹长老监督会的成员控制着荷兰东印度公司，很快就掌握了（向东方）派遣牧师的领导权。经由这些高级知识分子的“二次改革”，人们依然对东方传教抱有兴趣。这首先反映在贾斯特斯·赫尔纽斯所著的《印度福音传道记述》（*De legatione evangelica Indos*
274 *capessenda admonitio*，1618 年）中。[448] 年轻气盛的赫尔纽斯在多特宗教大会召开期间同时也是荷兰与西班牙休战即将结束时写了上面那部作品，敦促荷兰东印度公司推广信仰，其手段可以通过为土著幼童修建学校、资助将圣经和其他重要的基督教材料翻译成当地语言等。然而，他并不是一位传教适应策略政策的倡导者，极度贬斥耶稣会士在中国使用的这些方略。和其他天主教修士一样，他认为传教士就应该单纯的传导基督及其十字架。在多特会议中战败阿明尼乌派（Arminians）① 的正统加尔文派对外国的传教似乎也没有多少兴趣。

继赫尔纽斯出版他的著作之后，很多其他传教士的宗教小册子也纷纷出版，其中就有格劳秀斯（Hugo Grotius）的《基督教真理》（*De veritate religionis*

① 也称荷兰抗议派。基督教新教中信奉荷兰阿明尼乌学说的派别。该派根据阿明尼乌的主张反对荷兰国教会所持的加尔文派的“上帝预定说”。认为每个人得救与否，虽为上帝所“预知”，但并非完全由上帝“预定”，还在于其本着自己的自由意志对上帝恩宠的接受或拒绝。故又名“荷兰新归正派”。1618 年荷兰国教派在多德雷赫特（Dordrecht）城召集会议。奥兰治公爵莫里斯（Maurice，1567—1625 年）袒护国教派，镇压阿明尼乌派。1630 年国王颁布敕令，恢复该派自由。同年该派领袖埃比斯科比乌（Simon Episcopius，1583—1643 年）在阿姆斯特丹创办神学院一所，将阿明尼乌派的神学加以体系化。——译者注

Christianae，1627 年)，这个为他的同胞准备的纲领“不仅是为了让他们谋利，同时也是为宣传和推广基督教”。[449] 格劳秀斯特别担忧，在东方各大港口工作的水手的宗教信仰可能会被那里的犹太人和穆斯林腐蚀。但是教会从总体上没有对传教士的行动和罗马天主教的无情攻击做出回应。与西班牙一直战争到 1648 年的荷兰，根本不接受赶超天主教组织机构和传教事业的想法。

荷兰早期最为成功的传教会建立在台湾。为了直接参与中国的贸易并将它和伊比利亚的战争引入到东亚，荷兰东印度公司与明朝当局签署了一份策略性的协议，这使得荷兰人获准在台湾建立一个中国商人可以自由来往的贸易站。[450]1624 年，荷兰在台湾西南部的小岛“台湾”建立了城堡和贸易仓库（他们称之为热兰遮城），直接扼住了现代台南天然港口的入口。[451] 菲律宾群岛的西班牙人毫不示弱，次年，他们在台湾的北部基隆港建立了一座城堡，以示回应。他们以此阻止荷兰的势力在台湾蔓延，制约他们的贸易，直至 1642 年他们从该岛被驱逐出去。[452]

荷兰人从热兰遮城基地向台湾进发，还从当地主要部落西拉雅族人（Sirayas）手里购买了一块地，位于当时叫作萨坎姆（Sakam）的地方①。荷兰人正是从这些原始的西拉雅族人那里有了对当地生活和社群的最初体验。西拉雅族人信奉一种以女祭司为首的万物有灵的宗教信仰，他们自发组成村庄，大家协商管理村务。各个村庄连绵不断地相互攻击，显然他们不愿承认任何一个部 275
落的权威。西拉雅族人是台湾各个猎头部落当中的一个，所以欧洲人并没有遭遇当地有组织性的反抗，这如同他们在东方其他地方遭遇的情况一样。而且，台湾地区先前也没有被伊斯兰教徒、佛教徒和天主教徒染指过，荷兰在其打造的商业帝国的其他地方所遭遇的宗教竞争对手在这里不存在。荷兰人碰到的最危险的竞争对手是中国和日本的商人以及海盗，他们利用台湾西部的港口作为前哨据点。[453]

---

① 西拉雅族（Siraya）为台湾原住民，台湾清治时期称之为“平埔熟番”，现代称之为平埔族。西拉雅族是台湾平埔族中人口最多、势力最强的一族，分布于台南至屏东一带平原，以及花莲县富里乡、台东县关山、池上等地。——译者注

1624 年，“病人安抚者”，也叫普通传教士，和第一批荷兰小分队登陆台湾。1627 年 8 月，第一个到达热兰遮城的荷兰牧师是甘治士（1597—1647 年）。1624 年，他被阿姆斯特丹长老监督会接纳为传教公使（minister-missionary）并且派往东方。到达台湾不久之后，甘治士就在西拉雅族村定居下来研习这里的语言和风俗，为取得当地村民的信任做准备。在这个过程当中，他愈来愈认识到，西拉雅族人比他先前打交道的马鲁古群岛人要容易相处，这里也没有核心权威抵制他开展宗教活动，本土宗教对本土居民没有严加控制。他认为，有世俗当局道义支持，足以让西拉雅族人放弃他们先前的异教信仰和不道德的风俗习惯。到 1628 年圣诞节时，甘治士宣称有 100 多名土著人“可以跟读祷告，可以熟练地回答有助于救赎他们的主要问题”。[454] 三年后，他为当地第一个皈依信徒施洗，此后又皈依了 50 名左右的土著人，然后前往巴达维亚度假了。

1629 年年中，莱顿的瓦留斯神学院培养出来的尤罗伯（Robertus Junius，1606—1655 年）来到台湾加入到甘治士的行列。在热兰遮城侍奉荷兰居民期间，尤罗伯研习了西拉雅族语。1633 年，甘治士返回到台湾，决意将当地青年培养成神职人员。这两位传教士的教育付出得到了普通教义讲解师的支持，其中很多都是退役军人，他们除了读写能力外几乎一无所知。荷兰东印度公司当局只对贸易和利润感兴趣，将西拉雅族村的管理交给了牧师和传道师，希望借助于捐赠、罚款和从土著人以及居住在那里的华人的税收来维系传教事业。传教士
276 担负着征税和世俗行政管理的双重重任，引发了西拉雅族人的憎恨。那些反对荷兰统治的人从荷兰统辖区之外的邻近部落寻求援助，冲突因而发生。为了保护皈依信徒和公司在当地的投资，世俗当局和传教士向巴达维亚发出求救，要求派一支远征军到台湾。

1635 年 8 月，第一支部队到达（台湾），开始平息这里的骚乱。各个敌对的部落都被镇压下去，并被威胁如果再犯必将惩罚，迫使他们签订和平协议。协议条款包括：承认荷兰的主权、承诺不骚扰荷兰和华人居民、保证在必要的时候支持荷兰人镇压可能反叛的部落。一年内，从热兰遮西部平原到岛屿南端各个村庄都默认了荷兰强加给他们的这些条款。从 1636 年始，荷兰便沿着岛屿西海岸一路向北拓展势力，这一势头一直持续到 1642 年西班牙人被迫从淡水

（Tamsui）的圣多明戈（Santo Domingo）城堡撤退为止。[455]

除了热兰遮近郊的周边地区之外，其他村庄的日常安抚工作全部落在当地的土著头领和欧洲的传道师和牧师手里。尤罗伯和甘治士对村民们讲解和平计划，为青少年开办学校，向成年人传导基督教。1637年甘治士最终离开这里之后，尤罗伯独自担负起所有的传教任务。由于缺乏欧洲传教士和教师，尤罗伯开始培养当地年轻人担任神职和教师职位。一方面他不能强行施洗以及随意接受皈依信徒；另一方面尤罗伯和荷兰世俗当局坚持认为，信徒接受荷兰宗教和风俗习惯是他们走上开化之路的重要步骤。1643年尤罗伯离开这里之前，他为5 000多名土著人施洗，培养了约50名当地教师，创建了一所荷兰法院（Consistory）管理台湾的教会事务。[456]

尤罗伯的后继者们虽然从政治任务中暂时解放出来，但是他们却受到宗教法院的密切监管。宗教法院并不重视这个刚成立的教会，而是急于大范围地拓展荷兰的影响力，将为数不多的几个教师和传教士派到了福音还没有到达的地方。西蒙·范·布林（Simon van Breen）于1643年至1647年在台湾传教，他向宗教法院建议道，土著基督徒的训导还不够，他们需要更多的教导来了解和适应信仰和文明的生活模式。他扩充了尤罗伯引入的教义内容，但是这个新版本太过冗长，不完全适应当地的风俗习惯。由于教会和国家当局坚持推行最高领主们的政策，即广泛地全方位地向土著居民传播他们的信仰和习惯，1643年
后先驱们遵循的适应策略逐渐地被削弱了。 277

关于尤罗伯传教成功的首批报道，为归正宗在台湾的发展描绘了一幅玫瑰般色彩的前景。荷兰各教会纷纷庆贺他们所设想的在台湾取得的神奇成就，1646年出版了一本由卡斯帕·西贝柳斯（Caspar Sibellius）编撰的拉丁语小册子。[457]同时，尤罗伯返回荷兰接任在代尔夫特的牧师职位，他通过向未来的传教士讲授西拉雅族语和风俗进一步激发了传教的热情。1647年，对台湾传教业的巨大期望没有实现的消息到达荷兰。尤罗伯谴责他的后继者们，指控阿姆斯特丹**长老监督会**没有给予传教会足够的支持，愤怒于他们对传教职业的忽视。随之而来的激烈争吵牵涉到台湾宗教法院、阿姆斯特丹长老监督会、荷兰东印度公司以及尤罗伯，反映出各方对传教事业衰退的失望。[458]

1647年，在一支新传教士队伍的带领下，台湾教会的重振之路开启。倪但理（Daniel Gravius，1616—1678年）在巴达维亚有两年的成功传教经验，他现在开始为台湾的新事业做准备，并于1647年至1651年一直居住在台湾。在当地土著教义讲解师的帮助下，他修订了基督教教义汇编，让其更符合荷兰语教义。该世纪余下的时间里，这里的传教会一直用这个新的汇编本为西拉雅族人讲解教义。[459]牧师和他们的教义讲师还将荷兰语祈祷文、马太福音和约翰福音翻译成西拉雅族语。[460]随着当地教会的这些坚固基础被打下之后，牧师们与热兰遮当局的冲突也不断滋生，特别是当尼古拉斯·费尔勃格（Nicolas Verburg）总督统治台湾的1650—1653年期间，这一冲突愈加凸显。也正是在他当任期间，人口不断上升的华人变得越来越不服管教。

在他返回巴达维亚时，费尔勃格写了一封署名日期为1654年3月10日的报告，其中他对那里传教会的悲惨情况做了如下评论：

> 当地的土著青少年——虽然也受洗了——像鹦鹉学舌般地用心学习教义，但是他们根本就不理解他们所重复的内容和真义，只知道死
> 278 记硬背。

为了将台湾人从“埃及捆绑模式”的束缚中解放出来，费尔勃格在其建议书中写道，加紧巴达维亚对其监管，台湾中心牵制各地区的运营，减少对不参加学校和教会学习的当地人罚款，派遣更多的传教士，将传教士的服役合同延至连续十年的任期等。[461]

荷兰在台湾传教的最后十年（1653—1662年）受到如下诸因素的干扰：与巴达维亚就人事和金钱引发的争吵、灾荒和瘟疫、来自郑成功以及他在台湾的同盟的持续威胁。尽管这些客观条件不尽如人意，台湾的教会在安东尼乌斯·亨伯鲁克（Antonius Hambroek，1606—1661年）和一些年轻牧师的带领下仍然保持活力，这些年轻牧师当中至少有3人是由尤罗伯在荷兰培训过的。新来到的传教士对于这么小的一个岛屿流行着这么多的语言种类感到气馁，他们建议宗教宣讲应该使用荷兰语，因为年轻的台湾人和许多的华人贸易商都理解荷兰

语。宗教法院就传教方法和巴达维亚一直争吵不休，郑成功即将进攻的消息引发了巴达维亚和台湾荷兰当局之间的分歧。

热兰遮城抵御了忠实于明朝的精干军队近一年，最终于1662年2月1日向郑成功投降；荷兰的投降迅疾地为这里的传教画上了句号。揆一（Frederic Coyette）是1656—1662年间台湾的总督，他被释放之后返回荷兰。他的著作《被遗弃的台湾》（*Verwaerdloose Formosa*）首次于1675年在阿姆斯特丹匿名发表，详细地向欧洲转述了荷兰失败的可怕经历。首次被揆一描述的亨伯鲁克牧师殉难的故事，后来成为荷兰爱国诗歌和戏剧的一个题材。[462] 台湾的基督徒们原来都是荷兰的盟友，后来由于没有传教士和荷兰东印度公司其他人员的侍奉，渐渐地放弃了外邦信仰。这些土著基督徒既没有传道师的教导，也没有以他们当地语言印刷的作品；在荷兰出版的书籍也未运送到台湾。在该岛屿失陷之后，这些书籍才在亚洲出现。然而，到1715年当法国耶稣会士冯秉正（Joseph de Mailla，1669—1748年）遇见几名台湾人时，他们仍然可以理解荷兰语并且用拉丁字母书写他们自己的语言。使用罗马化字母书写本土语言一直持续到19世纪后半叶。[463] 如今的台南地区，人们仍能看到热兰遮城的遗迹。 279

台湾的沦陷震惊了荷兰东印度公司，引起荷兰公众的警觉，他们担忧海上帝国和传教事业在东方的前景。当时在锡兰（1658年）和印度西部（1662年）取得的胜利温热了荷兰的民族情绪，却被在亚洲东部的外交和军事失利泼了一瓢冷水。[464] 丢掉台湾之后，荷兰东印度公司与华人合作发起了几次对郑成功在福建和公海上的军队的进攻，但都没有获得成功。在荷兰，吉斯贝特·伏丢斯（Gijsbert Voetius，1593—1680年）倡导在亚洲使用一种更加积极的传教方法。伏丢斯是一位著名的神学家，也是荷兰的虔敬派（Pietism）① 主要创始

① 德国路德宗教会派别之一。认为宗教的要点不在于持守死板的信条形式，而在于日常生活中表现出“内心的虔诚”。提倡精读《圣经》，反对跳舞、看戏等“世俗化娱乐”。主张路德宗应进行两大改革：讲道的重点不应放在教义上而应放在道德上；只有在生活上做虔诚表率的人，才可担任路德宗的牧师。17世纪70年代后该派曾在德国盛极一时；18世纪30年代以来，逐渐成为少数狂热者的社团。——译者注

人之一。伏丢斯在他的著作中提倡，对于派往新领地的牧师的教育和筛选要更加审慎，采用耶稣会士的文化联系策略，要结合中国、日本和交趾支那社群的主导因素等。他的挚友和门徒约翰·霍恩贝克（Johann Hoornbeck，1617—1666年）就传教神学写了一部系统的著作《印度人和异教徒的皈依》（*De conversione Indorum et Gentilium*，阿姆斯特丹，1669年版）。在这部作品中，他梳理了异教民族的历史，敦促新教基督徒模仿耶稣会的皈依方法，建立传信部会众制度，成立专门培训传教士的神学院，启动耶稣会士用书信报告传教活动的体制。

那时，在亚洲几乎没有什么新传教方法的愿望可以变为现实。1658年荷兰占据锡兰，这为荷兰东印度公司在政治上和经济上控制的区域建立“真正基督教归正宗信仰”带来新机遇。[465] 两名荷兰神职人员于1642年到达加勒，这已经是这里被征服十六年之后了，他们来到这里看护该市的一小部分加尔文教信徒。葡萄牙军事失败之后，紧随其后的就是一系列破坏锡兰的天主教以及其他葡萄牙留下的遗迹的活动。其本质就是，荷兰传教士在荷兰东印度公司的援助下将归正宗带到锡兰，这也是公司毁灭卢济塔尼亚人（Lusitanian）在东方遗产的整体政策的一部分。[466]

荷兰新教徒从他们在国内的经历已经认识到天主教徒的活力和耐力，然而他们却寄希望在锡兰将天主教徒彻底根除。和在国内的情况不同的是，锡兰的
280 天主教会显得稚嫩、松散，被异教徒和穆斯林包围。然而荷兰人很快就意识到，天主教如同葡萄牙语言一样，深深地渗透到锡兰的250 000名僧伽罗人和泰米尔人的生活当中。很显然的是，很多信徒只是名义上的基督徒，如果没有“基督徒的施救”，他们就会重拾异教信仰和风俗习惯。正如荷兰人所看到的那样，驱逐天主教神职人员和毁坏天主教建筑物不足以达到他们的目的。简而言之，迅速而又彻底地将归正宗引介到锡兰，才能确保荷兰东印度公司压制葡萄牙反扑，从而获得政治和经济上的优势。

菲利普·巴尔德（Philippus Baldaeus，1632—1672年）和另外4名来自巴达维亚的牧师一同成为精神征服锡兰的先驱。巴尔德安排一名牧师和自己到贾夫纳，这个位于锡兰岛北方的泰米尔地区的基督徒数量最多。另外两名牧师去

了加勒，还有一位去了科伦坡。在普通传教士的帮助下，这些牧师接管了教会和学校。为了将罗马天主教改良成“真正的归正宗”，巴尔德继承性地改革了天主教神父的传教方法以满足荷兰归正宗的需求。如同尤罗伯早些时候在台湾所做的那样，他还汇编了一套问答式的基督教教义。1659年，这套汇编的教义被正式用来教授新教基本原理。新教的牧师们如同先前天主教的神父一样，将贾夫纳、马纳尔、科伦坡和加勒的儿童们聚集到学校，给他们讲解新基督教教义。一旦他们学到一定程度，就被受洗并加入教会。成年人没有得到足够的重视，这是因为他们多数持受异教，或者坚持天主教信仰，或者两者兼而有之，不易改宗。

语言障碍是最为顽固的问题。任何使用荷兰语教授教义或者强迫人们学习荷兰语的方法都没有获得成功。他们不得不使用在岛上唯一广为人知的欧洲语言——葡萄牙语，葡萄牙语在很长一段时间内都被用来作为讲解和传授荷兰宗教信仰的媒介。巴尔德个人也在学习泰米尔语，而且他还督促其他传教士研习土著语言以及使用这些语言撰写讲义。在当地土著基督徒的帮助下，巴尔德将
摩西十诫、祈祷文和教会信条等都译成泰米尔语。[467]1665年巴尔德离开锡兰 281
之后，写了一部书阐述了他对印度南部沿海和锡兰的印象，这部书于1672年在阿姆斯特丹出版。[468]

从巴尔德和他人的作品，以及荷兰东印度公司的文献记录中，我们可以看到荷兰在锡兰传教的模糊景象。荷兰东印度公司将天主教神父们驱逐出去，并于1658年宣布任何藏匿天主教神职人员的人都将被判处死刑。优先雇佣和其他诱导措施奖给那些合作的土著基督徒。荷兰制定了严格的措施限制穆斯林，因为他们是贸易和争夺僧伽罗人灵魂的主要竞争对手。如同在荷兰联合省一样，荷兰人不遗余力地推行他们的宗教训令，目的只是保证政治的稳定。表面上遵守公司和教会的政策被认为是承认荷兰权威的充分证明。天主教的活动只要不张扬仍然被包容。他们也没有认真去打压村庄里的印度教和佛教信仰。传教士们特别强调基础教育，相当数量的学生在荷兰政治权力中心城市上学。荷兰东印度公司给牧师发放酬劳，但是普通传教师的工资和学校办学费用不得不依靠罚款维持，这些罚款或者来自荷兰违反者，或者来自土著违法者。如同在亚洲

其他地方一样，锡兰的荷兰教会接受荷兰东印度公司世俗公务员的严密监管。巴尔德由于过于鲁莽冒犯了里伊克洛夫·范·昆斯的权威，于 1665 年被灰溜溜地遣送回欧洲。这里的荷兰教会在他的继任者手里一直苟延残喘到该世纪的最后十年。[469]

荷兰早期的压制迫使锡兰的天主教活动转入地下，很多被放逐的葡萄牙神父逃到内陆的康提王国避难。传信部不时地努力从果阿向锡兰运送神父。但是这些努力都没有取得成功，从 1658 年到 1687 年锡兰一直处于没有天主教神父的状态。[470] 荷兰东印度公司的船严密监视着锡兰沿岸的一切动向，这使得非法贸易和传教几乎不可能。尽管一些牧师抗议不断，但是荷兰东印度公司对宗教事务仍然实行一种不干涉和超然（noninterference and aloofness）的策略。当地土著迷恋于护身符、雕像和天主教丰富多彩的仪式，因而他们觉得加尔文教太过刻板、异类、不合口味。一些土著居民一方面公开让其子女接受新教教义和洗礼，另一方面又私下里让这些孩子接受天主教信仰和洗礼。约瑟夫·瓦斯（Joseph Vas，1651—1711 年）神父是印度北部的一名土著，也是果阿欧拉托宗教团（Oratory of Goa）的成员，他在马拉巴尔地区学会了泰米尔语，这为他
282 1689 年秘密到锡兰为天主教徒服务做好了准备。其他来自果阿的神职人员也不时地来到这里，延续该岛上的罗马天主教生命。[471]

天主教在当地的根基十分深厚，天主教影响深重的地方还有一些公开的活动，这些都没有瞒过荷兰人的眼睛。牧师和公司都强烈地意识到归正宗在锡兰的失败。根据亨德里克·阿德里安·范·瑞德·托特·德拉克斯坦（Hendrik Adriaan van Rheede tot Drakestein）1689 年的报告，即使在荷兰于 1663 年皈依了 65 000 名信徒的贾夫纳，新教徒事业也处于严重衰退状态。[472] 他发现荷兰只是造就了一些名义上的基督徒，因为传教士通常都不懂当地语言而且只在岛上滞留很短的时间。从 1642 年到 1725 年间在锡兰传教的 97 名荷兰神职人员，只有 8 名能够熟练讲当地语言。他们还成立了两所修道院培训当地神职人员。1690 年，第一所修道院建在贾夫纳帕塔姆（Jaffnapatam）附近，专门为讲泰米尔语的地区培养牧师和普通传道师。六年后，第二所修道院建在科伦坡，专为讲僧伽罗语的地区培养本土牧师。这两所修道院的经费主要依靠出售大象、渔

业税收和罚款支撑。泰米尔修道院一直运营到 1723 年；僧伽罗修道院则运营到 1796 年。[473]

在印度尼西亚群岛，加尔文教牧师们将重点放在皈依那些土著天主教信徒上，基本上没花多少力气向非基督徒传播信仰。他们通过用葡萄牙语和马来语传教和布道，将信仰传给非穆斯林。为了达到这一目的，荷兰人将基督教著作翻译成这些语言，但是爪哇岛和其他较大岛屿上的多数人都认为这些牧师无非就是令人鄙视的荷兰东印度公司的爪牙和帮凶。荷兰控制的其他地方的穆斯林被严格地置于他们的监控之下，穆斯林们最终在望加锡的苏丹王领导下团结在一起进行自我保护。1667 年荷兰征服望加锡之后，为了追求商业利润，巴达维亚和其他各岛屿上的针对穆斯林的律法逐渐放松。1722 年，据估计近 100 000 名来自各国和种族的基督徒定居在巴达维亚及其周边地区。[474]

在群岛东端的小岛上，荷兰牧师只在安汶岛上成立了经得住时间考验的教会。荷兰人与先前的葡萄牙人和西班牙人一样，他们把自己的意图强加给这些分散的、富裕的、相对孤立的岛屿。他们控制了海洋，这阻止了罗马天主教传 283
教士和伊斯兰教阿訇重返这些岛屿照看他们的信徒。甘治士、赫尔纽斯、瓦伦廷和其他牧师不时地访问东部岛屿，鼓励其他牧师担任那些偏远的前哨空缺已久的职位。赫尔纽斯于 1633 年至 1638 年在这些岛屿传教，他是安汶岛归正宗的牧师。[475] 世俗当局为了激发牧师们的兴趣，为他们提供潜在的皈依信徒，并且为每个受洗的信徒提供一笔专项经费。那些没有将子女送到学校或教堂的人都会被罚款作为惩罚。在这种背景下，荷兰在 17 世纪末仅在安汶岛上就拥有近 40 000 名信徒。虽然很多都只是名义上的信徒，但是公司支持下的归正宗信仰在安汶岛上的根基比任何其他地方都要扎实牢固。直到今天，荷兰人和安汶岛人（Amboinese）之间依然保持着文化和宗教纽带关系，这一结论可以从下面的例子中充分地反映出来：1963 年当印度尼西亚宣布独立时，相当数量的反对爪哇人（anti-Javanese）的安汶人跑到荷兰去了。[476]

1691 年，驻阿姆斯特丹的英国领事、旅居欧洲大陆的威廉姆·卡尔（William Carr）用羡慕的口气写道荷兰东印度公司及其董事，他认为这些董事们“作为优秀的基督徒负责将福音播撒到东方的很多地区”。[477] 显而易见，与英国相比，荷兰在 17 世纪已经取得了足够的传教成绩，这让海峡对岸的英国人艳羡不已，因为他们才刚刚开始认真思考对外传教的问题。英国东印度公司主要关注的是如何刺激商业贸易发展，总体上遵循不干涉东方当地事务的政策，这一情势到该世纪末的最后二十年发生了改变。公司没有任何根据的认为，如果他们系统性地宣传宗教信仰，必将引起当地居民和印度港口统治者的敌意，他们现在在这里的商业贸易也是在对方勉强同意的前提下进行的。[478] 与爪哇岛、台湾、安汶岛和锡兰岛的荷兰人不一样，英国人所在的区域没有可以支持宗教活动的军事力量。英国人在印度的苏拉特和马德拉斯遭遇到强大的当地国
284 家政权，一旦有风吹草动，这里的统治者足以将他们驱逐出去并切断贸易。直到 1665 年控制了孟买之后，更加积极主动的宗教政策才开始在印度和英格兰实施。

虽然英国东印度公司并没有义务满足宗教服务人员的要求，但是从 1607 年开始提供船只运送牧师。1614 年英国人获准在苏拉特建立商馆，从此便开始不间断地招纳牧师；一些招募来的牧师接受过良好的教育，足以和在苏拉特站稳脚跟的耶稣会士媲美。1614 年，对传教颇感兴趣的帕特里克 · 科普兰（Patrick Copeland）返回英格兰，随他而来的还有“一位年轻的印度人，聪敏好学”。在进一步接受科普兰的教导之后，这位“孟加拉湾”之子于 1616 年 12 月 22 日在伦敦的圣迪奥尼斯教会（St. Dionis Backchurch）受洗。参加受洗仪式的有枢密院成员、伦敦市长和参事，以及东印度和弗吉尼亚公司的成员。彼得（国王詹姆斯亲自为这个年轻的印度人选定这个洗礼名）成为第一个加入英国圣公会的印度人。几个星期之后，彼得和科普兰重返印度。[479]

该世纪的早些年里，为了争夺印度南方和印度尼西亚群岛的贸易权，英国船只和荷兰及葡萄牙争斗不断。英国最终于科罗曼德尔沿岸的马苏利帕塔姆（1610 年后）和爪哇岛的万丹（1612 年）建立了商馆。牧师们在英格兰已经通过签约的方式获得乘坐特定航船的权利，他们不时地来造访这些前哨港口。尽管东方的荷兰人远远谈不上对英国人友好，但是在联盟期间（1619—1623 年），他们的确让几名英国圣公会牧师看护其在爪哇的同胞。一些牧师的行为让英国东印度公司失望，他们私自从事贸易、过着堕落的生活、或者表现得太过脆弱、

或者过着不适合公司公务员过的生活；其他如托马斯·罗伊爵士（Sir Thomas Roe）的牧师爱德华·特里（Edward Terry）于1617年至1619年在莫卧儿朝廷供职，他全心全意地履行着宗教职责，能力非凡。1655年，特里根据自己的经历出版了一部回忆录。[480]

直到1640年前，印度东南端的英国人的贸易活动一直看当地统治者和荷兰人的脸色。这里的牧师一直在抱怨他们展开工作所受的限制。科罗曼德尔沿岸的弗朗西斯·戴（Francis Day）和其他英国商人开始和戈尔康达方面进行磋商，目的是在马德拉斯获得贸易和建筑堡垒的权利，葡萄牙人很久以来就在这个位于美勒坡的地区定居了。伦敦的董事们并不鼓励这些激进行为，他们担心占据这些地区和堡垒意味着和当地统治者的纷争，还有可能损害贸易和盈利。285
然而，圣乔治城堡还是于1640年开建了，当地的很多葡萄牙人被吸引过来充当建筑师、贸易商和士兵。随这些葡萄牙人一道而来的是他们的家庭成员和神父，这都是马德拉斯的英国人未来所要面临的问题来源。

葡萄牙神父看护着他们自己的信徒，同时也引领着该城堡中的那些信奉天主教的英国和爱尔兰士兵。1642年，法国嘉布遣会修士艾弗伦·德·讷韦尔加入到他们的行列。[481]这里的代理商们迫使这位新来者只充当马德拉斯的非葡萄牙人天主教信徒的神父，因为他们希望限制城堡中不断增长的葡萄牙人的影响力。1647年前威廉姆·艾萨克森（William Isaacson）从苏拉特到来之前，城堡中的新教徒一直没有牧师指引。两年以前，圣乔治城堡已经归苏拉特商馆管辖。艾萨克森仍然是城堡的常驻牧师时，神父艾弗伦于1649年被葡萄牙职能机构绑架并被遣送到果阿。1650年，罗伯特·温切斯特（Robert Winchester）继任艾萨克森的职位，但是次年他就离开这里，新教信徒们再度沦为没有牧师看护引领的境遇。同时，艾弗伦于1651年返回马德拉斯，不久，另外一位法国神父来到他的身边。

1654年，艾萨克森和几位牧师重返城堡，结束了这里以往的平静气氛。英国士兵多数信奉新教，他们通常与信奉天主教的葡亚混血妇女联姻。为这些宗教杂交的后代的施洗权利，成为天主教神父和新教牧师争吵的重要原因。艾萨克森号召将法国神父驱逐出境，但是代理商们却为保护天主教，就施洗权利争议问题制定出一个和解的方案。世俗政权也在调停这些高级教士（High Churchmen）和清教牧师之间的争端，当时清教牧师不遵循祈祷书的内容传教。约1670年，公司下令停止迫害天主教徒、穆斯林和印度人，要求牧师们为黑人奴隶传授基督教教义，受过培训的黑人经过一段时间的服务于基督教之后将获得自由。他们认为，萝卜比大棒更有成效。到1676年，所有的新教牧师都归英国国教会管理，大多数的分裂因素都被瓦解了。

斯特里恩善姆·马斯特（Streynsham Master）从1677年到1682年是马德拉斯的总督，他设计了圣乔治城堡内的教堂，得到了代理商和商人支持。新教徒已经厌烦了城堡内的那些临时的简易小教堂，他们需要一个真正意义上的教堂。圣玛丽教堂是由小石头和砖块建起来的带有圆屋顶的大厦，建成时间约在1678年至1680年间。第一位获准在印度工作的牧师理查德·波特曼（Richard Portman）在伦敦大主教的同意下，于1680年为圣玛丽教堂祝圣。这个教堂于1759年重建，
286 至今依然屹立不倒，被印度考古学部门认定为具有历史价值的建筑物。

到1672年前，苏拉特一直都是英国在印度西部的主要商业和行政中心，但是其宗教事业却没有多大发展。苏拉特在印度洋贸易王国的战略性位置使其成为，用托马斯·罗伊爵士的话说，“所有东印度贸易的源泉和生命力之所在”。英国在苏拉特的机构虽然规模庞大，但在特点上显示出僧侣生活的保守，只有总督有权让妻子伴随其左右。这里的商馆只有一座小型的教堂，通常有一位牧师在职，建立标准规模教堂的建议一直没有得到落实。牧师的主要任务是日常祷告、主日礼拜、巡察附属的小型商馆、为孩子讲课以及树立道德榜样。有一些牧师沉迷于从事走私贸易牟利、通过主持宗教仪式索取费用等。其他牧师在行为和道德上疏于律己，个别牧师因为玩忽职守被遣送回国。[482]

英国公司长期以来垂涎着孟买，认为它处于“印度西海岸最佳位置”。公司及其派出机构都提出征服或者向葡萄牙购买孟买的方案。1661年，葡萄牙国王最终将孟买割让给英国国王，作为布拉干萨（Bragança）的凯瑟琳的嫁妆；1668年，公司承租了孟买。根据1661年签订的协议条款，孟买的罗马天主教居民作为英格兰国王的臣民，“享有宗教活动的自由，正如他们现在所做的那样”。公司接管了这里的管理权之后，孟买的居民如同马德拉斯的居民一样，享

有完全的宗教活动自由——这从一个侧面解释了该城市的快速发展。[483]

当杰拉尔德·昂基亚（Gerald Aungier）1672 年担任孟买总督时，这里的 300 名英国居民的家安置在城堡内，他们在城堡内一个较高楼层的房间里从事礼拜活动。新总督预计城市将会迅速发展，印度和葡萄牙商人与难民大量地涌向这里寻求安全和贸易机会，因为孟买远离内陆的战争和骚乱。对该城市未来的看好，也许能解释为什么昂基亚决定建造一座足以容纳 1 000 人的教堂。教堂墙基打好之后，其主体建筑被无限期地搁置起来，因为在该世纪的余下岁月里孟买遭受了战争及其余波的影响，公司在国内的声誉下降也影响了这一进程。孟买大教堂的完工一直到 1718 年才得以实现。孟买所面临的麻烦类似于马德拉斯，罗马天主教和安立甘教（Anglicans）因为争夺给儿童们的施洗权而纷争再起，因为这些孩子的父母信仰不同。昂基亚及其继任者们针对天主教施洗行为、耶稣会财产、神父的皈依活动等方面实施了强硬政策。葡萄牙人和英国人在孟 287
买的摩擦最终导致 1720 年葡萄牙神职人员的被迫离开。[484] 不管是在孟买还是在新成立的城市加尔各答，宗教事业的发达只能等到 18 世纪的来临。[485]

该世纪早期，英格兰的牧师、东印度公司失望的公务人员、知识分子等都在质问为什么安立甘教的福音和恩典在东方没有进展。[486] 但是直到 1660 年斯图亚特王朝复辟之后，传教思想才开始萌醒。著名的非国教教徒理查德·巴克斯特（Richard Baxter）在 1660 年致公司的信中写道，格劳秀斯将爱德华·波寇德（Edward Pococke）的书翻译成阿拉伯语的文本（牛津，1660 年）应该发给公司的员工，以便在东方广泛传播。[487] 为什么他如同英格兰的其他人一样都认为阿拉伯语的作品可以在印度广泛散播是一个谜。也许这仅仅说明了，那时英格兰有关印度的信息不足，或者是巴克斯特未能理解当时流行的关于东方语言的作品。十年以后，巴克斯特写信给安立甘宗传教士、哈佛神学院创始人约翰·艾略特（John Eliot）："耶稣会士、托钵僧修士及其他们的继任者在刚果（Congo）、中国和日本的勤劳让我们蒙羞，你要保重。"[488]

1677 年，罗伯特·博伊尔（Robert Boyle，1627—1691 年）领衔重振东印度公司，这位著名的化学家当时是公司的一位董事。在声名显赫的牛津主教约翰·费尔（John Fell，1625—1686 年）和索尔兹伯里（Salisbury）的主教吉尔伯特·伯内特（Gilbert Burnet，1643—1715 年）的支持下，博伊尔提交了一个在东印度群岛宣传福音的方案。博伊尔把巴达维亚的荷兰人作为榜样，鼓励公司将福音传给“土著民众，特别是那些我们拥有欣欣向荣的商馆的地区的土著”。他资助托马斯·海德（Thomas Hyde）将四部福音书和使徒行传翻译成马来语，这部译著于 1677 年在牛津出版。[489] 他同时还建议出版“一部驳斥含有婆罗门教内容的书”，这个计划显然没有实现。[490] 失望之余，费尔于 1681 年向大主教抱怨道：“这让我们感到耻辱，那些人在我们的东方贸易网络中有那么多的机会，而我们在皈依土著人方面无能为力，这里不仅有天主教徒而且还有
288 荷兰人在孜孜不倦地付出劳动。”[491] 同时，博伊尔及其公司董事会的几位同事于 1681—1682 年间成立了基金会，“鼓励那些学习马来语的人，方便他们在东方为上帝服务”。[492] 经过专门培训之后，公司的牧师们准备赶赴东方从事传教事业。然而，这个计划并未取得多少实际成果，费尔于 1686 年去世，公司的租约在 1693 年到期后仅仅续约了五年，战争和海盗行为危及到英国在印度西部的地位。英国人从这次经历中认识到，如同荷兰人同一时间在锡兰和其他地方的经历中认识到的一样，即在印度地区推广新教教义的大业中，葡萄牙语和其他土著语言比阿拉伯语和马来语更重要。

公司的敌人以及公司的那些有远见的朋友与董事都应该对在东方传播安立甘宗的失败负责。1695 年当公司处于低潮时，坚决拥护海外传教的诺里奇（Norwich）主任牧师汉弗莱·普里多（Humphrey Prideaux），拟出了一份有关东方商馆状况的报告。根据他的建议，1698 年当公司再续租约时增加了一个条款，即公司确保在东方的每个城堡和主要商馆都安排一名牧师；每名被任命者都须得到英格兰宗教主管当局的认同。牧师们必须精通葡萄牙语，必须“让自己学会他们传教所在地的土著语言”。[493] 公司还要安排教师为服役的欧洲人或者土著人讲解基督教教义。这个计划还没有得到及时实施时，公司在苏拉特成立商馆八十六年之后不得不承认，对那些为其服务的人和在其保护之下的人，它须承担宗教和道德责任。同时，推广基督教知识协会（Society for Promoting Christian Knowledge, S.P.C.K.）成立；三年之后，外邦福音传道会（Society for Propagation of the Gospel in Foreign Parts,S.P.G.）在皇家特许下也得以成立。[494]

虽然这些新成立的传教协会主要关注的是美洲的传教事业，但是他们对印度东海岸德伦格巴尔的丹麦传教会的兴趣也不仅仅是一时的冲动。从 1620 年始，丹麦公司在丹尼斯伯格（Danesborg，也叫德伦格巴尔）和其他东部港口的活动就十分积极，并开始向东方派送路德派牧师和传教士。[495] 他们在这里看 289
护丹麦人和德国人，偶尔也会为奴隶们施洗。1670 年公司重组时，其章程中包含有一则条款（第五段）：

> 印度人一旦接受正确的教导必将背弃原来的异教信仰，这是大家共同期望的。公司的船只和领地都应该有牧师侍奉，国王（弗雷德里克三世，[Frederick III]）承诺，那些在公司服役过的牧师将被重用。[496]

然而，国王皈依异教徒的兴趣在 17 世纪没有转化成有成效的传教活动。唯一的例外是雅各布·沃尔姆（Jacob Worm），这位多少有点性情暴躁的牧师实际上是 1680 年被放逐到德伦格巴尔的。沃尔姆被称为丹麦在印度的使徒，他因将教义译成泰米尔语和向街头巷尾的土著居民传教而著名。尽管新成立的丹麦公司在沃尔姆留在印度期间（1681—1691 年）经历了一段时间的繁荣，但是 1706 年前丹麦教会在德伦格巴尔没有真正发挥作用。

德国的路德派信徒，其中的一小部分在东方的丹麦和荷兰公司服务，他们总体来说并不关心传教。17 世纪，德国在东方没有前哨驻所，也没有以自己的名义从事贸易。该世纪后半叶，德国，特别是勃兰登堡（Brandenburg）做了些许的努力，组建了一个租赁公司试图与东方进行贸易。[497] 就宗教事务而言，德国领域内的各个邦不论是路德派还是加尔文派，都践行“谁的地盘，谁来负责宗教事务”的原则，他们没有义务或权利在其政治地界之外的地区传教。1651 年，威登堡（Wittenberg）大学的神学院重申了正统路德派的观点：即大使命（Great Commission, 马太福音 28:19）① 已经和原使徒时代一起结束了，我

① 马太福音的第 28 章 19 节提到“你们要去使万民做我的门徒，给他们施洗，归于父、子、圣灵的名”。——译者注

们曾经给异教徒带去真正的信仰，但是他们拒绝接受，信奉新教的王子们只有义务在他们各自的领地内传播福音。

一些路德派的领导如英格兰的巴克斯特，以及低地国家的“二次改革”的人们，他们都拒绝接受所谓正统的观点，艳羡地观望着天主教在海外取得的传教成果，呼吁成立路德传教会。基尔大学（University of Kiel）受到丹麦的影响深重，这里的两名教授向东方语言和传教研讨会提出建议，这个建议虽然没有实现，但是却直接激发了查士丁尼·冯·沃尔斯男爵（Baron Justinian von Welz，1621—1668 年）的灵感。[498] 沃尔斯曾在莱顿求学多年（1641—1643 年），是第一个公开明确号召传教的路德派人物。1663—1664 年间，他曾出版了 6 本小册子表达他的观点，他认为路德派精神冷漠、道德松弛，建议成立“爱耶稣社团”（Jesus-loving Society）组织，提升人们的精神虔诚度，招募志愿者学生传
290 教。1664 年，各路德派主要王子在雷根斯堡（Regensburg）举行了一次会议，沃尔斯将自己的想法向大会做了阐述。与会代表对他的建议反应冷淡，十分有影响力的雷根斯堡总监督长（General Superintendent）约翰·H. 乌尔西努斯（Johann H. Ursinus）还攻击并讽刺他的计划。在“告诫沃尔斯”（admonition to Justinian）的报告中，乌尔西努斯展示了有关海外活动和事件的大量咨询，然后揭示出他反对路德派传教是基于世俗和神学原因的双重考量。1664 年，乌尔西努斯不无嘲讽地写道：

> 请告诉我，我们将从哪里入手……？在那些已经有基督徒足迹的地方？还是他们未曾触及的地方？在那些你已经来迟的地方……英国人、荷兰人、葡萄牙人和西班牙人已经控制了远东地区沿海的大部分地区。我们到底应该去哪里？三十年前，日本人疯狂地将基督徒会众根除出去……你要去那儿吗？在中国，最近还有鞑靼人无情地屠杀基督徒及其传教士（很可能是根据鳌拜摄政期间的情况）。你要去那儿吗？作为诚实的德国人，我们到底应该去哪里呢？[499]

沃尔斯痛苦而又失望，放弃了自己的贵族头衔，只身来到苏里南（Surinam）

当了传教士。1668 年，他在这里辞世。

与德国新教徒同胞不同的是，莱布尼茨（Leibniz）认为耶稣会士及其文化适应策略可以作为新教徒效仿的榜样。这位伟大的哲学家和数学家密切地关注着天主教传教事业，他通过书信来往了解他们取得的成绩，特别是在中国的进展状况。莱布尼茨敦促勃兰登堡—普鲁士的加尔文统治者们率先组织新教传教会，尝试他提倡的教会联合的计划。曾经有一段时间，他希望获得俄国沙皇彼得的支持，打通经由西伯利亚进入中国的陆路通道。他认为，与中国的科学交流有助于提高人类文明的发展，更好地荣耀上帝。他有关传教的想法激起了奥古斯特·赫尔曼·弗朗克（August Hermann Francke）的持续兴趣，弗朗克是新成立的虔诚派哈勒大学（University of Halle）的主要教授之一。正是在弗朗克的引荐下，丹麦人获得了在巴塞洛缪·齐根巴格（Batholomäus Ziegenbalg）和海因里希·普吕超（Heinrich Plutschau）手下服役的机会。1706 年后，这两位虔诚派传教士是首批潜入德伦格巴尔传教的路德派教徒。[500]

17 世纪初期，天主教传教士只是在从波斯湾到菲律宾群岛之间的亚洲的一些外围地区传教。此时，也有一小部分耶稣会士开始渗透到莫卧儿帝国、南印度和中国等地。早期进入日本的耶稣会士的垄断地位，在该世纪来临之时受到 291
来自菲律宾群岛的西班牙天主教修士的威胁。随着传教空间的拓展，其内部发生了分裂，这都源于各个民族和兄弟教会之间的嫉妒引发的在欧洲和新领地的竞争。为了将这些布道团纳入罗马的控制和监管之下，1622 年成立了**传信部**。传信部早期曾试图削弱欧洲有关国家干涉传教会并将各宗教团体团结在罗马周围，但是这招致了伊比利亚国家和其他民族的反对，他们的兴趣都在葡萄牙和西班牙所拥有的保教权。约该世纪中叶，传信部迫不得已向法国教会寻求财政和政治支持。1664 年成立的**巴黎外方传教会**，使得本已一团糟的宗教纷争又添了新乱。法国宗座代牧主教和自立教士被派往东方，在伊比利亚传教士还没有涉入的亚洲地区开拓主教区和传教所。顶住葡萄牙保教权和越南土著的敌对势力，法国于 17 世纪 60 年代在大城建立了传教基地。从此以后，不管是自立教士还是法国耶稣会士都越来越依靠法国国家及其东印度公司的援助。尽管有罗马方面的抗议，法国传教会还是民族化了。因此，到该世纪末，传信部不得不任由各个民族摆布，从夹缝中获取一点点亚洲传教会的控制权。

17世纪60年代，葡萄牙保教权和世俗权力在东方的各个地方不得不采取防守姿态。从该世纪初叶始，西班牙传教士便不断地进犯葡萄牙的势力范围挑战其权威。国王菲利普三世总体上支持西班牙传教士，并且不时地代表他们与教廷谈判。从1614年传教士被日本驱逐出境始，罗马更加关注在东方传教的直接监管力度。枢密院的成员如枢机主教罗伯特·贝勒明不顾葡萄牙神职人员的指责，支持利玛窦和诺比利推行的适应策略。传信部的成立促成了一个中央机构的诞生，这越来越威胁到葡萄牙在传教事务上的权威。面对罗马方面的新措施，葡萄牙和西班牙的哈布斯堡统治者们加紧了对东方传教活动的皇权控制，果阿当局和传信部的派出机构就此产生了纷争。教皇1633年决定终止要求传教团必须经由里斯本去往东方的规定，恰逢葡萄牙印度公司的破产。随之而来的是，葡萄牙国内越来越不满哈布斯堡的统治。1638年当日本切断与澳门的贸易之后，葡萄牙传教会在东亚的经济基础动摇了。1640年澳门及其传教会与马尼
292 拉的贸易终止，次年马六甲又被荷兰攫取，新的打击由此而生。

1640年至1668年的葡萄牙独立战争，也暂时中止了保教权与罗马教廷之间的正常关系。在此期间，有关东方的宗教权力纷争愈演愈烈。葡萄牙的主教相继死去，他们管辖的教区留出了空白。葡萄牙在东方军事实力的下降，迫使处于危险境地或者被征服的前哨港口的天主教修士离开他们的传教所，聚集在果阿。1648年后，传信部派出的传教士和宗座代牧主教开始在葡萄牙保教权的主管教区，特别是大陆东南亚当权。1652—1653年间，印度南部的圣多默基督教徒抗议葡萄牙保教权下的主教。锡兰和马拉巴尔地区各城市被荷兰侵占，果阿在印度南部的权威到17世纪60年代只剩下表面上的假象了。此后，获准在荷兰控制区工作的天主教传教士通常都不是葡萄牙人。

葡萄牙保教权其权威的严重衰落与其贯彻的传教策略紧密相关。在葡萄牙直接控制下的各殖民地，信徒的欧洲化主要依靠世俗政权。当葡萄牙世俗控制权削弱或者消失，其基督教事业也将因此而出局。在葡萄牙势力范围之外的传教所，传教会因为缺乏财政支持而衰弱不堪，孟买、南印度和中国的传教会

不得不依靠其忠实的土著信徒的捐赠来维系日常运转。该世纪前半叶，在各个传教地区包括采用“适应策略”的中国，欧洲人没有培养一个土著神职人员。1600 年至 1649 年在中国传教的 184 名耶稣会士当中，14 名为中国人，2 名为日本人，1 名为朝鲜人，1 名为中朝混血儿；他们都被归类为教友（brothers），因为耶稣会认为他们的信仰不够成熟不能胜任圣职。[501] 在印度，当地自立教士的数量越来越多，仅仅是因为天主教修士越来越少且不愿献身神职。荷兰统治相对放松期间，锡兰的一些残余天主教徒生存了下来。在日本，相当数量的本土人被培训成为普通传教士，尽管有官方的迫害，基督教社区仍然留存下来。同样，诺比利去世之后，印度南部内陆的基督教也生存下来，这得益于当地的宗教工作者（pandaraswamis）以及为传教工作而招募来的普通传教师。

将非葡萄牙籍传教士引入到保教权势力，主要是由耶稣会士负责的。天主教托钵修士和自立教士都有葡萄牙背景，很多都来自里斯本及其周边地区，或者是葡亚混血儿和在东方招募的欧洲人。该世纪的前六十年里，意大利背景的耶稣会士占了绝大多数：范礼安、利玛窦、诺比利、龙华民、高一志、艾儒略、卫匡国等。这些意大利人同时也是采用适应策略的主导力量，他们在罗马有靠 293
山支持其在新领地使用新型传教策略。1660 年前，低地国家人（金尼阁和南怀仁）、德国人（邓玉函和汤若望）、奥地利人（科夫勒）、波兰人（卜弥格）担起了传教会的领导角色。殉难圣人若昂·德·布里托是唯一一位采取适应传教策略的葡萄牙人，他在印度南方传教期间一直遵循这一方略。

葡萄牙王国一直担忧自己的主导权，想方设法地阻止外国人加入传教会；葡萄牙人对西班牙人持有特别的戒心，并且从 1600 年后成功地将他们排挤在直接参与葡萄牙保教权之外。特别值得一提的是，中国的传教会具有国际性特点，康熙统治期间（1661—1723 年）这一特点愈加明显。尽管葡萄牙人的保教权从来就没有获得过独霸一时的局面，但是他们 1665 年后持续不断地斗争，以赢得哪怕是一点点的权威。17 世纪 90 年代，里斯本重新获得在中国传教会法律意义上的权威，但是葡萄牙保教权的主张一直是欧洲和亚洲热议的话题。根据传信部的创举，1690 年南京主教区和北京主教区成立，使得大半个中国摆脱了澳门教区的管理。然而，新教区仍然归果阿都主教区管辖，以不刺激葡萄牙在保教权话题上的敏感神经。随着各个宗座代牧主教分别控制了中国教会的一部分辖区，这一妥协性让步逐渐地失去了效力。[502] 到1700年，在中国的法国耶稣会士从果阿的禁锢中解脱出来，只向他们自己的上司主管负责。但至少在纸面上，葡萄牙保教权在印度一直持续到1953年10月25日。[503]

西班牙保教权庇护下的传教士只有在菲律宾群岛和马里亚纳群岛获得了持久的成功。曾有一段时间，来自菲律宾的传教士挑战耶稣会士在日本的地位。基督教事业在日本的失败虽然不完全是西班牙天主教托钵僧修士的责任，但是耶稣会士仍然指控他们要为德川家族实施的“大迫害”负责。西班牙天主教托钵僧修士在中国取得了部分成功，他们从1632年开始试图打破葡萄牙耶稣会士在这里的垄断地位。17世纪的最后十年，西班牙传教士姗姗来迟，意欲取代葡萄牙和法国在中国传教会的领导地位，但都没有取得成功。虽然这些天主教托钵僧修士斥责耶稣会士参与商贸活动，但是他们当中的一些成员也涉嫌参与贸易和政治欺诈行为。马鲁古群岛的基督教事业完全依靠世俗权力的支持维系。
294 这里以及菲律宾群岛的传教士鼓动国家采取军事战争对付荷兰人和穆斯林。西班牙在哪里的世俗政权牢固，哪里的保教权就繁荣昌盛。但是，到了该世纪后半叶，西班牙的亚洲帝国仅限于菲律宾群岛和太平洋中部的一些岛屿。到1700年，除了小巽他岛上的葡萄牙多明我会修士之外，印度尼西亚的天主教传教会全部灭绝了。

利玛窦创建的中国传教会如同诺比利创建的南印度传教会一样，他们在整个17世纪均由耶稣会把控。耶稣会士一方面依靠葡萄牙的海外运输；另一方面想方设法地不使他们的信徒“葡萄牙化”。中国和马杜赖的耶稣会士没有世俗军队力量可以依靠，他们又看不起天主教托钵僧修士的传教方法，因而让自己适应占主导地位的本土文化，如同他们早期在日本所做的那样。耶稣会士研习当地的语言文字和传统习惯，与知识分子和官僚阶层结交朋友，逐渐地渗透到主要中心地区和内陆地区。他们富有创造性地更新传教方法，让自己和基督教信仰适应当地环境。他们远离欧洲，有必要像本土人一样生活。耶稣会士刻苦研读印度人和中国人的宗教信仰和社会习惯，以便将基督教信仰和观念在最小的摩擦下灌入到当地民众心中。土著信徒经常充当教义讲授师，或者是以普通教士身份被吸纳到耶稣会，但是他们总体上被认为在信仰上不够成熟而不能胜任神父圣职。这两个传教会的耶稣会士依靠他们的信徒来获得经济支持和政治指引。

中国的耶稣会士拥有在一个统一的文化和国家内传教的优势。如同在欧洲一样，他们能够利用在艺术和科学素养方面的优势与精英们交流，并被引介到朝廷。他们将西方的天文学著作翻译成汉语，他们的精准预测也证明了欧洲天文和数学的先进性，这为他们在帝国著名的历法局赢得职位。他们为帝国军队制造大炮，让对方感觉自己是不可缺少的。尽管他们卷入到内战以及明朝的衰亡，但是很快就“适应”了满族人，在康熙当政的朝廷中影响力更大。该世纪晚期，他们从西欧特别是法国招募科学家，寄希望通过西方的学术皈依这位皇帝，但终未成功。1692 年，他们取得了一定的不太稳固的成功即《宽容法案》，该法案承认基督教是中国四大合法信仰之一，可以自由发展。到 1700 年，中国拥有约 300 000 名基督教信徒，相当于一个世纪前日本的基督徒数量。[504] 295

在亚洲各传教领域内，经由传信部和巴黎外方传教会的重组，越南的传教事业取得了巨大的进步。只要带着军火的葡萄牙贸易商到来，来自澳门的耶稣会士特别是罗历山在交趾支那和东京就会被接纳。然而，耶稣会士的皈依活动既慢且不稳定，这也许是因为他们在此的传教会成立时间不长，或者是因为他们关注更多的是日本基督徒难民而不是向越南人传教。法国宗座代牧和自立教士的到来，引发了与葡萄牙保教权耶稣会士在大陆东南亚的传教竞争，这对传教相当不利。一旦欧洲人停止了你争我夺，基督教在越南的进展相当迅速。传信部和法国神职人员联合培养了相当数量的普通传道师，其中的一些日后还成为神父。欣欣向荣的越南传教会和中国传教会不一样，直到该世纪末它一直被控制在传信部手里，并且和葡萄牙保教权没有任何瓜葛。

新教传教会特别是荷兰资助的那些传教会被牢牢地控制着，这比欧洲国家和租赁贸易公司控制天主教会严格得多。新教牧师没有得到致力于传教事业的宗教团体的资助，他们主要与在亚洲的欧洲籍基督徒合作。荷兰牧师以巴达维亚为基地，荷兰东印度公司想要控制哪些岛屿，他们就把传教的重心放在哪里。在香料群岛，他们将注意力集中在安汶岛，他们在这里利用马来语向土著居民授课和传教。荷兰东印度公司给岛屿上的信徒提供一些特殊的待遇。在印度尼西亚，新教牧师们到处都能遭遇到敌对的穆斯林，以及建制牢固的天主教传教会，他们被分别以澳门和马尼拉为中心的葡萄牙和西班牙所支持。归正宗牧师在台湾的不懈努力终于迎来了成功，这里没有穆斯林或者其他根深蒂固的宗教。牧师们在这里的皈依对象主要是西拉雅族人，他们是当地的土著部落，没有统一的政治和宗教组织。在荷兰军队和船只的掩护下，牧师及其土著助手们花费了约二十年的时间（1642—1662 年）开展教化和传教活动，让信徒们接受荷兰的生活方式和宗教信仰。荷兰人在台湾失败之后，有些国内的加尔文教徒开始呼吁采用耶稣会士的适应策略。这些建议在印度和锡兰得到了微弱的回应，严苛的归正宗根本无法摧毁这里根深蒂固的天主教传教会和葡萄牙遗
296 产。同时，在孟买和马德拉斯的英国新教徒，想方设法地在非基督徒和葡萄牙天主教的环境中维系和根植安立甘派信仰。丹麦人不时地向科罗曼德尔海岸的德伦格巴尔派送路德派传教士；他们最终于 1706 年成立了一个固定的路德派传教会。

天主教传教士和教会的欧洲机构通过书简集，为欧洲提供了丰富的传教文献。方济各会派了一支代表团从日本出发到伊比利亚和罗马（1614—1618 年），在欧洲取得的成果比在亚洲取得的成果更多。罗马的传信部，成立了自己的神学院培训土著神职人员，成立了出版社，发行用亚洲土著语言书写的宗教书籍，以及用欧洲各国语言书写的传教报告。巴黎成立了神学院为传教会培训了法国自立教士。耶稣会士研习土著语言，甚至还罗马化了安南地区的语言。他们翻译了印度和中国的经典著作或者一部分经典著作，用欧洲各国语言出版发行。各宗教团体的传教士、耶稣会士，以及自立教士，搜集有关亚洲地理、植物群、动物群和物产等方面的信息。欧洲的有关礼仪之争作为一个副产品构筑了一个辩论性的文学体系，很多印度和中国的宗教和社会观念，尽管有所变形，但都被带到欧洲的读者那里。新教徒从来不像耶稣会士那样迷恋印度和中国文明，但是他们通过研究马来语和西拉雅族语丰富了欧洲的文化。他们开创性地描述印度宗教信仰和社会风俗，共同合作撰写有关马拉巴尔地区植物群的学术作品等，极大地拓展了欧洲认知印度次大陆的视野。

显然，欧洲通过传教活动更多地了解了亚洲，而对亚洲整体而言，了解欧洲或基督教相对较少。即便如此，到17世纪末叶，基督教在菲律宾群岛、马里亚纳群岛和安汶岛取得了辉煌的胜利，在越南、锡兰和南印度也取得了巨大的进步，并且继续在莫卧儿帝国和中华帝国保持着桥头堡的作用。 297

注释：

[1] 有关 16 世纪**保教权**（*padroado*）的历史，请参阅 *Asia*, I, 230-45；相关的概述，请参阅 A. da Silva Rego's article on the *padroado* in *New Catholic Encyclopedia* (Washington, 1967), X, 1114-16。也可以参考 C. R. Boxer, "The Portuguese Padroado in East Asia and the Problem of the Chinese Rites 1576-1773," *Instituto portugues de Hong-kong*, Boletim No. 1 (July, 1948), pp. 199-226; and C. K. Pullapilly, "Religious Impact of the Discovery of the Sea Route to India," in C. K. Pullapilly and E. J. Van Kley (eds.), *Asia and the West* (Notre Dame, 1986), pp. 173-94。

[2] 见 D. Ferroli, S. J., *The Jesuits in Malabar* (2 vols., Bangalore, 1951), II, 170。

[3] 相关历史，见原著第三卷第一册第 222-226 页。

[4] 见附录，17 世纪果阿大主教列表附在本章之后。

[5] 关于圣多默基督教徒，参考 *Asia*, I, 266-69。

[6] 参考原著第三卷第一册第 135 页。

[7] 见 F. Coutinho, *Le régime paroissial des diocèses de rite latin de l'Inde des orgines (XVIe siècle) à nos jours* (Louvain and Paris, 1958), pp. 9-12。

[8] 见 E. R. Hull, S. J., *Bombay Mission-History with a Special Study of the Padroado Question* (2 vols., Bombay, 1927-30), I, 45。

[9] 见 Boxer, *loc. cit.* (n. 1), pp. 208-9，也可参考原著第三卷第一册第 266 页。

[10] 教廷和皇室训令列表，见 Hull, *op. cit.* (n. 8), pp. 46-48；"礼仪之争" 的论述，见原著第三卷第一册第 260-269 页。

[11]1611 年，梅内塞斯（Meneses）返回葡萄牙，成为布拉加（Braga）的大主教，同时也是马德里皇家议会的议长，1617 年去世。见 M. Müllbauer, *Geschichte der katholischen Missionen in Ostindien von der Zeit Vasco da Gamas bis zur Mitte des 18. Jahrhunders* (Freiburg in Breisgau, 1852), p. 363。

[12] 见 Coutinho, *op. cit.* (n. 7), pp. 47-49; 66-70。有关 1660 年前的耶稣会传教历史，参阅耶稣会士伊纳西奥 · 阿尔卡莫内（Inacio Arcamone, S. J.）未出版的历史，该著作被收编在罗密欧 · 费尔南德斯（Romeo Fernandes）的 "Uma descripcão e relação 'Di Sasatana Peninsula' (1664) do Padre Inacio Arcamone," *Archivum Historicum Societatis Iesu* (hereafter *AHSI*), L(1981), 76-120。

[13] 有关他们 16 世纪的活动，参阅 *Asia*, I, 234-35，262。

[14]1590—1630 年间，方济各会修士的数量翻了一番，人数从 200 名上升到 400 名。这些数据来自邓肯（T. B. Duncan）的 *The Portuguese Enterprise in Asia* (unpublished typescript), Table 24。

[15] 见 A. Meersman, *The Franciscans in Tamilnad in Supplementa* XVII of the *Neue Zeitschrift für Missionswissenschaft* (以后简写为 NZM) (Fribourg, 1962), pp. 50, 57-60, 96-99, 121。

[16] 见 M. Teixeira, *The Portuguese Missions in Malacca and Singapore, 1511-1958* (3 vols., Lisbon, 1961-63), II, 133-35, 145-48。关于西班牙方济各会修士在马六甲的活动，见原著第三卷第一

册第 215 页。

[17] 见 A. Meersman (ed.), *Historia missionum ordinis Fratrum Minorum,* Vol. I. *Asia centroorientalis et oceania* (Rome, 1967), p. 266。

[18] *Ibid.*, pp. 275-78; 也可以参阅 Teixeira, *op. cit.* (n. 16), II, 132。

[19] 见 Duncan, *op. cit.* (n. 14), Table 24。

[20] 1706 年前葡萄牙多明我会在东方的情况，请参阅 L. de Cácegas, *História de São Domingos, particular de reyno, e conquistas de Portugal* (4 vols., Lisbon, 1623-1767)，特别是第三部分的第 393-433 页和第四部分的第 649-703 页。也可以参阅 B. Biermann, "Die Mission der portugiesischen Dominikaner in Hinterindien," *Zeitschrift für Missionswissenschaft und Religionswissenschaft* (以后简写为 *ZMR*), XXI (1931), 305-27。

[21] 有关他的传记，见 *Asia*, I, 748-49。

[22] 有关当时多明我会修士在柬埔寨的活动，见 Gabriel Quiroga de San Antonio, *Breve y verdadera relacion de los succesors del reino de Camboxa* (Valladolid, 1604)。1914 年翻印，编辑为 A. Cabaton。关于圣安东尼奥（San Antonio）的游历，也可以参阅原著第三卷第一册第 309 页。

[23] 见 R. P. F. Andre-Marie, O.P., *Missions Dominicaines dans l'Extreme Orient* (Paris, 1865), I, 123-24。

[24] 见 Duncan, *op. cit.* (n. 14), pp. 287, 302。

[25] 数量众多的相关例子，见 Andre-Marie, *op.cit.* (n. 23), chap. ii。关于缅甸南方的德 · 布里托，见原著第三卷第一册第 234-235 页。

[26] 莫桑比克的传教活动，见 Duncan, *op. cit.* (n. 14), pp. 296-97。

[27] 关于佛罗雷斯—索洛—帝汶岛地图，参阅同上，地图 3。在葡萄牙当时的记载中，"索洛"(Solor) 经常被用来指涉葡萄牙在该地区任一个或所有 7 个定居点，包括"索洛岛"本身。

[28] 荷兰日后估算这个地区皈依基督教的人数达到 12 250 名。见 C. R. Boxer, *Fidalgos in the Far East 1550-1770* (The Hague, 1948), pp. 175-76。到 1606 年，约 64 名多明我会修士在该地区活动，大约皈依了 5 万名土著，根据 P. K. Piskaty, *Die katholische Missionsschule in Nusa Tenggara* (*Südost-Indonesien...*) (Steyr, 1964), p. 47。几乎所有近期的学者都认为当时的估计有点夸大其词。修士们为了用这些数字讨好上级组织，他们把洗礼，有时甚至把纯粹象征性的公众事件等也计入到皈依的总数中去。见 Duncan, *op. cit.* (n. 14), pp. 251-52。

[29] J. Bot, "Mission History Sketch of the Lesser Sunda Islands," *Mission Bulletin* (Hong Kong, 1955), p.575.

[30] 关于他的传记，见 Cácegas, *op. cit.* (n. 20), IV, 696-700。

[31] 见 B. Biermann, "Frei Luis de Andrada und die Solor-mission," *ZMR*, XLIII (1959), 176-87。1627 年，安德拉达返回果阿，向罗马教会总部请愿，要求将印度的多明我会省和葡萄牙母国分离，但似乎不是很奏效。他指出，方济各会赢得独立（参考原著第三卷第一册第 135 页），

而他们在东方的人数只有 90 名，但是多明我会的 71 所修道院中共有 320 名修士。

[32] 见 Teixeira, *op. cit.* (n. 16), II, 96。

[33] 兰赫尔的两篇报告都出版在里斯本：一篇出版于 1624 年，另一篇出版于 1635 年。见 R. Streit, *Bibliotheca Missionum* (30 vols., Münster and Aachen, 1916-75；之后引为 Streit), V, 100。第一篇是给国王的臣文，第二篇是他第二次访问索洛岛时基督教在当地取得胜利的记述（*relação*）。

[34] 见 Piskaty, *op. cit.* (n. 28), pp. 47-48; and Bot, *loc. cit.* (n. 29), p. 576。

[35] 见 Boxer, *op. cit.* (n. 28), p. 179。

[36] 数据来自 Teixera, *op. cit.* (n. 16), II, 24, 100。

[37] 见 Duncan, *op. cit.* (n. 14), p. 295。

[38] *Ibid.*, Table 24.

[39] 1973 年当拉赫访问弗洛勒斯岛时，当地的总督向他展示了葡萄牙风情的舞蹈和戏剧，任何带有"葡萄牙风格"的东西都被当作一种自豪来展现。进一步了解这些岛屿的葡萄牙遗迹，请参阅安东尼奥·平托·达·弗兰卡（Antonio Pinto da Franca）——葡萄牙驻印度尼西亚的前领事的作品，他在该地区旅行了五年，编辑成 *Portuguese Influence in Indonesia* (Djakarta, 1970)，其中的插图十分丰富。特别有价值的是他列举了众多的源于葡萄牙语的印度尼西亚词汇。

[40] 关于修士的数量，见 Duncan, *op. cit.* (n. 14), Table 24。

[41] 奥古斯丁修会在果阿的基业建立的描述，参阅 M. Collis, *The Land of the Great Image ...* (New York, 1943), p. 61。

[42] 其后续历史，见 Duncan, *op. cit.* (n. 14), pp. 310-12。

[43] 见 T. A. Lopez, O. S. A., *La Orden de San Agustin en la India* (1572-1622) (Valladolid, 1977), p. 122 。

[44] Duncan, *op. cit.* (n. 14), pp. 316-19.

[45] 他写了一份手稿，记录了奥古斯丁会修士初期的历史，追溯到 1606 年 1 月 15 日。这份手稿被保存在埃武拉（Evora）图书馆（Codex CXV 1-8）。曾被编辑收录在 A. Hartmann, O. S. A., in "The Augustinians in Golden Goa ...," *Analecta Augustiniana*, XXX (1967), 5-147。人们认为他将这一历史一直记到 1637 年，但是后续的这部分内容从未被发现。

[46] 根据 A. Hartmann, "The Augustinian Mission of Bengal(1599-1834)," *Analecta Augustiniana*, XLI(1978), 166-69。列奥纳多在孟买的职位由加斯帕尔·杜斯·雷斯(Gaspar dos Reis)代替。

[47] 葡萄牙人早期在恒河口和孟买湾据点的地图，请参阅 C. E. Luard and H. Hosten (trans. and eds.), *Travels of Fray Sebastien Manrique, 1629 – 1643*, "HS," 2d ser., LIX and LXI (Oxford, 1926-27), Vol. I, p. xxiv。

[48] 见 Hartmann, *loc. cit.* (n. 46), pp. 182-84。也可参阅原著第三卷第一册第 234 页。

[49] 有关他的起起落落，见原著第三卷第一册第 16 页。

[50] 详细内容，请参考 Collis, *op. cit.* (n. 41), chap. vii。也可以参考 Hartmann, *loc. cit.* (n. 46)，pp. 179-84。

[51] 包括免受果阿政治控制的自由在内的奥古斯丁教宗的 17 项特权，见 *O Chronista de Tissuary* (Nova Goa, 1867), I, 60。

[52] 见 Hartmann, *loc. cit.* (n. 46), pp. 184-91。

[53] 见 Duncan, *op. cit.* (n. 14), Table 24, and p. 317; 1682 年上呈给国王的报告涉及奥古斯丁会修士 1669 年前在印度的历史，其中西芒·达·格拉萨（Simao da Graça, O. S. A.）特别关注孟买的传教事业。见 Hartmann, *loc. cit.* (n. 46), p. 163。

[54] 葡萄牙在印度约 1660 年前传教活动的概述，见 M·戈迪尼奥（M. Godinho）*Relação do novo caminho que fez por terra e mar, vindo da India para Portugal no ano de 1663 ...* (Lisbon,1665), pp. 11-12, 53, 216-22。

[55] 到 1661 年，只有 6—7 名印度人获准加入多明我会，其中几名被授予圣职的印度人获准来到罗马而不是留在印度。见 C. R. Boxer, "The Problem of the Native Clergy in Portuguese India 1518-1787," *History Today*, XVII (1967),774。

[56] Duncan, *op. cit.* (n. 14), Table 24.

[57] 根据 *ibid.*, pp. 329-31。

[58] 有关该传教会 16 世纪的活动历史，请参阅 *Asia*, I, 245-314。

[59] 见 A. Viegas (ed.), *Relação anual das coisas que fizerman os padres da Companhia de Jesus nas suas missoes ... nos anos de 1600 a 1609 ... pelo Padre Fernão Guerreiro ...* (3 vols., Coimbra, 1930), I, 1-5。关于格雷罗（Guerreiro）的这部作品，参阅原著第三卷第一册第 316-318 页。也可以参阅 Duncan, *op.cit.* (n. 14), Table 24 and p. 359。

[60] 见 Duncan, *op. cit.* (n. 14), Table 25。

[61] 根据 *ibid.*, Table 26。

[62] 见 J. Wicki, "Auszüge aus den Briefen der Jesuitengenerale an die Obern in Indien (1549-1613)," *AHSI*, XXII (1953), 152。

[63] 见 A. Rebello (comp.), *Compendio de algumas cartas que este anno de 97 vierao dos Padres da Companhia de Jesu* (Lisbon, 1598), pp. 17-18。

[64] 见 H. Heras, S.J., *The Conversion Policy of the Jesuits in India* (Bombay, 1933), p. 47。

[65] 关于范尼西欧，请参照第三卷第二册第 874-876 页。关于该书的历史，见 L. Ambruzzi, "11contributo dei missionari cattolichi alla conoscenza delle religioni... dell' India," in C. Costantini *et al.*, *Le missioni cattoliche e la cultura dell' Oriente* (Rome, 1943), pp. 274-76。

[66] 见 Müllbauer, *op. cit.* (n. 11), pp. 106-7。

[67] 1600 年前的阿克巴和耶稣会历史，见 *Asia*, I, 257-77。

[68] 格雷罗的 *Relação*（见注释 59）中有关于当时信件和告示的英语版简述，另一部作品皮埃尔·杜·雅利克（Pierre du Jarric）的 *Historie* 的主要依据也是格雷罗的著述。见 C. H. Payne

(trans. and ed.) *Jahangir and the Jesuits* (New York, 1930), pp. 119-82。其旅行图也包括在其中。

[69] 见 *ibid.*, pp. 3-115；也可以参见 E. Maclagan, *The Jesuits and the Great Mogul* (London, 1932), chap. v, and pp. 342-58。也可以参见 G. M. Toscano, *La pima missione cattolica nel Tibet* (Parma, 1951)。

[70] Müllbauer, *op.cit.* (n. 11), p. 117.

[71] 有关恩里克王子的事迹，见 *Asia*, I, 270-71, 433-34。

[72] Müllbauer, *op.cit.* (n. 11), pp. 123-24.

[73] 关于这几名耶稣会士的详细情况，请参阅 *ibid.*, pp. 130-13 页；有关这里的奥古斯丁会修士的情况，请参阅 *ibid.*, p.142。

[74] 见 V. Cronin, *A Pearl to India, The Life of Roberto de Nobili* (London, 1959), chaps. i-ii; and P.R.Bachmann, *Roberto Nobili, 1577-1656. Ein missionsgeschichtlicher Beitrag zum Christlichen Dialog mit Hinduismus* (Rome, 1972), chaps. i-ii。这两本著作都极大地得益于神父 Agustin Saulière, S.J. 这个一生都在马杜赖的传教士所著但没有出版的传记和翻译材料。

[75] 见 H. Heras, *The Aravidu Dynasty of Vijayanagar* (2 vol., Madras, 1927), I, 131-32。

[76] Bachmann, *op. cit.* (n. 74), pp. 37-40.

[77] 引自 Heras, *op. cit.* (n. 75), I, 367。

[78] 见 Cronin, *op. cit.* (n. 74), pp. 42-43。

[79] 见 *ibid.*, pp. 50-58；Bachmann, *op. cit.* (n. 74), pp. 48-53。

[80] 见 W. V. Bangert, S. J., *A History of the Society of Jesus* (St. Louis, 1972), p. 153。

[81] 这个事件给诺比利提供了一个机会见证当地的殉夫(*satī*)风俗。其他欧洲人都认为这太恐怖，这种仪式是印度野蛮文化的一个例证。而诺比利却不这么认为。他在报告里强调它的积极面：妻子对理想的忠诚和献身。请参阅 Bachmann, *op. cit.* (n. 74), p. 61。

[82] 有关人们长期争论的诺比利是否伪造了第四部吠陀经的话题，请参阅 Bachmann, *op. cit.* (n. 74), pp.76-82。关于他和婆罗门的辩论，参阅原著第三卷第二册第 1014-1017 页。

[83] 见 Cronin, *op. cit.* (n. 74), chap. vii; and Bachmann, *op.cit.* (n. 74), pp. 96-98。

[84] 见 Bachmann, *op. cit.* (n. 74), p. 118。只有最高级别的种姓阶层才佩戴绳线；由 3 根绳子组成，通常绕过肩膀，斜跨在身体之上。

[85] 有关他们的回应，参阅 Cronin, *op. cit.* (n. 74), pp. 151-52。

[86] 拉吉欧后来事业的发展，请参阅 J. Dehergne, S.J., *Répertoire des Jésuites de Chine de 1552 à 1800* (Rome, 1973), p. 140。

[87] Bachmann, *op. cit.* (n. 74), p. 120.

[88] Cronin, *op. cit.* (n. 74), pp.156, 161.

[89] Bachmann, *op. cit.* (n. 74), pp. 166-67.

[90] 有关诺比利的信件内容，见 Cronin, *op. cit.* (n. 74), pp.191-97。

[91] 见 Bachmann, *op. cit.* (n. 74), pp. 172-75。

[92] 比较原著第三卷第一册第 10-11 页。

[93] 1567 年、1575 年和 1585 年的果阿会议规定，信徒们必须停止系绳子，葡萄牙世俗军队负责执行这一禁令。请参阅 Bachmann, *op. cit.* (n. 74), p. 188。

[94] 有关此事，请参阅原著第三卷第一册第 178-179 页。

[95] 译自 Cronin, *op. cit.* (n. 74), p. 212。

[96] *Ibid.*, p.215.

[97] 见 Bachmann, *op. cit.* (n. 74), p. 196。

[98] Cronin, *op. cit.* (n. 74), p. 219.

[99] 参阅 Bachmann, *op. cit.* (n. 74), pp. 198-99。

[100] Cronin, *op. cit.* (n. 74), pp. 225-30.

[101] 见 Bachmann, *op. cit.* (n. 74), pp. 203-7。

[102] Cronin, *op. cit.* (n. 74), pp. 231-43.

[103] 见 Ferroli, *op. cit.* (n. 2), II, 415-16。

[104] 有关诺比利的价值，请参阅 S. Neill, *A History of Christianity in India. The Beginnings to A.D. 1707* (Cambridge, 1984), pp. 300-309, 552-54。

[105] 1656—1687 年间的具体数字，参阅 Müllbauer, *op. cit.* (n. 11), pp. 211-12, n. 1。

[106] Cronin, *op. cit.* (n. 74), pp. 216-17. 计划来中国的第二批传教士由殷铎泽（Intorcetta）带队，于 1673 年 3 月 25 日从里斯本出发，乘坐同一舰队。在这个小分队中，只有殷铎泽在这次旅途中生存了下来。

[107] 有关他的早期生活，请参阅 A.Saulière,S.J.,*Red Sand.A Life of St.John de Britto,S.J.,Martyr of the Madura Mission* (Madura:de Nobile Press,1947), chaps. i-iii。借用作者的话，这本书“专门针对年轻人”，十分值得学术界关注，其作者十之八九是马杜赖 17 世纪传教活动的权威。根据此作的“成年人版本”，请参阅 Albert M. Nevett, S.J., *John de Britto and His Times* (Anand, 1980)。

[108] 参见原著第三卷第一册第 99 页。

[109] 见 Saulière, *op. cit.* (n. 107), pp. 241-42。

[110] 总结性陈述，也有很多直接引用内容，*ibid.*, chap. xiv.

[111] 引自 *ibid.*, p.308。

[112] 有关塞特帕蒂（Setupatis）在马拉瓦的拉姆德的统治历史，参阅 Heras, *op. cit.* (n. 75), I, 354-62。

[113] 见 Ferroli, *op. cit.* (n. 2), II, 82。

[114] 见 Saulière, *op. cit.* (n. 107), chap. xix，其中有他在葡萄牙受到的接待和生活的描述（1687 年 9 月至 1689 年 3 月）。

[115] 那时，神父塔夏德（Guy Tachard）和其他耶稣会士以本地治里为基地，正致力于在马杜赖布道院北部筹建卡纳蒂克（Carnatic）布道所。更多的细节，可参考原著第三卷第一册第

258-259 页。

[116] 根据 Saulière, *op. cit.* (n. 107), chap. xx-xxiv。有关现代圣约翰 · 布里托每年一度的节日即 2 月 4 日的描述，参阅 Nevett, *op. cit.* (n. 107), pp. 1-2。

[117] 戴拜教务会议之前的圣多默基督徒历史，参见 *Asia*, I, 231, 266-269, and Pullapilly and Van Kley (eds.), *op. cit.* (n. 1), pp. 187-89。

[118] 见 E. Tisserant, *Eastern Christianity in India* (Bombay, [1957]), pp. 71-75。

[119] 见 Ferroli, *op. cit.* (n. 2), II, 27-29。

[120] 见林哈里斯 1648 年 1 月 15 日给国王的信，引自 *ibid.*, p.31。

[121] 有关这封信的拉丁语译文，参阅 Tisserant, *op. cit.* (n. 118), pp. 78-79n。

[122] 阿塔拉（1590—1654 年）很可能没有被烧死。关于他的生涯，参考 J. Thekedathu, S. D. B., *The Troubled Days of Francis Gacia, S.J., Archbishop of Cranganore (1641-59)* (Rome, 1972), pp. 73-82；也可参照 Neill, *op. cit.* (n. 105), pp. 316-31。

[123] 根据 Thekedathu, *op. cit.* (n. 122), pp. 78-84。

[124] 关于弥合分裂的努力，见 Neill, *op. cit.* (n. 105), pp. 321-32。关于传信部传教士在马拉巴尔的后续问题，可以参考 Pietro Paulo di S. Francesco, O.C.D.1689 年的报告，这个报告的内容总结，见 J.Metzler 所著的 "Die Kongregation in der zweiten Hälfte des 17. Jahrhunderts," *Sacrae Congrgeationis de Propaganda Fide Memoria Rerum* (以后简写为 *SCPFMR*) Vol. 1/1. (Freiburg, 1971), pp. 302-3。

[125] 关于葡萄牙的军事扩张，见原著第三卷第一册第 10-12 页。

[126] 见 S. G. Perera, S.J., "The Jesuits in Ceylon in the XVI and XVII Centuries," *The Ceylon Antiquarian and Literary Register*, II (1916-17), 1-11。

[127] *Ibid.*, pp. 75-79.

[128] 这次起义的内容，请参阅安东尼奥 · 博卡罗（Antonio Bocarro）著的 *Decada 13 da Historia da India*，译文见 P. E. Pieris (ed. and trans.), *Ribeiro's History of Ceilão* (Colombo, 1990), pp. 195-96。

[129] 见 Perera, *loc. cit.* (n. 126), II (1916-17), 224-35; III (1917-18), 19-35。

[130] *Ibid.*, VI（1920-21）, 38.

[131] 数据来自 Paulo de Trindade's *Conquista espiritual do Oriente ...*。综述见 R. Boudens, O. M. I., 所著的 *The Catholic Church in Ceylon under Dutch Rule* (Rome, 1957), pp. 34-40。

[132] 见 Boudens, *op.cit.* (n. 131), pp. 88-115。

[133] 诺比利的泰米尔语作品列表，参阅 Cronin, *op. cit.* (n. 74), pp. 269-70；关于贝齐（Beschi）的作品，见 Ferroli, *op. cit.* (n. 2), II, 302-3。

[134] 见 K. A. Nilakanta Sastri, *A History of South India from Prehistoric Times to the Fall of Vijayanagar* (3d ed., Madras, 1966), p. 321。

[135] 见 Ferroli, *op. cit.* (n. 2), II, 280。1677 年，最后一名耶稣会士离开马鲁古群岛。参

阅 Cornelius Wessels, S. J.,"Catalogus patrum et fratrum e Societate Iesu qui in missione Moluccana ab a. 1546 ad a. 1677 adlaboraverunt," *AHSI*, I (1932), 237-53。

[136] 日本耶稣会士修道院院长的名单，参阅 C. R. Boxer, *The Christian Century in Japan* (Berkeley, 1951), p. 445；中国耶稣会士修道院院长名单，参阅 Dehergne, *op. cit.* (n. 86). pp. 317-18。

[137] 访问中国和日本的修士名单，参阅 Dehergne, *op. cit.* (n. 86)，pp.321-22。

[138] 关于澳门16世纪的历史，参阅 *Asia*, I, 295-97；这个估算的人口数字来自 C. R. Boxer,"Macao as a Religious and Commercial Entrepot in the Sixteenth and Seventeenth Centuries," *Acta Asiatica*, XXVI (1974), 65-66。也可以参阅 R. Ptak,"The Demography of Old Macao, 1555-1640," *Ming Studies,* XIV (1982), 28。

[139] 有关澳门的贸易组织，参阅 C. R. Boxer, *The Great Ship from Amacon. Annals of Macao and the Old Japan Trade, 1555-1640* (Lisbon, 1959), pp. 7-12。关于耶稣会直接投资贸易的案例，参照"list of the goods sent by the Jesuits from Macao to Japan in 1618"，再版于 *ibid.*,185-89。

[140] 宗教界和世俗界的历史学家普遍认为，日本的耶稣会士联合在一起共同反对接受西班牙修士。关于这个问题的剖析，参阅 M. Cooper, S.J. *Rodrigues the Interpreter* (New York, 1974), pp. 122-25。

[141] 引自 *ibid.*, p.132。

[142] *Ibid.*, pp.140-41.

[143] *Ibid.*, pp. 199-200.

[144] 引自 C. R. Boxer, *op. cit.* (n. 136), p. 171。有关西班牙对日本传教活动的观点，参照原著第三卷第一册第 208-214 页。

[145] 关于这些接待细节，请参阅 Cooper, *op. cit.* (n. 140), pp. 211-16。

[146] 见 Boxer, *op. cit.* (n. 136), p. 187。这些数据也许有点水分，耶稣会士 1614 年提供的数据是不足 30 万。参考 1614 年 pp.320-21。比较 J. Laures, S. J., in *The Catholic Church in Japan. A Short History* (Rutland, Vt., 1954), pp. 140-43 的观点，其中比较了这个"中等进展"(mediocre progress）的时期和 16 世纪取得的巨大成功。

[147] 关于传教团的负债细节，参考 Cooper. *op. cit.* (n. 140), chap. xii。

[148] 见 *Ibid.*, chap. xiii。

[149] 见 Boxer, *op. cit.* (n. 136), pp. 320-27; and Laures, *op. cit.* (n. 146), pp. 164-66。注意这些数据的分歧。我们总体上采纳劳伦斯（Laures）提供的数据，他是日本天主教会的"官方"历史家。我们也按照博克舍（Boxer）提供的数据做了一些调整，只要我们认为后者的分析和讨论令人信服或者提供的统计数据可靠。另一组数据，参阅 Cooper, *op. cit.* (n. 140), p. 268。当然，这些分歧还不足以影响我们对这次驱逐的实际情况做出大致的估计。数据上的最大分歧是关于 1614 年日本基督徒的数量，从 25 万到 75 万不等。也可以参阅 Duncan, *op. cit.* (n. 14), p. 425。

[150] 根据耶稣会士书信，其中的一名耶稣会士 1613 年逃到虾夷的松前（Matsumae)。1618 年，这里出现了第二名逃难的耶稣会士，第三名则出现在 1620 年。来自西西里岛的耶稣会士安杰

列斯（Giolamo de Angelis）1618 年来到这里，1621 年再次返回此地，他在 1621 年写给欧洲的信中附带了一张松前岛的地图。参阅 P. D. Schilling, "Il contributo dei missionari cattolici nei secoli XVI e XVII alla conoscenza dell' Isola di Ezo e degli Ainu," in Costanini *et al., op. cit.* (n. 65), pp. 152-56。

[151] Boxer, *op. cit.* (n. 136), pp. 360-61; and Laures, *op. cit.* (n. 146), pp. 178-79.

[152] 关于耶稣会士打开中国大门的内容，参阅 *Asia*, I, 795-802。

[153] 研究利玛窦的书单非常冗长，且这一书单还在不断丰富着。任何利玛窦研究都撇不开 P. d'Elia, S.J. (ed.), *Fonti Ricciane* (3 vols., Rome, 1942-49) 。主要根据 *Fonti* 写成的十分流行的英语版传记，可以参考 Vincent Cronin（也是诺比利的传记作者）的作品 *The Wise Man from the West* (New York, 1955)。关于利玛窦对促进中国适应性传教政策的贡献，可以参考由 G. H. Dunne, S.J. 综述性但是有点争议的研究成果 *Generation of Giants. The Story of the Jesuits in China in the Last Decades of the Ming Dynasty* (Notre Dame, Ind., 1962), chaps. i-v。最近的一个有趣阐释，请参阅 J. Spence, *The Memory Palace of Matteo Ricci* (New York, 1984)。

[154] Dehergne, *op. cit.* (n. 86), pp. 325-27.

[155] 见 Dunne, *op. cit.* (n. 153), p. 101。

[156] 关于利玛窦及其同事们的讨论，参阅 C. W. Allan, *Jesuits at the Court of Peking* (Shanghai, 1935), pp. 57-60。他们的传记，参阅 Dehergne, *op. cit.* (n. 86)。也可以参阅 Minsun Chen, "Hsü Kuang-ch'i (1562-1633) and His Image of the West," in Pullapilly and Van Kley (eds), *op. cit.* (n. 1), pp. 27-44。

[157] 他们的传记，参阅 Arthur W. Hummel (ed.), *Eminent Chinese of the Ch'ing Period (1644-1912)* (Washington, 1943)。

[158] 见 Dunne, *op. cit.* (n. 153), pp. 162-70。祈祷书和祈祷语问题的细节，可以参考 F. Bontinck, *La lutte autour de la liturgie chinoise aux XVIIe et XVIIIe siècles* (Louvain, 1962), pp. 21-25。这里引用的两位作者都为金尼阁开脱，而 Daniello, S. J. (1608-85) 却不这么认为，他批判道，金尼阁准许使用本土神职人员，并且主张将汉语作为祈祷语，这超过了龙华民的命令。

[159] 参考原著第三卷第一册第 512-513 页。

[160] 路易·索特洛（Luis Sotelo O. F. M）领导的达特（Date）传教会，参考原著第三卷第一册第 210-212 页和 331-332 页。

[161] 见 E. Lamalle, S. J., "La propaganda du P. Nicolas Trigault en faveur des missions de Chine, 1616," *AHSI*, IX (1940), 49-120。也可以参考 C. Dehaisnes, *Vie du Pere Nicolas Trigault de la Compagnie de Jesus* (Tournai, 1861), chaps. iv and v；and Dunne, *op. cit.* (n. 153), p. 178。

[162] 见 Dunne, *op. cit.* (n. 153), pp. 112-17。

[163] *Ibid.*, p. 123.

[164] 见 Cooper, *op. cit.* (n. 140). pp. 279-89。

[165] 沈㴶反对基督教的简述，参见 E. Zürcher, "The First Anti-Christian Movement in China.

Nanking, 1616-21," in P. W. Pestman (ed.), *Acta Orientalia Neerlandica* (Leyden, 1971), p. 191。关于中国人对基督教会的反应，也参考 J. Gernet, *China and the Christian Impact: A Conflict of Cultures*, trans. J. Lloyd (Cambridge and Paris, 1985); J. D. Young, *Confucianism and Christianity: The First Encounter* (Hong Kong, 1983)。

[166] 参阅 Dunne, *op. cit.* (n. 153), pp. 132-133。

[167] 见 Zürcher, *loc. cit.* (n. 165), pp. 192-93；中国文明和基督教之间的基本冲突的神学阐释，见 D. Lancashire, "Anti-Christian Polemics in Seventeenth-Century China," *Church History*, XXXVIII(1969), 218-41。

[168] 详细信息，参考 F. Margiotti, O. F. M., *Il cattolicismo nello Shansi dale origini al 1738* (Rome, 1958), pp. 82-91。

[169] 耶稣会士的陆路旅行，参阅原著第三卷第一册 338 页和第四册 1575-1576 页。

[170] 有关碑文发现的历史及其后续的争论，参考 Henri Havret, S. J., *La stèle chrétienne de Si-ngan-fou* (Shanghai, 1895)；学界对石碑的论述及在中国西部发现的支撑性材料，参考 P. Y. Saeki, *The Nestorian Documents and Relics in China* (2d ed., Tokyo, 1951), and Margiotti, *op. cit.* (n. 168), 52-54。也可以参考原著第三卷第一册第 485-486 页。

[171] 见 J. Metzler, *Die Synoden in China, Japan und Korea, 1570-1931* (Paderborn, 1980), pp. 11-14。

[172] *New Catholic Encyclopedia* (Washington, D.C., 1967), III, 612，根据 F. A. Rouleau S. J. 撰写的 "Chinese Rites Controversy" 的天主教官方版本；以及评论文章 J. S. Cummins, "Two Missionary Methods in China: Mendicants and Jesuits," in V. Sanchez and C. Fuertes (eds.). *España en Extremo Oriente* (Madrid, 1979)，pp. 46-47。

[173] 见 Metzler, *op. cit.* (n. 171), p. 12。

[174] 见 Dunne, *op. cit.* (n.153), p. 295。

[175] 见 Cooper, *op. cit.* (n. 140). p. 327。

[176] 见 Cummins, *loc. cit.* (n. 172), pp. 59-60。

[177] 见 Dunne, *op. cit.* (n.153), chap. xvi。

[178] 关于 1640—1668 年间葡萄牙人民反抗哈布斯堡王朝的起义成功，参阅原著第三卷第一册第 22 页。其对传教会的影响，见 H. Bernard, S. J., *Les iles Philippines du grand archipel de la Chine, 1571-1641* (Tientsin, 1936), pp. 205-22。

[179] 见 F. Michael, *The Origins of Manchu Rule in China* (Baltimore, 1942), pp. 2-3。

[180] 李约瑟（Joseph Needham）后来认为中国耶稣会的天文学是"不完美的传播"。见 *Science and Civilization in China* (Cambridge, 1970), III, 437-47。

[181] 见 Pasquale M. D' Elia, S. J., *Galileo in China. Relations through the Roman College between Galileo and the Jesuit Scientist-Missionaries* (Cambridge, Mass., 1960), pp. vi-vii。关于热议的问题"耶稣会士是否向中国人隐藏了日心说？"（pp. 51-56），D' Elia 论述了这样的观点，即日

心说在 18 世纪前没有被多数欧洲科学家接受。中国的耶稣会士(当然其中的一些相信哥白尼)没有参与任何阴谋或者盲目地遵守教廷禁令反对日心说，但是他们和世俗科学家一样，只是观点有分歧。也许需要补充的是，在当时北京的那种情况下，一方面强调西方在天文学领域的争议；另一方面又要谋求让中国人相信他们的权威，这是很难做到的。

[182] 关于这次战争，见 Boxer, *op. cit.* (n. 28), pp. 72-93。

[183] 见 Dunne, *op. cit.* (n. 153), pp. 183-87。 也可以参考 C. R. Boxer, "Portuguese Military Expeditions in Aid of the Mings against the Manchus, 1621-1647," *T'ien Hsia Monthly*, VII(1938), 24-36。

[184] 见 A. Väth, *Johann Adam Schall von Bell, S.J.*(Cologne, 1933), p. 68。 J. Duhr 撰写的法语版传记（1936 年）改编自 Vath 的作品，Rachel Attwater 撰写的英语版传记改变自 Duhr 的作品。因此，汤若望的传记只有一部，即由 Väth 撰写。

[185] 见 D' Elia, *op. cit.* (n. 181), pp. 33-38。

[186] 见 Dunne, *op. cit.* (n. 153), pp. 187-92。

[187] 见 Väth, *op. cit.* (n. 184), pp. 74-81。

[188] 很显然，他并没有意识到中国文献中已经多次探讨过太阳黑子这一现象了。见 Needham, *op. cit.* (n. 180), III, 435。

[189] 见 D' Elia, *op. cit.* (n. 181), pp. 40-41 ; and Dunne, *op. cit.* (n. 153), pp. 208-14。

[190] Väth, *op. cit.* (n. 184), p. 103; 引自 Dunne, *op. cit.* (n. 153), p. 220。

[191] 见他的传记，Y. C. Yang in Hummel, *op. cit.* (n. 157), p. 318。

[192] 见 Duncan, *op. cit.* (n. 14), p. 414; 以及 Dchergne, *op. cit.* (n. 86), p. 330。

[193] 见 Dunne, *op. cit.* (n. 153), pp. 303-4。

[194] 见 Dehergne, *op. cit.* (n. 86), p. 330。Zürcher, *loc. cit.* (n. 165), pp. 189-90，认为耶稣会士作者太过强调了他们皈依信徒的社会地位和名气。

[195] 教皇于 1608 年授权托钵僧教团，他们可以按照自己的意愿选择前往远东的路线（参考原著第三卷第一册第 132 页）。但是保教权下的所有托钵僧都有葡萄牙背景，都臣服于世俗皇权。葡萄牙控制的亚洲地区的耶稣会士尽管来自不同民族，但都仰仗葡萄牙世俗国王的交通以及进入澳门的资格。结果，保教权下的耶稣会士不愿采用其他路线，尽管他们越来越倾向于陆路，因为荷兰的骚扰使得耶稣会士在生命、时间和金钱方面的损失越来越大。

[196] 见 B. M. Biermann, *Die Anfänge der neuren Dominikanermission in China* (Münster, 1927), chap. ii, and Dunne, *op. cit.* (n. 153), pp. 235-66。

[197] 见 Dunne, *op. cit.* (n. 153), pp. 303-9 ; 也可参考 Dehergne, *op.cit.* (n. 86) 的明朝结束时的 1644 年的中国教会落点分布图，第 352 页。

[198] 译自并引自 D' Elia, *op. cit.* (n. 181), p. 49。

[199] 见由 Tu Lien-che 写的有关他的文章，Hummel, *op. cit.* (n. 157), I, 491-93。

[200] 见 Dunne, *op. cit.* (n. 153), pp. 316-22。

[201] 相关的文献，见 Fu Lo-shu (trans. and ed.) *A Documentary Chronicle of Sino-Western Relations*

(*1644-1820*) (2 vols., Tucson, Ariz., 1966), I, 3-5。

[202] Dunne, *op. cit.* (n. 153), pp. 322-25. 钦天监在欧洲偶尔也会被称作算术局（Bureau of Mathematics）。

[203] 根据述略 J. E. Wills, Jr., *Pepper, Guns, and Parleys* (Cambridge, Mass., 1974), pp. 11-12。

[204] *Ibid.*, pp.15-17.

[205] 汤若望的辩解书，见 Dunne, *op. cit.* (n. 153), pp. 325-38。

[206] *Ibid.*, pp. 340-46.

[207] 细节参阅 A.S. Rosso, O. F.M., *Apostolic Legations to China of the Eighteenth Century* (South Pasadena, Cal., 1948), pp. 110-13。 关于 J. B. de Morales 在传信部的情况，请参照 *SCPFMR*, Vol. 1/1, pp. 192-93。

[208] *SCPFMR*, Vol. 1/1, pp. 296-99。

[209] 引自 Dunne, *op. cit.* (n. 153), p. 351。

[210] 参考原著第三卷第一册第 60 页。

[211] 见 R .B. Oxnam, *Ruling from Horseback. Manchu Politics in the Oboi Regency, 1661-1669* (Chicago, 1975), p. 148。

[212] 他的传记，见 Fang Chao-ying in Hummel, *op. cit.* (n. 157) 。

[213] 见 Oxnam, *op. cit.* (n. 211), p. 149。

[214] 引自 *ibid.*。

[215] 见 Dunne, *op. cit.* (n. 153), p. 363。唯一被拘禁在广东的西班牙方济各会修士是利安当（Antonio Caballero de Santa Maria，1602—1669 年），17 世纪在中国传教的最著名的方济各会修士。他是汤若望的朋友，理解耶稣会士在礼仪之争中的处境。见 A. Väth, "P. E. Antonio Caballero de Santa Maria über die Mission der Jesuiten and anderen Orden in China," *AHSI*, I (1932), 291-92。有关他的描述，见 Cummins, *loc. cit.* (n. 172), facing p. 108。

[216] 见原著第三卷第一册第 134 页和第 266-267 页。

[217] 关于大陆东南亚传教会的讨论，见原著第三卷第一册第 232-250 页。

[218] 见 Duncan, *op. cit.* (n. 14), p. 366。

[219] 见中国传教会的各国籍人员表，Dehergne, *op. cit.* (n. 86), pp. 398-401。中国教区的教皇主教代理，见原著第三卷第一册第 262-269 页。

[220] 见 F. de. Almeida, *História da igreja em Portugal* (4 vols., newed., Barcelos, 1968), II, 41-42。

[221] 关于各教宗在西班牙**保教权**中的地位的综述，请参阅 W.E.Shield, S. J. *King and Church. The Rise and Fall of the Patronato Real* (Chicago, 1961), chap. xiii。也可以参照关于菲律宾的文章 H. de la Costa, S. J., in the *New Catholic Encyclopedia* (Washington, 1967), XI, 280-84。

[222] 传教会的创建年代，参阅 *Asia*, I, 296-301, 306-9。

[223] 见 H. de la Costa, S. J., *The Jesuits in the Philippines, 1581-1768* (2d ed., Cambridge, Mass., 1967), pp. 23-28。

[224] *Ibid.*, p.35.

[225] 见 J.L. Phelan, *The Hispanization of the Philippines* (Madison, Wis., 1959), especially chap. iii。

[226] 见 K. S. Latourette, *A History of the Expansion of Christianity* (New York, 1930), III, 310。

[227] 见列表于 F.J.Montalbán, S.J. , *Das spanishe Patronat und die Eroberung der Philippinen* (Freiburg im Breisgau, 1930), p. 108。

[228] 见 Phelan, *op. cit.* (n. 225), p. 56。1597 年，方济各会收获 243 568 名信徒。见 A. Abad, "Los Franciscanos en Filipinas, 1578-1898," *Revista de Indias*, XXIV, nos. 97-98 (1964), 416。

[229] 见 Luz Ausejo, "The Philippines in the Sixteenth Century ," (Ph. D. diss., Dept. of History, Univ. of Chicago, 1972), p. 478。

[230] 见 De la Costa, *op. cit.* (n. 223), p. 187, 以及 108 页、147 页的地图。

[231] 见 Ausejo, *op. cit.* (n. 229), p. 502。

[232] 见 J. S. Cummins (ed. and trans.), *Antonio de Morga. Suceses de las Islas Filipinas* (Cambridge, 1971), in "HS," 2d ser., CXL, 284。

[233] 老城墙内的耶稣会围居区的地图，参考 De la Costa, *op. cit.* (n. 223), p. 193。

[234] 见 Ausejo, *op. cit.* (n. 229), pp. 444-59。

[235] 见 Cummins (ed. and trans.), *op. cit.* (n. 232), p. 289, n. 1。

[236] 见 J. L. Phelan, "Pre-Baptismal Instructions and the Administration of Baptism in the Philippines during the Sixteenth Century," *The Americas*, XII (1955-56), 5。

[237] 根据 Ausejo, *op. cit.* (n. 229), pp. 479-91。

[238] 见 De la Costa, *op. cit.* (n. 223), p. 201。

[239] 根据 Ausejo, *op. cit.* (n. 229), pp. 493-503。

[240] 奇里诺 1640 年的书由 Estaban Paulino 出版社在罗马出版，见原著第三卷第一册第 372 页。

[241] 见 De la Costa, *op. cit.* (n. 223), pp. 221-22。

[242] 参考原著第三卷第一册第 168 页。

[243] 根据 De la Costa, *op. cit.* (n. 223), pp. 223-26。

[244] *Ibid.*, p. 234.

[245] 根据附录及配套数表和地图于 Phelan, *op. cit.* (n.225), pp. 167-76。

[246] 见原著第三卷第一册第 24-25 页。

[247] 引自 De la Costa, *op. cit.* (n. 223), p. 437。

[248] *Ibid.*, p.439.

[249] 关于 1597 年前方济各会在日本的情况，见 *Asia*, I, 305-9; B. Willeke, "Die Ankunft der ersten Franziskaner in Japan," *ZMR*, XLIII(1959), 166-76; J. L.a. Taladriz, "Notas para la historia de la entrada en Japon de los Franciscanos," in V. Sanchez and C.S. Fuertes (eds.) *España en Extremo Oriente ...Presencia Franciscana* (Madrid, 1979), pp. 3-32。

[250] 见 L. Lemmens, *Geschichte der Franziskanermissionen* (Münster, 1929), p. 158。

[251] 早期的各宗教团体憎恨耶稣会这个名字，经常把耶稣会称作“基廷会”（Theatines）；毕竟，所有的教会都献身于耶稣，这不只是耶稣会的专利。基廷会团体建立于 1524 年，作为专业修士会众，致力于改革天主教徒的生活和礼拜仪式。17 世纪，他们在传信部的支持下在印度传教。见原著第三卷第一册第 363 页。

[252] 根据 A. Hartmann, O. S.A., *The Augustinians in Seventeenth-Century Japan* (Marylake, Ontario, 1965), chap. i。

[253] *Ibid.*, p.39；C. R. Boxer and J. S. Cummins, “The Dominican Mission in Japan (1602-22) and Lope de Vega,” *Archivum fratrum predicatorum*, XXXIII (1963), 7-8。

[254] 见 Hartmann, *op. cit.* (n. 252), p. 41。

[255] 见 Boxer, *op. cit.* (n. 136), pp. 240-41。

[256] 见 Boxer and Cummins, *loc.cit.* (n. 253), pp. 9-11。1602 年到 1622 年在日本传教的欧洲多明我会修士的名单，以及他们教会的坐落地点的地图，参见 *Ibid.*, pp.71-73。

[257] 见 Hartmann, *op. cit.* (n. 252), pp. 50-51。从 1584 年开始在日本传教的 28 名奥古斯丁会修士的名单，参阅 *ibid.*, p.157。

[258] 贸易的本质，见原著第三卷第一册第 35-36 页。

[259] 见 A. Abad, “El P. Alonso Muñoz,” *Archivo Ibero-Americano* (Madrid), XIX (1959), 126-31。穆尼奥斯再也没有返回日本。

[260] 关于这支使团的西部资料中，最好最新的评述，见 J. Schütte, S. J., “Die Wirksamkeit der Päpste für Japan im ersten Jahrhundert der japanischen Kirchengeschichte (1549-1650),” *Archivum historiae pontificiae*, V (1967), 222-45。最全面的材料是 *Dai Nippon Shiryo (Japanese Historical Materials)*(Tokyo, 1909),Vol. XII, Pt. 12。其中包括一张展示使团行驶路线的地图。另一个材料集见 C. Meriwether, “A Sketch of the Life of Date Masamune and an Account of His Embassy to Rome,” *Transactions of the Asiatic Society of Japan*, XXI (1894), 66-91。也可以参阅本书原著第三卷第一册第 331-332 页。

[261] 关于传教会的评估，见 Meriwether, *loc. cit.* (n. 260), pp. 58-60。

[262] 卡瓦略的当选最终得到果阿和马尼拉大主教的支持。有关这个小插曲，见 D. Pacheco, S. J., “The Europeans in Japan, 1543-1640,” in M. Cooper (ed.), *The Southern Barbarians. The First Europeans in Japan* (Tokyo, 1971), pp. 79-80。

[263] 这次迫害的主要原因综述，见 J. F. Schütte, S. J., on “Japan, Martyrs of,” in the *New Catholic Encyclopedia*, VII, 835-45。

[264] 见 Lemmens, *op. cit.* (n. 250), pp. 170-72。1614 年在日本传教的方济各会修士数量的资料有分歧。这里给出的数据来自文章“Japan” by A. Schwade in the *New Catholic Encyclopedia*, VII, 828-35。Duncan, *op. cit.* (n. 14), pp. 419-20，他的数据来自 *Monumenta historica Japoniae*，给出的数据为“大约 15 名”。Boxer and Cummins, *loc. cit.* (n. 253), p. 13，认为 10 名方济各会修士中的 6 名秘密地隐藏在日本。这些资料都认为只有 6 名藏匿在日本。

[265] 见 Hartmann, *op. cit.* (n. 252), p. 59。

[266] 村山富市首先皈依了耶稣会，后来于 1611 年转到多明我会。1618 年，耶稣会士罗德里格斯称它为“第一犹大”。见 Boxer and Cummins, *loc. cit.* (n. 253), pp. 16-17。

[267] 见 Lemmens, *op. cit.* (n. 250), p. 171；也可以参阅原著第三卷第一册第 174-175 页。

[268] 关于他的出版作品，见原著第三卷第一册第 342 页。有关他代表日本的托钵僧的不懈努力，见原著第三卷第一册第 226 页。

[269] 见 Boxer and Cummins, *loc. cit.* (n. 253), pp. 23-26。有关菲律宾方面的回应，见 De la Costa, *op. cit.* (n. 223), pp. 377-79。

[270] 见 De La Costa, *op. cit.* (n. 223), pp. 370-72。

[271] 有关这个有远见卓识的人及其在欧洲的名望，参阅原著第三卷第一册第 345-346 页。

[272] 见 Boxer, *op. cit.* (n. 136), pp. 332-33。

[273] 变节的神父名单（1633—1643 年），见 *ibid.*, p. 447。

[274] 根据 Antonio Cardim (1596—1659 年) 的记载，引自 J.F. Schütte, *loc. cit.* (n. 260), p. 245。

[275] 这里使用的香料群岛（Spiceries）的定义，见 *Asia*, I, 592-93。

[276] *Ibid.*, pp. 289-90.

[277] 见 S. Stokman, O. F. M., “De eerste Missionarissen van Borneo,” *Historisch Tijdschrift*, VII (1928), 351-56；and R. Nichollced.), *European Sources for the History of the Sultanate of Brunei* (Brunei, 1975), pp. 35-58。

[278] 见 Meersman *op. cit.* (n. 17), pp. 263-64; and Manuel Teixeira, “Os Franciscanos em Macau,” in Sanchez and Fuertes (eds.), *op. cit.* (n. 249), pp. 309-39。

[279] 见 C. Wessels, *Histoire de la mission d'Amboine dequis sa fondation* ... à 1605 (Louvain, 1934)。

[280] 关于“再次征服”香料群岛，见原著第三卷第一册第 14 页。

[281] 见 C. Wessels, “De katholieke missie in het Sultanaat Batjan (Molukken), 1557-1609, ” *Historisch Tijdschrift*, VIII(1929), 145；C. Wessels, “De Augustijen in de Molukken, 1544-46, 1601-25,” *Historisch Tijdschrift*, XIII (1934), 54-59; L. Perez, “Historia de las misiones de los Franciscanos en las islas Malucas y Celebes,” *Archivum Franciscanum Hranciscanum*, VII (1914), 203。

[282] 1546 年至 1677 年间，耶稣会共派遣 81 名传教士到马鲁古群岛，其中的 54 名为葡萄牙籍人。见 C. Wessels, *loc. cit.* (n. 135), p. 253。

[283] 有关耶稣会士在那里的履历，见 *Asia*, I, 618-19, 621。

[284] 见原著第三卷第一册第 138-139 页。

[285] 见 De la Costa, *op. cit.* (n. 223), pp. 320-21。

[286] 见 *ibid.*, p. 342。

[287] 该数据来自耶稣会马拉巴尔教省管辖区内的基督徒数量的估算，Ferroli, *op. cit.* (n. 2), II, 416。

[288] 见 De la Costa, *op. cit.* (n. 223), p. 454。

[289] 见 Stokman, *loc. cit.* (n. 277), pp. 349-50。

[290] 见 Meersman, *op. cit.* (n. 17), pp. 226-78; and Perez, *loc. cit.* (n. 281), pp. 635-52; and De la Costa, *op. cit.* (n. 223), pp. 454-55。

[291] 见 Teixeira, *op. cit.* (n. 16), II, 180-81; also Stokman, *loc. cit.* (n. 277), p. 350-51。

[292] 比较原著第三卷第一册第 138-140 页。

[293] 见 A. Gschaedler, "Religious Aspects of the Spanish Voyages in the Pacific," *The Americas*, IV (1948), 303-4。

[294] 有关早期的航海活动，参见原著第三卷第一册第 5-8 页。

[295] 标题为：*Advertencias importantes, acerca del buen Govierno, y Administracion de las Indias, assi en lo espiritual, como en la temporal*。

[296] 根据 C. Kelly, O. F. M., "The Franciscan Missionary Plan for the Conversion to Christianity of the Natives of the Austral Lands as Proposed in the Memorials of Fray Juan de Silva, O. F. M.," The *Americans*, XVII (1961), 277-91; 同一作者在 *La Austrialia del Espiritu Santo. The Journal of Fray Martin de Munilla, O. F. M. , and Other Documents Relating to the Voyago of Pedro Fernandez de Quiros to the South Sea (1605-06) and the Franciscan Missionary Plan (1617-27)*, "HS," 2d ser., CXXVI-VII 中写的引言。

[297] 见 C. Jack-Hinton, *The Search for the Islands of Solomon, 1567-1838* (Oxford, 1969), chap. vi。

[298] 他的传记，见 W. Barrett (trans.), *Mission in the Marianas, An Account of Father Dieago Luis de Sanvitores and His Companions, 1669-70* (Minneapolis, 1975) 的引言。

[299] 这些岛屿的本土名和基督教名的列表，见 De la Costa, *op. cit.* (n. 223), p. 456。

[300] 见 Jack-Hinton, *op. cit.* (n. 297), pp. 172-75。

[301] 引 自 H. E. Bolton, *Rim of Christendom. A Biography of Eusebio Francisco Kino, Pacific Coast Pioneer* (New York, 1936), pp. 58-59。这位女公爵的传记，见 E. J. Burrus, *Father Kino Writes to the Duchess* (Rome, 1965) 。

[302] 见 De la Costa, *op. cit.* (n. 223), Appendix C。

[303] 见原著第三卷第一册第 262-263 页。

[304] 见 *Asia*, I, 688-705。

[305] 成立中央机构指导各教会的想法至少可以追溯到 Ramón Lull（1232—1316 年）。特伦多公会之后不久，教皇庇乌五世于 1568 年成立了两个枢机主教公会，一个用来促进德国的反宗教改革运动，另一个用来监管传教会。枢机主教们为打消菲利普二世的顾虑，还承诺他们的委员会主要关注传教会的精神层面，海外传教会的物质层面（*in materialibus*）不在干涉范围之内。格里高利十三世致力于加强庇乌倡导的海外公会，而菲利普二世“否决”了这一法案。1599 年公会在菲利普去世的那年成立。参照 J. Metzler, "Webereiter und Vorläufer der Kongregation," *SCPFMR*, Vol.1/1, pp. 38-69。也可以参照 K. Hoffmann, "Das erste päpstliche

Missionsinstitut," *Zeitschrift für Missionswissenschaft*, XII(1922), 76-82；J. Schmidlin, "Die Gründung der Propaganda Konggregation," *Zeitschrift für Missionswissenschaft*, XII (1922), 1-2；A. Mulders, *Missionsgeschichte. Die Ausbreitung des katholischen Glaubens* (trans. from Dutch into German by J. Madey；Regensburg, 1960), pp. 259-87；以及文章 on "Propagation of the Faith, Congregation for the," by R. Hoffman in *New Catholic Encyclopedia*, XI, 840-44。

[306] 他们的姓名，请参照 J. Metzler, "Foundation of the Congregation 'de Propaganda Fide' by Gregory XV," *SCPFMR*, Vol. 1/1, p. 87。

[307] 有关乌尔班神学院的源头，参阅 *ibid.*, pp.53-54,76-77。

[308] 见 L. von Pastor, *The History of the Popes from the Close of the Middle Ages* (40 vols., trnas. into English by Dom Ernest Graf, O. S. B.; London, 1938), XXIX, 212-15。

[309] 到 1842 年止的传信部的秘书名单，见 Gaetano Maroni, *Dizionario di erudizione storica-ecclesiastica* (102 vols., Venice, 1840-61)，XVI, 257-60。有关英格丽（Ingoli）的情况，见 J. Metzler, "Francesco Ingoli, der erste Sekretär der Kongregation," *SCPFMR*, Vol. 1/1, pp. 197-243。

[310] 有关这笔费用，见 Metzler, *loc. cit.* (n. 306), pp. 98-100。

[311] 从驻扎在亚洲各传教团体的主管发回报告的细节，见 Mulders, *op. cit.* (n. 305), pp. 266-67。

[312] 见 Laurentz Kilger, "Die ersten Jahre Propaganda—eine Wendezeit der Missionsgeschichte," *Zeitschrift für Missionswissenschaft*, XII(1922), 18-20。

[313] 见 G. de Vaumas *L'éveil missionaire de la France* (Lyon, 1942), p. 257；英格丽给继任者乌尔班八世的建议书（1644 年），见 J. Grisar, "Francesco Ingoli über die Aufgaben des kommenden Pāpstes nach dem Tode Urbaņs VIII (1644)," *Archivum Historiae Pontificiae*, V(1967), 290-91。

[314] 有关马蒂奥的生涯，见 Ferroli, *op. cit.* (n. 2), II, 174-83；C. R. Boxer, *Race Relations in the Portuguese Colonial Empire, 1415-1825* (Oxford, 1963)；以及 Th. Gesquiére, *Mathieu de Castro, premier Vicaire Apostolique aux Indes。Une création de la Propagande à ses débuts* (Bruges, 1937)。

[315] 有关欧洲的这次漫长争吵的详细记录，见 L. M. Pedot, O. S. M., *La S. C. de Propaganda Fide e le missioni del Giappone (1622-1838)* (Vicenza, 1946), pp. 65-230。

[316] 英格丽的 1638 年和 1639 年的备忘录中总结了他反对保教权的观点，见 Metzler, *loc. cit.* (n. 309), p. 222。

[317] 关于多种语言出版社的情况，见 Willi Henkel, "The Polyglot Printing-office of the Congregation," *SCPFMR*, Vol. 1/1, pp. 335-49, 特别是其出版作品目录，第 346-348 页。

[318] 这次搜集的材料很显然在 17 世纪 60 年代被并入乌尔班神学院图书馆。见 J. Metzler, *loc. cit.* (n. 124), pp. 299-300。

[319] *Ibid.*, p. 256.

[320] 见 Mulders, *op. cit.* (n. 305), pp. 274-78。关于 "vicar apostolic" 这个术语，见 F. J. Winslow's article in *New Catholic Encyclopedia*, XIV, 638-39。

[321] 见 Ferroli, *op. cit.* (n. 2), II, 174；关于"印度"的报道，见 J. Wicki in the *New Catholic Encyclopedia*, VII, 435-44。

[322] 见 Pastor, *op. cit.* (n. 308), XXIII, 179。

[323] 见 R. Mousnier, *The Institutions of France under the Absolute Monarchy* (trans. by Brian Pearce; Chicago, 1979), pp. 340-42。

[324] 有关味增爵修士早期的传教活动，见 Vaumas, *op. cit.* (n. 313), chap. iii。

[325] 有关该公司的历史，见原著第三卷第一册第 95-96 页。

[326] 有关罗历山的传教活动，见原著第三卷第一册第 236-240 页。

[327] 罗历山生涯的简述，见 Dehergne, *op. cit.* (n. 86), pp. 215-16。

[328] 翻译自他的旅游报告，Solange Hertz, *Rhodes of Viet Nam* (Westminster, Md., 1966), pp. 31, 238。

[329] 传信部 1660 年前派出的法国嘉布遣会修士所遭遇的挫折，见 Vaumas, *op. cit.* (n. 313), pp. 356-59。

[330] 关于圣多默的分裂活动，见原著第三卷第一册第 162-165 页。

[331] Mulders, *op. cit.* (n. 305), p. 285.

[332] 见 R. Chalumeau, C. M., "Saint Vincent de Paul et le Saint-Siège," Archivum *Historiae Pontificiae*, V (1967), 265。

[333] 见 H. Chappoulie, *Rome et les missions d'Indochine au XVIIe siècle* (2 vols., Paris, 1943), I, 115。

[334] J. Guennou, *Les Missions Etrangères* (Paris, 1963), pp. 79-90.

[335] 见文章"Paris Foreign Mission Society" in *The New Catholic Encyclopedia*, X, 1016-17。

[336] 其中最重要的一个小册子的标题是 *Etat sommaire des missions de la Chine* (Paris, 1659)。

[337] 见 Guennou, *op. cit.* (n.334), chap. vii。兰伯特 · 德 · 拉莫特所走的路线，见 Chappoulie, *op. cit.* (n. 333), I, 131-33；and E. W. Hutchinson, "Journal of Mgr. Lambert, Bishop of Beritus, from Tenasserim to Siam in 1662," *Selected Articles from the Siam Society Journal, Vol. VIII. Relationship with France, England, and Denmark* (Bangkok, 1959), pp. 91-94。

[338] 见原著第三卷第一册第 196-197 页。

[339] 见 E. W. Hutchinson, "The French Foreign Mission in Siam during the XVIIth Century," *Selected Articles from the Siam Society Journal.* Vol. VIII. *Relationship with France, England, and Denmark* (Bangkok, 1959), pp. 26-36。

[340] 后续的教区管辖争夺战的综述，见 Mulders, *op. cit.* (n. 305), pp. 285-88。

[341] 见 C. Alonso, O. S. A., "Primer projecto de Propaganda Fide para la creatión de un obispado en Bengala (1624-25)," *Augustinianum*, VI (1966), 77-90。

[342] 专门为传信部准备的，1638 年和 1642 年奥古斯丁印度副教省的人员名单，见 C. Alonso, O. S. A., "Agustinos en la India. Relaciónes y listas de religionsos inéditas (1624-42)," *Analecta Augustiniana*, XXXVII (1974), 283-96

[343] *Ibid.*, p.142.

[344] 见 *Asia*, I, 285-86。

[345] 格雷罗在 *Relations* 中的陈述，见 C. H. Payne (trans.), *Jahangir and the Jesuits* (New York, 1930), pp. 185-276。

[346] 见 L. Besse, S. J., and H. Hosten, S. J., "Father Manoel da Fonseca, S. J. in Ava (Burma), 1613-52," *Journal of the Asiatic Society of Bengal*, n. s., XXI (1952), 27-48；and Maung Kaung, "The Beginnings of Christian Missionary Education in Burman 1600-1824," *Journal of the Burma Research Society*, XX(1930), 62-63。

[347] 见 Pastor, *op. cit.* (n. 308), XXIX, 246。

[348] 见 Duncan, *op. cit.* (n. 14) p. 280；以及 Guennou, *op. cit.* (n. 334), p. 188。

[349] 见 J. Burnay, "Notes chronologiques sur les missions Jésuites du Siam au XVIIe siècle," *AHSI*, XXII (1953), 171。

[350] 根据 B. Biermann, "Die Mission der portugiesischen Dominikaner in Hinterindien," *ZMR*, XXI (1931), 323-25；J. J. Goncalves, "Os portugueses na Siao," *Boletim da sociedade de geografia de Lisboa*, LXXV (1957), 444；and L. Besse and H. Hosten, "List of Portuguese Jesuit Missionaries in Bengal and Burma (1576-1642)," *Journal of the Asiatic Society of Bengal*, n. s., vii (1911), 15-23。

[351] 1660 年后确立的耶稣会机制和历史，见 Burnay, *loc. cit.* (n. 349), pp. 185-202。

[352] 见 Biermann, *loc. cit.* (n. 20), pp. 324-25。

[353] 见 *Asia*, I, 309-12。

[354] 见 N. Peri, "Essai sur les relations du Japon et de L'Indochine aux XVIe et XVIIe siècle," *Bulletin de l'École Francaise d'Extreme-orient*, XXIII (1923), 30-31。

[355] 对日本人行为的诟病不仅限于柬埔寨。他们的不羁行为也引发了马尼拉、交趾支那和暹罗当局的非难。见 Boxer, *op. cit.* (n. 136), p. 295。

[356] 他的传记、书目大纲以及 17 世纪的翻译著作，见 C. B. Maybon, "Notice sur Cristoforo Borri et sur les éditions de la 'Relation,'" *Bulletin des amis du Vieux Hué*, XXXVIII (1931), 270-75。Robert Ashley 1633 年的部分英语译本于 1970 年由 *Theatrum Orbis Terrarum* 出版社再版。带有注释的法国版本于 1931 年被 Lieutenant-Colonel Bonifacy of the University of Hanoi 出版。也可以参阅本书原著第三卷第一册第 377 页。

[357] 见 Hertz (trans.), *op. cit.* (n. 328), pp. 49-50。在此之前只有 Francisco de Pina 神父能够在没有翻译者的情况下（用越南语）进行布道。

[358] 根据 Chappoulie, *op. cit.* (n. 333), I, 22-26。

[359] Hertz (trans.) *op. cit.* (n. 328), pp. 64-65.

[360] 根据 Chappoulie, *op. cit.* (n. 333), I, 24-26；and Pastor, *op. cit.* (n. 308), XXIX, 247。

[361] Rhodes in Hertz (trans.), *op. cit.* (n. 328), p. 80.

[362] 来自 *ibid.*, p.236。他随后在欧洲的职业生涯见原著第三卷第一册第 229-230 页。

[363] 根据 Chappoulie, *op. cit.* (n. 333), Vol. I, chap. X。

[364] 根据 *ibid.*, Vol. I, chap. xii。

[365] 见 Hoang Xuân-hãn, "Girolamo Maiorica, ses oeuvres en langue Vietnamienne conservées à la Bibliothèque Nationale de Paris," *AHSI*, XXII (1953), 203-14。

[366] 根据 Chappoulie, *op. cit.* (n. 333), Vol. I, chap. xiii。

[367] *Ibid.*, chap. xiv.

[368] *Ibid.*, chap. xv; quotation on p. 237.

[369] *Ibid.*, chap. xvi.

[370] 见 O. Maas, "Zum Konflikt der spanischen Missionäre mit den französischen Bischöfen in der chinesischen Mission des 17. Jahrhunderts," in H. Finke *et al., Gesammelte Aufsätze zur Kulturgeschichte Spaniens* (Münster, 1930), II, 189-90.

[371] 根据 Chappoulie, *op. cit.* (n. 333), Vol. I, chap. xvii。

[372] 见 *ibid.*, pp.271-298。

[373] 见原著第三卷第一册第 99 页。

[374] 见 De la Costa, *op. cit.* (n. 223), I, 448， and Maas, *loc. cit.* (n. 370), pp. 190-91。 也可以参照原著第三卷第一册第 249 页。

[375] 根据 Chappoulie, *op. cit.* (n. 333), I, 298-324。

[376] 根据 *ibid.*, chap. xxii。

[377] 见本书原著第三卷第一册第 382-383 页。

[378] 根据 Chappoulie, *op. cit.* (n. 333), Vol. I, chap. xxiv。

[379] 根据 *ibid.*, chap. xxiv。

[380] 见 *ibid.*, II, 1-5。有关教会和英诺森十一世（Innocent XI），见 R. J. Maras, *Innocent XI, Pope of Christian Unity* (Notre Dame, 1984), pp. 225-28。

[381] 教廷和法国神职人员支持的路易十四，于 1673—1682 年间就国王特权（*régale*）展开争斗。所谓国王特权指的是法国国王处理空缺教区的税收和收益的特权。1682 年，法国神职人员颁布了一份法国教会权利声明（Declaration of the Rights of the French Church），这成了旧体制下法国天主教运动的奠基石。1689 年英诺森十一世逝世之后，法国和罗马之间因此引起的紧张关系逐渐消退。见 Maras, *op. cit.* (n. 380), pp. 109-29。

[382] 根据 Chappoulie, *op. cit.* (n. 333), Vol. II, chaps. i-iii。

[383] *Ibid.*, chaps. iv-v.

[384] *Ibid.*, chap. vi.

[385] *Ibid.*

[386] 关于华尔康的履历，见 Luang Sitsayamkan, *The Greek Favourite of the King of Siam* (Singapore, 1967), and E.W.Hutchinson (trans. and ed.), *1688. Revolution in Siam. The Memoir of Father de Bèze, S. J.* (Hongkong, 1968)。也可以参阅原著第三卷第三册第 1193-1196 页。

[387] 见 R. W. Gibbon, "The Abbe de Choisy," in *Selected Articles from the Siam Society Journal*, Vol. VIII, *Relationship with France, England, and Denmark* (Bangkok, 1959), pp. 1-16。关于他的这本书的细节，见本书原著第三卷第一册第 420-421 页。

[388] 根据 Chappoulie, *op. cit.* (n. 333), Vol. II, chap. viii。

[389] 细节内容，见原著第三卷第一册第 425 页。

[390] 见 Hutchinson, *loc. cit.* (n. 339), p. 45。

[391] 根据 Chappoulie, *op. cit.* (n. 333), Vol. II, chap. x。

[392] 从罗马交换来的文献，见 P. Carretto, "Vatican Papers of the XVIIth Century," in *Selected Articles from the Siam Society Journal,* Vol. VII, *Relationship with Portugal, Holland, and the Vatican* (Bangkok, 1957), pp. 177-94。

[393] 根据 Chappoulie, *op. cit.* (n. 333), Vol. II, chap. xi。

[394] 见 Hutchinson, "The Retirement of the French Garrison from Bangkok in the Year 1688," *Selected Articles from the Siam Society Journal,* Vol. VIII, *Relationship with France, England, and Denmark* (Bangkok, 1959), pp. 159-99。

[395] 见原著第三卷第一册第 103-104 页。

[396] 参阅原著第三卷第一册第 161-162 页。

[397] 见 Burnay, *loc. cit.* (n. 349), pp.193-96。

[398] 见 Hull, *op. cit.* (n. 8), pp. 15-20。葡萄牙耶稣会在孟买周边岛屿拥有资产，但是很少在此活动。

[399] 见 A. P. Jann, O. M. C., *Die katholischen Missionen in Indien, China, und Japan* (Paderborn, 1915), pp. 194-205；以及 N. Kowalsky, "Die Errichtung des Apostolischen Vikariates Madras...," *NZM*, VIII (1952), 36。

[400] 有关马杜赖地区的传教活动，参照原著第三卷第一册第 149-158 页。

[401] 见（Antonius Kroot）, *History of the Telugu Christians by a Father of the Mill Hill St. Joseph's Society* (Trichinopoly, 1910), pp. 1-14；Ferroli, *op. cit.* (n.2), II, 572；and Müllbauer, *op. cit.* (n. 11), pp. 247-48。

[402] 关于奥古斯丁会修士的情况，参阅原著第三卷第一册第 142-143 页。也可以参阅 Hartmann, *loc. cit.* (n. 46), pp. 190-91。

[403] 根据 M. Pachtler, *Das Christenthum in Tonkin und Cochinchina* (Paderborn, 1861), pp. 192-97。

[404] 1669 年 9 月 5 日下达的这个命令的译文，见 Rosso, *op. cit.* (n. 207), p. 123。

[405] 见 J. Spence. *Emperor of China. Self-Portrait of K'ang-hsi* (New York, 1974), p. xviii。

[406] 见原著第三卷第一册第 197 页和第 358-360 页。

[407] 关于 1673 年颁布的法规，见原著第三卷第一册第 134 页。1614 年日本的大门向耶稣会关闭之后，耶稣会士书信集的出版断断续续。有一段短暂的时期（1650—1654 年），一系列的年度书简（Annual Letters）出现了，但是有关传教会的材料主要以个人出版为主。1702 年 *Lettres édifiantes* 出版，耶稣会正式恢复了出版业。见 J. Correia-Afonso, S. J., *Jesuit Letters*

and Indian History (Bombay, 1955), p. 38。也可以参考耶稣会士书信简集列表，从原著第三卷第四册第 1983 页起始。

[408] 见 Rosso, *op. cit.* (n. 207), pp. 124-25。

[409] 见 Dehergne, *op. cit.* (n. 86), pp. 333-34。

[410] 阿尔瓦罗 · 德 · 贝纳文特（Alvaro de Benavente，1646—1709 年）和两位同伴开办了这个新传教会。见 M. Merino, O. S. A., *Misioneros Agustinos en el Extremo Oriente, 1560-1780* (Madrid, 1954), p. 41。

[411] 传信部与伊达任的关系，见 F. Margiotti, "La Cina, ginépraio di questioni secolari," *SCPFMR*, Vol. 1/2, pp. 615, 617-18。

[412] 有关这次争议的细节内容，见 A. van den Wyngaert, O. F. M., "Mgr. Fr. Pallu and Mgr. Bernardin Della Chiesa," *Archivum Franciscanum Historicum*, XXI（1938）, 17-47。

[413] 见 Dehergne, *op. cit.* (n. 86), pp. 334-35。

[414] 见 Yves de Thomaz de Bossierre, *Un belge mandarin à la cour de Chine aux XVIIe et XVIIIe siècles. Antoine Thomas, 1614-1709* (Paris, 1977), pp. 7, 14-20, 35-6。

[415] 见 V. Pinot, *La Chine et la formation de l'esprit philosophique en France, 1640-1740* (Paris, 1932), pp. 44-48。也可以参阅原著第三卷第一册第 251-252 页。

[416] 根据 J. Sebes, S. J. *The Jesuits and the Sino-Russian Treaty of Nerchinsk (1689)。The Diary of Thomas Pereira, S.J.* (Rome, 1961), chaps. iv and v。满族人和俄罗斯人的这次会晤的背景简介，参阅 E. Widmer, *The Russian Ecclesiastical Mission in Peking during the Eighteenth Century* (Cambridge, Mass., 1976), pp. 1-25。

[417] 见 Sebes, *op. cit.* (n. 416), pp. 139-41。

[418] Charles le Gobien, S. J., *Histoire de l'édit de l'empereur de la Chine* ... (Paris, 1968), pp. 83-84 提供的该法令文本的英语译本，见 A. H. Rowbotham, *Missionary and Mandarin. The Jesuits at the Court of China* (Berkeley, 1942), p. 110。也可以参阅 J. Spence, *Ts'ao Yin and the K'ang-his Emperor, Bondervant and Master* (New Haven, 1966), pp. 134-36 ; and Rosso, *op. cit.* (n.207), pp. 128-29。

[419] 有关 1701 年传教士的居所地分布图，见 Dehergne, *op. cit.* (n. 86), p. 35^{2b}。

[420] 见 *ibid.*, p. 336。

[421] 1690 年，罗马已经不记得北京曾于 14 世纪就被立为大主教区了。见 Pinot, *op. cit.* (n. 415), p. 17。

[422]1690—1700 年中国传教会混乱局面的细节，见 A. van den Wyngaert, O. F. M., "Le patronat portugais et Mgr Bernardin Della Chiesa," *Archivum Franciscanum Historicum*, XXXV (1942), 3-34。

[423] 见 Metzler, *loc. cit.* (n. 124), pp. 249-50。

[424] 见 Guennou, *op. cit.* (n. 334), p. 187。

[425]1698年，从广东到山东的各个地区有20名方济各会修士。见 K. S. Latourette, *A History of Christian Missions in China* (New York, 1929), pp. 110,118。

[426] 1645年、1656年和1669年的教令，见原著第三卷第一册第195页和261页。

[427] 一些小册子名称的列表，见原著第三卷第一册第430页第241个注释。

[428] 译文见 Rosso, *op. cit.* (n. 207), p. 145。

[429] 见 *ibid.*, p.146。

[430] 加尔文认为，异教世界是建立在被大家所认同的普遍的高雅教义学说之上。加尔文对异教世界的认知远超过路德，他甚至参与放弃胡格诺（加尔文）教1558年远征巴西的计划。见 S. M. Zwemer, "Calvinism and the Missionary Enterprise," *Theology Today*, VII (1950), 209-11；A. G. Gordon, "The First Protestant Missionary Effort: Why Did It Fail?" *International Bulletin of Missionary Research*, VIII, No. 1 (Jan, 1984), 12-18。

[431] 1585年的一个例子，见 *Asia*, I, 702。

[432] 有关宗教改革派及其追随者们对传教的态度，有大量的文献可以参阅。特别是可以参阅 G. Warneck, *Outline of History of Protestant Missions* (trans. from the 7th German ed. by George Robson; Chicago, 1901), chaps. i-ii；Latourette, *op. cit.* (n.226), III, 25-28；W. R. Hogg, "The Rise of Protestant Missionary Concern, 1517-1914," in G. H. Anderson(ed.) *The Theology of the Christian Mission* (New York, 1961), pp. 95-111；F. H. Littell, "The Free Church View of Missions," in *ibid.*, pp. 112-21；and S. Neill, *Christian Missions* (Harmonsworth, 1964), pp. 220-27。

[433] Warneck, *op. cit.* (n. 432), p. 43, 不正确地断定联合省"显然是根据其国家宪章，在新占领的地区帮助教会扎根和皈依异教徒"。联合省及其与宗教活动的关系的权威研究见 C. W. Th. Baron van Boetzelaer van Asperen en Dubbeldam (ed.), *Pieter van Dam, Beschryvinge van de Oostindische Compagnie. Vierde Boek* (The Hague, 1954)；唯一一部用英语探究的作品是 C. R. Boxer, *The Dutch Seaborne Empire 1600-1800* (New York, 1965), pp. 132-149。

[434] 见 W. Ph. Coolhaas, *A Critical Survey of Studies on Dutch Colonial History* (The Hague, 1960), p. 37。

[435] 关于荷兰东印度前公司，见原著第三卷第一册第42-44页。

[436] 见 A. M. Brouwer, "De Zending onder de Oost-Indische Compagnie," in H. D. J. Boissevain (ed.), *De Zending in Oost en West* (2 vols., The Hague, 1934), I, 29, 34-37。

[437] 文本内容，见 Boetzelaer (ed.), *op. cit.* (n. 433), pp. 67-72。

[438] 见 Warneck, *op. cit.* (n. 432), pp. 43-44；C. W. Th. Baron van Boetzelaer van Asperen en Dubbeldam, *De protestantsche Kerk in Nederlandsch-Indië, ... 1620-1939* (The Hague, 1947), pp. 17-19；H. W. Gensichen, *Missionsgeschichte der neueren Zeit* (Göttingen, 1976), p. T11；and J. D. de Lind van Wijngaarden, *Antonius Walaeus* (Leiden, 1891), pp. 189-221。有关瓦留斯（Walaeus）和沃西乌斯（G. J. Vossius）的分歧，见 D. Nobbs, *Theocracy and Toleration* (Cambridge, 1938), pp. 52-55。

[439] 马鲁古群岛的天主教传教情况，见原著第三卷第一册第215-218页。

[440] 见 Brouwer, *loc. cit.* (n. 436), I, 29-33。

[441] Boetzelaer, *op. cit.* (n. 438), pp. 24-27.

[442] *Historisch en grondich verhael van en standt des Christendoms int quartier van Amboina* (1621). 重印的缩写版见 *BTLV*, n. s. II, 105ff.。见原著第三卷第一册第 448-449 页。

[443] 赫尔纽斯在其任期的当初将重点放在巴达维亚的华人群体上，准备了汉—荷词典，以及基督教文献和归正宗教义的汉语版本。见 Brouwer, *loc. cit.* (n. 436), I, 42。

[444] 见 Boetzelaer, *op. cit.* (n. 438), chap.ii。

[445] Boxer, *op. cit.* (n. 433), p. 134.

[446] Boetzelaer, *op. cit.* (n. 438), p. 132.

[447] 见 Gensichen, *op. cit.* (n. 438), p. T11。

[448] 这本罕见的书的内容摘要，见 J. R. Callenbach, *Jusus Heurnius, eene bijdrage tot de geschiedenis des Christendoms in Nederlandsch Oost-Indië* (Nijkerk, 1897), pp. 52-53。

[449] 引自 J. Clarke (trans), *The Truth of the Christian Religion by Hugo Grotius...* (Cambridge, 1860), p. 2。这部作品日后被译成马来语和阿拉伯语。有关 "Second Reformation" 和 "renewal of the face of the earth"，见 J. van den Berg, *Constrained by Jesus' Love ...* (Kampen, 1956), pp. 18-20。

[450] 见原著第三卷第一册第 52 页。

[451] 这个小岛经过淤积，已经与台湾陆地连接，成为台南城的一部分。它的名字 Tayouan（在当代欧洲文献材料中，有时也拼写为 Toaun 或 Taiwan），已经取代台湾指称整个岛屿。

[452] 比照原著第三卷第一册第 52 页和 54 页。

[453] 见 J. J. A. M. Kuepers, *The Dutch Reformed Church in Formosa, 1627-1662. Mission in a Colonial Context*, Vol. XXVII in *Schriftenreihe der Neuen Zeitschrift für Missionswissenschaft* (Immensee, 1978), pp. 7-10。库尔珀（Kuerper）的作品是根据 W. M Campbell, *Formosa under the Dutch, Described from Contemporary Records...* (London, 1903; reprinted Taipei, 1967)。

[454] 引自 Kuepers, *op. cit.* (n. 453), p. 14。

[455] 见 *ibid.*, pp. 17-19；有关荷兰军队驱逐西班牙人的情况，见 Juan Ferrando's *Historia de los PP. Dominicos en las Islas Philipinas y en sus Misiones del Japan, China, Tung-kin y Formosa* in Campbell, *op. cit.* (n. 453), Appendix A, pp. 495-98。

[456] *Ibid.*, pp.19-24.

[457] 英语译文见 *Of the Conversion of five thousand nine hundred East Indians In the Isle Formosa neere China ...* (London, 1650)。再版于 William Campbell, *An Account of Missionary Success in the Island of Formosa ...* (London, 1889), I, 28-43。

[458] 见 Kuepers, *op. cit.* (n. 453), pp. 26-33。

[459] 以拉丁语书信形式在阿姆斯特丹出版，*Patar ki Tna'-'ming an ki Christang. Formos et Belge.*

(1661)。再版于 *Memoirs of the Faculty of Literature and Politics, Taihoku Imperial University* (Taipei), Vol. IV, no. 1(1939)。

[460] 1661 年至 1662 年，在倪但理的指导下在荷兰出版。

[461] 见 Campbell, *op. cit.* (n. 453), pp. 292-97。

[462] 见 R.C. Croizier, *Koxinga and Chinese Nationalism. History, Myth, and the Hero* (Cambridge, Mass., 1977), p. 29。亨伯鲁克这本书的最近一个版本被拉姆斑科（Pierre Lamback）于 1923 年翻译成英语，并被伯克莱尔（Inez de Beauclair）发行，署名为 *Neglected Formosa* (San Francisco, 1975)。

[463] 见 Kuepers, *op. cit.* (n. 453), p. 43；and Boxer, *op. cit.* (n.433), p. 145。

[464] 中国新成立的清朝政府在北京礼貌地接待了 1655—1657 年的使团，但是后来没有取得任何成果。参阅本书原著第三卷第一册第 483-484 页。

[465] 参阅原著第三卷第一册第 167 页。也可以参阅 E. Van Kley, "Some Seventeenth-Century European Protestant Responses to Matteo Ricci and His Mission in China," in Pullapilly and Van Kley, *op. cit.* (n. 1), pp. 199-201。

[466] 关于荷兰在锡兰岛的宗教活动，见 Latourette, *op. cit.* (n. 226), III, 289-91；Boudens, *op. cit.* (n. 131), *passim*；S. Arasaratnam, *Dutch Power in Ceylon, 1658-1687* (2 vols., Amsterdam, 1958), Vol. II, chap. x；and Boxer, *op. cit.* (n. 433), pp. 146-49。

[467] 有关语言问题以及翻译成马来语、台湾语、泰米尔语和僧伽罗语的用来祷告的作品列表，见 C. A. L. van Troostenburg de Bruijn, *De Hervormde Kerk in Nederlandsch Oost-Indië onder de Oost-Indische Compagnie, 1602-1795* (Arnhem, 1884), pp. 398-503。在 398 页作者根据自己在巴达维亚的经验写道："我们的语言太难了，外国人根本无法掌握。" 很早之前到达那里的荷兰传教士、商人和行政管理人员也得出同样的结论，他们因未能让土著人学会荷兰语而感到气馁，特别是发现葡萄牙语和英语在东方传播得那么快，这一情绪愈加明显。有关葡萄牙语在荷兰传教活动中的作用，参阅 *ibid.*, pp.453-54。

[468] 见原著第三卷第一册第 493-495 页。

[469] 根据 Arasaratnam, *op. cit.* (n. 466), II, pp. 220-27。

[470] 见 R. Boudens, "Attempts of Catholic Missionaries to Enter Ceylon in 1681-83," *JRAS* (Ceylon Branch), n. s. IV (1955), 35-44。

[471] 锡兰岛的天主教传教活动，见原著第三卷第一册第 165-169 页。

[472] 见 Arasaratnam, *op. cit.* (n. 466), II, p.148。

[473] 见 Boudens, *op. cit.* (n. 131), p. 209；and Boxer, *op. cit.* (n. 433), p. 209。

[474] 见 J. Richter, *Die evangelische Mission in Niederlandische-Indien, Fern-und Südost-Asien, Australia, America*, Vol. V of his *Allgemeine evangelische Missionsgeschichte* (Gütersloh, 1931), p. 9。

[475] 1638 年，赫尔纽斯带病返回荷兰，他在这里将生命中的最后十三年用于修订、筹备、出版马来语版的基督教材料。

[476] 见 Latourette, *op. cit.* (n.226), III, 304-6；Boxer, *op. cit.* (n. 433), p. 146；Boetzelaer, *op. cit.* (n. 438), pp. 126-31。

[477] 来自 *An Accurate Description of the United Netherlands* (London), p. 34, 引自 Boxer, *op. cit.* (n. 433), p. 133, n. 6。

[478] 比照 Neill, *op. cit.* (n. 432), p. 232。

[479] 那时，英国国教祈祷书并没有包括为成人施洗的内容；这些内容是在 1662 年加进去的。见 *ibid.*, p. 232, n. 1。有关宗教活动的详细内容，见 F. Penny, *The Church in Madras ... in the Seventeenth and Eighteenth Centuries* (3 vols., London, 1904), Vol. I, chap. i；E. Chatterton, *A History of the Church of England in India* (London, 1924), chaps. i-iii。相关综述，见 M. E. Gibbs, *The Anglican Church in India* (New Delhi, 1972), pp. 3-8。

[480] 见原著第三卷第一册第 566-567 页。

[481] 有关他的职业生涯，见原著第三卷第一册第 257-258 页。

[482] 见 Penny, *op. cit.* (n. 479), p. 75, and Chatterton, *op. cit.* (n. 479), pp. 13-15。

[483] 见 Hull, *op. cit.* (n. 8), p. 20；and W. Ashley-Brown, *On the Bombay Coast and Deccan. The Origins and History of the Bombay Diocese* (London, 1937), p. 78。

[484] 见 Hull, *op. cit.* (n. 8), pp. 25-27。

[485] 关于加尔各答的早期宗教历史，见 Chatterton, *op. cit.* (n. 479), chap. iv。

[486] 见 Van den Berg, *op. cit.* (n. 449), pp. 22-24。

[487] 博伊尔（Robert Boyle）负责包销这一译本，并于 1673 年发送了 36 册给黎凡特的一位商人方便其行销。见 T.T. Birch (ed.), *Robert Boyle, The Works* (Hildesheim, 1965; photographic reproduction of the London edition of 1772), I. ci。

[488] 引自 Van den Berg, *op. cit.* (n. 449), p. 26。

[489] 名称为：*Jang Ampot Evangelia derri tuan Kitu Jesu Christi duan Beorboutam derri jang Apostoli Borsacti Bersalin dallam Bassa Malayo,* In the Newberry Library, Chicago。

[490] 见 Birch (ed.), *op. cit.* (n. 487), I, cix-cx。

[491] 引自 Penny, *op. cit.* (n. 479), p. 96。

[492] 引自 *ibid.*。

[493] 引自 *ibid.* p.123。

[494] 关于这些传教协会成立的总体情况，见 W. O. B. Allen and E. McClure, *Two Hundred Years. The History of the Society for Promoting Christian Knowledge, 1698-1898* (London, 1898), chaps. i-ii。

[495] 丹麦东印度公司的历史，见原著第三卷第一册第 89-93 页。

[496] 引自 J.F. Fenger, *History of the Tranquebar Mission* (Second Bicentenary edition, Madras, 1906), p. 10。

[497] 见原著第三卷第一册第 111 页。

[498] 见 Genischen, *op. cit.* (n. 438), p. T 12。

[499] 节选自译文 J. A. Scherer (trans. and ed.), *Justinian Welz. Essays by an Early Prophet of Missions* (Grand Rapids, Mich., 1969), pp. 101-2。

[500] 关于莱布尼茨、弗朗克和丹麦传教会的情况，见 F. R. Merkel, "The Missionary Attitude of the Philosopher G. W. von Leibniz," *International Review of Missions*, IX (1920), 399-410；and D. F. Lach, *The Preface to Leibniz' Novissima Sinica* (Honolulu, 1957)。

[501] 见 Duncan, *op. cit.* (n. 14), p. 366。1665 年，第一位中国人在科英布拉（Coimbra）被封为神父圣职。见 Dehergne, *op. cit.* (n. 86), p. 332。

[502] 各个国家一览表，见 Dehergne, *op. cit.* (n. 86), pp. 398-401。

[503] 见 F. de Almeida, *Historia da igreja em Portugal* (new ed., 4 vols., Barcelos, 1968), II, 41-42。

[504] 1949 年无神论的共产主义在中国取得胜利之后，在传教士和其他人当中引发了很多疑问，为什么基督教在中国有如此之辉煌的开头，最终还是失败了？举例，见 Malcom Hay, *Failure in the Far East. Why and How the Breach between the Western World and China First Began* (Wettoren, Belgium, 1956)。海（Hay）将这一挫折归因于詹森派及其同情者的阴谋以及罗马枢密院的无能，而其他人怀疑耶稣会士实行向中国文化和宗教妥协政策的效力。当然，一些人认为马克思主义作为外国信仰在中国的成功是靠压倒性政策而不是靠与传统文化妥协。然而当代的耶稣会士希望重返中国。

附录

17世纪的果阿大主教名录

姓名	隶属修会	任期
阿莱绍·德·梅内塞斯	奥古斯丁会	1595—1610年； 总督：1607—1609年
克里斯托旺·德·萨	圣哲罗姆会 （Hieronymite）	1611—1622年
塞巴斯蒂安·德·圣彼得 （科钦主教）*	奥古斯丁会	副主教：1622—1625年 都主教：1625—1629年
米格尔·兰赫尔（科钦主教）*	多明我会	副主教：1629—1633年 都主教：1631—1633年
弗朗西斯科·德斯·马提雷斯 （Francisco dos Martires）	方济各会	1635—1652年
官方认为空缺	教廷不承认葡萄牙的独立	1652—1674年
安东尼奥·布兰当（Antonio Brandão）	西多会	1674—1678年
空缺		
曼努埃尔·德·索萨·梅内塞斯 （Manuel de Sousa Meneses）	自立教士	1681—1684年
阿尔伯特·达·席尔瓦 （Alberto da Silva）	奥古斯丁会	1685—1688年
佩德罗·达·席尔瓦 （科钦主教）*	隶属修会不明	副主教：1689—1691年
阿古斯丁奥·达·阿奴西阿绍 （Agostinho da Anunciação）	耶稣会 （Order of Christ）	1691—1713年

注意：果阿大主教的姓名、隶属修会和任期选自 Fornunato de Almeida and Damião Peres, *História da igreja em Portugal. Nova edição* (Porto and Lisbon, 1968), Vol. II, pp. 701-2。

* 教皇格里高利八世在1572年12月13日的宗座简函中规定，果阿大主教职位空缺时，科钦的主教有权管理果阿。 298

第二部分

印刷品

引　言

17 世纪的出版史和欧洲的海外活动紧密相连，主要记录了那些有探险精神的英雄们的事迹，他们进一步拓展和巩固上个世纪的成绩。[1]17 世纪的书籍出版呈现出职业分化的特点，出版商代替印刷商成为了该行业的主导核心和组织者。出版商感兴趣的是利润不是质量，他们所造出的书籍比 16 世纪出版的经典作品要逊色得多。[2] 除了教士、学者和杰出绅士外，更多的百姓有了读书识字的能力，出版商和作者为满足新的市场需要，出版既便宜又方便携带的书册。每次的印刷量仍然限制在 1 000 册左右，但是畅销书，如平托游记的多次重印和翻译十分普遍。[3] 很多书籍仍然用拉丁语出版，但是用各个国家的民族语言出版的图书数量也在稳步增加。西欧繁荣的图书出口业激发着人们不断地把书籍从一种语言翻译成另一种语言。

三十年战争期间，书籍出版发行的重心最终从德国各城市转移到荷兰。17 世纪，信奉天主教的安特卫普的普兰汀—摩尔图斯出版社（Plantin-Moretus press）继续用拉丁语和其他语种出版各种各样的宗教和科学书籍，满足那些对此感兴趣的各国读者的需要。在经济发达的北方，爱思唯尔出版社（House of Elsevier）提 301
供的大学教科书和古典作家的各种版本的书籍粉饰了荷兰的黄金时代。[4] 朱斯特 · 德 · 洪特（Joost de Hondt，Hondius）和威廉 · 布劳（Willem Blaeu）成立的公司专门制作地图和编辑地图册，并以拉丁语、荷兰语、德语、法语和西班牙语发行。该世纪末叶前夕，阿姆斯特丹成为欧洲大陆最大的图书市场，荷兰出版发行的书籍、小册子和简报比欧洲任何其他国家都多。[5]1618 年，法国在巴黎成立了集图书销售、印刷和装订为一体的皇家专门机构，因而印刷业和出版业上升到国家层面，该机构旨在控制和规范图书业。1640 年，卢浮宫内成立了**皇家印刷社**（*Imprimerie Royale*），塞巴斯蒂安·克拉穆瓦西（Sebastien Cramoisy）是它的执行官。[6] 该世纪下半叶，巴黎各出版社的辉煌让法国地方各省的出版业相形见绌，但是它却没有遮住西班牙属尼德兰和荷兰的出版业光芒。安特卫普和阿姆斯特丹的图书发行商用法语出版低价书籍。其中有一些书籍由于具有煽动性、诽谤性和异端性而在法国禁止出版。[7] 英国出版业在文具商公司（Stationers' Company）的监管下，通过出版莎士比亚和约翰·班杨（John Bunyan）等畅销作家的作品，到 1695 年才恢复了经济元气。英国的书目比较单一，因为这个信奉新教反对天主教的国家禁止出版耶稣会士书简集。该世纪的早期，英国东印度公司鼓励出版一系列的期刊，宣传通往东方的航路被打开。这种情况在荷兰比在英国更为普遍，市场上发行的各种小册子登载着舰队及其新发现和装载物等消息，这些商业资讯都是荷兰东印度公司向它的投资商和顾客提供的商业讯息。[8]

多数研究印刷和出版业的历史学家宏观性地调研了 17 世纪欧洲南部的书籍生产状况。他们公允地强调了新崛起的荷兰和法国的主导地位，同时也认为意大利和伊比利亚的图书生产仍处于“值得肯定的中等水平”（respectable
302 mediocrity）。[9] 合理的推测和假想是，教会、宗教审判所、教会和世俗国家的审查制度阻遏了印刷出版技术的创新，所论话题仅限于没有争议的问题。然而这些推测只具备部分合理性；伊比利亚的印刷业仍然繁荣多产。与北方一样，公众不仅可以品鉴经典、宗教和科学书籍，同时也可以接触到流行的戏剧、传奇故事、游记和海难悲剧等。即使是在哈布斯堡王朝控制的葡萄牙，公众仍然要求阅读帝国在亚洲的境遇，一个在霍尔木兹 1622 年失陷以前被认为还没有衰落的帝国。[10] 亚洲杰出的行政官员和耶稣会传教士的传记，将人们的兴趣引向过去和当时的伟大历史事件。分别出现在葡萄牙和西班牙的书目列出了伊比利亚向东方扩张的相关书籍。[11] 葡萄牙的编年史学家和历史学家编撰了一部卢济塔尼亚（Lusitanian）帝制史，以此庆祝帝国在海外的斩获，不遗余力地制造“巴比伦流亡”时期的民族自豪感。[12]

1600年后，“有关新世界的书籍出版了那么多，以致于我们有些难以承载”。[13]北方的印刷出版商们如同16世纪中期威尼斯的赖麦锡（Ramusio）作品集编撰者一样，很快就意识到人们对海外世界的阅读兴趣与日俱增。在英格兰，塞缪尔·珀切斯（Samuel Purchas）继续哈克路特（Hakluyt）的未竟事业，用英语出版其他许多国家作者的有关海外世界的报告。法兰克福（Frankfurt）的德·布莱（De Bry）家族和阿姆斯特丹的印刷商出版了大量的航海图集，这些图集在该世纪经常被译成其他语种出版发行。从1663年起，法国路易十四国王的皇室目录学家玛尔什代锡·特维诺（Melchisédech Thévenot）在巴黎陆续出版他的《神奇旅行记》（*Relations de divers voyages curieux*），这个集子的主要内容是东方旅行，译自哈克路特、珀切斯及之后编纂者的选辑。

哈布斯堡家族控制葡萄牙之后，结束了里斯本对亚洲路线、港口和产品信息的绝对控制权。[14]17世纪初期，葡萄牙人开始出版航海指南之类的作品，并且将过去很多相关作品翻译重印。百姓和出版商仍然对世界旅行充满好奇，对那些未知陆地如西藏和澳大利亚的描写兴奋不已。越来越多的概略性作品（compendia）出版发行，比以前更加深入地介绍了中国、部分印度地区和暹罗。对亚洲当时发生的各种事件给予了更多关注，这是因为作者们亲历了这些变革： 303
满族人在中国击败了明朝统治者；发生在暹罗的“1688年革命”。欧洲的作者们更加广泛地调研了亚洲的宗教，考察并评述了印度教、佛教以及泛灵论。游记中的旅行指南经常是基于旅行家的回忆录和日记，他们详细地描述了所到地区的各种信息。他们所画的草图为欧洲制图师就亚洲海岸和内陆地区提供了更加精确的材料。欧洲和亚洲当地人收集和素描的植物标本为欧洲的医药植物汇编者提供了素材。东方人——马鲁古群岛人、菲律宾人、日本人、马来人、缅甸人、暹罗人以及中国人——在欧洲的出现，激发了欧洲定期出版有关这些人的家乡面貌和风俗习惯的通讯和文章。

17世纪，欧洲在亚洲的出版印刷业进展的一波三折。世纪之初，它为印度和菲律宾的传教士和信徒提供了亚洲本土语言、葡萄牙语和西班牙语版本的基督教材料。在中国和日本，欧洲出版物的作用只持续到1640年，此后逐渐转化为木刻印刷。在印度的果阿和拉齐奥（Rachol），耶稣会的印刷品直到1674年左右才停止发挥其功能。[15] 荷兰东印度公司在巴达维亚建立了活字印刷社，并从1668年开始印刷图书。[16] 该世纪中叶，有两位荷兰代理商是虔诚的加尔文教信徒，他们将四部福音书①、诗篇、使徒行传翻译成马来语，将上帝的福音直接用当地人熟悉的语言带给他们。[17] 很多亚洲语言字典和文字目录在欧洲出版。

整个17世纪，来自东方的耶稣会士书信和书简集继续发行流传。[18] 在欧洲，这些书信和书简集都被收编在里斯本的费尔南·格雷罗（Fernão Guerriro）和波尔多（Bordeaux）的皮埃尔·杜·雅利克（Pierre Du Jarric）的故事集中。耶稣会和其他传教会向欧洲派遣“活字典”（living letters）或者实践探险经验丰富的传教士，报道前方发生的事件，书写自己的亲身经历以供欧洲出版发行。对于近现代的中国和东南亚历史学家而言，很多历史材料都藏在耶稣会日本教区
304 所出的书简集里。1613—1614年间，耶稣会士被从日本驱逐出来，这些逃难的耶稣会士在澳门建立了教区总部。该世纪余下的岁月中，他们就是从这里出发前往中国、越南、柬埔寨和老挝等地赶赴他们的传教职务。向上级主管或同事报告的有关这些地方的内容，通常以所谓的日本书信名义出版。17世纪，多明我会、方济各会和奥古斯丁会也积极地记录他们在东方的事迹和活动，产量颇丰。随着**传信部**（1622年）和**巴黎外方传教会**（1664年）的成立，新报道如同洪水般地涌来，罗马和巴黎的这一趋势愈加明显。天主教会的传教报道再加上商人报道，极大地拓展了欧洲读者的视野。西藏、老挝、朝鲜和马里亚纳群岛首次成为人们关注的焦点。传教士的书写引发了有关传教方法的争论，1673年，教皇要求传教士将他们计划出版的材料交给**传信部**评估审查。

在第二部分的各个章节里，我们按照这些材料在欧洲首次出版的时间和顺序以民族国家为单位编排，或者基本按照这个原则编排。有关在西欧出版的耶稣会士作品清单，我们尝试着将其按照时间顺序编排在书末的书目索引中，从
305 第1983页起始（第四册）。

① 四部福音书包括马太福音、马可福音、路加福音和约翰福音。——译者注

注释：

[1] 有关16世纪的出版物，见 *Asia*, I, 148-51。1620年前文艺复兴时期的地理文献概览，见 B. Penrose, *Travel and Discovery in the Renaissance, 1420-1620* (Cambridge, Mass., 1955), chap. xvii。

[2] 见 C. Clair, *A History of European Printing* (London, 1976), pp. 272-73。

[3] 见原著第三卷第一册第324页。

[4] 见 D. W. Davies, *The World of the Elsevier, 1580-1712* (The Hague, 1954)。

[5] 见 K. H. D. Haley, *The Dutch in the Seventeenth Century* (London, 1972), pp. 123-24。

[6] 见 D. T. Pottinger, *The French Book Trade in the Ancien Régime, 1500-1791* (Cambridge, Mass., 1958), pp. 122-31; 143-44。

[7] 见 H-J, Martin, *Livre pouvoirs et société à Paris au XVIIe siècle(1598-1701)*(2 vols.; Geneva, 1960.1969),II, 732-40。

[8] 见 S. H. Steinberg, *Five Hundred Years of Printing* (3d ed., Harmondsworth, 1974), chap. ii。有关英国早期的小册子，见 J. Parker, *Books to Build an Empire* (Amsterdam, 1965), chap. x。

[9] 这个判断见 James P. R. Lyell in R. A. Peddie (ed.), *Printing, A Short History of the Art* (London, 1927), p. 164。 Elizabeth Eisenstein (*The Printing Press as an Agent of Change* [2 vols.; Cambridge, 1979], I, xiv, n.8) 承认她所举的例子主要来自英国和法国。

[10] 见 A. J. Saraiva, *História da cultura em Portugal* (3 vols.; Lisbon, 1950-62), II, 138-40。

[11] 主要参考 F. M. Rogers (ed.), *Europe Informed: An Exhibition of Early Books Which Acquainted Europe with the East* (Cambridge, Mass., and New York, 1966), pp. 3-8。

[12] 见 H. M. A. Kömmering-Fizler, "Fünf Jahrhunderte portugesische Kolonialgeschichtsschreibung," *Die Welt als Geschichte* (Pt. 2), VIII (1942), 104-17。

[13] 语出 L. Febvre and H.-J. Martin, *The Coming of the Book. The Impact of Printing, 1450-1800* (London, 1979), p. 280。

[14] 有关葡萄牙"秘密政策"，见 *Asia*, I, 151-54。

[15] 见C. R. Boxer, *Exotic Printing and the Expansion of Europe* (Bloomington, Ind., 1972), pp. 8-10。

[16] 见 Katherine S. Diehl, P*rinters and Printing in the East Indies*（计划为七卷本）。快速浏览东亚的印刷业，可以参考 H. Bernard-Maritre in Febvre and Martin, *op. cit.* (n. 13), pp. 212-15。

[17] 见 Eric Fenn, "The Bible and Missionary," in S. L. Greenslade (ed.), *The Cambridge History of the Bible* (Cambridge, 1963), p. 385。

[18] 有关16世纪耶稣会士书简以及据此书写的历史，参考 *Asia*, I, 314-31, 427-67, 794-815。

第三章　伊比利亚文献

在这里，西班牙和葡萄牙的出版业将被统一处理，之所以这么做出于如下几方面的原因：这两个王国有一段时间的统一（1580—1640 年）；（葡萄牙）长时间的独立战争（1640—1668 年）导致双方的分歧和纠葛；葡萄牙人倾向于用西班牙语写作以赢得更多欧洲读者。哈布斯堡王朝统治时代的伊比利亚，世俗读者的范围拓宽了。其原因是，在耶稣会士的带领下，这个时期的正规中等教育大规模地铺开。[1] 到 1600 年，在地方赞助人的支持下，耶稣会于各大主要城市和城镇成立了神学院。被吸引到这些学院的学生日后成为各行各业和官僚机构的候选人。耶稣会神学院的教学活动是按照教学大纲（Ratio Studiorum）展开的，特别强调语法、哲学、神学和道德等方面的严格训练，并且辅之以大量的其他课程如数学、历史、几何学和天文学。与早期的法国图卢兹（Toulouse）和克莱蒙特（Clermont）地区类似，伊比利亚籍的耶稣会学生按照规定阅读传教士书简集。[2] 尽管伊比利亚的大学教育总体上不够发达，但是包括 1640 年前大批葡萄牙人在内的很多非西班牙学生都被录取到萨拉曼卡（Salamanca）大学学习法律，为他们将来在伊比利亚及其殖民地的政府机构谋取职位做准备。[3]
306 马德里逐渐取代塞维尔和萨拉曼卡出版了越来越多的西班牙语书籍，这里日益成长为君主国家的行政和艺术中心。很多西班牙语书刊出自西班牙属荷兰省的布鲁塞尔和安特卫普出版社。[4] 墨西哥、马尼拉和印度西部地区用伊比利亚语和当地语言出版了很多有关亚洲事务的书籍。

西班牙的出版物不同于欧洲其他国家，主要在于其中涵盖了很多呈给国王和皇家委员会有关亚洲的备忘录。这些材料主要来自那些从东方回来的人，他们倡导国家为马鲁古群岛和菲律宾群岛以及大帆船贸易等提供更有力的支持。有关东方航海的葡萄牙语航海图也出版了，并且被不断地更新。巴罗斯（Barros）有关葡属东方的《旬年史》（*Década*）继续由后来的科托（Couto）、拉文哈（Lavanha）和苏查（Faria y Sousa）续写下去。一系列具有开创意义的全面介绍菲律宾群岛历史和主要情况的书籍从1609年到1667年间出版发行。该世纪早期出版的大大小小的作品歌颂了1606年对马鲁古群岛的征服；但是各种作品没有对1662年放弃香料群岛事件给予任何关注。除耶稣会士书简和书简集之外，无数的小册子和书籍出现在伊比利亚，悼念发生在日本的传教士殉难事件，记述1614年的日本使团，关注沙勿略的封圣（1622年），以及“发现”西藏（1625年）等。继柬埔寨、日本和菲律宾群岛的传教历史之后，出版的兴趣又转向葡萄牙在印度西海岸取得的传教业绩。那些真实和虚构的游记，不论是回忆性的还是共时性的，都吸引了相当大的读者群。那些在亚洲的著名的行政主管的传记，在葡萄牙的出版激发了人们的民族自豪感。有关中国的作品主要是用西班牙语出版的，于1642年开始渐次面世；多明我会修士和耶稣会士卷入到中国的礼仪之争之后，有关中国的作品愈发多了起来。与其他的欧洲民族国家相比较而言，伊比利亚关于莫卧儿王国和南印度地区的材料较少。随着伊比利亚在亚洲的活动范围越来越局限在太平洋地区和菲律宾群岛，以及葡萄牙在西印度和中国南部的一些前哨据点，该世纪的最后二十年有关东方书籍的数量迅速下滑。[5]

第一节　探索、征服、传教所

1567年至1607年，西班牙对太平洋的探索激发了菲利普三世（1598—

307 1621年在位）和教皇克莱门特八世（1592—1605年在位）的传教激情。佩德罗·费尔南德斯·德·奎罗斯（1615年逝世）是一位从秘鲁的卡亚俄（Callao）出发广泛探索太平洋的舵手，他通过写回忆录的形式激发西班牙官方继续关注南方大陆或者未知南方大陆的热情，对位于太平洋这个褊狭世界的土著居民进行精神征服。为了达到这一目的，他从1607年到1614年间向国王递交了70份呈文。

到1610年止，奎罗斯的第八份呈文以几个不同的西班牙语版本发行[6]，此后被翻译成德语（1611年）、荷兰语（1612年）、拉丁语（1612年）、法语（1617年）和英语（1617年）。[7]其中包括他分别在1595—1597年间和1605—1606年间航海经历的介绍，以及有关南太平洋岛屿和居民的情况。他的地图、地球仪和备忘录启发了当时的航海家如雅各布·勒梅尔（Jacob Le Marie）以及后来的探险家如塔斯曼（Tasman）、布干维尔（Bougainville）和库克（Cook），他们纷纷前来寻找神秘的南方大陆。1615年，方济各小兄弟会的弗雷·胡安·德·托尔克马达（Fray Juan de Torquemada）出版了他的《印第安纳君主制》（*Monarquia Indiana*）[8]，其中有一则关于奎罗斯远征的故事，意欲促使方济各会推进1617—1627年在南方大陆的传教计划。希曼卡斯（Simancas）现在还存有几幅地图原稿和草图，展示着奎罗斯所发现的那些风土人情。[9]

奎罗斯敦促对神秘南方大陆探险和征服的同时，马德里的另外一些人呼吁
308 恢复西班牙对柬埔寨事务的介入。[10]在菲律宾群岛的西班牙总督路易斯·佩雷斯·达斯马里纳斯（Luís Peréz Dasmariñas）和马尼拉的其他激进派的敦促下，马德里的征服者们向国王菲利普三世请愿，要求以马尼拉为基地对东南亚采取一系列的军事征战，恢复西班牙的声誉。1603年，首次征战柬埔寨的一位老兵佩德罗·塞维尔（Pedro Sevil）在西班牙的巴利亚多利德（Valladolid）发表了他的草案，建议征服印度支那和其他东方国家。[11]由于没有取得法院的支持，塞维尔于1606年返回马尼拉，参与了西班牙征服德那地的行动。

1604年，一份更加精致的倡导征服柬埔寨的呈文在巴利亚多利德出版。这部作品出自一个名叫加布里埃尔·基罗加·德·圣安东尼奥（Gabriel Quiroga de San Antonio，1608年逝世）的多明我会修士之手，题目是《柬埔寨王国纪要》

（*Breve y verdadera relacion de los sucesos del Reyno de Camboxa*）。[12] 从西班牙开始干涉柬埔寨事务起，多明我会修士便在那里领衔传教，有时也会有个别的方济各会修士前来援助。圣安东尼奥在那儿进行了为期九年的传教生涯，期间环游了世界。1594 年仲夏他离开塞维尔，1603 年春季他又返回里斯本。期间，他在马尼拉生活了两年半（从 1595 年 6 月到 1598 年 2 月），在马六甲逗留了两年（1598—1600 年），在锡兰岛和南印度居住了两年多（1600—1603 年）。[13] 返回巴利亚多利德之后，圣安东尼奥与塞维尔和其他几位船长联系甚密，并且亲自写了一封富有远见卓识的请愿书呈给菲利普三世。这封四开本共 83 页的请愿书分为 3 部分，涉及的主要内容包括：胡安 · 华雷斯 · 德 · 加利纳托（Juan Juarez de Gallinato）16 世纪远征柬埔寨；迭戈 · 贝洛索（Diego Belloso）和布拉斯 · 鲁伊斯 · 德 · 埃尔南 · 冈萨雷斯（Blaz Ruiz de Hernan Gonçales）在东南亚的巧取豪夺；以及圣安东尼奥个人环游世界的动人故事。他对柬埔寨的描述甚至还包括对吴哥通城（Angkor Thom）[14] 的专门介绍，这些材料尽管都是二手的，但是颇有启迪意义；其他内容基本没什么创意，也不重要。圣安东尼奥讲述了很多有关菲律宾群岛、马六甲、锡兰及南印度的逸闻趣事，还有一些发生在 16—17 世纪之交的大事。[15] 309

鼓动在太平洋和印度支那地区进行军事征伐和传教活动的谏言书，被束之于巴利亚多利德的高阁（1600 年至 1606 年这里是哈布斯堡王朝的首都），也许是因为当局怀疑这么做的现实可能性，更主要的原因是政府对征服马鲁古群岛的兴趣更大。1574 年，德那地被穆斯林联盟占领，欧洲方面对葡萄牙人和基督徒在香料群岛的处境知之甚少。从对当时北欧的报道和对荷兰的观察，西班牙获悉英国和荷兰的船只已经出现在香料群岛并在那里有所行动。菲律宾群岛方面的报道也传到马德里，事关马鲁古群岛和海岛东南亚其他地区。穆斯林联盟的对手——一位有独立意识的德那地国王派了一支使团前往里斯本，向刚刚登上葡萄牙国王宝座的菲利普表示了臣服的意愿。马鲁古群岛的其他统治者们则宣誓效忠于马尼拉总督。穆斯林联盟的行动活跃依旧，为了谋求香料贸易的控制权，不时挑衅着伊比利亚，而伊比利亚则要腾出力量应付刚刚到来的荷兰人和英国人。

德那地保持相对独立的愿望特别强烈，其统治者于1600年左右分别向伦敦和阿姆斯特丹派出使团，与英国和荷兰磋商如何维持永久和平与双方间的贸易往来。1602年，荷兰与德那地签订协议，荷兰据此获得购买丁香的垄断权。在这个关键时刻，蒂多雷开始寻求与马尼拉方面的联盟以对抗德那地不断膨胀的势力。1604—1606年间，亨利·米德尔顿爵士（Sir Henry Middleton）是英国在马鲁古群岛的代表，有那么一段短暂的时间，他十分关注这里的境况，调停着各方的利益，并且反对香料贸易的垄断权，主张利益均沾。伊比利亚并不妥协，反而固执地要将荷兰人从他们在德那地的立足点驱逐出去。菲律宾群岛方面越来越担忧中国和日本前来干涉马鲁古群岛的事务，西班牙决意从马尼拉派出一支远征海军部队，直指德那地和香料岛的荷兰舰队。西班牙的远征军由36艘舰艇和约2 000名的士兵组成，荷兰舰队退败，德那地于1606年4月10日投降。马尼拉用狂欢节来庆祝胜利的喜悦。

西班牙的马鲁古群岛政策设计师是佩德罗·费尔南德斯·德·卡斯特罗·安德拉德·波图加尔（Pedro Ferríandez de Castro Andrade y Portugal，1560—1634年），他是莱莫斯（Lemos）伯爵，也是1603—1610年间东南亚委员会的负责
310 人。这位著名的菲利普三世的顾问和“西班牙赞助商”（*mecenas español*）亲自为他的祖国庆祝了胜利，资助了巴托洛梅·列奥纳多·德·阿亨索拉（Bartolomé Leonardo de Argensola，1562—1631年）撰写和出版了《马鲁古群岛之征服》（*Consquista de las isles Malucas*，马德里，1609年）。[16]巴托洛梅是著名诗人鲁浦西奥（Lupercio）的弟弟，曾在新成立的韦斯卡大学（University of Huesca）接受教育。1588年，应神的召唤，他成为瓦伦西亚市（Valencia）的比利亚埃尔莫萨（Villahermosa）教区长。几年以后，他以奥地利的玛丽娅女皇（María de Austria）的王宫附属教堂牧师身份居住在马德里。在这里，他结交了很多文学界、艺术界和政治界的名流。1603年女皇去世之后，他重返世俗的乐园。莱莫斯伯爵深谙阿亨索拉的文学天赋和历史爱好，很快就认定他是书写西班牙征服香料群岛这段历史的最佳人选。为了达成这一目的，他为阿亨索拉从东南亚档案中搜集了很多报纸、书信和其他相关材料。1609年出版的这本书被人们这样描述：“是我们语言中最为怡人和甜美的作品之一。”[17]

阿亨索拉的这部献给国王的《马鲁古群岛之征服》，内容丰富庞杂，共有400多页，总结了1606年之前欧洲和马鲁古群岛之间的关系。他将整部著作分为10册，其中的前7册关涉发生在16世纪的一些背景事件和对马鲁古群岛及其周边地区的地理、民族和产品的描述。正如他在文中所坦承的那样，这些材料多来自巴罗斯和科托的编年史、加布里埃尔·雷贝洛（Gabriel Rebelo）和安东尼奥·加尔旺（António Galvão）的记述、耶稣会士书信（特别是来自神父安东尼奥·玛尔塔[António Marta]），以及马菲（Maffei）的传教经历。有关直接导致征服发生的事件的材料，他引自从果阿和马尼拉发到东南亚委员会的书信、公文和报告等。他写到，有关荷兰在马鲁古群岛活动的信息“来自雨果的叙述”（las relaciónes de Hugo），即来自扬·惠根·范·林斯乔坦（Jan Huyghen van Linschoten），尽管其中的部分内容似乎是来自已经出版了的关于科尼利斯·范·内克（Cornelis van Neck）和韦麻郎（Wybrand van Warwijck）率领的荷兰第二次航海的报道。[18]

严格意义上讲，阿亨索拉叙述的这段历史是以西班牙逐渐控制马鲁古群岛
作为时代背景的。他顺应时代潮流，美化政治宣传。这部作品的出版时间，恰 311
逢西班牙人对帝国在欧洲和海外的未来充满信心之时，它宣称西班牙仍有足够的意志和力量在远方从事争霸活动，并且使这些活动富有成果。在谈到各土著居民和土地时，阿亨索拉增加了巨量的有关亚洲的信息和知识，特别是关于马鲁古群岛、爪哇、苏门答腊和锡兰等地。他的书也清晰明白地把发生在欧洲的事件和海外的斗争联系起来，他认识到世界范围内香料贸易的多变后果，提醒读者对日本和中国的注意。通过对东印度群岛派往欧洲使团的介绍，他表明在与海岛东南亚的交往中，不仅仅需要贸易、征服和传教，而且还需要外交关系。在这里，一书在手，世界的目光集中在马鲁古群岛，人们从阅读中不仅可以赢取现实的利益，而且还可以获得精神的愉悦。[19]

西班牙东方帝国的心脏菲律宾群岛的状况，越来越成为菲利普三世政府的关注焦点。新世纪开启，马尼拉湾出现了两艘由奥利维尔·范·诺尔特（Olivier van Noort）舰队司令指挥的荷兰战舰（1600年10月），这对西班牙统领东方海域构成了直接威胁。有关范·诺尔特大胆侵扰的书信源源不断地快速飞往马德

里，信中同时也警告政府可能来自中国的威胁。[20]1603 年马尼拉的华人起义，似乎是西班牙人在菲律宾群岛主要灾难的前兆。来自政府行政人员和传教士的报道都预测（尽管不准确），为声援生理人（Sangley，菲律宾群岛的华人）①，中国可能发起攻击。见证人所著的小册子在西班牙到处播散，报道华人的抗议和对其的镇压、平息和安抚华人的努力、中国政府忙于应对国内的灾难和发生在朝鲜的战乱——这些事件被认为阻遏了中国在南洋霸权的势头。[21] 出生在墨西哥的律师佩德罗·德·巴埃萨（Pedro de Baeza）从 1607 年到 1609 年上呈了一系列的请愿书，敦促国王要趁势征服马鲁古群岛，稳固从吕宋岛到棉兰老岛间
312 的菲律宾群岛的控制权，更加直接地从事香料贸易。[22]

葡萄牙人一直持守着关于东方航海路线的知识和秘密，但是从 17 世纪开始（可能是源于西班牙的压力）愿意与他人分享信息了。从亨利王子开始，葡萄牙航海家们便被要求为出行准备航海图。那些描摹去往印度或更远地方的路线图起初并没有印刷出版，手稿被隐藏起来。正当其他各民族时不时地尝试获取此类手稿时，那些优秀的舵手如若昂·德·卡斯特罗（João de Castro）及他人却被牢牢地控制在葡萄牙人手里，这一情势直到菲利普登基后才得以改变。那时，西班牙人要求葡萄牙人分享有关知识，后来分享对象的范围扩展到其他国家。在果阿，林斯乔坦获取了很多航海图的副本，他把这些副本收编在他的作品《林斯乔坦葡属东印度航海记》（*Itinerario*，1596 年）中，这部著作后来被译成英语、法语、拉丁语和德语。到了 1600 年左右，林斯乔坦的作品已经成为舵手们东方水域图书馆中的重要组成部分。[23]

林斯乔坦将航海图（*roteiros*）带入人们的视野之内后，葡萄牙人也开始了这方面作品的出版发行。第一部相关的合集由曼诺埃尔·德·菲格雷多（Manoel de Figueiredo，1568—1630 年）出版，他是葡萄牙 1607—1621 年间的首席宇宙学家。他的《海道》（*Hydrographia*）1608 年首次发行，其中包括舵手的操作指南，以及从里斯本到包括印度在内的葡萄牙海外据点的航海图。

① 16—17 世纪菲律宾土著对华人的称呼，还有不同的译法，如“生意人”、“常来”等。——译者注

维森特·罗德里格斯（Vicente Rodrigues）的航海图最为重要，出版在宇宙学家和历史学家若昂·巴蒂斯塔·拉文哈（João Baptista Lavanha，1555—1624年）的一个改编本里。[24] 菲格雷多的作品分别于1609年、1614年[25]、1625年、1632年再版，再版本进行了部分修改，增加了一些内容；这部作品成了当时及随后出版类似作品的范本。此后，最重要的航海图都是基于罗德里格斯的作品；加斯帕尔·费雷拉·雷芒（Gaspar Ferreira Reimão）的著作就属于这一类，于1612年在里斯本陆续出版。[26] 不久之后，堂·安东尼奥·德·阿泰德（Dom 313
António de Ataíde）汇编了一部精美的航海图集，极大地丰富了雷芒的整部作品。[27]17世纪汇编的其他集子增加的内容甚少，基本没有超越罗德里格斯和雷芒的航海图集。[28]

除了航海图集之外，大量的船难故事以小册子的形式出现在17世纪早期的里斯本。1602年，曼努埃尔·戈迪尼奥·卡多佐（Manuel Godinho Cardoso）出版了关于“圣地亚哥”号（Santiago）于1585年发生船难以及生还者随后所走航线的故事。[29]1602年，另一艘“圣地亚哥”号舰艇在攻打荷兰的行动中被捕获，历史学家迭戈·杜·科托（Diogo do Couto）所著的第七部《旬年史》的手抄本也因此遗失。梅塞基奥·埃斯塔西奥·杜·阿马拉尔（Melchior Estacio do Amaral）联系1604年的故事，报道了这次灾难以及1594年“恰加斯”号（Chagas）所遭遇的不幸，其中他还澄清了过去二十多年大商船失踪的原因，声明了葡萄牙在东方征服和航海方面的独霸权。[30] 这里，葡萄牙人一如以往地谴责他们的损失是由于卷入和西班牙的战争，这些战争并非出自他们的主动选择。

迭戈·杜·科托（1542—1616年）尽管是一位著名的历史学家，但是他也尝试海难悲剧文学的创作。1611年，他决定将1589年发生的“圣多美”号（São Thomé）船难写进他的其他作品中，这份手稿在他去世后的很多年都没有出版。[31] 事实上，科托的很多手稿在其生前都没有发表。科托曾经到过印度，生命的最后五十年除了短期回访葡萄牙（1569—1671年）之外，主要活动范围都
在果阿。从1595年起，他成为果阿的档案管理员和编年史官。从更早些时候起， 314
他就决意续写巴罗斯具有重大意义的《旬年史》。尽管面对来自葡萄牙和印度的公开和地下的反对，科托仍然完成了11卷完整的《旬年史》以及第十二卷的前

5个章节。他生前只出版了4部《旬年史》：第四卷（1602年）；第五卷（1612年）；第六卷（1614年）以及第七卷（1616年）。其他各卷，包括他首先所著的也是最长的第十卷，长时间以手稿形式流传，直到他人或以摘要的形式或以简本的形式或全部出版。[32] 科托生前发表的作品内容覆盖了从1526年到1564年葡萄牙人在印度活动的历史。与巴罗斯相比较，他对中国和日本的内容言说甚少；但这些作品对研究锡兰、马六甲和马鲁古群岛特别有价值。[33] 第四卷（首先出版的）和第十卷《旬年史》是现存的最能体现科托特色的作品，也是仅有的能在质量上与巴罗斯的《旬年史》相媲美的作品。[34]

17世纪之初，传教书信源源不断地流入欧洲，这些书信通常被独立发行，或者作为比较大型的概略作品的组成部分出版。这个渠道的信息仍然被葡萄牙耶稣会士垄断。然而，西班牙方济各会修士、奥古斯丁会修士和多明我会修士等，也开始出版他们根据在东方的见闻所著的叙事作品，特别关注那些在日本和菲律宾群岛遭遇的问题。[35] 相反，17世纪的前十年里，出版在伊比利亚的耶稣会士书信内容主要关注的是耶稣会士在印度、中国和东南亚取得的节节胜利，而不是在日本遭遇的挫败。[36]

欧洲的耶稣会士为庆祝在亚洲取得的辉煌胜利，在世纪之交出版了一系
315 列的作品，赞美沙勿略并且歌颂他的生命以及他在东方取得的成就。[37] 在葡萄牙，里斯本的教会主管耶稣会士费尔南·格雷罗（Fernão Guerreiro，1550—1617年）汇编了一套5卷本的《耶稣会神父事务年度报告》（*Relaçam*）①，其材料来源主要来自海外，特别是亚洲耶稣会士书信。这五卷本分别于1603年、1605年、1607年、1609年和1611年出版，密切追踪耶稣会士在印度、中国、日本和东南亚取得的成就。格雷罗所著作品的第一卷由耶稣会士安东尼奥·考拉索（António Colaço，1568—1647年）译成西班牙语，于1604年在巴利亚多利德出版；该卷有关中国的部分被译成德语，标题为《历史报告》（*Historischer*

① 全称为：*Relaçam annal das covsas qve Fezeram os Padres da Companhia de Iesvs nas partes da India Oriental, & no Brasil, Angola, Cabo verde, Guine, nos annos de seiscentos & dous & seiscentos & tres, & do processo da conuersam, & christandade da quellas partes, tirada das cartas dos mesmos padres que de là vieram.* ——译者注

Bericht，奥格斯堡，1611 年）①。最后一卷由克里斯托瓦尔·苏亚雷斯·德·菲格罗亚博士（Dr. Christoval Suárez de Figueroa）译成西班牙语，并于 1613 年或者 1614 年在马德里出版；其中有一部分由葡萄牙语译成德语，于 1614 年以《新印度记》（*Indianische newe Relation*，奥格斯堡）为标题出版发行。[38] 两部德语译本的译者都是赫里索斯托姆·达伯兹霍夫（Chrysostom Daberzhofer）。

在“致读者”中，格雷罗表明他所著的《耶稣会神父事务年度报告》是路易斯·德·古兹曼（Luis de Guzman）两卷本的《东印度、中国和日本的耶稣会传教史》（*Historia de las missiones ... en la India Oriental ... China y Iapón*）② 的续本。[39] 因此，他把 1600 年作为叙事的起点，这一年恰是古兹曼笔尖触及的尽头。所涉内容牵扯到东方各地，他通常从下列视角开始自己的评述：耶稣会士据点的数量和地点、其中的工作人员、他们所从事的工作等。他指出，到 1601 年，耶稣会士从行政管理的角度将东方分为 3 个教区：（1）北印度；（2）南印度；（3）中国和日本。他断言道，耶稣会士在这些教区共有 100 多间房舍——包括神学院，教区长住宅和修士居所——有近 600 名耶稣会士在这里工作。[40]

除果阿以北的葡萄牙的沿海据点外，北印度教区还包括莫卧儿传教区、契丹传教区和波斯传教区。格雷罗有关葡萄牙耶稣会士与阿克巴的关系部分，是皮埃尔·杜·雅利克颇有影响力的著作《难忘的东印度历险》（*Histoires*）[41]
的主要材料来源，这部著作的研究范围是 1610 年之前的传教历史。③ 在论述南 316
印度教区部分时，还涉及了印度其余地方以及马六甲、马鲁古群岛和勃固等地的传教所，有关孟加拉和勃固的环境描述十分丰富。[42] 关于中国和日本教区，他起初只关注从丰臣秀吉逝世（1598 年）到 1602 年间日本基督徒的财产以及

① 全称为：*Historischer Bericht was sich dem grossen unnd nun je lenger je mehr bekandten Königreich China ...* (1611). ——译者注

② 全称为：*Historia de las missiones que han hecho los religiosos de la Compañia de Iesus : para predicar el sancto Evangelio en la India oriental, y en los reynos de la China y Iapon.* ——译者注

③ 全称为：*Histoires des choses plus mémorables advenues tant ez Indes Orientales que autres païs de la descouverte des Portugais.* ——译者注

荷兰人的到来。[43] 有关1602年前的中国部分，他讲述了耶稣会士深入内陆的故事，详尽地描述了南京，并且评述了中国人所表现出的善意。[44] 接下来的内容是发生在马鲁古群岛的一系列战争和安汶岛及其他地区的基督徒所遭遇的困难。[45]

格雷罗系列原著的第二卷特别有价值的地方在于勃固记述、鄂本笃到契丹传教的报告、发生在阿格拉的事件的描述。[46] 后面的内容包括南印度和锡兰的环境概览，特别关注了维查耶纳伽尔朝廷的状况。[47]

原著第三卷首先评述了1603年至1604年间日本的宗教环境和世俗环境，重点关注了殉难事件和皈依信徒的情况。[48] 然后对比日本的情况论述了中国传教的成功，着墨较多的是土著人的生活状态：技艺、1604年的科举考试、中国的摩尔人。[49] 在评述发生在孟买、勃固和南印度的事件之前，用较少的篇幅讨论了马鲁古群岛。[50]

格雷罗的《耶稣会神父事务年度报告》(1609年)有一个简单明了的开场白：“让日本平静下来是不可能的……”。[51] 紧接着详细地描写了日本本土基督徒所遭受的迫害。[52] 来自南京的高一志（1568 [69？]—1640年）神父1605年的
317 一封信，再次说明了耶稣会士在中国取得的成果。[53] 接着叙述了伊比利亚和荷兰在马鲁古群岛的争斗，以及耶稣会约1605年在马鲁古群岛、勃固和印度取得的胜利。[54] 在论述耶稣会北印度教区时，他谈及到阿克巴的逝世（1605年10月27日）以及随后的斗争。[55] 鄂本笃在契丹传教的内容主要选自利玛窦写给热罗姆·沙勿略（1604年2月2日)，随后又传到欧洲的一封书信，这部分内容着墨更多。[56]

格雷罗著作的最后一卷首次发行于1611年，论述了1607年至1609年间发生的事件。起笔就评述了果阿的耶稣会机构——耶稣会在东方的神经中枢。其中最有启发意义的部分是耶稣会士竭力皈依帝王贾汗吉尔，并且这样的努力影响了后者。[57] 格雷罗接着阐述了有关到契丹传教的活动，这些材料都是他当时刚刚获取的。[58] 至于南印度，他也把那里的传教情况及时更新。接下来的一个章节是关于耶稣会士在勃固、暹罗、马六甲和马鲁古群岛的活动[59]，以及罗伯特·德·诺比利在马杜赖的努力。[60] 该卷余下篇幅阐述了日本和中国的基督教

状况。除了描写通常的内容如基督徒的皈依和受迫害之外，关涉日本的材料包括富士山（Mount Fuji）、大阪到长崎的旅程，以及早期的小作品很少提及的其他地方，这些描述都相当详尽。[61] 中国部分，提到的主要内容是南京地区的 4 名耶稣会士中有 3 名自愿投身于研习汉语。[62]

与中国历史学家和日本历史学家不一样，研究印度史的人主要依靠格雷罗的作品集来重构 16 世纪晚期和 17 世纪早期的那段历史。[63]

17 世纪早期，伊比利亚耶稣会士和其他教会人员创作了大量作品，所用体裁或者是回忆录，或者是历史叙事，或者二者兼而有之，内容关涉个人的传教活动和亚洲各个国家的风土人情。其中最为典型的是西班牙耶稣会士佩德罗·奇里诺（Pedro Chirino，1557—1635 年）的著作《菲律宾群岛纪事》（*Relación de las islas Filipinas*①，罗马，1604 年）。[64] 奇里诺 1590 年被派往菲律宾群岛之后，便在吕宋岛的他加禄族人（Tagalogs）和其他南方岛屿特别是米沙鄢群岛上的平塔多人（Pintado）当中传教。在马尼拉期间，他还认识了莫尔加（Morga），并且显然从那里获得了描写菲律宾群岛的一部分手稿（第三册）。[65]1602 年，奇里诺以东方传教团代表的身份离开菲律宾群岛返回罗马。他赢得了朝廷和教皇的支持，确保了菲律宾群岛传教的人力和物力补给，后来菲律宾群岛作为独立教区分离出来，摆脱了墨西哥的控制。事实上，奇里诺关于菲律宾群岛的报告深深地打动了耶稣会总会长克劳迪厄斯·阿夸维瓦（Claudius Acquaviva），后者希望对方将这个报告出版。[66] 随后奇里诺返回西班牙，不久再次启航前往菲律宾群岛，在这里他作为传教士、教育工作者和作家一直工作到生命的最后一刻。 318

奇里诺的著作是最早专门关涉菲律宾群岛和耶稣会士在当地传教情况的出版作品。他著述的材料来源除 1590 年至 1602 年个人的亲身经历外，主要根据莫尔加的手稿和会友的年度传教报告。与莫尔加主要关注世俗事务不同的是，奇里诺将焦点放在米沙鄢群岛的社会和宗教习俗上。[67] 他本人喜欢研习各种语

① 全称为：*Relación de las islas Filipinas, i de lo que en ellas an trabaido los padres de la Compañia de Jesús...*——译者注

言，特别是他加禄族语和米沙鄢语，因此特别评述了这些语言及其社会含义。[68] 由于传教和从事教育活动的原因，他自然而然地特别熟悉当地的宗教信仰和相关习俗。[69] 最令人惊奇的是他把大量的篇幅留给植物群、农业，以及他到访岛屿的贸易状况。所有后来研究菲律宾群岛的历史学家——到该世纪止主要是神职人员——在研究西班牙早期深入这些岛屿时，主要依靠奇里诺的著述。[70]

其中流行最为广泛的一部耶稣会书简集中有庞迪我（1571—1618 年）所著的一则报道，这则报道是他于 1602 年从北京写给耶稣会传教史学家和托雷多（Toledo）教区主教路易斯 · 德 · 古兹曼的。庞迪我这封长信的标题是《入境中
319 国记》（*Relación de la entrada*），① 1605 年在塞维尔单独成册出版。[71] 作为塞维尔附近巴尔德莫拉市（Valdemora）的居民，庞迪我在托雷多教区实习。他完成学业之后，于 1596 年和龙华民神父一同前往亚洲。他本打算前往日本，但是庞迪我 1599 年到达澳门之后，范礼安决定派遣这位新手到南京做利玛窦的助手。他从澳门带来很多礼品，这些礼物次年又被利玛窦和他带往北京。

细读他的《入境中国记》，人们会发现庞迪我似乎在西班牙就读过马可 · 波罗和门多萨有关中国的介绍，查阅过各种地图，与他人讨论过中央帝国；事实上，他曾经主动请愿到亚洲。[72] 他的书信美妙绝伦；信中有关中国的信息准确而有趣，是 17 世纪上半叶人们获取有关中国知识的一个重要资源。他把这封信连同中国的精美卡片、书籍和地图等寄给古兹曼。他甚至还简要地介绍了阅读中国地图的方法。[73]

该世纪早期基督教所取得的最伟大成就，是马拉巴尔教会的圣多默基督教徒臣服于罗马。在戴拜教务会议上（1599 年 6 月 22—26 日），果阿的奥古斯丁大主教阿莱绍 · 德 · 梅内塞斯（1559—1617 年）向圣多默基督教徒施加压力，要求对方公开承认罗马教皇的绝对权威并且重新调整其信条和仪式以与拉丁教会相契合。[74] 葡萄牙的印度控制区的世俗当局和宗教势力之间的关系密

---

① 全名为：*Relación de la entrada de algunos padres de la Compania de Jesus en la China y particulares sucessos que tuvieron*，直译为《耶稣会士进入中国纪实，他们的独特见闻以及该国的重要事物》，参见张铠：《庞迪我与中国》，北京图书馆出版社，1997 年。——译者注

切，这一点从1602年梅内塞斯大主教被任命为总督的事实得到诠释，他一直主政到1609年。梅内塞斯接过了世俗职务之后不久，于1603年联合居住在果阿的奥古斯丁会修士安东尼奥·德·古维亚（António de Gouvea，1575—1628年）共同致力于出版他的论说，即圣多默基督教徒是如何被迫切断与传统的迦勒底（Chaldea）主教之间的关系，以及如何认可葡萄牙保教权和拉丁派系领导权等。[75]

1606年，安东尼奥·德·古维亚版本的《果阿大主教阿莱绍·德·梅内塞斯的旅行见闻》（*Jornada do Arcebispo de Goa Dom Frey Aleixo de Menezes*）在科英布拉出版，标志着葡萄牙和天主教会在印度取得了胜利。[76]无论是标题还是具体文本都充斥着安东尼奥·德·古维亚的错误观点，即圣多默基督教徒与罗马教派失去联系1 000年之后，梅内塞斯在短短的几个月时间里就让他们重返正宗信仰的家园。《旅行见闻》分为3册，连续标示页码；戴拜教务会议的决议和条例分散在著作的各个部分。[77]《旅行见闻》刚一出版就被译成西班牙语和法语；弗兰西斯科·穆尼奥斯（Francisco Muñoz）所译的西班牙语手稿并没有出版，而由让·德·格伦（Jean de Glen）从西班牙语译成的法语版于1609年在安特卫普和布鲁塞尔（Brussels）出版。附在《旅行见闻》中的主教会议决议和条列并没有被译成法语。安东尼奥·德·古维亚文本中的主教会议条例的英文版由迈克尔·盖迪斯（Michael Geddes，1650？—1713年）翻译并于1694年发行；该条例的最早拉丁语版直到1745年才出现。[78]《旅行见闻》和主教会议条例的主要意义在于深入考察了圣多默基督教徒和马拉巴尔人的重要风俗习惯。[79] 320

新旧世纪转换的关口出现了数量相当可观的作品，讲述了1597年发生在日本的基督教信徒殉难事件。[80]方济各会修士反应最为激烈，信徒殉难和他们被驱逐出日本的经历直接激起他们的暴怒。被驱逐出境的修士当中有一位名叫马塞洛·德·里瓦德内拉（Marcelo de Ribadeneira），具体驱逐日期不详，随后的九个月里他在澳门度过。之后，他又被派往马尼拉，在这里其上级主管要求他草拟一份关于东方的报告供欧洲世俗和宗教当局参考。离开菲律宾群岛之前，他还会见了一些方济各会修士，了解他们在亚洲的经历，为草拟报告做准备，很可能也有针对耶稣会士的意图，当时耶稣会士被指控应该为方济各会修士在日本的遭遇负责。

1601 年，里瓦德内拉的著作《东方诸国志》(*Historia de las islas archipiélago Filipino y reinos de la gran China, Tartaria, Cochin-China, Malaca, Siam, Cambodge*
321 *y Japon*）在巴塞罗那出版，[81] 这一年古兹曼的耶稣会士传教史在阿拉卡尔（Alcalá）出版。这两部作品一半的篇幅都在关注日本的基督徒活动及他们内部之间的斗争。事实上，古兹曼非常保守，对这些事件提出一系列的反对理由。[82] 虽然两位作者都没有提出什么有关日本的新信息，但是里瓦德内拉的亲眼所见所闻和从其他方济各会修士那里搜集来的信息，为了解中国和菲律宾群岛提供了一个稍显不同的视角，从某种意义上说丰富了奥古斯丁会修士门多萨的作品内容。里瓦德内拉的著作也是第一部非耶稣会士叙述日本故事的作品。[83]

里瓦德内拉所著《东方诸国志》的前两册主要关涉如何发现和深入——特别是方济各会修士和多明我会修士如何发现和深入——这些地方如菲律宾群岛、中国、暹罗、交趾支那等。与他同时代的世俗同胞一样，里瓦德内拉特别关注中国和马尼拉的华人。方济各会修士在中国的遭遇主要根据门多萨的记述，再加上弗朗西斯科·德·莫蒂尔哈教士（Friar Francisco de Motilha）和一些葡萄牙人的亲身经历，他们曾在鞑靼被囚禁。[84] 引起他叙述兴趣的还有，方济各会修士竭力在交趾支那成立传教会以打开在中国传播福音的大门。[85] 同时他也简单地评论了暹罗，其根据是方济各会修士从 1582 年始在这里成立传教团的努力及相关报道。[86] 第一卷的余下篇幅留给了那些赤脚方济各会修士的传记，他们主要活跃在东方，特别是菲律宾群岛。

两年之后（1603 年），另一部传教史著作出现在巴利亚多利德，这就是本笃会修士安东尼奥·圣罗曼·德·里瓦德内拉（Benedictine Antonio San Román de Ribadenyra）的杰作。[87] 与里瓦德内拉亲眼所见的“历史”相比，圣罗曼的作品是根据在欧洲出版的最好材料所著的一部真正历史。[88] 尽管这部著作就葡萄牙人和基督徒在亚洲的扩张内容没有增加丰富的新材料，但是它仍然值得人们的注意，这是因为它把海外活动的综合史引入到西班牙语中，从而把最优秀
322 的葡萄牙编年史学家带给欧洲读者。另一部颇受欢迎的书是印度群岛编年史官安东尼奥·德·埃雷拉·托德西拉斯（Antonio de Herrara y Tordesillas，1559—

1625年）所著的《卡斯蒂利亚岛通史》（*Historia general de los hechos de los Castellanos*... [分为8个十年叙述，马德里，1601—1615年]），他将西班牙在东方特别是马鲁古群岛的征服者带入大众的视野之内。附在第八个十年内容之后的是一幅东印度群岛和大洋洲的地图。埃雷拉的《西印度群岛记述》（*Descripcion de las Indies Occidentales*，马德里，1606年）尽管标题如上，但是涵盖的内容有菲律宾群岛、中国、琉球岛和日本等地。[89]

早期的很多作者的作品在新世纪到来之后重新被译介到西班牙。1601年，马丁·德·博利亚·卡斯特罗（Martin de Bolia y Castro）在萨拉戈萨（Saragossa）新出版了西班牙语版的《马可·波罗游记》（Marco Polo），译自拉丁语。皮埃尔·波斯图（Pierre Boaistuau）写作的神童故事的西班牙语版于1603年出版；五年后，由巴拉姆（Barlaam）和乔萨发特（Josaphat）译自圣约翰·大马士革（St. John Damascus）所著的历史在马德里出版。博特罗（Botero）的《世界关系》（*Relazioni universali*，1591—1592年）由迭戈·德·阿吉亚尔（Diego de Aguiar）翻译成西班牙语并于1603年和1608年在巴利亚多利德出版；1610年，雅米·罗萨（Jaime Reballosa）根据博特罗的《世界关系》在巴塞罗那出版了一项关于当时基督教在世界的状况的调查报告。博特罗的一项小型研究著作《伟大的城市》（*The Greatness of Cities*，1588年）被从意大利语转译过来并于1605年在巴塞卢什（Barcelos）出版。除了那些亲历者们的及时报告之外，还出现了一大批伊比利亚语的权威性记述，这些作品或者关于遥远的过去或者关涉最近发生的事件。此外，还有一些在日本、菲律宾群岛和中国的传教士所著的实用性的语言研究作品。[90]

17世纪的第二个十年里，一大批伊比利亚语游记——或真实或虚构或者兼而有之——出版。葡萄牙犹太商人佩德罗·特谢拉（Pedro Teixeira，1563—1645年）从1586年在安特卫普安顿下来到1605年，多次到亚洲旅行。他的作品《佩德罗·特谢拉东印度游记》（*Relaciónes*...，安特卫普，1610年）基本上属于一部真实可信的叙事著作，集中叙述了他在波斯和霍尔木兹的经历。1600—1601年间和1604—1605年间的两次旅行详细地介绍了马来亚和印度尼西亚。[91] 他的最后一次旅行从印度出发，取道陆路进入意大利，原因很可能

323 是当时荷兰在印度洋的掳掠活动猖獗。

若干年后，方济各会修士加斯帕尔·德·圣贝纳迪诺（Gaspar de San Bernardino）有一次相似的旅游经历。应西班牙和葡萄牙女皇玛格丽特·奥地利（Margaret of Austna）的要求，他把自己的经历和见闻写了下来并且出版。他的《从葡萄牙到印度的旅程》（*Itinerario da India por terra ate este teino de Portugal*，里斯本，1611年）揭示了印度洋的一些不安全因素以及果阿和霍尔木兹之间的紧密关系。[92]

1617年，以菲律宾群岛为活动基地的方济各会修士赫尔南多·德·莫拉加（Hernando de Moraga）一路西行依次途经马六甲、果阿、霍尔木兹。像特谢拉和圣贝纳迪诺一样，他从这里取道陆路穿越波斯。在巴格达（Baghdad），他受到西班牙大使D.加西亚·德·席尔瓦·菲格罗亚（D. Garcia de Silva y Figueroa）的接见，1618年，后者还把他引荐给伊朗王。莫拉加穿越陆地，借道地中海各岛屿，最终来到西班牙。1619年1月，他刚一到达马德里，国王就要求其写一份有关自己旅行经历的报告。有关亚洲的记述，他的游记（塞维尔，1619年）并没有超越那些通过陆路旅行的前辈。然而，他写了很多关于菲律宾群岛的书信给同辈人；据称，他应菲利普三世的诏令出版了《论中国、日本、土耳其和亚洲其他国家的习俗》（*De las cosas, y costumbres de los Chinos, Japones, Turcos y otras naciones del Asia*，马德里，1619年）。[93]

1614年，两部带有部分虚构性的游记在里斯本和马德里出版。第一部作品是费尔南·门德斯·平托（Fernão Mendes Pinto）的《平托东游录》（*Peregrinaçao*），这是一部在17世纪广泛流传的游记。从1537年到1558年，平托在亚洲到处游历，他在1583年逝世之前，一直是巴罗斯、耶稣会历史学家、其他编年史学家等的资料提供人。[94]他在晚年时写了一些亚洲探险的故事，很可能是为了启发孩子的心智。他离世之后，这份手稿从一个资料保管员流落到另一个保管员，直到其最终来到里斯本东波塔档案馆（*Torre do Tombo*）才找到了归宿。在这里，这份手稿由其监管人和葡萄牙首席历史学家弗朗西斯科·德·安德拉德（Francisco de Andrade）及其同事修订、重排和编辑。弗朗西斯科·德·埃雷拉·马尔多纳多（Francisco de Herrera Maldonado）这位名不见经传的文学工作者和神职人员将其译成西班牙语，并于1620年以两种不同的版本在马德里出版。[95] 人们正是依据埃雷拉·马尔多纳多这个版本将其译成其他欧洲各国语言。到1700年，平托的游记已经出现了6种语言和19个不同的版本；各种游记集和其他概略都会节选平托的作品。当然，17世纪有关亚洲的伊比利 324
亚著作没有比他的游记传播的更广的了；平托被认为是他所在时代的“曼德维尔”（Mandeville）。[96]

与平托的游记相类似的是另一部《世界旅行记》（*Historia y viages del mundo*，马德里，1614年），其作者是佩德罗·奥多涅兹·瑟瓦洛斯（Pedro Ordóñez y Cevallos [大约出生在1550年]），有时人们也称他为“感恩神父”（the grateful priest）。[97] 根据这部书，奥多涅兹用三十年的时间环游世界。多数研究他著作的人认为，他到过的地方只是西班牙属美洲，或许还包括菲律宾群岛。而对他所声称的在亚洲旅行的真实性，抱有诸多怀疑。他在前言中宣称自己走访了“全部的世界五大地区”。然而有关亚洲的材料很明显是来自耶稣会士尼古拉斯·皮门塔（Nicolas Pimenta，1546—1614年）的书信，他从中节录了一些内容而已。[98] 他的游记中包括1590年对长崎、广东和澳门的访问，这是本书中提供的为数不多的几个精确日期中的一个。他从中国出发来到交趾支那，宣称在这里驻留了四年——这段时间一些马尼拉和马德里的西班牙人正在筹备介入柬埔寨的事务。[99] 奥多涅兹从印度支那返回西班牙，途经马六甲、果阿、好望角等地。1597年，他到达出生地西班牙南部的哈恩（Jaen）。

除了《世界旅行记》外，还有一部较短的由奥多涅兹所著的作品：《论中国、交趾支那和占城的真实关系》（*Tratado da las relaciones verdaderas ... de la China, Cochinchina, y Champas*，哈恩，1628年），这部作品的资料来源非常庞杂。[100] 事实上，这部书也许根据《世界旅行记》的亚洲材料而作，其背景材料是真实的，但是在交趾支那皇族中的奇遇似乎是虚构的。这两部书都是以自传形式叙述的，《论中国、交趾支那和占城的真实关系》时不时地引用和参照《世界旅行记》，特别是在强调他在东方旅行的真实性时，这种引证愈加明显。 325
他在注释里说明，1617年他在马德里遇见了澳门主教伊万·德·拉比埃达（Ivan de la Piedad），正是从他那里获得了很多来自交趾支那的书信，这也印证了自己叙事的真实性。他还提到了曾遇见迭戈·贝洛索（Diogo Veloso）和其他在柬埔寨的历史学家，整个西班牙帝国都知道他们的活动情况。在还没有更加坚实的证据出现之前，奥多涅兹在亚洲的旅行除菲律宾群岛部分外，多数都是出自其丰富的想象。[101]《论中国、交趾支那和占城的真实关系》出版的次年，奥多涅兹的历险记被阿隆索·雷蒙修士（Friar Alonso Remon）搬上《喜剧》（*Comedia*，1629年）的舞台。

第二节　和平时代的焦虑，1609—1621年

早期的宗教和世俗作家把大量的笔墨放在菲律宾群岛地区和西班牙在东方的活动上，而第一位权威世俗作家是安东尼奥·德·莫尔加，他的著作是《菲律宾群岛志》（*Sucesos de las Islas Filipinas*，墨西哥，1609年）。[102]律师出身的莫尔加（1559—1636年）于1593年被菲利普二世安排在马尼拉任一个法务职位，其权力仅次于总督。1595年6月，莫尔加到达马尼拉履任新职，充满激情。不久之后，他便开始《菲律宾群岛志》的创作，据加布里埃尔·基罗加·德·圣安东尼奥报道，他于1598年看到过莫尔加关于菲律宾群岛的纪实性文本著述（第八章）。[103]耶稣会士佩德罗·奇里诺，也许还有阿亨索拉在创作自己的作品之前，都曾见过莫尔加的手稿，或者部分手稿内容。[104]同时，他也积极地富有激情地履行行政职责，草拟法律文书，向西班牙传递报道和书信，以及率领海军攻打范·诺尔特。由于应接不暇的工作带来的压力、人们纷纷指责他放走范·诺尔特，以及他女儿和恋人之间的矛盾等，所有这一切烦扰促使他请求调离岗位。1603年7月，他离开马尼拉前往新西班牙，这距他到达这里的时间已是八年，从此再未返回菲律宾群岛。

莫尔加是第一位也是19世纪之前最后一位书写西班牙属菲律宾群岛的世俗作家，W. E. 雷塔纳（W. E. Retana）称他为“菲律宾群岛历史学家中的巨子”。[105]
326 他是一位公正而没有偏见的观察者，从第三人称视角叙事。他的行政职务工作赋予了其独特的洞见和视角，而书写菲律宾群岛的宗教人士却往往对此忽略不述。他也能客观地看待那些宗教人士以及他们的传教活动。他明智谨慎、处事

小心，坚决抵制那些士兵、官僚和宗教人士的鲁莽行为，因为他们鼓吹征服日本、中国和柬埔寨等国。[106]

《菲律宾群岛志》于1609年出版，这一年，阿亨索拉的书大获成功，摩尔人被驱逐出西班牙，与荷兰在欧洲的十二年战争结束。《菲律宾群岛志》隐晦地表明了作者的立场，即西班牙的东方政策应该着重维护和加强西班牙在菲律宾群岛的地位。也许是和他与范·诺尔特的遭遇有关，莫尔加特别警告荷兰的潜在威胁。由于荷兰人“擅长航海，不仅速度快而且目标准确”，远胜于西班牙人或葡萄牙人，因此“将他们从东方驱赶出去并不容易，他们已在这里造成宗教和世俗的双重破坏”。[107]中国人对菲律宾群岛的安全、贸易和道德也构成了潜在的威胁。他一方面高调地宣扬西班牙在世界范围内的征服活动；另一方面他又鼓励对现有地区的巩固，不提倡征服范围超越菲律宾群岛和马鲁古群岛之外。

莫尔加刚到菲律宾群岛的时候，他的书只装在行李袋里；1636年离世的时候，他创建的图书馆收藏了门多萨有关中国的书籍、博特罗的两卷本著述、罗曼（Román）的《世界共和》（*Républicas*，1595年）①、阿亨索拉的《马鲁古群岛之征服》（*Conquest of the Moluccas*）以及平托的西班牙语游记。[108]《菲律宾群岛志》并无浓烈的学究气，读者很快就会发现著者是一位学养深厚、有思辨和分析意识的学者。特别是在前7个章节里，作者通过评述相关的书籍、图表和航海图表现出对这些材料的驾轻就熟。据此，他回顾了从麦哲伦时代到1607年西班牙在菲律宾群岛及其周边地区的活动。莫尔加居住在马尼拉期间（1595—1603年）书写了很多信件、政令和对话录。在此期间，他为读者提供了很多资源。没有他，这些资源根本无法获得。从《菲律宾群岛志》出版之日起，这部书就一直被引用、抄袭，被人们称为关于菲律宾群岛的基础性作品。

在前言“致读者”中，莫尔加声称菲律宾群岛之征服——

> 为历史学家拓展视野提供了广阔的空间，这正是他们的事业所在。事实上，人们应该立刻严肃认真地对待这里，从中可以获得愉悦，放

① 全称为：*Républicas del mundo*. ——译者注

> 下职业水准去论述印度战争和探险是不明智的。对于那些没有亲历这
> 327 里的人们，很可能会低估它的价值。[109]

在最后一章，莫尔加不再编年式地记录西班牙的海外活动，转向“简要地、提纲挈领地描述这些地区、居民、管理和皈依方法等，附带着一些其他方面的细节描写”。[110] 由于莫尔加的主要活动范围在马尼拉及其周边地区，所以他的叙述内容主要集中在吕宋岛。“同时”，他强调道，“有关吕宋岛的情况也适用于或基本适用于其他岛屿”。[111] 对后来的研究者特别有价值的部分是，莫尔加尽可能地为当地地区、机构、官职和社会习惯命名，这些名字“在这些地区普遍而流行”。[112] 他十分关注当地物产以及引进新的品种，有意识地将中国、日本、西班牙和墨西哥的植物和动物引入到菲律宾群岛，有关这方面的阐述令人迷醉，富有启发。[113]

17 世纪的第二个十年，西班牙结束了和荷兰的持久疲劳战，迎来了短暂的喘息之机，菲律普三世主政的政府与马鲁古群岛和菲律宾群岛的代表们来往密切。[114] 同时，皇家宇宙志学者若昂·巴蒂斯塔·拉文哈修订并且出版了巴罗斯的第四部《旬年史》（马德里，1615 年）。这部著作描述了 1526 年至 1538 年间发生的各种事件，还增加了科托以及和编者同代人的一些作品。正是在这里讨论的后麦哲伦时代，西班牙和葡萄牙因争夺香料群岛而起了冲突，直到 1529 年在萨拉戈萨签订的协议才结束这一冲突。西班牙备受这个协定的困扰，直到 1606 年它以菲律宾群岛为基地征服了马鲁古群岛，痛苦经历才结束。

面对西班牙入侵自己打造的亚洲帝国，葡萄牙人十分恼怒，他们通过出版作品，声称他们首先发现了澳大利亚大陆，并且首次征服了勃固。在为印度国王服务期间，出生在马六甲的宇宙志学者和制图师曼努埃尔·戈迪尼奥·德·埃雷迪亚（Manuel Godinho de Heredia，1563—约 1623 年），于 1613 年在果阿出版了他的《关于马六甲、南印度和契丹的声明》（*Declaracam de Malaca e India meridional com o Cathay*）。他在这部作品以及配套的地图中描绘了门达尼亚（Mendaña，1595 年）和奎罗斯（1606 年）在太平洋的航行，并且断言，葡萄牙人于 1601 年就发现了“南印度”或者澳大利亚，还附了一篇关于亚洲比较地

理学的文章。[115] 328

同时，两名葡萄牙人在欧洲用西班牙语书写并且歌颂费利佩·德·布里托·尼科特（Filipe de Brito e Nicote）1600年后的事迹。布里托是让·尼科特（Jean Nicote，法国著名的大使和语言学家）的侄子，[116] 由于他在勃固港口沙廉的英勇事迹而在葡属亚洲十分出名。1614年，一位名叫胡安·佩雷斯（Juan Pérez）的人在昆卡（Cuenca）出版了《再论葡萄牙在印度的真实情况》（*Relación...*）①，意在讲述德·布里托的真实英雄事迹。[117] 三年后，神父曼努埃尔·德·阿布雷乌·莫施奴（Manuel de Abreu Mousinho）——这位土生土长的埃武拉（Evora）人曾经在果阿工作了一段时间——在里斯本出版了《东印度勃固征服简述》（*Breve discurso...*），献给国王的宠臣莱尔玛公爵。[118] 根据他的陈述，在征服勃固的过程中，起决定作用的不是布里托而是萨尔瓦多·利贝罗·德·苏萨。阿布雷乌·莫施奴显然是返回到葡萄牙之后才写的这本书。他认为，1599年罢黜阿那毕隆（Anaukpetlun）以及1605年任命莽应里（Nandabayin），使得葡萄牙人平息了勃固的骚乱，所以他们悄悄地撤离了这里。在讲述故事的过程中，作者刻画了一幅生动的南缅甸风景画，深刻分析了葡萄牙人在沙廉活动的原因。勃固的稳定对贸易的影响重大，葡萄牙人通过这里的贸易换取急需的食盐，然后用食盐换取他们在印度的船舶生产厂所需的材料。

由于印度的莫卧儿人、荷兰人和英国人施加压力，葡萄牙人于1617年与德干高原的苏丹们达成军事协议。[119] 在葡萄牙本土，1616年和1617年出版了路易斯·德·阿泰德（Luis de Ataide）总督统治下的印度历史，激起了人们保卫印度的情绪。这位总督分别在1568年至1571年和1578年至1581年统治过印度，他是葡属印度富有独立精神、精力充沛的军事领导人之一。[120] 1617 329
年，曼诺埃尔·达·孔塞卡姆（Manoel da Conceicam）出版了在阿莱绍·德·梅内塞斯葬礼上的布道辞，人们颂扬这位奥古斯丁大主教兼果阿总督，是因为

① 全称为：*Relación muy verdadera de un caso nuevamente sucedido en la India de Portugal, en que se cuenta como un cavallero Portugues llamado Felipe Brito, que es governador, y Capitan general en aquellas partes por su Magestad vencio a un Rey gentil del Pegú.* ——译者注

他将马拉巴尔地区的基督徒牢牢地控制在罗马统治之下。[121] 同时，奎隆的耶稣会士神父迭戈·贡萨尔维斯（Diogo Gonçalves，1561—1640 年）编纂了一本《马拉巴尔历史》（*História do Malavar*，约 1615 年），作为前去特拉凡科尔（Travancore）的传教士的工作手册。他借用这本书描述了印度西南沿海地区的地貌、民族和奇特的风俗，并且评论了如何适应这片热情好客土地上的自然和人为的障碍。[122]

伊比利亚人担忧他们在东方的前景，这一点可以从马德里出版的《荷兰航海记》（*Iournal*，阿姆斯特丹，1618 年）的西班牙语译本可见一斑。它讲述了威廉·科尼利斯逊·斯考顿（Willem Cornelisazoon Schouten）和雅各布·勒梅尔环游世界的故事，正是在这一年，这本荷兰语版航海记首次出现。[123]

1614 年，日本的基督徒遭遇新一轮迫害，伊比利亚事业再次受挫。在德川家康幕府统治的早期时代（1603—1604 年），日本的基督徒基本上还是被接受的或者处于自由发展状态，只有一小部分非官方孤立的势力时而攻击他们。1610 年，德川家康决定派遣一支使团前往马德里，但是这次示好显然没有多大收获。[124] 对日本寄予的良好传教前景，使得多明我会和方济各会再次从菲律宾群岛派遣使团前往那里。1608 年 12 月 10 日，罗马公布了一项特权，将日本提升为耶稣会教区。若干年后，瓦伦丁·卡瓦略（1560—1631 年）担任该教区的第一位主教。[125] 虽然荷兰人和英国人在日本的出现危及到了伊比利亚的垄断地位，但是新教徒数量较少，而且他们没有诸如菲律宾群岛或澳门那样可以接近日本的基地。耶稣会士和托钵修士，一方面深谙来自北欧的威胁，且对德
330 川家康的意图也不确定；另一方面相互间在欧洲和日本的斗争依旧。1613 年，菲利普三世写信给日本天皇，感谢他慷慨善待伊比利亚商人和传教士。[126]

1614—1615 年间，伊比利亚基督徒在日本的危险境地难以预测，日本派往欧洲使团的命运走向悬而未决。[127] 路易斯·索特洛（1574—1624 年）的活动成了大家的关注焦点，这位方济各会修士于 1603 年开始在日本工作，并计划于 1610 年（他生病之前）率领德川家康的使团前往欧洲，但未能成行。[128] 三年后，在一次非官方组织的迫害行动中，索特洛被投入江户的监狱中。索特洛幸免于难，得益于伊达政宗的介入和营救，后者是日本北部奥州市（Oshu）的大名，

也是德川家康的盟友。[129]派遣使团前去欧洲的主意到底是来自伊达政宗还是索特洛并不清楚。不论其究竟如何，1613 年 10 月 21 日，索特洛出使欧洲，随同人员除了伊达政宗的家臣支仓常长（Hasekura Rokuemon，1571—1622 年）外，还有一批日本商人和侍从。分别在马尼拉和阿卡普尔科短暂停留之后，这个使团于 1614 年 1 月到达墨西哥城。支仓常长所率领团队的 68 名日本人中，大部分在墨西哥城就结束了自己的访问之旅；余下的约有 30 名成员乘坐一艘船，继续从维拉克鲁兹（Vera Cruz）出发前往西班牙。1614 年 10 月，他们到达塞维尔。

刚一到达那里不久，一份简短的报告出版，总结性地陈述了伊达政宗颁布的一部法令，即确立基督教在“他的整个王国”内的地位，命令由索特洛这位土生土长的塞维尔人陪同下向西班牙派遣一支使团。[130]使团向该城市（塞维尔）递交了一封伊达政宗的亲笔信，并且赠送了一把剑和一把匕首作为礼物。[131]在信中，伊达政宗表达了他意欲将基督教引进到自己的王国，请求对方派遣一些造船师和舵手，他们也许能够架起塞维尔和他的主要港口仙台之间的航线。这里的欢迎庆典结束之后，使团继续前往马德里，1614 年 12 月 20 日菲利普三世接待了他们。这位国王也收到了伊达政宗的书信，内容和给塞维尔的相差无多，也收到了 5 件器皿礼物和一些建议性的合约条款。[132]菲利普对这一永久和平友好建议的反应是，以礼相待但不付诸实施。正当访问团 1615—1616 年 331
间在意大利游历时，[133]有关 1612—1614 年日本的基督徒再次遭遇袭击的消息传到西班牙。

正当传教热情达到高潮时，克里斯托瓦尔·苏亚雷斯·德·菲格罗亚于 1614 年出版了他翻译的格雷罗所著的葡萄牙语材料集册，这些材料是关于 1607—1608 年耶稣会传教团在日本的状况和地位。也许是意在提醒公众，耶稣会士而不是方济各会修士才是在日本传播基督教的先锋部队。[134]两年以后即 1616 年，日本的耶稣会代理人佩德罗·莫雷洪（Pedro Morejon，1562—1634 年？）在一个首次出现在墨西哥的简报中，报道了 1614 年日本再次发起的迫害行动。[135]此后，莫雷洪不间断地报道基督徒所遭受的袭击。同时，一位定居在日本名叫加布里埃尔·德·马托斯（Gabriel de Matos，1572—1633 年）的葡萄牙耶稣会士出版了一部自己所著的《基督徒在日本的殉难：从 1612 年 5

月到 1614 年 11 月》（*Relaçam*，1616 年），① 将基督徒遭受的一系列的迫害追溯到 1612 年 5 月或者是索特洛前往欧洲之前。[136] 在此期间，索特洛亲自在塞维尔出版了很多小册子，讲述了使团受到教皇的热情接待以及传教事业在日本的美好前景。[137] 然而，他并不急于返回日本，也许是希望那里的基督徒生存环境再次得到改善。他所皈依的著名的支仓常长到 1620 年才返回日本，受到冷遇。索特洛又拖延了两年才返回日本，1624 年他在这里被活活地烧死。[138]

尽管早在 1609 年日本和菲律宾群岛的多明我会修士就被要求定期向罗马报告情况，但是直到攻击基督徒的事件再次发生之前，他们并没有做出实质性的努力。1601 年，应萨摩国（Satsuma）大名的要求，多明我会曾经从菲律宾群岛向日本派遣了一支由 5 名传教士组成的小分队。1606—1612 年间，又来了几个人，包括哈辛托·奥法尼尔（Jacinto Orfanel，1578—1622 年），他是在日本工作的通讯员和作家当中最为勤奋和负责的一位。他 1615 年 3 月 28 日写的一封信报道了基督徒受迫害的情况，这封信的一个副本最终落在了洛佩·德·维迦（Lope de Vega）手里，这也成了他写作《在日本凯旋的代价》（*Triunfo de la fee en los reynos del Japon*，1617 年）的主要材料来源。在这个过程中，这位伟大的戏剧家成为多明我会事业的主要宣传者，正如他文学上的对手菲格罗亚早期
332 声援耶稣会士那样。[139] 不久之后，多明我会修士阿方索·德·纳瓦雷特（Alfonso de Navarrete）殉难的消息传到欧洲，纳瓦雷特是洛佩的朋友佩德罗·德·纳瓦雷特（Pedro de Navarrete）教士的兄弟。[140] 在日本工作的奥法尼尔不断地搜集各种手稿，这些材料成为构建多明我会在那个国度活动的历史标准。[141]

欧洲的耶稣会士忙于追授他们在东方的使徒沙勿略为圣者。1552 年沙勿略逝世不久，耶稣会便开始搜集材料，筹备传记，想方设法地激发欧洲和东方宗教界或者世俗界的名流声援沙勿略的神圣地位。[142] 1610 年最终的实地调查开始之前的那几年里，伊比利亚人特别是葡萄牙人狂热地为沙勿略的封圣东奔西

① 全称为：*Relaçam da perseguiçam que teve a christandade de Iapam desde Mayo de 1612. até Novembro de 1614. Tirada das cartas annuaes que se enuiarão ao Padre Geral da Companhia de Iesv / composta pello P. Gabriel de Matos…* ——译者注

走。古兹曼所著的耶稣会史（1600 年）、科托的葡萄牙语《旬年史》（*Décadas*），甚至是《平托东游录》（1614 年）等著作的出版都在提醒着公众，沙勿略 16 世纪在亚洲取得过辉煌的成就。1610 年后，他们采访了很多见证人，内容涉及沙勿略的传教、皈依，以及他在亚洲和欧洲（从罗马到马六甲）工作过的地方留下的圣迹。若昂·德·卢塞纳（João de Lucena）所著的葡萄牙语传记（1600 年）被阿隆索·德·桑多瓦尔（Alonso de Sandoval）翻译成西班牙语，并于 1619 年在塞维尔出版；图塞林努斯（Tursellinus）所著的拉丁语版传记被佩德罗·德·古兹曼翻译成西班牙语并于 1620 年在潘普洛纳（Pamplona）出版。1619 年 10 月 25 日，教皇保罗五世为沙勿略封圣；次年，为沙勿略封圣授福所著的一首讽刺诗在巴塞罗那出版。[143]

1622 年 3 月 12 日，教皇格里高利十五世（1621—1623 年在位）封沙勿略为圣徒，同时被封圣的还有菲利普·内里（Philip Neri）、罗耀拉、特丽萨·耶旭（Teresa of Jesus）和马德里的伊西多尔（Isidore）。整个西班牙帝国都在以各种各样的方式庆祝对以上诸位的封圣和授福，如特别的宗教礼拜仪式、讲道以及感恩节等。相关报告的出版记录着这些重大的历史场面。[144] 马德里的庆祝活动因伊西多尔的缘由而数量众多、场面壮观，这位 12 世纪的圣人既是农业劳动者又是城市资助人，与他同时封圣的还有若干名伊比利亚血统的耶稣会士圣人。[145] 有关封圣庆典活动的出版物也于 1622 年出现在巴塞罗那、里斯本和塞 333
维尔。

17 世纪 20 年代，人们再次对中国发生兴趣，这些灵感也许是来自荣耀沙勿略的庆典活动，也许是受到日本迫害基督徒的刺激。1610 年利玛窦逝世后，中国耶稣会士的活动范围集中在南京。正当日本官方迫害基督徒的活动如火如荼地上演之时，1616—1621 年间，一些中国政府部门也在压制南京的基督教事业。这也许是因为他们担心耶稣会士联合中国知识分子对抗当局，从而威胁到风雨飘摇中的明朝统治。[146]1620 年，一部小册子在里斯本出版，欧洲开始关注满族人对明朝政府的攻袭。这个小册子译自 1618 年地方政府官员呈给中国皇帝的折子，内容涉及他们抵御“鞑靼”（满族人）的战争。[147] 同时，来自日本的受难者正源源不断地涌进澳门，开发交趾支那（1614 年）和柬埔寨（1625 年）

的前沿传教阵地。[148]1621年，杜阿尔特·费尔南德斯（Duarte Fernandez）在塞维尔出版了金尼阁的拉丁语专著西班牙语译本，原著首次于1615年出版，其所述内容的主要来源是利玛窦所著的耶稣会士早期在中国的成功经验。[149]

弗朗西斯科·德·埃雷拉·马尔多纳多修士是平托游记的译者和拥护者，他为这位葡萄牙旅行者辩护，通过比较知名的作者和平托关于亚洲的断言来肯定后者所得出的结论。[150]从他对众多作者的引用来看，埃雷拉·马尔多纳多广泛地阅读了有关亚洲的各种知识，然后于1620年出版他的译著。该年晚些时候，他在马德里出版了专著《中华帝国简史》（*Epitome historial del Reyno de la China*），书末附了一份引用和参考作者的目录，共有76个独立词条。[151]所
334 列的作者多数都是耶稣会士书信作者或者是这些书简集的编者。该参考目录没有按照字母的先后顺序编排，似乎也没有遵循任何规律，但是这本目录却是1620年出版的最重要的关涉中国的文献材料。A. R. 莱昂·皮内罗（A. R. Leon Pinelo）就充分利用这一资源编纂他的《东方和西方、海洋和陆地的文献概览》（*Epitome de la biblioteca Oriental i Occidental, Náutica i Geografica*，马德里，1629年），这是第一部关于海外发现题材的书目和作者的独立参考文献。这些书籍对同时代人的重要性被洛佩·德·维迦所证实，他写了一首赞美中国的十四行诗，附在埃雷拉·马尔多纳多的作品和莱昂·皮内罗所著的参考文献出版批准书的前面作为序言。

在《中华帝国简史》的20个章节里，埃雷拉·马尔多纳多描绘了一幅中国人类史学的画面，记载了最近发生在那里的各种新闻。前12个章节并没有提供任何有关中国和中国人的新鲜事。从第13章到17章，他讨论了死于1617年3月30日的皇太后即在任的万历皇帝其母的葬礼仪式。[152]第18章和19章报道了1619年2月23日被钉在十字架上的耶稣出现在果阿的神奇迹象。最后一个章节是根据利玛窦的同伴罗明坚（Michele Ruggiero）神父对中国国库的记录核算出的中国皇帝的岁入，利玛窦1590年返回欧洲时携带了很多相关的翻译资料。[153]

其他耶稣会士作者后来也开始警告西班牙人，即荷兰在中国沿海地区异常活跃，正在福建谋求建立一个贸易前哨基地。[154]

第三节　伊比利亚帝国在欧洲和亚洲的衰落，1621—1641年

1618 年，波西米亚爆发战争；三年之后，西班牙和荷兰再度在欧洲开战。新上任的西班牙国王菲利普四世像他的前任们一样，被迫将国家的人力和财力投入到北方连年不断的战争，使已经处于下滑态势的经济、军事和政治状况雪上加霜。早在 1580 年起，葡萄牙人就十分憎恨卷入到西班牙战争的纷乱之中，从 1620 年开始谋求在欧洲和亚洲的独立历程。西班牙的经济和道德下滑问题 335
一直是改革者（*arbitristas*）关注的焦点，直到 1619 年，写给国王的相关咨文（*consulta*）才引起官方的重视，这个文献分门别类地描述了西班牙的问题，并提供了相关的治愈方法。[155]

从殖民地回来的人所写的报告详细地描述了各地的问题，改革的建议时而被印刷公布于众。例如，费尔南多·德·卢斯·里奥斯·科罗内尔（Hernando de los Ríos Coronel，1559—1621 年）曾经于 1588 年以士兵的身份被派往菲律宾群岛。他参加了 1595 年的柬埔寨远征。返回到马尼拉的两年之后，他制作了吕宋岛、台湾和部分中国沿海地区的地图，这是西班牙最早制作远东地图的尝试之一。1605 年他返回西班牙之后，制作了一幅从马尼拉到阿卡普尔科的海路图；返回菲律宾群岛的五年之后，他又制作了一幅返程的航海图。[156]1617 年，他以菲律宾群岛总代理人的身份返回西班牙，向国王报告了该群岛令人沮丧的情况并且提出相应的改革建议。[157]

由于菲利普三世并没有积极地回应科罗内尔的诉求，后者便转向他的继任者菲利普四世，写了一封长长的请愿书，该作品于 1621 年在马德里出版。他著的《回忆录和报告》（*Memorial y relación*）篇幅巨大，分为三部分。第一部分评述了西班牙在菲律宾群岛的历史，一直叙述到 1610 年与荷兰在宏达海滩（Playa Honda）发生的首次战争。第二部分集中阐述了菲律宾群岛的迫切需求、资源和潜力。第三部分详尽地描述了菲律宾群岛的信仰，并且附带了一些其他话题，如在马鲁古群岛上的失利，以及保护这些褊狭岛屿上丰富资源的必要性，

以维护西班牙的利益。[158] 总体而言，这是一部有见识的观察家的卓越作品，反映了 17 世纪前十五年西属亚洲帝国的急剧衰落。

长久以来，葡萄牙弥漫着一股悲观的情绪，西班牙的麻烦部分地源于疏于对海外帝国的管理。马德里和塞维尔都没有位于海岸沿线，也没有密切地融
336 入海洋生活，不像里斯本那样可以统领海洋商业活动和海上贸易。早在 1608 年，被派往东方的无敌舰队舰长路易斯·门德斯·德·瓦斯康塞洛斯（Lúis Mendes de Vasconcelos）出版了一部书《关于里斯本位置的对话录》（*Do sitio de Lisboa*）。他以一种博特罗式的怀旧口吻声称道，应将国王的首都移到里斯本——伊比利亚的天然中心。[159] 改革咨文 1619 年出版和北欧战争再次爆发后，经济规划师们再次将目光投向维持大帆船贸易的诸多问题，以及如何更加有效地控制和管理海外商业活动。

关于重新组织东方航运和贸易的最重要的建议书是由杜阿尔特·格迈兹·索利斯（Duarte Gomez Solis，1561[62?]—约 1630 年）撰写并出版的，他是一位新葡萄牙籍教徒，在印度贸易中获取了大量财富。1586—1601 年间，索利斯定居在印度，曾经一度负责管理香料贸易，担任果阿总督曼努埃尔·德·索萨·科蒂尼奥（Manuel de Sousa Coutinho，1588—1591 年）的财务顾问。1612 年，他在马德里写下了他的第一部关涉航海和商业的《税收》（*Arbitrios*），并且将其呈给国王。十年之后，他出版了《论两个印度的事务》（*Discursos sobre los comercios de las dos Indias, donde se tartan materias importantes de estado, y Guerra*）。[160] 在给新国王菲利普四世的致辞中以及在致读者的前言中，索利斯表明他是从自己的亲身经历来说话的；他还声明，很早以前他就发现让菲利普三世政府明白公海和东方前哨港口的重要性并不容易。

《论两个印度的事务》的开篇是索利斯 1612 年写给莱尔玛公爵的两封信，接下来是同一年写给国家委员会秘书胡安·德·西里兹亚（Juan de Cirizia）的一封信。这些呈文有力地列举了西班牙和葡萄牙的海洋和商业萧条的原因。在紧随信件之后的文本中，他将西班牙的萧条归谬于如下原因：国王在东方的葡萄牙臣民和西班牙臣民之间的激烈竞争；船只和人力在公海上的巨大而持续的损失；[161] 其他国家对来自美洲白银的消耗；国家的过度负债；农村人口的下降

和贫困化；农业和工业的可鄙状态；政府短视导致的恣意浪费西班牙国家资源和削弱军事力量。他从自己的亲身经历以及他人的作品中得出详细的统计资料，以此支持上述以及其他观点。除此之外，他还建议成立**商业委员会**（*junta*），337
由有经验的商人向政府建议商业和金融政策。[162]1628 年，索利斯更进一步，出版了一部小册子，倡导在葡萄牙成立一家**东印度公司**管理“印度贸易”。[163]

印度传来的消息在欧洲引起了不小的轰动，即一位耶稣会神父“在西藏领域内”发现了“伟大的契丹”。从 1580 年起，阿克巴朝廷上的耶稣会士们极力主张开发印度和中国之间的陆路通道，在中国的利玛窦也十分赞同这一做法。他们希望通过这种方式来确定中国和契丹是否是同一个地方，亚洲内陆的民族是不是基督徒，拉合尔和北京之间的陆路通道是否可能。1603—1607 年间，鄂本笃（Benedict de Goes）从阿格拉出发经由拉合尔，一路向北，开出一条艰难的道路，在还没有到达北京之前就死于中国西部的宿州。1607—1608 年间，格雷罗出版了有关他的报道。后来，契丹就是中国的说法在欧洲逐渐被接受。然而，印度的一些耶稣会士继续认为西藏就是马可·波罗所说的契丹。

葡萄牙籍神父安多德（1580—1634 年），即阿格拉耶稣会主管，在贾汗吉尔的精神支持下于 1624 年成功地到西藏探险并且安全地返回到阿格拉。[164]然而，这次侦察活动不是为了探究地理环境，而是出于传教目的。

安多德及时地从阿格拉发信告知他的上司们他的这次旅行以及在西藏的发现。1626 年，位于里斯本的马蒂奥·皮涅罗出版社（the press of Matteo Pinheiro）公布了这封信，但标题有点夸张和误导：《大契丹或西藏王国的发现》（*Novo descobrimento de Gram Cathayo ou Reinos de Tibet*），而安多德却从来没有这么提过。对于信仰天主教的欧洲界人士而言，这个“发现”被大家赞扬为是信仰的伟大胜利，这可能有助于从印度到中国的漫长海路上避开新教徒舰队带来的危险。安多德葡萄牙语版本的报道立刻被翻译成西班牙语（1626 年），次年又被译成意大利语（罗马和那不勒斯）、法语（巴黎和根特）和德语（奥格斯堡）。其他版本后来分别以下列语种出版：波兰语（克拉科夫，1628 年）、佛兰 338
芒语（根特，1631 年）、意大利语（威尼斯，1646 年）和拉丁语（罗马，1658 年）。

1624 年，安多德和一位耶稣会士加入了德里的一个朝圣团队，他们经过长途跋涉来到噶瓦尔（Garhwal）的首都斯利那加（Srinagar）。在一位登山者和两名年轻的皈依者带领下，他们继续穿越喜马拉雅山来到西藏“古格王国”（kingdom of Guge）的首府阿里土林（Tsaparang）。来到世界屋脊之后，当地朝廷接待了他并且问及他有关外面的世界和他对西藏的兴趣缘何等等。在此滞留很久之后，国王通过书面形式满足了他来此的真实目的——准许他在西藏成立传教所。附加的唯一条件是他必须在次年返回这里。1625年，安多德在阿里土林成立了一个传教所，这一传教所一直存在了二十五年。安多德和其他人不时地从这个传教会向欧洲发回报道，其中的一些报道被附在安多德信件译文的后面，收录在耶稣会士书简集中。[165]借助于安多德的书籍以及他和其他人之间的书信，欧洲更加了解西藏的地理位置、大小、政治分歧、宗教和风俗习惯。有关西藏就是契丹的争议平息下去了，因为安多德本人认为契丹是一座伟大的城市而不是一个王国，坐落于中国的北部疆界。[166]

伊比利亚人一方面沉浸在安多德获得的成功里；另一方面更加担心他们在公海上渐渐失利于荷兰，也担心日本的传教徒和信徒遭受的迫害。正如上面所提到的那样，索利斯警告道，由于人力、船只、物质和资金的匮乏，葡萄牙的海军实力正在下滑。他和其他人在作品中乐不可支地回忆着葡萄牙16世纪在陆地和海洋取得的辉煌，以一种温和的方式抗议17世纪20年代的衰落景象。[167]
339 另外一些人沾沾自喜于葡萄牙在与荷兰和英国战舰交战时偶尔取得的胜利。[168]困在北欧的西班牙不得不将海外帝国保护权交给葡萄牙。结果，葡萄牙在欧洲和亚洲的地位越来越独立。

随着新一轮的独立运动，葡萄牙国内兴起了一股追慕民族历史和民族英雄的热潮。1619年8月菲利普三世胜利访问里斯本之际，耶稣会士在圣安东神学院的中庭上演了一部安东尼奥·德·索萨（Antonio de Sousa）著的五幕悲剧：《曼努埃尔一世发现和征服印度》（*Descobrimento e conquista da India por D. Manuel I*）。[169]随后，费尔南多·乌威尔·德·卡斯特罗（Fernando Ulvia de Castro）出了一本格言警句加例证的书，摘自巴罗斯的第一部《亚洲旬年史》（*Décadas da Asia*）。[170]1624年，埃武拉的教士和不太出名的作家曼努埃尔·塞韦林·德·法里亚（Manuel Severim de Faria，1583—1655年）出版了他的《政治演说集锦》

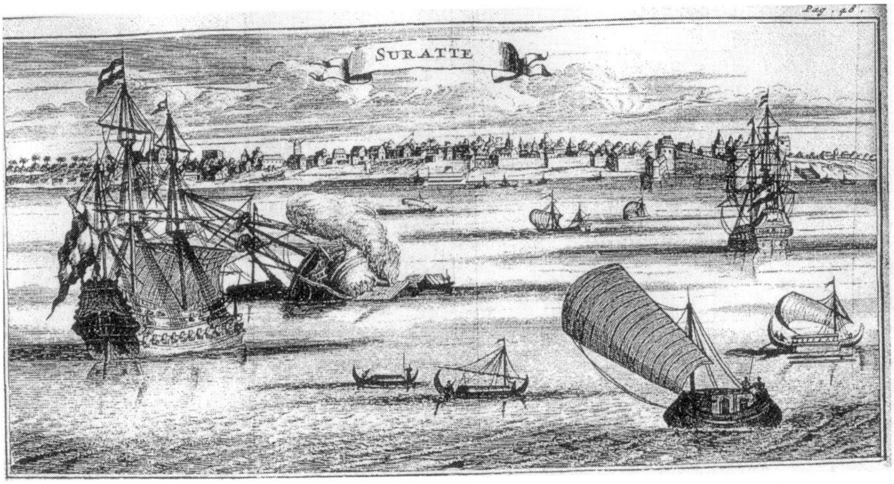

1．苏拉特港口

选自 Gabriel Dellon, *Nouvelle relation d'un voyage fait aux Indes Orientales* (Amsterdam, 1699), between pp. 48 and 49。图 30 也选自这部作品。

港口中正在燃烧的船似乎处于侧翻状态。人们似乎正在给船清洗、涂擦、填缝等。用荆豆花或者矮灌木丛来焚烧和燃尽杂草和藤壶，这个过程叫船底清扫。在清扫过程中，有些船偶尔不慎着火被毁。参考 Peter Kemp (ed.), *The Oxford Companion to Ships and the Sea*, (London, New York, and Melbourne, 1976), p.106。

前景中的印度船舶有 4 种类型，很可能是用作沿海岸航行的船只。

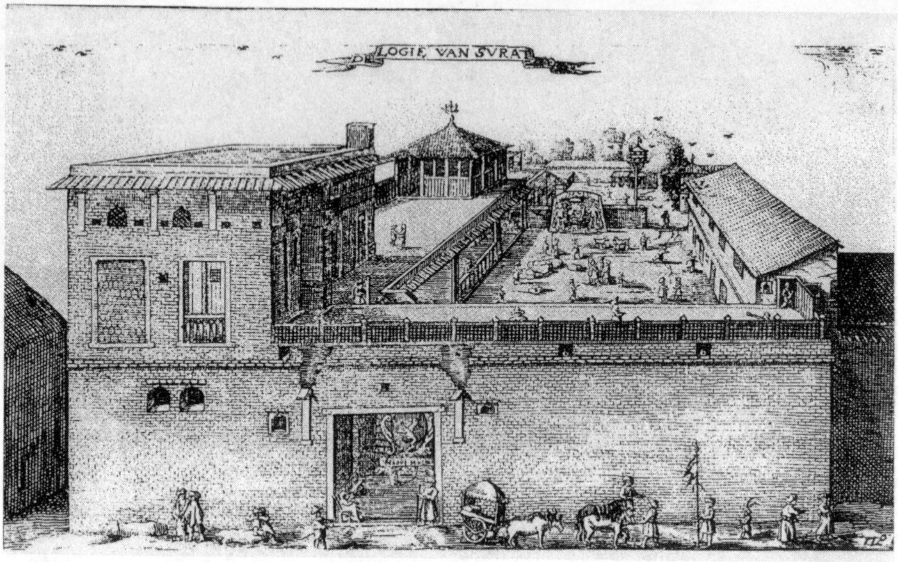

2．苏拉特的荷兰商馆（约 1622 年）

选自 *BV*（facsimile ed., Amsterdam, 1969), III, journal of Pieter van den Broecke, between pp. 106 and 107。

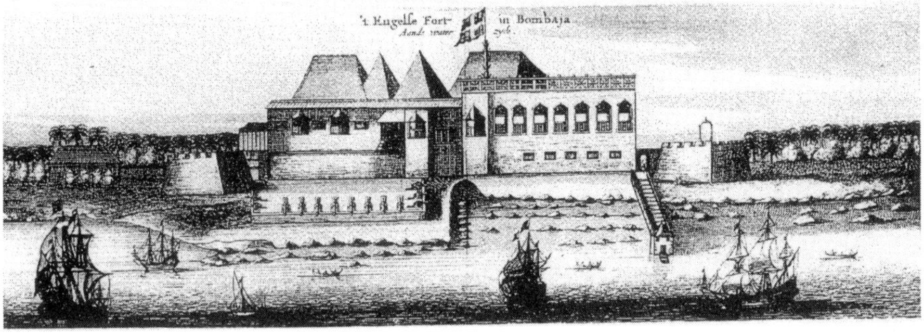

3.（上图）日常的果阿市场

选自 Johann Theodor de Bry and Johann Israel de Bry (comps.), *India orientalis*, II (Frankfurt, 1599), pl. 37。图 7、8、9、23、25 和 59 也选自这部作品。
注意背景中葡萄牙风格的房舍。

4.（下图）孟买的英国城堡（从临水一侧看）

选自 Philippus Baldaeus, *Naauwkeurige beschryvinge van Malabar en Choromandel* (Amsterdam, 1672), I, between pp. 70 and 71。图 52 也选自这部作品。

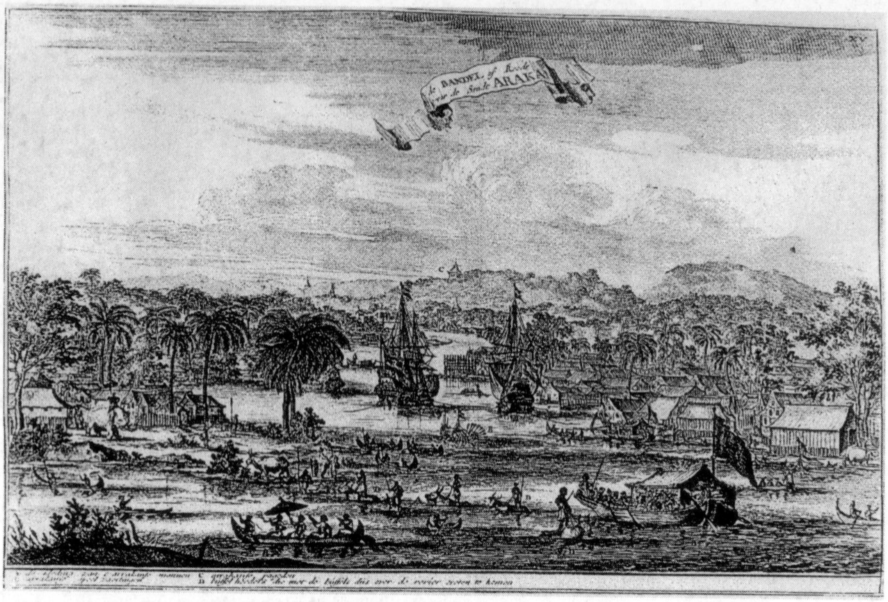

5. 阿拉干的港口和码头

选自 Wouter Schouten, *Reistogt naar en door Oostindien*，(4th ed.; 2 vols.; Amsterdam, 1780), I, between pp. 106 and 107。图 53 也选自本作品。

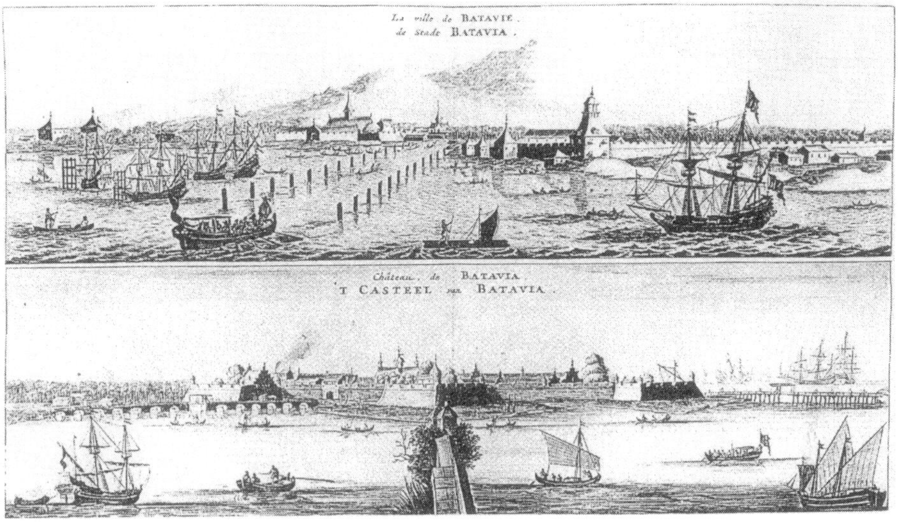

6．巴达维亚城市和城堡（约 1655 年）

选自 Johann Nieuhof, *Die Gesandtschafft...*，(Amsterdam, 1666), between pp. 36 and 37。图 13、14、22、54 和 58 也选自这部作品。

V.

INSVLAE AMBOYNAE SITVS ET CONDITIO.

INSVLÆ facies ex tabula patet. Ad quam cum Hollandi appulissent, de Amboyna Almirans Thalassicus, tribus nauibus, Karkollis dictis, probè armatis & instructis, in occursum ipsis processit, & qua gratia aduenirent, rogauit. Quod ab Hollandis cum resciuisset, cum tormentorum fragore, quasi ipsis gratularetur, iterum discessit. Incolarum verò Amboynæ descriptio Alphabetica hæc est. A. *Colonus loci est, cultrum latum manu gerens, quo operas suas in syluis conficit.* B. *Ciuis est, hastam vlnarum aliquot longitudine ferens, qua expeditissimus in iaculando est.* C. *Fœmina est, ad forum contendens, fructus venales manu sursum porrecta gestans.* D. *Almirans est, ministris suis comitatus: quorum vnus Tiresol seu vmbraculum ei prætendit. Vestitus est tunica lata manticulata, quam plerunque in humeros reiectat: & insuper caligis sericis, Lusitanica forma sartis & paratis.* E. *Triremes sunt, Karkolla dictæ, quibus cursum pernicem faciunt; contuitu miræ & insolentes.*

b 2

7．安汶岛及其居民

选自 De Bry, *op. cit.* (pl. 14), V (1601), pl. 5。

标有“E”的船只称作“Kakolla”（马来语），或者称作商业大帆船。荷兰人后来打造了这种类型的船只，用来保卫他们在印度尼西亚的港口前哨。

IX.

DOMVS, NEGOTIATIONIBVS AVT COMMERCIIS HOLLANDORVM agitandis attributa.

*DOMO mercatoria Hollandis indulta, merces ſuas expoſue-
runt, & lancem cum ponderibus à Sabandro acceperunt.
Pondus autem illud Bantani Kalti nominant, quod pon-
deris noſtri libras quinque cum parte quarta continet. Hic
incolæ ſuas merces ponderabant, & cum alijs Hollandorum mercibus per-
mutabant. Appictus eſt hic quoque ſclauus in Banda, quo is geſtu aut
habitu cum fructibus & vino palmeo ex ſyluis veniat. Fœmina vero lite-
ra B. deſignata, operaria eſt, in forum ferendis pro mercede fructibus &
rebus alijs portandis deſtinata ſeu conducta.*

8．班达岛上的荷兰商馆

选自 De Bry, *op. cit.* (pl. 14), V (1601), pl. 9。

注意公开贸易活动中，妇女（B）的重要作用。

9．蒂多雷及其城堡，以及港口中的荷兰船只和英国船只

选自 De Bry, *op. cit*. (pl. 14), VIII（1607）。

1606 年，西班牙人攻陷蒂多雷。1612 年，这里有两座西班牙城堡和一座葡萄牙城镇。参阅 H. Jacobs, S.J. (ed.), *Documenta Malucensia* (3 vols.; Rome, 1974-84), III, 224-25。

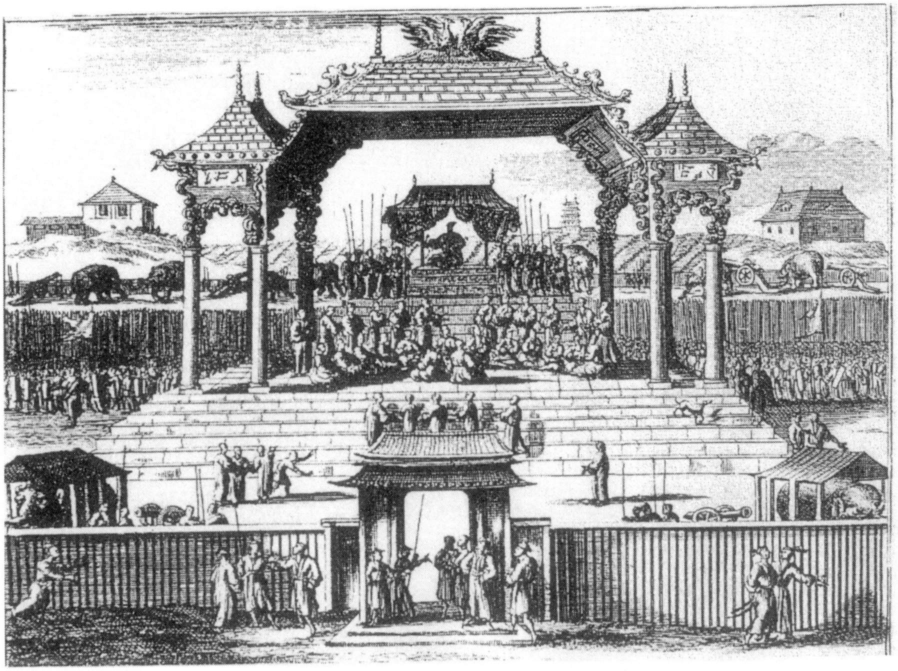

10．柬埔寨接待荷兰使团（1659年？）

选自 Arnoldus Montanus, *Ambassades memorables ... vers les empereurs du Japon ...*（Amsterdam, 1680), p. 30。（也可以参考图 11、15、16 和 87）

全部描绘显然是根据正文而来。右下角的两个人似乎是柬埔寨国王雇佣的日本士兵，用作宫廷侍卫。

11.（上图）台湾的城镇和热兰遮城堡

选自 Montanus, *op. cit.* (pl. 21), 第 40 页和 41 页。

根据 I. H. Van Eeghe, "Arnoldus Montanus's Book on Japan," *Quaerendo*, Vol. II, No. 4 (1972), p.266，很可能摘自 Johann Nieuhof, *Het gezantschap der Neêrlandtsche Oost-Indische Compagnie aan den grooten tartarischen cham, den tegenwoordigen Keizer van China* (Amsterdam, 1665)。

除了与上面的标题和说明性文字不同，其他部分完全与以下作品的相关内容相同，见 Olfert Dapper, *Gedenkwaerdig bedryf*（2 vols. in 1, Amsterdam, 1670），between pp. 40 and 41。

12.（下图）荷兰使者在北京接受欢迎（1656 年 10 月 2 日）

选自 Thévenot, *op. cit.*（pl. 10）III。

根据 Nieuhof, *Het gezantschap*, I, 第 172 页和 173 页的插图。这看起来更像结束仪式。显然这两幅图不是源自同一出处。

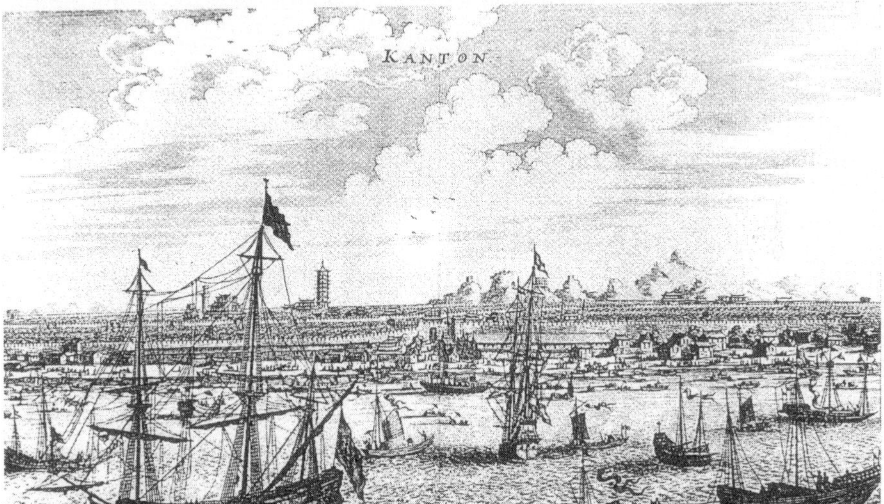

13.（上图）澳门

见 Nieuhof, *Het gezantschap*, (pl. 17), between pp. 42 and 43。

注意右边的堡垒和左边山顶上的炮台。前景中的荷兰战船和左边山丘冒出的烟，说明战役正在进行之中，也许是荷兰人在攻打澳门。

14.（下图）广州

选自 Nieuhof, *Het gezantschap*, (pl. 17), between pp. 48 and 49。

注意澳门与广州的建筑风格差异。

15．平户的荷兰商馆

选自 Montanus, *op. cit.* (pl. 21), p. 24。（也可以参考德语版的第 24 页）

根据东京大学的精一岩男（Seiichi Iwao）教授，这是平户荷兰小屋的真实描绘，参考 Van Eeghen, *loc. cit.* (p. 23), p. 257。

1640 年，在日本人的命令下，荷兰人离开平户前往出岛。

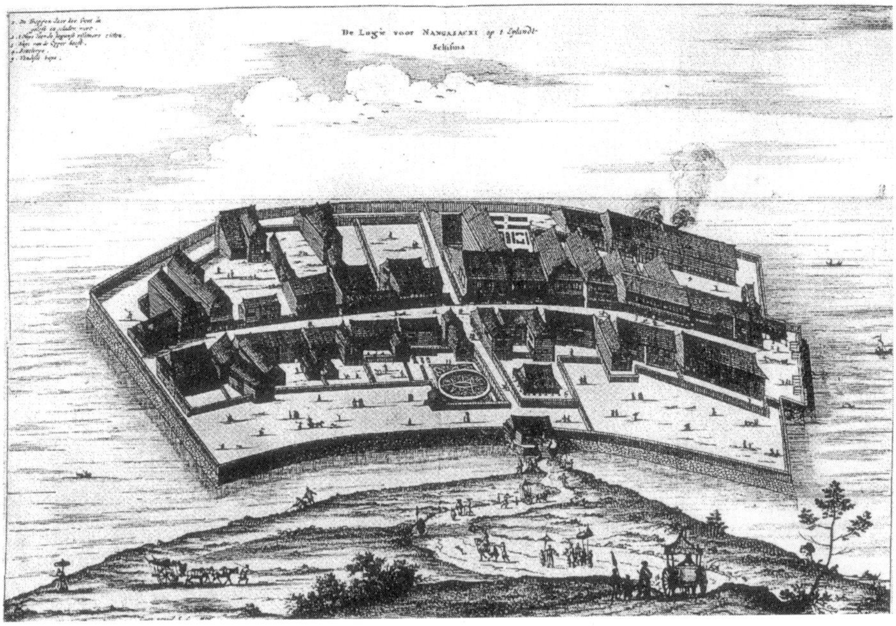

16．长崎港出岛上的荷兰商馆

选自 Montanus, *Denckwürdige Gesandtschafften*(Amsterdam, 1669), between pp. 48 and 49。也可以参考法语版（Amsterdam，1680），between pp. 50 and 51，可能更加清晰可辨。

根据东京大学教授精一岩男，这幅图是对这个著名的人造岛屿的最早描绘。见 Van Eeghen, *loc. cit.* (pl. 22), p. 257。

注意，连接岛屿和前方 40 英尺外的陆地之间的吊桥。围栏环绕岛屿。货栈或者商馆是第一个建筑物，刚刚越过花园。岛屿的对面是装载或卸载的船只。详细介绍，参考德语版著作的第 49 页。

出岛，即“突出的岛屿”，1636 年由长崎商人建造，用来隔离欧洲人。1668 年前，长崎的中国商人被限制在“中国城”内，他们当中的很多人便住在这里。一位日本人对这个扇形状岛屿的有关描绘，参考 H. E. Plutschow, *Historical Nagasaki* (Tokyo, 1983), p. 52。

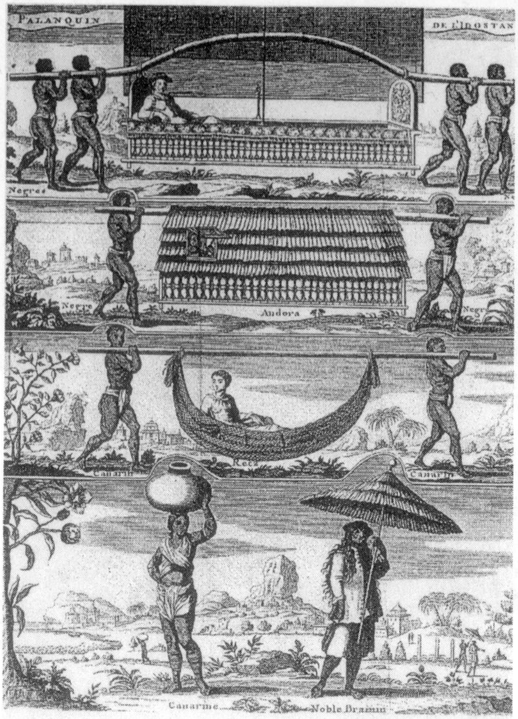

17. 各种各样的印度轿子

选自 Giovanni Francesco Gemelli Careri, *Voyage du tour du monde* (Paris, 1727), III, between pp. 22 and 23。图 91 也选自这部著作。

轿子（palanquin）这个词源自梵语"palyanka"，意思为"床"。葡萄牙词"Andor"或"Andora"意为"担架"。这里所展示的担架被轿子"遮"或者"封"起来了。这两类轿子都是由黑人肩挑的。"retz"是网状的担架，由卡纳拉人用杆子撑起来。

18. 万丹的商人（约 1675 年）

选自 J. P. 考特蒙德（J.P. Cortemünde）的日记，这位丹麦水手曾经乘坐皇家船只"奥尔登伯格"号（Oldenborg）从 1672 年到 1675 年前往东方旅行。Courtesy of Det Kongelige Bibliotek, Kort-og Billedaf-delingen, Copenhagen. 左边是一位穆斯林商人，中间是一位爪哇人，右边是一位手拿扇子和阳伞的中国人。也可以参考 G. Olsen, *Dansk Ostindien*, 1616-1732 (Copenhagen, 1952), p. 125。

19. 果阿的男人和女人

选自 Dellon, *op. cit.* (pl. 12), facing p. 208。注意有一位仆人手拿阳伞站在妇人的后面。

20. 中国（生理）商人，住在马尼拉的一对夫妇

选自约1590年马尼拉的一幅彩图。参考 Boxer (ed.), *South China in the Sixteenth Century* (“HS,” 2d ser., CVI; London, 1953)。有关“生理人”(Sanley) 这个词汇的讨论，见 *ibid.*, p. 260, n. 2。

21．1596年7月之前万丹前方的荷兰舰队

选自 Willem Lodewyckszoon (G. M. A. W. L.), *Premier livre de l'histoire de la navigation aux Indes orientales …* (Amsterdam, 1609), p. 22v。

22．茶或茶树

选自 Nieuhof, *op. cit.* (pl. 17), p. 347。

在正文中，茶树的叶子和形状被比作欧洲的野玫瑰。

注意，妇女们在拣茶叶并用顶在头上的筐将其运走。

I.

DELINEATIO CONVIVII A TERNATENSIVM REGE
Generali Neccio exhibiti.

CVm Hollandi ad Ternatem Inſulam, quæ ad Molucas pertinet, duabus nauibus appuliſſent, à Rege eius ſplendido admodum conuiuio ſunt excepti, qui ſuperiori tabulæ loco in lectulo regium in morem gemmis & auro nitente holoſericoq; conſtrato conſidens, ad vtrumq; menſæ latus aſſidentes ſibi Generalem Neccium & Conſiliarios Subpræfectosq; eius habuit, & hucusq; quidem menſa illa eleganti mappa & rotundis orbiculis inſtrata fuit, poſt illos autem ſedentes reliqui nauium miniſtri partem menſæ folijs & herbis virentibus conſtratam occuparunt. Menſa autem ipſa vna cum lectulo in theatro quodam nonnihil à terra eleuato conſtituta fuit. Aſtabant ei Regis filij cum Nobilibus alijs menſæ miniſtrantes. Durante autem prandio, Molucenſes incolæ palæſtram exercere & omnis generis ludos conuiuis exhibere cogebantur.

A 2 II. DELI

23．德那地国王为荷兰人准备的宴席

选自 De Bry, *op. cit.* (pl. 14), VIII (1607), Pl. 1。

它描绘了德那地国王 1601 年 6 月为雅各布·科尼利斯逊·范·内克海军上将准备的宴席。欧洲人在高台上参加宴席，而当地人表演决斗游戏以供娱乐，这些土著人看起来更像欧洲人而不像印度尼西亚人。

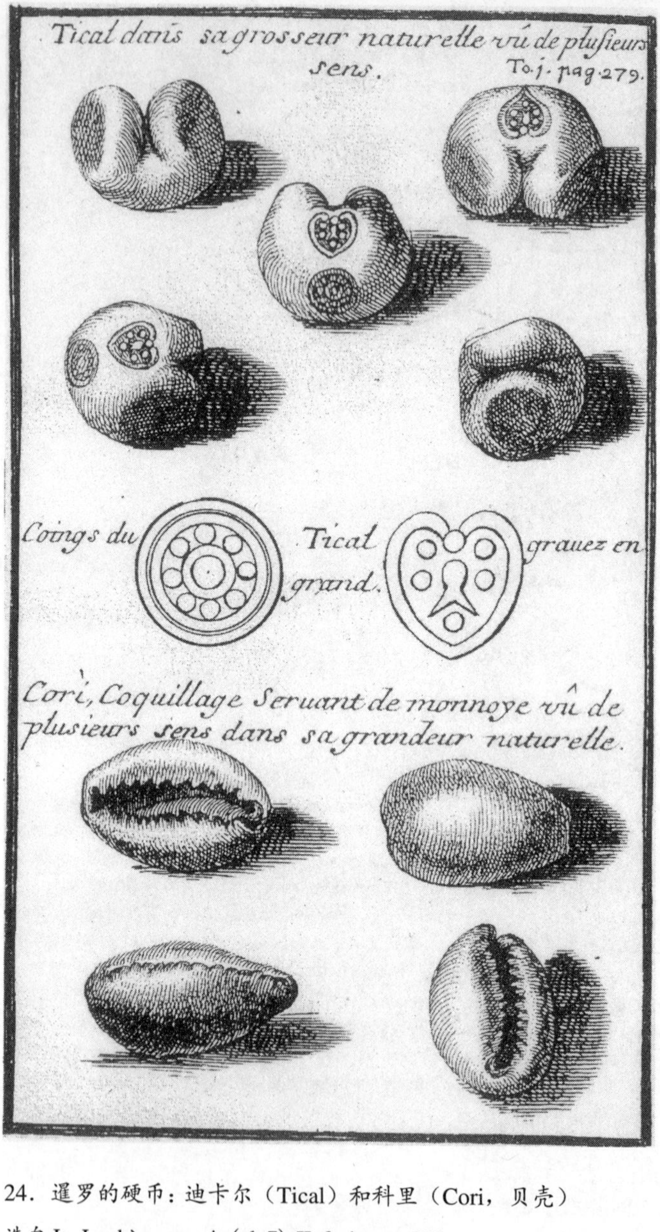

24．暹罗的硬币：迪卡尔（Tical）和科里（Cori，贝壳）

选自 La Loubère, *op. cit.* (pl. 7), II, facing, p. 279。

暹罗的迪卡尔硬币是短小圆筒形的银币，两侧弯曲，两边都有图章，如插图的中间部分所示。

“科里”是白色小贝壳，在东方一直通用到19世纪早期。

DECL. VOC. QVORVND. MAL. 57

DECLARATIO ET EXPLICATIO VOCABVLORVM QVORVNDAM MALAYCORVM, QVAE LINGVA VNIuersæ Indiæ Orientali vsitatior est, non secus ac apud nos Gallica. Quam qui callent, vbiuis fere versari commode queunt. Lusitanicæ quoque linguæ peritia ibi valde commoda est, cum interpretes vbiuis Lusitanicam callentes reperiantur.

A.

Alforces,	*Terebra.*
Addollaley,	*Frater.*
Arys,	*Dies.*
Aly,	*Illic.*
Ayam,	*Gallina.*
Ada,	*Habeo.*
Arynga,	*Lumen.*
Ambel,	*Accipe.*
Addeparapas,	*Soror.*
Apon,	*Calceus.*
Anton,	*Dentes.*
Ampo,	*Venenare.*
Apy	*Ignis.*
Alys,	*Palpebra.*
Abbacatta,	*Quid dicitis.*
Assa,	*Tamarindi.*
Alia.	*Zinziber.*

B.

Backeyen,	*Brachium.*
Backy,	*Pes.*
Blouvvaer.	*Foris.*
Bevvangdarner,	*Sanguinem mittere.*
Bilby,	*Emere.*
Benue,	*Occidere.*
Balmarys daula,	*Pridiè.*
Bebe,	*Anas.*
Bengo,	*Matis.*
Botonuum,	*Inuentum.*
Balmary,	*Heri.*
Berny,	*Dare.*
Batta,	*Later coctus.*
Basaer,	*Magnus.*
Bedyl,	*Bombarda.*
Bayck,	*Bonum seu merx.*
Baesart.	*Magnus.*
Barapa,	*Quot, quàmultum.*
Bygimana,	*Quid agitur.*
Bauuin,	*Cadere.*
Barappe itu,	*Quanti hoc.*
Bacabaten,	*Iam.*
Beeff,	*Adestne.*
Buda,	*Infans.*
Bariing,	*Ponere.*
Bretoun,	*Facere.*
Bantel,	*Puluinar.*
Banges,	*Surgere.*
Backelay,	*Bellare.*
Bras,	*Oryza.*
Balacca,	*Dorsum.*
Baon,	*Humeri.*
Brat,	*Graue.*
Bantaren,	*Mori.*
Byte secata,	*AEgrotus sum.*
Batu,	*Lapis.*
Baccalayo,	*Pugillare.*
Baccar,	*Adurere.*
Betangia,	*Interrogare.*
Banghe.	*Multum.*
Beta babpa.	*Pater meus.*
Borron.	*Auis.*
Bange.	*Multum.*

C.

Combaly,	*Referte.*
Carboo.	*Bubalus.*
Camby,	*Hircus.*
Caruguanler,	*Misericors.*
Chyny,	*Soluere.*
Cirghel,	*Paruus.*
Caiumains,	*Cinnamomum.*
Capyer,	*Calx.*
Chynta,	*Mœstus.*
Capelle,	*Caput.*
Cayo,	*Pileus.*
Catsion,	*Puer.*
Calappen,	*Nuces.*
Cadda,	*Sacerdos.*
Cargha,	*Elephantus.*
Calamp,	*Penna.*
Cartas,	*Papyrus.*
Chinsim,	*Annulus.*
Corni,	*Sacci.*

Calue-

25. 附有拉丁语同义词的马来语词汇表的第一页（共三页）

选自 De Bry, *op. cit.* (pl. 14), V (1601), p. 57。

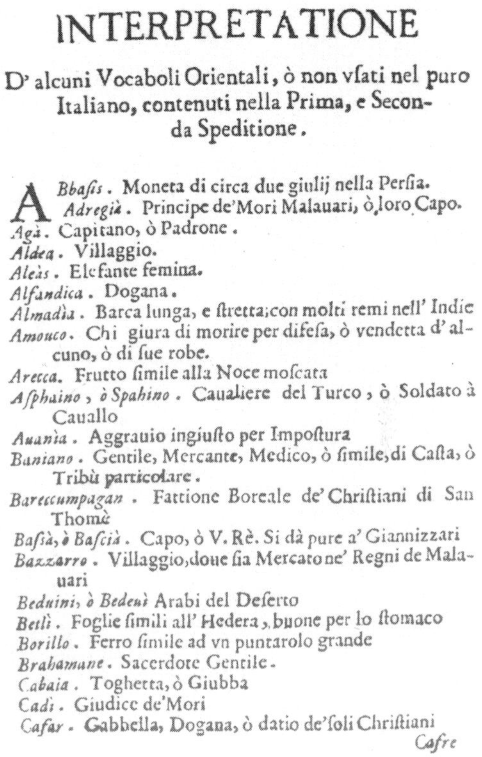

INTERPRETATIONE

D' alcuni Vocaboli Orientali, ò non vsati nel puro Italiano, contenuti nella Prima, e Seconda Speditione.

A *Bbasis*. Moneta di circa due giulij nella Persia.
Adregià. Principe de' Mori Malauari, ò loro Capo.
Agà. Capitano, ò Padrone.
Aldea. Villaggio.
Aleàs. Elefante femina.
Alfandica. Dogana.
Almadìa. Barca lunga, e stretta; con molti remi nell' Indie
Amouco. Chi giura di morire per difesa, ò vendetta d' alcuno, ò di sue robe.
Arecca. Frutto simile alla Noce moscata
Asphaino, *ò Spahino*. Caualiere del Turco, ò Soldato à Cauallo
Auanìa. Aggrauio ingiusto per Impostura
Baniano. Gentile, Mercante, Medico, ò simile, di Casta, ò Tribù particolare.
Bareccumpagan. Fattione Boreale de' Christiani di San Thomè
Basià, *ò Bascià*. Capo, ò V. Rè. Si dà pure a' Giannizzari
Bazzarro. Villaggio, doue sia Mercato ne' Regni de Malauari
Beduini, *ò Bedeuì* Arabi del Deserto
Betlì. Foglie simili all' Hedera, buone per lo stomaco
Borillo. Ferro simile ad vn puntarolo grande
Brahamane. Sacerdote Gentile.
Cabaia. Toghetta, ò Giubba
Cadì. Giudice de' Mori
Cafar. Gabbella, Dogana, ò datio de' soli Christiani

Cafre

26. 东方的词汇及其意大利语同义词

选自 Giuseppe di Santa Maria Sebastiani, *Seconda speditione all' Indie orientali* (Rome, 1672), 第一章第 78 幅图之前的引介是本书的扉页。

27．荷兰东印度公司在阿姆斯特丹的仓库和船厂

选自 Caspar Commelin, *Beschrijvinge van Amsterdam* (2 vols.; Amsterdam, 1693-94) II, between pp.734 and 735。Courtesy of the Department of Rare Books and Special Collections, the University of Michigan Library.

该工厂建造于 1661 年，位于阿姆斯特丹北侧的一个老港口的人造岛屿上，叫作 Oostenburg。这幅图作于 1694 年。详细内容，见 J. R. Schiltmeijer (ed.), *Amsterdam in 17e eeuwse prent* (3d ed.; Amsterdam, 1968), pp. 101-2。

28. 位于伦敦的旧东印度商号

来自普尔哈姆先生（Mr. Pulham）所有的印度商号画，12×8 英寸。在不列颠图书馆印度分馆的准许下复制而成。

这是英国东印度公司的总部，1648 年至 1726 年间位于莱登霍尔街（Leadenhall Street）。

29. 位于阿姆斯特丹的东印度商号

选自 Caspar Commelin, *op. cit.* (pl. 38), p. 733。Courtesy of the Department of Rare Books and Special Collections, the University of Michigan Library.

左侧的原建筑物始于 16 世纪中叶，1603 年租给荷兰东印度公司。在其右侧比较新的建筑物，很可能是在此不久之后开始投用的。入口处显示的日期为 1606 年。见 Schiltmeijer (ed.), *op. cit.*, pp. 64-67。

30．东印度的各种鸟类

选自 A Churchill' s edition of Nieuhof' s *Voyages*, (*CV*, 3d ed.; 6 vols.; London, 1744), II, facing p. 292。

IOACHIMVS ET TOMAS CAPITE PRIMVM ENVERSO SVSPENSI
DEMVM OBTRVNCATVR.

31. 若阿尚（Joachim）和托马斯的悬吊

选自 Nicolas Trigualt, *De christianis apud Iaponios triumphis* (Munich, 1623), p. 240。图 32、33、34、36、37、38 和 45 也选自这部作品。

MICHAEL ET LINVS EXVRVNTVR MAXENTIA TRVNCATVR.

32. 3 名日本信徒被处死

选自 Trigault, *op. cit.*, p. 231。

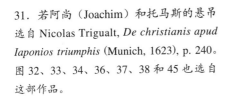

DOMINICVS CHRISTI CAVSSA IN CRVCEM ACTVS.

33. 多明我会信徒被钉死在十字架上

选自 Trigault, *op. cit.*, (pl. 42), p. 464。

GERMANI GOROSVQVE ET ALIORVM SVPPLICIA
CHRISTI CAVSA EXANCLATA.

34. 发生在日本的一次悬吊处决前的准备活动

选自 Trigault, *op. cit.*, p. 362。
注意跪倒在地上的基督徒额头上的十字架。

35.（上图）日本的基督徒遭受的迫害和酷刑

选自 [Crasset], *Histoire de l'eglise du Japon* (Paris, 1689), II, between pp.50 and 51。

CHRISTI VICTIMÆ VIVÆ CONCREMANTVR.

36.（右图）8 名基督徒在日本被活活地烧死

选自 Trigault, *op. cit.*, (pl. 42), p. 165。

CHRISTIANI MANIBVS PEDIBVSQ IN TERGVM REVINCTIS
DORSOQ GRANDI SAXO IMPOSITO SVSPENDVNTVR.

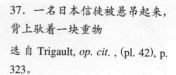

37. 一名日本信徒被悬吊起来，背上驮着一块重物

选自 Trigault, *op. cit.* , (pl. 42), p. 323。

ARIMÆ IN CHRISTIANOS ATROCITER SEVITVR.

38. 基督徒在有马遭受酷刑

选自 Trigault, *op. cit.*, p. 300。

39．汤若望身着中国朝服，担任历法局主管

选自 Athanasius Kircher, *La Chine illustrée*, trans. By F.S.Dalquié (Amsterdam, 1670), between pp.152 and 153。图 40 和 41 也选自这部著作（这些插图也可以在 1667 年的拉丁语版本中找到）。“在此，我认为收录汤若望的素描是合适的，他身着天文馆的官服……。因此，在画中你会发现在他的长袍官补上绣有一只鹤，他通常在朝廷中着这种服饰”（C. Van Tuyl [tans.],*China illustrate by Kircher, Translated … from the 1677[sic]Original Latin Edition* [Muskogee, Okla.,1987], pp.100-101）。

1658 年 2 月 2 日，汤若望升为正一品，顺治帝的“光禄大夫”。作为他职衔的标识，汤若望的帽子上有一个红色的徽章，金色刺绣鹤的两翼向外铺展。有关一品政务官的官补，比照 Zhou Xun *et al.*, *Five Thousand Years of Chinese Costumes* (San Francisco, 1987), fig. 318。

40.（下页图）印度美勒坡的圣多默使徒的神奇十字架

选自 Kircher, *op.cit*. (pl.50) facing p.74。

对圣多默十字架及其题词的描绘，是部分地根据若昂·德·卢塞纳（João de Lucena）所著的沙勿略传记（伦敦，1600 年）[1] 的一幅插图而作的。荷兰的雕刻师在此基础上增加了人物、神坛及其装饰、耶稣会徽章、背景等。题词字母和十字架很可能是由卢塞纳的雕刻师根据带回欧洲的一个粗糙的素描画复制而成。[2] 阿姆斯特丹的雕刻师相应地为十字架和那些不清晰的题词字母做了修饰。[3]

1547 年，葡萄牙人在挖掘圣多默殉道遗址时出土了一块花岗岩石板。上面刻着这个奇怪的十字架，四周是神秘的碑文。[4] 葡萄牙和印度信徒认为十字架制作于使徒本人所在时代，因而表现出极大的虔诚。[5] 传统认为，圣多默的血滴在石板上形成了十字架。基歇尔宣称，每年的 12 月 21 日为圣母举办的弥撒仪式上，“这个十字架转为各种颜色，突然滴出很多汗和血”。[6] 根据基歇尔，悬在十字架上的孔雀是维查耶纳伽尔帝王的标志。[7]

今天，在圣多默的教堂里，这个神坛背后非同一般的遗产位于圣多默殉道的地方。碑文在现代学者翻译之前一直是一个谜，即使在翻译之后，人们对它的意思解读分歧了约五十年。古文书学家现在达成一致意见，这些碑文是 8 世纪的巴拉维语（Pahlavi）或波斯语。最近的翻译是：我的主啊，请赐福给阿比亚斯（Abias）吧，他是雕刻这个十字架的叙利亚人沙哈布克特（Chaharbukht）的儿子。[7]

[1] 参照复制版本，*Historia da vida do Padre Francisco de Xavier* (2 vols.; Lisbon, 1952), I, facing p. 168。

[2] 比照 1579 年的一幅十字架素描画，由耶稣会士 A. 蒙塞拉特（A. Monserrate S. J.）制造，耶稣会士 H. 霍斯顿（H. Hosten S. J.）复制的十字架“Saint Thomas and San Thomé, Mylapore”, *Journal of the Asiatic Society of Bengal*, n.s., XIX (1923), facing p. 207。卢塞纳著的沙勿略传记中的十字架和圆形拱门和蒙塞拉特的一模一样，但是碑文有所不同。事实上，我们考察的三个例证都不一样。

[3] 更好的十字架复制品和清晰可辨的碑文，可参照 E. P. T. Winckworth, “A New Interpretation of Pahlavi Cross-Inscriptions of Southern China,” *The Journal of Theological Studies*, XXX (1929), 241。

[4] 参照 1623 年在中国西安发现的景教碑，基歇尔曾经比较过两者。现代学者也曾注意到 18 世纪的西安石碑上的景教十字架和圣多默十字架的相似点。见 P. Y. Saeki, *The Nestorian Documents and Relics in China* (Tokyo, 1951), p. 26。

[5] 参考 S. Neill, *A History of Christianity in India* (Cambridge, 1984), pp. 47-48。

[6] 选自 Van Tuyl (trans.), *op. cit.* (pl.), p. 50。基歇尔从阅读卢塞纳的著作和一名资料员那里了解了这个圣迹和相关的信仰。这名信息提供人叫 P. P. Godigney，科钦的葡萄牙耶稣会教区长，曾经在罗马和基歇尔谈过话。从 1704 年起，十字架并没有渗出“汗水”。见 Herman D' Souza, *In the Steps of St. Thomas* (San Thomé, 1952), pp. 61-62。

[7] 美勒坡以孔雀城著称，不同传统故事中的孔雀形象都和圣多默相关。见 Neill, *op. cit.*, pp. 33, 35。

[8] 选自 Winckworth, *loc. cit.*, p. 243。“叙利亚人”这里很可能指的是阿比亚斯（Abias）的叙利亚或者景教信仰。

Crux miraculosa S. Thomæ Apostoli
Meliaporæ in India.

41．利玛窦和他皈依的信徒保罗

选自 Kircher, *op. cit.* (pl. 50), facing p. 154。

利玛窦和"保罗"——徐光启（1562—1633 年）1603 年皈依基督教之后的受洗名。利玛窦的头顶之上写的是他的汉语名字。利玛窦身着专门为西方来的学者制作的明朝官服。根据基歇尔的说法（101 页），所有的耶稣会士在满族人征服之前都穿类似的服饰。保罗同样也穿明朝服饰，这是专门为官员准备的。他头戴独特的有两个翎的乌纱帽。这种服饰本身是高官特有的制服。比照明朝官员，见 Zhou Xun *et. al., op. cit.* (pl. 50), fig. 235, p. 153。利玛窦时代，徐光启与翰林院联系紧密。见 Chen Min-sun, "Hsü Kuang-ch'i and His Image of the West," in E. J Van Kley and C. K. Pullapilly (eds.), *Asia and the West: Encounters and Exchanges from the Age of Explorations* (Notre Dame, 1986), p. 31。

42. 金尼阁的肖像

约1630年，范·迪克（Van Dyck）圈内的某位艺术家制作而成。印自Museé de la Chartreuse, Douai（Inv. 27）。

43．乔万尼·菲利普·德·马里尼的《耶稣会神父日本教省传教记》（*Delle Missioni*，罗马，1663年）的卷首插画

复制于 *Historia et relatione del Tunchino e del Giappone … del P. Gio: Filippo de Marini*（Rome, 1665）。克劳维特（Clowet）雕刻。

耶稣会士希望使用汉语将福音带给日本教区各族人民。神父手中所持书上的汉字为："祀天地真（神）；天主十诫。"

这里的小猴子很可能是西方艺术和科学的统一性标志。参考 H. W. Janson, *Apes and Ape Lore in the Middle Ages and Renaissance* (London, 1952), p. 306。

44. 金尼阁的《基督教远征中国史》（1615 年）扉页

注意耶稣会士如何将左边的沙勿略和右侧的利玛窦联系在一起，他们都是其中国传教会的创始人。1622 年，沙勿略封圣。一些耶稣会士到今天为止仍然坚持要将利玛窦封为圣徒。

DE CHRISTIANIS APVD IAPONIOS
TRIVMPHIS
SIVE DE GRAVISSIMA IBIDEM CONTRA CHRISTI
FIDEM PERSECVTIONE EXORTA
ANNO M DC XII
VSQ. AD ANNVM M DC XX.
LIBRI QVINQ.
In annos totidem summa cum fide ex annuis Societatis
IESV litteris continua historiæ ſerie distributi.
AD SERENISSIMOS PRINCIPES
GVLIELMVM PARENTEM,
FERDINANDVM ET MAXIMILIANVM.
S.R.I. SEPTEMVIROS ELECTORES, ALBERTVM
F. ET
COM. PAL. RHENI VTRIVSQ.
BAVAR. DVCES.
Auctore P. Nicolao Trigautio
eiusdem Societatis Sacerdote
Belga Duacensi.
cum
Raderi
AVCTARIO ET ICONIBVS
SADELERIANIS
MONACHII
CIƆ IƆC XXIII.

Cum Priuilegio Summi Pontificis et Sac. Cæsareæ Maiest. ad decennium

45.

HISTORIA
DE LAS MISSIONES
QVE HAN HECHO LOS
RELIGIOSOS DE LA COMPAÑIA
DE IESVS, PARA PREDICAR EL SANCTO
Euangelio en la India Oriental, y en los Reynos
de la China y Iapon.
ESCRITA POR EL PADRE LVIS
de Guzman, Religioſo de la miſma Compañia.
PRIMERA PARTE
EN LA QVAL SE CONTIENEN SEYS LIBROS
tres de la India Oriental, uno de la China, y dos de Iapon.
DIRIGIDA A DOÑA ANA FELIX DE GVZMAN,
Marqueſa de Camaraſa, Condeſa de Ricla, Señora del
Adelantamiento de Caçorla.

Año 1601

CON PRIVILEGIO.
EN ALCALA, por la Biuda de Iuan Gracian.

46.

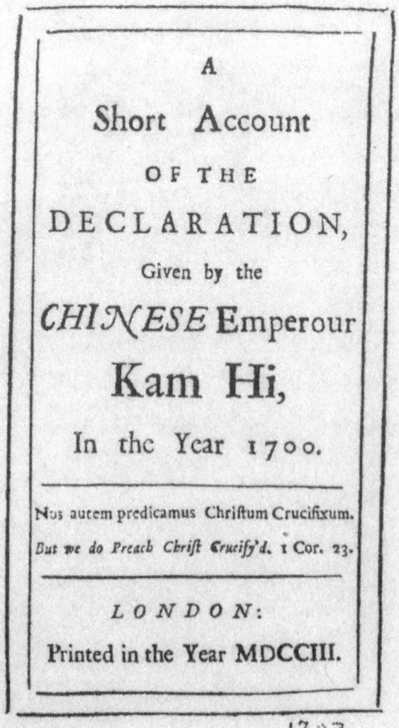

A
Short Account
OF THE
DECLARATION,
Given by the
CHINESE Emperour
Kam Hi,
In the Year 1700.

Nos autem predicamus Chriſtum Crucifixum.
But we do Preach Christ Crucify'd. 1 Cor. 23.

LONDON:
Printed in the Year MDCCIII.

17 3

47.

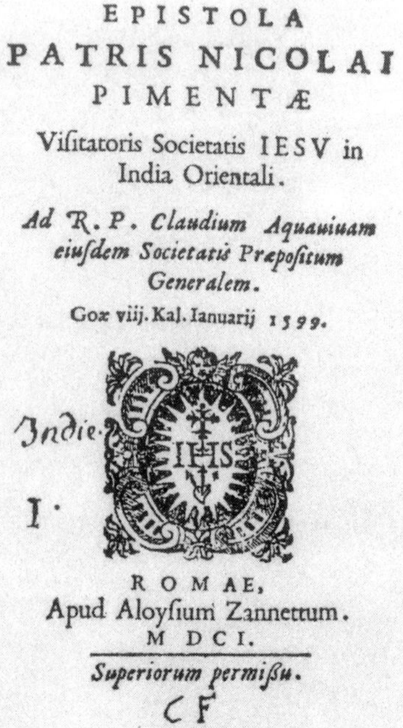

EPISTOLA
PATRIS NICOLAI
PIMENTÆ
Viſitatoris Societatis IESV in
India Orientali.
Ad R. P. Claudium Aquauiuam
eiuſdem Societatis Præpoſitum
Generalem.
Goæ viij. Kal. Ianuarij 1599.

Indie
I.

ROMAE,
Apud Aloyſium Zannettum.
M DCI.
Superiorum permiſſu.
CF

48.

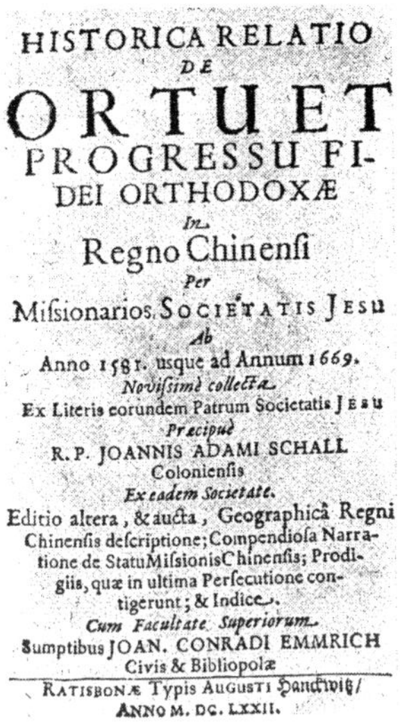

49.

50.

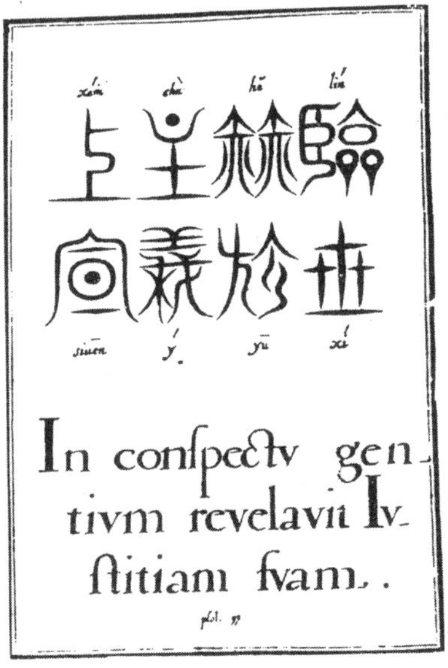

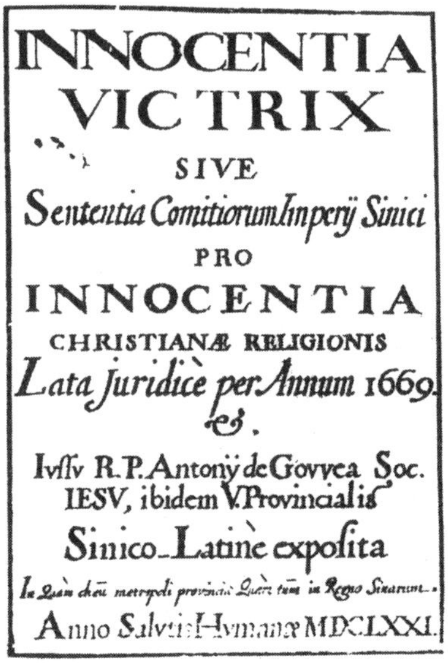

51. 何大化的《无罪获胜》(*Innocentia Victrix*)

这部作品包含了含混不清的宽容基督教的帝国政令的拉丁语译文，以及相关的中国官方文件的拉丁语译文。1671 年，一群耶稣会传教士在葡萄牙籍副教区长何大化（1592—1677 年）的指导下在广州编纂了这部作品，由中国耶稣会的木刻出版社出版。见 C. R. Boxer, *Exotic Printing and Expansion of Europe, 1492-1840* (Lilly Library, Indiana University, 1972), p. 41。

PHILIPPUS BALDÆUS DELPHENSIS V.D.M.
PRIMO ANNUM IN PUNTE GALE, POSTEA
IN REGNO IAFFNAPATNAM IN INSULA CEY:
LON 8 Annos, Iam in Geervliet 2. Ætatis 38. A. 1671.
Dit is Baldæus self, die t' Blinde Heydendom

Mr. WOUTER SCHOUTEN VAN HAERLEM

52.（左上图）荷兰大臣和传教士菲利普·巴尔德的肖像

这幅卷首插画选自 Baldaeus, *op. cit.* (pl. 15), Pt. I。

53.（右上图）哈勒姆的沃特·斯考顿肖像

选自 Wouter Schouten, *op. cit.* (pl. 16), I, facing p. xiv。

54.（左下图）约翰·纽霍夫的肖像

选自 Nieuhof, *op. cit.* (pl. 17)。

The true Effigies of F. Aluarez Semedo
Procurator of ye Prouinces of Iapan & China.

55. 曾德昭的肖像

选自 Semedo, *The History of That Great and Renowned Monarchy of China*（London, 1655）英语译本的卷首插画。

该版画出自英语书籍出版商的版画师托马斯·克罗斯（Thomas Cross）之手。复制于曾德昭的意大利原版匿名版画（罗马，1643 年）。曾德昭身着神父服，似乎在手中的书上写着汉字。尽管克罗斯是十分有名的文字雕刻师，但是这本书上的“汉语”并不清晰，似乎是对汉字的拙劣模仿。关于托马斯·克罗斯，见 M Corbett and M Norton, *Engraving in England in the Sixteenth and Seventeenth Centuries* (Cambridge, 1964), pp. 277-78, 302。

56. 让·德·特维诺的肖像

卷首封面，Jean de Thévenot, *Travels*（London, 1687），由威廉·费尚恩（William Faithorne）雕刻。

57. 奥尔夫特·达帕的《亚洲记述》卷首插画

选自 *Asia, oder: Ausführliche Beschreibung des Grossen Mogols und eines grossen Theils von Indien ...*（Nuremberg, 1681）。

Die Gesandtschafft
die Oost-Indischen Compagney
in den Vereinigten Niederländern,
an den
Grossen Tartarischen Cham
und nunmehr auch Sinischen Keyser.
Mit Röm. Käys. Maj. Privilegio.
In Amsterdam,
Gedruckt und verlegt durch Jacob Mörs, Buch und Kunst-händlern alda. 1666.

58.（前页图）纽霍夫的《荷兰联合省东印度公司出使大清帝国》（*Gesandtschafft*）的卷首插画

选自 Nieuhof, *op. cit.* (pl. 17) 。由约翰·纽霍夫本人、他的弟弟亨德里克、或者范·米尔斯作坊的某个人制作而成，这幅卷首插画是书中选自约翰·纽霍夫 150 幅图画的一个示范。中央的那个人物很可能是帝王本人，他手扶地球，实际上是纽霍夫制作的广东“前总督”肖像（见 321 幅图）。尽管纽霍夫在北京时见过顺治皇帝，但是他在正文中承认，他和荷兰大使相隔太远，看不清楚，只能隐隐约约地看到皇帝的脸。这里，“帝王”正襟危坐，充当汉人的法官，这些人很可能被指控就剃胡子和头发等不遵守满族人的法律。其中一位受指控的人将头放在枷子、方板或者固在肩膀上的轭间，但并不擦伤脖子。

1669 年，约翰·奥格尔比雇佣著名的蚀刻技师瓦斯拉斯·霍勒（Wenceslas Hollar）复制这个版画作为纽霍夫作品英语译本的扉页。有关霍勒蚀刻的全面讨论，见 M. Corbett, “The Dutch Mission to Peking in 1655,” *Quaerendo*, Vol. XVI, No. 2 (spring, 1986), pp. 131-36。科比特（Corbett）没有注意到霍勒的蚀刻完全改变了原来的铜版画。

59．德·布莱的《东印度》（*India Orientalis*）第五部分的卷首插图

选自 De Bry *op. cit.* (pl. 14), V (1601)。

上方是一个“飞舞的狐狸”，这只大蝙蝠震惊了欧洲的船员。下面是东南亚各岛屿使用的舷外支架。

60. 约翰·冯·德·贝赫（Johann von der Behr）的《日记或日志》（*Diarium, Oder Tagebuch*，耶拿 [Jena]，1668 年）

注意作为亚洲标志的印度大象和独角犀牛。图 91 是这本书的扉页。

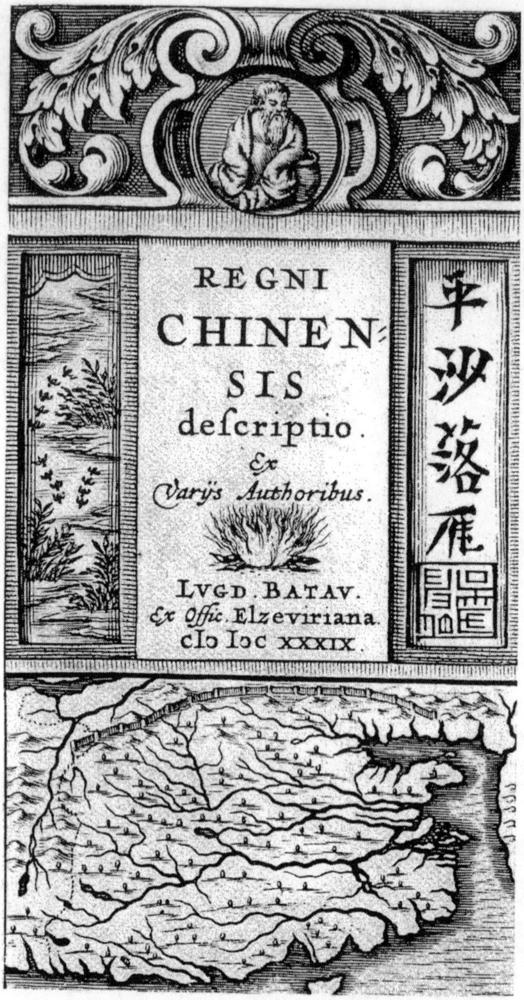

61. 一幅中国画的扉页（莱顿，1639 年）

汉语题字为“平沙落雁”。这是中国画的一个主题；这是潇湘八大景观之一，图说了宋迪的诗（公元 12 世纪）。这显然是中国风景画在欧洲出版物中的最早尝试。比照图 270。

底端的这幅地图是海南到长城之间的中国的粗略估算。

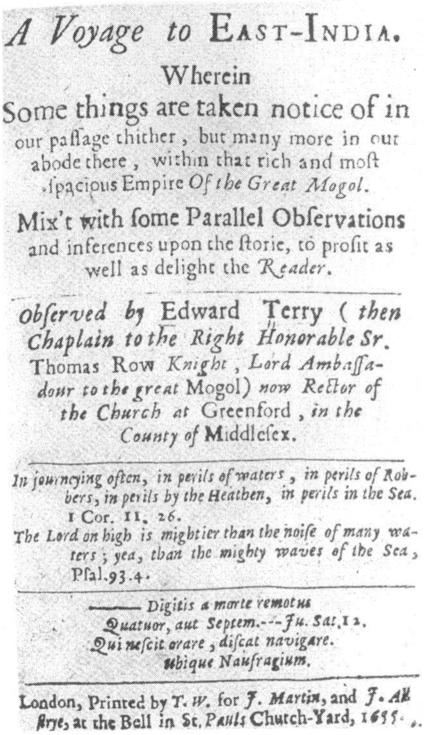

A Voyage to East-India.
Wherein
Some things are taken notice of in our passage thither, but many more in our abode there, within that rich and most spacious Empire Of the Great Mogol.
Mix't with some Parallel Observations and inferences upon the storie, to profit as well as delight the Reader.

Observed by Edward Terry (then Chaplain to the Right Honorable Sr. Thomas Row Knight, Lord Ambassadour to the great Mogol) now Rector of the Church at Greenford, in the County of Middlesex.

In journeying often, in perils of waters, in perils of Robbers, in perils by the Heathen, in perils in the Sea. 1 Cor. 11. 26.
The Lord on high is mightier than the noise of many waters; yea, than the mighty waves of the Sea, Psal.93.4.

——— Digitis a morte remotus
Quatuor, aut Septem.---Ju. Sat.12.
Qui nescit orare, discat navigare.
Ubique Naufragium.

London, Printed by T. W. for J. Martin, and J. Allestrye, at the Bell in St. Pauls Church-Yard, 1655.

62.

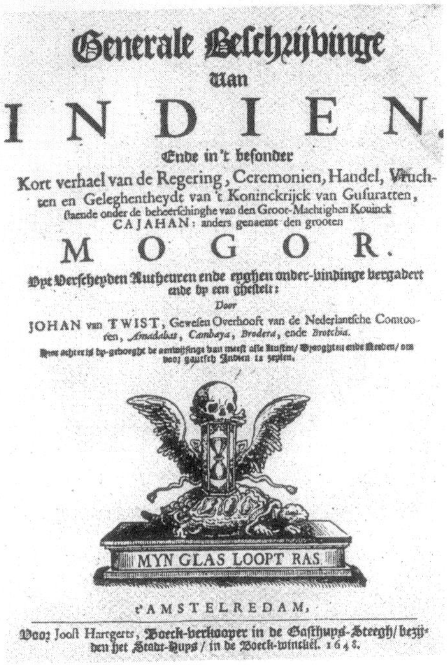

Generale Beschrijvinge van
INDIEN.
Ende in't besonder
Kort verhael van de Regering, Ceremonien, Handel, Vruchten en Geleghentheydt van 't Koninckrijck van Gusuratten, staende onder de beheersinghe van den Groot-Machtighen Kouinck CAJAHAN: anders genaemt den grooten
MOGOR.
Uyt verscheyden Autheuren ende eyghen onder-vindinge vergadert ende by een ghestelt:
Door
JOHAN van TWIST, Gewesen Overhooft van de Nederlantsche Comptoiren, Amadabat, Cambaya, Brodera, ende Brotchia.
Hier achter is by-gevoeght de aenwijsinge van meest alle Rusten/ Vlooghten ende Reeden/ om door gantsch Indien te zeylen.

t'AMSTELREDAM,
Voor Joost Hartgerts, Boeck-verkooper in de Gasthuys-Steegh/ bezijden het Stadt-Huys/ in de Boeck-winckel. 1648.

63.《约翰·特威斯特的印度概述》扉页（*Generale Beschrijvinge van Indien ... Door Johan van Twist*，阿姆斯特丹，1648 年）

题词“我的杯子很快就空了”很可能是阿姆斯特丹的书籍出版经销商朱斯特·哈特格斯出版社的商标。

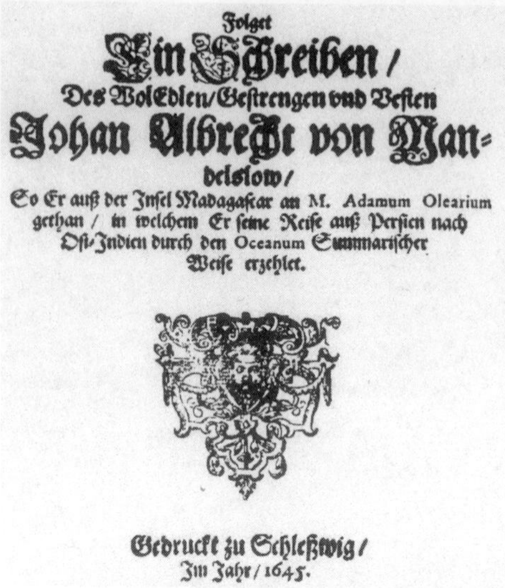

Folget
Ein Schreiben/
Des WolEdlen/Gestrengen und Vesten
Johan Albrecht von Man-
delslow/
So Er auß der Insel Madagascar an M. Adamum Olearium
gethan/ in welchem Er seine Reise auß Persien nach
Ost-Indien durch den Oceanum Summarischer
Weise erzehlet.

Gedruckt zu Schleßwig/
Im Jahr/1645.

64．曼德尔斯罗的《从马达加斯加致 M. 阿达姆·奥利尔姆的一封信》扉页（Johan Albrecht von Mandelslo, *Ein Schreiben ... so er auss der insel Madagascar Gethan, in Welchem er Seine Reise Auss Persien Nach Ost-Indien ... Erzehlt*，石勒苏益格，1645 年）。

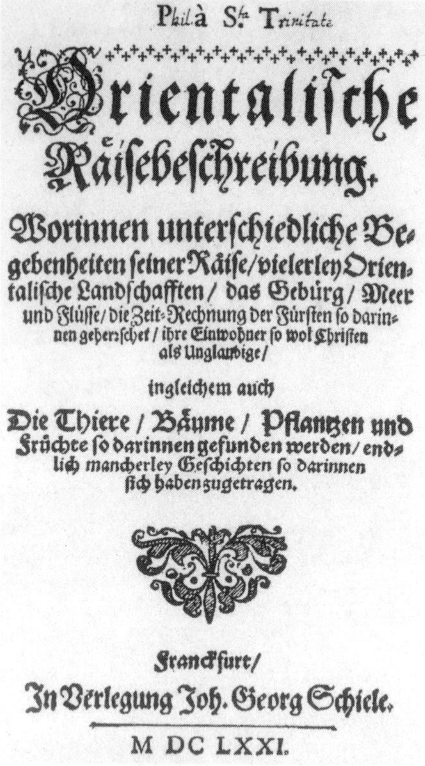

Phil. à S. Trinitate
Orientalische
Räisebeschreibung.
Worinnen unterschiedliche Be-
gebenheiten seiner Räise/vielerley Orien-
talische Landschafften/ das Gebürg/ Meer
und Flüsse/ die Zeit-Rechnung der Fürsten so darin-
nen geherrschet/ ihre Einwohner so wol Christen
als Unglaubige/
ingleichem auch
Die Thiere/ Bäume/ Pflantzen und
Früchte so darinnen gefunden werden/ end-
lich mancherley Geschichten so darinnen
sich haben zugetragen.

Franckfurt/
In Verlegung Joh. Georg Schiele.
M DC LXXI.

65，66．菲利普·德·圣三一的《东方游记》（*Orientalische Reisebeschrei-Bung*，法兰克福，1671 年）的扉页和卷首插图

P. à S.T.
ORIENTA
LISCHE.
Reiße
Beschrei
bung.

SECONDA SPEDITIONE

ALL' INDIE ORIENTALI

DI MONSIGNOR

SEBASTIANI

FR·GIUSEPPE DI S·MARIA

DELL'ORDINE DE'CARMELITANI SCALZI

PRIMA

VESCOVO DI HIERAPOLI,

HOGGI DI BISIGNANO,

E BARONE DI SANTA SOFIA,

Ordinata da

ALESSANDRO VII.

DI GLORIOSA MEMORIA.

IN ROMA, Nella Stamperia di Filippo M.Mancini. 1672.

CON LICENZA DE' SVPERIORI.

67.

HISTORIA ET RELATIONE DEL TVNCHINO E DEL GIAPPONE

Con la vera Relatione ancora d'altri Regni, e Prouincie di quelle regioni, e del loro gouerno politico.

Con le Missioni fatteui dalli Padri della Compagnia di Giesù, & Introduttione della fede Christiana, & Confutatione di Diuerse Sette d'Idolatri di quelli habitatori,

DIVISA IN CINQVE LIBRI

OPERA DEL P. GIO: FILIPPO DE MARINI

Della medema Compagnia.

ALLA SANTITA' DI N. S.

ALESSANDRO

PAPA SETTIMO.

IN ROMA, Nella Stamperia di Vitale Mascardi, MDCLXV.

CON LICENZA DE' SVPERIORI.

68.

MEMOIRS
AND
OBSERVATIONS
Topographical, Phyſical, Mathematical, Mechanical, | *Natural, Civil,* and *Eccleſiaſtical.*

Made in a late
JOURNEY
Through the
EMPIRE of *CHINA*,
And Publiſhed in ſeveral Letters.

Particularly upon the *Chineſe* Pottery and Varniſhing; the Silk and other Manufactures; the Pearl Fiſhing; the Hiſtory of Plants and Animals. Deſcription of their Cities and Publick Works; Number of People, their Language, Manners and Commerce; their Habits, Oeconomy, and Government. The Philoſophy of *Confucius*. The State of Chriſtianity, with many other Curious and Uſeful Remarks.

By *LOUIS LE COMPTE* Jeſuit, Confeſſor to the Dutcheſs of *Burgundy*, one of the Royal Mathematicians, and lately Miſſionary into the Eaſtern Countries.

Tranſlated from the Paris *Edition, and illuſtrated with Figures.*

London: Printed for *Benj. Tooke* at the Middle Temple Gate, and *Sam. Buckley* at the *Dolphin* over againſt St. *Dunſtans* Church in *Fleetſtreet*. 1697.

69.

AN
Hiſtorical Relation
Of the Iſland
CEYLON,
IN THE
EAST-INDIES:
TOGETHER,
With an ACCOUNT of the Detaining in Captivity the AUTHOR and divers other *Engliſhmen* now Living there, and of the AUTHOR's Miraculous ESCAPE.

Illuſtrated with Figures, and a Map of the ISLAND.

By *ROBERT KNOX*, a Captive there near Twenty Years.

LONDON,
Printed by *Richard Chiſwell*, Printer to the ROYAL SOCIETY, at the *Roſe* and *Crown* in St. *Paul's* Church-yard, 1681.

70.

Offt begehrte Beschreibung
Der Newen ORIENTALischen
REISE/
So durch Gelegenheit einer Holsteinischen
Legation an den König in Persien geschehen.
Worinnen
Derer Örter vnd Länder/ durch welche die Reise
gangen/als fürnemblich Rußland/Tartarien vnd Persien/sampt
ihrer Einwohner Natur / Leben vnd Wesen fleissig beschrieben / vnd mit
vielen Kupfferstücken / so nach dem Leben gestellet / gezieret.
Item
Ein Schreiben des WolEdeln ꝛc. Johan Albrecht
Von Mandelslo / worinnen dessen OstIndianische Reise ü-
ber den Oceanum enthalten. Zusampt eines kurtzen Berichts von jetzigem
Zustand des eussersten Orientalischen KönigReiches Tzina.
Durch
M. ADAMUM OLEARIUM, Ascanium Saxonem,
Fürstl: Schleßwig-Holsteinischen Hoff-mathemat.

Mit Röm. Käys. Maj. vnd Churfl. Durchl. zu Sachsen
privilegijs auff 10 Jahr bey Verlust Tausend Thlr. nicht
nachzudrucken.
Schleßwig/ Bey Jacob zur Glocken. Im Jahr 1647.

71．亚当·奥利瑞乌斯的《令人渴望的东印度旅行记述》扉页（*Offte Begehrte Beschreibung Der Newen Orientalischen Reise*，石勒苏益格，1647 年）

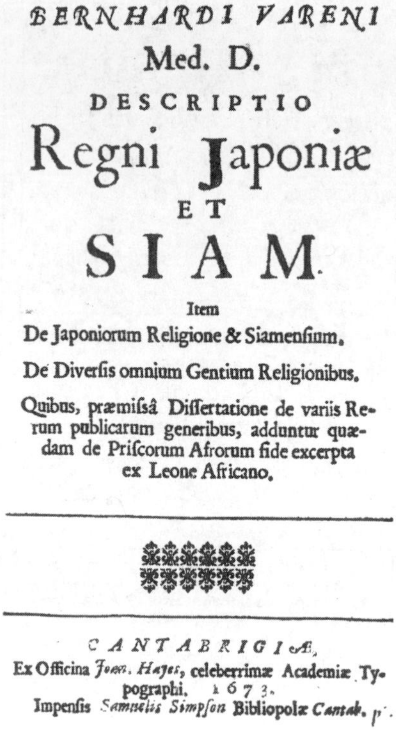

BERNHARDI VARENI
Med. D.
DESCRIPTIO
Regni Japoniæ
ET
SIAM.
Item
De Japoniorum Religione & Siamensium.
De Diversis omnium Gentium Religionibus.
Quibus, præmissâ Dissertatione de variis Rerum publicarum generibus, adduntur quædam de Priscorum Afrorum fide excerpta ex Leone Africano.

CANTABRIGIÆ,
Ex Officina Joan. Hayes, celeberrimæ Academiæ Typographi. 1673.
Impensis Samuelis Simpson Bibliopolæ Cantab.

72.

DU

ROYAUME

DE SIAM

Par Monsieur de LA LOUBERE *Envoyé extraordinaire du* ROY *auprés du Roy de Siam en* 1687. & 1688.

TOME PREMIER.

A PARIS,

Chez La Veuve de JEAN BAPTISTE COIGNARD, Imprimeur & Libraire ordinaire du Roy.
ET
JEAN BAPTISTE COIGNARD, Imprimeur & Libraire ordinaire du Roy, ruë S. Jacques, à la Bible d'Or.

M. DC. XCI.

AVEC PRIVILEGE DE SA MAJESTE'.

73.

THE

HISTORY

OF THE

INQUISITION,

As it is Exercised at

GOA.

Written in *French*, by the Ingenious Monsieur *Dellon*, who laboured five years under those severities.

With an Account of his Deliverance.

Translated into English.

LONDON,

Printed for *James Knapton*, at the *Queens-Head*, in St. *Paul's* Church-yard. M DC LXXXVIII.

74.

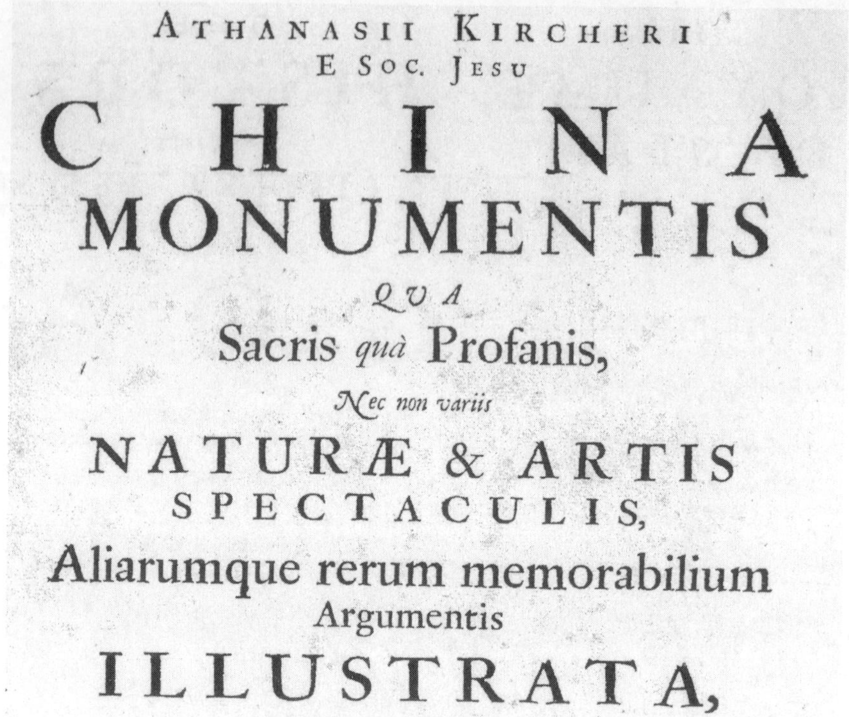

ATHANASII KIRCHERI
E SOC. JESU

CHINA
MONUMENTIS

QUA

Sacris *quà* Profanis,

Nec non variis

NATURÆ & ARTIS
SPECTACULIS,

Aliarumque rerum memorabilium
Argumentis

ILLUSTRATA,

AUSPICIIS

LEOPOLDI PRIMI

ROMAN. IMPER. SEMPER AUGUSTI

Munificentiſsimi Mecænatis.

A Solis Ortu usque ad Occaſu
Laudabile Nomen Dñi.

IHS

AMSTELODAMI,

Apud *Joannem Janſſonium à Waeſberge & Elizeum Weyerſtraet,*

ANNO CIƆ IƆC LXVII. *Cum Privilegiis.*

75. 基歇尔的《中国图志》扉页（阿姆斯特丹，1667 年）

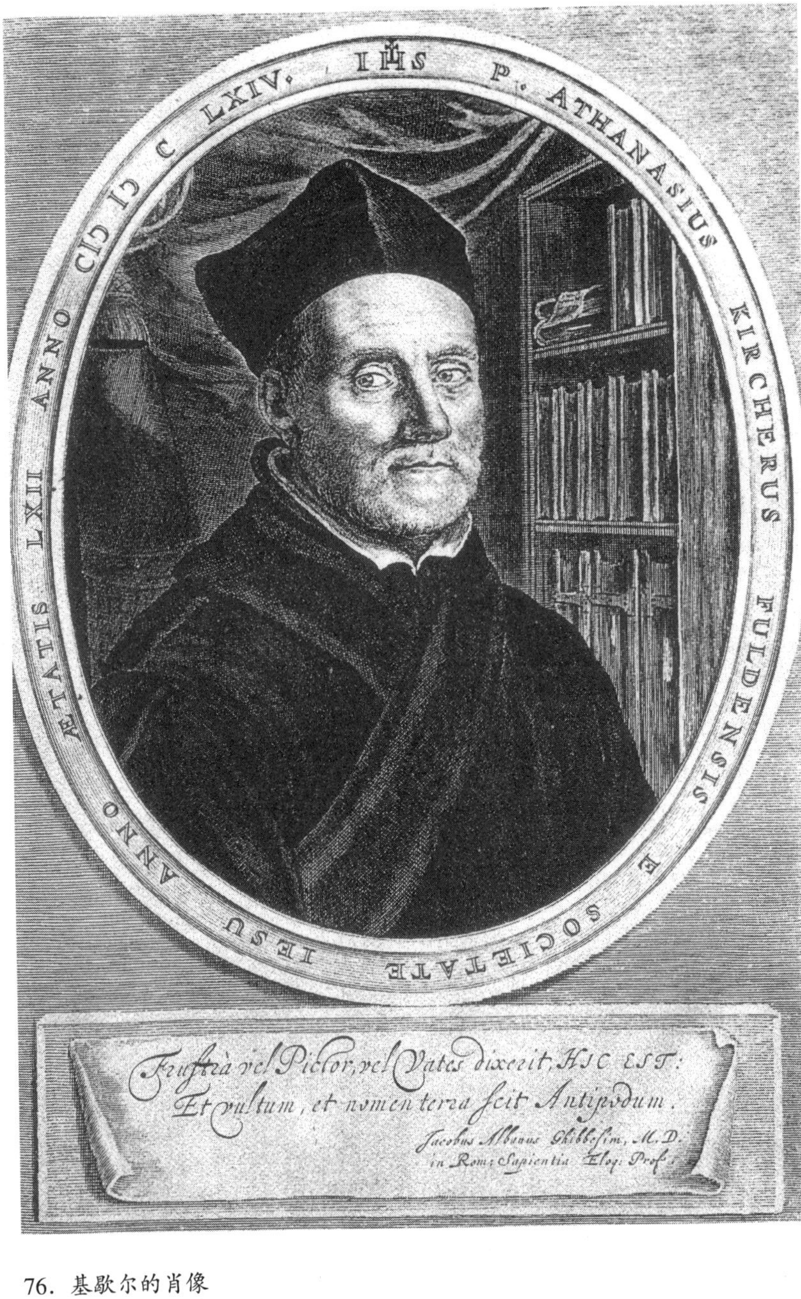

76. 基歇尔的肖像

选自 Kircher, *op. cit.*, facing fol. 1。

这是基歇尔 1664 年 62 岁时的肖像，即《中国图志》首次出版的前三年。

Johann Jacob Saars/
Ost-Indianische
Funfzehen-Jährige
Kriegs-Dienste/
Und
Wahrhafftige Beschreibung/
Was sich Zeit solcher funfzehen Jahr/
von Anno Christi 1644. biß Anno Christi 1659.
zur See/ und zu Land/ in offentlichen Treffen/ in Belägerungen/ in Stürmen/ in Eroberungen/ Portugäsen/ und Heydnischer/ Plätze und Städte/ in Marchirn, in Quartirn, mit Ihm/ und andern Seinen Camerades begeben habe/ am allermeinsten auf der grossen/ und herrlichen/ Insul
CEILON.
Zum andern mahl heraus gegeben/
Und mit vielen denckwürdigen Notis oder Anmerckungen/ wie auch Kupfferstücken/ vermehret/ und gezieret.
Psal. XXIV. verf. 1.
Die Erde ist des HErrn/ und was darinnen ist; der Erdboden/ und was darauf wohnet. Denn Er hat Ihn an die Meer gegründet/ und an den Wassern bereitet.

Nürnberg/

Zu finden bey Johann Daniel Tauber/ Buchhändlern/
Gedruckt bey Johann-Philipp Miltenberger/
Im Jahr Christi/ 1672.

77. 约翰·雅各布·萨尔的《东印度服役十五年记》扉页（*Ost-Indianische Fünfzehen-Jährige Kriegs-Dienste und Wahrafftige Beschreibung*，纽伦堡，1672 年）

VOYAGE DES INDES ORIENTALES,

Mêlé de plusieurs Histoires curieuses.

Par Mr CARRE'.

TOME PREMIER.

A PARIS,
Chez la Veuve de CLAUDE BARBIN, au Palais, sur le second Perron de la Sainte-Chapelle.

M. DC. XCIX.
Avec Privilege du Roy.

THE
TRAVELS OF Sig. Pietro della Valle,
A Noble ROMAN,
INTO
EAST-INDIA AND Arabia Deserta.

In which, the several Countries, together with the Customs, Manners, Traffique, and Rites both Religious and Civil, of those Oriental Princes and Nations, are faithfully Described:

In Familiar Letters to his Friend
Signior *MARIO SCHIPANO.*

Whereunto is Added
A Relation of Sir *THOMAS ROE*'s Voyage into the *EAST-INDIES.*

LONDON,
Printed by *J. Macock*, for *Henry Herringman*; and are to be sold at his Shop at the *Blew-Anchor* in the Lower-walk of the *New-Exchange.* 1665.

DIARIUM,
Oder
Tage-Buch /
über
Dasjenige /
So sich Zeit einer neun-jährigen
Reise zu Wasser und Lande / meistentheils
in Dienst der vereinigten geoctroyrten Niederländi-
schen Ost-Indianischen Compagnie, besonders in
denselbigen Ländern täglich begeben
und zugetragen.
Worbey
Der Innwohner Glauben / Leben / Sitten
und Kleidung / so mit Augen gesehen / fleißig auffgeschrie-
ben / abgerissen / und mit Kupffern gezieret / zur
besserer Nachricht verzeichnet
worden
von
Johann von der Behr / Not. Publ. Cæs.

JENA /
In Verlegung Urbani Spaltholtzens /
Buchhändlers in Breßlau /
Anno 1668.

80. 约翰·冯·德·贝赫的《日记或日志》扉页。

也可以参照图 71。

HISTORIA
INDIAE
ORIENTALIS,
EX VARIIS AVCTORI-
BVS COLLECTA, ET IVXTA
SERIEM TOPOGRAPHICAM REGNO-
rum, Prouinciarum & Insularum, per Africæ,
Asiæque littora, ad extremos vsque Ia-
ponios deducta,
*QVA REGIONVM ET INSVLARVM
situs & commoditas; Regum & populorum mores &
habitus; Religionum & superstitionum absurda varie-
tas; Lusitanorum item Hispanorum & Batauorum res
gestæ atque Commercia varia, cum rebus admira-
tione & memoratu dignißimis alijs, iucun-
da breuitate percensentur atq;
describuntur.*
AVTORE
M. GOTARDO ARTHVS
Dantiscano.

COLONIAE AGRIPPINAE,
SVMPTIBVS VVILHELMI
Lutzenkirch.
ANNO M. DC. VIII.

81.

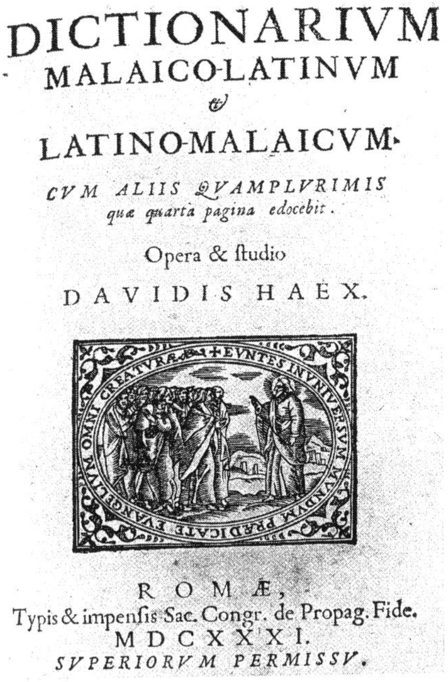
DICTIONARIVM
MALAICO-LATINVM
&
LATINO-MALAICVM.
CVM ALIIS QVAMPLVRIMIS
quæ quarta pagina edocebit.
Opera & ſtudio
DAVIDIS HAEX.

ROMÆ,
Typis & impenſis Sac. Congr. de Propag. Fide.
MDCXXXI.
SVPERIORVM PERMISSV.

82.

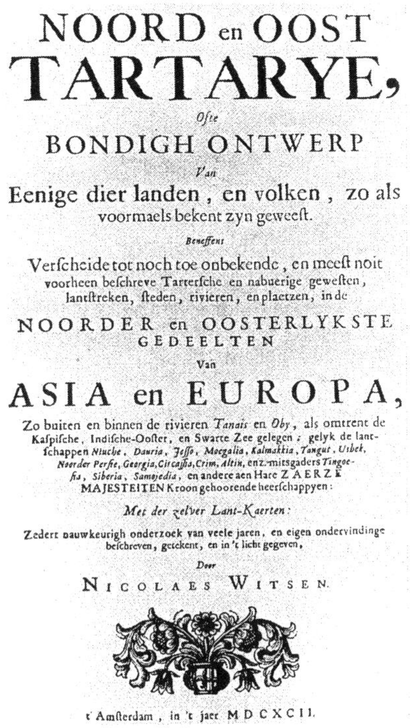
NOORD en OOST
TARTARYE,
Ofte
BONDIGH ONTWERP
Van
Eenige dier landen, en volken, zo als voormaels bekent zyn geweeſt.
Beneffens
Verſcheide tot noch toe onbekende, en meeſt noit voorheen beſchreve Tarterſche en nabuerige geweſten, lantſtreken, ſteden, rivieren, en plaetzen, in de
NOORDER en OOSTERLYKSTE GEDEELTEN
Van
ASIA en EUROPA,
Zo buiten en binnen de rivieren *Tanais* en *Oby*, als omtrent de Kaſpiſche, Indiſche-Ooſter, en Swarte Zee gelegen; gelyk de lantſchappen *Niuche*, *Dauria*, *Jeſſo*, *Moegalia*, *Kalmakkia*, *Tangut*, *Usbek*, *Noorder Perſie*, *Georgia*, *Circaſſia*, *Crim*, *Altin*, enz. mitsgaders *Tingoeſia*, *Siberia*, *Samojedia*, en andere aen Hare ZAERZE MAJESTEITEN Kroon gehoorende heerſchappyen:
Met der zelver Lant-Kaerten:
Zedert nauwkeurigh onderzoek van veele jaren, en eigen ondervindinge beſchreven, getekent, en in 't licht gegeven,
Door
NICOLAES WITSEN.
t' Amſterdam, in 't jaer MDCXCII.

83. 维特森《东北鞑靼志》的扉页

图片选自 James Ford Bell Library, University of Minnesota，在许可的前提下使用。

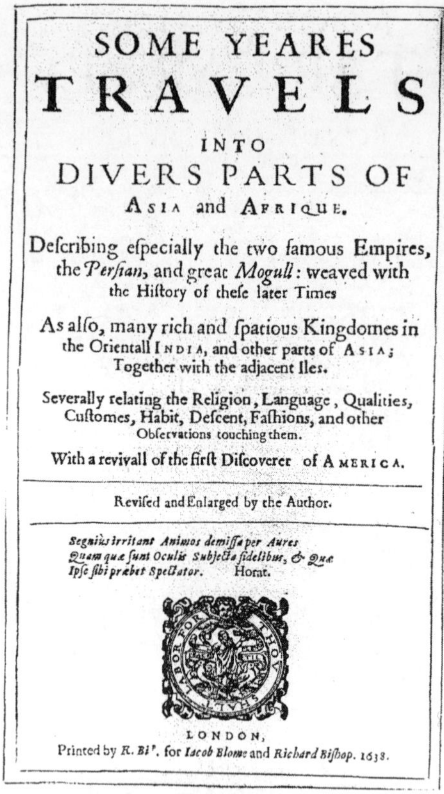

SOME YEARES
TRAVELS
INTO
DIVERS PARTS OF
ASIA and AFRIQUE.

Describing especially the two famous Empires, the *Persian*, and great *Mogull*: weaved with the History of these later Times

As also, many rich and spatious Kingdomes in the Orientall INDIA, and other parts of ASIA; Together with the adjacent Iles.

Severally relating the Religion, Language, Qualities, Customes, Habit, Descent, Fashions, and other Observations touching them.

With a revivall of the first Discoverer of AMERICA.

Revised and Enlarged by the Author.

Segnius irritant Animos demissa per Aures
Quam quæ sunt Oculis Subjecta fidelibus, & Quæ
Ipse sibi præbet Spectator. Horat.

LONDON,
Printed by *R. Bi'*. for *Iacob Blome* and *Richard Bishop*. 1638.

84. 托马斯·赫伯特《多年旅行记》的扉页

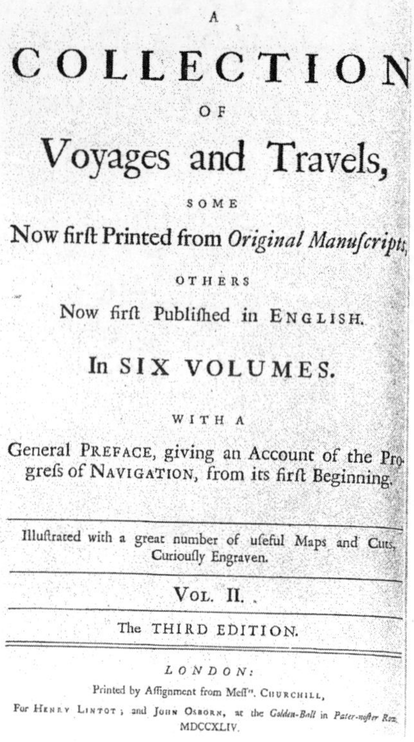

A
COLLECTION
OF
Voyages and Travels,
SOME
Now first Printed from *Original Manuscripts*,
OTHERS
Now first Published in ENGLISH.

In SIX VOLUMES.

WITH A
General PREFACE, giving an Account of the Progress of NAVIGATION, from its first Beginning.

Illustrated with a great number of useful Maps and Cuts, Curiously Engraven.

VOL. II.

The THIRD EDITION.

LONDON:
Printed by Assignment from Messrs. CHURCHILL,
For HENRY LINTOT; and JOHN OSBORN, at the *Golden-Ball* in *Pater-noster Row*.
MDCCXLIV.

85. 丘吉尔的《航海记和游记集成》扉页，1744年版本

86．蒙塔努斯的《荷兰东印度公司特使觐见日本天皇实录》（*Die Gesantschaffen An Die Keiser van Japan*，1669）扉页

选自出使日本朝廷使节报告的独立版本，蒙塔努斯的 *Denckwürdige Gesandtschafften* 的一部分（见图 27）。左侧和中央的日本人和用具与图右下角的欧洲人形成了对比。

MODI LOQVENDI.

CAyin itou mattiacan gõg itou. *Veſtes cum iſto valore compenſantur, ponderantur, æſtimantur.*

Saràtos maccan ſapoulo. *Centum reddit decem pro vſura, vel intereſſe.*

Orang pandjangàcan itou. *Narrantes factum extollunt.*

Dia djouwàl kita-orang. *Ipſe nos prodit.*

Topayan pounja pantat. *Pes hydriæ.*

Oubat itou catoudjou dengan penjakit ini. *Huic morbo medicamen congruit.*

Soucor-oucor. *Neque plus, neque minus.*

Baua-ilang. *Auferre, vt perdatur.*

Itou djatou ilang. *Id cadit perditum.*

Itou ſamma doſa lipat duacàli. *Eſt duplex peccatum.*

Balà-dua. *In duas partes findere.* Bagi dua. *dupliciter diuiditur.*

Dia jadi menberannac. *Eſt natus.*

Tahan pada maccan. *Ab edendo ſeipſum abſtinere.*

Iſſonja dua boulan. *Duobus poſt diem menſibus.*

Kirim catta. *Alicui denuntiare, vel certiorem aliquem facere.*

Beta poutous tuan pounja bacattahan. *Salua tua ratiocinatione, vel ſermonẽ tuum interrũpo.*

Ambil artinja. *Opinionem, vel ſententiam percipere.*

Beta jadi berjadi. *Sum creatus.*

Salàmat datan. *Aduentus felix.*

Lalou tenga malam. *Mediam poſt noctem.*

Tondo hati. *Cor inclinare, vel dimittere.*

Pækei parampouan. *Mulierem cognoſcere.*

Hari domingo jang de alouwan, vel de mouca. *Dominica dies appropinquans.* jang de belaccan. *elapſa dies dominica.*

Dia britàcau. *Nuntium attulit, vel in lucem protulit.*

Dia palut cayinja ca-àtas. *Ipſa ſuccingit, vel ſubducit veſticulam.*

Appa ongco ſadouli. *Tua quid refert.*

Outang itou dia tanghong. *Ad ipſum debitum ſpectat, vel ſolutio ipſi incumbit.*

Bouda itou boulom tanghong doſa. *infans peccati expers, vel nulli adhuc crimini obnoxius.*

MODI Djicca

87．语篇模式：马来语词组和拉丁语译文

选自 David Haex, *Dictionarium*（Rome, 1631）。也参考图 93 和 100。

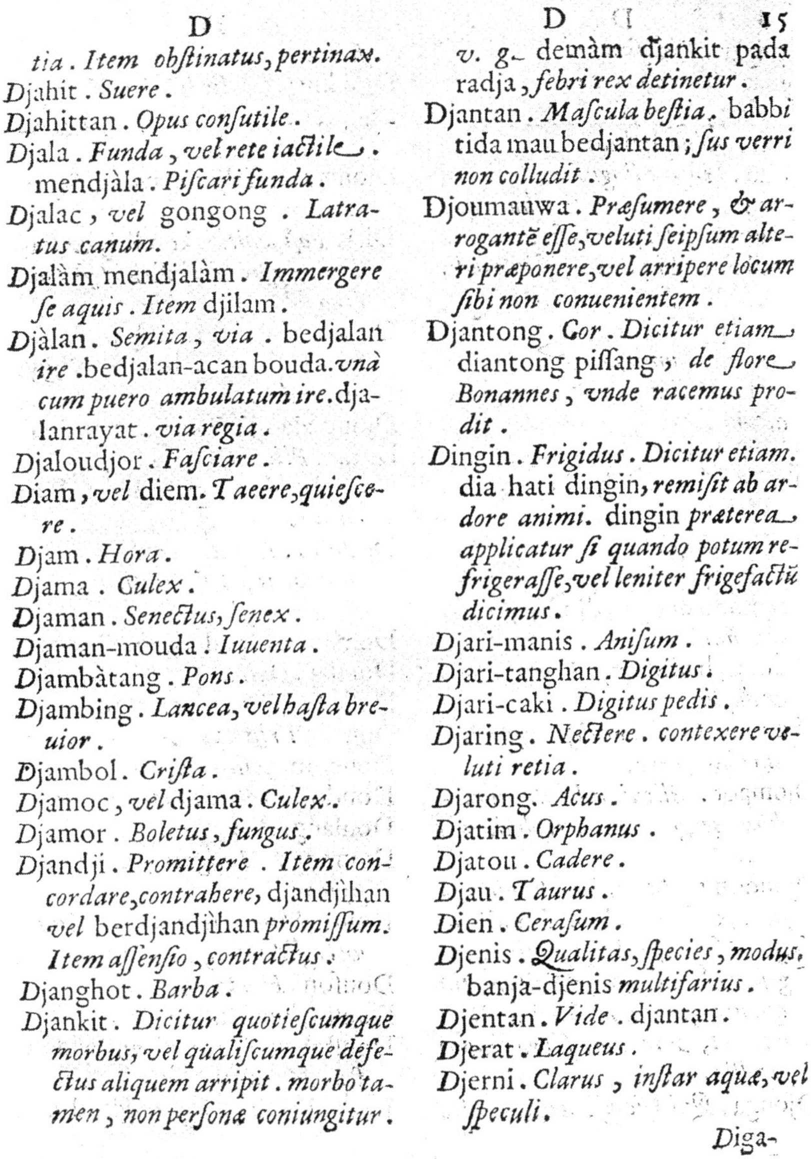

D D 15

tia. Item obstinatus, pertinax.

Djahit. *Suere.*

Djahittan. *Opus consutile.*

Djala. *Funda, vel rete iactile.* mendjàla. *Piscari funda.*

Djalac, *vel* gongong. *Latratus canum.*

Djalàm mendjalàm. *Immergere se aquis. Item* djilam.

Djàlan. *Semita, via.* bedjalan *ire.* bedjalan-acan bouda. *vnà cum puero ambulatum ire.* djalanrayat. *via regia.*

Djaloudjor. *Fasciare.*

Diam, *vel* diem. *Taeere, quiescere.*

Djam. *Hora.*

Djama. *Culex.*

Djaman. *Senectus, senex.*

Djaman-mouda. *Iuuenta.*

Djambàtang. *Pons.*

Djambing. *Lancea, vel hasta breuior.*

Djambol. *Crista.*

Djamoc, *vel* djama. *Culex.*

Djamor. *Boletus, fungus.*

Djandji. *Promittere. Item concordare, contrahere,* djandjìhan *vel* berdjandjìhan *promissum. Item assensio, contractus.*

Djanghot. *Barba.*

Djankit. *Dicitur quotiescumque morbus, vel qualiscumque defectus aliquem arripit. morbo tamen, non personæ coniungitur. v. g.* demàm djankit pada radja, *febri rex detinetur.*

Djantan. *Mascula bestia.* babbi tida mau bedjantan; *sus verri non colludit.*

Djoumauwa. *Præsumere, & arrogantē esse, veluti seipsum alteri præponere, vel arripere locum sibi non conuenientem.*

Djantong. *Cor. Dicitur etiam* diantong pissang, *de flore Bonannes, vnde racemus prodit.*

Dingin. *Frigidus. Dicitur etiam.* dia hati dingin, *remisit ab ardore animi.* dingin *præterea applicatur si quando potum refrigerasse, vel leniter frigefactũ dicimus.*

Djari-manis. *Anisum.*

Djari-tanghan. *Digitus.*

Djari-caki. *Digitus pedis.*

Djaring. *Nectere. contexere veluti retia.*

Djarong. *Acus.*

Djatim. *Orphanus.*

Djatou. *Cadere.*

Djau. *Taurus.*

Dien. *Cerasum.*

Djenis. *Qualitas, species, modus.* banja-djenis *multifarius.*

Djentan. *Vide.* djantan.

Djerat. *Laqueus.*

Djerni. *Clarus, instar aquæ, vel speculi.*

Diga-

88．选自马来语—拉丁语词汇列表的样本

选自 Haex, *op. cit.* (pl. 99)。

Und Indien. 55

Teutsch.	Maleysch.
Kastel	Gourett.
Küß / darauf zu sitzen	Banthal.
Kalch	Capon.
Kram	Kede.
Köstlicher Stein.	Batou.
Kompaß	Podomman.
Krebs	Catan.
Klein	Citgill.
Kokos	Nior.
Kiesen	Pily.
Kinder	Anack.
Knien	Batillo.
Knüpfen	Dabondaer.
Kämmen	Sisser.
Kennen	Bakanal.
Kommen	Datan.
Kauen	Giget.
Kiefen / Zanken	Backelay.
Kessel	Pario tampak.
Kerze	Damaer.
Kuchen	Dapor.
Kaste oder Kiste	Potti.
Kinder	Anack.
Kuhe	Sappy.
Knebel	Dangodt.
Korn	Gadon.
Klein	Kitsie.
Kriegführen	Mouso.
Krank	Sakyt.
Krankheit	Sakytan.
Land	Darat.
Ans Land gehen	Piggy darat.
Leuchter	Damaran.
Lampe	Lamaran.
Lehren	Blaygeer.
Lauffen	Ballary.
Legen	Barenty.
Laden	Sarat Cart.
Logiren	Saling.
Leiten	Ongoucan.
Leyhen	Meyngam.
Lachen	Tetaua.
einen Laut geben / Läuten	Pacol gantan.
Leben	Idop.
Liefern	Barycart.
Lassen	Tingalcan.
Liecht	Ringan.
Leckerhafftig	Caiaparan.
Los	Tzerade.
Lang	Pangan.
Leiter mit Sprossen	Tanga.
Lacken oder Tuch	Cayn.
Langer Pfeffer	Tabee.
Laus	Cotto.
Lippen	Debeer.
Leichnamb / Leib	Baden.
Liebe	Casse.
Leuchten	Tarran.
Lunten	Sombo.
Lügen	Dousta.
Liebhaben	Syma.

Teutsch.	Maleysch.
Mißfallen	Tita bischouka.
Mitleyden	Ampon.
Mensch	Oran Itou.
Meinung	Jaman.
Meinen	Jamman.
Machen	Boat.
Merken	Tanda.
Meinen	Tjinta oder Ingat.
Meistern	Pande brpekatt.
Messen	Oucor.
Mangeln	Toucaer.
Mägen	Bollee.
Murmeln	Bassongot.
Mild	Lapan can.
Mich	Kita.
Mein	Pouga.
Mager	Conras.
Morgen	Isso.
Mehr	Lagy.
Minder	Couran.
Menge	Bayntan.
Müd	Lala.
Messer	Pisou.
Messerschmied	Pande pisou.
Maurer	Pagera
Münze	Harta.
Münzmeister	Pande Harta.
Merre / Thier	Tanda Parampuan.
Maus	Ticos.
Milch	Sousou.
Magd	Anadara.
Mund	Molot.
Mann	Lacky.
Monat	Boulan.
Maß	Ocuran.
Mitgesell	Sobott.
Mauer	Cota.
Markt	Passaer.
Mahlzeit	Tampa macanam.
Meister	Pande bellagaet.
Meel	Tapon.
Mensch	Oran.
Milz	Colomary.
Mörder	Pande bounon.
Müd	Ticaer.
Mond	Boulan.
Mütze	Toudong.
Mast	Tiang.
Muscatennüsse	Pala.
Mittag	Tingary.
Mutter	Maa.
Mostart	Sasaue.
Nacken	Moampeet.
Nehen	Maniapt.
Nageln	Pocol pocou.
Nennen / einen Namen geben	Namania.
Niesen	Batou.
Nötigen / Laden	Pangil macan.
Nehmen	Ambil.
Nachmittag essen	Macan zoere.
Neigen	Boat hambaer.
Naß machen	Basso.

Nachstel-

89. 选自德语—马来语词汇列表的样本

选自 Olfert Dapper, *Umbständliche und eigentliche Beschreibung von Asia* ...（Nuremberg, 1681）。

90. 爱德华·特里神父 64 岁时的肖像

Terry, *A Voyage to East-India* 的卷首插页（见图 73）。由罗伯特·沃恩（Robert Vaughn）版刻。

91. 乔万尼·弗朗西斯科·杰米利·卡雷里（Giovanni Francesco Gemelli Careri）48 岁时的肖像

选自 Careri, *op. cit.* (pl. 28), Vol. I。

这个版本是由卡雷里本人亲自修订并且扩充的。根据前言，他也增添了一些插图。

92．托马斯·罗伊爵士的肖像

选 自 Purchas, *Hakluytus Posthumus* (Glasgow, 1905), IV, between pp. 320 and 321。

93. 约里斯·范·斯皮尔伯根54岁时的肖像

卷首插页，见 *De reis van Joris van Spilbergen naar Ceylon, Atjeh en Bantam, 1601-1604*, "*WLV,*" XXXVIII (The Hague, 1933)。

很可能是由雅各布·德·盖恩（Jac. De Gheyn）雕刻的。

Illustri et Generoso Domino Oveno Giedde Dno de
Tommerup. Equiti Aurato Regni Daniæ Thalassiarcho et
Senatori, Ser: Reg: Maj: Præfecto Helsingburgensi:

94. 奥沃·格野德（Ove Gjedde）的肖像

Courtesy of Det Kongelige Bibliotek, Kort-og Billedafdeligen, Copenhagen.

1620 年，丹麦舰队海军上将被派往锡兰。1622 年，他作为印度科罗曼德尔海岸的德伦格巴尔城堡的创始人返回丹麦。关于他航海的颂歌在他返回不久后发表，作者为 J.M. 哥托普（J. M. Gottorp）。

（*Discursos varios politicos*，埃武拉），巴罗斯、卡蒙斯（Camoëns）和科托的翔实的传记首次公开出版。随后的1628年，巴罗斯的前三部《旬年史》以及堂·路易斯·德·阿泰德的传记首次用葡萄牙语重印出版，阿泰德是葡萄牙被菲利普统治之前印度的最后一位总督。[171]1630年，葡萄牙塞辛布拉（Sesimbra）人洛伦索·德·门多萨（Lourenço de Mendonça）神父向国王提出诉求，希望葡萄牙人在西属美洲享有与西班牙人在葡属亚洲的同等权利。[172]1630年，奥古斯丁会修士安东尼奥·弗莱雷（Antonio Freyre，1568—1634年）在里斯本出版了《赞美书："早期印度士兵的生活和荣誉"》（*Elogio do livro "primor e honra da vida soldatisca no estado da India"*）。

17世纪20年代，伊比利亚非常关注东方帝国的未来命运，塞拉菲姆·德·弗雷塔斯（Serafim de Freitas）的作品很好地反映了这一关切情绪，他是巴利亚多利德大学的一位葡萄牙语教规法律教授。他的著作《亚洲的葡萄牙公正政府》（*De iusto imperio lusitanorum asiatico*，1625年）是西班牙对《自由的海洋》（*Mare liberum*，1609年）的正式回应，后者是由年轻的格劳秀斯（Hugo Grotius）匿名发表的，目的是为荷兰加入东印度贸易正名。[173] 在说明天主教伊比利亚在 340
亚洲的绝对权利时，弗雷塔斯对葡萄牙过去取得的成就表现出极大的自豪，也流露出对无所不在的失利态势的恐惧。他的那些同胞，不论是葡萄牙的还是西班牙的，一定也经历过类似的绝望情绪，他们从小册子和书籍中读到的，抑或是从布道中听到的，都在传递着这样的信息：发生在日本的数不清的、持续不断的殉难事件，荷兰的海军对菲律宾群岛造成的愈加严峻的威胁。[174]

虽然日本于1624年正式切断了与马尼拉的所有来往，并且命令所有西班牙人限时出境，但是仍有一小部分西班牙传教士勇敢地留了下来继续传教。1626年，来自格拉纳达（Granada）的耶稣会士巴尔塔萨·德·托雷斯（Baltasar de Torres，出生于1563年）和他的7名同事被处死于长崎。这次事件被收编到发往西班牙的耶稣会士信件中，作者可能是安东尼奥·德·托雷斯·奎萨达（Antonio de Torres y Quesada）。该信件于1630年在萨拉曼卡出版，次年在巴塞罗那出版，标题稍有调整。[175]1600年就来到日本的托雷斯与葡萄牙籍教区主教弗朗西斯科·帕切科（Francesco Pacheco）一道被烧死，后者激怒了幕府将军，因为他秘密地和澳门的葡萄牙商人来到日本。1633年，耶稣会士马蒂亚斯·德·索萨（Matias de Sousa，1596—1647年）在马德里出版了基督教在日本成功事迹的概要，随后又出版了发生在1629年和1630年的殉难事件的报道。[176] 两年后，日本语言学家和传教会在里斯本的代理弗兰西斯科·罗德里格斯（Francisco Rodrigues）在马德里出版了一部1632年至1633年间耶稣会士在日本殉难的名录，其根据是1635年来自澳门的信件。[177] 该作品后来被译成拉丁语（安特卫普，1636年）、佛兰芒语（安特卫普，1636年）和意大利语（罗马，1636年）。[178]

尽管殉难事件频发及至入境的禁绝，但是传教士想方设法在日本坚持传播福音。1637年，一群奥古斯丁会修士被处死；马丁·克拉弗（Martin Claver，1646年逝世）将他们的殉难故事编写出来并于1638年在马尼拉出版，他当时担任菲律宾群岛帕西格（Pasig）的奥古斯丁女修道院副院长一职。[179]1637年年初，一群多明我会修士也经历了殉难事件，他们的经历被多明戈·冈萨雷斯（Domingo Gonzáles，1574—1647年）写成小册子传回欧洲，冈萨雷斯当时是菲律宾群岛教区主教，这本小册子于1639年在马德里面世。[180]1635年，那不勒斯耶稣会士马塞洛·佛朗西斯科·马斯特里利（Marcello Francesco Mastrilli，
341 1603—1637年）非法进入日本，两年后被处死在长崎。[181]

马斯特里利逝世两个月后，日本的岛原发生叛乱运动。不论基督徒和葡萄牙人是否和这次起义有牵连，德川幕府还是于1638年4月镇压了叛乱，屠杀了成千上万的日本信徒，并且禁止西班牙国王的任何臣民入境。葡萄牙人，特别是在澳门的商人和传教士，绝不接受闭关锁国的禁令，寻求各种方法与德川幕府谈判开放国门的可能性。在欧洲，葡萄牙人激烈地谴责西班牙，认为对方应该对日本的驱逐政策负责。

多明我会如同其他修会一样在日本遭受了重创，他们当时全力以赴地推动菲律宾群岛的事业。这两个地区传教活动的区别可以从西班牙多明我会修士迭戈·科拉多（Diego Collado，1638年逝世）的多彩人生得到诠释。早在1611年，科拉多到达菲律宾群岛，八年后来到日本。在那里，他遇见哈辛托·奥法尼尔并与其合作，后者是多明我会在日本传教的历史学家。奥法尼尔编纂的

1602—1620年的这段历史在他1622年被火焚之前一直没有出版。1622年，科拉多以传教会代理人的身份返回罗马，把奥法尼尔的手稿同时带回欧洲。在欧洲逗留期间，科拉多忙于出版奥法尼尔的书，并且将书的内容续写到1622年。1630年，他向西班牙国王菲利普四世汇报了亚洲教会的状况和需求；[182]1631—1632年间，他在罗马出版了研究日本语的作品。[183]1633年，科拉多在马德里出版了奥法尼尔的巨著《基督教在日本的历史：从1602年到1622年》（*Historia ecclesiastica de los sucessos de la christiandad en Japon, desde ... 1602 ... hasta ... 1622*）。次年，再次前往菲律宾群岛之前，科拉多向国王递交了一个呈文，详细地阐述了耶稣会和其他修会在亚洲的纷争。[184] 到达马尼拉后，科拉多谋求将这个多明我会教区分为两部分，其中一部分用来建立培训中心为赴日本和中国的传教士做准备。该项计划被否决，科拉多的主管上司严格地规范了他的行为。他于1638年离开菲律宾群岛，在返程的船难事故中丧生。

科拉多遭到吕宋岛上的新塞哥维亚（Nueva Segovia）教区多明我会主教迭戈·阿杜阿尔特（Diego Aduarte，1569—1636年）的反对和训诫。1595年，阿杜阿尔特首次来到菲律宾群岛；四年后，在返欧的旅途中访问了澳门、柬埔寨和马六甲。1607年，在菲律宾群岛短暂停留后，他被任命为菲律宾群岛传教会的欧洲官方代理人。从此以后，他竭尽全力在西班牙、墨西哥和法国为他的修 342
会效劳。1628年返回日本后，他写了几篇关于日本殉难和迫害事件的报道，在马尼拉（1629年、1631年）、罗马（1632年）和塞维尔（1632年）等地发表。[185]同时，他还编纂材料，撰写文章，记录他在菲律宾群岛的多明我会圣玫瑰省（Santo Rosario）的激荡岁月。由于阿杜阿尔特完成《多明我会圣玫瑰省在菲律宾、日本和中国的传教史》（*Historia...*）①之前就去世了，多明戈·冈萨雷斯将这一段历史故事一直续写到1636年，增加了阿杜阿尔特的传记，并于1640年在马尼拉出版。[186]

阿杜阿尔特的《多明我会圣玫瑰省在菲律宾、日本和中国的传教史》以时

① 全名为：*Historia de la Provincia del Santo Rosario de la Orden de Predicadores en Filipinas, Japón y China.* ——译者注

间先后顺序记录了从1587年传教省成立到1636年之间各个时期发生的事件。从圣玫瑰教区成立之初，它就致力于使菲律宾群岛成为多明我会在东方事业的中心。讲道和传教的修士随时会把传教事业从马尼拉带到马里亚纳群岛、马鲁古群岛、柬埔寨、中国、日本以及南菲律宾群岛。阿杜阿尔特的书是多明我会在东亚和太平洋事业历史的一部分，截止到1636年阿杜阿尔特去世。第一卷叙述了1615年前多明我会在菲律宾群岛、中国和柬埔寨的活动。第二卷首先介绍了1614—1615年间发生在日本的迫害事件，又将这些事件续写到1633年。有关托钵修士在台湾、中国和柬埔寨活动的叙述，点缀在主要关涉日本内容的各个章节中。特别有趣的是，多明我会从1626年到1635年突围中国的叙述，当时他们在日本的财产在缩水。尽管阿杜阿尔特及其在菲律宾群岛的同情者们反对，科拉多仍然希望派遣更多的托钵修士前来收获灵魂。[187]

欧洲的多明我会修士同样也在关注着自己的同事在亚洲的进展。胡安·加西亚（Juan Garcia，也叫胡安·德·拉·克鲁兹·加西亚斯[Juan de la Cruz Garcias]）从菲律宾群岛写了一篇报道，介绍了菲律宾群岛、中国和日本的基督教情况，这篇报道于1633年在塞维尔出版。[188]五年后，加西亚陪同一组方济各会修士和多明我会修士来到台湾，并从那里进入中国的福建省。[189]1635年，里斯本出版了一部由3篇论文合成的文集，作者是葡萄牙多明我会修士，即果阿的神学讲师安东尼奥·达·恩卡尔纳桑（António da Encarnação，约1672年逝世）和科钦的主教米格尔·兰赫尔（1645年逝世），这部作品描绘了多明我
343 会修士在东南亚的活动情况。[190]其中的2篇论文是完全关注索洛岛（Solor）传教会的。与该世纪出版的其他论著相比，兰赫尔的作品包含了更多关于索洛岛及其居民的信息。[191]恩卡尔纳桑后来又编纂了一些关于在东方传教的作品，但是多数没有出版。[192]

17世纪30年代，东方的传教士们积极地研习当地语言，背诵词汇，钻研语法，勤作翻译。1630年，于1603年编纂的葡—日词典的西班牙语版本在马德里的多明我会圣托马斯神学院发行。[193]被加斯帕尔·德·圣阿古斯丁（Gaspar de San Agustín）称作“他加禄族的贺拉斯”（the Horace of Tagalog）的奥古斯丁会修士佩德罗·德·埃雷拉（Pedro de Herrera，1648年逝世），于

1636 年在马尼拉出版了一部西班牙语忏悔书。[194] 次年，另外一位奥古斯丁会修士阿隆索·德·门特里达（Alonso de Mentrida，1559—1637 年）用米沙鄢语及其两种方言发行了另一部词典。[195] 同时，印度的耶稣会士将教义小册子译成各种印度语，让固执的婆罗门明白他们自身的错误。[196]

伊比利亚人在印度地区和公海域一直处于防守状态，经常悲叹自己的损失，偶尔也有胜利的喜悦。那些侍奉印度国王的人的姓名和事迹大约 1630 年被印刷出版。[197] 为舵手准备的新的或者修订过的航海图和修改官方**航海图**（padrón）的建议持续面世。[198] 纪念士兵和水手的英勇善战及其牺牲生命于东方的书籍偶尔也会被印刷出版。果阿的一位耶稣会士教育者曼诺埃尔·沙勿略（Manoel Xavier，1602—1661 年）感念总督努诺·阿尔瓦雷斯·博特略（Nuno Alvarez Botelho）为 1629—1630 年解围马六甲所做出的努力。沙勿略的书于 1633 年在 344
里斯本出版——博特略在战争中牺牲的消息之后——献给巴罗斯的传记作者曼努埃尔·塞韦林·德·法里亚。这位果阿的耶稣会士显然是经常与法里亚通信并且将自己的手稿寄给对方。[199] 佩德罗·巴雷托·德·雷森迪（Pedro Barreto de Resende，1651 年逝世）在果阿的角色是总督堂·米格尔·德·诺罗尼亚（1629—1635 年在位）的私人秘书，他于 1635 年返回里斯本，随身携带的是印度城市和城堡的策划书和描述材料。这些材料当时都没有出版，但是后来历史学家博卡罗（Bocarro）在撰写《印度城堡书》（*Livro das fortalezas da India*）时借用了这些素材，该书最终于 1636 年出版。[200] 另外一些人写了一些海难故事，这种题材从 16 世纪起十分流行。[201] 有关荷兰在陆地和海洋中取得的胜利继续吸引着公众的眼球。[202]

对西班牙而言，保护和控制菲律宾群岛一直是他们持续关注的问题，特别是 1635 年法国卷入欧洲的**三十年战争**后，这一问题愈发牵扯着他们的神经。传教士将菲律宾群岛的政治状态以报告的形式发到西班牙主管和同事那里，这些报告被印刷出版，将其中包含的消息传播的更广更远。[203] 最能引起西班牙读者兴趣的是那不勒斯耶稣会士马塞洛·弗朗西斯科·马斯特里利（1603—1637 年）的生活轶事。1633 年，马斯特里利帮忙拆除那不勒斯耶稣会神学院的圣坛时，被一个木匠不慎掉下来的斧子砸中头部。正当医生们想方设法地挽救他的生命时，马斯特里利却请求将圣方济各·沙勿略的画像放在他的床边。这位意大利耶稣会士坚信是沙勿略的神力使其痊愈，所以他动身去日本以兑现对圣人的承诺，他的故事成为神迹文学的重要组成部分。[204] 马斯特里利前往日本的路
345 上被暴风雨卷到了菲律宾群岛，这个事件引起了公众和马尼拉当局的注意。[205]
菲律宾群岛总督兼舰队司令塞巴斯蒂安·乌尔塔多·德·科奎拉（Sebastián Hurtado de Corcuera）邀请这位那不勒斯人担任随军牧师，参与 1637 年远征棉兰老岛的马京达瑙（Magindanau）的行动。同年 6 月 2 日，马斯特里利向耶稣会菲律宾群岛教区发了一封写自泰泰（Taytay）的报告，向人们宣传西班牙大胜摩尔人。[206] 他刚离开这里到达日本不久，就于 1637 年 10 月 17 日在长崎被杀害。在欧洲，马斯特里利殉难的简短故事很快就以西班牙语和法语传开了。[207]

马斯特里利关于远征马京达瑙的报道被收录在迭戈·德·博瓦迪利亚（Diego de Bobadilla，1590—1648 年）1638 年出版的《战胜棉兰老岛摩洛人的光荣记事》中。[208] 博瓦迪利亚在菲律宾群岛生活了二十二年，他于 1637 年以耶稣会代理人身份回到罗马。在返回欧洲途经墨西哥时出版了他的《战胜棉兰老岛摩洛人的光荣记事》。在欧洲期间，他编纂了一部菲律宾群岛见闻录，时间很可能是 1640 年，这份手稿直到 1696 年才被译成法语并被收编在特维诺（M. Thévenot）的《神奇旅行记》中。[209]

特维诺在他的文集中还收编了一篇菲律宾群岛轶闻的报道，作者为堂·赫罗尼莫·德·巴纽埃洛斯·卡里略（Don Geronymo de Bañuelos y Carrillo），该作品最早于 1638 年在墨西哥出版。[210]1639 年，马德里出版了一部匿名作品，描述了科奎拉 1636—1637 年间征服霍洛岛（Jolo）的情况。[211] 这些著述是当代人全面了解西班牙大胜菲律宾群岛南方摩尔人的渠道，至今仍然是关于科奎拉征服运动事件的主要材料来源。[212]

在此期间，马德里的法庭上演了一场是否放弃菲律宾群岛的大讨论。针对那些主张放弃菲律宾群岛的人，马尼拉和菲律宾群岛在西班牙的总代理人胡安·格劳·蒙法尔孔（Juan Grau y Monfalcón）向国王递交了一份冗长的情报呈
346 文，这部作品于 1637 年出版。[213] 他特别强调了马尼拉及其各岛屿对东方贸易、新西班牙和祖国本土的重要性。他的呈文及其有价值的一面在于，它涵盖了产

物、路线和税收等方面的细节。格劳·蒙法尔孔次年又提交了一份呈文，进一步强调了他早期的观点。[214]1640年，巴塞罗那和里斯本掀起了反抗马德里的狂潮，格劳·蒙法尔孔通过出版印刷品再次强调保留菲律宾群岛的商业贸易意义。[215]该小册子的最后14个部分涵盖了4部皇室关于菲律宾群岛商业及其保留的必要性法令。

喧嚣骚动的17世纪40年代，印度的托钵修士一直向欧洲通报果阿和南亚次大陆其他地方的宗教和政治变化。奥古斯丁会修士迭戈·德·圣安娜（Diogo de Santa Anna）1640年在里斯本出版的作品中，报道了果阿Monjos① 修道院中的附属教堂的唱诗班里摆放着神奇的受难像。[216]方济各会修士米格尔·德·普里菲卡桑（Miguel de Purificação）在巴塞罗那出版了两本书，讨论了圣多默印度教区的方济各会的活动状况，提出赋予印度出生的方济各会修士更大的责任和权力。[217] 1641年，多明我会代理主教（vicar-general）曼诺埃尔·德·克鲁斯（Manoel de Crus）发表了一篇报告，庆祝阿维拉斯（Aveiras）伯爵担任印度总督，这也是哈布斯堡国王任命的最后一个此类官员。这篇演说辞同年在果阿发行，次年在里斯本再次出版。[218]两年后，果阿的一位行政长官曼诺埃尔·亚科梅·德·米斯奎塔（Manoel Iacome de Misquita）出版了一部摘编小册子，描述了葡萄牙属印度和澳门发生的变化，为国王若昂四世在这些地方喝彩造势。[219]1641年，若昂·马尔克斯·莫雷拉（João Marques Moreira）在里斯本发行了《若昂四世时代的中国报道》（*Relação da acclamação del Rey D. Joao IIII, na China*）。[220] 347

第四节　重振时代，1641—1700年

安东尼奥·德·马瑞兹·卡内罗（Antonio de Mariz Carneiro，1666年逝世）是刚刚独立的葡萄牙的首席宇宙学家，1642年他出版了第一部新东方航海图，

① 果阿的一个修道院名称，无以查证。——译者注

随后其他人也出版了一系列的新版航海图。[221]1642 年，葡印混血儿方济各会士贡萨罗·德·S. 何塞·韦洛索（Gonçalo de S. José Velloso）报道了 1638 年从果阿派往苏门答腊亚齐国苏丹王的使团所遭遇的不幸。[222]1640 年，西班牙哈布斯堡王朝遭遇了来自里斯本、巴塞罗那和那不勒斯的抗议，随后又获悉菲律宾群岛的华人也在起义。[223]1643 年，安东尼奥·费加罗·费雷拉（Antonio Ficalho Ferreira，约 1646 年逝世）在里斯本出版了一则从葡萄牙到澳门的航行简报。[224] 远洋航行导致的海难故事继续暴露在葡萄牙公众面前，而伊比利亚地区的反西班牙运动仍然持续不断。[225]

葡萄牙也没有遗忘日本。1640 年，葡萄牙耶稣会士巴尔托洛梅·佩雷拉（Bartholomeu Pereira，1588—1650 年）在科英布拉出版了一部拉丁语作品，纪念弗朗西斯科·帕切科 1626 年在长崎的殉难。[226]1641 年，马尼拉出版了 D. A. 德·阿尔梅达（D.A. de Almeida）殉难的故事。[227] 定居在澳门的葡萄牙耶稣会主管嘉尔定（Antonio Francisco Cardim，1596—1659 年）给里斯本发回报道，介绍了 1640 年从澳门派往日本的 4 名葡萄牙使臣在长崎被杀的事件，这篇报道于 1643 年出版发行。[228] 这篇报道很快就出现了法语、意大利语和荷兰语译本。当时，里斯本出版了一位葡萄牙海军上尉的一封信，这封信介绍了 1637 年发生
348 在岛原的起义，暴乱发生时作者在大村的狱中。[229]

明朝末年，耶稣会士曾德昭（1585[1586?]—1658 年）编纂了一部有价值的介绍中国的报告。曾德昭是从 1613 年到 1637 年派往中国工作的传教士。在这二十四年当中，他遍游了中国内陆。和他之前的金尼阁一样，曾德昭以中国传教会在罗马的代理人身份被派往欧洲。曾德昭返回欧洲的途中，1638 年在果阿完成了他的《大中国志》（*Relação da propagação da fé no regno da China e outras adjacentes*）。显然，正是这部葡萄牙原著进入了历史学家苏查（Manuel de Faria y Sousa，1590—1649 年）的视野，而他把这部作品改编成历史学著作并且于1642年出版了西班牙语译本。[230] 同时，詹巴迪斯塔·加迪尼（Gianbattista Giattini）在原著作者的严格督导下将其编译成意大利语。这个文本很可能是公众偏爱的一个版本，后来很快被译成法语（1645 年）和英语（1655 年）。[231] 该著作的摘要经常在当时的法语、拉丁语和德语的编著中出现。[232]17 世纪及

其之后即明朝末年那个喧嚣的岁月里，曾德昭的《大中国志》是海外观察家所著的有关中国最权威、最可靠、最全面的第一手资料。[233]

同样重要的还有塞巴斯蒂昂·曼里克（Sebastião Manrique，1669 年离世）所著的《传教路线》（*Itinerario de las missiones*），1649 年首次出版。曼里克出生于波尔图（Oporto）①，1604 年在果阿成为奥古斯丁隐士（Eremites）。在印度西海岸担任了一段时间的传教士之后，曼里克于 1628 年来到孟加拉加入了早在 1599 年于胡格利（Hugli）成立的奥古斯丁教会。1629 年至 1636 年间，他在阿拉干旅居和工作。1637 年返回果阿之后，他的主管遣送他到中国和菲律宾群岛“访问”那里的奥古斯丁传教会。三年后，他返回印度小住了一段时间后，以所在传教会代理人的身份前往欧洲。他取道陆路，经过三年风餐露宿的跋涉于 1643 年 7 月到达罗马。在这里，他着手撰写自己 1629 年至 1643 年间的旅游见 349
闻。用拙劣的西班牙语写成的第一版《传教路线》首次于 1649 年在罗马出版。[234] 四年后，第一版的正文被另外一个出版商在罗马印刷发行，标题页却被更换了。第二版于 1946 年在里斯本再次发行。[235] 曼里克的游记至今仍然是研究 17 世纪的北印度和阿拉干（缅甸）的重要资源。[236]

歌颂过去那些伟人的丰功伟绩，启发和坚定了葡萄牙独立和重建的灵感和信心。印刷商保罗·克拉斯贝克（Paulo Craesbeck）编纂并在里斯本出版了《鲁伊·费雷耶尔·德·安德拉德船长传略》（*Commentarios do Grande Capitão Ruy Freyre de Andrade*，1647 年），“用来鼓励葡萄牙人民做出类似的业绩或者更伟大的军事成就，以压制本土国王和本国自由运动的敌对势力”。[237] 费雷耶尔·德·安德拉德（Freyre de Andrade）的英雄事迹发生在 1619 年至 1633 年间的波斯湾和印度洋；《鲁伊·费雷耶尔·德·安德拉德船长传略》让葡萄牙公众了解了国人为守护霍尔木兹和其他战略据点与波斯人和英国人的英勇斗争。虽然这些战斗最后都没有成功，但是这些努力基本上没有得到西班牙的援助，它们是葡萄牙人民自己独立精神的体现。

1651 年，克拉斯贝克出版了一部传记，这部传记后来成为用葡萄牙语所

① 葡萄牙港市。——译者注

著的最畅销的书籍之一。印度第四任总督（1547—1548 年）若昂·德·卡斯特罗的传记由爱国教士哈辛托·费莱雷·德·安德拉德（Jacinto Freire de Andrade，1597—1657 年）著，这部作品从其首次面世起共被翻印了十几次。[238] 英国皇家学会彼得·维克爵士（Sir Peter Wycke，1628—1699 年）将这部传记译成英语，献给查理二世的葡萄牙皇妃凯瑟琳女王。该英文译著的两个对开版本分别于 1664 年和 1693 年发行。[239] 耶稣会士弗兰西斯科·玛丽亚·德尔·罗索（Francisco Maria del Rosso）将卡斯特罗的传记译成拉丁语，1727 年在罗马出版。

费莱雷·德·安德拉德的作品用优雅活泼的笔调赞扬了卡斯特罗在东方取得的军事胜利，特别是击败摩尔人军队的英勇事迹。卡斯特罗在科学方面的成就不太引人注目，他个人也有一些人性弱点，这些都成了衬托其军事胜利的背景。国王及其朝廷给卡斯特罗的祝贺信被插入到正文中，有力地佐证了作者心目中的英雄，颂扬了这位葡萄牙勇士不屈不挠的战斗精神，他在印度击败了无
350 数的强悍敌人。作者似乎想要表达的是，为克服那些形形色色的不利因素并且确保刚从西班牙那里取得的独立，葡萄牙人需要同样的英勇气概。[240]

同时，东方的各个宗教团体想方设法在他们的住所中寻找安全，希冀平安度过西班牙和葡萄牙战争导致的分裂时代，并且克服新教徒舰队的袭击。果阿和马尼拉的出版机构发行了各教区和传教会的章程和教规。[241] 耶稣会士安东尼奥·德·萨尔达尼亚（Antonio de Saldanha，1598—1663 年）在印度生活了四十年，他于 1655 年出版了帕多瓦的圣安东尼（Saint Anthony of Padua）的生平故事，使用的语言为果阿地方口语。[242]1658—1659 年间，另一位耶稣会士米格尔·德·阿尔梅达（Miguel de Almeida，1607—1683 年）在果阿出版了一部用果阿的婆罗门方言写的 5 卷本著作《牧人花园》（*Jardim dos Pastores*）。同时，马尼拉出版了一部小册子，纪念菲律宾群岛圣母节。[243]

这一时期，中国不断传出令人震惊的消息，满族人耗尽了明朝政府的财力，只有南方的几个省还遗存着明朝的一些残存势力。日本耶稣会的总代理马蒂亚斯·德·玛雅（Matias de Maya，1616—约 1670 年）当时正在中国沿海工作，他给欧洲发回一封书信，告知中国皇室发生的变故。1650 年，克拉斯贝克在里斯本出版了一部 16 页长的小册子[244]，其中包括这封信，这是耶稣会士安德里

亚斯·X·科夫勒（Andreas X Köffler，1612—1652年）首次向欧洲公布中国皇室的变故。万历皇帝的孙子朱由榔（Chu Yu-lang）的家人基本上都被科夫勒领进基督教世界。1648年，朱由榔父亲的法定妻子即遗孀皇后受洗入教，教名为海伦娜。两年后，科夫勒给教皇英诺森十世和耶稣会会长写了几封书信，请求为明朝基业祷告并且派遣更多的传教士。这些信件由卜弥格神父负责带回，直到1652年才到达欧洲，这一年海伦娜已经逝世，两年后玛雅才在葡萄牙公布了她皈依基督教的故事。[245]这段时间，一部耶稣会士书简集分别出现在墨西哥 351
（1650年）和马德里（1651年），总结了在中国和菲律宾群岛传教的进展。[246]

在传教前沿阵地，多明我会修士追求的皈依政策远不同于耶稣会士遵循的方法。他们没有将目光集中在皈依朝廷的高官和贵族，而是陶醉于向那些普通的社会底层百姓传道。一个典型的例证就是李科罗（Vittorio Ricci，1621—1685年），他是伟大的耶稣会士利玛窦的亲属。李科罗出生在佛罗伦萨，曾在罗马的多明我会神学院担任教职，跟随多明我会修士黎玉范（J. B. de Morales）来到东方。从1648年到达马尼拉起，他便开始引领看护这里的华人，共持续七年。1655年，他和其他几位多明我会修士登陆中国，他在这里的工作对象是孤儿、弃儿以及罪犯，是一位名副其实的工作在中国的味增爵圣徒（Saint Vincent de Paul）。[247]后来他又以外交官员的身份为郑成功和马尼拉的西班牙当局牵线搭桥。[248]黎玉范、李科罗及其在东方的多明我会会友等，为他们在欧洲的同仁们提供了信息武器，后者借此在罗马攻击耶稣会在中国的传教政策。[249]

西班牙在欧洲的失势可以从其殖民地衰落的态势中反映出来。从1635年起，墨西哥和菲律宾群岛之间以及殖民地和西班牙国内之间的经济竞争，严重扰乱了马尼拉和阿卡普尔科之间的大帆船贸易。[250]为了让国王关注他们的经济窘境，菲律宾群岛的殖民者们于1658年派遣耶稣会士马基诺·索拉（1605—1664年）到马德里。索拉在议会上向国王递交了一份呈文，他认为大帆船贸易不仅要保留而且还要扩大规模，应该派遣更多更优秀的军队、殖民者和专业人员到菲律宾群岛。索拉将这份呈文以小册子的形式分别在墨西哥和马德里印刷出版，共27页。[251]索拉希望通过这份呈文影响皇室政策，其效果显然是微乎其微。事实上，东南亚委员会的回应是负面的，这是因为此后不久，方济各会修士巴特洛梅·德·莱托纳（Bartolomé de Letona）描写菲律宾群岛并且于1662
352 年发行在墨西哥普埃布拉（La Puebla）的所有作品全被没收查封。[252]

关系紧张的岁月里，耶稣会士比其他任何团体更能为欧洲提供菲律宾群岛的信息。弗朗西斯科·科林（Francisco Colin，1592—1660年）的编著《福音工作》（*Labor evangélica*，马德里，1663年）① 是奇里诺没有出版的《耶稣会菲律宾教省的历史：1581—1606年》（*Historia*）② 的续篇。科林在菲律宾群岛生活了三十五年，在此期间他担任过马尼拉神学院院长以及教区主教（1639—1644年）。他的皇皇巨著主要关注的是用宗教征服这些岛屿，特别强调了耶稣会士的活动情况。科林非常熟悉巴罗斯、马菲、奇里诺和莫尔加的作品，并且尽职尽责地拓展先辈们的叙述内容。他的作品将奇里诺的编年史延长到1632年，而且还包括了一篇菲律宾群岛17世纪中叶的情况综论。他试图将自己的地理和自然的专业知识融入到欧洲的学术传统中，托勒密（Ptolemy）和植物学家库希乌斯（Clusius）已经为此做出榜样。简而言之，这既是一部学术著作，又是一部观察录。[253]《福音工作》发行三年之后，科林在马德里出版了一部很长的拉丁语著作，他试图说明海外发现和亚洲知识有助于解释和理解圣经旧约故事。[254]

此时，菲律宾群岛的耶稣会士忙于将西班牙和耶稣会士在南方各岛屿的活
353 动联系在一起。弗朗西斯科·孔贝斯（Francisco Combés，1620—1665年）是马尼拉的神学教师，他在1662年至1664年间创作了《棉兰老岛、霍洛岛及其周边的历史：天主教传教历程》（*Historia de las islas de Mindanao, Iolo, y sus adyacentes*）。尽管作者本人1665年在前往阿卡普尔科的路上去世了，但是他的手稿却到了马德里，并于1667年出版。[255] 这部作品是基于他在棉兰老岛及其周边岛屿十二年生活经历（1645—1657年）的结晶，被认为是17世纪最权威的人种史学著作之一。多明戈·埃斯克拉（Domingo Ezquerra，1601—1670年）

---

① 标题全文为：*Labor evangélica : ministerios apostolicos de los obreros de la CompanÌfia de Iesvs, fvndacion, y progressos de su provincia en las islas Filipin*。冯承钧译为《菲律宾群岛传教士之传教工作》。——译者注

② 全称为：*Historia de la provincia de Filipines de la Companyia de Jesus : 1581-1606*。——译者注

出生在马尼拉，曾经是卡里加拉（Carigara）的耶稣会传教士，他于1663年出版了一部关于莱特岛上使用的米沙鄢语的调查报告。[256] 菲律宾群岛是西班牙在亚洲的最后一个坚固据点，菲利普四世1665年逝世，他的儿子查理二世登基。马尼拉圣地亚哥教区的一位教士描述了这些仪式，该报告的出版发行标志着菲律宾群岛对这一事实的认可。[257]

重振时代的葡萄牙评论家们痛恨帝国势力的逐渐衰微，倾向于过度美化过去，严厉抨击现在。耶稣会士曼努埃尔·戈迪尼奥（Manuel Godinho，1632—1712年）的例子恰好佐证了这一点，他从1655年到1663年在印度。他取道陆路回国，沿途经过勃生、霍尔木兹海峡、波斯湾，到达伊拉克、叙利亚、埃及和法国，最后回到葡萄牙，两年后出版了他的游记。[258] 游记的叙事起点是他离开印度之日对那里的描述。在结尾处，他哀婉地评述了葡萄牙过去的辉煌和现在的衰朽："过去如果还是一棵树，现在只剩一根树干了；过去如果是一座大厦，现在只剩下一堆废墟了。"在前8个章节，他简要地描述了印度西南部的港口，特别是那些被葡萄牙人占据的港口。余下的章节主要关注了他的陆路旅程以及沿途的经历。

重振时代最有影响力的历史著作之一来自苏查（1590—1649年）——一位基督传教团的骑士。这部著作首次在里斯本出版（1666—1675年），作者的儿子佩德罗和出版家恩里克·瓦伦特·德·奥利维拉（Henrique Valente de Oliveira）将其组成三卷。苏查非常崇拜卡蒙斯和巴罗斯，成年时期大部分时间留在马德里为国王服务。作为一名多产作家和通讯记者，他收集了各种各样的 354
葡萄牙海外活动资料。[259] 作为一名历史学家，他的处女作是一部两卷本的《葡萄牙历史概要》（*Epitome de las historias portuguesas*，马德里，1628年），作品中他特别赞扬了巴罗斯和科托的《旬年史》以及平托的游记。[260] 他本人希望将葡萄牙历史置于直接背景之下，这是一个巴罗斯思考很久却从未实现的工程。[261] 为了达到这一目的，苏查模仿古代作家、巴罗斯和奎齐亚蒂尼（Guicciardini）①

① 奎齐亚蒂尼（Guicciardini，1482—1540年），意大利文艺复兴时期的标志人物，15世纪的外交家，意大利人文主义史学家，著有《佛罗伦萨史》、《意大利史》。——译者注

等人的笔法来撰写自己的历史著作。像许多同时代的葡萄牙人一样，他也用西班牙语著述，希望自己颂扬葡萄牙人的“史诗”（historical poem）能进入全欧洲读者的视野。《亚洲葡萄牙人》（*Asia portuguesa*）的西班牙语版本在17世纪被多次重印，约翰·史蒂文斯船长（Captain John Stevens）将其节选性地译成英语，从1694年到1695年分三卷在伦敦出版。[262]

1640年发生在葡萄牙的叛乱使得苏查的个人出版计划迅速化为泡影。他和他的家人像其他葡萄牙爱国人士一样，都被禁止离开马德里或者出版赞扬葡萄牙人的作品。1649年苏查去世的时候，他的书籍、文章和手稿在其儿子佩德罗的监护下从西班牙运到葡萄牙。然后，他的儿子出版了《亚洲葡萄牙人》，这是由他父亲的手稿和论文提炼而成的。第一卷基本上是巴罗斯著作的梗概，每一部分都对应于《旬年史》中的一部。第二卷和第三卷提供了科托和巴罗斯出版《旬年史》的文献资料。第三卷的末尾附有撰写《亚洲葡萄牙人》所引用的书目和手稿清单，评述了这些文献的作者、贡献和写作风格。[263]参考目录中的多数文献都是已经出版的且与亚洲有关的书籍，以及工作在一线的官员和传教士的手稿。[264]第三卷的最后一部分关注的是1620—1640年间的文献材料，这对葡属东方的现代学者特别有参考价值。

沙勿略在东方的圣迹再一次成为迭戈·路易斯·德·桑维托雷斯（Diego Luis de Sanvitores，1627—1672年）歌颂吟唱的对象，他是墨西哥的耶稣会主管，马里亚纳群岛传教会的创始人，笔名为马西奥斯·德·佩拉尔塔·卡尔德隆（Mathios de Peralta Calderón）。[265]耶稣会士卫匡国（1614—1661年）关于鞑靼（满族人）入主中原作品的拉丁语版本首次在安特卫普出版，1665年该著作的西班牙语版本在马德里面世。[266]在印度，耶稣会士伊纳西奥·阿尔卡莫内（Ignacio Arcamone）用孔卡尼语（Konkani）创作了一本教义书，该书于1665年在印度的拉齐奥（Rachol）出版。[267]次年，奥古斯丁·德·拉·马格达莱纳（Augustin de la Magdalena，1689年逝世）[268]在墨西哥出版了一部研究菲律宾
355 群岛的他加禄族语的专著。

第二部在欧洲出版的有关满族人入主中原的作品由西班牙主教帕莱福（Juan de Palafox y Mendoza，1600—1659年）著。帕莱福1629年受封为神父，

十年后荣升为普埃布拉的主教，被任命为墨西哥的巡阅使总长（visitor-general）。除了担任这些宗教和世俗职位以外，帕莱福在墨西哥期间（1640—1649 年）还负责管理派往菲律宾群岛的船只。利用这个便利，他收集了很多经由澳门和马尼拉传到他手里的有关中国事件的“书信和呈文”。1649 年，他显然是带着这些收集来的材料返回西班牙担任奥萨（Ossa）的主教。1670 年，他的著作《鞑靼入侵中国史》（*Historia de la conquista de la China por el Tartaro*）在巴黎出版。[269] 同年，该作品的法语版本面世；次年，英语版本也出现了。[270]

与卫匡国据自身经历的报道不一样，帕莱福的《鞑靼入侵中国史》创作依据完全是他人的报道。他可能也读过卫匡国的历史著作，但是从未提及这一点。这也许是因为他的创作时间先于阅读对方作品的时间，也许是因为他对耶稣会士的公开敌视。他的创作素材似乎主要来自在墨西哥收集到的材料，以 1647 年事件所谓的“中国革命”结束他的叙事。通过这些作品，他的目的是公开“考量一下中国在新主人统治下的情况”，当一个国家内部衰朽分裂之势不可阻挡，它将面临怎样的遭遇，以此为欧洲的王子们上一堂道德课。帕莱福在编译故事的过程中表现出了很高的造诣，他从各种交织繁杂的材料中理出一条清晰的线索，但是在日期的确定性和人物角色描述方面并不十分可靠。他直截了当地指 356
出，明朝的失败是因为它忽视军事建设。[271]

中国的耶稣会士紧随曾德昭和卫匡国之后继续报道王朝更迭带来的影响。葡萄牙耶稣会士何大化（1592—1677 年）于 1636 年加入中国传教会，满族人入主中原时，他大部分时间都在福建省传播福音。该世纪中叶，他根据汉语和葡萄牙语材料撰写了一部中国史，还附加了一份关于满族政权的附录。[272] 除了收集耶稣会士在中国取得进步的材料外，何大化 1671 年在广东用拉丁语和汉语出版了一个小册子，声明耶稣会士的清白，驳斥 4 位摄政王（鳌拜摄政权）1664 年至 1666 年对他们的指控。同时，他还出版了北京颁发的宽容基督教的帝国法令。[273]

在马德里，年轻的耶稣会士作家弗朗西斯科·加西亚（Francisco García，1641—1685 年）是一位令人称赞的多产作家，他撰写了几部有关东方传教会的作品。1671 年在阿尔卡拉·德·埃纳雷斯（Alcalá de Henares）出版的一本书里，他和何大化一样，披露了 1664—1668 年中国基督徒遭受的迫害。[274] 他所著这本书和其他关于传教会书中的材料都来自耶稣会士书信。从 1673 年起，他开始撰写耶稣会士在马里亚纳群岛的扩张活动，这里 1668 年成为耶稣会菲律宾群岛教区。他的第一部相关著作是路易斯·德·梅迪纳（Luis de Medina）的传记，这位耶稣会士先锋在 1671 年被塞班岛（Saipan）土著居民杀害。

次年，即 1672 年，马里亚纳群岛传教会的创始人迭戈·路易斯·德·桑维
357 托雷斯殉难，他也是 17 世纪末遭受当地岛民杀害的几人中的一位。[275] 他去世的消息被其中的一位同伴发往墨西哥，这个通告 1674 年在塞维尔出版。[276]

1670 年中国官方停止迫害基督徒之后，礼仪之争再次成为争论的焦点。鲁日满（François de Rougemont，1624—1676 年）是一位荷兰耶稣会士，从 1656 年到达中国到他去世的二十年里，他积极劝导人们改信基督教，而且著述丰厚。[277] 他还曾用拉丁语撰写历史著作，其中描述了从 1659 年到 1666 年发生在中国的各种给传教士带来巨大灾难的事件。[278] 这部手稿一到欧洲，里斯本的塞巴斯蒂安·德·马加良斯（Sebastien de Magalhães，1634—1709 年）几乎在同一时间就将其译成葡萄牙语[279]，这个译本的出版时间甚至还早于拉丁语原版。此后，里斯本的出版商们再次发行了科托的第八部《旬年史》（1673 年）、沙勿略的旅游纪事，以及首次出版于 1617 年的由豪尔赫·德·戈维亚（Jorge de Gouvea）叙述的发生在日本的 55 名教士殉难的故事（1678 年）。[280]

17 世纪，对耶稣会士在中国的活动最为猛烈最有影响力的抨击出现在多明我会修士闵明我（1618—1686 年）的作品中。27 岁那年，闵明我结识了多明我会中国传教团的主要人物黎玉范之后，主动提出到菲律宾群岛传教。黎玉范、闵明我，以及其他几位天主教修士在墨西哥居住了两年，亲眼目睹了帕莱福和其同一教区的耶稣会士之间的第一轮论战，在这里他们也阅读了中国主教搜集来的材料，关注礼仪之争。[281] 闵明我到达菲律宾群岛之后，便开始研习他加禄族语、传教和讲道。1657 年，他离开马尼拉返回欧洲，但是在望加锡被长时间地延滞下来。1658 年 6 月，他乘船前往澳门，同船的还有著名耶稣会士卫匡国和为中国耶稣会招募来的许多工作人员。1659 年，闵明我离开澳门到福建省福安县的多明我会工作。在这里，他度过了一段美好的传教时光，直到 1664 年

迫害基督徒活动开始，才结束了他的幸福旅程。从1666年到1669年，闵明我和其他几位托钵修士及耶稣会士被软禁在广东的家里。[282]1670年，闵明我不顾耶稣会士的抗议，搭乘一条从澳门出发前往印度的葡萄牙船只离开。在印度和印度洋经历了一系列的艰难险阻之后，他最终于1672年3月到达里斯本。闵 358
明我克服了一切困难于1673年1月到达罗马，当面向教皇报告了中国的宗教态势。然后，他被主管派往马德里。1674年，他在这里开始筹备出版一些小册子，这些小册子最终成为对付耶稣会士的重要武器。[283]

闵明我着手解决和耶稣会士就中国礼仪及相关话题之间的争议。[284]但是他还花费了一段时间了解中国传教士所遭遇问题的背景，让欧洲读者更容易理解相关情况。1675年上半年，他创作了《中华帝国的历史、政治、伦理和宗教论集》(*Tratados historic, politicos, ethicos y religiosos de la monarchia de China*)，该著作于1676年在马德里出版。这部内容丰富的书包含7个论题，其根据和来源是闵明我的日记和札记、教会的官方文献，以及从汉语翻译过来的资料。据此，闵明我为多明我会和耶稣会士之间的论战提供了丰富的背景资料，这些资料为他在欧洲招募的准备到亚洲教会服务的多明我会修士提供了指导性方向。[285]

《中华帝国的历史、政治、伦理和宗教论集》的发表迅速引起来自欧洲和中国耶稣会士的回应。在西班牙，耶稣会神父胡安·科茨·奥索里奥（Juan Cotés Osorio）发起自卫反击战。他出版了两部匿名小册子攻击《中华帝国的历史、政治、伦理和宗教论集》及其作者。[286]科茨·奥索里奥本人从未到过中国，他的资料全部来源于耶稣会士书简，他指责闵明我在报道和解释中国时不够诚实。像许多同时代人一样，科茨·奥索里奥指责闵明我为耶稣会士的敌人特别是詹森派信徒和新教徒提供了口实。他指控闵明我损害国家利益，将他写的两部小册子上呈给卡斯蒂利亚（Castile）高等议会议长维拉姆布罗萨（Villambrosa）伯爵。闵明我做出两次声明以回应这些以及其他指控，但是这些内容从未出版。然而，他的手稿到处传播，后来的很多批评家和耶稣会士引用他的文章。[287]

尽管《中华帝国的历史、政治、伦理和宗教论集》旨在攻击耶稣会士，但是它也成为人们了解中国、印度和望加锡情况的颇受欢迎的文献。这些地方闵明我都曾访问过。事实上，这是一部最早描写17世纪印度的西班牙语论著。它也是一部传达“中国是一个理想国度，在很多方面远胜于欧洲基督教国家”这
359 样一个信息的著作。启蒙时代的伏尔泰和其他迷恋中国的作家都纷纷从这部作品的各种译本中引用文献。自从《中华帝国的历史、政治、伦理和宗教论集》首次出现在丘吉尔的《航海大全》（*Collection of Voyages*，1704年）的第一卷后，它在英国比任何其他国家更为出名。在西班牙国内，闵明我的作品从未受到像在北欧，特别是耶稣会士敌人比较强大的国家那样的关注。[288]

阿拉贡（Aragon）人塞巴斯蒂安·佩德罗·库贝罗（Sebastián Pedro Cubero，1640 [45？]—1696年）的环球旅游故事于1680年首次在西班牙出版印刷，该作品之所以受到人们的追捧，很可能是因为它没有诋毁任何人。[289]库贝罗的旅行时间是从1672年到1679年，因其是第一次从西班牙到东方的陆路旅行而闻名遐迩。早在1671年的罗马，他就被传信部任命为亚洲和东印度群岛的传教使徒。在他出版的关于返回西班牙途中的记述中，库贝罗评论了印度西海岸特别是日渐凋零的果阿。他从果阿出发沿着海岸航行到马德拉斯，观察研究了此地的印度教宗教仪式。然后他又克服了重重困难来到马六甲，不幸的是他被这里的荷兰统治者们投入监狱。从马六甲被驱逐出来后，他又航行到马尼拉、墨西哥，最终回到欧洲。他这部作品的第一版后来于1682年、1684年和1697年多次翻印；1682年至1683年，那不勒斯出现了意大利语译本。[290]

17世纪80年代，有五部关于锡兰的作品在欧洲出版。其中的三部是由葡萄牙人完成的，第四部是由荷兰传教士巴尔德（Baldaeus）著，第五部是由英国船长罗伯特·诺克斯（Robert Knox）撰写。这些英语和荷兰语研究著作，以及若昂·罗德里格斯·德·萨·德·梅内塞斯（João Rodriguez de Sá de Meneses）的西班牙语著作等是17世纪出版的为数不多的几部关于锡兰的作品。[291]早些时候，里斯本出版了一部关于葡萄牙1655年在锡兰大胜荷兰人和僧伽罗人的概述。[292]葡萄牙遭遇的失败立刻导致关于锡兰作品的停产，这一情况一直持续到17世纪
360 80年代。

罗德里格斯·德·萨·德·梅内塞斯1640年前完成的《锡兰起事》（*Rebelion de Ceylon*，里斯本，1681年）此时出版了，其原因很可能是该作品富有明显

的爱国和怀旧特点；这是一部歌颂葡萄牙民族英雄康斯坦丁诺·德·萨·诺洛尼亚（Constantino de Sá y Noronha，1630年逝世）军事和治理双重胜利的作品，诺洛尼亚是1617年至1622年的锡兰总督，这本书的作者是他的儿子，叙述口吻充满了谄媚。[293]耶稣会士费尔南·德·奎罗斯（Fernão de Queyroz，1617—1688年）在他1687年完成的《征服锡兰》（*Conquest of Ceylon*）中评论道，儿子对父亲的“崇拜不等于事实”，它被“过高地估计”为史实。[294]在他人如若昂·里贝罗（João Ribeiro）的眼里，这部作品复活了“康斯坦丁诺·德·萨·诺洛尼亚的生命、勇气和智慧”。[295]

同时，西班牙人仍然想方设法地插足东方事务，尽管他们对亚洲的控制力越来越弱。人们对其知之甚少的作者何塞·马丁内斯·德·拉·普恩特（José Martinez de la Puente）曾经编著并于1681年出版了一部作品：《东印度及其周边岛屿的发现、征服和战争的历史概要》（*Compendio de las historias de los descubrimientos, conquistas, y guerras de la India Oriental y sus islas*，马德里）。一位不知名的方济各会修士（1683年在海南岛的6位修士之一）用西班牙语出版了一部关于中国之伟大特性的报道，只是没有出版地和出版时间。1682年，马德里再版了卢塞纳（Lucena）所著的沙勿略传记。紧随其后的是，墨西哥城出版了巴尔塔萨·德·梅迪纳（Baltasar de Medina，1697年逝世）所著的圣费利佩·德·耶旭（San Felipe de Jesus，1597年逝世）的传记，圣费利佩·德·耶旭是一位出生在墨西哥的方济各会修士，也是该传教会第一个在日本殉难的修士。[296]1689年，8个关于西班牙海外功绩的历史年表在瓦伦西亚出版，这些史料起初是由耶稣会士克劳迪厄斯·克莱门斯（Claudius Clemens，约1594—1642年）编撰的，现在又补充了一些延续到当时的材料。[297]

17世纪80年代，菲律宾群岛的宗教问题在西班牙激起了一股文学争鸣狂潮。多数论题都是围绕着多明我会的马尼拉大主教菲利普·费尔南德斯·德·帕尔多（Felipe Fernández de Pardo，1610—1689年）展开的。争议源自两方面：一是教区的教士基于管理圣事而应得的报酬；二是土著信徒因破坏教会律例而受的过度惩罚。针对这些或者其他问题，自立教士猛烈攻击天主教会修士，耶稣会士指责多明我会修士，世俗当局最终于1683年将帕尔多大主教从吕宋岛放

逐到另外一个小岛上。理所当然的是，发生在菲律宾群岛的这样一些争鸣引起
361 了西班牙、罗马，以及欧洲其他地方的回应。[298] 马德里方面重新审阅了帕尔多的判决；国王做出了对他有利的决定，于1687年恢复了他的职位。重返马尼拉后，这位大主教趁势残忍地铲除了他的敌人。

17世纪80年代，葡萄牙人就**保教权**的控制权与教廷展开了惨烈地争夺，所以几乎没有出版任何关于东方的文献。然而，1688年有一位葡萄牙同胞的作品的法语译本在他去世后出版了。与第一位环球旅行者同享一个姓氏的安文思（1609—1677年）是一位从1640年到其去世时一直在中国传教的耶稣会士。从1650年起，他便开始创作关于中国的人种史学，直到1668年才全部完成。这部标题为《中国的十二特点》（*Doze excellencias da China*）的书稿由柏应理于1682年带回欧洲。在罗马期间，柏应理将这部手稿呈给法国红衣主教塞萨尔·德特雷（Caesar d' Estrees，1628—1714年），后者如饥似渴地读完之后又转交给D. 贝尔努（D. Bernou）筹备出版。这部手稿到了贝尔努手里后已经有些惨不忍睹了。其中一半的纸页被意外烧毁，页码无序。贝尔努将其重新排页，翻译成法语，最后还附了利类思神父（1606—1682年）——安文思在中国的忠实伙伴——撰写的安文思传记。贝尔努修改了标题，以《中国新史》（*Nouvelle relation de la Chine*，巴黎，1688年）的书名出版了安文思的著作。在前言中，贝尔努强调了安文思叙述的新颖性及其对切实提高欧洲知识的重要性。他人必定会认可这部作品的质量，因为它很快就被约翰·奥格尔比（John Ogilby）译成英语，法语版本也很快就被重印。[299]

法国耶稣会士1685年的到来，直接威胁到葡萄牙在中国传教的领导权。[300] 他们在传教会中的重要性可以解释西班牙17世纪晚期为什么翻译了那么多法语作品。米歇尔·勒特利耶（Michel Le Tellier，1643—1719年）是中国礼仪之争的耶稣会士代言人，他有争议的作品被译成西班牙语并于1690年在马德里出版。[301] 这部作品在天主教世界掀起了一股风暴，安东尼·阿诺德（Antonie Arnauld）和其他几位詹森派信徒尤其不悦，该作品因而于1700年被列在禁书目录中。耶稣会士何塞·洛佩斯·德·伊查布鲁·阿尔卡拉斯（José López de Echaburu y Alcaraz，1640—1697年）将法语版（1688年）译为西班牙语，这

是一个关于中国甘第大夫人（Candida Hsü）皈依基督教的富有启发性的故
事。[302] 几乎在同一时间，一位不知名的译者在马德里出版了一封西班牙语版 362
的通函，这个通函起初是由北京的一位耶稣会士安多（1644—1709 年）用拉丁语写成的，讲述的是南怀仁神父 1688 年 1 月 28 日死于清朝朝廷的故事。[303]

伊比利亚的传教士们不停地出版他们的福音传播成就，过去的和现在的。1692 年，著名的基廷会传教士维森特·巴尔博萨（Vicente Barbosa，1663—1721 年）出版了一篇关于他所在修会的东方活动情况的进展报告。擅长与普通百姓打交道的基廷会士从 1639 年起首先在印度活跃起来。到 1653 年，他们在果阿拥有了自己的教堂和固定机构。此后，他们的传教士全力以赴地将福音带到印度南方——这里当时还不臣属于葡萄牙或者受其影响。最引人瞩目的是他们努力地在荷兰势力已经确立或者渐长的地盘上传教。1687 年，其中有一位基廷会士在婆罗洲成立传教会，但只持续到 1693 年。[304] 正是这一激进但并无成效的行动在巴尔博萨神父 1692 年于里斯本的出版作品中被大肆歌颂。[305]

1696 年，康熙颁发基督教宽容法令（1692 年 3 月 22 日）的消息到达欧洲。这个消息出现在里斯本出版的一个来自北京的西班牙语报告中。其作者是耶稣会士苏霖（Josephus Suarez，1656—1736 年）。苏霖出生在科英布拉，1680 年完成他的习作之前便离开了葡萄牙。1684 年，他到达中国南方，四年后被召到北京。他在这里度过了余生。在担任北京耶稣会神学院的院长期间，他（起初用拉丁语）编写了所在修会成功获得宽容基督教政策的奋斗故事。他的这个拉丁语文本落入了莱布尼茨的手里，后者将其发行在第一版的《中国近事》（*Novissima Sinica*，1697 年）中。[306] 不知是苏霖撰写的还是有人翻译而来的，该报道的葡萄牙语版本终于来到里斯本，很快又被堂·胡安·德·埃斯皮诺拉（Don Juan de Espinola）译成西班牙语。[307] 该西班牙语版本于 1696 年被印刷出版三次，两次在里斯本，一次在瓦伦西亚。作品分为两部分：第一部分讲述了传教士起初所遭遇的可怕障碍；第二部分记述了宽容法令的条款及其 1692 年
后的实践和应用。[308] 363

西班牙奥古斯丁会修士何塞·西卡多（José Sicardo，1643—1715 年）在墨西哥传教十六年，1689 年出版了一部关于基督传教会在日本悲惨命运的概

述。[309] 这部编年史在天主教圈内具有广泛的影响力，特别受到奥古斯丁会修士的青睐，作者将其献给国家议会的阿拉贡代表孔德·德·弗里希利亚纳·德·阿吉亚尔（Conde de Frigiliana y de Aguilar）。[310] 西卡多本人从未亲临东方，他叙述日本传教会的材料都来自他人的作品。第一册概貌性地描述了日本的整体情况以及奥古斯丁会修士的光临。特别有价值的是，论述了日本和菲律宾群岛相互派遣使团。第二册和第三册以时间先后顺序介绍欧洲和日本的基督徒殉难，时间下限是1638年。作品的最后部分是一个殉道者的名录。尽管西卡多的作品出现在天主教欧洲和日本没有直接联系的一个时代，但是它复活了人们的希望，即17世纪早期基督徒所付出的牺牲不会白白浪费，天主教必将在未来的某个时间重返日本。

菲律宾群岛各团体间的宗教冲突依旧存在，但是到了1694年奥古斯丁修会和耶稣会已经弥合了彼此之间宗教管辖权的分歧。1697年，马尼拉的新大主教堂·迭戈·卡马乔·阿维拉（Don Diego Camacho y Avila，1712年逝世）开始走访所管辖的各个教区，因而再次打破了原来的平静。[311] 教团教士负责管理的教区排斥主教访问制度，激烈的争吵随之而来。作为计划的一部分，卡马乔在马尼拉出版了很多小册子。活跃在菲律宾群岛的5个修会团体将申诉信送到罗马和马德里，公开谴责卡马乔推行的政策。[312]1700年，国王查理二世颁布了一个法令，批准他的大主教在规范教团副主教（regular curates）方面所做的努力，承诺处理与各教会团体相关的问题。五年后，罗马效仿查理二世，肯定了菲律宾群岛主教访问各教区的制度。

正当人们热议卡马乔政策之时，加斯帕尔·德·圣阿古斯丁（1650—1725年）在马德里出版了《菲律宾群岛之征服》（*Conquista de las islas Philipinas*）的第一部分。圣阿古斯丁出生在马德里，1667年加入奥古斯丁修会，次年来到菲律宾群岛。《菲律宾群岛之征服》的第一部分被设计为奥古斯丁会修士在菲律宾群岛传教事业报告的背景知识，于1698年出版，关涉的历史是从发现南洋（*mar del sur*）到1614年间西班牙的征服扩张运动。第二部分为从1616年到1698年的传教历史，在菲律宾群岛期间一直以手稿形式流传，直到1890年最终在马德里出版。[313]

葡萄牙耶稣会士曼诺埃尔·费雷拉（Manoel Ferreira，1699年逝世）从1658年起到他逝世，在交趾支那传教会中声名显赫。1615年，从日本逃难而来的传教士在交趾支那成立了传教会。此后，澳门和菲律宾群岛的耶稣会士相继到来。法国人光临印度支那引发了教廷和葡萄牙之间的冲突，里斯本认为法国人破坏了葡萄牙保教权的法律约定。1659年，传信部将交趾支那、东京（越南）和南京设置为宗座代牧区，1673年宣布交趾支那独立于南京教区的管辖。在宗教管辖纷争不断的这些年月里，费雷拉一直在交趾支那工作，亲眼地见证着交趾支那传教会的衰朽历程，把这段历史经历写进了自己的书中，作者逝世后该书于1700年在里斯本出版。[314]

17世纪的前二十五年里，伊比利亚关于亚洲的文献资料丰富而翔实，有时对前景持乐观态度。1621年后，伊比利亚在日本、柬埔寨、印度尼西亚、马来半岛和锡兰岛遭遇的失败（有时是突如其来的）使得与这些地方相关的作品缺席。西班牙势力的逐渐下降和1640年后葡萄牙恢复独立，使得西班牙关于亚洲出版物的数量降至最低——欧洲的事务更为当紧。中国的王朝更替打乱了这里传教士的生活节奏，他们从而更加关注如何生存下去的问题，而没有将精力放在学习和了解中国文化上面。礼仪之争，一方面分裂了基督教会；另一方面却迫使他们1670年后更加全面地了解中国政府、历史、学术和风俗。日本早在16世纪和17世纪早期承载了天主教最为光明的希望，如今却基本上彻底毁灭。发生在日本的基督徒殉难的相关报告和记述继续出版，勾起人们对早期传教成功经历的记忆，相比之下，痛苦之情在所难免。一些新的地区和民族进入伊比利亚读者的视野之内（当然只是很模糊的）：南太平洋的一些不知名的群岛、西藏以及满族人。印度的很多地方、印度尼西亚和马来西亚等地被荷兰征服，从而脱离了伊比利亚的视野。一些出版的报道和记述更多的是针对荷兰在亚洲的
活动，而不是亚洲本土的地理和民族知识。 365

一些积极正面的趋势也需要在此提及。游记文学——不论是真实的还是虚构的——继续吸引着出版商和读者的眼球。由于荷兰对海洋旅行威胁的加剧，陆路旅行游记的数量有所增加：鄂本笃（1618年）、特谢拉（1610年）、圣贝纳

迪诺（1611年）、莫拉加（1619年）、安德拉德（1626年）、曼里克（1649年）、戈迪尼奥（1665年）、库贝罗（1680年）。麦哲伦开启的环球航行传统——圣安东尼奥（1604年）、奥多涅兹·瑟瓦洛斯（1614年）、库贝罗（1680年）——依旧魅力不减，甚至达到这种地步，即用西班牙语（1618年）出版了斯考顿—勒梅尔关于荷兰环游世界的报道。出版文献中除了回顾16世纪帝国取得的辉煌业绩外，还增加了严肃的史学内容；有关海外的文献也被整合编辑到一起，作者有：埃雷拉·马尔多纳多（1620年）、莱昂·皮内罗（1629年）和苏查（1675年）。

传教历史著作继续不断涌现，来自方济各会修士、多明我会修士和奥古斯丁会修士的作品丰富了这一潮流。耶稣会士古兹曼（1601年）和方济各会修士里瓦德内拉（1601年）的编著在传教历史学领域中掀起了一股狂飙。多明我会修士奥法尼尔-科拉多（Orfanel-Collado，1633年）和阿杜阿尔特（1640年）的历史著作丰富了史学内容，并且将菲律宾群岛置于印度东部传播福音的未来中心。科林所著的《福音工作》是奇里诺历史著作手稿的续写，提供了1656年前耶稣会在菲律宾群岛的相关文献资料。曼里克出版的《传教路线》（1649年）再加上圣阿古斯丁关于在菲律宾群岛传教的历史著作手稿（1699年），将奥古斯丁会引入这个领域。许多重要的学者文人，包括克拉维乌斯、洛佩·德·维迦和莱布尼茨在内，钻研着传教前沿传回来的报告，密切关注着伊比利亚传教士
366 在亚洲的进展。

注释：

[1] 16 世纪末，托雷多（Toledo）地区的人们的识字率还不足 50%。17 世纪早期，这个数字略微超过五成，该世纪后半期，这个数字达到了 55%。见 H. J. Graff, *The Legacies of Literacy* (Bloomington, Ind., 1987), p. 191。

[2] 有关法国 16 世纪的教育情况，参阅 *Asia*, II, Bk. 3, 480-81。

[3] 见 R.L. Kagan, *Students and Society in Early Modern Spain* (Baltimore, 1974), pp. 50-55, 203-4。

[4] 见 J. Peeters-Fontainas, *Bibliographie des impressins espagnoles des Pays-Bas* (Louvain and Antwerp, 1933)。

[5] 这个归纳似乎也适用于手写稿材料合集。见列表于 A. R. Rodriguez Moñino, "Bibliografia Hispano-Oriental," *Boletín de la Academia de la Historia* (Madrid), XCVIII(1931), 429-70。

[6] *El Capitan Pedro Fernandes de Quiros con este son ocho los memoriales* (Seville?). 英国图书馆有几份印刷版和手抄副本。普林斯顿大学图书馆有一套 *Relaçion de un memorial que prestando a su Magestad el Capitan Pedro Fernandez de Quir, sobre la población y descubrimiento de la quarto parto del mundo, Australia incognita...* (Pamplona, 1610) 的影印本。

[7] 第一版的副本由卡洛斯·桑斯（Carlos Sanz）单独发行。第一个英语版本译自法语。1625 年，塞缪尔·珀切斯（Samuel Purchas）出版了另一个英语版本；见 S. Purchas, *Hakluytus Posthumus, or Purchas His Pilgrimes* (20 vols; Glasgow, 1905-7), XVII, 218-31。随后的引文将用"*PP*"代替。荷兰语译本也可参阅 *Begin ende voortgangh* (1645)。详细的目录，见 C. Kelly (ed. and trans.), *La Austrialia del Espiritu Santo* (2 vols.; "HS," 2d ser., CXXVI-VII; Cambridge, 1966), II, Appendix 3。

[8] 1723 年在马德里重版。这部罕见作品的摘要，见 C. De Brosses, *Histoire des navigations aux terres australes* (Paris, 1756), I, 309-33 ; A. Dalrymple, *An Historical Collection of the Several Voyages and Discoveries in the South Pacific Ocean* (2 vols,; London, 1770-71), pp. 108-43 ; and C. Markham (ed.), *The Voyages of Pedro Fernandez de Quiros, 1595-1606* (2 vols.; "HS," 2d ser., XIV-XV; London, 1904), II, 405-51。

[9] 其中的部分地图和所有的草图，见 Kelly, *op. cit.* (n. 7), Pls. I, II, IV, V, VIII, X, XI, XII。从人种和民族的角度对这些草图的评论，见 Ferrando Perez, "Zeichnungen von Südsee-Eingeborenen...," *Zeitschrift für Ethnologie*, LXXIX (1954), 75-81。

[10] 有关 16 世纪西班牙和葡萄牙在柬埔寨的活动，见 *Asia*, I, 309-12；更多该方面的探索活动内容，见 C.R. Boxer, "Portuguese and Spanish Projects for the Conquest of Southeast Asia, 1580-1600," *Journal of Asian History*, III (1969), 118-36。

[11] *Conquista de Champan, Camboja, Siam, Cochinchina y otros paises de Oriente*. 由安托万·卡巴通（Antoine Cabaton）译自"Le mémorial de Pedro Sevil [de Guarga] à Philipe III ... (1603)" in *Bulletin de la commission archéologique de l'Indochine* (Paris, 1914-16), 1-102。同年，泰尔

诺·孔潘斯（H. Ternaux-Compans）在他的作品 *Bibliothéque asiatique et africaine* (Amsterdam, 1968; reprint of Paris, 1841-42 ed.; 此后引为 Ternaux-Compans）中列出了如下标题：*Discurso en que se justifica la jornada de Cambaja y Siam en las Indias orientales.* 由于我们没有见过这后一部作品，不便断定它是否源自塞维尔的呈文还是另外一个完全独立的册子，很可能由克里斯托弗·德·雅克（Christoval de Jacque de los Rios）所著。

[12] 再版并被译成法语，见 A. Cabaton (trans. and ed.), *Brève et véridique relation des des événements du Cambodge* (Paris, 1914)。有关柬埔寨计划的背景和结果的详细研究，见 M. Teixeira, "Diogo Veloso e a gesta lusíada em Cambodja," *Actas da Congresso internacionál de história dos descobrimentos* (Lisbon, 1961), Vol. V, Pt. 1, pp. 339-77。

[13] 有关他的旅游详情，见 Cabaton, *op .cit.* (n. 12), p. 207。

[14] 进一步的探讨，见 B.P. Groslier and C. R. Boxer, *Angkor et le Cambodge au XVIe siècle, d'après les sources portugaises et espagnoles* (Paris, 1958), pp. 21-23, 61-62, 84-85。

[15] 圣安东尼奥的叙述内容无疑主要来自马德里的士兵以及居住在柬埔寨和东方其他地区的多明我会修士。见 L. P. Briggs, "Spanish Intervention in Cambodia, 1593-1603," *T'oung pao*, XXXIX (1949), 160n。相对圣安东尼奥而言，士兵克里斯托弗·德·雅克（Christoval de Jacque）的备忘录内容更加翔实，语气更加中肯；很可能于 1606 年出版。法语译本见 H. Ternaux-Compans (ed.), *Archives des voyages* (2 vols. in 1; Paris, 1840-41), I, 241-350。

[16] 下面的相关引文都来自这个原始版本。1891 年，该作品作为 *Biblioteca de escritores aragoneses* 的第四卷在萨拉戈萨（Zaragoza）重印，米格尔·米尔（Miguel Mir）为其加了一个很长的引言和评论。1706 年，法语译本分三卷在阿姆斯特丹出版。两年之后，约翰·史蒂文斯（John Stevens）出版了一个英文译本，其中加了一幅地图和几幅版画：*The Discovery and Conquest of the Molucca and Philippine Islands* (London, 1708)。约 1710 年左右，一个很可能是译自法语的德语版本在法兰克福出版。罗宾逊（James A. Robertson）将其中的一些和菲律宾群岛相关的节选内容从原版本译成英语，见 E.H. Blair and J. A. Robertson (trans. and eds.) *The Philippine Islands,* 1493-1898 (55 vols.; Cleveland, 1904-9), XVI, 217-317。此后引为 BR。

[17] 见 M. Mir, *op. cit.* (n. 16), p. ci。阿亨索拉的肖像，见 *Enciclopedia universal ilustrado* 中卡蒙纳（S. A. Carmona）所著的版画，配有相关的文章。

[18] Argensola, *op. cit.* (n. 16), pp. 254. 荷兰第二次航海的文献目录，见原著第三卷第一册第 439-441 页；阿亨索拉对这些叙述的引用，见原著第三卷第三册第 1399 页和 1427 页。

[19] 西班牙外交官、朝臣和历史学家马蒂亚斯（Matías de Novoa，1652 年逝世）在他的编年史 *Memorias* 中叙述西班牙在马鲁古群岛的筹码和胜利时，阿亨索拉的著作是其材料的主要来源。这部 *Memorias* 是菲利普三世和四世当政时期最重要的奠基性的历史著作之一。见 Vol. LX of *Colección de documentos inéditse para la historia de España ...* (Madrid, 1875), pp. 300-349，以及 Antonio Cánovas del Castillo 所写的序言。

[20] 参见翻译文献于 BR, XII, 83-168; XIII, 221-315。

[21] 例如，*Relación del levantamiento de los Sangleyes, nación Gentil, habitadores en las Islas Filipinas...* (Seville, 1606)。该作品由菲律宾群岛的一个士兵著，由马尔多纳多（Miguel Rodriguez Maldonado）删节出版。英语译本见 BR, XIV, 119-39。

[22] 例如，见 *Jesus Maria Pedro de Baez, vezino desto valla de Madrid. Dizo, q̄ por V. Exel me mâdar hazer este memorial ... de los Indias Orientales ... y demos partes de la mar del Sur* (1608?)。国会图书馆有 5 封请愿书，这是其中之一的标题。

[23] 见 C. R. Boxer, "Portuguese Roteiros, 1500-1700," *The Mariner's Mirror*, XX (1934), 177-78。也可以参考手稿文集 Quirino de Fonseca, *Diários da navegaçã de Carreira da India nos annos de 1595, 1596, 1597, 1600, e 1603* (Lisbon, 1938)。

[24] 罗德里格斯的航海图更早是由林斯乔坦出版的。现代复印本见 F. Pereira, *Roteiros portuguezes da viagem de Liboa á India nos seculos XVI e XVII* (Lisbon, 1898), pp. 15-92。有关拉文哈的情况，也可以参阅原著第三卷第一册第 328 页。

[25] 1614 年版的副本也许可以在国会图书馆和纽约公共图书馆找到，其中包括一幅地图和多个表格。

[26] *Roteiro de navagaçam e carreira da India ...* 现在版本附加了一个序言，由 A. Fontura de Costa 所作，见 1940 年由 Agência geral das Colónias (Lisbon) 发行的版本。

[27] 见 Agência geral do Ultramar 出版的 3 卷本，由 Humberto Leitã 作序和作注，标题是 *Viagens do reino para a India e da India para o reino (1608-1612). Diarios de navegação coligidos por D. António de Ataíde no século XVII* (Lisbon, 1957-58) 。

[28] 见 Boxer, *loc. cit.* (n. 23), 183-85。

[29] 标题为 *Relaçam do naufragio da Náo Santiago e Itinererio da gente que delle se salvou*。Náo 是一艘能承载 600—1600 吨货物的大船，英国水手将其称作大帆船（carrack 或 galleon）。Ternaux-Compans (p. 93) 在 1606 年的条目下列出了 *Naufragio de Jorge d'Albuque rque et prosopei a en su luvor* (Lisbon) by Pedro de Texeira。我们未能找到其他参考特谢拉（Texeira）的作品。

[30] 泰尔诺·孔潘斯（Ternaux-Compans, p. 97）把这个故事的发生时间定为 1602 年，但是其他文献却没有对此确认。两个版本均由阿尔瓦雷斯（António Alvares）出版；第二版的标题为 *Das Batalhas do Galaeom Sanctiago com Olandeses. E da não Chagas que ardeo antre as Ilhas, com Ungleses. Das causas porque em 20. annos se perderão 38 náos da India. De como a conquista & navegação do Oriente não perténce a nacão senão à Portuguese ....* 具体内容见 C. R. Boxer, "An Introduction to the História Trágico-Marítima," 附设在专卷 *Miscelâea de estudos em honra do Prof. Hernâni Cidade* 中，出版在 *Revista da Faculadada de Letras* (Lisbon), 3d ser., Vol. XXIII (1) (1957), 48-99 ；以及 F.M. Rogers (ed.), *Europe Informed: An Exhibition of Early Books Which Acquainted Europe with the East* (Cambridge, Mass., and New York, 1966),

pp. 131-36。

[31] 他的 *Relação do naufragio da Náo S. Thomé* ... 首次于 18 世纪发行在 Gomes de Brito（II, 153-213）的集子当中。见 *Asia*, II, Bk. 1, 131-35。现在的英语译本参阅 C. R. Boxer (trans.), *The Tragic History of the Sea, 1589-1622* in "HS," 2d ser., CXII (Cambridge, 1959), 53-104。

[32] 其出版史，见 C. R. Boxer, "Three Historians of Portuguese Asia (Barros, Couto and Bocarro)," *Instituto Português de Hongkong. Boletim,* No. 1 (July, 1948), pp. 26-28。苏查（Faria y Sousa）对科托的材料的使用，见原著第三卷第一册第 354-355 页。

[33] 他所著的有关锡兰岛的大部分材料被弗格森（Donald Ferguson）译成英语 "The History of Ceylon from the Earliest Times to 1600 A.D., as Related by João de Barros and Diogo do Couto," in *JRAS, Ceylon Branch*, XX (1909), 61-109。他对马鲁古群岛的叙述是根据其同辈雷贝洛（Gabriel Rebelo）的手稿而来，后者在香料群岛生活了十三年。

[34] 这个评价见 A. F. G. Bell, *Diogo do Couto* (Oxford, 1924), p. 37。

[35] 例如，菲律宾群岛总督古兹曼（Francisco Tello de Guzmán）所著的 *Relación que embio de seys frayles españoles dela orden de San Francisco que crucificaron los del Iapon, este año próximo passado de 1597* (Seville, 1598); Juan de Santa Mariá, *Relación del martirio que seys padres descalços Franciscōs, tres hermanos de la compañia de Jesus, y decisiete Japones podecieron* (Madrid, 1601); Pedro de Santiago, *Relación de lo cue hicieron los religiosos augustincs en el transito a las Indias* (n. p., 1605); and Joam dos Santos, *Ethiopia oriental, e varia história de cousas notaveis do Oriente, e da christiandade que os religiosos da ordem de prègadores nelle fizerão* (Evora, 1609)。

[36] 例如，*Cartas que o padre N. Pimenta ... escreveo a géral della* [*26 Nov., 1599*] *ao* [*1 Dec., 1600*] *nas quaes ... relata o sucesso da ... victoria que A.Furtado de Mendoça alcãcou do Cunhale* (Lisbon, 1601)。皮门塔（Pimenta）的书信译文见 H. Hosten, S. J.(trans.),in *Journal of the Asiatic Society of Bengal*, n.s., XXIII (1927), 57-107。

[37] 有关对沙勿略的颂扬，见 *Asia*, I, 327-28。维拉卡斯丁（Thomas de Villacastin）的畅销书 *Apostolica vida, virtudes y milagros del santo padre y maestro Francisco Xavier* (Valladolid, 1602) 丰富了 Tursellinus (1596)、Lucena (1600) 和 Pedro de Ribadeneira 所著的传记内容。

[38] 格雷罗著作的现代版分三卷在科英布拉（Coimbra）和里斯本出版（1930—1942 年），编者为维埃加斯（Arthur Viegas），他还附了索引目录和前言。维埃加斯版的第一卷包含了原著的前两卷；第二卷包含原著的三、四卷；第三卷包括原著的最后一卷和文献索引。我们援引的是维埃加斯版本，标题为 *Relação Anual*。原著 5 卷本的部分摘要，见 Streit, V, 16-17, 22-28, 39, 48, 60-61, 70。

[39] 1601 年出版在 Alcalá de Henares。对古兹曼的《东印度、中国和日本的耶稣会传教史》的讨论，见 *Asia*, I, 465-67。

[40] Viegas, *op. cit.* (n. 38), I, 1-5.

[41] 有关杜·雅利克的情况，见原著第三卷第一册第 396 页。有关他的作品、古兹曼的《东印度、中国和日本的耶稣会传教史》和格雷罗的《耶稣会神父事务年度报告》之间的关系，见 C. H. Payne (ed. and trans.), *Akbar and the Jesuits. An Account of the Jesuit Missions at the Court of Akbar by Father Pierre du Jarric, S. J.* (London, 1926), pp. xxix-xxxiii, xxxviii。直接来源于葡萄牙人的有关莫卧儿传教区早期情况的现代译本，见 Heras, S. J., "The Siege and Conquest of the Fort of Asirgrah by the Emperor Akbar," in *Indian Antiquary*, LIII (1924), 33-41; and H. Hosten, S. J., "Fr. Fernão Guerreiro's Annual *Relation* of 1602-3 on the Mogor Mission," *The Examiner* (Bombay), Nov. 22, 1919 (pp. 469-70), and Nov. 29, 1919 (pp. 478-80)。

[42] Viegas, *op. cit.* (n. 38), I, 42-49. 其中的大部分材料被译成英语，见 C. H. Payne (trans. and ed.), *Jahangir and the Jesuits* (New York, 1930), Pt. III, chap. i。

[43] Viegas, *op. cit.* (n. 38), I, 54-234；莱昂·巴内（Leon Pagés）所著的日本基督教历史依然是格雷罗的套路："有点杂凑的叙事"，根据 J. Murdoch and I. Yamagata, *A History of Japan during the Century of Early Foreign Intercourse 1542-1651* (2 vols.; Kobe, 1903), II, 427n。

[44] Viegas, *op. cit.* (n. 38), I, 235-66.

[45] *Ibid.*, I, 267-83.

[46] *Ibid.*, I, 285-314. 有关勃固的材料的英译本，见 Payne, *op. cit.* (n. 42), Pt. III, chaps. ii-iii；有关鄂本笃传教团，见 *ibid.*, Pt. II, chap. ii；阿格拉的冲突，见译文 E. Maclagan, *The Jesuits and the Great Mogul* (London, 1932), pp. 229-34。

[47] Viegas, *op. cit.* (n. 38), I, 315-413. 耶稣会士在 Venkata II 朝廷中的情况主要根据格雷罗的编著，其系统阐述见 H. Heras, S. J., *The Aravidu Dynasty of Vijayanagara* (Madras, 1927), chap. xxi。也可以参见 Heras, "The Jesuit Influence in the Court of Vijayanagar," *The Quarterly Journal of the Mythic Society* (Bangalore), XIV (1923), 130-40。

[48] Viegas, *op. cit.* (n. 38), II, 5-87.

[49] *Ibid.*, II, 89-126.

[50] *Ibid.*, II, 133-63. 关于勃固的那个章节全部被翻译于 Payne, *op. cit.* (n. 42), Pt. III, chap. iv。

[51] Viegas, *op. cit.* (n. 38), II, 217.

[52] *Ibid.*, pp. 217-89.

[53] *Ibid.*, pp. 290-302.

[54] *Ibid.*, pp. 303-45; 有关勃固的内容的英语译文，见 Payne, *op. cit.* (n. 42), Pt. III, chap. v。

[55] Viegas, *op. cit.* (n. 38), I, 347-81; 这些内容的英语译文，见 Payne, *op. cit.* (n. 42), Pt. I, chaps 1-iv, and J. A. D'Silva, "On the Rebellion of Khusrū," *Journal of Indian History*, V (1926), 267-81。

[56] Viegas, *op. cit.* (n. 38), II, 381-90; 该内容的一部分被译于 Payne, *op. cit.* (n. 42), Pt. II, chap. iii。

[57] Viegas, *op. cit.* (n. 38), III, 1-25; 其中的大部分内容被译成英语，见 Payne, *op. cit.* (n. 42), Pt. I, chap. v-ix。

[58] Viegas, *op. cit.* (n. 38), III, 25-30; 翻译于 Payne, *op. cit.* (n. 42), Pt. II, chap. iv。

[59] Viegas, *op. cit.* (n. 38), III, 67-89; 大部分关于勃固和暹罗的材料被译于 Payne, *op. cit.* (n. 42), Pt. III, chaps. vi-vii。

[60] Viegas, *op. cit.* (n. 38), III, 89-113.

[61] *Ibid*, pp. 115-231.

[62] *Ibid*, pp. 231-38.

[63] 除了已经引用的参考文献外，也可以参阅 H. Hosten, S. J., "The Annual Relation of Father Fernão Guerreiro, S. J. for 1607-08," *Journal of the Panjab Historical Society*, VII (1918), 50-73。

[64]1890 年在马尼拉再版；1969 年，历史保护协会（Historical Conservation Society）出版了一个更新的版本。全部译成英语，见 BR, XII, 173-321；XIII, 29-217。我们参考的就是这个译文版本。

[65] 关于莫尔加，见原著第三卷第一册第 326-328 页。

[66] 有关奇里诺在罗马活动的细节，见 H. de la Costa, *The Jesuits in the Philippines, 1581-1768* (Cambridge, Mass., 1961), pp. 222-23。

[67] BR, XII, 特别是第 202-209 页，220-221 页。

[68] *Ibid.*, pp. 235-44; XIII, 169-70.

[69] *Ibid.*, II, 263-71, 293-96, 302-8.

[70] 最认可奇里诺功绩的是 De la Costa (*op. cit.* [n. 66], p. 223)，一位耶稣会士；以及后来的卢斯·奥斯吉奥（Luz Ausejio），女平信徒，米沙鄢人，见"The Philippines in the Sixteenth Century," (Ph. D. diss., Dept. of History, University of Chicago, 1972), pp. 266-67。

[71] 这封信的大篇幅摘要早期出版在格雷罗的 *Relaçam* (Evora, 1603)，再版于 Viegas, *op. cit.* (n. 38), I, 239-66；这封信的全部内容几乎全部包含在由考拉索（Colaço）出版的格雷诺著作第一卷的西班牙语译本（Valladolid, 1604）第 539-682 页。考拉索出版的这个版本很可能被 L. Pfister 参考，见 *Notices biographiques et bibliographique sur les Jésuites de l'ancienne mission de Chine (1552-1773)* (Shanghai, 1932), I, 73。1606 年在瓦伦西亚出版的考拉索版本又于 1607 年被先后译成意大利语（罗马）、拉丁语（美因茨）、法语（里昂）。1608 年，阿尔伯特努斯（Aegidius Albertinus）将意大利语版本译成德语（慕尼黑）。1625 年，*PP*, XII 的第 331-410 页从拉丁语译成英语。我们参考的就是这个英语版本。

[72] *Pp*, XII, 361, 363, 375, 384, 392, 402.

[73] *Ibid.*, p. 410.

[74] 详细情况，见 *Asia*, I, 268-69。

[75] 见 Jonas Thalisth, *The Synod of Diamper* ("Orientalia Christiana analecta," No. 152; Rome, 1958), p. 200。

[76] 全称为：*Iornada do Arcebispo de Goa Dom Frey Aleixo de Menezes primaz da India Oriental, religioso da ordem de S. Agostinho. Quando foy as Serras do Malavar, & lugares em que morão os antigos*

Christãos de S. Thome, & os tirou de muytos erros & heregias em que estavão, & reduzio à nossa Sancta Fè Catholica, & obediencia da Santa Igrega Romana, da qual passava de mil annos que estavão apartados. 有关梅内塞斯任果阿大主教期间的更多文献，见 C. Alonso, "Documentación inédita para una biografía de Fr. Alejo de Meneses, O. S. A., Arzobispo de Goa, 1595-1612," *Analecta Augustiniana*, XXVII (1964), 263-333。

[77] 标题为 *Synodo diocesam da igreia e bispado de Angamale dos antigos Christaōs de San Thome...* 分为两部分，附在《旅行见闻》中。

[78] 这个完整文献的来龙去脉，见 Thaliath, *op. cit.* (n. 75), Appendix。英语版叫作 *The History of the Church of Malabar* (London)，是新教徒攻击天主教教徒传教活动的一部分，见原著第三卷第一册第 587 页。

[79] 也可以参阅 António de Gouvea, *Relaçam em que se tratem as guerras e grandes victorias que alcançou o grãde rey da Persia Xá Abbas do grão Turco Mahometto* (Lisbon, 1611)，其中含有葡萄牙在印度洋活动的其他相关材料。该著作被译成法语并于 1646 年在鲁昂（Rouen）出版。

[80] 见 *Asia*, I, 717-18。被引用的还有 Santa Mariá, *op .cit.* (n. 35) 。

[81]1613 年，同一出版商再版了这个作品，而且做了修订。现代版本由 Juan R. de Legísma 编辑并于 1947 年在马德里出版。

[82] Guzman, *op. cit.* (n. 39), II, 645-712.

[83] 见里瓦德内拉（Ribadeneira）所著《东方诸国志》(*Historia*) 的英文译本，由费尔南德斯（P.G. Fernandez）翻译，由历史保护协会（Historical Conservation Society）出版发行（2 vols.; Manila, 1970）。第二卷的全部内容关涉日本的基督教历史，正如里瓦德内拉所叙述的那样"圣方济各会杰出兄弟和同伴的壮丽殉难"（II, 656）。他在序言中（I, 8）承认，殉难故事的材料主要来自胡安·圣玛利亚（Juan de Santa Maria）（见原著第三卷第一册第 315 页的第 35 个注释）。

[84] *Ibid.* I, 383-87; 399-403. 他用鞑靼这个词的指涉并不清晰，因为它还包括勃固国和那里的人（见 *ibid.*, pp. 420, 427）。

[85] *Ibid*, I, 417-20.

[86] *Ibid*, I, 422-38.

[87] *Historia general de la Yndia Oriental ... desde sus principos hast' el año de 1557.*

[88] 他所参考的作家列表，见 Rogers (ed.), *op. cit.* (n. 30), pl. 5。

[89] 埃雷拉的《西印度群岛记述》曾被译成法语（Amsterdam, 1622），被德·布莱（De Bry）译为拉丁语，被珀切斯（Purchas）译为英语。参阅 *PP*, XIV, 427-592 页。

[90] 例如，João Rodriguez, *Arte de lingoa de Iapon ...* (Nagasaki, 1604-8); T. Mayor, *Simbolo de la fe en langue y letra China* (Birondoc en Philippinos, 1607); C. Ximenez, *Doctrina cristiana en lengua Bisaya* (Manila, 1610) 。

[91] 法语译文于 1681 年出版；18 世纪早期，约翰·史蒂文斯（John Stevens）将其译成英语。这

个最早的译本后来被修订并做了注释，见 W. F. Sinclair and D. Ferguson, *in The Travels of Pedro Teixeira with His "Kings of Hormuz," and Extracts from His "Kings of Persia,"* in "HS," 2d ser., IX (London, 1902); 特别是第 1-23 页。

[92] 1854 年在里斯本再次印刷。《从葡萄牙到印度的旅程》(*Itinerario*) 中节选出的一部分内容被译成英语，见 Hugh Murray, *Historical Account of Discoveries and Travels in Asia from the Earliest Times to the Present* (Edinburgh, 1820), I, 382-84。

[93] 他的 *Relación* 很快就被译成意大利语并于 1619 年在米兰出版。他的传记和他关于菲律宾群岛的书信，见 L. Pérez, "De Filipinas a España. Naufragio de una armada en el siglo XVII," *Archivo Ibero-Americano*, IX (1922), 289-320。引自 *De las cosas*（我们没有见到这本书）的文献来自斯特莱特（Streit, V, 78），后者的资料来源是 José Mariano Beristain y Souza, *Biblioteca Hispano-Americana Septentrional* (4 vols.; Mexico City, 1883), II, 296。我们在 National Union Catalogue 或 British Library 和 Bibliothèque Nationale catalogs 中没有找到这个标题。

[94] 比较 *Asia*, I, 325, 327。

[95] 比照原著第三卷第一册第 334-335 页。

[96] 过去的三个半世纪里，出现了大量的"Pintoalia"。文学、宗教和历史学者等都在争论这部书的可信性和真正含义。现代相关学术著作列表，见 C. R. Boxer, *The Christian Century in Japan: 1549-1650* (Berkeley and Los Angeles, 1951), pp. 453-54, n. 15。也可以参见 G. Schurhammer, "Fernão Mendez Pinto und seine Peregrinaçam," *Gesammelte Studien*, II, 23-103。直到 20 世纪，全新完整的平托游记才面世。日语版分三卷在东京出版（1979—1980 年）。第一个加注的英语版本见 Rebecca D. Catz, *The Travels of Mendes Pinto* (Chicago, 1989)。

[97] 1691 年在马德里再次发行。有 3 个现代印刷本：1905 (Madrid); 1942 (Bogotá); 1947 (Buenos Aires)。南美洲的版本省略了关于亚洲的资料。

[98] 见 Groslier and Boxer, *op. cit.* (n. 14), p. 52. n. 2。

[99] 据称，1589—1593 年间他在东南亚。他对东南亚的论述分析，见 E. C. Knowlton, "South East Asia in the Travel Book by Pedro Ordóñez de Ceballos," *Proceedings of the Second International Symposium on Asian Studies* (Hong Kong, 1980), pp. 499-510。

[100] 由佩顿（Bartolome Ximenes Paton）最终完成并且在其去世后出版。这部罕见的图书在美国各图书馆至少有 3 册。

[101] 见 Groslier and Boxer, *op. cit.* (n. 14), p. 60，n. 3。

[102] 现存有大约 25 个原始版本的副本。最好的附有支撑性文献的学术版本由雷塔纳（W. E. Retana）于 1909 年发行。英文版本包括哈克路特出版社（Hakluyt society）1868 年出版的斯坦利（H. E. J. Stanley）的译本；1904 年译本，见 BR, Vols. XV and XVI；新出版的哈克路特版本，由卡明斯（J. S. Cummins）译，见"HS，" 2d ser., CXL (Cambridge, 1971)。有关对各版本的论述，见 Cummins, pp. 29-37, and Ausejo, *op. cit.* (n. 70), pp. 268-69。

[103] 见原著第三卷第一册第 203-204 页。

[104] 见 Cummins, *op. cit.* (n. 102), p. 27。关于奇里诺，见原著第三卷第一册第 372 页；有关阿亨索拉，见原著第三卷第一册第 311-312 页。

[105] "La literature histórica de Filipinas de los siglos XVI y XVII," *Revue hispanique*, LX (1924), 315.

[106] 见 Cummins, *op. cit.* (n. 102), p. 5。

[107] *Ibid.*, p. 244.

[108] *Ibid.*, pp. 15-16.

[109] *Ibid.*, p. 47.

[110] *Ibid.*, p. 48.

[111] *Ibid.*, p. 246.

[112] *Ibid.*, p. 49.

[113] 特别参阅 *ibid.*, pp. 252-59。

[114] 例如，总督席尔瓦（Gerónimo da Silva ）与菲利普三世的通信内容涉及马鲁古群岛的环境，特别谈到了 1612 年至 1617 年间与荷兰的战争，引自 *Colección de documentos inéditos para la historia de España* (Madrid, 1868), Vol. LII。这些信件有关马鲁古群岛的政治和社会环境的材料特别丰富。1617—1620 年间的相关文献，见 BR, Vol. XVIII, 涉及的主要内容包括菲律宾群岛、西班牙贸易和不断扩大的荷兰威胁。

[115] 有关他的地图的评论和副本，见 G. Schilder, *Australia Unveiled* (Amsterdam, 1976), pp. 22-23。米尔斯（J. V. Mills）将埃雷迪亚（Heredia）的书译成英语，出版在 *JRAS*, Malay Branch, VIII（1930），1-288；1882 年，詹森（Léon Jansen）将其译成法语，并将这一作品用手写体方式出版，还包括几幅他在布鲁塞尔皇家图书馆找到的地图，并命名为 *Malaca, L'Inde méridionale et le Cathay*。埃雷迪亚的自画像收录在葡萄牙百科全书中。有关他的地图，见 A. Cortesão and A. Teixeira da Mota, *Portugaliae monumenta cartographica*（5 vols; Lisbon, 1960）, IV, 39-60。

[116] 见 *Asia*, II, 276-77, 以及原著第三卷第三册第 1124-1129 页。

[117] 标题为 *Relación muy verdadera de un caso nuevamente sucedido en la India de Portugal, en que se cuenta como un cavallero Portugues llamado Felipe Brito, que es governador, y Capitan general en aquellas partes por su Magestad vencio a un Rey gentil del Pegú*。我们还没有找到这本书。参考信息来自 *Boletim internationál de bibliografia Luso-Brasileira*。

[118] 标题为：*Breve discurso en que se cuento la conquista del Reyno de Pegu ... hecha por los Portugueses desde el año de mil y seyscientos, hasta el de 1603. Siendo Capitan Salvador Ribera de Soza, natural de Guimaraẽs, a quien los naturales de Pegu eligieron por su Rey*。麦克格雷戈（A. MacGregor）将其全文译成英语，但有些内容译的不够准确，收编在 "A Brief Account of the Kingdom of Pegu, Translated from the Portuguese," *Journal of the Burma Research Society*,

XVI (1926), 99-138。麦克格雷戈并不知道阿布雷乌·莫施奴（Abreu Mousinho）就是这部书的作者；这一关系是由麦卡勒姆（J.L. McCallum）揭示出来的，见 *ibid.*, XXIII (1933), 130。麦克格雷戈没有接触过该原版作品，1711 年，西班牙语原版被一位不知名人士翻译成葡萄牙语，附在平托的《平托东游录》之后。第一次以葡萄牙语单独发行的版本于 1829 年出现在里斯本。这个版本无疑是由麦克格雷戈翻译的。最近的一个葡萄牙语版本于 1936 年出现在巴塞卢什（Barcelos），由洛佩斯·德·阿尔梅达（M. Lopes d'Almeida）作序。

[119] 见 B. G. Tamaskar, "Malik Ambar and the Portuguese," *Journal of the Bihar Research Society*, XXXIII (1947), 25-44。

[120] 约 1575 年由佩雷拉（Antonio Pinto Pereyra）著，这段历史被米格尔·达·克鲁兹（Miguel da Cruz）编辑成两部分，在科英布拉出版，题目为 *Historia da India no tempo en que a governovo visorey dom Luis de Ataide*。

[121] *Sermão funeral do arcebispo de Goa, D. Fr. Aleixo de Menezes*, Lisbon, 1617. 有关他在戴拜教务会议中的角色，见原著第三卷第一册第 320-321 页。

[122] 这部书在当时没有出版，但是很可能在印度、葡萄牙和罗马以手稿的形式流传。见 Josef Wicki, S. J. (ed.), *Diogo Gonçalves S. I. Historia do Malavar* (*Hs. Goa 58 des Arch. Rom. S. I.*) (Münster, 1955), pp. ix-xv。

[123] 见 Ternaux-Compans, p. 134。 *Iournal* 的参考大纲，见 P. A. Tiele, *Mémoire bibliographique sur les journaux des navigateurs néerlandais ...* (Amsterdam, 1867), pp. 41-56。提勒（Tiele）并没有列出西班牙语译本。也可以参阅原著第三卷第一册第 445-448 页。

[124] 见N. Murakami, "Japan's Early Attempts to Establish Commercial Relations with Mexico," in H. M. Stephens and H. E. Bolton (eds.), *The Pacific Ocean in History* (New York, 1917), p. 472。

[125] 见 J. F. Schütte, S. J., *El Archivo del Japon ...* (Madrid, 1964), pp. 19-23。

[126] 6 月 20 日的这封信的部分内容，见 Rodríguez Moñino, *loc. cit.* (n. 5), pp. 433-34。

[127] 见原著第三卷第一册第 210-212 页。

[128] 有关他的职业生涯，见 Lorenzo Pérez, *Apostolada y martirio del B. Louis Sotelo* (Madrid, 1924); 也可以参照 Streit, V, 397-98。

[129] 见 C. Meriwether, "A Sketch of the Life of Date Masamune and an Account of His Embassy to Rome," *Transactions of the Asiatic Society of Japan*, 1st ser., XXI (1893-94), 1-105。

[130] *Relacion breve, y sumaria del edito que mandó publicar en todo su Reyno del Bojõ, uno de las mas poderosos del Iapon, el rey Idate Masamune, publicando la fé de Cristo, y del embaxador que embio a españa, en compañia del reverendo padre Fr. Luys Sotelo ... que viene eo embaxada del Emperador del Iapon, hijo de Sevilla, y lo que en el viage le sucedio* (Seville, 1614). 再版，见 Pérez, *op. cit.* (n. 128), pp. 267-69；也可以参见 Streit, V, 399。

[131] 该信内容的英语译文，见 Meriwether, *loc. cit.* (n. 129), pp. 70-72。

[132] 英语文本，见 *ibid.*, pp.72-74。建议性条款中最有趣的是涉及领事裁判权雏形的内容，以及

承诺敌对英国和荷兰。

[133] 使团在欧洲旅游的线路图，以及相关的西语和日语文献，见 Imperial University of Tokyo, *Dai Nippon Shiryo* (*Japanese Historical Materials*) (Tokyo, 1909), Pt. XII, Vol. XII。

[134] 苏亚雷斯·德·菲格罗亚的译本，见 Streit, V, 72；关于格雷罗的作品，见原著第三卷第一册第 315-318 页。

[135] 全称见 Streit, V, 408。后来被译为英语，于 1619 年出版。

[136] 见 Streit, V, 409。也可以参阅这一时期皮涅罗（Luis Piñeyro）所著的 *Relación*（1617），参阅 *ibid.*, pp. 428-29。1617 年被译成法语。

[137] *Ibid.*, pp. 409. 再版于 Pérez, *op. cit.* (n. 128), pp. 270-74。

[138] 有关支仓常长使团的最近一部杜撰性作品，见 Shusaku Endo, *The Samurai*, trans. Van C. Gessel (New York, 1982) 。

[139] 见 J. S .Cummins (ed.), *Lope Felix de Vega Carpio. Triunfo de la fee en los reynos del Japon* (London, 1965), pp. xxxv-vi, xl。有关苏亚雷斯·德·菲格罗亚的作品，见原著第三卷第一册第 316 页。

[140] 见 Domingo González, *Relación del martyrio de Fr. Alfonso de Navarrete ...* (Manila, 1618)。

[141] 见原著第三卷第一册第 342 页。

[142] 见 *Asia*, I, 326-28。更详细的资料，参见 G. Schurhammer, "Historical Research into the Life of Francis Xavier in the Sixteenth Century," in L. Szilas (ed.), *Xaveriana* (Lisbon, 1964), pp. 90-114。

[143] *Satyra al beato Francisco Xavier de la Compañia de Jesus.*

[144] 例如，Diego Marques de Salgueiro, *Relaçam das festas que a religiam da companhia de Jesu fez em ... Lisboa, na beatificaçam do beato P. Francisco de Xavier* (Lisbon, 1621); Fernando de Monforte y Herrera, *Relación de las fiestas que has hecho el Colegio Imperial de la Compañia de Jesus de Madrid en la canonizatión de San Ignacio de Loyola, y S. Francisco Xavier* (Madrid, 1622)。

[145] 例如，*Miguel de Lcon, Fiestas de Madrid, celebrados a XIX de Junio de 1622 años, en la canonizacion de San Isidro, S. Ignacio, S. Francisco Xavier ...* (Madrid, 1622); *Breve relación de la estampa en que estava pintada su santidad con los Cardenales y demas personages que asistieron a las ceremonias de la canonización de los Santos Isidro de Madrid, Ignacio de Loyola, Francisco Xavier, Teresa de Jesús y Felipe Neri* (Madrid, 1622)。

[146] 见 E. Zürcher, "The First Anti-Christian Movement in China, Nanking (1616-21)" in P. W. Pestman (ed.), *Acta orientalia Neerlandica* (Leyden, 1971), pp. 188-95。

[147] *Memorial que os Mandarins ou Governadores do Reyno da China mandarão ao seu Rey, em que che davão cōta das grandes guerras que tinhão com os Tartros; et dos admitaveis sinaes qua apparecarão no mesmo Reyno o anno de 1618 etc* (4 pp.; Lisbon 1620). 我们没有找到这个小册

子；如果情况属实，这很可能是第一部译成欧洲语言并出版的汉语呈文。这也许是中国北部的官员写给万历皇帝（1573—1620年）的，当时北方已经被满族人顺利冲破了。

[148] 见 Schütte, *op. cit.* (n. 125), pp. 22-23。

[149] *Istoria de la China i cristiana empresa hecha en ella: por la compañia de Jesus* (Seville, 1621). 参考文献见原著第三卷第一册第512-513页。

[150] 见 Schütte, *op. cit.* (n. 125), pp. 22-23。

[151] 他的《中华帝国简史》标的日期为1621年而不是1620年。参考书目的副本以及对词条的鉴定，见 Rogers, *op. cit.* (n. 30), pp. 21-35。

[152] 他在这里很可能指的是李氏（1546—1614年）。L. Carrington Goodrich (2 vols; New York, 1976) 所编的 *Dictionary of Ming Biography* 和曾德昭（Semedo）所著的《中华大帝国史》（*History of China*, 1642）认为她死于1614年3月18日，比埃雷拉·马尔多纳多在《中华帝国简史》（*Epitome*）中给出的日期早三年。我们还不能厘清其中的出入。

[153] 关于罗明坚的情况，见 *Asia*, II, Bk. 3, 528-29。

[154] 1629年在塞维尔出版的相关主题的耶稣会士书信标题，见 Streit, V, 761。

[155] 见 Michael Gordon, "Morality and Politics in Seventeenth-Century Spain: The Arbitrista Pedro Fernandez Navarrete" (Ph. D. diss., Dept. of History, University of Chicago, 1972), pp. 26-27。

[156] 以前没有被记录下来的科罗奈尔写的4页长的通过好望角到达菲律宾群岛的请愿书，现藏在印第安纳大学。记录的日期约为1620年，马德里。

[157] 他撰写的1617—1620年间的编年史英文译本，见 BR, XVIII, 289-342。

[158] 全称为：*Memorial y relación para su magestad, del Procurador General de la Filipinas, de lo que conviene remediar, y de la requeza que ay en relas, y en las Islas del Maluco* (Madrid, 1621)。法文译本，见 Melchisédech Thévenot (ed.), *Relations de divers voyages curieux* (4 vols.; Paris, 1663-96; 以后引为 TR), Vol. I；摘要和部分译文，见 BR, XIX, 189-297。

[159] 摘要见 J. C. de Magalhões, *História do pensamento economica em Portugal. Da idade-média ao mercantilisimo* (Coimbra, 1967), pp. 183-96。博特罗关于城市的著述，见 *Asia*, II, Bk. 2, 237-40。

[160] 1943年，由 M. B. Amzalak 在里斯本翻版、重组和再编。原版既没有出版地名称，也没有出版商名称。

[161] 比较 João Pereira Cortereal, *Discursos sobre la navigation de las nãos de la India de Portugal* (Madrid, 1622)。相关论述见 D. Barbosa Machado, *Bibliotheca Lusitana* (4 vols.; Lisbon, 1741-59), II, 720。作者发明了一个定位仪，宇宙志学者 Valentino de Sà 对此做了评论。也可以参阅 Lourenço Brandão, *Discurso sobre et susteno de las navegacion de las armadas del reyno de Portugal ...* (Madrid, 1622)。

[162] 更完整的梗概，见 M. B. Amzalak, *Anciens économistes portugais* (Lisbon, 1940), pp. 13-17。

[163] 标题为 *Alegación en favor de la Compañia de la India Oriental y comercios ultramarinos, que de nuevo se instituyó en el Reyno de Portugal,* 这部著作由 M. B. Amzalak 再编和再版，见

Anais do Instituto Superior de Ciencias Económicas e Financeiras, Vol. XXIII (1955), Pts, I and II。对索利斯经济思想的全面分析，见 Magalhães, *op. cit.* (n. 159), pp. 199-223。葡萄牙东印度公司的背景和历史，见 A. R. Disney, *Twilight of the Pepper Empire* ... (Cambridge, Mass., 1978), chaps. v-viii。

[164] 耶稣会士对西藏的兴趣以及安多德的信件的详细内容，见 G. M. Toscano, *La prima missione cattolica nel Tibet* (Parma, 1951), pp. 41-48。也可以参阅 *Asia*, I, 278, 467。

[165] 例如，安多德 1626 年 8 月 15 日写自西藏的信，由皮涅罗出版，他还把其中的一些节选内容收编在 Manoel da Veiga's *Relaçam Geral do Estado da Christandade de Ethiopia ... e do que de nouo socedeo no descobrimento de Thybet, a que chamam gram Catayo* (Lisbon, 1628); 还有一个西班牙语译本（Segovia, 1628）。出现在 *Lettere Annuae* (Rome, 1628), pp. 3-58, in *Histoire de ce qui s'est passé* (Paris, 1629)。这封信的摘要，见 Streit, V, 107-8。17 世纪有关西藏耶稣会士书信的译本，见下面这部作品的附录：C. Wessels, *Early Jesuit Travellers in Central Asia, 1603-1721* (The Hague, 1924) and H. Hosten, S. J. (ed.), "A Letter of Father Francisco Godhino, S. J., from Western Tibet (Tsaparang, August 16, 1626)," *The Journal of the Asiatic Society of Bengal*, XXI (1925) 49-73。

[166] 见 Toscano, *op. cit.* (n. 164), p. 105。也可以参考原著第三卷第一册第 375-376 页。

[167] 例如，见 Luys Coelho de Barbuda, *Impresa militares de Lusitanos* (Lisbon, 1623)。他叙述故事的终止日期为 1607 年；也可以参阅 Luis de Sousa, *Historia de la religion de Santo Domingo, particularmente en los reynos y conquistas de la corona de Portugal* (s. l., 1623)。

[168] *Relación cierta y verdadera de la feliz vitoria y prosperos sucessos que en la India Oriental han conseguido los Portugueses, contra armadas muy ponderosas de Olanda y Persia este año de 1624*...(Madrid, 1624); *Relación de la batalla, que Nuno Alvarez Botello ... tuvo con los armadas de Olanda y Inglaterra en el estrecho de Ormuz* (Seville, 1626); and Francisco de Abreu (pseudo. of Manuel Severim de Faria), *Relaçao universal do que sucedeu em Portugal e nas mais provincias do Ocidente e Oriente desde março de 625 até setembro de 625, desde março de 626 até agôsto de 627* (Evora, 1628).

[169] 相关文本见 João Mimoso Sardinha (also Sardina), *Relación de la real tragicomédia con que los padres ... recibieron ... Felipe II de Portugal, y de su entrada en este Reino* ... (Lisbon, 1620), pp. 125ff。

[170] 标题为：*Aphorismos y exemplos politicos, y militares. Sacados de la priméira década de Juan de Barros* (Lisbon, 1621)。

[171] 泰尔诺·孔潘斯（Ternaux-Compans，p.158）提供的作者和日期分别为 J.Pereyra de Macedo 和 1629 年；这个版本在其他文献中没有得到确认。英国图书馆的目录中有一个同名的文献，也许是重印版，1633 年在马德里出版。

[172] 在马德里出版。

[173] 格劳秀斯知道弗雷塔斯的攻击，但是没有屈尊做出反击。弗雷塔斯作品的第一个本土译本出现在 1882 年，然后出现了法语译本。1925 年迎来了一个西班牙语译本，距其首次面世已经三百年了。有关格劳秀斯和弗雷塔斯之间论争的分析，见 C. H. Alexandrowicz, *An Introduction to the History of the Law of Nations in the East Indies (Sixteenth, Seventeenth, and Eighteenth Centuries)* (Oxford, 1967), chaps. iii and iv。

[174] 例如，西班牙、墨西哥、秘鲁和菲律宾群岛等地出版社发行的耶稣会士和多明我会修士书信集，都在宣扬 1622 年殉难中基督徒表现出的勇气。或者参考菲律宾群岛的西班牙官员费尔南多·达·席尔瓦（Fernando da Silva）的作品：*Verissima relación en que se da quenta en el estado en que estan las guerras en las Filipinas, y reynos de el Japon, contra los Olandeses ...* (Seville, 1626)。该作品涉及两方面的威胁。

[175] *Relación de alguns de las cosas tocantes a la vida y glorioso martyrio qe con su Provincial y otrosiete Religiosos de la Compañio de Jesus, padecio el S. P. Baltasar de Torres; sacada de las cartas autenticas, que han venido del Japon ...* (Salamanca, 1630). 标题中的差异，见 Streit, V, 528, 531。

[176] 全称见 Streit, V, 538。

[177] 全称见 *ibid*., p. 543。

[178] 见 *ibid*., p. 544。

[179] 见 *ibid*., p. 548。

[180] 见 *ibid*., pp.435, 550。

[181] 有关他的故事，见原著第三卷第一册第 345-346 页。

[182] 他已经出版的两部呈文现藏于英国图书馆。

[183] *Modus confitendi et examinandi poenitentem Iaponensem, formula suamet lingua japonica* (Rome, 1631); *Ars grammaticae japonicae linguae* (Rome, 1632); *Dictionarium sive thesauri linguae japonicae compendium* (Rome, 1632). 有关*Ars grammaticae*的描述，见 M. Cooper, S. J., *Rodrigues the Interpreter. An Early Jesuit in Japan and China* (New York, 1974), pp. 236-37。

[184] "Mémorial présenté à Philippe IV ...," in *Annales de la Société des soi-disans Jésuites* ... III (1764).

[185] 1632 年至少有两篇发表在塞维尔。

[186] 1693 年作为菲律宾群岛新教会史的一部分出版。现代版是由曼努埃尔·费雷罗（Manuel Ferrero）筹备和出版，见 Vol. XIV of the Biblioteca "Missionalia Hispanica"，标题为：*Historia de la provincial del Santo Rosario de la orden de predicadores en Filipinas, Japon, y China* (2 vols.; Madrid, 1962-63)。

[187] 关于科拉多和阿杜阿尔特之间的摩擦，见 De la Costa, *op. cit.* (n. 66), pp. 377-78。

[188] *Aviso que se ha embiado do ... Manila, del estado que tiena la religion ... en las Philipanas, Japon y ... China.* 当时黎玉范（1597—1664 年），一位西班牙多明我会修士，正在撰写他的

Linguae sinicae grammatica ars。

[189] 见 Lorenzo Pérez, "Fr. Francisco de Jesús de Escalona y su Relación de China," *Extractum ex periodice Archivum Franciscanum historicum*, VIII(1915), 560。

[190] *Relaçoés summarias de alguns serviços que fizerão a Deos, e a estes reynos, os religiosos Dominicos nas partes da India Oriental nestes annos proximos passados.* 现代版本见 Artur Basilio de Sá, *Documentação para a história das missões do padroado português do oriente, Insulindia* (5 vols.; Lisbon, 1958), Vol. V, pp. 227-347。

[191] 恩卡尔纳桑（Encarnação）的论著标题为 *Relaçam do principio da Christandade das ilhas de Solor, e da segunda restauração della, feita pellos religiosos da ordem dos prégadores*；兰赫尔（Rangel）的作品的标题是 *Relaçam das Christandades, e ihas de Solor, em particular, da fortaleza, que para emparo dellas foi feita ...*。

[192] 1665 年，他的另一部概论在里斯本出版。见 Streit, V, 122, 166。

[193] Tomas Pinpin and J. Megaurha, *Vocabulario de Japón declarado primero en Portugues ...*

[194] *Confessionario en lengua Tagala.* 也可以参考 Streit, V, 344，格雷戈里奥（A. de S. Gregorio）于 1645 年在马尼拉出版了一本他加禄族语（Tagalog）著作，解释了基督教信仰的神秘性。

[195] *Diccionario de lingua Bisaya, Heligueyna y Harara de la isla de Panaë y Sugbu y para las demas islas* (Manila), 也可以参阅 Streit, V, 271。

[196] Diego Ribeiro (trans.), *Declaraçam de doutrina christam collegida do cardinal Roberto Belarmino da Cōpanhia de Iesu e outros autores composta em lingoa Bramana vulgar ...* (Rachol, 1632); Estêvão da Cruz, *Discursos sobre a vida do apostolo s. Pedro em que se refutão os principaes errores do oriente compostos em verso, em lengua bramana ...* (2 vols.; Goa, 1634).

[197] Francisco García de Avila, *Para que se devan preferir todos los que huvieron servido en las Indias a su Majestad en conformidade de un decreto suyo* [Madrid].

[198] 例如，*Memoria de lo que an de advertír los pilotos de la carrera de las Indias, a cerca de la reformación del padron de las cartas de marear, y los demas instrumentos de que usan, para saber las alturas y derrotas de sus viages*。

[199] 沙勿略报告的标题为 *Victorias do governador da India Nuno Alvares Botelho* (Lisbon, 1633)。见 Streit, V, 120。.

[200] 选印自 *Arquivo português oriental*。这是一部重要的关于葡萄牙军队约 1630 年在印度情况的书。

[201] Nuño da Conceiçam, *Relaçam, successo e viagem da capitaina N. senhora do Bom Despacho vindo da India* (Lisbon, 1631); José Cabreira, *Naufragio da náo Belem* (Lisbon, 1636). 这两部作品都重版在 18 世纪布里托（Gomesde Brito）的论集：*Historia tragico-maritima*。见 *Asia*, II, Bk. 1, 131-35。

[202] 见 Cleveland Public Library 的一部小书：Salvador do Coreto de Sampayo, *Relaçam dos*

succesos victoriosos que na barra de Goa ouve dos Olandeses Antonio Tellez de Menezes, capitano geral do mar da India, nos annos de 1637 à 1638 (Coimbra, 1639)；and *Relación de los succesos de las armas españolas por mar y tierra en las islas Filipinas, y victorias contra Mindanao y con los Olandeses de Terrenate* (Madrid, 1639)。第二部小册子被译成英语，见 BR, XXIX, 116-34。

[203] 例如，奥古斯丁会神父 Diego de S. Juan Evangelista 从马尼拉发了一封信给同一修会的萨拉戈萨神学院副院长，该信于 1636 年在马德里出版。见 Streit, V, 541。

[204] *Relación de un prodigiosos milagro que San Francisco Xavier Apostel de la India ha hecho wn en la ciudad de Napoles este año de 1634* (Madrid, 1634). 马斯帝力（Mastrilli）的故事被 Juan Eusebio Nieremberg 的编著（1645 年）收录，这部编著记载了罗耀拉和沙勿略的神迹。

[205] 见 H. de la Costa, *op. cit.* (n. 66), pp. 383-84。

[206] 1645 年在马德里出版（？）。被翻译成英语，BR, XXVIII, 253-305。

[207] 标题见 Streit, V, 547, 551。

[208] *Relación de la gloriosas victorias de D. Sebastian Hurtado de Corcuera ... en mar y tierra, contra Cuchil Curralat*. 译文见 BR. XXIX 86-101。

[209] 在巴黎出版。博瓦迪利亚（Bobadilla）的著作见 Vol. I, Pt. 2。英语版本见 BR, XXIX, 277-311。

[210] *Del estado de las Philippinas y conveniencias de ellas*. 被译成英语，见 BR, XXIX, 66-85。

[211] *Continuacion de los felices successos ....* H. de. la Costa, *op. cit.* (n. 66), p. 663, n. 16 认为出版地为马尼拉；英国图书馆的目录给出的信息是马德里。英语译本见 BR, XXIX, 116-34。

[212] 科奎拉（Corcuera）本人也写了一份关于菲律宾群岛教会的呈文给国王，这份呈文于 1638 年在马德里出版。英国图书馆藏有副本。其他材料见 BR, XXVII, 346-63。

[213] 他的 *Memorial informatorio ...* 藏于纽贝里图书馆（芝加哥）。英语译本见 BR, XXVII, 55-212。

[214] 这个小册子含有 81 个段落。

[215] *Justificación de la conservación, y comercio de las islas Filipinas* (Madrid, 1640 [?]). 法语译本见 TR, Vol, I, No. 29。

[216] *Relaçam verdadeira do milagroso portento e portentoso milagre q aconteceo na India no santo crucifixo, q esta no coro do observantissimo mosteiro das Freiras de S. Monica da cidade de Goa, em oito de Feuereiro de 1636. & continuou por muitos dias ...* 1640 年马德里还出现了西班牙语译本。见 Streit, V, 127。

[217] *Relação defensive dos filhos da India ...* (1640); and *Vida evangelica de los frayles menores en Oriente* (1641).

[218] *Fala, que fes O. P. Manoel de Crus ... no acto solemne, emque o conde, Ioam de Silva, Tello y Meneses, Visorey ... da India.* 标题页和参考文献总结，见 C. R. Boxer, "A Tentative Check-

List of Indo-Portuguese Imprints," *Arquivos do centro cultural português*, IX (1975), 583-85；现代版的复印本见 C. R. Boxer, *A, Acclamação del Rei D. João IV em Goa e em Macau. Relaçõis contemportanes reeditas e annotadas* (Lisbon, 1932), pp. 49-66。这位伯爵从 1641 年到 1646 年任总督职位。

[219] *Relaçam do que socedeo nacidade de Goa, e em todas as mais cidades e fortalezas ... da India* (Goa, 1643). 标题页和参考文献摘要的副本，见 Boxer, "Tentative Check-List" (n. 218), pp. 587-88；现代重印版，见 Boxer, *op. cit.* (n. 218), pp. 11-47。带注解的关于澳门部分的英文译本，见 Boxer, *Macau na época da Retauração, Macau Three Hundred Years Ago* (Macao, 1942), pp. 123-32；也可以参考 1984 年在香港出的新版，第 175-176 页。

[220] 引自 Ternaux-Compans, p. 180。

[221] *Regimento de pilotos e roteiro des navagçaoës et de India oriental* (Lisbon, 1642). 1655 年和 1666 年，以他的名义出版了其他几部编著。对马瑞兹·卡内罗（Mariz Carneiro）的评论，见 Boxer, *loc. cit.* (n. 23), pp. 183-84。

[222] *Iornada que Francisco de Souza de Castro ... fez ao Achem.* 再版时加入了引言、注释，以及正文的副本，见 C. R. Boxer, "Uma obra rarissima impressa em Goa no século XVII," *Boletim internacional de bibliografia Luso-Brasileira*, VIII (1967), No. 3, pp. 431-528。韦洛索后来在东方的活动，见 A. Meersman, *The Franciscans in the Indonesian Archipelago* (Louvain, 1967), pp. 168-72。

[223] *Relación verdadera del Levantamiento que les Sangleys o Chinos hizieron en las Filipinas y de las vitorias que tuvo contra ellos el Governador Don Sebastian Hurtado de Corcuero, el año passado de 1640y 1641* (Madrid, 1643). 这部匿名作品的英文译本，见 BR, XXIX, 257-58。

[224] *Relação do viagem a cidade de Macao* 是一篇长度为 18 页的报告。

[225] *Naufragio, que fizeramos duas náos de India: O Sacramento, nosso Senhora da Atalya, no cabo de Boa Esperança* (Lisbon, 1648[?]). 也被收录在 *Historia tragico-maritima* of Bernardo Gomes de Brito。也可参照 Francisco Manuel, *Ecco politico responde en Portugal la voz de Castilla sobre los interezes de la corona Lusitana y del Oceanico ...* (Lisbon, 1645)。

[226] *Paciecidos libri XII. Decantatur P. Franciscus Paciecus Lusitanus ... Japponiae provincialis...*

[227] Alonso Mendez, *Relacion del martyrio de D. A. de Almeida.* 引自 Ternaux-Compans, p. 177。

[228] *Relação da gloriosa morte de quatro embaixadores Portuguezes da cidade de Macau ...* (Lisbon). 严肃谴责这次事件后，葡萄牙试图深入到日本的努力，见 C. R. Boxer, *A. Portuguese Embassy to Japan (1644-47) Translated from an Unpublished Portuguese Ms., and Other Contemporary Sources, with Commentary and Appendices* (London, 1928)。

[229] Duarte Correa, *Relaçam do alevantamento de Ximabara* (1643). 见 Murdoch and Yamagata, *op. cit.* (n. 43), II, 649n., and Streit, V, 546。

[230] *Imperio de la China, i cultura evangelica en el por los religiosos de la Compania de Jesus*

(Madrid). 关于苏查（Faria y Sousa），见原著第三卷第一册第 354-355 页。

[231] 附在 E. M. Rivière 的评述之后，这个评论见 *Supplément* (Vol. XII; 1968) to A. and A. de Backer and E. Sommervogel, *Bibliothèque de la Compagnie de Jésus* (Louvain, 1960), col. 806。这位目录学家间接参考了曾德昭的著作，其根据是一个法语版（1643 年）标题，作者不详，*Breve recompilação do principios, continuação, e estado da Christiandade de China* (Lisbon, 1642)。也可以参考 H. Cordier, *Bibliotheca sinica* (5 vols., Paris, 1904), col. 817; and Streit, V, 778。

[232] 见 Cordier, *op. cit.* (n. 231), cols. 25-26。

[233] 我们使用了英语译本：*The History of that Great and Renowned Monarchy of China* (London, 1655)。对它的评价以及将其和其他明朝时期的材料的比较，见 Chen Min-sun, "Three Contemporary Western Sources on the History of Late Ming and the Manchu Conquest of China" (Ph. D. diss., Dept. of History, University of Chicago, 1971), pp. 21-137。

[234] 正是这个版本被译成英语，C. E. Luard 在 H. Hosten, S, J. 的援助下为其作了序和注解，见 *Travels of Fray Sebastian Manrique, 1629-1643* in "HS," 2d. ser, LIX and LXI (Oxford, 1926-27)。

[235] *Itinerário de Sebastião Manrique.* Luis Silveira 为其作序和编排。

[236] 特别参考 Maurice Collis, *The Land of the Great Image, Being Experiences of Friar Manrique in Arakan* (New York, 1943)。

[237] 来自出版该作品的许可证，1643 年由 D. Frey Gaspar dos Reys 草拟，译文见 C. R. Boxer (trans. and ed.), *Commentaries of Ruy Freyre de Andrade ...* (London, 1930), p. lv。

[238] *Vida de dom João de Castro, quarto visorey da India* 于 1671 年再版。18 世纪至 19 世纪，这部书迅速走红。

[239] *Life of Dom John de Castro, fourth viceroy of India* (London). 也可以参考原著第三卷第一册第 574 页。

[240] 对这部葡萄牙语散文著作的中肯评论，见 J. B. Aquarone, *D. João de Castro. Gouvernour et Vice-Roi des Indes Orientales* (2 vols.; Paris, 1968), I, xix-xxii。

[241] 例如：*Constituicoens do Arcebispado de Goa* (1649)。详细内容见 Boxer, "A Tentative Check-List" (n. 218), p. 591, and *Constitución de esta provincia de S. Gregorio de la ordens de Francisco* (Manila, 1655)。引自 Ternaux-Compans, p. 196。

[242] 参考文献的详细内容，见 A. K. Priolkar, *The Printing Press in India* (Bombay, 1958), p. 21；也可以参阅 Boxer, "A Tentative Check-List" (n. 218), p. 593。

[243] *Relación festiva ...* (1658).

[244] *Relaão da conversão a nossa Sancta Fè da rainha e principe da China & de outras pessoas de casa real, que se baptizarão o anno de 1648.*

[245] 有关中国这段趣闻的细节，见 A. W. Hummel (ed.), *Emminent Chinese of the Ch'ing Period* (Washington, D. C., 1943), I, 195。玛雅的经历，见 Pfister, *op. cit.* (n. 71), pp. 284-85。将这一轶闻放在明朝末年抵御满族人的背景，见 Lynn A. Struve, *The Southern Ming, 1644-1662*

(New Haven, 1984), pp. 139-66, especially n. 17, pp. 241-42。

[246] 这些信件的标题，见 Streit, V, 790, 792。也可以参照 Diego Gomes Carneiro, *Historia da guerra dos Tartaros* (Lisbon, 1657)。

[247] 见 R. P. F. Andre Marie, O. P., *Missions Dominicaines dans l'Extrême Orient* (2 vols.; Paris, 1865), I, 195-96。

[248] 他的整个职业生涯，见 J. M. González Sánchez, *Un misionero diplomatico. Vida del padre Victorio Ricci ...* (Madrid, 1955)；他在亚洲的活动，见 J. E. Wills, Jr., "The Hazardous Missions of a Dominican: Victorio Riccio, O. P., in Amoy, Taiwan, and Manila," in *Actes du II colloque international de Sinologie* (Chantilly), IV (1980), 243-57。

[249] 李科罗的信件、他的手稿标题，即关于多明我会在中国的传教历史（1676 年），见 Streit, V, 823。

[250] 见 W. L. Shurz, *The Manila Galleon* (2d ed., New York, 1959), p. 49。

[251] *Informe al Rey ... Felipe quarto, en su real y supremo Consejo de las Indias, del estado eclesiástico y seglar de las islas Filipinas.* 通常都引用 1658 年在墨西哥出版的版本。英国图书馆目录中给出的是马德里？ 1660 年？ 该呈文的摘要，见 De la Costa, *op. cit.* (n. 66), pp. 414-16。索拉报道了 1652 年菲律宾群岛的状况，该报道的手稿译文，见 BR, XXXVI, 49-52。

[252] *Descripción de las islas Filippinas* 的原版藏在美国的耶鲁大学，只有一本而且残缺不全。马德里的一个私人图书馆里的一个副本被部分地翻译在 *BR*, XXXVI, 189-217。这部作品的价值在于其对自然风貌的描述，特别是涉及马尼拉 1654 年至 1658 年遭遇的地震所造成的破坏。

[253] 他于 1656 年在菲律宾群岛完成这一手稿，然后发往西班牙出版。*Labor evangélica* 被译成德语，出版在 *Der neue Welt-Bott* (Vienna, 1748), Vol. IV, Pt. 26, pp. 1-116; Pt. 27, 1-36。Pablo Patells (3 vols.; Barcelona, 1900-1902; covers dated 1904) 进行了编辑和内容扩充。这个重要的版本越来越少了，瑞士的 Inter-Documentation Company AG of Zug 曾经以缩微卡片形式重新发行了这个版本。1663 年版本的部分内容曾被译成英语，见 BR, 特别是在第 XL 卷第 37-98 页。 Pastell 版本包含了很多当代地图和一个相当有价值的索引目录。弗朗西斯科·伊格纳西奥·阿尔基纳的 *Historia de las islas e indios de Bisayas* 对科林的作品做了补充。耶稣会士 Alzina（1610—1674 年）在 1668 年完成他的 *Historia* 之前已经在菲律宾群岛生活了三十多年。这部手稿存在 Palacio 图书馆（马德里），芝加哥大学的菲律宾群岛研究小组藏有缩微胶卷正片。Fred Eggan 教授正在对此编辑加工以备出版。Lenox text（N. Y. Public Lib., Rich Mss. 96）所著文本的部分英语译文被 Cantius Kobak O. F. M. 出版，见 *Leyte-Samar Studies* (University of Tacloban), III, No. 1 (1969), 14-36。Alzina 手稿的来历，见 E. D. Hester, "Alzina's Historia de Vizayas, a Bibliographical Note," *Philippine Studies*, X (1962), 331-65，P. S. Lietz 的补充评论，见 *ibid.*, pp. 366-378。我们这里没有涉及 Alzina 的作品是因为它不是在 17 世纪出版。

[254] *India sacra, hoc est, suppetiae ex utraque India in Europam, pro interpretatione facili ac*

genuine quorundum locorum sacrae ex veteri Testamento qui adhuc Europaeos morantur interpretes; opus posthumum (1666).

[255] 1887 年再版时，P. Pastells 和 W. E. Retana 作了序言和注释。和南方岛屿各民族关联的材料的英语译文，见 BR, XL, 99-182。

[256] *Arte de la lengua bisaya de la provincial de Leyte* (Manila). 全称见 Streit, V, 339。1747 年，这部作品在马尼拉重印。

[257] Francisco Deza, *Cenotaphia real* ... (Manila, 1668).

[258] *Relação de novo caminho que fêz por terra e mar, vindo da India para Portugal, no año de 1663, opadre Manuel Godinho da Companhia de Jesus* (Lisbon, 1665). 1842 年第二版发行。1944 年重印并在里斯本发行，Augusta Reis Machado 为其作序。相关评论及部分英语译文，见 E. Rehatsek, "Journal of Padre Manuel Godinho, S. J., from India to Portugal, in the Year 1663, by Way of Mesopotamia," *Calcutta Review,* XCII, 63-97；xix-xxiii 章节的英语译文，见 C. D. Ley, *Portuguese Voyages, 1498-1663* (London, 1948), pp. 33-60。也可以参见 G. M. Moraes (trans.), "Surat in 1663 as Described by Manoel Godinho," *JRAS, Bombay Branch*, XXVI (1952), 121-33。有关他在印度的经历，见原著第三卷第二册第 741-743 页。

[259] 他和曾德昭的关系，见原著第三卷第一册第 349 页。

[260] 分别于 1663 年在里斯本、1677 年在布鲁塞尔、1703 年在里斯本再版。

[261] 巴罗斯的计划，可参见 *Asia*, Vol. II, Bk. 2, p. 140。

[262] *The Portugues Asia: Or, the History of the Discovery and Conquest of India by the Portugues; ...*

[263] 青睐的作者有巴罗斯（Barros）、平托（Pinto）和奥索里奥（Osorio）。

[264] 对《亚洲葡萄牙人》(*Asia portuguesa*) 的评述根据是由 Lopes d' Almeida 所著的现代葡萄牙语版本的序言（6 vols., Porton, 1945-47）。

[265] *El apostel de las Indias ... san Francisco Xavier* 于 1661 年首次在墨西哥发行，1665 年在潘普洛纳（Pamplona）再版。全称见 Streit, V, 157, 162。

[266] *Tartaros en China Historia que escrivio en Latin ... Martin Martinio ... y en español traducida por el doctor D. Estevan de Aquilar y Zuniga.* 对卫匡国及其作品的评论，见原著第三卷第一册第 480-481 页和 525-527 页。

[267] *Ignacii Archamonis conciones per annum concannice composite*, 来自 Ternaux-Compans, p. 218。

[268] *Arte de la Lengua Tagala.* Ternaux-Compans, p. 218 将其归在 1669 年；其他列表将其归在 1679 年。

[269] 根据 Chen Min-sun, *op. cit.* (n. 233), pp. 217-19。就满人的入侵，帕莱福的作品与西方其他作品之间的关系，见 E. J. Van Kley, "News from China: Seventeenth-Century European Notices of the Manchu Conquest," *Journal of Modern History*, XLV (973), 561-82。

[270] 这个英语版本和 1676 年至 1679 年发行的其他英语版本都源自法语版。法语译文分别于

1723 年、1725 年和 1738 年发行。我们使用的是 1723 年的法语版：*Histoire de la conqueste de la Chine par les Tartares:...* (reissued, Amsterdam, 1732)。

[271] 更加全面的评论，见 Chen Min-sun, "Philippine Sources of Palafox y Mendoza's History of the Conquest of China by the Tartars," *Annals of the Philippine-Chinese Historical Association*, V (1975), 51-62。

[272] 这部包括 6 册的著作到 1654 年才竣工，共花去何大化约二十年的时间。这部著作从未出版，但是经常被后来的耶稣会士作家引用。见 Pfister, *op. cit.* (n. 71), p. 223。里斯本的阿育达图书馆（Ajuda Library）藏有一个副本（*mss. 49-V-1 and 2*）。

[273] *Innocentia victrix ...* 按照中国的习惯出版印刷惯例，两页对折，带有一个封面。这部罕见作品的副本现藏在印第安纳州立大学的莉莉图书馆（Lilly Library）。其封面页见第 51 幅图。

[274] *Persecucion que movieron los Tartaros en el Imperio de la China contra la ley de Iesu Christo, y sus predicadores; y lo sucedido desde el año de 1664 hasta el fin del año de 1668.* 1672 年在加迪斯（Cadiz）和马德里重印。

[275] F. García, *Vida del venerable P. Louis de Medina, muerto por la fe en las islas Marianas* (Madrid, 1673); 墨西哥耶稣会士 Francisco de Florencia (1619-95) 根据桑维托雷斯（Sanvitores）出版了一部梅迪纳（Medina）的殉教史（Seville, 1673）。也可以参考 F. García, *Vida, y martirio de el venerable padre Diego Luis de Sanvitores ...apostol de las islas marianas, y successos... desde... [1668] asta [1681]* (Madrid, 1683)。Ternaux-Compans 的第 251 页给出的标题是：*Relacion de los successos de los missiones Marianas, desde el 25 de abril 1684 hasta el primero de may de 1685* (s. l., 1685)；英国图书馆藏有一本加布里埃尔·德·阿兰达（1709 年逝世）的著作：*Vida y gloriosa muerta del V. Padre Sebastian de Monroy ... que murió dilatando la fe alanceado de los barbaros en las isalas Mariannas* (Seville, 1690)。

[276] *Relación escrita por uno de los padres de la mission, Mariana, remitada Mexico.* 桑维托雷斯去世前亲自写信给欧洲，介绍他在马里亚纳群岛获得的成功。约 1671 年出版的一个耶稣会士报道的副本现藏在明尼苏达大学（University of Minnesota）图书馆中。见 Ward Barrett (trans. and ed.), *Mission in the Marianas. An Account of Father Diego Luis de Sanvitores, 1669-1670* (Minneapolis, 1975)。

[277] 见 H. Bosmans (ed.), *Letters inédites de François de Rougemont* (Louvain, 1913) 。

[278] *Historia Tartaro-Sinica nova* (Louvain, 1673).

[279] *Relaçam do estado politico e espiritual do imperio da China, pellos annos de 1659, até o de 1666* (Lisbon, 1672).

[280] 何大化的书，见 Striet, V, 418。

[281] 关于帕莱福的书，见原著第三卷第一册第 356 页。

[282] 见原著第三卷第一册第 197 页。

[283] 其生平信息，根据 J. S. Cummins (ed.), *The Travels and Controversies of Friar Domingo Navarrete* (2

vols.; "HS," 2d ser., CXVIII, CXIX; Cambridge, 1962), I, xxi-xxvii。

[284] *Controversias de la mission de la gran China* 于 1677 年完成，但从未完整出版，据称是因为耶稣会士的诡计所致。见 *ibid.*, pp. cv-cix。

[285] 见 *ibid.*, pp. lxxxiv-lxxxvi。

[286] 标题为：*Memorial apologetico de los missioneros de la China al conde de Villa Hombrosa* (Madrid, 1676), and *Reparos historialis apologeticos* ... (Pamplona, 1677)。

[287] 参阅 Cummins, *op. cit.* (n. 283), pp. xciv-c。

[288] 见 *ibid.*, pp. ci-civ。

[289] *Breve relacion, de la peregrinacion que ha hecho de la mayor parte del mundo ... con el viage por tierra desde España, hasta las Indias orientales* ... (Madrid).

[290] 英语概述参考 Murray, *op. cit.* (n. 92), I, 334-44。原著的现代重印本 1943 年在马德里出版。马加良斯（Magalhães）关于中国作品（参考原著第三册第一卷第 362 页）的编辑贝尔努（Bernou）声称，库贝罗（Cubero）抄袭了门多萨和平托关于中国的作品。

[291] 里贝罗（João Ribeiro）船长和奎罗斯（Fernão de Queyroz）神父关于葡萄牙在锡兰的败仗和征服活动的著述直到 1836 年和 1916 年才出版。这也许是因为他们太过苛责葡萄牙在亚洲的殖民政策的缘故。见 C. R. Boxer, "An Introduction to João Ribeiro's Historical Tragedy of the Island of Ceylon,' 1685," *The Ceylon Historical Journal*, III (1953), 234。

[292] *Summaria relaçam dos prodigiosos feitos que as armas portuguesas obrasão na ilha Ceylão contra os Olandeses e Chingalas, no anno passado de 1655* (Lisbon, 1656).

[293] 圣乔治（H. H. St. George）将其译成英语，见 *JRAS, Ceylon Branch*，第 11 卷。

[294] 佩拉拉（S. G. Perara）翻译了费尔南·德·奎罗斯的作品，见 *The Temporal and Spiritual Conquest of Ceylon* (six books in threee vols.; Colombo, 1930), Vol. II, Bk. 4, pp. 621-22。

[295] 引自 P. E. Pieris (trans. and ed.), *Ribeiro's History of Ceilão* ... (2d ed., Colombo, 1909), p. 229。

[296] *Vida, martyrio y beatification del proto-martyr del Japon San Felipe de Jesus* ... (Mexico City, 1683).

[297] *Tablas chronologicos en que se contienan los sucessos eclesiasticos, y seculares de España, Africa, Indias Orientales, y Occidentales, desde ... 1642, hasta ... 1689 ... por Vicente Joseph Miguel.*

[298] 根据报道，见 De la Costa, *op. cit.* (n. 66), pp. 475-502。西班牙语的主要出版物开始于 *Copia de una carta, escrita al padre fray Alonso Sandin ... Procurador general de ... Santo Rosario de Philipinos* ... (Madrid, 1683[?]). Alonso Sandin (1630-1701) 当时是多明我会在马德里的代理人。大主教的这个案件得到 Friar Cristoval de Pedroche (1640-1715) 的声援，见 *Breve, y compendiosa Relacion de la estrañez, y destierro de el señor Arcobispo* ... (Seville, 1683)。法文译本，见 *Histoire de la persecutión de deux saints èvêques* (Paris, 1691), pp. 311-35。其他出版物见 Streit, V, 303-14。

[299] *A New History of China* (London, 1688). 见原著第三卷第一册第 424 页。法语第一版于 1689 年和 1690 年重印。

[300] 见原著第三卷第一册第 263-264 页。

[301] 1687 年法语版首次出现，1688 年和 1690 年再版。西班牙语版本的标题为：*Defensa de los nuevos christinos, y missioneros de la China, Japon y Indias contra los libros* [by Jurien]. *Traducida de frances ... por G. de Parraga*。

[302] 这个法语版本是由柏应理从没有出版的耶稣会士多莱昂（Pierre Joseph d' Orleans, S. J.）的拉丁语手稿翻译过来的。西班牙语的标题为：*Historia de una Gran Señora Christiana de la China, llamada Doña Candida Hiu ... Escrita por el R. P Felipe Cuplet ...* (Madrid, 1691)。

[303] 关于这封 19 页长的通函，见 Streit, V, 919。

[304] 基廷会的传教历史，见 M. Müllbauer, *Geschichte der katholischen Missionen in Ostindien* (Freiburg im Breisgau, 1852), pp. 350-58。

[305] *Compêndio da relação, que veio da India o ano de 1691 a El-Rei Vosso Senhor D. Pedro II na nora missão dos clérigos regulares do Divina Providéncia na ilha de Borneu.*

[306] *Libertas evangelium Christi annunciandi et propagandi in imperio Sinarum ...* 这个版本很可能在北京也出版过。见 Streit, V, 933。

[307] *La libertad de la ley de Dios en el Imperio de la China ...* 见 Streit, V, 934-35。

[308] 泰尔诺·孔潘斯（Ternaux-Compans, pp. 271-72）列出了每年来自中国的书信，他将其送给苏亚雷斯，其他地方并未出现这些内容。标题为：*Cartas annuaes de la China desde el año 1694 hasta el de 1697* (Valencia, 1698); 有关这个话题，也可以参照耶稣会士 Juan de Irigoyen 的作品：*Relacion de las missiones de la Gran China, copiada de una carta, que escrivió de aquel reyno un ministro evangelico* (Cadiz, 1699)。见 Streit, V, 953-54。

[309] *Cristiandad del Japón, y dilatada persecución que padeció. Memorias sacras, de los martyres de las ilustres religions de Santo Domingo, San Francisco, Compañia de Jesus; y crecido numero seglares: y con especialidad, de los religiosos del Orden de N. P. S. Augustin* (Madrid).

[310] 见 Manuel Merino, *Misioneros Agustinos en el extreme oriente, 1565-1780. Obra inédita que con el titulo "Osario Venerable," compuso el Agustino P. Agustin Maria de Castro, Año de 1780* (Madrid, 1954), pp. 210-11; 18 世纪卡斯特罗（*Maria de Castro*）对西卡多作品的修改，见 *ibid.*, pp. 499-512。

[311] 见 De la Costa, *op. cit.* (n. 66), pp. 525-26。

[312] 例如，参考英国图书馆收藏的卡马乔名下的 1697—1698 年出版物。其他相关资料，见 BR, XLII, 25-116。

[313] 第二部分的完整文献和目录，见 Streit, V, 319-24。

[314] *Noticias summarias das perseguições da missam de Cochinchina ...*